NIVEAU 2

DICTIONNAIRE DU
# français langue étrangère

**NIVEAU 2**

## DICTIONNAIRE DU
# français langue étrangère

LAROUSSE

VERLAG MORITZ DIESTERWEG
Frankfurt am Main · Berlin · München

VERLAG SAUERLÄNDER
Aarau · Frankfurt am Main · Salzburg

Direction de Jean Dubois
avec la collaboration de Françoise Dubois-Charlier

Illustrations de Avoine

Rédaction
Claude Sobotka-Kannas
Christine Eyrolles-Ouvrard

avec la collaboration de
Jean-Noël Charniot
Sylvie Hudelot
Danielle Leeman
Jean-Pierre Mével

Préface du Prof. Dr. F. J. Hausmann

Correction-révision
Louis Petithory, chef correcteur
Chantal Barbot

Secrétariat Hélène Hachard

Maquette Serge Lebrun
assisté d'Odile Chaix

Le présent volume appartient à la dernière édition (revue et corrigée) de cet ouvrage. La date du copyright mentionnée ci-dessous ne concerne que le dépôt à Washington de la première édition.

© Librairie Larousse, 1979.

ISBN 2-03-320114-7

Librairie Larousse (Canada) limitée, propriétaire pour le Canada des droits d'auteur et des marques de commerce Larousse. – Distributeur exclusif au Canada: les Editions Françaises Inc., licencié quant aux droits d'auteur et usager inscrit des marques pour le Canada.

© Edition allemande Verlag Moritz Diesterweg GmbH & Co., Frankfurt am Main;
Verlag Sauerländer AG, Aarau

ISBN 3-425-06779-6 (Diesterweg)
ISBN 3-7941-2426-X (Sauerländer)

CIP-Kurztitelaufnahme der Deutschen Bibliothek

*Dictionnaire du français langue étrangère:*
Larousse / [dir. de Jean Dubois avec la collab. de Françoise Dubois-Charlier]. – Frankfurt am Main; Berlin; München: Diesterweg; Aarau; Frankfurt am Main; Salzburg: Sauerländer

NE: Dubois, Jean [Hrsg.]

Niveau 2. [Ill. de Avoine]. – 1983.
  ISBN 3-425-06779-6 (Diesterweg)
  ISBN 3-7941-2426-X (Sauerländer)
  ISBN 2-03-320114-7 (Larousse)

*Lieber Benutzer dieses Wörterbuchs,*

der DICTIONNAIRE DU FRANÇAIS LANGUE ÉTRANGÈRE NIVEAU 2 [DFLE 2] ist in vieler Hinsicht anders als andere Wörterbücher. Er will auch darin anders sein, daß er in diesem Vorwort ausführlich Auskunft gibt über das, was er enthält, und das, was er nicht enthält. Stellen wir also an den DFLE 2 alle Fragen, die der Benutzer auf dem Herzen hat.

### An wen wendet sich der DFLE 2?

Der DFLE 2 ist ein Wörterbuch für den fortgeschrittenen Französischlerner. Er erreicht seinen größten Nutzwert etwa nach vier bis fünf Jahren Französischunterricht. Zwar ist er auch für den Anfänger benutzbar, doch wird man diesem eher den DICTIONNAIRE DU FRANÇAIS LANGUE ÉTRANGÈRE NIVEAU 1 [DFLE 1] empfehlen. Wer den Wortschatz des DFLE 1 beherrscht, geht zum DFLE 2 über, der nach denselben Prinzipien aufgebaut ist, aber doppelt so viel Wortschatz enthält. Wer dann den Wortschatz des DFLE 2 beherrscht, darf getrost zu einem der großen einsprachigen Wörterbücher greifen.
Die DFLEs sind Lernwörterbücher des Französischen, die den Lernenden auf allen Stufen seiner Sprachlernzeit begleiten und kontinuierlich zum Gebrauch der vollständigen einsprachigen Wörterbücher hinführen. Einen Vorschlag für die Anwendungszeit des jeweiligen Wörterbuchs macht das folgende Schaubild.

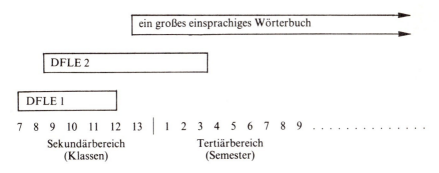

Die genauen Übergangszeiten werden entsprechend der Leistungsstärke der Klasse oder des einzelnen Benutzers gewählt werden müssen. Deshalb sind im Schaubild weite Zonen der Überlappung eingezeichnet.

### Wie viele Wörter enthält der DFLE 2?

Der DFLE 2 enthält rund 5000 alphabetisch geordnete Wörterbuchartikel von **à, abandonner, abattre, abattu, abeille, aberrant** usw. bis **yougoslave, zèbre, zéro, zoo, zut!** Es sind die im täglichen Leben beim Sprechen wie beim Schreiben am häufigsten vorkommenden Wörter. Die Zahl 5000 setzt sich zusammen aus den 2581 Wörterbuchartikeln des DFLE 1 als Grundwortschatz sowie weiteren 2500 häufig vorkommenden Wörtern, die vornehmlich der gängigen Schriftsprache entnommen wurden. Verben (1464) und Adjektive (1040), sowie abstrakte Nomina wurden wegen ihrer größeren Verwendbarkeit im DFLE 2 ebenso bevorzugt wie im DFLE 1.

Jeder der 5000 Artikel des DFLE 2 enthält einen Beispielteil (Normaldruck) und einen Kommentarteil (Kleindruck).
Im Beispielteil werden Bedeutung und Gebrauch jedes der 5000 Eintragswörter durch Beispielsätze und Bilder erklärt.
Im Kommentarteil wird der Eintragswortschatz systematisch wiederholt, vertieft und erweitert. Auf diese Weise kommen noch einmal rund 5000 Ableitungen, Synonyme, Antonyme und sachverwandte Wörter hinzu. Wir nennen diesen Wortschatz «Ergänzungswortschatz». Eintragswortschatz und Ergänzungswortschatz machen also zusammen rund 10000 Wörter aus.

### *Wie erklärt der DFLE 2 die 5000 Eintragswörter?*

Übliche einsprachige Gebrauchswörterbücher erklären jedes aufgenommene Wort mit Hilfe einer Definition, z. B. erklärt der PETIT-LAROUSSE das Wort **pont** mit folgender Definition: «ouvrage destiné à mettre en communication deux points séparés par un obstacle ou à permettre le passage sans croisement à niveau de deux courants de circulation.» Wie das Beispiel zeigt, sind einfache Begriffe (wie hier der Begriff «Brücke») oft nicht einfach zu definieren. Die Definition ist für den Anfänger unverständlich, weil er die Wörter **ouvrage**, «Bauwerk», **croisement à niveau**, «niveaugleiche Kreuzung», oder **courant de circulation**, «Verkehrsstrom», nicht kennt. Solcher Schwierigkeiten wegen verzichtet der DFLE 2 weitgehend auf Definitionen. Statt dessen erklärt er die Bedeutung der Wörter durch Beispielsätze und Bilder.

### *Wie können Beispielsätze die Wörter erklären?*

Die Artikel des DFLE 2 enthalten im Durchschnitt etwa vier bis fünf Beispielsätze, insgesamt rund 20000. Bei der Formulierung dieser Beispielsätze wurde ein wichtiges Prinzip eingehalten: es dürfen keine anderen Wörter in den Beispielsätzen verwendet werden als die Wörter, die das Wörterbuch behandelt[1]. Der Benutzer kann deshalb jedes Wort, das er in einem Beispielsatz nicht versteht, im DFLE 2 selbst nachschlagen.
Oft aber wird das gar nicht nötig sein, weil sich die Wörter im Satzzusammenhang gegenseitig erklären. Wir wollen das am Beispiel des Eintrags **méchant** vorführen und dabei auch auf die Häufigkeit der in den Beispielsätzen benutzten Wörter achten.

    1a  Pourquoi est-ce que tu l'as battu?
    1b  Ce que tu peux être méchante!
    2    N'aie pas peur du chien, il n'est pas méchant.
    3    Ce qu'il a l'air méchant quand il se met en colère.

Das Wort **méchant** steht in der Rangliste des Français Fondamental 1er degré (FF1) irgendwo zwischen Rang 1064 und Rang 1450. Nehmen wir an, jemand, der das Wort nicht kennt, liest die obigen Beispielsätze. Im ersten Satz ist **battre** das für das Verständnis von **méchant** entscheidende Wort. Battre hat im FF 1 den Rangplatz 919. Wenn der Benutzer das Wort versteht, so weiß er zumindest, daß im Beispielteil 1b gegen jemanden, der jemand anderen geschlagen hat, ein Vorwurf ausgedrückt ist. Eine passende deutsche Entsprechung für **méchant** ist dann etwa **gemein**.
Im Satz 2 ist der Sinn von **il n'est pas méchant** (er ist nicht böse, er tut nichts) dann erkennbar, wenn man **peur** (Rang 380) und **chien** (Rang 505) versteht. Bei den hohen Rangplät-

---

[1] Einen der ganz wenigen Verstöße gegen diesen Grundsatz stellt das Wort **miel** im Artikel **abeille** dar.

zen beider Wörter ist dieses Verständnis auch schon in einem sehr frühen Stadium des Französischlernens wahrscheinlich.

Im Satz 3 ist das Verstehen des ersten Teilsatzes dank der hohen Rangzahl von **avoir l'air** (Rang 577) wahrscheinlicher als das des zweiten, in dem **colère** denselben Rang wie **méchant** einnimmt. Nehmen wir an, der Benutzer kennt **colère** nicht. Obwohl diese Unkenntnis dem Verständnis von **méchant** nun nicht mehr im Wege steht und er inzwischen fast umgekehrt den zweiten Teilsatz aus dem Zusammenhang des ersten heraus verstehen kann, wird der Benutzer unter **colère** nachschlagen wollen, um sich seine Vermutung bestätigen zu lassen.

Wir wollen ihm dahin nicht mehr folgen, sondern nur noch berichten, daß er in den dortigen Beispielsätzen wiederum auf Wörter mit hohem Rangplatz stößt **(grave, livre)**, mit Ausnahme eines einzigen **(déchiré)**, für das sich ein weiteres Nachschlagen lohnt.

### *Der DFLE 2 als Lernwörterbuch*

Der oben beschriebene Nachschlageweg beinhaltet mehrere individuelle Lernschritte, die wir uns noch einmal im Schema verdeutlichen wollen:

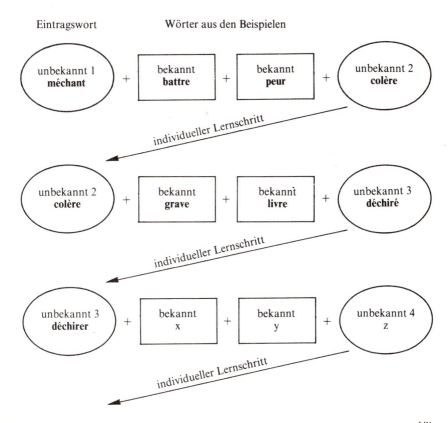

Wenn der Benutzer auf solche Weise seine individuellen Wortschatzlücken kreuz und quer durch das Wörterbuch verfolgt und mit dem Wörterbuch stopft, erweist sich der DFLE 2 für ihn als ein echtes LERNWÖRTERBUCH, das zu mehr zu gebrauchen ist als zu einer kurzen punktuellen Konsultation. Beim Nachschlagen stellen sich neben der Antwort auch neue Fragen ein, die das Wörterbuch an anderer Stelle beantwortet usw. Innerhalb des geschlossenen didaktischen Raumes der 5000 wichtigsten Wörter des Französischen wird ein auf den einzelnen zugeschnittenes programmiertes Lernen möglich.

## *Welche Rolle spielen die Bilder im DFLE 2?*

Damit die Bedeutung des Artikelwortes auch bei sehr geringen Ausgangskenntnissen erschlossen werden kann, tritt in vielen Artikeln zu den Beispielsätzen ein Bild hinzu. Die Autoren des DFLE 2 hegen nicht die Illusion, diese Bilder seien alleine schon ausreichende Verdeutlichungen des Wortsinns. Das sind sie in keiner Weise. Ohne den Kontext des jeweiligen Wörterbuchartikels könnte man fast bei keinem Bild erraten, zur Illustration welchen Wortes es dienen soll. Als **zusätzliche** Erklärungshilfe sind sie jedoch höchst wertvoll.

Nehmen wir als Beispiel den Eintrag **matin**. Das Bild zeigt einen Wecker, der durch sein Klingeln einen Schläfer aufweckt. Isoliert kann dieses Bild auch als Illustration der Wörter **réveil, bruit** u.v.a. interpretiert werden. Mit einem noch so geringen Vorwissen aus dem Zusammenhang des ganzen Artikels werden aber die meisten dieser Interpretationen automatisch ausgeschieden.

Über ihre Aufgabe als Erklärungshilfe hinaus haben die Bilder eine zweite wichtige Rolle zu spielen. Sie sollen zur Lektüre des Wörterbuchartikels (und im weiteren des ganzen Wörterbuchs) auch dann anreizen, wenn der Benutzer nicht mit einer konkreten Frage an das Wörterbuch herangeht. Im Zusammenwirken mit den Beispielsätzen ist jedes Bild als eine Art Rätsel zu verstehen, das erst durch das Verständnis der Beispielsätze aufgelöst wird. Dieser wichtigen Funktion als Lese- und Lernanlaß wegen sind die Bilder humoristisch gezeichnet. Sie stellen Situationen des täglichen Lebens in Karikatur dar. Die Bilder sollen den Benutzer – vor allem auch den jugendlichen – zum Blättern und Lesen anregen und ihn damit spielerisch zur praktischen Auswertung der im Wörterbuch enthaltenen Informationen verleiten.

## *Wie sind die Wörterbuchartikel gegliedert?*

Die Anordnung der Beispiele im Wörterbuchartikel ist nach Wortarten verschieden.

1. Besondere Aufmerksamkeit verlangen die VERBEN. Man muß sie nicht nur richtig konjugieren (siehe die 72 Konjugationstabellen von **avoir** bis **convaincre** im Anhang S. 1078–1088), man muß sie auch richtig konstruieren. Deshalb sind die Verbartikel nach den verschiedenen Konstruktionen geordnet. Die Konstruktionstypen sind mit Fettdruck hervorgehoben, z. B. für das Verb **sortir: sortir (de qqpart); sortir (au cinéma, chez des amis, etc.); sortir d'une école, d'un milieu; sortir + inf.; sortir qqch (de qqch); sortir d'un état; se sortir d'une situation, s'en sortir; sortir un produit** (Fakultatives in Klammern). Jedem Konstruktionstyp folgt mindestens ein Beispielsatz. Wie man sieht, enthalten die Konstruktionstypen oft auch häufige Wortverbindungen (sogenannte Kollokationen), z. B. **sortir un produit**. Der Fettdruck hebt nur die Konstruktion und gegebenenfalls Kollokation) rechts vom Verb heraus. Dieser Teil ist beim Verb der wichtigste. Die links vom Verb stehenden Konstruktionsteile, die jeweiligen Subjekte, sind in der Regel nur grob einteilbar, etwa nach Personen **(sujet qqn)** oder Sachen **(sujet qqch)**. Gelegentlich sind die Subjekte genauer bestimmbar, z. B. im Artikel **miauler (sujet un chat)**.

Eine Übersicht über sämtliche Konstruktionstypen der Verben sowie über die von Verben ausgehenden Ableitungstypen findet man im grammatikalischen Anhang S. 1061–1066.

2. Die Gliederung des SUBSTANTIV-Artikels erfolgt nach den jeweiligen Oberbegriffen, unter die das Wort eingeordnet werden kann. Diese Oberbegriffe oder Kategorien (frz. **catégories**) stehen vor den Beispielsätzen in eckigen Klammern. So wird z. B. der Beispielteil des Artikels **radio** nach folgenden Oberbegriffen gegliedert: [appareil], [institution], [établissement], [action, qqn, et résultat]. Eine systematische Beschreibung aller verwendeten Oberbegriffe findet man im grammatikalischen Anhang S. 1010–1060 (mit alphabet. Index S. 1009–1010). Diese Beschreibung ist vor allem deshalb des Nachschlagens wert, weil sie ausführlich über das syntaktische Verhalten der Substantive informiert, d. h. über ihren Gebrauch im Satz, ihre Konstruktion und ihre Ableitungsmöglichkeiten. Nehmen wir als Beispiel das Wort **avion**. Die drei Beispielsätze des Artikels **avion** geben die Konstruktionsangaben: **l'avion pour (New York), prendre l'avion, par avion**. Schlägt man nun unter der angegebenen Kategorie [moyen de transport] im grammatikalischen Anhang nach (S. 1028), so findet man dort nicht nur eine Fülle weiterer Transportmittel, man findet auch zusätzliche Konstruktionsangaben, z. B. **aller en avion,** oder **descendre de l'avion.**
Zur weiteren Unterscheidung der Wortverwendung wird in den Substantiv-Artikeln in runden Klammern die Kategorie «zählbar/nicht-zählbar» **(comptable/non-comptable)** benutzt, vgl. dazu S. 1012–1014.

3. Ähnliches gilt für die ADJEKTIVE (grammatikalischer Anhang S. 1067–1072) und für die FUNKTIONSWÖRTER (grammatikalischer Anhang S. 1073–1076).

## *Welche Aufgabe haben die Konstruktions- und Kollokationsangaben im DFLE 2?*

Sie dienen einmal zur Gliederung des Artikels, den sie überschaubar und leicht lesbar machen. Das ist wichtig, wenn man eine bestimmte Verwendung sucht, die man in einem Text angetroffen hat, oder wenn man den Verwendungsumfang des Wortes systematisch überschauen und sich einprägen will. Sie sind aber noch wichtiger für denjenigen Benutzer, der sich beim Schreiben eines französischen Textes fragt, ob eine Konstruktion oder Kollokation, die er verwenden will, im Französischen möglich ist. Durch seine Konstruktions- und Kollokationsangaben (zusammen mit den Beispielsätzen) wird der DFLE 2 zu einem SCHREIBWÖRTERBUCH, das wie kein anderes Hilfestellung leistet bei der Produktion fremdsprachlicher Texte.

## *Wie kann der fortgeschrittene Benutzer mit dem DFLE 2 Französisch lernen?*

Nehmen wir an, jemand beherrscht den größten Teil des in Beispielen und Bildern dargestellten Eintragswortschatzes.
Das wird erst nach etlichen Jahren der Fall sein, denn man darf sich ja von der Zahl 5000 nicht täuschen lassen. Viele Wörter haben eine stattliche Anzahl verschiedener Bedeutungen und Konstruktionen (siehe **sortir**), ganz zu schweigen von den vielen Konjugationsformen, die bei den Verben noch hinzukommen.
Für diesen Benutzer hält der DFLE 2 in jedem Artikel eine zweite Lernebene bereit, auf der der erlernte Wortschatz systematisch vertieft und erweitert wird. Diese zweite Ebene, der Kommentarteil, ist kleingedruckt und im Gegensatz zu dem kursiv gedruckten Beispielteil normal gesetzt. Sie besteht aus drei Abschnitten.

Der Abschnitt G. (= grammatikalischer Kommentar) enthält Feinheiten des grammatikalischen Gebrauchs, z. B. zur Stellung des Adjektivs, zur Häufigkeit des passivischen Gebrauchs des Verbs, zu den Kollokationen des Substantivs und vieles andere mehr.
Der Abschnitt S. (= semantischer Kommentar) enthält zusätzliche Bedeutungserklärungen (Definitionen) oder den Vergleich des Wortes mit Wörtern ähnlicher Bedeutung (Synonyme) oder gegensätzlicher Bedeutung (Antonyme). Gelegentlich werden auch Wörter genannt, die der gleichen Sachgruppe angehören (siehe die Artikel **oiseau** oder **tabac**). Besondere Aufmerksamkeit gilt der Kennzeichnung der Stilebenen **(niveaux de langue)** als normal **(courant)**, umgangssprachlich **(familier)**, derb **(populaire)**, gehoben **(soutenu)** oder literarisch **(littéraire)**. Oft werden Synonyme als mehr oder weniger expressiv **(plus fort, moins fort)** gekennzeichnet oder bestimmten Fachsprachen zugewiesen, z. B. dem rechtssprachlichen Bereich **(domaine juridique)**.
Der Abschnitt L. (= lexikalischer Kommentar) enthält Wörter, die von dem Eintragungswort abgeleitet sind, z. B. **répétition** von **répéter** oder **repassage** von **repasser**. Als abgeleitet gelten nur solche Wörter, die im gleichen Kontext wie das Grundwort verwendbar sind. Die Ableitung wird vorgeführt, indem ein Satz mit dem Grundwort in einen gleichbedeutenden Satz mit dem abgeleiteten Wort umgewandelt wird, z. B. «Tu as fini de **repasser** le linge?» → tu as fini le **repassage** du linge?»
Wichtigste Aufgabe des Kommentarteils ist die systematische Wiederholung und Ausweitung des Eintragswortschatzes der ersten Ebene. Weitere 5000 Wörter kommen auf diese Weise zu den 5000 Eintragswörtern hinzu. Die 5000 Ergänzungswörter sind entweder Ableitungen oder sinn- und sachverwandte Wörter. Die rund 2000 sinn- und sachverwandten Ergänzungswörter sind in einem Index zusammengefaßt (S. 996–1008). Für jedes Wort wird auf den oder die Artikel verwiesen, in denen es vorkommt. So kommt das Ergänzungswort **incertain** im Kommentarteil von acht verschiedenen Artikeln vor, wo es in Großbuchstaben gedruckt und somit leicht auffindbar ist. Die 3000 Ableitungen brauchen nicht eigens in einem Index zusammengefaßt zu werden, da sie meist an derselben alphabetischen Stelle wie das Grundwort erscheinen (z. B. **progrès, progresser, progression**). Wo das nicht der Fall ist, sind sie als Verweisartikel in die Nomenklatur des Wörterbuchs mit aufgenommen worden (vgl. écrémé → CRÈME L.).

Durch seinen ausführlichen Kommentarteil, durch die häufige Wiederverwendung des Eintrags- wie des Kommentarwortschatzes und nicht zuletzt durch seinen besonders originellen grammatikalisch-lexikalischen Anhang bietet der DFLE 2 ein einzigartiges Netzwerk zur Wiederholung, Vertiefung und Ausweitung des Wortschatzes.

### *Kann man mit Hilfe des DFLE 2 französische Texte lesen?*

In den vergangenen Jahren ist oft behauptet worden, mit den 2000 häufigsten Wörtern des Französischen könne man 85% eines Normaltextes erfassen. Inzwischen hat sich diese Rechnung als irrig erwiesen, weil das Verstehen des Textes oft von der Kenntnis eben der restlichen 15% Wörter abhängt. Immerhin war die Überlegung insofern richtig, als man in der Tat für das Verständnis von Normaltexten nicht über den gesamten gemeinsprachlichen Wortschatz verfügen muß. In der Regel ist es weder nötig, die 50 000 Wörter des PETIT ROBERT zu beherrschen noch die 30 000 Wörter des DICTIONNAIRE DU FRANÇAIS CONTEMPORAIN. Wir halten vielmehr die Kenntnis etwa der 15 000 häufigsten Wörter des Französischen für eine Schwelle zum reibungslosen Verstehen schriftsprachlicher Texte. Daß der DFLE 2 mit seinen insgesamt 10 000 Wörtern dieser Schwelle bereits recht nahe kommt, zeigt sich, wenn man den folgenden Leitartikel aus LE MONDE (16.6.82) mit Hilfe des DFLE 2 zu lesen versucht. (Wir geben aus Platzgründen nur die erste Hälfte wieder. Die nicht vom DFLE 2 erfaßten Wörter sind unterstrichen.)

Et maintenant?... Ayant à choisir entre l'écrasement sans gloire de ses dernières unités encerclées dans Port-Stanley et une capitulation, le général Menendez, qui commandait les troupes argentines installées aux Malouines depuis le coup de force du 2 avril, a pris le lundi 14 juin la sage mais difficile décision de se rendre.

Un dernier et bien inutile bain de sang, qui se serait ajouté à la déjà trop longue liste des victimes civiles et militaires de ce conflit, a donc pu être évité. Les jeunes <u>conscrits</u> sans aucune expérience du feu, dépêchés hâtivement dans l'archipel par une junte qui a complètement sous-estimé la capacité de riposte du gouvernement britannique, n'avaient pas la moindre chance face aux unités d'élite, parachutistes et fusiliers marins, débarqués par la Royal Navy. Et si l'aviation argentine a réussi à infliger des pertes très lourdes et spectaculaires à la flotte britannique privée de soutien aérien suffisant, il reste que l'issue du combat ne faisait plus de doute depuis le débarquement réussi à San-Carlos.

Une guerre, à la fois moderne et <u>archaïque</u>, commencé il y a deux mois et demi dans l'Atlantique sud, dans l'incrédulité et parfois l'ironie, se termine par l'humiliation de l'Argentine, qui avait cru pouvoir récupérer ses Malouines <u>sans coup férir</u>. Les conséquences de cette défaite militaire et politique seront d'autant plus graves que tout un peuple, entretenu dans l'exaltation nationaliste, sera tenté de demander des comptes <u>aux présomptueux</u> généraux de Buenos-Aires.

Dieses Experiment zeigt, daß der DFLE 2 auch als Lesewörterbuch verwendbar ist.

## *Welchen Stellenwert hat der Wortschatz im Fremdsprachenunterricht?*

Nachdem das Wortschatzlernen in der fachdidaktischen Diskussion jahrzehntelang hinter dem Grammatiklernen zurücktreten mußte und ein Schattendasein führte, erleben wir derzeit eine Art weltweite Wiederentdeckung des Wortschatzes. Wer das allseits erstrebte Lernziel «Kommunikationsfähigkeit» ernsthaft reflektiert, der stößt sehr schnell auf die herausragende Bedeutung aktiver Wortschatzkenntnisse. Aber auch wer, sei es aus traditionellem, sei es aus modernem Verständnis heraus, rezeptive Fertigkeiten wie Leseverstehen oder Hörverstehen in den Mittelpunkt des Unterrichts stellen möchte, stößt zu allererst auf die Barriere eines qualitativ hochdifferenzierten, quantitativ fast unendlichen Wortschatzes.

Mit der Wiederentdeckung des Wortschatzes als zentralem Lerninhalt des Fremdsprachenlernens geht eine weitere Erkenntnis einher, die besonders deutlich von der amerikanischen Fremdsprachendidaktikerin Wilga M. Rivers formuliert wird: «Vocabulary cannot be taught.»[2] Wortschatz kann man nicht lehren, man kann ihn nur lernen. Die Rolle des Lehrers erschöpft sich notgedrungen darin, das Interesse des Schülers für den Wortschatz zu wecken, ihm anzugeben, welchen Wortschatz er mit welcher Progression zu lernen hat und ihm zu zeigen, wie man Wortschatz lernt.

In dieser Situation sind die beiden Dictionnaires du français langue étrangère Niveau 1 und Niveau 2 zwei Hilfsmittel für das selbständige Wortschatzlernen, die in der Welt ihresgleichen suchen. Wir haben in dieser kurzen Einführung versucht, ihre Leistungsfähigkeit zu beweisen. Nun, lieber Benutzer, bon courage! und viel Freude beim Lernen des französischen Wortschatzes.

F. J. Hausmann

---

[2] W. M. Rivers, *Teaching Foreign Language Skills.* Second Edition, Chicago und London 1981, S. 463.

# alphabet phonétique

| | SONS | NOTATION PHONÉTIQUE | EXEMPLES |
|---|---|---|---|
| **voyelles orales** | a antérieur | [a] | lac, cave, il plongea |
| | a postérieur | [ɑ] | tas, vase |
| | e fermé | [e] | année, pays, obéir |
| | e ouvert | [ɛ] | très, aise, aîné, Noël, peigne, il aime |
| | i bref ou long | [i] | île, ville, ici, physique |
| | o ouvert bref ou long | [ɔ] | note, robe, or |
| | o fermé bref ou long | [o] | drôle, autre, eau |
| | ou | [u] | outil, mou, pour, août, goût |
| | u | [y] | usage, mur, il eut |
| | eu ouvert bref ou long | [œ] | peuple, bœuf, sœur |
| | eu fermé bref ou long | [ø] | nœud, jeu, il pleut |
| | e | [ə] | me, je serai, refaire, en faisant |
| **nasales semi-voyelles ou semi-consonnes** | e nasalisé ouvert | [ɛ̃] | dessin, timbre, main, plein, train |
| | a nasalisé ouvert | [ɑ̃] | an, champ, ennui, embrasser |
| | o nasalisé | [ɔ̃] | ongle, mon, tomber |
| | œ nasalisé | [œ̃] | parfum, aucun, brun |
| | y semi-voyelle | [j] | yeux, lieu, feuille, fille, piano |
| | u semi-voyelle | [ɥ] | lui, nuit, suivre |
| | ou semi-voyelle | [w] | oui, ouest, mois, point |
| **consonnes** | occlusive labiale sourde | [p] | prendre, apporter |
| | occlusive bilabiale sonore | [b] | bateau, robe, chambre, absent |
| | occlusive dentale sonore | [d] | dent, admirer, endormir |
| | occlusive dentale sourde | [t] | train, théâtre, vedette |
| | occlusive palatale sourde | [k] | quatre, carte, kilo, octobre, occuper, chrétien |
| | occlusive palatale sonore | [g] | garder, gonfler, glace, blague |
| | fricative labio-dentale sourde | [f] | faible, physique, chef |
| | fricative labio-dentale sonore | [v] | voir, révolter, vivre, wagon |
| | fricative sifflante sourde | [s] | savant, science, cela, façon, patience |
| | fricative sifflante sonore | [z] | zéro, raison |
| | fricative chuintante sonore | [ʒ] | jeune, jouer, âgé, gens |
| | fricative chuintante sourde | [ʃ] | chose, échec |
| | liquide latérale | [l] | le, lieu, intelligence, calcul, illusion |
| | liquide (vibrante) | [r] | rare, arracher, adresse, prix |
| | nasale labiale | [m] | ami, dramatique, comment |
| | nasale dentale | [n] | nager, neuf, aîné, dictionnaire |
| | nasale dentale mouillée | [ɲ] | peigne, baigner, montagne |

Le h aspiré est indiqué dans la prononciation par une apostrophe (coup de glotte), ex. : héros ['ero]. Sa présence empêche la liaison : un héros [œ̃'ero].

*ous les arbres, il n'y aura
 forêt! ● Pour avoir une
 de, nous avons abattu un*

animal, qqn *Pendant la
 est cassé la patte, il a
 bandit a été abattu par
 essayait de s'enfuir.*

*c'est le* FAIRE TOMBER*, le
 une construction, c'est la
 qqn ne s'emploie que
 arme à feu ; il a pour syn.
 éral)* TUER *et, fam.,* DES-
 qqn).

dj. (après le n.)
 ait beaucoup de fièvre
  abattu. ● Depuis la
 est très abattu.*

. (par ordre d'intensité
 agit d'un affaiblissement
 oins fort), CREVÉ (fam.),
 squ'il s'agit d'un décou-
 URAGÉ, DÉPRIMÉ, DÉMORA-
 u.)

.) *Je l'ai trouvé très
 ouvé dans un grand*

*gion, on élève des
 s que je reviens à
 iel, il est excellent.*

 *s insectes qu'on peut
 pour leur miel et leur*

**aberrant, e** [abɛrɑ̃, ɑ̃t] adj. (après le n.) (se dit de qqch [action, attitude]) *Encore une décision aberrante : déplacer cette école en province, alors que tous les professeurs habitent Paris !*
 **S.** Est *aberrant* (soutenu) ce qui est ABSURDE, ILLOGIQUE (plus faible).
 **L. aberration** (n. f.) *Votre attitude est aberrante* → *votre attitude est une aberration.*

**abîmer** [abime] v. t. (conj. **1**)
 (sujet qqch, qqn) **abîmer un objet** *Excuse-moi, j'ai abîmé ton livre, la couverture est*

*un peu déchirée.* ● *Tu ne devrais pas te laver la figure avec ce savon ; il abîme la peau.* ◆ (sujet qqch [concret]) **être abîmé** *Tu ne peux plus mettre ces chaussures ; elles sont trop abîmées.* ● *Tiens, ta voiture a une aile abîmée.* — *Oui, j'ai eu un accident la semaine dernière.* ◆ **s'abîmer** *Je ne te conseille pas ce tissu ; il s'abîmera vite.*
 **S.** *Abîmer* a pour syn. ENDOMMAGER (soutenu) et ESQUINTER (plus fort) quand il s'agit d'un objet. Être *abîmé* a des syn. variés selon les contextes : AVARIÉ, quand il s'agit de marchandises, USÉ, quand il s'agit de vêtements, DÉTÉ-RIORÉ, quand il s'agit d'un appareil.

**aboiement** → ABOYER L.

**abominable** [abɔminabl] adj. (avant ou, surtout, après le n.)
 (se dit de qqn, de qqch) *Quel temps abominable ! ça a complètement gâché nos vacan-*

## abréviations

| | |
|---|---|
| abrév. | *abréviation* |
| adj. | *adjectif* |
| adm. | *administratif* |
| adv. | *adverbe* |
| alphab. | *alphabétique* |
| art. | *article* |
| auxil. | *auxiliaire* |
| compl. | *complément* |
| compt. | *comptable* |
| cond. | *conditionnel* |
| conj. | *conjonction, conjugaison* |
| contr. | *contraire* |
| déf. | *défini* |
| dém. | *démonstratif* |
| exclam. | *exclamatif* |
| expr., express. | *expression* |
| f., fém. | *féminin* |
| fam. | *familier, familièrement* |
| imparf. | *imparfait* |
| impers. | *impersonnel* |
| ind. | *indicatif, indirect* |
| indéf. | *indéfini* |
| inf. | *infinitif* |
| interj. | *interjection* |
| interr. | *interrogatif* |
| inv. | *invariable* |
| ironiq. | *ironiquement* |
| jurid. | *juridique* |
| litt. | *littéraire* |
| loc. | *locution* |
| loc. v. | *locution verbale* |
| m., masc. | *masculin* |

| | |
|---|---|
| n. | *nom* |
| non-compt. | *non-comptable* |
| num. | *numéral* |
| oppos. | *opposition (par)* |
| p. ex. | *par exemple* |
| part. | *participe* |
| pass. | *passif* |
| péjor. | *péjoratif* |
| pers. | *personnel* |
| pl., plur. | *pluriel* |
| pop. | *populaire* |
| poss. | *possessif* |
| prép. | *préposition* |
| prés. | *présent* |
| pron. | *pronom* |
| prop. | *proposition* |
| qqch | *quelque chose* |
| qqn | *quelqu'un* |
| qqpart | *quelque part* |
| qualif. | *qualificatif* |
| rel. | *relatif* |
| scientif. | *scientifique* |
| seulem. | *seulement* |
| sing. | *singulier* |
| spécialem. | *spécialement* |
| subj. | *subjonctif* |
| symb. | *symbole* |
| syn. | *synonyme* |
| techn. | *technique* |
| v. | *voir, verbe, verbal* |
| v. i. | *verbe intransitif* |
| v. pass. | *verbe passif* |
| v. pr. | *verbe pronominal* |
| v. t. | *verbe transitif* |
| v. t. ind. | *verbe transitif indirect* |

**à** [a] prép.
I. [lieu] **à qqch (concret)** *Vous viendrez à la campagne avec nous ? • Tu vis à Paris ? • Oh ! ce que j'ai mal à la tête ! • Qu'est-ce qu'on joue au théâtre en ce moment ?*
II. [temps (date)] **à qqch** [*Au téléphone*] : *« On se voit à cinq heures ce soir ? » • Nous irons en Italie au printemps.*
III. [moyen, manière, prix] **à qqch (concret** ou **abstrait)** *Pierre est parti tout seul à bicyclette dans la forêt. • Ce pull est très cher : il est fait à la main. • À cinq francs le kilo, ces poires ne sont pas chères, tu peux en acheter.*
IV. [appartenance] **à qqn, qqch** *Ce livre est à Pierre, n'y touche pas ! • C'est une idée à moi, c'est intéressant, non ?*
V. [destination, caractéristique ; compl. de n.] **à qqch, à + inf.** *Vos tasses à thé sont très jolies, où les avez-vous achetées ? • Je ne sais malheureusement pas me servir d'une machine à écrire. • Tu veux un pull à manches courtes ou à manches longues ?*
VI. [compl. de v. t. ind. ou à double compl., compl. d'adj.] **à qqn, qqch, à + inf.** *Tu as pensé au travail que tu dois faire ? • J'ai prêté ton livre à mon fils. • Il a toujours été fidèle à sa parole. • Comment as-tu trouvé ce livre ? — Il était très agréable à lire. • Alors, ça y est, tu apprends à conduire ?*
VII. [but] **être (il y a) à + inf.** *Alors qu'est-ce qu'il y a à manger ce soir ? • Ce travail est à faire pour demain matin dernier délai.*

**G. 1.** À forme avec LE, LES les articles contractés AU, AUX. — **2.** À entre dans de nombreuses loc. de lieu, de temps, de manière, avec ou sans article (À L'IMPROVISTE, À GAUCHE, À DROITE, À CHEVAL, À PEINE, À TOUTE VITESSE, À QUATRE PATTES, À MORT, AU REVOIR, etc.). — **3.** Le nom compl. introduit par à au sens I (lieu) ou au sens VI (compl. d'objet ind.) se pronominalise en Y (*Il va à la maison → Il y VA*).
**S. 1.** À (sens I) indique le lieu où on est, où on va. — **2.** À (sens II) indique la date. — À (sens IV) introduit un compl. des verbes ÊTRE ou APPARTENIR. Cette construction est équivalente à une construction avec DE (*Ce livre est à Pierre → C'EST LE LIVRE DE PIERRE*) ou avec un possessif (*Ce livre est à lui → C'EST...*)

**abandonner** [abɑ̃dɔne] v. t.
I. (sujet qqn) **abandonner qqn,** ... *Elle ne pouvait pas élever son ... a été obligée de l'abandonner ... sance. • C'est malheureux de ... abandonnent leur chien au mo... tir en vacances.*

---

ABATTU

*S'ils abattent ... bientôt plus de ... pièce plus gran...*

mur. ◆ **abattre un** ... *course, un cheval ... fallu l'abattre. • Le... la police alors qu'il...*

**S. 1.** *Abattre* qqch, ... RENVERSER ; *abattre* ... DÉMOLIR. — **2.** *Abat...* lorsqu'on utilise une ... courant (et plus gén... CENDRE (en parlant de ...

**abattu, e** [abaty] a... (se dit de qqn) *Il av... et je l'ai trouvé très ... mort de sa femme, il ...*

**S.** *Abattu* a pour sy... croissante), lorsqu'il s'... physique, FATIGUÉ (mo... ÉPUISÉ (soutenu) et, lor... ragement (moral), DÉCO... LISÉ ou ACCABLÉ (souten...
**L. abattement** (n. m... abattu → *je l'ai tr... abattement.*

**abeille** [abɛj] n. f. [animal] *Dans la ré... abeilles et, chaque fo... Paris, je rapporte du m...*

**S.** Les *abeilles* sont de... élever dans des ruches ... cire.

ces. • *Pierre a été abominable avec nos invités, il les a presque injuriés!* • *C'est vrai qu'il a tué sa femme? — Mais c'est abominable!*

**S.** Quand il s'agit d'un crime, etc., *abominable* a pour syn. HORRIBLE, IGNOBLE, MONSTRUEUX, ATROCE, ODIEUX. Comme intensif de MAUVAIS, DÉSAGRÉABLE, il a pour syn. INFECT, DÉTESTABLE, ÉPOUVANTABLE, AFFREUX.
**L. abominablement** (adv.) Il s'est conduit de manière abominable → *il s'est conduit abominablement*. ◆ *Ce restaurant est abominablement cher* (← très cher).

**abondant, e** [abɔ̃dɑ̃, ɑ̃t] adj. (après ou, plus rarement, avant le n.)
(se dit de qqch [concret]) *Cette année, la récolte du blé sera abondante ; le printemps a été exceptionnel.* • *Des pluies abondantes sont tombées ces dernières heures : on craint des inondations.*

**S.** Est *abondant* ce qui est en grande quantité ; les contr. sont FAIBLE, INSUFFISANT (quand il s'agit de récolte) ; le syn. est FORT et le contr. RARE (quand il s'agit de pluie).
**L. abondamment** (adv.) Il a plu de façon abondante → *il a plu abondamment*. ◆ **abondance** (n. f.) Les fruits sont abondants cette année → *les fruits sont en abondance cette année*. ◆ **abonder** (v. i.) Les fautes sont abondantes dans vos dictées → *les fautes abondent dans vos dictées*.

**abonner (s')** [abɔne] v. pr. (conj. 1), **être abonné** v. pass.
(sujet qqn) **s'abonner (à un journal, une revue, etc.)** *Pour aider notre journal à vivre,* abonnez-vous et demandez à vos amis de s'abonner.

**S.** *S'abonner* a pour syn. PRENDRE UN ABONNEMENT. *S'abonner à un journal*, c'est payer d'avance plusieurs numéros (abonnement trimestriel, semestriel, annuel) qu'on reçoit chez soi par la poste.
**L. abonné, e** (n.) Ceux qui se sont abonnés à notre journal recevront un livre en cadeau → *nos abonnés recevront un livre en cadeau*. ◆ **abonnement** (n. m.) Combien ça coûte pour s'abonner? → *combien coûte l'abonnement?*

**abord** [abɔr] n. m.
[temps] **au premier abord** *Au premier abord, l'hôtel avait l'air confortable, c'est après que nous avons découvert que rien ne fonctionnait convenablement.* ◆ **d'abord** *On va au cinéma ou au restaurant? — On pourrait d'abord aller au restaurant, et puis au cinéma!* • *Qu'est-ce que tu fais cet après-midi? — D'abord, je dois faire ma lessive ; ensuite, je suis libre.* • *On s'en va? — Attends, je dois d'abord donner un coup de téléphone.* ◆ **(et puis) d'abord** *Et puis d'abord, tu m'énerves : je m'en vais!*

**S.** *Au premier abord* a pour syn. À PREMIÈRE VUE, D'EMBLÉE (soutenu). *D'abord* a pour équivalents EN PREMIER LIEU, PREMIÈREMENT ; TOUT D'ABORD est un renforcement soutenu. Les adv. ENSUITE, APRÈS, PUIS (ce qui vient après ce qui est d'abord arrivé) et ENFIN (ce qui termine la suite des événements) sont des contr. *(Et puis) d'abord* a pour syn. fam. (ET PUIS) D'AILLEURS.

**abordable** [abɔrdabl] adj. (après le n.)
(se dit d'un prix, de qqch) *Malgré le froid, les fruits restent d'un prix abordable.* • *On peut s'habiller pour pas cher ici : les vêtements sont tout à fait abordables, à condition de faire attention à ce qu'on achète.*

**S.** Est *abordable* ce qui est à la portée de toutes les bourses, ce qui est d'un prix peu élevé : le syn. est RAISONNABLE ; BON MARCHÉ indique un prix inférieur. Les contr. sont CHER, COÛTEUX.
**L. inabordable** (adj.) Les parfums ne sont pas d'un prix abordable → *les parfums sont d'un prix inabordable*.

**aborder** [abɔrde] v. t. (conj. 1)
I. (sujet qqn) **aborder qqn** *Comment l'avez-vous rencontrée? — Elle attendait l'autobus, et je l'ai tout simplement abordée dans la rue.*
II. (sujet qqn) **aborder qqch (abstrait)** *J'ai beaucoup apprécié sa manière d'aborder le problème, c'était très astucieux de sa part.*

# ABOUTIR

**S. 1.** Au sens I, *aborder* qqn, c'est lui adresser la parole après s'être approché de lui.

**S.** *Aboyer*, c'est crier en parlant d'un chien.
**L. aboiement** (n. m.) On entendait les chiens aboyer → *on entendait les aboiements des chiens.*

**abréger** [abreʒe] v. t. (conj. **4** et **12**) (sujet qqn) **abréger un énoncé, un texte** *Tu es beaucoup trop long; il faut que tu*

ACCOSTER est un syn. — **2.** Au sens II, *aborder un problème, une question,* etc., c'est commencer à y faire face. AFFRONTER, S'ATTAQUER À sont des syn.

**aboutir** [abutir] v. t. ind. (conj. **15**)
I. (sujet une rue, un fleuve, etc.) **aboutir à, dans, sur, sous,** etc., **un lieu** *Cette rue aboutit à la gare.*
II. (sujet qqch [abstrait]) **aboutir (à un résultat)** *Bruno est découragé, ses projets n'aboutissent à rien.* • *Les discussions ont enfin abouti : tout le monde est d'accord pour construire l'autoroute.*
**G.** Avec un compl. désignant une rue, la prép. à peut être omise (*La rue du Bac* ABOUTIT RUE DE SÈVRES).
**S. 1.** *Aboutir à un lieu* a pour syn. SE TERMINER, ARRIVER ou DONNER qqpart; il s'oppose à COMMENCER, DÉBUTER qqpart. — **2.** *Aboutir à un résultat* a pour syn. courants DÉBOUCHER SUR, MENER À qqch; sans compl., il a pour syn. RÉUSSIR et pour contr. ÉCHOUER.
**L. aboutissement** (n. m.) De longues recherches ont abouti à cette découverte → *cette découverte est l'aboutissement de longues recherches.*

**aboyer** [abwaje] v. i. (conj. **5**) (sujet un chien) *C'est un très bon chien de garde, dès que quelqu'un s'approche de la maison, il se met à aboyer.*

*abrèges ton rapport; autrement, tu seras ennuyeux.* ◆ (sujet qqch, qqn) **abréger qqch (temps)** *Nous avons dû abréger nos vacances, car notre fils est tombé malade.*
**S.** *Abréger*, c'est diminuer la longueur; les syn. sont RACCOURCIR, ÉCOURTER (pour le temps), RÉDUIRE, DIMINUER (pour un texte). Le contr. est ALLONGER.
**L. abrégé** (n. m.) Voilà, en ayant abrégé, ce que j'ai vu → *voilà, en abrégé, ce que j'ai vu.*
◆ **abréviation** (n. f.) *Où est la liste des abréviations ?* (← la liste des mots abrégés).

## ABSENTER

**abri** [abri] n. m
I. [construction] *La pluie commence à tomber : courons vers l'abri pour attendre le bus.* • *Les caves servaient d'abris pendant la guerre.*
II. (sujet qqch, qqn) **être, mettre un objet, qqn à l'abri (de qqch)** *La maison est derrière les arbres, elle est à l'abri du vent.* • *Tiens, il neige : mettons-nous vite à l'abri.* • *Il pleut : mettez les fauteuils à l'abri dans le jardin, ils vont être tout mouillés.*
**S. 1.** Un *abri* (sens I) est une construction aménagée pour ABRITER des intempéries (ABRIBUS, nom déposé) ou des bombardements en temps de guerre. — **2.** Au sens II, *être à l'abri de* a pour syn. ÊTRE PROTÉGÉ DE, ÊTRE EN SÛRETÉ (plus fort) quand il n'y a pas de compl. ; *mettre* qqn, qqch *à l'abri*, c'est les préserver d'un danger, d'un dommage ; *se mettre à l'abri* a pour syn. SE PROTÉGER DE, SE RÉFUGIER ou TROUVER UN REFUGE (sans compl. et soutenu).
**L. abriter**, v. ce mot.

**abricot** [abriko] n. m.
[fruit] *Il n'a pas fait très beau ; on ne mangera pas d'abricots avant la fin du mois de juin.*
**S.** *L'abricot* est un fruit jaune-orangé qu'on récolte surtout dans le midi de la France.
**L. abricotier** (n. m.) *Les abricotiers sont très tôt en fleur* (← les arbres qui produisent les abricots).

**abriter** [abrite] v. t. (conj. 1)
I. (sujet une maison) **abriter qqn** *Cette maison de campagne est grande, elle pourrait abriter plusieurs familles.*
II. (sujet qqn) **s'abriter qqpart** *Quand l'orage a éclaté nous étions en plein dans un champ, il n'y avait pas un endroit où s'abriter.*

**S. 1.** *Abriter* qqn (sens I), c'est lui servir d'habitation. — **2.** *S'abriter* qqpart (sens II), c'est SE METTRE À L'ABRI.

**abruti, e** [abryti] n.
[personne] *Je lui ai dit ce que je pensais de lui, que c'était un abruti, qu'il ne comprenait rien à rien et que désormais, je ne voulais plus avoir affaire à lui.*
**S.** *Abruti* (fam.) a pour syn. plus forts IDIOT, IMBÉCILE.

**abrutir** [abrytir] v. t. (conj. **15**)
(sujet qqch, qqn) **abrutir qqn** *Complètement abruti par la télévision, voilà comment est ton fils !*
**G.** Ce verbe s'emploie surtout au pass.
**S.** *Abrutir* qqn, c'est lui enlever la capacité de comprendre, de réfléchir.
**L. abrutissant, e** (adj.) *C'est un travail qui abrutit* → *c'est un travail abrutissant.*

**absent, e** [apsã, ãt] adj. (après le n.) et n.
[adj.] (se dit de qqn) **absent d'un lieu** [*Au téléphone*] : « *Robert n'est pas là, il est absent de Paris pour quelques jours.* » ◆ [n.] (personne) *Tout le monde est là ? — Non, il y a deux absents.* • *On dit que les absents ont toujours tort, mais ils n'entendent pas tes bêtises.*
**G.** L'adj. n'a ni comparatif ni superlatif.
**S. 1.** *Être absent* a pour syn. courant NE PAS ÊTRE LÀ (à tel endroit) et pour contr. ÊTRE PRÉSENT ou ÊTRE LÀ. — **2.** Le contr. de *absent* (n.) est PRÉSENT (n.).
**L. absence** (n. f.) *Quand je serai absent, je veux que tout se passe comme d'habitude* → *en mon absence, je veux que tout se passe comme d'habitude.* ◆ **absenter (s')**, v. ce mot.

**absenter (s')** [apsãte] v. pr. (conj. 1)
(sujet qqn) *Soyez gentille de répondre au*

## ABSOLU

téléphone s'il sonne, je m'absente pour quelques instants.

**S.** *S'absenter*, c'est quitter un lieu, SORTIR s'il ne s'agit que de quelques instants, PARTIR si c'est pour plus longtemps. Le contr. est RESTER.

**absolu, e** [apsɔly] adj. (après ou, plus rarement, avant le n.)
(se dit de qqch [abstrait]) *On peut laisser faire Georges; j'ai une confiance absolue en lui; il réussira.* • *Il me sera impossible de me rendre à la réunion; je suis dans l'absolue nécessité d'aller à Marseille demain.*

**G.** Cet adj. n'a ni comparatif ni superlatif.
**S.** Est *absolu* (soutenu) ce qui ne comporte aucune restriction; il a pour syn. TOTAL, COMPLET; le contr. est RELATIF.
**L.** *absolument*, v. ce mot.

**absolument** [apsɔlymã] adv.
[quantité] *Il faut absolument que tu viennes, j'ai besoin de toi.* • *Ce livre est très nouveau : il s'oppose absolument à tout ce qui s'est écrit avant.* • *Ce que vous dites est absolument faux : vous vous trompez complètement !* • *Je vous assure qu'il n'y a absolument rien de mal dans ce que je vous ai dit.* • *Vous êtes d'accord avec moi ? — Absolument !*

**S.** *Absolument* a pour syn. À TOUT PRIX avec IL FAUT et DEVOIR; les syn. sont ENTIÈREMENT, TOTALEMENT, COMPLÈTEMENT, TRÈS, quand il est suivi d'un adj.; les syn. sont TOUT À FAIT et OUI (plus faible) quand il est employé seul dans une réponse. VRAIMENT est un syn. moins fort dans tous ses emplois.

**absorber** [apsɔrbe] v. t. (conj. **1**)
I. (sujet qqn) **absorber qqch (boisson,** aliment, produit) *On l'a trouvée morte chez elle, elle avait absorbé un tube entier de médicaments.*
II. (sujet qqch [action, spectacle, etc.]) **absorber qqn** *Excusez-le s'il ne participe pas à notre réunion ce soir, son travail l'absorbe énormément en ce moment, il ne pense qu'à ça.* ◆ (sujet qqn) **s'absorber, être absorbé dans qqch (abstrait)** *Il est tellement absorbé dans ses pensées qu'il n'entend pas quand on lui parle.*

**S. 1.** *Absorber* (sens I) [soutenu] a pour syn. AVALER, PRENDRE (plus général), ou MANGER, BOIRE (plus précis). — **2.** *Absorber* (sens II) a pour syn. ACCAPARER. *S'absorber dans* a pour syn. ÊTRE PLONGÉ DANS, ÊTRE ACCAPARÉ, PRIS PAR.
**L. absorbant, e** (adj.). *Ce travail m'absorbe beaucoup* → *ce travail est très absorbant.*
◆ **absorption** (n. f.) *C'est parce qu'elle avait absorbé une trop forte dose de médicaments qu'elle est morte* → *c'est par l'absorption d'une trop forte dose de médicaments qu'elle est morte.*

**abstenir (s')** [apstənir] v. pr. (conj. **23**) (sujet qqn) **s'abstenir (de + inf.)** *Je serais vous, je m'abstiendrais de lui rappeler cela.*

• *Quels sont les résultats des élections ? — 20 p. 100 des électeurs se sont abstenus, 45 p. 100 sont pour et 35 p. 100 sont contre.*

**S.** *S'abstenir de faire* qqch, c'est NE PAS FAIRE, ÉVITER DE FAIRE qqch. Sans compl., c'est NE PAS SE PRONONCER et, en particulier, NE PAS PARTICIPER À UN VOTE, NE PAS VOTER.
**L. abstention** (n. f.) *Quatre-vingts personnes se sont abstenues de voter* → *il y a eu quatre-vingts abstentions.*

**abstraction** [apstraksjɔ̃] n. f.
(sujet qqn) **faire abstraction de qqch** *On le considérait comme déjà adulte, on faisait abstraction de son âge, mais il était encore trop jeune pour comprendre tout ce qu'on lui disait.*

**S.** *Faire abstraction de qqch,* c'est NE PAS TENIR COMPTE DE qqch, NE PAS PRENDRE EN CONSIDÉRATION qqch (soutenu).

**abstrait, e** [apstrɛ, ɛt] adj. (après le n.), **abstrait** n. m.
[adj.] (se dit d'un raisonnement, d'un texte) *Ce que son exposé est abstrait ! Je n'y comprends rien ; à moi, il me faut des exemples concrets.* ◆ [n. m.] (qqch) [noncompt., au sing.] *Ne reste pas dans l'abstrait, reviens un peu aux réalités.*

**S.** Est *abstrait* ce qui est difficile à comprendre à cause de son caractère général, vague ou confus ; les syn. sont THÉORIQUE, FUMEUX (péjor.) ; les contr. sont CONCRET, CLAIR. Rester dans l'*abstrait,* c'est rester dans le VAGUE, la THÉORIE.

**absurde** [apsyrd] adj. (après ou, plus rarement, avant le n.)
(se dit d'une attitude) *Ce que vous dites n'a aucun sens, c'est absurde.* • *Votre projet est absurde, il ne tient aucun compte de la situation.*

**S.** Est *absurde* ce qui est contraire à la logique, au bon sens ; il a pour syn. par ordre d'intensité croissante SAUGRENU, IDIOT, STUPIDE, INSENSÉ et EXTRAVAGANT ; DÉRAISONNABLE, ILLOGIQUE, ABERRANT sont soutenus. Les contr. sont RAISONNABLE, SENSÉ, JUDICIEUX (soutenu).
**L. absurdité** (n. f.) *C'est absurde de partir maintenant → c'est une absurdité de partir maintenant.*

**abus** [aby] n. m.
[action, qqn, et résultat] *C'est l'abus d'alcool qui l'a rendu malade.* • *Vous ne pouvez pas m'interdire cela, c'est un abus de pouvoir.* ◆ **il y a de l'abus** *Non, mais, il y a de l'abus, allez à la queue s'il vous plaît !*

**S.** L'*abus* est le fait d'*abuser* de qqch ; le syn. est EXCÈS. *Il y a de l'abus* (fam.) a pour syn. VOUS EXAGÉREZ.
**L. abusif, ive** (adj.) *L'abus de ce médicament est nocif → l'usage abusif de ce médicament est nocif.*

**abuser** [abyze] v. t. ind. (conj. **1**)
(sujet qqn) **abuser de qqch, de qqn** *Vous avez trop abusé de l'alcool, voilà la seule cause de votre maladie.* • *N'abusez pas de*

*ma patience, je vous assure qu'elle a des limites.* ◆ (sans compl.) *Arrête maintenant, je trouve que tu abuses !*

**S.** *Abuser de qqch,* c'est en user, s'en servir, l'utiliser avec excès. *Abuser de l'alcool,* c'est FAIRE DES ABUS D'ALCOOL. *Abuser de qqn,* c'est se servir de lui sans discrétion. Sans compl., *abuser* a pour syn. EXAGÉRER.
**L. abus,** v. ce mot.

**accabler** [akable] v. t. (conj. **1**)
(sujet qqn, qqch) **accabler qqn** *Il a déjà eu assez de reproches comme cela, ne l'accablez pas davantage !* • *La dernière preuve accabla l'accusé : il était coupable.*

**S.** *Accabler* qqn (soutenu), c'est le faire succomber sous la fatigue, les injures, les

# ACCAPARER

reproches. Il a pour syn. ÉCRASER, ABATTRE (avec sujet qqn, qqch), ACHEVER (avec sujet qqch).
**L. accablant, e** (adj.) *La chaleur nous accable* → *la chaleur est accablante.* ◆ **accablement** (n. m.) *Il était profondément accablé, cela faisait peine à voir* → *son profond accablement faisait peine à voir.*

**accaparer** [akapare] v. t. (conj. **1**)
(sujet qqch, qqn) **accaparer qqn** *Son travail l'accapare énormément, on ne le voit presque plus.*

**S.** *Accaparer* qqn, c'est PRENDRE SON TEMPS, l'OCCUPER, le RETENIR (moins forts).

**accéder** [aksede] v. t. ind. (conj. **12**)
I. (sujet qqn, une route) **accéder à un lieu** *Il y a un petit chemin qui permet d'accéder à la maison.*

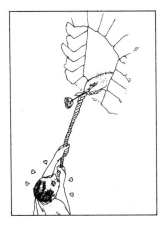

II. (sujet qqn) **accéder à une fonction** *Ce scandale l'empêchera d'accéder au poste de directeur.*
III. (sujet qqn) **accéder à une demande** *Je suis désolé, mais, en ce moment, il nous est impossible d'accéder à votre demande.*

**S. 1.** *Accéder à un lieu* (soutenu), c'est l'ATTEINDRE, y PARVENIR et, en parlant d'une route, DONNER ACCÈS À. — **2.** *Accéder à une fonction, un poste* (soutenu), c'est l'OBTENIR. — **3.** *Accéder à une demande* (soutenu), c'est y répondre affirmativement, l'ACCEPTER. Le contr. est REFUSER.
**L. accessible,** v. ce mot. ◆ **accession** (n. f.) [sens II] *Cette histoire l'a empêché d'accéder à la présidence* → *cette histoire a empêché son accession à la présidence.*

**accélérer** [akselere] v. t. (conj.**12**)
(sujet qqn) **accélérer qqch (action, mouvement)** *Le patron prétend qu'il faut accélérer le travail, sinon il perdra de l'argent.*
● *On devrait accélérer le contrôle à la douane : il y a trop de queue au guichet.*

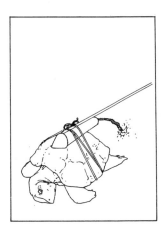

◆ (sujet qqn, un véhicule) [sans compl.] *Accélère un peu, on va être en retard.*
● *D'ici, on entend les voitures qui accélèrent dès que le feu passe à l'orange.*

**S.** *Accélérer une action, un mouvement* a pour syn. soutenus AUGMENTER LE RYTHME DE, HÂTER, et pour contr. FREINER, RALENTIR. Sans compl., il s'agit en général d'*accélérer* la vitesse d'un véhicule ; il a alors pour syn. ALLER PLUS VITE, PRENDRE DE LA VITESSE, et pour contr. FREINER, RALENTIR.
**L. accélération** (n. f.) *La voiture a accéléré brutalement* → *l'accélération de la voiture a été brutale.* ◆ **accélérateur** (n. m.) *Dans une voiture, l'accélérateur est à droite du frein* (← *la pédale pour accélérer*).

**accent** [aksã] n. m.
I. [partie d'une langue] **accent (+ adj.** ou **de + n. [pays, région])** *Franz est allemand et parle assez bien le français, mais il a un accent.* ● *On voit bien quand il parle qu'il n'est pas de Paris ; il a l'accent du Midi.*
● *Boris parle avec l'accent russe : son* r *n'est pas le* r *français.* ◆ **accent de + n. (abstrait)** *Il criait qu'il était innocent, et il y avait dans son discours des accents de sincérité qui ont ému tout le monde.*
II. [objet, langue] *On met un accent sur quelques lettres en français : é ou è,*

# abréviations

| | | | |
|---|---|---|---|
| abrév. | *abréviation* | n. | *nom* |
| adj. | *adjectif* | non-compt. | *non-comptable* |
| adm. | *administratif* | num. | *numéral* |
| adv. | *adverbe* | oppos. | *opposition (par)* |
| alphab. | *alphabétique* | p. ex. | *par exemple* |
| art. | *article* | part. | *participe* |
| auxil. | *auxiliaire* | pass. | *passif* |
| compl. | *complément* | péjor. | *péjoratif* |
| compt. | *comptable* | pers. | *personnel* |
| cond. | *conditionnel* | pl., plur. | *pluriel* |
| conj. | *conjonction, conjugaison* | pop. | *populaire* |
| | | poss. | *possessif* |
| contr. | *contraire* | prép. | *préposition* |
| déf. | *défini* | prés. | *présent* |
| dém. | *démonstratif* | pron. | *pronom* |
| exclam. | *exclamatif* | prop. | *proposition* |
| expr., express. | *expression* | qqch | *quelque chose* |
| | | qqn | *quelqu'un* |
| f., fém. | *féminin* | qqpart | *quelque part* |
| fam. | *familier, familièrement* | qualif. | *qualificatif* |
| | | rel. | *relatif* |
| imparf. | *imparfait* | scientif. | *scientifique* |
| impers. | *impersonnel* | seulem. | *seulement* |
| ind. | *indicatif, indirect* | sing. | *singulier* |
| | | spécialem. | *spécialement* |
| indéf. | *indéfini* | subj. | *subjonctif* |
| inf. | *infinitif* | symb. | *symbole* |
| interj. | *interjection* | syn. | *synonyme* |
| interr. | *interrogatif* | techn. | *technique* |
| inv. | *invariable* | v. | *voir, verbe, verbal* |
| ironiq. | *ironiquement* | v. i. | *verbe intransitif* |
| jurid. | *juridique* | v. pass. | *verbe passif* |
| litt. | *littéraire* | v. pr. | *verbe pronominal* |
| loc. | *locution* | v. t. | *verbe transitif* |
| loc. v. | *locution verbale* | v. t. ind. | *verbe transitif indirect* |
| m., masc. | *masculin* | | |

**à** [a] prép.
I. [lieu] **à qqch (concret)** *Vous viendrez à la campagne avec nous ?* • *Tu vis à Paris ?* • *Oh ! ce que j'ai mal à la tête !* • *Qu'est-ce qu'on joue au théâtre en ce moment ?*
II. [temps (date)] **à qqch** [*Au téléphone*] : *« On se voit à cinq heures ce soir ? »* • *Nous irons en Italie au printemps.*
III. [moyen, manière, prix] **à qqch (concret ou abstrait)** *Pierre est parti tout seul à bicyclette dans la forêt.* • *Ce pull est très cher : il est fait à la main.* • *À cinq francs le kilo, ces poires ne sont pas chères, tu peux en acheter.*
IV. [appartenance] **à qqn, qqch** *Ce livre est à Pierre, n'y touche pas !* • *C'est une idée à moi, c'est intéressant, non ?*
V. [destination, caractéristique ; compl. de n.] **à qqch, à + inf.** *Vos tasses à thé sont très jolies, où les avez-vous achetées ?* • *Je ne sais malheureusement pas me servir d'une machine à écrire.* • *Tu veux un pull à manches courtes ou à manches longues ?*
VI. [compl. de v. t. ind. ou à double compl., compl. d'adj.] **à qqn, qqch, à + inf.** *Tu as pensé au travail que tu dois faire ?* • *J'ai prêté ton livre à mon fils.* • *Il a toujours été fidèle à sa parole.* • *Comment as-tu trouvé ce livre ? — Il était très agréable à lire.* • *Alors, ça y est, tu apprends à conduire ?*
VII. [but] **être (il y a) à + inf.** *Alors qu'est-ce qu'il y a à manger ce soir ?* • *Ce travail est à faire pour demain matin dernier délai.*

**G. 1.** *À* forme avec LE, LES les art. déf. contractés AU, AUX. — **2.** *À* entre dans de nombreuses loc. de lieu, de temps, de manière avec ou sans article (À L'IMPROVISTE, À GAUCHE, À DROITE, À CHEVAL, À PEINE, À TOUTE VITESSE, À QUATRE PATTES, À MORT, AU REVOIR, etc.). — **3.** Le nom compl. introduit par *à* au sens I (lieu) ou au sens VI (compl. d'objet indirect) se pronominalise en Y (*Il va à la maison* → IL Y VA).
**S. 1.** *À* (sens I) indique le lieu où on est et où on va. — **2.** *À* (sens II) indique la date. — **3.** *À* (sens IV) introduit un compl. des verbes ÊTRE ou APPARTENIR. Cette construction est équivalente à une construction avec DE (*Ce livre est à Pierre* → C'EST LE LIVRE DE PIERRE) ou avec l'adj. possessif (*Ce livre est à lui* → C'EST SON LIVRE).

**abandonner** [abɑ̃dɔne] v. t. (conj. **1**)
I. (sujet qqn) **abandonner qqn, un animal** *Elle ne pouvait pas élever son enfant, elle a été obligée de l'abandonner dès la naissance.* • *C'est malheureux de voir ça ! Ils abandonnent leur chien au moment de partir en vacances.*

II. (sujet qqn) **abandonner un lieu** *Ils ont dû abandonner leur maison après l'incendie.* • *Les jeunes abandonnent peu à peu le village et partent pour la ville.*
III. (sujet qqn) **abandonner (un match, un travail)** *Pour un champion, abandonner la course à la première étape, bravo !* • *Je n'arriverai jamais à faire ce travail ; tant pis ! j'abandonne.*

**S. 1.** *Abandonner* qqn, c'est le laisser ou le lâcher définitivement ; un syn. moins fort est SE SÉPARER DE. — **2.** *Abandonner un lieu* a pour syn. moins forts, mais plus courants, S'EN ALLER DE, QUITTER. — **3.** *Abandonner un match, un travail* a pour syn. RENONCER À et, sans compl., LAISSER TOMBER (fam.), CAPITULER (soutenu et plus fort).
**L. abandon** (n. m.) *Le village a été abandonné après la guerre* → *l'abandon du village a eu lieu après la guerre.*

**abattre** [abatr] v. t. (conj. **45**)
(sujet qqn) **abattre qqch (arbre, mur, etc.)**

## ABATTU

*S'ils abattent tous les arbres, il n'y aura bientôt plus de forêt!* ● *Pour avoir une pièce plus grande, nous avons abattu un*

*mur.* ◆ **abattre un animal, qqn** *Pendant la course, un cheval s'est cassé la patte, il a fallu l'abattre.* ● *Le bandit a été abattu par la police alors qu'il essayait de s'enfuir.*

    **S. 1.** *Abattre* qqch, c'est le FAIRE TOMBER, le RENVERSER ; *abattre une construction*, c'est la DÉMOLIR. — **2.** *Abattre* qqn ne s'emploie que lorsqu'on utilise une arme à feu ; il a pour syn. courant (et plus général) TUER ef, fam., DESCENDRE (en parlant de qqn).

**abattu, e** [abaty] adj. (après le n.)
(se dit de qqn) *Il avait beaucoup de fièvre et je l'ai trouvé très abattu.* ● *Depuis la mort de sa femme, il est très abattu.*

    **S.** *Abattu* a pour syn. (par ordre d'intensité croissante), lorsqu'il s'agit d'un affaiblissement physique, FATIGUÉ (moins fort), CREVÉ (fam.), ÉPUISÉ (soutenu) et, lorsqu'il s'agit d'un découragement (moral), DÉCOURAGÉ, DÉPRIMÉ, DÉMORALISÉ ou ACCABLÉ (soutenu).
    **L. abattement** (n. m.) *Je l'ai trouvé très abattu → je l'ai trouvé dans un grand abattement.*

**abeille** [abɛj] n. f.
[animal] *Dans la région, on élève des abeilles et, chaque fois que je reviens à Paris, je rapporte du miel, il est excellent.*

    **S.** Les *abeilles* sont des insectes qu'on peut élever dans des ruches pour leur miel et leur cire.

**aberrant, e** [abɛrɑ̃, ɑ̃t] adj. (après le n.)
(se dit de qqch [action, attitude]) *Encore une décision aberrante : déplacer cette école en province, alors que tous les professeurs habitent Paris!*

    **S.** Est *aberrant* (soutenu) ce qui est ABSURDE, ILLOGIQUE (plus faible).
    **L. aberration** (n. f.) *Votre attitude est aberrante → votre attitude est une aberration.*

**abîmer** [abime] v. t. (conj. **1**)
(sujet qqch, qqn) **abîmer un objet** *Excuse-moi, j'ai abîmé ton livre, la couverture est*

*un peu déchirée.* ● *Tu ne devrais pas te laver la figure avec ce savon ; il abîme la peau.* ◆ (sujet qqch [concret]) **être abîmé** *Tu ne peux plus mettre ces chaussures ; elles sont trop abîmées.* ● *Tiens, ta voiture a une aile abîmée.* — *Oui, j'ai eu un accident la semaine dernière.* ◆ **s'abîmer** *Je ne te conseille pas ce tissu ; il s'abîmera vite.*

    **S.** *Abîmer* a pour syn. ENDOMMAGER (soutenu) et ESQUINTER (plus fort) quand il s'agit d'un objet. Être *abîmé* a des syn. variés selon les contextes : AVARIÉ, quand il s'agit de marchandises, USÉ, quand il s'agit de vêtements, DÉTÉRIORÉ, quand il s'agit d'un appareil.

**aboiement** → ABOYER L.

**abominable** [abɔminabl] adj. (avant ou, surtout, après le n.)
(se dit de qqn, de qqch) *Quel temps abominable! ça a complètement gâché nos vacan-*

ces. • *Pierre a été abominable avec nos invités, il les a presque injuriés !* • *C'est vrai qu'il a tué sa femme ?* — *Mais c'est abominable !*
**S.** Quand il s'agit d'un crime, etc., *abominable* a pour syn. HORRIBLE, IGNOBLE, MONSTRUEUX, ATROCE, ODIEUX. Comme intensif de MAUVAIS, DÉSAGRÉABLE, il a pour syn. INFECT, DÉTESTABLE, ÉPOUVANTABLE, AFFREUX.
**L. abominablement** (adv.) Il s'est conduit de manière abominable → *il s'est conduit abominablement*. ◆ *Ce restaurant est abominablement cher* (← très cher).

**abondant, e** [abɔ̃dɑ̃, ɑ̃t] adj. (après ou, plus rarement, avant le n.) (se dit de qqch [concret]) *Cette année, la récolte du blé sera abondante ; le printemps a été exceptionnel.* • *Des pluies abondantes sont tombées ces dernières heures : on craint des inondations.*
**S.** Est *abondant* ce qui est en grande quantité ; les contr. sont FAIBLE, INSUFFISANT (quand il s'agit de récolte) ; le syn. est FORT et le contr. RARE (quand il s'agit de pluie).
**L. abondamment** (adv.) Il a plu de façon abondante → *il a plu abondamment*. ◆ **abondance** (n. f.) Les fruits sont abondants cette année → *les fruits sont en abondance cette année*. ◆ **abonder** (v. i.) Les fautes sont abondantes dans vos dictées → *les fautes abondent dans vos dictées.*

**abonner (s')** [abɔne] v. pr. (conj. 1), **être abonné** v. pass.
(sujet qqn) **s'abonner (à un journal, une revue, etc.)** *Pour aider notre journal à vivre,* abonnez-vous et demandez à vos amis de s'abonner.
**S.** S'abonner a pour syn. PRENDRE UN ABONNEMENT. *S'abonner à un journal*, c'est payer d'avance plusieurs numéros (abonnement trimestriel, semestriel, annuel) qu'on reçoit chez soi par la poste.
**L. abonné, e** (n.) Ceux qui se sont abonnés à notre journal recevront un livre en cadeau → *nos abonnés recevront un livre en cadeau.* ◆ **abonnement** (n. m.) Combien ça coûte pour s'abonner ? → *combien coûte l'abonnement ?*

**abord** [abɔr] n. m.
[temps] **au premier abord** *Au premier abord, l'hôtel avait l'air confortable, c'est après que nous avons découvert que rien ne fonctionnait convenablement.* ◆ **d'abord** *On va au cinéma ou au restaurant ? — On pourrait d'abord aller au restaurant, et puis au cinéma !* • *Qu'est-ce que tu fais cet après-midi ? — D'abord, je dois faire ma lessive ; ensuite, je suis libre.* • *On s'en va ? — Attends, je dois d'abord donner un coup de téléphone.* ◆ **(et puis) d'abord** *Et puis d'abord, tu m'énerves : je m'en vais !*
**S.** Au premier abord a pour syn. À PREMIÈRE VUE, D'EMBLÉE (soutenu). *D'abord* a pour équivalents EN PREMIER LIEU, PREMIÈREMENT ; TOUT D'ABORD est un renforcement soutenu. Les adv. ENSUITE, APRÈS, PUIS (ce qui vient après ce qui est d'abord arrivé) et ENFIN (ce qui termine la suite des événements) sont des contr. *(Et puis) d'abord* a pour syn. fam. (ET PUIS) D'AILLEURS.

**abordable** [abɔrdabl] adj. (après le n.) (se dit d'un prix, de qqch) *Malgré le froid, les fruits restent d'un prix abordable.* • *On peut s'habiller pour pas cher ici : les vêtements sont tout à fait abordables, à condition de faire attention à ce qu'on achète.*
**S.** Est *abordable* ce qui est à la portée de toutes les bourses, ce qui est d'un prix peu élevé : le syn. est RAISONNABLE ; BON MARCHÉ indique un prix inférieur. Les contr. sont CHER, COÛTEUX.
**L. inabordable** (adj.) Les parfums ne sont pas d'un prix abordable → *les parfums sont d'un prix inabordable.*

**aborder** [abɔrde] v. t. (conj. 1)
I. (sujet qqn) **aborder qqn** *Comment l'avez-vous rencontrée ? — Elle attendait l'autobus, et je l'ai tout simplement abordée dans la rue.*
II. (sujet qqn) **aborder qqch (abstrait)** *J'ai beaucoup apprécié sa manière d'aborder le problème, c'était très astucieux de sa part.*

# ABOUTIR

**S. 1.** Au sens I, *aborder* qqn, c'est lui adresser la parole après s'être approché de lui.

**S.** *Aboyer,* c'est crier en parlant d'un chien.
**L. aboiement** (n. m.) On entendait les chiens aboyer → *on entendait les aboiements des chiens.*

**abréger** [abreʒe] v. t. (conj. 4 et 12) (sujet qqn) **abréger un énoncé, un texte** *Tu es beaucoup trop long ; il faut que tu*

ACCOSTER est un syn. — **2.** Au sens II, *aborder un problème, une question,* etc., c'est commencer à y faire face. AFFRONTER, S'ATTAQUER À sont des syn.

**aboutir** [abutir] v. t. ind. (conj. 15)
I. (sujet une rue, un fleuve, etc.) **aboutir à, dans, sur, sous, etc., un lieu** *Cette rue aboutit à la gare.*
II. (sujet qqch [abstrait]) **aboutir (à un résultat)** *Bruno est découragé, ses projets n'aboutissent à rien.* • *Les discussions ont enfin abouti : tout le monde est d'accord pour construire l'autoroute.*
**G.** Avec un compl. désignant une rue, la prép. À peut être omise (*La rue du Bac* ABOUTIT RUE DE SÈVRES).
**S. 1.** *Aboutir à un lieu* a pour syn. SE TERMINER, ARRIVER ou DONNER qqpart ; il s'oppose à COMMENCER, DÉBUTER qqpart. — **2.** *Aboutir à un résultat* a pour syn. courants DÉBOUCHER SUR, MENER À qqch ; sans compl., il a pour syn. RÉUSSIR et pour contr. ÉCHOUER.
**L. aboutissement** (n. m.) De longues recherches ont abouti à cette découverte → *cette découverte est l'aboutissement de longues recherches.*

**aboyer** [abwaje] v. i. (conj. 5)
(sujet un chien) *C'est un très bon chien de garde, dès que quelqu'un s'approche de la maison, il se met à aboyer.*

*abrèges ton rapport ; autrement, tu seras ennuyeux.* ◆ (sujet qqch, qqn) **abréger qqch (temps)** *Nous avons dû abréger nos vacances, car notre fils est tombé malade.*

**S.** *Abréger,* c'est diminuer la longueur ; les syn. sont RACCOURCIR, ÉCOURTER (pour le temps), RÉDUIRE, DIMINUER (pour un texte). Le contr. est ALLONGER.
**L. abrégé** (n. m.) Voilà, en ayant abrégé, ce que j'ai vu → *voilà, en abrégé, ce que j'ai vu.*
◆ **abréviation** (n. f.) *Où est la liste des abréviations ?* (← *la liste des mots abrégés*).

# ABSENTER

**abri** [abri] n. m
I. [construction] *La pluie commence à tomber : courons vers l'abri pour attendre le bus.* • *Les caves servaient d'abris pendant la guerre.*
II. (sujet qqch, qqn) **être, mettre un objet, qqn à l'abri (de qqch)** *La maison est derrière les arbres, elle est à l'abri du vent.* • *Tiens, il neige : mettons-nous vite à l'abri.* • *Il pleut : mettez les fauteuils à l'abri dans le jardin, ils vont être tout mouillés.*

**S. 1.** Un *abri* (sens I) est une construction aménagée pour ABRITER des intempéries (ABRIBUS, nom déposé) ou des bombardements en temps de guerre. — **2.** Au sens II, *être à l'abri de* a pour syn. ÊTRE PROTÉGÉ DE, ÊTRE EN SÛRETÉ (plus fort) quand il n'y a pas de compl. ; *mettre* qqn, qqch *à l'abri*, c'est les préserver d'un danger, d'un dommage ; *se mettre à l'abri* a pour syn. SE PROTÉGER DE, SE RÉFUGIER ou TROUVER UN REFUGE (sans compl. et soutenu).
**L.** **abriter,** v. ce mot.

**abricot** [abriko] n. m.
[fruit] *Il n'a pas fait très beau ; on ne mangera pas d'abricots avant la fin du mois de juin.*

**S.** *L'abricot* est un fruit jaune-orangé qu'on récolte surtout dans le midi de la France.
**L.** **abricotier** (n. m.) *Les abricotiers sont très tôt en fleur* (← les arbres qui produisent les abricots).

**abriter** [abrite] v. t. (conj. 1)
I. (sujet une maison) **abriter qqn** *Cette maison de campagne est grande, elle pourrait abriter plusieurs familles.*
II. (sujet qqn) **s'abriter qqpart** *Quand l'orage a éclaté nous étions en plein dans un champ, il n'y avait pas un endroit où s'abriter.*

**S. 1.** *Abriter* qqn (sens I), c'est lui servir d'habitation. — **2.** *S'abriter* qqpart (sens II), c'est SE METTRE À L'ABRI.

**abruti, e** [abryti] n.
[personne] *Je lui ai dit ce que je pensais de lui, que c'était un abruti, qu'il ne comprenait rien à rien et que désormais, je ne voulais plus avoir affaire à lui.*

**S.** *Abruti* (fam.) a pour syn. plus forts IDIOT, IMBÉCILE.

**abrutir** [abrytir] v. t. (conj. **15**)
(sujet qqch, qqn) **abrutir qqn** *Complètement abruti par la télévision, voilà comment est ton fils !*

**G.** Ce verbe s'emploie surtout au pass.
**S.** *Abrutir* qqn, c'est lui enlever la capacité de comprendre, de réfléchir.
**L. abrutissant, e** (adj.) *C'est un travail qui abrutit* → *c'est un travail abrutissant.*

**absent, e** [apsã, ãt] adj. (après le n.) et n.
[adj.] (se dit de qqn) **absent d'un lieu** [Au téléphone] : *« Robert n'est pas là, il est absent de Paris pour quelques jours. »* ◆ [n.] (personne) *Tout le monde est là ? — Non, il y a deux absents.* • *On dit que les absents ont toujours tort, mais ils n'entendent pas tes bêtises.*

**G.** L'adj. n'a ni comparatif ni superlatif.
**S. 1.** *Être absent* a pour syn. courant NE PAS ÊTRE LÀ (à tel endroit) et pour contr. ÊTRE PRÉSENT ou ÊTRE LÀ. — **2.** Le contr. de *absent* (n.) est PRÉSENT (n.).
**L. absence** (n. f.) *Quand je serai absent, je veux que tout se passe comme d'habitude* → *en mon absence, je veux que tout se passe comme d'habitude.* ◆ **absenter (s'),** v. ce mot.

**absenter (s')** [apsɑ̃te] v. pr. (conj. 1)
(sujet qqn) *Soyez gentille de répondre au*

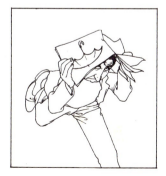

## ABSOLU

*téléphone s'il sonne, je m'absente pour quelques instants.*

**S.** *S'absenter,* c'est quitter un lieu, SORTIR s'il ne s'agit que de quelques instants, PARTIR si c'est pour plus longtemps. Le contr. est RESTER.

**absolu, e** [apsɔly] adj. (après ou, plus rarement, avant le n.)
(se dit de qqch [abstrait]) *On peut laisser faire Georges ; j'ai une confiance absolue en lui ; il réussira.* • *Il me sera impossible de me rendre à la réunion ; je suis dans l'absolue nécessité d'aller à Marseille demain.*
**G.** Cet adj. n'a ni comparatif ni superlatif.
**S.** Est *absolu* (soutenu) ce qui ne comporte aucune restriction ; il a pour syn. TOTAL, COMPLET ; le contr. est RELATIF.
**L. absolument,** v. ce mot.

**absolument** [apsɔlymã] adv.
[quantité] *Il faut absolument que tu viennes, j'ai besoin de toi.* • *Ce livre est très nouveau : il s'oppose absolument à tout ce qui s'est écrit avant.* • *Que vous dites est absolument faux : vous vous trompez complètement !* • *Je vous assure qu'il n'y a absolument rien de mal dans ce que je vous ai dit.* • *Vous êtes d'accord avec moi ? — Absolument !*

**S.** *Absolument* a pour syn. À TOUT PRIX avec IL FAUT et DEVOIR ; les syn. sont ENTIÈREMENT, TOTALEMENT, COMPLÈTEMENT, TRÈS, quand il est suivi d'un adj. ; les syn. sont TOUT À FAIT et OUI (plus faible) quand il est employé seul dans une réponse. VRAIMENT est un syn. moins fort dans tous ses emplois.

**absorber** [apsɔrbe] v. t. (conj. **1**)
I. (sujet qqn) **absorber qqch (boisson,**

**aliment, produit)** *On l'a trouvée morte chez elle, elle avait absorbé un tube entier de médicaments.*
II. (sujet qqch [action, spectacle, etc.]) **absorber qqn** *Excusez-le s'il ne participe pas à notre réunion ce soir, son travail l'absorbe énormément en ce moment, il ne pense qu'à ça.* ♦ (sujet qqn) **s'absorber, être absorbé dans qqch (abstrait)** *Il est tellement absorbé dans ses pensées qu'il n'entend pas quand on lui parle.*

**S. 1.** *Absorber* (sens I) [soutenu] a pour syn. AVALER, PRENDRE (plus général), ou MANGER, BOIRE (plus précis). — **2.** *Absorber* (sens II) a pour syn. ACCAPARER. *S'absorber dans* a pour syn. ÊTRE PLONGÉ DANS, ÊTRE ACCAPARÉ, PRIS PAR.
**L. absorbant, e** (adj.). *Ce travail m'absorbe beaucoup* → *ce travail est très absorbant.*
♦ **absorption** (n. f.) *C'est parce qu'elle avait absorbé une trop forte dose de médicaments qu'elle est morte* → *c'est par l'absorption d'une trop forte dose de médicaments qu'elle est morte.*

**abstenir (s')** [apstənir] v. pr. (conj. **23**)
(sujet qqn) **s'abstenir (de + inf.)** *Je serais vous, je m'abstiendrais de lui rappeler cela.*

• *Quels sont les résultats des élections ? — 20 p. 100 des électeurs se sont abstenus, 45 p. 100 sont pour et 35 p. 100 sont contre.*

**S.** *S'abstenir de faire* qqch, c'est NE PAS FAIRE, ÉVITER DE FAIRE qqch. Sans compl., c'est NE PAS SE PRONONCER et, en particulier, NE PAS PARTICIPER À UN VOTE, NE PAS VOTER.
**L. abstention** (n. f.) *Quatre-vingts personnes se sont abstenues de voter* → *il y a eu quatre-vingts abstentions.*

**abstraction** [apstraksjɔ̃] n. f.
(sujet qqn) **faire abstraction de qqch** *On le considérait comme déjà adulte, on faisait abstraction de son âge, mais il était encore trop jeune pour comprendre tout ce qu'on lui disait.*

**S.** *Faire abstraction de qqch*, c'est NE PAS TENIR COMPTE DE qqch, NE PAS PRENDRE EN CONSIDÉRATION qqch (soutenu).

**abstrait, e** [apstrɛ, ɛt] adj. (après le n.), **abstrait** n. m.
[adj.] (se dit d'un raisonnement, d'un texte) *Ce que son exposé est abstrait! Je n'y comprends rien; à moi, il me faut des exemples concrets.* ◆ [n. m.] (qqch) [non-compt., au sing.] *Ne reste pas dans l'abstrait, reviens un peu aux réalités.*

**S.** Est *abstrait* ce qui est difficile à comprendre à cause de son caractère général, vague ou confus; les syn. sont THÉORIQUE, FUMEUX (péjor.); les contr. sont CONCRET, CLAIR. Rester dans l'*abstrait*, c'est rester dans le VAGUE, la THÉORIE.

**absurde** [apsyrd] adj. (après ou, plus rarement, avant le n.)
(se dit d'une attitude) *Ce que vous dites n'a aucun sens, c'est absurde.* • *Votre projet est absurde, il ne tient aucun compte de la situation.*

**S.** Est *absurde* ce qui est contraire à la logique, au bon sens; il a pour syn. par ordre d'intensité croissante SAUGRENU, IDIOT, STUPIDE, INSENSÉ et EXTRAVAGANT ; DÉRAISONNABLE, ILLOGIQUE, ABERRANT sont soutenus. Les contr. sont RAISONNABLE, SENSÉ, JUDICIEUX (soutenu).
**L. absurdité** (n. f.) *C'est absurde de partir maintenant* → *c'est une absurdité de partir maintenant.*

**abus** [aby] n. m.
[action, qqn, et résultat] *C'est l'abus d'alcool qui l'a rendu malade.* • *Vous ne pouvez pas m'interdire cela, c'est un abus de pouvoir.* ◆ **il y a de l'abus** *Non, mais, il y a de l'abus, allez à la queue s'il vous plaît!*

**S.** L'*abus* est le fait d'abuser de qqch; le syn. est EXCÈS. *Il y a de l'abus* (fam.) a pour syn. VOUS EXAGÉREZ.
**L. abusif, ive** (adj.) *L'abus de ce médicament est nocif* → *l'usage abusif de ce médicament est nocif.*

**abuser** [abyze] v. t. ind. (conj. **1**)
(sujet qqn) **abuser de qqch, de qqn** *Vous avez trop abusé de l'alcool, voilà la seule cause de votre maladie.* • *N'abusez pas de*

*ma patience, je vous assure qu'elle a des limites.* ◆ (sans compl.) *Arrête maintenant, je trouve que tu abuses!*

**S.** *Abuser de qqch*, c'est en user, s'en servir, l'utiliser avec excès. *Abuser de l'alcool*, c'est FAIRE DES ABUS D'ALCOOL. *Abuser de qqn*, c'est se servir de lui sans discrétion. Sans compl., *abuser* a pour syn. EXAGÉRER.
**L. abus**, v. ce mot.

**accabler** [akable] v. t. (conj. **1**)
(sujet qqn, qqch) **accabler qqn** *Il a déjà eu assez de reproches comme cela, ne l'accablez pas davantage!* • *La dernière preuve accabla l'accusé : il était coupable.*

**S.** *Accabler* qqn (soutenu), c'est le faire succomber sous la fatigue, les injures, les

## ACCAPARER

reproches. Il a pour syn. ÉCRASER, ABATTRE (avec sujet qqn, qqch), ACHEVER (avec sujet qqch).
**L. accablant, e** (adj.) La chaleur nous accable → *la chaleur est accablante.* ◆ **accablement** (n. m.) Il était profondément accablé, cela faisait peine à voir → *son profond accablement faisait peine à voir.*

**accaparer** [akapare] v. t. (conj. **1**)
(sujet qqch, qqn) **accaparer qqn** *Son travail l'accapare énormément, on ne le voit presque plus.*

**S.** *Accaparer* qqn, c'est PRENDRE SON TEMPS, l'OCCUPER, le RETENIR (moins forts).

**accéder** [aksede] v. t. ind. (conj. **12**)
I. (sujet qqn, une route) **accéder à un lieu** *Il y a un petit chemin qui permet d'accéder à la maison.*

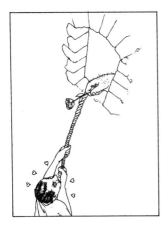

II. (sujet qqn) **accéder à une fonction** *Ce scandale l'empêchera d'accéder au poste de directeur.*
III. (sujet qqn) **accéder à une demande** *Je suis désolé, mais, en ce moment, il nous est impossible d'accéder à votre demande.*

**S. 1.** *Accéder à un lieu* (soutenu), c'est l'ATTEINDRE, y PARVENIR et, en parlant d'une route, DONNER ACCÈS À. — **2.** *Accéder à une fonction, un poste* (soutenu), c'est l'OBTENIR. — **3.** *Accéder à une demande* (soutenu), c'est y répondre affirmativement, l'ACCEPTER. Le contr. est REFUSER.
**L. accessible**, v. ce mot. ◆ **accession** (n. f.) [sens II] *Cette histoire l'a empêché d'accéder à la présidence* → *cette histoire a empêché son accession à la présidence.*

**accélérer** [akselere] v. t. (conj.**12**)
(sujet qqn) **accélérer qqch (action, mouvement)** *Le patron prétend qu'il faut accélérer le travail, sinon il perdra de l'argent.*
● *On devrait accélérer le contrôle à la douane : il y a trop de queue au guichet.*

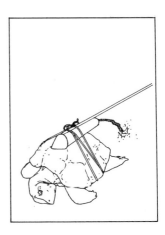

◆ (sujet qqn, un véhicule) [sans compl.] *Accélère un peu, on va être en retard.*
● *D'ici, on entend les voitures qui accélèrent dès que le feu passe à l'orange.*

**S.** *Accélérer une action, un mouvement* a pour syn. soutenus AUGMENTER LE RYTHME DE, HÂTER, et pour contr. FREINER, RALENTIR. Sans compl., il s'agit en général d'*accélérer* la vitesse d'un véhicule ; il a alors pour syn. ALLER PLUS VITE, PRENDRE DE LA VITESSE, et pour contr. FREINER, RALENTIR.
**L. accélération** (n. f.) *La voiture a accéléré brutalement* → *l'accélération de la voiture a été brutale.* ◆ **accélérateur** (n. m.) *Dans une voiture, l'accélérateur est à droite du frein* (← *la pédale pour accélérer*).

**accent** [aksã] n. m.
I. [partie d'une langue] **accent (+ adj.** ou **de + n. [pays, région])** *Franz est allemand et parle assez bien le français, mais il a un accent.* ● *On voit bien quand il parle qu'il n'est pas de Paris ; il a l'accent du Midi.*
● *Boris parle avec l'accent russe : son* r *n'est pas le* r *français.* ◆ **accent de + n.**
(abstrait) *Il criait qu'il était innocent, et il y avait dans son discours des accents de sincérité qui ont ému tout le monde.*
II. [objet, langue] *On met un accent sur quelques lettres en français :* é *ou* è,

# ACCESSOIRE

à, ô, etc., pour indiquer certains sons ou pour éviter de confondre des mots de même orthographe.
III. (sujet qqn) **mettre l'accent sur qqch** Dans votre discours, il faut que vous mettiez l'accent sur l'importance de notre action. • L'avocat a mis l'accent sur la vie malheureuse de son client.
**S. 1.** Un *accent* (sens I) est une prononciation propre à un pays, à une région, ou une manière de parler qui manifeste un sentiment *(accent de sincérité).* — **2.** Au sens II, on distingue trois *accents* en français, l'*accent* GRAVE (è), l'*accent* AIGU (é), l'*accent* CIRCONFLEXE (ê). *Mettre un accent sur, à un mot* a pour syn. ACCENTUER, METTRE L'ACCENTUATION SUR *un mot*. — **3.** *Mettre l'accent sur* (sens III) a pour syn. INSISTER SUR, SOULIGNER qqch, METTRE EN AVANT qqch.
**L. accentuer,** v. ce mot.

**accentuer** [aksɑ̃tɥe] v. t. (conj. **2**) (sujet qqch, qqn) **accentuer qqch** *Vous devriez mettre un rouge plus vif pour accentuer le dessin de votre bouche.* • *Cette nouvelle réforme accentue encore les inégalités entre les travailleurs.* ✦ (sujet qqch) **s'accentuer** *Le froid va s'accentuer encore quelques jours, puis il va se mettre à faire beau.*
**S.** *Accentuer* a pour syn. SOULIGNER (en parlant d'une forme, d'un trait, etc.) ou AUGMENTER, ACCROÎTRE. *S'accentuer* a pour syn. AUGMENTER, DEVENIR PLUS FORT ou PLUS INTENSE. Les contr. sont DIMINUER, (S')ATTÉNUER.
**L. accentuation** (n. f.) *Cette mesure permettra d'éviter que la hausse des prix ne s'accentue* → *cette mesure permettra d'éviter l'accentuation de la hausse des prix.*

**accepter** [aksɛpte] v. t. (conj. **1**) (sujet qqn) **accepter qqch, de** + inf., **que** + subj. *À ma place, est-ce que vous accepteriez ce projet ?* • *Alors, vous n'êtes plus en colère ? Vous accepteriez de venir chez nous ?* • *Taisez-vous, je n'accepte pas qu'on me parle sur ce ton.* ✦ (sans compl.) *Ce qu'il vous propose est intéressant, acceptez.*
**S.** *Accepter une proposition, une idée* a pour syn. ADOPTER, AGRÉER (adm.), et pour contr. REPOUSSER, REJETER ; sans compl., il a pour syn. DIRE OUI, ÊTRE D'ACCORD. *Accepter de faire* a pour syn. VOULOIR BIEN, CONSENTIR À FAIRE (soutenu). TOLÉRER (soutenu) et SUPPORTER (courant) sont des syn. quand il s'agit de reproches, de défauts. Dans tous ces emplois, le contr. est REFUSER.
**L. acceptable** (adj.) *On peut accepter cette offre* → *cette offre est acceptable.* ✦ **acceptation** (n. f.) *Accepter ces propositions n'aura pas de conséquences fâcheuses* → *l'acceptation de ces propositions n'aura pas de conséquences fâcheuses.* ✦ **inacceptable,** v. ce mot.

**accès** [aksɛ] n. m.
I. [action, qqn, qqch] (non-compt., au sing.) **accès de** + n. (lieu) *Avec cet orage, l'accès de l'île va devenir difficile.*
II. [lieu] (compt.) **accès de** + n. (lieu, édifice) *Tous les accès de la maison sont surveillés par la police ; il est peu probable que les voleurs puissent s'échapper.*
**S. 1.** *Accès* (sens I) désigne le fait d'ACCÉDER, de parvenir à un lieu. — **2.** Les *accès d'un lieu, d'un édifice* (sens II) sont les ISSUES, les PASSAGES, les ENTRÉES, les SORTIES.

**accessible** [aksesibl] adj. (après le n.) (se dit de qqch [abstrait, texte]) **accessible (à, pour qqn)** *Tu dois lire ce livre ; il est très simple et te sera très accessible.*
**S.** Est *accessible* (soutenu) ce qui peut être compris ; les syn. sont COMPRÉHENSIBLE, FACILE. Les contr. sont OBSCUR, INCOMPRÉHENSIBLE.
**L. inaccessible** (adj.) *Ce texte n'est pas accessible* → *ce texte est inaccessible.*

**accession** → ACCÉDER L.

**accessoire** [akseswar] adj. (après le n.) (se dit de qqch) *Vous pouvez compter pour vos vacances trois mille francs, et quelques frais accessoires pour les boissons et les pourboires.* • *Tu fais trop attention aux détails, regarde le principal et non pas ce qui est accessoire.*
**G.** Cet adj. ne se met ni au comparatif ni au superlatif.

## ACCIDENT

**S.** Est *accessoire* ce qui s'ajoute à qqch de principal, d'essentiel ; les syn. sont SECONDAIRE, ANNEXE, SUPPLÉMENTAIRE (quand il s'agit des frais) ; les contr. sont IMPORTANT, CAPITAL, MAJEUR, PRIMORDIAL (avec un n. abstrait).
**L. accessoirement** (adv.) Ce livre est destiné, de manière accessoire, à d'autres qu'aux étudiants → *ce livre est destiné accessoirement à d'autres qu'aux étudiants.*

**accident** [aksidã] n. m.
I. [événement] (compt.) *À peu près tous les week-ends, les accidents de la route font des dizaines de morts et de blessés.* • *Tu as vu le titre du journal ? Il y a eu un grave accident d'avion.* • *Le nombre d'accidents*

*du travail a augmenté malgré les mesures prises.*
II. [événement, qqn] (compt., surtout au sing.) *Oui, il a réussi, mais c'est un accident ; normalement il aurait dû rater.*

**S. 1.** Un *accident* (sens I) est un événement imprévu qui cause des dégâts matériels et corporels. Un grave *accident* (de chemin de fer, d'avion) est souvent qualifié de CATASTROPHE. — **2.** Un *accident* (sens II) est un événement bon ou mauvais qui se produit de manière exceptionnelle dans le cours d'une action ou d'un processus.
**L. accidenté, e** (adj. et n.) [sens I] Il a acheté une voiture qui avait eu un accident → *il a acheté une voiture accidentée.* ◆ **accidentel, accidentellement,** v. ces mots.

**accidentel, elle** [aksidɑ̃tɛl] adj. (après le n.)
(se dit d'un événement) *Son absence est accidentelle, il est là tous les jours ; revenez demain, vous le trouverez.* ◆ **mort accidentelle** *On a longtemps cru qu'il s'était suicidé, mais il s'agissait d'une mort accidentelle, comme l'a montré l'enquête.*

**G.** Cet adj. n'a ni comparatif ni superlatif.
**S.** Est *accidentel* ce qui est dû au hasard, ce qui arrive par hasard ; le syn. soutenu est FORTUIT ou, plus fort, INHABITUEL. Une *mort accidentelle* est due à un ACCIDENT, un événement malheureux.
**L. accidentellement,** v. ce mot.

**accidentellement** [aksidɑ̃tɛlmɑ̃] adv.
I. [manière] *Je l'ai appris tout à fait accidentellement ; c'est un ami que j'ai rencontré qui me l'a dit.*
II. [cause] *J'ai une mauvaise nouvelle à t'apprendre : Paul est mort accidentellement sur l'autoroute du sud.*

**S. 1.** *Accidentellement* (sens I) a pour syn. PAR HASARD, FORTUITEMENT (soutenu). — **2.** Au sens II, il a pour équivalent DANS UN ACCIDENT.

**acclamer** [aklame] v. t. (conj. **1**)
(sujet qqn) **acclamer qqn, qqch (œuvre, spectacle, etc.)** *Une foule énorme acclama*

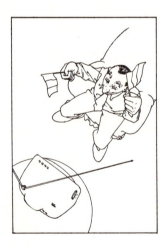

*le président quand il descendit de l'avion.* • *On ne comprendra jamais pourquoi cette pièce fut sifflée ce jour-là, après avoir été acclamée pendant des mois.*

**S.** *Acclamer* a pour syn. moins fort APPLAUDIR et pour contr. SIFFLER, HUER, CONSPUER (soutenu).
**L. acclamation** (n. f.) *Son entrée sur scène fut saluée par le public qui l'acclamait* → *son*

entrée sur scène fut saluée par les acclamations du public.

**accommodant, e** [akɔmɔdɑ̃, ɑ̃t] adj. (après le n.)
(se dit de qqn) *On ne peut pas dire que vous soyez accommodant. On vous fait une proposition qui respecte vos intérêts et vous refusez!*
**S.** Être *accommodant*, c'est être ARRANGEANT, CONCILIANT.

**accommoder (s')** [akɔmɔde] v. pr. (conj. 1)
(sujet qqn) **s'accommoder à, de qqch** *Il a

eu du mal à s'accommoder aux conditions de travail de la maison, mais maintenant ça y est.*
**S.** *S'accommoder* a pour syn. S'HABITUER À (moins fort), S'ADAPTER, SE FAIRE À (fam.).

**accompagner** [akɔ̃pape] v. t. (conj. 1)
(sujet qqn) **accompagner qqn (qqpart)** *Attends-moi, je vais t'accompagner jusqu'au métro.* • *Il a un succès effrayant; chaque soir des admiratrices l'accompagnent chez lui après le spectacle.*
**S.** *Accompagner* qqn a pour équivalents courants ALLER, VENIR AVEC qqn. Quand on est nombreux à *accompagner* qqn, on l'ESCORTE.
**L. raccompagner,** v. ce mot.

**accomplir** [akɔ̃plir] v. t. (conj. 15)
(sujet qqn) **accomplir qqch (abstrait, action)** *Ne regrettez rien, vous avez accompli votre devoir en parlant de cela à la police.*
**S.** *Accomplir* est un syn. soutenu de FAIRE.

**accord** [akɔr] n. m., **d'accord** adv.
I. [action, qqn] (non-compt., au sing.) *Martine ne viendra pas, elle ne peut pas sortir sans l'accord de ses parents.* • *Tu ne vas quand même pas donner ton accord à une expérience aussi risquée?* ◆ **d'un commun accord** *Les deux équipes ont, d'un commun accord, décidé de reporter le match à une date ultérieure.* ◆ [état, qqn] (compt.) *Ils ne peuvent plus vivre ensemble, il n'y a plus aucun accord entre eux.*
II. [résultat] (compt.) *Après trois jours de discussion, des accords de salaires ont été conclus dans la métallurgie et l'industrie chimique.*
III. (sujet qqn) **être, mettre d'accord** *Moi, je serais d'accord pour partir tôt, sinon, on aura des embouteillages.* • *Vous vous disputez pour ce gâteau? Je vais vous mettre d'accord, vous ne l'aurez ni l'un ni l'autre.* • *Jacques et Pierre se sont enfin mis d'accord sur ce qu'on allait faire ce soir.*
◆ [adv.] (affirmation) **d'accord** *Tu passes me prendre en voiture? — D'accord, alors à demain, 5 heures.*

**S. 1.** *Donner son accord* (sens I), c'est ACCORDER UNE PERMISSION À qqn, lui DONNER SON CONSENTEMENT, DONNER SON APPROBATION À qqch, l'APPROUVER. *D'un commun accord* a pour syn. ENSEMBLE. *Accord,* comme état, a pour syn. ENTENTE, HARMONIE, et pour contr. DÉSACCORD.
— **2.** Au sens II, *accord* appartient à la langue juridique, sociale ou administrative et désigne des CONVENTIONS, TRAITÉS, CONTRATS passés

## ACCORDÉON

entre plusieurs groupes sur un point précis après, le plus souvent, des négociations. — **3.** Au sens III, *être d'accord,* c'est APPROUVER qqch. S'ENTENDRE, TOMBER D'ACCORD, S'ACCORDER sont des syn. soutenus de *se mettre d'accord*; (SE) RÉCONCILIER, un syn. soutenu de *(se) mettre d'accord.* (C'EST) ENTENDU est un syn. moins fréquent de *d'accord* employé seul; O.K. [ɔke] est un équivalent fam.; un syn. moins fort est simplement OUI.
**L. désaccord** (n. m.) Ses parents ne sont pas d'accord → *ses parents sont en désaccord.*

**accordéon** [akɔrdeɔ̃] n. m.
[instrument de musique] (compt.) *Pour son anniversaire on lui a offert un accordéon.* ◆ (non-compt., au sing.) *On joue souvent de l'accordéon dans les bals de campagne.*

**S.** L'*accordéon* est un instrument de musique à vent muni de deux claviers comportant des touches.
**L. accordéoniste** (n.) C'est un de nos meilleurs joueurs d'accordéon → *c'est un de nos meilleurs accordéonistes.*

**accorder** [akɔrde] v. t. (conj. **1**)
I. (sujet qqn) **accorder qqch (à qqn)** *Après de longues discussions, la direction a accepté d'accorder un jour de congé supplé-*

*mentaire à ses employés.* ◆ **accorder à qqn que + ind.** *Je vous accorde que les prix augmentent, mais, pour l'instant, il n'est pas question d'augmenter les salaires.*
II. (sujet qqn) **s'accorder avec qqn (pour + inf.)** *Je m'accorde avec les critiques pour dire que cette pièce est remarquable.*

**S. 1.** *Accorder* qqch (sens I) a pour syn. DONNER, OCTROYER (soutenu) [mais *accorder* suppose que la décision a été en général prise après réflexion], et pour contr. REFUSER. *Je vous accorde que* a pour syn. JE RECONNAIS, J'ADMETS QUE. — **2.** *S'accorder* (sens II) [soutenu] a pour syn. S'ENTENDRE ; ÊTRE D'ACCORD en est un équivalent en langue courante.

**accoucher** [akuʃe] v. t. ind. (conj. **1**)
(sujet une femme) **accoucher (d'un enfant)** *Ça y est, Jeanne a accouché d'un garçon; elle aurait bien voulu une fille.* • *Julie est enceinte. — Ah! et quand est-ce qu'elle accouche?*

**S.** *Accoucher,* c'est donner naissance à un enfant. Les femmes *accouchent* au neuvième mois de leur grossesse ; lorsqu'elles *accouchent* avant terme, on parle d'un ACCOUCHEMENT PRÉMATURÉ. On *accouche* dans une maternité, service spécialisé d'un hôpital ou d'une clinique, aidée par des sages-femmes ou des MÉDECINS ACCOUCHEURS.
**L. accouchement** (n. m.) Elle a accouché facilement → *son accouchement a été facile.*

**accourir** [akurir] v. i. (conj. **26**; auxil. être ou *avoir*)
(sujet qqn) **accourir à, vers, etc., qqch, qqn** *La foule accourait vers lui pour le féliciter.*

**S.** *Accourir* (langue écrite), c'est aller en se pressant ; il a pour syn. en langue courante COURIR ; SE HÂTER est un syn. soutenu.

**accrocher** [akrɔʃe] v. t. (conj. **1**)
I. (sujet qqn) **accrocher un objet (à, sur,**

## ACCUMULER

etc., **qqch**) *Je n'arrive pas à accrocher ce tableau au mur, tu m'aides ?* • *Il n'y a rien pour accrocher son manteau dans l'entrée !*
II. (sujet qqn, un véhicule) **accrocher un véhicule** *Je suis furieux ; je viens d'accrocher une voiture, ça va me coûter au moins trois cents francs !*
III. (sujet qqn) **s'accrocher avec qqn** *Qu'est-ce qu'elle a comme mauvais caractère ! Elle s'accroche continuellement avec ses collègues de bureau.*

**S. 1.** *Accrocher* (sens I) a pour syn. PENDRE, SUSPENDRE. — **2.** *Accrocher une voiture* relève de la langue courante, surtout en milieu urbain ; le syn. plus général et soutenu est HEURTER ; EMBOUTIR est un syn. plus fort. — **3.** *S'accrocher avec qqn*, c'est SE DISPUTER, SE QUERELLER (soutenu) AVEC lui.
**L. accrochage** (n. m.) [sens II] *Je me suis fait accrocher par une voiture → j'ai eu un accrochage avec une voiture.* ◆ [sens III] *Il s'est accroché avec sa femme → il a eu un accrochage avec sa femme.* ◆ **décrocher,** v. ce mot.

**accroître** [akrwatr] v. t. (conj. 55)
(sujet qqn, qqch [abstrait]) **accroître qqch (abstrait)** *Nous ferons tout pour accroître*

*encore le niveau de vie des habitants de cette région.* ◆ (sujet qqch [abstrait]) **s'accroître** *Les charges sociales s'accroissent d'année en année.*

**S.** *Accroître* est un syn. soutenu ou adm. de AUGMENTER, DÉVELOPPER. Le contr. est DIMINUER, RÉDUIRE (pour le v. t. et le v. pr.).

**L. accru, e** (adj.) *Si votre popularité s'accroît, vous serez peut-être élu → avec une popularité accrue, vous serez peut-être élu.* ◆ **accroissement** (n. m.) *Le fait d'accroître la production de cette entreprise dépend des investissements qu'elle fera → l'accroissement de la production de cette entreprise dépend des investissements qu'elle fera.*

**accueillir** [akœjir] v. t. (conj. 24)
I. (sujet qqn, qqch) **accueillir qqn** *Nous sommes heureux que tu viennes à Paris ;*

*nous viendrons tous t'accueillir à la gare.* • *N'y va pas maintenant, tu vas être mal accueilli.*
II. (sujet qqn) **accueillir qqch (information, récit, etc.)** + **adv.** ou **avec** + **n.** *La nouvelle fut accueillie avec joie.* • *Vous verrez que votre livre sera très bien accueilli par la presse.*

**S. 1.** *Accueillir qqn* (sens I), c'est le RECEVOIR à son arrivée qqpart. — **2.** *Accueillir une nouvelle* (sens II), c'est l'APPRENDRE, la RECEVOIR avec un certain sentiment ou un certain jugement.
**L. accueil** (n. m.) *Il a été accueilli chaleureusement → il a reçu un accueil chaleureux.*

**accumuler** [akymyle] v. t. (conj. **1**)
(sujet qqn) **accumuler des choses** *Ce n'est plus possible ; il accumule les sottises : il perd ses papiers, la clé de la voiture et oublie ses rendez-vous.* ◆ (sujet qqch) **s'accumuler** *En ce moment, les difficultés s'ac-*

cumulent ; des ennuis d'argent et puis maintenant la santé de ma femme.
**S.** *Accumuler,* c'est ENTASSER, AMONCELER (soutenu).
**L. accumulation** (n. f.) Je suis convaincu par les preuves qui s'accumulent → *je suis convaincu par l'accumulation des preuves.*

**accuser** [akyze] v. t. (conj. 1)
(sujet qqn) **accuser qqn d'une action, de +** inf. *Il est en prison parce qu'il est accusé de vol.* • *Paul m'a accusé de lui avoir pris son stylo ; en réalité, il l'avait laissé dans sa poche.*

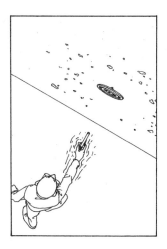

**S.** *Accuser* qqn *d'une faute, d'un crime,* etc., c'est déclarer qu'il en est coupable. *Être accusé d'un crime ou d'un délit par l'administration judiciaire a pour équivalent savant* ÊTRE INCULPÉ *pour ce crime.*
**L. accusé, e** (n.) *Vous qui êtes accusé, levez-vous* → *accusé, levez-vous.* ◆ **accusation** (n. f.) *Ils ont renoncé à accuser* → *ils ont renoncé à l'accusation.*

**acharné, e** [aʃarne] adj. (après le n.)
(se dit de qqn, de qqch [action]) *Pierre est un adversaire acharné de la politique à l'école ; il estime que les enfants doivent être tenus à l'écart de ces problèmes.* • *C'est grâce à un travail acharné qu'elle est arrivée à obtenir cette situation.*
**S.** Est *acharné* celui qui fait qqch avec ardeur, véhémence, opiniâtreté, et ce qui est ainsi fait ; les syn., soutenus, sont ARDENT, VÉHÉMENT, OPINIÂTRE.

**acharner (s')** [aʃarne] v. pr. (conj. 1)
I. (sujet qqn) **s'acharner à + inf.** *Ce n'est pas possible ! Tu t'acharnes à faire le contraire de ce que je te dis.*
II. (sujet qqn) **s'acharner sur, contre qqn** *Qu'est-ce que tu as à t'acharner contre moi, je ne t'ai rien fait !*
**S. 1.** *S'acharner à* (sens I) a pour syn. S'OBSTINER À. — **2.** *S'acharner sur, contre* qqn (sens II), c'est mettre de l'acharnement à le combattre, l'attaquer. PERSÉCUTER est un syn. plus fort.
**L. acharnement** (n. m.) *Je ne comprends pas pourquoi tu t'acharnes contre lui* → *je ne comprends pas ton acharnement contre lui.*

**achat** [aʃa] n. m.
[action, qqn] *Si cette télévision vous paraît chère à l'achat, louez-la.* • *Attends-moi cinq minutes, j'ai un petit achat à faire.* • *Ma femme est partie faire des achats en ville, elle va encore dépenser plein d'argent !* ◆ [résultat] *Cette robe te va très bien ; c'est un achat intéressant.*
**S.** L'*achat,* c'est le fait d'ACHETER et son résultat (la chose ACHETÉE) ; le syn. soutenu est ACQUISITION. *Faire un achat* a pour syn. ACHETER qqch ; *faire des achats* a pour syn. FAIRE DES EMPLETTES (soutenu), FAIRE DES COURSES.

**acheter** [aʃte] v. t. (conj. 9)
(sujet qqn) **acheter un objet (à, pour qqn)** *Tiens, voilà dix francs, va m'acheter des cigarettes.* • [Dans une boutique] : *« Si cette robe vous plaît, achetez-la tout de suite, c'est la dernière. »* ◆ **acheter un**

**objet (à, chez un commerçant)** *J'achète toujours mes fromages et mon beurre au même marchand : je suis très bien servi.*

**S.** et **G.** *Acheter* se construit avec un compl. introduit par *à* qui désigne soit la personne pour qui on achète l'objet, soit le vendeur ; il a pour contr. VENDRE et pour syn., dans le cas d'un achat important, ACQUÉRIR (soutenu), qui n'admet pas de compl. indirect (*à* qqn). *Acheter* qqch *à (pour)* qqn a pour syn. OFFRIR, PAYER qqch à qqn.
**L. achat,** v. ce mot. ◆ **acheteur, euse** (n.) *Tu as trouvé quelqu'un pour acheter ta maison ?* → *tu as trouvé un acheteur pour ta maison ?*

**achever** [aʃve] v. t. (conj. **11**)
I. (sujet qqn) **achever (qqch [action, énoncé])** *Achevez d'abord votre travail, nous discuterons de ce problème ensuite.* ◆ (sujet qqch) **s'achever** *Le film s'achève sur une scène d'amour extraordinaire.*
II. (sujet qqn) **achever un animal, qqn** *En plein milieu de la course, le cheval est tombé et s'est gravement blessé ; il a fallu l'achever.*

**S. 1.** *Achever* (sens I) [soutenu] a pour syn. plus courants FINIR, TERMINER. *S'achever* a pour syn. SE TERMINER. — **2.** Au sens II, *achever un animal* ou *une personne* blessés, c'est les TUER.
**L. achèvement** (n. m.) [sens I] *On achèvera les travaux dans un mois* → *l'achèvement des travaux aura lieu dans un mois.*

**acide** [asid] adj. (après le n.)
(se dit d'un fruit) *Ces petites pommes vertes sont acides, mais ce n'est pas si désagréable que cela.*

**S.** *Un fruit* acide *a un goût* PIQUANT, AIGRE ; les contr. sont DOUX, SUCRÉ.
**L. acidité** (n. f.) *Cette pomme est acide, ce n'est pas désagréable* → *l'acidité de cette pomme n'est pas désagréable.*

**acier** [asje] n. m.
[métal] (non-compt., au sing.) *Tu trouves jolis ces meubles modernes en acier et en verre ?*

**S.** *L'acier est un alliage à base de fer, très dur et résistant, gris à reflets bleus. Il est très employé dans l'industrie, dans la construction et dans la fabrication d'objets usuels.*
**L. aciérie** (n. f.) *Il travaille dans une usine où on fabrique de l'acier* → *il travaille dans une aciérie.*

**acompte** [akɔ̃t] n. m.
[argent, valeur] *J'ai commandé une nouvelle machine à laver. — On t'a demandé de verser un acompte ?*

**S.** *Un acompte est une somme d'argent payée d'avance et représentant une partie du prix total. Les syn. sont* ARRHES (techn.), AVANCE.

**acquérir** [akerir] v. t. (conj. **22**)
I. (sujet qqn) **acquérir qqch (concret)** *Je ne veux pas savoir comment il a acquis cette maison, ce que je sais c'est que ce n'est pas grâce à son travail, il ne gagne pas assez.*
II. (sujet qqch, qqn) **acquérir qqch (abstrait)** *La police a maintenant acquis la certitude de l'innocence de Jacques.* • *En deux ans, ce terrain a acquis beaucoup de valeur.*

**S. 1.** *Acquérir* qqch (sens I) [soutenu], c'est en devenir propriétaire. AVOIR est un syn. courant. — **2.** *Acquérir* (sens II) [soutenu]

# ACQUITTER

s'oppose à PERDRE. Il peut avoir pour syn. OBTENIR, AVOIR, PRENDRE, GAGNER.
**L. acquisition** (n. f.) [sens I] Le terrain que tu as acquis t'est revenu cher → *l'acquisition de ton terrain t'est revenue cher.*

**acquitter** [akite] v. t. (conj. 1)
(sujet qqn, un tribunal) **acquitter qqn** *Il n'était pas coupable, le tribunal l'a acquitté.*

**S.** *Acquitter* appartient à la langue juridique. Un accusé *est acquitté* quand on n'a pas pu prouver sa culpabilité, quand il est déclaré innocent.

**L. acquittement** (n. m.) Il sera certainement acquitté → *son acquittement est certain.*

**acte** [akt] n. m.
I. [action, qqn, et résultat] *Ce n'est pas sur ses paroles qu'il faut juger cet homme, c'est sur ses actes.* • *C'est un imprudent : il n'a pas calculé les conséquences de son acte.*
II. [partie d'un texte] *Ce soir à la télévision, on joue une pièce en trois actes d'un auteur anglais.* • *Qu'est-ce qu'on s'est ennuyé au théâtre! Jacques s'est même endormi au premier acte.*

**S. 1.** Un *acte* (sens I) est une ACTION ou le résultat de cette action, considérée dans son intention ou ses conséquences. — **2.** Un *acte* (sens II) désigne chaque partie d'une pièce de théâtre.

**acteur, trice** [aktœr, tris] n.
[personne, profession] *Je viens de voir l'actrice qui jouait dans le film, hier, à la télévision.* • *À la fin de la pièce, les acteurs ont été très applaudis.*

**S.** Les *acteurs* peuvent jouer au théâtre ou au cinéma. Les syn. sont INTERPRÈTE (le plus souvent avec un compl.), COMÉDIEN (soutenu), ARTISTE (terme général, englobant aussi le music-hall). Une STAR est une *actrice* de cinéma très célèbre. Une VEDETTE est un *acteur* ou une *actrice* très célèbre, au cinéma comme au théâtre ou au music-hall.

**actif, ive** [aktif, iv] adj. (après le n.)
I. (se dit de qqn, de son attitude, d'une action) *Pour lui qui est si actif, ça va être dur de ne plus travailler.* • *Ma mère est très active, toujours en train de faire quelque chose : je ne l'ai jamais vue se reposer!*
II. (se dit de qqch) *Tu sais, le produit que tu m'avais donné contre les mauvaises herbes? Eh bien, ça n'a pas l'air très actif : il y en a autant qu'avant!*

**S. 1.** Qqn d'*actif* [sens I] fait preuve d'ACTIVITÉ, d'énergie, est toujours en action ; les syn. sont DYNAMIQUE, ÉNERGIQUE ; les contr. sont MOU, PARESSEUX, INACTIF, PASSIF. — **2.** En parlant d'un produit (sens II), le syn. est EFFICACE et les contr. sont INEFFICACE, SANS EFFET.
**L. activement** (adv.) [sens I] Il s'occupe de manière active de votre affaire → *il s'occupe activement de votre affaire.* ◆ **activité**, v. ce mot. ◆ **inactif, ive** (adj.) [sens I] Il n'est pas actif → *il est inactif.*

**action** [aksjɔ̃] n. f.
I. (non-compt., au sing.) *Pierre s'ennuie quand il est en vacances ; c'est un homme d'action, il aime avoir beaucoup de choses à faire.* • *Bon, on a assez discuté. Passons*

# ACTUEL

• *L'année 1968 a été une période de grande activité politique.*

**S. 1.** L'*activité* (sens I), c'est le fait d'être ACTIF; le mot a pour syn. ÉNERGIE, VITALITÉ, DYNAMISME, et pour contr. APATHIE, MOLLESSE.

*à l'action.* • *Il ne suffit pas de vouloir l'unité d'action entre les partis, il faut encore la réaliser.*
II. (compt.) *Allons, va voir un peu ta grand-mère ; je sais que tu ne l'aimes pas, mais ce sera une bonne action.* • *C'est grâce à l'action courageuse des pompiers que les locataires ont pu être sauvés de l'immeuble en flammes.*
**S. 1.** L'*action* (sens I), c'est le fait d'AGIR, de déployer de l'énergie pour qqch. Le mot n'est accompagné ni d'un adj. ni d'un compl. de nom. Un *homme d'action* est ACTIF, ENTREPRENANT, ÉNERGIQUE, COMBATIF (par ordre d'intensité croissante). *Passer à l'action* a pour syn. COMMENCER À AGIR et ENTREPRENDRE. — **2.** *Action* (sens II), accompagné d'un adj. ou d'un compl. de nom, a pour syn. ACTE, qui s'emploie avec un compl. (un ACTE DE BONNE VOLONTÉ).
**L. inaction** (n. f.) [sens I] Le manque d'action lui pèse beaucoup → *l'inaction lui pèse beaucoup.*

**activité** [aktivite] n. f.
I. [qualité, qqn] (non-compt., au sing.) *Ce matin, Christine n'arrête pas de faire le ménage : elle est pleine d'activité !* • *Depuis son accident, Jean n'a plus la même activité qu'avant : il se sent toujours fatigué.*
II. [action, qqn] (compt.) *Le sport, voilà une activité qui vous ferait du bien.* • *Le médecin lui a conseillé de changer ses activités ; il ne peut plus voyager autant qu'avant.* • *Marie a plusieurs activités : en plus de la bibliothèque, elle s'occupe du syndicat, et elle donne des cours de dessin.*

— **2.** *Activité* (sens II) désigne toute forme d'action, de travail, d'occupation.

**actualité** [aktɥalite] n. f.
I. [qualité, qqch] (non-compt., au sing.) *Laisse tomber cette discussion ; ce que tu dis n'est plus d'actualité.* • *L'Assemblée est en train de discuter d'une loi sur le divorce : c'est un problème d'actualité.*
II. [collectif, énoncés] (non-compt., au plur.) *Tiens, il est huit heures, on va écouter les actualités à la radio.*

**S. 1.** L'*actualité*, c'est le présent, les événements ACTUELS, les faits récents, du jour, par oppos. au PASSÉ et au FUTUR ; c'est un terme de la langue journalistique. — **2.** *Actualités* (sens II) a pour syn. INFORMATIONS, NOUVELLES.

**actuel, elle** [aktɥɛl] adj. (après le n.)
I. (se dit de qqch) *La mode actuelle est bien plus pratique que celle de nos grands-mères.* • *À l'heure actuelle, beaucoup de jeunes travaillent pendant les vacances ; avant, ça se faisait moins.* ◆ (se dit de qqn ; après ou avant le n.) *Notre directeur actuel est M. Durand : il est moins bien que l'ancien.*
II. (se dit de qqch [abstrait]) *Ce livre m'a beaucoup plu : il traite de problèmes très actuels.*

# ACTUELLEMENT

**G.** Au sens I, *actuel* est épithète après ou avant les noms désignant une fonction remplie par qqn *(le directeur actuel* ou *l'actuel directeur)* et n'a ni comparatif ni superlatif.
**S. 1.** Est *actuel* (sens I) ce qui existe ou se produit dans le moment présent ; il a pour syn. PRÉSENT, et pour contr. ANCIEN ou FUTUR. *À l'heure actuelle* a pour syn. MAINTENANT, AUJOURD'HUI, ACTUELLEMENT, DE NOS JOURS, À PRÉSENT, et s'oppose à AVANT, HIER ou à APRÈS, DEMAIN, PLUS TARD. — **2.** Est *actuel* (sens II) ce qui convient au moment présent ; il a pour syn. OPPORTUN, PERTINENT (soutenu), et pour contr. DÉPASSÉ, PÉRIMÉ, INACTUEL (soutenu), ANACHRONIQUE (soutenu).
**L. actuellement, actualité,** v. ces mots.
◆ **inactuel, elle** (adj.) [sens II] Ce problème n'est pas actuel → *ce problème est inactuel.*

**actuellement** [aktɥɛlmɑ̃] adv.
[temps] *Il y a deux mois, il restait encore une place de libre, mais, actuellement, on n'a rien à vous proposer.* ● *Et Pierre, qu'est-ce qu'il fait en ce moment ? — Il est actuellement employé dans une banque.*
**S.** *Actuellement* ne peut s'employer qu'avec un verbe au présent et correspond au sens I de ACTUEL ; il a pour syn. MAINTENANT, AUJOURD'HUI, DE NOS JOURS, À L'HEURE ACTUELLE, EN CE MOMENT et PRÉSENTEMENT (soutenu) ; il s'oppose à HIER, AVANT, AUPARAVANT et à DEMAIN, APRÈS, PLUS TARD.

**adapter** [adapte] v. t. (conj. **1**)
(sujet qqn) **adapter qqch à qqch** *Eh non ! On ne peut pas tout avoir, il faudra que tu adaptes tes désirs à la réalité.* ◆ **s'adapter (à qqch [état])** *Au début, il a eu du mal à s'adapter aux conditions de travail, maintenant ça va mieux.* ◆ (sujet qqch) **s'adapter à qqch** *Ce n'est certainement pas la bonne clé, elle ne s'adapte pas à la serrure.*
**S.** *Adapter* une chose *à* une autre, c'est faire en sorte que ces deux choses concordent, s'harmonisent. En parlant de qqn, *s'adapter à un état,* c'est S'ACCOMMODER DE, S'HABITUER À, S'ACCLIMATER À (soutenu). En parlant d'un objet, *s'adapter à* a pour syn. ALLER AVEC, S'AJUSTER À.
**L. adaptation** (n. f.) *Il a mis longtemps à s'adapter à la vie normale après la prison* → *son adaptation à la vie normale après la prison a été longue.* ◆ **inadapté, e** (adj. et n.) *Cet enfant n'est pas adapté du tout à la vie scolaire* → *cet enfant est totalement inadapté à la vie scolaire.* ◆ **réadapter (se)** (v. pr.) *Il aura du mal à s'adapter de nouveau après une si longue absence* → *il aura du mal à se réadapter après une si longue absence.*

**addition** [adisjɔ̃] n. f.
I. [action, calcul] *99 + 285 + 3, ça fait combien ? — Oh ! il me faut un papier et un crayon pour faire cette addition.*

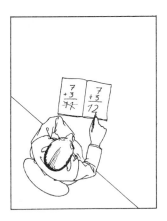

II. [objet, valeur] *Qui est-ce qui a payé l'addition au restaurant ?* ● *[Au café]* : « *Garçon, l'addition, s'il vous plaît ! »*
**S. 1.** L'*addition* (sens I) consiste à ajouter un nombre à un autre ; elles est caractérisée par le signe PLUS (+). C'est l'opération arithmétique inverse de la soustraction. — **2.** *Addition* (sens II) désigne le total de la somme à payer dans un café, un restaurant. Dans un hôtel, on emploie le syn. NOTE.
**L. additionner** (v. t.) [sens I] *Faites l'addition de ces trois nombres* → *additionnez ces trois nombres.*

# ADMINISTRATION

**adhérer** [adeʁe] v. t. ind. (conj. **12**)
(sujet qqn) **adhérer (à qqch [parti, syndicat, association])** *Mais je ne savais pas que tu avais adhéré au parti socialiste, c'est récent ?*

    **S.** *Adhérer à un parti, une organisation*, c'est s'inscrire à un parti, prendre sa carte pour devenir un de ses membres.
    **L. adhérent, e** (n.) Il y a cinq cents personnes qui viennent d'adhérer → *il y a cinq* 

*cents nouveaux adhérents.* ◆ **adhésion** (n. f.) *Quand as-tu adhéré ?* → *de quand date ton adhésion ?*

**adieu !** [adjø] interj.
[salut] *J'ai maintenant tous les papiers et je quitte la France demain matin. — Adieu donc ! Sois heureux là où tu vas.* • *Nous ne sommes pas sûrs de nous revoir, mais je te dis pas adieu, car on ne sait jamais !*

    **S.** *Adieu !* est un terme de politesse adressé quand on quitte qqn qu'on ne pense pas revoir bientôt, dont on va être séparé pour longtemps, sinon définitivement. Pour une séparation moins longue, on dit AU REVOIR, À BIENTÔT.

**admettre** [admɛtʁ] v. t. (conj. **46**)
I. (sujet qqn) **admettre qqch, que + ind., admettre + inf. passé, ne pas admettre que + subj.** *Taisez-vous ! Je n'admets pas qu'on* 

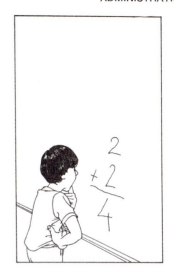

*me parle sur ce ton.* • *Après deux heures, il a enfin admis qu'il avait menti sur ce point.*
II. (sujet qqn, un groupe) **admettre qqn** *Il n'est pas question d'admettre Paul parmi nous, il n'a pas du tout nos opinions.* • *Pour passer l'examen oral, il faut d'abord avoir été admis aux épreuves écrites.*

    **S. 1.** *Admettre* (sens I) a pour syn. TOLÉRER, SUPPORTER, ou RECONNAÎTRE, AVOUER. — **2.** *Admettre* qqn (sens II) dans un groupe, qqpart, c'est le RECEVOIR, lui permettre de faire partie du groupe, lui permettre d'entrer qqpart. *Être admis à un examen, un concours, une épreuve* a pour syn. ÊTRE REÇU, AVOIR RÉUSSI À.
    **L. admission** (n. f.) [sens II] Il a demandé à être admis dans le groupe → *il a demandé son admission dans le groupe.* ◆ **inadmissible**, v. ce mot.

**administration** [administʁasjɔ̃] n. f.
I. [action, qqn] (compt., surtout au sing.) *L'administration d'un service où il y a plusieurs dizaines d'employés, ce n'est pas simple !* • *Ce n'est pas à Georges que je confierais l'administration de mes affaires.*
II. [institution] (compt.) *Les administrations ne sont pas toujours responsables des retards dans le paiement.* ◆ **l'Administration** *Sa mère lui a conseillé d'entrer dans l'Administration : les fonctionnaires sont mal payés, mais ils gardent leur emploi.* • *Il y a une erreur dans mes impôts, j'ai*

écrit à l'*Administration, mais je n'ai pas encore reçu de réponse.*

**S. 1.** L'*administration* (sens I), c'est le fait d'ADMINISTRER, de diriger, de gérer ; les syn. sont DIRECTION (service) ou GESTION (affaire). — **2.** L'*Administration*, c'est l'ensemble des services publics ; le syn. est FONCTION PUBLIQUE ; elle dépend de l'État ; ses employés sont des fonctionnaires.
**L. administratif, ive** (adj.) [sens II] *Les services de l'Administration sont très lents* → *les services administratifs sont très lents.*

**admirable** [admirabl] adj. (après ou, plus rarement, avant le n.)
(se dit de qqn, de qqch) *C'est une femme admirable, qui a une grande autorité sur ses subordonnés. Et ce n'est pas facile.* ● [À la radio] : « *L'écrivain, disparu aujourd'hui, laisse une œuvre admirable.* » ● *Ton égoïsme est vraiment admirable ! tu as une façon de laisser les autres dans l'embarras !*

**S.** Est *admirable* ce qui est digne d'ADMIRATION, qui doit ÊTRE ADMIRÉ. Il a pour syn. REMARQUABLE (plus faible), FORMIDABLE, EXTRAORDINAIRE. Parfois, comme le verbe, *admirable* s'emploie ironiquement au sens d'AFFREUX, en parlant de qqn, de son attitude ; en ce sens, MERVEILLEUX (soutenu) est plus fort.
**L. admirablement** (adv.) *Il s'est conduit de façon admirable* → *il s'est admirablement conduit.*

**admiration** [admirasjɔ̃] n. f.
[sentiment] (non-compt., au sing.) *J'ai beaucoup d'admiration pour les gens qui ont de la volonté, moi qui n'en ai pas du tout.* ◆ (sujet qqn, qqch) **faire l'admiration de qqn** *Vous verrez, ce tableau fera l'admiration de tous, le jour de l'exposition.*

**S.** L'*admiration* est le sentiment éprouvé pour qqch ou qqn qu'on ADMIRE. *Faire l'admiration de qqn*, c'est créer chez lui un sentiment d'*admiration*, d'estime.

**admirer** [admire] v. t. (conj. **1**)
(sujet qqn) **admirer qqch, qqn, que + subj.** *Nous avons admiré la vue que vous avez de votre appartement.* ● *J'admire beaucoup cette femme, elle a eu un courage étonnant après la mort de son mari.* ● *J'admire que vous puissiez supporter une telle bêtise de sa part.*

**S.** *Admirer*, c'est regarder avec respect ; quand il s'agit de qqch, il a pour syn. moins fort APPRÉCIER et, plus forts et soutenus, S'EXTASIER, S'ENTHOUSIASMER DEVANT. Les contr. sont DÉDAIGNER et MÉPRISER (plus fort). Il peut avoir un sens ironique (phrase 3) avec comme syn. S'ÉTONNER.
**L. admirable, admiration,** v. ces mots.
◆ **admirateur, trice** (adj. et n.) *Tous ceux qui l'admirent sont là* → *tous ses admirateurs sont là.*

**admission** → ADMETTRE L.

**adolescence** [adɔlesɑ̃s] n. f.
[état, âge] (compt., surtout au sing.) *Pour l'instant ce n'est qu'un enfant, mais tu verras, à l'adolescence, tous les problèmes qui vont se poser.*

**S.** L'*adolescence* se situe entre l'enfance et l'âge adulte, et commence au moment de la puberté.

**adolescent, e** [adɔlesɑ̃, ɑ̃t] n.
[personne, âge] *C'est encore un enfant, mais plus pour longtemps, bientôt ce sera un adolescent.* ● *Tous les adolescents s'opposent à un moment ou à un autre à leurs parents.*

**S.** On est un *adolescent* de treize à dix-huit ans environ, après avoir été enfant et avant d'être adulte.
**L. adolescence,** v. ce mot.

**adopter** [adɔpte] v. t. (conj. **1**)
I. (sujet qqn) **adopter un enfant** *Après avoir perdu ses parents, Pierre a été adopté par une famille de Toulouse.*
II. (sujet qqn, une assemblée) **adopter qqch (abstrait)** *L'Assemblée a adopté le*

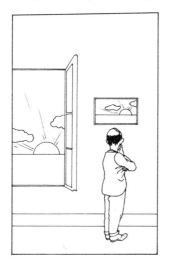

*projet de loi à l'unanimité.* ● *Si vous n'adoptez pas une autre méthode avec ces enfants qui sont difficiles, vous n'y arriverez jamais.*

**S. 1.** *Adopter un enfant* (sens I), c'est le prendre légalement comme fils ou fille. —

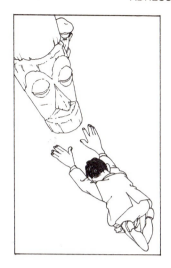

**2.** *Adopter un projet de loi* (sens II), c'est l'APPROUVER, le VOTER ; *adopter une méthode, un produit,* etc., c'est les CHOISIR, les PRENDRE.
**L. adoptif, ive** (adj.) [sens I] *Ce n'est pas leur vrai fils, c'est leur fils adoptif* (← qu'ils ont adopté). ◆ **adoption** (n. f.) *Quel tas de formalités pour adopter un enfant !* → *quel tas de formalités pour l'adoption d'un enfant !*

**adorable** [adɔrabl] adj. (après ou, plus rarement, avant le n.)
(se dit de qqn, de son attitude) *Ta fille est adorable ; on ne peut être plus jolie ni plus gentille qu'elle.* ● *Il a un sourire adorable ; mais il ne sourit pas souvent.* ◆ (se dit de qqch [concret]) *Les Legrand ont acheté une adorable petite maison dans la région de Tours : un seul étage, mais un immense jardin.*

**S.** Est *adorable* (langue un peu affectée) celui qui a du charme, ce qui a de l'agrément ; les syn. sont CHARMANT (moins fort), DÉLICIEUX, RAVISSANT (plus fort), EXQUIS (soutenu) ; GENTIL indique un charme GRACIEUX. Le contr. est LAID (en parlant de qqch) ou INSUPPORTABLE (en parlant d'un enfant).

**adorer** [adɔre] v. t. (conj. 1)
(sujet qqn) **adorer qqn, qqch, adorer + inf., que + subj.** *Julien adore ses enfants, il aime jouer avec eux.* ● *Je t'ai acheté des fraises, je sais que tu adores ça.* ● *Françoise adore faire du ski, et elle dépense beaucoup d'argent pour aller à la montagne.* ● *J'adore que tu conduises ; avec toi, je me sens en sécurité.*

**S.** *Adorer,* c'est AIMER passionnément. Les contr. sont DÉTESTER, AVOIR HORREUR DE, HAÏR (soutenu).
**L. adorable,** v. ce mot. ◆ **adoration** (n. f.) *Elle adore son fils* → *elle a une adoration pour son fils.*

**adosser (s')** → DOS L ; **adoucir (s')** → DOUX L.

**adresse** [adrɛs] n. f.
I. [lieu] (compt.) *Prends son adresse : 3, boulevard Carnot, 13 Marseille.* ● *Impossible de retrouver l'adresse de ce restaurant.*
II. [qualité, qqn] (non-compt., au sing.) *C'est un sport qui demande beaucoup d'adresse.* ● *Tu as manqué d'adresse en lui annonçant ainsi ton départ, ça l'a choqué.*

**S. 1.** L'*adresse* (sens I) est l'indication du domicile de qqn ou du lieu où se trouve un commerce, un établissement, etc. ; elle comporte le numéro de l'immeuble, le nom de la rue (de l'avenue ou du boulevard), le nom de la ville précédé du numéro du département ou de code postal de la localité ou de l'arrondissement. — **2.** Au sens II, *adresse* a pour syn. HABILETÉ (dans les gestes ou le comportement). Qqn qui a de l'*adresse* est ADROIT, qqn qui n'en a pas est MALADROIT.

**adresser** [adrese] v. t. (conj. 1)
1. (sujet qqn) **adresser la parole à qqn** *Je*

# ADROIT

me demande pourquoi Pierre est si silencieux ; il ne nous a pas adressé la parole depuis le début de la soirée. ● J'ai rencontré votre fils, hier, et il ne m'a pas dit bonjour. — Oh ! il n'a pas osé vous adresser la parole. ◆ **s'adresser à qqn** A qui faut-il s'adresser pour avoir des renseignements ? ● Personne ne peut nous renseigner, on ferait mieux de s'adresser au gardien de l'immeuble.
II. (sujet qqn, une institution, etc.) **adresser un écrit, un objet à qqn** Je vous ai adressé une lettre il y a huit jours et vous ne l'avez pas reçue ! ● L'Administration m'a encore adressé un formulaire à remplir.

**S. 1.** Adresser la parole à qqn (sens I) a pour syn. courant lui PARLER. Adresser des reproches (soutenu), c'est BLÂMER ; s'adresser des injures (soutenu), c'est INJURIER. S'adresser à a comme syn. DEMANDER À et AVOIR RECOURS À (soutenu).
— **2.** Adresser (sens II) est un syn. soutenu de ENVOYER, EXPÉDIER.

**adroit, e** [adrwa, at] adj. (après le n.) (se dit de qqn, de ses actes) Tu n'es vraiment pas adroit ! Tu as encore renversé du vin sur la table. ● Il ne voulait mécontenter personne et je trouve sa réponse adroite.
**S.** Adroit a pour syn. HABILE et pour contr. MALADROIT. Quand il s'agit d'habileté physique, les contr. sont GAUCHE, EMPOTÉ (fam.). Quand il s'agit d'habileté intellectuelle, les syn. sont FIN, INTELLIGENT, SUBTIL (soutenu) et INGÉNIEUX (soutenu).
**L. adroitement** (adv.) Il a répondu de façon très adroite → il a répondu très adroitement.
◆ **adresse,** v. ce mot.

**adulte** [adylt] n. et adj. (après le n.)
[n.] (personne, âge) Si vous avez moins de dix-huit ans, vous ne pouvez pas entrer, ce film est réservé aux adultes. ◆ [adj.] (se dit de qqn, de l'âge) Tu votes, tu travailles : tu es adulte maintenant (tu es à l'âge adulte) !
**G.** En parlant de l'âge, adulte (adj.) n'a ni comparatif, ni superlatif.
**S.** L'âge adulte suit l'adolescence. Ce mot, employé comme adj., sous-entend les qualités qu'on attribue à une personne adulte : responsabilité, autonomie. Adulte (n.) a pour syn. GRANDE PERSONNE dans le langage des enfants. Il s'oppose à ENFANT, ADOLESCENT, JEUNE, d'une part, et à PERSONNE ÂGÉE, VIEUX, VIEILLARD, de l'autre.

**adversaire** [adversɛr] n.
[personne, rôle] A la fin de la première mi-temps, nos adversaires menaient par deux buts à zéro. ● Il a bien parlé, mais il n'a pas réussi à convaincre ses adversaires.
**S.** L'adversaire de qqn, c'est la personne qui lui est opposée dans un jeu, une compétition, une discussion, etc. Les syn. sont CONCURRENT (moins fort), CONTRADICTEUR (seulement quand il s'agit d'une discussion), RIVAL (plus fort et soutenu), ANTAGONISTE (soutenu), ENNEMI (plus fort, car impliquant une volonté de nuire). Adversaire a pour contr. PARTENAIRE et ALLIÉ.

**aérien, enne** [aerjɛ̃, ɛn] adj. (après le n.)
I. (se dit de qqch [objet]) Je t'assure que toutes ces lignes aériennes, qu'elles soient celles de l'électricité ou du téléphone, ne sont pas belles, on ferait mieux de les mettre sous terre.
II. (se dit de qqch) Les compagnies aériennes ont baissé leurs tarifs sur l'Atlantique-Nord. ● Le trafic aérien a fortement augmenté l'année dernière.
**G.** Cet adj. ne se met ni au comparatif ni au superlatif. Il est surtout épithète au sens I.
**S. 1.** Aérien (sens I) indique ce qui est relatif à l'AIR, ce qui se fait EN L'AIR, par oppos. à SOUS TERRE (SOUTERRAIN). — **2.** Aérien (sens II) indique ce qui est relatif à l'AVIATION.

**aéroport** [aeropɔr] n. m.
[lieu, moyen de transport] L'avion part à 10 heures, mais il faut être à l'aéroport à 9 heures. ● Ils ont été retenus à l'aéroport : l'avion ne pouvait pas partir à cause du mauvais temps.
**S.** L'aéroport est constitué d'un AÉRODROME (le terrain d'atterrissage), où atterrissent et d'où s'envolent, partent les avions, et d'une AÉROGARE (les bâtiments réservés au public). Les aéroports de Paris sont Orly et Roissy.

**affaiblir** [afeblir] v. t. (conj. **15**) (sujet qqch) **affaiblir qqn** *Ne restez pas trop longtemps auprès du malade, il a perdu son sang, et cela l'a beaucoup affaibli.* ◆ (sujet qqch, qqn) **affaiblir qqch (abstrait)** *La police est incapable de trouver les auteurs de l'attentat; ceci ne fait qu'affaiblir l'autorité de l'État.* ◆ **s'affaiblir** *On ne conserve plus beaucoup d'espoir; le malade s'affaiblit peu à peu.*

**S.** *Affaiblir*, c'est RENDRE PLUS FAIBLE, diminuer les forces de qqn ou de qqch; les contr. de *affaiblir* qqn sont RETAPER (fam.), REMETTRE; les contr. de *affaiblir* qqch sont RENFORCER, ACCROÎTRE (soutenu).
**L. affaiblissement** (n. m.) *Le malade s'affaiblit très nettement* → *l'affaiblissement du malade est très net.*

**affaire** [afɛr] n. f.
I. [action, qqn, qqch, et résultat] (compt.) *Et comment le lui dira-t-on? — Ça, c'est une autre affaire, l'important, pour l'instant, c'est d'agir.* ◆ **affaire de qqn** *Pourquoi devrions-nous l'aider? C'est son affaire, pas la nôtre. — C'est aussi l'affaire de la famille, tu ne trouves pas?* • *Cette histoire ne vous concerne pas, occupez-vous de vos affaires!* ◆ **affaire de qqch** *Tu n'aimes pas ce livre? C'est une affaire de goût.* • *Ne vous inquiétez pas, ce sera l'affaire d'un petit quart d'heure.* ◆ (sujet qqn) **avoir affaire à qqn** *Ce qu'il a l'air dur et sévère! Je n'aimerais pas avoir affaire à lui.* ◆ (sujet qqn, qqch) **faire l'affaire** *Elle n'a pas eu le temps d'acheter une robe neuve pour aller au mariage, mais celle-là fera très bien l'affaire.*
II. [action, qqn] (compt.) *Pierre est un tout jeune avocat et ce hold-up est sa première affaire.* • *Je ne comprends pas comment cela a pu se produire, nous allons tout de suite tirer cette affaire au clair.*
III. [action, qqn, et résultat] (compt.) *M. Durand lui a proposé une affaire très intéressante, dans laquelle il y aurait beaucoup d'argent à gagner.* • *Achetez ce manteau, à ce prix, je vous assure que vous faites une bonne affaire.* ◆ [activité économique] (non-compt., au plur.) *Alors, comment vont les affaires en ce moment? — Pas trop mal, merci.* • *Tu sais qu'elle est dure en affaires. — Mais elle gère bien son budget, c'est une vraie femme d'affaires.* ◆ **affaires (de qqn)** *Sachant qu'il allait mourir, il a mis de l'ordre dans ses affaires.*

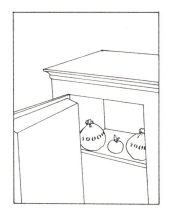

IV. [établissement] (compt.) *C'est un industriel qui dirige une des plus grosses affaires de tissus d'Europe.*
V. [collectif, objets, vêtements] (non-compt., au plur.) *Eh bien, qu'est-ce qu'elle emporte comme affaires pour deux jours!*

**S. 1.** *Affaire* (sens I) a pour syn. QUESTION, PROBLÈME. *Occupez-vous de vos affaires* a pour équivalent OCCUPEZ-VOUS DE CE QUI VOUS REGARDE. Avec un compl., il a pour syn. QUESTION. Avec un compl. de temps, il insiste sur le peu de durée d'une action. *Avoir affaire à qqn*, c'est ÊTRE EN RELATION, EN RAPPORT AVEC lui. *Faire l'affaire* a pour syn. CONVENIR. — **2.** *Affaire* (sens II) désigne toute ENQUÊTE, tout PROCÈS. *Tirer une affaire au clair*, c'est RÉSOUDRE

UNE ÉNIGME, UN PROBLÈME. — **3.** Une *affaire* (sens III) est une OPÉRATION COMMERCIALE, BANCAIRE, FINANCIÈRE. *Faire une bonne affaire*, c'est obtenir qqch à bon prix. Au plur., les *affaires*, c'est l'activité économique ou financière en général, toute activité commerciale. Un *homme*, une *femme d'affaires* s'occupent de finances, de gestion, de commerce, etc. Les *affaires de* qqn, c'est l'ensemble de ses activités économiques privées. — **4.** Au sens IV, *affaire* désigne toute ENTREPRISE industrielle ou commerciale. — **5.** *Affaires* (sens V) désigne l'ensemble des vêtements ou des objets personnels de qqn.

**affamé, e (être)** [afame] v. pass.
(sujet qqn) *Après cette journée de ski, nous étions tous affamés.*

**S.** *Être affamé*, c'est AVOIR TRÈS FAIM.

**affecter** [afɛkte] v. t. (conj. 1)
(sujet qqch) **affecter qqn** [*Dans une lettre*] : « *La nouvelle de sa mort m'a douloureusement affecté et croyez bien que je com-*

*prends votre peine.* » • *Il m'en veut beaucoup et ne me parle plus ; j'en suis très affecté.*

**S.** *Affecter* qqn (très soutenu), c'est lui causer de la peine, du chagrin ; les syn. sont CHAGRINER, PEINER et ATTRISTER (soutenus) ; TOUCHER est plus faible, SECOUER est plus fort et fam.

**affection** [afɛksjɔ̃] n. f.
[sentiment] (non-compt., au sing.) *Non, je ne me marierai pas avec lui, j'ai de l'affection, de l'amitié pour lui, mais ce n'est pas de l'amour.*

**S.** *L'affection* est un sentiment de tendresse, d'amitié, moins fort que l'amour.

**affectueux, euse** [afɛktɥø, øz] adj.
(après le n.)
(se dit de qqn, d'un animal) *Ce chat est affectueux, il vient sans cesse se faire caresser.* • *J'ai un mari très affectueux, toujours en train de me faire des petits cadeaux.*

**S.** Est *affectueux* qqn, un animal qui témoigne de l'AFFECTION, de la tendresse (en parlant de qqn), de l'amour (plus fort et en parlant de qqn) à l'égard de qqn ; les syn. sont TENDRE, DOUX (d'emploi plus étendu) ; le contr. est FROID.
**L. affectueusement** (adv.) *Elle embrassa son fils de manière affectueuse* → *elle embrassa affectueusement son fils.*

**affiche** [afiʃ] n. f.
I. [objet, texte] *Pour annoncer la manifestation, on a collé des affiches partout dans les rues.* • *Qui est-ce qui joue dans le film ? — Je ne sais pas, regarde l'affiche.*
II. [objet, texte] *On joue une pièce au théâtre du Palais royal, avec une affiche exceptionnelle : les plus grands comédiens y participent.* • *C'est un petit comédien, qui a peu de chances d'être un jour en tête d'affiche.*

**S. 1.** Une *affiche* (sens I) est destinée à annoncer, le plus souvent par l'image, un texte, un événement, un film, un nouveau produit, et à faire de la publicité pour eux. Elle sert aussi à faire connaître les déclarations des candidats à des élections. — **2.** Au sens II,

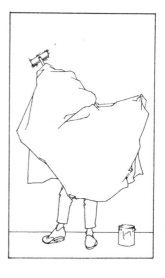

l'*affiche* désigne l'ensemble des comédiens, des artistes qui jouent dans une pièce, un film et qui sont nommés sur l'annonce de la représentation.
**L. afficher**, v. ce mot.

**afficher** [afiʃe] v. t. (conj. **1**)
(sujet qqn) **afficher qqch (annonce, texte)** *Les résultats de l'examen seront affichés dès demain matin 9 heures.*

**S.** *Afficher* qqch, c'est le faire connaître, l'annoncer par une AFFICHE, un papier imprimé collé ou fixé au mur.
**L. affichage** (n. m.) *Chaque syndicat a son panneau d'affichage dans l'entreprise* (← emplacement réservé pour afficher des textes).

**affilée (d')** [dafile] adv.
[manière et temps] *Quelles vacances, il n'a pas cessé de pleuvoir; dimanche, ça a duré huit heures d'affilée !*

**S.** *D'affilée* a pour syn. SANS INTERRUPTION, SANS DISCONTINUER (soutenu), DE SUITE.

**affirmatif, ive** [afirmatif, iv] adj. (après le n.), **affirmative** n. f.
I. [adj.] (se dit d'une réponse) *Paul a lu votre projet; sa réponse est affirmative; il est d'accord.* ◆ [n. f.] (sujet qqn) **répondre par l'affirmative** *Dès qu'on lui a proposé cet emploi, Jacqueline a répondu par l'affirmative.*
II. [adj.] (se dit de qqn, de son attitude) *Aline avait un ton tellement affirmatif que pas une minute on n'a cru qu'il s'agissait d'une blague.*

**G.** *Affirmatif* n'a ni comparatif ni superlatif.
**S. 1.** *Affirmatif* (sens I) a pour contr. NÉGATIF. *Répondre par l'affirmative*, c'est faire une réponse *affirmative*, DIRE OUI, par oppos. à RÉPONDRE PAR LA NÉGATIVE. — **2.** Être *affirmatif* (sens II) c'est parler, s'exprimer avec certitude.
**L. affirmativement** (adv.) [sens I] *Elle a répondu de manière affirmative* → *elle a répondu affirmativement.*

**affirmer** [afirme] v. t. (conj.**1**)
(sujet qqn) **affirmer que + ind., affirmer + inf.** *Jean m'a affirmé qu'il était sorti à 5 heures, mais Pierre me dit que c'est faux : je ne sais plus qui croire !* ● *Le témoin affirme avoir vu le voleur entrer au cinéma.*

**S.** *Affirmer* a pour syn. ASSURER, CERTIFIER, GARANTIR; DIRE, DÉCLARER sont moins forts; PRÉTENDRE (qui implique que l'on ne croit pas à cette affirmation), SOUTENIR sont soutenus, comme les contr. CONTESTER, NIER. DÉMENTIR, c'est dire que ce qui est affirmé est faux.

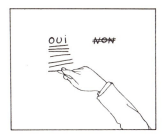

**L. affirmation** (n. f.) *Il maintient ce qu'il a affirmé* → *il maintient son affirmation.* ◆ **affirmatif, affirmative**, v. ces mots.

**affluence** [aflyɑ̃s] n. f.
[collectif, personnes] *Il faut partir de bonne heure, car il va y avoir une grande affluence au cinéma.* ● *Aux heures d'affluence, il faut attendre l'autobus plus de dix minutes.*

**S.** L'*affluence*, c'est un grand nombre de personnes se rassemblant en un même lieu; le syn. est FOULE.

**affluer** [aflye] v. i. (conj. **2**)
(sujet des personnes, des choses) **affluer (qqpart)** *Les gens affluaient de toutes parts vers le stade : ils venaient du métro, des bus, des voitures.* ● *La télévision annonça la catastrophe et aussitôt les dons en argent affluèrent.*

**S.** *Affluer*, c'est ARRIVER (en grand nombre), ACCOURIR (soutenu et sujet qqn seulement).

**affoler** [afɔle] v. t. (conj. **1**)
(sujet qqn, qqch) **affoler qqn** *Il y a des moments où tu m'affoles avec cette moto.* ● *Voilà une émission sur les hommes d'un autre monde qui va affoler les gens.* ◆ (su-

# AFFREUX

jet qqn, un animal) **être affolé** *La mère était affolée : elle avait perdu sa petite fille dans le magasin.* ● *Les enfants riaient et le chien, affolé, a sauté par la fenêtre.* ♦ **s'affoler** *Allons ! ne vous affolez pas, on va retrouver votre imperméable.*
**S.** *Affoler* qqn, c'est susciter chez lui un sentiment de peur ; il a pour syn. EFFRAYER, TERRIFIER (qui implique une peur plus grande). *Être affolé,* c'est AVOIR PERDU LA TÊTE. Les syn. plus forts et plus soutenus sont ÊTRE ÉPOUVANTÉ, TERRIFIÉ ou, seulem. en parlant de qqn, BOULEVERSÉ ; EFFRAYÉ, INQUIET, ÉMU (par ordre décroissant) sont moins forts. En parlant de qqn, les contr. sont GARDER SON SANG-FROID, SON CALME. S'AFFOLER a pour syn. PERDRE LA TÊTE.
**L. affolant, e** (adj.) Cet événement a de quoi affoler → *cet événement est affolant.* ♦ **affolement** (n. m.) Allons, ne nous affolons pas → *allons, pas d'affolement.*

**affreux, euse** [afrø, øz] adj. (avant ou, surtout, après le n.)
(se dit de qqn, de qqch) *Je te trouve affreux avec ce chapeau.* ● *Tu ne pourrais pas le mettre ailleurs qu'ici, cet affreux tableau ?* ● *On a eu un temps affreux pendant le voyage : il a plu tout le temps !* ● *J'ai une affreuse nouvelle à vous apprendre : Pierre est mort.*
**S.** Quand il s'agit de qqn ou de qqch, *affreux* est un intensif de LAID. Il a pour syn. courant HORRIBLE et, plus forts, ABOMINABLE, ATROCE, MONSTRUEUX, HIDEUX (litt.). Les contr. sont BEAU (moins fort), MAGNIFIQUE. Comme intensif de MAUVAIS (temps), les syn. sont ABOMINABLE, ÉPOUVANTABLE. Quand il s'agit d'un événement, d'une nouvelle, les syn. sont TERRIBLE, EFFROYABLE, ÉPOUVANTABLE, et le contr. est BON.
**L. affreusement** (adv.) Il a été blessé d'une manière affreuse dans l'accident → *il a été affreusement blessé dans l'accident.* ♦ *J'ai eu affreusement peur* (← très peur).

**affronter** [afrɔ̃te] v. t. (conj. **1**)
(sujet qqn, un groupe) **affronter qqch, qqn** *Mais vous n'êtes pas assez nombreux pour affronter cette bande de bandits ! Vous allez vous faire tuer !* ● *Pourquoi a-t-il choisi ce métier, il y a beaucoup de risques ! — Il aime affronter le danger.* ● *Depuis tant d'années que ces deux pays s'affrontent, n'arriveront-ils donc jamais à se mettre d'accord ?*
**S.** *Affronter* (soutenu) a pour syn. FAIRE FACE À. *S'affronter,* c'est SE COMBATTRE.
**L. affrontement** (n. m.) La police et les manifestants se sont affrontés durement → *l'affrontement entre la police et les manifestants a été très dur.*

**afin de** [afɛ̃də] prép., **afin que** conj.
[but] **afin de** + inf., **afin que** + subj. *Prenez un taxi vers 19 heures afin d'arriver à 20 heures à l'aéroport ; autrement, vous serez en retard.* ● *Vous laisserez votre adresse afin que nous puissions vous prévenir.*
**S.** *Afin de, afin que* indiquent le but, l'intention ; les syn. de la prép. sont POUR, DANS LE BUT DE, et le syn. de la conj. est POUR QUE.

**africain, e** [afrikɛ̃, ɛn] adj. (après le n.) et n.
[adj.] (se dit de qqch, d'un pays) *Nous sommes allés voir une exposition d'art africain extraordinaire.* ♦ [n. et adj.] (personne) *Les chefs d'État africains vont se réunir le 20 octobre.*
**G.** Cet adj. n'a ni comparatif ni superlatif.
**S.** L'adj. ethnique *africain* correspond au n. f. AFRIQUE (NOIRE, en particulier). On emploie NORD-AFRICAIN pour l'AFRIQUE DU NORD (Algérie, ALGÉRIEN ; Maroc, MAROCAIN ; Tunisie, TUNISIEN). SUD-AFRICAIN correspond à AFRIQUE DU SUD.

**agacer** [agase] v. t. (conj. **3**)
(sujet qqn, qqch) **agacer qqn** *Tu m'agaces avec ces histoires, parlons d'autre chose !*

● *Ne mettez pas de disque, la musique l'agace.*
**S.** *Agacer* a pour syn. EMBÊTER (fam.), ÉNERVER et, plus fort, EXASPÉRER.
**L. agaçant, e** (adj.) Ce que tu peux m'agacer ! → *ce que tu peux être agaçante !*

**âge** [ɑʒ] n. m.
[statut, qqn] (compt., surtout au sing.) *François paraît bien plus que son âge, et*

pourtant il n'a que cinquante ans. • Trente ans... Ah! c'est le bel âge! • Catherine a treize ans : à cet âge-là, on est assez égoïste. • Quel âge avez-vous? — J'ai vingt-huit ans. — Moi aussi ; on a le même âge, alors! • Va jouer avec les enfants de ton âge, laisse tes frères tranquilles. ◆ (noncompt., au sing.) Tu devrais changer ta voiture, elle commence à prendre de l'âge. • Eh non, avec l'âge, elle ne peut plus faire ce qu'elle faisait avant!

**S.** Âge s'emploie pour parler des êtres humains ou des animaux. Pour la durée passée des choses, on emploie des constructions avec DATER DE ou avec ÉPOQUE (DE QUAND DATE votre maison, DE QUELLE ÉPOQUE est-elle ?). Avoir le même âge que qqn, c'est ÊTRE DU MÊME ÂGE, ÊTRE AUSSI ÂGÉ QUE LUI ou ÊTRE SON CONTEMPORAIN (soutenu). Prendre de l'âge a pour syn. VIEILLIR ; avec l'âge a pour syn. AVEC LE TEMPS (qui passe, qui fait vieillir).

**âgé, e** [aʒe] adj. (après le n.)
I. (se dit de qqn) **âgé de + n. de temps, plus (moins, aussi) âgé que qqn** C'est un jeune homme âgé de vingt ans tout au plus. • Vous n'avez que vingt ans ? Alors, je suis plus âgé que vous, puisque j'ai vingt-trois ans.
II. (se dit de qqn) [Dans le métro] : « Laissez les places assises aux personnes âgées. » • Grand-père n'entend plus très bien, il est très âgé maintenant.

**G.** Au sens II, âgé n'est jamais suivi d'un compl. et n'a ni comparatif ni superlatif relatif.
**S. 1.** Au sens I, être âgé de vingt ans a pour syn. usuel AVOIR VINGT ANS. Je suis plus âgé (que vous) → je suis PLUS VIEUX ; je suis moins âgé → je suis PLUS JEUNE (ou MOINS VIEUX). — **2.** Pour parler de qqch, on n'emploie pas âgé, mais des constructions avec DATER DE, VIEUX DE, ou AVOIR UN, DEUX, TROIS... ANS (une maison VIEILLE DE, qui DATE DE, qui A VINGT ANS). — **3.** Au sens II, âgé a pour syn. usuel VIEUX ; VIEILLARD est un syn. plutôt péjor. de PERSONNE ÂGÉE.

**agence** [aʒɑ̃s] n. f.
[lieu, commerce] Si tu veux vendre ton appartement, adresse-toi à cette agence, ils sont très sérieux et te trouveront vite un acheteur. • [À la banque] : « Je regrette, madame : avec ce chèque vous ne pouvez retirer de l'argent que dans votre agence. »
◆ **agence (de voyages)** N'oublie pas de passer à l'agence chercher les billets d'avion.

**S.** Une agence est un lieu de commerce qui propose des services : succursale de banque,
bureau de tourisme, de voyages, immobilier, etc.

**agenda** [aʒɛ̃da] n. m.
[objet, texte] Regarde sur ton agenda si tu n'as pas un rendez-vous à cette date.

**S.** L'agenda est un petit carnet sur lequel on inscrit au jour le jour ce qu'on doit faire.

**agenouiller (s')** → GENOU L.

**agent** [aʒɑ̃] n. m.
[personne, profession] **agent (de police)** Nous avons brûlé un feu rouge, heureusement il n'y avait pas d'agent de police dans les environs ! • Monsieur l'agent, s'il vous plaît, pouvez-vous me dire où se trouve la rue du Montparnasse ?

**S.** Un agent de police est un fonctionnaire en uniforme chargé de la police et de la circulation dans les villes. Dans les campagnes, les GENDARMES ont des fonctions semblables. Le syn. fam., mais plus général, de agent EST FLIC.

**agglomération** [aglɔmerasjɔ̃] n. f.
[lieu urbain] Dès que vous entrez dans une agglomération, vous ne devez pas dépasser soixante kilomètres à l'heure. • L'agglomération parisienne comprend Paris et sa banlieue.

**S.** Agglomération (adm.) désigne tout groupement d'habitations de petite, moyenne ou grande importance. Un HAMEAU, un BOURG, une VILLE sont des agglomérations.

**aggraver** [agrave] v. t. (conj. 1)
(sujet qqn, qqch) **aggraver qqch (abstrait)** Je crois bien que tu aggraves ton cas en mentant. • L'augmentation du prix du pétrole a aggravé la crise ; on n'avait pas besoin de cela. ◆ (sujet qqch) **s'aggraver** On vient d'apprendre par la radio que la situation s'est aggravée au Moyen-Orient. • J'ai peur que mon père ne passe pas la nuit : son état s'est brusquement aggravé.

**S.** Aggraver, c'est rendre plus GRAVE, plus difficile, plus pénible. ATTÉNUER, AMÉLIORER sont des contr. S'aggraver a pour syn. soutenu EMPIRER. SE DÉTÉRIORER est un syn. quand il s'agit de la situation.
**L. aggravant, e** (adj.) Tous ces faits constituent pour vous des circonstances aggravantes (↔ qui aggravent votre cas). ◆ **aggravation** (n. f.) Je crains que son état ne s'aggrave → je crains une aggravation de son état.

**agile** [aʒil] adj. (après le n.)
(se dit de qqn, d'une partie du corps) Ce

## AGIR

*qu'ils peuvent être agiles à cet âge-là!
Regarde Pierre grimper à l'arbre.*
**S.** Être *agile* (soutenu), c'est être à la fois souple et rapide dans ses mouvements ; le syn. est VIF, les contr. GAUCHE, LOURD.
**L. agilité** (n. f.) *Que ses doigts sont agiles quand il joue du piano!* → *quelle agilité des doigts quand il joue du piano!*

**agir** [aʒir] v. i (conj. **15**), **s'agir** v. pr.
I. [v. i.] (sujet qqn) *On ne peut pas rester comme ça sans rien faire : il faut agir.*

◆ **agir comme** + pron. ou + n., **comme si** + ind. *Mais il est fou! C'est la peur qui le fait agir comme ça?* • *Tu agis toujours comme si tu étais seul sur la route : mais il y a les autres.*
II. [v. pr.] **il s'agit de qqch, de qqn, de** + **inf.** *Je ne sais pas de quoi vous parlez : de quoi s'agit-il?* • *Ah! vous avez un ennui, expliquez-moi ça. — Il s'agit de mon fils Paul, il m'inquiète.* • *Vas-y doucement, il s'agit de ne pas lui faire peur.*

**S. 1.** *Agir,* c'est FAIRE qqch ; il a pour équivalent ENTREPRENDRE qqch, PASSER À L'ACTION (sans compl.). Avec COMME, il a pour syn. SE CONDUIRE, SE COMPORTER. — **2.** *Il s'agit de* qqn, qqch a pour syn. IL EST QUESTION DE ; CELA CONCERNE qqn, qqch est un équivalent soutenu. *Il s'agit de* + inf. implique une intention, un but ; il a pour syn. IL FAUT QUE ou IL IMPORTE DE (soutenu).

**agitation** [aʒitasjɔ̃] n. f.
[action, qqn, et résultat] *Mais qu'est-ce que c'est que toute cette agitation! Voulez-vous bien rester tranquilles, on ne s'entend plus.* ◆ **agitation politique, sociale** *Les prix augmentent et on craint pour l'automne une certaine agitation sociale.*
**S.** *L'agitation,* c'est le fait de S'AGITER, de remuer, de faire du bruit ; il a pour syn. REMUE-MÉNAGE ; AFFOLEMENT est plus fort, ANIMATION et NERVOSITÉ sont moins forts. Lorsque l'*agitation* est sociale ou politique, le syn. est TROUBLES ou, soutenu, EFFERVESCENCE. Le mot a pour contr. CALME et TRANQUILLITÉ.
**L. agitateur, trice** (n.) Ce sont des gens qui font de l'agitation politique → *ce sont des agitateurs politiques.*

**agité, e** [aʒite] adj. (après le n.)
(se dit de qqn) *C'est un enfant nerveux, agité, vous devriez peut-être le montrer à un médecin.* ◆ (se dit du sommeil, d'une nuit) *Dans sa chambre, le malade dormait d'un sommeil agité ; on l'entendait bouger sans cesse et pousser de faibles cris.*

**S. 1.** En parlant de qqn, *agité* a pour syn. NERVEUX (moins fort), EXCITÉ (plus fort), INSTABLE ou REMUANT et TURBULENT (en parlant d'un enfant). Les contr. sont CALME, TRANQUILLE. — **2.** En parlant du sommeil, *agité* a pour syn. FIÉVREUX.

**agiter** [aʒite] v. t. (conj. **1**)
(sujet qqn) **agiter qqch (concret)** *Tu as agité la bouteille avant de servir le jus de fruits?*
• *Qu'est-ce qu'elle veut cette dame là-bas,*

*elle agite le bras comme si elle voulait nous appeler.* ◆ **s'agiter** *Restez calme, ne vous agitez pas ainsi, nous allons vous donner un médicament tout de suite.*

**S.** *Agiter* et *s'agiter* ont pour syn. REMUER et BOUGER. *S'agiter* a pour contr. RESTER CALME.
**L.** agitation, v. ce mot.

**agneau** [aɲo] n. m.
[animal] (compt.) *Cet agneau est déjà debout sur ses pattes; il n'y a pourtant pas longtemps qu'il est né.* ◆ [aliment] (non-compt., au sing.) *On va faire ce soir à nos invités de l'agneau rôti; c'est plus tendre que le mouton.*

**S.** L' *agneau* est le petit de la brebis.

**agrandir** [agrɑ̃dir] v. t. (conj. **15**)
(sujet qqn, qqch) **agrandir qqch** *Si on achetait le terrain d'à côté, cela nous permettrait d'agrandir notre jardin.* ◆ (sujet qqch [ville, commerce], qqn) **s'agrandir** *Nous allons bientôt nous agrandir, le magasin sera fermé pendant la durée des travaux.* ● *D'année en année, cette société s'agrandit.*

**S.** *Agrandir* qqch, c'est le rendre plus GRAND, ou le faire paraître plus GRAND. Le contr. est DIMINUER, ou parfois RAPETISSER. *S'agrandir*, c'est devenir plus GRAND ou plus important.
**L.** agrandissement (n. m.) *Ce magasin s'est agrandi depuis l'année dernière* → *il y a eu des agrandissements dans ce magasin depuis l'année dernière.*

**agréable** [agreabl] adj. (après ou, plus rarement, avant le n.)
(se dit de qqch, de qqn) **agréable (à + inf.)** *Ce quartier est agréable parce qu'il est très calme.* ● *Ce n'est pas très agréable de voyager debout dans le train!* ● *Nos voisins sont des gens agréables, nous sommes devenus des amis.* ● *Qu'est-ce que c'est comme tissu, il est très agréable à toucher.* ● *J'aime beaucoup Anne, c'est une femme très agréable à vivre.*

**S.** Est *agréable* ce qui fait plaisir; il a pour syn. PLAISANT et, plus fort, DÉLICIEUX. Quand il s'agit d'un lieu ou de qqn, le syn. est CHARMANT. En parlant de qqn seulem., les syn. sont AIMABLE, GENTIL, SYMPATHIQUE. DÉSAGRÉABLE, DÉPLAISANT, PÉNIBLE (plus fort) sont des contr. dans tous les cas; ENNUYEUX est un contr. quand il n'y a pas de compl.
**L.** agréablement (adv.) *Cette nouvelle nous a surpris de manière agréable* → *cette nouvelle nous a agréablement surpris.* ◆ **désagréable**, v. ce mot.

**agresser** [agrese] v. t. (conj. **1**)
(sujet qqn) **agresser qqn** *C'est en sortant de chez lui qu'il s'est fait agresser par deux individus.*

**S.** *Agresser* est un syn. soutenu d'ATTAQUER.
**L.** agresseur (n. m.) *Il n'a pas vu celui qui l'avait agressé* → *il n'a pas vu son agresseur.*
◆ **agression** (n. f.) *Il n'y a eu aucun témoin quand il s'est fait agresser* → *il n'y a eu aucun témoin de l'agression.*

## AGRESSIF

**agressif, ive** [agresif, iv] adj. (après le n.)
(se dit de qqn, de son attitude) *Votre fils est vraiment très agressif avec ses camarades, vous devriez voir un psychologue.*
**S.** Être *agressif*, c'est manifester sa volonté d'attaquer les autres, de s'opposer à son entourage.
**L. agressivement** (adv.) Il m'a répondu d'une manière agressive → *il m'a répondu agressi-*

*vement.* ◆ **agressivité** (n. f.) *Mes propos n'étaient pas agressifs* → *il n'y avait aucune agressivité dans mes propos.*

**agricole** [agrikɔl] adj. (après le n.)
(se dit de qqch, de qqn) *Le blé et le vin sont des produits agricoles.* ● *Il a commencé comme ouvrier agricole, et maintenant il est propriétaire de nombreux bâtiments et terrains.*
**G.** Cet adj. est toujours épithète et n'a ni comparatif ni superlatif.
**S.** En parlant de qqn, *agricole* ne s'emploie qu'avec des noms de profession (INGÉNIEUR, OUVRIER).

**agriculteur** [agrikyltœr] n. m.
[personne, profession] *On annonce que, dans l'Hérault, des agriculteurs ont établi des barrages sur les routes pour protester contre l'importation de vins italiens.*
**S.** *Agriculteur*, comme EXPLOITANT AGRICOLE, sont des syn. administratifs de CULTIVATEUR et de PAYSAN.
**L. agriculture**, v. ce mot.

**agriculture** [agrikyltyr] n. f.
[activité économique] (compt., surtout au sing.) *Si tu aimes vraiment la vie de la campagne, tu pourrais te diriger vers l'agriculture.* ● *Les principales ressources de cette région viennent de l'agriculture.*
**S.** L'*agriculture* est l'activité économique consacrée à la terre, à la culture des produits de la terre.

**ah!** [a] interj.
[surprise] *Vous n'êtes pas invités, vous. — Ah! Et pourquoi?* ● *On va se mettre à table... — Ah! ce n'est pas trop tôt! J'ai une de ces faims!* ◆ [emphase] *Je peux sortir ce soir? — Ah non! tu es déjà sorti trois fois dans la semaine.* ◆ [interpellation] *Ah! je voulais te dire : sois gentil avec ta mère, elle est très fatiguée aujourd'hui.*
**S.** *Ah!*, placé en tête de phrase, sert à interpeller l'interlocuteur, à marquer la surprise, la joie, l'indignation, etc., à l'égard de ce qui vient d'être dit, ou à renforcer un refus ou une affirmation (AH OUI!, AH NON!). *Ah!* peut lui-même être renforcé par BON, TIENS, MAIS, ou être répété (*ah! ah!*).

**aide** [ɛd] n. f. et n. m. ou f.
I. [n. f.] (action, qqn, et résultat) [compt., surtout au sing.] *Votre aide m'a été pré-*

*cieuse; je vous en remercie; seul je n'y arrivais pas.* ● *Je vous laisse seuls pour faire ce travail : si vous avez besoin d'aide, appelez-moi.* ● *On n'arrivait pas à sortir les blessés de la voiture : il a fallu demander de l'aide aux passants.* ● *Je m'étais perdue, mais, avec l'aide d'un agent, j'ai retrouvé*

*mon chemin.* ◆ **à l'aide de qqch** *Vous ferez votre devoir à l'aide d'un dictionnaire.*
II. [n. m. ou f.] (personne, agent) [compt.] *Je ne peux pas faire tout ce travail seul ; il faut que vous me donniez un aide.*
**S. 1.** *Aide* (sens I) a pour syn. CONCOURS, COLLABORATION ou ASSISTANCE (soutenu) ; *demander de l'aide à* qqn a pour syn. DEMANDER DU RENFORT, DU SECOURS À qqn ou LE SECOURS DE qqn ; *apporter son aide, de l'aide à* qqn, c'est l'AIDER. *À l'aide de* a pour équivalents AVEC (courant), GRÂCE À (qui indique une réussite finale). — **2.** *Aide* (sens II) désigne qqn qui AIDE ; en général, le mot est précisé par un adj. ou un compl. : AIDE SOCIALE, AIDE-MÉNAGÈRE, AIDE-MAÇON, AIDE-COMPTABLE, etc.

**aider** [ede] v. t. (conj. 1)
(sujet qqn, qqch) **aider qqn (à + inf.)** *Je n'arrive pas à faire démarrer la voiture : tu*

*viens m'aider ?* ● *Si vous m'aidiez à transporter ces paquets, au lieu de discuter !* ● *Tiens, prends ces cachets, ça t'aidera à dormir.*
**S** *Aider* qqn (sujet qqn) a pour syn. APPORTER SON AIDE À qqn et SECONDER qqn (soutenu). *Aider* qqn à + inf. (sujet qqch) a pour syn. PERMETTRE À qqn DE + inf.
**L.** entraider (s'), v. ce mot.

**aïe !** [aj] interj.
[douleur] *Aïe ! tu m'as fait mal !* ● *Pourquoi cries-tu « aïe ! » avant qu'on te fasse la piqûre ?* ● *Aïe, aïe, aïe ! ça me brûle !*
**S.** *Aïe !* est un cri qui exprime une douleur physique légère ou un désagrément.

**aigre** [ɛgr] adj. (après le n.)
I. (se dit d'un fruit, d'un liquide, etc.) *Avec ces petites cerises aigres, on fait de l'alcool.* ● *C'est horrible ! que ce vin est aigre ! on dirait du vinaigre.*
II. (se dit de la voix, de l'attitude de qqn) *Je ne supporte plus de l'entendre ; cette voix aigre à l'étage au-dessus, c'est insupportable !* ● *Il n'est vraiment pas aimable, si tu avais vu de quel ton aigre il m'a demandé de me mêler de mes affaires.*
**S. 1.** Au sens I, est *aigre* (soutenu) ce qui a un goût ACIDE. — **2.** Au sens II, est *aigre* (soutenu) une voix AIGUË, CRIARDE, PERÇANTE, ou un caractère, une attitude ACERBE (soutenu), AMER.
**L. aigreur** (n. f.) *Sa réponse a été très aigre* → *il m'a répondu avec une grande aigreur.*

**aigu, ë** [ɛgy] adj. (après le n.)
I. (se dit d'une voix, d'un son) *Dans la cour de récréation, on entend les cris aigus des enfants qui s'amusent.*
II. (se dit d'un état, d'une maladie) *La guerre est menaçante ; les relations entre les États traversent une crise aiguë.* ● *Georges a pris froid, et maintenant il a une bronchite aiguë.*
**S. 1.** Est *aigu* (sens I) une voix, un son PERÇANT, par oppos. à GRAVE. — **2.** Est *aigu* (sens II) [soutenu] ce qui est INTENSE, VIF (en parlant d'une douleur, d'une maladie) ou VIOLENT, GRAVE (en parlant d'un état).

**aiguille** [egɥij] n. f.
I. [instrument] *J'ai déchiré mon manteau ! — Passe-moi du fil et une aiguille, je vais te réparer ça tout de suite.*
II. [partie d'un appareil] *Sur une montre, la grande aiguille indique les minutes et la petite aiguille indique les heures.*
**S.** Une *aiguille* (sens I) sert à coudre ; on enfile une *aiguille* quand on fait passer un fil dedans.

**aile** [ɛl] n. f.
I. [partie d'un animal] *Regarde ce pauvre oiseau ; il ne peut plus voler, ses ailes sont couvertes de pétrole.*
II. [partie d'un véhicule] *Une voiture venue de ma gauche m'a accroché l'aile et crevé un pneu.* ◆ [partie d'un édifice] *Nous habitons l'aile du château pour ne pas être dérangés par les touristes.*
**S. 1.** Les *ailes des oiseaux* leur servent à voler. — **2.** Les *ailes d'une voiture* sont les parties de la carrosserie qui protègent les roues ; les *ailes d'un avion* le soutiennent dans

# AILLEURS

l'air. Les *ailes d'un bâtiment* sont les parties qui se trouvent de chaque côté du corps principal.

**ailleurs** [ajœr] adv.
I. [lieu] *Si vous n'êtes pas bien ici, allez ailleurs!* • *C'est tout ce que j'ai comme bière, mais peut-être en trouverez-vous ailleurs.* • [À la radio] : «*Il pleuvra sur tout le nord de la France, mais, ailleurs, le soleil brillera et il fera encore chaud.*»

II. [addition] **d'ailleurs, par ailleurs** *Si tu ne peux pas être là à 5 heures, viens plus tard; d'ailleurs, la réunion ne commencera pas avant 5 heures et demie.* • *Je lui ai dit tout ce que je pensais de lui; il n'a pas été surpris d'ailleurs.*

    G. *Ailleurs* (lieu) peut être précisé par PARTOUT, comme son contr. NULLE PART (*partout [nulle part] ailleurs*).
    S. **1.** *Ailleurs* (sens I) a pour syn. AUTRE PART; il s'oppose à ICI, le lieu où se trouve la personne qui parle, ou bien à LÀ, l'endroit dont on vient de parler. — **2.** *D'ailleurs* et *par ailleurs* (soutenu) introduisent un argument supplémentaire et pour syn. DU RESTE, DE PLUS, EN PLUS ou EN OUTRE (soutenu).

**aimable** [emabl] adj. (après ou, plus rarement, avant le n.)
(se dit de qqn, de son attitude) *Tes voisins ne m'ont même pas répondu, ils n'ont vraiment pas l'air aimables!* • *Merci beaucoup, vous êtes très aimable.* • *Tu n'as rien dit de toute la soirée, ce n'est vraiment pas très aimable!*
    S. Est *aimable* celui qui cherche à plaire. Il a pour syn. GENTIL et, plus forts, CHARMANT, COURTOIS (soutenu), et pour contr. DÉPLAISANT, DÉSAGRÉABLE, DISCOURTOIS (litt.). IMPOLI, GROSSIER sont des contr. plus forts. Celui qui est *aimable* est SYMPATHIQUE aux autres.
    L. **aimablement** (adv.) *Ils nous ont reçus de façon très aimable* → *ils nous ont reçus très aimablement.* ◆ **amabilité** (n. f.) *Il s'est montré très aimable* → *il a montré beaucoup d'amabilité.*

**aimer** [eme] v. t. (conj. **1**)
I. (sujet qqn) **aimer qqn** *C'est Paul que j'aime, nous allons nous marier.* • *Qu'est-ce que tu penses de Jacques? — Oh! je l'aime bien, sans plus.*

II. (sujet qqn) **aimer un animal, qqch, aimer + inf., que + subj.** *Tu aimes les bonbons?* • *Si vous aimez vous baigner, il y a une piscine dans le jardin.* • *Je n'aime pas tellement qu'on me réponde sur ce ton, vous avez compris?*
III. (sujet qqn) **aimer mieux** *J'aimerais mieux pouvoir partir quelques jours, mais j'ai trop de travail.*

    G. Au passif, on dit *je suis aimé* PAR MES AMIS ou DE MES AMIS (soutenu).
    S. **1.** *Aimer* (sens I et II) a pour syn. ADORER (plus fort et un peu affecté) et pour contr. plus forts DÉTESTER, EXÉCRER (soutenu). HAÏR est un contr. plus fort et soutenu au sens I seulem. — **2.** Au sens I, *aimer* implique à la fois un sentiment et une attirance sexuelle; il a pour

équivalents moins courants AVOIR, ÉPROUVER DE L'AMOUR POUR qqn, ÊTRE AMOUREUX DE qqn. Avec un adv. (BIEN, BEAUCOUP, etc.), il indique seulem. un sentiment et il a alors pour équivalents AVOIR, ÉPROUVER DE L'AMITIÉ POUR qqn. — **3.** *Aimer* (sens II), quand il s'agit de qqch, a pour syn. moins fort APPRÉCIER, qui ne peut pas être suivi d'un inf., ou RAFFOLER DE (qui indique que l'on aime beaucoup). — **4.** *Aimer mieux* (sens III) a pour syn. PRÉFÉRER.
**L.** *amour, amoureux,* v. ces mots.

**aîné, e** [ene] adj. (après le n.) et n. [adj.] (se dit de qqn) *Vous êtes fille unique? — Non, j'ai un frère aîné qui a trois ans de plus que moi.* ● *J'ai deux enfants, ma fille aînée fait des études de médecine, l'autre est encore au lycée.* ◆ [n.] (personne) *Qui est le plus âgé, Yves ou Charlotte? — C'est Charlotte l'aînée.*

**G.** *Aîné* est seulement épithète; il n'a ni comparatif ni superlatif et ne s'emploie qu'avec certains noms de parenté (FRÈRE, SŒUR, FILS, FILLE).
**S.** L'*aîné* désigne le plus âgé des enfants; celui qui vient ensuite, le plus jeune, est le CADET.

**ainsi** [ɛ̃si] adv.
I. [manière] *Cette histoire commence ainsi: un beau jour de septembre, la petite fille partit porter du beurre à sa grand-mère.* ◆ **pour ainsi dire** *Julien est pour ainsi dire le chef de son équipe; c'est lui qui s'occupe de tout.*
II. [conclusion] *Venez tôt, ainsi vous pourrez repartir avant la nuit.* ● *Vous ne dites rien? Ainsi, vous refusez de parler?*

**S.** et **G. 1.** Placé en fin de phrase, *ainsi* (sens I) annonce une information indiquée par (:). Placé en tête de proposition, au sens II, il établit un lien de conséquence ou introduit une conclusion. — **2.** *Ainsi* (sens I) a pour syn. COMME CECI, COMME CELA, DE CETTE FAÇON, DE CETTE MANIÈRE, COMME ÇA (fam.), DE LA SORTE (soutenu); il s'oppose à AUTREMENT. *Pour ainsi dire* indique une rectification ou une explication et a pour syn. EN QUELQUE SORTE (soutenu) et COMME QUI DIRAIT ou SI ON VEUT (fam.). — **3.** Au sens II, il s'oppose à AUTREMENT et a pour syn. ALORS et DONC.

**air** [ɛr] n. m.
I. [fluide] (non-compt., au sing.) *Qu'est-ce qu'il fait chaud dans cette pièce! — Ouvre la fenêtre pour qu'on ait un peu d'air.* ◆ **courant d'air** *Toutes les fenêtres et les portes sont ouvertes, ferme vite, il y a un de ces courants d'air!*
II. [lieu] **en l'air** *Quand on a entendu le bruit de l'avion, tout le monde a regardé en l'air.* ◆ **en plein air** *On a décidé d'aller à la campagne et de déjeuner sur l'herbe en plein air.*
III. [énoncé, musique] (compt.) *Je n'arrive plus à me souvenir de l'air de cette chanson.* ● *Et maintenant, il va nous siffler quelques vieux airs populaires, à vous de les reconnaître.*
IV. (sujet qqn, qqch) **avoir l'air** + adj., **avoir l'air de** + n. ou inf. *Regarde comme ces fruits*

*sont beaux, ils ont l'air très bons.* ● *Tu as l'air d'un idiot avec tes fleurs.* ● *Michel a eu l'air de ne pas faire attention, mais, en fait, il a tout entendu.* ● *Ça y est, c'est réparé, ça a l'air de marcher maintenant.* ● *Sans en avoir l'air, Sylvie fait attention à tout, elle remarque tout.* ● *C'est un garçon qui n'a l'air de rien, mais il est capable de grandes choses.* ● *Ça n'a l'air de rien, mais c'est très difficile.*

**G.** L'adj. qui suit *avoir l'air* s'accorde avec le sujet quand celui-ci désigne qqch, et avec le sujet ou le mot *air* quand le sujet désigne qqn (*Ces garçons ont l'air* INTELLIGENTS ou INTELLIGENT).
**S. 1.** Au sens I, l'*air* est le gaz qui nous entoure, que l'on respire et qui constitue l'atmosphère. — **2.** *En l'air* a pour syn. EN HAUT, VERS LE HAUT, VERS LE CIEL, et pour contr. PAR TERRE, VERS LE SOL. *Regarder en l'air*, c'est LEVER LA TÊTE, LEVER LES YEUX. *En plein air* a pour équivalent moins fort DEHORS. — **3.** Au sens III, l'*air* est la mélodie, la musique d'une chanson, par

## AISE

oppos. aux PAROLES. — **4.** *Avoir l'air* a pour syn. soutenus PARAÎTRE et SEMBLER, sauf quand il est suivi d'un nom ; en ce cas, le syn. est RESSEMBLER À. En parlant de qqn, *sans en avoir l'air,* a pour syn. SANS SE FAIRE REMARQUER ; *n'avoir l'air de rien* a pour syn. NE PAS SE FAIRE REMARQUER ; en parlant de qqch, *n'avoir l'air de rien* a pour syn. SEMBLER FACILE.
**L. aérien,** v. ce mot.

**aise** [ɛz] n. f.
I. [état, qqn] **à l'aise, à mon (ton, son, etc.)** aise, mal à l'aise *Partout où il se trouve, Jean est à son aise, sûr de lui.* • *M^me Martin est une femme charmante, elle sait mettre à l'aise les personnes que son mari invite.* • *J'étais gêné, mal à l'aise, je ne savais pas quoi dire.* • *La discussion me mettait mal à l'aise, j'avais envie de partir.* • *Mettez-vous à votre aise, je vous en prie, enlevez votre manteau.*
II. [état, qqn] (sujet qqn) **être à l'aise** *Eh bien, on peut dire qu'ils sont à l'aise dans cet appartement, six pièces pour trois personnes, ils ne manquent pas de place.* • *Ne t'inquiète pas pour eux, ils sont à l'aise, ils pourront payer.*
  **S. 1.** *Être à l'aise* a pour contr. *être mal à l'aise. Être mal à l'aise* a pour syn. ÊTRE GÊNÉ, EMBARRASSÉ ; *mettre mal à l'aise,* c'est GÊNER, EMBARRASSER ou INTIMIDER (plus fort et soutenu).
  — **2.** *Être à l'aise* (sens II), c'est avoir suffisamment de confort, d'espace qqpart, ou bien ne pas manquer d'argent, ÊTRE RICHE, AISÉ, VIVRE DANS L'AISANCE.

**aisé, e** [ɛze] adj. (après le n.)
I. (se dit de qqch [action]) *Si tu crois que c'est aisé de faire comprendre aux enfants qu'il faut qu'ils se taisent, tu te trompes.*
II. (se dit de qqn, d'un groupe) *Il se plaint tout le temps ; mais finalement il est d'une famille aisée, il ne manque de rien.*
  **S. 1.** Au sens I, est *aisé* (soutenu) ce qui est FACILE à faire ; les contr. sont DIFFICILE, PÉNIBLE.
  — **2.** Au sens II, est *aisé* celui qui a suffisamment d'argent pour vivre largement.
  **L. aisément** (adv.) [sens I] *Ça ne se fait pas de manière aisée* → *ça ne se fait pas aisément.*
  ◆ **aisance** (n. f.) [sens II] *Il est aisé* → *il est dans l'aisance.* ◆ **aise,** v. ce mot. ◆ **malaisé, e** (adj.) [sens I] *Ce n'est pas aisé de lui faire comprendre ça* → *c'est malaisé de lui faire comprendre ça.*

**ajourner** [aʒurne] v. t. (conj. **1**)
(sujet qqn) **ajourner qqch (réunion, décision, etc.)** *Alors comment s'est passé le débat ? — Il ne s'est rien passé, la séance a été ajournée.*

**S.** *Ajourner* (techn. ou adm.), c'est REMETTRE à plus tard. DIFFÉRER, REPORTER sont des syn.
**L. ajournement** (n. m.) *L'Assemblée a décidé d'ajourner les débats* → *l'Assemblée a décidé l'ajournement des débats.*

**ajouter** [aʒute] v. t. (conj. **1**)
I. (sujet qqn) **ajouter qqch (à, dans qqch)** *À ta place, j'ajouterais un peu de sel, il n'y en a pas assez.* • *Ta lettre est très bien, il n'y a rien à y ajouter.* • *Il faudrait ajouter un peu d'eau dans le café, il est trop fort.*

II. (sujet qqn) **ajouter un mot, une phrase, que + ind.** *Il serait bien que tu ajoutes quelques mots après son discours pour le remercier.* • *L'hôtel était excellent ; j'ajoute que la cuisine était très bonne.*

    **S. 1.** *Ajouter* (sens I) a pour syn. REMETTRE, METTRE EN PLUS et RAJOUTER. Les contr. sont ENLEVER, RETIRER, RETRANCHER, SUPPRIMER. — **2.** *Ajouter* (sens II), c'est dire en plus. L'équivalent de *j'ajoute que* est DE PLUS.
    **L. rajouter** (v. t.) [sens I] Ajoute cent francs au total → *rajoute cent francs au total.*

**alarmant, e** [alarmã, ãt] adj. (après le n.) (se dit de qqch [état, événement, etc.]) [*À la télévision*] : «*La situation est alarmante ; la ville a été prise hier et on est sans nouvelles depuis.*» • *La malade a eu encore une crise et son état est devenu alarmant.*

    **S.** Est *alarmant* (soutenu) ce qui fait qu'on peut S'ALARMER, s'inquiéter. Le syn. est CRITIQUE ; le contr. RASSURANT.

**alarmer (s')** [alarme] v. pr. (conj. 1) (sujet qqn) **s'alarmer de qqch (action, événement, etc.)** *Il n'y a pas de raisons de s'alarmer de son retard ; il a dû être pris dans les embouteillages.*

    **S.** *S'alarmer* (soutenu) a pour syn. S'INQUIÉTER (plus faible), S'EFFRAYER (plus fort) ; le contr. est SE RASSURER.
    **L. alarmant,** v. ce mot.

**alcool** [alkɔl] n. m.
I. [liquide] (non-compt., au sing.) *La bière et le vin contiennent de l'alcool.* • *Tu es tombé ? Attends, je vais mettre un peu d'alcool sur ta jambe. Ça pique ?*
II. [boisson] (non-compt., au sing.) *Qu'est-ce que vous voulez boire ? — Un jus de fruits ; je ne prends jamais d'alcool.* ♦ (compt.) *Ça fait du bien un petit alcool après le repas.* • *Dans les cafés, les alcools sont interdits aux jeunes de moins de seize ans.*

    **S. 1.** La teneur en *alcool* (sens I) d'un liquide se mesure en degrés. Ce mot s'emploie pour désigner certains produits à usage médical (*alcool à 90°*) ou ménager (*alcool à brûler*). — **2.** *Alcool* (sens II) désigne toute boisson contenant de l'alcool ou spécialement certaines boissons à très forte teneur en alcool, obtenues à partir de fruits ou de grains, qui se boivent en APÉRITIF (avant le repas) ou en DIGESTIF (après le repas) : whisky, pastis, gin, vodka, cognac, marc, eau-de-vie, calvados, kirsch, rhum, etc. Un *alcool* (compt.) a pour syn. un VERRE D'ALCOOL, un PETIT VERRE (fam.). — **3.** Celui qui boit trop d'*alcool* est un ALCOOLIQUE.

**L. alcoolisé, e** (adj.) [sens I] Cette bière contient peu d'alcool → *cette bière est peu alcoolisée.* ♦ **alcoolique** (n. et adj.) [sens II] *Pierre boit trop d'alcool, il va devenir alcoolique* (← intoxiqué à l'alcool). ♦ **alcoolisme** (n. m.) [sens II] *Il ne s'est pas guéri de son alcoolisme* (← de son habitude de boire trop d'alcool).

**alentours** [alãtur] n. m. pl.
[localisation] **les alentours d'un lieu** *Je t'écris de l'hôtel où nous sommes allés pour nos vacances ; de la fenêtre nous avons une très belle vue et les promenades aux alentours sont très belles.*

    **S.** *Alentours* est le syn. soutenu de ENVIRONS.

**alerter** [alɛrte] v. t. (conj. 1)
(sujet qqch, qqn) **alerter qqn** *Chut ! Il y a quelqu'un dans l'entrée ; il faut alerter la police.* • *Nous avons été alertés par des bruits étranges chez les voisins.*

    **S.** En parlant de qqn, *alerter qqn*, c'est l'AVERTIR, le PRÉVENIR d'un danger. En parlant de qqch, *alerter qqn*, c'est éveiller son attention, constituer une ALERTE, signaler un danger.

**aligner** [aliɲe] v. t. (conj. 1)
I. (sujet qqn) **aligner qqch (abstrait) sur qqch (abstrait)** *C'est parce qu'il a voulu aligner sa politique sur celle d'autres pays que ce parti a perdu des voix.*
II. (sujet qqn, qqch [plur.]) **s'aligner** ou **être alignés** *On demanda aux prisonniers de s'aligner le long du mur, puis on les fusilla.* • *J'admirais l'ordre avec lequel les verres étaient alignés sur la table.*

# ALIMENT

**S. 1.** *Aligner qqch sur autre chose* (sens I), c'est mettre au niveau de, rendre semblable à. — **2.** *S'aligner, être alignés* (sens II), c'est être rangés sur une même LIGNE.
**L. alignement** (n. m.) *Regarde comme ces arbres sont alignés au bord de la route !* → *regarde l'alignement des arbres au bord de la route !*

**aliment** [alimã] n. m.
*Tu sais que les aliments se conservent très bien dans ces boîtes en plastique, si tu les mets au réfrigérateur.* • *Le médecin lui a interdit certains aliments.* • *Le pain est un aliment complet.*

**S.** *Aliment* désigne tout produit naturel ou préparé qui se mange. Au plur., comme terme générique, ce mot a pour syn. NOURRITURE.
**L. alimentaire,** v. ce mot.

**alimentaire** [alimãtɛr] adj. (après le n.)
I. (se dit de qqch) *Ce grand magasin vend aussi des produits alimentaires.* • *Le médecin m'a donné un régime alimentaire très strict.*
II. (se dit d'une activité) *Oh ! Je ne fais pas ce métier pour le plaisir ! C'est un travail purement alimentaire que j'espère abandonner bientôt.*

**G.** Au sens I, l'adj., qui n'a ni comparatif, ni superlatif, est toujours épithète.
**S. 1.** *Alimentaire* (sens I) se dit d'un produit qui est un ALIMENT ou de ce qui se rapporte à l'ALIMENTATION. — **2.** Un *travail*, une *activité alimentaire* (sens II) n'ont d'autre intérêt que de permettre à celui qui les fait de se nourrir, de vivre.

**alimentation** [alimãtasjɔ̃] n. f.
[action, qqn, et résultat] *Les médecins l'ont dit, une alimentation trop riche n'est pas bonne non plus pour la santé.* • *Il y a près de chez nous un petit magasin d'alimentation qui reste ouvert tard le soir.*

**S.** L'*alimentation*, c'est le fait de S'ALIMENTER, de se nourrir, et ce qui sert à S'ALIMENTER, à se nourrir.

**alimenter** [alimãte] v. t. (conj. **1**)
(sujet qqn) **alimenter qqn (malade, enfant)** *C'est un blessé grave de la route, on a énormément de mal pour l'alimenter.* ◆ **s'alimenter** *Vous êtes fatigué ? Est-ce que vous faites attention à la manière dont vous vous alimentez ?*

**S.** *Alimenter* (soutenu) a pour syn. NOURRIR ; *s'alimenter* a pour syn. SE NOURRIR, MANGER.
**L. alimentation,** v. ce mot.

**allée** [ale] n. f.
[lieu, passage] *Les allées du jardin sont pleines de mauvaises herbes ; il faudrait y passer le rateau.*

**S.** Une *allée* est un petit chemin servant de lieu de promenade ou d'accès dans un jardin, un parc, etc.

**alléger** → LÉGER L.

**allemand, e** [almã, ãd] adj. (après le n.) et n., **allemand** n. m. [adj.] (se dit de qqch) *Où en est l'industrie allemande? • Nous avons suivi de près les élections allemandes.* ◆ [n. m.] (langue) *Pierre apprend l'allemand au lycée.* ◆ [n. et adj.] (personne) *C'est fou ce qu'il y a comme Allemands qui viennent passer des vacances en France. • Non, il n'est pas autrichien, il est allemand.*
  **G.** L'adj. ne se met ni au comparatif ni au superlatif.
  **S.** L'adj. ethnique *allemand* correspond au n. f. ALLEMAGNE et au n. m. *allemand* (= la langue *allemande*). *Allemand (de l'Ouest)* [notez la majuscule] s'emploie pour les habitants de l'ALLEMAGNE DE L'OUEST ; pour l'ALLEMAGNE DE L'EST, on dit *Allemand de l'Est*. Un pays GERMANOPHONE est un pays dont la langue officielle de communication est l'*allemand*.

**1. aller** [ale] v. i. et auxil. (conj. **14** ; auxil. *être*)
I. (sujet qqn, qqch) **aller + adv. de lieu** ou **à, dans, etc.**, + **n. de lieu (destination)** *Pierre va au théâtre ce soir. • Je vais jusqu'à la pharmacie et je reviens. • Où est-ce que Jacqueline est allée hier soir ? • Ce train va à Lyon. • Cette autoroute va à Marseille. • Où ira tout cet argent que vous gagnez ? • Tu y vas avec Jacques, et moi je reste avec Pierre.* ◆ (sujet qqn) **aller + inf.** (but) *Pierre n'est pas là, il est allé faire des courses. • Attends-moi, je vais chercher des cigarettes.* ◆ (sujet qqn) **s'en aller (dans un lieu)** *Qu'est-ce que tu fais, tu t'en vas ou tu restes ? • Allez-vous-en tous, toi aussi va-t'en, je veux rester seul.* ◆ (sujet qqch) **s'en aller** *Frottez fort et la tache s'en ira.*
II. (sujet qqn, qqch [abstrait]) **aller + adv. de manière (état)** *Bonjour, comment allez-vous ? — Je vais très bien, merci. • Pierre est un peu fatigué, mais ça ira mieux dans quelques jours.* ◆ (sans compl.) *Alors, les affaires marchent ? — Ça va.*
III. (sujet qqch) **aller à qqn** *Tu trouves que cette robe me va ? • Jacques est ridicule avec ce chapeau, elle ne lui va pas du tout. • Arrête de faire l'idiot, ça ne te va pas du tout. • On se voit dimanche à 18 heures, ça vous va ?* ◆ (sans compl.) [*Au marché*] : « *Il y a un peu plus de deux kilos d'oranges, ça ira ?* » ◆ (sujet qqch) **aller (avec qqch)** *Ce bleu ne va pas du tout avec ce jaune. • Cette lampe ira très bien chez toi, ça fera très joli.*
IV. [auxil. (futur proche) (sujet qqn, qqch) **aller (prés., impart.) + inf.** *Pierre va venir tout de suite, on peut l'attendre. • Il m'a appelé juste au moment où j'allais lui téléphoner.*
  **S. 1.** *Aller* (sens I) indique un mouvement inverse à VENIR DE, REVENIR DE. En parlant d'une route, il a pour syn. MENER, CONDUIRE. — **2.** *Aller* suivi de inf. ou *s'en aller* ont pour syn. PARTIR. En parlant d'une tache, d'une marque, *s'en aller* a pour syn. DISPARAÎTRE. — **3.** *Comment allez-vous ?* (sens II) ou *comment ça va ?* (fam.) sont des formules de politesse utilisées quand on rencontre qqn. Lorsqu'on parle de qqn, *aller* a pour syn. SE PORTER ; en parlant d'un travail, d'une situation, le syn. courant est MARCHER. — **4.** *Aller à* qqn (sens III) a pour syn. soutenu CONVENIR À. *Aller* avec qqch a pour syn. S'ACCORDER AVEC ; *aller bien* a pour syn. soutenu CONVENIR. — **5.** *Aller + inf.* (sens IV) est un auxil. d'aspect qui indique un futur proche ; il a pour syn. ÊTRE SUR LE POINT DE.

**2. aller** [ale] n. m.
I. [action, qqn, moyen de transport] *Comment s'est passé votre voyage ? — À l'aller, c'est très bien passé, mais au retour, il y avait un monde fou.*
II. [objet, valeur] *Tu demanderas un aller simple pour Lyon et un aller-retour Paris-Marseille.*
  **S. 1.** *Aller* (sens I) a pour contr. RETOUR. — **2.** *Aller* (sens II), précédé d'un numéral, désigne un billet de train ou d'avion qu'on prend pour ALLER qqpart. Un *aller-retour* est un billet qui permet de faire deux voyages : l'aller et le retour.

**allez!** [ale], **allons!** [alɔ̃], **va!** [va] interj. [encouragement] *Allez, viens, ne fais pas* tant d'histoires! ● *Va, ne te fâche pas, on sent bien que tu dis la vérité!* ◆ [doute] *Tu ne savais pas qu'on avait une réunion? Allons donc, on ne te croit pas.* ◆ [conclusion] **allons bon** *Elle est encore malade. Allons bon, elle va m'empêcher de partir.*

**S.** Ces formes du verbe *aller* sont des interj. ; elles marquent un encouragement, ou sont un signe d'apaisement devant un ordre. Renforcés éventuellement de DONC, *allons!*, *allez!*, *va!* indiquent l'incrédulité. *Allons bon!* indique le dépit ; le syn. est ZUT !

**allier (s')** [alje] v. pr. (conj. 2), **être allié** v. pass.
(sujet qqn, un pays) **s'allier, être allié à, avec qqn, un pays** *Par ce mariage, Christine s'allie à une des plus riches familles parisiennes.* ● *Pendant la guerre de 40, l'Amérique était alliée à la France.*

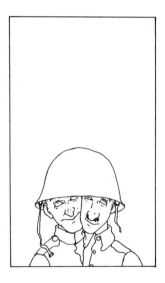

**S.** *S'allier* a pour syn. S'UNIR, S'ASSOCIER.
**L. allié, e** (adj. et n.) *Nous nous sommes alliés à l'Amérique* → *l'Amérique est notre alliée.*
◆ **alliance** (n. f.) *L'alliance entre ces deux pays n'aura pas duré longtemps* (← le fait qu'ils sont alliés).

**allô!** [alo] interj.
[interpellation] «*Allô! — Allô! oui, j'écoute, qui est à l'appareil?... Ah! c'est vous, Denise, comment allez-vous?*»

**S.** *Allô!* sert, au téléphone, pour appeler un correspondant ou pour signaler qu'on répond à son appel.

**allocution** [alɔkysjɔ̃] n. f.
[énoncé] *Le président de la République prononce une allocution ce soir à la télévision pour expliquer les décisions qui ont été prises.*

**S.** Une *allocution* (soutenu) est un DISCOURS de peu d'étendue ; le syn. est EXPOSÉ (*faire un* EXPOSÉ).

**allonger** [alɔ̃ʒe] v. t. (conj. 4)
(sujet qqn) **allonger qqch (partie du corps)** *Allongez vos jambes dès que vous le pourrez, cela vous reposera.* ◆ **s'allonger** *Si on*

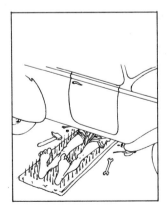

*s'allongeait un peu dans l'herbe ? • Après le repas, mon père avait l'habitude d'aller s'allonger dix minutes.*

**S.** *Allonger* a pour syn. ÉTENDRE. *S'allonger* a pour syn. S'ÉTENDRE, SE COUCHER et s'oppose à ÊTRE ASSIS, DEBOUT.

**allons!** → ALLEZ!

**allumer** [alyme] v. t. (conj. **1**)
I. (sujet qqn) **allumer le feu** *Tiens, si on allumait le feu ? Ça nous réchaufferait !*
♦ **allumer un objet (cigarette, bois)** *J'ai les mains mouillées : tu veux bien m'allumer une cigarette ?*
II. (sujet qqn) **allumer (la lumière, l'électricité)** *Allume l'électricité dans le bureau, on ne voit plus clair.* • *Il va faire nuit, tu devrais allumer : on n'y voit rien !*

III. (sujet qqn) **allumer un appareil** *Allume le poste, c'est l'heure des informations et j'aimerais écouter les nouvelles.*

**S. 1.** Au sens I, on *allume un objet* en y mettant le feu ; on se sert pour cela d'ALLUMETTES ou d'un briquet. — **2.** *Allumer la lumière, l'électricité* a pour syn. ÉCLAIRER. — **3.** Au sens III, *allumer un appareil* a pour syn. METTRE EN MARCHE, OUVRIR, et pour contr. FERMER. — **4.** Dans tous les sens, le contr. est ÉTEINDRE.

**L. rallumer** (v. t.) *Le feu est éteint, il faut l'allumer de nouveau* → *le feu est éteint, il faut le rallumer.*

**allumette** [alymɛt] n. f.
[objet] *Va au bureau de tabac m'acheter des cigarettes et une boîte d'allumettes.* • *Vous avez du feu, s'il vous plaît ? — Oui, je n'ai pas de briquet, mais j'ai des allumettes.*

**S.** Une *allumette* sert à ALLUMER le feu, une cigarette, une bougie, etc.

**allure** [alyr] n. f.
I. [manière, qqn] (compt., surtout au sing.) *Tu ne trouves pas que ce type a une drôle d'allure ? Je ne suis pas rassurée.* ♦ [qualité, qqn, qqch] (non-compt., au sing.) *Ça, c'est une maison qui a de l'allure avec ses plafonds hauts et ses grandes baies vitrées.*
II. [qualité, qqn, qqch] *Si tu crois qu'en roulant à cette allure tu arriveras à l'heure, tu te trompes.* • *Il a écrit cette lettre à toute allure, c'est pour ça qu'il y a des fautes d'orthographe.*

**S. 1.** *Allure* (sens I), employé avec un qualificatif ou un compl., a pour syn. ASPECT, AIR, APPARENCE. Sans compl., il s'agit d'une qualité. *Avoir de l'allure*, c'est AVOIR DE L'ÉLÉGANCE, DE LA DISTINCTION, ne pas être banal. — **2.** *Allure* (sens II) a pour syn. VITESSE. *À toute allure* a pour syn. TRÈS VITE, TRÈS RAPIDEMENT, À TOUTE VITESSE.

**alors** [alɔr] adv., **alors que** conj.
I. [adv.] (temps) *Nous étions tous dans le jardin, c'est alors que l'événement s'est produit.*
II. [adv.] (conclusion) *Si tu ne veux pas y aller, alors c'est moi qui irai.* • *Paul ne vient pas ? Mais alors on ne sera pas assez nombreux !*
III. [adv.] (emphase) *Alors, ça vient ?* • *Et alors, qu'est-ce qui te prend ?* • *Tu n'es pas d'accord, et alors qu'est-ce que tu veux que ça me fasse ?* • *Ça alors, je ne l'aurais jamais cru !*
IV. [conj.] (opposition) **alors que** + ind. *Tu restes enfermé à la maison alors qu'il fait si beau dehors !*

**S. 1.** *Alors* (sens I), qui est soutenu, a pour syn. À CE MOMENT LÀ dans un récit et introduit en général un événement nouveau. — **2.** *Alors* (sens II) a pour syn. DANS (EN) CE CAS. — **3.** *Et alors, ça alors* (sens III), qui appartiennent à la langue parlée, indiquent un mouvement d'impatience ou d'indignation dans une interrogative ou une exclamative ; ils ont pour syn. DIS DONC, DITES DONC. — **4.** *Alors que* (soutenu), suivi de l'ind., a pour syn. TANDIS QUE.

**alourdir** → LOURD L.

**alphabet** [alfabɛ] n. m.
[partie d'une langue] *Pierre connaît toutes les lettres de l'alphabet, bientôt il apprendra à lire.*
   **S.** L'*alphabet* est la liste ordonnée des lettres utilisées par une langue. L'*alphabet* français a 26 lettres de *a* à *z*.
   **L. alphabétique** (adj.) *Vos noms seront cités dans l'ordre alphabétique* (← ordre des lettres de l'alphabet).

**alpinisme** [alpinism] n. m.
[sport] (non-compt., au sing.) *Les Durand adorent la montagne : l'hiver ils y font du ski et l'été de l'alpinisme.*

   **S.** L'*alpinisme* est un sport de montagne. Faire de l'*alpinisme*, c'est ESCALADER UNE MONTAGNE, en FAIRE L'ASCENSION. On fait de l'*alpinisme* en montagne, et de l'ESCALADE sur des rochers.
   **L. alpiniste** (n.) Trois personnes qui faisaient de l'alpinisme se sont tuées cette nuit → *trois alpinistes se sont tués cette nuit.*

**altérer** [altere] v. t. (conj. 12)
(sujet qqch) **altérer qqch** *Les excès ont altéré sa santé ; il est devenu très fragile.*
◆ **s'altérer** *Les rapports entre les deux partis se sont gravement altérés ces derniers temps ; le conflit est devenu inévitable.*
   **S.** *Altérer* (soutenu), c'est modifier en plus mal ; DÉTÉRIORER, GÂTER, CORROMPRE (plus fort et soutenu) sont des syn. *S'altérer* a pour syn. EMPIRER (soutenu), S'AGGRAVER, SE DÉTÉRIORER.

**alterner** [altɛrne] v. t. ind. (conj. **1**)
(sujet qqn, qqch) **alterner (avec qqn, qqch)** *Nous avons des périodes où nous travaillons énormément qui alternent avec des périodes plus calmes.* ● *Vous allez conduire toute la nuit ? — Claire aussi a son permis, alors nous alternerons.*
   **S.** *Alterner avec*, c'est SUCCÉDER À qqch ou, en parlant de plusieurs personnes, FAIRE qqch CHACUN SON TOUR.
   **L. alternance** (n. f.) *Dans ce pays, les deux principaux partis politiques alternent au pouvoir* → *dans ce pays, il y a l'alternance au pouvoir des deux principaux partis politiques.*

**altitude** [altityd] n. f.
[qualité, mesure] (compt., surtout au sing.) *Cette station de sports d'hiver est à quelle altitude ?* ● *L'avion prend maintenant de l'altitude... Mais que se passe-t-il, le voilà qui redescend.*
   **S.** L'*altitude* est la distance en HAUTEUR par rapport au niveau de la mer. *Prendre de l'altitude* en parlant d'un avion, c'est MONTER, S'ÉLEVER.

**aluminium** [alyminjɔm] n. m.
[métal] (non-compt., au sing.) *Tu devrais prendre la casserole en aluminium, l'eau chauffera beaucoup plus vite.*
   **S.** L'*aluminium* est un métal brillant et blanc, léger, très employé pour la fabrication d'objets usuels (ustensiles de cuisine, éléments de mobilier moderne, décoration, etc.).

**amabilité** → AIMABLE L ; **amaigri, -issant, -issement** → MAIGRIR L.

**amateur** [amatœr] adj. (après le n.) et n. m.
I. [adj.] (se dit de qqn) **amateur de qqch (art, sport, etc.).** *Je ne suis pas très amateur de sport à la télévision ; mais j'ai regardé le match.* ◆ [n. m.] (personne) *Michel est*

un grand amateur de jazz, il achète beaucoup de disques.
II. [n. m.] (personne, fonction sociale) *Jean fait des courses de vélo le dimanche, mais c'est un amateur, il n'est pas payé.* ◆ [adj.] *Des musiciens amateurs donnent un concert samedi prochain sur la place du village.*

**G.** Au sens II, l'adj. n'a ni comparatif ni superlatif.
**S. 1.** Être *amateur de* qqch (sens I), c'est AIMER, RECHERCHER qqch. Le syn. (seulement adj.) FRIAND DE, soutenu, se dit surtout pour la nourriture. — **2.** Un *amateur* (sens II) est qqn qui pratique un art, un sport pour son plaisir ; le contr. est PROFESSIONNEL. Le mot peut avoir un sens péjor. insistant sur le manque de compétence ; le syn. est alors DILETTANTE.

**ambiance** [ɑ̃bjɑ̃s] n. f.
[qualité, qqch] (compt., surtout au sing.) *Tout le monde se déteste, dans ce bureau... Quelle ambiance ! c'est pénible, je t'assure !* ◆ (non-compt., au sing.) *Qu'est-ce qu'on s'ennuie ici, allez Pierre, mets un peu d'ambiance, raconte-nous des histoires drôles.* ● *Au début, il n'y avait pas d'ambiance, mais après quelques verres d'alcool, tout le monde s'est mis à parler !*

**S.** *Ambiance* a pour syn. ATMOSPHÈRE, CLIMAT. Comme nom non-compt., il a pour syn. GAIETÉ, ANIMATION.

**ambigu, ë** [ɑ̃bigy] adj. (après le n.)
(se dit d'un énoncé, d'une attitude) *Finalement tu es d'accord, oui ou non ? Ta réponse est ambiguë.* ● *On ne sait jamais ce qu'il pense, il y a chez lui quelque chose d'ambigu.*

**S.** Est *ambigu* (soutenu) ce qui laisse dans le doute, ce qui est DOUTEUX, INCERTAIN. Quand il s'agit d'un acte volontaire, les syn. sont LOUCHE, HYPOCRITE (plus fort) ; le contr. est FRANC. Quand l'acte n'est pas volontaire, le syn. est OBSCUR, et les contr. sont CLAIR et NET.
**L. ambiguïté** (n. f.) *Tu es satisfait de cette réponse ambiguë ?* → *tu es satisfait de l'ambiguïté de cette réponse ?*

**ambulance** [ɑ̃bylɑ̃s] n. f.
[moyen de transport] *Il s'est cassé la jambe en tombant dans l'escalier ; une ambulance l'a transporté à l'hôpital.* ● [Sur l'autoroute] : *« L'accident a dû être grave, il y a deux ambulances près de la voiture. »*

**S.** Une *ambulance* est une voiture destinée au transport des malades et des blessés.

**améliorer** [ameljɔre] v. t. (conj. **1**)
(sujet qqn, qqch) **améliorer qqch** *Mon des-*

*sin n'est vraiment pas réussi ! Qu'est-ce que je pourrais faire pour l'améliorer un peu ?* ◆ **s'améliorer** *Comment va ton père ? — Oh ! il est toujours très malade : sa santé ne s'améliore pas.* ● *Le temps ne s'améliore pas : il pleut sans arrêt.*

**S.** *Améliorer* qqch, c'est le rendre meilleur, le changer en mieux. *S'améliorer* a pour syn. ALLER MIEUX (sujet qqn) ou, moins fort, S'ARRANGER (sujet qqch) ; il a pour contr. EMPIRER, S'AGGRAVER et SE DÉGRADER, SE DÉTÉRIORER (soutenus).
**L. amélioration** (n. f.) *On constate que la situation s'est améliorée* → *on constate une amélioration de la situation.*

**aménager** [amenaʒe] v. t. (conj. **4**)
(sujet qqn) **aménager qqch (maison, pièce)** *J'aime beaucoup la manière dont ils ont aménagé leur appartement.*

# AMENER

**S.** *Aménager* a pour syn. ARRANGER ou DÉCORER.
**L. aménagement** (n. m.) *Cela vous prendra longtemps pour aménager votre nouvelle maison?* → *l'aménagement de votre nouvelle maison vous prendra longtemps?*

**amener** [amne] v. t. (conj. 11)
I. (sujet qqn, qqch) **amener qqn, un objet (à, dans un lieu, chez qqn)** *À cette réunion, je pense amener mes parents, et peut-être aussi ma sœur.* • *Si vous n'avez pas de voiture, je peux vous amener chez vous avec la mienne.* • *Demain il faudra que tout le monde amène un dictionnaire en classe.* • *Tiens, c'est vous? Qu'est-ce qui vous amène ici, aujourd'hui?* ◆ **amener la conversation sur qqch (abstrait)** *Très simplement, Pierre a amené la conversation sur le sujet qui l'intéressait.*
II. (sujet qqn, qqch) **amener qqn à + inf.** *C'est son père qui l'a amené à prendre cette décision : tout seul, il n'aurait pas pu.*

**S.** 1. *Amener* qqn (sens I) a pour syn. courants CONDUIRE et EMMENER ; *amener* qqch est fam., le syn. soutenu est APPORTER en ce cas. *Amener la conversation sur* qqch, c'est la FAIRE PORTER SUR qqch. — 2. *Amener* (sens II) a pour syn. POUSSER, ENTRAÎNER (soutenu et plus fort); le contr. est DÉTOURNER DE.
**L. ramener,** v. ce mot.

**amer, amère** [amɛr] adj. (après le n.) (se dit d'un fruit, d'un liquide) *Oh! que ce médicament est amer! Vite, donne-moi de l'eau avec du sucre pour enlever le goût.* • *Bien sûr que ton café est amer : tu as oublié de mettre du sucre!*

**S.** Est *amer* ce qui a un goût désagréable (fruit, boisson, médicament); il a pour syn. ÂPRE (litt.) et pour contr. DOUX, SUCRÉ.
**L. amertume** (n. f.) *Le sucre atténuera l'amertume du café* (← le fait que le café soit amer).

**américain, e** [amerikɛ̃, ɛn] adj. (après le n.) et n., **américain** n. m.
[adj.] (se dit de qqch) *Les élections américaines ont lieu quand?* ◆ [n. m.] (langue) *L'américain est quand même un peu différent de l'anglais.* ◆ [n. et adj.] (personne) *Non, demain soir nous ne sommes pas libres, nous avons des amis américains qui viennent dîner.* • *Il a épousé une Américaine; il peut travailler aux États-Unis.*

**G.** L'adj. ne se met ni au comparatif ni au superlatif.
**S.** L'adj. ethnique *américain* correspond au n. f. AMÉRIQUE, ou plus précisément à ÉTATS-UNIS (D'AMÉRIQUE) [U. S. A.]. *L'américain* (n. m.) est la langue (très proche de l'anglais) parlée aux États-Unis. Les *Américains* (notez la majuscule) sont ceux qui ont la nationalité *américaine* (des États-Unis). On distingue l'AMÉRIQUE DU NORD (Canada, CANADIEN ; États-Unis, *américain;* Mexique, MEXICAIN), l'AMÉRIQUE DU SUD, habitée par les SUD-AMÉRICAINS (Venezuela, VÉNÉZUÉLIEN; Brésil, BRÉSILIEN ; Colombie, COLOMBIEN ; Pérou, PÉRUVIEN ; Argentine, ARGENTIN ; Chili, CHILIEN, etc.), et l'AMÉRIQUE CENTRALE et ses îles.

**ameublement** [amœbləmɑ̃] n. m. [collectif, meubles] *Paul a un magasin d'ameublement boulevard Saint-Germain.*

**S.** *L'ameublement* est l'ensemble des objets (meubles, tissus, objets divers) qui servent à l'aménagement ou à la décoration d'un appartement, d'une maison, etc.

**ami, e** [ami] adj. (après le n.) et n.
I. [adj.] (se dit de qqn, de qqch) **ami (de, avec qqn, qqch)** *Nous sommes très amis depuis longtemps.* • *Quels étaient les pays amis de la France en 1943?* • *Soyez tranquille, vous êtes ici dans une maison amie.*

II. [n.] (personne, rôle) *On ne sera pas chez nous ce soir, on va dîner chez des amis.* • *Marie et Christine sont des amies depuis toujours, elles allaient à la même école.* • *M. Durand? Je le connais très bien, c'est un de mes amis.*

**G.** *M. Durand est un de* MES *amis* ou *un ami* À MOI *sont des expressions équivalentes.*
**S. 1.** Être *ami avec* qqn (sens I) a pour syn. être LIÉ, COPAIN (fam.) AVEC qqn. En parlant d'un pays, *ami* a pour syn. ALLIÉ. ENNEMI est un contr. — **2.** COPAIN (au fém. COPINE) est un syn. fam. du n. CAMARADE est un syn. moins fréquent, utilisé surtout quand il s'agit de relations à l'intérieur de la profession, d'un syndicat (un CAMARADE DE CLASSE, DE BUREAU, DE CHANTIER, etc.) ou d'une organisation politique, communiste ou socialiste. ALLIÉ se dit de groupes politiques, d'États, etc.
**L.** *amical, amitié*, v. ces mots.

**amical, e, aux** [amikal, o] adj. (après le n.)
(se dit de qqn, de son attitude, de ses propos) *Dans ces pénibles circonstances, ses paroles amicales m'ont fait beaucoup de bien.* • *Alors, il t'a dit qu'il t'aimait? — Non, il a été amical, sans plus.*

**S.** Être *amical*, c'est manifester de l'AMITIÉ, de la sympathie ; le syn. plus faible est CORDIAL.
**L.** *amicalement* (adv.) Il m'a proposé de l'aide de manière amicale → *il m'a amicalement proposé de l'aide.*

**amincir** → MINCE L.

**amitié** [amitje] n. f.
[sentiment] (non-compt., au sing.) *J'ai beaucoup d'amitié pour Jacques, c'est un garçon sincère.* • *C'est par amitié pour son mari que j'irai à sa réception, mais pas pour elle, je ne l'aime pas du tout.* ◆ (compt., surtout au plur.) *J'ai gardé les amitiés de mon enfance.*

**S.** L'*amitié* est le sentiment d'affection qui lie deux AMIS.

**amollir** → MOU L.

**amorphe** [amɔrf] adj. (après le n.)
(se dit de qqn) *On se demande à quoi peut penser cet être amorphe qui reste des heures assis dans son fauteuil à lire le même journal!*

**S.** Est *amorphe* (soutenu) celui qui est sans énergie ni réaction ; les syn. sont NONCHALANT et MOU (moins forts), APATHIQUE ; les contr. sont VIF, DYNAMIQUE.

**amour** [amur] n. m.
I. [sentiment] (non-compt., au sing.) *Il lui a donné rendez-vous ; elle croyait qu'il lui parlerait d'amour, mais il ne lui a parlé que de sa voiture.* • *Catherine adore les romans d'amour : elle est contente quand les personnages s'aiment, et elle pleure quand ils se quittent.* ◆ (compt.) *Ces amours de jeunesse sont très fragiles, je ne sais pas si Georges et Jeanne resteront longtemps ensemble.*
II. [personne] (compt.) *Elle a eu deux grands amours dans sa vie, malheureusement ça n'a marché ni avec l'un ni avec l'autre.* • *Merci, tu es un amour!*

**S. 1.** Dans la langue courante, *amour* correspond au sens I de AIMER. Les contr. sont (par force décroissante) HAINE, AVERSION, ANTIPATHIE, INDIFFÉRENCE. L'*amour* est un sentiment qui se manifeste de différentes façons : la PASSION, l'ATTIRANCE SEXUELLE, la TENDRESSE, l'AFFECTION. — **2.** Au sens II, *amour* désigne la personne AIMÉE ou s'emploie en langue courante et fam. comme terme de tendresse pour s'adresser à qqn.
**L.** *amoureux*, v. ce mot.

**amoureux, euse** [amurø, øz] adj. (après le n.) et n.
[adj.] (se dit de qqn) **amoureux (de qqn)** *Après sept ans de mariage, Jean est toujours très amoureux de sa femme.* • *Ce professeur est si beau que toutes ses élèves sont amoureuses de lui!* ◆ [n.] (personne) *Les deux amoureux marchaient la main dans la main.* ◆ [n. m.] *Regarde son amoureux qui l'attend à la sortie du lycée! Ce qu'il est beau!*

**S. 1.** *Amoureux* (adj.) a pour syn. soutenu ÉPRIS ; il a pour contr. INDIFFÉRENT. — **2.** *Amoureux* (n. m.) a pour syn. FLIRT, PETIT AMI.
**L. amoureusement** (adv.) Pierre me regarde d'un air amoureux → *Pierre me regarde amoureusement.*

**ample** [ɑ̃pl] adj. (après ou, plus rarement, avant le n.)
(se dit de qqch [vêtement]) *Ta veste est un peu trop ample aux épaules ; il faudra la rétrécir un peu. — Mais non, c'est la mode maintenant !* ◆ (se dit de qqch [abstrait]) *Nos amis reviennent toujours de vacances avec une ample provision de souvenirs et nous avons à entendre pendant plusieurs soirées leurs récits.*

    **S.** *Ample* est un syn. soutenu de GRAND, LARGE ; quand il s'agit de vêtements, le contr. est ÉTROIT, ÉTRIQUÉ (péjor.). Avec un n. abstrait, un autre syn. est ABONDANT ; les contr. sont PETIT, MAIGRE.
    **L. amplement** (adv.) Il nous donne ample satisfaction → *il nous donne amplement satisfaction.* ◆ **ampleur** (n. f.) Les manches sont trop amples → *les manches ont trop d'ampleur.*

**amplifier** [ɑ̃plifje] v. t. (conj. **2**)
(sujet qqch, qqn) **amplifier qqch** *Cet appareil sert à amplifier le son.* ● *Les journaux*

*amplifièrent le scandale ; en réalité, il ne s'était pas passé grand-chose.* ◆ (sujet qqch [abstrait]) **s'amplifier** *Les mouvements d'opposition s'amplifient de jour en jour.*

    **S.** *Amplifier* (soutenu), c'est rendre plus AMPLE, plus grand, plus fort, plus important, etc. ; *s'amplifier,* c'est devenir plus grand, plus AMPLE, plus important, etc. Les syn. sont ACCROÎTRE, AUGMENTER, ou S'ACCROÎTRE, S'ACCENTUER, S'ÉTENDRE, SE DÉVELOPPER, en parlant d'un mouvement.

**amusant, e** [amyzɑ̃, ɑ̃t] adj. (après le n.)
(se dit de qqn, de ses actes, de qqch) *Sa petite fille est très amusante : tous ceux qui la rencontrent ont envie de rire en la voyant.* ● *Tu ne pourrais pas trouver un jeu plus amusant : tout le monde s'ennuie.*

    **S.** *Amusant* a pour syn. DRÔLE, COMIQUE (plus fort), PLAISANT (soutenu), et pour contr., par ordre d'intensité croissante, ENNUYEUX, CASSE-PIEDS (fam.), ASSOMMANT (fam.).

**amuser** [amyze] v. t. (conj. **1**)
(sujet qqn, qqch) **amuser qqn** *Si le bébé pleure, amuse-le comme tu peux.* ● *Ce sont*

*les singes qui ont le plus amusé les enfants.* ● *Je la connais depuis longtemps, mais cette histoire m'amuse toujours autant.* ◆ (sujet qqn, un animal) **s'amuser (à + inf.)** *Les enfants, allez vous amuser dehors !* ● *Le chat n'est pas content : quelqu'un s'est amusé à lui accrocher une cuillère à la queue.*

    **S. 1.** *Amuser* qqn, c'est le FAIRE RIRE ou le DISTRAIRE, le DIVERTIR (soutenus) ; le contr. est ENNUYER. — **2.** *S'amuser (à)* a pour syn. JOUER (À), S'OCCUPER (À) [qui n'implique pas la gaieté], SE DISTRAIRE (soutenu).
    **L. amusant,** v. ce mot. ◆ **amusement** (n. m.) Ce travail m'amuse → *ce travail est un amusement pour moi.*

**an** [ɑ̃] n. m.
I. [temps, mesure] *Ça fait deux ans que je ne l'ai pas vu, et en deux ans il a dû*

changer. • *Nos amis anglais viennent en France tous les ans.* • *Je ne pars en vacances qu'une fois par an.*
II. [temps, durée] *Pierre a vingt ans aujourd'hui : c'est son anniversaire.* • *Jacqueline a déjà un enfant de dix ans.*

**S.** et **G. 1.** Par oppos. à ANNÉE qui peut s'employer avec tous les déterminants et qui indique surtout la date, *an* entre dans des expressions figées ou indiquant la durée, l'âge. Après un indéfini (CHAQUE, QUELQUE), un quantitatif (PEU DE, BEAUCOUP DE), un numéral ordinal, le démonstratif CET, on n'emploie pas *an*, mais ANNÉE. — **2.** Pour la date précise, on emploie le numéral seul, sans *an* ni ANNÉE (*Nous sommes EN 1979*), sauf dans *l'an 2000, le nouvel an* ou *le jour de l'an* (= le 1ᵉʳ janvier). — **3.** Lorsqu'on passe du discours au récit, on n'emploie plus *an*, mais ANNÉE (*Pierre dit : «Je suis allé à Paris l'an dernier»* → PIERRE DISAIT QU'IL ÉTAIT ALLÉ À PARIS L'ANNÉE D'AVANT). — **4.** Un enfant *de dix ans* est un enfant qui A DIX ANS, qui EST ÂGÉ DE DIX ANS.
**L. annuel, elle** (adj.) [sens I] *Il a un salaire de vingt mille francs par an* → *il a un salaire annuel de vingt mille francs.*

**analogue** [analɔg] adj. (après le n.)
(se dit de qqch) **analogue (à qqch)** *Qu'aurais-tu fait dans des conditions analogues ? — J'aurais agi de la même façon.* • *Il leur est arrivé une aventure analogue à celle qui vous est arrivée.*

**G.** Cet adj. n'a ni comparatif ni superlatif.
**S.** *Analogue* est un syn. soutenu de (LE) MÊME (QUE) ; les autres syn. sont SEMBLABLE, PAREIL, COMPARABLE (À). Les contr. sont OPPOSÉ (À), CONTRAIRE (À), DIFFÉRENT (DE).
**L. analogie** (n. f.) *Ces situations ne sont pas analogues* → *ces situations n'ont pas d'analogie entre elles.*

**analyse** [analiz] n. f.
[action, qqn, et résultat] *Pierre n'est pas bien, mais on ne sait pas ce qu'il a ; il va se faire faire des analyses de sang.* • *Je lui ai raconté mon rêve, et il m'en a fait une analyse très intéressante.*

**S.** Une *analyse* est un examen approfondi qui étudie les divers éléments de qqch et notamment, dans un contexte médical, qui permet d'établir un diagnostic.
**L. analyser,** v. ce mot.

**analyser** [analize] v. t. (conj. **1**)
(sujet qqn) **analyser l'esprit de qqn, son attitude, un texte** *Dans son roman, cet écrivain analyse très bien ses personnages.* • *Je n'arrive pas à analyser les raisons qui le font agir ainsi : il est vraiment bizarre !*

**S.** *Analyser* a pour syn. ÉTUDIER, EXAMINER, APPROFONDIR.
**L. inanalysable** (adj.) *Je ne peux pas analyser ce que je ressens* → *ce que je ressens est inanalysable.*

**ananas** [anana(s)] n. m.
[fruit] *C'est de l'ananas frais ou de l'ananas en boîte ?* • *Viens m'aider à découper l'ananas, je n'y arrive pas.*

**S.** L'*ananas* est un fruit tropical à la chair jaune et sucrée.

**ancien, enne** [ɑ̃sjɛ̃, ɛn] adj. et n.
I. [adj.] (se dit de qqch ; après le n.) *Paul et sa femme habitent un appartement ancien dans le centre de Paris.* • *Sa mère lui a laissé des bijoux anciens d'une très grande valeur.* ◆ (se dit de qqn) **ancien dans une fonction** *Roger est ancien dans le service, il saura vous expliquer votre travail.* ◆ [n.] (personne) *Cette année, c'est moi qui suis chargé d'organiser le repas des anciens de notre école.*
II. [adj.] (se dit de qqn, de qqch ; avant le n.) *Je reçois encore du courrier à mon ancien appartement ; mais on me fait suivre à ma nouvelle adresse.* • *Un ancien ministre se présente aux élections de la ville.*

**G.** *Ancien* (sens II) n'a ni comparatif ni superlatif.
**S. 1.** *Ancien* (sens I) a pour syn. plus ou moins péjor. VIEUX ; VÉTUSTE (soutenu) ne peut qualifier que des constructions, des appartements ; les contr. sont MODERNE, RÉCENT. *Ancien dans une fonction* a pour contr. NOUVEAU, NOVICE. Comme n., ce terme désigne une personne qui exerçait autrefois une fonction (surtout en parlant d'élèves). — **2.** *Ancien* (sens II) a pour syn. le préfixe EX- (*l'ancien*

# ÂNE

ministre → L'EX-MINISTRE) en parlant d'une fonction ; en parlant d'un appartement, le syn. est PRÉCÉDENT. Le contr. dans les deux cas est NOUVEAU, NOUVEL.
**L. anciennement** (adv.) [sens II] À une époque ancienne, j'habitais Lyon → *anciennement j'habitais Lyon.* ◆ **ancienneté** (n. f.) [sens I] Il est très ancien dans le métier → *il a beaucoup d'ancienneté dans le métier.*

**âne** [ɑn] n. m.
I. [animal] *Dans le jardin du Luxembourg à Paris, il y a encore des ânes pour promener les enfants.*
II. [personne] *Tu es un âne, mon pauvre ami ; jamais tu n'aurais dû répondre, puisque tu ne savais pas !*
**S. 1.** L'*âne* (sens I) est un animal domestique, proche du cheval, et pourvu de longues oreilles. La femelle est l'ÂNESSE. — **2.** Un *âne* (sens II) est un homme ignorant ou stupide en langue soutenue.
**L. ânerie** (n. f.) [sens II] *Tu as encore dit une ânerie* (← qqch qui montre que tu es un âne).

**anéantir** [aneɑ̃tir] v. t. (conj. **15**) (sujet qqch, qqn) **anéantir qqch, qqn** *L'ennemi a occupé tout le pays après avoir*

*anéanti les derniers groupes de résistants.* • *La mort de sa femme a anéanti tous ses projets.* • *Il fut anéanti par cette nouvelle ; il resta immobile sans pouvoir faire un geste.*
**S.** Anéantir (soutenu), c'est détruire complètement, réduire à NÉANT (en parlant de qqch [abstrait]), ABATTRE, BRISER (en parlant de qqn).

**L. anéantissement** (n. m.) Ceci a anéanti tous ses espoirs → *ceci a été l'anéantissement de tous ses espoirs.*

**anecdote** [anɛkdɔt] n. f.
[énoncé] *Ce que j'aimais quand il nous faisait un cours d'histoire, c'est qu'il nous racontait aussi des anecdotes qui nous faisaient rire.*
**S.** Une *anecdote* est une petite histoire portant sur un fait particulier et curieux qui apparaît comme un détail par rapport à un événement, à l'histoire (science).
**L. anecdotique** (adj.) *C'est un récit plus anecdotique qu'historique* (← qui s'appuie sur des anecdotes).

**angine** [ɑ̃ʒin] n. f.
[maladie] *Tu as mal à la gorge ? Tu dois avoir une angine.*
**S.** L'*angine* est une maladie inflammatoire de la gorge.

**anglais, e** [ɑ̃glɛ, ɛz] adj. (après le n.) et n., **anglais** n. m.
[adj.] (se dit de qqch) *L'économie anglaise a de grosses difficultés en ce moment.* ◆ [n. m.] (langue) *Presque tous les Français apprennent l'anglais au lycée.* ◆ [n. et adj.] (personne) *Il y avait beaucoup d'Anglais dans l'hôtel ?* • *J'adore ce tableau, il est d'un peintre anglais du XIXe siècle.*
**G.** L'adj. ne se met ni au comparatif ni au superlatif.
**S.** L'adj. ethnique *anglais* correspond au n. f. ANGLETERRE et au n. m. *anglais* (= la langue *anglaise*). L'ANGLETERRE fait partie avec l'Écosse et le pays de Galles (les GALLOIS) de la Grande-Bretagne. Les *Anglais* (notez la majuscule) sont ceux qui ont la nationalité *anglaise* (langue courante) ou BRITANNIQUE (officiellement). Les pays ANGLOPHONES sont ceux dont la langue officielle de communication est *l'anglais*.

**angle** [ɑ̃gl] n. m.
I. [forme] *Un carré, un rectangle ont quatre angles droits.* • *J'habite juste dans la maison qui fait l'angle de la rue du Montparnasse et du boulevard.* ◆ [localisation] *Cette table est trop pointue aux angles, c'est dangereux.* • *En sortant de la maison, tu tournes à gauche et la boulangerie est juste à l'angle.*
II. **sous un (l', cet, etc.) angle** *Nous ne nous comprenons pas, nous voyons la situation sous des angles différents.* • *Pour lui, le plus important c'est le plaisir.* — *Vue sous cet angle, évidemment, la vie est facile.*

# ANIMER

**S. 1.** Un *angle* (sens I), en géométrie, est formé par deux lignes droites qui se coupent. En langue courante, *angle* a souvent pour syn. COIN.— **2.** Au sens II, *sous cet* (*l'*, etc.) *angle* a pour syn. DE CE (DU, etc.) POINT DE VUE.

**angoisse** [ɑ̃gwas] n. f.
[sentiment] (non-compt., au sing.) *Quand on a vu le train arriver, on était bloqués en plein milieu de la voie. Quelle angoisse, tu ne peux pas t'imaginer !* ◆ (compt.) *Tu devrais aller voir un médecin, ce n'est pas normal que tu aies des angoisses comme ça.*

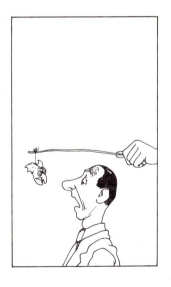

**S.** L'*angoisse* est un malaise dû à un sentiment de PEUR intense, d'ÉPOUVANTE (plus fort), d'INQUIÉTUDE, d'ANXIÉTÉ (moins forts). Qqn qui a une *angoisse* est ANGOISSÉ, ANXIEUX (moins fort).
**L. angoisser,** v. ce mot.

**angoisser** [ɑ̃gwase] v. t. (conj. **1**)
(sujet qqch) **angoisser qqn** *Quel avenir ont les jeunes dans cette période de chômage et de crise ? Quand j'y pense, cela m'angoisse.*

**S.** *Angoisser* qqn, c'est provoquer chez lui de l'ANGOISSE, de l'anxiété. FAIRE PEUR, EFFRAYER, INQUIÉTER sont des syn. moins forts.
**L. angoissant, e** (adj.) *La situation en Bretagne angoisse tout le monde* → *la situation en Bretagne est angoissante.* ◆ **angoissé, e** (adj.) *Il me regarda avec un regard angoissé* (← par lequel on pensait que qqch l'angoissait).

**animal** [animal] n. m., pl. **animaux**
*C'est connu : le chien est un animal fidèle !*
● *Julien adore les animaux : il a chez lui un chat, un chien, deux oiseaux et trois poissons rouges.*

**S.** *Animal* désigne en général les êtres vivants qui n'ont pas le langage humain ; il s'oppose à HOMME et à VÉGÉTAL. Il existe différentes sortes d'*animaux* : les mammifères, les poissons, les oiseaux, les insectes, les reptiles et les mollusques. Leur étude constitue la ZOOLOGIE. On distingue, par rapport à l'homme, les *animaux* SAUVAGES (ex. : les fauves) et les *animaux* DOMESTIQUES (qui vivent dans les maisons, les fermes). Les *animaux sauvages* APPRIVOISÉS deviennent des *animaux* DOMESTIQUES. BÊTE est un syn. courant.

**animé, e** [anime] adj. (après le n.)
(se dit de qqch [rue, discussion]) *Le soir, le quartier est tranquille ; il n'y a presque personne dehors ; mais dans la journée, les rues sont très animées.* ● *La discussion est animée ; comme toujours nos deux frères ne sont pas d'accord.*

**S.** La rue est *animée* quand il y a du mouvement, de la vie, quand il y a beaucoup de monde qui va et vient ; le syn. est VIVANT ; les contr. sont VIDE, DÉSERT, ou MORNE (soutenu), TRISTE quand on veut noter l'impression faite par le manque d'ANIMATION. La conversation, la discussion est *animée* quand elle voit s'affronter des propos VIFS ; le contr. soutenu est LANGUISSANT.

**animer** [anime] v. t. (conj. **1**)
(sujet qqn, qqch) **animer qqch** *Tu ne crois pas qu'il faudrait faire quelque chose pour animer la soirée, on s'ennuie ici !* ◆ (sujet qqch) **s'animer** *Quand il y a le marché, les rues s'animent, c'est très vivant.*

**S.** *Animer* qqch (événement, repas, etc.), c'est lui donner un peu de vie, le rendre plus vivant, plus amusant.
**L. animé,** v. ce mot. ◆ **animateur, trice** (n.) *Il est animateur à la télé* (← chargé d'animer les jeux, les débats, etc.). ◆ **animation** (n. f.) *Son histoire anima un peu le repas → son histoire mit un peu d'animation dans le repas.*

**animosité** [animɔzite] n. f.
[sentiment] (compt., surtout au sing.) *Je te dis cela parce que je le pense, mais c'est sans rancune ni animosité de ma part.* • *Il y avait trop d'animosité entre eux pendant le débat et ça a mal fini.*
**S.** *Animosité* (soutenu) a pour syn. COLÈRE, HAINE (plus forts), ANTIPATHIE, INIMITIÉ (soutenu). Le contr. est SYMPATHIE.

**année** [ane] n. f.
[temps, mesure] *L'année commence au 1ᵉʳ janvier et se termine au 31 décembre.* • *C'est la deuxième année qu'elle est en France et, depuis deux ans, elle garde des enfants dans la même famille.* • *Les fruits sont chers cette année.* ◆ [temps, moment] *L'année scolaire commence en septembre et se termine en juin.* ◆ [temps, événement] *Le soir du 31 décembre, on se souhaite tous une bonne année.* • *On a fait de 1975 l'année de la femme.*
**S.** *L'année* a douze MOIS, cinquante-deux SEMAINES, trois cent soixante-cinq JOURS. Une *année* BISSEXTILE (tous les quatre ANS) comporte trois cent soixante-six jours. (→ AN.)

**anniversaire** [anivɛrsɛr] n. m.
[temps, événement] **anniversaire (de qqn)** *Danielle a quinze ans aujourd'hui : c'est son anniversaire.* • *«Bon anniversaire!»*

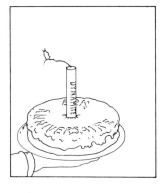

*dit Pierre en apportant le gâteau d'anniversaire.* ◆ **anniversaire (de qqch)** *C'est demain notre cinquième anniversaire de mariage. — Tu te souviens de la date!*
**S.** *L'anniversaire de* qqn, c'est la fête du jour où il est né. *L'anniversaire d'un événement* (mariage, décès, armistice, etc.) se célèbre chaque ANNÉE le jour où il s'est produit.

**annonce** [anɔ̃s] n. f.
I. [action, qqn, et résultat] (compt., surtout au sing.) **annonce de** + **n.** *À l'annonce de cette nouvelle, Pierre a pleuré.*
II. [énoncé] (compt.) *Je voudrais bien vendre ma caméra. — Mets une annonce dans le journal.* • *J'adore écouter les annonces publicitaires à la radio.* • *Comment as-tu trouvé ton appartement? — Par les petites annonces.*
**S. 1.** *Annonce* (sens I) désigne le fait d'ANNONCER qqch (désigné par le compl.). — **2.** Au sens II, *annonce* désigne tout AVIS (de vente, de recherche, de publicité, etc.) donné au public, par la radio, la télévision (énoncé, image), par la presse (texte). Les *(petites) annonces* concernent l'emploi, le logement, etc., et sont publiées en abrégé dans les pages spécialisées des journaux.

**annoncer** [anɔ̃se] v. t. (conj. **3**)
I. (sujet qqn, un journal, la radio, etc.) **annoncer une nouvelle, que** + **ind., à qqn**

*J'ai une bonne nouvelle à t'annoncer : je suis reçu à mon examen.* • *Pierre est venu me voir et il m'a annoncé qu'il se marie demain.*
II. (sujet qqch [abstrait]) **s'annoncer (bien,**

**mal)** *Les affaires marchent mal, on dit qu'une nouvelle crise économique s'annonce.*
● *Les vacances s'annoncent mal, il pleut, et tout le monde a un rhume.*
  **S. 1.** *Annoncer* qqch *à* qqn (sens I), c'est le lui FAIRE SAVOIR ; il a pour syn. APPRENDRE, COMMUNIQUER, SIGNALER, INFORMER et AVISER (soutenu), les deux derniers ayant une construction différente (INFORMER, AVISER qqn DE qqch). — **2.** *S'annoncer* (sens II), employé seul, a pour syn. SE PRÉPARER ; avec les adv. *bien, mal,* il a pour syn. SE PRÉSENTER.
  **L. annonce,** v. ce mot.

**annuaire** [anɥɛr] n. m.
[objet, texte] *Peux-tu me chercher dans l'annuaire le numéro de téléphone du docteur Lepage ?*
  **S.** En langue courante, l'*annuaire* est une sorte de livre comprenant d'une manière ordonnée (par ordre alphabétique, par rues, par professions) la liste des abonnés au téléphone.

**annuel** → AN L.

**annuler** [anyle] v. t. (conj. **1**)
(sujet qqn, qqch) **annuler qqch (action)** *Je suis désolé, je suis obligé d'annuler notre rendez-vous de demain.*
  **S.** *Annuler* qqch, c'est le déclarer NUL ; *annuler un rendez-vous, une invitation,* etc., a pour syn DÉCOMMANDER.
  **L. annulation** (n. f.) *Les élections d'hier ont été annulées, cela m'oblige à revenir voter* → *l'annulation des élections d'hier m'oblige à revenir voter.*

**anonyme** [anɔnim] adj. (après le n.) et n.
[adj.] (se dit de qqn) *Malgré toutes nos recherches, l'auteur du vol est resté anonyme.* ◆ [n.] (personne) *Ce sont toujours des anonymes qui ont le courage de dénoncer les autres !*
  **G.** L'adj. n'a comparatif ni superlatif.
  **S.** Est *anonyme* l'auteur inconnu, volontairement ou non, d'un ouvrage, d'une action, celui dont on ignore le NOM.
  **L. anonymat** (n. m.) *Il veut rester anonyme* → *il veut garder l'anonymat.*

**anormal** → NORMAL L ; **anormalement** → NORMALEMENT L.

**antagonisme** [ɑ̃tagɔnism] n. m.
[état, qqn, qqch] *Un profond antagonisme les séparait, ils appartenaient chacun à deux mondes différents.* ● *Mais il n'y a aucun antagonisme entre ces deux propositions, je ne vois pas pourquoi on discute.*

  **S.** *Antagonisme* (soutenu) a pour syn. OPPOSITION (moins fort) ou RIVALITÉ (en parlant de personnes), CONTRADICTION (en parlant de choses).
  **L. antagoniste** (adj.) *Il n'y a pas d'antagonisme entre ces deux propositions* → *ces deux propositions ne sont pas antagonistes.*

**antérieur, e** [ɑ̃terjœr] adj. (après le n.) (se dit de qqch [action, événement]) **antérieur (à qqch [action, événement])** *Pierre est rentré en France en 1972. — Mais non, c'est bien antérieur à cette date ; c'est au moment des événements de 68.* ● *Je t'assure que la construction du château est antérieure au XVᵉ siècle.*
  **G.** Cet adj. n'a ni comparatif ni superlatif.
  **S.** Est *antérieur* (soutenu) ce qui précède un autre événement, ce qui arrive avant une autre action. Les inverses sont POSTÉRIEUR (À) et ULTÉRIEUR (sans compl.).
  **L. antérieurement** (adv.) *La construction de la chapelle est antérieure à 1500* → *la chapelle a été construite antérieurement à 1500.*

**antibrouillard** → BROUILLARD L.

**anticiper** [ɑ̃tisipe] v. t. ind. (conj. **1**)
(sujet qqn) **anticiper (sur qqch [événement, action])** *Je crois qu'il ne découvrira rien du tout, mais n'anticipons pas sur ce qui va arriver.*
  **S.** *Anticiper* sur qqch (soutenu), c'est faire comme si ce qui doit avoir lieu avait déjà eu lieu, c'est DEVANCER le cours du temps, des événements.

**anticommuniste** → COMMUNISTE L ;
**antigel** → GELER L ; **antimilitariste** → MILITAIRE L.

**antipathique** [ɑ̃tipatik] adj. (après le n.) (se dit de qqn, de qqch [attitude]) *Ce que Georges peut être antipathique ! Toujours de mauvaise humeur, il parle à peine avec les gens.*

**S.** Une personne *antipathique* est celle pour qui on a de l'aversion ou de l'animosité, ou simplement qui rebute par son attitude. Le contr. est SYMPATHIQUE. Les syn. sont DÉPLAISANT, DÉSAGRÉABLE.
**L. antipathie** (n. f.) Pierre m'est très antipathique → *j'ai une grande antipathie pour Pierre.*

**antivol** → VOLER L.

**anxieux, euse** [ɑ̃ksjø, øz] adj. (après le n.) et n.
[adj.] (se dit de qqn, de son attitude) *Je vois bien que tu es anxieuse, mais son retard n'est pas encore inquiétant.* • *Avec cette crise, Paul est très anxieux : ça va bien mal à l'usine.* ◆ [n.] (personne) *Mon père est un grand anxieux, il s'inquiète pour un rien.*

**S.** On est *anxieux* (soutenu) quand on éprouve de l'inquiétude pour l'avenir, quand on craint ce qui peut arriver. Les syn. sont, par ordre d'intensité croissante, TENDU, INQUIET, TOURMENTÉ, ANGOISSÉ (soutenu) ; les contr. sont TRANQUILLE, SEREIN (soutenu), DÉCONTRACTÉ (fam.).

Un *anxieux* (n.) est une personne qui s'inquiète toujours ou qui éprouve des angoisses.
**L. anxieusement** (adv.) *Il attend son retour d'une manière anxieuse* → *il attend anxieusement son retour.* ◆ **anxiété** (n. f.) *Il me regarde d'un air anxieux* → *il me regarde avec anxiété.*

**août** [u] ou [ut] n. m.
[mois] (non-compt., au sing.) *Le 15 août, en France, est un jour férié : personne ne travaille.* • *La plupart des Français prennent leurs vacances au mois d'août.* • *En août, il fait souvent très chaud.*

**S.** *Août* est le huitième mois de l'année, c'est un mois d'été.

**apaiser** [apeze] v. t. (conj. 1)
(sujet qqch) **apaiser qqn, qqch (sensation, sentiment)** *Ces quelques paroles suffirent à apaiser sa colère.* ◆ (sujet qqn. qqch

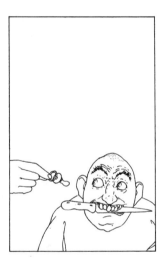

[phénomène, sensation]) **s'apaiser** *Avec ce médicament la douleur va vite s'apaiser.*

**S.** *Apaiser* (soutenu) a pour syn. CALMER en langue courante.
**L. apaisant, e** (adj.) *Il fit au peuple des promesses pour l'apaiser* → *il fit au peuple des promesses apaisantes.* ◆ **apaisement** (n. m.) *Après un moment d'apaisement, le malade se remit à souffrir* (← *un moment où la douleur s'était apaisée*).

**apathique** [apatik] adj. (après le n.) et n.
[adj.] (se dit de qqn) *Votre fils est très sage en classe, trop même, car il est un peu apathique.* • *Alors quoi ! tu vas rester apathique devant les événements ? Remue-toi un peu.* ◆ [n.] (personne) *Il ne réagit jamais, il reste là sans rien faire, c'est un apathique.*

**S.** Celui qui est *apathique* (soutenu) est sans réaction, sans énergie ; les syn. sont MOU (courant), NONCHALANT et AMORPHE (soutenu et plus fort) ; les contr. sont DYNAMIQUE, ÉNERGIQUE, ACTIF, VIF.
**L. apathie** (n. f.) On s'étonne que le gouvernement reste apathique → *on s'étonne de l'apathie du gouvernement.*

**apercevoir** [apɛrsəvwar] v. t. (conj. 29)
I. (sujet qqn) **apercevoir qqn, qqch (concret)** *Tu as vu Bruno ? — Oui, je l'ai aperçu ce matin dans sa voiture.* • *Du bateau, on commençait à apercevoir la côte.*

II. (sujet qqn) **s'apercevoir de qqch (abstrait), que + ind.** *Il vient seulement de s'apercevoir de son erreur.* • *Vous ne vous étiez pas aperçu qu'il était si tard ?*

**S. 1.** *Apercevoir* (sens I), c'est voir à peine ou très rapidement. DISTINGUER indique qu'on *aperçoit* qqch, qqn en les séparant des autres, qu'on les PERÇOIT bien. — **2.** *S'apercevoir* (sens II) a pour syn. SE RENDRE COMPTE DE, REMARQUER, VOIR.
**L. inaperçu, e** (adj.) [sens II] On ne s'est pas aperçu de son départ → *son départ est passé inaperçu.*

**aperçu** [apɛrsy] n. m.
[résultat, activité mentale] **aperçu de qqch (abstrait)** *C'est un dossier qui n'est pas complet mais qui vous donnera quand même un aperçu de la situation.*

**S.** Un *aperçu* est une vue, une idée partielle, sommaire mais significative.

**apéritif** [aperitif] n. m.
[boisson] *Vous prendrez bien l'apéritif avant qu'on se mette à table ?* • *Pierre, tu veux bien servir les apéritifs, s'il te plaît ?*

**S.** Un *apéritif* est une boisson alcoolisée qu'on boit avant un repas : Martini, porto, whisky.

**à peu près** [apøprɛ] adv.
[quantité] *Il y avait du monde ? — Oh ! à peu près cinq cents personnes.* • *Je ne l'ai pas vraiment reconnu, mais je suis à peu près sûr que c'était Jean.* • *Quelle heure est-il ? — À peu près 3 heures.*

**S.** *À peu près* indique une quantité approximative devant un nombre ; il a pour syn. ENVIRON, À PEU DE CHOSE PRÈS (soutenu), et pour contr. EXACTEMENT, PRÉCISÉMENT. *Il est à peu près 3 heures* a pour syn. IL EST 3 HEURES ENVIRON et pour contr. soutenu IL EST 3 HEURES PRÉCISES. Devant un adj., il a pour syn. PRESQUE et pour contr. TOUT À FAIT.

**apeurer** → PEUR L.

**apitoyer** [apitwaje] v. t. (conj. 5)
(sujet qqn, qqch) **apitoyer qqn (sur qqn, qqch [abstrait])** *Il racontait son histoire en pleurant et cherchait à apitoyer le public sur son sort.* ◆ (sujet qqn) **s'apitoyer sur qqn, qqch (abstrait)** *Elle passe son temps à s'apitoyer sur elle-même, c'est insupportable.*

# APOLITIQUE

**S.** *Apitoyer* qqn *sur* qqn, qqch, c'est provoquer chez lui un sentiment de PITIÉ, de compassion ; ATTENDRIR et S'ATTENDRIR sont des syn. moins forts du v. t. et du v. pr.
**L. apitoiement** (n. m.) Elle s'apitoie sur elle-même et ça m'exaspère → *cet apitoiement sur elle-même m'exaspère*.

**apolitique** → POLITIQUE L.

**apparaître** [aparɛtr] v. i. (conj. 53 ; auxil. *être*)
I. (sujet qqn, qqch) **apparaître à qqn comme** (+ **attribut**) *Comment avez-vous trouvé Jacques ? — Il m'est apparu comme un garçon intelligent et sensible, mais ce n'est qu'une première impression*.

II. (sujet qqn, qqch) *Il restait dans la rue à la guetter, à attendre qu'elle sorte ou qu'elle apparaisse à sa fenêtre*.
**S. 1.** *Apparaître comme* (sens I) [soutenu] a pour syn. PARAÎTRE, SEMBLER (+ attribut) [il m'a PARU, SEMBLÉ INTELLIGENT]. — **2.** *Apparaître* (sens II), c'est SE FAIRE VOIR, SE MONTRER, SE PRÉSENTER, SURVENIR.
**L. apparition** (n. f.) [sens II] Il apparut un moment au balcon puis repartit → *il fit une brève apparition au balcon puis repartit*.
◆ **réapparaître** (v. i.) Lorsque les taxes seront supprimées, on verra les légumes apparaître de nouveau sur les marchés → *lorsque les taxes seront supprimées, on verra les légumes réapparaître sur les marchés*. ◆ **réapparition** (n. f.) Le fait que cette maladie réapparaisse m'étonne → *la réapparition de cette maladie m'étonne*.

**appareil** [aparɛj] n. m.
**appareil à qqch, à** ou **pour** + **inf., de** + **n.** (action), **appareil** + **adj.** *Comment marche cet appareil à sous ? — Il faut appuyer sur le bouton de droite*. ● *Il fait très froid chez nous : notre appareil de chauffage est en panne.* ● *Je viens d'acheter un appareil pour faire la soupe du bébé*. ● *Qu'est-ce que c'est que ça ? — C'est un appareil à ouvrir les boîtes de conserve sans se blesser.* ◆ (sujet qqn) **être à l'appareil** *Allô ! qui est à l'appareil ? je n'entends pas bien*.
**S.** Un *appareil* est un dispositif simple ou complexe, mécanique ou électrique, constitué d'un assemblage de pièces en vue d'une fonction précise. MACHINE peut être un équivalent de *appareil* (MACHINE À CALCULER, MACHINE À COUDRE), surtout dans le cas de la construction avec à + inf. *Être à l'appareil*, c'est ÊTRE AU TÉLÉPHONE, AU BOUT DU FIL.

**apparent, e** [aparɑ̃, ɑ̃t] adj. (après ou, plus rarement, avant le n.)
(se dit de qqch [abstrait]) *Sa satisfaction n'est qu'apparente ; dans le fond, il est très triste*. ● *Je ne crois pas qu'il faille vous inquiéter : le danger est plus apparent que réel*.
**S.** Est *apparent* (soutenu) ce qui est VISIBLE aux yeux de tous, ce qui APPARAÎT clairement, mais qui n'est pas réel, profond, intime. Le syn. est SUPERFICIEL.
**L. apparemment** (adv.) Il n'est satisfait que d'une manière apparente → *il n'est qu'apparemment satisfait*. ◆ **apparence** (n. f.) Sa tristesse n'est qu'apparente → *il n'est triste qu'en apparence*.

**appartement** [apartəmɑ̃] n. m.
[lieu, habitation] *Ils vivent à cinq dans un appartement de deux pièces !* ● *Vous habitez une maison ou un appartement ?* ● [*Sur la porte*] : « *Appartement à louer.* »
**S.** Un *appartement* est un logement dans un immeuble (habitat collectif), par oppos. à la maison, à la villa ou au pavillon qui sont des logements individuels. Un *appartement* d'une pièce est un STUDIO ou une CHAMBRE (sans cuisine). Pour parler d'un *appartement* de plusieurs pièces, on dit couramment un DEUX-PIÈCES, un TROIS-PIÈCES, etc.

**appartenir** [apartənir] v. t. ind. (conj. 23)
I. (sujet qqch) **appartenir à qqn** *Est-ce que tu sais à qui appartient ce stylo ? Je l'ai trouvé par terre*.
II. (sujet qqn) **appartenir à qqch (groupe, association, etc.)** *La police est à peu près sûre que le criminel appartient à une organisation internationale*.
**S. 1.** *Appartenir* à qqn (sens I), c'est être sa propriété ; le syn. courant est ÊTRE À. — **2.** *Ap-*

# APPÉTIT

partenir à un groupe (sens II), c'est en FAIRE PARTIE, être un de ses membres.
**L. appartenance** (n. f.) [sens II] *Tu appartiens à la petite bourgeoisie, c'est visible* → *ton appartenance à la petite bourgeoisie est visible.*

**appauvrir** → PAUVRE L.

**appeler** [aple] v. t. (conj. **8**)
I. (sujet qqn) **appeler qqn, un animal** *Appelle ton frère, le dîner est prêt.* • *Tiens, le chien n'est pas là? Appelle-le, on va fermer la porte.*
II. (sujet qqn) **appeler qqn (qqpart)** *Ton père va de plus en plus mal : il faut appeler le docteur.* ◆ **appeler qqn (au téléphone)** *Je viens d'appeler Charlotte, mais elle n'est pas chez elle : personne ne répond.* • *Tu n'as qu'à m'appeler chez moi vers 2 heures, on parlera de tout ça.*
III. (sujet qqn) **appeler qqn, qqch + n. (attribut)** *Je ne sais pas comment tu appelles ça, mais moi je l'appelle une stupidité.* ◆ (sujet qqn, qqch) **s'appeler** *Oh! la pauvre petite fille qui s'est perdue! Comment t'appelles-tu?* — *Je m'appelle Catherine!* • *On a mangé des... Oh! comment ça s'appelle, déjà, ces légumes?* — *Des haricots!*

**S. 1.** On *appelle* qqn, un animal (sens I) en prononçant ou en criant son nom ; INTERPELLER et HÉLER sont des syn. soutenus. — **2.** *Appeler* qqn (sens II), c'est lui DEMANDER DE VENIR ; CONVOQUER est un syn. plus précis ; le contr. est RENVOYER. *Appeler* qqn (au téléphone), c'est lui TÉLÉPHONER. — **3.** *Appeler* (sens III) a pour syn. NOMMER (soutenu). *Comment t'appelles-tu?* a pour équivalent QUEL EST TON NOM ?
**L. appel** (n. m.) [sens I et II] *Michel n'a pas répondu quand je l'ai appelé* → *Michel n'a pas répondu à mon appel.* ◆ **rappeler,** v. ce mot.

**appesantir (s')** [apəzɑ̃tir] v. pr. (conj. **15**)
(sujet qqn) **s'appesantir sur qqch (abstrait)**

*Je ne m'appesantirai pas sur ce sujet, je pense que vous avez tous compris, et il n'est pas d'un très grand intérêt.*

**S.** *S'appesantir sur* qqch (soutenu) a pour syn. INSISTER SUR, S'ÉTENDRE SUR, S'ARRÊTER SUR.

**appétit** [apeti] n. m.
[sensation] (non-compt., au sing.) *Docteur, mon fils n'a pas d'appétit, qu'est-ce que je*

## APPLAUDIR

*dois faire ?* ◆ (compt.) *Depuis le début des vacances, tu as un appétit terrible : qu'est-ce que tu manges ?* ◆ [interj.] (salut) **bon appétit ! Vous allez déjeuner maintenant ? Alors, bon appétit !**

**S. 1.** *Avoir de l'appétit,* c'est généralement avoir faim quand on va manger ; c'est un état qui dure, de façon parfois permanente, alors que AVOIR FAIM est un état en général provisoire. — **2.** *Bon appétit !* est une formule de politesse qui s'adresse à qqn qui va déjeuner ou dîner.

**applaudir** [aplodir] v. t. (conj. 15) (sujet qqn) **applaudir (qqn, qqch)** *À la fin de son discours, on l'a applaudi, ce qui m'a surpris.* • *Applaudissez si ça vous a plu : les acteurs seront contents.* • *Leur arrivée a été très applaudie.*

**S. 1.** *Applaudir* suivi d'un compl. d'objet a pour syn. plus fort ACCLAMER (soutenu). Les contr. sont SIFFLER et HUER (soutenu). — **2.** BRAVO ! est le cri d'admiration qui accompagne les battements de mains.
**L. applaudissement** (n. m.) *Le public applaudit, ça fait plaisir aux acteurs* → *les applaudissements du public font plaisir aux acteurs.*

**appliquer** [aplike] v. t. (conj.1)
I. (sujet qqn) **appliquer qqch (concret) sur qqch (concret)** [Chez le docteur] : « *Vous appliquerez trois fois par jour cette crème sur votre blessure.* »
III. (sujet qqn) **appliquer qqch (abstrait)** *S'il vous plaît, monsieur l'agent, ne me mettez pas cette contravention ! — Désolé, mais je suis obligé d'appliquer le règlement.*
◆ (sujet qqch [abstrait]) **s'appliquer à qqn,**

**qqch (abstrait)** *Durand ! Ce que je viens de dire s'applique aussi à vous ! Taisez-vous !*
III. (sujet qqn) **s'appliquer** *Votre fils travaillerait bien s'il s'appliquait davantage.*

**S. 1.** *Appliquer* (sens I) une chose *sur* une autre, c'est la mettre en contact avec cette autre chose ; les syn. peuvent être ÉTENDRE, PASSER, METTRE, POSER. — **2.** *Appliquer une loi, un règlement,* etc. (sens II), c'est les mettre en pratique ; *s'appliquer à* a pour syn. CONCERNER, VALOIR POUR. — **3.** *S'appliquer* (sens III), c'est mettre beaucoup de soin, d'attention à ce qu'on fait.
**L. appliqué, e** (adj.) [sens III] *Cet élève s'applique beaucoup* → *cet élève est très appliqué.* ◆ **applicable** (adj.) [sens II] *Cette loi s'applique à tous* → *cette loi est applicable à tous.* ◆ **application** (n. f.) [sens I] *Appliquez trois fois par jour ce produit sur votre peau* → *faites trois applications par jour de ce produit sur votre peau.* ◆ [sens II] *Ce sera difficile d'appliquer ces mesures* → *l'application de ces mesures sera difficile.* ◆ **inapplicable** [sens II] *On ne pourra pas appliquer ces mesures* → *ces mesures sont inapplicables.*

**apporter** [aporte] v. t. (conj. 1)
I. (sujet qqn) **apporter un objet à qqn (dans un lieu)** *Oh ! que c'est gentil de m'apporter des bonbons.* • *Tiens, veux-tu m'apporter le journal, puisque tu vas faire des courses.*
II. (sujet qqn, qqch) **apporter qqch (abstrait)** *Heureusement, Michel arrive, il va nous apporter un peu de bonne humeur : il est si décontracté !* • *Quelle preuve est-ce que tu apportes à l'appui de ce que tu dis ? — Aucune.*

**S. 1.** *Apporter un objet* a pour syn. PORTER, RAPPORTER, AMENER (fam.) ; il a pour contr.

APPRENDRE

EMPORTER, REMPORTER, ENLEVER et RETIRER. — **2.** *Apporter* qqch (abstrait) a pour syn. PROCURER (soutenu). Quand il s'agit de preuve, les syn. sont FOURNIR, ALLÉGUER (soutenu).
**L. rapporter,** v. ce mot.

**appréciable** [apresjabl] adj. (après le n.) (se dit de qqch [quantité, intensité, etc.]) *Cinq cents francs d'augmentation? C'est une somme appréciable.*

S. *Appréciable* a pour syn. plus forts IMPORTANT, CONSIDÉRABLE.

**apprécier** [apresje] v. t. (conj. 2)
I. (sujet qqn) **apprécier qqn, qqch, que** + **subj.** *Les critiques ont beaucoup apprécié ce*

*film.* • *Je n'apprécie pas du tout qu'on me parle sur ce ton, monsieur!*
II. (sujet qqn) **apprécier qqch** *On ne peut encore apprécier l'étendue exacte des dégâts, mais ils sont certainement très importants, l'explosion a été violente.*

S. **1.** *Apprécier* (sens I) [soutenu], c'est estimer favorablement qqn ou qqch. Il a pour syn. courant AIMER. — **2.** *Apprécier* (sens II) a pour syn. JUGER, ESTIMER, ÉVALUER.
**L. appréciation** (n. f.) [sens II] Il apprécie mal les distances → *son appréciation des distances est mauvaise.*

**appréhender** [apreɑ̃de] v. t. (conj. 1)
I. (sujet qqn) **appréhender qqch (action, état), de** + **inf.** *Je sais que normalement tout se passera bien, mais j'appréhende quand même l'opération.*
II. (sujet qqn, la police) **appréhender qqn** *La police, prévenue à temps, a pu appréhender le voleur sur les lieux même du cambriolage.*

S. **1.** *Appréhender* (sens I) est un syn. soutenu et moins fort de AVOIR PEUR DE, CRAINDRE. *Appréhender* qqch, c'est ÊTRE INQUIET, ANGOISSÉ (plus fort) à ce sujet. — **2.** *Appréhender* qqn (sens II) appartient à la langue adm. Il a pour syn. ARRÊTER en langue courante.
**L. appréhension** (n. f.) [sens I] Il appréhende beaucoup de partir → *il est plein d'appréhension à l'idée de partir.*

**apprendre** [aprɑ̃dr] v. t. (conj. 43)
I. (sujet qqn) **apprendre une nouvelle, que, ce que, ce qui, comment, où,** etc. + **ind.** *Tu ne sais pas ce que je viens d'apprendre? Paul va se marier!* • *J'ai appris que vous étiez reçu à votre examen, c'est votre mère qui me l'a dit.* ◆ **apprendre un métier, une**

# APPRENTI

**science, apprendre à + inf.** *Jean a décidé d'apprendre le russe : il aimerait passer ses vacances à Moscou.* • *Cette année, Pascal apprend à dessiner; l'année prochaine, il apprendra à lire et à écrire.*
II. (sujet qqn) **apprendre à qqn une nouvelle, que, ce que, ce qui, comment, où, etc. + ind.** *Personne n'a voulu le faire, alors c'est moi qui ai dû apprendre à Julien la mort de son père.* • *Mais qui donc a appris à Charlotte que son mari était parti avec une autre femme ?* ◆ **apprendre à qqn un métier, une science, apprendre à + inf.** *Je ne sais pas du tout faire la cuisine, tu veux bien m'apprendre quelques recettes ?* • *Je vais t'apprendre à coudre, comme ça, tu pourras faire tes robes toi-même.* ◆ **ça apprendra à qqn (à + inf.)** *Ah ! elle t'a donné une gifle ? Eh bien ! ça t'apprendra à être gentil avec elle !* • *Pierre a raconté cette histoire à tout le monde. Je n'aurais rien dû lui dire, ça m'apprendra.*

**S. 1.** Au sens I, *apprendre*, c'est savoir une nouvelle, acquérir une connaissance (*J'ai appris le russe* → JE SAIS LE RUSSE) ; au sens II, c'est faire connaître une nouvelle, faire acquérir une connaissance. — **2.** Au sens I, *apprendre une nouvelle, que* + ind. a pour syn. DÉCOUVRIR (QUE) ; le résultat, c'est SAVOIR. Un équivalent est INFORMER qqn DE qqch (*J'ai appris que* → ON M'A INFORMÉ QUE, J'AI ÉTÉ INFORMÉ QUE). *Apprendre un métier, une science* a pour syn. ÉTUDIER, FAIRE DE qqch (*J'apprends l'anglais* → JE FAIS DE L'ANGLAIS) et S'INITIER À qqch (soutenu). SE METTRE À qqch est un autre syn. et admet de plus un inf. compl. Dans tout le sens I, *apprendre* s'oppose à OUBLIER (on a appris, mais on ne sait plus) et à IGNORER (on n'a jamais appris). — **3.** Au sens II, *apprendre à qqn une nouvelle, que* + ind. a pour syn. ANNONCER, DIRE, FAIRE SAVOIR et COMMUNIQUER (soutenu). D'autres équivalents avec une construction différente sont AVERTIR, INFORMER et AVISER qqn DE qqch ou QUE + ind. (soutenu). *Apprendre à qqn un métier, une science* a pour syn. ENSEIGNER, MONTRER et EXPLIQUER, qui ne peuvent pas être suivis d'un inf. *Ça apprendra à qqn* a pour équivalent ÇA SERVIRA DE LEÇON À qqn.
**L. réapprendre** (v. t.) *Il a dû apprendre à nouveau à marcher* → *il a dû réapprendre à marcher.*

**apprenti, e** [aprɑ̃ti] n.
[personne, fonction sociale] **apprenti (+ n. de profession)** *Jacques est apprenti coiffeur, il dit que ce métier lui plaît.*

**S.** Un *apprenti* APPREND son métier sur les lieux mêmes de travail, en travaillant et en touchant un petit salaire.
**L. apprentissage** (n. m.) On l'a placé comme

apprenti dans un garage → *on l'a placé en apprentissage dans un garage.*

**apprêter (s')** [aprete] v. pr. (conj. **1**)
(sujet qqn) **s'apprêter à + inf.** *Non, je n'ai pas le temps de te parler, nous nous apprê-

tions justement à sortir.* • *C'est une pièce très drôle ; vous pouvez vous apprêter à passer une bonne soirée.*

**S.** *S'apprêter à* a pour syn. SE PRÉPARER, SE DISPOSER À.

**apprivoiser** [aprivwaze] v. t. (conj. **1**)
(sujet qqn) **apprivoiser un animal** *Est-ce qu'on peut apprivoiser les lions ?*

# APPROXIMATIF

*Tu es trop loin, je ne peux pas prendre la photo : approche-toi un peu.* • *Je crois que je suis plus grand que vous : approchez-vous de moi, on va voir.*

**S.** *Approcher* qqch, c'est le mettre près de qqch ; les syn. sont RAPPROCHER, AVANCER (PRÈS, VERS) ; les contr. sont REPOUSSER, ÉLOIGNER. *S'approcher de* qqn, qqch, c'est venir plus près de lui, se mettre auprès de lui. Il a pour syn. SE RAPPROCHER DE qqn, qqch ou, sans compl., AVANCER, et pour contr. S'ÉLOIGNER, S'ÉCARTER DE qqn, qqch ou, sans compl., RECULER.
**L. approche** (n. f.) Quand je me suis approché, l'oiseau s'est envolé → *à mon approche l'oiseau s'est envolé.*

**approfondir** [aprɔfɔ̃dir] v. t. (conj. **15**)
(sujet qqn) **approfondir qqch (abstrait)** *Laissez-nous le temps d'approfondir cette question, elle n'est pas si simple qu'elle le paraît.*

**S.** *Approfondir* une question, une science, une connaissance, etc., c'est en examiner plus attentivement, ou augmenter ses connaissances dans un certain domaine.
**L. approfondissement** (n. m.) Il est nécessaire d'approfondir votre connaissance de l'anglais → *l'approfondissement de votre connaissance de l'anglais est nécessaire.*

**approuver** [apruve] v. t. (conj. **1**)
(sujet qqn) **approuver qqn, son attitude** *Franchement, je trouve que vous êtes trop dur avec cet enfant, je ne vous approuve pas du tout.* • *Tu sais bien que je ne t'approuve pas : on n'a jamais eu les mêmes idées politiques.* • *Leur fille veut se marier avec un ouvrier, mais les parents n'approuvent pas du tout ce mariage!*

**S. 1.** *Approuver* qqn, c'est AVOIR LA MÊME OPINION, ÊTRE DU MÊME AVIS QUE lui, ÊTRE D'ACCORD AVEC lui, lui DONNER RAISON. Les contr. sont DÉSAPPROUVER et, plus forts, CRITIQUER, REJETER, CONDAMNER ou, soutenus, CONTESTER, RÉPROUVER. — **2.** *Approuver* l'attitude de qqn, son action, a pour syn. ACCEPTER, ADMETTRE.
**L. approbation** (n. f.) *Les parents ont approuvé le mariage* → *les parents ont donné leur approbation à ce mariage.* ◆ **désapprouver**, v. ce mot.

**approvisionner, -ement** → PROVISION L.

**approximatif, ive** [aprɔksimatif, iv] adj. (après le n.)
(se dit de qqch) *Il paraît que la tempête a fait vingt millions de dégâts ? — Ce chiffre est très approximatif, finalement on n'est pas capable de calculer exactement.*

**S.** *Apprivoiser* un animal, c'est faire qu'il ne soit plus sauvage, en faire un animal domestique ou familier.

**approbation** → APPROUVER L.

**approcher** [aprɔʃe] v. t. (conj. **1**)
(sujet qqn) **approcher qqch (de qqch)** *On ne voit pas assez, approchons la table de la fenêtre.* ◆ **s'approcher (de qqn, de qqch)**

57

# APPUI

**S.** Est *approximatif* ce qui s'approche de la réalité, mais n'est pas très EXACT. Les syn. sont APPROCHÉ, IMPRÉCIS, VAGUE, RELATIF.
**L. approximativement** (adv.) Les dégâts sont, d'une manière approximative, de l'ordre de cent mille francs → *les dégâts sont approximativement de l'ordre de cent mille francs*.
◆ **approximation** (n. f.) La dépense prévue n'est qu'approximative → *la dépense prévue n'est qu'une approximation*.

**appui** [apɥi] n. m.
[action, qqn, et résultat] *Vous savez très bien que je ne peux rien obtenir sans votre appui; il faut que vous me le donniez.* ◆ **à l'appui de qqch** *À l'appui de l'accusation, les policiers ont fourni des preuves, en particulier l'arme qui avait servi à tuer.*

**S.** L'*appui*, c'est le fait, l'action d'APPUYER, de soutenir qqn de son autorité, de son influence, de son argent; le syn. est SOUTIEN. *À l'appui de* qqch a pour équivalent POUR SOUTENIR, POUR APPUYER qqch.

**appuyer** [apɥije] v. t. (conj. **5**)
I. (sujet qqn) **appuyer (qqch [objet, partie du corps, etc.]) sur qqch** *Si tu veux dormir, appuie ta tête sur mon épaule, tu seras mieux.* • *Pour mettre en marche, il faut appuyer sur ce bouton? — Oui, mais appuie fort!* ◆ **s'appuyer sur qqch (objet, partie du corps, etc.), sur qqn** *Qu'est-ce qu'il y a? Tu ne te sens pas bien? Appuie-toi là, je vais te chercher une chaise.* • *Elle était très faible et elle avançait doucement en s'appuyant sur son mari.*

II. (sujet qqn) **s'appuyer sur qqch (abstrait), qqn** *L'avocat s'est appuyé sur plusieurs témoignages pour demander que son client soit acquitté, mais en vain.*

**S. 1.** *Appuyer* qqch *sur* qqch (sens I) a pour syn. METTRE, POSER, et pour contr. ENLEVER,

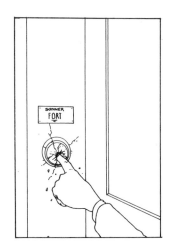

RETIRER. *Appuyer sur* qqch a pour syn. PRESSER, PESER SUR, et pour contr. LÂCHER. *S'appuyer sur un objet* (sens I) a pour équivalents PRENDRE APPUI, SE REPOSER SUR, S'ACCOUDER À (prendre

APPUI sur le coude), S'ADOSSER SUR (prendre APPUI avec le dos). — **2.** *S'appuyer sur qqch*, qqn (sens II) a pour syn. SE BASER, SE FONDER SUR (soutenu).

**âpre** [ɑpr] adj. (avant ou après le n.)
I. (se dit de qqch [action]) *La discussion a été très âpre ; mais, après plusieurs heures, les deux partis sont finalement tombés d'accord.*
II. (se dit d'une sensation) *Ces petites poires vertes sont délicieuses, j'aime bien leur goût un peu âpre.*
**S. 1.** Est *âpre* (soutenu) [sens I] une lutte, une discussion, un combat VIOLENT (plus fort), SÉVÈRE, RUDE. — **2.** Est *âpre* (sens II) un goût un peu AMER, légèrement ÂCRE.
**L. âprement** (adv.) [sens I] La discussion entre eux a été âpre → *ils ont discuté âprement*. ◆ **âpreté** (n. f.) [sens I] Ne t'étonne pas que la discussion ait été âpre → *ne t'étonne pas de l'âpreté de la discussion.*

**après** [aprɛ] prép. et adv., **après que** conj.
I. [temps] **après (qqch), après + inf. passé, après que + ind.** ou **subj.** *Ce n'est qu'après (la réunion) que je me suis aperçue qu'on m'avait volé mon sac.* ● *Après avoir mangé, il est parti sans même nous dire au revoir.* ● *Je commanderai les rideaux seulement après que les ouvriers auront fini de peindre.* 
◆ (compl. de n. [lieu, temps]) *Si je rate le train de 8 heures, je prendrai celui d'après.* ● *Si je me souviens bien, on était à Lyon le 15 juin et à Marseille le lundi d'après.*
II. [lieu] **après (qqch [concret])** *Traversez le pont, la maison que vous cherchez est juste après (le pont).*
III. [rang] **après (qqch [abstrait])** *Les intérêts particuliers doivent passer après l'intérêt général.* ● *J'ai beaucoup réfléchi : après tout, c'est peut-être toi qui as raison.* ◆ [emphase] **et après?** *Les autres aussi ont été punis ? Et après ? Ce que je vois, c'est que toi, tu as été puni ! * ● *Tu ne veux pas aller voter ? Et après ? À quoi ça t'avance ?*
IV. [rapport] **d'après qqn, qqch (moyen d'information)** *D'après François, les Dupont sont arrivés après les Durand, mais je suis sûr que c'est faux.* ● *D'après la radio, les étudiants se sont mis en grève.*

**S. 1.** *Après* (sens I, adv.) a pour syn. ENSUITE, ULTÉRIEUREMENT (soutenu). Comme compl. de n., le syn. est SUIVANT, le contr. PRÉCÉDENT. — **2.** *Après* (sens II et III) a pour syn. DEVANT et pour contr. DERRIÈRE. — **3.** *Après tout* a pour syn. TOUT COMPTE FAIT, TOUT BIEN CONSIDÉRÉ (soutenu). *Et après ?* exprime un doute, l'in-différence sur ce qui vient d'être dit et a pour équivalent moins fort ET ALORS ? Dans les sens I, II et III, le contr. est AVANT. — **4.** *D'après* (sens IV) introduit une information dont on rejette la responsabilité et a pour syn. soutenus SELON, SUIVANT.

**après-demain** → DEMAIN L ; **après-guerre** → GUERRE L.

**après-midi** [apremidi] n. m. ou f. inv.
[temps, moment] *Ça suffit pour ce matin, nous continuerons cet après-midi, après déjeuner.* ● *On se retrouve dans l'après-midi, vers 15 heures.* ● *Elle sort tous les après-midi.* ● *Le médecin est passé lundi après-midi et il reviendra demain après-midi.*
**S.** et **G.** *Après-midi* s'oppose à MATIN et à SOIR. *Après-midi* s'emploie sans déterminant après un nom de jour et après les adv. HIER et DEMAIN. Dans l'expression de l'heure, on emploie *de l'après-midi* (*Il est 6 heures de l'après-midi*) par oppos. à DU MATIN (*Il est 6 heures* DU MATIN).

**apte** [apt] adj. (après le n.)
(se dit de qqn) **apte à qqch, à + inf.** *Tu le crois apte à faire ce travail ? — En tout cas, il a les diplômes nécessaires.*
**S.** *Apte à* est le syn. soutenu de CAPABLE DE.
**L. aptitude,** v. ce mot.

**aptitude** [aptityd] n. f.
[qualité, qqn] *Il n'a aucun goût précis ni aucune aptitude particulière, alors je me demande bien ce qu'il fera comme études.* ● *On lui fait passer des tests d'aptitude pour voir s'il est capable de faire ce travail.*
**S.** *Aptitude* (soutenu) a pour syn. DISPOSITION (soutenu), CAPACITÉ. C'est le fait d'être APTE À faire qqch, d'en être capable.

**arabe** [arab] adj. (après le n.), n. et n. m.
[adj.] (se dit de qqch, d'un pays) *Tu connais quelque chose à la littérature arabe ?* ● *Les pays arabes vont se réunir pour prendre une décision.* ◆ [n. m.] (langue) *Elle veut apprendre l'arabe, c'est une langue qui la tente beaucoup.* ◆ [n. et adj.] (personne) *Parle avec des Arabes, écoute-les, tu comprendras peut-être mieux leur point de vue sur ce sujet.* ● *Je ne savais pas qu'ils étaient arabes ; c'est l'époque du Ramadân et on ne peut pas les inviter à déjeuner.*
**G.** L'adj. ne se met ni au comparatif ni au superlatif.
**S.** L'adj. ethnique *arabe* correspond au n. m. *arabe* (la langue arabe) et désigne généra-

lement tous les pays et les peuples dont la langue est l'*arabe* ou qui sont de religion musulmane, de l'Islam, ou, plus particulièrement, l'Arabie Saoudite ou les Émirats du Golfe persique.

**arbitraire** [arbitrɛr] adj. (après le n.)
(se dit de qqch [action]) *Les arrestations arbitraires sont de plus en plus nombreuses ; et ceux qu'on arrête disparaissent.*
● *C'est une décision arbitraire : tu n'as pas demandé conseil à ceux qui étaient intéressés à l'affaire.*
**S.** Est *arbitraire* ce qui est fait sans tenir compte de la justice, de la raison, de la vérité, et dépend de la seule volonté ou du seul bon plaisir de qqn. Les syn. sont IRRÉGULIER, ILLÉGAL (non conforme à la justice), INJUSTIFIÉ (non conforme à la raison).
**L. arbitrairement** (adv.) Il est maintenu en prison de façon arbitraire → *il est maintenu arbitrairement en prison.*

**arbitre** [arbitr] n. m.
[personne, fonction] *L'arbitre n'a pas vu la faute, le but n'était pas valable.*

**S.** L'*arbitre* veille à la régularité d'une épreuve sportive, d'un match.
**L. arbitrer** (v. t.) Quel est l'arbitre du match ? → *qui arbitre le match ?* ◆ **arbitrage** (n. m.) Il ne sera pas facile d'arbitrer un tel match → *l'arbitrage d'un tel match ne sera pas facile.*

**arbre** [arbr] n. m.
[végétal] *S'il s'amuse à grimper aux arbres, un jour ou l'autre, il tombera.* ● *Les Legrand ont eu un accident ; leur voiture s'est écrasée contre un arbre.* ● *Quel bel arbre de Noël, c'est vous qui l'avez décoré ?*
**S. 1.** Un *arbre* est constitué par des racines, un tronc et des branches, qui portent les feuilles et les fruits. La partie qui enveloppe le tronc et les branches s'appelle l'écorce. —
**2.** Quelques *arbres* : le platane, le marronnier, le tilleul, le sapin, le bouleau. Les *arbres* FRUITIERS produisent des fruits : le pommier, le cerisier, le poirier, etc. — **3.** Le BOIS et la FORÊT sont des espaces couverts d'*arbres*. Une région où il y a beaucoup d'*arbres*, de forêts est une région BOISÉE.
**L. arbuste** (n. m.) On a planté des petits arbres le long de l'allée → *on a planté des arbustes le long de l'allée.*

**arc-en-ciel** [arkɑ̃sjɛl] n. m., pl. **arcs-en-ciel**
[phénomène naturel] *Viens voir, il pleut encore, mais il y a un magnifique arc-en-ciel, il va faire beau.*
**S.** Un *arc-en-ciel* est une bande lumineuse en forme d'arc que l'on observe dans le ciel quand il finit de pleuvoir et que le soleil revient. L'*arc-en-ciel* a sept couleurs.

**architecte** [arʃitɛkt] n.
[personne, profession] *Qu'est-ce qu'il fait comme métier, ton mari ? — Il est architecte.* ● *Qui est l'architecte qui va faire le plan de votre maison ?*
**S.** Un(e) *architecte* exerce une profession libérale ; il dessine des plans de bâtiments et dirige l'exécution des travaux.
**L. architecture** (n. f.) Il a fait des études pour devenir architecte → *il a fait des études d'architecture.*

**ardeur** [ardœr] n. f.
[qualité, qqn] (non-compt., au sing.) *Il s'est mis au travail avec une telle ardeur que j'ai bien cru que cette fois il finirait ce qu'il avait à faire.*
**S.** *Ardeur* (soutenu) a pour syn. COURAGE (moins fort), FOUGUE, ÉNERGIE, CŒUR, ENTRAIN.

**ardu, e** [ardy] adj. (après le n.)
(se dit de qqch [travail, problème, etc.]) *Il me faut du temps pour répondre à votre question ; le problème que vous me posez est ardu.*
**S.** Est *ardu* (soutenu) ce qui est difficile à faire, à résoudre ; les contr. sont FACILE, AISÉ.

**arête** [arɛt] n. f.
[partie d'un animal] *J'aime bien pêcher, mais manger du poisson de rivière, non ! il y a trop d'arêtes.*

**S.** Les *arêtes* sont les os minces et pointus des poissons.

**argent** [arʒɑ̃] n. m.
I. [métal] (non-compt., au sing.) *On lui a offert un bracelet en argent.* • *Tu préfères l'or ou l'argent?*
II. (non-compt., au sing.) *Bruno m'a emprunté l'autre jour une grosse somme*

*d'argent.* • *Son frère est médecin, il gagne beaucoup d'argent.* — *Enfin, c'est ce qu'on dit!* • *Je n'aime pas avoir trop d'argent dans mon sac, j'ai peur qu'on me le vole.*

**S. 1.** L'*argent* (sens I) est avec l'or un métal précieux, blanc brillant, utilisé pour l'orfèvrerie, les bijoux. — **2.** L'*argent* (sens II) est un terme général qui désigne aussi bien des billets que des pièces (toute sorte de monnaie). On parle d'*argent* LIQUIDE (ou de LIQUIDE) par oppos. aux CHÈQUES. *Avoir beaucoup d'argent*, c'est ÊTRE RICHE ou, plus fort, AVOIR UNE GROSSE FORTUNE, ou, moins fort, ÊTRE AISÉ. Le syn. pop. de *argent* est FRIC.
**L. argenté, e** (adj.) [sens I] *Elle s'est acheté des couverts en métal argenté* (← recouverts d'une pellicule d'argent). ◆ *Ses cheveux commencent à avoir des reflets argentés* (← de la couleur de l'argent).

**argot** [argo] n. m.
[langue] (compt., surtout au sing.) *Arrête d'employer des mots d'argot, ça ne se fait pas.* • *Tiens! on vient de sortir un dictionnaire d'argot chez Larousse!* • *Comment dis-tu ça en argot du métier?*

**S.** *Argot* désigne en langue courante un ensemble de termes considérés comme représentatifs d'un milieu social populaire. *Argot* désigne aussi un ensemble de termes propres à un métier, une catégorie sociale quelle qu'elle soit. En ce sens, JARGON est un syn.
**L. argotique** (adj.) C'est un mot d'argot → *c'est un mot argotique.*

**argument** [argymɑ̃] n. m.
[énoncé] *Vos arguments ne sont pas très convaincants.* • *Quel a été l'argument principal de la défense?* — *La solitude dans laquelle vivait l'accusé.*

**S.** *Argument* a pour syn. RAISON, EXPLICATION ou RAISONNEMENT.
**L. argumentation** (n. f.) *Je ne suis pas convaincu par vos arguments* → *je ne suis pas convaincu par votre argumentation.*

**aride** [arid] adj. (après le n.)
I. (se dit de qqch [pays, sol]) *Les pluies sont rares dans cette région; le pays est aride et pauvre.*
II. (se dit de qqch [science, énoncé]) *Le sujet est aride, difficile; il faut lire ce livre avec attention, mais on y apprend beaucoup.*

**S. 1.** Est *aride* [sens I] un sol qui est inculte par manque d'humidité. DÉSERTIQUE est un syn. plus fort. — **2.** Est *aride* (soutenu) [sens II] un livre, une science, un problème difficile et qui manque d'agrément.
**L. aridité** (n. f.) [sens I] *Ce pays est aride à un point effrayant* → *l'aridité du pays est effrayante.* ◆ [sens II] *Je suis rebuté par cette science aride* → *je suis rebuté par l'aridité de cette science.*

**arme** [arm] n. f.
I. [instrument] *Ne touche pas à cette arme, tu vas te faire mal!* • *Pour acheter cette arme, il faut avoir un permis.*

# ARMÉE

II. [objet abstrait] *Entre leurs mains, cette information sera pour eux une arme terrible, il faut éviter à tout prix qu'ils soient mis au courant.*

**S. 1.** Une *arme* (sens I) est un instrument qui sert à se défendre ou à attaquer. Le couteau est une *arme* BLANCHE ; le pistolet, le fusil, la mitraillette ou le revolver sont des *armes* À FEU. — **2.** Au sens II, *arme* désigne tout moyen, information, argument que peut avoir qqn ou un groupe pour se défendre ou attaquer.
**L. armer,** v. ce mot.

**armée** [arme] n. f.
[collectif, personnes] *En 1940, l'armée française a été vaincue par l'armée allemande.* ◆ [institution] *Tous les Français doivent passer douze mois à l'armée : ils font leur service militaire.*

**S.** Une *armée* est un ensemble important de soldats ; l'*armée* d'un pays, c'est l'ensemble des soldats, des troupes, des forces armées de ce pays. L'*armée* est constituée par les SOLDATS DE MÉTIER (ceux qui sont DANS l'armée) et par le CONTINGENT (ceux qui sont à l'armée = les jeunes gens qui accomplissent leur service national). On distingue l'*armée* DE TERRE, l'*armée* DE L'AIR (ou l'AVIATION) et la MARINE. L'*armée* est constituée hiérarchiquement de différentes UNITÉS, commandées par des OFFICIERS ; par exemple, dans l'armée de terre : les DIVISIONS et les BRIGADES (commandées par des GÉNÉRAUX), les RÉGIMENTS (commandés par des COLONELS), les BATAILLONS (commandés par des COMMANDANTS), les COMPAGNIES (commandées par des CAPITAINES) et les SECTIONS (commandées par des LIEUTENANTS).

**armer** [arme] v. t. (conj. 1)
(sujet qqn, qqch [arme]) **armer qqn, un pays** *La police a trouvé chez eux un stock de fusils qui étaient destinés à armer les rebelles.* ◆ *Attention, il est dangereux, il est armé !*

**S.** *Armer un pays, un groupe,* c'est lui fournir des ARMES pour attaquer ou se défendre. *Il est armé* a pour syn. IL A UNE ARME, IL PORTE UNE ARME.
**L. armement** (n. m.) Il est nécessaire d'armer ce pays → *l'armement de ce pays est nécessaire.*
◆ **désarmer,** v. ce mot.

**armoire** [armwar] n. f.
[meuble] *Tu ne crois pas que tu pourrais toi-même ranger tes affaires dans ton armoire ?*
◆ *J'ai acheté une armoire de toilette pour la salle de bains, elle te plaît ?*

**S. 1.** Une *armoire* est un meuble généralement composé d'un côté où on suspend les vêtements et d'un autre côté (ÉTAGÈRES), où on met les vêtements ou le linge pliés. L'*armoire* s'oppose à la PENDERIE (beaucoup plus en usage dans les appartements modernes) qui est un placard aménagé. — **2.** *Armoire,* suivi d'un compl. introduit par DE ou À, désigne d'autres meubles de rangement de tailles diverses : *armoire de* TOILETTE, *armoire à* CHAUSSURES.

**arracher** [araʃe] v. t. (conj. 1)
I. (sujet qqn) **arracher qqch (concret)** *Va chez le dentiste : il t'arrachera la dent qui te fait mal.* ◆ *Mon père passe ses dimanches dans son jardin à arracher les mauvaises herbes.*

II. (sujet qqn) **arracher qqch (abstrait) à qqn** *Il ne voulait rien écouter, mais je lui ai enfin arraché la promesse qu'il irait voir le médecin.*

**S. 1.** *Arracher* (sens I), qui implique un effort, a pour syn. courant, mais moins fort, ENLEVER. EXTRAIRE est un syn. savant de *arracher* (une dent). On dit *arracher des herbes,* mais DÉRACINER UN ARBRE. EXTIRPER indique qu'on enlève complètement (*extirper les mauvaises herbes*) ou avec difficulté (*extirper une dent*). — **2.** *Arracher* (sens II) a pour syn. soutenu SOUTIRER qui implique la ruse.
**L. arrachage** (n. m.) [sens I] *Hier, on a arraché les mauvaises herbes → hier, on a fait l'arrachage des mauvaises herbes.*

**arranger** [arɑ̃ʒe] v. t. (conj. 4)
I. (sujet qqn) **arranger un appareil** *Fais arranger ta voiture, le moteur chauffe.*
◆ *Pierre est occupé, il arrange sa radio.*

# ARRÊTER

surtout au sing.) *Ne t'éloigne pas trop du train, il n'y a que cinq minutes d'arrêt.* ● *Pierre est malade : il a un arrêt de travail de dix jours.* ● *Christine parle sans arrêt,*

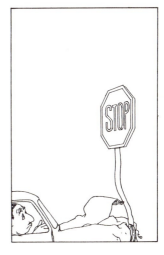

II. (sujet qqn) **arranger une situation** *Catherine est dans une situation désagréable, mais elle ne fait rien pour arranger les choses.* ● *Julien ne s'entend pas avec sa femme, et il a mauvais caractère, ce qui n'arrange rien !* ◆ (sujet qqch) **s'arranger** *Ne t'inquiète pas, tout va s'arranger.*
III. (sujet qqch) **arranger qqn** *Un petit congé vous arrangerait ? Eh bien d'accord ! Prenez trois jours de vacances.* ● *Vous ne pouvez pas venir demain ? Ça m'arrange bien, j'ai justement autre chose à faire.*
◆ (sujet qqn) **s'arranger pour + inf.** *Arrangez-vous pour arriver à l'heure, je n'attendrai pas plus de cinq minutes.* ● *Même quand il a tort, il s'arrange toujours pour avoir raison.* ◆ **s'arranger avec qqn** *Arrange-toi avec lui ; je ne veux pas me mêler de vos disputes.*

**S. 1.** *Arranger un appareil*, c'est le REMETTRE EN ÉTAT, le RÉPARER. — **2.** *Arranger une situation*, c'est l'AMÉLIORER, la RÉGLER (plus fort). *S'arranger* a pour syn. ALLER MIEUX. — **3.** *Arranger qqn* a pour syn. courant ALLER À qqn et, soutenu, CONVENIR À qqn — **4.** *S'arranger pour* a pour syn. soutenu FAIRE EN SORTE QUE, DE et, fam., SE DÉBROUILLER POUR. *S'arranger avec* qqn, c'est SE METTRE D'ACCORD AVEC lui.
**L. arrangement** (n. m.) [sens III] *Il s'est arrangé avec son associé* → *il a fait un arrangement avec son associé.*

**arrêt** [aʀɛ] n. m.
I. [action, qqn, qqch, et résultat] (compt.,

*on ne peut pas dire un mot.* ● *Ne bouge pas sans arrêt, tu me fatigues !*
II. [lieu, moyen de transport] (compt.) *Elle lui a donné rendez-vous à côté de l'arrêt d'autobus.* ● *Pars devant, on se retrouvera à l'arrêt du bus.*

**S. 1.** *Arrêt* (sens I), c'est l'action d'ARRÊTER la marche, le mouvement de qqch, de S'ARRÊTER ; le syn. soutenu est INTERRUPTION (d'une action). *Sans arrêt* a pour syn. TOUT LE TEMPS, CONTINUELLEMENT, SANS CESSE (soutenus). — **2.** Un *arrêt* (sens II) est l'entroit où S'ARRÊTE un véhicule, en particulier un autobus ; pour le métro, on parle de STATION, et pour le train, de GARE.

**arrêter** [aʀete] v. t. et auxil. (conj. 1)
I. [v. t.] (sujet qqn) **arrêter qqn, qqch (en mouvement)** *Arrête la voiture, il y a un bruit bizarre dans le moteur !* ● *On m'a arrêté dans la rue pour me demander l'heure.*
◆ (sujet qqn, qqch [en mouvement]) **s'arrêter** *Tu es en retard ! — Oui, je me suis arrêté quelques minutes devant la vitrine d'une librairie.* ● *Comment ? le train ne s'arrête que 2 minutes ?* ◆ (sujet un mécanisme) **être arrêté** *Tiens, ma montre est arrêtée, j'ai dû oublier de la remonter.*

## ARRHES

II. [auxil.] (sujet qqn) **arrêter** ou **s'arrêter de** + inf. *Arrête de boire de la bière, tu vas avoir mal à l'estomac.* • *Hubert n'arrête pas de parler, il me fatigue à la fin.*
III. [v. t.] (sujet la police) **arrêter qqn** *La police n'a pas encore réussi à arrêter les*

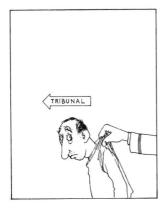

*voleurs.* • *Le bandit s'est fait arrêter juste au moment où il s'embarquait pour les États-Unis.*
**S. 1.** STOPPER est un syn. usuel et (S')IMMOBILISER un syn. soutenu de *arrêter un véhicule* (sens I). *Arrêter* qqn, c'est l'ABORDER. *Être arrêté* a pour équivalent NE PLUS FONCTIONNER ; il s'oppose à MARCHER. — **2.** *Arrêter* (sens II) est un auxil. d'aspect qui s'emploie surtout dans des phrases négatives ou impératives avec le sens de CESSER DE, FINIR DE (contr. COMMENCER À). — **3.** APPRÉHENDER est un syn. administratif de *arrêter* (sens III), dont l'équivalent courant est METTRE LA MAIN SUR.
**L. arrestation** (n. f.) [sens III] *La police a arrêté le voleur à Madrid* → *l'arrestation du voleur par la police a eu lieu à Madrid.*
◆ **arrêt**, v. ce mot.

**arrhes** [ar] n. f. pl.
[argent, valeur] (non-compt., au plur.) *Je vous laisse cent francs d'arrhes, je paierai le reste quand j'aurai la robe.* • *[Sur un panneau, dans une boutique]* : *« Pour toute commande, on est prié de verser des arrhes. »*

**S.** Les *arrhes* sont un acompte, une avance, une somme d'argent qu'on verse pour réserver qqch qu'on se propose d'acheter ou qu'on commande.

**arrière** [arjɛr] adj. inv. (après le n.) et n. m.

I. [adj.] *Les pneus arrière de ma voiture sont usés.*
II. [n. m.] (localisation) [non-compt., au sing.] *Si vous êtes malade en voiture, il vaut mieux que vous ne montiez pas à l'arrière.* • *Il s'est arrêté devant le tableau et il a fait deux pas en arrière pour mieux regarder.* ◆ [partie d'un véhicule] *L'avant et l'arrière de cette voiture sont tellement semblables qu'on pourrait se tromper.*
III. [n. m.] (temps) **en arrière** *Si tu n'as pas compris, je vais revenir un peu en arrière.* • *Ah ! j'aimerais redevenir un enfant ! — Ah, mon pauvre ami, on ne peut pas revenir en arrière.*

**S. 1.** *Arrière* a pour contr. AVANT aux sens I et II. *À l'arrière* (sens II) a pour syn. DERRIÈRE et pour contr. DEVANT. — **2.** Au sens III, *revenir, remonter en arrière*, c'est remonter le temps, retourner à un point précédent dans le passé.

**arrière-grands-parents** → GRANDS-PARENTS L ; **arrière-pensée** → PENSÉE L.

**arrivée** [arive] n. f.
[action, qqn, qqch, et résultat] *Si on allait l'attendre à l'arrivée du train ? — Tu sais l'heure ?* ◆ [lieu] *Pour mieux voir, les spectateurs s'étaient rassemblés près de l'arrivée.*

**S.** L'*arrivée*, c'est l'action d'ARRIVER qqpart, le lieu où ARRIVE. Le contr. est DÉPART.

**arriver** [arive] v. i. et auxil. (conj. **1**; auxil. **être**)
I. [v. i.] (sujet qqn, qqch) **arriver (à, dans, en un lieu)** *J'ai reçu un coup de téléphone de Jean, il arrive à Paris mercredi.* • *Un paquet est arrivé pour toi chez le gardien.*

II. [auxil.] (sujet qqn, qqch) **arriver à + inf.** *Je n'arrive pas à retrouver mon stylo, tu ne l'as pas vu, par hasard?* • *C'est trop difficile, je n'arrive pas à comprendre.* ◆ **en arriver à + inf.** *Comment a-t-il pu en arriver à tuer sa femme?* • *J'en arrive à me demander s'il n'est pas fou!*
III. [v. i.] (sujet qqch [événement]) **arriver (à qqn)** *Il faut que je te raconte ce qui m'est arrivé hier dans le métro.* • *Vous savez, des choses pareilles, ça arrive tous les jours!* ◆ **il arrive qqch, de + inf. (à qqn), que + subj.** *Il lui est arrivé bien des malheurs.* • *Il arrive qu'il fasse chaud en novembre, mais c'est assez rare.*

**S. 1.** *Arriver* (sens I) a pour syn. VENIR et pour contr. PARTIR. — **2.** *Arriver à* + inf. (sens II) qui s'emploie surtout dans les phrases négatives est un auxil. d'aspect qui a le sens de FINIR PAR et a pour syn. RÉUSSIR ou PARVENIR À (soutenu), et pour contr. ÉCHOUER (sans compl.). *En arriver à* a pour syn. EN VENIR À. — **3.** *Arriver* (sens III et sans compl. *à qqn*) a pour syn. AVOIR LIEU ou SE PRODUIRE (soutenu).

**L. arrivant** (n. m.) [sens I] *Ne faites pas rentrer ceux qui arrivent maintenant* → *ne faites pas rentrer les nouveaux arrivants.* ◆ **arrivé, e** (adj.) [sens I] *Vous êtes arrivé le premier* → *vous êtes le premier arrivé.* ◆ **arrivée**, v. ce mot.

**arrondir** [arɔ̃dir] v. t. (conj. **15**) (sujet qqch) **arrondir (un prix)** *Cela faisait 163 francs, mais il a arrondi à 160 francs.*

**S.** *Arrondir un prix*, c'est le diminuer ou l'augmenter à la dizaine ou centaine de francs inférieure ou supérieure. (V. aussi ROND.)

**arrondissement** [arɔ̃dismɑ̃] n. m. [partie d'un lieu urbain] *Tu habites à Paris, mais où? — Dans le 18ᵉ arrondissement.*

**S.** L'*arrondissement* est la division administrative d'une grande ville en France. Trois grandes villes ont des *arrondissements* : Paris, Lyon et Marseille.

**arroser** [aroze] v. t. (conj. **1**)
I. (sujet qqn) **arroser (qqch [végétal])** *N'oubliez pas d'arroser les fleurs pendant mon*

*absence.* ◆ **arroser qqch de, avec qqch (liquide)** *Ils arrosèrent la voiture d'essence, puis ils y mirent le feu.*
II. (sujet qqn) **arroser qqch (événement, action)** *Tu as réussi ton examen? Eh bien, nous allons arroser ça!*

**S. 1.** *Arroser un végétal* (sens I), c'est répandre de l'eau sur lui. *Arroser* a pour syn. ASPERGER (plus fort). — **2.** *Arroser un événement* (sens II), c'est le fêter en buvant un verre.
**L. arrosage** (n. m.) [sens I] *Le tuyau d'arrosage du jardin est percé* (← le tuyau pour arroser le jardin) ◆ **arrosoir** (n. m.) [sens I] *Elle aime tellement son jardin, offrons-lui un arrosoir neuf* (← un instrument pour arroser).

**art** [ar] n. m.
I. [activité] (non-compt., au sing.) *Je n'aime pas du tout l'art moderne, je ne le comprends pas du tout, et toi ?* ● *Pour Noël, offre-lui un livre d'art : il aime la peinture.* ● *Ce tableau est remarquable, c'est une œuvre d'art.* ◆ (compt.) *La peinture est un des arts que je préfère.*
II. (sujet qqn) **avoir l'art de** + inf. *Tu as vraiment l'art de poser les questions qu'il ne faut pas poser !*
**S. 1.** Au sens I, l'*art* est le domaine où s'exerce la création d'œuvres artistiques. Un *livre d'art* contient des reproductions d'*œuvres d'art* (PEINTURE, SCULPTURE, ARCHITECTURE). Une *œuvre d'art* est qqch de très beau dans le domaine de l'*art*. Suivi d'un adj., *art* désigne l'ensemble des œuvres d'un pays, d'une époque. — **2.** Au sens II, *avoir l'art de* a pour équivalents AVOIR LA FAÇON, LA MANIÈRE DE, LE TALENT POUR.
**L. artistique, artiste,** v. ces mots.

**artère** [artɛr] n. f.
I. [partie du corps] *Le sang qui vient du cœur passe dans les artères et celui qui va aux poumons passe dans les veines.*
II. [lieu, passage] *Vers cinq heures de l'après-midi, les grandes artères de la capitale sont encombrées.*
**S. 1.** Les *artères* (sens I) sont des vaisseaux sanguins (→ SANG). — **2.** Les *artères d'une ville* (sens II) sont les grandes rues, les boulevards et les avenues qui forment les grandes voies de circulation.
**L. artériel, elle** (adj.) [sens I] *La pression (du sang) dans les artères est trop forte* → *la pression artérielle est trop forte.*

**artichaut** [artiʃo] n. m.
[légume] *C'est en Bretagne qu'on voit surtout des champs d'artichauts, mais beaucoup sont exportés en Angleterre.*
**S.** *L'artichaut* est une plante dont la tête est comestible.

**article** [artikl] n. m.
I. [énoncé] *Il n'y a pas, dans le journal, un seul article sur la grève d'hier.* ● *Qu'est-ce qu'il fait ?* — *Oh ! il écrit des articles dans un petit journal de province.* ● *Comment ! Einstein n'a qu'un article de trois lignes dans le dictionnaire, ce n'est vraiment pas beaucoup !*
II. [objet] *Dans cette boutique, on ne vend que des articles de sport ?* ● *Dans les grands magasins, on trouve de nombreux articles bon marché.*
**S. 1.** Un *article* (sens I) est un texte écrit dans un journal, une revue ou un dictionnaire, une encyclopédie. Dans un journal, une revue, l'ÉDITORIAL est l'*article* qui donne l'opinion générale du journal, de la revue face à un événement précis. Une CHRONIQUE est une suite d'*articles* portant sur un même sujet et paraissant régulièrement. — **2.** Un *article* (sens II) est une marchandise, un produit commercial. Ce mot est le plus souvent suivi d'un compl. ou d'un adj. qui précise sa nature ou sa qualité : *article* DE VOYAGE, DE LUXE, *article* COURANT.

**articuler** [artikyle] v. t. (conj. **1**) (sujet qqn) **articuler (un mot, une phrase, etc.)** *Articule quand tu parles, je ne comprends rien à ce que tu dis.* ● *Il était tellement ému qu'il n'a pu articuler un mot.*

**S.** *Articuler*, c'est prononcer distinctement.
**L. articulation** (n. f.) Il a des difficultés pour articuler → *il a des difficultés d'articulation.*

**artificiel, elle** [artifisjɛl] adj. (après le n.) (se dit de qqch [concret]) *Je préfère les*

# ASPECT

*fleurs artificielles, car on n'est pas obligé de changer leur eau tous les jours.*
**S.** Est *artificiel* ce qui est fait de la main de l'homme, par oppos. à ce qui est NATUREL.

**artisan, e** [artisã, an] n.
[personne, profession] *Michel est parti à la campagne et est devenu artisan; il voulait travailler de ses mains.* • *Les artisans se plaignent d'avoir un régime de retraite moins avantageux que celui des salariés.*
**G.** Ce mot s'emploie surtout au masc.
**S.** Un *artisan* exerce un métier manuel; il est établi à son compte, seul ou aidé par les membres de sa famille, des ouvriers (appelés COMPAGNONS), des apprentis. On appelle *artisans d'art* ceux qui font de la poterie, du tissage, des bijoux, de la reliure.
**L. artisanal, e, aux** (adj.) *Cette reliure a été faite par un artisan* → *cette reliure est artisanale.* ◆ **artisanat** (n. m.) *Cette loi concerne les artisans* → *cette loi concerne l'artisanat.*

**artiste** [artist] n.
[personne, profession] *Regarde ce tableau de Durand, c'est vraiment un très grand*

*artiste.* • *Comment s'appellent les artistes de variétés qui sont passés hier soir à la télévision?*
**S.** *Artiste* désigne soit celui qui crée une œuvre d'art (peintre, sculpteur, dessinateur), soit celui qui interprète une œuvre d'art (musicien, acteur, chanteur).

**artistique** [artistik] adj. (après le n.)
I. (se dit de qqch) *Les richesses artistiques du pays sont très grandes : églises, châteaux, musées sont nombreux.*
II. (se dit de qqch) *Les Durand ont arrangé leur appartement de manière très artistique : ils ont vraiment un goût très sûr.*
**G.** Au sens I, *artistique*, toujours épithète, n'a ni comparatif, ni superlatif.
**S.** *Artistique* se dit de ce qui est propre à l'ART ou de ce qui est arrangé, présenté avec ART ; les syn., en ce sens, sont BEAU, RECHERCHÉ, ORIGINAL.
**L. artistiquement** (adv.) [sens II] *Il y avait dans la pièce des fleurs disposées de manière artistique* → *il y avait dans la pièce des fleurs artistiquement disposées.*

**ascenseur** [asãsœr] n. m.
[appareil] *C'est toujours le dimanche que l'ascenseur est en panne! — Comme ça, tu fais de la gymnastique en montant les escaliers à chaque fin de semaine.* • *L'immeuble a vingt-cinq étages; j'attends quelques fois cinq minutes avant d'avoir l'ascenseur.*
**S.** Un *ascenseur* est un appareil installé dans un immeuble et qui permet de transporter des personnes aux différents étages.

**asiatique** [azjatik] adj. (après le n.) et n.
[adj.] (se dit de qqch, de peuples, de pays) *A combien de personnes s'élève la population asiatique ?* ◆ [n. et adj.] (personne) *Coiffée comme ça, avec ses yeux et ses cheveux noirs, elle a l'air d'une Asiatique. — Son grand-père était chinois!*
**G.** L'adj. ne se met ni au comparatif ni au superlatif.
**S.** L'adj. ethnique *asiatique* correspond au n. f. ASIE.

**aspect** [aspɛ] n. m.
I. [forme, corps] **aspect (de qqn, qqch [concret])** *Elle est encore jeune d'aspect; on ne lui donnerait jamais son âge.* ◆ [forme, qqch] *Ces fruits n'ont pas un très bel aspect, mais ils sont très bons.*
II. [forme, qqch] **aspect (de qqch [abstrait])** *Vous n'avez pas envisagé tous les aspects du problème.* ◆ *Vu sous cet aspect, évidemment, c'est plus simple.*
**S. 1.** L'*aspect* de qqn, qqch (sens I), c'est la manière dont ils se présentent à la vue. ALLURE (en parlant de qqn), FORME, APPARENCE (en parlant de qqch) sont des syn. — **2.** Un *aspect*

## ASPIRATEUR

(sens II), c'est chacun des côtés sous lesquels une question se présente. Les syn. sont FACE (soutenu) et ANGLE.

**aspirateur** [aspiratœr] n. m.
[appareil] *N'entrez pas dans le salon, maintenant, je vais passer l'aspirateur.* ● *Ça y 

est, une fois de plus, cet aspirateur ne marche pas ! — Prends le balai.*

**S.** Un *aspirateur* est un appareil ménager électrique qui sert à enlever la poussière sur les tapis et les moquettes.

**aspirer** [aspire] v. t. et v. t. ind. (conj. **1**)
I. [v. t.] (sujet qqn) **aspirer qqch (gaz, liquide)** *Il faisait chaud dans la pièce, il ouvrit la fenêtre pour aspirer un peu d'air frais.*
II. [v. t. ind.] (sujet qqn) **aspirer à qqch (état), à + inf.** *Après tant de travail, elle aspire au repos, c'est normal.*

**S. 1.** *Aspirer* (sens I) a pour syn. courant RESPIRER. Il s'oppose à EXPIRER (soutenu) ou à SOUFFLER (courant). — **2.** *Aspirer à* qqch (sens II) a pour syn. DÉSIRER, SOUHAITER qqch (moins forts).
**L. aspiration** (n. f.) [sens II] *À quoi aspirez-vous pour votre avenir ?* → *quelles sont vos aspirations pour votre avenir ?*

**aspirine** [aspirin] n. f.
[produit] (non-compt., au sing.) *Donnez-lui un peu d'aspirine si elle a de la fièvre.*

◆ (compt.) *Oh, ce que j'ai mal à la tête ! — Tiens, prends une aspirine.*
**G.** et **S.** *L'aspirine* (non-compt.) est un médicament contre la fièvre, la douleur. C'est une marque déposée dans certains pays. Comme nom compt., une *aspirine* équivaut à un CACHET, un COMPRIMÉ d'*aspirine*.

**assailli (être)** [asaji] v. pass.
(sujet qqn) *À sa sortie, le ministre a été assailli de questions par les journalistes.*

**S.** *Être assailli de questions* (soutenu), c'est ÊTRE PRIS SOUS LE FEU DES QUESTIONS (plus fort), ÊTRE HARCELÉ DE QUESTIONS.

**assaisonner** [asezɔne] v. t. (conj. **1**)
(sujet qqn) **assaisonner qqch (aliment, plat)**

*Dis donc, cette salade n'a aucun goût, tu n'as pas oublié de l'assaisonner ?*

**S.** *Assaisonner un plat, une salade,* c'est y mettre du sel, du poivre, une sauce, des condiments, etc. pour en relever le goût.
**L. assaisonnement** (n. m.) *Cette salade n'est pas assez assaisonnée* → *cette salade manque d'assaisonnement.*

**assassin** [asasɛ̃] n. m.
[personne, agent] *La police est arrivée trop tard sur les lieux, l'assassin est parvenu à*

*s'enfuir.* ● *Pendant la nuit, il y a eu de grands cris dans la rue :* « *Au secours, à l'assassin !* »

**S.** Un *assassin* est qqn qui tue avec préméditation (qui ASSASSINE). Les syn. sont MEURTRIER (plus soutenu), CRIMINEL (plus large, car pou-

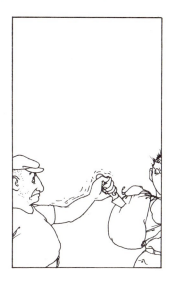

vant désigner qqn ayant commis un grave délit autre qu'un assassinat), TUEUR qui désigne un assassin professionnel ou maniaque. Le suffixe -CIDE sert à former des mots désignant des types particuliers d'assassin : INFANTICIDE (d'enfant), PARRICIDE (de ses parents), FRATRICIDE (de son frère ou de sa sœur), HOMICIDE (de n'importe qui) ; ces mots, qui sont de la langue litt. ou juridique, désignent en même temps l'*assassin* et l'ASSASSINAT.

**assassiner** [asasine] v. t. (conj. **1**)
(sujet qqn) **assassiner qqn** *Ce n'est pas la peine de nier, nous savons que c'est vous qui avez assassiné cette vieille dame.*

**S.** *Assassiner,* c'est tuer avec intention de donner la mort. Celui qui *assassine* qqn commet un ASSASSINAT, un meurtre, un crime ; c'est un ASSASSIN.
**L. assassinat** (n. m.) *Il a été assassiné en pleine nuit → l'assassinat a eu lieu en pleine nuit.*

**assemblée** [asãble] n. f.
I. [collectif, personnes] *On était venu nombreux pour l'écouter, mais il y avait dans l'assemblée beaucoup plus d'hommes que de femmes.*
II. [institution] **l'Assemblée (nationale)** *La loi n'a pas été votée par l'Assemblée.*

**S. 1.** Une *assemblée* (sens I) est la réunion d'un certain nombre de personnes pour écouter, discuter ou regarder qqch en commun ; les syn. sont ASSISTANCE, AUDITOIRE (plus précis), PUBLIC (plus vague). — **2.** L'*Assemblée nationale* (notez la majuscule) et le SÉNAT constituent le PARLEMENT. La CHAMBRE DES DÉPUTÉS est l'ancien nom de l'*Assemblée nationale.*

**assembler** [asãble] v. t. (conj. **1**)
(sujet qqn) **assembler des choses** [*Sur le mode d'emploi*] : « *Pour construire votre bibliothèque, vous devrez assembler les pièces dans l'ordre qui vous est indiqué.* »

**S.** *Assembler,* c'est former un tout, monter un appareil, un meuble, etc. en réunissant des éléments, des pièces et en les combinant. Le contr. est DÉMONTER.
**L. assemblage** (n. m.) *Il est indiqué comment on doit assembler les pièces → le mode d'assemblage des pièces est indiqué.*

**asseoir (s')** [aswar] v. pr. (conj. **38**),
**être assis** v. pass.
(sujet qqn) **s'asseoir, être assis (sur, à, dans qqch [siège, lieu])** *Ne restez donc pas debout,*

# ASSEZ

*asseyez-vous, le docteur va vous recevoir dans un instant.* ● *Tout le monde est assis ? Il n'y a plus besoin de chaises ?* ● *On est très mal assis sur cette chaise : prenez donc*

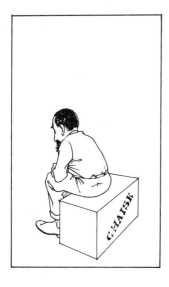

*ce fauteuil.* ● *Quand je suis entré dans la pièce, tout le monde était assis et attendait.* ◆ **faire (s') asseoir qqn** *Chez le dentiste, on m'a fait asseoir au salon en attendant mon tour.*

**S.** S'*asseoir* s'oppose, d'une part, à SE COUCHER, d'autre part, à SE LEVER (ou SE METTRE DEBOUT). *Être assis* s'oppose à ÊTRE COUCHÉ et à ÊTRE DEBOUT.
**L. assis, e** (adj.) Il y a vingt places où on peut être assis dans l'autobus → *il y a vingt places assises dans l'autobus.* ◆ **rasseoir (se)** v. pr. *Vous pouvez vous asseoir de nouveau (après vous être levés)* → *vous pouvez vous rasseoir.*

**assez** [ase] adv.
[quantité] **assez + v., adj., adv., assez de + n. plur.** (compt.) ou **sing.** (non-compt.) **[pour + inf., pour que + subj.]** *Voulez-vous encore un peu de fromage ? — Non, merci, j'ai assez mangé.* ● *Ce sont des gens assez riches : ils ont passé leurs vacances aux États-Unis.* ● *Ma voiture n'allait pas assez vite pour que je puisse arriver à l'heure.* ● *Je n'ai pas assez d'argent pour acheter ce livre.* ● *L'hôtel est presque vide ; il n'y a pas assez de clients pour un mois de juillet.* ◆ (sujet qqn) **en avoir assez (de qqch, de qqn, de + inf.)** *J'en ai assez de cet appartement trop petit.* ● *Si tu en as assez de moi, je peux m'en aller !* ● *Il se plaint tout le temps, j'en ai assez de l'entendre.* ◆ [interj.] **assez!** *Et maintenant assez ! taisez-vous !*

**S 1.** *Assez* a pour contr. TROP et pour syn. SUFFISAMMENT (soutenu). Dans une phrase affirmative, il peut avoir simplement le sens de renforcement ou d'atténuation selon l'intonation ou le contexte : *N'arrivez pas en retard, c'est un homme assez impatient* (syn. TRÈS). *Ma santé est assez bonne* (syn. À PEU PRÈS). *C'est assez amusant* (syn. PLUTÔT). La subordonnée introduite par *pour que* (ou *pour + inf.*) a le sens de but ou de conséquence. — **2.** *En avoir assez* a pour syn. ÊTRE EXCÉDÉ (soutenu). — **3.** *Assez !* a pour syn. ÇA SUFFIT !

**assidu, e** [asidy] adj. (après le n.)
(se dit de qqn, de son travail) *Pierre est très assidu à ses cours ; il ne manque presque jamais une heure.* ● *C'est par un travail assidu que tu arriveras à réussir ton examen.*

**S.** Être *assidu* (soutenu), c'est être constamment présent pour accomplir son devoir ou des obligations ; le syn. courant, mais moins fort est APPLIQUÉ ; ZÉLÉ est litt. Un travail *assidu* est un travail RÉGULIER, CONSTANT (moins fort).
**L. assiduité** (n. f.) *Je me félicite que mon fils soit assidu en classe* → *je me félicite de l'assiduité de mon fils en classe.*

**assiette** [asjɛt] n. f.
[objet, récipient] *Sa femme ne veut pas qu'il fasse la vaisselle : elle a trop peur qu'il casse les assiettes.* ◆ [contenu] *Est-ce que vous voulez encore une assiette de soupe ?*

**S.** Une *assiette* est une pièce de vaisselle. On distingue selon leur forme et leur usage, les *assiettes* PLATES, CREUSES (ou *assiettes* À SOUPE) et les *assiettes* À DESSERT.

**assimiler** [asimile] v. t. (conj. 1)
I. (sujet qqn) **assimiler qqch (connaissance)** *Tu peux lui répéter cinquante fois la même chose, il n'assimile rien de ce qu'on veut lui apprendre.*
II. (sujet qqn) **s'assimiler (à qqch [groupe])** *Depuis cinquante ans qu'ils sont en France, ils n'ont toujours pas réussi à s'assimiler au reste de la population.*

**S. 1.** *Assimiler des connaissances* (sens I), c'est les COMPRENDRE et les RETENIR. — **2.** *S'assimiler* (sens II) a pour syn. S'INTÉGRER.
**L. assimilation** (n. f.) *C'est difficile pour des enfants de cet âge d'assimiler tant de choses en si peu de temps* → *l'assimilation de tant de choses en si peu de temps est difficile*

ASSOCIATION

présent, être là et donc voir ce qui se passe, écouter ce qui se dit. *Assister à une scène* a pour syn. ÊTRE TÉMOIN DE. *Assister à un cours* a pour syn. ÊTRE PRÉSENT À. — **2.** *Assister* (sens II) est soutenu et a pour syn. AIDER.

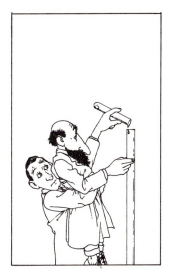

*pour des enfants de cet âge.* ◆ [sens II] *Ce parti politique désire que les ouvriers étrangers soient bien assimilés à la population* → *ce parti politique désire une bonne assimilation des ouvriers étrangers à la population.*

**assistance** [asistɑ̃s] n. f.
I. [collectif, personnes] (compt., surtout au sing.) *Quand il a prononcé les derniers mots de son discours, toute l'assistance a applaudi avec enthousiasme.*
II. [action, qqn] (non-compt., au sing.) **l'assistance à qqch (réunion)** *L'assistance au cours est obligatoire sous peine d'exclusion.*

   **S. 1.** Une *assistance* (sens I) est un ensemble de personnes présentes à une réunion, un spectacle, une cérémonie ; les syn. sont ASSEMBLÉE, AUDITOIRE (plus soutenu), PUBLIC (plus général), FOULE (plus vague) ; COMPAGNIE et SOCIÉTÉ sont des syn. litt. — **2.** L'*assistance à qqch* (sens II) a pour syn. PRÉSENCE À, FRÉQUENTATION DE (plus soutenu).

**assister** [asiste] v. t. ind. et v. t. (conj. **1**)
I. [v. t. ind.] (sujet qqn) **assister à qqch (spectacle, événement, cours, etc.)** *J'ai assisté à toute la scène, je sais ce qui s'est passé, et je raconterai tout.* ● *Vous devez assister à tous les cours, c'est obligatoire.*
II. [v. t.] (sujet qqn) **assister qqn** [*Au commissariat*] : *« Vous pouvez vous faire assister par votre avocat, si vous le voulez. »*

   **S. 1.** *Assister à* qqch (sens I), c'est être

**L. assistant, e** (n.) [sens I] *Ceux qui assistaient étaient nombreux* → *les assistants étaient nombreux.* ◆ **assistance,** v. ce mot.

**association** [asɔsjasjɔ̃] n. f.
I. [action, qqn, et résultat] *Nous travail-*

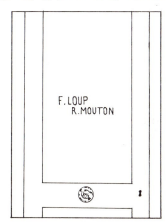

## ASSOCIER

lons ensemble depuis deux ans et je dois dire que cette association est très efficace.
II. [institution] **association** (+ adj., de + n.) Voudrais-tu faire partie de l'association sportive du lycée ?

**S. 1.** *Association* (sens I) désigne le fait pour deux ou plusieurs personnes d'être ASSOCIÉES dans un travail, une action quelconque. — **2.** Une *association* (sens II) est un groupe de personnes officiellement établi pour défendre des intérêts communs, avoir des activités communes. Elle est constituée de l'ensemble de ses membres et dirigée par un bureau (directeur, trésorier, etc.).

**associer (s')** [asɔsje] v. pr. (conj. 2), **être associé** v. pass.
I. (sujet qqn) **s'associer (avec qqn)** *Pierre et moi, nous allons nous associer pour monter cette affaire.*
II. (sujet qqn) **s'associer à qqch (abstrait)** [À la fin d'une lettre] : « *Croyez bien, cher monsieur, que je m'associe à votre chagrin.*

soit pour le tuer. — **2.** *Assommer* (sens II) [soutenu] a pour syn. courant ENNUYER et pour syn. fam. EMBÊTER (moins fort).
**L.** assommant, v. ce mot.

**S. 1.** *S'associer avec* qqn (sens I), c'est PARTAGER AVEC lui une responsabilité, une affaire, un travail, etc. Il a pour syn. plus soutenus S'ALLIER, S'UNIR. — **2.** *S'associer à* qqch (sens II) a pour syn. PARTICIPER À.
**L.** associé, e (n.) *Pierre et Jacques se sont associés dans cette affaire* → *Pierre et Jacques sont des associés dans cette affaire.* ♦ **association**, v. ce mot.

**assoiffé** → SOIF L ; **assombrir (s')** → SOMBRE L.

**assommant, e** [asɔmã, ãt] adj. (après ou, plus rarement, avant le n.) (se dit de qqn, de qqch [abstrait]) *Il est vraiment assommant quand il parle de cinéma : il nous fait un véritable cours.* • *Il y avait hier soir une émission assommante à la télé : les gens ont discuté une heure sur l'éternel sujet du sort des femmes !*

**S.** Est *assommant* (fam.) celui ou ce qui provoque l'ennui ou la contrariété ; le syn. courant est ENNUYEUX, FATIGANT ; les contr. sont, par ordre d'intensité croissante, DIVERTISSANT (soutenu), AMUSANT, EXCITANT, PASSIONNANT.

**assommer** [asɔme] v. t. (conj. 1)
I. (sujet qqch [objet], qqn) **assommer qqn, un animal** *Il n'a rien pu voir, les voleurs l'avaient assommé.*
II. (sujet qqch [abstrait]) **assommer qqn** *Oh, ce travail m'assomme, j'en ai assez !*

**S. 1.** *Assommer* qqn, un animal (sens I), c'est le frapper en lui donnant un violent coup sur la tête soit pour lui faire perdre connaissance,

**assorti (être)** [asɔrti] v. pass.
(sujet qqn, qqch) **être assorti (à qqn, qqch)** *Je trouve que ta cravate est mal assortie à ton costume, ce bleu et ce brun ne vont pas ensemble.*

**S.** Deux choses ou deux personnes qui sont *assorties* VONT BIEN ensemble, SE CONVIENNENT, S'ACCORDENT.

**assoupir (s')** [asupir] v. pr. (conj. 15), **être assoupi** v. pass.
(sujet qqn) *La fièvre est tombée et le malade s'est assoupi ; il va dormir mainte-

nant. • *Grand-mère est assoupie, ne la réveille pas en faisant marcher ta radio trop fort.*
**S.** *S'assoupir* (soutenu), c'est S'ENDORMIR doucement.
**L. assoupissement** (n. m.) *Je m'inquiète de le voir s'assoupir après chaque repas → je m'inquiète de ses assoupissements après chaque repas.*

**assouplir (s')** → SOUPLE L.

**assumer** [asyme] v. t. (conj. 1)
(sujet qqn) **assumer qqch (abstrait)** *Si vous ne vous sentez pas capable d'assumer ces responsabilités, alors n'acceptez pas ce poste.*
**S.** *Assumer une responsabilité, une charge* (soutenu) c'est l'accepter consciemment, s'en considérer comme responsable.

**assurance** [asyrãs] n. f.
I. [qualité, qqn] (non-compt., au sing.) *Tu es trop timide, tu devrais parler avec plus d'assurance.* • *Au début, Jean-Jacques n'avait pas confiance en lui, mais maintenant, il a beaucoup d'assurance.*
II. [action, qqn, et résultat] (compt.) *Je vous donne l'assurance qu'il viendra ; vous pouvez compter sur lui.*
III. [action, qqn] (compt.) *Je vous conseille de prendre une assurance contre l'incendie, c'est plus sûr.* ◆ [objet, valeur] *Tu as payé l'assurance ? — Non, on a jusqu'au 15 janvier.*
**S. 1.** *Assurance* (sens I) a pour syn. péjor. APLOMB ; CONFIANCE est un syn. moins fort, AISANCE est soutenu. Il a pour contr. EMBARRAS (état passager) et TIMIDITÉ (état permanent). — **2.** *L'assurance* (sens II), c'est l'action d'ASSURER, de confirmer, de donner une certitude. PROMESSE, GARANTIE sont des syn. — **3.** *Assurance* (sens III) correspond au sens II de ASSURER. On prend une *assurance* pour se garantir contre certains risques (incendie, vol, etc.) auprès d'une COMPAGNIE D'ASSURANCE. Le syn. administratif est POLICE *(d'assurance).*

**assuré, e** [asyre] adj. (après le n.)
I. (se dit de qqn, de son attitude) *C'était la première fois qu'il parlait en public : sa voix n'était pas très assurée.*
II. (se dit de qqch [abstrait]) *Je crois que nous avons mis toutes les chances de notre côté : le succès est assuré.*
**S. 1.** *Assuré* (sens I), en parlant de la voix, a pour syn. FERME ; en parlant de la démarche, le syn. est DÉCIDÉ (un peu plus fort). — **2.** *Assuré* (sens II) a pour syn. SÛR, CERTAIN.
**L. assurance**, v. ce mot.

**assurément** [asyremã] adv.
[affirmation] *Croyez-vous que la paix sera bientôt rétablie au Moyen-Orient ? — Assurément.* • *La salle de séjour donne assurément sur le sud, mais tout le reste de l'appartement est sur la cour de l'immeuble.*
**S.** *Assurément* (soutenu) renforce une affirmation ou confirme une assertion de l'interlocuteur. Il a pour syn. BIEN SÛR, ÉVIDEMMENT, NATURELLEMENT, ÇA VA DE SOI, CERTES (soutenu).

**assurer** [asyre] v. t. (conj. 1)
I. (sujet qqn) **assurer à qqn (que + ind.)** *Je vous assure qu'il viendra, il me l'a promis.* • *Mais non, je ne mens pas, je vous assure.*
II. (sujet qqn) **assurer qqn, qqch [concret] (contre un risque)** *Si je n'assure pas ma voiture, je vais avoir des ennuis.* • *Avant de partir en vacances, assure-toi contre le*

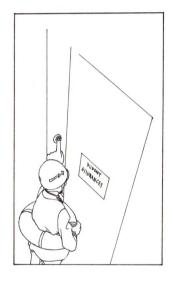

*vol.* • *Quand il a eu son accident, Paul n'était pas assuré, il a dû tout payer.*
III. (sujet qqn) **assurer un service** *Est-ce qu'on a trouvé quelqu'un pour assurer la garde de l'immeuble pendant les vacances ?*
**S. 1.** *Assurer* (sens I) a pour syn. SOUTENIR, CERTIFIER (soutenu), GARANTIR, JURER (courant). — **2.** *Assurer* (sens II), c'est garantir ses biens ou soi-même contre des risques ; il a pour syn. PRENDRE UNE ASSURANCE POUR qqn, qqch ; *être assuré* a pour syn. AVOIR UNE ASSURANCE. —

# ASTREINDRE

**3.** *Assurer un service* (sens III), c'est faire en sorte qu'il soit effectué.
**L. assuré, e** (n.) [sens II] Celui qui est assuré sera remboursé → *l'assuré sera remboursé.*
◆ **assurance**, v. ce mot.

**astreindre** [astrɛ̃dr] v. t. (conj. 44) (sujet qqn) **astreindre qqn à qqch, être astreint à qqch, à + inf.** *Le médecin m'a astreint à un régime très dur : pas de viande, pas de café, pas de matières grasses.* ● *Tous les matins, je suis astreint à faire un*

*kilomètre à pied pour trouver l'arrêt de l'autobus.*
**S.** *Astreindre* est le syn. soutenu de OBLIGER, FORCER.

**astucieux, euse** [astysjø, øz] adj. (après le n.)
(se dit de qqn) *Il n'est pas très intelligent ni très cultivé, mais il est astucieux et profite de toutes les occasions pour attirer l'attention sur lui.* ◆ (se dit de qqch) *Ce que tu as fait n'est pas très astucieux ! Ce que tu peux être maladroit avec les autres ; tu n'aurais jamais dû lui parler comme ça !*
**S.** Est *astucieux* (fam.), celui qui est habile à se procurer des avantages, à sortir d'une difficulté ou ce qui est fait avec habileté. Les syn. sont ADROIT, INGÉNIEUX (soutenu), MALIN (fam.) ; les contr. sont LOURDAUD (soutenu), MALADROIT ou, plus forts, BÊTE, STUPIDE.
**L. astucieusement** (adv.) *Il a tiré parti de la situation d'une manière astucieuse* → *il a astucieusement tiré parti de la situation.* ◆ **astuce** (n. f.) *Il est très astucieux* → *il a beaucoup d'astuce.*

**atelier** [atəlje] n. m.
[lieu, travail] *Dans l'usine, il y a plusieurs ateliers : ici on fait les pièces, là on les assemble, plus loin on les contrôle.* ● [Dans un garage] : « *Où est le patron ? — Dans son atelier, en train de réparer une voiture.* »
**S.** Un *atelier* est un local où travaille un artisan ou bien une partie d'une usine où des ouvriers travaillent au même ouvrage.

**athée** [ate] adj. (après le n.) et n.
[adj.] (se dit de qqn) *Dans notre famille nous sommes athées depuis trois générations, alors vous comprenez, les problèmes de religion ne nous concernent pas beaucoup.* ◆ [n.] (personne) *C'est un athée, il ne se mariera jamais à l'église !*
**G.** Cet adj. n'a ni comparatif ni superlatif.
**S.** Est *athée* celui qui ne croit pas en Dieu et n'adhère à aucune religion ; le contr. est CROYANT.

**athlétisme** [atletism] n. m.
[sport] (non-compt., au sing.) *Pierre fait partie de l'équipe d'athlétisme de sa ville, sa spécialité c'est la course à pied.*
**S.** L'*athlétisme* regroupe différentes spécialités sportives : course, gymnastique, saut, lancer (du poids, du javelot, du disque). C'est

un sport individuel, par oppos. aux sports d'équipe.
**L. athlète** (n.) *Les athlètes français ont eu une médaille d'or* (← les sportifs qui pratiquent l'athlétisme).

**atmosphère** [atmɔsfɛr] n. f.
[qualité, qqch] *Pierre va quitter son emploi, il ne supporte plus de travailler dans cette atmosphère.* • *Alors, comment s'est passée la réunion chez les Durand ? — L'atmosphère était un peu tendue au début, mais après, ça a été mieux.* • *J'aime l'atmosphère des petits cafés de quartier.*

**S.** *Atmosphère* a pour syn. AMBIANCE, CLIMAT et désigne l'ensemble des conditions de vie dans un lieu quelconque ou au milieu d'un groupe.

**atomique** [atɔmik] adj. (après le n.)
(se dit de qqch [usine, arme]) *Les Américains ont été les premiers à utiliser les bombes atomiques contre le Japon en 1945.*

**G.** Cet adj. n'a ni comparatif ni superlatif.
**S.** *Atomique* s'emploie pour désigner en langue courante ce qui relève de l'énergie nucléaire obtenue à partir de la fission de l'ATOME (d'uranium, de plutonium). NUCLÉAIRE est plus fréquent en parlant d'usines, d'énergie.

**atroce** [atrɔs] adj. (avant ou, surtout, après le n.)
(se dit de qqch, de qqn) *Mourir dans un accident d'avion, quelle mort atroce !* • *Ah non, je ne rentre pas chez moi, on s'est disputé et ça a été atroce.* • *Pierre t'a fait goûter son vin ? — Oui, il avait un goût atroce, j'ai failli être malade.* • *Il a été atroce avec moi.*

**S.** *Atroce* a pour syn. AFFREUX (moins fort), EFFROYABLE, HORRIBLE, TERRIBLE, ÉPOUVANTABLE et MÉCHANT, MAUVAIS (moins forts et en parlant de qqn).
**L. atrocement** (adv.) *Il souffrait de manière atroce* → *il souffrait atrocement.* ◆ *Mais on est atrocement en retard !* (← très en retard.) ◆ **atrocité** (n. f.) *Il est bouleversé par le caractère atroce de ce crime* → *il est bouleversé par l'atrocité de ce crime.* ◆ *On a commis beaucoup d'actes atroces pendant la guerre* → *on a commis beaucoup d'atrocités pendant la guerre.*

**attachant, e** [ataʃɑ̃, ɑ̃t] adj. (après le n.)
(se dit de qqn, de qqch) *Ce n'est pas qu'elle soit belle, mais elle a un visage attachant, qu'on n'oublie pas.* • *J'aime beaucoup ce roman, j'aime un livre attachant où on sent l'auteur sincère.*

**S.** Est *attachant* qqn ou qqch auquel on S'AT-TACHE ; SÉDUISANT est un syn. plus fort, SYMPATHIQUE, INTÉRESSANT sont plus faibles.

**attacher** [ataʃe] v. t. (conj. 1)
I. (sujet qqn) **attacher qqn, un animal, un objet (à, avec qqch [concret])** *Attache la*

*valise avec une ficelle, puisque tu as cassé la serrure !* ◆ (sans compl. à qqch) *On a dû attacher le chien qui devenait méchant.* • *Au départ de l'avion, les passagers sont priés d'attacher leur ceinture.*
II. (sujet qqn) **s'attacher, être attaché à qqn, qqch (abstrait)** *Finalement je me suis attaché à cet enfant, et je suis ennuyé qu'il retourne chez ses parents !* • *Georges est très attaché à cette région où il est né ; alors nous y allons tous les ans.*

**S.** 1. *Attacher* (sens I), c'est immobiliser, retenir au moyen d'un lien ; il a pour syn. litt. LIER, ENCHAÎNER ; *attacher sa ceinture* a pour syn. fam. BOUCLER. — 2. *S'attacher, être attaché à qqn*, c'est ÊTRE LIÉ À lui par l'affection, l'amitié, l'amour. *Être attaché à qqch*, c'est TENIR À qqch.
**L. attachement** (n. m.) [sens II] *Pierre est très attaché à sa mère* → *Pierre a beaucoup d'attachement pour sa mère.* ◆ **détacher, rattacher**, v. ces mots.

**attaquer** [atake] v. t. (conj. 1)
I. (sujet qqn) **attaquer qqn, un lieu** *Des inconnus l'ont attaqué hier soir dans la rue pour le voler.* • *Des bandits ont attaqué la banque ; ils sont repartis avec deux millions*

*de francs.* • *Ils ont décidé d'attaquer ce pays la nuit même.*
II. (sujet qqn) **attaquer qqn, qqch (abstrait)** *Les partis ont attaqué le ministre de l'Intérieur sur les incidents de la semaine dernière.* • *Le journaliste a attaqué la pièce, mais elle a eu du succès.*
III. (sujet qqn) **s'attaquer à une action, un problème, etc.** *Il faut s'attaquer aux deux problèmes du chômage et de l'inflation.*

**S. 1.** *Attaquer* (sens I) a un sens concret (s'en prendre aux personnes physiques); il a alors pour syn. AGRESSER, ASSAILLIR (litt.) et pour équi-

valent COMMETTRE UNE AGRESSION (contre qqn, un groupe), UN ATTENTAT (contre un personnage public seulement). En parlant d'une armée, *attaquer un ennemi*, c'est PASSER À L'OFFENSIVE. — **2.** *Attaquer* (sens II) a pour syn. S'EN PRENDRE À, CRITIQUER et pour contr. DÉFENDRE. On dit de qqn qu'il est AGRESSIF quand il est toujours prêt à *attaquer*. — **3.** *S'attaquer à* qqch a pour syn. ENTREPRENDRE, AFFRONTER (si on envisage l'action comme une menace).
**L. attaque** (n. f.) [sens I et II] *L'ennemi attaquera à l'aube* → *l'attaque de l'ennemi aura lieu à l'aube.* ◆ **inattaquable** (adj.) [sens II] *Sa conduite ne peut pas être attaquée* → *sa conduite est inattaquable.*

**attarder (s')** [atarde] v. pr. (conj. 1) (sujet qqn) **s'attarder (qqpart)** *Comment se fait-il que Pierre ne soit pas encore rentré ? — Il a dû s'attarder chez M. Durand.*

**S.** *S'attarder* qqpart a pour syn. RESTER. Sans compl. de lieu, les syn. sont FLÂNER, TRAÎNER.

**atteindre** [atɛ̃dr] v. t. (conj. **44**)
I. (sujet qqn, qqch) **atteindre qqch, qqn, un lieu, un but** *La balle l'a atteint au bras, il a eu de la chance.* • *Cela fait deux heures que j'essaie d'atteindre Pierre, mais il n'est ni chez lui, ni à son travail.* • *Après dix*

ans d'efforts, il a enfin atteint son but : un appartement bien à lui.
II. (sujet qqch [abstrait]) **atteindre qqn** *Vos menaces ne m'atteignent pas, je suis dans mon droit.*

**S. 1.** En parlant de qqch, *atteindre qqch, qqn* (sens I) a pour syn. TOUCHER. En parlant de qqn, *atteindre un lieu*, c'est y ARRIVER ; *atteindre qqn*, c'est le JOINDRE. *Atteindre un but*, c'est le RÉALISER. — **2.** *Atteindre qqn* (sens II) a pour syn. TOUCHER, ÉBRANLER, TROUBLER, HEURTER.

**attendre** [atãdr] v. t. (conj. **41**)
I. (sujet qqn, un animal) **attendre qqn, qqch, que + subj., de + inf.** *On l'a attendu toute la matinée, mais il n'est pas venu.* • *On attend le mois de septembre pour prendre nos vacances.* • *Attends d'avoir de ses nouvelles, avant de t'inquiéter.* • *J'attends que la pluie s'arrête pour m'en aller ;*

*je n'ai pas de parapluie.* ◆ (sans compl. d'objet) *On a attendu trois heures avant de pouvoir passer la frontière.*
II. (sujet qqn) **s'attendre à qqch, à + inf., à ce que + subj.** *Je n'ai pas été surpris, je m'attendais à ce résultat.* • *Je ne m'attendais pas à vous voir aujourd'hui.* • *Ah ! si je m'étais attendu à ce qu'elle ne vienne pas, je ne me serais pas tant pressé !*

**S. 1.** Sans compl. d'objet, *attendre* a pour syn. PATIENTER. — **2.** *S'attendre à qqch* (sens II) a pour syn. COMPTER SUR, QUE + subj. (soutenu) ou PRÉVOIR.
**L. attendu, e** (adj.) [sens II] *On s'attendait à ce résultat* → *ce résultat était attendu.* ◆ **attente** (n. f.) [sens I] *Nous avons attendu longtemps* → *l'attente a été longue.* ◆ **inattendu,** v. ce mot.

**attendrir** [atãdrir] v. t. (conj. **15**)
(sujet qqch, qqn) **attendrir qqn** *Ah, ne cherche pas à m'attendrir avec tes excuses, j'ai pris une décision, je m'y tiendrai !*

◆ (sujet qqn) **s'attendrir (sur qqch, sur soi)** *Pierre passe son temps à s'attendrir sur lui-même, à se trouver de bonnes raisons d'être malheureux.*

**S.** *Attendrir* a pour syn. APITOYER, ÉMOUVOIR, TOUCHER. *S'attendrir* a pour syn. S'ÉMOUVOIR, S'APITOYER.
**L. attendrissant, e** (adj.) *Toute jeune, toute seule, elle attendrissait (tout le monde)* → *toute jeune, toute seule, elle était attendrissante.*
◆ **attendrissement** (n. m.) *Je n'aime pas les scènes où l'on s'attendrit* → *je n'aime pas les scènes d'attendrissement.*

**attentat** [atãta] n. m.
[action, qqn] *On annonce qu'un attentat a été encore commis hier sur la personne d'un juge de Milan ; celui-ci a été blessé aux jambes.*

# ATTENTER

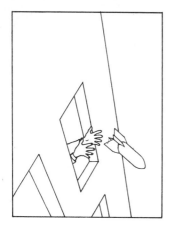

**S.** Un *attentat* est une attaque criminelle commise à l'égard des personnes ou des biens.

**attenter** [atɑ̃te] v. t. ind. (conj. **1**)
(sujet qqn) **attenter à ses jours, à la vie de qqn** *Que s'est-il passé ? — Il a voulu attenter à ses jours.*

**S.** *Attenter à ses jours,* c'est tenter de SE SUICIDER. *Attenter à la vie de* qqn, c'est tenter de le tuer, de l'assassiner.
**L. attentat,** v. ce mot.

**attentif, ive** [atɑ̃tif, iv] adj. (après le n.)
(se dit de qqn, de son attitude) **attentif (à qqch)** *Sois un peu attentif à ce que je te dis : ne cours pas et fais attention quand tu traverses la rue.* • *La maîtresse m'a dit que tu n'étais pas assez attentif en classe : tu es toujours distrait quand on t'interroge.*

**S.** *Être attentif,* c'est FAIRE, PRÊTER ATTENTION À qqch. Les contr. de *attentif* sont DISTRAIT (soutenu), ÉTOURDI, DANS LA LUNE, INATTENTIF. Les équivalents courants de *être attentif* sont ÉCOUTER (ÉCOUTE CE QUE JE TE DIS) ou, plus fort, SURVEILLER (SURVEILLE CE QUE TU FAIS).
**L. attentivement** (adv.) *Relis ce que tu as écrit de manière attentive → relis attentivement ce que tu as écrit.* ◆ **inattentif, ive** (adj.) *Tu n'es pas attentif en classe → tu es inattentif en classe.*

**attention** [atɑ̃sjɔ̃] n. f.
[qualité, qqn] (non-compt., au sing.) *Il y a trop de fautes dans votre devoir, cela montre un manque total d'attention.* ◆ [action, qqn, et résultat] (compt.) *Regarde un peu comme elle rit ! — Elle le fait exprès pour attirer l'attention de Jacques, pour se faire remarquer.* • *Quand on ne fait pas attention à lui, Michel est furieux.* • *J'ai pris ce stylo sans faire attention qu'il n'était pas à moi.* • *Attention ! tu conduis trop vite, tu vas avoir un accident.* • *Pierre a toujours eu pour moi des attentions délicates.*

**S.** L'*attention,* c'est la qualité de qqn qui est vigilant, ATTENTIF. C'est aussi le fait de prendre soin de qqch, de veiller à faire qqch. *Faire attention à* qqn, c'est S'OCCUPER DE lui. *Faire attention à* + inf., *que* + subj. ou ind. a pour syn. PRENDRE GARDE À et VEILLER À (litt.). Le contr. de *faire attention* est ÊTRE DISTRAIT, AVOIR UNE DISTRACTION.
**L. attentif,** v. ce mot.

**atténuer** [atenɥe] v. t. (conj. **2**)
(sujet qqn, qqch) **atténuer qqch** *Ce médicament atténue la sensation de faim.*
◆ (sujet qqch) **s'atténuer** *Alors, ton mal de tête s'atténue ?*

**S.** *Atténuer* qqch, c'est DIMINUER, l'ADOUCIR, le CALMER. AUGMENTER, RENFORCER sont des contr. *S'atténuer* a pour syn. SE CALMER, DIMINUER (v. i.).
**L. atténuant, e** (adj.) *Il a bénéficié de circonstances atténuantes* (← qui atténuent la gravité d'un cas, d'une peine).

**atterrir** [aterir] v. i. (conj. **15**)
(sujet un avion, ses passagers) **atterrir (à, dans, sur un lieu)** *Regarde ces lumières dans le ciel : l'avion va atterrir.* • *À cause du mauvais temps, nous avons atterri à New York avec plus de deux heures de retard.*

**S.** *Atterrir* est plus technique que son syn. SE POSER. Le mouvement inverse est indiqué par DÉCOLLER ou S'ENVOLER.
**L. atterrissage** (n. m.) On a construit un terrain pour que les avions atterrissent → *on a construit un terrain d'atterrissage pour les avions.*

**attirer** [atire] v. t. (conj. **1**)
I. (sujet qqch, qqn) **attirer qqn, un animal (dans, sur, sous, etc., un lieu)** *Tu as vu toutes ces mouches dans la cuisine ? — Zut !*

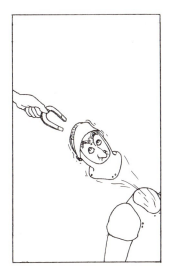

*j'ai laissé la boîte de sucre ouverte, c'est ça qui les a attirées.*
II. (sujet qqn, qqch) **attirer qqch (abstrait) à qqn** *Si tu continues à arriver en retard, tu vas finir par nous attirer des ennuis.*
III. (sujet qqn, qqch) **attirer qqn** *Comment trouves-tu François ? — Il est beau garçon, mais il ne m'attire pas, il n'a pas de charme.* • *Je suis très attiré par le ski, mais ça me fait un peu peur.*

**S. 1.** *Attirer* (sens I) a pour équivalent FAIRE VENIR ou plus particulièrement, en parlant de qqn, l'EMMENER, le CONDUIRE, l'ENTRAÎNER. — **2.** *Attirer* (sens II) a pour syn. soutenus CAUSER, PROCURER, OCCASIONNER. — **3.** SÉDUIRE est un syn. plus fort au sens III. En parlant de qqch, *attirer qqn* a pour syn. TENTER, ÊTRE ATTRAYANT POUR. *Être attiré par qqch*, c'est AVOIR DU GOÛT (moins fort) POUR qqch.

**L. attirant, e** (adj.) [sens III] *Cette fille attire (tout le monde)* → *cette fille est très attirante.*
◆ **attirance** (n. f.) [sens III] *Les spectacles modernes ne m'attirent pas beaucoup* → *je n'ai pas beaucoup d'attirance pour les spectacles modernes.*

**attitude** [atityd] n. f.
[manière, qqn] *Dès qu'elle arrive dans le bureau, il modifie son attitude et se fait plus aimable.* • *Quelle sera l'attitude du patronat devant toutes ces nouvelles revendications, nul ne le sait encore.*

**S.** L'*attitude* de qqn, d'un groupe, c'est son COMPORTEMENT, sa CONDUITE ou, dans un contexte abstrait, sa POSITION.

**attraper** [atrape] v. t. (conj. **1**)
I. (sujet qqn) **attraper qqn, un objet, un animal** *Essaie un peu de m'attraper : on verra si*

*tu cours plus vite que moi.* • *Claude essayait d'attraper les mouches qui se posaient sur la table.* ◆ (sans compl.) *Passe-moi une cigarette. — Tiens : attrape !*
II. (sujet qqn) **attraper une maladie** *Pascal est sorti sans son manteau et il a attrapé un rhume.*
III. (sujet qqn) **attraper un moyen de transport** *J'ai eu beau courir, je n'ai pas pu attraper l'autobus.*

## ATTRAYANT

**S. 1.** *Attraper* (sens I), lorsqu'on S'EMPARE de qqn, d'un animal, de qqch avec ses mains, a pour syn. PRENDRE ou SAISIR (soutenu). — **2.** *Attraper un rhume, une grippe* a pour syn. courant PRENDRE (un rhume, une grippe); le plus savant est CONTRACTER. — **3.** *Attraper un train, un autobus, le métro*, c'est monter dedans à temps, c'est les AVOIR ; les contr. sont MANQUER (courant) et, fam., LOUPER, RATER.
**L. rattraper**, v. ce mot.

**attrayant, e** [atrɛjɑ̃, ɑ̃t] adj. (après le n.) (se dit de qqch) *Tu crois vraiment que ce travail peut être attrayant pour tes élèves ?*
● *Il ne faut pas chercher dans ce roman de profondes pensées, mais il est d'une lecture attrayante.*
**S.** Est *attrayant* (soutenu) ce qui attire par le plaisir qu'il peut procurer ; les syn. sont ATTIRANT, AGRÉABLE ou AMUSANT.

**attribuer** [atribɥe] v. t. (conj. **2**)
I. (sujet qqn) **attribuer qqch (à qqn, qqch)** *Vous attribuez beaucoup trop d'importance à ce qu'il a dit.* ● *On a attribué les prix du concours : mon fils n'a rien eu.*

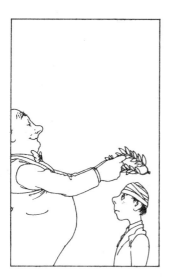

II. (sujet qqn) **attribuer qqch à qqn** *À quoi attribuez-vous l'échec de cette négociation ?*
◆ **s'attribuer qqch** *Il s'est attribué, à lui tout seul, le succès de l'entreprise, mais c'est en équipe que nous avons travaillé.*

**S. 1.** *Attribuer* (sens I) a pour syn. courant DONNER. Plus particulièrement, *attribuer une qualité, un avantage à* qqn a pour syn. ACCORDER, PRÊTER. *Attribuer un prix, un rôle, un poste*, etc., a pour syn. DÉCERNER, ASSIGNER, DISTRIBUER. — **2.** *Attribuer* qqch *à* qqn (sens II), c'est METTRE qqch SUR LE COMPTE DE qqn, le considérer comme responsable, auteur de qqch. *S'attribuer* qqch a pour syn. S'APPROPRIER, S'ADJUGER, S'ARROGER (litt.).
**L. attribution** (n. f.) *J'attends que les postes soient attribués* → *j'attends l'attribution des postes.*

**attrister** → TRISTE L.

**attroupement** [atrupmɑ̃] n. m. [collectif, personnes] *Ils se disputaient si fort en pleine rue que bien vite un attroupement s'est formé et que la police est arrivée.*
**S.** Un *attroupement* est la réunion de personnes sur la voie publique, provoquée le plus souvent par un spectacle insolite, une manifestation.
**L. attrouper (s')** [v. pr.] *Les passants s'attroupaient autour d'eux* (← *formaient un attroupement autour d'eux*).

**au** → LE 1.

**aucun, e** [okœ̃, yn] adj. (avant le n.) et pron. indéf.
[négation] **aucun + n. (sing.), aucun de (d'entre) + n. ou pron. (plur.)** *Vous ne trouverez ce mot dans aucun dictionnaire.* ● *C'était facile, il a fait son devoir sans aucun mal.* ● *Est-ce que vous avez reçu des nouvelles de votre père ? — Aucune, ces temps-ci.* ● *Aucun de ses amis n'est venu le voir à l'hôpital.* ● *Jacques était furieux : malgré le rendez-vous, il n'a trouvé aucun d'entre nous.*
**S. et G.** *Aucun*, adj. et pron. indéf. négatif, est toujours accompagné de NE placé devant le verbe ou précédé de SANS. *Aucun* est soutenu ; son syn. courant est PAS UN ; il s'oppose à tous les déterminants ou pronoms entrant dans les phrases affirmatives (*aucun enfant n'est venu* s'oppose à TOUS LES ENFANTS *sont venus* et à UN ENFANT *est venu*, etc.). *Aucun de* est suivi d'un nom ou pron. plur. désignant des personnes ; il a pour syn. PERSONNE DE.

**audace** [odas] n. f.
[qualité, qqn] *Tu te permets de lui demander un service après tout le mal que tu as dit de lui, eh bien, tu ne manques pas d'audace !*
**S.** *Audace* a pour syn. APLOMB, CULOT (fam.).

# AUDITION

**L. audacieux, euse** adj. Ce geste est plein d'audace → *ce geste est très audacieux.*

**au-delà (de)** [odəla(də)] prép. et adv.
I. [lieu] **au-delà (de qqch [concret])** *En allant vers la frontière italienne, au-delà de Nice, la côte est très jolie.*
II. [degré] **au-delà (de qqch [abstrait])** *Quand vous faites du sport, n'allez pas au-delà de vos forces, vous n'avez plus vingt ans.* ● *Je lui ai donné tout ce qu'elle désirait, et même au-delà, mais ça n'a pas suffi.*

**S. 1.** *Au-delà (de)* [sens I] a pour contr. EN DEÇA (DE) [soutenu]. — **2.** Au sens II, l'adv. a pour syn. DAVANTAGE, PLUS.

**au-dessous (de)** [otsu(də)] prép. et adv.
I. [lieu] **au-dessous (de qqch [concret])** *La*

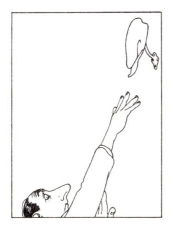

*mode est aux jupes qui vont au-dessous du genou.* ● *En ce moment, notre appartement est très calme, il n'y a personne au-dessous.* ● *Les gens de l'étage au-dessous ont déménagé ; l'appartement est libre.*
II. [degré] **au-dessous (de qqch [abstrait])** *Ce film est interdit aux jeunes au-dessous de dix-huit ans.* ● *Ils ont dit à la radio qu'il faisait cinq degrés au-dessous de zéro, ce matin.*

**S. 1.** *Au-dessous* (sens I) a pour syn. EN DESSOUS et pour contr. AU-DESSUS. *Au-dessous de* a pour équivalent PLUS BAS QUE. L'*étage au-dessous*, c'est l'*étage* INFÉRIEUR. — **2.** En parlant d'un degré (sens II), *un jeune au-dessus de* a pour syn. *un jeune* DE MOINS DE. *Cinq (degrés) au-dessous de zéro* a pour équivalent MOINS CINQ (DEGRÉS).

**au-dessus (de)** [otsy(də)] prép. et adv.
I. [lieu] **au-dessus (de qqch [concret])** *Nous habitons juste au-dessus de la pharmacie.* ● *C'est ici M<sup>me</sup> Georges ? — Non, c'est à l'étage au-dessus.* ● *Quand j'ai fait mon voyage en avion, on a volé au-dessus de la Corse.*
II. [degré] **au-dessus (de qqch [abstrait])** *Les enfants au-dessus de cinq ans paient leur place dans les autobus.* ● *Quelle chaleur ! il fait trente-cinq degrés au-dessus de zéro.*

**S. 1.** *Au-dessus* (sens I) a pour contr. AU-DESSOUS, EN DESSOUS. *Au-dessus de* a pour équivalent PLUS HAUT QUE. L'*étage au-dessus*, c'est l'*étage* SUPÉRIEUR. — **2.** En parlant d'un degré (sens II), *un enfant au-dessus de cinq ans* a pour syn. *un enfant* DE PLUS DE *cinq ans*. *Trente-cinq (degrés) au-dessus de zéro* a pour équivalent PLUS TRENTE-CINQ (DEGRÉS).

**auditeur, trice** [oditœr, tris] n.
[personne, agent] *Maintenant nous allons nous adresser à nos fidèles auditrices : la maison G... vient de mettre sur le marché toute une série de shampoings.*

**S.** Un *auditeur* est plus particulièrement celui qui écoute les émissions de la radio ; pour la télévision, on parle de TÉLÉSPECTATEUR.

**audition** [odisjɔ̃] n. f.
[action, qqn, et résultat] (non-compt., au sing.) *J'ai l'impression que votre enfant entend mal, vous devriez voir un médecin pour vérifier s'il n'a pas de troubles de l'audition.*

**S.** L'*audition* (terme médical ou soutenu) est la capacité d'entendre. OUÏE est le syn. soutenu.

# AUDITOIRE

**L. auditif, ive** (adj.) Il a des troubles de l'audition → *il a des troubles auditifs.*

**auditoire** [oditwar] n. m.
[collectif, personnes] *Il sait raconter et ce soir-là, une fois de plus il a fasciné son auditoire.*
**S.** Un *auditoire* est l'ensemble des personnes qui écoutent, des AUDITEURS.

**augmenter** [ogmãte] v. t. et v. i. (conj. 1)
I. [v. t.] (sujet qqn) **augmenter (la valeur, la**

**quantité de) qqch** *On a augmenté le prix de l'électricité.* • *Augmente un peu le chauffage, il fait froid dans cette pièce.* ◆ **augmenter (le salaire de) qqn** *Voilà plusieurs mois que je n'ai pas été augmenté : mon salaire est toujours le même.*
II. [v. i.] (sujet qqch [valeur, quantité]) *les prix ont augmenté de dix pour cent depuis l'année dernière.* • *Le chômage a augmenté avec la crise.* • *Sa fièvre augmente : on devrait appeler le docteur.*

**S. 1.** *Augmenter*, c'est FAIRE MONTER (sens I) ou MONTER (sens II). *Augmenter les salaires, les prix,* c'est les RELEVER. Les contr. sont BAISSER, DIMINUER. — **2.** *Augmenter* (sens II) a pour syn. PROGRESSER, ÊTRE EN PROGRESSION, et pour contr. DIMINUER, BAISSER, RÉGRESSER, ÊTRE EN RÉGRESSION (soutenu).

**L. augmentation** (n. f.) *Les impôts ont augmenté* → *il y a eu une augmentation des impôts.*

**aujourd'hui** [oʒurdɥi] adv.
[temps, jour] *J'ai beaucoup trop travaillé aujourd'hui, je suis très fatigué.* • *Nous partons aujourd'hui même.* ◆ [temps] *Alors! c'est pour aujourd'hui ou pour demain?* • *Les jeunes sont aujourd'hui très différents de ce que nous étions.*

**S. et G. 1.** *Aujourd'hui* désigne le jour même où se situe l'énoncé du locuteur ; il s'oppose à HIER (le jour d'avant) et à DEMAIN (le jour d'après). Il peut aussi désigner le temps présent ; il est alors syn. de À L'HEURE ACTUELLE, À NOTRE ÉPOQUE, MAINTENANT, À PRÉSENT, ACTUELLEMENT, PRÉSENTEMENT (soutenu), et s'oppose à APRÈS, PLUS TARD, ou à AUPARAVANT, AVANT. — **2.** Quand on passe du discours direct au discours indirect, *aujourd'hui* devient CE JOUR-LÀ ou LE JOUR MÊME (*Pierre a dit : « J'y vais aujourd'hui »* → PIERRE A DIT QU'IL IRAIT CE JOUR-LÀ).

**auparavant** [oparavã] adv.
[temps] *Nous allons dîner chez les Legrand, mais auparavant nous prenons Pierre chez lui pour l'emmener avec nous.* • *Je suis au lycée de Chartres, mais, auparavant, j'étais au Havre.*

**S.** *Auparavant* (soutenu), qui situe l'action avant une autre, a pour syn. courants AVANT, D'ABORD.

**auprès (de)** [oprɛ(də)] prép. et adv.
I. [lieu] **auprès (de qqn, qqch [concret])** *Pendant toute la maladie de sa mère, il est resté auprès d'elle.* • *Vous voyez l'église : eh bien! le café est auprès.*
II. [rapport] **auprès de qqn, qqch (abstrait)** *Toutes mes démarches auprès des autorités ont été vaines ; je n'ai pas obtenu qu'on me rembourse mes impôts!* • *Tu crois qu'il est estimé auprès de ses professeurs?*

**S. et G. 1.** *Auprès (de)* [sens I] indique la proximité ; les syn. plus usuels sont PRÈS (DE), À CÔTÉ (DE). — **2.** *Auprès de* (sens II) indique le recours (= en s'adressant à) ou l'opinion (le syn. est CHEZ).

**auquel** → LEQUEL.

**au revoir!** [orəvwar] interj.
[salut] *Au revoir, à bientôt, j'espère.* • *Je m'en vais : au revoir!* • *Il est déjà parti? Je ne lui ai même pas dit au revoir.*

**S.** *Au revoir* est un terme de politesse adressé quand on quitte qqn qu'on pense revoir bien-

*Il m'a longuement auscultée et il a dit que je n'avais rien de grave.*

**S.** Un médecin *ausculte* (techn.) un patient quand il écoute les bruits de son cœur, de son souffle, qu'il tâte son ventre, etc., pour faire un premier examen, établir un diagnostic. EXAMINER est un syn. courant.
**L.** *auscultation* (n. f.) Dès que je l'ai eu ausculté, j'ai compris ce qu'il avait → *dès l'auscultation, j'ai compris ce qu'il avait.*

**aussi** [osi] adv.
I. [quantité et comparaison] **aussi** + **adj.** ou

tôt. À BIENTÔT ! et SALUT ! sont des syn. fam. BONSOIR ! est un syn. de *au revoir* quand on quitte qqn le soir et ADIEU ! quand on le quitte pour un temps assez long ou définitivement.

**ausculter** [oskylte] v. t. (conj. 1)
(sujet un médecin) **ausculter qqn** *Alors qu'est-ce qu'il t'a fait le médecin ? — Oh !*

**adv.** (+ **que** + **ind.**) *Tu ne viens pas me voir aussi souvent que je voudrais.* • *Paul a accepté notre projet, il n'est pas aussi exigeant que je croyais.*
II. [quantité] **aussi** + **adj.** *Je ne te croyais pas aussi bête ! Mais, enfin, fais ce que tu veux.*
III. [manière] **n.** ou **pron.** + **aussi** *Ah ! vous connaissez Jacques ? Nous aussi !* • *Mon frère aussi aime faire du bateau.*

**S. 1.** *Aussi... que* (sens I) indique une quantité égale ; c'est une construction équivalente à AUTANT (QUE, DE) qui s'emploie devant un nom (... *aussi souvent* → AUTANT DE FOIS) ou avec un verbe (... AUTANT QUE JE LE VOUDRAIS). — **2.** *Aussi* (sens II) a pour syn. TELLEMENT et SI. — **3.** *Aussi* (sens III) a pour syn. ÉGALEMENT, PAREILLEMENT (soutenu), DE MÊME (soutenu). Dans une phrase

# AUSSITÔT

négative, on emploie NON PLUS (*J'ai soif, moi aussi* → JE N'AI PAS SOIF, MOI NON PLUS).

**aussitôt** [osito] adv., **aussitôt que** conj.
I. [adv.] (temps) [*Un vendeur*] : «*Si vous voulez attendre cinq minutes, je suis à vous aussitôt*». • *Il est arrivé aussitôt après votre coup de téléphone.*
II. [conj. et adv.] (temps) **aussitôt que** + **ind.**, **aussitôt** + **part. passé** *Aussitôt qu'on a su qu'il allait venir, ça a été une joie générale.* • *Aussitôt descendu du train, je me suis directement rendu à l'hôtel.*
**S. 1.** *Aussitôt* (sens I) indique que l'action va avoir lieu immédiatement (futur très proche) ; les syn. sont IMMÉDIATEMENT, TOUT DE SUITE, À L'INSTANT. — **2.** *Aussitôt que* (sens II) a pour syn. DÈS QUE, DÈS L'INSTANT OÙ ; *aussitôt* suivi d'un participe a pour syn. SITÔT (soutenu).

**autant** [otã] adv.
[quantité et comparaison] **autant** + **v.**, **autant de** + **n. plur.** (compt.) ou **sing.** (non-compt.), **que** (+ **ind.**) *Le cinéma ne t'intéresse pas autant que la télévision ? C'est bizarre.* • *Il ne vous aime pas autant que vous le croyez.* • *Vous n'avez plus faim ? Pourtant j'ai mangé autant que vous et j'ai encore faim.* • *J'ai autant de patience que vous.* • *Je n'avais jamais vu autant de personnes dans une manifestation.* ◆ **autant** + **inf.** *Ce n'est pas bien loin, autant y aller à pied, ça vaut mieux.* ◆ **d'autant plus, moins (que)** *Elle ne vient pas, tu es déçu ? — Oui, d'autant plus que je comptais vraiment sur elle.*
**S. 1.** *Autant* indique une quantité égale ; il a pour syn. soutenu TANT. — **2.** *Autant* avec un verbe ou un nom correspond à AUSSI avec un adj. ou un adv. (*J'ai autant de patience que vous* → JE SUIS AUSSI PATIENT QUE VOUS). — **3.** *Autant* + **inf.** a pour équivalent IL EST AUSSI AVANTAGEUX DE. *D'autant plus, moins* indique la cause principale.

**auteur** [otœr] n. m.
I. [personne, agent] **l'auteur d'une action** *L'auteur de l'accident a pris la fuite.* • *Qui est l'auteur de cette plaisanterie stupide ?*
II. [personne, fonction sociale] *En ce moment, en classe, on étudie les grands auteurs du XIX$^e$ siècle.* • *Molière est un auteur comique.*
**S. 1.** *L'auteur d'une action* (sens I) est celui (celle) qui l'a causée, provoquée, qui en est responsable. S'il s'agit d'une action néfaste, le syn. est COUPABLE : c'est ainsi que l'*auteur* d'un crime est un CRIMINEL, l'*auteur* d'un vol un

VOLEUR, etc. — **2.** Au sens II, et employé sans compl., il s'agit de l'*auteur* d'un texte littéraire ; le syn. est alors ÉCRIVAIN.

**authentique** [otãtik] adj. (après le n.)
I. (se dit de qqch [objet]) *Le tableau a été vendu comme authentique, mais maintenant on ne croit pas qu'il soit de Poussin.*
II. (se dit de qqch [sentiment, pensée]) *J'ai beaucoup aimé ce film ; il y avait quelque chose d'authentique dans l'émotion de l'actrice.*
**S. 1.** Est *authentique* (sens I) un objet d'art, un ouvrage dont l'origine n'est pas contestable, le contr. est APOCRYPHE (soutenu) ou FAUX (langue courante). — **2.** Au sens II, *authentique* est un syn. soutenu de SINCÈRE, VRAI, NATUREL (moins fort).
**L. authenticité** (n. f.) [sens I] *Je ne doute pas que ce tableau soit authentique* → *je ne doute pas de l'authenticité de ce tableau.* ◆ [sens II] *Son émotion était authentique, ça m'a frappé* → *j'ai été frappé par l'authenticité de son émotion.*

**auto** → AUTOMOBILE.

**autobus** [otobys] ou **bus** [bys] n. m.
[moyen de transport] *Je prends l'autobus tous les matins pour venir travailler ; pour moi, c'est plus rapide que le métro.* • *Tu n'aurais pas un ticket de bus à me prêter ?*
**S.** L'*autobus* ou le *bus* (fam.) est un moyen de transport collectif urbain, tandis que l'AUTOCAR (abrégé en CAR) est utilisé pour les transports en dehors de la ville. On parle de LIGNES d'*autobus* pour indiquer les parcours suivis par les *autobus* et d'ARRÊTS ou de STATIONS pour indiquer les endroits où les voyageurs peuvent monter ou descendre.

**autocar** [otokar] ou **car** [kar] n. m.
[moyen de transport] *Pour aller dans ce village, il faut descendre du train à Amiens et prendre le car.* • *Qu'est-ce que j'ai été malade dans le car, sur ces routes de montagne!*

**S.** *Autocar* appartient à la langue écrite ; l'abrév. *car* est plus usuelle. Le *car*, moyen de transport collectif, assure des transports interurbains et souvent sur grande distance, par oppos. à l'AUTOBUS (ou BUS) qui s'emploie surtout pour les transports urbains.

**automatique** [otomatik] adj. (après le n.)
I. (se dit d'un appareil) *Mon père a acheté une voiture à changement de vitesse automatique.* • *Cette région n'a pas encore le téléphone automatique.*
II. (se dit de qqch [événement]) *Si Pierre continue à conduire aussi vite, il aura un accident, c'est automatique.*

**G.** Cet adj. n'a ni comparatif ni superlatif.
**S. 1.** Ce qui est *automatique* se fait sans intervention manuelle directe. Le *téléphone automatique* est souvent abrégé en L'AUTOMATIQUE (n. m.). — **2.** *C'est automatique* a pour syn. courants SÛREMENT, CERTAINEMENT, C'EST SÛR (fam.), C'EST INÉVITABLE.
**L. automatiquement** (adv.) *Ainsi il aura un accident, c'est automatique* → *ainsi, il aura automatiquement un accident.*

**automne** [otɔn] n. m.
[saison] *Mais oui, après l'été, c'est l'automne : on est toujours un peu triste de rentrer.* • *À l'automne, vers le 15 octobre, nous mettrons le chauffage en marche.* • *En automne, les arbres commencent à perdre leurs feuilles.*

**S.** L'*automne* est une saison qui commence le 22 ou le 23 septembre et dure jusqu'au 22 décembre.

**automobile** [otomɔbil] ou **auto** [oto] n. f.
[moyen de transport] *L'industrie française de l'automobile a eu quelques problèmes l'année dernière.* • *Tu viens avec moi au Salon de l'auto, je voudrais m'acheter une nouvelle voiture.*

**G.** et **S.** *Automobile* et son abrév. *auto* sont d'emploi restreint, le premier étant de la langue technique *(l'industrie de l'automobile)*, le second étant supplanté par son syn. VOITURE ; BAGNOLE est fam.
**L. automobiliste,** v. ce mot.

**automobiliste** [otomɔbilist] n.
[personne, agent] *La radio avertit les automobilistes qu'il y a actuellement un embou-*

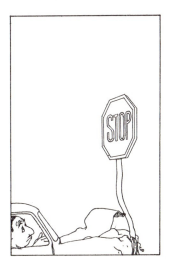

*teillage important à la sortie de l'autoroute du sud.* • *Beaucoup d'automobilistes ne respectent pas la limitation de vitesse en traversant le village.*

**S.** Un *automobiliste* est le CONDUCTEUR d'une voiture de tourisme (par oppos. au ROUTIER ou au CAMIONNEUR, qui conduisent un camion). L'*automobiliste* s'oppose, d'autre part, au PIÉ-

TON, au CYCLISTE ou au MOTOCYCLISTE qui se déplacent à pied, à vélo ou à moto.

**autonome** [otonom] adj. (après le n.)
(se dit de qqch [organisme, institution]) *Y aura-t-il des régions autonomes, indépendantes jusqu'à un certain point du pouvoir central?*

**S.** Être *autonome*, c'est s'administrer librement, être relativement indépendant d'un pouvoir central.
**L. autonomie** (n. f.) *Ce pays est devenu autonome économiquement → ce pays a acquis son autonomie économique.*

**autoriser** [otorize] v. t. (conj. 1)
(sujet qqn) **autoriser qqn à + inf.** *Le propriétaire nous a autorisés à faire du camping sur son terrain.* ◆ **autoriser qqch (à qqn)** *Maintenant que la fièvre est tombée, le médecin nous autorise la viande.* • *La manifestation n'a pas été autorisée; il va y avoir des bagarres.*

**S.** *Autoriser* a pour syn. PERMETTRE, DONNER L'AUTORISATION À qqn DE + inf.; ses contr. usuels sont INTERDIRE, DÉFENDRE.
**L. autorisation** (n. f.) *Il m'a autorisé à sortir → il m'a donné l'autorisation de sortir.*

**autoritaire** [otoritɛr] adj. (après le n.)
(se dit de qqn) *Georges décide tout par lui-même. — Tu veux dire qu'il ne supporte pas qu'on le contredise; il est trop autoritaire par moments.* ◆ (se dit de qqch [pouvoir,

régime]) *Les régimes autoritaires sont les plus nombreux, la démocratie est de plus en plus rare. — C'est toi qui le dis.*

**S.** Être *autoritaire*, c'est imposer son AUTORITÉ sans tolérer qu'on s'oppose ou qu'on contredise. Un *régime autoritaire* implique que l'autorité s'exerce sans le contrôle d'un parlement; TOTALITAIRE est un syn. péjor.
**L. autoritarisme** (n. m.) *Il est autoritaire et je n'aime pas ça → je n'aime pas son autoritarisme.*

**autoroute** [otorut] n. f.
[lieu, passage] *Dimanche soir, il y avait tellement de voitures sur l'autoroute qu'on ne pouvait plus avancer!* • *Tu prends l'autoroute? — Non, je préfère les petites routes; c'est moins dangereux.*

**S.** L'*autoroute* est une voie de communication qui se distingue de la ROUTE par le fait qu'elle comprend deux voies séparées qui ne sont pas interrompues par des croisements à niveau.

**auto-stop** [otostɔp] ou **stop** [stɔp] n. m.
[action, qqn] (non-compt., au sing.) *Tu prends le train pour aller à Nice? — Non,*

*je vais faire du stop.* • *Jacques a voyagé dans le monde entier en auto-stop.*

**S.** Faire de l'*auto-stop*, c'est arrêter une voiture pour se faire transporter gratuitement d'un lieu à un autre.

# AUTRICHIEN

**L. auto-stoppeur, euse** (n.) *Pierre a pris quelqu'un qui faisait de l'auto-stop* → *Pierre a pris un auto-stoppeur.*

**autour (de)** [otur(də)] prép. et adv.
I. [lieu] **autour (de qqch, qqn)** *La Terre tourne autour du Soleil en vingt-quatre heures.* • *Nous sommes allés ramasser des champignons dans les forêts qui sont autour du village.* • *Comme le paquet est gros, je mets de la ficelle autour.*
II. [quantité] **autour de + n. (âge, argent, nombre)** *Je ne sais pas exactement son âge, il doit avoir autour de quarante ans.*

**G.** Le mot, au sens I, peut être renforcé par TOUT *(Il y a un jardin* TOUT AUTOUR DE *la maison).*

**S. 1.** *Autour* (sens I) indique l'espace environnant un lieu ou le voisinage (le syn. est alors AUX ALENTOURS). — **2.** *Autour de* (sens II) a pour syn. À PEU PRÈS, ENVIRON, DANS LES, À PEU DE CHOSE PRÈS (soutenu), et pour contr. EXACTEMENT, PRÉCISÉMENT.

**autre** [otr] adj. et pron. indéf.
I. [adj.] (différence) *Donne-moi un autre stylo, celui-là ne marche pas.* • *Nous nous verrons un autre jour; aujourd'hui, c'est vraiment impossible.* • *J'ai perdu mes clefs. — Essaie d'entrer par la fenêtre, je ne vois pas d'autre moyen.* ◆ (sans nom) *Cette pomme n'est pas mûre, prends-en une autre.* • *Ton histoire est très drôle. — J'en connais beaucoup d'autres, je te les raconterai.* • *Je ne prendrai que des fruits, je ne veux rien d'autre.* • *Tout le monde est là? Personne d'autre ne doit venir?* • *Quelqu'un d'autre a-t-il téléphoné? — Non, il n'y a eu que Jacques.* ◆ **l'autre jour** *L'autre jour, j'étais à la pharmacie et devine qui j'ai vu?*
II. [pron.] **les autres** *Ne t'occupe pas de ce que disent les autres, fais ce que tu penses être bien.* • *Raconte ça à d'autres, pas à moi, je ne te crois pas.*

**S. 1.** *Autre* indique qu'un être, un objet est différent, distinct de celui dont il s'agit dans le contexte. Il s'oppose à MÊME. *L'autre jour* désigne un jour passé indéterminé et ne s'emploie qu'avec une phrase au passé. — **2.** *Les autres* peut avoir pour syn. LES GENS, dans un contexte non précisé, ou D'AUTRES PERSONNES, dans un contexte précisé.

**autrefois** [otrəfwa] adv.
[temps] *Tu te souviens de Pierre Blanc? — Oui, je l'ai connu autrefois, mais ça fait très longtemps et je ne le reconnaîtrais plus.* • *Autrefois, ici, il y avait des jardins, maintenant il y a un grand immeuble.*

**S.** *Autrefois,* qui indique un passé lointain, a pour syn. JADIS (litt.), DANS LE TEMPS, DANS LE PASSÉ, IL Y A LONGTEMPS, et s'oppose à MAINTENANT, AUJOURD'HUI, À PRÉSENT (soutenu).

**autrement** [otrəmã] adv.
I. [manière] *Tu ne pourrais pas t'habiller autrement? Cette robe ne te va pas du tout.* • *On m'a déjà raconté cette histoire, mais tout à fait autrement.* • *J'aimerais aller en Amérique, mais autrement qu'en avion.* ◆ **autrement dit** *Catherine a téléphoné: elle ne peut pas venir au cinéma avec nous ce soir. — Autrement dit, elle n'a aucune envie de voir ce film, je la connais.*
II. [opposition] *Demande à Jacques de t'accompagner, autrement je ne te laisserai pas sortir.* • *Il pleut; autrement on serait sortis.*

**S. 1.** *Autrement* (sens I) correspond à l'adj. AUTRE ; il a pour syn. D'UNE AUTRE MANIÈRE, D'UNE AUTRE FAÇON, DIFFÉREMMENT (soutenu). Il peut être suivi d'une subordonnée comparative introduite par *que* + ind. *Autrement dit,* qui introduit une paraphrase explicative, a pour équivalents EN D'AUTRES TERMES, C'EST-À-DIRE QUE. — **2.** *Autrement* (sens II) a pour syn. SINON, SANS QUOI, DANS LE CAS CONTRAIRE (soutenu), et a pour contr. AINSI.

**autrichien, enne** [otriʃjɛ̃, ɛn] adj. (après le n.) et n.
[adj.] (se dit de qqch) *Nous n'avons pas beaucoup de produits autrichiens sur le marché français.* ◆ [n. et adj.] (personne) *Nous emmenons une jeune Autrichienne en vacances avec nous, comme ça notre fille parlera allemand.* • *Elle est allemande? — Non, elle est autrichienne.*

**G.** L'adj. ne se met ni au comparatif ni au superlatif.

**S.** L'adj. ethnique *autrichien* correspond au n. f. AUTRICHE. Les *Autrichiens* (notez la majuscule) sont ceux qui ont la nationalité *autrichienne*. L'allemand est la langue parlée en Autriche.

**aux** → LE 1 ; **auxquels** → LEQUEL.

**avaler** [avale] v. t. (conj. **1**)
(sujet qqn) **avaler un liquide, un aliment** *Pierre avait tellement soif qu'il a avalé deux grands verres d'eau l'un après l'autre !* • *Qu'est-ce que j'ai faim ! Je n'ai rien avalé depuis hier soir.* ◆ (sans compl.) *Pourquoi*

*est-ce que tu tousses ? — J'ai avalé de travers.*

**S.** *Avaler* a pour syn. PRENDRE ou ABSORBER (soutenu). Il peut s'agir de MANGER ou de BOIRE. Une GORGÉE est la quantité de liquide qu'on *avale* en une fois, une BOUCHÉE la quantité de nourriture.

**avance** [avɑ̃s] n. f.
I. [temps de l'action] (non-compt., au sing.) *Depêchons-nous, le train a peut-être de l'avance.* • *Regardez, mon cheval est en tête, il a au moins cinquante mètres d'avance sur les autres !* • *Pourquoi est-ce qu'elle travaille même le dimanche ? — Elle a tellement peur d'être en retard qu'elle préfère prendre de l'avance.* • *Essaie pour une fois d'arriver en avance, ça étonnera tout le monde.* • *Stéphane savait lire à cinq ans, il était en avance pour son âge.* ◆ **d'avance, à l'avance** *Je savais d'avance ce qu'il allait dire, je l'avais prévu.* • *Mon dentiste donne des rendez-vous longtemps à l'avance.*
II. [argent, valeur] (compt.) *Je n'ai plus d'argent pour finir le mois. — Eh bien, va demander une avance à ton patron.*
III. [action, qqn] (non-compt., au plur.) *J'ai l'impression que Pierre te fait des avances en ce moment, ce n'est pas vrai ?*

**S. 1.** Au sens I, *avance* a pour contr. RETARD, sauf dans les expressions *d'avance*, *à l'avance* (anticipation). Avec un compl. de temps, les expressions *avoir cinq minutes d'avance* et *être en avance de cinq minutes* sont équivalentes. — **2.** Au sens II, une *avance* est un prêt accordé sur une somme globale qu'on doit pour plus tard. — **3.** Au sens III, *faire des avances à* qqn, c'est tenter de nouer ou de renouer de bonnes relations avec lui.

**avancé, e** [avɑ̃se] adj. (après le n.)
I. (se dit de qqch [temps]) *Je crois qu'il faut remettre le travail à demain, la journée est très avancée, il est déjà 5 heures.* • *La réception s'est terminée à une heure avancée de la nuit : il était 3 heures du matin !*
II. (se dit de l'attitude de qqn) *Il a toujours eu des idées très avancées, mais ça n'a jamais été plus loin que des discours.* ◆ (se

dit d'un enfant) *Pierre est très avancé pour son âge, tu sais.* — *On dit toujours ça de son fils.*
**S. 1.** Au sens I, la *journée est avancée* quand elle est près de se terminer ; une *heure avancée* est une heure TARDIVE. — **2.** Au sens II, *avancé* a pour syn. PROGRESSISTE quand il s'agit de qqn, PRÉCOCE quand il s'agit d'un enfant EN AVANCE sur ceux de son âge.

**avancer** [avɑ̃se] v. i. et v. t. (conj. 3)
I. [v. i.] (sujet qqn, un véhicule) *Qu'est-ce que tu avances lentement! On n'arrivera jamais si tu ne vas pas plus vite.* • *Regarde*

*ce fou qui avance vers nous à toute vitesse.*
◆ (sujet qqn, une action) *Alors, vous avancez dans votre travail ?* — *Non, ça n'avance pas du tout, j'en suis toujours au début.*
II. [v. t.] (sujet qqch, qqn) **avancer qqn** *Je vais vous aider, cela vous avancera un peu, vous aurez plus vite fini.* • *Je me suis bien avancé : j'ai fait tout mon travail de la semaine prochaine.* ◆ **avancer qqn (à qqch)** *C'est inutile de faire tout ça, ça ne t'avancera à rien.* ◆ (sujet qqn) **être bien avancé** *Tu as fait tout ça pour rien, tu es bien avancé!*
III. [v. t.] (sujet qqn) **avancer un moment, une action** *Je suis obligé d'avancer la date de notre rendez-vous ; au lieu de mardi,* nous nous verrons lundi. • *Il fait beau : avance donc tes vacances, au lieu d'attendre qu'il fasse mauvais!* ◆ [v. i.] (sujet qqn, une montre, un réveil, etc.) *Quelle heure est-il ?* — *J'ai 20 heures, mais j'avance un peu, il doit être 19 h 45.* — *Alors, votre montre avance d'un quart d'heure.*

**S. 1.** Au sens I, *avancer* a pour syn. ALLER, MARCHER, ROULER, selon que le sujet est une personne ou un véhicule, et pour contr. S'ARRÊTER et RECULER. En parlant de qqn, d'un travail, d'une action, il a pour syn. soutenu PROGRESSER. — **2.** *Avancer* qqn (sens II) a pour équivalent DONNER DE L'AVANCE, FAIRE GAGNER DU TEMPS À qqn. *Avancer* qqn (à qqch) a pour syn. SERVIR À qqn. *Être bien avancé*, c'est s'être donné bien du mal pour rien. — **3.** *Avancer* (sens III) a pour contr. RETARDER, et REPORTER, DIFFÉRER (soutenu) pour le v. t.
**L.** **avance,** v. ce mot.

**avant** [avɑ̃] prép., adv. et n. m., **avant que** conj.
I. [temps] **avant (qqch, qqn), avant de** + inf., **avant que** + subj. *Pour être en forme, reposez-vous avant l'examen.* • *Ne parle pas trop et réfléchis toujours avant.* • *Avant, il fallait plusieurs jours pour aller de Paris à New York, maintenant, il suffit de quelques heures.* • *Mets ton manteau avant de sortir, il fait froid dehors.* • *Rentrons vite avant qu'il pleuve.* ◆ (compl. de n. [lieu, temps]) *Non, ce n'est pas lundi dernier qu'on s'est vu, c'est le lundi d'avant.*
II. [lieu] **avant (qqch [concret])** *Continuez tout droit ; le bureau de tabac est juste avant la gare.*
III. [n. m.] (localisation) [non-compt., au sing.] *Il s'est tellement penché en avant qu'il est tombé par la fenêtre ?* • *S'il reste à l'avant, c'est qu'il veut éviter d'être surpris par l'attaque d'un concurrent.* ◆ [partie d'un véhicule] *On a eu un accident, et l'avant de la voiture a été abîmé.* ◆ [adj. inv., après le n.] *Le pneu avant de ton vélo est usé.*
IV. [rang] **avant (qqch [abstrait])** *C'est un égoïste qui fait toujours passer son intérêt avant celui des autres.* • *Pour l'examen, il faut avant tout que tu restes calme.*

**G.** Avec *avant que,* on emploie en langue soutenue un NE explétif placé avant le verbe ou l'auxil. (*avant qu'il ne pleuve*), et supprimé en langue courante.
**S. 1.** Au sens I, *avant* a pour contr. APRÈS. Comme adv., il a pour syn. soutenu AUPARAVANT. Comme compl. de n., il a pour syn. PRÉCÉDENT. — **2.** Au sens II, *avant* a pour contr. APRÈS. — **3.** Au sens III, le contr. de *en avant* est EN ARRIÈRE. *À l'avant* a pour syn.

## AVANTAGE

DEVANT. Le contr. de *avant* (n. m.) est ARRIÈRE ou DERRIÈRE. L'adj. a pour contr. ARRIÈRE. — **4.** Au sens IV, *avant tout* a pour syn. moins fort D'ABORD ou EN PREMIER LIEU, EN PRIORITÉ (soutenu).

**avantage** [avɑ̃taʒ] n. m.
[qualité, qqch, qqn] *L'avantage de cette voiture, c'est qu'elle est facile à garer.* ● *Pour obtenir ce poste en Angleterre, Pierre a un avantage sur toi, car, lui, il parle très bien l'anglais.* ● *Partir par le train présente plusieurs avantages : tu vas aussi vite qu'en voiture et tu ne te fatigues pas!* ● *Cette solution n'est pas idéale, mais elle a au moins l'avantage d'être économique.*

**S.** Un *avantage*, c'est ce qui donne à qqn, à qqch une supériorité sur qqn, qqch d'autre ou ce qui apporte un profit, un plaisir. Les syn. sont BÉNÉFICE, SUPÉRIORITÉ, ATOUT ; les contr. sont INCONVÉNIENT, DÉFAUT, DÉSAVANTAGE.
**L.** avantager, avantageux, désavantage, v. ces mots.

**avantager** [avɑ̃taʒe] v. t. (conj. **4**)
(sujet qqch, qqn) **avantager qqn** *Si tu crois*

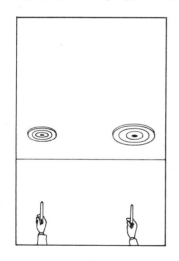

*que de copier sur ton voisin va t'avantager, tu te trompes : il est plus mauvais que toi.*
**S.** *Avantager* qqn, c'est lui donner un AVANTAGE ; le syn. est FAVORISER.
**L. désavantager** (v. t.) *Le partage ne l'a pas avantagé* → *le partage l'a désavantagé.* ◆ **désavantagé (être)**, v. ce mot.

**avantageux, euse** [avɑ̃taʒø, øz] adj. (après le n.)
(se dit de qqch) *Je préfère acheter des fruits au marché, c'est plus avantageux.* ● *Tu dois accepter cette situation ; elle est très avantageuse pour toi, tu ne retrouveras pas une pareille occasion.*

**S.** Est *avantageux* ce qui apporte un AVANTAGE, un profit matériel ou moral ; les syn. sont PROFITABLE, INTÉRESSANT (plus faible).
**L.** **avantageusement** (adv.) *Il a profité de l'occasion d'une manière avantageuse* → *il a avantageusement profité de l'occasion.* ◆ **désavantageux, euse** (adj.) *Ce marché n'est pas avantageux* → *ce marché est désavantageux.*

**avant-dernier** → DERNIER L ; **avant-hier** → HIER L ; **avant-veille** → VEILLE (LA) L.

**avare** [avar] adj. (après le n.) et n.
I. [adj.] (se dit de qqn) *Jamais il ne prête d'argent, ni ne paie pour les autres, il est bien trop avare !* ◆ [n.] (personne) *Quelle est cette comédie où cet acteur célèbre joue le rôle d'un vieil avare ?*
II. [adj.] **avare de qqch** *Eh bien, dans sa critique, le journaliste n'a pas été avare de compliments, il a dit beaucoup de bien de ce film.*

**S. 1.** Est *avare* celui qui accumule beaucoup d'argent et ne veut pas le dépenser. Il a pour contr. GÉNÉREUX et pour syn. PINGRE (fam.), PRÈS DE SES SOUS (fam.). — **2.** *Ne pas être avare de* qqch, c'est donner beaucoup de qqch.
**L. avarice** (n. f.) [sens I] *Je ne supporte pas qu'on soit avare* → *je ne supporte pas l'avarice.*

**avarié, e** [avarje] adj. (après le n.)
(se dit d'un produit, d'un aliment) *Une dizaine d'enfants ont dû être transportés à l'hôpital ; on aurait servi de la viande avariée à la cantine.*

**G.** Cet adj. n'a ni comparatif ni superlatif.
**S.** Sont *avariés* des fruits, des légumes, de la viande, etc., qui sont GÂTÉS, POURRIS ; le syn. courant est ABÎMÉ (moins fort).

**avec** [avɛk] prép.
I. [addition, accompagnement] **avec qqn, qqch** *Jacques est avec Pierre, dans le salon.* ● *Paul s'est marié avec Françoise.* ● *Nous aurions été douze, mais avec Jacques, ça fera treize.* ● *Avec ça, que prendrez-vous ?* ● *Tu dois choisir : tu es avec nous ou contre nous.*
II. [moyen, manière] **avec qqch (concret** ou **abstrait)** *Mange avec ta fourchette, pas avec tes doigts !* ● *Paul a regardé le film avec*

beaucoup d'intérêt. • Avec un peu plus de chance, j'aurais gagné.

**S.** *Avec* a différents sens, et donc divers syn. et contr. Accompagnement et union : *Il est avec Jacques* (syn. EN COMPAGNIE DE) ; addition :

*Avec ça, que prendrez-vous ?* (syn. EN PLUS DE ; contr. SANS) ; moyen : *Il mange avec une fourchette* (syn. AU MOYEN DE ; contr. SANS) ; manière : *Il parle avec calme* (syn. CALMEMENT ; contr. SANS) ; etc.

**avenir** [avnir] n. m.
I. [temps, qqch] (non-compt., au sing.) *Tu es encore jeune, tu as l'avenir devant toi.* • *Ne pense pas à l'avenir, occupe-toi de ce que tu dois faire aujourd'hui.* • *Tu t'es trompé, mais, à l'avenir, tu sauras comment faire.*
II. [temps, qqn] (compt., surtout au sing.) **avenir (de qqn)** *C'est quand on est jeune qu'on prépare son avenir.* • *Pierre n'a aucun avenir dans cette maison, il ferait mieux de chercher un emploi ailleurs. — Pourtant on lui avait prédit un brillant avenir.*

**S. 1.** L'*avenir* (sens I) a pour syn. LE FUTUR et s'oppose au PRÉSENT et au PASSÉ. *À l'avenir* a pour syn. DORÉNAVANT, DÉSORMAIS, À PARTIR DE MAINTENANT. — **2.** L'*avenir* de qqn (sens II), c'est sa situation future et, plus particulièrement, sa carrière professionnelle.

**aventure** [avãtyr] n. f.
[événement, qqn] *Il m'est arrivé une drôle d'aventure ! — Ah oui ? Raconte.* • *On s'est trompé deux fois en venant chez vous !*

*Quelle aventure !* • *Pierre adore les films et les livres d'aventures.*

**S.** Une *aventure* est une suite d'événements imprévus, inattendus, de péripéties ; le terme peut avoir pour syn. HISTOIRE, AFFAIRE. Un *film*, un *livre d'aventures* raconte les exploits d'un héros. Une MÉSAVENTURE est une *aventure* fâcheuse, qui tourne mal.

**aventurer (s')** [avãtyre] v. pr. (conj. 1) (sujet qqn) **s'aventurer qqpart** *Je serais vous, je ne m'aventurerais pas seule sur cette route la nuit.*

**S.** *S'aventurer* (soutenu) a pour syn. SE RISQUER.

**avenue** [avny] n. f.
[lieu, passage] *Paul habite avenue de Choisy ? C'est dans quel arrondissement ?* • *Ce qui est agréable dans cette avenue, c'est qu'il y a des arbres au bord des trottoirs.*

**S.** L'*avenue* est une voie de communication à l'intérieur d'une ville ; le BOULEVARD désigne plus particulièrement de larges *avenues*, servant à la circulation autour des villes, ou de grandes artères de circulation qui traversent la ville.

**averse** [avɛrs] n. f.
[phénomène naturel] *Prends ton parapluie, ils ont annoncé des averses pour aujourd'hui à la radio.*

**S.** Une *averse* est une pluie forte et de courte durée.

**aversion** [avɛrsjɔ̃] n. f.
[sentiment] *Il a une réelle aversion pour le travail, il préfère se reposer et ne rien faire.* • *Je ne peux pas m'empêcher d'avoir de l'aversion pour lui : il est trop laid.*

**S.** *Aversion* (soutenu) a pour syn. soutenus RÉPUGNANCE (moins fort), RÉPULSION (plus fort) quand il s'agit de qqch ; ANTIPATHIE (moins fort) est un. quand il s'agit de qqn. HOSTILITÉ est plus fort. Les contr. sont AMOUR (à l'égard de qqch et qqn) et SYMPATHIE (à l'égard de qqn).

**averti, e** [avɛrti] adj. (après le n.)
(se dit de qqn ; surtout épithète) *Ne parle pas à tort et à travers devant lui de peinture ; dans ce domaine, c'est un homme averti, mais il n'en dit rien.*

**S.** *Averti*, qui est soutenu, se dit de qqn qui a une expérience approfondie ; les syn. sont AU COURANT (limité à un objet précis), COMPÉTENT (qui indique une connaissance plus complète), EXPÉRIMENTÉ.

# AVERTIR

**avertir** [avertir] v. t. (conj. **15**)
(sujet qqn) **avertir qqn (que** + **ind.** ou **de qqch [abstrait]**) *Dans sa lettre, Pierre nous avertit qu'il ne pourra pas être là dimanche.*

● *Tu m'avertiras assez tôt de ton arrivée pour que j'aie le temps de tout préparer.*
● *Quand tu auras enfin décidé, tu nous avertiras.* ● *Je t'avertis : si tu te mets à dire des bêtises, tu sors d'ici.*

**S. 1.** *Avertir* a pour syn. PRÉVENIR, AVISER (soutenu). FAIRE SAVOIR, ANNONCER qqch à qqn, APPRENDRE qqch à qqn, INFORMER qqn DE qqch sont des syn. qui n'impliquent pas une réaction de celui qui reçoit l'information. — **2.** *Je t'avertis* s'emploie avec une nuance de menace et a pour syn. JE TE PRÉVIENS et l'interj. ATTENTION !
**L. avertissement** (n. m.) *Pierre nous a avertis ; ça nous a évité l'accident* → *l'avertissement de Pierre nous a évité l'accident.*

**aveu** → AVOUER L.

**aveugle** [avœgl] adj. (après le n.) et n.
**I.** [adj.] (se dit de qqn) *Georges est aveugle depuis sa naissance ? — Non, il a perdu la vue dans un accident de voiture.* ◆ [n.] (personne) *Aide cet aveugle à monter dans l'autobus, au lieu de rester là sans rien faire !*
**II.** [adj.] (se dit de qqch [abstrait]) *Elle a une confiance aveugle dans son mari. — Elle a bien tort, je me méfierais à sa place.*

**G.** *Aveugle* (adj.) n'a ni comparatif ni superlatif au sens I.
**S. 1.** Est *aveugle* (sens I) celui qui est atteint

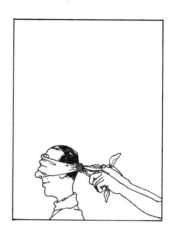

de cécité, qui est privé de la vue. — **2.** Est *aveugle* (sens II) un sentiment (haine, passion, confiance, foi, etc.) qui est si fort, si violent qu'il ne connaît aucune limite, qu'il supprime tout jugement critique ; les syn. sont TOTAL, ABSOLU (confiance, foi).

**aveuglément** [avøglemã] adv.
[manière] *Tu ferais mieux de réfléchir toi-même, au lieu de suivre aveuglément ses conseils, car ils sont très intéressés.*

**S.** Agir *aveuglément*, c'est agir sans réflexion ni jugement.

**aveugler** [avœgle] v. t. (conj. **1**)
I. (sujet une lumière) **aveugler qqn** *Quel fou! ses phares m'ont aveuglé, on a failli avoir un accident!*

II. (sujet qqch [abstrait]) **aveugler qqn** *L'amour t'aveugle, tu ne le vois pas tel qu'il est réellement.*

**S. 1.** *Aveugler* qqn (sens I), c'est lui faire perdre momentanément la vue, l'ÉBLOUIR. — **2.** *Aveugler* qqn (sens II), c'est lui faire perdre la capacité de juger, de voir la réalité. TROUBLER est un syn. moins fort.
**L. aveuglant, e** (adj.) [sens I]. *Cette lampe m'aveugle, écarte-la → cette lampe est aveuglante, écarte-la.* ◆ **aveuglement** (n. m.) [sens II] *Complètement aveuglé par ses sentiments, il aurait fait n'importe quoi → dans son aveuglement il aurait fait n'importe quoi.*

**aviateur** [avjatœr] n. m.
[personne, profession] *Quand il était petit, il rêvait d'être aviateur, que veux-tu, il a toujours été dans les nuages!*

**S.** *Aviateur* a pour syn. PILOTE (D'AVION).

**aviation** [avjasjɔ̃] n. f.
[activité] (non-compt., au sing.) *Il y a un petit terrain d'aviation à côté de notre maison de campagne, tu pourrais y apprendre à piloter des avions.* ◆ [institution] *Paul voudrait entrer dans l'aviation, mais il n'a pas une bonne vue.*

**S.** L'*aviation* est l'ensemble des activités relatives à l'AVION. *Terrain d'aviation* a pour syn. AÉRODROME.

**avion** [avjɔ̃] n. m.
[moyen de transport] *L'avion pour New York arrive à 6 h 30.* ● *Je n'ai jamais pris l'avion, j'ai un peu peur.* ● *Envoie ta lettre par avion, ça ira plus vite.*

**S.** L'*avion* est un mode de transport aérien, le plus souvent collectif.

**avis** [avi] n. m.
[résultat, activité mentale] *On ne m'a pas demandé mon avis, alors je garde pour moi ce que je pense.* ● *On ne sait jamais ce qu'il pense vraiment, il change d'avis sans arrêt.* ● *Je ne suis pas de votre avis et je ne pense pas comme vous.* ◆ **à mon (ton, son, etc.) avis** *À mon avis, nous devrions partir si nous voulons arriver avant la nuit.* ◆ (sujet qqn) **être d'avis de + inf., que + subj.** *Je serais d'avis de leur envoyer une lettre pour annoncer notre arrivée, je pense que c'est le mieux.*

**S.** L'*avis* de qqn, c'est ce qu'il pense. Les syn. sont OPINION et POINT DE VUE. *À mon avis* a pour syn. SELON MOI, DE MON POINT DE VUE, D'APRÈS MOI.

**avisé, e** [avize] adj. (après le n.)
(se dit de qqn) *Demande-lui conseil, c'est un homme avisé qui a de l'expérience.* ● *Crois-tu avoir été bien avisé d'aller lui poser des questions au moment où il était en plein travail?*

**S.** Être *avisé* (soutenu), c'est AGIR AVEC À-PROPOS, ÊTRE RÉFLÉCHI.

**aviser** [avize] v. t. (conj. **1**)
(sujet qqn) **aviser qqn de qqch, de + inf.,**

## AVOCAT

que + ind. *La direction a avisé le personnel que les salaires seront augmentés à partir du 1er avril.* • *J'ai été avisé trop tard de son arrivée : je n'ai pu aller l'attendre à l'aéroport.*

**S.** *Aviser* (souvent au pass.) est le syn. soutenu de AVERTIR; les autres syn. sont INFORMER, PRÉVENIR. *Être avisé de* qqch, c'est APPRENDRE qqch.

**avocat, e** [avɔka, at] n.
[personne, profession] *On l'accuse d'avoir volé, il va prendre un avocat.* • *[Au tribunal]* : *« La parole est maintenant aux avocats. »* • *[Le voleur]* : *« Je ne parlerai qu'en présence de mon avocat. »*

**S.** *L'avocat* exerce une profession libérale ; il a fait des études de droit. Au plur., le mot a pour syn. LA DÉFENSE (*la parole est à* LA DÉFENSE). Au cours d'un procès, les *avocats* plaident (ou font une plaidoirie) en faveur des personnes qu'ils représentent (les accusés), tandis que l'AVOCAT GÉNÉRAL ou le PROCUREUR, qui sont des fonctionnaires et représentent la société, réclament les peines et font un réquisitoire.

**avoine** [avwan] n. f.
[céréale] *Ne donne pas trop d'avoine aux chevaux, il en manquera pour demain.*

**S.** *L'avoine* est une céréale dont les graines servent en particulier à l'alimentation des chevaux.

**avoir** [avwar] auxil. et v. t. (conj. **A**)
I. [auxil. (temps)] (sujet qqn, qqch) **avoir + part. passé** *Tu déjeunes avec moi ? — Non, merci, j'ai déjà mangé.* • *Tu as été content de revoir ta mère ? — Oui, j'avais longtemps attendu ce moment.* • *Tu aurais dû lui dire que j'avais réussi. — Je n'y ai pas pensé !*
II. [auxil. (obligation)] (sujet qqn) **avoir à + inf.** *Sois gentil, laisse-moi tranquille : j'ai un travail à finir.* • *Je ne peux pas sortir tout de suite : j'ai à faire manger les enfants.*
III. [v. t., sans pass.] (sujet qqn) **avoir qqn, qqch (concret)** *Elle a beaucoup d'amis, et elle les invite souvent.* • *Les Durand ont une maison au bord de la mer.* • *Tiens, vous avez de nouvelles lunettes ? — Oui, je viens de les acheter !*
IV. [v. t. opérateur] (sujet qqn) **avoir qqch (abstrait)** *Vous pouvez partir : je n'ai plus besoin de vous.* • *Tu as de la chance, toi, de partir demain en vacances !*

**G.** *Il y a*, v. à son ordre.
**S. 1.** *Avoir à* + inf. (sens II) indique une obligation ou un futur immédiat et a pour syn. DEVOIR + inf., IL FAUT QUE + subj. (*J'ai à partir* → JE DOIS PARTIR, IL FAUT QUE JE PARTE). — **2.** *Avoir* qqn, qqch (sens III) a pour syn. plus soutenu POSSÉDER ; *avoir* qqch (une possession) a pour syn. ÊTRE PROPRIÉTAIRE DE ou est équi-

valent à la tournure inverse ÊTRE À MOI, À TOI, etc. (*J'ai une maison* → CETTE MAISON EST À MOI, EST LA MIENNE). — **3.** *Avoir* (sens IV) constitue avec un nom des loc. équivalant *a)* à un verbe (*avoir mal* → SOUFFRIR), *b)* au verbe ÊTRE accompagné d'un adj. (*avoir faim* → ÊTRE AFFAMÉ, *avoir de la patience* → ÊTRE PATIENT).

**avoisiner** → VOISIN L.

**avouer** [avwe] v. t. (conj. **2**)
I. (sujet qqn) **avouer (qqch [faute, crime]),**

**avouer** (+ **inf.**, **que** + **ind.**) **[à qqn]** *On m'a forcé à avouer au juge un crime que je n'avais pas commis.* • *Alors, il a enfin avoué qu'il avait menti ?*
II. (sujet qqn) **avouer qqch (abstrait), que** + **ind.**, **avouer** + **inf.** (**à qqn**) *Je ne peux pas vous aider, j'avoue que je n'y connais pas grand-chose.* • *Avoue donc ton ignorance au lieu de jouer à celui qui sait tout mais qui ne se souvient pas !*

**S. 1.** *Avouer un crime* (sens I), c'est reconnaître auprès de la police, d'une autorité, de qqn qu'on en est responsable, qu'on est le coupable. Sans compl. *avouer* a pour syn. PASSER AUX AVEUX (fam.). — **2.** Au sens II, les syn. sont RECONNAÎTRE, ADMETTRE, CONFESSER.
**L. aveu** (n. m.) *Est-ce que l'homme a avoué ?* → *est-ce que l'homme a fait des aveux ?* ◆ **inavouable** (adj.) Il a des raisons qu'on ne peut avouer d'agir ainsi → *il a des raisons inavouables d'agir ainsi.*

**avril** [avril] n. m.
[mois] (non-compt., au sing.) *Je suis né le 23 avril 1960.* • *La dernière fois qu'on a été invités chez les Dupont, c'était un 10 avril.* • *Les vacances de Pâques tombent souvent en avril.* • *Le mois d'avril a été très beau cette année.*

**S.** *Avril* est le quatrième mois de l'année ; c'est un mois du printemps.

**baccalauréat** [bakalɔrea] ou **bac** [bak] n. m.
[statut, qqn] *Bernard est très nerveux, il passe le bac demain.* • *Le fait d'avoir le baccalauréat n'est plus, comme avant, une garantie pour l'avenir.*

   **S.** Le *baccalauréat* ou, fam., *bac* est l'examen qui sanctionne la fin des études secondaires et le diplôme correspondant.
   **L. bachelier, ère** (n.). *Il a son bac* → *il est bachelier.*

**bâcler** [bakle] v. t. (conj. **1**)
(sujet qqn) **bâcler qqch (action)** *Pierre bâcle ses devoirs pour pouvoir regarder la télévision ; il faudra qu'il les refasse.*

   **S.** *Bâcler* qqch (fam.), c'est le faire avec hâte, rapidement et sans soin ; le contr. est SOIGNER.

**bagage** [bagaʒ] n. m.
[objet] (compt.) *Où sont vos affaires ? — Je n'ai qu'un petit bagage à main avec moi, mes valises arriveront plus tard.* ◆ [collectif, objets] (non-compt., au plur.) *À la douane, on m'a demandé d'ouvrir mes bagages ; heureusement, je n'avais rien à déclarer.* • *Comment ! on part en vacances demain, et tu n'as pas encore fait les bagages ?*

   **S.** Les *bagages* sont les valises, les malles qu'on emporte avec soi en voyage. Les *bagages à main*, plus légers, sont ceux qu'on conserve avec soi dans le train ou l'avion ; les autres sont enregistrés. *Faire ses bagages* a pour syn. FAIRE SES VALISES.
   **L. porte-bagages** (n. m. inv.) *Il a fait mettre un porte-bagages sur sa bicyclette* (← un dispositif pour poser les bagages).

**bagarre** [bagar] n. f.
[action, qqn, et résultat] *La manifestation s'est mal terminée ; les bagarres se sont succédé toute la soirée.* • *Avec Robert, on ne peut pas discuter, ça se transforme tout de suite en bagarre.* • *Ne t'approche pas de lui, il est ivre, il cherche la bagarre.*

   **S.** La *bagarre*, c'est l'action de SE BATTRE ; le mot a pour syn. moins fort BOUSCULADE ; la DISPUTE indique une LUTTE limitée à un échange d'injures. Une RIXE (soutenu) est une *bagarre* violente entre des individus. Une ÉCHAUFFOURÉE (soutenu) est une *bagarre* importante et confuse entre plusieurs personnes et les forces de l'ordre en général. *Chercher la bagarre*, c'est chercher à se battre.
   **L. bagarrer (se)** [v. pr.] *Il se lance facilement dans la bagarre* → *il se bagarre facilement.*
   ◆ **bagarreur, euse** (adj. et n.). *Pierre se bagarre facilement* → *Pierre est bagarreur.*

**bague** [bag] n. f.
[objet personnel] *Quelle jolie bague tu as au doigt ! Elle est en or ?* • *Elle ne porte plus la bague que je lui ai offerte, je me demande pourquoi.*

   **S.** La *bague* est un bijou orné, en forme d'anneau, qu'on porte au doigt. L'ALLIANCE est une *bague* qu'on porte lorsqu'on est marié.

**baigner (se)** [beɲe] v. pr. (conj. **1**)
(sujet qqn) *Maman, il y a deux heures qu'on a mangé : on peut se baigner quand même ?* • *Il est interdit de se baigner sur cette plage : les courants sont très forts.*

   **S.** Quand il s'agit de *se baigner* dans une BAIGNOIRE, on dit plutôt PRENDRE UN BAIN, qui se

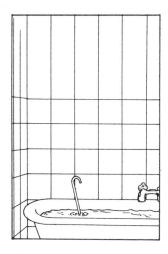

dit aussi pour les bains de mer pris au bord de la plage.
   **L. baignade** (n. f.). *Il est interdit de se baigner ici* → *la baignade est interdite ici.*
   ◆ **bain,** v. ce mot.

**baignoire** [bɛɲwar] n. f.
[appareil] *Fais couler l'eau : quand la baignoire sera pleine, appelle-moi.*

**S.** Une *baignoire* se trouve dans une salle de bains. Munie de robinets et souvent d'une petite douche, elle permet de prendre un BAIN.

**bâiller** [baje] v. i. (conj. **1**)
(sujet qqn) *Mets ta main devant ta bouche quand tu bâilles !*

**S.** On *bâille* quand on ouvre la bouche involontairement, par ennui, fatigue ou faim.
**L. bâillement** (n. m.). *Elle n'a pu se retenir de bâiller d'ennui* → *elle n'a pu retenir un bâillement d'ennui.*

**bain** [bɛ̃] n. m.
[action, qqn, et résultat] *Quand j'ai le temps, je préfère prendre un bain plutôt qu'une douche.* ● [Au bord de la mer] : *« Pas de bain aujourd'hui, l'eau est trop froide. »* ● *Si on va à la piscine, n'oublie pas ta serviette de bain.* ● *Tu as vu la vieille dame sur la plage? Son maillot de bain est plutôt moche!* ◆ [liquide] *Hubert reste une heure dans son bain le matin.*

**S.** Le *bain* (sens I), c'est l'action de SE BAIGNER. *Prendre un bain* a pour syn. SE BAIGNER. Le *bain* est aussi l'eau dans laquelle on se baigne (*préparer un bain*).

**baisser** [bese] v. t. et v. i. (conj. **1**)
I. [v. t.] (sujet qqn) **baisser un objet** *Il est 8 heures du soir : le boucher va baisser son rideau.* ◆ **se baisser** *Baisse-toi un peu, on ne voit rien, tu caches le paysage.*
II. [v. t.] (sujet qqn) **baisser le son, la lumière, les prix** *Si tu baissais un peu la radio : on ne s'entend plus!* ● *La concierge baisse la voix pour nous dire : « Les Dupont vont partir. »* ● *Le gouvernement a demandé aux commerçants de baisser leurs prix!* ◆ [v. i.] (sujet la lumière, les prix, etc.) *On voit qu'on est en hiver : le jour baisse plus vite qu'avant.* ● *Ah! je suis contente : sa fièvre a baissé.* ● *Les prix des légumes ont baissé : on peut en acheter.*

**S. 1.** *Baisser*, c'est METTRE (v. t.) ou ÊTRE (v. i.) PLUS BAS. *Baisser un objet* (sens I) a pour syn. ABAISSER, (FAIRE) DESCENDRE, et pour contr. LEVER, RELEVER, MONTER, REMONTER. *Se baisser*

a pour syn. S'ABAISSER, SE PENCHER, SE COURBER, S'INCLINER, et pour contr. SE LEVER, SE RELEVER. — **2.** Au sens II, *baisser les prix* équivaut à les DIMINUER, *baisser la lumière, le son* à en DIMINUER LA FORCE, L'INTENSITÉ (*il a baissé la voix*). DIMINUER est un syn. et AUGMENTER un contr. de *baisser* (v. i.).
**L. baisse** (n. f.) [sens II] *Ce n'est pas demain qu'on va baisser les prix* → *la baisse des prix n'est pas pour demain.*

**balader (se)** [balade] v. pr. (conj. **1**)
(sujet qqn) *Il fait beau aujourd'hui; on pourrait aller se balader en voiture dans la forêt de Fontainebleau?* — *Tu oublies les encombrements.*

# BALAI

**S.** *Balayer,* c'est essuyer le sol, nettoyer une pièce, enlever la poussière avec un BALAI ; on dit aussi couramment PASSER UN COUP DE BALAI. Le balai est souvent remplacé par un ASPIRATEUR (PASSER L'ASPIRATEUR dans une pièce).
**L. balayage** (n. m.). Commencez à balayer la cour → *commencez le balayage de la cour.*
◆ **balayeur** (n. m.). Celui qui balaie [les rues]

**S.** *Se balader* est le syn. fam. de SE PROMENER. FAIRE UN TOUR est un autre syn.
**L. balade** (n. f.). On s'est baladé à bicyclette → *on a fait une balade à bicyclette.*

**balai** [balɛ] n. m.
[instrument] *Allez, viens m'aider un peu, tu prends le balai et tu balayes la cuisine, on lavera par terre après.*

**S.** Un *balai*, long manche de bois muni à son extrémité d'une brosse, sert à BALAYER, à nettoyer le sol.
**L. balayette** (n. f.) *Prends la pelle et la balayette pour ramasser les miettes* (← un tout petit balai). ◆ **balayer,** v. ce mot.

**balance** [balɑ̃s] n. f.
[appareil] *Allez, monte sur la balance, qu'on voit un peu si tu as perdu du poids !* ● *Dès qu'ils rentrent du marché, ils prennent leur balance et ils pèsent tout ce qu'ils ont acheté pour voir si on ne les a pas volés.*

**S.** La *balance* sert à peser des objets ou des personnes. C'est un appareil de mesure qui indique le poids.

**balayer** [baleje] v. t. (conj. 6)
[sujet qqn] **balayer qqch (poussière, débris, etc.)** *C'est toi qui as cassé le vase ? Balaie vite les morceaux, sinon ta grand-mère se mettra en colère.* ◆ **balayer un lieu** *Tous les soirs, les femmes de ménage balayaient les cent cinquante bureaux de l'entreprise.*

trouve que les voitures sont mal garées → *le balayeur trouve que les voitures sont mal garées.*

**balayette** → BALAI L.

**balcon** [balkɔ̃] n. m.
[partie d'un édifice] *Dans cet immeuble il n'y a des balcons qu'au deuxième et au cinquième étage.* ● *Dès qu'il y a un peu de soleil, elle se met sur son balcon pour se bronzer.*

**S.** Le *balcon* est une petite terrasse bordée d'une balustrade à l'extérieur, et toujours en étage, à laquelle on accède par une porte-fenêtre.

**balle** [bal] n. f.
I. [objet, jeu] (compt.) **balle (de + n.)** *Je suis allé acheter des balles de tennis dans un magasin de sport.* ● *Écoute, passe-moi la balle, je ne l'ai jamais.* ◆ [jeu] (non-compt., au sing.) *Si on jouait à la balle, ça nous réchaufferait ?*
II. [objet, arme] **balle (d'une arme à feu)**

[*Dans le journal*] : «*La police a tiré : l'homme a reçu trois balles dans le dos.*» III [argent, unité] *Tu n'as pas cent balles à me prêter ? J'ai oublié mon portefeuille.*

**S. 1.** La *balle* (sens I) est plus petite que le BALLON. Sa taille et la matière dont elle est faite varient selon le jeu auquel elle est destinée : balle de tennis, de Ping-Pong. Sans compl., il s'agit souvent d'un petit ballon avec lequel on joue. — **2.** Une *balle* (sens II) est un PROJECTILE tiré par une arme à feu. — **3.** *Balle* (sens III) [fam.] a pour syn. courant FRANC (ancien ou nouveau) ou CENTIME (nouveau).

**ballon** [balɔ̃] n. m.
[objet, jeu] (compt.) *D'un coup de pied, le gardien de but a envoyé le ballon au milieu*

*du terrain.* ◆ [jeu] (non-compt., au sing.) *Allez jouer au ballon dans la cour, les enfants : ici, vous allez casser une vitre.*

**S.** Le *ballon* est plus gros que la BALLE. Il est le plus souvent rond (football, basket, volley-ball), mais il peut être ovale (rugby).

**banal, e, als** [banal] adj. (après le n.) (se dit de qqch, de qqn) *Ce roman est terriblement ennuyeux : c'est l'histoire banale d'une femme qui quitte son mari.* ● *C'est une fille tout à fait banale : je me demande ce que Georges lui trouve.*

**S.** Est *banal* ce qui n'a aucune originalité, ce qui est trop connu ; il a pour syn. COMMUN, COURANT (pour qqch et sans idée péjor.), ININTÉRESSANT, FADE, INSIGNIFIANT. Il a pour contr., par ordre d'intensité croissante, INTÉRESSANT, ORIGINAL, REMARQUABLE, EXTRAORDINAIRE.
**L. banalité** (n. f.) *Ce film est très banal* → *ce film est d'une grande banalité.*

**banane** [banan] n. f.
[fruit] *S'il veut maigrir, je ne lui conseille pas de manger des bananes !*

**S.** La *banane* est un fruit jaune quand elle est mûre.
**L. bananier** (n. m.) *Je n'ai jamais vu de bananier* (← arbre qui porte des bananes).

**banc** [bɑ̃] n. m.
[meuble] *J'ai acheté un vieux banc pour mettre dans l'entrée.* ● *Ce qu'il aime le plus ? Aller s'asseoir sur un banc au fond du jardin, avec sa pipe et son journal.*

**S.** Un *banc* est un siège long et étroit avec ou sans dossier, que l'on trouve généralement dans les écoles, dans les lieux publics, dans les rues, les jardins, et parfois dans les maisons.

**bancaire** → BANQUE L.

**bande** [bɑ̃d] n. f.
I. [collectif, animaux] *J'ai mis du pain sur le bord de la fenêtre ; regarde toute cette bande d'oiseaux qui vient !* ◆ [collectif, personnes] *Mais quand donc la police fera-t-elle le nécessaire pour arrêter cette bande de voleurs ?* ◆ (sujet qqn) **faire bande à**

**part** *Pourquoi fais-tu bande à part depuis quelque temps ? — Parce que vous m'ennuyez.* ◆ **bande de** (+ **terme d'injure**) *Bande d'idiots, vous ne pouvez pas vous taire quand je parle !*
II. [objet] *Le docteur va te mettre une bande autour de la jambe, demain tu n'auras plus mal.*

**S. 1.** Une *bande* (sens I) est une réunion de personnes ou d'animaux ; GROUPE est un syn. courant. Une *bande de personnes* (MALFAITEURS, BANDITS) peut être organisée dans un but malhonnête ; en ce cas, le mot est péjor. et a pour syn. GANG. *Faire bande à part*, c'est se mettre à l'écart de personnes qu'on fréquentait auparavant. *Bande de* + terme d'injure est fam. comme son syn. TAS DE. — **2.** *Bande* (sens II) a pour syn. plus précis PANSEMENT, qui implique une plaie, une blessure.

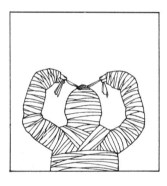

**L. bander** (v. t.) [sens II] *Le docteur va mettre une bande autour de ton genou → le docteur va bander ton genou.* ◆ **bandage** (n. m.) [sens II] *On lui a bandé la tête → on lui a fait un bandage à la tête.*

**bandit** [bãdi] n. m.
[personne, agent] *Elle n'a pas reconnu, parmi les quinze personnes qu'on lui montrait, le bandit qui lui avait pris son sac.* • *Le jeune bandit s'est enfui après avoir attaqué le gardien de l'immeuble.*

**S.** Un *bandit* est qqn qui commet des actes contraires à la loi : les assassins, les tueurs, les voleurs, les cambrioleurs, les pickpockets, les gangsters, les escrocs, les faussaires, les souteneurs, etc., sont des *bandits*. Les syn. sont CRIMINEL (plus soutenu), MALFAITEUR (adm.), FILOU (plus faible), BRIGAND (vieilli ou ironique), HORS-LA-LOI (litt.), TRUAND (fam.). Un *bandit* peut agir isolément (seul ou avec quelques COMPLICES) ou au sein d'une organisation (une BANDE ou un GANG) ; en ce cas, il fait partie d'un groupe social particulier, le MILIEU ou la PÈGRE.
**L. banditisme** (n. m.). *Les actes criminels des bandits deviennent plus fréquents → le banditisme devient plus fréquent.*

**banlieue** [bãljø] n. f.
[partie d'un lieu urbain] (compt., surtout au sing.) *Jean n'habite pas à Paris même, il habite la banlieue.* • *Regarde cette petite annonce : « Maison en banlieue : quatre pièces, grand jardin. » On pourrait aller voir ?*

**S.** La *banlieue* désigne les communes (et leurs habitants) entourant la ville proprement dite, dont elles ne sont distinctes qu'administrativement. La ville et la *banlieue* de Paris forment l'agglomération parisienne.
**L. banlieusard** (n. m.). *Il habite la banlieue → c'est un banlieusard.*

**banque** [bãk] n. f.
[établissement] *Comme profession ? Je crois qu'il est employé de banque.* • *Il faudra que tu passes à la banque prendre un peu d'argent : on n'a plus rien pour faire les achats.*

**S.** Une *banque* est un organisme privé ou public de crédit, où les particuliers peuvent déposer leur argent en ouvrant un compte. Ils peuvent alors payer leurs achats en utilisant un carnet de chèques (bancaires). Une même *banque* a des agences dans différents quartiers ou villes.
**L. bancaire** (adj.). *Les crédits de la banque sont de plus en plus chers → les crédits bancaires sont de plus en plus chers.* ◆ **banquier** (n. m.). *Plus tard, il voudrait posséder ou diriger une banque → plus tard, il voudrait être banquier.*

**bar** [bar] n. m.
I. [lieu, commerce] *Ce n'est pas en traînant dans les bars que tu réussiras tes examens !*
II. [partie d'un lieu de commerce] *C'est un hôtel très confortable avec plusieurs salons, un bar, une piscine.* • [Au restaurant] : *« On prend un verre au bar en attendant qu'une table soit libre ? »*

**S. 1.** *Bar* (sens I) a pour syn. CAFÉ. — **2.** Au sens II, *bar* désigne, dans un lieu de commerce, un local aménagé pour prendre des consommations, pour boire. Dans un café, il a pour syn. COMPTOIR, par oppos. à SALLE ou TERRASSE.

**barbare** [barbar] adj. (après le n.)
(se dit de qqn, de ses actions, etc.) *Quand ces enfants auront-ils fini de faire subir à ce chat ce traitement barbare ? Ce qu'ils peuvent être cruels !* • *Arrête un peu cette musique barbare ! Je ne peux plus travailler.*

**S.** Est *barbare* (soutenu) celui qui n'est pas HUMAIN, qui n'est pas CIVILISÉ, qui se conduit avec sauvagerie ; le syn. est INHUMAIN. Le mot est souvent utilisé par emphase pour désigner ce qui est grossier, sans culture.
**L. barbarie** (n. f.). *Cette répression barbare a indigné le monde* → *la barbarie de la répression a indigné le monde.*

**barbe** [barb] n. f.
[partie du corps] *Depuis quand tu te laisses pousser la barbe ? Ça te va bien.*

**S.** La *barbe* couvre les joues et le bas du visage d'un homme, tandis que la moustache pousse entre le nez et la bouche. Un homme qui ne porte pas la *barbe* est RASÉ ; celui qui

n'a pas encore de *barbe* est IMBERBE (soutenu).
**L. barbu, e** (adj. et n.) *Paul a une barbe* → *Paul est barbu.*

**barque** [bark] n. f.
[moyen de transport] *Et comment va-t-on faire pour aller sur l'île ? — On va y aller en barque.*

**S.** Une *barque* est un petit bateau, une embarcation que l'on fait avancer avec des rames.

**barrage** [baraʒ] n. m.
I. [construction] *Le barrage, mal construit, n'a pas résisté à la force des eaux et il s'est effondré.*
II. [action, qqn, et résultat] *Les bandits ont réussi à éviter les barrages de police et se sont enfuis.*

**S. 1.** Un *barrage* (sens I) est une construction, un édifice qui BARRE un cours d'eau, permettant de retenir les eaux pour les utiliser comme source d'énergie ou pour l'irrigation. — **2.** Un *barrage* (sens II) est un obstacle, sur le passage de qqn.

**barrer** [bare] v. t. (conj. **1**)
I. (sujet qqn, qqch) **barrer qqch (route,**

**passage, etc.)** *Des policiers barraient les rues qui mènent à l'Élysée.*
II. (sujet qqn) **barrer qqch (d'écrit)** *Non, n'effacez pas, barrez plutôt ce que vous avez écrit et indiquez au-dessus la réponse exacte.*

**S. 1.** *Barrer une route, un passage* (sens I), c'est les FERMER, les BOUCHER, les COUPER, les OBSTRUER (soutenu) selon les moyens mis en

œuvre pour empêcher de passer. — **2.** *Barrer ce qui est écrit* (sens II) a pour syn. RATURER, RAYER.
**L. barrage,** v. ce mot.

**barricader (se)** [baʀikade] v. pr. (conj. 1), **être barricadé** v. pass.
(sujet qqn) *Il s'était barricadé dans son*

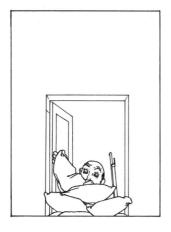

*appartement avec sa femme et ses enfants qu'il menaçait de tuer.*

**S.** *Se barricader* a pour syn. moins fort S'ENFERMER et suppose qu'on veuille se défendre d'une agression ou s'isoler.

**barrière** [baʀjɛʀ] n. f.
I. [objet] *Le jardin était fermé sur la rue par une barrière de bois peinte en vert.*
II. [objet abstrait] *Depuis cette histoire, nous ne nous comprenons plus ; il y a entre nous une barrière infranchissable.*

**S. 1.** Une *barrière* (sens I) est un assemblage de pièces de bois, de métal, qui permet de fermer un passage, d'interdire un accès ; le syn. soutenu est CLÔTURE. — **2.** Une *barrière* (sens II) entre deux personnes, c'est ce qui les sépare, ce qui fait obstacle à leurs relations ; le syn. est MUR.

**1. bas, basse** [bɑ, bɑs] adj. (après le n.), **bas** adv. et n. m.
I. [adj.] (se dit de qqch) *Ne t'assois pas sur cette petite chaise basse ; tu ne verras rien.* ● *Il fait encore froid, mais la température d'aujourd'hui est moins basse que celle d'hier.* ● *Sur cette plage, quand la mer est basse, il faut faire trois kilomètres à pied*

*pour pouvoir se baigner.* ● *Elle a demandé à voix basse où se trouvaient les toilettes.*
II. [adv.] (manière) *L'avion vole de plus en plus bas : il va arriver un accident.* ● *[En montagne]* : « *Regarde plus bas, on aperçoit au loin un petit village.* » ● *Parlez bas, il y a un malade à côté.*
III. (n. m.) [localisation] **le bas de qqch** *Le bas de mon pantalon est déchiré.* ◆ **en bas, au bas (de qqch)** *En bas de chez moi, il y a un boulanger ; c'est vraiment très commode.* ● *Signez au bas de la page et n'oubliez pas la date.*

**G.** L'adj. précède le nom dans quelques expressions (*acheter* À BAS PRIX, *enfant* EN BAS ÂGE).
**S. 1.** *Bas* (adj.) a pour contr. HAUT. Quand on parle de la voix, de la température, le syn. est FAIBLE et le contr. FORT. Quand on parle de la température ou d'un objet, un autre contr. est ÉLEVÉ (soutenu). — **2.** *Bas* (adv.) a pour contr. HAUT ; *parler plus bas* a pour équivalent PARLER À VOIX BASSE. — **3.** *Le bas de* qqch a pour syn. la PARTIE INFÉRIEURE, le NIVEAU INFÉRIEUR, et pour contr. le HAUT.

**2. bas** [bɑ] n. m.
[vêtement] *J'ai les jambes encore bronzées ; je ne vais pas mettre de bas.* ● *Zut ! j'ai déchiré mon bas. Ça ne se voit pas trop ?*

**S.** Les *bas* font partie des sous-vêtements féminins ; ils étaient autrefois en soie et sont surtout aujourd'hui en Nylon. Ils sont de plus en plus remplacés par le COLLANT.

**baser** [bɑze] v. t. (conj. 1)
(sujet qqn) **baser qqch (abstrait) sur qqch (abstrait)** *Sur quoi bases-tu tous tes calculs ?*

# BÂTIMENT

● *Votre explication n'est basée sur aucun fait réel ; c'est une pure hypothèse.* ◆ (sujet qqn, qqch) **se baser sur qqch** *Sur quoi se base-t-il pour dire cela ?*

    **S.** *Baser* a pour syn. APPUYER qqch SUR, ÉTABLIR qqch SUR (soutenu) et FONDER qqch SUR (courant). *Être basé sur* a pour syn. REPOSER SUR. *Se baser sur* a pour syn. SE FONDER SUR ou, avec un sujet qqch, REPOSER SUR.
    **L. base** (n. f.). *J'ai basé ma démonstration sur cet argument* → *j'ai pris pour base de ma démonstration cet argument.*

**basket-ball** [baskɛtbol] ou **basket** [baskɛt] n. m.
[sport] (non-compt., au sing.) *Quel beau match de basket ! — Oui, et tu as vu comme les joueurs étaient grands ?*

    **S.** Le *basket* est un sport qui oppose deux équipes de cinq joueurs. Le ballon doit être envoyé dans le panier de l'équipe adverse.
    **L. basketteur, euse** (n.). *Il veut faire du basket sa profession* → *il veut devenir basketteur professionnel.*

**bataille** [bataj] n. f.
[action, qqn, et résultat] *Il aimait rechercher dans son livre d'histoire les noms des grandes batailles qui le faisaient rêver.*

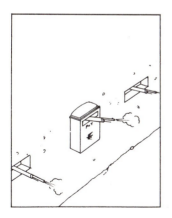

● *Les petits prirent les coussins et, quand les grands sortirent, ce fut une belle bataille.*

    **S.** Une *bataille*, c'est le fait de SE BATTRE ; c'est un COMBAT entre des armées ou entre des individus. Dans le premier cas, le mot appartient au vocabulaire militaire ; dans le second cas, il est remplacé par les syn. BAGARRE (courant) et LUTTE (soutenu).

**bateau** [bato] n. m.
I. [moyen de transport] (compt.) *Regarde comme c'est joli, tous ces bateaux dans le port : j'aimerais bien prendre une photo !*
● *Tiens, ce bateau de guerre doit rentrer à Toulon.* ● *Pour aller en Angleterre, il n'y avait plus de places dans l'avion, alors on a pris le bateau à Calais.*

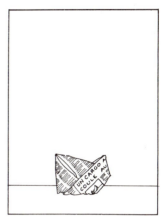

II. [sport] (non-compt., au sing.) *La mer était mauvaise, on n'a pas pu faire de bateau.*

    **G.** *Bateau* est souvent suivi d'un compl. introduit par À qui indique ce qui le fait avancer (*bateau* À VOILES, À MOTEUR), ou par DE qui indique sa destination, son objet (*bateau* DE PÊCHE, DE GUERRE).
    **S. 1.** *Bateau* désigne toutes les embarcations qui vont sur l'eau. On distingue les *gros bateaux* (syn. soutenus BÂTIMENT, NAVIRE) qui vont sur la mer et qui servent à transporter des passagers (PAQUEBOT, TRANSATLANTIQUE), des marchandises (CARGO), ou qui ont un usage militaire *(bateaux de guerre).* Un SOUS-MARIN se déplace sous la mer. L'ensemble des *bateaux* d'un pays forme la FLOTTE de ce pays. Une PÉNICHE transporte des marchandises sur les fleuves. On distingue aussi les *bateaux de plaisance* à moteur (YACHT, HORS-BORD), à voiles (VOILIER) ou à rames (BARQUE). *Prendre le bateau*, c'est S'EMBARQUER pour partir en voyage. Les *bateaux* doivent obéir aux règles de la NAVIGATION. — **2.** *Faire du bateau* (sens II), c'est NAVIGUER, FAIRE DE LA VOILE.

**bâtiment** [batimɑ̃] n. m.
I. [construction] (compt.) *Vous savez où se trouve le lycée ? — Oui, ce sont les vieux bâtiments au bout de cette rue.* ● *Tu as*

# BÂTIR

*l'adresse exacte ? — Oui, 39, rue de Vaugirard, bâtiment A, escalier gauche, 6ᵉ étage, 3ᵉ porte à droite.*
II. [activité économique] (non-compt., au sing.) *Que fait-il, ce garçon ? — Oh ! il est dans le bâtiment, maçon, je crois.*
 **S. 1.** *Bâtiment* (sens I) a pour syn. CONSTRUCTION. Ce mot peut désigner, dans un ensemble moderne et vaste d'immeubles, un IMMEUBLE en particulier (abrév. BÂT.). — **2.** *Bâtiment* (sens II) désigne l'ensemble des professions participant à la construction d'immeubles (maçons, peintres, menuisiers, plombiers, etc.).

**bâtir** [batir] v. t. (conj. **15**)
(sujet qqn) **bâtir (un édifice)** *Ils ont acheté un terrain sur lequel ils aimeraient plus tard bâtir une grande maison.*

 **S.** *Bâtir* est un syn. soutenu ou administratif de CONSTRUIRE, ÉDIFIER (soutenu).

**bâton** [batɔ̃] n. m.
[objet] *Ils prenaient des bâtons qui dans leurs mains devenaient des armes extraordinaires.* • *Il a surpris un voleur qu'il a assommé d'un coup de bâton.*
 **S.** Un *bâton* est un morceau de bois long et mince.

**battre** [batr] v. t. et v. i. (conj. **45**)
I. [v. t.] (sujet qqn) **battre qqn, un animal** *Lorsque Janine a dit à Paul que son mari la battait, il lui a conseillé le divorce !*
◆ **se battre (avec, contre qqn)** *Comment ! tu passes ton temps à te battre avec tes camarades !* • *J'ai vu tout à l'heure dans la rue deux hommes qui se battaient et personne ne les séparait.*
II. [v. i.] (sujet qqch) *Ah ! Que cette porte est gênante ; elle bat au plus petit courant d'air !* • *Son cœur bat encore : il est vivant.*
III. [v. t.] (sujet qqn) **battre qqn** *À bicyclette, c'est Pierre qui a battu tous ses camarades !* • *L'équipe de Marseille s'est fait battre par 3 à 0.*
IV. [v. t.] (sujet qqn) **battre les cartes, les œufs, etc.** *Tu veux bien battre les cartes à ma place pendant que je vais chercher à boire ?* • [Dans une recette de cuisine] : *« Une fois que la crème est prête, battre les œufs et mélanger peu à peu. »*
 **S. 1.** *Battre qqn, un animal* (sens I), c'est lui donner des coups. Il a pour syn. FRAPPER, MALTRAITER, BRUTALISER, TAPER (moins fort) et COGNER (plus fort et fam.). *Se battre* a pour syn. fam. SE BAGARRER ; SE DISPUTER est un syn. moins fort, car il n'implique pas forcément un échange de coups. — **2.** *Battre* (v. i.) [sens II], c'est COGNER et TAPER (plus forts) contre un obstacle ou, en parlant du cœur, être animé de mouvements répétés (BATTEMENTS). — **3.** *Battre qqn* (sens III) a pour syn. VAINCRE, L'EMPORTER SUR. Quand on *bat* qqn, on GAGNE, on A LE DESSUS, on EST VAINQUEUR. *Se faire battre* a pour syn. PERDRE, ÊTRE VAINCU, AVOIR LE DESSOUS. — **4.** *Battre une crème, des œufs* (sens IV), c'est les agiter, les remuer ; *battre les cartes*, c'est les mêler.
 **L. battement** (n. m.) [sens II] *Je sentais battre mon cœur → je sentais les battements de mon cœur.* ◆ **imbattable** (adj.) [sens III] *Personne ne peut le battre aux cartes → il est imbattable aux cartes.*

**bavard, e** [bavar, ard] adj. (après le n.) et n.

[adj.] (se dit de qqn) *Je le trouve bien bavard aujourd'hui ; d'habitude, il ne dit presque rien.* ◆ *Sur cette affaire, vous avez déjà été trop bavarde, tout le monde est maintenant au courant.* ◆ [n.] (personne) *Quel bavard ! Tu ne peux pas te taire un peu !*
**S.** Est *bavard* celui qui parle trop ou parle beaucoup. Dans le premier cas, le contr. est DISCRET et le syn. INDISCRET (n. et adj.) ; dans le second cas, le contr. est SILENCIEUX et le syn. LOQUACE (soutenu).
**L. bavarder**, v. ce mot.

**bavarder** [bavarde] v. t. ind. (conj. **1**) (sujet qqn) **bavarder (avec qqn) [de qqch]** *On serait mieux dehors pour bavarder, on ne gênerait personne.* ● *Aline passe des* 

*heures à bavarder avec sa voisine et, après, elle se plaint qu'elle n'a jamais de temps libre.*
**S.** *Bavarder* est fam. et parfois péjor. ; PARLER et CAUSER sont des syn. non péjor. ; CONVERSER est soutenu.
**L. bavardage** (n. m.) *Arrêtez de bavarder* → *arrêtez ce bavardage.*

**beau** ou **bel, belle** [bo, bɛl] adj. (avant le n.), pl. **beaux, belles, beau** adv.
**I.** [adj.] (se dit de qqn, de qqch) *Cette robe te va très bien, tu es très belle.* ● *Tu as vu son bébé, c'est un beau petit garçon.* ● *François s'est acheté un beau costume gris.* ● *C'est un très beau roman, je te le prêterai si tu veux.* ● *Ils ont eu un beau mariage, c'était très réussi !* ● *Le beau temps dure depuis une semaine.* ● *Notre équipe a bien joué, c'était vraiment un très beau match.* ● *Ils ont fait un beau voyage en Sicile, l'été dernier.* ● *Dis la vérité, ce n'est pas beau de mentir.* ◆ [adv.] (manière) **il fait beau** *Nous avons eu de la chance, il a fait très beau : pas une seule goutte de pluie de toutes les vacances !*
**II.** [adj.] (se dit de qqch) *Reprenez un peu de poulet, il en reste un beau morceau.* ● *Vous avez manqué une belle occasion de vous taire.* ● *Jean-Claude a mangé d'un bel appétit.* ◆ **le plus beau** *Jacqueline et moi nous avons bavardé pendant une heure, et, le plus beau, c'est qu'elle ne m'avait pas reconnu !* ◆ **un beau jour** *On ne l'avait pas vu depuis quinze ans, et, un beau jour, le voilà qui vient frapper à ma porte !*
**III.** [adv.] (quantité) [sujet qqn] **avoir beau + inf.** *Tu as beau crier, personne ne te croit.* ● *Paul a beau dire et beau faire, les enfants ont toujours peur de lui.* ● *J'ai eu beau m'excuser, il est parti furieux.*

**G.** On emploie *bel* devant les mots masc. commençant par une voyelle ou un *h* muet.
**S. 1.** Au sens I, en parlant de qqn ou de qqch, *beau* a pour contr. LAID et MOCHE (fam.). AFFREUX, HORRIBLE, HIDEUX sont des contr. plus forts. JOLI et MIGNON sont des syn. plus faibles, et ADMIRABLE, MAGNIFIQUE, MERVEILLEUX, SPLENDIDE, SUPERBE, des syn. plus forts. En parlant de qqch, *beau* peut avoir un sens plus général, il a alors pour syn. INTÉRESSANT *(un beau match, un beau voyage),* REMARQUABLE ou RÉUSSI *(un beau mariage, un beau roman),* et pour contr. MAUVAIS ou MÉDIOCRE. — **2.** Au sens II, *beau,* qui indique un haut degré, est un intensif ; il peut avoir comme syn. GRAND, REMARQUABLE ou JOLI (intensif lui aussi). *Un beau jour,* c'est UN JOUR, UN CERTAIN JOUR, marqué par un événement, en général imprévu. — **3.** *Avoir beau* indique une restriction, une concession ; des subordonnées équivalentes peuvent être formées avec QUOIQUE, MÊME SI *(Tu as beau crier* → MÊME SI TU CRIES).
**L. beauté** (n. f.) [sens I] *C'est une femme très belle* → *c'est une femme d'une grande beauté.*
◆ **embellir**, v. ce mot.

**beaucoup** [buku] adv.
[quantité] **beaucoup (+ v., adv., beaucoup de + n. plur.** [compt.] ou sing. [non-compt.])
*J'ai beaucoup aimé ce film, il était très intéressant.* ● *Tu aimes le fromage ? — Pas beaucoup, mais j'en mange quand même.* ● *Il a beaucoup d'ennuis, c'est pour ça qu'il est de mauvaise humeur.* ● *Elle a invité deux cents personnes, mais je pense que beaucoup ne viendront pas.* ● *Taisez-vous,*

*il y a beaucoup trop de bruit, ici !* ◆ **de beaucoup** *Étienne est de beaucoup le plus riche de nous tous.* ● *Je préfère de beaucoup la mer à la montagne.*

**G. 1.** *Beaucoup* ne s'emploie avec un adj. que si celui-ci est repris par le pron. LE *(Il est intéressant ce film ? — Oui, il l'est beaucoup).* — **2.** *De beaucoup* s'emploie devant un comparatif, un superlatif ou avec un verbe comme PRÉFÉRER.
**S. 1.** *Beaucoup* indique une grande quantité. Les contr. sont PEU, UN PEU (devant TROP, PLUS, MOINS, MIEUX), GUÈRE (litt.). BIEN est un syn. soutenu de *beaucoup* devant TROP, PLUS, MOINS, MIEUX. ÉNORMÉMENT est un syn. plus fort ; SOUVENT est un syn. dans le sens de *beaucoup de fois*. TRÈS devant un adj. ou un part. passé passif correspond à *beaucoup* avec un verbe (*On les respecte beaucoup* → ILS SONT TRÈS RESPECTÉS). — **2.** *De beaucoup* a pour syn. DE LOIN.

**beau-frère** [bofrɛr] n. m., pl. **beaux-frères, belle-sœur** [bɛlsœr] n. f., pl. **belles-sœurs**
[personne, parenté] *J'aime beaucoup mon frère, malheureusement je m'entends assez mal avec ma belle-sœur, alors on se voit peu souvent.* ● *Quel beau-frère ? Le frère de ton mari ou le mari de ta sœur ?*

**S.** Le *beau-frère*, la *belle-sœur* sont soit le mari, la femme de ma sœur ou de mon frère, soit le frère, la sœur de mon mari ou de ma femme.

**beau-père** [bopɛr] n. m., pl. **beaux-pères, belle-mère** [bɛlmɛr] n. f., pl. **belles-mères**
[personne, parenté] *Non, je connais mal les parents de mon mari, j'ai dû voir une fois mon beau-père et je n'ai jamais vu ma belle-mère.* ● *Pierre va se remarier, espérons que son fils s'entendra avec sa belle-mère.*

**S.** Le *beau-père*, la *belle-mère* sont le père, la mère du conjoint ou, pour un enfant, le second mari de la mère, la seconde femme du père. Le couple formé par le *beau-père* et la *belle-mère* constitue les BEAUX-PARENTS.

**beauté** → BEAU L.

**beaux-parents** [boparã] n. m. pl.
[personne, parenté] *Ah ! ces fêtes de famille, je ne les supporte vraiment plus ! Mes beaux-parents sont gentils, mais mes beaux-frères et belles-sœurs !*

**S.** Les *beaux-parents* sont les parents du conjoint : beau-père et belle-mère dont on est le gendre ou la belle-fille (ou bru).

**bébé** [bebe] n. m.
[personne, âge] *Nos jeunes voisins sont bien fatigués : leur bébé les réveille toutes les nuits.* ● *Chantal est enceinte de trois mois : le bébé serait donc pour septembre ?*

**S.** Un *bébé* est un enfant dans la première période de sa vie (jusqu'à l'âge de la parole, c'est-à-dire deux à trois ans). Les syn. sont

NOUVEAU-NÉ (plus précis), NOURRISSON (plus précis), ENFANT EN BAS ÂGE (plus vague).

**bec** [bɛk] n. m.
[partie d'un animal] *Ce que ces oiseaux sont*

*ennuyeux ; ils donnent des coups de bec qui envoient des graines dans toute la pièce.* ● *Regarde le curieux bec de cet oiseau ; il doit couper comme un rasoir.*

**S.** Le *bec* est une partie de la tête des oiseaux dont le bord joue le rôle des dents.

**beige** [bɛʒ] adj. (après le n.) et n. m.
[adj.] (se dit de qqch) *La mode est aux couleurs vives ; je crains que ton costume beige ne soit démodé.* ◆ [n. m.] (couleur) [compt., surtout au sing.] *Le beige va très bien avec tes cheveux châtains.*

**S.** Le *beige* est une couleur marron très clair, brun clair.

**belge** [bɛlʒ] adj. (après le n.) et n.
[adj.] *Vous achetez de la bière belge ou de la bière française ?* ◆ [n. et adj.] (personne) *Il a un accent quand il parle. — Oui, il est belge.* ● *Beaucoup de Belges viennent passer des vacances en France.*

**G.** L'adj. ne se met ni au comparatif ni au superlatif.
**S.** L'adj. ethnique *belge* correspond au n. f. BELGIQUE. Les *Belges* (notez la majuscule) sont ceux qui ont la nationalité *belge.* Ils parlent soit le français, soit le flamand.

**belle-fille** [bɛlfij] n. f., pl. **belles-filles**
[personne, parenté] *Tu verras quand tu seras toi-même belle-mère, si tu n'as pas de problème avec ta belle-fille !*

**S.** La *belle-fille* ou BRU est, pour un couple de beaux-parents, la femme de leur fils.

**belote** [bəlɔt] n. f.
[jeu] (non-compt., au sing). *Dans le jardin du Luxembourg à Paris, pendant tout l'été, des retraités jouent à la belote.*

**S.** La *belote* est un jeu qui se joue avec 32 cartes.

**bénéfice** [benefis] n. m.
I. [argent, valeur] (compt.) *Sachant combien vous avez payé cet appartement, en le vendant ce prix-là, vous faites un gros bénéfice.* ● *Une partie des bénéfices de l'entreprise sera distribuée aux employés.*
II. [abstrait] (compt., surtout au sing.) *Je me demande bien quel bénéfice il peut retirer en agissant ainsi !* ● *Personne n'était sûr de son innocence, mais il a été acquitté au bénéfice du doute.*

**S. 1.** Le *bénéfice* (sens I) est l'argent qui revient à qqn après une opération commerciale, une vente, etc. Il a pour syn. soutenu GAIN. — **2.** *Bénéfice* (sens II) a pour syn. AVANTAGE. *Au bénéfice de* a pour syn. EN LE FAISANT BÉNÉFICIER DE.

**bénéficier** [benefisje] v. t. ind. (conj. **2**)
(sujet qqn) **bénéficier de qqch** *Pierre a été reçu à son examen, mais il faut bien dire qu'il a bénéficié de l'indulgence des examinateurs.*

**S.** *Bénéficier de qqch* (soutenu), c'est PROFITER DE qqch.

**bénévole** [benevɔl] adj. (après le n.) et n.
[adj.] (se dit de qqn, de son action) *Après la catastrophe, la mairie a demandé des infirmières bénévoles pour venir en aide aux nombreux blessés.* ● *Ce monsieur a été très gentil ; j'étais en panne et il est venu m'offrir son aide bénévole.* ◆ [n.] (personne) *Notre association n'a pas d'argent, tous ses membres sont des bénévoles.*

**G.** L'adj. n'a ni comparatif ni superlatif.
**S.** Est *bénévole* celui qui fait qqch sans obligation et sans être rémunéré ; le syn. courant est VOLONTAIRE. Est *bénévole* toute action qui est désintéressée, gratuite.

**bénin, bénigne** [benɛ̃, beniɲ] adj. (après le n.)
(se dit d'un mal) *Ne vous effrayez pas, la blessure est bénigne.*

**S.** Est *bénin* (soutenu) ce qui est sans gravité ; le contr. est GRAVE.

**besoin** [bəzwɛ̃] n. m.
I. (sujet qqn) **avoir besoin de** + n. ou **inf.**, **que** + **subj.** *Prête-moi ton stylo, j'en ai besoin pour signer.* • *Yves est très indépendant, il ne veut avoir besoin de personne.* • *Comment, vous n'avez pas de place pour moi ? Mais j'ai absolument besoin de prendre l'avion.* • *J'ai absolument besoin que tu viennes demain.* ◆ (sujet qqch) **avoir besoin de** + n. ou **inf.** passif *Tu ne trouves pas que tes cheveux ont besoin d'être coupés (ou d'une bonne coupe) ?* • *Mais voyons, ces fleurs ont besoin d'eau ! Arrosez-les souvent !* ◆ (sujet qqn) **avoir bien besoin de** + **inf.** *Ah ! vraiment, tu avais bien besoin de lui dire ça ! Regarde, tu l'as fait pleurer.* ◆ **si besoin est, au besoin** *Qu'elle aille d'abord chez le pharmacien, nous appellerons le médecin si besoin est.* • *N'hésitez pas, au besoin, à nous téléphoner ; nous ferons ce que nous pourrons pour vous rendre service.*
II. [état, qqn, qqch] (compt.) *Comment font-ils pour faire tant d'économies ? — Ils n'ont pas de gros besoins, alors ils dépensent très peu.* • *L'alcool est devenu pour lui un besoin, il ne peut plus s'en passer.* • *À combien estimez-vous les besoins en pétrole du pays ?*

**S. 1.** *Besoin* (sens I), s'emploie dans des loc. pour exprimer le manque ou la nécessité. *J'ai besoin de* X peut avoir pour syn. IL ME FAUT X, JE VEUX X, X M'EST NÉCESSAIRE. *Avoir bien besoin de* s'emploie par ironie pour IL N'AURAIT PAS FALLU, JE (TU, IL) N'AURAIS PAS DÛ. — **2.** *Si besoin est, au besoin* ont pour équivalents LE CAS ÉCHÉANT, SI C'EST NÉCESSAIRE. — **3.** *Besoin* (sens II) désigne ce qui est nécessaire à qqn (qui en manque).

**bestiole** → BÊTE 1 L.

**bétail** [betaj] n. m.
[collectif, animaux] (non-compt., au sing.) *Qu'est-ce que c'est que ce grand bâtiment à l'entrée de la ferme ? — C'est là qu'on met le bétail.*

**S.** *Bétail* désigne l'ensemble des animaux, d'une exploitation agricole dont l'élevage fournit des revenus à l'agriculteur. Il s'agit de bœufs, de vaches, de veaux, de chevaux *(gros bétail)*, de moutons et de porcs *(petit bétail)*. La volaille ne fait pas partie du *bétail*. Les syn. sont BESTIAUX (non-compt., au plur.), CHEPTEL (savant). Le *bétail* est constitué de TROUPEAUX (de vaches, de moutons).

**1. bête** [bɛt] n. f.
[animal] *Chats, chiens, lapins... Mon fils apporte à la maison toutes les bêtes qu'il* 

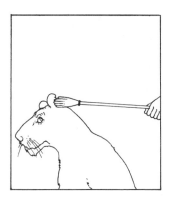

*peut trouver.* • *Aïe ! Je sens quelque chose qui me pique : regarde si ce n'est pas une bête.* • *Quelle peur j'ai eue ! Il m'a semblé voir une grosse bête au fond du jardin.*

**S.** *Bête* est un syn. courant de ANIMAL.
**L. bestiole** (n. f.) *Regarde ces petites bêtes dans la cuisine* → *regarde ces bestioles dans la cuisine.*

**2. bête** [bɛt] adj. (après le n.)
(se dit de qqn, de qqch) *Ce que tu peux être bête ! Tu ne comprendras vraiment jamais rien.* • *Il n'est pas très intelligent, mais il n'est pas bête non plus.* • *Ce n'est pas bête ce que tu dis, c'est même une très bonne idée.*

**S.** Est *bête* celui ou ce qui est sans intelligence ; le mot a pour syn. IDIOT, STUPIDE (soutenu), SOT (moins fort et litt.), et pour contr. INTELLIGENT, FIN, MALIN, ASTUCIEUX. *Ce n'est pas bête, il n'est pas bête* sont des équivalents atténués de C'EST TRÈS INTÉRESSANT, IL EST TRÈS INTELLIGENT.
**L. bêtement** (adv.) *Tu as agi de façon très bête* → *tu as très bêtement agi.* ◆ **bêtise**, v. ce mot.

**bêtise** [betiz] n. f.
I. [qualité, qqn] (non-compt., au sing.) *Il est d'une telle bêtise que je ne sais jamais quoi lui répondre.*
II. [action, qqn, et résultat] (compt.) *Elle n'aurait pas dû se marier avec Paul, ça a été la plus grosse bêtise de sa vie.* • *Cet enfant est fatigant, il fait sans arrêt des bêtises.* ◆ [énoncé] *Tais-toi, tu ne dis que des bêtises.*

**S. 1.** La *bêtise* (sens I) est le défaut de celui qui est BÊTE. Les syn. sont SOTTISE (moins fort), STUPIDITÉ (plus fort et soutenu), IMBÉCILLITÉ

(litt.), et les contr. INTELLIGENCE, FINESSE. —
**2.** Une *bêtise* (sens II) est soit une action maladroite, et les syn. sont SOTTISE (moins fort), ERREUR, FAUTE, soit une parole maladroite, et

les syn. sont SOTTISE (moins fort), STUPIDITÉ (plus fort et soutenu), BOURDE (fam.).

**béton** [betɔ̃] n. m.
[matière] (non-compt., au sing.) *Ah, ces immeubles de béton, on ne peut même pas enfoncer un clou dans les murs !*

**S.** Le *béton* est un matériau de construction constitué de sable, de ciment et de gravier.

**beurre** [bœr] n. m.
[aliment] (non-compt., au sing.) *Tu préfères des tartines avec du beurre et de la confi-*

*ture ou des petits gâteaux ?* • *Tu fais la cuisine à l'huile ou au beurre ?*

**S.** Le *beurre* est une matière grasse faite à partir du lait. On peut lui substituer la margarine (une graisse végétale moins chère).
**L. beurrer** (v. t.) Il faut mettre du beurre sur les tartines → *il faut beurrer les tartines.*

**bibliothèque** [biblijɔtɛk] n. f.
I. [meuble] *Tu crois qu'il a vraiment lu tous les livres qui sont dans sa bibliothèque ?* • *Venez voir ma nouvelle bibliothèque : je l'ai fabriquée moi-même.*
II. [établissement] *Où est le Panthéon ? — Vous passez devant la bibliothèque Sainte-Geneviève et vous tournez à droite.* • *Qu'est-ce que tu fais cet après-midi ? — Je vais travailler en bibliothèque.* • *Je n'ai pas ce livre chez moi, mais vous le trouverez sûrement à la bibliothèque.*

**S. 1.** Au sens I, une *bibliothèque* est un meuble, ou un ensemble d'éléments, de rayonnages où on range les livres. — **2.** Au sens II, *bibliothèque* désigne à la fois le bâtiment où sont conservés des livres, l'organisme qui s'en occupe et la salle où on peut lire et travailler en consultant des livres.
**L. bibliothécaire** (n.) [sens II] *Elle est bibliothécaire à la bibliothèque municipale* (← personne qui s'occupe d'une bibliothèque).

**biceps** [bisɛps] n. m.
[partie du corps] *Tâte le biceps, tu vois comme je suis fort ?*

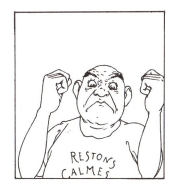

**S.** Le *biceps* est un muscle du bras.

**bicyclette** [bisiklɛt] n. f.
I. [moyen de transport] (compt.) *L'été dernier, nous avons fait de longues promenades*

## BIEN

à bicyclette. ● *Qu'est-ce que tu as eu pour ton anniversaire ? — Une bicyclette pour aller au lycée !*
II. [sport] (non-compt., au sing.) *Après son accident, le médecin lui a conseillé de faire de la bicyclette.*

**G.** La construction avec EN est fam. *(aller* EN *bicyclette);* on écrit plutôt *aller* À *bicyclette.*
**S.** VÉLO est un syn. usuel et fam. Le VÉLOMOTEUR est une *bicyclette* équipée d'un petit moteur, bien moins puissant que celui de la MOTO. La *bicyclette* fait partie de ce qu'on appelle les DEUX-ROUES. Le CYCLISME est la pratique et le sport de la *bicyclette.*
**L. cycliste,** v. ce mot.

**1. bien** [bjɛ̃] adv. et adj. inv. (après le n.)
I. [adv.] (manière) *Cet enfant m'inquiète, tu as bien fait d'appeler le docteur.* ● *Vous chantez vraiment très bien, vous avez pris des cours ?* ● *Yann parle assez bien l'allemand, mais il a encore un petit accent.* ◆ **c'est bien fait (pour qqn)** *Tu voulais nous faire une blague ? C'est raté, et c'est bien fait pour toi.*
II. [adv.] (affirmation) *Et cette fois-ci, ne rentre pas trop tard. — Très bien, j'essaierai.*
III. [adv.] (quantité) **bien + v., adj., adv., bien de + déterminant + n. plur.** (compt.) ou sing. (non-compt.) *C'est bien lui, je le reconnais.* ● *Que tu es sale ! Tu aurais bien besoin d'un bon bain.* ● *Jacques est bien content de partir en vacances.* ● *Si vous croyez que c'est facile, je voudrais bien vous voir à ma place.* ● *J'ai très faim, je mangerais bien quelque chose.* ● *Vous avez bien du courage d'aller voir cette vieille tante, et je vous souhaite bien du plaisir !*
IV. [adj. inv.] (se dit de qqn, de qqch) *Il est très bien ce garçon, il me plaît beaucoup.* ● *Oh ! Regarde comme tu es bien, sur cette photo !* ● *C'est une fille bien, on peut lui faire confiance.* ◆ (sujet qqn) **être bien qqpart** *On est très bien dans ces fauteuils, où les avez-vous trouvés ?* ◆ **être bien avec qqn** *Il faut toujours être bien avec la concierge, ça peut rendre service.*

**S. et G. 1.** *Bien* (sens I) a pour contr. MAL et pour comparatif MIEUX. — **2.** *Bien* (sens II) a pour syn. D'ACCORD; il est moins courant que BON ou D'ACCORD, sauf s'il est précédé de TRÈS. — **3.** *Bien* (sens III) a pour contr. PAS DU TOUT. — **4.** *Bien* (sens IV) se dit de l'apparence physique de qqn, de la qualité de qqch; dans *cette fille est bien* (→ ELLE EST BELLE), il a pour contr. MOCHE (fam.), VILAIN, LAID. Il se dit aussi de l'aspect moral de qqn; il a alors pour syn. HONNÊTE et pour contr. MAUVAIS, MÉCHANT. *Être*

*bien a pour syn.* ÊTRE À L'AISE ; *être bien avec* qqn, c'est ÊTRE EN BONS TERMES AVEC lui. Le contr. est MAL.

**2. bien** [bjɛ̃] n. m.
I. (sujet qqn, qqch) **faire du bien à qqn** *Va prendre l'air, ça te fera du bien.* ◆ (sujet qqn) **vouloir du bien à qqn** *J'ai reçu une lettre signée : « Un ami qui vous veut du bien. »* ◆ **dire du bien de qqn** *Ah ! c'est vous, Émile Dupont ? On m'a dit beaucoup de bien de vous.* ◆ **pour le bien de qqn** *C'est pour ton bien que je te fais ces remarques, alors ne te mets pas en colère.*
II. [argent, valeur] (compt.) *Si, ils sont très riches, ils ont des biens en Normandie, plusieurs maisons, je crois.* ● *Nous, notre seul bien, c'est notre travail.*

**S. 1.** *Bien* (sens I) a pour contr. MAL. *Faire du bien à* qqn, c'est lui ÊTRE BÉNÉFIQUE. *Pour le bien de* qqn a pour syn. DANS SON INTÉRÊT. *Dire du bien de* qqn, c'est FAIRE SON ÉLOGE. — **2.** Un *bien* (sens II) est une propriété, un objet de valeur qu'on possède.

**bien entendu** [bjɛ̃nɑ̃tɑ̃dy] adv.
[affirmation] *Tu viens avec nous au théâtre ? — Bien entendu.* ● *Bien entendu, si tu acceptes de nous aider, tu seras payé.*

**S.** *Bien entendu* équivaut à une réponse fortement affirmative ; il marque une approbation complète et a pour syn. ÉVIDEMMENT, BIEN SÛR, ÇA VA DE SOI, NATURELLEMENT. Quand il suit une réponse négative, il indique que l'interlocuteur devait s'attendre à ce refus.

**bien que** [bjɛ̃kə] conj.
[opposition] **bien que + subj.** *Bien que je mette régulièrement de l'eau, ma plante ne grandit pas et ses feuilles deviennent jaunes.* ● *Bien que les programmes de la télé soient meilleurs, il reste beaucoup à faire.*

**S.** *Bien que* exprime une opposition entre l'action de la principale et celle de la subordonnée. *Bien que* est plutôt soutenu ; les syn. courants sont QUOIQUE, MALGRÉ QUE et, surtout, on utilise les adv. POURTANT, CEPENDANT *(je mets de l'eau,* CEPENDANT *ma plante ne grandit pas).*

**bien sûr** [bjɛ̃syr] adv.
[affirmation] *Bien sûr, il est en retard, comme d'habitude.* ● *Tu viens avec nous au cinéma ? — Bien sûr.*

**S.** *Bien sûr* renforce une affirmation ou indique que l'interlocuteur devait s'attendre au refus, dans le cas d'une réponse négative. Il a pour syn. BIEN ENTENDU, ÇA VA DE SOI, ÉVIDEMMENT, NATURELLEMENT. CERTES est un équivalent soutenu.

**bientôt** [bjɛ̃to] adv.
I. [temps] *Ne pleure pas, nous reviendrons bientôt.* ● *Quel paresseux! Il va bientôt falloir que je fasse son travail à sa place.* II. [interj.] (salut) **à bientôt!** *Nous pensons revenir en juillet : un mois, ce n'est pas très long ; à bientôt!*

**S. 1.** *Bientôt* (sens I) a pour syn. PROCHAINEMENT, SOUS PEU, DANS PEU DE TEMPS. — **2.** *À bientôt!* (sens II), toujours en tête de phrase, est utilisé comme terme de salut quand on quitte qqn qu'on va revoir dans peu de temps. Selon que le laps de temps est plus ou moins long ou précisé, on dit aussi À TOUT DE SUITE! À TOUT À L'HEURE! À DEMAIN! À DIMANCHE! (LUNDI, etc.), À L'ANNÉE PROCHAINE!

**bienveillant, e** [bjɛ̃vɛjɑ̃, ɑ̃t] adj. (après le n.)
(se dit de qqn, de son attitude) *Je ne crois pas qu'il soit mal disposé à ton égard ; il a*

*toujours été bienveillant envers toi, prêt à t'aider.* ● *Georges vous accueille avec un sourire bienveillant, mais il ne faut pas trop s'y fier.*

**S.** Est *bienveillant* (soutenu) celui qui manifeste des dispositions favorables ou indulgentes à l'égard de qqn (subordonné, enfant) ; il a pour syn. courants CORDIAL, AIMABLE ; les contr. sont MALVEILLANT, DUR.
**L. bienveillance** (n. f.) *Il se montre bienveillant à mon égard* → *il montre de la bienveillance à mon égard.*

**bière** [bjɛr] n. f.
[boisson] (non-compt., au sing.) *Tu préfères du vin ou de la bière, nous avons les deux à la maison.* ◆ (compt.) *Je n'ai pas soif, j'ai bu une bière tout à l'heure.*

**S.** La *bière* est fabriquée dans des usines appelées BRASSERIES, terme qui désigne également un café-restaurant. Il existe deux sortes de *bière*, la BRUNE et la BLONDE qui est la plus courante. Dans les cafés, on sert la *bière* À LA PRESSION ou EN BOUTEILLE. Un DEMI est un grand verre de *bière* à la pression.

**bifteck** [biftɛk] n. m.
[aliment] *À midi, j'ai mangé un bifteck avec des frites, mais il était beaucoup trop cuit.* ● [Au menu] : « *Rôti de veau ou bifteck au poivre.* »

**S.** Le *bifteck* est une grillade de viande de bœuf. On emploie souvent le syn. STEAK (steak frites = avec des pommes frites). Au restaurant, on peut commander un *bifteck* SAIGNANT, À POINT, BIEN CUIT (par ordre de cuisson croissante).

**bijou** [biʒu] n. m., pl. **bijoux**
[objet personnel] *Sa femme portait un très joli bijou en or.* ● *Pour son anniversaire, son mari lui a offert un beau bijou.*

**S.** Les principaux *bijoux* : le COLLIER, qui se porte au cou ; la BAGUE, qui se porte au doigt ; le BRACELET, qui se porte au poignet.

**bijoutier, ère** [biʒutje, ɛr] n.
[personne, profession] *J'ai mis ma montre à réparer chez le bijoutier.* ● *C'est dans cette rue qu'on trouve les plus grands bijoutiers de la capitale.*

**S.** Le *bijoutier* est un commerçant qui vend des BIJOUX, de la BIJOUTERIE. Le JOAILLER (soutenu) fabrique ou vend des bijoux de valeur.
**L. bijouterie** (n. f.) *La boutique du bijoutier est fermée* → *la bijouterie est fermée.*

**bile** [bil] n. f.
[sentiment] (sujet qqn) **se faire de la bile** *Ses enfants ne font rien en classe ; il se fait de la bile pour leur avenir.*

**S.** *Se faire de la bile* est le syn. fam. de S'INQUIÉTER, SE FAIRE DU SOUCI. SE TOURMENTER est plus fort.

**bilingue** [bilɛ̃g] adj. (après le n.) et n.
[adj.] (se dit de qqn, d'un énoncé) *Oh! tu peux parler français ; ici, dans les hôtels, les employés sont tous bilingues ; c'est nécessaire.* ● *On vous permet d'utiliser les dictionnaires en classe ? — Non, pas les dictionnaires bilingues.* ◆ [n.] (personne) *Sa mère était anglaise et son père français ; c'est un vrai bilingue, il parle aussi bien le français que l'anglais.*

**G.** L'adj. n'a ni comparatif ni superlatif.
**S.** Être *bilingue*, c'est, pour qqn, parler deux

langues différentes et, pour un énoncé, être écrit en deux langues ; être MONOLINGUE, c'est ne parler que sa langue maternelle ; un *dictionnaire bilingue* donne la traduction des mots d'une langue dans une autre langue et inversement.
**L. bilinguisme** (n. m.) Il est bilingue et ça lui est très utile → *son bilinguisme lui est très utile.*

**bille** [bij] n. f.
I. [objet, jeu] (compt.) *Maman, j'ai perdu mon sac de billes à l'école.* ◆ [jeu] (non-compt., au plur.) *Pourquoi vous n'allez pas jouer aux billes, les enfants ?*
II. [instrument] **stylo (à) bille** *Tu préfères écrire au crayon ou au stylo à bille ?*
   **S.** Une *bille* est une petite boule. Au sens I, c'est un jouet d'enfant.

**billet** [bijɛ] n. m.
I. [objet, argent] *Vous me donnerez mes

cinq cents francs en cinq billets de cent francs.*
II. [objet, valeur] *Tu sais que tu t'en vas demain ? Tu as pris ton billet ?* ● *Si on veut aller au théâtre samedi, il faudrait penser à prendre des billets.*
   **S. 1.** *Billet* (sens I) est l'abrév. de *billet* DE BANQUE : c'est de la monnaie, de l'argent. Il existe en France des *billets* de 50 F, 100 F, 500 F, opposés aux PIÈCES de 10, 20, 50 centimes, 1 F, 2 F, 5 F et 10 F. — **2.** Le *billet* (sens II) s'achète et donne droit à l'accès d'un spectacle (*billet* DE CINÉMA, DE THÉÂTRE), d'un moyen de transport (*billet* DE CHEMIN DE FER, D'AVION, etc.), d'un jeu (*billet* DE LOTERIE), etc. Pour certains moyens de transport (métro, bus), il a pour syn. TICKET.

**biscotte** [biskɔt] n. f.
[aliment] *Le matin je prends juste un café noir et une biscotte avec du beurre.* ● *Il faudrait acheter un paquet de biscottes, il n'y en a presque plus.*
   **S.** Les *biscottes*, tranches toutes faites de pain de mie séchées au four, se prennent souvent à la place du pain.

**biscuit** [biskɥi] n. m.
[aliment] *Je ne mange presque rien : quelques biscuits à la place des repas, et pourtant je grossis !*
   **S.** Les *biscuits* sont des petits gâteaux secs.

**bizarre** [bizar] adj. (après le n.)
(se dit de qqn, de qqch) *C'est une personne un peu bizarre, je ne la comprends pas bien.* ● *Bruno est bizarre depuis quelque temps : qu'est-ce qu'il a ?* ● *C'est bizarre : je viens de poser mon stylo sur le bureau, et je ne le vois plus.*
   **S.** Est *bizarre* celui ou ce qui s'écarte des habitudes, de la raison, de la règle ; il a pour syn. ÉTRANGE, CURIEUX, DRÔLE. En parlant de qqn, il peut avoir pour syn. FANTASQUE (soutenu) et FARFELU (fam.). En parlant de qqch, il peut avoir pour syn. INHABITUEL, INSOLITE (soutenu), EXTRAORDINAIRE (plus fort). Il a pour contr. ORDINAIRE et NORMAL.
   **L. bizarrement** (adv.) Il m'a regardé de façon bizarre → *il m'a regardé bizarrement.* ◆ **bizarrerie** (n. f.) Il a des idées bizarres, c'est inquiétant → *la bizarrerie de ses idées est inquiétante.*

**blague** [blag] n. f.
I. [énoncé] *Jacques était très en forme, il n'a pas arrêté de dire des blagues.* ● *Ce n'est pas possible, tu me racontes une blague !* ◆ [interj.] (surprise) **sans blague !** *Tu es reçu à l'examen ? Sans blague ! Je ne m'y attendais pas.*
II. [action, qqn, et résultat] **faire une blague à qqn** *Si on lui faisait une blague au téléphone ?*
   **S. 1.** Le mot est fam. PLAISANTER (soutenu) est un syn. de *raconter, dire une blague. Sans blague !* est une interjection marquant l'étonnement, le doute. — **2.** JOUER UN TOUR À, FAIRE UNE FARCE À qqn sont des syn. de *faire une blague* à qqn.

**S.** *Blâmer* (soutenu), c'est DÉSAPPROUVER, CRITIQUER, REPROCHER qqch à qqn (moins forts); CONDAMNER est plus fort. Les contr. sont LOUER, FÉLICITER.

**L. blâmable** (adj.) Cette conduite doit être blâmée → *cette conduite est blâmable.* ◆ **blâme** (n. m.) L'élève a été blâmé à la fin du trimestre → *l'élève a reçu un blâme à la fin du trimestre.*

**blanc, blanche** [blɑ̃, blɑ̃ʃ] adj. (après le n.) et n., **blanc** n. m.
I. [adj.] (se dit de qqch, de qqn) *Regarde cette belle neige blanche sur les toits.*

**L. blaguer** (v. i.) [sens I] Il n'arrête pas de dire des blagues → *il n'arrête pas de blaguer.* ◆ **blagueur** (adj. et n. m.) [sens I] Pierre dit des blagues → *Pierre est un blagueur.*

**blâmer** [blame] v. t. (conj. **1**)
(sujet qqn) **blâmer qqn, son attitude (de** ou **pour + n.** ou **inf.)** *Ne le blâmez pas de ne pas avoir prévenu; c'est moi qui lui ai dit de ne pas vous déranger.* ● *Ton fils a été blâmé pour avoir copié en classe!*

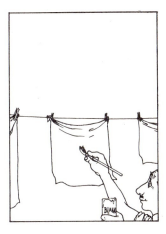

● *Paul n'a pas quarante ans, et il a déjà les cheveux blancs, ça n'est pas normal.*
● *[À la télévision]* : « *Avec cette lessive, votre linge sera plus blanc.* » ● *Quand on lui a annoncé l'accident, il est devenu tout blanc.* ◆ [n. m.] (couleur) [compt., surtout au sing.] *Qu'est-ce que tu préfères, comme couleur : le blanc ou le noir?* ● *Autrefois, quand elles se mariaient, les jeunes filles se mettaient en blanc.*
II. [n., avec une majuscule] (personne) *En Afrique du Sud, des quartiers sont réservés aux Blancs, d'autres aux Noirs.* ◆ [adj., avec une minuscule] *La population blanche est beaucoup moins nombreuse en Rhodésie que la population noire.*

**S. 1.** *Blanc* désigne une couleur qui s'oppose au NOIR. En parlant du linge, il a pour syn. PROPRE et s'oppose à TERNE, GRIS, SALE. En parlant de qqn, *devenir blanc* a pour syn. PÂLIR, DEVENIR PÂLE, BLÊME, LIVIDE (plus forts et soutenus). — **2.** *Blanc* se dit par oppos. à NOIR et à JAUNE et désigne une race.

**L. blancheur** (n. f.) [sens I] La couleur blanche de ses dents est extraordinaire → *la blancheur de ses dents est extraordinaire.* ◆ **blanchir** (v. t. et i.) [sens I] Cette lessive rend les draps plus blancs → *cette lessive blanchit les draps davantage.*

**blasé, e** [blaze] adj. (après le n.)
(se dit de qqn) *Rien ne lui plaît vraiment, ni ne l'amuse, à son âge il est déjà blasé.*

**S.** Est *blasé* celui qui a le sentiment d'avoir déjà tout vu, tout goûté, qui est INDIFFÉRENT, INSENSIBLE à tout ce qui devrait normalement faire plaisir, provoquer l'enthousiasme.

**blé** [ble] n. m.
[céréale] (non-compt., au sing.) *Il a fait tellement froid cette année que le blé n'est pas encore mûr.* ● *Cet été, tu iras passer tes vacances à la campagne et tu aideras ton oncle à couper le blé.*

**S.** Le *blé* est la principale céréale consommée en France ; il sert à faire la farine, le pain. La récolte du *blé* s'appelle la MOISSON.

**blême** [blɛm] adj. (après le n.)
(se dit de qqn, de son visage) *Quand il s'est aperçu qu'on l'avait trompé, il est devenu blême de colère.*

**S.** Est *blême* (soutenu) celui dont le visage perd ses couleurs ; le syn. est BLANC ; LIVIDE est plus fort et litt.
**L. blêmir** (v. i.) La peur le rendit blême → *la peur le fit blêmir.*

**blesser** [blese] v. t. (conj. 1)
I. (sujet qqch, qqn) **blesser qqn** *Les enfants sont insupportables, Pierre a réussi

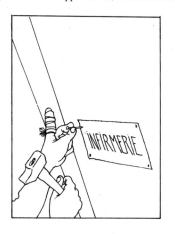

à blesser sa petite sœur en jouant.* — *C'est sérieux ?* — *Non, heureusement.* ● *Au cours de l'attaque de la banque, un passant a été blessé.*
II. (sujet qqch [abstrait]) **blesser qqn** *Ma remarque l'a blessé, pourtant elle n'était pas méchante.*

**S. 1.** *Blesser* (sens I) a pour syn., selon la nature et la gravité du coup, FRAPPER ou ATTEINDRE. — **2.** *Blesser* (sens II) [soutenu] a pour syn. OFFENSER, FROISSER, HEURTER (moins forts et soutenus), ULCÉRER (plus fort et soutenu) et VEXER (moins fort).
**L. blessé, e** (n.) [sens I] Il y a une personne gravement blessée → *il y a un blessé grave.*
◆ **blessure** (n. f.) [sens I] Il a été blessé au visage → *il a une blessure au visage.*

**bleu, e** [blø] adj. (après le n.), **bleu** n. m.
[adj.] (se dit de qqch) *Le ciel est bien bleu, aujourd'hui : il n'y a pas un seul nuage.*
◆ [n. m.] (couleur) [compt., surtout au sing.] *Comment trouves-tu ce bleu ?* — *Il est trop foncé.*

**S.** *Bleu* désigne une couleur. Le BLEU MARINE est un *bleu* très foncé ; le BLEU CIEL est un *bleu* très clair.

**bloc** [blɔk] n. m.
I. [objet] **bloc de** + n. de matière *Attention, il y a un gros bloc de pierre en plein milieu de la route.* ● *Pour faire sa sculpture, il a besoin d'un bloc de marbre.*
II. [objet] **bloc (de papier)** *N'oublie pas d'emporter un bloc de papier à lettres en vacances, comme ça tu penseras peut-être à nous écrire.* ● *Vous noterez les messages que je reçois sur le bloc qui est à côté du téléphone.*
III. (sujet qqn) **faire bloc (contre qqch, qqn)** *Ne nous divisons pas, faisons bloc contre notre ennemi commun, c'est notre seule chance de victoire.*
IV. **en bloc** *Le directeur n'a même pas voulu écouter mes explications, il a tout refusé en bloc.* ● *Je ne peux pas accepter en bloc vos revendications.* ● *Si on y va tous en bloc, on a des chances d'obtenir ce que l'on veut.*

**S. 1.** *Bloc* (sens I) a pour syn. MASSE. — **2.** Un *bloc* (sens II) est composé de feuilles de papier qu'on détache au fur et à mesure de l'emploi, par oppos. au CARNET ou au CAHIER. — **3.** *Faire bloc* a pour syn. S'UNIR, SE GROUPER. — **4.** *En bloc* a pour syn. GLOBALEMENT, D'UN COUP et renforce TOUT ; en ce sens, il s'oppose à PARTIELLEMENT, DANS LE DÉTAIL, EN PARTIE. En parlant de personnes, il a pour syn. TOUS ENSEMBLE, par oppos. à SÉPARÉMENT.

**blond, e** [blɔ̃, ɔ̃d] adj. (après le n.) et n.
I. [adj.] (se dit de qqn, de ses cheveux, de sa barbe) *Quand Marie était petite, elle était beaucoup plus blonde que maintenant.*
◆ [n.] (personne) *Qui est ce grand blond qui déjeunait avec toi ?*
II. [adj.] (se dit du tabac, de la bière) *Tu préfères les cigarettes blondes ou les brunes ? • La bière blonde est moins forte que la bière brune.*

**S.** *Blond* a pour contr. BRUN, dans tous les sens. Pour les cheveux, la couleur intermédiaire entre le *blond* et le brun est le CHÂTAIN.

**bloqué, e** [blɔke] adj. (après le n.)
(se dit de qqch [abstrait], de qqn) *Si aucun de vous n'est prêt à céder quelque chose, la situation restera bloquée longtemps. • Dès qu'il a un examen à passer, Pierre est complètement bloqué, il ne peut plus parler, penser, rien faire.*

**S.** Une *situation bloquée* est une situation difficile, tendue dont on ne voit pas l'issue. En parlant de qqn, *être bloqué*, c'est souffrir d'un BLOCAGE, ne pas pouvoir agir pour des raisons ne dépendant pas de sa volonté.
**L. blocage** (n. m.) La situation est bloquée, il faut le constater → *il faut constater le blocage de la situation.*

**bloquer** [blɔke] v. t. (conj. **1**)
I. (sujet qqn, qqch) **bloquer un lieu** *Ne restez pas au milieu de la rue, vous bloquez le passage ! • C'est le camion là-bas qui bloque la rue ? — Oui, on ne peut plus passer.*
II. (sujet qqn, qqch) **être, rester bloqué (dans, à, en un lieu)** *S'il y a des grèves, vous risquez d'être bloqués dans le métro. • Ça n'est pas la peine de prendre l'autoroute, les voitures sont bloquées. • On est resté bloqués plusieurs heures à l'aéroport, à cause du mauvais temps.*

**S. 1.** *Bloquer un lieu* a pour syn. BOUCHER, BARRER, ENCOMBRER (moins fort) et OBSTRUER (soutenu). — **2.** *Être, rester bloqué* a pour syn. fam. ÊTRE, RESTER COINCÉ et ÊTRE IMMOBILISÉ (soutenu).
**L. débloquer** (v. t.) *Ces négociations débloqueront la situation* (← feront que la situation ne soit plus bloquée).

**blottir (se)** [blɔtir] v. pr. (conj. **15**), **être blotti** v. pass.
(sujet qqn) *Comment veux-tu que je ne cède pas quand elle vient se blottir contre moi pour que je ne sois plus en colère ?*

**S.** *Se blottir*, c'est SE PELOTONNER, SE SERRER, SE RÉFUGIER dans les bras de qqn ou contre lui.

**blouse** [bluz] n. f.
[vêtement] *Avant d'entrer dans le laboratoire, mettez vos blouses, vous éviterez de vous salir.*

**S.** La *blouse* est un vêtement de travail qu'on met sur les vêtements de ville.

**blouson** [bluzɔ̃] n. m.
[vêtement] *Regarde-les, sur leurs motos avec leurs blousons de cuir, de quoi ont-ils l'air ? • Je ne suis pas à l'aise dans ce blouson, il est trop serré.*

**S.** Le *blouson* est une sorte de veste sport ; il est généralement resserré à la taille. L'ANORAK est un *blouson* imperméable spécialement conçu pour le ski.

**blue-jean** [bludʒin], pl. **blue-jeans**, ou **jean** [dʒin] n. m.
[vêtement] *J'espère que pour aller au mariage d'Hubert, tu mettras autre chose qu'un blue-jean.*

**G.** JEAN est l'abrév. courante de *blue-jean*.
**S.** Le *blue-jean* est un pantalon sport, en toile ou en velours.

**bœuf** [bœf] n. m., pl. **bœufs** [bø]
[animal] (compt.) *La voiture a dû s'arrêter : un bœuf traversait la route ! • Oh ! il n'est pas à plaindre : tu vois ce troupeau de bœufs là-bas ? C'est à lui.* ◆ [aliment] (non-compt., au sing.) *La dernière fois, je leur ai fait du bœuf ; ce soir, pour changer, on mangera un poulet. • Va acheter deux côtes de bœuf chez le boucher : nous serons cinq dimanche pour déjeuner.*

# BOIRE

**S.** Le *bœuf* (compt.) est un animal châtré qui s'oppose au TAUREAU, la femelle étant la VACHE et le petit le VEAU ; le *bœuf* est destiné à la boucherie, le taureau à la reproduction. Le *bœuf* (non-compt.) est la viande rouge la plus consommée en France ; elle se mange grillée (bifteck, chateaubriand, tournedos), rôtie (rosbif), bouillie (pot-au-feu), cuite à l'étouffée (bœuf mode, [bœuf] bourguignon).

**boire** [bwar] v. t. (conj. **67**)
I. [v. t.] (sujet qqn, un animal) **boire (un liquide)** [À table] : « *Tu bois du vin ou de l'eau ?* » ● *Je peux boire dans ton verre ?* ● *Le chat a déjà bu tout le lait !* ● *Si le bébé pleure, donnez-lui à boire.*
II. [sans compl.] (sujet qqn) *Jacques n'a pas supporté d'être au chômage : il s'est mis à boire.* ● *Pierre boit trop : hier soir, il était encore ivre.*

**S. 1.** *Boire* (sens I), c'est avaler un liquide quel qu'il soit. Il s'oppose à MANGER. — **2.** *Boire* (sens II), c'est *boire* beaucoup d'alcool ; il a pour syn. plus forts SE SOÛLER (fam.) et S'ENIVRER (soutenu).
**L. buvable** (adj.) [sens I] Cette eau est-elle bonne à boire ? → *cette eau est-elle buvable ?*
◆ **imbuvable** (adj.) [sens I] Cette eau n'est pas bonne à boire → *cette eau est imbuvable.*

**bois** [bwa] n. m.
I. [matière] (non-compt., au sing.) *Il faudrait ramasser du bois sec pour faire le feu.* ● *Ils se sont fait construire à la montagne une maison en bois.*
II. [lieu naturel] (compt.) *On s'est arrêté près d'un petit bois pour marcher un peu.* ● *C'est dans les bois que vous avez cueilli tous ces champignons ?*

**S. 1.** Le *bois* (sens I) des arbres (chêne, sapin, bouleau, acajou, etc.) sert à la menuiserie et à l'ébénisterie. — **2.** Un *bois* (sens II) est un lieu couvert d'arbres, en général moins étendu qu'une forêt. *Dans les bois* (plur. à valeur générale) a pour syn. DANS LA FORÊT.
**L. boisé, e** (adj.) [sens II] C'est une région où il y a des bois → *c'est une région boisée.*

**boisson** [bwasɔ̃] n. f.
[aliment] *Qu'est-ce que tu prends comme boisson, du vin ou de la bière ?* ● *Donne-moi une boisson fraîche, je meurs de soif.* ● *On est invité chez Françoise : elle a demandé si on pouvait apporter les boissons.*

**S.** *Boisson* est un terme générique qui désigne tout liquide, alcoolisé ou non, qui peut être bu (vin, bière, eau minérale, jus de fruits, cidre, etc.).

**boîte** [bwat] n. f.
[objet, récipient] *Elle met toutes ses photos dans une vieille boîte à chaussures.* ● *Où avez-vous mis la boîte d'allumettes ?* ● *Oh ! j'ai oublié de mettre les lettres à la boîte (aux lettres) !* ● *Les haricots frais sont bien meilleurs que les haricots en boîte (de conserve).* ◆ [contenu] *Ils ont mangé toute la boîte de chocolats, et moi, il ne m'en reste plus !*

**S.** Une *boîte* est un type d'emballage, en carton ou en métal, ou un récipient en bois, en plastique ou en métal. Suivi d'un compl. indiquant ce qu'elle contient, *boîte* désigne aussi le produit contenu.

**boiter** [bwate] v. i. (conj. **1**)
(sujet qqn) *Qu'est-ce que tu as à boiter comme ça, tu as mal à la jambe ?*

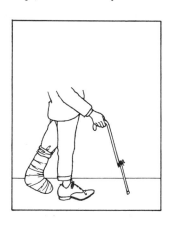

**S.** *Boiter*, c'est marcher de façon anormale en inclinant à chaque pas le corps d'un côté.
**L. boitiller** (v. i.) Depuis son accident, il boite légèrement → *depuis son accident, il boitille*.

**bol** [bɔl] n. m.
[objet, récipient] *Le matin, tu prends ton café dans un bol ou dans une tasse ?*
◆ [contenu] *Qui a fini mon bol de chocolat ?*
**S.** Le *bol* est plus grand que la tasse et sans anse.

**bombarder** [bɔ̃barde] v. t. (conj. 1) (sujet qqn, un avion) **bombarder un lieu** *Berlin a été bombardé pendant la dernière guerre*.
**S.** *Bombarder un lieu,* c'est l'attaquer en lançant des BOMBES pour le détruire.
**L. bombardement** (n. m.) *Après avoir été bombardée, la ville a été reconstruite* → *après le bombardement, la ville a été reconstruite.*

**bombe** [bɔ̃b] n. f.
[arme] *La ville avait été entièrement détruite par les bombes pendant la guerre.*
● *D'après la radio, l'explosion d'une bombe aurait fait plusieurs morts.*
**S.** Une *bombe* est un engin explosif de puissance variable.
**L. bombarder,** v. ce mot.

**1. bon, bonne** [bɔ̃, bɔn] adj., **bon** adv.
I. [adj.] (se dit de qqn, de qqch ; avant le n.) *Si tu te soignes tout seul, tu ne guériras pas ; tu devrais voir un bon médecin.* ● *Si on allait au cinéma ? On pourrait voir un bon film ?* — *C'est une idée, mais je préférerais faire un bon repas ; tu ne connais pas un bon restaurant ?* ● *Toi qui es bon en mathématiques, tu ne pourrais pas m'aider à faire ce problème ?* ◆ (sujet qqn) **en avoir de bonnes** *Quoi ? Partir tout de suite ? Tu en as de bonnes, toi ! Je ne suis pas prête !*
◆ **elle est (bien) bonne!** *Ah ! Pierre se marie avec Hélène ? Elle est bien bonne, celle-là : il la détestait !* ◆ [adv.] (manière) **il fait bon** *Ce n'est pas la peine de prendre un manteau, il fait très bon dehors.*
II. (se dit de qqn, de qqch ; après le n.) **bon à, pour qqch** ou **inf.** *Chaque fois qu'on lui demande quelque chose, il fait une bêtise : il n'est vraiment bon à rien.* ● *C'est pour quoi ce médicament ? — Oh ! c'est bon pour tout : mal de tête, mal de gorge.* ● *Ah, c'est ton père le directeur ? Eh bien, c'est toujours bon à savoir, ça peut toujours servir.*

III. (se dit de qqn ; après ou, plus rarement, avant le n.) *Il veut paraître un homme dur et sévère, mais, au fond, c'est un homme bon.*
IV. (se dit de qqch ; avant le n.) *Il y a longtemps que tu ne l'as pas vu ? — Oh ! ça fait un bon mois.* ● *Allez, bois un bon coup, ça te fera du bien !* ● *Il y a longtemps que tu m'attends ? — Oh ! oui, ça fait un bon moment que je suis là !*

**G.** *Bon* a pour comparatif de supériorité MEILLEUR et pour comparatif d'infériorité PIRE ou, plus couramment, MOINS BON.
**S. 1.** Au sens I, *bon* (contr. MAUVAIS) traduit que la personne ou l'objet a exactement la qualité qu'on en attend ; les sens suivants varient suivant les contextes : un *bon fauteuil* est un *fauteuil* CONFORTABLE, un *bon stylo* est un *stylo* QUI ÉCRIT BIEN, un *bon médecin* est un *médecin* CAPABLE, EFFICACE, etc. *Être bon* en qqch, signifie ÊTRE FORT EN qqch ou ÊTRE BRILLANT, BRILLER (plus fort), EXCELLER (soutenu et plus fort). *En avoir de bonnes* (fam.) a pour syn. Y ALLER (UN PEU) FORT, EXAGÉRER. *Elle est bien bonne !* traduit l'étonnement et relève de la langue fam. ; le syn. plus fort est C'EST INCROYABLE ! —
**2.** *Être bon à* qqch (sens II) a pour syn. ÊTRE UTILE À qqch. *N'être bon à rien*, c'est NE RIEN SAVOIR FAIRE. — **3.** *Bon* (sens III) a pour syn. GÉNÉREUX ou, moins fort, GENTIL et, fam., BRAVE (avant le n.). — Au sens IV, *bon* indique un haut degré. C'est un intensif qui a pour équivalents GRAND, GROS, LONG ; il marque une durée ou une intensité importantes.

**2. bon !** [bɔ̃] interj.
[conclusion] *Bon, je te quitte, il est 5 heures.* ● *Tu ne veux pas venir avec moi ? Bon ! Alors je pars tout seul !* ◆ **à quoi bon !** *Je voulais lui écrire, et puis... à quoi bon ! De toute façon, elle ne me répondra pas.*
◆ [emphase] **ah bon ?** *Jacques vient d'arriver ! — Ah bon ? Je ne savais pas !*

**S.** *Bon !.* marquant un changement dans le discours, introduit une information nouvelle et a pour syn. BIEN ! EH BIEN ! ou conclut une information antérieure, et il a alors pour syn. SOIT ! D'ACCORD ! *À quoi bon !* constitue une réflexion désabusée, et marque la lassitude devant une éventualité à venir. À QUOI ÇA SERT ! ou POURQUOI ? *Bon* renforce *ah* dans *ah bon !* qui marque l'étonnement ; AH ? AH OUI ? AH TIENS ! sont des syn.

**bonbon** [bɔ̃bɔ̃] n. m.
[aliment] *Ne mange pas tant de bonbons, tu vas t'abîmer les dents !* ● *Qui t'a donné ce paquet de bonbons ?*

**S.** Les *bonbons* les plus courants sont les sucettes, les caramels, les bonbons acidulés, les pralines. Les SUCRERIES sont toutes les friandises fabriquées avec du sucre.

**bond** [bɔ̃] n. m.
I. [action, qqn, et résultat] *Avec un bond de deux mètres trente, il a égalé son record personnel.*
II. [action, qqn, qqch] **bond (en avant)** *Nous prévoyons pour les années 80 un formidable bond en avant de l'économie du pays.*
III. (sujet qqn) **faire faux bond (à qqn)** *Cette fois-ci, c'est sûr, vous viendrez, vous ne me ferez pas faux bond ?*

**S. 1.** *Bond* (sens I), c'est l'action de BONDIR, de sauter en hauteur ou en longueur ; le syn.

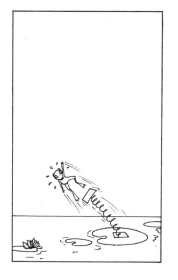

courant est SAUT. — **2.** *Bond en avant* (sens II) [soutenu] a pour syn. moins fort PROGRÈS. — **3.** *Faire faux bond* (sens III), c'est ne pas répondre à une demande alors qu'on l'avait promis, manquer un rendez-vous fixé, etc.

**bondé, e** [bɔ̃de] adj. (après le n.)
(se dit d'un moyen de transport, d'un lieu) *À 6 heures du soir, quand je rentre de mon travail, le métro est toujours bondé ; je suis parfois obligé d'attendre le suivant.* • *Nous sommes allés voir un film comique, il y avait un monde fou, le cinéma était bondé.*

**S.** Est *bondé* un lieu, un moyen de transport qui est PLEIN (DE GENS) [moins fort] ; le contr. est VIDE.

**bondir** [bɔ̃dir] v. i. (conj. 15)
(sujet qqn, un animal) *Le chasseur croyait être en sécurité, mais le lion le vit, bondit sur lui et le tua.*

**S.** *Bondir*, c'est FAIRE UN BOND ; les syn. sont S'ÉLANCER, SE JETER, SAUTER.
**L.** *bond*, v. ce mot.

**bonheur** [bɔnœr] n. m.
I. [événement, qqn] (non-compt., au sing.) *C'est un grand bonheur pour moi de vous avoir tous à dîner ce soir.* • *Quel bonheur que tu sois là, je ne m'y attendais pas !*
◆ **par bonheur** *Par bonheur, on est arrivé avant la nuit.*
II. [état, qqn] (compt., surtout au sing.) *L'argent ne fait pas le bonheur, c'est ce qu'on dit tout au moins !* • *Tu vis à la campagne ? Tu ne connais pas ton bonheur !*
◆ (sujet qqch) **porter bonheur (à qqn)** *Pierre choisit toujours le chiffre treize, il croit que ça lui porte bonheur !*

**S. 1.** Un *bonheur* (sens I) est un événement qui apporte une grande satisfaction, une grande joie. *Quel bonheur !* est syn. de QUELLE CHANCE ! et s'oppose à QUEL MALHEUR ! *Par bonheur* a pour syn. PAR CHANCE, HEUREUSEMENT, PAR VEINE (fam.), et pour contr. PAR MALHEUR, MALHEUREUSEMENT. — **2.** Le *bonheur* (sens II) est l'état de celui qui est heureux. Le contr. est MALHEUR. *Porter bonheur à* qqn, c'est attirer le *bonheur* sur lui, par oppos. à PORTER MALHEUR.

**bonhomme, bonne femme** [bɔnɔm, bɔnfam] n., pl. **bonshommes, bonnes femmes** [bɔ̃zɔm, bɔnfam]
I. [n.] (personne) *Georgette, il y a un bonhomme qui te demande au téléphone.* • *Ah, ces bonnes femmes, toujours en retard !*
II. [n. m.] (objet) [au masc. seulem.] *Mais oui, il est très beau le bonhomme que tu as dessiné.* • *Les enfants ont fait un bonhomme de neige dans le jardin.*

**S. 1.** *Bonhomme, bonne femme* (sens I) sont des syn. fam. et souvent péjor. de QUELQU'UN. — **2.** *Bonhomme* (sens II) désigne un dessin, une production enfantine figurant une PERSONNE.

**bonjour !** [bɔ̃ʒur] interj.
[salut] *Bonjour ! Vous allez bien ? — Et vous-même ?* • *Elle ne me dit plus jamais bonjour, je pense qu'elle m'en veut.*

**S.** *Bonjour !* est un terme de politesse employé quand on rencontre qqn pour la première fois

de la journée; SALUT! est un syn. fam. *Dire bonjour à* qqn, c'est le SALUER.

**bonsoir!** [bɔ̃swar] interj.
[salut] *Il est tard. Bonsoir! À demain matin.* • *Il est allé se coucher sans dire bonsoir à personne.*

**S.** *Bonsoir!* est un terme de politesse employé quand on rencontre qqn le soir ou quand on le quitte ; dans ce dernier cas, il a pour syn. AU REVOIR! et SALUT! (fam.).

**bord** [bɔr] n. m.
I. [localisation] **au bord de qqch (lieu)** *On a trouvé un hôtel très agréable au bord de la rivière.* • *Vous allez encore au bord de la mer cet été?* ◆ [partie d'un objet] (compt.) *Fais attention à ce verrre, le bord est cassé,*

*tu vas te couper.* • *Quelle peur j'ai eue en voyant les enfants debout sur le bord de la fenêtre!* • *Avec ce brouillard, on distingue mal le bord de la route, il faut faire attention.*
II. [temps] **au bord de qqch** *Arrête de m'ennuyer, je suis au bord de la crise de nerfs.*
III. [localisation] **à bord (d'un moyen de transport)** *Paul n'a jamais pu monter à bord d'un bateau, il a le mal de mer.* • *Quand l'avion s'est écrasé, il y avait une centaine de passagers à bord.*

**S. 1.** *Bord* (sens I) s'emploie pour désigner soit la proximité immédiate (syn. PRÈS DE), soit la limite dans l'espace d'un objet, d'une surface. *Au bord de la mer* a pour syn. À LA PLAGE, SUR LA CÔTE. Le *bord de la mer* a pour syn. soutenu le RIVAGE. Le *bord d'une rivière, d'un fleuve,* c'est la RIVE, la BERGE. Le *bord d'une route,* c'est le CÔTÉ ou le BAS-CÔTÉ. En parlant de la limite d'un objet, *bord* a souvent pour syn. REBORD. — **2.** Au sens II, *être au bord de* suivi d'un nom est équivalent à ÊTRE SUR LE POINT DE suivi d'un verbe (*Je suis au bord de la crise de nerfs* → JE SUIS SUR LE POINT D'AVOIR UNE CRISE DE NERFS). — **3.** Au sens III, DANS, DEDANS sont des syn. moins précis de *à bord d'(un bateau), d'(un avion).*
**L. border,** v. ce mot.

**border** [bɔrde] v. t. (conj. 1)
I. (sujet qqch) **border qqch** *La voiture s'est écrasée sur un des arbres qui bordent la route.*
II. (sujet qqn) **border un enfant, un malade** *Je me souviens, quand j'étais petite, ma mère venait tous les soirs me border dans mon lit.*

**S. 1.** *Border* (sens I) a pour syn. LONGER, ÊTRE AU BORD DE. — **2.** *Border un enfant, un malade* (sens II), c'est, quand il est couché dans son lit, rabattre le drap supérieur et les couvertures sous le matelas.

**bordure** [bɔrdyr] n. f.
[partie d'un objet] *Qu'est-ce que tu as choisi comme assiettes? — Des assiettes blanches avec une bordure bleue.* ◆ [localisation] **en bordure d'un lieu** *Qu'est-ce qu'elles doivent être chères, ces maisons en bordure du bois de Boulogne!*

**S.** La *bordure* d'un objet est ce qui garnit, décore, forme son BORD. *En bordure de* a pour syn. AU BORD DE, À PROXIMITÉ IMMÉDIATE DE.

**borné, e** [bɔrne] adj. (après le n.)
(se dit de qqn, de son esprit) *Jamais il n'admettra cela, tu sais, il est plutôt borné.*

# BORNER

**S.** Est *borné* celui qui a l'esprit étroit, qui a des difficultés à comprendre.

**borner (se)** [bɔrne] v. pr. (conj. 1) (sujet qqn) **se borner à** + **inf.** *Non, nous ne pouvons rien vous dire de notre enquête, je me bornerai simplement à dire ceci : elle est en bonne voie.*

**S.** *Se borner à* indique une restriction ; SE CONTENTER DE est un syn. moins fort.

**botte** [bɔt] n. f.
[vêtement] *Il pleut, tu ferais mieux de mettre tes bottes !*

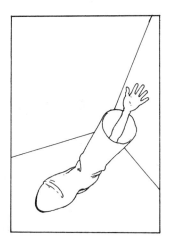

**S.** Les *bottes* sont un type de chaussures montantes, en cuir ou en caoutchouc ; elles montent plus ou moins haut. Les BOTTINES sont de petites *bottes* ne couvrant que la cheville.

**bouche** [buʃ] n. f.
I. [partie du corps] *Va t'essuyer la bouche, tu es plein de chocolat !* • *Je ne comprends pas ce que tu dis, ne parle donc pas la bouche pleine.* • *Chaque fois qu'il ouvre la bouche, c'est pour dire des bêtises.* • *Jean n'a pas ouvert la bouche de toute la soirée.*
II. [lieu, accès] **bouche de métro** *Il y a un marchand de journaux près de la bouche de métro.*

**S. 1.** La *bouche* (sens I) est constituée par les lèvres (partie extérieure) et par la langue, les

dents, le palais (parties intérieures) ; en parlant d'un chien, on dit la GUEULE, en parlant d'un oiseau, on dit le BEC. PARLER est un syn. d'*ouvrir la bouche* ; *ne pas ouvrir la bouche* a pour syn. SE TAIRE, RESTER SILENCIEUX (soutenu).
— **2.** La *bouche de métro* (sens II), c'est l'entrée de la station de métro.

**bouchée** [buʃe] n. f.
[quantité] **bouchée (de qqch [aliment])** *Elle a bu un peu et mangé quelques bouchées de viande, c'est tout.*

**S.** Une *bouchée*, c'est la quantité d'un aliment qu'on met en une fois dans la BOUCHE.

**1. boucher, ère** [buʃe, ɛr] n.
[personne, profession] *Ta viande est très bonne. Chez quel boucher l'achètes-tu ?* • [*Chez le boucher*] : « *Vous me donnerez deux biftecks.* »

**S.** Le *boucher* est un commerçant qui vend de la viande fraîche (bœuf, veau, mouton) et parfois du porc et des volailles, au contraire du CHARCUTIER qui ne vend que du porc (frais et salé), du TRIPIER qui ne vend que des abats (foie, cervelle, tripes), du VOLAILLER qui ne vend que des volailles. On achète de la viande de cheval dans une BOUCHERIE CHEVALINE.
**L. boucherie** (n. f.) On va à la boutique du boucher → *on va à la boucherie*.

**2. boucher** [buʃe] v. t. (conj. 1)
I. (sujet qqn, qqch) **boucher un trou, un passage** *Avant de peindre les murs, il va falloir boucher tous les trous.* • *Zut ! le lavabo est encore bouché ; il ne se vide plus.* • *Ne prends pas l'autoroute, elle est bouchée à cause d'un accident.*
II. (sujet qqn) **boucher une bouteille** *La bouteille est si bien bouchée que je n'arrive pas à l'ouvrir.*

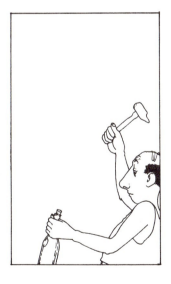

III. (sujet qqn) **se boucher les oreilles, le nez, les yeux** *Ils trouvaient cette musique tellement mauvaise qu'ils se bouchaient les oreilles.*

**S. 1.** Quand il s'agit d'un passage, d'une rue (sens I), *boucher* a pour syn. BARRER, BLOQUER, OBSTRUER (soutenu). — **2.** Le syn. est FERMER quand il s'agit d'une bouteille (sens II). — **3.** *Se boucher les oreilles* (sens III), c'est faire en sorte de ne pas entendre ; *se boucher le nez*, c'est se pincer les narines pour ne pas sentir ; *se boucher les yeux*, c'est les couvrir de la main pour ne pas voir.
**L. déboucher,** v. ce mot. ◆ **reboucher** (v. t.) [sens I et II] Il a bouché de nouveau la bouteille → *il a rebouché la bouteille*.

**bouchon** [buʃɔ̃] n. m.
[objet] *Zut ! le bouchon est tombé dans la bouteille de vin !* • *Où est passé le bouchon du tube dentifrice ?*

**S.** Un *bouchon* sert à BOUCHER, à fermer un tube, un flacon et, plus particulièrement, une bouteille de vin (on l'enfonce dans le goulot). Les autres bouteilles (jus de fruits, eau minérale) sont fermées par des capsules. Un TIRE-BOUCHON permet d'ouvrir une bouteille de vin, un décapsuleur permet d'ôter les capsules.

**bouder** [bude] v. i. (conj. 1)
(sujet qqn) *Dès qu'on lui refuse quelque chose, Jacqueline boude, c'est insupportable !*

**S.** *Bouder,* c'est manifester pendant assez longtemps de la mauvaise humeur, ne parler à

# BOUE

personne, etc. ; FAIRE LA TÊTE est un syn. moins fort et fam.
**L. boudeur, euse** (adj.) Elle le regarda avec l'air de quelqu'un qui boude → *elle le regarda avec un air boudeur.*

**boue** [bu] n. f.
[matière] (non-compt., au sing.) *Qu'est-ce qu'il a plu ! Regarde, mon pantalon est plein de boue.* • *Essuyez vos pieds avant d'entrer, vous avez de la boue sur vos chaussures.*

**S.** La *boue* est de la terre très mouillée et amollie par la pluie.
**L. boueux, euse** (adj.) Le chemin est plein de boue → *le chemin est boueux.*

**bouger** [buʒe] v. i. et v. t. (conj. **4**)
I. [v. i.] (sujet qqn, un animal) *Si tu bouges sans arrêt, je ne pourrai pas prendre la*

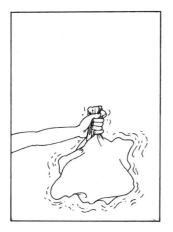

*photo !* • *Le chien n'est pas mort puisqu'il bouge encore !* ◆ (sujet qqn) **ne pas bouger (d'un lieu)** *Passe me voir quand tu veux ; de toute façon, je ne bouge pas de chez moi.*
II. [v. t.] (sujet qqn) **bouger une partie du corps** *Il a dû se casser quelque chose, il ne peut plus bouger le bras.* • *Regarde-moi en face, sans bouger les yeux.*

**S. 1.** *Bouger* (sens I) a pour syn. SE DÉPLACER, REMUER. Les contr. de *ne pas bouger (d'un lieu)* sont S'ABSENTER et PARTIR ; le syn. est RESTER.
— **2.** *Bouger une partie du corps,* c'est FAIRE UN MOUVEMENT, la DÉPLACER, la REMUER.
**L. bougeotte** (n. f.) [sens I] *Fam.* Il bouge tout le temps → *il a la bougeotte.*

**bougie** [buʒi] n. f.
[objet] *Tiens, il n'y a plus de lumière ; c'est encore une panne d'électricité. Mais où sont donc les bougies ?*

**S.** Une *bougie* en cire, munie d'une mèche qu'on allume, permet d'éclairer sans électricité. CHANDELLE est un syn. soutenu.

**bouillant, e** [bujɑ̃, ɑ̃t] adj. (après le n.)
(se dit d'un liquide) *Le café est bouillant, je me suis brûlé la langue : tu aurais pu faire attention !* • *Il a renversé de l'huile bouillante sur la cuisinière.*

**G.** Cet adj. n'a ni comparatif ni superlatif.
**S.** *Bouillant* se dit de ce qui est trop chaud, qui est proche de l'ÉBULLITION ou qui BOUT. Il a pour syn. BRÛLANT qui indique une chaleur un peu plus faible.

**bouillir** [bujir] v. i. (conj. **28**)
(sujet un liquide, un aliment) *Attention ! Le lait bout, il va déborder.* • *Pour faire du thé, il faut commencer par faire bouillir de l'eau.* • *Une fois que tu as mis l'œuf, ne laisse pas bouillir la crème plus de deux minutes.*

**S.** *Bouillir* s'emploie le plus souvent quand il s'agit d'un liquide et parfois d'un aliment cuit dans l'eau ; dans ce dernier cas, on dit aussi CUIRE. Un liquide est en ÉBULLITION quand il *bout*.
**L. bouillant,** v. ce mot. ◆ **bouilli, e** (adj.) Nettoyez la blessure que vous aurez fait bouillir → *nettoyez la blessure avec un peu d'eau bouillie.*

**boulanger, ère** [bulɑ̃ʒe, ɛr] n.
[personne, profession] *Il n'y avait plus de pain chez le boulanger.* • *Pourquoi y a-t-il trois boulangers dans un si petit village ?*

**S.** Le *boulanger* est à la fois un artisan qui fabrique du pain et un commerçant qui le

vend ; quand il fait aussi des gâteaux, on dit un BOULANGER-PÂTISSIER.
**L. boulangerie** (n. f.) La boutique du boulanger est fermée → *la boulangerie est fermée.*

**boule** [bul] n. f.
I. [objet] *On a accroché de grosses boules de toutes les couleurs aux branches du sapin de Noël.* • *On joue à se lancer des boules de neige ?*
II. [objet, jeu] (compt.) *N'oublie pas d'apporter les boules sur la plage, on fera une partie.* ◆ [jeu] (non-compt., au plur.) *Il y a des gens qui jouent aux boules tous les soirs en bas de chez moi.*

**S. 1.** Une *boule* (sens I) est ronde et a la forme d'une sphère. — **2.** Comme jeu (sens II), les *boules* sont le plus souvent en métal. On dit *jouer aux boules* ou À LA PÉTANQUE.

**bouleau** [bulo] n. m.
[arbre] *À la limite du champ, tu vois un petit bois de bouleaux, où il y a du gibier en septembre.*

**S.** Le *bouleau* est un arbre dont le bois blanc est utilisé pour faire de la pâte à papier.

**boulevard** [bulvar] n. m.
[lieu, passage] *Ils habitent au 120, boulevard du Montparnasse.* • *Le plus simple pour vous est de venir par le boulevard de la Bastille.*

**S.** Le *boulevard* est une voie de communication à l'intérieur d'une ville. Ce mot désigne, comme l'avenue, une artère plus large que la rue. Le *boulevard* PÉRIPHÉRIQUE (ou LE PÉRIPHÉRIQUE [n. m.]) fait le tour de Paris.

**bouleverser** [bulvɛrse] v. t. (conj. **1**)
I. (sujet qqch, qqn) **bouleverser qqch** *Il n'oubliera jamais l'accident qui a bouleversé sa vie, jamais plus il ne sera comme avant.* • *Ces jeunes veulent tout bouleverser : l'ordre, la morale ; mais que feront-ils après ?*
II. (sujet qqch, qqn) **bouleverser qqn** *Le film m'a bouleversé et je n'ai pu m'empêcher de pleurer.*

**S. 1.** *Bouleverser* qqch (sens I) a pour syn. MODIFIER, CHANGER, TROUBLER (moins forts), PERTURBER, CHAMBOULER (fam.), DÉTRUIRE (plus fort). — **2.** *Bouleverser* qqn (sens II) a pour syn. ÉMOUVOIR, TROUBLER, SECOUER (moins forts).
**L. bouleversant, e** (adj.) [sens II] On avait devant nous un spectacle qui nous bouleversait → *on avait devant nous un spectacle bouleversant.* ◆ **bouleversement** (n. m.) [sens I] La vie politique du pays a été profondément bouleversée par cette nouvelle → *cette nouvelle fut à l'origine d'un profond bouleversement dans la vie politique du pays.*

**bouquet** [bukɛ] n. m.
[objet] *Nous sommes invités à dîner chez les Legrand ; qu'est-ce qu'on peut apporter d'autre qu'un bouquet de fleurs, pour changer ?* • *C'est tout un art, de faire des bouquets ; il ne suffit pas de mettre des fleurs ensemble.*

**S.** Le *bouquet* est un ensemble de fleurs coupées et rassemblées dans un but décoratif. La GERBE est un *bouquet* de forme très élancée.

**bouquin** [bukɛ̃] n. m.
[objet, texte] *J'ai pris quelques bouquins avec moi pour lire dans le train.*

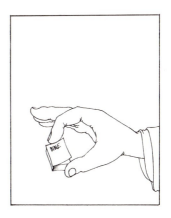

**S.** *Bouquin* (fam.) a pour syn. courant LIVRE et pour syn. soutenu OUVRAGE.
**L. bouquiner** (v. i.) *Fam.* Elle est toujours en

# BOURGEOIS

train de lire des bouquins → *elle est toujours en train de bouquiner.*

**bourgeois, e** [burʒwa, az] n.
[personne, fonction sociale] *Ce quartier est surtout habité par des bourgeois, enfin par des gens qui sont aisés.* • *Ses parents sont de grands bourgeois, ils possèdent un château en Sologne.* • *Leur dispute est devenue violente, il l'a traité de sale bourgeois.*

**S.** *Bourgeois,* souvent utilisé de manière polémique (il est alors péjor.), désigne ceux qui ne travaillent pas de leurs mains (il s'oppose alors à OUVRIER, à PAYSAN, à TRAVAILLEUR MANUEL), qui jouissent de revenus relativement élevés, qui font partie de la classe moyenne et dirigeante, qui sont partisans de l'ordre social (il s'oppose alors à RÉVOLUTIONNAIRE ou PROGRESSISTE).
**L. bourgeoisie,** v. ce mot.

**bourgeoisie** [burʒwazi] n. f.
[état social] (compt., surtout au sing.) *Son père est directeur d'une banque, il fait partie de la grande bourgeoisie.* • *De quel milieu social est-elle ? — De la petite bourgeoisie : ses parents sont des commerçants.* ◆ [collectif, personnes] *C'est la bourgeoisie des villes qui a pris le pouvoir en 1789.*

**S.** *Bourgeoisie* est un terme politique et social ; le terme désigne la classe sociale formée de ceux qui, en régime capitaliste, possèdent les moyens de production. On distingue la *grande bourgeoisie* (industriels, grands propriétaires, etc.), la *moyenne bourgeoisie* et la *petite bourgeoisie* (cadres, professions libérales, fonctionnaires, employés, commerçants, artisans, etc.), par oppos. aux ouvriers (la classe ouvrière, le prolétariat) et aux paysans.

**bourrasque** [burask] n. f.
[phénomène naturel] *Notre bateau a été pris dans une bourrasque près de la côte, qui a failli nous jeter sur les rochers.*

**S.** La *bourrasque* est un coup de vent violent ; il a pour syn. plus fort RAFALE (DE VENT).

**bourrer** [bure] v. t. (conj. **1**)
I. (sujet qqn) **bourrer qqch** *Tu ne devrais pas bourrer ton sac comme ça, il va craquer.*
II. (sujet qqn) **se bourrer de qqch (aliment)** *C'est normal qu'il n'ait plus faim, il s'est bourré de pain avant de passer à table.*

**S. 1.** *Bourrer* qqch (sens I) a pour syn. moins fort REMPLIR. — **2.** *Se bourrer* (sens II), c'est manger beaucoup, SE GAVER.

**bousculer** [buskyle] v. t. (conj. **1**)
(sujet qqn) **bousculer qqn** *Vous avez fini de me bousculer pour passer devant moi !* • *Il paraît qu'à la manifestation quelques passants ont été bousculés par la police.* • *Dis donc ! qu'est-ce qu'il y a comme monde, aujourd'hui, on se bouscule plutôt !*

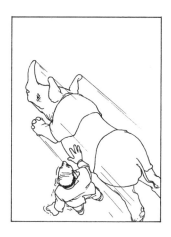

**S.** *Bousculer* a pour syn. plus faible POUSSER. Dans la phrase 1, il a pour syn. HEURTER (soutenu) ; dans la phrase 2, il a pour syn. MALMENER (plus fort) ou MOLESTER (plus fort et soutenu).
**L. bousculade** (n. f.) *Qu'est-ce qu'on a été bousculés dans le métro !* → *quelle bousculade dans le métro !*

**bout** [bu] n. m.
I. [localisation] **au bout de** + n. *Ils nous attendent tout au bout du quai, en tête du train.* • *Le film était si mauvais qu'on est sorti au bout d'un quart d'heure.* ◆ **jusqu'au bout** *J'ai cru jusqu'au bout qu'il réussirait.* • *Même si tu n'es pas d'accord, j'irai jusqu'au bout.* ◆ **au bout du compte** *Pierre parle beaucoup, mais au bout du compte, on s'aperçoit qu'il n'a rien proposé.*
II. [localisation] *Tu as froid ? Tu as le bout du nez tout rouge !*
III. [partie d'un objet] *Passe-moi un bout de pain, s'il te plaît.* • *Qu'est-ce que c'est que tous ces bouts de papier par terre ?* ◆ [quantité] **un bout de temps** *Ne m'attends pas, j'en ai pour un bout de temps !*
IV. (sujet qqn) **être à bout** *Arrête de faire des bêtises, ton père est à bout, il va se*

*mettre en colère.* ● *Quelle journée fatigante ! Je suis à bout, je vais me coucher.*

**S. 1.** Au sens I, *au bout de* indique soit la limite d'un espace et, en ce sens, l'expression s'oppose à AU DÉBUT DE, AU MILIEU DE, soit la fin d'une période déterminée et, en ce sens, il a pour syn. APRÈS. *Jusqu'au bout* a pour syn. JUSQU'À LA FIN. *Au bout du compte* a pour syn. APRÈS TOUT. — **2.** Au sens II, *bout* a pour syn. EXTRÉMITÉ. — **3.** Au sens III, *bout* a pour syn. MORCEAU. *Un bout de temps* signifie ASSEZ LONGTEMPS. — **4.** Au sens IV, *être à bout* a pour équivalents N'EN POUVOIR PLUS, ÊTRE FATIGUÉ, ÉNERVÉ (moins forts), ÉPUISÉ.

**bouteille** [butɛj] n. f.
[objet, récipient] *Si tu vas acheter du vin, n'oublie pas de rendre les bouteilles vides.* ● *Nous n'avons plus aucune bouteille de vin dans la cave, il faudra en faire livrer.* ◆ [contenu] *Eh bien ! puisque vous êtes là, on va boire une bonne bouteille de vin.*

**S.** Une *bouteille* est un récipient en verre, quelquefois en plastique, dont la contenance, pour les produits alimentaires liquides (lait, huiles, etc.), est le plus souvent de 1 litre. Cependant, quand il s'agit de vin, la *bouteille*, par oppos. au LITRE, contient 75 centilitres. Suivi d'un compl. indiquant le liquide contenu, *bouteille* désigne aussi le produit.

**boutique** [butik] n. f.
[lieu, commerce] *Les boutiques sont souvent plus chères que les grands magasins.* ● *Dans quelle boutique as-tu acheté ta robe ?* ● *Tiens, il y a une nouvelle boutique de vêtements à côté du café, tu as vu ?*

**S.** *Boutique* désigne en général un commerce plus petit qu'un magasin.

**bouton** [butɔ̃] n. m.
I. [maladie] *Qu'est-ce qui t'arrive ? Tu as plein de boutons sur la figure !* ● *Danielle a un bouton qui lui pousse sur le nez.*
II. [objet] **bouton (de vêtement)** *Je ne peux plus fermer mon manteau, j'ai perdu tous les boutons.* ● *Tu n'as pas trouvé mon bouton de chemise ?*
III. [objet] **bouton (d'un appareil, de l'éclairage)** *Pour arrêter la machine, il suffit de tourner le bouton rouge.* ● *Je n'arrive pas à trouver le bon bouton pour allumer l'escalier. — Appuie sur celui-ci.*

**S. 1.** Les *boutons* (sens I) sont parfois le symptôme de maladies contagieuses comme la rougeole, la rubéole, la varicelle. — **2.** Le *bouton* (sens III) qui permet d'ouvrir ou de fermer l'électricité s'appelle un INTERRUPTEUR.
**L. boutonnière** (n. f.) [sens II] *Il n'y a pas de boutonnière* (← il n'y a pas de trou pour passer le bouton). ◆ **boutonner,** v. ce mot.

**boutonner** [butɔne] v. t. (conj. **1**)
(sujet qqn) **boutonner un vêtement** *Boutonne ton manteau, il fait froid dehors.* ◆ (sujet un vêtement) **se boutonner** *Cette jupe se boutonne sur le côté.*

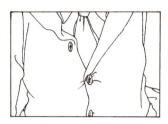

**S.** *Boutonner,* c'est fermer un vêtement par des BOUTONS.
**L. déboutonner** (v. t.) *Déboutonne ton gilet, il est plus joli ouvert que fermé* (← défais les boutons). ◆ **reboutonner** (v. t.) *Reboutonne ton veston* (← boutonne de nouveau ton veston qui est déboutonné).

**boxe** [bɔks] n. f.
[sport] (non-compt., au sing.) *Vous avez déjà assisté à un match de boxe ?* ● *Ne te bats pas avec lui, il fait de la boxe, tu sais.*

**S.** La *boxe* est un sport de combat, de lutte qui oppose deux personnes sur un ring. Le BOXEUR porte des gants de *boxe.*
**L. boxeur** (n. m.) *Regarde ce type avec le nez cassé, il fait sans doute de la boxe → regarde ce type avec le nez cassé, il est sans doute boxeur.*

**bracelet** [braslɛ] n. m.
I. [objet personnel] *Elle portait cinq ou six bracelets à chaque bras, ça faisait un de ces bruits !* ● *Pour son anniversaire, on pourrait lui acheter un bracelet en argent, qu'est-ce que tu en penses ?*
II. [objet personnel] **bracelet (d'une montre)** *Il faut que je change mon bracelet : le cuir est tout usé.*

**S. 1.** Le *bracelet* (sens I) est un bijou en forme de cercle que les femmes surtout portent autour du poignet. — **2.** Le *bracelet* (sens II) est un cercle en cuir, en plastique, en métal, etc., qui maintient une montre autour du poignet.

**brailler** [braje] v. i. (conj. **1**)
(sujet qqn) *Quand donc le gosse des voisins*

va-t-il cesser de brailler ! Ça fait une heure qu'il crie, et il n'y a personne pour s'occuper de lui.

**S.** *Brailler*, fam. et intensif de CRIER, a pour syn. HURLER (plus fort).
**L. braillard, e** (n. et adj.) *C'est un braillard incapable d'agir* (← qqn qui braille sans cesse).

**branche** [brɑ̃ʃ] n. f.
[partie d'un végétal] *C'est dommage que l'orage ait cassé les plus grosses branches de l'arbre.* • *C'est pour faire du feu que vous avez ramassé toutes ces branches mortes ?*

**S.** Les *branches* partent du tronc de l'arbre ou de l'arbuste et portent les feuilles et éventuellement les fruits. Une BRINDILLE est une toute petite *branche*.

**brancher** [brɑ̃ʃe] v. t. (conj. **1**)
(sujet qqn) **brancher qqch (appareil élec-**

**trique)** *Je ne comprends pas pourquoi la télé ne marche pas.* — *Évidemment, tu ne l'as pas branchée !*

**S.** *Brancher un appareil électrique*, c'est le mettre en relation avec l'électricité, au moyen d'une prise, pour le faire marcher.
**L. débrancher** (v. t.) Le poste n'est plus branché → *le poste est débranché*.

**braquer** [brake] v. t. et v. i. (conj. **1**)
I. [v. t.] (sujet qqn) **braquer les roues d'une voiture** *Je vais te guider pour sortir la voiture : braque tes roues vers le trottoir et maintenant recule.* ◆ [v. i.] (sujet une voiture) *Cette petite voiture est très com-*

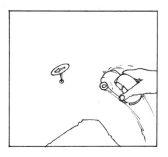

*mode à Paris ; elle braque bien et on peut tourner facilement.* ◆ [v. t.] (sujet qqn) **braquer une arme sur, vers qqn** *Les policiers ont braqué leurs armes sur les bandits et ceux-ci se sont laissé désarmer.*
II. [v. t.] (sujet qqn, son attitude) **braquer qqn** *Tu lui fais des remarques désagréables et tu finiras par le braquer contre toi.* ◆ (sujet qqn) **se braquer, être braqué contre qqch, qqn** *Rien à faire pour le convaincre ; il est braqué contre ce projet, il vaut mieux ne pas insister.*

**S. 1.** Au sens I, *braquer les roues*, c'est les obliquer afin de changer de direction ; *braquer une arme sur* ou *vers* qqn, c'est la diriger en visant sur lui. — **2.** Au sens II, *braquer* qqn, c'est provoquer chez lui une opposition résolue. Le syn. est BUTER.

**bras** [bra] n. m.
I. [partie du corps] *Marion s'est cassé le bras aux sports d'hiver ?* • *Donne-moi le bras pour traverser la rue.* • *Jérôme se promène toujours avec un livre sous le bras.*
II. [partie d'un meuble] *Attention ! tu vas casser le bras du fauteuil si tu t'assois dessus !*

**S. 1.** Le *bras* (sens I) part de l'épaule et se termine au poignet, qui joint l'avant-bras à la main, l'AVANT-BRAS étant la partie du *bras* comprise entre le coude et le poignet. Le biceps est le muscle du *bras*. — **2.** *Bras* (sens II) s'emploie surtout en langue courante pour parler d'un fauteuil ; le syn. technique est ACCOUDOIR.

**brave** [brav] adj.
I. (se dit de qqn, de son attitude ; après le n.) *Tu sais, je ne suis pas très brave, alors prendre ce chemin dans la montagne, ça ne me dit rien.*
II. (se dit de qqn ; toujours épithète avant le n.) *Heureusement que de braves gens nous ont dit où tu habites, sinon on n'aurait jamais trouvé !* • *Je ne le connais pas, mais il paraît que c'est un brave type.*

**G.** Au sens II, l'adj. n'a ni comparatif ni superlatif.
**S. 1.** *Brave* (sens I) a pour syn. courant COURAGEUX. — **2.** BON, GENTIL sont des syn. de *brave* au sens II, qui est parfois péjor. ou ironique *(elle n'est pas très maligne, mais c'est une brave fille).*
**L. bravoure** (n. f.) [sens I] Il s'est montré très brave au cours de l'incendie → *il a montré une grande bravoure au cours de l'incendie.*

**braver** [brave] v. t. (conj. **1**)
(sujet qqn) **braver un danger, la mort** *Vingt fois, les pompiers bravèrent la mort pour sauver ceux qui étaient dans l'immeuble en flammes.*

**S.** *Braver un danger* (soutenu), c'est s'y exposer volontairement, l'affronter sans peur.

**bravo !** [bravo] interj.
[enthousiasme] *Ça y est, tu es reçu ? Bravo !*

• *Attends au moins la fin du spectacle pour crier bravo !*

**S.** *Bravo !* marque une forte approbation, l'enthousiasme et accompagne en général des applaudissements. Un syn. plus fort est FÉLICITATIONS !

**bravoure** → BRAVE L.

**brebis** [brəbi] n. f.
[animal] *la brebis est suivie de son agneau ; regarde comme il ne la quitte pas.*

**S.** La *brebis* est la femelle du bélier, et appartient à l'espèce des moutons.

**bref, brève** [brɛf, brɛv] adj. (après ou, plus rarement, avant le n.), **bref** adv.
I. [adj.] (se dit de qqn) *Je vous écoute, mais soyez bref, j'ai un rendez-vous.* ◆ (se dit de qqch) *On voit que les enfants s'amusent, car leur lettre est vraiment brève.*
II. [adv.] (conclusion) *Bref, ça te plaît ou ça ne te plaît pas ?* • *Bref, si je comprends bien, j'irai toute seule au cinéma.*

**S. 1.** *Bref* (adj.) indique une durée très peu étendue ; il a pour syn. COURT (plus usuel), RAPIDE ou CONCIS (soutenu). Le contr. est LONG. — **2.** *Bref* (adv.), seul en tête de phrase, exprime la conclusion d'un discours ; il a comme syn. EN FIN DE COMPTE, AU BOUT DU COMPTE, ENFIN, EN PEU DE MOTS, FINALEMENT, EN SOMME.
**L. brièvement** (adv.) [sens I] Dis-nous, en étant bref, ce que tu en penses → *dis-nous brièvement ce que tu en penses.* ◆ **brièveté** (n. f.) [sens I] Mon séjour est bref ; je le regrette → *je regrette la brièveté de mon séjour.*

**bricoler** [brikɔle] v. i. et v. t. (conj. **1**)
[v. i.] (sujet qqn) *Ce que j'aime le*

*dimanche, c'est être seul et pouvoir bricoler, refaire les peintures, poser du papier sur les murs ou des carreaux dans la cuisine.* ◆ [v. t.] **bricoler qqch** *Il a bricolé lui-même un petit poste de radio qui fonctionne assez bien.*

**S.** *Bricoler* (fam.), c'est s'occuper en amateur de petits travaux (réparations ou entretien). *Bricoler qqch*, c'est le FABRIQUER en amateur.
**L. bricolage** (n. m.) *Sa distraction principale, c'est de bricoler* → *sa distraction principale, c'est le bricolage.* ◆ **bricoleur, euse** (n.) *C'est qqn qui bricole et il a posé ses carreaux* → *c'est un bricoleur et il a posé ses carreaux.*

**bridge** [bridʒ] n. m.
[jeu] *Mon mari avait l'habitude de jouer au bridge deux fois par semaine et toujours avec les mêmes partenaires.* ● *Va chercher les cartes, on va faire une partie de bridge.*

**S.** Le *bridge* est un jeu qui se joue avec 52 cartes et à quatre joueurs.
**L. bridgeur, euse** (n.) *Il joue très bien au bridge* → *c'est un très bon bridgeur.*

**brièvement, brièveté** → BREF L.

**brillant, e** [brijɑ̃, ɑ̃t] adj. (avant ou après le n.)
I. (se dit de qqch [concret]) *Tu as les yeux brillants : tu as de la fièvre ?* ● *Achetez « Cirpark », le produit qui rend vos parquets plus brillants !*
II. (se dit de qqn, de sa situation, de ses actions) *Il paraît que tu étais un élève très brillant au lycée.* ● *Jeanne est surtout brillante en histoire.* ● *Sa santé n'est pas brillante en ce moment !* ● *Les résultats de Jacques sont brillants, il réussira son examen.* ● *Comment va ton grand-père ? — Oh ! il n'est pas brillant.*

**S. 1.** Est *brillant* (sens I) ce qui BRILLE. Les syn. sont LUISANT, ÉTINCELANT. — **2.** En parlant de qqn, *brillant* (sens II), qui peut être suivi d'un compl. (*brillant en qqch*), a pour syn. plus faible FORT EN qqch et, plus forts, EXCELLENT, REMARQUABLE, DOUÉ. En parlant de la situation, des actions de qqn, les syn. plus forts sont EXCELLENT, REMARQUABLE. Les contr. de *brillant* sont FAIBLE, MÉDIOCRE, MAUVAIS (plus fort). *Ne pas être brillant*, c'est, sur le plan physique, ÊTRE EN MAUVAISE SANTÉ, ALLER MAL.
**L. brillamment** (adv.) [sens II] *Sa réussite a été brillante* → *il a réussi brillamment.*

**briller** [brije] v. i. (conj. 1)
I. (sujet qqch) *Qu'est-ce que tu as mis sur tes chaussures pour qu'elles brillent autant ?* ● *Avec quel produit tu fais briller tes casseroles ?*

II. (sujet qqn) *Georges a été sensationnel à l'examen ; il a brillé dans toutes les matières.* ● *Qu'est-ce qui t'est arrivé hier ? Tu as brillé par ton absence, tu sais.*

**S. 1.** Au sens I, ÉTINCELER (soutenu) est un syn. plus fort. Quand il s'agit d'un objet, le syn. usuel est RELUIRE. *Faire briller des casseroles, des chaussures*, c'est les ASTIQUER. — **2.** Au sens II, *briller*, c'est ÊTRE REMARQUABLE ; on dit *briller par son absence* pour qqn, qqch, dont l'absence n'est pas passée inaperçue.
**L. brillant**, v. ce mot.

**brimer** [brime] v. t. (conj.) **1)**
(sujet qqn) **brimer qqn** *Ce n'est pas juste, c'est toujours moi qui suis brimé et c'est toi qu'on favorise.*

**S.** *Brimer* (soutenu et souvent au pass.) a pour contr. FAVORISER.

**brique** [brik] n. f.
[matière] (non-compt., au sing.) *J'habite la maison en brique rouge qui est à côté de la poste.* ◆ [objet] (compt.) *Qu'est-ce qu'ils font avec ces briques? — Ils construisent un petit mur.*

**S.** La *brique* est un matériau de construction obtenu à partir de terre cuite et qui a la forme d'un parallélépipède.

**briquet** [brikɛ] n. m.
[appareil] *Puisqu'il fume, on pourrait lui offrir un briquet à Noël.* ● *Passe-moi ton briquet pour allumer ma cigarette.*

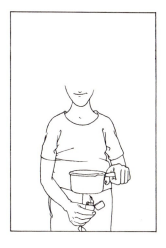

**S.** Les *briquets* fonctionnent avec du gaz ou de l'essence et tendent à remplacer les allumettes pour allumer les cigarettes.

**briser** [brize] v. t. (conj.) **1)**
I. (sujet qqn, qqch) **briser un objet** *Les bandits ont brisé la vitre et volé tous les bijoux.* ◆ (sujet qqch) **se briser** *L'avion n'a pas pu s'élever et est allé se briser sur une colline.*
II. (sujet qqn, qqch) **briser qqn, qqch (action, attitude)** *L'attaque brisa la résistance de l'ennemi et la ville fut occupée.* ● *Tant d'émotions l'ont brisée; elle s'est mise à pleurer.* ● *En faisant appel à des chômeurs, la direction pense pouvoir briser la grève.*

**S. 1.** *Briser un objet* (sens I) est le syn. soutenu de CASSER. *Se briser* a pour syn. usuel

S'ÉCRASER. — **2.** *Briser une action*, c'est la FAIRE CESSER, L'ARRÊTER, LA VAINCRE (soutenu); *briser qqn*, c'est le faire céder, anéantir son courage.

**britannique** [britanik] adj. (après le n.) et n.
[adj.] (se dit de qqch) *Dis-moi le nom des îles britanniques que tu connais.* ◆ [n. et adj.] (personne) *Un Britannique a remporté la course.* ● *Rien qu'à la manière dont il est habillé, on voit qu'il est britannique.*

**G.** L'adj. ne se met ni au comparatif ni au superlatif.
**S.** L'adj. ethnique *britannique* correspond au n. f. GRANDE-BRETAGNE. Les *Britanniques* (notez la majuscule) parlent l'anglais et sont des sujets du Royaume-Uni. ANGLAIS est un syn. courant.

**bronches** [brɔ̃ʃ] n. f. pl.
[partie du corps] *Georges tousse beaucoup, il a les bronches enflammées; il doit avoir de la fièvre.*

**S.** Les *bronches* sont les conduits par lesquels l'air va de la gorge aux poumons.
**L.** *bronchite*, v. ce mot.

**bronchite** [brɔ̃ʃit] n. f.
[maladie] *Elle fume beaucoup, c'est normal qu'elle ait des bronchites sans arrêt.*

**S.** Une *bronchite* est une maladie due à une inflammation des BRONCHES et au cours de laquelle on tousse beaucoup.

**bronze** [brɔ̃z] n. m.
[métal] (non-compt., au sing.) *Alors, qu'est-ce que tu as acheté à la vente? — Une petite statue en bronze du XVIII$^e$ siècle.*

**S.** Le *bronze* est un alliage de cuivre et d'étain, de couleur dorée, très employé en sculpture et pour les objets décoratifs.

**bronzer** [brɔ̃ze] v. i. et v. t. (conj. 1)
[v. i.] (sujet qqn) *Tu n'as pas beaucoup bronzé pendant ces vacances, il n'y avait pas de soleil?* ◆ [v. t.] (sujet le soleil, le vent) **bronzer (qqn)** *C'est le soleil de Bretagne qui l'a bronzé comme ça?* ◆ (sujet qqn) **se bronzer, se faire bronzer, être bronzé** *Où est Jacques? — En train de se faire bronzer sur la plage, comme d'habitude.* ● *Qu'est-ce que tu es bronzée! Tu as été où?*

**S.** *Bronzer* (v. i.), c'est devenir brun, BRUNIR. Être bronzé a pour syn. moins fort ÊTRE HÂLÉ (soutenu) et, plus fort et fam., ÊTRE NOIR. Les contr. sont BLANC, PÂLE.
**L. bronzage** (n. m.) *Cette crème permet de bronzer rapidement* → *cette crème permet un bronzage rapide.*

**brosse** [brɔs] n. f.
[instrument] **brosse (à + n.)** *Je préfère me coiffer avec une brosse plutôt qu'avec un peigne.* ● *J'ai oublié ma brosse à dents.* ● *Où est la brosse à chaussures?*

**S.** Une *brosse* sert à BROSSER les cheveux ou à nettoyer certains objets : la destination de la *brosse* est alors indiquée par un compl. introduit par à.
**L. brosser** (v. t.) *Tu devrais brosser ton manteau, il est plein de poussière* (← le nettoyer avec une brosse).

**brouillard** [brujar] n. m.
[phénomène naturel] (compt.) *Ne conduis pas si vite, le brouillard est épais, et on ne voit pas à cinq mètres.* ◆ (non-compt., au sing.) *Le climat n'est pas bon : il y a toujours du brouillard dans cette région.*

**S.** Le *brouillard* se présente souvent par nappes.
**L. antibrouillard** (adj. inv.) *Tu as des phares antibrouillard sur ta voiture?* (← qui permettent de voir à travers le brouillard).

**brouiller** [bruje] v. t. (conj. 1)
I. (sujet qqn, qqch [abstrait]) **brouiller qqch (plur.)** *Il avait tout fait pour brouiller les pistes, mais la police l'a quand même retrouvé.*
II. (sujet qqn) **se brouiller, être brouillé (avec qqn)** *Les vacances ont été horribles : Pierre s'est brouillé avec Aline, Jacques a eu un accident de moto, bref, nous sommes rentrés plus tôt que prévu.* ● *Ne les invite pas ensemble, ils sont brouillés depuis un an.*

**S. 1.** *Brouiller* (sens I) a pour syn. EMMÊLER, EMBROUILLER. — **2.** *Se brouiller* (sens II) a pour syn. SE FÂCHER.
**L. brouille** (n. f.) [sens II] *Qu'est-ce qui a fait qu'ils se sont brouillés?* → *qu'est-ce qui a provoqué leur brouille?*

**bruit** [brɥi] n. m.
I. [phénomène] (compt.) *J'entends des bruits bizarres : on dirait qu'il y a quelqu'un dans la maison.* ◆ (non-compt., au sing.) *Il y a trop de bruit dans cette pièce, je vais travailler ailleurs.* ● *Fran-*

çois, ne fais pas de bruit, ton frère dort!
II. [énoncé] (compt.) *On dit que les employés vont être augmentés. — Ce n'est qu'un bruit!* • *On a dit qu'il allait partir à la retraite, mais ce ne sont que de faux bruits, il reste.*

**S. 1.** Au sens I, *bruit* a pour syn. SON (moins fort) comme compt., et TAPAGE (soutenu), VACARME, BOUCAN (fam.) comme non-compt. — **2.** *Bruit* (sens II), presque toujours plur., a pour syn. NOUVELLES, RUMEUR (soutenu). *Faux bruits* a pour syn. POTINS (fam.) et BAVARDAGES.

**brûlant, e** [brylã, ãt] adj. (après le n.)
(se dit de qqch [liquide, matière, etc.]) *Il fait trop chaud pour rester sur la plage, le sable est brûlant.* • *Attention! Ne buvez pas tout de suite : ce café est brûlant!* • *Tu dois avoir de la fièvre, tu as le front brûlant.*

**S.** *Brûlant* se dit de ce qui est très chaud. En ce qui concerne les liquides, BOUILLANT est un syn. plus fort. Le contr. est FROID.

**brûler** [bryle] v. i. et v. t. (conj. 1)
I. [v. i.] (sujet qqch) *Il n'y a plus un seul arbre sur la montagne : la forêt a brûlé l'année dernière.* • *Dis donc, on sent une drôle d'odeur. — Zut! ce sont les pommes de terre qui brûlent!* • *Oh! quelle fumée! Le bois est trop humide, il brûle mal.* • *C'est agréable, ce beau feu qui brûle dans la cheminée.* ◆ [v. t.] (sujet qqn) **brûler un objet** *Qu'est-ce qu'on fait de tous ces vieux journaux? — On va les brûler.*

II. [v. t.] (sujet qqch) **brûler (qqn)** *Ne touche pas au radiateur : ça brûle!* • *Je vais aller à l'ombre, le soleil commence à brûler!* • *Deux personnes ont été gravement brûlées dans l'incendie de l'immeuble.* ◆ (sujet qqn) **se brûler (une partie du corps)** *Aïe! cette soupe est trop chaude! Je me suis brûlé la langue!* • *Ne touche pas cette casserole, tu vas te brûler.*
III. [v. t.] (sujet qqn, une voiture) **brûler un feu (rouge)** *Paul n'a plus son permis de conduire : on le lui a retiré parce qu'il avait brûlé un feu.*

**S. 1.** Au sens I, *brûler* (v. i.), c'est être détruit par le feu; le syn. est FLAMBER. En parlant du feu, *brûler* a pour syn. FLAMBER et, soutenu, SE CONSUMER. En parlant d'un aliment, il a pour syn. plus fort ÊTRE CALCINÉ. *Brûler un objet*, c'est le détruire par le feu, le faire flamber. — **2.** *Brûler* (sens II), c'est causer des BRÛLURES. En parlant d'une personne, *se brûler*, c'est SE FAIRE UNE BRÛLURE, et être brûlé, c'est AVOIR DES BRÛLURES. — **3.** *Brûler un feu* (sens III), c'est NE PAS S'Y ARRÊTER; il a pour syn. fam. GRILLER (UN FEU).
**L. brûlant**, v. ce mot. ◆ **brûlure** (n. f.) [sens II] *Paul s'est brûlé au doigt* → *Paul s'est fait une brûlure au doigt.*

**brume** [brym] n. f.
[phénomène naturel] (compt.) *Dans cette région, les brumes sont fréquentes et épaisses.* ◆ (non-compt., au sing.) [*En bateau*] : « *Il y a trop de brume, on ne voit pas bien la côte.* »

**S.** La *brume* est plus légère que le *brouillard* et se situe surtout au-dessus de la mer et des fleuves.
**L. brumeux, euse** (adj.) *Le ciel est couvert de brume* → *le ciel est brumeux.*

**brun, e** [brœ̃, bryn] adj. (après le n.) et n., **brun** n. m.
I. [adj.] (se dit de qqn, de ses cheveux, de sa peau) *Les gens du Midi ont, en général, les cheveux très bruns.* ◆ [n.] (personne) *Tu te souviens de Marie, cette petite brune aux yeux bleus?* • *C'est toi qui préfères les brunes, moi, j'aime mieux les blondes.* ◆ [adj.] (se dit de qqch) *Qu'est-ce que c'est que ces taches brunes sur la table? — C'est moi qui ai renversé du café.* ◆ [n. m.] (couleur) [compt., surtout au sing.] *Il y a dans ce tableau de très jolis bruns.*
II. [adj.] (se dit du tabac, de la bière) *François fume toujours du tabac brun; il dit que c'est moins mauvais pour la santé.*

**S.** Les contr. sont BLOND en parlant des cheveux, de la bière, du tabac, ou BLANC ou PÂLE si on parle de qqn ou de sa peau. En parlant d'un autre objet, l'équivalent est MARRON.
**L. brunir** (v. t. et v. i.) [sens I] *Le soleil l'a rendu brun* → *le soleil l'a bruni.*

**brusque** [brysk] adj.
I. (se dit de qqn, de son attitude ; après le n.) *Ne sois pas trop brusque avec cet*

*enfant ; il est très émotif.* ● *Il est timide, et pour qu'on ne s'en rende pas compte, il prend un ton brusque, qui éloigne tout le monde de lui.*
II. (se dit d'une action, d'un événement ; après ou, plus rarement, avant le n.) *Le changement brusque de la situation politique nous a tous surpris.*

**S. 1.** Est *brusque* (sens I) celui qui agit avec dureté, parfois avec violence ; les syn. sont BOURRU, TRANCHANT, CASSANT, SEC (moins fort) ; le contr. est DOUX. — **2.** Est *brusque* (sens II) ce qui arrive subitement, soudainement ; les syn. soutenus sont SUBIT, INATTENDU, IMPRÉVU et INOPINÉ ; BRUTAL est plus fort.
**L. brusquement,** v. ce mot. ◆ **brusquerie** (n. f.) [sens I] *Ses manières sont brusques, cela me déplaît → la brusquerie de ses manières me déplaît.*

**brusquement** [bryskəmã] adv.
[manière] *La voiture de devant s'est arrêtée brusquement, je n'ai même pas eu le temps de freiner !* ◆ [temps] *Pourquoi es-tu parti si brusquement ? Je n'ai même pas eu le temps de te dire au revoir !*

**S.** *Brusquement* correspond à BRUSQUE (II) ; il a pour syn. SOUDAIN, SUBITEMENT, TOUT À COUP, SOUDAINEMENT (moins forts). VIOLEMMENT, BRUTALEMENT sont des syn. plus forts. Les contr. sont DOUCEMENT, GRADUELLEMENT (qui implique une notion de degrés successifs).

**brusquer** [bryske] v. t. (conj. **1**)
(sujet qqn) **brusquer qqn** *Surtout ne le brusque pas, il est lent mais efficace, et il finira tout en temps voulu, ne t'inquiète pas.*

**S.** *Brusquer* qqn, c'est l'inciter fortement à se hâter, à se dépêcher.

**brutal, e, aux** [brytal, o] adj. (après le n.)
I. (se dit de qqn, de son attitude) *Doucement ! Pourquoi est-ce que tu es si brutal avec ton petit frère ?* ● *Tu es trop dure, trop brutale avec les gens, sois plus gentille, ça ira mieux.*
II. (se dit de qqch, d'un événement) *Sa mort a été brutale ; je l'avais rencontré en pleine santé la semaine dernière.*

**S. 1.** Être *brutal* (sens I), c'est se conduire de manière violente et grossière avec qqn, ne pas le ménager ; ce mot a pour équivalent plus fort BRUTE (*C'était un homme très brutal* → C'ÉTAIT UNE BRUTE). Il a pour syn. moins forts VIOLENT, DUR, et pour contr. DOUX, GENTIL. — **2.** *Brutal* (sens II) a pour syn. moins fort BRUSQUE et pour contr. DOUX.
**L. brutalement** (adv.) [sens I et II] *La nouvelle est arrivée de façon brutale → la nouvelle est arrivée brutalement.* ◆ **brutalité** (n. f.) [sens I et II] *Il a été très brutal avec elle → il a été d'une grande brutalité avec elle.* ◆ **brutaliser,** v. ce mot.

**brutaliser** [brytalize] v. t. (conj. **1**)
(sujet qqn) **brutaliser qqn** *Il paraît qu'il brutalise sa femme, qu'il la bat pour un oui ou pour un non.*

**S.** *Brutaliser* qqn, c'est le traiter d'une façon BRUTALE ; les syn. sont BATTRE, MALTRAITER (moins fort).

**brute** [bryt] n. f.
[personne] *Une brute m'a poussé pour sor-*

*tir plus vite et je suis tombé ; il y a vraiment des gens grossiers.*

**S.** *Une brute* est un individu très brutal et grossier.

**bruyant, e** [brɥijɑ̃, ɑ̃t] adj. (après le n.) (se dit de qqn, de qqch) *Qu'est-ce que ces enfants sont bruyants, faites-les taire!* • *Le*

*moteur de la voiture est trop bruyant : on ne s'entend pas.* ◆ (se dit d'un lieu) *J'habite un quartier très bruyant.*

**S.** Qu'il s'agisse de qqn ou de qqch qui fait du bruit, ou d'un lieu où il y a du bruit, *bruyant* a pour contr. SILENCIEUX, CALME, TRANQUILLE, PAISIBLE (soutenu).
**L. bruyamment** (adv.) *René se mouche de manière bruyante* → *René se mouche bruyamment.*

**budget** [bydʒɛ] n. m.
[argent, valeur] (compt., surtout au sing.)
**budget de qqch (administration, service, etc.)** *L'Assemblée nationale se réunit pour voter le budget de l'année.* • *Si cette fois le budget de l'Éducation nationale n'est pas augmenté, la situation va encore s'aggraver.* • *Cette année, le budget de l'État est en équilibre.* ◆ **budget de qqn, d'une famille** *Aline tient un livre de comptes pour gérer son budget, et elle y arrive très bien.*

**S.** *Budget* désigne à la fois l'acte par lequel sont prévues les dépenses et les recettes d'un service, d'une administration, et l'ensemble des crédits qui leur sont alloués. En parlant du *budget de* qqn, d'une famille, ce mot désigne la somme globale, mensuelle ou annuelle, dont dispose une famille.
**L. budgétaire** (adj.) *Les prévisions budgétaires étaient insuffisantes* (← du budget).

**buée** [bɥe] n. f.
[phénomène naturel] (non-compt., au sing.) *Ce que j'aimais l'hiver, à la campagne, c'était de dessiner sur la buée des vitres.*

**S.** La *buée* (visible surtout sur les vitres, les glaces) se produit lorsqu'il y a une forte différence de température entre deux lieux.

**bulgare** [bylgar] adj. (après le n.) et n., **bulgare** n. m.
[adj.] (se dit de qqch) *J'ai vu un film bulgare très intéressant.* ◆ [n. m.] (langue) *Nous sommes allés en Bulgarie, malheureusement, nous ne connaissions pas un mot de bulgare.* ◆ [n. et adj.] (personne) *C'est un Bulgare qui a gagné le championnat. — Je ne savais pas qu'il était bulgare.*

**G.** L'adj. ne se met ni au comparatif ni au superlatif.
**S.** L'adj. ethnique *bulgare* correspond au n. f. BULGARIE et au n. m. *bulgare* (= la langue bulgare). Les *Bulgares* (notez la majuscule) sont ceux qui ont la nationalité *bulgare*.

**bureau** [byro] n. m.
I. [meuble] *Regarde dans le tiroir de mon bureau, il doit y avoir un stylo.* • *Tu pourrais déposer mon courrier sur mon bureau ?*
II. [pièce] *Ils ont transformé la petite pièce, près de leur chambre, en bureau.* • *Dors donc chez nous, il y a un lit dans le bureau.*
III. [lieu de travail] *Tu as le téléphone à ton bureau ?* • *Demain matin, il faut que je sois au bureau de très bonne heure.*
IV. [établissement] **bureau de qqch (destination)** *Le bureau de renseignements est au rez-de-chaussée.* • *Les timbres seront en vente à partir du $1^{er}$ janvier dans les bureaux de tabac.* • *Attention! Les bureaux ferment à 17 heures.*

**S. 1.** Au sens I, *bureau* désigne un meuble, une table munie de tiroirs, sur lequel on travaille. — **2.** Au sens II, *bureau* désigne la pièce, dans un appartement, dans laquelle on travaille. — **3.** Au sens III, *bureau* désigne d'une façon générale l'endroit où des employés travaillent. Dans certaines professions (médecins, dentistes, avocats), cet endroit s'appelle un CABINET. — **4.** Au sens IV, *bureau* désigne un ensemble de locaux administratifs, commerciaux, etc. Un TABAC, une POSTE sont les abréviations courantes de *bureau* DE TABAC, *bureau* DE POSTE.

**bus** → AUTOBUS.

**but** [by] ou [byt] n. m.
I. [résultat, activité mentale] (compt., surtout au sing.) *Ils ont travaillé dans un but bien précis : se payer des vacances en Italie.* • *Cette réunion n'a qu'un but : permettre aux gens de se connaître.* ◆ **dans le but de**

## BUTÉ

+ **inf.** *Ils viennent justement de partir dans le but de vous rencontrer.*
II. [lieu, sport] (compt.) *Au dernier match, le gardien de but s'est fait siffler ; il n'était jamais à sa place, devant les buts.* ◆ [résultat, sport] *Pour marquer un but, il faut que le ballon passe la ligne.* ● *C'est l'équipe de Marseille qui a gagné par trois buts à deux ?*

**S. 1.** *But* (sens I) a pour syn. OBJET, OBJECTIF, DESSEIN (soutenus). *Dans le but de* a pour syn. courant POUR et, soutenus, AFIN DE, EN VUE DE, DANS L'INTENTION DE. — **2.** *But* (sens II) désigne soit l'endroit où il faut envoyer le ballon *(gardien de but)*, soit l'avantage obtenu quand le ballon a atteint cet endroit *(marquer un but)*. Dans ce dernier cas, il est syn. de POINT et peut être sous-entendu *(gagner par* TROIS BUTS À DEUX ou PAR 3 À 2).

**buté, e** [byte] adj. (après le n.)
(se dit de qqn, d'un animal, de son attitude) *Qu'est-ce que tu peux être buté ! Mais essaie donc de m'écouter !* ● *Il ne veut rien entendre, il est buté comme un âne.*

**S.** *Buté* a pour syn. ENTÊTÉ, TÊTU, OBSTINÉ. Les contr. sont CONCILIANT, SOUPLE.

**buvable** → BOIRE L.

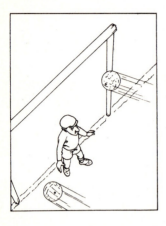

**ça** [sa] pron. dém. neutre inv.
I. [démonstratif] *Tu ne veux pas reprendre de gâteau ? — Non, je n'aime pas ça.* • *Tiens, bonjour ! Comment ça va ? — Ça va bien, merci !* • *Comment, il ne veut pas venir... Ah ! Mais ça ne va pas se passer comme ça !* • *Il m'a répondu qu'il ne partirait pas. — Ça alors, il exagère !* • *Tiens, qu'est-ce que c'est que ça ? — Ça ? C'est une photo de moi, quand j'étais petit.* ◆ **c'est ça** *Eh bien ! au revoir, alors... À bientôt ? — C'est ça, à bientôt !* • *C'est ça, vas-y, continue... Tu finiras par recevoir une bonne gifle !*
II. [emphase] **qui ça, où ça, quand ça ?**, etc. *Demain, on va voir ma sœur dans le Nord. — Ah bon ? Où ça ? — À Arras.* • *Paul a téléphoné. — Tiens ! Quand ça ? — Oh ! vers 5 heures.* • *Dis donc ! le facteur voudrait te voir. — Qui ça ? — Le facteur, je te dis.*

**S. et G. 1.** *Ça* (sens I) est un pron. neutre qui remplace un nom non-animé ou une phrase ; il correspond dans la langue écrite à CELA (soutenu). *Ça* entre dans un grand nombre d'expressions fam. : *ça marche* (= ça va bien), *comme ça* (= de cette manière). *C'est ça* a pour syn. D'ACCORD, SOIT, OUI (moins fort), ou s'emploie par ironie pour marquer un désaccord. — **2.** Au sens II, *ça* sert à renforcer les adv. ou pron. interr. QUI, OÙ, QUAND, COMMENT, POURQUOI, lorsqu'ils sont employés seuls. *Ça* après QUI, QUAND, OÙ a pour syn. DONC.

**cabine** [kabin] n. f.
[partie d'un moyen de transport] **cabine (de bateau, d'avion)**, *Si toutes les cabines du bateau sont réservées, on voyagera sur le pont.* ◆ [lieu] **cabine (de bain, d'essayage)** [*À la piscine*] : « *Où sont les cabines pour se déshabiller, s'il vous plaît ? »* ◆ [édifice] **cabine (téléphonique)** *Je suis pressé ; je te téléphone d'une cabine publique et il y a des gens qui attendent.*

**S.** Une *cabine* est une petite pièce à bord d'un bateau, d'un avion (pour le pilote) ; c'est aussi une pièce où, à la piscine, on se déshabille et où on se rhabille *(cabine de bain)*, et où, dans un magasin, on essaie des vêtements *(cabine d'essayage)*. La *cabine téléphonique* est un endroit ou une sorte d'édicule où on peut téléphoner.

**cacher** [kaʃe] v. t. (conj. 1)
I. (sujet qqn) **cacher un objet, qqn** *Je ne retrouve pas ta lettre, qui est-ce qui l'a cachée ?* • *Je t'ai vu : tu es caché derrière l'arbre !* • *Où est Jeanne ? Elle s'est encore cachée ?*
II. (sujet qqn, qqch) **cacher qqch (abstrait** ou **concret) [à qqn]** *Ne te mets pas devant la fenêtre, tu me caches la lumière !* • *L'immeuble que l'on construit va nous cacher toute la vue.* • *Les nuages ont caché le soleil, il fait sombre.*
III. (sujet qqn) **cacher qqch (abstrait) [à qqn], cacher que** + **ind.** *Tu as l'air bizarre, tu me caches quelque chose ?* • *Hélène a toujours caché qu'elle avait plus de trente ans.*

**S. 1.** *Cacher* (sens I), c'est placer dans un lieu secret pour qu'on ne voie pas ; les syn. sont CAMOUFLER (fam.) et DISSIMULER (soutenu) ; les

contr. sont MONTRER, EXPOSER (soutenu), EXHIBER (plus fort et soutenu). — **2.** *Cacher* (sens II) a comme syn. BOUCHER, MASQUER, DISSIMULER, VOILER (soutenus). — **3.** *Cacher qqch à qqn*, *cacher que* + ind. ont comme syn. litt. TAIRE. Les contr. sont AVOUER ou RÉVÉLER.
**L. cache-cache** (n. m. inv.) [sens I] *On joue à cache-cache ?* (← on joue à se cacher [pour se chercher]). ◆ **cachette** (n. f.) [sens I] Chercher un endroit pour se cacher → *chercher une cachette.*

**cachet** [kaʃɛ] n. m.
[produit] **cachet (de** + n.**)** *J'ai mal à la tête, tu n'aurais pas un cachet ?* • *Le docteur a dit de prendre deux cachets matin et soir.*

# CADAVRE

**S.** Le *cachet* est une des formes sous lesquelles se présente un médicament (indiqué par le compl.). Le *cachet*, solide et plat comme le COMPRIMÉ, s'oppose à la PILULE (solide et sphérique).

**cadavre** [kadavr] n. m.
[corps] *Imagine que tu rentres tranquillement chez toi, tu ouvres la porte et là, dans l'entrée, il y a un cadavre, tu vois le choc que ça a pu nous faire!* ● *La police trouva dans le jardin le cadavre du médecin disparu depuis trois jours.*

**S.** Un *cadavre* est le corps mort de qqn, d'un animal. CORPS est un syn.

**cadeau** [kado] n. m.
[objet] *Ce disque est un cadeau de Jacques.* ● *Pour Noël, j'ai reçu pas mal de cadeaux, mais j'ai aussi dépensé beaucoup d'argent pour en offrir!* ◆ (sujet qqn) **faire un cadeau à qqn** *Si tu veux me faire un cadeau pour mon anniversaire, achète-moi du parfum.* ◆ **faire cadeau à qqn de qqch** *Il reste de l'argent? Eh bien! je t'en fais cadeau.*

**S.** Un *cadeau* est un objet offert à qqn comme PRÉSENT. *Faire un cadeau à qqn*, c'est lui

OFFRIR qqch, lui FAIRE UN PRÉSENT (soutenu); *faire cadeau de qqch à qqn* a pour syn. DONNER, ABANDONNER qqch à qqn.

**cadence** [kadɑ̃s] n. f.
[qualité, qqch] *Si tu continues à travailler à cette cadence, tu auras fini plus tôt que prévu.*

**S.** *Cadence* est un syn. soutenu ou technique de RYTHME.

**cadet, ette** [kadɛ, ɛt] adj. (après le n.) et n.
[adj.] (se dit de qqn) *Les parents espéraient bien que l'aînée se marierait la première, mais c'est finalement leur fille cadette qui a trouvé un mari.* ◆ [n.] (personne) *Nous sommes de la même année, mais René est mon cadet de trois mois.*

**G.** L'adj. n'a ni comparatif ni superlatif.
**S.** Être le *cadet* de qqn, c'est être plus jeune que lui. Le *cadet* est le DERNIER-NÉ d'une famille, par oppos. à l'AÎNÉ.

**cadre** [kadr] n. m.
I. [objet] (compt.) *Cette photo est très jolie,*

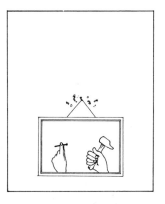

*tu devrais la mettre dans un cadre : elle s'abîmerait moins.*
II. [lieu] (compt., surtout au sing.) *Maintenant que j'ai acheté de nouveaux fauteuils, il faut que je change mes tapis : les couleurs ne vont pas du tout avec le cadre!* ● *Ils se sont fait construire une maison à la campagne, dans un cadre très agréable.* ◆ [lieu abstrait] *Ah, j'en ai assez de toujours travailler avec les mêmes personnes, j'ai besoin de changer de cadre!* ● *On ne peut traiter tous les problèmes dans le cadre de cette seule discussion.*
III. [personne, fonction] (compt.) *Êtes-vous cadre, employé ou ouvrier?* ● *Les cadres ont-ils fait grève? — Non, dans cette entreprise, seuls les employés et les ouvriers ont arrêté le travail.*

**S. 1.** Au sens I, un *cadre* (de bois, de métal, de plastique) sert à mettre en valeur, à présenter une photo, un dessin, un tableau ; les *mettre dans un cadre*, c'est les ENCADRER. — **2.** Au sens II, *cadre* désigne, pour une maison, l'ensemble de sa décoration, de son aménagement, pour un lieu quelconque, l'ensemble de ses particularités, de son environnement, pour un point abstrait, le domaine où se situe ce point, cette question. *Dans le cadre de a* pour syn. DANS LES LIMITES DE. — **3.** Les *cadres* (sens III) forment le PERSONNEL D'ENCADREMENT (chefs de service, ingénieurs, agents de maîtrise).

**L.** **cadrer**, v. ce mot. ◆ **encadrer** (v. t.) [sens I] Tu vas mettre ce portrait dans un cadre → *tu vas encadrer ce portrait.* ◆ **encadrement** (n. m.) [sens III] Il voudrait faire partie des cadres → *il voudrait faire partie du personnel d'encadrement.*

**cadrer** [kadre] v. t. ind. (conj. **1**) (sujet qqch [abstrait]) **cadrer avec qqch (abstrait)** *Malheureusement votre histoire ne cadre pas du tout avec ce que nous savons par notre enquête; vous avez menti.*

**S.** *Cadrer avec* a pour syn. fam. COLLER AVEC, et pour syn. soutenus S'ACCORDER, ÊTRE EN RAPPORT AVEC.

**cafard** [kafɑr] n. m.
[sentiment] (non-compt., au sing.) *Tu as l'air toute triste. — Oui, Pierre est parti, et j'ai le cafard.* • *Ne me parlez pas de travail, ça me donne le cafard.*

**S.** *Avoir le cafard* (fam.), c'est éprouver un sentiment confus de tristesse et de nostalgie;

le syn. est ÊTRE DÉPRIMÉ (plus fort). *Donner le cafard*, c'est provoquer ce sentiment.
**L.** **cafardeux, euse** (adj.) Il a un peu le cafard en ce moment → *il est un peu cafardeux en ce moment.*

**café** [kafe] n. m.
I. [végétal] (compt.) *Dis-moi dans quels pays on cultive le café?* ◆ [produit] (non-compt., au sing.) *Pense à acheter un paquet de café, il n'y en a plus.*
II. [boisson] (non-compt., au sing.) *Tu veux bien nous faire du café?* • *Je ne supporte pas le café au lait, alors le matin, je prends une tasse de café noir.* ◆ (compt.) *Servez-nous deux cafés.*

III. [lieu, commerce] (compt.) *Rendez-vous à midi au café qui est au coin de la rue.* • *Les cafés du boulevard sont trop bruyants, on ne peut pas être tranquilles.*

**S. 1.** Le *café* (sens I) se vend en grains ou déjà moulu. — **2.** *Café au lait* (sens II) a pour syn. CAFÉ CRÈME ou CRÈME (n. m.). Comme nom comptable, un *café* a pour syn. UNE TASSE DE CAFÉ. — **3.** Dans un *café* (sens III), on consomme toutes sortes de boissons, chaudes ou froides, alcoolisées ou non. On peut aussi y manger des sandwiches, assiettes froides, etc. BAR et BISTRO sont des syn.
**L.** **cafetière** (n. f.) [sens II] *Je n'ai pas de cafetière* (← *d'appareil pour faire le café*).

**cahier** [kaje] n. m.
[objet, texte] *Pourquoi as-tu arraché les pages de ton cahier? Tu avais quelque chose à cacher?* • *[À l'école]* : « *Prenez vos cahiers et écrivez.* »

**S.** Un *cahier* est un ensemble de feuilles et de pages. Un *cahier* DE BROUILLON est celui sur lequel on écrit qqch qui n'est pas définitif.

**caillou** [kaju] n. m., pl. **cailloux**
[objet naturel] *Arrêtez de vous lancer des cailloux, vous allez vous faire mal.* • *Aïe! J'ai un petit caillou dans ma chaussure.*

# CAISSE

**S.** Un *caillou* est une petite pierre. Le GRAVIER est un ensemble de petits *cailloux*. Les GALETS sont des *cailloux* lisses, plats et arrondis que l'on trouve au bord de la mer.
**L. caillouteux, euse** (adj.) Un chemin plein de cailloux mène à la ferme → *un chemin caillouteux mène à la ferme*.

**caisse** [kɛs] n. f.
I. [objet, récipient] *Il faudrait trouver une caisse pour déménager les livres.* ● *Tu n'as pas vu la caisse à outils ?* ◆ [contenu] *Ne me dites pas que toute la caisse de champagne a été bue !*
II. [partie d'un lieu de commerce] *Pour payer, vous devez passer à la caisse.* ● *Réglez la facture à la caisse n° 7.* ● *Qui a pris de l'argent dans la caisse ?*

**S. 1.** *Caisse* (sens I) désigne un emballage, le plus souvent en bois ou en métal, assez important et destiné à transporter des produits divers. On appelle CAGEOTS les *caisses* destinées aux fruits et légumes. *Caisse à outils* a pour syn. BOÎTE À OUTILS. — **2.** Au sens II, *caisse* désigne le guichet, le bureau où se font les paiements, ou le meuble, la boîte qui contient l'argent.
**L. caissier,** v. ce mot.

**caissier, ère** [kesje, ɛr] n.
[personne, profession] *La caissière du cinéma s'est trompée en me rendant la monnaie.* ● [Dans le journal] : « *En voulant donner l'alarme, le caissier a été grièvement blessé par les gangsters.* »

**S.** Un *caissier* est un employé qui ENCAISSE de l'argent, qui tient la CAISSE (d'un cinéma, d'un magasin, d'un hôtel, d'une banque, etc.).

**calcul** [kalkyl] n. m.
I. [action, qqn] (non-compt., au sing.) *Alain est très fort en calcul mental, vas-y, pose-lui des questions, tu vas voir.* ● *Je viens de faire les comptes et je ne trouve pas le même résultat que toi : qui a fait une erreur de calcul ?* ◆ [résultat] (compt.) *Tu es sûr que tes calculs sont justes ? — Oui, je les ai faits avec une machine à calculer !* ● *J'ai fait le calcul : ça me revient moins cher de prendre le train que de prendre la voiture.*
II. [activité mentale] (compt.) *Crois-tu que tu fais un bon calcul en ne lui disant pas la vérité ?* ◆ [résultat, activité mentale] *N'oublie pas dans tes calculs d'envisager toutes les possibilités.*

**S. 1.** Le *calcul* (sens I) est une opération arithmétique effectuée avec des nombres ; l'ARITHMÉTIQUE désigne l'ensemble des opérations de *calcul* (addition, soustraction, multiplication, division, etc.). *Faire le calcul de qqch*, c'est le CALCULER, FAIRE LE COMPTE. — **2.** Au sens II, *calcul* a pour syn. PRÉVISION, ESTIMATION.

**calculer** [kalkyle] v. t. (conj. **1**)
I. (sujet qqn) **calculer (une somme)** *Si on l'achète à crédit, cette voiture nous revien-*

*dra à combien ? — Attendez, je vais vous calculer ça ; 450 + 45 : ça vous coûtera 495 francs par mois.* ◆ **machine à calculer** *J'ai des tas d'opérations à faire ; pour aller plus vite, je me suis acheté une petite machine à calculer.*
II. (sujet qqn) **calculer qqch, que + ind.** *Alors, tu prépares ton voyage ? — Oui, j'ai calculé qu'il nous faudra trois jours pour aller à Moscou en voiture.* ● *Pierre n'a évidemment pas calculé les difficultés de l'opération, et il est maintenant surpris.*

**S. 1.** *Calculer une somme* (sens I), c'est en faire le CALCUL, l'ÉVALUER (soutenu). Le syn. courant est COMPTER. — **2.** Au sens II, *calculer* a pour syn. ESTIMER et DÉTERMINER (soutenu) [qui ne peuvent pas s'employer sans compl. d'objet] ou MESURER, PESER (avec un n.).
**L. calcul,** v. ce mot ◆ **calculatrice** (n. f.) ou **calculateur** (n. m.) [sens I] *Prête-moi ta machine à calculer* → *prête-moi ta calculatrice*.
◆ **incalculable** (adj.) [sens II] *On ne peut pas calculer ses erreurs* → *ses erreurs sont incalculables.*

**calé, e** [kale] adj. (après le n.)
(se dit de qqn) *Mon père est très calé en maths, il m'aide à faire mes problèmes, car moi, je suis complètement nul.*

**S.** *Calé* est le syn. fam., surtout dans le milieu scolaire, de SAVANT.

**calendrier** [kalɑ̃drije] n. m.
[objet, texte] *Le 28, ce sera quel jour ?*

# CALME

**calme** [kalm] adj. (après le n.) et n. m.
I. [adj.] (se dit de qqch) *La mer est calme, on peut se baigner.* • *J'ai passé un week-end bien calme : personne n'est venu me voir.* • *Votre rue est très calme, n'est-ce pas ?* • *Après les bagarres de la nuit, la situation est de nouveau très calme.* ◆ (se dit de qqn) *Les enfants sont restés calmes*

*Personne n'a un calendrier pour me dire ça ?* • *Pâques tombe quand cette année ? — Attends, je regarde sur le calendrier.*

**S.** Le *calendrier* indique les dates et les jours correspondants ; il indique aussi parfois le nom des saints dont c'est la fête ces jours-là, les fêtes religieuses (Noël, la Toussaint, Pâques, etc.) ou civiles (fête nationale [le 14-Juillet], fête du Travail ou 1er-Mai, etc.).

**caler** [kale] v. i. (conj. **1**)
(sujet qqn, une voiture) *J'ai calé en plein*

*milieu du carrefour et impossible de redémarrer, qu'est-ce que j'ai eu peur!*

**S.** Une voiture *cale* lorsque son moteur s'arrête brusquement.

*jusqu'au dîner.* • *C'est un homme calme qui ne s'énerve jamais.*
II. [n. m.] (qualité, qqch, qqn) [non-compt., au sing.] **le calme (d'un lieu)** *J'aime le calme de la forêt.* • *Installe-toi dans la chambre si tu veux travailler dans le calme.*
◆ **le calme (de qqn)** *Malgré les événements, il est resté d'un calme extraordinaire!* • *Tu aurais mieux fait de garder ton calme.*

**S. 1.** Est *calme* [sens I] celui qui est maître de soi, ne s'emporte pas, ce qui est sans agitation. *Calme* a des syn. et des contr. différents selon le nom qu'il qualifie : le contr. de *mer calme* est *mer* AGITÉE, le syn. plus fort est *mer* D'HUILE; le contr. de *rue calme* est *rue* BRUYANTE; le contr. de *enfant calme* est *enfant* TURBULENT (mais aussi NERVEUX, AGITÉ, BRUYANT), le syn. plus fort et péjor. est APATHIQUE; le contr. d'*homme calme* est *homme* VIOLENT, EMPORTÉ, le syn. est PAISIBLE ; en parlant d'une situation, le contr. est MOUVEMENTÉ. — **2.** Le syn. de *calme* (sens II) est TRANQUILLITÉ, en parlant d'un lieu, SÉRÉNITÉ (soutenu), en parlant de qqn.

**L. calmement** (adv.) *Explique-toi avec calme* → *explique-toi calmement.*

**calmer** [kalme] v. t. (conj. 1)
I. (sujet qqn, qqch) **calmer qqn, qqch (douleur, mal)** *Si le bébé pleure, donne-lui de l'eau pour le calmer.* • *Tu n'aurais pas un*

*cachet pour calmer mon mal de tête?* ◆ (sujet qqn, un mal) **se calmer** *Calme-toi, je t'en prie : ce n'est rien.*
II. (sujet un phénomène naturel) *Je veux bien aller faire du bateau, mais seulement si le vent se calme.*

   **S. 1.** *Calmer* qqn (sens I), c'est le rendre plus CALME ; il a pour syn. APAISER. *Calmer une douleur*, c'est la rendre moins intense ; il a pour syn. SOULAGER. *Se calmer* a pour syn. S'APAISER (litt.), en parlant de qqn ou d'une douleur, S'ATTÉNUER, DIMINUER, DISPARAÎTRE (plus fort) en parlant d'une douleur et pour contr. S'ÉNERVER, S'EXCITER en parlant de qqn. — **2.** *Se calmer* (sens II), c'est devenir plus CALME ; il a pour contr. S'AGITER, SE LEVER, en parlant de la mer ; en parlant du vent, de la tempête, il a pour contr. SE LEVER et pour syn. TOMBER.
   **L. calmant** (n. m.) [sens I] *Prends un médicament pour calmer (la douleur)* → *prends un calmant.*

**camarade** [kamarad] n.
[personne, rôle] *Pour ton anniversaire, on invitera tes petits camarades d'école, tu veux?* • *Alain et Daniel sont deux vieux camarades : ils se sont connus à l'école, ça fait déjà trente ans!* • *Qui est cette Charlotte? — Oh! c'est une camarade de bureau.*

   **S.** *Camarade* a pour syn. fam. COPAIN (au fém. COPINE) ; AMI est un syn. qui indique un degré d'amitié plus profond.
   **L. camaraderie** (n. f.) *Ils sont camarades depuis l'enfance* → *leur camaraderie date de l'enfance.*

**cambrioler** [kɑ̃brijɔle] v. t. (conj. 1)
(sujet qqn) **cambrioler qqn, qqch (lieu d'habitation, de commerce, etc.)** *Quelle surprise en rentrant de vacances! La porte était ouverte, tout était par terre; on nous avait cambriolés.* — *Il paraît qu'ils ont aussi cambriolé la maison d'à côté.*

   **S.** *Cambrioler* qqn a pour syn. VOLER qqn.
   **L. cambriolage** (n. m.) *Vous étiez là quand on a cambriolé la bijouterie?* → *vous étiez là pendant le cambriolage de la bijouterie?* ◆ **cam-**

**brioleur** (n. m.) *On arrêtera un jour ceux qui vous ont cambriolés* → *on arrêtera un jour vos cambrioleurs.*

**camembert** [kamɑ̃bɛr] n. m.
[aliment] (compt.) *Je voudrais un camembert pour demain, vous me le choisissez?* ◆ (non-compt., au sing.) *Vous reprendrez bien un peu de camembert?*

   **S.** V. FROMAGE.

**caméra** [kamera] n. f.
[appareil] *J'ai vraiment envie de filmer ces enfants! Tu me prêtes ta caméra?*

   **S.** Une *caméra* est un appareil qui sert à tourner des films, à faire du cinéma, à filmer. Le CAMERAMAN est celui qui, au cinéma, à la télévision, filme avec la *caméra*; il a pour syn. administratif CADREUR.

**camion** [kamjɔ̃] n. m.
[moyen de transport] *Je n'arriverai jamais à doubler ce camion!* • *Tu as déjà conduit un camion? — Non, il faut un permis spécial.*

   **S.** Les *camions* sont aussi appelés des POIDS LOURDS. Un *chauffeur de camion* s'appelle un CAMIONNEUR. Dans le cas de transport sur de grandes distances, on dit aussi un ROUTIER.

**L. camionnette** (n. f.) *Il a loué une camionnette pour déménager* (← un petit camion). ◆ **camionneur** (n. m.) *Le chauffeur du camion m'a doublé dans une côte* → *le camionneur m'a doublé dans une côte.*

**camp** [kɑ̃] n. m.
I. [établissement] *Il paraît que là-bas, on envoie les prisonniers dans des camps, et que la vie qu'on leur fait mener est plutôt rude.*
II. [lieu abstrait] *Il faudrait savoir dans quel camp tu es. Avec nous et contre eux ou contre nous et avec eux ?*
**S. 1.** Un *camp* (sens I) est une zone délimitée, fermée, où on concentre des prisonniers, des troupes. — **2.** *Camp* (sens II) a pour syn. CÔTÉ, ou, en termes de sport, ÉQUIPE (à condition qu'il y en ait au moins deux, opposées).

**campagne** [kɑ̃paɲ] n. f.
I. [lieu naturel] (compt., surtout au sing.) *Comme la campagne est belle en automne !* • *Tu aimerais vivre à la campagne ?* • *Où partez-vous en vacances ? À la campagne, à la mer ou à la montagne ?* ◆ **maison de campagne** *Nos amis nous ont invités dans leur maison de campagne.*
II. [action, qqn] (compt.) *Ils ont très bien mené leur campagne électorale, ils seront peut-être élus.* • *Bientôt Noël, les campagnes publicitaires pour les jouets commencent.*
**S. 1.** La *campagne* (sens I) désigne les vastes étendues de terre assez planes où il y a des villages, des champs, des bois, des forêts, etc. Elle s'oppose, d'une part, à la VILLE (la vie à la *campagne* = la vie RURALE, par oppos. à la vie à la ville = la vie URBAINE); d'autre part, comme terme générique, à la MER et à la MONTAGNE. Une *maison de campagne* est une RÉSIDENCE SECONDAIRE (langue administrative). — **2.** Une *campagne* (sens II) désigne un ensemble d'actions de propagande menées simultanément et tendant vers un même but (vente, promotion, etc.).
**L. campagnard, e** (adj.) [sens I] *La vie à la campagne me plairait beaucoup* → *la vie campagnarde me plairait beaucoup.*

**camping** [kɑ̃piŋ] ou [kɑ̃piɲ] n. m.
[activité] (non-compt., au sing.) *Cet été, vous allez à l'hôtel ou vous faites du camping ?* • *La nuit arrive : il va falloir trouver un terrain de camping.* ◆ [lieu] *Le camping est trop près de la route ; il peut arriver un accident.*
**S.** On fait du *camping* sous une tente ou dans une caravane, tirée par une voiture (on parle plutôt en ce cas de CARAVANING).

**L. camper** (v. i.) *Les enfants adorent faire du camping* → *les enfants adorent camper.* ◆ **campeur, euse** (n.) *Les gens qui campent n'ont pas assez de terrains de camping* → *les campeurs n'ont pas assez de terrains de camping.*

**canadien, enne** [kanadjɛ̃, ɛn] adj. (après le n.) et n.
[adj.] (se dit de qqch) *Ah ! les forêts et les lacs canadiens, tu devrais connaître, c'est magnifique.* ◆ [n. et adj.] (personne) *Ma cousine s'est mariée avec un Canadien, elle vit à Montréal.* • *En général, les femmes canadiennes ne travaillent pas.*
**G.** L'adj. ne se met ni au comparatif ni au superlatif.
**S.** L'adj. ethnique *canadien* correspond au n. m. CANADA. Les *Canadiens* (notez la majuscule) sont ceux qui ont la nationalité *canadienne*. On parle l'anglais ou le français au Canada.

**canal** [kanal] n. m., pl. **canaux**
[lieu aménagé] *Tu as quand même entendu parler du canal de Suez, non ?* • *Cette agence propose un voyage de huit jours en bateau sur les canaux du Midi.*
**S.** Un *canal* est un cours d'eau navigable mais artificiel, établi par l'homme, par oppos. au fleuve, à la rivière.

**canapé** [kanape] n. m.
[meuble] *Venez vous asseoir à côté de moi sur le canapé, vous serez mieux.* • *Je suis fatigué. — Va t'allonger un petit peu sur le canapé du salon.*
**S.** Un *canapé* est un siège à dossier et bras où on peut s'asseoir à plusieurs ou s'allonger.

**canard** [kanar] n. m.
[animal] (compt.) *Marion, regarde tous les*

*canards sur l'eau!* ◆ [aliment] (non-compt., au sing.) *C'est vrai qu'on mange du canard aux petits pois à midi? — Non, du canard à l'orange.*

**S.** Un *canard* est un animal domestique, élevé dans une ferme, ou un animal sauvage, gibier à la chasse. La femelle est la CANE et les petits les CANETONS.

**cancer** [kɑ̃sɛr] n. m.
[maladie] (compt., surtout au sing.) *Malgré tous les efforts de la médecine, la bataille contre le cancer est loin d'être gagnée.* • *Il est mort d'un cancer du poumon.*

**S.** et **G.** *Cancer,* souvent suivi d'un compl. introduit par DE précisant l'organe qui est atteint, désigne une maladie grave caractérisée par une prolifération de cellules.
**L. cancéreux, euse** (adj. et n.) *C'est une tumeur cancéreuse* (← de la nature du cancer).

**candidat, e** [kɑ̃dida, at] n.
[personne, agent] **candidat (à qqch)** *Sur cent candidats qui se présentaient à l'examen, il n'y en a eu que dix qui ont été reçus.* • *Je* 

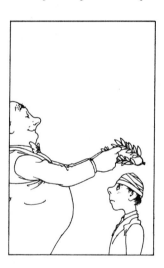

*ne connais pas le candidat aux élections dans notre ville.*

**S.** Un *candidat* est qqn qui se présente pour être admis à un examen ou un concours, à une élection, à une fonction, un poste, une place ou un titre. Le syn. soutenu est POSTULANT (sauf pour les élections). En cas de succès, un *candidat* est REÇU à une examen, NOMMÉ à une fonction, ÉLU à une élection.
**L. candidature** (n. f.) *Pierre est candidat aux élections à Paris* → *Pierre a posé sa candidature aux élections à Paris.*

**cantal** [kɑ̃tal] n. m., pl. **cantals**
[aliment] (non-compt., au sing.) *Vous me donnerez un bon morceau de cantal; nous sommes quatre à la maison et nous aimons les fromages.*

**S.** V. FROMAGE.

**cantine** [kɑ̃tin] n. f.
[établissement] *Cette année, les enfants mangeront à la cantine de l'école.* • *Les avantages de cette entreprise? Eh bien, il y a la cantine, et les colonies pour les enfants.*

**S.** La *cantine* est le lieu où les élèves d'une école, les employés d'une entreprise peuvent prendre leurs repas pour une somme en général moins élevée que dans les restaurants. On dit aussi RESTAURANT SCOLAIRE, RESTAURANT D'ENTREPRISE.

**cantonner (se)** [kɑ̃tɔne] v. pr. (conj. **1**) (sujet qqn) **se cantonner dans qqch** *Évitez de sortir des limites du sujet; il faut vous cantonner dans l'explication du texte proposé.*

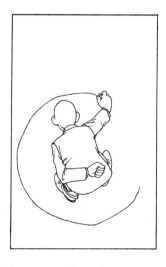

**S.** *Se cantonner dans,* c'est se tenir dans certaines limites; les syn. sont SE BORNER À, SE LIMITER À.

**caoutchouc** [kautʃu] n. m.
[matière] (non-compt., au sing.) *C'est vrai que les pneus sont en caoutchouc?*
  **S.** Le *caoutchouc* est une matière élastique.
  **L. caoutchouteux, euse** (adj.) Ce pain a la consistance du caoutchouc → *ce pain est caoutchouteux.*

**capable** [kapabl] adj. (après le n.)
I. (se dit de qqn) **capable de** + **inf.** *Vous êtes capables d'aller jusqu'à l'île en nageant?* • *À six ans, tu devrais quand même être capable de faire ton lit toute seule!* ◆ (sans compl.) *C'est dommage qu'elle soit paresseuse, parce que c'est vraiment une fille très capable.*
II. (se dit de qqch, de qqn) **capable de** + **inf.** *Ne lui dis rien, cette nouvelle est capable de le rendre malade.* • *Je la connais, elle est bien capable d'avoir oublié le rendez-vous.* • *Ne touche pas à ce chien, il serait capable de te mordre.*
  **S. 1.** Au sens I, *être capable de* a pour équivalents POUVOIR et SAVOIR ; il a aussi pour syn. soutenus ÊTRE APTE À, DE FORCE À, et pour contr. ÊTRE INCAPABLE DE. Sans compl., il a pour syn. COMPÉTENT, QUALIFIÉ, FORT, HABILE, INTELLIGENT, À LA HAUTEUR (fam.), DOUÉ (plus fort). — **2.** Au sens II, *être capable de* a pour syn. soutenus ÊTRE SUSCEPTIBLE DE, RISQUER DE, ou les formes impersonnelles IL SE PEUT QUE, IL EST POSSIBLE QUE + subj.
  **L. capacité, incapable,** v. ces mots.

**capacité** [kapasite] n. f.
I. [qualité, qqn] (compt., surtout au sing.) *Sa capacité à dormir malgré le bruit ou la lumière m'a toujours étonné.* • *Je n'ai pas comme vous la capacité de me maîtriser quand je suis en colère, alors je crie.*
II. [qualité, qqn] (non-compt., au plur.) *Vous lui avez donné un travail au-dessus de ses capacités, c'est normal qu'il n'ait pas réussi.*
  **S. 1.** Au sens I, *avoir la capacité de* a pour syn. moins fort POUVOIR, ÊTRE CAPABLE DE. — **2.** Au sens II, les *capacités* de qqn, ce sont l'ensemble de ses APTITUDES, de ses COMPÉTENCES ; MOYENS, POSSIBILITÉS sont également des syn.

**capitaine** [kapiten] n. m.
I. [personne, grade] *Tu as vu son uniforme? C'est un capitaine de gendarmerie.* • *Le soldat a dit : « À vos ordres, mon capitaine. »*
II. [personne, grade] *Le capitaine était près du pilote quand le bateau est entré dans le port.*
**S. 1.** Dans l'armée, un *capitaine* (sens I) est un officier de grade supérieur au lieutenant et inférieur au commandant. — **2.** Un *capitaine*

(sens II) est celui qui commande un navire de commerce; le syn. est alors COMMANDANT.

**1. capital** [kapital] n. m., pl. **capitaux**
[argent, valeur] (non-compt., au sing.) *Avec toutes les économies que vous avez faites,*

*vous voilà à la tête d'un joli capital.* ◆ [argent, quantité] (non-compt., au plur.) *Je me demande bien d'où venaient les capitaux qui ont servi à la construction de cette autoroute.* • *Avec la crise économique, on a assisté à une véritable fuite des capitaux.*

# CAPITAL

**S.** Le *capital* est, en langue courante, une somme d'argent accumulée, généralement importante, possédée par un individu ou une société. Les *capitaux* sont des sommes d'argent en circulation.

**2. capital, e, aux** [kapital, o] adj. (après le n.)
(se dit de qqch [action, fait]) *Il faut absolument que vous veniez à cette réunion, elle est capitale pour vous.* • *[À la radio]* : *«Le voyage du président de la République a été l'événement capital de cette journée.»*

**G.** Cet adj. n'a ni comparatif ni superlatif.
**S.** *Capital* a pour syn. ESSENTIEL, PRIMORDIAL, FONDAMENTAL, IMPORTANT (moins fort), et pour contr., par ordre décroissant, SECONDAIRE, ACCESSOIRE, INSIGNIFIANT.

**capitale** [kapital] n. f.
[lieu urbain] *Depuis leur retraite, ils passent leur temps en province, chez leur fils, ou dans la capitale, chez leur fille.*

**S.** *Paris est la capitale de la France.* La *capitale* est la principale ville d'un pays (et ses habitants); elle s'oppose aux VILLES DE PROVINCE.

**capitaliste** [kapitalist] adj. (après le n.) et n.
[adj.] (se dit de qqn, de qqch [pays, groupe, théorie]) *Les États-Unis sont un pays d'économie capitaliste.* • *Les chefs des États capitalistes se rencontrent à Bonn le mois prochain.* ◆ [n.] (personne) *À ton avis, les*

*gens qui mettent leur argent dans les banques suisses ne sont pas des capitalistes?*

**G.** L'adj., en ce sens, n'a ni comparatif ni superlatif.
**S.** Les *capitalistes* tirent des bénéfices de leur CAPITAL, en réalisant une plus-value. Le *régime capitaliste*, ou LIBÉRALISME, s'oppose aux RÉGIMES SOCIALISTE et COMMUNISTE.
**L. capitalisme** (n. m.) *Le régime capitaliste domine en Europe occidentale* → *le capitalisme domine en Europe occidentale.*

**capituler** [kapityle] v. i. (conj. **1**)
(sujet qqn, un pays, un groupe) *Napoléon III capitula à Sedan en 1870.* • *Vous êtes trop forts pour moi, je capitule.*

**S.** Dans un contexte militaire, *capituler*, c'est SE RENDRE, se reconnaître vaincu. Dans une

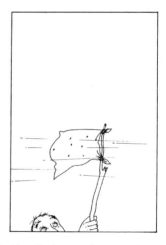

situation de lutte quelconque, c'est CÉDER, ABANDONNER.
**L. capitulation** (n. f.) *Ils ne pouvaient plus résister, ils furent obligés de capituler* → *ils ne pouvaient plus résister, la capitulation fut pour eux obligatoire.*

**capricieux, euse** [kaprisjø, øz] adj. (après le n.)
(se dit de qqn) *Ce que cet enfant peut être capricieux : il voulait absolument une voiture de pompiers pour Noël, et maintenant il veut un avion.*

**S.** Est *capricieux* celui qui, sans raison, change d'attitude, d'humeur, de désir; le syn. est CHANGEANT.
**L. caprice** (n. m.) *Elle est capricieuse* → *elle a des caprices.*

**captiver** [kaptive] v. t. (conj. **1**)
(sujet qqn, qqch) **captiver qqn** *Si tu crois que tu vas captiver les gens avec un tel sujet, tu te fais des illusions! Ils vont s'ennuyer!* • *Les enfants sont captivés par*

cette émission ; ils restent sans bouger pendant près d'une demi-heure.

**S.** *Captiver* est un syn. soutenu de INTÉRESSER ; PASSIONNER est plus fort. CHARMER et SÉDUIRE sont eux aussi soutenus.
**L. captivant, e** (adj.) *Ton récit nous a beaucoup captivés → ton récit a été pour nous très captivant.*

**capturer** [kaptyre] v. t. (conj. **1**)
(sujet qqn) **capturer qqn, un animal** *Sur cette photo, c'est moi et le lion que j'ai*

*capturé.* • *C'est tout à fait par hasard que les policiers ont pu capturer ces bandits.*

**S.** *Capturer un animal*, c'est le prendre vivant. *Capturer qqn*, c'est l'ARRÊTER.
**L. capture** (n. f.) *Ce sera difficile de le capturer → sa capture sera difficile.*

**1. car** [kar] conj.
[explication] *Il faut nettoyer la salle de bains, car elle est vraiment très sale.* • *Il n'est pas très en forme, car il a un bon rhume.*

**S.** et **G.** *Car* se place en tête de phrase comme explication de ce qui précède ; il a pour syn. courants EN EFFET et PARCE QUE (qui introduit une subordonnée). *Car* peut être remplacé par une simple juxtaposition.

**2. car** → AUTOCAR.

**caractère** [karakter] n. m.
I. [esprit] (compt.) *Cet enfant a un caractère pénible : est-il malheureux avec ses parents, ou jaloux de sa sœur, plus petite que lui ?* ◆ (sujet qqn) **avoir bon, mauvais caractère** *Tu ne supportes pas la moindre remarque, n'importe quoi te met en colère :*

*tu as vraiment mauvais caractère !* • *C'est un enfant qui a bon caractère, il est gentil et doux : vous n'aurez pas de difficultés avec lui.*
II. [qualité, qqn] (non-compt., au sing.) *Non, il n'a pas assez de caractère pour devenir le chef du groupe.*

**S. 1.** Au sens I, *caractère* a pour syn. litt. NATURE ou NATUREL. *Avoir bon caractère*, c'est ÊTRE GENTIL, SYMPATHIQUE ; *avoir mauvais caractère*, c'est ÊTRE HARGNEUX, INSUPPORTABLE. —

**2.** Au sens II, qqn qui a du *caractère* a de la volonté, de la personnalité.

**caractériser** [karakterize] v. t. (conj. **1**)
(sujet qqch) **caractériser qqch, qqn** *Dites en quelques mots ce qui caractérise le climat de cette région.* • *Il nous a dit ce qu'il pensait comme ça, avec la franchise qui le caractérise.* ◆ **se caractériser par qqch** *La mode, cette année, se caractérise par la longueur des jupes : sous les genoux.*

**S.** *Caractériser qqch, qqn*, c'est en être le trait essentiel, distinctif. Le syn. est DÉFINIR. *Se caractériser par* a pour équivalent AVOIR POUR TRAIT CARACTÉRISTIQUE.
**L. caractéristique,** v. ce mot.

**caractéristique** [karakteristik] adj. (après le n.) et n. f.
[adj.] (se dit de qqch) **caractéristique (de qqn, de qqch)** *Tu vois, ce trou a été sûrement creusé par un lapin : il est très caractéristique !* • *Quand tu m'as appelé au téléphone, j'ai deviné que tu avais un rhume : tu avais cette voix caractéristique des gens qui ont mal à la gorge.* ◆ [n. f.] (qqch) *Peux-tu me donner les caractéristiques de cette nouvelle*

*voiture ? — Elle a un nouveau moteur, deux portes et cinq vitesses !*

**S. 1.** *Caractéristique* (adj.) a pour syn. PARTICULIER, TYPIQUE, SPÉCIAL. — **2.** *Une caractéristique permet de distinguer une chose d'une autre.*

**carafe** [karaf] n. f.
[objet, récipient] *On pourrait lui offrir une belle carafe avec six verres.* • [Au restaurant] : « *Une carafe d'eau, s'il vous plaît.* » ◆ [contenu] *Comment, tu as bu toute la carafe de jus d'orange ?*

**S.** *Une* carafe, *généralement en verre, sert à servir les boissons. Un* PICHET, *généralement en terre, a le même usage.*

**cardiaque** [kardjak] adj. (après le n.) et n.
[adj.] (se dit d'une maladie) *Il souffre d'une maladie cardiaque et il doit éviter de faire trop d'efforts.* ◆ [n.] (personne) *C'est un grand cardiaque, qui doit prendre beaucoup de précautions quand il voyage.*

**G.** L'adj. n'a ni comparatif ni superlatif.
**S.** *Cardiaque* est l'adj. correspondant à CŒUR (organe) dans la langue médicale. *Un cardiaque est atteint d'une maladie de cœur.*

**caresser** [karese] v. t. (conj. **1**)
(sujet qqn) **caresser qqn, un animal, une partie du corps** *L'enfant s'est approché du chien pour le caresser, mais le chien a eu*

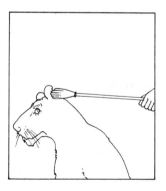

*peur et l'a mordu !* • *Les chats adorent qu'on leur caresse la tête.* • *Marie pleurait et Pierre lui a gentiment caressé les cheveux.*

**S.** *Caresser,* c'est faire des CARESSES ; il a pour équivalents CAJOLER, CÂLINER ou, en parlant d'un animal, FLATTER (soutenu). Les contr. sont BATTRE, FRAPPER, BRUTALISER et, plus soutenu et moins fort, RUDOYER.
**L. caresse** (n. f.) *Ce chat aime être caressé* → *ce chat aime les caresses.* ◆ **caressant, e** (adj.) *Ce chat aime être caressé* → *ce chat est caressant.*

**carnet** [karnɛ] n. m.
I. [objet, texte] *Quand elle fait ses courses, elle inscrit sur un petit carnet tout ce qu'elle achète et combien elle a payé.* • *Maman, il me faut deux cahiers et un carnet pour l'école.* • *J'ai perdu mon carnet d'adresses et je ne me rappelle plus du tout son numéro de téléphone.*
II. [objet, valeur] *Pierre, c'est toi qui a pris le carnet de timbres ?* • [À la banque] : « *Avez-vous reçu mon carnet de chèques, s'il vous plaît ?* » • *Les carnets de tickets de métro ont encore augmenté !*

**S. 1.** Un *carnet* [sens I] est un ensemble de feuilles ou de pages ; c'est un petit cahier de format de poche ; sans compl. de nom. il a pour syn. CALEPIN. Un AGENDA est un carnet sur lequel on écrit au jour le jour ce qu'on a à faire. — **2.** Au sens II, *carnet* désigne un ensemble de chèques, timbres, tickets, etc., dont le nombre est fixe et qu'on détache au fur et à mesure de l'emploi. *Carnet de chèques* a pour syn. CHÉQUIER. *Carnet* DE TICKETS DE MÉTRO, D'AUTOBUS est souvent abrégé en *carnet* DE MÉTRO, DE BUS.

**carotte** [karɔt] n. f.
[légume] *Qu'est-ce qu'il y a à manger ce soir ? — Du bœuf aux carottes.* • *Les Legrand font pousser des carottes et des salades dans leur jardin ; ils pensent que leurs légumes sont meilleurs.*

**S.** La *carotte* est un légume caractéristique par sa couleur rouge-orangé et sa forme allongée. Les *carottes* se mangent crues et râpées en hors-d'œuvre, ou cuites comme acccompagnement de la viande.

**carré, e** [kare] adj. (après le n.), **carré** n. m.
I. [adj.] (se dit de qqch [lieu, objet]) *Derrière la maison, il y a un grand jardin carré où vous pourrez planter quelques fleurs.* ◆ **mètre (kilomètre, centimètre) carré** *Ils ont acheté un grand appartement de cinq pièces qui fait cent vingt mètres carrés.* • *Il y a combien d'habitants au kilomètre carré, en France ?*
II. [n. m.] (forme) *La chambre est assez petite : c'est un carré de trois mètres sur trois mètres.* • *L'enfant s'amusait à dessiner des carrés et des cercles sur le trottoir.*

**G.** L'adj. n'a ni comparatif ni superlatif. *Mètre carré, kilomètre carré, centimètre carré* s'abrègent respectivement en m², km², cm².
**S. 1.** *Carré* (sens I) se dit d'un lieu, d'un objet qui a la forme d'un *carré* (n. m.). — **2.** Le *mètre (kilomètre, centimètre) carré* est une mesure de surface. — **3.** Le *carré* (sens II) est une figure de géométrie à quatre angles droits dont les côtés sont égaux ; il s'oppose au RECTANGLE, dont les côtés parallèles sont égaux deux à deux.

**carreau** [karo] n. m.
I. [objet] *Ça y est ! Les enfants ont encore cassé un carreau en jouant au ballon.* • *Tu*

*devrais laver les carreaux, on ne voit plus rien !*
II. [objet] *Il y a un carreau à remplacer dans la salle de bains, sur le mur au-dessus de la baignoire.* • *Je vais faire mettre des carreaux au-dessus de l'évier, ce sera plus propre.*
III. [forme] *J'aime beaucoup ta chemise à carreaux ; où est-ce que tu l'as achetée ?*

**S. 1.** Le syn. de *carreau* (sens I) est VITRE. — **2.** Un *carreau* (sens II) est en faïence ou en céramique (sur le mur), ou en terre cuite (sur le sol ou sur le mur) ; en ce cas, le syn. du pluriel est CARRELAGE. — **3.** Au sens III, *à carreaux* désigne un dessin formé de lignes verticales et horizontales, croisées.

**carrefour** [karfur] n. m.
[lieu, passage] *Vous allez tout droit et, au premier carrefour, vous tournez à gauche.* • *Ralentis et regarde à droite ! Ce carrefour est très dangereux !*

**S. 1.** Un ROND-POINT est un large *carrefour*, formant une place circulaire où aboutissent plusieurs rues, avenues, boulevards ou routes. *Carrefour* a pour syn. courant CROISEMENT ou, soutenu, INTERSECTION. — **2.** Les *carrefours* sont annoncés soit par des panneaux de signalisation (parfois par un stop indiquant qu'il faut marquer, en voiture, un arrêt), soit, en ville, par des feux tricolores.

**carte** [kart] n. f.
I. [objet personnel] *Si tu veux passer la frontière, n'oublie pas de prendre ta carte grise.* • *Papiers, s'il vous plaît ! — Je n'ai pas ma carte d'identité, mais j'ai mon passeport : ça vous suffira ?* • *On va au cinéma ? Alors, prends ta carte d'étudiant, elle donne droit à une réduction du prix de la place.*
II. [objet, texte] *Pour demain, je dois dessiner une carte de géographie. — Une carte de France, ou d'un autre pays ?* • *Regarde la carte : je ne me souviens plus à quel endroit on doit tourner pour trouver la route de Paris.*
III. [objet, texte] **carte (postale)** *Je sais qu'on n'a pas envie d'écrire, pendant les vacances, mais envoie-nous au moins une carte !*
IV. [objet, jeu] (compt.) *Il faut un jeu de trente-deux cartes ou de cinquante-deux cartes ?* • *Pierre est très fort pour les tours de cartes : tu en prends une, tu la remets*

*dans le paquet, et il la retrouve !* ◆ [jeu] (non-compt., au plur.) *Si on jouait aux cartes ! Ça occuperait les enfants ?*
V. [objet, texte] *Tu as vu la carte des vins ? Pas une seule bouteille à moins de 30 francs !* • *C'est un bon petit restaurant : il n'y a pas de carte, mais un menu, et c'est le patron qui fait le plat du jour.*

# CARTON

**S. 1.** Les différentes *cartes* (d'identité, de fonction, etc.) [sens I] constituent ce que l'on appelle LES PAPIERS (d'identité). — **2.** *Carte géographique, carte d'un pays, d'une ville* (sens II) a pour syn. PLAN ; un ATLAS est un ensemble de *cartes* (relief, industrie, démographie, etc.) concernant un ou plusieurs pays. — **3.** Une *carte postale* (sens III) représente une vue, une photographie au recto ; au verso, on écrit quelques lignes et l'adresse du destinataire. — **4.** Un *jeu de cartes* (sens IV) se compose de 52 ou 32 *cartes* réparties en quatre COULEURS (le pique et le trèfle [noires], le cœur et le carreau [rouges]). Un jeu comprend des HAUTES CARTES ou HONNEURS (l'as, le roi, la dame, le valet) et des BASSES CARTES (du dix au deux). Avec les *cartes*, on peut jouer à la bataille, à la belote, au bridge, au poker, etc. — **5.** Dans un restaurant, les plats proposés à la *carte* (sens V) sont plus nombreux que ceux proposés au MENU (choix de plats proposé par un restaurateur pour un prix global fixe).
**L. porte-cartes** (n. m. inv.) [sens I] Je me suis acheté un étui pour ranger mes différentes cartes → *je me suis acheté un porte-cartes.*

**carton** [kartɔ̃] n. m.
I. [matière] (non-compt., au sing.) *Dès qu'on est plus de dix à table, je mets des assiettes en carton, comme ça, on n'a pas de vaisselle à faire.* ● *Tu n'aurais pas du papier ou du carton ? Les enfants voudraient dessiner.*
II. [objet, récipient] *Je voudrais envoyer cette bouteille à ma fille, mais il faudrait la mettre dans un carton, pour qu'elle ne se casse pas.* ● *Éric était tellement impatient de voir son cadeau qu'il n'arrivait pas à ouvrir son carton !* ◆ [contenu] *Hier soir, Aline a brûlé tout un carton de vieilles lettres.*
**S. 1.** *Carton* (sens I) désigne une sorte de papier très épais et rigide. — **2.** *Carton* (sens II) a pour syn. PAQUET, EMBALLAGE, BOÎTE.

**cas** [ka] n. m.
[statut, qqch] *Il neige parfois au mois de mai, mais c'est un cas assez rare.* ● *Parfois les malades sont très calmes, mais, ici, ce n'est pas le cas.* ● *Il y a eu plusieurs cas de bronchite cet hiver dans le bureau.* ◆ **en (dans) ce cas** *Je pars demain, mais très tôt. — En ce cas, nous n'irons pas avec toi, nous partirons plus tard.* ◆ **en tout (tous) cas** *Nous ne savons pas si Jacques veut se marier ; en tout cas, il ne quitte plus Denise !* ● *Charles ! Fais ce que tu veux dans ta chambre ; en tout cas, n'entre plus dans le bureau, et laisse-moi travailler tranquille.* ◆ **en cas de qqch (abstrait), au cas où + ind.** ou **cond.** [*Sur la porte d'un magasin*] : « *En cas d'absence, s'adresser en face.* » ● *Au cas où je ne serais pas à l'heure, commence à préparer le repas.*
**S.** *Cas* désigne ce qui arrive, se produit, la situation de qqn, qqch, et s'emploie souvent pour résumer ou présenter une assertion. FAIT, EXEMPLE, CIRCONSTANCE sont des syn. selon le contexte. *En ce cas* a pour syn. ALORS ou EH BIEN ! et PUISQU'IL EN EST AINSI (soutenu). *En tout cas* a pour syn. DE TOUTE FAÇON, DE TOUTE MANIÈRE ou QUOI QU'IL ARRIVE. *En cas de* a pour syn. soutenu DANS L'HYPOTHÈSE DE ; *au cas où* + cond. a pour syn. courant SI + imparf. de l'indicatif, et pour syn. soutenu S'IL ARRIVAIT QUE + subj.

**caser** [kaze] v. t. (conj. **1**)
(sujet qqn) **caser qqch (qqpart)** *Qu'est-ce que tu emportes comme choses ! Je me demande où on va pouvoir caser tout ça, le*

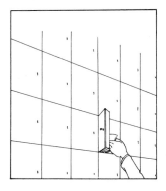

*coffre est déjà plein !* ◆ **se caser (qqpart)** *J'ai réussi à me caser dans le train, mais ça n'a pas été sans mal, il y avait plein de monde.*
**S.** *Caser* est un syn. fam. de METTRE, PLACER, LOGER, RANGER ; FOURRER est un syn. plus fam. *Se caser*, c'est trouver une place.

**caserne** [kazɛrn] n. f.
[établissement] *Tu vas faire ton service militaire ? Eh bien, tu vas connaître les joies de la caserne !* ● *Qu'est-ce que c'est que toutes ces voitures et tous ces camions rouges ? — Tu vois bien qu'on est devant une caserne de pompiers.*
**S.** *Caserne* désigne l'ensemble des bâtiments où sont logés les militaires, les pompiers, où ils reçoivent leur formation, où ils travaillent.

**casser** [kase] v. t. et v. i. (conj. **1**)
I. [v. t.] (sujet qqn) **casser un objet** *Mets la table et ne casse rien !* • *Ça y est, Georges a encore cassé un verre !* • *Il est tombé et il a cassé tous les œufs qu'il venait d'acheter.* • *Jean est allé casser du bois pour*

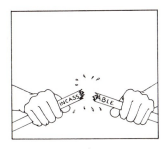

*allumer le feu.* ◆ **casser un appareil** *En voulant la régler, Pierre a cassé la télévision.* • *Le réveil est cassé, il ne sonne plus.* ◆ **se casser une partie du corps** *C'est la deuxième fois que Fabrice se casse la jambe au ski.* • *Je ne peux plus écrire, je me suis cassé le bras droit.*
II. [v. i.] (sujet qqch) *Attention ! j'ai l'impression que la ficelle va casser.* ◆ **se casser** *Tu devrais choisir des verres de lunettes qui ne se cassent pas.*

**S. 1.** *Casser* (v. t.) a pour syn. METTRE EN MORCEAUX et BRISER (soutenu). En parlant d'un verre, d'une assiette, on dit qu'ils sont FÊLÉS quand ils ne sont pas complètement *cassés*. — **2.** *Casser un appareil*, un *mécanisme* a comme syn. METTRE HORS D'USAGE, DÉTRAQUER, DÉGLINGUER (fam.) et, moins fort, ABÎMER. Les contr. sont RÉPARER, ARRANGER ; les contr. d'*être cassé* sont (BIEN) MARCHER, FONCTIONNER. — **3.** *Se casser un membre* a comme syn. SE FRACTURER ou SE FAIRE UNE FRACTURE (à tel endroit). — **4.** *Casser* (v. i.) ou *se casser* (v. pr.) ont pour syn. soutenus SE ROMPRE, CÉDER (en parlant d'une ficelle, d'une corde, etc.) et, en parlant du verre, SE BRISER.
**L. incassable** (adj.) *J'ai acheté des assiettes qui ne peuvent pas se casser* → *j'ai acheté des assiettes incassables.*

**casserole** [kasrɔl] n. f.
[objet, récipient] *Tu peux mettre du lait à chauffer dans la casserole ?* • *Elle a suspendu toutes ses casseroles au-dessus de l'évier par ordre de taille.* ◆ [contenu] *Et voilà, toute une casserole de lait perdue ! Qu'est-ce que tu es maladroit !*

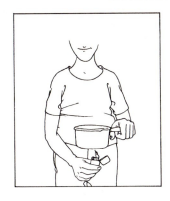

**S.** On se sert d'une *casserole* pour faire chauffer des liquides (eau, lait, etc.) et faire cuire les aliments, les sauces, etc. La *casserole*, qui a une queue ou un manche pour la saisir se distingue de la MARMITE, qui est plus grosse et a deux anses, et de la COCOTTE (petite marmite).

**catalogue** [katalɔg] n. m.
[objet, texte] *Je voudrais acheter un four, mais je n'ai aucune idée des prix. — Tenez, regardez le catalogue : tout y est !* • *Le prix de cette voiture est indiqué dans le catalogue.*

**S.** Un *catalogue* donne la liste des marchandises, des articles vendus par un magasin, avec leurs prix.

**catastrophe** [katastrɔf] n. f.
[événement, qqn] *Cet accident d'avion a fait cent morts, c'est la deuxième cata-*

# CATASTROPHÉ

strophe de ce genre cette année. • *Ce n'est pas une catastrophe si tu rates ton examen, tu recommenceras l'année prochaine.*

**S.** *Catastrophe* a pour syn. DÉSASTRE, MALHEUR. Un accident très grave, une inondation, un tremblement de terre, qui font beaucoup de victimes, sont des *catastrophes*. Un RESCAPÉ ou un SURVIVANT sort vivant d'une *catastrophe*. Une *catastrophe* peut être un ennui grave ; *ce n'est pas une catastrophe* a alors pour syn. CE N'EST PAS GRAVE, CE N'EST PAS DÉSASTREUX.
**L. catastrophique** (adj.) *J'ai tout perdu, c'est une catastrophe* → *j'ai tout perdu, c'est catastrophique*. ◆ **catastrophé (être),** v. ce mot.

**catastrophé (être)** [katastrɔfe] v. pass. (sujet qqn) *On a tous été catastrophés quand on a appris la nouvelle, jamais on n'aurait pu imaginer une chose pareille.*

**S.** *Être catastrophé* a pour syn. ÊTRE ABATTU, CONSTERNÉ (moins fort).

**catégorie** [kategɔri] n. f.
**catégorie de** + **n. plur.** *Paul ne voudra pas accepter : il fait partie de cette catégorie de gens qui refusent ce qu'on leur propose simplement parce que l'idée ne vient pas d'eux!* • *Vous avez deux catégories de voitures : les voitures neuves et les voitures d'occasion.*

**S.** Une *catégorie* de personnes ou de choses est un ensemble de personnes ou de choses ayant des caractères communs, que l'on peut classer ensemble. *Catégorie* a pour syn. SORTE, ESPÈCE, GENRE, TYPE, CLASSE (plus vague et soutenu).

**catégorique** [kategɔrik] adj. (après le n.) (se dit de qqn, de qqch [abstrait]) *Sa réponse a été catégorique, c'est non.* • *N'employez pas un ton trop catégorique pour lui parler, il n'aime pas ça.*

**S.** Est *catégorique* qqn ou qqch qui est sans ambiguïté. En parlant d'une réponse, d'un énoncé, les syn. sont INDISCUTABLE, NET, FORMEL (soutenu). Les contr. sont INDÉCIS, ÉVASIF. En parlant du ton de la voix, les syn. soutenus sont RÉSOLU et TRANCHANT.

**cathédrale** [katedral] n. f.
[édifice] *J'ai entendu parler de Notre-Dame, qu'est-ce que c'est ?* — *C'est la cathédrale de Paris.* • *Si vous allez à Chartres, visitez la cathédrale, elle est très célèbre.*

**S.** Une *cathédrale* est une église importante dans une ville où siège un évêque. En France, beaucoup de *cathédrales* datent du Moyen Âge, elles sont de style roman ou gothique.

**catholique** [katɔlik] adj. (après le n.) et n.
[adj.] (se dit de qqn, d'une religion, d'un groupe) *Marie a été élevée dans la religion catholique.* ◆ [n.] (personne) *En France, il y a plus de catholiques que de protestants.*

**G.** En langue courante, l'adj. n'a ni comparatif ni superlatif.
**S.** Les *catholiques* sont des chrétiens qui reconnaissent l'autorité du pape. Le culte se pratique dans des églises, les prêtres ou curés en ont la charge.
**L. catholicisme** (n. m.) La religion catholique est dominante en Italie → *le catholicisme est dominant en Italie.*

**cauchemar** [koʃmar] n. m.
[résultat, activité mentale] *J'ai fait un cauchemar abominable cette nuit, il y avait plein de bandits qui me poursuivaient et j'avais horriblement peur.*

**S.** Un *cauchemar* est un rêve désagréable.

**cause** [koz] n. f.
I. [statut, qqch] *Jean est furieux depuis ce matin, je me demande quelle est la cause de sa mauvaise humeur.* • *On ne connaît pas encore les causes de cet accident : personne ne sait pourquoi la voiture a brusquement quitté la route.*
II. **à cause de qqn, qqch** *C'est à cause de moi qu'il est parti : nous nous sommes disputés.* • *Pierre a trop mangé de chocolat hier, c'est à cause de ça qu'il est malade.*

**S. 1.** *Cause* a pour syn. RAISON, MOTIF (pour un sentiment), ORIGINE (pour un événement), et pour contr. EFFET, CONSÉQUENCE, RÉSULTAT. *Être la cause de* a pour syn. CAUSER (AVOIR CAUSÉ). —

**2.** *À cause de* est suivi du nom de la personne ou de la chose qui a provoqué l'action, l'événement. Il s'agit le plus souvent d'un événement fâcheux, alors que GRÂCE À introduit la cause d'un événement heureux. *À cause de qqn* a pour syn. PAR LA FAUTE DE qqn (*C'est à cause de moi* → C'EST PAR MA FAUTE).

**causer** [koze] v. t. et v. t. ind. (conj. 1)
I. [v. t.] (sujet qqn, qqch) **causer un sentiment (à qqn), un mal (à qqn, qqch)** *Je ne sais pas ce qui lui cause tant de chagrin, elle ne m'a rien dit, mais elle pleure depuis ce matin!* • *Que cet enfant est insupportable, il nous cause bien des ennuis!* • *Les orages ont causé des dégâts importants dans le sud-est de la France.*
II. [v. t. ind.] (sujet qqn) **causer (de qqch, de qqn) [avec, à qqn]** *Ah, te voilà! Justement, nous causions de toi, avec ta mère.*

• *Écoutez, nous serions plus tranquilles pour causer dans mon bureau : vous venez?*

**S. 1.** *Causer* (sens I), c'est ÊTRE LA CAUSE DE; il a pour syn. soutenu OCCASIONNER. *Causer qqch à qqn* a pour syn. AMENER, APPORTER ; il a en général un compl. évoquant qqch de malheureux par oppos. à PROCURER, qui a un compl. évoquant qqch d'heureux (*Il m'a causé des ennuis*, IL M'A PROCURÉ DU PLAISIR). Sans compl. indirect (*à qqn*), *causer qqch* a pour syn. ÊTRE LA CAUSE DE, PROVOQUER, PRODUIRE, ENTRAÎNER, SUSCITER (soutenus). — **2.** *Causer* (sens II) a pour syn. PARLER, DISCUTER et, sans compl. (*de qqch*), BAVARDER, S'ENTRETENIR (soutenu).

**L. causant, e** (adj.) [sens II] *Tu ne causes pas beaucoup, aujourd'hui* → *tu n'es pas très causant, aujourd'hui.*

**cave** [kav] n. f.
I. [partie d'un édifice] *Descends à la cave chercher une bouteille de vin.* • *Qu'est-ce qu'on peut faire de ce vieux meuble? — On n'a qu'à le mettre à la cave pour l'instant.*
II. [collectif, boissons] *On va manger chez les Durand? Chic alors, ils ont une excellente cave, on va boire de très bons vins.*

**S. 1.** La *cave* (sens I) est au sous-sol. Elle s'oppose au GRENIER. — **2.** *Cave* désigne aussi (sens II) l'ensemble des vins conservés dans une cave.

**1. ce** [sə] pron. dém. neutre inv.
I. [démonstratif] **ce qui (que, dont, à qui, à quoi, etc.)** *Ce qui me plaît le plus, dans la maison, c'est le jardin.* • *Je me demande ce que Jacques peut bien faire en ce moment.* • *Dites-moi ce dont vous avez besoin pour le voyage.* ◆ V. C'EST.
II. [quantité] **ce que + exclamation** *Ce que tu peux m'énerver par moments! Laisse-moi tranquille.*

**S. et G. 1.** *Ce*, pronom, s'emploie suivi d'une relative ou d'une interrogative indirecte. — **2.** *Ce que* dans une exclamation a le sens d'un adv. de quantité. Le syn. est COMME (soutenu), QU'EST-CE QUE (fam.).

**2. ce** [sə], **cet** [sɛt] adj. dém. m. sing., **cette** [sɛt] f. sing., **ces** [se] m. ou f. plur. *Et voici mon fils... — Ah? Et comment s'appelle ce beau petit garçon?* • *Non, mais regarde cet imbécile qui roule à gauche, il va avoir un accident!* • *Comment trouves-tu cette robe?* • *Ah! là, là! Ces enfants sont terribles!* ◆ **ce...-ci, ce...-là, etc.** *Nous pensons aller voir mes parents. — Bientôt? — Oui, ces jours-ci.* • *Ce garçon-là réussira, il travaille beaucoup!* • *Vous viendrez dimanche? — C'est impossible, nous sommes occupés ce jour-là.*

**S. et G. 1.** Au masc. sing., on emploie *ce* [sə] devant un nom commençant par une consonne, et *cet* [sɛt] devant un nom commençant par une voyelle ou un *h* aspiré. — **2.** Les particules -CI et -LÀ, placées après le nom, précisent le sens de l'adj. démonstratif : -CI s'emploie pour désigner ce qui est le plus proche dans l'espace ou le temps; -LÀ, ce qui est le plus éloigné. Mais, en langue courante, on emploie -LÀ dans tous les cas pour renforcer simplement la valeur démonstrative de *ce*.

**ceci** [səsi], **cela** [səla] pron. dém. *Retenez bien ceci : les enfants doivent être sortis avant 5 heures!* • *Maintenant, pliez votre feuille comme ceci...* • *J'aurais encore beaucoup de choses à dire, mais cela ne*

# CÉDER

*vous concerne pas.* ● *Tiens! quelle drôle de boîte! Montrez-moi cela!*

**S. et G.** En langue soutenue, *ceci* désigne qqch de proche ou dont on vient de parler, par oppos. à CELA, qui désigne qqch de plus éloigné ou dont on va parler; mais le plus souvent cette distinction n'est pas respectée et on emploie *cela* dans les deux cas, ou, plus fréquemment encore, ÇA.

**céder** [sede] v. t. ind., v. i. et v. t. (conj. **12**)
I. [v. t. ind.] (sujet qqn) **céder (à qqn)** *Tu fais tout ce qu'il veut! Si tu lui cèdes toujours, cet enfant va devenir insupportable!* ● *Après une longue discussion, Jean a enfin cédé : nous achèterons une maison à la campagne et non un appartement en ville comme il le voulait.*
II. [v. i.] (sujet qqch) *Si tu continues à t'asseoir sur cette table, elle va finir par céder et tu vas tomber par terre!* ● *Ma*

*voiture est en panne : quelque chose a dû céder dans le moteur.*
III. [v. t.] (sujet qqn) **céder qqch à qqn** [*Dans le métro*] : « *Georges, cède donc ta place à cette vieille femme; tu vois bien qu'elle a du mal à tenir debout.* » ● [*À la télévision*] : « *Nous allons maintenant céder l'antenne à Henri Delpech qui suit le président à Toulouse.* »

**S. 1.** *Céder à* qqn (sens I), c'est cesser de lui résister; il a pour syn. plus forts et plus soutenus CAPITULER et FLÉCHIR, qui s'emploient sans compl. *Ne pas céder*, c'est S'ENTÊTER, S'OBSTINER (À), RÉSISTER, TENIR BON. — **2.** Au sens II, *céder* a pour syn. CASSER ou SE ROMPRE (soutenu), et pour contr. RÉSISTER, TENIR BON.

— **3.** Au sens III, *céder* qqch (abstrait ou concret) a pour syn. LAISSER (plus faible), PASSER (quand il s'agit d'un lieu, d'un objet); le contr. est GARDER.

**ceinture** [sɛ̃tyr] n. f.
I. [partie d'un vêtement] *Cette robe est plus jolie avec une ceinture à la taille.* ● *Ton*

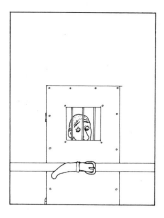

*pantalon est trop large, tu devrais serrer ta ceinture!*
II. [appareil] **ceinture (de sécurité)** *Les ceintures de sécurité sont devenues obligatoires dans les automobiles.* ● [*Avant d'atterrir*] : « *Attachez vos ceintures et éteignez vos cigarettes.* »

**S.** Une *ceinture* (sens I) est le plus souvent en cuir; elle se porte à la taille et se ferme à l'aide d'une boucle. Un CEINTURON est une grosse *ceinture* de cuir.

**cela** → CECI.

**célèbre** [selɛbr] adj. (après ou, plus rarement, avant le n.)
(se dit de qqn, de qqch) *Ah! je ne me rappelle plus qui est-ce qui joue dans ce film! C'est pourtant un acteur célèbre.* ● *La France est célèbre pour ses fromages et ses vins.*

**S.** *Célèbre* a pour syn. soutenus FAMEUX, ILLUSTRE, et pour contr. INCONNU, OBSCUR. Un autre syn. moins fort est CONNU. *Célèbre pour* (à cause de) qqch a comme syn. RENOMMÉ, RÉPUTÉ POUR.
**L. célébrité** (n. f.) *Ses travaux sont célèbres; cela a servi son pays* → *la célébrité de ses travaux a servi son pays.*

**célébrer** [selebre] v. t. (conj. 12)
(sujet qqn) **célébrer qqch (fête, événement)**
*J'ai lu dans le journal que leur mariage sera célébré le 24 juin en l'église d'Auteuil.*
● *On organise une exposition de toutes ses peintures pour célébrer le vingtième anniversaire de sa mort.*

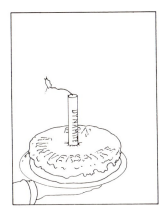

**S.** *Célébrer une cérémonie* (soutenu ou administratif), c'est l'accomplir avec solennité. En parlant d'un événement, c'est le FÊTER.

**célibataire** [selibatɛr] adj. (après le n.) et n.
[adj.] (se dit de qqn) *Catherine est restée célibataire jusqu'à trente-cinq ans, puis elle s'est mariée.* ◆ [n.] (personne) *En France, les célibataires paient plus d'impôts que les gens mariés.*

**G.** L'adj. n'a ni comparatif ni superlatif. Le nom désigne un homme (UN *célibataire*) ou une femme (UNE *célibataire*).
**S.** *Célibataire* s'oppose à MARIÉ. VIEUX GARÇON, VIEILLE FILLE sont péjor. Une MÈRE CÉLIBATAIRE est, dans le langage administratif, une femme qui a un enfant sans être mariée (FILLE MÈRE est un syn. vieilli et péjor.).

**celui** [səlɥi], **celle** [sɛl] pron. dém. m. et f. sing., **ceux** [sø], **celles** [sɛl] m. et f. plur.
I. **celui qui, que, etc., celui de + n. ou adv., celui + part.** *Tiens, tu vois ces trois hommes là-bas? Celui qui porte un chapeau, c'est le directeur.* ● *Tes chaussures sont jolies, mais celles de Françoise sont encore plus belles.* ● *Zut, j'ai raté le train! — Ça ne fait rien, tu prendras celui d'après.*

II. **celui-ci, celui-là, etc.** *Ce manteau ne me plaît pas, mais regarde, celui-ci est très bien.* ● *Bon! alors décide-toi, lequel prends-tu? — Celui-là.* ● *Jeanine a téléphoné, elle ne pourra pas venir. — Oh! elle commence à m'énerver celle-là, elle ne fait jamais ce qu'elle a dit.*

**S.** et **G. 1.** *Celui, celle, ceux, celles* sont toujours suivis d'un compl. de nom, d'un participe ou d'une relative. — **2.** *Celui-ci, celui-là,* etc., s'emploient seuls. En langue soutenue ou écrite, *celui-ci* désigne un être ou une chose proches dans l'espace ou le temps, par oppos. à CELUI-LÀ, qui désigne un être ou une chose plus éloignés. Cette distinction n'est pas respectée en langue courante où *celui-là* est plus fréquent. — **3.** En parlant de qqn, *celui-là, celle-là* expriment dans une phrase exclamative l'ironie ou le mépris.

**cendre** [sɑ̃dr] n. f.
[matière] *Ah, ces gens qui fument et qui font tomber leurs cendres de cigarettes n'importe où!* ● *Mais non, ça ne tache pas, c'est de la cendre.*

**S.** La *cendre* est ce qui reste lorsque du charbon, du bois, etc., sont consumés, ont brûlé; le mot désigne plus particulièrement les résidus de tabac fumé.
**L. cendrier,** v. ce mot.

**cendrier** [sɑ̃drije] n. m.
[objet] *Vous voulez fumer? Je vais vous donner un cendrier.* ● *Qu'est-ce que ça sent mauvais, dans cette pièce! Va me vider ce cendrier!*

**S.** Pour un fumeur, un *cendrier* sert à déposer ses CENDRES et ses mégots (restes de cigarettes et de cigares).

**censurer** [sɑ̃syre] v. t. (conj. **1**)
(sujet qqn, un organisme) **censurer qqch (film, texte, etc.)** *Tu vas voir qu'on va te censurer ton film, jamais ils ne laisseront*

*passer les scènes de violence.* • *Mais ce n'est pas mon texte complet, il a été censuré!*

**G.** Ce verbe s'emploie beaucoup au passif.
**S.** *Censurer un film, un texte, une émission* (langue technique), c'est prendre des mesures pour que l'ensemble de l'œuvre ou certains de ses passages ne soient pas rendus publics, soient interdits.
**L. censure** (n. f.) *Il fait partie d'une commission de censure* (← chargée de censurer ou non les films, les spectacles, etc.).

**cent** [sã] adj. num. cardinal
[100] *Vous ne pourriez pas me changer ce billet de cent francs contre deux billets de cinquante?* • *Tu as encore fouillé dans mon bureau, je t'ai pourtant dit cent fois de ne pas toucher à mes affaires!* • *Ouvrez votre livre à la page cent.*

**G. 1.** *Cent* se prononce [sãt] devant un mot commençant par une voyelle (*cent ans* [sãtã]).
— **2.** *Cent* ne prend la marque du pluriel que lorsqu'il n'est pas suivi d'un autre nom de nombre (on écrit DEUX CENTS *personnes*, mais DEUX CENT CINQUANTE *personnes*).
**L. centième** (adj. num. ordinal) *La centième page du livre* (← la page numéro cent du livre).

**centaine** [sãtɛn] n. f.
[quantité] **centaine (de + n. plur.)** *Il y avait plusieurs centaines de personnes à la manifestation.* • *Vous allez jusqu'au feu rouge et, une centaine de mètres après, vous tournez à droite.*

**S.** *Centaine* désigne un ensemble d'environ CENT unités.

**centime** [sãtim] n. m.
[argent, unité] *Est-ce que vous pouvez m'échanger cette pièce de un franc contre deux pièces de cinquante centimes?* • *Combien, ces chocolats? — Quatre-vingts centimes pièce, madame.*

**S.** Le *centime* est la centième partie du franc. On emploie rarement *centime* lorsque la somme est supérieure à 1 franc. Dans la langue courante, surtout quand il s'agit de sommes importantes, on dit encore FRANC pour *centime* (au sens d'ancien franc). BALLE et SOU sont alors des syn. fam. de FRANC (ancien).

**centimètre** [sãtimɛtr] n. m.
[mesure, unité] *Julien a beaucoup grandi : il a pris trois centimètres le mois dernier.* • *Il y a combien de centimètres dans un mètre? — Cent.* ◆ [instrument] *Passe-moi le centimètre, que je calcule combien il me faut de papier pour refaire la chambre.*

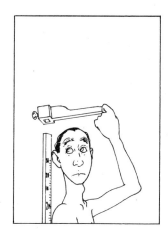

**S. 1.** Le *centimètre*, dont le symbole est *cm*, est la centième partie du MÈTRE. **2.** On appelle *centimètre* un ruban de longueur variable (en général deux mètres), divisé en *centimètres* et qui sert à mesurer.

**centre** [sãtr] n. m.
**I.** [localisation] (non-compt., au sing.) *Les enfants, on va jouer! Mettez-vous en rond, et moi je me mettrai au centre; lancez-vous*

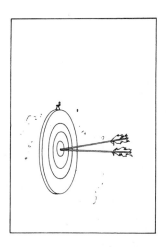

*le ballon : j'essaierai de l'attraper!* • *Au centre du carrefour, un agent surveille la circulation.*

II. [partie d'un lieu urbain] (compt., surtout au sing.) *Nous aimerions trouver une maison en banlieue, loin du centre.* • *Charlotte n'est pas là : elle est partie dans le centre pour faire des courses.*
III. [lieu urbain] (compt.) **centre industriel** *Lyon est un des grands centres industriels de France.* ◆ [lieu, commerce] **centre commercial** *Où as-tu acheté tout ça ? — Au centre commercial, au bas de la tour Montparnasse, on y trouve à peu près tout ce qu'on veut.*
IV. [lieu abstrait] (compt.) **centre d'intérêt** *La peinture, la musique, voilà ses seuls centres d'intérêt, le reste ne l'intéresse pas.*
V. [collectif, personnes] (compt., surtout au sing.) *Gouverner la France avec le centre, voilà ce qu'il veut faire.*

**S. 1.** Au sens I, *centre* a pour syn. MILIEU; le *centre* s'oppose au BORD, au BOUT, à l'EXTRÉMITÉ. — **2.** Au sens II, *centre* désigne la partie intérieure d'une ville, d'une agglomération, généralement la plus animée. — **3.** Au sens III, *centre* désigne une ville ou une région caractérisées par leur activité *(centre industriel)*, soit un lieu réunissant un grand nombre de commerces *(centre commercial).* — **4.** Au sens IV, le *centre d'intérêt* est le domaine, le point où convergent l'attention, l'intérêt de qqn. — **5.** Au sens V, le *centre* s'oppose à la GAUCHE et à la DROITE.
**L. central, e, aux** (adj.) [sens II] *Elle habite un quartier dans le centre de la ville* → *elle habite un quartier central.* ◆ **centriste** (adj. et n.) [sens V] *Les députés du centre n'ont pas voté la loi* → *les députés centristes n'ont pas voté la loi.*

**cependant** [səpãdã] adv.
[opposition] *Le temps était vraiment mauvais, ils ont cependant voulu faire du bateau.* • *Le chien est sorti, et cependant je t'avais bien dit de fermer la porte.*

**S.** et **G.** *Cependant* (soutenu) indique une opposition entre deux phrases; ses syn. sont TOUTEFOIS (soutenu) et POURTANT. Le syn. courant est MAIS.

**cercle** [sɛrkl] n. m.
[forme] *Essaye de dessiner d'un seul trait de crayon un cercle parfait.* ◆ **en cercle** *On s'est tous assis en cercle autour du feu et on a chanté des chansons.*

**S.** *Cercle* a pour syn. plus courant ROND. Le *cercle* est une figure de géométrie sans côtés, par oppos. au CARRÉ, au RECTANGLE ou au TRIANGLE. Le *cercle* est constitué par une ligne courbe dont tous les points sont à égale distance du centre ; il est ROND, par oppos. à

l'ELLIPSE qui est OVALE. Le DIAMÈTRE est la ligne qui joint deux points opposés du *cercle* en passant par le centre. *En cercle* a pour syn. EN ROND.
**L. circulaire** (adj.) *Il s'est fait construire une piscine en forme de cercle* → *il s'est fait construire une piscine circulaire.*

**céréale** [sereal] n. f.
[végétal] *Le blé et le maïs sont les principales céréales cultivées en France.* • *Les Anglais mangent beaucoup de céréales au petit déjeuner.*

**S.** Les *céréales* sont des plantes (BLÉ, MAÏS, AVOINE, ORGE) cultivées pour leurs grains comestibles.

**cérémonie** [seremɔni] n. f.
[action, qqn, et résultat] *Christine ne se marie qu'à la mairie, il n'y aura pas de cérémonie religieuse.*

**S.** Une *cérémonie* est la célébration, plus ou moins solennelle, d'une fête, d'un événement.

**cerise** [səriz] n. f.
[fruit] *Fais attention de ne pas avaler les noyaux de cerise !* • *Pourquoi avez-vous cueilli ces cerises ? Elles ne sont pas mûres.*

**S.** La *cerise* est un petit fruit à noyau, ordinairement de couleur rouge.
**L. cerisier** (n. m.) *Ils ont un cerisier dans leur jardin* (← *un arbre qui porte des cerises*).

**cerner** [sɛrne] v. t. (conj. **1**)
(sujet qqn) **cerner qqch** *Les policiers ont cerné la maison, il lui sera impossible de s'échapper.*

# CERTAIN

S. *Cerner* est un syn. soutenu de ENCERCLER.

**certain, e** [sɛrtɛ̃, ɛn] adj.
I. (se dit de qqn ; toujours attribut) **certain de + inf., que + ind.** *Regarde, le ciel est sans nuages, je suis certain qu'il fera beau demain.* • *Alors, comme ça, tu es certain de réussir, tu n'as aucun doute ? — Oui, j'en suis sûr et certain.* ◆ (se dit de qqch ; après le n.) *Tu vas voir, il va rater son train, c'est certain.*
II. **un certain + n. (temps, quantité, mesure)** *Il n'est pas vraiment très vieux, mais il a déjà un certain âge.* • *Fais attention en cueillant les fruits, il y en a un certain nombre qui ne sont pas mûrs.* • *Vous attendez depuis longtemps ? — Ça fait déjà un certain temps, oui.*
III. **certains + n. plur.** *Comment trouves-tu ce tapis ? — Très joli, mais j'ai l'impression qu'il est abîmé à certains endroits.*

G. Aux sens II et III, *certain*, considéré comme un adj. indéf., est seulement épithète et n'a ni comparatif ni superlatif.
S. **1.** *Certain* (sens I) indique que qqn est convaincu d'un fait ; il a pour syn. SÛR, ASSURÉ, CONVAINCU ; le contr. est INCERTAIN. En parlant de qqch, *certain* indique que ceci entraîne la conviction ; il a pour syn. ÉVIDENT, SÛR ; le contr. est DOUTEUX. — **2.** *Un certain* (sens II) indique une intensité, une quantité non négligeable. Qqn qui a *un certain âge* est assez âgé, sans être vraiment vieux ; *un certain nombre* signifie un nombre assez important. — **3.** *Certains* (sens III) indique la quantité ; il a pour syn. QUELQUES, PLUSIEURS, DIVERS, DIFFÉRENTS.
L. **certainement**, v. ce mot. ◆ **certitude** (n. f.) [sens I] *Je suis certain qu'il réussira → j'ai la certitude qu'il réussira.*

**certainement** [sɛrtɛnmɑ̃] adv.
[opinion] *Je viendrai certainement pas ; ça, tu peux en être sûr !* • *Ne vous inquiétez pas, il vous donnera certainement de ses nouvelles.* ◆ [affirmation] *Vous viendrez nous voir, cet été ? — Certainement !*

S. *Certainement* renforce une affirmation ou une négation ; il a pour syn. SANS AUCUN DOUTE, SÛREMENT, ASSURÉMENT (soutenu) ; IL EST CERTAIN QUE JE VIENDRAI est équivalent à *je viendrai certainement.* Seul dans une réponse, il a le sens d'une réponse affirmative et a pour autres syn. BIEN SÛR ou OUI (moins fort).

**certes** [sɛrt] adv.
[affirmation] *Tu penses que ce projet est possible ? — Certes, mais il faut encore y réfléchir.* • *Je ne veux certes pas le condamner, mais tout de même, il devrait faire attention.*

S. *Certes* (soutenu) renforce une affirmation ou confirme l'assertion de l'interlocuteur, en annonçant en général une réserve. Il a pour syn. BIEN SÛR, ÇA VA DE SOI, ÉVIDEMMENT, NATURELLEMENT.

**certificat** [sɛrtifika] n. m.
I. [objet, texte] *Au-delà de deux jours d'absence, il faut que vous envoyiez un certificat médical.*
II. [statut, qqn] *Pierre passe son certificat d'aptitude professionnelle jeudi, il est très inquiet.*

S. **1.** Un *certificat* (sens I) est un texte établi par qqn dont la compétence, l'autorité sont reconnues et qui atteste, CERTIFIE qqch. — **2.** Au sens II, un *certificat* est un examen et le diplôme correspondant.

**certifier** [sɛrtifje] v. t. (conj. 2)
(sujet qqn, une autorité) **certifier qqch, que + ind. (à qqn)** *Pouvez-vous me certifier que vous n'avez pas quitté votre poste pendant toute la nuit ?*

**S.** *Certifier* est un syn. soutenu de AFFIRMER ; ASSURER est moins fort, JURER est plus fort ; GARANTIR est soutenu.

**certitude** → CERTAIN L.

**cerveau** [sɛrvo] n. m.
[partie du corps] *On n'a pas un cerveau, mais plutôt deux : le cerveau gauche, où se trouve le langage, et le cerveau droit, où il y a d'autres fonctions.*

**S.** Le *cerveau*, c'est la masse nerveuse, le système nerveux central qui est l'organe essentiel qui contrôle et commande toutes les opérations et qui est protégé par le crâne.

**cervelle** [sɛrvɛl] n. f.
I. [partie d'un animal] *On vendait chez le boucher des cervelles d'agneau congelées ; j'en ai acheté quatre pour ce soir.*
II. (sujet qqn) **se creuser la cervelle** *C'est intelligent ! Pour trouver ça, il a vraiment fallu que tu te creuses la cervelle.*

**S. 1.** La *cervelle* (sens I) est le cerveau des animaux tués. — **2.** *Se creuser la cervelle* (sens II) [fam.], c'est réfléchir longuement.

**ces** → CE 2.

**cesser** [sese] v. t. et auxil. (conj. **1**)
(sujet qqn, qqch) **cesser de + inf., cesser une action** *Tous les élèves ont cessé de

parler, dès que leur professeur est arrivé.* • *La pluie n'a pas cessé de tomber depuis trois jours. Quelles vacances !* • *La plupart des ouvriers ont cessé le travail à midi.*
◆ (sans compl.) *Si la pluie cesse, on ira faire un tour.*

**S.** *Cesser* indique la fin d'une action et a pour syn. ARRÊTER qqch ou DE + inf., STOPPER qqch, METTRE FIN à qqch, INTERROMPRE qqch, et pour contr. CONTINUER qqch ou à + inf. Sans compl., il a pour syn. S'ARRÊTER, S'INTERROMPRE, et pour contr. CONTINUER, DURER, REPRENDRE et PERSISTER (soutenu).
**L. cesse (sans),** v. SANS CESSE. ◆ **cessation** (n. f.) *Les deux nations souhaitent que les hostilités cessent* → *les deux nations souhaitent la cessation des hostilités.* ◆ **incessant, e** (adj.) *Ce bruit ne cesse pas* → *ce bruit est incessant.*

**c'est** [sɛ] loc. v. (conj. **B**)
*Alors, le film était beau ? — Oui, c'était très beau, mais triste.* • *Tiens, regarde, c'est Aline qui arrive. — Qui ça, la fille en bleu ? — Oui, c'est elle.* • *Pierre nous a raconté ses vacances, c'était très drôle.* • *Ton gâteau est bon, mais ce serait meilleur avec un peu plus de sucre.*

**S. et G.** *C'est* est soit un présentatif *(qui est à l'appareil ? — C'est moi, Jean)*, soit une forme d'emphase *(c'est toi qui as cassé le verre ?).* *C'est* se conjugue *(c'était, ç'a été, etc.).* On emploie le pron. neutre CE devant les formes du verbe ÊTRE commençant par une consonne (CE SERA, CE FUT, etc.), et la forme élidée C' devant celles qui commencent par une voyelle. Devant SERA, SERAIT ou lorsque le verbe ÊTRE est précédé de DEVOIR, POUVOIR, la langue courante emploie surtout ÇA *(ça doit être vrai ; ça serait mieux si...)* ; la langue soutenue emploie CE. Suivi d'un nom plur., *c'est* reste au sing. en langue courante *(c'est eux)* et se met au plur. en langue soutenue *(ce sont eux).*

**c'est-à-dire** [sɛtadir] adv.
[explication] *Il te faudra bien réfléchir, c'est-à-dire peser le pour et le contre.* • *Il a bien hésité, c'est-à-dire qu'il n'a pas su quoi répondre.*

**S. et G.** *C'est-à-dire* (abrév. c.-à-d.), qui peut être suivi d'une phrase introduite par *que*, d'un nom, d'un adj., d'un inf., introduit soit une simple explication (et il a pour syn. soutenu AUTREMENT DIT), soit une rectification (et le syn. est OU PLUTÔT).

**cet, cette** → CE 2 ; **ceux** → CELUI.

**chacun, e** [ʃakœ̃, yn] pron. indéf.
[distribution] **chacun (de + n. ou pron. plur.)** *Si vous êtes sages, vous aurez trois bonbons chacun !* • *Ce n'est pas la peine de crier et de pousser ses voisins : chacun de vous aura ce qu'il lui faut !* • *Que personne ne bouge, que chacun reste à sa place !*

**S. et G.** *Chacun* est le pron. indéf. sing. correspondant à CHAQUE. Il indique une distribution ou une répartition et désigne CHAQUE PERSONNE d'un groupe séparément ; il a pour syn. TOUS, TOUT LE MONDE, si on envisage l'ensemble et non plus les parties séparées.

**chagrin** [ʃagrɛ̃] n. m.
[sentiment] (non-compt., au sing.) *Pourquoi pleures-tu ? Tu as du chagrin ?* ◆ (compt.) *Les chagrins d'amour, ça passe, comme dit mon grand-père.*

   S. La DOULEUR est physique ou morale, le *chagrin* est seulement moral. PEINE est un syn. courant. *Avoir du chagrin* a pour syn SOUFFRIR

(plus fort), ÊTRE TRISTE (moins fort), AVOIR DE LA PEINE.
   L. **chagriner** (v. t.) *Ta conduite me cause du chagrin → ta conduite me chagrine.*

**chahuter** [ʃayte] v. i. et v. t. (conj. **1**)
[v. i.] (sujet qqn) *Tous les enfants qui ont chahuté dans le couloir tout à l'heure resteront une heure de plus dans l'école.*
◆ [v. t.] (sujet qqn) **chahuter qqn** *Il a abandonné l'enseignement, il était tout le temps chahuté par ses élèves.*

   S. *Chahuter* (fam.), c'est FAIRE DU CHAHUT, du bruit, créer du désordre.
   L. **chahuteur, euse** (adj. et n.) *Il chahute en classe, c'est pour ça qu'il n'aura pas le premier prix → il est chahuteur, c'est pour ça qu'il n'aura pas le premier prix.*

**chaîne** [ʃɛn] n. f.
I. [objet] *Le chien est attaché avec une chaîne.* ● *Elle porte autour du cou une jolie chaîne en or.*
II. [partie d'un établissement] *Nous avons trois chaînes à la télévision française.* ● *Il paraît qu'il y a un film intéressant ce soir sur la troisième chaîne.*

III. [appareil] *Depuis qu'il a sa nouvelle chaîne, on ne peut plus parler à la maison, il passe son temps à écouter de la musique.*

   S. **1.** Au sens I, une *chaîne* est constituée de maillons de métal ; *chaîne* peut désigner un

bijou de cette forme qu'on porte autour du cou. — **2.** Au sens II, on parle de *chaînes* DE TÉLÉVISION et de STATIONS DE RADIO. — **3.** Au sens III, *chaîne* ou *chaîne* STÉRÉO[PHONIQUE] désigne un ensemble d'appareils plus perfectionnés que l'électrophone qui permet de passer des disques. La *chaîne* est constituée par une PLATINE (sur laquelle on met le disque), un AMPLIFICATEUR ou AMPLI (langue courante) et des HAUT-PARLEURS (ou BAFFLES).
   L. **enchaîner** (s'), v. ce mot.

**chair** [ʃɛr] n. f.
[partie d'un animal] (compt., surtout au sing.) *La chair de ce canard est délicieuse, et il est cuit comme il faut, pas trop.*
◆ [partie du corps] *L'aiguille est entrée assez profondément dans la chair.* — *Oh ! que tu as dû avoir mal !*

   S. Le plus souvent suivi d'un adj., la *chair* est la partie comestible d'un animal (volaille, poisson) [on parle de VIANDE pour les animaux de boucherie]. En parlant d'une personne, la *chair* est la partie molle du corps, par oppos. au SQUELETTE.

**chaise** [ʃɛz] n. f.
[meuble] *Il n'avait pas beaucoup de meubles, juste une table et quatre chaises.* ● *Prenez cette chaise et asseyez-vous.* ◆ **chaise longue** *Qui est-ce qui m'aide à porter les chaises longues dans le jardin ?*

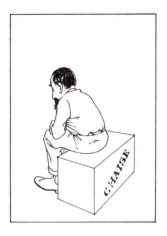

**G.** On s'assied SUR une *chaise*, mais DANS un fauteuil.
**S.** Une *chaise* est un siège à dossier mais sans bras, par oppos. au FAUTEUIL. La *chaise longue*, le plus souvent en toile et pliante, permet aussi de s'allonger.

**chalet** [ʃalɛ] n. m.
[lieu, habitation] *Vous allez à l'hôtel, pour les sports d'hiver ? — Non, nous avons loué un chalet.*

    **S.** Un *chalet* est une maison à la montagne, le plus souvent en bois.

**chaleur** [ʃalœr] n. f.
I. [qualité, qqch] *Je préfère les pays froids, je ne supporte pas les chaleurs de l'été.*

• *Quelle chaleur ! Entrons dans la maison, il y fait plus frais.*
II. [qualité, qqn] *J'ai l'impression qu'il nous en veut : il nous a reçus avec un manque de chaleur évident.*

    **S. 1.** La *chaleur* (sens I), c'est la température élevée ; le contr. est le FROID. — **2.** La *chaleur* (sens II), c'est l'ardeur des sentiments ; le syn. est EMPRESSEMENT.
    **L. chaleureux,** v. ce mot.

**chaleureux, euse** [ʃalœrø, øz] adj. (après ou, plus rarement, avant le n.) (se dit de qqn, de son attitude) *La lettre que j'ai reçue de Pierre est très chaleureuse ; il me félicite de mon succès et me fait part de toute son affection.*

    **S.** Est *chaleureux* ce qui ou celui qui manifeste de la cordialité, de l'empressement. Les syn. sont, par ordre d'intensité croissante, CORDIAL, AMICAL, ARDENT (soutenu). Le contr. est FROID.
    **L. chaleureusement** (adv.) *Il m'a accueilli de manière très chaleureuse* → *il m'a accueilli très chaleureusement.*

**chamailler (se)** [ʃamaje] v. pr. (conj. **1**) (sujet qqn) **se chamailler (avec qqn)** *Les enfants se chamaillent sans arrêt, ça devient insupportable.*

    **S.** *Se chamailler* (fam.) a pour syn. SE DISPUTER, mais implique que la dispute est en général sans conséquence.

**chambre** [ʃɑ̃br] n. f.
I. [pièce] *Brigitte est fatiguée, elle est allée se reposer dans sa chambre.* • *C'est un petit appartement avec un salon et une chambre.*
II. [institution] **Chambre de + n.** *Tu as déjà*

assisté à un débat à la Chambre des députés ? • Vous devriez vous inscrire à la Chambre de commerce, vous serez aidé et protégé.

    **S. 1.** La *chambre* (sens I) est la pièce où on se couche : le meuble caractéristique en est le lit. Un DORTOIR comporte un assez grand nombre de lits. — **2.** Au sens II, ce mot (avec une majuscule) désigne à la fois le local où se réunissent certaines personnes et le groupe de personnes réunies. La *Chambre des députés* ou *Chambre* a pour syn. l'ASSEMBLÉE NATIONALE. Les *Chambres de commerce, d'agriculture*, etc., sont des assemblées de professionnels élus qui représentent l'ensemble de leur profession.

**champ** [ʃɑ̃] n. m.
[lieu naturel] *Ils ont une très jolie maison à la campagne, à côté d'un grand champ de blé.* • *Qu'est-ce que vous avez fait vite ! — On n'a pas pris la route, on a coupé à travers champs.* ◆ [lieu, sport] **champ de courses** *Si vous aimez les chevaux, allez à Chantilly : il y a un champ de courses.*

    **S. 1.** Le *champ*, terre cultivée à la campagne, s'oppose à la PRAIRIE, au PRÉ, qui produisent seulement de l'herbe. — **2.** Un *champ de courses* est un terrain aménagé pour les courses de chevaux ; il a pour syn. savant HIPPODROME. Les principaux *champs de courses* de la région parisienne sont Longchamp, Auteuil, Saint-Cloud, Chantilly, etc.

**champagne** [ʃɑ̃paɲ] n. m.
[boisson] *Eh bien, pour fêter cela, on va ouvrir une bouteille de champagne.*

    **S.** Le *champagne* est une sorte de vin blanc pétillant que l'on boit en général à l'occasion d'une fête, d'une cérémonie.

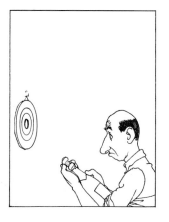

**champignon** [ʃɑ̃piɲɔ̃] n. m.
[légume] *Faites attention quand vous ramassez des champignons dans la forêt, il y en a qui sont très dangereux.* • *Vous connaissez la recette des champignons à la crème ?*

    **S.** Quelques variétés : les CHAMPIGNONS DE PARIS, les CÈPES, les GIROLLES, les MORILLES.

**champion, onne** [ʃɑ̃pjɔ̃, ɔn] n.
[personne, fonction sociale] **champion de qqch (sport)** [À la télévision] : « *Voici le nouveau champion du monde de ski.* » • *L'équipe de Nice est devenue championne de France de football après le match qui l'opposait à Marseille.*

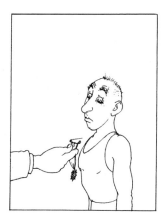

    **S.** Ce terme appartient au langage du sport. Un(e) *champion(ne)* est un(e) athlète ou une équipe qui a été déclaré(e) vainqueur d'une compétition sportive.
    **L. championnat** (n. m.) *Il est champion de France de ski* → *il a gagné le championnat de France de ski.*

**chance** [ʃɑ̃s] n. f.
**I.** [événement] (non-compt., au sing.) *Ne compte pas trop sur la chance pour ton examen, travaille.* ◆ **par chance** *La maison s'est écroulée tout d'un coup : par chance, il n'y avait personne à l'intérieur.* ◆ **coup de chance** *Il a réussi son examen ? C'était un coup de chance : il ne savait rien !* ◆ **bonne chance !** *Tu vas à la chasse ? Eh bien, bonne chance ! Rapporte-nous quelque chose de bon !*
**II.** [état, qqn] (non-compt., au sing.) *Pierre*

# CHANGER

*a de la chance au jeu : il gagne toujours !* • *Nous avons la chance d'avoir un excellent charcutier dans le quartier.*
III. [état, qqch] (compt., surtout au plur.) *Est-ce que son projet a des chances d'aboutir ? — Je ne crois pas, il est trop absurde.* • *Si tu ne regardes pas régulièrement les petites annonces, tu n'as aucune chance de trouver du travail.* • *Il y a de fortes chances pour qu'on le revoie bientôt : il a oublié son parapluie !* • *Il y a une chance sur deux qu'il pleuve ce soir.* • *Tu crois qu'il sera en colère ? — Il y a des chances ! Après ce que tu lui as fait !*

**S. 1.** La *chance* (sens I), sans compl., est un hasard heureux. *Par chance* a pour syn. PAR BONHEUR. — **2.** Au sens II, *avoir de la chance*, c'est être favorisé par le hasard, ÊTRE CHANCEUX, VEINARD (fam.). VEINE est un syn. fam. — **3.** Au sens III, avec un compl. ou un adj., *avoir des chances de* + inf. a pour équivalent RISQUER DE. *Il y a des chances pour que* a pour équivalent IL EST PROBABLE QUE.
**L. chanceux, euse** (adj.) [sens II] Il a beaucoup de chance → *il est très chanceux.* ◆ **malchance,** v. ce mot.

**change** [ʃɑ̃ʒ] n. m.
I. [action, qqn, et résultat] (compt., surtout au sing.) *Où y a-t-il un bureau de change, s'il vous plaît ? J'arrive de l'étranger et je n'ai pas d'argent anglais.* • *Tu devrais acheter des dollars en ce moment, le change est avantageux.*
II. (sujet qqn) **gagner, perdre au change** *Prends cette chemise plutôt que celle-là ; je t'assure que, même en payant plus cher, tu ne perdras pas au change.*

**S. 1.** Le *change* (sens I), c'est l'action de CHANGER de la monnaie d'un pays pour celle d'un autre pays. C'est aussi la valeur, le taux de cette monnaie étrangère. — **2.** *Gagner, perdre au change,* c'est être gagnant, perdant dans un échange.

**changement** [ʃɑ̃ʒmɑ̃] n. m.
[action, qqch, qqn] *D'ici au musée du Louvre, en métro, c'est direct : il n'y a pas de changement.* • *[À la radio] : «Pour demain, pas de changement de temps, il fera beau sur toute la France.»* • *Tiens, tu as vu le panneau sur la porte : «Changement de propriétaire.»* • *En cas de changement d'adresse, prévenez la poste.* • *Tous les partis parlent du changement, mais qui le veut vraiment ?* ◆ [résultat] *Dis donc ! il y a eu beaucoup de changements ici : je ne reconnais plus rien.*

**S.** Le *changement,* c'est le fait de CHANGER (pour qqch ou qqn). C'est aussi le résultat : ce qui change, évolue. Les syn. sont TRANSFORMATION, MODIFICATION. En parlant du métro, du train, il a pour syn. CORRESPONDANCE.

**changer** [ʃɑ̃ʒe] v. t., v. i. et v. t. ind. (conj. 4)
I. [v. t.] (sujet qqn) **changer qqch [concret] (contre, pour qqch)** *Va chercher le gâteau pendant que je change les assiettes.* • *Si*

*vous partez en Italie, pensez à changer votre argent français contre de l'argent italien.* ◆ **se changer** *Tu ne vas pas aller au jardin avec ce pantalon, change-toi.* • *Avec cette pluie, je suis trempé : je vais me changer.*
II. [v. t.] (sujet qqch, qqn) **changer (l'attitude, le physique de) qqn, changer (l'aspect de) qqch** *Tout ce que vous pourrez dire ne changera rien à ma décision.* • *Allons au cinéma, ça te changera les idées.* • *Ces*

nouvelles lunettes te changent tellement que je ne te reconnaissais pas. ● *Vous allez toujours en voiture, pour une fois, prenez le métro, ça vous changera.* ● *Ces nouveaux meubles changent complètement votre maison.*
III. [v. t. ind.] (sujet qqn, qqch) **changer de qqch, de + n. de fonction** *Pierre a changé d'adresse, tu sais où il habite maintenant?* ● *J'ai changé d'avis, je ne pars plus avec vous.* ● *Tu as changé de médecin? — Oui, celui que j'avais ne me plaisait pas du tout.* ◆ [sans compl.] (sujet qqn) [*Dans le métro*] : « *Vous prenez la direction Porte-de-la-Chapelle, et vous changez à Saint-Lazare.* »
IV. [v. i.] (sujet qqch [abstrait], qqn) *Il pleut depuis trois jours : ah! si le temps pouvait changer!* ● *Qu'est-ce qu'il a changé! En un an, Paul est devenu un homme.*

**S. 1.** Au sens I, *changer* qqch (concret), c'est le REMPLACER par qqch d'autre ; il a également pour syn. ÉCHANGER. *Se changer,* c'est *changer* de vêtements. — **2.** Au sens II, *changer,* c'est rendre différent ; il a pour syn. MODIFIER. *Changer les idées à* qqn a pour syn. le DISTRAIRE. *Ça vous changera* a pour équivalent ÇA VOUS SORTIRA DE VOS HABITUDES. — **3.** *Changer* de qqch, *de* + n. de fonction (sens III), c'est abandonner qqch ou qqn pour en prendre un autre. *Changer d'adresse,* c'est AVOIR DÉMÉNAGÉ. *Changer d'avis* a pour syn. SE RAVISER (soutenu). En parlant de qqn seulement et sans compl., c'est quitter un train pour en prendre un autre. — **4.** *Changer* (sens IV) a pour syn. SE TRANSFORMER, SE MODIFIER ou SE MÉTAMORPHOSER (plus fort et litt.).
**L. changeant, e** (adj.) [sens III] *Le temps change beaucoup en ce moment* → *le temps est très changeant en ce moment.* ◆ **changement,** v. ce mot.

**chanson** [ʃɑ̃sɔ̃] n. f.
[énoncé, musique] *Quand tu étais petit, il fallait te chanter une chanson pour t'endormir.* ● *Pierre adore les chansons populaires anglaises : achète-lui ce disque.*
**S.** Une *chanson* est constituée d'un air et de paroles : ces dernières forment les couplets et le refrain (paroles qui reviennent régulièrement après chaque couplet). Un CHANT désigne, en général, une production vocale plus noble, mais il peut être parfois syn. de *chanson.*

**chanter** [ʃɑ̃te] v. t. (conj. **1**)
I. (sujet qqn, un oiseau) **chanter (une chanson)** *Tu ne reconnais pas cette chanson? On la chantait quand on était jeunes!* ● *Après dîner, ils s'étaient tous mis à chanter.* ● *Mon oiseau ne chante plus ; peut-être qu'il est malade?* ● *Ce qu'elle chante faux! C'est affreux.*
II. (sujet qqn) **faire chanter qqn** *Il a fait quelques bêtises dans sa jeunesse ; et maintenant ses anciens amis le font chanter.*

**S. 1.** *Chanter,* souvent sans compl., s'étend à toutes les variétés du CHANT (chansons, airs, etc.). CHANTONNER indique que l'on chante

à mi-voix ; on FREDONNE l'air, la mélodie d'une chanson (sans les paroles). — **2.** *Faire chanter* qqn, c'est l'obliger à céder, à se soumettre, en le menaçant de révéler ce qui est compromettant.
**L. chant** (n. m.) [sens I] *Écoute les oiseaux chanter* → *écoute le chant des oiseaux.* ◆ **chantage** (n. m.) [sens II] *Je ne supporte pas qu'on me fasse chanter* → *je ne supporte pas le chantage.* ◆ **chanson, chanteur,** v. ces mots.

**chanteur, euse** [ʃɑ̃tœr, øz] n.
[personne, profession] *Mon frère collectionne les photos de chanteurs, il en a collé plein sur les murs de sa chambre.* ● *Comment s'appelle la chanteuse qui interprète le rôle de la Norma?*

**S.** *Chanteur* a pour syn. plus vagues ARTISTE et INTERPRÈTE. Il existe des *chanteurs* DE VARIÉTÉS (ou VEDETTES DE LA CHANSON) et des *chanteurs* CLASSIQUES (en particulier d'opéra). Une CANTATRICE est une *chanteuse* d'opéra. Les CHORISTES sont des gens qui chantent ensemble (en chœur).

**chantier** [ʃɑ̃tje] n. m.
I. [lieu, travail] *Je vais aller jusqu'au chantier pour voir comment les travaux avancent.* • *Il y a un peu partout des chantiers à*

*Lyon : on construit beaucoup actuellement.*
II. **en chantier** *J'ai plusieurs livres en chantier ; l'un d'eux est presque achevé.*

**S. 1.** Le *chantier* (sens I) est le lieu où l'on entreprend la construction d'un immeuble, d'un navire, d'une route, etc., et où sont amenés les matériaux de construction. — **2.** Ce qui est *en chantier* (sens II) est EN TRAIN D'être fait, EN COURS DE RÉALISATION.

**chapeau** [ʃapo] n. m.
[vêtement] *Prends un chapeau, il y a beaucoup de soleil.* • *Paul perd ses cheveux,*

*alors il met un chapeau pour que ça ne se voie pas.*
**S.** Le *chapeau* est un type de coiffure civile, par oppos. au béret (du militaire, du marin), au képi (du gendarme) ou au casque (du soldat, de l'ouvrier du bâtiment, du motard). Le bonnet (de laine), la casquette, la cagoule sont des variétés de *chapeaux*.

**chapitre** [ʃapitʁ] n. m.
I. [partie d'un texte] *Tu en es où de ton livre ? — Au troisième chapitre.*
II. **sur le chapitre, au chapitre de qqch** *L'ordre est extrêmement important pour lui, il est très sévère sur ce chapitre.* • *Au chapitre des faits divers, ajoutons l'histoire de cette vieille dame qui s'est fait cambrioler.*

**S. 1.** Un *chapitre* (sens I) est une grande division d'un livre, d'un texte, ayant une unité. — **2.** *Sur ce chapitre* (sens II) a pour syn. SUR CE POINT ; *au chapitre de* a pour syn. À LA RUBRIQUE DE.

**chaque** [ʃak] adj. indéf.
[distribution] *Chaque fois, c'est la même chose : il recommence les mêmes bêtises.* • *Est-ce que tu peux porter deux verres dans chaque main ?* • [À l'école] : « *Chaque enfant a-t-il été examiné par le médecin ? — Non, il en reste trois.* »

**S.** et **G.** *Chaque*, qui ne peut pas être suivi d'un autre déterminant, est l'adj. sing. correspondant au pron. CHACUN. Il indique une distribution ou une répartition des éléments séparés d'un ensemble. Il a pour équivalent TOUS LES, TOUTES LES devant un nom plur., si on considère l'ensemble et non plus les parties séparées. Les contr. sont PAS UN ou AUCUN (soutenu).

**charbon** [ʃaʁbɔ̃] n. m.
[matière] (non-compt., au sing.) *C'est une vieille maison : le chauffage est encore au charbon.* • *C'est dans le nord de la France et en Lorraine qu'on trouve du charbon.*

**S.** La HOUILLE est le nom savant du *charbon*, extrait du sol.

**charcuterie** [ʃaʁkytʁi] n. f.
I. [lieu, commerce] (compt.) *Pierre, tu iras à la charcuterie acheter du saucisson et du jambon, s'il te plaît.*
II. [aliment] (non-compt., au sing.) *Qu'est-ce que vous prendrez en hors-d'œuvre ? — Une assiette de charcuterie.*

**S.** La *charcuterie* (sens I) est le commerce, la boutique où on vend de la *charcuterie* (sens II) : jambon, saucisson, saucisses, pâté, choucroute, tous les aliments provenant de la viande de porc et aussi parfois des plats cuisinés.

**charcutier, ère** [ʃarkytje, ɛr] n.
[personne, profession] *À côté de chez nous, il y a un bon charcutier.*
    **S.** Le *charcutier* est un commerçant qui, à la différence du BOUCHER, ne vend que de la viande de porc (fraîche et salée), ainsi que de la CHARCUTERIE (préparations à base de porc) : boudin, jambon, lard, pâté, rillettes, saucisses, saucisson, etc. Il vend aussi des plats préparés.
**L. charcuterie,** v. ce mot.

**charge** [ʃarʒ] n. f.
I. [argent, valeur] (compt., surtout au plur.) *Les charges sociales augmentant de plus en plus, cette entreprise se plaint de faire de moins en moins de bénéfices.*
II. (sujet qqn) **avoir la charge de qqn** *Grâce à son sang-froid et à un effort extraordinaire, le pilote a pu sauver les passagers dont il avait la charge.* ♦ (sujet qqn, qqch) **être à la charge de qqn** *Cela fait deux ans maintenant qu'il est au chômage, et il supporte très mal d'être à la charge de sa femme.* ● *Les frais d'électricité, de chauffage sont à la charge du locataire.* ♦ (sujet qqn, un groupe) **prendre qqn en charge** *Ne vous inquiétez pas, dès votre arrivée à la gare, vous serez pris en charge par le personnel de la clinique, qui s'occupera de tout à votre place.*
III. [action, qqch, et résultat] (compt.) *Nous avons retrouvé chez vous l'arme du crime ; c'est une lourde charge contre vous, n'est-ce pas ?*
    **S. 1.** Au sens I, *charges* désigne un ensemble de dépenses, de frais le plus souvent obligatoires. — **2.** Au sens II, *avoir la charge de qqn*, c'est en AVOIR LA RESPONSABILITÉ, morale ou financière. *Être à la charge de qqn*, c'est DÉPENDRE financièrement DE lui ou, en parlant d'une somme d'argent, ÊTRE DÛ PAR qqn. *Prendre qqn en charge*, c'est S'OCCUPER, SE CHARGER DE lui (moins fort). — **3.** Au sens III, une *charge contre* qqn est un GRIEF, un CHEF D'ACCUSATION (adm. et jurid.), une PRÉSOMPTION CONTRE lui (moins fort).

**charger** [ʃarʒe] v. t. (conj. 4)
I. (sujet qqn) **charger des objets sur, dans qqch** *Bon ! Si tu as fini de charger les bagages, on peut partir : il ne reste plus rien à emporter à la maison.* ♦ **charger qqch (véhicule), qqn de qqch (objet)** *Tout le monde l'a aidé à charger le camion, si bien qu'il a pu finalement partir à l'heure.* ● *Oh ! là, là ! Tu es chargé de paquets !* —

*Oui, j'ai fait les courses pour toute la semaine.* ♦ **charger une arme** *Attention ! j'ai chargé le fusil, n'y touche pas.*
II. (sujet qqn) **charger qqn de + inf., de qqch (abstrait)** *On a chargé Pierre de prévenir tout le monde pour la réunion, j'espère qu'il n'oubliera personne.* ♦ **se charger de qqch, de + inf.** *Si tu apportes les boissons, je me chargerai du fromage, d'accord ?* ● *Si vous voulez, Paul se chargera d'emmener votre fille à l'école.*
    **S. 1.** *Charger des objets* (sens I), c'est les mettre sur ou dans un véhicule afin de les transporter. *Charger un véhicule*, c'est mettre un certain poids d'objets dessus ou dedans. *Charger une arme*, c'est y mettre des balles ou des cartouches prêtes à être tirées. — **2.** *Charger qqn de* (sens II), c'est lui DONNER LA RESPONSABILITÉ DE ; il a pour syn. moins fort DEMANDER À qqn DE. *Se charger de* a pour syn. S'OCCUPER DE et VEILLER À (soutenu).
**L. chargement** (n. m.) [sens I] *La voiture est trop lourdement chargée* → *le chargement de la voiture est trop lourd.* ♦ **charge, décharger,** v. ces mots.

**charmant, e** [ʃarmɑ̃, ɑ̃t] adj. (après ou avant le n.)
(se dit de qqn, de son attitude) *Viens dîner avec nous chez les Badel, tu verras, ils sont charmants.* ● *Jean a une femme charmante, toujours gaie, pleine d'esprit. On ne s'ennuie pas avec elle !* ♦ (se dit de qqch) *Ils viennent d'acheter une charmante petite maison à la campagne.*
    **S.** Qqch de *charmant*, c'est qqch qui a du CHARME ; les syn. sont par ordre d'intensité

croissante AGRÉABLE, DÉLICIEUX, JOLI, SÉDUISANT, RAVISSANT, ADORABLE. Quand il s'agit de qqn, les syn. sont SYMPATHIQUE, AIMABLE, ADORABLE. Les contr., en parlant de qqch, sont LAID (plus fort), TERNE, MOCHE (fam.) et, en parlant de qqn, DÉPLAISANT, DÉSAGRÉABLE.

**charme** [ʃarm] n. m.
[qualité, qqn, qqch] (compt., surtout au sing.) *J'aime beaucoup cette région, je la trouve pleine de charme.* • *Jean n'est pas vraiment beau, mais il a du charme.* • *Leur maison est vieille, mais elle ne manque pas de charme.* • *Paul est complètement insensible au charme de la campagne.*

G. Le plur. est littéraire.
S. Le *charme*, c'est ce qui plaît ; le mot a pour syn. plus forts GRÂCE (soutenu) et SÉDUCTION. *Avoir du charme*, c'est PLAIRE, ÊTRE CHARMANT, AGRÉABLE ou, en parlant d'un lieu, PITTORESQUE.

**charmé (être)** [ʃarme] v. pass.
(sujet qqn) **être charmé de** + inf., **de qqch**
*Je suis charmé de vous rencontrer, cela fait longtemps que je désirais vous connaître.*

S. *Être charmé de* est un syn. soutenu de ÊTRE ENCHANTÉ, RAVI DE.

**chasser** [ʃase] v. t. (conj. **1**)
I. (sujet qqn) **chasser (un animal)** *On chasse le canard dans cette région.*
II. (sujet qqn) **chasser qqn, un animal (d'un lieu)** *Avec de grands gestes, elle chassait les mouches qui se posaient sur la table.* • *Il faut chasser ce chien qui nous suit, il a l'air méchant.*

S. **1.** *Chasser* (sens I), c'est chercher à TUER

un animal ou à le prendre. — **2.** *Chasser* (sens II) a pour syn. ÉLOIGNER, REPOUSSER, FAIRE PARTIR, qui impliquent moins de violence. EXPULSER et EXCLURE sont des syn. plus forts de *chasser d'un lieu* et s'appliquent à des personnes.
L. **chasse** (n. f.) [sens I] On va chasser les papillons → *on va à la chasse aux papillons.*
◆ **chasseur** (n. m.) [sens I] Ceux qui chassent doivent avoir un permis → *les chasseurs doivent avoir un permis.*

**chat** [ʃa] n. m.
[animal] *Qui va garder ton chat pendant les vacances ? — Mes parents.* • *Ce chat est insupportable ; il disparaît parfois plusieurs jours de suite.*

S. Le cri du *chat* est le MIAULEMENT (le chat MIAULE). Quand il est content, le *chat* RONRONNE ; il peut aussi s'amuser à FAIRE SES GRIFFES sur le tapis, les fauteuils, etc. La femelle du *chat* est la CHATTE et les petits les CHATONS.

**châtain** [ʃatɛ̃] adj. (après le n.)
(se dit de qqn, de ses cheveux) *Elle avait de très beaux cheveux châtains, comme sa mère.*

G. *Châtain* a la même forme au masc. et au fém.
S. *Châtain* désigne une couleur intermédiaire entre brun et blond.

**château** [ʃato] n. m.
[édifice] *Si on allait visiter le château de Versailles ?* • *Ce n'est pas une maison qu'il a, mais un vrai château : quinze pièces, deux cuisines, cinq salles de bains !*

**S.** Un *château* est une vaste et somptueuse maison, entourée d'un grand parc.

**chatouiller** [ʃatuje] v. t. (conj. **1**) (sujet qqch, qqn) **chatouiller qqn, qqch (partie du corps)** *Si on lui chatouillait les pieds pendant qu'elle dort? Ce serait amusant!*

**S.** *Chatouiller,* c'est provoquer par des attouchements légers une sensation physique qui peut être agréable ou désagréable.
**L. chatouilles** (n. f. pl.) *Fam. Je déteste qu'on me chatouille!* → *je déteste les chatouilles!* ◆ **chatouilleux, euse** (adj.) *Il supporte très bien les chatouilles* → *il n'est pas chatouilleux du tout.*

**chaud, e** [ʃo, ʃod] adj., **chaud** adv. et n. m.
I. [adj.] (se dit de qqch [aliment, liquide, température, etc.]; après le n.) *Il fait froid ici, les radiateurs sont à peine chauds.* • *Cette année, on a eu un été très chaud.*

• *Bois ton café pendant qu'il est encore chaud.* • *Tes mains sont bien chaudes, tu n'aurais pas de la fièvre?* ◆ (se dit d'un vêtement, d'un tissu ; après le n.) *Tu pars pour les sports d'hiver? Emporte des vêtements chauds.* ◆ [adv.] (manière) [sujet qqn] **avoir chaud** *J'ouvre la fenêtre, j'ai trop chaud.* ◆ **manger, boire chaud** *Quand on est malade, il faut boire chaud.* ◆ **il fait chaud** *Qu'est-ce qu'il fait chaud aujourd'hui! Au moins trente degrés, non?* • *Il fait trop chaud dans cette pièce : ouvrez donc la fenêtre.*
II. [n. m.] (qualité, qqch) **au chaud** *Reste bien au chaud dans ton lit, je t'apporte ton petit déjeuner.* • *J'ai mis les assiettes au chaud dans le four.*
III. [adj.] (se dit de qqn; avant le n.) *Je ne suis pas très chaud pour prendre mes vacances en septembre : les jours sont très courts.* • *Tu crois vraiment que je suis un chaud partisan d'un tel programme?*

**S. 1.** *Au sens I, chaud* (adj.) se dit d'un aliment, d'un liquide, d'un lieu dont la température est élevée. Il a pour contr. FROID et pour syn. plus forts BRÛLANT, BOUILLANT (surtout pour un liquide), TORRIDE (surtout pour la température). Ce qui est TIÈDE est entre le *chaud* et le *froid.* Des vêtements *chauds* sont des vêtements qui RÉCHAUFFENT, qui donnent de la CHALEUR. *Chaud* (adv.) s'oppose également à FROID et à FRAIS. *Avoir chaud,* c'est éprouver une sensation de chaleur et donc, le plus souvent, SUER, TRANSPIRER; le contr. est AVOIR FROID. — **2.** *Au chaud* (sens II) a pour syn. À LA CHALEUR (par oppos. à AU FROID [être exposé]). — **3.** *Chaud* (sens III) a pour syn. FERVENT, ARDENT (soutenus), ENTHOUSIASTE.
**L. chaudement** (adv.) [sens I] *Mets des vêtements chauds* → *habille-toi chaudement.* ◆ [sens III] *Il est l'objet d'une chaude recommandation* → *il est chaudement recommandé.* ◆ **chauffer,** v. ce mot.

**chauffage** [ʃofaʒ] n. m.
I. [action, qqn, qqch, et résultat] (non-compt., au sing.) *Vous avez le chauffage au gaz ou le chauffage à l'électricité?* • *Dans notre immeuble, le chauffage est arrêté au mois de mai.*
II. [appareil] (compt., surtout au sing.) *La maison n'est pas chère, mais il faut réparer le chauffage.* • *Il commence à faire froid, si on allumait le chauffage?*

**S.** Le *chauffage* (sens I), c'est le fait de SE CHAUFFER, la manière de CHAUFFER un lieu. Le *chauffage* (sens II) d'un immeuble, d'un appartement, d'un local, ce sont aussi les INSTALLATIONS (*chauffage* CENTRAL), les APPAREILS (RADIATEURS, CHAUDIÈRE) qui servent à les chauffer.

**chauffer** [ʃofe] v. i. et v. t. (conj. **1**)
I. [v. i.] (sujet qqch) *Je suis inquiet pour la voiture : le moteur chauffe, ce n'est pas normal.* • *Les radiateurs ne chauffent pas assez : qu'est-ce qu'il fait froid ici!* • *Paul, fais chauffer l'eau pendant que j'épluche les*

*pommes de terre.* • *Avant de mettre le rôti, il faut faire chauffer le four.*
II. [v. t.] (sujet qqn, qqch) **chauffer qqch, un lieu** *Toute la journée le soleil a chauffé l'appartement; ouvrez un peu la fenêtre.*
◆ (sujet qqn) **se chauffer** *Vous avez froid, allez donc vous chauffer près du radiateur!* • *Vous vous chauffez au gaz ou au charbon?*

**S. 1.** *Chauffer* (v. i.), c'est DEVENIR CHAUD, en parlant d'un aliment, d'un liquide, de la température de qqch., ou S'ÉCHAUFFER (phrase 1), ou produire de la CHALEUR (phrase 2); il s'oppose à ÊTRE, DEVENIR FROID, REFROIDIR. *Faire chauffer un aliment ou un liquide*, c'est le rendre chaud, alors qu'il était froid; RÉCHAUFFER implique qu'on *chauffe* qqch de nouveau. — **2.** *Chauffer* (v. t.), c'est RENDRE CHAUD. *Se chauffer*, c'est *chauffer son corps* (en ce sens, il a pour syn. SE RÉCHAUFFER) ou *chauffer sa maison*.
**L. chauffant, e** (adj.) [sens I] *Une couverture chauffante* (← *une couverture qui chauffe*).
◆ **chauffage, réchauffer**, v. ces mots.

**chauffeur** [ʃofœr] n. m.
[personne, profession] **chauffeur (de qqch [moyen de transport])** [*Titre d'un journal*] : « *Terrible accident de la route : le chauffeur du camion s'était endormi au volant.* » • *Son mari n'est-il pas chauffeur de taxi?* • *Dans l'autobus, il est interdit de parler au chauffeur.*

**S.** Un *chauffeur* est un employé qui conduit une automobile (le *chauffeur* d'un ministre), un taxi, un autobus, un autocar, un camion (c'est alors un ROUTIER ou un CAMIONNEUR). Le syn. CONDUCTEUR est plus vague et insiste plus sur l'action que sur la profession.
**L. chauffard** (n. m.) C'est un mauvais chauffeur → *c'est un chauffard.*

**chaussée** [ʃose] n. f.
[lieu, passage] *Dans cette région, dès qu'il pleut, la chaussée est glissante.* • *Toute la marchandise du camion accidenté était renversée sur la chaussée.*

**S.** La *chaussée* est la partie d'une rue, d'une route, d'une autoroute sur laquelle on circule, on roule.

**chaussette** [ʃosɛt] n. f.
[vêtement] *Je ne trouve plus qu'une chaussette, tu n'as pas vu l'autre?* • *Pour faire du ski, il met au moins deux paires de grosses chaussettes de laine.*

**S.** Les *chaussettes* sont surtout un vêtement d'homme ou d'enfant en laine, fil ou Nylon; les femmes portent aussi des BAS ou des COLLANTS. Les SOCQUETTES sont des *chaussettes* basses.

**chausson** [ʃosɔ̃] n. m.
[vêtement] *Si Jean-Pierre avait mis ses chaussons, il ne se serait pas enfoncé une aiguille dans le pied.*

**S.** Les *chaussons* sont des chaussures légères d'intérieur. PANTOUFLE(S) est un syn.

**chaussure** [ʃosyr] n. f.
[vêtement] *Enlève tes chaussures avant d'entrer, elles sont pleines de boue!* • *Il faut que je m'achète une paire de chaussures de ski.*

# CHAUVE

**S.** et **G. 1.** Ce mot peut s'employer suivi d'un complément qui en précise l'usage : *chaussures* DE SKI, DE MARCHE, etc. Les *chaussures* sont en général en cuir; le dessous s'appelle la SEMELLE,

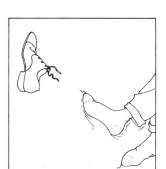

la partie postérieure le TALON; on LACE éventuellement ses *chaussures* avec des LACETS. La POINTURE est la taille des *chaussures*. Le syn. SOULIER est vieilli. — **2.** Les BOTTES sont des *chaussures* montantes; les MOCASSINS sont des *chaussures* basses sans lacets; les SANDALES et les ESPADRILLES sont des *chaussures* légères; les TENNIS sont des *chaussures* de sport légères, en toile. On donne ses *chaussures* à réparer ou à ressemeler à un cordonnier. On nettoie ses *chaussures* en les cirant avec du cirage.

**chauve** [ʃov] adj. (après le n.)
(se dit de qqn) *Je perds mes cheveux, le*

*peigne en est plein, je te dis que je vais devenir chauve!*

**S.** Est *chauve* qqn dont le crâne est dégarni de cheveux (partiellement ou totalement). Le nom savant correspondant est CALVITIE.

**chef** [ʃɛf] n. m.
[personne, rôle] **chef (de qqch, de qqn)** *N'essaie pas de discuter avec lui : c'est lui le chef, et il n'aime pas qu'on le contredise.*

● *La police a arrêté trois des gangsters, mais le chef de la bande court toujours.*
◆ [personne, fonction] **chef de qqch** *Les chefs d'entreprise sont inquiets à cause de la crise économique, mais leurs employés le sont encore plus!* ● *Le chef de l'État a prononcé hier soir un discours à la radio.* ● *Paul a été licencié, il ne s'entendait pas avec son chef de service.* ● *Comme compositeur, il ne vaut pas grand-chose, mais comme chef d'orchestre, il est vraiment remarquable.* ◆ **en chef** *Pierre est ingénieur en chef dans une grande entreprise.*

**S. 1.** Un *chef* est qqn qui possède un pouvoir, exerce une autorité, donne des ordres, commande ou dirige un groupe de personnes, est à la tête de qqch, gouverne (dans le cas d'un *chef d'État*), etc. Sans compl., *chef* a pour syn. MAÎTRE (plus fort) et PATRON (syn. de *chef d'entreprise*); d'autres syn. sont DIRIGEANT (dirigeants politiques, dirigeants d'entreprise) et RESPONSABLE (plus faible). DIRECTEUR peut être syn. quand il s'agit d'un *chef d'entreprise, de service, de bureau*. Un *chef d'État* a le plus souvent le titre de PRÉSIDENT, quelquefois celui de ROI ou d'EMPEREUR. — **2.** Après certains noms de métiers, de fonctions ou de grades, *en chef* désigne celui qui est au sommet de la hiérarchie.

**chef-d'œuvre** [ʃedœvr] n. m., pl. **chefs-d'œuvre**
[résultat, activité artistique] *Ce tableau est un des chefs-d'œuvre de l'art contemporain.*

**S.** Un *chef-d'œuvre* est une œuvre capitale, parfaite, une des meilleures œuvres d'un genre ou de qqn; le syn. est MERVEILLE.

**chemin** [ʃ(ə)mɛ̃] n. m.
I. [lieu, passage] (compt.) *Tu connais les petits chemins pour monter sur la montagne?* • *On n'ira pas plus loin en voiture, après il n'y a plus qu'un chemin de terre.*

• *Restez sur le chemin, sinon vous allez vous perdre.*
II. [lieu abstrait] (compt., surtout au sing.) *Quel est le plus court chemin pour aller chez toi?* • *J'ai fait tout ce chemin pour rien, le magasin était fermé.* • *Je suis sûre que ce n'est pas par ici, on a dû se tromper de chemin!*

**S. 1.** Un *chemin* (sens I) est une voie de communication; ROUTE est un syn. courant, mais désigne une voie plus large que *chemin*; un SENTIER est un petit *chemin*; une ALLÉE est un *chemin* large et souvent bordé d'arbres. — **2.** *Chemin* (sens II) désigne un espace à parcourir ou la direction qu'on doit prendre; a pour syn. PARCOURS, ROUTE et TRAJET (quand il indique un espace à parcourir), ou DIRECTION et ITINÉRAIRE (soutenu).
**L. mi-chemin (à)** [adv.] (sens II) On est tombé en panne à la moitié du chemin → *on est tombé en panne à mi-chemin.*

**chemin de fer** [ʃ(ə)mɛ̃dfɛr] n. m., pl. **chemins de fer** [moyen de transport] *La construction du chemin de fer à travers les États-Unis a représenté une grande aventure.* ◆ [institution] *Les Chemins de fer français donnent toute leur attention à la sécurité des voyageurs.* ◆ **ligne de chemin de fer** *Pour des raisons d'économie, on a supprimé de nombreuses lignes de chemin de fer.*

**S.** *Chemin de fer*, comme moyen de transport, a vieilli, remplacé par TRAIN; il ne reste plus que comme nom de l'institution ou comme compl. dans des expressions comme *ligne de chemin de fer*. Les adj. correspondants sont FERRÉ (VOIE FERRÉE) et FERROVIAIRE (ACCIDENT FERROVIAIRE).

**cheminée** [ʃəmine] n. f.
[partie d'un édifice] *Il fait froid, si on faisait un feu dans la cheminée?* • *Je ne trouve plus les photos que j'avais posées sur la cheminée.* • *Que cette banlieue est triste, avec toutes ces cheminées d'usine!*

**S.** *Cheminée* désigne soit l'endroit ou la construction en maçonnerie où on fait du feu à l'intérieur d'une pièce, soit le conduit débouchant sur le toit et servant à évacuer la fumée.

**chemise** [ʃəmiz] n. f.
[vêtement] *Cette cravate ne va pas du tout avec ta chemise!* • *Achète-toi quelques chemises, les tiennes sont tout usées.* ◆ **chemise de nuit** *Oh, vraiment! Tu dors toujours sans chemise de nuit?*

**S. 1.** *Chemise* désigne plus particulièrement un vêtement d'homme en tissu léger, à manches longues et à col, qui couvre le buste. Pour une femme, on dit plutôt un CHEMISIER ou un CORSAGE. Une CHEMISETTE est une *chemise* à manches courtes. — **2.** La *chemise de nuit* est un vêtement de nuit féminin en forme de robe, par oppos. au PYJAMA.

**chemisier** [ʃəmizje] n. m.
[vêtement] *Quel chemisier vas-tu mettre avec ta jupe?* • *Ce chemisier ne va pas du tout avec ton pantalon, Lucie, prends-en un autre.*

**S.** Le *chemisier* est un vêtement spécifiquement féminin; il correspond à la CHEMISE pour les hommes et se porte avec une jupe ou un pantalon. Le CORSAGE ou la BLOUSE ont le même rôle vestimentaire qu'un *chemisier*.

**chêne** [ʃɛn] n. m.
[arbre] *Il s'était fait faire une magnifique bibliothèque en chêne, la couleur du bois allait très bien avec ses meubles.*

**S.** Le *chêne* est un arbre dont le bois est utilisé en ébénisterie et en menuiserie.

**chèque** [ʃɛk] n. m.
[argent, forme] *Je peux vous faire un chèque ? — Non, monsieur, au-dessous de cinquante francs, vous ne pouvez pas payer par chèque.* ◆ [objet, valeur] *Ils m'ont renvoyé mon chèque, je ne l'avais pas signé.* • *Je n'ai presque plus de chèques, il faut que je demande un nouveau carnet de chèques.*
**S.** Un *chèque* peut être émis par qqn qui possède un compte dans une banque (il s'agit d'un *chèque* BANCAIRE) ou à la poste (il s'agit alors d'un *chèque* POSTAL). Faire un *chèque*, c'est faire un virement de son compte à un autre compte ou effectuer un retrait à son profit ou au profit d'un tiers ; c'est une manière de payer qui s'oppose à payer en argent liquide ou en espèces. Faire un *chèque* SANS PROVISION est une fraude consistant à payer sans avoir suffisamment d'argent sur son compte.
**L. chéquier** (n. m.) *J'ai perdu mon carnet de chèques* → *j'ai perdu mon chéquier.*

**cher, chère** [ʃɛr] adj., **cher** adv.
I. [adj.] (se dit de qqch ; après le n.) *Dix francs le kilo de tomates ? C'est trop cher, on en achètera une autre fois !* • *La vie devient de plus en plus chère, mais les salaires n'augmentent pas !* • *Elle porte une robe très chère, ça se voit tout de suite.* ◆ [adv.] (prix) *Achète ce manteau, il est joli et il ne coûte pas cher.* • *Combien as-tu payé ce meuble ? — Oh ! très cher.* • *Je donnerais cher pour savoir ce qui a pu lui arriver.*
II. [adj.] (se dit de qqn ; avant le n.) *Cher ami, je vous remercie de votre lettre.* • *Alors, comment va cette chère Charlotte ?*
**G.** Au sens I, *cher* (adj.) est le plus souvent attribut. Au sens II, il ne peut être qu'épithète et n'a pas en ce cas de comparatif. L'adv. ne peut modifier que quelques verbes comme COÛTER, VALOIR, PAYER, DONNER, ACHETER, VENDRE, etc.
**S. 1.** Un objet qui coûte *cher* (sens I) est d'un prix élevé. BON MARCHÉ est le contr. de l'adj. et de l'adv. (sens I) ; l'adj. a pour syn. COÛTEUX et ONÉREUX (soutenus) ; *très cher* a pour syn. HORS DE PRIX. *Donner, payer cher pour* qqch (abstrait) ou *pour* + inf. a pour équivalent soutenu SACRIFIER BEAUCOUP POUR. — **2.** *Cher* (sens II) s'emploie dans des formules de politesse et ne peut accompagner que quelques appellatifs (MONSIEUR, MADAME, COLLÈGUE, etc.) ou des noms propres.
**L. chèrement** (adv.) [sens I] *Je paierais cher pour savoir* → *je paierais chèrement pour savoir.* ◆ **cherté** (n. f.) [sens I] *Il se plaint que la vie est chère* → *il se plaint de la cherté de la vie.*

**chercher** [ʃɛrʃe] v. t. (conj. **1**)
I. (sujet qqn) **chercher (qqn, qqch)** *Ça fait une heure que je cherche un magasin ouvert, je n'en ai pas trouvé un seul.* • *Mathieu, dépêche-toi de rentrer, tes parents te cherchent partout !* • *Jacques est au chômage, ça fait des mois qu'il cherche du travail.* • *Tu ne trouves pas ? Tu es sûr que tu as*

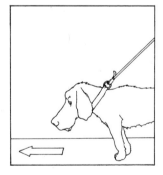

*bien cherché ?* • *Si vous pouvez, venez me chercher à la gare, sinon je prendrai un taxi.*
II. (sujet qqn) **chercher à** + **inf.** *Ce n'est pas compliqué, mais tu ne veux pas chercher à comprendre.* • *Il paraît que vous avez cherché à me téléphoner hier ?*
**S. 1.** *Chercher*, c'est essayer de trouver ou de retrouver. Un syn. plus soutenu est RECHERCHER, un syn. moins fort de *chercher* sans compl. est REGARDER. *Aller, venir chercher* qqch, qqn a pour syn. ALLER, VENIR PRENDRE

qqch, qqn. — **2.** *Chercher à* + inf. a pour syn. ESSAYER DE, S'EFFORCER DE et TÂCHER DE + inf., et, en langue soutenue, TENTER DE + inf.

**chercheur, euse** [ʃɛrʃœr, øz] n.
[personne, profession] *Qu'est-ce qu'il a fait après ses études ? — Il voulait faire de la*

*recherche ; et il a pu entrer comme chercheur dans un grand laboratoire.*

**S.** Un *chercheur* est une personne qui participe à des travaux de RECHERCHE scientifique dans un laboratoire public ou privé.

**cherté** → CHER L.

**cheval** [ʃ(ə)val] n. m., pl. **chevaux**
I. [animal] *Dimanche, on pourrait aller voir une course de chevaux ? • Tu ne veux pas emmener ton fils sur les chevaux de bois ? • Yves et Catherine font de grandes promenades à cheval dans la forêt.* ◆ [aliment] (non-compt., au sing.) *Je voudrais un bifteck de cheval, s'il vous plaît.*
II. [sport] (non-compt., au sing.) *Tous les week-ends, les Durand partent à Chantilly faire du cheval.*
III. [mesure, unité] (compt., au plur.) *Ta voiture a combien de chevaux ? — C'est une cinq-chevaux, c'est pratique en ville ! • J'aimerais m'acheter une deux-chevaux, c'est économique.*

**S. 1.** Le cri du *cheval* est le HENNISSEMENT (le cheval HENNIT). Le POULAIN (fém. POULICHE) est le petit et la JUMENT la femelle du *cheval*. Un PONEY est un *cheval* de petite taille. — **2.** *Faire du cheval* a pour syn. FAIRE DE L'ÉQUITATION. Un CAVALIER est qqn qui monte à *cheval*. Le sport relatif au *cheval* est le sport HIPPIQUE. — **3.** Les *chevaux*, abrév. de CHEVAUX-VAPEUR (CV), indiquent la puissance fiscale d'une voiture.
**L. chevalin, e** (adj.) [sens I] Il y a près de chez moi une boucherie qui vend de la viande de cheval → *il y a près de chez moi une boucherie chevaline.*

**cheveu** [ʃ(ə)vø] n. m., pl. **cheveux**
[partie du corps] *Quand j'étais petit, j'avais les cheveux courts, maintenant ils sont longs. • Je me suis fait couper les cheveux, comment me trouves-tu maintenant ?*

**S.** La CHEVELURE (litt.) est l'ensemble des *cheveux*. Une personne qui a perdu ses *cheveux* est CHAUVE : elle est atteinte de CALVITIE. Les cheveux peuvent être noirs, blonds, bruns, châtains, roux ou blancs (quand on vieillit) ; on

les porte courts ou longs. On a les *cheveux* raides, souples, bouclés ou frisés. On se lave les *cheveux* avec un shampooing.

**cheville** [ʃəvij] n. f.
[partie du corps] *Je me suis tordu la cheville en descendant à la cave. — Évidemment, si tes chaussures n'étaient pas si hautes !*

**S.** La *cheville* est la partie inférieure de la jambe, où se trouve l'articulation avec le pied.

**chèvre** [ʃɛvr] n. f. et n. m.
I. (n. f.) [animal] *Notre fermier élève surtout des chèvres. — Oui, j'ai vu son fils qui partait les garder dans les champs.*
II. (n. m.) [aliment] *Excellent ce chèvre, pas trop sec pour mon goût !*

**S. 1.** La *chèvre* (sens I) est un animal domestique qui a des cornes arquées et que l'on élève en particulier pour son lait (dont on fait des fromages). Le mâle est le BOUC et les petits les CHEVREAUX. — **2.** Le CROTTIN est le plus connu des fromages de *chèvre*.

**chewing-gum** [ʃwiŋgɔm] n. m., pl. **chewing-gums**
[aliment] *Arrête de mâcher du chewing-gum, ça m'énerve.*

**S.** Le *chewing-gum* est une sorte de confiserie élastique qui ne s'avale pas, mais qu'on mâche.

**chez** [ʃe] prép.
[lieu] **chez qqn** *Ce soir, je ne sors pas, je reste chez moi.* • *Va chez le boulanger acheter du pain.* • *Il y a chez Paul quelque chose que je ne comprends pas.* • *Henri habite juste au-dessus de chez moi.*

**S.** et **G. 1.** *Chez* toujours suivi d'un nom ou d'un pron. désignant une personne ou un groupe, correspond à DANS ou EN : *je reste chez moi* (= dans ma maison); *chez le boulanger* (= dans sa boutique); *chez les Américains* (= en Amérique, dans le peuple américain); *il y a chez Paul...* (= dans sa personne). — **2.** *Chez* peut être précédé d'une autre prép. lorsque le compl. qu'il forme avec le nom ou le pron. (CHEZ MOI, CHEZ SOI) signifie « maison » *(je viens de chez Marcel).* — **3.** *Chez-moi, chez-toi,* et surtout *chez-soi* forment des substantifs équivalents à MAISON, INTÉRIEUR.

**chic** [ʃik] adj., n. m. et interj.
**I.** [adj.] (se dit de qqn, de qqch; après le n.) *Très chic, ta nouvelle voiture!* • *Tiens, tu mets des robes chics maintenant?* ◆ [n. m.] (qualité, qqn, qqch) [non-compt., au sing.] *Ce sac, quel chic! Tu es vraiment très élégante.* ◆ [n. m.] (sujet qqn) **avoir le chic pour + inf.** *Tu vraiment le chic pour vexer les gens.*
**II.** [adj.] (se dit de qqn, de son attitude; après ou avant le n.) *L'infirmière a été très chic avec moi.* • *Vous êtes très chics d'être venus nous chercher.*
**II.** [interj.] (satisfaction) *Chic! le 1ᵉʳ mai tombe un lundi!*

**G.** L'adj. est inv. en genre et varie en nombre.
**S. 1.** Être *chic* (sens I), c'est avoir une allure, une toilette élégante; il a pour syn. DISTINGUÉ; *chic* (n. m.) a comme syn. ÉLÉGANCE, DISTINCTION (soutenu). *Avoir le chic pour + inf.* est fam. et a pour syn. AVOIR LA SPÉCIALITÉ, L'ART DE + inf., ÊTRE HABILE À + inf. — **2.** *Chic* (sens II) est fam.; il a pour syn. courant GENTIL, SYMPATHIQUE et, en langue soutenue, BIENVEILLANT. — **3.** *Chic* (sens III) a pour syn. plus fam. CHOUETTE! et pour équivalent QUELLE CHANCE!

**chien** [ʃjɛ̃] n. m.
[animal] *As-tu sorti le chien? Il a l'air d'attendre devant la porte.* • *Qu'est-ce que le chien a entendu pour aboyer comme ça? Il faut que j'aille voir.*

**S.** Le cri du *chien* est l'ABOIEMENT (le chien ABOIE). Un *chien* qui est content remue la queue; s'il a peur, il GROGNE et il peut MORDRE. La LAISSE permet de tenir un *chien*. La femelle est la CHIENNE et les petits sont les CHIOTS.

**chiffon** [ʃifɔ̃] n. m.
[objet, linge] *Cette chemise est toute déchirée, on peut en faire des chiffons!* • *Il y a plein de poussière, il faudrait passer un coup de chiffon sur les meubles.*

**S.** Un *chiffon* est un morceau de tissu, un linge généralement usagé, qui sert à essuyer qqch : la destination est parfois précisée par un compl. introduit par À (*chiffon* À CHAUSSURES, À POUSSIÈRE).

**chiffre** [ʃifr] n. m.
**I.** [objet, calcul] *Peux-tu me donner un chiffre entre 0 et 10?* — *6.* • *2365 est un*

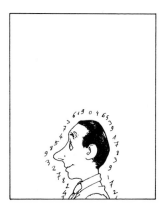

*nombre de quatre chiffres.* • *Claire a joué le 3 : elle pense que ce chiffre lui porte bonheur.*
II. [quantité] *J'ai fait les comptes : j'arrive au chiffre de 3 000 francs, et toi ?* ◆ **chiffre d'affaires** *Connais-tu le chiffre d'affaires de cette pharmacie ? — Non, pourquoi ?*

**S. 1.** Un *chiffre* (sens I) est un signe qui sert à représenter un nombre. On distingue les *chiffres* PAIRS (2, 4, 6, 8) et les chiffres IMPAIRS (1, 3, 5, 7, 9). Dans 2 365, 5 est le *chiffre* des unités, 6 le *chiffre* des dizaines, 3 le *chiffre* des centaines, 2 le *chiffre* des milliers. Pour écrire les nombres, on se sert soit de *chiffres* ARABES (1, 2, 5, 10, etc.), soit quelquefois de *chiffres* ROMAINS (I, II, V, X, etc.). — **2.** *Chiffre* (sens II) s'emploie pour parler de dépenses ou de recettes ; il a pour syn. MONTANT, SOMME (d'argent), TOTAL. Le *chiffre d'affaires* d'une entreprise est le total de ses recettes.
**L. chiffrer** (v. i.) [sens II] *Tous ces travaux finissent par atteindre un chiffre important* → *tous ces travaux finissent par chiffrer.*

**chimie** [ʃimi] n. f.
[science] (non-compt., au sing.) *À partir de quelle classe faites-vous de la chimie au lycée ?*

**S.** La *chimie* est la science qui étudie la structure des corps (les substances animales,

végétales ou minérales), leurs propriétés et leurs transformations.
**L. chimique** (adj.) *Qu'est-ce qu'il y a comme produits chimiques dans ton placard !* (← produits obtenus par la chimie). ◆ **chimiste** (n.) *Marc est chimiste* (← il fait de la recherche en chimie).

**chinois, e** [ʃinwa, az] adj. (après le n.) et n., **chinois** n. m.
[adj.] (se dit de qqch) *Quand a eu lieu la révolution chinoise ?* ◆ [n. m.] (langue) *Le chinois est une langue très difficile à apprendre.* ◆ [n. et adj.] (personne) *Elle a un type asiatique très net, elle a presque l'air d'une Chinoise. — Évidemment, son père est chinois !*

**G.** L'adj. ne se met ni au comparatif ni au superlatif.
**S.** L'adj. ethnique *chinois* correspond au n. f. CHINE et au n. m. *chinois* (= la langue chinoise). Les *Chinois* (notez la majuscule) sont ceux qui ont la nationalité *chinoise.*

**chirurgien** [ʃiryrʒjɛ̃] n. m.
[personne, profession] *Le chirurgien vient d'opérer le malade, tout s'est bien passé.*
• *Qu'est-ce que tu veux faire plus tard ? — Quand je serai grand, je serai chirurgien.*

**S.** Un *chirurgien* est un médecin qui fait des OPÉRATIONS (ou des INTERVENTIONS CHIRURGICALES) dans un hôpital ou une clinique.
**L. chirurgie** (n. f.) Il a fait des études pour devenir chirurgien → *il a fait des études de chirurgie.* ◆ **chirurgical, e, aux** (adj.) *Cet article parle des dernières techniques de la chirurgie* → *cet article parle des dernières techniques chirurgicales.*

**choc** [ʃɔk] n. m.
I. [action, qqch, qqn] *Fais attention à ces verres, ils se cassent au moindre choc.*
• *L'accident a fait un bruit épouvantable, le choc a dû être très violent.*
II. [résultat] *Sa femme l'a quitté. Il a du mal à supporter le choc !* • *La mort de ses parents a été pour lui un choc terrible ; il avait longtemps vécu chez eux.*

**S. 1.** Un *choc* (sens I), c'est le fait d'être CHOQUÉ, heurté, physiquement ou matériel-

lement ; les syn. sont COUP, HEURT (soutenu) ou, quand il s'agit de *choc* entre des voitures, COLLISION (soutenu). — **2.** Un *choc* (sens II) est une émotion brutale ; le syn. fam. est COUP.

**chocolat** [ʃɔkɔla] n. m.
I. [aliment] (non-compt., au sing.) *Tu veux du chocolat avec ton pain ?* ● *Vous préférez une glace au café ou au chocolat ?* ● *Ne mange pas tant de chocolat, tu vas avoir mal au foie !* ◆ (compt.) *Qui t'a offert cette boîte de chocolats ?* ● *Prenez donc un chocolat, ils sont délicieux.*
II. [boisson] (non-compt., au sing.) *Le matin elle boit toujours du chocolat.* ◆ (compt.) [*Au café*] : «*Deux chocolats chauds, s'il vous plaît !*»

**S. 1.** Le *chocolat* (sens I) comme matière (non-compt., au sing.) est vendu en tablettes ou en poudre. Un *chocolat* (compt.) est une confiserie en *chocolat* (non-compt.). — **2.** Au sens II, un *chocolat* (compt.) désigne une TASSE DE *chocolat*.

**choisir** [ʃwazir] v. t. (conj. **15**)
(sujet qqn) **choisir qqch, qqn, de + inf.** [*Au restaurant*] : «*Vous avez choisi la carte ou le menu ?*» ● *Tu devrais m'aider à lui choisir un cadeau, je n'ai aucune idée de*

*ce qui lui ferait plaisir.* ● *À leur place, je n'aurais jamais choisi ces gens-là pour faire ce travail !* ● *Ce sont eux qui ont choisi de partir un samedi.*

**S.** *Choisir* a pour syn. SE DÉCIDER POUR, PRENDRE DE PRÉFÉRENCE À autre chose. *Choisir de* + inf. a pour syn. DÉCIDER DE, PRÉFÉRER et PRENDRE LE PARTI DE (soutenu).
**L. choix,** v. ce mot.

**choix** [ʃwa] n. m.
[action, qqn, et résultat] *Pour le voyage, si on a le choix entre le bateau et l'avion, on choisira plutôt l'avion.* ● *Le menu ne nous*

*offre pas beaucoup de choix : glace ou fruits.*

**S.** Le *choix*, c'est pour qqn l'action de CHOISIR ou pour qqch le fait d'ÊTRE CHOISI. *Avoir le choix* entre plusieurs choses, c'est pouvoir choisir entre elles.

**chômage** [ʃomaʒ] n. m.
[état, qqn] (non-compt., au sing.) *Le chômage augmente en période de crise.* ● *Elle cherche du travail, elle est au chômage depuis six mois.*

**S.** Le *chômage* est le manque de travail ; c'est l'état dans lequel se trouve celui qui est privé

de son emploi, qui cherche du travail. Le contr. est PLEIN EMPLOI.
**L. chômeur, euse** (n.) Annie est au chômage depuis trois mois → *Annie est chômeuse depuis trois mois.*

**chômé, e** [ʃome] adj. (après le n.)
(se dit d'un jour) *Le 1er mai est un jour chômé et payé.*

> **G.** Cet adj. n'a ni comparatif ni superlatif.
> **S.** Un *jour chômé* est un jour où on ne travaille pas, mais qui n'est pas nécessairement FÉRIÉ (où on célèbre une fête religieuse ou civile).

**choquant, e** [ʃokɑ̃, ɑ̃t] adj. (après le n.)
(se dit de qqch [abstrait]) *Le patron t'a augmenté, et pas moi; c'est choquant d'être aussi injuste.* • *Son indifférence à mon égard est choquante; il ne fait pas attention à moi. — Ça t'étonne?*

> **S.** Est *choquant* ce qui blesse, scandalise (plus fort) pour aller à l'encontre de certains principes (morale, justice, bienséance); les syn. sont SCANDALEUX et INADMISSIBLE (plus fort).

**choquer** [ʃoke] v. t. (conj. **1**)
(sujet qqch, qqn) **choquer qqn** *Sa réponse m'a beaucoup choqué, je ne m'attendais pas à un refus de sa part.* • *Ce film risque de choquer certaines personnes, mais tout ce qu'il montre est exact.*

> **S.** *Choquer* a pour syn. HEURTER (soutenu), DÉPLAIRE À, GÊNER (moins forts) ou SCANDALISER (plus fort).
> **L. choquant**, v. ce mot.

**chose** [ʃoz] n. f.
I. [concret] (compt.) *Son père est commerçant? Qu'est-ce qu'il vend? — Oh!... pas mal de choses...* • *Oh! Toutes ces bonnes choses qu'il y a sur la table me donnent faim!*
II. [abstrait] (compt.) *Paul ment sans arrêt, c'est une chose que je ne lui pardonne pas.* • *Tu te rends compte? Son mari la bat! — Oh! ces choses-là, il vaut mieux ne pas s'en occuper!* • *Tu es d'accord? Eh bien, si nous pensons la même chose, c'est parfait!* • *Pierre n'est pas orgueilleux, il est timide, ce n'est pas la même chose!* ◆ **autre chose** *Bon! parlons d'autre chose, sinon je sens que je vais me mettre en colère.* ◆ **c'est (bien) peu de chose** *Comme c'est gentil de nous rendre visite! — Vous savez, c'est bien peu de chose!* ◆ (sujet qqn) **bien faire les choses** *Tout était parfait, elle avait bien fait les choses.* ◆ **parler de choses et d'autres** *Alors, qu'est-ce que vous vous êtes raconté? — Rien de spécial, on a parlé de choses et d'autres.*
III. [événement] (non-compt., au plur.) *On verra comment les choses vont évoluer, pour l'instant, on ne peut rien dire.* • *Tu voudrais modifier le cours des choses mais tu ne peux rien faire contre la réalité, regarde les choses en face.*

> **S. 1.** *Chose* (sens I) est un mot vague qui s'emploie pour désigner un objet quelconque; il a comme syn. fam. TRUC, MACHIN. — **2.** *Chose* (sens II) s'emploie pour désigner ce dont on parle, un événement, une situation, etc. CE ou ÇA sont des équivalents lorsque *chose* reprend une phrase; *une chose* a pour syn. QUELQUE CHOSE. *Penser la même chose*, c'est PENSER DE LA MÊME MANIÈRE (contr. DIFFÉREMMENT); *être la même chose*, c'est ÊTRE PAREIL (contr. DIFFÉRENT). *Autre chose* a pour syn. QUELQUE CHOSE D'AUTRE. *Peu de chose* est équivalent à PRESQUE RIEN. *Parler de choses et d'autres* a pour syn. PARLER DE TOUT ET DE RIEN. — **3.** Au sens III, *choses* a pour syn. ÉVÉNEMENTS. *Regarder les choses en face* a pour syn. REGARDER LA RÉALITÉ EN FACE.
> — **4.** V. aussi QUELQUE CHOSE, GRAND-CHOSE.

**chou** [ʃu] n. m., pl. **choux**
[légume] *Quelle désagréable odeur de chou dans la maison! Ouvre un peu la fenêtre!*

> **S.** Le *chou* est un légume qui se mange cuit ou qui sert à la préparation de la CHOUCROUTE. D'autres variétés de choux : le CHOU-FLEUR (à grosses fleurs blanches), le CHOU ROUGE (qui peut se manger cru en salade), le CHOU DE BRUXELLES (tout petit et vert).

**choucroute** [ʃukrut] n. f.
[aliment] (compt., surtout au sing.) *Tiens,*

hier on a mangé une excellente choucroute dans un petit restaurant. ● Si on faisait de la choucroute, dimanche ?

**S.** La *choucroute* est un plat cuisiné à base de CHOU préparé en saumure et de charcuterie (saucisses, lard, etc.).

**chouette** [ʃwɛt] adj. (après ou, plus rarement, avant le n.) et interj.
[adj.] (se dit de qqn, de qqch) *Le professeur a été très chouette ; il m'a posé une question facile.* ● *C'est chouette : on a encore un*

*jour de vacances.* ◆ [interj.] (satisfaction) *Chouette ! on n'a pas de maths aujourd'hui.*

**S.** *Chouette* est fam. Comme adj., il a pour syn. moins fort BIEN. Comme interj., il est syn. de CHIC !

**chrétien, enne** [kretjɛ̃, ɛn] adj. (après le n.) et n.
[adj.] (se dit de qqn, de qqch) *Je ne suis pas chrétien, et pourtant j'aime les églises et les cathédrales.* ◆ [n] (personne) *En ce moment, les chrétiens discutent beaucoup des rapports entre la religion et la politique.*

**G.** L'adj. n'a ni comparatif ni superlatif en ce sens.
**S.** Le CHRISTIANISME est la religion des *chrétiens*. Ceux-ci sont catholiques, protestants ou orthodoxes. Par-delà leurs divergences, ils croient tous dans le même Dieu, qui s'est manifesté en la personne du CHRIST (ou JÉSUS-CHRIST).

**chronique** [krɔnik] adj. (après le n.)
(se dit d'un état, d'une maladie) *Il souffre d'une maladie chronique du cœur, il ne peut faire aucun effort.* ● *Encore des problèmes financiers dans cette entreprise ? — Ne dites pas « encore », c'est chronique, cette entreprise a toujours des problèmes financiers.*

**G.** Cet adj. ne se met ni au comparatif ni au superlatif.
**S.** Une *maladie chronique* dure très longtemps. En parlant d'un état, *chronique* s'oppose à PASSAGER et a pour syn. PERMANENT.

**chuchoter** [ʃyʃɔte] v. t. (conj. **1**)
(sujet qqn) **chuchoter (qqch à qqn)** *Il lui a chuchoté quelques mots à l'oreille, mais je n'ai rien pu entendre.*

**S.** *Chuchoter* a pour syn. MURMURER.
**L. chuchotement** (n. m.) *On entendait des gens chuchoter au fond de la salle → on entendait des chuchotements au fond de la salle.*

**chut !** [ʃyt] interj.
[ordre] *Chut ! ne faites pas de bruit, tout le monde dort.*

**S.** On dit *chut !* quand on réclame le silence. Les syn. sont SILENCE ! et les impératifs de SE TAIRE (TAIS-TOI !, TAISEZ-VOUS !).

**chute** [ʃyt] n. f.
[action, qqn, qqch, et résultat] **chute (de qqn, d'un animal)** *Jeanne a fait une chute à*

*bicyclette et s'est cassé le bras.* ● *Le cheval a fait une très mauvaise chute : on a été obligé de l'abattre.* ◆ **chute de qqch** [À la radio] : « *De nouvelles chutes de neige ont*

# CINÉMA

eu lieu ce matin en montagne. » ● On annonce une nouvelle chute du franc : tout va très mal. — Que tu es pessimiste !

**S.** Chute sert de nom d'action au verbe TOMBER (Des chutes de neige ont eu lieu → IL EST TOMBÉ DE LA NEIGE ; il a fait une chute → IL EST TOMBÉ).
**L. chuter** (v. i.) Le franc à fait une chute hier → le franc a chuté hier.

**cicatrice** [sikatris] n. f.
[résultat] Il a été très gravement brûlé, et il conservera sans doute des cicatrices.

**S.** La cicatrice est la marque laissée sur la peau par une brûlure, une blessure, une opération.
**L. cicatriser (se)** [v. pr.], **être cicatrisé** [v. pass.] Sa blessure s'est cicatrisée (← s'est guérie en formant une cicatrice).

**ciel** [sjɛl] n. m.
[partie de l'univers] (non-compt., au sing.) Il va faire beau, il y a un magnifique ciel bleu. ● Regarde ces nuages dans le ciel, il va sûrement neiger. ● Tu sais le nom des étoiles que l'on voit ce soir dans le ciel ?

**S.** Ciel a comme syn. litt. ou poétique le plur. CIEUX.

**cigare** [sigar] n. m.
[objet] À la fin du repas son mari a offert

des cigares. ● La fumée du cigare ne vous dérange pas ?

**S.** Le cigare, plus gros que la CIGARETTE, se fume. Le tabac du cigare est enveloppé dans des feuilles de tabac et non dans du papier (à cigarettes).

**cigarette** [sigarɛt] n. f.
[objet] Va au bureau de tabac m'acheter un paquet de cigarettes. ● Tu fumes toujours les mêmes cigarettes ? ● Tiens, tu me donnes une cigarette ? — Tu m'excuseras, mais je n'en ai plus.

**S.** Les cigarettes se distinguent par la qualité du tabac (cigarettes BLONDES ou BRUNES). En France, les plus couramment consommées sont des brunes (Gauloises, Gitanes, Disque bleu). Le tabac des cigarettes est roulé dans une feuille de papier très fine (papier à cigarettes), par oppos. au CIGARE (plus gros que la cigarette), uniquement formé de tabac. Les cigarettes existent avec ou sans (BOUT) FILTRE.

**cil** [sil] n. m.
[partie du corps] Annie a de longs cils qui donnent à son visage un grand charme.

**S.** Les cils sont les poils qui poussent au bord des paupières.

**ciment** [simɑ̃] n. m.
[matière] (non-compt., au sing.) Il faut que j'achète un sac de ciment ; mon mari veut refaire le mur du jardin qui est en mauvais état.

**S.** Le ciment sert à former avec du sable et de l'eau un mortier qui lie les matériaux de construction (les pierres, p. ex.).

**cimetière** [simtjɛr] n. m.
[établissement] L'enterrement de M. Durand a eu lieu au cimetière du Père-Lachaise. ● Voulez-vous m'indiquer où se trouve le cimetière ? — À l'entrée du village, monsieur.

**S.** Un cimetière est un terrain où sont enterrés les morts.

**cinéaste** [sineast] n.
[personne, profession] Son premier film est remarquable, tu verras qu'il deviendra un grand cinéaste.

**S.** Cinéaste est un syn. de METTEUR EN SCÈNE (DE CINÉMA), RÉALISATEUR (DE FILMS).

**cinéma** [sinema] n. m.
I. [activité artistique] (non-compt., au sing.) Je ne l'ai pas vue depuis longtemps, mais on m'a dit qu'elle faisait du cinéma. ● Elle aurait voulu être actrice de cinéma, comme toutes les filles de son âge. ◆ (sujet qqn) **aller au cinéma** Depuis qu'il y a la télévision à la maison, on va beaucoup moins souvent au cinéma. ◆ [lieu, activité artistique] (compt.) Il y a maintenant vraiment beaucoup de cinémas dans ton quartier.
II. (sujet qqn) **faire du cinéma** Le joueur n'est pas blessé, il fait du cinéma pour faire croire que l'autre a fait une faute.

**S. 1.** *Faire du cinéma* (sens I), c'est, en parlant d'un acteur, jouer, tourner dans un film, être comédien ; c'est aussi tourner un film avec une caméra. *Le cinéma est aussi une salle où on donne un spectacle de films. La* CINÉMATHÈQUE *est un lieu où on conserve les films anciens.* — **2.** *Faire du cinéma* (sens II) est une expression fam. pour dire JOUER LA COMÉDIE.

**cinq** [sɛ̃k] adj. num. cardinal inv.
[5] *Cinq et cinq font dix.* ● [*Aux courses*] : «*J'aperçois maintenant un, deux, trois, quatre, cinq chevaux.*» ● *Quelle heure est-il ? — Il est cinq heures. Encore une demi-heure de travail.* ● *Je voudrais le numéro cinq de cette revue.* ● *Tu vois ces cinq*

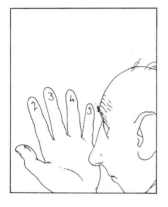

*enfants qui jouent dans la cour de l'immeuble, eh bien, ils sont tous les cinq à Jeanne !*

**G.** *Cinq* se prononce parfois, en langue soutenue, [sɛ̃] devant une consonne : *cinq livres* [sɛ̃livr].

**cinquantaine** [sɛ̃kɑ̃tɛn] n. f.
[quantité] **cinquantaine (de + n. plur.)** *Le charcutier est à une cinquantaine de mètres, immédiatement après le boulanger.* ● *Je ne suis pas aussi jeune que vous le pensez, j'ai atteint la cinquantaine.*

**S.** *Cinquantaine* désigne un ensemble d'environ CINQUANTE unités ou un âge d'environ cinquante ans (avec l'art. déf. et sans compl.).

**cinquante** [sɛ̃kɑ̃t] adj. num. cardinal inv.
[50] *Combien coûte ce livre ? — Cinquante francs. — C'est trop cher, je n'ai que quarante francs sur moi.* ● [*En classe*] : «*Ouvrez votre livre à la page cinquante.*» ● *Cinquante et cinquante font cent.*

**L. cinquantième** (adj. num. ordinal) *La cinquantième page du livre* (← la page numéro cinquante du livre).

**cinquième** [sɛ̃kjɛm] adj. num. ordinal
[5e] (se dit de qqn, de qqch) *Mon cheval n'est arrivé que cinquième à la course !* ● *Au cinquième étage de cette maison, il y a des appartements avec terrasse.*

**S.** Dans une énumération, CINQUIÈMEMENT est l'adv. correspondant à *cinquième* (= en cinquième lieu).

**circonstance** [sirkɔ̃stɑ̃s] n. f.
[statut, qqch] (compt., surtout au plur.) *Et quand je sortirai, le soir, comment devrai-je m'habiller ? — Oh ! ça dépendra des circonstances.* ● *En raison des circonstances (les étudiants sont en grève depuis un mois), les examens auront lieu en juillet, et non en juin.* ● *Pierre ne se met jamais en colère, il garde son calme en toutes circonstances.* ● *Alors, tu mets ton beau costume pour la circonstance !*

**S.** Les *circonstances* sont l'ensemble des faits qui accompagnent un événement. Ce mot, au plur., a pour syn. SITUATION, ÉVÉNEMENTS et CONJONCTURE (soutenu). *En toutes circonstances* est un équivalent de TOUJOURS. Au sing., *circonstance* désigne un fait exceptionnel ; ÉVÉNEMENT est un syn.

**circulaire** → CERCLE L.

**circulation** [sirkylasjɔ̃] n. f.
[action, qqn, un véhicule, et résultat] (noncompt., au sing.) *Les accidents de la circulation ont été très nombreux pendant le week-end de Pâques.* ● *Tu as vu la circulation qu'il y a ce soir, je ne sais pas à quelle heure on va arriver !*

**S.** *Circulation* désigne, d'une part, le fait de CIRCULER, de rouler, il a alors pour syn. ROUTE pris dans le même sens, et, d'autre part, les passages de véhicules sur une route, une autoroute, dans une rue, a pour syn. soutenus PASSAGE et TRAFIC. Quand la *circulation* est dense et que les voitures ne peuvent plus circuler, il y a un EMBOUTEILLAGE ou un BOUCHON.

**circuler** [sirkyle] v. i. (conj. **1**)
(sujet un véhicule, qqn) *C'est difficile de rouler place de la Concorde, il y a des voitures qui circulent dans tous les sens.* ● «*Circulez, circulez, dit l'agent, ne restez pas là, il n'y a rien à voir*». ● *À partir de*

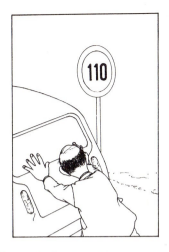

5 heures de l'après-midi, on circule mal dans Paris, il y a trop de voitures.

**S.** *Circuler*, c'est aller et venir ; il a pour syn. SE DÉPLACER, AVANCER, ROULER (pour un véhicule), et pour contr. S'ARRÊTER et STATIONNER.
**L. circulation**, v. ce mot.

**cirer** [sire] v. t. (conj. **1**)
(sujet qqn) **cirer qqch (chaussures)** *Tu as vu tes chaussures comme elles sont sales ! Et je viens de te les cirer !*

**S.** On *cire* des chaussures, des bottes en cuir en étalant dessus du CIRAGE et en les frottant, en les astiquant.

**cirque** [sirk] n. m.
[activité artistique] (non-compt., au sing.) *Il aimait faire des blagues, mais de là à vouloir faire du cirque, c'est tout de même étonnant.* ● *Papa, tu nous emmènes au cirque, samedi après-midi, s'il te plaît ?* ● *Je déteste le cirque, les clowns ne me font pas rire, et les animaux seraient mieux dans la nature.* ◆ [lieu, activité artistique] (compt.) *Il y a deux cirques à Paris, l'un est installé en plein air sur une place.*

**S.** Le *cirque* est un spectacle, le plus souvent ambulant, qui se déplace de ville en ville. Le spectacle est donné sous une immense tente, appelée CHAPITEAU. Quelques *cirques* sont fixes, notamment dans les grandes villes. Les principaux artistes d'un *cirque* : les clowns, les acrobates, les jongleurs, les dompteurs et dresseurs d'animaux, les trapézistes, etc.

**ciseaux** [sizo] n. m. pl.
[instrument] *Ne coupe pas le fil avec tes*

*dents, prends des ciseaux !* ● *Où est la paire de ciseaux à ongles ?*

**G.** Quand *ciseau* est précédé d'un adj. numéral, on emploie toujours PAIRE (DEUX PAIRES DE *ciseaux*).
**S.** Les *ciseaux* servent à couper ou découper qqch.

**citadin, e** [sitadɛ̃, in] adj. (après le n.) et n.
[adj.] (se dit de qqn, qqch) *Ah, ce teint pâle, cette mauvaise mine, c'est la conséquence de la vie citadine, qu'il aille à la campagne, vous verrez !* ◆ [n.] (personne) *La ferme, les travaux des champs, ils n'ont aucune idée de ce que c'est, ce sont des citadins.*

# CITER

**G.** L'adj. n'a ni comparatif ni superlatif.
**S.** *Citadin* (adj.) [soutenu] a pour syn. URBAIN et pour contr. RURAL, CAMPAGNARD. Un *citadin* (n.) habite la ville, par oppos. au CAMPAGNARD, au PAYSAN.

**citer** [site] v. t. (conj. 1)
I. (sujet qqn) **citer qqch, qqn, le nom de qqch, qqn** *On lui a demandé de citer dix capitales d'Europe, et il n'a pas su.*
II. (sujet qqn) **citer qqn, les paroles de qqn** *Il cite sans arrêt son père, c'est fatigant à la fin.*
**S. 1.** *Citer* (sens I), c'est DONNER LE NOM DE, NOMMER. — **2.** *Citer qqn* (sens II), c'est rapporter ses paroles.
**L. citation** (n. f.) [sens II] Dans son livre, il cite sans arrêt Sartre → *dans son livre, il fait sans arrêt des citations de Sartre.*

**citron** [sitrɔ̃] n. m.
[fruit] *Tu as pensé à acheter des citrons ? Il m'en faut ce soir pour le poisson.* • [Au café] : « *Un thé au lait et un thé au citron, s'il vous plaît* ».
**S.** Le *citron* est un fruit que caractérisent sa couleur jaune et sa saveur acide. Comme l'orange et le pamplemousse, c'est un AGRUME. Un ZESTE *de citron* est un morceau de la peau du fruit.
**L. citronnier** (n. m.) *Je n'ai jamais vu de citronnier* (← arbre qui produit les citrons).
◆ **citronnade** (n. f.) *Bois un grand verre de citronnade, si tu as soif* (← boisson à base de jus de citron).

**civilisation** [sivilizasjɔ̃] n. f.
[état, qqn] *Pierre étudie les civilisations de l'Afrique.* • *Dès la première année, à l'université, en anglais, on a des cours de langue, de littérature et de civilisation.*
**S.** La *civilisation* est la vie de la société d'un pays, d'une région, l'ensemble de ses institutions, de sa culture, de sa littérature, de sa vie politique, de ses techniques, de son économie.

**clair, e** [klɛr] adj. (après le n.), **clair** adv.
I. [adj.] (se dit de qqch) *Tu t'habilles toujours en noir. À ton âge, il faut mettre des couleurs claires, voyons !* • *Ton pull est très joli et ce bleu clair te va très bien !* • *Vous voyez, cette pièce est très claire, le soleil y entre toute la journée.* • *Regarde comme l'eau est claire, on voit le fond de la rivière !* ◆ [adv.] (manière) [sujet qqn] **voir clair** *Regarde, ton livre est juste devant toi : tu ne vois pas clair !* ◆ **il fait clair** *Il est 8 heures du soir et il fait encore clair !*
II. [adj.] (se dit de qqn, de son attitude, d'une situation) *Jacques n'a pas l'esprit clair, il mélange toujours tout !* • *Ce que tu dis est très clair, on a parfaitement compris.* • *La situation n'est pas claire, elle est même très compliquée.*
**S. 1.** Est *clair* (sens I) ce qui répand ou reçoit beaucoup de lumière. En parlant d'une couleur, *clair* a pour contr. FONCÉ, SOMBRE. En parlant d'un lieu, il a pour syn. soutenu LUMINEUX, et pour contr. SOMBRE, OBSCUR. En parlant d'un liquide, il a pour syn. TRANSPARENT, LIMPIDE (soutenu), et pour contr. TROUBLE, OPAQUE (soutenu). *Voir clair*, c'est voir qqch distinctement, nettement, bien. *Il fait clair* a pour syn. plus précis IL FAIT JOUR. — **2.** Est *clair* (sens II) ce qu'il est facile de comprendre et

celui qui se fait facilement comprendre ; ce mot a pour contr. CONFUS et pour syn. NET (en parlant de qqch ou qqn), ÉVIDENT, INTELLIGIBLE (en parlant de paroles).
**L. clairement** (adv.) [sens II] *Il parle d'une façon très claire* → *il parle très clairement.*
◆ **clarté** (n. f.) [sens I] *Le soleil rend cette pièce claire* → *le soleil donne de la clarté à cette pièce.* ◆ [sens II] *Il parle clairement* → *il parle avec clarté.*

**clairvoyant, e** [klɛrvwajɑ̃, ɑ̃t] adj. (après le n.)
(se dit de qqn) *Quand je pense qu'il n'a pas su prévoir son échec, on ne peut pas dire qu'il soit clairvoyant.*
**S.** *Clairvoyant* (soutenu) a pour syn. soutenu PERSPICACE ; le syn. courant, mais moins précis, est INTELLIGENT.
**L. clairvoyance** (n. f.) *Il n'est pas très clairvoyant* → *il n'a pas beaucoup de clairvoyance.*

**clandestin, e** [klɑ̃dɛstɛ̃, in] adj. (après le n.)
(se dit de qqch) *Nous avions des rendez-vous clandestins, et personne n'en a jamais rien su.* ◆ **passager clandestin** *On a découvert trois passagers clandestins dans le bateau — Eh oui, ils s'offraient comme cela un voyage gratuit !*

**G.** Cet adj. n'a ni comparatif ni superlatif.
**S.** Est *clandestin* ce qui est secret, caché pour échapper à une surveillance, à un règlement, à la loi.
**L. clandestinement** (adv.) Ils se sont vus de façon clandestine → *ils se sont vus clandestinement.*

**claquer** [klake] v. i. et v. t. (conj. **1**)
[v. i.] (sujet qqn, qqch) *Il avait tellement froid qu'il claquait des dents.* ● *Tu n'entends pas les portes qui claquent sans arrêt, va fermer la fenêtre, il y a un courant d'air.*
◆ [v. t.] (sujet qqn) **claquer une porte** *Furieux, il est sorti en claquant la porte.*

**S. 1.** *Claquer des dents,* c'est avoir les dents qui s'entrechoquent dans un mouvement qu'on ne peut réprimer. En parlant d'une porte, d'une fenêtre, le syn. de *claquer* (v. i.) est BATTRE. — **2.** *Claquer une porte,* c'est la fermer brutalement et bruyamment.
**L. claquement** (n. m.) J'entends une porte qui claque → *j'entends le claquement d'une porte.*

**clarté** → CLAIR L.

**classe** [klas] n. f.
I. [collectif, personnes] *Pierre rêve d'une société sans classes, où tous seraient égaux.* ● *Eux appartiennent à la classe ouvrière, pas toi, tu fais partie de la bourgeoisie.*
II. [collectif, enfants] *En quelle classe es-tu ? — En cinquième.* ● *Quand le petit Paul a éternué, toute la classe a ri.* ◆ [lieu] *Mettez-vous en rang avant d'entrer dans la classe.* ◆ [institution] *Qu'est-ce que tu as appris en classe, aujourd'hui ?* ● *Quand elle aura six ans, elle ira en classe.* ◆ (sujet qqn) **faire la classe** *Notre professeur est malade, alors c'est M<sup>lle</sup> Garnier qui viendra nous faire la classe cette semaine.*
III. [rang] *Vous voyagez en première ou en seconde classe ?* ● *Ils descendent toujours dans des hôtels de première classe.*

**G.** Au sens III, *classe* ne s'emploie qu'avec les adj. PREMIER et SECOND, DEUXIÈME, ou l'interrogatif QUELLE. En langue courante, on dit souvent UN BILLET DE PREMIÈRE, DE SECONDE.
**S. 1.** Au sens I, *classe (sociale)* désigne une division de la société selon des critères économiques, sociaux. On oppose ainsi la *classe* OUVRIÈRE à la BOURGEOISIE, aux *classes* MOYENNES, p. ex. — **2.** Au sens II, *classe* désigne à la fois le groupe d'enfants d'un même niveau et le local (SALLE DE CLASSE) où ils sont réunis. *En classe* a pour syn. À L'ÉCOLE ; *faire la classe* a pour syn. FAIRE UN COURS. Ce mot ne s'emploie que dans le cadre des études primaires et secondaires. — **3.** Au sens III, *classe* s'emploie soit pour parler, dans le métro, le train, l'avion, etc., d'un type de compartiment, de voiture, de cabine, etc., distingué selon son confort et son prix, soit pour CLASSER certaines choses. *Classe* a pour syn. CATÉGORIE.

**classer** [klase] v. t. (conj. **1**)
I. (sujet qqn) **classer qqch (plur.)** *Il faut que tu te décides à classer tous ces papiers, on ne s'y retrouve plus du tout.*

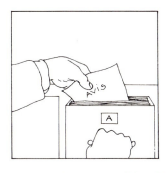

II. (sujet qqn) **classer une affaire** *On ne saura jamais qui était coupable, la police a classé l'affaire.* ● *C'est une affaire classée, n'en parlons plus.*

**S. 1.** *Classer* (sens I), c'est ranger dans un ordre précis, logique, par catégories. — **2.** *Classer une affaire* (sens II), c'est la considérer comme terminée.
**L. classement** (n. m.) Classer tous ces dossiers demandera plusieurs jours → *le classement de tous ces dossiers demandera plusieurs jours.*

**classique** [klasik] adj. (après le n.) et n. m.
I. [adj.] (se dit d'un art) *Tu aimes la musique classique ? — Un peu, mais je préfère la musique moderne.*
II. [n. m.] (résultat, activité artistique) **un classique (de + n.)** *Comment, tu ne connais pas ce disque, mais c'est un classique du jazz !* ◆ [objet, texte] *Cette année, en littérature, on a surtout lu les classiques.*
III. [adj.] (se dit de qqch) *Aline s'habille toujours d'une manière très classique : chapeau et robe de couleurs foncées.* ● *À chaque fois que tu lui demandes un service, il refuse, c'est classique avec lui !*

**G.** Au sens I, l'adj. n'a ni comparatif ni superlatif.
**S. 1.** Est *classique* ce qui appartient au courant dominant de la littérature, de la peinture, de la sculpture des XVII<sup>e</sup> et XVIII<sup>e</sup> siècles en

## CLÉ

France. La *musique classique* (sens I) ou, en langue courante, la GRANDE MUSIQUE s'oppose à la MUSIQUE MODERNE, au JAZZ, aux VARIÉTÉS, au FOLKLORE. — **2.** Un *classique (de)* [sens II] se dit d'une œuvre, d'un auteur entrés dans la tradition littéraire, artistique, devenus célèbres. Les *classiques* sont, plus particulièrement, les écrivains du XVIIe siècle. — **3.** *Classique* (sens III) a pour syn. TRADITIONNEL et pour contr. MODERNE ou FANTAISISTE; *c'est classique* a pour syn. C'EST HABITUEL, AUTOMATIQUE, et pour contr. INATTENDU.

**clé** ou **clef** [kle] n. f.
[instrument] *C'est toi qui as la clé de l'appartement? — Non, tu l'as dans ton sac.* • *On ne peut pas partir, je n'arrive pas à retrouver les clés de la voiture.* ◆ (sujet qqn, qqch) **fermer à clé** *Il serait quand même plus prudent de fermer votre porte à*

*clé quand vous partez!* • *Elle ne met même pas ses bijoux dans un meuble qui ferme à clé! — Eh bien, elle n'a pas peur d'être volée.*

**S. 1.** Un TROUSSEAU DE CLÉS est un ensemble de *clés* attachées à un même anneau, à un PORTE-CLÉS. La *clé* actionne la serrure d'une porte, d'un tiroir, etc. ou un verrou; elle permet aussi de mettre en marche un mécanisme (p. ex. la *clef* DE CONTACT d'une voiture).
**L. porte-clés** ou **porte-clefs** (n. m. inv.) *Tu devrais acheter un anneau pour rassembler tes clés* → *tu devrais acheter un porte-clés.*

**client, e** [klijɑ̃, ɑ̃t] n.
[personne, fonction sociale] **client (de qqn)** *Je vais toujours chez le même boucher, je suis une de ses bonnes clientes.* • *Ne va pas chez le médecin le samedi, c'est le jour où il a le plus de clients.*

**S.** Un(e) *client(e)* est qqn qui paie qqn en échange d'une marchandise (chez un commerçant, dans un magasin, un restaurant ou un café) ou d'un service (chez un avocat, un médecin, dans un hôtel). Les *clients d'un commerçant* sont des ACHETEURS; les *clients d'un médecin* ou *d'un dentiste* sont ses PATIENTS; les *clients d'un café* ou *d'un restaurant* sont des CONSOMMATEURS.
**L. clientèle**, v. ce mot.

**clientèle** [klijɑ̃tɛl] n. f.
[collectif, personnes] (non-compt., au sing.) [Sur la porte du magasin] : « *La Direction informe son aimable clientèle que le magasin sera fermé du 15 juillet au 15 septembre.* »

**S.** La *clientèle* est l'ensemble des CLIENTS d'un établissement commercial, des HABITUÉS d'un café, des MALADES d'un médecin, etc.

**climat** [klima] n. m.
**I.** [phénomène naturel] (compt.) *Sylvie est allée se reposer sur la Côte-d'Azur : il y fait toujours beau, le climat lui fera du bien!*

• *Ah! vous revenez des Antilles? Vous n'avez pas trop souffert du climat?*
**II.** [qualité, qqch] (compt., surtout au sing.) *Comment veux-tu qu'on arrive à travailler dans un climat pareil! Personne ne s'entend.* • *Enfin, un climat d'entente règne entre eux.*

**S. 1.** Les pluies, les vents, les températures, les saisons sont des facteurs qui définissent le *climat* (sens I). — **2.** *Climat* (sens II) a pour syn. AMBIANCE, ATMOSPHÈRE.
**L. climatique** (adj.) [sens I] *Les conditions du climat sont dures dans ce pays* → *les conditions climatiques sont dures dans ce pays.*

**climatisé, e** [klimatize] adj. (après le n.) (se dit de qqch [pièce, édifice, véhicule]) *C'est agréable d'entrer dans une salle climatisée quand dehors il fait cette chaleur-là, c'est pour cela que j'ai choisi ce cinéma.*

**G.** Cet adj. n'a ni comparatif ni superlatif.
**S.** Une *salle climatisée* a une température constante.
**L. climatiser** (v. t.) *Bientôt nos bureaux seront climatisés* → *bientôt nous allons faire climatiser nos bureaux.* ◆ **climatisation** (n. f.) *Cette pièce a été mal climatisée* → *la climatisation de cette pièce a été mal faite.*

**clinique** [klinik] n. f.
[établissement] *Nous avons deux cliniques et un hôpital dans notre petite ville.* • *Marie préfère se faire opérer en clinique plutôt qu'à l'hôpital.*

**S.** La *clinique* est le plus souvent un établissement privé de soins, par oppos. à l'HÔPITAL qui est public. Une *clinique* D'ACCOUCHEMENT s'appelle aussi une MATERNITÉ.

**clou** [klu] n. m.
I. [objet] (compt.) *Tu crois vraiment qu'un

seul clou va suffire pour accrocher le tableau ?* • *Regarde ! la pointe du clou est tordue, tu ne pourras jamais l'enfoncer !* ◆ (non-compt., au plur.) *Surtout, traversez bien dans les clous !*
II. [événement] (compt., surtout au sing.) **le clou de** + **n.** *Je t'assure que quand elle s'est mise à chanter, ça a été le clou de la soirée !*

**S. 1.** On plante un *clou* (sens I) en tapant dessus avec un marteau, et on l'arrache avec des tenailles. *Clou* a pour syn. POINTE (qui désigne également la partie pointue du *clou*). Les *clous* sont, sur une voie, un passage destiné aux piétons. On dit couramment PASSAGE CLOUTÉ. — **2.** Au sens II, le *clou* désigne l'événement le plus drôle ou le plus réussi d'une soirée, d'un spectacle, etc.
**L. clouer** (v. t.) [sens I] *Il a fermé la caisse avec des clous* → *il a cloué la caisse.*

**clown** [klun] n. m.
[personne, profession] *Nous avons été au cirque hier avec les enfants ; ils ont beau-*

*coup ri avec les clowns.* ◆ (sujet qqn) **faire le clown** *Georges, mange donc ta soupe au lieu de faire le clown pour amuser ta sœur.*

**S.** Un *clown* est un artiste comique qui travaille dans un cirque.
**L. clownerie** (n. f.) *Il passe son temps à faire le clown* → *il passe son temps à faire des clowneries.*

**cochon** [kɔʃɔ̃] n. m.
[animal] *Regarde, les cochons se roulent dans la boue.* • *Ils sont partis à la campagne et ils vivent en élevant des cochons.*

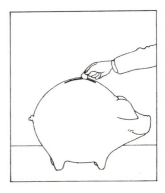

**S.** Le *cochon* est un animal domestique et comestible. Quand il s'agit de la viande, on parle de PORC (qui désigne aussi l'animal). La femelle du *cochon* s'appelle la TRUIE, et les petits sont les PORCELETS.

**code** [kɔd] n. m.
I. [texte, institution] **Code de la route** *Maintenant, il y a des jeux qui apprennent aux enfants le Code de la route.*
II. [langue] *Essaie de deviner ce que tous ces chiffres veulent dire : il y a un code.*

● *Les services de contre-espionnage ont découvert le code secret de l'ennemi.*

**S. 1.** Au sens I, le *Code de la route* (avec une majuscule) est l'ensemble des règlements qui concernent la conduite automobile. — **2.** Au sens II, un *code* est un système précis, le plus souvent secret et employant des signes différents des signes normaux pour chiffrer un texte, un énoncé, etc.
**L. coder** (v. t.) [sens II] Si on lui envoyait un message en code ? → *si on lui envoyait un message codé ?* ◆ **décoder** (v. t.) [sens II] *Je n'arrive pas à trouver le code de son message* → *je n'arrive pas à décoder son message.*

**cœur** [kœr] n. m.
I. [partie du corps] *J'ai couru trop vite, mon cœur bat à toute vitesse !* ● *Pierre doit faire très attention, il a le cœur malade.* ◆ (sujet qqn) **avoir mal au cœur** *Il vaut mieux que je me mette devant, en voiture, car derrière j'ai mal au cœur.*
II. [qualité, qqn] (non-compt., au sing.) *Tu as fait pleurer ta mère ? Vraiment, tu n'as pas de cœur !* ● *Quand on pense à tous ces enfants qui ne peuvent pas partir en vacances, ça fait mal au cœur de voir ça !* ◆ **de bon cœur** *C'est gentil de votre part de me ramener chez moi, ça ne vous dérange pas ? — Oh ! non, je le fais de bon cœur.*

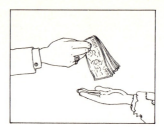

III. **par cœur** *Tu peux me donner le numéro de téléphone de Paul ? — Attends, je ne le sais pas par cœur, je vais regarder dans mon carnet.*

**S. 1.** Le *cœur* (sens I) est l'organe qui envoie le sang à travers le corps. L'adj. scientifique correspondant est CARDIAQUE. *Avoir mal au cœur* désigne un malaise dans la région de l'estomac et a pour équivalents AVOIR ENVIE DE VOMIR, ÊTRE BARBOUILLÉ (fam.), AVOIR LA NAUSÉE (soutenu), SE SENTIR MAL (plus fort). — **2.** Le *cœur* (sens II) est le siège de la sensibilité, des sentiments. *N'avoir pas de cœur* a pour syn. ÊTRE MÉCHANT, ÉGOÏSTE, SANS-CŒUR, et pour contr. ÊTRE BON, GENTIL, GÉNÉREUX, c'est-à-dire *avoir bon cœur. Faire mal au cœur* a pour syn. DÉGOÛTER et RÉVOLTER, qui sont plus forts, et pour contr. FAIRE PLAISIR, RÉJOUIR. *De bon cœur* a pour syn. AVEC PLAISIR, VOLONTIERS (soutenu), DE BON GRÉ (litt.), et pour contr. SANS ENTHOUSIASME. — **3.** *Par cœur* (sens III) a pour syn. DE MÉMOIRE. *Savoir par cœur*, c'est pouvoir réciter de mémoire.
**L. écœurer,** v. ce mot.

**coexistence, -ter** → EXISTER L.

**cogner (se)** [kɔɲe] v. pr. (conj. **1**) (sujet qqn) **se cogner (une partie du corps)**

*Aïe ! Je me suis cogné contre la table.* ◆ **se cogner la tête contre les murs** *On n'y comprend rien, c'est à se cogner la tête contre les murs !*

**S.** *Se cogner,* c'est SE DONNER UN COUP. *Se cogner la tête contre les murs,* c'est se heurter à des difficultés insurmontables.

**cohabiter** [kɔabite] v. i. (conj. **1**)
(sujet qqn [plur.]) *Les grands-parents, les parents et les enfants ensemble ! Trois géné-*

*rations qui cohabitent, ça doit être difficile !*

**S.** *Cohabiter,* c'est, en parlant de plusieurs personnes, vivre ensemble, HABITER sous le même toit.
**L. cohabitation** (n. f.) *Cela ne nous a posé aucun problème de cohabiter* → *la cohabitation ne nous a posé aucun problème.*

**cohérent, e** [kɔerɑ̃, ɑ̃t] adj. (après le n.)
(se dit de qqch [abstrait]) *Comment as-tu trouvé mon projet ? — Très bien construit, cohérent, mais très compliqué.* ● *Le gouvernement a une politique très cohérente ; toutes ces mesures se tiennent.*

**S.** Est *cohérent* ce qui est organisé d'une manière logique ; *être cohérent* a pour équivalent TENIR DEBOUT ; les contr. sont ABSURDE, ILLOGIQUE.
**L. cohérence** (n. f.) *Son exposé est cohérent, tu n'en es pas frappé ?* → *tu n'es pas frappé par la cohérence de son exposé ?* ◆ **incohérent, e** (adj.) *Cette politique n'est pas cohérente* → *cette politique est incohérente.* ◆ **incohérence** (n. f.) *Son discours est incohérent, ça ne me surprend pas* → *je ne suis pas surpris par l'incohérence de son discours.*

**cohue** [kɔy] n. f.
[collectif, personnes] (compt., surtout au sing.) *Tu aurais vu la cohue devant les grands magasins ! C'était presque impossible de rentrer.* ● *Dans la cohue, j'ai perdu mon parapluie.*

**S.** La *cohue* est une foule confuse, en désordre. BOUSCULADE est un syn.

**coiffer** [kwafe] v. t. (conj. **1**)
(sujet qqn, un coiffeur) **coiffer qqn** *Il y a plusieurs coiffeurs mais c'est toujours le même qui me coiffe, il a beaucoup de goût.* ◆ (sujet qqn) **se coiffer, être coiffé** *Je n'ai rien pour me coiffer, j'ai oublié mon peigne et ma brosse.* ● *Comme tu es bien coiffée, tu as un rendez-vous ?*

**S.** En parlant d'un COIFFEUR, *coiffer qqn,* c'est disposer ses cheveux d'une certaine façon, c'est lui faire une COIFFURE ; en parlant de qqn, *se coiffer* a pour syn. SE PEIGNER (moins recherché).
**L. coiffure** (n. f.) *Tu es joliment coiffé* → *tu as une jolie coiffure.* ◆ **décoiffé, e** (adj.) *Il n'est plus coiffé* (ou il est mal coiffé) → *il est décoiffé.* ◆ **recoiffer (se)** [v. pr.] *Je me coiffe à nouveau* (après avoir été décoiffé) → *je me recoiffe.*

**coiffeur, euse** [kwafœr, øz] n.
[personne, profession] *Mes cheveux sont trop longs, il faut que j'aille chez le coiffeur.* ● *C'est bien ma chance, je sors de chez le coiffeur et il pleut !*

**S.** Un *coiffeur* est un artisan qui met en forme (mise en pli, brushing), coupe ou colore les cheveux ; il travaille dans un SALON DE COIFFURE. On va CHEZ LE *coiffeur* (ou, fam., AU *coiffeur*) même quand c'est une femme (la *coiffeuse*).

**coin** [kwɛ̃] n. m.
[localisation] (non-compt., au sing.)

*Regarde, ce n'est pas Jacques là-bas, au coin de la rue ? • Pierre n'est pas là ? — Il doit être comme d'habitude au café du coin.* ◆ [lieu naturel] (compt.) *Cherchons un coin à l'ombre pour déjeuner. • Il y a encore quelques coins en France où il n'y a pas beaucoup de touristes.* ◆ (compt.) *Aïe ! Je me suis cognée contre le coin de la table ! • Vous prenez une feuille de papier, puis vous pliez les coins. • On pourrait peut-être installer un lavabo dans un coin de la chambre ?* ◆ **dans tous les coins** *Range un peu ta chambre : tes affaires traînent dans tous les coins !*

S. *Coin* s'emploie pour désigner l'angle formé par deux rues. Un *coin*, comme lieu, peut avoir pour syn. ENDROIT, RÉGION (pour un lieu assez vaste). *Coin* désigne aussi à la fois l'angle d'un

objet, d'une surface et la région située approximativement dans cet angle. *Dans tous les coins* a pour syn. PARTOUT.

**coincer** [kwɛ̃se] v. t. (conj. **3**)
(sujet qqn) **coincer qqch** *Je n'arrive pas à faire tenir le drapeau debout ! — Coince-le entre deux pierres.* ◆ (sujet qqch, qqn) **être coincé** *Le tiroir est coincé, je n'arrive pas à l'ouvrir. • Je suis désolé d'être en retard, j'ai été coincé dans l'ascenceur : une panne de courant.* ◆ (sujet qqn) **se coincer une partie du corps (dans qqch)** *Qu'est-ce qu'elle a à la main ? — Elle s'est coincé le doigt dans une porte.*

S. *Coincer* qqch, c'est le BLOQUER, le CALER, le SERRER. *Être coincé* a pour syn. ÊTRE BLOQUÉ, ÊTRE IMMOBILISÉ. *Se coincer* a pour syn. moins fort SE PINCER.

**coïncidence** [kɔɛ̃sidɑ̃s] n. f.
[statut, qqch] *Comment se fait-il alors, que vous vous soyez trouvé là au moment du crime ? — Ce n'est qu'une simple coïncidence, je vous assure. • Par une heureuse coïncidence, il est arrivé juste au moment où j'avais besoin de lui.*

S. Une *coïncidence* est la rencontre fortuite de plusieurs circonstances ; HASARD, CONCOURS DE CIRCONSTANCES sont des syn.

**coïncider** [kɔɛ̃side] v. t. ind. (conj. **1**)
(sujet qqch) **coïncider (avec qqch)** *Les déclarations du témoin ne coïncident pas*

*du tout avec ce que vous nous avez raconté : un de vous deux ment.*

S. *Coïncider* a pour syn. CORRESPONDRE À, CONCORDER AVEC.

**col** [kɔl] n. m.
I. [partie d'un vêtement] *Tu devrais changer de chemise, le col est vraiment sale !*
II. [lieu naturel] *Vous êtes passé par le col du Mont-Cenis pour aller en Italie ?*

S. **1.** Le *col* (sens I) est la partie du vêtement (chemise, veste, manteau, etc.) qui entoure le cou. — **2.** Un *col* (sens II) est un passage naturel, dans lequel on a le plus souvent aménagé une route, à travers une chaîne de montagnes.

**colère** [kɔlɛr] n. f.
[sentiment] *Tu vas voir sa colère quand il*

apprendra qu'on est sortis sans sa permission. • Ce n'est pas grave, tu ne vas quand même pas te mettre en colère pour si peu ? • Jacques était très en colère quand il a trouvé son livre déchiré.

**S.** Être en colère a pour syn. ÊTRE FÂCHÉ et, plus forts, ÊTRE FURIEUX, EN FUREUR (soutenu), EN RAGE (soutenu) ; ÊTRE DE MAUVAISE HUMEUR, ÊTRE IRRITÉ (soutenu) sont des syn. moins forts. Se mettre en colère a pour syn. SE FÂCHER.
**L. coléreux, euse** (adj.) Paul se met souvent en colère → Paul est coléreux.

**colis** [kɔli] n. m.
[objet] J'ai reçu un colis de livres ce matin, je ne sais pas qui me l'a envoyé.

**S.** Un colis, mode d'emballage, est un paquet assez volumineux qui est envoyé par la poste.

**collaborer** [kɔlabɔre] v. t. ind. (conj. **1**)
(sujet qqn) **collaborer à qqch (œuvre, action)** Plus de cinquante personnes ont collaboré à cette étude sur le chômage en France.

**S.** Collaborer à qqch, c'est y travailler avec d'autres personnes ; le syn. est PARTICIPER À.

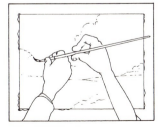

**L. collaborateur, trice** (n.) Permettez-moi de vous présenter mes collaborateurs (← ceux qui collaborent avec moi à ce travail). ◆ **collaboration** (n. f.) Nous ne pouvons rien faire sans que vous collaboriez avec nous → nous ne pouvons rien faire sans votre collaboration.

**collage** → COLLER L.

**1. collant** [kɔlɑ̃] n. m.
[vêtement] Aline, regarde, tu as déchiré ton collant. • Tu devrais mettre un collant sous ton pantalon, il fait très froid dehors.

**S.** Le collant, fin et en Nylon, est un sous-vêtement spécifiquement féminin qui remplace les BAS. Plus épais et souvent en laine, il peut être porté par tous pour protéger du froid. Ce mot peut être suivi d'un compl. introduit par DE qui en précise l'usage (collant DE SKI, DE DANSE).

**2. collant** → COLLER L.

**colle** [kɔl] n. f.
[produit] (non-compt., au sing., ou compt.) Zut ! J'ai déchiré ma page ! Tu n'aurais pas un peu de colle ? • Tu crois qu'avec de la colle forte j'arriverai à arranger cette boîte en carton ?

**S.** La colle est une substance liquide ou pâteuse qui s'achète en tube ou en pot et sert à COLLER.

**collectif, ive** [kɔlɛktif, iv] adj. (après le n.)
(se dit de qqch [action]) Faire un dictionnaire, c'est un travail collectif dont les auteurs restent souvent anonymes. • J'emmène la classe mercredi pour une visite collective d'une petite usine.

**G.** Cet adj. ne se met ni au comparatif ni au superlatif.
**S.** Est collectif ce qui est le fait d'un groupe ; le contr. est INDIVIDUEL ou PERSONNEL.

# COLLECTION

**L. collectivement** (adv.) Cette remarque s'adresse à vous tous d'une manière collective → *cette remarque s'adresse à vous tous collectivement.*

**collection** [kɔlɛksjɔ̃] n. f.
[collectif, objets] *Patrick a une belle collection de tableaux.* • *Je n'ai pas la collection entière de cette revue : il me manque plusieurs numéros.* • *Tu fais toujours collection de timbres ?*

**S.** Une *collection* est un ensemble d'objets de même nature (timbres, livres, papillons, tableaux, monnaies, porte-clés, etc.) réunis par un COLLECTIONNEUR. Un COLLECTIONNEUR DE TIMBRES est un PHILATÉLISTE, un COLLECTIONNEUR DE LIVRES est un BIBLIOPHILE.
**L. collectionner** (v. t.) Il fait collection de papillons → *il collectionne les papillons.*
◆ **collectionneur, euse** (n.) Il fait collection de timbres → *c'est un collectionneur de timbres.*

**collectivité** [kɔlɛktivite] n. f.
[collectif, personnes] (compt., surtout au sing.) *Dans ce pays, les moyens de production appartiennent à la collectivité.*

**S.** *Collectivité* désigne un ensemble d'individus vivant ensemble. Les syn. sont SOCIÉTÉ, COMMUNAUTÉ ; la *collectivité* s'oppose à l'INDIVIDU.

**collège** [kɔlɛʒ] n. m.
[établissement] *Arthur a dix ans, il va bientôt entrer au collège.*

**S.** Depuis 1977, on appelle *collège* l'établissement scolaire qui assure l'enseignement secondaire du 1er degré, de la 6e à la 3e. Le *collège* se situe après l'école primaire et avant le lycée.

**collègue** [kɔlɛg] n.
[personne, rôle] *Tous les midis, elle déjeune avec une de ses collègues de bureau à la cantine.* • *Je ne peux pas m'occuper de vous pour l'instant, mais je vais vous adresser à mon collègue, M. Durand.*

**S.** Un(e) *collègue* est une personne avec laquelle on travaille dans une entreprise, un bureau, une usine, etc., et qui se situe à peu près au même niveau hiérarchique.

**coller** [kɔle] v. t. et v. t. ind. (conj. **1**)
I. [v. t.] (sujet qqn) **coller qqch (sur qqch)** *Oh ! j'ai oublié de coller un timbre sur l'enveloppe !* • *Marion a collé des affiches sur tous les murs de sa chambre.* ◆ [v. t. ind.] (sujet qqch) **coller (à qqch)** *La boue collait tellement aux chaussures qu'on ne pouvait plus marcher.* • *Ça colle par terre, qu'est-ce que tu as renversé ? — De la confiture.*

II. [v. t.] (sujet qqn) **coller qqn (à un examen)** *C'est la troisième fois qu'il se fait coller au concours ! C'est fini pour lui.* • *Si je ne suis pas collé à l'examen, je pars en vacances aussitôt.*

**S. 1.** On *colle* qqch (sens I) avec de la COLLE ou du PAPIER COLLANT. Le syn. est FIXER, les

contr. sont DÉCOLLER et ENLEVER. *Coller (à qqch)* a pour syn. ADHÉRER (À qqch) [soutenu]. — **2.** Au sens II, *être collé* (fam.) a pour syn. ÉCHOUER ; *coller* a pour syn. RECALER. Les contr. de *être collé* sont ÊTRE REÇU, ADMIS ou RÉUSSIR.
**L. collant, e** (adj.) [sens I] Tu as les mains qui collent → *tu as les mains collantes.* ◆ **collage** (n. m.) [sens I] Sur ce mur, il est interdit de coller des affiches → *sur ce mur, le collage des affiches est interdit.* ◆ **colleur (d'affiches)** [n. m.] (sens I) Il colle des affiches sur les murs → *c'est un colleur d'affiches.* ◆ **décoller**, v. ce mot. ◆ **recoller** (v. t.) [sens I] Recoller une assiette cassée (← la réparer avec de la colle).

**collier** [kɔlje] n. m.
[objet personnel] *Ça fait un peu nu, cette robe, sans bijou, tu devrais mettre un collier.* • *Pourquoi porte-t-elle tout le temps cet horrible collier en argent ?*

**S.** Le *collier* est un bijou que les femmes portent autour du cou. La CHAÎNE ou CHAÎNETTE est un *collier* fin en forme de chaîne auquel est souvent suspendue une médaille, une perle, une pierre, etc.

**colline** [kɔlin] n. f.
[lieu naturel] *On fait la course, le premier qui arrive en haut de la colline a gagné !* • *Il paraît qu'on voit la mer en montant sur la colline.* • *Regarde cette belle maison au pied de la colline !*

   **S.** Une *colline* est une hauteur, un relief beaucoup moins élevé qu'une montagne. Une BUTTE est une petite *colline*. Le COTEAU est un syn. (surtout lorsque la *colline* est plantée de vignes). On appelle VERSANT chacune des pentes d'une *colline*.

**colonel** [kɔlɔnɛl] n. m.
[personne, grade] *Après la prise du pouvoir par l'armée, c'est un colonel qui est à la tête du gouvernement.*

   **S.** Dans l'armée, un *colonel* est un officier de grade supérieur au commandant et inférieur au général.

**colonne** [kɔlɔn] n. f.
I. [partie d'un édifice] *J'ai visité la Sicile à Pâques, toutes ces colonnes à Agrigente, c'est magnifique sous le soleil !*
II. [partie du corps] **colonne vertébrale** *Depuis sa chute de cheval, il a souvent mal à la colonne vertébrale.*

   **S. 1.** Une *colonne* (sens I) est un support vertical et cylindrique qui soutient la partie supérieure d'un édifice (temple, église, etc.). — **2.** La *colonne vertébrale* (sens II) est constituée par les VERTÈBRES.

**colorier** → COULEUR L ; **combat** → COMBATTRE L.

**combatif, ive** [kɔ̃batif, iv] adj. (après le n.)
(se dit de qqn) *Tu n'es vraiment pas combatif ; alors tu lui as tout cédé sans protester ?*

   **S.** Est *combatif* (soutenu) celui qui est porté à résister, à s'opposer avec ardeur, à COMBATTRE ; un syn. plus fort AGRESSIF (porté à attaquer). **L. combativité** (n. f.) *Les troupes ont perdu leur esprit combatif → les troupes ont perdu leur combativité.*

**combattre** [kɔ̃batr] v. t. (conj. **45**)
(sujet qqn) **combattre (qqn, un pays)** *Nous combattons ensemble notre ennemi commun.* ◆ **combattre qqch (abstrait)** *Il ne faut pas se laisser aller, il faut tout faire pour combattre la maladie.* • *Jusqu'au bout, nous combattrons votre politique.*

   **S.** *Combattre*, c'est SE BATTRE pendant une guerre ou au cours d'une lutte quelconque, d'un débat, etc. ; LUTTER CONTRE est un syn. soutenu.

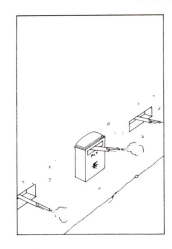

**L. combat** (n. m.) *Nous combattons la même chose → notre combat est le même.* ◆ **combattant** (n. m.) *N'oublions pas ceux qui ont combattu pendant la guerre de 14 → n'oublions pas les combattants de la guerre de 14.*

**combien** [kɔ̃bjɛ̃] adv. interr.
[quantité] **combien (de + n. plur.** [compt.] ou sing. [non-compt.]) *Combien (est-ce qu'il) faut de tickets d'autobus pour aller chez toi ?* • *Combien pèse cet enfant ?* — *Quarante kilos.* • *Voici les fruits, vous en voulez combien ?* • *Je vais t'attendre combien de temps encore ?* • *Cette robe coûte combien ?* — *Cent francs.* • *[Au café] : « Ça fait combien, s'il vous plaît ? »* ◆ [date] **le combien** *On est le combien aujourd'hui ?* — *Le 25 juillet.*

   **S. et G. 1.** *Combien* est un adv. interr. qui pose une question sur la quantité, le poids, la taille, le coût. Dans la langue fam., il peut être suivi de EST-CE QUE. Il peut être séparé de son compl. par le verbe *(combien de tickets faut-il ?* ou *combien faut-il de tickets ?).* Il est normalement placé en tête de la phrase, mais, en langue fam., il peut être placé après le verbe *(combien ça coûte ? → ça coûte combien ?).* — **2.** *Le combien sommes-nous ?* équivaut à QUEL JOUR SOMMES-NOUS ? (soutenu).

**combiner** [kɔ̃bine] v. t. (conj. **1**)
(sujet qqn) **combiner qqch (abstrait)** *Allez, avoue que c'est toi qui as combiné toute cette histoire pour me faire du tort.* ◆ (sujet qqch) **être bien, mal combiné** *Notre plan était bien combiné, mais à cause de vous, il va échouer.*

**S.** *Combiner* est un syn. fam. de ARRANGER. MANIGANCER est un syn. soutenu. *Être bien, mal combiné* a pour syn. ÊTRE BIEN, MAL CALCULÉ.

**comblé, e** [kɔ̃ble] adj. (après le n.)
(se dit de qqn) *Un mari que vous adorez, des enfants merveilleux, un travail intéressant ; bref, vous êtes une femme comblée !*

**S.** *Comblé* est un syn. plus fort de SATISFAIT, HEUREUX. On est *comblé* quand on a tout ce qu'on désire.

**comédie** [kɔmedi] n. f.
I. [résultat, activité artistique] (compt.) *Tu as lu toutes les comédies de Molière ?* • *Les Durand sont allés au cinéma voir une comédie, ils ont beaucoup ri.*
II. [action, qqn] (compt., surtout au sing.) *Cet enfant joue sans arrêt la comédie, on ne peut jamais le croire.* • *Elle n'est pas vraiment malade, c'est de la comédie.* • *Pierre a fait toute une comédie parce qu'on avait touché à ses papiers sur son bureau.*

**S. 1.** Une *comédie* (sens I) est une pièce de théâtre, un film, généralement comiques, par oppos. à la TRAGÉDIE (surtout dans le théâtre classique), au DRAME (théâtre moderne ou films). Un COMÉDIEN joue des pièces de théâtre, qu'elles soient comiques ou tragiques. — **2.** Au sens II, *jouer la comédie*, c'est FAIRE SEMBLANT. Il a pour syn. soutenus SIMULER, FAIRE DE LA SIMULATION. *C'est de la comédie* est syn. de C'EST UNE FEINTE (soutenu), UN MENSONGE. *Faire toute une comédie* a pour syn. FAIRE DES HISTOIRES, UNE SCÈNE, LA VIE (fam.).
**L. comédien**, v. ce mot.

**comédien, enne** [kɔmedjɛ̃, ɛn] n.
[personne, profession] *À la fin de la pièce, les comédiens ont été très applaudis : ils sont revenus dix fois sur la scène.* • *Jeanne voudrait devenir comédienne : elle prend des cours de théâtre.*

**S.** *Comédien* est un syn. soutenu de ACTEUR ; il se dit surtout pour le théâtre.

**comestible** [kɔmɛstibl] adj. (après le n.)
(se dit d'un aliment) *Tu crois que ce bifteck est encore comestible après huit jours !*

**S.** *Comestible* (soutenu) a pour syn. courant MANGEABLE.

**comique** [kɔmik] adj. (après le n.) et n. m.
[adj.] (se dit de qqn, de qqch) *Vous devriez vous changer les idées, allez donc voir un film comique.* • *Mets ce chapeau si tu veux, mais tu auras plutôt l'air comique avec ça !* ◆ [n. m.] (personne) *Arthur, c'est le comique de la classe, il fait sans arrêt rire ses camarades.* • *Donne-moi le nom d'un grand comique du cinéma.* — *Charlot.*

**S.** Être *comique*, c'est exciter le rire. Le mot a pour syn. moins forts DRÔLE, AMUSANT, et,

fam., MARRANT. Les contr. sont, par ordre d'intensité croissante, SÉRIEUX, TRISTE, DRAMATIQUE, TRAGIQUE. Un *comique* (n. m.) est une personne amusante ; BOUFFON (soutenu), PITRE, CLOWN (péjor.) sont des syn. En parlant d'un comédien, un *comique* a pour syn. un ACTEUR *comique* (adj.).

**comité** [kɔmite] n. m.
[collectif, personnes] *Le comité central du parti s'est réuni pour discuter de la situation économique.* • *Les élections au comité d'entreprise de l'usine ont été annulées : le nombre des votants était insuffisant.*

**S.** Un *comité* est un groupe restreint de personnes élues ou désignées par une assemblée. Un *comité d'entreprise* est élu par l'ensemble du personnel de l'entreprise.

**commandant** [kɔmɑ̃dɑ̃] n. m.
I. [personne, grade] *Non, il n'est plus capitaine, il vient d'être nommé commandant.*
II. [personne, grade] *Le commandant de bord est retenu en otage par des inconnus.*

**S. 1.** Dans l'armée, un *commandant* (sens I) est un officier de grade supérieur au capitaine et inférieur au colonel. — **2.** Un *commandant* (sens II) est celui qui COMMANDE un navire ou un avion *(commandant de bord)*.

**commander** [kɔmɑ̃de] v. t. (conj. 1)
I. (sujet qqn) **commander à qqn de** + **inf**. *C'est alors que la police nous a commandés de nous retirer plus loin.*
II. (sujet qqn) **commander (qqn, un groupe)** *Qui est-ce qui commande ici ? — Personne, le directeur est parti.* • *Pierre rêve de commander une armée, d'en être le chef.* — *Il a sept ans, c'est de son âge.*
III. (sujet qqn) **commander qqch (objet, plat)** *J'ai commandé un vélo pour son anniversaire.* • *Nous n'avons pas ce livre, mais nous allons le commander, vous l'aurez dans quelques jours.* • [Au restaurant] : « *Tu commanderas un hors-d'œuvre et une côte de bœuf pour moi.* »

**S. 1.** *Commander à* qqn *de* + inf. (sens I), c'est lui en donner l'ordre ; ce verbe soutenu a pour syn. ORDONNER, DIRE À qqn DE (plus faible).
— **2.** *Commander* qqn, un groupe (sens II), c'est en être le chef, avoir de l'autorité sur lui,

lui donner des ordres, le DIRIGER. *Commander* s'oppose à OBÉIR. — **3.** *Commander* qqch (sens III), c'est demander la fourniture de qqch auprès d'un commerçant, d'un grand magasin. Au restaurant, c'est demander qu'on vous serve tel ou tel plat.
**L. commandant**, v. ce mot. ◆ **commande** (n. f.) [sens III] *Ce que vous avez commandé est arrivé → votre commande est arrivée.* ◆ **commandement** (n. m.) [sens II] *Quand je vous le commanderai, marchez → à mon commandement, marche !*

**comme** [kɔm] conj. et adv.
I. [conj.] (comparaison) *Si tu travaillais comme ton père, tu réussirais peut-être.* • *Ça s'est passé comme je te l'avais dit.* • *Pierre s'est marié, mais il voudrait continuer à vivre comme quand il était célibataire !* • *Tu réagis comme si tu avais vingt ans, mais tu ne les as plus !* • *Les animaux comme le chien, le chat vivent facilement avec les hommes.* • *J'ai rarement vu des gens comme vous !*
II. [conj.] (qualité) *Comme travail, c'est intéressant, mais comme salaire, ce n'est pas assez.* • *Qui est-ce que tu as pris comme secrétaire ?*
III. [adv.] (manière) **[comme ci], comme ça** *Comment allez-vous ? — Comme ci, comme ça.* • *Alors, il t'a plu, ce film ? — Oh... comme ça... sans plus !* ◆ **comme ça** *Vous*

*n'arrivez pas à vous décider, alors on reste à la maison, comme ça, tout le monde sera d'accord.* • *Il a agi comme ça, sans faire attention.* • *Alors, comme ça, il paraît que tu t'en vas ?* ◆ **c'est tout comme** *Ils ne sont pas mariés mais c'est tout comme, ça fait dix ans qu'ils vivent ensemble.* ◆ **comme tout** *C'est joli comme tout, chez vous.*
IV. [adv. exclam.] (quantité) *Tu as vu comme il fait beau aujourd'hui !* • *Comme c'est joli, ce paysage !*

    **S.** et **G. 1.** Au sens I, *comme* peut être suivi d'un nom, d'un pron., d'une phrase qui peut être réduite à un adj. ou un part. passé *(elle était comme folle, comme morte).* Cette phrase peut être introduite aussi par une conj. de temps (QUAND, LORSQUE) ou de condition (SI). *Comme* forme avec des noms des comparaisons à valeur superlative *(fort comme un Turc, rapide comme un lapin,* etc.). Il a pour syn. AINSI QUE, DE LA MÊME FAÇON QUE. Il a comme syn. soutenu TEL QUE devant un nom ou un pronom. — **2.** Au sens II, suivi d'un nom sans article, il peut, après certains verbes, introduire un attribut du compl. d'objet (PRENDRE, CONSIDÉRER qqn, qqch COMME qqn, qqch) et a pour syn. EN TANT QUE. — **3.** Au sens III, *comme ci, comme ça* s'emploie après un verbe *(ça va comme ci, comme ça)* ou seul dans une réponse. *Comme ci, comme ça* ou *comme ça* ont pour syn. À PEU PRÈS, NI BIEN NI MAL, MOYENNEMENT. *Comme ça* introduit une sorte de conclusion. *Comme tout* se place toujours après un adj. et a une valeur superlative *(c'est joli comme tout* = c'est très joli). — **4.** *Comme* (sens IV) a pour syn. CE QUE, QU'EST-CE QUE, QUE (exclam.).

**commencement** [kɔmɑ̃smɑ̃] n. m.
[temps de l'action] (compt., surtout au sing.) *Ne commence pas par la fin, commence par le commencement !* • *Tu as vu, Jacques s'est mis à travailler.* — *Il y a un commencement à tout.* • *Je vois que vous n'écoutez pas, reprenons au commencement.*

    **S.** Le *commencement* d'une chose est ce par quoi elle COMMENCE, elle débute. Le syn. est DÉBUT et le contr. FIN.

**commencer** [kɔmɑ̃se] v. t., auxil. et v. i. (conj. **3**)
I. [v. t. et auxil.] (sujet qqn, qqch) **commencer qqch, commencer à** + **inf.** *Finis ce que tu fais avant de commencer autre chose.* • *Quand on est arrivé, le film était déjà commencé depuis dix minutes.* • *À quel âge ton fils a-t-il commencé à parler ?* • *Prends ton parapluie, il commence à pleuvoir.* • *Tu commences à m'embêter avec tes histoires.*
II. [auxil.] (sujet qqch, qqn) **commencer par** + **inf.** *Commence par te taire, tu parleras après.*
III. [v. i.] (sujet qqch) *L'année commence le 1er janvier et se termine le 31 décembre.* • *Regarde, il pleut ! Eh bien ! ça commence bien !*

    **S. 1.** *Commencer* (sens I) indique le début d'une action ; avec l'inf., c'est un inchoatif ; il

a pour contr. FINIR qqch ou DE + inf., TERMINER qqch, ACHEVER qqch ou DE + inf., et pour syn. ENTAMER qqch. — **2.** *Commencer par* (sens II) a pour contr. FINIR PAR + inf. — **3.** *Commencer* (sens III) a pour contr. SE TERMINER, S'ACHEVER (soutenu), FINIR, et pour syn. DÉBUTER (qui est aussi transitif).

**L. commencement, recommencer,** v. ces mots.

**comment** [kɔmɑ̃] adv. interr. et exclam.
I. [manière] *Bonjour, comment allez-vous ?* • *Comment est-ce que votre nom s'écrit ?* • *Comment as-tu fait pour arriver à l'heure !* • *Je me demande comment ils vont s'en sortir.*
II. [interpellation] *Comment ? Vous pouvez répéter ? Je n'ai pas très bien entendu.* — *Jacques a eu un accident.* — *Comment ! mais ce n'est pas possible !* ◆ [affirmation] **et comment !** *Tu viens avec nous au cinéma ?* — *Et comment !* • *Tu prends la voiture pour aller en vacances ? — Et comment !*

    **S.** et **G. 1.** *Comment* (sens I) pose une question sur la manière dont se fait une action (la réponse comporte un adv. comme BIEN, MAL, MIEUX, etc.). Il est suivi en langue fam. de EST-CE QUE ; il n'y a pas alors d'inversion du sujet. *Comment allez-vous ?* (sens I) est une formule de politesse qui s'emploie pour demander de ses nouvelles à qqn ; elle a pour syn. fam. ÇA VA ?, COMMENT ÇA VA ? Dans les autres phrases,

# COMMERCE

*comment* a pour syn. DE QUELLE MANIÈRE ou PAR QUEL MOYEN. — **2.** *Comment ?* (sens II) est une formule de la conversation qui s'emploie pour indiquer que l'on n'a pas entendu ou compris ; il a pour syn. PARDON ? (soutenu), QUOI ? et HEIN ? (fam.). *Comment !* marque l'étonnement. *Et comment !* est une forme d'affirmation renforcée de la langue fam. et s'emploie en tête de phrase, en guise de réponse. Il a pour syn. moins forts BIEN SÛR !, NATURELLEMENT !, BIEN ENTENDU !

**commentaire** [kɔmɑ̃tɛr] n. m.
[énoncé] *Les journaux ont donné la nouvelle sans faire de commentaires.* • *D'accord, j'ai fait une erreur, mais je me passerais bien de tes commentaires, ça suffit.*

**S.** Un *commentaire* est une remarque, une réflexion qui COMMENTE qqch pour l'expliquer ou le juger.

**commenter** [kɔmɑ̃te] v. t. (conj. **1**) (sujet qqn, un texte) **commenter qqch (événement, acte)** *Tous les journaux du matin commentent les déclarations que le président a faites hier soir.*

**S.** *Commenter un événement,* c'est le discuter, l'analyser, donner son avis, ses impressions.
**L. commentaire,** v. ce mot. ◆ **commentateur, trice** (n.) Il commente des événements sportifs → *il est commentateur sportif.*

**commerçant, e** [kɔmɛrsɑ̃, ɑ̃t] n. et adj. (après le n.)
I. [n.] (personne, profession) *Vous devriez faire vos courses aujourd'hui : demain, c'est férié, et tous les commerçants seront fermés.* • *Il n'y a aucun commerçant dans notre quartier, on est obligé d'aller dans le centre.* • *Son père est commerçant : si tu vas chez lui, il te fera une réduction de prix.*
II. [adj.] (se dit d'une rue, d'un quartier) *Notre rue est très commerçante, on y trouve tout ce qu'on veut !*

**S. 1.** Le *commerçant* vend des produits dans un magasin ou une boutique qui sont les lieux de son COMMERCE : boucher (boucherie), libraire (librairie), pharmacien (pharmacie), etc. *Commerçant* a pour syn. MARCHAND, toujours précisé par l'objet du commerce (MARCHAND DE LÉGU-

MES, DE FRUITS). *Commerçant* désigne usuellement les *petits commerçants* (ou DÉTAILLANTS), par oppos. aux *gros commerçants* (GROSSISTES ou NÉGOCIANTS). — **2.** L'adj. désigne un lieu où il y a beaucoup de commerces (sens II).

**commerce** [kɔmɛrs] n. m.
I. [activité économique] (non-compt., au sing.) *Le commerce, l'industrie et l'agriculture sont les trois grands secteurs d'activité économique d'un pays.* • *Après la guerre, le commerce a repris entre les deux pays.* • *Quel est le plus grand port de commerce du monde ?* ◆ **dans le commerce** *Ce livre est tout récent, il n'est pas encore dans le commerce.* • *Comme ce bijou est joli ! Où est-ce que tu l'as eu ? — Oh ! on le trouve dans le commerce !*
II. [lieu, commerce] (compt.) **commerce (de + n.)** *Il vient de s'ouvrir un commerce de vêtements tout près d'ici.*

**S. 1.** Le *commerce* (sens I) met en relation un vendeur et un acheteur. Le *commerce* EXTÉRIEUR se fait avec les pays étrangers ; l'EXPORTATION consiste, pour un pays, à envoyer des marchandises à l'étranger, et l'IMPORTATION à introduire des marchandises venues de l'étranger. Le *commerce* INTÉRIEUR se fait à l'intérieur des frontières d'un pays ; TRAFIC est en ce sens un syn. soutenu. *Dans le commerce* a pour syn. EN VENTE (dans les lieux de *commerce*). — **2.** Au sens II, les syn. sont MAGASIN, BOUTIQUE ou MAISON DE COMMERCE (langue administrative). Celui

qui vend est le vendeur, le COMMERÇANT, celui qui achète est l'acheteur, le client.
**L. commercial, e, aux** (adj.) [sens I] *Les relations commerciales entre ces deux pays ont repris* (← relations de commerce). ◆ **commerçant,** v. ce mot. ◆ **commercialiser** (v. t.) [sens I] *Ce produit n'est pas encore dans le commerce → ce produit n'est pas encore commercialisé.* ◆ **commercialisation** (n. f.) *Il est difficile de commercialiser ce produit → la commercialisation de ce produit est difficile.*

**commettre** [kɔmɛtr] v. t. (conj. 46) (sujet qqn) **commettre qqch (acte)** *On m'a accusé pour un vol que je n'avais pas commis.*

    **S.** *Commettre* a pour syn. FAIRE (courant), PERPÉTRER (soutenu et en parlant d'un crime).

*Commettre* ne s'emploie que lorsque l'action qui est faite est blâmable (faute, erreur, vol, crime, injustice, etc.).

**commissaire** [kɔmisɛr] n. m.
[personne, profession] **commissaire (de police)** *Vous voulez déposer une plainte pour vol ? Le commissaire de police va vous recevoir dans quelques instants.* ● *Tu as lu ce roman ? Il raconte une nouvelle aventure du commissaire Grasset.*

    **S.** Un *commissaire (de police)* est un fonctionnaire possédant un grade élevé dans la police. Il est chargé d'enquêtes policières ou dirige un COMMISSARIAT (DE POLICE).
    **L. commissariat** (n. m.) *On l'a convoqué au local du commissaire → on l'a convoqué au commissariat.*

**commission** [kɔmisjɔ̃] n. f.
I. [énoncé] (compt.) [*Au téléphone*] : «*Non,*

*M. Durand n'est pas là. Est-ce qu'il y a une commission pour lui ?*»
II. [action, qqn, et résultat] (non-compt., au plur.) *Maman est partie faire les commissions, elle rentrera tout à l'heure.*

III. [collectif, personnes] (compt.) *Nous nous sommes partagé le travail et nous avons créé plusieurs commissions ; moi, je fais partie de la commission du logement.* ● *La commission de censure a interdit certaines scènes du film.*

    **S. 1.** *Commission* (sens I) a pour syn. soutenu MESSAGE. — **2.** *Commissions* (sens II) est un syn. moins usuel de COURSES. — **3.** Une *commission* (sens III) est un groupe de personnes chargées d'étudier une question particulière.

**commode** [kɔmɔd] adj. (après le n.)
I. (se dit de qqch) **commode (pour qqch, à, pour + inf.)** *Ce sac n'est vraiment pas commode pour faire ses courses.* ● *Ce petit meuble est très commode : on peut y ranger des tas de choses.* ● *Ce texte n'est pas commode à traduire.* ● *Je suis arrivé à faire ce problème et pourtant ce n'était pas commode.*
II. (se dit de qqn, de son caractère) *Tu n'as pas l'air commode, aujourd'hui : quelle tête tu fais !* ● *Dis donc, il n'est pas commode au téléphone, ton directeur !*

    **S. 1.** Être *commode* (sens I), c'est être approprié à un usage ; il a pour syn. PRATIQUE et pour contr. MALCOMMODE ou INCOMMODE (soutenu). *Commode à* + inf. a pour syn. FACILE À, SIMPLE À + inf. et pour contr. DIFFICILE À, DUR À + inf. — **2.** *Commode* (sens II), sans compl. et souvent dans des phrases négatives, a pour

syn. AIMABLE, GENTIL, FACILE ou, plus soutenus, COURTOIS et BIENVEILLANT, et pour contr. DÉSAGRÉABLE.
**L. incommode** (adj.) [sens I] *Ce n'est pas commode d'être loin du centre → c'est incommode d'être loin du centre.* ◆ **malcommode** (adj.) [sens I] *Ce sac n'est vraiment pas commode → Ce sac est vraiment malcommode.*

**commodément** [kɔmɔdemã] adv.
[manière] *Ce que j'aime le soir, c'est, assis commodément dans un fauteuil, de regarder la télévision.*

**S.** *Commodément* a pour syn. CONFORTABLEMENT.

**commun, e** [kɔmɛ̃, yn] adj. (après le n.)
I. (se dit de qqch) **commun (à, avec qqch, qqn)** *Ne me comparez pas à Pierre, je n'ai rien de commun avec lui ! • Jacques et Aline aiment tous les deux la musique et le théâtre, ils ont déjà deux points communs.* ◆ **en commun** *Ils vivent dans une grande maison, où ils mettent tout en commun. • Ce travail a été fait en commun par toute une équipe. • La vie en commun avec lui devient impossible !*
II. (se dit de qqch) *Avoir quinze jours de pluie en août sur la Côte, avoue que ce n'est pas commun.*

**S. 1.** Est *commun à, avec qqch, qqn* (sens I) ce qui est partagé avec qqn ou semblable à qqch. Deux choses ou deux personnes qui ont *des points communs* SE RESSEMBLENT (plus fort). *N'avoir rien de commun avec*, c'est ÊTRE TRÈS DIFFÉRENT DE. *Faire en commun qqch*, c'est le faire ensemble ; *mettre en commun*, c'est PARTAGER.* — **2.** Est *commun* (sens II) ce qui est habituel, ce qui se fait ou se trouve couramment.

**commune** [kɔmyn] n. f.
[lieu, institution] *La commune où nous avons notre maison de campagne est toute petite ; à peine deux cents habitants. Elle va sans doute se réunir avec la commune voisine.*

**S.** La *commune* est une unité administrative ; elle est administrée par un maire et un conseil municipal. Les *communes*, qui correspondent aux villes et aux villages, sont d'importance très inégale, allant de Paris à des villages de quelques dizaines d'habitants.

**communication** [kɔmynikasjɔ̃] n. f.
I. [action, qqn, et résultat] *Entre lui et moi, il n'y a aucune communication possible, nous ne nous comprenons plus du*

*tout. • Tous les moyens de communication entre le village et la ville voisine sont coupés à cause de l'orage.* ◆ **communication (téléphonique)** *Appelle les réclamations si tu n'arrives pas à obtenir ta communication.*
II. [énoncé] *Nous interrompons notre émission pour vous donner lecture d'une communication importante du président de la République.*

**S. 1.** La *communication* (sens I) est le fait de COMMUNIQUER. Le téléphone, les postes, la route, etc., sont des *moyens de communication*. Une *communication téléphonique* est la liaison entre deux correspondants au téléphone. — **2.** *Communication* (sens II) a pour syn. AVIS, ANNONCE, DÉCLARATION.

**communiquer** [kɔmynike] v. t. et v. t. ind. (conj. **1**)
I. [v. t.] (sujet qqn) **communiquer qqch à**

## COMMUNISTE

qqn *Pourriez-vous communiquer ce dossier à M. Legrand? Je suis sûr que ça l'intéressera beaucoup.*
II. [v. t. ind.] (sujet qqn) **communiquer (avec qqn)** *Pierre est un enfant qui reste toujours seul, qui a du mal à communiquer.*
III. [v. t. ind.] (sujet une pièce, un local) **communiquer (avec une pièce, un local)** *C'est pratique cette salle à manger qui communique avec la cuisine.*

**S. 1.** *Communiquer* (sens I) a pour syn. FAIRE PASSER, FAIRE CONNAÎTRE, TRANSMETTRE. — **2.** *Communiquer* (sens II), c'est avoir un dialo-

gue avec les autres, parler avec qqn. Les syn. sont SE CONFIER, SE LIVRER. — **3.** Deux pièces *communiquent* (sens III) quand on peut passer de l'une à l'autre directement.
**L. communicatif, ive** (adj.) [sens II] Il ne communique pas beaucoup avec les autres → *il n'est pas très communicatif.* ◆ **communication,** v. ce mot.

**communiste** [kɔmynist] adj. (après le n.) et n.
[adj.] (se dit de qqn, d'un groupe, d'une attitude) *Pierre s'est inscrit au parti communiste.* • *Tu savais que Jacques était communiste?* ◆ [n.] (personne) *Les communistes ont avancé aux dernières élections.*

**G.** L'adj. n'a ni comparatif ni superlatif.
**S.** Le *parti communiste* est un parti politique de gauche. « L'Humanité » est le journal du parti *communiste.* On emploie couramment le sigle P. C. [pese] pour dire *parti communiste.*
**L. communisme** (n. m.) Il adhère au système communiste → *il adhère au communisme.*
◆ **anticommuniste** (adj. et n.) Une propagande contre les communistes → *une propagande anticommuniste.*

**compagnie** [kɔ̃paɲi] n. f.
I. [établissement] *Pierre travaille dans une compagnie d'assurances.*
II. **en compagnie de qqn** *Je vous laisse en compagnie de Jacques, je suis sûr que vous*

*vous entendrez bien.* ◆ (sujet qqn) **tenir compagnie à qqn** *Non, je ne me suis pas ennuyée, Aline est venue me tenir compagnie ce matin.*

**S. 1.** *Compagnie* (sens I) a pour syn. SOCIÉTÉ. — **2.** *En compagnie de* (sens II) a pour syn. courant AVEC. *Tenir compagnie à* qqn, c'est rester près de lui pour lui éviter d'être seul.

**comparaison** [kɔ̃parɛzɔ̃] n. f.
[action, qqn, et résultat] *Faites la comparaison entre nos prix et ceux des concurrents, et vous serez convaincus.* • *Aline m'énerve, elle n'arrête pas de faire des comparaisons entre ma sœur et moi.* • *Comment pouvez-vous hésiter entre ces deux livres? Il*

196

n'y a pas de comparaison possible, celui-ci est bien meilleur.

**S.** *Faire des comparaisons* entre plusieurs choses ou personnes, c'est les COMPARER, FAIRE UN RAPPROCHEMENT entre elles. *Il n'y a pas de comparaison possible* se dit lorsqu'on trouve un des termes de la comparaison incomparable, meilleur, etc.

**comparaître** [kɔ̃paretr] v. i. (conj. 53)
(sujet qqn) **comparaître devant qqch (tribunal, institution)** *Nous verrons si vous rirez encore quand vous comparaîtrez devant le tribunal pour injure à la police.*

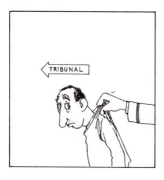

**S.** *Comparaître* est un syn. soutenu et de la langue juridique ou administrative de SE PRÉSENTER (devant un tribunal pour être jugé).

**comparativement** [kɔ̃parativmɑ̃] adv.
[comparaison] **comparativement à qqch** *Ce film n'est pas très bon, mais comparativement à ce qu'on peut voir cette semaine, c'est encore le meilleur.* • *Comparativement à ce qu'il gagnait avant, sa situation s'est améliorée.*

**S.** *Comparativement* établit un rapport de comparaison entre des choses ; il a pour syn. RELATIVEMENT, PAR RAPPORT, PROPORTIONNELLEMENT À, PAR COMPARAISON AVEC.

**comparer** [kɔ̃pare] v. t. (conj. 1)
(sujet qqn) **comparer qqn, qqch (à, avec qqn, qqch)** *On ne peut pas comparer la vie dans les villes avec la vie à la campagne, c'est totalement différent.* • *Comparez les prix avant d'acheter.* ◆ **se comparer à qqn** *Pierre se compare sans arrêt à son père, il pense qu'il lui ressemble.*

**S.** *Comparer*, c'est FAIRE DES COMPARAISONS entre plusieurs choses ou personnes, les rap-

procher, les confronter pour faire ressortir les différences ou les ressemblances.
**L.** *comparable* (adj.) *Ces deux choses peuvent se comparer → ces deux choses sont comparables.* ◆ **comparaison, comparativement,** v. ces mots. ◆ **incomparable** (adj.) *Il ne peut être comparé (à personne) → il est incomparable.*

**compartiment** [kɔ̃partimɑ̃] n. m.
[partie d'un moyen de transport (train, métro)] *Viens avec moi, il n'y a personne dans mon compartiment, on sera tranquilles.* • *Tous les compartiments étaient pleins, même ceux de 1ʳᵉ classe, on a été obligés de voyager dans le couloir.*

**S.** Les *compartiments* sont des divisions des voitures dans les trains ou les métros. Dans les trains, ils sont généralement de 6 ou 8 places et sont accessibles par un couloir.

**compatible** [kɔ̃patibl] adj. (après le n.)
(se dit de qqch [abstrait]) **compatible (avec qqch)** *Crois-tu que ton travail soit compatible avec ta vie familiale ?* • *Les dépenses qu'il fait ne sont pas compatibles avec son salaire, et il a plein de dettes.*

**S.** Est *compatible* (soutenu) ce qui peut s'accorder avec qqch, ce qui peut exister en même temps. Il a pour syn. soutenu CONCILIABLE.
**L.** *incompatible* (adj.) *Leurs opinions ne sont pas compatibles → leurs opinions sont incompatibles.*

**compatriote** [kɔ̃patrijɔt] n.
[personne, rôle] *Dès qu'ils vont à l'étranger, ce qu'ils recherchent, ce sont des compatriotes, ils ne se lient presque pas avec les gens du pays.*

**S.** Deux *compatriotes* sont du même pays, ont la même nationalité ; le contr. est ÉTRANGER.

**compenser** [kɔ̃pɑ̃se] v. t. (conj. 1)
(sujet qqch, qqn) **compenser (qqch [abs-**

trait]) *Ce n'est pas juste ! Tout le monde est allé au restaurant, sauf moi ! — Eh bien, pour compenser, je t'emmènerai au théâtre demain.*
**S.** *Compenser un dommage, un mal, une peine, un déficit,* etc., c'est offrir qqch en échange pour corriger, contrebalancer, réparer, équilibrer.
**L. compensation** (n. f.) *Ils nous ont offert de l'argent pour compenser les dommages causés à nos champs* → *ils nous ont offert de l'argent en compensation des dommages causés à nos champs.*

**compétent, e** [kɔ̃petɑ̃, ɑ̃t] adj. (après le n.)
(se dit de qqn) **compétent (en, dans qqch)** *J'ai demandé à Paul de s'occuper de l'achat du bateau, mais je me demande s'il est compétent dans ce domaine.* • *Tais-toi, tu n'es pas compétent, laisse donc parler ceux qui connaissent l'affaire.*
**S.** Être *compétent,* c'est avoir les connaissances ou les qualités nécessaires pour juger et décider. Les syn. sont CAPABLE, QUALIFIÉ, APTE (soutenu). Le contr. est INCOMPÉTENT.
**L. compétence** (n. f.) *Je ne suis pas compétent en ce domaine* → *je n'ai pas de compétence en ce domaine.* ◆ **incompétent, e** (adj.) *Tu crois que je ne suis pas compétent ?* → *tu crois que je suis incompétent ?* ◆ **incompétence** (n. f.) *Je reconnais que je suis incompétent en cette matière* → *je reconnais mon incompétence en cette matière.*

**compétition** [kɔ̃petisjɔ̃] n. f.
I. [action, qqn] (non-compt., au sing.) *Ces deux grandes marques sont en compétition sur le marché européen.*
II. [action, sport] *Notre équipe ne participera pas à la compétition.*
**S. 1.** *Compétition* (sens I) a pour syn. CONCURRENCE (moins fort) et RIVALITÉ (plus fort). Il y a *compétition* quand deux ou plusieurs personnes, groupes, etc.. veulent obtenir le meilleur rang. — **2.** Une *compétition* (sens II) est un MATCH, une ÉPREUVE SPORTIVE, un CHAMPIONNAT dans lesquels il doit y avoir un gagnant.
**L. compétitif, ive** (adj.) [sens I] *Ils ont des prix compétitifs* (← qui supportent d'être en compétition avec les autres).

**complément** [kɔ̃plemɑ̃] n. m.
[partie d'un tout] (compt., surtout au sing.) *Vous payez une partie du prix maintenant, et le complément dans un mois.* • *Nous n'en savons pas plus pour l'instant, mais nous vous donnerons un complément d'informations dans la soirée.*
**S.** Le *complément* est ce qui s'ajoute à qqch pour le COMPLÉTER. Il a pour syn. RESTE.
**L. complémentaire** (adj.) *Il m'a donné des renseignements complémentaires* (← en complément de ceux que j'avais déjà).

**complet, ète** [kɔ̃plɛ, ɛt] adj. (après le n.)
I. (se dit de qqch) *Il y a cinquante-deux cartes, le jeu est complet.* • *Tu as chez toi les œuvres complètes de Balzac ?* • *Son livre ne se vend pas, c'est un échec complet !*
II. (se dit d'un lieu public, d'un moyen de transport) *Comme tous les hôtels étaient complets, nous avons dormi dans la voiture.* • *Je n'ai pas pu voir le film, le cinéma était complet.* • *L'autobus est déjà complet, on ne pourra jamais monter !*
**G.** Cet adj. n'a ni comparatif ni superlatif.
**S. 1.** Est *complet* (sens I) qqch auquel il ne manque rien ; en ce sens, le contr. est INCOMPLET. Dans *échec complet,* le syn. est TOTAL. — **2.** Est *complet* (sens II) un lieu qui ne peut rien contenir de plus ; il a pour syn. PLEIN, BONDÉ et BOURRÉ (plus fort et fam.) et pour contr. VIDE.
**L. complètement, compléter,** v. ces mots.
◆ **incomplet, ète** (adj.) [sens I] *Cette liste n'est pas complète* → *cette liste est incomplète.*

**complètement** [kɔ̃plɛtmɑ̃] adv.
[manière et quantité] *François n'est pas encore complètement guéri.* • *Tu te trompes complètement !* • *Vous êtes complètement fous de vouloir partir sous la pluie !*
**S.** Avec un verbe, *complètement* correspond à l'adj. COMPLET (*Il est complètement guéri* → SA GUÉRISON EST COMPLÈTE). Il a pour syn. TOTALEMENT, ENTIÈREMENT, TOUT À FAIT. Avec un adj. ou un adv., *complètement* a pour syn. TRÈS, VRAIMENT, RÉELLEMENT.

**compléter** [kɔ̃plete] v. t. (conj. **12**)
(sujet qqn, qqch) **compléter (qqch)** *Je n'ai pas tout l'argent nécessaire, mais je compléterai la somme la semaine prochaine.* • *Ce*

*renseignement complète votre information ; vous êtes ainsi au courant de tout.*

**S.** *Compléter* qqch (sujet qqn), c'est ajouter ce

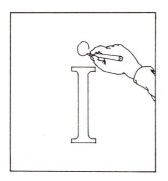

qui manque. *Compléter* qqch (sujet qqch), c'est le rendre COMPLET (sens I).

**1. complexe** [kɔ̃plɛks] adj. (après le n.) (se dit de qqch [abstrait], qqn) *La situation politique est devenue très complexe : tous les partis sont en conflit.* • *Je ne peux pas résoudre seul ce problème complexe : il faudra que vous m'aidiez.* • *Il est difficile de comprendre son attitude ; c'est un caractère complexe plein de contradictions.*

**S.** Est *complexe* (soutenu) ce qui est difficile à démêler, à débrouiller ; le syn. courant est COMPLIQUÉ, les contr. sont CLAIR, SIMPLE, ÉLÉMENTAIRE.

**L. complexité** (n. f.) *Ce phénomène est très complexe* → *ce phénomène est d'une grande complexité.*

**2. complexe** [kɔ̃plɛks] n. m.
[état, qqn] *Il est très timide et je crois qu'il a toujours éprouvé un complexe d'infériorité devant son frère qui, au contraire, est sûr de lui, sans problème.* • *Elle ne se croit pas assez jolie, elle a des complexes.*

**S.** Un *complexe* est un ensemble de sentiments conscients ou inconscients qui provoquent des comportements et des réactions particulières (répression à l'égard de mouvements spontanés, timidité, crainte, etc.).
**L. complexé, e** (adj.) *Il a des complexes et il est timide* → *il est complexé et timide.*

**complication** → COMPLIQUER L.

**complice** [kɔ̃plis] n.
[personne, rôle] *La police pense que le*

*voleur avait un complice dans l'hôtel.* • *Tu sais que si tu gardes ce bijou chez toi, tu peux être considérée comme complice du vol ?*

**S.** Un (une) *complice* participe à une action répréhensible.
**L. complicité** (n. f.) *Il a réussi à entrer parce qu'il avait le gardien comme complice* → *il a réussi à entrer avec la complicité du gardien.*

**compliment** [kɔ̃plimɑ̃] n. m.
[énoncé] (compt., surtout au plur.). *Alors, on t'a fait des compliments sur ta nouvelle coiffure ?* • *Madame, mes compliments, votre repas était excellent.* • *Tu pourrais de temps en temps lui faire un compliment, ça l'encouragerait à travailler.*

**S.** Un *compliment* est une parole élogieuse qu'on adresse à qqn. REMARQUE et CRITIQUE sont des contr.
**L. complimenter** (v. t.) *On m'a fait des compliments sur ma robe* → *on m'a complimentée sur ma robe.*

**compliqué, e** [kɔ̃plike] adj. (après le n.) (se dit de qqch) *Il a un nom compliqué, je n'arrive jamais à m'en souvenir!* • *La situation est compliquée, je me demande comment on va réussir!* ◆ (se dit de qqn) *C'est un garçon compliqué, on ne peut jamais prévoir ses réactions.*

**S. 1.** *Compliqué* (en parlant de qqch) a pour contr. SIMPLE et pour syn. DIFFICILE, COMPLEXE (soutenu). Une *affaire compliquée* est EMBROUILLÉE. FACILE est un contr. quand on parle d'un problème, d'une situation, etc. — **2.** *Compliqué* se dit de qqn qui n'agit pas simplement, dont il est difficile de comprendre la conduite; les contr. sont SIMPLE, NATUREL.

**compliquer** [kɔ̃plike] v. t. (conj. **1**) (sujet qqn, qqch) **compliquer qqch (abstrait)** *Mais non, c'est très simple, mais tu compliques tout en prévoyant toutes sortes d'ennuis.* • *La crise de l'énergie a encore compliqué une situation déjà difficile.*

**S.** *Compliquer*, c'est rendre plus difficile à

comprendre, à résoudre. Le syn. est EMBROUILLER.
**L. compliqué,** v. ce mot. ◆ **complication** (n. f.) *La situation étant compliquée, la décision est difficile* → *la complication de la situation rend la décision difficile.*

**comportement** [kɔ̃pɔrtəmɑ̃] n. m. [manière, qqn] *Depuis quelques temps, Yves a un comportement bizarre qui étonne son entourage.*

**S.** Le *comportement* de qqn, c'est sa manière de SE COMPORTER, d'agir, surtout dans ses relations avec autrui; c'est l'ensemble de ses attitudes.

**comporter** [kɔ̃pɔrte] v. t. (conj. **1**)
I. (sujet qqch) **comporter qqch** *Le discours du président est prêt, il comportera trois parties.*
II. (sujet qqn) **se comporter bien, mal, etc.** *Alors, Arthur s'est bien comporté à ce dîner? — Oui, il a été très aimable avec tout le monde.*

**S. 1.** *Comporter* (sens I) a pour syn. COMPRENDRE, CONTENIR, AVOIR (moins précis), SE COMPOSER DE. — **2.** *Se comporter* (sens II) [soutenu], c'est agir ou réagir de telle ou telle manière dans une situation. SE CONDUIRE est un syn. de la langue courante.
**L. comportement,** v. ce mot.

**composer** [kɔ̃poze] v. t. (conj. **1**)
I. (sujet qqn) **composer qqch (musique)** *Tu savais que Pierre composait des chansons?*

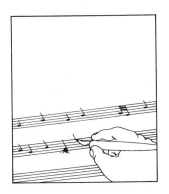

*— Oui, mais la musique seulement, pas les paroles.*
II. (sujet qqn) **composer qqch** [*Sur un appareil téléphonique*] : «*Introduisez un jeton, composez votre numéro et appuyez sur le bouton.*» • *Il y avait sur la table un magnifique bouquet composé avec art.*
III. (sujet qqch, qqn [plur.]) **composer qqch** *Je choisirai moi-même les personnes qui composeront mon équipe.* ◆ (sujet qqch, un groupe) **se composer, être composé de choses, de personnes** *La maison se composait d'une grande pièce au rez-de-chaussée et de trois chambres à l'étage.* • *Une équipe de football est composée de onze joueurs.*

**S. 1.** *Composer* (sens I), c'est écrire la musique d'une œuvre musicale. — **2.** *Composer* qqch (sens II), c'est en assembler les éléments, le former. — **3.** *Composer* qqch (sens III), c'est en être un des éléments; CONSTITUER est un syn. *Se composer de* a pour syn. COMPORTER, ÊTRE CONSTITUÉ DE, COMPRENDRE.
**L. compositeur** (n. m.) [sens I] Qui a com-

posé cette chanson ? → *qui est le compositeur de cette chanson ?*

**compote** [kɔ̃pɔt] n. f.
[aliment] **compote (de + n. [plur.])** *Les enfants, allez ramasser toutes les pommes qui sont tombées des arbres dans le jardin, on va faire une compote.*

> **S. et G.** La *compote* est un dessert à base de fruits cuits et de sucre. Ce mot employé sans compl. désigne le plus souvent une *compote* DE POMMES.

**compréhensible** [kɔ̃preɑ̃sibl] adj. (après le n.)
(se dit de qqn, de son attitude, de qqch [action, événement, etc.]) *Mets-toi à sa place, son refus est compréhensible, il n'a aucune raison de s'attirer des ennuis à cause de toi.* • *André roulait vite, il y avait de la neige : l'accident est compréhensible.* • *Avec toutes ces fautes d'orthographe, la lettre est difficilement compréhensible.*

> **S.** Est *compréhensible* celui que l'on peut COMPRENDRE ou dont on peut COMPRENDRE, admettre les mobiles, ce qu'on peut attendre comme étant normal, raisonnable. Les syn. sont CLAIR, EXPLICABLE ; les contr. sont INEXPLICABLE, OBSCUR, MYSTÉRIEUX, INCOMPRÉHENSIBLE.
> **L. incompréhensible,** v. ce mot.

**compréhensif, ive** [kɔ̃preɑ̃sif, iv] adj. (après le n.)
(se dit de qqn) *J'ai du mal à payer tout ce que je dois, tu crois que je peux demander une augmentation au patron ? — Tu sais, il n'est pas très compréhensif, il refusera.* • *La cliente ne savait pas très bien ce qu'elle cherchait, mais le vendeur était compréhensif. — Il avait du mérite !*

> **S.** Est *compréhensif* (soutenu) celui qui COMPREND les difficultés, les problèmes des autres, qui admet leur point de vue en faisant preuve de tolérance, d'indulgence ; quand il s'agit d'un supérieur, le syn. est BIENVEILLANT (soutenu).

**comprendre** [kɔ̃prɑ̃dr] v. t. (conj. 43)
I. (sujet qqn, un animal) **comprendre qqch, qqn, que + ind., comment, pourquoi, si, etc., + ind.** *Ce chien a l'air de me comprendre quand je lui parle.* • *Vous comprenez l'anglais ? — Oui, à peu près ; mais je le parle mal.* • *Je n'ai pas compris ce que tu as dit, tu peux répéter ?* • *On a parfaitement compris que tu ne voulais pas venir.* • *Personne n'a compris pourquoi Jacques est parti.* • *C'est difficile ce problème, tu y* 

*comprends quelque chose, toi ?* • *Je ne sais pas ce qui s'est passé, je n'y comprends rien.*
II. (sujet qqch, un groupe) **comprendre des choses, des personnes** *C'est un appartement qui comprend trois pièces, une cuisine et une salle de bains.* ◆ **(être) compris (dans qqch)** *Est-ce que le pourboire est compris dans le prix total ?* • *Ça fait soixante francs, service compris.* ◆ **y compris qqn, qqch** *Tout le monde était là, y compris Jacques.* • *Il a lu tous ses livres, y compris ceux qui sont dans l'autre bibliothèque.*

> **S. 1.** *Comprendre* qqch (sens I) a pour syn. plus soutenu SAISIR et, fam., PIGER ou RÉALISER (quand le compl. est une proposition avec QUE, SI, POURQUOI). *Y comprendre* quelque chose, c'est discerner les raisons, les causes de qqch. — **2.** *Comprendre* (sens II) a pour syn. COMPORTER, SE COMPOSER DE. *Être compris* dans qqch, c'est FAIRE PARTIE DE, ÊTRE INCLUS DANS ; *service compris* a pour syn. SERVICE INCLUS, AVEC LE SERVICE. *Y compris* (inv.) a pour contr. NON COMPRIS.

# COMPROMETTRE

L. **compréhensible,** v. ce mot. ◆ **compréhension** (n. f.) [sens I] Comprendre ces problèmes est important → *la compréhension de ces problèmes est importante.* ◆ **incompréhension** (n. f.) [sens I] Ce qui me gêne chez lui, c'est qu'il ne comprend rien → *ce qui me gêne chez lui, c'est son incompréhension des choses.*

**compromettre** [kɔ̃prɔmɛtr] v. t. (conj. 46)
I. (sujet qqn, qqch [abstrait]) **compromettre qqn** *Je jure que je n'ai rien pris dans la caisse, on me veut du mal, on cherche à me compromettre dans une affaire de vol.*
II. (sujet qqn, qqch [abstrait]) **compromettre qqch (abstrait)** *Avec cette rechute, ses chances de guérir sont bien compromises.*

**S. 1.** *Compromettre qqn* (sens I), c'est lui porter préjudice, nuire à sa réputation, son honneur. — **2.** *Compromettre* qqch (sens II), c'est l'exposer à un risque important.
L. **compromettant, e** (adj.) [sens I] On a trouvé chez lui des lettres qui le compromettent → *on a trouvé chez lui des lettres compromettantes.*

**comptabilité, comptable** → COMPTER L.

**comptant** [kɔ̃tɑ̃] adv.
[manière] (sujet qqn) **payer, acheter comptant (qqch)** *Ta nouvelle voiture, tu l'as payée comptant ou tu l'as achetée à crédit ?*

**S.** On peut *payer comptant* avec de l'argent ou avec un chèque. Le contr. de *comptant* est À CRÉDIT.

**1. compte** [kɔ̃t] n. m.
I. [action, qqn, et résultat] *997 + 23 + 5, ça fait combien ? — 1025 ! — Bravo, le

compte est bon !* ● *J'ai fait le compte de tout ce qu'on a dépensé cette année, et c'est énorme !* ● *Alors, tu as fait tes comptes, tu as assez d'argent pour partir en vacances ?*
II. (sujet qqn) **tenir compte de qqch** *Pierre te donne de bons conseils, tu n'en tiens jamais compte, alors, à quoi ça sert ?* ◆ **se rendre compte (de qqch)** *Elle parle beaucoup, mais elle ne se rend pas compte de ce qu'elle dit.* ● *Tu te rends compte que demain on est en vacances ?* ● *Me faire ça à moi, non mais vous vous rendez compte !*
III. (sujet qqn) **rendre compte à qqn de qqch** *Vous viendrez me rendre compte des résultats de votre action après-demain.* ◆ **demander, rendre des comptes à qqn (sur qqch)** *Je ne vois pas pourquoi elle me demanderait des comptes sur ce que j'ai fait, je n'ai de comptes à rendre à personne.*
IV. **pour le compte, au compte de qqn** [À la police] : «*Allez, avouez, pour le compte de qui travaillez-vous ?* » ● *Pierre a quitté son patron, il va s'installer à son compte.*
◆ (sujet qqn) **savoir, dire qqch sur le compte de qqn** *Je sais beaucoup de choses sur son compte, mais je n'en dirai rien.*
V. **en fin de compte, tout compte fait, au bout du compte** *Je pensais aller à la montagne, mais, en fin de compte, j'ai changé d'avis, j'irai à la mer.* ● *Pierre a réfléchi et, tout compte fait, il ne viendra pas dimanche.* ◆ **à ce compte-là** *Comment ça il a eu raison de partir, mais à ce compte-là tout le monde devait partir alors !*

**S. 1.** Au sens I, *compte* a pour syn. CALCUL et désigne particulièrement le calcul des dépenses et des recettes d'une personne, d'un groupe. *Faire le compte* a pour syn. COMPTER. — **2.** *Tenir compte de* qqch (sens II) a pour syn. soutenu PRENDRE EN CONSIDÉRATION ; *ne pas tenir compte* a pour syn. FAIRE ABSTRACTION (soutenu), LAISSER DE CÔTÉ, LAISSER TOMBER (toujours avec un nom compl.). *Se rendre compte* de qqch, c'est y FAIRE ATTENTION, en AVOIR CONSCIENCE (soutenu) ; *tu te rends compte !* renforce une exclamation en soulignant l'importance du fait énoncé, il peut alors avoir pour syn. TU T'IMAGINES ! — **3.** *Rendre compte à qqn de qqch*, c'est le lui raconter, lui en faire un COMPTE-RENDU. *Demander, rendre des comptes à qqn* a pour syn. DEMANDER, DONNER DES EXPLICATIONS À qqn. — **4.** Au sens IV, *travailler pour le compte de qqn*, c'est travailler pour lui, sur sa demande ou pour son profit. *S'installer, se mettre à son compte*, c'est être son propre patron. *Sur le compte de qqn* a pour syn. SUR, AU SUJET DE qqn. — **5.** *En fin de compte, tout compte fait, au bout du compte* (sens V) ont pour syn. APRÈS TOUT, FINALEMENT et SOMME TOUTE (soutenu). *À ce compte-là* a pour équivalent SI C'EST COMME ÇA, ALORS.

**2. compte** [kɔ̃t], **compte-chèques** [kɔ̃tʃɛk] n. m., pl. **comptes-chèques**
[argent, valeur] *Vous avez un compte-chèques à la poste ou à la banque ?* • *J'ai mis trois cents francs sur mon compte.* • *Indiquez ici le numéro de votre compte.*

**S. et G.** *Compte-chèques* peut s'écrire sans trait d'union (*compte chèques*). On dit surtout COMPTE BANCAIRE et COMPTE-COURANT POSTAL (abrév. C. C. P.). Celui qui possède un *compte* peut payer par chèque.

**compter** [kɔ̃te] v. t., v. t. ind. et v. i. (conj. 1)
I. [v. t.] (sujet qqn) **compter des choses, des personnes** *J'ai compté tous mes livres, j'en ai exactement 252.* • *Il passe son temps* 

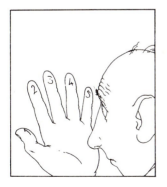

*à compter ses billets pour vérifier si on ne lui en a pas pris.* ◆ (sans compl.) *Je sais compter jusqu'à 10 : 1, 2, 3, 4... 9, 10.* • *Combien font 9 × 12 ? — Ça fait 108, tu vois que je compte bien.* ◆ **compter qqch** (sing. ou plur.) *Si on compte la semaine de Noël, vous avez au total cinq semaines de vacances par an.* • *Vous ne travaillez pas assez, vous avez déjà manqué trois jours sans compter toutes les fois où vous arrivez en retard.*
II. [v. t.] (sujet qqn) **compter + inf., que + subj.** *Vous comptez partir quand ? — Dans la matinée.* • *Ne compte pas trop qu'elle soit à l'heure : elle est toujours en retard.* ◆ [v. t. ind.] (sujet qqn) **compter sur qqn, qqch (pour + inf., pour que + subj.)** *Je te dis tout ça, mais je compte sur toi pour que personne n'en sache rien.* • *Tu peux compter sur Paul, il fera tout pour te rendre service.* • *Vous viendrez, c'est sûr ? On compte sur vous.* • *J'aurai de la chance. — Ne compte pas trop là-dessus !* ◆ **j'y compte (bien), n'y comptez pas** *Vous croyez pouvoir partir samedi, mais n'y comptez pas, il n'y aura plus de places.*
III. [v. i.] (sujet qqch, qqn) *On ne va pas se quitter comme ça, trois ans d'amitié, ça compte, non ?* • *Laisse tomber, ça ne compte pas.*

**S. 1.** *Compter des objets*, c'est les énumérer, en FAIRE LE COMPTE, le total. Sans compl., il a pour syn. ÉNUMÉRER LES CHIFFRES ou CALCULER. *Compter qqch*, c'est FAIRE ENTRER EN LIGNE DE COMPTE ; il a pour syn. TENIR COMPTE DE et PRENDRE EN CONSIDÉRATION (soutenu). — **2.** Au sens II, *compter* a pour syn. PENSER, ESPÉRER et, plus soutenu, ENVISAGER DE. *Compter sur qqch*, c'est lui FAIRE CONFIANCE. — **3.** Au sens III, *compter* a pour syn. ÊTRE IMPORTANT.
**L. compte**, v. ce mot. ◆ **compteur** (n. m.) [sens I] *Un appareil qui compte les kilomètres* → *un compteur (kilométrique).* ◆ **comptable** (n.) [sens I] *Il est comptable dans une entreprise* (← *il compte les recettes, les dépenses, les salaires, etc., de l'entreprise*). ◆ **comptabilité** (n. f.) [sens I] *Il est comptable dans une entreprise* → *il tient la comptabilité d'une entreprise.*

**compte-rendu** [kɔ̃trɑ̃dy] n. m., pl. **comptes-rendus**
[énoncé] *Je lui ai fait un compte-rendu précis et détaillé de notre soirée d'hier, comme ça le voilà au courant de tout.*

**S. et G.** Faire un *compte-rendu*, c'est faire un rapport (écrit ou oral) sur ce qu'on a fait ou vu. Il a pour syn. EXPOSÉ, RÉCIT, ANALYSE (plus précis). On peut écrire sans trait d'union *compte rendu*.

**comptoir** [kɔ̃twar] n. m.
[partie d'un lieu de commerce] *On prend les consommations au comptoir, ça ira plus vite.*

**S.** Le *comptoir* est la partie d'un café où on prend des consommations debout ou sur des tabourets, par oppos. à la salle ou à la terrasse.

**concentrer (se)** [kɔ̃sɑ̃tre] v. pr. (conj. 1), **être concentré** v. pass.
(sujet qqn) **se concentrer, être concentré (sur qqch)** *Avec les enfants et la musique, si tu crois que c'est facile de se concentrer sur ce qu'on fait !*

**S.** *Se concentrer sur* qqch, c'est FIXER SON ATTENTION sur qqch.
**L. concentration** (n. f.) *Il peut facilement se concentrer* → *il a de grandes facilités de concentration.*

**conception** [kɔ̃sɛpsjɔ̃] n. f.
[résultat, activité mentale] *Nous n'avons pas du tout la même conception de l'éducation à donner à nos enfants.*

**S.** *Conception* (soutenu) a pour syn. IDÉE, OPINION, THÉORIE.

**concerner** [kɔ̃sɛrne] v. t. (conj. **1**)
(sujet qqch) **concerner qqn, qqch** *Tous les papiers qui concernent la voiture sont dans le tiroir de mon bureau.* • *Écoutez donc ce que dit Pierre, cela vous concerne vous*

*aussi.* • *Je ne me sens absolument pas concerné par ces histoires.* • *En ce qui me concerne, je préférerais partir en août.*

**S.** *Concerner* qqch a pour équivalents SE RAPPORTER, ÊTRE RELATIF À qqch. *Concerner* qqn a comme syn. REGARDER, INTÉRESSER qqn. *En ce qui concerne* a pour syn. courant POUR et pour syn. soutenus QUANT À, POUR MA (SA) PART, POUR CE QUI EST DE (MOI, LUI, etc.).

**concert** [kɔ̃sɛr] n. m.
[résultat, activité artistique] *Dimanche, on va écouter un concert de l'Orchestre de Paris.* • *Qu'est-ce qu'il y a à la télévision ce soir ? — Un concert de musique classique.*

**S.** Un *concert* est une séance au cours de laquelle on écoute une œuvre musicale ; c'est aussi l'exécution de l'œuvre par un orchestre.

**concession** [kɔ̃sesjɔ̃] n. f.
[action, qqn, et résultat] *Si vous ne faites de concessions ni l'un ni l'autre, vous ne pourrez pas vous entendre.*

**S.** *Faire une concession à* qqn, c'est lui accorder, lui CONCÉDER certains points dans une discussion, admettre certaines de ses attitudes. COMPROMIS est un syn.

**concevoir** [kɔ̃səvwar] v. t. (conj. **29**)
(sujet qqn) **concevoir qqch, que** + subj. *Je conçois mal qu'il ait pu agir comme ça.*

**S.** *Concevoir* est un syn. soutenu d'IMAGINER.

**L. concevable** (adj.) *On peut à peine concevoir un crime aussi odieux* → *un crime aussi odieux est à peine concevable.* ◆ **inconcevable** (adj.) *Il a agi avec une maladresse inconcevable* (← *qu'on ne peut même pas concevoir*).

**concierge** [kɔ̃sjɛrʒ] n.
[personne, profession] *Le concierge ? Il est dans la cour de l'immeuble, il range les poubelles.* ● *Si nous ne sommes pas là le jour où vous passerez, pouvez-vous déposer le paquet chez la concierge ?*

> **S.** Le (ou la) *concierge* est un employé chargé de garder un immeuble. Le syn. mélioratif est GARDIEN, ENNE (d'immeuble).

**conclure** [kɔ̃klyr] v. t. (conj. **57**)
I. (sujet qqn) **conclure (qqch)** *Je conclurai ce court discours en vous disant que nous avons été ravis de votre accueil.*
II. (sujet qqn) **conclure qqch, que + ind. (de qqch)** *J'ai écouté attentivement son histoire.*
*— Ah ? Et qu'est-ce que vous en concluez ?*
*— Je conclus qu'elle est fausse.*

III. (sujet qqn) **conclure un accord** *Après de longues semaines de discussion, un accord a enfin pu être conclu.*

> **S. 1.** *Conclure* (sens I) est un syn. soutenu de TERMINER, FINIR, et un contr. de DÉBUTER. — **2.** *Conclure* (sens II), c'est tirer des CONCLUSIONS, des conséquences de qqch. DÉDUIRE est un syn. — **3.** *Conclure* (sens III), c'est mener à son terme une action, la RÉALISER. Un accord *conclu* est signé, décidé.
> **L.** *conclusion*, v. ce mot.

**conclusion** [kɔ̃klyzjɔ̃] n. f.
I. [énoncé] *Le début de votre devoir est excellent, mais la conclusion est un peu trop longue.* ● *Moi, je trouve le début de l'article intéressant, mais la conclusion franchement mauvaise !*
II. [action, qqn, et résultat] *Quelles conclusions peut-on tirer de ces événements ?*

◆ **en conclusion** *Voilà, je vous ai expliqué la situation : en conclusion, je voudrais vous proposer quelque chose.*

> **S. 1.** La *conclusion* (d'un devoir, d'un discours, d'un article, etc.) [sens I] est ce qui termine (le devoir, le discours, l'article, etc.).

> Le syn. est FIN; les contr. sont DÉBUT ou INTRODUCTION. — **2.** Au sens II, *tirer une conclusion de* a comme syn. TIRER LES CONSÉQUENCES DE et TIRER UNE LEÇON, UN ENSEIGNEMENT DE (soutenus). *En conclusion* a comme syn. POUR CONCLURE, POUR FINIR, DONC, EN DÉFINITIVE, FINALEMENT, EN SOMME.

**concorder** [kɔ̃kɔrde] v. t. ind. (conj. **1**)
(sujet qqch [abstrait]) **concorder (avec qqch [abstrait])** *Les explications qu'il a données ne concordent pas du tout avec les renseignements que nous avons pu obtenir par ailleurs.*

**S.** *Concorder* a pour syn. COÏNCIDER, CORRESPONDRE.
**L. concordance** (n. f.) *Les dates concordaient, cela m'a frappé* → *j'ai été frappé par la concordance des dates.*

**concourir** [kɔ̃kurir] v. t. ind. (conj. **26**) (sujet qqch, qqn [plur.]) **concourir à qqch (abstrait)** *Ce ne sont peut-être que des détails, mais tous ces détails réunis ont concouru à l'échec du projet.*
**S.** *Concourir à* qqch (soutenu), c'est assurer avec d'autres la réalisation de qqch, en être conjointement la cause. Le syn. est CONTRIBUER.

**concours** [kɔ̃kur] n. m.
[action, qqn] *Si Claude n'est pas reçu au concours cette année, il ne continuera pas.*

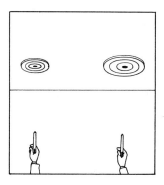

● *Tu crois que c'est la peine que je me présente au concours d'entrée? — Non, tu n'as aucune chance.*
**S.** Pour un *concours*, contrairement à un examen, le nombre de candidats reçus est limité par le nombre fixé à l'avance de places offertes. Les fonctionnaires sont pour la plupart recrutés par un *concours* (AGRÉGATION, C.A.P.E.S. [professeurs du secondaire]).

**concret, ète** [kɔ̃krɛ, ɛt] adj. (après le n.), **concret** n. m.
[adj.] (se dit d'une action, d'un raisonnement) *Dominique a toujours beaucoup de projets, mais il ne réalise jamais rien de concret! ● Je ne comprends rien à tes discours, tu ne peux pas me donner plutôt un exemple concret? ● Nous n'avons aucune preuve concrète de ce que vous avez fait.*
◆ [n. m.] (qqch) [non-compt., au sing.] *Toutes vos idées sont bien belles, mais moi ce qu'il me faut, c'est du concret.*

**S.** Est *concret* ce qui se rapporte à la réalité, ce qui ne relève pas de la seule imagination ; il a pour syn. PRATIQUE, MATÉRIEL, POSITIF et TANGIBLE (soutenu). Dans un *exemple concret* le contr. est ABSTRAIT.
**L. concrètement** (adv.) *Qu'allez-vous faire de façon concrète?* → *qu'allez-vous faire concrètement?*

**concurrencer** [kɔ̃kyrɑ̃se] v. t. (conj. **3**) (sujet qqch) **concurrencer qqch** *Ce nouveau shampooing va concurrencer tous les autres, il est efficace, agréable et très bon marché.*
**S.** *Concurrencer* a pour syn. FAIRE CONCURRENCE À.

**concurrent, e** [kɔ̃kyrɑ̃, ɑ̃t] n.
[personne, rôle] *Avant le départ de la course, tous les concurrents sont sur la ligne de départ.* ● *Ce grand magasin sera un concurrent dangereux pour les commerçants du quartier.*

**S.** Ce mot appartient au langage sportif (les

participants à une compétition sont des *concurrents*), universitaire (les candidats à un concours) ou commercial (les fournisseurs du même produit) ; RIVAL et ADVERSAIRE sont des syn. plus forts.
**L. concurrence** (n. f.) *Ces deux magasins sont des concurrents* → *ces deux magasins sont en concurrence.*

**condamner** [kɔ̃dane] v. t. (conj. **1**)
I. (sujet qqn) **condamner qqn (à une peine)** *C'est vrai que le jury a osé condamner Durand à mort? ● Les deux voleurs ont été condamnés à un an de prison chacun.*
II. (sujet qqn, qqch) **condamner qqn, qqch à + inf., à qqch** *Je finis par être fatigué,*

parce que ce métier me condamne à de fréquents voyages à l'étranger. • Quel dommage que tout ce vieux quartier soit condamné à disparaître!
III. (sujet qqn) **condamner qqn, son attitude** *Tous les journaux ont été d'accord pour condamner les auteurs de l'attentat et avec eux la violence.* • *Vous n'avez pas à condamner leur opinion sans avoir discuté avec eux.*

**S. 1.** On *condamne à une peine* (sens I) la personne qu'on juge coupable, à la suite d'un

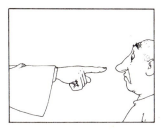

jugement. Les contr. sont ACQUITTER, GRACIER. — **2.** *Condamner à* + inf. (sens II) a pour syn. OBLIGER À, FORCER À, RÉDUIRE À, CONTRAINDRE À (avec un sujet qqn) ou AMENER À, DESTINER À (avec un sujet qqch). — **3.** *Condamner* qqn (sens III) a comme syn. CRITIQUER, DÉSAPPROUVER, ATTAQUER et, plus forts, BLÂMER, REJETER. Le contr. est APPROUVER.
**L. condamné, e** (n.) [sens I] *Il a gracié celui qui a été condamné à mort* → *il a gracié le condamné à mort.* ◆ **condamnable** (adj.) [sens III] *Cet acte ne mérite pas d'être condamné* → *cet acte n'est pas condamnable.* ◆ **condamnation** (n. f.) [sens I et III] *On a été surpris que l'accusé soit condamné* → *la condamnation de l'accusé a surpris.*

**condition** [kɔ̃disjɔ̃] n. f.
I. [statut, qqn] (compt., surtout au sing.) *Il y a encore un débat ce soir sur la condition féminine à la télé. — Et la condition des travailleurs, alors?* ◆ [état, qqn, qqch] (compt., surtout au plur.) *Si tu voyais sa chambre, petite et mal éclairée : comment peut-il travailler dans de telles conditions!* • *Prépare tes affaires, couche-toi tôt : il faut que tu sois dans de bonnes conditions pour passer ton examen demain matin.* • *Je ne suis pas libre avant demain après-midi. — Eh bien! dans ces conditions, passez me voir demain soir!*
II. [statut, qqch] (compt.) *Les seules conditions pour être admis dans cette administration : avoir moins de vingt cinq ans et au moins le niveau du bac.* • *Je veux bien aller en week-end avec eux, mais à une condition, c'est que là-bas, je fasse ce qui me plaît.* ◆ **à condition de** + inf., **que** + subj. *Nous irons au cinéma, mais... à condition que tu sois sage!* • *C'est bien d'aller à la campagne, à condition de ne pas rester enfermé toute la journée!*
III. [argent, quantité] (non-compt., au plur.) *Tu devrais aller dans cet hôtel, les conditions sont avantageuses si on y reste un certain temps.*

**S. 1.** Au sens I, *condition* désigne la situation de qqn ou d'un groupe (indiqué par l'adj. ou le compl. de nom) dans un ensemble. Au plur., ce mot peut désigner l'ensemble des circonstances dans lesquelles se fait une action, l'état dans lequel se trouve qqn. *Dans ces conditions* a pour syn. DANS (EN) CE CAS, SI C'EST COMME ÇA (fam.), PUISQU'IL EN EST AINSI (soutenu). — **2.** Au sens II, une *condition* est ce que qqn exige pour que qqch se produise. EXIGENCE est un syn. plus fort. *À condition de, que* a pour syn. SI + ind. ou POURVU QUE + subj. (soutenu). — **3.** Au sens III, PRIX, TARIF sont des syn.

**conditionné (être)** [kɔ̃disjɔne] v. pass. (sujet qqn) *On est tous plus ou moins conditionnés par la publicité et on achète tous les mêmes produits.*

**S.** *Être conditionné par qqch*, c'est être poussé à agir de telle ou telle manière par qqch.

**conducteur, trice** [kɔ̃dyktœr, tris] n. [personne, agent] *C'est le conducteur du*

# CONDUIRE

camion qui était dans son tort : il allait beaucoup trop vite. • *Jeanne est une conductrice très prudente, elle n'a jamais eu d'accident.*

**S.** Un *conducteur* est qqn qui CONDUIT un véhicule : voiture de tourisme (AUTOMOBILISTE), camion (ROUTIER, CAMIONNEUR). Celui dont le métier consiste à conduire un véhicule (taxi, autobus) est un CHAUFFEUR.

**conduire** [kɔ̃dɥir] v. t. (conj. 60)
I. (sujet qqn) **conduire qqn qqpart** *Ça me rendrait service que tu me conduises à la gare : c'est loin et la voiture est au garage!* • *Qui est-ce qui conduit Julien à l'école, aujourd'hui ?* ◆ (sujet qqch) **conduire (qqn) qqpart, à qqch (résultat)** *Où cette route nous conduit-elle ? — Directement à Poitiers.* • *Votre politique nous conduira au chômage ; vous verrez.*
II. (sujet qqn) **conduire (un véhicule)** *Son mari ne la laisse jamais conduire la voiture, il a peur quand ce n'est pas lui qui tient le volant !* • *Charlotte vient d'avoir son permis de conduire, elle pourra aller au travail en voiture maintenant.*

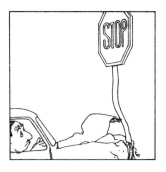

III. (sujet qqn) **se conduire bien, mal, etc.** *Tu t'es encore mal conduit à l'école ? La maîtresse me l'a dit.*

**S. 1.** Au sens I, *conduire*, c'est mener d'un lieu à un autre ; il a pour syn. ACCOMPAGNER, AMENER et EMMENER. RECONDUIRE, RACCOMPAGNER et RAMENER qqn sont également syn., mais impliquent en outre qu'on *conduit* qqn à un endroit où il avait été auparavant. Quand le sujet est qqch, le syn. est MENER. — **2.** Au sens II, *conduire un véhicule*, c'est le diriger ; il a pour syn. soutenu PILOTER, qui se dit surtout pour les avions. — **3.** *Se conduire* (sens III) [soutenu], c'est agir de telle ou telle manière ; il a pour syn. savant SE COMPORTER.
**L. conducteur,** v. ce mot. ◆ **conduite** (n. f.) [sens II] *Elle conduit rapidement* → *elle a une conduite rapide.* ◆ [sens III] *Elle se conduit bien* → *elle a une bonne conduite.*

**conférence** [kɔ̃ferɑ̃s] n. f.
[énoncé] *Pierre doit faire une conférence à ses étudiants sur la Révolution française.*

• *Au cours de sa dernière conférence de presse, le président de la République a annoncé de grandes réformes pour les mois à venir.*

**S.** Une *conférence* est un discours sur un ou plusieurs sujets particuliers, tenu par une personne face à un auditoire, un public. Une *conférence de presse* permet à un personnage important de répondre aux questions de divers journalistes.
**L. conférencier, ère** (n.) *On attend celui qui fait la conférence* → *on attend le conférencier.*

**confiance** [kɔ̃fjɑ̃s] n. f.
[sentiment] (non-compt., au sing.) *Non, rien ne troublera jamais la confiance que j'ai en elle.* • *C'est fini, je n'ai plus confiance en toi, tu n'es plus mon ami.* • *Aie confiance, tout marchera bien.* • *Je*

sais qu'il ne fait jamais ce qu'il a promis, mais, pour une fois, fais-lui confiance ! ● Ne perdez pas confiance, ce n'est pas fini. ● Depuis mon échec à l'examen, je n'ai plus confiance en moi. ● Emmène-la chez le docteur Durand ; avec lui, elle se sentira en confiance. ◆ de **confiance** Vous êtes sûr qu'on peut lui prêter de l'argent ? — Absolument, c'est quelqu'un de confiance.

**S.** Avoir confiance en qqn et faire confiance à qqn sont syn. ; ils ont pour contr. SE MÉFIER DE (courant), SE DÉFIER DE (litt.), et pour syn. litt. SE FIER À. Avoir confiance en soi a pour syn. ÊTRE SÛR DE SOI. Une personne de confiance est une personne SÛRE.
**L. confiant, e** (adj.) Il fait confiance à tout le monde → il est très confiant.

**confidentiel, elle** [kɔ̃fidɑ̃sjɛl] adj. (après le n.)
(se dit de qqch [paroles, écrit]) Bien entendu, ce que nous allons dire restera confidentiel ; il est inutile de le faire savoir. ● Comment se fait-il que ce rapport tout à fait confidentiel ait été publié dans la presse ?

**S.** Est confidentiel ce qui reste secret entre plusieurs personnes, ce qui est CONFIÉ seulement à ceux à qui on s'adresse.
**L. confidentiellement** (adv.) J'ai appris la nouvelle de manière confidentielle → j'ai appris la nouvelle confidentiellement.

**confier** [kɔ̃fje] v. t. (conj. 2)
I. (sujet qqn) **confier qqch, qqn à qqn** Confiez-moi les clés de votre appartement et partez sans crainte, je m'occuperai de vos plantes.
II. (sujet qqn) **confier qqch, que + ind. à qqn** Aline m'a confié qu'elle s'ennuyait chez elle et qu'elle voulait travailler. ◆ **se confier à qqn** Pierre à l'air triste en ce moment, qu'est-ce qu'il a ? — Tu sais, il ne se confie jamais à personne.

**S. 1.** Confier qqch à qqn (sens I), c'est le lui remettre, le lui donner, le laisser à ses bons

soins, à son attention. — **2.** Confier qqch à qqn (sens II), c'est lui dire qqch en particulier, en secret. Se confier, c'est faire part de ses pensées personnelles.
**L. confidence** (n. f.) [sens II] Il ne se confie à personne → il ne fait de confidences à personne.

**confirmer** [kɔ̃firme] v. t. (conj. **1**)
(sujet qqn) **confirmer qqch (fait, information), que + ind.** Il paraît que des hommes d'une autre planète ont été vus sur Terre. — Ça y est, ils viennent de le confirmer à la télé, c'est sûr.

**S.** Confirmer, c'est affirmer qqch qui n'était

pas sûr, renforcer une hypothèse, assurer qqch.
**L. confirmation** (n. f.) Nous attendons d'un moment à l'autre qu'on nous confirme cette nouvelle → nous attendons d'un moment à l'autre la confirmation de cette nouvelle.

**confiture** [kɔ̃fityr] n. f.
[aliment] **confiture (de + n. [plur.])** J'ai fait de la confiture de fraises, tu ne veux pas en mettre sur tes tartines ?

**S.** La confiture est faite de fruits et de sucre et se conserve dans des pots.

**conflit** [kɔ̃fli] n. m.
[action, qqn, et résultat] Les chefs d'État se rencontreront ce mois-ci pour essayer de régler le conflit entre leurs deux pays. ● Pourquoi est-ce que tu es toujours en conflit avec tes parents ? ● Les ouvriers sont entrés en conflit avec les patrons au sujet des salaires.

**S.** Un conflit entre deux pays, deux personnes, c'est une violente opposition ou une

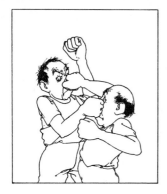

lutte d'intérêts. *Être, entrer en conflit avec qqn*, c'est ÊTRE EN DÉSACCORD AVEC lui, SE DISPUTER AVEC lui (moins fort); les syn. sont alors LUTTE et OPPOSITION.

**confondre** [kɔ̃fɔ̃dr] v. t. (conj. 41)
(sujet qqn) **confondre (qqn, qqch avec [ou et] qqn, qqch), confondre (des personnes, des choses)** *Pourquoi confonds-tu toujours Jeanne et Marie, elles ne se ressemblent pas ! • Ça y est, je me suis encore trompé, j'ai confondu le sucre avec le sel ! • Tu confonds, ce n'est pas moi qui étais avec toi ce jour-là. • Oh ! excusez-moi, monsieur, je vous ai confondu avec quelqu'un d'autre.*

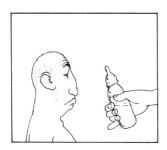

**S.** *Confondre* a pour syn. PRENDRE POUR, et pour contr. DISTINGUER et DISCERNER (soutenu). Sans compl., il a pour syn. SE TROMPER.
**L. confusion** (n. f.) *Il a confondu Pierre et Paul* → *il a fait une confusion entre Pierre et Paul.*

**conforme** [kɔ̃fɔrm] adj. (après le n.)
(se dit de qqch) **conforme à qqch** *Tu crois que l'appartement est conforme au plan qu'on nous avait montré ? Il devait y avoir un placard dans l'entrée. • Tout ceci est parfaitement normal et conforme à ce que nous avions décidé.*

**S.** Est *conforme* (langue administrative et soutenue) ce qui correspond à un modèle, une

règle, un original ; le contr. est NON-CONFORME.
**L. conformément** (adv.) *La dissolution de l'Assemblée est conforme à la loi* → *la dissolution de l'Assemblée est faite conformément à la loi.* ◆ **conformité** (n. f.) *Tout est conforme à ce que nous avions décidé* → *tout est en conformité avec ce que nous avions décidé.*

**conformer (se)** [kɔ̃fɔrme] v. pr. (conj. 1)
(sujet qqn) **se conformer à qqch** *Si vous ne voulez pas avoir une contravention, il faut vous conformer au règlement : vous n'avez pas le droit de stationner ici. • Le président doit se conformer à la Constitution, ou bien ce qu'il fait est illégal.*

**S.** *Se conformer* à qqch, c'est se régler sur

qqch ; les syn. sont RESPECTER qqch et, plus courants, SUIVRE, OBSERVER qqch.

**confort** [kɔ̃fɔr] n. m.
[qualité, qqch] (non-compt., au sing.) *Il y aura beaucoup de travaux à faire dans la maison, car, pour l'instant, il n'y a aucun*

*confort, ni eau ni chauffage !* • *[Dans le journal]* : *« À vendre, appartement de quatre pièces, tout confort. »*

**S.** Le *confort* est la qualité de ce qui procure un sentiment de bien-être par sa commodité. En parlant d'un immeuble, *grand confort* a pour syn. plus fort (GRAND) STANDING.
**L. confortable,** v. ce mot. ◆ **inconfort** (n. m.) Il se plaint du manque de confort de son logement → *il se plaint de l'inconfort de son logement.*

**confortable** [kɔ̃fɔrtabl] adj. (après ou, plus rarement, avant le n.)
(se dit de qqch) *Monte donc à l'avant de la voiture, c'est plus confortable : tu seras*

*mieux.* • *Tu connais un hôtel confortable, mais pas trop cher, dans la région ?*

**S.** Est *confortable* ce qui offre du CONFORT ; AGRÉABLE est un syn. plus faible.
**L. confortablement** (adv.) Je suis assis d'une manière confortable → *je suis assis confortablement.* ◆ **inconfortable** (adj.) Ce fauteuil n'est pas confortable → *ce fauteuil est inconfortable.*

**confrère** [kɔ̃frɛr] n. m.
[personne, rôle] *Il ne me soignera pas lui-même, il va m'adresser à un de ses confrères.*

**S.** Un *confrère* est une personne qui a la même profession que qqn d'autre, surtout dans le cadre des professions libérales ou commerciales. Le féminin CONSŒUR est plus rare.

**confronter** [kɔ̃frɔ̃te] v. t. (conj. **1**)
I. (sujet qqn) **confronter qqn à, avec qqn d'autre** *On a confronté le témoin avec les accusés, mais il n'en a reconnu aucun.*

II. (sujet qqn) **être confronté à, avec qqch (abstrait)** *Tu es pressé de te marier, mais tu seras vite confronté à de graves problèmes.*

**S. 1.** *Confronter des personnes* (sens I), c'est les mettre en présence pour contrôler l'exactitude de leurs déclarations (langue administrative). — **2.** *Être confronté à qqch* (sens II), c'est devoir y faire face.
**L. confrontation** (n. f.) On a confronté les accusés hier → *la confrontation des accusés a eu lieu hier.*

**confus, e** [kɔ̃fy, yz] adj. (après le n.)
(se dit de qqch [abstrait]) *La situation politique de ce pays est très confuse, et les informations qui nous arrivent sont pleines de contradictions.* • *Vous n'avez pas trouvé*

son discours un peu *confus*? — *Si, je n'y ai pas compris grand-chose.*

**S.** Est *confus* ce qui manque d'ordre ; il a pour syn. VAGUE, EMBROUILLÉ, OBSCUR ; les contr. sont CLAIR, NET.
**L. confusément** (adv.) *Je devine d'une manière confuse vos intentions* → *je devine confusément vos intentions.*

**confusion** → CONFONDRE L.

**congé** [kɔ̃ʒe] n. m.
[état, qqn] *M^me Georges Lampin ne sera pas là avant la semaine prochaine, elle est en congé de maladie.* ● *Si le 14 juillet tombe un lundi, on aura trois jours de congé !*

**S.** Les *congés* sont des vacances. Un *congé de maladie* est un arrêt de travail, de longueur variable selon la maladie.

**congelé, e** [kɔ̃ʒle] adj. (après le n.)
(se dit d'un aliment) *On dit que la viande congelée est plus dure après avoir été cuite que la viande fraîche, mais ça dépend en fait de la qualité.*

**G.** Cet adj. n'a ni comparatif ni superlatif.
**S.** Un aliment *congelé* est conservé à une température très froide ; le syn. EST SURGELÉ.
**L. congeler** (v. t.) On peut faire dans cet appareil des aliments congelés → *on peut congeler des aliments dans cet appareil.* ◆ **congélateur** (n. m.) *J'ai acheté un congélateur* (← un appareil pour congeler).

**conjoncture** [kɔ̃ʒɔ̃ktyr] n. f.
[statut, qqch] (compt., surtout au sing.) *Non, vraiment, dans la conjoncture actuelle, il nous est impossible d'accepter un tel projet.*

**S.** La *conjoncture* (soutenu ou vocabulaire économique) est l'ensemble des circonstances qui forment une situation et qui définissent son évolution à court terme. SITUATION est un syn. moins précis.

**conjuguer** [kɔ̃ʒyge] v. t. (conj. **1**)
(sujet qqn [plur.]) **conjuguer ses efforts** *C'est en conjuguant nos efforts que nous aurons des chances d'aboutir.*

**S.** *Conjuguer ses efforts* (soutenu), c'est les unir en vue d'un résultat commun ; les syn. courants sont UNIR, RÉUNIR.

**connaissance** [kɔnɛsɑ̃s] n. f.
I. [action, qqn] (compt., surtout au sing.) *Yves est très maladroit. — Oui, il n'a pas encore une grande connaissance des hommes.* ● *La connaissance de l'anglais est indispensable dans les affaires ; il faut que tu l'apprennes.* ◆ [résultat] (compt., surtout au plur.) *Michel a peu de connaissances en anglais : il ne pourra pas se débrouiller tout seul à Londres.* ● *C'est agréable de discuter avec Jean, il a des connaissances dans tous les domaines.*

II. [action, qqn] (non-compt., au sing.) *Quand est-ce que tu as fait la connaissance de Jacques ?* ● *Venez dîner chez nous, vous ferez connaissance avec les Durand.* ◆ [personne] (compt., surtout au plur.) *Nous avons rencontré cet été en vacances de vieilles connaissances que nous avions perdues de vue depuis des années.*

**S. 1.** *Connaissance* (sens I) désigne l'activité intellectuelle, le fait de CONNAÎTRE, de savoir, et son résultat, la science, le savoir (soutenu) ;

*avoir des connaissances*, c'est SAVOIR. — **2.** Au sens II, *faire la connaissance de qqn*, c'est ENTRER EN CONTACT, EN RELATION AVEC lui, le RENCONTRER POUR LA PREMIÈRE FOIS, le CONNAÎTRE. Les *connaissances* sont les gens qu'on connaît.

**connaître** [kɔnɛtr] v. t. (conj. 53)
I. (sujet qqn) **connaître qqn, un lieu, qqch (nouvelle)** *Je connais le nom de cet écrivain, mais je n'ai jamais rien lu de lui.* • *Je le connais de vue, mais je ne lui ai jamais parlé.* • *Vous connaissez Lyon ? — Non, je n'y suis jamais allé.* • *Vous connaissez la nouvelle ? Il y a grève demain.*
II. (sujet qqn) **connaître (bien, mal) qqn, qqch (science, langue, etc.)** *Laissez-le pleurer, je connais bien les enfants, il s'arrêtera tout seul.* • *Pierre connaît très bien l'allemand, il le parle sans difficulté.* • *Vous pouvez lui faire confiance, il connaît son métier.* ◆ **s'y connaître (en qqch)** *Vous vous y connaissez en photo ? Je ne sais pas régler mon appareil.*

**S. 1.** *Connaître* qqn (sens I), c'est savoir qui il est, l'avoir déjà rencontré ou lui avoir été

présenté, AVOIR FAIT SA CONNAISSANCE, être en relation avec lui. *Connaître un lieu*, c'est y être déjà allé. — **2.** *Connaître (bien, mal) qqn* (sens II), c'est savoir (ou ignorer) qui il est, avoir (ou ne pas avoir) des renseignements sur lui. *Connaître qqch*, c'est avoir des CONNAISSANCES au sujet de qqch, le SAVOIR. *Connaître une langue*, c'est la PARLER. *S'y connaître en qqch* a pour syn. soutenus ÊTRE COMPÉTENT, EXPERT EN qqch, S'Y ENTENDRE EN qqch.
**L. connu, connaissance,** v. ces mots.
◆ **connaisseur, euse** (adj. et n.) *Il s'y connaît en vins* → *c'est un connaisseur en vins.*

**connu, e** [kɔny] adj. (après le n.)
(se dit de qqn, de qqch) *C'est un acteur très connu, on l'a souvent vu à la télévision.* • *Ce restaurant n'est pas très connu, mais on y mange très bien.*

**S.** *Connu* a pour syn. plus fort CÉLÈBRE et, en parlant d'un lieu, FAMEUX, RÉPUTÉ. Les contr. sont INCONNU et OBSCUR (soutenu) qui n'admettent pas de compl.
**L. inconnu,** v. ce mot.

**consacrer** [kɔ̃sakre] v. t. (conj. 1)
(sujet qqn) **consacrer qqch à qqch, qqn** *Vous avez déjà consacré trop de temps à ce travail, passez à autre chose.* ◆ **se consacrer à qqch, qqn** *Elle se consacre entièrement à ses enfants, rien d'autre ne l'intéresse.*

**S.** *Consacrer* (soutenu) a pour syn. ACCORDER, EMPLOYER, DONNER. *Se consacrer* a pour syn. SE DONNER, SE VOUER (soutenu).

**conscience** [kɔ̃sjɑ̃s] n. f.
I. [propriété, esprit] (compt., surtout au sing.) *Non, sa conscience ne lui reprochera rien, il a fait tout ce qu'il a pu pour sauver cet homme.* ◆ (sujet qqn) **avoir bonne (mauvaise) conscience, avoir la conscience tranquille** *J'ai la conscience tranquille : je sais que je n'ai rien fait de mal.* ◆ **avoir qqch sur la conscience** *On dirait que Paul a quelque chose sur la conscience, il a l'air bizarre, depuis quelque temps.*
II. (sujet qqn) **avoir, prendre conscience de + n. (abstrait), que + ind.** *Prenez conscience de vos responsabilités et agissez en conséquence.*
III. [qualité, qqn] (non-compt., au sing.) *Il fait son travail avec beaucoup de conscience, mais ce n'est pas très bon quand*

*même.* ● *Toujours à l'heure, toujours prêt à faire ce que son chef lui demande, quelle conscience professionnelle !*

**S. 1.** Au sens I, *conscience* désigne le sens du bien et du mal. *Avoir la conscience tranquille, avoir bonne conscience* ont pour syn. N'AVOIR RIEN À SE REPROCHER et pour contr. AVOIR qqch SUR LA CONSCIENCE, SE SENTIR COUPABLE, EN FAUTE, AVOIR MAUVAISE CONSCIENCE. — **2.** Au sens II, *conscience* désigne le sentiment qu'on a de son existence et de celle de la réalité extérieure. *Avoir conscience de* a pour syn. ÊTRE CONSCIENT DE, SE RENDRE COMPTE DE. — **3.** Au sens III, *conscience* désigne l'aptitude de qqn à respecter une règle, un devoir ; il a le plus souvent pour syn. SOIN. *Qqn qui travaille avec conscience* est CONSCIENCIEUX.

**consciencieux, euse** [kɔ̃sjɑ̃sjø, øz] adj. (après le n.)
(se dit de qqn, de son travail) *Je crois qu'on peut lui faire confiance : il est très consciencieux, et il n'aura certainement rien oublié.* ● *Votre petit Jean-Claude est un enfant très consciencieux, il fait bien son travail, mais il est un peu trop timide.*

**S.** Être *consciencieux*, c'est travailler avec soin ; il a pour syn. SÉRIEUX (moins fort) et SCRU-

PULEUX, MINUTIEUX, MÉTICULEUX qui impliquent un soin apporté aux petits détails ; TATILLON est péjor. Il a pour contr. NÉGLIGENT, DILETTANTE (soutenu).
**L. consciencieusement** (adv.) *Il fait ses devoirs en étant consciencieux* → *il fait ses devoirs consciencieusement.*

**conscient, e** [kɔ̃sjɑ̃, ɑ̃t] adj. (après le n.)
(se dit de qqn) **conscient (de qqch)** *Pardonne-lui, il n'est pas toujours conscient de ce qu'il fait, il se laisse emporter par la colère.* ● *Je suis parfaitement conscient des difficultés qui m'attendent, mais est-ce que tu as une autre solution ?*

**S.** Est *conscient de qqch* celui qui en a CONSCIENCE, qui s'en rend compte, celui qui le fait exprès. Sans compl., le syn. est LUCIDE (soutenu). Le contr. est INCONSCIENT.
**L. consciemment** (adv.) *J'ai agi de façon tout à fait consciente* → *j'ai agi tout à fait consciemment.* ◆ **conscience, inconscient,** v. ces mots.

**conseil** [kɔ̃sɛj] n. m.
[résultat, activité mentale] *Je vais te donner un bon conseil, accepte ce travail, tu n'en trouveras peut-être pas d'autre.* ● *Arrête de lui donner des conseils. Jacques est assez*

*grand pour savoir ce qu'il a à faire.* ● *Depuis qu'elle a dix-huit ans, elle a décidé qu'elle n'avait pas de conseils à recevoir de ses parents.*

**S.** *Donner un conseil à qqn*, c'est lui CONSEILLER qqch, lui donner son avis, lui faire une RECOMMANDATION (plus fort).

**conseiller** [kɔ̃seje] v. t. (conj. 1)
I. (sujet qqn) **conseiller qqch, de + inf. (à qqn)** *Je te conseille de partir avant 8 heures à cause des embouteillages.* ● *Avec ce poisson, je vous conseille le vin blanc.*

II. (sujet qqn) **conseiller qqn** *C'est Pierre qui t'a conseillé ? Ce n'est pas étonnant que tu aies fait des bêtises !*

**S. 1.** RECOMMANDER (soutenu) est un syn. plus fort de *conseiller* qqch au sens I. — **2.** *Conseiller* qqn (sens II) a pour syn. plus forts DIRIGER ou GUIDER.
**L. déconseiller**, v. ce mot.

**consentir** [kɔ̃sɑ̃tir] v. t. ind. (conj. 20) (sujet qqn) **consentir à qqch (action), à + inf., à ce que + subj.** *Son père ne consentira jamais à ce mariage (à ce qu'ils se marient) ! — Et alors ?*

**S.** *Consentir à* qqch (soutenu) a pour syn. ACCEPTER (plus courant) et pour contr. S'OPPOSER À, REFUSER.
**L. consentant, e** (adj.) *Vous y aviez consenti et maintenant vous changez d'avis ?* → *vous étiez consentant et maintenant vous changez d'avis ?* ◆ **consentement** (n. m.) *Ils ont fait cela sans me demander si j'y consentais* → *ils ont fait cela sans me demander mon consentement.*

**conséquence** [kɔ̃sekɑ̃s] n. f.
[statut, qqch] *Je n'ai absolument pas l'intention de subir les conséquences de tes bêtises !* ● *Tu as pensé aux conséquences qu'entraînerait ton départ ?* ● *Ne t'inquiète pas, cet incident sera sans conséquence.* ◆ **en conséquence** *Les journalistes ont décidé une grève de vingt-quatre heures, en conséquence nous ne serons pas en mesure de vous présenter notre magazine littéraire.*

**S.** *Conséquence* a pour syn. SUITE, EFFET, RÉSULTAT, RÉPERCUSSION (soutenu). Les contr. sont CAUSE, ORIGINE. *En conséquence* a pour syn. DONC (moins fort).

**conséquent (par)** [parkɔ̃sekɑ̃] adv.
[conclusion] *Je pars en vacances quinze jours, par conséquent ne comptez pas sur moi ces jours-là !* ● *Tu as parié et tu as perdu ; par conséquent, tu me dois un repas.*

**S.** *Par conséquent*, souvent en tête de proposition, annonce une CONSÉQUENCE finale, une conclusion nécessaire ; il appartient à la langue écrite. DONC est un syn. courant. AINSI est un syn. plus soutenu comme AUSSI qui entraîne l'inversion du sujet (*aussi ne devez-vous pas accepter*).

**conservateur, trice** [kɔ̃sɛrvatœr, tris] adj. (après le n.), **conservateur** n. m. [adj.] (se dit de qqn, de qqch [abstrait]) *Oh ! Avec lui, il ne faut jamais rien changer, il est très conservateur.* ◆ [n. m.]

(personne) *Évidemment, les conservateurs refuseront cette réforme sociale.*

**S.** Dans le vocabulaire politique, *conservateur* a pour syn. péjor. RÉACTIONNAIRE (plus fort).

**conserve** [kɔ̃sɛrv] n. f.
[résultat] (non-compt., au sing.) *Ces haricots sont très bons, ils sont frais ? — Non, ce sont des haricots en conserve.* ◆ [aliment] (compt.) *Que va-t-on manger ce soir ? — Ne t'en fais pas, on ouvrira une boîte de conserve.* ● *Françoise fait elle-même ses conserves.*

**S. 1.** Le contr. d'un *aliment en conserve* est un *aliment* FRAIS. Un aliment est mis *en conserve* pour être CONSERVÉ. — **2.** Les *conserves* (= aliments ainsi conservés) sont présentées en boîtes de métal ou en bocaux de verre.

**conserver** [kɔ̃sɛrve] v. t. (conj. 1)
I. (sujet qqn) **conserver qqch, qqn** *Si tu veux conserver tes amis, ne sois pas trop exigeant avec eux.*
II. (sujet un aliment, un produit) **se conserver** *Tu crois que la viande pourra se conserver jusqu'à dimanche ?*

**S. 1.** *Conserver* (sens I) a pour syn. GARDER et pour contr. PERDRE. — **2.** *Se conserver* (sens II), c'est, pour un produit, un aliment, garder ses qualités, ne pas s'abîmer, s'altérer ; les contr. sont POURRIR, MOISIR.
**L. conservation** (n. f.) *Ce produit peut se conserver vingt jours* → *la durée de conservation de ce produit est de vingt jours.*

**considérable** [kɔ̃siderabl] adj. (après ou, plus rarement, avant le n.)

## CONSIDÉRER

(se dit de qqch) *Avec la tempête, les dégâts ont été considérables sur les côtes.* ● *Avec de tels acteurs, il n'est pas étonnant que le film ait eu un succès considérable.*

**S.** *Considérable* est une sorte de superlatif de IMPORTANT ; un syn. plus fort est MASSIF. Selon les contextes, les syn., moins forts, peuvent être GRAND, NOTABLE (dégâts), LARGE (succès). Les contr. sont PETIT, MINCE, LÉGER.
**L. considérablement** (adv.) *Les dépenses ont augmenté de manière considérable* → *les dépenses ont considérablement augmenté.*

**considérer** [kɔ̃sidere] v. t. (conj. **12**)
I. (sujet qqn) **considérer que** + ind., ne pas **considérer que** + subj. ou ind., **considérer qqn, qqch comme** + adj., part. ou n. *Si tu penses que cela ne nous regarde pas, je considère, moi, que leurs problèmes nous concernent aussi.* ● *Je n'ai pas loué quelque chose pour les vacances de cet été, mais tu ne considères pas qu'il soit trop tard ?* ● *Tu considères ton travail comme terminé ? Tu*

*n'es pas difficile ! Regarde tout ce qui reste à faire !* ● *Cette marque est considérée comme la meilleure, c'est pour ça qu'elle est plus chère.*
II. (sujet qqn) **considérer qqch (abstrait)** *Avant de prendre une décision, il va falloir considérer en détail les conséquences que cela peut entraîner.* ● *Tout bien considéré, je crois qu'on prendra nos vacances en juillet.*

**S. 1.** *Considérer* (sens I), c'est ÊTRE D'AVIS QUE, DE ; il a pour syn. ESTIMER, PENSER, JUGER, CROIRE, TROUVER. *Considérer qqn, qqch comme* a pour syn. le TENIR POUR ou, pour qqn seulement, le REGARDER COMME, le PRENDRE POUR ; *être considéré comme* a pour syn. PASSER POUR, AVOIR LA RÉPUTATION DE. — **2.** Au sens II, *considérer* a pour syn. ÉTUDIER, EXAMINER, TENIR COMPTE DE (sauf au pass.), RÉFLÉCHIR À, PESER.

*Tout bien considéré* équivaut à APRÈS MÛRE RÉFLEXION.
**L. considération** (n. f.) [sens II] *Le gouvernement n'a pas considéré le projet* → *le gouvernement n'a pas pris le projet en considération.* ◆ **reconsidérer** (v. t.) [sens II] *Il faut considérer à nouveau la question* → *il faut reconsidérer la question.*

**consigne** [kɔ̃siɲ] n. f.
[partie d'un établissement] *Le train n'arrive que dans deux heures, on n'a qu'à laisser les bagages à la consigne et à aller se promener un peu.*

**S.** La *consigne* est un lieu aménagé dans une gare pour garder les bagages des voyageurs pendant un certain temps.

**consistant, e** [kɔ̃sistɑ̃, ɑ̃t] adj. (après le n.)
(se dit de qqch [liquide]) *Remue bien la peinture ; il faut qu'elle soit consistante, pas trop liquide.*

**S.** Est *consistant* (soutenu) un corps presque pâteux ; le syn. est ÉPAIS, le contr. LIQUIDE.
**L. consistance** (n. f.) *La sauce devient consistante* → *la sauce prend de la consistance.*

**consister** [kɔ̃siste] v. t. ind. (conj. **1**)
(sujet qqch) **consister à** + inf., **en, dans qqch** *Le jeu consiste simplement à envoyer la balle dans le trou.* ● *Ce travail consiste à écrire des adresses sur des enveloppes.* ● *L'examen ne consiste qu'en une seule épreuve.* ● *Le salut consistait dans la fuite immédiate.*

**S.** *Consister à* + inf. a comme équivalent SE RÉDUIRE À + inf. *Consister en* a comme syn. ÊTRE COMPOSÉ, CONSTITUÉ PAR, COMPORTER, COMPRENDRE, RÉSIDER EN (soutenu).

**consoler** [kɔ̃sɔle] v. t. (conj. **1**)
I. (sujet qqn, qqch) **consoler qqn** *Ton petit frère est tombé, il pleure, essaie de le*

consoler. ● *Pascal a trop de chagrin ; ce n'est pas un paquet de bonbons qui va le consoler !*
II. (sujet qqn) **se consoler (de qqch [abstrait])** *Marie ne s'est jamais consolée de la mort de sa mère.*

**S. 1.** On *console* qqn qui a du chagrin, de la peine ; on SOULAGE SA PEINE (soutenu). Les syn. sont RÉCONFORTER et CALMER (moins fort). — **2.** *Se consoler de qqch*, c'est cesser d'en souffrir ; il a comme syn. SE REMETTRE DE.
**L. consolant, e** (adj.) Après tant d'échecs, cette nouvelle console → *après tant d'échecs, cette nouvelle est consolante.* ◆ **consolation** (n. f.) Dis-lui quelques mots pour le consoler → *dis-lui quelques mots de consolation.* ◆ **inconsolable** (adj.) On ne peut la consoler → *elle est inconsolable.*

**consolider** → SOLIDE L.

**consommateur, trice** [kɔ̃sɔmatœr, tris] n.
I. [personne, fonction sociale] *Des associations de consommateurs ont engagé un procès contre ce fabricant de savons.* ● *Le Premier ministre a affirmé qu'il voulait défendre les consommateurs.*

II. [personne, fonction sociale] *Il y a une dizaine de consommateurs à la terrasse du café.*

**S. 1.** Les *consommateurs* (sens I) sont ceux qui achètent, CONSOMMENT des produits industriels et alimentaires ; ils s'opposent aux PRODUCTEURS et aux FOURNISSEURS. — **2.** Les *consommateurs* (sens II) sont les CLIENTS d'un café : ils y prennent une CONSOMMATION.

**consommation** [kɔ̃sɔmasjɔ̃] n. f.
I. [action, qqn, qqch, et résultat] (compt., surtout au sing.) *Le gouvernement a demandé que la consommation de chauffage baisse dans les immeubles.* ● *Quand j'entre dans un magasin, j'aime me sentir libre, et non que les commerçants me poussent à la consommation.*
II. [boisson] (compt.) [*Au café*] : « *Qui est-ce qui paie les consommations ?* » ● *Vous prenez donc un sandwich au jambon, et comme consommation, qu'est-ce que se sera ?*

**S. 1.** La *consommation* (sens I), c'est le fait de CONSOMMER, d'utiliser qqch comme aliment, comme source d'énergie ; elle s'oppose à la PRODUCTION. *Pousser qqn à la consommation*, c'est le POUSSER À ACHETER, À CONSOMMER. — **2.** Une *consommation* (sens II) est une boisson prise dans un café.

**consommer** [kɔ̃sɔme] v. t. (conj. **1**)
I. (sujet qqn) **consommer qqch (aliment, boisson)** *Les Français consomment de moins en moins de pain.* ◆ (sans compl.) [*Dans un café*] : « *Désolé, monsieur, mais vous ne pouvez pas rester assis ici sans consommer.* »

II. (sujet un appareil, un véhicule) **consommer (qqch [produit])** *Cette voiture est très confortable et, en plus, elle ne consomme pas beaucoup d'essence.*

**S. 1.** *Consommer* (sens I) a pour syn. MANGER et, sans compl., BOIRE, PRENDRE UNE CONSOMMATION. — **2.** *Consommer* (sens II) a pour syn. moins précis UTILISER, USER DE.
**L. consommateur, consommation,** v. ces mots.

**constamment** [kɔ̃stamɑ̃] adv.
[temps] *Jacques est constamment en retard à ses rendez-vous, c'est énervant !* ● *Avec ce téléphone qui sonne toutes les cinq minutes, on est constamment dérangé.*

**S.** *Constamment* indique la répétition très fréquente d'un fait, parfois sa généralité. Il a pour syn. TOUJOURS, CONTINUELLEMENT, TOUT LE TEMPS,

SANS CESSE, SANS ARRÊT, FRÉQUEMMENT (moins fort) et SOUVENT (moins fort). Il s'oppose à JAMAIS (plus fort), RAREMENT.

**constant, e** [kɔ̃stɑ̃, ɑ̃t] adj. (avant ou après le n.)
(se dit de qqch [abstrait]) *Ne crois pas que ce soit exceptionnel ; ça arrive continuellement ; il a de constantes difficultés d'argent.*

    **S.** Est *constant* (soutenu) ce qui dure ou se répète toujours de la même façon ; le syn. usuel est CONTINUEL, le contr. MOMENTANÉ.
    **L. constamment,** v. ce mot.

**constater** [kɔ̃state] v. t. (conj. **1**)
(sujet qqn) **constater qqch (fait, état), que + ind.** *Je suis bien obligé de constater qu'une fois de plus, vous avez cherché à mentir.* • *Le médecin, appelé trop tard, n'a pu que constater la mort.*

    **S.** *Constater* a pour syn. REMARQUER ou NOTER (moins forts), ENREGISTRER, OBSERVER.

    **L. constatation** (n. f.) *Vous me ferez part de tout ce que vous aurez pu constater → vous me ferez part de toutes vos constatations.*

**consterné (être)** [kɔ̃stɛrne] v. pass.
(sujet qqn) *Je ne peux pas croire qu'il ait fait une chose pareille, je suis consterné.* • *Une foule consternée était venue sur les lieux du crime ; quelques personnes pleuraient, d'autres s'indignaient.*

    **S.** *Être consterné* (soutenu), c'est être accablé par la tristesse ; les syn., par ordre d'intensité

croissante, sont ÊTRE TRISTE, DÉSOLÉ, AFFLIGÉ, ATTERRÉ, EFFONDRÉ, CATASTROPHÉ.
    **L. consternation** (n. f.) *Elle est consternée, cela se voit sur son visage → la consternation se voit sur son visage.*

**constituer** [kɔ̃stitɥe] v. t. (conj. **2**)
I. (sujet qqn, qqch [plur.]) **constituer qqch** *On a donné la liste des ministres qui vont constituer le nouveau gouvernement.* ♦ (sujet qqch) **se constituer de qqch, qqn (plur.)** [*Chez le médecin*] : « *Dites-moi de quoi se constituent vos repas. — De viande, de fromage, et de beaucoup de fruits.* »
II. (sujet qqch) **constituer qqch (abstrait)** *Nous avons trouvé un stylo qui vous appartient sur les lieux du crime et ceci constitue une preuve accablante contre vous.*

    **S. 1.** *Constituer* qqch (sens I), c'est en être les éléments, le FORMER, le COMPOSER. *Se constituer de* qqch a pour syn. COMPORTER, ÊTRE FAIT DE. — **2.** *Constituer* (sens II) est un syn. plus fort et de la langue juridique de ÊTRE, REPRÉSENTER.
    **L. constitution** (n. f.) [sens I] *J'ai mis très longtemps à constituer ce dossier → la constitution de ce dossier m'a pris très longtemps.*

**constructif, ive** [kɔ̃stryktif, iv] adj. (après le n.)
(se dit de qqn, de son attitude) *Tu critiques sans cesse tout ce que je fais, mais jamais tu ne dis ce qu'il faudrait que je fasse : tu n'es pas constructif.*

    **S.** Est *constructif* (soutenu) celui qui donne les moyens de trouver une solution ; le syn. usuel est POSITIF, le contr. NÉGATIF.

**construction** [kɔ̃stryksjɔ̃] n. f.
I. [action, qqn] (non-compt., au sing.) *Combien de temps durera la construction de*

cet immeuble ? • *Les habitants du quartier ont organisé une manifestation pour protester contre la construction d'une autoroute.* • *La nouvelle gare n'existe pas encore, elle est en construction.*
II. [résultat] (compt.) *Regarde toutes les nouvelles constructions le long de la mer !* • *Voilà le groupe d'immeubles où habite Jacques : tu ne trouves pas que ces constructions sont horribles ?*

**S. 1.** *Construction* (sens I), c'est l'action de CONSTRUIRE. Le contr. est DÉMOLITION ; DESTRUCTION implique une action violente et généralement étendue. *Être en construction,* c'est être en train de SE CONSTRUIRE. — **2.** Au sens II, *construction* a pour syn. BÂTIMENT et ÉDIFICE quand il s'agit d'une *construction* assez importante, et il s'applique aussi bien à une maison qu'à un immeuble, un monument, etc.

**construire** [kɔ̃stʀɥiʀ] v. t. (conj. **60**) (sujet qqn) **construire (qqch [édifice, maison, etc.])** *Quel est l'architecte qui a cons-*

*truit cette maison ?* • *On est en train de construire un nouveau pont : on pourra aller dans l'île en voiture.* • *Ce n'est pas tout d'acheter un terrain, il nous faut maintenant un permis de construire.*

**S.** *Construire* a pour syn. BÂTIR (courant), ÉDIFIER (soutenu) ; les contr. sont DÉMOLIR, DÉTRUIRE.
**L. construction,** v. ce mot. ◆ **constructeur** (n. m.) *Ceux qui construisent des automobiles ne sont pas inquiets de l'avenir → les constructeurs d'automobiles ne sont pas inquiets de l'avenir.* ◆ **reconstruire** (v. t.) *On a construit de nouveau cet immeuble détruit pendant la guerre → on a reconstruit cet immeuble détruit pendant la guerre.* ◆ **reconstruction** (n. f.) *On a décidé de reconstruire l'école → on a décidé de la reconstruction de l'école.*

**consulter** [kɔ̃sylte] v. t. (conj. **1**) (sujet qqn) **consulter un médecin, un avocat** *Je te trouve très mauvaise mine en ce moment, tu devrais consulter un médecin.*
◆ **consulter un livre, un plan** *Alors, comment s'est passé l'examen ? — Heureusement,*

*j'avais le droit de consulter un dictionnaire !*

**S.** *Consulter un médecin, un avocat,* c'est demander au premier un diagnostic sur son état de santé, au second un avis sur des questions juridiques. *Consulter un plan, un livre,* c'est y chercher un renseignement.
**L. consultation** (n. f.) *Combien cela coûte-t-il pour consulter un avocat ? → combien coûte une consultation chez un avocat ?*

**contact** [kɔ̃takt] n. m.
I. [action, qqch, qqn, et résultat] **au contact de** + **n.** *Faites attention, ce métal noircit au contact de l'air.* • *Maintenant Pierre est toujours avec Paul, et il s'est beaucoup amélioré à son contact.*
II. [action, qqn, et résultat] *Il faudrait prendre contact avec Paul très rapidement, peux-tu passer chez lui ?* • *Je dois partir à l'étranger, mais je resterai en contact avec vous par téléphone ou par lettres.* • *Paul ? Non, je n'ai pas de nouvelles, nous n'avons eu aucun contact depuis au moins deux ans.* • *On devrait s'adresser à M. Legrand, il a beaucoup de contacts avec le monde des affaires, il pourrait t'aider.*

**S. 1.** Au sens I, *contact* désigne l'action de deux corps qui se touchent, ou l'action d'une

# CONTACTER

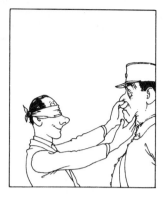

personne sur une autre personne avec laquelle elle est en relations suivies. — **2.** Au sens II, *prendre contact* a pour syn. CONTACTER, JOINDRE. *Rester, être en contact* a pour syn. RESTER, ÊTRE EN RELATION, EN RAPPORT, EN LIAISON. *Avoir des contacts avec* qqn, c'est le FRÉQUENTER, le RENCONTRER, ÊTRE EN RAPPORT AVEC lui.
**L. contacter,** v. ce mot.

**contacter** [kɔ̃takte] v. t. (conj. **1**)
(sujet qqn) **contacter qqn** *Je crois que tu as intérêt à le contacter ; il pourrait te faire entrer dans l'entreprise.*

**S.** *Contacter* qqn, c'est PRENDRE CONTACT AVEC lui, le JOINDRE, le TOUCHER.

**contagieux, euse** [kɔ̃taʒjø, øz] adj. (après le n.)
(se dit d'une maladie, de qqn) *La grippe est très contagieuse ; tu vas voir qu'ils vont tous l'avoir dans la famille !*

**S.** Une maladie *contagieuse* se transmet facilement.

**contaminer** [kɔ̃tamine] v. t. (conj. **1**)
(sujet qqn, qqch) **contaminer qqn** *Cette maladie est très dangereuse, une seule personne qui en est atteinte peut contaminer toute une ville.*

**S.** Qqn qui a une maladie contagieuse *contamine* ceux qui l'entourent.
**L. contamination** (n. f.) *Le risque d'être contaminé est très grand → le risque de contamination est très grand.*

**contemporain, e** [kɔ̃tɑ̃pɔrɛ̃, ɛn] adj. (après le n.) et n.
[adj.] (se dit de qqn, de qqch) **contemporain de qqn, de qqch (époque)** [*À l'examen*] : « *Donnez-moi le nom d'un grand écrivain contemporain de Stendhal.* — *Balzac.* »
● *Les œuvres de Romain Rolland sont contemporaines du début du XX$^e$ siècle.*
◆ (sans compl.) *Tu connais bien le théâtre contemporain ?* — *Non, je ne vais pas souvent au théâtre.* ◆ [n.] (personne) *Ce peintre n'a pas été apprécié par ses contemporains, ce n'est que longtemps après sa mort qu'on a reconnu sa valeur.*

**G.** Cet adj. n'a ni comparatif ni superlatif.
**S.** *Être contemporain de* qqn, qqch, c'est vivre (en parlant de qqn), exister (en parlant de qqch) à la même époque, en même temps ; le terme s'oppose, d'une part, à POSTÉRIEUR À et, d'autre part, à ANTÉRIEUR À. Sans compl., il a pour syn. ACTUEL et MODERNE.

**contenir** [kɔ̃tnir] v. t. (conj. **23**)
I. (sujet qqch) **contenir qqn, qqch (concret)** *La voiture contenait deux personnes qui ont été tuées dans l'accident.* ● *Cette casserole contient deux litres d'eau, ça suffira pour faire la soupe ?*

II. (sujet qqn) **contenir qqn, qqch** *C'était trop pour lui, il n'a pas pu contenir sa colère.* ◆ **se contenir** *Elle ne pleure pas, elle se contient... mais je sais qu'elle a beaucoup de chagrin.* ● *J'ai essayé un moment de me contenir, mais ça a été plus fort que moi, je n'ai pas pu m'empêcher de rire !*

**S. 1.** *Contenir* (sens I) a pour équivalents RENFERMER, COMPRENDRE ou IL Y A (*La voiture contenait deux personnes* → IL Y AVAIT DEUX PERSONNES DANS LA VOITURE). — **2.** *Contenir* (sens II) a pour syn. CONTRÔLER, DOMINER, RETENIR, et pour contr. LAISSER ALLER, LAISSER ÉCLATER qqch.
**L. contenance** (n. f.) [sens I] *Cette casserole contient deux litres → la contenance de cette casserole est de deux litres.* ◆ **contenu** (n. m.)

[sens I] Il a mangé tout ce que contenait son assiette → *il a mangé tout le contenu de son assiette.*

**content, e** [kɔ̃tɑ̃, ɑ̃t] adj. (après le n.)
(se dit de qqn) **content (de qqch, de qqn, de + inf., que + subj.)** *Tu n'as pas l'air contente, ça ne va pas ? — Non, je tousse et je n'ai pas dormi la nuit dernière.* • *Crois-tu qu'il est content de moi, de ce que j'ai fait ?* • *Je suis contente de partir en vacances, j'en ai assez de travailler.* • *Pierre serait content que tu viennes, il t'aime beaucoup, tu sais.* • *Tu es toujours content de toi, il n'y a pas de quoi !*

**S.** *Content* a pour syn. SATISFAIT (soutenu) et, par ordre d'intensité croissante, HEUREUX, ENCHANTÉ, RAVI. Il a pour contr. MÉCONTENT, CONTRARIÉ. Être *content de soi*, c'est être toujours SATISFAIT de ce qu'on fait, être VANITEUX (plus fort et péjor.).
**L. contenter**, v. ce mot. ◆ **contentement** (n. m.) *Elle est contente, cela se voit sur son visage* → *son contentement se voit sur son visage.*

**contenter** [kɔ̃tɑ̃te] v. t. (conj. **1**)
(sujet qqn) **contenter qqn** *Quoi qu'on fasse, on ne contentera jamais tout le monde.*

◆ **se contenter de qqch, de + inf.** *Les Legrand se contentent de très peu pour vivre, je me demande comment ils font.*

**S.** *Contenter* a pour syn. SATISFAIRE et pour contr. MÉCONTENTER. *Se contenter de qqch*, c'est juger cette chose suffisante ; le syn. est SE SATISFAIRE DE.

**contester** [kɔ̃tɛste] v. t. (conj. **1**)
(sujet qqn) **contester (qqch, que + subj.)** *Beaucoup de candidats qui n'étaient pas d'accord avec les résultats ont contesté leurs notes.* • *Je ne conteste pas que vous disiez la vérité, mais donnez-moi au moins une preuve !*

**S.** *Contester qqch* a pour syn. DISCUTER qqch ; CONTESTER qqch, *que* + subj. a pour syn. moins fort DOUTER DE qqch, QUE + subj. ; les contr. sont APPROUVER, ADMETTRE, RECONNAÎTRE, ÊTRE D'ACCORD AVEC.
**L. contestable** (adj.) *On peut contester ces résultats* → *ces résultats sont contestables.* ◆ **contestation** (n. f.) *Il a tout accepté sans contester* → *il a tout accepté sans contestation.* ◆ **contestataire** (adj. et n.) *Ce sont des gens qui contestent (la forme de la société)* → *ce sont des contestataires.* ◆ **incontestable** (adj.) *On ne peut pas contester sa réussite* → *sa réussite est incontestable.*

**continent** [kɔ̃tinɑ̃] n. m.
[lieu naturel] (compt.) *L'Afrique, l'Amérique, l'Asie sont des continents.* ◆ (non-

compt., au sing.) [*En Corse*] : « *Nous sommes obligés d'aller faire nos études sur le continent.* »

**S.** Un *continent* est une vaste étendue de terre, limitée par des mers, regroupant plusieurs pays. Le *continent*, c'est aussi la terre ferme, par oppos. à une ÎLE.
**L. continental, e, aux** (adj.) *C'est un climat continental ici* (← propre au continent, à l'intérieur des terres).

**continuel, elle** [kɔ̃tinɥɛl] adj. (après ou, plus rarement, avant le n.)
(se dit de qqch) *J'en ai vraiment assez de tes plaintes continuelles; si tu n'es pas content, tu n'as qu'à partir.* ● *S'il croit que ses absences continuelles ne se voient pas, il se trompe.*

**G.** Cet adj. n'a ni comparatif ni superlatif.
**S.** Est *continuel* ce qui se répète sans cesse ; FRÉQUENT indique que le fait se répète souvent ; CONSTANT est un syn. soutenu. Les contr. sont RARE, EXCEPTIONNEL (plus fort).
**L. continuellement** (adv.) *Ses absences sont continuelles* → *il est continuellement absent.*

**continuer** [kɔ̃tinɥe] v. t. et auxil. (conj. 2) (sujet qqn, qqch) **continuer à** ou **de** (soutenu) + inf., **continuer qqch** *Si tu continues à pleurer, va dans ta chambre et ferme la porte !* ● *Si la neige continue de tomber, je ne vais pas pouvoir faire du ski.* ● *Pourquoi est-ce que tu continues de fumer, je croyais que ton médecin te l'avait défendu.* ● *Jusqu'à quel âge as-tu continué tes études ?* ● *Ne compte pas sur moi pour continuer la lettre que tu as commencée.* ◆ (sans compl.) *Vas-y, continue, c'est très bien !* ● *On continue à pied ou on va chercher la voiture ?* ● *Continue, Jean, je t'écoute.* ● *Si la pluie continue, tu ne sors pas.*

**S.** *Continuer* indique la durée de l'action. *Continuer qqch* (avec sujet qqn) a pour syn. POURSUIVRE qqch (soutenu) et pour contr. CESSER, ARRÊTER qqch ou DE + inf., INTERROMPRE qqch, FINIR qqch ou DE + inf., RENONCER À + inf. Sans compl. (avec sujet qqn), il a pour syn. plus fort PERSÉVÉRER. Avec sujet qqch, les syn. sont DURER, SE PROLONGER, SE POURSUIVRE, PERSISTER ; les contr. sont, en ce sens, S'ARRÊTER et CESSER.
**L. continuation** (n. f.) *Continuer des études devient difficile* → *la continuation des études devient difficile.*

**contourner** [kɔ̃turne] v. t. (conj. 1) (sujet qqn, un animal) **contourner qqch (concret)** *Regarde cette souris comme elle est intelligente : tu places un obstacle entre elle et le morceau de fromage, et elle cherche à contourner l'obstacle pour l'atteindre.*

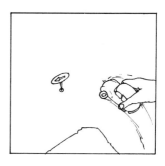

**S.** *Contourner* qqch (soutenu), c'est en faire le TOUR.

**contradiction** [kɔ̃tradiksjɔ̃] n. f.
[action, qqn] *Bruno ne devait pas être dans son état normal ; il a pris une décision en complète contradiction avec ses habitudes.* ● *Au cours du débat, un assistant a osé lui apporter la contradiction !* ◆ [résultat] *Ton texte est bien, mais tu dis, à un endroit, le contraire de ce que tu viens d'affirmer, j'aimerais te signaler cette contradiction.*

● *Le juge a de nouveau interrogé le témoin ; il y avait trop de contradictions dans ses réponses.*

**S.** Une *contradiction*, c'est le fait de CONTREDIRE qqn *(apporter la contradiction)* ou le fait de SE CONTREDIRE. Dans le premier cas, le syn. est CRITIQUE ; dans le second cas, le syn. soutenu est INCOMPATIBILITÉ et les équivalents soutenus sont ABSURDITÉ, INVRAISEMBLANCE (plus forts). *Être en contradiction avec* a pour syn. ÊTRE EN OPPOSITION AVEC ; le contr. est ÊTRE EN ACCORD AVEC.

**contradictoire** [kɔ̃tradiktwar] adj. (après le n.)
(se dit de qqch [argument, propos]) *Finalement, tu ne sais pas ce qu'il faut faire, tu me donnes à deux jours de distance des réponses contradictoires.* • *Il faut vous mettre d'accord : vous me présentez deux arguments qui sont contradictoires.*
**G.** Cet adj. n'a ni comparatif ni superlatif.
**S.** Est *contradictoire* ce qui est opposé à qqch, contraire à qqch ou en CONTRADICTION avec qqch. Des discours *contradictoires* sont incompatibles entre eux.

**contraindre** [kɔ̃trɛ̃dr] v. t. (conj. 44)
(sujet qqn, qqch) **contraindre qqn à + inf., à qqch** *Je ne suis pas libre d'agir, comme tu le penses ; c'est Paul qui m'a contraint*

*à cette démarche.* • *La pluie a contraint l'arbitre à interrompre le match.*
**S.** *Contraindre* est le syn. soutenu de OBLIGER ou FORCER.
**L. contrainte** (n. f.) *Je n'ai signé que sous la contrainte* (← en étant contraint d'agir ainsi).

**contraire** [kɔ̃trɛr] adj. (après le n.), n. m. et adv.
I. [adj.] (se dit de qqch [abstrait]) **contraire (à qqch)** *Vous n'avez pas le droit de faire ça, c'est contraire au règlement.* • *Nous, on allait doucement, mais la voiture est arrivée en sens contraire à toute vitesse et on n'a pas pu éviter le choc.*
II. [n. m.] (qqch) [compt., surtout au sing.] *Elle est brune aux yeux noirs, et son frère est tout le contraire, blond aux yeux bleus.* • *Vous n'étiez pas là, j'en suis sûr, ne dites pas le contraire.* ◆ [adv.] (opposition) **au contraire** *Mais non, Jean n'est pas fatigué,*

*au contraire, il est en pleine forme.* • *Tu n'en as pas assez, de ce travail ? — Au contraire.*
**S. 1.** *Contraire à* a pour syn. OPPOSÉ À et pour contr. CONFORME À quand le compl. est abstrait. Sans compl., il a pour syn. OPPOSÉ, INVERSE, et pour contr. MÊME, IDENTIQUE. — **2.** *Le contraire* a pour syn. L'INVERSE, L'OPPOSÉ.
**L. contrairement à** (prép.) *D'une manière contraire à ce que tu avais prévu, il ne fait pas beau* → *contrairement à ce que tu avais prévu, il ne fait pas beau.*

**contrarier** [kɔ̃trarje] v. t. (conj. 2)
(sujet qqn, qqch) **contrarier qqn** *Ça a l'air de te contrarier que je te parle de cette histoire ? — Mais non, je t'assure.* • *Paul avait promis d'être là à 5 heures, et il n'est toujours pas là. Ah ! que je suis contrariée !*
**S.** *Contrarier qqn* a pour syn. MÉCONTENTER (un peu plus fort et soutenu), ENNUYER (plus courant). *Être contrarié* a pour syn. ÊTRE MÉCONTENT, FÂCHÉ (plus fort), ENNUYÉ, AGACÉ (plus faible), EMBÊTÉ (plus faible et fam.), et pour contr. ÊTRE CONTENT, HEUREUX, SE RÉJOUIR (soutenu).
**L. contrariété** (n. f.) *Cette lettre l'a contrarié* → *cette lettre lui a causé une contrariété.*

**contraster** [kɔ̃traste] v. t. ind. (conj. 1)
(sujet qqch) **contraster avec qqch** *Le calme de la population contraste avec l'agitation des milieux politiques.*
**S.** *Contraster avec* (soutenu), c'est ÊTRE EN OPPOSITION AVEC ; le syn. est S'OPPOSER À.
**L. contraste** (n. m.) *Ton calme contraste avec son agitation* → *ton calme fait contraste avec son agitation.*

**contrat** [kɔ̃tra] n. m.
[objet, texte] *Votre contrat d'assurance précise bien que vous n'êtes pas remboursé du vol si vous avez laissé la porte ouverte.*
**S.** Un *contrat* est une convention établie entre deux personnes ou deux groupes, précisant les obligations de chacun dans un cas précis.

**contravention** [kɔ̃travɑ̃sjɔ̃] n. f.
[objet, valeur] *Ne te gare pas là, tu vas avoir une contravention.* • *Tu te rends compte, ce mois-ci, elle a déjà eu pour plus de cinq cents francs de contraventions !*
**S.** *Contravention* a pour syn. CONTREDANSE (fam.), AMENDE, et désigne une somme d'argent qu'on doit payer pour n'avoir pas respecté un règlement, surtout automobile.

**contre** [kɔ̃tr] prép. et adv.
I. [lieu] **contre qqn, qqch (concret)** *Prends-*

## CONTRECARRER

moi dans tes bras : j'aime être tout contre toi... • Posez les cartons contre le mur, je les rangerai après.

II. [opposition] **contre** (qqn, qqch [abstrait]) Qu'est-ce que tu as contre cette fille ? Moi, je la trouve très bien. • Ça te dirait d'aller au cinéma ? — Oh ! je n'ai rien contre. • Vous êtes tous contre moi, ici, ce n'est pas possible, vous m'en voulez ! • Tout le monde a voté contre le projet, sauf Pierre qui a voté pour. ◆ [adv.] (opposition) **par contre** Je ne pourrai pas rester toute la semaine avec vous, par contre je viendrai certainement le week-end.

**S. 1.** Au sens I, contre indique une proximité immédiate, un contact ; être contre qqch, qqn, c'est le TOUCHER. Les syn. (moins précis) sont À CÔTÉ DE, PRÈS DE ; le contr. est LOIN DE. — **2.** Au sens II, contre indique l'hostilité ou l'opposition. Avoir qqch contre qqn, qqch, c'est lui être hostile, lui en vouloir (en parlant de qqn), s'y OPPOSER (en parlant de qqch). Être contre a pour contr. ÊTRE D'ACCORD ; être, voter contre a pour contr. ÊTRE, VOTER POUR. Par contre a pour syn. DU MOINS et, plus soutenu, EN REVANCHE.

**contrecarrer** [kɔ̃trəkare] v. t. (conj. 1) (sujet qqn) **contrecarrer qqch (abstrait)** Nous savons que vous faites tout pour contrecarrer nos projets, mais nous les mènerons à bien malgré tout.

**S.** Contrecarrer (soutenu) a pour syn. CONTRARIER, S'OPPOSER À (plus fort).

**contrecœur (à)** [akɔ̃trəkœr] adv.

[manière] D'accord, je lui téléphonerai, mais c'est à contrecœur, ça ne me plaît pas du tout.

**S.** À contrecœur, c'est À REGRET ou AVEC RÉPUGNANCE (soutenus), MALGRÉ SOI (usuel) ; le contr. est VOLONTIERS.

**contredire** [kɔ̃trədir] v. t. (conj. 63) (sujet qqn) **contredire qqn** Dès qu'il dit quelque chose, sa femme le contredit, qu'est-ce

qu'elle est énervante ! ◆ **se contredire** Vous vous êtes plusieurs fois contredit dans vos déclarations successives, vous cherchez à nous cacher quelque chose.

**S.** Contredire qqn, c'est dire le contraire de ce qu'il dit, lui apporter la CONTRADICTION, réfuter, démentir ses paroles. Se contredire, c'est affirmer des choses qui sont incompatibles.

**contrée** [kɔ̃tre] n. f.
[lieu naturel] Tu devrais rester quelque temps dans la région ; la contrée est belle ; il y a de très jolies promenades aux environs.

**S.** Contrée est un syn. soutenu de RÉGION ; PAYS.

**contre-indiqué** → INDIQUÉ L.

**contrer** [kɔ̃tre] v. t. (conj. 1) (sujet qqn) **contrer qqn** Vous auriez vu comment il a contré son adversaire, à la télé hier soir, c'était extraordinaire.

**S.** Contrer qqn, c'est s'opposer à lui avec succès.

**contretemps** [kɔ̃trətɑ̃] n. m.
[événement] Nous sommes désolés, mais un fâcheux contretemps nous empêche d'aller chez vous demain.

**S.** Un contretemps (soutenu) est un événement qui empêche la réalisation de qqch. Il a pour

syn. EMPÊCHEMENT, ENNUI (moins fort), INCIDENT (plus précis).

**contribuable** [kɔ̃tribɥabl] n.
[personne, fonction sociale] *L'inspecteur des impôts reçoit les contribuables le mardi et le jeudi.*

**S.** Les *contribuables* sont les personnes qui paient des impôts.

**contribuer** [kɔ̃tribɥe] v. t. ind. (conj. 2) (sujet qqn, qqch) **contribuer à qqch (résultat, action), à + inf.** *Vous avez largement contribué à la réussite de l'entreprise et nous vous en remercions.*

**S.** *Contribuer à* a pour syn. PARTICIPER À, COOPÉRER À, COLLABORER À, CONCOURIR À (soutenu).
**L. contribution** (n. f.) *Ils ont décidé de contribuer aux secours* → *ils ont décidé d'apporter leur contribution aux secours.*

**contrôle** [kɔ̃trol] n. m.
I. [action, qqn] (compt.) *Je me suis fait arrêter par des agents pour un contrôle d'identité : heureusement que j'avais mes papiers!* • [À la douane] : «Rangez-vous là, vous allez passer au contrôle : ouvrez vos bagages, s'il vous plaît.»
II. [action, qqn] (non-compt., au sing.) *Il y avait du verglas sur la route; le chauffeur a perdu le contrôle du camion et ça a été l'accident.* • *Garde toujours ton contrôle, même lorsque tu as raison.*

**S. 1.** Un *contrôle* (sens I), c'est l'action de CONTRÔLER qqn, c'est-à-dire vérifier son identité, ses papiers, ou CONTRÔLER qqch, c'est-à-dire vérifier sa régularité, sa validité ; le mot a pour syn. VÉRIFICATION et INSPECTION ; *passer au contrôle,* c'est SE FAIRE CONTRÔLER, ou FAIRE CONTRÔLER (ses bagages, son identité). — **2.** Le *contrôle* (sens II), c'est l'action de SE CONTRÔLER ou de CONTRÔLER la conduite d'un véhicule. Le syn. soutenu est MAÎTRISE.

**contrôler** [kɔ̃trole] v. t. (conj. 1)
I. (sujet qqn, qqch [appareil]) **contrôler qqch, qqn, que + ind.** *On t'a contrôlé ton billet dans le train?*

II. (sujet un groupe, une armée) **contrôler qqch (lieu)** *Nos troupes contrôlent maintenant toute la partie sud du pays.*
III. (sujet qqn) **se contrôler** *Fais attention, parce que, quand il a bu, il ne se contrôle plus.*

**S. 1.** *Contrôler* (sens I), c'est soumettre à un CONTRÔLE. Il a pour syn. VÉRIFIER. *Contrôler* qqn, c'est s'assurer de son identité. — **2.** *Contrôler une région* (sens II), c'est en avoir le CONTRÔLE, la dominer militairement. — **3.** *Se contrôler* (sens III) a pour syn. SE MAÎTRISER, SE DOMINER, ÊTRE MAÎTRE DE SOI.
**L. contrôlable** (adj.) [sens I] *Ce que je vous affirme peut être contrôlé* → *ce que je vous affirme est contrôlable.* ◆ **contrôleur** (n. m.) [sens I] *Il est chargé de contrôler les billets*

dans les trains → *il est contrôleur dans les trains.* ◆ **incontrôlable** (adj.) [sens I] Ce que vous dites ne peut être contrôlé → *ce que vous dites est incontrôlable.*

**controversé, e** [kɔ̃trɔvɛrse] adj. (après le n.)
(se dit de qqch [abstrait]) *Tu as lu l'article sur les origines du cancer dans le journal d'hier ? — Oui, mais il paraît que cette théorie est très controversée.*

**S.** *Controversé* (soutenu) a pour syn. COURANT DISCUTÉ.

**convaincre** [kɔ̃vɛ̃kr] v. t. (conj. 72)
(sujet qqn, qqch) **convaincre qqn (de** + inf., **que** + **ind., de qqch)** *Le médecin l'a convaincu que l'opération ne serait pas grave, et il a accepté d'entrer à l'hôpital.* • *Michel n'est pas convaincu d'être reçu à l'examen : il a raté la troisième épreuve.* • *Vous m'avez convaincu des avantages de cette opération : je suis d'accord.*

**S.** *Convaincre* qqn a pour syn. PERSUADER qqn (DE, QUE). *Convaincre qqn de* + inf. a pour syn. DÉCIDER qqn à + inf. *Être convaincu* a pour syn. ÊTRE CERTAIN, SÛR, AVOIR LA CERTITUDE, L'ASSURANCE.

**L. convaincant, e** (adj.) *Sa réponse n'a pas convaincu* → *sa réponse n'a pas été convaincante.* ◆ **conviction,** v. ce mot.

**convenable** [kɔ̃vnabl] adj. (après le n.)
(se dit de qqn, de son attitude) *Pierre, ne mets pas tes doigts dans le nez, ce n'est pas convenable.* • *Je sais bien qu'il boit, mais même ivre, il reste toujours convenable.* ◆ (se dit de qqch) *Nous avons été à l'hôtel pendant les vacances ; il n'y avait pas tout le confort, mais les chambres étaient très convenables.*

**S.** Est *convenable* qqn ou qqch qui est COMME IL FAUT, qqn qui respecte les bienséances, qqch qui est SUFFISANT, ACCEPTABLE. Les syn. sont CORRECT, DÉCENT.
**L. convenablement** (adv.) *Il s'est conduit de manière très convenable* → *il s'est conduit très convenablement.*

**convenir** [kɔ̃vnir] v. t. ind., v. t. et v. i. (conj. 23)
I. [v. t. ind.] (sujet qqch) **convenir à qqn** *Notre rendez-vous est pour 5 heures, ça te convient ?* • *Si le manteau ne vous convient pas, vous pourrez toujours venir l'échanger.*
II. [v. i] **il convient de** + inf. *Je sais que tu n'aimes pas les Legrand, mais puisque tu les as invités, il convient de les recevoir comme il faut.*
III. [v. t.] (sujet qqn [plur.]) **convenir de** + **inf.** *Il est bien entendu que nous convenons de ne pas aborder les problèmes politiques au cours de la conversation !* ◆ (sujet qqch) **être convenu** *Il ne faut pas revenir sur ce qui a été convenu. Êtes-vous toujours d'accord ?*

**S. 1.** *Convenir* (sens I) a pour syn. ALLER (BIEN) et, plus précis, PLAIRE, AGRÉER (litt.). — **2.** *Il convient* (sens II) [soutenu] a pour syn. IL EST NÉCESSAIRE, IL FAUT (plus courant). — **3.** *Convenir* (sens III) a pour syn. DÉCIDER.
**L. convenable,** v. ce mot. ◆ **convenance** (n. f.) [sens I] *Fais ceci comme il te convient* → *fais ceci à ta convenance.*

**convention** [kɔ̃vɑ̃sjɔ̃] n. f.
[résultat] *Quand l'un dit quelque chose aux enfants, l'autre ne dit pas le contraire, c'est une convention entre nous.*

**S.** *Convention* (soutenu) a pour syn. ACCORD.

**converger** [kɔ̃vɛrʒe] v. i. (conj. 4)
(sujet qqch [plur.]) *Après avoir demandé à chacun son point de vue, on s'est aperçu que toutes les propositions convergeaient vers une même solution.*

# CONVOQUER

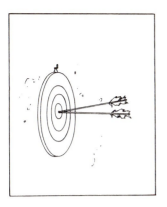

**S.** *Converger* (soutenu), c'est aboutir au même point. Le contr. est DIVERGER.

**conversation** [kɔ̃vɛrsasjɔ̃] n. f.
[action, langage] *Ses sujets de conversation ne sont pas très variés !* ● *Vous feriez mieux de changer de conversation, sinon ça va*

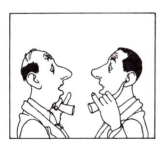

*mal finir.* ● *Tout le monde parlait, mais, quand je suis entré, les conversations se sont arrêtées.*

**S.** Une *conversation* est un échange de paroles entre deux ou plusieurs personnes. C'est un terme neutre, par oppos. à DISCUSSION, DÉBAT qui supposent un désaccord ou des vues contradictoires.

**conviction** [kɔ̃viksjɔ̃] n. f.
[activité mentale] (non-compt., au sing.) *J'ai la conviction que, s'il avait pu faire autrement, il l'aurait fait.* ● *Oui, il est venu, mais c'était vraiment sans conviction, il n'était pas intéressé.* ◆ [résultat, activité mentale] (compt.) *Pierre ne partage pas du tout mes convictions politiques, comment veux-tu qu'on s'entende ?*

**S.** La *conviction* de qqn, c'est l'opinion de celui qui est CONVAINCU de qqch ; le syn. est CERTITUDE ; SENTIMENT, IMPRESSION sont des syn. moins forts. *Faire qqch avec conviction,* c'est le faire en y croyant, avec sérieux, sincérité. Au plur., ce terme désigne l'ensemble des opinions de qqn dans un domaine précis.

**convier** [kɔ̃vje] v. t. (conj. 2)
(sujet qqn) **convier qqn (à qqch [réception, dîner, fête])** *Il paraît que nous sommes tous conviés à son anniversaire.*

**S.** *Convier* est un syn. soutenu de INVITER.

**convoiter** [kɔ̃vwate] v. t. (conj. 1)
(sujet qqn) **convoiter qqch** *Malheureusement, Pierre n'a pas obtenu le poste qu'il convoitait tant.*

**S.** *Convoiter* est un syn. soutenu et plus fort de DÉSIRER, VOULOIR, SOUHAITER.
**L. convoitise** (n. f.) *Il regardait les chocolats avec convoitise* (← avec l'air de les convoiter beaucoup).

**convoquer** [kɔ̃vɔke] v. t. (conj. 1)
(sujet qqn) **convoquer qqn, une assemblée** *Le président va convoquer le Conseil des ministres.* ● *Mes parents sont convoqués demain par le directeur du lycée, je me demande pourquoi.*

**S.** *Convoquer une assemblée,* c'est la réunir ; *convoquer qqn,* c'est l'inviter à se présenter devant une autorité.
**L. convocation** (n. f.) *J'ai reçu ma convocation pour l'examen* (← la lettre par laquelle on me convoque à l'examen).

## COOPÉRER

**coopérer** [kɔɔpere] v. t. ind. (conj. **12**)
(sujet qqn) **coopérer (à qqch)** *La police a demandé au pays tout entier de coopérer à son enquête, de l'aider à retrouver le banquier disparu.*

**S.** *Coopérer à* a pour syn. COLLABORER, AIDER, PARTICIPER À.

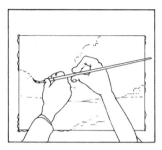

**L. coopérant, e** (adj.) *Vous ne coopérez pas beaucoup → vous n'êtes pas très coopérant.*
◆ **coopération** (n. f.) *J'ai besoin que tous coopèrent à ce travail → j'ai besoin de la coopération de tous pour ce travail.*

**coordonner** [kɔɔrdɔne] v. t. (conj. **1**)
(sujet qqn) **coordonner qqch (plur.)** *Le comité départemental coordonne toutes les activités des comités locaux.*

**S.** *Coordonner*, c'est organiser de manière rationnelle ; le syn. est HARMONISER.
**L. coordinateur, trice** (n.) Il est chargé de coordonner les différents services dans l'entreprise → *il a un rôle de coordinateur dans l'entreprise.* ◆ **coordination** (n. f.) *Le service n'est pas bien coordonné → le service manque de coordination.*

**copain, copine** [kɔpɛ̃, kɔpin] n. et adj.
[n.] (personne, rôle) *Nadia est partie jouer dehors avec ses copines, pourquoi ne vas-tu pas avec elle ?* • *Cet été, je partirai sans doute en vacances avec les mêmes copains que l'année dernière.* ◆ [adj.] (se dit de qqn) **copain (avec qqn)** *Mes frères le connaissent depuis très longtemps, ils sont très copains avec lui.*

**G.** L'adj. est toujours attribut.
**S.** *Copain* est fam. AMI sous-entend une relation plus profonde et durable. CAMARADE est un autre syn. qui indique une relation moins intime. ÊTRE EN BONS TERMES est un syn. soutenu de *être copains* (fam.).

**copie** [kɔpi] n. f.
[résultat] *Non, ce n'est pas un vrai meuble du XVIII$^e$ siècle, c'est une copie.* • *J'ai plusieurs copies de ce texte, je vous en passerai une.*

**S.** Une *copie* est l'objet ou le texte obtenu après en avoir COPIÉ un autre (qui est l'ORIGINAL).

**copier** [kɔpje] v. t. (conj. **2**)
I. (sujet qqn) **copier une œuvre, qqn** *Pour apprendre à dessiner, tu pourrais commencer par copier les tableaux des grands peintres.*

II. (sujet qqn) **copier (un texte [sur qqn, qqch])** *Le professeur s'est aperçu que Pierre avait copié sur son voisin, c'est pour ça qu'il lui a mis un zéro.* • *Ce n'est pas étonnant que son article soit bon : il a tout copié sur un dictionnaire !*

**S. 1.** *Copier* qqch (sens I) a pour syn. IMITER, RECOPIER et REPRODUIRE (soutenu). — **2.** *Copier un texte sur* (sens II), c'est transcrire frauduleusement ce qu'a été écrit.

**copieux, euse** [kɔpjø, øz] adj. (après ou, plus rarement, avant le n.)
(se dit de qqch [repas]) *Ton dîner est trop*

*copieux! Je ne vais plus pouvoir goûter à cette délicieuse tarte!*

**S.** Est *copieux* ce qui est en grande quantité; ABONDANT est un syn. courant, PLANTUREUX est litt.
**L. copieusement** (adv.) *Tu nous as servis de manière copieuse* → *tu nous as servis copieusement.*

**copropriété, -taire** → PROPRIÉTAIRE L.

**coq** [kɔk] n. m.
[animal] (compt.) *Ah! ce coq qui nous réveille tous les matins! — Ce sont les joies de la campagne!* ◆ [aliment] (non-compt., au sing.) *On nous a servi du coq au vin. — Ce n'est pas très original!*

**S.** Le *coq* a pour femelle la POULE.

**coquet, ette** [kɔkɛ, ɛt] adj. (après le n.) (se dit de qqn) *Elle n'a que trois ans, mais elle est déjà très coquette et veut changer de robe tous les jours.*

**G.** Cet adj. s'emploie surtout en parlant d'une femme, d'une fille.
**S.** Une personne *coquette* fait attention à sa toilette, sa tenue pour plaire, séduire.
**L. coquetterie** (n. f.) *Elle n'aime pas que les hommes soient coquets* → *elle n'aime pas la coquetterie chez les hommes.*

**coquillage** [kɔkijaʒ] n. m.
[animal] *Les enfants, on va aller ramasser des coquillages sur les rochers quand la marée sera basse.*

**S.** Les *coquillages* sont des mollusques dont le corps mou est recouvert d'une COQUILLE; ils vivent dans la mer (HUÎTRE, MOULE, BIGORNEAU, etc.) ou sur la terre (ESCARGOT). Beaucoup sont comestibles. Avec les crustacés, les *coquillages* (de la mer) constituent les FRUITS DE MER (dans l'alimentation et dans les restaurants). *Coquillage* peut désigner aussi la COQUILLE.

**corbeille** [kɔrbɛj] n. f.
[objet, récipient] **corbeille (à papier)** *Je ne sais pas ce qu'il est en train d'écrire, mais il y a plus de feuilles dans la corbeille que sur son bureau!* ◆ **corbeille (à fruits, à pain)** *Mets les morceaux de pain dans la corbeille et apporte-la à table.* ◆ [contenu] *Eh bien, qu'est-ce qu'ils aiment les fruits! Toute la corbeille y est passée!*

**S. 1.** Une *corbeille à papier*, généralement en osier ou en plastique, reçoit les papiers qu'on jette. Elle se trouve dans n'importe quelle autre pièce que la cuisine, par oppos. à la POUBELLE. — **2.** La *corbeille à fruits, à pain* est destinée à présenter les fruits ou le pain sur la table.

**corde** [kɔrd] n. f.
[objet] *Quel est l'imbécile qui a tendu une corde en travers de l'escalier?* ◆ *Tu n'aurais pas un bout de corde pour que j'attache*

*ça solidement?* ◆ *Mais non, à quatre ans, elle ne sait pas encore sauter à la corde, achète-lui autre chose.*

**S.** Une *corde* est plus grosse qu'une ficelle.

**cordial, e, aux** [kɔrdjal, djo] adj. (après ou, plus rarement, avant le n.)
(se dit de qqn, de son attitude, d'une action) *Le directeur a été très cordial, mais il ne m'a fait aucune promesse quant à l'avenir.* ◆ *La réception a été cordiale; tout le monde lui souriait, mais ce n'était pas l'enthousiasme.*

**S.** Est *cordial* ce qui manifeste une sympathie sincère, presque amicale.
**L. cordialement** (adv.) *Il nous a reçus de façon très cordiale* → *il nous a reçus très cordialement.* ◆ **cordialité** (n. f.) *Il s'est montré très cordial à mon égard* → *il a montré une grande cordialité à mon égard.*

**cordonnier** [kɔrdɔnje] n. m.
[personne, profession] *Je voudrais faire ressemeler mes chaussures, connais-tu un cordonnier dans le quartier?*

**S.** Le *cordonnier* est un artisan qui répare les chaussures. Le mot CORDONNERIE qui désigne soit le travail, soit la boutique du *cordonnier* est moins usuel.

**cornichon** [kɔrniʃɔ̃] n. m.
[légume] *Qu'est-ce que vous prendrez? —*

Une assiette de viande froide avec des cornichons et de la moutarde, s'il vous plaît.

**S.** Le *cornichon* est un légume, conservé dans du vinaigre, qu'on mange froid avec de la viande, du jambon, de la charcuterie.

**corps** [kɔr] n. m.
Le pauvre enfant avait très froid : il tremblait de tout son corps. • Elle n'est pas mal, comme fille : elle n'est pas très jolie de visage, mais elle a un corps magnifique.

**S.** *Corps* désigne l'aspect extérieur, l'ensemble des parties d'une personne ou d'un animal (tête, bras, jambes, tronc), mais aussi son organisme, c'est-à-dire l'ensemble des organes (cerveau, poumons, cœur, muscles, etc.).
**L. corporel, elle** (adj.) Voici une nouvelle crème pour les soins du corps → *voici une nouvelle crème pour les soins corporels*.

**corpulent, e** [kɔrpylã, ãt] adj. (après le n.)
(se dit de qqn) *Fais attention, ne mange pas trop ; tu as tendance à devenir corpulent !* — *C'est l'âge.*

**S.** *Corpulent* (soutenu) a pour syn. FORT ou GROS et OBÈSE (plus fort).
**L. corpulence** (n. f.) Il est corpulent → *il a de la corpulence*.

**correct, e** [kɔrɛkt] adj. (après le n.)
I. (se dit du langage de qqn) *La phrase « il est pareil que son père » n'est pas correcte pour certains qui veulent que l'on dise « il est pareil à son père ».* • *John est anglais, mais il s'exprime d'une façon tout à fait correcte en français.*
II. (se dit de qqn, de son attitude) *Vous avez une tenue correcte pour aller à ce dîner ?* • *Ce n'est pas correct de partir sans dire au revoir !*
III. (se dit de qqch [action, lieu, etc.]) *Ce restaurant n'est pas très cher et on y sert des repas tout à fait corrects.* • *Je vous recommande cet hôtel, ce n'est pas le grand luxe, mais il est très correct.*

**S. 1.** Une phrase *correcte* (sens I) ne contient pas de fautes ; elle est conforme aux règles de la grammaire, à la norme grammaticale ; les contr. sont INCORRECT, FAUTIF (soutenu et moins fort), PAS FRANÇAIS (fam.). — **2.** Être *correct* (sens II), c'est respecter les bienséances ; le syn. CONVENABLE s'applique à la fois à la tenue et à la conduite d'une personne. Les contr. INCORRECT, IMPOLI et GROSSIER s'appliquent à la conduite de qqn. Au sens III, en parlant d'un lieu (restaurant, hôtel, etc.), d'un repas, ACCEPTABLE OU PASSABLE sont des syn. moins forts ; on peut dire aussi en ce sens CONVENABLE.
**L. correctement** (adv.) Il parle d'une façon correcte → *il parle correctement.* ◆ **correction** (n. f.) [sens I et II] Il a été tout à fait correct avec moi → *il a été d'une parfaite correction avec moi.* ◆ **incorrect, e** (adj.) [sens I] Cette phrase n'est pas correcte → *cette phrase est incorrecte.* ◆ [sens II] Il n'a pas été correct avec sa mère → *il a été incorrect avec sa mère.* ◆ **incorrectement** (adv.) [sens I et II] Tu as employé ce mot d'une façon incorrecte → *tu as employé ce mot incorrectement.* ◆ **incorrection** (n. f.) [sens I et II] Cette réponse incorrecte va te nuire → *l'incorrection de cette réponse va te nuire.*

**correction** → CORRECT L, CORRIGER L.

**correspondre** [kɔrɛspɔ̃dr] v. t. ind. (conj. **41**)
I. (sujet qqch) **correspondre à qqch** *Tu as dû faire une faute dans ton addition : ton résultat ne correspond pas au mien !* • *Elle s'en va ? J'en étais sûr ! Ça correspond tout à fait à ce que je pensais !*
II. (sujet qqn) **correspondre avec qqn** *Je suis parti très jeune de Paris, mais j'ai tou-*

*jours correspondu avec mes anciens camarades.*

**S. 1.** *Correspondre à* a pour syn. COÏNCIDER AVEC, ÊTRE EN RAPPORT AVEC, ÊTRE CONFORME À, S'ACCORDER AVEC. — **2.** *Correspondre avec qqn, c'est échanger avec lui une* CORRESPONDANCE, *des lettres, lui écrire.*
**L. correspondance** (n. f.) [sens I] *Tes résultats ne correspondent pas aux miens → il n'y a pas de correspondance entre tes résultats et les miens.* ◆ [sens II] *On n'a jamais cessé de correspondre entre nous → la correspondance n'a jamais cessé entre nous.*

**corriger** [kɔriʒe] v. t. (conj. **4**)
I. (sujet qqn) **corriger une faute** *Sers-toi du dictionnaire pour corriger tes fautes d'orthographe.* ◆ **corriger un travail** *Catherine*

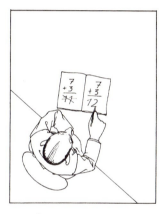

*est professeur de français : elle passe ses soirées à corriger des devoirs.*
II. (sujet qqn) **se corriger d'un défaut** *Il se ronge les ongles et il n'arrive pas à se corriger de cette mauvaise habitude.*

**S. 1.** *Corriger des fautes* a pour syn. les RECTIFIER. *Corriger un travail, c'est en relever les fautes, les erreurs afin de le noter.* — **2.** *Se corriger d'un défaut* a pour syn. SE DÉBARRASSER DE.
**L. correcteur, trice** (n.) [sens I] *Celui qui a corrigé l'examen a été sévère → le correcteur a été sévère.* ◆ **correction** (n. f.) [sens I] *Les fautes que le professeur a corrigées sont à l'encre rouge → les corrections du professeur sont à l'encre rouge.* ◆ **incorrigible** (adj.) [sens II] *On ne peut pas le corriger de ce défaut → il est incorrigible.*

**corrompre** [kɔrɔ̃pr] v. t. (conj. **42**)
(sujet qqn, qqch) **corrompre qqn** *On a*

*essayé de corrompre le témoin en lui donnant de l'argent, mais il a refusé.*

**S.** *Corrompre qqn* a pour syn. ACHETER, SOUDOYER (en parlant de qqn).
**L. corruption** (n. f.) *On a tenté de corrompre le témoin, mais ça n'a pas réussi → la tentative de corruption du témoin n'a pas réussi.* ◆ **incorruptible** (adj.) *C'est un homme qu'on ne peut pas corrompre → c'est un homme incorruptible.*

**corrompu, e** [kɔrɔ̃py] adj. (après le n.)
(se dit de qqn, d'un groupe) *Nous vivons dans une société corrompue : les jeunes ne respectent plus rien et ils croient que tout s'achète.*

**S.** Est *corrompu* (soutenu) qqn ou un groupe dont l'attitude est déréglée par rapport à la morale. DÉPRAVÉ, DISSOLU sont des syn. soutenus.

**corvée** [kɔrve] n. f.
[événement] *On doit aller dîner chez les parents. — Quelle corvée ! La soirée ne sera*

*pas drôle.* ● *Pour toi, c'est une corvée de se lever à 7 heures, qu'est-ce que tu dirais si tu étais obligé de te réveiller à 5 heures comme moi !*

**S.** Une *corvée* est un travail pénible, qqch qui vous est imposé et qui est rebutant.

**costume** [kɔstym] n. m.
[vêtement] *Il faudra que tu te fasses faire un costume pour le mariage de ta sœur : tu n'es plus à la mode !*

**S.** Le *costume* est un vêtement masculin constitué par une veste, un pantalon et parfois un

# CÔTE

gilet. Pour les femmes on parle de TAILLEUR (veste et jupe ou veste et pantalon) ou plus souvent d'ENSEMBLE.

**côte** [kot] n. f.
I. [lieu naturel] *On fait la course, le premier arrivé en haut de la côte a gagné!* • *Tu crois qu'on pourra monter cette côte à vélo?*
II. [lieu naturel] *Les côtes de Bretagne sont souvent couvertes de rochers.* • *[Sur le bateau]* : *« Regarde, on est presque arrivés, on voit la côte! »* ◆ (au sing. seulem., avec une majuscule) **la Côte (d'Azur)** *Vous allez cet été sur la Côte?*
III. [localisation] **côte à côte** *Vous vous asseyez côte à côte ou l'un en face de l'autre?* • *Le chemin est trop étroit pour marcher côte à côte.*
IV. [partie du corps] *Alain s'est cassé trois côtes dans un accident de moto.* ◆ [aliment] **côte de bœuf, de veau, de mouton, de porc** *[Chez le boucher]* : *« Six côtes de porc, s'il vous plaît! »* • *Une côte de bœuf pour deux personnes, ça doit suffire, non?*

**S. 1.** Une *côte* (sens I) est une route en pente ; les équivalents sont MONTÉE ou DESCENTE, selon qu'on la monte ou qu'on la descend. — **2.** *Côte* (sens II) a pour syn. LITTORAL, RIVAGE, BORD DE MER. Au sing. seulement et avec une majuscule, ce mot désigne la *côte* sud de la France, au bord de la Méditerranée. — **3.** *Côte à côte* (sens III) a pour syn. L'UN À CÔTÉ DE L'AUTRE. — **4.** Les *côtes* (sens IV) sont les os plats qui forment la cage thoracique à l'intérieur de laquelle se trouvent les poumons et le cœur. En boucherie, la *côte* est une pièce de viande avec os. Quand il s'agit du mouton ou de l'agneau, on dit plutôt CÔTELETTE. Une ENTRECÔTE est un morceau de bœuf coupé entre les *côtes*.

**L. côtier, ère** (adj.) [sens II] Il fait de la navigation près des côtes → *il fait de la navigation côtière.*

**côté** [kote] n. m.
I. [localisation] *De chaque côté de la fenêtre, il y avait des plantes vertes.* • *Il y a des voitures garées des deux côtés de la rue.* • *De ce côté c'est la chambre et de l'autre côté du couloir, il y a la salle de bains.* ◆ **à côté (de qqch, qqn)** *Où est mon livre?* — *Là, à côté du dictionnaire.* • *Viens t'asseoir à côté de moi.* • *Voilà la salle de bains et, à côté, les toilettes.* ◆ **aux côtés de, à mon (ton, son) côté** *Qui a combattu aux côtés de la France lors de la dernière guerre?* ◆ **à côté (de qqch)** *Il travaille, mais il fait aussi des études à côté.* • *Tu n'as pas de mal, sois content, ce n'est rien à côté de ce qui aurait pu t'arriver.* • *Évidemment, une fois de plus tu réponds à côté de la question!* ◆ **d'un côté, de ce côté, de mon (ton, etc.) côté** *On a eu peur pour sa santé, mais, de ce côté, tout va bien maintenant : reste le moral.* • *Alors, tu prends ce travail? Je réfléchis : d'un côté, ça me plaît, mais, d'un autre côté, je serai moins libre.* • *Toi, tu t'occupes de prévenir Paul, et moi, de mon côté, je me charge de Pierre.* ◆ (sujet qqn) **être du côté de qqn** *Écoute, Pierre et moi, c'est fini, alors tu choisis si tu es de mon côté ou du côté de Pierre.* ◆ **de côté** *Laissez ça de côté pour l'instant, vous vous en occuperez plus tard.* • *Ils ne dépensent pas, ils mettent de l'argent de côté pour plus tard.*

II. [partie d'un objet] (compt.) *Un carré a quatre côtés égaux.* • *On a eu un accident, tout le côté droit de la voiture est abîmé.* ◆ [partie du corps] (compt., surtout au sing.) *Tu dors sur le dos ou sur le côté?*
III. [lieu abstrait] (compt.) *Ce qui est agréable avec Pascal, c'est qu'il voit toujours le bon côté des choses.* • *Par certains*

*côtés, ce livre ressemble un peu à celui de Sartre.*
IV. **du côté de** + n., **de ce côté**, etc. *Ils habitent du côté de Lyon, je ne sais pas où exactement.* • *Vous allez de quel côté ? Parce que si vous allez vers Lyon vous pourriez m'emmener.* • *C'est difficile de conduire dans Paris, il y a des voitures qui viennent de tous les côtés.*

**S. 1.** *Côté* (sens I) s'emploie précédé des prép. À ou DE pour situer la place d'un objet, d'une personne par rapport à un autre objet ou une autre personne. *De ce côté* a pour syn. PAR ICI. *De chaque côté de* a pour syn. DE PART ET D'AUTRE DE. *De l'autre côté* désigne un lieu situé au-delà d'une limite. *À côté de* a pour syn. PRÈS DE, AUPRÈS DE (en parlant de qqn), À PROXIMITÉ DE (en parlant de qqch). *Aux côtés de* (sens I) a pour équivalents AVEC, AUPRÈS DE. *À côté* peut indiquer une addition, il a alors pour syn. EN PLUS ou une comparaison, il a alors pour syn. EN COMPARAISON DE, PAR RAPPORT À. *À côté de la question, du sujet* a pour syn. EN DEHORS DE. *À côté de ça* a pour syn. EN DEHORS DE ÇA. *De ce côté* a pour syn. SUR CE POINT. *D'un côté..., d'un autre côté* a pour syn. D'UNE PART..., D'AUTRE PART. *De mon (ton, son) côté* a pour syn. EN CE QUI ME (TE, LE) CONCERNE. *Être du côté de qqn*, c'est être dans son camp, le SOUTENIR. *Laisser, mettre qqch de côté*, c'est le METTRE À PART, le RÉSERVER et, en parlant d'argent, FAIRE DES ÉCONOMIES. — **2.** Au sens II, *côté* désigne soit chaque ligne qui limite une forme géométrique, une surface, soit les faces latérales d'un objet ; il s'oppose alors au FOND et au DESSUS, ou à l'AVANT et à l'ARRIÈRE. Comme nom désignant une partie du corps, *côté* a pour syn. soutenu FLANC. — **3.** *Côté* (sens III) a le plus souvent pour syn. ASPECT. — **4.** Au sens IV, *côté* a pour syn. DIRECTION, SENS. *De tous les côtés* a pour syn. DE PARTOUT. *Du côté de* a pour syn. DANS LES ENVIRONS DE.

**côtelette** [kotlɛt] n. f.
[aliment] *(Chez le boucher)* : « *Cinq côtelettes d'agneau, s'il vous plaît.* »

**S.** *La côtelette* est une grillade de mouton ou d'agneau qui comporte un os et qui est plus petite que la CÔTE.

**cotiser** [kɔtize] v. i. (conj. **1**)
(sujet qqn) **cotiser (à qqch)** *Si vous n'avez pas cotisé, vous ne pouvez pas faire partie de notre association sportive.* ◆ (sujet qqn [plur.]) **se cotiser** *Nous nous sommes tous cotisés pour lui offrir un cadeau d'anniversaire.*

**S.** *Cotiser*, c'est payer une certaine somme pour faire partie d'une association, d'un groupe, ou verser sa part pour une dépense commune. *Se cotiser*, c'est verser chacun sa part pour une dépense commune.

**L. cotisation** (n. f.) *Les salariés doivent cotiser à la Sécurité sociale* → *les salariés doivent verser une cotisation à la Sécurité sociale.*

**coton** [kɔtɔ̃] n. m.
[matière] (non-compt., au sing.) *En été, Jacqueline ne met que des robes en coton.* • *Il fait très chaud, enlève ton pull et mets une chemise de coton, tu seras mieux.*
◆ **coton (hydrophile)** *Jacques s'est coupé, il saigne, tu n'as pas du coton ?* • *Va à la pharmacie acheter un paquet de coton.*

**S.** *Le coton* est un tissu léger. *La* OUATE est un syn. de *coton hydrophile.*
**L. cotonnade** (n. f.) [sens I] *Elle portait une robe en cotonnade* (← tissu de coton).

**côtoyer** [kotwaje] v. t. (conj. **5**)
(sujet qqn) **côtoyer qqn (plur.)** *Avec le métier qu'il fait, il est amené à côtoyer toutes sortes d'individus.*

**S.** *Côtoyer* est un syn. moins fort et soutenu de FRÉQUENTER.

**cou** [ku] n. m.
[partie du corps] *On voyait son gros cou rouge qui dépassait du col de sa chemise.* • *Tu peux m'aider à attacher ma chaîne autour du cou ?*

**S.** *Le cou* est la partie du corps qui joint la tête aux épaules.

**coucher** [kuʃe] v. t. et v. i. (conj. **1**)
I. [v. t.] (sujet qqn) **coucher un enfant, un malade** *Si on veut aller au cinéma, il faudrait coucher les enfants de bonne heure.*
◆ **se coucher, être couché** *Si tu as de la fièvre, tu ferais mieux d'aller te coucher.*
• *Bonsoir ! Il est plus de minuit, je vais me*

coucher. • *Tu n'aurais jamais dû te coucher si tard hier soir!* • *Ne faites pas tant de bruit, Pierre est déjà couché.* ◆ (avec un compl. de lieu) *L'avion passa si près du sol qu'on s'est tous couchés par terre.* ◆ [v. i.] (sujet qqn, un animal) **coucher qqpart** *Vous comptez coucher à l'hôtel?* • *La fenêtre était fermée, et le chat a couché dehors cette nuit!*
II. [v. pr.] (sujet le soleil) **se coucher, être couché** [v. pass.] *Le soleil se couche plus tôt l'hiver que l'été.* • *Il n'y a plus assez de lumière, le soleil est déjà couché.*

**S. 1.** *Coucher un enfant*, c'est le METTRE AU LIT. *Se coucher* a pour syn. ALLER AU LIT, SE METTRE AU LIT. Le syn. d'*être couché* est ÊTRE AU LIT. Avec un compl. de lieu autre que «chambre», il a pour syn. S'ALLONGER, S'ÉTENDRE («dans l'herbe», «par terre», etc.). *Se coucher* s'oppose à S'ASSEOIR et à SE LEVER, et *être couché* à ÊTRE ASSIS, ÊTRE DEBOUT ou ÊTRE LEVÉ. *Coucher qqpart*, c'est y PASSER LA NUIT, y DORMIR. — **2.** Le contr. de *se coucher, être couché* (sens II) est SE LEVER, ÊTRE LEVÉ.
**L. coucher** (n. m.) [sens II] *Le soleil se couche, c'est très beau* → *le coucher du soleil est très beau*. ◆ **couchette** (n. f.) [sens I] *Tu as réservé des couchettes dans le train?* (← des lits aménagés pour coucher dans un train ou sur un bateau). ◆ **recoucher (se)** [v. pr.] [sens I] *Il est allé se coucher de nouveau (après s'être levé)* → *il est allé se recoucher.*

**coude** [kud] n. m.
[partie du corps] *Attention, ne mets pas tes coudes sur la table, tu vas te salir!*

• *Quand Paul est arrivé, je lui ai donné un coup de coude pour l'avertir.*

**S.** Le *coude* est l'articulation du bras et de l'avant-bras.

**coudre** [kudr] v. t. (conj. 48)
(sujet qqn) **coudre (un tissu, des vêtements)** *Il ne me reste plus que les manches à coudre, et j'ai terminé.* • *Françoise sait très*

*bien coudre : c'est elle qui fait les vêtements de ses enfants.*

**S.** *Coudre*, sans compl., a pour syn. FAIRE DE LA COUTURE. *On coud avec du fil et une aiguille ou avec une machine à coudre. Coudre un vêtement déchiré*, c'est le RECOUDRE ou le RACCOMMODER.
**L. couture** (n. f.) *Elle apprend à coudre* → *elle apprend la couture.* ◆ **découdre** (v. t.) *Ça ne va pas, il faut défaire tout ce qui est cousu* → *ça ne va pas, il faut tout découdre.* ◆ **recoudre** (v. t.) *Peux-tu me coudre de nouveau mon bouton (qui est décousu)?* → *peux-tu me recoudre mon bouton?*

**couler** [kule] v. i. (conj. 1)
I. (sujet un liquide) *Va arrêter l'eau qui coule, sinon la baignoire va déborder!* • *Zut! La bouteille s'est cassée, et tout le lait a coulé dans mon sac.* ◆ (sujet qqch [conduit, nez, yeux]) *C'est toi qui a laissé le robinet couler dans la salle de bains?* • *Ton nez coule et je n'ai même pas de mouchoir!*
II. (sujet un bateau, qqn) *Il y a eu une explosion, le bateau a pris feu et puis il a coulé.* • *On ne sait pas ce qui s'est passé : elle nageait et, tout d'un coup, elle a coulé, on ne l'a plus vue.*

**S. 1.** *Couler* (sens I) a comme syn. plus fort RUISSELER (soutenu), en parlant d'un liquide. — **2.** *Couler* (sens II), c'est S'ENFONCER dans l'eau ; en parlant d'un bateau, il a pour syn. FAIRE

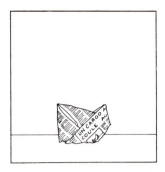

NAUFRAGE et SOMBRER (soutenu) ; en parlant de qqn, le syn. est S'ENGLOUTIR (litt.), SE NOYER ou MOURIR PAR NOYADE.

**couleur** [kulœr] n. f.
[qualité, qqch] (compt.) *J'ai acheté une nouvelle robe. — Ah? De quelle couleur? — Rouge.* • *Tu as la télévision en couleurs, toi?* • *Ce tableau a des couleurs magnifiques.* ◆ (non-compt., au sing.) *Ta chambre est triste ; il faudrait y mettre un peu de couleur.*
   **S.** *Couleur* a pour syn. TEINTE et COLORIS (sauf dans l'expression *en couleurs*). Les principales *couleurs* sont le bleu, le jaune, le rouge, le vert, le violet, le marron, l'orange ; chaque *couleur* a des NUANCES (bleu pâle, bleu foncé, etc.). La *couleur* (non-compt.) s'oppose au NOIR et au BLANC. Ce qui a de la *couleur* est COLORÉ, ce qui a perdu sa *couleur* a DÉTEINT.
   **L. colorier** (v. t.) *Il faudrait mettre de la couleur dans le coin du tableau* → *il faudrait colorier le coin du tableau.* ◆ **décolorer** (v. t.) *Elle a changé la couleur de ses cheveux* → *elle a décoloré ses cheveux.* ◆ **incolore** (adj.) *Ce liquide n'a pas de couleur* → *ce liquide est incolore.* ◆ **multicolore** (adj.) *On voyait aux fenêtres des rideaux de toutes les couleurs* → *on voyait aux fenêtres des rideaux multicolores.*

**couloir** [kulwar] n. m.
[partie d'un édifice] *Le bureau de M. Durand, s'il vous plaît? — Vous prenez le premier couloir à gauche et c'est la troisième porte sur votre droite.* • *Leur appartement est tout en longueur et il y a un très grand couloir.*
   **S.** Un *couloir* est un passage dans un immeuble, une maison, un appartement, qui dessert plusieurs appartements, bureaux ou pièces.

**coup** [ku] n. m.
I. [action, qqn] **coup (de poing, pied, etc.)**
*Qu'est-ce que tu as à l'œil? — J'ai reçu un coup de poing.* • *Arrête de me donner des coups de pied sous la table!* • *Moi, quand j'étais petit, j'en ai reçu des coups ; mainte-*

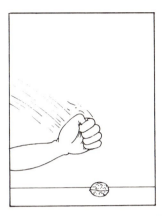

*nant à l'école, on ne bat plus les enfants.* • *Il m'a frappé à coups de ceinture, qu'est-ce que ça m'a fait mal!*
II. [action, qqch] **coup de peigne, de téléphone, etc.** *Donne-toi un coup de peigne, tu en as besoin.* • *J'ai reçu un coup de téléphone à 3 heures du matin, tu te rends compte!*
III. [événement] **mauvais, sale coup, coup dur, etc.** *Voilà, j'ai encore raté mon examen. — Mon pauvre vieux, ça c'est un sale coup!* • *Pierre a eu beaucoup de coups durs dans sa vie et pourtant il s'en est sorti.*
IV. (sujet qqn, qqch) **tenter, valoir, tenir, etc., le coup** *Tu crois que tu vas arriver à tenir le coup avec cette chaleur?* • *Ne lui réponds pas, ça ne vaut pas le coup.* ◆ **à coup sûr** *Pierre ne vient pas aujourd'hui, mais il a dit qu'il viendra à coup sûr jeudi.* ◆ **à tous les coups** *Tu peux être sûr que ça ne lui plaira pas ; à tous les coups, il va être furieux!*
V. [temps] *Ce n'est pas grave, tu ne l'as pas fait ce coup-ci, mais la prochaine fois tu le feras.* • *Tu as réussi du premier coup? Bravo!* ◆ **après coup** *J'ai compris après coup pourquoi il m'avait dit ça.* ◆ **d'un (seul) coup, tout d'un coup** *Il faisait très beau, il y avait du soleil et, d'un seul coup, le ciel est devenu tout noir.* ◆ **sur le coup** *Comment Pierre a-t-il réagi? — Sur le coup, il a été très étonné, et puis après je crois qu'il a compris.*

**VI. du coup** *Pierre m'a demandé de l'argent, je lui en ai prêté et, du coup, je n'en ai plus assez pour aller au cinéma.*

**S. 1.** Un **coup** (sens I) est un choc physique provoqué par le pied, le poing, etc., ou un objet désigné par le compl. de nom *(coup de ceinture).* Sans compl., *donner des coups* a pour syn. COGNER, FRAPPER, BATTRE. — **2.** Au sens II, *coup* forme avec son compl. une loc. équivalant à un verbe *(donner un coup de peigne* → PEIGNER ; *donner un coup de téléphone* → TÉLÉPHONER, etc.). — **3.** Au sens III, il s'agit le plus souvent d'un choc moral ou d'une émotion. *Un coup dur* est un gros ENNUI, un MALHEUR (plus fort). — **4.** Au sens IV, *tenter le coup* a pour syn. ESSAYER ; *valoir le coup,* c'est VALOIR LA PEINE ; *tenir le coup,* c'est RÉSISTER. *À coup sûr* a pour syn. CERTAINEMENT. *À tous les coups* a pour syn. C'EST SÛR. — **5.** Au sens V, *coup* a pour syn. FOIS. *Après coup* a pour syn. APRÈS. *D'un coup, tout d'un coup* ont pour syn. TOUT À COUP (v. ce mot), SOUDAIN (soutenu). *Sur le coup* a pour syn. SUR LE MOMENT. — **6.** Au sens VI, *du coup* a pour équivalent CE QUI FAIT QUE, À CAUSE DE ÇA.

**coupable** [kupabl] adj. (après le n.) et n. [adj.] (se dit de qqn) **coupable (de qqch [faute], de + inf. passé)** *On l'a accusé à tort, cet homme n'était pas coupable du crime.*

● *Vous êtes coupable d'avoir laissé faire votre associé sans intervenir.* ◆ [n.] (personne) *La police n'a pas réussi à retrouver le coupable.*

**S.** *Coupable* a pour syn. moins fort et soutenu FAUTIF. RESPONSABLE est un autre syn. qui n'implique pas nécessairement la notion de faute. Le contr. est INNOCENT.
**L. culpabilité** (n. f.) *On a prouvé qu'il était coupable* → *on a prouvé sa culpabilité.*

**couper** [kupe] v. t. et v. i. (conj. **1**)
I. [v. t.] (sujet qqn) **couper qqch (objet, matière)** [*À table*] : «*Pierre, tu veux bien couper la viande?*» ● *Ne coupe donc pas trop de pain!* ● *Pourquoi t'es-tu fait couper les cheveux si court?* ◆ **se couper (une**

**partie du corps)** *Fais attention de ne pas te couper le doigt avec ce couteau neuf.* ● *Aïe! Ça y est, je me suis encore coupée!* ◆ [v. i.] (sujet un objet) *Donne-moi un autre couteau, celui-ci ne coupe pas.*
**II.** [v. t.] (sujet qqn) **couper le gaz, l'eau, la parole, etc.** *Tu as pensé à couper le gaz avant de partir?* ● *Mardi, l'eau sera coupée toute la journée à cause des travaux.* ● *Allô? — Ne coupez pas, mademoiselle, je n'ai pas terminé!* ● *Mais laisse donc Yann parler, tu n'arrêtes pas de lui couper la parole!*

**S. 1.** *Couper qqch* (sens I), c'est le détacher, le séparer de qqch d'autre, le DÉCOUPER. En parlant des cheveux, c'est les rendre plus courts. *Se couper,* c'est se faire une entaille, une blessure ; le syn. est SE BLESSER. *Couper* (v. i.), c'est être tranchant, COUPANT. — **2.** Au sens II, *couper le gaz, l'eau* a pour syn. INTERROMPRE, ARRÊTER. Au téléphone, *ne coupez pas* a pour équivalent soutenu N'INTERROMPEZ PAS LA COMMUNICATION. *Couper la parole à qqn,* c'est l'empêcher de parler, l'INTERROMPRE.
**L. coupe** (n. f.) [sens I] Il se fait couper les cheveux → *il se fait faire une coupe de cheveux.* ◆ **coupure** (n. f.) [sens I] Il s'est coupé au doigt → *il s'est fait une coupure au doigt.* ◆ [sens II] L'électricité est coupée → *il y a une coupure d'électricité.* ◆ **recouper** (v. t.) [sens I] Coupe de nouveau du pain → *recoupe du pain.* (V. aussi ce mot.)

**couple** [kupl] n. m.
[collectif, personnes] *Les Dupont sont un couple sans enfants.* ● *As-tu remarqué ce couple là-bas? — Lequel? — Celui qui danse un peu à l'écart des autres.*

**S.** Un *couple* est la réunion d'un homme et d'une femme, le plus souvent mariés (le mari et la femme); le syn. est alors MÉNAGE.

**cour** [kur] n. f.
I. [partie d'un édifice] (compt.) *On entend les cris des enfants qui jouent dans la cour de l'école.* • *Vous dormirez tranquilles : le salon donne sur la rue, mais les chambres sont sur la cour.*
II. (sujet qqn) **faire la cour à qqn** *Tu te souviens du temps où Jean te faisait la cour? Il te téléphonait chaque jour, t'envoyait des fleurs.*

**S. 1.** Au sens I, une *cour* est un terrain situé le plus souvent derrière les maisons, dans les villes, ou entre plusieurs bâtiments d'habitation, dans les campagnes (cour d'une ferme). La *cour* d'une école est aussi appelée COUR DE RÉCRÉATION. — **2.** *Faire la cour à une femme* (sens II), c'est la COURTISER et, plus fort, FLIRTER AVEC elle.

**courage** [kuraʒ] n. m.
[qualité, qqn] (non-compt., au sing.) *Pascal savait qu'il n'était pas le plus fort, mais il s'est battu avec beaucoup de courage.* • *Il faut avoir du courage pour supporter tout ce qu'elle supporte!* • *Pierre n'a pas eu le courage de nous dire la vérité.* • *Il croit qu'un verre d'alcool va lui donner du courage.* • *Donne-moi du courage, demain je* 

*passe mon examen.* • *Tu vas faire tes devoirs, eh bien! bon courage!*

**S.** Le *courage*, c'est l'énergie qui permet d'affronter le danger, la souffrance. Les syn. sont CRAN (fam.) et BRAVOURE (litt.) Les contr. sont FAIBLESSE et LÂCHETÉ. *Avoir du courage*, c'est ÊTRE COURAGEUX, BRAVE (litt.), par oppos. à ÊTRE LÂCHE. *Donner du courage* a pour syn. ENCOURAGER. *Bon courage!* a pour équivalent *ayez du courage!*
**L.** **courageux, décourager, encourager,** v. ces mots.

**courageux, euse** [kuraʒø, øz] adj. (après le n.)
(se dit de qqn, de son attitude) *À la mort de sa mère, il a été très courageux, il n'a laissé voir sa peine à personne.* • *Il y a peu de gens pour tenir un discours aussi courageux : il n'est pas facile de reconnaître ses erreurs.*

**S.** Est *courageux* celui qui a du COURAGE ou ce qui en manifeste; BRAVE est un syn. soutenu; VAILLANT, en parlant de qqn, est plus faible et litt. Les contr. sont LÂCHE, PEUREUX, POLTRON (soutenu).
**L.** **courageusement** (adv.) *Il s'est conduit de façon très courageuse* → *il s'est conduit très courageusement.*

**1. courant, e** [kurã, ãt] adj. (après le n.)
(se dit de qqch) *Ce pyjama est un modèle tout à fait courant, est-ce que vous voulez quelque chose de plus original?* • *Ce dictionnaire ne contient que les mots les plus courants de la langue française.* • *Quand*

on habite Bayonne, il est courant d'aller faire ses courses en Espagne.
**S.** *Courant* a pour syn. COMMUN, USUEL, et pour contr. RARE et, plus fort, EXCEPTIONNEL. BANAL et ORDINAIRE impliquent une idée péjor. *C'est courant, il est courant* a pour syn. soutenu C'EST, IL EST FRÉQUENT.
**L. couramment** (adv.) Il est courant de dire ça → ça se dit couramment.

**2. courant** [kurã] n. m.
I. [phénomène naturel] *Il y a des courants très dangereux par ici, ne te baigne pas là.* • *Leur bateau a été emmené par le courant assez loin de la côte.* ◆ **courant (électrique)** *Qu'est-ce qui se passe, toutes les lumières se sont éteintes. — Il y a sans doute une panne de courant.* • [À la télévision] : « À la suite d'une panne de courant, nous sommes dans l'obligation d'interrompre notre émission. »
II. [collectif, personnes] *Tous les courants politiques seront représentés à ce débat, ce sera passionnant.*
III. **au courant (de qqch)** *Vous êtes au courant de sa décision ?* • *Yves n'est pas au courant de ce qui s'est passé hier : raconte-lui l'histoire.* • *Tu sais la nouvelle ? — Oui, je suis au courant.* • *Tenez-moi au courant de la suite des événements.* • *Il s'est vite mis au courant du travail qu'il avait à faire.*
**S. 1.** Le *courant* (sens I) est le mouvement orienté de l'eau, dans un fleuve, la mer, etc. *Courant (électrique)* a pour syn. ÉLECTRICITÉ. — **2.** *Courant* (sens II) désigne un groupe défini par une orientation générale sur le plan de la théorie politique, d'une doctrine, etc. Les syn. sont alors TENDANCE, MOUVEMENT. — **3.** *Être au courant* (sens III) a pour syn. CONNAÎTRE ou SAVOIR. *Tenir au courant qqn de qqch* a pour syn. soutenus FAIRE PART À qqn DE qqch, INFORMER qqn DE qqch. *Mettre qqn au courant de qqch* a pour syn. APPRENDRE qqch À qqn, RENSEIGNER qqn SUR qqch. *Se mettre, se tenir au courant de qqch* ont pour syn. SE RENSEIGNER SUR, S'INFORMER DE ou SUR qqch.

**coureur** [kurœr] n. m.
[personne, agent] *À la fin de la première étape du Tour de France, vingt coureurs ont abandonné.* • [Le haut-parleur du stade] : « *Les coureurs du cent dix mètres haies sont priés de se présenter sur la ligne de départ.* »
**S.** Un *coureur* est un sportif qui participe à une compétition (course à pied, cycliste, automobile). Non précisé, le terme désigne le plus souvent un *coureur* CYCLISTE.

**courir** [kurir] v. i. et v. t. (conj. **26**)
I. [v. i.] (sujet qqn, un animal) *Mon réveil n'a pas sonné : j'ai dû courir pour ne pas arriver en retard.* • *Quand on s'en va sans lui, le chien court derrière la voiture très longtemps.* ◆ (sujet un sportif, un cheval) *Pour un champion qui n'a pas couru depuis* 

*dix ans, quel record !* • *Ce cheval ne courra pas dimanche ; il s'est blessé à la dernière course.* ◆ (sujet qqn) **courir après qqn** *Où étais-tu ? Ça fait une heure que je te cours après.* ◆ [v. t.] (sujet qqn) **courir les magasins** *Son mari ne comprend pas qu'elle passe ses journées à courir les magasins pour trouver une robe.* ◆ **courir une distance** *Il a couru le cent mètres en neuf secondes, le record du monde est battu.*
II. [v. t.] (sujet qqn, qqch) **courir un danger, un risque** *Tu crois que ça marchera ? — Oh ! c'est un risque à courir.* • *La pauvre, elle ne sait pas le danger qu'elle court en partant seule avec lui.*
III. [v. i.] (sujet une nouvelle, un bruit) *Le bruit court que vous allez quitter votre emploi ; vous partez à l'étranger ?*
**S. 1.** *Courir* (v. i.) s'oppose à MARCHER (rythme plus lent) et à GALOPER (rythme plus rapide, et surtout pour les chevaux). *Courir après qqn* a pour syn. fam. CHERCHER qqn. *Courir les magasins*, c'est aussi FAIRE DES COURSES. — **2.** *Courir un danger* a pour syn. S'EXPOSER À. — **3.** *Le bruit court* a pour syn. le bruit SE RÉPAND.
**L. coureur, course**, v. ces mots.

**courrier** [kurje] n. m.
[collectif, objets] (compt., surtout au sing.) *Le facteur a-t-il déjà apporté le courrier ?* • *La première chose qu'il fait quand il arrive au bureau, c'est d'ouvrir son courrier et de le lire.* • *Qu'est-ce qu'il y avait au courrier, ce matin ? — Rien, juste le journal.*

**S.** Le *courrier* est l'ensemble de lettres, journaux, prospectus, paquets, etc., qu'on reçoit par la poste et qui est distribué par le facteur. Le *courrier* de qqn, c'est sa CORRESPONDANCE (soutenu).

**cours** [kur] n. m.
I. [action, qqn, et résultat] *Il paraît que le nouveau professeur fait des cours remarquables.* • *Pour gagner sa vie, il donne des cours de mathématiques.* • *Cet après-midi, à l'école, j'ai trois heures de cours.*
II. [lieu naturel, liquide] **cours d'eau** *Cette année, pour les vacances, nous allons louer un bateau et nous nous promènerons sur les cours d'eau du sud de la France.*
III. [temps de l'action] (compt., surtout au sing.) *Alors, ils ont trouvé le coupable ? Pas encore, mais l'enquête suit son cours.* ◆ **au cours de** + n., **en cours de** + n. (sans art.) *Il a raconté dans son livre toutes les aventures qu'il avait eues au cours de sa vie en Égypte.* • *Et ne t'arrête pas en cours de route ! Rentre directement à la maison !* ◆ **en cours** *Occupons-nous d'abord des affaires en cours, nous verrons plus tard l'histoire de M. Durand.* • *Pour l'année en cours, le volume des importations sera égal au volume des exportations.*
IV. [qualité, mesure] (compt.) *Quel est le cours du franc suisse aujourd'hui ?* ◆ (sujet qqch) **avoir cours** *Cette pièce n'a plus cours depuis longtemps, donne-la à Jeanne pour sa collection.*

**S. 1.** Au sens I, dans *faire un cours, donner des cours*, le syn. est LEÇON ; dans les autres cas, le syn. est CLASSE. *Cours* s'emploie pour l'enseignement secondaire ou supérieur (dans l'enseignement primaire, ON FAIT LA CLASSE). — **2.** Les rivières, les fleuves, les torrents sont des *cours d'eau*, par oppos. aux étendues d'eau (mer, lac, océan). — **3.** Au sens III, le *cours* d'une action, c'est son déroulement dans le temps. *Au cours de, en cours de* ont pour syn. PENDANT, DURANT. *En cours* se dit d'une action ou d'une période qui est en train de se dérouler. — **4.** Le *cours* d'une monnaie (sens IV), c'est son taux de change. *Avoir cours*, c'est avoir une valeur légale.

**course** [kurs] n. f.
I. [action, qqn, un véhicule] *La course m'a fait perdre la respiration ; je n'ai plus ton âge.* • *La course de la voiture s'est terminée dans un arbre.*
II. [sport] **course (de** + n., **à** + n., **adj.)** *Les concurrents de la course cycliste Paris-Nice ont souffert de la chaleur aujourd'hui.* • *Si on allait aux courses dimanche ?* — *Je n'aime pas beaucoup les courses de chevaux.*
III. [action, qqn] *Ne m'attends pas, j'ai une course à faire.* • *On peut faire ses courses*

*sans se presser dans ce magasin, il est ouvert jusqu'à 10 heures du soir.*

**S. 1.** La *course* (sens I), c'est l'action de COURIR (pour qqn, un animal) ou de se déplacer rapidement, d'être emporté (pour qqch, un véhicule) ; le syn. en parlant de qqch, est TRAJET. — **2.** La *course* (sens II) est une épreuve sportive. En athlétisme, parmi les *courses* à PIED, on distingue les *courses* DE VITESSE et les *courses* DE FOND. Sans compl. et au plur., le mot désigne les *courses* DE CHEVAUX. — **3.** *Course* (sens III) désigne les achats faits chez les commerçants ; le syn. est COMMISSIONS.

**court, e** [kur, kurt] adj., **court** adv.
I. [adj.] (se dit de qqch [concret] ; après le n.) *Tiens ! tu as les cheveux courts, maintenant ?* • *En été, on porte des chemises à*

*manches courtes.* ◆ (se dit de qqch [temps]; avant le n.) *Il n'est resté qu'un court moment, il avait un rendez-vous.*
II. [adv.] (manière) *Tes cheveux sont coupés trop court ; ce n'est pas joli.* ◆ **à court (de qqch)** *Zut ! il faut que je m'arrête, je suis à court d'essence !* ● *J'ai dû vendre mes bijoux : j'étais à court d'argent.*

> **S. 1.** *Court* (adj.) a pour contr. LONG. Devant les noms indiquant le temps, il a pour syn. soutenu BREF. — **2.** *Être à court de* qqch a pour syn. MANQUER DE.
> **L.** **écourter, raccourcir,** v. ces mots.

**courtois, e** [kurtwa, az] adj. (après le n.) (se dit de qqn, de son attitude) *Remarque, il est toujours courtois à mon égard, mais, en fait, il ne fait pas attention à moi.*

> **S.** *Courtois* est le syn. soutenu de POLI ; il indique une politesse distinguée. CORRECT est

un syn. qui indique une attitude retenue. Le contr. est GROSSIER.
> **L. courtoisie** (n. f.) *Il est parfaitement courtois* → *il est d'une parfaite courtoisie.* ◆ **discourtois, e** (adj.) *Tu n'as pas été courtois avec elle* → *tu as été discourtois avec elle.*

**cousin, ine** [kuzɛ̃, in] n.
[personne, parenté] *Ma sœur vient d'avoir un bébé : mon fils est très impatient de voir son petit cousin.* ● *François est amoureux d'Hélène. Est-ce vrai que c'est sa cousine ? — Oui, leurs pères sont frères.*

> **S.** Les *cousins* GERMAINS sont des *cousins* au premier degré, c'est-à-dire ceux dont les parents respectifs sont frères ou sœurs.

**coussin** [kusɛ̃] n. m.
[objet] *Dans son studio, il n'y a pas de fauteuils, mais de grands coussins pour s'asseoir.* ● *Étends-toi : je vais te mettre un coussin sous la tête.*

> **S.** L'OREILLER est un *coussin* carré sur lequel on pose sa tête dans un lit ; le TRAVERSIN, ou, fam., POLOCHON, est un *coussin* long qui se trouve à la tête du lit.

**couteau** [kuto] n. m.
[instrument] *Je n'ai pas de couteau pour couper ma viande.* ● *Mets les couteaux à droite et les fourchettes à gauche des assiettes.*

> **S.** Le *couteau* est un instrument composé d'un manche et d'une lame, qui sert à couper. On distingue selon leur forme et leur usage, le *couteau* À PAIN, À VIANDE, DE CUISINE, À FROMAGE, DE POCHE (ou CANIF).

**coûter** [kute] v. i. et v. t. (conj. **1**)
I. [v. i.] (sujet qqch) **coûter un prix, coûter + adv. [quantité, prix] (à qqn)** *Cette robe coûte cinquante francs. — Achète-la, ça vaut le coup, elle ne coûte presque rien.* ● *Les vacances nous ont coûté très cher*

*cette année.* ● *Son divorce lui a coûté pas mal d'argent, mais enfin, c'est fini.*
II. [v. t.] (sujet qqch) **coûter qqch (travail, effort, peine) à qqn** *Je suis content que ça te plaise, car ça m'a coûté bien du travail.*

**S. 1.** *Coûter* (sens I), suivi d'un compl. exprimant le prix ou d'un adv. de quantité (PEU, BEAUCOUP, etc.), a pour syn. VALOIR lorsque le compl. (à qqn) n'est pas exprimé (CETTE ROBE VAUT CINQUANTE FRANCS); il a pour syn. REVENIR À quand le compl. (à qqn) est exprimé (LES VACANCES VOUS REVIENNENT CHER ?). Ce que *coûte* un objet, c'est son PRIX. — **2.** Au sens II, *coûter* a pour syn. VALOIR et, quand il s'agit d'un ennui, CAUSER.
**L. coût** (n. m.) [sens I] Combien coûte cette réparation → *quel est le coût de cette réparation ?* ◆ **coûteux,** v. ce mot.

### coûteux, euse [kutø, øz] adj. (après ou, plus rarement, avant le n.)
(se dit de qqch) *C'est coûteux d'avoir une voiture : il faut payer l'essence, le garage, l'assurance et les réparations !*
**S.** Est *coûteux* ce qui occasionne des dépenses importantes ; les syn. sont CHER et, plus fort, HORS DE PRIX. Le contr. est ÉCONOMIQUE. *C'est coûteux* a pour équivalent plus fort C'EST UN LUXE.

### coutume [kutym] n. f.
[manière, qqn] *Dans notre région, la coutume veut que le jeune marié porte sa femme dans ses bras pour entrer dans sa maison.* • *Ce qu'il aime, quand il voyage, c'est étudier les habitudes, les coutumes, les traditions.*
**S.** Une *coutume* est une HABITUDE, un USAGE dans une région, un pays. TRADITION est un syn. plus fort.
**L. coutumier, ère** (adj.) *Il étudie le droit coutumier* (← l'ensemble des règles juridiques constituées par les coutumes).

### couture → COUDRE L.

### couvercle [kuvɛrkl] n. m.
[partie d'un objet] *C'est une jolie boîte ancienne avec un couvercle peint à la main.*
**S.** Un *couvercle* permet de fermer ou de recouvrir un récipient : boîte, bocal, pot, casserole, etc.

### couvert [kuvɛr] n. m.
I. [collectif, objets] (compt., surtout au plur.) *Eh bien dis donc, tu as mis tes belles assiettes et tes couverts en argent ! Qui est-ce qui vient dîner ?* • *[Dans un magasin] : « Je voudrais une nappe pour douze couverts, s'il vous plaît. »* • *Si tu continues à être insupportable, tu prends ton couvert et tu vas manger dans la cuisine.*
II. (sujet qqn) **mettre le couvert** *Jacques, si tu m'aidais à mettre le couvert au lieu de lire ton journal ?*

**S. 1.** *Couvert* désigne soit l'ensemble formé par la fourchette, le couteau, la cuiller, soit l'ensemble des pièces de vaisselle (*couvert* proprement dit, assiette, verre, etc.) nécessaires à une personne pour le repas. — **2.** *Mettre le couvert* a pour syn. METTRE LA TABLE.

### couverture [kuvɛrtyr] n. f.
I. [objet, linge] *Si tu as trop chaud pendant la nuit, enlève la couverture du dessus.* • *Je vous ai mis deux couvertures de laine sur votre lit ; comme ça, vous n'aurez pas froid.*
II. [partie d'un objet] *La couverture de ce livre est très belle, elle donne envie d'acheter le livre.* • *Écrivez votre nom sur la couverture de votre cahier.*

**S. 1.** Une *couverture* (sens I), généralement en laine, en coton, sert à COUVRIR un lit et à protéger contre le froid ; c'est une pièce de la literie. — **2.** Une *couverture* (sens II) protège, couvre un livre, un cahier.

### couvrir [kuvrir] v. t. (conj. 15)
I. (sujet qqn) **couvrir un objet (de, avec qqch)** *Si tu ne veux pas que ton livre s'abîme, couvre-le avec du papier.* ◆ (sujet qqch) **couvrir un objet** *Il est joli ce tissu qui couvre votre lit, où l'avez-vous acheté ?*
II. (sujet qqn) **couvrir qqn** *Même s'il fait*

*froid, ne couvrez pas trop votre enfant.*
◆ **se couvrir, être bien, trop, etc., couvert** *Couvre-toi bien avant de sortir, il y a du vent dehors.* • *Elle est trop couverte, c'est pour ça qu'elle a chaud.*
III. (sujet qqn) **couvrir qqch, qqn de qqch** *Il a couvert de notes les pages de son carnet pendant le film.* • *Ce qu'il a dit était tellement détestable que tous ses auditeurs l'ont couvert d'injures.* ◆ (sujet qqn, qqch) **être couvert de qqch** *Ton manteau est cou-*

vert de taches, il faut le donner à nettoyer. ● Jacques doit être malade, ce matin, il était couvert de boutons.
**IV.** (sujet le temps, le ciel) **se couvrir, être couvert** *Jusqu'à maintenant il a fait très beau, mais le temps se couvre, il commence à y avoir des nuages.*

**S. 1.** *Couvrir un objet* (sens I), c'est mettre qqch dessus, pour le protéger ; il a pour syn. RECOUVRIR. En parlant de qqch, c'est ÊTRE DESSUS. — **2.** *Couvrir* qqn (sens II), c'est le VÊTIR (soutenu). — **3.** *Couvrir* qqch *de* qqch (sens III), c'est l'en REMPLIR, l'en CHARGER. *Couvrir* qqn *d'injures,* c'est l'en ACCABLER. *Être couvert de* a pour syn. ÊTRE PLEIN DE. — **4.** *Se couvrir, être couvert* (sens IV), c'est DEVENIR, ÊTRE NUAGEUX.
**L. découvrir (se)** [v. pr.] (sens II) *En avril, ne te découvre pas d'un fil* (← reste bien couvert).

**crabe** [krab] n. m.
[animal] *Si tu t'ennuies, va chercher des crabes dans les rochers ! Il y en a quelques-uns qui sont assez gros pour être mangés.*

**S.** Le *crabe* est un crustacé avec de grosses pinces.

**cracher** [kraʃe] v. t. (conj. 1)
(sujet qqn, un animal) **cracher (qqch)** *Donnons des cerises au singe, on va voir s'il va cracher les noyaux.*

**S.** *Cracher,* c'est rejeter par la bouche qqch ou de la salive.

**craindre** [krɛ̃dr] v. t. (conj. 44)
(sujet qqn) **craindre qqch, qqn, craindre que + subj., de + inf.** *Judith craint beau-*

*coup son père.* ● *Ne craignez rien, nous ne vous laisserons pas seule.*

**S.** *Craindre* est un syn. soutenu de AVOIR PEUR DE, REDOUTER, APPRÉHENDER (qqch). *Ne craignez rien* a pour syn. N'AYEZ PAS PEUR, SOYEZ TRANQUILLE.
**L. crainte,** v. ce mot. ◆ **craintif, ive** (adj.) *Elle me regardait d'un air craintif* (← comme si elle craignait quelque chose).

**crainte** [krɛ̃t] n. f.
[sentiment] *Il avait une telle crainte de son père qu'il n'a pas osé lui avouer ce qu'il avait fait.* ● *Vous voyez bien que vos craintes n'avaient aucune raison d'être, tout s'est très bien passé.*

**S.** *Crainte* est un syn. soutenu et moins fort de PEUR. Au plur., il a pour syn. INQUIÉTUDES.

**cramponner (se)** [krɑ̃pɔne] v. pr. (conj. 1), **être cramponné** v. pass.
(sujet qqn) **se cramponner, être cramponné à qqch, qqn** *Allez, cramponne-toi à ton*

*siège, on va aller vite.* ● *Ils sont restés cramponnés au rocher deux heures.* ● *Ce que tu es agaçant à te cramponner tout le temps à moi !*

**S.** *Se cramponner,* c'est se tenir fermement à qqch, qqn. Il a pour syn. moins fort S'ACCROCHER, S'AGRIPPER (soutenu).

**crâne** [krɑn] n. m.
[partie du corps] *L'accident a été terrible ; Pierre a été transporté à l'hôpital avec une fracture du crâne.* ◆ (sujet qqn) **avoir mal au crâne** *Ce matin, j'ai mal au crâne. — Tu as dû te coucher tard.*

**S.** Le *crâne,* c'est la partie osseuse de la tête, qui renferme le cerveau. *Crâne* est un syn. fam. de TÊTE dans *avoir mal au crâne, tu as le crâne dur,* etc.

**craquer** [krake] v. i. (conj. **1**) (sujet qqch [objet]) *Ne mets pas tant de choses dans ton sac, il va craquer.* ◆ (sujet un parquet) *Fais attention en montant l'escalier, le parquet craque, ils vont nous entendre.*

**S.** *Craquer* a pour syn. SE DÉCHIRER. En parlant

du parquet, c'est faire du bruit, surtout quand on marche dessus.

**crasseux, euse** [krasø, øz] adj. (après le n.) (se dit de qqch, de qqn) *Donne ton imperméable à nettoyer, il est vraiment crasseux !*

**S.** *Crasseux* est un syn. plus fort de SALE.
**L.** **crasse** (n. f.) *Tes chaussures sont crasseuses* → *tes chaussures sont couvertes de crasse.*

**cravate** [kravat] n. f.
[vêtement] *Les jeunes portent de moins en moins la cravate.* ● *Tu es vraiment très chic avec cette cravate rayée !*

**S.** La *cravate*, pièce du vêtement surtout masculin, se porte nouée autour du cou avec une chemise.

**crayon** [krɛjɔ̃] n. m.
[instrument] *Passe-moi un crayon, je n'ai rien pour écrire.* ● *Pour Noël, Richard a reçu une grosse boîte de crayons de couleur.* ● *Si vous n'êtes pas sûr du numéro, écrivez-le au crayon, on vérifiera.*

**S.** Le *crayon*, comme le stylo, est un instrument pour écrire. Sans compl., il désigne un instrument en bois ayant une mine, mais il peut être précisé par un compl. (*crayon* DE COULEUR [à mine de couleur], *crayon* À BILLE, *crayon*-FEUTRE [fonctionnant avec une bille ou une pointe en feutre imprégné d'encre]).

**crédit** [kredi] n. m.
I. [action, qqn, un organisme] (non-compt., au sing.) *J'ai oublié mon porte-monnaie, vous pouvez me faire crédit jusqu'à demain ?* ● *Les banques sont des organismes de crédit.* ◆ **à crédit** *Vous avez acheté cet appartement comptant ou à crédit ?*
II. [argent, valeur] (compt.) *Si tu n'as pas assez d'argent, demande un crédit.* ● *Tous les mois nous remboursons les crédits de l'appartement et des meubles.* ◆ [argent, quantité] (surtout au plur.) *Faute de crédits suffisants, la construction de l'autoroute a été arrêtée.* ● *Alors, vous allez enfin avoir une école dans ce quartier ? — On ne sait pas encore si le ministère accordera les crédits nécessaires.*

**S. 1.** Au sens I, *faire crédit à qqn*, c'est lui accorder un délai pour payer. *Acheter qqch à crédit*, c'est faire un emprunt, demander un prêt et payer (capital emprunté plus les intérêts) par mensualités sur plusieurs mois ou plusieurs années. À TEMPÉRAMENT est un syn. soutenu, COMPTANT est un contr. — **2.** Au sens II, *crédit* désigne la somme d'argent versée par une institution, un organisme pour une dépense. Au plur., FONDS, CAPITAUX sont des syn.

**créer** [kree] v. t. (conj. **2**)
I. (sujet qqn) **créer qqch** *Il y a du chômage dans la région : pour créer de nouveaux emplois, il faut installer des usines.*
II. (sujet qqn, qqch) **créer qqch (difficultés, ennuis) à qqn** *La construction de cette usine crée des difficultés à la population.* ● *Si tu invites Julien, ça va nous créer des problèmes : il ne s'entend pas avec Hélène.*

**S. 1.** *Créer* (sens I), c'est faire, réaliser qqch qui n'existait pas. *Créer des emplois*, c'est les établir, les instituer, c'est embaucher. — **2.** *Créer des problèmes* (sens II) a pour syn. CAUSER, OCCASIONNER, PROVOQUER, SUSCITER (soutenu).
**L.** **création** (n. f.) *Créer des emplois est nécessaire* → *la création d'emplois est nécessaire.*

**crème** [krɛm] n. f.
I. [aliment] (non-compt., au sing.) *Pour que cette sauce soit meilleure, mettez-y au dernier moment de la crème fraîche.* ● *Je voudrais une glace, avec beaucoup de crème dessus.* ◆ (compt.) **crème (à + n.)** *Pour le dessert, nous aurons une crème au chocolat.*
II. [produit] (compt.) *Contre les coups de*

soleil, utilisez la crème «Solaria». ◆ (non-compt., au sing.) *Je voudrais un tube de crème à raser, s'il vous plaît.*

> **S. 1.** On achète la *crème* (sens I), produit dérivé du lait, dans une CRÉMERIE ou chez le CRÉMIER, qui vend aussi du lait, du beurre, des œufs, etc. *Crème* peut désigner aussi un dessert ; il a pour syn. ENTREMETS. — **2.** On achète une *crème* (sens II) dans une parfumerie ou une pharmacie. *Crème* peut avoir pour syn. POMMADE, quand il s'agit d'un médicament.
> **L. écrémé, e** (adj.) [sens I] *Je n'achète que du lait écrémé* (← dont on a enlevé une partie de la crème).

**crémier, ère** [kremje, ɛr] n.
[personne, profession] *Passe chez le crémier : tu prendras une livre de beurre, six œufs et du fromage.*

> **S.** Le *crémier* fait le commerce du lait, du beurre, des œufs et des fromages.
> **L. crémerie** (n. f.) *Va chez le crémier du coin de la rue* → *va à la crémerie du coin de la rue.*

**creuser** [krøze] v. t. (conj. 1)
I. (sujet qqn, un animal, qqch) **creuser un lieu** *Le chien creuse le sol avec ses pattes ; il veut retrouver son os.* ◆ **creuser un trou** *Janine a apporté un rosier : on va creuser*

*un trou dans le jardin pour le mettre avec les autres.*
II. (sujet qqch) **creuser (l'estomac)** *J'ai une de ces faims ! — Bien sûr, être au bord de la mer, ça creuse !*

> **S. 1.** *Creuser le sol* (sens I), c'est y faire un trou, un creux, une cavité ; *creuser un trou*, c'est le FAIRE. — **2.** *Creuser* (sens II) a pour syn. DONNER FAIM.

**creux, euse** [krø, øz] adj. (après le n.), **creux** n. m.
I. [adj.] (se dit de qqch [objet]) *Tu mettras des assiettes creuses pour la soupe.* ◆ (se dit de qqch [temps]) *Fais tes courses aux heures creuses, tu n'attendras pas.* • *On n'a pas vendu grand-chose aujourd'hui, ça a été un jour creux.*
II. [n. m.] (forme, qqch) [compt., surtout au sing.] *Ce bijou est tout petit, il tient dans le creux de la main.* • *Il a reçu un coup de poing au creux de l'estomac.* ◆ [temps] *Tu peux me téléphoner au bureau, j'ai un creux cet après-midi.*

> **G.** L'adj. n'a ni comparatif ni superlatif.
> **S. 1.** *Creux* (adj.) qualifie un objet qui présente une concavité. Les *assiettes creuses* s'opposent aux *assiettes* PLATES. Est *creux* un moment sans activité. *Heures creuses* a pour contr. *heures* DE POINTE. — **2.** Le *creux* (n. m.) d'une partie du corps est la partie concave de cette partie du corps ; le *creux* de la main a pour syn. la PAUME et pour contr. le DOS de la main. Un *creux* est un moment de libre, où l'activité est moindre.

**crever** [krəve] v. t. et v. i. (conj. 7)
[v. t.] (sujet qqch, qqn) **crever qqch** *Ne jouez pas avec ces bâtons, vous pouvez vous crever un œil.* ◆ [v. i.] (sujet qqn, un véhicule, un pneu) [*En voiture*] : *« Il y avait plein de clous sur la route, alors évidemment on a crevé. »*

> **S.** *Crever un ballon, un pneu, un œil*, etc.,

c'est les FAIRE ÉCLATER en les perçant, les PERCER.
> **L. crevaison** (n. f.) *Un pneu arrière a crevé, ça nous a retardés* → *la crevaison d'un pneu arrière nous a retardés.* ◆ **increvable** (adj.) *Ce sont des pneus qui ne peuvent être crevés* → *ce sont des pneus increvables.*

**crevette** [krəvɛt] n. f.
[animal] *Pour commencer le repas, je servirai des crevettes avec le poisson froid.* ● *[Au bord de la mer]* : « *Les enfants, allez pêcher des crevettes et laissez-nous tranquilles.* »

**S.** Les *crevettes* sont de petits crustacés.

**cri** [kri] n. m.
[action, qqn, et résultat] *Si tu avais entendu ce cri..., c'était horrible !* ● *Michel*

*est avec les enfants ; il imite le cri d'un animal et ils doivent deviner lequel.* ● *Les enfants nous ont accueillis avec des cris de joie : on apportait des cadeaux.* ● *Pascal a poussé un cri qui a réveillé toute la maison.*

**S.** Les *cris* des animaux portent des noms différents : *le chien* ABOIE → *l'*ABOIEMENT ; *le chat* MIAULE → *le* MIAULEMENT ; *le lion* RUGIT → *le* RUGISSEMENT. En parlant d'une personne, *cri* est le plus souvent suivi de DE et d'un nom abstrait de sentiment, de sensation : *cri* DE JOIE, DE DOULEUR, DE COLÈRE, etc. Un HURLEMENT est un *cri* fort et prolongé. *Pousser un cri* a pour syn. CRIER (v. i.).

**criblé (être)** [krible] v. pass.
(sujet qqn, qqch) **être criblé de balles** *On a dû s'acharner sur lui, son corps était criblé de balles.* ◆ (sujet qqn) **être criblé de dettes** *Tu veux emprunter de l'argent, mais tu es déjà criblé de dettes !*

**S.** *Être criblé de balles*, c'est en avoir reçu un très grand nombre ; *être criblé de dettes*, c'est en avoir énormément.

**crier** [krije] v. i., v. t. et v. t. ind. (conj. **2**)
[v. i.] (sujet qqn, un animal) *René parle tellement fort qu'on croirait qu'il crie.* ● *Inutile de crier dans le téléphone, je t'entends.* ◆ [v. t.] (sujet qqn) **crier qqch [parole], de + inf., que + ind. (à qqn)** *Quand Bruno est en colère, il crie des injures à tout le monde.* ● *Pierre était déjà trop loin quand je lui ai crié de m'attendre.* ◆ [v. t. ind.] **crier après qqn** *Elle passe son temps à crier après ses enfants, mais sans résultat.*

**S. 1.** *Crier* (v. i.), c'est POUSSER UN (DES) CRI(S) ; il peut être suivi d'un compl. indiquant la cause de ces cris (*crier* DE DOULEUR, DE PEUR, etc.). Comme v. i. ou v. t., il a pour syn. plus forts HURLER, BRAILLER (fam.). — **2.** *Crier après* qqn a pour syn. RÂLER, ROUSPÉTER APRÈS, qui sont fam., ainsi que GRONDER qqn, SE FÂCHER CONTRE lui, qui sont plus faibles.

**crime** [krim] n. m.
[action, qqn] *Cet homme est jugé pour un*

*crime épouvantable : il a tué un enfant.* ● *La jeune fille était morte, et l'arme du crime avait disparu.*

**S.** Le *crime* désigne dans la langue juridique toute infraction grave à la loi ; DÉLIT est alors un syn. moins fort. Dans la langue courante, il

signifie l'action de tuer un homme ; il a alors pour syn. MEURTRE, ASSASSINAT ou HOMICIDE (jurid.).
**L. criminel, elle** (n.) Cet homme a commis un crime → *cet homme est un criminel*. ◆ (adj.) Il a été condamné pour un crime → *il a été condamné pour un acte criminel*.

**crise** [kriz] n. f.
I. [état, qqch] *Il y a une crise économique : les appartements sont trop chers et les gens sont mal logés*. ● *La crise politique est grave : on n'a plus de gouvernement*. ● *C'est difficile de trouver du travail dans un pays en crise*.
II. [maladie] *Je ne me sens pas bien, je dois avoir une crise de foie*. ● *Qu'est-ce qu'elle a à pleurer comme ça ? — Elle a une crise de nerfs*.
**S.** Une *crise* (sens I et II) est un trouble dans une institution (sens I) ou dans l'organisme (sens II). Le mot est le plus souvent précisé par un adj. ou un compl. de nom (*crise* ÉCONOMIQUE, MONÉTAIRE, etc., au sens I ; nom d'organe ou de maladie, *crise* DE FOIE, D'ÉPILEPSIE, au sens II).

**crisper (se)** [krispe] v. pr. (conj. **1**), **être crispé** v. pass.
(sujet qqn, son visage, ses mains) *Dès qu'on lui parle de Jeanne, son visage se crispe, je me demande pourquoi ça lui fait cet effet-là*. ● *Ne soyez pas crispé, détendez-vous*.
**S.** *Se crisper* a pour syn. SE CONTRACTER et pour contr. SE DÉTENDRE. *Être crispé* a pour syn. ÊTRE TENDU.

**1. critique** [kritik] adj. (après le n.)
(se dit que qqch [abstrait]) *La situation est critique : personne ne veut céder, il n'y a pas de solution*.
**S.** *Critique* a pour syn., par ordre d'intensité croissante, GRAVE, ALARMANT, DRAMATIQUE, TRAGIQUE (soutenu).

**2. critique** [kritik] n. f. et n. m.
I. [n. f.] (action, qqn, et résultat) *Écoute, ne te fâche pas, je ne te fais pas de critique, simplement je n'aurais pas fait ça*. ● *Hélène passe son temps à faire des critiques, mais elle ne propose jamais rien*.
II. [n. f.] (énoncé) *Pierre ne va jamais au cinéma, mais il lit toutes les critiques de films, comme ça il a toujours l'air au courant*.
III. [n. m.] (personne, profession) *Tu vas voir le dernier film de X ? Tous les critiques ont dit que c'était très mauvais*.

**S. 1.** Une *critique* (sens I) est une remarque, une réflexion, un reproche (plus fort). *Faire des critiques* a pour syn. CRITIQUER ou, plus forts, ATTAQUER, BLÂMER (litt.). — **2.** Au sens II, une *critique* est un texte, un article de journal qui étudie un film, un livre, une pièce, etc., en portant dessus un jugement, bon ou mauvais. — **3.** Un *critique* (sens III) est un journaliste ou un écrivain qui juge (fait la CRITIQUE de) les œuvres littéraires et artistiques (littérature, théâtre, cinéma, musique, arts plastiques).
**L. critiquer,** v. ce mot.

**critiquer** [kritike] v. t. (conj. **1**)
(sujet qqn) **critiquer qqn, ses actes** *Ses amis partis, Étienne se met à les critiquer, à leur trouver toutes sortes de défauts*. ● *Il est critiqué par tout le monde, mais il n'y fait* 

*pas attention*. ● *Ce livre est très critiqué, les uns sont pour, les autres sont contre*.
**S.** *Critiquer* a pour syn. plus forts (par degré de force croissante) DÉSAPPROUVER, ATTAQUER, DÉNIGRER, BLÂMER (litt.) et CONDAMNER. *Critiquer qqch* a pour syn. DISCUTER. Il a pour contr. APPROUVER et LOUER (soutenu et plus fort).
**L. critiquable** (adj.) On doit critiquer sa décision → *sa décision est critiquable*. ◆ **critique,** v. ce mot.

**crocodile** [krɔkɔdil] n. m.
[animal] *Tu as un sac en peau de crocodile ? — Tu ne vas pas encore plaindre cette pauvre bête !*
**S.** Le *crocodile* est un reptile.

**croire** [krwar] v. t. et v. t. ind. (conj. **66**)
I. [v. t.] (sujet qqn) **croire qqch (abstrait), qqn** *Il ne faut pas croire tout ce que les journaux racontent*. ● *Vous m'avez convaincu, je vous crois*. ◆ [v. t. ind.] **croire à qqch (abstrait)** *Est-ce qu'on peut encore croire au progrès ?* ● *Je ne crois pas à ce qu'on dit, ce n'est pas possible*.

II. [v. t.] (sujet qqn) **croire + inf., que + ind., ne pas croire que + subj.** *Pierre croit avoir trouvé la solution, mais il n'en est pas sûr.* • *Ne venez pas, je ne crois pas que ce soit nécessaire.* ◆ **croire qqch, croire qqn + adj. ou compl. de lieu** *Le patron le croit incapable de faire ce travail.* ◆ **se croire + adj., n. ou compl. de lieu** *Avec ces fleurs devant la fenêtre, on se croirait à la campagne !*

    **G.** Au sens I, *croire* peut aussi se construire avec EN (*croire* EN DIEU) en langue soutenue.
    **S. 1.** Au sens I, TENIR POUR VRAI qqch, SE FIER À qqch sont des syn. soutenus de *croire qqch*. *Croire à* qqch a pour syn. AVOIR CONFIANCE EN, AVOIR FOI EN (soutenu). — **2.** Au sens II, *croire* a pour syn. PENSER et ESTIMER (soutenu). Avec un attribut du compl. d'objet, les syn. sont JUGER, IMAGINER. S'IMAGINER est un syn. de *se croire* + adj. ou compl.
    **L. croyable** (adj.) [sens I] On ne peut pas croire cette nouvelle → *cette nouvelle n'est pas croyable.* ◆ **incroyable,** v. ce mot.

**croisement** [krwazmɑ̃] n. m.
[lieu, passage] *Quand vous arriverez au croisement, vous tournerez à droite.* • *Ils feraient bien d'installer des feux à ce croisement, il est vraiment très dangereux.*

    **S.** *Croisement* a pour syn. CARREFOUR.

**croiser** [krwaze] v. t. (conj. **1**)
(sujet qqn) **croiser les bras, les jambes** [À l'école] : « *Croisez les bras et taisez-vous* ». ◆ (sujet une route, un chemin, etc.) **croiser une route, un chemin, etc.** *Vous prenez ce chemin et vous verrez, à cinq cents mètres, il croise la route nationale.* ◆ (sujet qqn) **croiser qqn** *Tiens, j'ai croisé Pierre en allant à la poste, cela faisait longtemps que je ne l'avais pas vu.* ◆ (sujet qqn, qqch [plur.]) **se croiser** *Nos lettres ont dû se croiser, c'est pour ça qu'il ne répond pas aux questions que je lui ai posées.*

    **S. 1.** *Croiser les bras, les jambes,* c'est replier un bras, une jambe sur l'autre. — **2.** En parlant d'une voie de communication, *croiser* a pour syn. COUPER. — **3.** *Croiser* qqn, c'est le RENCONTRER, l'un venant dans le sens opposé de l'autre. Deux lettres qui *se croisent* sont des lettres échangées entre deux personnes qui se les sont envoyées simultanément.
    **L. croisement,** v. ce mot.

**croisière** [krwazjɛr] n. f.
[action, qqn] *Qu'est-ce que vous faites pour les vacances ? — On part en croisière en Méditerranée.*

    **S.** Une *croisière* est un voyage touristique en bateau.

**croissance** [krwasɑ̃s] n. f.
[état, qqn] (compt., surtout au sing.) *Il a eu une très grave maladie pendant sa croissance, c'est pour ça qu'il n'est pas très grand.* • *Ce type de sport n'est pas recommandé pour un enfant en pleine croissance.* ◆ [état, qqch] *Nous voulons une politique de croissance économique.*

    **S. 1.** En parlant d'un enfant, la *croissance,* c'est la période pendant laquelle il grandit et le fait de grandir. — **2.** En parlant de qqch, EXPANSION est un syn.

**croissant** [krwasɑ̃] n. m.
[aliment] *Que prendrez-vous au petit déjeuner ? — Du café au lait et des croissants.*

    **S.** Un *croissant* est une pâtisserie qui fait souvent partie du petit déjeuner français.

**croix** [krwa] n. f.
[forme] *Comme il ne savait pas écrire, il a signé d'une croix.*

    **S.** Une *croix* est constituée de deux lignes qui SE CROISENT.

**croquer** [krɔke] v. t. et v. t. ind. (conj. **1**)
(sujet qqn) **croquer (dans) qqch (aliment)** *Le matin, elle croque une biscotte ou deux et boit une tasse de thé.*

    **S.** *Croquer un bonbon, dans une pomme,* etc., c'est les manger en mordant dedans, ce qui fait

un bruit sec. En parlant d'un bonbon, *croquer* s'oppose à SUCER (= laisser fondre dans la bouche).

**croyable** → CROIRE L.

**croyant, e** [krwajɑ̃, ɑ̃t] adj. (après le n.) et n.
[adj.] (se dit de qqn) *Pierre a toujours été croyant, mais il n'a jamais pratiqué.* ◆ [n.]

(personne) *Il y avait dans notre classe deux groupes, celui des croyants et celui des athées.*
**G.** Cet adj. n'a ni comparatif ni superlatif ; il est surtout attribut.
**S.** Est *croyant* celui qui CROIT en une religion, en Dieu, par oppos. à ATHÉE.

**cru, e** [kry] adj. (après le n.)
(se dit d'un aliment) *Les fruits se mangent le plus souvent crus.* • *Je n'aime pas la viande crue, faites-la bien cuire.* • *Mangez des légumes crus, c'est très bon pour la santé.*
**S.** Est *cru* ce qui n'a pas subi la cuisson ; il a pour contr. CUIT.
**L. crudités** (n. f. pl.) *En hors-d'œuvre, je prendrai une assiette de crudités* (← de légumes crus assaisonnés en vinaigrette).

**cruel, elle** [kryɛl] adj. (après ou, plus rarement, avant le n.)
(se dit de qqn, de son attitude, de qqch [abstrait]) *Les enfants sont cruels ; regarde Pierre qui s'amuse à faire souffrir le chien.* • *Je le plains, la mort de sa femme a été pour lui une perte cruelle.* • *Tu me mets dans un cruel embarras : il faut que je choisisse entre Paul et toi.*
**S.** Est *cruel* (soutenu) celui qui aime faire souffrir, qui torture qqn, un animal en le blessant physiquement ou moralement ; les syn. soutenus sont BARBARE, SADIQUE (plus fort). Ce qui est *cruel* cause une douleur, une souffrance morale ; les syn. plus faibles, mais courants, sont DUR, PÉNIBLE.
**L. cruellement** (adv.) *La révolte fut réprimée de façon cruelle* → *la révolte fut cruellement réprimée.* ◆ **cruauté** (n. f.) *C'est bien connu, les enfants sont cruels* → *la cruauté des enfants est bien connue.*

**crustacé** [krystase] n. m.
[animal] *A mon avis, le homard est le meilleur crustacé qui soit. — Oui, mais c'est le plus cher.*
**S.** Les *crustacés* (langue scientifique) sont des animaux à carapace qui vivent dans la mer : les langoustes et les homards, les crevettes, les langoustines, les crabes. La plupart sont comestibles sous le nom de FRUITS DE MER, qui englobe aussi les coquillages.

**cube** [kyb] n. m.
[forme] *Pierre a dessiné quelques cubes et m'a affirmé que c'était comme ça qu'il voyait sa maison.* ◆ [objet] *Regarde le petit, comme il joue bien avec ses cubes, il sait déjà les poser les uns sur les autres.*

**S.** Le *cube* est un volume dont les six faces sont des carrés égaux. Ce mot désigne aussi tout objet de cette forme.

**cueillir** [kœjir] v. t. (conj. **24**)
(sujet qqn) **cueillir des fleurs, des fruits** *Va dans le jardin cueillir quelques fleurs.*

• [Sur une affiche] : « *Ces fraises sont mises en conserve dès qu'elles sont cueillies.* »
**S.** *Cueillir des fleurs*, c'est les couper pour en faire un bouquet. *Cueillir des fruits* a pour équivalent RÉCOLTER (DES FRUITS).
**L. cueillette** (n. f.) *On a cueilli les pommes* → *on a fait la cueillette des pommes.*

**cuiller** ou **cuillère** [kɥijɛr] n. f.
[instrument] *Tu n'as pas mis de cuillers pour la soupe.* • *Donne-lui donc une cuillère pour manger son gâteau !* ◆ [contenu] *Vous prendrez, matin et soir, deux cuillers de ce médicament.*
**S.** On distingue selon leur forme et leur usage les PETITES *cuillers*, ou *cuillers* À CAFÉ, À DESSERT, et les GRANDES *cuillers*, ou *cuillers* À SOUPE.
**L. cuillerée** (n. f.) *Mettre trois cuillers à soupe pleines de farine* → *mettre trois cuillerées à soupe de farine.*

**cuir** [kɥir] n. m.
[matière] (non-compt., au sing.) *C'est avec la peau de certains animaux qu'on fait le cuir.* • *Ce fauteuil de cuir est très cher, mais il durera des années.* • *Ces chaussures sont en cuir très souple.*
**S.** Le *cuir*, c'est la peau de certains animaux préparée dans un but industriel (fabrication de chaussures, de sacs, etc.).

**cuire** [kɥir] v. i. et v. t. (conj. **60**)
[v. i.] (sujet un aliment) *N'ouvre pas le four, le gâteau est en train de cuire.* • *Les légu-*

mes cuisent dans l'eau. ● Mettez le rôti à cuire vingt minutes avant le repas. ◆ [v. t.] (sujet qqn) **cuire un aliment** *Il faut cuire le gigot vers midi : on mangera à 1 heure.*

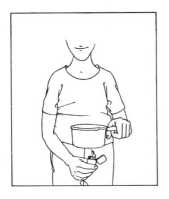

● *Ce gâteau est trop cuit, il est presque brûlé.* ● *Dès que ce sera cuit, on se mettra à table.*

**S.** *Être cuit* a pour contr. ÊTRE CRU. On peut faire *cuire* un aliment de différentes manières : au four, à la poêle, au gril, à l'eau bouillante.
**L. cuisson** (n. f.) *Cette viande a cuit longtemps* → *la cuisson de cette viande a été longue.*

**cuisine** [kɥizin] n. f.
I. [pièce] (compt.) *Il y a quelque chose qui brûle à la cuisine! ● Tu peux aller me chercher un couteau dans la cuisine ? ● Leur cuisine est si grande qu'ils peuvent y manger à quatre.*
II. [action, qqn] (non-compt., au sing.) *Aujourd'hui, c'est un événement, c'est*

*Jacques qui a fait la cuisine ! ● Si on allait au restaurant ! Ce soir, je n'ai pas envie de faire la cuisine.* ◆ [collectif, aliments] (compt.) *Tu préfères la cuisine chinoise ou la cuisine japonaise ?*

**S.** Au sens I, la *cuisine* est une pièce d'un appartement, d'une maison, dans laquelle on trouve généralement une CUISINIÈRE ou un fourneau, une table, un évier, un réfrigérateur. — **2.** Au sens II, *faire la cuisine*, c'est préparer les aliments, les repas ; il peut avoir pour syn. fam. FAIRE À MANGER ; avec un adj. ethnique (de pays, de région : *cuisine* PROVENÇALE), le syn. soutenu est GASTRONOMIE.
**L. cuisiner** (v. i. et t.) [sens II] *Il ne sait pas faire la cuisine* → *il ne sait pas cuisiner.*
◆ **cuisinier, cuisinière,** v. ces mots.

**cuisinier, ère** [kɥizinje, ɛr] n.
I. [personne, profession] *Depuis qu'il a changé de cuisinier, ce restaurant est devenu beaucoup moins bien.*

II. [personne, agent] **bon, mauvais cuisinier** *J'aime bien manger chez Dupont, sa femme est bonne cuisinière.* — *Mais non, c'est toujours lui qui fait la cuisine.*

**S. 1.** Le *cuisinier* (sens I) est celui qui fait la CUISINE dans un restaurant (il a pour syn. CHEF) ou chez un particulier. — **2.** *Être bon cuisinier* (sens II), c'est bien faire la cuisine ; le syn. est CORDON-BLEU.

**cuisinière** [kɥizinjɛr] n. f.
[appareil] *Si on s'achetait une cuisinière électrique ?*

**S.** La *cuisinière*, appareil de cuisson, comprend sur le dessus des plaques de cuisson (dans une *cuisinière* ÉLECTRIQUE), des brûleurs ou feux (dans une *cuisinière* À GAZ) et un four, dans sa partie basse.

**cuisse** [kɥis] n. f.
[partie du corps] *Ta jupe est beaucoup trop courte : on voit tes cuisses!*

**S.** La *cuisse* est la partie de la jambe qui va du genou à la hanche.

**cuisson** → CUIRE L.

**cuivre** [kɥivr] n. m.
[métal] (non-compt., au sing.) *Alain fait collection de vieux objets en cuivre.* • *Le plombier a dit que ce qui coûte cher dans la réparation, ce sont les tuyaux de cuivre.*

**S.** Le *cuivre* est un métal de couleur rouge, très employé dans l'industrie, la plomberie, la fabrication d'objets usuels ou de décoration.
**L. cuivré, e** (adj). *Elle est revenue de vacances avec un teint cuivré magnifique* (← dont la couleur rappelle celle du cuivre).

**culotte** [kylɔt] n. f.
[vêtement] *Oh! On voit ta culotte à travers ta robe!* • *Judith, ne t'assieds pas par terre, ta culotte va être toute sale.*

**S.** *Culotte* s'emploie surtout pour parler du sous-vêtement d'enfant qui couvre les fesses. Pour les femmes ou les hommes on emploie le mot SLIP.

**culpabilité** → COUPABLE L.

**cultivateur, trice** [kyltivatœr, tris] n.
[personne, profession] *Une délégation de cultivateurs allemands a visité le Salon de l'agriculture.* • *Les cultivateurs du Sud-Ouest se plaignent de la sécheresse qui a détruit une partie des récoltes.*

**S.** *Cultivateur* a pour syn. PAYSAN (langue courante), AGRICULTEUR ou EXPLOITANT AGRICOLE (langue administrative).

**cultivé, e** [kyltive] adj. (après le n.)
(se dit de qqn) *C'est un homme très cultivé et qui s'intéresse à tout.*

**S.** Est *cultivé*, celui qui connaît beaucoup de choses en de nombreux domaines ; le syn. est INSTRUIT.

**cultiver** [kyltive] v. t. (conj. **1**)
I. (sujet qqn) **cultiver qqch (végétaux)**

*Qu'est-ce qu'on cultive dans ces champs? — Du blé.*
II. (sujet qqn) **se cultiver** *Lis, cultive-toi au lieu de jouer à ces jeux idiots !*

**S. 1.** *Cultiver* (sens I) a pour syn. FAIRE POUSSER, FAIRE LA CULTURE DE. — **2.** *Se cultiver* (sens II), c'est augmenter ses connaissances.
**L. cultivateur, cultivé, culture,** v. ces mots.

**culture** [kyltyr] n. f.
I. [action, qqn] **culture (du sol, de végétaux)** *La terre est si pauvre par ici qu'aucune*

culture n'est possible. ◆ [résultat] Il n'a pas plu pendant deux mois, et les cultures ont beaucoup souffert.
II. [qualité, qqn] **culture (de qqn)** Pour ce poste, on demande une bonne culture générale. ● Qu'est-ce qu'il peut dire comme bêtises ! Il n'a aucune culture ! ● Excuse-moi de ne pas pouvoir te répondre, je n'ai pas assez de culture politique pour ça.

**S. 1.** La culture (sens I), c'est l'action de CULTIVER la terre (le syn. est alors AGRICULTURE) ou le résultat, c'est-à-dire les plantes ou les terres cultivées elles-mêmes (le syn. est alors RÉCOLTE). — **2.** La culture (sens II), c'est le fait d'être CULTIVÉ ; il a pour syn. CONNAISSANCES, FORMATION, INSTRUCTION, SAVOIR. La culture générale s'oppose aux CONNAISSANCES SPÉCIALISÉES ou PROFESSIONNELLES.
**L. culturel, elle** (adj.) [sens II] Le gouvernement a-t-il une politique concernant la culture ? → le gouvernement a-t-il une politique culturelle ?

**cumuler** [kymyle] v. t. (conj. **1**) (sujet qqn) **cumuler (qqch [plur.])** Vous n'avez pas le droit de cumuler plusieurs salaires comme vous le faites.

**S.** Cumuler, c'est réunir en même temps plusieurs choses qui s'additionnent.
**L. cumul** (n. m.) Il est interdit de cumuler plusieurs salaires → le cumul des salaires est interdit.

**curieux, euse** [kyrjø, øz] adj. et n.
I. [adj.] (se dit de qqn ; après le n.) **curieux (de + inf.)** Ce que tu peux être curieux, pourquoi veux-tu savoir qui m'écrit ? ● Notre concierge est très curieuse, elle cherche toujours à savoir ce qui se passe chez nous ! ● Je serais curieuse de connaître ton mari.

◆ [n.] (personne) L'accident avait attiré une foule de curieux.
II. [adj.] (se dit de qqn, de qqch ; avant ou après le n.) C'est curieux que Jacques ne soit pas encore là, il a dû lui arriver quelque chose. ● On m'a raconté une histoire curieuse.

**S. 1.** Est curieux (sens I) celui qui veut savoir ; selon le contexte, il peut avoir une valeur péjor., le syn. est alors INDISCRET et le contr. DISCRET ; non péjor., il a pour syn. INTÉRESSÉ et pour contr. INDIFFÉRENT. — **2.** Est curieux (sens II) ce qui surprend, ce qui éveille la CURIOSITÉ, l'attention ; il a comme syn. BIZARRE, DRÔLE, ÉTONNANT, ÉTRANGE, SURPRENANT, et comme contr. BANAL, ORDINAIRE.
**L. curieusement** (adv.) [sens II] Il est habillé d'une manière curieuse → il est curieusement habillé. ◆ **curiosité** (n. f.) [sens I] Le fait d'être curieux est-il un défaut ou une qualité ? → la curiosité est-elle un défaut ou une qualité ? ● [sens II] La cathédrale est ce qu'il y a de plus curieux dans cette ville → la principale curiosité de cette ville est la cathédrale.

**cycliste** [siklist] adj. (après le n.) et n.
I. [adj.] (se dit d'une course, d'un coureur) Pierre a décidé de participer à une course cycliste régionale.
II. [n.] (personne, agent) Quel accident terrible ! Un cycliste renversé par un camion ; il faut dire que c'est tellement dangereux les bicyclettes sur les routes.

**G.** L'adj. n'a ni comparatif ni superlatif, et il est toujours épithète.
**S. 1.** Cycliste (sens I) se dit de ce qui a rapport au sport de la BICYCLETTE. — **2.** Un cycliste (sens II) est celui qui va à bicyclette, en vélo, qui fait du CYCLISME.
**L. cyclisme** (n. m.) Il est cycliste professionnel → il fait du cyclisme professionnel.

**dactylo** [daktilo] n. f.
[personne, profession] *Jeanine ne gagne pas beaucoup, elle est dactylo dans un ministère.*

   **S.** Une *dactylo* est une employée chargée de taper des textes à la machine.

**1. dame** [dam] n. f.
[personne, sexe] *Quelle heure est-il ? — Je ne sais pas, va demander à la dame là-bas, je vois qu'elle a une montre.* • *Qui a téléphoné ? Un monsieur ou une dame ? — Une dame, mais je ne sais pas qui.* • *C'est une pâtisserie où toutes les vieilles dames du quartier viennent l'après-midi.*

   **S.** *Dame* désigne une femme adulte qu'on ne connaît pas ou une femme mariée, par oppos. à FILLE, une JEUNE FILLE, une DEMOISELLE (célibataire). Le mot est mélioratif par rapport à FEMME (*une vieille dame*, UNE VIEILLE FEMME). *Dame* a pour correspondant masc. MONSIEUR, qui est d'un emploi plus large. *Dame* n'est jamais un appellatif.

**2. dames** [dam] n. f. pl.
[jeu] (non-compt., au plur.) *C'est l'oncle Paul qui m'a appris à jouer aux dames quand j'avais sept ans.* • *Qu'est-ce que tu veux pour ton anniversaire ? — Un jeu de dames, je sais jouer maintenant.*

   **S.** Jeu de société, le jeu de *dames* se joue à deux sur un DAMIER avec des pions.

**danger** [dɑ̃ʒe] n. m.
[événement] *Il aime l'aventure, le danger, courir des risques.* • *Ralentis ! Tu n'as pas vu le panneau : « Danger, sortie de camions. »* • *Ne restez pas là, vous êtes en danger.* • *Le malade va mieux, il est maintenant hors de danger.* • [À la télévision] : *« Il faut parler aux jeunes des dangers de l'alcool. »* • *Il a couru de grands dangers pour toi et maintenant tu le laisses tomber.* ◆ **(il n'y a) pas de danger (que + subj.)** *Après ce qu'il m'a dit, il n'y a pas de danger que je retourne le voir.*

   **S.** Le *danger* (sans compl., et au sing.), c'est ce qui menace qqn, qui risque de lui apporter un dommage (soutenu), un inconvénient, un mal. *Être en danger*, c'est risquer qqch de grave. *Être hors de danger*, c'est ÊTRE SAUVÉ (plus fort). *Danger* (suivi d'un compl. ou avec un adj.) a pour syn. PÉRIL (soutenu), RISQUE (moins fort). *Il n'y a pas de danger (que)*, ou fam., *pas de danger (que)*, exprime une vive dénégation, un refus, etc. ; il signifie que l'action annoncée ne se fera pas et a pour syn. JE NE RISQUE PAS DE + inf. (soutenu).

**dangereux, euse** [dɑ̃ʒrø, øz] adj. (après ou, plus rarement, avant le n.)
(se dit de qqn, de qqch) *On recherche M. Z : cet homme est très dangereux, il a déjà tué.* • *Il faut être très prudent en montagne, les routes sont dangereuses.* • *Ne vous penchez pas par la fenêtre, c'est dangereux.*

   **S.** Lorsque *dangereux* qualifie un mouvement, une action, il a pour syn. RISQUÉ. Le contr. est INOFFENSIF quand il s'agit d'un produit ou d'une personne.

**L. dangereusement** (adv.) Il conduit de façon dangereuse → *il conduit dangereusement.*

**danois, e** [danwa, az] adj. (après le n.) et n., **danois** n. m.
[adj.] (se dit de qqch) *Les meubles danois sont très à la mode en ce moment.*
◆ [n. m.] (langue) *Le danois est une langue difficile à comprendre pour un Français.*
◆ [n. et adj.] (personne) *Il vient en France pour la première fois, il est danois. — Est-ce qu'il est blond comme presque tous les Danois ?*

**G.** L'adj. ne se met ni au comparatif ni au superlatif.
**S.** L'adj. ethnique *danois* correspond au n. m. DANEMARK et au n. m. *danois* (= la langue danoise). Les *Danois* (notez la majuscule) sont ceux qui ont la nationalité *danoise.*

**dans** [dã] prép.
I. [lieu] **dans qqch (concret)** *Il y a combien d'appartements dans ton immeuble ?* • *J'ai lu dans le journal que les prix allaient augmenter.* • *Dans tout ce qu'il a raconté, il y a certainement quelque chose de vrai.* • *Personne, dans ce groupe, n'est capable de prendre une décision.*
II. [manière] **dans qqch (abstrait)** *Comment peux-tu laisser ta chambre dans un désordre pareil ?* • *Tu as vu dans quel état tu es !* • *Pierre ne vient pas et Jacques non plus ; dans ces conditions, je n'irai pas non plus.*
III. [approximation] **dans les + n. plur. (quantité, valeur)** *Je me demande quel est le prix de cette voiture. — Oh, elle doit coûter dans les vingt-cinq mille francs.*
IV. [temps] *Les Durand arriveront dans un mois.* • *Je n'ai pas pu venir te voir aujourd'hui, mais je te promets que je passerai dans la semaine.*
V. [compl. de v. t. ind. ou d'adj.] **dans + déterminant + n.** *Depuis la bombe atomique, il ne croit plus dans le progrès.* • *Je suis très confiant dans le succès de mon fils à l'examen : il s'est vraiment bien reposé depuis trois mois.*

**G.** *Dans* est toujours suivi d'un déterminant ou d'un article, mais n'est jamais suivi d'un pronom correspondant est DEDANS.
**S. 1.** *Dans* (sens I) a pour syn. À L'INTÉRIEUR DE, et pour contr. HORS DE, À L'EXTÉRIEUR DE. —
**2.** Au sens III, *dans les* indique une approximation et a pour syn. ENVIRON, À PEU PRÈS. —
**3.** Au sens IV, suivi d'une expression de temps avec l'art. défini (*dans la journée, la semaine, le mois, l'année*), *dans* indique une date à l'intérieur d'une limite définie. Il a pour syn. l'adj. PROCHAIN (*dans un mois* → LE MOIS PROCHAIN), AU COURS DE (*dans le mois* → AU COURS DU MOIS). — **4.** Au sens V, *dans* introduit le compl. de v. t. ind. et d'adj. qui admettent aussi d'autres prép. (EN, À + n. sans art.).

**danser** [dãse] v. i. et v. t. (conj. **1**) (sujet qqn) **danser (une danse)** *Le 14 juillet, tout le monde danse dans les rues.* • *Vous dansez ? — Moi ? mais je ne sais pas !*

• *Personne ne l'invite à danser, c'est pour ça qu'elle est de mauvaise humeur.*

**S.** On peut *danser* à un bal ou dans une boîte de nuit. Des DANSES : la valse, le tango, le rock, le slow.
**L. danse** (n. f.) *Elle adore danser* → *elle adore la danse.* ◆ **danseur, euse** (n.) *Pierre danse bien* → *Pierre est un bon danseur.*

**date** [dat] n. f.
[temps] *Écrivez le lieu et la date en haut et à droite de votre lettre : Paris, le samedi 19 juillet 1975.* • *Quelle est votre date de naissance ? — Je suis née le 9 octobre 1947.* • *À l'école, j'aimais bien l'histoire, mais je n'arrivais pas à retenir les dates.* • *À la date du 22 mars, on est invité chez les Dupont.*

**G. et S.** On écrit la *date* sur une lettre, un document, etc., en mettant d'abord le jour de la semaine, précédé souvent de LE dans la correspondance commerciale, suivi du numéral cardinal (sauf 1, traduit par PREMIER [1er]), du nom du mois et de l'année (en chiffres).
**L. dater,** v. ce mot.

**dater** [date] v. t., v. t. ind. et v. i. (conj. **1**)
I. [v. t.] (sujet qqn) **dater une lettre, un**

# DAVANTAGE

document, etc. *Sa lettre n'est pas datée, je ne sais pas quand il l'a écrite.* • *Ce n'est pas le journal d'aujourd'hui, regarde, il est daté d'avant-hier.*
II. [v. t. ind.] (sujet qqch) **dater de** + **express. de temps** *De quand date ce château ? — Il a été construit en 1715.* ◆ **à dater de** + **express. de temps** *À dater du 15 mars, les loyers seront augmentés de 7 p. 100.*
III. [v. i.] (sujet qqch) *Encore les mêmes arguments ? Ils devraient savoir que cette théorie commence à dater.*

G. Le v. t. s'emploie beaucoup au passif.
S. 1. *Dater une lettre* (sens I), c'est y inscrire la DATE. — 2. Au sens II, *dater de*, c'est avoir été construit, conçu, émis, créé, etc., à une certaine DATE. *À dater de* est un syn. administratif de À PARTIR DE. — 3. *Dater* (sens III), c'est ÊTRE DÉMODÉ, DÉPASSÉ, VIEILLI.

**davantage** [davɑ̃taʒ] adv.
[quantité] **davantage** + **v., davantage de** + **n. plur.** (compt.) ou **sing.** (non-compt.) **[que + ind.]** *Pressez-vous davantage, sinon vous serez en retard, comme d'habitude.* • *Il faut faire davantage d'exercice si tu ne veux pas grossir.* • *Je crois bien qu'il y a encore davantage de voitures que l'année dernière.*

S. *Davantage* indique la supériorité ; il a pour syn. PLUS qui peut aussi former des comparatifs et superlatifs de supériorité.

**de** [də] prép.
I. [lieu] **de qqpart** *Vous venez de Paris ?* • *Sortez d'ici, je ne veux plus vous voir.* • *Nous avons mis deux heures pour rentrer de la campagne dimanche soir.*
II. [temps] *Du jour où elle l'a connu, elle ne l'a plus quitté.* • *Le lait est de la semaine dernière, tu crois qu'il est encore bon ?* • *Que devient Jacques ? — Je ne sais pas, je ne l'ai pas vu de toute la semaine.*
III. [cause, agent, manière, etc.] **de qqch (concret** ou **abstrait), de qqn** *C'est très solide, vous pouvez taper de toutes vos forces, vous n'arriverez pas à le casser.* • *Donnez-moi à boire, je meurs de soif !* • *J'ai été très surpris de sa maladie, il avait l'air en très bonne santé.* • *J'espère que vous n'avez été vu de personne.*
IV. [point de départ] **de... à, de... en** *De Nice à Paris, il y a mille kilomètres.* • *On trouve des fraises de mai à juillet.* • *Ça doit coûter de quatre à cinq francs le kilo.* • *Il y a de trente à cinquante employés dans cette entreprise.* • *Pierre fait des progrès de jour en jour.* • *Il travaille de plus en plus.* • *Alain voyage, il va de ville en ville, un peu au hasard.*
V. [appartenance, contenu, provenance] **de qqn, de qqch** *Ne touche pas à ce livre, c'est le livre de Pierre.* • *Qu'est-ce que c'est que ça ? — C'est un cadeau d'un élève.* • *On a ouvert une salle de cinéma dans le quartier.* • *Il y a eu de fortes chutes de neige cette nuit.* • *Pierre a été retenu par la maladie de sa mère.*
VI. [lieu, matière] **de qqch** *Vous avez une maison de campagne ? Quelle chance !* • *À quoi ça sert cet objet de métal ?* • *Zut, j'ai renversé mon verre de vin sur la table.* • *C'est une table de bois, très belle et très simple.*
VII. [compl. de v. t. ind. ou d'adj.] **de qqn, de qqch** *Vous avez décidé d'un jour pour qu'on se voie ?* • *De quoi parliez-vous tout à l'heure ?* • *Sylvie est très fière de son fils.*
VIII. [sujet ou compl. d'objet direct de v.] **de** + **inf.** *C'est gentil d'être venu.* • *C'est à moi de jouer ?* • *Laisse-le, ça lui fait du bien de pleurer.* • *Pascal a beaucoup travaillé, il mérite de réussir.* • *Tu as fini de faire l'idiot ?*
IX. [compl. de pron. ou de n.] **de** + **adj.** ou **adv.** *Vous avez quelque chose de frais à boire ?* • *C'est tout ce que j'ai, je ne vous donnerai rien de plus.* • *Quoi de mieux qu'une journée à la campagne ?* • *J'ai trois jours de libres, on pourrait partir à la mer.* • *Sur cent films, il n'y en a qu'une dizaine de bons, pas plus.* • *Zut, encore une heure de perdue !*
X. [compl. d'un adv. de quantité] **de qqn, de qqch (plur.** [compt.], **sing.** [non-compt.]**)** *Beaucoup trop de gens croient que ce qui est écrit est vrai.*
XI. [article après une négation] *Il faut aider Bruno, il n'a pas d'argent, pas d'amis, il*

*est seul.* • *Ne faites rien sans prendre des renseignements.*

**S. et G. 1.** *De* forme avec LE, LES les art. déf. contractés DU, DES *(venir* DU *sud ; un cadeau* DES *élèves).* — **2.** *De* (sens I) introduit un compl. de lieu indiquant le lieu d'où l'on vient, l'origine ; il s'oppose à À (lieu où l'on va, ou lieu où l'on est) et à EN (non suivi d'article). — **3.** *De* (sens II) introduit un compl. de temps indiquant l'origine (date dans le passé) ou la durée (il a alors pour syn. PENDANT). — **4.** *De* (sens III), suivi ou non de l'article, introduit un compl. de manière, de cause, et d'agent du passif ; il a, en ce sens, pour syn. PAR. — **5.** *De... à* (sens IV) précise une distance dans l'espace ou le temps, ou une approximation. *De... en* indique une progression. — **6.** *De* (sens V) avec un compl. de nom indiquant l'appartenance est l'équivalent de ÊTRE À *(C'est le livre de Pierre* → CE LIVRE EST À PIERRE) ou de l'adj. possessif (→ C'EST SON LIVRE). Le compl. d'un nom dérivé de verbe peut correspondre au sujet ou à l'objet de ce verbe *(La crainte de Pierre* = PIERRE CRAINT QQCH ou ON CRAINT PIERRE). — **7.** Suivi d'un nom sans article, *de* (sens VI) forme un compl. de nom indiquant la caractérisation ; il est équivalent à un adj. *(Un objet de métal* → UN OBJET MÉTALLIQUE) ou à EN avec un nom de matière. Quand il indique le contenu, il s'oppose à un compl. de nom introduit par À *(verre* À VIN [destination], *verre de vin* [contenu]). — **8.** Le compl. introduit par *de* au sens I (lieu) et le compl. indirect au sens VII se pronominalisent en EN *(Je viens de Lyon* → J'EN VIENS *; je veux de la viande* → J'EN VEUX).

**dé** [de] n. m.
[objet, jeu] (compt.) *Tu lances le dé, s'il tombe sur le six, tu as gagné.* ◆ [jeu] (non-compt., au plur.) *On fait une petite partie de dés avant le dîner ?*

**S.** *Les dés sont un jeu de hasard et de société. Le 421 est un des jeux de dés les plus populaires en France.*

**débarquer** [debarke] v. i. et v. t. (conj. 1) [v. i.] (sujet qqn) **débarquer dans, à, sur qqch (lieu)** *Il y a trois heures de bateau ; vous débarquerez à Marseille vers midi.* • *À Calais, il faisait un temps magnifique, mais, quand on a débarqué à Douvres, il pleuvait !* ◆ **débarquer chez qqn** *Les parents ont débarqué hier soir à la maison et il a fallu les loger !* ◆ [v. t.] (sujet qqn) **débarquer qqch [objet] (d'un véhicule)** *Venez nous aider à débarquer les marchandises !* • *On pourrait aller prendre un café, en attendant qu'ils débarquent les valises de la voiture.*

**S. 1.** *Débarquer* (v. i.), c'est descendre d'un bateau ou arriver en bateau qqpart. Le contr.

est EMBARQUER. Un DÉBARCADÈRE est un endroit aménagé dans un port pour *débarquer* et EMBARQUER. — **2.** *Débarquer chez qqn,* c'est ARRIVER À L'IMPROVISTE CHEZ lui. — **3.** *Débarquer qqch d'un véhicule* (v. t.) a pour syn. DÉCHARGER. Le contr. est EMBARQUER.

**L. débarquement** (n. m.) *On commence à débarquer les bagages* → *le débarquement des bagages a commencé.*

**débarrasser** [debarase] v. t. (conj. 1)
I. (sujet qqn) **débarrasser un lieu, un objet (de qqch)** *Vous avez fini de manger ? On peut débarrasser la table ?* • *Si tu débarrassais le tiroir de tous ces papiers, tu aurais plus de place pour ranger les crayons !*
II. (sujet qqn) **se débarrasser de qqch, de**

**qqn** *Pierre fume trop, il faudrait qu'il se débarrasse de cette mauvaise habitude.* • *Il est enfin parti, j'ai eu du mal à me débarrasser de lui !*

**S. 1.** On *débarrasse* de ce qui encombre, EMBARRASSE. — **2.** *Se débarrasser de* a pour syn. SE DÉFAIRE DE.

**L. débarras** (n. m.) [sens II] *Vous partez ? Eh*

*bien! bon débarras!* (← je suis content d'être débarrassé de vous).

**débat** [deba] n. m.
[action, langage] *En ce moment à la télévision, il n'y a que des films ou des débats.* ● *On m'a demandé de participer au débat sur la peine de mort organisé par la radio.*

**S.** Un *débat* est une discussion publique entre deux ou plusieurs personnes qui ont des opinions contradictoires le plus souvent.

**débattre (se)** [debatr] v. pr. (conj. 45)
(sujet qqn) **se débattre (dans une situation)** *J'ai été attaqué, je me suis débattu, mais ils étaient plus forts que moi.* ● *Depuis la mort de son mari, elle se débat dans des difficultés financières.*

**S.** *Se débattre*, c'est lutter pour se défendre, essayer de résister.

**débloquer** → BLOQUER L.

**déboîter** [debwate] v. i. (conj. 1)
(sujet qqn, une voiture) *Non, mais tu as vu! Il a déboîté sans rien signaler!*

**S.** *Déboîter*, c'est se déplacer brusquement à gauche ou à droite de la ligne normale (des véhicules) sur une route.

**débordé (être)** [debɔrde] v. pass.
(sujet qqn) **être débordé (de travail)** *Je suis débordé de travail, je ne sais plus par quoi commencer.* ● *Le docteur ne peut pas vous recevoir aujourd'hui; il est débordé.*

**S.** *Être débordé de* a pour syn. ÊTRE SURCHARGÉ DE.

**déborder** [debɔrde] v. i. (conj. 1)
(sujet qqch [liquide, récipient]) *Si la pluie continue, la rivière va déborder.* ● *Ferme vite le robinet, tu vas faire déborder la baignoire.*

**S.** En parlant de l'eau, *déborder*, c'est dépasser le BORD de qqch et se répandre en inondant.

**déboucher** [debuʃe] v. i., v. t. ind. et v. t. (conj. 1)
I. [v. i.] (sujet qqn, un véhicule) **déboucher de, dans, sur qqch (lieu)** *On roulait tranquillement, quand soudain une voiture a débouché de la rue Jeanne-d'Arc à toute allure; on n'a pas pu l'éviter.* ◆ (sujet une voie de communication) *Vous pouvez prendre ce chemin, il débouche directement sur la plage.*
II. [v. t. ind.] (sujet qqch [théorie, étude])

**déboucher sur qqch (abstrait)** *C'est le genre de discussion qui ne débouche sur rien; on perd son temps.*
III. [v. t.] (sujet qqn) **déboucher une bou-**

**teille** *Eh bien, nous allons déboucher une bonne bouteille pour fêter ça!* ◆ **déboucher un lavabo, une baignoire, etc.** *Tu crois vraiment qu'il va falloir appeler le plombier? Tu n'arriveras pas à déboucher la baignoire tout seul?*

**S. 1.** En parlant de qqn, d'un véhicule, *déboucher de* (sens I) a pour syn. SORTIR, SURGIR DE;

en parlant d'une voie de communication, *déboucher sur, dans* a pour syn. ABOUTIR À, DANS. — **2.** *Déboucher sur* (sens II) a pour syn. MENER,

CONDUIRE À. — **3.** *Déboucher une bouteille* (sens III), c'est l'OUVRIR en ôtant le BOUCHON. *Déboucher un lavabo, un conduit, etc.*, c'est le débarrasser de ce qui le BOUCHAIT, l'obstruait (techn.).
**L. débouché** (n. m.) [sens II] *Sur quoi débouchent les études de droit ?* → *quels sont les débouchés des études de droit ?*

**debout** [dəbu] adv.
I. [manière] (sujet qqn, qqch) **être, rester, tenir, etc., debout** *Ne restez pas debout, asseyez-vous.* • *Je suis très fatigué, je ne tiens plus debout, je vais me coucher.* • *Tous les matins, Christine est debout à 6 heures.* • *Allez, debout ! c'est l'heure de se lever !*
II. (sujet une histoire, un projet, etc.) **tenir debout** *Votre histoire ne tient pas debout, on ne peut pas y croire.* • *Son projet tient debout, mais il sera difficile à réaliser.*

**S. 1.** *Être debout* (sens I) indique une position verticale ; il s'oppose à ÊTRE ASSIS ou ÊTRE COUCHÉ. *Se mettre debout*, c'est SE LEVER. — **2.** *Tenir debout* (sens II) est fam. ; il a pour syn. SE TENIR (*ça tient debout* → ÇA SE TIENT) ; *ne pas tenir debout* a pour syn. ÊTRE ABSURDE, INVRAISEMBLABLE, INCOHÉRENT (plus fort).

**déboutonner** → BOUTONNER L ;
**débrancher** → BRANCHER L.

**débrayer** [debreje] v. i. (conj. **6**)
I. (sujet qqn [conducteur]) *Évite de débrayer quand tu es dans un tournant, tu vas sortir de la route.*
II. (sujet qqn [ouvrier]) *Les ouvriers ont débrayé dans tous les ateliers ; l'usine est complètement arrêtée, tout le personnel est en grève.*

**S. 1.** *Débrayer* (sens I), c'est supprimer la liaison entre le moteur et l'arbre qu'il entraîne quand on passe les vitesses. — **2.** *Débrayer* (sens II), c'est cesser de travailler (volontairement), le syn. est SE METTRE EN GRÈVE.
**L. débrayage** (n. m.) [sens I] C'est la pédale qui permet de débrayer → *c'est la pédale de débrayage.* ◆ [sens II] On signale que plusieurs entreprises ont débrayé → *on signale le débrayage de plusieurs entreprises.*

**débris** [debri] n. m.
[partie d'un tout] (compt., surtout au plur.) *Il a dû y avoir un accident, regarde les débris de verre qu'il y a sur la route.*

**S.** *Débris* désigne, au plur., l'ensemble des FRAGMENTS d'un objet qui a été cassé, ce qu'il en reste.

**débrouiller (se)** [debruje] v. pr. (conj. **1**)
(sujet qqn) *Cet élève se débrouille très bien en français, mais, en mathématiques, c'est la catastrophe !* • *Ne l'aide pas, laisse-le se débrouiller tout seul.* ◆ **se débrouiller pour + inf., pour que + subj.** *Fais ce que tu*

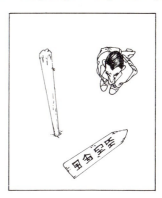

*veux, mais débrouille-toi pour arriver à l'heure.* • *On va lui faire une surprise : il faut se débrouiller pour qu'il ne s'aperçoive de rien.*

**S.** *Se débrouiller*, c'est RÉUSSIR, S'EN SORTIR, SE TIRER D'AFFAIRE, en faisant preuve d'ingéniosité. *Se débrouiller pour* a pour syn. S'ARRANGER POUR (courant), FAIRE EN SORTE DE + inf. ou QUE + subj. (soutenu).
**L. débrouillard, e** (adj. et n.) *Il se débrouille bien* → *il est débrouillard.*

**début** [deby] n. m.
[temps de l'action] (compt., surtout au sing.) *Dépêche-toi, nous allons rater le début du film.* • *Ce livre est intéressant surtout à la fin, le début est trop long.* • *Je suis arrivée un peu en retard ; je n'ai pas entendu le début de la conversation.* • *Nous nous verrons au début de la semaine prochaine, lundi ou mardi.* • *Au début, c'était facile, mais après, tout est devenu compliqué.*

**S.** *Début* a pour contr. FIN et pour syn. COMMENCEMENT ; une expression équivalente est LA PREMIÈRE PARTIE. *Au début* (sans compl.) a pour syn. D'ABORD et, fam., AU DÉPART.
**L. débuter,** v. ce mot.

**débuter** [debyte] v. i. (conj. **1**)
(sujet qqn) *Il ne sait pas encore très bien son métier, il débute.* ◆ (sujet qqch [action]) *Dépêche-toi, la séance débute à 14 heures.*

**S.** *Débuter* est un syn. soutenu de COMMENCER. En parlant de qqn, c'est ÊTRE DÉBUTANT, FAIRE

# DÉCÉDÉ

SES DÉBUTS dans une activité, un métier. En parlant d'un film, d'une séance, d'un roman, etc., les contr. sont FINIR, SE TERMINER.
**L. débutant, e** (adj. et n.) Il débute dans le métier → *c'est un débutant.*

**décédé, e** [desede] adj. (après le n.)
(se dit de qqn ; surtout attribut) *M^me Lapointe est veuve ; son mari décédé lui a laissé une fortune considérable.*

**G.** Cet adj. n'a ni comparatif ni superlatif.
**S.** *Décédé* est un syn. soutenu et administratif de MORT.
**L. décès,** v. ce mot.

**décembre** [desɑ̃br] n. m.
[mois] (non-compt., au sing.) *Le 25 décembre, c'est le jour de Noël.* • *L'hiver commence au mois de décembre.* • *Vous partez aux sports d'hiver en décembre.*

**S.** *Décembre* est le douzième et dernier mois de l'année, c'est un mois d'automne et d'hiver (l'hiver commence le 21 ou le 22 décembre).

**déception** [desɛpsjɔ̃] n. f.
[sentiment] *Quand Catherine a appris qu'elle n'avait pas été reçue à son examen, ça a été une grosse déception.* • *Je n'ai eu que des déceptions dans ma vie.*

**S.** *Avoir une déception,* c'est ÊTRE DÉÇU ; *être pour* qqn *une déception, causer* (soutenu), *réserver une déception à* qqn, c'est le DÉCEVOIR, ne pas répondre à son attente, à ses espoirs.

Le mot a pour syn. DÉSAPPOINTEMENT et DÉSILLUSION (soutenus), et pour contr. SATISFACTION et JOIE (plus fort).

**décerner** [desɛrne] v. t. (conj. **1**)
(sujet qqn) **décerner qqch (prix, récompense, etc.) à qqn** *Et nous décernons le*

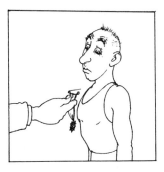

*premier prix à M. Legrand pour sa photo de papillons.*

**S.** *Décerner* est un syn. en langue officielle de DONNER, ACCORDER, ATTRIBUER.

**décès** [desɛ] n. m.
[événement, qqn] *Nous avons appris avec douleur le décès de M. Legrand.*

**S.** *Décès* est un syn. soutenu de MORT et désigne le fait de mourir.
**L. décéder** (v. i.) *Son décès eut lieu après une longue maladie* → *il décéda après une longue maladie.* ◆ **décédé,** v. ce mot.

**décevoir** [desəvwar] v. t. (conj. **29**)
(sujet qqn, qqch) **décevoir qqn** *Je vais vous décevoir, mais on ne sera pas augmenté ce mois-ci.* • *Vous ne venez pas ? Tout le monde va être déçu.*

**S.** *Décevoir* est surtout employé au passif : ÊTRE DÉÇU, c'est être frustré dans ses espé-

rances; l'expression a pour contr. (par ordre d'intensité croissante) ÊTRE CONTENT, SATISFAIT, ENCHANTÉ.
**L. décevant, e** (adj.) Le film a déçu tout le monde → *le film était décevant*. ◆ **déception,** v. ce mot.

**décharger** [deʃaʁʒe] v. t. (conj. 4)
I. (sujet qqn) **décharger un véhicule** *Viens m'aider à décharger la voiture, ça ira plus vite à deux.* ◆ **décharger une arme** *Tu es sûr que le fusil est déchargé ? Fais attention quand même.*
II. (sujet qqn) **décharger qqn de qqch (action)** *Il a demandé à être déchargé de ce travail trop dur pour lui.*

    **S. 1.** *Décharger un véhicule* (sens I), c'est ôter ce qui le CHARGEAIT, enlever son CHARGEMENT. Une arme à feu est *déchargée* quand elle ne contient pas de munitions, de balles. — **2.** *Être déchargé d'un travail, d'une responsabilité*, c'est ne plus en avoir la CHARGE.
**L. déchargement** (n. m.) [sens I] *Décharger ce camion va prendre du temps* → *le déchargement de ce camion va prendre du temps.*

**déchiffrer** [deʃifʁe] v. t. (conj. 1)
(sujet qqn) **déchiffrer qqch (texte)** *Lis-moi cette lettre, Pierre écrit tellement mal que je n'arrive pas à la déchiffrer.*

    **S.** *Déchiffrer*, c'est réussir à LIRE (moins fort) un texte, à comprendre des signes, des notes, etc.

**L. déchiffrement** (n. m.) Il est difficile de déchiffrer ce texte → *le déchiffrement de ce texte est difficile.* ◆ **indéchiffrable** (adj.) *C'est une inscription que je ne peux pas déchiffrer* → *c'est une inscription indéchiffrable pour moi.*

**déchirer** [deʃiʁe] v. t. (conj. 1)
(sujet qqn, qqch) **déchirer qqch (papier, tissu, etc.)** *Paul a lu la lettre, puis, furieux, il l'a déchirée.* • *Ce trou ? C'est un clou qui a déchiré ma robe !* • *Tu t'es battu ? Ta chemise est toute déchirée !* ◆ (sujet qqch) **se déchirer** *J'ai mis trop de choses dans mon sac, il s'est déchiré et tout est tombé par terre.*

    **S.** *Déchirer* a pour syn. plus forts DÉCHIQUETER, METTRE EN PIÈCES, EN MORCEAUX.

**L. déchirure** (n. f.) Il a déchiré son manteau → *il a fait une déchirure à son manteau.*

**décidé, e** [deside] adj. (après le n.)
(se dit de qqn, de son attitude) *C'est un garçon décidé, qui n'hésite pas devant les difficultés ; il a de la volonté pour dix.* — *Vraiment ?* • *Il fallait absolument qu'il lui parle ; alors il se dirigea d'un pas décidé vers elle.*

    **S.** *Être décidé*, c'est être PLEIN D'ASSURANCE ; les syn. plus forts sont HARDI (litt.), AUDACIEUX (soutenu). *D'un pas décidé* a pour syn. D'UN PAS FERME.

**décidément** [desidemɑ̃] adv.
[affirmation] *Pierre n'est pas encore arrivé ? Décidément, il est toujours en retard.* • *Encore un bus de raté ! Décidément, je n'ai pas de chance !*

    **S.** *Décidément* renforce une constatation en introduisant une explication ; il a pour syn. moins fort EH BIEN !

**décider** [deside] v. t. et v. t. ind. (conj. 1)
I. [v. t.] (sujet qqn) **décider qqch, de + inf., que + ind., si + ind.** *J'ai bien réfléchi et j'ai décidé de prendre mes vacances en juin.* • *C'est le directeur qui doit décider si on remplace la secrétaire.* ◆ [v. t. ind.] **décider de qqch** *Qui a décidé du jour de la réunion ? Ça n'est pas commode du tout.*
II. [v. t.] (sujet qqch, qqn) **décider qqn (à + inf.)** *Son succès l'a décidé à continuer.* •

# DÉCLARATION

*Je l'ai enfin décidé à faire ce voyage.*
● *Hubert paraît décidé à tout faire pour obtenir ce qu'il veut.*
III. [v. pr.] (sujet qqn) **se décider, être décidé (à + inf., pour qqch)** *Ça fait deux heures que tu hésites, décide-toi.* ● *J'ai eu

du mal, mais je me suis enfin décidée pour la robe bleue.*

**S. 1.** *Décider* qqch (sens I) a pour syn. PRENDRE LA DÉCISION DE, ou, soutenus, CHOISIR DE, AVOIR RÉSOLU DE, PRENDRE LA RÉSOLUTION DE, ou, plus fort, ÊTRE DÉTERMINÉ À. *Décider de* qqch a le même sens dans un registre plus soutenu. — **2.** *Décider* qqn *à* (sens II) a pour syn. CONVAINCRE qqn DE, POUSSER qqn À + inf. Le contr. soutenu est DISSUADER qqn DE + inf. — **3.** *Se décider pour* (sens III) a pour syn. soutenus OPTER, SE PRONONCER POUR.
**L. décision** (n. f.) *Qu'est-ce que vous avez décidé ?* → *vous avez pris quelle décision ?*

**déclaration** [deklarasjɔ̃] n. f.
I. [énoncé] *Le président de la République doit faire une déclaration à la télévision ce soir.* ● *Le ministre a dit qu'il n'avait aucune déclaration à faire sur ce sujet.* ● *Il est revenu plusieurs fois sur ses déclarations.*
II. [action, qqn, et résultat] **déclaration de** + **n.** *La déclaration de la guerre entre ces deux pays n'a étonné personne.* ● *C'est en janvier qu'on doit faire sa déclaration d'impôts.* ● *Alors, qu'est-ce qu'il te disait ? Il te faisait une déclaration d'amour ?*

**S. 1.** Au sens I, une *déclaration* est un ensemble de paroles prononcées, que l'on fait

connaître publiquement ou officiellement. — **2.** Au sens II, *déclaration* désigne le fait de DÉCLARER, d'annoncer par oral ou par écrit qqch. *Faire sa déclaration d'impôts,* c'est DÉCLARER SES REVENUS à l'Administration.

**déclarer** [deklare] v. t. (conj. **1**)
I. (sujet qqn) **déclarer (à qqn) que** + **ind.** *En pleine réunion, M. Durand a déclaré qu'il ne voulait plus être président.* ● *Les journalistes ont déclaré qu'ils feraient la grève la semaine prochaine.*
II. (sujet qqn) **déclarer qqch (à une administration)** [À la douane] : « *Vous avez

quelque chose à déclarer ?* » ● *François ne paie pas beaucoup d'impôts parce qu'il ne déclare pas tout ce qu'il gagne.*
III. (sujet qqch) **se déclarer** *On annonce de Bastia qu'un important incendie de forêt s'est déclaré à vingt kilomètres de la ville.*

DÉCONSEILLER

**S. 1.** *Déclarer* (sens I) est plus fort que DIRE ; il indique que les paroles qui vont être prononcées sont importantes ; il a pour syn. AFFIRMER (moins fort), ANNONCER, PROCLAMER (plus solennel). — **2.** *Déclarer* (sens II), c'est fournir des renseignements à une administration qui les demande. — **3.** *Se déclarer* (sens III) a pour syn. SE MANIFESTER, ÉCLATER.
**L.** **déclaration**, v. ce mot.

**déclencher** [deklɑ̃ʃe] v. t. (conj. 1)
(sujet qqn, qqch) **déclencher qqch (phénomène, action)** *Où est le bouton qui déclenche la sonnerie ?* ● *Si les négociations échouent, les syndicats vont sans doute déclencher une grève générale.* ◆ (sujet qqch) **se déclencher** *Le signal d'alarme se déclenche automatiquement dès qu'on tente d'ouvrir la porte.*

**S.** *Déclencher* qqch, c'est faire que qqch se produise, se mette en action, en marche. *Se déclencher*, c'est SE METTRE EN MARCHE.
**L. déclenchement** (n. m.) *Ce signal d'alarme se déclenche automatiquement* → *c'est un signal d'alarme à déclenchement automatique.*

**décliner** [dekline] v. t. (conj. 1)
I. (sujet qqn) **décliner qqch (identité)** *Je suis allé au commissariat, on a commencé par me demander de décliner mes nom, prénoms, date et lieu de naissance.*
II. (sujet qqn, un organisme) **décliner qqch (offre, invitation, etc.)** *Nous sommes dans l'obligation de décliner votre offre, les conditions que vous nous faites n'étant pas satisfaisantes.* ● *La maison décline toute responsabilité en ce qui concerne les vols dans les cabines d'essayage.*

**S. 1.** *Décliner son identité* (sens I) [langue administrative], c'est la donner, l'indiquer avec précision devant une autorité. — **2.** *Décliner* (sens II) [soutenu] a pour syn. REFUSER, REPOUSSER, et pour contr. ACCEPTER. *Décliner une responsabilité*, c'est ne pas la prendre, la REJETER.

**décoder** → CODE L ; **décoiffé** → COIFFER L.

**décoller** [dekɔle] v. t. et v. i. (conj. 1)
I. [v. t.] (sujet qqn) **décoller qqch** *Tu trouves que c'est drôle de décoller le papier de ta chambre ?*
II. [v. i.] (sujet qqn, un avion) *À quelle heure notre avion décolle-t-il ?*

**S. 1.** *Décoller* (sens I), c'est défaire ce qui était COLLÉ. — **2.** *Décoller* (sens II) a pour contr. ATTERRIR.
**L. décollage** (n. m.) *J'ai toujours un peu peur au moment où l'avion décolle* → *j'ai toujours un peu peur au moment du décollage.*

**décolorer** → COULEUR L.

**décombres** [dekɔ̃br] n. m. pl.
[collectif, objets] *Trois jours après l'explosion, on retrouva encore un blessé sous les décombres.*

**S.** *Décombres* est un syn. soutenu de RUINES et désigne l'amas de matériaux restant après la destruction d'un édifice.

**décommander** [dekɔmɑ̃de] v. t. (conj. 1)
(sujet qqn) **décommander une invitation, qqn, etc.** *Nous sommes désolés, mais nous sommes obligés de décommander le dîner du 23 avril, mon mari est malade.*

**S.** *Décommander* (soutenu) a pour syn. ANNULER.

**déconcerter** [dekɔ̃sɛrte] v. t. (conj. 1)
(sujet qqch, qqn) **déconcerter qqn** *J'avoue*

*que son attitude m'a déconcerté : je ne savais plus que lui répondre.*

**S.** *Déconcerter* qqn (soutenu), c'est lui FAIRE PERDRE CONTENANCE. EMBARRASSER, SURPRENDRE, DÉCONTENANCER (soutenu), DÉSORIENTER sont des syn.
**L. déconcertant, e** (adj.) *Sa réponse a déconcerté tout le monde* → *sa réponse était déconcertante.*

**déconseiller** [dekɔ̃seje] v. t. (conj. 1)
(sujet qqn) **déconseiller qqch, de + inf. (à qqn)** *Le docteur lui a déconseillé de partir sur la côte d'Azur : il y fait trop chaud pour lui.*

## DÉCONTENANCÉ

**S.** *Déconseiller de faire* qqch, c'est CONSEILLER de ne pas le faire ; DISSUADER est un syn. plus fort et soutenu.

### décontenancé (être) [dekɔ̃tnɑ̃se] v. pass.
(sujet qqn) *Je n'ai vraiment pas su quoi répondre, j'étais tout décontenancé.*

**S.** *Est décontenancé* celui qui PERD CONTENANCE. C'est un syn. soutenu de ÊTRE DÉCONCERTÉ (soutenu), EMBARRASSÉ, INTIMIDÉ, SURPRIS, DÉSORIENTÉ (moins forts).

### décontracté, e [dekɔ̃trakte] adj. (après le n.)
(se dit de qqn) *Pierre est inquiet, mal à l'aise, quand il a un examen ; Jacques, lui, est toujours décontracté.* • *C'est un garçon décontracté, il se sent partout comme chez lui.*

**S.** *Décontracté* a pour syn. DÉTENDU, INSOUCIANT (qui indique plutôt un état permanent), et pour contr. (par ordre d'intensité croissante) INQUIET, TENDU, NERVEUX, ANXIEUX, ANGOISSÉ.
**L. décontracter (se),** v. ce mot. ◆ **décontraction** (n. f.) *Ce que j'aime en lui, c'est qu'il est décontracté* → *ce que j'aime en lui, c'est sa décontraction.*

### décontracter (se) [dekɔ̃trakte] v. pr. (conj. 1)
(sujet qqn) *Ne soyez pas nerveux comme cela ! Décontractez-vous un peu !*

**S.** *Se décontracter,* c'est faire cesser sa nervosité ; il a pour syn. SE DÉTENDRE.

### décor [dekɔr] n. m.
[collectif, objets] *Alors, la pièce de théâtre était bien ? — Oui, et les décors étaient magnifiques.*

**S.** *Les décors* sont tous les objets, panneaux, peintures, meubles, accessoires, etc., qui servent à représenter un lieu au théâtre ou au cinéma.

### découdre → COUDRE L.

### découper [dekupe] v. t. (conj. 1)
(sujet qqn) **découper (qqch)** *Jacques, tu veux bien découper le rôti ?* • *Qu'est-ce qui ferait plaisir à Judith ? — Une paire de ciseaux : elle adore découper les images dans les magazines.*

**S.** *Découper,* c'est COUPER en morceaux avec un couteau, ou couper en suivant certaines formes avec des ciseaux.

**L. découpage** (n. m.) *On lui a offert des découpages* (← *dessins destinés à être découpés*).

### décourager [dekuraʒe] v. t. (conj. 4)
(sujet qqch, qqn) **décourager qqn** *Cet échec m'a complètement découragé, je n'ai plus la force de continuer.* • *J'ai trop d'ennuis, je suis découragé, je n'y arriverai jamais.* ◆ (sujet qqn) **se décourager** *Vous n'avez pas réussi cette fois-ci, mais ne vous découragez pas, recommencez !*

**S. 1.** *Décourager* qqn (souvent employé au pass.), c'est lui FAIRE PERDRE COURAGE ; il a pour syn. DÉMORALISER (soutenu) et, plus forts, DÉSES-

PÉRER, DÉPRIMER ; il a pour contr. DONNER DU COURAGE, ENCOURAGER et RÉCONFORTER, STIMULER (soutenus). — **2.** *Se décourager* a pour syn. PERDRE COURAGE.
**L. décourageant, e** (adj.) *Cela me décourage → c'est décourageant.* ◆ **découragement** (n. m.) *Ne vous laissez pas décourager → ne vous laissez pas aller au découragement.*

## découverte [dekuvɛrt] n. f.
[action, qqn, et résultat] *La découverte de l'électricité a transformé la vie de tous les jours.* ● *J'attends que les médecins fassent enfin une découverte importante, qu'ils trouvent un médicament efficace contre la migraine. — Ce n'est pas pour demain !* ● *Tu dis ça comme si tu faisais une découverte, mais tout le monde le sait depuis longtemps.*

**S.** La *découverte* de qqch, c'est l'action de DÉCOUVRIR, de trouver, c'est aussi le résultat de cette recherche, l'INVENTION. *Faire une découverte* a pour syn. DÉCOUVRIR qqch.

## 1. découvrir [dekuvrir] v. t. (conj. 17)
(sujet qqn) **découvrir qqch, que + ind.** *Christophe Colomb a découvert l'Amérique.* ● *En fouillant dans un tiroir, j'ai découvert de vieilles photos de Pierre.* ● *J'ai découvert par hasard que tu me mentais, et ça ne m'a pas fait plaisir.*

**S.** *Découvrir* qqch, c'est en FAIRE LA DÉCOUVERTE, c'est TROUVER qqch qu'on ignorait (mais

qui existait), par oppos. à INVENTER, qui implique la création de qqch qui n'existait pas. *Découvrir que* + ind. a pour syn. APPRENDRE, SE RENDRE COMPTE.
**L. découverte,** v. ce mot.

## 2. découvrir (se) → COUVRIR L.

## décret [dekrɛ] n. m.
[texte, institution] *La loi a été votée, mais les décrets d'application ne sont pas encore parus au « Journal officiel ».*

**S.** Un *décret* (langue juridique) est une décision écrite émanant du pouvoir exécutif.

## décréter [dekrete] v. t. (conj. 12)
(sujet qqn) **décréter qqch, que + ind.** *Notre syndicat a décrété qu'il ne participerait pas à la grève.*

**S.** *Décréter,* c'est DÉCIDER et DÉCLARER qqch avec autorité ou, en parlant d'un gouvernement, établir par DÉCRET, décider par autorité légale.

## décrire [dekrir] v. t. (conj. 61)
(sujet qqn) **décrire qqn, qqch (à qqn)** *Tu peux me décrire ta maison ? — Oui, elle est blanche, elle a de grandes fenêtres et une porte verte.* ● *Je ne connais pas assez Jacques pour te le décrire, je me souviens seulement qu'il est très grand.*

**S.** *Décrire* a pour syn. soutenu DÉPEINDRE.
**L. description** (n. f.) *Décrivez rapidement votre chambre → faites une description rapide de votre chambre.* ◆ **indescriptible** (adj.) *On ne peut pas décrire cette scène → cette scène est indescriptible.*

## décrocher [dekrɔʃe] v. t. (conj. 1)
I. (sujet qqn) **décrocher qqch (objet)** *Qui a*

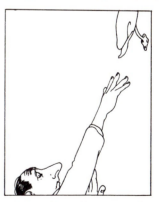

*décroché le tableau du mur ?* ● *Le téléphone doit être décroché chez eux, ça sonne tout le temps « occupé ».*
II. (sujet qqn) **décrocher qqch (abstrait)** *Après trois ans d'études, il a quand même fini par décrocher un petit diplôme !*

**S. 1.** *Décrocher* (sens I), c'est défaire ce qui était ACCROCHÉ. Au téléphone, c'est prendre l'appareil pour appeler ou recevoir une communication. — **2.** *Décrocher* (sens II) est un syn. fam. de OBTENIR.

**dedans** [dədɑ̃] adv.
[lieu] *Il fait froid dehors ; allons dedans, il fait meilleur.* ● *Ouvre mon sac et regarde si les clés sont dedans.* ● *Comment pouvez-vous, de dedans, voir ce qui se passe dehors ?*

**S.** et **G.** *Dedans* correspond à la prép. DANS (ENTRONS DANS LA MAISON → *entrons dedans*). Les contr. sont DEHORS, À L'EXTÉRIEUR, et le syn. À L'INTÉRIEUR. *De dedans* a pour syn. DE L'INTÉRIEUR.

**dédommager** [dedɔmaʒe] v. t. (conj. **4**) (sujet qqn) **dédommager qqn (de qqch)** *Et qui va me payer toutes ces réparations maintenant ? — Ne vous inquiétez pas, nous vous dédommagerons.*

**S.** On *dédommage* qqn quand on compense, le plus souvent avec de l'argent, le DOMMAGE qu'on lui a fait subir. Le syn. est INDEMNISER.
**L. dédommagement** (n. m.) *Voici cinq cents francs pour vous dédommager de vos frais* → *voici cinq cents francs en dédommagement de vos frais.*

**dédramatiser** → DRAMATIQUE L.

**déduire** [dedɥir] v. t. (conj. **60**)
I. (sujet qqn) **déduire qqch, que + ind. de qqch** *J'ai la preuve que vous n'étiez pas au cinéma ce soir-là, j'en déduis donc que vous m'avez menti.*
II. (sujet qqn) **déduire qqch (somme) de qqch (somme)** *Est-ce qu'on peut déduire les frais de transport des impôts ?*

**S. 1.** *Déduire* (sens I) a pour syn. CONCLURE. — **2.** *Déduire* (sens II), c'est ENLEVER, SOUSTRAIRE (soutenu) une certaine somme d'une autre.
**L. déductible** (adj.) [sens II] *Les frais professionnels peuvent être déduits des impôts* → *les frais professionnels sont déductibles des impôts.*
◆ **déduction** (n. f.) [sens I] *Vos déductions sont exactes* (← *ce que vous déduisez*). ◆ [sens II] *Cent francs seront déduits de vos impôts* → *il y aura une déduction de cent francs sur vos impôts.*

**défaire** [defɛr] v. t. (conj. **68**)
I. (sujet qqn) **défaire qqch** *Je n'arrive pas à défaire ce nœud, il est trop serré.* ● *Tu as mal cousu la manche, il va falloir tout défaire !* ◆ (sujet qqch) **se défaire** *La ficelle ne tenait pas bien, elle s'est défaite.*
II. (sujet qqn) **se défaire de qqch, de qqn** *Tu es encore en retard ; mais tu ne te déferas jamais de cette mauvaise habitude ?*

● *Je me suis défait de ma voiture : elle me coûtait trop cher.*

**S. 1.** *Défaire* a pour contr. FAIRE. De même que FAIRE, suivi d'un compl., peut être équivalent à un verbe (*faire un nœud* → NOUER), *défaire*, suivi d'un compl., peut être équivalent à un verbe commençant par le préfixe DÉ- (*défaire un nœud* → DÉNOUER ; *défaire un paquet* → DÉPAQUETER). Il peut avoir pour syn. DÉMONTER (une installation). *Se défaire* a pour contr. TENIR. — **2.** *Se défaire de qqch, de qqn* (soutenu) a pour syn. courant SE DÉBARRASSER DE. *Se défaire d'un défaut*, c'est S'en CORRIGER. *Se défaire d'un objet*, c'est S'en SÉPARER, le vendre, le jeter ou l'échanger, selon les cas.

**défaite** [defɛt] n. f.
[résultat] *Et voilà, on a perdu le dernier match, c'est la défaite de l'équipe de France !*

**S.** *Défaite* a pour contr. VICTOIRE ou SUCCÈS, et pour syn. ÉCHEC (moins fort). *Défaite* s'emploie pour dire qu'on a perdu une bataille, une compétition, etc.
**L. défaitiste,** v. ce mot.

**défaitiste** [defɛtist] adj. (après le n.) et n. [adj.] (se dit de qqn, de son attitude) *Tu vas voir, je suis sûr que ça ne va pas marcher. — Ne sois pas défaitiste comme ça, tu as toutes les chances de réussir.*
◆ [n.] (personne) *Si on l'écoutait, on n'entreprendrait jamais rien, il pense toujours qu'on va échouer, c'est un défaitiste.*

**S.** Est *défaitiste* celui qui pense qu'il va perdre, que toute victoire ou réussite sont impossibles. PESSIMISTE est un syn. moins fort.
**L. défaitisme** (n. m.) *Ne soyez pas défaitiste* → *ne faites pas preuve de défaitisme.*

**défaut** [defo] n. m.
I. [qualité, qqch] *Tu devrais essayer*

d'échanger ton pantalon, il y a un défaut dans le tissu. ● On a acheté ces verres très bon marché parce qu'ils avaient tous de petits défauts.
II. [qualité, qqn] Jean est très orgueilleux, mais ce n'est pas son seul défaut ! ● Je t'ai toujours dit que tu avais tous les défauts ! ● Marie a le défaut d'arriver toujours en retard.

**S. 1.** Un *défaut* (sens I) est une IMPERFECTION (moins fort), une MALFAÇON. — **2.** Un *défaut* (sens II) est une IMPERFECTION morale, un VICE (plus fort) ; le contr. est QUALITÉ.

**défavorable** [defɔrabl] adj. (après le n.)
(se dit de qqch, de qqn) **défavorable à qqn, qqch** *Je ne suis pas tellement défavorable à ton projet de vacances, mais il faut réfléchir avant.* ◆ (sans compl.) [se dit de qqch] *Henri m'a fait une impression très défavorable : ce garçon est stupide.* ● *Le temps est défavorable : ne sortez pas le bateau.*

**S.** *Défavorable à* a pour syn. HOSTILE À, CONTRE (plus forts) ; avec un compl. désignant qqn, OPPOSÉ À est un syn., PARTISAN DE, un contr. Sans compl., le syn. est MAUVAIS. Le contr. est FAVORABLE dans tous les sens.
**L. défavorablement** (adv.) *J'ai été surpris de façon défavorable par son attitude* → *j'ai été défavorablement surpris par son attitude.*

**défavoriser** [defavɔrize] v. t. (conj. **1**) (sujet qqch, qqn) **défavoriser qqn** *Ce système électoral défavorise les candidats de gauche.* ● *Quoi qu'on fasse, il s'estime toujours défavorisé par rapport à son frère.*

**S.** *Défavoriser* a pour contr. FAVORISER, PRIVILÉGIER.

**défectueux, euse** [defɛktyø, øz] adj. (après le n.)
(se dit de qqch [objet, appareil]) *Votre four est défectueux ; on va vous le changer, car c'est un défaut de fabrication.*

**S.** Est *défectueux* (soutenu) qqch qui présente un DÉFAUT, un vice (soutenu) de fabrication, une malfaçon.

**défendre** [defɑ̃dr] v. t. (conj. **41**)
I. (sujet qqn) **défendre qqch, de + inf. (à qqn)** *Je vous défends de jouer sur la route, c'est trop dangereux !* ● *Après son opération, on lui a défendu de sortir pendant huit jours.* ● *Il est défendu de monter dans le train en marche.* ● *[Au cinéma] : « Éteins ta cigarette, c'est défendu de fumer ici ! »*

II. (sujet qqn) **défendre qqn** *Quand les enfants ont attaqué Mathieu dans la cour de l'école, c'est Jacques qui l'a défendu.* ◆ **défendre qqch (abstrait)** *Même si tu étais le seul à penser comme ça, tu aurais dû essayer de défendre ton point de vue !*

**S. 1.** *Défendre* qqch à qqn (sens I) a pour syn. INTERDIRE qqch À qqn, et pour contr. PERMETTRE ; *c'est défendu* a pour syn. C'EST INTERDIT, et pour contr. C'EST PERMIS. *Défendre de* + inf. a aussi pour contr. AUTORISER À + inf. — **2.** *Défendre* qqn (sens II) a pour syn. moins

forts PROTÉGER, AIDER, SECOURIR. *Défendre* qqch (abstrait) a pour syn. SOUTENIR qqch. Le contr. est ATTAQUER dans les deux cas.
**L. défense,** v. ce mot. ◆ **défenseur** (n. m.) [sens II] *Il a pris cet avocat pour le défendre* → *il a pris cet avocat comme défenseur.* ◆ **indéfendable** (adj.) [sens II] *Ta position ne peut pas être défendue* → *ta position est indéfendable.*

**défense** [defɑ̃s] n. f.
I. [action, qqn] (non-compt., au sing.) **défense de + inf.** *Qu'est-ce que vous faites ici ? Vous n'avez pas lu le panneau : « Défense d'entrer » ?* ● *[Dans le train]* : *« Défense de se pencher par la fenêtre. »* ● *[Dans le métro]* : *« Défense de fumer. »*
II. [action, qqn, et résultat] (compt., surtout au sing.) **la défense de qqn, qqch** *L'armée sert à la défense d'un pays en cas de guerre.* ● *Paul prend toujours la défense de son petit frère, il est toujours de son côté !* ● *Pourquoi t'en prends-tu à lui ? C'est un pauvre garçon sans défense.*

**S. 1.** La *défense* (sens I), c'est l'action de DÉFENDRE, d'interdire. Le syn. est INTERDICTION. *Défense de* a pour syn. IL EST DÉFENDU DE. Les contr. sont AUTORISATION et PERMISSION. — **2.** La *défense* (sens II), c'est l'action de DÉFENDRE, de

# DÉFENSIVE

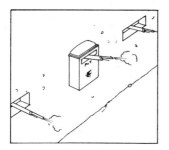

protéger, de soutenir qqn, ou de SE DÉFENDRE, de résister. Le syn. est PROTECTION. *Prendre la défense de* qqn, c'est PRENDRE PARTI POUR lui, VENIR À SON AIDE, À SON SECOURS.

**défensive** [defãsiv] n. f.
(sujet qqn) **être sur la défensive** *Mais de quoi a-t-elle peur ? Elle est sans arrêt sur la défensive.*

**S.** *Être sur la défensive,* c'est être prêt à SE DÉFENDRE, à répondre à une attaque.

**défi** [defi] n. m.
[action, qqn, et résultat] *Vous dites que je n'arriverai jamais à soulever ce poids ? C'est un défi que vous me lancez, eh bien je le relève, regardez !* ◆ (sujet qqn) **mettre qqn au défi de** + **inf.** *Je vous mets au défi de réaliser cet exploit tout de suite.*

**S.** *Lancer un défi à* qqn, c'est le provoquer, l'inciter à faire qqch en lui disant qu'il n'en est

pas capable. *Relever un défi,* c'est agir pour prouver qu'on en est capable. *Mettre qqn au défi de* + inf. a pour syn. soutenu DÉFIER qqn DE + inf.
**L. défier,** v. ce mot.

**déficit** [defisit] n. m.
[argent, valeur] *Nous avons un déficit de dix mille francs dans notre budget. Comment allons-nous payer ce que nous devons ?* ◆ (sujet qqn, une entreprise) **être en déficit** *Cela fait deux ans que cette usine est en déficit, elle risque de faire faillite.*

**S.** Un *déficit* est une somme d'argent qui manque pour qu'un budget soit équilibré. *Être en déficit,* c'est avoir un *déficit.*
**L. déficitaire** (adj.) *L'entreprise est en déficit* → *l'entreprise est déficitaire.*

**défier** [defje] v. t. (conj. **2**)
(sujet qqn) **défier qqn de** + **inf.** *Regardez ces deux tableaux ; je vous défie de reconnaître le vrai du faux.*

**S.** *Défier* qqn (soutenu), c'est lui lancer un DÉFI, le mettre à l'épreuve.

**défigurer** [defigyre] v. t. (conj. **1**)
(sujet qqch) **défigurer qqn** *Malheureusement l'accident l'a complètement défigurée.*

**G.** Ce verbe s'emploie souvent au pass.
**S.** *Défigurer,* c'est abîmer profondément le visage, la FIGURE.

**défiler** [defile] v. i. (conj. **1**)
(sujet qqn). *Pour le 14 juillet, les soldats défilent sur les Champs-Élysées.* ◆ (sujet qqn, qqch [plur.]) *Eh bien, les clients ont défilé toute la journée au magasin, je n'ai pas eu une minute de repos.*

**S. 1.** *Défiler,* c'est marcher en FILE, en colonne, surtout dans une manifestation. — **2.** En parlant de personnes ou de choses, c'est SE SUCCÉDER à une allure rapide.
**L. défilé** (n. m.) *Je vais regarder les soldats défiler* → *je vais regarder le défilé des soldats.*

**définir** [definir] v. t. (conj. **15**)
I. (sujet qqn) **définir un mot** *Peux-tu me définir le mot « chance », me dire ce que ça veut dire ?*
II. (sujet qqn) **définir qqch (abstrait)** *Je n'arrive pas à définir les raisons pour lesquelles tu as fait ça, explique-moi.*

**S. 1.** *Définir un mot* (sens I), c'est en DONNER LE SENS, LA SIGNIFICATION, LA DÉFINITION. — **2.** *Définir des raisons, une situation, une politique,* etc. (sens II), a pour syn. DÉTERMINER, PRÉCISER, EXPLIQUER, CARACTÉRISER (soutenu).
**L. définition** (n. f.) [sens I] *Définissez-moi ce mot* → *donnez-moi la définition de ce mot.*
◆ **indéfinissable** (adj.) [sens II] *On ne peut pas définir cette situation* → *cette situation est indéfinissable.*

**définitif, ive** [definitif, iv] adj. (après le n.)
(se dit de qqch) *C'est définitif, je te quitte! Je ne reviendrai plus.* ● *Alors ta décision est définitive? — Absolument! Je ne changerai pas d'avis.* ● *Il n'y a pas de solution définitive à ce problème.* ◆ **en définitive** *Qu'est-ce que tu as fait en définitive? Tu es allé au cinéma ou tu es rentré à la maison?*

**G.** Cet adj. n'a ni comparatif ni superlatif.
**S. 1.** Est *définitif* ce qui ne peut être modifié, ce qui est destiné à durer ; il a pour contr. MOMENTANÉ, PROVISOIRE et TEMPORAIRE (surtout pour un pouvoir, une fonction). Il a pour syn. plus fort IRRÉVOCABLE, en parlant d'une décision. — **2.** *En définitive* s'emploie pour conclure un discours ; il est syn. de TOUT COMPTE FAIT, EN FIN DE COMPTE (surtout en tête de phrase) et FINALEMENT.
**L. définitivement**, v. ce mot.

**définitivement** [definitivmã] adv.
[manière et temps] *Depuis son échec, il a définitivement renoncé à continuer.* ● *Anne-Marie a définitivement quitté la France, elle est allée vivre en Nouvelle-Zélande.*

**S.** Cet adv., qui indique une durée indéfinie, correspond à l'adj. DÉFINITIF. Les syn. sont POUR TOUJOURS, UNE FOIS POUR TOUTES et, plus soutenus, IRRÉMÉDIABLEMENT, IRRÉVOCABLEMENT. Les contr. sont PROVISOIREMENT, MOMENTANÉMENT, TEMPORAIREMENT.

**défoncer** [defɔ̃se] v. t. (conj. **3**)
(sujet qqn, un véhicule, qqch) **défoncer qqch (une porte, un mur, etc.)** *Si vous n'ou-*

*vrez pas tout de suite, nous défonçons la porte.*

**S.** *Défoncer une porte*, c'est l'ouvrir en la cassant. ENFONCER peut être un syn.

**déformer** [defɔrme] v. t. (conj. **1**)
I. (sujet qqn, qqch) **déformer un objet** *Ne tire pas comme ça sur les manches de ton pull, tu vas les déformer!* ● *J'ai oublié le livre dehors, il a plu, et la couverture est toute déformée!*
II. (sujet qqn) **déformer qqch (abstrait)** *Tiens, regarde, il y a ton interview dans le journal! — Mais, ce n'est pas du tout ce que j'ai dit, ils ont déformé mes paroles!* ● *C'est extraordinaire ce que tu peux déformer la vérité quand tu racontes quelque chose!*

**S. 1.** *Déformer un objet* (sens I), c'est lui faire perdre sa FORME, l'ABÎMER, le RENDRE INFORME.

— **2.** *Déformer* qqch (abstrait), c'est en changer, en modifier, en transformer le sens, la nature, c'est mal le rendre compte. Le syn. litt. est TRAVESTIR (plus fort et en parlant de la vérité), et les contr. sont BIEN RENDRE, REPRODUIRE FIDÈLEMENT.
**L. déformation** (n. f.) [sens I et II] *On déforme complètement mes paroles* → *la déformation de mes paroles est complète.* ◆ **indéformable** (adj.) [sens I] *C'est un vêtement qui ne peut pas se déformer* → *c'est un vêtement indéformable.*

**défouler (se)** [defule] v. pr. (conj. **1**)
(sujet qqn) *Tu le verrais en vacances, c'est un autre homme! Il se défoule complètement!*

**S.** *Se défouler* (fam.), c'est s'exprimer, agir librement en se libérant des contraintes habituelles.

**dégager** [degaʒe] v. t. (conj. **4**)
I. (sujet qqn) **dégager qqn (de qqch)** *Les pompiers ont eu du mal à dégager les blessés des voitures accidentées.* ◆ **dégager un lieu** *Soyez gentils, dégagez le passage, qu'on puisse transporter le malade.*

II. (sujet qqch) **dégager une odeur, un parfum** *Il y avait dans son salon des fleurs qui dégageaient un parfum extraordinaire.*

**S. 1.** *Dégager* (sens I) a pour syn. SORTIR, EXTRAIRE (soutenu), LIBÉRER, TIRER. *Dégager un* 

*lieu,* c'est le débarrasser de ce qui l'encombre. — **2.** *Dégager une odeur* (sens II), c'est la laisser échapper. RÉPANDRE, EXHALER (soutenu) sont des syn.

**dégâts** [dega] n. m. pl.
[résultat] (non-compt., au plur.) *L'accident n'a fait aucun blessé, mais les dégâts sont importants.* ● *Tu as vu tous les dégâts causés par le vent?*

**S.** Il y a *dégâts* quand qqch est abîmé, cassé, détruit par une cause naturelle (feu, eau, vent, foudre, etc.) ou humaine (accident, guerre, etc.). *Dégâts* a pour syn. DOMMAGES (langue juridique), RAVAGES (soutenu et plus fort).

**dégeler** → GELER L.

**dégénérer** [deʒenere] v. i. (conj. **12**)
(sujet qqch [abstrait]) **dégénérer (en qqch [abstrait])** *Arrête de te disputer avec ton frère, ça va dégénérer en bagarre tout à l'heure.*

**S.** *Dégénérer en* qqch, c'est SE TRANSFORMER EN qqch (de plus mauvais), TOURNER À.

**dégonfler** → GONFLER L.

**dégoûtant, e** [deguta, ãt] adj. (après le n.)
(se dit de qqch, de qqn) *Avec tous ces chiens, les trottoirs sont dégoûtants.* ● *Il faut que tu fasses nettoyer ton pull; il est vraiment dégoûtant.* ◆ (se dit de qqn, de son attitude) *Tu es allé tout seul au cinéma? Ce que tu peux être dégoûtant de m'avoir laissé tomber ainsi!*

**S.** Est *dégoûtant* qqch ou qqn qui provoque le DÉGOÛT et, en particulier, qqch ou qqn qui est 

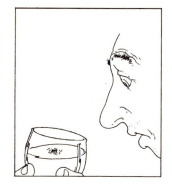

très sale. Est *dégoûtant* qqn qui se conduit comme un malappris. RÉPUGNANT, INFECT sont des syn. plus forts dans les deux cas.

**dégoûter** [degute] v. t. (conj. **1**)
(sujet qqch, qqn) **dégoûter qqn (de qqch [concret** ou **abstrait])** *Cette odeur de frites me dégoûte!* ● *Que c'est mauvais! On dirait que les programmes sont faits pour dégoûter les gens de la télévision.*

**S.** *Dégoûter,* c'est inspirer du DÉGOÛT ; il a pour syn. plus fort ÉCŒURER. RÉPUGNER À qqn

(plus fort et soutenu) ne s'emploie qu'avec un seul compl., en général pron. personnel (ME, TE, LUI, etc.). Les contr. sont PLAIRE À, ATTIRER, TENTER.
**L.** **dégoût** (n. m.) *Je suis dégoûté du poisson* → *j'ai du dégoût pour le poisson.* ◆ **dégoûtant,** v. ce mot.

**dégrader (se)** [degrade] v. pr. (conj. **1**) (sujet qqch [objet, état]) *Alors, les relations entre ces deux partis vont mieux ? — Non, au contraire la situation se dégrade de jour en jour.*

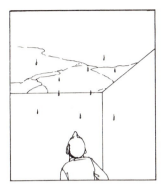

**S.** *Se dégrader* a pour syn. SE DÉTÉRIORER et pour contr. S'AMÉLIORER (sauf en parlant d'un objet).
**L. dégradation** (n. f.) *Que faire pour éviter que la situation économique se dégrade ? → que faire pour éviter une dégradation de la situation économique ?*

**degré** [dəgre] n. m.
I. [mesure, unité] (compt.) *Qu'est-ce qu'il fait chaud, il fait au moins trente degrés à l'ombre !* • *Il est bon, ce vin... — Pourtant, il n'est pas fort, il fait onze degrés.* • *Je vais à la pharmacie acheter de l'alcool à soixante degrés.* • *Si, dans un triangle, deux angles font trente degrés, combien fait le troisième ?*
II. [quantité] (non-compt., au sing.) *Cette affaire est bien triste : je ne pensais pas qu'on arriverait à un tel degré de bêtise !* • *Paul est paresseux, mais à un degré que tu n'imagines pas !*

**S. 1.** Le *degré* (sens I) est une unité de mesure de température, de titre d'alcool, ou une unité de mesure d'arc de circonférence, d'angle en géométrie. En parlant de la température du corps, on emploie le plus souvent le numéral seul *(avoir quarante de fièvre)*. — **2.** *Degré* (sens II) a pour syn. POINT, NIVEAU, STADE (soutenu).

**dégringoler** [degrɛ̃gɔle] v. i. (conj. **1**) (sujet qqn, qqch [concret]) *Fais attention si tu descends à la cave ; évite de dégringoler dans l'escalier comme tu l'as fait le mois*

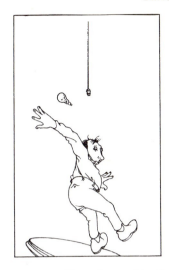

*dernier.* • *Le tableau n'est pas bien fixé, il va dégringoler, je t'assure.*

**S.** *Dégringoler* est le syn. fam. de TOMBER.

**déguiser (se)** [degize] v. pr. (conj. **1**), **être déguisé** v. pass.
(sujet qqn) *En quoi te déguises-tu pour la fête ? — En clown.* • *Tous les invités étaient déguisés, on ne reconnaissait personne.*

**S.** *Se déguiser*, c'est porter un habit, un

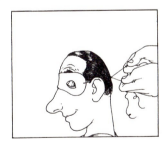

masque, un DÉGUISEMENT évoquant un personnage.
**L. déguisement** (n. m.) *Les gens étaient très bien déguisés → les déguisements étaient très réussis.*

**dehors** [dəɔr] adv., **en dehors de** [ɑ̃dəɔrdə] prép.

# DÉJÀ

**I.** [adv.] (lieu) *Ne restez pas dehors, entrez donc!* ● *Attends-moi dehors, j'arrive tout de suite.* ● *De dehors, cette maison a l'air très jolie, mais dedans, c'est dans un état épouvantable!*
**II.** [prép.] (exclusion) **en dehors de qqch (abstrait)** *Laissez-moi en dehors de vos histoires, elles ne me concernent pas.* ● *Comment allez-vous? — J'ai eu un petit rhume, mais, en dehors de ça, tout va bien.*

**S. et G. 1.** *Dehors* correspond à la prép. HORS DE [soutenu] (NE RESTEZ PAS HORS DE LA MAISON → *ne restez pas dehors*). Il a pour contr. DEDANS, À L'INTÉRIEUR, et pour syn. À L'EXTÉRIEUR. *De dehors* a pour syn. DE L'EXTÉRIEUR. — **2.** *En dehors de* a pour syn. À L'ÉCART DE, EN MARGE DE (soutenu), ou À CÔTÉ DE, À PART quand *en dehors de* introduit une sorte d'incise.

**déjà** [deʒa] adv.
[temps] *Votre bébé a onze mois et il marche déjà?* ● *On va être en avance, mais peut-être que Jean sera déjà arrivé.* ● *Vous dînez avec nous? — Non, merci, j'ai déjà mangé.* ● *Tu as déjà un manteau, pourquoi veux-tu en acheter un autre?* ● *Ça fait déjà une heure que j'attends, ça suffit.* ● *Mille francs, c'est déjà une somme.*

**S. et G.** *Déjà* peut indiquer : *a*) ce qui est révolu, accompli ; *b*) un degré non négligeable. *Déjà* ne s'emploie jamais avec un verbe au passé simple. Le contr. est ENCORE dans une phrase négative (*Il marche déjà* / IL NE MARCHE PAS ENCORE).

**1. déjeuner** [deʒøne] n. m.
[action, qqn, et résultat] *Tu as pensé aux courses pour le déjeuner de dimanche? — Mais tu sais bien qu'on mange à midi chez tes parents.* ◆ [collectif, aliments] *À table! Le déjeuner va être froid.*

**S. 1.** Le *déjeuner* est le repas de midi ; il se compose d'un hors-d'œuvre, d'un plat principal, d'une salade, d'un fromage et d'un dessert. — **2.** V. aussi PETIT DÉJEUNER.

**2. déjeuner** [deʒøne] v. i. (conj. 1)
(sujet qqn) **déjeuner (de qqch [aliment])** *À midi, j'ai déjeuné au restaurant.* ● *Tu as eu le temps de déjeuner, ce matin?* ● *Édith a tellement de travail qu'elle a déjeuné d'un sandwich.* ● *Lundi, je ne suis pas libre, j'ai invité Robert à déjeuner.*

**S.** *Déjeuner* s'emploie aussi bien pour le repas de midi que pour celui du matin. En langue courante, on dit le plus souvent MANGER.

**déjouer** [deʒwe] v. t. (conj. 2)
(sujet qqn) **déjouer qqch (abstrait)** *Ils veulent nous faire tomber dans un piège, mais nous déjouerons leur plan.*

**S.** *Déjouer un projet, une manœuvre,* etc. (soutenu), c'est les FAIRE ÉCHOUER, les CONTRECARRER.

**délabré, e** [delabre] adj. (après le n.)
(se dit d'un édifice) *Il habitait une maison complètement délabrée, pratiquement bonne à être démolie.*

**S.** Une maison *délabrée* tombe en ruines, est VÉTUSTE (moins fort et soutenu).

**délai** [delɛ] n. m.
[temps, durée] *Les parents ne rentrent que dimanche, ça nous laisse un délai de deux jours pour ranger la maison.* ● *Pierre ne peut pas payer ses impôts tout de suite ; il a demandé un délai.* ◆ **dernier délai** *Vous avez jusqu'à samedi, dernier délai, pour me rendre ce travail.*

**S.** Un *délai* est un espace de temps, une durée supplémentaire que l'on accorde ou que l'on demande pour accomplir une action. Il peut avoir pour syn. SURSIS. *Dernier délai* a pour syn. DERNIÈRE LIMITE.

**délaisser** [delese] v. t. (conj. 1)
(sujet qqn) **délaisser qqn, qqch [activité] (pour qqn, qqch)** *Tu ne trouves pas que Jacques délaisse sa femme depuis un certain temps?*

**S.** *Délaisser,* c'est ne plus s'occuper de, NÉGLIGER, ABANDONNER (plus fort).

**délasser** [delase] v. t. (conj. 1)
(sujet qqch) **délasser qqn** *Arrête cette télévision, elle m'énerve. — Moi, ça me délasse.* ◆ (sujet qqn) **se délasser** *Après le*

travail, j'ai besoin de faire un peu de sport pour me délasser.

**S.** *Délasser* a pour syn. DÉTENDRE, REPOSER, et pour contr. FATIGUER. *Se délasser* a pour syn. SE DÉCONTRACTER.
**L. délassant, e** (adj.) Moi, cette activité me délasse → *pour moi, c'est une activité délassante.* ◆ **délassement** (n. m.) Qu'est-ce que ça nous a délassés quand ils sont partis! → *quel délassement quand ils sont partis!*

**délibéré, e** [delibere] adj. (après le n.)
(se dit de qqch [abstrait]) *Je t'assure que son geste était délibéré, il a fait exprès de me pousser.* ● *J'ai choisi de façon délibérée de ne pas lui obéir.*

**S.** Est *délibéré* (soutenu) ce qui est fait ou décidé avec une intention ferme, bien arrêtée.
**L. délibérément** (adv.) Son choix est délibéré → *il a délibérément choisi.*

**délibérer** [delibere] v. i. (conj. **12**)
(sujet un groupe) *Alors, tu as les résultats de ton examen? — Pas encore, le jury est toujours en train de délibérer.*

**S.** *Délibérer*, c'est examiner qqch à plusieurs avant de prendre une décision.
**L. délibération** (n. f.) L'assemblée a longuement délibéré → *les délibérations de l'assemblée ont été longues.*

**délicat, e** [delika, at] adj. (après le n.)
I. (se dit de qqn, de son attitude) *Ce que j'aime chez lui, c'est qu'il a toujours pour moi des attentions délicates : il apporte souvent des fleurs à la maison.* ● *Vraiment, Pierre n'a pas été très délicat : on ne demande pas son âge à une jeune femme coquette comme Chantal!*
II. (se dit de qqch) *Georges est encore absent? — Il a la grippe; tu sais, il est de santé délicate.* ● *C'est très délicat pour moi d'aller le trouver : je lui ai déjà demandé un service la semaine dernière.*

**S. 1.** Est *délicat* (sens I) [soutenu] celui qui cherche à être agréable par sa gentillesse, sa prévenance, son tact. COURTOIS, PRÉVENANT (soutenus), PLEIN DE TACT sont des syn.; GROSSIER, DISCOURTOIS (soutenus), des contr. — **2.** Est *délicat* (sens II) ce qui est FRAGILE et demande des ménagements *(santé)*, ou ce qui présente des difficultés embarrassantes *(situation)*; dans le premier cas, le syn. est FRAGILE, dans le second cas, les syn. sont EMBARRASSANT, DIFFICILE.
**L. délicatement** (adv.) Il s'est conduit de manière très délicate avec elle → *il s'est conduit très délicatement avec elle.* ◆ **délicatesse** (n. f.) En répondant ça, Paul n'a pas été

très délicat → *en répondant ça, Paul a manqué de délicatesse.*

**délicieux, euse** [delisjø, øz] (après ou avant le n.)
(se dit de qqch, de qqn) *Nous vous remercions de votre invitation; nous avons passé un moment délicieux.* ● *Reprenez de ces gâteaux. — Volontiers, ils sont absolument délicieux.* ● *Les Legrand sont des gens délicieux; ils font tout pour nous faire plaisir.*

**S.** *Délicieux* (soutenu) est un superlatif de AGRÉABLE (en parlant de qqn, d'un moment) ou de EXCELLENT (en parlant d'un mets); les syn. sont CHARMANT (en parlant d'une personne), FAMEUX (aliment) et EXQUIS.
**L. délicieusement** (adv.) Cette glace a un parfum délicieux → *cette glace est délicieusement parfumée.*

**délimiter** [delimite] v. t. (conj. **1**)
(sujet qqn, un animal) **délimiter qqch (lieu)** *On tirait un grand trait par terre à la craie pour délimiter nos territoires, et le jeu commençait.*

**S.** *Délimiter un lieu*, c'est en FIXER LES LIMITES, les définir.
**L. délimitation** (n. f.) On a délimité le quartier à reconstruire → *la délimitation du quartier à reconstruire a été faite.*

**délinquant, e** [delɛ̃kɑ̃, ɑ̃t] n.
[personne, agent] *Quel est le juge qui s'occupe des jeunes délinquants?* ● *J'ai lu dans le journal que le nombre des délinquants avait augmenté depuis l'année dernière.*

**S.** Un *délinquant* est qqn qui a commis un délit et qui est coupable devant la loi. En général *délinquant* se dit de jeunes.

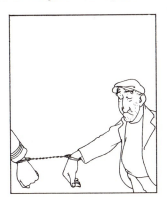

## DÉLIVRER

**L. délinquance** (n. f.) *La délinquance juvénile augmente* (← le nombre de jeunes délinquants augmente).

**délivrer** [delivre] v. t. (conj. 1)
I. (sujet qqn) **délivrer qqn** *La police a réussi à délivrer les deux personnes prisonnières du fou de la rue des Lilas.* ◆ **(être) délivré (de qqch [abstrait])** *Maintenant vous voilà délivré de tous vos soucis.*
II. (sujet qqn, un organisme) **délivrer qqch (à qqn)** *En France, on ne délivre pas les permis de conduire comme ça, c'est difficile à obtenir.*

**S. 1.** *Délivrer* (sens I) a pour syn. LIBÉRER.

*Être délivré de* a pour syn. ÊTRE SOULAGÉ DE. — **2.** *Délivrer un permis, un certificat, un passeport*, etc. (sens II), est un terme administratif qui a pour syn. courant DONNER.
**L. délivrance** (n. f.) [sens I] *J'ai enfin fini ce travail ! Je suis délivré !* → *j'ai enfin fini ce travail ! Quelle délivrance !* ◆ [sens II] *Les passeports sont délivrés au commissariat* → *la délivrance des passeports se fait au commissariat.*

**déloyal, déloyauté** → LOYAL L.

**demain** [dəmɛ̃] adv.
[temps, jour] *Chic ! demain nous partons en vacances.* • *J'ai un travail fou jusqu'à demain après-midi, on se verra demain soir.* • *Rendez-vous demain à 8 heures.* • *Quel est le programme pour demain ?* ◆ (interj.) [salut] **à demain !** *Passez une bonne soirée et à demain !*

**S. et G. 1.** *Demain* indique le jour qui suit celui où le locuteur parle ; il s'oppose à AUJOURD'HUI et à HIER. *À demain !*, prononcé [admɛ̃], est une formule de politesse qui se dit quand on quitte qqn que l'on reverra le lendemain. — **2.** Quand on passe du discours direct au discours indirect, on substitue à *demain* LE LENDEMAIN (*Pierre a dit : « On se reverra demain »*

→ PIERRE A DIT QUE L'ON SE REVERRAIT LE LENDEMAIN).
**L. après-demain** (adv.) *Nous rentrerons le jour qui suit demain* (= dans deux jours) → *nous rentrerons après-demain.*

**demander** [dəmɑ̃de] v. t. (conj. 1)
I. (sujet qqn) **demander (à qqn) + interrogative indirecte**, ou **demander qqch (abstrait)** *Pierre demande si tu viens avec nous ou non. Réponds-lui !* • *Demandez-lui comment il viendra, en voiture ou en train.* • *Ma montre est arrêtée, va demander l'heure au monsieur là-bas.* ◆ (sans compl. direct) *D'où viennent les étoiles ? — Demande à ton père, je n'ai pas le temps de te répondre.* ◆ **se demander + interrogative indirecte** *Je me demande comment il a fait pour résoudre ce problème !* • *Pierre se demande s'il a raison de partir le 1$^{er}$ août.*
II. (sujet qqn, qqch) **demander qqch, que + subj., de + inf. (à qqn)** *Qu'est-ce que tu as demandé pour ton anniversaire ?* • *C'est un travail qui demande beaucoup de patience.* • *On ne t'attendra pas ; pour une fois, on te demande d'être à l'heure.* • *Quand Jean parle, il demande qu'on se taise.* • *Passe-lui un coup de fil, ça ne te demandera pas beaucoup de temps.* • *Et si j'emmenais ta fille avec nous en vacances ? — Oh ! mais... je suis sûre qu'elle ne demandera pas mieux !* • *Tu veux que je t'achète un gâteau ? Va, ne refuse pas, tu ne demandes que ça !*
III. (sujet qqn) **demander qqn** [*Au téléphone*] : « *Allô ! oui, qui demandez-vous ?* » • *Il paraît qu'on demande un gardien, à l'immeuble d'à côté.* ◆ (sujet qqn, qqch) **demander à + inf.** *Je vois quelqu'un au fond de la salle qui demande à parler.* • *Ce que vous dites demande à être vérifié.*

**G. 1.** Au sens I, *demander* a pour compl. une interrogative indirecte (*Demande l'heure* → *demande quelle heure il est*) ; le verbe peut être à l'inf. (*je lui ai demandé comment faire*). — **2.** Au sens II, *demander* a pour compl. une complétive ou un nom dérivé (*Demander de la patience* → *demander que l'on soit patient*).
**S. 1.** On *demande qqch* (sens I) pour savoir. Celui à qui on *demande qqch* RÉPOND. *Demander à qqn* a pour syn. INTERROGER qqn, POSER UNE, LA QUESTION à qqn. On se *demande si, quand*, etc., lorsqu'on réfléchit sur ce sujet, qu'on ne sait pas, qu'on est dans l'incertitude. — **2.** En parlant de qqn, *demander qqch* (sens II), c'est vouloir l'obtenir, c'est le SOLLICITER (soutenu). *Demander* a parfois pour syn. VOULOIR, SOUHAITER (soutenu), DÉSIRER à l'indicatif ou au conditionnel. Avec pour sujet qqch, il a pour syn. plus forts RÉCLAMER, EXIGER. *Demander que, de* a pour syn. VOULOIR QUE et, plus forts, EXIGER QUE, SUPPLIER QUE + subj. *Je*

ne demande pas mieux, je ne demande que ça expriment un plein accord avec ce qui a été énoncé auparavant. — **3.** *Demander* qqn (sens III) a pour syn. APPELER, RÉCLAMER ou CHERCHER. *Demander à* + inf. a pour syn. AVOIR BESOIN DE ; en parlant de qqn, il a aussi pour syn. VOULOIR.
**L.** **demande** (n. f.) [sens II] Beaucoup de gens

demandent un emploi → *il y a beaucoup de demandes d'emploi.*

**démanger** [demɑ̃ʒe] v. t. (conj. **4**)
(sujet qqch) **démanger qqn** *Ça me démange dans le dos et sur les jambes : c'est les fraises que j'ai mangées à midi.*

**S.** *Démanger*, c'est provoquer un picotement de la peau qui oblige à se gratter.

**L. démangeaison** (n. f.) *Ça me démange aux jambes* → *j'ai des démangeaisons aux jambes.*

**démaquiller (se)** → MAQUILLER L.

**démarche** [demarʃ] n. f.
I. [action, qqn] *Si vous saviez la quantité de démarches que j'ai dû faire pour obtenir cette autorisation, vous seriez étonné !*

II. [manière, qqn] *J'aime sa manière de marcher.* — *Oui, elle a une jolie démarche.*

**S. 1.** *Démarche* (sens I) désigne toute action, tentative menée auprès de qqn ou d'une administration pour obtenir qqch. — **2.** La *démarche* (sens II) de qqn, c'est sa manière de MARCHER.

**démarrer** [demare] v. i. (conj. **1**)
(sujet une voiture, qqn) *Prends ma voiture si la tienne ne démarre pas.* • *J'ai bien cru que je ne viendrais pas, j'ai mis dix minutes pour démarrer !* • *Tu ne veux pas regarder ce qui se passe ? Je n'arrive pas à faire démarrer la voiture.*

**S.** *Démarrer*, c'est commencer à fonctionner, à rouler ; il a pour syn. plus large PARTIR. *Faire démarrer une voiture* a pour syn. FAIRE PARTIR, METTRE EN MARCHE.
**L. démarrage** (n. m.) *Tu ne sais pas démarrer dans une côte ?* → *tu ne sais pas faire un démarrage en côte ?* ◆ **démarreur** (n. m.) *Appuie sur le démarreur* (← *sur le dispositif qui permet de démarrer*).

**démasquer** [demaske] v. t. (conj. **1**)
(sujet qqn) **démasquer qqn** *Vous verrez que jamais la police ne démasquera ce criminel, il est bien trop habile.*

**S.** *Démasquer* (soutenu) a pour syn. DÉCOUVRIR et CONFONDRE (soutenu). On *démasque* qqn dont les intentions ou les actes sont jugés mauvais.

**démêlé** [demele] n. m.
[résultat] (compt., surtout au plur.) *Vous dites que vous n'avez jamais eu affaire avec la justice, mais d'après mes renseignements, vous avez eu quelques démêlés avec la police récemment.*

**S.** Un *démêlé* (soutenu), c'est une DIFFICULTÉ née d'une opposition ; le syn. est ENNUI, PROBLÈME.

## DÉMÊLER

**démêler** [demele] v. t. (conj. **1**)
(sujet qqn) **démêler qqch** *Qui s'est amusé avec ma laine ? Maintenant j'en ai pour une heure à tout démêler.* • *Il m'a raconté toute une histoire dans laquelle il était bien difficile de démêler le vrai et le faux.* • *C'est une affaire horriblement compliquée que la police aura du mal à démêler.*

**S.** On démêle des fils, des cheveux, etc., qui

sont EMMÊLÉS. Avec un compl. désignant qqch d'abstrait, *démêler* peut avoir pour syn. DISTINGUER. *Démêler un problème, une affaire,* c'est les DÉBROUILLER, les ÉCLAIRCIR ; RÉSOUDRE est plus fort.

**déménager** [demenaʒe] v. t. et v. i. (conj. **4**)
I. [v. t.] (sujet qqn) **déménager qqch (d'un lieu), déménager un lieu (de ses objets)** *La chambre paraît grande. — Oui, on a déménagé l'armoire pour la mettre dans l'entrée.* • *Les Dupont n'habitent plus ici, on est venu déménager leur appartement lundi dernier.*
II. [v. i.] (sujet qqn) *On aimerait bien déménager pour habiter Paris, mais les appartements sont si chers !*

**S. 1.** *Déménager qqch d'un lieu* (sens I), c'est l'enlever de ce lieu. *Déménager un lieu,* c'est en enlever tous les objets, les meubles.
**2.** *Déménager* (sens II), c'est CHANGER D'APPARTEMENT, DE MAISON. Le contr. est EMMÉNAGER.
**L. déménagement** (n. m.) Jean a déménagé lundi dernier → *le déménagement de Jean a eu lieu lundi dernier.* ◆ **déménageur** (n. m.) *Il travaille dans une entreprise de déménagement* → *il est déménageur.*

**démener (se)** [demne] v. pr. (conj. **7**)
(sujet qqn) **se démener (pour qqch** ou **inf., pour que + subj.)** *Nous nous sommes tellement démenés pour vous obtenir ce poste et maintenant vous le refusez ?*

**S.** *Se démener* a pour syn. SE DONNER DE LA

PEINE (moins fort) et, fam., FAIRE DES PIEDS ET DES MAINS.

**démentir** [demɑ̃tir] v. t. (conj. **20**)
(sujet qqn, un organisme) **démentir qqch (information)** *On a annoncé une grève, mais cette nouvelle est démentie par les syndicats.*

**S.** *Démentir une information,* c'est la déclarer inexacte, la nier.

**L. démenti** (n. m.) *Tu es sûr de ce que tu dis ? — Pour l'instant, aucun démenti n'a été publié* (← déclaration qui dément).

**demeurer** [dəmœre] v. i. (conj. **1**)
I. (sujet qqn), **demeurer qqpart** *Où demeu-*

*rez-vous ? — Actuellement, au 221 boulevard Raspail ; j'habitais auparavant place Denfert-Rochereau.* ◆ (sujet qqch) *La voiture est demeurée au garage tout l'hiver ; nous n'avons pas pu l'utiliser.*
II. (sujet qqn, qqch) **demeurer + n., pron.** ou **adj. attribut** *Paul est demeuré silencieux pendant toute notre discussion.* • *Un point demeure obscur dans toute cette histoire : par qui l'avez-vous su ?*

**S. 1.** *Demeurer qqpart* (sens I), en parlant de qqn, c'est à avoir son domicile ; c'est le syn. soutenu et administratif de HABITER, LOGER. En parlant de qqch, le syn. courant est RESTER. — **2.** *Demeurer* suivi d'un attribut (sens II) est le syn. soutenu de RESTER, CONTINUER D'ÊTRE.

**demi** [dəmi] adj. (avant le n.)
(se dit de qqch) *Le médecin reçoit trois demi-journées par semaine : les mardi, mercredi et jeudi après-midi.* • *Je voudrais une demi-livre de beurre, s'il vous plaît.* ◆ [temps, mesure] **demi-heure** *Nous sommes restés une demi-heure à t'attendre ! — Mais non, je n'ai qu'un quart d'heure de retard.* ◆ **et demi** *Nous avons passé un mois et demi à la campagne.* • *Il est 3 heures et demie.* • *Donnez-moi un kilo et demi de pommes de terre, s'il vous plaît.* • *Quel âge as-tu ? — Six ans et demi.*

**G.** *Demi* placé avant le nom dont il est séparé par un trait d'union lui sert d'adj. toujours inv. sans comparatif ni superlatif. *Et demi* ne varie qu'en genre et s'emploie après un nom indiquant une unité de poids, de mesure.
**S. 1.** *Demi* indique une division par deux : une *demi-heure*, c'est la moitié d'une heure. — **2.** La *demi-journée* peut désigner le MATIN (première moitié) ou l'APRÈS-MIDI (seconde moitié).

**démilitariser** → MILITAIRE L.

**démission** [demisjɔ̃] n. f.
[action, qqn, et résultat] *Alain ne se plaît pas du tout dans son entreprise ; il va certainement donner sa démission.*

**S.** *Donner sa démission* a pour syn. DÉMISSIONNER. C'est quitter volontairement son emploi ou abandonner une fonction.
**L. démissionner,** v. ce mot.

**démissionner** [demisjɔne] v. t. ind. (conj. **1**)
(sujet qqn) **démissionner (de qqch [poste, fonction])** *Je ne supporte plus de travailler dans ces conditions, je démissionne.*

**S.** *Démissionner*, c'est quitter volontairement un poste, un emploi, se démettre de ses fonctions. DONNER SA DÉMISSION est un syn.

**démobiliser** [demɔbilize] v. t. (conj. **1**)
(sujet qqn, qqch) **démobiliser qqn** *Les résultats des élections n'ont eu pour effet que de démobiliser les gens ; les syndicats perdent même des adhérents.*

**G.** Ce verbe s'emploie souvent au pass.
**S.** *Démobiliser*, c'est ôter l'énergie qui permettait de lutter dans une action collective, faire qu'on n'est plus MOBILISÉ.

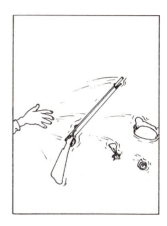

**L. démobilisateur, trice** (adj.) *Cette réforme a démobilisé les gens* → *cette réforme a été démobilisatrice.* ◆ **démobilisation** (n. f.) *Les militants sont totalement démobilisés* → *la démobilisation des militants est totale.*

**démocratie** [demɔkrasi] n. f.
[institution] *Dans une véritable démocratie, le peuple a le pouvoir de décision.*

**S.** La *démocratie* est une forme de gouvernement, un régime politique où l'autorité émane du peuple, par oppos. à la DICTATURE.

**démocratique** [demɔkratik] adj. (après le n.)
(se dit de qqch [institution]) *Il faut que chacun puisse parler dans cette réunion, sinon ce n'est pas démocratique.* • *Dans un système démocratique, la volonté du plus grand nombre est respectée.*

**S.** Dans un régime *démocratique*, l'autorité vient du peuple et est déléguée à des représentants, les députés ; les notions de liberté, d'égalité y sont fondamentales.
**L. démocratiquement** (adv.) *Il a été élu d'une manière démocratique* → *il a été élu démocratiquement.* ◆ **démocrate** (adj. et n.) *Il est partisan de la démocratie* → *il est*

*démocrate.* ◆ **démocratie, démocratiser,** v. ces mots.

**démocratiser** [demɔkratize] v. t. (conj. **1**) (sujet qqn, qqch [abstrait]) **démocratiser qqch (institution)** *Cette réforme tend à démocratiser l'enseignement.*

   **S.** *Démocratiser,* c'est rendre plus DÉMOCRATIQUE.
   **L. démocratisation** (n. f.) *Nous voulons démocratiser l'enseignement → nous voulons la démocratisation de l'enseignement.*

**démodé, e** [demɔde] adj. (après le n.) (se dit de qqch, de qqn) *Je crois que je vais donner ces vieilles robes ; avec leurs couleurs vives, elles sont complètement démodées.* ● *Tu es démodé, mon pauvre ami, avec tes idées sur le mariage.*

   **S.** Est *démodé* ce qui est passé DE MODE, ce qui n'est plus À LA MODE ou d'actualité ; en parlant de qqn, les syn. sont DÉPASSÉ, VIEILLI.
   **L. démoder (se)** [v. pr.] *Ce modèle deviendra vite démodé → ce modèle se démodera vite.*

**démolir** [demɔlir] v. t. (conj. **15**) (sujet qqn, qqch) **démolir un objet, un édifice** *Maman ! On avait fait un beau château*

*de sable, mais Pierre nous l'a démoli.* ● *Toutes ces maisons vont être démolies pour construire l'autoroute.*

   **S.** *Démolir* a pour syn. DÉTRUIRE, ABATTRE, RASER (plus fort), et pour cont. CONSTRUIRE ou RECONSTRUIRE, BÂTIR, ÉLEVER, ÉDIFIER (soutenu).
   **L. démolition** (n. f.) *On a démoli le quartier cette année → la démolition du quartier a eu lieu cette année.*

**démonstration** → DÉMONTRER L.

**démonter** [demɔ̃te] v. t. (conj. **1**) (sujet qqn) **démonter un objet** *Il va falloir démonter le lit : ce sera plus facile pour le déménager !* ● *Paul a démonté son poste de radio pour voir ce qui était cassé.* ◆ (sujet qqch) **se démonter** *La voiture est pleine : où va-t-on mettre le vélo ? — Il n'y a pas de problème : il se démonte !*

   **S.** *Démonter* s'oppose, d'une part, à MONTER, faire le montage, l'assemblage d'une pièce ou

d'un ensemble de pièces détachées, destinées à être assemblées, et, d'autre part, à REMONTER (ce qui a été *démonté*).
   **L. démontable** (adj.) *C'est un lit qui se démonte → c'est un lit démontable.* ◆ **démontage** (n. m.) *Il est facile de démonter cet appareil → le démontage de cet appareil est facile.* ◆ **remonter,** v. ce mot.

**démontrer** [demɔ̃tre] v. t. (conj. **1**) (sujet qqn, qqch) **démontrer qqch (action, état), que + ind. (à qqn)** *Je vais te démontrer que tu as tort.* ● *L'avocat a démontré l'innocence de Pierre.* ● *Cette histoire vous démontre qu'il ne faut pas faire confiance à n'importe qui.*

   **S.** *Démontrer* a pour syn. PROUVER, MONTRER (moins fort), et ÉTABLIR (soutenu) qui n'admet pas de compl. de personne (à qqn).
   **L. démonstration** (n. f.) *Il a démontré l'innocence de l'accusé → il a fait la démonstration de l'innocence de l'accusé.* ◆ **démontrable** (adj.) *Cette hypothèse ne peut pas être démontrée → cette hypothèse n'est pas démontrable.* ◆ **indémontrable** (adj.) *Ce que vous dites ne peut pas être démontré → ce que vous dites est indémontrable.*

**démoraliser** [demɔralize] v. t. (conj. **1**) (sujet qqn, qqch) *Ne parle pas ainsi ; tu démoralises tout le monde avec tes discours pessimistes.* ● *Ça me démoralise de voir les autres ne rien faire !* ◆ (sujet qqn) **être démoralisé** *André a échoué pour la troisième fois à son examen : il est complètement démoralisé.*

**S.** *Démoraliser* qqn, c'est lui FAIRE PERDRE LE MORAL, le courage, l'énergie ; les syn. sont DÉCOURAGER, ABATTRE.
**L. démoralisant, e** (adj.) Il tient des propos qui démoralisent → *il tient des propos démoralisants.*

**démordre** [demɔrdr] v. t. ind. (conj. 41) (sujet qqn) **ne pas en démordre** *Elle a depuis longtemps cette idée dans la tête, elle n'en démordra pas.*

**S.** *Ne pas en démordre,* c'est NE PAS CHANGER D'AVIS, NE PAS RENONCER (à ce qu'on a dit), S'ENTÊTER.

**démystifier** → MYSTIFIER L.

**dénaturer** [denatyre] v. t. (conj. **1**) (sujet qqn) **dénaturer qqch (énoncé, pensée, fait)** *Mais vous dénaturez mes paroles, ce n'est pas du tout ce que je voulais dire !*

**S.** *Dénaturer* (soutenu), c'est FAUSSER, MODIFIER LE SENS DE qqch.

**dénicher** [deniʃe] v. t. (conj. **1**) (sujet qqn) **dénicher qqch, qqn** *Le patron dit qu'il a enfin déniché une bonne secrétaire.*
● *Où avez-vous déniché cette horreur ?*

**S.** *Dénicher* (fam.) a pour syn. moins fort TROUVER et pour syn. pop. DÉGOTER.

**dénigrer** [denigre] v. t. (conj. **1**) (sujet qqn, ses paroles, un texte) **dénigrer qqn, son attitude** *Elle passe son temps à dénigrer ses camarades de bureau.*

**S.** *Dénigrer* est un syn. soutenu de CRITIQUER. NOIRCIR, DISCRÉDITER, DÉCRIER sont des syn. soutenus. LOUER, VANTER sont des contr. DIRE DU MAL est un équivalent, DIRE DU BIEN un contr.
**L. dénigrement** (n. m.) Je ne supporte pas qu'on dénigre systématiquement ce qui est tenté → *je ne supporte pas le dénigrement systématique de ce qui est tenté.*

**dénombrer** [denɔ̃bre] v. t. (conj. **1**) (sujet qqn) **dénombrer des choses, des personnes** *Une foule immense, impossible à dénombrer, l'attendait à l'aéroport.*

**S.** *Dénombrer* (soutenu), c'est calculer le NOMBRE exact. COMPTER est un syn. courant.
**L. dénombrement** (n. m.) Est-il possible de dénombrer cette foule ? → *est-il possible de faire le dénombrement de cette foule ?*

**dénoncer** [denɔ̃se] v. t. (conj. **3**) (sujet qqn, un texte) **dénoncer qqn (à qqn)** *Comment est-ce qu'il s'est fait arrêter par la police ? — Quelqu'un l'a dénoncé.* ◆ **dénoncer qqch (action, état)** *Ce journal est là pour dénoncer toutes les injustices, nous ne ferons d'exception pour personne.*

**S. 1.** *Dénoncer* qqn, c'est DONNER SON NOM à une autorité en le désignant comme coupable.

DONNER, VENDRE, MOUCHARDER sont des syn. fam. — **2.** *Dénoncer un abus, un scandale,* etc. (soutenu), c'est les rendre publics. RÉVÉLER est un syn. moins fort.
**L. dénonciation** (n. f.) Il a été arrêté à cause de quelqu'un qui l'a dénoncé → *il a été arrêté à cause d'une dénonciation.*

**dénoter** [denɔte] v. t. (conj. **1**) (sujet qqch [attitude, qualité, état]) **dénoter qqch [abstrait] (chez qqn)** *Il a fait cela ? Eh bien, ceci dénote chez lui une grande force de caractère.*

**S.** *Dénoter* (soutenu) a pour syn. INDIQUER, MONTRER, TÉMOIGNER DE, SUPPOSER.

**dénouer** [denwe] v. t. (conj. **2**) (sujet qqn, qqch) **dénouer qqch (problème, crise, etc.)** *La crise semble dénouée et le pire est évité ; on est arrivé à un accord entre les deux États.*

**S.** *Dénouer une crise,* c'est la RÉSOUDRE, y trouver sa solution.
**L. dénouement** (n. m.) La crise sera bientôt dénouée → *le dénouement de la crise est proche.*

**denrée** [dɑ̃re] n. f.
[produit] *Eh bien, au prix où il est, le café va devenir une denrée de luxe.*

**S.** Ce terme générique désigne tout PRODUIT ALIMENTAIRE destiné à la consommation. ALIMENT est un syn.

**dense** [dɑ̃s] adj. (après le n.) (se dit de qqch [liquide, gaz]) *Fais atten-*

*tion, ralentis, le brouillard devient de plus en plus dense.* ◆ (se dit d'un groupe) *Impossible d'aller jusqu'à l'entrée ; la foule est trop dense, on ne peut pas passer.*

**S.** Est *dense* ce qui est ÉPAIS, ce qui est formé d'éléments ou de personnes serrés sur un espace limité ; le syn. soutenu est COMPACT, le contr. est LÉGER *(brouillard)* ou CLAIRSEMÉ *(foule).*
**L. densité** (n. f.) *Le brouillard est très dense* → *la densité du brouillard est très grande.*

**dent** [dã] n. f.
[partie du corps] *Le bébé a eu sa première dent à six mois.* • *Michel, lave-toi les dents*

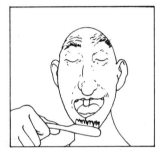

*avant de te coucher.* • *Si tu as mal aux dents, téléphone au dentiste.* • *À quel âge perd-on ses dents de lait ?*

**S.** L'ensemble des *dents* (qui sont en ivoire et recouvertes d'émail) et des os qui les portent forme les mâchoires, recouvertes des gencives. L'adulte a trente-deux *dents* : INCISIVES, CANINES, MOLAIRES. Les *dents de lait* sont les premières *dents* de l'enfant ; elles tombent vers sept ans.
**L. dentaire** (adj.) *Le dentiste assure les soins des dents* → *le dentiste assure les soins dentaires.*

**dentifrice** [dãtifris] n. m.
[produit] (non-compt., au sing.) *Pense à acheter un tube de dentifrice, il n'y en a plus.* ◆ (compt.) *Tous les dentifrices se valent !* — *Mais non, il y en a qui abîment les dents.*

**S.** Le *dentifrice*, vendu le plus souvent en tube, est un produit pour se laver les DENTS.

**dentiste** [dãtist] n.
[personne, profession] *J'ai mal aux dents, il faut que j'aille chez le dentiste.* • *Hubert est un très bon dentiste : il habite loin, mais je n'en changerai pas.*

**S.** Un(e) *dentiste* s'occupe des soins des DENTS ; il reçoit les patients dans son cabinet. Le syn. administratif est CHIRURGIEN-DENTISTE.

**dénué, e** [denɥe] adj. (après le n.)
(se dit de qqch, de qqn) **dénué de qqch (abstrait)** *Tu as aimé ce roman ?* — *Il est dénué de tout intérêt, je me suis ennuyé toute la soirée.* • *Paul est incapable de voir les conséquences de ses actes ; il est totalement dénué d'imagination.* — *Tu veux dire qu'il manque d'intelligence ?*

**S.** Être *dénué de qqch* (soutenu), c'est en MANQUER, en ÊTRE DÉPOURVU (soutenu) ; le contr. est ÊTRE PLEIN DE ou simplement AVOIR DE.

**déodorant** → ODEUR L.

**dépanner** [depane] v. t. (conj. 1)
I. (sujet qqn) **dépanner qqn, son véhicule** *On est tombés en panne sur l'autoroute et il a fallu attendre une heure qu'on vienne nous dépanner.*
II. (sujet qqn, qqch) **dépanner qqn** *Zut ! Je n'ai plus d'argent liquide sur moi.* — *Tenez, je vous prête cent francs, si ça peut vous dépanner.*

**S. 1.** *Dépanner un véhicule* (sens I), c'est venir réparer sa PANNE ou emporter le véhicule à un

garage. — **2.** *Dépanner qqn* (sens II), c'est l'AIDER momentanément s'il est dans l'embarras, s'il lui manque quelque chose.
**L. dépannage** (n. m.) [sens I] *Ça m'a coûté deux cents francs de me faire dépanner* → *le dépannage m'a coûté deux cents francs.* ◆ [sens II] *Tenez, je vous prête ma cafetière pour vous dépanner* → *tenez, prenez ma cafetière en dépannage.* ◆ **dépanneur** (n. m.) [sens I] *J'ai été obligé d'appeler un dépanneur* (← personne qui vient dépanner). ◆ **dépanneuse** (n. f.) [sens I] *Enfin, voilà la dépanneuse !* (← véhicule spécial pour remorquer les voitures à dépanner).

**départ** [depar] n. m.
I. [action, qqn, qqch, et résultat] *On n'a pas encore fixé le jour de notre départ en vacances.* ● *Le 13 juillet, il y aura beaucoup de départs sur les routes : c'est le début d'un long week-end.*
II. [temps] **point de départ de qqch (abstrait)** *Je ne me rappelle. plus le point de départ de cette histoire.* ◆ **au départ** *Au départ, nous avions décidé de vendre la voiture, mais finalement on l'a gardée.*

**S. 1.** Le *départ* (sens I), c'est l'action de PARTIR. Le contr. est ARRIVÉE ; le RETOUR, c'est l'action de revenir à son point de *départ*. — **2.** Le *point de départ* (sens II), c'est le COMMENCEMENT, le DÉBUT ; les contr. sont FIN et (POINT D') ABOUTISSEMENT, ISSUE (soutenus). *Au départ* a pour syn. D'ABORD, AU COMMENCEMENT, AU DÉBUT et À L'ORIGINE (soutenu).

**département** [departəmã] n. m.
[lieu, institution] *Il connaît le nom de tous les départements français et les numéros qui leur sont attribués.* ● *Quand tu mets l'adresse sur l'enveloppe, n'oublie pas d'indiquer le numéro du département.*

**S.** Le *département* est une division administrative de la France. Il est dirigé par un préfet dont le siège est la préfecture. Sur une adresse ou sur la plaque d'immatriculation des véhicules, le département est indiqué par un numéro.
**L. départemental, e, aux** (adj.) *Il est directeur de l'enseignement pour le département* → *il est directeur départemental de l'enseignement.*

**dépasser** [depase] v. t. et v. t. ind. (conj. **1**)
I. [v. t.] (sujet qqn, un véhicule) **dépasser un véhicule, qqn, un lieu** *Tu ne vas quand même pas dépasser le camion dans la côte !* ● *Avec ces embouteillages, ce sont les vélos qui dépassent les voitures !* ● *On a dû dépasser le carrefour sans s'en apercevoir !* ◆ (sujet qqn, qqch) **dépasser qqn, qqch** *Vous avez triché en partant, vous dépassiez la ligne de départ.* ● *Je ne connais pas le prix exact, mais je pense que ça ne dépassera pas cent francs.* ● *À dix ans, il dépassait déjà tous ses frères et sœurs.*
II. [v. t. ind.] (sujet qqch) **dépasser (de qqch)** *Regarde, il y a un bout de fer qui dépasse de la porte ; c'est dangereux.* ● *Ton manteau est trop court, ta robe dépasse.*
III. [v. t.] (sujet qqch [abstrait]) **dépasser qqn** *Qu'il abandonne son emploi dans les circonstances actuelles, ça me dépasse.*

**S. 1.** *Dépasser* qqn, un véhicule (sens I), c'est les laisser derrière soi en allant plus loin ; il a pour syn. DOUBLER. *Dépasser un lieu* a pour syn. ALLER AU-DELÀ, ALLER PLUS LOIN. *Dépasser une limite* a pour syn. la PASSER, la FRANCHIR. *Dépasser une certaine somme* a pour syn. soutenu EXCÉDER, ÊTRE SUPÉRIEUR À. *Dépasser*

qqn *en taille*, c'est ÊTRE PLUS GRAND QUE lui. — **2.** *Dépasser* (sens II) a pour syn. DÉBORDER et FAIRE SAILLIE (soutenu). — **3.** *Dépasser* qqn (sens III) c'est ne pas être compris, admis ou toléré par lui.
**L. dépassement** (n. m.) [sens I] *Il est interdit de dépasser dans une côte* → *le dépassement est interdit dans une côte.*

**dépaysé, e** [depeize] adj. (après le n.)
(se dit de qqn) *Tu ne t'es pas senti trop dépaysé en arrivant dans ta nouvelle école ?*

**S.** *Dépaysé* a pour syn. plus fort PERDU. On est *dépaysé* quand on se retrouve dans un milieu inconnu, inhabituel.
**L. dépaysement** (n. m.) *Dans ce pays on sent qu'on est dépaysé* → *dans ce pays on sent le dépaysement.*

**dépêcher (se)** [depeʃe] v. pr. (conj. **1**)
(sujet qqn) **se dépêcher (de + inf.)** *Vous devriez vous dépêcher de partir avant la pluie.* ● *Habille-toi, dépêche-toi, tu vas être*

# DÉPEIGNÉ

*en retard! • Dépêchons-nous, on va rater le train.*

**S.** *Se dépêcher* a pour syn. ALLER PLUS VITE, SE PRESSER et SE HÂTER (soutenu). Les contr. sont TRAÎNER et S'ATTARDER (soutenu).

**dépeigné** → PEIGNER L.

**dépendant, e** [depãdã, ãt] adj. (après le n.)
(se dit de qqn) **dépendant de qqn** *Sophie n'est pas libre de sortir le soir, elle est encore très dépendante de ses parents.*

**S.** Être *dépendant de* qqn (soutenu), c'est être subordonné à sa décision, être sous son autorité. Les contr. sont INDÉPENDANT, LIBRE, AUTONOME.
**L. dépendance** (n. f.) *Il est très dépendant de ses parents* → *sa dépendance vis-à-vis de ses parents est très grande.* ◆ **indépendant**, v. ce mot.

**dépendre** [depãdr] v. t. ind. (conj. 4)
I. (sujet qqch [abstrait]) **dépendre de qqn, de qqch** *Le succès de cette réunion ne dépend que de toi, il faut absolument que tu viennes.* • *Alors, on va à la campagne dimanche?* — *Ça dépendra du temps.* • *Vous aimez les films comiques?* — *Ça dépend. Quand ils sont bons, oui.*
II. (sujet qqn) **dépendre de qqn, de qqch** *Si tu ne veux plus dépendre de nous, gagne toi-*

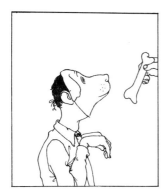

*même ta vie.* • *Tu dépends trop de ton travail, tu n'es pas assez libre.*

**S. 1.** *Dépendre de* (sens I) a pour syn. soutenus ÊTRE CONDITIONNÉ PAR, ÊTRE SUBORDONNÉ À. *Ça dépend* peut avoir pour équivalent une construction avec SELON [soutenu] (*Ça dépendra du temps* → CE SERA SELON LE TEMPS ; *ça dépend* → C'EST SELON). *Ça dépend* a pour syn. soutenu C'EST VARIABLE. — **2.** En parlant de qqn, *dépendre de*, c'est ÊTRE SOUS L'AUTORITÉ DE ; il a pour contr. ÊTRE INDÉPENDANT, LIBRE, AUTONOME (sans compl.).
**L. dépendant,** v. ce mot.

**dépenser** [depãse] v. t. (conj. 1)
I. (sujet qqn) **dépenser (de l'argent)** *Combien as-tu dépensé pour les courses hier?* —

*J'ai tout dépensé, je n'ai plus un sou!* • *Si je te donne de l'argent, ce n'est pas pour que tu le dépenses en bonbons.*
II. (sujet qqn, qqch [un appareil]) **dépenser qqch (énergie)** *Faites un peu attention à la lumière, qu'est-ce qu'on peut dépenser comme électricité!* • *En ville, une voiture dépense beaucoup plus d'essence que sur route.*

**S. 1.** *Dépenser de l'argent* a comme syn. péjor. et intensif GASPILLER ; les contr. sont ÉCONOMISER, ÉPARGNER. — **2.** *Dépenser qqch*, c'est l'utiliser pour le fonctionnement d'un appareil ; il a pour syn. CONSOMMER.
**L. dépense** (n. f.) [sens I et II] *Il a dépensé une grosse somme d'argent* → *il a fait une grosse dépense.* ◆ **dépensier, ère** (adj.) [sens I] *Tu dépenses trop d'argent* → *tu es dépensier.*

**dépêtrer (se)** [depetre] v. pr. (conj. 1)
(sujet qqn) **se dépêtrer de qqch (situation, problème)** *Il s'est mis lui-même dans ces difficultés, laisse-le s'en dépêtrer tout seul.*

**S.** *Se dépêtrer de* a pour syn. SE TIRER DE, SE SORTIR DE.

**dépeupler (se)** [depœple] v. pr. (conj. **1**), **être dépeuplé** v. pass. (sujet un pays, une région, etc.) *Certains quartiers de Paris se dépeuplent, les appartements sont remplacés par des bureaux.*

**S.** *Se dépeupler* est le contr. de SE PEUPLER ; c'est voir sa POPULATION diminuer.
**L. dépeuplement** (n. m.) *La montagne se dépeuple de plus en plus* → *le dépeuplement de la montagne s'accentue.*

**dépit de (en)** [ɑ̃depidə] prép.
[opposition] *En dépit de ces circonstances malheureuses, ils assisteront quand même à la fête.* ● *C'est normal qu'il ait échoué, il a mené cette affaire en dépit du bon sens.*

**S.** *En dépit de* a pour syn. MALGRÉ. *En dépit du bon sens* se dit d'une action qui est faite contrairement au bon sens, qui est mal faite.

**déplacer** [deplase] v. t. (conj. **3**)
I. (sujet qqn) **déplacer un objet** *Ce meuble est trop lourd, tu ne pourrais pas m'aider à le déplacer ?*
II. (sujet qqn) **se déplacer** *Pierre a beaucoup de mal à se déplacer depuis qu'il s'est cassé la jambe.* ● *Quelle circulation ! Ça devient impossible de se déplacer en voiture dans Paris !*

**S. 1.** *Déplacer un objet*, c'est le CHANGER DE PLACE, le BOUGER, l'ENLEVER d'un endroit pour

le mettre ailleurs, le POUSSER. Le contr. de *déplacer* est LAISSER À SA PLACE. — **2.** *Se déplacer* a pour syn. CIRCULER, BOUGER, AVANCER, MARCHER selon le mode de locomotion ; le contr. est ÊTRE, RESTER IMMOBILE.
**L. déplacement** (n. m.) *Elle se déplace toujours en avion* → *elle fait tous ses déplacements en avion.*

**déplaire** [deplɛr] v. t. ind. (conj. **69**) (sujet qqch, qqn) **déplaire à qqn** *Alors, vous viendrez en vacances avec nous ? — Cela ne me déplairait pas, mais je ne sais pas si ce sera possible.*

**S.** *Déplaire* est le contr. de PLAIRE. Il s'emploie souvent à la forme négative pour dire PLAIRE.
**L. déplaisant**, v. ce mot.

**déplaisant, e** [deplɛzɑ̃, ɑ̃t] adj. (après le n.)
(se dit de qqn, de qqch) *Tu ne cesses pas de critiquer tout le monde, ce que tu peux être déplaisant, à la fin !* ● *Ce que c'est déplaisant d'attendre un taxi sous la pluie !*

**S.** Est *déplaisant* (soutenu) celui ou ce qui est DÉSAGRÉABLE ; les syn. sont DÉSOBLIGEANT (soutenu) [en parlant de qqn, de son attitude] ou CONTRARIANT (fam.), PÉNIBLE (plus fort). Les contr. sont AGRÉABLE, SYMPATHIQUE ou, plus fort, CHARMANT.

**déplier** [deplije] v. t. (conj. **2**)
(sujet qqn) **déplier qqch (objet)** *Fais attention en dépliant ta serviette, je t'ai mis un cadeau dedans.*

**S.** *Déplier*, c'est étendre, étaler ce qui était PLIÉ.
**L. dépliant** (n. m.) *J'ai pris plein de dépliants sur la région* (← *livrets, imprimés, etc., que l'on ouvre en les dépliant*).

**déplorable** [deplɔrabl] adj. (après ou avant le n.)
(se dit de qqch) *Nous sommes désolés ; c'est un incident technique déplorable qui ne se reproduira pas.* ● *Le temps a été déplorable tout le mois d'août ; c'est la dernière fois que nous partons en vacances à ce moment-là !*

**S.** Est *déplorable* ce qui provoque du désagrément ; le syn. plus faible est MALHEUREUX (pour un événement), LAMENTABLE (pour le temps).

**déplorer** [deplɔre] v. t. (conj. **1**)
(sujet qqn) **déplorer qqch (abstrait), que + subj., de + inf.** *Je vous assure que tout le monde a déploré votre absence.* ● *Nous déplorons tous que vous n'ayez pu venir.* ● *Le directeur déplore de ne pouvoir vous recevoir.*

**S.** *Déplorer* est un syn. soutenu et plus fort de REGRETTER.

**dépolitiser** → POLITISER L.

**déporter** [depɔrte] v. t. (conj. **1**)
I. (sujet qqch) **déporter un véhicule, qqn** *Le*

# DÉPOSER

vent était si fort qu'il nous a déportés sur la partie gauche de la chaussée, ce qui a causé l'accident.
II. (sujet qqn) **déporter qqn** *Et s'ils n'étaient pas d'accord avec le régime, on les déportait dans des camps.*

**S. 1.** *Déporter* (sens I), c'est faire dévier d'une trajectoire, d'une direction. — **2.** *Déporter* qqn (sens II), c'est l'ENVOYER DANS UN CAMP DE CONCENTRATION, pour des raisons politiques le plus souvent.
**L. déportation** (n. f.) [sens II] *Personne ne s'élevait contre le fait qu'on déportait des centaines de gens ?* → *personne ne s'élevait contre la déportation de centaines de gens ?*
◆ **déporté, e** (n.) [sens II] *Il a été déporté à Auschwitz* → *c'est un déporté d'Auschwitz.*

**déposer** [depoze] v. t. (conj. **1**)
(sujet qqn) **déposer un objet (dans, à, sur,**

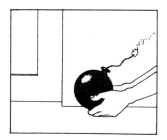

**etc., un lieu)** *Tu aurais dû déposer ton parapluie dans l'entrée, tu mets de l'eau partout !* ● *Au cas où je serais absent, dépose mes clés chez le concierge.* ◆ **déposer qqn [en voiture] (qqpart)** [*Au chauffeur de taxi*] : « *Vous pouvez me déposer boule-*

*vard Saint-Germain, s'il vous plaît ?* » ● *Demain, je ne pourrai pas déposer les enfants à l'école, j'ai un rendez-vous à 8 heures et demie.*

**S. 1.** *Déposer un objet qqpart*, c'est POSER ce que l'on portait, le METTRE, le LAISSER qqpart. Un autre syn. soutenu est PLACER. *Déposer un objet chez qqn*, c'est le REMETTRE, le CONFIER À qqn. — **2.** *Déposer qqn qqpart*, c'est le MENER, le CONDUIRE qqpart (en voiture).

**déposséder** [depɔsede] v. t. (conj. **12**)
(sujet qqn) **déposséder qqn (de qqch)** *Ah, ils veulent me déposséder de mes terres, ils verront à qui ils ont affaire !*

**S.** *Déposséder qqn de ses biens* (soutenu), c'est les lui enlever, le priver de ses possessions, l'en DÉPOUILLER.

**déprimé, e** [deprime] adj. (après le n.)
(se dit de qqn) *Elle est très déprimée en ce moment : l'accident de son fils, son divorce, des ennuis d'argent, c'était trop.*

**S.** *Déprimé* a pour syn. ABATTU, DÉCOURAGÉ,

DÉMORALISÉ (moins forts) et DÉSESPÉRÉ (plus fort).
**L. déprimer** (v. t.) *Elle est très déprimée à cause de l'accident de son fils* → *l'accident de son fils l'a beaucoup déprimée.* ◆ **dépression** (n. f.) *Elle est déprimée en ce moment* → *elle a une dépression en ce moment.* ◆ **dépressif, ive** (adj.) *Elle est dans un état de dépression* → *elle est dans un état dépressif.*

**depuis** [dəpɥi] prép., **depuis que** conj.
I. [temps] **depuis qqch, depuis que + ind., depuis le temps que + ind.** *Depuis combien de temps tu es là ?* ● *Que devient Jacques ?* — *Oh ! On ne l'a pas vu depuis six mois au moins.* ● *Pierre est très fatigué depuis son accident.* ● *Il a bien changé depuis que je le connais.* ● *On habitait cette ville il y a dix ans, mais, depuis le temps, tout a dû changer.* ● *On se dit «tu», c'est normal, depuis le temps que je le connais.*

II. [lieu] **depuis qqch** *Nous avons eu du soleil depuis Paris.*

**S. et G. 1.** *Depuis* (sens I), qui ne s'emploie jamais avec un passé simple, a pour équivalents IL Y A, ÇA FAIT, VOILÀ… (QUE) quand il est suivi d'un nom de temps, mais non d'un nom d'action. — **2.** *Depuis* (sens II) a pour syn. À PARTIR DE, DÈS ; le contr. est JUSQU'À.

**député** [depyte] n. m.
[personne, fonction] *Notre député a été réélu au premier tour avec près de 60 p. 100 des voix.* • *M$^{me}$ Durand est député socialiste de la Haute-Savoie.*

**S.** Un *député* est, en France, un membre de l'Assemblée nationale (autrefois appelée Chambre des députés). Le terme « parlementaire » est plus vague puisqu'il peut désigner également les sénateurs. Les *députés* sont élus au suffrage universel ; ils sont, en général, membres d'un parti politique.

**déraciner** → RACINE L.

**dérailler** [deraje] v. i. (conj. **1**)
(sujet un train) *Oui, c'est un terrible accident, le train a déraillé et il y a cinquante morts.*

**S.** *Dérailler*, c'est quitter les RAILS, sortir de la voie.
**L. déraillement** (n. m.) *Le train a déraillé en gare de Rennes* → *le déraillement du train a eu lieu en gare de Rennes.*

**déraisonnable** → RAISONNABLE L.

**déranger** [derɑ̃ʒe] v. t. (conj. **4**)
I. (sujet qqn, qqch) **déranger qqn** *Jacques travaille, ne le dérangez pas.* • *Entrez, je* 

*vous en prie, vous ne me dérangez pas.*
II. (sujet qqn) **déranger un lieu, des objets** *Qui a dérangé mon bureau ? • Je ne retrouve pas mes papiers, on les a encore dérangés.*
III. (sujet qqn) **se déranger** *Ne te dérange pas pour moi, je prendrai un taxi.* • *Ça fait déjà la troisième fois qu'on se dérange pour rien, les bureaux sont fermés.*

**S. 1.** *Déranger* qqn (sens I) a pour syn. plus forts ENNUYER, GÊNER et IMPORTUNER (soutenu). — **2.** *Déranger des objets, un lieu* (sens II) a pour syn. METTRE EN DÉSORDRE, BOULEVERSER (plus fort). Les contr. sont RANGER, METTRE EN ORDRE. — **3.** *Se déranger* (sens III) a pour syn. plus faible SE DÉPLACER ou S'INTERROMPRE (dans ce que l'on fait).
**L. dérangement** (n. m.) *Excusez-moi de vous déranger* → *excusez-moi du dérangement.*

**déraper** [derape] v. i. (conj. **1**)
(sujet qqn, une voiture, un vélo) *Comment s'est produit l'accident ? — La voiture bleue a dérapé dans le virage et s'est retrouvée sur le mauvais côté de la route, l'autre venait en face.*

**S.** *Déraper*, c'est glisser latéralement.

**L. dérapage** (n. m.) *Il s'amuse à déraper avec son vélo* → *il s'amuse à faire des dérapages avec son vélo.*

**dérégler** → RÉGLER L.

**dérisoire** [derizwar] adj. (après le n.)
(se dit de qqch) *Je n'ai pas voulu vendre notre maison de campagne ; on nous en offrait un prix dérisoire.* • *Tant d'efforts et de travail pour rédiger finalement quelques lignes, c'est un résultat dérisoire.*

**S.** *Dérisoire* (soutenu) a pour syn. RIDICULE, INSIGNIFIANT, MINABLE (fam.), PITOYABLE (plus fort).

**dernier, ère** [dɛrnje, ɛr] adj.
I. (se dit de qqch, de qqn ; avant le n. exprimé ou non) *Le dimanche est le dernier jour de la semaine.* • *C'est bien la dernière*

# DERNIÈREMENT

*fois que je vais chez les Legrand, ils ne sont pas sympathiques.* ● *Il ne reste plus de bonbons ? — Non, j'ai pris le dernier.* ◆ (se dit de qqn, d'un animal ; toujours attribut ou sans n. exprimé) *Frank est premier en mathématiques, mais malheu-*

*reusement il est le dernier en français.* ● *Tout le monde croyait que ce cheval allait gagner, mais il est arrivé dernier.* ◆ **en dernier** *J'ai plein de choses à faire, j'irai vous voir en dernier.*
II. (se dit de qqch [temps] ; après ou avant le n.) *Ce n'est pas lundi dernier qu'on a vu Jacques, c'est le lundi d'avant.* ● *Qu'est-ce que tu as fait ces derniers temps ? — Pas grand-chose.*
III. (se dit de qqch ; avant le n.) *Tout le monde parle du dernier livre de Sartre, tu l'as lu ?* ● *Jacqueline s'habille toujours à la dernière mode.*
**G. 1.** Cet adj. ne se met ni au comparatif ni au superlatif. — **2.** Au sens II, il est épithète de noms désignant les jours de la semaine (lundi, mardi...) ou les divisions du temps (semaine, mois, année, siècle, etc.). Il ne s'emploie que dans le discours direct *(j'ai vu Jacques lundi dernier)* ; dans le récit on emploie D'AVANT *(Pierre a dit qu'*IL AVAIT VU JACQUES LE LUNDI D'AVANT*).* Il est avant ou après le nom dans *ces jours, ces temps derniers* (ou *ces derniers jours, temps*).
**S. 1.** Au sens I, *dernier* s'oppose à PREMIER, SECOND, etc. En parlant de qqch, il a pour syn. ULTIME (litt.). En parlant de qqn, il s'emploie pour désigner celui qui a le plus mauvais rang dans un classement. *En dernier* a pour équivalent EN DERNIER LIEU (soutenu). — **2.** *Lundi dernier* (sens II) a pour contr. *lundi* PROCHAIN ; *ces jours, ces temps derniers* ont pour syn. RÉCEMMENT, DERNIÈREMENT dans un registre plus soutenu. — **3.** Au sens III, il signifie *dernier* EN DATE et désigne ce qui est le plus récent ; il a pour syn. NOUVEAU.
**L. dernièrement**, v. ce mot. ◆ **avant-dernier, ère** (adj.) [sens I et III] *Le samedi est l'avant-dernier jour de la semaine* (← le jour qui précède le dernier).

**dernièrement** [dɛrnjɛrmɑ̃] adv.
[temps] *Dernièrement, j'ai lu un livre qui devrait vous intéresser.* ● *As-tu vu Paul dernièrement ? — Oui, il y a une semaine environ.*
  **S.** *Dernièrement,* qui correspond à CES TEMPS (JOURS) DERNIERS, indique un fait récent. Il a pour syn. RÉCEMMENT, IL Y A PEU DE TEMPS.

**dérouler (se)** [derule] v. pr. (conj. **1**) (sujet qqch [action, événement]) *Il racontait à tout le monde le drame qui s'était déroulé dans le village.*
  **S.** *Se dérouler* a pour syn. SE PASSER, AVOIR LIEU, mais insiste sur la durée de l'événement, de l'action.
  **L. déroulement** (n. m.) *Vous étudierez la manière dont l'action se déroule dans le premier acte de cette pièce* → *vous étudierez le déroulement de l'action dans le premier acte de cette pièce.*

**dérouter** [derute] v. t. (conj. **1**) (sujet qqn, qqch) **dérouter qqn** *L'examinateur a très nettement cherché à dérouter le candidat en lui posant des questions sans rapport avec l'examen.* ● *Pierre fut complètement dérouté par ces faits nouveaux auxquels il ne s'attendait absolument pas.*
  **S.** *Dérouter qqn*, c'est le DÉCONCERTER, lui FAIRE PERDRE SES MOYENS, le TROUBLER (moins fort), le DÉSORIENTER.
  **L. déroutant, e** (adj.) *Il nous a posé des questions qui nous ont déroutés* → *il nous a posé des questions déroutantes.*

**1. derrière** [dɛrjɛr] prép. et adv.
I. [lieu et rang] **derrière (qqn, qqch)** *Où est Jacques ? — Retourne-toi, il est juste*

derrière toi. • [*En voiture*] : «*Pierre préfère être devant, alors je monte derrière.*» • *Pour sortir prenez la porte de derrière, celle qui donne sur le jardin.* • *François met toujours son portefeuille dans sa poche de derrière ; il risque de le perdre.*
II. [temps] **derrière qqn** *Cet homme est sorti de prison, mais il a un lourd passé derrière lui.*

**S.** *Derrière* (prép. et adv.) a pour contr. DEVANT. En voiture, *place de derrière* a pour équivalent *place* À L'ARRIÈRE.

**2. derrière** [dɛrjɛr] n. m.
[partie du corps] *Sylvie a glissé et elle est tombée sur le derrière sans se faire mal.*

**S.** Le *derrière* de qqn a pour syn. plus fam. les FESSES ou ironiq. le POSTÉRIEUR.

**des** → LE 1, UN.

**dès** [dɛ] prép., **dès que** conj.
[temps] **dès qqch, dès que + ind.** *Ce film m'a plu dès le début.* • *Je rentre le 2 août, vous pourrez me téléphoner dès ce moment-là.* • *Prévenez-moi dès que vous serez arrivé.* • *Je l'ai reconnu dès qu'il s'est mis à parler.*

**S.** *Dès* indique le moment à partir duquel se produit immédiatement une action. Il a pour syn. moins précis À PARTIR DE, DEPUIS. *Dès que* a pour syn. AUSSITÔT QUE et AU MOMENT OÙ.

**désaccord** → ACCORD L.

**désagréable** [dezagreabl] adj. (après le n.)
(se dit de qqch, de qqn) **désagréable (à + inf.)** *Cette odeur de tabac froid est vraiment désagréable.* • *Tu ne trouves pas que Chantal a une voix désagréable ?* • *Ce que tu peux être désagréable ce matin, qu'est-ce qui t'arrive ?* • *Ce médicament est très désagréable à boire.*

**S.** Est *désagréable* ce qui cause du déplaisir, du désagrément, un malaise ; les syn. sont, par ordre d'intensité croissante, DÉPLAISANT, PÉNIBLE, DÉTESTABLE, INSUPPORTABLE, ODIEUX, ATROCE. Les contr. sont AGRÉABLE, PLAISANT. Quand il s'agit de qqn qui cause un sentiment de sympathie par son aspect ou son attitude, les syn. sont aussi AIMABLE, CHARMANT, GENTIL, SYMPATHIQUE.
**L. désagréablement** (adv.) *Il m'a surpris de manière très désagréable* → *il m'a très désagréablement surpris.*

**désaltérer** [dezaltere] v. t. (conj. **12**)
(sujet une boisson) **désaltérer (qqn)** *Il paraît que le thé froid désaltère très bien.* ◆ (sujet qqn, un animal) **se désaltérer** *Avec cette chaleur, allons nous désaltérer à la terrasse d'un café.*

**S.** *Désaltérer*, c'est ôter la soif. *Se désaltérer* (soutenu) a pour syn. courant BOIRE.

**L. désaltérant, e** (adj.) *Une boisson chaude désaltère mieux qu'une boisson glacée* → *une boisson chaude est plus désaltérante qu'une boisson glacée.*

**désappointé, e** [dezapwɛ̃te] adj. (après le n.)
(se dit de qqn) *Elle croyait avoir bien réussi à son examen ; tu comprends maintenant qu'elle soit désappointée en voyant ses résultats.*

**S.** *Désappointé* est le syn. soutenu de DÉÇU.
**L. désappointement** (n. m.) *Cela me peine de la voir désappointée* → *cela me peine de voir son désappointement.*

**désapprouver** [dezapruve] v. t. (conj. **1**)
(sujet qqn) **désapprouver qqn, qqch (action, attitude)** *Qui pourra te désapprouver d'avoir refusé ce qu'il te proposait ?* • *Quelles que soient les circonstances, nous désapprouvons le mensonge.*

**S.** *Désapprouver* a pour contr. APPROUVER et pour syn. RÉPROUVER, en parlant de qqch, CRITIQUER (moins fort) ou BLÂMER (plus fort et soutenu), en parlant de qqn ou de qqch.
**L. désapprobateur, trice** (adj.) *On l'écoutait dans un silence désapprobateur* (← qui indiquait qu'on le désapprouvait). ◆ **désapprobation** (n. f.) *Nous le ferons quand même, bien que vous nous désapprouviez* → *nous le ferons quand même, malgré votre désapprobation.*

**désarmer** [dezarme] v. t. et v. i. (conj. **1**)
I. [v. t.] (sujet qqn) **désarmer qqn, un pays** *Il avait un revolver à la main, mais, au*

*cours de la lutte, on a réussi à le désarmer.* ● *Pourquoi vouloir à tout prix désarmer le pays ?* ◆ [v. i.] (sujet un pays) *Crois-tu vraiment que les grandes puissances veulent désarmer ?*
II. (sujet qqch, qqn) **désarmer qqn** *Que veux-tu, sa gentillesse me désarme, je n'ose plus rien lui dire.*
**S. 1.** *Désarmer* qqn (sens I), c'est lui prendre l'ARME qu'il portait. *Désarmer un pays*, c'est en réduire l'ARMEMENT. — **2.** *Désarmer* qqn (sens

II), c'est le pousser à l'indulgence, lui enlever toute agressivité.
**L. désarmant, e** (adj.) [sens II] *Vous me désarmez → vous êtes désarmant.* ◆ **désarmement** (n. m.) [sens I] *Ils manifestent pour que tous les pays désarment → ils manifestent pour le désarmement de tous les pays.*

**désastreux, euse** [dezastrø, øz] adj. (après le n.)
(se dit de qqch) *Le printemps a été désastreux : il a plu tout le temps et il a fait froid.* ● *On a annoncé pour ce mois-ci les résultats désastreux de la production industrielle.*
**S.** Est *désastreux* ce qui est très mauvais ; les syn., plus forts, sont CATASTROPHIQUE, ÉPOUVANTABLE ; le contr. est EXCELLENT.
**L. désastre** (n. m.) *Le printemps a été désastreux pour les cultures → le printemps a été un désastre pour les cultures.*

**désavantage** [dezavɑ̃taʒ] n. m.
[qualité, qqch, qqn] *Prendre ses vacances en août présente de sérieux désavantages : tout est très cher.* ● *La discussion a tourné à son désavantage et il s'est mis en colère.*
**S.** Le *désavantage* de qqch, c'est l'INCONVÉNIENT qu'il présente, le PRÉJUDICE (soutenu) qu'il peut apporter, le HANDICAP qu'on subit de son fait. *Tourner au désavantage de* qqn, c'est TOURNER À SON DÉTRIMENT.
**L. désavantager,** v. ce mot.

**désavantager** [dezavɑ̃taʒe] v. t. (conj. 4) (sujet qqn, qqch) **désavantager qqn, un animal** *Cette solution va nettement désavantager votre fils par rapport à votre fille, êtes-vous sûr qu'elle soit juste ?* ● *Avec un poids pareil sur le dos, son cheval est désavantagé, il ne gagnera certainement pas la course.*

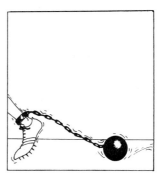

**S.** *Désavantager* a pour contr. AVANTAGER, PRIVILÉGIER (plus fort). *Être désavantagé* a pour syn. ÊTRE HANDICAPÉ (plus fort) et pour contr. ÊTRE AVANTAGÉ, PRIVILÉGIÉ.

**désavantageux** → AVANTAGEUX L.

**descendre** [desɑ̃dr] v. i. et v. t. (conj. 41)
I. [v. i., auxil. *être*] (sujet qqn, qqch) **descendre (d'un lieu, qqpart)** *Qu'est-ce que tu fais là-haut ? Descends de là !* ● *Quand tu descendras à la cave, n'oublie pas de prendre une lampe.* ● *Oh ! Cette route qui monte et qui descend ! Ça me donne mal au cœur !* ◆ (sujet qqn) **descendre (d'un véhicule)** *Arrête la voiture, je suis malade, je veux descendre.* ● *[Dans le métro] : « Vous descendez à la prochaine station ? » ● Il est tombé en descendant du train !* ◆ **descendre à l'hôtel, chez qqn** *Je connais des amis à Strasbourg et, quand je vais en Alsace, ils veulent toujours que je descende chez eux.*

II. [v. t., auxil. *avoir*] (sujet qqn, une voiture) **descendre une côte** *Les freins ont cassé, et le camion a descendu la côte à toute vitesse avant de s'écraser contre un arbre.* ◆ (sujet qqn) **descendre un objet (d'un lieu, qqpart)** *Tu seras gentil de descendre la valise du placard, elle est rangée trop haut pour moi!*

> **S. 1.** *Descendre* (v. i.), c'est aller du haut vers le bas ; *descendre* (v. t.), c'est aller vers le bas

de qqch *(descendre une côte)* ou porter qqch du haut vers le bas *(descendre une valise)*. *Descendre à l'hôtel, chez qqn*, c'est y loger pendant un séjour, un voyage. — **2.** *Descendre une côte* a pour syn. fam. DÉGRINGOLER et syn. soutenu DÉVALER ; l'inverse est alors REMONTER. Dans tous les autres emplois, le contr. est MONTER.
**L.** *descente*, v. ce mot. ◆ **redescendre** (v. i. et v. t.) *J'ai oublié le journal, il va falloir que je descende de nouveau* → *j'ai oublié le journal, il va falloir que je redescende.*

**descente** [desãt] n. f.
I. [action, qqn, qqch] (compt., surtout au sing.) *La neige est molle et la descente à skis sera difficile.* ● *Si tu crois que la descente de l'armoire à la cave sera facile, tu te trompes.*
II. [lieu naturel] *La route monte, mais, juste après, faites attention : il y a une grande descente.* ● *Tout en bas de la descente, vous trouverez la rue principale du village.*

> **S. 1.** *Descente* (sens I), c'est l'action de DESCENDRE (v. i.) ou de DESCENDRE qqch (bagages, objets, etc.) [v. t.]. — **2.** Une *descente* (sens II), c'est une pente, une route qui descend. *Descente* s'oppose à MONTÉE, CÔTE.

**description** → DÉCRIRE L.

**désemparé, e** [dezãpare] adj. (après le n.)
(se dit de qqn) *Depuis la mort de sa femme, il est tout désemparé.*

> **S.** *Désemparé* a pour syn. moins fort DÉCONTENANCÉ. *Être désemparé*, c'est ne plus savoir quoi faire.

**désenfler** → ENFLÉ L ; **déséquilibre** → ÉQUILIBRE L ; **déséquilibré** → ÉQUILIBRÉ L.

**désert, e** [dezɛr, ɛrt] adj. (après le n.), **désert** n. m.
I. [adj.] (se dit d'un lieu) *Au mois d'août, il n'y a plus personne à Paris : c'est désert !* ● *Je déteste ce quartier : à 9 heures du soir, toutes les rues sont désertes !*
II. [n. m.] (lieu naturel) *Le Sahara est un des plus grands déserts du monde.* ● *J'ai rêvé que je me promenais dans le désert : pas un arbre, pas une goutte d'eau, que du sable.*

> **S. 1.** *Désert* a pour syn. VIDE et, plus fort, INHABITÉ. Les contr. sont FRÉQUENTÉ, ANIMÉ. — **2.** Le *désert* est caractérisé par un climat sec et aride, et par le petit nombre d'habitants.
> **L.** *désertique* (adj.) Le climat du désert est très sec → *le climat désertique est très sec.*

**désespéré, e** [dezɛspere] adj. (après le n.) et n.
[adj.] (se dit de qqn, de son attitude) *Ça fait trois fois que Pierre rate son examen, il est désespéré.* ● *Anne est dégoûtée de tout, désespérée ; elle n'a plus envie de vivre.* ● *Oui, il a volé, mais c'était un acte désespéré, il n'avait plus rien à manger.* ◆ (se dit de qqch [situation, cas]) *La situation n'est pas désespérée, on peut encore essayer quelque chose.* ● *Comment va Alain ? — Il est très malade et malheureusement son cas est désespéré.* ◆ [n.] (personne) *Il faut comprendre ce crime, disait l'avocat, c'est l'acte d'un désespéré.*

> **S.** *Désespéré*, en parlant de qqn, a pour syn. SANS ESPOIR, EN PLEIN DÉSARROI (soutenu), DÉCOURAGÉ, DÉPRIMÉ, TRISTE (plus faibles). Une *situation, un cas désespérés* sont ceux pour lesquels il n'y a plus d'ESPOIR, qu'on ne peut sauver. Un

# DÉSESPÉRER

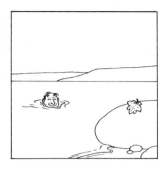

**L. rhabiller (se)** [v. pr.] Paul a remis ses vêtements (après s'être déshabillé) → *Paul s'est rhabillé.*

**déshabituer** → HABITUER L ; **déshonneur, -honorant, -rer** → HONNEUR L.

**désigner** [deziɲe] v. t. (conj. **1**)
(sujet qqn) **désigner qqn, qqch** *Le professeur m'a demandé de lui désigner les garçons qui avaient fait la blague, tu penses bien que je n'ai nommé personne !*

*désespéré* (n.) est une personne qui a perdu tout espoir ; MALHEUREUX est un syn. moins fort.
**L. désespérément** (adv.) Il appelait à l'aide d'une façon désespérée → *il appelait désespérément à l'aide.*

**désespérer** [dezɛspere] v. t. ind. et v. t. (conj. **12**)
[v. t. ind.] (sujet qqn) **désespérer (de + inf.)** *Je ne désespère pas de retrouver un jour le portefeuille que j'ai perdu.* ◆ [v. t.] (sujet qqn) **désespérer qqn** *Tu n'as toujours pas compris ? Tu me désespères.*

**S.** *Désespérer*, c'est PERDRE ESPOIR ; le contr. est ESPÉRER. *Désespérer* (v. t.) a pour syn. AFFLIGER (soutenu), DÉSOLER, DÉCOURAGER (moins forts).
**L. désespérant, e** (adj.) La situation économique désespère tout le monde → *la situation économique est désespérante.* ◆ **désespéré, désespérément**, v. ces mots. ◆ **désespoir** (n. m.) Il se désespère, tu le vois bien → *tu vois bien son désespoir.*

**déshabiller** [dezabije] v. t. (conj. **1**)
(sujet qqn) **déshabiller qqn (enfant, malade, etc.)** *Tu es assez grand maintenant, je ne te déshabille plus, fais-le tout seul.* ◆ **se déshabiller, être déshabillé** *Pascal, j'aimerais que tu te déshabilles et que tu ailles prendre ton bain.* ● [*Chez le docteur*] : « *Déshabillez-vous, je vais voir ce que vous avez.* »

**S.** *Se déshabiller*, c'est ENLEVER SES VÊTEMENTS, SES HABITS.

**S.** *Désigner* qqn, qqch, c'est le montrer, l'indiquer ou dire son nom, le nommer.

**désillusion** [dezilyzjɔ̃] n. f.
[sentiment] *Il avait tellement confiance en elle que, quand il a su qu'elle lui avait menti, ce fut une cruelle désillusion.*

**S.** *Désillusion* (soutenu) a pour syn. DÉCEPTION, DÉSENCHANTEMENT, DÉSAPPOINTEMENT (soutenus).

**désintéressé** → INTÉRÊT L.

**désintéresser (se)** [dezɛ̃terese] v. pr. (conj. **1**)
(sujet qqn) **se désintéresser de qqn, qqch**
*Depuis quelque temps Pierre se désintéresse de son travail, je ne sais pas pourquoi.*

**S.** *Se désintéresser de* a pour syn. NE PLUS S'INTÉRESSER À, MARQUER SON DÉSINTÉRÊT POUR.

**L. désintérêt** (n. m.) *Pierre se désintéresse manifestement de son travail* → *le désintérêt de Pierre pour son travail est manifeste.*

**désintoxication, -quer** → INTOXIQUER (S') L.

**désinvolte** [dezɛ̃vɔlt] adj. (après le n.) (se dit de qqn, de son attitude) *Tu es vraiment désinvolte d'emprunter la voiture de ton père sans le prévenir.* • *Derrière cet air désinvolte, il est anxieux de l'avenir.*

**S.** Est *désinvolte* celui qui ne fait pas attention aux autres, qui n'attache pas d'importance à ce qu'il fait ; les syn., par ordre d'intensité croissante, sont DÉCONTRACTÉ, SANS GÊNE, EFFRONTÉ, INSOLENT.
**L. désinvolture** (n. f.) *Ne t'étonne pas qu'il soit désinvolte à ton égard* → *ne t'étonne pas de sa désinvolture à ton égard.*

**désirer** [dezire] v. t. (conj. **1**)
(sujet qqn) **désirer qqch, désirer + inf., désirer que + subj.** *Il y avait longtemps qu'ils désiraient un plus grand appartement.* • *Qu'est-ce que vous désirez faire comme travail plus tard ?* • *Je désire que vous vous expliquiez sur votre absence, mais peut-être est-ce trop vous demander ?*

**S.** *Désirer* a pour syn. VOULOIR (plus courant),

SOUHAITER, AVOIR ENVIE DE (moins fort), RÊVER DE (plus fort).
**L. désirable** (adj.) *Il a toutes les qualités qu'on peut désirer* → *il a toutes les qualités désirables.* ◆ **désir** (n. m.) *Tout ce qu'il désirait se réalise* → *tous ses désirs se réalisent.*
◆ **désireux, euse** (adj.) *Il désire bien faire* → *il est désireux de bien faire.*

**désobéir** [dezɔbeir] v. t. ind. (conj. **15**)
(sujet qqn) **désobéir (à qqn, à un ordre)** *Le professeur a dit que tous ceux qui lui désobéiront seront punis, ça commence bien !*

**S.** *Désobéir* est le contr. d'OBÉIR.
**L. désobéissant, e** (adj.) *C'est un enfant qui désobéit sans cesse* → *c'est un enfant désobéissant.* ◆ **désobéissance** (n. f.) *Vous serez puni pour avoir désobéi* → *vous serez puni pour votre désobéissance.*

**désodorisant** → ODEUR L.

**désœuvré, e** [dezœvre] adj. (après le n.) et n.
[adj.] (se dit de qqn) *Ne reste donc pas là à aller et venir, désœuvré, sans savoir ce que tu veux ; viens m'aider à ranger les livres.* ◆ [n.] (personne) *C'est étonnant de voir le nombre de désœuvrés qui traînent dans les rues aux heures où tout le monde travaille.*

**S.** Est *désœuvré* (soutenu) celui qui reste sans rien faire, sans s'occuper ; OISIF (litt.) indique un état permanent.
**L. désœuvrement** (n. m.) *Tu es désœuvré et ça te pèse* → *ton désœuvrement te pèse.*

## DÉSOLANT

**désolant, e** [dezɔlɑ̃, ɑ̃t] adj. (après le n.) (se dit de qqch [état]) *L'explosion a tout détruit ; la rue et les immeubles écroulés présentent un spectacle désolant.*

**S.** *Désolant* (soutenu) a pour syn. AFFLIGEANT (soutenu), LAMENTABLE (plus usuel), TRISTE (plus faible).

**désoler** [dezɔle] v. t. (conj. **1**) (sujet qqch, qqn) **désoler qqn** *J'ai quelques cheveux blancs ; ça me désole, je ne suis plus jeune.* • *Tes résultats sont très mauvais ; tu me désoles.* ◆ (sujet qqn) **être désolé de + inf., que + subj.** *Je suis désolée de vous avoir dérangé, excusez-moi.* • *Je suis désolée que les enfants ne vous aient pas écrit, mais nous non plus nous n'avons rien reçu.*

**S.** *Désoler* a pour syn. PEINER et ATTRISTER (moins forts), NAVRER (plus fort et soutenu),

CONSTERNER (plus fort et surtout au pass.). *Je suis désolé (de, que)* a pour syn. JE REGRETTE et pour contr. JE SUIS ENCHANTÉ, RAVI. Sans compl., *je suis désolé* est une formule (soutenue) de politesse équivalent de EXCUSEZ-MOI.
**L.** désolant, v. ce mot.

**désolidariser (se)** → SOLIDAIRE L ;
**désordonné** → ORDONNÉ L.

**désordre** [dezɔrdr] n. m.
I. [état, qqch] (non-compt., au sing.) *Quel désordre dans cette chambre, tu ne pourrais pas ranger un peu, non ?* • *Regardez-moi ça, tout est en désordre, on ne s'y retrouve plus.*
II. [action, qqn, et résultat] (compt.) *La manifestation s'est bien passée : quelques petits groupes seulement ont essayé de créer du désordre.*

**S. 1.** *Désordre* (sens I) a pour syn. FOUILLIS, PAGAILLE (plus fort), et pour contr. ORDRE. *Des objets sont en désordre lorsqu'ils ne sont pas rangés, classés, lorsqu'ils traînent dans une pièce.* — **2.** *Désordre* (sens II) a pour syn. TROUBLES, PERTURBATIONS, ÉMEUTE (plus fort).

**désorganiser** → ORGANISER L.

**désorienté (être)** [dezɔrjɑ̃te] v. pass. (sujet qqn) *On lui donne les avis les plus divers ; elle est complètement désorientée et elle a perdu courage.*

**S.** *Être désorienté* (soutenu), c'est ÊTRE TROUBLÉ au point de ne savoir que faire ; les syn. soutenus sont ÊTRE DÉCONCERTÉ, DÉCONTENANCÉ.

**désormais** [dezɔrmɛ] adv.
[temps] *Il n'est vraiment pas aimable, désormais je ne lui demanderai plus rien.* • *Avec les nouveaux horaires, Lyon est désormais à trois heures de Paris.*

**S.** *Désormais* (soutenu) a pour syn. COURANT À PARTIR DE MAINTENANT.

**desquels** → LEQUEL.

**desserrer** [desere] v. t. (conj. **1**) (sujet qqn) **desserrer qqch** *Yves mange tellement qu'après chaque repas il est obligé de desserrer sa ceinture.* ◆ **ne pas desserrer les dents** *Elle doit avoir des ennuis, elle n'a pas desserré les dents de toute la soirée.*

**S.** *Desserrer qqch*, c'est en relâcher la tension, faire qu'il soit moins SERRÉ. *Ne pas desserrer les dents* a pour syn. NE PAS DIRE, PRONONCER UN MOT.

**dessert** [desɛʀ] n. m.
[aliment] (non-compt., au sing.) *À la fin du repas, on a pris des fruits comme dessert.* ◆ (compt.) *Pierre se souvient encore des desserts que lui faisait tante Jeanne.* • *Si tu n'es pas sage, tu seras privé de dessert !*

**S.** Le *dessert* (non-compt.) est le dernier plat, généralement sucré, d'un repas. Quelques *desserts* (compt.) : les fruits, les compotes, les gâteaux, les crèmes, les glaces.

**desservir** [desɛʀviʀ] v. t. (conj. 21)
I. (sujet qqch, qqn) **desservir qqn** *Tu crois que le fait de ne pas faire son service militaire peut le desservir dans l'avenir ?*
II. (sujet un moyen de transport) **desservir un lieu** *Trois autobus desserviront ce nouveau quartier et on prévoit une station de métro.*
III. (sujet qqn) **desservir (la table)** *Jacques, tu pourrais au moins m'aider à desservir, si tu ne veux pas faire la vaisselle !*

**S. 1.** *Desservir* (sens I) est un syn. soutenu et moins fort de NUIRE ; c'est rendre un mauvais SERVICE, ne pas SERVIR. — **2.** *Desservir un lieu* (sens II), c'est y passer, s'y arrêter, en parlant d'un moyen de transport. — **3.** *Desservir la table* (sens III), c'est enlever tout ce qu'il y a sur la table ; DÉBARRASSER est un syn. courant.

**dessin** [desɛ̃] n. m.
I. [activité artistique] (non-compt., au sing.) *Pierre a toujours aimé le dessin, alors on l'a laissé faire une école où l'on prépare les Beaux-Arts.* • *Moi, je suis nulle en dessin, je n'arrive jamais à dessiner les objets qu'on nous donne comme modèles.*

II. [résultat, activité artistique] (compt.) *Tes dessins sont très jolis, je les aime beaucoup.* • *Jacques a fait un dessin de notre maison de campagne ; on la reconnaît bien.* ◆ **dessin animé** *Les enfants ont été voir au cinéma un dessin animé ; ça les amuse beaucoup moins que je ne pensais.*

**S. 1.** Le *dessin* (sens I), c'est l'art de DESSINER. — **2.** Un *dessin* (sens II) est fait avec un crayon ou à l'encre. Un CROQUIS est un *dessin* fait rapidement ; une CARICATURE est un *dessin* où les traits caractéristiques de qqn sont particulièrement accusés. — **3.** Un *dessin animé* est un film composé d'une série de *dessins* dont le défilement rapide donne l'impression du mouvement.
**L. dessiner,** v. ce mot.

**dessiner** [desine] v. t. (conj. 1)
I. (sujet qqn) **dessiner qqn, un objet, un lieu** *Si tu ne trouves pas le nom de cet animal, dessine-le-moi : peut-être que je trouverai ?* • *Jacques a été puni parce qu'il dessinait sur son cahier au lieu de faire sa page d'écriture.*
II. (sujet qqch [abstrait]) **se dessiner** *Je crois qu'on a enfin trouvé, la solution commence à se dessiner.*

**S. 1.** *Dessiner* (sens I), c'est FAIRE UN DESSIN, représenter qqn ou qqch par le DESSIN ; on

*dessine* le plus souvent au crayon, quelquefois à la plume ; CRAYONNER implique que l'on ne fait pas de dessin précis. — **2.** *Se dessiner* (sens II), c'est commencer à se manifester ; le syn. est S'ESQUISSER.
**L. dessinateur, trice** (n.) [sens I] *Il dessine (des plans) chez un architecte* → *il est dessinateur chez un architecte.*

**dessoûler** → SOÛL L.

**dessous** [dəsu] adv. et n. m.
[adv.] (lieu) *Je ne trouve pas mon livre bleu. — Mais si, il est dessous, regarde !* • *Où est le chat ? — Il doit être sous ce meuble.*

— *Non, il n'est pas dessous, j'ai regardé.*
◆ [n. m.] (localisation) *Les voisins du dessous sont très gentils.*

    **S.** *Dessous* correspond à la prép. SOUS suivie

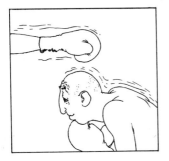

d'un compl. Il a pour contr. DESSUS. *Les voisins du dessous* sont ceux qui habitent l'étage inférieur.

**dessus** [dəsy] adv. et n. m.
[adv.] (lieu) *Je vous apporte cette lettre, il faut vite répondre, c'est urgent. — Mettez-la dessus, comme ça, j'y penserai.* ● *Cette chaise est sale, ne t'assieds pas dessus.*

● *Ça fait trois heures que je cherche ces papiers, et je n'arrive pas à mettre la main dessus.* ◆ [n. m.] (localisation) *Arrête de taper au plafond, les voisins du dessus ne seront pas contents.*

    **S.** *Dessus* correspond à la prép. SUR suivie d'un compl. Il a pour contr. DESSOUS. *Les voisins du dessus* sont ceux qui habitent l'étage supérieur.

**destiner** [dɛstine] v. t. (conj. **1**)
I. (sujet qqn) **destiner qqch à qqch, qqn, à + inf.** *À quoi destinez-vous l'argent que vous venez de gagner à notre jeu ?* ◆ (sujet qqch) **être destiné à qqn** *Cette remarque ne vous était pas destinée.*
II. (sujet qqn) **destiner qqn à qqch (emploi), à + inf.** *Son père est ingénieur, mais lui se destine à la médecine.* ● *Mes parents me destinaient à être médecin ; mais je préférais les mathématiques.*

    **S. 1.** *Destiner qqch à qqch, qqn* (sens I), c'est prévoir d'avance de le lui donner ; RÉSERVER est un syn. *Être destiné à qqn,* c'est être prévu pour lui, le concerner. — **2.** *Destiner qqn à* (sens II), c'est prévoir pour son avenir telle occupation, tel métier, le PRÉPARER à faire telle ou telle chose.
    **L. destination** (n. f.) [sens I] *À quoi cette somme est-elle destinée ?* → *quelle est la destination de cette somme ?* ◆ **destinataire** (n.) [sens I] *À qui est destinée cette lettre ?* → *quel est le destinataire de cette lettre ?*

**destruction** → DÉTRUIRE L ; **désuni** → UNI L.

**détacher** [detaʃe] v. t. (conj. **1**)
I. (sujet qqn, qqch [produit]) **détacher (qqch [matière, tissu])** *Zut, j'ai renversé de l'encre sur ma jupe. Avec quoi est-ce que je vais pouvoir la détacher ?*
II. (sujet qqn) **détacher qqn, un animal, qqch** *Toutes les nuits, il détache le chien ; comme ça, il est sûr que personne n'entrera.* ● [*Dans l'avion*] : « *Ne détachez pas vos ceintures avant l'arrêt complet de l'appareil.* »
III. (sujet qqn) **se détacher, être détaché de qqn, de qqch** *Il n'a jamais su se détacher réellement de sa mère et il est toujours resté très dépendant d'elle.* ● *Ces petites histoires ne m'intéressent pas, je suis détaché de tout.*

    **S. 1.** *Détacher* (sens I), c'est enlever une TACHE ; NETTOYER est moins précis. — **2.** *Détacher* (sens II), c'est libérer qqn, un animal qui était ATTACHÉ avec des liens, une chaîne, etc. *Détacher une ceinture,* c'est l'ouvrir ; les syn. sont DÉBOUCLER, DÉGRAFER. — **3.** *Se détacher de qqn, de qqch* (sens III), c'est ne plus y être ATTACHÉ par des sentiments.
    **L. détachant** (n. m.) [sens I] *L'essence détache bien* → *l'essence est un bon détachant.*
◆ **détachement** (n. m.) [sens III] *Il est détaché (de tout) et ça m'inquiète* → *son complet détachement m'inquiète.*

**détail** [detaj] n. m.
[partie d'un tout] *Je veux connaître tous les*

détails de l'affaire : expliquez-moi tout.
● Vous me fatiguez avec ces détails sans importance : passons aux points essentiels.
● Racontez-moi ça en gros, n'entrez pas dans les détails. ● Vous êtes un peu en retard, mais c'est un détail : le principal, c'est que vous soyez là ! ◆ **en détail** Pierre m'a expliqué l'affaire en détail, alors je crois que je saurai faire ce travail.

**S.** Un *détail* est un élément, un point parmi d'autres. *Entrer dans les détails* a pour syn.

ANALYSER EN DÉTAIL. *C'est un détail* a pour syn. CE N'EST PAS GRAVE, C'EST SANS IMPORTANCE, et pour contr. C'EST TRÈS GRAVE, DE LA PLUS HAUTE IMPORTANCE. *En détail* a pour syn. PRÉCISÉMENT et pour contr. EN GROS, EN BLOC.
**L. détaillé, e** (adj.) Il nous a tout expliqué en détail → *il nous a donné des explications détaillées.*

**déteindre** [detɛ̃dr] v. i. (conj. 44)
(sujet un tissu, un vêtement) *Oh zut ! j'ai mis mon pull rouge dans la machine à laver et il a déteint : tout mon linge est rouge.*

**S.** *Déteindre*, c'est perdre sa couleur.

**détendre** [detɑ̃dr] v. t. (conj. 41)
(sujet qqn, qqch) **détendre qqn, qqch (abstrait)** *On ne savait plus quoi faire pour détendre un peu l'atmosphère, c'était terrible.*
◆ (sujet qqn) **se détendre** *Après tant d'heures de voyage il a besoin de se détendre un peu, laissez-le se reposer.*

**S. 1.** *Détendre*, c'est faire qu'un état de TENSION cesse. ÉGAYER a un syn. soutenu. —
**2.** *Se détendre*, a pour syn. SE DÉLASSER, SE REPOSER, SE RELAXER (fam.).
**L. détendu, détente,** v. ces mots.

**détendu, e** [detɑ̃dy] adj. (après le n.)
(se dit de qqn, de qqch [abstrait]) *Tout s'est très bien passé, tout le monde était détendu, souriant.* ● *J'aime travailler dans une atmosphère détendue, sans contrainte.*

**S.** *Détendu* est le contr. de TENDU, CONTRACTÉ.

**détenir** [det(ə)nir] v. t. (conj. 23)
I. (sujet qqn) **détenir qqch** *Dites-moi qui détient ces lettres, c'est très important que je sache qui les a.*
II. (sujet qqn, un groupe) **détenir qqn** *Cela fait maintenant deux jours qu'il est détenu au commissariat.*

**G.** Au sens II, ce verbe s'emploie surtout au pass.
**S. 1.** *Détenir* qqch (sens I), c'est l'avoir en sa possession, le POSSÉDER, l'AVOIR (moins fort). —
**2.** *Détenir* qqn (sens II), c'est l'avoir fait prisonnier ou le TENIR en prison.
**L. détenu, e** (n.) [sens II] *Le détenu s'est échappé de prison* (← celui qui y était détenu).
◆ **détenteur, trice** (n.) [sens I] *Il détient le titre de champion du monde depuis trois ans* → *il est le détenteur depuis trois ans du titre de champion du monde.* ◆ **détention** (n. f.)
[sens I] *Il a été arrêté parce qu'il détenait des armes* → *il a été arrêté pour détention d'armes.*
◆ [sens II] *Il a été détenu pendant trois mois* → *sa détention a duré trois mois.*

**détente** [detɑ̃t] n. f.
[état, qqn] (non-compt., au sing.) *Pour elle, coudre n'est pas un travail, c'est une détente.* ● *Après cette longue et pénible discussion, accordons-nous un moment de détente.* ● *Personne ne veut la guerre ; aussi faut-il poursuivre la politique de détente internationale.*

**S.** La *détente*, sur le plan personnel, a pour syn. LOISIR, DISTRACTION, REPOS ; c'est un relâchement de la TENSION due à un travail, à une attention soutenue. Sur le plan des relations internationales, la *détente* est l'absence de conflit et de tension dans les relations entre les États.

**détériorer** [deterjɔre] v. t. (conj. 1)
(sujet qqn, qqch) **détériorer qqch (objet)** *Tout le matériel a été détérioré par l'explosion.* ◆ (sujet qqn, qqch [abstrait]) **détériorer qqch (abstrait)** *L'inflation a détérioré le climat social ; les grèves se sont multipliées.*
◆ (sujet qqch [abstrait ou concret]) **se détériorer** *Le temps se détériore du plus en plus ; dire qu'il faisait si beau la semaine dernière ! ● Avec l'humidité, notre machine à laver s'est complètement détériorée ; il faudra en acheter une neuve.*

# DÉTERMINÉ

**S. 1.** *Détériorer un objet*, c'est le mettre en mauvais état. Les syn. sont ABÎMER, CASSER, ENDOMMAGER, ESQUINTER (fam.). — **2.** *Détériorer qqch* (abstrait), c'est en détruire l'équilibre, la bonne marche ; le contr. est AMÉLIORER. — **3.** *Se détériorer*, c'est, en parlant de qqch d'abstrait, DÉGÉNÉRER, SE DÉGRADER ou, en parlant d'un objet, S'ABÎMER, S'USER.
**L. détérioration** (n. f.) La situation se détériore, je m'en inquiète → *je m'inquiète de la détérioration de la situation*.

**déterminé, e** [detɛrmine] adj. (après le n.)
I. (se dit de qqch [somme, heure, etc.]) *Chaque mois, vous devrez payer une somme déterminée pour rembourser le crédit que vous demandez.* • *À une heure déterminée, les concurrents partiront de ces différents points.*
II. (se dit de qqn, de son attitude) *Avec quelques amis bien déterminés, je pense qu'on peut faire cette ascension.* • *À son allure déterminée, je crois qu'il s'est enfin décidé à demander une augmentation.*
**G.** Cet adj. n'a ni comparatif ni superlatif au sens I.
**S. 1.** *Déterminé* (sens I) est un syn. soutenu de FIXE, PRÉCIS. — **2.** Qqn qui est *déterminé* (sens II) [soutenu] a la volonté, l'intention d'aboutir ; les syn. sont DÉCIDÉ (courant) et RÉSOLU (soutenu).
**L. détermination** (n. f.) [sens II] Pierre est déterminé et ça m'étonne → *la détermination de Pierre m'étonne*. ◆ **indéterminé, e** (adj.) [sens I] Le montant de l'emprunt n'est pas encore déterminé → *le montant de l'emprunt est encore indéterminé*.

**déterminer** [detɛrmine] v. t. (conj. **1**)
I. (sujet qqn) **déterminer qqch (lieu, état, etc.)** *Grâce à cet appareil, on peut déterminer avec précision les endroits du terrain où il y a de l'eau.*

II. (sujet qqch [abstrait]) **déterminer qqch (action, événement)** *Tous ces incidents ont déterminé la chute du ministère.* ◆ **déterminer qqn à + inf.** *Le mauvais temps nous a finalement déterminés à écourter nos vacances.* • *Je suis déterminé cette fois-ci à refuser de le suivre ; j'en ai assez de le voir toujours commander.*
**S. 1.** *Déterminer qqch* (sens I), c'est indiquer avec précision le lieu, le moment, etc. de qqch ; les syn. sont DÉFINIR, ÉTABLIR. — **2.** *Déterminer qqch* (sens II) [soutenu], c'est être la cause de qqch, être à l'origine de qqch ; les syn. sont AMENER, PROVOQUER. *Déterminer qqn à*, c'est le DÉCIDER À.
**L. déterminant, e** (adj.) [sens II] Cette attitude a déterminé la suite des événements → *cette attitude a été déterminante pour la suite des événements*.

**déterrer** → TERRE L.

**détestable** [detɛstabl] adj. (avant ou, surtout, après le n.)
(se dit de qqch, de qqn) *C'est détestable, cette habitude qu'ils ont de fumer tout le temps !* • *Bonnes vacances ? — Temps détestable, bien sûr, mais à part ça, plutôt bonnes.* • *Mais pourquoi donc est-il si détestable avec ses secrétaires ? Il pourrait au moins être poli !*

**S.** *Détestable* (soutenu) est un intensif de MAUVAIS, DÉSAGRÉABLE. En parlant de qqn, de sa conduite, il a pour syn. plus fort ODIEUX. En parlant du temps, il a pour syn. plus forts ABOMINABLE, AFFREUX, ÉPOUVANTABLE.

**détester** [detɛste] v. t. (conj. **1**)
(sujet qqn) **détester qqn, qqch, détester + inf., que + subj.** *Je n'irai sûrement pas dîner*

chez Anne : je déteste son mari ! ● C'est vrai que tu détestes cette chanson ? ● Marie déteste passer ses week-ends en famille. ● Je déteste qu'il me fasse ainsi des reproches en public.

**S.** *Détester* a pour syn. NE PAS POUVOIR SUPPORTER ou, fam., NE PAS POUVOIR VOIR, SENTIR qqn,

AVOIR HORREUR DE, AVOIR EN HORREUR ou, plus fort, EXÉCRER (litt.). Le contr. est ADORER.

**détour** [detur] n. m.
[action, qqn, et résultat] *Tu arrives bien tard ! — J'ai fait un petit détour pour conduire Christine chez elle.* ● *Vous êtes passés par Lyon ? Vous avez fait un détour d'au moins 50 km ; vous pouviez aller par Chambéry.* ● *Le restaurant n'est pas sur la route, mais il vaut le détour.*

**S.** Un *détour*, c'est l'action de SE DÉTOURNER du chemin direct pour aller qqpart. Le syn., impliquant un chemin moins long, est CROCHET. *Faire un détour* a pour contr. ALLER DIRECTEMENT. Quand *détour* est employé sans FAIRE, ce verbe est en fait sous-entendu (*Ça vaut le détour* ← ÇA VAUT QU'ON FASSE LE DÉTOUR).

**détourner** [deturne] v. t. (conj. **1**)
(sujet qqn) **détourner qqch** *On a détourné la rivière pour que le village puisse avoir de l'eau.* ● *Il paraît que Pierre a détourné de l'argent dans son entreprise ; je ne peux le croire.* ◆ **détourner qqn de qqch, de qqn** *Suzanne a détourné son mari de tous ses amis de jeunesse, il ne voit plus personne.*

**S. 1.** *Détourner qqch*, c'est en modifier la trajectoire, la direction, le cours, le faire dévier. *Détourner de l'argent*, c'est se l'approprier frauduleusement. — **2.** *Détourner qqn de qqn*, c'est l'en SÉPARER, l'en ÉCARTER, l'en DÉTACHER.

**L. détournement** (n. m.) *Il est poursuivi pour avoir détourné des fonds* → *il est poursuivi pour détournement de fonds.*

**détraquer** [detrake] v. t. (conj. **1**)
(sujet qqn, qqch) **détraquer qqch (appareil)** *Je ne sais pas ce qui se passe avec cette montre, mais ça fait dix jours qu'elle est détraquée.* ◆ (sujet qqn) **se détraquer la santé, le foie, etc.** *Mais tu vas te détraquer la santé en mangeant comme ça, il faut faire des repas équilibrés.*

**G.** En parlant d'un appareil, ce verbe s'emploie surtout au pass. ou comme v. pr.
**S.** *Détraquer un appareil*, c'est l'ABÎMER, le DÉRÉGLER, le CASSER (plus fort). *Se détraquer la santé* (fam.), c'est S'ABÎMER LA SANTÉ.

**détromper** [detrɔ̃pe] v. t. (conj. **1**)
(sujet qqn) **détromper qqn** *Je savais qu'il faisait une erreur, j'ai essayé de le détromper, mais il n'a rien voulu entendre.* ● *Vous pensez qu'il est sincère, détrompez-vous, en fait, il ne pense qu'à lui dans cette histoire.*

**S.** *Détromper qqn* (soutenu), c'est essayer de le tirer de l'erreur, lui montrer en quoi il SE TROMPE. *Détrompez-vous* a pour équivalent N'EN CROYEZ RIEN.

**détruire** [detʁɥiʁ] v. t. (conj. **60**)
(sujet qqn, qqch) **détruire qqch** *L'incendie a détruit tout le bâtiment, mais heureusement il n'y a pas de victimes !* ● *On va détruire ce vieux quartier pour construire des immeubles neufs.* ● *La maladie de Pierre est arrivée au mauvais moment ; elle a détruit tous nos projets de vacances.*

**S.** *Détruire* a pour syn. DÉMOLIR, RAVAGER (plus fort), et ANÉANTIR et DÉVASTER qui indiquent une

DESTRUCTION complète. Les contr. sont CONSTRUIRE ou RECONSTRUIRE.
**L. destruction** (n. f.) On a détruit l'ancienne gare l'année dernière → *la destruction de l'ancienne gare a eu lieu l'année dernière*.
◆ **indestructible** (adj.) Notre amitié ne peut être détruite → *notre amitié est indestructible*.

## dette [dɛt] n. f.
[argent, valeur] (compt., surtout au plur.) *Je ne peux vraiment pas te prêter de l'argent en ce moment, j'ai déjà mille francs de dettes !* ● *Tu ne devrais pas faire tant de dettes, tu ne pourras jamais les rembourser.* ● *Avec tout ce que tu gagnes, comment fais-tu pour avoir toujours des dettes ?*

**S.** Les *dettes* sont les sommes d'argent qu'on DOIT (à qqn, à un organisme), dont on est DÉBITEUR et qu'on est tenu de rembourser.
**L. endetter (s')**, v. ce mot.

## deuil [dœj] n. m.
[état, qqn] (non-compt., au sing.) *Pourquoi est-elle habillée en noir ? Elle est en deuil, elle vient de perdre son mari.* ● *Sa mort est une perte terrible, le pays est plongé dans le deuil.* ◆ [événement, qqn] (compt.) *Ils viennent d'avoir plusieurs deuils dans leur famille.*

**S.** Le *deuil* est la douleur éprouvée par qqn ou un groupe à la mort de qqn et l'attitude qui en témoigne. Compt., il a pour syn. MORT, DÉCÈS (soutenu).
**L. endeuiller** (v. t.) Sa mort a plongé le pays tout entier dans le deuil → *sa mort a endeuillé le pays tout entier*.

## deux [dø] adj. num. cardinal inv.
[2] *Deux et deux font quatre.* ● *Ils ont deux enfants, un garçon et une fille.* ● *Aide-moi ; à deux ce sera plus facile.* ● *J'hésite entre la valise et le sac. — Prenez les deux.*

● [Dans une librairie] : «*Je voudrais le numéro deux de cette revue.*» ◆ **en moins de deux** *Il a fini son travail en moins de deux, il est vraiment rapide.*

**S.** *Deux* est le double de un. *Deux* choses semblables forment une PAIRE. *En moins de deux* est un syn. fam. de TRÈS RAPIDEMENT, TRÈS VITE.

## deuxième [døzjɛm] adj. num. ordinal
[2ᵉ] (se dit de qqn, de qqch) *Je suis deuxième en mathématiques à l'école. — C'est bien, qui est premier ?* ● *C'est la deuxième fois que Bruno raconte cette histoire, on la connaît !* ● *J'habite au deuxième étage.*

**S. 1.** *Deuxième* a pour syn. SECOND. — **2.** Dans une énumération, DEUXIÈMEMENT est l'adv. correspondant à *deuxième* (= en deuxième lieu).

## dévaler [devale] v. t. (conj. 1)
(sujet qqn, qqch [concret]) **dévaler (une pente, une route)** [*Un reporter*] : «*Les skieurs dévalent la pente à une vitesse incroyable.*» ● *Des pierres ont dévalé le long de la montagne et ont bloqué la route.*

**S.** *Dévaler*, c'est DESCENDRE rapidement ; le syn. fam. est DÉGRINGOLER.

## dévaliser [devalize] v. t. (conj. 1)
(sujet qqn) **dévaliser qqn, une maison** *J'avais tout laissé dans ma voiture, je suis juste allé au tabac et, quand je suis revenu, j'avais été dévalisé.* ◆ **dévaliser un commerce** *Mais qu'est-ce que tu veux encore acheter ? Tu veux dévaliser le magasin ?* ● [*Un commerçant*] : «*Deux semaines avant Noël, nous étions déjà dévalisés, il ne restait presque plus de jouets.*»

**S.** *Dévaliser*, souvent au pass., a pour syn.

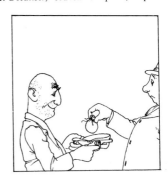

VOLER, CAMBRIOLER. *Dévaliser un magasin*, c'est y acheter énormément de choses ; pour un commerçant, *être dévalisé*, c'est avoir vendu toute sa marchandise.

# DÉVELOPPÉ

**dévaloriser** [devalɔrize] v. t. (conj. **1**) (sujet qqn, qqch) **dévaloriser qqn, qqch** *Pourquoi veut-il sans arrêt dévaloriser son travail ? C'est très bien ce qu'il fait.*

**S.** *Dévaloriser,* c'est diminuer la VALEUR de qqn, de qqch ou donner l'impression que qqn, qqch ont moins de valeur. Le syn. soutenu est DÉPRÉCIER.

**dévaluer** [devalɥe] v. t. (conj. **2**) (sujet qqn, un État) **dévaluer une monnaie** *Quand a-t-on dévalué le franc pour la dernière fois ?* ◆ (sujet une monnaie) **se dévaluer** *L'argent se dévalue si vite en période d'inflation que ce n'est pas la peine de faire des économies.*

**S.** *Dévaluer une monnaie* (techn.), c'est diminuer sa VALEUR légale par rapport à une unité monétaire ou à l'or. *Se dévaluer* (courant), c'est PERDRE DE SA VALEUR.
**L. dévaluation** (n. f.) On a décidé de dévaluer le franc → *on a décidé la dévaluation du franc.*

**devancer** [dəvɑ̃se] v. t. (conj. **3**) (sujet qqn) **devancer qqn, qqch** *Il s'est laissé devancer par trois concurrents dans la côte, il ne pourra plus gagner la course.* ● *Je voulais dire la même chose, vous m'avez devancé.*

**S.** En parlant de compétition, de concurrence, *devancer,* c'est ÊTRE DEVANT, AVANT ; DÉPASSER,

DISTANCER (plus fort) sont des syn. Dans les autres contextes, *devancer* a pour syn. PRÉCÉDER.

**devant** [dəvɑ̃] prép., adv. et n. m.
I. [prép. et adv.] (lieu et rang) **devant (qqn, qqch [concret])** *Ne reste pas devant moi, je ne vois rien.* ● *L'épicerie est juste devant l'église, vous ne pouvez pas vous tromper.* ● *Au cinéma, vous préférez être devant ou derrière ?* ● [*En voiture*] : « *Montez devant, je me mettrai derrière.* » ◆ [temps] **devant (qqn)** *Tu es jeune, tu as la vie devant toi.* ● *Pars devant, je te rejoindrai tout à l'heure.*
II. [n. m.] (localisation) [non-compt., au sing.] *Le devant de la maison a été très abîmé au moment de l'incendie.* ● [*Au théâtre*] : « *Je suis désolé, madame, mais toutes les places du devant sont prises.* » ◆ (sujet qqn) **prendre les devants** *Je crois qu'elle va tomber malade ; prends les devants et fais venir le médecin.*

**S. 1.** *Devant* (sens I) a pour contr. DERRIÈRE. Comme adv., il peut avoir pour syn. EN AVANT (PARS EN AVANT) ou À L'AVANT (MONTER À L'AVANT [d'une voiture]). — **2.** Le *devant* (sens II) s'oppose à l'ARRIÈRE ou au CÔTÉ. *Prendre les devants,* c'est DEVANCER un événement pour le prévenir, pour l'empêcher de se produire, ou DEVANCER qqn pour l'empêcher d'agir.

**devanture** [dəvɑ̃tyr] n. f.
[partie d'un lieu de commerce] *La voiture est montée sur le trottoir et a défoncé toute la devanture du magasin.* ● [*Dans une boutique*] : « *Bonjour, madame, je voudrais une paire de chaussures noires. — Oui, vous avez vu en devanture un modèle qui vous plaît ?* »

**S.** La *devanture* est la partie d'un magasin où sont exposés des objets à vendre. Ce peut être la VITRINE ou l'ÉTALAGE extérieur.

**dévaster** [devaste] v. t. (conj. **1**) (sujet qqch, qqn) **dévaster un lieu** *Toutes ces régions dévastées par la guerre seront-elles un jour reconstruites ?*

**G.** Ce verbe s'emploie souvent au pass.
**S.** *Dévaster,* c'est détruire complètement tout ce qui se trouve dans un lieu assez vaste (région, ville, etc.). Les syn. sont RAVAGER et ANÉANTIR (qui implique une destruction totale).
**L. dévastateur, trice** (adj.) La tempête dévastait tout → *c'était une tempête dévastatrice.* ◆ **dévastation** (n. f.) C'était triste de voir ce château dévasté par l'incendie → *c'était triste de voir l'état de dévastation dans lequel était le château à cause de l'incendie.*

**développé, e** [devlɔpe] adj. (après le n.) (se dit d'un pays) *Ce sont les pays développés qui doivent venir en aide aux autres.*

**S.** Les pays *développés* sont les nations industrialisées de l'Europe, de l'Amérique ou de l'Asie qui ont un produit national brut élevé par rapport aux autres.

# DÉVELOPPER

**L. développement** (n. m.) C'est un pays en voie d'être développé → *c'est un pays en voie de développement.* ◆ **sous-développé, e** (adj.) *Les pays sous-développés* (← *où le développement industriel est très faible*).

**développer** [devlɔpe] v. t. (conj. **1**)
I. (sujet qqch, qqn) **développer qqch (abstrait)** *Je cherche, pour un enfant de trois ans, un jeu qui développe l'intelligence !* ● *Pour maintenir la production industrielle, il faudrait développer les échanges commerciaux.* ◆ **se développer** *À quelle époque le commerce et l'industrie se sont-ils tant développés ?*
II. (sujet qqn) **développer un récit, une idée** *Votre idée est bonne, mais il faudrait la développer.* ● *La deuxième partie de son devoir est la plus intéressante, dommage qu'il ne l'ait pas développée un peu plus.*
III. (sujet qqn) **développer un film, une photo** *Tu as pensé à donner les photos des vacances à développer ?*

**S. 1.** *Développer une qualité, une action,* c'est les rendre plus fortes, plus grandes ; il a pour syn. STIMULER, AUGMENTER. Le contr. est FREINER (le DÉVELOPPEMENT de qqch). *Se développer* a pour syn. S'ACCROÎTRE, S'ÉTENDRE, PROGRESSER, CROÎTRE (soutenu), ÊTRE EN EXPANSION (en parlant d'une activité). Les contr. sont DIMINUER, FAIBLIR, BAISSER. — **2.** *Développer un récit, une idée,* etc., a pour syn. EXPLIQUER, EXPOSER EN DÉTAIL ou DÉTAILLER. Les contr. sont RÉSUMER, SCHÉMATISER.
**L. développé,** v. ce mot. ◆ **développement** (n. m.) [sens I et II] *L'agriculture se développe rapidement* → *le développement de l'agriculture est rapide.* ◆ [sens III] *Développer des photos est facile* → *le développement des photos est facile.*

**devenir** [dəv(ə)nir] v. i. (conj. **23** ; auxil. *être*)
(sujet qqch, qqn) **devenir + n., pron.** ou **adj. attribut** *S'il aime la médecine, il deviendra peut-être docteur plus tard.* ● *Nous n'avons plus rien à nous dire, nous sommes devenus des étrangers l'un pour l'autre.* ● *Ça devient de plus en plus difficile de se garer dans ce quartier.* ● *Le linge est devenu tout jaune à cause du soleil.* ● *Alors, qu'est-ce que tu deviens ? Ça fait longtemps que je ne t'ai pas vu !* ● *Êh bien ! que devient votre projet ?*

**S. et G. 1.** *Devenir* indique le passage d'un état à un autre en s'oppose à ÊTRE, qui indique un état. Il peut être équivalent à un verbe formé avec l'adj. (*devenir grand* → GRANDIR ; *devenir jaune* → JAUNIR ; *devenir vieux* → VIEILLIR ; etc.). Au futur, *devenir* peut être équivalent du verbe ÊTRE (*il deviendra docteur* → IL SERA DOCTEUR). *Devenir* s'oppose à RESTER. — **2.** *Devenir* s'emploie dans une question pour demander des nouvelles de qqn ou de qqch à qqn. *Que devient* qqn, qqch ? a pour équivalent DONNE(Z)-MOI DES NOUVELLES DE qqn, qqch.

**déviation** [devjasjɔ̃] n. f.
[lieu, passage] *Non, on ne peut pas continuer plus loin, il faut prendre la déviation.*

● *Il y a eu un grave accident sur la route, une déviation est installée à partir de Montfort.*
**S.** Une *déviation* est un itinéraire obligatoire qui détourne la circulation, momentanément, de la voie principale. Un ITINÉRAIRE DE DÉLESTAGE propose aux automobilistes une autre route que la route principale, trop encombrée.

**dévier** [devje] v. t. et v. i. (conj. **2**)
I. [v. t.] (sujet qqn) **dévier une route, un chemin** *Il y a des travaux importants sur la route, on l'a déviée à partir de Nevers.* ● [Sur un panneau] : « *Attention, route déviée à 200 mètres.* »
II. [v. i.] (sujet qqn, qqch) **dévier (d'une direction)** *Le bandit a tiré sur les policiers, mais, heureusement, la balle a dévié et personne n'a été atteint.* ● *Le parti est accusé d'avoir dévié de la ligne politique qu'il s'était fixée.*

**S. 1.** *Dévier* (sens I), c'est faire subir une DÉVIATION à une route ; le syn. est DÉTOURNER. — **2.** *Dévier* (sens II), c'est S'ÉCARTER de la trajectoire, de la ligne, de la direction.
**L. déviation,** v. ce mot.

**deviner** [dəvine] v. t. (conj. **1**)
(sujet qqn) **deviner qqch, deviner + interrogative indirecte** *Devine qui j'ai rencontré au marché !* ● *Je ne te dirai pas qui j'inviterai, c'est à toi de deviner.*

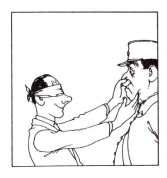

**S.** *Deviner* a pour syn. TROUVER, DÉCOUVRIR (par intuition ou déduction). Poser une DEVINETTE, c'est poser une question amusante dont il faut *deviner* la réponse.

**dévisager** [deviza3e] v. t. (conj. 4) (sujet qqn) **dévisager qqn** *Mais qu'est-ce qu'il a le type là-bas à me dévisager comme ça?*

**S.** *Dévisager* qqn, c'est le regarder avec insistance.

**dévisser** → VISSER L.

**dévoiler** [devwale] v. t. (conj. 1) (sujet qqn) **dévoiler qqch (abstrait)** *Les journaux ont promis à la police qu'ils ne dévoileront rien de l'affaire tant que l'enquête ne sera pas définitivement terminée.* ● *Il paraît que cette vieille femme peut te dévoiler ton avenir en lisant dans les lignes de la main.*

**S.** *Dévoiler* qqch, c'est dire ce qui était tenu caché, secret ; RÉVÉLER est un syn. *Dévoiler l'avenir* a pour syn. PRÉDIRE L'AVENIR.

**1. devoir** [dəvwar] v. t. et auxil. (conj. 30) I. [v. t.] (sujet qqn) **devoir qqch (concret) à qqn** *Il faut absolument que je rende à Claude les cent francs que je lui dois.* ◆ (sujet qqn) **devoir qqch (abstrait) à qqn** *Je vous rendrai service, je vous dois bien ça, après tout ce que vous avez fait pour moi.* ◆ (sujet qqch [abstrait]) **être dû à qqch** *Son succès est dû au hasard, il n'a rien fait pour.*
II. [v. t.] (sujet qqn, qqch) **devoir + inf.** *C'est maintenant que tu arrives ! Tu aurais dû me prévenir !* ● *Chaque chose doit être à sa place.*
III. [auxil. (probabilité)] (sujet qqn, qqch) **devoir + inf.** *C'est un beau pays, mais il doit y faire froid.* ● *Ça devait arriver, je t'avais bien dit de faire attention.* ● *Nous devions partir en vacances, mais Pierre est tombé malade.*

**S. et G. 1.** On *doit* (sens I) qqch qu'on a emprunté, qui a été prêté, ou qqch que l'on veut rendre en échange d'autre chose. *Devoir* qqch (abstrait) à qqn, c'est AVOIR UNE OBLIGATION, UNE DETTE ENVERS lui, lui ÊTRE REDEVABLE DE qqch (soutenu). *Être dû à* a pour syn. VENIR DE, AVOIR POUR CAUSE. — **2.** Au sens II, *devoir* traduit l'obligation, la nécessité. Il a pour équivalent la tournure IL FAUT QUE (*Chaque chose doit être à sa place* → IL FAUT QUE CHAQUE CHOSE SOIT À SA PLACE). — **3.** Au sens III, *devoir* indique la probabilité ou l'intention. ÊTRE SUR LE POINT DE, ALLER + inf. sont des syn. de *devoir* lorsqu'il indique une intention. Les adv. SANS DOUTE, PROBABLEMENT, CERTAINEMENT sont équivalents à *devoir* indiquant la probabilité (*Il doit être 3 heures* → IL EST SANS DOUTE 3 HEURES ; *tu as dû te tromper* → TU T'ES CERTAINEMENT [PROBABLEMENT, SANS DOUTE] TROMPÉ).

**2. devoir** [dəvwar] n. m.
I. [action, qqn, et résultat] *C'est ton devoir d'aider quelqu'un en danger.*
II. [énoncé] *Tu as des devoirs pour demain ? — Pas beaucoup, je n'ai qu'un devoir de mathématiques.* ● *Ce n'est pas drôle, on sort de l'école et on a encore des devoirs à faire à la maison.*

**S. 1.** Au sens I, *devoir* désigne ce que l'on DOIT faire selon des règles ou des principes le plus souvent moraux. — **2.** Au sens II, *devoir* désigne un travail scolaire écrit, par oppos. à la LEÇON (qui est orale).

**dévorer** [devɔre] v. t. (conj. 1) (sujet qqn, un animal) **dévorer qqch (aliment, repas)** *Tes enfants ont faim ; ils ont dévoré le gâteau de la grand-mère.* ● *Les lions au zoo ont dévoré très vite les quartiers de viande qu'on leur jetait.*

**S.** *Dévorer*, c'est manger avec avidité.

## DÉVOUÉ

**dévoué, e** [devwe] adj. (après le n.)
(se dit de qqn, de son attitude) **dévoué (à qqn, qqch [abstrait])** *Ce sont des camarades dévoués au parti, toujours là quand on a besoin d'eux.* ● *Ta secrétaire t'est toute dévouée : ça se voit !* ● [À la fin d'une lettre] : *« Croyez, chère Madame, à l'expression de mes sentiments dévoués. »*

**S.** Est *dévoué* celui qui est très attaché à qqn, à un parti, à une cause ; le syn. est FIDÈLE. On emploie cet adj. dans les formules écrites de politesse.
**L. dévouement** (n. m.) Il est tout dévoué à notre cause → *il a un grand dévouement pour notre cause.*

**diagnostic** [djagnɔstik] n. m.
[action, qqn, et résultat] *Alors, docteur, quel est votre diagnostic ? — C'est grave. Il faut entrer à l'hôpital pour faire des examens.*

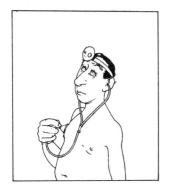

**S.** Le *diagnostic*, c'est, pour un médecin, l'action d'identifier une maladie d'après des symptômes, des signes manifestes, après une auscultation.
**L. diagnostiquer** (v. t.) Le médecin a fait le diagnostic de la grippe → *le médecin a diagnostiqué une grippe.*

**dialogue** [djalɔg] n. m.
[action, langage] (compt., surtout au sing.) *Que veux-tu, il n'y a plus de dialogue possible avec Jacques, alors autant qu'on se sépare.* ● *Après une longue période de silence, de désaccord, le dialogue a repris entre ces deux pays.* ◆ [énoncé] (compt., surtout au plur.) *Qui a écrit les dialogues de ce film ?*

**S. 1.** Un *dialogue* est l'ensemble des paroles échangées entre deux personnes ou groupes, par oppos. au MONOLOGUE (surtout en littérature, dans un film, etc.) qui désigne un discours prononcé par une seule personne. Au sing., il a pour syn. ENTRETIEN, CONVERSATION, DISCUSSION, mais avec une nuance d'accord ou de recherche d'accord. — **2.** Dans un roman, un film, une pièce de théâtre, les *dialogues* s'opposent au RÉCIT.
**L. dialoguer** (v. i.) On ne peut avoir aucun dialogue avec lui → *on ne peut pas dialoguer avec lui.* ◆ **dialoguiste** (n.) Il écrit des dialogues pour des films → *il est dialoguiste.*

**dictature** [diktatyr] n. f.
[institution] *Alors, on n'a le droit de rien dire, de rien faire, et c'est toi qui décides de tout, mais c'est une vraie dictature !* ● *Ils sont partis de leur pays parce qu'ils ne voulaient pas vivre sous une dictature.*

**S.** Une *dictature* est un régime politique dans lequel quelques-uns (ou une seule personne) ont le pouvoir absolu. Elle s'oppose à la DÉMOCRATIE. Le FASCISME est une *dictature*. TYRANNIE est un syn. litt. (hors du contexte politique).
**L. dictateur** (n. m.) Le chef de la dictature est mort → *le dictateur est mort.*

**dicter** [dikte] v. t. (conj. 1)
I. (sujet qqn) **dicter qqch [texte] (à qqn)** *Le directeur était en train de dicter une lettre à sa secrétaire quand il a eu un arrêt du cœur.*
II. (sujet qqn, qqch) **dicter qqch (attitude) à qqn** *Je suis sûr qu'on lui a dicté sa conduite ; de lui-même, il n'aurait jamais fait cela.*

**S. 1.** *Dicter un texte* (sens I), c'est le dire ou le lire à qqn pour que celui-ci l'écrive. — **2.** *Dicter une attitude* (sens II), c'est l'INSPIRER (qqn) ou la COMMANDER (qqch).
**L. dictée** (n. f.) [sens I] *J'ai eu 5 à ma dictée* (← petit texte dicté à un élève pour vérifier son orthographe).

**dictionnaire** [diksjɔnɛr] n. m.
[objet, texte] *Si tu ne connais pas le sens*

# DIFFÉRENCIER

d'un mot, cherche dans le dictionnaire.
● Quand vous partirez à l'étranger, n'oubliez pas d'emporter un dictionnaire, ça vous rendra service.

**S.** Le *dictionnaire* contient le lexique ou vocabulaire d'une langue, c'est-à-dire l'ensemble des mots de cette langue dans l'ordre alphabétique et avec leurs divers sens. Dans un *dictionnaire* BILINGUE, on trouve les mots d'une langue et leur traduction dans une autre langue. L'ENCYCLOPÉDIE contient des développements sur les choses que représentent les mots.

**Dieu** [djø] n. m.
[nom propre] *Cette question se posera toujours : est-ce que Dieu existe ?* ◆ [interj.] (surprise) **mon Dieu !** *Mon Dieu ! Que tu es sale ! Va donc prendre une douche !* ● *À quelle heure rentres-tu ? — Mon Dieu, je ne sais pas trop.* ◆ **Dieu merci !** *Alors, ça va ? — Mais oui, j'ai ce qu'il me faut, Dieu merci !*

**S.** et **G. 1.** *Dieu* est un nom propre dans la religion chrétienne ; il s'emploie sans article et

avec une majuscule. Celui qui CROIT EN *Dieu* est CROYANT, celui qui ne croit pas est un ATHÉE. — **2.** *Mon Dieu !* a pour équivalents OH !, EH BIEN !, et introduit un sentiment vif (surprise, indignation, peur) ou une hésitation. *Dieu merci !* a pour syn. HEUREUSEMENT ! et s'oppose à HÉLAS !

**différence** [diferɑ̃s] n. f.
[qualité, qqch, qqn] (non-compt., au sing.) *Il y a une très grande différence de prix entre ces deux savons.* ● *L'aîné de leurs enfants a dix ans, le second en a trois : ça fait une grosse différence d'âge.* ● *J'ai cinq ans de différence avec mon mari.* ● *C'est du porc ou du veau ? Je n'arrive pas à voir la différence.* ◆ (compt.) *Tu trouves qu'il y a des différences avec le gouvernement précédent ?* ◆ (sujet qqn) **faire des différences** *Elle dit qu'elle ne fait pas de différences, mais tout le monde se rend bien compte que c'est Édouard son fils préféré.*

**G. 1.** Remarquez l'emploi différent des prép. selon les choses comparées : DE indique ce en quoi la *différence* consiste *(une différence* DE *prix,* D'*âge) ;* ENTRE oppose les deux choses comparées *(la différence* ENTRE *le porc et le veau) ;* AVEC sous-entend une des deux choses qu'on compare *(quelle différence, ici,* AVEC *les États-Unis !).* — **2.** Lorsque la *différence* porte sur un nom de nombre, on peut dire : *il y a une différence de deux ans entre eux* ou *ils ont deux ans de différence.*
**S.** *Différence* correspond au sens I de DIFFÉRENT. La *différence,* c'est ce qui distingue,

sépare, oppose deux choses ou deux personnes. Le mot peut avoir pour syn. ÉCART, NUANCE, qui est plus faible, ou CHANGEMENT. RESSEMBLANCE, SIMILITUDE ou ANALOGIE (soutenu) sont des contr. quand *différence* est suivi de ENTRE ou de AVEC. *Faire des différences* (entre plusieurs personnes), c'est marquer par des faits concrets ses préférences envers qqn.
**L. différencier,** v. ce mot.

**différencier** [diferɑ̃sje] v. t. (conj. **2**)
(sujet qqch, qqn) **différencier qqch, qqn de**

# DIFFÉRENT

**qqch, qqn** *Trouvez les détails qui différencient ces deux images.* • *Seule une analyse précise nous permettra de différencier ces deux produits.*

  **S.** *Différencier*, c'est faire apparaître la DIFFÉRENCE. Le syn. soutenu est DISTINGUER.
  **L. différenciation** (n. f.) Cette analyse permet de différencier exactement ces deux produits → *cette analyse permet une différenciation exacte de ces deux produits.*

**différent, e** [diferã, ãt] adj.
I. (se dit de qqn, de qqch ; après le n.) **différent (de qqn, de qqch)** *Tu es la sœur de Pierre ? J'ai de la peine à le croire, tellement vous êtes différents !* • *Ta voiture est différente de la mienne : elle n'a que deux portes.* • *Comment, tu ne vas pas à la réunion ? Dans ce cas, c'est différent : je ne sais pas si je vais y aller.* • *Yves n'est pas méchant, il est bête, c'est différent.*
II. (se dit de qqn, de qqch [plur.] ; avant le n.) *Dès le commencement du film, différents spectateurs ont protesté : on n'entendait rien.* • *Ces différents journaux ne m'intéressent pas, trouvez-m'en d'autres.*

  **S. 1.** *Différent* (sens I) a pour contr. SEMBLABLE, PAREIL, IDENTIQUE (soutenu). *Être différent de* a pour équivalent IL Y A UNE DIFFÉRENCE ENTRE (*Tu es différente de lui* → IL Y A UNE DIFFÉRENCE ENTRE VOUS). *C'est différent* revient sur ce qui avait été précédemment dit pour opposer deux choses qui pourraient être confondues ; le contr. est C'EST PAREIL. — **2.** Au sens II, *différents* est un déterminant et a pour syn. DIVERS (soutenu) et PLUSIEURS (quand *différents* n'est pas précédé d'un autre déterminant).
  **L. différemment** (adv.) [sens I] Il aurait fallu faire ça d'une façon différente → *il aurait fallu*

*faire ça différemment.* ◆ **différer** (v. i.) [sens I] Les avis sont différents → *les avis diffèrent.*

**difficile** [difisil] adj. (après le n.)
I. (se dit de qqch, de qqn) **difficile (à + inf.)** *Ton écriture est très difficile à lire, fais attention !* • *C'est un livre difficile, j'ai eu du mal à comprendre.* • *C'est difficile de vivre avec Éric, il a un caractère épouvantable.*
II. (se dit de qqn) *Michel n'aime pas ceci, n'aime pas cela, qu'est-ce qu'il est difficile !* • *Tu aimes ça ? Eh bien ! tu n'es pas difficile !*

  **S. 1.** *Difficile* (sens I) a pour contr. FACILE et pour syn. DUR, COMPLIQUÉ, COMPLEXE (soutenu). En parlant de qqch, il a pour syn. PÉNIBLE,

ARDU (soutenus). *C'est difficile de* + inf. est équivalent à *difficile à* + inf. (*Éric est difficile à vivre* = *c'est difficile de vivre avec Éric*). En parlant de qqn, *difficile* a pour syn. DUR et pour contr. FACILE. — **2.** Est *difficile* (sans compl.) [sens II] celui qui n'est pas facile à contenter. Il a pour syn. EXIGEANT ou DÉLICAT.
  **L. difficilement** (adv.) [sens I] Ton écriture est difficile à lire → *ton écriture se lit difficilement.* ◆ **difficulté,** v. ce mot.

**difficulté** [difikylte] n. f.
[qualité, qqch] *La difficulté du travail ne lui apparaît pas, encore, mais ça va venir.* • *Pierre a mal à la jambe, il marche avec difficulté.* ◆ [état, qqn, qqch] **en difficulté** *Il y a eu un gros orage, et trois bateaux sont en difficulté.* ◆ (sujet qqn) **avoir, faire des difficultés** *Cet élève a des difficultés en mathématiques, il va falloir l'aider.* • *Ils n'ont pas fait de difficultés pour te donner ton passeport ?* • *Tes parents ont accepté de*

*te laisser sortir ? — Ils ont fait des difficultés, mais je suis sorti quand même.*

**S.** La *difficulté* de qqch (sens I), c'est le fait d'être DIFFICILE, de présenter un obstacle, un inconvénient. *Avec difficulté* a pour syn. DIFFICILEMENT. *(Être) en difficulté* a pour équivalents (ÊTRE) DANS UNE SITUATION DIFFICILE, DANGEREUSE. *Avoir des difficultés* a pour syn. AVOIR DES ENNUIS, DES PROBLÈMES. *Faire des difficultés*, c'est ACCEPTER DIFFICILEMENT qqch.

**diffuser** [difyze] v. t. (conj. **1**)
(sujet qqn, la radio, la télévision) **diffuser qqch (émission, spectacle, etc.)** *La radio diffusait sans arrêt de la musique.* • *Ce concert sera diffusé en direct.*

**S.** *Diffuser*, a pour syn. ÉMETTRE ou DONNER qqch.
**L. diffusion** (n. f.) On nous a interdit de diffuser ce film → *on nous a interdit la diffusion de ce film.*

**digérer** [diʒere] v. t. (conj. **12**)
(sujet qqn) **digérer (un aliment)** *J'aime bien le chocolat, mais je le digère très mal.* • *Pierre ne se sent pas bien, il a mal digéré hier soir.*

**S. 1.** *Digérer*, c'est ASSIMILER (savant) les aliments. Suivi du compl., il a pour syn. SUPPORTER (courant) et TOLÉRER (soutenu). — **2.** Un DIGESTIF est un alcool que l'on prend après le repas et qui aide prétendument à *digérer*.
**L. digeste** (adj.) Ce repas est facile à digérer → *ce repas est digeste.* ◆ **digestion** (n. f.) Il s'endort facilement pendant la digestion. ◆ **indigeste** (adj.) Ce plat est difficile à digérer → *ce plat est indigeste.* ◆ **indigestion** (n. f.) J'ai été malade, j'ai mal digéré → *j'ai été malade, j'ai eu une indigestion.*

**digne** [diɲ] adj. (après le n.)
(se dit de qqn, de qqch) **digne de + inf., de qqch** *Tu n'es pas digne d'avoir cette récompense : tu n'as rien fait du trimestre.* • *Son premier livre est digne d'intérêt, mais c'est un simple début.*

**S.** *(Être) digne de* qqch (soutenu), c'est le mériter par ses qualités.
**L. indigne** (adj.) Tu n'es pas digne de cette faveur → *tu es indigne de cette faveur.*

**dimanche** [dimɑ̃ʃ] n. m.
[jour] (sans article) *Après samedi, c'est dimanche.* • *Nous sommes dimanche 12 octobre.* • *On se voit dimanche prochain ?* ◆ (avec l'article) *On ne travaille pas le dimanche.* • *Tous les dimanches, ils partent à la campagne.* • *On s'est rencontrés le dimanche 30 mai.*

**S.** Le *dimanche* est le septième jour de la semaine, c'est un jour férié. Avec le samedi, il forme le WEEK-END.

**dimension** [dimɑ̃sjɔ̃] n. f.
[qualité, mesure] *Bonjour, Monsieur, je voudrais du papier pour les murs d'une chambre. — Vous avez les dimensions de la pièce ?* • *Avant d'acheter des rideaux, il faut prendre les dimensions des fenêtres !*

**S.** *Dimension* a pour syn. MESURE ; pour une personne, on parle de TAILLE. *Prendre les dimensions de* qqch, c'est en PRENDRE LES MESURES, le MESURER. Les différentes *dimensions* d'un objet sont la LONGUEUR, la LARGEUR, la HAUTEUR, l'ÉPAISSEUR et la PROFONDEUR.

**diminuer** [diminɥe] v. t. et v. i. (conj. **2**)
[v. t.] (sujet qqn, qqch) **diminuer qqch (concret** ou **abstrait)** *Il faudrait diminuer la longueur de cette robe, elle traîne par terre.* • *Ces mesures n'ont pas diminué le chômage ; il continue d'augmenter.* ◆ [v. i.] (sujet qqch) *Depuis le 1ᵉʳ août, la circulation dans Paris a beaucoup diminué.* • *Nous sommes en automne, les jours diminuent.*

**S.** En parlant d'une intensité, d'un degré, d'une quantité, d'une valeur, *diminuer* a pour syn. FAIRE BAISSER (pour le v. t.), BAISSER (pour

le v. i.), et pour contr. AUGMENTER. En parlant d'une longueur, d'une dimension, il a pour syn. RACCOURCIR (v. t. et v. i.), RÉTRÉCIR (v. t.), et pour contr. RALLONGER.
**L. diminution** (n. f.) Il est nécessaire de diminuer le chômage → *la diminution du chômage est nécessaire.*

**1. dîner** [dine] n. m.
[action, qqn, et résultat] *Si on allait au cinéma après le dîner ? — Il faut se presser ;*

# DÎNER

la séance est à 21 heures. ◆ [collectif, aliments] *Ton dîner est excellent, c'est toi qui fais la cuisine ?*

**S.** Le *dîner* est le repas du soir ; sa composition peut être celle du déjeuner, ou bien un potage (ou soupe) peut remplacer les hors-d'œuvre. SOUPER est un syn. soutenu et vieilli.

**2. dîner** [dine] v. i. (conj. 1)
(sujet qqn) *Vous ne voulez pas venir dîner à la maison, un de ces soirs ?* ◆ *Demain soir, nous ne sommes pas libres : nous avons les Legrand à dîner.* ◆ *C'est prêt : vous venez dîner ?*

**S.** On dit *dîner* quand il s'agit du repas du soir ; en langue courante, on dit le plus souvent MANGER.

**diplôme** [diplom] n. m.
[statut, qqn] *Et malgré tous ses diplômes, il ne trouve pas de travail ?* ● *Pierre a son diplôme d'ingénieur.*

**S.** Le *diplôme* est le titre accordé à qqn qui a

réussi un examen, un concours à la fin de ses études.
**L. diplômé, e** (adj.) *Elle a son diplôme d'infirmière* → *elle est infirmière diplômée.*

**dire** [dir] v. t. (conj. 62)
I. (sujet qqn, qqch [journal, radio, etc.]) **dire qqch, que + ind., dire + interrogative indirecte (à qqn)** *Quand Anne parle, elle ne dit que des bêtises.* ● *Pierre a dit qu'il viendra demain.* ● *Les journaux n'ont pas dit comment on avait arrêté le voleur.* ● *On dit que tout va aller mieux avec le nouveau ministre.* ● *Je crois que nous pouvons nous quitter ; nous n'avons plus rien à nous dire.* ● *Tu as vu cette actrice dans le film ? On aurait dit (que c'était) ton amie Catherine, tellement elle lui ressemble.* ● *On ferait mieux de rester à la maison, il fait froid dehors, qu'est-ce que tu en dis ?* ◆ **pour ainsi dire** *Jean n'a pour ainsi dire jamais pris de vacances, il passe son temps à travailler.* ◆ **autrement dit** *J'aimerais bien venir, mais ce sera difficile. — Bon, autrement dit, tu ne viens pas, c'est ça ?* ◆ **disons** *On se voit, disons lundi, c'est d'accord ?* ◆ *Dire que j'ai tout préparé pour le recevoir et qu'il n'est pas venu !* ◆ (sujet qqch [expression]) **se dire** *Ne dis pas ça, c'est un gros mot, ça ne se dit pas.* ◆ (sujet qqn) **se dire que + ind.** *Je ne vous ai pas écrit parce que je me suis dit que j'arriverai avant ma lettre.*
II. (sujet qqch) **dire quelque chose, ne rien dire à qqn** *Son visage me dit quelque chose, mais je ne me souviens plus où je l'ai vu.* ● *Tu connais la rue Ganneron ? — Non, et ça ne me dit rien du tout.* ● *Ça vous dit de venir en Italie avec nous ? — Non, ça ne me dit rien, je n'en ai pas envie.*
III. (sujet qqn, qqch) **vouloir dire (que + ind.)** *Qu'est-ce que François a voulu dire dans sa lettre, tu as compris quelque chose ?* ● *Je ne comprends pas ce que ce mot veut*

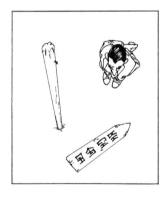

*dire, peux-tu me l'expliquer ?* ● *Tu as vu les nuages ? — Oui, ça veut dire qu'il va pleuvoir.*
IV. (sujet qqn) **dire que + subj., de + inf. (à qqn)** *On m'a dit de partir, alors je pars.* ● *Dites-lui qu'il m'apporte tout de suite cette lettre, c'est très important.*

**§. 1.** Lorsque qqn *dit* qqch (sens I), il parle. ÉNONCER est un syn. savant, EXPLIQUER, RELATER sont des syn. soutenus (phrase 3). On dit a pour syn. ON RACONTE. Selon le compl., *dire* peut avoir des syn. plus précis (*dire un prix* → PROPOSER, ANNONCER *un prix* ; *dire son avis* → DONNER *son avis* ; *dire un renseignement* → COMMUNIQUER *un renseignement* ; etc.). *On dirait, on aurait dit* ont pour syn. ON CROIRAIT, ON AURAIT CRU. *Qu'est-ce que tu en dis ?* a pour syn. QU'EST-CE QUE TU EN PENSES ? *Pour ainsi dire* exprime une approximation et a pour syn. moins fort PRESQUE. *Autrement dit* a pour syn. plus soutenu CELA ÉTANT. *Dire* dans des exclamations a une nuance de regret ; il a pour équivalent QUAND JE PENSE QUE. Avec qqn comme sujet, *se dire* a pour syn. RÉFLÉCHIR, PENSER. — **2.** Au sens II, *dire qqch à qqn* a pour syn. RAPPELER qqch ou ÉVOQUER qqch (soutenu) À qqn, AVOIR UN SENS POUR lui. *Ça me dit, ça me dirait* a pour syn. ÇA ME PLAÎT, ÇA ME PLAIRAIT. — **3.** En parlant de qqn, *vouloir dire* (sens III) a pour syn. VOULOIR SIGNIFIER, INSINUER ; en parlant de qqch, il a pour syn. SIGNIFIER. Qqch qui *ne veut rien dire* N'A AUCUN SENS, EST INSENSÉ, ABSURDE. — **4.** *Dire que* + subj., *de* + inf. (sens IV) indique un ordre et a pour syn. DEMANDER (moins fort) et ORDONNER, DONNER L'ORDRE DE + inf. (plus forts).

**direct, e** [dirɛkt] adj. (après le n.)
I. (se dit de qqch [voie, moyen de transport]) [*Dans le métro*] : « *Pour aller aux Champs- Élysées, s'il vous plaît ?* — *C'est direct, vous ne pouvez pas vous tromper.* » • [*À la gare*] : « *Est-ce qu'il y a un train direct pour Nice ?* » • *Si vous voulez aller plus vite, prenez cette route, elle est directe.*
II. (se dit de qqch [abstrait]) *Le chômage est une des conséquences directes de la crise économique.*

**S. 1.** Est *direct* (sens I) ce qui est sans détour. Un train *direct* va droit à son lieu de destination, sans faire de fréquents arrêts. On n'a pas besoin de changer dans le métro, de prendre une correspondance, quand la ligne est *directe*.
— **2.** En parlant d'une conséquence, d'un rapport, d'une question, etc., *direct* (sens II) a pour syn. IMMÉDIAT et pour contr. INDIRECT.
**L. directement** (adv.) [sens I et II] *Tu rentres chez toi d'une manière directe (sans faire un détour) ?* → *tu rentres directement chez toi ?*
◆ **indirect, e** (adj.) [sens II] *J'ai été en rapport non direct avec lui* → *j'ai été en rapport indirect avec lui.* ◆ **indirectement** (adv.) [sens II] *Je suis d'une manière indirecte concerné par la question* → *je suis indirectement concerné par la question.*

**directeur, trice** [dirɛktœr, tris] n.
[personne, fonction] *Qu'est-ce que fait ton père ?* — *Il est directeur d'une entreprise de transport.* • *Bonjour, monsieur le directeur, comment allez-vous ?* • *La directrice de l'école a demandé à voir les parents de Catherine.*

**S.** Le *directeur* est celui qui DIRIGE une administration, une entreprise, un établissement scolaire, etc. Dans le cas d'une entreprise, il peut s'agir du PATRON ou du P.-D.G. (PRÉSIDENT-DIRECTEUR GÉNÉRAL) qui est à la tête de l'entreprise, ou bien du chef d'un service particulier (directeur commercial, directeur administratif ou chef du personnel). Dans le cas d'un établissement scolaire, les syn. sont CHEF D'ÉTABLISSEMENT et PROVISEUR (plus précis, car il ne s'applique qu'aux lycées).

**direction** [dirɛksjɔ̃] n. f.
I. [action, qqn, et résultat] (non-compt., au sing.) *Les étudiants ont fait ce travail sous la direction de leur professeur.* • *Quand le directeur est en vacances, c'est son fils qui a la direction de l'usine.*
II. [lieu abstrait] (compt.) *Pardon, monsieur l'agent, quelle est la direction de Paris ?* • *C'est par là la gare ?* — *Ah ! non, vous allez dans une mauvaise direction.* • *Les coups de feu partaient dans toutes les directions.* • *Ce train part bien en direction de Nice ?*

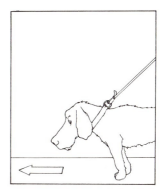

**S. 1.** *Direction* (sens I), c'est l'action de DIRIGER, et le syn. est CONDUITE. — **2.** *Direction* (sens II), c'est le lieu vers lequel est orienté qqch en mouvement : les syn. sont SENS, ORIENTATION (pour un objet qui n'est pas en mouvement). Sur des panneaux, des flèches indiquent les *directions*. *En direction de* se dit surtout de véhicules ; les syn. sont À DESTINATION DE (administratif) et POUR, VERS (courants).

**diriger** [diriʒe] v. t. (conj. 4)
I. (sujet qqn) **diriger qqn, qqch (organisme, travail, etc.)** *Après avoir dirigé cette entreprise pendant vingt ans, M. Martin va prendre sa retraite.* • *Qui dirige ces travaux ?* — *C'est un jeune ingénieur.*

II. (sujet qqn) **diriger un objet vers, sur qqn** *À la télévision, tout le monde a pu voir le bandit sortir de la banque et diriger son arme vers la police.*
III. (sujet qqn, qqch) **se diriger (vers qqn, qqch)** *De loin, on voit le bateau se diriger lentement vers le port.* ● *Lorsque je suis entrée dans la pièce, tous les regards se sont dirigés vers moi.*

**S. 1.** *Diriger* (sens I) a pour syn. CONDUIRE, COMMANDER (plus fort) et ANIMER (moins fort). — **2.** *Diriger* (sens II) a pour syn. TOURNER,

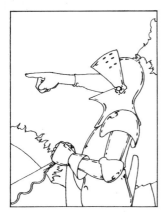

ORIENTER, AXER (soutenu). BRAQUER et POINTER ne s'appliquent qu'à une arme. — **3.** *Se diriger* (sens III) s'emploie en parlant de personnes, du regard ou de moyens de transport. Il a pour syn. ALLER VERS, S'AVANCER (sauf pour le regard) et S'ORIENTER (sauf pour les moyens de transport).
**L. dirigeant, e** (n.) Ceux qui dirigent le syndicat ont rencontré le ministre → *les dirigeants du syndicat ont rencontré le ministre.* ◆ **direction**, v. ce mot.

**dis !** [di], **dites !** [dit] interj.
[interpellation] *Dites ! vous viendrez dimanche ?* ● *Dis donc, tu as vu cette maison, ce qu'elle est belle !*

**S.** *Dis !, dites !* s'emploient quand on interpelle qqn ; suivis de DONC, ils prennent une nuance de familiarité ou d'impatience *(dites donc ! vous là-bas).*

**discerner** [disɛrne] v. t. (conj. 1)
(sujet qqn) **discerner qqch (concret)** *Dans le brouillard, on arrivait à peine à discerner les tours du château.* ◆ **discerner qqch (abstrait)** *Nous avons su les premiers discerner les qualités exceptionnelles de cet auteur.*

**S.** *Discerner un objet* (soutenu) a pour syn. APERCEVOIR, VOIR (courants) ou DISTINGUER (soutenu). *Discerner qqch (abstrait)* [soutenu], c'est avoir la capacité de bien juger ; en ce cas, SAISIR, COMPRENDRE, SENTIR, APPRÉCIER, IDENTIFIER, RECONNAÎTRE sont des syn.
**L. discernement** (n. m.) [sens II] *Vous manquez de discernement* (← capacité de discerner ce qui est important).

**discipline** [disiplin] n. f.
I. [action, qqn, et résultat] (compt., surtout au sing.) *Une heure de marche par jour, jamais d'alcool, peu de nourriture, c'est une discipline qu'il s'impose pour rester en forme.* ◆ [texte, institution] *La discipline dans notre établissement est très stricte, le moindre retard est puni.* ◆ [qualité, qqn] *Il faut bien un peu de discipline dans un groupe, sinon on ne peut rien faire.*
II. [science] *Pierre est très bon élève. — Ah oui ? Et dans quelle discipline est-il le plus fort ? — En maths.*

**S. 1.** La *discipline* (sens I) est une règle de conduite qu'on s'impose ou un ensemble de règles communes à un groupe et auxquelles il faut obéir ; en ce cas, le syn. est RÈGLEMENT. C'est aussi le fait de se plier au règlement ; en ce cas le syn. est ORDRE. — **2.** *Discipline* (sens II) a pour syn. MATIÈRE.
**L. discipliné, e** (adj.) [sens I] *Il est discipliné* (← il se plie facilement à la discipline). ◆ **indiscipliné, e** (adj.) [sens I] *Ces enfants ne sont pas disciplinés* → *ces enfants sont indisciplinés.*

**discours** [diskur] n. m.
[énoncé] *Au début de la séance, le président prononcera un discours.* ● *M. Dupont a fait un petit discours pour remercier ceux qui*

*l'avaient élu.* • *Au cours de cette réunion, il y a eu trois discours, tous aussi ennuyeux les uns que les autres.*

S. *Discours* a pour syn. ALLOCUTION (soutenu). Un EXPOSÉ est un petit *discours* portant sur un sujet précis.

**discourtois** → COURTOIS L.

**discret, ète** [diskrɛ, ɛt] adj. (après le n.) (se dit de qqn) *Soyez discret : ce que je vous dis doit rester un secret entre nous.* • *Je reste très discret à leur égard ; je n'aime pas entrer dans la vie privée des gens.*

S. Est *discret* (soutenu) celui qui garde de la réserve, de la retenue à l'égard des gens, qui ne manifeste pas trop de curiosité ou qui sait garder le secret sur ce qu'on lui dit ; le syn. est RÉSERVÉ, le contr. INDISCRET (pour qui manifeste une curiosité choquante) ou BAVARD (pour qui ne garde pas le secret).
**L. discrètement** (adv.) Il se comporte de façon toujours très discrète à mon égard → *il se comporte toujours très discrètement à mon égard.* ◆ **discrétion** (n. f.) Je ne m'étonne pas qu'il ait été discret → *je ne m'étonne pas de sa discrétion.* ◆ **indiscret**, v. ce mot.

**disculper** [diskylpe] v. t. (conj. **1**) (sujet qqch, qqn) **disculper qqn** *Votre témoignage peut le disculper, il faut que vous veniez au procès.* • (sujet qqn) **se disculper** *Il cherchait par tous les moyens à se disculper, mais il n'a pas réussi à nous convaincre.*

S. *Disculper* (langue juridique), c'est montrer, prouver l'innocence de qqn.

**discussion** [diskysjɔ̃] n. f. [action, langage] *Avec Pierre, on a eu une longue discussion au sujet de la peine de mort, il était pour moi contre.* • *Si vous voulez prendre part à la discussion, levez la main et posez vos questions chacun à votre tour.* ◆ (sujet qqch) **être en discussion** *Le projet de loi est en discussion à l'Assemblée nationale, on ne sait pas encore s'il sera voté.*

S. **1.** *Discussion* correspond au sens I de DISCUTER. Il a pour syn. moins forts CONVERSATION, ENTRETIEN (soutenu) qui supposent un simple échange de vues entre deux personnes au moins ou interlocuteurs. DÉBAT implique qu'un certain nombre de personnes échangent des propos contradictoires. — **2.** *Être en discussion*, c'est ÊTRE DISCUTÉ, faire l'objet d'un débat.

**discuter** [diskyte] v. t. ind. et v. t. (conj. **1**) I. [v. t. ind.] (sujet qqn) **discuter (avec qqn) [de, sur qqch]** *J'ai rencontré Paul tout à l'heure, on a pris un café et on a discuté de son divorce.* • *Bon, écoute, on discutera de tout ça demain matin, je vais me coucher.*
II. [v. t.] (sujet qqn) **discuter (qqch)** *On peut discuter sa façon de faire, mais il faut reconnaître qu'elle est efficace !* • *Taisez-vous et ne discutez pas !*

S. **1.** *Discuter* (sens I), c'est échanger des idées sur un sujet ; il a pour syn. moins forts BAVARDER, PARLER. AVOIR UNE DISCUSSION, c'est parler en confrontant des points de vue diffé-

rents. — **2.** *Discuter qqch* (sens II) a pour syn. CONTESTER qqch. Sans compl., il a pour syn. PROTESTER (plus fort).
**L. discussion**, v. ce mot. ◆ **discutable** (adj.) [sens II] On peut discuter son point de vue → *son point de vue est discutable.* ◆ **indiscutable** (adj.) [sens II] *Ses arguments ne peuvent pas être discutés* → *ses arguments sont indiscutables.*

**disparaître** [disparɛtr] v. i. (conj. **53**) (sujet qqn) *Le directeur a disparu, la police enquête.* • *Il y avait une personne qui vous attendait dans l'entrée, mais elle a disparu.*

## DISPENSER

◆ (sujet qqch) *Avec ce médicament, vous verrez, votre mal de tête ne tardera pas à disparaître.* • *Mon porte-monnaie a disparu, qui me l'a pris?* ◆ *Fais disparaître tous ces vieux journaux, il n'y a plus de place sur le bureau.*

**S.** *Disparaître* a pour syn. SE SAUVER, S'ENFUIR, S'ESQUIVER, PARTIR, S'EN ALLER ou ÊTRE ENLEVÉ (selon que le départ est furtif ou non, volontaire ou non). *Disparaître* est aussi un syn. soutenu de MOURIR. En parlant d'un objet, les syn. sont ÊTRE PERDU, ÉGARÉ ou VOLÉ (selon que la DISPARITION est due au hasard ou à un acte de malveillance). En parlant d'un mal, le syn. est CESSER, le contr. APPARAÎTRE. *Faire disparaître qqch,* c'est le jeter, le supprimer.
**L. disparu, e** (n.) *La police recherche la personne qui a disparu → la police recherche la disparue.* ◆ **disparition** (n. f.) *Ça m'ennuie, mon stylo a disparu → la disparition de mon stylo m'ennuie.*

**dispenser** [dispɑ̃se] v. t. (conj. **1**)
(sujet qqch, qqn) **dispenser qqn de qqch, de + inf.** *Tu ne vas pas à la gymnastique? — Non, le docteur m'en a dispensé.* ◆ (sujet qqn) **se dispenser de qqch, de + inf.** *Je me dispenserais bien d'aller à ce dîner ce soir, on est si bien chez soi!*

**S.** *Dispenser qqn de faire qqch,* c'est lui permettre de ne pas faire qqch d'obligatoire. *Se dispenser de* (soutenu) a pour syn. courant SE PASSER DE.
**L. dispense** (n. f.) *Tu es dispensé de gymnastique → tu as une dispense de gymnastique?*

**disperser** [dispɛrse] v. t. (conj. **1**)
I. (sujet qqn) **disperser des personnes** *Le commissaire dispersa ses hommes tout autour de la maison afin que le bandit ne puisse s'échapper.* ◆ (sujet qqn [plur. ou collectif]) **se disperser** *Après le passage du président, la foule se dispersa lentement.*

II. (sujet qqn) **se disperser, être dispersé** *Vous faites trop de choses à la fois, vous vous dispersez trop.*

**S. 1.** *Disperser* (sens I), c'est répartir de divers côtés; il a pour contr. RASSEMBLER. *Se disperser,* c'est partir dans toutes les directions. — **2.** *Se disperser* (sens II), c'est ne pas concentrer son attention sur un seul objet.
**L. dispersion** (n. f.) [sens I] *Le commissaire ordonna aux forces de l'ordre de disperser les manifestants → le commissaire ordonna aux forces de l'ordre de procéder à la dispersion des manifestants.*

**disponible** [disponibl] adj. (après le n.)
(se dit de qqch) [*Dans une librairie*] : « *Le livre n'est pas disponible en ce moment, mais nous l'aurons dans quelques jours.* » ◆ (se dit de qqn) *Je vous recevrai la semaine prochaine; aujourd'hui je ne suis pas disponible.*

**S.** Est *disponible* qqch dont on peut DISPOSER, qu'on peut utiliser, qui est À LA DISPOSITION DE qqn. Est *disponible* qqn qui est libre de toute obligation, qui n'est pas occupé.
**L. indisponible** (adj.) *Je ne suis pas disponible en ce moment → je suis indisponible en ce moment.*

**disposer** [dispoze] v. t. et v. t. ind. (conj. **1**)
I. [v. t.] (sujet qqn) **disposer des choses, des personnes** *Viens me donner des conseils pour bien disposer les meubles que je viens d'acheter.*
II. [v. pr.] (sujet qqn) **se disposer,** [v. pass.] **être disposé à + inf.** *Je me disposais à partir, mais je peux vous accorder cinq minutes.* • *Tu crois qu'il sera disposé à nous entendre?* ◆ **être bien, mal disposé** *Si tu as l'impression qu'il est mal disposé, ne lui en parle pas, on attendra un moment plus favorable.*
III. [v. t. ind.] (sujet qqn) **disposer de qqch, de qqn** *Pierre dispose maintenant d'une petite fortune, on va voir ce qu'il va en faire.* • *Mais qu'est-ce que ça veut dire! Elle voudrait disposer de nous comme si nous n'avions pas d'avis à donner!*

**S. 1.** *Disposer* (sens I) a pour syn. PLACER (moins fort), RÉPARTIR, INSTALLER. — **2.** *Se disposer à* (sens II) a pour syn. S'APPRÊTER À, SE PRÉPARER À, ÊTRE SUR LE POINT DE. *Être disposé à* a pour syn. ÊTRE PRÊT À. *Être bien, mal disposé,* c'est ÊTRE DANS DE BONNES, MAUVAISES DISPOSITIONS. — **3.** *Disposer de qqch* (sens III), c'est pouvoir l'utiliser, l'AVOIR ou le POSSÉDER, en AVOIR L'USAGE; le syn. soutenu est JOUIR DE. *Disposer de qqn,* c'est l'utiliser comme s'il

dépendait entièrement de vous, s'en servir comme on veut.
**L. disposition,** v. ce mot.

**disposition** [dispozisjɔ̃] n. f.
I. [action, qqn, et résultat] (compt.) *Je n'aime pas beaucoup la disposition trop systématique des meubles dans ton salon, c'est un peu ennuyeux.*
II. (sujet qqn, qqch) **être, mettre à la disposition de qqn** *Il a mis à ma disposition tous les livres dont j'avais besoin, c'est très aimable de sa part.*
III. [état, qqn] (non-compt., au plur.) *Vous voulez voir le patron ? Je ne sais pas s'il est dans de bonnes dispositions pour vous écouter maintenant.* ● *Êtes-vous toujours dans les mêmes dispositions en ce qui concerne notre projet ?*
IV. [qualité, qqn] *Patrick a des dispositions pour le dessin, tu devrais l'inscrire dans une école de peinture.*
V. (sujet qqn) **prendre des dispositions** *La police a pris des dispositions pour qu'un événement semblable ne se reproduise plus dans le quartier.*

**S. 1.** *Disposition* (sens I) a pour syn. POSITION, ARRANGEMENT, CLASSEMENT, RANGEMENT, et correspond au sens I de DISPOSER. — **2.** Au sens II, *mettre qqch à la disposition de* qqn, c'est faire en sorte qu'il puisse, s'en servir, l'utiliser, en DISPOSER. — **3.** *Être dans de bonnes dispositions pour* (sens III), c'est ÊTRE BIEN DISPOSÉ POUR, être dans des conditions favorables. — **4.** *Avoir des dispositions pour* (sens IV) a pour syn. plus forts AVOIR DES DONS POUR, ÊTRE DOUÉ POUR. — **5.** Au sens V, *dispositions* a pour syn. MESURES.

**disproportionné, e** [disprɔpɔrsjɔne] adj. (après le n.)
(se dit de qqch) **disproportionné avec, par rapport à qqch** *La punition que vous lui avez donnée est disproportionnée par rapport à la faute qu'il a commise.*

**S.** Être *disproportionné avec, par rapport à* qqch, c'est être sans rapport avec qqch, beaucoup trop important ou trop faible par rapport à qqch.

**disputer (se)** [dispyte] v. pr. (conj. **1**)
(sujet qqn) **se disputer (avec qqn) [pour, sur qqch]** *Catherine, arrête de te disputer avec ton frère, rends-lui son jouet.* ● *Ça n'a pas l'air d'aller ? — Oh ! je me suis disputé avec ma femme, on n'est pas d'accord sur la façon d'élever les enfants.*

**S.** *Se disputer* a pour syn. moins fort et fam. SE CHAMAILLER et, soutenus, SE QUERELLER, AVOIR

UNE QUERELLE. Quand il s'agit d'adultes, *se disputer* se dit surtout en parlant d'échanges plus ou moins violents de paroles ; en parlant d'enfants, il a pour syn. plus fort SE BATTRE.
**L. dispute** (n. f.) *Ils se sont violemment disputés* → *ils ont eu une violente dispute.*

**disqualifier** [diskalifje] v. t. (conj. **2**)
(sujet qqn) **disqualifier qqn** *Il a commis une faute cinq minutes après le début du match et l'arbitre l'a disqualifié.*

**G.** Ce verbe est souvent employé au pass.
**S.** *Être disqualifié,* en parlant d'un joueur, d'un candidat, c'est être exclu d'un jeu, d'une compétition, ne plus ÊTRE QUALIFIÉ pour y participer.
**L. disqualification** (n. f.) *Il a été injustement disqualifié* → *sa disqualification est injuste.*

**disque** [disk] n. m.
[objet] *Je viens de m'acheter un disque de musique classique.* ● *Quel disque voulez-vous que je vous mette ?* ● *À la radio, on passe souvent le même disque plusieurs fois dans la même journée.* ● *Écoute ça, c'est le dernier disque des Beatles.*

**S.** Un *disque* est un enregistrement de paroles ou de musique. On distingue les 33 tours et les 45 tours (plus petits et de moindre durée). On écoute les *disques* sur un TOURNE-DISQUE, un ÉLECTROPHONE, une CHAÎNE STÉRÉO (avec des HAUT-PARLEURS qui diffusent le son). Les *disques* sont conservés dans une DISCOTHÈQUE. Actuellement, on enregistre aussi sur CASSETTES qu'on fait passer sur des LECTEURS DE CASSETTES.

**dissimuler** [disimyle] v. t. (conj. **1**)
(sujet qqn, qqch) **dissimuler qqch, qqn** *Il faut tout faire pour lui dissimuler la vérité, il ne doit pas savoir.* ◆ (sans compl.) [sujet qqn] *Vraiment ? Tu crois qu'il ne pensait pas ce qu'il a dit ? Il dissimule bien !*

# DISSIPER

**S.** *Dissimuler* (soutenu) a pour syn. CACHER, MASQUER (soutenu). Sans compl., c'est CACHER SES SENTIMENTS, JOUER LA COMÉDIE, FEINDRE (soutenu) ; celui qui *dissimule* est HYPOCRITE.
**L. dissimulation** (n. f.) Tout en lui indique qu'il dissimule → *tout en lui indique la dissimulation.*

**dissiper** [disipe] v. t. (conj. **1**)
I. (sujet qqn) **dissiper qqn** *C'est un enfant insupportable en classe, qui cherche toujours à dissiper ses camarades.* ◆ **se dissiper** *Il pourrait travailler mieux s'il se dissipait moins.*
II. (sujet qqch, qqn) **dissiper qqch (abstrait ou phénomène naturel)** *Il faut absolument dissiper ce malentendu, c'est bête de se fâcher pour rien.* ● *Le vent a dissipé le brouillard : on voit maintenant bien la route.* ◆ (sujet qqch) **se dissiper, être dissipé** *À la radio, ils ont dit que le brouillard allait se dissiper dans le milieu de l'après-midi.*

**S. 1.** *Dissiper* (sens I), c'est porter à l'indiscipline, à l'inattention en parlant d'élèves. DISTRAIRE est un syn. moins fort. — **2.** *Dissiper* (sens II) [soutenu], c'est faire disparaître.
**L. dissipé, e** (adj.) [sens I] C'est un enfant qui se dissipe beaucoup → *c'est un enfant très dissipé.* ◆ **dissipation** (n. f.) [sens II] Il y aura quelques éclaircies après que les brouillards matinaux se seront dissipés → *il y aura quelques éclaircies après la dissipation des brouillards matinaux.*

**dissoudre** [disudr] v. t. (conj. **49**)
I. (sujet qqn, qqch) **dissoudre qqch (matière, produit)** *Ce produit dissout l'encre, vous pouvez donc l'utiliser pour détacher votre manteau.* ◆ (sujet qqch [matière, produit]) **se dissoudre** *Le sucre se dissout dans l'eau.*
II. (sujet qqn) **dissoudre qqch (assemblée, parti, association, etc.)** *Si la gauche avait gagné les élections, le président de la République aurait sans doute dissous l'Assemblée nationale.*

**S. 1.** *Dissoudre un produit* (sens I), c'est faire qu'il se décompose, dans un liquide ou un gaz. *Se dissoudre* a pour syn. SE DÉCOMPOSER, SE DÉSAGRÉGER. — **2.** *Dissoudre une association, une union,* etc. (sens II), c'est faire qu'elle cesse légalement d'exister, y mettre fin, l'annuler.
**L. dissolution** (n. f.) [sens I et II] On a décidé de dissoudre notre association → *on a décidé la dissolution de notre association.*

**dissuader** [disɥade] v. t. (conj. **1**)
(sujet qqn, qqch) **dissuader qqn (de + inf.)**
*Il faut tout faire pour le dissuader de partir maintenant, c'est très dangereux.*

**S.** *Dissuader* (soutenu) a pour contr. PERSUADER ; c'est faire que qqn renonce à une action.

**L. dissuasif, ive** (adj.) *La peine de mort a-t-elle un pouvoir dissuasif ?* (← de dissuader les criminels). ◆ **dissuasion** (n. f.) *Les armes nucléaires sont des forces de dissuasion* (← pour dissuader [les autres nations d'attaquer]).

**distance** [distɑ̃s] n. f.
I. [qualité, mesure] (compt., surtout au sing.) *Quelle est la distance entre Paris et Lyon ? — 470 kilomètres.* ● *Tu peux lire, à cette distance, ce qui est écrit sur le panneau ?* ● *Les arbres sont plantés à égale distance les uns des autres.* ● *Cette course doit se courir sur une distance de 800 mètres.* ◆ **à distance** *Un an s'est passé maintenant, depuis l'événement, et on juge différemment à distance.*
II. (sujet qqn) **garder, prendre ses distances** *Tu ne trouves pas que depuis quelque temps il prend ses distances avec nous ?* ● *Crois-moi, garde tes distances avec lui, je n'ai pas très confiance en son amitié.*

**S.** La *distance* (sens I) entre un lieu et un autre, c'est l'éloignement, l'écart qui les sépare.

## DISTINGUER

Deux objets placés à égale *distance* sont séparés par le même INTERVALLE. Une *distance* de 800 mètres, c'est une LONGUEUR ou un ESPACE de 800 mètres. — **2.** Au sens II, *garder, prendre ses distances*, c'est être réservé vis-à-vis de qqn, ne pas être familier avec lui.
**L. distancer, distant,** v. ces mots.

**distancer** [distãse] v. t. (conj. 3) (sujet qqn, un véhicule) **distancer qqn, un véhicule** *Accélère ! Si tu te laisses distancer, on ne saura jamais quelle route ils vont prendre !*

**S.** *Distancer* qqn, c'est mettre une assez

grande DISTANCE entre lui et soi, le devancer, le dépasser.

**distant, e** [distã, ãt] adj. (après le n.)
I. (se dit de qqch) **distant de + expression de longueur** *Ces deux villes sont distantes de cinquante kilomètres.*

II. (se dit de qqn, de son attitude) *J'ai l'impression qu'on ne lui est pas très sympathiques, il s'est montré très distant avec nous.*

**G.** *Distant* ne se met ni au comparatif ni au superlatif, au sens I.
**S. 1.** Être *distant de* (sens I), c'est être SÉPARÉ, ÉLOIGNÉ DE par une certaine DISTANCE. — **2.** *Distant* (sens II) a pour contr. FAMILIER et pour syn. RÉSERVÉ. Est *distant* celui qui GARDE SES DISTANCES.

**distinct, e** [distɛ̃(kt), tɛ̃kt] adj. (après le n.
I. (se dit de qqch) *Le voleur en partant a laissé des traces distinctes dans le jardin.*
II. (se dit de qqch) **distinct de qqch** *Ne mélangeons pas tous les problèmes ; la question que vous posez est distincte de celles qui ont été discutées jusqu'ici.*

**G.** Au sens II, cet adj. ne se met ni au comparatif ni au superlatif.
**S. 1.** Est *distinct* (sens I) ce qui se perçoit nettement ; les contr. sont CONFUS, INDISTINCT, FLOU, VAGUE. — **2.** Au sens II, *distinct de* (soutenu) a pour syn. DIFFÉRENT DE et pour contr. PAREIL, SEMBLABLE À.
**L. distinctement** (adv.) [sens I] *J'ai entendu de façon distincte un bruit* → *j'ai entendu distinctement un bruit.* ◆ **indistinct, e** (adj.) [sens I] *Les traces n'étaient pas distinctes* → *les traces étaient indistinctes.*

**distinction** → DISTINGUÉ L, DISTINGUER L.

**distingué, e** [distɛ̃ge] adj. (après le n.) (se dit de qqn, de son attitude) *Pas très distingué ton ami, il a une façon de parler assez grossière et je ne parle pas de sa manière de s'habiller !*

**S.** Est *distingué* (soutenu) celui qui a de l'élégance dans ses manières, son langage, qui est BIEN ÉLEVÉ (moins fort) ; le syn. fam. est CHIC ; les contr. sont ORDINAIRE et GROSSIER, VULGAIRE (plus fort).
**L. distinction** (n. f.) *Il est très distingué* → *il a une grande distinction.*

**distinguer** [distɛ̃ge] v. t. (conj. 1)
I. (sujet qqn) **distinguer qqn, qqch** *Le brouillard disparaît, on commence à distinguer la côte.* • *Tu me lis les horaires du train ? — Oh ! d'ici, je n'arrive pas à distinguer les chiffres !*
II. (sujet qqn) **distinguer qqn, qqch (de qqn, qqch [d'autre])** *Ces deux enfants se ressemblent tellement qu'il est très difficile de les distinguer (l'un de l'autre) !* • *Tu ne sais pas distinguer le cuir du plastique ? Mais alors, on peut te vendre n'importe quoi !*

**S. 1.** *Distinguer* qqn, qqch (sens I) a pour syn. APERCEVOIR, VOIR, RECONNAÎTRE, ou LIRE lorsqu'il s'agit de lettres ou de chiffres et, plus soutenus, DISCERNER, PERCEVOIR. — **2.** *Distinguer des personnes, des choses les unes des autres* (sens II), c'est faire une différence entre elles, les différencier, les opposer ; le contr. est alors CONFONDRE.
**L. distinction** (n. f.) [sens II] Il n'arrive pas à distinguer le rouge du vert → *il n'arrive pas à faire la distinction entre le rouge et le vert.*
◆ **distinctif, ive** (adj.) [sens II] Trouve un détail qui les distingue → *trouve un détail distinctif.*

**distraction** [distraksjɔ̃] n. f.
I. [qualité, qqn] (non-compt., au sing.) *Excusez-moi, c'est par distraction que j'ai versé trop de sel.* • *Un moment de distraction — je regardais la vitrine d'un magasin — et j'ai raté l'autobus.*
II. [action, qqn, et résultat] (compt.) *Allez au cinéma, c'est une distraction comme une autre.* • *Quelles sont vos distractions dans cette ville, à part le sport ?*

**S. 1.** *Distraction* (sens I), c'est le fait d'être DISTRAIT, le défaut d'attention ; il a pour syn. INATTENTION, ÉTOURDERIE. *Avoir eu un moment de distraction,* c'est avoir été distrait un moment. — **2.** *Distraction* (sens II), c'est l'action de SE DISTRAIRE et ce qui DISTRAIT ; il a pour syn. PASSE-TEMPS et DIVERTISSEMENT (soutenu) ou LOISIRS (plur.).

**distraire** [distrɛr] v. t. (conj. **71**)
(sujet qqn, qqch) **distraire qqn** *Il n'y a pas grand-chose pour distraire les touristes dans cette ville.* • *À l'hôpital, les visites des parents et des amis distraient un peu les malades. — Mais pas ceux qui viennent.*

◆ (sujet qqn) **se distraire** *Si tu veux te distraire, je te conseille d'aller voir ce film, il te fera oublier un moment tes soucis.* • *Tu travailles trop, tu devrais te distraire de temps en temps.*

**S.** *Distraire* a pour syn. AMUSER, DIVERTIR (soutenu). *Se distraire* a pour contr. S'ENNUYER.

**L. distrayant, e** (adj.) *Voilà une occupation qui distrait* → *voilà une occupation distrayante.* ◆ **distrait,** v. ce mot.

**distrait, e** [distrɛ, ɛt] adj. (après le n.) et n.
[adj.] (se dit de qqn, de son attitude) *Je t'ai aperçu hier dans la rue ; mais tu étais distraite et tu ne m'as pas vu.* • *Il a parcouru d'un air distrait les feuilles que je lui ai données ; ça ne l'intéressait pas.*
◆ [n.] (personne) *C'est un distrait, mais il travaille consciencieusement.*

**S.** Est *distrait* (adj. et n.) celui qui ne fait pas attention. Il a pour syn. ÉTOURDI, ÉCERVELÉ

quand il s'agit d'une attitude permanente. Quand il s'agit d'une attitude momentanée, le syn. pour l'adj. seulement est ABSENT ; DANS LA LUNE est une express. équivalente fam.
**L. distraitement** (adv.) *Il a regardé la télévi-*

sion de façon très distraite → *il a regardé très distraitement la télévision.* ◆ **distraction,** v. ce mot.

**distribuer** [distribɥe] v. t. (conj. **2**)
(sujet qqn, un appareil) **distribuer qqch (collectif** ou **plur.)** *Tous les matins, on nous distribuait le courrier, moi je n'avais jamais de lettre.*
   **S.** *Distribuer des choses,* c'est en donner à chacun.
   **L. distributeur** (n. m.) *Il y a dans les gares des appareils qui distribuent automatiquement les billets* → *il y a dans les gares des distributeurs automatiques de billets.* ◆ **distribution** (n. f.) *On distribuera les prix lundi matin* → *la distribution des prix aura lieu lundi matin.*

**dites !** → DIS.

**diverger** [divɛrʒe] v. i. (conj. **4**)
(sujet des personnes, leurs pensées) *Alors, que disent les journaux sur cette affaire ? — Les avis divergent sur plusieurs points.*
   **S.** *Diverger* (soutenu) a pour syn. ÊTRE DIFFÉRENTS, EN DÉSACCORD (plus fort), S'OPPOSER, SE CONTREDIRE (plus fort).
   **L. divergence** (n. f.) *Les deux gouvernements divergent profondément sur la solution* → *les divergences entre les deux gouvernements sur la solution sont profondes.*

**divers, e** [divɛr, ɛrs] adj.
I. (se dit de qqn, de qqch [plur.] ; avant le n.) *Les policiers ont entendu divers témoins qui, tous, avaient vu trois hommes entrer dans la maison.* • *On signale en divers endroits des chutes de neige qui gênent la circulation.*
II. (se dit de qqn, de qqch ; après ou avant le n.) *On n'a jamais trouvé l'assassin mais les hypothèses les plus diverses ont été émises.* • *Il écrit beaucoup, mais ses livres sont d'un intérêt divers.*
   **G.** Au sens I, cet adj. n'a ni comparatif ni superlatif.
   **S. 1.** *Divers* (sens I), non précédé de l'article, toujours avec un nom plur. et seulem. épithète, est un adj. indéfini, syn. soutenu de PLUSIEURS, DIFFÉRENTS. — **2.** *Divers* (sens II), le plus souvent avec un nom plur., épithète ou attribut, est syn. de VARIÉ.
   **L. diversement** (adv.) [sens II] *Son attitude a été jugée de manière très diverse* → *son attitude a été très diversement jugée.* ◆ **diversité** (n. f.) [sens I et II] *Il est heureux que les opinions soient diverses* → *la diversité des opinions est heureuse.*

**divertir** [divɛrtir] v. t. (conj. **15**)
(sujet qqch, qqn) *Je n'aime pas le cirque ; les clowns ne me divertissent pas, et je ne ris pas de leurs blagues.* ◆ (sujet qqn) **se divertir** *Qu'est-ce que tu as fait pendant mon absence ? — Je me suis diverti à lire un bon roman policier.*
   **S.** *Divertir* est un syn. soutenu de AMUSER ; des syn. plus faibles sont DÉLASSER, CHANGER LES IDÉES.
   **L. divertissant, e** (adj.) *Trouve des occupations qui te divertissent* → *trouve des occupations divertissantes.* ◆ **divertissement** (n. m.) *J'ai besoin de me divertir* → *j'ai besoin de divertissement.*

**diviser** [divize] v. t. (conj. **1**)
I. (sujet qqn, qqch) **diviser qqch (un tout) en qqch (des parties)** *Cette question a divisé l'assemblée en deux : ceux qui étaient pour et ceux qui étaient contre.* • *Le professeur, pour chercher les documents, a divisé la classe en trois équipes de dix élèves.*
II. (sujet qqn) **diviser un nombre par un autre** *Si tu divises 32 par 4, tu obtiens combien ? — 8.*
   **S. 1.** *Diviser* (sens I) a pour syn. SÉPARER,

PARTAGER, SCINDER (litt.) ; il a pour contr. RÉUNIR, RAPPROCHER. — **2.** *Diviser* (sens II), c'est faire une DIVISION (sens I).
   **L. division,** v. ce mot.

**division** [divizjɔ̃] n. f.
I. [action, calcul] *Non, ta division est fausse, recommence.* • *L'addition, la soustraction, la division et la multiplication sont les quatre opérations que tu dois connaître pour savoir compter.*
II. [action, qqn, qqch, et résultat] *Le vote a provoqué une division très nette dans l'assemblée.* • *Nous sommes pour la division du travail, il n'y a pas de raison que ce soit toujours les mêmes qui en fassent le plus.*

# DIVORCE

**S. 1.** La *division* (sens I) est une opération arithmétique inverse de la MULTIPLICATION : elles consiste à DIVISER un nombre par un autre et elle est caractérisée par le signe «:». — **2.** Au sens II, *division* indique soit un DÉSACCORD entre plusieurs personnes, soit la RÉPARTITION entre plusieurs personnes de qqch.

**divorce** [divɔrs] n. m.
[action, qqn, et résultat] *François ne s'entendait plus avec sa femme, il a demandé le divorce.* • *Jacqueline est contente : elle a obtenu son divorce.*
**S.** Le *divorce* est une séparation, une rupture officielle, marquant la fin légale d'un mariage.
**L. divorcer** (v. i.) *Françoise en est à son deuxième divorce → Françoise divorce pour la deuxième fois.* ◆ **divorcé, e** (adj. et n.) *Elle a épousé un homme qui a divorcé → elle a épousé un divorcé.*

**dix** [dis] adj. num. cardinal inv.
[10] *Nous habitons une maison de dix étages.* • *Donnez-moi le numéro dix de cette revue, s'il vous plaît.* • *Dix et dix font vingt.* • *Alors comment se sont passés vos dix jours de vacances ?*
**G.** *Dix* se prononce [dis] lorsqu'il n'est pas suivi d'un nom : *numéro dix* [nymerodis] ; [diz] lorsqu'il est suivi d'un nom commençant par une voyelle : *dix étages* [dizetaʒ] ; et [di] lorsqu'il est suivi d'un nom commençant par une consonne : *dix livres* [dilivr].
**S. 1.** On appelle DIZAINE un ensemble formé de *dix* objets ou d'environ *dix* objets. — **2.** Le système à base 10 est le système DÉCIMAL.

**dixième** [dizjɛm] adj. num. ordinal
[10ᵉ] (se dit de qqch, de qqn) *Il a fait beau au début, mais, à partir du dixième jour, il s'est mis à pleuvoir.* • *Tu n'as toujours pas compris ? C'est au moins la dixième fois que je te répète la même chose !*
**S.** Dans une énumération, DIXIÈMEMENT est l'adv. correspondant à *dixième* (= en dixième lieu).

**dizaine** [dizɛn] n. f.
[quantité] **dizaine (de** + n. plur.) *Quel âge peut avoir cet enfant ? — Oh ! il a bien une dizaine d'années.* • *Nous passerons une dizaine de jours à la montagne et nous finirons nos vacances à la mer.*
**S.** *Dizaine* désigne un ensemble d'environ DIX unités.

**docteur** [dɔktœr] n. m.
[personne, profession] *Catherine a mal au ventre, il faudrait appeler le docteur.* • *Tu ne te sens pas bien ? Je connais un bon docteur, je peux lui téléphoner.* ◆ [appellatif] *Docteur, mon fils a une forte fièvre ; est-ce que vous pouvez passer dans la journée ?*
**S.** *Docteur* désigne le métier exercé (la médecine) quand on a le titre de *docteur en médecine* ; MÉDECIN est un syn. courant. On emploie *docteur* (et non MÉDECIN) quand on s'adresse à lui ou que le terme est suivi d'un nom propre *(bonjour, docteur ; je vous présente le docteur Dupont).*

**doctrine** [dɔktrin] n. f.
*En agissant ainsi, vous vous écartez de la doctrine officielle de votre parti.*
**S.** Une *doctrine* est un ensemble systématisé de jugements, d'opinions, à l'aide duquel on analyse la situation et on dirige son action.

**document** [dɔkymɑ̃] n. m.
[objet, texte] *Pierre fait un exposé sur l'art contemporain et il recherche tous les documents qui pourraient lui être utiles.*
**S.** Un *document* est un texte, un écrit qui peut servir de preuve ou d'information. Il a pour syn. PAPIER, PIÈCE, MATÉRIAU, SOURCE, DOCUMENTATION (plus large).
**L. documenter (se),** v. ce mot.

**documenter (se)** [dɔkymɑ̃te] v. pr. (conj. 1), **être documenté** v. pass.
(sujet qqn) *Avant de partir en Grèce, documentez-vous ; les prix sont très différents selon les agences.* • *Adresse-toi à Paul ; il est très documenté sur la question.*
**S.** *Se documenter,* c'est RÉUNIR DES DOCUMENTS ; les syn. courants sont SE RENSEIGNER, S'INFORMER. *Être documenté,* c'est ÊTRE BIEN INFORMÉ.

**doigt** [dwa] n. m.
[partie du corps] *Pierre s'est cassé un doigt.* • *Je peux compter sur les doigts de la main le nombre de fois où tu es venu me voir !*

• *Aline a la mauvaise habitude de montrer les gens du doigt.* ◆ **doigt de pied** *Ces*

chaussures sont trop serrées, je ne peux pas remuer les doigts de pied.

   S. **1.** Les cinq *doigts* de la main sont : le pouce, l'index, le majeur, l'annulaire et l'auriculaire, ou petit doigt (langue courante). — **2.** *Doigt de pied* a pour syn. ORTEIL.

**dollar** [dɔlar] n. m.
[argent, unité] *Pouvez-vous me changer vingt dollars ? Ça fait combien de francs à l'heure actuelle ?*

   S. V. MONNAIE.

**domaine** [dɔmɛn] n. m.
[lieu abstrait] *Tu peux lui parler de mathématiques, il sera dans son domaine, comme cela, ça te mettra à l'aise.* • *Ah non, monsieur, la mécanique ce n'est pas mon domaine, moi je ne fais que vendre des voitures.* • *Pierre a son avis sur tout, dans tous les domaines, c'est difficile de discuter avec lui.*

   S. Le *domaine* de qqn, c'est son champ de connaissances, ce sur quoi il est compétent. RAYON est un syn. courant ou fam. *Dans tous les domaines* a pour équivalents DANS TOUTES LES MATIÈRES, SUR TOUS LES SUJETS.

**domestique** [dɔmɛstik] adj. (après le n.)
I. (se dit d'un animal) *Une nouvelle revue vient de paraître, elle s'appelle « Nos amies les bêtes », et le premier numéro est sur les animaux domestiques.*
II. (se dit de qqch [action]) *Je ne suis vraiment pas doué pour les travaux domestiques ; faire le ménage, penser aux repas, tout ça m'ennuie beaucoup.*

   G. Aux sens I et II, cet adj., seulement épithète, n'a ni comparatif ni superlatif.
   S. **1.** Les *animaux domestiques* sont le chien et le chat en particulier, mais aussi tout animal qui vit en association avec l'homme : lapin,

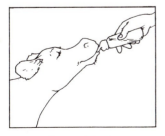

canard, volaille, etc. Ils s'opposent aux ANIMAUX SAUVAGES ; on oppose ainsi le lapin domestique au lapin de garenne, le canard au canard sauvage. Un animal sauvage peut être DOMESTIQUÉ, du moins dans certaines limites. — **2.** Les *travaux domestiques* (soutenu) sont ceux du ménage, de l'entretien de la maison.

**domicile** [dɔmisil] n. m.
[lieu, habitation] *Il a quitté son domicile à 5 heures avant-hier et on ne l'a pas revu depuis.* • *[Dans un magasin]* : « *Est-ce que vous livrez à domicile ?* »

   S. *Domicile*, qui est de la langue administrative, désigne tout lieu d'habitation par rapport à la personne qui l'habite. MAISON, DEMEURE (soutenu), APPARTEMENT, etc., peuvent donc être syn. selon les cas.
   L. **domicilier** (v. t.) *Tu n'as qu'à te faire domicilier chez moi* (← indiquer que ton domicile est chez moi).

**dominer** [dɔmine] v. t. (conj. 1)
I. (sujet qqn, qqch [édifice, lieu]) **dominer un lieu** *De là-haut, on domine toute la vallée, c'est magnifique.*
II. (sujet qqn) **dominer qqn, qqch (abstrait)** *C'est un joueur exceptionnel qui domine de beaucoup le reste de l'équipe.* • *Regarde-le, il n'arrive pas à dominer sa colère.* ◆ *(sans compl.) Pendant la première partie du match nous avons dominé ; ensuite ils ont été les plus forts.* ◆ **se dominer** *Reste calme, domine-toi un peu.*

   S. **1.** *Dominer un lieu* (sens I), c'est être placé largement au-dessus de lui. SURPLOMBER est un syn. — **2.** *Dominer des concurrents, des partenaires* (sens II), c'est leur ÊTRE SUPÉRIEUR, ÊTRE PLUS FORT qu'eux ; *dominer un sentiment, des connaissances*, c'est les MAÎTRISER. *Se dominer* a pour syn. SE CONTRÔLER, SE MAÎTRISER.
   L. **dominateur, trice** (adj. et n.) [sens II] *Il aime dominer les autres → il est très domina-*

teur. ◆ **domination** (n. f.) [sens II] Notre équipe a dominé incontestablement → *la domination de notre équipe a été incontestable.*

**dommage** [dɔmaʒ] n. m.
I. [résultat, qqch] (compt.) *Et qui nous remboursera des dommages causés aux récoltes par la pluie, le froid, la grêle ?*
II. **(c'est) dommage, quel dommage (que + subj., de + inf.)!** *C'est dommage de laisser tout ce gâteau, personne n'en veut ? • Tu ne peux pas venir ce soir ? Dommage ! On se serait bien amusés. • Dommage qu'il fasse si mauvais dehors, on aurait pu faire une promenade. • Quel dommage que Catherine ne soit pas là, elle qui aime tant la campagne !*

**S. 1.** *Dommage* (sens I) [soutenu] a pour syn. DÉGÂT. — **2.** *C'est dommage* sert à exprimer un regret et a pour syn. C'EST MALHEUREUX ou C'EST REGRETTABLE, FÂCHEUX (soutenu) ; le contr. est C'EST HEUREUX.

**don** [dɔ̃] n. m.
I. [action, qqn] *À sa mort, il fera don de sa collection de tableaux au musée du Louvre.* ◆ [résultat] *C'est grâce à vos dons que notre organisation peut continuer de vivre et nous vous en remercions.*
II. [qualité, qqn] *Pierre a des dons pour la musique, il devrait apprendre sérieusement à jouer d'un instrument. • Je ne sais pas pourquoi, mais elle a le don de m'énerver quand elle parle.*

**S. 1.** Au sens I, *faire don de qqch* a pour syn. DONNER, OFFRIR qqch. Ce mot désigne aussi la chose donnée, le plus souvent une somme d'argent. — **2.** Au sens II, *avoir des dons (pour)* a pour syn. ÊTRE DOUÉ (POUR).

**donc** [dɔ̃k] conj.
I. [conclusion] *Pierre est malade, il ne pourra donc pas venir demain. • Il n'était pas là, il n'a donc pas pu entendre ce que tu disais.*
II. [emphase] *Vous m'avez interrompu : je disais donc que... • Tu connais Pierre Legrand. — Qui donc ? • Allons donc ! si vous croyez qu'on va vous écouter !*

**S.** et **G. 1.** *Donc* (sens I) introduit une conséquence logique et a pour syn. ALORS, PAR CONSÉQUENT (placés en tête de proposition) ou EN CONSÉQUENCE (soutenu). — **2.** *Donc* (sens II) renforce une affirmation, une interrogation ou une exclamation. *Allons donc !* exprime l'incrédulité.

**donné, e** [dɔne] adj. (après le n.)
(se dit de qqch [abstrait]) *Jacques doit finir son travail en un temps donné. • Ils n'ont pas coupé les planches aux dimensions données. • Tu hésites, mais, à un moment donné, tu seras bien obligé de te décider.*
◆ **étant donné qqch, que + ind.** *Tu n'as rien à te reprocher, étant donné que tu n'étais pas là. • Étant donné la situation, il vaut mieux remettre la discussion à trois mois.*

**G.** Cet adj. n'a ni comparatif ni superlatif.
**S.** *Donné* a pour syn. INDIQUÉ, CONVENU, DÉTERMINÉ. *À un moment donné* a pour syn. À UN CERTAIN MOMENT. *Étant donné* (toujours invariable quand il est avant le n.) indique une cause et a pour syn. PUISQUE, VU (QUE), ATTENDU QUE (soutenus).

**donner** [dɔne] v. t. et v. t. ind. (conj. **1**)
I. [v. t.] (sujet qqn) **donner (qqch) [à qqn]**

*Pour son anniversaire, on lui a donné un disque. • Qui est-ce qui donne les cartes ? • Donne-moi la main pour traverser. • Il n'a rien pour écrire, donne-lui un stylo. • Donnez-moi votre nom et votre adresse, s'il vous plaît ! • Je te donne cinq minutes pour être prêt. • Je vous donnerai ma réponse dans trois jours.* ◆ **donner à qqn (qqch) à + inf.** *Pierre m'a donné trois livres à lire. • Comment, à son âge, tu lui donnes encore à manger ?*
II. [v. t.] (sujet qqch) **donner qqch** *Ces oranges donnent beaucoup de jus. • Les recherches n'ont donné aucun résultat.*
III. [v. t. opérateur] (sujet qqn, qqch) **donner + n. sans article** *Le sel donne soif. • Tu me donnes chaud avec ton pull !*
IV. [v. t. ind.] (sujet qqch [maison, pièce, etc.]) **donner sur, en qqch** *La chambre*

donne sur la cour et le salon donne sur la rue. • Cette maison donne en plein sud.

**S. 1.** *Donner* (sens I) a pour syn. OFFRIR, lorsqu'on *donne* qqch en cadeau, et s'oppose à PRÊTER. Celui à qui on a *donné* qqch l'a REÇU. *Donner* peut aussi avoir pour syn. REMETTRE, DISTRIBUER quand on *donne* qqch à plusieurs personnes. *Donner* son nom, un renseignement, etc., c'est les COMMUNIQUER, les INDIQUER. *Donner un certain temps à* qqn, c'est le lui LAISSER, le lui ACCORDER (soutenu). *Donner un prix, une récompense à* qqn, c'est le lui ATTRIBUER ou le lui DÉCERNER. *Donner un conseil*, c'est CONSEILLER, *donner une réponse*, c'est RÉPONDRE. — **2.** *Donner* (sens II) a pour syn. FOURNIR, PRODUIRE. — **3.** Au sens III, *donner* suivi d'un nom sans article est un verbe opérateur à valeur factitive *(donner envie, donner soif)*, par oppos. aux loc. avec AVOIR (AVOIR ENVIE, AVOIR SOIF). — **4.** *Donner* (sens IV) a pour syn. ÊTRE ORIENTÉ VERS, À.
**L. don, donné**, v. ces mots. ◆ **redonner** (v. t.) [sens I] Il m'a donné de nouveau mon livre (que je lui avais prêté) → *il m'a redonné mon livre*.

**dont** [dɔ̃] pron. rel.
[compl. indirect] *Voici Jacques, le garçon dont je t'ai si souvent parlé*. ◆ [compl. du n.] *C'est un écrivain dont les livres se vendent très bien*. • *Les Durand ont plusieurs maisons, dont une au bord de la mer*. • *Plusieurs personnes sont venues me voir, dont ton père*. ◆ [compl. d'adj.] *Son fils, dont il était si fier, l'a beaucoup déçu*. • *Ce dont je suis sûr, c'est qu'il y aura du monde*.

**G. 1.** *Dont* introduit une subordonnée relative dans laquelle il est toujours compl. indirect, compl. du nom ou compl. d'adj. *Dont* ne peut s'employer que si le compl. du verbe, du nom ou de l'adj. qu'il remplace est introduit par la prép. DE (ON PARLE DE QQN → *qqn dont on parle* ; ON EST SÛR DE QQCH → *qqch dont on est sûr* ; etc.). Dans les autres cas, on emploie les prép. À, SUR, CONTRE, etc., suivies de LEQUEL, LAQUELLE (*Penser à* qqn → QQN AUQUEL ON PENSE). Si la prép. DE introduit un compl. de lieu, on emploie D'OÙ (LE PAYS D'OÙ JE VIENS). — **2.** La relative introduite par *dont* (compl. du n.) peut être réduite à un nom seul, l'antécédent est alors toujours un nom plur. ou collectif, et le nom introduit par *dont* en désigne un élément.

**doré, e** [dɔre] adj. (après le n.)
(se dit de qqch) *Ces boutons dorés sont très jolis avec ta veste bleue*.

**S.** Est *doré* ce qui a une une teinte rappelant la couleur jaune de l'OR.

**dorénavant** [dɔrenavɑ̃] adv.
[temps] *Je ne veux plus que de telles erreurs se reproduisent ; dorénavant, vous me préviendrez avant de donner des ordres*.

**S.** *Dorénavant* est le syn. soutenu de À L'AVENIR, DÉSORMAIS.

**dormir** [dɔrmir] v. i. (conj. 19)
(sujet qqn, un animal) *Mets cet enfant au lit, il a sommeil ; il a besoin de dormir*. • *Le chat dort, ne le caresse pas, tu vas le réveiller*. • *Si je me couche trop tôt, je dors*

*mal*. • *Je suis fatigué, il est tard, alors laissez-moi, j'ai envie de dormir*.

**S.** *Dormir* a pour contr. ÊTRE RÉVEILLÉ. *Avoir envie de dormir* a pour équivalent AVOIR SOMMEIL. Pour *dormir*, il faut S'ENDORMIR ; pour *ne plus dormir*, il faut SE RÉVEILLER. Un médicament qui fait *dormir* est un SOMNIFÈRE. Qqn qui a du mal à *dormir* a des INSOMNIES.

**dos** [do] n. m.
I. [partie du corps] *Aïe ! je suis resté trop longtemps assis, j'ai mal dans le dos*. • [*Chez le médecin*] : «*Allongez-vous sur le dos, je vais vous examiner.*»
II. (sujet qqn) **être toujours sur le dos de qqn** *Oh ! arrête un peu de me surveiller, tu es toujours sur mon dos !* ◆ **mettre qqch sur le dos de qqn** *Pour qu'on ne l'accuse pas d'avoir cassé le vase, Pascal a tout mis sur le dos de sa sœur*. ◆ **en avoir plein le dos** *Tu n'arrêtes pas de me faire des reproches, je commence à en avoir plein le dos*.
III. [localisation] *Tu ne parles pas de Pierre, dans ta lettre ? — Mais si ! Regarde au dos !*

**S. 1.** Le *dos* (sens I) est la partie du corps qui va des épaules jusqu'au bas des reins ; le milieu du *dos* est constitué par la COLONNE VERTÉBRALE. — **2.** *Être toujours sur le dos de qqn* (fam.) [sens II] a pour équivalent SURVEILLER, GUETTER qqn (le plus souvent pour le prendre en faute). *Mettre qqch sur le dos de qqn*, c'est lui en FAIRE PORTER LA RESPONSABILITÉ (soutenu). *En avoir plein le dos* (fam.), c'est ÊTRE EXCÉDÉ. — **3.** *Au dos* (d'une feuille, d'un livre, etc.) [sens III] a pour syn. AU VERSO, et pour contr. AU RECTO.
**L. adosser (s')** [v. pr.] (sens I) *Il s'est mis le dos au mur → il s'est adossé au mur.*

**dose** [doz] n. f.
[quantité] *Tu as vu ce qui est écrit sur le flacon de médicament : « Ne pas dépasser la dose prescrite. »* ● *Je vous assure qu'il faut une bonne dose d'humour pour accepter ça !* ● *Ces plaisanteries sont bonnes à petite dose, à forte dose, elles sont intolérables !*

**S.** *Dose* a pour syn. QUANTITÉ et s'emploie en parlant d'un produit ou dans un sens abstrait.
**L. doser** (v. t.) *Il a mal dosé son mélange* (← *déterminé les doses de produits entrant dans son mélange*). ◆ **dosage** (n. m.) *Quelle dose d'alcool y a-t-il dans ce vin ? → quel est le dosage en alcool de ce vin ?*

**dossier** [dosje] n. m.
I. [partie d'un meuble] *Le dossier de cette chaise est trop droit et trop haut, ce n'est pas confortable.*
II. [collectif, énoncés] *J'ai constitué tout un dossier sur cette affaire, et j'en connais maintenant tous les détails.*

**S. 1.** Le *dossier* (sens I) est la partie d'une chaise, d'un fauteuil sur laquelle le DOS repose, où l'on peut S'ADOSSER. — **2.** Un *dossier* (sens II) est un ensemble de textes, de documents, de papiers divers ayant trait à un même sujet.

**douane** [dwan] n. f.
[institution] *Ça a l'air plus intéressant d'acheter ce matériel en Angleterre, mais, avec les frais de douane, ça revient aussi cher.* ● *On t'a demandé quelque chose à la douane quand tu es allé à l'étranger ? — Non, on est passé sans problème.*

**S.** La *douane* a des bureaux aux frontières du pays. On doit déclarer à la *douane* les marchandises achetées à l'étranger ; on paye alors une taxe ou un droit.
**L. douanier, ère** (adj.) *Les tarifs de la douane sont élevés sur ce produit → les tarifs douaniers sont élevés sur ce produit.* ◆ **douanier** (n. m.) *L'employé de la douane nous a fouillés → le douanier nous a fouillés.*

**double** [dubl] adj. (avant le n.) et n. m.
I. [adj.] (se dit de qqch) *Tu ferais bien de faire un double nœud si tu veux que ce soit solide.* ● *À quoi ça sert de fermer ta porte à double tour ?* ◆ [n. m.] (qqch) [noncompt., au sing.] *Huit est le double de quatre.* ● *Je ne comprends pas pourquoi tu as payé le double une semaine après.*
II. [n. m.] (objet, texte) [compt.] *Vous pourriez me faire un double de cette lettre ?* ● *Prends l'original, moi je garde le double.*
◆ **en double** *J'ai ce livre en double, je peux t'en donner un si tu veux.*

DOULEUR

**G.** L'adj. ne se met ni au comparatif ni au superlatif.
**S. 1.** *Double* (adj.) a pour syn. DEUX. Une quantité qui passe du simple au *double* est une quantité qui DOUBLE. Un chiffre qui est le *double* d'un autre équivaut à deux fois l'autre. Être payé le *double*, c'est être payé deux fois plus. Le contr. est la MOITIÉ. — **2.** Un *double* de qqch (sens II), c'est un deuxième, un autre exemplaire de cette chose : il a pour syn. COPIE, DUPLICATA, PHOTOCOPIE. Le contr. est l'ORIGINAL. Avoir qqch *en double*, c'est l'avoir EN DEUX EXEMPLAIRES.
**L. doubler,** v. ce mot.

**doubler** [duble] v. t. et v. i. (conj. **1**)
I. [v. t.] (sujet qqn, une voiture) **doubler (un véhicule)** *Tu ne vas pas assez vite pour doubler le camion!* ● *C'est interdit de doubler en traversant le village.*
II. [v. t.] (sujet qqn) **doubler qqch** *En deux ans, il a doublé sa fortune!* — *Elle ne devait pas être très importante.* ◆ [v. i.] (sujet qqch) *Cette année, nos impôts ont doublé par rapport à l'an dernier.*

**S. 1.** *Doubler* (sens I), c'est aller plus loin en dépassant ; il a pour syn. DÉPASSER. — **2.** *Doubler* qqch (sens II), c'est le rendre double, l'augmenter du DOUBLE. Comme v. i., *doubler*,

c'est devenir double, deux fois plus important.

**doucement** [dusmɑ̃] adv.
[manière] *Chut! Parlez doucement, les enfants dorment.* ● [Au chauffeur] : *« Allez doucement, ce carrefour est très dangereux. »* ● *Personne ne l'a entendu, il est parti tout doucement.* ● *Pose ce vase doucement, il est très fragile.*

**S.** *Doucement* correspond à l'adj. DOUX. *Parler doucement*, c'est PARLER À VOIX BASSE ; les syn. sont BAS, SILENCIEUSEMENT, les contr. sont FORT, HAUT. Avec *aller, marcher, rouler*, le syn. est LENTEMENT et le contr. VITE. *Partir, frapper doucement*, c'est le faire sans bruit ; le syn. est DISCRÈTEMENT, le contr. BRUYAMMENT. Avec *poser*, le syn. est DÉLICATEMENT et les contr. BRUSQUEMENT, BRUTALEMENT, VIOLEMMENT.

**douceur** → DOUX L.

**douche** [duʃ] n. f.
I. [appareil] (compt.) *Le plombier doit venir réparer la douche.* ◆ [action, qqn] (compt.) *Tu es vraiment sale, tu devrais prendre une douche.* ● *D'accord je lui téléphonerai, mais après ma douche.* ● *Je n'entends rien, je suis sous la douche!*
II. [pièce] *Ils ont une salle de bains et deux douches dans leur appartement.*

**S. 1.** La *douche* (sens I) est un appareil sanitaire sous forme de jet d'eau qui permet de se laver entièrement. Elle est placée en hauteur soit au-dessus d'une baignoire, soit de manière indépendante au-dessus d'un bac (à *douche*). *Prendre une douche, être sous la douche* ont pour syn. moins courant SE DOUCHER. — **2.** *Douche* (sens II) désigne la pièce, distincte de la salle de bains, où est installée la *douche* (sens I).
**L. doucher (se)** [v. pr.] *Elle prend une douche matin et soir* → *elle se douche matin et soir.*

**doué, e** [dwe] adj. (après le n.)
(se dit de qqn) **doué (pour, en qqch)** *Votre fils est très doué pour les mathématiques, mais il est très paresseux et a trop confiance en lui.* ● *Deux heures pour écrire ces cinq lignes, eh bien! tu n'es pas doué.*

**S.** Est *doué* celui qui a des dons naturels pour une activité intellectuelle ; sans compl., il a pour syn. INTELLIGENT, CAPABLE (moins fort), FORT ou BRILLANT (plus forts) ; suivi de POUR, EN, il a pour syn. moins fort BON EN.

**douillet, ette** [dujɛ, ɛt] adj. (après le n.)
(se dit de qqn) [Chez le dentiste] : *« Attention, là, je vais peut-être vous faire un peu mal. — Ne vous inquiétez pas, je ne suis pas douillet. »*

**S.** Est *douillet* celui qui craint la douleur, qui a facilement mal.

**douleur** [dulœr] n. f.
[sensation] *Prenez ce médicament et vous verrez, la douleur va passer.* ● *Aïe, j'ai des douleurs partout!* — *Évidemment, tu as fait une heure de gymnastique hier, toi*

*qui n'as pas l'habitude!* ◆ [sentiment] *Imagine un peu la douleur de sa mère quand elle apprendra qu'il est condamné.*

**S.** La *douleur* est une sensation pénible en un

point du corps, qqch qui fait mal. C'est aussi un sentiment pénible, qqch qui fait souffrir moralement. CHAGRIN, PEINE sont des syn. de la *douleur* morale. SOUFFRANCE (soutenu) s'applique à la *douleur* physique et morale. Ce qui cause une *douleur* physique ou morale est DOULOUREUX.

**douloureux, euse** [duluʀø, øz] adj. (après ou, plus rarement, avant le n.) (se dit de qqch) *N'aie pas peur, je t'assure que la piqûre n'est pas douloureuse; tu ne sentiras rien.*

**S.** Est *douloureux* ce qui cause de la DOULEUR, de la souffrance, ce qui fait mal ; PÉNIBLE est plus faible.
**L. douloureusement** (adv.) *Il a été affecté d'une manière douloureuse par votre indifférence* → *il a été douloureusement affecté par votre indifférence.*

**doute** [dut] n. m.
[état, qqn] *Tu crois que Jacques viendra? — Peut-être, mais j'ai des doutes.* ● *Pierre n'a aucun doute à ton sujet, il sait de quoi tu es capable.* ● *C'est lui qui va gagner, le doute n'est plus permis.* ● *Tu es sûr que tu as rencontré Jean au cinéma? — C'était lui, il n'y a pas de doute.*

**S. 1.** Le *doute*, c'est le fait de DOUTER, d'hésiter, de rester indécis, de ne pas avoir de certitude sur tel sujet, de ne pas avoir confiance en qqn ou en qqch. *Avoir des doutes sur qqch, c'est* DOUTER DE *qqch, ne pas en être sur,* ÊTRE SCEPTIQUE SUR *qqch* (soutenu). *Avoir des doutes au sujet de qqn, c'est* DOUTER DE *lui.* — **2.** *Il n'y a pas de doute, ça ne fait aucun doute* ont pour syn. C'EST SÛR, C'EST CERTAIN. (V. aussi SANS DOUTE.)
**L. douter,** v. ce mot. ◆ **douteux, euse** (adj.) *On peut douter de ce produit* → *ce produit est douteux.* ◆ **indubitable** (adj.) *C'est vrai, on ne peut en douter* → *c'est vrai, c'est indubitable.*

**douter** [dute] v. t. ind. (conj. **1**)
I. (sujet qqn) **douter de qqn, de qqch, que + subj.** *Tu doutes toujours de toi, comment veux-tu que les autres ne doutent pas de ce que tu dis?* ● *Je doute que tu puisses arriver à Nice avant la nuit en partant à 11 heures du matin.*
II. (sujet qqn) **se douter que + ind., s'en douter** *Tu ne te doutais pas que je viendrais, n'est-ce pas? C'est une surprise!* ● *Sans qu'il s'en doute, il a fait exactement ce qu'on voulait qu'il fasse.* ● *Je crois qu'il va pleuvoir.* — *Je m'en doutais, il ne fait jamais beau dans ce pays!*

**S. 1.** *Douter de qqn, qqch* (sens I) a pour syn. NE PAS AVOIR CONFIANCE EN, SE DÉFIER DE (soutenu). — **2.** *Se douter que* (sens II) a pour syn. PRÉVOIR, SAVOIR, PENSER, CROIRE, SUPPOSER, S'ATTENDRE À et SOUPÇONNER, PRESSENTIR (soutenus).

**doux, douce** [du, dus] adj. (après le n.), **doux** adv.
I. [adj.] (se dit de qqch) *Oh! c'est agréable, tu as la peau toute douce!* • *Tu as touché ce tissu, tu as senti comme il est doux?* • [À la météo] : « *À partir de demain, les températures deviendront plus douces sur l'ensemble du pays.* » • *Je n'aime pas ce vin, il est trop doux.* ◆ [adv.] (manière) **il fait doux** *Il fait vraiment doux pour la saison.*
II. [adj.] (se dit de qqn, de son attitude, de qqch) *Jeanne est très douce avec ses enfants.* • *On ne peut pas dire que tu aies des gestes doux : tu casses tout.* • *Le démarrage a été très doux, je n'ai rien senti.*

**S. 1.** Quand il s'agit de qqch d'agréable au toucher, *doux* (sens I) a pour syn. LISSE et pour contr. RÊCHE, RUGUEUX. Quand il s'agit du temps, du climat, de la température, le syn. soutenu est CLÉMENT et les contr. sont FROID, RUDE ; *il fait doux* est équivalent à IL FAIT BON. Quand il s'agit d'un aliment agréable au goût, le syn. est SUCRÉ et les contr. ACIDE, AMER ou FORT, PIQUANT (sauce). — **2.** *Doux* (sens II) a

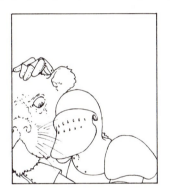

pour syn. AFFECTUEUX, TENDRE, GENTIL, CALME, BON en parlant de qqn. Les contr. sont BRUSQUE, BRUTAL, VIOLENT et, quand il s'agit de qqn, DUR, SÉVÈRE.
**L. doucement**, v. ce mot. ◆ **douceur** (n. f.) [sens I] *J'aime que l'hiver soit doux* → *j'aime la douceur de l'hiver.* ◆ [sens II] *Elle est très douce* → *elle est d'une grande douceur.*
◆ **adoucir (s')** ou **radoucir (se)** [v. pr.] [sens I et II] *Le temps est plus doux* → *le temps s'est adouci* ou *s'est radouci.*

**douzaine** [duzɛn] n. f.
[quantité] **douzaine (de + n. plur.)** *Va m'acheter une douzaine d'œufs, s'il te plaît.*
• *Qu'est-ce qu'il écrit mal le français ! Il y a une douzaine de fautes dans sa lettre.*
◆ **demi-douzaine (de + n. plur.)** *Vous êtes allés souvent au cinéma cette année ? Oh ! non, à peine une demi-douzaine de fois.*

**S.** Une *douzaine* peut désigner un ensemble de DOUZE unités ou d'environ douze unités. *Demi-douzaine* s'emploie pour signifier six unités.

**douze** [duz] adj. num. cardinal inv.
[12] *Il faut douze œufs pour faire ce gâteau.*
• *Ouvrez votre livre à la page douze.*
• *Combien coûtent ces cuillers ? — Deux cents francs les douze.* • *C'est une maison de douze étages.*

**douzième** [duzjɛm] adj. num. ordinal
[12ᵉ] (se dit de qqn, de qqch) *Pierre n'est pas très fort en mathématiques, il n'est que douzième.*

**S.** Dans une énumération, DOUZIÈMEMENT est l'adv. correspondant à *douzième* (= en douzième lieu).

**dramatique** [dramatik] adj. (après ou, plus rarement, avant le n.)
(se dit de qqch [abstrait]) [*Sur le journal*] : « *Accident dramatique : un enfant se tue en voulant attraper son ballon tombé dans la rivière.* » • *La situation des régions inondées, sans être dramatique, est cependant sérieuse.*

**S.** *Dramatique* a pour syn. TRAGIQUE (soutenu) et, moins forts, SÉRIEUX, GRAVE. En parlant d'une situation, les syn. sont CRITIQUE, ANGOISSANT (plus fort).
**L. dramatiser** (v. t.) *Ne rendons pas les événements dramatiques* → *ne dramatisons pas les événements.* ◆ **dédramatiser** (v. t.) *Il faut dédramatiser la situation* (← *faire qu'elle ne soit pas sentie comme dramatique*).

**drame** [dram] n. m.
I. [événement, qqn] *Le pont s'est écroulé et maintenant on cherche les responsables du drame.* • *Oh, ce n'est pas si grave, vous n'allez pas en faire tout un drame.*
II. [résultat, activité artistique] *Il a écrit une petite pièce de théâtre, un drame en trois actes, assez mauvais à mon goût.* • *On a été voir au théâtre un drame traduit de l'anglais.*

**S. 1.** Un *drame* (sens I), c'est un événement DRAMATIQUE, qui cause la mort, le malheur ; les syn. sont MALHEUR et CATASTROPHE, TRAGÉDIE (plus forts). *Faire un drame de qqch*, c'est DRAMATISER qqch, en faire toute une histoire. — **2.** Un *drame* (sens II) est un type de pièce de théâtre qui s'oppose à la COMÉDIE.
**L. dramatique**, v. ce mot.

**drap** [dra] n. m.
[objet, linge] *En général, je change les draps une fois par semaine.* • *Tiens, tu m'aides à plier les draps ?*

**G.** Ce mot s'emploie souvent au plur. pour désigner la PAIRE DE draps.
**S.** Le *drap* est une pièce de la literie. Les *draps* isolent le corps du matelas (*drap* DE DESSOUS) et des couvertures (*drap* DE DESSUS).

**drapeau** [drapo] n. m., pl. **drapeaux**
[objet] *Quelles sont les couleurs du drapeau français ? — Bleu, blanc, rouge.*

**S.** Chaque pays a son *drapeau* : pièce d'étoffe qui porte ses couleurs et éventuellement ses emblèmes.

**dresser** [drese] v. t. (conj. **1**)
I. (sujet qqn) **dresser qqch (tente, poteau, etc.)** *L'endroit est agréable, on va camper ici et dresser la tente près de la rivière.*
◆ **se dresser** *Paul fut surpris, se dressa d'un seul coup et sortit.*
II. (sujet qqn) **dresser qqch (plan, procès-verbal, etc.)** *Pierre dresse toujours des plans pour les vacances et puis, finalement, on reste à Paris.* • *J'étais mal garé ; l'agent m'a dressé un procès-verbal.*

**S. 1.** *Dresser* qqch (sens I) [soutenu], c'est le mettre debout ; *dresser une tente*, c'est la MONTER. — **2.** *Se dresser* (sens I) [soutenu], c'est SE METTRE DEBOUT, DROIT ou SE REDRESSER (courant). — **3.** *Dresser* qqch (sens II) [soutenu], c'est l'ÉTABLIR.

**1. droit** [drwa] n. m.
I. [statut, qqn] *Les syndicats refuseront toute mesure qui portera atteinte aux droits des travailleurs.* • *Tu ne viens pas ? C'est ton droit mais ce n'est pas sympathique.* • *De quel droit se permet-elle d'ouvrir mes lettres ?* ◆ (sujet qqn) **avoir le droit de + inf.** *Ce n'est pas drôle ici, on n'a le droit de rien faire.* • *Vous n'avez pas le droit de me parler comme ça.* ◆ (sujet qqn, qqch) **donner le droit de + inf. (à qqn)** *Qui t'a donné le droit de sortir ?* • *Ce billet vous donne le droit d'entrer sans payer dans ce théâtre.* ◆ (sujet qqn) **avoir droit à + n.** *Si, vous avez droit à la parole, mais pas n'importe quand, ni n'importe comment.* ◆ (sujet qqch) **donner droit à + n.** *L'achat de deux livres vous donne droit à un troisième gratuit.*
II. [science] (non-compt., au sing.) *Pour devenir avocat il faut faire du droit.* • *Il a étudié le droit international, il pourra te donner des conseils.*

**S. 1.** Un *droit* (sens I) est ce qui est permis et exigé dans une société régie par des lois ou dans un groupe quelconque régi par des règles de fonctionnement (règles morales, sociales, etc.). *Avoir le droit de* a pour syn. moins forts AVOIR L'AUTORISATION DE, LA PERMISSION DE. *Donner le droit de* a pour syn. PERMETTRE DE, AUTORISER À. Qqch que l'on n'a pas le *droit* de faire est interdit par une autorité, une réglementation, une loi. *Avoir droit à*, c'est POUVOIR AVOIR ; *donner droit à*, c'est PERMETTRE D'AVOIR.
— **2.** Le *droit* (sens II) est la législation, la science juridique. Les JURISTES sont des spécialistes du *droit* qui se divise en plusieurs domaines : droit civil, pénal, international, maritime, du travail, etc.

**2. droit, e** [drwa, at] adj. (après le n.), **droit** adv.
I. [adj.] (se dit de qqch, de qqn) *Tu peux aller plus vite maintenant : la route est toute droite, il n'y a aucun virage.* • *Regarde cet arbre comme il est droit, il n'est pas penché du tout.* • *Ce tableau est de travers, remets-le droit.* • *Aline, tiens-toi droite !* ◆ [adv.] (manière) *Il est tellement soûl qu'il n'arrive pas à marcher droit.* • *Si les affaires continuent comme ça, on va droit à la catastrophe.* • *Où est la poste ? — Tout droit, tu ne peux pas te tromper.*
II. [adj.] (se dit d'une partie du corps, de qqch) *Pour traverser une rue, regardez d'abord du côté gauche, ensuite du côté droit.* • *Tu écris avec la main droite ou avec la gauche ?* • *Où sont tes clés, dans ta poche droite ou gauche ?*

**G.** Au sens II, l'adj. est toujours épithète et n'a ni comparatif ni superlatif.
**S. 1.** Une *route droite* (sens I) ne comporte aucun virage ; elle a pour contr. COURBE, EN ZIGZAG. *Droit*, en parlant de qqch, de qqn, a

pour syn. VERTICAL et pour contr. PENCHÉ, TORDU, DE BIAIS, DE TRAVERS. — **2.** *Droit* (adv.) [sens I] peut avoir pour syn. DIRECTEMENT. *Tout droit* se dit d'un mouvement, d'un chemin qui ne change pas de direction. — **3.** *Droit* (sens II) a pour contr. GAUCHE et s'oppose à DEVANT et DERRIÈRE.
**L. droite** (n. f.) [sens I] Fais passer une ligne droite entre ces deux points → *fais passer une droite entre ces deux points.* ◆ **droitier, ère** (adj.) [sens II] Il se sert de sa main droite → *il est droitier.*

**droite** [drwat] n. f.
I. [localisation] (non-compt., au sing.) *À table, vous serez assis à ma droite.* ● *Regarde là-bas, sur la droite, c'est ma maison.* ● *En France, les voitures roulent à droite.* ● *Sur la photo, à droite de Jacques, c'est Pierre quand il était petit.* ● *Tu vois ces deux maisons ? J'habite celle de droite et Aline celle de gauche.*
II. [collectif, personnes] (compt., surtout au sing.) *Quand il a parlé à l'Assemblée, toute la droite a sifflé et toute la gauche a applaudi.* ◆ **de, à droite** *Alexandre est de droite, il est contre les socialistes.*

**S. 1.** *Droite* (sens I) s'oppose à GAUCHE (n. f.) et à DEVANT (n. m.), DERRIÈRE (n. m.). — **2.** *La droite* (sens II) s'oppose à la GAUCHE et au CENTRE et désigne les partis politiques conservateurs ou réactionnaires (terme de polémique). On appelle EXTRÊME DROITE les partis les plus réactionnaires.

**drôle** [drol] adj. (après le n.)
I. (se dit de qqn, de qqch) *Ce que tu es drôle avec ton chapeau !* ● *L'oncle Hubert raconte des histoires drôles.* ● *Ce n'est pas drôle d'être obligé de travailler.*
II. **drôle de + n.** *Vous ne trouvez pas qu'il y a une drôle d'odeur, ici ?* ● *Tu fais une drôle de tête aujourd'hui, quelque chose ne va pas ?* ● *C'est une drôle d'idée de vouloir partir maintenant !* ● *Depuis un an, tu as fait de drôles de progrès.*

**G.** Dans *un (une) drôle de* (sens II), l'article s'accorde en genre et en nombre avec le nom qui suit.
**S. 1.** Est *drôle* (sens I) ce qui porte à rire ; le syn. AMUSANT est soutenu ; MARRANT est un syn. très fam. ; les contr. sont TRISTE, ENNUYEUX. — **2.** Au sens II, *drôle de* a pour soutenu BIZARRE, CURIEUX, ÉTRANGE, SURPRENANT (*Une drôle d'odeur* → UNE ODEUR ÉTRANGE) ou ÉTONNANT, GRAND (*De drôles de progrès* → DES PROGRÈS ÉTONNANTS, DE GRANDS PROGRÈS).
**L. drôlement**, v. ce mot.

**drôlement** [drolmã] adv.
I. [manière] *Le film se termine drôlement,* *tu ne trouves pas ? — Si, la fin est totalement inattendue.* ● *Il m'a regardé drôlement, ça m'a mis mal à l'aise.*
II. [quantité] *Il fait drôlement chaud dans cette pièce ! Ouvre la fenêtre.* ● *C'est votre fils ? Il a drôlement changé depuis la dernière fois que je l'ai vu.*

**S. 1.** Au sens I, *drôlement* correspond à l'adj. UN (UNE) DRÔLE DE (= bizarre) ; il a pour syn. BIZARREMENT, CURIEUSEMENT, ÉTRANGEMENT, SINGULIÈREMENT (soutenu). — **2.** Au sens II, *drôlement* est fam. comme l'adj. UN (UNE) DRÔLE DE (= grand) auquel il correspond ; il indique une grande quantité ou intensité ; il a pour syn. EXTRÊMEMENT, RUDEMENT (fam.), JOLIMENT (soutenu), BIEN (moins fort), ÉNORMÉMENT (avec un verbe), BEAUCOUP (avec un verbe) et TRÈS (devant un adj.).

**du** → LE 1 ; **duquel** → LEQUEL.

**dur, e** [dyr] adj. (après le n.), **dur** adv.
I. [adj.] (se dit d'une matière) *Il n'a pas plu depuis longtemps : la terre est sèche et dure.* ● *Ce bifteck est si dur qu'on ne peut même pas le couper !*
II. [adj.] (se dit de qqch [abstrait]) **dur (à + inf.)** *Évidemment, ces paroles sont dures à entendre, mais que veux-tu, tu les méritais bien.* ● *Le travail qu'elle fait est très dur :*

*elle reste debout toute la journée.* ● *Ce problème est trop dur (à faire), je n'y arriverai jamais !* ◆ [adv.] (manière) **travailler dur** *L'examen est pour bientôt : Pierre travaille dur.*
III. [adj.] (se dit de qqn) **dur (avec, pour qqn)** *Paul est dur avec ses enfants, il ne les laisse jamais sortir le soir.*

**S. 1.** *Dur* (sens I) a pour contr. MOU, TENDRE, DOUX selon les noms (*une terre* MOLLE,

une *viande* TENDRE, un *siège* DOUX). —**2.** *Dur* (sens II) a pour syn. DIFFICILE. L'adv. est fam. et a pour syn. ÉNERGIQUEMENT, FORT, BEAUCOUP. — **3.** *Dur* (sens III) a pour syn. SÉVÈRE, AUTORITAIRE et pour contr. INDULGENT, BIENVEILLANT.
**L. durement** (adv.) [sens II] Il travaille dur pour gagner sa vie → *il travaille durement pour gagner sa vie*. ◆ **dureté** (n. f.) [sens I et III] Il est trop dur avec son fils → *sa dureté avec son fils est excessive*. ◆ **durcir** (v. i.) [sens I] Le pain devient dur → *le pain durcit*.

**durant** [dyrã] prép.
[temps, durée] **durant qqch** *Il a plu durant toute la nuit et les chemins sont pleins de boue ; on ne pourra pas se promener.* ● *Vous avez dû en voir des choses durant votre jeunesse.* — *Surtout des guerres.*

**S.** *Durant*, qui est soutenu, indique une action qui dure en même temps qu'une autre ; les syn. sont PENDANT, AU COURS DE.

**durée** [dyre] n. f.
[temps] (non-compt., au sing.) *La circulation a été interdite pendant toute la durée des travaux.* ● *La durée du film est d'environ deux heures.*

**S.** La *durée* indique un espace de temps, par oppos. à la DATE qui indique un moment de temps ; les syn. MOMENT et INSTANT impliquent une courte *durée* ; PÉRIODE (soutenu) suppose une *durée* plus longue.

**durer** [dyre] v. i (conj. **1**)
(sujet qqch [action, événement, etc.]) **durer (+ n.** ou **adv. de temps)** *Nous serons sortis à quatre heures ; le film ne dure pas deux heures.* ● *Le mauvais temps ne va pas durer : la météo annonce du soleil.* ● *Dites donc, ça va durer encore longtemps ?*

**S.** *Durer*, suivi d'un compl. de temps (nom ou adv.), équivaut à AVOIR UNE DURÉE DE. Sans compl., *durer* équivaut à PERSISTER (soutenu), S'ÉTERNISER (plus fort), quand il s'agit d'un état, ou a pour syn. CONTINUER, SE PROLONGER, quand il s'agit d'un état ou d'une action.
**L. durable** (adj.) Est-ce que cette amélioration va durer ? → *est-ce que cette amélioration est durable ?*

**dureté** → DUR L.

**dynamique** [dinamik] adj. (après le n.) (se dit de qqn) *Il faudrait trouver quelqu'un de dynamique pour remettre l'entreprise en marche.* ● *Allez, un peu de courage, tu n'as pas l'air très dynamique aujourd'hui.*

**S.** Est *dynamique* celui qui fait preuve d'une grande vitalité, d'énergie. Les syn. sont ACTIF,

ÉNERGIQUE, ENTREPRENANT, les contr. MOU, et APATHIQUE, AMORPHE (soutenus).
**L. dynamisme** (n. m.) Elle est très dynamique → *elle a un grand dynamisme*.

**eau** [o] n. f.
I. [liquide] (non-compt., au sing.) *Ferme vite le robinet, sinon l'eau va déborder!* ● *Pour faire le thé, attends que l'eau soit très chaude.* ● *L'eau est encore trop froide*

*pour se baigner.* ● *Tu sais nager sous l'eau?*
II. [boisson] (non-compt., au sing.) *Tu bois de l'eau ou du vin?* ◆ (compt.) *Crois-tu que toutes ces eaux qu'on vend en bouteilles sont meilleures que l'eau du robinet?*

**S. 1.** L'*eau* (sens I) est un liquide qui existe à l'état naturel sous forme d'étendue : mer, lac, rivière, fleuve, etc., ou qui provient d'une source. — **2.** Comme boisson (sens II), on distingue l'*eau* PLATE (*eau* DU ROBINET), qui se sert dans une carafe, et l'*eau* MINÉRALE (DE SOURCE), PLATE ou GAZEUSE, vendue en bouteilles. — **3.** FLOTTE est un syn. fam. de *eau* dans ses deux sens.

**éblouir** [ebluir] v. t. (conj. **15**)
I. (sujet une lumière, qqn) **éblouir qqn** *Mais pourquoi cet automobiliste n'éteint-il pas ses phares? Il va m'éblouir!*

II. (sujet qqn, qqch) **éblouir qqn** *Je dois vous dire que vous m'avez ébloui, vous avez remarquablement parlé.*

**S. 1.** *Éblouir* (sens I) a pour syn. AVEUGLER. — **2.** *Éblouir* (sens II), c'est susciter chez qqn une très grande admiration. Il a pour syn. ÉMERVEILLER.
**L. éblouissant, e** (adj.) [sens I] *Cette lampe m'éblouit* → *cette lampe est éblouissante.* ◆ [sens II] *Cette actrice a ébloui tout le monde* → *cette actrice a été éblouissante.*

**éboueur** [ebwœr] n. m.
[personne, profession] *Il est 7 heures, les éboueurs sont en train de ramasser les poubelles.* ● *Le métier d'éboueur est pénible et, en plus, il est mal payé.*

**S.** Les *éboueurs* sont des ouvriers chargés, dans les villes, de ramasser les ordures ménagères. Le syn. fam. est BOUEUX.

**ébranler** [ebrãle] v. t. (conj. **1**)
I. (sujet qqch) **ébranler qqch (concret)** *L'explosion a été terrible : toutes les vitres des maisons aux alentours ont été ébranlées.*

II. (sujet qqn, qqch) **ébranler qqn** *Ce que vous dites ne réussit pas à m'ébranler ; je reste toujours opposé à votre projet.*

**S. 1.** *Ébranler qqch* (sens I), c'est en détruire l'équilibre, la stabilité ; les syn. moins forts sont SECOUER, FAIRE VIBRER. — **2.** *Ébranler qqn* (sens II), c'est modifier sa conviction ; le syn. est FLÉCHIR.

**écart** [ekar] n. m.
I. [qualité, mesure] *Les écarts de température entre l'hiver et l'été ne sont pas très élevés dans nos régions.* ● *Il y a dix jours d'écart entre les épreuves écrites et les épreuves orales de l'examen.*
II. [lieu] **à l'écart (de qqn, qqch)** *Ce qu'elle est timide ! Elle se tient toujours à l'écart.* ● *Cette maison est à l'écart du village.*

**S. 1.** *Écart* (sens I) a pour syn. DIFFÉRENCE et INTERVALLE. — **2.** *À l'écart (de)* [sens II] a pour syn. EN DEHORS, À DISTANCE (DE).

**écarter** [ekarte] v. t. (conj. 1)
I. (sujet qqn) **écarter un objet d'un autre, écarter des objets** *Regarde cette vieille femme qui écarte les rideaux pour nous observer !*
II. (sujet qqn) **écarter qqn (d'un lieu), qqch (abstrait)** [*Le commissaire*] : « *Écartez les curieux, ils n'ont rien à faire sur les lieux de l'accident.* » ● *J'écarte d'abord cette question, j'y répondrai, mais tout à l'heure.*
◆ **s'écarter (d'un lieu), de qqch (abstrait)** *J'ai l'impression que nous nous sommes écartés de la bonne route.* ● *Vous vous écartez de la question ; revenez au sujet.*

**S. 1.** *Écarter un objet*, c'est l'éloigner de soi ou d'un autre objet ; il a pour contr. RAPPRO-CHER. — **2.** *Écarter qqn, qqch (abstrait)* a pour syn. ÉLOIGNER, REPOUSSER, METTRE (TENIR, LAISSER) À L'ÉCART ; ÉLIMINER et REJETER sont des syn. plus forts. Le contr. est RETENIR. *S'écarter de qqch* a pour syn. S'ÉLOIGNER DE.

**échanger** [eʃɑ̃ʒe] v. t. (conj. 4)
(sujet qqn) **échanger un objet (contre, avec un autre objet)** *J'ai ce livre en double, j'espère que je pourrai l'échanger !* ● [*Dans un magasin*] : « *C'est un cadeau pour une amie, je pourrai l'échanger si elle l'a déjà ?* »
◆ **échanger qqch (idées)** *On a échangé nos points de vue sur cette affaire, on n'est pas du tout d'accord, Paul et moi.*

**S.** *Échanger un objet*, c'est le donner en contrepartie de qqch d'autre ; il a pour syn. CHANGER et TROQUER (soutenu). *Échanger des idées, des points de vue* a pour syn. CONFRONTER (plus fort).
**L. échange** (n. m.) *Nous avons échangé notre appartement (avec celui d'une autre personne)* → *nous avons fait un échange d'appartements.*

**échapper** [eʃape] v. t. ind. (conj. 1)
I. (sujet qqn) **échapper à qqn, à qqch (un mal, une maladie)** *Tout le monde est malade autour de moi et, jusqu'à présent, je suis la seule à avoir échappé à la grippe !* ● *C'est la deuxième fois que le voleur s'enfuit et réussit à échapper à la police.* ◆ **l'échapper belle** *L'avion s'est écrasé tout près de notre maison, on peut dire qu'on l'a échappé belle !*
II. (sujet qqn, un animal) **s'échapper (d'un lieu)** *La police recherche les trois hommes*

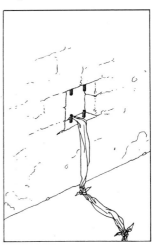

qui se sont échappés de la prison. • N'ouvre pas la porte, sinon le chat va s'échapper! III. (sujet qqch) **échapper à qqn** Excusez-moi, je sais que je vous connais, mais votre nom m'échappe. • Ce film est compliqué, je crois que beaucoup de choses nous ont échappé.

> S. **1.** Échapper à (sens I) a pour syn. ÉVITER (une maladie), FUIR (la police). L'échapper belle, c'est éviter de justesse une catastrophe, un danger. — **2.** S'échapper (sens II) a pour syn. S'ENFUIR, SE SAUVER ou, quand il s'agit d'un prisonnier, S'ÉVADER. — **3.** Qqch m'échappe (sens III) a pour syn. JE NE M'EN SOUVIENS PAS, JE NE ME LE RAPPELLE PAS ou JE NE LE COMPRENDS PAS COMPLÈTEMENT.

**écharpe** [eʃarp] n. f.
[vêtement] *Mets une écharpe, il fait froid dehors.* • *Comment a-t-elle été tuée? — L'assassin l'a étranglée avec son écharpe.*

> S. L'*écharpe*, toujours longue et rectangulaire, le plus souvent en laine, est une pièce de vêtement qui se porte autour du cou pour se protéger du froid. Elle se distingue du FOULARD par sa forme.

**1. échec** [eʃɛk] n. m.
[résultat] *Son échec lui a fait beaucoup de peine.* • *Ce nouveau film n'a pas du tout de succès, c'est vraiment un échec.* • *Ce n'est pas parce que tu as subi deux échecs à l'examen qu'il faut abandonner!*

> S. *Échec* a pour syn. plus fort, et seulement quand il s'agit de personnes, DÉFAITE; INSUCCÈS

est un syn. soutenu. Les contr. sont RÉUSSITE, SUCCÈS.
L. **échouer,** v. ce mot.

**2. échecs** [eʃɛk] n. m. pl.
[jeu] (non-compt., au plur.) *Tu sais jouer aux échecs? — Oui, un peu.* • *On n'a plus le temps maintenant de faire une partie d'échecs.* ◆ [objet, jeu] *Apporte les échecs, on va faire une partie.*

> S. Jeu de société, les *échecs* se jouent sur un ÉCHIQUIER avec des pièces qui sont : le roi, la reine (ou la dame), deux fous, deux chevaux (ou cavaliers), deux tours et huit pions.

**échelle** [eʃɛl] n. f.
[instrument] *Les fruits sont trop hauts, tu devrais aller chercher une échelle pour monter dans l'arbre!* • *Jean est tombé en voulant grimper à l'échelle.*

> S. Une *échelle* est composée de deux montants parallèles reliés par des barreaux, ou ÉCHELONS, sur lesquels on monte ou on grimpe.

**échouer** [eʃwe] v. i. (conj. **2**)
(sujet qqn, qqch [abstrait]) *Non, il ne nous aura pas, nous ferons échouer ses plans.* • *Alors, Alain a été reçu au bac? — Non, il a échoué.*

> S. *Échouer* est le contr. de RÉUSSIR. RATER est

un syn. fam. *Échouer à un examen*, c'est y ÊTRE RECALÉ, AVOIR, SUBIR UN ÉCHEC.

**éclabousser** [eklabuse] v. t. (conj. **1**)
(sujet qqch, qqn) **éclabousser qqn, qqch** [*En voiture*] : «*Attention! Ne roule pas dans la flaque d'eau, tu vas éclabousser tout le monde!*»

> S. *Éclabousser*, c'est salir en projetant accidentellement un liquide.

**L. éclaboussure** (n. f.) *Qu'est-ce que c'est toutes ces éclaboussures sur le mur?* (← marques faites en éclaboussant).

**éclair** [eklɛr] n. m.
I. [phénomène naturel] *Quel orage! Il y avait des éclairs toutes les deux minutes et le bruit du tonnerre était tout proche.*
II. [temps, durée] *Non, il n'est pas vraiment idiot, il a même de temps en temps des éclairs d'intelligence!* ● *En un éclair, j'ai compris ce qu'il voulait de moi.*

**S. 1.** L'*éclair* (sens I), caractéristique de l'orage, est une lumière très vive et brève dans le ciel, émise par la foudre. Il s'accompagne du bruit du TONNERRE. — **2.** Au sens II, *éclair* désigne un bref instant, moment où on comprend qqch.

**éclairage** [eklɛraʒ] n. m.
[action, qqch, et résultat] (compt., surtout au sing.) *Cette exposition de peinture est très belle, mais c'est dommage que l'éclairage soit si mauvais.* ● *Ce n'est pas la peine de prendre une photo maintenant, l'éclairage n'est pas bon.* ● *Ces lampes dirigées vers le plafond ne constituent pas des éclairages suffisants.*

**S.** L'*éclairage* désigne soit la manière d'ÉCLAIRER ou d'ÊTRE ÉCLAIRÉ, soit le dispositif qui éclaire. Il a pour syn. LUMIÈRE. L'*éclairage* peut être naturel ou électrique. La lampe, le lustre (dans un appartement), la minuterie (dans un immeuble), le lampadaire (dans les rues) sont des dispositifs d'*éclairage*.

**éclaircir** [eklɛrsir] v. t. (conj. 15)
I. (sujet le ciel, le temps) **s'éclaircir** *J'ai l'impression que le temps s'éclaircit, on peut aller faire une promenade.*
II. (sujet qqn) **éclaircir qqch (abstrait)** *Il nous faudra du temps pour éclaircir cette affaire, mais nous vous promettons de le faire.* ◆ (sujet l'esprit, les idées) **s'éclaircir** *Un moment après, mes idées commencèrent à s'éclaircir.*

**S. 1.** *S'éclaircir* (sens I), c'est devenir plus CLAIR; en parlant du temps, c'est S'AMÉLIORER, devenir plus beau. — **2.** *Éclaircir* (sens II), c'est TIRER AU CLAIR, ÉLUCIDER (plus fort), RENDRE COMPRÉHENSIBLE. *S'éclaircir*, c'est devenir plus net.

**L. éclaircie** (n. f.) [sens I] Pendant un bref moment, le temps s'est éclairci → *il y eut une brève éclaircie.* ◆ **éclaircissement** (n. m.) [sens II] *Il me donna quelques éclaircissements sur l'affaire* (← quelques explications pour éclaircir cette affaire).

**éclairer** [eklere] v. t. (conj. 1)
(sujet qqn, qqch) **éclairer (un lieu, un objet, qqn)** *On devrait acheter une lampe pour éclairer ce coin du salon, il est bien sombre!* ● *Cette lampe éclaire mal, il faudrait changer les piles.* ● *Cette rue est mal éclairée, on n'arrive même pas à lire les numéros des maisons.* ● *Zut! Il y a une*

*panne d'électricité! — Ça ne fait rien, on va s'éclairer avec les allumettes.*

**S.** *Éclairer* qqn, qqch, c'est lui donner de la lumière. *Éclairer* qqch a pour syn. plus fort ILLUMINER. *Être bien, mal éclairé* (au pass.), c'est AVOIR UN BON, UN MAUVAIS ÉCLAIRAGE, être plus ou moins CLAIR.
**L. éclairage,** v. ce mot.

**éclatant, e** [eklatɑ̃, ɑ̃t] adj. (après ou, plus rarement, avant le n.)
(se dit de qqch) *Il s'est longtemps préparé, mais son succès est éclatant; il est premier au concours.*

**S.** Est *éclatant* (soutenu) ce qui se manifeste

avec ÉCLAT ; les syn. sont ADMIRABLE ou TOTAL, COMPLET selon que l'on insiste sur le sentiment suscité ou la nature de l'action réalisée.

**éclater** [eklate] v. i. (conj. **1**)
I. (sujet qqch [concret]) *Qu'est-ce que c'est que ce bruit ? — Zut, c'est un pneu qui a*

*éclaté.* ◆ (sujet l'orage) *Qu'est-ce qu'il fait chaud : il faudrait que l'orage éclate.* ◆ (sujet qqch [abstrait]) *Il ne faut pas que ça se sache, il ne faut pas que le scandale éclate.*
II. (sujet qqn) **éclater de rire** *Pourquoi a-t-elle éclaté de rire quand je lui ai dit ça ?*

**S. 1.** *Éclater* (sens I), c'est se rompre avec violence sous l'effet d'une pression, de la chaleur, etc. ; EXPLOSER est un syn. plus fort. En parlant de l'orage ou de qqch d'abstrait, les syn. moins forts sont SE PRODUIRE, SE MANIFESTER. — **2.** Au sens II, *éclater de rire*, c'est être pris d'un accès de rire soudain et fort.

**écœurer** [ekœre] v. t. (conj. **1**)
I. (sujet qqch [aliment, odeur]) **écœurer qqn** *Ce gâteau est trop sucré, il m'écœure.*

II. (sujet qqch [abstrait], qqn) **écœurer qqn** *Alors vraiment, il lui a raconté tout ce que je lui avais confié ? Ça m'écœure.*

**S. 1.** *Écœurer* (sens I), c'est DONNER MAL AU CŒUR, DONNER LA NAUSÉE. — **2.** *Écœurer* (sens II) a pour syn. RÉPUGNER, RÉVOLTER, DÉGOÛTER.
**L. écœurant, e** (adj.) [sens I et II] Cette odeur m'écœure → *cette odeur est écœurante.*
◆ **écœurement** (n. m.) [sens I et II] Il a pu faire cela sans être écœuré ? → *il a pu faire cela sans écœurement ?*

**école** [ekɔl] n. f.
[établissement] *Debout, les enfants, c'est l'heure d'aller à l'école ! • Jacques ne sait vraiment rien, je me demande ce qu'on lui a appris à l'école ! • Bientôt les vacances seront finies, et l'école va recommencer.*
◆ **école de** + n. *J'ai inscrit Jacques dans une école de dessin, il a toujours aimé dessiner.*

**S. 1.** L'*école* désigne à la fois le bâtiment scolaire, l'ensemble des élèves qui y vont, l'enseignement qui est donné (en ce sens, le syn. est SCOLARITÉ). *À l'école* a pour syn. EN CLASSE. — **2.** Il y a deux types d'*écoles* en France : l'*école* publique, ou laïque, et l'*école* privée, ou libre. Les enfants de deux ans à six ans vont à l'*école* maternelle (ou la maternelle) ; à six ans, ils vont à l'*école* primaire ; à partir de onze ans, ils vont au collège, puis au lycée. — **3.** Suivi d'un compl. précisant l'enseignement qui y est donné, *école* désigne tout lieu où l'on apprend une discipline, un art, une technique.
**L. écolier, ère** (n.) *Les écoliers sont maintenant libres le samedi à midi* (← les enfants qui vont à l'école [primaire]).

**économie** [ekɔnɔmi] n. f.
I. [action, qqn, et résultat] (compt., surtout au sing.) **économie de** + n. *J'ai calculé : si on fait le voyage en voiture, au lieu de prendre le train, ça nous fera une économie de trois cents francs. • Tu crois vraiment que l'autoroute nous fera faire une économie de temps ? • En acceptant tout de suite ses conditions, tu aurais fait l'économie d'une dispute qui vous a fait du mal à tous les deux.* ◆ (non-compt., au sing.) *Bien sûr qu'on aurait préféré l'autre modèle de machine à laver, et si on a choisi celui-là, c'est uniquement par économie !*
II. [argent, valeur] (non-compt., au plur.) *Avec ses économies, Jacques compte s'acheter une moto. • Avec tout l'argent que tu gagnes, tu peux faire des économies.*
III. [activité] (compt.) *L'économie des pays arabes dépend surtout du pétrole qu'ils exportent. • Si les récoltes sont mauvaises, c'est toute l'économie de la région qui en subira les conséquences.*

**S. 1.** *Économie* (sens I) a pour contr. GASPIL-

LAGE. *Faire une économie de* qqch, c'est l'ÉCONOMISER ; avec un compl. de prix ou de temps, GAIN est un syn. et PERTE un contr. — **2.** Au sens II, *faire des économies,* c'est AVOIR, METTRE

**S.** *Économiser* qqch a pour syn. FAIRE DES ÉCONOMIES (SUR qqch). En parlant d'un aliment, il a pour contr. GASPILLER. En parlant du temps, il a pour syn. GAGNER. *Économiser de l'argent,*

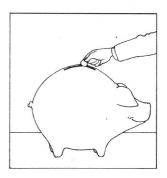

DE L'ARGENT DE CÔTÉ, ÉPARGNER. — **3.** L'*économie d'un pays* (sens III), c'est l'ensemble de ses activités : AGRICULTURE, INDUSTRIE, COMMERCE.
**L.** **économe** (adj.) [sens II] Ils font des économies → *ils sont économes.* ◆ **économique, économiser,** v. ces mots.

**économique** [ekɔnɔmik] adj. (après le n.)
I. (se dit de qqch) *Vous feriez mieux de prendre le train, c'est quand même plus économique que l'avion.* • *Il va falloir trouver une solution économique pour les vacances : on n'a pas beaucoup d'argent.*
II. (se dit de qqch) *La guerre a entraîné une crise économique très grave dans tout le pays.* • *Quelles sont les principales activités économiques de la France ?*

**G.** L'adj. n'a ni comparatif ni superlatif au sens II.
**S. 1.** Qqch d'*économique* (sens I) permet de faire des ÉCONOMIES (sens II). Les contr. sont CHER et, plus soutenus, COÛTEUX, RUINEUX (plus fort). — **2.** *Économique* (sens I) correspond au sens III de ÉCONOMIE ; c'est un terme général qui couvre l'ensemble des activités industrielles, agricoles et commerciales.
**L.** **économiquement** (adv.) [sens II] Sur le plan économique, ce pays est en pleine crise → *économiquement, ce pays est en pleine crise.*

**économiser** [ekɔnɔmize] v. t. (conj. **1**) (sujet qqn) **économiser qqch (aliment, temps, argent)** *Économisez le pain, il n'y en a presque plus !* • *Pour économiser du temps, tu devrais taper ton texte directement à la machine.* • *En trois mois, ils ont réussi à économiser mille francs.*

c'est le METTRE DE CÔTÉ ; le syn. est ÉPARGNER, les contr. sont DÉPENSER et, plus fort, GASPILLER.

**écouler** [ekule] v. t. (conj. **1**)
I. (sujet qqn) **écouler qqch (marchandise, billet)** *On a retrouvé des billets provenant du hold-up de la banque : comment les bandits ont-ils pu les écouler ?*
II. (sujet un liquide) **s'écouler** *L'eau s'écoule mal dans le tuyau, il y a sûrement quelque chose qui bouche.* ◆ (sujet qqch [temps]) *Une demi-heure s'écoula, il n'était toujours pas là.*

**S. 1.** *Écouler* qqch (sens I), c'est s'en défaire, s'en débarrasser. **2.** *S'écouler* (sens II) a pour syn. PASSER ou SE PASSER.

**écourter** [ekurte] v. t. (conj. **1**) (sujet qqn) **écourter qqch** *Pierre s'est cassé la jambe et nous avons été obligés d'écourter nos vacances.*

**S.** *Écourter* (soutenu), c'est diminuer la durée de qqch, rendre plus COURT ; le syn. courant est RACCOURCIR.

**écouter** [ekute] v. t. (conj. **1**)
I. (sujet qqn) **écouter qqch (langage, musique)** *Tu as écouté les nouvelles à midi ? — Non, je n'écoute jamais la radio.* • *Quel disque voulez-vous écouter ?*
II. (sujet qqn) **écouter qqn, ce qu'il dit** *Paul n'écoute jamais les conseils qu'on lui donne.* • *Écoute un peu ton père !* ◆ **écoute(z)** *Écoutez, moi, à votre place, j'irais tout de suite voir un médecin, vous ne pouvez pas rester dans cet état-là !*

**S. 1.** *Écouter* (sens I) a pour syn. PRÊTER

# ÉCRIRE

L'OREILLE À (plus fort); il indique une intention et il est distinct de ENTENDRE, qui n'est pas intentionnel. — **2.** *Écouter qqn, ce qu'il dit* a pour syn. FAIRE ATTENTION À (ce que dit qqn), TENIR COMPTE DE (ce qu'il dit) et, plus fort, OBÉIR À (qqn); *ne pas écouter qqn, c'est lui* DÉSOBÉIR. — **3.** Sans compl., *écoute(z)*, en début de phrase, est une simple interpellation destinée à attirer l'attention.

**écran** [ekrã] n. m.
[objet] *Si tu achètes la télévision, ne prends pas un écran trop petit.* • [Au cinéma] : « *Ne te mets pas si près de l'écran, tu vas t'abîmer les yeux !* »

**S.** Avec un appareil de projection, on projette sur un *écran* un film, des photos.

**écraser** [ekraze] v. t. (conj. **1**)
I. (sujet qqn) **écraser qqch (objet, partie du corps)** *Tu devrais me prêter une boîte pour*

*mettre les œufs, sinon je vais les écraser.* • *Aïe ! Tu m'écrases le pied avec tes grosses chaussures !* • *Si tu n'écrases pas ta cigarette dans le cendrier, tu risques de mettre le feu.* ◆ (sujet qqn, un animal) **se faire écraser (par un véhicule)** *Regarde le chat sur la route, il va se faire écraser !* • *C'est affreux, leur petit garçon s'est fait écraser par un camion.* ◆ (sujet un avion, un véhicule) **s'écraser** *L'avion a pris feu et s'est écrasé sur une montagne.*
II. (sujet qqn) **écraser qqn (adversaire)** *L'équipe allemande de football a écrasé l'équipe française par quatre buts à zéro.*

**S. 1.** *Écraser qqch* a pour syn. plus fort BROYER ; quand il s'agit d'une cigarette, le syn. est ÉTEINDRE. — **2.** *Se faire écraser (par une voiture)* a pour syn. SE FAIRE RENVERSER (moins fort). *S'écraser*, en parlant d'un avion, a pour syn. SE BRISER (moins fort). — **3.** *Écraser un ennemi, un concurrent* a pour syn. BATTRE, VAINCRE (moins forts).
**L. écrasant, e** (adj.) [sens II] *Sa supériorité écrase (les autres)* → *sa supériorité est écrasante.*

**écrémé** → CRÈME L.

**écrier (s')** [ekrije] v. pr. (conj. **2**)
(sujet qqn) **s'écrier (que + ind.)** « *Arrêtez !* » *s'écria-t-il.* • *Ils s'écrièrent que c'était injuste.*

**S.** *S'écrier* (soutenu), c'est dire en CRIANT. Ce verbe s'emploie surtout dans un récit à la troisième pers. lorsqu'on retranscrit un dialogue.

**écrire** [ekrir] v. t. (conj. **61**)
I. (sujet qqn) **écrire qqch (mot)** *Écris-moi ton nom sur cette feuille de papier.* • *Ces mots ont été écrits au crayon, je n'arrive pas à les lire.* ◆ (sans compl.) *C'est à l'école*

*qu'on apprend à lire et à écrire.* • *Ce que Jean écrit mal ! je n'arrive pas à lire son écriture.* ◆ (sujet qqch [mot]) **s'écrire** *Le mot « appeler » s'écrit avec deux « p ».*

# ÉCRITURE

**II.** (sujet qqn) **écrire (qqch, que + ind.) [à qqn]** *Dans sa lettre, elle m'écrit que tout va bien.* • *Tu as répondu à la carte de Paul ? — Oui, je lui ai écrit ce matin.* • *Comme ils sont loin l'un de l'autre, ils préfèrent s'écrire plutôt que se téléphoner.*

**S. 1.** *Écrire* qqch (sens I) a pour syn. INSCRIRE, NOTER, MARQUER ; *écrire*, c'est aussi former les lettres d'un mot. *Écrire bien* ou *mal*, c'est AVOIR UNE BONNE ou MAUVAISE ÉCRITURE. GRIFFONNER, c'est *écrire* rapidement et assez mal. — **2.** *Écrire* (sens II), c'est dire PAR ÉCRIT, rédiger une lettre, une carte et l'envoyer à qqn : celui qui l'envoie est l'EXPÉDITEUR, par oppos. au DESTINATAIRE, qui la reçoit.
**L. écrit, e** (adj.) *La langue qu'on écrit s'oppose à la langue qu'on parle* → *la langue écrite s'oppose à la langue parlée.* ◆ **écrit** (n. m.) *Il a été reçu à l'épreuve écrite de son examen* → *il a été reçu à l'écrit de l'examen.* ◆ **écriture,** v. ce mot. ◆ **récrire** ou **réécrire** (v. t.) *Écris à nouveau ce mot (mal écrit)* → *réécris ce mot.*

**écriture** [ekrityr] n. f.
[action, qqn] *Tu sais qui a inventé l'écriture ? — C'est impossible de le dire.* • *Tu as des devoirs à faire pour demain ? — Oui, j'ai une page d'écriture.* ◆ [résultat] *Jean écrit très mal, personne n'arrive à lire son écriture.*

**S.** *L'écriture,* c'est l'action, la manière d'ÉCRIRE ; c'est aussi le résultat, les lignes ÉCRITES *(déchiffrer une écriture). Avoir une bonne, une mauvaise écriture,* c'est ÉCRIRE BIEN, MAL.

**écrivain** [ekrivɛ̃] n. m.
[personne, profession] *Le premier livre de ce jeune écrivain a eu un grand succès.* • *Tu sais ce qu'elle veut faire, comme métier ? Elle veut être écrivain.*

**S.** *Un écrivain* est une personne qui compose des ouvrages littéraires. AUTEUR est un syn. plus large. Les POÈTES, les ROMANCIERS, les CRITIQUES sont des *écrivains*.

**écrouler (s')** [ekrule] v. pr. (conj. 1)
(sujet un édifice, une partie d'un édifice) *Le pont n'a pas résisté aux eaux du fleuve, il s'est écroulé.* ◆ (sujet qqch [abstrait]) *Avec cet accident, tous nos projets de vacances se sont écroulés.* ◆ (sujet qqn) *Jean-Noël, épuisé par une journée de travail, s'écroula dans son fauteuil.*

**S.** *S'écrouler* a pour syn. S'EFFONDRER (soutenu) et, en parlant d'un édifice, TOMBER EN RUINE, S'AFFAISSER (moins fort) ; en parlant d'un projet, c'est ÊTRE ANÉANTI, RÉDUIT À NÉANT, TOMBER ; en parlant de qqn, c'est S'AFFALER, SE LAISSER TOMBER.

**L. écroulement** (n. m.) [sujet qqch] *Le pont s'est écroulé brutalement* → *l'écroulement du pont a été brutal.*

**édifice** [edifis] n. m.
[construction] *La mairie est un des plus beaux édifices de notre ville.*

**S.** *Édifice* a pour syn. BÂTIMENT, CONSTRUCTION ou MONUMENT.

**édifier** [edifje] v. t. (conj. 2)
(sujet qqn) **édifier qqch (maison, mur, etc.)** *Juste en face de chez nous, on a édifié un grand immeuble de quinze étages qui nous cache entièrement la vue.*

**S.** *Édifier* est le syn. soutenu de CONSTRUIRE, ÉLEVER, BÂTIR ; le contr. est DÉMOLIR.

**éditer** [edite] v. t. (conj. 1)
(sujet qqn) **éditer qqch (texte, livre)** *Tu savais que Jérôme écrivait des poèmes ? — Non, et il en a déjà fait éditer ?*

**S.** *Éditer un texte, un livre,* c'est le PUBLIER.
**L. éditeur** (n. m.) *Qui a-t-il choisi pour éditer son livre ?* → *quel éditeur a-t-il choisi ?* ◆ **édition** (n. f.) *On a décidé d'éditer ses œuvres complètes* → *on a décidé l'édition de ses œuvres complètes.* ◆ **rééditer** (v. t.) *Son roman sera édité de nouveau l'année prochaine* → *son roman sera réédité l'année prochaine.* ◆ **réédition** (n. f.) *On a décidé de rééditer ses œuvres* → *on a décidé la réédition de ses œuvres.*

**éducation** [edykasjɔ̃] n. f.
[action, qqn, et résultat] (compt., surtout au sing.) **éducation (d'un enfant)** *Ils ne sont jamais d'accord sur l'éducation à donner à leurs enfants : l'un dit qu'il faut être sévère, l'autre prétend le contraire !* • *Paul a reçu une éducation très dure, ça a eu un mau-*

*vais effet sur son caractère.* ◆ **éducation +
adj.** *À l'école, il y a des cours d'éducation
physique.*

**S. 1.** L'*éducation* d'un enfant, c'est la formation qu'il reçoit, la façon dont on l'élève et dont on l'instruit. La PÉDAGOGIE est la science de l'*éducation* des enfants. — **2.** Avec un adj., *éducation* a pour syn. ENSEIGNEMENT, INSTRUCTION. On parle d'*éducation* PHYSIQUE, RELIGIEUSE, SEXUELLE, etc.

**éduquer** [edyke] v. t. (conj. **1**)
(sujet qqn) **éduquer un enfant** *A-t-on besoin de tant de livres pour savoir éduquer son enfant ?*

**S.** *Éduquer* (soutenu) a pour syn. ÉLEVER, mais

le terme insiste sur la formation morale et sur celle du caractère.
**L. éducation,** v. ce mot.

**effacer** [efase] v. t. (conj. **3**)
(sujet qqn) **effacer qqch (avec qqch)** *Efface ce que tu viens d'écrire, et recommence sans faire de faute.* • *Il n'y a ni éponge ni chiffon pour effacer le tableau.* ◆ (au pass.) *On n'arrive plus à lire, les mots sont effacés.* ◆ (sujet qqch [concret ou abstrait]) **s'effacer** *Écris plutôt à l'encre si tu ne veux pas que ça s'efface.* • *Plus on vieillit, plus les souvenirs s'effacent.*

**S.** Pour *effacer* qqch (écrit au crayon), on se sert d'une gomme. *Effacer une inscription,* c'est la FAIRE DISPARAÎTRE (avec une éponge, un chiffon, etc.) *S'effacer,* avec un sujet abstrait, a pour syn. DISPARAÎTRE, S'ESTOMPER (litt.).
**L. ineffaçable** (adj.) *Ce souvenir ne peut pas être effacé* → *ce souvenir est ineffaçable.*

**effarant, e** [efarɑ̃, ɑ̃t] adj. (avant ou, surtout, après le n.)
(se dit de qqch, de qqn) *Tu es d'un égoïsme effarant, tu pourrais penser à moi quelquefois.* • *C'est effarant, les Legrand ont encore eu un accident pendant les vacances !*

**S.** *Effarant* (soutenu) a pour syn. soutenus IGNOBLE, MONSTRUEUX, en parlant de la conduite de qqn. En parlant d'un événement, d'une nouvelle, il a pour syn. STUPÉFIANT, ÉTONNANT, qui sont moins forts et qui n'impliquent pas que l'événement soit mauvais.

**effaré (être)** [efare] v. pass.
(sujet qqn) *Je suis effaré par cette nouvelle ; je ne peux pas y croire.* • *Il la regarda, effaré, comme s'il ne l'avait jamais vue.*

**S.** *Être effaré* (soutenu) a pour syn. plus faible ÊTRE ÉTONNÉ. STUPÉFAIT, AFFOLÉ (plus fort) sont les syn. courants ; AHURI (soutenu), HÉBÉTÉ impliquent un état de stupeur.
**L. effarement** (n. m.) *Il le regarda d'un air effaré* → *il le regarda avec effarement.*

**effectivement** [efɛktivmɑ̃] adv.
[affirmation] *Nous partirons vers midi pour éviter les embouteillages.* — *C'est effectivement la meilleure solution.* • *Tu n'étais pas là ce matin ?* — *Effectivement, j'ai dû m'absenter pour aller chez le dentiste.*

**S.** *Effectivement* s'emploie dans les réponses pour souligner un accord avec l'interlocuteur ou renforcer une affirmation. Il a pour syn. EN EFFET, C'EST EXACT (en tête de phrase), ASSURÉMENT (soutenu), DE FAIT (litt.).

**effectuer** [efɛktɥe] v. t. (conj. **2**)
(sujet qqn) **effectuer qqch (action)** *Ils ont*

promis que les travaux seront effectués par les ouvriers en trois mois.

**S.** *Effectuer* est un syn. soutenu de FAIRE, RÉALISER.

**effervescence** [efɛrvesɑ̃s] n. f.
[état, qqn, un groupe] (non-compt., au sing.) *Avec ces élections qui approchent, tout le pays est en effervescence.*

**S.** *Être en effervescence,* c'est s'agiter, s'activer, vivre dans l'agitation et l'émotion, par oppos. à ÊTRE CALME.

**effet** [efɛ] n. m.
I. [action, qqch, et résultat] (compt.) *L'effet du médicament commence à se faire sentir, j'ai moins mal.* ● *Bien que la loi ait été votée, les mesures prises par le ministre sont restées sans effet.* ● *On ne sait pas encore quels seront les effets de cette nouvelle pilule.*
II. [action, qqch, qqn, et résultat] (non-compt., au sing.) *Ça fait très mauvais effet d'arriver en retard à une réunion.* ● *Si tu envoies une carte aux Dupont pour les remercier de t'avoir reçu, ça fera bon effet.* ● *Ça m'a fait un drôle d'effet de revoir mon lycée après dix années.* ● *Mais oui, ma nouvelle robe a fait de l'effet : tout le monde m'a félicitée.*

**S. 1.** Au sens I, *l'effet,* c'est l'action exercée par qqch, la conséquence de qqch (par oppos. à la CAUSE). Ce qui est *sans effet* est INEFFICACE, SANS RÉSULTAT, SANS SUITE ; ce qui a de l'*effet* est EFFICACE. — **2.** Au sens II, *l'effet,* c'est l'action exercée par qqch ou qqch sur qqn, le sentiment, l'émotion qu'il provoque ; il a pour syn. IMPRESSION. *Faire de l'effet* a pour syn. plus fort FAIRE SENSATION.

**efficace** [efikas] adj. (après le n.)
I. (se dit de qqch) **efficace (contre, pour qqch [un mal])** *Ce médicament est très efficace contre le rhume, il m'a guéri en deux jours !* ● *Tu ne connais pas un moyen efficace pour tuer les mouches ?*
II. (se dit de qqn) *Mon patron cherche quelqu'un d'efficace et qui travaille vite : c'est toi qu'il lui faut !*

**S. 1.** *Efficace* (sens I) a pour syn. ACTIF, BON POUR, SÛR, SOUVERAIN (soutenu) et, plus fort, INFAILLIBLE. — **2.** Est *efficace* (sens II) celui dont l'activité aboutit à la réalisation de qqch ; les syn. sont ACTIF ou CAPABLE et COMPÉTENT (qui insistent sur la valeur de la personne). Le contr. est INEFFICACE.
**L. efficacement** (adv.) Il agit d'une manière

efficace → *il agit efficacement.* ◆ **efficacité** (n. f.) *Ce médicament est efficace, j'en suis sûr* → *je suis sûr de l'efficacité de ce médicament.* ◆ **inefficace** (adj.) *Tu n'es vraiment pas efficace* → *tu es vraiment inefficace.* ◆ **inefficacité** (n. f.) *Un employé inefficace donne du travail aux autres* → *l'inefficacité d'un employé donne du travail aux autres.*

**effondrer (s')** [efɔ̃dre] v. pr. (conj. 1), **être effondré** v. pass.
(sujet qqch) [édifice, construction]) *Il y a eu un accident, le toit d'une maison s'est effondré.* ◆ (sujet qqch [abstrait]) *Quand il a appris qu'elle était déjà mariée, tous ses beaux rêves se sont effondrés.* ◆ (sujet qqn) *Elle ne pouvait plus nier, les preuves étaient accablantes, elle s'effondra et avoua tout.* ● *Essaie de lui redonner du courage ; il est effondré après ce nouvel échec.*

**S.** En parlant d'un édifice, de qqch d'abstrait, *s'effondrer* a pour syn. S'ÉCROULER, TOMBER. En parlant de qqn, *s'effondrer* (soutenu), c'est NE PLUS RÉSISTER moralement ou S'ÉCROULER physiquement, TOMBER. *Être effondré* a pour syn. ÊTRE ABATTU, ACCABLÉ.
**L. effondrement** (n. m.) *Quand il a appris la nouvelle, il s'est complètement effondré* → *quand il a appris la nouvelle, ça a été un effondrement total.*

**effort** [efɔr] n. m.
[action, qqn, et résultat] *Ils se fatiguent vite parce qu'ils ne sont pas habitués à l'effort physique.* ● *Si tu veux être reçu, il faudrait que tu fasses des efforts !* ● *Vous auriez pu faire un effort pour nous écrire de temps en temps !* ● *Pierre est vraiment supérieur aux autres : il a gagné la course sans effort.*

# EFFRONTÉ

a eu un accident effrayant sur l'autoroute : trois morts dans une collision. • C'est effrayant ce que les prix ont augmenté depuis le retour des vacances.

**S.** *Effrayant* a pour syn. plus forts EFFROYABLE, ÉPOUVANTABLE, HORRIBLE, et pour syn. moins forts TERRIBLE ou IMPRESSIONNANT. Simple intensif de ÉTONNANT, *c'est effrayant* a pour syn. moins forts C'EST STUPÉFIANT, C'EST EXTRAORDINAIRE ou, fam., C'EST FOU, qui n'impliquent pas que l'événement soit mauvais.

**effrayer** [efʀeje] v. t. (conj. **6**)
(sujet qqch, qqn) **effrayer qqn** *Ne roule pas si vite, tu m'effraies.* ◆ (sujet qqn) **s'effrayer, être effrayé** *Elle n'a pas peur des lions ? — Si, elle a même été très effrayée, mais elle ne l'a pas trop montré.* • *Tu t'effraies pour un rien; il n'y a aucun danger.*

**S.** *Faire un (des) effort(s)*, c'est SE DONNER DE LA PEINE, DU MAL. *Sans effort* a pour syn. SANS PEINE, FACILEMENT, AISÉMENT (soutenu).
**L. efforcer (s')**, v. ce mot.

**efforcer (s')** [efɔʀse] v. pr. (conj. **3**)
(sujet qqn) **s'efforcer de + inf.** *Il s'efforçait de rester sérieux, mais on sentait qu'il était prêt à éclater de rire.*

**S.** *S'efforcer de*, c'est FAIRE DES EFFORTS POUR,

FAIRE SON POSSIBLE POUR. ESSAYER DE et TÂCHER DE sont des syn. moins forts.

**effrayant, e** [efʀejɑ̃, ɑ̃t] adj. (après le n.) (se dit de qqch, de qqn) *Tu as une mine effrayante : il faut voir un médecin.* • *Il y*

**S.** *Effrayer* qqn (soutenu), c'est lui FAIRE PEUR (courant). *S'effrayer, être effrayé*, c'est AVOIR PEUR, ou ÉPROUVER DE LA FRAYEUR, DE L'EFFROI (soutenus).
**L. effrayant**, v. ce mot.

**effronté, e** [efʀɔ̃te] adj. (après le n.) et n. [adj.] (se dit de qqn, de son attitude) *C'est un menteur effronté ; ça ne s'est pas passé de cette façon.* ◆ [n.] (personne) *Vous avez vu ce petit effronté qui refuse d'obéir à ses parents !*

**S.** Être *effronté* (soutenu), c'est se conduire avec insolence, avoir une hardiesse excessive. Les syn. plus forts sont IMPUDENT, INSOLENT.
**L. effronterie** (n. f.) *Il a été assez effronté pour nier* → *il a eu l'effronterie de nier.*

**effroyable** [efrwajabl] adj. (avant ou, surtout, après le n.)
(se dit de qqch) *Quelle tempête effroyable! Plusieurs bateaux ont coulé.* • *Tu es d'un égoïsme effroyable, tu pourrais quand même penser un peu à moi!* • *Elle roule bien, votre nouvelle voiture? — Oui, mais ce qu'elle peut consommer, c'est effroyable!*

**S.** *Effroyable* (soutenu), en parlant d'un événement, a pour syn. ÉPOUVANTABLE, ATROCE, TERRIBLE, EFFRAYANT (moins fort). Comme intensif de GRAND, il a pour syn. ÉNORME, EFFARANT, EFFRAYANT (moins fort).
**L. effroyablement** (adv.) *Tu es effroyablement égoïste* (← très égoïste).

**égal, e, aux** [egal, ego] adj. (après ou, plus rarement, avant le n.) et n.
I. [adj.] (se dit de qqch) **égal (à qqch d'autre)** *Le gâteau n'est pas coupé en parts égales, qui veut la petite part?* • *Lyon est à peu près à égale distance de Paris et de Marseille.* • *Les chances de réussir dans la vie ne sont pas égales pour les enfants de milieux sociaux différents.* ◆ (se dit d'un nombre) *Un plus un est égal à deux.*
II. [n.] (personne) *Ce parti politique défend l'idée que la femme est l'égale de l'homme et qu'elle a droit aux mêmes salaires.*
III. [adj.] **ça (tout) m'est égal** *Tu veux aller au restaurant ou rester dîner à la maison? — Ça m'est égal.* • *Paul n'est pas compliqué, tout lui est égal, et il est toujours content.* • *Si ça vous est égal, alors, je décide : on va au cinéma!*

**G.** L'adj. n'a ni comparatif ni superlatif, mais peut être renforcé par TOUT À FAIT.
**S. 1.** *Égal* (sens I) a pour syn. IDENTIQUE, PAREIL, ÉQUIVALENT (moins fort) [toujours après le nom], LE MÊME (QUE) [quand il est attribut seulement], et s'oppose à INÉGAL (sans compl.). En parlant de chiffres, *être égal à* est syn. de VALOIR, ÉGALER. — **2.** *Être l'égal de qqn* (sens II), c'est ÊTRE PAREIL, SEMBLABLE À lui (moins fort), par oppos. à DIFFÉRENT, DISTINCT DE, d'une part, ou INFÉRIEUR et SUPÉRIEUR, d'autre part. — **3.** *Ça m'est égal* (sens III) a pour syn. plus forts M'EST INDIFFÉRENT (soutenu), JE M'EN MOQUE, JE M'EN FICHE (fam.).
**L. également, égaler, égalité,** v. ces mots.
◆ **inégal, e, aux** (adj.) [sens I] *Les chances ne sont pas égales → les chances sont inégales.*
◆ **inégalement** (adv.) [sens I] *Les arbres ne sont pas plantés d'une façon égale → les arbres sont plantés inégalement.*

**également** [egalmã] adv.
I. [manière] *Pour rentrer à Paris, vous pouvez prendre l'autoroute, mais vous pouvez également prendre la route nationale.* • *Alors vous viendrez? — Mais oui, et ma femme également.*
II. [addition] *Je voulais également te demander l'adresse de Paul.*

**S. 1.** Au sens I, *également* a pour syn. AUSSI en langue courante, DE MÊME, PAREILLEMENT (soutenu). — **2.** Au sens II, *également* indique une addition et a pour syn. DE PLUS, EN OUTRE, AUSSI.

**égaler** [egale] v. t. (conj. **1**)
I. (sujet qqch, qqn) **égaler qqch, qqn** *C'est un record qu'on n'égalera pas avant longtemps.*

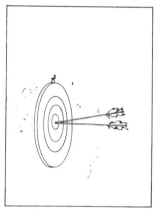

II. (sujet un nombre) **égaler un nombre** *Cinq plus deux égale* (ou *égalent*) *sept.*

**S. 1.** *Égaler qqn, qqch* (sens I), c'est arriver au même niveau, à la même valeur. ATTEINDRE est un syn. — **2.** *Égaler* (sens II), c'est ÊTRE ÉGAL À. Le syn. est FAIRE.
**L. inégalable** (adj.) [sens I] *Il a une imagination qu'on ne peut égaler → il a une imagination inégalable.* ◆ **inégalé, e** (adj.) [sens I] *Un record jamais égalé → un record inégalé.*

**égalité** [egalite] n. f.
[qualité, qqch, qqn] (non-compt., au sing.) *Les syndicats réclament l'égalité des salaires masculins et féminins dans l'entreprise.* • *Tu crois que ces mesures ont pour but une plus grande égalité politique et sociale?*
◆ (sujet qqn) **être à égalité (avec qqn)** *Alors, où en est le match? — Les deux équipes sont à égalité : un à un.*

**S. 1.** *L'égalité*, c'est le fait, pour des choses ou des personnes que l'on compare, d'être ÉGALES. Il a pour syn. moins fort ÉQUIVALENCE et s'oppose à INÉGALITÉ, DIFFÉRENCE, d'une part, INFÉRIORITÉ et SUPÉRIORITÉ, d'autre part. — **2.** *Être à égalité* se dit, dans un sport ou dans un jeu, de deux personnes ou deux équipes qui

ont le même nombre de points, qui sont EX AEQUO.
**L.** **inégalité** (n. f.) *Il n'y a pas d'égalité des chances* → *il y a une inégalité des chances.*

**égard de (à l')** [alegardə] prép.
[rapport] **à l'égard de qqn, de qqch** *Je n'approuve pas ta manière de te conduire à l'égard de ta famille : tu ne vois presque jamais tes parents.* • *Ça ne peut plus durer ; il faut prendre des mesures à l'égard des coupables.*

**S.** *À l'égard de* suivi d'un nom de personne ou de chose, objet du sentiment exprimé, dans un registre soutenu, a pour syn. ENVERS, VIS-À-VIS DE ou EN CE QUI CONCERNE (langue administrative).

**égarer** [egare] v. t. (conj. **1**)
I. (sujet qqn) **égarer qqch** *On ne vous a certainement pas volé cette montre, vous avez dû l'égarer.*
II. (sujet qqn) **s'égarer** *Mais non, ce n'est pas ça du tout, vous vous égarez.*

**S. 1.** *Égarer* qqch (sens I) est un syn. soutenu de PERDRE qqch. — **2.** *S'égarer* (sens II), c'est s'écarter d'une ligne de pensée, de ce qui est juste.

**égayer** → GAI L.

**église** [egliz] n. f.
I. [édifice] *Tu es déjà entré dans cette église ?* ◆ [lieu] *M^me Durand n'est pas là ? — Non, elle est à l'église, il y a un enterrement.*
II. [institution] *Pierre et Pauline ne se sont pas mariés à l'église.* ◆ (avec une majuscule) *Qui est le chef de l'Église catholique ?*

**S.** Une *église* est un bâtiment consacré au culte de la religion catholique : les protestants parlent de TEMPLE, les musulmans de MOSQUÉE, les juifs de SYNAGOGUE. Une grande *église*, siège d'un évêché ou d'un archevêché, s'appelle une CATHÉDRALE ; une petite *église*, une CHAPELLE. Avec une majuscule, l'*Église*, c'est l'ensemble des fidèles d'une religion reconnaissant Jésus-Christ comme fondateur.

**égoïste** [egɔist] adj. (après le n.) et n.
[adj.] (se dit de qqn, de son attitude) *Pourquoi ne veux-tu pas prêter tes jouets ? Ce que tu peux être égoïste !* • *Cette fille est très égoïste, elle garde toujours tout pour elle.* ◆ [n.] (personne) *C'est un égoïste, il ne pense qu'à lui, jamais aux autres !*

**S.** Être *égoïste*, c'est être attaché à ses seuls intérêts ; le syn. est INTÉRESSÉ (quand il s'agit surtout d'argent), et les contr. sont GÉNÉREUX, DÉSINTÉRESSÉ et, plus fort, ALTRUISTE (soutenu).
**L.** **égoïstement** (adv.) *André vit de manière très égoïste* → *André vit très égoïstement.*
◆ **égoïsme** (n. m.) *Ce que tu es égoïste !* → *quel égoïsme !*

**eh ! ou hé !** [e] interj.
[interpellation] *Eh ! Paul, tu m'attends ?* • *Eh ! attention, il y a une marche devant toi !* • *Eh là, doucement !* • *Eh ! eh ! je savais bien que j'avais raison !* • *Eh ! oh ! vous m'écoutez.*

**S.** *Eh !* ou *hé !* sert à interpeller qqn ou à attirer l'attention. Il peut être renforcé par LÀ !, OH !, ou répété (*eh ! eh !*) lorsqu'on veut exprimer sa satisfaction ou l'ironie.

**eh bien !** [ebjɛ̃] interj.
[surprise] *Eh bien ! qu'est-ce qui se passe ici ?* • *Eh bien ! quelle histoire !* ◆ [conclusion] *Tout le monde est là ? — Eh bien, partons !* • *Vous passerez nous voir ? — Eh bien... je ne crois pas.*

**S.** *Eh bien !* marque la surprise, l'étonnement ou l'hésitation avant de répondre. Il introduit aussi une conclusion. *Eh ben !* [ebɛ̃] est la forme fam.

**éjecté (être)** [eʒɛkte] v. pass.
(sujet qqn, qqch) **être éjecté (de qqch)** *Heureusement qu'il a été éjecté de la voiture au moment de l'accident, sinon il serait mort brûlé.*

# ÉLABORER

**S.** *Être éjecté* (langue technique), c'est ÊTRE PROJETÉ HORS d'un lieu, d'un véhicule.
**L. éjection** (n. f.) Ce mécanisme permet au pilote d'être éjecté avant que l'avion s'écrase → *ce mécanisme permet l'éjection du pilote avant que l'avion s'écrase.*

**élaborer** [elabɔre] v. t. (conj. 1)
(sujet qqn) **élaborer qqch (abstrait)** *Nous avons élaboré ensemble un plan extraordinaire.*
**S.** *Élaborer* (soutenu) est un syn. de CONCEVOIR (soutenu), PENSER, METTRE AU POINT (courants).
**L. élaboré, e** (adj.) *C'est un article très élaboré* (← qui a été élaboré avec beaucoup de soin). ◆ **élaboration** (n. f.) Pierre a élaboré ce projet avec nous → *Pierre a participé à l'élaboration de ce projet.*

**élancé, e** [elãse] adj. (après le n.)
(se dit d'une forme) *Elle est grande, la taille élancée, habillée avec élégance.*
**S.** *Est élancé* (soutenu) ce qui est à la fois mince et fin. Le syn. soutenu est SVELTE, le contr. LOURD.

**élancer (s')** [elãse] v. pr. (conj. 3)
(sujet qqn, un animal) *Le voleur a pris la fuite, on s'est élancé à sa poursuite, mais malheureusement on n'a pas pu le rattraper.*
**S.** *S'élancer* a pour syn. SE PRÉCIPITER.

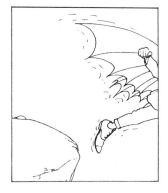

**élargir** [elarʒir] v. t. (conj. 15)
(sujet qqn) **élargir qqch** *Ils vont bientôt élargir la route ici, la circulation sera plus facile.* ● *Nous voudrions élargir le débat et ne pas en rester à ce seul point.*
**S.** *Élargir*, c'est rendre plus LARGE et, en parlant de qqch d'abstrait, plus ample, plus ouvert, plus important.
**L. élargissement** (n. m.) Tous souhaitent élargir la majorité → *tous souhaitent un élargissement de la majorité.*

**élection** [elɛksjɔ̃] n. f.
[action, qqn, et résultat] **élection de qqn** *L'élection des nouveaux membres du comité d'entreprise est prévue pour le mois de juin.* ◆ (non-compt., au plur.) *Pour qui est-ce que tu as voté aux dernières élections ?* ● [À la radio] : « Dès 20 heures, nous pourrons vous donner le résultat des élections. » ● *On ne pourra pas aller à la campagne dimanche prochain, c'est le jour des élections !*
**S. 1.** *L'élection de qqn* (sens I), c'est sa nomination, sa désignation par un vote. — **2.** En France, les *élections* (sens II) se font au SUFFRAGE UNIVERSEL : le jour des *élections*, les citoyens votent pour ÉLIRE leurs représentants. Les *élections* se font à différents niveaux : sur le plan communal et régional, les *élections* MUNICIPALES et CANTONALES permettent de choisir les conseillers municipaux et les conseillers généraux ; sur le plan national, les *élections* LÉGISLATIVES permettent d'élire les députés de l'Assemblée nationale, et les *élections* PRÉSIDENTIELLES permettent d'élire le président de la République.
**L. électoral, e, aux** (adj.) La campagne pour les élections a commencé → *la campagne électorale a commencé.* ◆ **électeur, trice** (n.) *Tu as ta carte d'électeur ?* (← la carte qui permet de participer aux élections).

**électricien** [elɛktrisjɛ̃] n. m.
[personne, profession] *La machine à laver est en panne, il faudrait appeler un électricien.* ● *Les électriciens ont réparé la ligne abîmée par l'orage, la panne a été de courte durée.*
**S.** *Un électricien* est un ouvrier ou un artisan qui répare ou installe des appareils ÉLECTRIQUES, quelquefois un commerçant qui vend du matériel électrique.

**électricité** [elɛktrisite] n. f.
[phénomène] (non-compt., au sing.) *Ça y est ! il y a encore une panne d'électricité, il*

n'y a plus de lumière. ● *Vous avez pensé à éteindre l'électricité avant de partir?* ● *Ce four marche au gaz ou à l'électricité?*

**S.** L'*électricité* est une source d'énergie dont on se sert en particulier pour s'éclairer : les syn. courants sont alors LUMIÈRE et COURANT. L'*électricité* sert aussi à cuire des aliments (CUISINIÈRE ÉLECTRIQUE), à faire marcher les APPAREILS ÉLECTRIQUES et à se chauffer (CHAUFFAGE ÉLECTRIQUE ou À L'ÉLECTRICITÉ).
**L. électricien,** v. ce mot.

**électrique** [elɛktrik] adj. (après le n.)
(se dit de qqch [concret]) *Ils sont tombés en panne en pleine nuit, et ils n'avaient même pas une lampe électrique dans la voiture!* ● *Surtout, ne touchez pas aux fils électriques, c'est dangereux.* ● *C'est pratique, ces nouveaux appareils électriques, pour faire des frites?*

**G.** Cet adj. n'a ni comparatif ni superlatif.
**S.** Un appareil *électrique* est un appareil qui marche à l'ÉLECTRICITÉ. Une lampe *électrique* est une lampe DE POCHE qui marche à l'aide d'une PILE *(électrique)*.

**électrophone** [elɛktrɔfɔn] n. m.
[appareil] *Tu ne te sers même pas de ton électrophone, tu n'écoutes jamais de disques!*

**S.** L'*électrophone* permet de passer des disques ; le syn. est TOURNE-DISQUE.

**élégant, e** [elegɑ̃, ɑ̃t] adj. (après le n.)
I. (se dit de qqn, de ses vêtements) *Comme tu es élégant aujourd'hui, tu as un rendez-vous?* ● *Vous pensez qu'il faut vraiment mettre une tenue élégante pour aller chez lui?* ● *Sa robe est très élégante.*
II. (se dit d'une attitude) *Ils sont partis sans dire au revoir, je ne trouve pas ça très élégant!*

**S. 1.** *Élégant* (sens I) a pour syn. CHIC (fam.), DISTINGUÉ, SOIGNÉ (moins fort). Le contr. est NÉGLIGÉ. — **2.** *Élégant* (sens II) se dit d'une attitude, d'une manière d'agir qui est à la fois courtoise et franche. Le syn. est CORRECT (si on insiste sur la seconde caractéristique); les contr. sont GROSSIER et, plus fort, VULGAIRE (si on insiste sur la première caractéristique).
**L. élégamment** (adv.) Elle est habillée de manière élégante → *elle est élégamment habillée.* ◆ **élégance** (n. f.) Ce qu'il est élégant! → *quelle élégance!*

**élément** [elemɑ̃] n. m.
I. [partie d'un tout] (compt.) *Ce témoin a apporté des éléments nouveaux qui vont faire avancer l'enquête.* ● *Roland s'est acheté un meuble par éléments qu'on doit monter soi-même.* ● *Votre fils est un des meilleurs éléments de la classe.*
II. (sujet qqn) **être dans son élément** *Non, vraiment, au milieu de toutes ces personnes qui bavardaient pour ne rien dire, je ne me sentais pas dans mon élément.*

**S. 1.** Lorsqu'il s'agit de qqch d'abstrait, *élément* (sens I) a pour syn. soutenus DONNÉE, FACTEUR. Lorsqu'il s'agit de qqch de concret, un *élément* est une partie d'un tout, d'un ensemble. En parlant de personnes, un *élément* est une des personnes d'un groupe. — **2.** Au sens II, *être, se sentir dans son élément,* c'est ÊTRE, SE SENTIR À L'AISE, DANS SON MILIEU.

**élémentaire** [elemɑ̃tɛr] adj. (après le n.)
(se dit de qqch [abstrait]) *Il y a de l'essence ici, ne pas fumer ici est une précaution élémentaire pour ne pas mettre le feu.* ● *Comment! Tu n'as pas su répondre? Pourtant, cette question était tout à fait élémentaire.*

**S.** *Élémentaire* se dit de ce qui se réduit à l'essentiel, qui est de base. En parlant de qqch d'abstrait, il a pour syn. ÉVIDENT, SIMPLE (moins fort). En parlant d'un problème, il a pour syn. FACILE (à comprendre), SIMPLE (à résoudre), et pour contr. COMPLIQUÉ, DIFFICILE, COMPLEXE.

**éléphant** [elefɑ̃] n. m.
[animal] *On est allé voir avec les enfants un film d'aventures qui se passe en Afrique : ils ont été impressionnés par les éléphants qui se précipitent sur un village.*

**S.** Les *éléphants* sont de grands animaux d'Afrique ou d'Asie qui ont des défenses en ivoire et une trompe qui peut saisir des objets. Le cri de l'*éléphant* est le BARRISSEMENT (l'éléphant BARRIT).

**élevage** [elvaʒ] n. m.
[action, qqn] (non-compt., surtout au sing.) *Cette région est très sèche, on y fait surtout de l'élevage de moutons.* ● *La Normandie est un pays d'élevage, on y élève surtout des vaches.*

# ÉLÈVE

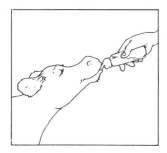

**S.** Faire de l'*élevage*, c'est ÉLEVER des animaux domestiques pour la consommation alimentaire (viande, lait, beurre).

**élève** [elɛv] n.
[personne, fonction sociale] *Il y a combien d'élèves dans ta classe ?* • *Je connais bien ce professeur, j'ai été son élève au lycée !* • *Françoise a réussi dans la vie, et pourtant on ne peut pas dire que c'était une bonne élève à l'école !* • [En classe] : *« Pourquoi manque-t-il tant d'élèves ce matin ? »*

**S.** Un *élève* est qqn qui reçoit l'enseignement d'un maître (instituteur, professeur, enseignant), le plus souvent dans un établissement scolaire. Il peut s'agir d'un ÉCOLIER (élève d'une école primaire), d'un COLLÉGIEN ou d'un LYCÉEN (élève d'un collège ou d'un lycée), d'un ÉTUDIANT (élève d'une grande école).

**élevé, e** [elve] adj. (après le n.)
(se dit de qqch [lieu, rang, somme d'argent]) *Le sommet de cette montagne est* 

*un des points les plus élevés du monde.* • *Dans la hiérarchie de la maison, il occupe un des postes les plus élevés.* • *Le prix des cerises est trop élevé en ce moment, attendons qu'il baisse.*

**S.** *Élevé* a pour contr. BAS et HAUT en parlant d'un lieu, SUPÉRIEUR, IMPORTANT en parlant d'un rang, IMPORTANT, CHER en parlant d'une somme d'argent.

**élever** [elve] v. t. (conj. **11**)
I. (sujet qqn) **élever un enfant** *Ce sont ses grands-parents qui l'ont élevée, parce que ses parents sont morts quand elle était toute petite.* • *Ces enfants ont bonne mine, on voit qu'ils ont été élevés à la campagne !* ◆ (sujet qqn, son attitude) **[être] bien, mal élevé** *C'est mal élevé de manger avec ses doigts ?* • *C'est un garçon bien élevé ! Il dit merci quand on lui donne quelque chose.*
II. (sujet qqn) **élever des animaux** *À la campagne, ma grand-mère élevait des poules et des lapins.*
III. (sujet qqn) **élever qqch (concret** ou **abstrait)** *Quelle idée d'élever un mur juste devant l'immeuble !* • *Le gouvernement a pris des mesures pour élever le niveau de vie de la population.* ◆ (sujet qqch) **s'élever à qqch (prix)** *À combien s'élève la facture ? — À mille francs.* • *Le prix s'élève à trois cents francs.*

**S. 1.** *Élever* (sens I) a pour syn. ÉDUQUER. *Être bien élevé* a pour syn. ÊTRE POLI ou, en parlant de qqn, AVOIR UNE BONNE ÉDUCATION ; *être mal élevé* a pour syn. ÊTRE IMPOLI ou MALPOLI et, plus fort, GROSSIER. — **2.** *Élever des animaux* (sens II), c'est en faire l'ÉLEVAGE, les nourrir. — **3.** *Élever* qqch [abstrait] (sens III) a pour syn. AUGMENTER, RELEVER, ACCROÎTRE ; les contr. sont ABAISSER, BAISSER, DIMINUER. *Élever un mur*

a pour syn. CONSTRUIRE, BÂTIR, DRESSER ; le contr. est RABAISSER, quand il s'agit d'en diminuer la hauteur. *S'élever à* (une certaine

somme) a pour syn. SE MONTER À, ATTEINDRE.
**L. élevage, élevé,** v. ces mots. ◆ **éleveur, euse** (n.) [sens II] *À la campagne les éleveurs vendent leurs bêtes au marché* (← *ceux qui élèvent des bêtes*). ◆ **surélever** (v. t.) [sens III] *Il faudrait élever davantage ce mur* → *il faudrait surélever ce mur.*

**éliminer** [elimine] v. t. (conj. **1**)
(sujet qqn) **éliminer qqch, qqn (de qqch)** *Nous devons d'abord éliminer toutes les causes d'erreur possibles.* • *Si vous continuez à mal jouer, vous serez éliminé de l'équipe.*

**S.** *Éliminer qqch, qqn (d'un ensemble),* c'est les EXCLURE, les ÉCARTER.
**L. élimination** (n. f.) *On a éliminé injustement Pierre de l'équipe* → *l'élimination de Pierre de l'équipe est injuste.* ◆ **éliminatoire** (adj.) *À l'examen, un zéro est une note qui élimine* → *à l'examen, un zéro est une note éliminatoire.*

**élire** [elir] v. t. (conj. **65**)
(sujet qqn) **élire qqn** *C'est bien tous les sept ans qu'on élit le président de la République ?* • *Le candidat de la gauche a été élu au premier tour.*

**S.** *Élire qqn* a pour syn. CHOISIR, DÉSIGNER, NOMMER *par un vote au cours d'une* ÉLECTION. *Pour être élu, il faut obtenir la majorité des voix. Le contr. de être élu est* ÊTRE BATTU.
**L. élu, e** (n.) *Le suffrage universel l'a élu* → *c'est un élu du suffrage universel.* ◆ **élection,** v. ce mot.

**elle, elles** → IL.

**éloigné, e** [elwaɲe] adj. (après le n.)
(se dit de qqn, qqch) *Ce quartier est éloigné du centre de la ville ; les moyens de transport sont rares.* • *Les enfants quitteront un jour la maison, mais dans un avenir encore éloigné.*

**S.** *Éloigné a* pour syn. LOIN, LOINTAIN et pour contr. PROCHE. *Éloigné de a* pour syn. LOIN DE.

**éloigner** [elwaɲe] v. t. (conj. **1**)
(sujet qqn, qqch) **éloigner qqn, qqch (de qqn, d'un lieu)** *Dans leur intérêt, il vaut mieux éloigner un moment ces enfants de leur mère.* • *Ce chemin nous éloigne, revenons sur nos pas.* • *Éloigne cette lampe, elle me fait mal aux yeux.* ◆ **s'éloigner (de qqn, d'un lieu)** *Le bateau s'éloigne de la côte, bientôt on ne le verra plus.* • *Quand je l'ai vu s'éloigner, j'ai pleuré.*

**S. 1.** *Éloigner qqn de qqn,* c'est le mettre plus LOIN ; il a pour syn. ÉCARTER, SÉPARER, ISOLER (plus fort). *Éloigner qqch,* c'est l'ÉCARTER, le

METTRE PLUS LOIN, le REPOUSSER. — **2.** *S'éloigner* a pour contr. SE RAPPROCHER et pour syn. S'ÉCARTER, QUITTER (plus fort), S'EN ALLER, PARTIR (sans compl.). Le contr. est RESTER.
**L. éloigné,** v. ce mot. ◆ **éloignement** (n. m.) *En m'éloignant, j'oublierai tout* → *l'éloignement me fera tout oublier.*

**élu** → ÉLIRE L.

**émaner** [emane] v. t. ind. (conj. **1**)
(sujet qqch [abstrait]) **émaner de qqch, de qqn** *Cette décision émane du ministère de la Justice.*

**S.** *Émaner* est un syn. soutenu ou administratif de PROVENIR.
**L. émanation** (n. f.) *Le pouvoir dans une démocratie émane de la volonté du peuple* → *le pouvoir dans une démocratie est l'émanation de la volonté du peuple.*

**emballer (s')** [ãbale] v. pr. (conj. **1**), **être emballé** v. pass.
(sujet qqn) *On m'a proposé une affaire extraordinaire. — Ne t'emballe pas, réfléchis quand même un peu avant d'accepter.* • *Je lui ai parlé de venir avec nous en vacances aux États-Unis ; il est emballé.*

**S.** *S'emballer* (fam.), c'est être emporté par un mouvement d'enthousiasme irréfléchi ou de colère. Le syn. soutenu est S'ENTHOUSIASMER.
**L. emballement** (n. m.) *Méfie-toi des emballements* (← *des moments où on s'emballe*).

**embarquer** [ɑ̃barke] v. i. et v. t. (conj. 1)
I. [v. i.] (sujet qqn) **embarquer (à, dans, en un lieu)** *Dépêchez-vous, on embarque dans dix minutes.* ● *Pour aller en Angleterre, vous embarquez à Boulogne ou à Calais?*
II. [v. t.] (sujet qqn) **embarquer qqch (sur, dans un bateau, un véhicule)** *On peut partir puisque tous les bagages sont embarqués dans la voiture.*

**S. 1.** *Embarquer* (sens I), c'est monter à bord d'un bateau ou d'un avion. — **2.** *Embarquer* qqch (dans un véhicule) [sens II] a pour syn. CHARGER (un véhicule de qqch). Le contr. est DÉBARQUER.
**L. embarquement** (n. m.) *Les passagers embarquent immédiatement* → *l'embarquement des passagers est immédiat.* ◆ **rembarquer** (v. i. et v. t.) *Le moment est venu d'embarquer (pour revenir)* → *le moment est venu de rembarquer.*

**embarrasser** [ɑ̃barase] v. t. (conj. 1)
I. (sujet qqn, qqch [concret]) **embarrasser qqn, qqch (lieu)** *Donne-moi ta valise si elle t'embarrasse.* ● *Ne restez pas tous là à* 

*embarrasser la cuisine, on ne peut plus bouger!* ◆ (sujet qqn) **s'embarrasser de qqch, de qqn** *Quelle idée de s'embarrasser d'un parapluie avec un temps pareil!* ● *Tu ne comptes quand même pas t'embarrasser du chat pendant les vacances?*
II. (sujet qqch [abstrait]) **embarrasser qqn** *Ta question m'embarrasse beaucoup, je ne sais pas quoi te répondre!* ◆ (au pass.) *Je ne sais pas quoi faire, je suis très embarrassée.*

**S. 1.** *Embarrasser* qqch (sens I) a pour syn. ENCOMBRER et pour contr. DÉBARRASSER;

*embarrasser* qqn a pour syn. GÊNER. *S'embarrasser de* a pour syn. S'ENCOMBRER DE et pour contr. SE DÉBARRASSER DE. — **2.** *Embarrasser* qqn (sens II) a pour syn. DÉCONCERTER, GÊNER et, plus forts, PRÉOCCUPER, TROUBLER, EMBÊTER (fam.).
**L. embarrassant, e** (adj.) [sens I et II] *Ta question m'embarrasse* → *ta question est embarrassante.* ◆ **embarras** (n. m.) [sens II] *Je suis embarrassé* → *je suis dans l'embarras.*

**embaucher** [ɑ̃boʃe] v. t. (conj. 1)
(sujet qqn, un établissement) **embaucher qqn** *Il faudrait embaucher du personnel supplémentaire, on n'est pas assez pour faire ce travail.*

**S.** *Embaucher*, c'est ENGAGER comme salarié.
**L. embauche** (n. f.) *Désolé, on n'embauche pas* → *désolé, il n'y a pas d'embauche.*

**embellir** [ɑ̃belir] v. t. et v. i. (conj. 15)
[v. t.] (sujet qqn) **embellir qqch, qqn** *Cette coiffure t'embellit beaucoup; tu as intérêt à aller chez le coiffeur plus souvent.*
◆ [v. i.] *Adèle embellit de jour en jour.* — *Oui, elle est de plus en plus jolie.*

**S.** *Embellir* (v. t.), c'est rendre plus BEAU; *embellir* (v. i.), c'est devenir plus BEAU, plus joli. Le contr. est ENLAIDIR.
**L. embellissement** (n. m.) *Il faut tout faire pour embellir notre ville* → *il faut tout faire pour l'embellissement de notre ville.*

**embêter** [ɑ̃bete] v. t. (conj. 1)
I. (sujet qqn, qqch) **embêter qqn** *Ça m'embête que tu ne viennes pas, tu nous manqueras.* ● *Je ne voudrais surtout pas vous embêter avec cette histoire.*
II. (sujet qqn) **s'embêter** *Tes amis ne sont vraiment pas drôles, on a toujours l'impression qu'ils s'embêtent!*

**S. 1.** *Embêter* (fam.) a pour syn. par ordre décroissant ENNUYER, AGACER, CONTRARIER,

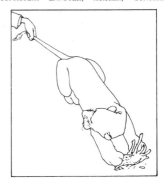

IMPORTUNER (soutenu). — **2.** S'ENNUYER est un syn. courant de *s'embêter*.
**L. embêtant, e** (adj.) [sens I] Ce que ce film m'a embêté! → *ce que j'ai trouvé ce film embêtant!* ◆ **embêtement** (n. m.) [sens I] Je suis très embêté en ce moment → *j'ai de grands embêtements en ce moment.*

## embouteillage [ãbuteja3] n. m.
[résultat] *Tu ne crois pas qu'on aurait intérêt à partir plus tard pour éviter les embouteillages?* ● [À la radio] : «*On nous signale un embouteillage de huit kilomètres sur l'autoroute, dû à un accident.*»

**S.** Un *embouteillage*, c'est le résultat de l'affluence d'un grand nombre de véhicules sur une voie de circulation, amenant un ralentissement, un arrêt, un blocage de la circulation; les syn. sont ENCOMBREMENT et, sur une route à grande circulation, BOUCHON.
**L. embouteillé, e** (adj.) Il y a un embouteillage au carrefour → *le carrefour est embouteillé.*

## embrasser [ãbrase] v. t. (conj. 1)
(sujet qqn) **embrasser qqn** *Tous les soirs, les enfants demandent qu'on vienne les embrasser dans leur lit.* ● *Tu es fou, tu lui as fait mal, va vite l'embrasser pour le consoler.*

**S.** *Embrasser* a pour syn. DONNER UN (DES) BAISER(S) en signe d'amitié ou d'amour.

## embrouiller [ãbruje] v. t. (conj. 1)
I. (sujet qqn) **embrouiller qqch** *Si tu as embrouillé la laine, tu dois tout défaire et recommencer.*
II. (sujet qqn) **embrouiller qqch (abstrait), qqn** *Quel esprit compliqué! Tu aimes vraiment embrouiller les problèmes!* ● *Tais-toi donc, tu m'embrouilles avec tes questions stupides.* ◆ **s'embrouiller (dans qqch)** *Je m'embrouille dans ces calculs, je ne sais vraiment plus où j'en suis!*

**S. 1.** *Embrouiller* qqch ou des choses (concret) a pour syn. MÉLANGER, EMMÊLER, MÊLER (soutenu); le contr. est DÉBROUILLER, DÉMÊLER. — **2.** *Embrouiller* qqch (abstrait) a pour syn. BROUILLER, COMPLIQUER, et pour contr. DÉBROUILLER, ÉCLAIRCIR, DÉMÊLER, SIMPLIFIER, CLARIFIER. *Embrouiller* qqn a pour équivalent FAIRE PERDRE LE FIL DE SES IDÉES À qqn. *S'embrouiller* a pour syn. S'EMPÊTRER (soutenu) et, plus fort, SE PERDRE DANS qqch.

## émettre [emɛtr] v. t. (conj. 46)
I. (sujet qqn) **émettre un chèque** *La police a arrêté un individu qui avait émis plusieurs dizaines de chèques alors qu'il n'avait plus d'argent sur son compte.*
II. (sujet qqn) **émettre qqch (avis, conseil, etc.)** *On a émis l'hypothèse, dans certains milieux, que cette décision avait été prise pour des raisons économiques.*

**S.** *Émettre un chèque* (sens I), c'est le METTRE EN CIRCULATION; le syn. courant est FAIRE. — **2.** *Émettre un avis, une hypothèse* [sens II], c'est les FORMULER (soutenu); le syn. courant est EXPRIMER.
**L. émission** (n. f.) [sens I] Émettre un chèque alors qu'on n'a plus d'argent sur son compte est puni par la loi → *l'émission d'un chèque alors qu'on n'a plus d'argent sur son compte est punie par la loi.* (V. aussi ce mot.)

## émigrer [emigre] v. i. (conj. 1)
(sujet qqn) *Ils n'avaient pas de travail dans leur pays, ils ont été obligés d'émigrer en Amérique ou ailleurs.*

**S.** *Émigrer*, c'est quitter son pays pour s'établir dans un autre. Il s'oppose à IMMIGRER.
**L. émigrant** (n. m.) Ceux qui émigrent perdent tous leurs biens → *les émigrants perdent tous leurs biens.* ◆ **émigré, e** (adj. et n.) *Le nombre des émigrés augmente avec la crise* (← de ceux qui ont émigré). ◆ **émigration** (n. f.) Dans ce pays, on ne peut plus émigrer → *dans ce pays, l'émigration est interdite.*

**éminent, e** [eminã, ãt] adj. (après ou avant le n.)
(se dit de qqn, de son action) *Nous remercions M. Dupont : tout au long de sa carrière ici, il nous a rendu d'éminents services.* • *Les plus éminentes personnalités de la politique participent à cette soirée.*

    **G.** Le comparatif est très rare.
    **S.** *Éminent* (soutenu) se dit de ce qui est TRÈS GRAND ou de qqn qui est REMARQUABLE, CÉLÈBRE, ILLUSTRE.

**émission** [emisjɔ̃] n. f.
[action, qqn, et résultat] *Hier soir, j'ai vu une très bonne émission à la télévision.* • *Cette émission de radio passe chaque mercredi à 9 heures, tu ne l'as jamais écoutée ?*

    **S.** Une *émission*, c'est ce qui est ÉMIS, retransmis ou diffusé par les chaînes de télévision ou les stations de radio (débat, variétés, spectacle, etc.). L'ensemble des *émissions* constitue les PROGRAMMES. (V. aussi ÉMETTRE L.)

**emmêler** [ãmele] v. t. (conj. **1**)
(sujet qqn) **emmêler qqch** *Mais non, ce n'est pas ça, tu emmêles tout !*

    **S.** *Emmêler*, c'est MÊLER plusieurs choses.

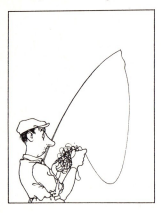

MÉLANGER, EMBROUILLER sont des syn. Le contr. est DÉMÊLER.

**emménager** [ãmenaʒe] v. i. (conj. **4**)
(sujet qqn) **emménager (qqpart)** *Voici les clés de l'appartement, vous pouvez emménager quand vous le désirez.*

    **S.** *Emménager dans un appartement*, c'est s'y installer. Le contr. est DÉMÉNAGER.

**L. emménagement** (n. m.) *Cela s'est bien passé quand vous avez emménagé ?* → *votre emménagement s'est bien passé ?*

**emmener** [ãm(ə)ne] v. t. (conj. **1**)
(sujet qqn) **emmener qqn, un objet (qqpart)** *Si ça t'arrange, je peux emmener Julien à l'école demain matin.* • *Je suis en voiture, où voulez-vous que je vous emmène ?* • *Qu'est-ce qu'on va faire du chat cet été, on va être obligé de l'emmener avec nous, non ?* • *J'ai attendu deux heures chez le médecin, si j'avais su, j'aurais emmené un livre !*

    **S.** *Emmener qqn, emmener un objet* (critiqué par les puristes), c'est le prendre avec soi.

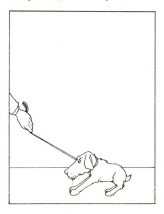

*Emmener* qqch a pour syn. courant APPORTER, EMPORTER. Le contr. dans les deux cas est LAISSER.

**émotif, ive** [emotif, iv] adj. (après le n.) et n.
[adj.] (se dit de qqn) *Vous ne devriez pas lui raconter des histoires aussi terribles, c'est un enfant très émotif.* ◆ [n.] (per-

sonne) *Ce n'est pas une blague à faire à un émotif comme lui, il va s'évanouir.*

**S.** *Émotif* a pour syn. IMPRESSIONNABLE, NERVEUX (moins précis), SENSIBLE (moins fort) et se dit de qqn qui se laisse facilement ébranler, qui est vite ÉMU par qqch. Comme nom, *émotif* a pour syn. NERVEUX (moins fort), ANXIEUX.
**L. émotivité** (n. f.) *Il essayait de lutter contre le fait qu'il était trop émotif → il essayait de lutter contre sa trop grande émotivité.*

**émotion** [emosjɔ̃] n. f.
[sentiment] *Tu es toute rouge, c'est l'émotion ?* • *On a failli avoir un accident d'avion. Quelle émotion !* • *Eh bien ! on en a eu des émotions aujourd'hui, entre Pascal qui s'était perdu dans la foule et moi qui ne retrouvais plus mon sac !*

**S.** *L'émotion* est un sentiment de trouble passager causé soit par la surprise, la joie, le

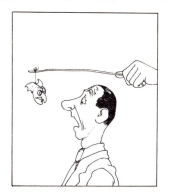

plaisir, soit par la peur. ÉMOI est un syn. litt. plus faible. On ressent une *émotion* quand on est ÉMU par qqch, devant un spectacle ÉMOUVANT. Qqn qui n'éprouve aucune *émotion* est INSENSIBLE, INDIFFÉRENT ; qqn qui ne montre pas son *émotion* reste IMPASSIBLE, IMPERTURBABLE ou CALME (moins fort).
**L. émotionner** (v. t.) *J'ai eu une forte émotion en le voyant évanoui → j'ai été fortement émotionné en le voyant évanoui.*

**émouvant, e** [emuvɑ̃, ɑ̃t] adj. (après ou, plus rarement, avant le n.)
(se dit de qqch) *La scène la plus émouvante du film est celle où les deux frères se retrouvent après la guerre.* • *Les enfants étaient partis depuis deux mois, c'est émouvant de les retrouver !*

**S.** *Qqch d'émouvant* ÉMEUT, provoque une ÉMOTION. *Émouvant* a pour syn., par ordre d'inten-

sité croissante, TOUCHANT, ATTENDRISSANT, BOULEVERSANT, PATHÉTIQUE, POIGNANT.

**émouvoir** → ÉMU (ÊTRE) L ; **empaqueter** → PAQUET L.

**emparer (s')** [ɑ̃pare] v. pr. (conj. 1)
(sujet qqn) **s'emparer de qqch, qqn** *Ils ont cherché par tous les moyens à s'emparer du pouvoir ; ils n'ont pas réussi.* • *Les trois bandits se sont échappés et la police n'a pas réussi à s'emparer d'eux.*

**S.** *S'emparer de qqch*, c'est en prendre possession, le plus souvent par la force ou la fraude. *S'emparer de qqn*, c'est le FAIRE PRISONNIER.

**empêcher** [ɑ̃peʃe] v. t. (conj. 1)
I. (sujet qqn, qqch) **empêcher qqn, qqch de + inf., empêcher qqch (action), que + subj.** *Ce n'est quand même pas cette petite pluie qui va nous empêcher de sortir ?* • *Il paraît que ses parents ont tout fait pour empêcher son mariage (d'avoir lieu).* • *Va jouer ailleurs, tu m'empêches de travailler.* • *Qu'est-ce qui peut empêcher que vous habitiez en banlieue ? — La durée des trajets pour aller au travail.*
II. (sujet qqn) **ne pas pouvoir s'empêcher de + inf.** *Le film était triste, même Bernard n'a pas pu s'empêcher de pleurer !*

**S. 1.** *Empêcher qqn, qqch de + inf.*, c'est lui FAIRE OBSTACLE, le GÊNER POUR + inf. Le syn. est

# EMPÊTRER

INTERDIRE À qqn DE + inf. ; les contr. LAISSER qqn + inf., PERMETTRE À qqn DE + inf. *Empêcher que*, qqch (action) a pour syn. INTERDIRE, S'OPPOSER À ; quand le sujet est qqn, les contr. sont PERMETTRE, CONSENTIR À (soutenu). — **2.** *S'empêcher de* + inf. a pour syn. SE RETENIR DE + inf.
**L. empêchement** (n. m.) [sens I] *Prévenez-nous si quelque chose vous empêche de venir* → *prévenez-nous si vous avez un empêchement pour venir.*

**empêtrer (s')** [ɑ̃petre] v. pr. (conj. 1), **être empêtré** v. pass.
(sujet qqn) **s'empêtrer, être empêtré dans qqch (concret** ou **abstrait)** *Viens m'aider ; je*

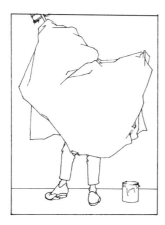

*suis empêtré dans tous ces papiers : je n'en sors pas.* • *Paul s'empêtrait dans des explications toutes plus incroyables les unes que les autres et personne ne le croyait.*

**S.** *S'empêtrer, être empêtré dans qqch* (soutenu), c'est S'EMMÊLER, S'EMBROUILLER DANS.

**empiéter** [ɑ̃pjete] v. t. ind. (conj. 12)
(sujet qqch, qqn) **empiéter sur qqch** *Cette affaire concerne mes services, vous n'avez pas à empiéter sur mon domaine.*

**S.** *Empiéter sur* qqch (soutenu) a pour syn. DÉBORDER SUR.
**L. empiétement** (n. m.) *Il est inadmissible d'empiéter sur la liberté des autres* → *l'empiétement sur la liberté des autres est inadmissible.*

**empiler** → PILE 1 L.

**empirer** [ɑ̃pire] v. i. (conj. 1)
(sujet qqch [abstrait, état]) *Alors, comment va le malade ? Mieux ? — Non, au contraire, son état empire de jour en jour.*

**S.** *Empirer*, c'est devenir PIRE, plus mauvais. S'AGGRAVER est un syn., S'AMÉLIORER un contr.

**emplacement** [ɑ̃plasmɑ̃] n. m.
[lieu] *Ce n'est pas tout de construire cet immeuble de bureaux, il faut aussi trouver le bon emplacement.* • *Nous avons un emplacement réservé pour notre voiture dans le sous-sol du magasin.* • *Une nouvelle église sera bâtie sur l'emplacement même de celle qui a été détruite.*

**S.** *Un emplacement* est une PLACE, un endroit considéré du point de vue de son utilisation.

**emploi** [ɑ̃plwa] n. m.
I. [action, qqn] *L'emploi de ce produit est dangereux, méfie-toi !* • *Tu ne connais pas ce mot ? Il est pourtant d'un emploi très courant.* ◆ **mode d'emploi** *Tu as lu le mode*

*d'emploi ? — Oui, il faut mélanger cent grammes de ce produit à un litre d'eau.*
II. **emploi du temps** *Tu connais déjà ton emploi du temps pour la semaine prochaine ?*
III. [activité sociale] *Jeanne a trouvé un emploi chez un architecte, elle commence à travailler la semaine prochaine.* • *Ça fait déjà six mois que Bruno est sans emploi !*

**S. 1.** *Emploi* (sens I), c'est le fait ou la manière d'EMPLOYER, de se servir de qqch ; il a pour syn. USAGE, UTILISATION. Le *mode d'emploi* (d'un instrument, d'un produit) est la notice qui explique la façon de l'utiliser, la manière de l'employer. — **2.** *L'emploi du temps* (sens II), c'est l'ensemble des heures de travail pendant une période déterminée ; il a pour syn. PROGRAMME, CALENDRIER et parfois HORAIRE. —

**3.** *Emploi* (sens III) a pour syn. PLACE, SITUATION, TRAVAIL. *Avoir un emploi dans une entreprise*, c'est y ÊTRE EMPLOYÉ. *Être sans emploi*, c'est ÊTRE AU CHÔMAGE, ÊTRE CHÔMEUR.

**employé, e** [ɑ̃plwaje] n.
[personne, fonction] **employé (de qqch [organisme], de qqn)** *Son père n'a pas un gros salaire, il est employé de bureau.* • *Il y a combien d'employés dans cette banque?* • *Elle sait taper à la machine et cherche un poste d'employée.*

**S.** Un(e) *employé(e)* exerce une profession salariée et travaille dans un bureau, une administration, une entreprise industrielle ou commerciale (banque, magasin), par oppos. à un OUVRIER qui travaille en usine, sur un chantier, dans un atelier. À l'intérieur d'une entreprise ou d'une administration, on distingue les *employés* et les CADRES (personnel d'encadrement).

**employer** [ɑ̃plwaje] v. t. (conj. **5**)
I. (sujet qqn) **employer qqch (concret)** [*À la télévision*] : « *M^me Lefèvre emploie la lessive « Certout », regardez comme son linge est blanc!* » • *Qu'est-ce que tu as employé comme peinture pour peindre cette pièce?*
◆ (sujet qqch) **s'employer** *Ce mot ne s'emploie plus du tout.*
II. (sujet qqn, un établissement) **employer qqn** *Cette entreprise est énorme, elle emploie des milliers d'ouvriers.*

**S. 1.** *Employer* qqch correspond au sens I de EMPLOI et a pour syn. UTILISER, SE SERVIR DE qqch. *S'employer* a pour syn. ÊTRE EN USAGE, ÊTRE USITÉ. — **2.** *Employer* qqn, c'est lui donner du travail, le faire travailler.
**L. emploi, employé,** v. ces mots. ◆ **employeur, euse** (n.) [sens II] *Il a indiqué le nom et l'adresse de celui qui l'emploie* → *il a indiqué le nom et l'adresse de son employeur.*

**empoisonnant, e** [ɑ̃pwazɔnɑ̃, ɑ̃t] adj. (après le n.)
(se dit de qqn) *Ce que tu peux être empoisonnant avec tes questions continuelles, va jouer un peu tout seul, au lieu de venir m'ennuyer.*

**S.** *Empoisonnant* (fam.) a pour syn. ASSOMMANT ou EMBÊTANT (fam.), ENNUYEUX ou AGAÇANT; INSUPPORTABLE est plus fort.

**empoisonner** [ɑ̃pwazɔne] v. t. (conj. **1**)
I. (sujet qqn, qqch [produit]) **empoisonner qqn, un animal** *Elle a tué son mari. — Comment? — En l'empoisonnant avec des médicaments dangereux.*
II. (sujet qqn, qqch) **empoisonner qqn** *Moi, toutes ces histoires m'empoisonnent, parlons d'autre chose.*

**S. 1.** *Empoisonner* (sens I), c'est rendre très malade ou tuer avec un POISON. — **2.** *Empoisonner* (sens II) est un syn. fam. de ENNUYER, EMBÊTER (fam.).
**L. empoisonnement** (n. m.) [sens I] Ce sont les champignons qui l'ont empoisonné → *son empoisonnement est dû aux champignons*. ◆ [sens II] *Il a déjà eu suffisamment d'empoisonnements, laissez-le tranquille* (← *d'événements, de choses qui l'ont empoisonné*).

**emporté, e** [ɑ̃pɔrte] adj. (après le n.)
(se dit de qqn, de son caractère) *Attention, quand tu iras le trouver, c'est un homme emporté qui peut mal réagir à ta demande.*

**S.** Est *emporté* celui qui se laisse EMPORTER; le mot est généralement péjor. et a pour syn. IRRITABLE (moins fort), COLÉREUX.
**L. emportement** (n. m.) Quand il est emporté, il me fait peur → *son emportement me fait peur.*

**emporter** [ɑ̃pɔrte] v. t. (conj. **1**)
I. (sujet qqn) **emporter qqch (concret), qqn**

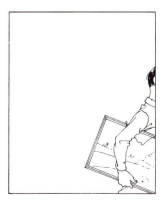

**(qqpart)** *Vous avez emporté de quoi manger? — Oui, c'est dans le sac.* • *Tout de suite après l'accident, on a emporté les blessés à l'hôpital.*
II. (sujet qqn) **se laisser emporter** *Fais attention à ce que tu dis; tu te laisses emporter par ton sujet et tu finis par dire des bêtises.* • *Tu te laisses emporter et ensuite tu regrettes.*

**S. 1.** *Emporter* qqch (sens I) a pour syn. PRENDRE, APPORTER, EMMENER (fam.) avec soi. *Emporter un blessé* a pour syn. plus courants EMMENER, TRANSPORTER. Le contr. est LAISSER. — **2.** *Se laisser emporter* (sens II) a pour syn. SE LAISSER ENTRAÎNER (soutenu), souvent par la colère.
**L. emporté, remporter,** v. ces mots.

**empoté, e** [ɑ̃pɔte] adj. (après le n.) et n.
[adj.] (se dit de qqn) *Qu'est-ce que tu peux être empoté, mais avance donc!* ◆ [n.] (personne) *C'est impossible de confier ce travail délicat à cet empoté; il ne va pas s'en sortir.*

**S.** *Empoté* est le syn. fam. de GAUCHE (seulement adj.), MALADROIT; les contr. fam. sont DÉGOURDI, DÉBROUILLARD.

**empreinte** [ɑ̃prɛ̃t] n. f.
[résultat] *L'assassin a dû essuyer tous les objets qu'il avait touchés, car la police n'a trouvé aucun empreinte suspecte.*

**S.** Les *empreintes* (en particulier les *empreintes* DIGITALES) sont les MARQUES, les TRACES laissées par qqch (en particulier les doigts) sur autre chose. Elles permettent d'identifier une personne.

**empresser (s')** [ɑ̃prese] v. pr. (conj. 1)
(sujet qqn) **s'empresser de + inf.** *Je le lui ai dit et évidemment il s'est empressé d'aller le raconter à son père.*

**S.** *S'empresser de* est un syn. plus fort et soutenu de SE DÉPÊCHER DE.
**L. empressement** (n. m.) *Georges s'empressa de répondre au téléphone; ça m'étonna* → *l'empressement de Georges à répondre au téléphone m'étonna.*

**emprisonnement, -er** → PRISON L.

**emprunter** [ɑ̃pʀœ̃te] v. t. (conj. 1)
(sujet qqn) **emprunter un objet, de l'argent (à qqn)** *Je ne sais plus à qui j'ai emprunté ce stylo.* • *C'est à Jacques que tu as emprunté cent francs? — Oui, je dois les lui rendre demain.* • *Si on achète une voiture, on va être obligés d'emprunter de l'argent!*

**S.** *Emprunter* qqch à qqn, c'est se faire prêter; on doit alors le rendre, ou le rembourser s'il s'agit d'argent; on a alors une dette envers qqn.
**L. emprunt** (n. m.) *Il a emprunté (de l'argent) à la banque* → *il a fait un emprunt à la banque.*

**ému (être)** [emy] v. pass.
(sujet qqn) *Jeanne n'a pas dit un mot, tellement elle était émue de le voir partir.*

**S.** Qqn *est ému* quand il ressent une ÉMOTION, devant qqch d'ÉMOUVANT, qui peut ÉMOUVOIR. Les syn. plus forts sont ÊTRE TROUBLÉ, BOULEVERSÉ, AFFOLÉ; le contr. est INDIFFÉRENT.
**L. émouvoir** (v. t.) *Il est ému de me voir partir* → *mon départ l'émeut.* ◆ **émouvant,** v. ce mot.

**1. en** [ɑ̃] prép.
I. [lieu] **en qqch (concret)** *Nous allons en Italie pour les vacances.* • *Tu habites en*

ville ou à la campagne ? • Il y a de très bons vins en Bourgogne. • On a emmené le voleur en prison. ◆ **en moi, toi, lui (-même)** Il y a en elle quelque chose que je ne comprends pas. • Je me suis dit en moi-même qu'il avait peut-être tort.
II. [temps, durée] **en qqch** En hiver, il neige beaucoup dans cette région. • Qu'est-ce qu'il a pu changer en deux ans ! • Attention ! voilà Paul, ne parlons pas de ça en sa présence.
III. [manière, moyen, matière] **en qqch (concret** ou **abstrait)** Aline s'habille toujours en blanc. • Vous irez en avion ou en bateau ? • Pouvez-vous me changer ces francs en argent anglais, s'il vous plaît ? • Pour mon anniversaire, j'ai reçu une montre en or. • C'est en métal ou en plastique ? • Alain est fort en maths.
IV. [temps, moyen, etc.] **en** + **part. présent** Tiens ! en allant à la poste, j'ai rencontré Jacques. • Qu'est-ce que tu t'es fait à la jambe ? — Je suis tombé en descendant l'escalier.
V. [compl. de v. t. ind. ou d'adj.] **en qqn, qqch (abstrait)** Avec tous ces événements, je ne crois pas en notre succès. • Aie donc confiance en l'avenir ; tu es toujours pessimiste.

**S.** et **G. 1.** En s'emploie devant un nom sans article, sauf dans quelques expressions. — **2.** En (sens I) s'emploie devant les noms propres de pays, de régions. Devant un nom propre de ville, on emploie À ou DANS. Lorsque le nom de pays ou de région est déterminé par un compl., on emploie DANS et l'article, ou en et le nom sans article (en Italie du Nord → DANS L'ITALIE DU NORD). Quand le nom désignant un lieu est accompagné d'un adj., d'une relative ou d'un compl., on emploie DANS et l'article (on a emmené le voleur en prison, mais on a emmené le voleur DANS UNE PRISON TRÈS BIEN GARDÉE). — **3.** Au sens II, devant un nom de saison, en a pour équivalent l'emploi avec prép. du nom précédé de l'article déf. (en hiver → L'HIVER). — **4.** Au sens IV, en et la forme en -ant constituent le gérondif, qui indique la simultanéité de deux actions, la manière, le moyen, et qui équivaut souvent à une autre prép. suivie de l'inf. (Tu vas te fatiguer en courant comme ça → TU VAS TE FATIGUER À COURIR COMME ÇA, À FORCE DE COURIR COMME ÇA).

**2. en** [ã] pron. (3ᵉ pers.)
Dis à Aline d'aller chez le boulanger acheter des gâteaux. — Elle en vient, elle ne va pas y retourner ! • Si tu as de l'argent sur toi, prête-m'en un peu s'il te plaît. • N'oublie pas ce que je t'ai dit. — Ne t'inquiète pas, j'en garde le souvenir. • Tu vas voir, Pierre va arriver très tard, j'en suis sûr.

**S.** et **G. 1.** En se substitue à un compl. de verbe, d'adj. ou de nom, introduit par DE. Ce compl. représente en général qqch ou une phrase entière et, en langue courante, qqn (tu te souviens DE JACQUES ? — oui, je m'en souviens ; je suis fier DE MON FILS → j'en suis fier ; la forme écrite ou soutenue étant je me souviens DE LUI, je suis fier DE LUI). — **2.** En est toujours placé immédiatement avant le verbe. Il ne se place après le verbe que lorsque celui-ci est à l'impératif ; on ajoute dans ce cas un s de liaison (parles-en à Pierre). — **3.** En forme avec certains verbes des loc. verbales de sens distinct du verbe simple : S'EN ALLER, EN VOULOIR.

**encadrement, -drer** → CADRE L.

**encaisser** [ãkɛse] v. t. (conj. 1)
(sujet qqn) **encaisser une somme d'argent, un chèque** Il a accepté de n'encaisser le chèque qu'après le début du mois.

**S.** Encaisser, c'est recevoir de l'argent ou toucher un chèque, se le faire payer.

**enceinte** [ãsɛ̃t] adj. f. (après le n.)
(se dit d'une femme) Julie est enceinte, elle espère bien avoir une fille. • Ça ne se voit pas ; elle n'est enceinte que de deux mois ! • C'est vrai que tu as peur d'être enceinte ?

**G.** Cet adj. n'a ni comparatif ni superlatif.
**S.** Être enceinte a pour syn. ATTENDRE UN ENFANT. Une femme enceinte est en état de GROSSESSE. Être enceinte DE deux mois signifie DEPUIS deux mois.

**encercler** [ãsɛrkle] v. t. (conj. 1)
(sujet qqn [plur. ou collectif]) **encercler qqch, qqn** Les policiers encerclaient la banque, les voleurs n'avaient donc aucune chance de pouvoir fuir.

**S.** Encercler qqch, c'est faire un CERCLE autour de qqch ; le syn. courant est ENTOURER, le syn.

soutenu est CERNER. Le plus souvent, le mot indique que, par une série de manœuvres, on bloque toutes les issues d'un lieu.
**L. encerclement** (n. m.) *L'ennemi fut rapidement encerclé* → *l'encerclement de l'ennemi fut rapide.*

**enchaîner (s')** [ɑ̃ʃɛne] v. pr. (conj. 1) (sujet des événements, des idées) *Voilà un fait nouveau qui va éclaircir l'affaire, maintenant tout s'enchaîne.* • *Ses idées s'enchaînent mal, on ne comprend pas bien son raisonnement.*

**S.** *S'enchaîner,* c'est se succéder dans un ordre logique qui aide à la compréhension des événements, d'un discours, etc.
**L. enchaînement** (n. m.) *Les arguments de son exposé s'enchaînent mal* → *l'enchaînement des arguments dans son exposé est mauvais.*

**enchanté (être)** [ɑ̃ʃɑ̃te] v. pass. (sujet qqn) **être enchanté (de qqch, de + inf.)** *Je suis enchanté de ma nouvelle voiture ; elle est bien supérieure à l'autre.* • *Comment se sont passées les vacances ? — Oh ! nous sommes enchantés de notre séjour à la mer : un temps splendide.*

**S.** *Être enchanté* (soutenu) est un syn. plus fort de ÊTRE CONTENT, SATISFAIT ; ÊTRE RAVI est un syn. soutenu. Les contr. sont ÊTRE DÉÇU (plus faible), ÊTRE DÉSOLÉ.

**encombrant, e** [ɑ̃kɔ̃brɑ̃, ɑ̃t] adj. (après le n.)
(se dit de qqn, de qqch) *Que cette valise est encombrante, je ne sais pas où la ranger. — Oui, elle est trop grande.* • *Tu ne trouves pas Gisèle un peu encombrante, parfois ? On ne sait jamais comment s'en débarrasser.*

**S.** Est *encombrant* ce qui prend trop de place, qui ENCOMBRE ; EMBARRASSANT est un syn. En parlant de qqn, *être encombrant,* c'est GÊNER, ÊTRE IMPORTUN.

**encombrement** [ɑ̃kɔ̃brəmɑ̃] n. m.
[résultat] *Rester patient et poli dans les encombrements de Paris, c'est difficile !*

**S.** *Encombrement* a pour syn. plus fort EMBOUTEILLAGE.

**encombrer** [ɑ̃kɔ̃bre] v. t. (conj. 1)
(sujet qqch, qqn) **encombrer qqch, un lieu** *Enlève-moi toutes ces valises qui encombrent le couloir, on ne peut pas passer.* ◆ (sujet qqn) **s'encombrer de qqn, de qqch** *Croyez-moi, il ne s'encombre pas de politesse excessive, il ira droit au but.*

**S.** *Encombrer qqch, un lieu,* c'est le remplir en prenant trop de place. EMBARRASSER ou BOUCHER, OBSTRUER (pour un lieu) sont des syn.
**L. encombrant, encombrement,** v. ces mots.

**encore** [ɑ̃kɔr] adv.
I. [temps] *Comment ! tu travailles encore à cette heure-ci ?* • *Elle a soixante ans, mais elle est encore belle.* • *Il est 4 heures et Jacques n'est pas encore arrivé, il est toujours en retard.* • *Tu as fini ton travail ? — Non, pas encore.* ◆ [répétition] *Ma télévision est encore en panne, c'est la troisième fois en un mois !* • *Tu peux me prêter de l'argent ? — Encore !*
II. [quantité] *Il y avait Jacques, Pierre, Jean, et qui encore ?* • *Tu as déjà tellement de choses, qu'est-ce que tu veux encore ?* ◆ [addition et quantité] *Pauline est encore plus gentille que toi.*

**S. et G. 1.** Au sens I, *encore* indique la continuation d'une action, d'un état ; dans une phrase négative, il indique qu'une action ou un état ne se sont pas réalisés, contrairement à ce qu'on attendait. *Encore* peut aussi exprimer la répétition. *Encore* peut être remplacé par des tournures avec CONTINUER, RESTER (*Tu travailles encore* → TU CONTINUES À TRAVAILLER ; *elle est encore belle* → ELLE EST RESTÉE BELLE). Le contr. est NE... PLUS. *Pas encore* a pour contr. DÉJÀ dans une phrase affirmative (*il n'est pas encore arrivé* s'oppose à IL EST DÉJÀ ARRIVÉ). — **2.** Au sens II, *encore*, jamais utilisé dans une phrase négative, exprime l'addition et s'emploie avec

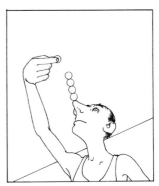

un nom ou un pronom dans des phrases interrogatives ou exclamatives. Il sert aussi à renforcer un comparatif dans une phrase affirmative. Avec un nom ou un pronom, *encore* a pour syn. D'AUTRE, EN PLUS, EN OUTRE (*Pierre, Jean et qui encore ?* → PIERRE, JEAN ET QUI D'AUTRE ?).

**encourager** [ɑ̃kuraʒe] v. t. (conj. **4**) (sujet qqn, qqch) **encourager qqn (à + inf.)** *La construction des usines devrait encourager les jeunes à rester dans leur ville, au lieu d'aller à Paris.* • *Applaudissez-le pour l'encourager!*

**S.** *Encourager* qqn, c'est lui DONNER DU COURAGE pour faire ou continuer qqch. STIMULER est

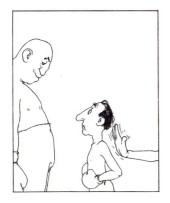

un syn. plus fort ; suivi d'un inf., les syn. sont EXHORTER, INCITER À + inf. Les contr. sont DÉCOURAGER et, plus forts, DÉSESPÉRER, DÉMORALISER, DÉPRIMER.
**L. encourageant, e** (adj.) *Ses résultats l'encouragent (à continuer) → ses résultats sont encourageants pour lui.* ◆ **encouragement** (n. m.) *Il a besoin qu'on l'encourage → il a besoin d'encouragement.*

**encre** [ɑ̃kr] n. f.
[produit] (non-compt., au sing.) *Il n'y a plus d'encre dans mon stylo.* • *Regarde, tu viens de faire une tache d'encre sur le tapis !* • *Ça ne fait rien si j'écris à l'encre rouge ?*

**S.** *L'encre* permet d'écrire ou de dessiner. On remplit un stylo avec de *l'encre* ou on le charge d'une cartouche d'*encre*.

**encyclopédie** [ɑ̃siklɔpedi] n. f.
[objet, texte] *Cette encyclopédie est trop vieille, les découvertes récentes de la médecine n'y sont pas.* • *Tu as vu, cette maison d'édition sort une nouvelle encyclopédie de la médecine.*

**S.** Une *encyclopédie* est un livre comportant d'une manière ordonnée toutes les connaissances relatives aux sciences, aux arts, etc. Elle se présente soit sous la forme de thèmes, soit sous la forme d'articles par ordre alphabétique.

**L. encyclopédique** (adj.) *Il a une culture encyclopédique* (← qui couvre tous les domaines d'une encyclopédie).

**endeuiller** → DEUIL L.

**endetter (s')** [ɑ̃dete] v. pr. (conj. **1**), **être endetté** v. pass.
(sujet qqn) *Nous avons été obligés de nous endetter pour payer l'appartement ; mais la banque nous fait crédit.*

**S.** *S'endetter*, c'est emprunter de l'argent à qqn, à un organisme, c'est faire des DETTES.
**L. endettement** (n. m.) *Nous nous sommes trop endettés → notre endettement est excessif.*

**endive** [ɑ̃div] n. f.
[légume] *Tu nous a fait encore des endives, tu sais pourtant que je n'aime pas leur goût amer !*

**S.** *L'endive* est une espèce de chicorée qu'on a fait blanchir dans l'obscurité et qu'on mange cuite ou en salade.

**endommager** [ɑ̃dɔmaʒe] v. t. (conj. **4**) (sujet qqch, qqn) **endommager qqch** *Le toit avait été très endommagé par les orages, il a fallu le réparer.*

**S.** *Endommager* qqch (soutenu), c'est le

mettre en mauvais état, y causer des dégâts, le DÉTÉRIORER, l'ABÎMER (moins fort).

**endormir** [ɑ̃dɔrmir] v. t. (conj. **19**) (sujet qqch) **endormir qqn** *Cette chaleur ne vous endort pas ?* • *Que c'était ennuyeux ! Son discours nous a tous endormis.* • *Ça y* est, les enfants sont tous endormis. ◆ (sujet qqn, un animal) **s'endormir** *Regarde ! le chat s'est endormi sur le lit.* ● *Ne t'endors pas dans la voiture, on est presque arrivé.*

**S.** *Endormir* qqn, c'est provoquer son sommeil ; les contr. sont RÉVEILLER ou ÉVEILLER

(soutenu). *S'endormir,* c'est commencer à DORMIR ; le syn. est S'ASSOUPIR (soutenu), le contr. SE RÉVEILLER.
**L. rendormir (se)** v. pr. *Essaie de t'endormir de nouveau (après t'être réveillé)* → *essaie de te rendormir.*

**endroit** [ɑ̃drwa] n. m.
I. [lieu] (compt., surtout au sing.) *J'aimerais trouver un endroit calme pour passer mes vacances.* ● *Ici, ce sera l'endroit idéal pour ranger mes papiers.* ● *À quel endroit avez-vous mal ? — À l'estomac.*
II. [localisation] (non-compt., au sing.) *Tu ne trouves pas que l'envers de ce tissu est aussi joli que l'endroit ?* ◆ **à l'endroit** *Je veux bien que tu fasses semblant de lire, mais, au moins, tiens ton livre à l'endroit !*

**S. 1.** Au sens I, *endroit* est, le plus souvent, précisé par un adj. ou un compl. ; il a pour syn. LIEU et EMPLACEMENT (soutenu et quand l'*endroit* est destiné à être la place de qqch). Selon les contextes, le terme a divers syn. : *vous allez à quel endroit en Italie ?* (= RÉGION, LOCALITÉ, VILLE, etc.) ; *il y a des guerres en plusieurs endroits du globe* (= PAYS, POINT) ; *un endroit pour ranger mes papiers* (= PLACE). — **2.** Au sens II, l'*endroit* d'un objet s'oppose à l'ENVERS et désigne le côté qui se présente normalement à la vue. *À l'endroit* a pour syn. du BON CÔTÉ, dans le BON SENS.

**endurer** [ɑ̃dyre] v. t. (conj. **1**)
(sujet qqn) **endurer qqch (abstrait)** *J'ai déjà enduré trop de choses pénibles ; ça ne peut pas continuer comme ça, il faut nous séparer.*

**S.** *Endurer* qqch a pour syn. SUPPORTER, SUBIR, et suppose que l'on souffre.

**en effet** [ɑ̃nefɛ] adv.
I. [explication] *Pierre ne pourra pas venir dimanche, il doit en effet aller chercher des amis à la gare.* ● *Il m'est impossible de partir en Espagne : en effet, on m'a volé tous mes papiers.*
II. [affirmation] *Je t'ai vu hier à côté de la poste. — En effet, je suis allé y porter un paquet.* ● *Vous n'êtes pas d'accord avec ce projet, je crois. — En effet, à mon avis, ce serait une bêtise.*

**S.** et **G. 1.** Au sens I, *en effet* introduit une explication, donne la cause de la proposition précédente ; les syn. sont CAR ou PARCE QUE. — **2.** Au sens II, *en effet* insiste sur la réalité de la constatation faite par un autre locuteur ; les syn. sont C'EST VRAI, C'EST EXACT, EFFECTIVEMENT ou ASSURÉMENT (soutenu).

**énergie** [enɛrʒi] n. f.
I. [qualité, qqn] (non-compt., au sing.) *Tu es fatigué ? Tu n'as pas l'air de travailler avec beaucoup d'énergie, aujourd'hui !* ● *Tiens ! Je me sens plein d'énergie ce matin ! Tu veux que je fasse le ménage ?*
II. [phénomène] (non-compt., au sing.) *Quelles sont les principales sources d'énergie de la France ? — Eh bien ! on a de tout mais en petite quantité !*

**S. 1.** *Énergie* (sens I) a pour syn. DYNAMISME, COURAGE, VOLONTÉ, ARDEUR, VIGUEUR, ZÈLE (plus fort), et pour contr. MOLLESSE, PARESSE, INDOLENCE (soutenu). — **2.** L'*énergie* (sens II), c'est la puissance, la force tirée d'un certain nombre de matières premières (*sources d'énergie*), qui sont le charbon, le gaz, le pétrole, etc.
**L. énergique,** v. ce mot.

**énergique** [enɛrʒik] adj.
I. (se dit de qqn, de son attitude ; après le n.) **énergique (avec qqn)** *Tu devrais te montrer plus énergique avec lui, sinon tu n'obtiendras rien !* ● *Je vous trouve très énergique aujourd'hui, malgré la chaleur, moi je n'ai aucun courage.*
II. (se dit de qqch ; après ou, plus rarement, avant le n.) **énergique (contre qqch [un mal])** *Le gouvernement compte prendre des mesures énergiques contre la hausse des prix.* ● *Tu ne connais pas un médicament énergique contre le rhume ?*

**S. 1.** *Énergique* (sens I) a pour syn. FERME (avec qqn), DYNAMIQUE, ACTIF (quand l'ÉNERGIE s'exerce sur soi-même), et pour contr. FAIBLE, MOU, AMORPHE. — **2.** *Énergique* contre qqch (sens II) a pour syn. EFFICACE.

**L. énergiquement** (adv.) *Il a protesté d'une manière énergique* → *il a protesté énergiquement.*

**énerver** [enɛrve] v. t. (conj. 1)
(sujet qqn, qqch) **énerver qqn** *Arrête un peu, tu nous énerves avec ce bruit!* • *Ça m'énerve d'attendre, j'ai l'impression de perdre mon temps.* ◆ (sujet qqn) **s'énerver, être énervé** *Allons, du calme! Si tu t'énerves, tu n'y arriveras jamais.* • *Ce n'est pas la peine de s'énerver, si on rate ce train-là, on prendra le suivant.* • *Les enfants sont très énervés aujourd'hui, ils n'arrêtent pas de bouger.*

**S. 1.** *Énerver qqn*, c'est le rendre NERVEUX, provoquer son irritation. Il a pour syn. moins fort AGACER et, plus forts, IRRITER, EXASPÉRER. — **2.** *S'énerver* a pour syn. S'EXCITER; SE CALMER, SE DÉTENDRE sont des contr. *Être énervé*

a pour syn. ÊTRE AGITÉ, EXCITÉ (plus fort), et pour contr. ÊTRE CALME, DÉTENDU, DÉCONTRACTÉ.
**L. énervant, e** (adj.) *Ce que tu m'énerves!* → *ce que tu es énervant!* ◆ **énervement** (n. m.) *Surtout ne vous énervez pas!* → *surtout pas d'énervement!*

**enfance** [ɑ̃fɑ̃s] n. f.
[état, âge] (compt., surtout au sing.) *Dans mon enfance, j'habitais à la campagne, près de Toulouse.* • *Où as-tu passé ton enfance? — À Paris.*

**S.** L'*enfance*, c'est le temps pendant lequel on est un ENFANT. L'*enfance* se distingue de l'ADOLESCENCE (qui commence après la puberté), de la JEUNESSE (qui englobe à la fois l'*enfance* et l'adolescence), de l'ÂGE ADULTE, de l'ÂGE MÛR et de la VIEILLESSE.

**enfant** [ɑ̃fɑ̃] n.
I. [n. m.] (personne, parenté) *Vous avez trois enfants? — Non, deux seulement.* • *Josiane attend un enfant, elle est enceinte de trois mois.*
II. [n.] (personne, âge) *Les enfants, allez*

*jouer ailleurs!* • *Stéphanie est une enfant très sage et très gentille.* • *Pierre agit comme un enfant, sans prendre ses responsabilités.*

**S. 1.** Au sens I, *enfant* est syn. de FILS (FILLE) de qqn et s'emploie quel que soit l'âge *(leurs enfants sont mariés). Attendre un enfant*, c'est ÊTRE ENCEINTE. On peut adopter un *enfant* quand on ne peut pas en avoir soi-même; on a alors un *enfant* ADOPTIF. — **2.** Au sens II, *enfant* s'oppose à ADULTE et à ADOLESCENT(E), JEUNE HOMME (FILLE). GOSSE, GAMIN et MÔME sont des syn. fam. *Agir comme un enfant*, c'est agir de manière INFANTILE, ou puérile.
**L. enfance**, v. ce mot. ◆ **enfantin, e** (adj.) [sens II] *Ce problème peut être fait par un enfant* → *ce problème est enfantin.*

**enfermer** [ɑ̃fɛrme] v. t. (conj. 1)
(sujet qqn) **enfermer qqn, un animal dans un lieu** *Tu te souviens du jour où tu m'avais*

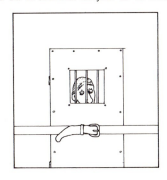

*enfermée dans un placard, quand j'avais trois ou quatre ans ?* • *On ne va quand même pas laisser le chien enfermé dans la voiture ?* ◆ **s'enfermer** *Pierre s'est enfermé dans sa chambre, il ne veut ouvrir à personne.*

**S.** *Enfermer* qqn, un animal, c'est le mettre dans un lieu FERMÉ, d'où il ne peut pas sortir. Les syn. sont BOUCLER (fam.) et, plus fort, EMPRISONNER. SE BARRICADER, c'est *s'enfermer* volontairement pour se défendre.

**enfiler** [ɑ̃file] v. t. (conj. 1)
I. (sujet qqn) **enfiler une aiguille** *Il faudrait que je porte des lunettes, je n'arrive même plus à enfiler une aiguille.*
II. (sujet qqn) **enfiler un vêtement** *Attendez-moi, j'enfile un pull et j'arrive.*

**S. 1.** *Enfiler une aiguille* (sens I), c'est y pas-

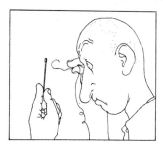

ser un FIL. — **2.** *Enfiler un vêtement* (sens II), c'est le passer, le mettre assez rapidement.

**enfin** [ɑ̃fɛ̃] adv.
I. [temps] *Nous irons d'abord à la tour Eiffel, ensuite à l'Arc de Triomphe et enfin au Louvre.* • *J'ai mis du temps, mais j'ai enfin trouvé ce que je cherchais.*

II. [conclusion et opposition] *Je comprends ce que tu veux dire ; enfin, je crois comprendre.* • *C'est difficile ; enfin, si tu veux, essaie.* • *Enfin, que voulez-vous, le succès n'est pas pour demain !*

**S. 1.** Au sens I, *enfin* a pour syn. FINALEMENT et À LA FIN ; il s'oppose à D'ABORD et à ENSUITE. — **2.** Au sens II, *enfin* sert à préciser ou à corriger ce qu'on vient de dire, ou à exprimer l'impatience, le regret, et a pour syn. QUOI QU'IL EN SOIT, MALGRÉ TOUT.

**enflammer (s')** [ɑ̃flame] v. pr. (conj. 1) (sujet qqch) *En un instant le feu gagna la bibliothèque, les livres et les papiers s'enflammèrent très vite, tout était brûlé.*

**S.** *S'enflammer*, c'est PRENDRE FEU. Les produits INFLAMMABLES *s'enflamment* rapidement.

**enflé, e** [ɑ̃fle] adj. (après le n.)
(se dit d'une partie du corps) *Tu vas mieux : je trouve que ta jambe est moins enflée depuis hier.*

**S.** Être *enflé*, c'est avoir augmenté de volume, en général pour des causes pathologiques.

**L. enfler** (v. i.) *Mon poignet commence à être enflé* → *mon poignet commence à enfler.* ◆ **enflure** (n. f.) *Il avait la jambe nettement enflée* → *il avait une nette enflure de la jambe.* ◆ **désenfler** (v. i.) *Tes jambes commencent à ne plus être enflées* → *tes jambes commencent à désenfler.*

**enfoncer** [ɑ̃fɔ̃se] v. t. (conj. 3)
I. (sujet qqn) **enfoncer un objet dans qqch (concret)** *Ce mur est trop dur, on ne peut même pas y enfoncer un clou!* ◆ (sujet qqn, qqch) **s'enfoncer** *Il y avait tellement de neige qu'on s'enfonçait jusqu'aux genoux.* ● *Nos pieds s'enfoncent dans le sable chaud, c'est agréable, non?*
II. (sujet qqn) **enfoncer qqch (concret)** *La clé était restée à l'intérieur, ils ont été obligés d'enfoncer la porte pour entrer.*

**S. 1.** *Enfoncer un clou*, c'est le faire pénétrer,

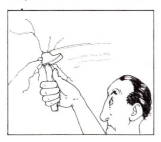

le plus souvent à l'aide d'un marteau. *S'enfoncer*, c'est, par rapport à une surface, aller vers le FOND, PÉNÉTRER. — **2.** *Enfoncer une porte*, c'est la faire céder, la DÉFONCER ou la FORCER (moins fort).

**enfuir (s')** [ɑ̃fɥir] v. pr. (conj. 18)
(sujet qqn, un animal) **s'enfuir (d'un lieu)** *Les deux hommes qui s'étaient enfuis de*

*prison la semaine dernière ont été retrouvés par la police.* ● *Tu as fait trop de bruit, tous les oiseaux se sont enfuis.*

**S.** *S'enfuir*, c'est PRENDRE LA FUITE. Il a pour syn. SE SAUVER, S'EN ALLER, FUIR, S'ÉCHAPPER. Lorsqu'il s'agit d'un prisonnier, un autre syn. est S'ÉVADER. Celui qui *s'enfuit* de prison est un FUGITIF; celui qui prend la fuite au combat est un FUYARD.

**enfumé, e** [ɑ̃fyme] adj. (après le n.)
(se dit d'une pièce) *Comment voulez-vous qu'on travaille dans un bureau aussi enfumé! Ouvrez la fenêtre!*

**S.** Une pièce *enfumée* est pleine de FUMÉE.

**engagé, e** [ɑ̃gaʒe] adj. (après le n.)
(se dit de qqn, de son œuvre) *Moi, les chanteurs engagés, ça m'ennuie, je trouve que la chanson c'est fait pour divertir.*

**S.** Un écrivain, un chanteur, etc., *engagés* prennent part, dans leur art, aux luttes politiques et transmettent une idéologie. Le syn. est PARTISAN; le contr. NEUTRE.

**engageant, e** [ɑ̃gaʒɑ̃, ɑ̃t] adj.
(se dit de qqch, de l'attitude de qqn) *Cet hôtel n'a pas un aspect très engageant, on y va quand même?* ● *Il m'écoutait d'un air engageant, et ma timidité a disparu.*

**S.** Est *engageant* ce qui attire ou, en parlant de l'attitude de qqn, ce qui incite à entrer en relation. SYMPATHIQUE en est un syn.; le contr. est ANTIPATHIQUE.

**engager** [ɑ̃gaʒe] v. t. (conj. 4)
I. (sujet qqn) **engager un véhicule** ou (sujet qqn, un véhicule) **s'engager (dans, sur une voie)** *Tu as malheureusement engagé la voiture dans un chemin trop étroit et on ne va pas pouvoir tourner.* ● *Vite, recule, tu t'es engagé dans un sens interdit!*
II. (sujet qqn) **engager qqn** *L'entreprise engage des peintres en bâtiment.* ● *Jacques a été engagé comme chauffeur.*
III. (sujet qqn, qqch [abstrait]) **engager qqn à qqch, à + inf.** *Je ne vous engage pas à accepter cette proposition; elle est trop mauvaise pour vous.* ● *Cette signature ne vous engage à rien.* ◆ (sujet qqn) **s'engager à qqch, à + inf.** *Tu as signé et tu ne sais pas à quoi tu t'engages?* ● *Pierre s'est engagé à nous rembourser dans l'année qui vient.*

**S. 1.** *Engager un véhicule dans, sur une voie* (sens I), c'est l'y FAIRE ENTRER, l'y AVANCER. *S'engager*, c'est ENTRER, S'AVANCER. — **2.** *Engager qqn* (sens II) se dit en parlant d'un employeur

qui fait entrer qqn dans son entreprise pour un travail déterminé. Il a pour syn. EMBAUCHER et RECRUTER et s'oppose à RENVOYER, LICENCIER. — **3.** *Engager qqn à qqch* (sens III), c'est le CONTRAINDRE À (soutenu), l'OBLIGER À, c'est faire qu'il soit lié à qqch par un ENGAGEMENT. Il s'oppose à DÉGAGER. *S'engager à qqch*, c'est se lier par un contrat ou une promesse en vue de qqch. *S'engager à* + inf. a pour syn. PROMETTRE DE (moins fort), DONNER SA PAROLE DE.
**L. engagement** (n. m.) [sens II et III] *Je ne me suis pas engagé → il n'y a pas eu d'engagement de ma part.*

## englober [ãglɔbe] v. t. (conj. 1)
(sujet qqn, qqch) **englober qqn, qqch** *Et je n'englobe pas dans ce compte vos dépenses personnelles, sinon le total serait énorme.*

**S.** *Englober qqch, qqn* (soutenu), c'est les faire entrer, les mettre dans un ensemble, c'est réunir des personnes ou des choses dans un tout.

## engouffrer (s') [ãgufre] v. pr. (conj. 1)
(sujet un liquide, un fluide) *Comment se fait-il qu'il fasse si froid ici ? — L'air s'engouffre par la fenêtre qui a un carreau cassé.* ◆ (sujet qqn) *Regardez tous ces gens qui s'engouffrent dans le métro à la même heure, ce n'est pas triste ?*

**S.** *S'engouffrer*, c'est PÉNÉTRER avec force qqpart ou, en parlant de qqn, ENTRER vite qqpart.

## engourdi (être) [ãgurdi] v. pass.
(sujet qqn, une partie du corps) *J'ai dormi dans une mauvaise position ; j'ai le bras gauche tout engourdi.*

**S.** *Avoir un membre engourdi*, c'est avoir du mal à le remuer, à le bouger. ÊTRE PARALYSÉ implique une impossibilité permanente à bouger les membres.
**L. engourdissement** (n. m.) *Votre bras ne va pas rester longtemps engourdi → l'engourdissement de votre bras ne va pas durer longtemps.*

## engraisser [ãgrese] v. i. (conj. 1)
(sujet qqn) *Tu ne trouves pas qu'il a engraissé depuis son mariage ?*

**S.** *Engraisser*, c'est devenir plus gros ; les syn. sont GROSSIR, PRENDRE DE L'EMBONPOINT.

## enhardir → HARDI L.

## énigme [enigm] n. f.
[statut, qqch] *Comment ce papier a-t-il pu disparaître ? — Ça, c'est une énigme, je ne comprends pas.* ● *Offrez-lui un roman policier, il adore résoudre les énigmes.*

**S.** *Une énigme* est ce qui est très difficile à

débrouiller, à comprendre ; le syn. est MYSTÈRE.
**L. énigmatique** (adj.) *Son silence est une énigme, ça nous cause des difficultés → son silence énigmatique nous cause des difficultés.*

## enivrer (s') [ãnivre] v. pr. (conj. 1)
(sujet qqn) *Il dit que l'alcool ne lui fait rien, qu'il ne s'enivre jamais.*

**S.** *S'enivrer* (soutenu), c'est devenir IVRE. SE SOÛLER est un syn. fam.

## enjeu [ãʒø] n. m., pl. enjeux
I. [argent, valeur] *Plus votre enjeu est important, plus la somme que vous risquez de gagner est élevée.*
II. [abstrait] *Dans cette histoire, l'enjeu, c'est ta liberté, ne te laisse pas faire.*

**S. 1.** Un *enjeu* (sens I), c'est la somme d'argent qu'on JOUE à un JEU. MISE est parfois un syn. — **2.** Un *enjeu* (sens II), c'est ce qu'on peut gagner ou perdre dans une entreprise quelconque, ce qui est EN JEU.

**enlaidir** [ɑ̃ledir] v. t. et v. i. (conj. **15**) [v. t.] (sujet qqn, qqch) **enlaidir qqch, qqn** *Tous ces panneaux publicitaires enlaidissent nos rues.* ◆ [v. i.] *Elle a beaucoup enlaidi en vieillissant, tu ne trouves pas ? — Le contraire serait étonnant.*

    **S.** *Enlaidir* (v. t.), c'est rendre LAID, moins beau. *Enlaidir* (v. i.), c'est devenir plus LAID, moins beau. Le contr. est EMBELLIR.
    **L. enlaidissement** (n. m.) Nos plages ont enlaidi, vos constructions en sont responsables → *vos constructions sont responsables de l'enlaidissement de nos plages.*

**enlever** [ɑ̃lve] v. t. (conj. **11**)
I. (sujet qqn) **enlever un objet (d'un lieu), un vêtement (d'une partie du corps)** *Ces livres me gênent, enlève-les de mon bureau !* • *Tu peux enlever ta veste, si tu as trop chaud.*
II. (sujet qqn) **enlever qqn** *On a enlevé la fille de cet industriel à la sortie de l'école ; les bandits demandent une grosse somme d'argent.*

    **S. 1.** *Enlever un objet* (sens I), c'est le dépla-

cer. Il a pour syn. RETIRER, ÔTER (soutenu), et pour contr. METTRE ; d'autres contr. sont LAISSER (pour un objet), GARDER (pour un vêtement). — **2.** *Enlever* qqn (sens II), c'est le KIDNAPPER, le plus souvent contre une somme d'argent, une rançon. Mais le verbe est alors moins fréquent que les noms ENLÈVEMENT, KIDNAPPING, RAPT (soutenu).
    **L. enlèvement** (n. m.) [sens I] On enlève les ordures tous les matins → *l'enlèvement des ordures a lieu tous les matins.* ◆ [sens II] On a enlevé un enfant à Lyon → *un enlèvement d'enfant a eu lieu à Lyon.*

**enneigé** → NEIGE L.

**ennemi, e** [enmi] adj. (après le n.) et n., **ennemi** n. m.
[n.] (personne, rôle) *On l'a retrouvé mort de deux balles dans la tête ; pourtant sa famille ne lui connaissait pas d'ennemi.* • *Tu veux que je demande un service à cette fille ? Mais c'est ma pire ennemie.* ◆ [n. m.] (collectif, personnes) *La guerre a commencé, l'ennemi avance vers la frontière.* ◆ [adj.] *Quand les soldats ennemis sont entrés dans la ville, la population s'était enfuie.*

    **G.** L'adj. n'a ni comparatif ni superlatif.
    **S.** Un *ennemi* est qqn qui vous veut du mal. Les syn. moins forts sont RIVAL, ADVERSAIRE, OPPOSANT (soutenu). *L'ennemi* (n. m.), c'est l'ADVERSAIRE contre lequel un pays est en guerre ; le contr. est ALLIÉ (adj. et n.). L'adj. a pour contr. AMI (qui est aussi un n.).

**ennui** [ɑ̃nɥi] n. m.
I. [sentiment] (non-compt., au sing.) *Ton père est un homme très actif ; quand il prendra sa retraite, c'est l'ennui qui va le gagner.*
II. [événement, qqn] (compt.) *Il paraît que vous avez eu des ennuis de santé pendant vos vacances ? — Oui, j'ai eu la grippe.* • *Jeanne est très triste ces temps-ci, je crois qu'elle a beaucoup d'ennuis.* • *Si tu as des ennuis d'argent, je peux t'aider.* • *Jacques a eu des ennuis à la douane de l'aéroport : il essayait de passer une caméra.* ◆ [événement] *J'aimerais bien partir avec vous, l'ennui, c'est que je travaille demain.*

    **S. 1.** *L'ennui* (sens I) est un sentiment de vide, de lassitude, causé par le désœuvrement ou par un travail sans intérêt. — **2.** *Ennui* (sens II) a pour syn. PROBLÈME, DÉSAGRÉMENT (soutenu et moins fort). *Avoir des ennuis de* qqch a pour syn. DIFFICULTÉ, EMBARRAS, SOUCI, PROBLÈME, TRACAS, EMBÊTEMENT (fam.). *Avoir des ennuis avec* qqn a pour syn. AVOIR DES DÉMÊLÉS AVEC lui (soutenu). *Ennui* peut désigner un événement fâcheux ; en ce cas, le syn. est INCONVÉNIENT.
    **L. ennuyer, ennuyeux,** v. ces mots.

**ennuyer** [ɑ̃nɥije] v. t. (conj. **5**)
I. (sujet qqn, qqch) **ennuyer qqn** *Ton histoire nous ennuie, ça ne nous intéresse pas du tout.* ◆ (sujet qqn) **s'ennuyer** *Ce que j'ai pu m'ennuyer à cette réunion ! J'avais envie de partir !* • *Tu as l'air de t'ennuyer, pourquoi ne vas-tu pas jouer avec les autres ?*
II. (sujet qqn, qqch) **ennuyer qqn** *Je vous laisse, je ne veux pas vous ennuyer plus longtemps.* • *Tu ne veux pas que je t'accompagne ? Ça m'ennuie que tu rentres seule si tard.* ◆ (sujet qqn) **être ennuyé** *Je suis très*

ennuyée, j'ai perdu les clefs de la voiture!

**S. 1.** Au sens I, *ennuyer* a pour syn. EMBÊTER (fam.), ASSOMMER (fam.), CASSER LES PIEDS (fam.), FATIGUER. *S'ennuyer* a pour syn. ÉPROUVER

plus clairement vos propositions? Ce que vous dites reste un peu obscur.
**S.** *Énoncer* est un syn. soutenu de EXPOSER, EXPRIMER.
**L. énoncé** (n. m.) *L'énoncé du sujet était ambigu* (← la manière dont le sujet était énoncé).

**énorme** [enɔrm] adj. (avant ou après le n.)
(se dit de qqch, de qqn) *Tu as reçu un énorme paquet, je me demande bien ce qu'il peut y avoir dedans!* • *C'est un livre qui a eu un succès énorme en France.* • *Son frère pèse cent vingt kilos, il doit être vraiment énorme!*
**G.** Cet adj. n'a ni comparatif ni superlatif.
**S.** *Énorme* s'emploie pour parler de la quantité, du poids, de l'importance; il a pour syn. GROS (moins fort), quelquefois GIGANTESQUE, MONUMENTAL ou COLOSSAL (plus forts). En parlant d'un objet, un autre syn. est VOLUMINEUX (plus faible et soutenu); les contr. sont MINUSCULE, TOUT PETIT. En parlant d'un nom abstrait, les syn. sont IMMENSE, CONSIDÉRABLE, FANTASTIQUE.
**L. énormément,** v. ce mot.

DE L'ENNUI, SE MORFONDRE (soutenu), S'EMBÊTER (fam.), et pour contr. S'AMUSER, SE DISTRAIRE. — **2.** Au sens II, *ennuyer* qqn, c'est lui causer du souci, de la contrariété; les syn. sont IMPORTUNER (soutenu), AGACER, EMBÊTER (fam.), en parlant de qqn, INQUIÉTER, PRÉOCCUPER, TRACASSER (plus fort), en parlant de qqch. *Être ennuyé* a pour syn. ÊTRE CONTRARIÉ.

**ennuyeux, euse** [ɑ̃nɥijø, øz] adj. (après le n.)
I. (se dit de qqch, de qqn) *J'ai trouvé ce livre tellement ennuyeux que je n'ai même pas pu le terminer!* • *Prends des petites routes, c'est moins ennuyeux que l'autoroute.* • *Vous n'allez sans doute pas vous amuser chez eux, ce sont des gens très ennuyeux!*
II. (se dit de qqch) *Votre question est ennuyeuse, que voulez-vous que je vous réponde?* • *C'est ennuyeux si on arrive un peu en retard? — Non, on vous attendra.*
**S. 1.** Au sens I, qqn, qqch d'*ennuyeux* ENNUIE (sens I), provoque l'ENNUI (sens I); les syn. sont EMBÊTANT (fam.), ASSOMMANT (fam.) et, plus forts, MONOTONE, FASTIDIEUX (seulement qqch), EMPOISONNANT, FATIGANT, AGAÇANT; les contr. sont AMUSANT, DRÔLE, DISTRAYANT, GAI, INTÉRESSANT et, plus fort, PASSIONNANT. — **2.** Au sens II, qqch d'*ennuyeux* ENNUIE (sens II), provoque des ENNUIS (sens II); les syn. sont GÊNANT, EMBARRASSANT (moins forts), EMBÊTANT (fam.).

**énoncer** [enɔ̃se] v. t. (conj. **3**)
(sujet qqn) **énoncer qqch (phrase, demande, avis, etc.), que + ind.** *Vous pourriez énoncer*

**énormément** [enɔrmemɑ̃] adv.
[quantité] **énormément (+ v., adj., adv.), énormément de + n. plur.** (compt.) ou **sing.** (non-compt.) *Pierre a énormément travaillé pour son examen, j'espère qu'il sera reçu!* • *Tu as aimé ce film? — Énormément. — Eh bien! moi, pas du tout, au contraire.* • *Il y avait énormément de gens à cette manifestation: les rues étaient pleines de monde.* • *Jacques gagne énormément d'argent, mais il paie aussi énormément d'impôts!*
**S.** *Énormément* indique une très grande quantité. Il a pour syn. BEAUCOUP (moins fort), TERRIBLEMENT (fam.) et CONSIDÉRABLEMENT (soutenu). *Énormément de* (suivi d'un nom) a pour syn. moins fort PLEIN DE; avec un nom compta-

ble (au plur.), il a pour syn. UN TRÈS GRAND NOMBRE DE, UN NOMBRE CONSIDÉRABLE DE ; le contr. est TRÈS PEU DE.

**enquête** [ɑ̃kɛt] n. f.
[action, qqn, et résultat] *Nous faisons une enquête sur les conditions de travail dans la région parisienne, pouvez-vous répondre à nos questions ?* • *Les résultats de l'enquête sur la population de la banlieue paraîtront dans le journal.* ◆ **enquête (policière)** *Il y a eu un vol, et la police a déjà commencé l'enquête, paraît-il.*

   **S.** *Une enquête*, c'est l'action d'étudier, d'examiner une question, un problème au moyen d'expériences, de témoignages, de documents. Ainsi, les personnes qui font des ÉTUDES DE MARCHÉ font des *enquêtes*. Un SONDAGE est une *enquête* sur l'opinion des gens sur tel ou tel sujet. Une *enquête policière*, c'est la recherche d'indices qui permettront de trouver le coupable d'un délit.
   **L.** *enquêter* (v. i.) Quel est l'inspecteur qui s'occupe de l'enquête ? → *quel est l'inspecteur qui enquête ?* ◆ **enquêteur, euse** (n.) Il fait (par métier) des enquêtes → *il est enquêteur.*

**enregistrer** [ɑ̃rəʒistre] v. t. (conj. **1**)
I. (sujet qqn) **enregistrer qqch (énoncé, musique, émission, etc.)** *Je vais m'acheter un magnétophone, comme ça, tu me prêteras tes disques et je les enregistrerai.*
II. (sujet qqn) **enregistrer des bagages** [À l'aéroport] : *« Il faut faire enregistrer tes bagages avant de prendre l'avion. »*

   **S. 1.** *Enregistrer* (sens I), c'est fixer des sons sur une bande ou un disque, une émission sur un film, etc. — **2.** *Enregistrer des bagages* (sens II), c'est les faire étiqueter, peser, etc., avant de prendre un train, un avion, un car.
   **L.** *enregistrement* (n. m.) [sens I] Nous enregistrerons cette émission vendredi 24 mai au studio 104 → *l'enregistrement de cette émission aura lieu vendredi 24 mai au studio 104.* ◆ [sens II] Qui se charge d'enregistrer les bagages ? → *qui se charge de l'enregistrement des bagages ?*

**enrhumer (s')** [ɑ̃ryme] v. pr. (conj. **1**), **être enrhumé** v. pass.
(sujet qqn) *Ferme la fenêtre, avec ces courants d'air, on va tous s'enrhumer.* • *Paul tousse beaucoup, il est très enrhumé.*

   **S.** *S'enrhumer*, c'est ATTRAPER UN RHUME ; *être enrhumé*, c'est AVOIR UN RHUME.

**enrichir (s')** → RICHE L.

**enroué, e** [ɑ̃rwe] adj. (après le n.)
(se dit de qqn, de sa voix) *Tu as la voix enrouée, tu as dû attraper froid ; prends tout de suite de l'aspirine.*

   **S.** Être *enroué*, c'est avoir la voix sourde et voilée.

**enseignant, e** [ɑ̃sɛɲɑ̃, ɑ̃t] n.
[personne, profession] *Les syndicats d'enseignants ont appelé à faire grève pour protester contre les mauvaises conditions de travail.* • *Marie veut devenir enseignante. — Professeur ? — Non, institutrice.*

   **S.** Les *enseignants* (en langue soutenue le CORPS ENSEIGNANT) sont des fonctionnaires de l'Éducation nationale chargés de l'ENSEIGNEMENT dans les écoles, les collèges, les lycées, les universités : les instituteurs, les professeurs sont des *enseignants*.

**enseignement** [ɑ̃sɛɲmɑ̃] n. m.
[action, qqn, et résultat] (compt.) *L'enseignement des mathématiques modernes commence dès les petites classes.* ◆ [institution] (non-compt., au sing.) *Aline a toujours voulu travailler dans l'enseignement, faire des cours, s'occuper des élèves.*

   **S.** *Enseignement* désigne à la fois l'action d'ENSEIGNER et l'organisation scolaire ou universitaire, l'activité sociale qui s'y rapporte.

**enseigner** [ɑ̃sɛɲe] v. t. (conj. **1**)
(sujet qqn) **enseigner qqch [science, métier, activité] (à qqn)** *Pierre enseigne les mathématiques dans un lycée de province.* ◆ (sans compl.) *Elle n'a jamais enseigné et on lui donne la classe la plus difficile de l'école !*

   **S.** *Enseigner une science*, c'est l'apprendre à des élèves, des étudiants. Sans compl., c'est

ENSEMBLE

FAIRE UN COURS. Celui qui *enseigne* est un ENSEIGNANT (professeur, maître, instituteur).
**L. enseignant, enseignement,** v. ces mots.

**1. ensemble** [ãsãbl] adv.
[manière et temps] *J'ai rencontré Jacques et nous sommes allés ensemble au cinéma.* ● *Nous n'arriverons pas à monter tous ensemble dans la voiture.* ● *Ce n'est pas joli, cette chemise rouge avec ce pantalon vert, ça ne va pas ensemble.*

**S.** et **G.** *Ensemble* signifie L'UN AVEC L'AUTRE, LES UNS AVEC LES AUTRES, et il a pour contr. SÉPARÉMENT. Deux choses qui *vont ensemble* S'HARMONISENT ; dans le cas contraire, elles SONT INCOMPATIBLES (plus fort), elles JURENT ensemble. ENSEMBLE s'emploie surtout après un verbe qui a un sujet plur. On emploie *tous ensemble* lorsqu'il s'agit de plus de deux personnes ou choses.

**2. ensemble** [ãsãbl] n. m.
I. [quantité] **ensemble de** + **n. plur.** *Pourquoi vous êtes-vous fâchés ? — À cause d'un ensemble de choses, rien de spécial en particulier.* ● *L'ensemble des employés de la maison est d'accord pour se mettre en grève.* ◆ **dans l'ensemble** *Bien sûr, ils se disputent de temps en temps, mais dans l'ensemble, ils s'entendent bien.*
II. [vêtement] *Il est très joli ton ensemble en laine, où l'as-tu acheté ?* ● *Mardi soir, je mets mon ensemble bleu.*

**S. 1.** *Ensemble* (sens I) peut avoir pour syn. SÉRIE, SUITE, GROUPE quand il s'agit d'*un ensemble de*, ou TOTALITÉ quand il s'agit de *l'ensemble de* ; il s'oppose alors à UNE PARTIE DE. *Dans l'ensemble* a pour syn. EN GROS, GROSSO MODO, et pour contr. EN, DANS LE DÉTAIL. — **2.** Un *ensemble* (sens II) est un vêtement féminin qui se compose d'une jupe (ou d'un pantalon) et d'une veste (ou d'un pull). Lorsqu'il comporte une veste, il a pour syn. moins courant TAILLEUR.

**ensemencer** → SEMER L.

**enseveli (être)** [ãsəvli] v. pass.
(sujet qqn, qqch) **être enseveli (dans, sous qqch)** *Il est mort, enseveli sous la neige.*

**S.** *Être enseveli* (soutenu), c'est être complètement recouvert, disparaître sous un amoncellement de, ÊTRE ENFOUI, ÊTRE ENTERRÉ DANS, SOUS qqch.

**ensoleillé** → SOLEIL L ; **ensommeillé** → SOMMEIL L.

**ensuite** [ãsɥit] adv.
[temps] *Nous irons d'abord aux Champs-Élysées et ensuite à la tour Eiffel.* ● *Pour l'instant, mon fils va à l'école, il décidera ensuite de ce qu'il fera.*

**S.** *Ensuite* indique une succession et s'oppose à D'ABORD et à ENFIN. Il a pour syn. APRÈS, PUIS, PAR LA SUITE, ULTÉRIEUREMENT (soutenu).

**entamer** [ãtame] v. t. (conj. 1)
I. (sujet qqn) **entamer qqch (concret)** *Je voulais mettre le fromage entier sur la table, mais je ne sais pas qui l'a entamé.*
II. (sujet qqn) **entamer qqch (abstrait)** *La période de lutte est terminée, nous allons maintenant entamer les négociations.*

**S. 1.** *Entamer* qqch (surtout un aliment, une bouteille, une boisson), c'est en prélever un

morceau, une quantité alors qu'il était entier. — **2.** *Entamer* (sens II) [soutenu] a pour syn. COMMENCER (une action).

**entasser** [ãtase] v. t. (conj. 1)
(sujet qqn) **entasser des objets, des personnes** *Où vas-tu mettre tous ces livres ? — Je vais les entasser dans le bureau en attendant d'avoir une bibliothèque* ◆ (sujet des objets, des personnes) **s'entasser** *Je ne comprends pas comment une famille de sept personnes peut s'entasser dans deux pièces.*

**S.** *Entasser*, c'est mettre en TAS, en grande quantité dans un même endroit.
**L. entassement** (n. m.) *Il est inadmissible d'entasser sept personnes dans deux pièces* → *l'entassement de sept personnes dans deux pièces est inadmissible.*

**entendre** [ãtãdr] v. t. (conj. 41)
I. (sujet qqn) **entendre (qqn, un bruit), entendre (qqn, qqch)** + **inf.** [*Au téléphone*] : «*Je vous entends mal, parlez plus fort !*» ● *Il n'entend jamais rien, et pourtant il*

n'est pas sourd! • J'entends du bruit dans la pièce à côté, il y a sûrement quelqu'un. • Tiens, tu es là? Je ne t'ai pas entendu rentrer. • J'entends marcher en haut, qu'est-ce que ça peut être? ◆ **entendre parler de qqch, de qqn** Tu es au courant? Pierre va prendre sa retraite. — Oui, j'en ai entendu parler. • Tu sais ce qu'est devenue Marie? — Non, je n'ai plus jamais entendu parler d'elle. ◆ **tu entends!** Paul, laisse ta sœur tranquille, tu entends!
II. (sujet qqn) **entendre qqch (idée), que + ind.** Qu'est-ce que vous entendez par là? Si vous n'êtes pas d'accord, dites-le franchement. • Il nous a laissé entendre que sa décision était déjà prise et que tout ce qu'on dirait serait inutile. ◆ **c'est entendu, il est (bien) entendu que + ind.** C'est entendu, vous pouvez compter sur moi. • Il est bien entendu que nous vous payons le voyage.
◆ (sujet qqn) **s'entendre (avec qqn) [sur qqch]** Paul s'entend très bien avec Pierre, c'est son meilleur ami. • Après deux ans de mariage, Jacques et Marie ne s'entendent plus, ils vont se séparer. • Il faudrait s'entendre : ou vous voulez aller au cinéma, ou vous voulez rester à regarder la télévision, mais il faut choisir!

**G.** Au sens II, le compl. (avec qqn) de *s'entendre* n'est pas exprimé avec un sujet plur. ou formé de noms coordonnés.
**S. 1.** *Entendre* (sens I), c'est percevoir par l'oreille des paroles, des bruits. Il suppose une

attitude passive, à la différence d'ÉCOUTER, qui est actif (faire attention). *Entendre parler de* qqch a pour syn. plus forts APPRENDRE ou ÊTRE INFORMÉ DE. *Entendre parler de* qqn, c'est AVOIR DES NOUVELLES DE lui. *Tu entends!*, qui exprime un ordre ou une menace, a pour expression syn. C'EST COMPRIS! — **2.** *Entendre* (sens II) [soutenu], c'est VOULOIR DIRE, COMPRENDRE (soutenu). *C'est entendu* est syn. de C'EST D'ACCORD. *Il est bien entendu que* est syn. de IL EST BIEN DÉCIDÉ, CONVENU QUE. *S'entendre avec* qqn, c'est SYMPATHISER AVEC lui (moins fort), FAIRE BON MÉNAGE, ÊTRE ou VIVRE EN BONNE ENTENTE AVEC, par oppos. à SE DISPUTER et, plus fort, SE DÉTESTER. *S'entendre (sur)* qqch, c'est SE METTRE D'ACCORD (SUR), SE COMPRENDRE.
**L. entente** (n. f.) [sens II] Ils s'entendent bien → *il y a une bonne entente entre eux.* ◆ **entendu (bien),** v. BIEN ENTENDU.

**enterrement** [ɑ̃tɛrmɑ̃] n. m.
[action, qqn, et résultat] *Jacques s'est tué dans un accident d'auto, l'enterrement aura lieu lundi.* • *Pour l'enterrement de ma grand-mère, la famille s'était donné rendez-vous au cimetière.*

**S.** *Enterrement* désigne l'ensemble des cérémonies qui correspondent à la MISE EN TERRE d'un mort : cérémonie à l'église, au cimetière. On parle de FUNÉRAILLES quand il s'agit de l'enterrement solennel d'une personnalité. OBSÈQUES est un syn. litt.

**enterrer** [ɑ̃tere] v. t. (conj. 1)
I. (sujet qqn) **enterrer qqch** *Il paraît que pendant la guerre les habitants de cette villa ont enterré leur fortune dans leur jardin, on la trouvera peut-être un jour.*
◆ **enterrer qqn** *Il veut absolument qu'on l'enterre dans la ville où il est né.*
II. (sujet qqn) **s'enterrer, être enterré qqpart** *Ça, jamais je n'irai m'enterrer dans ce coin perdu de montagne.*

**S. 1.** *Enterrer* (sens I), c'est ENFOUIR SOUS TERRE. *Enterrer* qqn, c'est le METTRE EN TERRE (soutenu), dans un cercueil, après sa mort ; INHUMER est un syn. soutenu. — **2.** *S'enterrer* (sens II), c'est S'ISOLER dans un endroit éloigné de tout ou jugé sans intérêt.
**L. enterrement,** v. ce mot.

**entêté, e** [ɑ̃tete] adj. (après le n.) et n.
[adj.] (se dit de qqn) *Pierre est très entêté, il est difficile à convaincre.* ◆ [n.] (personne) *Ce sont des entêtés ; ils veulent continuer, même contre leur intérêt.*

**S.** Est *entêté* celui qui met de l'obstination dans ce qu'il fait. Les syn. sont TÊTU et BUTÉ (plus fort).

**entêter (s')** [ɑ̃tete] v. pr. (conj. 1)
(sujet qqn) **s'entêter (à + inf.)** *Je ne comprends pas pourquoi tu t'entêtes à ne pas vouloir me croire, je t'assure que je te dis la vérité.*

# ENTHOUSIASTE

**S.** *S'entêter*, c'est mettre de l'obstination à faire qqch ; le syn. est S'OBSTINER À ; PERSÉVÉRER DANS qqch, À + inf. est soutenu.
**L. entêté,** v. ce mot. ◆ **entêtement** (n. m.) *Je ne comprends pas qu'il s'entête → je ne comprends pas son entêtement.*

**enthousiaste** [ɑ̃tuzjast] adj. (après le n.) (se dit de qqn, de son attitude) *L'équipe était victorieuse ; il y a eu des cris enthousiastes à la fin du match.* ● *Pierre est un garçon enthousiaste, prêt à se passionner pour n'importe quel projet.*

**S.** *Être enthousiaste,* c'est être animé d'une grande ardeur ou d'une grande admiration pour qqn, qqch ; le syn. plus fort est ÊTRE PASSIONNÉ ; les contr. sont RESTER FROID, DE GLACE, ÊTRE INDIFFÉRENT.
**L. enthousiasme** (n. m.) *Il est enthousiaste à la pensée d'aller en Grèce → il manifeste de l'enthousiasme à la pensée d'aller en Grèce.*
◆ **enthousiasmer (s')** v. pr. *Il est enthousiaste pour ce projet → il s'enthousiasme pour ce projet.*

**entier, ère** [ɑ̃tje, ɛr] adj.
(se dit de qqch [concret] ; après le n.) *J'ai bu deux verres entiers d'eau fraîche, tellement j'avais soif.* ● *Quel est cet acteur de cinéma ? Il est pourtant connu du monde entier.* ● *Nous sommes restés un mois entier en Angleterre.* ● *L'école tout entière est au courant de ses malheurs !* ◆ (se dit de qqch [abstrait] ; avant ou après le n.) *Je te garde une entière confiance, malgré cette erreur.*
◆ **en entier** *Tu as aimé mon disque ? — Oui, mais je n'ai pas pu l'écouter en entier.*

**G.** Cet adj., le plus souvent épithète, n'a ni comparatif ni superlatif ; mais il peut être renforcé par TOUT.
**S. 1.** *Entier* se dit de ce que l'on considère dans sa totalité ; il a pour syn. PLEIN avec un nom concret, TOTAL, ABSOLU, SANS RÉSERVE avec un nom abstrait. — **2.** *En entier* est syn. de ENTIÈREMENT, COMPLÈTEMENT, INTÉGRALEMENT, TOTALEMENT (EN TOTALITÉ), par oppos. à EN PARTIE, PARTIELLEMENT.
**L. entièrement,** v. ce mot.

**entièrement** [ɑ̃tjɛrmɑ̃] adv.
[manière et quantité] *L'incendie a entièrement détruit l'immeuble : il ne reste absolument rien !* ● *Le chauffeur n'est pas entièrement responsable de l'accident : la rue était très mal éclairée.*

**S.** *Entièrement* correspond à l'adj. ENTIER ; il a pour syn. EN ENTIER, COMPLÈTEMENT, TOTALEMENT, INTÉGRALEMENT, DE FOND EN COMBLE (phrase 1) ; les contr. sont EN PARTIE, PARTIELLEMENT. Il a aussi pour syn. ABSOLUMENT, PLEINEMENT, TOUT À FAIT (phrase 2), et s'oppose à À DEMI, À MOITIÉ.

**entourage** [ɑ̃turaʒ] n. m.
[collectif, personnes] (compt., surtout au sing.) *Le président était mal conseillé par son entourage qui avait intérêt à ce qu'il se trompe.*

**S.** *L'entourage* de qqn, ce sont ses familiers, ses conseillers, ses amis personnels.

**entourer** [ɑ̃ture] v. t. (conj. **1**)
I. (sujet qqch, qqn) **entourer un lieu** *Les policiers entourent la maison où le bandit s'est mis à l'abri.* ● *Devant l'église, il y a une petite place entourée d'arbres.* ◆ (sujet qqn) **entourer un objet (de, avec qqch)** *Tu peux m'aider à entourer le paquet avec cette ficelle ?*
II. (sujet qqn [plur.]) **entourer qqn** *Qui sont ces gens qui entourent le président ?* ◆ (sujet qqn) **s'entourer de personnes, de choses** *Catherine n'aime pas rester seule, elle s'entoure toujours d'un tas de gens.* ● *Paul aime le désordre et s'entoure d'objets de toutes sortes.*

**S. 1.** *Entourer un lieu* (sujet qqch) [sens I] a pour syn. ÊTRE DISPOSÉ AUTOUR, BORDER, ENCA-

DRER ; (sujet qqn) CERNER, ENCERCLER. *Entourer qqch de (avec) qqch* a pour syn. METTRE qqch AUTOUR. — **2.** En parlant de plusieurs personnes, *entourer qqn* (sens II), c'est constituer son ENTOURAGE, ses amis. *S'entourer de* a pour syn. AVOIR AUTOUR DE SOI, S'ENVIRONNER DE.

**entracte** [ɑ̃trakt] n. m.
[temps, durée] *Le spectacle s'arrête, vous avez dix minutes d'entracte.* • *On sonne, l'entracte est fini, le spectacle recommence.*

**S.** *L'entracte* est une pause entre deux parties d'un spectacle (théâtre, cinéma, etc.).

**entraider (s')** [ɑ̃trɛde] v. pr. (conj. **1**)
(sujet qqn [plur.]) *Si vous voulez avoir une chance de réussir, il faut vous entraider, ne pas rester chacun dans votre coin.*

**S.** *S'entraider,* c'est S'AIDER mutuellement.
**L. entraide** (n. f.) *C'est parce qu'ils s'entraident qu'ils sont si forts* → *c'est grâce à leur entraide qu'ils sont si forts.*

**entrain** [ɑ̃trɛ̃] n. m.
[qualité, qqn] (non-compt., au sing.) *Eh bien, tu n'as pas l'air d'avoir beaucoup d'entrain, ce matin.* — *Non, je ne suis pas en forme.* • *Que faire pour mettre un peu d'entrain dans cette petite fête ?*

**S.** En parlant de qqn, *avoir de l'entrain,* c'est ÊTRE DE BONNE HUMEUR, AVOIR DE L'ARDEUR (soutenu), DE LA VIVACITÉ (soutenu). En parlant d'une fête, d'une réunion, ANIMATION est un syn.

**entraîner** [ɑ̃trene] v. t. (conj. **1**)
I. (sujet qqn) **entraîner qqn qqpart** *Paul m'a entraîné au café, malgré moi, pour prendre une bière.* ◆ **entraîner qqn dans qqch (action)** *Tes amis t'ont entraîné dans une drôle d'histoire, à ta place je laisserais tout tomber.* • *C'est un garçon faible, il n'est pas responsable ; il s'est laissé entraîner par ses camarades.*
II. (sujet qqch) **entraîner qqch (résultat)** *La réparation du toit a entraîné plus de frais que je ne pensais.*
III. (sujet qqn) **entraîner qqn (à, pour qqch)** *Depuis deux mois, on l'entraîne pour ce match.* • *Tous les matins Paul s'entraîne à la course à pied.* • *L'équipe de football s'entraîne pour le prochain match.*

**S. 1.** *Entraîner* qqn qqpart (sens I), c'est l'y EMMENER plus ou moins de force. *Entraîner* qqn *dans* qqch, c'est l'y ATTIRER. *Se laisser entraîner,* c'est être poussé, engagé dans une action malhonnête. — **2.** *Entraîner un résultat* (sens II), c'est l'AVOIR POUR CONSÉQUENCE, l'OCCASIONNER (plus soutenu), l'AMENER, le PROVOQUER. — **3.** *Entraîner, s'entraîner* (sens III)

sont des termes de sport ; les syn. sont (S')EXERCER, (SE) PRÉPARER.
**L. entraînement** (n. m.) [sens III] *L'équipe s'entraîne deux fois par jour* → *l'entraînement de l'équipe a lieu deux fois par jour.* ◆ **entraîneur, euse** (n.) [sens III] *L'entraîneur est satisfait de la victoire de son équipe* (← celui qui est chargé de l'entraînement).

**entraver** [ɑ̃trave] v. t. (conj. **1**)
(sujet qqn, qqch) **entraver qqch (action)** *Vous avez, avec votre faux témoignage, entravé la marche de l'enquête.*

**S.** *Entraver une action* (soutenu), c'est la FREINER, la GÊNER, y mettre un obstacle, une ENTRAVE.
**L. entrave** (n. f.) *Crois-tu qu'il entravera tes projets ?* → *crois-tu qu'il mettra des entraves à tes projets ?*

**entre** [ɑ̃tr] prép.
I. [intervalle] **entre qqn et qqn, qqch et qqch, entre + n. plur.** *Viens t'asseoir entre ton frère et moi.* • *Il y a cinq cents kilomètres entre Lyon et Paris.* • *On se verra entre midi et 2 heures.* • *Il n'y a aucune différence entre vos deux solutions, elles sont pareilles.*
II. [rapport partie au tout] **entre + n. plur.** *Entre plusieurs solutions, tu as choisi la plus mauvaise.* • *Alors, vous êtes beaucoup allés au cinéma pendant ces vacances ?* — *Oui, et on a vu, entre autres, un film américain extraordinaire.* ◆ **entre nous** *Entre nous, je peux vous dire que je n'aime pas beaucoup M$^{me}$ Dupont, mais ne le répétez pas.*

**S. 1.** *Entre* (sens I) indique un intervalle de lieu ou de temps, une distance entre deux choses ; les syn. sont AU MILIEU DE ou DE... À. — **2.** *Entre* (sens II) indique un ensemble dont on distingue une partie ; le syn. est PARMI. *Entre autres* a pour syn. EN PARTICULIER. *Entre nous* a pour équivalent EN CONFIDENCE.

**entrée** [ãtre] n. f.
I. [action, qqn, et résultat] *On nous a refusé l'entrée de la salle parce que Jacques ne portait pas de cravate, tu te rends compte ?* ◆ (objet, valeur) [*Au cinéma*] : *« Je voudrais trois entrées, s'il vous plaît. »* • *Je te paie ton entrée ? — D'accord, et moi je paierai le restaurant.*
II. [lieu, accès] *L'entrée principale de l'immeuble est au numéro deux de la rue.* ◆ [pièce] *Ne restez pas dans l'entrée, venez dans le living.*
III. [aliment] (compt., surtout au sing.) [*Au restaurant*] : *« Vous avez choisi votre entrée ? — Oui, je prendrai un poisson. »*

**S. 1.** Au sens I, *entrée* désigne le fait d'ENTRER qqpart ; le contr. est SORTIE. Comme objet, valeur, ce mot désigne la somme payée pour entrer dans une salle de spectacle ; BILLET, TICKET, PLACE sont des syn. — **2.** Au sens II, *entrée* désigne la porte par laquelle on accède à un immeuble. Dans un appartement, VESTIBULE en est un syn. soutenu. — **3.** Au sens III, l'usage confond souvent le HORS-D'ŒUVRE et l'*entrée* qui marquent le début d'un repas par oppos. au DESSERT qui le termine.

**entreprenant, e** [ãtrəprənã, ãt] adj. (après le n.)
(se dit de qqn) *C'est un garçon entreprenant, qui n'hésite pas à courir des risques ; il réussira.*

**S.** Est *entreprenant* celui qui fait preuve d'initiative ; les syn. sont ACTIF, DYNAMIQUE, les contr. AMORPHE (soutenu), MOU.

**entreprendre** [ãtrəprãdr] v. t. (conj. **43**)
(sujet qqn) **entreprendre qqch (action)** *Nous* 

*allons bientôt entreprendre des travaux dans l'appartement et ça m'effraie.*

**S.** *Entreprendre*, c'est commencer à faire qqch. Il a pour syn. ENGAGER, ENTAMER ou RÉALISER, EFFECTUER qui sont moins précis.
**L. entreprenant, entreprise,** v. ces mots.

**entreprise** [ãtrəpriz] n. f.
I. [action, qqn] (compt., surtout au sing.) *Aller réclamer une augmentation maintenant ? Tu ne trouves pas que l'entreprise est un peu risquée ?*
II. [établissement] *Pierre dirige une petite entreprise de tissus.* • *Il y a plus de cent ouvriers dans cette entreprise de construction.*

**S. 1.** *Entreprise* (sens I) désigne toute action qu'on ENTREPREND pour parvenir à un résultat. — **2.** Au sens II, *entreprise* a pour syn. MAISON, AFFAIRE, ÉTABLISSEMENT. Une *entreprise* est COMMERCIALE ou INDUSTRIELLE.
**L. entrepreneur** (n. m.) [sens II] Il dirige une entreprise de travaux publics → *il est entrepreneur de travaux publics.*

**entrer** [ãtre] v. i. (conj. **1** ; auxil. être)
I. **(sujet qqn, qqch) entrer (à, dans, en, par un lieu)** *Quand on est entrés dans la pièce, tout le monde était déjà arrivé.* • *Entrez*

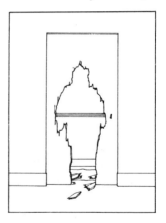

*par la porte de derrière : celle de devant est bloquée !* • *Ah ! Le train vient d'entrer en gare !* • *La pluie entre par le toit, et il pleut dans la chambre !* • *M. Dupont, celui qui va prendre sa retraite, est entré dans l'entreprise il y a quarante ans !* • *Mais... je rêve ? J'ai cru voir Paul entrer au restaurant !*

II. (sujet qqn) **entrer dans qqch (abstrait)** *N'entre pas dans les détails : va à l'essentiel.* ● *Mon père entre dans sa soixante-dixième année.* ◆ (sujet qqch) **entrer dans qqch (concret)** *Quels sont les éléments qui entrent dans ce parfum ?*

> **S. 1.** *Entrer* qqpart, c'est ALLER À L'INTÉRIEUR, PÉNÉTRER, S'INTRODUIRE, RENTRER. Il s'oppose à SORTIR. — **2.** *Entrer dans* qqch (abstrait), c'est S'ENGAGER DANS, RENTRER DANS. En parlant de qqch, *entrer dans* qqch (concret), c'est EN FAIRE PARTIE, y RENTRER.
> **L. entrée, rentrer,** v. ces mots.

**entre-temps** [ɑ̃trətɑ̃] adv.
[temps] *Je ne vous ai pas vu depuis l'année dernière, entre-temps ma situation a beaucoup changé.* ● *Je suis absent pour la semaine, mais je reviens lundi, entre-temps notez les coups de téléphone.*

> **S.** *Entre-temps* a pour équivalents DANS L'INTERVALLE, PENDANT (CE TEMPS).

**entretenir** [ɑ̃trətnir] v. t. (conj. **23**)
I. (sujet qqn) **entretenir qqch (concret)** *Nous avons une maison à la campagne, mais personne ne l'entretient, alors évidemment elle s'abîme.* ● **entretenir qqch (abstrait) avec qqn** *Ils ont tout fait pour entretenir de bonnes relations avec leurs voisins, mais cette histoire a mis fin à leur entente.* ● **entretenir qqn** *Avec son seul salaire, il doit entretenir sa femme et ses trois enfants.*
II. (sujet qqn) **entretenir qqn de qqch** *Monsieur le Directeur, je voudrais vous entretenir d'un problème qui me tient très à cœur.*
◆ **s'entretenir avec qqn** *Je me suis longuement entretenu par téléphone avec M. Legrand, et je puis vous assurer qu'il est prêt à nous aider.*

> **S. 1.** *Entretenir* qqch (sens I), c'est le conserver dans un bon état. En parlant d'une maison, d'une voiture, c'est s'occuper de leur ENTRETIEN. *Entretenir des relations, des rapports avec* qqn, c'est avoir et maintenir ces relations avec lui. *Entretenir* qqn, c'est le faire vivre, subvenir à ses besoins, lui fournir ce qui est nécessaire. — **2.** *Entretenir* qqn *de* qqch (sens II) [soutenu ou administratif] a pour syn. PARLER, FAIRE PART DE (soutenu). *S'entretenir avec* qqn, c'est AVOIR UN ENTRETIEN, UNE DISCUSSION AVEC lui.
> **L. entretien** (n. m.) [sens I] *Cela coûte cher d'entretenir une grande maison → l'entretien d'une grande maison coûte cher.* (V. aussi ce mot.)

**entretien** [ɑ̃trətjɛ̃] n. m.
[action, langage] *M. Durand ! J'aimerais avoir un entretien avec vous, pouvez-vous passer à mon bureau ?* ● *On ne sait rien de l'entretien qu'a eu le président avec les responsables des syndicats.*

> **S.** *Entretien* est un syn. soutenu ou administratif de CONVERSATION, DISCUSSION. ENTREVUE est un autre syn.

**entretuer (s')** → TUER L.

**entrevoir** [ɑ̃trəvwar] v. t. (conj. **36**)
(sujet qqn) **entrevoir qqch** *Après un mois d'enquête, on n'arrivait même pas à entrevoir un début de solution.*

> **S.** *Entrevoir* a pour syn. APERCEVOIR.

**entrevue** [ɑ̃trəvy] n. f.
[action, qqn, et résultat] *Notre président demande à avoir une entrevue avec le vôtre, est-ce possible ?* ● *Nous espérons que des décisions importantes seront prises à la suite de cette entrevue entre les deux syndicats.*

> **S.** Une *entrevue* est une rencontre entre deux ou plusieurs personnes qui ont à s'entretenir, à discuter d'une affaire. ENTRETIEN est un syn.

**entrouvrir** [ɑ̃truvrir] v. t. (conj. **17**)
(sujet qqn) **entrouvrir qqch (fenêtre, porte, yeux, etc.)** *Ne la réveille pas ! — J'ai juste entrouvert la porte pour regarder si elle dormait encore.* ● *Laissez la fenêtre entrouverte, qu'on ait un peu d'air.*

> **S.** *Entrouvrir une porte, une fenêtre*, c'est les OUVRIR partiellement. Le syn. est ENTREBÂILLER. *Être entrouvert*, c'est ne pas être complètement OUVERT.

# ÉNUMÉRER

**énumérer** [enymere] v. t. (conj. **12**)
(sujet qqn) **énumérer qqch (plur.)** *Elle connaît parfaitement l'œuvre de Victor Hugo et elle est capable de t'énumérer ses romans et ses pièces.*

    **S.** *Énumérer,* c'est citer toutes les parties d'un tout.
    **L. énumération** (n. f.) Il était attentif pendant qu'on énumérait les détails du plan → *il était attentif pendant l'énumération des détails du plan.*

**envahir** [ãvair] v. t. (conj. **15**)
(sujet qqn, un pays) **envahir un pays, une région, etc.** *Peut-être que les habitants d'une autre planète viendront un jour envahir la Terre ?* ◆ (sujet qqch, qqn [plur.]) **envahir qqch, qqn** *Si les produits étrangers envahissent le marché, comment allons-nous faire pour vendre nos propres produits ?*
● *La peur l'envahit à l'approche de l'examen.*

    **S. 1.** *Envahir un pays, une région, un territoire,* c'est l'OCCUPER. — **2.** *Envahir qqch, qqn,* c'est S'EN EMPARER ou l'OCCUPER, le MONOPOLISER (soutenu et en parlant d'un marché).
    **L. envahisseur** (n. m.) *Nous ferons tout pour repousser ceux qui nous envahissent* → *nous ferons tout pour repousser les envahisseurs.*
    ◆ **invasion** (n. f.) *En août, les touristes envahissent les plages* → *en août, c'est l'invasion des plages par les touristes.*

**enveloppe** [ãvlɔp] n. f.
[objet] *Je n'ai plus qu'à coller l'enveloppe, et je mets tout de suite ma lettre à la poste.*
● *Oh ! On n'a pas mis de timbre sur l'enveloppe !*

    **S.** Une *enveloppe* sert à envoyer une lettre, une carte, par la poste ; on CACHÈTE une lettre en collant le rebord de l'*enveloppe.*

**envelopper** [ãvlɔpe] v. t. (conj. **1**)
(sujet qqn, qqch) **envelopper un objet (dans, avec qqch)** *Où as-tu mis le papier qui enveloppait le fromage ?* ● *Vous pourriez m'envelopper ces bonbons dans une boîte ? C'est pour faire un cadeau.*

    **S.** *Envelopper* a pour syn. EMBALLER, EMPAQUETER.

**envenimer** [ãv(ə)nime] v. t. (conj. **1**)
(sujet qqn, qqch) **envenimer qqch (abstrait)** *Avec ses critiques constantes, on croirait qu'il ne cherche qu'à envenimer la situation.* ◆ (sujet qqch [abstrait]) **s'envenimer** *La discussion s'envenimait, il fallait y mettre un terme.*

    **S.** *Envenimer* (soutenu), c'est mettre de l'animosité, rendre pire, plus virulent, AGGRAVER, DÉTÉRIORER (plus fort).

**1. envers** [ãvɛr] prép.
[rapport] **envers qqn** *Tu n'as pas de dette envers moi : ce que j'ai fait, je l'aurais fait pour un autre.*

    **S.** *Envers* suivi d'un nom de personne, objet du sentiment ou de l'action, a pour syn. soutenus À L'ÉGARD DE, VIS-À-VIS DE.

**2. envers** [ãvɛr] n. m.
[localisation] (non-compt., au sing.) *N'écris pas sur l'envers de cette feuille.* ◆ **à l'envers** *Que tu es étourdi ! tu as mis tes*

*chaussettes à l'envers.* ● *Dans une glace, on se voit à l'envers : la droite devient la gauche.*

    **S.** L'*envers* d'un objet est le côté opposé à l'ENDROIT. À l'*envers* peut, selon les contextes, avoir des valeurs différentes : l'INTÉRIEUR devenu l'EXTÉRIEUR, le HAUT mis en BAS, la GAUCHE à DROITE ; le contr. est À L'ENDROIT.

**envie** [ãvi] n. f.
[sentiment] *Ce n'est pas l'envie qui me manque de tout laisser tomber, mais j'ai*

peur de m'ennuyer. ◆ (sujet qqn) **avoir envie de qqch, de + inf., que + subj.** *J'ai froid, j'ai envie d'un bon chocolat chaud.* • *Catherine est fatiguée, elle n'a pas envie de sortir ce soir ; on ira au cinéma demain.* ◆ (sujet qqn, qqch) **faire envie (à qqn)**,

**donner envie (à qqn) de** + inf. *Ça a l'air bon, ce que tu manges, ça me fait envie : j'en prendrai aussi.* • *Ce beau temps me donne envie de me promener.*

**S.** *Envie* a pour syn. DÉSIR sauf dans les loc. sans article qui sont équivalentes à des verbes. *Avoir envie* a pour syn. soutenus DÉSIRER et SOUHAITER ; *faire envie* a pour syn. litt. TENTER. **L. envier,** v. ce mot. ◆ **enviable** (adj.) *La situation de Jacques peut faire envie à tout le monde → la situation de Jacques est enviable.*

**envier** [ɑ̃vje] v. t. (conj. 2)
(sujet qqn) **envier qqn (de qqch, de + inf.), envier qqch (à qqn)** *Yves n'est jamais content de ce qu'il a, il envie toujours les autres.*

**G.** Le compl. (à qqn) est le plus souvent un pron. personnel *(je vous envie d'être patient).*
**S.** *Envier* qqn, c'est en être jaloux, avoir ENVIE d'être à sa place. *Envier* qqch, c'est en être ENVIEUX.

**envieux, euse** [ɑ̃vjø, øz] adj. (après le n.) et n.
[adj.] (se dit de qqn, de son attitude) *Dès qu'Aline s'achète quelque chose, Jacqueline la regarde d'un air envieux, c'est fou ce qu'elle est jalouse !* ◆ [n.] (personne) *Eh bien, ce qu'elle est belle ta voiture ! Tu vas faire des envieux !*

**S.** *Envieux* (soutenu) a pour syn. JALOUX (plus fort). *Être envieux*, c'est ENVIER ce que qqn d'autre a.

**1. environ** [ɑ̃virɔ̃] adv.
[quantité] (avant ou après un n. de nombre) *Il y a environ cinq cents kilomètres de Paris à Lyon.* • *Combien étiez-vous à cette réunion ? — Oh ! Cent personnes environ.*

**S.** *Environ* indique une quantité approximative devant un nombre. Il a pour syn. À PEU PRÈS, À PEU DE CHOSE PRÈS (soutenu), APPROXIMATIVEMENT (soutenu). Il s'oppose à EXACTEMENT et à PRÉCISÉMENT. *Il est trois heures environ* a pour syn. IL EST À PEU PRÈS TROIS HEURES et pour contr. soutenu IL EST TROIS HEURES PRÉCISES.

**2. environs** [ɑ̃virɔ̃] n. m. pl.
I. [localisation] (non-compt., au plur.) *Pierre habite aux environs de Lyon, il me semble.* • *Je ne sais pas quand on part exactement, aux environs du 15 mai sans doute.* • *Si vous prenez le modèle de luxe, ça vous coûtera aux environs de deux cents francs.*
II. [lieu géographique] (non-compt., au plur.) *Les environs de Nice sont très jolis : tu devrais venir y passer tes vacances.* • *Serge cherche une maison : il aimerait trouver quelque chose dans les environs.*

**S. 1.** Au sens I, *aux environs de* suivi d'un compl. désignant un lieu a pour syn. DU CÔTÉ DE, À PROXIMITÉ DE (plus précis), et il s'oppose à À (lieu précis) ; suivi d'un compl. désignant une date, il a pour syn. VERS ; suivi d'un compl. désignant une quantité, il a pour syn. ENVIRON, À PEU PRÈS ou APPROXIMATIVEMENT, et il s'oppose à EXACTEMENT et à PRÉCISÉMENT. — **2.** Au sens II, *les environs de* (et un nom de lieu) a pour syn. LA RÉGION DE, LES ALENTOURS DE (soutenu). *Dans les environs* (sans compl.) a pour syn. fam. DANS LES PARAGES.

**envisager** [ɑ̃vizaʒe] v. t. (conj. 4)
(sujet qqn) **envisager qqch (abstrait)** *Avez-*

# ENVOLER (S')

*vous envisagé toutes les conséquences possibles d'une telle action ?* ◆ **envisager qqch (état, action), de + inf.** *Ainsi, vous envisagez de partir en vacances sans rien réserver à l'hôtel ? C'est dangereux.*

**S. 1.** *Envisager* qqch a pour syn. CONSIDÉRER, ÉTUDIER, EXAMINER, PRENDRE EN COMPTE. — **2.** *Envisager* qqch, *de* + inf. a pour syn. PRÉVOIR, PROJETER (DE).

**envoler (s')** [ɑ̃vɔle] v. pr. (conj. **1**) (sujet un oiseau) *Regarde l'oiseau sur la fenêtre, ne fais pas de bruit, sinon il va s'envoler.* ◆ (sujet un avion) *L'avion s'est envolé pour Singapour avec cent cinquante voyageurs à bord.*

**S.** *S'envoler* (soutenu), c'est partir en VOLANT,

PRENDRE SON VOL. En parlant d'un avion, DÉCOLLER est le syn. courant.

**envoyer** [ɑ̃vwaje] v. t. (conj. **13**)
I. (sujet qqn) **envoyer un objet (à qqn)** *Il vaut mieux que tu leur envoies ta lettre par avion, ça arrivera beaucoup plus vite !* ● *Il faudrait peut-être lui envoyer des fleurs pour la remercier.* ◆ **envoyer qqn qqpart, envoyer qqn + inf.** *Le médecin m'a conseillé d'envoyer les enfants à la montagne.* ● *C'est toi qui as envoyé Pierre acheter du pain ? Il n'est pas encore revenu !*
II. (sujet qqn) **envoyer un objet contre, dans, sur qqch** *Fais attention de ne pas envoyer le ballon dans un carreau !* ● *Qu'est-ce qui te prend d'envoyer tous tes livres par terre ?*

**S. 1.** *Envoyer* qqch (sens I), c'est l'EXPÉDIER, le FAIRE PARVENIR, l'ADRESSER (soutenu) ; le contr. est RECEVOIR. *Envoyer* qqn qqpart, c'est le FAIRE PARTIR, le FAIRE ALLER et, fam., l'EXPÉ-

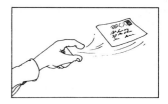

DIER qqpart. — **2.** *Envoyer un objet* qqpart (sens II) a pour syn. LANCER, JETER, PROJETER (plus fort).
**L. envoyé, e** (n.) [sens I] *À midi notre envoyé spécial à Pékin fera le point de la situation* (← *le journaliste envoyé à Pékin* [pour y faire un reportage]). ◆ **envoi** (n. m.) [sens I] *Le gouvernement a renoncé à envoyer des armes à ce pays* → *le gouvernement a renoncé à l'envoi d'armes à ce pays.*

**épais, aisse** [epɛ, ɛs] adj. (après ou, plus rarement, avant le n.)
(se dit de qqch [concret]) *Si la maison est si fraîche, c'est que les murs sont épais.* ● *Qu'est-ce qu'il peut bien y avoir dans cette enveloppe pour qu'elle soit si épaisse ?* ◆ (se dit d'un liquide, d'une matière) *Ce plat est très bon, dommage que la sauce soit un peu épaisse.* ● *Surtout ne roulez pas trop vite, le brouillard est très épais ce matin, on ne voit rien !*

**S.** *Épais*, quand il s'agit d'un objet considéré dans une dimension opposée à la longueur et à la largeur, a pour syn. GROS et pour contr. MINCE. En parlant d'une matière, il a pour syn. plus soutenu DENSE et pour contr. LÉGER ; en parlant d'un liquide, le syn. est CONSISTANT ; les contr. sont CLAIR, LIQUIDE ; en parlant d'une fumée, d'un brouillard, le syn. est OPAQUE (soutenu).
**L. épaisseur,** v. ce mot. ◆ **épaissir** (v. t.) *Mets un peu de farine pour rendre la sauce plus épaisse* → *mets un peu de farine pour épaissir la sauce.*

**épaisseur** [epesœr] n. f.
[qualité, mesure] (compt., surtout au sing.) *Il me faudrait une planche d'un mètre de long, cinquante centimètres de large et trois centimètres d'épaisseur.*

**S.** *L'épaisseur* est la troisième dimension d'un objet, par oppos. à la LONGUEUR et à la LARGEUR.

**épanouir (s')** [epanwir] v. pr. (conj. **15**), **être épanoui** v. pass.
(sujet qqn) *S'épanouir dans le travail, est-ce toujours possible ?* ● *Depuis son retour de vacances, elle est épanouie, que s'est-il passé ?*

**S.** *S'épanouir*, c'est être heureux, développer harmonieusement ses qualités.
**L. épanouissement** (n. m.) *L'école devrait permettre à tous les enfants de s'épanouir → l'école devrait permettre l'épanouissement de tous les enfants.*

**épargner** [eparɲe] v. t. (conj. **1**)
I. (sujet qqn) **épargner (qqch [argent])** *Si vous n'épargnez pas dès maintenant sur votre salaire, vous n'aurez jamais de quoi acheter un appartement.*
II. (sujet qqn, qqch) **épargner qqn, qqch** *Le bateau en coulant laissa s'échapper des tonnes de pétrole, seules quelques côtes ont été épargnées.* • *Je ne sais pas ce qu'il avait aujourd'hui, mais il était furieux et n'a épargné personne.*

**S. 1.** *Épargner* (sens I) a pour syn. ÉCONOMISER. — **2.** *Épargner qqch* (sens II) [soutenu], c'est ne pas l'endommager ; *épargner qqn*, c'est le MÉNAGER.
**L. épargnant** (n. m.) [sens I] *Ceux qui ont épargné de petites sommes sont très nombreux → les petits épargnants sont très nombreux.*
♦ **épargne** (n. f.) [sens I] *Toutes ces lois sont faites pour encourager les gens à épargner → toutes ces lois sont faites pour encourager l'épargne.*

**épatant, e** [epatɑ̃, ɑ̃t] adj. (après le n.) (se dit de qqn, de qqch) *C'est un type épatant ; malgré tous les malheurs qui lui sont arrivés, il a toujours le sourire.* • *On a acheté un disque épatant ; viens l'écouter à la maison.*

**S.** *Épatant* est un syn. fam. de FORMIDABLE, ADMIRABLE, EXTRAORDINAIRE (plus forts).

**épater** [epate] v. t. (conj. **1**)
(sujet qqn, qqch) **épater qqn** *Paul est parti hier à Lyon, ça m'épate, on devait se voir aujourd'hui.*

**S.** *Épater* est le syn. fam. de ÉTONNER, SURPRENDRE (soutenu).

**épaule** [epol] n. f.
[partie du corps] *Tu es trop petite pour voir, monte sur mes épaules !* • *Ma chemise ne t'ira pas, tu es beaucoup plus large d'épaules que moi.*

**S.** *L'épaule* est la partie supérieure du bras. *La* CARRURE *est la largeur d'épaules de qqn.*

**épeler** [eple] v. t. (conj. **8**)
(sujet qqn) **épeler un mot** *Comment dites-vous ? Vous pouvez m'épeler ce mot, s'il vous plaît ?*

**S.** *Épeler un mot*, c'est dire l'une après l'autre les lettres qui le composent.

**épicé, e** [epise] adj. (après le n.)
(se dit d'un aliment) *Les enfants ne pourront pas manger de ce poisson, il est beaucoup trop épicé !* • *Ce que j'ai mangé à midi était si épicé que j'ai eu soif toute l'après-midi !*

**S.** Un plat *épicé* est un plat auquel on a ajouté des ÉPICES. Les principales épices sont le POIVRE, la CANNELLE, le CURRY, le PIMENT. *Épicé* a pour syn. RELEVÉ et, moins forts, ASSAISONNÉ, AROMATISÉ, POIVRÉ. Le contr. est FADE.

**épicier, ère** [episje, ɛr] n.
[personne, profession] *J'ai besoin de sel, d'huile et de vinaigre, tu peux aller chez l'épicier m'en acheter, s'il te plaît ?*

**S.** Un *épicier* est un petit commerçant qui tient un magasin d'alimentation. Il vend toutes sortes de produits alimentaires, mais surtout des produits qui se conservent (huile, vinaigre, vin, eau minérale, conserves, pâtes, riz, chocolat, etc.).
**L. épicerie** (n. f.) Le magasin de l'épicier est fermé → *l'épicerie est fermée.*

**épidémie** [epidemi] n. f.
[maladie] *Fais attention, il y a une épidémie de grippe en ce moment. — Je sais, il y a déjà cinq personnes absentes au bureau.*
**S.** Une *épidémie*, c'est l'apparition au même moment d'un très grand nombre de cas d'une même maladie.

**épier** [epje] v. t. (conj. **2**)
(sujet qqn, un animal) **épier qqn, son attitude** *Elle passe son temps derrière sa fenêtre à épier ses voisins d'en face.*

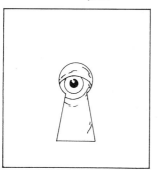

**S.** *Épier* qqn (soutenu), c'est l'OBSERVER attentivement et en secret ou le GUETTER, le SURVEILLER.

**épinards** [epinar] n. m. pl.
[légume] *Ils nous avaient fait dimanche pour déjeuner un excellent veau aux épinards ; j'adore ce légume vert.*

**S.** Les *épinards* sont les feuilles vert foncé d'une plante potagère, qu'on consomme cuites comme légume.

**épisode** [epizɔd] n. m.
[partie d'un texte] *Ah non ! jeudi soir on n'est pas libre, c'est le dernier épisode du feuilleton à la télé et je veux absolument connaître la fin de l'histoire.* ◆ [temps de l'action] *Ne lui rappelez pas cet événement qui fut un des épisodes les plus douloureux de sa vie.*

**S.** Un *épisode* est une division d'un film, d'une émission, d'une pièce, etc., ou un des moments d'une histoire, un passage, une scène d'un livre comportant une action cohérente, etc.

**épisodique** [epizɔdik] adj. (après le n.)
(se dit de qqch [action, manière, etc.]) *Aline ? Je la vois toujours, mais de manière vraiment épisodique.*

**S.** *Épisodique* se dit de ce qui se fait de temps à autre, sans régularité. Les contr. sont CONTINUEL, RÉGULIER.
**L. épisodiquement** (adv.) *Il ne nous apporta qu'une aide épisodique* → *il ne nous aida qu'épisodiquement.*

**éplucher** [eplyʃe] v. t. (conj. **1**)
(sujet qqn) **éplucher un fruit, des légumes** *Je n'aime pas manger les pommes avec leur peau. — Alors, épluche-les.* ● *Viens m'aider à éplucher les légumes pour faire la soupe.*

**S.** On *épluche* des légumes, des fruits pour ôter la partie non comestible ou la peau, selon les cas, de ces légumes ou fruits. PELER est un syn. plus précis et plus soutenu lorsqu'il s'agit d'un légume ou d'un fruit qui comporte une peau.
**L. épluchure** (n. f.) *Jette les épluchures à la poubelle* (← les parties enlevées en épluchant).

**éponge** [epɔ̃ʒ] n. f.
[objet] *Passe-moi l'éponge que j'essuie la*

table. ● *Vous avez une éponge pour effacer le tableau?*

**S.** Une *éponge* absorbe les liquides. Elle s'emploie humide ou mouillée, pour nettoyer ou effacer.

**éponger** [epɔ̃ʒe] v. t. (conj. **4**)
(sujet qqn) **éponger qqch (liquide), éponger qqch (lieu)** *Éponge l'eau qui s'est répandue sur la cuisinière : l'eau bout trop fort.* ● *Aide-moi à éponger le sol, il y a une fuite d'eau.* ◆ **s'éponger une partie du corps** *Il avait chaud et, toutes les cinq minutes, il sortait son mouchoir pour s'éponger le visage.*

**S.** *Éponger*, c'est ESSUYER, SÉCHER, ÉTANCHER [soutenu] (un liquide) au moyen d'une ÉPONGE ou d'un tissu absorbant (serpillière, chiffon, etc.).

**époque** [epɔk] n. f.
[temps, événement] *On ne peut pas vivre à notre époque comme il y a cent ans : tout a changé.* ● *Tu as connu Jeanne à l'époque de son premier mariage?* ● *Tu te souviens, l'année dernière à la même époque, nous étions au bord de la mer.*

**S.** *Époque* désigne une période déterminée de l'histoire, de la vie de qqn, d'une société, un espace de temps, une durée quelconque marquée par un événement précis. Le terme peut avoir pour syn. SIÈCLE, MOMENT, DATE, SAISON selon la durée ou le moment.

**épouser** [epuze] v. t. (conj. **1**)
(sujet qqn) **épouser qqn** *Alors Françoise, ça y est? Il t'a demandé de l'épouser? Tu es contente?*

**S.** *Épouser* qqn, c'est SE MARIER AVEC, devenir son ÉPOUX ou son ÉPOUSE.

**épouvantable** [epuvɑ̃tabl] adj. (avant ou, surtout, après le n.)
(se dit de qqch, de qqn) *Il y a eu un accident épouvantable : trois morts et cinq blessés très graves.* ● *Il fait un temps épouvantable, il pleut, il fait froid. Tristes vacances!* ● *Les enfants ont été épouvantables pendant ce week-end : ils n'ont fait que se disputer.*

**S.** Pour parler de ce qui crée un sentiment d'ÉPOUVANTE, d'horreur, *épouvantable* a pour syn. HORRIBLE, TERRIBLE, ATROCE, EFFROYABLE. Comme intensif de MAUVAIS, DÉSAGRÉABLE, il a pour syn. INSUPPORTABLE (quand il s'agit d'enfants), ODIEUX (en parlant de qqn) et ABOMINABLE, AFFREUX, DÉTESTABLE (en parlant du temps).

**L.** **épouvantablement** (adv.) *Sa laideur est épouvantable → il est épouvantablement laid.*

**époux, épouse** [epu, epuz] n.
[personne, parenté] *Indiquez ici votre nom de jeune fille suivi de «épouse» et du nom de votre mari.* ● *Après les avoir mariés, le maire a fait un petit discours aux jeunes époux.*

**S.** *Époux, épouse* sont les syn. administratifs ou soutenus de MARI et FEMME respectivement. *Époux* s'emploie au masc. pluriel pour indiquer le couple marié, l'homme et la femme qui se sont ÉPOUSÉS.

**éprendre (s')** [eprɑ̃dr] v. pr. (conj. **43**), **être épris** v. pass.
(sujet qqn) **s'éprendre, être épris de qqn** *Je ne crois pas qu'ils se sépareront; finalement, ils sont très épris l'un de l'autre.*

**S.** *S'éprendre de qqn* (soutenu), c'est tomber amoureux de lui. *Être épris de qqn* (soutenu) est syn. de ÊTRE AMOUREUX DE.

**épreuve** [eprœv] n. f.
I. [action, qqn] *Jeanne passe ses épreuves écrites en juin et, si elle est reçue, une épreuve orale en juillet.* ● *Tu as trouvé, toi aussi, que le plus difficile, c'était l'épreuve d'histoire?*
II. [événement, qqn] *La mort de son père a vraiment été pour lui une dure épreuve.*

**S.** **1.** Les *épreuves* d'un examen (sens I) en sont les différentes parties; elles consistent soit en une composition écrite, soit en une interrogation orale. — **2.** Au sens II, *épreuve* a pour syn. plus forts CHOC, MALHEUR.

**éprouver** [epruve] v. t. (conj. **1**)
(sujet qqn) **éprouver qqch (sentiment, sensation)** *Je ne saurai vous dire ce que j'ai éprouvé pour lui, de la tendresse, de la*

pitié ? Peut-être autre chose encore. ◆ (sujet qqch) **éprouver qqn** *La mort de sa femme l'a beaucoup éprouvé.*

**S.** *Éprouver* qqch (soutenu) a pour syn. RESSENTIR. *Éprouver* qqn, c'est le troubler profondément, l'ATTRISTER, le PERTURBER.

**épuiser** [epɥize] v. t. (conj. 1)
I. (sujet qqn) **épuiser qqch** *Le quatrième jour, nous avions épuisé toutes nos réserves de nourriture.*
II. (sujet qqch, qqn) **épuiser qqn** *Toutes ces discussions m'ont épuisé, je vais me coucher.*

**S. 1.** *Épuiser* (sens I), c'est utiliser, consommer jusqu'à la fin. — **2.** *Épuiser* (sens II) a pour syn. moins fort FATIGUER. ÉREINTER, EXTÉNUER sont d'autres syn.
**L. épuisant, e** (adj.) [sens II] *Nous faisons un travail qui nous épuise* → *nous faisons un travail épuisant.* ◆ **épuisement** (n. m.) [sens I] *Nous vendons à prix réduit jusqu'à ce que le stock soit épuisé* → *nous vendons à prix réduit jusqu'à épuisement du stock.* ◆ [sens II] *Je n'ai jamais été si épuisé* → *je n'ai jamais été dans un tel état d'épuisement.*

**équilibre** [ekilibʀ] n. m.
I. [état, qqn, qqch] (non-compt., au sing.) *C'est facile de faire du vélo, une fois que tu auras trouvé ton équilibre, ça ira tout seul.* • *Mais si je perds l'équilibre, je vais*

*tomber et ça va me faire mal ! • Pour une fois notre budget est en équilibre. • C'est dangereux, ce vase en équilibre sur le bord de la cheminée ! — Oui, il est plutôt dans un équilibre instable.*

II. [qualité, qqn] (non-compt., au sing.) *La mort de sa femme a été pour lui une dure épreuve, depuis, il n'a plus tout à fait son équilibre.* • *Vous verrez, elle réagira bien, c'est une fille qui a beaucoup d'équilibre.*

**S. 1.** Au sens I, l'*équilibre* désigne la stabilité, l'aplomb. *Perdre l'équilibre*, c'est pencher d'un côté ou d'un autre, tomber. *Être en équilibre*, c'est garder une position stable ou, en parlant d'un objet, être à la limite de la stabilité, ÊTRE EN ÉQUILIBRE INSTABLE. — **2.** Au sens II, qqn qui a de l'*équilibre* est ÉQUILIBRÉ, réagit, agit avec pondération, sûreté.
**L. équilibré,** v. ce mot. ◆ **déséquilibre** (n. m.) *Le déséquilibre du budget augmente de mois en mois* (← l'absence d'équilibre).

**équilibré, e** [ekilibʀe] adj. (après le n.)
I. (se dit de qqch) *Pour une fois, le budget est équilibré. — Lequel ? le tien ou celui de l'État ?* • *Ne mange pas trop ni n'importe quoi, il faut que tes repas soient équilibrés.*
II. (se dit de qqn) *Ne fais pas attention à ses colères : ce n'est pas un esprit très équilibré.*

**S. 1.** Est *équilibré* (sens I) ce qui est en ÉQUILIBRE, ce qui est stable, ce qui comporte des éléments différents ou opposés en masses ou en quantités égales. — **2.** Est *équilibré* celui qui est PONDÉRÉ, MODÉRÉ, SAGE.
**L. déséquilibré, e** (adj.) *Le budget n'est pas équilibré* → *le budget est déséquilibré.* ◆ (adj. et n.) *Cet homme n'est plus équilibré* → *cet homme est un déséquilibré.*

**équipage** [ekipaʒ] n. m.
[collectif, personnes] *Tout l'équipage du paquebot s'est mis en grève pour protester contre les licenciements.* • *À l'escale du Caire, un nouvel équipage est monté dans l'avion.*

**S.** L'*équipage*, c'est l'ensemble des personnes qui assurent le fonctionnement d'un navire ou d'un avion ; l'*équipage* s'oppose aux PASSAGERS. L'*équipage* d'un bateau est formé par les marins, commandés par le capitaine et son (ses) second(s). L'*équipage* d'un avion de ligne comprend le pilote (ou commandant de bord), le copilote, le navigateur, le radio, le steward, l'hôtesse de l'air ; le syn. technique est PERSONNEL NAVIGANT.

**équipe** [ekip] n. f.
I. [collectif, personnes] *En battant les Pays-Bas par 2 à 1, l'équipe d'Allemagne est devenue championne du monde de football.* • *Quelles sont les couleurs de l'équipe de France ? — Blanc et bleu.*
II. [collectif, personnes] *Le professeur a divisé la classe en petites équipes de trois*

ou quatre élèves. • *Ici, les ouvriers travaillent en équipes : moi, je fais partie de l'équipe de nuit.*

**S. 1.** Une *équipe* (sens I) est un groupe de sportifs, de joueurs réunis pour disputer une compétition sportive, un match, un championnat. — **2.** Une *équipe* (sens II) est un groupe de personnes qui travaillent ensemble.

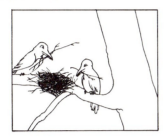

**L. équipier, ère** (n.) Deux membres de l'équipe sont malades → *deux équipiers sont malades.*

**équiper** [ekipe] v. t. (conj. **1**)
(sujet qqn) **équiper qqch, qqn, un lieu (de, en qqch)** *On a spécialement équipé cette voiture pour qu'elle puisse rouler facilement sur ce terrain.* • *Il faut équiper cette région en industries si on ne veut pas qu'elle se dépeuple.* ◆ (sujet qqn, qqch) **être équipé (de, en qqch)** *Les alpinistes, équipés de tout leur matériel, s'apprêtaient à partir au*

*secours des jeunes gens bloqués dans la neige.* • *Tu as les chaussures, les skis, les gants, te voilà équipé pour les sports d'hiver.*

**S.** *Équiper*, c'est AMÉNAGER (un lieu, un véhicule), POURVOIR, MUNIR (qqch, un lieu, qqn) de ce qui est nécessaire (matériel, installations, vêtements, etc.).

**L. équipement** (n. m.) Il s'est équipé pour skier → *il s'est acheté un équipement de ski.* ◆ **sous-équipé, e** (adj.) *Ce pays n'est pas assez équipé en industries* → *ce pays est sous-équipé en industries.*

**équitable** [ekitabl] adj. (après le n.)
(se dit de qqn, de son attitude) *Elle est très consciencieuse et fait bien son travail ; vous n'êtes pas équitable avec elle, car vous lui faites plus de reproches qu'aux autres.*

**S.** *Équitable* est le syn. soutenu de JUSTE ; les autres syn. sont OBJECTIF, IMPARTIAL, les contr. sont INJUSTE, INIQUE (plus fort et soutenu).
**L. équitablement** (adv.) *Il a réparti les charges de façon équitable* → *il a réparti équitablement les charges.* ◆ **équité** (n. f.) *Je reconnais qu'il est équitable* → *je reconnais son équité.*

**équitation** [ekitasjɔ̃] n. f.
[sport] (non-compt., au sing.) *Depuis longtemps Pierre rêve de faire de l'équitation, il a toujours adoré les chevaux.*

**S.** *Faire de l'équitation*, c'est pratiquer le sport hippique. Il a pour syn. MONTER À CHEVAL.

**équivalent, e** [ekivalɑ̃, ɑ̃t] adj. (après le n.), **équivalent** n. m.
[adj.] (se dit de qqch) **équivalent (à qqch)** *Cent mille francs nouveaux sont équivalents à dix millions d'anciens francs.* • *Prendre mes vacances en février ou en avril, c'est à peu près équivalent pour les sports d'hiver.* • *Mon salaire est équivalent au vôtre : nous touchons autant d'argent.* ◆ [n. m.] (qqch) *La maison dans laquelle Pierre travaille a fermé ; il y avait un bon poste, il aura du mal à trouver l'équivalent ailleurs.*

**G.** L'adj. n'a ni comparatif ni superlatif.
**S.** Être *équivalent* à qqch, c'est avoir la même valeur ; le syn. est ÉGAL. *L'équivalent* (n. m.), c'est qqch d'équivalent, de même valeur ; LA MÊME CHOSE est un syn.
**L. équivalence** (n. f.) *Il n'est pas juste que leurs salaires soient équivalents* → *l'équivalence de leurs salaires n'est pas juste.*

**équivaloir** [ekivalwar] v. t. ind. (conj. **35**)
(sujet qqch) **équivaloir à qqch** *Actuellement cent francs, ça équivaut à combien de dollars ?*

**S.** *Équivaloir* à a pour syn. VALOIR AUTANT QUE, ÊTRE ÉQUIVALENT À, REPRÉSENTER.

**équivoque** [ekivɔk] adj. (après le n.) et n. f.
[adj.] (se dit de qqn, de qqch) *On n'a jamais très bien su quelles étaient ses opi-*

nions politiques ; son attitude a toujours été équivoque. ● *Sa lettre est équivoque : il n'a pas l'air de refuser, mais il n'accepte pas non plus.* ◆ [n. f.] (qqch) *Le texte de cette loi est clair, sans équivoque possible.*

> **S.** *Est équivoque* (soutenu) ce qui n'est pas CLAIR, NET, ce qui est AMBIGU (soutenu). *Équivoque* (n. f.) a pour syn. AMBIGUÏTÉ.

**érafler** [erafle] v. t. (conj. **1**)
(sujet qqn) **érafler qqch (objet)** *Le maladroit, il est passé trop près, il a éraflé la voiture.*

> **S.** *Érafler* a pour syn. RAYER.
> **L.** *éraflure* (n. f.) *Il y a une éraflure sur la carrosserie* (← *une partie éraflée*).

**éreinté, e** [erɛ̃te] adj. (après le n.)
(se dit de qqn) *Je ne suis pas habitué à faire du sport : je suis éreinté, j'ai besoin de m'asseoir.*

> **S.** *Être éreinté*, c'est être FATIGUÉ par un effort physique excessif. Le syn. fam. est CREVÉ (plus fort) ; les syn. soutenus sont ÉPUISÉ, FOURBU ; HARASSÉ est plus fort.
> **L.** *éreinter* (v. t.) *Je suis éreinté par le déménagement* → *le déménagement m'a éreinté.*
> ◆ **éreintant, e** (adj.) *Cette marche m'a éreinté* → *cette marche a été éreintante.*

**erreur** [erœr] n. f.
[résultat] *Il y a une erreur dans ton calcul : neuf plus trois, ça ne fait pas onze, mais*

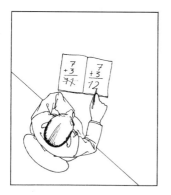

*douze.* ● *[Au téléphone]* : « *Allô, madame Legrand ? — Ah non ! vous devez faire une erreur, vous vous êtes trompé de numéro.* » ● *Ce livre doit valoir dans les soixante francs. Ah ! pardon ! je crois que je fais une erreur : il vaut quarante francs !*

> **S.** *Erreur* désigne le résultat de se tromper, la FAUTE commise. Les syn. sont BÊTISE et, plus forts, BÉVUE (soutenu), ÂNERIE, ABSURDITÉ, ABERRATION (soutenu). INEXACTITUDE désigne une petite *erreur*. *Faire (une) erreur* a pour syn. COMMETTRE UNE ERREUR (soutenu), SE TROMPER. On CORRIGE, on RECTIFIE une *erreur*.

**erroné, e** [erɔne] adj. (après le n.)
(se dit de qqch) *Mon calcul doit être erroné, ça n'est pas possible que je paye tant d'impôts !* ● *Vous avez dû mettre une adresse erronée, car je n'ai pas reçu la lettre.*

> **G.** Cet adj. n'a ni comparatif ni superlatif.
> **S.** *Est erroné* (soutenu) ce qui comporte une ERREUR ; le syn. courant est FAUX, le contr. est EXACT.

**escalade** [ɛskalad] n. f.
I. [action, qqn] (compt., surtout au sing.) *L'escalade du mur de la prison a été pour lui un jeu d'enfant.* ◆ [sport] (non-compt., au sing.) *Tous les dimanches, ils vont faire de l'escalade sur les rochers de la forêt de Fontainebleau.*
II. [action, qqn, qqch] (compt., surtout au sing.) *Si à ce type d'attentat on répond par un autre attentat, alors c'est l'escalade de la violence.* ● *Tu as vu l'escalade des prix en trois mois ? Presque 150 p. cent.*

> **S. 1.** *L'escalade* (sens I), c'est l'action d'ESCALADER, de grimper. — **2.** *Escalade* (sens II) a pour syn. MONTÉE, INTENSIFICATION. En parlant de prix, HAUSSE est un syn. moins fort.

**escalader** [ɛskalade] v. t. (conj. **1**)
(sujet qqn) **escalader qqch (concret)** *Comment as-tu fait pour sortir du collège ? — J'ai escaladé le mur du parc.* ● *Si on allait à Fontainebleau escalader les rochers ?*

> **S.** *Escalader un mur*, c'est passer par-dessus, en grimpant. *Escalader des rochers, une montagne*, etc., c'est y GRIMPER, y MONTER, en FAIRE L'ASCENSION, L'ESCALADE.
> **L.** *escalade,* v. ce mot.

**escale** [ɛskal] n. f.
[action, qqn, qqch] *Notre avion fait une escale à Londres avant de continuer sur Los Angeles.* ◆ [temps, durée] *Tu crois qu'on pourra visiter Londres pendant l'escale ? On reste six heures à l'aéroport.*

> **S.** Une *escale*, c'est l'action pour un avion, un bateau de s'arrêter momentanément pour se ravitailler ou débarquer (ou embarquer) des passagers. C'est aussi le temps pendant lequel l'avion ou le bateau s'arrête, et le lieu où il s'arrête.

**escalier** [ɛskalje] n. m.
[partie d'un édifice] (compt.) *Vous montez l'escalier jusqu'au troisième étage, et c'est la première porte à droite.* ◆ (non-compt., au plur.) *Jacques a raté une marche et il est tombé dans les escaliers.*

   **G.** En langue courante, on emploie le sing. et le plur. avec le même sens *(monter les escaliers* ou *l'escalier).*
   **S.** Dans une maison à étages, un *escalier* sert à monter et à descendre. Un *escalier* se compose de marches et est le plus souvent longé par une rampe à laquelle on se tient. À chaque étage, l'*escalier* s'interrompt sur un palier. Dans les immeubles modernes, il y a à la fois un *escalier* et un ascenseur.

**escarpé, e** [ɛskarpe] adj. (après le n.)
(se dit d'un lieu) *Le sentier est escarpé, mais il conduit plus rapidement à la ferme.* ● *Jamais je n'arriverai à grimper sur ces rochers escarpés.*

   **S.** Est *escarpé* (soutenu) un chemin de pente raide, un lieu d'accès difficile en raison de son caractère ABRUPT (soutenu).

**escorter** [ɛskɔrte] v. t. (conj. **1**)
(sujet qqn [plur.]) **escorter qqn** *Et, en l'applaudissant, nous l'avons escorté jusqu'à sa voiture.* ● *Il est rentré escorté par deux gendarmes, tu te rends compte?*

   **S.** *Escorter* qqn, c'est l'ACCOMPAGNER, lui faire ESCORTE, pour l'honorer ou le surveiller, le guider, le protéger.
   **L. escorte** (n. f.) *Il ne se déplace pas sans son escorte* (← les personnes qui l'escortent).

**espace** [ɛspas] n. m.
I. [lieu abstrait] (non-compt., au sing.) *Ici, au moins, il y a de l'espace, les enfants ont de la place pour jouer.* ● *Notre appartement est trop petit, on manque d'espace.* ◆ (compt.) *Il n'y a qu'un espace d'à peu près cinquante mètres entre notre maison et celle de nos voisins.* ● *À quoi servent ces espaces vides dans ta bibliothèque? — C'est pour y mettre les livres que je viens d'acheter.*
II. [temps] **en l'espace de + n. de temps** *C'est fou ce que Paul a changé en l'espace d'un an, je ne le reconnais pas!* ● *En l'espace de dix minutes, il a trouvé le temps de me raconter pratiquement toute sa vie.*
III. [lieu aménagé] **espace vert** *Il y a de plus en plus de parkings et de moins en moins d'espaces verts dans cette ville.*

   **G.** *Espace* est facultatif dans *en l'espace de* + n. de temps *(en l'espace d'un an* → EN UN AN).
   **S. 1.** *Espace* (sens I, non-compt.) désigne une surface, un volume, une étendue; le syn. est PLACE. *Manquer d'espace*, c'est ÊTRE À L'ÉTROIT. Compt., il a pour syn. DISTANCE, ÉCART, INTERVALLE ou PLACE. — **2.** *En l'espace de* (sens II) a pour syn. DANS L'INTERVALLE DE. — **3.** Les jardins, les parcs, les squares, les pelouses, etc., sont des *espaces verts* (sens III), dans les villes.
   **L. spacieux,** v. ce mot.

**espacer** [ɛspase] v. t. (conj. **3**)
(sujet qqn) **espacer qqch (plur.)** *On ne pourra pas aller la voir à ce rythme-là très longtemps, il faudra espacer nos visites.* ◆ (sujet qqch [plur.]) **s'espacer** *Quand on sort de la ville, les maisons s'espacent peu à peu, puis c'est la campagne.* ◆ (sujet qqch) **être espacé (+ express. de temps, de distance)** *Une rangée d'arbres espacés d'environ un mètre bordait le chemin.*

   **S.** *Espacer des choses*, c'est les séparer par un intervalle, dans l'ESPACE ou le temps. *S'espacer* a pour syn. SE RARÉFIER. *Être espacé de*, c'est être séparé par un ESPACE, un intervalle de temps.
   **L. espacement** (n. m.) *On peut espacer les paiements* → *l'espacement des paiements est possible.*

**espagnol, e** [ɛspaɲɔl] adj. (après le n.) et n., **espagnol** n. m.
[adj.] (se dit de qqch) *Tu aimes les danses espagnoles?* ◆ [n. m.] (langue) *Comment dit-on «au revoir» en espagnol?* ◆ [n. et adj.] (personne) *Il y a beaucoup d'Espagnols qui travaillent en France.* ● *Son père*

# ESPÈCE

*est espagnol et sa mère française, elle parle deux langues.*

**G.** L'adj. ne se met ni au comparatif ni au superlatif.
**S.** L'adj. ethnique *espagnol* correspond au n. f. ESPAGNE et au n. m. *espagnol* (= la langue espagnole). Les *Espagnols* (notez la majuscule) sont ceux qui ont la nationalité *espagnole*.

**espèce** [ɛspɛs] n. f.
I. [catégorie] *Tu achètes des poires de quelle espèce ?* • *Qu'est-ce que c'est que cet animal ? — C'est une espèce très rare qui vient du pôle Nord, je crois.* • *Où en sera l'espèce humaine en l'an 3000 ?* ◆ **une espèce de** + **n.** *Regarde ton fils, il a fait une espèce de voiture avec ce carton !* ◆ **espèce de** + **adj.** *Espèce d'idiote ! Tu ne vois pas qu'on se moque de toi ?* • *Tu as vu cet espèce de fou qui double en côte ?*
II. [argent, forme] (non-compt., au plur.) *Vous me payez par chèque ou en espèces ? Si vous avez des espèces, je préfère.*

**S. 1.** *Espèce* (sens I) a pour syn. GENRE, SORTE et s'emploie spécialement pour déterminer un ensemble de choses, animaux ou personnes ayant les mêmes caractéristiques. — **2.** *Une espèce de* (sens I) marque une hésitation dans l'identification d'un objet et a pour syn. UNE SORTE DE, UN GENRE DE, qqch QUI RESSEMBLE À. *Espèce de* + adj. est péjor. et s'emploie pour insulter qqn. Notez que dans cet emploi *espèce* peut être précédé d'un déterminant qui s'accorde avec le compl. on avec *espèce* : *cet* ou *cette espèce de fou*. — **3.** Les *espèces* (sens II) s'opposent aux CHÈQUES. Les syn. sont ARGENT LIQUIDE ou LIQUIDE (n. m.).

**espérer** [ɛspere] v. t. (conj. 12)
(sujet qqn) **espérer qqch** ou **inf., que** + **ind., ne pas espérer que** + **subj.** *Si tu espères une lettre de Jean, tu es optimiste : il n'écrit jamais !* • *Nous n'avons aucune nouvelle de Marie, nous espérons qu'elle est bien arrivée.* • *J'espère pouvoir prendre le train de 18 h 30, sans ça, je serai en retard.* • *Tu n'espères pas que ton père te vienne en aide pour ce problème ?*

**S.** *Espérer* qqch, c'est ATTENDRE, COMPTER SUR qqch. *Espérer que, espérer* + inf. ont pour syn. COMPTER, PENSER et, plus soutenus, SOUHAITER, AVOIR L'ESPOIR QUE, DE.
**L. désespérer, désespéré,** v. ces mots.
◆ **inespéré, e** (adj.) *Sa réussite n'était vraiment pas espérée* → *sa réussite était vraiment inespérée.*

**espion, onne** [ɛspjɔ̃, ɔn] n.
[personne, agent] *Plusieurs espions ont été arrêtés : ils communiquaient à une puissance étrangère des renseignements économiques.*

**S.** Un *espion* recherche des renseignements secrets pour le compte d'un État étranger ou ennemi (en temps de guerre). Les syn. sont AGENT SECRET et AGENT DE RENSEIGNEMENTS.

**espionner** [ɛspjɔne] v. t. (conj. 1)
(sujet qqn, un groupe) **espionner (un pays, ses activités)** *Il était chargé d'espionner l'ennemi, de découvrir leurs secrets militaires.* ◆ (sujet qqn) **espionner qqn** *Bon, maintenant, tu vas me dire pourquoi depuis quelques jours tu me suis partout, tu m'espionnes ?*

**S.** *Espionner un pays, un groupe*, c'est tenter de découvrir au profit d'une nation concurrente ou ennemie, d'un groupe industriel concurrent, des secrets militaires ou industriels ; c'est faire de l'ESPIONNAGE, être un ESPION. *Espionner qqn* a pour syn. moins forts SURVEILLER, ÉPIER, et sous-entend une certaine malveillance.

**L. espionnage** (n. m.) Il est accusé d'avoir espionné → *il est accusé d'espionnage.*

**espoir** [εspwar] n. m.
I. [sentiment] (non-compt., au sing.) *Jeanne attend les résultats de son examen, mais elle n'a pas beaucoup d'espoir : elle n'était pas très contente de ses épreuves.* • *Les recherches continuent, et il ne faut pas perdre l'espoir de retrouver vivants des passagers de l'avion disparu.* ◆ (compt.) *Malheureusement, tous ses espoirs sont déçus, il ne sait plus quoi faire.* • *Je ne peux que compter sur vous, vous êtes mon seul espoir.*
II. [personne] (compt.) *Et voici maintenant un des jeunes espoirs de la chanson française : Bernard Alain !*

**S. 1.** *Espoir* (sens I) a pour syn. soutenu ESPÉRANCE. L'*espoir* est un sentiment qui s'oppose à l'INQUIÉTUDE, à la CRAINTE, au DÉSESPOIR (de plus en plus forts). *Avoir de l'espoir,* c'est

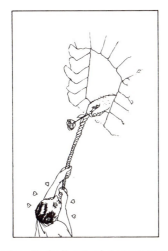

ESPÉRER. *Perdre l'espoir,* c'est NE PLUS ESPÉRER, DÉSESPÉRER. Un *espoir* (concret) est aussi qqn ou qqch qui constitue pour qqn une occasion d'espérer. — **2.** Un *espoir* (sens II) est une personne sur laquelle on fonde des *espoirs* (sens I) dans tel ou tel domaine.

**esprit** [εspri] n. m.
I. (compt., surtout au sing.) *Excuse-moi, je n'ai pas entendu ta question, j'avais l'esprit ailleurs.* • *Cette idée m'a traversé l'esprit, et en y réfléchissant bien, elle n'est pas si mauvaise que ça.* • *N'allez pas troubler leurs esprits avec vos histoires à dormir debout.* ◆ **état d'esprit** V. ÉTAT. ◆ **présence d'esprit** V. PRÉSENCE.
II. [personne] (compt.) *Tu as eu la même idée que moi : je vois que les grands esprits se rencontrent.*
III. [qualité, qqn] (non-compt., au sing.) *Les plaisanteries de Paul sont toujours très amusantes, il a beaucoup d'esprit !*

**S. 1.** *Esprit* (sens I) a pour syn. TÊTE en langue courante ; *avoir l'esprit ailleurs,* c'est PENSER À AUTRE CHOSE ; *traverser l'esprit,* c'est PASSER PAR LA TÊTE. — **2.** *Avoir de l'esprit* (sens III), c'est ÊTRE SPIRITUEL, AVOIR DE L'HUMOUR.

**esquinter** [εskε̃te] v. t. (conj. 1)
(sujet qqn) **esquinter qqch, s'esquinter qqch (partie du corps, vue, santé)** *Non, je ne te prêterai pas ma voiture, tu vas me l'esquin-*

*ter ; tu es trop maladroit.* • *Elle s'est esquinté la santé en faisant des travaux trop pénibles pour elle.*

**S.** *Esquinter* est un syn. fam. de ABÎMER, ENDOMMAGER, DÉTÉRIORER (qqch).

**esquiver** [εskive] v. t. (conj. **1**)
I. (sujet qqn) **esquiver qqch (de pénible)** *Tu esquives toujours les difficultés, mais il arrivera un jour où tu seras obligé d'y faire face.*
II. (sujet qqn) **s'esquiver** *La soirée étant très ennuyeuse, je me suis esquivé avant minuit, sans me faire remarquer.*

**S. 1.** *Esquiver* qqch (sens I) est le syn. soutenu

# ESSAI

de ÉVITER, ÉCHAPPER À. — **2.** *S'esquiver* (sens II), c'est PARTIR, DISPARAÎTRE FURTIVEMENT ; le syn. soutenu est SE RETIRER ; le syn. courant est SE SAUVER.

**essai** [esɛ] n. m.
[action, qqn, et résultat] *Vous avez droit à trois essais pour sauter ces deux mètres.* • *Tu as vu, il a réussi au premier essai.* • *La télé ne marche plus. — Attends, je vais faire un essai en réglant les boutons derrière : toi, tu me dis ce que tu vois.* • *Je vous assure que cette machine à laver est très bien, prenez-la à l'essai chez vous quelques jours, vous verrez vous-même.* • *Jacques a trouvé du travail ? — Peut-être, on l'a pris à l'essai pour un mois dans un bureau.*

**S.** Un *essai*, c'est le fait d'ESSAYER, de faire

une TENTATIVE. *Faire un essai* a pour syn. ESSAYER, VÉRIFIER. *Prendre à l'essai*, c'est, en parlant de qqch, l'ESSAYER pendant un certain temps et, en parlant de qqn, voir s'il convient pour un certain travail avant de l'engager définitivement.

**essayer** [eseje] v. t. (conj. **6**)
I. (sujet qqn) **essayer (de + inf.)** *Pierre vient dimanche ? — Il a dit qu'il essaierait de venir, mais ce n'est pas sûr.* • *Tu peux m'aider à faire ce problème ? — Essaie tout seul d'abord.*
II. (sujet qqn) **essayer un objet, un vêtement** *Où est Jacques ? — Il est en train d'essayer sa nouvelle voiture.* • *Cette robe me plaît, mais je ne sais pas si elle m'ira. — Allez dans la cabine et essayez-la.*

**S. 1.** *Essayer de* (sens I) a pour syn. plus soutenu TENTER DE ou parfois TÂCHER DE, S'EFFORCER DE (plus fort), CHERCHER (À), FAIRE UN EFFORT

(POUR). — **2.** *Essayer un instrument, un objet* (sens II), c'est S'EN SERVIR, FAIRE UN ESSAI AVEC pour voir s'il fonctionne, s'il convient. *Essayer un vêtement,* c'est le PASSER SUR soi, le METTRE pour voir s'il convient.
**L. essai,** v. ce mot. ◆ **essayage** (n. m.) [sens II] *Une cabine pour essayer (les vêtements) → une cabine d'essayage.*

**essence** [esɑ̃s] n. f.
[produit] (non-compt., au sing.) *Zut ! on est en panne, il n'y a plus d'essence.* • *Tu as assez d'essence pour rouler jusqu'à Lyon ? — Non, je vais faire le plein d'essence sur la route.*

**S.** L'*essence* est un carburant obtenu à partir du pétrole et qui se vend dans les stations-services, aux pompes (à *essence*). Le pompiste est celui qui sert l'*essence* dans un garage, une station-service. On distingue le SUPER (*essence* de qualité supérieure) et l'ORDINAIRE (*essence* ordinaire).

**essentiel, elle** [esɑ̃sjɛl] adj. (après le n.), **essentiel** n. m.
I. [adj.] (se dit de qqch [abstrait]) *Il faut absolument que nous nous mettions d'accord sur ce point, car il est essentiel.* • *La question essentielle est de savoir qui est responsable de l'accident.* • *La connaissance de l'anglais est essentielle pour aller dans ce pays.*
II. [n. m.] (qqch) [non-compt., au sing.] *Paul et moi, on est d'accord sur l'essentiel, le reste, c'est des détails.* • *L'essentiel, c'est que tu fasses ce qui te plaît.* • *Si tu es arrivé après le début du film, tu as raté l'essentiel !* • *Ça va ? — Oui, merci. — Bon ! eh bien ! c'est l'essentiel.*

**G.** L'adj. n'a ni comparatif ni superlatif.
**S. 1.** Est *essentiel* (sens I) ce dont on ne peut se dispenser ; le mot a pour syn., par ordre d'intensité croissante, IMPORTANT, PRINCIPAL, CAPITAL, FONDAMENTAL, PRIMORDIAL, INDISPENSABLE, et s'oppose à SECONDAIRE, ACCESSOIRE, MARGINAL et SUPERFLU, INUTILE (plus forts). — **2.** *L'essentiel* (sens II), c'est LE PLUS IMPORTANT, LE PRINCIPAL.
**L. essentiellement,** v. ce mot.

**essentiellement** [esɑ̃sjɛlmɑ̃] adv.
[manière] *S'il t'a demandé un rendez-vous, c'est essentiellement pour te parler de son projet.* • *Je tiens essentiellement à partir demain ; après il sera trop tard.*

**S.** *Essentiellement,* qui a une valeur d'insistance, correspond à l'adj. ESSENTIEL. Il a pour syn. SURTOUT, AVANT TOUT, PRINCIPALEMENT (moins forts), FONDAMENTALEMENT (soutenu). Son contr. est ACCESSOIREMENT.

**essouffler (s')** [esufle] v. pr. (conj. 1), **être essoufflé** v. pass.
(sujet qqn) *Oh, non ! je ne peux plus courir, je m'essouffle trop vite, c'est que je ne suis plus très jeune !* • *Il est arrivé tout essoufflé d'avoir monté les six étages à pied.*

**S.** *S'essouffler,* c'est PERDRE SON SOUFFLE, se fatiguer à courir, à marcher, à monter, etc. Lorsqu'on est essoufflé, on respire mal, on HALÈTE, on SUFFOQUE (plus fort).
**L. essoufflement** (n. m.) *Je m'essouffle quand je monte les escaliers → J'ai des essoufflements quand je monte les escaliers.*

**essuyer** [esɥije] v. t. (conj. 5)
(sujet qqn) **essuyer un objet** *Jacqueline n'aime pas essuyer la vaisselle, alors elle la laisse sécher sur l'évier.* • *Prends ton mouchoir et essuie tes lunettes, elles sont sales.* ◆ **s'essuyer (une partie du corps)** *Essuie toi les pieds avant d'entrer.* • *Tu te laves les mains ? Tiens, voilà une serviette pour t'essuyer.*

**S.** On essuie qqch de mouillé pour le sécher,

ou on *essuie* qqch de sale pour le nettoyer. On *essuie* la vaisselle avec un torchon, un meuble avec un chiffon, on *s'essuie* le corps avec une serviette.
**L. essuie-glace** (n. m.) *Il pleut : fais marcher les essuie-glaces de la voiture* (← les appareils pour essuyer les glaces de la voiture). ◆ **essuie-mains** (n. m. inv.) *L'essuie-mains du lavabo est toujours sale !* (← la serviette qui sert à s'essuyer les mains).

**est** [ɛst] n. m. et adj. inv. (après le n.)
I. [lieu, point cardinal] (non-compt., au sing.) *Dans son appartement, les chambres sont à l'ouest, et le salon à l'est.* • *Vous habitez dans l'est de la France ? — Oui, à Strasbourg.* ◆ [adj. inv.] *Jacques travaille dans la banlieue est de Paris. — Le pauvre ! Ça lui fait pas mal de trajet !*
II. [lieu géographique] (non-compt., au sing.; avec une majuscule) *Tu es déjà allé dans un pays de l'Est ? — Seulement en Roumanie.*

**G. 1.** *Est* forme des mots composés avec les noms des autres points cardinaux (SUD-EST, NORD-EST) ou avec des dérivés de noms de pays (EST-ALLEMAND [← d'Allemagne de l'Est]). — **2.** L'adj. est toujours épithète et n'a ni comparatif ni superlatif.
**S. 1.** *L'est* est un des quatre points cardinaux, il est opposé à l'OUEST. L'ORIENT est le côté *est* de l'horizon, là où le soleil se lève. — **2.** On appelle *pays de l'Est* (avec une majuscule) l'ensemble des pays socialistes situés dans la partie orientale de l'Europe, par oppos. à l'OCCIDENT.

**est-ce que** [ɛsk(ə)] adv. interr.
*Est-ce que vous venez, oui ou non?*
• *Quand est-ce qu'on part?* — *Demain.*
• *Où est-ce qu'on va?* • *Qu'est-ce que tu voulais?* • *À qui est-ce que tu parles?* • *Je te demande qu'est-ce que tu as fait hier.*

> **S. et G.** En tête de phrase, *est-ce que* indique une interrogation directe portant sur toute la phrase (dans l'interrogation indirecte correspondante, on emploie SI [*Est-ce que tu viens?* → JE TE DEMANDE SI TU VIENS]). Après un adv. ou un pron. interr., *est-ce que*, qui appartient à la langue courante, s'emploie dans l'interrogation directe ou indirecte (*Quand est-ce que tu pars?* → *je te demande quand est-ce que tu pars*).

**esthétique** [ɛstetik] adj. (après le n.)
(se dit de qqch) *Si tu crois que c'est esthétique de faire sécher le linge sur le balcon, tu te trompes.*

> **S.** *Esthétique* (soutenu) est syn. de BEAU, JOLI.

**estimer** [ɛstime] v. t. (conj. **1**)
I. (sujet qqn) **estimer que** + ind., **estimer** + inf. *La police estime que le crime s'est produit vers 2 heures du matin.* • *Ne me reprochez rien, j'estime avoir fait tout ce que je pouvais faire pour l'aider.* ◆ **s'estimer** + **adj. (de qqch)** *Yves ne s'estime jamais content de ce qu'il a, il lui faut toujours autre chose.* • *Estime-toi heureux d'avoir pu trouver ce travail, dans la période actuelle!*
II. (sujet qqn) **estimer qqn** *C'est un homme que j'estime beaucoup, mais aura-t-il le courage nécessaire dans cette situation?*

> **G.** *S'estimer* introduit un adj. attribut, le plus souvent CONTENT, HEUREUX, SATISFAIT, etc., suivi d'un compl. de cause.
> **S. 1.** *Estimer* (sens I) a pour syn. PENSER, JUGER, CROIRE, TROUVER, qui sont plus courants, ou CONSIDÉRER. — **2.** *Estimer* qqn (sens II), c'est avoir de la considération, du respect, de l'ESTIME pour ses qualités, ses actes.
> **L. estimable** (adj.) [sens II] *C'est un homme qu'on doit estimer* → *c'est un homme estimable.*
> ◆ **estime** (n. f.) [sens II] *Je l'estime beaucoup* → *j'ai pour lui une grande estime.*

**estival, estivant** → ÉTÉ L.

**estomac** [ɛstɔma] n. m.
[partie du corps] *Je n'ai pas digéré ces haricots, j'ai mal à l'estomac.* • *Ce coup à l'estomac, ça m'a coupé la respiration.*

> **S.** L'*estomac* est un organe de la digestion des aliments. C'est aussi la partie extérieure du corps qui lui correspond.

**et** [e] conj.
I. [addition] *Pierre et Jacques viendront ce soir.* • *Aline est jolie et sympathique.* • *Au repas, il y avait de la viande, des légumes, de la salade, du fromage et des fruits.* • *Jacques a trente et un ans.* • *C'est un drôle de chapeau qui est tout bleu et qui ressemble à une fleur.* • *J'ai fait tout ce que j'ai pu, et je n'ai pas réussi.*
II. [emphase] *Et moi, vous ne me demandez pas mon avis?* • *Et alors, qu'est-ce qui t'est arrivé?* • *Et voilà comment tout a commencé!*

> **S. et G. 1.** *Et* (sens I) indique le plus sou-

vent l'addition, mais celle-ci peut avoir la valeur d'une conséquence, d'une conclusion (syn. AUSSI, DONC, C'EST POURQUOI), ou d'une restriction (syn. MAIS). *Et* relie deux mots (noms, adj., adv., etc.), ou deux phrases. Lorsqu'il relie deux sujets, le verbe est au plur. Dans une énumération, il se place avant le dernier terme. Il s'emploie dans les noms de nombre quand le deuxième composant est *un* (*vingt et un*) ou dans l'expression de l'heure (*midi et quart*). La négation de *et* est NI (*Elle est jolie et sympathique* → ELLE N'EST NI JOLIE NI SYMPATHIQUE). — **2.** *Et* (sens II) se place en tête de phrase pour renforcer un pron., un adv., etc.

**établir** [etablir] v. t. (conj. **15**)
I. (sujet qqn) **établir qqch (abstrait), que** + ind. *Tant que vous n'aurez pas établi sérieusement que M. Dupont est coupable, il n'est pas question de le mettre en prison.*
II. (sujet qqn) **s'établir, être établi (qqpart)** *J'ai longtemps travaillé pour un patron, comme employé; maintenant je vais m'établir en province et travailler pour moi.*

> **S. 1.** *Établir* qqch (sens I), c'est le PROUVER, le DÉMONTRER. — **2.** *S'établir, être établi*

(sens II) sont des syn. soutenus de S'INSTALLER, ÊTRE INSTALLÉ, employés en particulier quand il s'agit de commerce, d'entreprise industrielle.
**L. établissement** (n. m.) [sens I] Il a été difficile d'établir les faits → *l'établissement des faits a été difficile.* (V. aussi ce mot.)

**établissement** [etablismã] n. m.
*Il dirige un petit établissement commercial en province.* • *Le directeur de la clinique a dit qu'il n'admettait pas que l'on fume dans son établissement.* • *Le chef d'établissement est un homme ou une femme dans ton école ?*

**S.** Toute maison commerciale, industrielle, tout centre scolaire, de soins, etc., public ou privé est un *établissement*. En parlant d'un *établissement* commercial ou industriel, ENTREPRISE, MAISON sont des syn. (V. aussi ÉTABLIR.)

**étage** [etaʒ] n. m.
[partie d'un édifice] *Ce sont de petits immeubles de quatre étages.* • *Vous habitez à quel étage ? — Au deuxième.* • *Les Legrand ? Ah non ! ce n'est pas ici ; il faut monter encore un étage.*

**G.** On sous-entend souvent *étage* avec l'adj. ordinal (ILS HABITENT AU HUITIÈME).
**S.** L'*étage* s'oppose au REZ-DE-CHAUSSÉE.

**étagère** [etaʒɛʀ] n. f.
[partie d'un meuble] *C'est très joli ces petites étagères que tu as fixées au mur, mais qu'est-ce que tu vas mettre dessus ?* • *Où est le sucre ? — Dans le placard, sur l'étagère du haut.*

**S.** Une *étagère* est une sorte de planche fixée au mur, ou à l'intérieur d'un placard, d'un meuble de rangement (bibliothèque, armoire, etc.), où elle constitue avec d'autres un RAYONNAGE.

**étalage** [etalaʒ] n. m.
I. [action, qqn] (compt., surtout au sing.) *L'étalage des marchandises sur le trottoir n'est pas autorisé dans cette rue.* ◆ [résultat] (compt.) *Si tu t'attardes devant chaque étalage, on va rater notre bus. — Que veux-tu, avec tous ces fruits, les étalages sont si beaux !*
II. (sujet qqn) **faire étalage de qqch (abstrait)** *Il ne peut s'empêcher de faire étalage de sa richesse, c'est insupportable.*

**S. 1.** L'*étalage* (sens I), c'est l'action d'exposer des produits à vendre et l'ensemble des produits ainsi exposés, le lieu où ils sont exposés. — **2.** *Faire étalage de qqch* (sens II), c'est le MONTRER ostensiblement ou en parler ; EXHIBER est un syn. soutenu.
**L. étalagiste** (n.) [sens I] *Il est chargé d'arranger les étalages* → *il est étalagiste.*

**étaler** [etale] v. t. (conj. **1**)
I. (sujet qqn) **étaler qqch (objet)** *On avait étalé un grand drap sur l'herbe pour déjeuner.* ◆ **s'étaler** *J'ai manqué la marche de l'escalier et je me suis étalé par terre, heureusement, sans me faire mal.*
II. (sujet qqn) **étaler qqch (richesse, connaissances, etc.)** *Il n'arrête pas de parler de ses maisons, il éprouve un plaisir immense à étaler sa fortune.*
III. (sujet qqn) **étaler qqch (plur.)** *Vous pourrez étaler vos paiements sur dix ans.* • *En France on parle sans arrêt d'étaler les vacances, mais les gens partent toujours au mois d'août.*

**S. 1.** *Étaler* (sens I) a pour syn. ÉTENDRE.

*S'étaler* (fam.) est syn. de TOMBER. — **2.** *Étaler ses richesses, ses connaissances,* etc. (sens II), c'est en FAIRE ÉTAT, les MONTRER ostensiblement. — **3.** *Étaler* (sens III) c'est RÉPARTIR dans le temps, ÉCHELONNER.
**L. étalement** (n. m.) [sens III] *Nous voulons étaler les vacances* → *nous voulons l'étalement des vacances.*

**étape** [etap] n. f.
I. [lieu] *Cette course se fait en dix étapes de cinquante kilomètres chacune.*
II. [temps de l'action] *La réforme ne se fera pas d'un coup, mais en plusieurs étapes.* • *Tu ne comprends toujours pas ? Je vais t'expliquer par étapes, ça ira mieux.*

**S. 1.** Une *étape* (sens I) désigne le lieu où on s'arrête et la distance parcourue. — **2.** Au sens II, *étape* peut avoir pour syn. PÉRIODE, FOIS, TEMPS et PHASE (soutenu) dans les expressions *en plusieurs étapes, par étapes* (qui ont pour équivalents PROGRESSIVEMENT, PETIT À PETIT).

## ÉTAT

**état** [eta] n. m.
I. (compt., surtout au sing.) **état** + **adj.** ou **compl. de n.** *Tu as vu dans quel état tu es ? Qu'est-ce qui s'est passé ? Tu t'es battu ?*
● *Avant de partir pour la montagne, renseignez-vous sur l'état des routes.* ● *Les Durand ont acheté une maison de campagne, pas chère, mais en mauvais état.* ◆ **état d'esprit** *Quel est l'état d'esprit de la population après ces élections ?*
II. [institution] (avec une majuscule) *Pierre est fonctionnaire, il travaille pour l'État.*
● *Le président de la République s'est rendu dans différents États arabes.* ◆ **homme d'État** *À cette réunion, les principaux hommes d'État africains étaient présents.*
◆ **coup d'État** *L'armée a essayé de faire un coup d'État pour prendre le pouvoir.*

> G. *État* (sens II) est souvent suivi d'un adj. ethnique ou d'un nom géographique *(États arabes).*
> S. 1. *État* (sens I) désigne la manière d'être de qqch, l'apparence, les conditions physiques ou morales de qqn. Qqch, un appareil qui est *en mauvais état* est USÉ, ABÎMÉ, DÉFECTUEUX (soutenu). *L'état d'esprit* d'un groupe, d'une personne, c'est la manière dont ils réagissent à une situation, ce qu'ils en pensent ; en parlant de qqn, le syn. est ÉTAT D'ÂME (litt.). — **2.** *État* (sens II) a pour syn. NATION, PAYS. Un *homme d'État* a un pouvoir politique, une charge dans le gouvernement (ministre), il n'est pas seulement un HOMME POLITIQUE, comme le député. Faire un *coup d'État*, c'est renverser le gouvernement ou le pouvoir établi.

**etc.** [etsetera] adv.
[addition] *Jacques n'a pas arrêté de parler pendant le dîner. — De quoi ? — Oh ! de tout : du temps, de lui, de politique, etc.*

> S. et G. *Etc.*, abrév. de ET CETERA, s'emploie dans une énumération qu'on ne termine pas.

**été** [ete] n. m.
[saison] *Après le printemps, c'est l'été, le moment des vacances.* ● *Cet été on va sur la Côte d'Azur pour tout le mois d'août.*
● *Nous avons eu un été très chaud et très sec.* ● *Les enfants ont leurs grandes vacances en été.*

> S. *L'été* est une saison qui commence le 21 ou 22 juin et dure jusqu'au 22 ou 23 septembre pendant les mois de juillet et d'août. *L'été* est en France la saison chaude ; c'est aussi le moment des vacances.
> L. **estival, e, aux** (adj.) *En période d'été, Paris se vide → en période estivale, Paris se vide.* ◆ **estivant, e** (n.) *Cette année, les gens qui passent ici leurs vacances d'été sont nombreux → cette année, les estivants sont nombreux.*

**éteindre** [etɛ̃dr] v. t. (conj. 44)
I. (sujet qqn) **éteindre le feu** *Au bout de deux heures, les pompiers ont réussi à éteindre l'incendie.* ◆ **éteindre qqch (cigarette, allumette)** *Éteins cette allumette, tu vas te brûler les doigts.*
II. (sujet qqn) **éteindre la lumière** *Toutes les lumières sont éteintes, on n'y voit plus rien.* ◆ (sans compl.) *En partant, n'oublie pas d'éteindre dans le bureau.*
III. (sujet qqn) **éteindre un appareil** *Cette émission n'est pas intéressante, tu peux éteindre la télé.*

> S. 1. *Éteindre un feu, des flammes* (sens I), c'est faire qu'ils ne brûlent plus. Le contr. est

ALLUMER. — **2.** *Éteindre la lumière, l'électricité* (sens II), c'est faire qu'il n'y ait plus d'éclairage. Le syn. est FERMER et le contr. ALLUMER. Un INTERRUPTEUR sert à allumer ou à *éteindre* un courant électrique. — **3.** Au sens III, *éteindre un appareil* a pour syn. ARRÊTER et pour contr. OUVRIR, FAIRE MARCHER.

**étendre** [etɑ̃dr] v. t. (conj. 41)
I. (sujet qqn) **étendre une partie du corps**

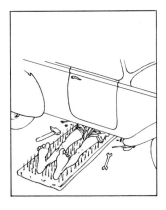

*Qu'est-ce que tu prends comme place ! Je ne peux même pas étendre mes jambes sous la table !* • [*Au cours de gymnastique*] : « Mettez-vous à plat ventre, étendez bien vos bras. » ◆ **s'étendre (qqpart)** *Va t'étendre un peu sur mon lit, si tu es fatigué.*
II. (sujet qqn) **étendre un objet** *Il y a un peu de soleil, on va étendre le linge dehors*

*pour qu'il sèche plus vite.* ◆ (sujet qqch) **s'étendre** *C'est à qui cette maison avec un grand jardin qui s'étend jusqu'à la rivière ?*
III. (sujet qqn) **s'étendre (sur qqch [question, sujet, etc.])** *Tu t'es trop étendu sur les dangers possibles et, finalement, on a eu peur de ton projet.*

**S. 1.** *Étendre une partie du corps* (sens I) a pour syn. ALLONGER, ÉTIRER, DÉPLIER, et pour contr. PLIER. *S'étendre* a pour syn. S'ALLONGER, SE COUCHER, et pour contr. SE LEVER. — **2.** *Étendre un objet* (sens II) a pour syn. DÉPLOYER, ÉTALER, TENDRE. *S'étendre* a pour syn. ALLER. — **3.** *S'étendre sur qqch*, c'est le développer longuement, INSISTER SUR.
**L. étendu, e** (adj.) [sens II] *Cette forêt s'étend très loin* → *cette forêt est très étendue*.

**étendue** [etɑ̃dy] n. f.
I. [qualité, qqch] *L'importance d'un pays ne dépend pas de son étendue, mais plutôt de ses richesses et de sa production.*
II. [qualité, qqch] *On ne peut pas encore mesurer l'étendue des dégâts, mais ils sont sans doute très importants.*

**S. 1,** *Étendue* (sens I) a pour syn. SURFACE. — **2.** *Étendue* (sens II) a pour syn. AMPLEUR (soutenu), IMPORTANCE (courant).

**éternel, elle** [etɛrnɛl] adj. (avant le n.) (se dit d'une attitude, de qqch [abstrait]) *Encore vos éternelles discussions politiques ; mais quand donc serez-vous d'ac-*

*cord ?* • *Mais si, tu le connais très bien, ce grand blond avec son éternelle cigarette à la bouche.*

**G.** Au sens indiqué ici, cet adj. est seulement épithète et n'a ni comparatif ni superlatif.
**S.** *Éternel* se dit de ce qui se répète sans cesse (syn. soutenu SEMPITERNEL), de ce qui dure très longtemps (syn. INTERMINABLE) ou d'une attitude qui est HABITUELLE à qqn au point de lui être toujours associée (syn. INSÉPARABLE).
**L. éternellement** (adv.) *C'est un éternel mécontent* → *il est éternellement mécontent.*

**éterniser (s')** [etɛrnize] v. pr. (conj. **1**) (sujet qqn) *On ne va pas s'éterniser ici, allons ailleurs.* ◆ (sujet qqch) *Mais ces mesures très dures, ils les ont prises pour éviter que la crise économique ne s'éternise.*

**S.** En parlant de qqn, *s'éterniser qqpart*, c'est

y RESTER très longtemps. En parlant de qqch, c'est DURER très longtemps.

**éternuer** [etɛrnɥe] v. i. (conj. **2**) (sujet qqn) *Ça fait trois fois que j'éternue, c'est un rhume qui commence.*

**S.** Le bruit que l'on fait en *éternuant* est noté, dans les bandes dessinées, par ATCHOUM ! À VOS SOUHAITS ! se dit parfois à qqn qui *éternue*.
**L. éternuement** (n. m.) *Après avoir éternué plusieurs fois, il se moucha* → *après plusieurs éternuements, il se moucha.*

**étiquette** [etikɛt] n. f.
[objet, texte] *Le prix et la taille de ce manteau sont écrits sur l'étiquette.* • *Si tu ne veux pas perdre ta valise, colle une étiquette dessus avec ton nom et ton adresse.*

# ÉTOFFE

**S.** Une *étiquette* est fixée sur un objet ; par l'inscription qu'elle porte, elle indique sa destination, son usage, son prix, etc.

**étoffe** [etɔf] n. f.
I. [matière] (compt.) *Elle s'est fait faire une robe dans une magnifique étoffe.* ◆ (non-compt., au sing.) *Il me manque un mètre d'étoffe pour finir le rideau.*
II. [qualité, qqn] (non-compt., au sing.) *Il devrait faire de la peinture, je vous assure qu'il a l'étoffe d'un grand peintre.*

**S. 1.** *Étoffe* (sens I) est un syn. soutenu de TISSU. — **2.** *Avoir l'étoffe de*, c'est avoir les qualités, les capacités requises pour être qqn, faire qqch.

**étoile** [etwal] n. f.
I. [partie de l'univers] *La nuit, dans le ciel, les étoiles brillent.* ● *On ne voit pas d'étoiles, ce soir, à cause des nuages.*
II. [personne] *Toutes les grandes étoiles françaises de la danse participeront à ce gala.*

**S. 1.** Une *étoile* (sens I) est un astre. Dans le langage courant, on appelle *étoile* tout ce qui est dans le ciel, sauf la Lune et le Soleil. D'un point de vue astronomique, le Soleil est une *étoile* ; en revanche certaines *étoiles* de la langue courante sont en fait des planètes. — **2.** Dans le monde du spectacle, et spécialement de la danse, une *étoile* (sens II) est un(e) artiste de grande renommée ou de valeur reconnue.
**L. étoilé, e** (adj.) [sens I] *Regarde ce ciel plein d'étoiles* → *regarde ce ciel étoilé.*

**étonnant, e** [etɔnɑ̃, ɑ̃t] adj. (après ou, plus rarement, avant le n.)
(se dit de qqch, de qqn) *J'ai appris une nouvelle étonnante, il paraît qu'on a trouvé un mort dans le jardin des voisins !* ● *Pierre ne vient plus ? — Ce n'est pas étonnant, il change tout le temps d'avis.* ● *C'est une femme étonnante, elle a très bien réussi.*

**S.** Qqch d'*étonnant* est ce à quoi on ne s'attend pas, qqch d'INATTENDU, qqch qui n'est pas prévu. En parlant de qqch ou de qqn, *étonnant* a pour syn. SURPRENANT (soutenu) et, plus forts, EXTRAORDINAIRE, STUPÉFIANT ; ce qui n'est pas *étonnant* est BANAL, COMMUN, ORDINAIRE.
**L. étonnamment** (adv.) Il a changé de façon étonnante → *il a étonnamment changé.*

**étonner** [etɔne] v. t. (conj. **1**)
(sujet qqch, qqn) **étonner qqn** *Ton échec ne nous a pas étonnés, nous nous y attendions.* ● *Cet homme a étonné tout le monde par son courage.* ● *Tu crois que tu vas arriver à réparer la voiture ? Moi, ça m'étonnerait.*
◆ (sujet qqn) **être étonné de qqch** ou **de + inf., que + subj.** *Je suis très étonné qu'il n'ait pas répondu à notre lettre, ça ne lui ressemble pas.* ● *Je ne comprends pas ; Chantal était très étonnée de me voir, pourtant on avait rendez-vous.* ◆ **s'étonner de qqch, que + subj., ne pas s'étonner si + ind.** *Les enfants s'étonnent de tout.* ● *Ne t'étonne pas si on arrive en retard, Jacques rentrera tard du bureau.*

**S.** *Étonner* a pour syn. ÉPATER (fam.), SUR-

PRENDRE (soutenu) ou STUPÉFIER (plus fort). Le contr. de *s'étonner de* est S'ATTENDRE À.
**L. étonnant,** v. ce mot. ◆ **étonnement** (n. m.) *C'est merveilleux de le voir s'étonner de tout* → *c'est merveilleux de voir son étonnement devant tout.*

**étouffer** [etufe] v. i. (conj. **1**)
(sujet qqn) *On étouffe dans cette pièce : ouvre la fenêtre et ferme le radiateur.* ● *Oh ! j'étouffe, tu permets que je retire ma*

veste ? ◆ **s'étouffer** *Ne mange donc pas si vite, tu vas t'étouffer !*

**S.** *Étouffer*, c'est AVOIR TROP CHAUD et MANQUER D'AIR, SUFFOQUER (plus fort). Il s'oppose à RESPI-

RER. *S'étouffer*, c'est ne plus pouvoir respirer pour avoir mangé trop vite.
**L. étouffant, e** (adj.) *Il y a ici une chaleur qui fait étouffer* → *il y a ici une chaleur étouffante.*

**étourdi, e** [eturdi] adj. (après le n.) et n. [adj.] (se dit de qqn, de son attitude) *Que je suis étourdie ! J'ai oublié le rôti dans le four, et maintenant il est brûlé !* • *Si tu étais moins étourdi, je te demanderais de me rapporter le journal, mais tu ne vas pas y penser !* ◆ [n.] (personne) *Quelle étourdie, elle a oublié son rendez-vous chez le coiffeur !*

**S.** *Étourdi* (adj. et n.) a pour syn. DISTRAIT,

ÉCERVELÉ (plus fort et soutenu), et s'oppose à ATTENTIF et RÉFLÉCHI (qui ne sont qu'adj.). Comme n., il a pour syn. fam. TÊTE DE LINOTTE.

**L. étourderie** (n. f.) *Marie est étourdie, ça me surprend* → *l'étourderie de Marie me surprend.*

**étourdir** [eturdir] v. t. (conj. **15**) (sujet qqch, qqn) **étourdir qqn** *Non, je ne peux pas boire, le vin m'étourdit très vite.* • *Les enfants, ne parlez pas tous à la fois, vous m'étourdissez !*

**S.** *Étourdir qqn*, c'est lui troubler l'esprit. En parlant du vin, GRISER (soutenu) est un syn.

**étrange** [etrɑ̃ʒ] adj. (après ou avant le n.) (se dit de qqch, de qqn) *Personne ne répond, tu ne trouves pas ça étrange ?* • *Tiens ! C'est étrange que la porte soit ouverte, je suis sûr de l'avoir fermée en partant ce matin !* • *Vous ne trouvez pas que Jeanne et Marie se ressemblent d'une manière étrange ? — Bien sûr, elles sont sœurs !*

**S.** *Est étrange* ce qui retient l'attention par son caractère inhabituel. Il a pour syn. BIZARRE, CURIEUX, SURPRENANT, DRÔLE, ÉTONNANT et, plus forts, EXTRAORDINAIRE, INQUIÉTANT, INCOMPRÉHENSIBLE. Les contr. sont NORMAL, ORDINAIRE, HABITUEL, BANAL.
**L. étrangement** (adv.) *Ils se ressemblent d'une manière étrange* → *ils se ressemblent étrangement.*

**étranger, ère** [etrɑ̃ʒe, ɛr] adj. (après le n.) et n., **étranger** n. m.
I. [adj.] (se dit de qqn, de qqch) *Tu es déjà allé dans des pays étrangers ? — Non, je n'ai jamais voyagé hors de France.* • *Dans l'industrie du bâtiment, il y a beaucoup d'ouvriers d'origine étrangère.* • *Actuellement, les magasins sont pleins de produits étrangers bon marché.* ◆ **langues étrangères** *Dans cette école, on apprend les langues étrangères avec une nouvelle méthode.*
◆ [n.] (personne) *À votre accent, vous êtes une étrangère. De quelle nationalité êtes-vous ?*
II. [n. m.] (lieu) [non-compt., au sing.] *J'ai passé un mois à l'étranger. — Ah bon ! où ça ? — En Afrique.* • *[À la télévision]* : « *Et maintenant, voici les nouvelles de l'étranger.* »
III. [adj.] (se dit de qqn, de qqch [abstrait]) **étranger à qqch (abstrait)** *Je suis resté tout à fait étranger à ces histoires de famille.*
• *Je ne répondrai pas à cette question, elle est étrangère au sujet de la réunion.*

**G.** Au sens I, l'adj. est seulement épithète et n'a ni comparatif ni superlatif.

# ÉTRANGLER

**S. 1.** Est *étranger* (sens I) qqn, qqch qui est ou qui vient d'un autre pays. Un *étranger* n'est pas citoyen du pays où il se trouve (par rapport à celui qui parle); il a une nationalité différente. Quand on part pour vivre à l'*étranger*, on ÉMIGRE, on est ÉMIGRÉ ; pour le pays qui reçoit les *étrangers*, ceux-ci sont des IMMIGRÉS. On appelle produits EXOTIQUES les denrées comestibles qui viennent de pays *étrangers* tropicaux. *Langues étrangères* a pour syn. LANGUES VIVANTES. — **2.** *Étranger* (sens II) a pour syn. PAYS EXTÉRIEURS. — **3.** *Être étranger à* qqch (sens III), c'est, en parlant de qqn, N'AVOIR AUCUNE PART À, N'ÊTRE PAS AU COURANT DE. En parlant de qqch, c'est NE PAS FAIRE PARTIE DE, N'AVOIR AUCUN RAPPORT AVEC.

**étrangler** [etrɑ̃gle] v. t. (conj. 1)
(sujet qqn, qqch) **étrangler qqn** *On l'a retrouvée morte, étranglée dans un bois.*

**S.** *Étrangler* qqn, c'est le serrer à la gorge, au cou jusqu'à ce qu'il ne puisse plus respirer.

**1. être** [ɛtr] auxil. et v. i. (conj. B)
I. [auxil. (temps)] (sujet qqn, qqch) **être + part. passé (d'un v. i. [temps composés])** *Je suis venu voir Paul hier.* • *Tu es allée au marché ce matin ? • Marie est là ? — Non, elle est sortie.* ◆ [auxil. pass.] **être + part. passé (d'un v. t.)** *Est-ce que ce travail sera fini demain ? • Je peux compter sur vous ? — Oui, ce sera terminé ce soir.*
II. [auxil. (but)] (sujet qqch) **être à + inf.** *Tu as vu, cette vieille maison est à vendre, je l'achèterais bien.* • *Je te donne cent francs, pas un sou de plus, c'est à prendre ou à laisser.*
III. [v. i.] (sujet qqn, qqch) **être + adj.** ou **n. (attributs)** *Ces fruits ne sont pas mûrs : n'en mange pas, tu serais malade.* • *Marie est une fille charmante, tu ne crois pas ?* • *Comment trouves-tu ce tableau ? — Il n'est pas mal.* • *Quelle heure est-il ? — Il est exactement 11 heures.*
IV. [v. i.] (sujet qqn, qqch) **être + à, en, dans, de, etc., qqch (lieu, temps)** *Paul est chez lui, tu peux y passer.* • *Le bureau de tabac le plus proche est à cent mètres.* • *Le rendez-vous est à 4 heures.* • *On est le combien ? — Le 1ᵉʳ avril.* • *D'où êtes-vous ? — Je suis du Midi, ça ne s'entend pas à mon accent ?* • *Ce château est du XVIIIᵉ siècle.*
◆ (sujet qqn) **y être** *Mais j'y suis, maintenant ! Voilà pourquoi il m'a posé cette question ! • Tu n'y es pas du tout, on s'est mal compris.* ◆ (sujet qqn) **être en + n. de vêtement, de couleur** *Tu seras en blanc pour ton mariage ? • Tu n'as pas souvent l'habitude d'être en costume et avec une cravate !*
◆ (sujet qqch) **être en + n. de matière** *Elle est en coton, ta chemise ? — Non, elle est en Nylon.* ◆ (sujet qqch, qqn) **être à qqn** *Ce livre est à moi, j'aimerais bien que tu me le rendes.* • *Un peu de patience... Je suis à vous dans dix minutes.*

**S. 1.** *Être* (sens I) est l'auxiliaire à l'actif d'un petit nombre de verbes intransitifs (VENIR, TOMBER, ARRIVER, etc.) aux temps composés et l'auxiliaire du passif des verbes transitifs directs. — **2.** *Être à* + inf. (sens II) indique la nécessité ou le but et a pour syn. DEVOIR ÊTRE + part. passé (*Ce travail est à refaire* → CE TRAVAIL DOIT ÊTRE REFAIT) ou IL FAUT + inf., IL FAUT QUE + subj. (IL FAUT REFAIRE CE TRAVAIL ; IL FAUT QUE CE TRAVAIL SOIT REFAIT). — **3.** Au sens III, *être* est un verbe copule. — **4.** Au sens IV, *être* + compl. est syn. de SE TROUVER. *Être de*, c'est AVOIR POUR ORIGINE + nom de lieu, REMONTER À + nom de temps. *Y être* est syn. de COMPRENDRE. *Être en* + n. de couleur, de vêtement, c'est les PORTER. *Être à* qqn, c'est lui APPARTENIR en parlant d'une chose, ÊTRE À SA DISPOSITION en parlant d'une personne.

**2. être** [ɛtr] n. m.
*A quel moment sont apparus sur Terre les êtres humains ?* • *Après l'explosion de la bombe, il n'y avait plus un être vivant dans cette région.* ◆ [personne] *Je sais combien la perte d'un être cher peut créer un vide.* • *Quel drôle d'être ! On ne sait vraiment pas ce qu'il pense.*

**S.** Les *êtres vivants* (scientif.) sont les hommes, les animaux, les plantes ; *être humain* a pour syn. HOMME. Sans adj., *être* (litt.) désigne une PERSONNE ; il peut être fam. dans les exclamations, avec comme syn. TYPE.

**étriqué, e** [etrike] adj. (après le n.)
(se dit d'un vêtement) *Cette veste ne te va pas, elle est étriquée aux épaules ; il faut en prendre une plus large.*

**S.** Est *étriqué* un vêtement qui manque d'ampleur ; le syn. courant est ÉTROIT, les contr. sont LARGE, AMPLE (soutenu).

**étroit, e** [etrwa, at] adj. (après ou, plus rarement, avant le n.)
(se dit de qqch [concret]) *J'ai cru qu'on n'arriverait jamais à descendre le lit tellement l'escalier est étroit ! • Je crois que j'ai acheté des chaussures trop étroites, elles me font mal aux pieds.* ◆ **à l'étroit** *A quatre, ils vivent à l'étroit dans un appartement de deux pièces.*

**S. 1.** *Étroit* se dit de ce qui a peu de largeur. En parlant d'un lieu, *étroit* a pour syn. RESSERRÉ, EXIGU, et pour contr. LARGE, GRAND, VASTE, SPACIEUX. En parlant d'un vêtement, de chaussures, il a pour syn. PETIT, JUSTE, SERRÉ,

ÉTRIQUÉ (seulement pour un vêtement), et pour contr. LARGE, AMPLE, GRAND. — **2.** *Être à l'étroit* a pour contr. AVOIR DE L'ESPACE, DE LA PLACE.
**L. étroitement** (adv.) *Il est logé à l'étroit* → *il est logé étroitement.* ◆ **étroitesse** (n. f.) *La rue est étroite, ça gêne la circulation.* → *l'étroitesse de la rue gêne la circulation.*

**étude** [etyd] n. f.
I. [action, qqn] (non-compt., au sing.) *L'étude de ce projet doit durer plusieurs mois. • Où en est-on de la construction de l'immeuble à côté ? — Les plans sont encore à l'étude, donc les travaux ne sont pas près de commencer.* ◆ [résultat] (compt.) *Pierre a fait une étude très intéressante sur le comportement des enfants à l'école, tu devrais la lire.*
II. [action, qqn] (non-compt., au plur.) *Où en êtes-vous de vos études ? — J'ai fini mes examens cette année. • Ça fait déjà deux ans que Pierre travaille, il n'a jamais voulu continuer ses études ! • Jeanne aimerait faire des études de sciences, ce qui l'ennuie, c'est que c'est très long ! • C'est bien ton frère qui fait des études de médecine ?*

**S. 1.** *Étude* (sens I) correspond au sens II d'ÉTUDIER. EXAMEN, ANALYSE peuvent être des syn. *Être à l'étude* a pour syn. ÊTRE DISCUTÉ. Une *étude* (compt.) est un travail, le plus souvent écrit, sur un thème précis. — **2.** *Études* (sens II) correspondent au sens I d'ÉTUDIER. *Faire des études* a pour syn. ÉTUDIER, SUIVRE UN ENSEIGNEMENT, DES COURS ; on distingue les *études* PRIMAIRES (à l'école primaire ou élémentaire), les *études* SECONDAIRES (au collège, puis au lycée) et les *études* SUPÉRIEURES (à l'université ou dans une grande école). *Faire des études*, c'est FAIRE DES ÉTUDES SUPÉRIEURES, ÊTRE ÉTUDIANT.

**étudiant, e** [etydjã, ãt] n.
[personne, fonction sociale] **étudiant (en qqch [discipline])** *Pierre n'a jamais été étudiant : à seize ans, il travaillait déjà en usine ! • Le quartier Latin est, à Paris, le quartier des étudiants. • Jeanne est maintenant étudiante en lettres.*

**S.** Un *étudiant* fait des ÉTUDES SUPÉRIEURES dans une université ; quand ces études se font dans une grande école, on dit plutôt ÉLÈVE.

**étudier** [etydje] v. t. (conj. **2**)
I. (sujet qqn) **étudier qqch (langue, science, etc.)** *Quelles langues as-tu étudiées au lycée ? • Si tu veux vraiment étudier le piano, il faut que tu sois très patient au début.*
II. (sujet qqn) **étudier qqch (abstrait)** *Réfléchis bien et étudie la question avant de prendre cette décision ! • Alors, cette autoroute, ça avance ? — Une équipe d'architectes étudie le nouveau projet.*

**S. 1.** *Étudier* (sens I) a pour syn. APPRENDRE.

On dit de qqn qu'il est STUDIEUX lorsqu'il *étudie* sérieusement ce qu'il a à apprendre. — **2.** *Étudier* (sens II) a pour syn. EXAMINER, ANALYSER et, plus fort, APPROFONDIR.

**étui** [etɥi] n. m.
[objet] *Qui a vu mon étui à lunettes ?* • *On lui a offert un magnifique étui à cigarettes en or.*

    **S.** Un *étui* contient et protège un objet, un appareil ; il est généralement en cuir, plastique ou métal.

**euh !** ou **heu !** [ø] interj.
[hésitation] *Vous êtes sûr de ce que vous affirmez ? — Heu ! il faudrait que je réfléchisse encore.*

    **S.** *Euh !* ou *heu !* indique une hésitation ou une interruption dans le discours, due à la recherche d'un mot.

**européen, enne** [ørɔpeɛ̃, ɛn] adj. (après le n.) et n.
[adj.] (se dit de qqch, d'un pays) *Les Américains ont lancé toutes ces nouveautés sur le marché européen.* ◆ [n. et adj.] (personne) *La plupart des Européens restant encore dans ce pays d'Afrique ont été ramenés en avion à Paris.* • *Pour nous qui étions européens, habitués à un certain mode de vie, il était assez difficile de nous adapter.*

    **G.** L'adj. ne se met ni au comparatif ni au superlatif.
    **S.** L'adj. ethnique *européen* correspond au n. f. EUROPE. Les *Européens* (notez la majuscule) sont ceux qui ont la nationalité d'un pays d'Europe.

**eux** → IL.

**évacuer** [evakɥe] v. t. (conj. 2)
(sujet qqn) **évacuer qqn (d'un lieu)** *En un quart d'heure, les pompiers avaient évacué tous les habitants de l'immeuble en flammes.* ◆ **évacuer un lieu** *Tant que l'armée n'aura pas évacué cette région, les négociations seront suspendues.*

    **S.** *Évacuer des personnes d'un lieu*, c'est les faire sortir de ce lieu. *Évacuer un lieu*, c'est le QUITTER, en SORTIR.
    **L. évacuation** (n. f.) *Il a été difficile d'évacuer tous les malades de l'hôpital* → *l'évacuation de tous les malades de l'hôpital a été difficile.*

**évader (s')** [evade] v. pr. (conj. 1)
(sujet qqn) **s'évader (d'un lieu)** *L'ennemi public n° 1 s'est à nouveau évadé de prison.*

    **S.** *S'évader*, c'est sortir de prison par des moyens illégaux. Il a pour syn. S'ENFUIR, S'ÉCHAPPER.
    **L. évadé, e** (n.) *On n'a pas repris ceux qui se* 

*sont évadés* → *on n'a pas repris les évadés.*
◆ **évasion** (n. f.) *Dans son livre, il raconte comment il s'est évadé* → *dans son livre, il raconte son évasion.*

**évaluer** [evalɥe] v. t. (conj. 2)
(sujet qqn) **évaluer qqch** *Pierre a du mal à évaluer les distances.* • *Vous n'avez pas su évaluer la force de votre adversaire, c'est pour cela que vous avez perdu.* • *J'ai fait évaluer mon appartement. — Et à combien est-il évalué ?*

    **S.** *Évaluer qqch*, c'est en déterminer la VALEUR, l'importance. ESTIMER, JUGER sont des syn. moins précis.
    **L. évaluation** (n. f.) *On évaluera les dommages que vous avez subis* → *on fera une évaluation des dommages que vous avez subis.*
◆ **sous-évaluer** (v. t.) *Il ne faut pas sous-évaluer vos concurrents* (← évaluer leur force en dessous de sa valeur réelle). ◆ **surévaluer** (v. t.) *Cet appartement est surévalué* (← évalué au-dessus de sa valeur réelle).

**évanouir (s')** [evanwir] v. pr. (conj. 15), **être évanoui** v. pass.
(sujet qqn) *Elle a eu tellement peur qu'elle s'est évanouie.* • *Je l'ai trouvé, évanoui par terre à côté de la voiture.*

    **S.** *S'évanouir*, c'est PERDRE CONNAISSANCE. *Être évanoui* a pour syn. ÊTRE SANS CONNAISSANCE, INCONSCIENT.
    **L. évanouissement** (n. m.) *Il n'est pas resté longtemps évanoui* → *son évanouissement n'a pas été long.*

**éveillé, e** [eveje] adj. (après le n.)
I. (se dit de qqn) *Le livre était passionnant, il m'a tenu éveillé jusqu'à 3 heures du matin.*

II. (se dit d'un enfant) *C'est un enfant très éveillé qui comprend très vite.*

**G.** Au sens I, l'adj. n'a ni comparatif ni superlatif.
**S. 1.** Est *éveillé* (sens I) celui qui ne dort pas. Il a pour contr. ENDORMI. — **2.** Est *éveillé* (sens II) un enfant qui a l'esprit vif. Il a pour syn. DÉGOURDI.

**événement** [evɛnmã] n. m.
*L'événement politique de la semaine, c'est le discours du président de la République.* • *Tu es au courant des derniers événements au Brésil ?* • *Tu te rends compte, Paul n'a pas critiqué ce qu'on a fait, c'est un événement !*

**S.** Un *événement* est un fait plus ou moins important qui se passe dans tel ou tel domaine. Il est syn. de AFFAIRE (moins fort) [phrase 1], SITUATION, NOUVELLES (phrase 2). *C'est un événement* est équivalent à C'EST (UNE CHOSE) EXTRAORDINAIRE.

**éventuel, elle** [evãtɥɛl] adj. (après ou avant le n.)
(se dit de qqch) *Le passage éventuel du chef de l'État dans le village a provoqué une vive émotion parmi les habitants.* • *La situation est grave : on attend d'éventuels renforts de police.*

**G.** Cet adj. ne se met ni au comparatif ni au superlatif.
**S.** *Éventuel* indique ce qui est possible. Le syn. soutenu et plus dubitatif est HYPOTHÉTIQUE ; PROBABLE indique que l'événement, l'action a toute chance de se produire ; SÛR, CERTAIN sont des contr.
**L. éventuellement** (adv.) *Son arrivée éventuelle aurait lieu mardi → il arriverait éventuellement mardi.* ♦ **éventualité** (n. f.) *S'il y a une hausse éventuelle des prix, on modifiera les salaires en conséquence → dans l'éventualité d'une hausse des prix, on modifiera les salaires en conséquence.*

**évêque** [evɛk] n. m.
[personne, fonction] *L'évêque de Bordeaux a déclaré que l'Église n'avait pas à prendre position sur le problème des élections.*

**S.** Un *évêque* est un membre du clergé catholique, supérieur au prêtre et inférieur à l'ARCHEVÊQUE. L'*évêque* dirige les curés d'un DIOCÈSE ou ÉVÊCHÉ (circonscription religieuse correspondant, en France, au département). Les *évêques* sont nommés par le pape.

**évertuer (s')** [evɛrtɥe] v. pr. (conj. **2**)
(sujet qqn) **s'évertuer à** + *inf. Le professeur s'évertuait à nous expliquer des problèmes qui ne nous intéressaient pas du tout.*

**S.** *S'évertuer à* (soutenu) a pour syn. S'EFFORCER DE et S'ESCRIMER À (fam.).

**évidemment** [evidamã] adv.
[affirmation] *Il faut toujours que tu aies raison, et moi, évidemment, j'ai tort !* • *J'aurais préféré, évidemment, ne pas avoir à me déranger, mais s'il le faut, je viendrai.* • *Tu as accepté de faire ce travail ? — Évidemment ! je n'avais pas le choix.*

**S.** *Évidemment* renforce une assertion en laissant supposer que l'interlocuteur doit s'attendre à cette affirmation ; il est syn. de BIEN SÛR, BIEN ENTENDU, ÇA VA DE SOI, NATURELLEMENT, ASSURÉMENT (soutenu). Dans les réponses, il renforce OUI ou NON. Seul dans une réponse, un autre syn. est CERTAINEMENT.

**évident, e** [evidã, ãt] adj. (après ou, plus rarement, avant le n.)
(se dit de qqch [abstrait]) *Si Paul t'a demandé ton numéro de téléphone, c'est parce qu'il a envie de te revoir, ça me paraît évident.* • *Tu crois que ce cheval va gagner la course ? — Ce n'est pas évident.* • *Il est évident que j'ai raison ; tu es seul à ne pas le voir.*

**S.** Est *évident* ce qui s'impose sans discussion. Les syn. sont CLAIR, VISIBLE, MANIFESTE (soutenu). Les contr. sont DOUTEUX, INCERTAIN, DISCUTABLE, CONTESTABLE. *C'est évident, il est évident que* + ind. sont syn. de C'EST CERTAIN, SÛR QUE ou, plus forts, INCONTESTABLE, INDÉNIABLE, INDISCUTABLE, INDUBITABLE [soutenu] (QUE).
**L. évidemment**, v. ce mot. ♦ **évidence** (n. f.) *Ça me paraît évident → ça me paraît être une évidence.*

**évier** [evje] n. m.
[appareil] *Où sont tous les cendriers ? — Ils*

sont dans l'évier, il faut les laver. • C'est pratique, ce double évier, pour faire la vaisselle.

**S.** Un *évier* se trouve dans la cuisine et sert à faire la vaisselle. Il est muni de robinets, et peut avoir un ou deux bacs *(double évier)*.

**éviter** [evite] v. t. (conj. **1**)
I. (sujet qqn) **éviter qqn, qqch, que + subj., de + inf.** *J'ai aperçu Jacques au café, mais j'ai eu l'impression qu'il voulait m'éviter et je n'ai pas insisté !* • *S'il avait roulé moins vite, il aurait certainement pu éviter l'accident.* • *Il faudrait que Pierre vienne aider sa mère après son opération, pour éviter qu'elle se fatigue.* • *Évitez de fumer dans la voiture, c'est très désagréable !*
II. (sujet qqn, qqch) **éviter à qqn qqch** ou **de + inf.** *Tu veux bien aller m'acheter le pain ? Tu m'éviteras de sortir.* • *Si vous voyagez en voiture, cela vous évitera de trop gros frais.*

**S. 1.** *Éviter* qqn (sens I) a pour syn. plus fort FUIR, SE DÉTOURNER DE qqn (soutenus). *Éviter*

qqch a pour syn. ÉCHAPPER À qqch. *Éviter que* (suivi de *ne* en langue soutenue [*pour éviter qu'elle ne se fatigue*] a pour syn. EMPÊCHER QUE + subj. et pour contr. PERMETTRE QUE + subj. *Éviter de +* inf. a pour syn. plus forts et soutenus S'ABSTENIR, SE DISPENSER DE + inf. — **2.** *Éviter à* qqn qqch, *de +* inf. (sens II) a pour syn. ÉPARGNER À qqn qqch ou DE + inf., DISPENSER qqn DE qqch, DE + inf.

**L. inévitable,** v. ce mot.

**évoluer** [evɔlɥe] v. i. (conj. **2**)
(sujet qqn, qqch [événement, maladie]) *Comment évolue la situation au Brésil ? — Ça va de plus en plus mal.* • *Sa maladie évolue normalement, il n'y a plus à être*

inquiet. • *Je trouve que Paul a beaucoup évolué, il est moins paresseux maintenant.*

**S.** *Évoluer*, en parlant de qqch, c'est passer progressivement à un autre état ; il a pour syn. soutenus SE DÉVELOPPER, PROGRESSER, et s'oppose à STAGNER (soutenu), RESTER STATIONNAIRE. En parlant de qqn, il a pour syn. plus forts SE TRANSFORMER, CHANGER (en bien).

**L. évolution** (n. f.) *Ce pays évolue lentement* → *l'évolution de ce pays est lente.*

**évoquer** [evɔke] v. t. (conj. **1**)
(sujet qqn, un texte) **évoquer qqch, qqn** *Cela faisait longtemps que nous ne nous étions pas vus ; nous avons passé la soirée à évoquer nos souvenirs de vacances.* ◆ (sujet qqch) **évoquer qqch, qqn (à, pour qqn)** *Cette musique évoquait pour elle la campagne, le calme.* • *Regardez bien cette photo. Vous fait-elle penser à quelque chose ? — Non, vraiment, cela ne m'évoque rien.*

**S.** *Évoquer* (sujet qqn), c'est présenter à l'esprit, RAPPELER. *Évoquer* (sujet qqch) a pour syn. SUGGÉRER, RAPPELER À, REPRÉSENTER, SIGNIFIER POUR qqn.

**L. évocation** (n. f.) *C'est inutile d'évoquer le passé* → *l'évocation du passé est inutile.*

**exact, e** [ɛgzakt] ou [ɛgza, akt] adj. (après le n.)
I. (se dit de qqch [abstrait]) *Ce que tu m'as dit hier était exact, j'ai vérifié.* • *Si tu veux acheter ce lit, il te faut les dimensions exactes de la chambre.* • *On me dit que vous êtes sorti hier à 3 heures ? — C'est exact, en effet.*
II. (se dit de qqn, de l'heure) *Il n'a certainement pas oublié notre rendez-vous ; il est toujours très exact.* • *Es-tu sûr d'avoir l'heure exacte ? Ta montre ne retarde pas ?*

**G.** La prononciation [εgza] du masc. est plus recherchée que [εgzakt].
**S. 1.** Est *exact* (sens I) ce qui est conforme aux faits, à la réalité, à la logique, à la raison ; il a pour syn. JUSTE et BON. Une réponse *exacte* est CORRECTE, VRAIE, BONNE, JUSTE. *C'est exact,* en réponse à une question, a pour syn. OUI, C'EST VRAI, C'EST JUSTE, EXACTEMENT (plus fort). Les contr. sont FAUX et INEXACT, ERRONÉ (soutenu). — **2.** Est *exact* (sens II) qqn qui est à l'heure, qui est PONCTUEL. *L'heure exacte* est l'HEURE JUSTE, PRÉCISE.
**L. exactement,** v. ce mot. ◆ **exactitude** (n. f.) [sens I et II] Il faut constater que sa réponse est exacte → *il faut constater l'exactitude de sa réponse.* ◆ **inexact, e** (adj.) [sens I] Ce que tu as dit n'est pas exact → *ce que tu as dit est inexact.* ◆ **inexactitude** (n. f.) [sens I] Tu as dit quelque chose d'inexact → *tu as dit une inexactitude.*

**exactement** [εgzaktəmɑ̃] adv.
[manière] *Dans deux minutes, il sera exactement 7 heures.* • *Qu'est-ce qu'il t'a répondu exactement ?* • *Ce n'est pas exactement le même problème.* ◆ [affirmation] *Alors tu vas demander le divorce ? — Exactement.*

**S.** PRÉCISÉMENT est un syn. plus soutenu, comme l'adv. JUSTE dans IL EST DEUX HEURES JUSTE (← *il est exactement deux heures*) et AU JUSTE dans QU'EST-CE QU'IL T'A RÉPONDU AU JUSTE ? (← *qu'est-ce qu'il t'a répondu exactement ?*). Les contr. sont À PEU PRÈS (phrases 1 et 2), ENVIRON, AUX ALENTOURS DE (phrase 1). Après une question, *exactement* est une affirmation renforcée, il a pour syn. C'EST EXACT et OUI (moins fort).

**ex æquo** [εgzeko] adj. (après le n.) et n. inv.
[adj.] (se dit de qqn) *Pierre et Jacques sont premiers ex æquo ; ils sont aussi forts l'un que l'autre.* ◆ [n. inv.] (personne) *Les ex*

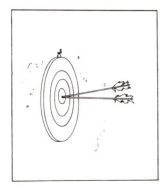

*æquo durent passer une autre épreuve, car il ne pouvait y avoir qu'un seul gagnant.*

**G.** L'adj. n'a ni comparatif ni superlatif.
**S.** Sont *ex æquo* ceux qui ont le même rang dans un classement, qui sont à égalité.

**exagérer** [εgzaʒere] v. t. et v. i. (conj. 12)
I. [v. t.] (sujet qqn) **exagérer qqch (action, parole, etc.)** *Tu ne crois pas que tu exagères*

*un peu le rôle que tu as eu dans cette affaire ?* • *Oh ! il ne faut rien exagérer, ce n'est pas si terrible que ça !* ◆ (sans compl.) *Sans exagérer, j'ai attendu une heure sous la pluie !*
II. [v. i.] (sujet qqn) *Enfin, te voilà ! Tu exagères ! Ça fait une demi-heure que je t'attends !*

**S. 1.** *Exagérer* qqch (sens I), c'est l'amplifier, par oppos. à MINIMISER. Sans compl., il a pour syn., plus forts, DRAMATISER, MENTIR. — **2.** *Exagérer* (sens II), c'est ABUSER (soutenu), POUSSER (fam.), CHARRIER (très fam.).
**L. exagération** (n. f.) [sens I] Sans exagérer, je t'ai attendu une heure → *sans exagération, je t'ai attendu une heure.*

**exalté, e** [εgzalte] adj. (après le n.) et n.
[adj.] (se dit de qqn) *Quelques manifestants exaltés ont commencé à attaquer la police.* ◆ [n.] (personne) *On annonce à la radio qu'un exalté a tenté d'assassiner le président de la République.*

**S.** Est *exalté* (soutenu) celui qui est passionné par une cause jusqu'à perdre la maîtrise de soi. Le syn. est FANATIQUE (adj. et n.).

**examen** [εgzamɛ̃] n. m.
I. [action, qqn] *L'examen des traces des pneus dans la neige n'a rien donné, ce sont des pneus d'un modèle courant, c'est tout.*
II. [action, qqn, et résultat] *Tu connais la date des examens ? — Ils ont lieu en juin.*

# EXAMINER

● *Chantal est nerveuse; elle attend les résultats de ses examens.* ● *Quand passes-tu ton examen ? — En octobre.*

**S. 1.** Au sens I, *examen* désigne l'action d'EXAMINER, d'observer dans un but de recherche assez précis. ANALYSE, OBSERVATION sont des syn. — **2.** Un *examen* (sens II), c'est le fait d'ÊTRE EXAMINÉ par une série d'épreuves; il permet d'obtenir des diplômes. Les principaux *examens* sont le BACCALAURÉAT, ou BAC (fam.), qui marque la fin des études secondaires, la LICENCE et la MAÎTRISE, qui marquent la fin des études du second cycle, à l'université. Pour être reçu à un *examen*, il faut que la note obtenue (ou la moyenne des notes obtenues) soit égale ou supérieure à une note minimale déterminée, qui est le plus souvent la moyenne (10); contrairement à un concours, le nombre des candidats reçus n'est pas limité. Un *examen* ou un concours servent à sélectionner les candidats qui ont acquis les connaissances exigées. Le JURY est l'ensemble des professeurs chargés de juger les candidats. Une SESSION est la période pendant laquelle se déroule les *examens*.
**L. examiner,** v. ce mot. ◆ **examinateur, trice** (n.) [sens II] Ceux qui font passer les examens sont sévères → *les examinateurs sont sévères.*

**examiner** [ɛgzamine] v. t. (conj. **1**)
(sujet qqn) **examiner qqch, qqn** *Je ne peux pas te donner de réponse avant d'avoir examiné le problème.* ● *À la douane, ils ont été fouillés et on a examiné tous leurs bagages; ils n'ont pas de chance.* ● *L'agent examinait tous les passants, essayant de reconnaître le voleur.* ◆ (sujet un médecin, un dentiste) **examiner qqn** [*Le médecin*] : « *Déshabillez-vous, je vais vous examiner.* »

**S.** *Examiner* qqch (abstrait) a pour syn. ÉTUDIER, CONSIDÉRER. *Examiner* qqn, qqch (con-

cret) a pour syn. moins forts REGARDER ou OBSERVER (en parlant de qqn). *Examiner un malade* a pour syn. AUSCULTER, en parlant d'un médecin.
**L. examen,** v. ce mot. ◆ **réexaminer** (v. t.) Il faut examiner de nouveau le problème → *il faut réexaminer le problème.*

**exaspérer** [ɛgzaspere] v. t. (conj. **12**)
(sujet qqch, qqn) **exaspérer qqn** *Arrête, tu m'exaspères avec tes questions idiotes !*

**S.** *Exaspérer* qqn, c'est l'ÉNERVER, l'AGACER

(moins forts), le POUSSER À BOUT, lui FAIRE PERDRE PATIENCE.
**L. exaspérant, e** (adj.) *Cet enfant m'exaspère* → *cet enfant est exaspérant.* ◆ **exaspération** (n. f.) *Regarde comme il est exaspéré !* → *regarde dans quel état d'exaspération il est !*

**excellent, e** [ɛkselɑ̃, ɑ̃t] adj. (avant ou après le n.)
(se dit de qqn, de qqch) *Que ce film est mauvais ! C'est dommage, il y a d'excellents acteurs, mais on leur a donné des rôles idiots.* ● *On a fait un repas excellent dans un petit restaurant, et pour pas cher.* ● *Voilà une excellente question, elle soulève un problème essentiel !*

**G.** Cet adj. n'a ni comparatif ni superlatif.
**S.** Est *excellent* ce qui se distingue par sa valeur, ses qualités, etc.; le mot a pour syn. TRÈS BON, PARFAIT, REMARQUABLE. En parlant d'un aliment, d'un repas, etc., il a aussi pour syn. EXQUIS, DÉLICIEUX, SUCCULENT (plus fort et soutenu), FAMEUX. Les contr. sont, par ordre d'intensité croissante, PASSABLE, MÉDIOCRE, MAUVAIS, DÉTESTABLE, EXÉCRABLE (soutenu).

**excepté** [ɛksɛpte] prép., **excepté que** conj.

[exclusion] **excepté qqn, qqch, excepté que + ind.** *Excepté Pierre, tout le monde était venu.* ● *Vous nettoierez tout l'appartement, excepté les chambres.* ● *On a passé de bonnes vacances, excepté que notre fils est tombé malade.*

**S.** *Excepté,* inv. comme prép. avant le n., *excepté que* indiquent que l'on exclut qqn ou qqch de l'ensemble considéré. *Excepté* a pour syn. À PART, EN DEHORS DE. *Excepté que* (fam.) a pour syn. SAUF QUE.

**excepter** [ɛksɛpte] v. t. (conj. **1**)
(sujet qqn) **excepter qqch, qqn** *Si l'on excepte le congé pris pour la naissance de son enfant, elle n'a jamais été absente depuis qu'elle travaille dans cette maison.*

**S.** *Excepter,* c'est FAIRE EXCEPTION DE, EXCLURE, RETIRER, RETRANCHER, NE PAS TENIR COMPTE DE.
**L. excepté, exception,** v. ces mots.

**exception** [ɛksɛpsjɔ̃] n. f.
[action, qqn, et résultat] *Le gardien a fait une exception pour nous, il nous a laissés entrer.* ● *Tous les élèves, sans exception, doivent se faire examiner par le médecin.*
◆ **à l'exception de qqn, qqch** *Toute la famille était là, à l'exception de Paul, qui était malade.* ◆ **à quelques exceptions près, à de rares exceptions** *À quelques exceptions près, les gens sont aimables avec les touristes.*

**S.** Une *exception,* c'est le fait d'EXCEPTER, de privilégier qqn ou qqch, de le mettre à part ; il a pour syn. savant DÉROGATION. L'*exception* s'oppose à la RÈGLE, au CAS GÉNÉRAL. *A l'exception de* est syn. de SAUF, EXCEPTÉ, À PART. *À quelques exceptions près* est syn. de POUR LA PLUPART, EN GÉNÉRAL.

**exceptionnel, elle** [ɛksɛpsjɔnɛl] adj.
(après ou, plus rarement, avant le n.)
(se dit de qqch) *Tu travailles samedi ? — Oui, mais c'est exceptionnel : d'habitude, j'ai congé.* ● *On a eu un temps exceptionnel cet été : jamais il n'avait fait aussi beau !*

**S.** Est *exceptionnel* ce qui constitue une EXCEPTION (par rapport à une règle), ce qui sort de l'ordinaire ; cet adj. est syn. de OCCASIONNEL (moins fort et soutenu), SPÉCIAL, PARTICULIER, RARE et EXTRAORDINAIRE, UNIQUE (plus forts), et a pour contr. HABITUEL, NORMAL, RÉGULIER, ORDINAIRE, COMMUN, BANAL, COURANT.
**L. exceptionnellement** (adv.) *La réunion aura lieu de façon exceptionnelle mardi* → *la réunion aura lieu exceptionnellement mardi.*

**excès** [ɛksɛ] n. m.
[quantité] *Ralentis ! Tu sais que ça coûte très cher, maintenant, les excès de vitesse !* ● *Pierre a le foie malade, le médecin lui a interdit tout excès de boisson.* ● *Je n'ai pas fait d'excès à midi, je n'ai mangé que de la salade !* ● *Le journaliste a attaqué le gouvernement, mais sans excès.*

**S.** Faire un *excès* de vitesse, c'est aller trop vite, dépasser la vitesse permise ; le syn. est DÉPASSEMENT. Faire des *excès* (de nourriture, de boisson), c'est manger ou boire trop, ne pas être sobre ; le syn. est ABUS. *Sans excès* a pour syn. AVEC MESURE, MODÉRÉMENT.
**L. excessif,** v. ce mot.

**excessif, ive** [ɛksɛsif, iv] adj. (après le n.)
(se dit de qqch) *Pour une petite voiture, sa consommation d'essence est excessive.* ◆ (se dit de qqn) *Georges est toujours excessif dans ses jugements, mais il y a une part de vérité dans ce qu'il dit.*

**S.** Est *excessif* qqch qui dépasse ce qui est normal (syn. EXAGÉRÉ) ou qqn qui dépasse la mesure (syn. EXTRÊME, contr. MODÉRÉ, RAISONNABLE).
**L. excessivement** (adv.) *Cette voiture consomme d'une manière excessive* → *cette voiture consomme excessivement.*

**exciter** [ɛksite] v. t. (conj. **1**)
I. (sujet qqch, qqn) **exciter une sensation,**

**un sentiment** *Elle fait tout pour exciter la jalousie de ses voisins.*
II. (sujet qqn) **s'exciter, être excité** *Regarde-le, il est tout excité à l'idée d'aller au cinéma. Il ne tient plus en place.*

**S. 1.** *Exciter une sensation, un sentiment* (sens I), c'est les FAIRE NAÎTRE. AVIVER, ÉVEILLER, RAVIVER, SUSCITER, PROVOQUER sont des syn. moins forts. — **2.** *S'exciter* (sens II), c'est S'ÉNERVER (moins fort).

**L. excitation** (n. f.) [sens II] Il est tellement excité qu'il ne sait plus ce qu'il dit → *il est dans un tel état d'excitation qu'il ne sait plus ce qu'il dit.* ◆ **surexcité, e** (adj.) [sens II] *Les enfants sont surexcités, on part à la mer demain* (← très excités).

**exclure** [εksklyr] v. t. (conj. 57) (sujet qqn, qqch) **exclure qqn, qqch (de qqch)** *Il a été exclu de son parti pour avoir*

*écrit une série d'articles critiques.* ◆ **il est exclu que + subj., c'est exclu** *Il n'est pas exclu qu'il accepte notre offre, mais ce serait étonnant.*

**S.** *Exclure,* c'est REJETER, ÉLIMINER. *Il est exclu que* (soutenu) a pour syn. IL EST IMPOSSIBLE QUE.
**L. exclusion** (n. f.) *On a exclu très justement Paul de l'école* → *l'exclusion de Paul de l'école est très juste.*

**exclusif, ive** [εkslyzif, iv] adj. (après le n.)
(se dit de qqch, de qqn) *On ne peut pas dire que Pascal s'intéresse à beaucoup de choses, il a un intérêt exclusif pour les romans policiers.* ● *En matière de musique, Patrick est exclusif : il n'aime que Mozart.*

**G.** En parlant de qqch, cet adj. n'a ni comparatif ni superlatif.
**S.** Est *exclusif* ce qui EXCLUT les autres, ce qui n'admet rien d'autre ; les syn. sont UNIQUE (en parlant de qqch), ABSOLU (en parlant de qqn).
**L. exclusivement** (adv.) *Il s'attache d'une manière exclusive à son travail* → *il s'attache exclusivement à son travail.* ◆ **exclusive** (n. f.) *Nous admettrons tout le monde sans exclusive* (← sans être exclusif à l'égard de quiconque).
◆ **exclusivité** (n. f.) *Ce journal a l'exclusivité des Mémoires de l'ancien président des États-Unis* (← le droit exclusif de publier).

**excuse** [εkskyz] n. f.
[action, qqn, et résultat] *Qu'est-ce qu'on va bien pouvoir trouver comme excuse pour ne pas aller à cette réunion ?* ● *Puisque ton absence était légale, tu n'as pas d'excuses à donner !* ● *Si c'est de sa faute, ce n'est pas à moi de lui faire des excuses.*

**S.** Une *excuse,* c'est le fait de S'EXCUSER, de se justifier ; c'est aussi le motif qui sert à s'excuser. Les syn. sont EXPLICATION, JUSTIFICATION, MOTIF, PRÉTEXTE. *Faire des excuses à* qqn, c'est

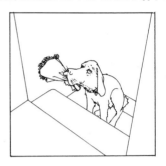

S'EXCUSER AUPRÈS DE lui, lui DEMANDER PARDON (plus fort).

**excuser** [εkskyze] v. t. (conj. 1)
(sujet qqn) **excuser qqn (de + inf.)** *M. Dumont vous prie de l'excuser, il est absent pour trois jours, il est en voyage.* ● *Excusez-moi d'arriver en retard, mais j'ai été pris dans les embouteillages.* ● *Allô, excusez-moi, je suis occupé, est-ce que je peux te rappeler ?* ◆ **s'excuser** *Tu n'es pas allé au rendez-vous ? Tu t'es excusé au moins ?*

**S.** *Excuser* a pour syn. PARDONNER À qqn ou PARDONNER qqch. *Excuse(z)-moi* est une formule de politesse qui s'emploie lorsqu'on veut *s'excuser* de qqch ou *s'excuser* de déranger qqn ; les syn. sont PARDONNE(Z)-MOI, JE TE (VOUS) DEMANDE PARDON, ou simplement PARDON ! *S'excuser,* c'est PRÉSENTER SES EXCUSES ou, plus fort, DEMANDER PARDON À qqn POUR qqch.
**L. excusable** (adj.) *C'est une erreur qu'on peut excuser* → *c'est une erreur excusable.*
◆ **excuse,** v. ce mot. ◆ **inexcusable** (adj.) *Une telle paresse ne peut pas être excusée* → *une telle paresse est inexcusable.*

**exécrable** [εksekrabl] adj. (après le n.)
(se dit de qqch [temps, attitude]) *Il a fait un temps exécrable pendant toute la semaine : pluie, vent, froid.* ● *Paul est d'une humeur exécrable en ce moment.*

**S.** Est *exécrable* (soutenu) ce qui est très mauvais ; les syn. sont ABOMINABLE, ÉPOUVANTABLE, HORRIBLE, DÉTESTABLE (soutenu).

**exécuter** [ɛgzekyte] v. t. (conj. 1)
I. (sujet qqn) **exécuter (qqch)** *Nous, nous ne décidons rien, nous exécutons.* • *Et maintenant le pianiste va nous exécuter une œuvre de Chopin.*

II. (sujet qqn) **exécuter qqn** *Les manifestants contre la peine de mort défilaient au moment même où le condamné était exécuté.*

**S. 1.** *Exécuter* (sens I) est un syn. soutenu de FAIRE, RÉALISER, EFFECTUER. *Exécuter une œuvre musicale*, c'est la JOUER. — **2.** *Exécuter qqn* (sens II), c'est le TUER, le FAIRE MOURIR après décision de justice.
**L. exécution** (n. f.) [sens I] *Le pianiste a très bien exécuté l'œuvre* → *le pianiste a fait une très belle exécution de l'œuvre.* ◆ [sens II] *Quand le condamné est-il exécuté?* → *quand a lieu l'exécution du condamné.*

**exemplaire** [ɛgzɑ̃plɛr] adj. (après le n.)
(se dit de l'attitude de qqn) *Il avait été condamné à quinze ans de prison; mais il est sorti après huit ans pour conduite exemplaire.* ◆ (se dit d'une action) *Croyez-vous que la peine de mort soit exemplaire?*

**G.** Cet adj. n'a ni comparatif ni superlatif.
**S.** Est *exemplaire* une conduite, une attitude qui peut être donnée en EXEMPLE ou une action qui peut servir de leçon, d'avertissement; dans le premier cas, le syn. est MODÈLE, PARFAIT.

**exemple** [ɛgzɑ̃pl] n. m.
I. [catégorie] (compt.) *Pour que tu comprennes bien ce que je veux dire, je vais prendre un exemple.* • *Ton exemple est mal choisi : je ne comprends pas ce que tu veux dire.* • *Je trouve que tu n'es pas très franche! — Moi? donne-moi des exemples!* ◆ **par exemple** *Dis-moi un sport que tu aimes. — Le tennis par exemple, mais il y en a d'autres.* • *Prenons par exemple le dernier discours du ministre et analysons-le.*
II. [statut, qqch] (compt., surtout au sing.) *Voilà un bel exemple de ce qu'il ne faut pas faire!* • *Ce château est un des plus beaux exemples du style du XVII$^e$ siècle.* ◆ [manière, qqn] *Jacques, donne l'exemple à ton petit frère : mange comme il faut!* • *Le père est directeur de banque, on ne peut pas dire que le fils ait suivi son exemple : le voilà en prison pour vol!*

**S. 1.** Un *exemple* (sens I) est un cas, une preuve (récit, histoire, phrase, mot) qui sert à illustrer ce qu'on dit. *Par exemple* a pour syn. NOTAMMENT (plus soutenu). — **2.** Au sens II, c'est un MODÈLE, un TYPE. *Donner, montrer l'exemple*, c'est faire qqch le premier, ÊTRE UN MODÈLE POUR qqn. *Suivre l'exemple de qqn*, c'est l'IMITER.

**exercer (s')** [ɛgzɛrse] v. pr. (conj. 3)
(sujet qqn) **s'exercer (à + inf., à une action)** *Maintenant que je t'ai montré comment on se sert de cette voiture, il faut que tu t'exerces à la conduire toute seule.* • *Pour arriver à ce résultat au saut en hauteur, il s'est exercé tous les jours pendant de nombreuses années.*

**G.** *S'exercer* s'emploie le plus souvent sans compl. quand il s'agit de sport.
**S.** *S'exercer* a pour syn. S'ENTRAÎNER; quand il

s'agit d'une autre activité que le sport, les syn. sont aussi APPRENDRE À et ESSAYER DE (moins fort).

**exercice** [ɛgzɛrsis] n. m.
I. [énoncé] (compt.) *Le professeur de français nous a donné trois exercices à faire pour demain.* • *Tu as fini ton exercice de mathématiques?*
II. [action, qqn] (non-compt., au sing.) *Le docteur m'a dit : mangez moins, faites de l'exercice, comme ça vous ne grossirez pas!*

**S. 1.** Un *exercice* (sens I) permet à un élève de S'EXERCER, de mettre en pratique, d'appliquer ce qu'il a appris. Un *exercice* scolaire à faire

# EXHAUSTIF

chez soi est un DEVOIR. — **2.** *Faire de l'exercice* (sens II), *c'est avoir une activité physique,* FAIRE DU SPORT (*plus particulièrement, de la marche ou de la gymnastique*).

**exhaustif, ive** [εgzostif, iv] adj. (après le n.)
(se dit de qqch, de qqn) *Voilà la liste exhaustive de tous les livres parus ce mois-ci.* — *Comment l'as-tu eue ?* — *En consultant le catalogue !* ● *C'est impossible d'être exhaustif en cette matière, on ne peut pas tout connaître.*

**G.** Cet adj. n'a ni comparatif ni superlatif.
**S.** Être *exhaustif* (soutenu), c'est épuiser, traiter à fond un sujet ; le syn. courant est COMPLET.
**L. exhaustivement** (adv.) *J'ai fait un relevé exhaustif de tous les noms cités* → *j'ai relevé exhaustivement tous les noms cités.*

**exhorter** [εgzɔrte] v. t. (conj. 1)
(sujet qqn) **exhorter qqn à + inf., à qqch** *Georges m'a exhorté à la patience, à attendre quelques jours avant de réclamer de nouveau : l'Administration est très lente.*

**S.** *Exhorter* est le syn. soutenu de INVITER, ENCOURAGER, ENGAGER.

**exigeant, e** [εgziʒɑ̃, ɑ̃t] adj. (après le n.)
(se dit de qqn) *Je ne suis pas très exigeante, je te demande seulement de m'aider à faire la vaisselle.* ● *Quelle femme exigeante, elle n'est jamais contente !*

**S.** Qqn d'*exigeant* demande trop, ne se contente pas de ce qu'il a. Les syn. sont DIFFICILE ou MANIAQUE (plus fort). Les contr. sont INDULGENT, FACILE, ACCOMMODANT, COULANT (fam.).
**L. exigence** (n. f.) *Il est très exigeant* → *il est d'une grande exigence.* ◆ **exiger,** v. ce mot.

**exiger** [εgziʒe] v. t. (conj. **4**)
I. (sujet qqn) **exiger qqch (de qqn), que + subj., de + inf.** *Le professeur exigea le silence, mais il y avait tant de bruit que personne ne l'entendit.*
II. (sujet qqch, qqn, un animal) **exiger qqch, que + subj.** *C'est un animal qui exige beaucoup de soins.* ● *Les circonstances exigent qu'on agisse avec prudence.*

**S. 1.** *Exiger* (sens I) est un syn. plus fort de VOULOIR, DEMANDER. — **2.** *Exiger* (sens II) est un syn. plus fort de DEMANDER, RÉCLAMER.
**L. exigeant, e,** v. ce mot. ◆ **exigence** (n. f.) [sens I] *Vous exigez trop de choses* → *vos exigences sont trop grandes.*

**exigu, ë** [εgzigy] adj. (après le n.)
(se dit d'un lieu) *Bien sûr, il y a trois pièces dans cet appartement, mais la chambre est vraiment très exiguë : deux mètres sur trois !*

**S.** Sont *exigus* un lieu, une surface trop étroits, de dimensions trop petites, qui ne laissent pas assez de place. Les contr. sont GRAND, VASTE.
**L. exiguïté** (n. f.) *Que cet appartement soit exigu, je le vois bien !* → *je vois bien l'exiguïté de cet appartement !*

**exiler (s')** [εgzile] v. pr. (conj. 1), **être exilé** v. pass.
(sujet qqn) **s'exiler, être exilé (qqpart)** *Son opposition au gouvernement de son pays était telle qu'il fut obligé de s'exiler.* ● *J'en avais assez de la ville, du bruit, du rythme fou, alors je me suis exilé dans ce coin perdu de la montagne.*

**S.** *S'exiler*, c'est quitter définitivement ou temporairement son pays, PARTIR EN EXIL pour des raisons le plus souvent politiques, ou quitter son lieu de résidence habituel pour aller vivre ailleurs. *Être exilé*, c'est ÊTRE EN EXIL.
**L. exil** (n. m.) *Il a été obligé de s'exiler* → *il a été obligé de partir en exil.*

**exister** [εgziste] v. i. (conj. 1)
(sujet qqn, qqch) *Jusqu'à l'âge de huit ans, j'ai cru que le Père Noël existait.* ● *Il y a cinquante ans, la télévision n'existait pas.* ● *Il y a trois ans, il n'existait pas de maison à cet endroit.* ● *Heureusement, il existe encore des gens à qui on peut faire confiance.*

**S.** Avec un sujet désignant qqn, *exister* a pour syn. VIVRE. IL Y A est un syn. plus courant de la forme impersonnelle *il existe*.
**L. existence** (n. f.) *Cet État existe depuis peu* → *l'existence de cet État est récente.* ◆ **existant, e** (adj.) *Les règlements qui existent suffisent* → *les règlements existants suffisent.*

◆ **coexister** (v. i.) Plusieurs systèmes existent en même temps → *plusieurs systèmes coexistent.* ◆ **coexistence** (n. f.) Il est normal que plusieurs systèmes coexistent → *la coexistence de plusieurs systèmes est normale.* ◆ **inexistant, e** (adj.) Les progrès n'existent pas dans ce domaine → *les progrès sont inexistants dans ce domaine.*

**exonéré (être)** [εgzɔnere] v. pass.
(sujet qqn) **être exonéré d'impôts, d'une taxe, etc.** *Son salaire étant assez faible, il est exonéré d'impôts.*

**S.** *Être exonéré d'une taxe, d'un impôt* (langue administrative), c'est en être dispensé, ne pas avoir à le payer. Le syn. soutenu est ÊTRE EXEMPTÉ.
**L. exonération** (n. f.) Comment faire pour être exonéré d'impôts ? → *comment faire pour obtenir une exonération d'impôts ?*

**exorbitant, e** [εgzɔrbitɑ̃, ɑ̃t] adj. (après le n.)
(se dit de qqch [prix, action]) *C'est à cause du quartier que les prix sont exorbitants ; tu*

*auras la même robe pour moins cher dans un grand magasin.* ● *Je ne crois pas que tu obtiendras ce que tu désires : tu as des prétentions exorbitantes.*

**S.** Est *exorbitant* (soutenu) ce qui est EXCESSIF ; DÉMESURÉ est un syn. quand il s'agit d'une action. EXAGÉRÉ est un syn. courant.

**exotique** [εgzɔtik] adj. (après le n.)
(se dit de qqch) *On ne sait pas très bien comment arroser toutes ces plantes exotiques : faut-il leur donner beaucoup d'eau ?* ● *En cette saison, il n'y a guère au marché que des fruits exotiques.*

**G.** Cet adj. ne se met ni au comparatif ni au superlatif.
**S.** Est *exotique* une plante, un fruit, un pro-

duit, etc., qui vient d'un pays étranger lointain, en général d'une région chaude.

**expansif, ive** [εkspɑ̃sif, iv] adj. (après le n.)
(se dit de qqn, de son attitude) *Mais si, il est ravi de te revoir, mais tu sais, il n'est pas très expansif, alors il ne le montre pas beaucoup.*

**S.** Est *expansif* (soutenu) celui qui manifeste facilement ses sentiments. DÉMONSTRATIF est un syn. RENFERMÉ, RÉSERVÉ sont des contr.
**L. expansivité** (n. f.) C'est un garçon trop expansif → *c'est un garçon d'une trop grande expansivité.*

**expansion** [εkspɑ̃sjɔ̃] n. f.
[état, qqch] (compt., surtout au sing.) *L'industrie chimique est en pleine expansion en ce moment.* ● *L'expansion économique du pays ne pourra se faire qu'à certaines conditions.*

**S.** *L'expansion* (soutenu ou vocabulaire économique), c'est le développement, la croissance d'une activité. Il a pour syn. soutenu ESSOR.

**expatrier (s')** [εkspatrije] v. pr. (conj. 2)
(sujet qqn) *Ils furent nombreux à être obligés de s'expatrier pour trouver du travail.*

**S.** *S'expatrier* (soutenu), c'est quitter son pays, sa PATRIE ; ÉMIGRER est un syn.

**expédier** [εkspedje] v. t. (conj. 2)
(sujet qqn, un organisme) **expédier qqch [concret] (à qqn)** *Mademoiselle Brun, avez-vous envoyé la caisse de vin au docteur Dupuis ? — Oui, monsieur, je l'ai expédiée ce matin même.*

**S.** *Expédier* qqch (surtout une lettre, un colis), c'est l'ENVOYER (surtout par la poste).
**L. expéditeur** (n. m.) *Indiquez ici le nom de*

# EXPÉRIENCE

*l'expéditeur* (← de celui qui expédie). ◆ **expédition** (n. f.) *Cela vous coûtera dix francs pour expédier ce colis* → *l'expédition de ce colis vous coûtera dix francs.*

**expérience** [ɛksperjɑ̃s] n. f.
I. [action, qqn] (compt.) **expérience (sur qqch, de qqch)** *Après les expériences qu'ils ont faites sur les chats, les médecins en savent maintenant plus sur les rêves.* ● *Pierre s'est brûlé en faisant une expérience de chimie.*

II. [action, qqn, et résultat] (compt.) **expérience de qqn, de qqch** *Partir seule à l'étranger, c'est une expérience que je ne recommencerai pas !* ● *Je t'assure que les vacances avec les enfants sont fatigantes, fais-en l'expérience, tu verras.*
III. [qualité, qqn] (non-compt., au sing.) *Écoute-moi et fais ce que je te dis. Mon expérience te sera utile.* ● *Tu devrais t'adresser à Jacques, il a de l'expérience dans ce genre de travail, il le fait depuis dix ans.*

S. **1.** Au sens I, une *expérience*, c'est un TEST, un essai, une EXPÉRIMENTATION (soutenu) ou une observation, le plus souvent dans un domaine scientifique. — **2.** *Expérience* (sens II), c'est le fait d'éprouver une fois qqch. *Être une expérience pour qqn* a pour syn. plus fort ÊTRE UNE ÉPREUVE. *Faire l'expérience de* qqch, c'est en FAIRE L'ESSAI, l'EXPÉRIMENTER (soutenu). — **3.** *Expérience* (sens III), c'est l'ensemble des connaissances qu'on a acquises, la pratique qu'on a des choses ou des personnes. Les syn. sont SAVOIR, PRATIQUE, HABITUDE (moins fort), COMPÉTENCE (plus fort) ; les contr. sont IGNORANCE et INEXPÉRIENCE.
L. **expérimenter, expérimenté,** v. ces mots. ◆ **inexpérience** (n. f.) [sens III] *Quel manque d'expérience !* → *quelle inexpérience !*

**expérimenté, e** [ɛksperimɑ̃te] adj. (après le n.)
(se dit de qqn) *Pour faire ce travail, il nous faut quelqu'un de très expérimenté, pas un débutant.*

S. Qqn qui est *expérimenté* a beaucoup d'EXPÉRIENCE, de savoir-faire ; COMPÉTENT (plus fort) est un syn.
L. **inexpérimenté, e** (adj.) *C'est un garçon qui n'est pas expérimenté* → *c'est un garçon inexpérimenté.*

**expérimenter** [ɛksperimɑ̃te] v. t. (conj. **1**)
(sujet qqn) **expérimenter un produit, un appareil** *Ce médicament a été longuement*

*expérimenté sur des animaux avant d'être donné aux hommes.*

S. *Expérimenter un produit*, c'est le soumettre à des EXPÉRIENCES, le TESTER pour vérifier son efficacité, ses qualités, etc.
L. **expérimentation** (n. f.) *On expérimente ces produits sur des malades, c'est scandaleux* → *l'expérimentation de ces produits sur des malades est scandaleuse.*

**expirer** [ɛkspire] v. i. (conj. **1**)
(sujet qqch [abstrait]) *Le délai expire dans deux heures, dépêche-toi de prendre ta décision.*

S. *Expirer* (soutenu), c'est PRENDRE FIN, SE TERMINER en parlant de qqch qui se déroule dans le temps.
L. **expiration** (n. f.) *Le délai expire bientôt* → *le délai arrive bientôt à expiration.*

**explication** [ɛksplikasjɔ̃] n. f.
I. [action, qqn, et résultat] (compt.) *Je m'excuse d'arriver en retard. Mon réveil n'a pas sonné.* — *Ton explication ne me con-*

# EXPLOITER

vainc pas! • *Je suis de mauvaise humeur, c'est tout, je n'ai pas d'explications à te donner.* ◆ [action, langage] (compt., surtout au sing.) *Jacques et moi, on était fâchés, mais on a eu une grande explication tous les deux, et maintenant on s'est réconciliés.*
II. [énoncé] (compt.) **explication de texte** *Notre professeur de français nous a donné une explication de texte à faire pour demain.*

**S. 1.** Une *explication* (sens I), c'est le fait d'EXPLIQUER qqch (sens I); il a pour syn. JUSTIFICATION. *Donner des explications à* qqn, c'est lui DONNER DES ÉCLAIRCISSEMENTS, DES RAISONS, DES MOTIFS POUR qqch, UNE JUSTIFICATION AU SUJET DE qqch. *Avoir une explication avec* qqn, c'est essayer d'éclaircir les choses, de dissiper un malentendu, de S'EXPLIQUER AVEC lui (sens II). — **2.** Au sens II, une *explication de texte* est un COMMENTAIRE à propos d'un texte.

**explicite** [εksplisit] adj. (après le n.)
(se dit d'un énoncé, de qqn) *Ton explication n'est pas très claire, recommence et sois plus explicite.*

**S.** Est *explicite* (soutenu) un énoncé qui donne clairement et nettement toutes les indications nécessaires ; le contr. est ALLUSIF (péjor.) ou IMPLICITE (qui implique sans le dire) ; les syn. sont NET, CLAIR, PRÉCIS.
**L. explicitement** (adv.) *Ceci est dit d'une manière explicite dans le contrat → ceci est dit explicitement dans le contrat.* ◆ **expliciter** (v. t.) *Explicite ton problème pour qu'on te comprenne* (← rends plus explicite).

**expliquer** [εksplike] v. t. (conj. **1**)
I. (sujet qqn) **expliquer qqch, que** + ind., **pourquoi, comment, etc.**, + **ind. (à qqn)** *J'aimerais que tu m'expliques un peu ce film, je n'ai rien compris !* • *Ce n'est pas la peine de leur expliquer le chemin, ils savent où c'est.* • *Explique-moi comment tu as réussi à ce jeu. Ça m'intéresse.* — *Je t'expliquerai plus tard, je connaissais la solution.* ◆ (sujet qqch) **s'expliquer** *Ah ! Si vous vous êtes disputés, sa mauvaise humeur s'explique !*
II. (sujet qqn) **s'expliquer (avec qqn)** *Jacques est furieux contre toi, tu ferais bien d'aller t'expliquer avec lui !*

**S. 1.** *Expliquer qqch à qqn* (sens I), c'est le lui faire comprendre, lui donner des EXPLICATIONS. *Expliquer que* + ind. a pour syn. DIRE, EXPOSER. Selon le contexte, les autres syn. sont ÉCLAIRER, ÉCLAIRCIR qqn SUR qqch, INDIQUER, MONTRER (le chemin). *S'expliquer* a pour syn. SE JUSTIFIER. — **2.** *S'expliquer* (sens II) peut avoir pour syn. DISCUTER, AVOIR UNE EXPLICATION AVEC qqn (sens I).
**L. explicable** (adj.) [sens I] *Sa colère contre toi peut s'expliquer → sa colère contre toi est explicable.* ◆ **explication,** v. ce mot. ◆ **inexplicable** (adj.) [sens I] *Sa réaction ne peut pas s'expliquer → sa réaction est inexplicable.* ◆ **inexpliqué, e** (adj.) *Ce crime n'est pas expliqué → ce crime est inexpliqué.*

**exploit** [εksplwa] n. m.
[action, qqn] *Le film raconte les derniers exploits d'un sportif et la manière dont peu à peu il a dû abandonner le sport.* • *Marie ? À l'heure ? Quel exploit !*

**S.** Un *exploit* est un acte extraordinaire, une réussite, une PERFORMANCE.

**exploiter** [εksplwate] v. t. (conj. **1**)
I. (sujet qqn) **exploiter qqch (ferme, terre, etc.)** *Ils exploitent eux-mêmes leurs vignes, mais cela devient de plus en plus difficile.*
II. (sujet qqn) **exploiter qqch (abstrait)** *Vous n'avez pas su exploiter la situation, pourtant vous aviez là une chance à saisir.*
◆ (sujet qqn, qqch) **exploiter qqn** *Les femmes disent qu'elles se font exploiter par leur mari et par la société.*

**S. 1.** *Exploiter une terre,* etc. (sens I), c'est la CULTIVER, la FAIRE FRUCTIFIER. — **2.** *Exploiter* qqch (sens II) a pour syn. TIRER PROFIT DE, TIRER PARTI DE. *Exploiter* qqn (péjor.), c'est réaliser des bénéfices grâce à son travail, tirer des avantages de son travail.
**L. exploitant, e** (n. et adj.) [sens I] *Ce sont des propriétaires qui exploitent eux-mêmes leurs propriétés → ce sont des propriétaires exploitants.* ◆ **exploitation** (n. f.) [sens I] *Il y a beaucoup de petites exploitations dans cette région* (← petites propriétés exploitées). ◆ [sens II] *Nous lutterons contre l'exploitation des travailleurs* (← contre le fait qu'on exploite les travailleurs). ◆ **exploiteur, euse** (n.)

# EXPLORER

[sens II] Vous ne faites qu'exploiter les autres → *vous n'êtes qu'un exploiteur*. ◆ **inexploité, e** (adj.) [sens I] *Ces régions, jamais exploitées jusqu'ici, seront bientôt riches et prospères* → *ces régions, inexploitées jusqu'ici, seront bientôt riches et prospères.*

**explorer** [ɛksplɔre] v. t. (conj. 1)
(sujet qqn) **explorer un lieu** *Quand nous étions petits, nous rêvions d'aller explorer cette île que tu vois là-bas.*

  **S.** *Explorer un lieu*, c'est le parcourir pour le découvrir, aller à sa découverte, l'inspecter.
  **L. explorateur, trice** (n.) *On est sans nouvel-*

*les de l'équipe d'explorateurs partis dans cette forêt d'Afrique* (← personnes qui explorent une région). ◆ **exploration** (n. f.) *On a décidé d'explorer cette région désertique* → *on a décidé l'exploration de cette région désertique.* ◆ **inexploré, e** (adj.) *Reste-t-il encore des lieux qui n'ont pas été explorés ?* → *reste-t-il encore des lieux inexplorés ?*

**exploser** [ɛksploze] v. i. (conj. 1)
(sujet qqch) *Heureusement qu'il n'y avait personne dans la maison quand le gaz a explosé.*

  **S.** *Exploser*, c'est éclater violemment et en causant de gros dégâts.

**L. explosif** (n. m.) *On a trouvé chez lui une réserve d'explosifs* (← armes, matières pouvant exploser). ◆ **explosion**, v. ce mot.

**explosion** [ɛksplozjɔ̃] n. f.
[action, qqch, et résultat] *C'est l'explosion d'une bouteille de gaz qui a causé l'incen-*

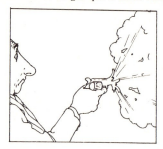

*die de l'immeuble.* • *Tu n'as pas entendu une explosion cette nuit ? — Si, on dit que c'est le moteur d'une voiture.*

  **S.** *Explosion* désigne à la fois le fait d'EXPLOSER et le bruit ainsi produit ; il a pour syn. plus soutenus DÉFLAGRATION et DÉTONATION.

**exporter** [ɛksporte] v. t. (conj. 1)
(sujet un pays, un peuple) **exporter qqch (produit)** *La France exporte du vin dans de nombreux pays étrangers.* • *Il y a cinq ans, les Japonais ont exporté beaucoup de bicyclettes ; elles étaient bon marché.*

  **S.** *Exporter*, c'est vendre à l'étranger les produits d'un pays. Le contr. est IMPORTER.
  **L. exportation** (n. f.) *On fabrique ici des fromages qui seront exportés* → *on fabrique ici des fromages pour l'exportation.* ◆ **exportateur, trice** (adj. et n.) *Ce pays exporte du pétrole* → *c'est un pays exportateur de pétrole.*

**exposé** [ɛkspoze] n. m.
[énoncé] *L'exposé sur la peinture italienne était très intéressant, tout le monde l'a écouté avec beaucoup d'attention.* • *Ton article est un exposé exact et précis de la situation économique actuelle, il est très bien.*

  **S.** Un *exposé* est un développement par lequel on EXPOSE (sens III) des faits, des idées ou un texte, un rapport bref sur un sujet précis. Il a pour syn. RÉCIT, ANALYSE, COMPTE-RENDU.

**exposer** [ɛkspoze] v. t. (conj. 1)
I. (sujet qqn) **exposer qqch (concret)** *J'espère que le livre que tu as écrit est exposé chez tous les libraires.* • *C'est un jeune*

peintre, il n'a encore jamais exposé ses tableaux. ◆ **exposer qqch (concret) à la lumière, à la chaleur, etc.** *Regarde ce qu'il y a écrit sur l'étiquette : « Ne pas exposer à la chaleur, risque d'exploser. »*
II. (sujet qqn) **s'exposer, être exposé à qqch (abstrait, action)** *En agissant ainsi, vous vous exposez à de graves dangers.*
III. (sujet qqn) **exposer qqch (abstrait)** *Nous vous écoutons, exposez-nous votre plan.*

**S. 1.** *Exposer* qqch (sens I), c'est le présenter à la vue du public dans un magasin, une galerie, etc. En parlant d'un peintre, d'un

sculpteur, *exposer*, c'est faire une EXPOSITION. *Exposer* qqch à qqch, c'est le SOUMETTRE À L'ACTION DE qqch. — **2.** *S'exposer à un danger* (sens II), c'est le COURIR. RISQUER est un syn. — **3.** *Exposer* qqch (sens III), c'est le présenter par la parole ou l'écriture dans un EXPOSÉ. DIRE, EXPLIQUER sont des syn.
**L. exposition,** v. ce mot.

**exposition** [εkspozisjɔ̃] n. f.
[action, qqn] *Jacques fera une exposition de ses sculptures en septembre à Paris.* ◆ [résultat] *Tu es allé visiter l'exposition de peinture au musée d'Art moderne ?*

**S.** Une *exposition*, c'est le fait d'EXPOSER (sens I), de présenter au public des œuvres artistiques ou littéraires, des meubles, etc. ; c'est aussi les œuvres exposées et le lieu où se trouve cette présentation publique.

**exprès** [εksprε] adv.
[manière] *Pierre est venu exprès de Lyon pour te voir, et tu n'étais pas là.* ● *Excusez-moi, je vous ai bousculé, mais je ne l'ai pas fait exprès.* ● *Allez, dis-le donc, tu fais exprès de me déranger.*

**S.** *Exprès* a pour syn. VOLONTAIREMENT, INTENTIONNELLEMENT (soutenu), À DESSEIN, DÉLIBÉRÉMENT (litt.), et pour contr. INVOLONTAIREMENT,

INCONSCIEMMENT. *Faire exprès* (fam.) a pour contr. soutenus FAIRE PAR MÉGARDE, PAR INADVERTANCE.

**expressif, ive** [εkspresif, iv] adj. (après le n.)
(se dit de qqch [paroles, attitude, visage]) *Il est peut-être beau, mais il n'a pas un visage expressif, comme je les aime.*

**S.** Est *expressif* ce qui EXPRIME (sens I) fortement qqch et particulièrement ce qui exprime les sentiments, les sensations. ÉLOQUENT, SIGNIFICATIF sont des syn. en parlant d'une parole, d'une attitude, VIVANT est un syn. en parlant d'un visage.

**expression** [εkspresjɔ̃] n. f.
I. [action, qqn] (non-compt., au sing.) *Le dessin est pour l'enfant un merveilleux moyen d'expression.* ● *Il y a des pays où la liberté d'expression n'existe pas : on n'a pas le droit d'écrire ce que l'on pense.*
II. [énoncé] (compt.) *Alain emploie beaucoup trop d'expressions grossières quand il parle.* ● *Cette expression française est difficile à traduire en anglais.*
III. [manière, qqn] (compt., surtout au sing.) *Tu as vu l'expression de Jacques quand on lui a dit qu'il avait réussi ? Il a eu l'air tout étonné !* ● *Il avait une drôle*

*d'expression, comme s'il était sur le point de pleurer.*

**S. 1.** Au sens I, *moyen d'expression, liberté d'expression* sont syn. de MOYEN, LIBERTÉ DE S'EXPRIMER (sens II). — **2.** Une *expression* (sens II), c'est un mot ou, plus souvent, un groupe de mots ; il a pour syn. LOCUTION (soutenu). — **3.** Au sens III, l'*expression* de qqn, c'est ce qu'EXPRIME (sens I) son visage ; les syn. sont MINE, PHYSIONOMIE, VISAGE ou TÊTE (fam.).

**exprimer** [εksprime] v. t. (conj. **1**)
I. (sujet qqn, qqch [texte, geste, etc.])
**exprimer une idée, que** + ind. *Je me demande ce qu'on a voulu exprimer dans ce tableau, je n'y comprends rien.* ● *Choisis*

bien les mots qui exprimeront le mieux ta pensée.
II. (sujet qqn) **s'exprimer (d'une certaine manière, dans une langue)** *Vous me comprenez mal ? c'est que je n'arrive pas à m'exprimer dans votre langue.* • *Qu'est-ce qu'il s'exprime mal ! où a-t-il donc appris le français ?*

**S. 1.** *Exprimer* (sens I) a pour syn. TRADUIRE, SIGNIFIER (soutenus) et parfois DIRE (courant). — **2.** *S'exprimer* (sens II) a pour syn. PARLER, SE FAIRE COMPRENDRE.
**L. expressif, expression,** v. ces mots.
◆ **inexprimable** (adj.) [sens I] *Ce sentiment ne peut pas s'exprimer* → *ce sentiment est inexprimable.*

**exproprier** [ɛksprɔprije] v. t. (conj. **2**) (sujet qqn, un organisme) **exproprier qqn** *C'est scandaleux d'exproprier ainsi les gens et de les obliger à habiter ailleurs.*

**S.** *Exproprier* qqn (langue administrative), c'est lui retirer par des moyens légaux la PROPRIÉTÉ d'une habitation, d'un terrain.
**L. expropriation** (n. f.) *On a été obligé d'exproprier les habitants de ces fermes pour construire l'autoroute* → *la construction de l'autoroute a entraîné l'expropriation des habitants de ces fermes.*

**expulser** [ɛkspylse] v. t. (conj. **1**) (sujet qqn, un organisme) **expulser qqn (d'un lieu)** *Il a été expulsé de France voilà dix ans, et il n'a toujours pas le droit de passer la frontière.*

**S.** *Expulser* qqn *d'un lieu,* c'est l'en CHASSER

ou lui interdire le séjour sur un territoire, dans un pays.
**L. expulsion** (n. f.) *Les gens ont empêché la police d'expulser les locataires* → *les gens ont empêché l'expulsion des locataires par la police.*

**extasier (s')** [ɛkstazje] v. pr. (conj. **2**) (sujet qqn) **s'extasier devant, sur qqch, qqn** *Je ne comprends pas pourquoi tous ces gens s'extasient devant ces peintures modernes, moi, je n'y comprends rien.*

**S.** *S'extasier,* c'est manifester fortement son admiration.
**L. extase** (n. m.) *Pourquoi ces gens s'extasient-ils devant ce tableau ?* → *pourquoi ces gens sont-ils en extase devant ce tableau ?*

**exténué (être)** [ɛkstenɥe] v. pass. (sujet qqn) *Il fait une chaleur terrible ; cette marche était très dure. Je n'en peux plus, je suis exténué.*

**S.** *Être exténué,* c'est ÊTRE ÉPUISÉ, ÊTRE TRÈS FATIGUÉ ; ÉREINTÉ est un syn. fam. et plus faible.

**extérieur, e** [ɛksterjœr] adj. (après le n.), **extérieur** n. m.
I. [adj.] (se dit de qqch) *Maintenant, avec ces vitres épaisses, on n'entend plus les bruits extérieurs.* • *Avec ce nouveau ministre des Affaires étrangères, la politique extérieure risque de changer.*
II. [n. m.] (localisation) [compt., surtout au sing.] *Rentrons à la maison, il fait très froid à l'extérieur.* • *Nous n'avons pas de pétrole en France, nous sommes obligés de l'acheter à l'extérieur.* • *Vu de l'extérieur, votre métier a l'air passionnant.* • *Si tu vas à l'extérieur de la ville, tu trouveras une campagne magnifique.*

**G.** L'adj. n'a ni comparatif ni superlatif.
**S. 1.** *Extérieur* (adj.) a pour contr. INTÉRIEUR ; les bruits *extérieurs* sont ceux qui viennent du dehors, de la rue ; *politique extérieure* a pour syn. POLITIQUE ÉTRANGÈRE. — **2.** L'*extérieur* (n. m.) a pour contr. l'INTÉRIEUR. *À l'extérieur* peut avoir pour syn. DEHORS (= à l'extérieur d'une maison), AU-DEHORS et, s'il s'agit de l'*extérieur d'un pays,* À L'ÉTRANGER. *À l'extérieur de* est syn. de HORS DE (soutenu) et a pour contr. À L'INTÉRIEUR DE, DANS.
**L. extérieurement** (adv.) *Vu de l'extérieur, ça a l'air intéressant* → *extérieurement, ça a l'air intéressant.* ◆ **extérioriser (s'),** v. ce mot.

**extérioriser (s')** [ɛksterjɔrize] v. pr. (conj. **1**) (sujet qqn) *C'est un enfant qui parle peu, qui ne s'extériorise pas.*

**S.** *S'extérioriser,* c'est montrer, manifester ses

sentiments, ses pensées, ne pas les garder intérieurement.

**exterminer** [ɛkstɛrmine] v. t. (conj. 1) (sujet qqn, un pays) **exterminer un peuple** *La population de cette région a été quasiment exterminée pendant la guerre.*

**S.** *Exterminer un peuple, une population,* c'est les tuer, les ANÉANTIR totalement.
**L. extermination** (n. f.) Ils ont voulu exterminer les Juifs → *ils ont voulu l'extermination des Juifs.*

**extorquer** [ɛkstɔrke] v. t. (conj. 1) (sujet qqn) **extorquer qqch (information, argent) à qqn** *Qu'est-ce qu'il voulait ? — M'extorquer de l'argent. — Bien sûr ! chaque fois qu'un inconnu sonne chez toi, c'est pour ça !*

**S.** *Extorquer* (soutenu), c'est essayer d'obtenir qqch par la ruse ou par une pression morale. SOUTIRER est un syn.

**extraire** [ɛkstrɛr] v. t. (conj. 71) (sujet qqn, un appareil) **extraire un minerai, du pétrole** *On extrait ici du cuivre et de l'or, mais on les exporte.*

**S.** *Extraire* (langue technique), c'est retirer du sol ou du sous-sol des minerais, du pétrole.
**L. extraction** (n. f.) On a commencé à extraire le pétrole de la mer du Nord → *l'extraction du pétrole de la mer du Nord a commencé.*

**extraordinaire** [ɛkstraɔrdinɛr] adj. (après ou, plus rarement, avant le n.) (se dit de qqn, de qqch) *Ce commerçant m'a fait payer un prix extraordinaire quelque chose qui ne valait rien.* • *Tu as une chance extraordinaire, est-ce que tu te rends compte ?* • *Comment trouves-tu son mari ? — Oh ! il n'est pas extraordinaire !*

**S.** Être *extraordinaire*, c'est étonner par son originalité, son importance, sa valeur, etc. Il

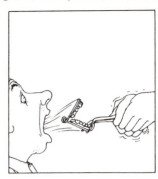

a pour syn. ÉTONNANT (moins fort), MERVEILLEUX, SENSATIONNEL, EXCEPTIONNEL, FANTASTIQUE, TERRIBLE (fam.). Les contr. sont ORDINAIRE, HABITUEL, COURANT, NORMAL. Il est souvent un simple intensif de GRAND.
**L. extraordinairement** (adv.) C'est un garçon d'une intelligence extraordinaire → *c'est un garçon extraordinairement intelligent.*

**extravagant, e** [ɛkstravagɑ̃, ɑ̃t] adj. (après le n.)
(se dit de qqch, de qqn) *Des maillots de bain, à ce prix, c'est extravagant !* • *Partir en week-end avec un temps pareil, tu ne crois pas que c'est extravagant ?* • *Jeanne a toujours des robes extravagantes, je me demande où elle les trouve !* • *Dans cette famille, ils sont tous aussi extravagants les uns que les autres, je dirais même un peu fous !*

**S.** Est *extravagant* ce qui s'écarte de la normale, du bon sens ou ce qui dépasse la mesure. Les syn. sont FANTASTIQUE, INCROYABLE, ou EXORBITANT quand il s'agit de prix ; ABSURDE, DÉRAISONNABLE, quand il s'agit d'une action, et, quand il s'agit de qqn, de sa conduite, de sa tenue, EXCENTRIQUE, BIZARRE.
**L. extravagance** (n. f.) Tu ne vois pas que ta conduite est extravagante ? → *tu ne vois pas l'extravagance de ta conduite ?*

**extrême** [ɛkstrɛm] adj. (après ou avant le n.)
I. (se dit de qqch [lieu, temps]) *N'attends pas la limite extrême pour payer tes impôts ; tu vas finir par oublier.* • *Nous avons été jusqu'à l'extrême pointe de l'île.*
II. (se dit de qqch [abstrait], de qqn) *Avant*

## EXTRÊMEMENT

*d'en arriver aux solutions extrêmes, il faut tout essayer.* • *Il est toujours extrême dans ses opinions ; il pousse trop loin son raisonnement et il oublie la réalité.*

**G.** Au sens I, cet adj. est seulement épithète et n'a ni comparatif ni superlatif.
**S. 1.** Est *extrême* (soutenu) [sens I] ce qui est situé au bout d'un lieu ou au terme d'un temps ; la *limite extrême,* c'est LA DERNIÈRE LIMITE ; la pointe *extrême* est le lieu le plus éloigné du centre. — **2.** Est *extrême* (sens II) ce qui dépasse les limites normales, attendues (syn. RADICAL) ou celui qui est EXCESSIF, qui n'a pas de mesure, de pondération, de sagesse.

**L. extrêmement,** v. ce mot. ◆ **extrémité** (n. f.) [sens I] *L'extrémité de l'île est encore loin* (← le bord extrême de l'île). ◆ [sens II] *Il ne faut pas en venir à cette extrémité* (← à cette solution extrême).

**extrêmement** [ɛkstrɛm(ə)mɑ̃] adv.
[quantité] *Je suis extrêmement heureux d'apprendre que vous avez trouvé du travail.* • *Ce que vous avez fait est extrêmement dangereux.*

**S.** *Extrêmement* a pour syn. plus faibles BEAUCOUP (avec un v.), TRÈS (avec un adj.), TOUT À FAIT, INFINIMENT (soutenu).

**fabriquer** [fabrike] v. t. (conj. **1**)
I. (sujet qqn, une usine) **fabriquer qqch** *Ici, on fabrique des montres.*
II. **qu'est-ce que tu (vous, il, elle, etc.) fabriques?** *Je me demande ce qu'il peut fabriquer, ça fait une heure qu'on l'attend.*

    **S. 1.** *Fabriquer* (sens I) a pour syn. FAIRE, RÉALISER, ou PRODUIRE en parlant d'une usine. — **2.** *Fabriquer* (sens II) ne s'emploie que dans des interrogatives directes ou indirectes et est un syn. fam. de FAIRE.
    **L. fabrication** (n. f.) [sens I] *Cela prend du temps de fabriquer un avion* → *la fabrication d'un avion prend du temps.* ◆ **fabrique** (n. f.) [sens I] *Il travaille dans une fabrique de tissus* (← *entreprise, usine qui fabrique des tissus*).

**façade** [fasad] n. f.
[partie d'un édifice] *À l'intérieur, l'immeuble est bien, mais la façade est vraiment laide.*

    **S.** La *façade* d'un immeuble, d'une maison, etc., est la partie visible de l'extérieur, qui comprend les murs, les fenêtres et les portes.

**face** [fas] n. f.
I. [localisation] (non-compt., au sing.) *Regarde-moi en face pour me dire ce que tu as à me dire.* • *Pierre habite la maison d'en face, j'ai juste la rue à traverser pour aller chez lui.* • *Les photos d'identité sont toujours prises de face.* • *Prends une place de face au théâtre, on verra mieux.* • *Je me demande ce qui va se passer quand ils vont*

*se retrouver face à face.* ◆ **face à, en face de qqch (abstrait)** *Face à une crise économique de cette ampleur, les solutions sont difficiles à trouver.* • *Évidemment il est assez sévère, mais en face de ça, il faut reconnaître qu'il est toujours juste.*
II. [partie d'un objet] (compt.) *Ce sont des cubes de bois dont les six faces sont de couleurs différentes.* ◆ [lieu abstrait] (compt., surtout au plur.) *Il faut examiner ce problème sous toutes ses faces.*
III. (sujet qqn) **faire face à une situation** *Nous prendrons toutes les mesures nécessaires pour pouvoir faire face à cette nouvelle difficulté.* ◆ **perdre la face, sauver la face** *Il ne s'est même pas présenté aux élections! — Il se doutait qu'il ne serait pas élu, il n'a pas voulu perdre la face.* • *Après un pareil scandale, je ne sais pas comment nous ferons pour sauver la face!*

    **S. 1.** Ce qui se trouve *en face de* qqch, de qqn (sens I, concret) est DEVANT. *Regarder qqn en face* a pour syn. REGARDER qqn DANS LES YEUX. *De face* s'oppose à DE CÔTÉ et à DE DERRIÈRE, en parlant de qqch, ou à DE PROFIL, DE TROIS QUARTS et DE DOS, en parlant de qqn. *Face à face* a pour syn. L'UN EN FACE DE L'AUTRE. Dans les emplois abstraits, *face à, en face de* indiquent une idée d'opposition; DEVANT, EN PRÉSENCE DE sont des syn. — **2.** Au sens II, les *faces* d'un objet sont les surfaces le plus souvent planes qui délimitent cet objet. Dans l'emploi abstrait, *face* a pour syn. ASPECT, ANGLE, CÔTÉ. — **3.** Au sens III, *faire face à une situation, un problème*, c'est être capable de les maîtriser, de les dominer. *Perdre la face*, c'est être atteint dans son honneur; *sauver la face*, c'est SAUVER LES APPARENCES.

**fâcher (se)** [faʃe] v. pr. (conj. **1**), **être fâché** v. pass.
I. (sujet qqn) **se fâcher, être fâché (avec qqn)** *Pierre est insupportable; il s'est encore fâché avec sa sœur!* • *N'invite pas les Legrand et Jean en même temps, ils se sont fâchés l'année dernière et depuis ils ne se voient plus.* • *Tu ne crois quand même pas que je vais l'inviter à mon mariage, nous sommes fâchés depuis trois ans!*
II. (sujet qqn) **se fâcher, être fâché (contre qqn, pour qqch)** *Il faut faire attention quand on lui parle, il se fâche pour un rien.* • *Ne te fâche pas contre ta sœur, elle ne l'a*

*pas fait exprès.* ● *Alors, comment ça s'est passé avec ton père? Il n'était pas trop fâché contre nous?*
**G.** Au sens I, quand le sujet est au plur. ou formé de deux groupes du nom coordonnés, le compl. *(avec qqn)* n'est pas exprimé.
**S. 1.** *Se fâcher avec* (sens I) a pour syn. NE PLUS S'ENTENDRE AVEC, SE BROUILLER AVEC, ROMPRE AVEC (soutenu), et pour contr. S'ENTENDRE AVEC. S'entendre de nouveau avec qqn, après s'être fâché avec lui, c'est SE RÉCONCILIER AVEC lui. — **2.** *Se fâcher* (sens II) a pour syn. SE METTRE EN COLÈRE, S'EMPORTER et S'IRRITER (sou-

tenu); *être fâché* a pour syn. ÊTRE EN COLÈRE, ÊTRE MÉCONTENT (plus faible et soutenu), ÊTRE FURIEUX (plus fort).

**fâcheux, euse** [faʃø, øz] adj. (après ou, plus rarement, avant le n.)
(se dit de qqch) *J'avais rendez-vous à 3 heures, il n'est pas là, ce retard est très fâcheux.* ● *Tu as oublié les papiers que je t'avais demandés; tu me mets dans une fâcheuse situation.*
**S.** Est *fâcheux* ce qui apporte un inconvénient ; les syn. sont DÉSAGRÉABLE et MALHEUREUX (plus faibles), EMBÊTANT (fam.), DÉPLAISANT (soutenu).
**L.** *fâcheusement* (adv.) *Il a un retard fâcheux* → *il est fâcheusement en retard.*

**facile** [fasil] adj. (après le n.)
(se dit de qqch, de qqn) **facile (à + inf.)** *Le plafond est très haut, il ne va pas être facile à peindre.* ● *Commençons par un problème facile : 2 + 2, ça fait combien ?* ● *Tu n'aurais pas un livre facile à lire ? ● Pierre a été facile à convaincre : il était déjà d'accord en arrivant !*
**S.** *Facile* a pour contr. DIFFICILE. Il a pour syn. SIMPLE quand il n'a pas de compl. et qu'il s'agit de qqch. *Facile à + inf.* est équivalent à *c'est facile, il est facile de + inf. (Ta voiture est facile à conduire = c'est facile de conduire ta voiture ; Pierre a été facile à convaincre = il a été facile de convaincre Pierre).* En parlant de qqn, il a pour contr. DUR et DIFFICILE.
**L.** **facilement** (adv.) *Cette pièce est facile à nettoyer* → *cette pièce se nettoie facilement.*
◆ **facilité** (n. f.) *Ce travail est facile à faire* → *ce travail se fait avec facilité.* ◆ **faciliter,** v. ce mot.

**faciliter** [fasilite] v. t. (conj. **1**)
(sujet qqn, qqch) **faciliter qqch (action)** *En vous taisant, vous ne faites rien pour faciliter notre enquête.*

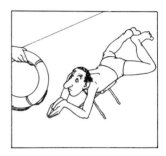

**S.** *Faciliter une action,* c'est la rendre plus FACILE.

**façon** [fasɔ̃] n. f.
**I.** [manière, qqch] (compt.) *Pierre a une drôle de façon de voir les choses.* ● *Il y a plusieurs façons de le faire céder, mais il faut trouver la plus efficace et la plus rapide.* ◆ (compt., surtout au sing.) *De quelle façon t'y prendras-tu pour lui faire comprendre ? ● Je lui achèterai d'autres robes, de cette façon je suis sûr qu'elle portera des choses qui me plaisent. ● Ce n'est plus la peine que je travaille, de toute façon, je suis sûr de rater cet examen. ● Ne vous inquiétez pas, de toutes façons, vous pouvez compter sur moi.*
**II.** [manière, qqn] (compt., au plur.) *Qu'est-ce que c'est que ces façons ? Sois poli avec ta grand-mère ! ● Allez, acceptez sans faire de façons, ne vous faites pas prier. ● Vous reprenez un peu de vin ? — Non, merci, sans façons.*
**G. 1.** Au sens I, *façon* est toujours suivi d'un adj., d'un compl. à l'inf. ou d'une relative. — **2.** *De toute façon* s'emploie indistinctement au sing. et au plur.
**S. 1.** Au sens I, le syn. est MANIÈRE. *D'une, de façon + adj.* équivaut à un adv. de manière (*de façon différente* → DIFFÉREMMENT ; *de quelle façon ?* → COMMENT ?). *De cette façon* est syn.

de AINSI, COMME ÇA. *De toute façon* a pour syn. N'IMPORTE COMMENT, QUOI QU'IL EN SOIT, EN TOUT ÉTAT DE CAUSE (soutenu). — **2.** Au sens II, le syn. est MANIÈRE. *Sans (faire de) façon(s)* a pour syn. SANS FAIRE DE MANIÈRES, DE SIMAGRÉES, D'EMBARRAS (soutenu), SIMPLEMENT. *Sans façons* accompagnant une réponse négative est une formule de politesse équivalant à VRAIMENT, SINCÈREMENT.

**facteur** [faktœr] n. m.
[personne, profession] *Tous les matins, le facteur apporte le courrier.* • *Jacqueline*

*attend une lettre de son mari, alors elle voudrait bien que le facteur arrive.*

**S.** Le *facteur* est un employé des P.T.T. (POSTES ET TÉLÉCOMMUNICATIONS) : il apporte le courrier (lettres, paquets, imprimés, etc.) à domicile. Le syn. administratif est PRÉPOSÉ. POSTIER désigne un employé de la poste quelle que soit sa fonction.

**facture** [faktyr] n. f.
[objet, valeur] *Je sors du garage. Tu sais pour combien j'en ai ? Regarde la facture !* • *Qu'est-ce qu'il y a au courrier ? — Des factures à payer : le gaz et l'électricité.*

**S.** *Facture* a pour syn. courant NOTE (de gaz, d'électricité, etc.).

**facultatif, ive** [fakyltatif, iv] adj. (après le n.)
(se dit de qqch) *Le maître a dit que le devoir était facultatif ; je ne suis pas obligé de le faire.* • *Fais attention, l'arrêt est facultatif ; si tu veux que le bus s'arrête, appuie sur le bouton.*

**G.** Cet adj. n'a ni comparatif ni superlatif.
**S.** Est *facultatif* ce qu'on a la possibilité ou la permission de faire ou de ne pas faire ; le contr. est OBLIGATOIRE.

**fade** [fad] adj. (après le n.)
(se dit d'un aliment) *Ce que cette sauce peut être fade ! Tu as encore oublié le sel ?*

**S.** Est *fade* ce qui manque de saveur, de goût, un mets qui n'est pas relevé par des épices ; les contr. sont ÉPICÉ, ASSAISONNÉ.

**faible** [fɛbl] adj. et n. m.
I. [adj.] (se dit de qqn ; surtout après le n.) *Paul vient d'être opéré, il va bien, mais il est encore trop faible pour se lever.* ◆ **faible (à, en qqch)** *Marie est faible en orthographe : qu'est-ce qu'elle fait comme fautes !*
II. [adj.] (se dit de qqch ; après ou, plus rarement, avant le n.) *Tu as tort de travailler avec une lumière aussi faible, tu vas t'abîmer les yeux !* • [À la radio] : « *Et maintenant, le temps pour demain : soleil et vent faible du nord-ouest.* » • *Ma vue est de plus en plus faible, il faut que je change de lunettes.* • *Il y a de faibles chances pour que Pierre soit reçu à son examen.*
III. [adj.] (se dit de qqn ; après le n.) **faible (avec qqn)** *Jacques est trop faible avec ses enfants ! Il leur permet tout !* ◆ [n. m.] (personne) *C'est un faible, qui se laisse influencer par tout le monde.*
IV. [n. m.] (sujet qqn) **avoir un faible pour qqn, qqch** *Elle a un faible pour son dernier fils, mais ça se voit trop, ce n'est pas juste pour les autres enfants.*

**S. 1.** *Faible* (sens I), en parlant de qqn, a pour syn. AFFAIBLI, FRAGILE, et pour contr. FORT,

SOLIDE, ROBUSTE (soutenu), VIGOUREUX. *Faible à,* en a pour syn. par ordre d'intensité croissante PASSABLE, MÉDIOCRE, MAUVAIS, NUL ; le contr. est FORT. — **2.** Au sens II, en parlant de qqch, les syn. varient selon les contextes, LÉGER (les contr. sont FORT, INTENSE et VIOLENT [plus fort]), BAS en parlant de la vue, PETIT, MINCE, MINIME avec un nom abstrait (le contr. est FORT). — **3.** Au sens III, en parlant du caractère de qqn, *faible* a pour syn. MOU, ACCOMMODANT, et pour contr. FERME, ÉNERGIQUE, INFLEXIBLE (plus fort et soutenu), AUTORITAIRE (plus fort). MOU est un syn.

# FAÏENCE

plus fort et péjor. du n. m. — **4.** *Avoir un faible,* c'est AVOIR UNE PRÉFÉRENCE et, soutenus, UN PENCHANT, UNE INCLINATION, UNE PRÉDILECTION, par oppos. à AVOIR DU DÉGOÛT, DE L'AVERSION, DE LA RÉPULSION (soutenu) ou DE LA HAINE (plus fort).
**L. faiblement** (adv.) [sens I] Il pousse encore des cris faibles → *il crie encore faiblement.* ◆ **faiblesse** (n. f.) [sens I, II et III] Cet élève est évidemment faible en mathématiques → *la faiblesse de cet élève en mathématiques est évidente.* ◆ **faiblir** (v. i.) [sens I et II] La lumière devient plus faible → *la lumière faiblit.* ◆ **affaiblir,** v. ce mot.

**faïence** [fajɑ̃s] n. f.
[matière] (non-compt., au sing.) *Elle collectionne les assiettes en faïence décorée de l'époque de la Révolution française.*

**S.** La *faïence* est une sorte de poterie de terre, moins fine que la porcelaine.

**faignant, e** [feɲɑ̃, ɑ̃t], **fainéant, e** [feneɑ̃, ɑ̃t] adj. (après le n.) et n.
[adj.] (se dit de qqn) *Ce qu'il peut être faignant ; si tu crois qu'il viendrait m'aider à faire la vaisselle.* ◆ [n.] (personne) *C'est un fainéant, ton fils ; toujours le dernier en classe. — C'est sans doute parce qu'il te ressemble.*

**S.** *Faignant* est la forme fam. de *fainéant* (soutenu) ; le syn. courant est PARESSEUX ; FLEMMARD est un peu plus fam. Le contr. est TRAVAILLEUR.

**faillir** [fajir] v. i. et auxil. (conj. **27**) (sujet qqch, qqn) **avoir failli + inf.** *Je n'ai*

*pas vu la marche, j'ai failli tomber !* ● *Tu as vu la voiture ? Elle a failli renverser le petit garçon ; heureusement qu'elle a freiné à temps !*

**G.** Ce verbe ne s'emploie qu'aux temps composés en langue courante.
**S.** *Avoir failli* a pour syn. soutenu AVOIR MANQUÉ DE. *J'ai failli tomber* a pour syn. courant JE SUIS PRESQUE TOMBÉ.

**faillite** [fajit] n. f.
[état, qqch, qqn] (sujet qqn, une entreprise) **faire faillite, être en faillite** *Mais si vous gérez si mal la maison, nous allons faire faillite !* ● *Ils ne pourront pas payer, ils sont en faillite.* ◆ (compt.) *Qu'est-ce que les affaires vont mal ! On ne compte plus les faillites en ce moment !*

**S.** *Faire faillite, être en faillite,* c'est, pour une entreprise ou un commerçant, ne plus pouvoir faire face à ses dettes, être donc obligé de fermer.

**faim** [fɛ̃] n. f.
[sensation] (non-compt., au sing.) *Tu crois vraiment qu'en donnant chacun de l'argent, on luttera contre la faim dans le monde ?* ● *Le prisonnier fait la grève de la faim, il n'a rien mangé depuis deux semaines.* ◆ (sujet qqn) **avoir faim** *Pendant la guerre, on avait faim, on n'avait rien à manger.*

● *Vous prendrez un gâteau ? — Non, merci, je n'ai pas très faim.* ◆ (sujet qqch, qqn) **donner faim (à qqn)** *Ça a l'air bon ! tu me donnes faim avec ton chocolat !* ● *Le grand air lui a donné faim, regarde un peu ce qu'il avale !*

**S. 1.** *Avoir faim,* c'est avoir envie de manger, par oppos. à AVOIR SOIF, qui désigne le besoin de boire. — **2.** On appelle FAMINE le manque total ou important d'aliments, de nourriture dans un pays.
**L. affamé,** v. ce mot.

**fainéant** → FAIGNANT.

**faire** [fɛr] v. t. et auxil. (conj. **68**)
I. [v. t.] (sujet qqn) **faire qqch** *S'il te plaît,*

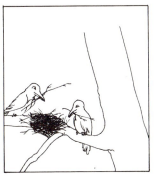

*papa, tu viens m'aider à faire ce problème ?*
● *Dis donc, il faudrait faire les vitres, elles sont sales.* ● *Il y a longtemps qu'il a envie de faire un livre !* ● *J'ai fait mille kilomètres dans la journée, c'est fatigant.* ● *Pierre fait beaucoup de sport, il adore ça.* ● *On fait de la politique dans ton lycée ?* ◆ (sujet qqch, qqn) **faire** + **nombre** *Trois plus cinq font huit.* ◆ *Cette pièce fait cinq mètres de long.* ◆ (sujet qqn) **faire** + **n.** *Arrête de faire l'idiot.* ◆ **faire quelque chose, beaucoup, etc., pour qqn, pour que** + **subj.** *Alain a fait beaucoup pour qu'on gagne, on peut même dire qu'on a gagné grâce à lui.* ◆ **(il n'y a) rien à faire** *Rien à faire ! Il n'est pas question que tu sortes ce soir !* ◆ **ça, ce qui fait que** + **ind.** *J'ai oublié mon portefeuille, ce qui fait que je n'ai pas pu payer.* ◆ **ça fait quelque chose à qqn, ça ne fait rien** *Ça m'a fait quelque chose de le voir dans cet état. C'était vraiment triste.* ● *Tu as vu l'heure ? — Eh bien ! qu'est-ce que ça peut faire, on n'est pas en retard !* ● *Excusez-moi de vous déranger. — Ça ne fait rien.* ◆ **qu'avez-vous fait de, que faites-vous de qqch, qqn ?** *Qu'as-tu fait de mes lunettes, je ne les trouve nulle part.* ◆ (sujet qqn) **faire bien, mal (de** + **inf.)** *Tu ferais bien de partir de suite, sinon tu seras en retard.* ◆ **c'est bien fait (pour qqn)** *Aline a raté son examen. — C'est bien fait pour elle, elle n'avait qu'à travailler plus.*
II. [v. t: opérateur] (sujet qqn, qqch) **faire** + **n.** *On va faire une promenade.* ● *Ça me fait de la peine de te voir comme ça.* ● *Vous croyez qu'on peut lui faire confiance ?* ◆ [substitut de v.] *Il faut absolument aller voir tante Adèle. — On le fera demain.* ● *Tu as réparé l'électricité ? — Oui, c'est fait.* ● *Qu'est-ce que vous faites ce soir ? — On va au cinéma.* ◆ (sujet qqch) **faire** + **adj.** *Ça fait très joli, ce tableau sur le mur.* ◆ **il fait chaud, froid, frais, du vent, etc.** *Qu'est-ce qu'il fait froid ici, il faut mettre le chauffage.* ◆ **ça fait** + **express. de temps (que** + **ind.)** *Enfin ! Te voilà ! Ça fait une heure que je t'attends.*
III. [auxil. (factitif)] (sujet qqch, qqn) **faire** + **inf.** *Regarde comme c'est joli : le vent fait bouger les feuilles.* ● *Faites-les taire ! On n'entend plus rien ici !* ◆ (sujet qqn) **se faire** + **inf.** *Il a eu un accident, il s'est fait renverser par un camion.*
IV. [v. pr.] (sujet ça) **se faire** *Ça se fait d'envoyer des fleurs à une femme mariée ?* ● *On n'arrive pas en retard sans prévenir, ça ne se fait pas.* ● *Tu n'es pas venu hier, comment ça se fait ?* ◆ (sujet qqn) **se faire à qqch** *Alors, comment ça marche ton nouveau travail ? — Ça va, je commence à m'y faire.* ◆ **ne pas s'en faire** *Ne vous en faites pas, tout se passera bien.* ● *Eh bien toi ! tu ne t'en fais pas ! Tu as vu à quelle heure tu arrives !*

**S. et G. 1.** *Faire* (sens I) a divers syn. selon le compl. : *faire un problème*, c'est le RÉSOUDRE, *faire les vitres*, c'est les NETTOYER, *faire un livre*, c'est l'ÉCRIRE, *faire mille kilomètres*, c'est les PARCOURIR, etc. Lorsque le compl. désigne un acte mauvais (*faire une faute, une erreur, un crime*, etc.), il a pour syn. COMMETTRE. *Faire du sport, de la politique*, etc., c'est PRATIQUER, EXERCER telle ou telle activité, discipline, etc. *Faire* + nombre a pour syn. selon les contextes ÉGALER, MESURER, COÛTER. *Faire* + n. avec sujet qqn peut avoir le sens DE AVOIR L'AIR DE, DONNER L'IMPRESSION D'ÊTRE, JOUER À. *Faire quelque chose pour qqn*, c'est l'AIDER. *Rien à faire, il n'y a rien à faire* s'employaient pour exprimer un refus, une négation. *Ça fait que, ce qui fait que* ont pour syn. soutenus DONC, C'EST POURQUOI. *Ça me fait quelque chose* a pour syn. ÇA ME TOUCHE ou, soutenu, ÇA M'ÉMEUT. *Ça ne me fait rien* a pour syn. ÇA M'EST ÉGAL. *Qu'est-ce que ça peut faire* a pour syn. ÇA N'A PAS D'IMPORTANCE, CE N'EST PAS GRAVE. *Qu'avez-vous fait de qqch* a pour équivalent OÙ AVEZ-VOUS MIS qqch. Avec un adv. de manière, *faire* a pour syn. AGIR, S'Y PRENDRE. Au conditionnel, *tu ferais bien, mieux de* ont pour syn. TU DEVRAIS + inf. *C'est bien fait pour moi (toi*, etc.) se dit lorsque qqn a mérité ce qui lui arrive. — **2.** Au sens II, *faire*, opérateur, forme avec des noms compl. des loc. verbales *a)* équivalentes à un verbe de même racine que le mot compl. : *faire une promenade* = SE PROMENER, *faire de la peine* = PEINER ; *b)* syn. d'un autre verbe : *faire peur* = EFFRAYER, *faire part* = ANNONCER ; *c)* équiva-

lentes à ÊTRE et un adj. ou un nom : *faire confiance*, c'est ÊTRE CONFIANT, *faire grève*, c'est ÊTRE GRÉVISTE, etc. Les loc. verbales sans article s'opposent à des loc. avec AVOIR [sujet et compl. inversés] (*Tu me fais peur* → J'AI PEUR DE TOI), ou sont syn. d'une loc. avec AVOIR (*Je te fais confiance* → J'AI CONFIANCE EN TOI). *Faire*, substitut, remplace n'importe quel verbe énoncé dans une autre phrase. Avec les pronoms LE, ÇA, il a pour syn. soutenus ACCOMPLIR, RÉALISER. Suivi d'un adj., *faire* est équivalent à la copule ÊTRE. *Ça fait* + express. de temps a pour syn. IL Y A. — **3.** *Faire* suivi d'un inf. (sens III) est un factitif et indique que l'action exprimée par l'inf. est causée par le sujet du verbe *faire* (*Le vent fait bouger les branches* → LES BRANCHES BOUGENT À CAUSE DU VENT). *Se faire* + inf. peut être équivalent à un passif (*Il s'est fait renverser par un camion* → IL A ÉTÉ RENVERSÉ PAR UN CAMION). — **4.** Au sens IV, *ça se fait* se dit de ce qui est conforme aux règles sociales ; les syn. sont C'EST POLI, C'EST HONNÊTE. *Comment ça se fait, comment se fait-il que* ont pour syn. POURQUOI. *Se faire à qqch* a pour syn. S'HABITUER À qqch. *Ne pas s'en faire* a pour syn. NE PAS SE TRACASSER, NE PAS SE FAIRE DE SOUCI ou, fam., NE PAS SE GÊNER.
**L. faisable** (adj.) [sens I «faire qqch»] *Ce travail peut être fait en quelques semaines* → *ce travail est faisable en quelques semaines.*
◆ **infaisable** (adj.) [sens I «faire qqch»] *Ce travail ne peut pas être fait* → *ce travail est infaisable.*

**fait** [fɛ ou souvent fεt] n. m., pl. **faits** [fɛ]
I. [événement] *Cette émission sera vue par cinquante millions de personnes, c'est un fait unique dans l'histoire de la télévision.* ● *Raconte-moi exactement ce qui s'est passé. — Bon ! voilà les faits.* ◆ **c'est un fait (que** + ind.) *C'est un fait qu'elle n'est pas très jolie, mais tu sais, elle est très gentille.* ● *Il était présent au moment du crime, c'est un fait, mais cela ne signifie pas que c'est lui l'assassin.*
II. [action, qqn, et résultat] **les faits et gestes de qqn** *Tu n'es pas là pour surveiller mes faits et gestes, laisse-moi tranquille.*
◆ (sujet qqn) **prendre qqn sur le fait** *Ce jeune garçon ne peut pas dire que ce n'est pas lui qui volait des disques dans un grand magasin : il a été pris sur le fait !*
III. [événement] **le fait de** + inf., **que** + ind. ou **subj.** *Ce n'est pas le fait d'avoir eu une panne qui explique un si long retard.* ● *Ne t'inquiète pas, le fait que Paul ne soit pas rentré à minuit ne veut pas dire qu'il a eu un accident.* ◆ **au fait** *Au fait, pendant que j'y pense, je ne te dois pas d'argent ?* ◆ **en fait** *On pensait passer juste le week-end chez eux, en fait on est restés huit jours !*

**S. 1.** *Fait* (sens I) a pour syn. ÉVÉNEMENT et désigne ce qui se produit, a lieu, ce qui se passe. *Voilà les faits* a pour syn. VOILÀ L'HISTOIRE. *C'est un fait* a pour syn. C'EST VRAI et s'emploie pour insister sur la réalité de qqch.
— **2.** Au sens II, *les faits et gestes de qqn* sont l'ensemble de ses actes, de ses actions. *Prendre qqn sur le fait*, c'est le surprendre au moment

où il accomplit une action (le plus souvent répréhensible). — **3.** *Le fait de, que* (sens III) équivaut à une subordonnée de cause introduite par PARCE QUE, PUISQUE (*Ce n'est pas le fait qu'il ait eu une panne* → CE N'EST PAS PARCE QU'IL A EU UNE PANNE QUE...) ; quand le verbe est au subj., un autre équivalent est SI (*Le fait que Paul ne soit pas rentré à minuit, ça ne veut pas dire que...* → SI PAUL N'EST PAS RENTRÉ À MINUIT...). *Au fait* a pour syn. À PROPOS. *En fait* a pour syn. EN RÉALITÉ.

**fait divers** [fɛdivɛr] n. m., pl. **faits divers** [événement] *Non, la politique ne l'intéresse pas, ce qu'il lit dans le journal, ce sont les*

*faits divers.* • *Un homme a été tué dans la rue ce matin, c'est un fait divers que la presse ne signalera peut-être pas.*

**S.** Un *fait divers* est un événement de peu d'importance (accident, vol, meurtre, etc.), rapporté dans les journaux ou à la radio, la télévision.

**fameux, euse** [famø, øz] adj. (avant ou, plus rarement, après le n.)
I. (se dit de qqch) *Tu te souviens de notre panne le fameux jour où nous sommes partis en bateau ?* • *Tu as fait une fameuse gaffe l'autre jour en lui parlant de Jeanne : ils se sont quittés.*
II. (se dit de qqch) *Il est fameux ton rôti ! J'en reprendrai bien une tranche.* • *Cette route n'est pas fameuse, on aurait mieux fait de prendre l'autoroute.*

**G.** Cet adj. n'a ni comparatif ni superlatif.
**S. 1.** Au sens I, *fameux* est un intensif indiquant qu'on se rappellera longtemps ce dont on parle. Il a pour syn. REMARQUABLE (soutenu), MÉMORABLE (litt.). — **2.** Au sens II, *fameux* se dit surtout d'une boisson, d'un aliment ; il a pour syn. TRÈS BON, DÉLICIEUX, EXCELLENT, SUCCULENT ; les contr. sont MÉDIOCRE ou MAUVAIS. *N'être pas fameux,* c'est être d'une qualité médiocre.

**familiariser (se)** [familjarize] v. pr. (conj. 1), **être familiarisé** v. pass.
(sujet qqn) **se familiariser, être familiarisé avec qqch** *Vous verrez que peu à peu vous vous familiariserez avec les coutumes de notre pays.*

**S.** *Se familiariser avec qqch,* c'est S'HABITUER, S'ACCOUTUMER À qqch.

**familier, ère** [familje, ɛr] adj. (après le n.)
I. (se dit de qqch) **familier (à qqn)** *Ce visage m'est familier, où l'ai-je déjà vu ?* • *Tiens, j'entends une voix familière dans la pièce à côté, ce ne serait pas l'oncle Pierre ?*
II. (se dit de qqn) **familier (avec qqn)** *Il a des manières un peu trop familières avec les femmes.* • *Tu es trop familier : tu tutoies les gens même quand tu les vois pour la première fois !*
III. (se dit du langage) *Dans la langue familière, on dit « bouquin » au lieu de « livre ».* • *Le mot « gosse » est-il familier pour toi ?*

**S. 1.** Est *familier* (sens I) ce dont on a l'habitude ; il a pour syn. CONNU et pour contr. ÉTRANGER, INCONNU. — **2.** *Familier* (sens II) est péjor. Les syn. sont DÉSINVOLTE et SANS-GÊNE ;

les contr. sont DISTANT, RÉSERVÉ et RESPECTUEUX.
— **3.** *Familier* (sens III) qualifie un niveau de langue utilisé dans la conversation quotidienne. La langue *familière* s'oppose, d'un côté, à la langue POPULAIRE, de l'autre, à la langue SOUTENUE et à la langue LITTÉRAIRE.
**L. familièrement** (adv.) [sens I et III] On dit dans la langue familière « boulot » pour « travail » → *on dit familièrement « boulot » pour « travail ».* ◆ **familiariser,** v. ce mot. ◆ **familiarité** (n. f.) [sens II] *Il est très familier avec les gens* → *il est d'une grande familiarité avec les gens.*

**famille** [famij] n. f.
[collectif, personnes] *Pour le mariage de Pierre, il y aura toute la famille : les parents, les frères et sœurs, les oncles et tantes.* • *J'ai de la famille en Angleterre, mais je ne la connais pas.* • *Il y a de moins en moins de familles nombreuses aujourd'hui, on n'a souvent qu'un ou deux enfants.* • *Mon nom de famille est Dupont.*

**S.** Au sens courant, la *famille* se compose du père, de la mère et des enfants. Au sens large, elle regroupe toutes les personnes, vivantes ou mortes, qui ont un lien de parenté : grands-parents, oncles, tantes, cousins, etc. On peut représenter ce groupe par un arbre généalogique qui montre les descendants de qqn (ancêtre commun). Le *nom de famille* se transmet de père en fils, il est précédé du prénom.
**L. familial, e, aux** (adj.) *Dimanche, nous avons une réunion de famille* → *dimanche, nous avons une réunion familiale.*

**faner (se)** [fane] v. pr. (conj. 1), **être fané** v. pass.
(sujet une fleur) *Il faut changer souvent l'eau des fleurs pour qu'elles se fanent moins vite.*

**S.** *Se faner* a pour syn. SE FLÉTRIR (litt.) et pour contr. S'OUVRIR, S'ÉPANOUIR.

**fantaisiste** [fɑ̃tezist] adj. (après le n.) et n.
[adj.] (se dit de qqn) *Ce serait un très bon élève s'il n'était pas aussi fantaisiste.* ◆ [n.] (personne) *On ne peut pas vraiment compter sur lui pour faire ce travail, il a des qualités mais c'est un fantaisiste.*

**S.** *Fantaisiste* s'oppose à SÉRIEUX et se dit de qqn qui n'aime pas se plier à une règle. DILETTANTE (soutenu et plus fort) est un syn. de l'adj. et du n.

**fantastique** [fɑ̃tastik] adj. (après ou, plus rarement, avant le n.)
I. (se dit d'un film, d'un roman) *Il est sorti ces jours-ci un film fantastique : on y voit des insectes énormes, effrayants.*
II. (se dit de qqch, de qqn) *C'est fantastique de voir ça : le prix de la viande a encore augmenté !* ● *Ils ont un appartement fantastique, je n'ai jamais vu quelque chose d'aussi beau !* ● *Mais tu es fantastique : je ne peux pas être partout à la fois, je ne sais pas où tu as mis ton roman !*

**G.** Au sens I, cet adj. n'a ni comparatif ni superlatif.
**S. 1.** Au sens I, est *fantastique* ce qui est de pure imagination, ce qui est EXTRAORDINAIRE ; un film *fantastique* représente des êtres ou des faits surnaturels. — **2.** Au sens II, *fantastique*

(fam.) a pour syn. EXTRAORDINAIRE, INCROYABLE, INOUÏ (soutenu) ou FORMIDABLE (fam.), et indique la surprise mêlée soit d'admiration, soit d'indignation.

**farce** [fars] n. f.
[action, qqn, et résultat] *Chic ! Aline est reçue à son examen ! — Si on lui faisait une farce ? On lui dit qu'elle a raté ?*

**S.** *Farce* a pour syn. BLAGUE. *Faire une farce*, c'est JOUER UN TOUR.

**L. farceur, euse** (n.) *Il adore faire des farces* → *il est très farceur.*

**farine** [farin] n. f.
[aliment] (non-compt., au sing.) [*Sur une recette de gâteau*] : *« Prendre cent cinquante grammes de farine, deux œufs, soixante-quinze grammes de beurre. »*

**S.** La *farine* s'obtient à partir des graines de céréale, le plus souvent de blé.

**farouche** [faruʃ] adj. (après ou, plus rarement, avant le n.)
(se dit d'une attitude, d'une action) *Nos soldats ont opposé une résistance farouche à l'ennemi, mais ils ont finalement été vaincus.* ● *Georges a la volonté farouche de réussir son examen ; ce n'est pas si fréquent à l'heure actuelle.*

**S.** Est *farouche* (soutenu) ce qui manifeste une grande ténacité ; les syn. sont VIOLENT (quand il s'agit d'une action), ACHARNÉ, TENACE (plus faible).

**fasciner** [fasine] v. t. (conj. **1**)
(sujet qqch, qqn) **fasciner qqn** *Lis-leur cette histoire, tu vas voir qu'elle va les fasciner.* ● *Il restait immobile, fasciné par cette apparition à laquelle il était loin de s'attendre.*

**S.** *Fasciner* (soutenu) a pour syn. CAPTIVER (soutenu et moins fort s'il s'agit de qqch ou de qqn qui SÉDUIT, CHARME, etc.) ou HYPNOTISER (plus fort s'il s'agit de qqch ou de qqn qui ÉTONNE, SURPREND, etc.).
**L. fascinant, e** (adj.) *C'est quelqu'un dont la réussite a fasciné tout le monde* → *c'est quelqu'un dont la réussite est fascinante.* ◆ **fascination** (n. f.) *Comment lutter contre le fait que la télé fascine les jeunes?* → *comment lutter contre la fascination des jeunes par la télé?*

**fastidieux, euse** [fastidjø, øz] adj. (après le n.)
(se dit de qqch) *Recopier tout ce rapport, c'est un travail fastidieux et long.*

**S.** Est *fastidieux* (soutenu) ce qui inspire l'ennui; le syn. courant est ENNUYEUX; les contr. sont INTÉRESSANT, PASSIONNANT (plus fort).

**fatal, e, als** [fatal] adj. (après le n.)
(se dit de qqch) **fatal à, pour qqn, qqch** *Paul avait bien réussi ses examens écrits; mais l'oral lui a été fatal.* ● *Tu as tort de manger du chocolat: c'est fatal pour le foie.* ◆ (sans compl.) *Le médecin est inquiet; il craint une issue fatale.* ● *C'est fatal, ça devait arriver; tu laisses traîner tes affaires et tu t'étonnes qu'on t'ait volé ton portefeuille.*

**G.** Cet adj. n'a ni comparatif ni superlatif.
**S.** Est *fatal à* qqn (soutenu) ce qui a des conséquences graves, parfois mortelles (accident, issue); les syn. courants, mais plus faibles, sont MAUVAIS (POUR), NUISIBLE À (POUR), dans *fatal à (pour) la santé*. *C'est fatal* (soutenu) a pour syn. courants C'EST INÉVITABLE, C'EST FORCÉ, C'EST OBLIGÉ.
**L. fatalement** (adv.) *Il est fatal que ça arrive* → *ça t'arrivera fatalement.*

**fatalité** [fatalite]
[événement] (non-compt., au sing.) *Trois fois il a joué, trois fois il a perdu. — C'est la fatalité, que veux-tu!*

**S.** La *fatalité* est ce qui fait que qqch (le plus souvent malheureux) se produit, en dehors de la volonté ou de l'intervention de qqn. DESTIN est un syn.

**fatigant, e** [fatigã, ãt] adj. (après le n.)
(se dit de qqch, de qqn) *Le voyage était très fatigant, nous avons roulé toute la nuit.* ● *C'est fatigant de marcher longtemps sous le soleil.* ● *Qu'est-ce que tu es fatigant! tu racontes toujours les mêmes histoires.*

**G.** Ne pas confondre l'adj. *fatigant* et le part. prés. FATIGUANT (du v. FATIGUER).
**S.** *Fatigant*, en parlant de qqch, a pour syn. plus forts CREVANT (fam.), ÉPUISANT, ÉREINTANT, HARASSANT (soutenu), et pour contr. REPOSANT, DÉLASSANT. Qqn de *fatigant* est ENNUYEUX, LASSANT, ÉNERVANT ou ASSOMMANT (plus fort et fam.).

**fatigue** [fatig] n. f.
[sensation] (compt., surtout au sing.) *C'est en fin de journée que la fatigue se fait le plus sentir.* ● *Oh! quelle journée! je n'en* 

*peux plus, je tombe de fatigue.* ● *Chantal va bien dormir, elle est morte de fatigue!*

**S.** Les syn. litt. sont LASSITUDE (moins fort), ÉPUISEMENT (plus fort). Quand il s'agit d'une grande *fatigue* intellectuelle, on parle de SURMENAGE. *Tomber, être mort de fatigue*, c'est ÊTRE TRÈS FATIGUÉ.
**L. fatiguer**, v. ce mot.

**fatigué, e** [fatige] adj. (après le n.)
(se dit de qqn) *Nicole a travaillé toute la nuit, elle est très fatiguée.* ● *Pierre était tellement fatigué qu'il s'est endormi à table.*

# FATIGUER

**S.** *Fatigué* a pour syn. LAS (soutenu et moins fort), SURMENÉ (plus fort et pour la FATIGUE intellectuelle); les contr. sont REPOSÉ (après la fatigue), EN FORME, FRAIS ET DISPOS (soutenu, se dit au réveil).

**fatiguer** [fatige] v. t. (conj. 1)
I. (sujet qqch, qqn) **fatiguer qqn** *Le voyage m'a beaucoup fatigué, il était trop long.* • *Les enfants ne vous fatiguent pas trop?*
II. (sujet qqn) **se fatiguer de qqch, qqn** *Ces meubles en couleur, c'est joli, mais on s'en fatigue vite.* • *Cela fait trente ans qu'ils vivent ensemble, et ils ne se sont jamais fatigués l'un de l'autre.*

**S. 1.** *Fatiguer* (sens I) a pour syn. CREVER (fam.), ÉPUISER, ÉREINTER, HARASSER (litt.), EXTÉNUER (plus fort); les contr. sont REPOSER, DÉLASSER, DÉTENDRE. — **2.** *Se fatiguer de* (sens II) a pour syn. EN AVOIR ASSEZ (DE), SE LASSER DE (soutenu), ÊTRE LAS DE (litt.).
**L. fatigant, fatigué,** v. ces mots. ◆ **infatigable** (adj.) [sens I] *Il ne se fatigue jamais* → *il est infatigable.* ◆ **infatigablement** (adv.) [sens I] *Il répétait la même chose sans jamais se fatiguer* → *il répétait infatigablement la même chose.*

**fauché, e** [foʃe] adj. (après le n.)
(se dit de qqn) *Tu ne pourrais pas me prêter cinquante francs pour le week-end, je suis complètement fauché en ce moment.*

**S.** *Être fauché* (fam.), c'est ne pas avoir d'argent.

**faussement** → FAUX L.

**fausser** [fose] v. t. (conj. 1)
(sujet qqn) **fausser qqch (abstrait)** *Vous calculez mal vos pourcentages, vous allez fausser les résultats.*

**S.** *Fausser un résultat, un raisonnement, une idée,* etc., c'est les déformer, les rendre FAUX.

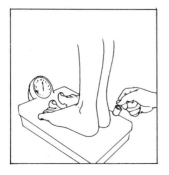

**faut (il)** [ilfo] v. i. et auxil. (conj. **40**)
I. [v. i.] **il faut qqn, qqch (à qqn)** *Qu'est-ce qu'il faut pour le repas?* — *Il manque de la viande, à part ça, ça va.* • *Pour faire ce travail, il faut quelqu'un de bien.* — *Tu penses à quelqu'un en particulier?* • *Combien te faut-il pour tes vacances?* — *Oh! il me faut bien mille francs.*
II. [auxil. (obligation)] **il faut + inf., que + subj.** *Il faut partir tout de suite si on ne veut pas être en retard.* • *Je ne peux pas aller au cinéma, il faut que j'aille voir ma tante.* — *Il faut vraiment que tu y ailles?* ◆ **s'il le faut** *S'il le faut, je prendrai la voiture, mais je t'assure que je préférerais prendre le train.* ◆ **comme il faut** *Tiens-toi comme il faut.* • *Tu connais la mère de Paul?* — *Oh oui! c'est une dame très comme il faut!*

**G.** En langue parlée, on supprime souvent le pron. IL (*faut pas croire* [fopakrwar]).
**S. 1.** *Il faut* (sens I) indique le besoin et a pour équivalents IL MANQUE, ON A BESOIN DE (*Qu'est-ce qu'il faut pour le repas?* → QU'EST-CE QU'IL MANQUE POUR LE REPAS? ou DE QUOI A-T-ON BESOIN POUR LE REPAS?). — **2.** *Il faut* (sens II) indique une nécessité ou une obligation et a pour équivalents des constructions avec DEVOIR, ÊTRE OBLIGÉ DE, IL EST NÉCESSAIRE DE, QUE [soutenu] (*Il faut que tu le fasses* → TU DOIS LE FAIRE ou TU ES OBLIGÉ DE LE FAIRE ou IL EST NÉCESSAIRE DE LE FAIRE, QUE TU LE FASSES). *S'il le faut* a pour syn. SI C'EST OBLIGÉ, SI C'EST NÉCESSAIRE. — **3.** *Comme il faut* (sens II) a pour syn., avec un verbe, BIEN, CONVENABLEMENT, et CONVENABLE avec un nom (emploi adj.).

**faute** [fot] n. f.
I. [action, qqn, et résultat] **faute (de qqn)** *On m'a accusé d'une faute que je n'avais pas commise.* • *Nous sommes en retard, je m'excuse, c'est de ma faute.* • *Ce n'est pas de sa faute si Pierre n'a pas compris, tu ne lui as pas bien expliqué.* • *Cet accident est arrivé par leur faute.*
II. [résultat] **faute (d'orthographe, de calcul, etc.)** *En lisant ta lettre, j'ai trouvé une faute d'orthographe : « appeler » s'écrit avec deux « p ».* • *Peter parle un français très correct, il ne fait presque plus de fautes.*
III. **sans faute** *Ne t'inquiète pas, je serai là sans faute à 8 heures.* ◆ **faute de qqch** *Je n'ai pas pu terminer mon travail, faute de temps.* ◆ **faute de mieux** *Faute de mieux, allons toujours au cinéma, ça nous fera passer le temps.*

**S. 1.** Une *faute* (sens I) est un acte répréhensible. *C'est (de) ma faute (si)* est syn. de JE SUIS RESPONSABLE (SI) [soutenu] et de C'EST À CAUSE DE

MOI [si] (langue courante). — **2.** Une *faute* (sens II) est un manquement à une norme, à une règle, dû le plus souvent à l'ignorance. Le

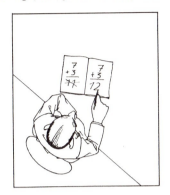

syn. ERREUR se dit plus de ce qui est dû à la méprise ou à l'oubli. On dira *faire une faute d'orthographe* et *faire une* ERREUR DANS UN CALCUL. — **3.** *Sans faute* (sens III) a pour syn. À COUP SÛR (soutenu); *faute de* a pour syn. (PAR) MANQUE DE.
**L. fautif,** v. ce mot.

**fauteuil** [fotœj] n. m.
[meuble] *Asseyez-vous; non, pas sur cette chaise : prenez le fauteuil, vous serez mieux.* ● *Vos fauteuils sont très confortables.*

**G.** On s'assied DANS ou SUR un *fauteuil*, mais SUR une CHAISE.
**S.** Un *fauteuil* est un siège qui a un dossier et deux bras, par oppos. à la CHAISE.

**fautif, ive** [fotif, iv] adj. (après le n.)
(se dit de qqn) *Nous sommes bien en retard; excusez-nous, c'est moi qui suis fautif; je me suis trompé de route.*

**S.** *Fautif* (soutenu) a pour syn. courants COUPABLE (qui implique une FAUTE) et RESPONSABLE (qui n'implique pas nécessairement une faute); le contr. est INNOCENT.

**fauve** [fov] n. m.
[animal] *Je vais emmener les enfants voir les fauves au zoo : ils aiment regarder manger les lions.* ● *La chasse aux fauves est permise à cette époque de l'année au Zaïre.*

**S.** Les *fauves* sont des animaux sauvages de grande taille : lion, tigre, panthère.

**faux, fausse** [fo, fos] adj. (avant ou, plus rarement, après le n.), **faux** adv. et n. m.

I. [adj.] (se dit de qqch) *Attention, ces billets de banque sont faux.* ● *Il dit s'appeler Durand, mais c'est un faux nom : il s'appelle en réalité Leconte.* ● *On l'a mis en prison : il avait fait une fausse signature sur un chèque.* ● *Mais c'est faux, je n'ai*

*jamais dit ça, il ment!* ◆ [n. m.] (objet) *Il a payé ce tableau très cher et par la suite, il a appris que c'était un faux. Il est furieux.*
II. [adj.] (se dit de qqch) *Mais non, dix plus trois ne font pas douze, ton addition est fausse.* ● [Au téléphone] : « *Allô. 544-38-17? — Non, c'est 544-38-18. — Excusez-moi, j'ai fait un faux numéro.* » ◆ [adv.] (manière) *Qu'est-ce qu'elle chante faux!*

**S. 1.** Au sens I, *faux* implique le mensonge, la fraude; les contr. sont VRAI, AUTHENTIQUE (soutenu) et VÉRITABLE (surtout comme attribut). *Faux* (n. m.) a pour syn. COPIE, CONTREFAÇON (langue juridique), IMITATION. — **2.** Au sens II, *faux* implique seulement une erreur; MAUVAIS est un syn. moins fort, ERRONÉ est plus fort et soutenu, INEXACT s'emploie souvent par politesse; en ce sens, les contr. sont JUSTE et EXACT. *Chanter faux* a pour contr. CHANTER JUSTE.
**L. faussement** (adv.) [sens II] *Il a été accusé de manière fausse* → *il a été faussement accusé.*

**faux-monnayeur** → MONNAIE L.

**faveur** [favœr] n. f.
I. [action, qqn, et résultat] *Paul n'avait pas le droit d'assister à la séance, mais comme il était désolé, je l'ai fait bénéficier d'une faveur : il est entré.*
II. **en faveur de qqn** *Nous menons toute cette action en faveur des handicapés.*

**S. 1.** *Faveur* (sens I) a pour syn. AVANTAGE, PRIVILÈGE. — **2.** *En faveur de* (sens II) a pour syn. POUR, AU PROFIT DE, AU BÉNÉFICE DE.

**favorable** [favɔrabl] adj. (après le n.)
I. (se dit de qqch [abstrait]) **favorable (à qqch, qqn)** *Alors, tu as demandé à être augmenté ? — Non, j'attends le moment favorable pour aller voir le directeur !* • *Tu crois que les résultats des élections seront favorables aux partis de gauche ?*
II. (se dit de qqn, de son attitude) **favorable (à qqch, qqn)** *Le directeur de l'entreprise n'est pas favorable aux réunions à l'intérieur de l'usine.* • *On a demandé au public de juger cette nouvelle émission de télévision : les réactions n'ont pas été très favorables.* • *Mon projet a reçu un avis favorable.*

**S. 1.** *Favorable* (sens I), sans compl., est syn. de BON, AVANTAGEUX et OPPORTUN, PROPICE (soutenus). *Favorable à qqch* est syn. de À L'AVANTAGE DE, EN FAVEUR DE (soutenu). Il s'oppose à DÉFAVORABLE. — **2.** *Favorable à* qqn (sens II) a pour syn. BIENVEILLANT ENVERS. Sans compl., le syn. est ENCOURAGEANT. Il s'oppose à DÉFAVORABLE (À), MALVEILLANT ENVERS et, plus fort, HOSTILE (À). En parlant de qqn, *être favorable à* qqch a pour syn. ÊTRE D'ACCORD SUR, ÊTRE POUR, ÊTRE PARTISAN DE qqch.
**L. favorablement** (adv.) [sens II] *Son projet a été reçu de façon favorable* → *son projet a été favorablement reçu.* ◆ **défavorable**, v. ce mot.

**favoriser** [favɔrize] v. t. (conj. **1**)
I. (sujet qqn, qqch) **favoriser qqch (activité, état)** *Tout a été fait pour favoriser l'industrie, les grandes entreprises, mais qu'en est-il des petits commerçants ?*
II. (sujet qqn, qqch) **favoriser qqn** *François*

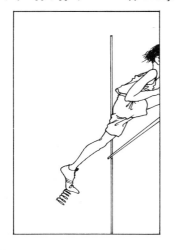

*a une belle situation dans l'entreprise. — Oui, mais il a été favorisé, c'est son père qui en est le directeur.*

**S. 1.** Au sens I, *favoriser une activité, un état,* c'est leur permettre, le plus souvent grâce à des avantages, de se développer, de s'épanouir. — **2.** Au sens II, *favoriser qqn,* c'est le PRIVILÉGIER, le faire bénéficier d'avantages, de privilèges spéciaux.
**L. défavoriser,** v. ce mot.

**feindre** [fɛ̃dr] v. t. (conj. **44**)
(sujet qqn) **feindre (qqch [abstrait, sentiment, sensation], de + inf.)** *Elle continuait à parler en feignant de ne pas me voir.*

• *Inutile de feindre, nous savons parfaitement ce qui s'est passé.*

**S.** *Feindre* est un syn. soutenu de FAIRE SEMBLANT DE. Sans compl., c'est un syn. soutenu de SIMULER (soutenu), MENTIR (courant).
**L. feint, e** (adj.) *Il feignait d'être en colère* → *sa colère était feinte.*

**fêlé (être)** [fele] v. pass.
(sujet un objet) *Prends donc doucement les assiettes ; il y en a encore une de fêlée, et c'est certainement de ta faute.*

**S.** Est *fêlé* ce qui est légèrement fendu. CASSÉ est plus fort (les parties sont disjointes).

**féliciter** [felisite] v. t. (conj. **1**)
I. (sujet qqn) **féliciter qqn (de qqch, de + inf.)** *Va féliciter Paul de son succès, il vient d'être reçu à son examen.* • *Je te félicite d'avoir si bien répondu ; cette question n'était pas facile.*
II. (sujet qqn) **se féliciter de + inf.** *Tu peux te féliciter de n'être pas allé à cette réunion, qu'est-ce que tu te serais ennuyé !* • *Tu es content d'avoir quitté cette entre-*

*prise ? — Oui, je m'en félicite tous les jours !*

**S. 1.** *Féliciter* qqn, c'est lui adresser ses FÉLICITATIONS, ses compliments pour un succès

qu'il a obtenu ; les syn. soutenus sont COMPLIMENTER et CONGRATULER. — **2.** *Se féliciter* a pour syn. SE RÉJOUIR DE, ÊTRE CONTENT, SATISFAIT DE. Il s'oppose à DÉPLORER, SE REPROCHER DE.
**L. félicitations** (n. f. pl.) [sens I] *Paul a été félicité par ses amis* → *Paul a reçu les félicitations de ses amis.*

**femelle** [fəmɛl] n. f.
[animal, sexe] *Comment s'appelle la femelle du chat ? — La chatte.*

**S.** La *femelle* est un animal de sexe FÉMININ. Elle s'oppose au MÂLE.

**féminin, e** [feminɛ̃, in] adj. (après le n.)
I. (se dit de qqch) *Dans cette boutique, on ne vend que des vêtements féminins ; pour les hommes, voyez en face.* • *En France, la population féminine est plus nombreuse que la population masculine.*
II. (se dit de qqn, de son attitude) *Au téléphone, j'ai cru que c'était sa femme, il a une voix tellement féminine !* • *Hubert n'aime pas les femmes qui se prennent pour des hommes : il aime les femmes féminines.*

**G.** *Féminin* (sens I) n'a ni comparatif ni superlatif.
**S. 1.** Est *féminin* (sens I) ce qui concerne la FEMME, au physique et au moral, ce qui est porté (vêtements) par les femmes, par oppos. à MASCULIN. — **2.** Au sens II, être *féminin*, c'est avoir les qualités qu'on reconnaît aux femmes. En parlant de l'attitude d'un homme, le syn. est EFFÉMINÉ (péjor.). *Féminin* s'oppose à MASCULIN, VIRIL (soutenu).
**L. féminité** (n. f.) [sens II] *Marie est très féminine* → *Marie a beaucoup de féminité.*

**femme** [fam] n. f.
I. [personne, sexe] *Il reste encore des pays où les femmes n'ont pas le droit de vote.* ◆ [personne, âge] *Cette petite fille est insupportable ; qu'est-ce que ce sera quand elle sera une femme !*
II. [personne, parenté] *Voici Jacques et sa femme : vous les connaissez ?* • *Cette jeune personne est très jolie, qui est-ce ? — C'est la femme de Jean-Pierre.*

**G.** Au sens I, *femme* s'emploie sans article après un nom de profession n'ayant pas de féminin *(un professeur femme)*.
**S. 1.** Une *femme* (sens I) est une personne adulte (par oppos. à FILLE, JEUNE FILLE) de sexe FÉMININ ; pour les animaux, on parle de FEMELLE. Le correspondant masculin est HOMME. — **2.** *Femme* (sens II) a pour correspondant masculin MARI ou ÉPOUX (soutenu et administratif) ; ÉPOUSE est un syn. du même niveau de langue que ÉPOUX.
**L. féminin,** v. ce mot.

**fenêtre** [f(ə)nɛtr] n. f.
[partie d'un édifice] *Qu'est-ce qu'il fait chaud ici, ouvre la fenêtre !* • *Regarde par la fenêtre si tu vois venir Jacques.* • *Cet appartement est peut-être vide, il n'y a pas de rideaux aux fenêtres.* ◆ [partie d'un véhicule] *Dans le train, il est interdit de se pencher aux fenêtres.*

**S.** *Fenêtre* désigne à la fois l'ouverture (lieu) et les panneaux constitués de vitres ou de carreaux que l'on peut ouvrir ou fermer. Une BAIE (VITRÉE) est une très grande *fenêtre*. Une PORTE-FENÊTRE donne accès à un balcon, une terrasse. Les VOLETS se trouvent à l'extérieur de la *fenêtre* et empêchent la lumière de pénétrer. Les RIDEAUX, à l'intérieur, devant la *fenêtre*, empêchent qu'on ne voie de l'extérieur dans la maison.

**fer** [fɛr] n. m.
I. [métal] (non-compt., au sing.) *Ce produit colle le papier, le bois, mais pas le fer.* • *Tu devrais mettre tes bonbons dans une boîte en fer, ils se garderaient mieux.* • *La poignée de la porte était cassée, Jacques l'a réparée, comme il a pu, avec du fil de fer.*
II. **santé de fer** *Chantal a une santé de fer, elle ne tombe jamais malade.*
III. [appareil] (compt.) *Attention ! ton fer est trop chaud, tu vas brûler la chemise !*

**S. 1.** Le *fer* (sens I) est le plus courant des métaux. Au contact de l'eau ou de l'humidité, le *fer* peut rouiller. — **2.** Une *santé de fer* (sens II) est une excellente santé. — **3.** Un *fer (à repasser)* [sens III] est un instrument ménager électrique qui sert à repasser le linge.

**férié, e** [ferje] adj. (après le n.)
(se dit d'un jour) *Jeudi et vendredi sont des jours fériés, on ne travaille pas. — Formidable! Ça nous fait quatre jours de vacances!* • *Il vaut mieux faire les courses aujourd'hui, parce que, demain, c'est férié, et tout sera fermé.*

    **G.** Cet adj. n'a ni comparatif ni superlatif.
    **S.** Un *jour férié* est un jour de congé, de repos, pendant lequel on ne travaille pas tout en étant payé et qui correspond à un jour de fête, civile ou religieuse; le syn. est CHÔMÉ et le contr. est OUVRABLE.

**1. ferme** [fɛrm] adj. (après ou, plus rarement, avant le n.)
(se dit de qqn, de son attitude) *Paul est resté très ferme au cours de la discussion; il n'a pas modifié son point de vue.* • *Sois ferme avec les enfants; ils sont insupportables, fais-toi obéir, si tu peux.* • *J'ai la ferme intention cette année de partir trois semaines là où il y a du soleil; ça me changera de ce pays pluvieux.*

    **S.** Est *ferme* celui qui fait preuve d'énergie, ce qui manifeste un caractère décidé; une attitude *ferme* ne faiblit pas, ne fléchit pas. Les syn. sont ÉNERGIQUE ou, plus forts, INFLEXIBLE (soutenu), INÉBRANLABLE. Les contr. sont MOU, FAIBLE ou, péjor., LÂCHE. *Avoir la ferme intention de,* c'est ÊTRE DÉCIDÉ, RÉSOLU, DÉTERMINÉ FERMEMENT À.
    **L. fermement** (adv.) *Je suis de façon très ferme décidé à agir* → *je suis très fermement décidé à agir.* ◆ **fermeté** (n. f.) *Son attitude ferme m'a impressionné* → *la fermeté de son attitude m'a impressionné.*

**2. ferme** [fɛrm] n. f.
[lieu, habitation] *Quand on va à la campagne, le plus grand plaisir des enfants, c'est d'aller à la ferme regarder les animaux.*

    **S.** Une *ferme* est à la fois une maison d'habitation à la campagne, avec des bâtiments réservés aux animaux, et une exploitation agricole.
    **L. fermier, ère** (n.) *Il possède une ferme* → *il est fermier.*

**fermer** [fɛrme] v. t. et v. i. (conj. **1**)
I. [v. t.] (sujet qqn) **fermer un objet** *Tu n'oublieras pas de fermer la porte à clef en

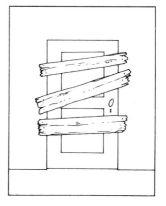

partant.* • *Ne ferme pas la valise, j'ai encore des affaires à y mettre.* • *Tu n'as pas oublié de fermer le robinet d'eau en partant?* ◆ (sujet qqch [concret]) **se fermer** ou [v. i.] **fermer** *A cause du vent, la fenêtre s'est fermée toute seule.* • *La porte du jardin ne ferme plus, il faudra la réparer.* • *Cette fenêtre ferme mal, l'air rentre dans la pièce.* ◆ [v. i.] (sujet qqn, un magasin, une administration, etc.) [*Chez le boucher*] : «*A quelle heure fermez-vous?*» • *Les banques ferment le samedi.*
II. [v. t.] (sujet qqn) **fermer la lumière, l'électricité, un appareil** *Tu as encore oublié de fermer l'électricité dans la salle de bains!* • *Il est temps d'aller dormir : ferme la télévision maintenant.*

    **G.** Au sens I, *fermer* (v. i., sujet qqch [concret]) s'emploie surtout avec un adv. ou une négation.
    **S. 1.** *Fermer* (sens I) a pour contr. OUVRIR. —

**2.** *Fermer un appareil, la lumière* (sens II) a pour syn. ÉTEINDRE et pour contr. ALLUMER.
**L. fermeture** (n. f.) [sens II] *L'usine sera fermée au mois d'août* → *la fermeture de l'usine se fera au mois d'août.* ◆ **refermer**, v. ce mot.

**fertile** [fɛrtil] adj. (après le n.)
I. (se dit d'un lieu [terre, région]) *Le sol est fertile, mais cette année il a trop plu et les récoltes seront mauvaises.*
II. (se dit de qqch [temps]) **fertile en qqch (plur.)** *La journée a été fertile en incidents : ce matin pas d'eau chaude, ni d'électricité, l'après-midi je perds mon portefeuille.*

**S. 1.** Est *fertile* (sens I) un lieu, une région qui produit beaucoup ; le contr. est PAUVRE. — **2.** *Fertile en* (sens II) [soutenu] a pour syn. RICHE EN.
**L. fertilité** (n. f.) [sens I] *Il est certain que le sol est fertile* → *la fertilité du sol est certaine.*

**fesse** [fɛs] n. f.
[partie du corps] *Les enfants, ne vous laissez pas traîner sur les fesses, vous allez déchirer vos vêtements.* • *Bébé est tombé sur les fesses ; il ne peut pas encore se tenir debout tout seul.*

**S.** *Fesse* (employé surtout au plur.) désigne chacune des parties charnues du bas du dos et a pour syn. courant (au plur.) DERRIÈRE.

**fête** [fɛt] n. f.
I. [événement] **fête de qqch** *Les banques sont fermées les samedis, dimanches et jours de fête.* • *En France, le 14 juillet, c'est la fête nationale.* • *Qu'est-ce que vous faites pour les fêtes ? — On part aux sports d'hiver : on passera Noël là-bas.*
II. [événement] **fête de qqn, de qqch** *Nathalie, c'est quand le jour de ta fête ? — Le 27 juillet. Pourquoi ? Tu veux m'offrir quelque chose ?* • *Pour la fête des mères,*

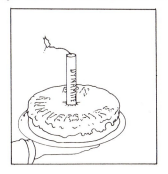

*toute la famille était réunie, et maman était très contente !* ◆ (sans compl.) *On a organisé une petite fête pour le retour de Jacques : on a fait un bon repas, et puis on a dansé.*

**S. 1.** Une *fête* (sens I) est un jour férié où on célèbre un événement religieux (les principales *fêtes* sont NOËL, PÂQUES, la PENTECÔTE, l'ASCENSION [un jeudi], l'ASSOMPTION [le 15 août], la TOUSSAINT [le 1er novembre]) ou politique (le 14-JUILLET, ou fête nationale ; le 1er-MAI, ou fête du travail ; le 11-NOVEMBRE, ou anniversaire de l'armistice de 1918). Par *les fêtes* (de fin d'année), au plur., on désigne NOËL et le JOUR DE L'AN. — **2.** La *fête* de qqn (sens II) est le jour où on célèbre, où on FÊTE le saint dont on porte le nom comme prénom, distinct de l'ANNIVERSAIRE, qui célèbre le jour où on est né. C'est aussi le jour où on fête une catégorie de personnes (*fête des PÈRES, des MÈRES*). C'est aussi (sans compl.) le fait de fêter qqch, ce sont des FESTIVITÉS, des RÉJOUISSANCES (soutenu) en l'honneur de qqn ou d'un événement.
**L. fêter,** v. ce mot.

**fêter** [fɛte] v. t. (conj. 1)
(sujet qqn) **fêter qqch (fête, événement, etc.)**

*Cette année nous ne fêterons pas Noël en famille, nous ne serons pas à Paris.* • *Tu es reçu à ton examen ? Alors viens, on va fêter ça !*

**S.** *Fêter* telle ou telle FÊTE, c'est la célébrer, marquer ce jour de fête par certains actes rituels. *Fêter un événement* (heureux), c'est s'en réjouir et faire à cette occasion une FÊTE importante ou non.

**feu** [fø] n. m., pl. **feux**
I. [phénomène naturel] (non-compt., au sing.) *Tous les étés, le feu détruit des forêts dans le sud de la France.* • *On entendait crier : « Il y a le feu ! Appelez les pom-*

# FEUILLAGE

piers ! » ● *Serge voulait brûler de vieilles lettres, alors il les a jetées au feu.* ● *La forêt est en feu, tout brûle.* ● *Ne laissez pas ces objets à côté de la cheminée, ils peuvent prendre feu.* ● *Ne joue pas avec ces allumettes, tu peux mettre le feu à la maison.*

◆ [lieu] (compt.) *Cinq fois les pompiers ont été appelés pour le même feu.* ◆ **sur le feu** *Le lait est sur le feu ; il va bouillir.* ● *J'ai mis du lait sur le feu ; je ne peux pas quitter la cuisine en ce moment.* ◆ (sujet qqn) **avoir du feu, donner du feu (à qqn)** *Il s'est approché de moi, la cigarette à la bouche, et il m'a dit : « Vous avez du feu, s'il vous plaît ? »*
II. **coup de feu** *Une banque a été attaquée, on a entendu plusieurs coups de feu.*
III. [appareil] (compt.) *C'est un carrefour très dangereux parce qu'il n'y a pas de feux.* ● *Attendez que le feu soit au rouge pour traverser.* ● *Quand le feu est vert, les voitures peuvent passer.*

**S. 1.** Au sens I, le *feu* se manifeste par des flammes et de la fumée. Il peut s'agir d'un incendie ; on dit que le *feu* SE PROPAGE, S'ÉTEND, que les pompiers MAÎTRISENT le *feu* quand ils l'empêchent de s'étendre. *Prendre feu* a pour syn. S'ENFLAMMER. Le *feu* peut être, d'autre part, la source de chaleur servant à brûler (du papier, du bois, etc.), à se chauffer ou à cuire des aliments. On *donne du feu* avec des allumettes ou un briquet. — **2.** Au sens II, un *coup de feu* provient d'une ARME À FEU (revolver, pistolet, fusil) ; le syn. est DÉTONATION. — **3.** Au sens III, un *feu* (ou FEU DE SIGNALISATION) est un signal qui comporte trois couleurs (vert, orange, rouge) ; il est placé à un carrefour pour interdire (*feu* ROUGE), autoriser (*feu* VERT) ou ralentir (*feu* ORANGE) le passage des véhicules.

**feuillage** [fœjaʒ] n. m.
[collectif, végétaux] *En automne nous admirions les couleurs du feuillage dans la forêt.* ● *Ce bouquet est très joli, mais il manque un peu de feuillage.*

**S.** Le *feuillage* est l'ensemble des FEUILLES d'un arbre, d'une plante, ou des branches fines ne comportant que des feuilles.

**feuille** [fœj] n. f.
I. [partie d'un végétal] *C'est en automne que*

*les feuilles commencent à tomber.* ● *Qui veut m'aider à balayer les feuilles dans le jardin ?*
II. [objet] [*En classe*] : *« Prenez une feuille de papier et un stylo et écrivez. »* ◆ [partie d'un texte] *Toutes les feuilles de son cahier sont déchirées.*

**S. 1.** On reconnaît un arbre à la forme caractéristique de ses *feuilles* (sens I). — **2.** Les PAGES sont les *feuilles* (sens II) de papier qui constituent un livre, un cahier, un journal, etc. L'endroit d'une *feuille* est le RECTO, l'envers, le VERSO.
**L. feuillage,** v. ce mot.

**feuilleter** [fœjte] v. t. (conj. 10)
(sujet qqn) **feuilleter un livre, un cahier, etc.** *En feuilletant un magazine chez le coiffeur, j'ai trouvé cet article, regarde.*

**S.** *Feuilleter un livre, un magazine,* etc., c'est le parcourir sans vraiment le lire en tournant rapidement les FEUILLES ou pages.

**feuilleton** [fœjtɔ̃] n. m.
[résultat, activité artistique] *Pierre rentre à toute vitesse tous les soirs, il ne veut absolument pas manquer un épisode de son feuilleton à la télé.*

**S.** Un *feuilleton* est un récit ou un film divisés en épisodes, régulièrement publié dans un journal ou retransmis à la télévision, à la radio.

**février** [fevrije] n. m.
[mois] (non-compt., au sing.) *Je suis né le 25 février 1946.* ● *Le mois de février a été*

très froid cette année. • *Pendant les vacances de février, nous sommes allés aux sports d'hiver.*

**S.** *Février* est le deuxième mois de l'année, c'est un mois d'hiver. Tous les quatre ans, *février* a 29 jours (au lieu de 28) ; il s'agit alors d'une année bissextile.

**ficelle** [fisɛl] n. f.
[objet] *Il n'y a même pas un bout de ficelle dans cette maison !* • *Prends des ciseaux pour couper les ficelles du paquet.*

**S.** La *ficelle* est plus grosse que le fil et plus mince que la corde ; elle se vend en pelote et sert à attacher des objets.
**L. ficeler** (v. t.) Aide-moi à attacher ce paquet avec de la ficelle → *aide-moi à ficeler ce paquet.*

**fidèle** [fidɛl] adj. (après ou, plus rarement, avant le n.)
I. (se dit de qqn) *Paul me donne régulièrement de ses nouvelles, c'est un ami fidèle.* • *Comme vous êtes un client fidèle de la maison, nous pouvons vous faire crédit.* ◆ **fidèle à qqn** *Sa femme ne lui a pas été fidèle, elle l'a quitté et il a demandé le divorce.* • *Je suis fidèle à mon boucher, sa viande est très bonne.*
II. (se dit de qqch [abstrait]) *Le récit du témoin est très fidèle, il n'a pas varié tout au long des événements.*

**S. 1.** *Fidèle* (sens I), sans compl., qui indique un attachement constant, a pour contr. INFIDÈLE, INCONSTANT, et pour syn. SÛR, DÉVOUÉ, LOYAL. *Fidèle à* a pour syn. ATTACHÉ À, sauf quand il s'agit d'époux ; des époux INFIDÈLES sont coupables d'adultère. *Être fidèle à un commerçant*, c'est ne pas en changer, parce qu'on en est satisfait. — **2.** Est *fidèle* (sens II) ce qui suit la vérité, ce qui est conforme aux faits ; le contr. est MENSONGER.
**L. fidèlement** (adv.) [sens II] Il a rapporté les faits de manière très fidèle → *il a rapporté très fidèlement les faits.* ◆ **fidélité** (n. f.) Un mari fidèle à sa femme → *la fidélité d'un mari envers sa femme.* ◆ **infidèle** (adj.) Une femme qui n'est pas fidèle (à son mari) → *une femme infidèle (à son mari).* ◆ **infidélité** (n. f.) Un homme infidèle à sa femme → *l'infidélité d'un homme envers sa femme.*

**1. fier, fière** [fjɛr] adj. (après le n.)
(se dit de qqn) **fier (de qqn, qqch, de + inf.)** *Tu es fier de ton travail ? Il n'y a vraiment pas de quoi !* • *Jean vient d'avoir une fille, il en est très fier.* • *Tu ne me dis pas bonjour ? Je te trouve bien fier aujourd'hui.*

**S.** *Fier* suivi d'un compl. a pour syn. moins forts CONTENT, SATISFAIT, HEUREUX, et pour contr.

MÉCONTENT et, plus fort, HONTEUX. Sans compl., *fier* a pour syn. PRÉTENTIEUX, MÉPRISANT (plus fort), HAUTAIN (soutenu) ; le contr. est MODESTE.
**L. fièrement** (adv.) Il a répondu de façon très fière à ses adversaires → *il a répondu très fièrement à ses adversaires.* ◆ **fierté** (n. f.) Pierre est très fier de son succès → *Pierre tire une grande fierté de son succès.*

**2. fier (se)** [fje] v. pr. (conj. 2)
(sujet qqn) **se fier à qqn** *Lui ? Malhonnête ? Je ne l'aurais jamais cru ! Vraiment on ne sait plus à qui se fier.*

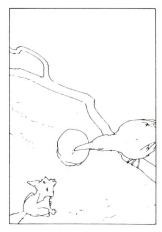

**S.** *Se fier à* qqn (soutenu), c'est lui FAIRE CONFIANCE.

**fièvre** [fjɛvr] n. f.
[maladie] (non-compt., au sing.) *La fièvre est tombée : Pierre est guéri.* • *Si la fièvre continue à monter, il faudra appeler le médecin.* • *Tu as encore de la fièvre ce matin ? — Non, j'ai 37.*

**S.** La *fièvre* est le signe, un des symptômes d'une maladie. TEMPÉRATURE est un syn. soutenu. *Avoir de la fièvre, un accès de fièvre, une poussée de fièvre*, c'est avoir une température plus élevée que la normale (37°, 37°5).
**L. fiévreux, euse** (adj.) Il a de la fièvre → *il est fiévreux.*

**figer (se)** [fiʒe] v. pr. (conj. 4), **être figé** v. pass.
(sujet qqn, qqch) *Dès qu'il m'aperçut, son sourire se figea, c'était vraiment une mauvaise surprise pour lui.* • *Elle resta debout, figée par la surprise, et ne fit aucun geste.* • *Je n'aime pas son sourire figé.*

# FIGURE

**S.** *Se figer,* c'est s'arrêter dans un mouvement. *Être figé,* c'est rester immobile. Un sourire, un regard FIGÉS sont fixes, sans mouvement.

**figure** [figyr] n. f.
[partie du corps] *Pierre, avant d'aller au lit, n'oublie pas de te laver la figure et les dents ! • Mais tu as mangé de la confiture, ta figure est toute sale !*

> **S.** *Figure* a pour syn. VISAGE (dont l'emploi implique en général une appréciation esthétique). En parlant d'un enfant, il a pour syn. fam. FRIMOUSSE.

**figurer (se)** [figyre] v. pr. (conj. **1**)
(sujet qqn) **se figurer qqch, que** + **ind., se figurer** + **inf.** *Si tu te figures que je vais t'accompagner en voiture à cette heure-ci, tu te trompes.* ◆ **figurez-vous, figure-toi que** + **ind.** *Alain ? Figure-toi que je l'ai rencontré hier, justement, il n'allait pas très bien.*

> **S.** *Se figurer* a pour syn. S'IMAGINER, CROIRE. *Figurez-vous que* attire l'attention sur un fait qu'on juge important.

**fil** [fil] n. m.
I. [objet] (compt.) *Qu'est-ce que c'est que ces fils qui pendent au plafond ? — Ce sont ceux de la lampe. • Il faudra acheter du fil électrique, celui de la télévision ne va pas jusqu'à la prise.*

II. [matière] (non-compt., au sing.) *Tu ne vas pas coudre ces boutons avec du fil rouge, prends du noir ! • Oh ! j'ai déchiré ma jupe ! — Ça ne fait rien, j'ai du fil et des aiguilles dans mon sac.*
III. [appareil] **coup de fil** *Est-ce que je peux donner un coup de fil ? J'en ai pour deux minutes. — Mais oui, le téléphone est à côté.* ◆ **au bout du fil** *Ah tiens ! J'ai eu ta mère au bout du fil ; j'en ai profité pour lui demander si elle garderait les enfants dimanche.*
IV. **fil (d'une histoire, d'un discours)** *C'était trop compliqué, je ne suis pas arrivée à suivre le fil de l'histoire.*

> **S. 1.** Un *fil* (sens I) est un brin long et mince qui peut être fait de matières diverses. — **2.** Au sens II, le *fil* sert à coudre les vêtements. On l'achète en bobine. — **3.** *Coup de fil* (fam.) [sens III] a pour syn. COUP DE TÉLÉPHONE. *Donner un coup de fil* a pour syn. TÉLÉPHONER. *Être, avoir au bout du fil* a pour syn. ÊTRE, AVOIR EN LIGNE, ÊTRE, AVOIR AU TÉLÉPHONE. — **4.** Le *fil d'une histoire, d'un discours* (sens IV), c'est l'enchaînement logique de ses parties.

**file** [fil] n. f.
[collectif, personnes, choses] **file de** + **n. plur.** *Regarde la file de gens qui attendent à la caisse, on en a pour une heure de queue ! • Tu ne vas quand même pas doubler toute cette file de voitures ?*

> **S.** Une *file de personnes* est un ensemble de gens qui se suivent ; s'ils attendent (chez un commerçant, à un guichet, etc.), le mot a pour syn. QUEUE. Une *file de voitures,* c'est une suite de voitures placées les unes derrière les autres ; le syn. est COLONNE. RANGÉE peut être syn. dans les deux cas.

**filer** [file] v. i. (conj. **1**)
(sujet qqn) *Dépêche-toi, file, tu vas être en retard.*

> **S.** *Filer* (fam.), c'est partir très vite ; le syn. est S'EN ALLER.

**fille** [fij] n. f.
I. [personne, sexe] *Tu connais cette fille ?*

— *Oui, c'est la sœur de Julien.* ◆ [personne, âge] **jeune fille** *Elle a quinze ans, c'est déjà une jeune fille !* ◆ **petite fille** *Tu vas entrer au collège ? Tu n'es plus une petite fille.*
II. [personne, parenté] *Votre fille va dans quelle école ?* • *Tu ne connais pas Charlotte, mais tu connais sa mère : Charlotte est la fille de M^{me} Legrand.*

**S. 1.** *Fille*, au sens I, s'oppose à GARÇON. *Jeune fille* s'oppose, d'une part, à PETITE FILLE ou FILLETTE et, d'autre part, à FEMME ; DEMOISELLE est d'un ton. soutenu. Une *jeune fille* est, vers quatorze ou quinze ans, une ADOLESCENTE. Le correspondant masculin est JEUNE HOMME. L'appellatif est MADEMOISELLE. — **2.** La *fille* (sens II) et le FILS sont les ENFANTS par rapport aux parents.

**film** [film] n. m.
I. [résultat, activité artistique] *On a perdu les premiers films de Charlot : ils ont brûlé.* • *Pour une fois, on a un bon film ce soir à la télé.* • *Qu'est-ce qu'ils passent comme films dans le quartier ?*
II. [objet] *Zut, j'ai oublié de mettre un film*

*dans ma caméra, il va falloir tout recommencer.* • *N'oublie pas d'aller porter les films des vacances à développer.*

**S. 1.** Un *film* (sens I) passe à la télévision ou au cinéma où il est projeté. La personne qui dirige la réalisation d'un *film* est le METTEUR EN SCÈNE, ou RÉALISATEUR (à la télévision) ; le *film* est produit avec les capitaux d'un PRODUCTEUR. Le SCÉNARIO est l'histoire ou le thème du *film*. Le genre du *film* est indiqué par un adj. ou un compl. du nom (*film* POLICIER, D'AVENTURES, DE SCIENCE-FICTION, COMIQUE, etc.), ou encore par un terme spécifique (DOCUMENTAIRE, WESTERN).
— **2.** Au sens II, *film* a pour syn. PELLICULE.
**L. filmer** (v. t.) [sens II] *Il faudrait filmer cette scène* (← l'enregistrer sur un film).

**fils** [fis] n. m.
[personne, parenté] *C'est son fils qui le remplacera quand il partira.* • *C'est bien le fils de son père, ils se ressemblent beaucoup.*

**S.** Le correspondant fém. est FILLE (sens II) ; le *fils* et la FILLE sont les ENFANTS par rapport aux parents.
**L. filial, e, aux** (adj.) *Son amour filial est touchant* (← qu'un fils [ou une fille] a pour ses parents).

**1. fin** [fɛ̃] n. f.
[temps de l'action] (non-compt., au sing.) *Le 31 décembre, c'est la fin de l'année.* • *Tu as réussi à lire ce livre jusqu'à la fin ?* • *La pièce était très drôle, on a ri du début à la fin.* • *Ton grand-père est toujours malade ? — Oh oui ! je crois que c'est la fin.* • *À la fin de la visite, on nous a offert un petit cadeau.* • *On se voit en fin de journée, disons vers 19 heures.* • *On a nos examens fin juin, vers le 25.* ◆ **à la fin** *Il a fallu discuter longtemps, mais à la fin, il a accepté de venir.* • *Oh ! Mais arrête un peu de te disputer avec ton frère, tu nous énerves à la fin !* ◆ **c'est la fin de tout** *Si Pierre non plus ne vient pas, c'est la fin de tout !*

**G.** Avec les noms de mois, l'indication de la date peut être donnée sans la prép. (*Il viendra à la fin janvier* → IL VIENDRA FIN JANVIER).
**S.** *Fin* est le nom qui correspond à FINIR [v. i.]

(*C'est la fin de l'année* → L'ANNÉE FINIT). Les contr. sont DÉBUT, COMMENCEMENT. Les syn. sont BOUT (en parlant de qqch de concret), MORT (en parlant de qqn), TERME (en parlant de qqch d'abstrait). *À la fin* a pour syn. ENFIN, EN DÉFINITIVE, FINALEMENT ou renforce le caractère agressif d'une question ou d'une exclamation.

*C'est la fin de tout* a pour équivalent C'EST CATASTROPHIQUE.
**L. final, e, als** (adj.) *Mettez un point final à cette discussion* (← *point qui marque la fin de cette discussion*). ◆ **finalement,** v. ce mot.

**2. fin, fine** [fɛ̃, fin] adj. (après le n.)
I. (se dit de qqch) *Ce tissu est léger, tu devrais le coudre avec un fil plus fin.* ● *Tu n'as pas besoin de parapluie, il tombe juste une petite pluie fine.* ◆ (se dit d'une partie du corps) *Ce pantalon doit t'aller puisque tu as la taille plus fine que moi !*
II. (se dit de qqn) *Il n'est pas très fin, tu sais, et avant qu'il se rende compte que tu l'as trompé...*
III. (sujet qqn) **avoir l'oreille fine** *J'ai tout entendu, j'ai l'oreille très fine, tu sais !*

**S. 1.** *Fin* (sens I) a pour syn. moins fort PETIT et plus fort MINUSCULE. En parlant d'une partie du corps, il a pour syn. plus forts MENU et MINCE. Les contr. sont GROS, ÉPAIS. — **2.** *Fin* (sens II) a pour syn. INTELLIGENT, SUBTIL, ASTUCIEUX (fam.). — **3.** *Avoir l'oreille fine,* c'est ENTENDRE PARFAITEMENT ; le contr. est ÊTRE DUR D'OREILLE.
**L. finement** (adv.) [sens I et II] *Cette statue est sculptée de façon très fine* → *cette statue est finement sculptée.* ◆ **finesse** (n. f.) [sens I] *J'ai rarement vu une taille aussi fine* → *j'ai rarement vu une taille d'une telle finesse.* ◆ [sens II] *Tu vois que sa remarque est fine* → *tu vois la finesse de sa remarque.*

**finalement** [finalmɑ̃] adv.
[temps] *On était très inquiets, mais finalement tout s'est bien passé.* ● *Alors, qu'est-ce que tu décides finalement, tu viens ou non ?*

**S.** *Finalement* a pour syn. EN FIN DE COMPTE, AU BOUT DU COMPTE, POUR FINIR, À LA FIN, EN DÉFINITIVE, qui indiquent tous la conclusion qui se dégage après une série d'événements ou d'arguments.

**finance** [finɑ̃s] n. f.
I. [argent, valeur] (non-compt., au plur.) **finances de qqch (administration, établissement)** *J'aimerais bien mettre mon nez dans les finances de l'État et voir un peu où passe l'argent de mes impôts.* ● *Les finances de cette entreprise ne sont pas très bonnes.*
II. [activité économique] (non-compt., au sing.) *Tous les représentants de la finance internationale étaient à cette conférence sur le pétrole.*

**S. 1.** Au sens I, *finances* désigne l'ensemble des fonds dont dispose un établissement, une administration, et la manière dont ces fonds sont gérés, leur gestion. — **2.** Au sens II, *finance* désigne l'activité relative à l'argent, aux affaires.

**financer** [finɑ̃se] v. t. (conj. 3)
(sujet qqn, un établissement, une institution) **financer qqch** *La construction de l'autoroute sera en partie financée par une société privée.*

**S.** *Financer* (langue administrative) est syn. de PAYER (langue courante).
**L. financement** (n. m.) *Qui va se charger de financer les travaux ?* → *qui va se charger du financement des travaux ?*

**finir** [finir] v. t., auxil. et v. i. (conj. **15**)
I. [v. t. et auxil.] (sujet qqn, qqch) **finir qqch, finir de** + inf. *Quand tu auras fini tes devoirs, tu pourras aller jouer.* ● *Quand vous aurez fini de crier, on pourra peut-être parler.*
II. [auxil.] (sujet qqn, qqch) **finir par** + inf. *Arrêtons de nous disputer, nous allons finir par nous fâcher.* ● *Ne t'inquiète pas, l'affaire finira bien par réussir.*
II. [v. i.] (sujet qqch) *Le film commence à 20 heures et finit à 22 heures.* ● *J'aime les histoires qui finissent bien.*

**S. 1.** *Finir* (sens I), qui indique la cessation d'une action, a pour syn. TERMINER, ACHEVER

qqch ou DE + inf. (soutenu), LIQUIDER qqch (plus fort), CESSER, ARRÊTER qqch ou DE + inf. — **2.** *Finir par* + inf. (sens II) est un auxil. d'aspect ; il indique le résultat d'une action et a pour syn. ARRIVER, RÉUSSIR, PARVENIR À. — **3.** *Finir* (sens III) a pour syn. SE TERMINER, S'ACHEVER, AVOIR POUR TERME, POUR FIN. *Une histoire qui finit bien* a une FIN heureuse, un heureux dénouement.
**L. fin,** v. ce mot.

**finlandais, e** [fɛlɑ̃dɛ, ɛz] adj. (après le n.) et n.
[adj.] (se dit de qqch) *Quels sont les résultats des élections finlandaises?* ◆ [n. et adj.] (personne) *C'est un Finlandais qui a gagné la course. — Tu es sûr qu'il est finlandais?*

    **G.** L'adj. ne se met ni au comparatif ni au superlatif.
    **S.** L'adj. ethnique *finlandais* correspond au n. f. FINLANDE. Le FINNOIS est la langue parlée par les *Finlandais* (notez la majuscule), ceux qui ont la nationalité *finlandaise*.

**fisc** [fisk] n. m.
[institution] (compt., surtout au sing.) *Il a fait une fausse déclaration d'impôts, mais ça lui coûtera cher d'avoir voulu frauder le fisc.*

    **S.** Le *fisc* est l'administration chargée de recouvrer les impôts.
    **L. fiscal**, v. ce mot.

**fiscal, e, aux** [fiskal, o] adj. (après le n.) (se dit de qqch) *La fraude fiscale est-elle vraiment aussi importante qu'on le dit?*
● *Nous ne savons pas encore ce que sera la politique fiscale du nouveau gouvernement.*

    **G.** Cet adj., toujours épithète, n'a ni comparatif ni superlatif.
    **S.** *Fiscal* se dit de ce qui se rapporte au FISC ou à l'impôt, à la FISCALITÉ.
    **L. fiscalité** (n. f.) *Il faut réformer le système fiscal français* → *il faut réformer la fiscalité française.*

**fixe** [fiks] adj. (après le n.)
I. (se dit de qqch) *Je ne sais pas où habite Alain, il n'a pas d'adresse fixe.* ● *Les Durand ont des heures fixes pour manger, le déjeuner à 13 heures, le dîner à 20 heures, jamais avant, jamais après.* ◆ **au beau fixe** *Que dit la radio? — Le temps est au beau fixe, et ça durera toute la semaine.*
II. **regard fixe** *Christian a un regard fixe que je n'aime pas : il doit avoir des soucis.*

    **G.** Cet adj. n'a ni comparatif ni superlatif.
    **S. 1.** *Fixe* (sens I) se dit de qqch qui ne varie pas, ou qui a été FIXÉ à l'avance d'une manière définitive. Il a pour syn. DÉTERMINÉ, DÉFINI, PERMANENT, RÉGULIER, et pour contr. TEMPORAIRE, PROVISOIRE, VARIABLE, IRRÉGULIER. On dit du temps qu'il est *au beau fixe* quand le beau temps ne va pas changer. — **2.** On dit de qqn qu'il a un *regard fixe* (sens II) quand il a les yeux immobiles.
    **L. fixement** (adv.) [sens II] *Pierre me regarda d'un regard fixe* → *Pierre me regarda fixement.*
    ◆ **fixité** (n. f.) [sens II] *Son regard fixe est

le symptôme d'une grave maladie* → *la fixité de son regard est le symptôme d'une grave maladie.*

**fixer** [fikse] v. t. (conj. **1**)
I. (sujet qqn) **fixer un objet** *Comment va-t-on faire pour fixer ce tableau? — Eh*

*bien! on va planter un clou dans le mur.*
II. (sujet qqn) **fixer un rendez-vous, une date (à qqn)** *Pour être sûrs de se retrouver, il vaudrait mieux fixer dès maintenant un rendez-vous.* ● *Je ne sais pas quand nous partirons, nous n'avons pas encore fixé nos dates de vacances.* ◆ **fixer qqn (sur qqch)** *Fixe-moi sur tes projets; je n'aime pas rester sans savoir ce qu'on fera cet été.* ● *Téléphone-lui pour savoir, qu'on soit fixé une fois pour toutes!*
III. (sujet qqn, ses yeux) **fixer qqn, qqch** *Ne fixe pas la lumière comme ça, tu vas t'abîmer les yeux!*

    **S. 1.** *Fixer un objet* (sens I) a pour syn. ACCROCHER, ATTACHER, FAIRE TENIR. — **2.** *Fixer une date, un délai*, etc. (sens II) a pour syn. DÉCIDER, PRÉCISER, ARRÊTER, ÉTABLIR. *Fixer qqn sur qqch*, c'est l'INFORMER, le RENSEIGNER SUR qqch. — **3.** Au sens III, c'est REGARDER FIXEMENT, correspondant au sens II de *fixe*. Le contr. est DÉTOURNER LES YEUX.

**flacon** [flakɔ̃] n. m.
[objet, récipient] *Fais attention, c'est de l'alcool qu'il y a dans ce flacon, pas du parfum.* ◆ [contenu] *Qu'est-ce qu'elle sent! Elle a dû se mettre tout un flacon de parfum!*

    **S.** Un *flacon* est une petite bouteille de verre ou de plastique contenant un liquide.

**flagrant, e** [flagrɑ̃, ɑ̃t] adj. (après le n.) (se dit de qqch [abstrait]) *Je suis moins payé que lui et je fais le même travail : c'est une injustice flagrante.*

  **S.** Est *flagrant* (soutenu) ce qui est à la fois ÉVIDENT et INCONTESTABLE ; l'adj. ne s'emploie qu'avec des termes péjor. (INJUSTICE, ERREUR, CONTRADICTION).

**flamme** [flam] n. f.
[phénomène naturel] *Tu devrais régler la flamme de ton briquet, elle est trop grande,*

*tu vas te brûler.* ● *Le feu prit très vite, en un instant la maison entière était en flammes.*

  **S.** Les *flammes* sont les manifestations physiques du feu. *Être en flammes*, c'est BRÛLER dans un incendie.

**flancher** [flɑ̃ʃe] v. i. (conj. **1**)
(sujet qqn) *Espérons qu'il tiendra jusqu'au bout, qu'il ne flanchera pas.*

  **S.** *Flancher* (fam.), c'est FAIBLIR, ABANDONNER, NE PLUS RÉSISTER, CÉDER.

**flanquer** [flɑ̃ke] v. t. (conj. **1**)
I. (sujet qqn) **flanquer une gifle, un coup,**

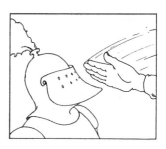

**etc. à qqn** *Paul a été insupportable, je lui ai flanqué une gifle et il a crié encore plus fort !*
II. (sujet qqn) **flanquer qqn à la porte, dehors, flanquer qqch par terre, etc.** *Si vous continuez comme ça, on va vous flanquer à la porte.*

  **S. 1.** Au sens I, *flanquer une gifle* (fam.), c'est GIFLER ; *flanquer un coup* (fam.), c'est le DONNER. — **2.** Au sens II, METTRE est un syn. *Flanquer à la porte, dehors* (fam.), c'est CONGÉDIER (soutenu), LICENCIER (admin.), FICHER À LA PORTE, DEHORS (plus fam.). *Flanquer par terre* (fam.), c'est JETER, LANCER PAR TERRE.

**flatter** [flate] v. t. (conj. **1**)
(sujet qqn) **flatter qqn** *Il lui dit qu'elle est belle, généreuse, intelligente, il la flatte sans arrêt, mais si elle savait dans quel but, elle serait déçue.*

  **S.** *Flatter qqn*, c'est chercher à lui plaire en lui faisant des compliments.
  **L. flatteur, euse** (adj.) *Il fait de toi un portrait qui te flatte* → *il fait de toi un portrait flatteur.* ◆ (adj. et n.) *Il ne cesse de flatter (tout le monde)* → *c'est un flatteur.* ◆ **flatterie** (n. f.) *Il est sensible à la flatterie.* (← au fait qu'on le flatte).

**flèche** [flɛʃ] n. f.
[objet] *Il faut tourner à droite ici, regarde la flèche.*

**S.** La *flèche* est un signe qui indique une direction.

**fléchir** [fleʃir] v. t. et v. i. (conj. **15**)
I. [v. t.] (sujet qqn) **fléchir qqch (partie du corps)** [Au cours de gymnastique] : « Couchés par terre, vous fléchissez la jambe droite et vous tenez la gauche tendue. »
II. [v. t.] (sujet qqn, son attitude) **fléchir qqn** *Ma décision est définitive et même si on me juge trop sévère, je ne me laisserai pas fléchir.*
III. [v. i.] (sujet qqch) *La production fléchit dangereusement.*

**S. 1.** *Fléchir* (langue technique) [sens I], c'est

faire une FLEXION. PLIER est un syn. courant. — **2.** *Fléchir* qqn (soutenu) [sens II], c'est le faire céder. — **3.** *Fléchir* (sens III) a pour syn. BAISSER, DIMINUER, S'EFFONDRER (plus fort).
**L. fléchissement** (n. m.) [sens I] Quand on a cette maladie, c'est douloureux de fléchir la tête → *quand on a cette maladie, le fléchissement de la tête est douloureux.* ◆ [sens III] La production fléchit de façon inquiétante → *le fléchissement de la production est inquiétant.*

**fleur** [flœr] n. f.
[partie d'un végétal] *As-tu un vase pour mettre les fleurs? • Les Durand ont des fleurs magnifiques dans leur jardin, mais on n'a pas le droit de les cueillir. • C'est le printemps, les arbres sont en fleurs.*

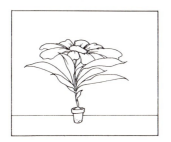

**S. 1.** Quelques *fleurs* : la rose, l'œillet, l'iris, le lilas ; la marguerite, le coquelicot sont des *fleurs* DES CHAMPS. — **2.** Quand elle apparaît, la *fleur* est EN BOUTON, puis elle S'OUVRE ou S'ÉPANOUIT (soutenu), et enfin SE FANE ou SE FLÉTRIT (litt.). En parlant d'un arbre, *être en fleurs*, c'est ÊTRE COUVERT DE FLEURS.
**L. fleurir**, v. ce mot. ◆ **fleuri, e** (adj.) Sa maison est pleine de fleurs → *sa maison est fleurie.* ◆ **fleuriste**, v. ce mot.

**fleurir** [flœrir] v. i. (conj. **15**)
(sujet un arbre, une plante) *J'aime la campagne au printemps, quand les arbres fleurissent.*

**S.** Un arbre, une plante qui *fleurissent* se

couvrent de FLEURS. On appelle FLORAISON le fait pour un arbre, une plante de *fleurir.*

**fleuriste** [flœrist] n.
[personne, profession] *Je vais toujours chez le même fleuriste, celui de la rue de la Gare, c'est lui qui a les fleurs les plus fraîches.*

**S.** Un(e) *fleuriste* est un commerçant qui vend des FLEURS.

**fleuve** [flœv] n. m.
[lieu naturel, liquide] *Tu connais le nom du fleuve qui traverse Paris? • Appuyé sur le pont, il regardait le fleuve en attendant le passage du bateau.*

**S.** Un *fleuve* est un cours d'eau formé de la réunion de plusieurs rivières et qui se jette dans la mer par une embouchure ; il est plus large et plus profond qu'une rivière.
**L. fluvial, e, aux** (adj.) Il connaît toutes les règles de la navigation sur les fleuves → *il*

connaît toutes les règles de la navigation fluviale.

**flotter** [flɔte] v. i. (conj. 1)
(sujet qqch) *Si on faisait des bateaux en papier et qu'on essayait de les faire flotter sur la rivière ?*

**S.** *Flotter*, c'est rester à la surface d'un liquide.

**flou, e** [flu] adj. (après le n.)
(se dit de qqch) *Ta photo est ratée ; tu as bougé et les visages sont flous.* ● *Sois plus net et plus clair : ton exposé est trop vague et trop flou pour être bien compris.*

**S.** Est *flou* qqch (dessin, photo) dont les contours ne sont pas NETS. Est *flou* qqch (idée raisonnement, etc.) dont les caractéristiques ne sont pas précisées avec clarté ; les syn. sont alors VAGUE, IMPRÉCIS.

**1. fluide** [flɥid] n. m.
*Qu'avez-vous fait en physique aujourd'hui ? — Nous commençons à étudier les fluides, les gaz comme l'oxygène et les liquides comme l'eau.*

**S.** Un *fluide* est une matière qui s'écoule ou s'échappe, se volatilise, une matière liquide ou volatile, par oppos. à une MATIÈRE SOLIDE.

**2. fluide** [flɥid] adj. (après le n.)
(se dit de qqch, du trafic) [*À la radio*] : *« À huit heures ce matin, pas d'embouteillages, la circulation reste fluide. »*

**S.** Est *fluide* ce qui s'écoule facilement ; la circulation est *fluide* quand il n'y a pas de bouchons, d'arrêts dans le trafic.

**flûte** [flyt] n. f.
[instrument de musique] *Sais-tu qu'il y a plusieurs sortes de flûtes, qui n'ont pas du tout les mêmes sons ?*

**S.** La *flûte* est un instrument de musique à vent, constitué d'un tube creux dans lequel le FLÛTISTE souffle et fait les notes en bouchant les trous situés le long de l'instrument.
**L. flûtiste** (n.) *Le flûtiste a été remarquable dans ce concerto* (← le joueur de flûte).

**fluvial** → FLEUVE L.

**foie** [fwa] n. m.
I. [partie du corps] *Si tu as mal au côté droit, c'est peut-être le foie.* ◆ **crise de foie** *Tu manges trop de chocolat, tu ne te plaindras pas demain si tu as une crise de foie !*
II. [aliment] *foie de veau, de génisse, etc.* [*Le boucher*] : *« Combien de tranches de foie de veau ? »*

**S. 1.** Le *foie* (sens I) est un des organes qui servent à la digestion. La *crise de foie* est un trouble digestif. — **2.** Le *foie* (sens II) de certains animaux se mange comme viande *(foie de veau, de génisse)* ou sous forme de pâté (les *foies d'oie, de canard* sont préparés et vendus sous le nom de FOIES GRAS).

**foire** [fwar] n. f.
[lieu, commerce] *On va faire un tour à la foire ? — Oh oui ! tiens, ça nous changera de la télé !* ● *On peut s'acheter des meubles, des appareils électriques, un tas de choses, à la Foire de Paris.*

**G.** Avec un nom de lieu, *Foire* s'écrit avec une majuscule.
**S. 1.** Sans compl., une *foire* est une fête foraine, avec de nombreuses attractions (tir, loterie, manège, etc.), qui a lieu dans un village ou une ville. — **2.** Avec un compl., c'est un grand marché. *La Foire de* + n. de lieu désigne une grande exposition commerciale.

**fois** [fwa] n. f. et adv.
I. [n. f.] (temps) *Vous venez ici pour la première fois ? — Oh non ! je suis déjà venu plusieurs fois.* ● *Chaque fois que je veux te voir, tu me dis que tu n'es pas libre.* ● *Je ne te le répéterai pas, je te le dis une fois pour toutes, je ne veux plus être dérangé.*
◆ **à la fois** *Je n'arrive pas à faire plusieurs choses à la fois.* ● *Paul est à la fois gentil et sévère.* ◆ **des fois** *Des fois, il arrive en avance, mais c'est rare.*
II. [adv.] (quantité) *Deux fois cinq font dix.* ● *Pascal mange deux fois plus que toi, mais il n'est pas plus gros.* ● *Ton salon est trois fois plus grand que le mien.*

**S. et G. 1.** Au sens I, *fois* sert à indiquer la

répétition : *deux, trois... plusieurs fois* (après un verbe) a pour syn. À DEUX, TROIS... PLUSIEURS REPRISES (soutenu). *Fois* peut indiquer aussi un moment vague. *A la fois* a pour syn. EN MÊME

TEMPS et SIMULTANÉMENT (langue écrite). *Des fois* est fam. ; dans la langue écrite, on emploie QUELQUEFOIS ou, plus soutenu, PARFOIS. Il est précédé d'un déterminant et souvent suivi d'une complétive *(c'est la première fois que..., cela fait trois fois que...,* etc.). Précédé de CHAQUE ou de TOUTES LES, il a le rôle d'une conj. de temps exprimant la répétition *(chaque fois que, toutes les fois que).* — **2.** Au sens II, *fois* s'emploie entre deux nombres cardinaux pour exprimer la multiplication : 3 × 5 = 15 *(trois fois cinq égale quinze),* ou devant un comparatif pour exprimer la comparaison ; il est alors toujours précédé d'un numéral cardinal *(deux, trois fois plus). Deux fois cinq* a pour syn. DEUX MULTIPLIÉ PAR CINQ.

**folie** [fɔli] n. f.
I. [état, qqn] *C'est de la folie de prendre sa voiture le vendredi soir, avec tous ces gens qui partent pour le week-end !*
II. [action, qqn, et résultat] *Il ne fallait rien apporter, vous avez fait des folies !* • *Ils ont fait une folie en achetant cette voiture, elle est vraiment trop chère.*

**S. 1.** *Folie* (sens I) désigne toute attitude, tout comportement jugé contraire à la raison. Il a

pour syn. soutenu INCONSCIENCE ou, plus forts, DÉLIRE, DÉMENCE (soutenu). — **2.** *Folie* (sens II) désigne tout acte jugé déraisonnable et, particulièrement, une dépense trop forte. BÊTISE, SOTTISE sont des syn. moins forts.
**L. fou,** v. ce mot.

**follement** [fɔlmɑ̃] adv.
[quantité] *Quand on lui a annoncé la nouvelle, il était follement heureux.* • *Ce tableau me plaît follement, je l'achète.*

**S.** *Follement,* qui indique une grande quantité ou intensité, a pour syn. EXTRÊMEMENT, EXCESSIVEMENT, DRÔLEMENT (fam.) et, plus faibles, BEAUCOUP (après un verbe) et TRÈS (devant un adj.).

**foncé, e** [fɔ̃se] adj. (après le n.)
(se dit de qqch, d'une couleur) *Depuis la mort de son mari, elle s'habille toujours dans des couleurs foncées.* • *Ces murs sont trop foncés, tu aurais dû choisir une peinture plus claire.* • *Pierre a les yeux bleu foncé.*

**G.** Après un adj. ou un nom désignant une couleur, cet adj. reste inv.
**S.** *Foncé* a pour syn. SOMBRE et pour contr. CLAIR ou, en parlant d'une couleur, PÂLE.
**L. foncer** (v. i.) La peinture va devenir foncée en séchant → *la peinture va foncer en séchant.* (V. aussi ce mot.)

**foncer** [fɔ̃se] v. i. (conj. **3**)
(sujet qqn, un véhicule) [*À la radio*] : «*La course a commencé ; les voitures foncent dans la ligne droite, il y en a une qui est arrêtée près de la ligne de départ.* » ◆ (sujet qqn, un animal) **foncer sur qqn, qqch** *Je ne lui disais rien, je t'assure, il m'a foncé dessus et m'a jeté à terre.*

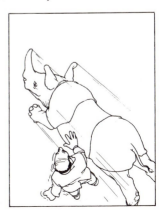

# FONCTION

**S.** *Foncer* (fam.), c'est aller très vite ; le syn. fam. est FILER. *Foncer sur* qqch, qqn, c'est SE PRÉCIPITER SUR eux pour les attaquer.

**fonction** [fɔksjɔ̃] n. f.
I. [action, qqch] **fonction (d'un organe, de qqch)** *Qu'est-ce que tu as eu comme sujet à l'examen ? — La fonction du foie.*
II. [activité sociale] *Pierre travaille dans un nouveau bureau. — Ah bon ! Et quelles vont être ses fonctions ?* ● *On va prendre une nouvelle secrétaire : elle prend ses fonctions le 1ᵉʳ décembre.*
III. [institution] **la fonction publique** *Quand on travaille dans la fonction publique, on est sûr de conserver son emploi.*
IV. **(en) fonction de** + n. *On verra, en fonction du temps, si on va à la campagne ou au cinéma.* ● *Si on sortait ? — Mais écoute, c'est fonction de toi : tu m'as dit que tu étais fatigué, alors...*

**G.** Au sens IV, après ÊTRE, on supprime le plus souvent la prép. (*Ce sera en fonction des circonstances* → CE SERA FONCTION DES CIRCONSTANCES).
**S. 1.** Au sens I, *fonction* a pour syn. RÔLE. — **2.** Au sens II, les syn. sont EMPLOI, POSTE, CHARGE, ACTIVITÉS, RÔLE, ATTRIBUTIONS (soutenu), TRAVAIL. *Prendre ses fonctions*, c'est COMMENCER À TRAVAILLER. — **3.** Au sens III, les personnes qui travaillent dans *la fonction publique* sont des FONCTIONNAIRES. Le syn. est ADMINISTRATION. — **4.** *En fonction de* (sens IV) a pour syn. SELON, PAR RAPPORT À. *C'est fonction de* a pour syn. ÇA DÉPEND DE.

**fonctionnaire** [fɔ̃ksjɔnɛr] n.
[personne, profession] *Michel est fonctionnaire : il est professeur dans un lycée.* ● *M. Legrand est un haut fonctionnaire de l'État, il travaille dans l'administration des impôts.*

**S.** Ce terme désigne tous ceux qui sont employés par l'État, l'Administration, la FONCTION PUBLIQUE : enseignants, policiers, employés des ministères, postiers, etc. Les *fonctionnaires* touchent un TRAITEMENT, alors que les travailleurs du secteur privé touchent un SALAIRE.

**fonctionner** [fɔ̃ksjɔne] v. i. (conj. **1**)
(sujet qqch [appareil, véhicule, institution]) *La radio ne fonctionne plus, je crois que les piles sont usées.* ● *Montre-moi comment marche cet appareil, je ne sais pas le faire fonctionner.* ● *Que l'Administration fonctionne mal ! Que c'est lent et compliqué !*

**S.** Qqch qui *fonctionne*, c'est qqch qui est en état de marche ; le syn. est MARCHER. Les contr., pour un mécanisme, sont ÊTRE CASSÉ, EN

PANNE., BLOQUÉ. *Faire fonctionner* a pour syn. FAIRE MARCHER, METTRE EN MARCHE.
**L. fonctionnement** (n. m.) *Il veille à ce que le service fonctionne bien* → *il veille au bon fonctionnement du service.*

**fond** [fɔ̃] n. m.
I. [localisation] (compt., surtout au sing.) *Pierre n'était pas à la réunion ? — Si, il était assis tout au fond de la salle.* ● *Regarde dans le fond du tiroir, sous les feuilles de papier, peut-être que tes clés y sont.* ● *Regarde la rivière, l'eau est si claire qu'on voit le fond.* ◆ **de fond en comble** *La maison a été fouillée de fond en comble, mais la police n'a rien trouvé.*
II. [partie d'un objet] (compt., surtout au sing.) *Dis donc, le fond de ta casserole doit être percé, il y a du lait qui coule sur la cuisinière.* ◆ [contenu] (compt.) *Vous savez ce qu'elle a fait dès que les invités ont été partis ? Elle a bu tous les fonds de bouteilles et de verres.*
III. [lieu abstrait] (non-compt., au sing.) *Tu n'as pas l'air d'accord. Allez, vas-y, dis-moi le fond de ta pensée !* ◆ **au fond, dans le fond** *Plus je réfléchis, plus je me dis qu'au fond, c'est peut-être lui qui avait raison.* ● *Allez, viens ! Ne restons pas fâchés, dans le fond, je t'aime bien tu sais.* ◆ **à fond** *Pierre connaît l'histoire de France à fond, il peut répondre à n'importe quelle question.*

**S. 1.** Au sens I, *fond* désigne la partie d'un espace la plus éloignée, reculée par oppos. à ce qui est devant, ou la partie d'un lieu la plus basse, la plus profonde par oppos. à la SURFACE, au DESSUS. Le *fond* de l'eau s'oppose à la SURFACE. *De fond en comble* a pour syn. COMPLÈTEMENT, EN TOTALITÉ. — **2.** Au sens II, le *fond* d'un objet s'oppose au BORD, au CÔTÉ. *Fond* comme contenu a pour syn. RESTE. — **3.** Le *fond* (sens III) d'une idée, d'un texte, d'une pensée, etc., désigne ce qui est fondamental, essentiel, par oppos. à la FORME, l'APPARENCE, à ce qui est superficiel. *Au fond, dans le fond* ont pour équivalents EN FIN DE COMPTE, TOUT COMPTE FAIT, FINALEMENT, EN RÉALITÉ et s'emploient lorsqu'on modifie son attitude ou son opinion. *À fond* a pour syn. TRÈS BIEN, PARFAITEMENT, COMPLÈTEMENT.

**fondamental, e, aux** [fɔ̃damɑ̃tal, o] adj. (après le n.)
(se dit de qqch) *Tu as vu une faute d'orthographe dans le devoir de ton petit frère? Mais ce n'est pas fondamental, ce qui compte, c'est ce qu'il dit.* • *En somme, ton idée fondamentale, c'est qu'il vaut mieux ne rien faire, ça évite les ennuis.*

**S.** *Fondamental* (soutenu) a pour syn. IMPORTANT (moins fort), CAPITAL, ESSENTIEL ; une *idée fondamentale* est une *idée DE BASE*, une *idée PRINCIPALE*. Les contr. sont ACCESSOIRE, SECONDAIRE.
**L. fondamentalement** (adv.) *Il a modifié de façon fondamentale son point de vue* → *il a modifié fondamentalement son point de vue.*

**fonder** [fɔ̃de] v. t. (conj. **1**)
I. (sujet qqn) **fonder qqch (établissement, institution, etc.)** *Cette maison a été fondée en 1902 par mon grand-père.*
II. (sujet qqn) **fonder qqch (abstrait) sur qqch (abstrait)** *Tout son plan était fondé sur le simple fait qu'il fallait surprendre l'ennemi.* ◆ **se fonder sur qqch (abstrait)** *Sur quoi vous fondez-vous pour affirmer cela?*

**S. 1.** *Fonder* (sens I) a pour syn. CRÉER, ÉTABLIR, INSTITUER, ÉDIFIER. — **2.** *Fonder* (sens II) a pour syn. BASER, APPUYER.
**L. fondé, e** (adj.) [sens II] *Votre remarque ne se fonde sur rien* → *votre remarque n'est pas fondée.* ◆ **fondation** (n. f.) [sens I] *Quand a été fondé l'État d'Israël?* → *à quand remonte la fondation de l'État d'Israël?* ◆ **fondement** (n. m.) [sens II] *Sur quoi fondent-ils leur théorie?* → *quels sont les fondements de leur théorie?*

**fondre** [fɔ̃dr] v. i. (conj. **41**)
I. (sujet qqch [matière, produit]) *Le temps est trop doux, la neige va fondre.* • *[Dans une recette]* : *« Faire fondre deux morceaux de sucre dans un peu d'eau en chauffant à feu doux et verser sur le gâteau. »*
II. (sujet qqn) **fondre en larmes** *Dès qu'elle a appris la nouvelle, elle a fondu en larmes.*

**S. 1.** *Fondre* (sens I), c'est passer de l'état solide à l'état liquide, sous l'action de la chaleur, ou se dissoudre, se décomposer dans un liquide. — **2.** Au sens II, *fondre en larmes* (soutenu) a pour syn. ÉCLATER EN SANGLOTS (plus fort), SE METTRE À PLEURER (moins fort).

**football** [futbol] ou (fam.) **foot** [fut] n. m. [sport] (non-compt., au sing.) *Vous avez regardé le match de football hier soir à la télévision?* • *Les enfants jouent au foot dans la cour : j'espère qu'ils ne casseront rien.*

**S.** Le *football* est un sport qui oppose deux équipes de onze joueurs. Le ballon (rond) est envoyé au pied et doit parvenir dans le but de l'équipe adverse. Il s'oppose au RUGBY dans lequel le ballon (ovale) est envoyé à la main ou au pied.
**L. footballeur** (n. m.) *Ces joueurs de football sont des professionnels* → *ces footballeurs sont des professionnels.*

**force** [fɔrs] n. f.
I. [qualité, qqn] (non-compt., au sing.) *Tu pourras pousser la voiture? — Bien sûr, je*

# FORCÉ

suis petit, mais j'ai de la force. • *Je n'arrive pas à soulever cette valise, je n'ai plus de force dans les bras.* • *Vous croyez que vous aurez la force d'aller jusque-là ?* ◆ (non-compt., au plur.) *Il a été très malade, mais il commence à reprendre des forces.* • *Je n'arriverai jamais à faire ces trente kilomètres à pied, c'est au-dessus de mes forces.* ◆ **de toutes mes (tes, etc.) forces** *Il a crié de toutes ses forces qu'il ne voulait pas partir.*
II. [qualité, qqn] (non-compt., au sing.) *Je n'ai pas eu la force de lui refuser ce qu'il me demandait.* • *Pierre a une force de caractère exceptionnelle, c'est ce qui lui a permis de résister à tous ses ennuis.* • *Ces deux élèves sont de la même force en mathématiques.* ◆ **tour de force** *Vous l'avez convaincu ? Eh bien, vous avez réussi là un tour de force.*
III. [qualité, qqn] (non-compt., au sing.) *Regroupons-nous, car l'union fait la force, c'est bien connu.* • *Mais non, la force de ce syndicat n'est pas si grande, ne vous inquiétez pas.* ◆ **en force** *Ça y est, ils sont partis, on a gagné.* — *Non, regarde, les voilà qui reviennent en force.* ◆ [collectif, personnes] **les forces armées, de police, de l'ordre, etc.** *Les forces de l'ordre ont obligé les manifestants à se disperser.*
IV. [qualité, qqch, qqn] (non-compt., au sing.) *La force du vent l'a jeté par terre.* • *La force du choc fut telle qu'il s'est évanoui.* • *S'ils ne veulent pas céder, il va falloir employer la force.* ◆ **de force** *Cette clé ne va pas sur cette porte, ce n'est pas la peine d'essayer de la faire entrer de force.* • *On m'a obligé à y aller de force, moi je ne voulais pas.*
V. **à force (de + n. [abstrait] ou inf.)** *Tu vas te rendre malade à force de fumer !* • *Cela fait vingt fois que je lui répète la même chose, à force, il comprendra peut-être.* • *À force de patience, on arrivera peut-être à lui faire comprendre.*

**S. 1.** Au sens I, ce mot désigne l'énergie physique, musculaire, plus particulièrement de qqn, d'un animal. *Au-dessus de mes forces* a pour syn. AU-DESSUS DE MES POSSIBILITÉS PHYSIQUES. — **2.** Au sens II, ce mot désigne l'énergie, la volonté, le caractère, etc., et il a pour contr. FAIBLESSE. En parlant d'une capacité intellectuelle, il a pour syn. VALEUR, NIVEAU. *Tour de force* a pour syn. EXPLOIT. — **3.** Au sens III, *force* a pour syn. PUISSANCE, POUVOIR. *En force* a pour syn. EN NOMBRE. Les *forces armées* sont l'ensemble de l'ARMÉE, les *forces de l'ordre, de la police* sont l'ensemble des personnes qui assurent l'ordre public, la police. — **4.** Au sens IV, *force* a pour syn. VIOLENCE, PUISSANCE, VIGUEUR (litt.). *De force* a pour syn. EN FORÇANT ou, en parlant de qqn, EN LE CONTRAIGNANT. — **5.** Au sens V, *à force de* + inf. indique une répétition ; EN + gérondif est une expression équivalente mais plus faible (*à force de fumer* → EN FUMANT). *À force de* + n. (abstrait) a pour syn. AVEC BEAUCOUP DE.

**forcé, e** [fɔrse] adj. (après le n.)
(se dit de qqch) *Il a glissé et il a pris un*

*bain forcé dans la rivière.* • *Tu as vu, Marie a eu un rire forcé. Je ne crois pas qu'elle ait apprécié ta plaisanterie !* • *C'est forcé qu'elle ne soit pas là, son fils est malade.* • *Il a raté son examen, c'était forcé, il n'a pas travaillé.*

**G.** Cet adj. n'a ni comparatif ni superlatif.
**S.** *Forcé* a pour syn. INVOLONTAIRE ou CONTRAINT (quand il s'agit d'un sourire, d'un rire). *C'est forcé* (fam.) indique le caractère nécessaire de ce qui arrive ; il a pour syn. courants C'EST OBLIGATOIRE, INÉVITABLE, OBLIGÉ ou, soutenu, C'EST DANS L'ORDRE DES CHOSES.
**L. forcément,** v. ce mot.

**forcément** [fɔrsemɑ̃] adv.
[affirmation] *Jean a raté son examen. — Forcément, il n'avait rien fait de toute l'année !* • *Il viendra forcément demain, il me l'a promis.*

    **S.** *Forcément,* qui correspond à C'EST FORCÉ, renforce une assertion. Les autres syn. sont ÉVIDEMMENT, BIEN SÛR, ÇA VA DE SOI (en tête de phrase) et INÉVITABLEMENT, FATALEMENT, OBLIGATOIREMENT, NÉCESSAIREMENT (qui ne s'emploient pas en tête de phrase).

**forcer** [fɔrse] v. t. (conj. **3**)
I. (sujet qqn, qqch) **forcer qqn (à + inf.)** ou (sujet qqn) **être forcé de** + inf. *Ne le forcez pas à se lever : il est malade.* • *S'il n'aime pas la viande, ne le forcez pas.* • *Je ne suis pas forcé de te dire ce que j'ai fait.* ◆ (sujet qqn) **se forcer (à, pour + inf.)** *Que ce médicament est amer ! Je dois me forcer pour l'avaler.* • *Si tu n'as pas faim, ne te force pas.*
II. (sujet qqn) **forcer qqch** *L'hôtel était très bien, mais je crois qu'on a un peu forcé l'addition.* • *Ne force pas le moteur, tu vois bien qu'on est chargé.*

    **S. 1.** *Forcer* (sens I) a pour syn. OBLIGER,

CONTRAINDRE (soutenu) ou POUSSER (plus faible). *Se forcer* a pour autre syn. FAIRE UN EFFORT POUR. — **2.** *Forcer* (sens II), c'est augmenter au-delà de ce qui est normal.

**forêt** [fɔrɛ] n. f.
[lieu naturel] *On va faire une promenade en forêt, tu viens avec nous ?* • *Quel dommage ! Ils ont coupé plein d'arbres dans la forêt.*

    **S.** Une *forêt* est un terrain couvert d'arbres, ou terrain boisé ; elle est plus importante qu'un BOIS.

**formaliser (se)** [fɔrmalize] v. pr. (conj. **1**), **être formalisé** v. pass.
(sujet qqn) *Espérons qu'il ne se formalisera pas d'avoir été prévenu le dernier pour cette réception.*

    **S.** *Se formaliser* (soutenu) a pour syn. ÊTRE CHOQUÉ, SCANDALISÉ (plus fort), BLESSÉ, VEXÉ.

**formalité** [fɔrmalite] n. f.
[statut, qqch] *Bon ! tu en as fini avec les formalités ? — Non, je ne suis pas encore passé à la douane.* • *Le directeur veut vous voir. — Pourquoi ? — C'est une simple formalité, il veut toujours connaître ses nouveaux employés.* ◆ (sujet qqn) **remplir des formalités** *L'Administration est terrible ! Pour n'importe quoi, il y a un tas de formalités à remplir !*

    **S.** Dans un contexte administratif, les *formalités* sont l'ensemble des démarches à faire, des renseignements à fournir, des papiers ou questionnaires à remplir. En langue courante, une *simple formalité* est un acte secondaire, accessoire, sans importance, qui ne se fait que pour respecter l'usage, les conventions.

**format** [fɔrma] n. m.
[qualité, mesure] *En quel format voulez-vous vos photographies ?* • *Le petit format de ce livre est très pratique.*

    **S.** Le *format* est l'ensemble des dimensions d'un livre, d'un journal, d'une photo.

**forme** [fɔrm] n. f.
I. (compt.) *Le carré, le rond, le triangle sont des formes.* ◆ (compt., surtout au sing.) **forme (de qqch)** *J'aime beaucoup la forme de tes lunettes : je vais m'en acheter des carrées comme ça !* • *Françoise s'est acheté un sac magnifique. — Ah ! Quelle forme il a ?* ◆ **en, sous forme de** + n. *C'est un carrefour très dangereux, en forme d'étoile : il y a plein de rues qui y aboutissent.* • *Ce médicament existe aussi sous forme de cachets, c'est plus pratique.* ◆ (sujet qqch) **prendre forme** *Alors ? Où tu en es de ton projet ? — Eh bien ! il commence à prendre forme.* • *Ah ! Mais ton dessin prend forme ! C'est un cheval, non ?*
II. **pour la forme** *Non, je n'irai pas chez les Durand, Catherine y sera et je ne veux pas la voir. — Alors, va juste dire bonjour, pour la forme, et tu t'en iras après.*
III. [état, qqn] (non-compt., au sing.) *Tu tiens la forme ! Quel dynamisme, quelle énergie !* • *J'espère qu'après ces vacances vous êtes en forme pour vous remettre au travail !*

# FORMEL

**S. 1.** Le rond, le carré, le triangle, le rectangle, le losange, etc., sont des *formes* (sens I) ou FIGURES GÉOMÉTRIQUES. Ce mot désigne aussi la façon, la manière dont est FORMÉ qqch du point de vue des dimensions, du contour, de l'apparence. *Il a quelle forme ?, il est de quelle forme ?* ont pour équivalent moins précis IL EST COMMENT ? *En forme de* et *sous forme de* ont pour équivalent EN + n. *(en étoile, en cachets).* Qqch qui se DÉFORME perd sa *forme* initiale. *Prendre forme* a pour syn. PRENDRE TOURNURE, SE PRÉCISER. — **2.** Pour *la forme* (sens II) se dit lorsqu'on ne fait qqch que pour respecter l'usage, le savoir-vivre, les conventions sociales. — **3.** La *forme* (sens III), c'est l'état, la condition physique et morale de qqn. *Être en forme, tenir la forme,* c'est être dans de bonnes conditions physiques et intellectuelles, AVOIR DE L'ENTRAIN. Qqn qui n'est pas *en forme* est FATIGUÉ ou DÉPRIMÉ (plus fort).
**L. informe** (adj.) [sens I] C'est une masse sans forme (distincte) → *c'est une masse informe.*

**formel, elle** [fɔrmɛl] adj. (après le n.)
I. (se dit de qqn, de qqch [abstrait]) *Le directeur a été formel : tout élève pris à fumer dans l'établissement sera renvoyé.*
II. (se dit de qqch [abstrait]) *Sur un plan purement formel, votre exposé est bon, mais il manque de force et d'enthousiasme.*
**G.** Cet adj. n'a ni comparatif ni superlatif au sens II.
**S. 1.** Est *formel* (sens I) [soutenu] celui qui s'exprime avec certitude, netteté, ou ce qui est formulé sans ambiguïté. CATÉGORIQUE est un syn. courant. — **2.** *Formel* (sens II) se dit de ce qui concerne la FORME (par oppos. au CONTENU), la structure.
**L. formellement** (adv.) [sens I] J'affirme d'une manière formelle qu'il dit la vérité → *j'affirme formellement qu'il dit la vérité.*

**former** [fɔrme] v. t. (conj. 1)
I. (sujet qqn, qqch) **former un groupe** *Alice, Jacques, Pierre et Françoise forment un petit groupe d'amis vraiment fidèles.*
● *Le Premier ministre va former le nouveau gouvernement. Oh, les hommes changent, mais la politique reste la même !* ◆ **former qqch (concret)** *Toutes ces avenues, en se croisant, forment un carrefour.* ◆ (sujet qqch) **se former** *Regarde, il y a de la crème qui se forme à la surface du lait.*
II. (sujet qqn, qqch) **former qqn, son esprit** *On dit que les voyages forment la jeunesse et que le service militaire forme le caractère !*
**S. 1.** *Former* (sens I) a pour syn. soutenu CONSTITUER ; *former qqch,* c'est lui donner sa FORME, le COMPOSER. FAIRE est un syn. moins précis. — **2.** *Former qqn* (sens II) a pour syn. ÉDUQUER.
**L. formation** (n. f.) [sens I] La crème se forme à la surface du lait → *la formation de la crème se fait à la surface du lait.* ◆ [sens II] Pierre a été bien formé pour sa profession → *Pierre a reçu une bonne formation professionnelle.* ◆ **formateur, trice** (adj.) [sens II] Cet exercice forme (l'esprit) → *cet exercice est très formateur.*

**formidable** [fɔrmidabl] adj. (après le n.) (se dit de qqch, de qqn) *Alors, c'était bien ce film ? — Formidable ! Il faut que tu ailles le voir.* ● *Ah ! j'ai fait la connaissance de la femme de Jean. Quelle femme formidable ! Jolie, amusante, elle a tout pour plaire !*
**S.** *Formidable* est un intensif et s'emploie pour exprimer l'enthousiasme ; il est un équivalent fam. de TRÈS BIEN ou de TRÈS BEAU. Il a pour syn., par ordre d'intensité croissante, REMARQUABLE, ÉPATANT, EXCEPTIONNEL, EXTRAORDINAIRE, SENSATIONNEL, FANTASTIQUE et, fam., TERRIBLE.

**formule** [fɔrmyl] n. f.
[manière, qqch] *Cette agence de voyages propose différentes formules pour aller en Amérique.* ● *Le travail à mi-temps ? C'est une bonne formule pour les mères de famille.*
**S.** *Formule* a pour syn. SYSTÈME, SOLUTION, MÉTHODE (moins précis).

**formuler** [fɔrmyle] v. t. (conj. **1**)
(sujet qqn) **formuler qqch (énoncé)** *Si vous avez des critiques à formuler, faites-le maintenant.*

    **S.** *Formuler* (soutenu) a pour syn. EXPRIMER, ÉMETTRE, EXPOSER.
    **L. formulation** (n. f.) Vous avez mal formulé votre question → *la formulation de votre question est mauvaise.*

**fort, e** [fɔr, fɔrt] adj., **fort** adv.
I. [adj.] (se dit de qqn ; après le n.) *Laisse-moi porter cette valise, je suis plus fort que toi.* • *C'est un homme grand, fort et très*

*beau.* ◆ **fort (à, en qqch)** *Elle n'est pas forte au tennis, je la bats tout le temps.* • *Pierre est très fort en mathématiques.*
II. [adj.] (se dit de qqch ; après ou avant le n.) *Il me faudrait une lampe plus forte sur mon bureau, je n'y vois rien.* • *Le vent était si fort que le bateau penchait.* • *Il a parlé d'une voix si forte qu'il a réveillé tout le monde.* • *Chantal est au lit avec une forte fièvre.* • *Il y a de fortes chances pour qu'il réussisse.* ◆ [adv.] (manière) *Ne parlez pas trop fort, les enfants dorment.* • *La pluie tombe si fort qu'on ne peut pas sortir.* • *J'ai frappé trop fort, je lui ai fait mal.*
III. [adv.] (quantité) *Il est fort important pour nous que nous soyons fixés sur votre décision très tôt.*

    **S. 1.** *Faible* est le contr. de FORT adj. En parlant de qqn (sens I), le syn. est PUISSANT. *Être fort* (physiquement) a pour syn. ÊTRE COSTAUD (fam.), AVOIR DE LA FORCE ; VIGOUREUX et ROBUSTE sont des syn. soutenus. *Fort à, en* (une matière, un sport, en connaissances intellectuelles) a pour syn. CAPABLE (sans compl.), DOUÉ POUR, EN. — **2.** En parlant de la lumière, d'une force, de la voix (sens II), le syn. est PUISSANT, le contr. est DOUX. En parlant de la pluie, de la fièvre, de qqch (abstrait), les syn. sont GROS, ABONDANT (pluie), GRAND (chance, prix, douleur), INTENSE (fièvre, douleur, etc.). Le contr. de l'adv. est DOUCEMENT. — **3.** *Fort* (adv., sens III) est un syn. soutenu de TRÈS, BIEN qui indiquent le degré, la quantité.
    **L. fortement, force** v. ces mots.

**fortement** [fɔrtəmɑ̃] adv.
[quantité] *Il a été fortement question de vous pour le poste de directeur, mais ce n'est pas encore fait.*

    **S.** *Fortement* (soutenu) a pour syn. BEAUCOUP et pour contr. PEU.

**fortifiant** [fɔrtifjɑ̃] n. m.
[produit] *Le médecin m'a dit qu'il n'y avait rien de grave, qu'il fallait juste lui donner quelques fortifiants.*

    **S.** Un *fortifiant* est un médicament pour redonner des FORCES, pour FORTIFIER l'organisme.

**fortune** [fɔrtyn] n. f.
[argent, quantité] (non-compt., au sing.) *On arrive difficilement à évaluer la fortune de*

*cet homme d'affaires, tant elle est énorme.* ◆ (sujet qqch) **coûter une fortune** *Cet appartement est très beau, mais il doit coûter une fortune !* • *Cette machine m'a déjà coûté une fortune en réparations !* ◆ (sujet qqn) **faire fortune** *Il est parti à l'étranger, pensant y faire fortune. Mais il est revenu plus pauvre qu'avant !*

    **S.** *Fortune* désigne une somme d'argent très importante possédée par qqn. *Coûter une fortune*, c'est COÛTER TRÈS CHER, BEAUCOUP D'ARGENT. *Faire fortune* a pour syn. S'ENRICHIR,

DEVENIR RICHE et a pour contr. SE RUINER, FAIRE FAILLITE.
**L. fortuné, e** (adj.) Paul a de la fortune → *Paul est fortuné.*

**fou, folle** [fu, fɔl] adj. et n.
I. [adj.] (se dit de qqn, de son attitude ; avant ou après le n.) *Pourquoi as-tu déchiré ce livre, tu es devenu fou ?* • *Marc est fou de conduire si vite, la route est très dangereuse.* • *C'est une idée complètement folle de vouloir partir à cette heure-ci !* ◆ **fou de qqn, de qqch** *Depuis qu'elle a rencontré Pierre, elle est folle de lui.* • *Mon fils est fou de ces voitures de course.* ◆ [n.] (personne) *Ne l'écoute pas, c'est une folle ! Elle dit vraiment n'importe quoi.*
II. [adj.] (se dit de qqch ; après le n.) *Il y a un monde fou au marché. J'ai dû faire la queue partout !* • *Il paraît que vous avez mis un temps fou pour venir ? — Plus de deux heures.* • *C'est terrible ce que j'ai dépensé en un mois : une somme folle !*

**G.** Au sens II, *fou* est seulement épithète et n'a ni comparatif ni superlatif.
**S. 1.** Au sens I, *fou* (adj. et n.), a pour syn. plus forts et soutenus DÉMENT, INSENSÉ et CINGLÉ ou DINGUE (fam.) ; STUPIDE est un syn. moins fort de l'adj. Être fou de qqn a pour syn. moins fort ÊTRE AMOUREUX DE, ÊTRE ÉPRIS DE (soutenu) ; *être fou de qqch* a pour syn. AVOIR UN GOÛT TRÈS VIF POUR qqch. — **2.** Au sens II, *fou* est un intensif ; il a pour syn. ÉNORMÉMENT DE et, plus faible, BEAUCOUP DE suivis d'un nom, ou ÉNORME, EXCESSIF, PRODIGIEUX (sans compl.).
**L. follement, folie,** v. ces mots.

**foudre** [fudr] n. f.
I. [phénomène naturel] (non-compt., au sing.) *Tu as entendu ? Cette fois-ci, la foudre n'est pas tombée loin.* • *Il a été tué net par la foudre pendant l'orage de la nuit dernière.*
II. [sentiment] **coup de foudre (pour qqn, qqch)** *Mais vous venez de vous rencontrer et vous voulez déjà vous marier ? — Qu'est-ce que tu veux, c'est le coup de foudre.* • *Dès qu'elle a vu cet appartement elle a eu le coup de foudre pour lui, elle fera tout pour pouvoir se l'offrir.*

**S. 1.** La *foudre* (sens I), caractéristique de l'orage, se manifeste par un bruit (le tonnerre) et par une lumière (l'éclair). Le PARATONNERRE protège les maisons de la décharge électrique produite par la *foudre* pendant les orages. — **2.** Un *coup de foudre* (sens II) est un sentiment d'amour qui apparaît brusquement. *J'ai eu le coup de foudre pour* a pour équivalent moins fort J'AI TOUT DE SUITE AIMÉ.
**L. foudroyé, e** (adj.) [sens I] *Il y avait en travers de la route un arbre foudroyé* (← abattu par la foudre).

**fouiller** [fuje] v. t. et v. i. (conj. **1**)
[v. t.] (sujet qqn) **fouiller un lieu** *Après le crime, la police a fouillé tous les immeubles du quartier, mais elle n'a rien trouvé.* ◆ [v. i.] **fouiller qqpart** *Arrête de fouiller dans mes affaires, qu'est-ce que tu cherches ?* • *J'ai fouillé absolument partout, impossible de trouver les clés !* • *Qui a fouillé dans les poches de ma veste ?* ◆ [v. t.] **fouiller qqn** *C'est vrai que vous avez été

entièrement fouillés à la douane ? — Oui, mais on n'avait rien à cacher.*

**S.** *Fouiller un lieu* a pour syn. INSPECTER, VISITER (moins fort), PERQUISITIONNER (soutenu). *Fouiller* (v. i.) a comme syn. moins fort CHERCHER et, fam., FOUINER et FARFOUILLER. *Fouiller qqn*, c'est chercher ce qu'il peut cacher dans ses vêtements ou ses bagages.
**L. fouille** (n. f.) *La police a fouillé l'appartement sans résultat* → *la fouille de l'appartement par la police a été sans résultat.*

**fouillis** [fuji] n. m.
[collectif, objets] *Quel fouillis sur cette table ! Ariane, range-moi tout ça.*

**S.** Un *fouillis* est une certaine quantité d'objets, de choses qui ne sont pas rangés. DÉSORDRE est un syn.

**foulard** [fular] n. m.
[vêtement] *C'est drôle, elle met toujours un foulard sur sa tête pour faire son ménage.* • *Si on offrait un foulard à papa pour son anniversaire ?*

**S.** Le *foulard* est une pièce de vêtement, en coton, en lainage ou le plus souvent en soie,

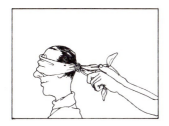

que l'on porte autour du cou ou sur la tête (pour les femmes uniquement). Il peut être de forme variée (carré, rectangulaire), par oppos. à l'ÉCHARPE, longue et rectangulaire.

**foule** [ful] n. f.
I. [collectif, personnes] *Donne-moi la main, sinon on va se perdre dans cette foule !* • *Tu as vu la foule qui attend pour entrer au cinéma ? On n'aura jamais de place !* • *J'ai rarement vu une foule pareille, qu'est-ce qui se passe ?* • *Le samedi, ce n'est pas un jour pour faire des courses, il y a foule dans les magasins.*
II. [quantité] **foule de** + **n. plur. (gens, choses)** *Je ne suis pas seule à penser ça, je connais une foule de gens qui sont d'accord avec moi !* • *J'ai des foules de choses à faire cet après-midi.*

**G.** Avec *une foule de* le verbe se met au plur., plus rarement au sing.
**S. 1.** *Foule* (sens I) désigne la réunion d'un très grand nombre de gens ; il a pour syn. AFFLUENCE (soutenu), MASSE (plus vague), MONDE (sauf lorsque *foule* est un compl. de lieu) et, plus forts, COHUE, BOUSCULADE. *Il y a foule* a pour syn. IL Y A DU MONDE, IL Y A DE L'AFFLUENCE. — **2.** *Une foule de* (sens II) a pour syn. BEAUCOUP DE, UN GRAND NOMBRE DE, UNE GRANDE QUANTITÉ DE, UNE MASSE DE, UN TAS DE (fam.).

**fouler (se)** [fule] v. pr. (conj. 1), **être foulé** v. pass.
(sujet qqn) **se fouler un membre, une articulation** *Judith s'est tordu le pied en sautant*

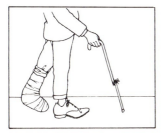

*et elle s'est foulé la cheville.* ◆ (sujet un membre, une articulation) **[être] foulé** *Avec mon poignet foulé, je ne peux plus écrire.*

**S.** *Se fouler un membre*, comportant une articulation, c'est se faire une FOULURE, une entorse. La *foulure* suppose une atteinte des ligaments qui permettent l'articulation des os, alors que la FRACTURE signifie que l'os est cassé.
**L. foulure** (n. f.) *Il s'est foulé le poignet* → *il s'est fait une foulure au poignet.*

**four** [fur] n. m.
[appareil] *Ton four marche au gaz ou à l'électricité ?* • *Dépêche-toi de mettre le gâteau au four si tu veux qu'il soit cuit pour 4 heures.* • *Il faut faire cuire cette viande à four très chaud.*

**G.** On met qqch AU *four* ou DANS le *four*.
**S.** Le *four* est un appareil de cuisson qui fait le plus souvent partie d'une cuisinière ou d'un fourneau. Un *four* sert à cuire, à faire rôtir des aliments. L'expression *à four* CHAUD, MOYEN, DOUX indique un mode de cuisson plus ou moins vif.

**fourchette** [fuʃɛt] n. f.
[instrument] *Prends donc ta fourchette au lieu de manger avec tes doigts !* • *La fourchette se met à gauche de l'assiette, le couteau et la cuiller à droite.*

**S.** La *fourchette* est constituée d'un manche et de quatre ou cinq dents.

**fourmi** [furmi] n. f.
[animal] *Tu as encore laissé le pot de confiture dehors, regarde, il est plein de fourmis maintenant !*

**S.** Les *fourmis* sont des insectes qui vivent en nombreuses colonies dans des FOURMILIÈRES.

**fournir** [furnir] v. t. (conj. 15)
(sujet qqn) **fournir qqch (à qqn)** *On vous*

*fournit vos livres dans votre école ou vous devez les acheter ?* • *Il est venu fournir la preuve de l'innocence de son fils.* ◆ (sujet qqn, un commerçant) **se fournir qqpart, chez qqn** *Vous avez de la bonne marchandise, chez qui vous fournissez-vous ?*

    **S.** *Fournir* qqch a pour syn. DONNER ou PRÊTER. En parlant de qqch d'abstrait, APPORTER est un syn. *Se fournir chez un commerçant* a pour syn. S'APPROVISIONNER.
    **L. fournisseur** (n. m.) *Ils se fournissent chez Legrand* → *c'est Legrand leur fournisseur.*

**fourrure** [furyr] n. f.
[partie d'un animal] *L'ours a une très belle fourrure. — Oui, on en fait des manteaux, je crois.* ◆ [matière] (non-compt., au sing.) *Je vais coudre de la fourrure au bas de mon manteau : il sera plus long.*

    **S.** La *fourrure* est la peau de l'animal garnie de poils. De nombreux animaux fournissent de la *fourrure* : le lapin, le renard, le vison, etc.
    **L. fourré, e** (adj.) *Achète-toi pour l'hiver des gants avec de la fourrure à l'intérieur* → *achète-toi pour l'hiver des gants fourrés.*

**fraction** [fraksjɔ̃] n. f.
[partie d'un tout] *Une fraction du syndicat a démissionné après les résultats du vote.*

    **S.** *Fraction* désigne une partie plus ou moins grande d'un groupe de personnes.

**fracturer** [fraktyre] v. t. (conj. **1**)
I. (sujet qqn) **fracturer une porte, une serrure** *On a été cambriolés ! Regarde, la porte est fracturée.*
II. (sujet qqn) **se fracturer une partie du corps** *Il s'est fracturé les deux jambes en tombant de moto.*

    **S. 1.** *Fracturer* (sens I), c'est ouvrir en forçant, en brisant. — **2.** Au sens II, *se fracturer une partie du corps* (comportant des os) est un syn. soutenu ou du vocabulaire médical de SE CASSER.

Quand on *s'est fracturé* le bras, la jambe, etc., on a une FRACTURE du bras, de la jambe, etc.
    **L. fracture** (n. f.) [sens II] *Il s'est fracturé le bras* → *il s'est fait une fracture au bras.*

**fragile** [fraʒil] adj. (après le n.)
(se dit de qqch) *Pour les enfants, il vaudrait mieux mettre des verres moins fragiles : sinon, ils vont les casser.* • *Fais*

*attention en ouvrant le paquet, c'est fragile.* ◆ (se dit de qqn, d'une partie du corps) *Tu devrais mettre des lunettes de soleil, tu as les yeux si fragiles !* • *Paul a le foie fragile, et le médecin lui interdit l'alcool.*

    **S.** Quand il s'agit de qqch qui se casse facilement, le contr. est INCASSABLE ou SOLIDE. Quand il s'agit de qqn facilement sujet à la maladie, les syn. sont DÉLICAT, SENSIBLE et, plus fort, MALADE ; les contr. sont SOLIDE, RÉSISTANT, FORT, VIGOUREUX, ROBUSTE (soutenu).
    **L. fragilité** (n. f.) *Fais attention : la lampe est fragile* → *fais attention à la fragilité de la lampe.*

**fragment** [fragmɑ̃] n. m.
[partie d'un tout] *Il paraît qu'on a trouvé des fragments d'os humains datant de 5 000 ans.*

    **S.** Un *fragment* est un morceau de qqch qui a été cassé. BOUT, DÉBRIS (toujours au plur.) sont des syn.
    **L. fragmenter** (v. t.) *Le gel a réduit la pierre en fragments* → *le gel a fragmenté la pierre.*

**fragmentaire** [fragmɑ̃tɛr] adj. (après le n.)
(se dit de qqch [abstrait]) *Vous n'avez qu'une vue fragmentaire de la situation, il vous manque des éléments essentiels.*

    **S.** *Fragmentaire* s'oppose à COMPLET, GLOBAL, TOTAL ; PARTIEL est un syn.

**1. frais, fraîche** [frɛ, frɛʃ] adj. (après le n.), **frais** adv. et n. m.
I. [adj.] (se dit de qqch [liquide, température, etc.]) *J'ai très soif. — Qu'est-ce que tu veux boire ? — De l'eau bien fraîche.* • *Mets une veste : il y a un petit vent frais ce matin.* ◆ [adv.] (manière) **il fait frais** *Catherine, mets ton manteau, il fait frais ce matin.*
II. [n. m.] **au frais** *Paul, tu veux bien mettre le vin au frais dans le réfrigérateur ?* ◆ (sujet qqn) **prendre le frais** *J'ai trop chaud, je vais dehors prendre le frais.*
III. [adj.] (se dit de qqch [aliment]) *Le pain frais se garde un ou deux jours, après il devient sec.* • *Marie préfère acheter des légumes frais quand c'est la saison, plutôt que des boîtes de conserve.*
IV. [adj.] (se dit de qqch [peinture]) *Atten-*

*tion, la peinture est encore fraîche !* ◆ (se dit de qqch [événement]) *Ça fait longtemps que je n'ai pas eu de lettre de Jean. — Justement, j'ai des nouvelles toutes fraîches de lui, il vient de m'écrire.*
V. [adj.] (se dit du physique de qqn) *Pour conserver le plus longtemps possible le teint frais de vos dix-huit ans, achetez la crème «Jeune» !*

**S. 1.** *Frais* (sens I) est, comme adj. et adv., un syn. faible de FROID, par oppos. à TIÈDE, syn. faible de CHAUD. — **2.** *Mettre au frais* (sens II), c'est mettre dans un endroit *frais*, METTRE À RAFRAÎCHIR, REFROIDIR. *Prendre le frais*, c'est sortir là où il fait *frais*, là où il y a de la FRAÎCHEUR. — **3.** Est *frais* (sens III) ce qui a conservé sa FRAÎCHEUR, par oppos. à AVARIÉ, POURRI, RANCE (uniquement pour le beurre), ou ce qui est produit depuis peu et que l'on consomme directement, par oppos. à SEC, DE CONSERVE. — **4.** Est *frais* (sens IV) ce qui vient de se produire, qui est RÉCENT, par oppos. à ANCIEN, VIEUX. — **5.** *Frais* (sens V) indique un certain éclat, une certaine couleur, par oppos. à ce qui est FLÉTRI OU FANÉ (soutenu).
**L. fraîcheur** (n. f.) [sens I] L'eau est fraîche : on ne peut pas se baigner → *la fraîcheur de l'eau empêche de se baigner.* ◆ [sens III] Ces œufs sont frais : on peut le constater → *on peut constater la fraîcheur de ces œufs.* ◆ [sens V] Il a un merveilleux teint frais → *la fraîcheur de son teint est merveilleuse.* ◆ **fraîchir** (v. i.) [sens I] Le temps devient plus frais → *le temps fraîchit.* ◆ **rafraîchir,** v. ce mot.

**2. frais** [frɛ] n. m. pl.
[argent, valeur] (non-compt., au plur.) *La réparation de la voiture entraînerait de trop gros frais, il vaut mieux la vendre.* • *Paul s'est fait rembourser ses frais de voyage par la société.*

**S.** *Frais* a pour syn. DÉPENSES.

**fraise** [frɛz] n. f.
[fruit] *En été, dans les forêts, on peut cueillir des fraises des bois.* • *Ce restaurant propose d'excellentes glaces à la fraise.*

**S.** La *fraise* est le fruit rouge du FRAISIER.
**L. fraisier** (n. m.) *Oh, tous les fraisiers ont gelé à cause du froid !* (← plante qui porte les fraises).

**framboise** [frɑ̃bwaz] n. f.
[fruit] *Je vous ai fait pour midi une tarte aux framboises ! Il y en avait au marché.*

**S.** La *framboise* est le petit fruit rouge du FRAMBOISIER.
**L. framboisier** (n. m.) *Il y a des framboisiers dans mon jardin* (← arbuste qui produit les framboises).

**1. franc** [frɑ̃] n. m. (symb. F)
[argent, unité] *Cette robe est jolie, mais elle coûte cinq cents francs, c'est cher.* • *Tiens, voilà cinq francs : prends le pain et achète-toi des bonbons.*

# FRANC

**S.** Le *franc* est l'unité de la monnaie française. On parle d'ANCIENS et de NOUVEAUX *francs* : un nouveau *franc* représente cent anciens *francs* (supprimés en 1960) ; le CENTIME (nouveau) représente un ancien *franc*. BALLE est un syn. fam. de *franc* (surtout ancien *franc*).

**2. franc, franche** [frã, frãʃ] adj. (après le n.)
(se dit de qqn, de son attitude) *Pierre a été très franc avec nous : il ne nous a pas caché la vérité.* ● *Sois franc, ne mens pas : tu as vu Claude aujourd'hui ?*
  **S.** *Franc* a pour syn. SINCÈRE et pour contr. HYPOCRITE quand on insiste sur le caractère HONNÊTE, LOYAL ; quand on insiste sur l'absence de dissimulation, les syn. sont OUVERT, DIRECT, NET, et le contr. SOURNOIS (soutenu).
  **L. franchement**, v. ce mot. ◆ **franchise** (n. f.) *Pierre est franc, c'est connu → la franchise de Pierre est connue.*

**français, e** [frãsɛ, ɛz] adj. (après le n.) et n., **français** n. m.
[adj.] (se dit de qqch) *Les exportations françaises se sont accrues le mois dernier.* ● *Quel est le résultat des élections françaises ?* ● *Combien y a-t-il de mots dans ce dictionnaire français ?* ◆ [n. m.] (langue) [compt., surtout au sing.] *Vous comprenez le français ? — Un peu, mais je le parle très mal.* ◆ [n. et adj.] (personne) *Pour changer un peu, nous sommes allés en Espagne, mais il n'y avait que des Français à l'hôtel.* ● *Elle vit en France, mais elle n'est pas française.*
  **G.** L'adj. ne se met ni au comparatif ni au superlatif.
  **S.** L'adj. ethnique *français* correspond au n. f. FRANCE ou au n. m. *français* (= la langue française). Les *Français* (notez la majuscule) sont ceux qui ont la nationalité *française* (qui sont originaires de France) ou qui l'ont acquise. Les pays FRANCOPHONES sont ceux dont la langue officielle de communication est le *français*.

**franchement** [frãʃmã] adv.
I. [manière] *Je vous dirai franchement que je ne suis pas d'accord.* ● *Il faut nous dire la vérité, nous parler franchement.*
II. [quantité et opinion] *Cette robe est franchement laide, ne l'achète pas.* ● *Il joue franchement bien, il faut le reconnaître.* ● *Franchement, je trouve que vous exagérez.*
  **S. 1.** Au sens I, *franchement* correspond à l'adj. FRANC ; les syn. sont SINCÈREMENT, LOYALEMENT, SANS DÉTOUR (soutenus). *Agir franchement*, c'est AGIR D'UNE MANIÈRE FRANCHE, AVEC FRANCHISE ; le contr. est HYPOCRITEMENT. —
**2.** Au sens II, *franchement* a pour syn. VRAIMENT et RÉELLEMENT. Devant un adj. ou un adv., le syn. est TRÈS.

**franchir** [frãʃir] v. t. (conj. 15)
(sujet qqn, un animal) **franchir qqch** *Ça y est ! C'est notre cheval qui va franchir la ligne d'arrivée le premier !* ● *Tu exagères. Il y a des limites que tu ne devrais pas franchir, tu sais.*

**S.** *Franchir un obstacle, une limite* (concrets), c'est les PASSER. Dans un sens abstrait, les syn. sont SURMONTER (pour un obstacle, une difficulté), DÉPASSER (pour une limite).

**frapper** [frape] v. t. et v. t. ind. (conj. 1)
I. [v. t.] (sujet qqn) **frapper qqn, un animal** *Tu ne dois pas frapper ton petit frère, il est*

moins fort que toi. • *Ce n'est pas moi qui ai frappé le chien avec ce bout de bois.*
◆ [v. t. ind.] (sujet qqn) **frapper (à une porte, une fenêtre, etc.)** *J'ai frappé à la porte et à la fenêtre, mais personne n'a répondu.* • *Il me semble qu'on a frappé, va ouvrir. — Ah ? Je n'ai rien entendu.* • [*Sur la porte*] : *« Entrez sans frapper. »*
II. [v. t.] (sujet qqch) **frapper (l'esprit de) qqn** *C'est vrai qu'il a beaucoup vieilli, ça nous a tous frappés.* • *Son intelligence m'a frappé, je ne le croyais pas si fort aux échecs !* • *J'ai été très frappée par ce film, j'en ai rêvé pendant des nuits !*

**S. 1.** *Frapper qqn, un animal* (sens I) a comme syn. TAPER SUR et BATTRE. *Frapper à* (v. t. ind.), c'est donner des coups sur ; il a comme syn. COGNER (plus fort), TAPER (fam.) et HEURTER (soutenu). — **2.** *Frapper (l'esprit de) qqn* (sens II) a comme syn. ÉTONNER, SURPRENDRE, IMPRESSIONNER ; plus forts, ÉMOUVOIR, STUPÉFIER, SAISIR (soutenu).
**L. frappant, e** (adj.) [sens II] *Leur ressemblance frappe tout le monde* → *leur ressemblance est frappante pour tout le monde.*

**fraternel** → FRÈRE L.

**frauder** [frode] v. i. et v. t. (conj. **1**)
[v. i] (sujet qqn) *Pierre a fraudé à l'examen, mais il s'est fait prendre.* ◆ [v. t.] (sujet qqn) **frauder l'État** *Il se retrouve en prison pour avoir voulu frauder l'État.*

**S.** *Frauder*, c'est commettre une FRAUDE, acte répréhensible consistant à tromper pour satisfaire son intérêt. *Frauder à un examen*, c'est TRICHER.

**L. fraudeur** (n. m.) *L'Administration des impôts recherche activement ceux qui fraudent le fisc* → *l'Administration des impôts recherche activement les fraudeurs du fisc.* ◆ **fraude** (n. f.) *Frauder aux examens est sévèrement puni* → *la fraude aux examens est sévèrement punie.*

**frayer (se)** [freje] v. pr. (conj. **6**)
(sujet qqn) **se frayer un passage, un chemin** *Il y avait tellement de monde dans le magasin qu'on arrivait à peine à se frayer un passage jusqu'au rayon qui nous intéressait.*

**S.** *Se frayer un passage, un chemin* (soutenu), c'est écarter les obstacles pour pouvoir passer ;

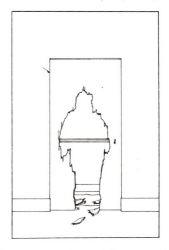

il a pour syn. S'OUVRIR UN PASSAGE, SE TRACER UN CHEMIN.

**fredonner** [frədɔne] v. t. (conj. **1**)
(sujet qqn) **fredonner qqch (air, musique)** *Tous les matins, je l'entends dans sa salle de bains fredonner un vieil air des années 30.*

**S.** *Fredonner*, c'est chanter à mi-voix un air de musique sans en prononcer les paroles.

**frein** [frɛ̃] n. m.
[partie d'un véhicule] *Le camion a descendu la côte à toute vitesse, il n'avait plus de freins !* • *Zut ! Je crois bien que j'ai oublié de serrer le frein à main !* • *Si vous donnez tout le temps des coups de frein, c'est que vous conduisez mal.*

**S.** *Une voiture est équipée de deux types de freins : le frein que l'on actionne avec le pied*

# FREINER

d'une pédale, qui sert à FREINER, et le *frein à main*, qui sert à immobiliser la voiture à l'arrêt. *Donner un coup de frein* a pour syn. FREINER.
**L. freiner,** v. ce mot.

**freiner** [fʀene] v. i. et v. t. (conj. **1**)
I. [v. i.] (sujet qqn, un véhicule) *J'ai bien vu le feu rouge, mais je n'ai pas eu le temps de freiner.* ● *Ma moto ne freine plus très bien, il faut que je la fasse réparer.*
II. [v. t.] (sujet qqn, qqch [abstrait]) **freiner une action, un mouvement, etc.** *Le gouvernement n'arrive pas à freiner la hausse des prix.* ● *Depuis quand ce pays a-t-il pris des mesures pour freiner les dépenses d'énergie ?*

**S. 1.** *Freiner* (sens I), c'est DONNER UN COUP DE FREIN, RALENTIR ou S'ARRÊTER et STOPPER (plus forts); le contr. est ACCÉLÉRER. — **2.** *Freiner* (sens II), c'est DIMINUER, METTRE UN FREIN À (soutenu), ARRÊTER ou STOPPER (plus forts); les contr. sont ACCÉLÉRER ou DÉVELOPPER.
**L. freinage** (n. m.) *Cette voiture freine brutalement → cette voiture a un freinage brutal.*

**fréquent, e** [fʀekɑ̃, ɑ̃t] adj. (après ou avant le n.)
(se dit de qqch [action, événement]) *En été, ici, il y a un orage tous les jours... — Ah ! Je ne savais pas que c'était si fréquent !* ● *Qu'est-ce qu'il y a d'écrit derrière la voiture du facteur ? — « Attention, arrêts fréquents. »*

**S.** *Fréquent* correspond à l'adv. SOUVENT, plus usuel (*C'est très fréquent* → CELA ARRIVE TRÈS SOUVENT). Les syn. sont COURANT, NOMBREUX (au plur.) et CONTINUEL (sans comparatif ni superlatif et plus fort). Les contr. sont RARE, EXCEPTIONNEL (plus fort).
**L. fréquemment** (adv.) *Cela arrive de façon fréquente* → *cela arrive très fréquemment.* ◆ **fréquence** (n. f.) *Vos absences fréquentes créent une gêne* → *la fréquence de vos absences crée une gêne.*

**fréquenter** [fʀekɑ̃te] v. t. (conj. **1**)
I. (sujet qqn) **fréquenter un lieu** *C'est un joueur qui fréquente les champs de courses et les salles de jeu.* ◆ (sujet un lieu) **[être] bien, mal fréquenté** *Ne va pas dans ce café, il paraît qu'il est mal fréquenté ; il y vient des gens suspects.*
II. (sujet qqn) **fréquenter qqn** *Pierre ne fréquente que les gens de son milieu, tu penses bien qu'il n'acceptera pas de venir à notre soirée !*

**S. 1.** *Fréquenter un lieu* (sens I), c'est y aller assez régulièrement. Un endroit très *fréquenté* est un endroit où il y a beaucoup de monde. Un endroit *mal fréquenté* (péjor.) est *fréquenté* par des personnes dont on a mauvaise opinion.

— **2.** *Fréquenter* qqn (sens II), c'est le VOIR FRÉQUEMMENT, l'avoir comme relation, comme ami (plus fort).
**L. fréquentation** (n. f.) [sens I] *Nous faisons une enquête pour calculer la fréquentation des salles de cinéma* (← *le nombre de personnes qui les fréquentent*). ◆ [sens II] *Il n'a que des mauvaises fréquentations* (← *il ne fréquente que des personnes dont j'ai mauvaise opinion*).

**frère** [fʀɛʀ] n. m.
[personne, parenté] *Vous avez des frères et sœurs ? — Non, je suis enfant unique.* ● *Je ne connais pas ton petit frère, il habite encore chez tes parents ?* ● *Pierre et Jacques*

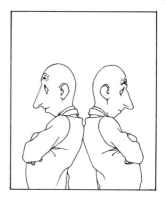

*sont frères. Qu'est-ce qu'ils se ressemblent !*

**S.** Le correspondant féminin de *frère* est SŒUR ; le *grand frère* est le *frère* AÎNÉ, le *petit frère* est le *frère* CADET. On appelle *frères* JUMEAUX ou JUMEAUX deux *frères* nés le même jour.
**L. fraternel, elle** (adj.) *Il n'a pas pour Pierre l'amour d'un frère* → *il n'a pas pour Pierre un amour fraternel.*

**frileux, euse** [fʀilø, øz] adj. (après le n.)
(se dit de qqn) *Dès le mois d'octobre, elle met son manteau de fourrure. — Tu crois que c'est parce qu'elle est frileuse ?*

**S.** Est *frileux* qqn qui est très sensible au froid.

**friser** [fʀize] v. i. (conj. **1**)
(sujet qqn, ses cheveux) *Ce que j'aimerais friser comme toi ! moi, j'ai les cheveux tout raides.*

**S.** *Friser*, c'est boucler en parlant des cheveux. Le contr. est ÊTRE RAIDE.
**L. frisé, e** (adj.) *C'est un enfant blond et tout frisé* (← *dont les cheveux frisent*).

**frisson** [frisɔ̃] n. m.
[sensation] (compt., surtout au plur.) *Elle doit être malade, elle a des frissons alors qu'il fait assez chaud ici.*

  **S.** Avoir des *frissons*, c'est être pris d'un tremblement du corps, à cause du froid, de la fièvre ou d'un sentiment vif (peur, angoisse, etc.).
  **L. frissonner** (v. i.) *Ferme la fenêtre, j'ai des frissons* → *ferme la fenêtre, je frissonne.*

**frite** [frit] n. f.
[aliment] (compt., surtout au plur.) *Qu'est-ce que vous prendrez comme légumes avec votre viande : des haricots verts ou des frites ?* • *Si on l'écoutait, il faudrait lui faire des frites tous les jours.*

  **S.** Les *frites* (abrév. de POMMES DE TERRE FRITES) sont des pommes de terre coupées en bâtonnets qu'on a fait FRIRE dans l'huile bouillante ; les CHIPS sont de minces rondelles de pommes frites.

**froid, e** [frwa, ad] adj. (après le n.), **froid** adv. et n. m.
I. [adj.] (se dit de qqch [aliment, liquide, température, etc.]) *Quand on a chaud, rien de mieux qu'une douche froide pour se rafraîchir !* • *Après la visite en car, il est prévu un repas froid.* • *Que ce vent est froid, je suis gelée !* ◆ [adv.] (manière) [sujet qqn] **avoir froid** *Si vous avez froid, je peux faire du feu dans la cheminée.* • *J'ai froid aux pieds. — Marche un peu, ça te réchauffera !* ◆ **il fait froid** *Il fait froid dans cette maison, il faudrait mettre le chauffage.* ◆ (sujet qqn) **manger, boire froid** *Quand on a eu très chaud, ce n'est pas bon de boire froid.*

II. [n. m.] (qualité, qqch) [non-compt., au sing.] *Quel froid, ce matin ! J'aurais dû me couvrir davantage.* ◆ (sujet qqn) **prendre, attraper froid** *Paul, ne sors pas sans ton manteau, tu vas prendre froid !* • *Je vais prendre un cachet, je crois que j'ai attrapé froid.*
III. [adj.] (se dit de qqn, de son attitude) *C'est un homme froid que rien ne touche.* • *Tu te rends compte de ce que Paul t'a dit ? — Ça me laisse froid.* • *Pierre a été très froid avec moi, c'est à peine s'il m'a adressé la parole.*
IV. [n. m.] (qualité, qqch) [non-compt., au sing.] *Le discours du président a jeté un froid dans l'assemblée.* • *Il y eu un froid quand il a commencé son histoire.* • *Paul et moi, nous sommes en froid en ce moment.*

  **S. 1.** *Froid* (sens I) a pour contr. CHAUD et pour syn. plus forts GLACÉ, GLACIAL (surtout pour le vent, la pluie, etc.) et, moins forts, FRAIS (sauf en parlant d'un repas). Qqch qui était chaud devient *froid* quand on le laisse REFROIDIR. *Boire froid* a pour syn. plus fort BOIRE GLACÉ. — **2.** Le *froid* (n. m., sens II), c'est la température basse de l'atmosphère. Il s'oppose à CHALEUR et à CHAUD (n. m.). Qqn qui craint le *froid* est FRILEUX. *Prendre, attraper froid* a pour syn. AVOIR UN REFROIDISSEMENT (soutenu), TOMBER MALADE, ATTRAPER UN RHUME (langue courante). — **3.** *Froid* (sens III) a pour syn. INDIFFÉRENT. *Être froid*, c'est montrer de la FROIDEUR, manquer de chaleur. Comme épithète, *froid* a pour syn. plus forts DUR, GLACIAL ; il s'oppose à ENTHOUSIASTE, CHALEUREUX, AFFECTUEUX. *Ça me laisse froid* a pour équivalent ÇA NE ME TOUCHE PAS. Qqn qui reste *froid* devant un événement est IMPERTURBABLE, IMPASSIBLE. — **4.** *Froid* (sens IV), limité à quelques expressions *(il y a un froid, jeter un froid)*, est syn. de TROUBLE, GÊNE, MALAISE. *Être en froid avec qqn*, c'est ÊTRE FÂCHÉ momentanément AVEC lui.
  **L. froidement** (adv.) [sens III] *Il m'a accueilli de façon très froide* → *il m'a accueilli très froidement.* ◆ **froideur** (n. f.) [sens III] *Son accueil a été très froid, cela m'a surpris* → *la grande froideur de son accueil m'a surpris.*
  ◆ **refroidir,** v. ce mot.

**froisser** [frwase] v. t. (conj. 1)
I. (sujet qqn) **froisser qqch** (tissu, papier, vêtement) *Ne mets pas ma robe n'importe*

comment dans la valise, tu vas la froisser.
◆ (sujet qqch) **se froisser** *C'est un très beau tissu qui ne se froisse pas.*
II. (sujet qqn, ses paroles) **froisser qqn** *Elle n'aurait pas dû lui dire ça, elle l'a froissé.* ◆ (sujet qqn) **se froisser** *Vous n'allez pas vous froisser pour si peu de chose ?*

    **S. 1.** *Froisser* (sens I) a pour syn. FRIPER, CHIFFONNER. C'est DONNER DES FAUX PLIS. — **2.** *Froisser* qqn (sens II) [soutenu] a pour syn. plus forts VEXER, FÂCHER.
    **L. infroissable** (adj.) [sens I] *Ce tissu ne se froisse pas* → *ce tissu est infroissable.*

**frôler** [frole] v. t. (conj. **1**)
(sujet qqn, qqch [concret]) **frôler qqn, qqch (concret)** *La balle a frôlé le filet, mais le coup est bon.* ◆ (sujet qqn, qqch [abstrait]) **frôler qqch (abstrait)** *Vos paroles frôlent l'injure, vous ne croyez pas ?* ● *Il a tant de fois frôlé la mort qu'il n'a plus peur de rien.*

    **S. 1.** En parlant de personnes ou de choses concrètes, *frôler*, c'est toucher à peine, EFFLEU-

RER ou passer très près sans toucher, RASER. — **2.** En parlant de qqch d'abstrait, c'est être presque identique à qqch. Qqn qui *a frôlé la mort* (soutenu) a failli mourir.

**fromage** [frɔmaʒ] n. m.
[aliment] (non-compt., au sing.) *Vous prendrez du fromage en même temps que la salade ou après ?* ◆ (compt.) *Tu n'oublieras pas d'acheter des fromages pour le dîner de ce soir.*

    **S.** Le *fromage* est un aliment obtenu à partir du lait de vache (camembert, gruyère, cantal), du lait de brebis (roquefort), du lait de chèvre (chèvre, crottin). On distingue les *fromages* à pâte dure, qui sont cuits (gruyère, emmental), pressés et chauffés (cantal, reblochon) ou égouttés et séchés (chèvre), et les *fromages* fermentés à pâte molle, plus forts, qui portent une croûte formée de moisissures (brie, camembert, coulommiers) ou dont la croûte a été lavée et qui sont encore plus fermentés (pont-l'évêque, livarot, munster). Le roquefort, le bleu d'Auvergne, le gorgonzola ont des moisissures internes et n'ont pas de croûte. Les *fromages* se vendent entiers (camembert, chèvre, pont-l'évêque, coulommiers, reblochon) ou par parts (gruyère, cantal, roquefort, brie, etc.) dans une crémerie ou chez un FROMAGER.
    **L. fromagerie** (n. f.) *Il travaille dans une fromagerie* (← *usine où on fabrique des fromages* ou *commerce du marchand de fromages*). ◆ **fromager, ère** (n.) *Je me sers chez un excellent fromager* (← *marchand de fromages*).

**front** [frɔ̃] n. m.
I. [partie du corps] *Ton front est tout chaud, tu n'aurais pas de la fièvre par hasard ?* ● *Comme Paul n'a presque plus de cheveux, son front paraît très grand !*
II. **de front** *Il croit pouvoir mener de front tous ces travaux, mais ce n'est pas possible.* ● *Il vaut mieux éviter de l'attaquer de front ; prends-le par la douceur.*

    **S. 1.** Le *front* (sens I) est la partie du visage située entre les yeux et les cheveux. Les tempes sont de part et d'autre du *front*. — **2.** *De front* (sens II) a pour syn. EN MÊME TEMPS (*mener de front*) ou PAR-DEVANT (*attaquer de front*).

**frontière** [frɔ̃tjɛr] n. f.
[lieu géographique] *La France a des frontières avec la Belgique, l'Allemagne, la Suisse, l'Italie, l'Espagne.* ● *Ah ! On arrive à la frontière : préparez vos passeports.*

    **S.** La *frontière* est la limite qui sépare deux pays et où se trouvent les douanes.

**frotter** [frɔte] v. t. (conj. **1**)
(sujet qqn) **frotter qqch, une partie du corps (contre, sur, qqch [concret]), frotter qqch avec qqch** *Arrête de frotter tes mains contre le mur, elles vont être sales.* ● *Pour faire partir la tache, frottez-la avec un peu d'eau et de savon.* ◆ [sans compl.] (sujet qqch) *Tu entends ce drôle de bruit ? — Oui, je crois que c'est la roue avant qui frotte.*
◆ (sujet qqn) **se frotter (une partie du corps)** *Quand il est content, Pierre se frotte les mains.*

    **S.** *Frotter une partie du corps contre, sur qqch*, c'est la PASSER contre, sur qqch ; *frotter un meuble avec un chiffon*, c'est PASSER le chiffon

dessus pour enlever la poussière ; *frotter qqch avec qqch*, c'est le nettoyer par friction ; *frotter une allumette*, c'est la CRAQUER pour l'allumer ; *frotter le plancher*, c'est l'ASTIQUER, etc.
**L. frottement** (n. m.) [sujet qqch] *On entend la roue qui frotte* → *on entend le frottement de la roue.*

**fructueux, euse** [fryktɥø, øz] adj. (après le n.)
(se dit de qqch [action, abstrait]) *Vous voyez que nous avions raison, les négociations ont été fructueuses, nous avons obtenu plusieurs choses.*

**S.** *Fructueux* se dit de ce qui a été UTILE, FÉCOND, qui a donné de bons résultats, qui a PORTÉ SES FRUITS.

**fruit** [frɥi] n. m.
[partie d'un végétal] *Que prendrez-vous comme dessert, une glace ou des fruits ?*
• *L'orange est le fruit que je préfère.* • *Tous les matins à son petit déjeuner, Pierre boit un jus de fruits.*

**S.** L'abricot, la pêche, la prune, la cerise sont des *fruits* À NOYAU ; l'orange, le citron, la mandarine, le pamplemousse, la pomme, la poire, le raisin sont des *fruits* À PÉPINS ; l'ananas, la banane sont des *fruits* TROPICAUX ; la fraise, la framboise n'ont ni peau ni noyau et sont des BAIES ; les noix, les noisettes, les amandes ont une coquille. Certains *fruits* ont une peau ; on les pèle.
**L. fruitier, ère** (adj.) *Le pommier est un arbre fruitier* (← qui produit des fruits).

**frustré (être)** [frystre] v. pass.
(sujet qqn) **être frustré (de qqch)** *J'avais l'impression d'être frustré d'un bien auquel j'avais droit.* • *Il se sentait frustré, il lui manquait encore quelque chose.*

**S.** *Être frustré de qqch* (soutenu), c'est en éprouver fortement le manque ou se voir enlever qqch à quoi on a droit, ou qu'on désire fortement.
**L. frustration** (n. f.) *Il se sentait frustré* → *il éprouvait un sentiment de frustration.*

**fuir** [fɥir] v. i. (conj. **18**)
I. (sujet qqn) *Dès que les agents sont*

*arrivés, les deux hommes ont fui par la porte de derrière.*
II. (sujet qqch) *Oh, zut ! mon stylo fuit, j'ai mis de l'encre partout.*

**S. 1.** *Fuir* (sens I) est le syn. soutenu de S'ENFUIR. — **2.** *Fuir* (sens II), c'est laisser s'échapper un gaz ou un liquide.
**L. fuite**, v. ce mot.

**fuite** [fɥit] n. f.
I. [action, qqch, et résultat] **fuite (de qqch [gaz, liquide])** *Attention aux fuites de gaz, c'est très dangereux.* • *Il y a eu une fuite dans la salle de bains, j'ai dû faire sécher tous les tapis.*

# FUMÉE

II. [action, qqn] (compt., surtout au sing.) **fuite (de qqn)** *Le voleur est en fuite, la police ne l'a pas encore rattrapé.* ● *J'ai pris la fuite quand j'ai vu Paul se diriger vers moi!*

**S. 1.** Il y a une *fuite* (sens I) lorsqu'un récipient, un tuyau FUIT, lorsqu'il est percé, mal bouché. — **2.** On dit de qqn qu'il est *en fuite* (sens II) lorsqu'il *a pris la fuite*, S'EST ENFUI, qu'il S'EST ÉCHAPPÉ, ÉVADÉ ou, soutenu, qu'il A FUI. Qqn qui est *en fuite* est parti, a disparu, échappe à ceux qui le recherchent.

**fumée** [fyme] n. f.
[phénomène naturel] (non-compt., au sing.) *Qu'est-ce qui brûle? La cuisine est remplie de fumée.* ● *Qu'est-ce que tu as à tousser? — J'ai avalé la fumée de ma cigarette.*

◆ (compt.) *Ici, malheureusement, on respire de plus en plus les fumées des usines et de moins en moins l'air de la campagne.*

**S.** La *fumée* se dégage d'un corps qui brûle.
**L. fumer** (v. i.) *Le feu fume dans la cheminée* (← il dégage de la fumée). [V. aussi ce mot.]
◆ **enfumé**, v. ce mot.

**fumer** [fyme] v. t. (conj. **1**)
(sujet qqn) **fumer (du tabac, une cigarette)** *Tu fumes des cigarettes ou la pipe? — Je* 

*prendrai une cigarette.* ◆ (sans compl.) *Tu veux une cigarette? — Non, merci, je ne fume plus.* ● [*Dans l'autobus*] : «*Défense de fumer.*»

**S.** *Fumer*, c'est aspirer la fumée du tabac : cigarette, cigare ou pipe.
**L. fumeur, euse** (n.) *Il fume beaucoup* → *c'est un gros fumeur.*

**fur (au) et à mesure** → MESURE.

**furieux, euse** [fyrjø, øz] adj. (après le n.) (se dit de qqn, de son attitude) **furieux (de qqch, de + inf., que + subj.)** *Paul est furieux d'avoir cassé ses lunettes.* ● *Françoise a lancé un regard furieux à son mari : elle a horreur qu'il raconte n'importe quoi.* ● *Pierre est furieux qu'on ne l'ait pas prévenu, il aurait voulu venir.*

**S.** *Furieux* a pour syn. HORS DE SOI (sans

compl.), EN COLÈRE (moins fort). FURIBOND (soutenu) est plus fort et péjor.
**L. furieusement** (adv.) Ils se sont disputés d'une manière furieuse → *ils se sont furieusement disputés.* ◆ **fureur** (n. f.) Quand Pierre est furieux, il fait peur → *la fureur de Pierre fait peur.*

**fusil** [fyzi] n. m.
[arme] *Il vit seul, dans une maison isolée à la campagne, c'est pour ça qu'il garde son fusil de chasse près de son lit.* ● *Pourquoi veux-tu être soldat? — Pour avoir un uniforme et un fusil.*

**S.** Le *fusil* est une arme à feu. On distingue selon les projectiles envoyés, le *fusil* DE CHASSE (qui envoie des plombs) et l'arme d'attaque qui envoie des balles.
**L. fusiller,** v. ce mot.

## fusiller [fyzije] v. t. (conj. 1)
(sujet qqn) **fusiller qqn** *Condamné à mort, il fut fusillé le 25 octobre 1946.*

**S.** *Fusiller,* c'est tuer avec un FUSIL. PASSER PAR LES ARMES est un équivalent soutenu ; EXÉCUTER est un syn. moins précis.

## fusion [fyzjɔ̃] n. f.
[action, qqch, et résultat] *La fusion entre les deux entreprises provoquera sans doute des licenciements.*

**S.** *Fusion* a pour syn. moins forts RÉUNION, UNION. C'est le fait pour deux groupes de se mettre ensemble, de FUSIONNER ou, pour l'un des deux groupes, d'absorber l'autre (syn. ABSORPTION).
**L. fusionner** (v. i.) On prévoit la fusion de ces deux maisons → *on prévoit que ces deux maisons vont fusionner.*

## futile [fytil] adj. (après le n.)
(se dit de qqch [action], de qqn) *Comme toujours avec les Dupont, la conversation a été futile : on a parlé du temps, des voitures, de la télé, des vacances.* • *Ce sont des prétextes futiles : sois un peu sérieux pour une fois.*

**S.** Est *futile* (soutenu) ce qui est sans intérêt ni importance ; les syn. courants sont INSIGNIFIANT, SUPERFICIEL et PUÉRIL (plus fort) ; le contr. est SÉRIEUX. Une personne *futile* ne se préoccupe que de choses sans importance ; les syn. sont FRIVOLE, LÉGER, SUPERFICIEL.
**L. futilité** (n. f.) *Tu ne vois pas que tes arguments sont futiles ?* → *tu ne vois pas la futilité de tes arguments ?*

## futur, e [fytyr] adj., futur n. m.
[adj.] (se dit de qqch [action] ; après le n.) *La construction future de la nouvelle route permettra d'accéder directement à la mer.* ◆ (se dit de qqn, de qqch [état] ; avant le n.) [*Dans le journal*] : « *Nous apprenons le mariage de deux de nos collaborateurs ; tous nos vœux aux futurs époux.* » • *Votre future situation sera en rapport avec vos capacités, ce n'est pas si fréquent.* ◆ (n. m.) [temps, qqch, qqn] (non-compt., au sing.) *J'aime beaucoup regarder à la télévision l'émission « Chronique du futur », il y a des exposés scientifiques très intéressants.*

**G.** Cet adj. n'a ni comparatif ni superlatif.
**S.** Est *futur* ce qui va se produire, se réaliser dans un avenir plus ou moins proche. Le syn. est PROCHAIN, le contr. ACTUEL, PASSÉ. Le *futur* (n. m.) [soutenu] s'oppose au PASSÉ, au PRÉSENT ; le syn. courant est AVENIR.

# G

**gâcher** [gaʃe] v. t. (conj. 1)
(sujet qqn, qqch) **gâcher qqch** *Ce n'est pas que je sois économe, mais je n'aime pas gâcher l'argent, on a eu tellement de mal à le gagner.* • *J'étais mal assis au cinéma, ça m'a gâché le plaisir du film.*

**S.** *Gâcher l'argent*, c'est le dépenser à tort et à travers, pour rien ; le syn. est GASPILLER. *Gâcher le plaisir à qqn*, c'est le lui enlever.

**gaffe** [gaf] n. f.
[action, qqn, et résultat] *Tu as dit à Paul que je t'ai invité ? — Zut ! Je crois que j'ai fait une gaffe.* • *J'ai l'impression que François est fâché, je me demande pourquoi. — Ce n'est pas étonnant, tu n'arrêtes pas de faire des gaffes !*

**S.** Une *gaffe*, c'est surtout une phrase ou une parole maladroite (il s'agit moins souvent d'une action). Les syn. sont, en langue courante, BÊTISE (généralement par étourderie) et, en langue soutenue, BÉVUE, IMPAIR, SOTTISE (plus fort), MALADRESSE, BOURDE (fam.).
**L. gaffer** (v. i.) Pierre a fait une gaffe à la soirée → *Pierre a gaffé à la soirée.* ◆ **gaffeur, euse** (adj. et n.) *Marie fait souvent des gaffes* → *Marie est une gaffeuse.*

**gagner** [gaɲe] v. t. (conj. 1)
I. (sujet qqn) **gagner (un match, une partie, une guerre, etc.)** *L'équipe de France a gagné son match contre l'Irlande : c'est heureux !* • *On a joué au tennis hier ; sur trois parties, j'en ai gagné une et perdu deux.* • *Françoise avait parié que nous serions là avant elle, mais elle n'a pas gagné.* ◆ (sans compl. direct) **gagner à un jeu** *Pierre gagne souvent aux cartes ; il a de la chance.* • *Si je gagne aux courses, je vous invite tous à déjeuner.* ◆ **gagner qqch à + inf., en + part. prés., etc.** *Je ne vois pas ce que tu gagnerais à raconter tout ça à Paul, ça lui ferait plus de mal que de bien.*
II. (sujet qqn) **gagner de l'argent** *Pierre gagne trois mille francs par mois.* ◆ **gagner sa vie** *François est directeur de société, il gagne très bien sa vie.*

III. (sujet qqn) **gagner du temps, de la place** *Si je prends le métro au lieu de la voiture, je gagne un quart d'heure.* • *Si tu enlevais le fauteuil de la chambre, tu gagnerais de la place.*

**S. 1.** *Gagner* (sens I) a pour contr. PERDRE ; avec un compl. direct, il a pour syn. REMPORTER ; sans compl. direct, il est syn. de ÊTRE

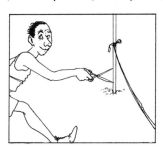

VAINQUEUR, ÊTRE GAGNANT, L'EMPORTER (soutenu). *Gagner à + inf.*, c'est AVOIR AVANTAGE À, AVOIR INTÉRÊT À. — **2.** *Gagner de l'argent* (sens II), c'est en recevoir, en percevoir ; le syn. est TOUCHER. *Gagner sa vie*, c'est percevoir de l'argent par son travail, avoir un salaire, un traitement. — **3.** *Gagner du temps* (sens III), c'est FAIRE UNE ÉCONOMIE, UN GAIN DE TEMPS (soutenu). *Gagner de la place*, c'est l'ÉCONOMISER.
**L. gagnant, e** (n.) [sens I] *Il a gagné la course* → *c'est le gagnant de la course.* ◆ **gain** (n. m.) [sens II et III] *Si on passait par là, on gagnerait du temps* → *si on passait par là, ce serait un gain de temps.* ◆ **regagner** (v. t.) [sens I, II et III] *Paul a gagné de nouveau ce qu'il avait perdu* → *Paul a regagné ce qu'il avait perdu.*

**gai, e** [ge] adj. (après le n.)
(se dit de qqn, de qqch [abstrait]) *Tu n'es pas très gaie ce matin, tu as appris une mauvaise nouvelle ?* • *La réunion a été très gaie, on s'est bien amusés.* ◆ (se dit de

qqch) *Ne prends pas du gris, choisis plutôt une couleur gaie.*

**S.** *Gai* se dit de qqn qui est d'humeur joyeuse ou de ce qui porte à s'amuser ; il a pour contr., par ordre d'intensité décroissante, TRISTE, SOMBRE, SÉRIEUX. En parlant de qqn, il a pour syn. HEUREUX, JOYEUX ; en parlant de qqch, il a pour syn. AMUSANT, DRÔLE, COMIQUE. En parlant d'une couleur fraîche et claire, il a pour syn. VIF ; les contr. sont TERNE, TRISTE.
**L. gaiement** (adv.) Il sifflait de manière gaie → *il sifflait gaiement.* ◆ **gaieté** (n. f.) Le dîner était très gai → *le dîner était plein de gaieté.* ◆ **égayer** (v. t.) Il a rendu le dîner plus gai par ses plaisanteries → *il a égayé le dîner par ses plaisanteries.*

**gamin, e** [gamɛ̃, in] n.
[personne, âge] *Envoie les gamins jouer dans le jardin ; on ne peut plus s'entendre ici.* • *Comment va votre gamine ? Elle a quel âge maintenant ?*

**S.** *Gamin* est un syn. fam. de ENFANT, comme GOSSE et MÔME.

**gangster** [gɑ̃gstɛr] n. m.
[personne, agent] *Les gangsters sont sortis de la banque en tirant des coups de feu.* • *On est allé voir un film de gangsters, c'était passionnant.*

**S.** Un *gangster* est un malfaiteur qui, associé avec d'autres (formant un GANG), commet des attaques à main armée. BANDIT est un syn. courant.
**L. gang** (n. m.) Les gangsters ont été arrêtés → *les membres du gang ont été arrêtés.* ◆ **gangstérisme** (n. m.) La police lutte contre les méfaits des gangsters → *la police lutte contre le gangstérisme.*

**gant** [gɑ̃] n. m.
[vêtement] *Mets des gants, sinon tu auras froid aux mains.* • *Combien coûte cette paire de gants, s'il vous plaît ?* • *Les gants de toilette et les serviettes sont dans le placard de la salle de bains.*

**G.** et **S. 1.** *Gant* peut être suivi d'un compl. introduit par DE qui en précise l'usage : *gant DE TOILETTE, DE BOXE, DE MÉNAGE.* — **2.** Les MOUFLES sont des *gants* où seul le pouce est isolé des autres doigts.

**garage** [gaʀaʒ] n. m.
I. [lieu, moyen de transport] *Leur garage est si grand qu'on peut y mettre au moins deux voitures.*
II. [établissement] *La voiture est en panne, et il n'y a pas un seul garage ouvert !*

**S. 1.** Au sens I, un *garage* est un local où l'on GARE sa voiture ; ce peut être un local particulier dans une maison, un BOX (local fermé pour une voiture) ou un PARKING, ensemble d'emplacements dans un immeuble. — **2.** Au sens II, c'est un lieu où un GARAGISTE répare, entretient ou vend les voitures. Une STATION-SERVICE est un *garage* qui distribue de l'essence et effectue des réparations simples.
**L. garagiste,** v. ce mot.

**garagiste** [gaʀaʒist] n. m.
[personne, profession] *Tu connais un bon garagiste qui pourrait me réparer la voiture ?*

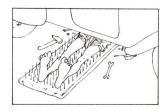

**S.** Un *garagiste* est un artisan qui possède ou qui gère un GARAGE où il travaille seul ou, plus souvent, assisté de quelques employés (mécaniciens, pompiste).

**garantie** [gaʀɑ̃ti] n. f.
I. [action, qqn] (compt., surtout au sing.) *Pouvez-vous me donner la garantie que vous ne toucherez à rien pendant notre absence ?* • *Pierre a eu la garantie qu'on lui garderait son emploi pendant son long congé.* ◆ [résultat] (compt., surtout au sing.) *Ma montre est encore sous garantie, je vais en profiter pour la faire nettoyer.* • *Cette machine à laver est vendue avec une garantie d'un an ; si elle tombe en panne, on la répare sans frais.*

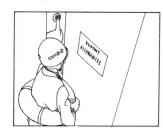

II. [statut, qqn] (non-compt., au plur.) *Je vous recommande cette personne, elle présente toutes les garanties.*

**S. 1.** Au sens I, *garantie*, c'est le fait de GARANTIR (sens I) ; il a pour syn. ASSURANCE.

# GARANTIR

C'est aussi le résultat : un objet *sous garantie* est GARANTI (sens II), assuré contre un mauvais fonctionnement pendant un certain temps. — **2.** Au sens II, ASSURANCES, RÉFÉRENCES sont des syn.

**garantir** [garɑ̃tir] v. t. (conj. 15)
I. (sujet qqn) **garantir un résultat, un fait, que + ind. (à qqn)** *Alors, c'est bien vrai : tu es sûr que ça marchera ? — Écoute, si tu fais ce que je te dis, je te garantis le succès.* • *Je vous garantis que Paul a raison ; vous avez tort de ne pas le croire.*
II. (sujet qqn) **garantir un objet** *Le commerçant m'a garanti cet appareil.* • *Comme ma montre était garantie, je n'ai rien eu à payer pour la faire réparer.*

  **S. 1.** *Garantir* (sens I) a pour syn. ASSURER, PROMETTRE, SE PORTER GARANT DE (soutenu). Suivi de QUE et l'ind., il a aussi pour syn. CERTIFIER, AFFIRMER, DONNER SA PAROLE QUE. — **2.** *Garantir un* 

*objet*, c'est l'assurer contre un mauvais fonctionnement. Un objet qui *est garanti* A UNE GARANTIE, EST SOUS GARANTIE.
  **L. garant, e** (adj.) [sens I] Je garantis ce qu'il a dit → *je me porte garant de ce qu'il a dit.*
  ◆ **garantie,** v. ce mot.

**garçon** [garsɔ̃] n. m.
I. [personne, sexe] *Nadia, pourquoi tu ne veux jamais jouer avec les garçons ?* • *Jeanne a eu un deuxième garçon, elle qui voulait tant avoir une fille !* ◆ [personne, âge] **petit garçon** *Eh bien, tu n'es plus un petit garçon maintenant, te voilà un jeune homme !*
II. [personne, profession] **garçon (de café)** *Tu as demandé l'addition au garçon ?* ◆ [appellatif] *Garçon, deux cafés s'il vous plaît !*

  **S. 1.** Un *garçon* (sens I) désigne un enfant de sexe masculin ; il s'emploie par oppos. à FILLE

et parfois comme syn. de FILS *(mon garçon).* — **2.** Au sens II, ce mot s'emploie aussi pour désigner d'autres professions ou emplois : *garçon* DE COURSES, D'ÉCURIE, etc. Comme appellatif (sans article), *garçon* désigne un GARÇON DE CAFÉ, un SERVEUR (au fém. on dit SERVEUSE).

**1. garde** [gard] n. f.
[action, qqn] (non-compt., au sing.) *Nous avons laissé notre fils à la garde de sa grand-mère pendant les vacances.* • *C'est la concierge qui a la garde de l'immeuble.* • *Le voleur ne savait pas qu'il y avait un chien de garde dans la maison : il a dû s'enfuir en vitesse.* • *Quelles sont les pharmacies de garde le dimanche dans ce quartier ?*

  **S.** *Garde* désigne l'action de GARDER (sens I). Il a pour syn. soutenu SURVEILLANCE. Un *chien de garde* GARDE, protège, surveille, défend une maison. Une *pharmacie de garde* est ouverte au public quand les autres sont fermées.

**2. garde** [gard] n. m. ou f.
[personne, fonction] *Mon père est très malade, il a fallu placer une garde près de lui toutes les nuits.* • *Le directeur n'était pas très rassuré ; il ne sortait plus qu'accompagné d'un garde du corps.*

  **S.** *Garde* désigne qqn chargé de surveiller un local, un immeuble (le syn. est GARDIEN) ou de veiller sur qqn (le syn. est GARDE-MALADE). *Garde* est souvent accompagné d'un mot qui précise la fonction : GARDE-CHAMPÊTRE, GARDE-FORESTIER, etc. Un *garde du corps* (syn. fam. GORILLE) est chargé de protéger une personnalité contre un attentat, un enlèvement éventuels.

**garder** [garde] v. t. (conj. 1)
I. (sujet qqn, un animal) **garder qqn, un objet, un lieu** *Voici la jeune fille qui garde nos enfants, quand nous sortons le soir.* • *Va chercher les billets, je garde les valises.* • *Vous avez trois chiens pour garder la maison ? Eh bien ! vous êtes prudents !*

II. (sujet qqn) **garder un objet, une place (à, pour qqn)** *Tu me garderas une part de gâteau pour ce soir, hein, n'oublie pas! • Je vous ai gardé une bonne bouteille de vin, je sais que vous l'aimez. • Tu veux me garder ma place ? Je dois sortir un moment.*
◆ **garder qqn (à, pour + inf.** ou **pour qqch)** *On peut garder votre fils à dîner si ça vous arrange. • Il nous a gardés une heure dans son bureau et tout ça pour pas grand-chose. • Il a volé ? On le gardera un mois en prison et puis il recommencera aussitôt sorti.* ◆ (sujet qqch [concret]) **se garder** *Si tu ne la mets pas au réfrigérateur, la viande ne va pas se garder. • Les fleurs se gardent mal en ce moment, il fait trop chaud pour la saison.*
III. (sujet qqn) **garder un objet** *Pierre exagère, il a gardé le livre que je lui avais prêté. • Tu as gardé la facture ? — Oui, je garde toutes les lettres.* ◆ **garder qqch [vêtement, objet] (sur soi)** *Tu gardes ton manteau ? — Oui, je n'ai pas chaud.* ◆ **garder qqch (sentiment, attitude)** *Laisse-le garder ses illusions ! Il sera toujours temps de lui dire la vérité. • Pierre n'arrivait pas à garder son sérieux, il s'est mis à rire comme un fou.* ◆ **garder qqch (parole, secret)** *Marie ne sait pas garder un secret, ne lui dites jamais rien ! • Je vous dis ça, mais naturellement vous le gardez pour vous.*
IV. (sujet qqn) **se garder de + inf.** *Paul s'est bien gardé de répondre à la question de Pierre.*

**S. 1.** *Garder* (sens I) a pour syn. SURVEILLER et VEILLER SUR. *Garder* qqn, qqch, c'est en AVOIR LA GARDE. — **2.** *Garder* qqch *pour*, à qqn (sens II), c'est METTRE DE CÔTÉ (sauf pour *garder une place*), RÉSERVER. *Garder* qqn, c'est le RETENIR. *Se garder* a pour syn. SE CONSERVER et pour contr. S'ABÎMER, SE GÂTER (soutenu), POURRIR (plus fort). — **3.** *Garder un objet* (sens III) est syn. de CONSERVER (soutenu) et s'oppose à RENDRE, RESTITUER (soutenu). Le contr. de *garder un vêtement*, c'est l'ENLEVER. *Garder une attitude* a pour contr. PERDRE. Le contr. de *garder un secret*, c'est le DIRE, le RÉVÉLER. — **4.** *Se garder de* (sens IV) [soutenu] a pour syn. SE RETENIR DE, S'ABSTENIR DE.
**L. garde, gardien,** v. ces mots.

**gardien, enne** [gardjɛ̃, ɛn] n.
[personne, profession] **gardien (d'immeuble, de prison)** *Je ne sais pas à quel étage habitent les Dupont : on va demander à la gardienne de l'immeuble. • Les gardiens de prison ont demandé à rencontrer le ministre.*
◆ [personne, fonction] *Notre équipe de football a un autre gardien de but : l'ancien laissait passer toutes les balles.*

**S.** Un *gardien* est une personne qui a la GARDE d'un lieu. Un compl. apporte une précision sur son activité : on parle de *gardien* D'IMMEUBLE

(syn. CONCIERGE), de *gardien* DE PRISON, de *gardien* DE MUSÉE (syn. SURVEILLANT), de *gardien* DE NUIT (syn. VEILLEUR DE NUIT). *Gardien de but* a pour syn. GOAL.

**1. gare** [gar] n. f.
[lieu, moyen de transport] *Si ton train n'arrive pas trop tard, j'irai te chercher à la gare. • Le train venant de Rome entre en gare.*

**S.** Une *gare* est formée de deux parties : le hall, où on distribue les billets, et les quais, le long des voies ferrées, où arrivent et d'où partent les trains.

**2. gare !** [gar] interj.
[menace] **gare (à + n.** ou **pron., à + inf. négatif)** *Gare à toi, si tu continues à embêter ta petite sœur ! • Gare à la peinture : elle est fraîche ! • Je veux bien te pardonner pour cette fois, mais gare à ne pas recommencer !*

**S.** *Gare !*, le plus souvent suivi d'un compl. introduit par À, formule une menace ou prévient d'un danger.

**garer** [gare] v. t. (conj. **1**)
(sujet qqn) **garer une voiture** *Je suis en panne, vous pouvez m'aider à garer ma voiture le long du trottoir ? • Le camion est si mal garé qu'on ne peut plus passer !* ◆ **se garer** *Il n'y a jamais de place pour se garer dans ton quartier !*

**G.** *Garer* au passif peut avoir comme sujet qqn aussi bien que le véhicule qu'il conduit : *Ma voiture est garée juste en bas de chez toi* → JE SUIS GARÉ JUSTE EN BAS DE CHEZ TOI.

# GASPILLER

**S.** *Garer sa voiture, se garer* ont pour syn. RANGER SA VOITURE. *Être garé* a pour syn. STATIONNER, ÊTRE RANGÉ.

**gaspiller** [gaspije] v. t. (conj. **1**)
(sujet qqn) **gaspiller qqch (fortune, temps, etc.)** *Quelle horreur ce tableau, vous avez vraiment de l'argent à gaspiller !* • *Ne gaspille pas ton temps avec lui, tu as autre chose à faire.* • *En période de sécheresse, ne gaspille pas l'eau !*

**S.** *Gaspiller de l'argent*, c'est le dépenser inutilement ; le syn. est JETER L'ARGENT PAR LES FENÊTRES (plus fort). On DILAPIDE UNE FORTUNE (litt.). Le contr. est ÉCONOMISER. *Gaspiller son temps*, c'est le PERDRE (moins fort). *Gaspiller de l'eau*, c'est la GÂCHER, la consommer inutilement.
**L. gaspillage** (n. m.) *Regarde un peu tout ce qui a été gaspillé* → *regarde un peu tout ce gaspillage.*

**gâteau** [gato] n. m.
[aliment] *Arrête de manger des gâteaux, tu vas grossir.* • *C'est Annie qui a apporté le gâteau d'anniversaire, un énorme gâteau au chocolat.*

**S.** *Gâteau* a pour syn. PÂTISSERIE. Les BISCUITS sont des *gâteaux* secs, sucrés ou salés (souvent servis à l'apéritif). Le BABA, le MILLE-FEUILLE, l'ÉCLAIR sont des *gâteaux* à la crème. Le CAKE, la TARTE sont des *gâteaux* à base de fruits confits ou frais. Les PETITS FOURS sont des petits *gâteaux* sucrés (en dessert ou au goûter).

**gâter** [gate] v. t. (conj. **1**)
I. (sujet qqn) **gâter qqn** *Tu vois que Richard devient insupportable : ses grands-parents l'ont trop gâté pendant les vacances.* • *Non, c'est trop, vraiment vous nous avez gâtés en nous offrant cette merveilleuse lampe !*
II. (sujet une dent) **se gâter, être gâté** *Il faut que j'aille chez le dentiste, j'ai une dent qui commence à se gâter.* • *Ce n'est pas étonnant que tu aies les dents gâtées, avec tout ce que tu fumes !*

**S. 1.** *Gâter un enfant* (sens I), c'est lui donner tout ce qu'il veut en lui passant tous ses

caprices. *Gâter une personne* a pour syn. soutenu la COMBLER (de cadeaux). — **2.** *Se gâter* (sens II), en parlant d'une dent, a pour syn. S'ABÎMER. Une *dent gâtée* est une DENT CARIÉE (techn.) ; le contr. est SAIN.

**1. gauche** [goʃ] adj. (après le n.)
(se dit d'une partie du corps, de qqch) *Alain voit très mal de l'œil gauche.* • *Tu sais écrire de la main gauche ?* • *Pour doubler, on passe sur le côté gauche de la route.*

**G.** L'adj. est toujours épithète et n'a ni comparatif ni superlatif.
**S.** *Gauche* a pour contr. DROIT et s'oppose à AVANT, ARRIÈRE.
**L. gaucher, ère** (adj.) *Il écrit de la main gauche* → *il est gaucher.*

**2. gauche** [goʃ] n. f.
I. [localisation] (non-compt., au sing.) *Regarde le beau château là-bas, sur la*

*gauche! • Julien ne sait pas encore reconnaître la droite de la gauche. • En Angleterre, les voitures roulent à gauche. • Prenez la rue à gauche de la poste. • Mon voisin de gauche n'a pas arrêté de parler pendant tout le film.*
II. [collectif, personnes] *La gauche a été battue de peu aux dernières élections.* ◆ **de gauche, à gauche** *Pierre est socialiste, il est de gauche. • Je ne connais pas exactement ses opinions politiques, mais je le crois très à gauche.*

**S. 1.** *Gauche* (sens I) s'oppose à DROITE (n. f.) et à DEVANT, DERRIÈRE (n. m.). — **2.** La *gauche* (sens II) s'oppose à la DROITE et au CENTRE. Les PARTIS SOCIALISTE et COMMUNISTE sont des partis politiques de *gauche*. Certains mouvements plus révolutionnaires que les partis politiques de *gauche* sont rangés dans l'EXTRÊME GAUCHE et appelés GAUCHISTES.
**L. gauchiste** (adj. et n.) [sens II] *Un journal gauchiste* (← qui exprime l'opinion des révolutionnaires d'extrême gauche).

**gaz** [gaz] n. m.
[fluide] (non-compt., au sing.) *Tu fais la cuisine au gaz ou à l'électricité ? • N'oublie pas de fermer le gaz en partant.* ◆ (compt.) *Pendant la guerre, on a utilisé les gaz et il fallait porter un masque à gaz pour se protéger. • Toutes ces voitures dégagent des gaz toxiques.*

**S. 1.** Le *gaz*, distribué par des canalisations (*gaz de ville*) ou en bouteilles de métal (*gaz butane*), est utilisé pour cuire les aliments (CUISINIÈRE *à gaz*) et pour se chauffer. En ce sens, le *gaz* est un combustible, une source d'énergie. — **2.** Au plur., il s'agit de *gaz* TOXIQUES utilisés à des fins déterminées ou qui concourent à la pollution de l'air.
**L. gazeux, euse** (adj.) *Je vous sers de l'eau gazeuse* (← qui contient du gaz [en dissolution]).

**gazon** [gazɔ̃] n. m.
[végétal] *Ils ont fini par avoir une maison avec un petit jardin où ils vont planter du gazon ! — Mais quelle corvée ! Il faut couper sans cesse l'herbe.*

**S.** Le *gazon* est une sorte d'herbe. Une PELOUSE est une étendue plantée de *gazon*.

**geler** [ʒəle] v. i. (conj. 7)
I. (sujet un liquide, un végétal) *Si le lac gèle, les poissons risquent de mourir. • Il a fait tellement froid que les vignes ont gelé.* ◆ **il gèle** *Il gèle quand la température descend au-dessous de zéro.*
II. (sujet qqn) *On gèle dans cette pièce !*
◆ [v. pr.] **se geler,** [v. pass.] **être gelé** *Je suis gelée, je vais me réchauffer devant le feu.*

**S. 1.** *Geler* (sens I), c'est se transformer en glace en parlant de l'eau, être abîmé par le froid en parlant d'une plante. Les substantifs correspondants sont le GEL, qui est la transformation de l'eau en glace sous l'action du froid, et la GELÉE, qui est l'abaissement de la température qui provoque le gel. — **2.** *Geler* (sens II) est syn. de AVOIR TRÈS FROID. *Être gelé, se geler,*

c'est ÊTRE GLACÉ. Le contr. est AVOIR CHAUD.
**L. gel** (n. m.) ou **gelée** (n. f.) [sens I] *Il a gelé cette nuit* → *il y a eu du gel (ou de la gelée) cette nuit.* ◆ **antigel** (n. m.) [sens I] *Mets dans le radiateur un produit qui empêche l'eau de geler* → *mets dans le radiateur un antigel.*
◆ **dégeler** (v. i.) [sens I] *La rivière n'est plus gelée* → *la rivière a dégelé.*

**gênant, e** [ʒenɑ̃, ɑ̃t] adj. (après le n.)
(se dit de qqch, de qqn) *Ce fauteuil est gênant, il bouche le passage. • Pierre devenait gênant, alors on lui a demandé de*

*partir. • C'est très gênant pour moi d'avoir à lui demander un service : nous sommes fâchés.*

**S.** En parlant de qqch (concret), *gênant* a pour syn. ENCOMBRANT. En parlant de qqch (abstrait), les syn. sont DÉPLAISANT, DÉSAGRÉABLE. En parlant de qqn, *être* ou *devenir gênant* pour les autres, c'est ÊTRE ou DEVENIR EMBARRASSANT, EMBÊTANT (fam.), INDISCRET (soutenu).

**gencive** [ʒɑ̃siv] n. f.
[partie du corps] *Chaque fois que je me brosse les dents, mes gencives saignent. — Prends une brosse plus douce.*

**S.** Les *gencives* recouvrent la base des dents.

**gendarme** [ʒɑ̃darm] n. m.
[personne, profession] *Les gendarmes ont installé un barrage sur la route et vérifient les papiers de tous les automobilistes.*
● *L'accusé est arrivé au tribunal encadré par deux gendarmes.*

**S.** Les *gendarmes* sont des militaires de carrière possédant le grade de sous-officier. Ils sont chargés de faire respecter l'ordre et la loi (conjointement avec la police).
**L. gendarmerie** (n. f.) *Il est convoqué au local des gendarmes → il est convoqué à la gendarmerie.*

**gendre** [ʒɑ̃dr] n. m.
[personne, parenté] *Voici ma fille Jeanne et mon gendre Pierre. — Ah! Mais je ne savais pas que votre fille était mariée!*

**S.** Le *gendre* est, pour les beaux-parents, le mari de leur fille.

**gêne** [ʒɛn] n. f.
I. [sentiment] (non-compt., au sing.) *Il y eut un moment de gêne quand Pierre entra dans la pièce et puis les conversations reprirent.* ◆ [état, qqn] (compt.) *Docteur, depuis quelques jours j'éprouve une gêne à respirer, je n'ai pourtant pas mal à la gorge.* ◆ (sujet qqn) **être sans gêne** *Venir juste au moment du repas pour se faire inviter, ce que ton cousin peut être sans gêne!*
II. [état, qqn] (non-compt., au sing.) *Ils sont un peu dans la gêne en ce moment, c'est pour ça qu'ils refusent de sortir, ils n'ont plus d'argent.*

**S. 1.** La *gêne* (sens I) est un sentiment désagréable qu'on ressent quand on est mal à l'aise en présence d'autres personnes; les syn. sont CONFUSION, MALAISE, EMBARRAS, TROUBLE. C'est aussi un trouble physique; le syn. est DIFFICULTÉ. *Être sans gêne*, c'est PRENDRE SES AISES sans se préoccuper des autres. — **2.** *Être dans la gêne* (sens II), c'est ÊTRE GÊNÉ financièrement, MANQUER D'ARGENT.
**L. gêner**, v. ce mot.

**gêner** [ʒene] v. t. (conj. **1**)
I. (sujet qqch, qqn) **gêner qqn** *Pousse-toi, tu me gênes, tu prends toute la place.* ● *Est-ce que la fumée vous gêne? — Oui, ça me fait mal à la tête.* ● *Ça me gêne de te demander ce service, mais si ça te dérange, dis-le-moi.* ● *Ne vous gênez pas pour moi, faites ce que vous avez à faire.* ● *Elle ne s'est pas gênée pour me dire ce qu'elle pensait de moi.*
II. (sujet qqn) **être gêné** *Tu peux me prêter 100 francs? Je suis un peu gêné en ce moment, mais je te les rends à la fin du mois.*

**S. 1.** *Gêner* qqn (sens I), c'est ÊTRE GÊNANT pour lui, lui causer une GÊNE en limitant la liberté de ses mouvements (en ce sens, les syn.

sont EMBARRASSER, ENCOMBRER), en lui imposant sa présence (en ce sens, les syn. sont DÉRANGER, IMPORTUNER), en lui causant un malaise physique (en ce sens, le syn. est INCOMMODER [plus soutenu]) ou une gêne d'ordre moral (en ce sens, les syn. sont METTRE MAL À L'AISE, ENNUYER [moins fort]). *Ne pas se gêner*, c'est ÊTRE LIBRE AVEC qqn, N'AVOIR AUCUNE RÉSERVE AVEC lui. — **2.** *Être gêné* (sens II), c'est AVOIR DES DIFFICULTÉS D'ARGENT, ÊTRE À COURT.
**L. gênant, gêne**, v. ces mots.

**1. général, e, aux** [ʒeneral, ro] adj. (après le n.)

(se dit de qqch [abstrait]) *C'est une règle générale; elle est valable pour tout le monde et donc pour toi aussi.* ● *Tout le monde riait, la bonne humeur était générale.* ● *Je parle d'une manière générale, je ne parle pas pour toi.* ● *Il est incapable de tenir une conversation; il manque complètement de culture générale.* ◆ **en général** *En général, nous passons le mois de juillet à la mer; et vous?* ● *En général, je me lève vers 7 heures, et je vais faire le café.*

**S.** Ce qui est *général*, c'est ce qui est commun, collectif, universel, valable pour tout le monde; le terme s'oppose à PARTICULIER, INDIVIDUEL. *D'une manière générale* a pour contr. EN PARTICULIER. La *culture générale* s'étend à tous les domaines scientifiques et littéraires; elle s'oppose à la SPÉCIALISATION. *En général* est syn. de GÉNÉRALEMENT, EN RÈGLE GÉNÉRALE, LE PLUS SOUVENT.
**L.** **généralement, généraliser,** v. ces mots.

**2. général** [ʒeneral] n. m., pl. **généraux** [personne, grade] *Quel est le général qui commandait les troupes?*

**S.** Un *général* est un officier ayant le grade le plus élevé dans l'armée.

**généralement** [ʒeneralmɑ̃] adv. [manière et temps] *Généralement, Paul n'arrive pas avant 9 heures au bureau.* ● *Ce sont généralement les femmes qui font le ménage et la cuisine.*

**S.** *Généralement* indique un fait habituel. Les syn. sont DANS LA PLUPART DES CAS, LE PLUS SOUVENT, EN GÉNÉRAL, D'ORDINAIRE, ORDINAIREMENT, HABITUELLEMENT. Les contr. sont EXCEPTIONNELLEMENT (plus fort), RAREMENT.

**généraliser** [ʒeneralize] v. t. (conj. **1**) (sujet qqn) **généraliser (qqch [abstrait])** *C'est une mesure exceptionnelle qu'il serait dangereux de généraliser.* ● *Ce que vous dites est vrai en ce qui concerne ce point précis, mais ne généralisez pas.* ◆ (sujet qqch [abstrait, phénomène, maladie, etc.]) **se généraliser** *La crise, qui n'atteignait que quelques entreprises, se généralise maintenant et touche toutes les industries.*

**S.** *Généraliser qqch*, c'est l'appliquer à un ensemble plus vaste; ÉTENDRE, UNIVERSALISER (plus fort) sont des syn. *Se généraliser* a pour syn. SE RÉPANDRE, S'ÉTENDRE et s'oppose à ÊTRE LOCALISÉ.
**L.** **généralisation** (n. f.) *Vous généralisez abusivement* → *vous faites une généralisation abusive.*

**génération** [ʒenerasjɔ̃] n. f.
[collectif, personnes] *De nombreuses géné-*rations ont admiré les mêmes choses au même moment et chacune a cru être la première.* ● *Pierre? C'est un garçon de ma génération, nous étions au lycée ensemble.* ● *On croit quand on est jeune que quand on sera parents on évitera le conflit des générations.* ● *Ils dirigent cette entreprise de père en fils depuis trois générations.*

**S.** Une *génération* est soit l'ensemble des personnes ayant à peu près le même âge, soit l'ensemble de leurs parents, soit l'ensemble de leurs enfants, etc., à chaque degré de filiation.

**généreux, euse** [ʒenerø, øz] adj. (après le n.)

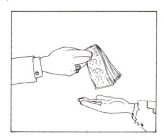

(se dit de qqn, de son attitude, de qqch [action]) *Tu ne me laisses que dix francs pour le déjeuner? Tu n'es vraiment pas très généreux!* ● *Ses parents lui ont acheté une voiture. C'est très généreux de leur part.*

**S.** *Être généreux*, c'est AVOIR BON CŒUR, ÊTRE LARGE (soutenu), BON, DÉSINTÉRESSÉ envers qqn; *généreux* a pour contr. MESQUIN, ÉGOÏSTE, AVARE.
**L.** **généreusement** (adv.) *Il m'en a fait cadeau d'une manière très généreuse* → *il m'en a généreusement fait cadeau.* ◆ **générosité** (n. f.) *Tu es généreux, ça m'étonne* → *ta générosité m'étonne.*

**génial, e, aux** [ʒenjal, njo] adj. (après le n.)
(se dit de qqn) *Pour trouver une chose pareille, il faut être génial!* ◆ (se dit de

qqch) *Ta cravate est géniale ; comme ça tu ne passes pas inaperçu !* ● *Elle a eu une idée géniale : nous pourrions partir ensemble aux sports d'hiver !*

**S.** Est *génial* celui qui fait preuve d'une intelligence hors du commun (syn. moins fort INTELLIGENT) ou ce qui est REMARQUABLE ou UNIQUE en son genre (syn. EXCEPTIONNEL, MERVEILLEUX, FORMIDABLE). Les contr. sont STUPIDE (qqn, idée) ou BANAL, QUELCONQUE (qqn, qqch).

**génie** [ʒeni] n. m.
I. [qualité, qqn] (non-compt., au sing.) *Shakespeare avait du génie ; toi, tu n'es qu'un pauvre auteur de théâtre.* ◆ **de génie** *C'est un peintre de génie, mais qui n'est pas encore connu.* ● *Aller à la piscine ? Ça, c'est une idée de génie !*
II. [personne] (compt.) *D'accord, il est intelligent, mais ce n'est pas un génie.*

**S. 1.** Le *génie* (sens I) est une aptitude extraordinaire à créer, à inventer ou une intelligence supérieure, rare. *De génie* se dit d'une œuvre ou d'une personne qui manifeste cette qualité. Une *idée de génie* est une bonne idée ou, ironiq., une idée désastreuse. — **2.** Un *génie* (sens II) est une personne qui a des dons exceptionnels, qui a du *génie* (sens I).
**L. génial**, v. ce mot.

**genou** [ʒənu] n. m., pl. **genoux**
[partie du corps] *Aujourd'hui, la mode est aux robes qui cachent les genoux.* ● *Tu as vu ton pantalon ? Il est tout usé aux genoux !* ● *Qu'est-ce que tu fais à genoux, tu cherches quelque chose ?*

**S.** Le *genou* est l'articulation qui joint la jambe à la cuisse.
**L. agenouiller (s')** [v. pr.] *Elle se met à genoux pour nettoyer le sol* → *elle s'agenouille pour nettoyer le sol.*

**genre** [ʒɑ̃r] n. m.
I. [catégorie] *Tu aimes bien ce genre de maison ?* ● *Je n'étais jamais venu dans un café de ce genre, c'est amusant.* ● *Pierre était content de voir les Durand ? — Non, il m'a dit qu'il trouvait ce genre de personnes absolument insupportables.* ◆ **dans le genre** *Prenez cette table, elle est très solide, et vous ne trouverez pas moins cher dans le genre.*
II. [manière, qqn] *Je n'aime pas le genre de Juliette ; non, vraiment, elle a un genre qui ne me plaît pas.* ● *Ne mets pas cette robe, elle te donne un drôle de genre.*
◆ **c'est, ce n'est pas mon, ton, son, etc., genre** *Tu aimes bien Francis ? — Il est pas mal, mais ce n'est pas mon genre.* ● *Paul ? Partir sans dire au revoir ? Il n'aurait jamais fait une chose pareille, ce n'est pas son genre !*

**S. 1.** Au sens I, les syn. sont SORTE, ESPÈCE, TYPE. — **2.** Au sens II, les syn. sont ALLURE, AIR, FAÇONS. Notez que, en ce sens, *genre* s'emploie toujours avec un adj., une relative ou un compl. de nom. *Ce n'est pas mon genre* a pour équivalent CE N'EST PAS MON TYPE, ÇA NE CORRESPOND PAS À MES GOÛTS (phrase 1) ou CE N'EST PAS DANS MES HABITUDES (phrase 2).

**gens** [ʒɑ̃] n. m. pl.
[collectif, personnes] (non-compt., au plur.) *Ne t'occupe pas de ce qui diront les gens, fais ce que tu veux.* ● *Il y avait plein de gens que je ne connaissais pas, à la réunion.* ● *Je n'aime pas les gens comme lui, qui font sans arrêt des histoires.* ◆ **jeunes gens** *Pierre dit qu'il est trop vieux, qu'il ne veut plus sortir avec des jeunes gens comme nous.*

**G.** Précédé de certains adj., ce mot devient féminin : *certaines gens, de vieilles gens, de bonnes gens.*
**S. 1.** *Gens*, qui désigne un nombre important mais indéterminé de personnes, a pour syn. plus soutenus MONDE, PERSONNES. Comme sujet, il a pour syn. le pronom ON (*Les gens racontent que* → ON RACONTE QUE). — **2.** *Jeunes gens* est le plur. de JEUNE HOMME ou désigne un groupe de garçons et de jeunes filles. Un syn. est ADOLESCENTS.

**gentil, ille** [ʒɑ̃ti, ij] adj. (avant ou après le n.)
(se dit de qqn, de son attitude) *Aline est très gentille, elle est toujours prête à rendre service.* ● *C'est gentil d'être venu me chercher à la gare.* ● *Alors, les enfants ont été gentils avec toi ? Ils ne t'ont pas trop embêté pendant que je n'étais pas là ?*

**S.** *Gentil*, en parlant d'un adulte, a pour syn. AGRÉABLE, AIMABLE, SERVIABLE, COURTOIS (soutenu) ; il a pour contr. DÉSAGRÉABLE. En parlant

d'un enfant, il a pour syn. OBÉISSANT, SAGE, et pour contr. INSUPPORTABLE.
**L. gentiment** (adv.) Ils nous ont reçus d'une manière très gentille → *ils nous ont très gentiment reçus.* ◆ **gentillesse** (n. f.) Il a été très gentil avec moi → *il a été d'une grande gentillesse avec moi.*

### géographie [ʒeografi] n. f.
[science] (non-compt., au sing.) *Dis-moi où se trouve Béziers ? — Oh ! je n'en sais rien, je ne suis pas très forte en géographie.*

**S.** La *géographie* est la science qui décrit la surface de la Terre. La *géographie* PHYSIQUE étudie le relief, les fleuves, les climats. La *géographie* HUMAINE et ÉCONOMIQUE étudie la population, les ressources naturelles, l'agriculture, le commerce et l'industrie. On étudie la *géographie* grâce à des cartes, des atlas (livre regroupant plusieurs cartes).
**L. géographe** (n.) Il est spécialiste de géographie → *il est géographe.* ◆ **géographique** (adj.) Une carte de géographie du pays serait bien utile → *une carte géographique du pays serait bien utile.*

### géranium [ʒeranjɔm] n. m.
[fleur] *Les voisins ont mis sur leur terrasse de magnifiques géraniums rouges ; nous essaierons d'avoir les mêmes sur le balcon.*

**S.** Le *géranium* est une plante dont les fleurs sont rouges, roses ou blanches.

### gérant, e [ʒerã, ãt] n.
[personne, profession] *Le gérant de l'immeuble a convoqué les propriétaires pour discuter du montant des charges.* • *L'épicerie du coin a changé de gérant.*

**S.** Le *gérant* d'un bien (immeuble, commerce) est celui qui administre (GÈRE) ce bien qui ne lui appartient pas. Le *gérant* est le mandataire du (ou des) propriétaire(s). Dans certains cas (*gérant* d'immeuble par ex.), le syn. est ADMINISTRATEUR.
**L. gérer**, v. ce mot. ◆ **gérance** (n. f.) Cette épicerie est dirigée par un gérant → *cette épicerie est en gérance.*

### gérer [ʒere] v. t. (conj. 12)
(sujet qqn) **gérer qqch (argent, établissement)** « *Comment gérer son budget* », voilà un livre qu'il faut que je m'achète.

**S.** *Gérer*, c'est ADMINISTRER ses affaires, un établissement, en assurer la GESTION.
**L. gérant**, v. ce mot. ◆ **gestion** (n. f.) Ils ont fait faillite parce qu'ils avaient mal géré leur entreprise → *ils ont fait faillite parce que la gestion de leur entreprise était mauvaise.* ◆ **gestionnaire** (n.) Nous recherchons quelqu'un pour s'occuper de la gestion de notre entreprise → *nous recherchons un gestionnaire pour notre entreprise.*

### geste [ʒɛst] n. m.
I. [action, qqn, et résultat] (compt.) *Ne bouge pas, ne fais pas un geste, sinon ils vont nous entendre.* • *Elfried ne parle pas le français, alors elle essaie de se faire comprendre en faisant des gestes.* • *Alors, Marie est partie ? — Oui, je l'ai vue nous faire un geste de la main pour dire au revoir.*

II. [action, qqn, et résultat] (compt., surtout au sing.) *Il a tellement d'ennuis, on ne peut pas le laisser seul sans faire un geste !* • *Quand il a vu ce malheureux, il a eu un beau geste : il a fait un chèque de trois cents francs.*

**S. 1.** Un *geste* (sens I) est un mouvement surtout du bras, de la main ou de la tête. Un SIGNE est un *geste* qui signifie qqch. On dit de qqn qu'il GESTICULE quand il n'arrête pas de bouger, de faire des *gestes*. — **2.** Au sens II, c'est un ACTE GÉNÉREUX. Avoir, faire un *geste* pour qqn, c'est l'AIDER, AVOIR UN BON MOUVEMENT, intervenir en sa faveur.

### gesticuler [ʒɛstikyle] v. i. (conj. 1)
(sujet qqn) *Même à table, Alain ne reste pas tranquille, il gesticule sans arrêt sur sa chaise.*

**S.** *Gesticuler*, c'est bouger sans cesse, faire des GESTES, remuer.
**L. gesticulation** (n. f.) Il gesticule continuellement et ça m'énerve → *ses gesticulations continuelles m'énervent.*

### gestion, -onnaire → GÉRER L.

### gibier [ʒibje] n. m.
I. [collectif, animaux] (non-compt., au

# GIFLE

sing.) *Dimanche, j'étais en Sologne pour une partie de chasse. — Ah! qu'est-ce qu'il y a comme gibier dans cette région!*
II. [aliment] (non-compt., au sing.) *Hier, au restaurant, on a mangé du gibier.*

**S. 1.** Au sens I, le *gibier* désigne l'ensemble des animaux sauvages que l'on chasse pour leur chair : cerf, chevreuil, sanglier *(gros gibier)*, lièvre, lapin de garenne, perdreau, caille, faisan, canard sauvage *(petit gibier)*, etc. — **2.** Au sens II, ce terme désigne la chair comestible de ces animaux.
**L. giboyeux, euse** (adj.) [sens I] *C'est une région où il y a beaucoup de gibier* → *c'est une région giboyeuse.*

**gifle** [ʒifl] n. f.
[action, qqn] *Comment se fait-il que tu aies la joue toute rouge? — C'est mon père qui m'a donné une gifle.* • *Si tu continues à m'énerver, tu vas recevoir une gifle.*

**S.** La *gifle* est une CLAQUE, une TALOCHE (fam.) qui s'applique uniquement sur le visage. On dit fam. FLANQUER *une gifle* pour DONNER *une gifle*.
**L. gifler** (v. t.) *Pierre lui a donné une gifle* → *Pierre l'a giflé.*

**gigantesque** [ʒigɑ̃tɛsk] adj. (avant ou après le n.)
(se dit de qqch) [*À la radio*] : « *Un gigantesque incendie se développe dans le port de Rouen : les pompiers luttent avec énergie pour le limiter.* »

**S.** Est *gigantesque* (soutenu) ce qui est très

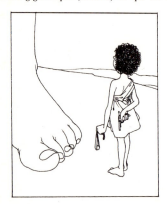

grand ; les syn. sont GÉANT (soutenu et après le n.), ÉNORME, IMMENSE.

**gigot** [ʒigo] n. m.
[aliment] *Chaque fois qu'elle a des invités,* elle fait un gigot avec des haricots verts, c'est sans surprise ! • *Vous reprendrez bien une tranche de gigot ?*

**S.** Le *gigot* est une partie très appréciée du mouton, que l'on fait rôtir.

**girafe** [ʒiraf] n. f.
[animal] *Les enfants veulent aller au zoo cet après-midi : ils ont envie de voir les girafes.*

**S.** Les *girafes* sont des animaux très rapides, de grande taille et au cou très long.

**glace** [glas] n. f.
I. [matière] (non-compt., au sing.) *Il a gelé cette nuit, l'eau s'est transformée en glace !* • *Les enfants s'amusent à glisser sur la glace.* • *Si l'eau n'est pas assez fraîche, mets un peu de glace dans ton verre.*
II. [aliment] (non-compt., au sing.) *Comme dessert, je prendrai de la glace au café.*

◆ (compt.) *Maman, tu m'achètes une glace ? — Oui, au café ou au chocolat ?*
III. [objet] (compt.) *Qui a cassé la glace de la salle de bains ?* • *Ah ! madame, ces chaussures vous vont très bien. Venez donc vous regarder dans la glace.*

**S. 1.** La *glace* (sens I), c'est l'eau qui a gelé, qui a durci sous l'action du froid. Elle peut se présenter sur les vitres, les arbres sous forme de GIVRE (mince couche de *glace* blanche) ou, sur les routes, sous forme de VERGLAS (mince couche de *glace* très glissante). Les petits morceaux de *glace* qui servent à rafraîchir une boisson s'appellent des GLAÇONS. — **2.** Au sens II, la *glace* est une crème GLACÉE à base de lait ; le SORBET est une variété de *glace* sans lait ni crème, à base d'eau et de fruits. — **3.** Au sens III, le syn. est MIROIR.
**L. glaçon** (n. m.) [sens I] *Mets dans le jus de fruits de petits morceaux de glace* → *mets des glaçons dans le jus de fruits.* ◆ **glacé (être), glacial,** v. ces mots.

**glacé (être)** [glase] v. pass.
I. (sujet qqn) *Quel vent dehors ! Je suis glacé ; vite, un thé bien chaud pour me réchauffer !* ◆ **être glacé d'horreur, de peur, etc.** *Vous auriez entendu ce chien hurler en pleine nuit, comme nous, vous auriez été glacés d'horreur.*
II. (sujet qqch) *Ce vin se boit frais, mais non glacé.*

   **S. 1.** *Être glacé* (sens I) a pour équivalents AVOIR TRÈS FROID (moins fort), ÊTRE TRANSI (soutenu). *Être glacé d'horreur, de peur,* etc. (soutenu), c'est ÊTRE SAISI, figé par l'horreur, la peur, etc. — **2.** Est *glacé* (sens II) ce qui est froid comme de la GLACE. FROID est un syn. moins fort.

**glacial, e, als** [glasjal] adj. (après le n.)
I. (se dit de qqch [phénomène, lieu, etc.]) *Avec ce vent glacial qui souffle, on n'arrive pas à se réchauffer.*
II. (se dit de qqn, d'une attitude) *Son discours se termina dans un silence glacial.*

   **G.** Cet adj. n'a ni comparatif ni superlatif.
   **S. 1.** *Glacial* (sens I) se dit de ce qui a la température de la GLACE, de ce qui est très froid. — **2.** *Glacial* (sens II) se dit de qqn dont l'attitude intimide fortement par sa froideur, son indifférence. FROID est un syn. moins fort.

**glisser** [glise] v. i. et v. t. (conj. **1**)
I. [v. i.] (sujet un objet, qqn) *Avec cette pluie, j'ai l'impression que la route glisse, tu devrais aller plus doucement.* ● *Ne cours pas au bord de la piscine, tu vas glisser !*

◆ **glisser (dans, sur qqch [concret])** *Julien s'est cassé la jambe en glissant dans l'escalier.* ◆ (sujet qqch) **glisser (des mains, d'une poche, etc.)** *Ce n'est pas de ma faute si j'ai cassé ce vase, il m'a glissé des mains !*

● *Tu as perdu ton stylo ? Il a dû glisser de ton sac sans que tu t'en aperçoives.*
II. [v. t.] (sujet qqn) **glisser un objet (sous, dans un lieu)** *Cette lettre est trop grosse, tu ne pourras pas la glisser sous la porte !* ◆ **glisser qqch [parole] (à qqn)** *Tu ne pourrais pas lui glisser un mot pour moi ? Ça m'aiderait.*

   **S.** *Glisser* (sens I), en parlant du sol, d'une route, c'est présenter une surface lisse sur laquelle on dérape. En parlant de qqn, le syn. est DÉRAPER. *Glisser des mains, des doigts,* etc., a pour syn. ÉCHAPPER, TOMBER DES MAINS. — **2.** *Glisser* qqch (sens II), c'est le FAIRE PASSER, l'INTRODUIRE. *Glisser un mot,* c'est dire, communiquer en cachette.
   **L. glissant, e** (adj.) [sens I] La route glisse → *la route est glissante.*

**global, e, aux** [global, bo] adj. (après le n.)
(se dit de qqch) *Avec les frais divers, l'achat de l'appartement nous reviendra à la somme globale de quatre cent mille francs.* ● *Tu n'as pas une vue globale de la situation : tu regardes trop les détails.*

   **S.** Est *global* (soutenu) ce qui forme un tout, ce qui est ENTIER ; le syn. courant est TOTAL ; le contr. est PARTIEL.
   **L. globalement** (adv.) D'une manière globale, la situation est meilleure → *globalement, la situation est meilleure.*

**gomme** [gɔm] n. f.
[instrument] *Passe-moi un crayon, je vais dessiner. — Tiens, prends la gomme aussi, tu en auras sûrement besoin !*

   **S.** Une *gomme* sert à effacer ce qui est tracé au crayon, à l'encre.
   **L. gommer** (v. t.) *Tu peux gommer le deuxième mot, il y a une faute* (← l'effacer avec ta gomme).

**gonfler** [gɔ̃fle] v. t. et v. i. (conj. **1**)
I. [v. t.] (sujet qqn) **gonfler un objet** *Papa, tu peux gonfler mon ballon, s'il te plaît ?* ● *Tu devrais faire gonfler les pneus de la voiture avant de partir.*
II. [v. i.] (sujet une partie du corps) **gonfler,** [v. pass.] **être gonflé** *Mon pied est gonflé, je me suis fait mal hier en tombant.* ● *J'ai la cheville qui gonfle tous les soirs, ça m'inquiète.*

   **S. 1.** Pour *gonfler un ballon, un pneu,* etc. (sens I), on le remplit de gaz, d'air. — **2.** *Être gonflé, gonfler* (sens II), en parlant d'un membre, c'est ÊTRE ENFLÉ, ENFLER.
   **L. gonflable** (adj.) [sens I] Un bateau que l'on peut gonfler → *un bateau gonflable.* ◆ **gon-**

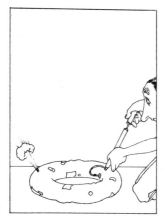

**flage** (n. m.) [sens I] Faites vérifier si les pneus sont gonflés → *faites vérifier le gonflage des pneus*. ◆ **dégonfler** (v. t.) [sens I et II] Le pneu droit n'est pas assez gonflé → *le pneu droit est dégonflé*. ◆ **regonfler** (v. t.) [sens I] Gonfle de nouveau le ballon qui était dégonflé → *regonfle le ballon*.

**gorge** [gɔrʒ] n. f.
[partie du corps] *Ouvre la bouche, que je regarde si tu as la gorge rouge*. ◆ (sujet qqn) **avoir mal à la gorge** *Ce n'est pas parce que tu tousses et que tu as un peu mal à la gorge qu'on va appeler le médecin !*

**S.** La *gorge* est la partie intérieure du cou. Le *mal de gorge* est souvent la manifestation d'une angine.

**gorgée** [gɔrʒe] n. f.
[quantité] **gorgée (de qqch [boisson])** *J'ai pris juste une gorgée de cet alcool, il était si fort que j'ai failli m'étouffer*. ● *C'est très chaud, bois à petites gorgées*.

**S.** Une *gorgée* est la quantité de boisson qu'on avale en une fois.

**gosse** [gɔs] n.
[personne, âge] *Quel sale gosse ! Il ne veut pas manger sa viande !* ● *Tu emmènes les gosses ou tu les laisses chez tes parents ?*

**S.** *Gosse* (fam.) a pour syn. ENFANT (langue courante), GAMIN ou MÔME (fam.).

**gourmand, e** [gurmɑ̃, ɑ̃d] adj. (après le n.) et n.
[adj.] (se dit de qqn) *Tu veux encore du dessert ? Je ne me rappelais pas que tu étais si gourmand !* ● *Je connais peu de gens aussi gourmands que Paul, il connaît des tas de restaurants, il adore faire la cuisine*. ◆ [n.] (personne) *Aline a mangé tout le chocolat ? Eh bien, quelle gourmande !*

**S.** Une personne *gourmande* aime manger, soit en quantité (un syn. plus fort est alors GOINFRE), soit, plus souvent, en qualité ; dans ce dernier cas, les syn. sont GASTRONOME (soutenu) et GOURMET (litt.).
**L. gourmandise** (n. f.) *Pierre est gourmand, ça fait plaisir à voir* → *la gourmandise de Pierre fait plaisir à voir*.

**goût** [gu] n. m.
I. [qualité, qqch] (compt., surtout au sing.) *Manges-en un peu, au moins, pour voir le goût que ça a*. ● *La viande est bonne, mais la sauce n'a aucun goût*. ● *Qu'est-ce que tu as mis dans la soupe pour qu'elle ait si bon goût ?* ● *Ce café a vraiment un drôle de*

*goût ! Quelle en est la marque ?* ● *Je n'aime pas ce vin, il a un goût de bouchon*.
II. [propriété, esprit] (compt., surtout au plur.) *Tu as vraiment des goûts bizarres !*

● *Tu peux venir avec moi pour lui trouver un cadeau ? Je ne connais pas ses goûts.*
III. [qualité, qqch] (non-compt., au sing.) *Leur appartement est très agréable, il faut dire qu'ils ont tous deux beaucoup de goût.*
● *Jean n'a aucun goût pour s'habiller.*
IV. (sujet qqch) **[être] de bon, de mauvais goût** *La peinture rose de leur chambre est vraiment de mauvais goût !*

**S. 1.** Au sens I, le syn. est SAVEUR (soutenu). *Avoir du goût* (= *avoir bon goût*) a pour syn. ÊTRE SAVOUREUX (soutenu), BON, DÉLICIEUX (plus fort) ; *avoir un goût* (= *avoir mauvais goût*) a pour syn. ÊTRE MAUVAIS, INFECT (plus fort). — **2.** Au sens II, les syn. sont PENCHANTS (soutenu) et PRÉFÉRENCES (moins fort). — **3.** *Avoir du goût* (sens III), c'est connaître et choisir d'emblée ce qui a une valeur esthétique, ce qui est beau, élégant. — **4.** *Être de bon, de mauvais goût* (sens IV), c'est ÊTRE BEAU, LAID.

**goûter** [gute] v. t., v. t. ind. et v. i. (conj. **1**)
I. [v. t. et v. t. ind.] (sujet qqn) **goûter (à)**

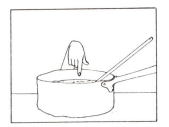

**un aliment** *Tu ne veux pas goûter le vin pour voir s'il est bon ? — Moi, je n'y connais rien.* ● *Pourquoi dis-tu que ce n'est pas bon, tu n'y as même pas goûté !*
II. [v. i.] (sujet qqn) *Il est trop tard pour goûter maintenant, on dîne dans une heure.*

**S. 1.** *Goûter (à)* qqch (sens I), c'est en manger ou en boire une petite quantité pour l'essayer. DÉGUSTER et SAVOURER sont des syn. plus forts et supposent que ce qu'on *goûte* est bon. — **2.** *Goûter* (sens II), c'est prendre un léger repas (pour les enfants) au milieu de l'après-midi, vers 4 heures.
**L. goûter** (n. m.) [sens II] *Tu veux goûter ?* → *tu veux prendre un goûter ?*

**goutte** [gut] n. f.
I. [quantité] (compt.) *Il pleut ? — Oui, mais ce ne sont que quelques gouttes, ça ne va pas durer.* ● *Zut ! j'ai fait tomber des gouttes de peinture sur le tapis.* ◆ **une goutte (d'un liquide)** *Donne-moi une goutte de vin, s'il te plaît.* ● *Il n'y a plus une goutte d'essence, il faut absolument faire le plein.*
II. [produit] (non-compt., au plur.) *Qu'a dit le médecin ? — Qu'il faut lui mettre des gouttes dans le nez, dans les oreilles et dans les yeux.*

**S. 1.** *Goutte* (sens I) désigne, d'une part, la forme sous laquelle la pluie tombe et, d'autre part, une très petite quantité de liquide, de forme sphérique, qui tombe. — **2.** *Une goutte (de)* a pour syn. UN (TOUT) PETIT PEU, UNE TRÈS PETITE QUANTITÉ (DE). *Il n'y a plus une goutte de* a pour syn. IL N'Y A PLUS DU TOUT DE. — **3.** Au sens II, les *gouttes* sont une des formes sous lesquelles se présente un médicament liquide ; elles se donnent le plus souvent avec un COMPTE-GOUTTES.

**gouvernement** [guvɛrnəmɑ̃] n. m.
[collectif, personnes] *Après les élections, le gouvernement va peut-être changer.* ● *Vous êtes d'accord avec la politique du gouvernement français ?* ● *Le président de la République est le chef de l'État, et le Premier ministre est le chef du gouvernement.* ● *Cela fait combien de temps qu'il fait partie du gouvernement ?*

**S.** En France, le *gouvernement* est l'ensemble formé par tous les ministres, sous l'autorité du président de la République. Sa charge est de GOUVERNER le pays sous le contrôle du Parlement et du chef de l'État.
**L. gouvernemental, e, aux** (adj.) *Les journaux critiquent la politique du gouvernement* → *les journaux critiquent la politique gouvernementale.*

**grâce à** [grɑsa] prép.
[cause] **grâce à qqn, qqch** *C'est grâce à ce renseignement que la police a pu arrêter le voleur.* ● *J'ai réussi grâce à toi, tu m'as beaucoup aidé et je te remercie.*

**S.** *Grâce à* implique un résultat heureux et se distingue de À CAUSE DE, qui implique un résultat plutôt malheureux (*J'ai réussi grâce à toi,* J'AI RATÉ À CAUSE DE TOI). Suivi d'un nom de chose, il a pour syn. AU MOYEN DE (avec un résultat heureux ou malheureux).

**gracier** [grasje] v. t. (conj. 2)
(sujet qqn) **gracier qqn** *Seul le président peut gracier le condamné.*

**S.** *Gracier un condamné* (langue juridique), c'est remettre sa peine, particulièrement une condamnation à mort.
**L. grâce** (n. f.) Il a été gracié → *il a obtenu sa grâce.*

**grade** [grad] n. m.
[rang] *Alain est dans l'armée. — Ah ? et quel grade a-t-il ? — Il est capitaine, mais il va bientôt monter en grade.*

**S.** Le *grade* est le rang d'une personne dans une hiérarchie, rang qui correspond le plus souvent à un titre. *Avancer, monter en grade,* c'est avoir une promotion, accéder à un échelon, un *grade* supérieur.

**graduel, elle** [graduɛl] adj. (après le n.)
(se dit de qqch [action]) *L'augmentation des salaires sera graduelle, afin d'éviter une trop forte inflation.*

**S.** Est *graduel* (soutenu) ce qui se fait par degrés, par étapes ; le syn. est PROGRESSIF.
**L. graduellement** (adv.) *Le temps s'est réchauffé d'une manière graduelle* → *le temps s'est réchauffé graduellement.*

**grain** [grɛ̃] n. m.
I. [partie d'un végétal] **grain d'une céréale, d'une plante** *C'est en écrasant les grains de blé qu'on fait la farine.* • *Ce raisin est très beau, je peux en goûter un grain ?* • *Tu achètes le café en grains ? — Non, je prends du café en poudre.*
II. [quantité] **grain de poussière, de sable, etc.** *Qu'est-ce que c'est propre, chez toi, il n'y a pas un grain de poussière !* • *Pourquoi pleures-tu ? — J'ai un grain de sable dans l'œil.*

**S. 1.** *Grain* (sens I) désigne le fruit d'une céréale ou d'une autre plante (blé, café), alors qu'une graine est la semence d'une plante (on plante les graines). *Écraser des grains,* c'est les MOUDRE. — **2.** *Grain* (sens II) désigne un petit élément ou fragment d'une matière désignée par un nom non-comptable (sable, sel, etc.).

**graisse** [grɛs] n. f.
I. [matière] (non-compt., au sing.) *Qu'est-ce que c'est que ces taches sur tes chaussures beiges ? — Des taches de graisse, je n'arrive pas à les faire partir.* ◆ (compt.) *Le médecin lui a dit d'éviter l'alcool et les graisses.*
II. [partie du corps] (non-compt., au sing.) *Il pèse lourd, mais il n'a pas un gramme de graisse, c'est du muscle.*

**S. 1.** La *graisse* (sens I) est un corps gras d'origine animale, minérale ou végétale. Les *graisses* (compt.) sont des MATIÈRES GRASSES, comme l'huile, le beurre. — **2.** Au sens II, ce mot désigne les substances du corps humain. En langue courante, *avoir, prendre de la graisse,* c'est AVOIR, PRENDRE DE L'EMBONPOINT.
**L. graisser** (v. t.) [sens I] *Il faut graisser régulièrement le moteur* (← y mettre de la graisse pour qu'il fonctionne bien). ◆ **graissage** (n. m.) [sens I] *Nous vous recommandons de graisser régulièrement votre machine* → *nous vous recommandons de procéder au graissage régulier de votre machine.* ◆ **engraisser,** v. ce mot.

**grammaire** [grammɛr] n. f.
[discipline] (non-compt., au sing.) *Qu'est-ce que tu fais comme fautes quand tu écris !* • *Qu'est-ce que tu veux, je n'ai jamais pu retenir les règles de grammaire !* ◆ [objet, texte] (compt.) *Tenez, voilà une très bonne grammaire, instruisez-vous.*

**S. 1.** La *grammaire* est la description de la langue et l'ensemble des règles d'orthographe, de syntaxe, de phonétique, de morphologie. La LINGUISTIQUE étudie le fonctionnement de la langue, son évolution dans un cadre plus vaste que celui de la *grammaire* : sémantique, stylistique, etc. — **2.** Comme nom compt., ce mot désigne un livre de *grammaire.*
**L. grammatical, e, aux** (adj.) *C'est une règle de grammaire* → *c'est une règle grammaticale.* ◆ **grammairien, enne** (n.) Il est spécialiste de grammaire → *il est grammairien.*

**gramme** [gram] n. m. (symb. g)
[mesure, unité] *Je voudrais un bifteck de cent cinquante grammes, s'il vous plaît.* • *Tu pèses combien ? — Cinquante kilos et deux cents grammes exactement !*

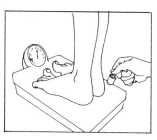

# GRANDEUR

**S.** Le *gramme* est une unité de poids. Il y a 1 000 *grammes* dans 1 KILOGRAMME, 500 *grammes* dans une LIVRE, 250 *grammes* dans une DEMI-LIVRE. Le CENTIGRAMME est la centième partie du *gramme*, le MILLIGRAMME la millième partie du *gramme*.

**grand, e** [grɑ̃, ɑ̃d] adj. et n., **grand** adv. et n. m.
I. [adj.] (se dit de qqn, de qqch [concret]; avant ou, plus rarement, après le n.) *Pierre est très grand, il mesure au moins un mètre*

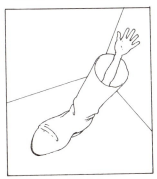

*quatre-vingt-dix.* ● *Les Durand ont une grande maison de huit pièces.* ◆ (se dit d'un enfant) *Allons, tu es grand maintenant, ne pleure plus !* ● *Nous sommes trois enfants, j'ai un grand frère et une petite sœur.* ● *Regardez comme elle a changé, c'est une grande fille tout d'un coup !* ◆ [n.] (personne) *Arthur préfère jouer avec les grands, alors sa petite sœur s'ennuie un peu.* ● *Tu es un grand maintenant, tu devrais comprendre.*
II. [adv.] (manière) *Eh bien, vous avez vu grand en achetant cet appartement, vous avez de la place pour au moins quatre enfants !* ● *Je suis rentré, la porte était grande ouverte.*
III. [adj.] (se dit de qqn, de qqch [abstrait]; avant le n.) *Comment, tu ne connais pas Ionesco ? Mais c'est un grand écrivain !* ● *Aline n'achète que les produits de grandes marques, elle croit qu'ils sont meilleurs que les autres.* ● *Demain, c'est un grand jour, nous fêtons nos dix ans de mariage !* ◆ [n. m.] (établissement, institution) *Comment voulez-vous qu'avec une petite entreprise comme la sienne il arrive à faire face aux grands de l'industrie automobile ?* ● *Si un conflit naît entre les deux grands, une guerre est-elle possible ?*

**G. 1.** *Grand* (au masc.) se prononce [grɑ̃t] devant une voyelle : *un grand enfant* [grɑ̃tɑ̃fɑ̃]. — **2.** Dans *grand ouvert* (sens II), *grand* peut rester inv. ou s'accorder.
**S. 1.** *Grand* (sens I) s'emploie pour parler de la taille de qqn ou de qqch ; il a pour contr. PETIT. *Un homme très grand* est un GÉANT. Les syn., plus forts, sont IMMENSE, GIGANTESQUE. En parlant d'un espace, les syn. sont VASTE et SPACIEUX (soutenu). En parlant d'un enfant, *grand* peut concerner la taille de qqn (en ce sens il est attribut ou épithète) ou l'âge de l'enfant (devant FRÈRE, SŒUR, FILLE, GARÇON) ; en ce sens, il est toujours épithète avant le nom. *Le grand frère* est *le frère* AÎNÉ, *le plus grand des enfants* est *le plus âgé* (par oppos. au CADET, au plus jeune). *Grand* (n.) désigne l'enfant le plus âgé. — **2.** Au sens II, *voir grand*, c'est imaginer plus *grand* qu'il n'était nécessaire ou possible. *Une porte, une fenêtre grande ouverte* a pour contr. FERMÉE ou ENTROUVERTE. — **3.** *Grand* (sens III) s'emploie pour parler de la valeur de qqn du point de vue de son rôle, de sa situation, ou pour parler de la valeur, de l'intensité de qqch. *Un grand écrivain, un grand jour* sont IMPORTANTS, *une grande marque* est une *marque* CONNUE. *Grand* forme avec quelques noms sans article des loc. : *avoir grand besoin de, pas grand monde, à grand-peine, à grands frais*, etc., dans lesquelles il a le sens de BEAUCOUP. *Grand* (n. m.) s'emploie pour désigner de très *grandes* entreprises ou les GRANDES PUISSANCES du monde.

**L.** grandeur, grandir, agrandir, v. ces mots.

**grand-chose (pas)** [pagrɑ̃ʃoz] pron. indéf.
[négation] *Qu'est-ce qu'il y a à manger à midi ? — Oh ! pas grand-chose, je n'ai pas eu le temps de faire le marché.* ● *Je n'ai pas compris grand-chose à ce qu'il a raconté, et toi ?* ● *Roland a raconté plein d'histoires, il n'y avait pas grand-chose de vrai dans tout ça.*

**S. et G.** *Pas grand-chose* s'emploie dans des phrases négatives avec la négation NE et peut être suivi d'un adj. m. sing. précédé de la prép. DE. *Pas grand-chose* a pour contr. BEAUCOUP ou TOUT dans les phrases affirmatives correspondantes. Le syn. est PRESQUE RIEN.

**grandeur** [grɑ̃dœr] n. f.
[qualité, mesure] (compt., surtout au sing.) *Ils ont construit une piscine dans leur jardin. — Ah, c'est bien, de quelle grandeur est-elle ?* ◆ **ordre de grandeur** *Je ne sais pas combien ça va coûter. — Donnez-moi au moins un ordre de grandeur.* ◆ **grandeur nature** *C'est une statue grandeur nature, n'est-ce pas ?*

**S.** *Grandeur* a pour syn. TAILLE. Ce mot

désigne l'ensemble des dimensions d'un objet, et ne s'emploie pas pour parler des personnes. Un *ordre de grandeur* est une évaluation, un nombre approximatif. *Grandeur nature* indique que les dimensions réelles ont été reproduites.

**grandir** [grɑ̃dir] v. i. et v. t. (conj. **15**)
[v. i.] (sujet qqn, qqch [abstrait]) *C'est votre fille? Comme elle a grandi! Je ne l'aurais*

*pas reconnue.* • *Cela fait maintenant quinze jours qu'on est sans nouvelles du directeur, l'inquiétude grandit dans l'entreprise, que lui est-il arrivé?* ◆ [v. t.] (sujet qqch) **grandir qqn** *Tu devrais porter des chaussures à talons hauts, ça te grandirait un peu.*

**S.** *Grandir* (v. i.), c'est DEVENIR GRAND, POUSSER (fam.) en parlant d'un enfant, DEVENIR GRAND, PLUS IMPORTANT, CROÎTRE, AUGMENTER en parlant de qqch. *Grandir* qqn (v. t.), c'est le rendre ou le faire paraître plus *grand*.

**grand-père** [grɑ̃pɛr] n. m., pl. **grands-pères**, **grand-mère** [grɑ̃mɛr] n. f., pl. **grand(s)-mères**
[personne, parenté] *Je n'ai plus qu'une grand-mère, la mère de mon père, mais j'ai encore mes deux grands-pères.*

**S.** Un enfant a deux *grands-pères* (les pères de ses parents) et deux *grands-mères* (les mères de ses parents). PÉPÉ et MÉMÉ sont des syn. du langage enfantin. La *grand-mère* et le *grand-père* d'un enfant sont ses GRANDS-PARENTS ; il est leur PETIT-FILS ou leur PETITE-FILLE.

**grands-parents** [grɑ̃pɑrɑ̃] n. m. pl.
[personne, parenté] (non-compt., au plur.) *Notre fille a son premier enfant, nous voilà toi et moi grands-parents.* • *Pascal passe toutes ses vacances chez ses grands-parents.*

**S.** Les PARENTS de ma mère sont mes *grands-parents* MATERNELS ; les PARENTS de mon père sont mes *grands-parents* PATERNELS.
**L.** **arrière-grands-parents** (n. m. pl.) Les parents de mes grands-parents sont toujours vivants → *mes arrière-grands-parents sont toujours vivants.*

**grappe** [grap] n. f.
[collectif, fruits] **grappe (de raisin)** *Il y avait parmi les fruits une magnifique grappe de raisin qui me tentait beaucoup.*

**S.** Une *grappe de raisin* est l'assemblage naturel des grains de raisin.

**gras, grasse** [grɑ, grɑs] adj. (après le n.)
(se dit de qqn, d'un animal) *François devient gras avec l'âge ; il devrait moins manger et faire de l'exercice.* • *Cette région est connue pour l'élevage de ses poulets bien gras.*

**S.** *Gras* se dit d'une personne, d'un animal ou d'une viande qui a de la GRAISSE. Le contr. est MAIGRE. En parlant de qqn, les syn. courants sont GROS, FORT (par euphémisme) et CORPULENT (soutenu) [pour un homme], OPULENTE (pour une femme).
**L.** **grassouillet, ette** (adj.) *Cet enfant est grassouillet pour son âge* (← *légèrement gras*).

**gratter** [grate] v. t. (conj. **1**)
(sujet qqn, un animal) **gratter qqch (concret)** *Regarde le chien qui gratte la terre, il doit chercher quelque chose !* • *Tu n'as pas un couteau spécial pour gratter les carottes ?*
◆ **se gratter (une partie du corps)** *Surtout ne te gratte pas, je vais te donner une crème*

*pour te calmer.* • *Ce pauvre chien a dû se faire piquer par une bête, il n'arrête pas de se gratter !* ◆ (sujet qqch) **gratter (qqn)** *Ce pull me gratte, la laine doit être de mauvaise qualité.*

**S.** *Gratter* qqch, c'est en ENLEVER la surface ; il a pour syn. RACLER et, plus faible, FROTTER. *Se gratter*, c'est se frotter avec les ongles. *Gratter* qqn a pour syn. plus forts PIQUER, DÉMANGER.

**gratuit, e** [gratɥi, ɥit] adj. (après le n.) (se dit de qqch [objet, lieu, action]) *Le spectacle est gratuit pour les enfants de moins de dix ans. — Ah bon ? Julien ne paie pas, alors.* ● *C'est vrai que l'entrée est gratuite ? Tant mieux, je n'ai pas d'argent sur moi.*
    **G.** Cet adj. n'a ni comparatif ni superlatif.
    **S.** Est *gratuit* ce qui est donné sans faire

payer. Le syn. fam. est GRATIS (inv.) ; le contr. est PAYANT. Une *entrée gratuite* est une *entrée* LIBRE.
    **L. gratuitement** (adv.) *Le voyage est gratuit pour les enfants → les enfants voyagent gratuitement.* ◆ **gratuité** (n. f.) *L'enseignement public est gratuit depuis le XIXe siècle → la gratuité de l'enseignement public existe depuis le XIXe siècle.*

**grave** [grav] adj.
I. (se dit de qqch [abstrait] ; avant ou après le n.) *Ce problème est très grave, il faudrait vraiment en discuter.* ● *Tu savais que Jacques avait eu un très grave accident de voiture ?* ● *Si tu ne veux pas venir aujourd'hui, ce n'est pas grave, tu viendras une autre fois.* ◆ **blessé grave** *L'accident sur l'auto-*

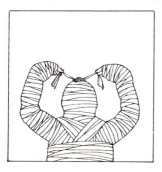

*route a fait un mort et trois blessés graves.*
II. (se dit d'un son, d'une voix ; après le n.) *Elle a une voix tellement grave qu'au téléphone je l'appelle « monsieur » !*
    **S. 1.** Est *grave* (sens I) ce qui a ou peut avoir des conséquences sérieuses ; il a pour syn. IMPORTANT, SÉRIEUX et, plus forts, TERRIBLE, DRAMATIQUE, TRAGIQUE. Le contr. est BÉNIN. *Ce n'est pas grave* a pour syn. ÇA N'A PAS D'IMPORTANCE. Dans *blessé grave*, le contr. est LÉGER. — **2.** *Grave* (sens II) a pour syn. BAS, et pour contr. AIGU.
    **L. gravement** (adv.) [sens I] *Il a une maladie grave → il est gravement malade.* ◆ **gravité** (n. f.) [sens I] *Ce n'est pas grave → c'est sans gravité.* ◆ **aggraver**, v. ce mot.

**grec, grecque** [grɛk] adj. (après le n.) et n., **grec** n. m.
[adj.] (se dit de qqch) *En quoi consistent principalement les exportations grecques ?* ◆ [n. m.] (langue) *Au lycée j'ai fait du grec ancien, mais ça ne m'aide pas beaucoup à comprendre le grec moderne.* ◆ [n. et adj.] (personne) *Dans ce quartier de Paris, il y a beaucoup de Grecs qui ont ouvert des restaurants.* ● *Son père est grec et sa mère est turque, tu vois les discussions que ça peut faire.*
    **G.** L'adj. ne se met ni au comparatif ni au superlatif.
    **S.** L'adj. ethnique *grec* correspond au n. f. GRÈCE et au n. m. *grec* (= la langue grecque). Les *Grecs* (notez la majuscule) sont ceux qui ont la nationalité *grecque*.

**grêle** [grɛl] n. f.
[phénomène naturel] (non-compt., au sing.) *Regarde, il tombe de la grêle !* ● *La grêle a abîmé tous les légumes du jardin.*
    **S.** La *grêle* est de la pluie qui tombe sous forme de GRÊLONS, de grains d'eau congelée.
    **L. grêler** (v. i.) *Il est tombé de la grêle cette nuit → il a grêlé cette nuit.*

**grelotter** [grəlɔte] v. i. (conj. **1**)
(sujet qqn) *Mais on grelotte ici ; le chauffage est arrêté ?* ● *Pierre grelotte de fièvre ; je vais lui donner des cachets.*
    **S.** *Grelotter*, c'est TREMBLER (moins fort) à cause du froid, de la fièvre. Les syn. sont FRISSONNER (moins fort, et en parlant du froid, de la fièvre), GELER (en parlant du froid seulement).

**grenier** [grənje] n. m.
[partie d'un édifice] *Ce que j'aimais quand j'allais dans la maison de ma grand-mère, c'était fouiller dans le grenier, j'y trouvais plein de vieilles choses.*

**S.** Dans une maison individuelle, le *grenier*, aménagé sous le toit, sert à conserver toutes sortes de choses. Il s'oppose à la CAVE, située en sous-sol.

**grève** [grɛv] n. f.
[action, qqn, et résultat] *La grève dure depuis deux mois : les ouvriers ont occupé l'usine.* • *Les syndicats ont annoncé une grève pour jeudi prochain.* • *Les ouvriers sont en grève pour protester contre les conditions de travail.* • *Si tu fais la grève, on ne te paiera pas ta journée de travail.*

**S.** La *grève*, c'est la cessation de travail collective et volontaire. ARRÊT DE TRAVAIL est un syn. administratif. Un DÉBRAYAGE est une courte *grève*.
**L. gréviste** (n.) *Les personnes en grève se sont réunies → les grévistes se sont réunis.*

**grièvement** [grijɛvmã] adv.
[manière] *On annonce à la radio qu'un attentat a eu lieu hier dans la soirée ; deux passants ont été grièvement blessés.*

**S.** *Grièvement* est syn. de GRAVEMENT.

**griffe** [grif] n. f.
[partie d'un animal] *Le chat se plaît sur ton fauteuil : il ne va pas tarder à enfoncer ses griffes dans le coussin.* • *Tu as sur la joue un joli coup de griffe. C'est ton chat ?*

**S.** Une *griffe* est un ongle crochu des pattes de certains animaux comme les oiseaux et le chat.
**L. griffer** (v. t.) *Le chat m'a donné un coup de griffe → le chat m'a griffé.*

**grignoter** [griɲɔte] v. t. (conj. **1**)
(sujet qqn) **grignoter (qqch [aliment])** *Elle regardait la télévision en grignotant des biscuits au chocolat.* • *Si tu veux maigrir, ne grignote pas entre les repas !*

**S.** *Grignoter*, c'est manger par petites quantités.

**griller** [grije] v. i. (conj. **1**)
(sujet qqn) **faire griller la viande, le pain**

*Puisque tu es au régime, on fera griller la viande. À partir d'aujourd'hui : plus d'huile ni de beurre !*

**S.** *Faire griller un aliment*, c'est le faire cuire sans graisse sur un GRIL, dans une poêle ; il s'oppose à RÔTIR, faire cuire (la viande) avec ou sans graisse au four, à la broche.
**L. grillé, e** (adj.) *Le matin il mange du pain grillé* (← *du pain qu'on a grillé*). ◆ **grillade** (n. f.) *Il mange à midi de la viande grillée → il mange à midi une grillade.* ◆ **grille-pain** (n. m. inv.) *Le grille-pain est allumé* (← *l'appareil pour griller le pain*). ◆ **gril** (n. m.) *Cuire une viande sur le gril* (← *l'appareil qui sert à griller*).

**grimper** [grɛ̃pe] v. i. et v. t. (conj. **1**)
I. [v. i.] (sujet qqn, un animal, qqch)
**grimper à, dans, sur un lieu** *Aide donc Julien à grimper dans l'arbre, il est trop*

*petit pour y arriver tout seul.* • *Regarde le chat qui grimpe sur le toit !* • *Ma plante s'est mise à grimper le long de la fenêtre, il va falloir que je la coupe.* ◆ (sujet un chemin) *On prend ce petit chemin qui grimpe ?* • *On n'arrivera jamais en haut, ça grimpe trop !*
II. [v. t.] (sujet qqn) **grimper un escalier, un étage** *À son âge, mon grand-père a du mal*

à grimper les escaliers. ● *J'en ai grimpé des étages avant d'arriver chez toi !*

**S.** *Grimper*, c'est monter le long de qqch de raide, d'escarpé. Il a pour syn. ESCALADER (plus fort) et GRAVIR (litt.), et pour contr. DESCENDRE.
**L. grimpant, e** (adj.) [sens I] *Une plante grimpante* (← une plante qui pousse en grimpant).

**grippe** [grip] n. f.
[maladie] (compt., surtout au sing.) *Sa grippe a duré huit jours ; aujourd'hui la fièvre est tombée.* ● *Christine est malade ? Qu'est-ce qu'elle a ? — Elle a la grippe.*

**S.** *La grippe* est une maladie contagieuse qui peut être plus ou moins grave et qui survient le plus souvent en hiver. Elle est due à un virus. *Avoir la grippe* a pour syn. ÊTRE GRIPPÉ.
**L. grippé, e** (adj.) Je ne pourrai pas venir, j'ai la grippe → *je ne pourrai pas venir, je suis grippé.*

**gris, e** [gri, griz] adj. (après le n.), **gris** n. m.
[adj.] (se dit de qqch [concret]) *Dis donc, tu commences à avoir les cheveux gris, tu vieillis !* ◆ (se dit du ciel, du temps) *Je n'aime pas cette ville : on ne voit jamais le soleil, le ciel y est toujours gris.* ◆ [n. m.] (couleur) [compt., surtout au sing.] *Le gris est une couleur triste, tu vas vraiment tout peindre en gris ?*

**S.** *Gris* désigne une couleur résultant du mélange du NOIR et du BLANC. En parlant du ciel, du temps, les syn. sont TRISTE, MAUSSADE, TERNE. On appelle GRISAILLE l'ensemble des tons *gris* d'un paysage, d'un ciel.

**gronder** [grɔ̃de] v. t. (conj. **1**)
(sujet qqn) **gronder un enfant** *Encore de* 

*mauvaises notes en classe ? — Ne le gronde pas trop, il a des excuses, il avait oublié son livre.*

**S.** *Gronder un enfant*, c'est lui FAIRE DES REPROCHES ; les syn. sont ATTRAPER (fam.), RÉPRIMANDER (soutenu), CRIER APRÈS (plus fort).

**gros, grosse** [gro, gros] adj. et n.
I. [adj.] (se dit de qqn ; avant ou après le n.) *Danielle se trouve trop grosse, elle veut maigrir.* ● *À notre époque, la mode n'est pas aux femmes grosses.* ◆ [n.] (personne) *Qui a dit que les gros étaient toujours sympathiques ?*
II. [adj.] (se dit de qqch [concret ou abs-

trait] ; avant le n.) *Mon père mange beaucoup, il a un gros appétit.* ● *Tu veux du gâteau ? — Oui, un gros morceau.* ● *Il joue de grosses sommes aux courses. Son fils a eu un accident et elle a de gros soucis.* ◆ (se dit de qqn) *Son père est un gros industriel du Nord ; il n'est pas à plaindre.*
III. [adv.] (quantité) *Il a toujours du mal à payer son loyer, c'est qu'il joue gros aux courses.* ◆ [manière] **en gros** *N'entre pas dans les détails, dis-moi en gros comment ça s'est passé !*

**S. 1.** *Gros* (sens I) a pour syn. GRAS, FORT (par euphémisme), ÉNORME (plus fort), OBÈSE (plus fort) et pour contr. MAIGRE. — **2.** *Gros* (sens II) a pour syn. GRAND, IMPORTANT quand il s'agit d'une somme, d'une dépense ; s'il s'agit d'une faute, d'un ennui, d'une difficulté, le syn. est GRAVE et le contr. LÉGER. En parlant de qqn, il a pour syn. RICHE, IMPORTANT et pour contr. PETIT. — **3.** Jouer *gros* (sens III) a pour équivalent JOUER UNE GROSSE SOMME. *En gros* a pour équivalent SANS ENTRER DANS LES DÉTAILS et pour syn. DANS L'ENSEMBLE, DANS LES GRANDES LIGNES et GROSSO MODO (soutenu) ; le contr. est EN DÉTAIL.
**L. grosseur, grossir,** v. ces mots.

**grossesse** [grosεs] n. f.
[état, qqn (femme)] *On a eu peur à la fin de sa grossesse, mais finalement tout s'est bien passé et elle a un enfant superbe.*

**S.** La *grossesse* est le fait pour une femme d'être enceinte, et le temps pendant lequel elle est enceinte.

**grosseur** [grosœr] n. f.
[qualité, mesure] (compt., surtout au sing.) *Le prix de ces fruits varie selon leur grosseur.* • *Il me faut un pinceau pour l'école.* — *Oui, de quelle grosseur?*

**S.** *Grosseur* a pour syn. TAILLE ou, selon les cas, VOLUME, SURFACE, ÉPAISSEUR.

**grossier, ère** [grosje, εr] adj. (après ou, plus rarement, avant le n.)
(se dit de qqn, de qqch [parole, attitude]) *Quel grossier personnage, il m'a marché sur le pied sans s'excuser!* • *Certains hommes sont grossiers avec les femmes.* • *J'ai horreur des plaisanteries grossières.*

**S.** En parlant de qqn qui manque d'éducation, *grossier* a pour syn. MAL ÉLEVÉ et, moins fort et fam., MALPOLI ; les contr. sont POLI, CORRECT, BIEN ÉLEVÉ. INCORRECT et INSOLENT (moins forts) sont des syn. qui s'appliquent à l'attitude de qqn ; les contr. sont DISTINGUÉ, COURTOIS et, plus fort, RAFFINÉ. INCONVENANT, CHOQUANT et, plus fort, OBSCÈNE s'appliquent à un geste ou à des paroles. En parlant du langage, les syn., plus forts, sont TRIVIAL et VULGAIRE ; CRU s'applique surtout à une plaisanterie.
**L. grossièrement** (adv.) Il m'a répondu d'une façon grossière → *il m'a répondu grossièrement.* ◆ **grossièreté** (n. f.) *Ses manières sont grossières, ça me déplaît* → *la grossièreté de ses manières me déplaît.*

**grossir** [grosir] v. i. et v. t. (conj. **15**)
[v. i.] (sujet qqn, qqch) *Ne mange pas tant, tu vas grossir!* • *On voyait d'abord un point dans le ciel qui peu à peu grossissait, enfin on distinguait nettement l'avion.* ◆ [v. t.] (sujet qqn, qqch) **grossir qqch** *Tous les journaux ont grossi l'affaire, en réalité ce n'était qu'un fait divers banal.* ◆ (sujet qqch [vêtement]) **grossir qqn** *Cette robe te grossit, elle ne te va pas.*

**S.** *Grossir* (v. i.), c'est devenir plus GROS, S'ÉPAISSIR. *Grossir* (v. t.), c'est rendre ou faire paraître plus GROS, plus important ; AUGMENTER, AMPLIFIER sont des syn. En parlant d'un vêtement, *grossir qqn*, c'est le faire paraître plus GROS qu'il n'est.

**grotesque** [grɔtεsk] adj. (après le n.)
(se dit de qqch, de qqn) *Emporter un parapluie pour aller en Grèce en août, c'est grotesque, je t'assure.* • *Tu es grotesque avec tes précautions infinies : tu n'empêcheras rien.*

**S.** *Grotesque* est le syn. soutenu de RIDICULE. EXTRAVAGANT (soutenu) est plus fort.

**groupe** [grup] n. m.
[quantité] **groupe (de + n. plur.)** *Tu verras, juste à la sortie du village il y a un groupe de maisons blanches, j'habite la troisième à gauche.* • *Les enfants sont trop nombreux, on va les diviser en plusieurs groupes pour aller à la piscine.* • *Les employés sortent de l'usine par petits groupes.*

**S.** Un *groupe* est un ensemble de choses ou de personnes (et il a pour syn. plus précis, en ce cas, ÉQUIPE).
**L. grouper (se), regrouper (se),** v. ces mots.

**groupement** [grupmã] n. m.
[collectif, personnes] *Il appartient à un groupement de jeunes qui font du sport tous les week-ends.*

**S.** *Groupement* a pour syn. ASSOCIATION, GROUPE.

**grouper (se)** [grupe] v. pr. (conj. **1**), **être groupé** v. pass.
(sujet qqn, qqch [plur.]) *Si on se groupait pour lui offrir son cadeau, elle aurait quelque chose de plus important.* • *C'est un petit village où les maisons sont groupées autour de l'église.*

**S.** *Se grouper*, c'est former un GROUPE, un ensemble et, en parlant de personnes, SE RÉUNIR, S'ASSOCIER.
**L. groupement, regrouper (se),** v. ces mots.

**gruyère** [gryjεr] ou [gryijεr] n. m.
[aliment] (non-compt., au sing.) [*Chez le*

crémier] : « *Et pour vous ça sera ? — Un morceau de gruyère, environ deux cent cinquante grammes.* »

**S.** V. FROMAGE.

**guêpe** [gɛp] n. f.
[animal] *Ne laisse pas la confiture dehors ; avec cette chaleur, ça va attirer les guêpes.*

**S.** Les *guêpes* sont des insectes munis d'un aiguillon venimeux, qui construisent des nids.

**guère** [gɛr] adv.
[négation] **ne... guère** *D'ici à la gare, il n'y a guère que trois cents mètres.* ● *Attendez encore un moment, il ne tardera guère maintenant.*

**S.** *Guère* (soutenu) est avec NE une négation de phrase indiquant une quantité ou un temps très minime. Les contr. affirmatifs sont TRÈS, BEAUCOUP.

**guérir** [gerir] v. t. et v. i. (conj. **15**)
[v. t.] (sujet qqn, un médicament) **guérir qqn (d'une maladie)** *C'est un bon médecin, il m'a guéri en huit jours de ma grippe !* ● *Ces cachets n'ont pas guéri Alain de son mal d'estomac.* ◆ **guérir une maladie** *Pour guérir un rhume, il vaut mieux rester chez soi au chaud.* ◆ [v. i.] (sujet qqn) *Si tu veux guérir vite, il faut te reposer.*

**S. 1.** *Guérir* qqn d'une maladie a pour syn. le RÉTABLIR. *Guérir* une maladie, c'est la SOIGNER.
— **2.** *Guérir* (v. i.) a pour syn. SE REMETTRE, SE

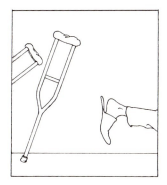

RÉTABLIR ; RETROUVER LA SANTÉ, ALLER MIEUX sont des expressions équivalentes, la seconde marquant cependant qu'on n'est pas complètement guéri ; TOMBER MALADE, ATTRAPER UNE MALADIE sont des expressions contr.
**L. guérison** (n. f.) *Il va bientôt guérir → il est en voie de guérison.*

**guerre** [gɛr] n. f.
[action, qqn, un pays, et résultat] *Combien de temps a duré la guerre au Viêt-nam ?* ● *Dans ces pays, la situation est de plus en plus grave, et il se peut qu'il y ait une guerre.*

**S.** La *guerre* est une lutte armée entre des pays ennemis. CONFLIT englobe à la fois la lutte armée et l'opposition violente des intérêts. Quand on parle de la *guerre* en tant que combat, le syn. soutenu est HOSTILITÉS. La *guerre* s'oppose à la PAIX.
**L. après-guerre** (n. m. ou f.) *Ils se sont mariés pendant la période qui a suivi la guerre → ils se sont mariés pendant l'après-guerre.*

**guetter** [gete] v. t. (conj. **1**)
(sujet qqn, un animal) **guetter qqn, un animal** *Ils ont dû guetter l'enfant à la sortie de l'école et l'enlever dès qu'il a été seul.* ● *Tous les soirs elle se met à sa fenêtre et guette son mari.* ◆ **guetter qqch (temps, événement)** *Oui, je lui parlerai, mais je guette le bon moment pour le faire.*

**S.** *Guetter* qqn, un animal, c'est le SURVEILLER

(moins fort), l'ÉPIER, l'attendre, dans le but de lui nuire ou par impatience. *Guetter un moment, un événement*, c'est l'ATTENDRE avec attention.

**gueule** [gœl] n. f.
[partie d'un animal] *Au cirque, on a vu un numéro extraordinaire : le dompteur mettait sa tête dans la gueule du lion !*

**S.** La *gueule* est la bouche de certains animaux carnassiers (le loup, le lion, etc.) ou de certains poissons ou reptiles.

**guichet** [giʃɛ] n. m.
[partie d'un établissement] *Les guichets sont ouverts de 9 heures à 19 heures.* ● *[À*

*la poste]* : « *Pour envoyer votre paquet, adressez-vous au guichet n° 3.* »

**S.** Le *guichet* est l'endroit où le public s'adresse à des employés dans les bureaux de poste, les banques, les gares.

**guide** [gid] n. m.
I. [personne, profession] *Une équipe de guides est partie secourir les alpinistes perdus dans la montagne.* • *Le guide qui nous a fait visiter l'exposition de peinture était vraiment intéressant.*
II. [objet, texte] *Puisque tu vas en Allemagne, je te conseille ce guide qui vient de paraître.*

**S. 1.** Le métier de *guide* (sens I) consiste à conduire d'autres personnes : il existe des *guides* DE HAUTE MONTAGNE qui conduisent des alpinistes amateurs dans des courses (en montagne), et des *guides* de musées, de villes, de monuments historiques qui font visiter ceux-ci aux touristes. — **2.** Un *guide* (sens II) est un livre qui donne des renseignements touristiques sur une région, un pays, ou plus précisément sur les hôtels et les restaurants d'une région, d'un pays (*guide* GASTRONOMIQUE).

**guider** [gide] v. t. (conj. **1**)
(sujet qqn) **guider qqn** *Paul, regarde cet aveugle, c'est un petit enfant qui le guide pour traverser.* • *Quand je suis entré à l'université, je ne savais pas où aller et je ne connaissais personne pour me guider un peu.*

**S.** *Guider* qqn, c'est l'aider en lui montrant le chemin, en l'accompagnant, en le conseillant ; le syn. est CONDUIRE (phrase 1) ou ORIENTER (phrase 2).

**guitare** [gitar] n. f.
[instrument de musique] (compt.) *Tu nous joues quelque chose sur ta guitare ?* ◆ (non-compt., au sing.) *Moi, j'apprendrai la guitare, il paraît que c'est facile comme instrument.*

**S.** La *guitare* est un instrument de musique à six cordes qu'on pince.
**L. guitariste** (n.) *Elle joue de la guitare dans un orchestre de jazz → elle est guitariste dans un orchestre de jazz.*

**gymnastique** [ʒimnastik] ou (fam.) **gym** [ʒim] n. f.
[sport] (non-compt., au sing.) *Il n'y a pas eu de cours de gym aujourd'hui, le professeur n'était pas là.* • *Pour être en forme, faites de la gymnastique tous les matins.*

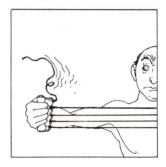

**S.** *Gymnastique* a pour syn. soutenus et administratifs CULTURE PHYSIQUE, ÉDUCATION PHYSIQUE.

**habile** [abil] adj. (après le n.)
(se dit de qqn, de son attitude) **habile (à faire qqch)** *Tu devrais demander à Jeanne de te faire des rideaux, elle est certainement plus habile que toi.* ◆ (se dit de qqn, de qqch [abstrait]) *Tu n'aurais pas dû refuser ce travail, ce n'est vraiment pas très habile de ta part.* • *À la question embarrassante que lui posaient les journalistes, le ministre a fait une réponse très habile.*

S. *Être habile*, c'est AVOIR DE L'ADRESSE, ÊTRE

ADROIT, EXPÉRIMENTÉ, CAPABLE, COMPÉTENT, QUALIFIÉ dans une activité, un métier. En parlant de qqn, de qqch d'abstrait, *être habile*, c'est montrer de l'ingéniosité ; les syn. sont ADROIT, MALIN, INGÉNIEUX (soutenu). *Habile* a pour contr. GAUCHE, MALADROIT, MALHABILE (soutenu) et, en parlant d'une personne seulement, INCOMPÉTENT, INEXPÉRIMENTÉ (soutenus), INCAPABLE (plus fort).
L. **habilement** (adv.) *Il a répondu de manière très habile* → *il a répondu très habilement*. ◆ **habileté** (n. f.) *Il a été très habile* → *il a été d'une grande habileté.* ◆ **malhabile** (adj.) *Il n'est pas habile dans ce qu'il fait* → *il est malhabile dans ce qu'il fait.*

**habiller** [abije] v. t. (conj. **1**)
(sujet qqn) **habiller qqn** *Habille les enfants : il est temps d'aller à l'école.* ◆ **s'habiller, être habillé** *Dépêche-toi de t'habiller, tu vas*

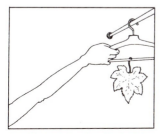

*être en retard.* • *Comment est-ce que je m'habille aujourd'hui, je mets une robe ou un pantalon ?* • *Je suis arrivé chez lui à midi, mais il n'était pas encore habillé.* • *Françoise dépense beaucoup d'argent pour ses vêtements, elle est toujours bien habillée.*

G. Ce verbe s'emploie surtout à la forme pronominale et au passif.
S. *S'habiller*, c'est mettre ses vêtements ou ses HABITS, par oppos., d'une part, à RESTER NU, EN CHEMISE, EN PYJAMA, EN MAILLOT DE BAIN, etc., et, d'autre part, à SE DÉSHABILLER. *Être habillé* a pour syn. soutenu ÊTRE VÊTU. *Bien habillé* a pour syn. ÉLÉGANT et pour contr. NÉGLIGÉ.
L. **habillement** (n. m.) *Un magasin d'habillement* (← où on achète ce qu'il faut pour s'habiller). ◆ **déshabiller**, v. ce mot.

**habit** [abi] n. m.
[vêtement] (compt., surtout au plur.) *Il a mis ses plus beaux habits pour aller te voir.*

S. *Habit* est un syn. soutenu de VÊTEMENT.

**habitable** [abitabl] adj. (après le n.)
(se dit d'une maison, d'un appartement) *Vous déménagez maintenant ? — Non, l'appartement n'est pas encore habitable, les travaux ne sont pas finis.*

S. Une maison *habitable* est une maison dans laquelle on peut HABITER.
L. **inhabitable** (adj.) *Cette maison en ruine n'est pas du tout habitable* → *cette maison en ruine est inhabitable.*

**habitant** [abitã] n. m.
[personne, fonction sociale] *Tōkyō est la plus grande ville du monde : près de douze millions d'habitants.* • *Combien y a-t-il d'habitants dans cet immeuble ?*

S. Les *habitants* d'un lieu, ce sont les gens qui y HABITENT, y vivent ordinairement (par oppos. aux ÉTRANGERS qui habitent dans un autre lieu). Les *habitants* d'un continent, d'un pays, d'une ville en constituent la POPULATION. Dans le cas d'un immeuble, le syn. est OCCUPANT.

# HABITER

**habiter** [abite] v. t. et v. i. (conj. **1**) (sujet qqn) **habiter à, dans, en un lieu, chez qqn, habiter un lieu** *Vous habitez Paris ? — Non j'habite la banlieue, mais j'aimerais*

*habiter la campagne.* • *Depuis qu'ils sont rentrés de l'étranger, ils n'ont pas trouvé de logement et ils habitent chez des amis.*
    **G.** Le compl. indiquant le lieu peut être ou non introduit par une prép. : *il habite Paris* ou *à Paris, l'Allemagne* ou *en Allemagne, une belle maison* ou *dans une belle maison,* etc.
    **S.** DEMEURER À, LOGER À, RÉSIDER À sont des syn. soutenus ou administratifs. VIVRE est un syn. courant, mais de sens plus général. *Où habitez-vous?* a pour équivalent QUELLE EST VOTRE ADRESSE? *Ne plus habiter qqpart,* c'est AVOIR CHANGÉ D'ADRESSE.
    **L. habitable, habitant,** v. ces mots. ◆ **habitation** (n. f.) *Les habitations à loyer modéré : les H. L. M.* (← *immeubles où l'on habite*). ◆ **inhabité, e** (adj.) *Cette maison n'est pas habitée* → *cette maison est inhabitée.*

**habitude** [abityd] n. f.
[manière, qqn] (non-compt., au sing.) *Les enfants vont seuls à l'école, ils ont l'habitude de prendre le métro.* • *Il a pris la mauvaise habitude de fumer à table.* • *En ville, on perd l'habitude de marcher, on prend le métro ou l'autobus.* • *Vous ne vous aimez plus et vous restez ensemble, pourquoi ? — La force de l'habitude.* ◆ (compt.) *J'ai soixante ans et ce n'est pas à mon âge que je vais changer mes habitudes.* • *Grand-père est désolé d'être obligé de déménager : eh oui ! ici, il avait ses petites habitudes, il connaissait tout le monde.* ◆ **d'habitude** *D'habitude, ils partent à la campagne pour le week-end.* • *Je partirai plus tôt que d'habitude : je dois aller chez le médecin.*
    **S. 1.** *Avoir l'habitude de,* c'est ÊTRE HABITUÉ À ; *prendre l'habitude de,* c'est S'HABITUER À ; *perdre l'habitude de,* c'est NE PLUS ÊTRE HABITUÉ À. *L'habitude d'agir toujours de la même manière constitue la* ROUTINE. Comme nom compt., *habitude* a pour syn. plus fort MANIE. — **2.** *D'habitude* a pour syn. HABITUELLEMENT, EN GÉNÉRAL, GÉNÉRALEMENT et, soutenus, D'ORDINAIRE et ORDINAIREMENT. Il a pour contr. RAREMENT, ACCIDENTELLEMENT (soutenu), EXCEPTIONNELLEMENT (plus fort).

**habituel, elle** [abityɛl] adj. (après le n.) (se dit de qqch) *Je ne sais pas où est ton manteau, sans doute à sa place habituelle !* • *Tu as vu comme il m'a répondu ? — Oh ! c'est habituel, il est toujours comme ça !*
    **S.** Est *habituel* ce qui est devenu une HABITUDE, ce qui se répète. Les syn. sont COURANT, FRÉQUENT, NORMAL, ORDINAIRE, et les contr. EXCEPTIONNEL, EXTRAORDINAIRE et RARE, INSOLITE.
    **L. habituellement,** v. ce mot. ◆ **inhabituel, elle** (adj.) *Sa réaction n'est pas habituelle* → *sa réaction est inhabituelle.*

**habituellement** [abityɛlmã] adv.
[manière et temps] *Habituellement, je ne prends pas de café, mais aujourd'hui, je crois que je vais faire une exception !* • *Hubert rentre habituellement vers 8 heures : il est en retard et je commence à être inquiète.*
    **S.** Les syn. sont EN GÉNÉRAL, GÉNÉRALEMENT, D'HABITUDE, NORMALEMENT et, plus soutenus, D'ORDINAIRE ou ORDINAIREMENT. Les contr. sont RAREMENT, ACCIDENTELLEMENT (soutenu), EXCEPTIONNELLEMENT (plus fort).

**habituer** [abitye] v. t. (conj. **2**) (sujet qqn) **habituer qqn à qqch, à + inf**. *Comme ils travaillent toute la journée, ils ont habitué leurs enfants à se débrouiller tout seuls.* • *Je suis habituée à me lever tôt : tous les matins je suis debout à 6 heures.* ◆ **s'habituer à qqch, à + inf**. *Ils n'arrivent pas à s'habituer au bruit : ils vont sans doute déménager.* • *Il faudra vous habituer à parler moins fort : vous gênez les voisins.*
    **S.** *Habituer qqn à* a pour syn. DONNER À qqn L'HABITUDE DE et ACCOUTUMER qqn À (litt.) ; *être habitué à,* c'est AVOIR L'HABITUDE DE. *S'habituer à qqch* a pour syn. SE FAIRE À (courant), S'ADAPTER À (soutenu) et PRENDRE L'HABITUDE DE.
    **L. habitué, e** (n.) *Elle est habituée à aller dans ce café* → *c'est une habituée de ce café.* ◆ **habitude,** v. ce mot. ◆ **déshabituer** (v. t.) *Je n'arrive à ne plus être habituée au tabac* → *je n'arrive pas à me déshabituer du tabac.* ◆ **réhabituer** (v. t.) *Elle s'est de nouveau habituée à travailler* → *elle s'est réhabituée à travailler.*

**haïr** ['air] v. t. (conj. **16**) (sujet qqn) **haïr qqn, qqch (abstrait)** *Nous le haïssions, mais nous le craignions aussi.*

# HARICOT

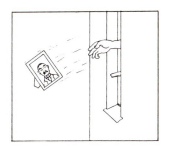

● *Tous ces jeunes haïssent la violence.*

S. *Haïr* est un syn. fort et soutenu de DÉTESTER. AIMER, ADORER (plus fort) sont des contr. *Haïr qqn, qqch,* c'est ÉPROUVER DE LA HAINE, DE L'AVERSION (moins fort) POUR qqn, qqch.
L. **haine** (n. f.) *Paul me hait et je n'en connais pas la raison* → *je ne connais pas la raison de la haine de Paul pour moi.*

**hall** ['ol] n. m.
[partie d'un édifice] *On se donne rendez-vous dans le hall de la gare, à côté des guichets de banlieue, d'accord?* ● [À l'hôtel] : *« Attendez un moment dans le hall, je vais voir avec le directeur s'il reste des chambres. »*

S. Un *hall* est une vaste salle qui constitue le plus souvent l'ENTRÉE d'une gare, d'un hôtel, etc.

**hanche** ['ɑ̃ʃ] n. f.
[partie du corps] *Pour commander ce pantalon, prenez votre tour de hanches et votre tour de taille; nous vous l'enverrons à vos mesures.*

S. Les *hanches* sont les régions qui correspondent à l'articulation des jambes avec le bassin et qui se trouvent à la partie inférieure du tronc, au-dessous de la taille.

**handicap** ['ɑ̃dikap] n. m.
[objet abstrait] *Vous êtes un peu jeune pour faire ce travail. — Je l'ai déjà fait et mon âge n'a jamais été un handicap pour moi.*

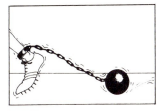

S. *Handicap* (soutenu) a pour syn. DÉSAVANTAGE et pour contr. AVANTAGE.
L. **handicapé,** v. ce mot. ◆ **handicaper** (v. t.) *Moi, je n'ai eu personne pour m'aider, j'ai été handicapé par rapport à toi* (← c'était un handicap pour moi).

**handicapé, e** ['ɑ̃dikape] n.
[personne, patient] *Pierre voudrait s'occuper d'handicapés. — Physiques ou mentaux?*

S. Un *handicapé* est une personne dont les fonctions ou les aptitudes sont déficientes. Un INFIRME, un PARALYSÉ, etc., sont des *handicapés* PHYSIQUES ou MOTEURS (terme médical), les DÉBILES (terme médical) sont des *handicapés* MENTAUX.

**harceler** ['arsəle] v. t. (conj. **7** ou **8**)
(sujet qqn) **harceler qqn (de qqch [abstrait])** *Notre service de vente fonctionne mal, nous sommes harcelés de réclamations en ce moment.*

S. *Harceler qqn de questions, de réclamations,* etc. (soutenu), a pour syn. soutenu ASSAILLIR.

**hardi, e** ['ardi] adj. (après le n.)
(se dit de qqn, de qqch [action]) *Vous n'êtes pas très hardi; à votre place, j'aurais été voir le directeur.* ● *L'entreprise est hardie, mais vous pouvez réussir.*

S. *Être hardi* (soutenu), c'est être COURAGEUX jusqu'à l'audace; les syn. sont AUDACIEUX (soutenu), OSÉ (plutôt péjor. et en parlant de qqch); les contr. sont TIMIDE et PUSILLANIME (soutenu et péjor.).
L. **hardiment** (adv.) *Tu t'es engagé de façon bien hardie* → *tu t'es engagé bien hardiment.* ◆ **hardiesse** (n. f.) *Il n'est pas hardi* → *il manque de hardiesse.* ◆ **enhardir** (v. t.) *Mon silence le rendit plus hardi* → *mon silence l'enhardit.*

**hareng** ['arɑ̃] n. m.
[animal] *Encore des harengs avec des pommes de terre à l'huile. Tu ne varies pas beaucoup les hors-d'œuvre.*

S. Le *hareng* est un poisson de mer.

**haricot** ['ariko] n. m.
[légume] *Tu ne veux pas m'aider à éplucher les haricots verts?* ● [Au menu] : *« Mouton et haricots blancs. »*

S. On distingue, selon la variété et leur degré de maturité, les *haricots* VERTS, les FLAGEOLETS et les *haricots* SECS (ou BLANCS). Les MANGE-TOUT sont une variété de *haricots* verts. FAYOT est un équivalent fam. de *haricot blanc*.

## HASARD

**hasard** [ˈazar] n. m.
[événement] (compt., surtout au sing.) *Ce n'est pas un hasard si tu as raté ton examen, tu n'as rien fait de l'année ! • Il est tombé sur la bonne réponse, mais c'est vraiment le hasard.* ◆ **au hasard** *Prends*

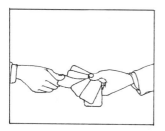

*une carte au hasard. • J'étais complètement perdue, alors j'ai pris une route au hasard.* ◆ **par hasard** *C'est tout à fait par hasard que j'ai appris son accident, personne ne nous avait prévenus. • Tu n'aurais pas fouillé dans mes affaires, par hasard ? • Si par hasard Pierre téléphone, dis-lui de me rappeler vers midi.*

**S. 1.** *Hasard* a pour syn. COÏNCIDENCE, ACCIDENT (soutenu) et CHANCE. — **2.** *Au hasard* a pour équivalents SANS CHOISIR ou SANS RÉFLÉCHIR. — **3.** *Par hasard* a pour syn. SANS LE VOULOIR ou SANS L'AVOIR PRÉVU, D'UNE MANIÈRE IMPRÉVUE ou INATTENDUE et ACCIDENTELLEMENT, FORTUITEMENT (soutenus). Lorsque *par hasard* est employé dans une phrase interrogative, l'expression a une valeur ironique.

**hasardeux, euse** [ˈazardø, øz] adj. (après le n.)
(se dit d'une action, d'un événement) *Ce*

*que tu tentes là est hasardeux ; il n'y a pas une chance sur dix pour que tu réussisses.*

**S.** Est *hasardeux* ce qui dépend du HASARD, qui comporte des risques ; les syn. sont RISQUÉ, ALÉATOIRE (soutenu) et DANGEREUX qui insiste sur la notion de risque.

**hâter (se)** [ˈɑte] v. pr. (conj. **1**)
(sujet qqn) **se hâter (de** + inf.) *Hâtez-vous d'acheter un poste de télévision : les prix vont bientôt augmenter. • Je ne me suis pas hâté de répondre à sa lettre, car je voulais réfléchir.*

**S.** *Se hâter* est le syn. soutenu de SE PRESSER,

SE DÉPÊCHER (fam.). Le contr. est TARDER À.
**L. hâte** (n. f.) *Il s'est trop hâté de répondre* → *il a répondu avec trop de hâte.* ◆ **hâtif, ive** (adj.) *Il a travaillé avec trop de hâte* → *son travail est trop hâtif.* ◆ **hâtivement** (adv.) *Il a répondu de manière hâtive* → *il a hâtivement répondu.*

**hausse** [ˈos] n. f.
[action, qqch, et résultat] *C'est vrai qu'il va encore y avoir une hausse de cinquante centimes sur le prix du litre d'essence ? • [La météo à la télévision]* : « *On prévoit une légère hausse des températures à partir de demain.* » • *La grève contre la hausse des loyers a duré trois mois. • Les fraises sont encore en hausse par rapport à l'an dernier !*

**S.** La *hausse*, c'est le fait d'augmenter (v. i.), de s'élever. *Hausse (de température)* a pour syn. ÉLÉVATION. *Hausse (des prix, des loyers)* a pour syn. AUGMENTATION et, soutenus, MAJORATION, MONTÉE. Le contr. est BAISSE. Quand il s'agit des prix, un autre contr. est DIMINUTION. *Être en hausse* a pour syn. AUGMENTER (v. i.) et pour contr. BAISSER (v. i.).

**hausser** [ˈose] v. t. (conj. **1**)
(sujet qqn) **hausser le ton, la voix, les épaules** *Ce n'est pas la peine de hausser le ton, j'ai compris ! • Alors, qu'est-ce qu'il*

t'a répondu ? — Rien, il a haussé les épaules comme si ça lui était parfaitement égal.

**S.** *Hausser le ton, la voix*, c'est parler sur un ton plus fort, plus haut en signe de mécontentement ou de colère le plus souvent. *Hausser les épaules*, c'est les lever brusquement en signe d'indifférence ou de mépris.
**L. haussement** (n. m.) *Pourquoi hausses-tu les épaules ?* → *pourquoi ce haussement d'épaules ?*

**haut, e** ['o, 'ot] adj. (après le n.), **haut** adv. et n. m.
I. [adj.] (se dit de qqch) *Dis donc, qu'est-ce que le plafond est haut dans ce vieil appar-*

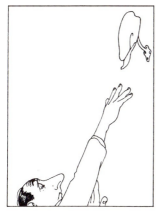

*tement ! • Tu as tort de marcher avec des chaussures aussi hautes : tu vas te tordre le pied ! • Si tu as quelque chose à dire, dis-le à voix haute, que tout le monde t'entende ! • Nous avons eu aujourd'hui les températures les plus hautes de la saison.* ◆ **haut (de qqch [dimension])** *Le mur du parc est haut de trois mètres, on ne voit pas à l'intérieur.* ◆ **de haut** *Le mur du parc a trois mètres de haut.*
II. [adv.] (manière) *Regarde plus haut, au-dessus du meuble, tu verras la valise. • M. Dupont ? — Oh ! c'est une personne haut placée, il est difficile de lui parler. • Vous me parlez ? — Non, non ; je pensais tout haut... excusez-moi. • Parlez plus haut, je vous entends mal.*
III. [n. m.] (localisation) [compt., surtout au sing.] **le haut de qqch** *Le haut de la robe est très réussi, mais il y a quelque chose qui ne va pas dans le bas.* ◆ **de haut en bas** *Elle m'a examiné de haut en bas, comme si elle ne m'avait jamais vu !* ◆ **du haut de** *Du haut de cet immeuble on voit tout Paris.* ◆ **en haut (de qqch)** *Où habitez-vous ? — Oh ! tout en haut, au dernier étage. • Monsieur, vous pouvez nous aider à attraper notre ballon ? Il est en haut de l'arbre !*

**S. 1.** *Haut* (adj.) a pour contr. BAS ; ÉLEVÉ est un syn., en parlant d'un objet, de la température. — **2.** *Penser tout haut*, c'est PENSER À HAUTE VOIX, en parlant. *Parler plus haut*, c'est PARLER PLUS FORT. — **3.** *Le haut de qqch* (sens III), c'est sa partie supérieure, son niveau le plus élevé, son sommet ; le contr. est BAS. *Être haut de tant* et *avoir tant de haut* sont équivalents *(Le mur est haut de trois mètres = le mur a trois mètres de haut);* AVOIR TANT DE HAUTEUR est une expression syn.

**hauteur** ['otœr] n. f.
I. [qualité, mesure] (compt., surtout au sing.) *La hauteur du mont Blanc est de 4807 mètres. • Je ne peux pas mettre cette collection de livres dans ma bibliothèque : en largeur, ça va, mais en hauteur, ça ne passe pas. • À mon avis, cet immeuble-ci fait bien cinquante mètres de hauteur.*
II. [lieu naturel] (compt.) *Sa maison est construite sur une hauteur d'où l'on découvre un magnifique paysage.*
III. [localisation] **à la hauteur de qqn, de**

**qqch** *Il marchait derrière moi et, arrivé à ma hauteur, il s'est arrêté pour me dire bonjour. • À la hauteur de la maison blanche, vous tournerez à droite.*
IV. (sujet qqn) **être à la hauteur (de qqch [abstrait])** *Malheureusement, il n'a pas été*

*à la hauteur de la situation.* ● *Ah, non, ce n'est pas toi qui iras discuter avec lui, tu ne serais pas à la hauteur.*

**S. 1.** Ne pas confondre LE HAUT d'une montagne (son sommet, sa partie supérieure) et sa *hauteur* (sens I) ou son ALTITUDE (langue savante) [sa dimension depuis le bas jusqu'au sommet]. On ne parle pas de la *hauteur* d'une personne, mais de sa TAILLE. *De hauteur* (après un numéral) a pour syn. DE HAUT. — **2.** Une *hauteur* (sens II) est une élévation naturelle du sol : une COLLINE, une MONTAGNE. — **3.** *À la hauteur de* qqn, qqch (sens III) a pour syn. PRÈS DE, AU NIVEAU DE, À CÔTÉ DE. — **4.** Au sens IV, *être à la hauteur d'une situation, d'un événement*, c'est être capable de les maîtriser, de les dominer. Sans compl., *être à la hauteur* a pour syn. ÊTRE DE FORCE, FAIRE LE POIDS.

**hé!** → EH.

**hebdomadaire** [εbdɔmadεr] adj. (après le n.) et n. m.
I. [adj.] (se dit de qqch [action, événement]) *Nous avons des réunions hebdomadaires, tous les mardis soir.*
II. [n. m.] (objet, texte) *Il est journaliste dans un des plus importants hebdomadaires parisiens.*

**G.** L'adj. ne se met ni au comparatif ni au superlatif.
**S. 1.** Une réunion *hebdomadaire* (sens I) a lieu toutes les semaines. — **2.** Un *hebdomadaire* (sens II) est une revue, un magazine qui paraît toutes les semaines.

**héberger** [ebεrʒe] v. t. (conj. **4**)
(sujet qqn) **héberger qqn** *Les Legrand n'avaient pas trouvé d'hôtel, alors nous les avons hébergés pour la nuit.*

**S.** *Héberger* qqn (soutenu), c'est le LOGER provisoirement.
**L. hébergement** (n. m.) *Il a été difficile d'héberger toutes les victimes de l'accident* → *l'hébergement de toutes les victimes de l'accident a été difficile.*

**hein** [ɛ̃] interj.
[interrogation] *Hein? qu'est-ce que tu dis, je n'entends rien!* ● *Je sens bien que tu n'es pas d'accord avec moi, hein?* ● *Ce n'est pas mal ce film, hein, qu'est-ce que tu en penses?*

**S.** *Hein* (fam.) s'emploie soit pour demander à qqn de répéter une phrase mal comprise et a pour syn. en ce sens QUOI?, COMMENT? et PARDON? (soutenu); soit pour renforcer un ordre ou une interrogation et a pour syn. en ce sens N'EST-CE PAS? (quand on attend une confirmation) ou, fam., PAS VRAI?

**hélas!** [elas] interj.
[regret] *Louis n'est pas mort, ce n'est pas possible? — C'est hélas vrai!, sa mort a été brutale.*

**S.** *Hélas!* indique la douleur, le regret et appartient plutôt à la langue soutenue.

**héler** ['ele] v. t. (conj. **12**)
(sujet qqn) **héler qqn, un taxi** *Il était dans*

*la rue, il héla un taxi, monta dedans et après je ne l'ai plus jamais revu.*

**S.** *Héler* (soutenu), c'est APPELER de loin, le plus souvent en s'accompagnant d'un geste.

**hélicoptère** [elikɔptεr] n. m.
[moyen de transport] *Au-dessus de l'autoroute, les hélicoptères de la police surveillent les embouteillages.* ● *C'est qu'on t'a ramenée en hélicoptère quand tu t'es cassé la jambe aux sports d'hiver?*

**S.** Contrairement à l'AVION, l'*hélicoptère* décolle verticalement et fonctionne à l'aide d'hélices horizontales.

**herbe** [εrb] n. f.
[végétal] (non-compt., au sing.) *Regarde comme l'herbe est verte ici! On voit qu'il a plu.* ● *L'herbe est trop haute. — Oui, je la couperai dimanche.* ◆ (compt.) *Il faudra arracher ces mauvaises herbes, le jardin en est plein.*

**S.** L'*herbe* est un ensemble de végétaux formés uniquement de tiges vertes assez molles. (En ce sens c'est un mot non-compt. au sing.) Pour désigner chacun des éléments de cet ensemble, on emploie *herbe* le plus souvent avec un adj. (en ce sens c'est un mot compt.) ou BRIN D'HERBE. Un grand espace d'*herbe* à la campagne est un PRÉ, une PRAIRIE, un HERBAGE (techn.). Une PELOUSE est un espace d'*herbe* entretenu. Le GAZON est une sorte d'*herbe* que l'on plante, arrose et tond.

**hériter** [erite] v. t. ou v. t. ind. (conj. **1**) (sujet qqn) **hériter (de) qqch (de qqn)** *C'est une maison de campagne dont il a hérité à la mort de ses parents.* • *D'où vous vient cette fortune ? — Nous l'avons héritée d'une tante d'Amérique.*

**S.** *Hériter (de)* qqch (bien, propriété, fortune), c'est le recevoir en HÉRITAGE, à la mort de qqn qui le transmet avec ou sans testament.
**L. héritage** (n. m.) Ce dont il hérite est important ? → *il a fait un héritage important ?*
◆ **héritier, ère** (n.) Ceux qui hériteront de moi n'auront pas grand-chose → *mes héritiers n'auront pas grand-chose.*

**héros** ['ero] n. m., **héroïne** [erɔin] n. f.
I. [personne, agent] *Comment s'appelle l'héroïne du film que nous avons vu hier soir ?*
II. [personne, agent] *Dans son discours, le député a rappelé le souvenir des héros de la Résistance.*

**G.** Notez que pour *héroïne* le *h* n'est pas aspiré.
**S. 1.** Un *héros* (sens I) est le personnage principal d'un roman, d'une pièce de théâtre, d'un film. — **2.** Un *héros* (sens II) est une personne caractérisée par un grand courage.
**L. héroïque** (adj.) [sens II] Il s'est conduit en héros → *il a eu une conduite héroïque.* ◆ **héroïsme** (n. m.) [sens II] Il a eu une conduite héroïque → *il a fait preuve d'héroïsme.*

**hésiter** [ezite] v. t. ind. (conj. **1**) (sujet qqn) **hésiter à** + inf. *N'hésitez pas à nous téléphoner, si vous avez besoin de*

*nous.* ◆ (sans inf. compl.) *Alors vous l'achetez cet appartement ? — On ne sait pas, on hésite.* • *J'hésite entre ces deux tableaux, je ne sais pas lequel prendre.*

**S.** *Hésiter à* a pour syn. AVOIR SCRUPULE À, AVOIR PEUR DE, CRAINDRE DE + inf. (soutenu), et pour contr. SE DÉCIDER À, OSER + inf. Sans inf. compl., c'est NE PAS SAVOIR CHOISIR ; les syn. sont ÊTRE (RESTER) INDÉCIS, PERPLEXE, TERGIVERSER (soutenu).
**L. hésitant, e** (adj.) Il n'est pas décidé, il hésite encore → *il n'est pas décidé, il est encore hésitant.* ◆ **hésitation** (n. f.) Elle a accepté sans hésiter → *elle a accepté sans hésitation.*

**heu !** → EUH.

**heure** [œr] n. f.
I. [temps, mesure] *Vous avez mis combien de temps pour venir ? — Deux heures.* • *Je suis fatigué, je n'ai dormi que quelques heures.* • *Sur l'autoroute, la vitesse est limitée à cent trente kilomètres à l'heure.* • *Pierre gagne vingt francs de l'heure.* • *Quelle heure est-il ?* • *À quelle heure êtes-vous rentrés hier soir ? — À 11 heures du soir, et vous ? — Oh ! on est restés jusqu'à 2 heures du matin.* • *Tu as les heures des trains pour Lyon ? — Oui, je vais prendre celui de 8 heures.* ◆ (sujet qqn) **mettre à l'heure un réveil, une montre** *Si tu ne veux pas rater ton rendez-vous,*

*mets ta montre à l'heure.* ◆ (sujet une montre, un réveil) **être à l'heure** *Tu as l'heure juste ? Tu es sûr que ta montre est à l'heure ?* ◆ (sujet qqn, qqch) **être, partir, arriver, commencer, finir, etc., à l'heure** *Ce que j'aime bien avec Pierre, c'est qu'il est toujours à l'heure, jamais en retard.* • *Si le train continue à s'arrêter sans arrêt, il*

*n'arrivera jamais à l'heure.* ◆ **de bonne heure** *Couchons-nous vite, demain il faut se lever de bonne heure!*
II. [temps, moment] *Où peut bien être Jacques? — À cette heure-ci, il est certainement dans le jardin, va voir.* ◆ [temps, événement] **l'heure de** + **inf.** ou **n., où** + **relative** *Dépêche-toi, c'est l'heure de partir.* • *Téléphonez-lui à l'heure du repas, c'est l'heure où il est chez lui.*

**S. et G. 1.** *Heure* a pour symbole h (20 h 30). — **2.** Au sens I, *heure* est une unité de temps comprise 24 fois dans une journée et contenant 60 minutes, qui s'emploie surtout avec un numéral ou un adj. indéf. plur. *Heure* indique une durée ou un moment (date). — **3.** Il y a deux façons d'exprimer l'*heure*, l'une très précise (p. ex. : 3 h 30 min 5 s), l'autre appartenant à la langue courante. Ainsi on dira : *1, 2... 11 heures* DU MATIN et MIDI pour *12 heures*; *1, 2... 6 heures* DE L'APRÈS-MIDI pour *13, 14... 18 heures*; *7, 8... 11 heures* DU SOIR pour *19, 20... 23 heures* et enfin MINUIT pour *24 heures*. On emploie ET DEMIE pour ET 30 MINUTES, ET QUART pour ET 15 MINUTES, MOINS LE QUART pour MOINS 15 MINUTES (12 h 30 = *midi et demi*; 13 h 15 = *1 heure et quart*; 14 h 45 = *3 heures moins le quart*). *Mettre à l'heure* a pour équivalent RÉGLER UNE MONTRE, UN RÉVEIL. En parlant de qqn, *être à l'heure* a pour syn. ÊTRE PONCTUEL et pour contr. ÊTRE EN RETARD ou EN AVANCE. *Une montre qui est à l'heure* N'AVANCE ni ne RETARDE. *De bonne heure* a pour syn. TÔT et pour contr. TARD. — **4.** Au sens II, *heure* signifie un INSTANT précis dans le temps ; le syn. est MOMENT.

**heureusement** [øʁøzmɑ̃] adv.
[opinion] *Quand on est arrivé là-bas, on n'a trouvé personne. Heureusement, on avait la clé!* • *Jacques a eu un accident, mais il n'a heureusement rien de cassé.* • *Heureusement qu'on est rentré avant l'orage.*

**S.** *Heureusement*, qui peut être suivi d'une phrase introduite par QUE, indique la satisfaction qu'on retire du déroulement des événements ; il peut être employé comme interj. Les syn. sont PAR BONHEUR, PAR CHANCE, les contr. MALHEUREUSEMENT, HÉLAS.

**heureux, euse** [øʁø, øz] adj. (après le n.) et n.
[adj.] (se dit de qqn) **heureux (de** + **inf., que** + **subj.)** *Qu'est-ce que tu as? Tu pleures? Tu n'es pas heureux avec nous?* • *On ne peut pas dire qu'elle soit très heureuse avec son mari.* • *Ah! enfin vous voilà! Mes enfants, que je suis heureuse de vous voir!* • *C'est vrai que tu es heureux que je vienne?* ◆ (se dit de qqch) *C'est heureux qu'il ne nous ait pas vus!* ◆ [n.] (personne) *Eh bien, si vous quittez votre poste, vous allez faire un heureux : Jacques a toujours voulu votre place.*

**S. 1.** *Heureux*, en parlant de qqn, a pour syn. moins fort CONTENT et, plus forts, RAVI, ENCHANTÉ. Les contr. sont MALHEUREUX et TRISTE, MÉCONTENT (moins fort). *Être heureux de* + inf., *que* + subj. a pour syn. SE RÉJOUIR et, moins fort, ÊTRE SATISFAIT. Le nom correspondant est BONHEUR. — **2.** *C'est heureux* a pour équivalent C'EST UNE CHANCE. — **3.** *Faire un heureux, une heureuse* (n.), c'est procurer à qqn un avantage, un plaisir.
**L. heureusement, malheureux,** v. ces mots.

**heurter** ['œʁte] v. t. (conj. 1)
I. (sujet qqn, qqch, un véhicule) **heurter**

**qqn, qqch** *Il est tombé et sa tête a heurté le bord de la table.* • *[En voiture]* : « *Arrête-toi, je crois qu'on a heurté un cycliste!* » ◆ (sujet qqch [abstrait], qqn) **se heurter à qqch (abstrait), qqn** *Oui, nous avons présenté notre projet, mais nous nous sommes heurtés à l'incompréhension générale.*
II. (sujet qqn, ses paroles) **heurter qqn** *Surtout ne le heurtez pas, il est très susceptible.*

**S. 1.** *Heurter* (sens I) est un syn. plus fort et soutenu de FRAPPER, TOUCHER, COGNER (en parlant de qqch). *Se heurter à qqch* (abstrait), c'est le rencontrer comme obstacle, S'OPPOSER À. — **2.** *Heurter* (sens II) est un syn. soutenu de CONTRARIER (courant), BLESSER (soutenu), VEXER (plus fort).
**L. heurt** (n. m.) [sens I] *Les deux voitures se sont heurtées très violemment* → *le heurt entre les deux voitures a été très violent.* ◆ [sens II] *Tout ne s'est pas passé sans heurt* (← sans qu'on se heurte l'un à l'autre).

**hier** [ijɛʁ] ou [jɛʁ] adv.
[temps, jour] *Jacques est venu dîner chez*

nous hier soir et finalement il est resté coucher à la maison. • *Le pain a l'air dur, il est d'hier ou d'aujourd'hui ?*

**S. et G. 1.** *Hier* désigne le jour qui précède AUJOURD'HUI et s'oppose à DEMAIN. — **2.** Quand on passe du discours direct au discours indirect, *hier* devient LA VEILLE (*Pierre a dit : « Je suis venu hier »* → PIERRE A DIT QU'IL ÉTAIT VENU LA VEILLE.)
**L. avant-hier** (adv.) *Nous sommes rentrés le jour qui précédait hier* (= *il y a deux jours*) → *nous sommes rentrés avant-hier.*

**hiérarchie** ['jerarʃi] n. f.
[état social] (compt., surtout au sing.) *Après 1968, la hiérarchie a été fortement contestée.* • *A quel niveau vous situez-vous dans la hiérarchie des salaires ?*

**S.** La *hiérarchie* est l'ordre dans lequel on classe les gens dans une société, une assemblée, etc. (de l'inférieur au supérieur, du plus petit au plus grand), ou le système de valeurs qui prévaut dans une société. La *hiérarchie* s'oppose, d'une part, à l'ÉGALITÉ, et, d'autre part, à l'ANARCHIE.
**L. hiérarchique** (adj.) *C'est mon supérieur dans la hiérarchie* → *c'est mon supérieur hiérarchique.* ◆ **hiérarchiser** (v. t.) *On n'a pas voulu organiser notre assemblée selon une hiérarchie* → *on n'a pas voulu hiérarchiser notre assemblée.* ◆ **hiérarchisation** (n. f.) *Dans certains cas, il est nécessaire de hiérarchiser les fonctions de chacun* → *dans certains cas, la hiérarchisation des fonctions de chacun est nécessaire.*

**histoire** [istwar] n. f.
I. [science] (non-compt., au sing.) *Aline est très forte en histoire, il faut dire qu'elle a une mémoire extraordinaire !* ◆ [collectif, événements] (non-compt., au sing.) *Tu connais l'histoire de l'Amérique ?* • *Il a été un grand président, son nom restera certainement dans l'histoire.*
II. [événement, qqn] (compt., surtout au sing.) *Qu'est-ce qu'il y a dans ce livre ?* — *C'est l'histoire de jeunes gens qui partent seuls en Inde.* • *Comment as-tu rencontré Christian ?* — *Oh ! c'est toute une histoire, je te raconterai cela plus tard.* • *Alors on s'est retrouvés seuls en pleine nuit dans la forêt et on s'est perdus.* — *Eh bien, quelle histoire ! Mais vous, il vous arrive toujours des drôles d'histoires.*
III. [événement] (compt.) *Ils étaient amis et ils se sont fâchés pour une histoire d'argent !* • *Pour l'instant occupons-nous des vacances, les impôts c'est une autre histoire, on verra.* ◆ (sujet qqn) **faire une, des histoires, avoir des histoires avec qqn**

*Bon d'accord, j'ai eu tort, mais tu ne vas pas en faire une histoire, non ?* • *Alors quoi, tu en fais des histoires pour accepter, décide-toi !* • *Dépêche-toi, parce que, si on arrive en retard, on va encore avoir des histoires avec le patron.* — *Oh oui, il fait des histoires pour rien.* ◆ **histoire de** + **inf.** *Si on allait au cinéma, histoire de se changer un peu les idées ?*
IV. [énoncé] (compt.) *Tous les soirs elle lit des histoires à sa fille pour l'endormir.*
◆ (non-compt., au plur.) *Ne me raconte pas d'histoires, dis-moi la vérité.* • *Il ne faut pas le croire, tout ça c'est des histoires.*

**S. 1.** L'*histoire* (sens I) est la connaissance ou l'étude des événements qui marquent la vie des

hommes (et la succession de ces événements elle-même) : l'*histoire* est une des sciences humaines. — **2.** *Histoire* (sens II) a pour syn. AVENTURE ou AFFAIRE (sans compl.). — **3.** Au sens III, les syn. sont AFFAIRE, QUESTION. *En faire une histoire*, c'est amplifier, DRAMATISER un événement, lui donner plus d'importance qu'il n'en a. *Faire des histoires*, c'est FAIRE DES MANIÈRES. *Avoir des histoires avec qqn*, c'est AVOIR DES ENNUIS, DES DÉMÊLÉS (soutenu) AVEC lui. *Histoire de* a pour équivalent JUSTE POUR et introduit une intention, un but sans grande importance. — **4.** Une *histoire* (sens IV) se raconte ; c'est le RÉCIT d'événements imaginaires ou réels. Un CONTE, une LÉGENDE, un ROMAN sont des *histoires*. Une ANECDOTE est une petite *histoire* curieuse. Une *histoire* en plusieurs épisodes est un FEUILLETON. Il y a du SUSPENSE dans une *histoire* quand on attend avec angoisse la suite des événements. *Raconter des histoires* a pour syn. MENTIR ou RACONTER DES BLAGUES (fam.).
**L. historien, enne** (n.) [sens I] *Il est spécialiste d'histoire* → *il est historien.* ◆ **historique** (adj.) [sens I] *C'est un événement qui restera dans l'histoire* → *c'est un événement historique.*

**hiver** [ivɛʀ] n. m.
[saison] *Depuis qu'ils sont à la retraite, ils passent l'hiver à Paris et l'été en Bretagne.* ● *On vient d'avoir un bel automne, mais il paraît que l'hiver sera très froid.* ● *Vous allez à la montagne cet hiver ? — Oui, dans*

*les Alpes.* ● *En hiver, ici, il fait nuit à 5 heures.*
    **S.** *L'hiver* est une saison qui commence le 21 ou 22 décembre et dure jusqu'au 20 ou 21 mars. L'*hiver* est la saison froide.
    **L. hivernal, e, aux** (adj.) Il fait un froid pareil à celui de l'hiver → *il fait un froid hivernal.*

**hocher** [ˈɔʃe] v. t. (conj. **1**)
(sujet qqn) **hocher la tête** *Il hocha simplement la tête en signe d'accord mais ne dit rien.*
    **S.** *Hocher la tête* (soutenu), c'est la mouvoir de haut en bas et de bas en haut en signe d'accord.
    **L. hochement** (n. m.) Il approuva en hochant la tête → *il approuva d'un hochement de tête.*

**hold-up** [ˈɔldœp] n. m. inv.
[action, qqn] *Encore un hold-up dans une banque cet après-midi : on a volé plusieurs millions et les gangsters sont en fuite.*
    **S.** Un *hold-up* est une attaque à main armée faite en vue de dévaliser une banque, un commerce, etc.

**hollandais, e** [ˈɔlɑ̃dɛ, ɛz] adj. (après le n.) et n.
[adj.] (se dit de qqch) *Il est bon ce fromage, il vient d'où ? — C'est du fromage hollandais.* ◆ [n. et adj.] (personne) *Pierre est allé à Amsterdam, il y a connu une Hollandaise qu'il va épouser.* ● *C'est un grand peintre. — Il est hollandais, je crois ?*
    **G.** L'adj. ne se met ni au comparatif ni au superlatif.
    **S.** L'adj. ethnique *hollandais* correspond au n. f. HOLLANDE (en langue courante) et au n. m. pl. PAYS-BAS. Les *Hollandais* (notez la majuscule) ont la nationalité *hollandaise* ou NÉERLANDAISE ; ils parlent le NÉERLANDAIS.

**homard** [ˈɔmaʀ] n. m.
[animal] *Pour fêter ton anniversaire, on ira manger du homard au restaurant. — Tu es très gentil, mais tu sais bien que les crustacés me rendent malade.*
    **S.** Le *homard* est un crustacé à grosses pinces.

**homme** [ɔm] n. m.
I. [personne] *Qu'est-ce que c'est que ce petit point, là, sur la carte ? — C'est une île déserte où aucun homme n'est encore allé vivre.* ● *Dis-moi ce qui distingue les hommes (l'homme) des animaux (de l'animal).*
II. [personne, sexe] (compt.) *Alors, il y avait beaucoup de monde à cette réunion ? — Oui, mais beaucoup plus d'hommes que de femmes.* ● *Y a-t-il un coiffeur pour hommes par ici ?* ● *Quelqu'un t'a appelé au téléphone, une voix d'homme ; il n'a pas dit son nom.* ◆ [personne, âge] *Tu verras Yves, quand tu seras un homme, tu comprendras.* ◆ (compt., surtout au sing.) **jeune homme** *Qui est ce jeune homme ? Je ne le connais pas. — C'est mon fils.*
    **S. 1.** *Homme* (sens I) s'oppose à ANIMAL et à VÉGÉTAL et désigne l'ÊTRE HUMAIN de sexe masculin ou féminin. L'ensemble des *hommes* constitue l'HUMANITÉ. *Aucun homme* a pour syn. PERSONNE. *Les hommes* peut avoir pour syn. LES GENS. — **2.** *Homme* (sens II) désigne un individu mâle, et il a pour contr. FEMME, DAME, ou un individu adulte (par oppos. à GARÇON, JEUNE HOMME) de sexe masculin. Qqch qui est caractéristique de l'*homme* est VIRIL ou MASCULIN. — **3.** *Jeune homme* a pour contr. JEUNE FILLE et s'emploie pour parler d'un *homme* très jeune ou d'un garçon, par oppos. à MONSIEUR ; le pluriel correspondant est JEUNES GENS.

**hongrois, e** [ˈɔ̃gʀwa, az] adj. (après le n.) et n., **hongrois** n. m.
[adj.] (se dit de qqch) *Comment s'appelle la monnaie hongroise ?* ◆ [n. m.] (langue) *Très peu de gens en France parlent le hongrois.* ◆ [n. et adj.] (personne) *C'est un jeune Hongrois qui a gagné les champion-*

nats d'Europe. • *Jancsó est un grand metteur en scène hongrois.*
**G.** L'adj. ne se met ni au comparatif ni au superlatif.
**S.** L'adj. ethnique *hongrois* correspond au n. f. HONGRIE et au n. m. *hongrois* (= la langue hongroise). Les *Hongrois* (notez la majuscule) sont ceux qui ont la nationalité *hongroise.*

**honnête** [ɔnɛt] adj. (après ou, plus rarement, avant le n.)
I. (se dit de qqn, de son attitude) *Je t'assure que tu peux leur prêter son appartement en toute confiance, ce sont des gens très honnêtes.*
II. (se dit de qqch [prix, qualité, dimension, rang, etc.]) *Il me semble que le prix de cet appartement est très honnête pour le quartier, non ?* • *Nous avons fait un repas tout à fait honnête dans ce petit restaurant.*
    **S. 1.** Est *honnête* (sens I) celui qui respecte la justice, la morale sur le plan de l'argent. Le contr. est MALHONNÊTE. Les syn. soutenus ou litt. sont SCRUPULEUX, DROIT, INTÈGRE, PROBE, LOYAL. — **2.** Quand il s'agit de qqch (sens II), les syn. sont CONVENABLE, CORRECT, RAISONNABLE, SATISFAISANT ; les contr. sont ABUSIF, EXAGÉRÉ, EXCESSIF (en parlant d'un prix surtout).
**L. honnêtement** (adv.) [sens I] *Ces gens agissent de façon honnête → ces gens agissent honnêtement.* ◆ **honnêteté** (n. f.) [sens I] *Il est très honnête → il est d'une grande honnêteté.* ◆ **malhonnête,** v. ce mot.

**honneur** [ɔnœʀ] n. m.
I. [qualité, qqn] (non-compt., au sing.) *Ah ça, à mon époque, une jeune fille ne pouvait pas sortir comme ça avec un garçon, l'honneur de la famille était en jeu !* — *Et tu vas me dire que de nos jours, on n'a plus le sens de l'honneur, n'est-ce pas ?*
II. [sujet qqn, qqch] **faire (beaucoup d') honneur à qqn** *Cher ami, vous me faites beaucoup d'honneur en acceptant mon invitation.* ◆ (sujet qqn) **rendre honneur à qqn** *La population entière du village rend honneur à votre courage, monsieur, et vous prie d'accepter ce modeste cadeau.* ◆ **avoir l'honneur de** + **inf.** *Je pense au jour où quelqu'un viendra me dire : « Monsieur, j'ai l'honneur de vous demander la main de votre fille. »* — *Si tu crois que tu seras au courant !*
III. [résultat] (compt., surtout au plur.) *Il a été traité avec tous les honneurs dus à son rang.*
    **S. 1.** L'*honneur* (sens I) est le sentiment de sa propre dignité, la conformité à certains principes moraux, la bonne réputation de qqn. — **2.** *Faire (beaucoup d')honneur à* qqn (sens II), c'est contribuer à son sentiment de dignité, de bonne réputation. *Rendre honneur à* qqn, c'est souligner son mérite, son talent, faire son éloge. *Avoir l'honneur de* est une formule de politesse soutenue précédant une demande. — **3.** Les *honneurs* (sens III) sont les marques

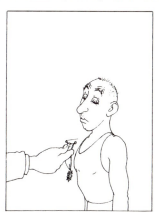

extérieures, les privilèges, les témoignages de considération.
**L. honorer** (v. t.) [sens II] *Monsieur, vous me faites beaucoup d'honneur → monsieur, vous m'honorez.* ◆ **déshonneur** (n. m.) [sens I] *Il n'a pu survivre à la perte de son honneur → il n'a pu survivre à son déshonneur.* ◆ **déshonorer** (v. t.) [sens I] *Cette accusation lui a fait perdre son honneur → cette accusation l'a déshonoré.* ◆ **déshonorant, e** (adj.) [sens I] *C'est une conduite qui déshonore → c'est une conduite déshonorante.*

**honte** [ɔ̃t] n. f.
[sentiment] (non-compt., au sing.) *Moi, je serais morte de honte si on m'avait dit ça.* ◆ (sujet qqn) **avoir honte (de qqch, de +** **inf.)** *Tu n'as pas honte de manger avec des mains aussi sales ?* • *J'ai un peu honte d'être parti si vite, sans dire au revoir à personne.* ◆ (sujet qqn, son attitude) **faire honte à qqn** *Si vous saviez comment il s'est tenu dans le magasin ! Vraiment, parfois il me fait honte.* ◆ [concret] (compt., surtout au sing.) *Ne remets plus jamais les pieds ici, tu es la honte de la famille !* • *C'est une honte de loger si mal les gens qui travaillent pour vous !*
    **S.** La *honte* est un sentiment pénible de culpabilité, de faute, etc. *Avoir honte* a pour syn. ÊTRE HONTEUX ou GÊNÉ, EMBARRASSÉ, CONFUS (tous trois moins forts), ou AVOIR DES SCRUPULES, DES

# HONTEUX

REMORDS (moins forts et soutenus). *Faire honte à qqn*, c'est lui procurer un sentiment de honte. *Être la honte de*, c'est une honte se disent de qqn, de qqch qui suscitent un sentiment de *honte*.
**L. honteux**, v. ce mot.

**honteux, euse** [ɔ̃tø, øz] adj. (après le n.) (se dit de qqn, de son attitude) *Excusez-moi, je suis honteux d'arriver si tard.* ● *C'est quand même honteux de laisser tant de gens mourir de faim!* ● *Vous avez entendu comment il parle à sa mère? C'est honteux!*

**S.** En parlant de qqn, *être honteux de*, c'est AVOIR HONTE DE ; il a pour syn. moins forts

DÉSOLÉ, CONFUS, GÊNÉ et, plus forts, NAVRÉ, CONSTERNÉ ; le contr. est FIER DE. En parlant de qqch, les syn., plus forts, sont IGNOBLE, SCANDALEUX (soutenu). *C'est honteux* a pour syn. C'EST UNE HONTE, UN SCANDALE (plus fort).
**L. honteusement** (adv.) *Il a agi envers moi de façon honteuse* → *il a honteusement agi envers moi.*

**hôpital** [ɔpital] n. m., pl. **hôpitaux** [établissement] *Il n'y a pas assez d'hôpitaux dans cette région.* ● *Quand est-ce que tu te fais opérer? — Eh bien, j'entre à l'hôpital demain matin.*

**S.** *L'hôpital* est un établissement public où l'on soigne les malades, alors que la CLINIQUE est un établissement privé moins important. Un DISPENSAIRE est un établissement où l'on donne des soins, des consultations, mais où on ne séjourne pas.
**L. hospitaliser**, v. ce mot. ◆ **hospitalier, ère** (adj.) *Le personnel des hôpitaux ne fera pas grève* → *le personnel hospitalier ne fera pas grève.* (V. aussi ce mot.)

**horaire** [ɔrɛr] n. m.
[collectif, temps] *M. le Directeur ne pourra pas vous recevoir aujourd'hui, son horaire ne lui laisse pas un moment de libre.* ● *À quelle heure part le train de Nice? — Je ne sais pas, mais vous avez les horaires là-bas.*

**S.** Un *horaire*, c'est la répartition des occupations, du travail au cours de la journée ; il a pour syn. EMPLOI DU TEMPS. En ce sens, il s'emploie surtout au sing. Un *horaire*, c'est aussi les HEURES d'arrivée, de départ, de passage d'un train, du métro, d'un autobus, d'un car ; il a alors pour syn. HEURES (de passage, d'arrivée, de départ). [En ce sens, il s'emploie surtout au plur.]

**horizon** [ɔrizɔ̃] n. m.
I. [lieu naturel] (compt., surtout au sing.) *Et là-bas, à l'horizon, c'est l'île où on passait nos vacances quand on était petits.*
II. [lieu abstrait] (compt.) *L'horizon politique et social du pays est plutôt sombre.* ● *Après avoir fait un tour d'horizon de la situation économique, il proposa ses réformes.*

**S. 1.** *L'horizon* (sens I), c'est la ligne visible, qui pour celui qui regarde au loin, est la limite entre le ciel et la terre. — **2.** *L'horizon* (sens II) est l'aspect sous lequel se présente une situation à un moment donné. Il a pour syn. PERSPECTIVE. *Faire un tour d'horizon*, c'est étudier successivement différentes questions dans un domaine.

**horizontal, e, aux** [ɔrizɔ̃tal, to] adj. (après le n.)
(se dit de qqch [ligne, plan]) *Ton dessin est mal fait ; regarde, les lignes ne sont pas horizontales par rapport au bord de la page.*

**G.** Cet adj. n'a ni comparatif ni superlatif.
**S.** Est *horizontal* ce qui est parallèle à la ligne de l'HORIZON (sens I) et perpendiculaire au plan VERTICAL de l'observateur.
**L. horizontalement** (adv.) *Tu n'as pas tracé ta ligne d'une manière horizontale* → *tu n'as pas tracé ta ligne horizontalement.*

**horloge** [ɔrlɔʒ] n. f.
[appareil] *Il paraît que les horloges de gare avancent toujours de deux minutes pour permettre aux gens de ne pas rater leur train.*

**S.** *L'horloge*, beaucoup plus grosse que le réveil, et plus importante que la pendule, indique l'heure le plus souvent dans les lieux publics.

**horreur** [ɔrœr] n. f.
I. [sentiment] (non-compt., au sing.) *Tu ne vas quand même pas envoyer les enfants voir un film d'horreur ?* ◆ (sujet qqn) **avoir horreur de qqch, de qqn, de + inf.** *Je croyais me souvenir que vous aviez horreur du poisson ! — En effet, je déteste ça ! • Jacques a horreur de conduire dans Paris, c'est pour ça qu'il prend toujours le métro.*
II. [objet] (compt.) *Je t'en prie, retire ce tableau, c'est une véritable horreur !*

**S. 1.** L'*horreur* est une très grande peur provoquée par qqch d'HORRIBLE. *Un film d'horreur* est un film qui fait peur, c'est un film d'épouvante. *Avoir horreur de* a pour syn. DÉTESTER et pour contr. AIMER et, plus fort, ADORER. —

2. Une *horreur* (sens II), c'est qqch d'horrible, de très laid.

**horrible** [ɔribl] adj. (avant ou après le n.) (se dit de qqch, de qqn) *Ne roulez pas trop vite, hier on a encore vu un accident horrible sur l'autoroute. • Quelle idée ils ont eue de déménager dans cet horrible quartier ! • Tu es horrible avec ce chapeau ! Ça ne te va pas du tout !*

**S.** Qqch, qqn d'*horrible* provoque l'HORREUR ; les syn. sont AFFREUX et, plus forts, ABOMINABLE, ATROCE, TERRIBLE, EFFROYABLE, ÉPOUVANTABLE. Comme intensif de LAID, les syn. plus forts sont HIDEUX (litt.) ou MONSTRUEUX. Les contr. sont BEAU (moins fort) et MAGNIFIQUE.
**L. horriblement,** v. ce mot.

**horriblement** [ɔrribləmɑ̃] adv.
[quantité] *Aïe ! Je ne peux vraiment plus avancer d'un pas... Ces chaussures me font horriblement mal. • N'achète pas de fraises en ce moment, elles sont encore horriblement chères !*

**S.** *Horriblement* indique le plus souvent une grande quantité ou intensité. Les syn. sont TRÈS, EXTRÊMEMENT, TERRIBLEMENT, ÉPOUVANTABLEMENT (plus fort).

**horrifier** [ɔrifje] v. t. (conj. 2)
(sujet qqn, qqch) **horrifier qqn** *Tout ce qu'il a raconté au procès m'a horrifié ; comment a-t-il pu commettre un tel acte ? • Elle avait l'air d'être horrifiée par ce qu'elle avait aperçu dans l'obscurité.*

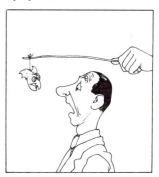

**S.** *Horrifier* (soutenu), c'est faire éprouver un sentiment d'HORREUR, d'effroi, d'indignation (moins fort). SCANDALISER est un syn. moins fort.
**L. horrifiant, e** (adj.) *Ses propos horrifiaient* → *ses propos étaient horrifiants.*

**horripiler** [ɔripile] v. t. (conj. 1)
(sujet qqch, qqn) **horripiler qqn** *Arrête de rire bêtement comme ça, ça m'horripile.*

**S.** *Horripiler* est un syn. de EXASPÉRER (plus fort), AGACER, ÉNERVER (moins forts).

**hors de** [ˈɔrdə] prép.
I. [lieu] **hors de qqch (concret)** *Vous habitez dans Paris ou hors de la ville ? — Hors de Paris, en banlieue.*
II. [exclusion] **hors de qqch (abstrait)** [*Le médecin*] : *« Le malade est maintenant hors de danger, il va guérir très vite. » • Tu n'iras pas au cinéma ce soir, c'est tout à fait hors de question. • Les appartements sont hors de prix à Paris, nous allons chercher en banlieue, c'est moins cher.*

**S. 1.** *Hors de* (sens I) a pour syn. EN DEHORS DE (courant), À L'EXTÉRIEUR DE et, plus fort, LOIN DE. Le contr. est DANS, À L'INTÉRIEUR DE. — **2.** *Hors de* (sens II) est suivi d'un petit nombre de substantifs sans article. *Hors de danger* a pour syn. SAUVÉ, SAIN ET SAUF. *Hors de prix* a pour syn. TRÈS CHER, INABORDABLE (soutenu), et pour contr. BON MARCHÉ, ABORDABLE. On dit d'une chose qu'elle est *hors de question* quand elle ne doit même pas être envisagée.

**hors-d'œuvre** [ˈɔrdœvr] n. m. inv.
[aliment] (compt.) [*Au restaurant*] : *« Vous*

## HOSPITALIER

*ne voulez pas de hors-d'œuvre, avant la viande ?»* ◆ (non-compt.) *En hors-d'œuvre, je prends une salade de tomates, et toi ?*

**G.** Ce mot a le même sens au sing. et au plur. : on dit indifféremment *un* ou *des hors-d'œuvre.*
**S. 1.** Les *hors-d'œuvre* sont servis au début d'un repas, avant le plat principal. — **2.** Le ou les *hors-d'œuvre* sont constitués par des crudités (tomates, carottes, salade verte, radis, etc.) ou par de la charcuterie (pâté, saucisson, etc.). — **3.** *Hors-d'œuvre* est souvent syn. de ENTRÉE en langue courante.

**hospitalier, ère** [ɔspitalje, ɛr] adj. (après le n.)
(se dit de qqn, d'un groupe) *On est toujours bien reçu à la campagne dans le Midi, ce sont des gens très hospitaliers.*

**S.** Est *hospitalier* (soutenu) celui qui accueille les HÔTES, les étrangers avec courtoisie et

libéralité. Le syn. courant est ACCUEILLANT. (V. aussi HÔPITAL.)
**L. hospitalité** (n. f.) *Je vous remercie de votre charmante hospitalité (← de vous être montré si hospitalier).*

**hospitaliser** [ɔspitalize] v. t. (conj. **1**)
(sujet qqn) **hospitaliser qqn** [*Le docteur*] : «*C'est grave, il faut hospitaliser votre mari d'urgence, madame.*» ◆ **être hospitalisé** *Elle est hospitalisée dans une clinique privée.*

**S.** *Hospitaliser* qqn, c'est le faire entrer à l'HÔPITAL ou dans une clinique.
**L. hospitalisation** (n. f.) *Il a été hospitalisé cinq jours → son hospitalisation a duré cinq jours.*

**hostile** [ɔstil] adj. (après le n.)
(se dit de qqn, de son attitude) **hostile à**

**qqch, à qqn** *Je ne suis pas hostile à votre projet, mais il faudra le revoir, l'améliorer.*
● *Je sens bien qu'il m'est hostile, il ne me trouve pas sympathique.* — *Mais non, je t'assure, il est comme ça avec tout le monde.* ◆ (sans compl.) *Il lui a fallu du courage pour traverser la foule hostile et aller jusqu'à sa voiture.*

**S.** Être *hostile à* qqch, c'est S'Y OPPOSER, le refuser. FAVORABLE est un contr. ; CONTRE, OPPOSÉ ou, en parlant d'une attitude, DÉFAVORABLE sont des syn. Être *hostile à* qqn, c'est avoir à son égard des intentions agressives. Sans compl., les contr. sont BIENVEILLANT, AMICAL.
**L. hostilité** (n. f.) *Je sens que tu m'es hostile → je sens ton hostilité à mon égard.*

**hôtel** [otɛl] n. m.
[lieu, commerce] *Vous ne trouverez pas de chambre ce soir, tous les hôtels sont pleins !*
● *Tu ne connaîtrais pas un petit hôtel calme, pas trop loin de Paris ?*

**S.** Dans les guides (touristiques), on donne à certains *hôtels* des ÉTOILES, selon le confort de l'établissement (*hôtel* à une, deux, trois ou quatre étoiles). L'*hôtel*, qui comprend des chambres, se distingue du RESTAURANT où l'on ne peut que prendre des repas ; il existe des HÔTELS-RESTAURANTS, où on peut coucher et prendre ses repas. Une AUBERGE est un *hôtel* simple à la campagne (certains restaurants portent aussi ce nom). Un PALACE est un *hôtel* de luxe. Certains *hôtels* proposent des tarifs spéciaux pour une PENSION complète (la chambre et tous les repas) ou pour une DEMI-PENSION (la chambre, le petit déjeuner et un repas).
**L. hôtelier, ère** (n. et adj.) *Il tient un hôtel près de Tours → il est hôtelier près de Tours.*

**hôtesse** [otɛs] n. f.
I. [personne, profession] [*À l'entrée de l'exposition*] : «*Pour tout renseignement, veuillez vous adresser à l'hôtesse.*»
II. [personne, profession] **hôtesse (de l'air)** [*Dans l'avion*] : «*Si tu as mal au cœur, demande un cachet à l'hôtesse.*»

**S. 1.** Une *hôtesse* (sens I) est une employée qui renseigne les visiteurs, les touristes, les clients (dans une exposition, une gare, une entreprise, etc.). — **2.** Une *hôtesse de l'air* est une employée chargée de veiller au confort et à la sécurité des passagers d'un avion de ligne. L'équivalent masculin est STEWARD.

**huer** ['ɥe] v. t. (conj. **2**)
(sujet qqn) **huer qqn, un spectacle** *À sa sortie de l'Assemblée nationale, il fut hué par la foule qui l'attendait.*

**S.** *Huer* (soutenu) a pour contr. APPLAUDIR.

# HUMEUR

On *hue* qqn, *un spectacle* pour manifester son désaccord, son mépris, sa désapprobation. CONSPUER est un syn. litt., SIFFLER un syn. courant.
**L. huées** (n. f. pl.) Il fut hué par la foule à sa sortie → *il fut accueilli par les huées de la foule à sa sortie.*

**huile** [ɥil] n. f.
I. [aliment] (non-compt., au sing.) *Tu cuis le poisson au beurre ou à l'huile ?*
II. [matière] (non-compt., au sing.) *Le garagiste a remis de l'huile dans le moteur, il n'y en avait plus assez.*

**S.** L'*huile* fait partie des corps gras. Elle peut être d'origine végétale (arachide, noix, olive, soja), animale (graisses) ou minérale (extraite du pétrole). Elle peut être destinée à l'alimentation (chaude pour les fritures ou froide avec le vinaigre pour l'assaisonnement de la salade), à la préparation de produits pharmaceutiques ou à divers usages techniques (graissage des moteurs p. ex.).

**huit** ['ɥit] adj. num. cardinal inv.
[8] *Huit et deux font dix.* • *Ouvrez votre livre page huit.* • *Nous nous reverrons dans huit jours.* • *Elle n'a que huit élèves à son cours, et les huit ne comprennent rien, ce n'est pas normal.*

**S.** En langue courante, on emploie *huit jours* comme syn. de UNE SEMAINE.

**huitaine** ['ɥitɛn] n. f.
[quantité] **huitaine (de + n. plur.)** *J'aimerais réfléchir à ce que tu m'as dit : revoyons-nous dans une huitaine.*

**S.** *Huitaine* sans compl. a le sens de *une huitaine de jours* et a pour équivalent UNE SEMAINE, HUIT JOURS.

**huitième** ['ɥitjɛm] adj. num. ordinal
[8e] (se dit de qqn, de qqch) *Ils habitaient dans un immeuble moderne, au huitième étage.* • *Pierre est arrivé huitième à la course, ce n'est pas extraordinaire.*

**S.** Dans une énumération, HUITIÈMEMENT est l'adv. correspondant à *huitième* (= en huitième lieu).

**huître** [ɥitr] n. f.
[animal] *C'est une tradition : à Noël, on mange toujours des huîtres; il en faudra trois douzaines, puisque nous sommes six.* • *Ne te blesse pas en essayant d'ouvrir les huîtres.*

**S.** Les *huîtres* sont des coquillages (mollusques, dans la langue scientifique) qui sont élevés dans des parcs : cet élevage s'appelle l'OSTRÉICULTURE.

**humain, e** [ymɛ̃, ɛn] adj. (après le n.)
I. (se dit d'un être vivant, de qqch) *Tu le traites vraiment mal, tu oublies que c'est un être humain !* • *C'est un endroit absolument désert, sans aucune trace de vie humaine.*
II. (se dit de qqn, de son attitude) *Tu as été très dur avec lui, tu aurais pu être un peu plus humain !*

**G.** Au sens I, cet adj. n'a ni comparatif ni superlatif.
**S. 1.** Est *humain* (sens I) ce qui est relatif à l'HOMME, à l'HUMANITÉ. Un *être humain* est un HOMME. — **2.** Est *humain* (sens II) celui qui a les qualités (pitié, compréhension, générosité, etc.) attribuées à l'HOMME. Il a pour contr. INHUMAIN, CRUEL, BARBARE, IMPITOYABLE, etc., et pour syn. GÉNÉREUX, BON.
**L. humainement** (adv.) [sens II] Il traite ses employés d'une manière humaine → *il traite humainement ses employés.* ◆ **humanité** (n. f.) [sens I] L'ensemble des êtres humains → *l'humanité.* ◆ [sens II] Il est très humain → *il est plein d'humanité.* ◆ **inhumain, e** (adj.) [sens II] Il n'est pas humain du tout avec ses employés → *il est inhumain avec ses employés.*

**humeur** [ymœr] n. f.
[état, qqn] (compt., surtout au sing.) *Tu n'as pas l'air de bonne humeur ce matin !*

## HUMIDE

*Qu'est-ce qui t'est arrivé ?* ● *Il vaut mieux ne pas aller le voir maintenant, il est de très mauvaise humeur.* ● *C'est ton échec qui te met de si mauvaise humeur ?* ● *Chaque fois que je le rencontre, ça me met de bonne humeur : il est tellement gai et gentil !*

**S.** *Être de bonne humeur*, c'est ÊTRE CONTENT, GAI ; *être de mauvaise humeur*, c'est ÊTRE MÉCONTENT, TRISTE, MOROSE (litt.).

**humide** [ymid] adj. (après le n.)
(se dit de qqch) *Il a plu cette nuit, et les fauteuils qu'on avait laissés dehors sont tout humides ce matin.* ● *Je préfère le temps sec du Midi au temps humide de la Bretagne.*

**S.** Ce qui est *humide* est imprégné d'eau, MOUILLÉ. Quand il pleut beaucoup, le temps, le climat sont *humides*. Le contr. est SEC dans les deux cas ou ARIDE (plus fort), quand il s'agit du climat.
**L. humidité** (n. f.) *L'air est très humide* → *il y a beaucoup d'humidité dans l'air.*

**humilier** [ymilje] v. t. (conj. 2)
(sujet qqn, qqch [action, abstrait]) **humilier qqn** *Cet échec l'a profondément humilié, il n'ose plus parler à personne.*

**humour** [ymur] n. m.
[qualité, qqn, qqch] (non-compt., au sing.) *Si tu aimes l'humour anglais, va voir ce film, tu t'amuseras beaucoup.* ● *On a fait une blague à Pierre, mais il l'a mal prise.* — *Il fallait s'y attendre, il n'a aucun sens de l'humour.* ● *Qu'est-ce que tu fais quand tu vois quelqu'un qui se noie ?* — *Je ne sais pas.* — *Tant mieux.* — *Dis donc ! c'est de l'humour noir ou quoi ?*

**S. 1.** *L'humour*, c'est la capacité de rire ou de faire rire d'une situation. *Avoir de l'humour*, c'est pouvoir rire d'une blague, d'une satire, d'une moquerie, c'est avoir le sens du comique ; AVOIR DE L'ESPRIT en est un syn. moins fort. *L'humour noir* joue sur la cruauté ou le désespoir.
— **2.** Un HUMORISTE est celui qui écrit ou dessine des histoires drôles.
**L. humoristique** (adj.) *C'est un dessin où il y a de l'humour* → *c'est un dessin humoristique.*

**hurler** ['yrle] v. i. et v. t. (conj. 1)
[v. i.] (sujet qqn, un animal) *On a entendu quelqu'un hurler cette nuit dans la rue, vous savez ce qui s'est passé ?* ◆ [v. t.] (sujet qqn) **hurler qqch, que** + ind., **de** + inf. (à qqn) *La foule hurlait des injures.*

**S.** *Hurler*, c'est crier très fort.

**S.** *Humilier* (soutenu) a pour syn. MORTIFIER (soutenu), VEXER. En parlant de qqn, *humilier qqn*, c'est vouloir le RABAISSER, le VEXER (moins fort).
**L. humiliant, e** (adj.) *Il a prononcé des paroles qui m'ont humilié* → *il a prononcé des paroles humiliantes.* ◆ **humiliation** (n. f.) *Ce refus l'a humilié* → *ce refus fut pour lui une humiliation.*

**L. hurlement** (n. m.) *Il hurla de douleur* → *il poussa un hurlement de douleur.*

**hygiène** [iʒjɛn] n. f.
[qualité, qqn, qqch] (compt., surtout au sing.) *Qu'est-ce que c'est que tous ces petits boutons qu'il a sur le corps ?* — *Ça c'est l'absence d'hygiène, il ne doit pas se laver sou-*

vent. • *Ces gens-là n'ont aucune hygiène, regarde-les vivre ! — Comment peux-tu dire ça !*

**S.** L'*hygiène* est l'ensemble des soins de propreté que l'on donne à son corps, l'ensemble des mesures que l'on prend pour vivre d'une manière saine.
**L. hygiénique**, v. ce mot.

**hygiénique** [iʒjenik] adj. (après le n.) (se dit de qqch) *Tous les matins, pendant les vacances, je fais une petite promenade hygiénique en allant au village chercher le pain.* ◆ **papier hygiénique** *Tu fais les courses ce matin ? Alors n'oublie pas de prendre du papier hygiénique, il n'y en a presque plus.*

**S.** Est *hygiénique* ce qui est favorable à la santé, à l'HYGIÈNE. Le *papier hygiénique* est utilisé dans les toilettes.

**hypocrite** [ipɔkrit] adj. (après le n.) et n. [adj.] (se dit de qqn, de son attitude) *Je n'aime pas Georges, je trouve qu'il a un sourire hypocrite.* ◆ [n.] (personne) *Quel hypocrite ! Quand il te rencontre, il dit qu'il t'adore, mais, par-derrière, si tu savais tout le mal qu'il dit de toi !*

**S.** *Hypocrite* (adj.) a pour syn. FAUX (soutenu), SOURNOIS, en parlant de l'air, de l'attitude de qqn. Les contr. sont FRANC, SINCÈRE. *Hypocrite* (n.) a pour syn. MENTEUR (plus fort).

**L. hypocritement** (adv.) Il agit toujours de manière hypocrite → *il agit toujours hypocritement.* ◆ **hypocrisie** (n. f.) Cette réponse est hypocrite, ça me laisse un doute → *l'hypocrisie de cette réponse me laisse un doute.*

**hypothèse** [ipɔtɛz] n. f.
[résultat, activité mentale] *Les scientifiques font des expériences pour vérifier leurs hypothèses.* • *Pourquoi envisager tout de suite l'hypothèse d'un accident, il a peut-être simplement été retenu quelque part, ce qui expliquerait son retard.* • *Ce ne sont que des hypothèses, il n'y a rien de sûr.* • *Bon, tu vas lui demander ça, et dans l'hypothèse où il refuse, qu'est-ce qu'on fait ?*

**S.** Une *hypothèse* est une SUPPOSITION ou, dans

le domaine scientifique, une PROPOSITION qui sert de base à un raisonnement. *Dans l'hypothèse où* a pour équivalent AU CAS OÙ.
**L. hypothétique**, v. ce mot.

**hypothétique** [ipɔtetik] adj. (après le n.) (se dit de qqch [abstrait]) *Mais vous misez sur un résultat tout à fait hypothétique, vous n'êtes sûr de rien.*

**S.** Est *hypothétique* (soutenù) ce qui repose sur une simple HYPOTHÈSE ; il a pour syn. DOUTEUX (plus fort), INCERTAIN (soutenu). SÛR, ÉTABLI sont des contr.

# I

**ici** [isi] adv.
I. [lieu] *Ici, il pleut, mais à Paris, il fait beau.* ● *[Au téléphone] : « Ici, Jean-François, est-ce que je peux parler à Claudine ? »* ● *Si vous repassez par ici, venez donc nous voir.* ● *On voit bien que ce ne sont pas des gens d'ici, ils ont un accent.*
II. [temps] **jusqu'ici** *Jusqu'ici tout a bien marché ; mais on va voir la suite.* ◆ **d'ici (à) qqch (temps), d'ici là** *Pour partir on prendra le train ou la voiture ? — Oh ! d'ici aux vacances (ou d'ici les vacances), on a le temps de réfléchir !* ● *Il pleut, mais j'espère que, d'ici demain, le temps va changer.* ● *L'examen est en fin d'année ; d'ici là, on a le temps de travailler.*

**S. 1.** *Ici* (sens I) indique le lieu où l'on est, par oppos. à LÀ, LÀ-BAS qui désignent un endroit plus éloigné ; il s'oppose aussi à AILLEURS, qui indique un endroit indéterminé. — **2.** *Jusqu'ici* (sens II) a pour syn. JUSQU'À MAINTENANT. *D'ici les vacances* a pour équivalent DE MAINTENANT (JUSQU') AUX VACANCES. *D'ici là* a pour syn. JUSQUE-LÀ.

**1. idéal** [ideal] n. m., pl. **idéals** ou **idéaux** [résultat, activité mentale] *Ce n'est qu'à la fin de sa vie qu'il a pu réaliser son idéal : vivre un an sur une île déserte !* ● *Je ne comprends pas qu'à son âge il soit sans idéal, sans aucun projet ; vingt ans, pourtant, c'est l'âge où on rêve, non ?*

**S.** Un *idéal* est un type, un modèle de vie, d'action, etc., qu'on juge parfait et dont on fait son but.
**L. idéaliste**, v. ce mot.

**2. idéal, e, aux** ou **als** [ideal, o] adj. (après le n.), **idéal** n. m.
[adj.] (se dit de qqch, de qqn) **idéal (pour + inf., pour qqch)** *Arrêtons-nous ici, c'est l'endroit idéal pour se reposer.* ● *C'était des vacances idéales : le soleil, la mer, on ne peut pas rêver mieux.* ● *Regarde-le, c'est l'employé idéal, toujours à l'heure et faisant bien son travail !* ◆ [n. m.] (qqch) [non-compt., au sing.] *L'idéal serait que vous puissiez être là aussi, comme cela Pierre serait entouré de tous ses amis pour cette épreuve.* ● *Évidemment, une chambre pour vous trois, ce n'est pas l'idéal, mais c'est quand même mieux que d'aller à l'hôtel.*

**G.** L'adj. n'a pas de comparatif ni de superlatif.
**S.** Est *idéal* ce qui possède des qualités éminentes ou celui qui représente un modèle. Les syn. sont RÊVÉ, PARFAIT, BIEN ou BON (beaucoup moins fort) ; le contr. est MÉDIOCRE. *L'idéal* (n. m.) a pour syn. moins fort LE MIEUX.

**idéaliste** [idealist] adj. (après le n.) et n.
[adj.] (se dit de qqn) *Tu es trop idéaliste quand tu penses qu'il suffit d'avoir raison pour être cru !* ◆ [n] (personne) *C'est encore un de ces idéalistes qui prennent leurs désirs pour la réalité.*

**S.** Être *idéaliste*, c'est aspirer ou croire à un IDÉAL utopique. Le contr. est RÉALISTE.
**L. idéalisme** (n. m.) Le fait d'être idéaliste t'apportera des déceptions → *ton idéalisme t'apportera des déceptions.*

**idée** [ide] n. f.
I. [résultat, activité mentale] *Si on allait à la campagne dimanche ? — Ça alors, c'est une bonne idée !* ● *Quelle drôle d'idée d'avoir pris un parapluie, le temps est magnifique !* ● *Qu'est-ce qu'on fait ce soir ? — J'ai une idée ! Si on allait au cinéma ?* ● *Aline saura quoi lui offrir, elle a toujours un tas d'idées.* ● *Qui est-ce qui a eu l'idée de venir en voiture ? Il n'y a aucune place pour se garer ici !*
II. [résultat, activité mentale] *Écoute, j'ai mon idée sur la question, voilà ce qu'il faut faire.* ● *Mais, si sa voiture est en panne, comment va-t-il partir ? — Oh ! je crois qu'il a sa petite idée là-dessus !* ◆ (sujet qqn) **se faire une idée (+ adj.) de qqch** *Je t'assure que c'est très bien.* — *Peut-être, mais j'aimerais m'en faire une idée moi-même, j'irai voir ce que c'est.*
III. (sujet qqn) **avoir dans l'idée que + ind.** *J'ai dans l'idée que ce ne sera pas si facile que ça, il va falloir faire un effort.* ◆ **ça, il m'est venu à l'idée (que + ind.)** *Comment j'ai deviné que tu serais là ? Eh bien, il m'est venu à l'idée que tu étais en vacances au même endroit que moi.* ● *Je ne pensais pas que Jacques pouvait partir comme ça, sans un mot, ça ne m'était vraiment jamais venu à l'idée.*

**S. 1.** Une *idée* (sens I) est en général une pensée originale. *Avoir l'idée de* a pour syn. PENSER, SONGER À, CONCEVOIR qqch ou DE + inf. (soutenu). Qqn qui a des *idées* a de l'imagination. — **2.** Au sens II, une *idée* est une simple OPINION personnelle. *Se faire une idée de qqch*, c'est JUGER qqch. — **3.** *Idée* (sens III) a pour syn. ESPRIT. *Avoir dans l'idée que* a pour équivalent PENSER QUE.

**identifier** [idɑ̃tifje] v. t. (conj. 2)
I. (sujet qqn) **identifier qqn** *La police n'a pas encore pu identifier l'homme trouvé mort ce matin; il ne portait aucun papier sur lui.*
II. (sujet qqn) **s'identifier à qqn, qqch (rôle, fonction)** *Elle joue merveilleusement bien, on a l'impression qu'elle s'identifie parfaitement à son personnage.*

**S. 1.** *Identifier qqn*, c'est pouvoir établir son IDENTITÉ. — **2.** *S'identifier à qqn, qqch* (soutenu), c'est SE CONFONDRE AVEC, se prendre ou se manifester comme IDENTIQUE À.
**L. identification** (n. f.) *Ce sera difficile d'identifier les voleurs* → *l'identification des voleurs sera difficile.*

**identique** [idɑ̃tik] adj. (après le n.)
(se dit de qqch) **identique (à qqch)** *Pour une fois, mon opinion est identique à la vôtre;*

*nous sommes d'accord pour prévoir votre échec.* • *Il sera difficile de retrouver un verre identique à celui que tu viens de casser. Nous sommes partis d'hypothèses opposées, mais nous arrivons à des conclusions identiques.*

**G.** Cet adj. n'a ni comparatif ni superlatif.
**S.** *Qqch est identique à qqch d'autre* quand il a avec lui une complète ressemblance. Les syn. sont SEMBLABLE À, PAREIL À, ANALOGUE À (soutenu), ÉGAL À ; la construction LE MÊME QUE est équivalente. Sans compl., le plus souvent avec un nom concret plur. ou un nom d'action sing. ou plur., le syn. est MÊME. Dans les deux cas, les contr. sont DIFFÉRENT (DE), OPPOSÉ (À), CONTRAIRE (À).
**L. identité** (n. f.) *Je constate que nos points de vue sont identiques* → *je constate l'identité de nos points de vue.* (V. aussi ce mot.)

**identité** [idɑ̃tite] n. f.
[statut, qqn] *Deux hommes de la police sont venus vérifier l'identité des personnes qui se trouvaient dans le café.* • *Sur ma carte d'identité, il y a ma photo, mon nom, mon prénom, mon adresse, ma date de naissance.*

**S.** L'*identité* de qqn, c'est l'ensemble de ses caractéristiques (physiques et sociales) qui permettent de le reconnaître comme telle ou telle personne ; en particulier, c'est son nom et son prénom. Les différents documents établissant l'*identité* de qqn, son état civil, son signalement sont ses PAPIERS D'IDENTITÉ, sa CARTE D'IDENTITÉ.

**idiot, e** [idjo, ɔt] adj. (après le n.) et n.
[adj.] (se dit de qqn, de son attitude, de qqch [action]) *Il ne sait pas ce qu'il dit, il est complètement idiot.* • *C'est idiot de sortir maintenant qu'il pleut, attendons un peu !* ◆ [n.] (personne) *Arrête de faire l'idiot, tu comprends très bien ce que je veux dire.* • *Est-ce que tu vas répondre à la fin, espèce de petite idiote !*

**G.** Le nom peut s'employer sans article, comme injure.
**S.** *Idiot* (adj.) a pour syn. BÊTE (plus faible) et STUPIDE (plus fort) ; il a pour contr. INTELLIGENT, FIN, MALIN, ASTUCIEUX. Comme n., il a pour syn. IMBÉCILE et CRÉTIN (plus fort et fam.).
**L. idiotie** (n. f.) *C'est idiot de faire ça* → *c'est une idiotie de faire ça.*

**ignoble** [iɲɔbl] adj. (avant le n.)
(se dit de qqch, de qqn) *Il a laissé tomber sa femme et ses douze enfants, c'est ignoble de sa part, non ?* • *Mais cette couleur est ignoble : tu as mélangé tous les pots de peinture pour l'obtenir !*

# IGNORER

**S.** *Ignoble* se dit de ce qui provoque le dégoût. En parlant de qqn, il a pour syn. INFECT, ODIEUX, MONSTRUEUX (plus fort), LAID, AFFREUX (moins forts); HIDEUX (litt.) ne s'emploie pas pour parler d'une action.
**L. ignoblement** (adv.) Il s'est conduit avec elle de façon ignoble → *il s'est ignoblement conduit avec elle.*

**ignorer** [iɲɔre] v. t. (conj. **1**)
(sujet qqn) **ignorer qqch, que, si, quand, comment, etc., + ind.** *Pour moi, c'est une surprise, je vous assure que j'ignorais tout. — Ah bon ? Vous n'étiez pas au courant ?* • *J'ignorais que vous deviez arriver ce soir, sinon on serait allé vous chercher à la gare.* • *Nous ignorons encore comment cet accident a pu se produire : il n'y avait aucun témoin.*

**S.** *Ignorer,* c'est ne pas avoir appris. Les contr. sont SAVOIR, qui, à la forme négative, est

un syn. plus courant (JE NE SAIS PAS S'IL VIENDRA = *j'ignore s'il viendra*) et ÊTRE AU COURANT DE qqch, QUE (et une phrase).
**L. ignorance** (n. f.) *Il ignore tout de cette histoire* → *il est d'une ignorance totale au sujet de cette histoire.* ◆ **ignorant,** e (adj. et n.) *Comment peut-on tout ignorer à ce point ?* → *comment peut-on être ignorant à ce point ?*

**il, ils** [il] pron. personnel m., **il** [il], **le** [lə] neutre, **elle, elles** [ɛl] f., **le** [lə], **la** [la], **les** [le] m. et f., **lui** [lɥi] m. et f., **leur** [lœr] m. et f., **eux** [ø] m. (3ᵉ pers.)
I. [sujet; atone] **il, ils** *Pierre va arriver, il a dit qu'il serait là à 3 heures.* • *Où est passé ce livre ? Il était sur la table tout à l'heure !* • *Le chien a tout mangé d'un trait, il avait très faim.* • *Aline et Jacques sont invités, mais je ne sais pas s'ils vont venir.*
II. [sujet neutre; atone] **il** *Regardez, il pleut.* • *Il n'y a rien à faire, il faut que tu viennes !*
III. [sujet; atone] **elle, elles** *Regarde Aline, elle est très bien habillée.* • *Mitsi est une petite chatte, elle est toute noire.* • *Tu as vu ta chemise ? Elle est déchirée au coude.* • *Françoise et Jacqueline ont dit qu'elles viendraient dimanche.*
IV. [sujet ou compl. indirect; tonique] **elle, elles** *Je suis plus fort qu'elle.* • *Regarde cette femme, c'est elle dont tout le monde parle.* • *Aline, elle, se débrouille très bien.* • *Tu as téléphoné à Françoise ? — Oui, on va chez elle demain.* • *On ne parle que d'elle, on ne voit qu'elle, mais qui est-elle ?*
V. [objet direct; atone] **le, la, les** *Tu as vu Pierre ? — Oui, je l'ai vu hier.* • *Tu as appris ta leçon ? — Je ne la sais pas encore tout à fait.* • *Tu voulais ce livre ? Prends-le, j'ai fini.* • *Tiens, il y a une lettre pour Jacques, tu la lui donneras.*
VI. [objet direct neutre; atone] **le** *Je te le répète sans arrêt, ne me téléphone pas à cette heure-ci, ça me dérange.* • *Tu lui as dit qu'il devait venir ? — Oui, je le lui ai dit.* • *Tu es heureuse ? — Oui, je le suis.* • *Il paraît que François est médecin ? — Non, il ne l'est pas encore, il n'a pas fini ses études.*
VII. [objet indirect; atone] **lui, leur** *J'ai vu Pierre, et je lui ai dit que je ne pourrai pas venir.* • *Si tu vas chez Aline, tu lui donneras ce livre de ma part. Dis-lui aussi que je l'attends demain.* • *Si tu vois Pierre et Françoise, dis-leur de me téléphoner, j'ai quelque chose à leur dire.* • *Vous allez chez les Durand ? Vous leur donnerez ce paquet de ma part.*
VIII. [sujet ou compl. indirect; tonique] **lui, eux** *Tu n'as pas changé, mais Christian, lui, a beaucoup grandi.* • *Je ne veux plus le voir, je ne veux rien de lui, qu'il reste chez lui et moi chez moi.* • *Comment va Jacques ? — Je ne sais pas, je n'ai aucune nouvelle de lui depuis un mois.* • *Je veux bien faire cela pour lui, mais pas pour elle.* • *Tu as vu les Durand ces jours-ci ? — Oui, nous sommes allés chez eux la semaine dernière.* • *Ça y est, je les vois, c'est eux, ils arrivent !* • *Tu verras, nous serons à l'heure et, eux, ils seront en retard, comme d'habitude.*

**S.** et **G. 1.** *Il* (sing.), *ils* (plur.) représentent des masculins animés ou non-animés. — **2.** *Il*, neutre, est sujet d'un verbe impersonnel. — **3.** *Elle* (sing.), *elles* (plur.), atones ou toniques, représentent des féminins animés ou non-animés. — **4.** *Le, la* s'écrivent *l'* devant une voyelle ou un *h* muet. *Le, la, les*, pron. personnels objets directs atones, se placent avant le verbe ou l'auxiliaire. Ils représentent des groupes du nom ou des noms, animés ou non-animés. Le pron. neutre *le* s'emploie pour reprendre une phrase ou un adj. — **5.** *Lui* (atone) s'emploie comme compl. d'objet indirect (lorsque le verbe est construit avec la prép. À) avant le verbe ou après si celui-ci est à l'impératif. En ce sens le pron. plur. correspondant est LEUR. *Lui* (tonique) est uniquement masculin. Il s'emploie après une prép. ou en tête de phrase dans une emphase. Le pron. fém. correspondant est ELLE. Au plur. on emploie EUX (masc.) ou ELLES (fém.).

**île** [il] n. f.
[lieu naturel] *La Corse est une île de la Méditerranée. — Bravo ! Tu es très fort en géographie, je vois ! • Si vous deviez aller sur une île déserte, quel livre choisiriez-vous d'emporter ?*

**S.** L'*île* s'oppose au CONTINENT. Un ARCHIPEL est un groupe d'*îles*. INSULAIRE est l'adj. correspondant (UN PEUPLE INSULAIRE [← *qui habite une île*]). Une PRESQU'ÎLE est une avancée de terre dans la mer.
**L. îlot** (n. m.) *Il y a plusieurs îlots au large de la côte* (← petites îles).

**illégal, -ement, -ité** → LÉGAL L ; **illimité** → LIMITÉ L ; **illisible** → LISIBLE L ; **illogique** → LOGIQUE L.

**illuminé (être)** [ilymine] v. pass.
(sujet qqch) *En été, le soir, Paris est illuminé. — Oui, c'est pour faire découvrir aux touristes un nouvel aspect de Paris.*

**S.** *Être illuminé*, c'est être éclairé fortement, être plein de lumières.

**illusion** [ilyzjɔ̃] n. f.
I. [résultat, activité mentale] (compt., surtout au sing.) *Le dessin sur le mur donne l'illusion qu'on est à la mer.* ◆ (sujet qqn, qqch) **faire illusion** *Avec tous ses diplômes, Pierre pouvait faire illusion, mais, en réalité, il n'est pas très intelligent.*
II. [résultat, activité mentale] (compt., surtout au plur.) *Je suis déçu : j'avais des illusions sur Paul, il n'est pas comme je pensais.* • *Ne te fais pas d'illusions ; si tu ne travailles pas, tu n'as aucune chance de réussir à ton examen.*

**S. 1.** *Illusion* (sens I) a pour syn. IMPRESSION,

mais sous-entend une tromperie. — **2.** *Avoir des illusions, se faire des illusions* a pour syn. AVOIR DES IDÉES, DES OPINIONS FAUSSES SUR. *Ne pas se faire d'illusions* a pour syn. ÊTRE RÉALISTE.
**L. illusionner (s')** [v. pr.] (sens II) *Paul ne se fait pas d'illusions sur son avenir* → *Paul ne s'illusionne pas sur son avenir.*

**illustré, e** [ilystre] adj. (après le n.), **illustré** n. m.
I. [adj.] (se dit d'un journal, d'un livre, etc.) *Tu devrais acheter à ta fille un journal illustré, c'est plus intéressant pour les enfants quand il y a des images.* • *Je vous conseille ce livre-ci : il est bien illus-*

tré. — *Ah! en effet : les photos sont très belles.*
II. [n. m.] (objet, texte) *Si ton fils ne sait pas encore lire, achète-lui un illustré, les images lui feront comprendre l'histoire.*

**S. 1.** Un journal, un livre *illustrés* contiennent des ILLUSTRATIONS (photos, dessins, images). — **2.** On appelle *illustré* un journal périodique, le plus souvent pour enfants, comportant la plupart du temps des bandes dessinées, racontant une histoire grâce à des dessins et des textes courts.

**îlot** → ÎLE L.

**il y a** [ilja ou *fam.* ja] loc. v. (conj. **A**)
I. **il y a qqn, qqch** [*À l'entrée d'une maison vide*] : « *Il y a quelqu'un ?* » • *On est invité chez les Legrand samedi soir. — Il y aura qui avec vous ?* • *Il y a combien de pièces dans ton appartement ? — Trois, plus la cuisine.* • *Comment ! Il n'y a plus de places de théâtre ? Il y en avait encore hier !* • *Il y a plein de monde devant la maison, pourquoi ? — Il y a eu un accident.* • *Viens vite ! — Qu'est-ce qu'il y a ?* ◆ **il n'y a pas de quoi** (+ inf.) *Arrête, il n'y a pas de quoi en faire une histoire.* • *Je vous remercie pour vos fleurs. — Je vous en prie, il n'y a pas de quoi.* ◆ **il n'y a qu'à** + **inf.** *Il n'est pas encore arrivé, alors il n'y a qu'à commencer sans lui !*
II. **il y a** + **qqch (temps)** *Il y a un mois, il travaillait bien ; maintenant, il ne fait plus rien.* • *Il y aura un an demain que je le connais.* • *Il y a longtemps que tu n'as pas vu Pierre ? — Oh ! il y a bien trois mois.*

**S. et G. 1.** *Il y a* est une loc. impers. qui se conjugue (*il y avait, il y aura,* etc.) et qui est suivie d'un groupe du nom ; cette locution est l'équivalent du verbe ÊTRE (*il y a un orage qui menace* équivaut à L'ORAGE EST MENAÇANT). — **2.** *Il n'y a plus* (sens I) a pour équivalent IL NE RESTE PLUS. *Qu'est-ce qu'il y a ?* s'emploie fréquemment pour répondre à un appel, pour interroger sur une situation. Il a pour syn. QUE SE PASSE-T-IL ?, QU'EST-CE QUE TU VEUX ?, etc. *Il n'y a pas de quoi* + inf. a pour syn. IL N'Y A PAS DE RAISON (DE + inf.); employé seul comme formule de politesse, il a alors pour syn. CE N'EST RIEN, JE VOUS EN PRIE. — **3.** Au sens II, *il y a* introduit une notion de temps : il est suivi d'un numéral + nom ; quand il exprime la durée, le syn. est ÇA FAIT en tête de phrase ou DEPUIS et une expression de temps après un verbe (*Il y a longtemps que je ne l'ai pas vu* → JE NE L'AI PAS VU DEPUIS LONGTEMPS).

**image** [imaʒ] n. f.
[résultat, activité artistique] *Arthur ne sait pas encore lire, alors on lui achète des livres avec beaucoup d'images.*

**S.** Une *image* est la représentation imprimée

(dessin, photo, gravure, etc.) d'un sujet quelconque. Quand on parle des *images* d'un livre, le syn. est ILLUSTRATION.

**imagination** [imaʒinasjɔ̃] n. f.
I. [action, qqn] (compt., surtout au sing.) *Je vous assure que ce que vous dites est le produit de votre imagination, vous avez tout inventé.*
II. [qualité, qqn] (non-compt., au sing.) *Imagine qu'on est au bord de la mer tous les deux. — Je ne peux pas, je n'ai pas d'imagination.*

**S. 1.** L'*imagination* (sens I) est l'aptitude à IMAGINER, à inventer. — **2.** Qqn qui a de l'*imagination* (sens II) a l'esprit inventif, créatif, artiste. *Avoir de l'imagination,* c'est pouvoir IMAGINER, inventer, créer.

**imaginer** [imaʒine] v. t. (conj. **1**)
I. (sujet qqn) **imaginer qqch (abstrait)** *Qu'est-ce qu'il va nous raconter pour expliquer son retard, quelle histoire va-t-il encore imaginer ?* • *Pierre a imaginé une théorie pour expliquer ce mystère.*
II. (sujet qqn) **(s')imaginer qqch, que** + ind., **(s')imaginer qqn, qqch** + attribut *Christiane s'est imaginé qu'elle ne réussira pas son examen, pourtant il n'y a aucune raison !* • *Alors, tu as fait la connaissance de Françoise ? — Oui, j'ai été surpris : je l'imaginais plus vieille que ça !* • *Si tu t'imagines que tu peux faire ce que tu veux ici, tu te trompes !*

**S. 1.** *Imaginer une histoire, une théorie* (sens I) a pour syn. INVENTER, ENVISAGER, CONCEVOIR (soutenu) ou, moins forts, METTRE AU POINT, TROUVER. Qqn qui *imagine* facilement une histoire a beaucoup d'IMAGINATION. — **2.** *S'ima-*

giner, imaginer (sens II) ont pour syn. SUPPOSER, PENSER, CROIRE. Suivi d'un attribut du compl. d'objet, il a pour syn. VOIR, SE REPRÉSENTER, SE FIGURER.
**L. imaginaire** (adj.) [sens I] *C'est une histoire entièrement imaginée* → *c'est une histoire entièrement imaginaire.* ◆ **imagination,** v. ce mot. ◆ **inimaginable** (adj.) [sens I] *C'est une histoire qui ne peut pas s'imaginer* → *c'est une histoire inimaginable.*

**imbattable** → BATTRE L.

**imbécile** [ε̃besil] adj. (après le n.) et n. [adj.] (se dit de qqn, de son attitude) *C'est une question imbécile, tu aurais pu te taire.* ◆ [n.] (personne) *Ne me prends pas pour un imbécile, je peux comprendre aussi bien que toi.* • *Non, mais regarde cet imbécile qui démarre au feu rouge! Ce n'est pas possible d'être si bête.*

   **G.** *Imbécile* est surtout employé comme nom.
   **S.** *Imbécile* a pour syn. IDIOT et CRÉTIN (plus fort et plus fam.); il s'emploie souvent comme injure sans article.
   **L. imbécillité** (n. f.) *Tu ne vois pas que ta question est imbécile?* → *tu ne vois pas l'imbécillité de ta question?*

**imbuvable** → BOIRE L.

**imiter** [imite] v. t. (conj. **1**)
(sujet qqn) **imiter qqn, qqch** *Pourquoi t'habilles-tu toujours comme moi? Tu veux m'imiter ou quoi?* • *Alain n'arrête pas d'imiter son frère, il veut tout faire comme lui.* • *Ce chèque n'est pas bon, on a imité ma signature.*

   **S.** *Imiter* qqn, c'est chercher à lui ressembler, à faire pareil que lui. Le syn. est COPIER. En parlant d'une signature, le syn. est CONTREFAIRE (soutenu).

**L. imitation** (n. f.) *Ce n'est pas ma signature, on l'a imitée* → *ce n'est pas ma signature, c'est une imitation.* ◆ **inimitable** (adj.) *Personne ne peut imiter sa manière de chanter* → *sa manière de chanter est inimitable.*

**immangeable** → MANGER L.

**immédiatement** [imedjatmɑ̃] adv.
[temps] *Mon Dieu! mais tu as de la fièvre! Je vais dire au docteur qu'il vienne immédiatement.* • *Pierre est parti immédiatement après moi.*

   **S.** *Immédiatement,* qui indique que l'action va avoir lieu sans délai, a pour syn. TOUT DE SUITE et À L'INSTANT (MÊME), SANS ATTENDRE. *Immédiatement après, avant* a pour syn. JUSTE APRÈS, AVANT.

**immense** [imɑ̃s] adj. (avant ou après le n.)
(se dit de qqch, de qqn) *Les Legrand ont une très belle maison de campagne avec un immense jardin.* • *C'est la première fois qu'il chante en public et il a eu un immense succès.*

   **G.** Cet adj. n'a ni comparatif ni superlatif.
   **S.** *Immense,* qui s'emploie pour parler de la taille de qqn ou de qqch, de l'importance, de la valeur de qqch, a pour syn. moins fort GRAND et par syn. plus forts ÉNORME, COLOSSAL, MONUMENTAL, GIGANTESQUE. Il s'oppose à TOUT PETIT, MINUSCULE.
   **L. immensément** (adv.) *Il est riche d'une manière immense* → *il est immensément riche.*

**immérité** → MÉRITER L.

**immeuble** [im(m)œbl] n. m.
[lieu, habitation] *Nos amis habitent le même*

*immeuble que nous, c'est pour ça qu'on les voit si souvent.* • *Ils démolissent ces vieilles maisons pour construire à leur place un immeuble neuf.* ◆ [construction] *Non, madame, il n'y a que des bureaux dans cet immeuble, pas d'appartements.*

**S.** L'*immeuble* est soit un ensemble d'appartements, par oppos. à la MAISON individuelle, soit un bâtiment comprenant des bureaux, des locaux commerciaux avec ou sans appartements.

**immigré, e** [imigre] adj. (après le n.) et n.
[adj.] (se dit de qqn) *Il y a beaucoup de travailleurs immigrés dans l'industrie du bâtiment : les Français ne veulent pas faire ces travaux.* ◆ [n.] (personne) *La proportion d'enfants d'immigrés dans notre école est telle qu'on est obligé de créer des classes spéciales pour eux.*

**G.** L'adj. ne se met ni au comparatif ni au superlatif.
**S.** Est *immigré* celui qui est venu s'installer dans un pays étranger. En langue savante, on dit aussi MIGRANT.
**L. immigration** (n. f.) *On a été obligé de limiter l'immigration* (← le nombre des immigrés).

**immobile** [imɔbil] adj. (après le n.)
(se dit de qqn, de qqch) *Caché derrière la porte, l'homme était immobile, prêt à attaquer.* • *Tu crois que c'est drôle de rester un mois immobile au lit, sans pouvoir bouger ?*

**G.** Cet adj. n'a ni comparatif ni superlatif.
**S.** Être *immobile*, c'est ne pas remuer, ne pas bouger, ne pas se déplacer, rester sans mouvement ; le syn. est INERTE (plus fort).
**L. immobilité** (n. f.) *Il était complètement immobile* → *il était dans un état d'immobilité complète.* ◆ **immobiliser (s')** [v. pr.] *L'homme s'immobilisa tout à coup* (← l'homme devint immobile [= s'arrêta]).

**immodéré, -ment** → MODÉRÉ L ; **immoral** → MORAL 1 L.

**1. impair, e** [ɛ̃pɛr] adj. (après le n.)
(se dit d'un nombre, d'un jour, etc.) *Ton billet se termine par un numéro impair ? Alors, tu as gagné.* • *Cette semaine, le stationnement est du côté impair, n'est-ce pas ?*

**G.** Cet adj. n'a ni comparatif ni superlatif.
**S.** Un nombre, un chiffre *impair* n'est pas divisible par deux et se termine par 1, 3, 5, 7, 9. Un numéro, un jour, un côté *impair* (d'une rue) est représenté par un chiffre *impair*. Le contr. est PAIR.

**2. impair** [ɛ̃pɛr] n. m.
(sujet qqn) **commettre un impair** *Ils sont mariés ou non ? Mettez-moi au courant de leur situation exacte, je ne voudrais pas commettre d'impair au dîner ce soir.*

**S.** *Commettre un impair* (soutenu) a pour syn. FAIRE UNE GAFFE (fam.), UNE BÉVUE (soutenu).

**impardonnable** → PARDONNER L ;
**imparfait, -ement** → PARFAIT L ;
**impartial, -ité** → PARTIAL L.

**impasse** [ɛ̃pas] n. f.
I. [lieu, passage] (compt.) *Ne prends pas cette rue, c'est une impasse !* • *On habite dans une impasse, c'est très calme ; il n'y a pas de voitures.*
II. [lieu, abstrait] (compt., surtout au sing.) *Les syndicats ont discuté très longtemps mais ils ne sont pas arrivés à se mettre d'accord, c'est l'impasse.* • *Qu'est-ce que tu veux, je suis dans l'impasse, je n'arrive pas à m'en sortir.*

**S. 1.** Une *impasse* (sens I) est une rue ou une voie sans issue. Le syn. est CUL-DE-SAC. — **2.** Une *impasse* (sens II) est une situation sans issue.

**impassible** [ɛ̃pasibl] adj. (après le n.)
(se dit de qqn, de son attitude) *Quand le juge annonça sa condamnation, l'accusé n'eut aucune réaction, son visage resta impassible.*

**S.** Est *impassible* (soutenu) qqn qui ne manifeste aucun trouble, aucune émotion devant un événement qui pourrait l'atteindre ; les syn., par ordre d'intensité croissante, sont CALME, INDIFFÉRENT, FROID et IMPÉNÉTRABLE, IMPERTURBABLE (soutenus).

**L. impassibilité** (n. f.) Que l'accusé reste impassible me choque → *je suis choqué par l'impassibilité de l'accusé.*

**impatient, e** [ɛ̃pasjɑ̃, ɑ̃t] adj. (après le n.) (se dit de qqn) **impatient (de + inf.)** *Oh ! et Julien qui n'arrive pas ! Mais qu'est-ce qu'il fait ? — Écoute, tu es bien impatiente, il*

*n'est pas en retard.* • *Les vacances approchent, les enfants sont impatients de partir.*

**S.** Être *impatient,* c'est ne savoir ni attendre ni supporter qqch. Sans compl., *impatient* a pour contr. PATIENT et CALME. *Être impatient de* a pour syn. ÊTRE PRESSÉ DE, AVOIR HÂTE DE (plus fort et soutenu).
**L. impatiemment** (adv.) On attend tous avec impatience cette émission → *on attend tous impatiemment cette émission.* ◆ **impatience** (n. f.) Je suis impatiente de le rencontrer → *j'attends notre rencontre avec impatience.*
◆ **impatienter (s'),** v. ce mot.

**impatienter (s')** [ɛ̃pasjɑ̃te] v. pr. (conj. **1**)
(sujet qqn) *Dépêche-toi, on est déjà en retard et Pierre doit s'impatienter.*

**S.** *S'impatienter,* c'est PERDRE PATIENCE ; le syn. plus fort est S'IRRITER.

**impeccable** [ɛ̃pekabl] adj. (après le n.) (se dit de qqn, de son attitude, de qqch) *Voilà une dactylo qui fait un travail impeccable et pourtant tu n'écris pas de façon lisible.* • *Pierre est toujours très élégant, avec ses pantalons impeccables, bien repassés, ses chemises toujours propres !*

**S.** Être *impeccable,* c'est être sans défaut. Les syn. sont IRRÉPROCHABLE, PARFAIT. Une *tenue*

*impeccable* est une tenue PROPRE (moins fort), par oppos. à NÉGLIGÉ, SALE.
**L. impeccablement** (adv.) Il est toujours habillé d'une manière impeccable → *il est toujours impeccablement habillé.*

**impensable** [ɛ̃pɑ̃sabl] adj. (après le n.) (se dit de qqch [action, abstrait]) *Mais, vous n'allez pas partir maintenant sous cette pluie, c'est impensable !*

**G.** Cet adj. n'a ni comparatif ni superlatif.
**S.** *Impensable* a pour syn. INCONCEVABLE (soutenu), INIMAGINABLE, IMPOSSIBLE.

**imper** → IMPERMÉABLE.

**imperceptible** [ɛ̃pɛrseptibl] adj. (après ou, plus rarement, avant le n.)
(se dit de qqch) *Les modifications sont*

*imperceptibles, personne ne s'en rendra compte.*

**G.** Cet adj. n'a ni comparatif ni superlatif.
**S.** Est *imperceptible* ce qu'il est impossible de PERCEVOIR par la vue ou par l'ouïe ou de distinguer par l'esprit. Ce qui est *imperceptible à l'œil* est INVISIBLE (plus fort), ce qui est *imperceptible à l'oreille* est INAUDIBLE (plus fort et soutenu), ce que l'esprit ne peut distinguer est PETIT, LÉGER (moins forts). Le contr. soutenu est PERCEPTIBLE.
**L. imperceptiblement** (adv.) Il a changé d'une manière imperceptible → *il a changé imperceptiblement.*

**imperfection** → PARFAIT L.

**impérialiste** [ɛ̃perjalist] adj. (après le n.) et n.

[adj.] (se dit d'un pays, d'une politique, etc.) *Au XIX^e siècle, de nombreux pays européens ont eu une politique impérialiste.* ◆ [n.] (personne) *Pour lui, la grandeur d'un pays passe par la domination d'autres pays, c'est un impérialiste.*

**G.** Cet adj. n'a ni comparatif ni superlatif.
**S.** Une politique *impérialiste* est une politique de domination ou de colonisation d'autres pays ou peuples ; le mot est généralement péjor. Un *impérialiste* (n.) prône cette politique.
**L. impérialisme** (n. m.) La politique de l'Allemagne devint impérialiste à partir de 1930 → *l'impérialisme de la politique allemande se manifesta à partir de 1930.*

**imperméable** [ɛpɛrmeabl] adj. (après le n.), **imperméable** ou **imper** n. m.
I. [adj.] (se dit d'un tissu, d'une matière) *J'aimerais un manteau dont le tissu soit vraiment imperméable, comme ça je pourrais le mettre par tous les temps.*
II. [n. m.] (vêtement) *Il va pleuvoir, prends ton imperméable.* • *Il est joli ton imper, où l'as-tu acheté ? C'est tellement rare de trouver un bel imperméable.*

**G.** L'adj. n'a ni comparatif ni superlatif.
**S. 1.** Une *matière imperméable* (sens I) ne laisse pas passer l'eau, par oppos. à une *matière* PERMÉABLE (langue savante). — **2.** Un *imperméable* (sens II) ou, fam., un *imper*, est un vêtement de pluie, le plus souvent un manteau. Le CIRÉ est une sorte d'*imperméable*.

**impersonnel** → PERSONNEL 1 L.

**impertinent, e** [ɛpɛrtinɑ̃, ɑ̃t] adj. (après le n.) et n.
[adj.] (se dit de qqn, de son attitude) *Ce que ce gosse peut être impertinent, tu as vu comment il a répondu à sa mère ; et celle-ci le laisse faire !* ◆ [n.] (personne) *Taisez-vous, vous n'êtes qu'un impertinent, et ne me parlez plus sur ce ton !*

**S.** Est *impertinent* (soutenu) celui qui manque de respect envers qqn ; IRRESPECTUEUX est litt., INSOLENT est un syn. courant de l'adj. et du n.
**L. impertinence** (n. f.) *Il m'a répondu d'une façon impertinente* → *il m'a répondu avec impertinence.*

**imperturbable** [ɛpɛrtyrbabl] adj. (après le n.)
(se dit de qqn) *La discussion était vive ; on finit par s'injurier, mais Claude restait imperturbable dans son coin.*

**S.** Est *imperturbable* (soutenu) celui qu'aucune émotion ne trouble ; les syn. sont IMPASSIBLE (soutenu), FROID (moins fort).

**L. imperturbablement** (adv.) *Il écouta les reproches de façon imperturbable* → *il écouta imperturbablement les reproches.*

**impitoyable** → PITIÉ L.

**implanter** [ɛplɑ̃te] v. t. (conj. 1)
(sujet qqn, un organisme) **implanter qqch (qqpart)** *Pour que les jeunes restent, il faudrait implanter des industries dans cette région, sinon il n'y a pas de travail possible.* ◆ (sujet qqn, qqch [établissement, abstrait]) **s'implanter (qqpart)** *Certaines familles d'émigrés qui avaient voulu s'implanter dans le quartier ont été obligées, à cause du racisme, de partir.*

**S.** *Implanter* qqch (soutenu), c'est l'INSTALLER qqpart d'une manière durable. Le syn. courant est ÉTABLIR. *S'implanter* a pour syn. S'ÉTABLIR, SE FIXER.
**L. implantation** (n. f.) *Implanter des usines fournira du travail* → *l'implantation d'usines fournira du travail.*

**impliquer** [ɛplike] v. t. (conj. 1)
(sujet qqn) **impliquer qqn dans qqch (abstrait)** *Il paraît que plusieurs employés sont impliqués dans ce vol.* ◆ (sujet qqch) **impliquer qqch, que** + ind. ou subj. *Accepte cet emploi, mais pense bien que cela impliquera un travail énorme pour pas beaucoup d'argent.*

**S.** *Impliquer* qqn dans qqch (soutenu), c'est le METTRE EN CAUSE. *Impliquer* qqch (soutenu) a pour syn. SUPPOSER, ENTRAÎNER, SIGNIFIER.

**impoli** → POLI L ; **impopulaire** → POPULAIRE L.

**importance** [ɛpɔrtɑ̃s] n. f.
[qualité, qqch, qqn] (non-compt., au sing.) *Ça a de l'importance pour toi de partir avec*

Jacques plutôt qu'avec Paul ? — Mais non, ça m'est égal. • Je suis très en retard, excusez-moi. — Ça n'a pas d'importance, nous n'étions pas prêts. • Ne perds pas ton temps avec ces bêtises, c'est sans importance. • Vous donnez trop d'importance aux détails, ce n'est pas ça l'essentiel. • C'est une petite usine, mais elle prend de l'importance. • Plus on vieillit, plus les enfants prennent de l'importance.

    S. *L'importance* de qqch, c'est sa portée, son intérêt. *Avoir de l'importance* a pour syn. ÊTRE IMPORTANT, COMPTER, IMPORTER (soutenu). *Ça n'a pas d'importance* a pour syn. CE N'EST PAS GRAVE, ÇA NE TIRE PAS À CONSÉQUENCE, C'EST SANS INTÉRÊT. *Donner de l'importance à* a pour syn. moins fort FAIRE, PRÊTER ATTENTION À. *L'importance de qqn*, c'est l'influence qu'il peut avoir, son crédit. *Prendre de l'importance* a pour syn. DEVENIR IMPORTANT, COMPTER.

**important, e** [ɛ̃pɔrtɑ̃, ɑ̃t] adj. (après ou, plus rarement, avant le n.), **important** n. m.
I. [adj.] (se dit de qqch [action, événement]) *Il faut absolument que tu réussisses ton examen, c'est très important pour toi.* • *Vous ferez cela plus tard, il y a autre chose de plus important à faire tout de suite.* ◆ (se dit de qqn) *Sois aimable avec M. Carel, c'est un homme très important.* ◆ [n. m.] (qqch) [non-compt., au sing.] *Fais ce que tu veux cet après-midi, l'important c'est que tu sois à l'heure ce soir.*
II. [adj.] (se dit de qqch [concret]) *C'est une usine importante ? — Oh ! oui, il y a plus de mille employés.*

    S. **1.** *Important* (sens I) se dit d'une action, d'un événement dont la valeur, le rôle sont considérables, ont de l'IMPORTANCE. Il a alors pour syn. plus forts CAPITAL, ESSENTIEL, PRIMORDIAL (sans comparatif ni superlatif) et APPRÉCIABLE (moins fort), et pour contr. ACCESSOIRE, NÉGLIGEABLE, SECONDAIRE. Un *homme important* est INFLUENT. *Le plus important* (soutenu) a pour équivalent CE QUI COMPTE (LE PLUS), L'ESSENTIEL. — **2.** *Important* (sens II) se dit de qqch dont la taille ou la quantité est grande, considérable.
    L. **importance**, v. ce mot.

**importer** [ɛ̃pɔrte] v. t. (conj. 1)
(sujet un pays, un peuple) **importer qqch (produit)** *En France, nous n'avons pas de pétrole, nous sommes obligés de l'importer.* • *Il y a des produits importés qui sont moins chers que les produits du pays.*

    S. *Importer des produits*, c'est les faire venir de l'étranger. Le contr. est EXPORTER.

**L. importation** (n. f.) Le volume des produits importés est supérieur aux exportations → *le volume des importations est supérieur aux exportations.* ◆ **importateur, trice** (adj. et n.) La France importe du pétrole → *la France est un pays importateur de pétrole.*

**importuner** [ɛ̃pɔrtyne] v. t. (conj. **1**) (sujet qqn) **importuner qqn** *Cela suffit, monsieur, ne m'importunez pas davantage.*

    S. *Importuner qqn* (soutenu), c'est le DÉRANGER, le FATIGUER par sa présence, ses questions, etc.
    L. **importun, e** (adj. et n.) Il met à la porte les personnes qui l'importunent → *il met à la porte tous les importuns.*

**imposable** → IMPÔT L.

**1. imposer** [ɛ̃poze] v. t. (conj. **1**)
I. (sujet qqn, qqch) **imposer qqn, qqch, de + inf. à qqn** *Je ne l'ai pas choisi, on me l'a imposé.* • *La situation économique nous impose ces augmentations de prix.*
II. (sujet qqch) **s'imposer** *Dans un cas comme celui-là, la plus grande sévérité s'impose.*

    S. **1.** *Imposer qqch à qqn* (sens I), c'est l'obliger à accepter ou à faire qqch ; le syn. soutenu est CONTRAINDRE À + inf. — **2.** *S'imposer* a pour syn. ÊTRE DE RIGUEUR, ÊTRE OBLIGATOIRE, NÉCESSAIRE.

**2. imposer** → IMPÔT L.

**impossible** [ɛ̃pɔsibl] adj. (après le n.) et n. m.
I. [adj.] (se dit de qqch [abstrait]) **impossible (à + inf.)** *Claude écrit très mal, sa lettre est impossible à lire.* • *C'est un rêve impossible, n'y pensez plus !* • *Jacques s'est mis dans une situation impossible, je me demande comment il va s'en sortir !* • *C'est*

*impossible de travailler dans ces conditions, je refuse de continuer !* ● *C'est impossible qu'il ait dit une chose pareille, je ne vous crois pas.* ◆ (se dit de qqn) *Annie est vraiment impossible, elle est encore en retard.*
II. [n. m.] (qqch) [non-compt., au sing.] *Ne demandez pas l'impossible, on fera ce qu'on pourra.* ● *Les médecins ont tenté l'impossible pour le sauver, mais en vain.*

G. L'adj. n'a ni comparatif ni superlatif.
S. **1.** *Impossible* (sens I) indique qu'une chose ne PEUT pas se faire, se réaliser. Les contr. sont POSSIBLE, FAISABLE, RÉALISABLE. En parlant d'une situation, les syn. sont DIFFICILE, DÉLICAT, EMBROUILLÉ. *Impossible à* peut avoir pour syn. un adj. en -BLE, dérivé d'un verbe (*impossible à lire* → ILLISIBLE ; *impossible à faire* → INFAISABLE ; etc.). En parlant de qqn, le syn. est INSUPPORTABLE. — **2.** *L'impossible* (n. m.), c'est ce qui n'est pas POSSIBLE ou, couramment, tout ce qui est très difficile.
L. **impossibilité** (n. f.) [sens I] *Il est impossible que je vous voie maintenant* → *je suis dans l'impossibilité de vous voir maintenant.*

**impôt** [ɛpo] n. m.
[argent, valeur] *Tu m'aides à faire ma déclaration d'impôts ? — Ce n'est pas difficile, écris juste ce que tu as gagné dans l'année, et l'Administration calculera combien tu dois payer d'impôts.*

S. *L'impôt* est une taxe, une contribution prélevée par l'État. On distingue *l'impôt* sur le revenu, ou *impôt* DIRECT, somme payée par le contribuable selon ce qu'il a gagné dans l'année, de *l'impôt* INDIRECT, pourcentage du prix de vente d'un produit allant directement à l'État : la T. V. A. (taxe sur la valeur ajoutée) est un *impôt indirect*. En France, on fait tous les ans sa *déclaration d'impôts* au percepteur,
fonctionnaire chargé de percevoir les *impôts*. On appelle FISC l'Administration des *impôts*.
L. **imposer** (v. t.) *On fait payer un impôt aux gens d'après ce qu'ils gagnent* → *on impose les gens d'après ce qu'ils gagnent.* ◆ **imposable** (adj.) *Pierre n'a pas à payer d'impôts* → *Pierre n'est pas imposable.*

**imprécis** → PRÉCIS L ; **imprécision** → PRÉCISION L.

**impression** [ɛpresjɔ̃] n. f.
I. [activité mentale] (non-compt., au sing.) *On a l'impression d'être en hiver, tellement il fait froid.* ● *J'ai l'impression que François a un ennui : il est triste.* ● *Paul donne l'impression d'être sévère, mais, au fond, il est très gentil.*
II. [résultat, activité mentale] (compt.) [*Un journaliste*] : « *Alors, Monsieur le Président, quelles sont vos impressions après votre voyage ?* » ◆ (sujet qqn, qqch) **faire une (bonne, mauvaise, etc.) impression à, sur qqn** *Ça m'a fait une drôle d'impression de le voir : il avait beaucoup changé.* ● *Ce garçon m'a fait une très bonne impression, je le trouve très gentil.* ● *Pour ne pas faire une mauvaise impression sur les juges, il s'était habillé d'une façon correcte.* ◆ **faire impression (sur qqn)** *Il a dit ça pour faire impression sur son patron, mais ça n'a pas marché.*

S. **1.** *Avoir l'impression de, que* (sens I) a pour syn. CROIRE (QUE) et PENSER (QUE) ; une expression équivalente est IL ME SEMBLE QUE. Les syn. de *donner l'impression de* sont PARAÎTRE, SEMBLER, FAIRE L'EFFET DE. — **2.** Au sens II, *impression*, c'est ce qu'on pense de manière vague sur qqch. Les syn. sont SENTIMENT, IDÉE, OPINION. *Faire une (bonne, mauvaise) impression sur, à* a pour syn. courant FAIRE UN (BON, MAUVAIS) EFFET SUR, À. *Faire impression sur* a pour syn. IMPRESSIONNER.
L. **impressionner**, v. ce mot.

**impressionnant, e** [ɛpresjɔnɑ̃, ɑ̃t] adj. (après le n.)
(se dit de qqch) *Si tu avais vu ça : il est devenu tout d'un coup blanc de colère ; c'était impressionnant !* ● *Tu lis beaucoup : quel nombre impressionnant de livres dans ta bibliothèque !*

S. *Impressionnant* se dit de ce qui IMPRESSIONNE qqn, fait une grosse IMPRESSION sur qqn ; il a pour syn. plus forts SPECTACULAIRE, EFFRAYANT (lorsqu'il s'agit de peur) ou ÉTONNANT (s'il s'agit de surprise). Le contr. est INSIGNIFIANT.

**impressionner** [ɛpresjɔne] v. t. (conj. **1**)
(sujet qqn, qqch) **impressionner qqn** *Pen-*

dant une heure, il n'a parlé que de ses propriétés, de ses tableaux, de ses œuvres d'art ; il voulait nous impressionner. ● *Alors quel effet ça t'a fait d'assister à une opération à l'hôpital ? — Ça m'a beaucoup impressionné.*

**S.** *Impressionner* qqn, c'est FAIRE IMPRESSION

SUR qqn soit en l'intimidant, soit en le touchant, en l'affectant, en l'ébranlant.
**L. impressionnable** (adj.) *Elle peut être facilement impressionnée → elle est facilement impressionnable.* ◆ **impressionnant,** v. ce mot.

**imprévisible** → PRÉVISIBLE L ; **imprévoyant, -ance** → PRÉVOYANT L.

**imprévu, e** [ɛ̃prevy] adj. (après le n.), **imprévu** n. m.
[adj.] (se dit de qqch [action, événement]) *Ça alors, je t'assure qu'Aline m'a étonnée, elle a eu une réaction tout à fait imprévue !* ● *On les attendait pour 5 heures, et ils ne sont pas encore là : un événement imprévu a dû les retarder.* ◆ [n. m.] (qqch) *En cas d'imprévu, tu peux me joindre à cette adresse.*

**S.** Est *imprévu* ce qu'on ne peut pas PRÉVOIR. Les contr. sont PRÉVU, PRÉVISIBLE, et les syn. IMPRÉVISIBLE, INATTENDU, EXTRAORDINAIRE (plus fort), INOPINÉ (soutenu).

**imprimer** [ɛ̃prime] v. t. (conj. 1)
(sujet qqn, une machine) **imprimer qqch (texte, livre, etc.)** *Ce livre est mal imprimé, il y a des lignes presque illisibles.* ● *Je vous le dis entre nous, j'espère que vous n'allez pas imprimer ça dans votre journal.*

**S.** *Imprimer* un texte, un livre, un journal, etc., c'est en COMPOSER les caractères pour les reproduire sur le papier. *Imprimer les paroles de* qqn, c'est les FAIRE PARAÎTRE, les PUBLIER.
**L. imprimé** (n. m.) *À la bibliothèque il y a une salle pour les imprimés et une autre pour les journaux* (← les livres imprimés). ◆ **imprimerie** (n. f.) *Il travaille dans une imprimerie* (← établissement qui se charge d'imprimer des textes, des livres, etc.). ◆ **imprimeur** (n. m.) *Pierre a une imprimerie → Pierre est imprimeur.*

**improbable** → PROBABLE L ; **improductif** → PRODUIRE L.

**improviser** [ɛ̃prɔvize] v. t. (conj. **1**)
(sujet qqn) **improviser (qqch [texte, action, musique, etc.])** *Non, ils n'ont pas appris leur texte, ils improvisent au fur et à mesure.*

**S.** *Improviser,* c'est faire, composer, organiser qqch sans préparation ni répétitions ; les syn. plus forts sont INVENTER, CRÉER.
**L. improvisation** (n. f.) *Il se mit au piano et nous joua une improvisation de jazz* (← musique improvisée).

**imprudent, e** [ɛ̃prydɑ̃, ɑ̃t] adj. (après le n.) et n.
[adj.] (se dit de qqn, de son attitude, de qqch) *Des touristes imprudents sont partis seuls dans le désert, on ne les a pas retrouvés.* ● *Quoi ? Vous partez maintenant ! Mais c'est très imprudent : vous avez vu le temps qu'il fait ?* ◆ [n.] (personne) *Quel imprudent, il a failli se faire renverser par une voiture en traversant la rue sans regarder !*

**S.** *Imprudent* est le contr. de PRUDENT ; comme adj., il a pour syn. ÉTOURDI, MALAVISÉ (litt.) ;

## IMPUISSANT

*c'est imprudent* a pour syn. C'EST DANGEREUX (plus fort). Comme n., il a pour syn. plus fort et fam. CASSE-COU.

**L. imprudemment** (adv.) *Il conduit de façon imprudente* → *il conduit imprudemment*.
◆ **imprudence** (n. f.) *Il a été imprudent et il s'en repent* → *il se repent de son imprudence*.

**impuissant, e** [ɛ̃pɥisɑ̃, ɑ̃t] adj. (après le n.)
(se dit de qqn, d'un organisme) **[être, rester] impuissant (devant qqch)** *Nous assistions, impuissants, à ce drame qui se déroulait devant nous.* ● *Rester impuissant devant la maladie, c'est difficile à admettre pour un médecin.*

**G.** Cet adj. ne se met ni au comparatif ni au superlatif et s'emploie surtout comme attribut ou apposition.
**S.** *Impuissant* se dit de qqn qui n'a pas les moyens d'agir ou qui est dans l'impossibilité d'agir. DÉSARMÉ est un syn.
**L. impuissance** (n. f.) *Nous assistons, impuissants, à ce drame* → *nous assistons, dans l'impuissance, à ce drame*.

**impur, -eté** → PUR L ; **inabordable** → ABORDABLE L.

**inacceptable** [inaksɛptabl] adj. (après le n.)
(se dit de qqch [abstrait]) *Une telle proposition est inacceptable : tu ne crois tout de même pas qu'on s'inclinera devant lui ?* ● *Des manœuvres comme ça, c'est inacceptable. Il n'y aura donc personne pour protester ?*

**S.** Est *inacceptable* ce qui ne peut être ACCEPTÉ ou admis ; le syn. est INADMISSIBLE, le contr. est ACCEPTABLE.

**inaccessible** → ACCESSIBLE L ; **inactif** → ACTIF L ; **inaction** → ACTION L ; **inactuel** → ACTUEL L ; **inadapté** → ADAPTER L.

**inadmissible** [inadmisibl] adj. (après le n.)
(se dit de qqch [action, idée]) *Ça fait trois fois qu'il oublie notre rendez-vous, c'est inadmissible, qu'est-ce que c'est que ces manières !* ● *Pierre s'est fait renvoyer : il paraît qu'il a répondu d'une manière inadmissible à son patron.*

**S.** Est *inadmissible* ce qu'on ne peut tolérer, ADMETTRE ou accepter moralement, ce qui ne peut être soutenu. Les syn. sont INSUPPORTABLE, INTOLÉRABLE, SCANDALEUX ou INACCEPTABLE.

**inadvertance (par)** [parinadvɛrtɑ̃s] adv. [manière] *Et vous les avez vus ensemble ? — Oui, je suis entré dans la pièce par inadvertance, je sais que je n'aurais pas dû.*

**S.** *Par inadvertance* est un syn. soutenu de PAR MÉGARDE. EXPRÈS, VOLONTAIREMENT, SCIEMMENT (soutenu) sont des contr.

**inanalysable** → ANALYSER L ; **inaperçu** → APERCEVOIR L ; **inapplicable** → APPLIQUER L ; **inattaquable** → ATTAQUER L.

**inattendu, e** [inatɑ̃dy] adj. (après le n.)
(se dit de qqch [action]) *Les Dupont étaient là. — C'est plutôt inattendu ! Je les croyais partis à l'étranger.* ● *Comment, il t'a fait un cadeau ! Ça alors, c'est inattendu de sa part, il n'en fait jamais !*

**S.** Est *inattendu* ce à quoi on ne S'ATTEND pas, qui surprend, qui étonne. Les syn. sont IMPRÉVU, INOPINÉ (soutenu), EXCEPTIONNEL (plus fort), et le contr. NORMAL.

**inattentif** → ATTENTIF L.

**inaugurer** [inɔgyre] v. t. (conj. 1)
(sujet qqn) **inaugurer qqch (concret)** *La nouvelle école sera inaugurée samedi, en présence du maire.* ◆ **inaugurer qqch (abstrait)** *En prenant ces mesures, nous inaugurons notre nouvelle politique du logement.*

**S. 1.** *Inaugurer un édifice, une institution,* c'est procéder pour la première fois et de manière solennelle à leur mise en service. — **2.** En parlant de qqch d'abstrait, *inaugurer* (soutenu), c'est mettre en pratique pour la première fois.

INCLINER

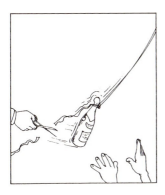

**L. inauguration** (n. f.) On inaugurera le nouveau pont mercredi prochain → *l'inauguration du nouveau pont aura lieu mercredi prochain.*

**inavouable** → AVOUER L ; **incalculable** → CALCULER L.

**incapable** [ɛ̃kapabl] adj. (après le n.) et n.
[adj.] (se dit de qqn) **incapable de** + inf. *Il faudra accompagner les enfants, ils sont incapables de voyager tout seuls ! • Ah ! Tu as réussi à traduire ce texte ? Bravo ! Moi, j'en aurais été incapable !* ◆ (sans compl.) *Il a renvoyé sa secrétaire parce qu'il la jugeait incapable.* ◆ [n.] (personne) *Tu ne sais rien faire, tu es vraiment un incapable !*

**S.** *Être incapable de* a pour syn. courant NE PAS POUVOIR, ÊTRE DANS L'IMPOSSIBILITÉ DE (plus forts), ÊTRE INAPTE À (soutenu). Comme adj., sans compl., il a pour syn. INCOMPÉTENT, NUL (plus fort). Comme adj. et n., il a pour syn. MALADROIT (moins fort), BON À RIEN (plus fort). Le contr. de l'adj. est CAPABLE.
**L. incapacité** (n. f.) Le gouvernement est incapable de faire face à la crise, cela m'effraie → *l'incapacité du gouvernement à faire face à la crise m'effraie.*

**incassable** → CASSER L.

**incendie** [ɛ̃sɑ̃di] n. m.
[action, qqch, qqn, et résultat] *Voilà, on laisse tomber une cigarette dans une forêt, et c'est comme ça qu'on provoque un incendie. • La maison a été complètement détruite dans l'incendie, les pompiers sont arrivés trop tard.*

**S.** Un *incendie* est un grand feu qui détruit qqch. Les pompiers sont chargés de maîtriser, d'éteindre l'*incendie*. Le PYROMANE est celui qui allume volontairement les *incendies*.

**L. incendier** (v. t.) Un fou a provoqué l'incendie de la ferme → *un fou a incendié la ferme.*

**incertitude** [ɛ̃sɛʁtityd] n. f.
[état, qqn] (non-compt., au sing.) *Il faut que je sache : je ne peux pas rester dans l'incertitude.*

**S.** L'*incertitude* est l'état de qqn qui est INCERTAIN sur ce qui sera ou sur ce qu'il fera. Les syn. sont DOUTE, ANXIÉTÉ (plus fort). *Être dans l'incertitude* a pour équivalent N'AVOIR AUCUNE CERTITUDE.

**incessant** → CESSER L.

**incident** [ɛ̃sidɑ̃] n. m.
[événement] *Dis donc ! ça a dû être difficile cette réunion avec ces gens qui n'ont pas les mêmes opinions ! — Eh bien non ! tout s'est passé sans incident. • Les deux ministres se sont disputés. — Tu crois que cet incident risque d'avoir des conséquences ?*

**S.** Un *incident* est un événement fâcheux qui

trouble le déroulement d'une action. Les syn. sont ACCROC, ACCROCHAGE ou, parfois, CONTRETEMPS (soutenu). *Sans incident* a pour syn. SANS ANICROCHE, NORMALEMENT.

**inciter** [ɛ̃site] v. t. (conj. **1**)
(sujet qqch, qqn) **inciter qqn à qqch (action, état), à** + inf. *Toutes ces émissions à la télévision incitent les jeunes à la violence.*

**S.** *Inciter à* (soutenu) a pour syn. POUSSER À.
**L. incitation** (n. f.) La publicité incite à consommer → *la publicité est une incitation à la consommation.*

**incliner (s')** [ɛ̃kline] v. pr. (conj. **1**)
(sujet qqn) *Il a cru voir une pièce de dix*

*francs par terre et s'est incliné pour la ramasser.* • *Il n'y avait aucune preuve contre l'accusé; le juge a dû s'incliner et le remettre en liberté.*

**S.** *S'incliner,* c'est SE PENCHER en avant. C'est aussi renoncer à la lutte; les syn. sont CÉDER, SE RÉSIGNER (soutenu et plus fort).

**inclus, e** [ɛ̃kly, yz] adj. (après le n.) (se dit de qqch) *Les taxes sont incluses dans le prix : vous n'aurez rien à payer en plus.* • *Tu as fini ton roman ? — Non, j'en ai lu la moitié, jusqu'au troisième chapitre inclus.*

    **G.** Cet adj. n'a ni comparatif ni superlatif.
    **S.** *Inclus* (soutenu) a pour syn. courant COMPRIS.
    **L. inclure** (v. t.) *Les taxes sont incluses dans le prix* → *on a inclu les taxes dans le prix.*

**incohérent, -ence** → COHÉRENT L ; **incolore** → COULEUR L.

**incomber** [ɛ̃kɔ̃be] v. t. ind. (conj. **1**) (sujet qqch [action, abstrait]) **incomber à qqn** *J'assurerai pleinement les responsabilités qui m'incombent.* • *C'est à vous qu'il incombe de faire ce travail, à vous et à nul autre.*

    **S.** *Incomber à* qqn, c'est lui ÊTRE IMPOSÉ, en parlant d'une charge, d'une responsabilité. C'est un syn. soutenu ou adm. de REVENIR À.

**incommode** → COMMODE L.

**incommoder** [ɛ̃kɔmɔde] v. t. (conj. **1**) (sujet qqch) **incommoder qqn** *J'espère, madame, que la fumée de ma pipe ne vous incommode pas.*

**S.** *Incommoder* qqn (soutenu), c'est le GÊNER physiquement, être la cause d'un malaise. DÉRANGER est un syn. moins précis.
**L. incommodant, e** (adj.) *Ce bruit incommode tout le monde* → *ce bruit est incommodant pour tout le monde.*

**incomparable** → COMPARER L ; **incompatible** → COMPATIBLE L ; **incompétent, -ence** → COMPÉTENT L ; **incomplet** → COMPLET L.

**incompréhensible** [ɛ̃kɔ̃preɑ̃sibl] adj. (après le n.) (se dit de qqn, de son attitude, de qqch) *Mais Chantal devrait être là depuis une heure, c'est incompréhensible !* • *Pierre m'a écrit une lettre tout à fait incompréhensible où il est question de vacances, d'amis, de boissons, de je ne sais quoi encore.*

    **S.** Est *incompréhensible* ce ou celui qu'on ne COMPREND pas. En parlant de qqn ou d'un événement, le mot a pour syn. MYSTÉRIEUX,

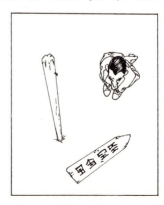

INEXPLICABLE, BIZARRE, CURIEUX (moins fort); en parlant d'une lettre, d'un livre, etc., il a pour syn. ININTELLIGIBLE (soutenu), HERMÉTIQUE (litt.), OBSCUR. Les contr. sont COMPRÉHENSIBLE, LIMPIDE, CLAIR, INTELLIGIBLE (soutenu).

**incompréhension** → COMPRENDRE L ; **inconcevable** → CONCEVOIR L ; **inconfort** → CONFORT L ; **inconfortable** → CONFORTABLE L.

**inconnu, e** [ɛ̃kɔny] adj. (après le n.) et n. [adj.] (se dit de qqn, de qqch) *Faire des voyages, découvrir des pays inconnus, c'est mon rêve!* • *C'est un écrivain encore inconnu, mais bientôt tout le monde parlera de lui.* ◆ [n.] (personne) *Dans la rue, surtout ne parle pas aux inconnus et n'accepte rien d'eux.* • *C'est amusant dans le train de voyager avec des inconnus ; ils ne le sont plus au bout d'une heure.*

G. L'adj. n'a pas de comparatif.
S. 1. *Inconnu* (adj.) a pour contr. CONNU. En parlant de qqch, le syn. est MYSTÉRIEUX, le contr. FAMILIER ; en parlant de qqn, les contr. sont CÉLÈBRE, RENOMMÉ, le syn. litt. est OBSCUR. — 2. *Inconnu* (n.) a pour syn. ÉTRANGER.

**inconscient, e** [ɛ̃kɔ̃sjɑ̃, ɑ̃t] adj. (après le n.) et n., **inconscient** n. m.
I. [adj.] (se dit de qqn, de son attitude) **inconscient (de qqch [abstrait])** *Il faut être inconscient pour conduire d'une manière pareille! C'est dangereux!* • *C'est un enfant, il est inconscient du danger.* ◆ [n.]

(personne) *On peut s'attendre à tout de sa part, c'est un inconscient.*
II. [adj.] (se dit de qqn) *Tu te souviens de l'accident? — Non, il paraît que je suis restée une heure inconsciente.* • *Le blessé n'entend pas ce que vous dites, il est encore inconscient.* ◆ [n. m.] (état, qqn) [noncompt., au sing.] *Tu ne te rappelles plus ta petite enfance, mais elle est toujours présente dans ton inconscient.*

G. L'adj., au sens II, n'a ni comparatif ni superlatif.
S. 1. *Inconscient* (sens I) a pour syn. plus faibles INSOUCIANT (soutenu) et IRRÉFLÉCHI, et pour syn. courant FOU ; suivi d'un compl., il a pour contr. CONSCIENT DE. On dit de qqn qu'il est *inconscient* quand il ne se rend pas compte de ce qu'il fait, qu'il n'en a pas CONSCIENCE. — 2. *Inconscient* (sens II) a pour contr. CONSCIENT (sans compl.). Qqn qui est évanoui, dans le coma (plus grave), est *inconscient*. *L'inconscient* (n. m.), ce sont tous les faits psychiques qui échappent à la CONSCIENCE.
L. **inconsciemment** (adv.) [sens I] *Il a fait ça d'une manière inconsciente* → *il a fait ça inconsciemment.* ◆ **inconscience** (n. f.) [sens I] *Non ! mais regarde-le, il est inconscient !* → *non ! mais regarde-le, quelle inconscience !*

**inconsolable** → CONSOLER L ; **incontestable** → CONTESTER L ; **incontrôlable** → CONTRÔLER L.

**inconvénient** [ɛ̃kɔ̃venjɑ̃] n. m. [qualité, qqch] *Maintenant que je vous ai présenté les avantages et les inconvénients du projet, à vous de décider.* • *L'inconvénient de cette voiture, c'est qu'elle n'a que deux portes.* • *Si personne n'y voit d'inconvénient, j'allume une cigarette.* • *Paul ne voit pas d'inconvénient à ce que nous venions dîner chez lui ce soir.*

S. Un *inconvénient*, c'est ce qui nuit, ce qui apporte un désavantage, un ennui, ce qui présente un défaut ; les syn. sont DÉSAGRÉMENT (soutenu), DÉFAUT, RISQUE et DANGER (plus forts). Avec *voir*, les syn. sont EMPÊCHEMENT et, plus forts, OBSTACLE, OBJECTION (soutenu). Le contr. est dans tous les cas AVANTAGE.

**incorrect, -ement, -tion** → CORRECT L ; **incorrigible** → CORRIGER L ; **incorruptible** → CORROMPRE L ; **increvable** → CREVER L.

**incroyable** [ɛ̃krwajabl] adj. (après ou avant le n.)
(se dit de qqch) *Qu'est-ce qu'il t'a dit pour expliquer son retard ? — Oh ! il m'a raconté une histoire incroyable.* • *C'est incroyable de vivre encore comme ces gens-là, à notre époque !* • *Alain a fait des progrès incroyables, il est maintenant un des premiers de sa classe.*

S. Est *incroyable* ce à quoi il est difficile de CROIRE ; cet adj. a alors pour syn. IMPENSABLE, INVRAISEMBLABLE, RENVERSANT (plus fort) et ÉTON-

NANT, ÉTRANGE (moins forts), et pour contr. PLAUSIBLE, CRÉDIBLE (soutenus). Il se dit aussi de qqch qui étonne énormément ; il a alors pour syn. INIMAGINABLE, FANTASTIQUE, PRODIGIEUX, EXTRAORDINAIRE, INCONCEVABLE (soutenu), et pour contr. BANAL, CONCEVABLE (soutenu) ou NORMAL.
**L. incroyablement** (adv.) Il a changé à un point incroyable en un an → *il a incroyablement changé en un an.*

**inculper** [ɛ̃kylpe] v. t. (conj. **1**)
(sujet qqn, la police, la justice) **inculper qqn (de qqch [crime, etc.])** *Vous vous rendez compte, on l'a inculpé, la police a des preuves contre lui.*

**S.** *Inculper* qqn (langue juridique), c'est l'accuser officiellement d'un crime, d'un méfait.
**L. inculpation** (n. f.) On ne peut pas inculper quelqu'un sans preuve → *l'inculpation n'est pas possible sans preuve.*

**incurable** [ɛ̃kyrabl] adj. (après le n.)
(se dit de qqn, d'une maladie) *Il va guérir bientôt ? — Malheureusement, il est atteint d'une maladie incurable.*

**G.** Cet adj. n'a ni comparatif ni superlatif.
**S.** Est *incurable* une maladie ou qqn qu'on ne peut guérir.

**indéchiffrable** → DÉCHIFFRER L.

**indécis, e** [ɛ̃desi, iz] adj. (après le n.) et n.
I. [adj.] (se dit de qqn) *Je suis indécise : quel sac faut-il que je choisisse ? Conseille-moi un peu.* ◆ [n.] (personne) *Pierre n'a jamais très bien su ce qu'il voulait faire ; c'est un indécis.*
II. [adj.] (se dit de qqch) *Il vaut mieux prendre un parapluie ; le temps est indécis et il y a des nuages.* • *À l'heure actuelle, on ne sait pas encore qui sera le vainqueur des élections ; les résultats sont indécis.*

**S. 1.** Est *indécis* (sens I) [soutenu] celui qui n'arrive pas à se DÉCIDER, qui hésite ; les syn. soutenus sont IRRÉSOLU, PERPLEXE, le syn. courant est EMBARRASSÉ ; le contr. est DÉCIDÉ. Un *indécis* est un FAIBLE (plus fort). — **2.** Est *indécis* (sens II) [soutenu] ce qui n'est pas sûr ; les syn. sont DOUTEUX, INCERTAIN, et le contr. est SÛR.
**L. indécision** (n. f.) [sens I] Je suis toujours indécis → *je suis toujours dans l'indécision.*

**indéfendable** → DÉFENDRE L.

**indéfiniment** [ɛ̃definimɑ̃] adv.
[temps] *Tâche d'arriver à l'heure, je ne t'attendrai pas indéfiniment.* • *Si tu hésites indéfiniment, tu vas laisser passer l'occasion.*

**S.** *Indéfiniment* indique une durée très longue et a pour syn. ÉTERNELLEMENT et LONGTEMPS (moins fort).

**indéfinissable** → DÉFINIR L ; **indéformable** → DÉFORMER L.

**indélicat, e** [ɛ̃delika, at] adj. (après le n.)
(se dit de qqn) *On a dû licencier ce vendeur indélicat qui volait des marchandises au magasin.*

**S.** *Indélicat* est un syn. soutenu de MALHONNÊTE.

**indemne** [ɛ̃dɛmn] adj. (après le n.)
(se dit de qqn) [*Dans le journal*] : « *L'accident a été terrible ; et pourtant les occupants des deux voitures sont sortis indemnes.* »

**G.** Cet adj. n'a ni comparatif ni superlatif.
**S.** *Indemne* est le syn. soutenu de SAIN ET SAUF.

**indemniser** [ɛ̃dɛmnize] v. t. (conj. **1**)
(sujet qqn, un organisme) **indemniser qqn**

*Cela vous a coûté beaucoup d'argent, mais ne vous inquiétez pas, nous vous indemniserons.*

**S.** *Indemniser* (langue administrative), c'est compenser par une somme d'argent une perte financière, une dépense, un dommage. Il a pour syn. DÉDOMMAGER.
**L. indemnisation** (n. f.) *Ils ont perdu leur maison dans l'incendie, ils veulent être indemnisés → ils ont perdu leur maison dans l'incendie, ils veulent une indemnisation.* ◆ **indemnité** (n. f.) *Il est indemnisé pour ses dépenses de logement → il touche des indemnités de logement.*

**indémontrable** → DÉMONTRER L.

**indéniable** [ɛ̃denjabl] adj. (après ou, plus rarement, avant le n.)
(se dit de qqch [abstrait]) *Votre fils a fait des progrès indéniables, mais il n'est pas encore au niveau de la classe.*

**G.** Cet adj. n'a ni comparatif ni superlatif.
**S.** *Indéniable* est le syn. soutenu de INCONTESTABLE, ÉVIDENT, CERTAIN, MANIFESTE (soutenu).

**indépendamment de** [ɛ̃depɑ̃damɑ̃də] prép.
[exclusion] *Mais, indépendamment de son salaire, il touche aussi une pension.*

**S.** *Indépendamment de* est un syn. soutenu de EN PLUS DE, EN DEHORS DE.

**indépendant, e** [ɛ̃depɑ̃dɑ̃, ɑ̃t] adj. (après le n.)
I. (se dit de qqn) *Pierre est très indépendant, il vit seul et il dit qu'il n'a besoin de personne.* ● *Si tu veux être indépendant, commence d'abord par gagner ta vie.*
II. (se dit d'un pays) *Ce pays est maintenant indépendant, il a son propre gouvernement et prend toutes ses décisions.*
III. (se dit de qqch) **indépendant (de qqch)** *Aline a une chambre indépendante de l'appartement de ses parents, avec une porte d'entrée particulière.*

**G.** Cet adj. n'a ni comparatif ni superlatif aux sens II et III.
**S. 1.** *Être indépendant* (sens I) a pour syn. ÊTRE LIBRE, AVOIR SA LIBERTÉ, et pour contr. ÊTRE DÉPENDANT DE, DÉPENDRE DE. — **2.** *Indépendant* (sens II) se dit d'un pays qui n'est sous la domination ou la DÉPENDANCE d'aucun autre pays ; AUTONOME est un équivalent qui désigne une INDÉPENDANCE relative ou réduite. — **3.** *Indépendant* (sens III) se dit d'une chose qui n'est pas liée ou reliée à une autre, qui en est séparée.
**L. indépendance** (n. f.) [sens I] *Pierre a besoin d'être indépendant → Pierre a besoin d'indépendance.* ◆ [sens II] *Ce pays a été proclamé indépendant → l'indépendance de ce pays a été proclamée.*

**indescriptible** → DÉCRIRE L ; **indestructible** → DÉTRUIRE L ; **indéterminé** → DÉTERMINÉ L.

**indexer** [ɛ̃dɛkse] v. t. (conj. **1**)
(sujet qqn, l'État) **indexer qqch (somme d'argent)** *Les salaires sont-ils indexés sur le coût de la vie ?*

**S.** *Indexer un salaire, un capital, un emprunt,* etc. (terme technique), c'est leur faire suivre des variations selon celles d'un autre élément pris comme référence (INDICE).
**L. indexation** (n. f.) *Certains syndicats contestent la manière dont on indexe les salaires → certains syndicats contestent la manière dont l'indexation des salaires est faite.*

**indication** [ɛ̃dikasjɔ̃] n. f.
[action, qqn, et résultat] *Ça a l'air compliqué, cet appareil ! — Mais non, on m'a donné toutes les indications pour le faire marcher.* ● *Faites comme je vous dis ; suivez mes indications et vous ne vous tromperez pas de route.*

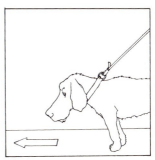

**S.** *Indication* a pour syn. RENSEIGNEMENT, DIRECTIVE (soutenu).
**L. indicatif** (adj. m.) *À titre d'indication, je vous signale mon absence en août → à titre indicatif, je vous signale mon absence en août.*

**indice** [ɛ̃dis] n. m.
I. [statut, qqch] *Grâce à quelques nouveaux indices, la police a pu faire avancer son enquête.* ◆ **indice de qqch** *Cette attitude est l'indice d'un mécontentement chez les travailleurs.*
II. [statut, qqch] *L'indice des prix reflète parfaitement l'augmentation du coût de la vie.*

**S. 1.** Un *indice* (sens I) est un signe apparent qui INDIQUE qqch. Il a pour syn. INDICATION, PREUVE (plus fort). *L'indice de* qqch *est ce qui révèle, prouve* qqch. — **2.** Un *indice* (sens II) est un nombre représentant un rapport entre des prix, des quantités, et qui sert à étudier une évolution.

**indicible** [ɛ̃disibl] adj. (après ou avant le n.)
(se dit d'un sentiment) *À cette nouvelle, il éprouva une joie indicible.*

**G.** Cet adj. n'a ni comparatif ni superlatif.
**S.** *Indicible* (soutenu ou litt.) a pour syn. IMMENSE (moins fort), INEXPRIMABLE, INDESCRIPTIBLE.

**indifférent, e** [ɛ̃diferɑ̃, ɑ̃t] adj. (après le n.)
(se dit de qqn, de son attitude) **indifférent (à qqch)** *Depuis quelque temps, rien ne l'intéresse ; il est indifférent à tout et cela m'inquiète.* • *Tu as aimé le film ? — Ce n'était pas mal, mais tu sais, moi, le cinéma me laisse indifférent.* ◆ (se dit de qqch, de qqn) **indifférent à qqn** *Tu sors beaucoup avec Jacques en ce moment, il te plaît ? — Non, il m'est complètement indifférent, mais tous mes amis sont en vacances !* • *Ça m'est indifférent de partir tout de suite ou plus tard ; de toute façon, je n'ai pas envie d'y aller.*

**G.** Cet adj. est surtout attribut en parlant de qqn.

**S. 1.** *Être indifférent à* qqch, c'est ne pas y prêter attention, n'éprouver pour qqch aucun intérêt ni sentiment, n'éprouver que de l'INDIFFÉRENCE. Le contr. est S'INTÉRESSER À. *Laisser* qqn *indifférent* a pour équivalent le LAISSER FROID, et pour contr. l'INTÉRESSER. — **2.** En parlant de qqn, *être indifférent à* qqn, c'est ne provoquer chez lui aucun sentiment. *Ça m'est indifférent* a pour équivalents ÇA M'EST ÉGAL, ÇA M'INDIFFÈRE (soutenu).
**L. indifféremment** (adv.) *Il mange de tout de manière indifférente* → *il mange indifféremment de tout.* ◆ **indifférence** (n. f.) *Il m'a regardé d'un air indifférent* → *il m'a regardé avec indifférence.* ◆ **indifférer** (v. t.) *Son attitude m'est indifférente* → *son attitude m'indiffère.*

**indigeste, -tion** → DIGÉRER L ; **indigne** → DIGNE L.

**indigner** [ɛ̃diɲe] v. t. (conj. **1**)
(sujet qqch, qqn) **indigner qqn** *Le pays tout entier a été indigné par cet assassinat.* ◆ (sujet qqn) **s'indigner (de, contre qqch, de + inf., que + subj.)** *Elle passe son temps à s'indigner contre l'injustice et elle est la*

*première à être injuste.* • *Il s'est indigné qu'on puisse être si indulgent à l'égard des criminels.*

**G.** Ce verbe s'emploie souvent au passif.
**S.** *Indigner* et *s'indigner* ont pour syn. (SE) RÉVOLTER, (SE) SCANDALISER, (S')IRRITER (moins fort).
**L. indignation** (n. f.) *Nous sommes réellement indignés* → *notre indignation est réelle.*

**indiqué, e** [ɛ̃dike] adj. (après le n.)
(se dit de qqch) *Ne prends pas d'alcool, ce n'est pas indiqué pour toi, tu as mal au foie.* • *Sortir quand on a un rhume et qu'il fait froid dehors, c'est le moyen tout indiqué pour tomber malade.*

**S.** *Indiqué* a pour syn. RECOMMANDÉ. Qqch qui n'est pas *indiqué* n'est pas BON POUR.
**L. contre-indiqué, e** (adj.) *Ce médicament n'est pas indiqué pour les gens nerveux* → *ce médicament est contre-indiqué pour les gens nerveux.*

**indiquer** [ɛ̃dike] v. t. (conj. **1**)
(sujet qqn, qqch [panneau, affiche, etc.])

**indiquer qqch** (ou + **interr. indirecte**) **à qqn**
*Ce restaurant est excellent, qui est-ce qui te l'a indiqué ?* • *Vous verrez sur la route un panneau qui vous indiquera la direction à*

*prendre pour venir chez moi.* • *Indique-moi où je pourrai te retrouver.* • *Vous êtes prié de vous présenter au commissariat à l'heure indiquée ci-dessous.*

**S.** *Indiquer*, c'est donner une INDICATION ; il a pour syn. DÉSIGNER (pour un lieu), MONTRER, DIRE (suivis d'une interrogation indirecte), RENSEIGNER SUR, FAIRE CONNAÎTRE (pour un lieu), MENTIONNER (soutenu).
**L.** *indiqué*, *indication*, v. ces mots.

**indirect, -ement** → DIRECT L ; **indiscipliné** → DISCIPLINE L.

**indiscret, ète** [ɛ̃diskrɛ, ɛt] adj. (après le n.) et n.
[adj.] (se dit de qqn, de qqch [question]) *Qu'est-ce que vous étiez en train de dire tous les deux ? — Tu es indiscret, ça ne te regarde pas.* • *Ah ! Ces journalistes n'arrêtent pas de me poser des questions indiscrètes, ils veulent tout savoir sur ma vie privée !* ◆ [n.] (personne) *C'est un indiscret à qui on ne peut pas faire confiance.*

**S.** Qqn qui est *indiscret* manque de DISCRÉTION, de retenue ; il a pour syn. CURIEUX (moins fort), et pour contr. DISCRET. Quand on parle d'une question, les syn. sont DÉPLACÉ, IMPERTINENT, INDÉLICAT, INCONVENANT (soutenu).
**L.** *indiscrétion* (n. f.) *Ce serait indiscret de vous demander votre âge ?* → *ce serait une indiscrétion de vous demander votre âge ?*

**indiscutable** → DISCUTER L.

**indispensable** [ɛ̃dispɑ̃sabl] adj. (après le n.)
(se dit de qqch, de qqn) **indispensable (à, pour qqch, qqn, pour + inf., pour que + subj.)** *La maison est jolie, mais elle n'a même pas le minimum de confort indispensable pour qu'on s'y sente bien.* • *Alors, il lui a dit qu'elle ne lui était pas indispensable et que si elle voulait partir...* • *Dis donc, c'est vraiment indispensable que je sois là ce soir ?* • *Pour être à l'heure à la gare, il est absolument indispensable de se lever à 6 heures.*

**S.** *Indispensable* se dit de ce dont on ne peut pas se passer, SE DISPENSER (soutenu), de ce qui n'est pas un luxe ; il a pour syn. NÉCESSAIRE (moins fort), ESSENTIEL, et pour contr. SUPERFLU, INUTILE (seulement en parlant de qqch). *C'est indispensable* a pour syn. C'EST UTILE (moins fort), C'EST (IL EST) NÉCESSAIRE, ESSENTIEL, VITAL (plus fort).

**indisponible** → DISPONIBLE L.

**indisposition** [ɛ̃dispozisjɔ̃] n. f.
[maladie] *Souffrant d'une légère indisposition, le président a été obligé d'annuler la réception d'aujourd'hui.*

**S.** *Souffrir d'une indisposition* (soutenu), c'est ÊTRE LÉGÈREMENT MALADE, SOUFFRANT.
**L.** *indisposé* **(être)** [v. pass.] *Après le repas, il souffrit d'une indisposition* → *après le repas, il fut indisposé.*

**indistinct** → DISTINCT L.

**individu** [ɛ̃dividy] n. m.
I. [personne] *Comment ? L'usine entière n'appartient qu'à un seul individu ?* • *Que devient l'individu dans une société comme celle-là ?*
II. [personne] (péjor.) *Dis donc ! Tu as vu derrière nous ? Il y a un drôle d'individu qui nous suit !*

## INDIVIDUEL

**S. 1.** *Individu* (sens I) désigne tout homme, femme, personne, être humain envisagé sous son aspect unique, par oppos. à la COLLECTIVITÉ. On appelle INDIVIDUALISTE celui qui pense que l'action et l'intérêt de l'*individu* ont plus de valeur que l'action et l'intérêt communs. — **2.** Au sens II, ce mot a une valeur péjor. ; il a pour syn. TYPE, GARS (fam.), MEC (pop.), BONHOMME (fam.), PERSONNAGE (soutenu), et ne désigne qu'un HOMME.

**individuel, elle** [ɛ̃dividɥɛl] adj. (après le n.)
(se dit de qqch) *Je suis seul, je voudrais une chambre individuelle.* ● *Ce dictionnaire est le résultat d'un travail d'équipe et non pas d'un travail individuel.* ● *La liberté individuelle ne doit pas gêner la vie du groupe.*

**G.** Cet adj. n'a ni comparatif ni superlatif.
**S.** Est *individuel* ce qui concerne un seul INDIVIDU, une seule personne. Il peut avoir pour syn. PERSONNEL ou, en parlant d'une chambre, PARTICULIER, et pour contr. COLLECTIF, COMMUN, et DE GROUPE, d'ÉQUIPE (en parlant du travail).
**L. individuellement** (adv.) *Travaillez chacun d'une manière individuelle* → *travaillez chacun individuellement.*

**indubitable** → DOUTE L.

**indulgent, e** [ɛ̃dylʒɑ̃, ɑ̃t] adj. (après le n.)
(se dit de qqn) *Tu as vraiment un professeur indulgent, car pour t'avoir mis la moyenne à ton devoir, il ne faut pas être sévère.* ● *Paul est très dur avec les autres, mais il apprendra à être indulgent quand il aura lui-même fait une grosse erreur.*

**S.** Est *indulgent* celui qui pardonne facilement les fautes ; les syn. sont BIENVEILLANT, COMPRÉHENSIF ; DÉBONNAIRE (soutenu) indique une trop grande INDULGENCE. Les contr. sont SÉVÈRE, DUR et, plus fort, IMPITOYABLE.
**L. indulgence** (n. f.) *Je m'étonne qu'il soit indulgent* → *je m'étonne de son indulgence.*

**industrie** [ɛ̃dystri] n. f.
I. [activité économique] (non-compt., au sing.) **industrie** (+ **adj.** ou **de** + **n.**) *Pierre est ingénieur, il travaille dans l'industrie chimique.*
II. [établissement] (compt.) *Ici, tu vois, c'est encore la campagne, il n'y a pas d'industries, pas d'usines.*

**S. 1.** Au sens I, l'*industrie* désigne l'ensemble des activités qui exploitent et transforment les matières premières à l'aide de machines pour fabriquer des produits INDUSTRIELS ; on distingue l'*industrie* SIDÉRURGIQUE, MÉTALLURGIQUE, TEXTILE, CHIMIQUE, etc. — **2.** Au sens II, le mot désigne l'entreprise qui exerce cette activité ; USINE est un syn. courant.
**L. industriel,** v. ce mot. ◆ **industrialiser (s')** [v. pr.] (sens II) On installe des industries dans cette région → *cette région s'industrialise de plus en plus.* ◆ **industrialisation** (n. f.) [sens II] L'équipement en industries du pays s'accélère → *l'industrialisation du pays s'accélère.*

**industriel, elle** [ɛ̃dystrijɛl] adj. (après le n.), **industriel** n. m.
I. [adj.] (se dit de qqch) *L'activité industrielle se ralentit en ce moment, et on a peur que le chômage augmente.* ● *Je n'aimerais pas habiter dans les régions industrielles du nord de la France.*
II. [n. m.] (personne, profession) *Tu ne connais pas Legrand ? C'est un gros industriel de Nantes, il a une usine d'au moins cinq mille ouvriers.*

**G.** L'adj. n'a ni comparatif ni superlatif dans la langue courante.
**S. 1.** Une région *industrielle* est très équipée en INDUSTRIES, en usines. On distingue les activités industrielle, commerciale et agricole. — **2.** Un *industriel* est le plus souvent le patron d'une usine, d'une industrie.

**ineffaçable** → EFFACER L ; **inefficace, -ité** → EFFICACE L ; **inégal, -ement** → ÉGAL L ; **inégalable, inégalé** → ÉGALER L ; **inégalité** → ÉGALITÉ L.

**inéluctable** [inelyktabl] adj. (après le n.)
(se dit d'un événement) *La négociation sera rompue ; c'est inéluctable, les deux partis ont des positions trop éloignées.*

**G.** Cet adj. n'a ni comparatif ni superlatif.
**S.** *Inéluctable* est le syn. soutenu de INÉVITABLE.

**inespéré** → ESPÉRER L.

**inestimable** [inɛstimabl] adj. (après le n.)
(se dit de qqch [abstrait, action]) *Vous m'avez apporté une aide inestimable dont je ne saurai jamais comment vous remercier.*

**G.** Cet adj. n'a ni comparatif ni superlatif.
**S.** Est *inestimable* (soutenu) ce qui a une valeur considérable ; il a pour syn. PRÉCIEUX, IMPORTANT (moins forts).

**inévitable** [inevitabl] adj. (après le n.)
(se dit de qqch) *Évidemment, quand on roule aussi vite et qu'on ne fait pas attention, l'accident est inévitable !* ● *Zut, j'ai*

*perdu mes lunettes ! — C'était inévitable, tu les poses toujours n'importe où.*

**G.** Cet adj. n'a ni comparatif ni superlatif.
**S.** Est *inévitable* ce qu'on ne peut pas ÉVITER, ce à quoi on ne peut échapper, ce qu'on ne

peut empêcher. Il a pour syn. OBLIGATOIRE, INÉLUCTABLE (soutenu). *C'est inévitable* a pour syn. C'EST FORCÉ, OBLIGÉ ou CERTAIN, FATAL.
**L.** inévitablement (adv.) *Il est en retard, c'est inévitable* → *il est inévitablement en retard.*

**inexact, -itude** → EXACT L ; **inexcusable** → EXCUSER L ; **inexistant** → EXISTER L ; **inexpérience** → EXPÉRIENCE L ; **inexpérimenté** → EXPÉRIMENTÉ L ; **inexplicable, -iqué** → EXPLIQUER L ; **inexploité** → EXPLOITER L ; **inexploré** → EXPLORER L ; **inexprimable** → EXPRIMER L.

**infaillible** [ɛ̃fajibl] adj. (après le n.)
I. (se dit de qqn) *Ça t'arrive aussi de te tromper, tu n'es pas infaillible.*
II. (se dit de qqch) **infaillible (pour, contre qqch, pour + inf.)** *On m'a encore indiqué un médicament infaillible contre la migraine ; mais c'est quelqu'un qui n'a jamais mal à la tête.*

**G.** Cet adj. n'a ni comparatif ni superlatif.
**S. 1.** Est *infaillible* (sens I) [soutenu] celui qui ne se trompe jamais, qui ne commet pas d'erreurs. — **2.** Est *infaillible* (sens II) ce qui est EFFICACE (moins fort), ce qui produit inévitablement le résultat attendu.
**L.** infailliblement (adv.) *Ce médicament va vous guérir d'une manière infaillible* → *ce médicament va vous guérir infailliblement.*

**infaisable** → FAIRE L.

**infantile** [ɛ̃fɑ̃til] adj. (après le n.)
(se dit de qqn, de son attitude) *Il se conduit d'une manière infantile : se mettre en colère pour de pareils détails !*

**S.** Est *infantile* (soutenu) celui qui se conduit comme un ENFANT. Les syn. sont PUÉRIL (soutenu) et ENFANTIN (courant).

**infatigable, -ment** → FATIGUER L.

**infect, e** [ɛ̃fɛkt] adj. (après le n.)
(se dit de qqch, de qqn) *Il y a une odeur*

*infecte ici ; ça sent l'œuf pourri.* • *Si tu savais comme il m'a injuriée, il a été infect avec moi !* • *On était dans un joli hôtel, mais on a eu un temps infect.*

**S.** *Infect* (soutenu) se dit de qqch ou de qqn qui inspire le dégoût. Il a pour syn. ABOMINABLE, IGNOBLE. Comme intensif de MAUVAIS, il a pour syn. AFFREUX, ÉPOUVANTABLE.

**infecter (s')** [ɛ̃fɛkte] v. pr. (conj. 1), **être infecté** v. pass.
(sujet une blessure, un bouton, etc.) *Nettoie bien ta blessure, sinon elle risque de s'infecter.*

**S.** *S'infecter,* c'est être contaminé par des microbes.
**L.** infection (n. f.) *Est-ce qu'il y a un risque pour que ça s'infecte ?* → *est-ce qu'il y a un risque d'infection ?*

**inférieur, e** [ɛ̃ferjœr] adj. (après le n.) et n.
I. [adj.] (se dit d'un lieu, d'un état, etc.) *Il y a du bruit à l'étage inférieur.*
II. [adj.] (se dit d'une valeur, d'un rang, de qqn) **inférieur (à qqch, qqn)** *Marie a une note inférieure à la moyenne en histoire : 9 sur 20.* • *Dans ce grand magasin, les prix de la viande sont inférieurs à ceux que fait mon boucher.* • *Timide comme il est, il se sent inférieur aux autres.* ◆ [n.] (personne, rôle) *Tu verrais en quels termes il parle de ses inférieurs, tu serais étonné !*

**G.** Cet adj. n'a pas de comparatif ni de superlatif. Au sens I, il est seulement épithète.
**S. 1.** *Inférieur* (sens I) se dit de ce qui est situé au-dessous, en dessous, plus bas dans l'espace (par oppos. à au-dessus) ; il a pour syn. DU DESSOUS ; le contr. est SUPÉRIEUR. — **2.** *Inférieur (à)* [sens II] se dit, dans une comparaison, une hiérarchie, de qqn, de qqch dont la valeur est jugée moindre, plus basse ; le contr. est SUPÉRIEUR (à). *Inférieur* (n.) a pour syn. SUBORDONNÉ et pour contr. SUPÉRIEUR, CHEF.
**L. infériorité** (n. f.) [sens II] Il a le sentiment d'être inférieur aux autres → *il a un sentiment d'infériorité.*

**infernal, e, aux** [ɛ̃fɛrnal, no] adj. (après le n.)
(se dit de qqn, de qqch) *Cet enfant est*

*infernal ; on ne peut pas le laisser cinq minutes seul sans qu'il fasse une bêtise !* ● *Aujourd'hui, avec la pluie et le début du week-end, la circulation était infernale dans Paris ; j'ai mis une heure pour rentrer.*

**S.** Est *infernal* (soutenu) celui ou ce qui est difficile à supporter ; les syn. sont INSUPPORTABLE (moins fort), EXASPÉRANT, TERRIBLE, TUANT (fam.). Les contr. sont GENTIL, SAGE, TRANQUILLE (en parlant d'un enfant), CALME, SUPPORTABLE (en parlant de la circulation, de la vie).

**infidèle, -ité** → FIDÈLE L.

**infime** [ɛ̃fim] adj. (avant ou après le n.)
(se dit de qqch) *En définitive, ce n'est qu'une infime partie de la population qui est pour de telles mesures ?* ● *Ne perds pas ton temps à ces détails infimes, va au principal.*

**G.** Cet adj. n'a ni comparatif ni superlatif.
**S.** Est *infime* (soutenu) ce qui est TRÈS PETIT ; le syn. soutenu est MINIME.

**infirme** [ɛ̃firm] adj. (après le n.) et n.
[adj.] (se dit de qqn) *Jacqueline a eu un très grave accident, il paraît qu'elle risque de rester infirme.* ◆ [n.] (personne) *Elle a passé sa vie auprès d'un infirme qu'elle a soigné avec beaucoup de cœur.*

**G.** L'adj. n'a ni comparatif ni superlatif.
**S.** Être *infirme*, c'est avoir perdu l'usage d'une fonction physiologique (marche, parole, etc.), être HANDICAPÉ, être atteint d'une INFIRMITÉ, d'un handicap.
**L. infirmité** (n. f.) Il n'a jamais eu honte d'être infirme → *il n'a jamais eu honte de son infirmité.*

**infirmerie** [ɛ̃firməri] n. f.
[partie d'un établissement] *Quand on était au lycée, Aline passait plus de temps à l'infirmerie qu'au cours d'histoire, elle avait comme par hasard tout le temps mal quelque part.*

**S.** Une *infirmerie* est un bâtiment ou un local aménagé dans un établissement pour donner des soins urgents à qqn ou lui permettre de se reposer.

**infirmier, ère** [ɛ̃firmje, ɛr] n.
[personne, profession] *Une infirmière doit venir tous les jours faire une piqûre au malade.* ● *Paul vient d'être opéré ; on n'a pas pu le voir, mais l'infirmière nous a dit que tout s'était bien passé.* ● *Deux infirmiers sont venus le chercher chez lui pour l'emmener de force à l'hôpital : il était devenu fou.*

**S.** Les *infirmiers* et les *infirmières* sont des employés qui travaillent dans un hôpital, une clinique, une INFIRMERIE, sous les ordres d'un médecin, d'un chirurgien. Ils assurent les soins aux malades.

**inflexible** [ɛ̃flɛksibl] adj. (après le n.)
(se dit de qqn) *Ce que vous demandez est impossible ; je resterai inflexible et je ne céderai pas.*

**S.** Est *inflexible* (soutenu) celui qu'on ne peut pas FLÉCHIR ; les syn. sont INÉBRANLABLE, INTRANSIGEANT.

**infliger** [ɛ̃fliʒe] v. t. (conj. **4**)
(sujet qqn) **infliger qqch (peine, punition, etc.) à qqn** *Je me souviens encore de la punition qu'on m'avait infligée à cette occasion et pourtant j'étais tout petit.*

**S.** *Infliger* qqch (soutenu), c'est le DONNER, l'ADMINISTRER, le FAIRE SUBIR.

**influence** [ɛ̃flyɑ̃s] n. f.
I. [action, qqch] (compt., surtout au sing.) *L'alcool n'a aucune influence sur moi, je t'assure que ça ne me fait absolument rien d'en boire.* ● *Alain ne devrait pas regarder autant la télévision, je trouve qu'elle a une mauvaise influence sur lui.*
II. [action, qqn] (non-compt., au sing.) *Si tu as un peu d'influence sur tes enfants, essaie de les faire taire, moi, je n'y arrive pas.* ◆ [qualité, qqn] (non-compt., au sing.) *Je voudrais faire du théâtre. — Parlez-en à M. Leduc, il a beaucoup d'influence dans ce milieu.*

**S. 1.** L'*influence* de qqch (sens I), c'est l'action que qqch exerce sur qqn ou sur qqch, l'effet qu'il peut produire. *Avoir de l'influence sur* qqch a pour syn. INFLUER SUR, AGIR SUR, AVOIR UNE ACTION, DE L'EFFET SUR. — **2.** L'*influence* de qqn (sens II), c'est l'action que celui-ci exerce sur les autres ; les syn. sont ASCENDANT (soutenu), CRÉDIT, POUVOIR. *Avoir de l'influence sur* qqn (sur le plan moral), c'est pouvoir l'INFLUENCER, AVOIR UN POUVOIR, UNE AUTORITÉ SUR lui. En parlant de qqn, d'un groupe, *avoir de l'influence* (sans compl.) a pour syn. ÊTRE INFLUENT (soutenu), AVOIR DE L'IMPORTANCE, ÊTRE IMPORTANT.
**L. influencer,** v. ce mot.

**influencer** [ɛ̃flyɑ̃se] v. t. (conj. **3**)
(sujet qqn, qqch) **influencer qqn** *N'essayez pas de m'influencer, je ferai ce que je veux.*

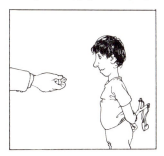

● *Si tu te laisses influencer par tout ce qu'on raconte à la radio, tu achèteras n'importe quoi.*

**S.** *Influencer* qqn, c'est avoir de l'INFLUENCE (morale) sur lui, peser sur ses opinions, ses actes, ses choix. *Se laisser influencer* a pour syn. plus fort SE LAISSER ENTRAÎNER.
**L. influençable** (adj.) On peut facilement influencer Jacques → *Jacques est facilement influençable.*

**influent, e** [ɛ̃flyɑ̃, ɑ̃t] adj. (après le n.)
(se dit de qqn) *Tu devrais aller voir Paul ; il fera quelque chose pour toi, il est très influent auprès du ministre.* ● *La pièce a été un grand succès grâce aux critiques ; ceux-ci sont influents quand il s'agit de théâtre.*

**S.** Est *influent* qqn qui a, grâce à ses relations, de l'importance, du crédit auprès d'une autre personne ; les syn. sont IMPORTANT, PUISSANT (plus fort). *Être influent* a pour équivalent AVOIR DU POUVOIR.
**L. influence,** v. ce mot.

**influer** [ɛ̃flye] v. t. ind. (conj. **2**)
(sujet qqch) **influer sur qqn, qqch** *C'est normal que ces événements malheureux aient influé sur son caractère.*

**S.** *Influer sur* (soutenu) a pour syn. AGIR SUR, PESER SUR ou MODIFIER (seulement en parlant de qqch).
**L. influent,** v. ce mot.

**information** [ɛ̃fɔrmasjɔ̃] n. f.
I. [énoncé] (compt.) [À la télévision] : « *Il paraît que l'homme a été libéré, mais nous n'avons reçu aucune autre information à ce sujet.* » ● *Je vais me renseigner : je vous*

*donnerai d'autres informations plus tard.*
II. [collectif, énoncés] (non-compt., au plur.) *Mets la radio, c'est l'heure des informations, je voudrais savoir ce qui se passe*

# INFORMATIQUE

*à l'étranger.* ● *Tu as écouté les informations ? — Oui, il n'y a pas grand-chose de nouveau !*

**S. 1.** *Information* (sens I) a pour syn. NOUVELLE, RENSEIGNEMENT ou, fam., TUYAU. *Donner des informations,* c'est INFORMER, RENSEIGNER. — **2.** *Informations* (sens II) a pour syn. NOUVELLES, JOURNAL (PARLÉ ou TÉLÉVISÉ), ou, parfois, ACTUALITÉS (TÉLÉVISÉES).

**informatique** [ɛ̃fɔrmatik] n. f.
[science] (non-compt., au sing.) *Tu devrais faire de l'informatique, c'est une science nouvelle qui prendra de plus en plus d'importance.*

**S.** *L'informatique* est la science et la technique du traitement de l'INFORMATION au moyen d'ordinateurs et de calculatrices ou calculateurs électroniques.
**L. informaticien, enne** (n.) Il est spécialiste d'informatique → *il est informaticien.*

**informe** → FORME L.

**informé, e** [ɛ̃fɔrme] adj. (après le n.)
(se dit de qqn, d'un journal, etc.) *Les gens achètent n'importe quoi parce qu'ils sont mal informés.* ● *C'est un journal très bien informé ; ce qu'il dit sur cette affaire est sans doute vrai.*

**S.** *Informé* a pour syn. plus large RENSEIGNÉ.

**informer** [ɛ̃fɔrme] v. t. (conj. **1**)
(sujet qqn, qqch [journal, radio]) **informer qqn de, sur qqch, que + ind.** *L'étiquette est là pour vous informer de la qualité des produits que vous achetez.* ● *Il faudrait informer les jeunes sur les dangers de l'alcool.* ● *Tu connais la grande nouvelle ? — Quelle nouvelle ? — Eh bien, je t'informe que je vais me marier !* ◆ (sujet qqn) **s'informer (de qqch)** *Il lit tous les journaux pour s'informer de tout.* ● *Avant de vous décider, informez-vous !*

**S. 1.** *Informer* qqn *que* + ind. a pour syn. ANNONCER qqch, QUE + ind. à qqn, FAIRE SAVOIR qqch, QUE + ind. à qqn, AVERTIR qqn DE qqch, QUE + ind. ; *informer* qqn *de, sur* qqch, c'est lui DONNER DES INFORMATIONS SUR, le RENSEIGNER SUR, le METTRE AU COURANT DE. — **2.** *S'informer de* a pour syn. savant SE DOCUMENTER SUR.
**L. informé, information,** v. ces mots.

**infraction** [ɛ̃fraksjɔ̃] n. f.
[action, qqn] *Toute infraction au règlement sera sévèrement punie.* ● *L'agent a dit qu'on ne pouvait pas rester garé là, qu'on commettait une infraction.*

**S.** Une *infraction* (langue juridique) est un MANQUEMENT (soutenu) à une loi, un règlement. *Commettre une infraction,* c'est COMMETTRE UN DÉLIT (plus fort), UNE FAUTE (moins fort).

**infroissable** → FROISSER L.

**ingénier (s')** [ɛ̃ʒenje] v. pr. (conj. **2**)
(sujet qqn) **s'ingénier à + inf.** *J'ai beau m'ingénier à trouver une solution qui ne désavantage personne, je n'en trouve pas.*

**S.** *S'ingénier à,* c'est tout faire pour obtenir qqch, FAIRE DES EFFORTS POUR réussir qqch ; il a pour syn. plus fort S'ÉVERTUER À.

**ingénieur** [ɛ̃ʒenjœr] n. m.
[personne, profession] *Comment s'appelle l'ingénieur qui dirige les travaux de construction de ce pont ?* ● *En ce moment, Pierre a beaucoup de travail : il prépare un concours d'entrée à une grande école d'ingénieurs.*

**S.** Un *ingénieur* est un cadre de l'industrie ; en général, il a fait ses études dans une grande école, où il a reçu une formation scientifique et technique.

**ingénieux, euse** [ɛ̃ʒenjø, øz] adj. (après ou avant le n.)
(se dit de qqn, de ses actions) *Mon mari est très ingénieux et il a trouvé un petit truc astucieux pour arroser automatiquement les plantes.* ● *Mon garçon, ton explication est ingénieuse, mais cela ne justifie pas tes mauvaises notes.*

**S.** Est *ingénieux* qqn qui est INVENTIF, FERTILE EN RESSOURCES ; le syn. fam. est ASTUCIEUX ; en parlant d'un acte, les syn. sont HABILE, ADROIT et les contr. MALADROIT, STUPIDE (plus fort).
**L. ingéniosité** (n. f.) Pierre est très ingénieux → *Pierre est d'une grande ingéniosité.*

**ingrat, e** [ɛgra, at] adj. (après le n.) et n.
I. [adj.] (se dit de qqn) *Quand je pense à tout ce que tes parents ont fait pour toi, je trouve que tu es vraiment ingrat à leur égard.* ◆ [n.] (personne) *Je ne suis pas un ingrat, mais on ne peut pas toujours rendre un service.*
II. [adj.] (se dit de qqch [travail]) *Classer tous ces papiers, c'est vraiment une tâche ingrate.*

    **S. 1.** Est *ingrat* (sens I) [soutenu] celui qui n'a aucune reconnaissance pour les services que d'autres lui ont rendus ; le syn. est OUBLIEUX (qui n'est pas aussi péjor.) ; le contr. est RECONNAISSANT. — **2.** Est *ingrat* (sens II) [soutenu] un travail qui est PÉNIBLE pour des résultats insatisfaisants ; le syn. est DÉCEVANT. En langue courante, on dira plutôt ENNUYEUX, EMBÊTANT.
    **L. ingratitude** (n. f.) [sens I] Je constate que tu es un ingrat → *je constate ton ingratitude.*

**inhabitable** → HABITABLE L ; **inhabité** → HABITER L ; **inhabituel** → HABITUEL L ; **inhumain** → HUMAIN L ; **inimaginable** → IMAGINER L ; **inimitable** → IMITER L ; **inintelligent** → INTELLIGENT L ; **inintelligible** → INTELLIGIBLE L ; **inintéressant** → INTÉRESSANT L ; **ininterrompu** → INTERROMPRE L.

**initiative** [inisjativ] n. f.
[action, qqn] (compt.) *Tiens, tu as réservé des places au théâtre ? C'est une bonne initiative !* ● *Écoute, tu décides tout le temps pour lui, laisse-le prendre des initiatives de temps en temps.* ◆ [qualité, qqn] (non-compt., au sing.) *Tu attends toujours qu'on te donne des ordres, aie un peu d'initiative !*

    **S.** *Prendre une initiative*, c'est PRENDRE UNE DÉCISION le premier, de soi-même. *Prendre des initiatives*, c'est PROPOSER, ENTREPRENDRE, ORGANISER qqch, PRENDRE DES MESURES (plus fort).

**initié, e** [inisje] n.
[personne, patient] *Je n'aime pas ces films intellectuels, réservés aux seuls initiés.*

    **S.** Un *initié* (soutenu) est celui qui connaît, qui est dans le secret, qui a accès à des connaissances particulières. PROFANE est le contr.

**initier** [inisje] v. t. (conj. 2)
(sujet qqn) **initier qqn à qqch** (action, discipline, etc.) *J'ai été son professeur, c'est moi qui l'ai initié à la philosophie.* ◆ **s'initier à qqch** *Il a fait de gros efforts pour s'initier à cette profession, mais rien ne lui a plu.*

    **S.** *Initier qqn à qqch*, c'est lui apprendre, lui enseigner les premiers rudiments de qqch.
    **L. initié**, v. ce mot. ◆ **initiation** (n. f.) *Il suit des cours d'initiation aux mathématiques* (← *pour s'initier aux mathématiques*).

**injurier** [ɛ̃ʒyrje] v. t. (conj. 2)
(sujet qqn) **injurier qqn** *Espèce d'idiot ! —*

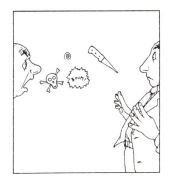

*Non, mais dis donc ! arrête de m'injurier !* ◆ (sujet qqn [plur.]) **s'injurier** *Dans les embouteillages, les gens s'énervent tellement qu'ils s'injurient pour pas grand-chose.*

    **S.** *Injurier qqn*, c'est lui dire des INJURES, le traiter d'idiot, d'imbécile, etc. Il a pour syn. INSULTER, OUTRAGER (litt.).
    **L. injure** (n. f.) Il m'a injurié → *il m'a crié des injures.* ◆ **injurieux, euse** (adj.) Ce que vous m'avez dit est une injure → *ce que vous m'avez dit est injurieux.*

**injuste** [ɛ̃ʒyst] adj. (après le n.)
(se dit de qqn, de qqch [abstrait]) **injuste (avec, envers qqn)** *Tu l'as accusé d'avoir menti, c'était faux, tu as été injuste avec*

lui. • *Il faut toujours que tu arrives en retard! — Oh! tu es injuste : c'est la première fois que ça m'arrive.* • *Il n'avait pas mérité ça, c'est injuste.*

**S.** *Injuste* a pour contr. JUSTE, ÉQUITABLE (soutenu). *Être injuste avec, envers qqn, c'est* COMMETTRE UNE INJUSTICE *à son égard.* En parlant d'une attitude, d'un acte, *injuste* a pour syn. IMMÉRITÉ, INJUSTIFIÉ, INIQUE (plus fort et soutenu).
**L. injustement** (adv.) *On l'a accusé d'une façon injuste* → *on l'a accusé injustement.*
◆ **injustice,** v. ce mot.

**injustice** [ɛ̃ʒystis] n. f.
I. [qualité, qqch, qqn] (compt., surtout au sing.) *Tu l'accuses de vol, et il est innocent, l'injustice de tout cela me révolte.* • *Ton injustice à son égard m'indigne : il travaille correctement, quoi que tu en dises.*
II. [action, qqn] (compt.) *Vous commettez une injustice : je vous assure que je ne suis pas responsable de cet accident.*

**S. 1.** L'*injustice* (sens I), c'est le caractère INJUSTE de qqch ou des actes de qqn ; le syn. soutenu est INIQUITÉ, PARTIALITÉ (quand il s'agit de qqn seulement). — **2.** Une *injustice* (sens II) est un acte injuste. *Commettre une injustice,* c'est faire qqch qui est INJUSTE.

**injustifiable** → JUSTIFIER L.

**injustifié, e** [ɛ̃ʒystifje] adj. (après le n.)
(se dit de qqch [abstrait]) *Vos reproches sont parfaitement injustifiés et je peux le prouver.*

**S.** Est *injustifié* (soutenu) ce qui ne se JUSTIFIE pas, n'a pas de raison d'être. INJUSTE est un syn. plus fort. FONDÉ, JUSTIFIÉ (soutenus) sont des contr.

**inné, e** [inne] adj. (après le n.)
(se dit de qqch [abstrait]) *L'enfant, dit-on, a un sens inné de la justice ; il reconnaît tout de suite ce qui est juste et ce qui est injuste. — Seulement pour lui-même, comme nous tous.* • *Il a toujours été très fort en maths. — C'est pour ainsi dire inné chez lui cet amour des nombres.*

**S.** *Inné* se dit de ce qui appartient à l'homme dès la naissance, qui fait partie intégrante de son être. NATUREL est un syn. moins fort et moins précis.

**innocent, e** [inɔsɑ̃, ɑ̃t] adj. (après le n.) et n.
I. [adj.] (se dit de qqn) **innocent (de qqch)** *Depuis deux ans qu'il est en prison, il n'arrête pas de crier qu'il est innocent de ce crime, qu'il n'a ni volé ni tué.* • *Je suis innocent de ce vol, je n'ai rien à me reprocher.* ◆ [n.] (personne) *Il vaut mieux libérer un coupable que de mettre en prison un innocent.*
II. [adj.] (se dit de qqch) *Pourquoi est-ce que tu te vexes ? C'est une plaisanterie bien innocente.*

**S. 1.** *Innocent* (sens I) a pour contr., par ordre d'intensité décroissante, COUPABLE, FAUTIF (seulement adj.), RESPONSABLE. — **2.** *Innocent* (sens II) a pour syn. INOFFENSIF et pour contr. MÉCHANT.
**L. innocence** (n. f.) [sens I] *On a prouvé qu'il était innocent* → *on a prouvé son innocence.*
◆ **innocenter** (v. t.) [sens I] *Ce que vous dites prouve qu'il est innocent* → *ce que vous dites l'innocente.*

**innombrable** → NOMBRE L.

**innover** [inɔve] v. t. et v. i. (conj. 1)
(sujet qqn) **innover (qqch)** *Nous proposons cette réforme pour innover un peu dans notre politique et vous n'en voulez pas.* • *Qu'est-ce que c'est que cette coiffure ? — J'innove une nouvelle mode.*

**S.** *Innover* (soutenu), c'est introduire ou faire qqch de NOUVEAU, faire un changement dans.
**L. innovation** (n. f.) *Vous n'innovez en rien* → *vous ne faites aucune innovation.*

**inoccupé** → OCCUPÉ L ; **inodore** → ODEUR L.

**inoffensif, ive** [inɔfɑ̃sif, iv] adj. (après le n.)
(se dit de qqn, de qqch [produit]) *Ce médicament ne peut pas lui faire de mal, il est parfaitement inoffensif.*

**S.** Est *inoffensif* qqn ou qqch qui ne fait de mal à personne ; il a pour contr. NOCIF, TOXIQUE

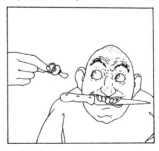

(en parlant d'un produit), DANGEREUX (en parlant de qqn ou qqch) et pour équivalent SANS DANGER.

**inonder** [inɔ̃de] v. t. (conj. **1**)
I. (sujet qqch [eau], qqn) **inonder qqch (lieu)** *Ferme les robinets de la baignoire ou tu vas inonder la salle de bains.* • *Il a*

*tellement plu dans cette région que les routes sont inondées.*
II. (sujet qqch) **[être] inondé de** + **n.** *En août, Paris est inondé de touristes.* • *Leur salon est très agréable, quand il fait beau, il est inondé de soleil.*

**S. 1.** *Inonder* (sens I), c'est recouvrir d'eau, provoquer une INONDATION. — **2.** *Être inondé* (sens II) [soutenu], c'est recevoir en grand nombre, en grande quantité ; il a pour syn. plus faible ÊTRE PLEIN DE.
**L. inondation** (n. f.) [sens I] *Notre cave est inondée* → *nous avons une inondation dans notre cave.*

**inopérable** → OPÉRER L.

**inopiné, e** [inɔpine] adj. (après le n.) (se dit de qqch [événement]) *L'arrivée inopinée des parents de Claire a mis fin à la fête : on ne les attendait vraiment pas !*

**G.** Cet adj. n'a ni comparatif ni superlatif.
**S.** *Inopiné* (soutenu) est syn. de INATTENDU, IMPRÉVU ; FORTUIT en syn. litt.
**L. inopinément** (adv.) *Il est arrivé de manière inopinée* → *il est arrivé inopinément.*

**inopportun** → OPPORTUN L ; **inoubliable** → OUBLIER L.

**inouï, e** [inwi] adj. (après le n.) (se dit de qqch) *Il ne reste presque plus rien des voitures après l'accident : le choc a dû être d'une violence inouïe !* • *C'est inouï, chaque fois que je dis quelque chose, tu dis le contraire !*

**G.** Cet adj. n'a ni comparatif ni superlatif.
**S.** *Inouï* (soutenu) a pour syn. EXTRAORDINAIRE, INCROYABLE, INIMAGINABLE, FANTASTIQUE, PRODIGIEUX, FOU (fam.), et pour contr. ORDINAIRE, BANAL, COURANT, COMMUN.

**inqualifiable** → QUALIFIER L.

**inquiet, ète** [ɛ̃kjɛ, ɛt] adj. (après le n.) (se dit de qqn, de son attitude) *Je commence à être inquiète, les enfants ne sont pas rentrés.* • *Que se passe-t-il ? Vous avez tous l'air inquiets.*

**S.** *Être inquiet,* c'est S'INQUIÉTER, SE FAIRE DU SOUCI et S'ALARMER (litt.). Les syn. sont, par ordre d'intensité croissante, SOUCIEUX, ANXIEUX, ANGOISSÉ, TOURMENTÉ, AFFOLÉ. Les contr. sont TRANQUILLE, CALME, PAISIBLE, INSOUCIANT, SEREIN (soutenu).
**L. inquiéter,** v. ce mot. ◆ **inquiétude** (n. f.) *Pourquoi es-tu si inquiet ?* → *pourquoi une telle inquiétude ?*

**inquiéter** [ɛ̃kjete] v. t. (conj. **12**)
(sujet qqn, qqch) **inquiéter qqn** *Tu m'inquiètes vraiment en ce moment avec ta*

*mauvaise mine ; tu ferais bien d'aller voir un médecin.* • *Moi aussi, ça m'inquiète de les voir partir à moto, il y a tellement d'accidents.* ◆ (sujet qqn) **s'inquiéter (de qqch)** *Ça faisait deux mois qu'on n'avait pas de nouvelles, on commençait à s'inquiéter de ce retard !* • *Ne t'inquiète pas, on arrivera à l'heure.*

**S. 1.** *Inquiéter qqn,* c'est le rendre INQUIET. Les syn. sont TRACASSER (moins fort) et AFFOLER, EFFRAYER, TOURMENTER, ANGOISSER, TERRIFIER (plus forts). — **2.** *S'inquiéter,* c'est ÊTRE INQUIET, SE FAIRE DU SOUCI, SE TRACASSER et, plus fort, S'ALARMER (litt.). — **3.** Les contr. sont (SE) CALMER, (SE) RASSURER, (SE) TRANQUILLISER.
**L. inquiétant, e** (adj.) *Son état de santé nous inquiète* → *son état de santé est inquiétant.*

**insatisfait** → SATISFAIT L.

**inscrire** [ɛ̃skrir] v. t. (conj. **61**)
I. (sujet qqn) **inscrire qqch sur qqch** *N'oublie pas notre rendez-vous ; inscris-le sur ton carnet.*
II. (sujet qqn) **inscrire qqn (dans un groupe, une organisation)** *C'est en septembre qu'on inscrit les enfants à l'école.* • *Tu es inscrit à un parti politique ?* ◆ **s'inscrire** *Jacques va aller à l'université, il s'est inscrit en médecine.*

**S. 1.** *Inscrire* (sens I) a pour syn. NOTER, ÉCRIRE, MARQUER. — **2.** *Être inscrit dans un groupe, une organisation, un parti*, etc., c'est en ÊTRE MEMBRE, en FAIRE PARTIE ; dans une école, une université, c'est y ÊTRE ÉLÈVE, ÉTUDIANT. On délivre une carte d'INSCRIPTION aux étudiants *inscrits*. *S'inscrire à un parti*, c'est y ADHÉRER (on délivre une carte d'adhérent).
**L. inscrit, e** (n.) [sens II] *Les nouveaux inscrits* (← ceux qui viennent de s'inscrire). ◆ **inscription** (n. f.) [sens II] *Septembre est le mois où l'on s'inscrit dans les écoles* → *septembre est le mois des inscriptions dans les écoles.*

**insecte** [ɛ̃sɛkt] n. m.
[animal] *Ferme la porte, voyons ! Regarde tous ces insectes qui volent autour de la lampe.* • *Il faut nettoyer les vitres de la voiture, elles sont couvertes d'insectes morts.*

**S.** Un *insecte* est un très petit animal qui a plusieurs paires de pattes, et éventuellement des ailes. Les *insectes* les plus courants sont la mouche, la fourmi, l'abeille, la guêpe, le papillon, le moustique. BÊTE (PETITE BÊTE) est un syn. général.

**insécurité** → SÉCURITÉ L ; **insensé** → SENSÉ L ; **insensible, -ment** → SENSIBLE L ; **inséparable** → SÉPARER L.

**insignifiant, e** [ɛ̃siɲifjɑ̃, ɑ̃t] adj. (après le n.)
(se dit de qqch, de qqn) *Pourquoi est-ce que tu t'occupes de ces détails insignifiants ? Va donc tout de suite au principal.* • *Comme toujours avec les Lenoir la conversation a été insignifiante : on a parlé des vacances, du temps, de la mode.* • *Paul est un garçon insignifiant ; je ne comprends pas ce que tu lui trouves, il n'y a que toi pour le remarquer.*

**S.** Est *insignifiant* ce qui est de très petite importance, ce qui a peu d'intérêt ; les syn. sont, par ordre d'intensité croissante, QUELCONQUE, BANAL, ININTÉRESSANT ; les contr. sont ESSENTIEL, CAPITAL. Qqn d'*insignifiant* est MÉDIOCRE (péjor.) ou EFFACÉ.

**insinuer** [ɛ̃sinɥe] v. t. (conj. **2**)
(sujet qqn) **insinuer qqch (abstrait), que** + ind. *Mais tu l'entends ? Il insinue que je mens !*

**S.** *Insinuer*, c'est faire comprendre, faire allusion sans dire explicitement, franchement. PRÉTENDRE est un syn. plus fort.
**L. insinuation** (n. f.) *Dites les choses franchement, je ne supporte pas vos insinuations* (← les choses que vous insinuez).

**insister** [ɛ̃siste] v. t. ind. et v. i. (conj. **1**)
[v. t. ind.] (sujet qqn) **insister (sur qqch [abstrait])** *Ai-je encore besoin d'insister sur ce point ? — Non, n'y reviens pas, tout le monde a compris.* ◆ [v. i.] **insister pour** + inf., **pour que** + subj. *Pierre est au téléphone, il insiste pour te parler, qu'est-ce

que je lui réponds ?* • *Catherine insiste pour que nous venions dîner ce soir ; je t'assure, elle a l'air de beaucoup y tenir.*

**S.** *Insister sur* qqch a pour syn. SOULIGNER, RÉPÉTER qqch, S'ÉTENDRE, S'APPESANTIR SUR qqch (plus soutenu). Il s'oppose à PASSER SUR. *Insister pour* a pour syn. S'OBSTINER (À) [soutenu], PERSISTER (À) [litt.], S'ACHARNER (À) [plus fort].
**L. insistance** (n. f.) *Marie insiste pour parler* → *Marie demande avec insistance à te parler.*

**insolent, e** [ɛ̃sɔlɑ̃, ɑ̃t] adj. (après le n.) et n.
[adj.] (se dit de qqn, de son attitude) *Je lui ai demandé très gentiment de me rendre l'argent que je lui avais prêté ; il m'a répondu d'une manière insolente que je n'en avais pas besoin.* ◆ [n.] (personne) *Non mais, vous avez entendu comment il m'a parlé ? Quel insolent !*

**S.** Est *insolent* celui qui manque de respect, ce qui est injurieux. INSULTANT, en parlant de qqch, est plus fort ; IMPERTINENT (soutenu) et

EFFRONTÉ (plutôt pour un enfant) sont des syn. de l'adj. et du n.
**L. insolence** (n. f.) Il m'a répondu de façon insolente → *il m'a répondu avec insolence.*

**insonoriser** [ɛ̃sɔnɔrize] v. t. (conj. **1**) (sujet qqn, qqch) **insonoriser un lieu** *L'immeuble est mal insonorisé, on entend tout ce qui se passe chez les voisins.*

**S.** *Insonoriser un lieu* (langue technique), c'est le rendre moins SONORE, moins bruyant.
**L. insonorisation** (n. f.) *Cela coûtera cher d'insonoriser cette pièce?* → *l'insonorisation de cette pièce coûtera cher?*

**insouciant** → SOUCI L; **insoumis** → SOUMETTRE L; **insoupçonnable, -é** → SOUPÇONNER L; **insoutenable** → SOUTENIR L.

**inspecter** [ɛ̃spɛkte] v. t. (conj. **1**) (sujet qqn) **inspecter qqch, un lieu** *À la douane, on a longuement inspecté nos bagages; évidemment, il n'y avait rien.* • *La police a inspecté tout l'appartement pour retrouver l'arme du crime.*

**S.** *Inspecter* (soutenu), c'est examiner avec soin; le syn. courant est FOUILLER.
**L. inspection** (n. f.) *On a inspecté vainement ses bagages* → *l'inspection de ses bagages a été vaine.*

**inspecteur, trice** [ɛ̃spɛktœr, tris] n.
I. [n.] (personne, fonction) *Un inspecteur est venu hier pendant le cours de mathématiques.*
II. [n. m.] (personne, profession) **inspecteur (de police)** *L'inspecteur chargé de l'enquête n'a rien voulu dire aux journalistes.*

**S. 1.** Un *inspecteur* (sens I) est chargé d'INSPECTER des personnes, de vérifier leur travail; en particulier, c'est un fonctionnaire de l'Éducation nationale chargé d'inspecter le travail des enseignants. — **2.** Un *inspecteur* (sens II) est un fonctionnaire de la police qui travaille sous les ordres d'un commissaire.

**inspirer** [ɛ̃spire] v. t. (conj. **1**) (sujet qqn, qqch) **inspirer qqch (sentiment) à qqn** *Ce garçon ne m'inspire pas confiance.*
◆ **inspirer qqch (œuvre, acte) à qqn** *C'est cette ville étrange qui lui a inspiré son plus beau roman.* ◆ (sujet qqn) **être bien, mal inspiré (de + inf.)** *Tu as été mal inspiré de parler au directeur aujourd'hui, il est de très mauvaise humeur.* ◆ **s'inspirer de qqch, de qqn** *Avouez que cette idée n'est pas de vous, vous vous êtes inspiré d'un roman.*

**S. 1.** *Inspirer un sentiment à qqn*, c'est lui FAIRE ÉPROUVER. — **2.** *Inspirer une œuvre, un acte à qqn*, c'est lui en DONNER L'IDÉE. — **3.** *Être bien, mal inspiré* a pour syn. ÊTRE BIEN, MAL AVISÉ, AVOIR UNE BONNE, UNE MAUVAISE IDÉE. — **4.** *S'inspirer de qqch, de qqn*, c'est prendre, emprunter des idées à. IMITER est un syn. plus fort.

**L. inspiration** (n. f.) *J'ai été mal inspiré en insistant* → *j'ai eu une mauvaise inspiration en insistant.*

**instable, -bilité** → STABLE L.

**installer** [ɛ̃stale] v. t. (conj. **1**)
I. (sujet qqn) **installer un appareil (à, en, dans, sur, etc., un lieu)** *Les Dupont ont installé le chauffage dans leur maison de campagne. — Ah bon? Ça aura moins de charme que la cheminée!* • *On nous a enfin installé le téléphone. Ça faisait deux ans qu'on attendait!*
II. (sujet qqn) **s'installer (qqpart)** *À l'heure du déjeuner, Paul s'installe à la terrasse d'un café pour lire son journal.* • *Tiens, installe-toi dans le fauteuil, je t'apporte à*

*boire.* • *Après leur mariage, Pierre et Marie iront s'installer en province.*

**S. 1.** *Installer un appareil* (sens I) a pour syn.

courant METTRE et pour syn. plus précis POSER, MONTER. — **2.** *S'installer qqpart* (sens II), c'est SE METTRE, SE PLACER, S'ASSEOIR qqpart. *S'installer* (à Paris, en province, etc.) a pour syn. plus soutenus SE FIXER, S'ÉTABLIR, par oppos. à S'EN ALLER, PARTIR, QUITTER.
**L. installation** (n. f.) Les ouvriers ont installé l'électricité → *l'installation de l'électricité a été faite par les ouvriers.*

**instant** [ɛ̃stɑ̃] n. m.
[temps, moment] *Le ciel était devenu noir et, un instant, on a cru qu'il allait pleuvoir.* ● *Le docteur vous recevra dans quelques instants.* ● *Quand on conduit, il faut faire attention à chaque instant.* ● *Ne partez pas, Jacques va arriver d'un instant à l'autre.* ● *Le téléphone a sonné et, au même instant, tout le monde s'est levé pour répondre.* ● *Quand tu seras grand, tu feras ce que tu voudras, mais pour l'instant, tu dois m'écouter.* ◆ **à l'instant** *Que se passe-t-il ? J'arrive à l'instant, je ne suis pas au courant.* ● *Allô ? Je peux parler à Jean ? — Oh ! vous avez de la chance, il rentre à l'instant.* ◆ **à l'instant où** *Je suis arrivé à l'instant où il partait.*
**S. 1.** *Instant* désigne un très court espace de temps et a pour syn. MOMENT. MINUTE, SECONDE (quand ils signifient un bref espace de temps) sont aussi des syn. *D'un instant à l'autre* a pour syn. DANS TRÈS PEU DE TEMPS. — **2.** *À l'instant* indique qu'une action vient de se produire ; VENIR DE + inf. est un équivalent *(J'arrive à l'instant* → JE VIENS D'ARRIVER*). À l'instant où* a pour syn. AU MOMENT OÙ.
**L. instantané, e** (adj.) *La mort a eu lieu en un instant* → *la mort a été instantanée.* ◆ **instantanément** (adv.) *Il a répondu à toutes les questions d'une manière instantanée* → *il a répondu à toutes les questions instantanément.*

**instinct** [ɛ̃stɛ̃] n. m.
[propriété, esprit] *Quand elle a eu son premier enfant, elle s'est demandé si l'instinct maternel existait réellement.* ● *Je ne sais pas quoi lui dire. — Fiez-vous à votre instinct.* ◆ **d'instinct** *Il trouva d'instinct le cadeau idéal qu'il fallait faire à Jacques.*
**S.** Un *instinct* est une tendance innée, une impulsion naturelle. Sans qualificatif ni compl., l'*instinct* de qqn, c'est sa disposition naturelle. INTUITION en est un syn. *D'instinct* a pour syn. NATURELLEMENT, SPONTANÉMENT, SANS RÉFLÉCHIR.
**L. instinctif,** v. ce mot.

**instinctif, ive** [ɛ̃stɛ̃ktif, iv] adj. (après le n.)
(se dit d'une attitude) *Tu as fait exprès de renverser le verre ? — Mais non, j'ai eu un geste instinctif pour le retenir.* ● *Elle se croit indépendante mais elle a un désir instinctif d'être en sécurité.*
**G.** Cet adj. n'a ni comparatif ni superlatif en ce sens.
**S.** Est *instinctif* un mouvement, un geste qui est fait d'INSTINCT, un sentiment qui n'est pas réfléchi ou volontaire ; le syn. est SPONTANÉ (mouvement) ou INCONSCIENT (sentiment).
**L. instinctivement** (adv.) *Il agit de manière instinctive* → *il agit instinctivement.*

**instituer** [ɛ̃stitɥe] v. t. (conj. 2) (sujet qqn, un organisme, l'État) **instituer qqch** *Quand fut institué le service militaire obligatoire ?*
**S.** *Instituer* est un syn. soutenu et juridique de INSTAURER (soutenu), CRÉER.

**instituteur, trice** [ɛ̃stitytœr, tris] n.
[personne, profession] *Alors, tu es content d'aller à l'école ? Ton institutrice est gentille ?* ● *La directrice de l'école a présenté le nouvel instituteur aux enfants.*
**S.** Les *instituteurs* et les *institutrices* sont les enseignants qui travaillent dans une école maternelle ou primaire (jusqu'à l'entrée des enfants en sixième), par oppos. aux PROFESSEURS de l'enseignement secondaire et supérieur. Les syn. sont MAÎTRE, MAÎTRESSE (D'ÉCOLE). Dans l'argot scolaire, le mot s'abrège en INSTI ou INSTIT.

**institution** [ɛ̃stitysjɔ̃] n. f.
(compt., surtout au plur.) *Les jeunes veulent contester nos institutions, mais nous les défendrons.* ◆ (compt.) *On fête toujours les anniversaires au bureau ; c'est devenu une institution.*
**S.** Les *institutions*, c'est l'ensemble des structures établies par la loi ou l'usage, la coutume et qui permettent le fonctionnement d'une société.
**L. institutionnaliser** (v. t.) *Il faut que le dialogue entre syndicats et patrons devienne une institution* → *il faut institutionnaliser le dialogue entre syndicats et patrons.*

**instruction** [ɛ̃stryksjɔ̃] n. f.
I. [action, qqn, et résultat] (non-compt., au sing.) *L'instruction reçue au collège ne suffit pas pour réussir, faut-il encore avoir du caractère.* ● *Paul n'a pas fait beaucoup d'études, mais il a quand même de l'instruction.*
II. [action, qqn, et résultat] (compt., surtout au plur.) *Le directeur a donné des instructions à sa secrétaire pour qu'on ne le dérange pas pendant la réunion.* ● *Avant de mettre cet appareil en marche, lisez*

avec attention les instructions qui l'accompagnent.

**S. 1.** L'*instruction* (sens I), c'est le fait de

S'INSTRUIRE, d'ÊTRE INSTRUIT. *Avoir de l'instruction*, c'est ÊTRE INSTRUIT, AVOIR DES CONNAISSANCES, DU SAVOIR et, plus fort, DE LA CULTURE. — **2.** *Instructions* (sens II) a pour syn. INDICATIONS, CONSIGNES, DIRECTIVES (plus soutenu), ORDRES (plus fort). En parlant d'un appareil, les *instructions* constituent le MODE D'EMPLOI, les EXPLICATIONS, la MARCHE À SUIVRE.

**instruire** [ɛ̃strɥir] v. t. (conj. **60**)
(sujet qqch) **instruire qqn (sur qqch)** *Cette aventure m'a beaucoup instruit sur son caractère.* ◆ (sujet qqn) **s'instruire** *Il n'a pas pu faire des études mais il cherche à s'instruire par tous les moyens.*

**S. 1.** *Instruire* qqn *sur* qqch a pour syn. APPRENDRE qqch À qqn. — **2.** *S'instruire*, c'est SE CULTIVER, APPRENDRE, ACQUÉRIR DE L'INSTRUCTION, DES CONNAISSANCES.
**L. instructif, ive** (adj.) *Ce roman permet de s'instruire → ce roman est instructif.* ◆ **instruction,** v. ce mot.

**instrument** [ɛ̃strymɑ̃] n. m.
I. [objet] **instrument de** + n. *Au cours de physique, les élèves apprennent à se servir des instruments de mesure.* • *Un crayon, un*

*stylo, un dictionnaire, du papier, voilà mes instruments de travail.*
II. [objet] **instrument (de musique)** *Ah bon ! vous faites de la musique ? De quel instrument jouez-vous ? — Du piano.*

**S. et G. 1.** *Instrument* (sens I), terme générique, désigne un outil dont le domaine d'utilisation est précisé par le compl. : nom abstrait sans article (*instrument* DE MESURE, DE TRAVAIL, DE CHIRURGIE). *Instrument* suppose une utilisation manuelle, par oppos. à APPAREIL dont le fonctionnement peut être automatique. *Instrument de travail* a pour syn. OUTIL DE TRAVAIL. — **2.** Les *instruments de musique* permettent de jouer de la musique. On distingue les *instruments* à cordes, que l'on pince (guitare, harpe) ou que l'on peut aussi frotter avec un archet (violon, violoncelle); les *instruments* à vent, en bois ou en cuivre, munis d'un bec ou d'une anche, dans lesquels on souffle (clarinette, flûte, cor, clairon, saxophone, trompette); les *instruments* à touches et à cordes (piano, clavecin), à touches et à vent (accordéon, orgue); les *instruments* à percussion, que l'on frappe (batterie, grosse caisse, tambour).
**L. instrumentiste** (n.) [sens II] *Le clarinettiste est un instrumentiste* (← qqn qui joue d'un instrument de musique).

**insu de (à l')** [alɛ̃sydə] prép.
[manière] **à l'insu de qqn** *Je ne suis pas au courant de sa lettre ; Georges l'a écrite à mon insu.* • *Elle est sortie à l'insu de ses parents ; et ils n'ont pas été contents.*

**S.** *À l'insu de* qqn (soutenu) a pour équivalent SANS QUE qqn LE SACHE.

**insuffisamment** → SUFFISAMMENT L;
**insuffisant** → SUFFISANT L.

**insulter** [ɛ̃sylte] v. t. (conj. **1**)
(sujet qqn) **insulter qqn** *Non, mais regarde cet imbécile ! Espèce d'idiot, va ! — Allons, garde ton calme, ne l'insulte pas.*

**S.** *Insulter* qqn, c'est lui adresser des INSULTES, des injures. Il est syn. d'INJURIER,

# INSUPPORTABLE

OFFENSER (moins fort et qui n'implique pas que des paroles).
**L. insulte** (n. f.) Il m'a insulté → *il m'a dit des insultes.*

**insupportable** [ɛ̃sypɔrtabl] adj. (après le n.)
(se dit de qqn) *Que cette fille est insupportable ; elle change toujours d'avis !* ● *Si tu continues à être aussi insupportable, je ne t'emmènerai pas au cinéma.* ◆ (se dit de qqch) *Faites donc moins de bruit ! C'est insupportable enfin, on ne s'entend plus !* ● *Cette odeur de tabac froid est vraiment insupportable !*

**S.** Qqn, qqch d'*insupportable* est difficile à SUPPORTER ; les syn. sont, par ordre d'intensité croissante, DÉSAGRÉABLE, AGAÇANT, EXASPÉRANT, INFERNAL ou, fam., CASSE-PIEDS. Quand il s'agit d'un enfant, les syn. sont aussi TURBULENT (moins fort) et INTENABLE ; les contr. sont SAGE, GENTIL. Quand il s'agit de qqch, les syn. sont INTOLÉRABLE, HORRIBLE, ATROCE (plus forts) ; le contr. est SUPPORTABLE.

**insurger (s')** [ɛ̃syrʒe] v. pr. (conj. 4)
(sujet qqn, un pays) **s'insurger contre qqch, qqn** *Toutes ces provinces s'insurgèrent contre l'autorité du roi.* ● *Je m'insurge violemment contre cette décision qui n'aura que des conséquences néfastes.*

**S.** En parlant d'un peuple, *s'insurger* (soutenu), c'est SE RÉVOLTER. En parlant de qqn, d'un groupe, *s'insurger contre* qqch (soutenu), c'est SE DRESSER CONTRE. Les contr. sont ADMETTRE, SE SOUMETTRE À.
**L. insurrection** (n. f.) *Il ne s'agit pas vraiment d'une insurrection paysanne* (← *de paysans qui s'insurgent contre le pouvoir*).

**intact, e** [ɛ̃takt] adj. (après le n.)
(se dit de qqch) *Le paquet est arrivé intact ; et pourtant tu n'avais pas bien mis la ficelle.*

**G.** Cet adj. n'a ni comparatif ni superlatif.
**S.** Est *intact* ce qui n'a pas subi de dommage, qui est resté entier ; les contr. sont ABÎMÉ, ENDOMMAGÉ.

**intégral, e, aux** [ɛ̃tegral, gro] adj. (après le n.)
(se dit de qqch) *J'ai acheté l'œuvre intégrale de Bach. — Tu as dû en avoir pour une somme considérable.* ● *La banque a exigé le remboursement intégral de la somme que j'avais empruntée.*

**G.** Cet adj. n'a ni comparatif ni superlatif.
**S.** *Intégral* est un syn. soutenu de COMPLET, ENTIER, TOTAL ; le contr. est PARTIEL.

**L. intégralement** (adv.) *Je l'ai remboursé d'une manière intégrale* → *je l'ai intégralement remboursé.*

**intégrer (s')** [ɛ̃tegre] v. pr. (conj. 12), **être intégré** v. pass.
(sujet qqn, qqch) **s'intégrer dans qqch** *Au début il a eu du mal à s'intégrer dans la*

*classe, mais maintenant il est parfaitement adapté.* ● *Ces nouvelles maisons s'intègrent mal dans le paysage.*

**S.** *S'intégrer dans un groupe, un ensemble* (soutenu), c'est S'Y ADAPTER, S'Y ASSIMILER ou, en parlant de qqch, CONVENIR À.
**L. intégration** (n. f.) *Les émigrés s'intègrent difficilement dans leur nouveau pays* → *l'intégration des émigrés dans leur nouveau pays est difficile.*

**intellectuel, elle** [ɛ̃telɛktɥɛl] adj. (après le n.) et n.
I. [adj.] (se dit de qqch) *Tu lis cette revue idiote ? Ça ne doit pas te demander un grand effort intellectuel !* ● *Toute la semaine, Pierre fait un travail intellectuel, il lit, écrit, étudie, alors le dimanche, pour se changer les idées, il s'occupe de son jardin.*
II. [n.] (personne, fonction sociale) *Avec ces intellectuels, on a toujours des discussions sur la littérature.*

**G.** L'adj. n'a ni comparatif ni superlatif relatif en ce sens.
**S. 1.** Est *intellectuel* (adj.) ce qui a rapport à l'esprit, à l'intelligence. Il est syn. de MENTAL (soutenu) quand il qualifie un nom abstrait et s'oppose à MANUEL quand il s'agit du type de travail. — **2.** *Intellectuel* (n.) s'oppose à (TRAVAILLEUR) MANUEL. On désigne par ce terme ceux dont le métier repose sur le maniement des idées et du langage (transmission des connaissances, création littéraire, journalisme, etc.). Le mot peut avoir une valeur péjor. ou ironique. L'ensemble des *intellectuels* d'un pays en constitue l'INTELLIGENTSIA (soutenu).

# INTENTION

**intelligence** [ɛ̃teliʒɑ̃s] n. f.
I. [propriété, esprit] (compt., surtout au sing.) *Par rapport aux garçons de son âge, Jacques a une intelligence au-dessus de la moyenne.*
II. [qualité, qqn] (non-compt., au sing.) *Tu as entendu? Le ministre a fait une réponse pleine d'intelligence aux journalistes.*

**S. 1.** L'*intelligence* (sens I), c'est l'aptitude à comprendre. — **2.** L'*intelligence* (sens II), c'est l'aptitude de qqn à se servir de son *intelligence* (sens I), la qualité d'une personne INTELLIGENTE, par oppos. à la BÊTISE, la STUPIDITÉ. Le mot a pour équivalents soutenus JUGEMENT, DISCERNEMENT, RÉFLEXION, CLAIRVOYANCE, INGÉNIOSITÉ.
**L. intelligent**, v. ce mot.

**intelligent, e** [ɛ̃teliʒɑ̃, ɑ̃t] adj. (après le n.)
(se dit de qqn, de son attitude) *Ça y est, tu as compris? Tu es vraiment très intelli-*

*gente!* • *Pierre a été reçu à son examen, on ne peut pas dire qu'il soit vraiment intelligent, mais il travaille beaucoup.* • *La réponse la plus juste, la plus intelligente, c'est, à mon avis, celle de Jeanne.*

**S.** Est *intelligent* celui ou ce qui manifeste de l'INTELLIGENCE. Les syn. sont, en parlant de qqn, CAPABLE, FIN et, plus fort, GÉNIAL. Qqn de supérieurement *intelligent* est un GÉNIE. Les contr. sont BÊTE, IDIOT, STUPIDE. Si l'intelligence sert à résoudre de petits problèmes, les syn. sont MALIN, INGÉNIEUX, ASTUCIEUX (fam.).
**L. intelligemment** (adv.) Tu as répondu de façon intelligente → *tu as répondu intelligemment.* ◆ **intelligence**, v. ce mot. ◆ **inintelligent, e** (adj.) Paul n'est pas intelligent → *Paul est inintelligent.*

**intelligible** [ɛ̃teliʒibl] adj. (après le n.)
(se dit de qqn, de ses paroles) *Parlez plus distinctement, exprimez-vous d'une manière intelligible.*

**S.** *Intelligible* est le syn. soutenu de COMPRÉHENSIBLE (qui intéresse aussi bien la forme que le fond) ; CLAIR, NET sont des syn.
**L. intelligiblement** (adv.) Parlez de manière intelligible → *parlez intelligiblement.* ◆ **inintelligible** (adj.) Il s'exprime d'une manière qui n'est pas intelligible → *il s'exprime d'une manière inintelligible.*

**intenable** [ɛ̃tənabl] adj. (après le n.)
(se dit de qqch [action, état]) *Ta position est intenable ; tu n'as que de mauvais prétextes pour expliquer ce que tu as fait.* • *C'est intenable ; avec ce bavardage continuel, on ne peut vraiment pas travailler.* ◆ (se dit de qqn) *Le soir de Noël, les enfants étaient intenables. — Forcément, ils étaient excités par tous les cadeaux au pied de l'arbre.*

**S.** Est *intenable* ce qu'on ne peut TENIR, SOUTENIR (le syn. est INSOUTENABLE) ou ce qui est INSUPPORTABLE, INTOLÉRABLE. En parlant de qqn, il a pour syn. INSUPPORTABLE, INFERNAL.

**intense** [ɛ̃tɑ̃s] adj. (après ou avant le n.)
(se dit de qqch [action, sentiment, état, etc.]) *Il y a du bruit dans ces bureaux. — C'est qu'il y a, comme tu vois, une activité intense.* • *On a bien cru qu'il allait tomber du haut de l'immeuble ; l'émotion était intense.*

**S.** Est *intense* ce qui a une force, une puissance très grande ; c'est un superlatif de GRAND ou de FORT. Le contr. est FAIBLE.
**L. intensément** (adv.) Il vit de façon intense → *il vit intensément.* ◆ **intensifier** (v. t.) La lutte contre l'inflation doit devenir plus intense → *on doit intensifier la lutte contre l'inflation.* ◆ **intensité** (n. f.) Le froid est intense ; c'est pénible → *l'intensité du froid est pénible.*

**intention** [ɛ̃tɑ̃sjɔ̃] n. f.
I. [résultat, activité mentale] (compt.) *Tout en l'écoutant, je me demandais quelles étaient ses intentions réelles, ce qu'il se proposait de faire.* • *Elle est toujours pleine de bonnes intentions, et moi ça m'énerve.* • *Il nous a assuré qu'aucune mauvaise intention ne l'avait amené à agir ainsi, qu'il ne s'était pas rendu compte de ce qu'il faisait.* ◆ (sujet qqn) **(avoir l') intention de + inf.** *Tu n'as pas écrit à tes parents ? — Non, j'avais l'intention de le faire hier soir, et puis je n'ai pas eu le temps.* • *Alors comme ça, Paul a décidé de partir sans te demander ton avis ? — Oh! mais c'est que*

## INTENTIONNEL

*je n'ai pas du tout l'intention de me laisser faire!*
II. **à l'intention de** + n. *Ce film a été spécialement fait à l'intention des enfants, mais on le passe à la télé à une heure tellement tardive qu'ils seront tous couchés.*

**S. 1.** *Intention* (sens I) a pour syn. PROJET, IDÉE, MOBILE, DESSEIN (soutenu), OBJECTIF, etc., selon que ce mot désigne le but ou la cause. *Avoir l'intention de* a pour syn. VOULOIR (plus fort), SE PROPOSER DE (soutenu). — **2.** *À l'intention de* (sens II) a pour syn. POUR (courant).
**L. intentionné, e** (adj.) [sens I] Il a de bonnes (mauvaises) intentions à votre égard → *il est bien (mal) intentionné à votre égard.*

**intentionnel, elle** [ɛ̃tɑ̃sjɔnɛl] adj. (après le n.)
(se dit de qqch [action]) *J'ai oublié de t'avertir ; mais je t'assure que cet oubli n'est pas intentionnel.*

**S.** *Intentionnel* est un syn. soutenu de VOLONTAIRE ; ce qui est *intentionnel* est FAIT EXPRÈS.
**L. intentionnellement** (adv.) *Je ne l'ai pas fait de manière intentionnelle* → *je ne l'ai pas fait intentionnellement.*

**intercepter** [ɛ̃tɛrsɛpte] v. t. (conj. 1)
(sujet qqn) **intercepter qqch** *Pierre me dit qu'il m'a écrit et je n'ai rien reçu. — C'est ton père qui doit intercepter ton courrier.*

**S.** *Intercepter* (soutenu), c'est PRENDRE qqch, S'EMPARER DE qqch au passage, dans le déroulement d'un circuit quelconque.
**L. interception** (n. f.) *Le joueur a merveilleusement intercepté la balle* → *l'interception de la balle par le joueur a été merveilleuse.*

**interdire** [ɛ̃tɛrdir] v. t. (conj. 63)
(sujet qqn) **interdire qqch, de** + **inf. à qqn**
*Depuis qu'il a été malade, le médecin lui a*

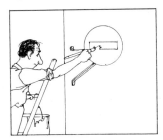

*interdit l'alcool et le café.* • *Vous n'allez quand même pas interdire aux enfants de jouer dans l'herbe !* • *Pendant le week-end, l'autoroute sera interdite aux camions.*

• *Jacques est allé voir un film interdit aux jeunes de moins de dix-huit ans.* • *Si seulement il était interdit aux voitures de circuler dans Paris !*

**S.** *Interdire*, c'est empêcher d'utiliser qqch, ou d'agir de telle ou telle manière. Il a pour syn. DÉFENDRE qqch ou DE + inf. à qqn et pour contr. PERMETTRE qqch à qqn et AUTORISER qqn à + inf.
**L. interdiction** (n. f.) *Il est interdit de fumer* → *interdiction de fumer.*

**intéressant, e** [ɛ̃teresɑ̃, ɑ̃t] adj. (après ou, plus rarement, avant le n.)
I. (se dit de qqch, de qqn) *Ah ! voilà une remarque intéressante ! Vous touchez là, mademoiselle, le fond du problème !* • *Alors, c'était intéressant cette réunion ? — Oui, j'ai appris des tas de choses.* • *Au moins, Paul est un garçon intéressant ; avec lui on peut discuter de tout.*
II. (se dit de qqch [prix, valeur, etc.]) *On m'a proposé un prix très intéressant pour l'appartement, plus que ce que j'aurais osé demander !* • *Il faut voir si le salaire qu'on te propose est intéressant par rapport à ce que tu gagnais avant.*

**S. 1.** Est *intéressant* (sens I) ce qui retient

l'attention, l'INTÉRÊT ; il a pour contr. SANS INTÉRÊT et pour syn., par ordre d'intensité croissante, REMARQUABLE, PRENANT, PASSIONNANT, CAPTIVANT, PALPITANT. Il s'oppose à QUELCONQUE, INSIGNIFIANT, ENNUYEUX, ASSOMMANT (fam.), ININTÉRESSANT. — **2.** Est *intéressant* (sens II) ce qui présente un intérêt surtout financier, ce qui est PAYANT, RENTABLE, AVANTAGEUX.
**L. inintéressant, e** (adj.) [sens I] *Ce film n'est pas intéressant* → *ce film est inintéressant.*

**intéresser** [ɛ̃terese] v. t. (conj. **1**)
I. (sujet qqch) **intéresser qqn** *Je lui ai proposé d'aller au musée, mais elle a refusé. — Oh ! tu sais ! ce n'est pas le genre de choses qui l'intéressent !* • *Je m'en vais,*

*vos histoires ne m'intéressent pas.* ◆ (sujet qqn) **s'intéresser à qqch, qqn** *On se demande à quoi tu t'intéresses ! Tu n'aimes ni le*

*sport, ni la musique, ni le cinéma.* • *Tiens, tu t'intéresses à cette fille maintenant ?*
II. (sujet qqch) **intéresser qqn** *Si cet emploi ne vous intéresse pas, faites-nous le savoir rapidement.* • *Je vends ma voiture, ça t'intéresse ? Ce n'est pas très cher.*

**S. 1.** *Intéresser* qqn (sens I), c'est avoir de l'INTÉRÊT (sens I) pour lui. Il a pour syn., avec la construction inverse (sujet qqn), AIMER et, avec la même construction, PLAIRE À ou, plus forts, CAPTIVER, PASSIONNER. Il s'oppose à ENNUYER, DÉPLAIRE À. *S'intéresser à* a pour syn. SE PRÉOCCUPER, SE SOUCIER DE (plus soutenu), AIMER ou SE PASSIONNER POUR (plus forts). Il s'oppose à SE DÉSINTÉRESSER DE, DÉTESTER (plus fort). — **2.** *Intéresser* qqn (sens II) a pour syn. AVOIR DE L'INTÉRÊT (sens I) POUR, CONCERNER, CONVENIR À (moins fort), ÊTRE INTÉRESSANT (sens II) POUR.
**L. intéressant, désintéresser (se),** v. ces mots.

**intérêt** [ɛ̃tɛrɛ] n. m.
I. [qualité, qqch, qqn] (non-compt., au sing.) *Partir à la campagne le dimanche matin pour rentrer le dimanche soir ne présente, à mon avis, aucun intérêt.* • *Je ne vois pas quel est l'intérêt d'un tel film. Que veut-il montrer ?* • *Pierre ? C'est un garçon sans intérêt, mais qui sait bien danser, c'est pour ça qu'Aline sort avec lui.*
II. [sentiment] (non-compt., au sing.) *J'ai lu le livre que tu m'avais prêté avec beaucoup d'intérêt.* • *Nous vous remercions de l'intérêt que vous portez à notre fils et de ce que vous faites pour lui.*
III. [état, qqn] (compt.) *Méfie-toi de Paul, il agit par intérêt personnel, il ne pense qu'à lui !* • *Je te le dis dans ton propre intérêt : fais attention à Pierre, il répète tout.* • *Dans l'usine, les intérêts des ouvriers sont défendus par deux syndicats.* ◆ (sujet qqn) **avoir intérêt à + inf.** *Mieux vaut te taire, tu sais, tu n'as pas tellement intérêt à te faire remarquer en ce moment !*
IV. [argent, valeur] (compt.) *Il m'a prêté de l'argent, mais il m'a demandé 4 % d'intérêt.* • *Non, dans ce système de crédit, on rembourse d'abord les intérêts et le capital ensuite.*

**S. 1.** L'*intérêt* de qqch, qqn (sens I), c'est ce en quoi qqch, qqn INTÉRESSE, est INTÉRESSANT. Les syn. sont UTILITÉ, AVANTAGE, VALEUR. — **2.** Faire qqch avec *intérêt* (sens II), c'est le faire en S'Y INTÉRESSANT. ATTENTION, CURIOSITÉ et, plus fort, PASSION sont des syn. ; INDIFFÉRENCE, DÉSINTÉRÊT (litt.) sont des contr. SOLLICITUDE est un syn. en parlant de l'*intérêt* qu'on porte à qqn. — **3.** Au sens III, *par intérêt personnel* a pour syn. POUR SON PROPRE COMPTE, sans tenir compte des autres. Qqn qui agit *par intérêt* est INTÉRESSÉ, par oppos. à qqn de DÉSINTÉRESSÉ. CAUSE (au sing.) est un autre syn. (phrase 3). *Avoir intérêt à* a pour syn. AVOIR AVANTAGE À. — **4.** Au sens IV, un *intérêt* est une SOMME D'ARGENT qui est payée en plus du CAPITAL emprunté.
**L. intéressé, e** (adj.) [sens III] *C'est un conseil intéressé* (qui vise le seul intérêt de celui qui le donne). ◆ **désintéressé, e** (adj.) [sens III] *C'est un homme désintéressé* (← qui ne recherche pas son seul intérêt).

**intérieur, e** [ɛ̃terjœr] adj. (après le n.), **intérieur** n. m.
I. [adj.] (se dit de qqch) *Les nouvelles de politique intérieure se trouvent en page trois du journal.* • *Où est ton portefeuille ? — Dans la poche intérieure de ma veste.*
II. [n. m.] (localisation) [non-compt., au sing.] *On a visité la région en prenant les petites routes de l'intérieur.* • *Il fait froid, rentrons à l'intérieur pour nous réchauffer.* • *Il y a des tableaux magnifiques à l'intérieur de l'église.* • *De quelle couleur est l'intérieur de la voiture ?* ◆ [lieu, habitation] (compt.) *Je suis allé chez les Durand : leur intérieur est vraiment arrangé avec beaucoup de goût.*

**G.** L'adj. n'a ni comparatif ni superlatif.
**S. 1.** *Intérieur* (adj.) s'oppose à EXTÉRIEUR. — **2.** L'*intérieur* (localisation) est syn. de LE DEDANS et s'oppose à LE DEHORS (en parlant d'un local seulement). *À l'intérieur de* est syn. de DANS, AU-DEDANS DE et s'oppose à À L'EXTÉRIEUR DE. Au sens de « lieu d'habitation », l'*intérieur* désigne l'ameublement d'une maison, sa décoration.
**L. intérieurement** (adv.) Leur maison est

## INTERMÉDIAIRE

plus jolie à l'intérieur qu'à l'extérieur → *leur maison est plus jolie intérieurement qu'extérieurement.*

**intermédiaire** [ɛ̃tɛrmedjɛr] adj. (après le n.) et n.
I. [adj.] (se dit de qqch) *Vous êtes tous deux d'avis opposés, mais je crois qu'il y a une solution intermédiaire qui peut vous satisfaire en partie.*
II. [n. m.] par l'**intermédiaire de qqn, qqch** *C'est par l'intermédiaire de Pierre que j'ai pu trouver cet emploi.* • *Je te remercie ; par ton intermédiaire, j'ai pu rencontrer M. Dupont, et il m'a très bien reçu.*
III. [n.] (personne, rôle) *Il a voulu servir d'intermédiaire pour essayer de les réconcilier.* ◆ [personne, fonction sociale] *Ce produit est cher, car entre le producteur et le consommateur, il y a toute une série d'intermédiaires.*

**G.** L'adj. n'a ni comparatif ni superlatif.
**S. 1.** Au sens I, est *intermédiaire* ce qui est entre deux limites, deux extrêmes, ce qui est au milieu, ce qui sert de transition. — **2.** Au sens II, les syn. sont PAR L'ENTREMISE DE (soutenu), GRÂCE À, AVEC L'AIDE DE, PAR. — **3.** Un(e) *intermédiaire* est une personne qui intervient entre deux personnes ou deux groupes pour établir une communication, un lien, un rapport ou, plus précisément, pour vendre un produit commercial ; dans le premier cas, un syn. savant est MÉDIATEUR ; dans le deuxième cas, un syn. plus vague est COMMERÇANT, par oppos. à PRODUCTEUR et à CONSOMMATEUR.

**interminable** → TERMINER L.

**international, e, aux** [ɛ̃tɛrnasjɔnal, no] adj. (après le n.)
(se dit de qqch [institution, groupe]) *C'est une entreprise française ? — Oh non ! c'est une société internationale : les Français, les Allemands et les Américains y ont de l'argent.* • *Une rencontre internationale opposera l'équipe de France à l'équipe d'Écosse.*

**G.** Cet adj. n'a ni comparatif ni superlatif.
**S.** *International* se dit de ce qui se fait entre deux ou plusieurs NATIONS ou États. Il a pour équivalent MONDIAL qui implique la totalité du monde. Il s'oppose à NATIONAL.

**interpeller** [ɛ̃tɛrpəle] v. t. (conj. 1)
I. (sujet qqn) **interpeller qqn** *Dans l'embouteillage, les automobilistes s'interpellaient violemment.*
II. (sujet la police) **interpeller qqn** *Plusieurs personnes ont été interpellées par la police lors de la manifestation.*

**S. 1.** *Interpeller* qqn (soutenu) [sens I], c'est lui adresser la parole vivement, brusquement ; APPELER ne comporte pas cette idée de vivacité, sinon de violence. — **2.** *Interpeller* (sens II), c'est sommer qqn de répondre, de donner son identité ou, plus fort, l'arrêter.
**L. interpellation** (n. f.) [sens II] *Plusieurs personnes ont été interpellées* → *il y a eu plusieurs interpellations.*

**interplanétaire** → PLANÈTE L.

**interposer (s')** [ɛ̃tɛrpoze] v. pr. (conj. 1) (sujet qqn, qqch) **s'interposer (entre deux choses, deux personnes)** *Ils allaient se battre, j'ai voulu m'interposer et j'ai reçu ce coup dans l'œil.*

**S.** *S'interposer* (soutenu), c'est se dresser, se mettre entre deux choses, deux personnes.

**interprète** [ɛ̃tɛrprɛt] n.
I. [personne, profession] *Si tu parles anglais, tu n'as pas besoin d'interprète aux États-Unis !* • *Jacques a trouvé un travail d'interprète dans une organisation de voyages.*
II. [personne, rôle] *Comment s'appellent les principaux interprètes de ce film ?* • *Ce pianiste est un excellent interprète de Chopin.*

**S. 1.** Un(e) *interprète* (sens I) est une personne qui traduit oralement les paroles de qqn dans une autre langue ; celui qui traduit des textes écrits est un TRADUCTEUR. — **2.** Un(e) *interprète* (sens II) est la personne qui joue dans un film ou une pièce de théâtre, y INTERPRÈTE un rôle (le syn. est alors ACTEUR), ou qui joue, interprète un morceau de musique (les syn. sont alors MUSICIEN et, en langue savante, INSTRUMENTISTE).

**interpréter** [ɛ̃tɛrprete] v. t. (conj. 12)
I. (sujet qqn) **interpréter qqch (musique, chanson, rôle, etc.)** *Et maintenant Chantal*

# INTERVALLE

va nous interpréter une de ses toutes dernières chansons.
II. (sujet qqn) **interpréter qqch (texte, énoncé, signe, etc.)** *Vous avez mal interprété mes paroles, ce n'est pas du tout ce que je voulais dire.*

**S. 1.** *Interpréter* (sens I), c'est JOUER un morceau de musique, un rôle, CHANTER une chanson, etc. — **2.** *Interpréter* (sens II), c'est donner un sens, une signification à qqch en le comprenant ou en l'expliquant d'une certaine manière.
**L. interprétation** (n. f.) [sens I] Il a merveilleusement interprété son rôle → *son interprétation du rôle était merveilleuse.* ◆ [sens II] *Vous interprétez abusivement mes propos* → *vous faites une interprétation abusive de mes propos.*
◆ **interprète,** v. ce mot.

**interroger** [ɛ̃terɔʒe] v. t. (conj. 4)
(sujet qqn) **interroger qqn** *Vous connaissez le professeur qui va vous interroger à l'examen ?* • *C'est un secret : si on t'interroge*

*pour savoir quelque chose, tu réponds que tu ne sais rien.* • *Trois suspects ont été arrêtés et interrogés par la police.*

**S.** *Interroger* qqn, c'est lui POSER DES QUESTIONS, le QUESTIONNER, lui DEMANDER qqch. L'inverse EST RÉPONDRE.
**L. interrogation** (n. f.) *Le professeur doit nous interroger par écrit* → *le professeur doit nous faire faire une interrogation écrite.* ◆ **interrogatoire** (n. m.) *La police a interrogé les suspects* → *les suspects ont subi un interrogatoire.*

**interrompre** [ɛ̃terɔ̃pr] v. t. (conj. 42)
I. (sujet qqn, qqch) **interrompre qqch (action)** *Les ouvriers ont interrompu leur travail pour protester contre les nouveaux horaires.* • *Les cours seront interrompus du 15 au 30 mai à cause des examens.* • *Dommage que l'orage ait interrompu notre promenade !*
II. (sujet qqn) **interrompre qqn** *Laisse-la donc parler au lieu de l'interrompre sans arrêt !* ◆ **s'interrompre** *Tu ne pourrais pas t'interrompre un peu et écouter les autres ?*

**S. 1.** *Interrompre une action* (sens I) a pour

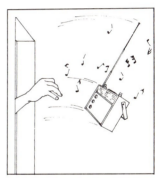

syn. ARRÊTER, SUSPENDRE (soutenu), FAIRE CESSER, METTRE FIN À. Les contr. sont CONTINUER, REPRENDRE, RECOMMENCER. — **2.** *Interrompre* qqn (sens II) a pour syn. EMPÊCHER qqn DE PARLER, COUPER LA PAROLE À qqn. *S'interrompre,* c'est S'ARRÊTER DE PARLER.
**L. interruption** (n. f.) [sens I] *La pluie ne s'est pas interrompue de la journée* → *il a plu sans interruption toute la journée.* ◆ **ininterrompu, e** (adj.) [sens I] *Le bruit ne s'est pas interrompu de toute la nuit* → *le bruit a été ininterrompu toute la nuit.*

**intervalle** [ɛ̃terval] n. m.
[localisation] (compt., surtout au sing.) *Tracez les lignes à cinq centimètres d'intervalle les unes des autres.* ◆ [temps, durée] *Non, je ne l'ai pas vu depuis dix ans et je pense que, dans l'intervalle, il a dû changer.*

# INTERVENIR

**S.** Un *intervalle* est un écart, une distance entre deux points ou objets dans l'espace, entre deux moments dans le temps.

**intervenir** [ɛ̃tɛrvənir] v. t. ind. (conj. **23**; auxil. *être*)
I. (sujet qqn) **intervenir (dans une action)** *Bon! à moi de parler, maintenant; j'aimerais bien intervenir pour donner mon avis.*

• *Quand les pompiers sont intervenus, il était déjà trop tard, la maison avait entièrement brûlé.*
II. (sujet qqch [événement]) **intervenir dans qqch** *Il a fallu attendre des mois pour qu'une solution intervienne dans le conflit entre la direction et les employés.*

**S. 1.** *Intervenir dans un débat, une discussion* (sens I) a pour syn. PRENDRE LA PAROLE ; le syn. est AGIR. — **2.** *Intervenir* (sens II) a pour syn. SURVENIR, SE FAIRE, AVOIR LIEU, SE PRODUIRE.
**L. intervention** (n. f.) [sens I] *Tu aurais dû intervenir* → *tu aurais dû faire une intervention.*

**interview** [ɛ̃tɛrvju] n. f.
[action, qqn, et résultat] *Dans quel journal avais-tu lu l'interview de cette actrice ?*
• *Le ministre a donné deux interviews, l'une à la télévision, l'autre à la radio.*

**S.** Une *interview* est un entretien, qui met en présence un journaliste et une personne qu'il interroge sur ses actes, ses projets, ses idées,

sa vie, etc. C'est aussi l'article rédigé qui donne le compte rendu de cet entretien.
**L. interviewer** (v. t.) *Le journaliste a fait l'interview de l'actrice* → *le journaliste a interviewé l'actrice.*

**intestin** [ɛ̃tɛstɛ̃] n. m.
[partie du corps] *André a toujours été un peu fragile des intestins; il ne peut pas manger de tout.*

**S.** Les *intestins* sont les viscères contenus dans l'abdomen, le ventre.

**intime** [ɛ̃tim] adj. et n.
I. [adj.] (se dit de qqch [abstrait]; après ou avant le n.) *J'ai le sentiment intime qu'il ne me dit pas tout; je n'en suis pas sûr, mais il est très embarrassé quand il me parle.*
◆ **vie intime** *Ne te mêle pas de mes affaires, ma vie intime ne regarde que moi.*
II. [adj.] (se dit de qqn; après le n.) *Mon mari connaît Pierre depuis vingt ans, c'est un ami intime en qui il a une totale confiance.* ◆ [n.] (personne, rôle) *Nous n'avons pas invité beaucoup de monde au mariage : les parents et quelques intimes, c'est tout.*

**S. 1.** Au sens I, est *intime* (soutenu) ce qui est au plus profond de qqn, de sa conscience, de sa pensée. *Vie intime* (soutenu) est syn. de VIE PRIVÉE. — **2.** Un *ami intime* est celui à qui on est lié par des sentiments profonds. *Intime* (n.) a pour syn. PROCHE.
**L. intimement** (adv.) *J'ai l'intime conviction qu'il me trompe* → *je suis intimement convaincu qu'il me trompe.* ◆ **intimité**, v. ce mot.

**intimider** [ɛ̃timide] v. t. (conj. **1**)
(sujet qqn, qqch) **intimider qqn** *Je ne sais pas pourquoi, mais il m'intimide.* • *N'essayez pas de m'intimider avec vos menaces, je ferai ce qu'il me plait.*

**S.** *Intimider* qqn (soutenu), c'est lui FAIRE

PERDRE SES MOYENS soit en le rendant TIMIDE, soit en lui faisant peur (plus fort). IMPRESSIONNER est un syn.
**L. intimidant, e** (adj.) C'est un personnage qui intimide tout le monde → *c'est un personnage intimidant.* ◆ **intimidation** (n. f.) Pierre a essayé de l'intimider → *Pierre a essayé avec lui l'intimidation.*

**intimité** [ɛ̃timite] n. f.
[qualité, qqch] (non-compt., au sing.) *Vous invitez beaucoup de monde au mariage ? — Non, il n'aura lieu dans l'intimité : la famille et les amis proches, c'est tout.*
● *Pierre a l'air très sévère, très dur. — Moi qui vis avec lui, je t'assure que, dans l'intimité, il est très doux et gentil.*

   **S.** *Intimité* désigne le caractère de ce qui est INTIME dans les rapports, les relations, la vie. *Dans l'intimité* a pour syn. DANS LE PRIVÉ.

**intituler** → TITRE L ; **intolérable, -ant, -ance** → TOLÉRER L.

**intoxiquer (s')** [ɛ̃tɔksike] v. pr. (conj. 1), **être intoxiqué** v. pass.
(sujet qqn) *Ne mange pas ces vieilles conserves, tu risques de t'intoxiquer.* ● *Il fume beaucoup, il est complètement intoxiqué par le tabac.*

   **S.** *S'intoxiquer*, c'est S'EMPOISONNER en avalant ou en respirant des substances TOXIQUES. *Être intoxiqué*, c'est avoir l'organisme habitué à une drogue, une substance toxique et ne plus pouvoir s'en passer.
   **L. intoxication** (n. f.) Il s'est intoxiqué avec des aliments → *il a fait une intoxication alimentaire.* ◆ **désintoxiquer** (v. t.) *Elle est entrée en clinique pour se faire désintoxiquer* (← *faire qu'elle ne soit plus intoxiquée*). ◆ **désintoxication** (n. f.) Ce sera difficile de le désintoxiquer → *sa désintoxication sera difficile.*

**intraduisible** → TRADUIRE L.

**intransigeant, e** [ɛ̃trɑ̃ziʒɑ̃, ɑ̃t] adj. (après le n.)
(se dit de qqn, de son attitude) [*À la radio*] : « *Les Allemands sont restés intransigeants sur les prix des produits agricoles ; ils ne veulent pas céder sur l'augmentation prévue.* »

   **S.** Est *intransigeant* (soutenu) celui qui ne veut pas TRANSIGER, faire des concessions pour arriver à un accord ; les syn. sont INTRAITABLE, INFLEXIBLE, IRRÉDUCTIBLE (plus fort). Les contr. sont ACCOMMODANT, SOUPLE.
   **L. intransigeance** (n. f.) Je m'étonne qu'il soit intransigeant dans cette affaire → *je m'étonne de son intransigeance dans cette affaire.*

**intransportable** → TRANSPORTER L.

**intrigue** [ɛ̃trig] n. f.
[action, qqn, et résultat] (compt., surtout au sing.) *Alors, le film était bien ? — L'intrigue était tellement compliquée que je n'y ai rien compris.*

   **S.** L'*intrigue* d'un film, d'une pièce, d'un roman, etc., est l'ensemble des événements sur lesquels repose l'histoire. Les syn. sont ACTION ou SCÉNARIO (pour un film).

**intriguer** [ɛ̃trige] v. t. (conj. 1)
(sujet qqch, qqn) **intriguer qqn** *Toute cette histoire m'intrigue beaucoup et je n'y comprends pas grand chose.*

   **S.** *Intriguer* qqn, c'est le rendre perplexe, curieux. ÉTONNER est un syn. moins fort.

**introduire** [ɛ̃trɔdɥir] v. t. (conj. 60)
(sujet qqn) **introduire qqch dans qqch** *C'est en introduisant la clef dans la serrure que*

*je me suis rendu compte qu'on avait voulu fracturer ma porte.* ◆ **s'introduire qqpart** *C'est difficile de s'introduire dans ces milieux très fermés de province.*

    S. *Introduire*, c'est METTRE DEDANS, FAIRE PÉNÉTRER, FAIRE ENTRER DANS. *S'introduire*, c'est entrer, pénétrer dans un lieu où il est difficile d'aller.
    L. **introduction** (n. f.) Il est difficile d'introduire cette clé dans la serrure → *l'introduction de cette clé dans la serrure est difficile.*

**introuvable** → TROUVER L.

**intuition** [ɛtɥisjɔ̃] n. f.
[activité mentale] (compt., surtout au sing.) *Je ne saurai pas quelle attitude prendre. — Faites confiance à votre intuition et tout se passera bien.* ● *Qu'est-ce que tu as, tu as l'air drôle. — J'ai l'intuition qu'il va se passer quelque chose, je ne sais pas quoi.* ● *Par intuition, elle a compris toute la situation, sans qu'on ait eu besoin de lui en expliquer les détails.* ◆ [qualité, qqn] (non-compt., au sing.) *Tu peux te fier à ses conseils, elle a beaucoup d'intuition, elle sait ce qu'il faut faire.*

    S. L'*intuition*, c'est l'aptitude à comprendre, agir, réagir sans passer par l'intermédiaire du raisonnement, de la réflexion. *Avoir l'intuition de, que* a pour équivalent AVOIR LE SENTIMENT QUE, LE PRESSENTIMENT (plus fort) DE, QUE.
    L. **intuitif, ive** (adj.) Elle a beaucoup d'intuition → *elle est très intuitive.* ◆ **intuitivement** (adv.) Elle a agi par intuition → *elle a agi intuitivement.*

**inusable** → USER L.

**inutile** [inytil] adj. (après le n.)
(se dit de qqch, de qqn) *Cette conversation était parfaitement inutile, on en est toujours au même point!* ● *C'est inutile de* 

*courir, le train est déjà parti! ● Inutile d'insister, il ne changera pas d'avis.*

    S. *Inutile* a pour contr. UTILE, PRATIQUE (pour qqch seulement) et, plus forts, INDISPENSABLE, NÉCESSAIRE ; SUPERFLU est un syn. en parlant de qqn. *Il est inutile de* + inf. a pour équivalents CE N'EST PAS LA PEINE, ÇA NE SERT À RIEN DE + inf.
    L. **inutilement** (adv.) Il est inutile d'insister → *vous insistez inutilement.* ◆ **inutilité** (n. f.) Ses efforts sont inutiles ; on peut le constater → *on peut constater l'inutilité de ses efforts.*

**inutilisable** → UTILISER L.

**invariablement** [ɛ̃varjabləmɑ̃] adv.
[manière] *Et invariablement, après le déjeuner, il allait s'allonger cinq minutes.*

    S. *Invariablement* (soutenu) a pour syn. TOUJOURS, HABITUELLEMENT (moins fort).

**invasion** → ENVAHIR L ; **invendable** → VENDRE L.

**inventer** [ɛ̃vɑ̃te] v. t. (conj. **1**)
(sujet qqn) **inventer qqch, que** + ind. *C'est une histoire que vous avez lue ou vous l'avez inventée ?* ● *Il va bien falloir inventer une excuse pour ne pas aller dîner chez eux.* ● *Pierre a inventé que ses parents étaient morts quand il était jeune, afin de se faire plaindre.*

    S. *Inventer* a pour syn. IMAGINER, CRÉER, TROUVER.

    L. **inventeur** (n. m.) Son père a inventé cet appareil → *son père est l'inventeur de cet appareil.* ◆ **inventif, invention**, v. ces mots.

**inventif, ive** [ɛ̃vɑ̃tif, iv] adj. (après le n.)
(se dit de qqn, de son esprit) *Avec son*

*esprit inventif, je suis sûr que Pierre trouvera une idée originale.*

**S.** Avoir l'esprit *inventif*, c'est avoir le don d'INVENTER, ou de trouver des ressources, des moyens pour faire face à toute situation.

**invention** [ɛ̃vɑ̃sjɔ̃] n. f.
[action, qqn, et résultat] *À quand remonte l'invention de l'écriture ?* • *Des savants mettent au point l'invention d'un nouveau moteur électrique pour les voitures.* • *Le téléphone, c'est vraiment une drôle d'invention !*

**S.** L'*invention*, c'est l'action d'INVENTER qqch et la chose inventée. Les syn. sont CRÉATION, DÉCOUVERTE et, plus fam., TROUVAILLE.

**invérifiable** → VÉRIFIER L.

**inverse** [ɛ̃vɛʀs] adj. (après le n.) et n. m.
[adj.] (se dit de qqch [action, direction]) *La voiture venait en sens inverse à toute vitesse ; Pierre n'a pas pu l'éviter.* • *Mais non, tu te trompes ; il faut faire l'opération inverse.*
◆ [n. m.] (qqch) *Jean aime Marie, mais l'inverse n'est pas vrai.*

**G.** L'adj. n'a ni comparatif ni superlatif.
**S.** Est *inverse* ce qui est opposé à la direction ou à l'ordre habituel ou attendu ; *en sens inverse* a pour syn. EN SENS CONTRAIRE. *L'inverse* a pour syn. LA RÉCIPROQUE.
**L.** **inversement** (adv.) *Jean aime Marie et d'une manière inverse, Marie aime Jean* → *Jean aime Marie et inversement.*

**inverser** [ɛ̃vɛʀse] v. t. (conj. **1**)
(sujet qqn) **inverser qqch (plur.)** *Jacques, si pour une fois on inversait les rôles ? Toi tu fais la vaisselle et moi je lis le journal, d'accord ?*

**S.** *Inverser*, c'est changer réciproquement la place de deux choses, le rôle de deux personnes. Le syn. est INTERVERTIR.

**investir** [ɛ̃vɛstiʀ] v. t. et v. t. ind. (conj. **15**)
I. [v. t.] (sujet qqn) **investir de l'argent dans qqch** *Ils ont investi toute leur fortune dans cette affaire et ils ont tout perdu.*
II. [v. t. ind.] (sujet qqn) **investir dans une activité** *Elle avait énormément investi dans son travail et maintenant qu'elle a cessé de travailler, elle est très malheureuse.*

**S.** **1.** *Investir* (sens I), c'est mettre de l'argent dans une opération financière pour en tirer profit. Les syn. sont METTRE, PLACER. — **2.** *Investir* (sens II), c'est mettre toute son énergie dans qqch.
**L.** **investissement** (n. m.) [sens I] *Ils ont investi de l'argent dans cette usine* → *ils ont fait des investissements dans cette usine.*

**invisible** → VISIBLE L ; **invivable** → VIVRE L.

**inviter** [ɛ̃vite] v. t. (conj. **1**)
(sujet qqn) **inviter qqn qqpart, à, pour qqch, à + inf.** *Tu m'invites au restaurant ? — Je n'ai pas d'argent !* • *J'espère que tu n'as pas invité les Legrand à dîner, ils sont tellement ennuyeux !* • *Si vous êtes libre le 21 octobre, je vous invite pour l'anniversaire de notre fille.* • *On ne s'entendait plus*

*dans le salon, les parents nous ont invités à poursuivre notre discussion ailleurs.*

**S.** *Inviter à déjeuner, à dîner,* c'est OFFRIR À DÉJEUNER, À DÎNER, chez soi ou au restaurant. *Inviter qqn qqpart,* c'est lui DEMANDER DE VENIR. *Inviter à + inf.* a pous syn. EXHORTER À (plus fort et soutenu), PRIER DE (soutenu).
**L.** **invité, e** (n.) *Qui as-tu invité ?* → *qui sont tes invités ?* ◆ **invitation** (n. f.) *On est invité à dîner* → *on a reçu une invitation à dîner.*

**involontaire, -ment** → VOLONTAIRE L.

**invoquer** [ɛ̃vɔke] v. t. (conj. **1**)
(sujet qqn) **invoquer qqch (abstrait)** *Il invoquait, pour essayer de se disculper, la manière dont on l'avait traité.*

**S.** *Invoquer* (soutenu), c'est FAIRE APPEL À, donner comme argument, comme justification.

**invraisemblable** [ɛ̃vʀɛsɑ̃blabl] adj. (après ou, plus rarement, avant le n.) (se dit de qqch, de qqn) *Tu as vu l'état de sa voiture après l'accident ? C'est invrai-*

# IRLANDAIS

*semblable qu'il soit encore vivant! ● Cette histoire est invraisemblable, ce n'est pas possible! Je suis sûr que tu l'as inventée. ● Ils sont invraisemblables de partir sans même nous prévenir!*

**S.** Ce qui est *invraisemblable* constitue une INVRAISEMBLANCE. Qqn d'*invraisemblable* fait ou dit des choses *invraisemblables*. Les syn. sont INCROYABLE, INSENSÉ, INOUÏ, EXTRAORDINAIRE et, moins forts, BIZARRE, ÉTONNANT.

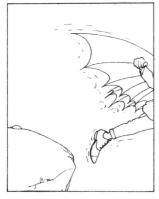

**L. invraisemblance** (n. f.) *Son histoire est invraisemblable, cela ne vous apparaît pas?* → *l'invraisemblance de son histoire ne vous apparaît pas?*

**irlandais, e** [irlɑ̃dɛ, ɛz] adj. (après le n.) et n., **irlandais** n. m.
[adj.] (se dit de qqch) *La campagne irlandaise est très verte.* ◆ [n. m.] (langue) *Est-ce que l'on parle l'irlandais aussi en Irlande du Nord?* ◆ [n. et adj.] (personne) *Ah! ne lui dis pas qu'il est anglais, c'est un Irlandais! ● J'avais un ami irlandais, si tu vas en Irlande, va le voir.*

**G.** L'adj. ne se met ni au comparatif ni au superlatif.
**S.** L'adj. ethnique *irlandais* correspond au n. f. IRLANDE. L'Irlande est une île divisée en deux parties : l'Irlande du Nord ou ULSTER, dépendant du Royaume-Uni de Grande-Bretagne (de langue anglaise), et la république d'Irlande ou ÉIRE (où la langue est l'*irlandais*). Les *Irlandais* (notez la majuscule) sont ceux qui ont la nationalité *irlandaise* ou qui habitent l'Irlande du Nord.

**ironique** [irɔnik] adj. (après le n.)
(se dit de l'attitude de qqn) *Pourquoi me regardes-tu avec ce sourire ironique? Tu me trouves ridicule? ● Sa réponse n'était pas ironique du tout, il a vraiment dit ce qu'il pensait!*

**S.** *Ironique*, qui indique une attitude de raillerie consistant à faire entendre le contraire de ce que l'on dit (grâce à l'intonation), a pour syn. MOQUEUR, NARQUOIS (soutenu) et RAILLEUR. Le contr. est SÉRIEUX.
**L. ironiquement** (adv.) *Il m'a répondu de façon ironique* → *il m'a répondu ironiquement.*
◆ **ironie** (n. f.) *Son sourire ironique m'exaspère* → *l'ironie de son sourire m'exaspère.*

**irréalisable** → RÉALISER L ; **irréconciliable** → RÉCONCILIER L ; **irréel** → RÉEL L ; **irréfléchi** → RÉFLÉCHIR L.

**irréfutable** [irefytabl] adj. (après le n.) (se dit de qqch [abstrait]) *Tant que vous ne nous apporterez pas une preuve irréfutable de son innocence, nous continuerons à le croire coupable.*

**G.** Cet adj. n'a ni comparatif ni superlatif.
**S.** *Irréfutable* (soutenu) a pour syn. INDISCUTABLE, INDÉNIABLE et se dit de qqch qu'on ne peut RÉFUTER, récuser, nier.

**irrégulier, -larité** → RÉGULIER L ; **irrégulièrement** → RÉGULIÈREMENT L ; **irrémédiable** → REMÉDIER L ; **irremplaçable** → REMPLACER L ; **irréparable** → RÉPARER L ; **irrépressible** → RÉPRIMER L ; **irréprochable** → REPROCHER L ; **irrésistible** → RÉSISTER L ; **irrespectueux** → RESPECTER L ; **irrespirable** → RESPIRER L ; **irresponsable** → RESPONSABLE L.

**irriter** [irite] v. t. (conj. 1)
I. (sujet qqch) **irriter une partie du corps** *Quand j'ai un rhume, la fumée de cigarette m'irrite la gorge.* ◆ (sujet une partie du corps) **être irrité** *Tu as la gorge irritée ; tu n'arrêtes pas de tousser.*
II. (sujet qqn, qqch) **irriter qqn** *Tes remarques continuelles finissent par irriter ton mari ; tu devrais faire attention.* ◆ (sujet qqn) **s'irriter, être irrité (de + inf.)** *Paul est irrité de constater que rien n'a été fait pendant son absence. ● Georges est très nerveux, il s'irrite facilement, il faut être prudent avec lui.*

**S. 1.** *Irriter la gorge, la peau*, etc. (sens I), c'est provoquer une légère inflammation ; le syn. plus fort est ENFLAMMER. — **2.** *Irriter qqn* (sens II), c'est provoquer son énervement. Le syn. courant est ÉNERVER ; AGACER est plus faible, EXASPÉRER est plus fort. *S'irriter* a pour syn. SE METTRE EN COLÈRE (plus fort), SE FÂCHER.
**L. irritable** (adj.) [sens II] *Georges s'irrite facilement* → *Georges est irritable.* ◆ **irrita-**

**tion** (n. f.) [sens I] *Ta gorge est irritée, cela te fait tousser* → *l'irritation de ta gorge te fait tousser.* ◆ [sens II] *André est visiblement irrité* → *l'irritation d'André est visible.*

**isolé, e** [izɔle] adj. (après le n.)
(se dit de qqch) *Ils habitent une petite maison isolée, en pleine forêt ; à leur place je ne serais pas rassurée !* • *Ce n'est pas à partir d'un cas isolé que tu vas tirer des conclusions générales !* ◆ (se dit de qqn) *La police en est sûre : cet attentat est le fait d'une personne isolée.*

**S.** Est *isolé* ce qui est éloigné de toute habitation, écarté, reculé, ou ce qui est à part, séparé d'autres choses. Qqn d'*isolé* est SEUL, SOLITAIRE.

**isoler** [izɔle] v. t. (conj. **1**)
(sujet qqch, qqn) **isoler qqch, qqn** *Les fortes chutes de neige ont complètement isolé le village.* • *Pour comprendre, vous ne pouvez pas isoler la situation actuelle du passé immédiat.* ◆ (sujet qqn) **s'isoler** *La maison n'est pas assez grande, je n'ai pas un endroit pour m'isoler quand je veux être tranquille.*

**S.** *Isoler* qqn, qqch, c'est le séparer du reste, le prendre ou le mettre seul, à part. *S'isoler*, c'est se retirer qqpart.
**L. isolement** (n. m.) *L'état du malade exige qu'il soit isolé des autres* → *l'état du malade exige son isolement.* ◆ **isolé**, v. ce mot.

**issue** [isy] n. f.
I. [lieu, accès] *Toutes les issues de l'immeuble sont surveillées par la police ; pour le moment personne ne peut entrer ni sortir.* • *Y a-t-il une issue pour sortir de ce côté-*

*ci ?* • *Prenez la deuxième rue à gauche, la première est une rue sans issue.*
II. [lieu abstrait] *Elle ne peut pas se sortir de cette situation, je crois qu'il n'y aura pas d'autre issue que le divorce.* • *Son père est très malade, on prévoit une issue fatale.*
III. **à l'issue de** + **n.** *À l'issue de son entretien avec les ministres, le président de la République fera une déclaration à la presse.*

**S. 1.** *Issue* (sens I) a pour syn. SORTIE ou ENTRÉE. *Rue (chemin, voie) sans issue* a pour syn. IMPASSE, CUL-DE-SAC. — **2.** Au sens II, une *issue* est un moyen de sortir d'une situation difficile, une SOLUTION. *L'issue fatale* (soutenu), c'est la MORT. — **3.** *À l'issue de* (sens III) a pour syn. À LA FIN DE.

**italien, enne** [italjɛ̃, ɛn] adj. (après le n.) et n., **italien** n. m.
[adj.] (se dit de qqch) *Pierre aime beaucoup les films italiens.* • *L'économie italienne est en difficulté.* ◆ [n. m.] (langue) *Nous allons souvent en Italie et heureusement l'italien n'est pas très difficile à comprendre pour un Français.* ◆ [n. m. et adj.] (personne) *Ce restaurant est tenu par un Italien qui fait très bien la cuisine.* • *Il y a une fille qui est italienne dans notre classe.*

**G.** L'adj. ne se met ni au comparatif ni au superlatif.
**S.** L'adj. ethnique *italien* correspond au n. f. ITALIE et au n. m. *italien* (= la langue italienne). Les *Italiens* (notez la majuscule) sont ceux qui ont la nationalité *italienne*.

# ITINÉRAIRE

**itinéraire** [itinerɛr] n. m.
[lieu abstrait] *Prends les cartes et étudie bien l'itinéraire avant notre départ, qu'on ne se trompe pas de route.*

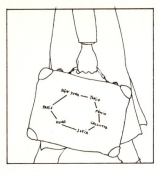

**S.** L'*itinéraire*, c'est le CHEMIN, la ROUTE à suivre pour aller d'un lieu à un autre.

**ivre** [ivr] adj. (après le n.)
(se dit de qqn) *Arrête de boire, tu es déjà à moitié ivre.* • *Regarde-le, il marche comme un homme ivre.*

**S.** Est *ivre* (soutenu) celui qui a bu trop d'alcool. Les syn. sont par ordre d'intensité croissante de l'IVRESSE : ÉMÉCHÉ, EN ÉTAT D'ÉBRIÉTÉ (soutenus), SAOUL (courant), NOIR (fam.). Un IVROGNE est qqn qui a l'habitude de boire.
**L. ivresse** (n. f.) *Ne laisse pas conduire Jacques quand il est ivre* → *ne laisse pas conduire Jacques en état d'ivresse.* ◆ **enivrer (s')**, v. ce mot.

**jadis** [ʒadis] adv.
[temps] *Jadis, dans ma jeunesse, la petite ville où j'habitais n'avait que trois mille habitants, maintenant il y en a vingt-cinq mille !*

**S.** *Jadis* (litt.) a pour syn. AUTREFOIS, DANS LE TEMPS.

**jaloux, ouse** [ʒalu, uz] adj. (après le n.) et n.
[adj.] (se dit de qqn) **jaloux de qqch, qqn** *Tu es jaloux de ma voiture, tu es jaloux de ma maison... en somme, tu es jaloux de tout ce* 

*que j'ai !* ● *Arthur est jaloux de sa petite sœur, il croit toujours qu'on l'avantage par rapport à lui.* ◆ **jaloux (de qqn)** *Son mari est très jaloux, c'est pour ça qu'il ne veut pas qu'elle travaille : il a peur qu'elle rencontre d'autres hommes.* ◆ [n.] (personne) *Tu vas en faire des jalouses avec ta nouvelle robe !*

**S.** Être *jaloux* de qqch, qqn, c'est être ENVIEUX de ce qu'il possède, éprouver du dépit devant l'avantage de qqn. Être *jaloux* de qqn (en particulier de son époux ou épouse), c'est lui montrer un attachement exclusif et avoir peur de se voir préférer qqn d'autre.
**L. jalousie** (n. f.) Il est très jaloux → *il est d'une grande jalousie.* ◆ **jalouser** (v. t.) Il est jaloux de tous ses amis → *il jalouse tous ses amis.*

**jamais** [ʒamɛ] adv.
[négation] **ne... jamais** *Quoi ? Mais ce que tu dis n'est pas vrai ! — Si, je ne mens jamais.* ● *Je n'aurais jamais pensé qu'il réussirait son examen !* ● *Julien est en très bonne santé : il n'est presque jamais malade.* ● *Tu m'accompagnes au cinéma ? — Moi, jamais de la vie, avec tout le travail que j'ai à faire !* ◆ [temps] **si jamais...** *Si jamais vous passez par ici, venez me voir.*

**G.** *Jamais* est un adv. négatif (sauf dans *si jamais...*); il s'emploie sans NE : *a*) dans une réponse : *Tu iras ? — Jamais ; b*) devant un part. ou un adj. : *Vous verrez des choses jamais vues jusqu'ici.*
**S.** *Jamais* indique une continuité de temps dans la négation ; le contr. est TOUJOURS. *Jamais de la vie* est un renforcement de la réponse négative *jamais*. *Si jamais*, qui introduit une éventualité peu probable, a pour syn. AU CAS OÙ, SI PAR HASARD, SI D'AVENTURE (soutenu).

**jambe** [ʒɑ̃b] n. f.
[partie du corps] *Hubert va voir tous les films avec Cyd Charisse. — Pourquoi ? — Parce qu'il trouve qu'elle a de très belles jambes.* ● *Pierre s'est cassé la jambe en faisant du ski.* ● *Qu'est-ce que je suis fatigué ! Je ne tiens plus sur mes jambes !*

**S.** La *jambe* est le membre inférieur d'une personne, c'est-à-dire la cuisse, le genou, le mollet, la cheville et le pied, par oppos. au BRAS. *Jambe* s'emploie aussi pour parler de la partie du pantalon qui recouvre la *jambe*. En parlant des animaux, on emploie le mot PATTE.

**jambon** [ʒɑ̃bɔ̃] n. m.
[aliment] (non-compt., au sing.) *Tu peux aller acheter trois tranches de jambon chez le charcutier ?* ● *[Au café] : « Un sandwich au jambon, s'il vous plaît ! »*

**S.** Le *jambon* est fait de la cuisse ou de l'épaule du porc. On achète le *jambon* soit cuit (*jambon* BLANC ou *jambon* DE PARIS, le plus courant), soit cru ou encore fumé (*jambon* DE BAYONNE, *jambon* DE PARME).

**janvier** [ʒɑ̃vje] n. m.
[mois] (non-compt., au sing.) *Le 1er janvier nous irons souhaiter une bonne année à tes parents.* ● *Il y a trente et un jours en janvier.* ● *Le mois de janvier a été très froid cette année.*

**S.** *Janvier* est le premier mois de l'année, c'est

un mois d'hiver. Le *1er* janvier est le JOUR DE L'AN.

**japonais, e** [ʒapɔnɛ, ɛz] adj. (après le n.) et n., **japonais** n. m.
[adj.] (se dit de qqch) *Ils ont acheté une télévision japonaise.* ◆ [n. m.] (langue) *J'aimerais apprendre le japonais, mais c'est une langue difficile.* ◆ [n. et adj.] (personne) *Il y a beaucoup de Japonais qui viennent visiter Paris en ce moment.* • *Il y a une petite fille qui est japonaise dans ma classe.*

**G.** L'adj. ne se met ni au comparatif ni au superlatif.
**S.** L'adj. ethnique *japonais* correspond au n. m. JAPON et au n. m. *japonais* (= la langue japonaise). Les *Japonais* (notez la majuscule) sont ceux qui ont la nationalité *japonaise.*

**jardin** [ʒardɛ̃] n. m.
[lieu aménagé] *Je peux cueillir quelques fleurs dans le jardin ?* • *Ils se sont acheté une maison en banlieue avec un grand jardin.* ◆ **jardin public** *À Paris, il y a quelques jardins publics où les enfants peuvent aller jouer.*

**S.** Un *jardin* est un terrain où l'on cultive des fleurs ou des légumes (*jardin* POTAGER ou POTAGER [n. m.]). Un *jardin public* est un ESPACE VERT dans une ville, avec des pelouses, des massifs de fleurs, des bancs pour s'asseoir et souvent un bassin avec de l'eau. Un SQUARE est un petit *jardin public.* Un PARC est un grand *jardin.*
**L. jardiner** (v. i.) *Tu as tout ce qu'il te faut pour t'occuper de ton jardin ?* → *tu as tout ce qu'il te faut pour jardiner ?* ◆ **jardinage** (n. m.) *Il jardine tous les dimanches* → *il fait du jardinage tous les dimanches.* ◆ **jardinier,** v. ce mot.

**jardinier** [ʒardinje] n. m.
[personne, profession] *Sais-tu combien de jardiniers emploie la Ville de Paris ?* • *C'est* 

*dans cette cabane, au fond du jardin, que Jacques range ses outils de jardinier.*

**S.** Un *jardinier* est un employé (au service d'un particulier ou, plus souvent, d'une collectivité) qui entretient un JARDIN : il cultive des fleurs ou, dans un jardin potager, des légumes.

**jaune** [ʒon] adj. (après le n.) et n. m.
[adj.] (se dit de qqch) *Cette fleur va mourir, ses feuilles sont toutes jaunes.* ◆ [n. m.] (couleur) [compt., surtout au sing.] *Si tu n'as plus de vert, tu n'as qu'à mélanger du jaune et du bleu.*

**S.** *Jaune* désigne une couleur. On dit d'un *jaune* VIF qu'il est *jaune* CITRON. On ne dit pas des cheveux qu'ils sont *jaunes,* mais qu'ils sont BLONDS.
**L. jaunir** (v. t. et v. i.) [sens I] *Les feuilles deviennent jaunes* → *les feuilles jaunissent.*

**jazz** [dʒaz] n. m.
[activité artistique] (non-compt., au sing.) *Quel disque veux-tu écouter ? de la musique classique ou du jazz ?* • *Tiens ! Si on lui achetait un disque de jazz pour son anniversaire ?*

**S.** Le *jazz* est une forme de musique moderne, caractérisée par son rythme.

**je** [ʒe], **me** [mə], **moi** [mwa] pron. personnels (1re pers. du sing.)
I. [sujet ; atone] **je** *Je viens tout de suite, j'arrive !* • *Moi, je vous dis qu'il a raison.*
II. [objet direct ou indirect ; atone] **me** *Tu crois qu'il me voit, de là-bas ?* • *Tu m'écriras ? — Je me le demande !* • *Je vais me promener dans la forêt.* • *Je me dis que je me suis peut-être trompé.* • *Ces fruits sont très beaux, donnez-m'en un kilo.*
III. [sujet, objet direct ou compl. indirect ; tonique] **moi** *Aline et moi nous irons au cinéma.* • *Pierre est plus grand que moi.* • *Regardez-moi, ai-je beaucoup changé ?* • *Répondez-moi quand je vous pose une question.* • *Jacques, pense à moi !* • *Les Durand viennent chez moi lundi.* • *Moi, j'ai fait des voyages extraordinaires.* • *Il me dira la vérité, à moi.* • *C'est moi qui décide.*

**S.** et **G. 1.** *Je* s'écrit *j'* devant une verbe commençant par une voyelle. *Je* se place avant le verbe en phrase déclarative ; la forme emphatique est MOI (*moi, je...*). Il s'emploie quand le locuteur parle de lui-même. Notez que, dans une comparaison, si le verbe n'est pas exprimé, on emploie MOI et non *je* (IL TRAVAILLE PLUS QUE MOI = *il travaille plus que je travaille*). — **2.** *Me* s'écrit *m'* devant une voyelle. *Me,* atone, se place toujours avant le verbe ou l'auxiliaire, sauf après un impératif avec le pron. EN. *Me* peut être compl. d'objet direct ou indirect (lorsque le verbe se construit avec la prép. À), pron. réfléchi avec un verbe pronominal. Dans les autres fonctions complément, on emploie MOI (tonique). — **3.** *Moi* peut remplir toutes les fonctions emphatiques dans la phrase en reprenant les pron. atones JE ou ME ou remplir les fonctions de compl. après une prép. (*avec moi, sans moi*, etc.) ou après un verbe à l'impératif (*regarde-moi*).

**jean** → BLUE-JEAN.

**jeter** [ʒ(ə)te] v. t. (conj. **10**)
I. (sujet qqn) **jeter un objet, qqn qqpart** *Ça t'amuse de jeter des cailloux contre la fenêtre ? Tu ne te rends pas compte que tu peux casser un carreau ?* ● *Alors, tu es allé voir Christian ? — Oui, mais je n'ai même pas eu le temps de m'expliquer, il m'a jeté dehors.* ◆ **se jeter contre, sur un objet, sur qqn** *Il roulait tellement vite qu'il s'est jeté contre un arbre.* ● *Je sortais du restaurant et, tout à coup, un individu s'est jeté sur moi. Qu'est-ce que j'ai eu peur !*
II. (sujet qqn, une rivière) **se jeter dans la mer, dans un fleuve** *La Seine se jette dans la mer près du Havre.*
III. (sujet qqn) **jeter un objet** *Qu'est-ce que je fais ? Je jette ces vieilles affaires ou tu veux encore les garder ?* ● *Tout ça c'est bon à jeter, ça ne vaut rien.*

**S. 1.** *Jeter* (sens I) a pour syn. LANCER,

ENVOYER. *Jeter qqn dehors* a pour syn. le METTRE DEHORS, À LA PORTE ou, fam., le FLANQUER DEHORS. *Se jeter* a pour syn., avec une idée de rapidité, SE PRÉCIPITER et, avec une idée de violence, SE PROJETER. — **2.** En parlant d'un fleuve, *se jeter* (sens II) a pour syn. ABOUTIR. — **3.** On *jette* qqch (sens III) dont on veut se débarrasser, qui est inutile. Le syn. est METTRE À LA POUBELLE.

**jeu** [ʒø] n. m., pl. **jeux**
I. [action, qqn] (compt.) *Tu ne veux plus jouer à la poupée ? Eh bien, trouve un autre*

*jeu, je ne sais pas moi… prends les petites autos.* ● *On imite quelqu'un sans dire qui c'est et il faut deviner de qui il s'agit, c'est ça le jeu.* ● *Tu aimerais participer à un jeu télévisé ?* ◆ [objet, jeu] *Il a une armoire pleine de jeux et il ne sait jamais avec quoi jouer !* ● *Pour son anniversaire, Pascal a eu un jeu de cartes et un jeu de dames.* ◆ [collectif, objets] (compt., surtout au sing.) **le jeu de qqn** *Fais attention, je vois ton jeu !* ● *C'est normal que tu gagnes avec le jeu que tu as dans la main, moi je n'ai pas de jeu du tout !*
II. **en jeu** *Avec tous les intérêts qui sont en jeu dans cette affaire, ça ne va pas être facile d'y voir clair.* ● *C'est ta santé que tu mets en jeu en menant cette vie-là, fais attention à toi.*
III. [action, qqn] (non-compt., au sing.) **le jeu de qqn** *Eh bien, il a bien caché son jeu, je n'aurais jamais pensé qu'il serait capable de cela !*

**S. 1.** *Jeu* (sens I) désigne l'objet avec lequel on JOUE et le fait de jouer (activité). On distingue les *jeux de* SOCIÉTÉ (cartes, dames, échecs, dés, Scrabble, etc.), les *jeux de* PLEIN AIR (ballon, jeux d'équipe), les *jeux d'*ARGENT (loterie, tiercé). — **2.** *Le jeu de* qqn (sens I), c'est l'ensemble des cartes qu'il a dans la main. — **3.** *En jeu* (sens II) a pour syn. EN CAUSE, EN QUESTION. — **4.** *Le jeu de* qqn (sens III), c'est sa manière d'agir, ce sont ses INTENTIONS.

**jeudi** [ʒødi] n. m.
[jour] (sans article) *Bon ! alors, quand est-ce que tu passes nous voir ? — Oh ! après mercredi, jeudi par exemple.* ● *Nous sommes jeudi 30 octobre, à la veille des vacances de la Toussaint.* ◆ (avec l'article) *Ce journal paraît tous les jeudis.*

**S.** Le *jeudi* est le quatrième jour de la semaine.

**jeune** [ʒœn] adj. et n. m.
I. [adj.; avant ou après le n.] (se dit de qqn, d'un animal) *On demande une personne jeune et dynamique pour cet emploi.* • *Tu as vingt ans, j'en ai vingt-cinq, tu es plus jeune que moi.* • *J'ai trouvé ta mère très fatiguée. — Eh! c'est qu'elle n'est plus toute jeune... bien qu'elle soit restée très jeune de caractère.* ◆ [n. m.] (personne, âge) *Mais où est ton fils? — Oh! devant la télé: le mercredi, il y a des émissions pour les jeunes.*
II. [adj.; avant le n.] (se dit de qqn, de qqch [abstrait]) *C'est un tout jeune professeur, il n'a pas encore beaucoup d'expérience.* • *Les jeunes mariés ont beaucoup de mal à se trouver un logement.* • *Cette jeune république africaine est indépendante depuis trois ans.*

**S. 1.** *Jeune* (sens I) a pour contr. VIEUX. Les *jeunes* sont les ADOLESCENTS, les JEUNES GENS, la JEUNESSE. Un *jeune* n'est plus un ENFANT et n'est pas encore un ADULTE. — **2.** *Jeune* (sens II) a pour syn. NOUVEAU (personne), RÉCENT (chose); les contr. sont ANCIEN, VIEUX.
**L. jeunesse, rajeunir,** v. ces mots.

**jeunesse** [ʒœnɛs] n. f.
I. [état, âge] (compt., surtout au sing.) *Mon père a passé toute sa jeunesse en Italie.*
II. [collectif, personnes] (compt., surtout au sing.) *À la télévision, les émissions pour la jeunesse ne sont pas toujours très réussies.*

**S. 1.** Au sens I, la *jeunesse* de qqn, c'est à la fois son ENFANCE et son ADOLESCENCE, par oppos. à l'ÂGE ADULTE, à l'ÂGE MÛR et à la VIEILLESSE. — **2.** Au sens II, la *jeunesse* a pour syn. LES JEUNES, LES JEUNES GENS, LES ADOLESCENTS.

**joie** [ʒwa] n. f.
[sentiment] *Qu'est-ce qu'il a été content de* 

*retrouver sa mère! Sa joie faisait plaisir à voir!* • *Quand Pascal a su qu'il était reçu à son examen, il a poussé un cri de joie qui a fait se retourner tout le monde.* • *Oh! quelle joie de vous rencontrer! On m'a si souvent parlé de vous!*

**S.** *Joie* désigne à la fois le sentiment et ce qui procure ce sentiment. Il a pour syn. SATISFACTION (plus faible), CONTENTEMENT (soutenu), PLAISIR, BONHEUR (plus fort), et pour équivalents des tournures avec ÊTRE HEUREUX, ÊTRE CONTENT (*Quelle joie de vous rencontrer!* → QUE JE SUIS HEUREUX (CONTENT) DE VOUS RENCONTRER!). Les contr. sont PEINE, TRISTESSE, CHAGRIN.
**L. joyeux,** v. ce mot.

**joindre** [ʒwɛ̃dr] v. t. (conj. 44)
(sujet qqn) **joindre qqn** *Non, je n'ai pas réussi à joindre Jacques, pourtant j'ai bien dû lui téléphoner dix fois, mais il n'était pas là.* ◆ **se joindre à qqn, à un groupe** *Nous espérons que vous vous joindrez à nous pour cette petite fête.* • [Dans une lettre]: « *Mon mari se joint à moi pour vous féliciter.* »

**S. 1.** *Joindre* qqn (soutenu), c'est pouvoir le RENCONTRER ou lui PARLER; il a pour syn. TOUCHER. — **2.** *Se joindre à un groupe,* c'est S'Y MÊLER, EN FAIRE PARTIE. *Se joindre à qqn,* c'est S'Y ASSOCIER (terme de politesse dans une lettre).

**joli, e** [ʒɔli] adj. (avant le n.)
(se dit de qqn, de qqch) *Sa femme n'est pas vraiment belle, mais je la trouve jolie.* • *C'est à toi ce manteau? Il est très joli.* • *C'est vraiment dommage que cette actrice n'ait pas une jolie voix!* • *Choisis donc une couleur claire, c'est plus joli pour l'été!*

**S.** Est *joli* celui ou ce qui a du charme, de la grâce par son apparence, son physique; il a pour syn., par ordre d'intensité croissante, BEAU, RAVISSANT, MAGNIFIQUE, SPLENDIDE. Quand il s'agit de qqn, de son physique, les autres syn. sont MIGNON (avec idée de petitesse), GRACIEUX, CHARMANT. Les contr. sont, par ordre d'intensité croissante, MOCHE (fam.), LAID, AFFREUX, HORRIBLE, HIDEUX (soutenu).
**L. joliment** (adv.) *Ce salon est arrangé de façon très jolie* → *ce salon est très joliment arrangé.*

**joue** [ʒu] n. f.
[partie du corps] *Quelle bonne mine! Tu as les joues toutes roses!* • *Pierre avait l'air très content de me voir, il m'a embrassée sur les deux joues.*

**S.** Les *joues* sont les parties latérales du visage entre la bouche et l'oreille. On dit de qqn, ou

le plus souvent d'un enfant, qu'il est JOUFFLU quand il a les *joues* bien pleines, rebondies.

**jouer** [ʒwe] v. t. et v. t. ind. (conj. 2)
I. [v. t. ind.] (sujet qqn) **jouer (à un jeu)** *Les enfants, vous pouvez aller jouer un peu*

*avant le dîner.* • *Tu viens jouer aux cartes avec moi ?* • *On joue au tennis, cet après-midi ?* ◆ [v. t.] **jouer (une carte, une partie, etc.)** *Ah non ! votre carte est jouée, vous ne pouvez pas la reprendre !* • *Alors, tu rêves ? C'est à toi de jouer, voyons, c'est ton tour !*
◆ **jouer de l'argent (à un jeu)** *Il a joué cinq cents francs et il les a perdus.*
II. [v. t.] (sujet qqn) **jouer (un rôle, une pièce, etc., dans un film, une pièce)** *Elle est actrice, elle a déjà joué dans plusieurs films.* • *Ce film n'est pas très bon, mais les acteurs jouent très bien.* • *Qu'est-ce qu'on joue à la Comédie-Française en ce moment ?*
◆ [v. t. ind.] **jouer d'un instrument de musique** *Alain joue du piano depuis l'âge de six ans.* ◆ [v. t.] **jouer une œuvre** *Qu'est-ce que tu vas nous jouer maintenant ?* — *Une œuvre peu connue de Frédéric Chopin.*

**S. 1.** *Jouer* (sens I), c'est se divertir avec un JOUET (surtout en parlant des enfants), à un JEU (en parlant des enfants ou des adultes), ou pratiquer un sport. Sans compl. il peut avoir pour syn. S'AMUSER. Comme v. t. il a pour équivalents, selon le type de jeu, METTRE, POSER SA CARTE, AVANCER SON PION, LANCER SES DÉS, etc., ou FAIRE UNE PARTIE DE. *Jouer de l'argent à un jeu*, c'est le MISER, le METTRE EN JEU. — **2.** *Jouer un rôle, une pièce* (sens II) a pour syn. INTERPRÉTER. *Jouer dans un film, une pièce*, c'est en être un des acteurs, des comédiens, des interprètes. Sans compl., *bien, mal jouer*, c'est AVOIR UN BON, UN MAUVAIS JEU. Avec ON comme sujet, les syn. sont DONNER, REPRÉSENTER (dans un théâtre, un cinéma). — **3.** *Jouer d'un instrument de musique*, c'est savoir s'en servir, le pratiquer. *Jouer une œuvre* (au piano, au violon, etc.), c'est l'INTERPRÉTER.
**L.** *jeu*, v. ce mot. ◆ **joueur, euse** (n.) [sens I] *Il joue au tennis* → *c'est un joueur de tennis.*
◆ (adj. et n.) [sens 'I] *Pierre aime jouer* → *Pierre est très joueur.*

**jouet** [ʒwɛ] n. m.
[objet, jeu] *Qu'est-ce que tu vas lui offrir pour son anniversaire ? — J'hésite entre un jouet et un livre d'images.* • *Mon fils casse tous ses jouets, ce n'est vraiment pas la peine de lui en acheter.*

**S.** *Jouet* s'emploie surtout pour parler des objets dont les enfants se servent pour JOUER, pour s'amuser, par oppos. à JEU, qui s'emploie pour parler d'une activité distrayante tant chez l'enfant que chez l'adulte.

**jour** [ʒur] n. m.
I. [temps, mesure] *Tu prends souvent le métro, toi ? — Oui, deux fois par jour.*
• *Alors, tu pars à Marseille, finalement ? — Oui, je serai absente deux jours.* • *Quel jour sommes-nous ? — Lundi.* • *Cette semaine, nous sommes allés tous les jours au cinéma !*
• *Mercredi, je ne suis pas libre, viens un autre jour.* ◆ [temps, moment] *Nous sommes restés huit jours en Italie cet été.* • *Au revoir, Pierre ; on se revoit un de ces jours ?*
• *Marie t'a téléphoné ? — Oui, il y a quelques jours.* ◆ [temps, événement] *C'est le jour du marché. Je vais pouvoir rapporter des légumes frais.* ◆ **de nos jours** *De nos jours, il y a encore des gens qui ne savent ni lire ni écrire.*
II. [phénomène naturel] (non-compt., au sing.) **le jour** *Le jour se lève à 6 heures en ce moment.* ◆ **il fait jour** *Il fait jour tôt en été.* • *Pourquoi me réveilles-tu si tôt ? Il fait à peine jour !* ◆ [temps] **de jour** *À l'usine, il y a plusieurs équipes d'ouvriers, les uns travaillent de jour, les autres de nuit.*

**S. 1.** *Jour* (sens I) désigne une période de temps de vingt-quatre heures (de 0 heure à minuit) considérée en elle-même ; il indique aussi bien une date qu'une durée et s'oppose ainsi à JOURNÉE (sens I), qui désigne une durée moins précise. Les *jours* (de la semaine) sont LUNDI, MARDI, MERCREDI, JEUDI, VENDREDI, SAMEDI, DIMANCHE. Certaines expressions avec *jour* indiquent la date et sont syn. de BIENTÔT *(un de ces jours)*, UNE AUTRE FOIS *(un autre jour)*, TEMPS *(il y a quelques jours)*. De nos jours est syn. de À NOTRE ÉPOQUE, ACTUELLEMENT, AUJOURD'HUI, par oppos. à AUTREFOIS. — **2.** *Le jour* (avec un art. déf. ou dans des expressions sans art.) [sens II], c'est la clarté, la lumière, par oppos. à la NUIT, à l'obscurité. *Le jour se lève* est équivalent de LE SOLEIL SE LÈVE, C'EST L'AUBE, LE DÉBUT DE LA MATINÉE. *Il fait jour* a pour contr. IL FAIT NUIT. *Travailler de jour*, c'est travailler pendant qu'il fait *jour*, pendant la JOURNÉE (sens II).

**journal** [ʒurnal] n. m., pl. **journaux**
I. [objet, texte] *J'ai lu un article très intéressant dans le journal d'aujourd'hui.*

● *Tu n'es pas au courant de l'accident ? Pourtant on en parle dans tous les journaux du matin.*
II. [collectif, énoncés] (compt., surtout au sing.) [*À la télévision*] : « *C'est Jacques Daneau qui vous présentera le journal de 20 heures.* »

**S. 1.** Un *journal* (sens I) donne dans ses séries d'articles des informations, des comptes-rendus, des annonces, etc. L'ensemble des exemplaires imprimés en une fois d'un *journal* constitue une ÉDITION *(édition spéciale, dernière édition)*. Quelques *journaux* français d'information ou d'opinion selon les cas : « France-Soir », « le Figaro », « le Monde », « l'Humanité », « l'Aurore », etc. — **2.** Au sens II, à la télévision ou à la radio *(journal télévisé* ou *parlé)*, les syn. sont INFORMATIONS, NOUVELLES, ACTUALITÉS.
**L. journaliste,** v. ce mot.

**journaliste** [ʒurnalist] n.
[personne, profession] *Jacques est journaliste au « Monde » : il s'occupe de politique extérieure.* ● *Les journalistes de la télévision sont en grève : pas d'informations avant 20 heures.*

**S.** Un(e) *journaliste* est une personne qui travaille dans un JOURNAL, à la radio ou à la télévision ; il peut faire des reportages ou retransmettre des informations ou écrire des articles. Le REPORTER est un *journaliste* qui

réalise un reportage. Le CRITIQUE donne son opinion sur le cinéma, le théâtre, la littérature, la musique, la danse. Le CORRESPONDANT est chargé d'envoyer des informations du lieu éloigné (province ou étranger) où il séjourne. L'ENVOYÉ SPÉCIAL est un *journaliste* envoyé sur le lieu de l'événement pour l'étudier de près.
**L. journalisme** (n. m.) Il veut devenir journaliste → *il veut faire du journalisme.*

**journée** [ʒurne] n. f.
I. [temps, moment] *Il nous a fallu deux journées entières pour peindre la cuisine.*
● *Combien de temps dure le voyage en train pour aller en Italie ? — Oh ! une bonne journée.*
II. [temps, moment] **journée de qqn** *À quoi tu passes tes journées quand tu es en vacances ?* ● *Tu peux passer me voir en fin de journée. — Bon : vers 18 heures ?* ● *Peux-tu venir demain ? — Non, j'ai pas mal de choses à faire : j'aurai une journée très fatigante.*

**S. 1.** *Journée* (sens I) désigne la période de temps (la durée) comprise entre le lever et le coucher du soleil, considérée en elle-même et moins précise que JOUR (sens I). — **2.** La *journée* (sens II) est la période de temps considérée par rapport aux activités de la personne qui la vit. En ce sens, la *journée* comprend le matin et l'après-midi et s'oppose à la SOIRÉE ou au SOIR.

**joyeux, euse** [ʒwajø, øz] adj. (avant ou après le n.)
(se dit de qqn, de qqch) *Tu es bien joyeux ! Pourquoi cette joie ?* ● *Ils sont arrivés tous ensemble en criant « joyeux anniversaire ! », ça m'a fait très plaisir.*

**S.** *Joyeux* (soutenu) a pour syn. courant HEUREUX. Il est usuel surtout dans les exclamations *joyeux Noël!, joyeux anniversaire!*
**L. joyeusement** (adv.) Ils nous ont accueillis de façon très joyeuse → *ils nous ont accueillis très joyeusement.*

**judicieux, euse** [ʒydisjø, øz] adj. (après le n.)
(se dit de l'attitude de qqn) *Son conseil était judicieux ; cette petite route n'était pas encombrée et on est arrivé plus vite.*

**S.** Ce qui est *judicieux* manifeste un bon jugement. *Judicieux* est un syn. soutenu de SENSÉ, INTELLIGENT, RAISONNABLE ; le contr. est ABSURDE.
**L. judicieusement** (adv.) Paul m'a conseillé de façon judicieuse → *Paul m'a judicieusement conseillé.*

**judo** [ʒydo] n. m.
[sport] (non-compt., au sing.) *Il faudrait qu'il fasse du judo, il saurait au moins se défendre si on l'attaquait.* • *Il y a un cours de judo qui s'est ouvert juste en bas de chez nous, on va tous en faire.*

**S.** Le *judo* est un sport et une technique de combat, de lutte. Les ceintures noires de *judo* sont les JUDOKAS les plus compétents.

**juge** [ʒyʒ] n. m.
[personne, profession] *Ah! il va falloir se lever : les juges vont entrer dans la salle du tribunal.* • *Alors, pour ton divorce, qu'est-ce qu'a décidé le juge? — C'est ma femme qui gardera les enfants.*

**S.** Le *juge* est un magistrat qui fait partie d'un tribunal et qui rend la justice, seul ou avec d'autres ; il prononce le verdict à l'issue du procès.

**jugement** [ʒyʒmã] n. m.
I. [action, qqn, et résultat] (compt.) *Cette affaire passera en jugement le 22 octobre.* • *Alors, quel a été le jugement du tribunal?*
II. [action, qqn, et résultat] (compt., surtout au sing.) *Je ne sais plus que penser, je m'en remets à votre jugement.* • *Non, mon jugement sur lui n'a pas changé, il ne vaut rien.*
III. [qualité, qqn] (non-compt., au sing.) *Mon cher, vous manquez de jugement, je n'aurais pas agi comme vous dans cette situation.*

**S. 1.** Au sens I, *jugement* est l'action de JUGER et le résultat de cette action. En ce sens, il s'emploie surtout dans un contexte de justice. — **2.** Au sens II, le *jugement* de qqn, c'est son OPINION, son AVIS sur qqch, qqn. — **3.** Au sens III, il désigne la capacité de JUGER, de prendre une décision.

**juger** [ʒyʒe] v. t. et v. t. ind. (conj. **4**)
I. [v. t.] (sujet qqn) **juger que** + ind., **juger qqn** ou **qqch** + **adj. attribut** *Si vous jugez qu'il vaut mieux attendre, alors, attendons.* • *Nous jugeons tous cette situation impossible, mais nous ne pouvons rien y faire.* • *C'est parce que nous l'avons jugé capable de réussir dans ce travail que nous lui avons donné cet emploi.*
II. [v. t.] (sujet qqn) **juger si** + ind. *Voyez le film et vous jugerez vous-même s'il est bon ou mauvais.* ◆ [v. t. ind.] **juger de qqch** *Je trouve ce livre très intéressant, mais lisez-le et jugez-en vous-même.*
III. [v. t.] (sujet qqn [juge, tribunal, etc.]) **juger qqn, qqch (une affaire, un procès, etc.)** *Je n'aimerais pas être juge et avoir à juger*

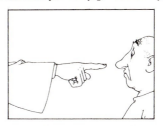

*des gens.* • *Le procès sera jugé fin mars.*
◆ (sujet qqn) **juger qqn, son attitude** *Il ne m'a pas fallu longtemps pour le juger et voir ce dont il était capable.*

**S. 1.** *Juger* (sens I) a pour syn. ÊTRE D'AVIS QUE, ESTIMER, CONSIDÉRER (QUE) [soutenus] et, en langue courante, PENSER, CROIRE, TROUVER (QUE). — **2.** *Juger si* (sens II) a pour syn. DÉCIDER, APPRÉCIER, VOIR. — **3.** *Juger* (sens III), c'est décider du sort de qqn dans le cadre de la justice. Au passif, *être jugé* a pour équivalents PASSER EN JUGEMENT, PASSER DEVANT LA JUSTICE. En langue courante, *juger qqn, qqch*, c'est AVOIR UNE OPINION, UN AVIS SUR qqn, son attitude, selon, le plus souvent, des valeurs morales.
**L. juge, jugement,** v. ces mots.

**juif, juive** [ʒɥif, ʒɥiv] adj. (après le n.) et n.
[adj.] (se dit de qqn, d'une religion, d'un groupe) *La population juive de New York constitue une partie importante de la ville.*
◆ [n.] (personne) *Les Juifs d'Europe orientale ont émigré en grand nombre en Israël.*

**G.** L'adj. n'a ni comparatif ni superlatif.
**S.** La religion *juive* ou ISRAÉLITE reconnaît l'existence d'un Dieu unique et s'appuie sur

des livres sacrés dont l'Ancien Testament. Le culte se pratique dans des synagogues, les rabbins en ayant la charge. L'hostilité systématique aux Juifs (avec une majuscule) est l'ANTI-SÉMITISME.

**juillet** [ʒɥijɛ] n. m.
[mois] (non-compt., au sing.) *Nous sommes aujourd'hui le 14 juillet, la fête nationale, c'est un jour de congé.* • *Vous partez en vacances en juillet ou en août cette année ?*

**S.** *Juillet* est le septième mois de l'année, c'est un mois d'été.

**juin** [ʒɥɛ̃] n. m.
[mois] (non-compt., au sing.) *L'été commence le 21 juin.* • *On s'est connu le 1er juin, je m'en souviens, c'était un dimanche, à la sortie d'un cinéma.* • *Les examens commencent dès juin prochain.* • *Le mois de juin a été chaud cette année.*

**S.** *Juin* est le sixième mois de l'année, c'est un mois de printemps et d'été (l'été commence le 21 ou le 22 juin).

**jumeau, jumelle** [ʒymo, ʒymɛl] adj. (après le n.) et n.
[adj.] (se dit d'un frère, d'une sœur) *Je*

*trouve que tu ressembles à Jacques comme un frère jumeau.* ◆ [n.] (personne, parenté) *Tu te rends compte, elle avait déjà trois filles et maintenant, elle a des jumelles !*

**G.** L'adj. ne se met ni au comparatif ni au superlatif.
**S.** Deux *jumeaux* sont deux frères ou un frère et une sœur qui sont nés en même temps. Deux *jumelles* sont deux sœurs nées en même temps.

**jument** [ʒymɑ̃] n. f.
[animal] *C'est une magnifique jument qui a gagné la course.*

**S.** La *jument* est la femelle du cheval.

**jupe** [ʒyp] n. f.
[vêtement] *Christine met tout le temps des pantalons, elle ne porte jamais de jupe.* • *Élisabeth s'est acheté une jolie jupe grise avec un pull de la même couleur.*

**S.** La *jupe* est un vêtement de femme qui commence à la taille et que l'on porte avec un haut : pull, chemisier, tee-shirt, etc., par oppos. à la ROBE qui commence aux épaules.

**jurer** [ʒyre] v. t. (conj. **1**)
(sujet qqn) **jurer que** + **ind., de** + **inf. (à qqn)**
[*Au tribunal*] : « *Dites la vérité, rien que la*

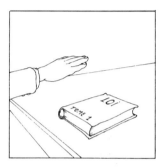

*vérité, levez la main droite et dites : je le jure.* » • *Pierre jure qu'il n'est pour rien dans cette affaire, il faut le croire.* • *Jure-moi de ne plus recommencer.* • *Il faut avoir de la patience, je te jure, pour supporter ces bêtises.*

**S.** *Jurer*, c'est affirmer qqch sous serment. Il a pour syn. moins forts DÉCLARER, ASSURER, CERTIFIER QUE (soutenu) ou PROMETTRE QUE, DE. *Je te jure* (en incise) renforce une affirmation et a pour syn. JE T'ASSURE, FRANCHEMENT.

**jury** [ʒyri] n. m.
[collectif, personnes] *L'avocat a fini de plaider en demandant l'indulgence du jury.* • *Le jury du festival a attribué le premier prix au film de Dupont.*

**S.** Un *jury* est un ensemble de personnes (les JURÉS) chargées de rendre un jugement, soit en matière pénale (il s'agit alors de juger un accusé), soit en matière esthétique (prix littéraire, cinématographique), scolaire ou universitaire (*jury* d'examen ou de concours), sportive, etc.

**jus** [ʒy] n. m.
[boisson] **jus (de fruits, de légumes)** *Dimanche, il faudra préparer des jus de fruits pour ceux qui ne boivent pas d'alcool.*

● *Tu aimes le jus de tomate ?* ● *Je donne tous les matins un jus d'orange aux enfants, c'est très bon pour eux.* ◆ [liquide] **jus (de viande)** *Encore une tranche de rôti ? — Oui, merci, avec un peu de jus s'il vous plaît, il est excellent.*

**S. 1.** Les *jus* de fruits, de légumes sont des boissons non alcoolisées : *jus* d'orange, de pamplemousse, de tomate, *jus* de carotte, de betterave. — **2.** Le *jus de viande* est le liquide qui s'échappe de la viande lorsqu'on la fait cuire et qu'on la découpe. Le *jus* s'oppose à la SAUCE qui est cuisinée.
**L. juteux, euse** (adj.) Ces oranges ont beaucoup de jus → *ces oranges sont très juteuses*.

**jusque** [ʒysk(ə)] adv.
[limite] **jusqu'à, en, jusque dans, sous, etc., jusqu'à ce que + subj., jusqu'à + interr., jusque-là** *Vous allez jusqu'au bout de la rue et ensuite vous tournez à droite.* ● *Jusqu'à dix ans, il a été un enfant assez sage, mais il a bien changé depuis.* ● *Je n'irai pas jusqu'à dire qu'il est idiot, mais il n'est pas très intelligent quand même.* ● *Et vous êtes allé jusqu'en Asie ?* ● *Jusqu'à quel point a-t-elle raison ?* ● *Attendez-moi jusqu'à ce que je revienne.* ● *Ils ont eu du mal à venir jusque-là, et maintenant ils ne veulent pas aller plus loin !*

**S. et G.** *Jusque* ne s'emploie jamais seul, mais suivi d'une préposition ou d'une proposition. Il indique une limite de temps, d'espace, de degré qui ne sera pas dépassée et s'oppose à À PARTIR DE et DEPUIS.

**juste** [ʒyst] adj. (après le n.) et adv.
I. [adj.] (se dit de qqn, son attitude) **juste (avec, envers qqn)** *Tu n'es pas juste avec moi, tu m'accuses quand je n'ai rien fait.* ● *Pierre a donné quelque chose à son fils et rien à sa fille, ce n'est pas juste.*
II. [adj.] (se dit de qqch [abstrait]) *Je ne crois pas qu'il se fasse une idée très juste de la situation : celle-ci est plus mauvaise encore qu'il ne le pense.* ● *Écoutez Pascal, il dit des choses tout à fait justes.* ● *Il y a une erreur dans cette page. — C'est juste, je ne l'avais pas remarquée.*
III. [adj.] (se dit de qqch [concret]) *Ces chaussures sont trop justes, elles vous feront mal.* ● *Tu crois que ça suffira pour cinq personnes ? — Oh ! j'ai peur que ce soit juste.*
IV. [adv.] (manière) *Il est 8 heures juste.* ● *Pierre est arrivé juste au moment où je partais.* ● *La poste ? — Elle est juste au bout de la rue !* ◆ (devant un nom ou un nom de nombre) *J'en voudrais juste un kilo,*

pas plus. ● *Il y a juste Pierre qui ne peut pas venir, les autres seront là.* ◆ **c'est tout juste si** *Quel caractère insupportable il a en ce moment ! C'est tout juste s'il me répond quand je lui parle.* ● *Alors tu as rencontré Paul ? — Oh ! c'est tout juste si j'ai pu lui dire bonjour, il était pressé.* ◆ **au juste** *Explique-toi, qu'est-ce que tu veux au juste ?*

**S. 1.** *Juste* (sens I) a pour contr. INJUSTE et pour syn. ÉQUITABLE, IMPARTIAL (soutenus). Qqn qui est *juste* agit avec équité, respecte les droits des autres, a le sens de la JUSTICE. Ce qui est *juste* est conforme au droit ; les syn. sont LÉGITIME, BIEN. — **2.** Être *juste* (sens II), c'est être conforme à la règle, à la norme, à la vérité ; il a pour syn. EXACT, VRAI, FONDÉ (soutenu), et pour contr. INEXACT, FAUX. — **3.** Au sens III, *juste* se dit de qqch dont la taille, la quantité ou le nombre est insuffisant ou à peine suffisant ; il a pour syn. PETIT, ÉTROIT, INSUFFISANT. — **4.** Au sens IV, *juste*

indique la précision, il a pour syn. EXACTEMENT. Avec une expression de temps, PILE est un syn. très fam. *(il est 8 heures pile).* Devant un nom ou un nom de nombre, il indique une restriction et correspond à la négation restrictive NE... QUE *(J'en voudrais juste un kilo → JE N'EN VOUDRAIS QU'UN KILO).* *Juste* a alors pour syn. SEULEMENT. *C'est tout juste si* a pour syn. C'EST À PEINE SI. *Au juste* a pour syn. EXACTEMENT, PRÉCISÉMENT.
**L. justement,** v. ce mot. ◆ **justesse** (n. f.) [sens II] Je ne m'étonne pas que ses remarques soient justes → *je ne m'étonne pas de la justesse de ses remarques.* ◆ **justice,** v. ce mot. ◆ **injuste,** v. ce mot.

## JUSTEMENT

**justement** [ʒystəmɑ̃] adv.
[opinion] *Tu dînes avec nous? Il y aura Jacques. — D'accord, justement, je voulais le voir!* • *Tu n'aurais pas un timbre? — Je viens justement d'en acheter; tiens, en voilà un.*

**S.** *Justement* est dans cet emploi un adv. de phrase indiquant une intervention du sujet parlant dans la constatation qui est faite. Les syn. sont PRÉCISÉMENT (soutenu), ÇA TOMBE BIEN (MAL) [en tête de phrase et en langue courante].

**justice** [ʒystis] n. f.
I. [qualité, qqn, qqch] (non-compt., au sing.) *C'est toi qui as tout fait et c'est lui qu'on remercie, il n'y a pas de justice!*
II. [institution] (non-compt., au sing.) *La justice est-elle toujours la même pour tous? Les juges sont-ils justes?*

**S. 1.** La *justice* (sens I), en général sans compl., c'est la qualité de ce qui est JUSTE ou de celui qui est juste. Le terme a pour contr. INJUSTICE et pour syn. ÉQUITÉ (soutenu ou litt.). — **2.** *Justice* (sens II) désigne l'administration chargée de juger. Le *palais de justice* est le lieu où siègent les tribunaux, où se déroulent les procès. On qualifie de JUDICIAIRE ce qui est relatif à la *justice* (POUVOIR, ERREUR JUDICIAIRE).

**justifier** [ʒystifje] v. t. (conj. 2)
(sujet qqn) **justifier qqch, qqn** *Comment vas-tu justifier toutes ces dépenses?* • *Par tous les moyens elle cherchait à lui trouver des excuses, à le justifier devant ceux qui l'accusaient.* ◆ (sujet qqch) **justifier qqch, qqn** *Ces raisons ne sont pas suffisantes pour justifier une telle action.* ◆ (sujet qqn, qqch) **se justifier** *N'essayez pas de vous* 

*justifier, vous êtes coupable, un point c'est tout.* • *Même dans des circonstances difficiles, une attitude aussi dure ne se justifie pas.*

**S.** *Justifier* qqch, c'est l'EXPLIQUER; *justifier* qqn, c'est l'EXCUSER. *Se justifier* (en parlant de qqn), c'est présenter des preuves, des arguments qui permettent d'excuser une conduite; en parlant de qqch, c'est ÊTRE EXCUSABLE.
**L. justification** (n. f.) *On ne peut pas justifier un tel crime* → *il n'y a pas de justification possible à un tel crime.* ◆ **injustifiable** (adj.) *Sa conduite ne peut pas se justifier* → *sa conduite est injustifiable.* ◆ **injustifié**, v. ce mot.

**juteux** → JUS L.

**kilogramme** [kilɔgram], **kilo** [kilo] n. m. (symb. kg)
[mesure, unité] *Pierre a beaucoup grossi, il a pris au moins trois kilos.* • *Il mesure un*

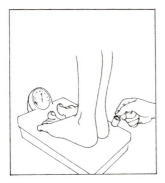

*mètre soixante-dix et il pèse soixante-quinze kilos !* • *J'ai acheté trois kilos d'oranges et il n'y en a déjà plus.*

> **S.** Le *kilogramme* est une unité de poids qui vaut 1 000 GRAMMES ou deux LIVRES. Une TONNE vaut 1 000 *kilos*.

**kilomètre** [kilɔmɛtr] n. m. (symb. km)
[mesure, unité] *Lyon est à quatre cent cinquante kilomètres de Paris.* • *Tous les matins, il fait trois kilomètres à pied pour se mettre en forme.* • *En France, la vitesse est limitée à cent trente kilomètres à l'heure sur les autoroutes et à quatre-vingt-dix sur les routes nationales.*

> **G.** Lorsqu'on parle de la vitesse d'un véhicule, on omet souvent le mot *kilomètre (faire du cent vingt à l'heure).*

> **S.** Le *kilomètre* est une unité de longueur qui vaut 1 000 MÈTRES.

**L. kilométrique** (adj.) *Le compteur kilométrique de ma voiture est cassé* (← l'appareil qui indique le nombre de kilomètres parcourus).

**klaxonner** [klaksɔne] v. i. (conj. **1**)
(sujet qqn) *Tu ne sais pas qu'il est interdit de klaxonner dans les villes ?*

> **S.** *Klaxonner*, c'est, en parlant d'un automobiliste, se servir de son signal sonore (ou avertisseur), le KLAXON (nom déposé), pour avertir.

# L

**la** → IL, LE 1.

**là** [la] adv. et interj.
I. [adv.] (lieu) *Où sont mes cigarettes ? — Là, sur la table.* • *D'abord nous allons à Londres et de là nous irons en Italie.* • *Le directeur n'est pas là en ce moment, revenez en fin d'après-midi.* ◆ [temps] *Dans une semaine vous pourrez sortir, jusque-là, restez au lit. — Eh bien, d'ici là, j'aurai le temps de me reposer !* ◆ [abstrait] *Là où je ne vous comprends pas, c'est quand vous me dites que vous n'êtes pas d'accord.* • *Ne voyez là aucune critique de ma part.*
III. [interj.] (emphase) *Oh là là, ce que vous pouvez être ennuyeux quand vous commencez à me parler de vos vacances !* • *Alors là ! je ne suis pas du tout d'accord avec vous !*

**G. 1.** *Là* (sens I) peut être l'antécédent des pron. rel. QUE et OÙ. Il peut s'employer après l'adv. JUSQUE et des prép. comme DE, PAR. — **2.** *Là* entre dans des adv. composés (LÀ-HAUT, LÀ-BAS, LÀ-DEDANS, LÀ-DESSUS) et s'emploie comme particule (*-là*) opposée à -CI avec les démonstratifs CE, CETTE, CES, CELUI, CELLE, CEUX.
**S. 1.** *Là* (lieu), endroit autre que celui où on est, s'oppose à ICI, mais en langue courante *là* désigne n'importe quel lieu. *Être là* a pour syn. soutenu ÊTRE PRÉSENT, ÊTRE CHEZ SOI, et pour contr. ÊTRE ABSENT. — **2.** *Là* (temps) a pour syn. (à) CE MOMENT. — **3.** *Là* (abstrait) a pour syn. SUR CE POINT, DANS CE QUE JE DIS, etc. — **4.** *Là !* (interj.) est un renforcement de OH !, AH !, etc.

**là-bas** [laba] adv.
[lieu] *Tu vois cette maison là-bas, eh bien, c'est là que j'habite.* • *Nous partons à Lyon cette semaine. — Vous resterez là-bas combien de temps ?* • *Les Durand sont en Grèce, ils ne reviendront de là-bas qu'en septembre.*

**S.** et **G.** *Là-bas* désigne un lieu plus éloigné que celui qui est désigné par LÀ ; tous deux s'opposent à ICI. Il peut être précédé de l'adv. JUSQUE et des prép. DE, PAR. *Là-bas* a pour syn. Y. *De là-bas* a pour syn. EN (*Ils reviendront de là-bas* → ILS EN REVIENDRONT).

**laboratoire** [labɔratwar] n. m.
[établissement] *Dans quel laboratoire vas-tu faire faire tes analyses de sang ?* • *Pierre travaille dans un laboratoire de physique.*

**S.** Un *laboratoire* est un lieu où l'on fait des analyses ou des expériences, de la recherche scientifique. En langue courante, un *laboratoire* est un lieu où on fait des analyses médicales.

**lac** [lak] n. m.
[lieu naturel, liquide] *Il fait très beau : on va faire du bateau sur le lac du bois de Boulogne ?* • *On a passé nos dernières vacances sur les bords du lac d'Annecy.*

**S.** Un *lac* désigne, en général, une étendue d'eau douce plus grande qu'un ÉTANG.

**lâche** [lɑʃ] adj. et n.
I. [adj.] (se dit de qqch [action], de qqn ; après ou avant le n.) *C'est lâche d'enlever ses jouets à ton petit frère ; il ne peut pas se défendre, tu es plus fort.* • [À la radio] : « *Un lâche attentat a eu lieu cet après-midi : une petite fille a été tuée.* » ◆ [n.] (personne) *Finalement tu n'as pas osé lui parler, tu es un lâche.*
II. [adj.] (se dit de qqch [vêtement, nœud, etc.] ; après le n.) *Paul a beaucoup maigri et son veston est un peu lâche ; il est trop large pour lui.* • *Ne serre pas trop ; le nœud doit rester lâche si tu veux pouvoir le défaire.*

**S. 1.** Est *lâche* (sens I) ce qui montre l'absence de courage, de loyauté ; le syn. de l'adj. est VIL (soutenu), et les contr. BRAVE, COURAGEUX. Le syn. du n. est FAIBLE (moins fort). —

**2.** Est *lâche* (sens II) ce qui n'est pas TENDU, SERRÉ.
**L. lâchement** (adv.) [sens I] *Tu agis de façon lâche* → *tu agis lâchement.* ◆ **lâcheté** (n. f.) [sens I] *Tu es lâche, c'est méprisable* → *ta lâcheté est méprisable.*

**lâcher** [lɑʃe] v. t. (conj. 1)
I. (sujet qqn) **lâcher qqch (concret)** *Lâche cette balle et donne-la à ta sœur.* ● *Oh! attention de ne pas lâcher la pile d'assiettes!*
II. (sujet qqn) **lâcher qqn, qqch (abstrait)** *Mais lâche-moi un peu! Je suis bien capable de savoir ce que j'ai à faire.* ● *Pierre a lâché ses études, il y a cinq ans; et maintenant il voudrait les reprendre.*

**S. 1.** *Lâcher* (sens I), c'est cesser de tenir

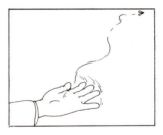

dans ses mains, après avoir pris, saisi. Les contr. sont TENIR, RETENIR ; les syn. sont LAISSER ÉCHAPPER, LAISSER TOMBER. — **2.** *Lâcher* (sens II) a pour syn. ABANDONNER (ses études), LAISSER TRANQUILLE (qqn); les contr. sont ÊTRE APRÈS (qqn), CONTINUER (ses études).

**là-dedans** [lad(ə)dɑ̃] adv.
[lieu] *Dis donc, qu'est-ce qu'il y a là-dedans? — C'est simplement une boîte avec du sucre dedans.* ● *Il m'a montré un placard et il m'a dit : « Cache-toi là-dedans, que Jacques ne te voie pas. »* ◆ [abstrait] *Ce texte n'est pas clair; il y a là-dedans des mots incompréhensibles.*

**S.** *Là-dedans* s'emploie lorsque le lieu n'est pas exprimé, qu'il est montré d'un geste. Si le compl. de lieu vient d'être exprimé, l'adv. DEDANS ou la prép. DANS suivie du nom de lieu sont syn. *Là-dedans* (abstrait) correspond aux emplois abstraits des prép. DANS et EN.

**là-dessous** [latsu] adv.
[lieu] *Où est donc passé le chat? — Regarde là-dessous, peut-être qu'il y est.* ◆ [abstrait] *Alain raconte des tas d'histoires, mais j'ai quand même l'impression qu'il y a là-dessous quelque chose de vrai.*

**S. 1.** *Là-dessous* s'emploie lorsque le lieu n'est pas exprimé, qu'il est montré d'un geste. Si le compl. de lieu est exprimé précédemment, l'adv. DESSOUS ou la prép. SOUS suivie d'un nom de lieu sont syn. — **2.** *Là-dessous* (lieu) désigne un endroit situé EN-DESSOUS DE qqch ; il a pour contr. LÀ-DESSUS. *Là-dessous* (abstrait) désigne le plus souvent le côté caché de qqch.

**là-dessus** [latsy] adv.
I. [lieu] *Tenez! écrivez là-dessus, ce sera plus pratique.* ◆ [abstrait] *On va avoir deux jours de vacances, et je compte là-dessus pour me reposer.*
II. [conclusion] *Il est venu dire quelques mots à l'assemblée, et, là-dessus, il nous a laissés tomber.*

**S. 1.** *Là-dessus* (sens I) s'emploie lorsque le lieu n'est pas exprimé. Il désigne un endroit situé AU-DESSUS DE qqch, la partie supérieure de qqch, et a pour contr. LÀ-DESSOUS. Si le compl. de lieu vient d'être exprimé, l'adv. DESSUS ou la prép. SUR suivie du nom de lieu sont des syn. — **2.** *Là-dessus* (abstrait) correspond aux emplois abstraits de la prép. SUR. — **3.** *Là-dessus* (sens II) exprime une conclusion ; les syn. sont FINALEMENT, SUR CE.

**là-haut** [lao] adv.
[lieu] *Regarde là-haut, sur la montagne, il y a de la neige!* ● *Où est Pierre? — Il est là-haut, dans sa chambre.*

**S.** *Là-haut* désigne un endroit situé au-dessus de celui où l'on se trouve. Il a pour syn. EN HAUT et pour contr. EN BAS.

**laid, e** [lɛ, lɛd] adj. (après le n.)
(se dit de qqn, de qqch [concret]) *Ah bon? Tu as fait la connaissance de sa femme? Elle est belle? — Pas du tout, au con-*

*traire : ce qu'elle peut être laide!* ◆ (se dit de qqch [abstrait]) *C'est vraiment très laid ce que tu viens de dire, et je ne veux plus te l'entendre dire.*

# LAINE

**S.** *Laid* a pour contr. BEAU, JOLI, BIEN ou, plus forts, MAGNIFIQUE, SPLENDIDE, SUPERBE ; et pour syn., par ordre d'intensité croissante, VILAIN, MOCHE (fam.), AFFREUX, HORRIBLE, HIDEUX. En parlant d'une action, d'un événement, les syn. sont, par ordre d'intensité croissante, CHOQUANT, DÉPLORABLE, HONTEUX, IGNOBLE, SCANDALEUX, et les contr. BIEN, PARFAIT ou, fam., CHIC, CHOUETTE.
**L. laideur** (n. f.) Que ce monument est laid ! → *ce monument est d'une laideur !* ◆ **enlaidir**, v. ce mot.

**laine** [lɛn] n. f.
[matière] (non-compt., au sing.) *Je vais te faire un pull ; il faudrait que tu viennes avec moi pour choisir la laine.* • *Surtout prends des vêtements de laine, il fait froid en montagne !* • *Tu ne sais pas où sont mes grosses chaussettes de laine ?*

**S.** La *laine* est une matière provenant de la toison des moutons et qui est utilisée pour faire des vêtements, des tapis, etc. Elle peut être tissée ou tricotée. Elle se vend le plus souvent en pelotes.
**L. lainage** (n. m.) Prends un vêtement de laine → *prends un lainage.*

**laisser** [lese] v. t. et auxil. (conj. **1**)
I. [v. t.] (sujet qqn) **laisser qqch, qqn (qqpart)** *Tu prends ton imperméable ? — Non, je le laisse ici.* • *Zut ! J'ai dû laisser mes gants dans la voiture.* • *Qu'est-ce que tu fais de enfants pendant les vacances ? — Je les laisse à la campagne, chez ma mère.* • *Bon, je vous laisse, il faut que je m'en aille.* ◆ **laisser qqch à qqn** *N'oublie pas en partant de laisser les clés au gardien.* • *Pierre t'a laissé sa nouvelle adresse avant de partir ?* • *Tu me laisseras un peu de viande froide pour ce soir.*
II. [v. t.] (sujet qqn) **laisser qqch** *Laisse donc tout ça et allons au cinéma.* • *Mais, tu as laissé toute ta viande ! Tu n'avais pas faim ?* ◆ (sujet qqch) **laisser une trace, une marque, un souvenir, etc.** *Tu ne devrais pas prendre ce produit pour nettoyer les vitres, il laisse des traces.* • *J'espère que ces vacances vous laisseront un excellent souvenir.*
III. [v. t. opérateur] (sujet qqn, qqch) **laisser qqn, qqch + adj. (attribut)** ou **en + n.** *Laisse-moi tranquille, j'ai du travail.* • *Tu peux raconter ce que tu veux, ça me laisse complètement indifférent.* • *Laissez la porte ouverte en partant.* • *Alors, c'était vraiment lui le voleur ? — La police n'en est pas sûre, alors, elle l'a laissé en liberté.*
IV. [auxil. (factitif)] (sujet qqn) **laisser qqn** ou **qqch + inf.** *Son père l'a laissée partir seule pendant les vacances ?* • *François, ne laisse pas cet enfant jouer avec les allumettes, il va se brûler.*
V. [v. pr.] (sujet qqn) **se laisser aller, se laisser faire** *Catherine est sale et mal habillée, elle se laisse aller.* • *[Chez le dentiste]* : « *Laissez vous aller ! Vous verrez que ça ne fait pas mal.* » • *Pierre croit pouvoir tout obtenir de moi, mais je ne me laisserai pas faire !*

**S. 1.** Au sens I, *laisser qqch (qqpart)*, c'est NE PAS LE PRENDRE, NE PAS L'EMPORTER, NE PAS LE

GARDER AVEC soi ; quand c'est involontaire, le syn. est OUBLIER. *Laisser qqn (qqpart)*, c'est NE PAS L'EMMENER, NE PAS RESTER AVEC lui ; sans compl. de lieu, *laisser qqn* a pour syn. QUITTER (je vous laisse = JE VOUS QUITTE). *Laisser qqch à qqn* a pour syn. DONNER, CONFIER, REMETTRE ou GARDER (phrase 3). — **2.** *Laisser qqch* (sans autre compl.) [sens II] indique qu'une action ne s'est pas achevée ; le contr. est FINIR. *Laisser une trace, une marque, un souvenir*, etc., a pour équivalent une construction inverse avec GARDER (*Ces vacances vous laisseront un bon souvenir* → VOUS GARDEREZ UN BON SOUVENIR DE CES VACANCES). — **3.** *Laisser qqn, qqch*, suivi d'un attribut du compl. d'objet (sens III), c'est faire en sorte que qqch, qqn reste dans tel ou tel état, le maintenir dans cet état. — **4.** Au sens IV, *laisser* + inf. est un auxil. indiquant une attitude passive par oppos. au factitif FAIRE qui indique une attitude active ; il a pour syn. PERMETTRE DE + inf., et pour contr. EMPÊCHER DE ou INTERDIRE DE + inf. (plus fort). — **5.** *Se laisser aller* (sens V), c'est NE PAS PRENDRE SOIN DE SOI, SE NÉGLIGER (péjor.) ou SE DÉTENDRE (mélioratif). *Se laisser faire* a pour contr. RÉSISTER, SE RÉVOLTER (plus fort).

**lait** [lɛ] n. m.
[aliment] (non-compt., au sing.) *Tu mets du lait dans ton café ? — Non, merci, je préfère le café noir.* • *Il ne reste pas assez*

de lait pour faire ce gâteau. • *Zut! j'ai oublié d'acheter du lait pour le petit déjeuner!*

**S. 1.** Le *lait* de consommation courante est le *lait* de vache; il existe également du *lait* de chèvre, utilisé surtout pour faire du fromage. — **2.** Dans le commerce, on achète le *lait* soit en bouteille, soit en poudre ou concentré, en boîte.
**L. laitage** (n. m.) [*Une publicité*] : « *Pour avoir de belles dents, prenez beaucoup de laitages* » (← d'aliments à base de lait). ◆ **laitier, ère** (adj. et n.) *Ces vaches produisent beaucoup de lait → ces vaches sont de bonnes laitières.* ◆ **laiterie** (n. f.) *Un camion vient ramasser le lait pour la laiterie* (← usine où on traite le lait).

**laitue** [lɛty] n. f.
[légume] *Tu as acheté une salade? — Oui, il y avait de belles laitues au marché.*

**S.** La *laitue* est une plante dont les feuilles sont comestibles. Elle se mange le plus souvent en salade.

**lame** [lam] n. f.
[partie d'un instrument] *Ne tiens pas ce couteau par la lame, tu vas te couper.*
◆ **lame de rasoir** *Il faut que j'aille acheter des lames de rasoir pour Louis, il n'en a plus.*

**S.** Une *lame* permet de couper. La *lame* d'un couteau est la partie tranchante du couteau. Une *lame de rasoir* est utilisée dans un rasoir pour se raser.

**lamentable** [lamɑ̃tabl] adj. (après le n.)
(se dit de qqch, de qqn, de son attitude) *Yves ne sera sûrement pas reçu à son examen, il a eu des notes lamentables toute* *l'année!* • *Comment, tu n'as pas su répondre à cette question? Tu es lamentable!* • *Ta façon d'agir est lamentable, tu n'as vraiment pas de courage.*

**S.** Est *lamentable* ce qui est très MAUVAIS ou celui qui est très MÉDIOCRE. Les syn., par ordre d'intensité croissante, sont DÉPLORABLE, DÉSOLANT, NAVRANT, PITOYABLE et MINABLE (fam.).
**L. lamentablement** (adv.) *Il a échoué d'une façon lamentable → il a échoué lamentablement.*

**lamenter (se)** [lamɑ̃te] v. pr. (conj. **1**)
(sujet qqn) *Aline ne fait aucun effort et ne cesse de se lamenter sur son sort, moi, je ne la plains pas.*

**S.** *Se lamenter* (soutenu) est un syn. plus fort de SE PLAINDRE (DE), GÉMIR (SUR) [soutenu]. Le contr. est SE RÉJOUIR (DE).

**lampe** [lɑ̃p] n. f.
I. [appareil] *Fais très attention à cette lampe, elle vient de chez mes parents et j'y tiens beaucoup.*
II. [objet] *J'ai acheté plusieurs lampes pour remplacer celles qui ne marchent plus.*
◆ [appareil] **lampe (électrique, de poche)** *On a eu une panne en pleine nuit et on n'avait même pas de lampe électrique dans la voiture.*

**S. 1.** Une *lampe* (sens I) est un dispositif d'éclairage constitué d'un support au pied, d'une ampoule électrique qui produit la lumière et d'un abat-jour. Un LAMPADAIRE est une grande *lampe* posée par terre. Un LUSTRE est un appareil d'éclairage suspendu au plafond. — **2.** Au sens II, AMPOULE est un syn. Une *lampe électrique* ou une *lampe de poche* fonctionnent avec des piles.

**lancer** [lɑ̃se] v. t. (conj. **3**)
I. (sujet qqn) **lancer un objet (sur, contre, dans qqch, qqn)** *Qui a cassé cette vitre en lançant le ballon?* • *Ce n'est pas gentil de*

*lancer des pierres sur les oiseaux, pourquoi fais-tu ça ?*
II. (sujet qqn, qqch) **lancer qqch, qqn** *On lance toujours de nouveaux produits sur le marché : à quoi ça sert ?* ● *C'est son dernier film qui l'a lancée ; maintenant on la voit tout le temps à la télé.*

**S. 1.** *Lancer* (sens I) a pour syn. ENVOYER, JETER, PROJETER SUR (soutenu). — **2.** *Lancer un produit* (sens II), c'est faire de la publicité pour répandre ce produit dans le public ; *lancer un acteur*, c'est le METTRE EN VEDETTE.
**L. lancement** (n. m.) Il est difficile de lancer ce produit → *le lancement de ce produit est difficile*.

**langage** [lɑ̃gaʒ] n. m.
[activité] (compt., surtout au sing.) *« Papa » et « maman » sont des mots du langage des enfants.* ● *Peut-on parler de langage chez les animaux ?*

**S.** *Le langage*, c'est l'aptitude que l'homme a de parler ; le *langage* de qqn, d'un groupe, etc., c'est aussi sa manière de parler, de s'exprimer.

**langouste** [lɑ̃gust] n. f.
[animal] [*Au restaurant*] : *« Je vous recommande nos langoustes ; elles sont très fraîches. »*

**S.** *La langouste* est un crustacé.

**langue** [lɑ̃g] n. f.
I. [partie du corps] *Tire la langue. Oh ! qu'est-ce qu'elle est blanche, tu as sûrement le foie malade !*

II. [statut, qqn] *Dans ce dictionnaire, on trouve les principaux mots de la langue française.* ● *« Gosse » est un mot de la langue familière, « enfant » est un mot de la langue courante.* ● *En France, à l'école, on apprend généralement deux langues étrangères.* ● *Quelles langues parles-tu ? — L'anglais surtout, un peu l'allemand.*

**S. 1.** Au sens I, la *langue* est un organe mobile, contenu à l'intérieur de la bouche, qui sert à la parole, au goût et à avaler. — **2.** La *langue* (sens II) est le système de signes verbaux qui permet de parler. La *langue* MATERNELLE est celle que l'on parle depuis l'enfance, par oppos. aux *langues* ÉTRANGÈRES, que l'on apprend après la *langue* maternelle. On dit plus souvent PARLER LE FRANÇAIS, L'ANGLAIS, etc., que *parler la langue française, anglaise*, etc. Employé sans compl. ni adj., *langue* a le sens de « langue étrangère » (*un professeur de langues* = de langues autres que la langue maternelle ; *il parle deux langues*). Quand on parle deux *langues*, on est BILINGUE ; quand on connaît plusieurs *langues*, on est POLYGLOTTE.

**lapin** [lapɛ̃] n. m.
[animal] (compt.) *Mathieu, viens avec moi, on va aller chercher de l'herbe pour les lapins.* ◆ [aliment] (non-compt., au sing.) [*Au restaurant*] : *« Je prendrais bien du lapin, et toi ? — Non, j'aime mieux un bifteck. »*

**S. 1.** Le *lapin* est un animal domestique, d'élevage, ou un animal sauvage (*lapin* DE GARENNE). La femelle du *lapin* est la LAPINE. — **2.** Le *lapin* (aliment) se mange rôti ou en sauce (civet de *lapin*).

**la plupart** [laplypar] adv.
[quantité] **la plupart (de** + n. plur.) *La plupart des gens qui étaient là n'ont rien compris à ce que tu as expliqué, tu t'es mal exprimé.* ● *Je n'ai pas payé ces fruits très chers, mais la plupart sont abîmés.* ● *En France, la plupart des magasins sont fermés le lundi.* ◆ **la plupart du temps** *La plupart du temps, les gens ne sont pas là au moment où on a besoin d'eux !*

**G.** Lorsque *la plupart* (*de* + n. plur.) est sujet, le verbe se met au plur.
**S. 1.** *La plupart de* indique une partie très grande d'une totalité ; il a pour syn. LA PLUS GRANDE PARTIE DE, LA MAJEURE PARTIE DE (soutenu), LA MAJORITÉ DE. — **2.** *La plupart du temps* a pour équivalent PRESQUE TOUT LE TEMPS.

**large** [larʒ] adj.
I. (se dit de qqch [concret] ; avant ou après le n.) *Attention ! la route n'est pas large, je ne sais pas si tu as la place de doubler.* ● *Vous avez les épaules larges, cette veste est trop étroite pour vous.* ● *Tu as vu comme*

*j'ai maigri, ma jupe est trop large maintenant!* ◆ **de large** *Combien mesure cette chambre? — Elle fait cinq mètres de large et six mètres de long.*
II. (se dit de qqn ; après le n.) *Tu n'as pas été très large avec le concierge ; tu ne lui as presque rien donné pour le nouvel an.*

**S. 1.** *Large* (sens I) se dit de qqch qui est grand dans le sens de la LARGEUR. Il a pour contr. ÉTROIT. Plus particulièrement, en parlant d'un vêtement, il a pour syn. AMPLE, GRAND (moins précis), et pour contr. SERRÉ, ÉTROIT, ÉTRIQUÉ (plus fort). *De large* a pour syn. DE LARGEUR. — **2.** *Large* (sens II) a pour syn. GÉNÉREUX et pour contr. RADIN (fam.), AVARE (soutenu).
**L. largement, largeur,** v. ces mots. ◆ **élargir** (v. t.) *On va rendre la chaussée plus large* → *on va élargir la chaussée.*

**largement** [larʒəmɑ̃] adv.
[quantité] *Je t'assure que ces gens-là gagnent largement leur vie, ils ne sont pas à plaindre!* ● *Ne me raconte pas d'histoires, il était largement 11 heures quand tu es rentré.*

**S.** *Largement* indique une grande quantité. Il a pour syn. moins fort BIEN et pour syn. soutenus AMPLEMENT, GRANDEMENT. Les contr. sont JUSTE, À PEINE.

**largeur** [larʒœr] n. f.
I. [qualité, mesure] (compt., surtout au sing.) *Si tu veux que je couse tes rideaux, donne-moi la largeur et la hauteur de tes fenêtres.* ● *La largeur de la rivière est trop grande ici pour qu'on puisse nager jusqu'à l'autre bord.* ● *[Dans un magasin] : « Regardez ici, vous trouverez des vestes de différentes largeurs, il y aura bien votre taille. »*

● *Ma cuisine a quatre mètres de longueur et trois mètres de largeur.*
II. [qualité, qqn] **largeur d'esprit, de vues** *Ce que j'aime chez lui, c'est sa largeur d'esprit, sa capacité d'admettre ce que les autres disent.*

**S. 1.** La *largeur* (sens I) est une dimension ; elle s'oppose à HAUTEUR, à LONGUEUR, à PROFONDEUR. *De largeur* a pour syn. DE LARGE. — **2.** Au sens II, *largeur* a pour contr. ÉTROITESSE (soutenu).

**larme** [larm] n. f.
[partie du corps, liquide] *Elle n'arrêtait pas de pleurer, et les larmes lui coulaient le long des joues, tombaient sur sa robe, c'était terrible!* ● *On voyait qu'il était ému,*

*il avait les larmes aux yeux.* ● *Non, Pierre n'a pas versé une larme quand il a appris cette triste nouvelle.* ● *On l'a retrouvé en larmes, caché derrière la maison.*

**S.** Les *larmes* sont le liquide physiologique qui s'écoule des yeux lorsqu'on pleure. *Avoir les larmes aux yeux,* c'est ÊTRE PRÊT À PLEURER. *Être en larmes,* c'est PLEURER.
**L. larmoyant, e** (adj.) *À cause de son rhume, il a les yeux larmoyants* (← pleins de larmes).

**las, lasse** [lɑ, lɑs] adj. (après le n.)
(se dit de qqn) *Je ne sais pas ce que j'ai, je me sens un peu lasse. — C'est la chaleur.*
◆ **las de qqn, de qqch, de + inf.** *Georges est las d'avoir tout le temps les enfants dans les jambes, quand il rentre le soir, fatigué.*

**S.** *Être las* (soutenu), c'est être FATIGUÉ ; le contr. soutenu est DISPOS. *Être las de qqch,* c'est ne plus pouvoir le supporter ; des syn. plus forts sont EXCÉDÉ, IRRITÉ.
**L. lassitude** (n. f.) *Je sens que je suis très las* → *je sens une grande lassitude.*

**lasser** [lɑse] v. t. (conj. **1**)
(sujet qqch, qqn) **lasser qqn** *Ça ne vous lasse pas d'avoir toujours à répéter la même*

*chose ?* ♦ (sujet qqn) **se lasser de qqn, qqch, de** + inf. *Oui, c'est vrai que je l'ai beaucoup aimé, mais je commence à me lasser de lui.*

**S.** *Lasser* (soutenu), c'est rendre LAS de qqch, qqn ; il a pour syn. FATIGUER, ENNUYER (moins fort). *Se lasser*, c'est se fatiguer par ennui, EN AVOIR ASSEZ DE.
**L. las**, v. ce mot. ♦ **lassant, e** (adj.) *Il fait un travail monotone et qui le lasse* → *il fait un travail monotone et lassant.* ♦ **délasser,** v. ce mot.

**lavabo** [lavabo] n. m.
[appareil] *Pascal, va fermer le robinet du lavabo, tu n'entends pas qu'il coule ?* ● *Zut ! le lavabo de la salle de bains est encore bouché !*

**S.** Dans une salle de bains, un cabinet de toilette, un *lavabo* est une sorte de cuvette fixée au mur et munie de robinets où on peut SE LAVER la figure, les mains.

**laver** [lave] v. t. (conj. **1**)
(sujet qqch) **laver un objet, un vêtement** *Où est-ce qu'il va, papa ? — Il va faire laver la voiture au garage.* ● *Quelle lessive emploies-tu pour laver tes chemises ? — Oh ! les chemises, je les lave simplement à l'eau et au savon.* ♦ **se laver, se laver une partie du corps** *Que tu es sale, va te laver !* ● *Voulez-vous vous laver les mains avant le déjeuner ?*

**S. 1.** *Laver*, c'est faire disparaître la saleté, la crasse, rendre propre, net. *Laver qqch a pour syn.* NETTOYER et par contr. SALIR, TACHER, SOUILLER (soutenu). — **2.** *Se laver* a pour syn. FAIRE SA TOILETTE ou SE DÉBARBOUILLER (surtout en parlant du visage).
**L. lavable** (adj.) On ne peut pas laver ces chemises en machine → *ces chemises ne sont pas lavables en machine.* ♦ **lavage** (n. m.) *Ici, on lave les voitures* → *ici, on fait le lavage des voitures.* ♦ **lave-vaisselle** (n. m. inv.) *Achète-toi une machine à laver la vaisselle* → *achète-toi un lave-vaisselle.*

**1. le, la, les** [lə, la, le], **au, à la, aux** [o, ala, o], **du, de la, des** [dy, dəla, de] art. déf., **du, de la, des** [dy, dəla, de] art. partitifs
I. [art. déf.] *Le chapeau de Jacques est vraiment ridicule, tu ne trouves pas ?* ● *Qui est l'homme qu'on voit là, sur la photo ? — C'est le petit ami de Denise.* ● *Laisse-moi tranquille : j'ai mal à la tête.* ● *J'aimerais visiter la Chine. — Tu as l'argent pour le voyage ?* ● *Nous avons rendez-vous le 25 octobre.* ● *Quelles pommes préfères-tu ? — Les jaunes.* ● *Alors, que décides-tu pour ta jupe, tu prends la courte ou la longue ?*
II. [art. partitif] *Avez-vous du feu, s'il vous plaît, mon briquet ne marche plus.* ● *Ouvre la fenêtre, il faut de l'air ici.* ● *Il y a trop de vinaigre, ajoute de l'huile.* ● *Tu as encore faim ? Reprends donc des pâtes.*

**G. 1.** Au sens I, *le, la* s'écrivent *l'* devant une voyelle ou un *h* muet ; devant une consonne, *le(s)* précédé de la prép. À devient AU(X) ; avec la prép. DE, *le* devient DU, *les* devient DES. — **2.** Au sens II, *du, de la, des* s'emploient devant un nom non-comptable sing. (ou plur.). On emploie DE à la place de *des* lorsque le nom est précédé d'un adj. ou quand la phrase est négative (*nous avons mangé de bonnes pâtes ; nous n'avons plus de pâtes*). *Des* art. partitif ne se confond pas avec DES art. indéf. (plur. de UN).

**2. le** → IL.

**leçon** [ləsɔ̃] n. f.
[action, qqn, et résultat] *Pendant les vacances, Pierre a donné des leçons de mathématiques pour gagner un peu d'argent.* ● *Pour bien jouer au tennis, il vaut mieux prendre quelques leçons au début.* ● *Tu n'oublies pas que tu as une leçon de code aujourd'hui ? — Oui, c'est la dernière, demain je passe mon permis !*
II [énoncé] *Yvan, tu es sûr que tu n'as pas de leçons à apprendre pour demain ?* ● *Maman, j'ai été puni parce que je ne savais pas ma leçon !* ● *Dans cette école, les enfants n'ont ni leçons à apprendre ni devoirs à faire chez eux.*
III. [statut, qqch] *Son accident lui a servi de leçon, maintenant il roule moins vite !* ● *Nous tirerons plus tard la leçon de ces événements.*

**S. 1.** Au sens I, le syn. est COURS. — **2.** Une *leçon* (sens II) est un travail scolaire oral (on apprend ses *leçons* pour les réciter ensuite),

par oppos. aux DEVOIRS qui se font par écrit (on fait ses devoirs). — **3.** Au sens III, les syn. sont AVERTISSEMENT et ENSEIGNEMENT (soutenu et moins fort).

**lecteur** → LIRE 1 L.

**lecture** [lɛktyr] n. f.
[action, qqn] (non-compt., au sing.) *Quand tu as un moment de libre, qu'est-ce que tu préfères ? La lecture ou la télévision ?* ◆ [résultat] (compt.) *Je crois qu'il faudrait que tu surveilles un peu les lectures de ta fille.*

**S.** *Lecture* désigne l'action de LIRE ou le résultat, ce qui est lu (livre, journal, etc.).

**légal, e, aux** [legal, go] adj. (après le n.) (se dit de qqch [abstrait]) *Vous conduisez sans permis ? Mais vous ne savez pas que ce n'est pas légal ? ● Quel est l'âge légal pour pouvoir voter ? — Dix-huit ans, maintenant.*

**G.** Cet adj. n'a pas de comparatif.
**S.** Qqch de *légal* est conforme à la LOI, est permis. Les syn. sont RÉGLEMENTAIRE, RÉGULIER, LICITE (soutenu), et les contr. ILLÉGAL, IRRÉGULIER.

**L. légalement** (adv.) *Il n'est pas légal que vous entriez → légalement, vous n'avez pas le droit d'entrer.* ◆ **légalité** (n. f.) *Je doute que le moyen qu'ils utilisent soit légal → je doute de la légalité du moyen qu'ils utilisent.* ◆ **illégal, e, aux** (adj.) *Cette décision n'est pas légale → cette décision est illégale.* ◆ **illégalement** (adv.) *Vous êtes entrés en France d'une manière illégale → vous êtes illégalement entrés en France.* ◆ **illégalité** (n. f.) *Vous êtes dans une situation illégale → vous êtes dans l'illégalité.*

**léger, ère** [leʒe, ɛr] adj.
I. (se dit de qqch, de qqn ; après le n.) *Bien sûr que la valise est légère, il n'y a rien dedans ! ● Il fera sans doute très chaud là-bas, vous avez intérêt à prendre des vêtements légers. ● [Au café]* : « *Un thé léger, s'il vous plaît.* » ● *J'ai beau avoir le sommeil léger, je n'ai rien entendu !*
II. (se dit de qqch ; avant le n.) *Il y a de légères contradictions entre ce que tu affirmes et ce que dit Chantal ! ● Ce manteau a un très léger défaut au col, vous pourriez me l'échanger ?* ◆ (se dit d'un blessé ; après le n.) *Heureusement, il n'y a eu que quelques blessés légers à la suite de l'explosion.*
III. (se dit de qqch, de qqn ; après le n.) *Tu as été un peu léger de lui confier les clés de la voiture, lui qui est si étourdi !* ◆ **à la légère** *Les Dupont laissent leurs enfants seuls le soir : ils agissent bien à la légère ; on ne sait jamais ce qui peut arriver.*

**S. 1.** *Léger* (sens I) a pour contr. LOURD et PESANT (soutenu). Les syn. et les contr. varient selon les contextes : un objet *léger* est un objet qui a peu de poids, qu'on soulève facilement.

## LÉGITIME

En parlant de vêtements, le syn. est FIN, les contr. ÉPAIS, CHAUD. Un plat, un repas *léger* est facile à digérer ; les contr. sont COPIEUX, INDIGESTE. Un thé ou un café *léger* a pour contr. FORT. En parlant du sommeil, le contr. est PROFOND. — **2.** *Léger* (sens II) a pour syn. FAIBLE, PETIT et, plus forts, IMPERCEPTIBLE, INSENSIBLE, INFIME. Les contr. sont, selon les contextes, GRAND, GRAVE (en parlant d'une blessure), IMPORTANT, GROS, ÉNORME (plus fort) et, en parlant du vent (ou de la pluie), FORT, VIOLENT. — **3.** *Léger* (sens III) se dit de qqn ou de qqch qui n'est pas SÉRIEUX, qui est IMPRUDENT, IRRÉFLÉCHI (soutenu). *À la légère* est une loc. adv. qui a pour syn. LÉGÈREMENT, INCONSIDÉRÉMENT (soutenu).
**L. légèrement** (adv.) [sens I] Mange de façon légère → *mange légèrement.* ◆ [sens II] Il a une légère blessure → *il est légèrement blessé.* ◆ [sens III] Il parle de son échec un peu trop à la légère → *il parle un peu trop légèrement de son échec.* ◆ **légèreté** (n. f.) [sens I] C'est un dessert très léger → *ce dessert est d'une grande légèreté.* ◆ [sens III] Il a été bien léger dans cette affaire → *il a fait preuve d'une grande légèreté dans cette affaire.* ◆ **alléger** (v. t.) [sens I] Il faut alléger la valise ; nous n'avons droit qu'à cinq kilos (← rendre plus légère la valise).

**légitime** [leʒitim] adj. (après ou avant le n.)
(se dit d'une action, d'une attitude) *Vos revendications sont légitimes ; il est juste que vous soyez augmentés, mais dans la situation actuelle, c'est impossible.* ● *Il dit qu'il a tué le voleur parce qu'il pensait être en état de légitime défense ; mais l'autre n'était pas armé.*
**S.** Est *légitime* (soutenu) ce qui est conforme à la justice, au droit. *Être en état de légitime défense,* c'est se défendre en cas d'attaque, en étant couvert par la loi.
**L. légitimement** (adv.) Vous revendiquez de façon légitime un meilleur sort → *vous revendiquez légitimement un meilleur sort.* ◆ **légitimité** (n. f.) Je ne suis pas sûr que votre demande soit légitime → *je ne suis pas sûr de la légitimité de votre demande.*

**léguer** [lege] v. t. (conj. **1**)
(sujet qqn) **léguer qqch à qqn, à un organisme** *À sa mort, il a légué sa maison à son fils et tous ses tableaux et œuvres d'art au musée de la ville.*
**S.** *Léguer* (langue juridique), c'est donner par testament, transmettre par héritage.
**L. legs** (n. m.) [lɛ ou leg] Il a légué beaucoup de choses au musée → *il a fait un legs important au musée.*

**légume** [legym] n. m.
[végétal] (compt.) *Vous avez le choix entre ces trois légumes avec votre viande : haricots, petits pois ou carottes.* ◆ (non-compt., au plur.) *Tu veux bien m'aider à éplucher des légumes pour la soupe ?* ● *Qu'est-ce qu'on peut manger comme légumes avec ce poisson ? — Oh ! des pommes de terre.*
**S.** Les *légumes* se classent en trois grandes catégories : les *légumes* VERTS (poireaux, carottes, navets, artichauts, choux, choux-fleurs, haricots verts, petits pois, épinards, oignons, courgettes, aubergines, poivrons) ; les *légumes* SECS (haricots secs, lentilles) ; les féculents (pommes de terre).

**lendemain (le)** [lǝlɑ̃d(ǝ)mɛ̃] n. m.
[temps, mesure] **le lendemain (de qqch [date, action])** *Nous partirons lundi par la route et je pense que nous arriverons le lendemain en Espagne.* ● *Hubert est reparti le lendemain de son arrivée à cause du mauvais temps.*
**S. et G.** *Le lendemain* est le jour qui suit un autre jour dans le passé ou le futur ; il s'emploie dans les récits (discours indirect) et correspond à DEMAIN dans un discours direct, comme LA VEILLE correspond à HIER et ALORS à AUJOURD'HUI.
**L. surlendemain (le)** [n. m.] Le mariage aura lieu le jour qui suit le lendemain du 25 août (= le 27 août) → *le mariage aura lieu le surlendemain.*

**lent, e** [lɑ̃, lɑ̃t] adj. (après le n.)
(se dit de qqn, de qqch [action]) *Francine est tellement lente que je préfère faire le ménage à sa place.* ◆ (se dit de qqn) **lent à + inf.** *Que tu es lent à te décider ! Il n'y a pourtant pas trente-six solutions.*

**S.** *Lent* indique qu'on parcourt un espace,

qu'on réalise une action en beaucoup de temps ; il a pour contr. RAPIDE, VIF. *Lent à* a pour contr. PROMPT À (litt.).
**L. lentement** (adv.) Il marche d'un pas lent → *il marche lentement.* ◆ **lenteur** (n. f.)

Qu'il est lent ! → *quelle lenteur !* ◆ **ralentir**, v. ce mot.

**lequel, lesquels** [ləkɛl, lekɛl], **laquelle, lesquelles** [lakɛl, lekɛl] pron. interr. et rel. m. et f.
I. [pron. interr.] *Les deux robes vous vont bien. — Oui ! je ne sais pas laquelle prendre.* ● *De ces deux films, lequel avez-vous préféré ?* ● *Auquel de ces employés dois-je m'adresser, s'il vous plaît ?*
II. [pron. rel.] *Voilà le titre du livre auquel je pensais hier et que je n'arrivais pas à retrouver.*

**S. et G. 1.** Comme les art. déf. LE, LA, LES (v. LE 1), ces pronoms se combinent avec les prép. À et DE : AUQUEL, AUXQUELS, AUXQUELLES et DUQUEL, DESQUELS, DESQUELLES. — **2.** Comme pronoms relatifs, ils ont pour antécédent un nom non-animé ; comme pronoms interrogatifs, ils supposent un complément avec DE exprimé ou impliqué par le contexte *(lequel [de ces deux films] préfères-tu ?)*. Les formes interrogatives précédées de prép. sont soutenues ; la langue parlée préfère des constructions avec QUEL *(Auquel de ces employés dois-je m'adresser ?* → À QUEL EMPLOYÉ DOIS-JE M'ADRESSER ?).

**les** → IL, LE 1.

**léser** [leze] v. t. (conj. **12**)
(sujet qqch [abstrait], qqn) **léser qqn** *Nous avons beaucoup réfléchi et nous avons trouvé une solution qui ne lèsera personne.*

**S.** *Léser* qqn (soutenu), c'est porter atteinte à ses intérêts, lui FAIRE TORT. DÉSAVANTAGER est un syn., AVANTAGER un contr.

**lessive** [lesiv] n. f.
I. [produit] (non-compt., au sing.) *La publicité affirme qu'avec de la lessive le linge est plus blanc. — C'est évident.* ◆ (compt.)

*Catherine, va m'acheter un paquet de lessive. — Laquelle ? — Oh, toutes les lessives se valent.*
II. [action, qqn] (compt.) *Mettez votre linge sale dans le placard, je ferai la lessive samedi.* ● *C'est toujours le dimanche, ton jour de lessive ?*

**S. 1.** La *lessive* (sens I) est le produit pour nettoyer, laver le linge ; il est à base de détergents et de savon. — **2.** *Faire la lessive* (sens II), c'est laver une assez grosse quantité de linge.
**L. lessiver** (v. t.) *Il faut passer les murs à la lessive avant de peindre* → *il faut lessiver les murs avant de peindre.*

**lettre** [lɛtr] n. f.
I. [objet, langue] (compt.) *Quel est le mot de trois lettres qui commence par un « n » et finit par un « m » ? — C'est « nom » !*
◆ **en toutes lettres** *Ça fait 100 francs, écrivez la somme en toutes lettres sur le chèque. — Bon ! cent francs.*
II. **à la lettre** *J'espère que tu suivras à la lettre ce que je te dis de faire.*
III. [objet, texte] (compt.) *J'ai reçu ce matin une lettre de Catherine, les nouvelles*

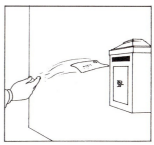

*sont bonnes.* ● *Si tu as des lettres à mettre à la poste, donne-les-moi, j'y vais.*
IV. [discipline] (non-compt., au plur.) *Henri est professeur de lettres : il fait des cours de littérature française.*

**S. 1.** L'alphabet français comprend vingt-six *lettres* (sens I), dont six VOYELLES et vingt CONSONNES. L'INITIALE, ou première *lettre* d'un mot, peut s'écrire avec une majuscule (pour les noms propres) ou une minuscule. *En toutes lettres* a pour contr. EN CHIFFRES ou EN ABRÉGÉ. — **2.** Au sens II, *à la lettre* a pour syn. EXACTEMENT, SCRUPULEUSEMENT, MOT POUR MOT. — **3.** *Lettre* (sens III) a pour syn. litt. MISSIVE. Au plur., le mot a pour syn. COURRIER. — **4.** Les *lettres* (sens IV) s'opposent aux SCIENCES EXACTES, mais englobent parfois les SCIENCES

HUMAINES. Celui qui fait des études de *lettres* est un LITTÉRAIRE.

**1. leur** [lœr] adj. possessif, **le (la) leur** [lə (la) lœr], **les leurs** [lelœr] pron. possessifs
I. **leur** *Dis à Jacques et Aline qu'ils n'oublient pas de prendre leur maillot de bain, on ira à la piscine.* ● *C'est l'automne, les arbres commencent à perdre leurs feuilles.*
II. **le leur** *Laisse-les tranquilles, nous avons nos problèmes et eux ont les leurs.*

**S.** et **G. 1.** Au sens I, *leur* est l'adj. possessif correspondant aux pron. personnels de la 3e pers. du plur. ILS, ELLES, EUX (*leur maillot* [← le maillot d'eux]). Il varie en nombre avec le mot qu'il détermine. — **2.** Au sens II, *le leur* (masc. sing.) *la leur* (fém. sing.), *les leurs* (masc. ou fém. plur.) sont les pron. possessifs correspondant à LEUR (adj. possessif) ; ils varient en genre et en nombre selon le nom qu'ils représentent.

**2. leur** → IL.

**lever** [ləve] v. t. (conj. **11**)
I. (sujet qqn) **lever un objet** *Il fait froid dans cette voiture, lève un peu ta vitre.* ● *Et maintenant, nous allons lever notre verre à la santé de M. Durand qui part à la retraite !* ◆ **lever une partie du corps** *Regarde Patrick, il ne lève pas la tête de son livre, il ne nous entend même pas.* ● *Si vous voulez parler, levez le doigt d'abord.*

● *[Au tribunal]* : « *Levez la main droite et dites : je le jure.* » ◆ **se lever (d'un siège, du sol)** *Il était tellement faible qu'il a fallu l'aider à se lever de son fauteuil.* ● *Qu'est-ce que tu fais à genoux ? Lève-toi !* ◆ **se lever (du lit)** *Pierre est malade, il doit rester couché, il n'a pas le droit de se lever.* ● *Aline se lève tous les matins à 6 heures et demie.*
II. (sujet le soleil, le jour, etc.) **se lever** *Le soleil se lève à l'est.* ● *On est restés dehors toute la nuit, on a vu le jour se lever.*

**S. 1.** *Lever un objet* (sens I), c'est le diriger vers le haut. Selon les contextes, il a pour syn. RELEVER, SOULEVER et HAUSSER (soutenu). Les contr. sont BAISSER ou ABAISSER. — **2.** *Se lever d'un siège* (sens I) a pour contr. S'ASSEOIR SUR, DANS. Sans compl., il a pour syn. SE METTRE DEBOUT, SE REDRESSER, SE RELEVER, et pour contr. SE BAISSER, S'AGENOUILLER, S'ACCROUPIR, qui impliquent des positions du corps diverses. *Se lever (du lit)* a pour contr. SE COUCHER, ÊTRE COUCHÉ, et pour syn. SORTIR DU LIT ou, moins précis, SE RÉVEILLER. — **3.** En parlant du soleil, du jour, de la lune, *se lever* a pour syn. APPARAÎTRE et pour contr. SE COUCHER, DÉCLINER (litt.) ou TOMBER (en parlant du jour). L'AUBE ou l'AURORE (litt.) est le moment où le jour *se lève*, par oppos. au CRÉPUSCULE, moment où le jour se couche.

**lèvre** [lɛvr] n. f.
[partie du corps] *Elle a une jolie bouche, mais ses lèvres sont un peu épaisses.* ● *Bruno a tout le temps la cigarette aux lèvres, qu'est-ce qu'il fume !* ● *Chantal ne se maquille presque pas, juste un peu de rouge aux lèvres, c'est tout.*

**S.** Les *lèvres* bordent la bouche. On appelle COMMISSURE *des lèvres* l'endroit où, de chaque côté de la bouche, elles se rejoignent.

**lexique** [lɛksik] n. m.
[partie d'une langue] *Que veut dire ce mot ? — Je ne sais pas, je crois que c'est un mot du lexique de l'aviation, et moi, l'aviation, je n'y connais rien.*

**S.** Le *lexique* est le VOCABULAIRE, l'ensemble des mots d'une langue, d'une discipline, d'une technique, etc., on l'oppose à la GRAMMAIRE, ensemble des règles de la syntaxe. La LEXICOLOGIE est l'étude du *lexique*. La LEXICOGRAPHIE est la composition des dictionnaires, le LEXICOGRAPHE étant l'auteur des dictionnaires.
**L. lexical, e, aux** (adj.) *Les mots sont des unités du lexique* → *les mots sont des unités lexicales.*

**lézard** [lezar] n. m.
[animal] *Avec cette chaleur, il y a un grand nombre de lézards sur le mur au soleil ; regarde comme ils sont vifs.*

**S.** Le *lézard* est un petit reptile.

**libéral, e, aux** [liberal, ro] adj. (après le n.)

I. (se dit de qqn) *Ton frère est très libéral ; il laisse ses enfants sortir quand ils veulent, tu devrais en faire autant.*
II. **profession libérale** *C'est les salariés qui paient le plus d'impôts ; les professions libérales sont plus favorisées ; tu devrais être médecin ou avocat.*

**S. 1.** Est *libéral* (soutenu) [sens I] celui qui est TOLÉRANT à l'égard de la conduite ou des idées des autres. — **2.** Les *professions libérales* (langue administrative) sont des professions indépendantes (ce qui les distingue des professions SALARIÉES), où l'activité principale est le plus souvent d'ordre intellectuel (ce qui les distingue des COMMERÇANTS et INDUSTRIELS).
**L. libéralisme** (n. m.) [sens I] Pierre est libéral, c'est connu → *le libéralisme de Pierre est connu.*

**libérer** [libere] v. t. (conj. 12)
I. (sujet qqn) **libérer qqn** *Il devait faire*

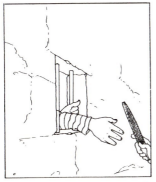

*cinq ans de prison, mais on l'a libéré au bout de quatre ans.* • *Pierre fait toujours son service militaire ? — Mais non, il a été libéré il y a une semaine.*
II. (sujet qqn) **libérer qqn (de qqch)** *Demain, c'est Noël, alors on nous a libérés une heure plus tôt au bureau.* • *Si je peux me libérer de mon travail un peu plus tôt, je serai à l'heure pour la réunion.*

**S. 1.** *Libérer* (sens I), c'est rendre la LIBERTÉ à un prisonnier, le RELÂCHER ou le DÉLIVRER, par oppos. à ARRÊTER, DÉTENIR, EMPRISONNER, INCARCÉRER (plus soutenu) ou, plus faibles, RETENIR et GARDER. En parlant d'un soldat, *être libéré*, c'est AVOIR REMPLI SES OBLIGATIONS MILITAIRES et ÊTRE RENVOYÉ DANS SES FOYERS. — **2.** *Libérer* (sens II), c'est rendre LIBRE (sens I), dégager des obligations ou des occupations. *Se libérer*, c'est ÉCHAPPER À, par oppos. à ÊTRE PRIS, OCCUPÉ PAR.

**L. libération** (n. f.) [sens I] *Il sera libéré demain* → *sa libération aura lieu demain.*

**liberté** [liberte] n. f.
[état, qqn] (compt., surtout au sing.) *Paul, pourquoi as-tu enfermé cet oiseau ? Il faut lui rendre sa liberté !* • *Les journalistes sont en grève pour défendre la liberté de la presse.* • *Je trouve que vous laissez une trop grande liberté à vos enfants.*

**S.** La *liberté*, dans l'absolu, c'est le fait pour une personne ou un animal d'être LIBRE (sens II), d'avoir son indépendance, son autonomie. Elle s'oppose d'une part à la CAPTIVITÉ (*rendre la liberté à* qqn, c'est le LIBÉRER [sens I]), d'autre part à la CONTRAINTE, à la DÉPENDANCE, aux INTERDICTIONS. *La liberté de la presse, la liberté d'expression*, etc., s'opposent à la CENSURE.

**libraire** [librɛr] n.
[personne, profession] *Où as-tu acheté ces livres ? — Chez un libraire, sur les quais.*

**S.** Un(e) *libraire* est un commerçant qui vend des livres, des revues et, quelquefois, des journaux.
**L. librairie** (n. f.) *Je vais chez le libraire du coin* → *je vais à la librairie du coin.*

**libre** [libr] adj. (après le n.)
I. (se dit de qqn, de qqch) *Si tu es libre demain soir, on peut dîner ensemble. — Mais oui, justement je n'ai rien à faire.* • *Je peux t'aider, j'ai du temps de libre en ce moment.* • *[Au cinéma] : «Cette place est libre ? — Mais oui, vous pouvez vous asseoir.»* • *[Au téléphone] : «Ce n'est pas libre, je rappellerai plus tard.»* • *Venez tous à notre exposition de peinture : l'entrée est libre.*
II. (se dit de qqn) **libre (de + inf.)** *Tu sais, si tu en as envie, tu es libre de partir, je ne te retiens pas.* • *Bien sûr ! tu es libre de faire ce que tu veux, mais enfin, moi, à ta place, je n'irais pas.* • *Nous avons vérifié vos papiers, vous êtes libre, vous pouvez*

*partir.* ● *Je me sens beaucoup plus libre depuis que je n'habite plus chez mes parents.*

**G.** Au sens I, en parlant d'une personne, cet adj. est seulement attribut et n'a ni comparatif ni superlatif.
**S. 1.** *Être libre* (sens I), c'est pouvoir faire telle ou telle chose, agir comme on veut; les contr. sont ÊTRE PRIS, OCCUPÉ, RÉSERVÉ, RETENU. En parlant de qqch, *libre* est syn. de DISPONIBLE, INOCCUPÉ, sauf dans *entrée libre* où il est syn. de OUVERT À TOUS, GRATUIT, par oppos. à PAYANT ou à INTERDIT. En parlant d'une ligne de téléphone, le contr. est OCCUPÉ. — **2.** *Être libre de* (sens II), c'est AVOIR LA POSSIBILITÉ DE, par oppos. à ÊTRE CONTRAINT, OBLIGÉ, FORCÉ DE. *Libre* (d'aller et venir, de ses mouvements) se dit de qqn à qui on rend sa LIBERTÉ, qu'on LIBÈRE (par oppos. à PRISONNIER), ou qui a sa LIBERTÉ, qui est INDÉPENDANT, AUTONOME.
**L. librement** (adv.) [sens II] On est moins libre de parler qu'avant → *on parle moins librement qu'avant.* ◆ **liberté**, v. ce mot.

**licence** [lisɑ̃s] n. f.
[statut, qqn] *Jacqueline va passer sa licence d'anglais à la fin de l'année universitaire.* ● *Il a une licence de mathématiques et il voudrait trouver un poste d'enseignant.*

**S.** La *licence* est l'examen qui sanctionne un niveau d'études supérieures de trois ans en général, et le diplôme correspondant.
**L. licencié, e** (adj. et n.) Il a une licence de lettres → *il est licencié ès lettres.*

**licencier** [lisɑ̃sje] v. t. (conj. **2**)
(sujet qqn) **licencier qqn (salarié)** *Cela fait un an que Bruno a été licencié, et depuis il n'a pas retrouvé de travail.* ● *Si l'usine ferme, tous les ouvriers seront licenciés.*

**S.** *Licencier* a pour syn. RENVOYER, METTRE À LA PORTE (fam.), CONGÉDIER (soutenu). Les contr. sont EMBAUCHER et ENGAGER.
**L. licenciement** (n. m.) Le patron a annoncé que plusieurs employés seraient licenciés → *le patron a annoncé le licenciement de plusieurs employés.*

**lien** [ljɛ̃] n. m.
[statut, qqch] *Je ne vois vraiment pas le lien qu'il peut y avoir entre ces deux événements, ils sont indépendants l'un de l'autre.* ● *Est-ce qu'il y a un lien de parenté entre Jacques et toi? — Oui, c'est mon cousin.*

**S.** Un *lien*, c'est ce qui unit, relie deux ou plusieurs personnes ou choses; les syn. sont, en un sens abstrait, RELATION, RAPPORT, LIAISON.

**lier (se)** [lje] v. pr. (conj. **2**), **être lié** v. pass.
(sujet qqn) **se lier, être lié (avec qqn)** *Il n'a pas beaucoup d'amis, il faut dire qu'il ne se lie pas facilement.* ● *Anne et Jacqueline sont très liées, elles se connaissent depuis l'enfance.*

**S.** *Se lier avec qqn*, c'est AVOIR DES RELATIONS AMICALES AVEC lui.

**lierre** [ljɛr] n. m.
[végétal] *On a acheté un lierre pour qu'il pousse le long du mur de la maison. — C'est très beau, mais il peut abîmer la façade.*

**S.** Le *lierre* est une plante grimpante aux feuilles luisantes et vertes.

**lieu** [ljø] n. m., pl. **lieux**
I. (compt., surtout au sing.) *Écrivez ici votre nom, votre âge et votre lieu de naissance. — Dupont, trente-cinq ans, Marseille.* ● *Jean m'a donné rendez-vous pour lundi, mais il a oublié de me dire le lieu et l'heure!* ◆ (non-compt., au plur.) *Et alors, il m'a demandé de quitter les lieux immédiatement, et il m'a dit qu'il ne voulait plus me revoir.* ● *La police est allée sur les lieux du crime? — Oui, mais ils n'ont rien trouvé.* ● *Il vient d'y avoir un accident du travail, le directeur est sur les lieux.*
II. **en premier, second, etc.**, **en dernier lieu** *Il a conclu son rapport en disant : «En dernier lieu, le couteau retrouvé prouve que l'homme qu'on a arrêté est réellement l'assassin.»* ● **en haut lieu** *Ah non, cela ne se passera pas comme ça, je me plaindrai en haut lieu!*
III. (sujet un événement, un spectacle, etc.) **avoir lieu** *Notre prochaine réunion aura lieu le vendredi 16 septembre.* ● *Tu viens avec nous voir le dernier spectacle de Béjart? — D'accord, où est-ce que ça a lieu?*
IV. **au lieu de** + n. ou inf. *C'est Pierre qui*

*viendra, au lieu de Jacques, qui est malade.*
• *Si j'étais à ta place, je prendrais le train au lieu de la voiture, c'est plus rapide et plus sûr.* • *Tu pourrais venir m'aider au lieu de rester là à ne rien faire !*

**S. 1.** Au sens I, et au sing., *lieu* est un syn. administratif de ENDROIT. Au plur., *lieux* désigne soit l'endroit où l'on est, soit un endroit précis où un événement s'est produit (événement indiqué par le compl. *[les lieux du crime]*). — **2.** Au sens II, *en premier lieu* a pour syn. D'ABORD, *en second lieu*, ENSUITE, *en dernier lieu*, ENFIN. *En haut lieu* a pour équivalent AUPRÈS DE PERSONNES HAUT PLACÉES. — **3.** *Avoir lieu* (sens III) a pour syn. SE PRODUIRE, SE DÉROULER, SE PASSER, SE TENIR. — **4.** Au sens IV, *au lieu de* a pour syn. À LA PLACE DE (surtout avec un nom ou un pronom). Suivi d'un nom, il est l'équivalent de ET NON *(c'est Pierre qui viendra, ET NON Jacques)* en langue soutenue, ET PAS en langue courante. Suivi d'un inf., il indique une opposition.

**lièvre** [ljɛvʀ] n. m.
[animal] (compt.) *Mon père est revenu de la chasse avec un superbe lièvre de six livres.*
◆ [aliment] (non-compt., au sing.) *Si vous allez dans ce restaurant, mangez du lièvre, ils le préparent très bien.*

**S.** Le *lièvre* est un petit animal proche du lapin, à longues pattes postérieures ; c'est un

gibier apprécié. Le *lièvre* se prépare en civet (ragoût fait avec du vin) ou rôti.

**ligne** [liɲ] n. f.
I. [forme] *On va pouvoir faire de la vitesse sur cette route, c'est une ligne droite.* • *Si tu veux écrire droit, achète du papier à lettres avec des lignes.* • [Au tennis] : « *La balle est tombée juste sur la ligne.* — *Non, moi je l'ai vue en dehors.* » • *Attention à la ligne jaune, tu n'as pas le droit de dépasser.* ◆ **en ligne** *Le départ de la course va avoir lieu dans une minute, en ligne s'il vous plaît !* • *Si tu veux compter les élèves*

*sans te tromper, fais-les se mettre en ligne, ce sera plus facile !*
II. [forme] **ligne (de qqch)** *J'aime beaucoup la ligne de cette voiture, elle est très élégante.* ◆ **ligne (de qqn)** *Ah ça ! elle fait attention à sa ligne, elle ne mange presque rien.* • *Si tu veux garder la ligne, supprime le pain.*
III. [partie d'un texte] *Prenez la dixième ligne à partir du haut de la page et lisez.*
• *Je vous écris ces quelques lignes pour m'excuser de ne pouvoir venir demain.*
IV. [partie d'un moyen de transport] **ligne (de train, d'avion, d'autobus, de métro)** *Tu as pu prendre le métro ? — Oui, il n'y a que quelques lignes en grève.* • *Pour aller à la tour Eiffel, quelle ligne faut-il prendre ? — Le 63.* • [À la gare] : « *Où sont les départs des grandes lignes, s'il vous plaît ? — Au fond, après les lignes de banlieue.* » • [partie d'un appareil] **ligne (de téléphone)** *Votre ligne sera installée le mois prochain.* • *La ligne n'est pas libre, veuillez rappeler un peu plus tard.* ◆ **en ligne** *Allô ! Vous êtes en ligne, monsieur, parlez.*
V. [statut, qqch] *Cela m'étonne que ce journaliste ait dit ça, ce n'est pas du tout dans la ligne politique de son journal.* • *Eh oui, si tu ne suis pas la ligne de notre syndicat, ce n'est pas la peine d'y rester.*
VI. **en ligne de compte** *Mon pauvre ami, vos désirs n'entrent pas en ligne de compte, la réalité est là.* ◆ **dans les grandes lignes** *Il m'a raconté l'histoire, mais dans les grandes lignes, je ne connais pas les détails.*

**S. 1.** Une *ligne* (sens I) est un trait long, une raie tracée sur du papier, du tissu, un terrain de sport, etc. *Se mettre en ligne*, c'est SE

METTRE EN RANG, EN FILE ou CÔTE À CÔTE. Le syn. est S'ALIGNER. — **2.** Au sens II, *ligne* désigne l'APPARENCE, l'ALLURE, le CONTOUR d'un objet. FORME est un syn. En parlant de qqn, *faire attention à sa ligne, garder la ligne,* c'est (VOULOIR) RESTER MINCE. SILHOUETTE est un syn. soutenu. — **3.** Une *ligne* (sens III) est une suite de mots écrits ou imprimés sur une page. — **4.** Au sens IV, une *ligne* est un service de transport public et l'itinéraire qu'il suit. Pour les trains, les *grandes lignes* s'opposent aux *lignes de banlieue.* Une *ligne de téléphone* est un système de fils ou de câbles assurant la communication entre deux personnes et correspondant à un numéro ; c'est aussi le circuit de communication lui-même. *Être en ligne,* c'est ÊTRE EN COMMUNICATION. — **5.** Au sens V, ce mot s'emploie surtout pour désigner une ORIENTATION POLITIQUE. — **6.** *Entrer en ligne de compte* (sens VI) a pour syn. AVOIR DE L'IMPORTANCE. *Dans les grandes lignes* a pour contr. EN DÉTAIL.
**L.** aligner, v. ce mot.

**liguer (se)** [lige] v. pr. (conj. 1), **être ligué** v. pass.
(sujet qqn [plur.]) **se liguer, être ligués contre qqn, qqch** *Si vous vous liguez contre moi, alors, je suis obligé de céder.*

**S.** *Se liguer contre* (soutenu), c'est former un bloc, une coalition contre qqn, qqch ; le syn. est SE COALISER (soutenu).

**limite** [limit] n. f. et adj. (après le n.)
I. [n. f.] (localisation) *Sur la carte de France, on a dessiné les limites des régions agricoles.* • *Le ballon est tombé derrière la limite du terrain de football.*
II. [n. f.] (temps de l'action) *Quelle est la dernière limite pour s'inscrire ? — Jeudi, à 18 heures.*

III. [n. f.] (lieu abstrait) *L'homme est allé jusqu'à la limite de ses forces, mais il a quand même gagné la course.* • *Attention, je vais me mettre en colère, ma patience a des limites, vous savez !* • *J'ai une confiance sans limites en Marie.*
IV. [adj.] (se dit d'une quantité, d'un temps, etc.) *Quelle est la vitesse limite sur l'autoroute ? — Cent trente kilomètres à l'heure.*

**G.** Comme adj., le mot est seulement épithète et ne se met ni au comparatif ni au superlatif.
**S. 1.** *Limite* (sens I) est syn. de LIGNE, BORD, BORDURE (moins forts). CONFINS (plus soutenu) et FRONTIÈRE s'appliquent à des territoires géographiques que l'on a DÉLIMITÉS. — **2.** *Limite* (sens II) a pour syn. EXTRÉMITÉ (plus fort), TERME (plus soutenu), et s'oppose à COMMENCEMENT, DÉBUT et SEUIL (plus soutenu). — **3.** Au sens III, au plur., il a pour syn. BORNES. *Sans limites* est aussi syn. de SANS RESTRICTION, ILLIMITÉ. — **4.** Comme adj., le syn. est EXTRÊME.
**L.** limité, délimiter, v. ces mots.

**limité, e** [limite] adj. (après le n.)
(se dit de qqch [abstrait]) *Je vois bien que tu as une confiance très limitée dans ce que je dis. — Mais non, ça me surprend un peu, c'est tout.* • *Mon temps est limité, alors sois bref pour une fois.*

**S.** *Limité* a pour syn. RÉDUIT (plus fort) ; les contr. varient selon les contextes : COMPLET, TOTAL, ABSOLU s'appliquent à la confiance. *Mon temps est limité* a pour contr. J'AI TOUT MON TEMPS.
**L.** *illimité,* e (adj.) *J'ai une confiance non limitée en toi* → *j'ai une confiance illimitée en toi.*

**limiter** [limite] v. t. (conj. **1**)
(sujet qqn) **limiter qqch [action, quantité, etc.] (à qqch)** *On a limité la vitesse à quatre-vingt-dix-kilomètres à l'heure sur les routes.* • *Dis donc, il faudrait limiter les dépenses au nécessaire, sinon on ne pourra pas payer les impôts !* • *Il y a une fuite d'eau dans la cuisine, j'ai essayé de limiter les dégâts en mettant un seau sous l'évier.*
◆ (sujet qqn, qqch) **se limiter à qqch** *Dans son discours, il s'est limité à l'essentiel, mais c'était quand même long.* • *Notre entretien s'est limité à quelques paroles de politesse ; c'est tout.*

**S. 1.** *Limiter* qqch, c'est lui donner une LIMITE, le RÉDUIRE, le FREINER, le RESTREINDRE (soutenu), par oppos. à AUGMENTER, ÉLARGIR, ACCROÎTRE (soutenu). — **2.** En parlant de qqn, *se limiter,* c'est s'imposer des LIMITES ; en parlant de qqch, c'est AVOIR POUR LIMITES.

*France, on a dessiné les limites des régions agricoles.* • *Le ballon est tombé derrière la limite du terrain de football.*

Les syn. sont S'EN TENIR À, SE BORNER À ou SE RESTREINDRE À, SE CANTONNER DANS (soutenus).
**L. limité,** v. ce mot. ◆ **limitation** (n. f.) On a limité la vitesse à quatre-vingt-dix kilomètres à l'heure → *la limitation de vitesse est de quatre-vingt-dix kilomètres à l'heure.*

**limpide** [lɛ̃pid] adj. (après le n.)
I. (se dit de qqch [liquide, ciel]) *On peut se baigner ici, l'eau est limpide, on voit le fond de la rivière.* ● *Le ciel est limpide : pas un nuage.*
II. (se dit d'un énoncé) *Tes explications sont limpides ; j'ai enfin compris les données du problème.*

**S. 1.** Est *limpide* (soutenu) [sens I] ce qui est TRANSPARENT ; CLAIR en a syn. courant, TROUBLE un contr. en parlant d'un liquide. — **2.** Au sens II, est *limpide* (soutenu) ce qui est INTELLIGIBLE, COMPRÉHENSIBLE ; le syn. courant est CLAIR, les contr. OBSCUR, ININTELLIGIBLE (soutenu), INCOMPRÉHENSIBLE.
**L. limpidité** (n. f.) [sens I et II] Ton explication est limpide ; ça m'éclaire → *la limpidité de ton explication m'éclaire.*

**linge** [lɛ̃ʒ] n. m.
I. [collectif, vêtements] (non-compt., au sing.) *N'oublie pas d'emporter du linge propre pour le week-end.* ◆ [collectif, objets] *J'ai une pile de linge sale à laver ; on a changé les draps hier.*
II. [objet] (compt.) *Frottez la tache avec un linge propre, humide.*

**S. 1.** Le *linge* (sens I), c'est l'ensemble des sous-vêtements, des chemises, c'est aussi l'ensemble constitué par les draps, torchons, serviettes (*linge* DE TABLE et *linge* DE MAISON). —

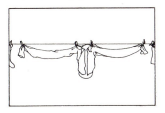

**2.** Un *linge* (sens II), c'est une pièce d'étoffe, un morceau de tissu, en toile ou en coton.

**lion** [ljɔ̃] n. m.
[animal] *C'est vrai qu'il faut aller en Afrique pour voir encore des lions en liberté ?* ● [*Au zoo*] : *« Il est interdit de donner à manger aux lions, c'est très dangereux. »*

**S.** Le *lion* est un animal sauvage. En France, on peut en voir dans les zoos ou dans les ménageries. La femelle du *lion* est la LIONNE et les petits sont les LIONCEAUX. Le *lion* mâle porte sur le cou une crinière. Son cri est le RUGISSEMENT (le lion RUGIT).

**liquide** [likid] adj. (après le n.) et n. m.
I. [adj.] (se dit de qqch) *Tu as dû mettre trop de lait pour faire la crème, normalement elle n'est pas si liquide.* ◆ [n. m.] (matière) *Qu'est-ce que c'est que ce liquide blanc dans la bouteille ? Ça se boit ?*

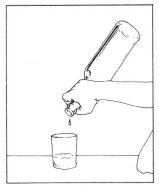

II. [adj.] (se dit de l'argent) *Zut ! On ne peut pas faire de chèques dans ce restaurant, et je n'ai pas d'argent liquide !* ◆ [n. m.] (argent, forme) [non-compt., au sing.] *On est obligé de payer en liquide ? — Oui, la maison n'accepte plus les chèques.*

**S. 1.** *Liquide* (sens I) a pour syn. plus soutenu FLUIDE, qui indique une consistance très peu dense, CLAIR. Les contr. sont ÉPAIS, SOLIDE, CONSISTANT. L'eau, le lait, le vin sont des *liquides*. — **2.** *L'argent liquide* (sens II) a pour syn. les ESPÈCES. *Payer en (argent) liquide* s'oppose à PAYER PAR CHÈQUE.

**liquider** [likide] v. t. (conj. **1**)
I. (sujet qqn) **liquider qqch (travail, affaire, etc.)** *Je voudrais liquider ce travail avant de partir en vacances ; je n'aime pas laisser derrière moi quelque chose qui n'est pas fini.*
II. (sujet qqn) **liquider qqn, qqch (marchandise)** *Attends un peu, je liquide mes derniers clients et je te téléphone dans une heure.* ● *C'est un magasin où on liquide tout le stock ; il y a des prix très intéressants.*

**S. 1.** *Liquider un travail, une affaire* (sens I), c'est les mener à leur fin ; les syn. courants sont ACHEVER, TERMINER, FINIR. — **2.** *Liquider*

qqn (sens II) est fam. ; il a pour syn. s'en DÉBARRASSER, l'EXPÉDIER (fam.). *Liquider qqch, c'est le vendre au rabais,* le SOLDER.
**L. liquidation** (n. f.) [sens II] On ne liquidera pas rapidement le stock → *la liquidation du stock ne sera pas rapide.*

**1. lire** [lir] v. t. (conj. 65)
I. (sujet qqn) **lire (qqch [écriture])** *Impossible de lire sa signature, heureusement que son nom est au-dessous.* ● *Ma grand-mère ne peut pas lire sans ses lunettes.*
II. (sujet qqn) **lire (qqch [texte], que + ind.)** *Qu'est-ce que tu lis en ce moment? — Un roman de Balzac.* ● *J'ai lu, je ne sais plus où, que c'était un très bon film.* ● *C'est cette année que ton fils apprend à lire?* ◆ (sujet un livre) **se lire** *Ce roman se lit vite : je l'ai fini en deux heures !*
III. (sujet qqn) **lire qqch à qqn** *Tu veux que*

*je te lise la lettre de Jean ?* ● *Lis-moi ce qui est écrit en première page du journal.*

**S. 1.** *Lire une écriture* (sens I) a pour syn. DÉCHIFFRER. — **2.** *Lire un texte,* c'est en prendre connaissance, en pénétrer le sens ; *lire un livre* a pour syn. fam. BOUQUINER (sans compl.). — **3.** *Lire qqch à qqn* a pour syn. soutenus DONNER LECTURE DE, FAIRE LA LECTURE DE qqch À qqn.
**L. lecteur, trice** (n.) Le nombre de personnes qui lisent ce journal a augmenté → *le nombre de lecteurs de ce journal a augmenté.* ◆ **lecture, lisible,** v. ces mots. ◆ **relire** (v. t.) Tu peux me lire de nouveau cette phrase → *tu peux me relire cette phrase.*

**2. lire** [lir] n. f.
[argent, unité] *Je me demande combien j'aurai de lires pour cent francs ? — Ça dépend si tu changes en France ou en Italie.*

**S.** V. MONNAIE.

**lisible** [lizibl] adj. (après le n.)
(se dit d'un mot, d'une écriture) *Fais un effort ; ton écriture est à peine lisible ; on a vraiment du mal à te lire.* ◆ (se dit d'un texte) *Tu peux prendre ce roman, il est écrit de façon très simple et très lisible.*

**S.** Est *lisible* ce qui peut être LU, ce qu'on peut facilement déchiffrer (en parlant de mots, d'une écriture) ou ce qu'on peut facilement comprendre (en parlant d'un texte) ; dans ce dernier cas, le syn. est CLAIR.
**L. lisiblement** (adv.) Écrivez de façon lisible → *écrivez lisiblement.* ◆ **lisibilité** (n. f.) Ce texte est parfaitement lisible → *la lisibilité de ce texte est parfaite.* ◆ **illisible** (adj.) On ne peut pas lire cette écriture → *cette écriture est illisible.*

**lisse** [lis] adj. (après le n.)
(se dit de qqch [concret]) *Tu es beaucoup mieux rasé avec ce nouveau rasoir ; tu as la peau lisse.* ● *Il est interdit de rouler avec des pneus lisses, c'est dangereux.*

**S.** Est *lisse* ce qui présente une surface unie. En parlant d'une matière, de la peau, *lisse* a pour syn. DOUX et pour contr. RUGUEUX, RÂPEUX. Ce qui n'est pas *lisse* présente des aspérités, des rugosités.

**liste** [list] n. f.
[collectif, personnes, choses] **liste (de + n. plur.)** *Votre nom ? — Dupont. — Non, je suis désolé, vous n'êtes pas sur la liste.* ● *Tu veux bien aller faire les courses ? Tiens, voilà la liste des commissions.* ● *Si tu cherches l'adresse d'un bon restaurant, dis-le-moi, j'en ai toute une liste.*

**S.** Une *liste* est une suite, une énumération de mots ou de noms écrits les uns à la suite (ou au-dessous) des autres. Un CATALOGUE est une *liste* d'objets, de marchandises, de livres ; un TABLEAU est une *liste* de personnes ou de renseignements ; un INDEX est une *liste* alphabétique de sujets traités, de noms cités dans un livre ; une TABLE DES MATIÈRES est une *liste* des chapitres d'un livre ; un RÉPERTOIRE est une *liste* ordonnée de renseignements ; un INVENTAIRE est une *liste* ordonnée et descriptive d'objets appartenant à qqn, etc.

**lit** [li] n. m.
[meuble] (compt.) *Vous pouvez coucher à la maison, il y assez de lits pour tout le monde.* ◆ (sujet qqn) **faire son lit** *Tu es assez grand pour faire ton lit tout seul, non ?* ◆ [lieu] (non-compt., au sing.) *Tu m'apportes mon petit déjeuner au lit ?* ◆ (sujet qqn) **aller au lit, se mettre au lit** *Dépêchez-vous d'aller au lit, il est tard !*

**S. 1.** Un *lit* est composé d'un sommier sur lequel est posé un matelas, recouvert de draps et de couvertures. Il est aussi muni d'un oreiller ou d'un polochon (fam.) ou traversin, l'ensemble constituant la LITERIE. *Faire son lit*, c'est remettre en ordre les draps et les couvertures du *lit*. — **2.** *Aller, se mettre au lit* ont pour syn. SE COUCHER.

**litre** [litr] n. m. (symb. l)
[mesure, unité] *Si tu veux faire des frites, il te faut deux litres d'huile.* ◆ [objet] *Tu peux acheter un litre de lait?*

**S. 1.** Le *litre* est une unité de mesure de contenance correspondant à l'unité de poids

KILO ou KILOGRAMME. — **2.** La moitié d'un *litre* est un DEMI-LITRE ; le quart est un QUART DE LITRE. Le CENTILITRE (symb. cl) est la centième partie du *litre*. Le DÉCILITRE (symb. dl) est la dixième partie du *litre*. L'HECTOLITRE (symb. hl) est égal à cent *litres*.

**littéralement** [literalmã] adv.
[quantité] *Remettons notre rendez-vous ; je suis littéralement débordé, et j'ai plusieurs personnes à voir ce matin.*

**S.** *Littéralement*, dans la langue courante, est un intensif, syn. de ABSOLUMENT, TOUT À FAIT.

**littérature** [literatyr] n. f.
[discipline] (non-compt., au sing.) *Jacques n'aime pas les maths, mais il est très fort en français, surtout en littérature.* ◆ (compt.) *En littérature française, cette année, on étudie les grands romans du XIX$^e$ siècle.*

**S.** La *littérature* est constituée par l'ensemble des œuvres des écrivains d'un pays, d'une époque. Elle s'exprime sous la forme de romans, de poèmes, de pièces de théâtre, etc.
**L. littéraire** (adj.) *Le roman est un genre littéraire* (← *de la littérature*).

**living** [liviŋ] n. m.
[pièce] *Leur appartement est bien mais le living n'est pas assez grand.* • [*Sur une annonce*] : «*Appartement, double living et deux chambres, à louer.*»

**S.** Le *living* est la pièce la plus grande d'un appartement, qui regroupe le salon et la salle à manger. SALLE DE SÉJOUR ou SÉJOUR sont des syn.

**1. livre** [livr] n. m.
[objet, texte] *Les livres scolaires sont gratuits en classe de sixième.* • *Ouvrez le livre à la page dix.* • *Ce professeur a écrit de nombreux livres sur les animaux.*

**S.** *Livre* désigne l'objet imprimé ou son contenu, le texte. Les syn. sont BOUQUIN (fam.) ou ÉCRIT, ŒUVRE, OUVRAGE (soutenus et lorsqu'on considère le contenu). Un *livre* peut avoir plusieurs tomes, être en plusieurs volumes. Un *livre* est vendu dans une librairie.

**2. livre** [livr] n. f.
[mesure, unité] *Il n'y a pas tout à fait une livre et demie, je vous ajoute quelques cerises ?* • [*À l'épicerie*] : «*Je voudrais une livre de beurre, s'il vous plaît.*» • *Ces tomates coûtent trois francs la livre. C'est cher, ça fait six francs le kilo.*

**S.** La *livre* est une unité de poids qui vaut la moitié d'un kilo, c'est-à-dire 500 GRAMMES. Elle sert quand on pèse des fruits, des légumes ou certains aliments (beurre, café, sucre). La moitié d'une *livre* est une DEMI-LIVRE.

**3. livre** [livr] n. f.
[argent, unité] *J'aurai besoin de quelques livres quand j'arriverai à Londres dimanche ; tu peux me les prêter ?*

**S.** V. MONNAIE.

**livrer** [livre] v. t. (conj. 1)
I. (sujet qqn) **livrer qqch (marchandise) à qqn** *Quand pouvez-vous me livrer la machine à laver ? — Samedi, dans la matinée.* ◆ **li-**

vrer qqn [*À l'épicerie*] : «*Il n'y a plus de bouteilles d'eau ? — Non, nous n'avons pas été livrés. Mais si on en a lundi, on vous livrera mardi.*»
II. (sujet qqn, une institution) **livrer qqn à qqn, à un organisme, à un pays** *L'assassin a été arrêté par les témoins qui l'ont livré à la police.*

**S. 1.** *Livrer* (sens I), c'est remettre à qqn la marchandise qu'il a achetée, la lui apporter à

domicile, lui faire une LIVRAISON (ce mot désigne aussi la chose *livrée*). — **2.** *Livrer* qqn (sens II) a pour syn. REMETTRE, DONNER (fam.).
**L. livraison** (n. f.) [sens I] *Vous paierez quand vous serez livré → vous paierez à la livraison.*
◆ **livreur** (n. m.) [sens I] *Vous êtes la personne qui livre ? → vous êtes le livreur ?*

## 1. local, e, aux [lɔkal, ko] adj. (après le n.)
(se dit de qqch) *J'aime bien la cuisine de cette région ; les produits locaux sont excellents et on ne les trouve pas à Paris.* ● *L'incident doit rester local ; espérons qu'il ne se généralisera pas.*

**G.** Cet adj. n'a ni comparatif ni superlatif.
**S.** Est *local* ce qui a lieu dans une région précise, un LIEU déterminé.
**L. localement** (adv.) *Il y aura localement des orages* (← par endroits, de manière locale).
◆ **localiser,** v. ce mot.

## 2. local [lɔkal] n. m., pl. locaux
[lieu] *Nous ne savons pas où se tiendra la réunion, nous n'avons pas encore décidé du local.* ● *L'école manque de locaux pour pouvoir organiser d'autres activités.*

**S.** Un *local* est un lieu fermé quelconque : salle, pièce, etc., que l'on affecte à tel ou tel usage.

## localiser [lɔkalize] v. t. (conj. 1)
(sujet qqn, qqch) **localiser qqch** *Cet appareil permet de localiser très précisément tout incendie dès qu'il se déclare.*

**S.** *Localiser* qqch, c'est déterminer le lieu d'un phénomène, d'un événement, la position de qqch.
**L. localisation** (n. f.) *Ces renseignements ont permis de localiser l'accident → ces renseignements ont permis la localisation de l'accident.*

## locataire [lɔkatɛr] n.
[personne, fonction sociale] *Vous n'avez pas le droit d'abattre ce mur puisque vous êtes locataire !* ● *Ses parents viennent d'acheter un appartement et cherchent des locataires, ça t'intéresse ?*

**S.** Un(e) *locataire* est qqn qui LOUE un local (chambre, appartement, maison, etc.), le plus souvent pour y habiter. Le *locataire* signe, avec le PROPRIÉTAIRE du local, un bail qui précise le montant du LOYER, les conditions d'occupation, etc.

## location [lɔkasjɔ̃] n. f.
I. [action, qqn, et résultat] *La location de la voiture est de combien ? — Cinq cents francs par mois.* ● *C'est difficile de trouver quelque chose à louer dans cette région et, en plus, les locations sont très chères.* ● *Il est à vous l'appartement ? — Non, nous sommes en location.*
II. [action, qqn, et résultat] *Je n'ai pas encore eu le temps de m'occuper de la location des places d'avion.*

**S. 1.** La *location* (sens I), c'est le fait de LOUER qqch. On loue un appartement (une maison) dont on est LOCATAIRE et pour lequel on paye un LOYER; il existe des *locations* MEUBLÉES. *Être en location* a pour syn. ÊTRE LOCATAIRE d'un logement, par oppos. à ÊTRE PROPRIÉTAIRE. — **2.** Au sens II, la *location*, c'est le fait de réserver à l'avance une place, une chambre, etc.; le syn. soutenu ou administratif est RÉSERVATION.

**loger** [lɔʒe] v. i. et v. t. (conj. **4**)
[v. i.] (sujet qqn) **loger dans, à, en un lieu, chez qqn** *Quand vous viendrez à Paris, vous pourrez loger chez nous, si ça vous arrange : il y a de la place.* ◆ [v. t.] **loger qqn** *Ce n'est pas la peine que tu cherches un hôtel, on peut te loger à la maison.* ◆ **être bien, mal logé** *Elle est très mal logée, et son quartier n'est pas agréable.* ◆ **se loger** *Vous avez trouvé à vous loger? — Non, nous sommes toujours à l'hôtel.*

**S. 1.** *Loger* (v. i.) a pour syn. HABITER, VIVRE (courants) et DEMEURER, RÉSIDER (soutenus). — **2.** *Loger* qqn (v. t.) a pour syn. HÉBERGER, CASER (fam.) qqn, DONNER L'HOSPITALITÉ À qqn (soutenu). *Être bien, mal logé*, c'est habiter dans un appartement agréable ou dans un appartement trop petit, mal situé et sans confort. *Se loger* signifie TROUVER UN LOGEMENT.
**L. logeable** (adj.) *On ne peut pas loger dans cet appartement* → *cet appartement n'est pas logeable.* ◆ **logement,** v. ce mot.

**logement** [lɔʒmɑ̃] n. m.
I. [lieu, habitation] (compt.) *Vous êtes toujours à l'hôtel ? — Oui, ça fait trois mois* 

*qu'on cherche un logement ! • Ils habitent dans un petit logement de deux pièces au cinquième étage.*
II. [action, qqn] (non-compt., au sing.) *Il n'y a aucune politique du logement valable, en ce moment.*

**S. 1.** *Logement* (sens I) désigne tout lieu conçu pour y habiter, y LOGER, et spécialem. un appartement. — **2.** Au sens II, ce mot désigne le fait, la possibilité de LOGER les gens en immeuble, maison, appartement, chambre, etc.

**logique** [lɔʒik] adj. (après le n.) et n. f.
[adj.] (se dit de qqn, de qqch) *Tu dis aujourd'hui exactement le contraire de ce que tu disais hier, tu n'es pas très logique! • Sa réaction est très logique, pourquoi est-ce qu'elle t'étonne ? • Si vous êtes arrivé le dernier, c'est logique que vous soyez servi le dernier.* ◆ [n. f.] (qqch) [non-compt., au sing.] *Ce problème est pourtant simple, vous manquez de logique, c'est pour cela que vous n'y arrivez pas. • S'ils sont partis ce matin, ils devraient, en toute logique, arriver ce midi.*

**S.** *Logique*, quand il s'agit de qqn qui raisonne d'une manière cohérente, a pour syn. CONSÉQUENT, COHÉRENT (soutenus) ou, quand il s'agit de qqch qui est conforme au bon sens ou aux règles du raisonnement, NORMAL, NATUREL. Les contr. sont ILLOGIQUE, INCOHÉRENT (qqn, qqch), PARADOXAL (qqch), ou, quand il s'agit de qqch, ABSURDE, ABERRANT (plus forts). *Manquer de logique* (n. f.), c'est ne pas avoir l'esprit *logique*. *En toute logique* a pour syn. LOGIQUEMENT.
**L. logiquement** (adv.) *Il est logique qu'ils arrivent avant nous* → *logiquement, ils vont arriver avant nous.* ◆ **illogique** (adj.) *Ce raisonnement n'est pas logique* → *ce raisonnement est illogique.*

**loi** [lwa] n. f.
I. [texte, institution] (compt.) *Il y a des lois quand même, on n'a pas le droit de licencier quelqu'un sans raison! • À l'Assemblée, les députés ont discuté d'un projet de loi sur le divorce.*
II. [institution] (non-compt., au sing.) *Dans le film, au moment où l'agent de police dit : « Au nom de la loi, je vous arrête », le bandit lui tire dessus! • Il faut respecter la loi, vous n'avez pas le droit de faire cela.*

**S. 1.** Une *loi* (sens I) est une réglementation, une LÉGISLATION, un règlement qui a été voté par le pouvoir LÉGISLATIF, c'est-à-dire le Parlement (l'Assemblée nationale et le Sénat). L'ensemble des *lois* réglant la forme de l'État est la CONSTITUTION d'un pays. Un arrêté, un décret sont des décisions écrites prises en application d'une *loi* par le pouvoir exécutif, c'est à dire le gouvernement. — **2.** La *loi* (sens II), c'est l'ensemble des *lois*, la LÉGALITÉ, le DROIT. Ce qui est conforme à la *loi* EST LÉGAL.

**loin** [lwɛ̃] adv., **loin de** [lwɛ̃də] prép.
I. [adv.] (lieu) *Ah, non! On ne va pas*

# LOINTAIN

marcher jusque là-bas, c'est trop loin! ◆ [temps] *Tu te souviens de tes vingt ans? — Un peu, mais tu sais, c'est loin tout ça.* ◆ **de loin** *Regarde de loin, ne t'approche pas, c'est dangereux.* • *Je ne vois pas bien de loin, il me faut des lunettes.* • *Tu as vu Jacques? — Oh! on s'est dit bonjour de loin, mais c'est tout.* • *Tu es au courant de ce qui se passe à l'étranger? — Un peu, mais je suis tout ça de loin.* ◆ (sujet qqn) **aller trop loin** *C'est normal qu'il se soit fâché, vous êtes allé trop loin avec vos plaisanteries.*
II. [prép.] (lieu) **loin de qqch, de qqn** *Nous habitons en banlieue, pas loin de Paris.* • *Tu es trop loin de moi, je ne te vois pas assez bien.* ◆ (sujet qqn, qqch) **être loin de** + inf. *Eh bien, j'étais loin de m'attendre à une nouvelle comme ça!* • *Mon travail est loin d'être fini, j'ai à peine commencé.* ◆ [quantité] **pas loin de** + n. plur. *Combien ça a coûté? — Pas loin de cent francs: quatre-vingt-dix-huit francs exactement.* • *Dites, les enfants, il faut aller se coucher, il n'est pas loin de 9 heures.* ◆ [opposition] **loin de là** *Non, il n'est pas méchant, loin de là, mais il est un peu sévère.*

**S. 1.** *Loin* (adv.), indiquant une distance dans l'espace, a pour contr. PRÈS ou, quand il est employé sans autre adv., À CÔTÉ, À PROXIMITÉ (*c'est loin* s'oppose à C'EST À CÔTÉ, À PROXIMITÉ). *Loin* indique aussi une distance dans le temps, il a alors pour contr. PROCHE. *De loin* a pour contr. DE PRÈS. *Suivre un événement de loin* a pour contr. S'Y INTÉRESSER. *Aller trop loin* a pour syn. EXAGÉRER, DÉPASSER LES LIMITES, LES BORNES. — **2.** *Loin de* (prép.) a pour contr. PRÈS DE, À PROXIMITÉ DE, et pour syn. ÉLOIGNÉ DE. *Être loin de* + inf. a pour équivalent une négation renforcée (*J'étais loin de m'attendre à* → JE NE M'ATTENDAIS PAS DU TOUT À). *Pas loin de* suivi d'un nom plur. indique l'approximation et a pour syn. PRESQUE, À PEU PRÈS, UN PEU MOINS DE.

*Loin de là* a pour syn. AU CONTRAIRE (moins fort).
**L. lointain, éloigné, éloigner**, v. ces mots.

**lointain, e** [lwɛ̃tɛ̃, ɛn] adj. (après ou, plus rarement, avant le n.)
(se dit de qqch [abstrait]) *La retraite est encore lointaine, je n'ai pas à y penser maintenant.* • *Annie rêve à des pays lointains où l'on reste au soleil, sans rien faire.* • *Il y a un rapport lointain entre les deux affaires: je ne comprends pas pourquoi tu les rapproches et les compares.*

**S.** Est *lointain* (soutenu) ce qui est à une grande distance (espace, temps, rapport) par rapport au lieu ou au moment où on parle. Le syn. courant est ÉLOIGNÉ; DISTANT est un syn. soutenu (pour un rapport). Les contr. sont PROCHE, VOISIN.

**loisir** [lwazir] n. m.
[état, qqn] *A quoi occupes-tu tes loisirs? — Oh, tu sais, avec mon travail, la maison et les enfants en plus, je n'ai pas un moment*

*de loisir.* ◆ [activité] (non-compt., au plur.) *Vous faites du cheval, du tennis? Eh bien, ce sont des loisirs coûteux!*

**S.** Le *loisir* s'oppose au TRAVAIL et désigne le fait pour qqn d'être disponible, après son travail, pour d'autres activités; le mot désigne aussi au plur. ces activités. En ce sens, il a pour syn. DISTRACTIONS.

**long, longue** [lɔ̃, lɔ̃g] adj.
I. (se dit de qqch [concret]; avant ou après le n.) *Les rideaux sont trop longs, ils traînent par terre.* • *Il faut se mettre en robe longue pour le mariage?* ◆ **de long** *C'est une très grande rue, elle fait trois kilomètres de long.* ◆ **de long en large**

*Arrête de marcher de long en large comme ça, tu m'énerves.* ◆ **en long et en large** *Il m'a raconté toute son histoire en long et en large.* ◆ [prép.] (localisation) **le long de qqch (lieu)** *Regarde, c'est joli ces arbres, le long de la route.* • *On s'est promenés le long de la rivière, c'était agréable.*
II. (se dit de qqch [temps]; avant le n.) *Le film était trop long, je me suis ennuyée.* • *Il est mort à la suite d'une longue maladie.* ◆ (se dit de qqn, de qqch; après le n.) **long à + inf.** *Dis donc, tu es long à comprendre, ça fait deux heures que je t'explique la même chose.* • *Sa réponse a été longue à venir, mais il a fini par trouver quelque chose à dire.*

**S. 1.** Est *long* (sens I) ce qui est grand dans le sens de la LONGUEUR; il a pour contr. COURT.

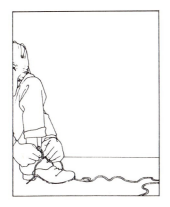

*De long* a pour syn. DE LONGUEUR. *De long en large* a pour équivalent DANS TOUS LES SENS. *En long et en large* a pour équivalent DANS TOUS LES DÉTAILS. *Le long de* a pour équivalents AU BORD DE (avec *être*) et EN SUIVANT (avec *aller, marcher,* etc.). — **2.** Est *long* (sens II) ce qui dure longtemps, ce qui traîne en LONGUEUR; il a pour contr. COURT, BREF. *Être long à* a pour équivalents ÊTRE LENT À, PRENDRE DU TEMPS POUR, et pour contr. ÊTRE RAPIDE À.
**L. longuement** (adv.) [sens II] *Il m'a parlé de vous pendant un assez long temps* → *il m'a assez longuement parlé de vous.* ◆ **longueur, allonger, longer,** v. ces mots.

**longer** [lɔ̃ʒe] v. t. (conj. 4)
(sujet qqch) **longer qqch** *Nous habitons une des maisons qui longent le fleuve.* ◆ (sujet qqn) **longer qqch** *Vous longez la rivière jusqu'au premier pont.*

**S.** En parlant de qqch, *longer qqch*, c'est ÊTRE AU BORD DE, LE LONG DE. En parlant de qqn, c'est MARCHER, ALLER LE LONG DE, en suivant le bord de qqch.

**longtemps** [lɔ̃tɑ̃] adv.
[temps] *Il y a longtemps qu'on se connaît: depuis dix ans au moins.* • *C'est maintenant que tu apprends son mariage? Moi, ça fait longtemps que je le sais!* • *Tu ne m'apprendras rien, je sais ça depuis longtemps.* • *Asseyez-vous, M. Durand n'est pas parti pour très longtemps.*

**S.** *Longtemps* a pour syn. fam. UN BOUT DE TEMPS, et, plus fort, INDÉFINIMENT. Le contr. est PEU DE TEMPS.

**longueur** [lɔ̃gœr] n. f.
I. [qualité, mesure] (compt., surtout au sing.) *Quelle est la longueur de ta cuisine? — Elle fait quatre mètres de long.* • *Le mètre sert d'unité de longueur.* • *Tous les ans, c'est pour elle le même problème: quelle va être la longueur des jupes cette année?* • *Cinq mètres de longueur sur quatre mètres de largeur, ça fait une grande pièce!*
II. [temps, durée] (non-compt., au sing.) *Il fait de bons films, mais ils sont d'une telle longueur qu'on finit par s'ennuyer.* • *Excuse la longueur de mon coup de fil, mais j'avais vraiment beaucoup de choses à te dire.* ◆ (compt.) *Il y a vraiment des longueurs dans ce film : certaines scènes durent trop longtemps.* ◆ **à longueur de temps, d'année, de journée** *C'est bien simple, elle ne fait que ça à longueur d'année.*

**S. 1.** Les sens I et II de *longueur* correspondent aux sens I et II de LONG. — **2.** La *longueur* (sens I) est une distance mesurable en centimètres, mètres, kilomètres. C'est aussi une dimension qui s'oppose à la LARGEUR (plus petite) dans un rectangle ou à la HAUTEUR, la PROFONDEUR dans un volume. *De longueur* a pour syn. DE LONG, par oppos. à DE LARGE, DE HAUT. — **3.** *Longueur* (sens II, non-compt.) a pour syn. DURÉE en parlant de qqch qui se déroule dans le temps (spectacle, événement, etc.) et qui est mesurable. Le contr. est BRIÈVETÉ (soutenu). Compt., il s'emploie pour indiquer que qqch est trop LONG. *Une, des longueur(s) sont des passages, des scènes trop longues. À longueur de temps, d'année, de journée* a pour syn. TOUT LE TEMPS, TOUTE L'ANNÉE, TOUTE LA JOURNÉE.

**lorsque** [lɔrskə] conj.
[temps] *Lorsqu'on annonça la nouvelle, une foule de gens se rassembla devant le ministère.*

**S.** *Lorsque* (suivi de l'ind.) est le syn. écrit et soutenu de QUAND.

**losange** [lɔzɑ̃ʒ] n. m.
[forme] *C'est un joli tissu imprimé avec des petits losanges de toutes les couleurs.*
    **S.** Le *losange* est une figure de géométrie à quatre côtés égaux mais dont les angles ne sont pas droits, par oppos. au CARRÉ.

**loterie** [lɔtri] n. f.
[jeu] **loterie (nationale)** *Toutes les semaines, il achète un billet de la loterie nationale et toutes les semaines, il croit qu'il va gagner.*
    **S.** La *loterie* est un jeu de hasard et d'argent. Le billet dont le numéro a été tiré au sort gagne un lot ou le gros lot. C'est avec le tiercé et le loto un jeu national très populaire.

**louche** [luʃ] adj. (après le n.)
(se dit de qqch [action, attitude]) *Catherine dit qu'elle n'a pas reçu ma lettre; mais c'est louche et je ne la crois pas.* • *Il m'a raconté une histoire louche, d'amis rencontrés par hasard qui l'ont retardé.*
    **S.** Est *louche* ce qui manque de franchise, ce qui n'est pas NET, CLAIR; les syn. sont TROUBLE, DOUTEUX, SUSPECT.

**louer** [lwe] v. t. (conj. 2)
I. (sujet qqn) **louer un appartement, un appareil, un véhicule (à qqn [celui qui ne le possède pas])** *Si on part un an pour l'étranger, on louera notre appartement.* • *Vous louez toujours une chambre à un étudiant?* • *Ici, on loue des voitures à la journée.*
II. (sujet qqn) **louer un appartement, un appareil, un véhicule (à qqn [celui qui le possède])** *Cette maison n'est pas à nous, on la loue.* • *On va là-bas en train et on louera une voiture sur place.* • *Pour Noël, on a loué un poste de télévision en couleurs.*
III. (sujet qqn) **louer une place, une chambre d'hôtel** *Qui s'occupe d'aller louer les places pour le théâtre?* • *N'attends pas trop pour louer ta place dans le train, sinon tu voyageras debout!*
    **S. 1.** Le propriétaire *loue* un appartement à un LOCATAIRE, le lui donne en LOCATION. Le contr. est VENDRE. Le locataire *loue* un appartement, le prend en location. Le contr. est ACHETER. — **2.** Au sens III, *louer* a pour syn. RÉSERVER, RETENIR.
    **L.** location, locataire, v. ces mots.

**loup** [lu] n. m.
[animal] *Tu connais cette chanson : « Promenons-nous dans les bois, pendant que le loup n'y est pas : si le loup y était, il nous mangerait! »*
    **S.** Le *loup* est un animal sauvage qui vit dans les forêts. En France, on ne peut guère en voir que dans les zoos. La femelle est la LOUVE, les petits sont les LOUVETEAUX.

**lourd, e** [lur, lurd] adj. (avant ou après le n.), **lourd** adv.
I. [adj.] (se dit de qqch [concret, action,

etc.], de qqn) *Je suis incapable de porter ce meuble, il est bien trop lourd pour moi!* • *Bernard a le sommeil si lourd qu'il n'entend jamais le réveil!* • *Ce plat est délicieux, mais un peu lourd pour moi, j'ai l'estomac fragile.* ◆ [adv.] (manière) [sujet qqch (concret), qqn] **peser lourd** *Vos bagages pèsent très lourd, vous aurez sûrement un supplément à payer.* ◆ **il fait lourd** *Il fait lourd aujourd'hui, il va sans doute y avoir un orage.*
II. [adj.] (se dit de qqch [abstrait]) *Les dépenses pour la voiture sont maintenant trop lourdes pour nous; il faut la vendre.*
III. [adj.] (se dit de qqn, de son attitude) *Ce qu'il peut être lourd, il n'a encore pas compris qu'il ne fallait pas faire allusion à mon âge.* • *Tu n'as pas trouvé sa plaisanterie un peu lourde? — Si, mais j'ai ri pour ne pas le vexer.*
    **S. 1.** *Lourd* (sens I et II) a pour syn. plus soutenu PESANT et pour contr. LÉGER. Les autres syn. varient selon le contexte : en parlant du sommeil, le syn. est PROFOND. Un plat, un repas *lourds* sont difficiles à digérer; le syn. est INDIGESTE. Qqch, qqn qui *pèse lourd* a un poids élevé. *Il fait lourd* a pour équivalents LE TEMPS EST ORAGEUX; le syn. moins fort est CHAUD; le contr. est FRAIS. — **2.** Au sens II, *lourd* se dit de ce qui est difficile à supporter; les syn.

plus forts sont ÉCRASANT, ACCABLANT. — **3.** Au sens III, *lourd* a pour syn. plus fort GROSSIER ; les contr. sont FIN, SPIRITUEL.
**L. lourdement** (adv.) [sens I] *La voiture est chargée d'une manière trop lourde → la voiture est trop lourdement chargée.* ◆ [sens III] *Paul a insisté d'une manière si lourde que j'en étais gêné → Paul a insisté si lourdement que j'en étais gêné.* ◆ **lourdeur** (n. f.) [sens I] *Je me sens l'estomac lourd → j'ai des lourdeurs d'estomac.* ◆ **alourdir** (v. t.) [sens I] *Ces livres vont rendre la valise plus lourde → ces livres vont alourdir la valise.*

**loyal, e, aux** [lwajal, jo] adj. (après le n.) (se dit de qqn, de son attitude) *Lui promettre ton aide, et le moment venu ne rien faire, ce n'est pas très loyal de ta part.* ● *C'est un ami loyal et sûr ; si je lui demande conseil, il pensera à moi d'abord, et non à lui.*

**S.** Est *loyal* (soutenu) celui qui se comporte avec honnêteté, droiture, bonne foi à l'égard de qqn. Les syn. plus ou moins proches sont HONNÊTE, DROIT, FRANC, RÉGULIER, DÉVOUÉ, FIDÈLE, selon le type de rapports avec l'autre personne ; le contr. est DÉLOYAL (soutenu).
**L. loyalement** (adv.) *De manière très loyale, il a accepté de me rendre service → il a très loyalement accepté de me rendre service.* ◆ **loyauté** (n. f.) *On ne peut douter qu'il soit loyal à ton égard → on ne peut douter de sa loyauté à ton égard.* ◆ **déloyal, e, aux** (adj.) *Il n'a pas été loyal à ton égard → il a été déloyal à ton égard.* ◆ **déloyauté** (n. f.) *Je suis sûr qu'il a été déloyal → je suis sûr de sa déloyauté.*

**loyer** [lwaje] n. m.
[argent, valeur] *Ils n'ont pas de loyer à payer puisque l'appartement leur appartient.* ● *C'est vrai que les loyers vont encore augmenter ?* ● *Huit cents francs de loyer par mois, ce n'est pas cher pour le quartier !*

**S.** On paie un *loyer* quand on est LOCATAIRE d'une maison ou d'un appartement, quand on LOUE un appartement.

**lugubre** [lygybr] adj. (après le n.)
(se dit de qqch [état, événement]) *La soirée a été lugubre ; on n'a pas cessé de parler de la maladie de François et de la mort d'Yvette !*

**S.** *Lugubre* (soutenu) est un syn. de SINISTRE ; le contr. est GAI.

**lumière** [lymjɛr] n. f.
I. [phénomène] (non-compt., au sing.) *Jean a très mal aux yeux, il supporte de moins en moins la lumière.* ● *Tiens ! Les Durand doivent être là, il y a de la lumière chez eux.* ◆ (sujet qqn) **ouvrir, fermer, allumer,**

**éteindre la lumière** *Ouvre la lumière, on ne voit plus rien du tout !* ● *Et surtout, en sortant, n'oublie pas d'éteindre la lumière !*
II. [objet] (compt.) *Regarde comme c'est beau Paris la nuit, avec toutes ces lumières.*

**S. 1.** La *lumière* (sens I) peut être naturelle, c'est la *lumière* du jour, produite par le soleil, ou artificielle, il s'agit alors de l'éclairage électrique. Le contr. est l'OBSCURITÉ. *Il y a de la lumière* a pour syn. C'EST ALLUMÉ, ÉCLAIRÉ. *Ouvrir, allumer la lumière* a pour syn. ALLUMER (L'ÉLECTRICITÉ) ; *fermer, éteindre la lumière* a pour syn. ÉTEINDRE (L'ÉLECTRICITÉ). La *lumière* s'allume, s'éteint dans un immeuble grâce à la MINUTERIE. — **2.** Au sens II, une lampe, une ampoule sont des *lumières* (tout objet qui produit de la *lumière*).

**lumineux, euse** [lyminø, øz] adj. (après le n.)
I. (se dit de qqch [concret]) *Je ne trouve pas la pharmacie. — Mais regarde là-bas, il y a un panneau lumineux avec une croix verte, c'est là !* ● *Ma montre est lumineuse : la nuit, je peux lire l'heure sans avoir besoin d'allumer.*
II. (se dit de qqch [abstrait], de qqn) *Vous avez compris ce que j'ai expliqué ? — Comme toujours, tu as été lumineux !* ● *Georges a eu une idée lumineuse ; on pourrait partir à deux heures du matin pour éviter les encombrements des vacances !*

**S. 1.** Au sens I, est *lumineux* ce qui émet de la LUMIÈRE. — **2.** Au sens II, est *lumineux* (soutenu) qqn qui est CLAIR dans ses idées. Les contr. sont OBSCUR, CONFUS. Une *idée lumineuse* est une *idée* INGÉNIEUSE.

**lundi** [lœdi] n. m.
[jour] (sans article) *Après dimanche, c'est lundi.* ● *On se voit lundi prochain ?* ● *Lundi dernier, nous sommes allés au cinéma.* ● *Nous sommes aujourd'hui lundi 3 novembre 1978.* ◆ (avec l'article) *Beaucoup de commerçants sont fermés le lundi.* ● *Je*

m'en souviens très bien, c'était un lundi de Pâques. ● *Tous les lundis, j'ai du mal à me lever pour aller travailler.*
    **S.** Le *lundi* est le premier jour de la semaine.

**lune** [lyn] n. f.
I. [partie de l'univers] (compt., surtout au sing.) *La nuit, par beau temps, on voit la Lune.* ● *Les Américains ont été les premiers à marcher sur la Lune.* ◆ **clair de lune** *Cette nuit est magnifique, il y a un très beau clair de lune.*
II. (sujet qqn) **être dans la lune** *À quoi penses-tu, tu es dans la lune ?* ● *Pierre est toujours dans la lune, il ne fait attention à rien.*
    **S. 1.** La *Lune* est un astre visible la nuit ; en ce sens, le mot prend une majuscule. Lorsque la *Lune*, satellite de la Terre, est placée entre le Soleil et la Terre, c'est la NOUVELLE LUNE. Lorsque la Terre est placée entre le Soleil et la *Lune*, c'est la PLEINE LUNE ; la *Lune* est alors complètement visible. On appelle CROISSANT (*de Lune*) la partie visible de la *Lune*, qui a la forme d'un croissant. *Le clair de lune* est la clarté répandue par la *Lune*. — **2.** *Être dans la lune*, c'est ÊTRE DISTRAIT, N'AVOIR PAS LES PIEDS SUR TERRE. ÊTRE DANS LES NUAGES est une expression syn.
    **L. lunaire** (adj.) [sens I] *Ce paysage ressemble à celui de la Lune* → *c'est un paysage lunaire.*

**lunettes** [lynɛt] n. f. pl.
[objet personnel] (non-compt., au plur.) *Je ne vois plus rien, il va falloir que je porte des lunettes.* ● *Tu me prêtes tes lunettes de soleil ?*
    **S. 1.** Une PAIRE DE *lunettes* ou des *lunettes* se composent de deux verres et d'une monture. Les deux branches permettent aux *lunettes* de tenir sur les oreilles. — **2.** Les LENTILLES ou VERRES DE CONTACT remplacent souvent les *lunettes*.

**lutter** [lyte] v. i. et v. t. ind. (conj. **1**) (sujet qqn) **lutter (pour, contre qqch, qqn)** *Je vous assure que pour obtenir une amélioration de nos conditions de travail, il nous a fallu lutter longtemps.* ● *Il est très malade, il lutte contre la mort.*
    **S.** *Lutter* (soutenu) a pour syn. SE BATTRE.
    **L. lutte** (n. f.) *Ce peuple a lutté durement pour son indépendance* → *la lutte de ce peuple pour son indépendance a été dure.* ◆ **lutteur, euse** (n.) *C'est un lutteur* (= un homme qui aime lutter).

**luxe** [lyks] n. m.
[qualité, qqch] (non-compt., au sing.) *Pierre est d'une famille très riche, il s'est habitué au luxe.* ● *Je me suis acheté une paire de chaussures, je t'assure que ce n'était pas du luxe !* ◆ **de luxe** *En vacances, il ne descend que dans des hôtels de luxe, il doit avoir les moyens !* ◆ (compt., surtout au sing.) *Tu vas souvent au théâtre ? — Non, c'est un luxe que je ne peux pas me payer avec mon salaire.*
    **S.** Le *luxe* désigne à la fois ce qui est coûteux, somptueux et ce qui est superflu, n'est pas nécessaire. *Ce n'est pas du luxe* se dit pour C'EST NÉCESSAIRE. *De luxe* a pour syn. LUXUEUX.
    **L. luxueux, euse** (adj.) *Quel luxe ici !* → *qu'est-ce que c'est luxueux ici !* ◆ **luxueusement** (adv.) *Il est meublé de façon luxueuse* → *il est luxueusement meublé.*

**lycée** [lise] n. m.
[établissement] *Ils habitent un quartier où il n'y a pas de lycée pour les enfants.* ● *Il y a combien d'élèves dans ce lycée ?*
    **S.** Le *lycée* est un établissement d'enseignement secondaire, généralement mixte, dans lequel l'enseignement va de la seconde aux classes terminales et au baccalauréat. On va au *lycée* après être allé au COLLÈGE (de la 6e à la 3e).
    **L. lycéen, enne** (n.) *Tous les élèves du lycée sont en vacances* → *tous les lycéens sont en vacances.*

ma → MON.

**mâcher** [maʃe] v. t. (conj. **1**)
(sujet qqn) *Vous ne saviez pas qu'il est interdit de mâcher du chewing-gum en classe ?*

    **S.** *Mâcher*, c'est triturer dans la bouche ; il a pour syn. MASTIQUER (terme soutenu ou médical).

**machin** [maʃɛ̃] n. m.
[objet] *Dis-moi, où as-tu mis le... oh ! je ne trouve plus le mot ! Le machin, là, tu sais ?* ● *Enlève tous ces machins qui traînent sur la table.* ◆ [personne] *Il y a Machin qui t'a téléphoné. — Qui ça « Machin » ? Tu ne sais plus son nom ?*

    **S.** *Machin* (fam.) désigne une chose ou une personne dont on ne sait pas ou dont on a oublié le nom. Il s'emploie aussi pour désigner qqch de manière imprécise. *Machin* a pour syn. courants TRUC, CHOSE (avec une majuscule lorsqu'il s'agit de qqn).

**machinal, e, aux** [maʃinal, no] adj. (après le n.)
(se dit de qqch [action]) *J'essaie de ne plus fumer ; mais c'est machinal, quand je lis, je cherche toujours ma cigarette.* ● *On ne réfléchit pas quelquefois, et c'est vrai, sur le verglas, j'ai eu le geste machinal de freiner : ça a été l'accident.*

    **G.** Cet adj. n'a pas de comparatif.
    **S.** Est *machinal* un mouvement INVOLONTAIRE ; les syn. sont AUTOMATIQUE, MÉCANIQUE ; le contr. est DÉLIBÉRÉ (soutenu).
    **L. machinalement** (adv.) *J'ai pris de façon machinale une cigarette → j'ai pris machinalement une cigarette.*

**machine** [maʃin] n. f.
[appareil] **machine (à + inf.)** *C'est extraordinaire ! Elle a tout : la machine à coudre, la machine à laver, la machine à repasser, la machine à faire la vaisselle, on se demande ce qui lui reste à faire de ses propres mains !* ● *Toutes ses lettres sont écrites à la machine (à écrire), comme ça, on les lit facilement.*

    **S. 1.** Une *machine* est un appareil automatique, souvent électrique. — **2.** Une DACTYLO est une femme employée pour taper à la *machine* À ÉCRIRE. Ce qui est écrit *à la machine* est DACTYLOGRAPHIÉ, par oppos. à ce qui est écrit À LA MAIN.

**mâchoire** [maʃwar] n. f.
[partie du corps] *Il souffrait beaucoup, ça se voyait, il serrait les mâchoires pour ne pas crier.*

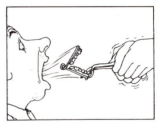

    **S.** Les *mâchoires* sont les os de la face qui portent les dents.

**maçon** [masɔ̃] n. m.
[personne, profession] *Une équipe de maçons a commencé la construction de la maison.*

    **S.** Les *maçons* sont des ouvriers du bâtiment : ils s'occupent de tout ce qui concerne la construction proprement dite.

# MADAME

**madame** [madam] n. f., pl. **mesdames** [medam]
[personne, appellatif] *Bonjour, madame... je suis Madame Durand, j'ai un rendez-vous avec le docteur.* ● *J'ai une lettre au nom de Madame Dupont, c'est ici?* ● *Au revoir, chère madame, revenez nous voir bientôt.*

**S. et G.** *Madame* s'emploie pour s'adresser à une femme. Pour une jeune fille, on dit MADEMOISELLE. Le masc. correspondant est MONSIEUR. *Madame* est souvent suivi d'un nom propre (le nom de famille de la femme à qui on s'adresse ou de qui on parle). Dans la langue écrite, *Madame Durand* s'abrège en M^me *Durand*.

**mademoiselle** [madmwazɛl] n. f., pl. **mesdemoiselles** [medmwazɛl]
[personne, appellatif] *C'est drôle, ça fait dix ans que je suis mariée et on me dit encore « mademoiselle ».* — *C'est que tu es restée jeune !* ● *Il y avait bien écrit « Mademoiselle Legrand » sur cette lettre, alors pourquoi est-ce toi, maman, qui l'as ouverte ?*

**S. et G.** *Mademoiselle* s'emploie pour s'adresser à une jeune fille. On dit MADAME à une femme, MONSIEUR à un jeune homme ou à un homme. *Mademoiselle* est souvent suivi d'un nom propre (nom de famille de la jeune fille à qui l'on s'adresse ou de qui on parle). Dans la langue écrite, *Mademoiselle Legrand* s'abrège en M^lle *Legrand*.

**magasin** [magazɛ̃] n. m.
[lieu, commerce] **magasin (de +** n.**)** *On ferait mieux de faire les courses aujourd'hui parce que demain les magasins sont fermés.* ● *Tu ne connais pas un bon magasin de chaussures ?* ◆ **grand magasin** *Ne compte pas sur moi pour t'accompagner dans les grands magasins, c'est trop fatigant !*

**S.** BOUTIQUE est un syn. qui désigne en général un établissement plus petit. Les *grands magasins* sont des *magasins* à grande surface, à plusieurs étages, où on trouve répartis en rayons la plupart des produits de consommation courante ou de luxe, de toutes marques ; ils sont désignés généralement par un nom propre. Les SUPERMARCHÉS ou les GRANDES SURFACES sont des *grands magasins* qui vendent en particulier des produits alimentaires.

**magazine** [magazin] n. m.
I. [objet, texte] *Qu'est-ce qu'elle peut dépenser comme argent en magazines féminins, c'est terrible !* ● [Chez le coiffeur] : *« Quelques magazines, madame ? »*
II. [collectif, énoncés] **magazine +** adj. *[À la radio]* : *« Et tout à l'heure, à 21 heures, notre magazine littéraire. »*

**S. 1.** Au sens I, *magazine* désigne une revue périodique illustrée. — **2.** Au sens II, *magazine* désigne une émission à la radio, à la télévision, donnant des informations ou transmettant des reportages sur un thème précis indiqué par l'adj. (*magazine* LITTÉRAIRE, MÉDICAL, etc.).

**magistral, e, aux** [maʒistral, tro] adj.
(après ou, plus rarement, avant le n.)
(se dit de qqch [action, manière, etc.]) *Nous vous félicitons, vous avez mené cette affaire difficile de façon magistrale.* ● *Quelle magistrale réponse tu lui as faite ! Tu es extraordinaire.*

**G.** Cet adj. n'a, en ce sens, pas de comparatif ni de superlatif.
**S.** Est *magistral* ce qui a été fait DE MAIN DE MAÎTRE ; les syn. sont EXTRAORDINAIRE, MERVEILLEUX, FORMIDABLE, GÉNIAL.
**L. magistralement** (adv.) *Vous avez répondu de manière magistrale* → *vous avez magistralement répondu.*

**magistrat** [maʒistra] n. m.
[personne, profession] *Quand les magistrats entrent dans la salle du tribunal, il est d'usage que l'assistance se lève.*

**S.** Les *magistrats* sont des fonctionnaires chargés de la justice : un JUGE, un PROCUREUR, un AVOCAT GÉNÉRAL sont des *magistrats*. Quand ils exercent leurs fonctions, au tribunal, les *magistrats* sont revêtus d'une longue robe, la TOGE, et coiffés d'une sorte de chapeau cylindrique, la TOQUE.
**L. magistrature** (n. f.) *Paul veut entrer dans la magistrature* (← *devenir magistrat*).

**magnétophone** [maɲetɔfɔn] n. m.
[appareil] *Qu'est-ce que c'est que ça ?* — *C'est votre conversation d'hier, on l'a enregistrée sur votre magnétophone.* ● *Depuis qu'il a son magnétophone, il ne se sert plus de ses disques.*

**S.** Un *magnétophone* est un appareil électrique qui permet d'enregistrer des sons sur bande MAGNÉTIQUE ou sur cassette.

**magnifique** [maɲifik] adj. (après ou, plus rarement, avant le n.)
(se dit de qqn, de qqch) *Alors, à ton avis, il me va ce costume ?* — *Oh ! oui, tu es magnifique !* ● *Regarde ce paysage, c'est vraiment magnifique.* ● *Nous avons eu un temps magnifique la première semaine, mais après il a plu.*

**S.** *Magnifique*, en parlant de qqn, a pour syn. SUPERBE, SPLENDIDE si on insiste sur l'élégance de la tenue ; TERRIBLE est fam. ; les contr. sont LAID, HORRIBLE, AFFREUX qui se disent aussi de qqch. *Tu es magnifique* peut se dire par ironie et fam. quand on veut marquer son étonnement devant une attitude qu'on désapprouve. *Magnifique*, en parlant de qqch qui est TRÈS BEAU, a

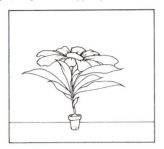

pour syn. ADMIRABLE (soutenu), REMARQUABLE, EXTRAORDINAIRE, MERVEILLEUX (par ordre d'intensité croissante).

**mai** [mɛ] n. m.
[mois] (non-compt., au sing.) [*En haut d'une lettre*] : « *Paris, le 13 mai.* » ● *Il y a beaucoup de mariages en mai.* ● *Nous prendrons des vacances au mois de mai.* ● *Je suis né un 20 mai.* ● *Le 1er mai, c'est la fête du Travail, et il y a toujours une grande manifestation.*

**S.** *Mai* est le cinquième mois de l'année, c'est un mois du printemps.

**maigre** [mɛgr] adj. et n.
I. [adj.] (se dit de qqn, d'un animal, d'une partie du corps ; après le n.) *Cet enfant est trop maigre ; il ne mange pas assez.* ● *Ce chien est si maigre qu'on lui voit les os.* ● *Marie a les jambes maigres, ce n'est pas très joli.* ◆ [n.] (personne) *On dit que les maigres vivent plus longtemps que les gros.*
II. [adj.] (se dit de qqch ; avant le n.) *Il n'y a que des carottes ! Le menu est bien maigre aujourd'hui.* ● *Ce n'est pas avec le maigre salaire que je touche que je pourrai t'acheter un manteau de fourrure.*

**S. 1.** *Maigre* (sens I) indique que qqn a moins de graisse que la normale ; il a pour contr. GRAS, GROS, CORPULENT, OBÈSE (seulement en parlant de qqn et plus fort). Si la MAIGREUR est considérée comme méliorative, les syn. sont MINCE et FLUET, GRACILE (soutenus). GRÊLE ne s'applique qu'aux membres. SQUELETTIQUE est une sorte de superlatif, comme DÉCHARNÉ (en parlant de qqn ou d'un animal). — **2.** *Maigre* (sens II) [soutenu] indique une importance, une quantité faible ; il a syn. sont PETIT, MÉDIOCRE quand il s'agit d'un nom abstrait ; le contr. est PLANTUREUX quand il s'agit d'un repas.

**L. maigreur** (n. f.) [sens I] *Elle est très maigre → elle est d'une grande maigreur.*
◆ **maigrir**, v. ce mot.

**maigrir** [megrir] v. i. (conj. **15**)
(sujet qqn) *Elle maigrit beaucoup en ce moment, elle doit être malade.*

**S.** *Maigrir*, c'est PERDRE DU POIDS, devenir plus

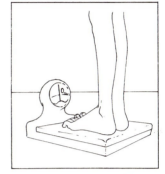

MAIGRE. Le contr. est GROSSIR. MINCIR est un syn. moins fort qui suppose un jugement esthétique.
**L. amaigri, e** (adj.) *Il a beaucoup maigri → il est très amaigri.* ◆ **amaigrissant, e** (adj.) *Il est trop gros, il doit suivre un régime pour maigrir → il est trop gros, il doit suivre un régime amaigrissant.* ◆ **amaigrissement** (n. m.) *Il a maigri très rapidement → son amaigrissement a été très rapide.*

**maillot** [majo] n. m.
[vêtement] **maillot (de bain)** *Prends ton maillot et ta serviette, on va à la piscine !* ● *Tiens, il y a une cabine, là, pour se mettre en maillot.*

**S.** Un *maillot* est un vêtement que l'on met pour se baigner. Pour les hommes, il se compose seulement d'un slip. Pour les femmes, il peut être fait d'une seule pièce ou de deux (c'est un DEUX-PIÈCES [slip et soutien-gorge]).

**main** [mɛ̃] n. f.
I. [partie du corps] *Va te laver les mains avant de dîner.* ● *Attention au vase, tu ne vas pas pouvoir le porter d'une seule main.*
◆ (sujet qqn) **serrer, tendre, donner la main à qqn** *Bruno m'a dit qu'il n'était plus fâché et il m'a tendu la main.* ● *Quand il me dit bonjour, il me serre la main tellement fort que ça me fait mal.* ● *Les enfants, donnez-vous la main pour traverser.* ◆ **avoir qqch sous la main** *Écoutez, je n'ai pas ce papier*

*sous la main, je le chercherai et je vous téléphonerai.* ◆ **mettre la main sur qqch, qqn** *Mais où est passé ce livre ? Je n'arrive pas à mettre la main dessus.* ● *Tu verras, la police finira bien par mettre la main sur les voleurs.*
II. (sujet qqn) **forcer la main à qqn** *Quoi ? Il vous a donné cent francs ? — Eh bien, en fait, on lui a un peu forcé la main !*
◆ **prendre (reprendre) en main qqch (situation, travail, etc.)** *L'entreprise marchait très mal, mais le nouveau directeur a tout pris en main, et ça va un peu mieux, depuis.*
III. [action, qqn] **coup de main** *Je n'arrive pas à bouger ce meuble, viens me donner un coup de main.* ● *Si vous avez besoin d'un coup de main, appelez-moi, je viendrai vous aider.*

**S. 1.** La *main* (sens I) termine le bras de l'homme et comporte cinq doigts. On appelle

PAUME la face interne de la *main*, par oppos. au DOS de la *main*. Les animaux, sauf les singes, n'ont pas de *mains*, mais des PATTES. Un GAUCHER est qqn qui se sert de préférence de sa *main* gauche et un DROITIER de la *main* droite. On *serre la main à* qqn quand on lui dit bonjour ou au revoir. *Donner la main à* qqn, c'est le tenir par la *main*. On appelle *travail* MANUEL un travail où les *mains* jouent le rôle principal, par oppos. à un *travail* INTELLECTUEL. *Avoir sous la main*, c'est AVOIR À PROXIMITÉ DE soi, pouvoir prendre tout de suite. *Mettre la main sur* qqch, c'est le TROUVER. — **2.** Au sens II, *forcer la main à* qqn, c'est OBLIGER qqn à faire qqch (plus fort) ou simplement l'INFLUENCER. *Prendre en main* qqch a pour syn. SE CHARGER EN PERSONNE DE, PRENDRE SOUS SA RESPONSABILITÉ ; *reprendre en main une situation*, c'est essayer de la REDRESSER. — **3.** Au sens III, *donner un coup de main à* qqn a pour syn. AIDER qqn ; *avoir besoin d'un coup de main*, c'est AVOIR BESOIN D'AIDE.

**maintenant** [mɛ̃tnɑ̃] adv.
I. [temps] *Décide-toi maintenant, après ce sera trop tard.* ● *Patrick a été malade assez longtemps, mais maintenant il va très bien.* ● *À partir de maintenant, on ne parle plus, le film va commencer.*
II. [opposition] *Moi, je te conseille d'accepter ; maintenant, tu es libre de faire ce que tu veux.* ◆ [cause] **maintenant que** + ind. *On peut parler, maintenant que tu as dit ce que tu avais à dire ?* ● *Maintenant qu'il fait beau, on va aller se promener.*

**S. et G. 1.** *Maintenant* (sens I) désigne le moment où l'on parle. Il peut être précédé de prép. comme JUSQU'À, DÈS, À PARTIR DE et s'emploie surtout avec un verbe au présent ou au passé composé. Le moment que désigne *maintenant* peut être plus ou moins précis. Après un verbe à l'impératif, il a pour syn. TOUT DE SUITE, EN CE MOMENT, À PRÉSENT, AUJOURD'HUI, et pour contr. AVANT et APRÈS. *À partir de maintenant* a pour syn. DORÉNAVANT et DÉSORMAIS (soutenus). — **2.** *Maintenant* (sens II) se place toujours entre deux phrases et part d'une constatation pour énoncer une possibilité ouverte ; il a pour syn. MAIS et CECI ÉTANT, EN TOUT ÉTAT DE CAUSE, CEPENDANT et NÉANMOINS (soutenus). *Maintenant que* introduit la constatation d'un fait actuel pour établir un rapport de cause ; il est toujours suivi d'un verbe au présent ou au passé composé. Il a pour syn. PUISQUE, ÉTANT DONNÉ QUE.

**maintenir** [mɛ̃t(ə)nir] v. t. (conj. **23**)
I. (sujet qqn, qqch) **maintenir qqn, qqch** *Comment l'a-t-on tué ? — On lui a longuement maintenu la tête sous l'eau.* ◆ **se**

**maintenir** *Les prix se maintiennent à un niveau assez élevé.* • *Notre fils se maintient à un bon niveau en maths, mais en français, il a de très mauvais résultats.*
II. (sujet qqn) **maintenir qqch (abstrait), que + ind.** *Vous maintenez que vous étiez absent au moment de l'accident?*

    **S. 1.** *Maintenir* (sens I), c'est GARDER, TENIR, RETENIR dans une certaine position. *Se maintenir*, c'est DURER, RESTER, SUBSISTER dans un certain état. — **2.** *Maintenir* qqch (sens II), c'est l'AFFIRMER avec fermeté, le CERTIFIER (plus fort), le SOUTENIR.
    **L. maintien** (n. m.) On maintient difficilement les prix à leur niveau actuel → *le maintien des prix à leur niveau actuel est difficile.*

**maire** [mɛr] n. m.
[personne, fonction] *Il n'y a pas eu de cérémonie religieuse, ils se sont mariés seulement devant le maire.* • *C'est M<sup>me</sup> Dupont qui a été élue maire du village.*

    **S.** Le *maire* est la personne qui dirige une commune (on dit *M. le Maire* ou *M<sup>me</sup> le Maire*). Il (elle) est élu(e) par le CONSEIL MUNICIPAL. Le *maire* est assisté par un ou plusieurs ADJOINTS, élus dans les mêmes conditions que lui. La MAIRIE est le bâtiment où siège le conseil municipal et où se trouvent les bureaux du *maire*.

**mairie** [meri] n. f.
[établissement] *Ils se marient seulement à la mairie, ou à la mairie et à l'église?* • *C'est bientôt la rentrée des classes, il faut que j'aille à la mairie inscrire mon fils à l'école.*

    **S.** À la *mairie* (ou HÔTEL DE VILLE) se trouve l'administration de la commune. La *mairie* est dirigée par un MAIRE, élu par le CONSEIL MUNICIPAL.

**mais** [mɛ] conj.
I. [opposition] *Il est gentil, mais pas avec tout le monde.* • *D'accord, elle est belle, mais elle n'a pas de charme.* • *Pierre est intelligent, mais un peu paresseux.* • *Je viendrai, mais à une condition : tu seras seul.* • *Je ne viens pas avec vous.* — *Mais tu avais dit que tu viendrais !* • *Mais j'y pense, on pourrait aller au théâtre ce soir !*
II. [emphase] *Mais oui, puisque je te dis que je suis d'accord, c'est que je suis d'accord.*

    **S. et G. 1.** Au sens I, *mais* indique une opposition ou une restriction ; il a pour syn. CEPENDANT, TOUTEFOIS (soutenu), NÉANMOINS (litt.), POURTANT, AU FAIT ; EN REVANCHE et PAR CONTRE ne sont des syn. que devant des phrases entières (avec verbe). *Mais, mais aussi, mais encore* répondent à NON SEULEMENT dans la proposition qui précède. — **2.** Au sens II, *mais* se place en tête de phrase pour renforcer une affirmation ou une négation.

**maïs** [mais] n. m.
[céréale] (non-compt., au sing.) *On a remplacé dans cette région le blé par le maïs ; les récoltes sont meilleures.*

    **S.** Le *maïs* est une des principales céréales cultivées en France. L'ÉPI DE MAÏS désigne la tige et les graines de *maïs*.

**maison** [mezɔ̃] n. f.
I. [lieu, habitation] *Ils ont finalement acheté une maison en banlieue ; ils ont préféré cela à un appartement à Paris.* ◆ **à la maison** *Vous venez dîner à la maison ce soir?*
II. [établissement] **maison (de + n.)** *Mon grand-père a quatre-vingts ans, il est dans une maison de retraite.* • *C'est vrai que vous travaillez dans la même maison depuis vingt ans?*

    **S. 1.** La *maison* (sens I), logement individuel et indépendant, s'oppose à l'APPARTEMENT ou à l'IMMEUBLE. *A la maison* a pour syn. CHEZ SOI (CHEZ TOI, CHEZ NOUS, etc.), quel que soit le type de logement. — **2.** *Maison* (sens II) est suivi d'un compl. indiquant son rôle, sa fonction ou son activité : *maison* DE REPOS, DE RETRAITE, DE COMMERCE, etc. Sans compl., ce mot désigne tout lieu (magasin, boutique, usine, établissement, entreprise) où on travaille.

**maître, maîtresse** [mɛtr, mɛtrɛs] n. et adj. (après le n.)
I. [n.] (personne, rôle) *Regarde ce chien, on dirait qu'il a perdu son maître.*
II. [n.] (personne, fonction sociale) *Cette année, Julien a un maître, il le trouve plus sévère que sa maîtresse de l'année dernière.*

III. [adj.] (se dit de qqn) **maître de moi (toi, soi, lui, etc.)** *Quand elle m'a dit ça, je n'ai pas pu rester maître de moi, je suis parti en claquant la porte.*

**S. 1.** Le *maître* d'un animal domestique (sens I), c'est son propriétaire. — **2.** Au sens II, *maître* est un syn. de INSTITUTEUR, il appartient soit à la langue enfantine, soit à la langue administrative. — **3.** *Être, rester maître de soi*, c'est SE DOMINER, SE MAÎTRISER, GARDER SON CALME, SON SANG-FROID, SON CONTRÔLE, SON EMPIRE SUR SOI-MÊME (soutenu).
**L. maîtrise (de soi)** [n. f.] (sens III) Il n'a pu rester maître de lui → *il n'a pu garder sa maîtrise de soi.*

**maîtriser** [mɛtrize] v. t. (conj. **1**)
(sujet qqn) **maîtriser qqn, qqch** *Les pompiers ont maîtrisé l'incendie très rapidement.* ◆ **se maîtriser** *Fais attention parce que quand il est en colère, il a du mal à se maîtriser.*

**S.** *Maîtriser* qqn, qqch, c'est s'en RENDRE

MAÎTRE. *Se maîtriser* a pour syn. SE DOMINER, GARDER LA MAÎTRISE DE SOI, GARDER SON SANG-FROID.

**majeur, e** [maʒœr] adj. (après le n.)
I. (se dit de qqn) *Maintenant que tu as dix-huit ans, tu es majeur et libre de faire ce que tu veux.* ● *C'est la première fois qu'elle va voter depuis qu'elle est majeure.*
II. (se dit de qqch [abstrait]) *La critique que tu as faite est très importante, c'est même une raison majeure pour refuser ce projet.* ◆ **en majeure partie** *À Paris, au mois d'août, il n'y a presque personne.* — *C'est normal, les Parisiens sont en majeure partie en vacances à ce moment-là.*

**G.** Cet adj. n'a ni comparatif ni superlatif.
**S. 1.** *Majeur* (sens I) a pour contr. MINEUR. En France on est *majeur* à partir de dix-huit ans. — **2.** *Majeur* (sens II) [soutenu] a pour syn. PRIMORDIAL (soutenu) ou, moins forts, IMPOR-TANT, ESSENTIEL. Il a pour contr. MINEUR, SECONDAIRE, ACCESSOIRE. *En majeure partie* a pour syn. POUR LA PLUPART et désigne LA PARTIE LA PLUS IMPORTANTE DE qqch.
**L. majorité**, v. ce mot.

**majorer** [maʒɔre] v. t. (conj. **1**)
(sujet qqn) **majorer qqch (prix)** *Le gouvernement a décidé de majorer le prix du litre d'essence de vingt centimes à partir du 20 mai.*

**S.** *Majorer* (terme technique) a pour syn. courant AUGMENTER.
**L. majoration** (n. f.) *Tu t'étonnes que l'essence soit majorée ?* → *tu t'étonnes de la majoration de l'essence ?*

**majorité** [maʒɔrite] n. f.
I. [partie d'un tout] (non-compt., au sing.) *La majorité des personnes interrogées n'a pas su répondre à cette question.* ● *Ce médicament guérit dans la majorité des cas.* ● *Ils sont élus, ils ont obtenu la majorité des voix aux dernières élections.* ● *Une forte majorité a décidé de l'action à mener, nous mènerons donc cette action.* ◆ **en majorité** *Il y avait beaucoup de monde, à la manifestation ? — Oui, et en majorité des jeunes.* ● *Dans ce lycée, les élèves sont en majorité des filles.*
II. [collectif, personnes] (compt., surtout au sing.) *De quel côté est-il sur le plan politique, du côté de la majorité ou de l'opposition ?*
III. [état, qqn] (non-compt., au sing.) *L'âge de la majorité est maintenant de dix-huit ans en France.*

**G.** Au sens I, sans compl., *majorité* désigne une *majorité* DE PERSONNES.
**S. 1.** *La majorité* (sens I) désigne LA MAJEURE PARTIE DE, LA PLUS GRANDE, IMPORTANTE PARTIE DE. Le contr. est MINORITÉ. *En majorité* a pour syn. POUR LA PLUPART, SURTOUT. — **2.** *Majorité* (sens II) s'emploie surtout dans le cas d'un vote, d'une élection, où il s'oppose à l'UNANIMITÉ (toutes les voix des suffrages exprimés). En France, les élections se font à la *majorité* ABSOLUE (la moitié plus une voix des suffrages exprimés). Dans un contexte politique, la *majorité* désigne l'ensemble des partis qui soutiennent le gouvernement et a pour contr. l'OPPOSITION. — **3.** Au sens III, la *majorité* est l'âge où l'on devient MAJEUR.
**L. majoritaire** (adj.) [sens I et II] *Les partis de l'opposition sont devenus la majorité* → *les partis de l'opposition sont devenus majoritaires.*

**1. mal** [mal] n. m., pl. **maux** [mo]
I. [maladie] *Pierre souffre de violents maux de tête.* ● *Ne sors pas sous la pluie comme*

*ça, tu vas prendre mal.* ◆ [sensation] (non-compt., au sing.) *Elle a eu un accident de voiture, mais heureusement il y a eu plus de peur que de mal.* ◆ (sujet qqn) **avoir mal, se faire mal (à une partie du corps)** *Pourquoi pleures-tu ? — Je me suis fait mal en tombant. — Et où as-tu mal ? — J'ai mal au genou, regarde, ça saigne.* ◆ (sujet qqch, qqn) **faire mal à qqn** *Laisse-toi soigner, je ne vais pas te faire mal.* ● *Alors, ça t'a fait mal, la piqûre ?* ◆ (sujet qqch [aliment, boisson, activité, etc.]) **faire du mal à qqn, ne pas faire de mal (à qqn)** *Allez ! Un petit verre d'alcool, ça ne peut pas faire de mal !* ● *Ne mange pas trop de chocolat, ça va te faire du mal.* ● *Un peu de sport ne lui ferait pas de mal.* ◆ **il n'y a pas de mal** *Excusez-moi, je vous ai bousculé. — Je vous en prie, il n'y a pas de mal.*
II. [qqch] (non-compt., au sing.) *Je ne lui veux pas de mal, mais je ne l'aime pas beaucoup, c'est tout.* ● *Aline adore dire du mal de ses voisins ; d'ailleurs elle est toujours à sa fenêtre pour voir ce qu'ils font !* ● *Arrête de te lamenter, le mal est fait, on ne peut plus rien.* ● *Non, tu n'iras pas en vacances seule avec eux. — Pourquoi, quel mal y a-t-il à cela ?* ● *Il nous a assuré qu'il avait dit ça sans penser à mal, qu'il ne voulait pas nous blesser.*
III. [état, qqn] (non-compt., au sing.) *Ce

n'est pas difficile, vous y arriverez sans mal.* ◆ (sujet qqn) **avoir du mal à + inf.** *Sa jambe va mieux, mais il a encore du mal à marcher.* ● *Vous n'avez pas eu de mal à trouver la route ?* ◆ (sujet qqch, qqn) **donner du mal à qqn** *Cet enfant me donne beaucoup de mal, il est très difficile.* ● *Vous verrez, ce travail ne vous donnera aucun mal, ça ira vite.* ◆ (sujet qqn) **se donner du mal pour qqch** ou **inf., pour que + subj.** *Je me suis donné beaucoup de mal pour l'aider, et il ne m'a même pas remercié !* ● *Claude s'est donné énormément de mal pour que tout soit réussi.*

**G.** *Mal* entre (au sens I) dans la formation d'expressions où il est compt. ou non-compt. au sing., comme *mal de tête, mal de mer* (v. ces mots).
**S. 1.** *Mal* (sens I) désigne une DOULEUR physique. *Prendre mal,* c'est attraper une maladie. *Avoir mal (à)* a pour syn. soutenu SOUFFRIR (DE). *Se faire mal* peut avoir pour syn. plus fort SE BLESSER. On dit de qqn qu'il est DOUILLET lorsqu'il craint d'avoir mal, qu'il ne supporte pas la douleur. On est SOULAGÉ lorsqu'on n'a plus mal. *Faire mal* a pour syn. FAIRE SOUFFRIR.

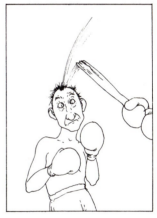

Qqch qui *fait mal* est DOULOUREUX. Qqch qui *fait du mal* à qqn nuit à sa santé, lui est NÉFASTE (soutenu), est NOCIF (soutenu) ou TOXIQUE (plus fort). En ce sens, le contr. est BIEN. — **2.** *Mal* (sens II) désigne ce qui cause de la douleur, de la peine, ce qui est mauvais, nuisible, ou ce qui est contraire au BIEN dans la loi morale. *Faire du mal à qqn* a pour syn. moins fort FAIRE DE LA PEINE À ou, plus fort, FAIRE SOUFFRIR. *Vouloir du mal à qqn,* c'est VOULOIR NUIRE À qqn ; *dire du mal de qqn,* c'est MÉDIRE DE qqn (soutenu). *Penser à mal,* c'est penser À NUIRE. — **3.** *Avoir du mal à* (sens III) a pour syn. AVOIR DE LA PEINE À, DE LA DIFFICULTÉ À ; l'équivalent est une tournure avec DIFFICILEMENT (*Il a du mal à marcher* → IL MARCHE DIFFICILEMENT). *Donner du mal à qqn* a pour équivalents ÊTRE DIFFICILE POUR, CRÉER DES DIFFICULTÉS À. *Se donner du mal* a pour syn. SE DONNER DE LA PEINE, FAIRE DES EFFORTS POUR.

**2. mal** [mal] adv.
I. [manière] *Qu'est-ce que tu écris mal ! On*

n'arrive pas à te lire. ● Alors, comment ça va ? — Ça va mal : j'ai la grippe et énormément de travail. ● Appelle quelqu'un, la machine à laver marche mal, elle va bientôt tomber en panne. ● Comment vont les affaires ? — Pas mal, mais ça pourrait aller mieux. ● L'examen s'est bien passé ? — Je ne m'en suis pas trop mal tiré, on verra bien.
II. [quantité] **pas mal de** + n. plur. (compt.) ou **sing.** (non-compt.) Tu as rencontré Jacques à la manifestation ? — Tu sais, il y avait pas mal de gens, alors dans le nombre, je ne l'ai pas vu.

**S.** et **G.** **1.** Mal (sens I) a pour contr. BIEN, CORRECTEMENT (soutenu). Après des verbes comme ALLER, MARCHER, FONCTIONNER, etc., le contr. peut être le verbe seul à la forme affirmative (ÇA VA, ÇA MARCHE). Pas mal, pas trop mal a pour équivalent ASSEZ BIEN. — **2.** Pas mal (sens II) [fam.] indique une assez grande quantité ; il a pour syn. plus fort BEAUCOUP DE et pour contr. UN PEU DE, PEU DE, UN PETIT NOMBRE DE.

**malade** [malad] adj. (après le n.) et n.
[adj.] (se dit de qqn, d'un animal) Allô ? Ici, M<sup>me</sup> Dupont ; je ne viendrai pas au

bureau aujourd'hui : mon fils est malade. ● Ce n'est pas normal que ce chien refuse de manger ; il doit être malade. ● Ne mange pas ce fruit vert, tu vas te rendre malade ! ● Cette pauvre Sophie est tombée malade il y a un mois, et on ne sait toujours pas ce qu'elle a. ◆ [n.] (personne) Pour l'instant, le docteur ne peut pas vous recevoir : il est allé voir un de ses malades.

**S.** Être malade, c'est souffrir d'une MALADIE. Il a pour syn. plus faible SOUFFRANT et pour contr. BIEN PORTANT, EN BONNE SANTÉ. Tomber malade a pour contr. GUÉRIR. Être, tomber de nouveau malade, c'est FAIRE UNE RECHUTE. Par rapport au médecin, le malade est un PATIENT.
**L.** **maladie**, v. ce mot.

**maladie** [maladi] n. f.
[état, qqn] Il est mort après une longue maladie. ● Non, Pierre n'ira pas en avion : il a une maladie de cœur.

**S.** **1.** Qqn qui a une maladie est MALADE, n'est pas en bonne santé, bien portant. — **2.** Une maladie peut-être HÉRÉDITAIRE (transmise à la naissance), CONGÉNITALE (attrapée à la naissance) ou due à un facteur extérieur : MICROBE ou VIRUS. Quelques maladies : l'ANGINE, la GRIPPE, le RHUME, la PNEUMONIE (plus ou moins graves), la TUBERCULOSE, la POLIOMYÉLITE, le CANCER (très graves). La ROUGEOLE, la COQUELUCHE, la SCARLATINE, la VARICELLE, les OREILLONS sont des maladies INFANTILES. Pour éviter d'avoir certaines maladies, on peut se faire VACCINER (se faire faire un VACCIN). Une ÉPIDÉMIE atteint en même temps un grand nombre de personnes.

**maladroit, e** [maladrwa, at] adj. (après le n.) et n.
[adj.] (se dit de qqn, de son attitude, de ses actes) Tu as encore cassé une assiette ? Ce que tu peux être maladroit ! ● Qui m'ap-

porte les verres ? — Pas moi, je suis bien trop maladroite ! ● Ce que tu lui as répondu était très maladroit : tu ne pouvais que le vexer. ◆ [n.] (personne) Et voilà, il a tout renversé, quel maladroit !

**S.** Être maladroit, c'est MANQUER D'ADRESSE, D'HABILETÉ. Les syn. de l'adj. sont GAUCHE, MALHABILE (soutenu) et, fam., EMPOTÉ (quand on parle de qqn). Les contr. sont HABILE et ADROIT ; en parlant d'un acte, les syn. sont MALHEUREUX, MALAVISÉ (soutenu).
**L.** **maladroitement** (adv.) Ta réaction était maladroite → tu as réagi maladroitement.

◆ **maladresse** (n. f.) Tu as été très maladroit avec lui → *tu as été d'une grande maladresse avec lui.*

**malaise** [malɛz] n. m.
I. [sensation] (compt.) *J'ai eu un malaise dans le métro, ce n'est pas la première fois que ça m'arrive, il faudrait que je voie un médecin.*
II. [sentiment] (compt., surtout au sing.) *À l'entendre parler, on ne pouvait s'empêcher d'éprouver un malaise, comme s'il ne pensait pas ce qu'il disait.* ● *Le malaise grandit entre les différents partis de gauche.*

**S. 1.** *Avoir un malaise* (sens I) a pour syn. SE SENTIR MAL et, plus fort, S'ÉVANOUIR. — **2.** Le *malaise* (sens II) est un sentiment mal défini d'inconfort moral ; le syn. moins fort est TROUBLE ; TENSION est plus fort.

**malaisé** → AISÉ L ; **malcommode** → COMMODE L.

**malchance** [malʃɑ̃s] n. f.
[état, qqn] (non-compt., au sing.) *Dans toute cette affaire, il n'a perdu que parce qu'il a eu de la malchance.* ● *Raté, encore une fois ! Comment peut-on jouer de malchance comme ça !* ◆ [événement] (compt.) *Elle n'a eu que des malchances dans sa vie, elle mérite un peu de joie maintenant.*

**S.** *Malchance* est le contr. de CHANCE. DÉVEINE est un syn. fam.
**L. malchanceux, euse** (adj.) *Vous avez eu de la malchance* → *vous avez été malchanceux.*

**mâle** [mɑl] n. m.
[animal, sexe] *Il a deux chiens : un mâle et une femelle ; comme ça, il aura des petits.*

**S.** Le *mâle* est un animal de sexe masculin ; il s'oppose à la FEMELLE.

**malencontreux, euse** [malɑ̃kɔ̃trø, øz] adj. (après ou avant le n.)
(se dit de qqch [action, événement, etc.]) *Nous sommes désolés, un malencontreux incident nous a empêchés de participer à votre réunion.*

**S.** Est *malencontreux* (soutenu) ce qui tombe mal à propos, ce qui crée un contretemps. FÂCHEUX, ENNUYEUX (moins forts) sont des syn.

**malentendu** [malɑ̃tɑ̃dy] n. m.
[résultat] *Vous n'allez quand même pas vous fâcher, il s'agit sûrement d'un malentendu.*

**S.** Un *malentendu* se produit lorsque deux ou plusieurs personnes interprètent mal leurs paroles réciproques, ne se sont pas comprises. MÉPRISE, QUIPROQUO, ERREUR sont des syn.

**malfaiteur** [malfɛtœr] n. m.
[personne, agent] *Comment ? Tu lui as confié ton argent ? Mais tout le monde sait ici que c'est un dangereux malfaiteur que la police essaie d'arrêter.*

**S.** *Malfaiteur* est un terme large pour ESCROC, BANDIT, VOLEUR.

**malgré** [malgre] prép., **malgré que** conj.
[opposition] **malgré qqn, qqch, malgré que +subj.** *Pascal est sorti malgré la pluie, alors évidemment il a attrapé un rhume.* ● *Tu as fait ce que tu as voulu malgré mes conseils, alors maintenant débrouille-toi tout seul.* ● *Excusez-moi, j'étais derrière la porte et j'ai entendu malgré moi ce que vous avez dit.* ● *Pierre trouve toujours un moment pour venir nous voir malgré qu'il ait beaucoup de travail en ce moment.* ◆ **malgré tout** *Alain a beaucoup de défauts, mais malgré tout, il est bien gentil.* ● *Laisse-le parler, il n'a peut-être pas tort, malgré tout.*

**S.** *Malgré* indique une opposition ; suivi d'un nom, il a pour syn. EN DÉPIT DE (soutenu) ou parfois CONTRE quand il est suivi d'un pron. personnel. *Malgré soi* a pour syn. INVOLONTAIREMENT ou À CONTRECŒUR, CONTRE SON GRÉ. *Malgré que* est une conj. de la langue courante ; les syn. soutenus sont BIEN QUE, QUOIQUE, ENCORE QUE. *Malgré tout* a pour syn. QUAND MÊME, EN TOUT ÉTAT DE CAUSE, EN FIN DE COMPTE, EN DÉFINITIVE.

**malhabile** → HABILE L.

**malheur** [malœr] n. m.
I. [événement, qqn] (compt.) *Fais attention en conduisant, un malheur est vite arrivé, tu sais!* ● *Le pauvre homme, il a eu bien*

*des malheurs dans sa vie!* ◆ (non-compt., au sing.) *Je serais bien parti en voyage avec vous, le malheur c'est que je n'ai vraiment plus d'argent en ce moment.* ● *Quel malheur que tu ne puisses pas venir pour mon anniversaire!* ◆ **par malheur** *Si, par malheur, il m'arrivait quelque chose, voilà l'adresse où prévenir ma femme.*
II. [état, qqn] (compt., surtout au sing.) *Depuis que sa femme est morte, il est installé dans son malheur, rien ne peut le distraire.* ● *Le jeu fera votre malheur, monsieur, vous devriez vous arrêter de jouer.* ◆ (sujet qqch) **porter malheur (à qqn)** *Ne passe pas sous l'échelle, on dit que ça porte malheur!*

**S. 1.** *Malheur* (sens I) a pour syn. ACCIDENT, CATASTROPHE (plus fort) et, quand il est au plur., REVERS (soutenu). Non-compt., au sing., il a pour syn. moins forts ENNUI et INCONVÉNIENT. *Quel malheur!* est syn. de QUEL DOMMAGE! (moins fort), QUELLE MALCHANCE!, QUELLE DÉVEINE! (fam.), et s'oppose à QUEL BONHEUR! *Par malheur* a pour syn. PAR MALCHANCE, MALHEUREUSEMENT, par oppos. à PAR CHANCE.
**2.** Le *malheur* (sens II) est l'état de celui qui est MALHEUREUX; le contr. est BONHEUR. *Porter malheur à* qqn, c'est attirer le *malheur* sur lui, par oppos. à PORTER BONHEUR À.
**L. malheureux**, v. ce mot.

**malheureusement** [malørøzmã] adv. [opinion] *Il m'est malheureusement impossible de t'accompagner. Je t'assure, je regrette beaucoup!* ● *On passait des vacances formidables, malheureusement il a fallu rentrer*

*à Paris, mon père était malade.* ● *Alors, il paraît que Paul n'a pas été reçu à son examen? — Eh non, malheureusement!*

**S.** *Malheureusement* indique le regret qu'on a du déroulement des événements; il peut être employé comme interj. Les syn. sont HÉLAS, PAR MALHEUR (avant le verbe) et le contr. est HEUREUSEMENT.

**malheureux, euse** [malørø, øz] adj. et n.
I. [adj.] (se dit de qqn, de son attitude; après le n.) *Tu te rends malheureuse à force de t'inquiéter pour les autres.* ● *Ne prends pas cet air malheureux, ce n'est pas si grave que ça.* ◆ (se dit de qqch [mot, geste, événement]; après le n.) *Est-ce que j'ai eu un mot malheureux? Marie n'a pas l'air contente.* ● *Paul a eu un geste malheureux; il a cassé le vase.* ● *Tu te rends compte, cet accident qui lui est arrivé... — Eh oui, c'est malheureux, mais que veux-tu qu'on y fasse?* ◆ [n.] (personne) *C'est une malheureuse qu'il faut plaindre et non condamner.*
II. [adj.] (se dit de qqch; seulem. épithète avant le n.) *Dire que j'ai été collée à l'examen pour un malheureux point!* ● *En voilà une histoire pour un malheureux billet de dix francs!*

**G.** Au sens II, *malheureux* n'a ni comparatif ni superlatif.
**S. 1.** Être *malheureux* (sens I), c'est, en parlant de qqn, être victime du MALHEUR, de la malchance, être dans une situation douloureuse; le mot s'oppose à HEUREUX (adj.); il a pour syn. TRISTE (adj.). En parlant d'un mot, d'un geste, il a pour syn. MALADROIT (moins fort) et, soutenus, FÂCHEUX, MALENCONTREUX. *C'est malheureux* a pour syn. C'EST REGRETTABLE, DOMMAGE, TRISTE, DÉPLORABLE (plus fort) et a pour équivalent soutenu ON PEUT LE REGRETTER. *Un malheureux* a pour équivalent péjor. et fam. UN PAUVRE TYPE ou, au fém., UNE PAUVRE FILLE. — **2.** Est *malheureux* (sens II) ce qui est sans importance; les syn. sont PAUVRE, PETIT, INSIGNIFIANT, les contr. IMPORTANT, CONSIDÉRABLE (plus fort).
**L. malheureusement**, v. ce mot.

**malhonnête** [malɔnɛt] adj. (après ou, plus rarement, avant le n.)
(se dit de qqn, de son attitude, de qqch [action]) *Ils ne m'ont jamais rendu l'argent que je leur avais prêté; au fond ce sont des gens malhonnêtes.* ● *C'est malhonnête de nous avoir laissé croire ça, alors que vous saviez que c'était faux.*

**S.** Est *malhonnête* celui qui manque de loyauté, de probité (en matière d'argent). Les syn. sont VOLEUR (plus fort), INDÉLICAT (soutenu). Les contr. sont HONNÊTE, LOYAL, CORRECT. **L. malhonnêtement** (adv.) Il a agi de façon malhonnête → *il a agi malhonnêtement*. ◆ **malhonnêteté** (n. f.) *Ce commerçant est malhonnête, cela fait fuir la clientèle* → *la malhonnêteté de ce commerçant fait fuir la clientèle*.

**malin, igne** [malɛ̃, iɲ] adj. (après le n.) (se dit de qqn, de qqch [action]) *Tu as réussi à ouvrir la porte? Tu es plus malin que moi!* • *C'est vrai qu'elle est gentille, mais on ne peut pas dire qu'elle soit très maligne!* • *Ce n'est pas difficile, c'est pas*

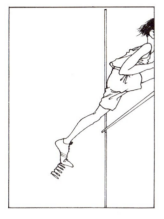

*la peine d'être très malin pour y arriver.* • *Ce n'est pas malin d'être sorti sans manteau alors qu'il neige!* • *Tu n'as pas d'argent pour payer? C'est malin!*

**S.** Est *malin* celui qui a de la finesse et s'en sert pour arriver à ses fins (ou ce qui montre cette intelligence rusée); le mot a pour syn. ASTUCIEUX, HABILE, INTELLIGENT, FUTÉ (fam.), RUSÉ. Le contr. est BÊTE. *Ce n'est pas malin*, ou, ironiq., *c'est malin*, équivaut à C'EST IDIOT, STUPIDE.

**malpoli** → POLI L ; **malpropre** → PROPRE L ; **malsain** → SAIN L.

**maltraiter** [maltrɛte] v. t. (conj. **1**) (sujet qqn) **maltraiter qqn** *Il paraît que cet enfant est maltraité dans sa famille, qu'on le bat et le punit très souvent.*

**S.** *Maltraiter* qqn, c'est le TRAITER MAL, avec dureté, lui faire subir de MAUVAIS TRAITEMENTS. Les syn. sont BRUTALISER (plus fort) et MALMENER (moins fort).

**maman** [mamɑ̃] n. f. [personne, parenté] *Maman va nous emmener au théâtre ce soir.* • *Ta maman viendra te chercher à l'école?* ◆ [appellatif] *Maman, viens m'aider à faire mes devoirs, je n'y arrive pas.*

**S.** *Maman* s'emploie dans le langage enfantin à la place de MÈRE, sans article lorsqu'on s'adresse à sa mère ou qu'on parle d'elle et avec l'adj. possessif lorsqu'on parle à un enfant de sa mère. Le correspondant masculin est PAPA.

**1. manche** [mɑ̃ʃ] n. f.
I. [partie d'un vêtement] *Mon fils a tellement grandi que les manches de son pull sont beaucoup trop courtes.* • *Qu'est-ce que tu as à me tirer par la manche, qu'est-ce que tu veux?*
II. [partie d'un jeu] *La partie se joue en trois manches.* • *[Au tennis]* : « *D'accord, tu as gagné la première manche, mais moi je gagnerai la deuxième.* »

**S. 1.** La *manche* (sens I) est la partie d'un vêtement qui recouvre le bras. — **2.** Au sens II, *manche* désigne une des parties d'un jeu. On appelle souvent REVANCHE la *deuxième manche* et BELLE la *troisième manche*, si elle a lieu.

**2. manche** [mɑ̃ʃ] n. m.
[partie d'un instrument] *Fais attention avec cette casserole, le manche tourne, tu risques de te brûler.* • *J'ai vu de très beaux couteaux avec des manches de toutes les couleurs.*

**S.** Le *manche* d'un instrument est la partie allongée qui permet de le tenir en main.

**mandarine** [mãdarin] n. f.
[fruit] *Cet hiver, les mandarines ne sont pas chères.*

**S.** La *mandarine* est un fruit plus petit que l'orange et d'un goût plus doux.

**mandat** [mãda] n. m.
[objet, valeur] *Comment vas-tu le payer ? — Je vais lui envoyer un mandat par la poste.* • *J'ai touché un mandat de trois mille francs et je ne sais pas de qui.*

**S.** Le *mandat* permet à qqn d'envoyer à qqn d'autre une somme d'argent par la poste.

**manger** [mãʒe] v. t. (conj. 4)
(sujet qqn, un animal) **manger (un aliment)** *Tu n'as rien mangé, tu es malade ?* • *Les chats ont mangé les restes de poisson.* • *Qu'est-ce que vous avez mangé à midi ? — Un bifteck avec des frites.* • *Ils sont partis manger au restaurant.*

**S. 1.** *Manger*, c'est avaler des aliments pour se nourrir. On peut *manger* très peu (GRIGNOTER) ou beaucoup (DÉVORER). Quand on *mange*

qqch de très bon, on dit qu'on SE RÉGALE. — **2.** En parlant de qqn, et sans compl. d'objet, *manger à midi*, c'est DÉJEUNER, *manger le soir*, c'est DÎNER.
**L. gros mangeur, grosse mangeuse** (n.) Pierre mange beaucoup → *Pierre est un gros mangeur.* ◆ **mangeable** (adj.) Cette viande peut-elle être encore mangée ? → *cette viande est-elle encore mangeable ?* ◆ **immangeable** (adj.) Cette viande ne peut pas être mangée → *cette viande est immangeable.*

**maniaque** [manjak] adj. (après le n.) et n.

[adj.] (se dit de qqn) *On a encore changé mes chemises de place. — Oh, ce que tu peux être maniaque, dès que quelque chose n'est pas comme d'habitude, tu te mets en colère.* ◆ [n.] (personne) *Évite de trop raturer ton devoir, c'est un maniaque de la propreté, et il va te mettre une mauvaise note.*

**S.** Est *maniaque* celui qui est très attaché à ses habitudes, qui a des MANIES. Les syn. soutenus sont POINTILLEUX (qui indique qu'on est exigeant), MÉTICULEUX (qui implique un souci du détail).

**manie** [mani] n. f.
[manière, qqn] (non-compt., au sing.) *Quelle manie tu as de laisser toujours traîner tes cigarettes !* • *Mon père avait la manie des bouquins, il y en avait partout !* ◆ (compt.) *Plus elle vieillit, plus elle a de manies. — C'est normal, et il faut respecter ses manies.*

**S.** *Manie* a comme équivalent moins fort HABITUDE, mais comporte une nuance péjor. *Avoir la manie de* a comme syn. moins fort AVOIR LE GOÛT DE et, plus fort, AVOIR LA PASSION DE.
**L. maniaque,** v. ce mot.

**manier** [manje] v. t. (conj. 2)
(sujet qqn) **manier qqch (instrument, appareil, etc.)** *Dis, mon petit, quand on ne sait pas manier un appareil, on ne s'en sert pas.*

**S.** *Manier* qqch, c'est faire les manœuvres nécessaires pour l'utiliser, s'en servir, le faire fonctionner.

**L. maniable** (adj.) C'est une voiture qu'on manie très facilement → *c'est une voiture très maniable.* ◆ **maniement** (n. m.) On apprend à manier les armes → *on apprend le maniement des armes.*

**manière** [manjɛr] n. f.
I. (compt.) *Dis donc, tu as une drôle de manière de parler aux gens, ce n'est pas poli !* • *Je n'aime pas sa manière d'agir avec ses enfants : elle leur laisse faire toutes les bêtises qu'ils veulent.* • *Il y a plusieurs manières de remercier quand on a été invité : écrire, envoyer des fleurs, inviter à son tour, etc.* ◆ (compt., surtout au sing.) *On n'a qu'à fermer la télé, de cette manière, tout le monde sera d'accord, voilà.* • *La manière dont tu t'y es pris n'est certainement pas la bonne.* • *Il faut être juste ; d'une certaine manière, c'est lui qui a raison.* • *Qu'est-ce qu'on fait ce soir ? — De toute manière, on sort, on décidera ensuite si on va au cinéma ou au restaurant.*
II. (compt., surtout au plur.) *Dites donc, en voilà des manières ! Alors c'est comme ça qu'on parle à son professeur ?* • *Je vous en prie, ne faites pas de manières, acceptez tout simplement.*

**S. 1.** *Manière* (sens I) a pour syn. FAÇON ou FORMULE, SYSTÈME, PROCÉDÉ, etc. — **2.** *De cette manière* (sens I) a pour syn. courant COMME ÇA. *D'une certaine manière* a pour syn. SOUS UN CERTAIN ANGLE, D'UN CERTAIN POINT DE VUE. *De toute manière* a pour syn. DE TOUTE FAÇON, EN TOUT CAS ou, plus particulièrement, QUOI QU'IL ARRIVE. — **3.** *Manières* (sens II) a pour syn. FAÇONS, COMPORTEMENT, ATTITUDE. *Faire des manières*, c'est ne pas être simple, FAIRE DES SIMAGRÉES (soutenu et péjor.), DES FAÇONS.

**manifestation** [manifɛstasjɔ̃] n. f.
[action, qqn] *Les ouvriers sont en grève et organisent une manifestation lundi.* • *C'est vrai que la manifestation a été interdite ?* • *Le 1er mai, fête du Travail, il y a eu des manifestations dans tous les pays.*

**S.** Une *manifestation* est une démonstration collective et publique destinée à proclamer certaines opinions, revendications politiques ou sociales. La *manifestation* est en général un défilé sur la voie publique, au cours duquel les MANIFESTANTS portent des banderoles, crient des slogans et distribuent des tracts.

**manifeste** [manifɛst] adj. (après le n.)
(se dit de qqch [abstrait]) *Vous ne pouvez pas nier que c'est vous le responsable ; il y a une erreur manifeste dans vos comptes.* • *Il devrait se reposer ; sa fatigue est manifeste et il ne peut plus travailler.*

**G.** Cet adj. n'a ni comparatif ni superlatif.
**S.** Est *manifeste* (soutenu) ce qui est ÉVIDENT (langue courante) ou VISIBLE. Les syn. sont INDÉNIABLE (soutenu), INDISCUTABLE.

**L. manifestement** (adv.) *Il est manifeste qu'il s'est trompé* → *il s'est manifestement trompé.*

**manifester** [manifɛste] v. t. et v. i. (conj. **1**)
I. [v. t.] (sujet qqn) **manifester un sentiment, une opinion** *Il est resté impassible, n'a manifesté ni surprise ni colère.* ◆ (sujet qqch) **se manifester** *Et comment cette maladie se manifeste-t-elle ?* ◆ (sujet qqn) **se manifester** *Nous avons passé une petite annonce pour ce poste, mais aucun candidat ne s'est encore manifesté.*
II. [v. i.] (sujet qqn) **manifester (pour, contre qqch)** *Les étudiants ont manifesté contre la réforme de l'enseignement supérieur.*

**S. 1.** *Manifester un sentiment* (sens I), c'est le MONTRER, l'EXPRIMER. En parlant de qqch, *se manifester*, c'est SE PRÉSENTER, APPARAÎTRE, SE RÉVÉLER. En parlant de qqn, c'est SE PRÉSENTER ou montrer qu'on existe. — **2.** *Manifester* (sens II), c'est faire ou participer à une MANIFESTATION.

**L. manifestant, e** (n.) [sens II] *Quelques personnes qui manifestaient ont été arrêtées par la police* → *quelques manifestants ont été arrêtés par la police.* ◆ **manifestation,** v. ce mot.

**manipuler** [manipyle] v. t. (conj. **1**)
I. (sujet qqn) **manipuler qqch (objet, instrument, etc.)** *Il s'est blessé en manipulant sans précaution un revolver.*
II. (sujet qqn, un organisme) **manipuler qqn, un groupe** *Les travailleurs ont eu l'impression d'avoir été manipulés par les syndicats.*

# MANŒUVRE

**S. 1.** *Manipuler un objet* (sens I), c'est le MANIER dans un but précis et le plus souvent soigneusement. — **2.** *Manipuler qqn* (soutenu), c'est exercer sur lui une pression (surtout politique), le dominer sans qu'il s'en rende compte.
**L. manipulation** (n. f.) [sens I] *Les chimistes font des manipulations dangereuses* (← manipulent des produits dangereux). ◆ [sens II] *Il était évident qu'ils nous manipulaient* → *la manipulation était évidente.*

**1. manœuvre** [manœvr] n. f.
I. [action, qqn, et résultat] **manœuvre (de qqn)** *Je suis victime de manœuvres malhonnêtes ; j'ai été trompé, ce sont eux les responsables.*
II. [action, qqn, et résultat] **manœuvre (d'un véhicule)** *Tu vas passer ton permis de conduire ? — Oui, j'apprends à faire les manœuvres pour me garer.*

**S. 1.** *Manœuvre* (soutenu) est péjor. au sens I ; il a pour syn. MANIPULATION, AGISSEMENT, MACHINATION (soutenus), COMBINE (fam.). — **2.** Au sens II, une *manœuvre*, c'est l'action de faire mouvoir (soutenu) un véhicule (bateau, voiture, train), de régler son mouvement.
**L. manœuvrer,** v. ce mot.

**2. manœuvre** [manœvr] n. m.
[personne, profession] *Jacques a trouvé une place de manœuvre sur un chantier, il passe sa journée à décharger des sacs de ciment.*

**S.** Un *manœuvre* est un ouvrier sans qualification professionnelle.

**manœuvrer** [manœvre] v. t. (conj. **1**)
I. (sujet qqn) **manœuvrer qqn** *Surtout restez sur vos positions, ne vous laissez pas manœuvrer.* ◆ (sans compl.) *Ne t'inquiète pas, il arrivera à ce qu'il veut ; il sait manœuvrer.*
II. (sujet qqn) **manœuvrer un véhicule** *Je vais essayer de manœuvrer la voiture pour passer entre les deux, mais c'est dangereux.* ◆ (sans compl.) *Regarde cet idiot, il ne sait pas manœuvrer et n'arrive pas à se garer.*

**S. 1.** *Manœuvrer* (sens I), c'est employer des moyens adroits, habiles, rusés pour arriver à ses fins ; *manœuvrer qqn* a pour syn. MANIPULER. — **2.** *Manœuvrer* (sens II), c'est faire exécuter des mouvements à un véhicule ; le syn. courant est CONDUIRE.

**manquer** [mãke] v. t., v. t. ind. et v. i. (conj. **1**)
I. [v. t. ind.] (sujet qqn, qqch) **manquer de qqch** *Cette sauce est bonne, mais elle manque de sel, remets-en un peu.* ● *Aline manque de patience avec ses enfants, elle s'énerve trop vite.* ● *Je manque de temps pour finir ce travail aujourd'hui.*
II. [v. i.] (sujet qqch, qqn) *Ce n'est pas le travail qui manque, on en a même beaucoup trop !* ● *Alors tout est prêt, rien ne manque ?* ● *On est tous là, personne ne manque ! — Si, Pierre n'est pas encore arrivé.* ● *On ne peut pas commencer la réunion, il manque cinq personnes.* ● *Les fruits manquent sur les marchés en ce moment.*
III. [v. t. ind.] (sujet qqn, qqch) **manquer à qqn** *Il me manque trois francs, c'est toi qui me les as pris ?* ● *Qu'est-ce que tu m'as manqué ! Je n'aime pas quand tu n'es pas là.* ● *Les vacances ne te manquent pas trop ?*
IV. [v. t.] (sujet qqn) **manquer qqch, qqn** *Si*

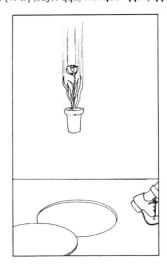

*Alain manque trop souvent les cours, il n'aura pas son examen.* • *Zut, j'ai manqué le train de cinq minutes !* • *Il n'aurait jamais dû faire ce métier, il a manqué sa vie !* • *Il voulait me voir, mais il est arrivé en retard et m'a manqué de peu.*

**S. 1.** *Manquer de* (sens I) s'oppose à AVOIR EN QUANTITÉ SUFFISANTE, AVOIR ASSEZ DE. — **2.** *Manquer* (sens II) a pour syn. FAIRE DÉFAUT (soutenu) en parlant de qqch, NE PAS ÊTRE LÀ, alors qu'on devrait y être, en parlant de qqn. — **3.** Qqn qui *manque à* qqn (sens III) est qqn dont on regrette la présence, dont on supporte mal l'absence, dont on s'ennuie. — **4.** *Manquer* (sens IV) a pour syn. RATER ou LOUPER (fam.) ; plus précisément, *manquer sa vie, une action,* etc., a pour contr. RÉUSSIR ; *manquer un cours* a pour contr. Y ASSISTER ; *manquer le train, le bus*, etc., a pour contr. l'AVOIR, l'ATTRAPER ; *manquer qqn,* c'est ne pas le RENCONTRER.
**L. manquant, e** (adj.) [sens II] La somme qui manque devra être remboursée → *la somme manquante devra être remboursée.* ◆ **manqué, e** (adj.) [sens IV] Encore un rendez-vous que j'ai manqué → *encore un rendez-vous manqué.* ◆ **manque** (n. m.) [sens I] C'est parce qu'il manque de temps qu'il ne peut faire ce travail → *le manque de temps l'empêche de faire ce travail.*

**manteau** [mɑ̃to] n. m.
[vêtement] *Il fait froid ce matin, tu devrais mettre ton manteau.* • *Yves a acheté à sa femme un manteau de fourrure.*

**S.** *Manteau* désigne aussi bien un vêtement masculin que féminin. Conçu pour le froid, il s'oppose à l'IMPERMÉABLE (conçu pour la pluie). Un *pardessus* est un *manteau* d'homme. Le *manteau* est long, par oppos. à la VESTE ou au BLOUSON, qui s'arrêtent aux hanches ou à la taille.

**manuel, elle** [manɥɛl] adj. (après le n.) et n.
[adj.] (se dit de qqch) *On veut en ce moment donner plus de valeur au travail manuel.* ◆ (se dit de qqn) *Pierre est très manuel, il peut tout faire de ses mains.* • [n.] (personne) *Je m'entends mieux avec les manuels qu'avec les intellectuels.*

**G.** L'adj. n'a, en parlant de qqch, ni comparatif ni superlatif.
**S.** *Manuel* s'oppose à INTELLECTUEL et se dit d'une activité où le travail des MAINS joue le rôle principal.

**maquereau** [makro] n. m.
[animal] *On s'est servi des maquereaux au vin blanc ; c'est un hors-d'œuvre excellent. — Pour ceux qui aiment le poisson.*

**S.** Le *maquereau* est un poisson de mer.

**maquiller (se)** [makije] v. pr. (conj. 1), **être maquillé** v. pass.
(sujet qqn [femme, acteur]) *Quand elle se*

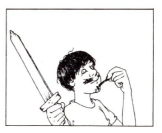

*maquille, Catherine se met juste un peu de rouge sur les lèvres.* • *Christiane est trop maquillée. — C'est pour se faire remarquer.*

**S.** On *se maquille* le visage, les yeux avec du fond de teint, de la poudre, les lèvres avec du rouge à lèvres.
**L. maquillage** (n. m.) Je vais acheter des produits pour me maquiller → *je vais acheter des produits de maquillage.* ◆ **démaquiller (se)** [v. pr.] Elle enlève son maquillage → *elle se démaquille.*

**marchand, e** [maʁʃɑ̃, ɑ̃d] n.
[personne, profession] **marchand de qqch (produit)** *Est-ce que ton marchand de poisson est sur le marché, le samedi ?* • *C'est dimanche, tous les marchands de journaux ferment !* • *Leur appartement se trouve au premier étage, juste au-dessus d'un petit marchand de chaussures.*

**S.** Les *marchands* (de poisson, de journaux, de vin, etc.) sont les commerçants qui vendent ces MARCHANDISES.

**marchandise** [maʁʃɑ̃diz] n. f.
[collectif, objets] *Le transport des marchandises se fait surtout par camion et par train ; les denrées alimentaires viennent en quelques heures à Paris.*

# MARCHE

**S.** *Marchandise* (qui s'emploie surtout au plur.) désigne tout produit qui fait l'objet d'un commerce, ce que vend le commerçant, ce qu'achète le client. Les syn. plus précis et plus limités sont DENRÉE (soutenu), qui concerne les produits alimentaires, ARTICLE, qui s'applique plutôt aux produits manufacturés ; CAMELOTE est un syn. péjor. désignant une *marchandise* de faible valeur et de mauvaise qualité.

**marche** [marʃ] n. f.
I. [action, qqn] (non-compt., au sing.) *Pierre adore la marche, il fait tous les jours un kilomètre à pied.* ● *Le métro est loin de chez toi ? — Non, à peu près à cinq minutes de marche.*
II. [action, qqch] (non-compt., au sing.) **marche d'un appareil, d'un organisme, etc.** [*Dans le métro*] : « *Ne descends pas en marche, tu risques de tomber, attends que le métro soit arrêté.* » ● *Pour la bonne marche des affaires, il faudrait réorganiser les services.* ◆ **marche avant, arrière** *On n'a pas le droit de prendre une rue à sens interdit, même en marche arrière.* ◆ (sujet qqn) **mettre en marche qqch (appareil, véhi-**

**cule)** *Je n'arrive pas à mettre en marche la machine à laver, elle doit être en panne.*
III. [partie d'un objet] (compt.) *Il a raté une marche en descendant l'escalier, c'est comme ça qu'il s'est cassé la jambe.* ● *Il y a un panneau sur la porte du magasin : « Attention à la marche. »*

**S. 1.** Au sens I, *marche* désigne l'action ou la manière DE MARCHER (sens I). Il peut avoir pour syn. PROMENADE ; *cinq minutes de marche* a pour syn. CINQ MINUTES À PIED. La *marche* s'oppose à la COURSE. — **2.** Au sens II, *marche* désigne l'action de fonctionner, de se déplacer (véhicule). *En marche avant, arrière* a pour équivalent QUAND LE VÉHICULE DE DÉPLACE EN AVANT, EN ARRIÈRE. *Mettre en marche un appareil* a pour équivalents FAIRE MARCHER (sens III), FAIRE FONCTIONNER. — **3.** Un ensemble de plusieurs *marches* (sens III) forme un ESCALIER.

**marché** [marʃe] n. m.
I. [lieu, commerce] *Tu as déjà vu dans le Midi les marchés aux fleurs ?* ● *Le samedi est jour de marché : les marchands de légumes et de fruits sont nombreux sur la place.* ● *Demain j'irai au marché de bonne heure.*
II. [action, qqn] *Tu vas faire le marché ? Attends, je vais te faire une liste de ce qu'il faut acheter.* ● *Où est-ce que tu fais ton marché d'habitude ?*
III. [état, qqch] *Alors, quand est-ce que vous lancez ce nouveau produit sur le marché ?* ● *Il travaille dans une maison de publicité, mais il fait surtout des études de marché.*
IV. **(à) bon, meilleur marché** *J'ai acheté cette série de livres à bon marché.* ● *Tu connais dans le quartier un restaurant bon marché ?* ● *Bientôt les fruits seront meilleur marché.*
V. **par-dessus le marché** *Vous arrivez en retard, et, par-dessus le marché, vous me demandez la permission de sortir une heure plus tôt ce soir ?*

**S. 1.** Le *marché* (sens I) est un rassemblement de commerçants qui vendent hors des magasins et des boutiques, directement dans la rue (commerçants itinérants, marché périodique) ou dans de vastes bâtisses (marché couvert, permanent). — **2.** *Faire le marché* (sens II) a pour syn. FAIRE LES COURSES, ACHETER DES PROVISIONS ; l'expression concerne surtout les achats alimentaires. — **3.** *Marché* (sens III) désigne l'ensemble des débouchés économiques possibles pour la vente d'un produit. — **4.** *(À) bon marché* (sens IV) a pour contr. CHER. — **5.** *Par-dessus le marché* (sens V) a pour syn. EN PLUS, QUI PLUS EST, DE PLUS, EN OUTRE (soutenu).

**marcher** [marʃe] v. i. (conj. 1)
I. (sujet qqn) **marcher sur qqch, vers un lieu, d'une certaine manière** *Marche sur le trottoir, sinon tu vas te faire renverser par une voiture.* ● *Les Américains ont été les premiers à marcher sur la Lune.* ● *Qu'est-ce que tu marches lentement ! On n'arrivera jamais à temps.* ◆ (sans compl.) *Votre fils a un an, il apprend à marcher ?* ● *Sylvie s'est blessée au pied, elle ne peut plus marcher.*
II. (sujet qqn) *Je lui ai proposé une affaire, je suis sûr qu'il marchera.* ● *Quoi ? Ce n'est pas possible, Jacques n'a pas quarante ans, tu me fais marcher !*

III. (sujet un appareil, un véhicule) *Ma montre marche mal, je ne sais plus quelle heure il est!* • *Les métros ne marchent pas aujourd'hui, c'est la grève.* • *Je n'arrive plus à faire marcher la télé : elle doit être en panne.*
IV. (sujet qqch [abstrait]) *Entre eux deux, ça ne marche plus du tout, ça va sûrement finir par un divorce.* • *Ça marche pour demain ? Tu n'oublies pas notre rendez-vous ?* • *Les affaires marchent mal en ce moment.*

**S. 1.** Au sens I, *marcher* équivaut à ALLER À

PIED, AVANCER, SE PROMENER ou POSER LE PIED SUR ; il s'oppose à COURIR. — **2.** Au sens II, *marcher*, fam., a pour syn. ACCEPTER (langue courante), CONSENTIR (soutenu). *Faire marcher* qqn a pour syn. TROMPER qqn. — **3.** Au sens III, le syn. est FONCTIONNER ; *ne pas marcher* est syn. de ÊTRE EN PANNE, ÊTRE ARRÊTÉ. — **4.** Au sens IV, *marcher* est fam. ; il est souvent précisé par les adv. BIEN ou MAL et a pour syn. courant ALLER (BIEN, MAL).
**L. marche**, v. ce mot. ◆ **marcheur, euse** (n.) [sens I] *C'est un homme qui marche beaucoup → c'est un bon marcheur.*

**mardi** [mardi] n. m.
[jour] (sans article) *Après lundi, c'est mardi.* • *Nous sommes mardi 4 novembre 1975.* • *Mardi dernier, nous sommes allés au cinéma.* ◆ (avec l'article) *Le mardi, Pierre rentre très tard à la maison.* • *Ce journal paraît tous les mardis.* • *On s'est connu un mardi 1er avril.*

**S.** Le *mardi* est le deuxième jour de la semaine.

**marée** [mare] n. f.
[phénomène naturel] *Renseigne-toi sur les heures des marées avant d'aller à la pêche.* • *À marée basse, la plage est très vaste, mais à marée haute, on est tous serrés les uns contre les autres.*

**S.** La *marée* est le mouvement périodique et régulier des eaux de la mer, qui monte (FLUX) et qui descend (REFLUX).

**marginal, e, aux** [marʒinal, no] adj. (après le n.) et n.
[adj.] (se dit de qqch) *La crise va faire disparaître les entreprises marginales, seules resteront celles qui sont assez solides.* • *C'est tout à fait marginal ce que tu fais remarquer ; ça n'aura aucune conséquence.*
◆ [n.] (personne) *Quand il y a un vol dans le pays, on accuse toujours les jeunes marginaux qui habitent la ferme là-bas.*

**S.** Est *marginal* (soutenu) ce qui n'est pas ESSENTIEL ; le syn. est SECONDAIRE, le contr. CENTRAL. Un *marginal* (langue soutenue), c'est qqn qui vit EN MARGE de la société, qui ne s'y est pas intégré.

**marguerite** [margərit] n. f.
[fleur] *Comme c'est joli ce bouquet de marguerites ! — Je les ai cueillies dans les champs en me promenant.*

**S.** La *marguerite* est une fleur très commune à cœur jaune et à pétales organisés en couronne.

**mari** [mari] n. m.
[personne, parenté] *Voici Nicole et son mari Jacques.* • *Qui est-ce, ce type, là-bas ? — C'est le mari de Jeanne.*

**S.** L'équivalent féminin est FEMME ; ÉPOUX, CONJOINT sont les syn. dans la langue administrative.

**mariage** [marjaʒ] n. m.
[action, qqn] *Il y a beaucoup de mariages le mercredi à la mairie : on a ainsi la fin*

# MARIER

de la semaine de congé. • *Tu es invité au mariage de Catherine? Pas moi.* • *Ils ont fait un mariage religieux, mais c'est pour plaire à leurs parents.* ◆ [résultat] *Leur mariage n'a pas été heureux, ils ont divorcé au bout de deux ans.*

**S.** Par le *mariage*, précédé parfois de la période des FIANÇAILLES, un homme et une femme, qui se sont fiancés, deviennent des ÉPOUX : le MARI et la FEMME. Les syn. sont NOCES (soutenu), quand il s'agit de la cérémonie, et UNION (soutenu), quand il s'agit de l'acte lui-même. Le *mariage* CIVIL a lieu à la mairie, le *mariage* RELIGIEUX à l'église, au temple, etc. Le *mariage* peut être rompu légalement par le DIVORCE. Le *mariage* est aussi l'état, la situation résultant de l'acte ; le syn. soutenu est UNION.

**marier (se)** [marje] v. pr. (conj. **2**), **être marié** v. pass.
(sujet qqn) **se marier, être marié (avec qqn)** *Ça fait trois ans que Catherine et Jean se connaissent, ils vont se marier.* • *Martine s'est mariée avec un médecin.* • *Françoise et Paul sont mariés depuis deux ans, et ils pensent déjà à divorcer.*

**S.** *Se marier, être marié avec qqn, c'est s'unir, être uni à qqn par le* MARIAGE. *Se marier (avec)* s'oppose à DIVORCER (D'AVEC), ROMPRE (AVEC), SE SÉPARER (DE). Avec un sujet sing., *se marier avec qqn* a pour syn. ÉPOUSER qqn ; *être marié* (sans compl.) a pour contr. ÊTRE CÉLIBATAIRE. Avant de *se marier*, les futurs époux peuvent SE FIANCER.
**L. marié, e** (n.) *Pierre et Pauline viennent de se marier* → *Pierre et Pauline sont de jeunes mariés.* ◆ **mariage,** v. ce mot. ◆ **remarier (se)** [v. pr.] *Après son divorce, il s'est marié de nouveau* → *après son divorce, il s'est remarié.*

**1. marin** [marɛ̃] n. m.
I. [personne, profession] *Il en a vu des ports ce vieux marin !*

II. [personne, agent] **bon, mauvais marin** *Avec Yves, je n'ai pas peur en bateau, c'est un bon marin.*

**S. 1.** Un *marin* (sens I) est un homme qui navigue sur un bateau par profession, qui est engagé dans la MARINE. Sur un bateau, les *marins* sont subordonnés aux OFFICIERS et au COMMANDANT. Les syn. sont MATELOT et HOMME D'ÉQUIPAGE. — **2.** *Être bon (mauvais) marin* (sens II), c'est savoir naviguer, connaître bien (mal) la MER.

**2. marin** → MER L.

**marine** [marin] n. f.
[institution] (compt., surtout au sing.) *Mon fils adore la mer et il veut faire son service militaire dans la marine.*

**S.** La *marine* est l'ensemble des activités, des services qui ont trait à la navigation sur MER. C'est aussi l'ensemble des MARINS et des navires (de guerre ou de commerce) qui en font partie. Sans compl., la *marine* désigne la *marine* DE GUERRE.

**mark** [mark] n. m.
[argent, unité] *Il me reste encore quelques marks de mes vacances en Allemagne, mais je les garde pour un prochain voyage.*

**S.** V. MONNAIE.

**marque** [mark] n. f.
I. [résultat] *Je suis tombé dans l'escalier, il y a un mois, regarde mes genoux, j'ai encore des marques !* • *Essuie les verres, il y a encore des marques de doigts.* ◆ [action, qqn] *Zut ! je ne me souviens plus de la page où je m'étais arrêtée, j'ai oublié de faire une marque.*
II. [statut, qqch] *Comme ton linge est blanc, tu as changé de marque de lessive ?* • *Pascal a six ans, il connaît toutes les marques de voitures.* ◆ **de marque** *Je vous assure que vous n'aurez aucun regret, c'est un produit de marque, garanti !*
III. [résultat, sport] *Tu regardes le match de rugby ? Où en est la marque à la mi-temps ?*

**S. 1.** Une *marque* (sens I) est une trace laissée par un coup : ce peut être un BLEU, une CICATRICE ; c'est aussi un signe, une TRACE qui MARQUENT le passage de qqn, de qqch. *Faire une marque sur* qqch d'un signe particulier (croix, trait, etc.) qui sert de repère. — **2.** Une *marque* (sens II), c'est le nom d'une entreprise commerciale associé au produit qu'elle vend. *De marque,* c'est-à-dire *de grande marque,* a pour syn. DE QUALITÉ. — **3.** La *marque* (sens III), c'est le nombre de points MARQUÉS par chaque équipe au cours d'un match.

**marquer** [marke] v. t. (conj. **1**)
I. (sujet qqn) **marquer qqch (indication)** *Attends! je prends un crayon pour marquer ton numéro de téléphone.* • *N'oublie pas de marquer le rendez-vous sur ton carnet.* ◆ **marquer un lieu, un objet** *Marque-moi au crayon les phrases qui ne vont pas; je les corrigerai.* • *Comment va-t-on chez les Durand? — Tu ne peux pas te tromper, c'est marqué!*
II. (sujet qqch, qqn) **marquer qqn** *La mort*

*de son oncle a beaucoup marqué Paul.* • *Je me souviendrai de ce qu'elle m'a dit, ça m'a marquée!*

**S. 1.** *Marquer une indication* (sens I) a pour syn. ÉCRIRE, NOTER, INSCRIRE. *Marquer un lieu, un objet* a pour syn. INDIQUER, SIGNALER. — **2.** *Marquer* (sens II) a pour syn. IMPRESSIONNER, TOUCHER, FRAPPER. Le contr. est LAISSER INDIFFÉRENT.
**L. marquant, e** (adj.) [sens II] *C'est un événement qui m'a marquée* → *c'est un événement marquant.*

**marrant, e** [marɑ̃, ɑ̃t] adj. (après le n.)
(se dit de qqch, de qqn) *Tiens, j'ai une histoire marrante à te raconter. — Celle d'hier?* • *Si tu crois que c'est marrant de rester à la maison le dimanche à te regarder travailler.* • *Il est marrant, il est toujours absent quand on a besoin de lui.* • *Comment est ton prof d'histoire? — Pas marrant du tout.*

**S.** Est *marrant* (très fam.) qqch ou qqn qui amuse; les syn. DRÔLE (courant et moins fort), AMUSANT, COMIQUE, et les contr. SÉRIEUX, TRISTE (plus fort). C'est aussi ce qui retient l'attention par son caractère anormal, les syn. sont alors BIZARRE, CURIEUX.

**marron** [marɔ̃] adj. inv. (après le n.) et n. m.
[adj. inv.] (se dit de qqch) *Sylvie est brune avec des yeux marron.* • *Ils ont acheté de la peinture marron clair.* ◆ [n. m.] (couleur) [compt., surtout au sing.] *Le marron te va très bien.*

**S.** *Marron* désigne la couleur du MARRON (n. m.), fruit du MARRONNIER. Il a pour syn. BRUN. LE BEIGE est un *marron* très clair.

**marronnier** [marɔnje] n. m.
[arbre] *Quels sont les premiers arbres qui portent des fleurs à Paris? — Ce sont les marronniers.*

**S.** Les *marronniers* ou CHÂTAIGNIERS sont des arbres dont les fruits sont les MARRONS.

**mars** [mars] n. m.
[mois] (non-compt., au sing.) *Le printemps, cette année, tombe un 21 mars.* • *Stéphanie est née un 17 mars, n'oublie pas son anniversaire.* • *Les fêtes de Pâques commencent parfois en mars.* • *Au mois de mars, il pleut souvent.*

**S.** *Mars* est le troisième mois de l'année. C'est un mois d'hiver et de printemps (le printemps commence le 20 ou le 21 mars).

**marteau** [marto] n. m., pl. **marteaux**
[instrument] *Passe-moi le marteau et un clou, on va enfin accrocher ce tableau au mur.*

**S.** Un *marteau* est un outil ou un instrument qui sert à enfoncer un clou, une pointe, etc., dans une matière dure en tapant.

**marxiste** [marksist] adj. (après le n.) et n.
[adj.] (se dit de qqn, de qqch) *Ce livre est une étude marxiste de l'économie en Europe.* • *Jacques est un journaliste marxiste.* ◆ [n.]

(personne) *Ce livre d'histoire a été écrit par un marxiste.*

**S.** La doctrine *marxiste* est le matérialisme dialectique, établi par KARL MARX.
**L. marxisme** (n. m.) Connais-tu la théorie marxiste ? → *connais-tu le marxisme ?*

**masculin, e** [maskylɛ̃, in] adj. (après le n.)
I. (se dit de qqch) *Ce magasin ne vend que des vêtements masculins.* • *La population masculine, en France, est d'environ vingt-cinq millions de personnes.*
II. (se dit de qqn, de son attitude) *Marie est assez jolie, mais elle a des allures un peu trop masculines.*

**G.** Au sens I, cet adj. n'a ni comparatif ni superlatif.
**S. 1.** Est *masculin* ce qui concerne l'homme au physique et au moral, ce qui est porté (vêtements) par les hommes ou les jeunes gens, les garçons : les *vêtements masculins* sont des *vêtements* D'HOMME. — **2.** Être *masculin* (sens II), c'est avoir les caractères, les qualités d'un homme, tenir de l'homme. Les syn. sont VIRIL (soutenu) et MÂLE (savant).

**masqué, e** [maske] adj. (après le n.)
(se dit de qqn, de son visage) *Non, je n'ai pas pu reconnaître les voleurs, ils étaient masqués.*

**G.** Cet adj. n'a ni comparatif ni superlatif.
**S.** Qqn qui est *masqué* porte qqch sur son visage, un MASQUE, un foulard, etc., qui le cache.

**masquer** [maske] v. t. (conj. **1**)
(sujet qqch, qqn) **masquer qqch (à qqn)** *C'est dommage, ce grand arbre juste devant la fenêtre qui masque le paysage.* • *Vous avez voulu me masquer la vérité, n'est-ce pas, mais, croyez-moi, je préfère la connaître.*

**S.** *Masquer* est un syn. soutenu de CACHER, DISSIMULER (soutenu).

**massacrer** [masakre] v. t. (conj. **1**)
(sujet qqn) **massacrer des personnes, des animaux** *C'est un fou dangereux qui a massacré toute sa famille.*

**S.** *Massacrer,* c'est TUER sauvagement un groupe de personnes, d'animaux.
**L. massacre** (n. m.) *La population a été massacrée sans raison* → *le massacre de la population a été fait sans raison.*

**masse** [mas] n. f.
I. [quantité] (non-compt., au sing. ou au plur.) **masse de + n. plur.** (compt.) ou **de + n. sing.** (non-compt.) *Il y a une masse de gens qui pensent que j'ai raison.* • *Il sait des masses de choses, mais il s'exprime mal.* • *De l'argent, tu sais, je n'en ai pas des masses.* ◆ **en masse** *Les jeunes sont venus en masse pour écouter cet orchestre.*
II. [collectif, personnes] (non-compt., au sing. ou au plur.) *Ce film est trop compliqué, il ne plaira pas à la masse.* • *C'est un parti qui défend les masses et non ceux qui sont au pouvoir.*

**S. 1.** Une *masse* (sens I) est une grande quantité sans forme précise ; les syn. sont TAS (moins fort), MONCEAU. *Une masse de* équivaut à BEAUCOUP DE. *En masse* a pour syn. EN FOULE, EN GRAND NOMBRE. — **2.** *La masse* ou *les masses* (sens II) sont la majorité des gens, LE PLUS GRAND NOMBRE, la FOULE, le PEUPLE, par oppos. aux INDIVIDUS, ou à l'ÉLITE quand *masse* a un sens péjor.

**massif, ive** [masif, iv] adj. (après le n.)
I. (se dit de qqch) *Il nous faut le soutien massif de la population du village pour imposer notre idée à la mairie.* • *Elle est très malade, elle a avalé une dose massive de médicament.*
II. (se dit d'une matière) *Ce bijou est cher mais il est en or massif.*

**G.** Cet adj. n'a ni comparatif ni superlatif. Au sens II, *massif* est seulement épithète.
**S. 1.** *Massif* (sens I) se dit de ce qui concerne un grand nombre de personnes ou qui est en grande quantité ; IMPORTANT est un syn. moins fort. — **2.** *Massif* (sens II) s'oppose à PLAQUÉ, CREUX ou MÉLANGÉ.
**L. massivement** (adv.) [sens I] *Ils m'ont soutenu de manière massive* → *ils m'ont massivement soutenu.*

**match** [matʃ] n. m., pl. **matches** [matʃ] ou **matchs**
[action, sport] *Le match France-Angleterre de football s'est terminé par la victoire des Anglais par 3 à 0.* • *Quel est le résultat du*

# MATÉRIEL

*match ? — C'est l'équipe de France qui a gagné.*

**S.** Un *match* est une RENCONTRE (SPORTIVE) [soutenu] entre deux ou plusieurs équipes ou

concurrents. Pour les sports individuels, on parle plutôt de COMPÉTITION (natation, athlétisme), de COMBAT (boxe). Le résultat du *match* constitue le SCORE.

**matérialiser (se)** [materjalize] v. pr. (conj. **1**)
(sujet qqch [abstrait]) *Ses espoirs se sont enfin matérialisés : il a trouvé un emploi.*

**S.** *Se matérialiser* (soutenu), c'est devenir réel. Il a pour syn. SE CONCRÉTISER.
**L. matérialisation** (n. f.) *Son idée se matérialisera-t-elle un jour ?* → *la matérialisation de son idée se fera-t-elle un jour ?*

**matérialiste** [materjalist] adj. (après le n.) et n.
[adj.] (se dit de qqn) *Oh, ce n'est pas un sentimental, ni un poète, il serait plutôt matérialiste, uniquement préoccupé de ses intérêts.* ◆ [n.] (personne) *On ne peut pas dire qu'il vive dans un rêve, c'est plutôt un matérialiste.*

**S.** Est *matérialiste* (dans le sens indiqué ici) celui qui recherche les plaisirs de la vie, par oppos. aux plaisirs intellectuels, ou celui qui a le sens du concret, du réel, du possible, par oppos. à IDÉALISTE.

**matériaux** [materjo] n. m. pl.
[collectif, matières] (non-compt., au plur.)

*Quels sont les matériaux utilisés dans cette construction ? — Le béton, l'acier, le verre.*

**S.** *Matériaux* désigne l'ensemble des MATIÈRES utilisées pour la construction.

**1. matériel, elle** [materjɛl] adj. (après le n.)
I. (se dit de qqch) [*Au téléphone*] : «*Désolé, mais je suis dans l'impossibilité matérielle d'arriver pour le dîner, je suis en panne sur l'autoroute à cent kilomètres de chez vous.*»
II. (se dit de qqch) *Non, elle n'aura aucun problème matériel après le divorce : son mari lui laisse l'appartement et il s'est engagé à lui verser de l'argent tous les mois.*

**G.** Cet adj. n'a ni comparatif ni superlatif.
**S. 1.** *Matériel* (sens I) se dit de ce qui existe réellement, de manière concrète. — **2.** *Matériel* (sens II) se dit de ce qui concerne le bien-être, les moyens d'existence et a le plus souvent comme syn. ÉCONOMIQUE ou FINANCIER.
**L. matériellement** (adv.) [sens I] *Je suis dans l'impossibilité matérielle de venir* → *il m'est matériellement impossible de venir.* ◆ [sens II] *Sur le plan matériel, il n'a aucun souci à se faire* → *matériellement, il n'a aucun souci à se faire.*

**2. matériel** [materjɛl] n. m.
[collectif, objets] (compt., surtout au sing.) *Dans ce magasin, on vend du matériel de bureau : des tables, des fauteuils, des machines à écrire.* ● *Qu'est-ce qu'il faut emporter comme matériel pour faire du camping ?* ● *Ah ! Michel doit avoir l'intention de faire des photos : il a apporté tout son matériel.*

589

# MATERNEL

**S.** Un *matériel* est un ensemble d'outils, d'appareils, d'instruments ou de machines nécessaires pour une activité, un métier, une exploitation (*matériel* d'imprimerie, de photo, de bureau, de laboratoire, de guerre, *matériel* agricole, roulant, etc.). Les syn. plus restreints sont ÉQUIPEMENT et OUTILLAGE.

**maternel** → MÈRE L.

**mathématiques** [matematik], **maths** [mat] n. f. pl.
[science] (non-compt., au plur.) *Franck veut être professeur de mathématiques.* • *Comment s'est passé ton cours de maths ?*

**S.** Les *mathématiques* ou, fam., les *maths* sont la science des grandeurs, des nombres, des figures géométriques. Elles comprennent l'algèbre, l'arithmétique, la géométrie, etc.
**L. mathématique** (adj.) *Ce n'est pas un raisonnement mathématique* (← qui utilise les mathématiques, leur rigueur). ◆ **mathématicien, enne** (n.) Il est spécialiste des mathématiques → *il est mathématicien.*

**matière** [matjɛr] n. f.
I. (concret) *Elle est très jolie cette ceinture, elle est en quelle matière ? — En plastique, mais on dirait du cuir, n'est-ce pas ?* ◆ **matières grasses** *Si tu veux maigrir, il faut que tu fasses la cuisine sans matières grasses.*
II. (abstrait) *Pierre travaille bien à l'école ? — Ça dépend des matières : en français et en maths, ça va assez bien, mais en histoire, ça ne va pas du tout.* ◆ **table des matières** *Je n'arrive pas à trouver ce que je cherche dans ce livre. — Regarde la table des matières, tu trouveras certainement.*

**S. 1.** *Matière* (sens I) désigne ce en quoi est fait un objet. Quelques *matières* : le BOIS, le VERRE, le MARBRE, le MÉTAL, la PIERRE, le PLASTIQUE (ou *matière* PLASTIQUE), le CUIR ; et pour les TISSUS : le COTON, la LAINE, le NYLON, le SYNTHÉTIQUE (ou *matières* SYNTHÉTIQUES). Les *matières grasses* sont des substances comme le beurre, l'huile, qui contiennent de la graisse. — **2.** *Matière* (sens II) peut avoir pour syn. DISCIPLINE (dans un contexte scolaire). La *table des matières* est la liste ordonnée des points, sujets ou chapitres, traités dans un livre.

**matin** [matɛ̃] n. m.
[temps, moment] (avec un déterminant) *Comme il travaille loin, Paul se lève tou-*

*jours très tôt le matin.* • *Jacques ? Je le vois tous les matins quand il sort promener son chien.* • *Je ne suis presque jamais chez moi dans la journée : mon travail m'oblige à être dehors du matin au soir.* ◆ (sans déterminant) *On se voit demain matin ?* • *Le dimanche matin, ils font la grasse matinée.*

**S. et G. 1.** *Matin* indique surtout la date, MATINÉE la durée ; *matin* s'oppose à APRÈS-MIDI et à SOIR. Ce mot s'emploie sans déterminant après un nom de jour (LUNDI, MARDI, etc.) et après les adv. HIER et DEMAIN. Il est précédé de la préposition À et de l'article après LA VEILLE ou avec une date précise *(la veille au matin, le 15 au matin).* *Du matin au soir* ET TOUTE LA JOURNÉE sont équivalents. *Lundi matin* et LUNDI DANS LA MATINÉE sont équivalents. — **2.** Pour indiquer l'heure, on emploie 1, 2, 3... heures *du matin,* par oppos. à 1, 2... 6 heures DE L'APRÈS-MIDI ou 7, 8... 11 heures DU SOIR.
**L. matinal, e, aux** (adj.) *Elle passe beaucoup de temps à sa toilette du matin* → *elle passe beaucoup de temps à sa toilette matinale.*

**matinée** [matine] n. f.
[temps, moment] *Venez me voir en fin de matinée, vers 11 heures et demie par exemple.* • *Je voudrais prendre un rendez-vous avec le docteur : demain dans la matinée, ça irait ?* ◆ (sujet qqn) **faire la grasse matinée** *Le dimanche, je ne suis pas obligé de me lever tôt, et j'aime bien faire la grasse matinée.*

**S.** *Matinée* indique plutôt la durée et MATIN la date ; *matinée* s'oppose à APRÈS-MIDI et à SOI-

RÉE. *Lundi dans la matinée* correspond à LUNDI MATIN.

**matraquer** [matrake] v. t. (conj. 1)
I. (sujet qqn) **matraquer qqn** *Plusieurs manifestants se sont fait matraquer par les policiers.*
II. (sujet qqn, la radio, un journal) **matraquer qqch (abstrait)** *En ce moment, on nous matraque sans arrêt la même chose à la radio : devenir propriétaire d'un appartement au bord de la mer.*

**S. 1.** *Matraquer* qqn (sens I), c'est le frapper avec une MATRAQUE. — **2.** *Matraquer* (sens II), c'est ASSÉNER, RÉPÉTER sans arrêt qqch à qqn, pour le convaincre, le persuader.

**maussade** [mosad] adj. (après le n.)
(se dit du temps, d'un lieu, de qqn) *Le temps est maussade : il y a beaucoup de nuages et il fait froid; il vaut mieux rester à la maison.* • *Tout le monde s'amusait, mais Pierre était maussade et restait dans son coin.*

**S.** Le temps est *maussade* quand il est GRIS et prédispose à l'ennui. Une personne est *maussade* quand elle n'est pas GAIE; les syn. sont MOROSE (soutenu), SOMBRE, TRISTE.

**mauvais, e** [mɔvɛ, ɛz] adj. (avant le n.), **mauvais** adv.
I. [adj.] (se dit de qqch) *Les légumes sont franchement mauvais, tu as mis trop de sel !* • *À la radio, on annonce du mauvais temps sur tout le pays.* • *Tu en fais une tête ! J'ai l'impression que tu as encore vu un mauvais film !* • *Ne mange pas tant de chocolats, c'est mauvais pour le foie.* ◆ [adv.] **il fait mauvais** *Nous ne savons pas quoi faire; il fait mauvais et on ne peut pas sortir.*
II. [adj.] (se dit de qqn) **mauvais (en qqch)** *Jeanne est très mauvaise en mathématiques,*

*sinon ce n'est pas une mauvaise élève.* • *Cette pièce est stupide et, en plus, les acteurs sont mauvais !*
III. [adj.] (se dit de qqn, de son attitude) **mauvais (avec qqn)** *Ce que tu es mauvais avec les chats ! Tu ne les aimes pas ?* • *Tu es de mauvaise humeur ? Alors, je ne viens pas avec toi.*

**G.** L'adj. a pour comparatif *plus mauvais* ou PIRE et pour superlatif *le plus mauvais* ou LE PIRE.
**S. 1.** Qqch qui est *mauvais* (sens I) cause du mal (physique) ou du désagrément (moral), nuit ou déplaît. Les syn. sont, par ordre d'intensité croissante, MÉDIOCRE, DÉTESTABLE, ABOMINABLE, EXÉCRABLE, IGNOBLE, INFECT; les contr. sont BON ou BEAU (temps), ou, plus forts, EXCELLENT, MAGNIFIQUE. Être *mauvais* pour qqch, qqn a pour syn. DANGEREUX POUR (plus fort) et NUISIBLE À. — **2.** Être *mauvais* (en qqch) [sens II], c'est ne pas avoir les qualités nécessaires; le mot a pour syn. FAIBLE et, plus forts, NUL et LAMENTABLE. — **3.** Est *mauvais* (sens III) celui qui fait le mal, qui a de la méchanceté; il a pour syn. MÉCHANT et, plus fort, CRUEL; le contr. est GENTIL.

**mauve** [mov] adj. (après le n.) et n. m.
[adj.] (se dit de qqch) *La mode est aujourd'hui aux couleurs pâles : on porte des robes avec des fleurs mauves, roses et grises.* ◆ [n. m.] (couleur) [compt., surtout au sing.] *Le mauve est une des couleurs préférées de ce peintre.*

**S.** *Mauve* désigne une couleur violet pâle.

**maximum** [maksimɔm] n. m. et adj. (après le n.), pl. **maximums** (courant), **maxima** (savant)
[n. m.] (quantité) [compt., surtout au sing.] *Il a pris le maximum de risques, mais il est arrivé premier.* • *Je peux travailler dix heures par jour, mais c'est un maximum.* ◆ **au (grand) maximum** *Nous voyons la famille au maximum une fois par mois.* • *Il vous faut au grand maximum six heures pour aller de Paris à Lyon.* ◆ [adj.] (se dit de qqch [quantité]) *La température maximum de cette région en été est de vingt degrés.* • *Nous ne pouvons pas aller plus vite, la vitesse maximum permise est de cent trente kilomètres à l'heure.*

**G.** *Maximum* (adj.) n'a ni comparatif ni superlatif.
**S.** *Maximum* (n. m.) a pour contr. MINIMUM et désigne la plus grande quantité, le plus haut degré de qqch. *Au maximum* a pour syn. moins fort (TOUT) AU PLUS. MAXIMAL, E, AUX est un syn. savant de *maximum* adj.

**mayonnaise** [majɔnɛz] n. f.
[aliment] (non-compt., au sing.) *Chaque fois que j'essaie de faire de la mayonnaise, elle rate.* • *[Au restaurant]* : *« Une assiette de viande froide avec de la mayonnaise, s'il vous plaît. »*

**S.** La *mayonnaise* est une préparation à base d'huile, d'œuf et de moutarde qu'on sert comme sauce avec des viandes ou poissons froids, des œufs durs.

**mazout** [mazut] n. m.
[produit] (non-compt., au sing.) *Ils ont fait installer le chauffage au mazout.*

**S.** Le *mazout* est un combustible liquide obtenu à partir du pétrole, qui sert essentiellement au chauffage.

**me** → JE.

**mécanicien** [mekanisjɛ̃] n. m.
[personne, profession] *Ta voiture marche mal? Amène-la chez Duval, c'est un bon mécanicien.*

**S.** Un *mécanicien* est un artisan ou un ouvrier qui répare et entretient les voitures, qui travaille dans un garage. Les syn. sont GARAGISTE et MÉCANO (fam.).

**mécanique** [mekanik] adj. (après le n.) et n. f.
I. [adj.] (se dit de qqch) *De plus en plus on installe des escaliers mécaniques dans le métro.* • *On a eu des ennuis mécaniques sur l'autoroute et il a fallu deux heures pour réparer.*
II. [n. f.] (qqch) [non-compt., au sing.] *Tu t'y connais en mécanique? Mon réveil ne marche plus et j'aimerais bien que tu le répares.*

**G.** L'adj. n'a ni comparatif ni superlatif.
**S. 1.** Un objet *mécanique* est mis en mouvement par un MÉCANISME ou une machine. *Ennuis mécaniques* a pour équivalent PANNE DE MOTEUR. — **2.** La *mécanique* est la science des mouvements des corps ou la connaissance du fonctionnement d'une machine, d'un moteur, d'un appareil, etc.

**mécanisation** [mekanizasjɔ̃] n. f.
[action, qqn, et résultat] (compt., surtout au sing.) *La mécanisation de l'agriculture a entraîné la disparition de nombreux emplois.*

**S.** La *mécanisation*, c'est le fait de MÉCANISER un travail, une activité, en utilisant des machines.
**L. mécaniser** (v. t.) *Le chef d'entreprise a décidé la mécanisation de ce type de travail* → *le chef d'entreprise a décidé de mécaniser ce type de travail.*

**mécanisme** [mekanism] n. m.
I. [partie d'un appareil] *Ma montre est tombée par terre, j'espère que le mécanisme ne sera pas cassé.*
II. [objet, abstrait] *Il voulait qu'on lui explique le mécanisme de la mémoire, mais on ne savait pas quoi lui répondre.*

**S. 1.** Un *mécanisme* (sens I) est un ensemble

de pièces, d'organes montés en vue de faire fonctionner un appareil. — **2.** Au sens II, *mécanisme* a pour syn. SYSTÈME.

**méchant, e** [meʃɑ̃, ɑ̃t] adj. (après ou, plus rarement, avant le n.) et n.
[adj.] (se dit de qqn, de son attitude, d'un animal) *Pourquoi est-ce que tu l'as battu? Ce que tu peux être méchante!* • *N'aie pas peur du chien, il n'est pas méchant.* • *Ce qu'il a l'air méchant quand il se met en colère!* ◆ [n.] (personne) *Et évidemment, pour que l'histoire se termine bien, c'est le méchant qui va perdre.*

**S.** Est *méchant* celui qui cherche à nuire ; il a pour syn., par ordre d'intensité croissante, VILAIN, MAUVAIS, CRUEL. Quant il s'agit de paroles ou d'attitudes, le syn. est DUR. Quand il s'agit d'un animal, le syn. est DANGEREUX et le contr. INOFFENSIF. Les contr. sont BON, GENTIL, DOUX. *Méchant* (n.) a pour contr. BON.
**L. méchamment** (adv.) *Il n'a pas dit ça d'une façon méchante* → *il n'a pas dit ça méchamment.* ◆ **méchanceté** (n. f.) *Pierre est méchant, ça ne m'étonne pas* → *la méchanceté de Pierre ne m'étonne pas.*

**méconnu, e** [mekɔny] adj. (après le n.) (se dit de qqn) *C'est un peintre méconnu, mais je suis sûr que plus tard on reconnaîtra sa valeur.*

**S.** Est *méconnu* (soutenu) qqn dont on n'a pàs RECONNU le talent, la valeur. Les contr. sont CONNU, CÉLÈBRE.

**mécontent, e** [mekɔ̃tɑ̃, ɑ̃t] adj. (après le n.), **mécontent** n. m.
[adj.] (se dit de qqn, de son attitude) **mécontent (de qqn, qqch, de + inf.)** *Ces ouvriers sont mécontents de la situation dans l'usine : ils vont se mettre en grève.* ● *Le patron est très mécontent de vous ; votre travail ne vaut rien.* ◆ [n. m.]

(personne) *Il y a toujours des mécontents quand on fait quelque chose de nouveau.*

**S.** Être *mécontent* (de qqch), c'est NE PAS ÊTRE SATISFAIT (DE qqch) ; il a pour syn. FÂCHÉ (DE), CONTRARIÉ (PAR), IRRITÉ (PAR) [plus fort et plus soutenu]. Avec un compl. désignant qqn, il a pour syn. plus fort FÂCHÉ CONTRE. Les contr. sont CONTENT (DE), SATISFAIT (DE) ou HEUREUX (DE). *Mécontent* (adj. et n. m.) a pour syn. INSATISFAIT (soutenu).
**L. mécontenter** (v. t.) *Ça risque de le rendre mécontent → ça risque de le mécontenter.*
◆ **mécontentement** (n. m.) *Elle a dit qu'elle était mécontente → elle a dit son mécontentement.*

**médecin** [medsɛ̃] n. m.
[personne, profession] *J'ai de plus en plus mal à la tête, alors j'ai pris rendez-vous chez le médecin pour demain à 10 heures.* ● *Cet enfant est malade, il faut faire venir le médecin.*

**S.** Le *médecin* exerce une PROFESSION LIBÉRALE ; il soigne les malades, en vue de les guérir. Les syn. sont DOCTEUR, qui s'emploie aussi comme appellatif, TOUBIB (fam.) et PRATICIEN (langue savante). Un SPÉCIALISTE ne s'occupe que d'un certain type d'affections intéressant une partie du corps ou d'un domaine déterminé : l'OCULISTE, des yeux, le DENTISTE, des dents, le DERMATOLOGUE, de la peau, le PSYCHIATRE, des maladies mentales, le PÉDIATRE, des enfants, etc. Le VÉTÉRINAIRE soigne les animaux.

**médecine** [medsin] n. f.
[science] (non-compt., au sing.) *Et votre aîné, que devient-il ? — Il prépare sa médecine, à Paris.* ● *Vraiment, vous êtes sûr que c'est le foie qui ne va pas, docteur ? —*

*Écoutez, ça fait vingt ans que je suis dans la médecine, alors tout de même !*

**S.** La *médecine* est l'étude des maladies et de leurs traitements, la pratique de cette science dans les soins donnés aux malades. Elle est exercée par des MÉDECINS.
**L. médical, médecin,** v. ces mots.

**médical, e, aux** [medikal, ko] adj. (après le n.)
(se dit de qqch) *Georges veut devenir médecin, qu'est-ce que tu penses de la profession médicale à l'heure actuelle ?* ● *Il a été renversé par une voiture, on l'a transporté à l'hôpital pour des soins médicaux d'urgence : mais ce n'est rien.*

**G.** Cet adj. n'a ni comparatif ni superlatif.
**S.** *Médical* est l'adj. correspondant à MÉDECIN ou à MÉDECINE ; le *corps médical*, c'est l'ensemble des médecins ; la *profession médicale* est celle des médecins ; les *soins médicaux* sont ceux qu'indique le médecin.

**médicament** [medikamɑ̃] n. m.
[produit] *Je sors une minute : je dois aller à la pharmacie acheter des médicaments.* ● *Quelle manie de prendre des médicaments pour un oui ou un non ! Quand tu seras vraiment malade, ils ne te feront plus rien !*

**S.** Les *médicaments* s'achètent dans les pharmacies avec (ou sans) une ordonnance du médecin qui les a prescrits. REMÈDE est un syn. soutenu. Un *médicament* se présente sous forme de CACHET, de COMPRIMÉ, de PILULE, de SUPPOSITOIRE, de SIROP, de GOUTTES, etc.

**médiocre** [medjɔkr] adj. (après le n.) (se dit de qqch [abstrait]) *Paul n'a qu'un salaire médiocre : il gagne tout juste de quoi vivre.* • *Ne va pas voir ce film, il est plus que médiocre : sans aucun intérêt.* ◆ (se dit de qqn) *Tu viens faire une partie avec nous? — Oh! vous savez, je suis très médiocre au tennis.*

**S.** Est *médiocre* ce qui est au-dessous de la normale ; il a pour syn. plus faibles MOYEN et FAIBLE et, plus forts, MAUVAIS et MINABLE (fam.). En parlant de qqch qui se mesure (salaire, somme), il a aussi pour syn. MODESTE, MODIQUE (soutenu), INSUFFISANT, INSIGNIFIANT (plus fort). Les contr. sont BON, EXCELLENT (plus fort) et BRILLANT (qui ne se dit que des personnes).
**L. médiocrement** (adv.) *Il vit d'une façon médiocre* → *il vit médiocrement.* ◆ **médiocrité** (n. f.) *Elle a une vie médiocre* → *elle vit dans la médiocrité.*

**méfier (se)** [mefje] v. pr. (conj. 2) (sujet qqn) **se méfier (de qqn, de ses actes)**

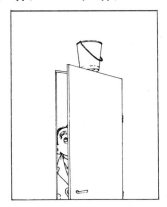

*Il faut se méfier de cet homme, c'est un hypocrite.* • *Je me méfie beaucoup de ce que dit Paul, il exagère toujours!* • *Méfiez-vous, il y a des voleurs par ici!*

**S.** *Se méfier de qqn,* c'est être MÉFIANT, soupçonneux à son égard. SE DÉFIER DE est un syn. soutenu. Les contr. sont AVOIR CONFIANCE EN et, plus soutenu, SE FIER À. Sans compl., *se méfier* a pour syn. FAIRE ATTENTION ou, soutenus, ÊTRE, SE TENIR SUR SES GARDES, PRENDRE GARDE.
**L. méfiant, e** (adj.) *Elle se méfie beaucoup* → *elle est très méfiante.* ◆ **méfiance** (n. f.) *Elle s'approche sans se méfier* → *elle s'approche sans méfiance.*

**meilleur, e** [mejœr] adj. (avant ou après le n.), **meilleur** adv.
[adj.] (se dit de qqch) *Alors il est bon mon poisson? — Oui, mais il serait meilleur avec un peu plus de beurre.* • *J'ai appris que vous étiez malade, je vous souhaite une meilleure santé.* • *Vous allez à la mer ou à la montagne? — À la montagne, il paraît que c'est bien meilleur pour la santé.* • *Quel est le meilleur élève de la classe?* • *Les fruits qui ne sont pas très beaux sont souvent les meilleurs.* • *Allez! Et que le meilleur gagne.* ◆ [adv.] (manière) **il fait meilleur** *Eh bien! Il y a un peu de soleil aujourd'hui, il fait meilleur qu'hier.*

**G.** *Meilleur* est le comparatif de BON, *le meilleur* en est le superlatif ; *meilleur* ne peut donc être précédé de PLUS.
**S.** *Il fait meilleur* a pour syn. IL FAIT PLUS CHAUD (ou MOINS FROID), IL FAIT PLUS BEAU (ou MOINS MAUVAIS).

**mélanger** [melɑ̃ʒe] v. t. (conj. 4)
I. (sujet qqn) **mélanger des choses (concret), une chose et (avec) une autre** *Pour*

*faire cette crème, il faut mélanger un jaune d'œuf avec du sucre et du lait.* • *Mélange bien l'huile et le vinaigre, puis ajoute la salade.*
II. (sujet qqn) **mélanger des choses (concret ou abstrait)** *Je n'ai pas pu trouver ce que je cherchais, tellement tes papiers sont mélangés.* • *Mais non, tu mélanges tout, ce n'est pas Jean qui a dit cela, c'est Paul!*

**S. 1.** *Mélanger des choses* (sens I), c'est les mettre ensemble, les incorporer l'une dans l'autre, les MÊLER (soutenu), faire un MÉLANGE.
— **2.** *Mélanger des choses* (sens II), c'est les

METTRE EN DÉSORDRE. Les contr. sont RANGER, TRIER. En parlant de qqch d'abstrait, les syn. sont EMBROUILLER, CONFONDRE.
**L. mélange** (n. m.) Il faut bien mélanger la crème et le chocolat → *il faut faire le mélange de la crème et du chocolat.*

**mêler (se)** [mele] v. pr. (conj. 1), **être mêlé** v. pass.
I. (sujet qqn) **se mêler, être mêlé à qqch (groupe)** *Je le suivais, mais arrivé aux grands magasins, il s'est mêlé à la foule et je l'ai perdu.*
II. (sujet qqn) **se mêler de qqch (abstrait)** *Pierre ne devrait pas se mêler de cette affaire, il va avoir des ennuis.*

**S. 1.** *Se mêler à* (sens I), c'est SE JOINDRE À, ENTRER DANS. — **2.** *Se mêler de* (sens II) est un syn. fam. de S'OCCUPER DE, INTERVENIR DANS.

**melon** [məlɔ̃] n. m.
[fruit] *En entrée nous avons mangé du melon au jambon.*

**S.** Le *melon* est un gros fruit rond à chair rose que l'on mange soit en hors-d'œuvre, soit en dessert.

**membre** [mɑ̃br] n. m.
I. [partie du corps] *Il a eu un accident et depuis il ne peut plus bouger les deux membres inférieurs.*
II. [personne] **membre (d'un groupe)** *Tu connais tous les membres de ta famille ? — Oh non ! J'ai au moins cinquante oncles, tantes, cousins et cousines !* • *Les pays membres de l'O. N. U. se réuniront le 21 juillet.* • *Voilà ta carte, maintenant tu es membre du parti socialiste.*

**S. 1.** Au sens I, *membre* (soutenu et scientifique) désigne le bras ou la jambe. — **2.** Au sens II, *membre* désigne une personne ou un groupe qui fait partie d'un autre groupe, d'un ensemble, d'une communauté. Être *membre d'un parti*, c'est en être un des ADHÉRENTS.

**même** [mɛm] adj. indéf. et adv.
I. [adj. indéf.] (identité) **le même** + n. **(que...)** *Regarde comme ils se ressemblent : ils ont les mêmes yeux.* • *Vous partez quand ? — Le 21 juillet. — Tiens ! nous partons le même jour !* • *Qu'est-ce que tu fais aujourd'hui ? — La même chose qu'hier : je travaille.* ◆ (sans le n.) *Oh ! c'est amusant ! — Quoi ? — Ta robe. — Eh bien ? — J'ai la même !* • *Ça faisait longtemps que tu n'avais pas vu Jacques, comment l'as-tu trouvé ? — Il est resté le même, il n'a pas changé.* • *Comment je fais pour aller chez toi ? — Tu passes par le village ou par la route de la forêt, ça revient au même.*
II. [adj. indéf.] (emphase) **moi-même (toi-même, etc.)** *Tu ne veux pas y aller ? Bon, alors j'irai moi-même.* • *Je n'ai rien eu à leur demander, ils sont venus m'aider d'eux-mêmes, c'est gentil, non ?* ◆ **adv. de lieu, de temps + même** *C'est ici même que l'accident a eu lieu, on voit encore les traces.* • *Tu as téléphoné pour la télé ? — Oui, ils ont dit qu'ils viendraient aujourd'hui même la réparer.*
III. [adv.] (opposition et quantité) *Alors tout le monde est venu, même Jacques ?* • *Quand je te demande quelque chose, tu ne me réponds même pas, on se demande vraiment pourquoi je parle !* • *Venez, même si vous devez partir tôt, ça me fera plaisir de vous voir.* ◆ [addition] **même que** *Zut ! Où est passé ce livre, je suis sûr qu'il était sur ma table tout à l'heure, même que j'en ai lu quelques pages.*

**S. 1.** *Même* (sens I) indique l'identité, la similitude, l'égalité ; il a pour syn. PAREIL, IDENTIQUE,

SEMBLABLE (après le nom) qui insistent tous sur l'identité. *Ça revient au même* a pour syn. C'EST PAREIL, ÇA NE FAIT PAS DE DIFFÉRENCE. — **2.** *Même* (sens II) renforce le pron. personnel et a pour syn. EN PERSONNE (*J'irai moi-même* → J'IRAI EN PERSONNE). *De moi-même, de lui-même,* etc., a pour syn. SPONTANÉMENT. Après une expression de temps ou de lieu, *même* a pour syn. PRÉCISÉMENT. — **3.** *Même* (sens III) a une valeur d'insistance ou d'opposition ; devant un nom, il a pour syn. ET AUSSI. *Même que* (fam.) introduit une argumentation supplémentaire.

**mémoire** [memwar] n. f.
[propriété, esprit] (compt., surtout au sing.)

# MÉMORABLE

*J'ai oublié la date de ton anniversaire, excuse-moi, mais je n'ai plus de mémoire.*
● *Avec l'âge, elle perd complètement la*

*mémoire : elle ne se souvient même pas de ce qu'elle a fait la veille.* ● *Si j'ai bonne mémoire, c'est demain que nous devons nous voir ?* ◆ **de mémoire** *Je te dessine de mémoire ce que j'ai vu, mais je ne te garantis rien.* ◆ (sujet qqn) **avoir de la mémoire** *Pour faire des études de médecine, il faut surtout avoir de la mémoire.*

**S.** La *mémoire*, c'est la capacité de se souvenir, la faculté de rappeler des souvenirs. Les syn. de *avoir bonne mémoire* sont SE SOUVENIR (DE qqch), SE RAPPELER (qqch) ; le contr. est OUBLIER. *De mémoire* a pour syn. DE TÊTE.

**mémorable** [memɔrabl] adj. (après ou, plus rarement, avant le n.)
(se dit de qqch [date, événement, etc.]) *Et, pour fêter cet événement mémorable, nous allons boire une bouteille de champagne.*

**G.** Cet adj. n'a pas de comparatif.
**S.** *Mémorable* a pour syn. FAMEUX, MARQUANT (moins fort) et se dit de ce dont on se souvient ou de ce dont on se souviendra.

**menacer** [mənase] v. t. (conj. **3**)
(sujet qqn) **menacer qqn (avec qqch), menacer (qqn) de** + inf. *Le bandit menaçait les passants avec son arme.* ● *Pierre a menacé*

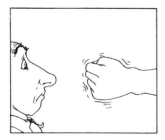

*de partir si on ne lui donnait pas plus de responsabilités.*

**S.** *Menacer*, c'est chercher à intimider, à défier par des gestes ou des paroles qui constituent des MENACES.
**L. menaçant, e** (adj.) *Voilà un geste qui menace* → *voilà un geste menaçant.* ◆ **menace** (n. f.) *Ce n'est pas en nous menaçant qu'il obtiendra quelque chose* → *ce n'est pas par la menace qu'il obtiendra quelque chose.*

**ménage** [menaʒ] n. m.
I. [action, qqn] (non-compt., au sing.) *Il y a de la poussière partout dans cette pièce, le ménage n'a pas été fait !* ● *Françoise a un mari qui l'aide à faire le ménage et la cuisine.* ◆ **femme de ménage** *Ma femme de ménage est payée à l'heure.*
II. [collectif, personnes] (compt.) *C'est un ménage sans enfants.* ● *Il y a surtout des jeunes ménages dans cet immeuble.*

**S. 1.** Au sens I, *faire le ménage*, c'est NETTOYER, remettre de l'ordre chez soi. Être *femme de ménage*, c'est faire le *ménage* chez les autres moyennant un certain salaire. — **2.** Au sens II, *ménage* peut avoir pour syn. COUPLE ou FAMILLE (s'il s'agit d'un *ménage* avec enfants). Un *jeune ménage*, ce sont des gens mariés depuis peu, des JEUNES MARIÉS.
**L. ménager** (adj.), v. ce mot.

**1. ménager, ère** [menaʒe, ɛr] adj. (après le n.)
(se dit de qqch) [*Dans un grand magasin*] : « *Où se trouvent les fers à repasser électriques ? — Au rayon des appareils ménagers.* »

**G.** Cet adj. n'a ni comparatif ni superlatif et il est toujours épithète.
**S.** *Ménager* se dit de ce qui concerne l'entretien de la maison et de la cuisine.

**2. ménager** [menaʒe] v. t. (conj. **4**)
(sujet qqn) **ménager qqch (temps, peine, efforts, etc.)** *Écoute, il n'a pas ménagé ses efforts pour nous aider, et c'est comme ça que tu le remercies !* ◆ **ménager qqn** *Je ne vois pas pourquoi on le ménagerait, il mérite cette peine, il l'aura !* ◆ **se ménager** *Le médecin lui a dit de se ménager, de faire très attention à lui.*

**S. 1.** *Ménager qqch*, c'est l'employer, en user avec économie, mesure, modération. — **2.** *Ménager qqn*, c'est le traiter avec douceur, MÉNAGEMENT, égard. — **3.** *Se ménager*, c'est faire attention à ses forces, à sa santé.
**L. ménagement** (n. m.) *On ne m'a pas ménagé* → *on m'a traité sans ménagement.*

**mener** [məne] v. t. (conj. **11**)
I. (sujet qqch) **mener (qqn) qqpart, à qqch**

**(résultat)** *Où est-ce que cette route mène ?
— À la plage.* • *On dit quelquefois que les études de lettres ne mènent à rien.* • *Toute cette discussion nous mène à quoi ? Il faut prendre une décision.*
II. (sujet qqn) **mener qqch (abstrait)** *On ne sait pas encore qui a tué, mais la police mène l'enquête.* • *Comment peux-tu mener toutes ces activités en même temps ? Moi, je n'y arriverais jamais !*
III. (sujet une équipe, un sportif) **mener (un match)** *L'équipe de France mène par deux buts à zéro.* • *Il a mené pendant toute la première partie, puis il a été battu.*
IV. (sujet qqn) **mener une vie + adj.** ou **de + n.** *De quoi te plains-tu ? Tu mènes une vie heureuse.* • *Avec tout ce travail, je mène une vie de fou !*

**S. 1.** *Mener* (sens I) a pour syn. CONDUIRE ou, en parlant d'une route, ALLER (sans compl.). — **2.** *Mener qqch* (sens II) a pour syn. CONDUIRE, DIRIGER (phrase 1), S'OCCUPER DE (phrase 2). — **3.** *Mener un match* (sens III) a pour syn. L'EMPORTER SUR (plus fort) et, sans compl., ÊTRE EN TÊTE, AVOIR, PRENDRE L'AVANTAGE, GAGNER (plus fort). — **4.** Suivi d'un adj. ou d'un compl., *mener une vie* (sens IV) est équivalent à VIVRE suivi d'un adj., d'un adv. ou d'un compl. (*mener une vie heureuse* → VIVRE HEUREUX ; *mener une vie de fou* → VIVRE COMME UN FOU).

**mensonge** [mɑ̃sɔ̃ʒ] n. m.
[énoncé] *Je t'écoute, mais ne dis pas de mensonges, je suis au courant de tout, tu*

*sais.* • *Il affirme que j'étais là quand l'accident s'est produit, mais ce n'est pas vrai, c'est un mensonge.*

**G.** *Mensonge* s'emploie le plus souvent avec l'art. indéf., alors que VÉRITÉ s'emploie avec l'art. déf. (*dire un mensonge*, DIRE LA VÉRITÉ).

**S.** Les *mensonges* sont des paroles contraires à la vérité. *Dire des mensonges*, c'est MENTIR et, fam., RACONTER DES BLAGUES, DES HISTOIRES (moins fort). *C'est un mensonge* a pour syn. C'EST FAUX et pour contr. C'EST VRAI, C'EST LA VÉRITÉ, C'EST EXACT.
**L. mensonger, ère** (adj.) Les propos qu'il a tenus n'étaient que des mensonges → *il n'a tenu que des propos mensongers*.

**mensuel** → MOIS L.

**mental, e, aux** [mɑ̃tal, to] adj. (après le n.)
(se dit de qqch [activité, état]) *Je suis complètement nul quand il s'agit de calcul mental ; je ne peux pas faire la multiplication de 24 par 4 sans écrire les nombres.* • *Les maladies mentales sont comme les autres : elles se soignent.*

**G.** Cet adj. n'a ni comparatif ni superlatif.
**S.** Est *mental* ce qui relève des activités psychiques. Le *calcul mental* se fait de tête et non par écrit.

**mentalité** [mɑ̃talite] n. f.
[esprit] *La mentalité des jeunes d'aujourd'hui est bien différente de la nôtre au même âge, je t'assure.* • *Pierre fait une étude sur les mentalités africaines.* • *Tu penses que Paul a bien fait de garder le portefeuille qu'il a trouvé ? Quelle mentalité !* • *Elle est belle la mentalité des gens qui vont voir ce genre de film !*

**S.** La *mentalité* d'un groupe humain, c'est sa façon de penser, ses croyances, sa conduite. En parlant de qqn, le syn. est ÉTAT D'ESPRIT.

**mentionner** [mɑ̃sjɔne] v. t. (conj. **1**)
(sujet qqn, un journal, la radio, etc.) **mentionner qqch (action, événement), qqn** *C'est étonnant que le journal n'ait pas mentionné cette affaire, ils devaient pourtant être au courant.*

**S.** *Mentionner* (soutenu) a pour syn. PARLER DE, CITER, SIGNALER, FAIRE MENTION DE (soutenu).
**L. mention** (n. f.) *On ne mentionne nulle part votre nom* → *nulle part on ne fait mention de votre nom*.

**mentir** [mɑ̃tir] v. t. ind. (conj. **20**)
(sujet qqn) **mentir (à qqn)** *Tu mens quand tu dis que tu es allée au cinéma avec Catherine : je suis restée avec elle tout l'après-midi.* • *La police est certaine que le témoin a menti : il y a des contradictions dans ses réponses.*

**S.** *Mentir* a pour équivalent DIRE UN (DES) MENSONGE(S). Le contr. est DIRE LA VÉRITÉ.

**L. menteur, euse** (adj. et n.) *Je peux prouver que tu mens* → *je peux trouver que tu es (un) menteur.*

**menton** [mɑ̃tɔ̃] n. m.
[partie du corps] *Pierre a reçu un coup de poing sur le menton.* • *Julien devient un grand garçon maintenant... Il a même quelques poils au menton.*
    **S.** Le *menton* est la partie saillante du bas du visage.

**menu** [məny] n. m.
[collectif, aliments] *J'ai une de ces faims ! Quel est le menu, ce soir ? — Tu as de la chance, il y a plein de choses à manger !* ◆ [objet, texte] *Garçon, vous pouvez m'apporter le menu, s'il vous plaît ?* • [Au restaurant] : « *Tu prends le menu à quinze francs ou celui à vingt francs ?* »

    **S.** Le *menu* est la liste des plats qui constituent un repas, ou le repas considéré dans sa composition. Au restaurant, le *menu* propose généralement, pour un prix global, un hors-d'œuvre, un plat (de résistance) ou plat du jour, du fromage et un dessert, alors qu'à la CARTE le choix des plats est libre.

**menuisier** [mənɥizje] n. m.
[personne, profession] *Nous voulons faire installer des placards dans la cuisine, connais-tu un menuisier pas trop cher ?*
    **S.** Un *menuisier* est un ouvrier ou un artisan qui travaille le bois soit pour faire des meubles, soit pour le bâtiment (portes, fenêtres, etc.). Un ÉBÉNISTE est un *menuisier* qui fabrique des meubles.

**méprendre (se)** [meprɑ̃dr] v. pr. (conj. **43**)
(sujet qqn) **se méprendre sur qqn, qqch** *Vous vous êtes mépris sur ses intentions, je vous assure que Pierre ne pensait pas vous nuire en agissant ainsi.*
    **S.** *Se méprendre* est un syn. soutenu de SE TROMPER.
    **L. méprise** (n. f.) *Vous vous êtes mépris* → *il y a eu méprise de votre part.*

**mépris** [mepri] n. m.
[sentiment] (non-compt., au sing.) **mépris de, pour qqn, qqch** *André manifeste du mépris pour tout le monde ; les autres sont pour lui des gens peu intelligents ou peu honnêtes.* ◆ **mépris de qqch** *C'est beau le mépris du danger ; mais ce n'est pas une raison pour conduire si vite !* • *Le passant s'est jeté à l'eau pour sauver le malheureux au mépris de sa vie.*
    **S.** Le *mépris (pour qqn, qqch)*, c'est le sentiment par lequel on estime qqn ou qqch

indigne d'estime, d'attention, ou inférieur ; DÉDAIN (soutenu) est plus faible. Les contr. sont ESTIME, ADMIRATION ou RESPECT. Le *mépris de* qqch, c'est l'absence de considération. *Au mépris de* (soutenu) a pour syn. SANS TENIR COMPTE DE, EN DÉPIT DE (soutenu).
    **L. mépriser** (v. t.) *Il a du mépris pour moi* → *il me méprise.* ◆ **méprisable** (adj.) *On doit mépriser de tels propos* → *de tels propos sont méprisables.*

**méprise** → MÉPRENDRE (SE) L.

**mer** [mɛr] n. f.
[lieu naturel, liquide] *C'est plus facile de nager dans la mer que dans une piscine.* • *Chaque année, les Legrand passent un mois au bord de la mer.* • *Vous retournez à la mer cet été ? — Non, nous allons à la montagne.* ◆ **mal de mer** *Il ne peut pas voyager en bateau, il a le mal de mer.*

**G.** Ne pas confondre *aller à la mer* (= aller en vacances au bord de la mer) et *aller* EN *mer* (= aller sur la mer, en bateau).
**S. 1.** Une *mer* est le plus souvent une partie d'un océan (la *mer* du Nord fait partie de l'océan Atlantique), ou une étendue d'eau plus limitée qu'un océan, mais quand on va passer ses vacances au bord de la *mer*, il peut s'agir aussi bien d'une *mer* (la *mer* du Nord, la Manche) que d'un océan (l'Atlantique). Le mouvement de la *mer* qui monte et qui descend deux fois par jour sur le rivage s'appelle la MARÉE. Les VAGUES sont des ondulations de la *mer* agitée par le vent. — **2.** *Mal de mer* a pour syn. MAL AU CŒUR, NAUSÉE (soutenu).
**L. marin, e** (adj.) J'aime bien l'air de la mer → *j'aime bien l'air marin*. ◆ **marin** (n. m.) V. à son ordre.

**merci** [mɛrsi] interj.
I. [acceptation] **merci (de, pour qqch, de +inf.)** *Quelle heure est-il, s'il vous plaît ? — 8 heures. — Merci !* • *Au revoir, et encore merci pour vos fleurs.* • *Merci beaucoup d'être venu tout de suite.* • *Tu diras à Pierre merci de ma part.*
II. [refus] *Vous voulez une cigarette ? — Merci ! je ne fume pas.* • *Refaire tout ce travail ! Ah ! merci !* • *Moi, aller chez elle, merci bien !*

**S. 1.** *Merci* (sens I) est une formule de politesse employée pour remercier qqn d'un service rendu, d'un cadeau, etc., ou pour accepter

qqch. *Dire merci à* qqn, c'est le REMERCIER. *Merci* peut être renforcé par INFINIMENT, BEAUCOUP, BIEN. — **2.** *Merci* (sens II) est une formule de politesse employée pour refuser qqch. Le syn. est NON, les contr. sont OUI, S'IL VOUS PLAÎT. *Merci* peut être renforcé par BEAUCOUP ou BIEN.
**L. remercier,** v. ce mot.

**mercredi** [mɛrkrədi] n. m.
[jour] (sans article) *Après mardi, c'est mercredi.* • *Nous sommes mercredi 5 novembre 1978.* ◆ (avec l'article) *Les enfants ne vont pas à l'école le mercredi.* • *Ce journal paraît tous les mercredis.* • *On se verra le mercredi 21 avril.*

**S.** Le *mercredi* est le troisième jour de la semaine ; c'est le jour où les écoliers ont congé.

**mère** [mɛr] n. f.
[personne, parenté] *Ses parents se sont séparés, et il vit avec sa mère.* • *Ma mère a cinq ans de moins que mon père.*

**S.** *Mère* a pour correspondant masculin PÈRE (PAPA). Le syn. est MAMAN lorsqu'on parle à sa propre *mère* ou dans le langage enfantin.

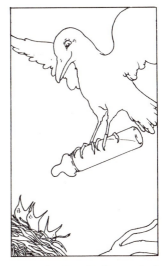

**L. maternel, elle** (adj.) L'amour de la mère (pour son enfant) n'est pas instinctif → *l'amour maternel n'est pas instinctif.*

**méridional, e, aux** [meridjɔnal, no] adj. (après le n.) et n.
[adj.] (se dit de qqch) *Qu'est-ce que tu veux, si on va toujours dans le Midi, c'est que les régions méridionales ont toujours du soleil en été !* ◆ [n.] (personne ; avec une majuscule) *C'est un Méridional, toujours optimiste, aimant la vie. — Parce que dans le Nord, on ne l'aime pas ?*

**G.** L'adj. n'a ni comparatif ni superlatif.

**S.** *Méridional* se dit de ce qui appartient au midi, au sud d'un pays et, en particulier, au sud de la France.

**mériter** [merite] v. t. (conj. **1**) (sujet qqn) **mériter qqch, de + inf., que + subj.** *Tiens, je t'avais acheté des bonbons, mais tu ne les mérites pas puisque tu n'as pas été sage. Tu mériterais plutôt d'être puni!* ● *Pourquoi donnes-tu un coup de pied à ce chien qui ne t'a rien fait? Tu mériterais qu'on t'en fasse autant!* ◆ (sujet qqch) *Cette lettre mériterait une longue réponse.* ● *Ce restaurant est vraiment formidable, il mérite qu'on y revienne souvent.* ● *Ce restaurant mérite de figurer dans le guide.*

**S. 1.** *Mériter* (sujet qqn) a pour syn. ÊTRE DIGNE

DE, lorsqu'il s'agit d'un avantage, et AVOIR DROIT À, lorsqu'il s'agit d'une inconvénient, d'une punition. — **2.** *Mériter* (sujet qqch) a pour syn. DEMANDER, EXIGER et RÉCLAMER (plus forts), et en parlant de qqch qui a une certaine valeur, VALOIR.
**L. mérité, e** (adj.) [sens I] *Elle a bien mérité son repos → c'est pour elle un repos bien mérité.* ◆ **mérite** (n. m.) [sens I] *Il a du mérite* (← *il mérite une récompense*). ◆ **immérité, e** (adj.) [sens I] *C'est une faveur qui n'est pas méritée → c'est une faveur imméritée.*

**merveilleux, euse** [mɛrvɛjø, øz] adj. (avant ou après le n.)
(se dit de qqch, de qqn) *Nous avons fait un voyage merveilleux : tout était parfait.* ● *Cette actrice était merveilleuse dans ce rôle : le personnage lui convenait tout à fait!* ● *Quelle merveilleuse matinée de printemps!* ● *Paul est un ami merveilleux, sincère et fidèle.*

**S.** Est *merveilleux* ce qui provoque l'admiration par sa beauté, ses qualités extraordinaires.

En parlant de qqch, il a pour syn., par ordre d'intensité croissante, REMARQUABLE, MAGNIFIQUE, EXTRAORDINAIRE, PRODIGIEUX, et par contr. HORRIBLE, AFFREUX, ATROCE, ÉPOUVANTABLE. En parlant de qqn, il a pour syn. MAGNIFIQUE, SPLENDIDE. *Tu es merveilleux*, par ironie, marque l'étonnement devant une attitude qu'on désapprouve.
**L. merveilleusement** (adv.) *Tu as joué de façon merveilleuse → tu as merveilleusement joué.* ◆ **merveille** (n. f.) *Ce vase est merveilleux → ce vase est une merveille.*

**mes** → MON.

**mésaventure** [mezavɑ̃tyr] n. f.
[événement, qqn] *Non seulement j'avais oublié mes clés, mais je n'avais pas d'argent du tout sur moi, alors j'ai passé la nuit dehors. — J'espère que cette mésaventure te servira de leçon.*

**S.** Une *mésaventure* est une AVENTURE fâcheuse.

**mesquin, e** [mɛskɛ̃, in] adj. (après le n.) (se dit de qqn, de son attitude) *Tu ne trouves pas que ça fait un peu mesquin de venir avec ces trois pauvres fleurs?*

**S.** Est *mesquin* ce qui manque de grandeur, de noblesse ; il s'oppose à GÉNÉREUX.
**L. mesquinerie** (n. f.) *Je n'aurais jamais cru qu'il pût être à ce point mesquin → je n'aurais jamais cru à une telle mesquinerie de sa part.*

**message** [mesaʒ] n. m.
[énoncé] *Personne n'a compris dans le livre de cet auteur le message qu'il voulait adresser à tous les hommes. — Tu crois qu'ils y ont perdu quelque chose?* ● [Au téléphone] : *« Non, Monsieur n'est pas là, est-ce qu'il y a un message à lui laisser? »*

**S.** Un *message* est une information, une parole, une idée, etc., qu'on veut transmettre à qqn.

**mesure** [məzyr] n. f.
I. (non-compt., au sing.) *Le mètre est l'unité de mesure de la longueur.* ● *Au cours de physique, on nous a montré comment fonctionnaient certains instruments de mesure.*
II. (compt., surtout au plur.) *Il faut remplacer ce carreau cassé : tu prends les mesures pour qu'on puisse en acheter un autre?* ● *Tu devrais faire un pull à Pierre pour son anniversaire. — Oui, mais il me faut ses mesures.* ◆ **sur mesure** *Elle est tellement grande qu'elle est obligée de se faire faire ses vêtements sur mesure.* ◆ **à la mesure de + n.** *Non, ça ne m'étonne pas de*

lui, ses actes sont à la mesure de son ambition. ● *Il y avait dans ce film des villes monstrueuses qui n'étaient pas à la mesure de l'homme.*
III. (non-compt., au sing.) **dans la mesure du possible, dans la mesure où + ind., dans une certaine mesure** *Je viendrai dans la mesure du possible.* ● *Pierre est gentil, mais peu intelligent : il t'aidera dans la mesure où il en est capable.* ● *Dans une certaine mesure, c'est Claude qui a raison.*
◆ **au fur et à mesure (que + ind.)** *Fais ton travail au fur et à mesure : tu auras moins de mal que si tu essaies de tout faire à la fois.* ● *Au fur et à mesure qu'il lisait, il comprenait de moins en moins !* ◆ (sujet qqn) **être en mesure de + inf.** *Je ne suis pas en mesure de répondre à votre question.*
IV. [action, qqn] (compt.) *Je veux bien vous laisser partir, mais c'est une mesure exceptionnelle.* ● *Le gouvernement a pris des mesures pour éviter la hausse des prix.*
V. [qualité, qqch] (compt., surtout au sing.) *C'est une mesure à quatre temps, suis un peu le rythme, s'il te plaît !* ● *On vous apprend à battre la mesure au cours de musique à l'école ?* ◆ **en mesure** *Le chef d'orchestre n'est pas content, les musiciens ne jouent pas en mesure.* ◆ [partie d'un texte] (compt.) *Moi, je chante les premières mesures et vous, vous continuez.*

**S. 1.** Au sens I, la *mesure*, c'est l'évaluation d'une quantité à partir d'une unité (de poids, longueur, vitesse, etc.) ; un *instrument de mesure* sert à MESURER. — **2.** Au sens II, *mesures* a pour syn. DIMENSIONS (longueur, largeur, hauteur, profondeur) ; en parlant de qqn, l'ensemble de ses *mesures* constitue sa TAILLE.

Des vêtements *sur mesure* sont faits spécialement pour une personne ; l'expression s'oppose à TOUT FAIT. *À la mesure de* a pour syn. À LA DIMENSION DE, À L'ÉCHELLE DE. — **3.** Au sens III, *dans la mesure du possible* est syn. de SI C'EST POSSIBLE. *Dans la mesure où* peut avoir pour équivalent une construction avec SUIVANT, SELON (+ nom ou QUE + ind.) [*dans la mesure où il en est capable* → SUIVANT SES CAPACITÉS]. *Dans une certaine mesure* signifie D'UNE CERTAINE FAÇON, D'UN CERTAIN POINT DE VUE. *Au fur et à mesure* a pour syn. PROGRESSIVEMENT ; *au fur et à mesure que* a pour syn. PENDANT QUE. *Être en mesure* a pour syn. POUVOIR, ÊTRE CAPABLE DE. — **4.** Au sens IV, DÉCISION, DISPOSITION sont des syn. — **5.** Au sens V, la *mesure* indique le RYTHME d'une musique (*mesure à* DEUX, TROIS, QUATRE TEMPS). *En mesure* a pour syn. DANS LE RYTHME, EN CADENCE.

**mesurer** [məzyre] v. i. et v. t. (conj. **1**)
I. [v. i.] (sujet qqn, qqch) **mesurer + adv. ou qqch (dimension)** *Tu es grande, combien mesures-tu ? — Un mètre soixante-quinze.* ● *Cette pièce mesure quatre mètres sur cinq.* ◆ [v. t.] (sujet qqn) **mesurer qqch (concret), (la taille de) qqn** *Paul a mesuré son tour de taille, il fait soixante-quinze centimètres.* ● *Il faudrait mesurer la pièce avant d'acheter du papier pour les murs.* ● *J'ai mesuré mon fils, il fait quatre-vingt-dix centimètres.*
II. [v. t.] (sujet qqn) **mesurer le danger, les conséquences (de qqch)** *Mon fils a mis les doigts dans la prise électrique, à cet âge on ne mesure pas le danger, il aurait pu se tuer.* ● *Il n'a pas mesuré les conséquences de son geste.*

**S. 1.** Au sens I, *mesurer* (v. i.), surtout en parlant de qqn, c'est avoir telle ou telle taille ; en parlant de qqch, c'est avoir telle ou telle dimension (en longueur, en largeur, en hauteur, en profondeur) ; pour les chaussures, c'est avoir telle ou telle pointure. *Mesurer* (v. t.), c'est PRENDRE, CALCULER LES MESURES DE qqch ou de qqn. — **2.** *Mesurer le danger, les conséquences* (sens II), c'est les ÉVALUER, les PESER, les CALCULER, les APPRÉCIER.

**métal** [metal] n. m., pl. **métaux**
[matière] (non-compt., au sing.) *Pour que vos gâteaux se gardent, mettez-les dans une boîte de métal.* ● *Les Durand ont acheté des meubles modernes en métal et en verre.*
◆ (compt.) *Le fer et l'aluminium sont des métaux.* ● *Tu n'aurais pas une scie à métaux, par hasard ?*

**S. 1.** En langue courante, on emploie *métal* (non-compt.), par oppos. à BOIS ou à MATIÈRE PLASTIQUE, pour désigner toute substance MÉTALLIQUE (en particulier l'acier ou les alliages). — **2.** LE FER, L'ALUMINIUM, LE CUIVRE, LE ZINC, LE PLOMB, L'ÉTAIN sont des *métaux* ; L'OR, L'ARGENT, LE PLATINE sont des *métaux* PRÉCIEUX.
**L. métallique** (adj.) *C'est un objet en métal* → *c'est un objet métallique.* ◆ **métallurgie,** v. ce mot.

# MÉTALLURGIE

**métallurgie** [metalyrʒi] n. f.
[activité économique] (non-compt., au sing.) *Pierre travaille dans la métallurgie.*

● *C'est une région où la métallurgie est la principale activité.*

**S.** La *métallurgie* est une activité économique qui consiste à extraire les MÉTAUX à partir des minerais et à les traiter.
**L. métallurgique** (adj.) L'industrie de la métallurgie est en pleine expansion → *l'industrie métallurgique est en pleine expansion.*
◆ **métallurgiste** (n.) Pierre est dans la métallurgie → *Pierre est métallurgiste.*

**météo** [meteo] n. f.
[institution et science] (non-compt., au sing.) *Alors, que dit la météo ? Il va faire beau ou non ce week-end ?*

**S.** *Météo* est l'abrév. de MÉTÉOROLOGIE, qui désigne à la fois l'étude des phénomènes atmosphériques et l'organisme chargé de prévoir et d'annoncer ces phénomènes. La *météo* donne des indications sur le temps, les pluies, les chutes de neige, les vents, les intempéries (mot technique), etc.
**L. météorologique** (adj.) On a écouté les prévisions de la météo → *on a écouté les prévisions météorologiques.*

**méthode** [metɔd] n. f.
[manière, qqch] (compt.) *Si tu as une bonne méthode pour lui faire comprendre que je ne veux plus le voir, dis-la-moi.* ● *Depuis dix ans, les méthodes pour apprendre le français et les maths ont beaucoup changé.*
◆ [qualité, qqn] (non-compt., au sing.)

*Quand on travaille avec méthode, on est sûr d'arriver à un résultat : sans méthode, c'est de l'énergie perdue.*

**S.** Une *méthode* (compt.) est un système élaboré pour parvenir à un résultat. PROCÉDÉ, MOYEN, MANIÈRE, TACTIQUE, TECHNIQUE sont des syn. *Avec méthode* (non-compt.) a pour syn. MÉTHODIQUEMENT, DE MANIÈRE ORDONNÉE, AVEC ORDRE.
**L. méthodique,** v. ce mot.

**méthodique** [metɔdik] adj. (après le n.) (se dit de qqch, de qqn) *Nous avons fait des vérifications méthodiques, mais nous n'avons rien trouvé.* ● *Ce que j'aime bien quand je travaille avec Pierre, c'est qu'il est très méthodique, ça m'aide beaucoup.*

**S.** En parlant de qqch (surtout une action), *méthodique* a pour syn. SYSTÉMATIQUE. En parlant de qqn, de son esprit, *être méthodique*, c'est raisonner et agir avec MÉTHODE.
**L. méthodiquement** (adv.) Il travaille d'une manière méthodique → *il travaille méthodiquement.*

**métier** [metje] n. m.
[activité sociale] *Quel métier faites-vous ? — Je suis coiffeur.* ● *Ce boucher connaît bien son métier.* ● *Francis ne veut plus être garçon de café, c'est un métier trop mal payé.* ● *La police pourrait faire quelque chose, c'est son métier, après tout !* ◆ (sujet qqn) **être du métier** *Je vous recommande Dupont, il est du métier et vous réparera très bien votre table.*

**S. 1.** Le mot *métier* désigne toute activité permettant de gagner sa vie. Les syn. sont OCCUPATION, TRAVAIL (plus vagues), BOULOT (fam.), PROFESSION (plus restreint). — **2.** *Être du métier* a pour syn. ÊTRE DE LA PARTIE, ÊTRE UN PROFESSIONNEL, ÊTRE UN SPÉCIALISTE.

**mètre** [mɛtr] n. m.
I. [mesure, unité] *Charlotte a grandi, elle*

mesure un mètre quarante-sept maintenant.
• *La pharmacie n'est pas loin, elle est à cinquante mètres d'ici.*
II. [instrument] *As-tu un mètre pour que je mesure la fenêtre ?*

> **S. 1.** Le *mètre* (sens I) [symb. m] est une unité de mesure qui sert de base au système des unités de longueur : le KILOMÈTRE (1 000) [km], l'HECTOMÈTRE (100) [hm], le DÉCAMÈTRE (10) [dam], le DÉCIMÈTRE (1/10) [dm], le CENTIMÈTRE (1/100) [cm] et le MILLIMÈTRE (1/1 000) [mm]. — **2.** Le *mètre* (sens II) est un ruban ou une règle divisés en centimètres et millimètres et qui sert à mesurer.

**métro** [metro] n. m.
[moyen de transport] *On prend l'autobus ou le métro ? Je crois qu'on ira plus vite en métro.* • *Quel que soit le nombre de stations, il vous suffit d'avoir un seul ticket de métro.*

> **G.** *Métro* est l'abrév. de (CHEMIN DE FER) MÉTROPOLITAIN.
> **S.** Le *métro* est un train urbain, souterrain (en général) ou aérien ; c'est un moyen de transport collectif qui s'oppose aux autres transports collectifs : l'AUTOBUS (transport de surface) et le TRAIN (transport interurbain). On parle de STATIONS de *métro* (et non de gares) et de TICKETS de *métro* (plutôt que de billets).

**metteur en scène** [metœrɑ̃sɛn] n. m.
[personne, profession] *J'ai beaucoup aimé ce film. Comment s'appelle le metteur en scène ?*

> **S.** Le *metteur en scène* est celui (ou celle) qui dirige la réalisation (la MISE EN SCÈNE) d'une pièce de théâtre ou d'un film. Dans le cas d'un film, les syn. sont RÉALISATEUR et AUTEUR.

**mettre** [metr] v. t. et auxil. (conj. 46)
I. [v. t.] (sujet qqn) **mettre qqch dans, sur, sous un lieu** *Tu devrais mettre ces bijoux ailleurs que dans le tiroir du bureau.* • *Tu mets ta voiture au garage, toi ?* • *Mettez votre nom au bas de la page.* • *Pierre a mis*

*beaucoup d'argent dans cette affaire, espérons que ça marchera.* • *Tu as mis trop de sel dans la soupe, ce n'est pas bon !* ◆ **se mettre qqpart** *Je me mets derrière toi, je ne veux pas qu'on me voie.* • *Oh ! pardon, je me suis mis à votre place.* ◆ **ne plus savoir où se mettre** *J'avais honte, je ne savais plus où me mettre.*
II. [v. t.] (sujet qqn) **mettre qqch [vêtement, bijou, etc.] (sur soi)** *Tiens ! Paul a mis une nouvelle cravate aujourd'hui !* • *Zut ! je*

*n'ai rien à mettre pour sortir ce soir !* • *Il va falloir que je mette des lunettes, je vois de plus en plus mal.* • *Tu ne mets pas la bague que je t'ai offerte ?* • *Tu as mis trop de rouge à lèvres, ce n'est pas beau.*
III. [v. t. opérateur] (sujet qqn, qqch) **mettre qqch (temps) à, pour + inf.** *Je suis en retard, j'ai mis une heure pour venir.* • *En voyant la tête qu'il faisait, je n'ai pas mis longtemps à comprendre !* ◆ (sujet qqn) **mettre qqch, qqn à (en) + n.** ou **se mettre à (en) + n., s'y mettre** *Il commence à pleuvoir, allons nous mettre à l'abri.* • *Il paraît que ce n'était pas lui le voleur, on va le mettre en liberté.* • *Je n'arrive pas à mettre la voiture en marche, elle doit être en panne.* • *On t'a mis au courant de ce qui s'est passé hier ?* • *Si on veut avoir fini ce soir, il faut tout de suite se mettre au travail.* • *Je t'en prie, n'interviens pas : si toi aussi tu t'y mets, on n'en sortira jamais.*
IV. [auxil. (factitif)] (sujet qqn) **mettre qqch à + inf.** *Vous avez fini de dîner ? Je mets le café à chauffer.* ◆ [inchoatif] (sujet qqn, qqch [pluie, neige, vent], *il*) **se mettre à + inf.** *Aline s'est mise à pleurer quand on lui a appris qu'elle avait raté son examen.* • *Juste au moment où on sortait, il s'est mis à pleuvoir.*

> **S. 1.** *Mettre* (sens I) a pour syn. PLACER, POSER, RANGER ou, plus particulièrement, APPOSER, en

parlant d'un nom, d'une signature, PLACER, INVESTIR, en parlant d'argent. *Mettre*, suivi de certains noms compl., a pour syn. un verbe simple (*mettre du sel* → SALER). *Se mettre a pour syn.* SE PLACER. *Ne plus savoir où se mettre*, c'est ÊTRE MAL À L'AISE (plus faible), AVOIR HONTE. — **2.** *Mettre un vêtement, un bijou*, etc. (sens II) a pour syn. PORTER. Les contr. sont ÔTER, ENLEVER. *Mettre du rouge aux lèvres*, c'est l'étaler sur les lèvres. — **3.** *Mettre un certain temps à*, pour + inf. a pour équivalent une construction inverse avec PRENDRE (*J'ai mis deux heures pour venir* → ÇA M'A PRIS DEUX HEURES POUR VENIR). *Mettre qqn, qqch à (en)* + n. s'oppose à une construction avec ÊTRE suivi des mêmes noms (*J'ai mis la voiture en marche* → LA VOITURE EST EN MARCHE). *Mettre qqch, qqn à (en)* + n., *se mettre à (en)* + n. équivalent à des verbes simples (*mettre à l'abri* → ABRITER ; *mettre au courant* → INFORMER) ou ont pour équivalents des constructions avec FAIRE + inf. (*mettre en marche* → FAIRE MARCHER). *S'y mettre* (fam.) est syn. de S'EN MÊLER. — **4.** Comme auxiliaire (sens IV), *mettre qqch à* + inf. a pour équivalent FAIRE + inf. (moins précis) [*mettre le café à chauffer* → FAIRE CHAUFFER LE CAFÉ]. *Se mettre à* + inf. est syn. de COMMENCER À + inf. (moins courant) et a pour contr. ARRÊTER, CESSER, FINIR DE + inf. (*Elle s'est mise à pleurer*, ELLE A ARRÊTÉ (CESSÉ) DE PLEURER ; *la neige se met à tomber*, LA NEIGE A FINI DE TOMBER).
**L. mettable** (adj.) [sens II, « mettre un vêtement »] *Je ne peux plus mettre cette robe* → *cette robe n'est plus mettable*. ◆ **metteur, mise**, v. ces mots.

**meuble** [mœbl] n. m.
[objet] *Quand ils se sont mariés, ils n'avaient presque pas de meubles, juste un lit, une table et quatre chaises.* ● *Il nous faudrait un petit meuble pour ranger nos papiers : les tiroirs sont pleins.*

**S.** Les *meubles* de la chambre : le lit, l'armoire, la commode ; les *meubles* du bureau : le bureau, la bibliothèque ; les *meubles* de la salle de séjour : la table, les chaises, le buffet, le canapé, les fauteuils. Le MOBILIER est l'ensemble des *meubles*.
**L. meubler,** v. ce mot.

**meubler** [mœble] v. t. (conj. **1**)
I. (sujet qqn) **meubler une maison, un lieu, etc.** *Si vous pouviez me donner des idées pour meubler ce salon, je ne sais pas quoi acheter.*
II. (sujet qqn, qqch) **meubler qqch (abstrait)** *On voyait qu'il disait n'importe quoi pour meubler le silence.*

**S. 1.** *Meubler* (sens I), c'est garnir de MEUBLES. — **2.** *Meubler* (sens II) [soutenu], c'est faire en sorte que qqch ne soit plus vide ; les syn. sont OCCUPER, REMPLIR.

**meurtre** [mœrtr] n. m.
[action, qqn] *Jean-Pierre est accusé de meurtre, mais il dit qu'il est innocent, qu'il n'a tué personne.*

**S.** Un *meurtre*, c'est le fait de TUER volontairement ou par imprudence ; le mot a pour syn. savant HOMICIDE ; ASSASSINAT est un syn. courant, quand le *meurtre* est volontaire. Le *meurtre* est un CRIME ; celui qui a commis un *meurtre* est un MEURTRIER, un CRIMINEL (moins précis), un ASSASSIN.
**L. meurtrier,** v. ce mot.

**meurtrier, ère** [mœrtrije, ɛr] adj. (après le n.) et n.
I. [adj.] (se dit de qqch) *Ce fut un des week-ends les plus meurtriers de l'année : 986 morts sur les routes.*
II. [n.] (personne, agent) *Le meurtre a été commis hier matin, mais la police est sur les traces du meurtrier.*

**S. 1.** Est *meurtrier* ce qui cause, provoque la mort. — **2.** Un *meurtrier* est responsable d'un MEURTRE. Les syn. sont ASSASSIN et CRIMINEL (moins précis).

**miauler** [mjole] v. i. (conj. **1**)
(sujet un chat) *Le chat miaulait devant la porte, il voulait entrer.*

**S.** *Miauler*, c'est crier en parlant d'un chat.
**L. miaulement** (n. m.) On entendait miauler un chat → *on entendait le miaulement d'un chat.*

## mi-chemin (à) → CHEMIN L.

## micro [mikro] n. m.
[appareil] *De mon temps, on n'avait pas besoin de chanter devant un micro pour se faire entendre.* ● [Pendant l'interview] : « *Si vous voulez qu'on vous entende, mettez-vous en face du micro.* »

**S.** Le *micro*, abrév. de MICROPHONE, permet d'amplifier les sons par des haut-parleurs dans une salle de spectacle ou de les enregistrer sur disque ou sur magnétophone.

## microbe [mikrɔb] n. m.
[animal] *On se demande comment on n'est pas plus souvent malades, avec tous ces microbes qui sont dans l'air !*

**S.** Les *microbes* sont des organismes vivants qui sont responsables d'un grand nombre de maladies (*microbes* proprement dits et VIRUS) ou de fermentations (BACTÉRIES).

## midi [midi] n. m.
I. [temps, mesure] (non-compt., au sing.) [sans article] *Il est midi, il faut aller déjeuner.* ● *On se retrouve à midi juste à la sortie de l'école.* ● *Les grands magasins restent ouverts entre midi et 2 heures.*
◆ [temps, moment] (compt.) [avec l'article] *Tous les midis, je déjeune avec Jacques.*
II. [lieu géographique] (non-compt., au sing.) *Il est de Marseille, il a l'accent du Midi.* ● *Pour les vacances, on descend dans le Midi, sur la Côte d'Azur.*

**S. et G. 1.** Sans article (sens I), *midi* est le syn. courant de 12 HEURES. *Midi* sépare la matinée de l'après-midi ; il s'oppose à MINUIT. Avec l'article, il désigne l'heure du déjeuner, le milieu de la journée, généralement entre 12 heures et 14 heures. — **2.** Au sens II, *le Midi*, c'est le sud de la France. les gens du *Midi* sont des MÉRIDIONAUX.

## mien (le) [ləmjɛ̃], mienne (la) [lamjɛn], miens, ennes (les) [lemjɛ̃, ɛn] pron.
possessifs
*Comment trouves-tu mon tableau ? — Très bien, il est même plus joli que le mien.* ● *Tu as tes clés ? Parce que j'ai oublié les miennes chez Jacques.* ● *Occupe-toi de ton travail, ne t'occupe donc pas du mien.*

**S. et G.** *Le mien, la mienne, les miens, les miennes* sont les pron. possessifs correspondant aux pron. personnels de la 1re pers. du sing. JE (ME, MOI) et aux adj. possessifs MON, MA, MES (+ n.) : *j'ai oublié les miennes* (← mes clés). Ils s'accordent en genre et en nombre avec le nom qu'ils représentent.

## miette [mjɛt] n. f.
I. [partie d'un aliment] **miette (de pain, de gâteau)** *Viens, on va donner quelques miettes de pain aux oiseaux.*
II. [quantité] (sujet qqn) **ne pas perdre une miette de qqch (concret** ou **abstrait)** *Le débat était vraiment très intéressant, je n'ai pas perdu une miette de ce qui a été dit.*

**S. 1.** Les *miettes* (sens I) d'un morceau de pain, de gâteau sont les parcelles qui tombent quand ou coupe du pain, du gâteau. — **2.** Au sens II, *ne pas perdre une miette* a pour syn. NE RIEN PERDRE.

## mieux [mjø] adv. et adj. inv.
I. [manière ; comparatif] *La voiture marche mieux depuis quelques jours, tu l'as fait réparer ?* ● *Alors, ça va bien aujourd'hui ? — Oui, un peu mieux qu'hier, merci.* ● *Cet appartement n'est pas extraordinaire, mais en attendant mieux, on va quand même le prendre.* ◆ **de mieux en mieux** *Il travaille*

*de mieux en mieux, bientôt ce sera parfait !*
◆ [adj. inv.] *Franck est nettement mieux que son frère. — Oui, il est plus beau et plus intelligent.* ● *Vous n'avez rien de mieux à me proposer ? — Mais je vous assure que cet appareil est très bien.*
II. [manière ; superlatif] (sujet qqn) **faire au mieux, pour le mieux, de son mieux** *Elle fait de son mieux pour lui plaire, malheureusement, ça ne marche pas.* ● *Bon ! je vous fais confiance, faites pour le mieux.*
◆ (sujet qqch) **aller pour le mieux** *Alors vos affaires s'arrangent ? — Oui, tout va pour le mieux maintenant.* ◆ **au mieux** *En mettant les choses au mieux, nous n'arriverons pas avant 20 heures.*

**G.** *Mieux* sert de comparatif, *le mieux* de superlatif à BIEN ; il n'a ni comparatif ni superlatif lui-même. *Mieux* peut être suivi d'un compl. du comparatif introduit par QUE et peut être renforcé par des adv. comme BEAUCOUP, BIEN, UN PEU, NETTEMENT, etc. Il forme avec quelques verbes des loc. verbales : *aimer mieux, valoir mieux, faire mieux de, ne pas demander mieux* (v. ces verbes).
**S. 1.** *Mieux* indique qu'un état, un fonctionnement, etc., sont meilleurs qu'ils ne l'étaient ; il indique une amélioration, un progrès. Il a pour contr. PLUS MAL avec un verbe, PIRE avec un nom ou un pronom. — **2.** *Faire au mieux, pour le mieux* a pour équivalent FAIRE AUSSI BIEN QUE POSSIBLE ; *faire de son mieux* a pour équivalent FAIRE TOUT SON POSSIBLE ; *aller pour le mieux* a pour syn. plus fort ÊTRE PARFAIT.

**mignon, onne** [miɲɔ̃, ɔn] adj. (avant le n.)
(se dit de qqn, de qqch) *Aline n'est pas vraiment belle, mais elle est mignonne, elle a beaucoup de charme.* • *C'est mignon chez vous, vous avez du goût.* • *Ils ont acheté une mignonne petite maison au bord d'une rivière.*

**S.** *Mignon* s'emploie surtout pour les enfants,

les visages ou les petits objets qui ont de la grâce et de la délicatesse ; il a pour syn. GENTIL, GRACIEUX (en parlant de qqn), CHARMANT ou JOLI (plus fort).

**migraine** [migrɛn] n. f.
[maladie] (compt., surtout au sing.) *Qu'est-ce que tu as, tu as mal à la tête ? — Oui, j'ai la migraine.*

**S.** *Migraine* est un syn. soutenu et médical de MAL DE TÊTE.
**L. migraineux, euse** (adj. et n.) *Il a souvent la migraine → il est migraineux.*

**milieu** [miljø] n. m.
I. [localisation] (non-compt., au sing.) *Vous allez arriver à un carrefour où il y a trois routes, vous ne prendrez ni celle de gauche ni celle de droite, mais celle du milieu.* • *Ne roule pas au milieu de la route, c'est dangereux.* • *Au milieu du film, Pierre s'est endormi.* • *Où est Jeanne ? Je ne la reconnais pas au milieu de tous ces enfants !* • *Le téléphone a sonné en plein milieu de la nuit, je n'ai pas aimé ça !* • *Ce mot est apparu vers le milieu du XVIII$^e$ siècle.*
II. [collectif, personnes] (compt.) *Pierre ne sort qu'avec des gens de son milieu.* • *Les enfants de certains milieux sociaux ont plus de difficultés à l'école que d'autres.* • *Qu'est-ce que c'est que cette façon de parler, je me demande dans quel milieu tu vis !*

**S. 1.** Le *milieu* (sens I) désigne ce qui est à égale distance de deux points dans l'espace (les contr. sont alors BOUT, BORD, EXTRÉMITÉ), de deux dates dans le temps (*au milieu du mois* = LE 15) [il s'oppose alors au DÉBUT et à la FIN]), ou bien, d'une manière moins précise, ce qui se situe entre deux ou plusieurs autres choses. *Du milieu* s'oppose à DE GAUCHE ou DE DROITE et a pour syn. DU CENTRE. *Au milieu de* peut avoir pour syn. AU CENTRE DE (espace), ENTRE ou PARMI (plusieurs personnes), PENDANT (temps). *Au beau milieu de, en plein milieu de* sont des renforcements de *au milieu de*. — **2.** Le *milieu* ou *milieu* SOCIAL (sens II) est la SOCIÉTÉ, l'ENTOURAGE, l'ENVIRONNEMENT dans lequel vivent qqn, un groupe, l'ensemble de ses relations.

**militaire** [militɛr] adj. (après le n.) et n. m.
[adj.] (se dit de qqch) *À dix-huit ans, les garçons doivent faire leur service militaire.* • *François revient du service ; il n'a pas du tout aimé la vie militaire.* ◆ [n. m.]

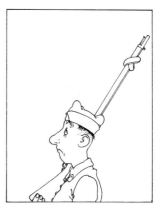

(personne) *On exige des militaires qu'ils mettent leur uniforme quand ils sont en service.*
**G.** Cet adj. n'a ni comparatif ni superlatif.
**S.** On appelle *service militaire* (ou SERVICE NATIONAL) le temps de formation obligatoire que doivent faire les jeunes gens dans l'armée. Les *militaires* sont aussi les SOLDATS.
**L. antimilitariste** (adj. et n.) *Pierre est antimilitariste* (← contre ce qui est militaire).
◆ **démilitariser** (v. t.) *Il faudrait supprimer les forces militaires dans cette région* → *il faudrait démilitariser cette région.*

**militer** [milite] v. i. (conj. **1**)
(sujet qqn) *Pierre milite au parti communiste, tous les dimanches il vend « l'Humanité » au marché.* ◆ (sujet qqn) **militer pour, contre qqch** *Nous militerons contre cette réforme que nous estimons injuste.*
**S.** *Militer*, c'est agir, faire de la propagande pour un parti politique, une association, etc. *Militer pour, contre qqch*, c'est agir, mener des actions pour, contre qqch.
**L. militant, e** (n.) *Il milite activement* → *c'est un militant très actif.*

**mille** [mil] adj. num. cardinal inv.
[1 000] *Nous sommes en mille neuf cent soixante-dix-sept.* ● *Tu dis que tu as payé cette voiture trente mille francs ? Mais c'est beaucoup !* ● *À la page mille du dictionnaire, il y a une faute.* — *Dis donc, tu l'as lu de près !*

**L. millième** (adj. num. ordinal) *La millième page* (← la page mille).

**milliard** [miljar] n. m.
[quantité] **milliard (de + n. plur.)** *Tu te rends compte ! La construction de l'autoroute a coûté plusieurs milliards !* ● *Il y a combien de milliards d'habitants sur la Terre ?*

**S.** *Un milliard* représente MILLE MILLIONS. Sans compl., il désigne un *milliard* d'anciens francs.
**L. milliardaire** (adj. et n.) *Il est très riche, il possède des milliards* → *il est très riche, il est milliardaire.*

**millier** [milje] n. m.
[quantité] **millier (de + n. plur.)** *C'est une petite ville, il y a à peu près trois milliers d'habitants.* ● *Le matin, des milliers de gens prennent en même temps le métro ou le train.*
**S.** *Millier* désigne un ensemble d'environ MILLE unités. Précédé d'un numéral, il peut avoir pour équivalent MILLE suivi du nom (*trois milliers d'habitants* → TROIS MILLE HABITANTS). *Des milliers de* a pour syn. moins fort UN GRAND NOMBRE DE.

**millimètre** [milimɛtr] n. m.
[mesure, unité] *Avec des vitres de dix millimètres d'épaisseur, tu n'entendras plus les bruits de la rue.*
**S.** Le *millimètre* (symb. mm) est la millième partie du MÈTRE.

**million** [miljɔ̃] n. m.
[quantité] **million (de + n. plur.)** *Combien coûte cette voiture ? — Un million cinq cent mille anciens francs.* ● *Il y a plus de cinquante-trois millions d'habitants en France.* ● *Tu vois, dans le ciel, il y a des millions d'étoiles ! Mais on ne les voit pas toutes...*
**S.** Sans compl., *million* désigne un *million* d'anciens francs. En parlant d'argent, on dit couramment encore *un million* pour 10 000 FRANCS (nouveaux).

**minable** [minabl] adj. (après le n.) et n.
[adj.] (se dit de qqn, de qqch) *C'est un type minable, incapable de la moindre initiative.* ● *Qu'est-ce que tu as vu dimanche ? — Un film minable, il était tellement mauvais que je suis parti avant la fin.*
◆ [n.] (personne) *Je t'assure que cette pièce est jouée par des minables, ça ne vaut pas la peine de la voir.*
**S.** Est *minable* (fam.) qqn ou qqch de très médiocre ; les syn. de l'adj. sont LAMENTABLE, AU-DESSOUS DE TOUT.

**mince** [mɛ̃s] adj.
I. (se dit de qqch [concret]) ; avant ou, plus souvent, après le n.) *Je ne sais pas s'il y aura assez de rôti pour tout le monde. — Coupe des tranches très minces, on en aura*

chacun un peu. ● *On n'a pas pu faire de ski : il n'y avait qu'une mince couche de neige, même au sommet.* ◆ (se dit de qqch [abstrait]) *Tu sais, mes connaissances sur le sujet sont bien minces ; je ne suis pas fort en géographie.*
II. (se dit de qqn ; après le n.) *Elle est belle, grande et mince, mais pas maigre.*

**S. 1.** En parlant de qqch (concret), *mince* (sens I) a pour syn. FIN et pour contr. ÉPAIS ou GROS. En parlant de qqch (abstrait), *mince* a pour syn. MODESTE, MAIGRE. — **2.** En parlant de qqn, *mince* (sens II) a pour contr. GROS et pour syn. soutenus SVELTE, ÉLANCÉ. En ce sens, le

terme s'oppose à MAIGRE qui se dit de qqn qui est trop *mince*.
**L. minceur** (n. f.) *Ses connaissances sont minces, ça ne m'étonne pas → la minceur de ses connaissances ne m'étonne pas.* ◆ **amincir** (v. t.) *Cette robe est très bien coupée, elle vous amincit beaucoup* (← *elle donne l'impression que vous êtes mince*).

**mine** [min] n. f.
I. [lieu naturel] (compt.) *Il y a des mines de charbon dans cette région.* ◆ [lieu aménagé] *Je n'aimerais pas travailler au fond d'une mine.*
II. [partie d'un instrument] (compt.) *N'appuie pas si fort en écrivant, tu vas casser la mine de ton crayon.*
III. [état, qqn] (compt., surtout au sing.) *Regarde-le, il a la mine de quelqu'un qui a fait une bêtise.* ● *Jacques a mauvaise mine, il a besoin de vacances.* ● *Ça se voit qu'elle a bien dormi, elle a meilleure mine qu'hier.*
IV. (sujet qqn) **faire mine de** + inf. *Il a fait mine de ne pas me voir quand je l'ai croisé.*
◆ (sujet qqn) **avoir bonne mine** *Tu lui as répété ce que je t'ai raconté ? Eh bien,*

*j'aurai bonne mine quand je le verrai !*
◆ **mine de rien** *Mine de rien, tâche de savoir ce qu'il pense de notre projet.*

**S. 1.** Au sens I, une *mine* est à la fois le gisement de matières ou métaux naturels (or, charbon, cuivre, etc.) et les galeries souterraines creusées pour y accéder. — **2.** Au sens II, la *mine* est le bout pointu du crayon qui permet d'écrire. — **3.** Au sens III, *mine* a pour syn. ALLURE, TÊTE, FIGURE, sauf dans *avoir bonne mine, mauvaise mine* qui signifie AVOIR L'AIR EN BONNE SANTÉ, MAUVAISE SANTÉ, FATIGUÉ, MALADE. — **4.** Au sens IV, *faire mine de* a pour syn. FAIRE SEMBLANT DE. *Avoir bonne mine* s'emploie ironiquement pour AVOIR L'AIR RIDICULE. *Mine de rien* a pour syn. SANS EN AVOIR L'AIR, EN DOUCE.
**L. minier, ère** (adj.) [sens I] *C'est une région où il y a des mines → c'est une région minière.*
◆ **mineur** (n. m.), v. ce mot.

**1. mineur, e** [minœr] adj. (après le n.) et n.
I. [adj.] (se dit de qqn) *Marie n'a que seize ans, elle est encore mineure, elle n'a pas le droit de voter.* ◆ [n.] (personne) *Ce film est interdit aux mineurs, Jacques n'a pas pu entrer au cinéma.*
II. [adj.] (se dit de qqch [abstrait]) *Ce film est médiocre : c'est une œuvre mineure de ce metteur en scène.*

**G.** L'adj. n'a ni comparatif ni superlatif.
**S. 1.** *Mineur* (sens I) a pour contr. MAJEUR. En France, on est *mineur* jusqu'à dix-huit ans (on n'a pas le droit de vote). — **2.** Au sens II, *mineur* est un comparatif de PETIT ; il a pour contr. MAJEUR, ESSENTIEL, PRIMORDIAL et pour syn. SECONDAIRE, ACCESSOIRE.

**2. mineur** [minœr] n. m.
[personne, profession] *Il y a eu un accident mortel dans la mine et les mineurs se sont mis en grève pour protester contre les conditions de sécurité.*

**S.** Les *mineurs* sont des ouvriers qui travaillent dans une MINE (charbon, minerai).

**minime** [minim] adj. (avant ou après le n.) (se dit de qqch) *Elle paraît plus jeune que lui. — Il n'y a pourtant entre eux qu'une minime différence d'âge.* ● *J'ai presque remboursé entièrement le crédit pour l'appartement, on ne doit plus qu'une somme minime.*

**G.** Cet adj. n'a pas de comparatif.
**S.** Est *minime* (soutenu) ce qui est TRÈS PETIT; le syn. soutenu est INFIME qui indique une petitesse encore plus grande; le syn. courant est FAIBLE.

**minimiser** [minimize] v. t. (conj. **1**) (sujet qqn, son attitude) **minimiser qqch (abstrait)** *Vous essayez de minimiser l'affaire, mais pour nous tous, c'est une affaire grave, importante.*

**S.** *Minimiser* (soutenu), c'est rendre moins important, moins grave, moins sérieux. AMPLIFIER, EXAGÉRER sont des contr.

**minimum** [minimɔm] n. m. et adj. (après le n.), pl. **minimums** (courant), **minima** (savant)
[n. m.] (quantité) [compt., surtout au sing.] *Pour réussir ce concours, il faut quand même un minimum de travail.* ● *Aller une fois par mois au cinéma, pour moi c'est un minimum.* ● *Ils sont très pauvres et n'ont même pas le minimum vital.* ◆ **au minimum** *Pour une famille de quatre personnes, il faut au minimum un appartement de trois pièces.* ◆ [adj.] (se dit de qqch [quantité]) *Dans cette usine, le salaire minimum est de mille six cents francs par mois.*

**G.** *Minimum* (adj.) n'a ni comparatif ni superlatif.
**S.** *Minimum* (n. m.) a pour contr. MAXIMUM et désigne la plus petite quantité d'une chose, le degré le plus bas *Au minimum* a pour syn. AU MOINS (moins fort), POUR LE MOINS (soutenu). MINIMAL, E, AUX est un syn. savant de l'adj. On appelle S. M. I. C. le *Salaire Minimum Interprofessionnel de Croissance.*

**ministre** [ministr] n. m.
[personne, fonction] *Tous les mercredis, les ministres se réunissent avec le président de la République.* ● *Ce soir, le Premier ministre va faire un discours à la télé.* ● *Tu connais le nouveau ministre de l'Économie ?*

**S.** Un *ministre* est un homme politique (comme appellatif, on dit M. le Ministre ou, pour une femme, M$^{me}$ le Ministre) qui exerce une partie du pouvoir exécutif en dirigeant un département MINISTÉRIEL ou MINISTÈRE : Justice, Intérieur, Économie et finances, Éducation, Défense, Affaires étrangères, Agriculture, Santé, Équipement, etc. L'ensemble des *ministres* sous la direction du PREMIER *ministre* (choisi par le président de la République, chef de l'exécutif) constitue le GOUVERNEMENT (ou MINISTÈRE ou CABINET). Outre les *ministres*, le gouvernement comprend également des SECRÉTAIRES D'ÉTAT qui sont chargés de départements ministériels moins importants ou adjoints à un *ministre*.
**L. ministère** (n. m.) *Les ministres se sont réunis à l'Élysée* → *le ministère s'est réuni à l'Élysée.* ◆ **ministériel, elle** (adj.) *C'est une décision qui relève du ministre* → *c'est une décision ministérielle.*

**minorité** [minɔrite] n. f.
I. [partie d'un tout] *Il n'y a qu'une petite minorité de gens qui peuvent se permettre de faire ce qu'ils veulent.* ● *Ils n'ont pas été élus parce qu'ils n'ont obtenu qu'une minorité de voix.* ● *Dans un système démocratique, la minorité doit suivre ce que la majorité a décidé.* ◆ **en minorité** *Aux prochaines élections, le gouvernement sera peut-être mis en minorité. Que se passera-t-il alors ?*
II. [collectif, personnes] *En Amérique, il y a des quartiers réservés aux minorités noires.*

**G.** Employé au sens I sans compl., la *minorité* signifie la *minorité des gens.*
**S. 1.** *Minorité* (sens I) a pour contr. MAJORITÉ et désigne un PETIT NOMBRE DE, par rapport à un ensemble. *Mettre en minorité un gouvernement,* c'est, pour les partis d'opposition, faire en sorte que le gouvernement n'ait pas la majorité à l'Assemblée sur un projet de loi, sur une motion de confiance, etc. — **2.** Au sens II, les *minorités* sociales, religieuses, politiques et surtout raciales sont constituées de personnes formant, dans une société donnée, des groupes

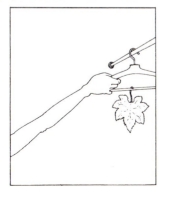

exclus du pouvoir, et dépendant des groupes majoritaires.
**L. minoritaire** (adj.) [sens I et II] Le parti communiste n'est qu'une minorité → *le parti communiste est minoritaire.*

**minuit** [minɥi] n. m.
[temps, mesure] (non-compt., au sing.) [sans article] *Il est minuit, les gens sortent des théâtres et des cinémas.* • *On est rentré très tard, à minuit et demi.*

**S.** et **G.** Sans article, *minuit* indique le milieu de la NUIT. Il a pour syn. précis 24 HEURES ou 0 HEURE. Il s'oppose à MIDI.

**minuscule** [minyskyl] adj. (après ou, plus souvent, avant le n.)
(se dit de qqch) *C'est pour ce minuscule bouton sur le nez que tu fais tant d'histoires !* • *À cette hauteur, le village d'où on est parti paraît minuscule.*

**G.** Cet adj. n'a pas de comparatif.
**S.** *Minuscule* est un intensif ou un superlatif

de PETIT ; les contr. (avec la même intensité par rapport à GRAND) sont ÉNORME ou IMPORTANT.

**minute** [minyt] n. f.
I. [temps, mesure] *Il est exactement 8 heures et 15 minutes.* • *Il y a soixante secondes dans une minute.*
II. [temps, moment] **une, deux... cinq minute(s)** *Tu as une minute, s'il te plaît, j'ai à te parler.* • *J'arrive tout de suite, j'en ai pour deux minutes.* ◆ **d'une minute à l'autre** *Attends-le, il va revenir d'une minute à l'autre.* ◆ **à la minute** *Quand il demande quelque chose, il faut que ce soit fait à la minute, il ne supporte pas le plus petit retard.*
III. [interj.] (ordre) **minute !** [*À quelqu'un en train de parler*] : «*Minute ! c'est absolument faux ce que tu dis !*»

**G.** *Minute* a pour symbole min (5 min). Dans l'expression de l'heure, en langue courante, on emploie rarement *minute* (on dit 8 HEURES 20, pour *8 heures et 20 minutes*).
**S. 1.** La *minute* (sens I) est une unité de temps représentant 60 SECONDES et comprise 60 fois dans une HEURE. Dans l'expression de l'heure, on appelle QUART D'HEURE une durée de *15 minutes* et DEMI-HEURE une durée de *30 minutes*. — **2.** *Minute* (sens II) indique un moment bref, mais imprécis ; il a pour syn. SECONDE dans l'expression *une, deux... cinq minutes*, qui désigne un court laps de temps et peut avoir pour syn. les expressions UN MOMENT, UN INSTANT. *D'une minute à l'autre* a pour syn. D'UN INSTANT À L'AUTRE, BIENTÔT (moins fort), INCESSAMMENT (soutenu). *À la minute* a pour syn. IMMÉDIATEMENT, TOUT DE SUITE. — **3.** *Minute !* (interj. fam.) s'emploie pour interrompre qqn et a pour syn. PAS SI VITE !
**L. minuter** (v. t.) [sens I] On a mesuré à la minute le temps de parole → *on a minuté le temps de parole.*

**minutieux, euse** [minysjø, øz] adj. (après le n.)
(se dit de qqn, de qqch [abstrait]) *Avec elle, le travail est fait dans le moindre détail,*

*elle est extrêmement minutieuse et exigeante.* • *À la douane, on a procédé à un examen minutieux de tous les bagages, mais on n'a rien trouvé.*

**S.** Est *minutieux* celui qui prête attention aux plus petits détails, celui qui fait qqch avec MINUTIE ; le syn. soutenu et péjor. est POINTILLEUX ; les syn. soutenus et mélioratifs sont MÉTICULEUX et SCRUPULEUX. Un travail *minutieux* est SOIGNÉ, CONSCIENCIEUX, par oppos. à BÂCLÉ (fam.).
**L. minutieusement** (adv.) Il travaille de façon minutieuse → *il travaille minutieusement.*

◆ **minutie** (n. f.) Son travail est fait minutieusement → *son travail est fait avec minutie.*

**miracle** [mirakl] n. m.
[événement] *Ce serait un miracle si Marie était prête à l'heure ! Elle est toujours en retard, d'habitude !* ● *Tu sais, il n'y a pas de miracle, on ne peut pas gagner de l'argent sans travailler !* ◆ **par miracle** *Si, par miracle, tu pouvais retrouver la même assiette que celle que j'ai cassée, ça m'arrangerait !*

**S.** *Miracle* a pour syn. plus soutenu PRODIGE.

*C'est un miracle* correspond à C'EST ÉTONNANT, INATTENDU, INCROYABLE, EXTRAORDINAIRE, MIRACULEUX (de plus en plus forts). *Par miracle* est syn. de PAR BONHEUR, PAR (UN HEUREUX) HASARD (moins forts).
**L. miraculeux,** v. ce mot.

**miraculeux, euse** [mirakylø, øz] adj. (après ou, plus rarement, avant le n.)
(se dit de qqch) *C'est miraculeux qu'il soit sorti sain et sauf de cet accident, sans aucune blessure, alors qu'il ne reste rien de la voiture.*

**S.** Est *miraculeux* ce qui tient du MIRACLE ; les syn. sont EXTRAORDINAIRE, MERVEILLEUX ou INEXPLICABLE.
**L. miraculeusement** (adv.) *Il s'est sorti d'affaire d'une manière miraculeuse* → *il s'est miraculeusement sorti d'affaire.*

**mise** [miz] n. f.
[action, qqn, et résultat] **mise en (à) + n.** *Tu ne trouves pas que la mise en scène de ce film est remarquable ?* ● *La mise en vente du nouveau produit aura lieu plus tard, dans un mois environ.* ● *Avec ce froid, la mise en marche de la voiture a été vraiment difficile.*

**G.** *Mise* s'emploie le plus souvent au sing. dans les loc. formées avec les prép. À et EN dont les emplois correspondent à ceux du verbe METTRE (METTRE EN SCÈNE → *mise en scène ;* METTRE EN VENTE → *mise en vente ;* METTRE EN MARCHE → *mise en marche ;* etc.). [V. aussi MISER.]

**miser** [mize] v. t. et v. t. ind. (conj. **1**) [v. t.] (sujet qqn) **miser qqch (argent) sur qqch, un cheval, qqn** *J'ai misé deux cents francs sur votre cheval et vous ne le faites pas courir ?* ◆ [v. t. ind.] **miser sur qqch, qqn** *Il saura se débrouiller. — Je serais vous, je ne miserais pas là-dessus, vous vous trompez.*

**S.** *Miser de l'argent sur,* c'est le jouer, le mettre comme enjeu. *Miser sur qqch, qqn,* c'est COMPTER DESSUS.
**L. mise** (n. f.) [sens du v. t.] *Il a misé une somme importante* → *il a fait une mise importante.*

**mi-temps** [mitɑ̃] n. f. et n. m. inv.
I. [n. f. inv.] (partie d'un sport) *Il est tellement fanatique des matchs de football que quand il les regarde à la télé, il faut que j'attende la mi-temps pour lui parler.* ◆ **(première, seconde) mi-temps** *La première mi-temps a été beaucoup plus intéressante que la seconde.*
II. [n. m. inv.] **à mi-temps** *Je voudrais travailler à mi-temps. — Voilà ce qu'il vous faut pour avoir le temps de continuer vos études.*

**S. 1.** La *mi-temps* (sens 1) est le TEMPS d'arrêt au milieu d'un match, dans un sport d'équipe. Il a pour syn. PAUSE. C'est aussi chacune des deux périodes d'égale durée qui constituent le match. — **2.** *Travailler, avoir un travail à mi-temps* (sens II), c'est avoir un travail dont la durée est la moitié de celle du même travail à TEMPS COMPLET (40 heures par semaine pour la majorité des salariés).

**mitraillette** [mitrajɛt] n. f.
[arme] *On était tranquillement dans la banque quand soudain des bandits sont entrés, armés de mitraillettes.*

**S.** La *mitraillette* est une arme à feu qui peut tirer des balles par rafales.

**mixte** [mikst] adj. (après le n.)
(se dit d'une école) *Jeanne va dans la même école que son frère : c'est un collège mixte.* ● *Sa classe est mixte, mais il ne joue qu'avec les garçons !*

**G.** Cet adj. n'a ni comparatif ni superlatif.
**S.** Une école ou un lycée *mixte* admettent à la fois des garçons et des filles.

## MOBILE

**mobile** [mɔbil] n. m.
[statut, qqch] *On pense que c'est lui le coupable, mais on n'a pas encore compris les mobiles de son crime.* • *Pour quel mobile aurait-elle fait ça ? — Pour l'argent, tout simplement.*

**S.** Un *mobile* est une RAISON, un MOTIF (moins forts) qui poussent qqn à agir, le plus souvent pour commettre une action répréhensible.

**mobilier** [mɔbilje] n. m.
[collectif, meubles] (compt., surtout au sing.) *Cela fait dix ans que nous sommes mariés et dans le même appartement ; et nous n'avons jamais changé de mobilier.*

**S.** Le *mobilier*, c'est l'ensemble des MEUBLES.

**mobiliser** [mɔbilize] v. t. (conj. **1**)
(sujet qqn, qqch) **mobiliser qqn** *Si tu crois mobiliser suffisamment de personnes pour aller à la manifestation avec ces arguments-là, tu te trompes, tu n'auras personne.*

**S.** *Mobiliser* qqn, c'est faire appel à lui et avoir son accord pour une action collective.
**L. mobilisateur, trice** (adj.) *Il savait trouver les mots qui mobilisaient tout le monde* → *il savait trouver les mots mobilisateurs.* ◆ **mobilisation** (n. f.) *Ce n'est pas si facile que ça de mobiliser tous les parents pour améliorer l'école* → *la mobilisation de tous les parents pour améliorer l'école n'est pas si facile que ça à obtenir.* ◆ **démobiliser**, v. ce mot.

**moche** [mɔʃ] adj. (après le n.)
(se dit de qqn, de qqch [concret]) *Pourquoi s'est-elle fait couper les cheveux ? Qu'est-ce qu'elle est moche, comme ça, alors que les cheveux longs lui allaient si bien...* • *Ce que c'est moche, chez lui, tu ne peux pas savoir ; pourtant, on aurait pu penser qu'il avait du goût !* ◆ (se dit de qqch [abstrait]) *Partir comme ça, sans rien dire, je trouve ça très moche.*

**S.** *Moche* est fam. ; en parlant de qqn ou de qqch (concret), les syn. sont LAID, VILAIN ou,

plus forts, AFFREUX, HIDEUX, HORRIBLE, et les contr. BEAU, JOLI, BIEN ou, plus forts, MAGNIFIQUE, SPLENDIDE, SUPERBE. En parlant d'une action, les syn. sont, par ordre d'intensité croissante, CHOQUANT, DÉPLORABLE, HONTEUX, IGNOBLE, SCANDALEUX, et les contr. BIEN, PARFAIT ou, fam., CHIC, CHOUETTE.

**1. mode** [mɔd] n. f.
[manière, qqch] *Cette année, la mode est aux jupes longues et larges.* • *Tu vas suivre la mode cet hiver, toi ? — Non, je ne l'aime pas du tout.* ◆ **à la mode** *Ces couleurs sont très à la mode cette année.* • *Comment s'appelle cette chanson à la mode ?*

**S. 1.** La *mode* est le goût du moment, le plus souvent en matière d'habillement. — **2.** *À la mode* a pour syn. EN VOGUE (soutenu).
**L. démodé**, v. ce mot.

**2. mode** [mɔd] n. m.
[manière, qqch] **mode de qqch (action)** *Quel mode de paiement choisirez-vous ? Comptant ou à crédit, par chèque ou en liquide ?* • *Travailler la nuit et dormir le jour ? C'est un mode de vie que je n'aimerais pas.* • *Avant de te servir de ce produit, lis attentivement le mode d'emploi.*

**S.** *Mode* est un syn. soutenu de MANIÈRE (qui ne s'emploie pas suivi d'un nom d'action compl., mais d'un infinitif).

**modèle** [mɔdɛl] n. m. et adj. (après le n.)
I. [n. m.] (statut, qqch) *Tu ne sais pas démonter ton poste de radio pour remplacer les piles ? C'est pourtant facile, tu n'as qu'à suivre le modèle !*
II. [n. m.] (abstrait) *Tu peux écouter Pierre, c'est un modèle de prudence en voiture !* • *Marie, prends modèle sur ton frère, regarde comme il est sage !*
III. [n. m.] (objet) *Cette marque de voitures vient de sortir un nouveau modèle.* • *Qu'est-ce que vous avez pris comme robe pour le mariage ? — Oh ! un modèle tout simple.* • *Ce lit est d'un modèle courant, mais nous avons plus grand si vous voulez.*
IV. [adj.] (se dit de qqch, de qqn) *Il est parti travailler à la campagne dans une ferme modèle.* • *Moi, les enfants modèles, ça m'ennuie.*

**G.** Comme adj., *modèle* n'a ni comparatif ni superlatif.
**S. 1.** Un *modèle* (sens I) est un plan, un dessin, un schéma d'après lequel on réalise certains objets. — **2.** Au sens II, le *modèle* est une forme exemplaire ; *prendre modèle sur* a pour syn. PRENDRE EXEMPLE SUR, IMITER. — **3.** Au sens III, c'est un objet qui fait partie

d'une série, qui en a les caractéristiques, qui en est le TYPE. — **4.** Comme adj., *modèle* se dit d'un établissement, de qqch qui sert de *modèle* aux autres, qui est à la pointe du progrès, ou de qqn qui est le maximum de qualités propres à son rôle, sa fonction. Les syn. sont EXEMPLAIRE ou PARFAIT.

**modéré, e** [mɔdere] adj. (après le n.)
(se dit de qqn, de qqch [attitude, action, prix]) *Georges a toujours été très modéré dans l'expression de ses opinions ; il n'aime pas la violence ni le parti pris.* ● *On trouve dans ce magasin des articles à prix modérés, à côté d'autres plus chers.*

**S.** Est *modéré* celui qui est éloigné de tout excès ou ce qui est moyen, entre deux extrêmes ; dans le premier cas, le syn. est MESURÉ, les contr. sont EXALTÉ, EXTRÊME ; dans le second cas, les contr. sont EXCESSIF, EXORBITANT (plus fort).
**L. modérément** (adv.) Il boit de façon modé-

rée → *il boit modérément.* ◆ **modération** (n. f.) Il est modéré dans ses propos → *il y a de la modération dans ses propos.* ◆ **immodéré, e** (adj.) Il vend des articles à des prix qui ne sont pas modérés → *il vend des articles à des prix immodérés.* ◆ **immodérément** (adv.) Il ne boit pas modérément → *il boit immodérément.*

**modérer** [mɔdere] v. t. (conj. 12)
(sujet qqn) **modérer qqch (paroles, attitude, etc.)** *Vous devriez modérer vos prétentions, vous demandez beaucoup trop.* ◆ **se modérer** *Qu'il ne se mette pas dans un état pareil, qu'il se modère ! Tout excès est mauvais dans un cas comme le sien.*

**S.** *Modérer,* c'est ADOUCIR, ATTÉNUER, DIMINUER l'intensité ou l'importance de qqch. *Se modérer* a pour syn. SE CONTENIR et pour contr. S'EMPORTER.
**L. modéré,** v. ce mot.

**moderne** [mɔdɛrn] adj. (après le n.)
I. (se dit de qqch) *Vous cherchez à acheter un appartement moderne ou ancien ?* —

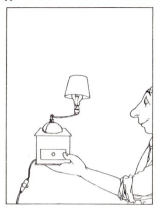

*Moderne, mais c'est plus cher.* ● *Tu suis toujours des cours d'histoire moderne ?* — *Ah non!* cette année ceux d'histoire du Moyen Âge.
II. (se dit de qqn, de son attitude) *Tu as de la chance d'avoir des parents modernes, toi ; ils te laissent sortir seule le soir.*

**S. 1.** *Moderne* (sens I) se dit de ce qui convient au moment présent ou de ce qui existe depuis peu. Les syn. sont NOUVEAU, NEUF, RÉCENT, et les contr. ANCIEN, VIEUX. Quand il s'agit d'histoire, les contr. sont ANCIEN ou CONTEMPORAIN.
— **2.** En parlant de qqn, de son attitude, *moderne* se dit de celui qui se conforme à l'évolution des mœurs la plus récente. Le syn. fam. est DANS LE VENT ; les contr. sont RÉTROGRADE et VIEUX JEU (fam.).
**L. moderniser,** v. ce mot.

**moderniser** [mɔdɛrnize] v. t. (conj. 1)
(sujet qqn) **moderniser qqch** *Il faudrait moderniser vos méthodes de travail, vous travaillez comme il y a vingt ans !*

**S.** *Moderniser,* c'est modifier, transformer pour rendre plus MODERNE, ACTUEL. RÉNOVER est un syn.
**L. modernisation** (n. f.) Nous faisons des travaux pour moderniser le magasin → *nous faisons des travaux de modernisation du magasin.*

**modeste** [mɔdɛst] adj. (avant ou après le n.)
I. (se dit de qqch, de qqn) *J'habite un très vieil immeuble, mais le loyer est modeste, et c'est pourquoi j'y reste.* ● *Ses parents ne sont pas riches, ce sont de très modestes*

commerçants dans une petite ville de province.
II. (se dit de qqn) *Allons, ne te vante pas tant de ton succès devant ce pauvre Paul qui a été recalé ; sois un peu plus modeste !*
**S. 1.** Est *modeste* (soutenu) [sens I] ce qui n'est pas excessif ; le syn. est MODÉRÉ ou MODIQUE (soutenu et en parlant d'une somme d'argent). Un *modeste* commerçant est un petit commerçant, qui a de faibles revenus. — **2.** Est *modeste* (sens II) celui qui a une opinion réservée de ses propres mérites. Il a pour syn. HUMBLE (soutenu), EFFACÉ (plus fort), DISCRET et pour contr. ORGUEILLEUX, PRÉTENTIEUX, VANTARD (plus fort).
**L. modestement** (adv.) Conduis-toi de façon plus modeste → *conduis-toi plus modestement.*
◆ **modestie** (n. f.) [sens II] *Ce savant parle d'une façon modeste de lui-même* → *ce savant parle avec modestie de lui-même.*

**modifier** [mɔdifje] v. t. (conj. **2**)
(sujet qqn, qqch) **modifier qqch** *Ne modifiez rien, c'est très bien comme ça.*

**S.** *Modifier* a pour syn. CHANGER, TRANSFORMER, RECTIFIER (si c'est une erreur).
**L. modification** (n. f.) *Vous avez modifié plusieurs choses* → *vous avez fait plusieurs modifications.*

**modique** [mɔdik] adj. (avant ou après le n.)
(se dit d'un prix) *J'ai acheté la maison pour la modique somme de deux cent mille francs.* — *Et tu trouves que le prix est modique ?*
**G.** Cet adj. n'a ni comparatif ni superlatif.
**S.** Est *modique* une somme peu importante ; cet adj., souvent employé ironiq., a pour syn. PETIT, MODESTE.

**moi** → JE.

**moindre** [mwɛ̃dr] adj. (avant le n.)
(se dit de qqch [action, valeur, etc.]) *Au moindre bruit, je vous renvoie dans votre chambre ; restez un peu tranquilles.* ● *La moindre des choses est de lui envoyer une petite lettre pour le remercier de son cadeau, tu ne crois pas ?*
**G.** Cet adj. est le comparatif de PETIT ; il n'a pas lui-même de comparatif.
**S.** *Moindre* (soutenu) correspond à PLUS PETIT ; *le moindre* correspond à LE PLUS PETIT dans un petit nombre d'expressions usuelles.

**moineau** [mwano] n. m.
[animal] *Il y a un petit moineau sur la terrasse. C'est rare maintenant, il y en a beaucoup moins à Paris.*

**S.** Le *moineau* est un petit oiseau brun et noir, très courant en France.

**moins** [mwɛ̃] adv.
I. [quantité ; comparatif] **moins + v., adj., adv., moins de + n. plur.** (compt.) ou **sing.** (non-compt.) **[que + ind.]** *Aline voudrait travailler moins, maintenant qu'elle a un enfant.* ● *Roule moins vite, on va avoir un accident !* ● *Les Durand n'ont pas moins de vacances que nous ; je ne vois pas pourquoi ils se plaignent.* ● *Je ne comprends pas : moins il travaille et plus il gagne d'argent, ce n'est pas normal.* ● *Essayez de faire ce travail en moins de huit jours, s'il vous plaît.*
◆ **de moins en moins** *Nous ne sommes pas fâchés, mais on se voit de moins en moins.*
II. [quantité ; superlatif] **le moins... (de), moins... possible, au moins** *C'est Alain qui court le moins vite de toute la classe, il est toujours le dernier !* ● *Penses-y le moins souvent possible, tu oublieras.* ● *Un appartement comme ça, ça vaut au moins cinq cent mille francs.*
III. [soustraction] **moins qqch** *Sept moins*

trois font quatre. ● On a rendez-vous à midi moins le quart. ● Dans ce pays, l'hiver, il fait moins trente. ◆ **en moins, de moins** *La vendeuse a dû se tromper en me rendant la monnaie, j'ai trois francs en moins.* ● *Il y a trois élèves de moins dans cette classe, par rapport à l'année dernière.*
IV. [restriction] **au moins** *Ne réponds pas au téléphone, au moins comme ça tu seras tranquille.* ● *Je t'emmène, mais tu seras gentil au moins ?* ◆ **du moins, tout au moins** *Il n'a pas besoin de toi, tout au moins, c'est ce qu'il dit.* ● *J'ai réussi, du moins je le crois. Qu'en penses-tu ?*

**S. 1.** *Moins* (sens I) est le comparatif de PEU ; il marque l'infériorité et a pour contr. PLUS ou DAVANTAGE (avec un verbe), DAVANTAGE DE (avec un nom). *Pas moins (que, de)* a pour équivalent un comparatif d'égalité AUTANT (QUE, DE) ou AUSSI (avec un adj. ou un adv.). *De moins en moins* indique une diminution progressive et a pour contr. DE PLUS EN PLUS. — **2.** *Le moins* (sens II) est le superlatif de PEU. *Au moins* indique une limite inférieure dans une évaluation ; il a pour syn. AU MINIMUM. — **3.** *Moins* (sens III) indique une soustraction (son symbole mathématique est « − »), ou un nombre négatif (situé en dessous de zéro). *De moins, en moins* peuvent être équivalents à une tournure avec MANQUER (*J'ai trois francs de moins* → IL ME MANQUE TROIS FRANCS). — **4.** *Au moins* (sens IV) insiste sur une condition essentielle, minimale. *Du moins, tout du moins* indiquent une restriction. Les syn. sont CEPENDANT, NÉANMOINS, TOUTEFOIS (soutenu).

**mois** [mwa] n. m.
[temps, mesure] *Il y a trente et un jours dans le mois de janvier.* ● *Tous les mois, Jacques part voir ses parents en province.* ● *On se verra le mois prochain.* ◆ [temps, moment] *Nous partons en vacances au mois d'août.* ● *Julien et Catherine ont des fins de mois difficiles : dès le 20, ils n'ont plus d'argent !*

**S.** Les douze *mois* de l'année sont : JANVIER, FÉVRIER, MARS, AVRIL, MAI, JUIN, JUILLET, AOÛT, SEPTEMBRE, OCTOBRE, NOVEMBRE, DÉCEMBRE. On appelle TRIMESTRE un groupe de *trois mois* et SEMESTRE un groupe de *six mois*.
**L. mensuel, elle** (adj.) *Cette revue paraît tous les mois* → *c'est une revue mensuelle.*

**moisi, e** [mwazi] adj. (après le n.), **moisi** n. m.
[adj.] (se dit de qqch [objet, matière]) *Tu as laissé trop longtemps cette confiture dehors ; le dessus est moisi.* ● *Il faut débarrasser la cave de toutes ces planches moisies : elles ne peuvent servir à rien.* ◆ [n. m.] (matière) [non-compt., au sing.]

*Il y a dans le placard une odeur de moisi, qu'est-ce que tu y as encore laissé pourrir ?*

**S.** Est *moisi* ce qui, en commençant à s'altérer, se couvre d'une mousse blanchâtre ou verdâtre (la MOISISSURE). Le syn. plus fort est POURRI. L'odeur, le goût de MOISI sont dus à l'existence de cette mousse.

**moisir** [mwazir] v. i. (conj. **15**)
(sujet qqch) *Il y a une mince couche blanche sur la confiture.* — *Elle n'est plus bonne, elle a moisi.*

**S.** *Moisir,* c'est se couvrir de MOISISSURE, s'altérer sous l'effet de l'humidité.
**L. moisi,** v. ce mot.

**moitié** [mwatje] n. f.
I. [partie d'un tout] (compt.) *Deux est la moitié de quatre.* ● *Coupe le gâteau en deux, on en prendra chacun une moitié.* ● *La Révolution française a eu lieu dans la seconde moitié du XVIIIe siècle.* ● [Dans une recette] : « *Remplir chaque moitié de pamplemousse du mélange préparé.* »
II. [quantité] (non-compt., au sing.) **la moitié de** + n. *La moitié des gens qui étaient là hier soir se sont ennuyés.* ● *Les enfants sont heureux à la campagne, ils sont dehors la moitié du temps.* ◆ **(à) moitié prix** *J'ai discuté et j'ai réussi à avoir ce tableau à moitié prix.* ● *Tu as vraiment payé ton manteau moitié prix ? — Oui, il avait un défaut !* ◆ **de moitié** *Leur pouvoir d'achat a diminué de moitié en deux ans, c'est énorme !* ◆ **moitié...,** **moitié** *Elle est moitié anglaise par son père, moitié française par sa mère.* ● *Comment voulez-vous votre café*

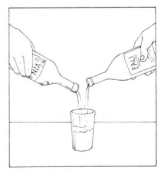

*au lait ? — Moitié café, moitié lait.* ◆ **à moitié** + **adj.** ou **part.** *Vos verres sont à moitié vides, il faut les remplir !* ● *Pendant le film, je me suis à moitié endormi.*

**S. 1.** *Moitié* (sens I) peut soit désigner précisément la division par deux d'un nombre, d'une quantité (il s'oppose alors à DOUBLE), soit désigner une des deux parties d'un objet que l'on a coupé, divisé. — **2.** Au sens II, ce mot désigne approximativement une grande partie de qqch. Il peut alors avoir pour syn. LA PLUPART DE. *À moitié* + adj. a pour syn. À DEMI (soutenu), À PEU PRÈS (moins fort) ou QUASIMENT (plus fort et soutenu).

**mollement, mollesse** → MOU L.

**mollet** [mɔlɛ] n. m.
[partie du corps] *J'ai tellement maigri que mes chaussettes tombent au-dessous du mollet.*

**S.** Les *mollets* sont les parties saillantes des muscles postérieurs de la jambe.

**moment** [mɔmɑ̃] n. m.
I. [n. m.] (temps) *Attendez un moment, on va vous recevoir tout de suite.* • *Si vous avez un moment dans la journée de samedi,*

*passez me voir...* • *N'attends pas le dernier moment pour partir, tu vas être en retard !* • *Le docteur arrive d'un moment à l'autre, ne vous inquiétez pas.* • *On allait tourner à gauche, mais au même moment, une voiture a brûlé le feu ; on s'est arrêté à temps.* • *Qu'est-ce que tu fais en ce moment ?* • *J'ai vu Bruno l'année dernière et déjà, à ce moment-là, il était au chômage.* • *Plus tard, tu feras ce que tu veux ; pour le moment, c'est moi qui commande !* • *Allez lui parler maintenant, c'est le moment ou jamais.* • *Ne le dérange pas, ce n'est pas le moment, il est de mauvaise humeur.*
◆ [conj.] (temps) **au moment de** + n. ou **inf.**, **où** + **ind.** *Où étiez-vous au moment de l'accident ?* • *Alors c'est juste au moment où il faut partir que tu te mets à téléphoner ?*

II. [conj.] (cause) **du moment que** + ind. *Crois-moi, du moment que je te le dis, c'est que c'est vrai !*

**G.** *En ce moment* s'emploie pour le présent, *à ce moment-là* pour le passé ou le futur.
**S. 1.** *Moment* (sens I) désigne un espace de temps plus ou moins court selon le contexte ; il a pour syn. INSTANT, MINUTE, SECONDE. Qqch qui *ne dure qu'un moment* est BREF, MOMENTANÉ, ÉPHÉMÈRE, PROVISOIRE, TEMPORAIRE, par oppos. à LONG, DURABLE, PERMANENT. *Avoir, trouver un moment*, c'est AVOIR, TROUVER DU TEMPS. *D'un moment à l'autre* a pour syn. TOUT DE SUITE, INCESSAMMENT (soutenu). *Au même moment* a pour syn. EN MÊME TEMPS. *En ce moment* a pour syn. MAINTENANT ; à ce moment-là a pour syn. À CETTE ÉPOQUE, À CETTE DATE. *Pour le moment* a pour syn. POUR L'INSTANT. *C'est le moment ou jamais* signifie que l'occasion est à saisir, car elle ne se reproduira pas ; *ce n'est pas le moment* signifie que l'instant est mal choisi, que les circonstances ne sont pas favorables. — **2.** *Au moment de* + n. a pour syn. soutenu LORS DE. *Au moment de* + inf. a pour équivalent SUR LE POINT DE. *Au moment où* a pour syn. QUAND, LORSQUE. — **3.** *Du moment que* (sens II) a pour syn. PUISQUE.
**L.** **momentané**, v. ce mot.

**momentané, e** [mɔmɑ̃tane] adj. (après le n.)
(se dit d'un événement) *Une panne momentanée de courant électrique a privé la Bretagne de télévision pendant une heure.* • *J'ai quelques difficultés d'argent, mais c'est momentané ; à la fin du mois, j'aurai payé.*

**S.** Est *momentané* ce qui ne dure qu'un bref MOMENT ; les syn. sont PROVISOIRE, TEMPORAIRE, les contr. DURABLE, DÉFINITIF (plus fort).
**L. momentanément** (adv.) *Je suis gêné d'une manière momentanée* → *je suis momentanément gêné.*

**mon** [mɔ̃], **ma** [ma], **mes** [me] adj. possessifs
*Ne touche pas à ce livre, il est à moi, c'est*

*mon livre.* • *Puisqu'on n'arrive pas à s'entendre, moi je sors avec mes amis, et toi avec les tiens.* • *Voilà, c'est ma ville, c'est ici que je suis né.* • *Je vais demander à ma mère si je peux aller avec vous.*

**S. et G.** *Mon, ma, mes* sont les adj. possessifs correspondant au pron. de la 1ʳᵉ pers. du sing. JE [ME, MOI] (*mon livre* [← le livre de moi]). On emploie *mon* devant un nom ou un adj. fém. commençant par une voyelle *(mon adorable fille ; mon idée).* Les pron. possessifs correspondant sont LE(S) MIEN(S), LA MIENNE, LES MIENNES.

**monceau** [mɔ̃so] n. m.
[quantité] **monceau de** + n. plur. (compt.) ou **de** + n. sing. (non-compt.) *Mais il faudra des monceaux de sable pour recouvrir toutes ces allées !* • *Qu'est-ce que c'est que ces monceaux de papiers près de ton bureau ? — C'est à jeter.*

**S.** Un *monceau*, c'est une grande quantité d'objets ou de matière entassés sans ordre. Les syn. sont TAS (moins fort), MASSE, AMONCELLEMENT (plus fort), AMAS (soutenu) ; RAMASSIS est péjor. et insiste sur l'idée de désordre.

**monde** [mɔ̃d] n. m.
I. [collectif, personnes] (non-compt., au sing.) *Il y avait beaucoup de monde à la manifestation ? — Oh oui ! au moins cinquante mille personnes.* ◆ (sujet qqn) **avoir du monde (chez soi)** *Bon, je rentre : j'ai du monde à dîner chez moi, ce soir.* ◆ **tout le monde** *Tu ne peux pas arriver à l'heure, comme tout le monde ?* ◆ **le monde de qqch (abstrait)** *Paul travaille dans une banque et connaît bien le monde des affaires.*
II. [lieu naturel] (non-compt., au sing.) *Les journalistes ont de la chance : ils sont envoyés dans tous les coins du monde pour faire des reportages.* • *Et voici le champion du monde de ski !*

**S. 1.** *Monde* (sens I) a pour syn. PERSONNES, GENS. *Il y a beaucoup de monde, du monde* est syn. de IL Y A FOULE. Le contr. est IL N'Y A PERSONNE. *Avoir du monde chez soi*, c'est AVOIR DES INVITÉS. *Tout le monde* est syn. de CHACUN. *Le monde de* a pour syn. LE MILIEU DE. — **2.** Le *monde* (sens II), c'est la TERRE, le GLOBE, l'UNIVERS (plus fort).
**L. mondial**, v. ce mot.

**mondial, e, aux** [mɔ̃djal, djo] adj. (après le n.)
(se dit de qqch [événement, activité, etc.]) *Quelle est la production mondiale de blé ?* • *Quand, pour la première fois, un homme a marché sur la Lune, ça a été un événement mondial.*

**G.** Cet adj. n'a ni comparatif ni superlatif.
**S.** *Mondial* se dit de ce qui concerne le MONDE (sens II) entier. Il est syn. de INTERNATIONAL qui implique une totalité moins absolue et insiste sur les relations entre États.
**L. mondialement** (adv.) *Cet acteur est connu dans le monde entier → cet acteur est mondialement connu.*

**monnaie** [mɔnɛ] n. f.
I. [argent, valeur] (compt.) *La monnaie américaine est en hausse par rapport aux monnaies française et italienne.* • *[À la banque]* : *« Je voudrais changer mille francs en argent français contre de la monnaie anglaise. »*
II. [objet, argent] (non-compt., au sing.) *Ça fait cinquante centimes. — Je suis désolé, je n'ai pas de monnaie, voilà un billet de dix francs.* • *Eh bien, qu'est-ce que tu as comme monnaie ! Tu ne veux pas*

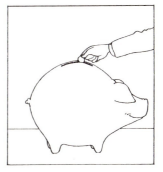

*de billets à la place ? — Non, j'aime bien les pièces.* ◆ **monnaie (d'un billet, d'une pièce)** *Vous avez la monnaie de cinq cents francs ? — Oui, voilà quatre billets de cent francs et deux de cinquante francs.* ◆ *Tu n'as qu'un billet de cent francs, va faire la monnaie à la banque.* ◆ (sujet qqn) **rendre la monnaie** *Il s'est trompé en me rendant la monnaie, ça faisait vingt francs : je lui ai donné cinquante francs, et il ne m'a rendu que vingt francs.*

**S. 1.** Au sens I, la *monnaie*, c'est l'unité MONÉTAIRE qui a cours dans un pays : le FRANC en France, le MARK en Allemagne, la LIRE en Italie, le DOLLAR aux États-Unis, la LIVRE en Grande-Bretagne, etc. Elle est constituée de PIÈCES et de BILLETS : en France, pièces de 5, 10, 20, 50 centimes, 1, 5 et 10 francs, billets de 10, 50, 100 et 500 francs. *Monnaie* a pour

syn. ARGENT. Dans une banque, on peut changer de la *monnaie* étrangère au BUREAU DE CHANGE ou au CHANGE (n. m.). On appelle DEVISE toute *monnaie* étrangère. — **2.** Au sens II, *monnaie* s'emploie pour PIÈCES *de monnaie*, par oppos. aux BILLETS. La *monnaie d'un billet, d'une pièce*, c'est son équivalent en billets ou pièces de moindre valeur. *Rendre la monnaie*, c'est donner la différence entre ce qui a été donné en paiement et ce qui était dû.
**L. faux-monnayeur** (n. m.) [sens I] Ceux qui fabriquaient de la fausse monnaie ont été arrêtés par la police → *les faux-monnayeurs ont été arrêtés par la police.*

**monopoliser** [mɔnɔpɔlize] v. t. (conj. **1**) (sujet qqn, qqch) **monopoliser qqch, qqn** *Alors, comment s'est passée la réunion ? — Comme d'habitude Jacques a monopolisé la parole et personne d'autre n'a pu s'exprimer.*
**S.** *Monopoliser* qqch, c'est le garder pour soi ; *monopoliser* qqn, c'est l'ACCAPARER.

**monotone** [mɔnɔtɔn] adj. (après le n.) (se dit de qqch [action, état, etc.]) *Alors tu quittes ton emploi ? — Le travail est trop monotone, toujours pareil, je finis par m'en-*

*nuyer.* • *On a fait des kilomètres dans ce paysage monotone, sans un arbre, une colline : des champs de blé aussi loin qu'on peut voir.*
**S.** Est *monotone* ce qui ne présente aucune variété, qui ennuie en raison de sa régularité, de sa répétition, de son caractère uniforme. Les contr. sont VARIÉ, DIVERS, qui insistent sur l'aspect non régulier, ou AMUSANT, DIVERTISSANT, qui insistent sur le plaisir tiré de la variété ; le syn. étant ENNUYEUX.
**L. monotonie** (n. f.) Le paysage est monotone, je n'aime pas ça → *je n'aime pas la monotonie de ce paysage.*

**monsieur** [məsjø] n. m., pl. **messieurs** [mesjø]
I. [personne, appellatif] (sans article) *Bonjour monsieur, si vous voulez bien attendre un moment, le docteur va vous recevoir tout de suite.* • *Cher monsieur, je vous remercie de votre lettre.* • *Monsieur Durand a téléphoné. — Ah ! oui ? qu'est-ce qu'il voulait ?*
II. [personne, sexe] (avec l'article) *Tu connais ce monsieur, là-bas, qui parle avec ton père ?* • *C'est un café où il n'y a que des vieux messieurs qui jouent aux cartes.*

**S.** et **G. 1.** Sans article, *monsieur* (sens I) s'emploie surtout au sing. suivi ou non d'un nom propre, lorsqu'on s'adresse à un HOMME, à un JEUNE HOMME, et est toujours suivi d'un nom propre lorsqu'on parle de lui. Dans la langue écrite, *monsieur Durand* s'abrège en *M. Durand*. Sans article, *monsieur* a pour correspondant féminin MADAME. — **2.** Avec l'article (sens II), il a pour correspondant féminin DAME ou FEMME et s'emploie pour désigner un adulte de sexe masculin (par oppos. à GARÇON, JEUNE HOMME). HOMME est un syn.

**monstrueux, euse** [mɔ̃stryø, øz] adj. (après ou, plus rarement, avant le n.) (se dit de qqn, de qqch) *Tu as osé critiquer son livre ? Mais tu es fou, il est d'un orgueil monstrueux !* • *Enlever un enfant, c'est un crime monstrueux, on mise sur la douleur des parents.*

**S.** *Monstrueux* (soutenu) se dit surtout en parlant d'un crime, de l'attitude de qqn ; il a alors pour syn. ABOMINABLE, AFFREUX (moins forts), EFFROYABLE, ÉPOUVANTABLE, ODIEUX (soutenu). Comme intensif de GRAND, il a pour syn. ÉNORME (moins fort), GIGANTESQUE, COLOSSAL.
**L. monstruosité** (n. f.) Le caractère monstrueux de cet enlèvement d'enfant a choqué l'opinion → *la monstruosité de cet enlèvement d'enfant a choqué l'opinion.*

**montagne** [mɔ̃taɲ] n. f.
[lieu naturel] *Cette montagne est si haute que son sommet est toujours couvert de neige.* • *L'hiver, ils vont à la montagne faire du ski.*

**S. 1.** La *montagne* s'oppose à la PLAINE (partie de terre de relief plat) et à la VALLÉE. Un MONT et une COLLINE (moins fort) sont des petites *montagnes*. MONT s'emploie aussi pour dénommer des *montagnes* : le MONT BLANC (ou le MONT BLANC). À propos d'un ensemble important de *montagnes*, on parle de CHAÎNE *de montagnes*. Quand on est *à la montagne*, on est EN ALTITUDE. — **2.** En langue courante, *prendre des vacances (en hiver) à la montagne* a pour syn. PARTIR AUX SPORTS D'HIVER. À la *montagne*, on peut skier, s'il y a de la neige,

ou faire de l'alpinisme, c'est-à-dire escalader *les montagnes*.
**L. montagnard, e** (n.) Les habitants de la montagne sont de moins en moins nombreux → *les montagnards sont de moins en moins nombreux*. ◆ **montagneux, euse** (adj.) C'est une région de montagnes → *c'est une région montagneuse*.

**montant** [mɔ̃tɑ̃] n. m.
[argent, quantité] (compt., surtout au sing.) *Quel est exactement le montant de vos dettes ?* • *J'ai reçu une facture à payer d'un montant de mille cinq cents francs.* • *Le montant des retraites versées dépend du nombre d'années de travail des personnes intéressées.*

**S.** *Montant* s'emploie pour désigner le chiffre auquel SE MONTE une dette, une facture, une somme d'argent quelconque.

**monter** [mɔ̃te] v. i. et v. t. (conj. **1**)
I. [v. i. ; auxil. *être*] (sujet qqn, un véhicule) **monter (dans, à, sur un lieu)** *Où est Jacques ? — Il est monté au deuxième étage voir si les voisins sont là.* • *Ne restons pas dans la rue, montons chez moi, on sera mieux.* • *La fusée monte droit dans le ciel et disparaît dans les nuages.* ◆ (sujet une route) [*En montagne*] : « *C'est dur de marcher, ça monte.* » ◆ (sujet qqn) **monter (en voiture, à bicyclette, à cheval, dans le train, etc.)** *Je voulais le rattraper, mais il est monté dans un taxi, et je l'ai perdu de vue.* • *Dépêche-toi de monter, le train va partir !*
II. [v. i. ; auxil. *avoir*] (sujet un prix, une valeur, une température) *Les prix ont beaucoup monté cette année, la vie devient de plus en plus chère.*

III. [v. t.] (sujet qqn, un véhicule) **monter un lieu (côte, escalier)** *Il a monté les escaliers.* • *Je n'ai plus assez de forces pour monter cette rue à bicyclette !* ◆ (sujet qqn) **monter qqch [concret] (qqpart)** [*À l'hôtel*] : « *À quelle heure faut-il vous monter le petit déjeuner ?* » • *En venant à la maison, monte-moi le journal, ça me rendra service.*

**S. 1.** *Monter* (sens I), c'est aller du bas vers le haut, aller dans un lieu plus élevé ; il a pour syn. fam. GRIMPER et pour contr. DESCENDRE. — **2.** Au sens II, en parlant d'un prix, d'une température, les contr. sont BAISSER, DIMINUER ; le syn. soutenu est ÊTRE EN HAUSSE. — **3.** *Monter* (sens III) a pour syn. GRIMPER, GRAVIR

(soutenu) quand le compl. désigne une côte, un escalier, REMONTER quand il désigne qqch de concret. Dans les deux cas, le contr. est DESCENDRE.
**L. montée** (n. f.) [sens I] Regarde la fusée monter dans le ciel → *regarde la montée de la fusée dans le ciel*. ◆ [sens II] Les prix ont fortement monté cette année → *la montée des prix a été forte cette année*. ◆ [sens III] Pendant qu'on montait la côte, on est resté silencieux → *pendant la montée, on est resté silencieux*. ◆ **remonter**, v. ce mot.

**montre** [mɔ̃tr] n. f.
[objet personnel] *Je ne peux pas te donner l'heure ; ma montre est arrêtée.*

**S.** Une *montre*, composée d'un boîtier et d'un cadran et maintenue au poignet grâce à un bracelet, marque les heures et parfois les jours ; la grande aiguille marque les minutes, la petite aiguille marque les heures. Un CHRONOMÈTRE est une *montre* de grande précision.

**montrer** [mɔ̃tre] v. t. (conj. **1**)
I. (sujet qqn) **montrer un objet, qqn (à qqn)**

# MONUMENT

*Tu veux que je te montre ma nouvelle robe?*
● [*À la douane*] : «*Montrez-moi vos valises, s'il vous plaît.* » ● *Viens voir les photos, je vais te montrer le garçon que j'ai rencontré en vacances.*
II. (sujet qqn) **montrer qqch (abstrait), que, comment, pourquoi, etc. + ind. (à qqn)** *Je n'ai pas bien compris ce que le journaliste a voulu montrer dans son article.* ● *Pierre n'a pas voulu montrer qu'il avait peur, et il est entré dans la cave.* ● *Montre-moi comment on fait marcher la machine à laver.* ● *Je vais leur montrer de quoi je suis capable.*
III. (sujet qqn) **se montrer + attribut** *Pour une fois, Yves s'est montré très aimable avec nous!* ● *Quand on lui a appris la nouvelle, elle est devenue furieuse : elle s'est vraiment montrée telle qu'elle est.*

**S. 1.** *Montrer* (sens I) a pour équivalents FAIRE

VOIR, PRÉSENTER, INDIQUER, DÉSIGNER, et pour contr. CACHER. — **2.** Au sens II, *montrer*, c'est FAIRE CONNAÎTRE, FAIRE SAVOIR. Il a pour syn. RÉVÉLER (plus fort), EXPLIQUER, DÉMONTRER, DIRE, SIGNIFIER, PROUVER, et pour contr. DISSIMULER. *Montrer un sentiment*, c'est le MANIFESTER. — **3.** *Se montrer* (sens III) a pour syn. SE RÉVÉLER, S'AVÉRER (soutenu).

**monument** [mɔnymã] n. m.
[*édifice*] *Nous ne sommes restés qu'une journée à Paris. À part la tour Eiffel, nous n'avons vu aucun monument.*

**S.** À Paris, la tour Eiffel, l'arc de triomphe de l'Étoile, le musée du Louvre, la cathédrale Notre-Dame, le Sacré-Cœur sont des *monuments*.

**moquer (se)** [mɔke] v. pr. (conj.**1**)
(sujet qqn) **se moquer de qqn, d'une attitude, de qqch** *Je ne te conseille pas de mettre ce chapeau ridicule, tout le monde va se moquer de toi.* ● *Dis donc, tu te moques de moi, tu ne crois quand même pas que je vais faire la vaisselle toute seule!* ● *Tu peux lui donner n'importe quel conseil, il s'en moque, il fera ce qu'il veut.*

**S.** *Se moquer de qqn* a pour syn. RIRE DE qqn,

RAILLER qqn (soutenu). Il peut aussi avoir pour équivalent fam. PRENDRE qqn POUR UN IDIOT (phrase 2). *Se moquer de qqch* a pour syn. soutenu SE DÉSINTÉRESSER DE qqch ou, plus fort, MÉPRISER qqch. Dans tous les cas, le syn. fam. est SE FICHER DE.

**moquette** [mɔkɛt] n. f.
[*objet*] (non-compt., au sing.) *Qu'est-ce que vous allez mettre par terre dans votre chambre? Des tapis? — Non, nous allons mettre de la moquette.* ◆ (compt.) *Nous avons dans le magasin des moquettes avec des dessins très originaux.*

**S.** La *moquette* est un revêtement de tissu que l'on fixe au sol; comme compt., le terme s'oppose à TAPIS.

**1. moral, e, aux** [mɔral, ro] adj. (après le n.)
(se dit de qqch [action]) *Ce film est très moral, à la fin les coupables sont punis!*

**S.** *Moral* se dit de ce qui est conforme aux règles de conduite d'une société, de ce qui est BIEN, PROBE (soutenu), HONNÊTE (moins fort), VERTUEUX, COMME IL FAUT, par oppos. à IMMORAL.
**L. immoral, e, aux** (adj.) *Ce film n'est pas moral* → *ce film est immoral.*

**2. moral** [mɔral] n. m.
[*esprit*] (non-compt., au sing.) *Alors, comment va le moral? — Oh! ça ne va pas très fort, je me sens triste!* ◆ (sujet qqn) **avoir bon, mauvais moral** *Avec tous les ennuis que j'ai, comment veux-tu que j'aie bon moral?* ● *Paul a perdu sa situation, il a très mauvais moral.*

**S.** Le *moral*, c'est l'état d'esprit de qqn. *Avoir mauvais moral*, c'est AVOIR LE CAFARD (fam.), ÊTRE DÉPRIMÉ, DÉMORALISÉ. *Avoir bon moral*, c'est ÊTRE OPTIMISTE.
**L. démoraliser**, v. ce mot.

**morale** [mɔral] n. f.
[résultat] (compt., surtout au sing.) *La morale de l'histoire, c'est qu'il ne faut pas prêter de l'argent à n'importe qui ; tu dois te souvenir de la leçon.* ◆ [résultat, activité mentale] *Pierre n'a aucune morale ; pour lui, tout est permis.*

**S.** La *morale d'une histoire*, c'est l'enseignement qu'on peut en tirer pour l'avenir, sa conclusion ; le syn. courant est LEÇON ; MORALITÉ est un syn. soutenu. La *morale*, c'est aussi l'ensemble des principes de conduite qui servent de base à la vie des hommes en société.

**morceau** [mɔrso] n. m.
[partie d'un tout] *J'ai faim. — Mange un morceau de pain avec du beurre.* ● *Il faut que j'achète du sucre en morceaux et du sucre en poudre.* ● *Vous reprendrez un peu de viande ? — Non merci, j'en ai déjà eu un gros morceau.* ● *Qu'est-ce que c'est que tous ces morceaux de papier par terre ?*

**S.** *Morceau* a pour syn. BOUT ou, plus particulièrement, TRANCHE (en parlant de la viande, du pain), PART (en parlant d'un gâteau ou d'une viande, d'un plat).

**mordre** [mɔrdr] v. t. (conj. **41**)
(sujet qqn, un animal) **mordre qqn** *N'embête pas ce chien, tu risques de te faire mordre.*

**S.** *Mordre*, c'est serrer très fort entre ses dents.

**L. morsure** (n. f.) *Le chien ne l'a pas mordu très fort* → *la morsure n'a pas été très forte.*

**morose** [mɔroz] adj. (après le n.)
(se dit de qqn, de son attitude) *Jean n'est pas gai comme d'habitude, il a même l'air morose, qu'est-ce qui peut l'inquiéter ?*

**S.** *Morose* (soutenu) a pour syn. MAUSSADE, SOMBRE, TRISTE, DE MAUVAISE HUMEUR (plus forts).

**1. mort** [mɔr] n. f.
[événement, qqn] *Tu as peur de la mort, toi ? — Non. Mais ce que je n'aimerais pas, c'est être malade et souffrir.* ● *Vous savez, j'ai fait la guerre, et j'ai eu souvent l'occasion de voir la mort de près !* ● *Nous venons d'apprendre la mort de Jacques. — Comment est-ce arrivé ? — Accident de voiture.* ● [Sur un panneau] : « *Attention danger de mort.* »

**S.** La *mort*, c'est la fin de la vie, le fait de cesser de vivre. Elle s'oppose à la NAISSANCE. Le syn. administratif est DÉCÈS.
**L. mortel, elle** (adj.) *Ce poison peut causer la mort* → *ce poison est mortel.* ◆ **mortellement** (adv.) *Il est blessé de manière mortelle* → *il est mortellement blessé.*

**2. mort, e** [mɔr, mɔrt] adj. (après le n.) et n.
I. [adj.] (se dit de qqn, d'un animal, de qqch) *Le bandit a tiré et l'homme est tombé mort au milieu de la rue.* ● *Tu as vu ? — Oui. C'est à cause de l'usine. Il y a plein de poissons morts dans l'eau.* ● *La voiture ne marche plus ? — Non, le moteur est mort.* ● *Pendant le week-end ici, c'est un quartier complètement mort, il n'y a personne dans les rues.*
II. [n.] (personne) *L'accident aurait fait deux morts et trois blessés.* ● *La police a tiré, il paraît qu'il y a plusieurs morts.*

**G.** En parlant de qqn, d'un animal, d'un appareil, l'adj. n'a ni comparatif ni superlatif.
**S. 1.** *Mort* (adj.) a pour contr. VIVANT en parlant d'une personne ou d'un animal, VIVANT ou ANIMÉ en parlant d'un quartier. Un appareil qui est *mort* ne fonctionne plus, est HORS D'USAGE, CASSÉ. — **2.** *Un mort* (on emploie le plus souvent le masculin, sauf cas très précis) a cessé de vivre. Le corps d'un homme *mort* est un CADAVRE.

**mot** [mo] n. m.
I. [objet, langue] (compt.) *Pierre trouve toujours le mot juste pour consoler quelqu'un.* ● *Jean ne parle pas encore très bien l'anglais, il cherche ses mots.* ◆ **gros mot**

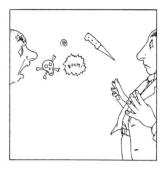

*Depuis qu'il va à l'école, Pascal n'arrête pas de dire des gros mots.* ◆ **mot pour mot** *Il a répété mot pour mot toute notre conversation à sa mère.*
II. [énoncé] (compt., surtout au sing.) *Dis donc, tu parles, tu parles, on pourrait peut-être placer un mot aussi ?* ● *Pierre n'a pas dit un mot de toute la soirée, je me demande ce qu'il a.* ◆ [objet, texte] *Tu as trouvé le mot que je t'ai laissé sur ton bureau ?*

**S. 1.** *Mot* (sens I) a pour syn. TERME. LE NOM, l'ADJECTIF, le VERBE, l'ARTICLE, le PRONOM, la PRÉPOSITION, l'ADVERBE sont des *mots*. Un *mot* est un ensemble de lettres en langue écrite, de sons en langue parlée, ayant un sens. Un *mot* dont on a supprimé une partie des lettres (souvent les dernières) est une ABRÉVIATION. Le VOCABULAIRE est l'ensemble des *mots* d'une langue, de qqn ou d'un groupe. Un *gros mot* est un *mot* GROSSIER ; il a pour syn. GROSSIÈRETÉ, JURON. *Mot pour mot* a pour syn. EXACTEMENT, LITTÉRALEMENT. — **2.** *Mot* (sens II) désigne un ensemble de *mots* (sens I). *Placer un mot* a pour syn. PARLER. *Ne pas dire un mot* a pour syn. SE TAIRE et pour contr. PARLER. Un *mot* est aussi une petite LETTRE, un MESSAGE ÉCRIT.

**motard** → MOTO L.

**moteur** [mɔtœr] n. m.
[partie d'un véhicule, d'un appareil] *Tu devrais faire vérifier la moto, j'ai l'impression que le moteur tourne trop vite.* ● *Tu ne peux pas regarder ce qui se passe ? Impossible de mettre le moteur en marche !* ● *Ça y est, le réfrigérateur ne marche plus, c'est peut-être le moteur qui est en panne.*

**S.** Un *moteur* fait marcher des véhicules, des appareils ; il existe des *moteurs* ÉLECTRIQUES, À ESSENCE, etc.

**motif** [mɔtif] n. m.
I. [forme, qqch] *Pour la chambre, elle a choisi un papier à motifs géométriques très colorés.*
II. [statut, qqch] *Je voudrais prendre deux jours de congé. — Ah ! pour quel motif ?* ● *Elle était tellement fatiguée qu'elle s'est mise à pleurer brusquement, sans motif.*

**S. 1.** Un *motif* (sens I) est le sujet d'un dessin, la forme d'un imprimé (tissu, papier, etc.). — **2.** Au sens II, *motif* a pour syn. courant RAISON, mais implique plutôt une cause subjective (il appartient à la langue écrite) ; MOBILE (langue juridique) insiste sur l'impulsion qui pousse qqn à faire qqch.
**L. motiver,** v. ce mot.

**motiver** [mɔtive] v. t. (conj. **1**) (sujet qqch [abstrait]) **motiver qqn, qqch (action, attitude)** *Qu'est-ce qui a motivé*

*votre décision ?* ◆ (sujet qqn) **[être] motivé pour** + n. ou inf. *Tant qu'il ne sera pas motivé pour apprendre à lire, il n'apprendra pas, quelle que soit la méthode.*

**S.** *Motiver* (soutenu), c'est, en parlant de qqch, être le MOTIF de qqch, être à l'origine d'une action, d'une attitude ; JUSTIFIER, EXPLIQUER sont des syn. *Être motivé pour*, c'est AVOIR DE BONNES RAISONS POUR, DES MOTIVATIONS POUR.
**L. motivation** (n. f.) *Il me demanda ce qui m'avait motivé* → *il me demanda quelles avaient été mes motivations.*

**moto** [moto] n. f.
I. [moyen de transport] (compt. ou non-compt.) *Ils sont partis en voiture ou à moto ?* — *Ils ont pris la moto : ils trouvent que ça va plus vite.*
II. [sport] (non-compt., au sing.) *Tous les dimanches matin, il va faire de la moto à Rungis.*

**G.** *Moto* est l'abrév. de MOTOCYCLETTE. On dit EN *moto* ou À *moto*.
**S.** La *moto* est plus puissante que le VÉLOMOTEUR. Elle fait partie de ce qu'on appelle les DEUX-ROUES.
**L. motard** (n. m.) *Oh! les motards, quel bruit ils font!* (← ceux qui roulent en moto).

**motorisé (être)** [mɔtɔrize] v. pass.
(sujet qqn) *Si vous êtes motorisé, vous pourrez peut-être me raccompagner tout à l'heure.*

   **S.** *Être motorisé* (fam.), c'est avoir une voiture particulière ou une moto à sa disposition.

**mou, molle** [mu, mɔl] adj. (après le n.), **mou** n. m.
I. [adj.] (se dit de qqch [concret]) *Le beurre*

*est resté au soleil, il est devenu tout mou!*
• *Tu as vraiment mal choisi les fruits, tu n'as pas remarqué qu'ils étaient mous?* • *Je n'ai pas de forces pour courir, j'ai les jambes complètement molles!*
II. [adj.] (se dit de qqn) *Qu'est-ce qu'il m'énerve ce garçon! Il est mou, incapable de prendre une décision.* ◆ [n. m.] (personne) *C'est un mou, jamais je ne pourrais vivre avec quelqu'un comme lui.*

   **S. 1.** *Mou* (sens I) s'emploie par oppos. à DUR et à FERME pour parler de la consistance d'une matière, d'un objet. Il est le plus souvent péjor., alors que TENDRE et MOELLEUX sont mélioratifs. *Mou* s'emploie aussi pour parler de qqch qui manque de force, de vigueur; il a alors pour syn. plus fort FLASQUE. — **2.** *Mou* (sens II), en parlant de qqn, est aussi péjor.; il a comme syn., par ordre d'intensité croissante, LENT, AMORPHE, AVACHI; APATHIQUE est un syn. pour l'adj. et le n. m. INDOLENT est un autre syn. plus soutenu. Les contr. de l'adj. sont FERME, ÉNERGIQUE et, plus fort, DYNAMIQUE.

**L. mollement** (adv.) [sens II] *Il s'étend avec mollesse sur son lit* → *il s'étend mollement sur son lit.* ◆ **mollesse** (n. f.) [sens I et II] *J'apprécie un matelas mou* → *j'apprécie la mollesse d'un matelas.* ◆ **amollir** (v. t.) [sens II] *Cette chaleur nous rend mous* → *cette chaleur nous amollit.* ◆ **ramollir** (v. i.) [sens I] *Le beurre est devenu mou* → *le beurre a ramolli.*

**mouche** [muʃ] n. f.
[animal] *Attention! Il y a une mouche qui est tombée dans le lait!* • *C'est la chaleur, tu crois, qui attire les mouches comme ça?*

   **S.** La *mouche* est un insecte qui vole. Une petite *mouche* est un MOUCHERON.

**moucher** [muʃe] v. t. (conj. **1**)
(sujet qqn) **moucher son nez, se moucher** *Bon, maintenant, arrête de pleurer, mouche ton nez, et on ne parle plus de cette histoire.* • *Tu as le nez qui coule, mouche-toi.* — *Je ne peux pas, je n'ai pas de mouchoir.*

   **S.** *Se moucher*, c'est débarrasser son nez, en soufflant, de ce qui l'obstrue.

**mouchoir** [muʃwar] n. m.
[objet personnel] *Je n'ai rien pour me moucher, tu peux me prêter ton mouchoir?*

• *Va à la pharmacie acheter des mouchoirs en papier.*

   **S.** Un *mouchoir* est en tissu ou en papier.

**moudre** [mudr] v. t. (conj. **47**)
(sujet qqn, un appareil) **moudre qqch (café, poivre, etc.)** *Alain, peux-tu moudre le café pendant que je fais chauffer l'eau?* — *Pourquoi n'achètes-tu pas du café moulu?*

   **S.** *Moudre du café, du poivre*, etc., c'est en broyer, en écraser les grains pour les réduire en poudre.
**L. moulin** (n. m.) *J'ai besoin d'un appareil pour moudre du café* → *j'ai besoin d'un moulin à café.*

**mouiller** [muje] v. t. (conj. **1**) (sujet qqn, un liquide) **mouiller qqch** *Le linge est trop sec, il faut le mouiller avant de le repasser.* ◆ (sujet qqn) **se faire mouiller** *Il pleut, prends ton parapluie,*

*sinon tu vas te faire mouiller.* ◆ (sujet qqn, qqch) **être (tout) mouillé** *Tu es tout mouillé, va vite t'essuyer ou tu vas prendre froid.* ● *J'ai tellement transpiré que ma chemise est toute mouillée !*
  **S.** *Mouiller* a pour syn. plus fort TREMPER. *Être mouillé* a pour syn. ÊTRE HUMIDE et pour contr. ÊTRE SEC.

**moule** [mul] n. f.
[animal] *On nous a servi au restaurant de grandes moules à chair orange, très différentes des petites moules françaises.*
  **S.** Les *moules* sont des coquillages ou mollusques (langue scientifique) comestibles, qui vivent fixés sur les rochers.

**moulin** → MOUDRE L.

**mourir** [murir] v. i. (conj. **25**; auxil. *être*)
I. (sujet qqn, un animal, une plante) *Ma grand-mère est morte quand j'avais neuf ans.* ● *Son chien vient de mourir écrasé par une voiture.* ● *Cet arbre est malade, il ne tardera pas à mourir.*
II. (sujet qqn) **mourir, être mort de qqch (besoin, souffrance, etc.)** *Je meurs de faim, vite à table !* ● *On meurt de froid dans cette pièce, fermez la fenêtre.* ● *La journée a été épuisante ; je suis morte de fatigue.*
  **S. 1.** *Mourir*, c'est cesser de VIVRE, d'exister ; le contr. est NAÎTRE. En parlant de qqn, les syn. litt. sont DISPARAÎTRE, EXPIRER, TRÉPASSER, PÉRIR,

DÉCÉDER. En parlant d'un animal ou d'une plante, le syn. est CREVER (pop. en parlant de qqn). — **2.** *Mourir de faim, soif, etc.*, c'est AVOIR TRÈS FAIM, SOIF, etc. *Mourir de fatigue*, c'est ÊTRE TRÈS FATIGUÉ.
  **L. mourant, e** (adj. et n.) [sens I] Il va mourir → *il est mourant.* ◆ **mort,** v. ce mot.

**moustache** [mustaʃ] n. f.
[partie du corps] *Pourquoi as-tu coupé ta moustache ?* ● *Jean a une belle moustache rousse !* ● *Ça fait deux ans qu'il se laisse pousser les moustaches.*
  **G.** On dit indifféremment *une* ou *des moustache(s).*
  **S.** La *moustache* désigne les poils qui poussent au-dessus des lèvres, par oppos. à la BARBE qui couvre les joues et le menton.
  **L. moustachu, e** (adj. et n. m.) Il a une moustache → *il est moustachu.*

**moustique** [mustik] n. m.
[animal] *On n'a pas pu dormir de la nuit ; il y avait des moustiques dans la chambre.* ● *Mets quelque chose sur ces piqûres de moustique ; elles te feront moins mal.*
  **S.** Les *moustiques* sont des insectes qui piquent la peau de l'homme et des animaux. Ils sont nombreux là où il y a de l'eau. Dans certains pays, on se protège des *moustiques* par des MOUSTIQUAIRES, rideaux dont on entoure les lits.

**moutarde** [mutard] n. f.
[aliment] (non-compt., au sing.) *Aïe, j'ai mis trop de moutarde, ça pique !*
  **S.** La *moutarde* est un condiment contenant du vinaigre ; elle est employée avec les viandes froides ou chaudes ou dans la sauce vinaigrette.

**mouton** [mutɔ̃] n. m.
[animal] (compt.) *Regarde, on est en train de couper la laine des moutons !* ◆ [aliment] (non-compt., au sing.) *Qu'est-ce qu'on mange ce soir ? — Du mouton avec des pommes de terre !*
  **S.** Le *mouton* est un animal d'élevage. La femelle est la BREBIS. Le petit de la brebis est l'AGNEAU, vendu aussi en boucherie. Le *mouton* (viande rouge) et l'agneau se mangent grillés ou rôtis (côtes ou côtelettes, gigot, épaule). Le *mouton* se mange aussi en ragoût, cuit avec des légumes dans une sauce.

**mouvement** [muvmɑ̃] n. m.
I. [action, qqn, et résultat] *Je ne sais pas ce que j'ai, mais je ne peux plus faire un mouvement sans avoir mal au dos !* ● *Cha-*

*que matin, Pascal ouvre sa fenêtre et fait ses mouvements de gymnastique.* • *Chut! Pas un mouvement, ne bougeons plus!*
II. [action, qqch, et résultat] *Il y a eu un mouvement de baisse sur le franc aujourd'hui.* • *Les mouvements de population ont été importants depuis dix ans : le nombre des agriculteurs a beaucoup diminué.*
III. [action, qqn, et résultat] **mouvement + adj., de + n.** *Allons, aie un bon mouvement, pardonne-lui!* • *Quand je t'ai entendu mentir avec tant d'assurance, je n'ai pu empêcher un mouvement d'indignation.* • *L'homme était innocent et il y eut un large mouvement d'opinion en sa faveur.*

**S. 1.** Un *mouvement* (sens I), c'est un changement de la position du corps ou d'une partie du corps. Les syn. sont GESTE, EXERCICE (en gymnastique seulement). *Faire un mouvement* a pour syn. BOUGER. — **2.** Un *mouvement* (sens II), c'est une variation en quantité. — **3.** Un *mouvement* (sens III), c'est une émotion, une réaction, un sentiment qui peuvent être personnels ou collectifs.

**mouvementé, e** [muvmɑ̃te] adj. (après le n.)
(se dit de qqch [action]) [*À la radio*] : « *Après une poursuite mouvementée, la police est parvenue à arrêter le voleur.* » • *On a discuté du nouvel impôt sur la fortune : la séance a été mouvementée à l'Assemblée.*

**S.** Est *mouvementé* ce qui est agité de MOUVEMENTS divers (séance) ou troublé de nombreux incidents (poursuite); un syn. plus faible est ANIMÉ; le contr. est CALME, TRANQUILLE.

**1. moyen, enne** [mwajɛ̃, ɛn] adj. (après ou, plus rarement, avant le n.)
I. (se dit de qqch, de qqn) *Pascal a des notes moyennes en classe, toujours aux environs de dix sur vingt.* • *Dans cette classe, les élèves sont très moyens, ni bons ni mauvais non plus.*
II. (se dit de qqch, de qqn) *Les petites et moyennes entreprises ont en général moins de cinq cents salariés.* • *Pour établir les programmes de télévision, faut-il tenir compte du spectateur moyen? — Existe-t-il?*

**G.** Cet adj. n'a pas de comparatif au sens I, ni de superlatif au sens II.
**S. 1.** *Moyen* (sens I) se dit de ce qui n'est ni bon ni mauvais, de ce qui est MÉDIOCRE, ASSEZ FAIBLE, PASSABLE, MODESTE. — **2.** *Moyen* (sens II) se dit de ce qui n'est ni GRAND ni PETIT, de ce qui est à mi-distance entre IMPORTANT et FAIBLE, entre des gens (ou une classe sociale) à faibles revenus et des gens à hauts revenus; il qualifie aussi ceux qui représentent l'opinion, l'attitude du plus grand nombre.
**L. moyennement,** v. ce mot.

**2. moyen** [mwajɛ̃] n. m.
I. [manière, qqch] (compt.) *Le seul moyen pour ne pas oublier un rendez-vous, c'est de l'écrire tout de suite sur son carnet.* • *J'ai employé tous les moyens, rien à faire, Paul ne veut pas venir.* ◆ **(il n'y a) pas moyen de** + inf. *Je t'assure, il faut prendre le train de 8 heures, il n'y a pas moyen de faire autrement.* • *Pas moyen de voir Pierre en ce moment, il n'est jamais là.*
II. [argent, valeur] (non-compt., au plur.) *Les Durand vivent au-dessus de leurs moyens; qu'est-ce qu'ils peuvent dépenser! Pourtant ils ne gagnent pas tant que ça!* • *Moi, je n'ai pas les moyens de m'offrir des week-ends aux sports d'hiver comme toi.*

**S. 1.** *Moyen* (sens I) est syn. de MANIÈRE, FAÇON, PROCÉDÉ (plus soutenu), MÉTHODE. *Il n'y* *a pas moyen de* est syn. de IL N'EST PAS POSSIBLE DE, IL EST IMPOSSIBLE DE. — **2.** Les *moyens* (sens II), ce sont les possibilités financières de qqn, ses RESSOURCES, ses REVENUS. *Ne pas avoir les moyens de* faire qqch, c'est NE PAS POUVOIR le faire.

**moyenne** [mwajɛn] n. f.
[quantité] *Quelle est la moyenne d'âge des jeunes qui lisent ce journal ? — Seize ans.* ● *Tu as eu combien à l'examen ? — Dix sur vingt. — Ça va, c'est la moyenne.* ● *Tu as fait une moyenne de cent dix kilomètres à l'heure ? Mais tu roules beaucoup trop vite !* ● *Ce médecin voit, en moyenne, quinze malades par jour.*

**S.** La *moyenne*, c'est ce qui est égal à la moitié, ce qui est au milieu, entre deux extrêmes. En voiture, *faire une moyenne de* tant de kilomètres à l'heure, c'est diviser le nombre de kilomètres parcourus par le temps mis à les parcourir ; on obtient ainsi la vitesse *moyenne*. *En moyenne* est équivalent à SI L'ON S'EN TIENT À LA MOYENNE ; les syn. sont APPROXIMATIVEMENT, À PEU PRÈS.

**moyennement** [mwajɛnmɑ̃] adv.
[manière et quantité] *Ce film me plaît moyennement : l'histoire est intéressante, mais les acteurs jouent mal.* ● *Je n'ai été que moyennement surpris par son attitude : au fond c'est un égoïste.*

**S.** *Moyennement*, qui correspond à l'adj. MOYEN, s'oppose, du point de vue de la quantité, d'une part à BEAUCOUP (ou à TRÈS devant un adj.), d'autre part à PAS DU TOUT. Il a pour syn. À DEMI et, plus forts, MÉDIOCREMENT et PEU.

**muet, ette** [mɥɛ, ɛt] adj. (après le n.) et n.
I. [adj.] (se dit de qqn) *Il ne peut pas parler, il est muet.* ◆ [n.] (personne) *Les muets sont souvent sourds.*

II. [adj.] (se dit de qqn, d'un moyen d'information) *Dis quelque chose, ne reste pas muet comme ça.* ● *Les journaux ont été muets sur ce sujet, ils n'en ont pas parlé du tout.*

**G.** L'adj. n'a ni comparatif ni superlatif.
**S. 1.** Qqn qui est *muet* (sens I) n'a pas l'usage de la parole, ne peut pas parler. — **2.** *Être muet* (sens II) a pour syn. SE TAIRE, ne pas vouloir parler ou dire, ÊTRE SILENCIEUX.
**L. mutisme** (n. m.) *Il est totalement muet sur l'affaire* → *son mutisme est total sur l'affaire*.

**muguet** [mygɛ] n. m.
[fleur] *C'est une tradition : on offre du muguet le 1ᵉʳ mai.*

**S.** Le *muguet* est une plante dont les petites fleurs blanches sont très odorantes.

**multicolore** → COULEUR L.

**multiple** [myltipl] adj. (avant ou, plus rarement, après le n.)
(se dit de qqch) *Avec les multiples ennuis que j'ai eus ce mois-ci, je n'ai pas eu le temps de penser à vous, mais ça va venir.* ● *Après de multiples aventures, ils ont enfin réussi à se marier ; il en faudra moins pour qu'ils divorcent.*

**G.** Cet adj. n'a ni comparatif ni superlatif.
**S.** Est *multiple* (soutenu) ce qui se produit de nombreuses fois, ce qui présente de nombreux aspects ; les syn. sont VARIÉ, DIVERS.
**L. multiplicité** (n. f.) *Les questions à débattre sont multiples, vous le savez* → *vous connaissez la multiplicité des questions à débattre*.

**multiplication** [myltiplikasjɔ̃] n. f.
I. [action, calcul] *Trois fois un, trois ; trois fois deux, six ; trois fois trois, neuf... ce que c'est ennuyeux d'apprendre ses tables de multiplication par cœur !*
II. [action, qqn, et résultat] *La multiplication des supermarchés a beaucoup nui aux petits commerçants dans cette ville de province.*

**S. 1.** La *multiplication* (sens I) est une opération arithmétique inverse de la DIVISION : elle consiste à MULTIPLIER un nombre par un autre et elle est caractérisée par le signe « × ». — **2.** Au sens II, ce mot désigne l'accroissement en nombre de qqch. Il s'oppose à DIMINUTION.

**multiplier** [myltiplije] v. t. (conj. **2**)
I. (sujet qqn, qqch) **multiplier qqch** *On peut dire que dans cette affaire vous avez multiplié les erreurs.* ◆ (sujet qqch) **se multiplier** *Les constructions d'immeubles modernes se multiplient au bord de la mer.*

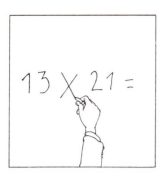

**II.** (sujet qqn, qqch) **multiplier un nombre par un nombre** *Peux-tu multiplier 39 par 23 ?* ● *Sept multiplié par trois, ça fait combien ?*

**S. 1.** *Multiplier* qqch (sens I), c'est AUGMENTER le nombre de qqch, ACCROÎTRE la quantité de qqch, RÉPÉTER qqch. *Se multiplier* a pour syn. S'ACCROÎTRE, AUGMENTER (v. i.). — **2.** *Multiplier* (sens II), c'est effectuer une MULTIPLICATION. *Sept multiplié par trois* a pour équivalent SEPT FOIS TROIS.
**L. multiplication,** v. ce mot.

**munir (se)** [mynir] v. pr. (conj. 15), **être muni** v. pass.
(sujet qqn) **se munir de qqch** *N'oubliez pas de vous munir de vos papiers d'identité pour passer la frontière.* ◆ (sujet qqn, qqch) **être muni de qqch** *Cette voiture est munie d'un système de freins très moderne.*

**S.** *Se munir de* qqch (soutenu), c'est le PRENDRE, l'EMPORTER AVEC SOI, l'AVOIR. *Être muni de*, c'est ÊTRE POURVU, DOTÉ DE (soutenus).

**mur** [myr] n. m.
I. [partie d'un édifice] *Aidez-moi à accrocher ces tableaux au mur.* ● *Les murs des maisons modernes ne sont pas assez épais, on entend tout ce qui se passe chez les voisins.* ● *J'en ai assez d'être enfermée entre ces quatre murs, je sors !*
II. [construction] *Au bout du jardin, il y a un petit mur de pierre.*

**S. 1.** Au sens I, à l'intérieur d'une pièce, d'une maison, les *murs* s'opposent au PLAFOND et au PLANCHER ou SOL. Le syn. est alors CLOISON. Vus de l'extérieur, les *murs* d'une maison constituent sa FAÇADE. — **2.** Au sens II, un *mur* est une construction verticale qui sépare deux espaces.
**L. mural, e, aux** (adj.) [sens I] *J'aimerais peindre sur des murs* → *j'aimerais faire de la peinture murale.*

**mûr, e** [myr] adj. (après le n.)
I. (se dit d'un fruit) *Cette pomme n'est pas mûre, tu vas être malade si tu la manges !* ● *Paul aime les poires bien mûres, moi je les aime vertes.*
II. (se dit de qqch, de qqn) **mûr (pour qqch)** *Il a suffisamment attendu ; je le crois mûr pour accepter nos conditions.* ● *Réfléchissons encore, le projet n'est pas mûr.*
III. (se dit de qqn, de son attitude) *Mon fils n'est pas assez mûr pour entrer en classe de sixième cette année : il vaut mieux qu'il attende un an.*

**S. 1.** Au sens I, un fruit *mûr* est À POINT pour être mangé. Lorsqu'il est trop *mûr*, on dit qu'il

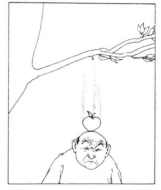

est AVANCÉ, BLET (pour les poires surtout). Quand il n'est pas assez *mûr*, on dit qu'il est VERT (raisin, pomme). — **2.** *Être mûr* (pour la réalisation de qqch) [sens II] a pour équivalent ÊTRE PRÊT (À). — **3.** *Est mûr* (sens III) celui qui a atteint son plein développement intellectuel ou ce qui est RAISONNABLE, RÉFLÉCHI, par oppos. à PUÉRIL, INFANTILE. — **4.** Aux sens I et II, le nom correspondant est MATURITÉ.
**L. mûrir** (v. i.) *Le raisin devient mûr en octobre* → *le raisin mûrit en octobre.*

**murmurer** [myrmyre] v. t. (conj. 1)
(sujet qqn) **murmurer qqch, que** + **ind. (à qqn)** *Il lui a murmuré quelque chose à l'oreille, mais je n'ai rien entendu.* ◆ (sans compl.) *Tu les entends qui murmurent au fond de la salle ?*

**S.** *Murmurer*, c'est dire, ou parler, à voix basse. CHUCHOTER est un syn.
**L. murmure** (n. m.) *J'entends murmurer* → *j'entends des murmures.*

**muscle** [myskl] n. m.
[partie du corps] (compt.) *J'ai fait une*

*longue promenade dans la montagne, hier, et ce matin j'ai les muscles des jambes douloureux.* ◆ [qualité, qqn] (non-compt., au sing.) *Tu crois que tu pourras soulever cette valise ? — Mais oui, j'ai encore du muscle.*

**S.** Les *muscles* sont les organes formés de fibres qui assurent les mouvements des hommes et des animaux. *Avoir du muscle*, C'EST ÊTRE FORT, VIGOUREUX.

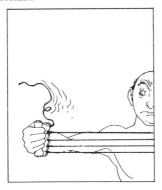

**L. musclé, e** (adj.) *André a du muscle* → *André est musclé.*

**museau** [myzo] n. m.
[partie d'un animal] *Ce que tu peux être méchant, ne donne pas des coups sur le museau de ton chien !* • *Ce chat est terriblement gourmand ; regarde, il a plongé son museau dans le lait.*

**S.** Le *museau* est la partie saillante de la face de certains animaux (chien, chat, quelques poissons).

**musée** [myze] n. m.
[lieu, activité artistique] *Le Louvre est le musée principal de Paris.* • *Quand on voyage avec Yves, il faut visiter tous les musées des villes dans lesquelles on va !* • *Tu as vu l'exposition d'art africain au musée d'Art moderne ?*

**S.** Dans les salles d'un *musée* sont exposés des objets d'art (tableaux, sculptures, tapisseries, etc.), anciens ou modernes, sous la surveillance des gardiens.

**musicien, enne** [myzisjɛ̃, ɛn] n.
[personne, profession] *Combien comptes-tu de musiciens dans l'orchestre ?* • *Hier soir, des musiciens jouaient des vieilles chansons dans la rue.*

**S.** Un *musicien* est une personne qui écrit de la MUSIQUE (le syn. est alors COMPOSITEUR) ou qui en joue (les syn. sont alors INTERPRÈTE, INSTRUMENTISTE [langue savante]). Un *musicien* peut jouer seul (SOLISTE) ou dans un ORCHESTRE. Selon l'instrument dont il joue, il est PIANISTE, VIOLONISTE, GUITARISTE, etc.

**musique** [myzik] n. f.
[activité artistique] (non-compt., au sing.) *Quel genre de musique préfères-tu ? — Moi, ce que j'aime, c'est le jazz.* • *Les enfants apprennent la musique, ils prennent des cours de piano.* ◆ [résultat, activité artistique] (compt., surtout au sing.) *Et maintenant, sur une musique de Bello, voici ma toute dernière chanson.*

**S.** La *musique* est l'art des sons. On interprète la *musique*, on la joue avec des INSTRUMENTS

*de musique.* Comme compt., *musique* désigne toute composition MUSICALE écrite et notamment, en parlant de chansons, l'AIR par oppos. aux PAROLES.
**L. musical, e, aux** (adj.) *Pierre a fait des études de musique* → *Pierre a fait des études musicales.* ◆ **musicien,** v. ce mot.

**musulman, e** [myzylmɑ̃, an] adj. (après le n.) et n.
[adj.] (se dit de qqn, d'une religion, d'un groupe) *La religion musulmane est celle de nombreux pays d'Afrique et du Moyen-Orient.* ◆ [n.] (personne) *Les musulmans tendent à devenir plus nombreux en Afrique.*

**G.** L'adj., en ce sens, n'a ni comparatif ni superlatif.
**S.** La religion *musulmane* ou religion de l'Islâm reconnaît l'existence d'un Dieu unique et s'appuie sur le Coran. Le culte se pratique dans des MOSQUÉES.

**mutisme** → MUET L.

**mutuel, elle** [mytɥɛl] adj. (après le n.)
(se dit de qqch [abstrait]) *Les deux automo-*

bilistes sont responsables de l'accident ; ils ont des torts mutuels et paieront chacun la moitié des dommages.
**G.** Cet adj. n'a ni comparatif ni superlatif.
**S.** Est *mutuel* (soutenu) ce qui est RÉCIPROQUE ou PARTAGÉ (plus usuels).

**myope** [mjɔp] adj. (après le n.) et n.
[adj.] (se dit de qqn) *Qu'est-ce que tu lis là-bas ? Je ne vois pas à cette distance, je suis*

*très myope. — Pourquoi ne portes-tu pas des lunettes ?* ◆ [n.] (personne) *On dit que les myopes, quand ils sont âgés, voient mieux. — C'est faux, tu peux me croire.*
**S.** Est *myope* celui qui ne voit pas nettement les objets éloignés ; celui qui ne voit pas nettement les objets proches est PRESBYTE.
**L. myopie** (n. f.) *Je suis très myope* → *j'ai une forte myopie.*

**mystère** [mistɛr] n. m.
[statut, qqch] *Comment les voleurs ont-ils pu rester dans le sous-sol de la banque sans se faire remarquer, c'est un mystère.* ● *Pourquoi tant de mystère autour de cette affaire ? — Il y a des gens qui doivent tenir à ce que ça ne se sache pas !* ◆ (sujet qqn) **faire des mystères** *Tu en fais des mystères. Dis donc ce que tu sais !*

**S.** *Mystère* a pour syn. SECRET (moins fort) lorsqu'il s'agit d'une chose difficile à comprendre. *C'est un mystère* est syn. de C'EST UNE ÉNIGME, C'EST MYSTÉRIEUX. *Faire des mystères* a pour syn. fam. FAIRE DES CACHOTTERIES.

**mystérieux, euse** [misterjø, øz] adj.
(avant ou, plus souvent, après le n.)
(se dit de qqch [abstrait]) *Toute cette affaire est bien mystérieuse, la police aura du mal à mener l'enquête.* ● *Par un hasard mystérieux, j'ai rencontré Marie dans la rue au moment précis où je pensais à elle !* ◆ (se dit de qqn, de son attitude) *Mon voisin est un mystérieux individu, il ne sort de chez lui que la nuit.*

**S. 1.** En parlant de qqch, *mystérieux* se dit de ce qui constitue un MYSTÈRE, de ce qui est difficile à comprendre, de ce qui reste SECRET ; les syn., par ordre d'intensité croissante, sont OBSCUR, INEXPLIQUÉ, INEXPLICABLE, INCOMPRÉHENSIBLE, ININTELLIGIBLE (soutenu) ; les contr. sont CLAIR, ÉVIDENT. — **2.** En parlant d'une personne, *mystérieux* se dit de celui qui s'entoure de MYSTÈRE ; il a pour syn. SECRET, BIZARRE, ÉNIGMATIQUE, ÉTRANGE.
**L. mystérieusement** (adv.) *Mon sac a disparu d'une façon mystérieuse* → *mon sac a mystérieusement disparu.*

**mystifier** [mistifje] v. t. (conj. 2)
(sujet qqn, son attitude) **mystifier qqn** *On voulait faire croire à un geste généreux et désintéressé, mais en réalité on nous a mystifiés ; leurs raisons étaient économiques.* ● *J'ai été mystifié et je ne lui pardonne pas de m'avoir trompé en me faisant espérer un bel avenir.*

**G.** Ce verbe s'emploie souvent au pass.
**S.** *Mystifier* (soutenu), c'est ABUSER de la crédulité de qqn pour lui faire croire à une réalité séduisante mais fausse ; le syn. est TROMPER ; DUPER est litt.
**L. mystification** (n. f.) On a réussi à mystifier l'opinion → *la mystification de l'opinion a été réussie.* ◆ **démystifier** (v. t.) *J'ai été cruellement démystifié* (← *je n'ai plus été mystifié*).

# N

**nager** [naʒe] v. t. et v. i. (conj. **4**) (sujet qqn) **nager (une nage)** *Tu viens avec nous, on va se baigner à la piscine. — Je*

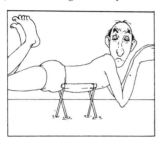

*ne peux pas : je ne sais pas nager.* ● *L'eau a l'air d'être chaude ; si on allait nager un peu ?* ● *Ce qu'elle nage bien la nage sur le dos ! Je voudrais bien être aussi forte.*

   **S.** On *nage* dans l'eau en faisant certains mouvements. Différentes NAGES : la brasse, le crawl, etc.
   **L. nage** (n. f.) Il y a différentes façons de nager → *il y a différentes nages.* ◆ **nageur, euse** (n.) Il nage très bien → *c'est un très bon nageur.* ◆ **natation,** v. ce mot.

**naïf, ive** [naif, iv] adj. (après le n.) et n.
[adj.] (se dit de qqn) *Tu crois vraiment tout ce qu'il te dit, tu es naïf ! Je te croyais moins bête.* ● *Pierre a tort de tromper ce jeune garçon trop naïf pour se méfier de lui.* ◆ [n.] (personne) *Si vous croyez que je ne vois pas où vous voulez me mener, vous vous trompez, vous me prenez pour un naïf.*

   **S.** Est *naïf* celui qui croit tout, qui a une confiance exagérée venant de sa bêtise, de son manque de réflexion ou de son inexpérience ; CRÉDULE est un syn. soutenu, CANDIDE et INGÉNU sont des syn. litt. Le contr. est RÉFLÉCHI. L'inverse est RUSÉ, RETORS (soutenu). Un *naïf* (n.) est une personne *naïve.* NIAIS est un syn. plus fort, plus péjor. et soutenu.
   **L. naïvement** (adv.) Il croit de façon naïve tout ce qu'on lui dit → *il croit naïvement tout ce qu'on lui dit.* ◆ **naïveté** (n. f.) *Il est naïf et ça m'étonne* → *je m'étonne de sa naïveté.*

**naissance** [nesɑ̃s] n. f.
[événement, qqn] *M. et Mᵐᵉ Dupont sont heureux de vous annoncer la naissance de leur fille Françoise, le 20 avril 1978.* ● *[Sur la carte d'identité] : « Nom, prénom, date et lieu de naissance. »*

   **S.** La *naissance*, c'est le fait de NAÎTRE, de commencer à vivre. Le terme s'oppose à MORT, DÉCÈS (adm.), DISPARITION. Un enfant mort à la *naissance* est un enfant MORT-NÉ.

**naître** [netr] v. i. (conj. **54**; auxil. *être*) (sujet qqn, un animal) *Combien naît-il d'enfants dans le monde chaque jour ?* ● *Date de naissance ? — Comment ? — Quand êtes-vous né ? — Ah ! Le 8 octobre 1950.*

   **S.** *Naître*, c'est VENIR AU MONDE (soutenu). Le terme s'oppose à MOURIR. Un enfant qui vient de *naître* est un NOUVEAU-NÉ.
   **L. naissance,** v. ce mot.

**nappe** [nap] n. f.
[objet, linge] *Oh la la ! Tu as mis ta nappe blanche et tes plus belles assiettes !* ● *On lui a offert une nappe et douze serviettes de table.*

   **S.** La *nappe* sert à recouvrir la table où on prend les repas. Elle peut être en tissu ou en plastique (toile cirée).

**narine** [narin] n. f.
[partie du corps] *J'ai attrapé un rhume ! J'ai une narine complètement bouchée.*

   **S.** Les *narines* sont les ouvertures du nez chez l'homme et certains animaux.

**natation** [natasjɔ̃] n. f.
[sport] (non-compt., au sing.) *Comment, tu ne sais pas nager ? Mais les cours de natation, ça existe !*

**S.** *Faire de la natation,* c'est NAGER. La NATATION est le fait de NAGER, et surtout le sport de la NAGE.

**nation** [nasjɔ̃] n. f.
[collectif, personnes] *La nation tout entière était déterminée à résister à l'ennemi.* ● *O.N.U. signifie Organisation des Nations Unies.*

**S.** *Nation* est un syn. de PAYS, mais insiste sur la population qui forme le pays, le peuple.

**national, e, aux** [nasjɔnal, no] adj. (après le n.)
I. (se dit de qqch) *Quel est le jour de la fête nationale en France ? — Le 14 juillet.* ● *Bleu, blanc, rouge, ce sont nos couleurs nationales.* ● *L'Assemblée nationale s'est réunie en séance de nuit pour discuter de la politique intérieure.* ● *L'équipe nationale de football rencontrera l'Allemagne le mois prochain.*
II. **route nationale** ou **nationale** (n. f.) *Si, au lieu de prendre l'autoroute, on passait par la (route) nationale ?*

**G.** Cet adj. n'a ni comparatif ni superlatif.
**S. 1.** Est *national* soit ce qui appartient en propre à une NATION, un pays, par oppos. à ce qui est INTERNATIONAL ou ÉTRANGER, soit ce qui concerne l'ensemble de la nation, par oppos. à ce qui est LOCAL, RÉGIONAL. — **2.** Une *route nationale* ou, plus souvent, une *nationale* (n. f.) se distingue d'une (ROUTE) DÉPARTEMENTALE et d'une AUTOROUTE.

**nationaliser** [nasjɔnalize] v. t. (conj. **1**)
(sujet qqn, une institution) **nationaliser qqch (entreprise, établissement)** *Les socialistes ont pour projet de nationaliser certaines entreprises.*

**S.** *Nationaliser une entreprise,* c'est faire que l'État en devienne le propriétaire et qu'elle ne reste pas dans le secteur privé.
**L. nationalisation** (n. f.) Quand a-t-on décidé de nationaliser les chemins de fer dans ce pays ? → *quand a-t-on décidé la nationalisation des chemins de fer dans ce pays ?*

**nationalité** [nasjɔnalite] n. f.
[statut, qqn] *À votre accent, je suis sûr que vous êtes de nationalité anglaise !* ● [Sur le passeport] : « *Nom, prénom, date de naissance, nationalité.* » ● *Il y a des étudiants de presque toutes les nationalités dans cette université.*

**S.** *La nationalité,* c'est le fait pour une personne d'appartenir à une NATION, un pays. *Changer sa nationalité* pour une autre, c'est SE FAIRE NATURALISER.

**naturaliser** [natyralize] v. t. (conj. **1**)
(sujet qqn) **se faire naturaliser** *Ses parents ne sont pas français, mais lui est né en France et il va se faire naturaliser.*

**S.** *Se faire naturaliser* français, anglais, etc., c'est PRENDRE LA NATIONALITÉ française, anglaise, etc.
**L. naturalisation** (n. f.) Il a demandé à se faire naturaliser → *il a demandé sa naturalisation.*

**nature** [natyr] n. f. et adj. inv. (après le n.)
I. [n. f.] (partie de l'univers) **la nature** *À toutes les questions que je posais sur le monde, la création de l'homme, quand j'étais petit, on me répondait : c'est un mystère de la nature.*
II. [n. f.] (lieu naturel) [non-compt., au sing.] *On est partis se promener en forêt, et puis on s'est perdus : on était en pleine nature, impossible de retrouver le chemin !* ● *Aline ne supporte pas la vie en ville, elle aime le contact avec la nature.*
III. [n. f.] (état, qqn) [compt., surtout au sing.] *Votre fille est encore malade ? — Oui, elle a toujours été d'une nature fragile.* ◆ [esprit] *Paul n'est pas très actif par nature, il serait plutôt du genre paresseux.* ● *Ils s'entendent assez bien, bien qu'ayant des natures totalement différentes et même opposées.* ◆ [statut, qqch] (non-compt., au sing.) *On prépare une nouvelle réforme de l'enseignement. — Ah oui ? Et de quelle nature sera cette réforme ?* ● *On ne connaît pas exactement la nature de la conversation qui s'est tenue entre les deux chefs d'État.*
IV. [n. f.] (conséquence) **de nature à + inf.** *J'ai une révélation à faire, une révélation*

de nature à ruiner tout leur projet criminel.
V. [adj. inv.] (se dit d'un aliment) *Tu prends ton café nature ou avec du lait?* • *Tu veux du beurre avec tes pâtes? — Non, je les préfère nature.*

**G.** L'adj. (sens V) ne s'emploie que comme épithète de quelques noms de produits alimentaires. Il n'a ni comparatif ni superlatif.
**S. 1.** Au sens I, *la nature* désigne tout ce qui existe, vit, fait partie de notre monde, et les principes qui régissent ce monde. — **2.** *Nature* (sens II) désigne, en général, la campagne, la montagne ou la mer, par oppos. à la VILLE. — **3.** La *nature* de qqn (sens III), c'est son

TEMPÉRAMENT ou son CARACTÈRE, sa PERSONNALITÉ. En parlant d'une chose, *nature* peut avoir pour syn. GENRE, ESPÈCE, SORTE, ou CONTENU, TENEUR (soutenu) quand il s'agit d'un texte, d'un énoncé, etc. — **4.** *De nature à* (sens IV) a pour syn. CAPABLE DE, SUSCEPTIBLE DE. — **5.** L'adj. (sens V) est syn. de NATUREL, TEL QUEL.

**naturel, elle** [natyrɛl] adj. (après le n.), **naturel** n. m.
I. [adj.] (se dit de qqn, de qqch [concret]) *J'aime bien Marie parce qu'elle est naturelle : avec elle, on ne se gêne pas!* • *Elles sont fausses ces fleurs? On dirait vraiment qu'elles sont naturelles.*
II. [adj.] (se dit de qqch [abstrait]) *Tu n'as pas à me remercier, c'est bien naturel qu'on se rende service.* • *Si je t'ai invité à dîner, c'est que je trouvais ça naturel.*
III. [adj.] (se dit de qqch [concret]) *Maintenant à Paris, c'est du gaz naturel venu des Pays-Bas qu'on utilise.* • *Le vent, la pluie, la foudre sont des phénomènes naturels.*
IV. [n. m.] (qualité, qqn) [non-compt., au sing.] *Ça doit être difficile de parler avec naturel quand on passe pour la première fois à la télévision.*

**G.** Cet adj. n'a ni comparatif ni superlatif au sens III.
**S. 1.** *Naturel* (sens I) se dit de ce qui est VRAI. Plus précisément, en parlant de qqn, il est syn. de SPONTANÉ, SIMPLE, NATURE (fam.), et s'oppose à GUINDÉ, MANIÉRÉ, APPRÊTÉ, SOPHISTIQUÉ. En parlant de qqch, il s'oppose à ARTIFICIEL, FAUX. — **2.** *Naturel* (sens II) se dit de ce qui est dans la NATURE de qqn, de ce qu'il trouve NORMAL, LOGIQUE. Il s'oppose à ANORMAL, EXCEPTIONNEL, EXTRAORDINAIRE. — **3.** Est *naturel* (sens III) ce qui appartient à la NATURE, au monde physique. — **4.** *Naturel* (n. m.) est syn. de SIMPLICITÉ, AISANCE (plus fort).
**L. naturellement,** v. ce mot.

**naturellement** [natyrɛlmɑ̃] adv.
I. [manière] *Si tu veux parler naturellement, il ne faut pas que tu lises ton texte pendant ta conférence.* • *Tes cheveux sont blonds naturellement?*
II. [affirmation] *Quand j'ai appris l'accident, j'ai naturellement téléphoné à sa femme tout de suite.* • *Naturellement, c'est Catherine qu'on attend, il faut toujours qu'elle arrive la dernière.*

**S. 1.** Au sens I, *naturellement* est syn. de NORMALEMENT. Les contr. sont ARTIFICIELLEMENT, FAUSSEMENT. — **2.** Au sens II, le mot sert à renforcer une affirmation ou une négation en impliquant que le locuteur donne son approbation ou que l'événement était attendu ; il est syn. de BIEN SÛR, ÉVIDEMMENT, BIEN ENTENDU.

**nausée** [noze] n. f.
[sensation] *Dès qu'elle monte en voiture, elle a la nausée, tu imagines ce que va être notre voyage!*

**S.** *Avoir la nausée* (soutenu), c'est AVOIR MAL AU CŒUR, AVOIR ENVIE DE VOMIR.

**nautique** [notik] adj. (après le n.)
(se dit d'un sport, du ski) *Tu as déjà fait du ski nautique?*

**G.** Cet adj. ne se met ni au comparatif ni au superlatif.

**S.** *Nautique* se dit de ce qui concerne les jeux et les sports de l'eau.

**navet** [navɛ] n. m.
[légume] *Pour dimanche, je vais faire un canard aux navets. — Plutôt que des navets, mets des pommes, c'est meilleur.*

**S.** Le *navet* est une plante dont la racine ronde est comestible.

**naviguer** [navige] v. i. (conj. **1**)
(sujet un bateau, qqn) **naviguer (qqpart)** *On naviguait tranquillement près de la côte, quand le vent nous a poussés sur les rochers.*

**S.** *Naviguer*, c'est voyager, aller sur l'eau en bateau.
**L. navigation** (n. f.) *Il est interdit de naviguer si près de la côte → la navigation est interdite si près de la côte.* ◆ **navigateur, trice** (n.) *Ceux qui naviguent seuls sont rares → les navigateurs solitaires sont rares.*

**navrant, e** [navrɑ̃, ɑ̃t] adj. (après le n.)
(se dit de qqch) *Ils se sont séparés après deux ans de mariage : c'est une histoire navrante.* ● *C'est navrant de penser qu'il faut lui expliquer plusieurs fois la même chose pour qu'il commence à comprendre.*

**S.** Est *navrant* (soutenu) ce qui cause de la peine ou du découragement ; les syn. sont DÉSOLANT, DÉPLORABLE, ATTRISTANT (soutenu). Les contr. sont CONSOLANT, RÉCONFORTANT.

**navré (être)** [navre] v. pass.
(sujet qqn) **être navré (de qqch, de + inf., que + subj.)** *Je suis navré de n'avoir pas pu venir, mais j'étais pris ailleurs.* ● *Tu es navré qu'il ait appris ce que tu avais dit sur son compte ? Tu n'avais qu'à te mêler de tes affaires.*

**S.** Être *navré* (soutenu) a pour syn. ÊTRE DÉSOLÉ, REGRETTER et, plus fort, ÊTRE HONTEUX.

Le contr. est ÊTRE SATISFAIT, CONTENT, HEUREUX.
**L. navrer** (v. t.) *Je suis navré de ce qui t'arrive → ce qui t'arrive me navre.*

**ne** [n(ə)] adv.
I. [négation] **ne... pas, plus, jamais, guère** *Pierre ne veut pas venir, il dit qu'il a autre chose à faire.* ● *Il ne pleut plus : on peut sortir.* ● *C'est difficile d'avoir Pierre au téléphone : il n'est jamais chez lui !* ● *Tu as été voir de bons films cette semaine ? — Oh ! tu sais, il n'y en a guère en ce moment.*
◆ **personne, rien, aucun, pas, un, nul, etc., ne...** *Personne ne vient aujourd'hui ?* ● *Il n'y a personne ?* ● *Je n'ai rien entendu de ce qu'il a dit.* ● *Je me demande ce qui se passe, en ce moment rien ne va.*
II. [restriction] **ne... que** *Non, M. Durand n'est pas là, il ne vient que le jeudi.* ● *Tu n'as que deux pièces dans ton appartement ? Ce n'est pas beaucoup avec deux enfants !*

**S. et G. 1.** *Ne* s'écrit *n'* devant une voyelle ou un *h* muet. En langue courante parlée, il est le plus souvent omis. — **2.** *Ne* peut parfois s'employer seul sans valeur négative : *a)* en langue soutenue après AVANT QUE, SANS QUE, À MOINS QUE *(essaie d'arriver avant qu'il ne parte)*; *b)* en langue courante après un comparatif *(c'est meilleur que je ne le pensais)* et dans des expressions toutes faites *(n'empêche que, n'importe qui, quoi, etc., si ce n'est, qu'à cela ne tienne, je ne sais qui, quoi, etc.).* — **3.** *Ne... que* (sens II) a pour équivalent une construction affirmative avec SEULEMENT, UNIQUEMENT ou JUSTE *(il vient SEULEMENT [UNIQUEMENT, JUSTE] le jeudi).*

**néanmoins** [neɑ̃mwɛ̃] adv.
[opposition] *Vous ne savez pas grand-chose, néanmoins je vous engage pour trois mois ; on verra alors.* ● *La situation est très grave, néanmoins on garde un certain espoir.*

**S.** *Néanmoins* est le syn. soutenu de CEPENDANT.

**nécessaire** [nesesɛr] adj. (après le n.) et n. m.
I. [adj.] (se dit de qqch) *Est-ce que cette opération est vraiment nécessaire, docteur ? Ah oui ! c'est indispensable !* ● *Si c'est vraiment nécessaire, je peux venir vous aider.* ● *Tu as prévenu Paul ? — Non, ce n'est pas nécessaire, il sera là de toute façon.* ● *Est-ce qu'il est nécessaire que je sois là ? — Oui, j'aimerais avoir ton avis.*
◆ [n. m.] (sujet qqn) **faire le nécessaire** *Vous n'aurez à vous occuper de rien ; j'ai fait le nécessaire, tout est prêt.*
II. [adj.] (se dit de qqch) *Si on avait*

## NÉCESSITER

*l'argent nécessaire, on achèterait tout de suite cet appartement.* • *Dis-lui, toi ; moi, je n'ai pas le courage nécessaire pour lui parler.*
    **G.** Au sens II, l'adj. n'a ni comparatif ni superlatif.
    **S. 1.** Est *nécessaire* (sens I) ce qui est exigé

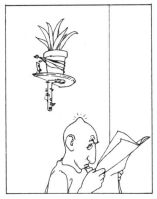

par la situation, ce qu'on doit faire pour obtenir tel ou tel résultat ; les syn. sont UTILE (moins fort), OBLIGATOIRE, ESSENTIEL, INDISPENSABLE (plus forts), et les contr. INUTILE, SUPERFLU. *Il est nécessaire* est syn. de IL FAUT, ON DOIT. *Faire le nécessaire* (n. m.), c'est faire ce qu'il convient, ce qu'il faut dans telle ou telle circonstance. — **2.** Est *nécessaire* (sens II) ce qu'on doit avoir pour que tel résultat se produise ; le syn. est SUFFISANT.
    **L. nécessairement** (adv.) [sens I] *Il est nécessaire qu'on l'opère* → *on doit nécessairement l'opérer.*

**nécessiter** [nesesite] v. t. (conj. **1**) (sujet qqch) **nécessiter qqch, que** + **subj.** *L'état du malade nécessite le plus grand calme.*

    **S.** *Nécessiter* est un syn. soutenu de RÉCLAMER (moins fort), EXIGER et REQUÉRIR (soutenu).

**néerlandais, e** [neɛrlɑ̃dɛ, ɛz] adj. (après le n.) et n., **néerlandais** n. m.
[adj.] (se dit de qqch) *Où en est l'économie néerlandaise ?* ◆ [n. m.] (langue) *On parle le néerlandais en Hollande et dans le nord de la Belgique.* ◆ [n. et adj.] (personne) *C'est un Néerlandais ou un Hollandais ? — C'est pareil.* • *Elle est née en Hollande, elle est néerlandaise.*

    **G.** L'adj. ne se met ni au comparatif ni au superlatif.

    **S.** L'adj. ethnique *néerlandais* correspond au n. m. pl. PAYS-BAS ou au n. f. HOLLANDE et au n. m. *néerlandais* (= la langue néerlandaise). Les *Néerlandais* (notez la majuscule) habitent les Pays-Bas ou Hollande en langue courante et ont la nationalité HOLLANDAISE ou NÉERLANDAISE.

**néfaste** [nefast] adj. (après le n.)
(se dit d'une action) *Il a bien fait d'intervenir.* — *Je ne suis pas du tout d'accord, son intervention a même été néfaste, la preuve, les négociations sont interrompues.*

    **S.** Est *néfaste* (soutenu) ce qui a un effet MAUVAIS, DÉSASTREUX, NUISIBLE, FÂCHEUX.

**négatif, ive** [negatif, iv] adj. (après le n.), **négative** n. f.
[adj.] (se dit de qqn, de qqch [abstrait]) *Les critiques négatives ne font pas avancer les choses ; tu devrais cesser d'être négatif.* • *Les résultats de l'analyse de sang sont négatifs : vous n'avez rien de ce côté-là.* • *La réponse de Paul est négative : il ne viendra pas.* ◆ [n. f.] (sujet qqn) **répondre par la négative** *Marie a répondu par la négative quand on lui a offert ce travail.*

    **G.** L'adj. n'a pas de comparatif.
    **S.** *Négatif* s'oppose à POSITIF ; il indique ce qui n'est pas CONSTRUCTIF *(critique négative)*, ce qui n'aboutit à rien ou qui exprime un refus *(réponse négative)* ; en ce cas, le contr. est AFFIRMATIF. *Répondre par la négative*, c'est faire une réponse *négative*, DIRE NON, par oppos. à RÉPONDRE PAR L'AFFIRMATIVE.
    **L. négativement** (adv.) *Il a répondu par la négative* → *il a répondu négativement.*

**négligent, e** [negliʒɑ̃, ɑ̃t] adj. (après le n.)
(se dit de qqn, de son attitude) *Tu as encore laissé cette lettre sans réponse, ce que tu peux être négligent !*

    **S.** Être *négligent* (soutenu), c'est se désinté-

resser de ce qu'on fait ou de ce qu'on a à faire, LE NÉGLIGER par paresse ou laisser-aller. Le syn. est INSOUCIANT ; les contr. sont CONSCIENCIEUX, ATTENTIF.
**L. négligemment** (adv.) Il m'a répondu de façon négligente qu'il n'en savait rien → *il m'a répondu négligemment qu'il n'en savait rien.*
◆ **négligence** (n. f.) Je suis surpris qu'il soit négligent → *je suis surpris de sa négligence.*

**négliger** [negliʒe] v. t. (conj. **4**)
I. (sujet qqn) **négliger qqch, de + inf.** *Si vous voulez avoir des chances de réussir, il ne faut rien négliger.* ● *Je ne savais pas qu'il avait déménagé, il a négligé de m'en avertir, comme d'habitude.*
II. (sujet qqn) **négliger qqch, qqn** *Alain néglige beaucoup son travail en ce moment : il ne sera pas reçu à son examen.* ◆ **se négliger** *Marie se néglige de plus en plus, elle qui était si coquette avant : regarde ses cheveux mal coiffés, son vieux pantalon usé. — Oui, c'est dommage.*

**S. 1.** Au sens I, *négliger de* + inf., c'est ne pas le faire ; OMETTRE DE est un syn. soutenu. — **2.** Au sens II, *négliger qqch, qqn*, c'est s'en

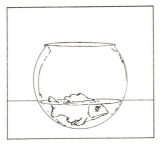

DÉSINTÉRESSER, ne pas S'EN OCCUPER. *Se négliger,* c'est ne plus prendre soin de sa tenue, de sa toilette ; il a pour syn. SE LAISSER ALLER.
**L. négligeable** (adj.) [sens I] C'est un détail que l'on peut négliger → *c'est un détail négligeable.* ◆ **négligent,** v. ce mot.

**négocier** [negɔsje] v. t. (conj. **2**)
(sujet qqn, un groupe, un pays) **négocier (qqch [avec qqn, un groupe, un pays])** *Les syndicats vont essayer de négocier des augmentations de salaire avec le patronat.* ● *Ça y est, le propriétaire a signé la vente de sa maison, mais l'affaire n'a pas été facile à négocier !*

**S.** Négocier, c'est discuter afin d'arriver à un accord. *Négocier une affaire,* c'est la TRAITER.
**L. négociation** (n. f.) Nous refusons de négocier → *nous refusons la négociation.*

**neige** [nɛʒ] n. f.
[phénomène naturel] (non-compt., au sing.) *La neige est tombée cette nuit, les trottoirs en sont couverts sur quelques centimètres ; mais elle a déjà fondu sur la chaussée.*

● *N'allons pas aux sports d'hiver, il n'y a pas encore assez de neige pour faire du ski.*

**S.** La *neige* tombe en hiver sous forme de flocons. À la montagne, on fait du ski ou de la luge sur la *neige.*
**L. neiger,** v. ce mot. ◆ **enneigé, e** (adj.) Les toits sont couverts de neige → *les toits sont enneigés.*

**neiger** [neʒe] v. i. (conj. **4**)
[À la radio] : « *Il neigera demain sur tout le nord de la France.* » ● *Il neigeait ce matin, mais maintenant c'est de la pluie qui tombe.*

**S.** *Neiger* est un verbe impersonnel ; *il neige* a pour équivalent IL TOMBE DE LA NEIGE.

**nerf** [nɛr] n. m.
I. [partie du corps] (compt.) *Il a eu très mal à la dent quand le dentiste a touché le nerf.*
II. [état, qqn] (non-compt., au plur.) *Je me demande comment elle peut supporter des gosses aussi insupportables. — Oh ! Elle a les nerfs solides !* ● *J'en ai assez de ce bruit, je suis à bout de nerfs.* ● *M. Dupont mène une vie agitée, il est toujours sur les nerfs.* ● *Après l'accident, cette jeune fille a eu une crise de nerfs.*

**S. 1.** Un *nerf* (sens I) est un organe conducteur

du mouvement et de la sensibilité. Les *nerfs*, c'est le SYSTÈME NERVEUX. — **2.** Au sens II, les *nerfs*, c'est la sensibilité. *Être à bout de nerfs*, c'est ÊTRE EXASPÉRÉ. *Être sur les nerfs*, c'est ÊTRE NERVEUX, ÉNERVÉ en raison d'une activité débordante. *Avoir une crise de nerfs*, c'est perdre le contrôle de soi-même dans un moment de dépression.
**L. énerver**, v. ce mot.

**nerveux, euse** [nɛrvø, øz] adj. (après le n.) et n.
I. [adj.] (se dit de qqch [abstrait]) *Cet enfant a une maladie nerveuse, il ne peut pas marcher.* • *Pourquoi pleures-tu ? — Je ne sais pas, excuse-moi, c'est nerveux.*
II. [adj.] (se dit de qqn, de son attitude) *Tu bois trop de café, ça te rend nerveuse !*
◆ [n.] (personne) *Pour un grand nerveux*

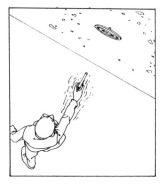

*comme lui, rien de tel que la campagne et le calme.*

**G.** Au sens I, l'adj. n'a ni comparatif ni superlatif.
**S. 1.** *Nerveux* (sens I) se dit de ce qui est relatif aux NERFS, de ce qui intéresse en particulier la sensibilité, la motricité, l'état mental et qui est indépendant de la volonté ; *c'est nerveux* a pour syn. C'EST INVOLONTAIRE. —
**2.** En parlant de qqn, de son attitude, *nerveux* (sens II), qui indique une excitation passagère ou un état permanent, a pour syn. ÉMOTIF (moins fort), ÉNERVÉ, IRRITABLE, FÉBRILE, AGITÉ (plus forts), par oppos. à CALME. Un *nerveux* (n.) est une personne facilement irritable, émotive. ÉMOTIF est un syn., CALME un contr.
**L. nerveusement** (adv.) Paul rit d'une manière nerveuse → *Paul rit nerveusement.*
◆ **nervosité** (n. f.) Marie est très nerveuse en ce moment → *Marie est d'une grande nervosité en ce moment.*

**net, nette** [nɛt] adj. (après le n.), **net** adv.
I. [adj.] (se dit de qqch [abstrait]) *Alors, c'est oui ou c'est non ? J'aimerais bien avoir une réponse nette et précise.* • *Peux-tu m'expliquer la théorie marxiste ? Je n'ai pas une idée très nette sur la question.* ◆ (se dit de qqch [concret]) *Quel dommage ! la photo n'est pas nette.*
II. [adv.] (manière) *La voiture s'est arrêtée net devant moi.* • *La balle l'a tué net.*

**S. 1.** Est *net* (sens I) ce qui ne prête à aucun doute, ou ce qui a des limites, des contours distincts ; ce mot a pour contr. CONFUS, FLOU, OBSCUR, VAGUE, et pour syn. CLAIR, DISTINCT ou, en parlant de paroles, d'un discours, EXPLICITE (savant). — **2.** *Net* (sens II) a pour syn. D'UN SEUL COUP, BRUSQUEMENT, PILE (fam.) [*s'arrêter net*] ou SUR LE COUP (*tuer net*).
**L. nettement**, v. ce mot. ◆ **netteté** (n. f.) [sens I] Il a répondu d'une manière nette → *il a répondu avec netteté.*

**nettement** [nɛtmɑ̃] adv.
I. [manière] *Regarde, on voit très nettement des traces de pas dans la neige.* • *Jean a pris nettement position dans cette affaire.*
II. [quantité] *Paul est nettement moins fort que toi à la course.* • *Le malade va nettement mieux.*

**S. 1.** Au sens I, *nettement* correspond à l'adj. NET (*On voit nettement les traces* → LES TRACES SONT TRÈS NETTES) ; il a pour syn. CLAIREMENT, DISTINCTEMENT, et pour contr. VAGUEMENT et CONFUSÉMENT (soutenu). — **2.** Au sens II, devant un adj. ou un adv., *nettement* a pour syn. BEAUCOUP et BIEN.

**nettoyer** [nɛtwaje] v. t. (conj. **5**)
(sujet qqn) **nettoyer un lieu** *Le salon est très sale, cet après-midi, je vais le nettoyer.*

◆ **nettoyer un objet** *Mon pantalon est plein de taches, je vais le faire nettoyer.*

**S.** *Nettoyer un lieu* ou *un objet*, c'est les rendre propres ; le contr. est SALIR. *Nettoyer avec un balai*, c'est BALAYER ; *nettoyer avec un chiffon*, c'est ESSUYER ; *nettoyer avec de l'eau*, c'est LAVER, *avec une brosse*, c'est BROSSER, *avec un râteau*, c'est RATISSER. *Nettoyer un appartement*, c'est FAIRE LE MÉNAGE. On porte des vêtements à *nettoyer* chez le teinturier ou au pressing.
**L. nettoyage** (n. m.) *Je vais donner mon pantalon à nettoyer* → *je vais donner mon pantalon au nettoyage.*

**1. neuf** [nœf] adj. num. cardinal inv.
[9] *Pierre est l'aîné d'une famille de neuf enfants.* ● *Tu as vu, page neuf, il y a la photo d'Alain au match de football.* ● *Neuf francs, c'est beaucoup pour un savon !*
**G.** *Neuf* se prononce [nœf], sauf devant ANS et HEURES où il se prononce [nœv].

**2. neuf, neuve** [nœf, nœv] adj. (après le n.)
(se dit de qqch) *Tu mets ta robe neuve demain ? — Non, je remets la vieille, mais, bien nettoyée, elle sera comme neuve.* ● *Vous achèterez une voiture neuve ? — Non, une voiture d'occasion.* ● *Il habite dans les immeubles neufs. — Ah ! ceux qui ont été construits l'année dernière ?* ● *Alors, quoi de neuf ? — Oh ! rien de neuf, tout est comme d'habitude !*
**S.** *Neuf* se dit d'un objet qui n'a pas (ou n'a que peu) servi. Les contr. sont ANCIEN, VIEUX, USÉ (lorsque s'ajoute l'idée de détérioration) ; en parlant d'une voiture, le contr. est D'OCCASION. Le syn. est NOUVEAU dans *quoi de neuf?, rien de neuf.*

**neutre** [nøtr] adj. (après le n.)
(se dit de qqn, d'un pays, de qqch [action]) *Vos discussions m'ennuient, je ne veux pas prendre parti pour l'un ou l'autre ; je désire rester neutre.* ● *Crois-tu qu'à la prochaine guerre il restera un seul pays neutre ?* ● *A la télévision, l'information n'est pas neutre, on n'entend guère que le gouvernement. — C'est ton avis, pas le mien.*
**S.** Est *neutre* qqn ou un pays qui ne participe pas à une guerre, qui ne PREND pas PARTI dans les conflits entre personnes ou entre puissances. Les moyens d'information sont *neutres* quand ils sont OBJECTIFS ; les contr. sont ENGAGÉ, PARTISAN, DIRIGÉ.
**L. neutralité** (n. f.) *Il est important que la Suisse soit neutre* → *la neutralité de la Suisse est importante.*

**neuvième** [nœvjɛm] adj. num. ordinal
[9e] (se dit de qqn, de qqch) *C'est son neuvième jour d'hôpital, il en a assez.* ● *J'habite au neuvième étage, c'est très agréable, on voit tout Paris.*
**S.** Dans une énumération, NEUVIÈMEMENT est l'adv. correspondant à *neuvième* (= en neuvième lieu).

**neveu** [nəvø] n. m., pl. **neveux, nièce** [njɛs] n. f.
[personne, parenté] *Ma belle-sœur vient d'avoir un garçon et j'ai donc un neveu.* ● *Ma sœur vient d'avoir une petite fille : j'ai donc une nièce, maintenant !* ● *Mon mari a une nièce et deux neveux.*
**S.** Le *neveu*, la *nièce* sont le fils, la fille de mon frère ou de ma sœur.

**nez** [ne] n. m.
[partie du corps] *Mouche-toi, voyons, tu as le nez qui coule !* ● *Le pauvre ! Chaque fois qu'il baisse la tête, ses lunettes lui tombent sur le nez !* ● *Mais, tu saignes du nez, qu'est-ce qui t'est arrivé ? — J'ai reçu un coup de poing.*

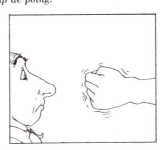

**S.** Le *nez* est la partie saillante du visage, au-dessus de la bouche, qui sert à respirer et qui est l'organe de l'odorat. L'adj. correspondant est NASAL. Le *nez* a deux ouvertures, les NARINES. Pour un animal, on parle du MUSEAU.

**ni** [ni] conj.
[négation] *Tu peux venir avec moi la semaine prochaine faire des courses ? — D'accord, mais ni lundi ni mardi ; mercredi, si tu veux.* ● *Vous ne prendrez pas de fruits ? — Non. — Ni de glace ? — Non plus, merci.*
**S. et G.** *Ni*, conj. de coordination à valeur négative, s'emploie le plus souvent répétée. Elle est équivalente à NE... PAS devant le premier terme et à ET NE... PAS devant le second terme.

**nièce** → NEVEU.

**nier** [nje] v. t. (conj. 2) (sujet qqn) nier qqch, que + ind. ou subj., **nier** + **inf. passé** *Alors ? Il a avoué qu'il était coupable ? — Non, il a tout nié.* • *Je ne nie pas que ce soit un problème difficile, mais il faut le résoudre.*

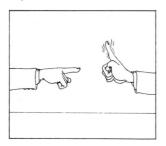

**S.** *Nier* (soutenu), c'est rejeter comme faux ; il a pour contr. AFFIRMER, RECONNAÎTRE qqch (comme vrai).

**n'importe** [nɛ̃pɔrt] adv.
I. [adv.] (lieu) **n'importe où** *Allons n'importe où, pourvu qu'on soit tranquille.* ◆ [temps] **n'importe quand** *Vous pouvez venir chez moi n'importe quand, je ne bouge pas.* ◆ [manière] **n'importe comment** *Il travaille vraiment n'importe comment !* • *Dépêche-toi ! — Ce n'est plus la peine ; n'importe comment, on est en retard.*
II. [pron. et adj. indéf.] **n'importe qui, n'importe quoi, n'importe quel** + **n.** *N'importe qui peut entrer dans cette maison, tout est ouvert !* • *Vous n'avez rien compris, vous dites n'importe quoi.* • *Je n'aime pas qu'on vienne chez moi à n'importe quelle heure, il pourrait prévenir quand même !*

**S. 1.** *N'importe où, quand, comment* indiquent que le lieu, le moment, la manière sont indéterminés. *N'importe où* a pour équivalent DANS UN LIEU QUELCONQUE, *n'importe quand*, À UN MOMENT QUELCONQUE, *n'importe comment*, D'UNE MANIÈRE QUELCONQUE et, plus précisément, SANS MÉTHODE. *N'importe comment* peut aussi exprimer la résignation ; il a alors pour syn. DE TOUTE FAÇON. — **2.** *N'importe qui, quoi, quel* + n. indiquent une personne ou une chose indéfinie. *Dire n'importe quoi*, c'est PARLER SANS RÉFLÉCHIR.

**niveau** [nivo] n. m.
I. [localisation] *Il a beaucoup plu ces temps-ci, la Seine est à son niveau le plus haut.* • *[En voiture] : « Vous vérifierez le niveau de l'huile, s'il vous plaît. »* • *Nous sommes ici à mille cinq cents mètres au-dessus du niveau de la mer.* • *Viens, n'aie pas peur, l'eau ne m'arrive même pas au niveau de la taille.*
II. [rang] *Bien sûr, ce film n'est pas d'un très haut niveau intellectuel, mais on s'y amuse beaucoup !* • *Quel est votre niveau en anglais ? — Oh ! très moyen !* • *Dans ce livre, les auteurs ont essayé de se mettre au niveau des enfants.* ◆ **niveau de vie** *En quelques années, le niveau de vie dans ce pays s'est beaucoup amélioré.*

**S. 1.** *Niveau* (sens I) est syn. de HAUTEUR. — **2.** Le *niveau* de qqch (sens II), c'est son DEGRÉ, sa VALEUR ; le *niveau* de qqn, c'est sa FORCE. *Au niveau de* est syn. de À LA PORTÉE DE. Le *niveau de vie* de qqn, c'est son POUVOIR D'ACHAT.

**nocturne** → NUIT L.

**Noël** [nɔɛl] n. m.
[fête] (surtout sans article) *Dans deux jours, ce sont les vacances de Noël.* • *Qu'est-ce que tu as eu comme cadeau à Noël ?* • *J'ai reçu une carte de Pierre, il nous souhaite un joyeux Noël.* • *Tous les Noëls nous partons ensemble aux sports d'hiver.*

**G.** Ce mot s'écrit toujours avec une majuscule. Il peut être précédé d'un déterminant quand il est accompagné d'un adj. ou quand il est au plur.
**S.** *Noël* est avec PÂQUES une des principales fêtes chrétiennes. Le jour de *Noël* est le 25 décembre. Le repas que l'on fait et la soirée que l'on passe la nuit de *Noël* (le 24 décembre) s'appellent le RÉVEILLON. On RÉVEILLONNE à *Noël* et au jour de l'an.

**nœud** [nø] n. m.
[résultat] *Cette ficelle est pleine de nœuds, on ne peut pas s'en servir !* • *Il suffit d'attacher le paquet avec une ficelle, mais fais un nœud solide.* • *Tu veux bien m'aider à faire le nœud de ma cravate ?*

**S.** Le *nœud* est ce qui résulte de l'action de NOUER, d'enlacer du fil, une ficelle, une corde. On fait un *nœud* en faisant une ou plusieurs boucles que l'on serre. Un *nœud* sert à attacher qqch. *Faire un nœud à qqch, c'est le* NOUER, *défaire un nœud, c'est le* DÉNOUER.

**noir, e** [nwar] adj. (après le n.) et n., **noir** adv. et n. m.
I. [adj.] (se dit de qqch) *Je n'ai pas de cravate noire à mettre pour l'enterrement.* • *Tu ne te souviens pas de Jean, un grand brun avec des yeux très noirs ?* • *Le ciel est bien noir là-bas, il doit pleuvoir.* • *Tu veux du raisin noir ou du blanc ?* • *Tu as vu tes ongles ? Ils sont tout noirs ! Va vite te laver les mains !* ◆ [n. m.] (couleur) [compt., surtout au sing.] *Tu as du noir sur la joue, ça doit être de l'encre.* • *Le noir lui va très bien, tu ne trouves pas ?* ◆ [phénomène naturel] (non-compt., au sing.) *Pierre a peur de s'endormir dans le noir, il vaut mieux lui laisser une lampe allumée.*
III. [adv.] (manière) **il fait noir** *Qu'est-ce qu'il fait noir dans cette rue, la nuit, ça fait peur !*
IV. [n. ; avec une majuscule] (personne) *Il y a beaucoup de Noirs dans ce quartier misérable.* ◆ [adj. ; avec une minuscule] (se dit de qqch, de qqn) *Vous avez visité le quartier noir de New York ?*

**S. 1.** *Noir* (adj.) [sens I] désigne la couleur la plus sombre, la plus foncée, qu'on oppose généralement au BLANC. BRUN, SOMBRE sont des syn. en parlant des yeux. *Noir* peut avoir pour contr. CLAIR. Il a pour syn. SALE, CRASSEUX (fam.) quand on parle de qqn qui est sali. — **2.** *Noir* (n. m.) [sens II] a pour syn. OBSCURITÉ. — **3.** *Il fait noir* (sens III) a pour syn. IL FAIT SOMBRE (moins fort). — **4.** *Noir* (sens IV) désigne un groupe ethnique, une race, et s'oppose à BLANC et à JAUNE.
**L. noircir** (v. t. et v. i.) [sens I] *La fumée a rendu les murs noirs* → *la fumée a noirci les murs.*

**noisette** [nwazɛt] n. f.
[fruit] *Ne casse pas les noisettes avec tes dents !* • *J'adore le chocolat aux noisettes.*

**S.** La *noisette*, la noix et l'amande sont des fruits que l'on mange le plus souvent secs et qui se trouvent à l'intérieur d'une coque ou coquille que l'on casse avec un CASSE-NOISETTES ou CASSE-NOIX.
**L. noisetier** (n. m.) *Il y a plein de noisetiers à l'entrée de la forêt* (← arbres qui portent les noisettes).

**noix** [nwa] n. f.
[fruit] *C'est bon le gâteau aux noix, mais*

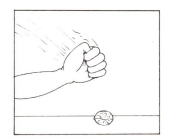

*qu'est-ce que c'est fatigant de casser les noix !*

**S.** La *noix*, la noisette et l'amande sont des fruits que l'on mange le plus souvent secs et qui se trouvent à l'intérieur d'une coque ou coquille que l'on casse avec un CASSE-NOIX ou CASSE-NOISETTES.
**L. noyer** (n. m.) *Ils ont un noyer dans leur jardin* (← arbre qui porte les noix).

**nom** [nɔ̃] n. m.
I. [statut, qqn] **nom de qqn** *Indiquez ici votre nom, votre prénom et votre adresse.* • *Il s'appelle Jean Tatou. — Tatou ? C'est un drôle de nom.* • *Je connais votre prénom, mais quel est votre nom de famille ?*

• *Les enfants portent le nom de leur père.* ◆ [statut, qqch] **nom de qqch** *Pierre connaît les noms de tous les pays d'Asie.* • *N'aie pas peur de lui dire la vérité, il faut appeler les choses par leur nom.*
II. **au nom de qqch (abstrait), qqn** *L'avocat est là : il parlera au nom de l'accusé.* • *Au nom de la loi, je vous arrête.*

**S. 1.** Au sens I, le *nom*, qui est le résultat de l'acte de NOMMER ou de DÉNOMMER, désigne soit une personne (c'est un *nom* PROPRE, qui prend une MAJUSCULE : Jean Durand), soit une chose (ce peut être alors un *nom* PROPRE [nom de pays, de fleuve, etc.] ou un *nom* COMMUN). Pour

## NOMBRE

une personne, *nom* désigne à la fois le PRÉNOM et le NOM DE FAMILLE ou PATRONYME (savant). Pour une femme mariée, on appelle NOM DE JEUNE FILLE le *nom* qu'elle portait avant de se marier. Un SURNOM est un *nom* familier et souvent péjor. que l'on donne à qqn. Un PSEUDONYME est un FAUX NOM pris par qqn pour signer une œuvre, jouer la comédie, etc. Celui qui veut rester ANONYME ne dit pas son *nom*. On donne le *nom* de qqn ou de qqch quand on répond à la question : comment s'appelle qqn, qqch ? — **2.** *Faire qqch au nom de qqn* (sens II), c'est le FAIRE À SA PLACE ; *faire qqch au nom de la loi, de la raison, de l'amitié,* etc., c'est le faire en invoquant la loi, la raison, l'amitié, etc.
**L. nommer,** v. ce mot. ◆ **nommément** (adv.) [sens I, personne] On l'a désigné par son nom → *on l'a désigné nommément.*

**nombre** [nɔ̃br] n. m.
I. [objet, calcul] (compt.) *102 est un nombre de trois chiffres.*

II. [quantité] (non-compt., au sing.) **le nombre de** + **n. plur.** *Si tu avais vu le nombre de gens qu'il y avait à cette manifestation... c'était extraordinaire !* ● *Quel est le nombre d'habitants de cette ville ? — Il y en a 30 000.* ◆ **un petit (grand, certain) nombre de** + **n. plur.** *Tu as vendu tous les livres ? — Non, il en reste un certain nombre.* ● *Il n'a pas plu depuis des mois, et un grand nombre d'animaux sont déjà morts de soif.*

**S. 1.** Les *nombres* (sens I) servent à compter, ils sont la base de la NUMÉRATION, de l'expression de la quantité. Les chiffres sont les signes qui représentent les *nombres*. — **2.** Au sens II, *nombre* a pour syn. QUANTITÉ. *Quel est le nombre de ?* a pour syn. COMBIEN DE ? Le *plus grand nombre,* c'est la MAJORITÉ ; le *plus petit nombre,* c'est la MINORITÉ. *Un grand nombre* a pour syn. BEAUCOUP, UNE GRANDE MASSE DE, NOMBREUX ; *un certain nombre* a pour syn. PLUSIEURS ; *un petit nombre* a pour syn. PEU, QUELQUES.

**L. nombreux, dénombrer,** v. ces mots. ◆ **innombrable** (adj.) [sens II] *Une foule innombrable se bouscule sur les trottoirs* (← dont on ne peut connaître le nombre). ◆ **surnombre** (n. m.) [sens II] *Il y avait dans l'autobus des voyageurs en surnombre* (← en plus du nombre de voyageurs autorisé).

**nombreux, euse** [nɔ̃brø, øz] adj. (avant ou, plus rarement, après le n.) (se dit de gens, de choses, d'un groupe) *J'espère que vous viendrez nombreux à notre réunion : on s'amusera bien.* ● *Les accidents sont plus nombreux pendant les week-ends que pendant le reste de la semaine : faites attention sur les routes !* ● *Une assistance nombreuse était venue l'écouter.*

**S.** *Nombreux,* qui s'emploie soit avec des n. plur., soit avec des collectifs, a pour syn. EN GRAND NOMBRE ou FRÉQUENT (au plur.), s'il s'agit de faits qui se répètent (*les accidents sont plus nombreux → LES ACCIDENTS SONT PLUS FRÉQUENTS*) ; en ce cas, le contr. est RARE. Une tournure avec BEAUCOUP peut être équivalente (*Les accidents sont nombreux → IL Y A BEAUCOUP D'ACCIDENTS*).

**nommer** [nɔme] v. t. (conj. **1**) (sujet qqn, un organisme) **nommer qqn** (+ **n. de fonction, à un poste**) *Il vient d'être nommé directeur de la banque.*

**S.** *Nommer qqn à un poste,* c'est lui attribuer ce poste, le DÉSIGNER pour remplir une fonction.
**L. nomination** (n. f.) *Quand a-t-il été nommé dans cet hôpital ? → de quand date sa nomination dans cet hôpital ?*

**non** [nɔ̃] adv.
I. [négation] *Tu viens avec nous au cinéma ? — Non, je ne peux pas.* ● *Pierre, vous n'aimez pas ce disque ? — Non, pas tellement.* ● *Tu n'as pas l'air contente, tu es fâchée contre moi ? — Mais non, ce n'est pas ça.* ● *Tu crois qu'il va faire beau ? — Je pense que non, regarde les nuages qui arrivent.* ● *À chaque fois que je te demande quelque chose, tu me réponds non !* ● *On ne peut rien lui proposer, il dit non à tout.* ● *Vous reprendrez un peu de café ? — Ah ! je ne dis pas non, il est excellent.* ◆ **non plus** *Vous ne prenez pas de gâteaux ? — Non. — Et des fruits non plus ? — Non, merci.* ● *Je n'irai pas à la campagne ce dimanche. — Alors moi non plus.*
II. [emphase] (dans une interrogation ou une exclamation) *Dis donc, ça ne va pas, non ? Arrête de me donner des coups de pied !* ● *Tu as vu un peu comment il me parle ? Non, mais des fois, pour qui me prend-il ?*

# NORMAL

**S.** et **G.** **1.** *Non* (sens I) s'emploie pour refuser, en réponse à une interrogation portant sur la phrase entière, affirmative ou négative. Il a pour contr. OUI ou SI (après une question négative). *Non* peut être renforcé par MAIS *(mais non)* ou BIEN SÛR *(bien sûr que non)*. Après des verbes déclaratifs ou d'opinion, *non* s'emploie pour nier ou contredire ce qui a été énoncé auparavant. Après un verbe déclaratif ou d'opinion, *que non* a pour syn. LE CONTRAIRE *(je pense, je dis que non* → JE PENSE, JE DIS LE CONTRAIRE). *Répondre, dire non* a pour syn.

REFUSER. *Je ne dis pas non* s'emploie lorsqu'on accepte volontiers qqch. *Non plus* s'emploie dans les comparaisons, pour indiquer l'égalité dans les phrases négatives. Il a pour contr. AUSSI dans une comparaison affirmative. — **2.** Après une interrogation, *non* (sens II) insiste sur la question avec une nuance d'impatience ou d'indignation. *Non mais,* ou *non mais des fois* (fam.) marque l'indignation.

**non-violent** → VIOLENT L.

**nord** [nɔr] n. m. et adj. inv. (après le n.) [n. m.] (lieu, point cardinal) [non-compt., au sing.] *On construit beaucoup d'immeubles dans le nord de Paris.* • *Cet appartement est froid parce qu'il est au nord.* ◆ [lieu géographique] *On dit que les gens du Nord sont peu bavards, mais ça dépend beaucoup des personnes.* ◆ [adj. inv.] *Il pleuvra sur toute la partie nord de la France.*

**G. 1.** *Nord* entre dans la formation de mots composés dérivés de noms de pays (NORD-AFRICAIN [← d'Afrique du Nord], NORD-AMÉRICAIN [← d'Amérique du Nord]) ou se combine avec les autres points cardinaux (NORD-EST, NORD-OUEST). — **2.** L'adj. est toujours épithète et n'a ni comparatif ni superlatif.

**S.** Le *nord* est un des quatre points cardinaux, il est opposé au SUD. L'aiguille d'une boussole indique le pôle *Nord*. La France est située dans l'hémisphère *Nord*. Le *Nord* désigne la France au nord de la Loire ou, plus particulièrement, les départements au nord de la Seine. **L. nordique** (adj.) *J'aimerais visiter les pays du nord de l'Europe* → *j'aimerais visiter les pays nordiques.*

**normal, e, aux** [nɔrmal, mo] adj. (après le n.)
I. (se dit de qqch [abstrait]) *Tu as payé la machine à laver mille francs ? Ce n'est pas très cher, c'est le prix normal.* • *Tu n'as*

*pas l'air d'être dans ton état normal, il y a quelque chose qui ne va pas ?* • *En temps normal, je ne devrais pas manger de gâteaux, mais aujourd'hui, c'est exceptionnel !* • *C'est normal que Paul soit en retard, avec les embouteillages qu'il y a !*

II. (se dit de qqn) *Tu as vu ce type, il n'a pas l'air très normal!*

**S. 1.** En parlant de qqch qui est CONFORME à ce qu'on attend, *normal* (sens I) a pour syn. HABITUEL, COURANT, ORDINAIRE, RÉGULIER, et pour contr. ANORMAL, INHABITUEL, EXCEPTIONNEL, PARTICULIER, SPÉCIAL. *C'est normal* est syn. de C'EST NATUREL, LOGIQUE, LÉGITIME (soutenu), COMPRÉHENSIBLE; il s'oppose à C'EST ABSURDE, ILLOGIQUE, ÉTONNANT, ANORMAL. — **2.** En parlant de qqn qui est dans l'état mental habituel chez l'homme, *normal* (sens II) a pour syn. SAIN, ÉQUILIBRÉ et pour contr. ANORMAL, BIZARRE, DÉTRAQUÉ (fam.).
**L. normalement**, v. ce mot. ◆ **anormal, e, aux** (adj.) *Ces températures ne sont pas normales pour la saison* → *ces températures sont anormales pour la saison.*

**normalement** [nɔrmalmã] adv.
[manière] *L'opération s'est passée tout à fait normalement, le malade va bien.* ● *Normalement, si tout va bien, on devrait être à Paris à midi.*

**S.** *Normalement* correspond à l'adj. NORMAL; il a pour syn. DE FAÇON NORMALE, CORRECTEMENT, RÉGULIÈREMENT et s'oppose à ANORMALEMENT. En tête de phrase, il s'oppose à EXCEPTIONNELLEMENT.
**L. anormalement** (adv.) *Il est fatigué d'une façon qui n'est pas normale* → *il est anormalement fatigué.*

**norvégien, enne** [nɔrveʒjɛ̃, ɛn] adj. (après le n.) et n., **norvégien** n. m.
[adj.] (se dit de qqch) *Quelle est la principale activité économique norvégienne?*
◆ [n. m.] (langue) *J'espère qu'ils parlent un peu anglais en Norvège, parce que moi, le norvégien, je n'en connais pas un mot.*
◆ [n. et adj.] (personne) *Il y a quelques Norvégiens qui viennent faire du camping en France.* ● *Elle est blonde, elle est norvégienne et elle chante pour la première fois en France, nous l'applaudissons pour l'encourager.*

**G.** L'adj. ne se met ni au comparatif ni au superlatif.
**S.** L'adj. ethnique *norvégien* correspond au n. f. NORVÈGE et au n. m. *norvégien* (= la langue norvégienne). Les *Norvégiens* (notez la majuscule) sont ceux qui ont la nationalité *norvégienne.*

**nos** → NOTRE.

**notamment** [nɔtamã] adv.
[manière] *J'aime beaucoup les livres de X..., notamment son dernier roman.*

**S.** *Notamment* sert à attirer l'attention sur une partie d'un ensemble dont il vient d'être question. Il a pour syn. EN PARTICULIER, PARTICULIÈREMENT et, de plus en plus forts, SPÉCIALEMENT, SURTOUT, PRINCIPALEMENT, ESSENTIELLEMENT.

**note** [nɔt] n. f.
I. [résultat] *Qu'est-ce que tu as eu comme note à l'examen? — J'ai eu 10 sur 20.*

● *Quelle est ta note en anglais?* ● *Paul m'a montré ses notes, elles ne sont pas bonnes.*
II. [énoncé] *Il y a une note de l'auteur au bas de la page.* ● *De qui sont ces notes? — De moi, j'avais quelques remarques à faire sur ce que tu as écrit.* ● *Paul prend rarement des notes pendant les cours : il écoute.*
III. [objet, valeur] *Au courrier ce matin, je n'ai reçu que des notes à payer : le gaz, l'électricité et le téléphone!* ● [À l'hôtel] : « *Vous pouvez me préparer ma note, s'il vous plaît?* »
IV. [énoncé, musique] **note (de musique)** *Tu sais lire les notes, toi? — Non, je ne connais rien à la musique.* ● *Aïe! mes oreilles, il y a eu une fausse note!*

**S. 1.** *Note* (sens I) correspond au sens I de NOTER : c'est une appréciation sous forme de chiffre (entre 0 et 20) ou de lettre (a, b, c, d, e) de la valeur d'un travail scolaire. — **2.** *Note* (sens II) est syn. de ANNOTATION (plus soutenu), REMARQUE, COMMENTAIRE. *Prendre des notes*, c'est NOTER par écrit les paroles de qqn (en général un professeur). — **3.** *Note* (sens III) est syn. de FACTURE, COMPTE. Au restaurant, on dit ADDITION. — **4.** Une *note de musique* (sens IV) est un signe qui représente un son. Les *notes* de la gamme sont DO, RÉ, MI, FA, SOL, LA, SI.

**noter** [nɔte] v. t. (conj. 1)
I. (sujet un professeur, un supérieur) **noter un travail, qqn** *Le professeur d'anglais note les devoirs de façon très sévère. — Tu dis ça parce que tu as de mauvaises notes avec*

*lui!* • *Il n'a pas un caractère facile et il est très mal noté de ses supérieurs.*
II. (sujet qqn) **noter qqch, que + ind.** *Attends, je prends un stylo et je note : rendez-vous demain à midi.* • *Alors, tu as bien noté que j'avais changé d'adresse ?*

**S. 1.** *Noter* (sens I), c'est donner une NOTE

(sens I) à un travail scolaire. En parlant de qqn, de son travail, *être bien (mal) noté*, c'est ÊTRE (NE PAS ÊTRE) APPRÉCIÉ. — **2.** *Noter* (sens II) a pour syn. ÉCRIRE, MARQUER, INSCRIRE, ENREGISTRER qqch ou, si on ne le marque pas par écrit, CONSTATER, FAIRE ATTENTION À.
**L.** *notation* (n. f.) [sens I] C'est difficile de noter justement ces devoirs → *la juste notation de ces devoirs est difficile.*

**notion** [nosjɔ̃] n. f.
I. [résultat, activité mentale] (compt.) *Ces deux philosophes définissent de manières différentes les notions de liberté, de bien et de mal.*
II. (sujet qqn) **avoir la notion de qqch (abstrait)** *Jacques n'a aucune notion de ce qui est bien ou mal.* • *Quand on est en vacances, on n'a plus la notion du temps.*
III. [résultat., activité mentale] (compt., surtout au plur.) *Marie parle l'allemand, et elle a quelques notions d'anglais.*

**S. 1.** Au sens I, *notion* (soutenu) a pour syn. CONCEPT (soutenu), IDÉE (courant). — **2.** Au sens II, *avoir la notion de qqch* (abstrait), c'est savoir le RECONNAÎTRE, le DISTINGUER, S'EN RENDRE COMPTE, c'est en AVOIR L'IDÉE. — **3.** Au sens III, *notions* (le plus souvent au plur. avec QUELQUES) a pour syn. CONNAISSANCES, RUDIMENTS (soutenu).

**notre** [nɔtr], **nos** [no] adj. possessifs
*Ce n'est pas la peine de nous presser, nous avons tout notre temps.* • *Nos enfants sont grands maintenant, et nous, nous commençons à être vieux !*

**S.** et **G.** *Notre, nos* sont les adj. possessifs correspondant au pron. personnel de la 1re pers. du plur. NOUS (*nos enfants* [← les enfants de nous]). Leur nombre varie selon le nom qu'ils déterminent (*notre* : masc. ou fém. sing. ; *nos* : masc. ou fém. plur.). Les pron. possessifs correspondants sont LE NÔTRE, LA NÔTRE, LES NÔTRES.

**nôtre (le, la)** [lə(la)notr], **nôtres (les)** [lenotr] pron. possessifs
*Il n'y aura pas assez de place dans leur voiture, Jacques ! Prenons la nôtre.* • *Pierre ! Françoise ! les parents sont arrivés ? — Les nôtres non, mais les vôtres, oui.* • *À qui est ce chien ? — Mais... c'est le nôtre !*

**S.** et **G.** *Le nôtre* (masc. sing.), *la nôtre* (fém. sing.), *les nôtres* (masc. ou fém. plur.) sont les pron. possessifs correspondant au pron. personnel de la 1re pers. du plur. NOUS et aux adj. possessifs NOTRE, NOS (*la nôtre* [← *notre voiture*]). Ils s'accordent en genre et en nombre avec le nom qu'ils représentent.

**nouilles** [nuj] n. f. pl.
[aliment] (non-compt., au plur.) *À midi, on a mangé des nouilles avec le rôti.* • *On n'a pas le temps de faire des pommes de terre : fais des nouilles, ce sera moins long !*

**S.** *Nouilles* a pour syn. PÂTES en langue courante.

**nourrir** [nurir] v. t. (conj. **15**)
(sujet qqn) **nourrir qqn** *On ne nourrit plus les enfants comme avant, et aujourd'hui, ils*

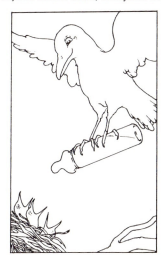

# NOURRITURE

*sont plus grands que leurs parents.* ◆ **se nourrir (de qqch [aliment])** *Marie est au régime, elle se nourrit surtout de viandes grillées, de fruits et d'eau.* ● *Si le malade continue à refuser de se nourrir, forcez-le à manger.* ◆ (sujet un aliment) **nourrir (qqn)** *Mange des pâtes, ça te nourrira plus qu'une salade!*

**S. 1.** *Nourrir* qqn, c'est l'ALIMENTER (langue savante ou soutenue). — **2.** *Se nourrir de*, c'est MANGER (et BOIRE), S'ALIMENTER AVEC (soutenu), pour vivre. Le contr., c'est SE PRIVER DE MANGER et JEÛNER (litt.). — **3.** En parlant d'un aliment, *nourrir*, c'est ÊTRE NOURRISSANT.
**L. nourrissant, e** (adj.) Les pâtes nourrissent (beaucoup) → *les pâtes sont nourrissantes.*

**nourriture** [nurityr] n. f.
[aliment] (non-compt., au sing.) *M^me Dupont dépense plus d'argent pour la nourriture que pour les vêtements.* ● *Le malade ne prend plus aucune nourriture, son état est très grave.*

**S.** La *nourriture*, c'est ce qui se mange, ce avec quoi on SE NOURRIT, l'ensemble des ALIMENTS. Il a pour syn. soutenu ALIMENTATION.

**nous** [nu] pron. personnel (1^re pers. du plur.)
I. [sujet, objet direct ou indirect; atone] *Pierre et moi, nous allons au cinéma ce soir.* ● *Alors, que faisons-nous demain?* ● *Jacques nous a raconté ses vacances, c'était très drôle.*
II. [sujet, objet direct ou compl. indirect; tonique] *C'est nous qui irons là-bas et vous, vous resterez ici.* ● *Pensez à nous quand vous serez partis.* ● *Regardez-nous, avons-nous l'air de mentir?* ● *Quand venez-vous chez nous?* ● *Nous, nous ne pensons pas du tout comme vous.*

**S. et G. 1.** Au sens I, *nous* est atone; il désigne au moins deux personnes dont l'une est celle qui parle. — **2.** Au sens II, *nous* est tonique : il est employé soit après une prép. ou après un impératif, soit en tête de phrase dans une emphase reprenant la forme atone *nous* ou après *c'est*. — **3.** En langue courante, on emploie souvent le pron. ON à la place de *nous* sujet atone (sens I).

**nouveau, velle** [nuvo, vɛl] adj. et n., **de nouveau** adv.
I. [adj.] (se dit de qqch; avant ou, moins souvent, après le n.) *On invente sans arrêt de nouveaux produits pour laver le linge.* ● *Zut, j'ai attrapé un coup de soleil! — Essaye cette crème, elle est toute nouvelle et elle est formidable.*

II. [adj.] (se dit de qqch, de qqn; avant le n.) *Frédéric nous a présenté sa nouvelle femme. — Mais, dis donc, ça fait combien de fois qu'il se marie?* ● *Où est Pierre? — Il est sorti essayer sa nouvelle voiture.*
III. [adj.] (se dit de qqn; après le n.) **nouveau (dans une fonction)** *Il ne peut pas encore tout savoir, il est nouveau dans le métier.* ◆ [n.] (personne) *C'est une nouvelle, elle ne connaît pas encore bien l'école.*
IV. [adv.] (temps) **de nouveau** *Tu n'as pas encore compris? Alors, il va falloir, de nouveau, que je te répète la même chose!*

**G.** *Nouveau* s'écrit *nouvel* [nuvɛl] devant un nom masc. sing. commençant par une voyelle ou un *h* muet. Au sens II, il ne se met ni au comparatif ni au superlatif.
**S. 1.** *Nouveau* (sens I) a pour contr. VIEUX et pour syn. RÉCENT (après le nom). Un produit

*nouveau* est un produit qui vient de sortir. Un *mot nouveau* est un NÉOLOGISME (savant). — **2.** *Nouveau* (sens II) se dit de qqch ou de qqn qui, dans l'ordre chronologique, vient en dernier. — **3.** Qqn qui est *nouveau* dans un métier, une maison (sens III) est qqn qui débute, qui est NOVICE (soutenu); qqn qui est *nouveau* dans une école y est entré depuis peu; le contr. est ANCIEN. — **4.** *De nouveau* (sens III) a pour syn. ENCORE (moins fort), UNE FOIS DE PLUS.
**L. nouveauté, renouveler,** v. ces mots.

**nouveau-né** [nuvone] n. m., pl. **nouveau-nés**
[personne, âge] *Ce magasin vend essentiellement des articles pour les femmes enceintes et les nouveau-nés.*

**S.** Le *nouveau-né* est le bébé qui vient de NAÎTRE; c'est un NOURRISSON.

**nouveauté** [nuvote] n. f.
I. [qualité, qqch] (non-compt., au sing.) *Pierre est attaché à ses habitudes, il ne supporte ni le changement ni la nouveauté.*

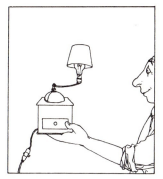

● *Je suis très sensible à la nouveauté de ce projet, mais il faudrait l'étudier de près.*
II. [événement] (compt.) *Voilà une nouveauté : tu n'es plus d'accord pour aller en Espagne cet été ?* ◆ [objet] *Les nouveautés sont présentées dans la vitrine de la librairie avec un panneau : « Vient de paraître. »* ● *Il faut que je m'achète une robe pour cet hiver : je vais aller dans les magasins pour voir les nouveautés.*

    **S. 1.** La *nouveauté* (sens I), c'est ce qui est NOUVEAU ; le syn. est ORIGINALITÉ, et les contr. sont BANALITÉ, CONFORMISME. — **2.** Au sens II, une *nouveauté* est un fait NOUVEAU (syn. INNOVATION) ou un produit NOUVEAU, un livre qui vient de sortir, un objet à la mode.

**nouvelle** [nuvɛl] n. f.
I. [énoncé] (compt.) *J'ai quelque chose à t'annoncer. — J'espère que ce n'est pas une mauvaise nouvelle.* ● *J'ai deux bonnes nouvelles pour toi : tu as réussi ton examen, et c'est d'accord pour tes vacances en Angleterre.* ◆ (non-compt., au plur.) **nouvelles (de qqn, de qqch)** *Je suis inquiet, cela fait deux mois que je n'ai pas de nouvelles de Jacques, je me demande ce qu'il devient.* ● *Le bateau est perdu en mer : on est sans nouvelles des passagers.*
II. [collectif, énoncés] (non-compt., au plur.) *Alors, tu as lu le journal, quelles sont les nouvelles aujourd'hui ?* ● *J'ai écouté les nouvelles, ce matin à la radio ; il n'y a rien de spécial.*

    **S. 1.** Une *nouvelle* (sens I) est une information, un renseignement récents. Une BOMBE

(fam.) est une *nouvelle* qui étonne tout le monde. Au plur., *avoir des nouvelles de* qqn, c'est savoir ce qu'il devient, ce qu'il fait, etc. ; *donner de ses nouvelles* a pour syn. soutenu DONNER SIGNE DE VIE. — **2.** Au sens II, *nouvelles* désigne à la fois l'ensemble des événements qui se sont produits récemment et l'émission, à la radio ou à la télévision, qui les fait connaître. En ce sens, *nouvelles* a pour syn. INFORMATIONS, ACTUALITÉS.

**novembre** [nɔvɑ̃br] n. m.
[mois] (non-compt., au sing.) *Nous nous sommes connus le 5 novembre 1975.* ● *Il commence à faire froid en novembre.* ● *Le mois de novembre a trente jours.*

    **S.** *Novembre* est le onzième mois de l'année, c'est un mois d'automne.

**noyau** [nwajo] n. m.
[partie d'un végétal] *Fais attention de ne pas avaler les noyaux des cerises !*

    **S.** Le *noyau* est la partie centrale, dure, de certains fruits (cerises, pêches, abricots, prunes, etc.). D'autres fruits (poires, pommes, etc.) n'ont pas de *noyau*, mais des PÉPINS. Le *noyau* s'oppose à la CHAIR du fruit.

**1. noyer (se)** [nwaje] v. pr. (conj. 5)
(sujet qqn) *Je n'arrivais plus à nager, si tu n'étais pas venu, je me serais noyée.*

**S.** *Se noyer*, c'est mourir par asphyxie dans l'eau.
**L. noyé, e** (n.) On a ramené celui qui s'était noyé sur la plage → *on a ramené le noyé sur la plage*. ◆ **noyade** (n. f.) La mer est dangereuse ici, beaucoup de personnes se noient → *la mer est dangereuse ici, il y a beaucoup de noyades*.

**2. noyer** → NOIX L.

**nu, e** [ny] adj. (après le n.)
(se dit de qqn, d'une partie du corps) *Les bandits lui ont pris tous ses vêtements, et il a dû rentrer chez lui tout nu !* • *Tu n'as pas froid, les bras nus comme ça ?* • *Les enfants, ne marchez pas pieds nus.*

**G.** En parlant du corps tout entier, cet adj. est le plus souvent précédé de TOUT. En parlant d'une partie du corps, il peut être adj. inv. avant le nom *(nu-pieds)* et n'a ni comparatif ni superlatif.
**S.** *Nu* se dit d'une personne qui n'a sur elle aucun vêtement ou d'une partie du corps qui n'est recouverte d'aucun vêtement. En parlant du corps tout entier, il a pour syn. DÉNUDÉ, DÉVÊTU (soutenu) lorsqu'il est attribut, par oppos. à HABILLÉ, VÊTU.

**nuage** [nyaʒ] n. m.
I. [phénomène naturel] *Tu as vu ces nuages noirs, il va pleuvoir !* • *Quel temps magni-*

*fique, il n'y a pas un nuage dans le ciel.*
II. (sujet qqn) **être dans les nuages** *Non, il ne suit pas bien en classe, que voulez-vous, il est toujours dans les nuages !*

**S. 1.** Les *nuages* (sens I) annoncent la pluie. — **2.** *Être dans les nuages* (sens II) a pour syn. RÊVER, ÊTRE DANS LA LUNE, et pour contr. ÊTRE ATTENTIF.
**L. nuageux, euse** (adj.) [sens I] Le ciel est couvert de nuages → *le ciel est nuageux*.

**nuance** [nyɑ̃s] n. f.
I. [qualité, qqch] *Elle s'est acheté une robe bleue dans la même nuance que le bleu de ses yeux.*
II. [qualité, qqch] *Non, ce n'est pas la même chose, il y a une nuance, c'est ce stylo qui est le tien et celui-là est le mien.*
◆ **nuance de qqch** *Il y avait dans ses propos une nuance d'ironie qui ne m'a pas plu.*

**S. 1.** *Nuance* (sens I) a pour syn. TON et désigne chaque degré d'une couleur. — **2.** *Nuance* (sens II) a pour syn. plus fort DIFFÉRENCE. Une *nuance de qqch* a pour syn. UN ACCENT DE, une POINTE DE, une TRACE DE.
**L. nuancé**, v. ce mot.

**nuancé, e** [nyɑ̃se] adj. (après le n.)
(se dit de qqn, de qqch [opinion, énoncé]) *Alors, il a donné son avis sur la question ? — Oui, mais c'est un avis très nuancé, si bien qu'on ne sait pas tellement à quoi s'en tenir.*

**S.** Est *nuancé* ce qui tient compte des différences, de plusieurs aspects. NET, FRANC, TRANCHÉ sont des contr.

**nucléaire** [nykleɛr] adj. (après le n.)
(se dit de qqch [arme, guerre, énergie, etc.]) *La prochaine guerre mondiale sera une guerre nucléaire.*

**G.** Cet adj. n'a ni comparatif ni superlatif.
**S.** *Nucléaire* se dit de ce qui utilise l'énergie issue de la fission des atomes. Le syn. est ATOMIQUE.

**nuire** [nɥir] v. t. ind. (conj. 59)
(sujet qqn, qqch) **nuire (à qqn, qqch)** *De telles actions ne pourront que lui nuire.* • *On sent dans cet homme une volonté de nuire qui m'effraie.*

**S.** *Nuire*, c'est FAIRE DU MAL. En parlant de qqch, c'est ÊTRE NÉFASTE, NOCIF.
**L. nuisible** (adj.) Ce climat nuit à la santé → *ce climat est nuisible pour la santé*.

**nuit** [nɥi] n. f.
I. [n. f.] (temps, moment) *Qu'est-ce que j'ai mal dormi cette nuit !* • *Je n'aime pas conduire la nuit, je vois mal.* • *Toutes les nuits, on est réveillé par le voisin de l'étage au-dessus.* ◆ [interj.] (salut) **bonne nuit !** *Bonne nuit, dors bien !*

# NUMÉRO

II. [n. f.] (phénomène naturel) [non-compt., au sing.] **la nuit** *La nuit tombe très tôt en novembre.* ◆ **il fait nuit** *Quand il fera nuit, on ira regarder les étoiles.* ◆ [temps] **de nuit** *Cette équipe travaille de nuit, l'autre travaille de jour.*

**S. 1.** La *nuit* (sens I) désigne l'espace de temps où il ne fait plus jour, où on dort, par oppos. à la JOURNÉE, où on travaille. Le SOIR précède la *nuit. Bonne nuit!* se dit à qqn qui va dormir. — **2.** *Il fait nuit* a pour équivalents IL FAIT NOIR, SOMBRE (moins fort), OBSCUR, par oppos. à IL FAIT JOUR. *De nuit* s'oppose à DE JOUR, PENDANT LA JOURNÉE.
**L. nocturne** (adj.) [sens I] La conduite de nuit est dangereuse → *la conduite nocturne est dangereuse.*

**nul, nulle** [nyl] adj.
I. (se dit de qqn, de qqch, après le n.) *Ce devoir est nul, il mérite zéro!* ● *Paul fait très bien la cuisine, moi je suis nulle.* ● *Tu es quand même moins nul que moi au tennis.* ● *Dire que tu as fait six ans d'études et que tu es nul en anglais!*
II. (se dit d'un match; après le n.) [Au rugby] : « *Les deux équipes ont fait match*

*nul : 20 à 20.* » ● *Alors, ce match de football? — Résultat nul : trois buts partout.*
III. (se dit de qqn, de qqch; avant le n.) *Je n'ai nulle envie d'aller les voir : ils sont trop ennuyeux.*

**G.** Aux sens II et III, cet adj. n'a ni comparatif ni superlatif.
**S. 1.** *Nul* (sens I) se dit de ce qui est MAUVAIS, MÉDIOCRE (moins forts), par oppos. à BON (moins fort), EXCELLENT. En parlant de qqn, *être nul*, c'est ÊTRE INCAPABLE, IGNARE (pour une matière intellectuelle seulement), par oppos. à FORT, CALÉ (fam.), SAVANT (plus fort). — **2.** *Nul* (sens II) se dit de ce qui est réduit à zéro du fait d'une égalité. Il s'emploie surtout en sports. — **3.** Au sens III, *nul* n'est précédé d'aucun déterminant et est considéré comme un adj. indéfini; son emploi est restreint à quelques expressions de la langue soutenue (*nul autre, sans nul doute*, etc.).
**L. nullité** (n. f.) [sens I] Ce devoir est nul; c'est incontestable → *la nullité de ce devoir est incontestable.*

**nulle part** [nylpar] adv.
[lieu] *Tu ne sais pas où j'ai mis mon sac? Je ne le trouve nulle part.*

**S.** *Nulle part* est la négation de QUELQUE PART; ces deux adv. s'opposent à PARTOUT.

**numéro** [nymero] n. m.
I. [rang] *Quel est ton numéro de téléphone? — 544.38.17.* ● *[Aux courses]* : « *Quel est le cheval qui a gagné? — C'est le numéro 13.* »

● *Tu habites à quel numéro de la rue du Montparnasse? — Au 17.*
II. [partie d'un texte] *Vous lirez la suite de notre enquête dans le prochain numéro.*
III. [résultat, activité artistique] *Va voir ce clown, je t'assure qu'il fait un numéro extraordinaire.*

**S. 1.** Un *numéro* (sens I), c'est un nombre ou une suite de chiffres qu'on attribue à qqch ou à qqn et qui sert à le reconnaître. Quand il est suivi d'un chiffre, il s'écrit en abrégé N°. BIS indique la répétition du *numéro* d'un immeuble dans une rue (*habiter au 17 BIS*). TER se place après un *numéro* pour indiquer que celui-ci est précédé de deux autres *numéros* semblables (le 17 TER vient après le 17 et le 17 BIS). La suite de chiffres et de lettres inscrits sur une voiture constitue son *numéro* D'IMMATRICULATION. —

**2.** Un *numéro* (sens II), c'est un exemplaire d'une revue ou d'un périodique. — **3.** Au sens III, le *numéro* d'un artiste, au music-hall, au cabaret, au cirque, c'est ce qu'il présente, le SPECTACLE qu'il donne.
**L. numéroter** (v. t.) [sens I] J'ai marqué chaque feuille d'un numéro → *j'ai numéroté chaque feuille.*

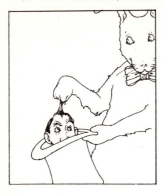

**nuque** [nyk] n. f.
[partie du corps] *Le coiffeur m'a coupé les cheveux assez haut sur la nuque; ça fait plus jeune.*

**S.** La *nuque* est la partie postérieure du cou.

**Nylon** [nilɔ̃] n. m.
[matière] (non-compt., au sing.) *Paul n'aime pas les chemises en Nylon, il les préfère en coton.*

**G.** Notez que *Nylon* prend une majuscule (marque déposée).
**S.** Le *Nylon* est un tissu synthétique très léger, un textile artificiel.

**obéir** [ɔbeir] v. t. ind. (conj. **15**)
(sujet qqn, un animal) **obéir à qqn** *Paul, obéis-moi quand je te demande de faire*

*quelque chose ! • C'est un drôle de chien, il ne m'obéit absolument pas, il fait ce qu'il veut. • Tu n'auras pas trop de mal avec les enfants ? — Ne t'en fais pas, je sais me faire obéir.*

**S.** *Obéir* s'emploie surtout en parlant d'enfants par rapport à leurs parents, leurs professeurs, de militaires ou de religieux par rapport à leurs supérieurs, d'un animal dressé (chien, cheval) par rapport à son maître. *Obéir*, c'est ÊTRE OBÉISSANT, ÊTRE DOCILE (pour une personne ou un animal). En parlant de qqn, les syn. sont RÉPONDRE À UN (DES) ORDRE(S), SE SOUMETTRE et, en parlant d'un animal, RÉPONDRE (À UN APPEL) ; il s'oppose à ORDONNER, COMMANDER. *Se faire obéir de qqn*, c'est SE FAIRE ÉCOUTER DE lui ; les contr. sont DÉSOBÉIR À et RÉSISTER À (moins fort).
**L. obéissant, e** (adj.) *C'est un enfant qui obéit* → *c'est un enfant obéissant.* ◆ **obéissance** (n. f.) *Est-il toujours nécessaire d'obéir ?* → *l'obéissance est-elle toujours nécessaire ?*
◆ **désobéir**, v. ce mot.

**obèse** [ɔbɛz] adj. (après le n.) et n.
[adj.] (se dit de qqn) *Je t'assure, fais attention, tu manges trop, tu vas devenir obèse.* ◆ [n.] (personne) *Il paraît que l'on peut faire de l'excellente cuisine pour les obèses. — Ça t'intéresse ?*

**S.** Est *obèse* (soutenu) celui qui est anormalement gros et gras ; les syn. sont CORPULENT (moins fort), ÉNORME ; les contr. sont MAIGRE ou MINCE (mélioratif).
**L. obésité** (n. f.) *Il ne s'inquiète pas d'être obèse* → *il ne s'inquiète pas de son obésité.*

**objecter** [ɔbʒɛkte] v. t. (conj. **1**)
(sujet qqn) **objecter qqch, que + ind. (à qqn)**
*Qu'est-ce que tu peux m'objecter ? — Que tu as tort de t'engager dans de telles dépenses.*

**S.** *Objecter* qqch à qqn (soutenu), c'est lui opposer des affirmations contraires ; les syn. soutenus sont ALLÉGUER CONTRE, RÉTORQUER À.
**L. objection** (n. f.) *Qu'est-ce que tu m'objectes ?* → *quelle est ton objection ?*

**1. objectif, ive** [ɔbʒɛktif, iv] adj. (après le n.)
(se dit de qqn, de son attitude) *Tu n'es pas très objectif à l'égard de Paul : avec toi, il a toujours raison. — Évidemment, c'est mon fils ! • Ce que ce journaliste peut être partial ! Son reportage n'est vraiment pas objectif.*

**S.** Est *objectif* celui qui décrit la réalité avec exactitude sans faire intervenir ses sentiments personnels ; les syn. sont IMPARTIAL et NEUTRE. Les contr. sont PARTIAL (péjor.) et SUBJECTIF (non péjor., en parlant d'une attitude), ENGAGÉ.
**L. objectivement** (adv.) *J'essaie de juger la situation d'une manière objective* → *j'essaie de juger objectivement la situation.* ◆ **objectivité** (n. f.) *Je doute que vous soyez objectif* → *je doute de votre objectivité.*

**2. objectif** [ɔbʒɛktif] n. m.
[résultat, activité mentale] *Réduire le nombre des chômeurs, voilà notre principal objectif pour les mois à venir.*

**S.** Un *objectif* est un BUT à atteindre.

**objet** [ɔbʒɛ] n. m.
I. [concret] (compt.) *Paul a toujours des tas de petits objets dans sa poche : des billes, des clés, un stylo, etc. • Je ne sais pas quoi mettre sur ce meuble ; il faudrait que je trouve un objet : un vase, par exemple.*
II. [abstrait] (compt., surtout au sing.) *Bonjour, madame, je voudrais voir le docteur. — Quel est l'objet de votre visite ? • Je ne vois vraiment pas pourquoi vous me*

demandez ça : *votre question est sans objet !*
● *Les résultats des élections ont fait l'objet de nombreux articles dans les journaux.*

**S. 1.** Au sens I, un *objet* est une chose matérielle (ou concrète) destinée à un usage précis. Un GADGET est un *objet* plus ou moins utile, mais amusant. — **2.** Au sens II, *objet* a pour syn. BUT, RAISON, SUJET, MATIÈRE (soutenu). *Faire l'objet de,* c'est ÊTRE LE SUJET DE, DONNER MATIÈRE À (soutenu).

**obligatoire** [ɔbligatwar] adj. (après le n.) (se dit de qqch) *Il y a un examen obligatoire pour entrer dans cette école.* ● *En France, le service militaire est obligatoire : tous les hommes doivent le faire.*

**G.** Cet adj. n'a ni comparatif ni superlatif.
**S.** Est *obligatoire* ce qui est exigé, imposé par la loi, les circonstances, etc. Les syn. sont

INDISPENSABLE et NÉCESSAIRE (moins fort), et le contr. est FACULTATIF.
**L. obligatoirement** (adv.) *Il est obligatoire de passer l'examen* → *il faut obligatoirement passer l'examen.*

**obliger** [ɔbliʒe] v. t. (conj. **4**)
(sujet qqn, qqch [abstrait]) **obliger qqn à + inf.** *Pierre déteste se laver : chaque soir, c'est moi qui dois l'obliger à prendre son bain !* ◆ **être obligé (de + inf.)** *Je suis obligé* 

*de partir, j'ai rendez-vous.* ● *Ça fait deux ans qu'il est au chômage, il a bien été obligé de prendre ce travail.* ● *Tu crois vraiment qu'il faut aller voir tante Adèle ? — C'est obligé, c'est son anniversaire !*

**S. 1.** *Obliger qqn,* c'est le FORCER, le CONTRAINDRE (soutenu); il s'oppose à DISPENSER DE. — **2.** Au passif, *être obligé de* a pour équivalent courant IL FAUT QUE + subj. *(Je suis obligé de partir* → IL FAUT QUE JE PARTE) et comme syn. soutenus ÊTRE TENU DE, FORCÉ DE, ÊTRE DANS L'OBLIGATION DE, ÊTRE ASTREINT À, CONTRAINT DE. *C'est obligé* a pour syn. C'EST FORCÉ, C'EST OBLIGATOIRE ou FORCÉMENT.
**L. obligation** (n. f.) *Je suis obligé de lui rendre visite* → *c'est une obligation pour moi de lui rendre visite.*

**obscur, e** [ɔpskyr] adj. (après le n.)
I. (se dit d'un lieu) *L'appartement est au premier étage, sur la rue, il n'y a presque jamais de soleil ; il est très obscur et, en outre, bruyant.* ● *Le soir, je ne suis pas tranquille quand je rentre chez moi, les rues de banlieue sont obscures.*
II. (se dit d'un énoncé, de qqn) *Paul parle toujours comme si on était au courant de tout ; mais ce qu'il dit est parfois très obscur.* ● *Je ne te comprends pas : tu es obscur, parle plus clairement.*

**S. 1.** Au sens I, est *obscur* (soutenu) un lieu qui n'est pas éclairé, où il n'y a pas de lumière ; les syn. sont SOMBRE (courant) ou NOIR (plus fort) ; le contr. CLAIR (le jour) ou ÉCLAIRÉ (la nuit). — **2.** Au sens II, est *obscur* (soutenu) ce qui est difficile à comprendre ; le syn. est INCOMPRÉHENSIBLE (plus fort), HERMÉTIQUE (litt.) ; les contr. sont CLAIR, INTELLIGIBLE (soutenu), COMPRÉHENSIBLE.
**L. obscurité** (n. f.) [sens I] *La pièce est obscure, ça m'empêche de lire* → *l'obscurité de la pièce m'empêche de lire.* ◆ [sens II] *Je constate que ton exposé est obscur* → *je constate l'obscurité de ton exposé.*

**obséder** [ɔpsede] v. t. (conj. **12**)
(sujet qqch) **obséder qqn** *Tu sais que cette histoire de vol l'obsède, il ne pense qu'à ça.* ● *Elle est obsédée par l'argent, rien d'autre ne l'intéresse.*

**S.** *Obséder qqn* (soutenu), c'est occuper entièrement son esprit, le TOURMENTER, le TRACASSER (moins forts), le HANTER (litt.) Au passif, *être obsédé par qqch,* c'est l'avoir comme idée fixe.
**L. obsession** (n. f.) *Pierre est obsédé par l'idée de maigrir* → *maigrir est une obsession pour Pierre.*

**observation** [ɔpsɛrvasjɔ̃] n. f.
I. [action, qqn, et résultat] (compt., sur-

tout au sing.) *Les deux boxeurs, après une période d'observation, se sont donné des coups très durs.*
II. [énoncé] (compt.) *Je vous préviens qu'à la première observation que j'aurai à vous faire, vous sortez de ma classe.* • *Ce n'est pas en lui faisant sans arrêt des observations sur son travail que tu l'encourageras à faire des progrès.*

    **S. 1.** *Observation* (sens I) désigne le fait d'OB-SERVER, de regarder avec attention. — **2.** Au sens II, *observation* a pour syn. RÉFLEXION, REMARQUE, CRITIQUE.

**obsèques** [ɔpsɛk] n. f. pl.
[action, qqn, et résultat] *Vous verrez qu'à sa mort, il aura droit à des obsèques nationales.* • *Son oncle est décédé hier matin, les obsèques auront lieu jeudi.*

    **S.** *Obsèques* est un syn. soutenu d'ENTERREMENT. FUNÉRAILLES (soutenu) est plus officiel et solennel.

**observer** [ɔpsɛrve] v. t. (conj. 1)
I. (sujet qqn) **observer qqn, qqch, que + ind.** *J'ai vu bouger le rideau de la concierge : elle devait encore nous observer de sa fenêtre !* • *J'ai observé que cet enfant restait souvent seul, est-il timide ?* • *Permettez-moi de vous faire observer que vous êtes en retard !*
II. (sujet qqn) **observer une loi** *Paul s'est fait arrêter par la police : il n'avait pas observé la limitation de vitesse sur l'autoroute.*

    **S. 1.** *Observer* (sens I) a pour syn. REGARDER

(moins fort), ÉTUDIER (plus fort) ou, selon l'intention, SURVEILLER, EXAMINER ou ÉPIER (plus fort). *Faire observer qqch à qqn*, c'est le lui FAIRE REMARQUER, lui FAIRE UNE OBSERVATION. — **2.** *Observer une loi* (sens II), c'est s'y CONFORMER, s'y PLIER, s'y TENIR, lui OBÉIR, la SUIVRE, la RESPECTER. Les contr. soutenus sont ENFREINDRE et VIOLER (plus fort).
    **L. observation,** v. ce mot. ◆ **observateur, trice** (adj. et n.) [sens I] *Les enfants observent tout* → *les enfants sont très observateurs.*

**obstacle** [ɔpstakl] n. m.
I. [objet] *Le cheval s'est arrêté devant*

*l'obstacle ; il n'y a pas eu moyen de le lui faire sauter.*
II. [objet abstrait] **obstacle à qqch (action), à + inf.** *Le principal obstacle au divorce, ce sont les enfants.* • *Si personne ne voit d'obstacle à partir maintenant, on peut y aller !*

    **S. 1.** Un *obstacle* (sens I) empêche d'avancer, de continuer. En sports, un *obstacle* est un fossé, un barrage, une barrière placés sur le parcours. — **2.** Un *obstacle* (sens II) à qqch est un EMPÊCHEMENT, une DIFFICULTÉ.

**obstiné, e** [ɔpstine] adj. (après le n.)
(se dit de qqn, de son attitude, de ses actes) *Ce que tu peux être obstiné, mais non je n'ai pas pris les papiers qui étaient sur ton bureau, n'insiste pas !* • *Le succès d'André n'est pas étonnant, il est arrivé par un travail obstiné à rattraper son retard.*

    **S.** Est *obstiné* celui qui montre de l'entêtement dans ce qu'il fait, de la persévérance, de l'OBSTINATION, de la suite dans les idées, et ce qui est ACHARNÉ, OPINIÂTRE (soutenu). Les syn. sont TÊTU, TENACE (soutenu).
    **L. obstinément** (adv.) *Il revient de manière obstinée à la même question* → *il revient obstinément à la même question.*

**obstiner (s')** [ɔpstine] v. pr. (conj. **1**)
(sujet qqn) **s'obstiner (à + inf.)** *Elle s'obsti-*

*nait à nier, alors que nous avions les preuves de sa culpabilité.* ● *Ne t'obstine pas, si tu ne trouves pas la solution, passe à un autre exercice.*

**S.** *S'obstiner à* a pour syn. S'ENTÊTER À, S'ACHARNER À. Sans compl., *s'obstiner,* c'est SE BUTER.
**L. obstiné,** v. ce mot. ◆ **obstination** (n. f.) *C'est parce qu'il est obstiné qu'il réussira* → *c'est grâce à son obstination qu'il réussira.*

**obstruction** [ɔpstryksjɔ̃] n. f.
[action, qqn, et résultat] *Tout leur était bon pour nous empêcher de gagner, et les voilà maintenant qui font de l'obstruction pour que notre projet de loi ne soit pas voté.*

**S.** *Faire de l'obstruction,* c'est employer toute tactique propre à gêner la réalisation de qqch.

**obtenir** [ɔptənir] v. t. (conj. **23**)
(sujet qqn) **obtenir qqch, de + inf., que + subj. (de qqn)** *Pierre a obtenu de ses parents l'argent nécessaire pour s'acheter une moto.* ● *Josiane a obtenu de pouvoir sortir le soir.* ● *Est-ce que le parti socialiste a obtenu un grand nombre de voix ?* ● *Si tu pouvais obtenir pour moi que ton patron me donne un rendez-vous, ça m'arrangerait.*

**S.** *Avoir obtenu* a pour équivalent AVOIR (*J'ai

obtenu le prix* → J'AI EU LE PRIX). En parlant d'un concours, d'un vote, *obtenir* a pour syn. EMPORTER, REMPORTER. *Obtenir qqch pour qqn* a pour syn. PROCURER, FAIRE AVOIR qqch À qqn.
**L. obtention** (n. f.) *Il n'est pas si facile d'obtenir le permis de conduire* → *l'obtention du permis de conduire n'est pas si facile.*

**occasion** [ɔkazjɔ̃] n. f.
I. [événement] *Elle n'arrête pas de prendre des vacances, toutes les occasions sont bonnes !* ● *Puisque tu vas à la poste, tu ne pourrais pas, par la même occasion, me rapporter des timbres ?* ◆ **l'occasion de +** **inf.** *J'ai eu plusieurs fois l'occasion de lui parler, mais je ne l'ai jamais fait.* ● *Puisque vous n'habitez pas loin, passez donc à la maison, un de ces jours : ça nous donnera l'occasion de dîner ensemble !* ◆ **à l'occasion de qqch (abstrait)** *Il lui a offert ce bijou à l'occasion de leur anniversaire de mariage.* ◆ **à l'occasion** *Mon père paraît gentil, mais il sait être sévère, à l'occasion.* ● *Je sais que vous êtes très occupé, mais téléphonez à l'occasion, ça nous fera plaisir.*
II. [qualité, qqch] **d'occasion** *Tu as acheté une voiture neuve ou d'occasion ?* ● *Les livres sont tellement chers... chaque fois que je peux, je les prends d'occasion.*

**S. 1.** *Occasion* (sens I) a pour syn. moins précis CIRCONSTANCE. *Par la même occasion* a pour syn. EN MÊME TEMPS. *Avoir l'occasion de* a pour syn. POUVOIR, AVOIR LA POSSIBILITÉ DE ; *donner l'occasion de* a pour syn. DONNER LA POSSIBILITÉ DE, PERMETTRE DE et LAISSER. *À l'occasion de* a pour syn. POUR. *À l'occasion* a pour syn. SI LE CAS SE PRÉSENTE, ÉVENTUELLEMENT. — **2.** *D'occasion* (sens II) se dit d'un objet qui a déjà servi ; le contr. est NEUF.

**occasionner** [ɔkazjɔne] v. t. (conj. **1**)
(sujet qqch, qqn) **occasionner qqch [ennuis, difficultés, frais] (à qqn)** *Notre nouvelle machine à laver nous a occasionné les pires ennuis au début : panne, inondation, etc.* — *Vous ne savez pas vous en servir.* ● *Paul nous occasionne de grosses dépenses avec ses études de médecine.*

**S.** *Occasionner* qqch (de pénible, de difficile, de coûteux) [soutenu] a pour syn. courant CAUSER ; CRÉER, SUSCITER sont soutenus.

**occidental, e, aux** [ɔksidɑ̃tal, to] adj. (après le n.) et n.
[adj.] (se dit de qqch) *La Bretagne se trouve dans la partie occidentale de la France.* ◆ [n. ; avec majuscule] (personne) *Le ministre égyptien s'est marié avec une Occidentale, je ne sais pas de quel pays au juste.*

**G.** L'adj. n'a ni comparatif ni superlatif.
**S.** *Occidental* se dit de ce qui se trouve à l'OUEST, et, plus particulièrement, des pays (et des personnes qui y habitent) de l'OCCIDENT (pays de l'Europe de l'Ouest, États-Unis, Canada), par oppos. d'une part à l'ORIENT, l'EXTRÊME-ORIENT, et d'autre part aux pays de l'Europe de l'Est ou Europe Orientale.

**occupation** [ɔkypasjɔ̃] n. f.
I. [action, qqn, et résultat] **l'occupation d'un lieu** *L'occupation de l'usine a été votée par les ouvriers en grève.*

**II.** [action, qqch, et résultat] **l'occupation de qqn** *La principale occupation de Paul, en ce moment, c'est de chercher du travail.* ● *Pierre ne viendra pas, il est retenu à Paris par ses occupations.*

    **S. 1.** *Occupation* (sens I), c'est l'action d'occuper (sens I); il a pour contr. ÉVACUATION. — **2.** *Occupation* (sens II), c'est l'action de qqch qui occupe qqn ou l'état de celui qui EST OCCUPÉ (sens II); les *occupations* de qqn sont ses affaires, son travail, ses ACTIVITÉS; les contr. sont LOISIRS, TEMPS LIBRE.

**occupé, e** [ɔkype] adj. (après le n.)
**I.** (se dit d'un lieu, du téléphone) *La chambre était encore occupée quand nous sommes arrivés à l'hôtel!* ● [*Au téléphone*] : « *La ligne est occupée, rappelez plus tard.* »
**II.** (se dit de qqn) *Ça fait trois mois que je n'ai pas vu Paul : qu'est-ce qui se passe? — Oh! il est très occupé en ce moment.*
● *Rappelez-moi plus tard, pour l'instant je suis occupé.*

    **S. 1.** *Occupé* (sens I) a pour syn. HABITÉ en parlant d'un appartement, d'une maison, PRIS en parlant d'un espace. Les contr. sont INOCCUPÉ, VIDE, pour un lieu, un espace, ou LIBRE, pour une chambre, un appartement, une ligne de téléphone. — **2.** *Être occupé* (sens II) a pour syn. ÊTRE PRIS, AVOIR DU TRAVAIL, AVOIR qqch à FAIRE. Qqn qui n'est *occupé* à rien est INACTIF, DÉSŒUVRÉ (soutenu et plus fort).
    **L. inoccupé, e** (adj.) [sens I] *L'appartement n'est pas occupé* → *l'appartement est inoccupé.*
◆ [sens II] *Donne-moi du travail, je ne suis pas occupé en ce moment* → *donne-moi du travail, je suis inoccupé en ce moment.*

**occuper** [ɔkype] v. t. (conj. **1**)
**I.** (sujet qqn, qqch) **occuper un lieu** *Cette famille a acheté les deux appartements du cinquième : ils occupent tout l'étage.* ● *Dans cette pièce toute la place est occupée par une grande table.*
**II.** (sujet qqn, qqch) **occuper qqn, son temps** *Tu n'as rien à faire? Je vais te donner de quoi t'occuper! — Oh! Avec tous ces journaux, j'ai de quoi m'occuper.* ● *Quand il pleut, c'est difficile d'occuper les enfants; je leur ai dit de faire un gâteau et ça a occupé tout l'après-midi!*
**III.** (sujet qqn) **s'occuper de qqn, de qqch** *Un instant, je m'occupe de vous.* ● *Ne t'occupe pas d'elle, laisse-la tranquille.* ● *Que fait Pierre, dans cette entreprise? — Il s'occupe du service de la vente à l'étranger.*

    **S. 1.** *Occuper un lieu* (sens I) a pour syn. HABITER ou ÊTRE INSTALLÉ DANS. — **2.** *Occuper* qqn (sens II), c'est lui donner de l'OCCUPATION, de quoi employer son temps. — **3.** *S'occuper de qqn* (sens III), c'est lui consacrer son temps, son attention, SE CONSACRER à lui ou SE

CHARGER DE lui (plus fort). *Ne pas s'occuper de qqn*, qqch a pour syn. NE PAS S'EN INQUIÉTER, NE PAS S'EN SOUCIER (soutenu). *S'occuper d'une tâche, d'un service*, etc., a pour syn. ÊTRE CHARGÉ DE.
    **L. occupant** (n. m.) [sens I] *Les personnes qui occupent l'appartement* → *les occupants de l'appartement.* ◆ **occupation, occupé,** v. ces mots.

**océan** [ɔseɑ̃] n. m.
[lieu naturel, liquide] *Ils ont une maison au bord de l'océan Atlantique.* ● *Traverser l'océan en bateau à voiles? Eh bien, dis donc!*

    **S.** *Océan* désigne les vastes étendues d'eau qui séparent les continents. Un *océan* est plus vaste qu'une MER.

**octobre** [ɔktɔbr] n. m.
[mois] (non-compt., au sing.) *Pascal est né le 23 octobre 1975.* ● *En octobre, presque tous les arbres ont perdu leurs feuilles.* ● *Le mois d'octobre sera froid cette année.*

    **S.** *Octobre* est le dixième mois de l'année, c'est un mois d'automne.

**oculiste** [ɔkylist] n.
[personne, profession] *Tu ne vois plus très bien avec tes lunettes. Prends donc rendez-vous chez l'oculiste.*

    **S.** Un *oculiste* est un médecin spécialiste des yeux, de la vue. Le syn. est OPHTALMOLOGISTE.

**odeur** [ɔdœr] n. f.
[qualité, qqch, qqn] *Ça sent une drôle d'odeur ici! Il y a quelque chose qui brûle.* ● *Respire l'odeur de ces fleurs, tu verras comme elles sentent bon.* ● *Ouvre la fenêtre,*

# ODIEUX

il y a des odeurs de cuisine, ça sent mauvais. • Ce poisson a une odeur, jette-le.

**S.** L'*odeur* de qqch, de qqn, c'est son parfum, ce qu'il sent. L'ODORAT est le sens qui permet de reconnaître les *odeurs*. On emploie PARFUM, ARÔME pour désigner une bonne *odeur*. Qqch qui *a une odeur* (sans adj. ou compl. qui en précise la nature) SENT MAUVAIS. Ce qui *n'a pas d'odeur* est INODORE.
**L. odorat**, v. ce mot. ◆ **désodorisant** (n. m.) C'est un produit qui fait disparaître les mauvaises odeurs → *c'est un désodorisant*. ◆ **déodorant** (n. m.) Elle utilise des produits qui font disparaître les odeurs corporelles → *elle utilise des déodorants*. ◆ **inodore** (adj.) Ce produit est sans odeur → *ce produit est inodore*.

**odieux, euse** [ɔdjø, øz] adj. (surtout après le n.)
(se dit de qqn, de qqch) *Ce qui rend ce crime particulièrement odieux, c'est qu'on a tué un enfant sans défense.* • *C'est curieux, c'est un type plutôt sympathique, mais il est odieux avec son personnel.*

**S.** *Odieux* (soutenu), en parlant de qqch, a pour syn. ABOMINABLE, AFFREUX, ATROCE, IGNOBLE, MONSTRUEUX. Comme intensif de DÉSAGRÉABLE, en parlant de qqn, il a pour syn. DÉTESTABLE, INFECT.
**L. odieusement** (adv.) *Elle a été traitée de manière odieuse* → *elle a été odieusement traitée.*

**odorat** [ɔdɔra] n. m.
[qualité, qqn, animal] (compt., surtout au sing.) *Les chiens ont un odorat extraordinaire et cela leur est très utile.* • *Sens comme ça sent bon!* — *Tu sais bien que je n'ai pas d'odorat.*

**S.** L'*odorat* est la capacité de sentir les ODEURS.

**œil** [œj] n. m., pl. **yeux** [jø]
I. [partie du corps] *Aïe! J'ai une poussière dans l'œil, tu peux me l'enlever?* • *Regarde-moi pour la photo!* — *Je ne peux pas, j'ai le soleil dans l'œil!* • *Marie a les yeux bleus.* • *Si tu n'avais pas fermé les yeux, la photo aurait été réussie.*
II. (sujet qqn) **avoir de bons yeux** *Tu arrives à lire l'affiche là-bas?* — *Oui.* — *Eh bien, tu as de bons yeux!* ◆ **sous les yeux de qqn** *J'ai perdu mon stylo.* — *Mais non, il est là sous tes yeux!* ◆ (sujet qqn) **jeter un coup d'œil (sur qqch)** *Tu as lu le journal?* — *Non, je n'ai pas eu le temps,*

*j'y ai seulement jeté un coup d'œil.* ◆ **ne pas fermer l'œil** *Tu as l'air fatiguée?* — *Oui, je n'ai pas fermé l'œil de la nuit.* ◆ **ça saute aux yeux** *Tu ne t'es pas encore aperçu qu'il se moque de toi, écoute, ça saute aux yeux!*

**S. 1.** Au sens I, *œil* (plur. *yeux*) désigne l'organe qui permet de voir et qui est recouvert par la paupière bordée de cils. L'OCULISTE est le médecin qui soigne les *yeux*. Quand on voit mal et qu'on a besoin de lunettes, on va chez un OPTICIEN (qui les fabrique ou les vend). — **2.** Au sens II, *yeux*, dans quelques expressions, au sens de la fonction et non de la partie du corps, est syn. de VUE, REGARD. *Ça saute aux yeux* est syn. de C'EST ÉVIDENT. Le sing. *œil* entre dans quelques expressions : *jeter un coup d'œil*, c'est REGARDER RAPIDEMENT qqch; *ne pas fermer l'œil*, c'est NE PAS DORMIR, AVOIR UNE INSOMNIE.

**œillet** [œjɛ] n. m.
[fleur] *Au marché de Nice, on trouve toutes sortes d'œillets et de toutes les couleurs.*

**S.** L'*œillet* est une plante dont les fleurs sont très odorantes.

**œuf** [œf] n. m., pl. **œufs** [ø]
[aliment] *J'ai oublié d'acheter de la viande, tant pis, on mangera des œufs.* • *Bruno ne sait pas faire la cuisine, même pas faire cuire un œuf!*

**S.** Les œufs vendus dans le commerce sont les œufs de poule ; ils se vendent le plus souvent par douzaine ou dans des boîtes de six. Les œufs sont formés d'une coquille qui protège l'intérieur composé du jaune et du blanc. Les œufs se mangent en omelette, sur le plat, à la coque, brouillés, pochés ou durs.

**œuvre** [œvr] n. f.
I. [action, qqn] (compt., surtout au sing.) *Allez, il est temps de te mettre à l'œuvre, sinon tu n'auras jamais fini ce travail avant ce soir.* • *Vous croyez qu'on arrivera à le convaincre ? — C'est possible, mais ce sera une œuvre de longue haleine.* • *Les médecins ont tout mis en œuvre pour le sauver.* ◆ [résultat] (compt., surtout au sing.) *Eh bien, vous pouvez être fier de votre œuvre, c'est du beau travail.*
II. [résultat, activité artistique] (compt.) *Dans ma bibliothèque, j'ai les œuvres complètes de Balzac.* • *Cette statue est une œuvre remarquable.* • *Les œuvres de ce peintre ont été rassemblées à Paris : il faut*

*aller voir son exposition.* • *Et, maintenant, vous allez entendre une des œuvres les plus connues de Bach.*

**S. 1.** *Œuvre* (sens I) a pour syn. TRAVAIL dans ses deux sens : action de travailler et résultat de cette action. OUVRAGE est un syn. litt. *Mettre en œuvre*, c'est METTRE EN ACTION, UTILISER, ESSAYER, etc., dans un but précis. — **2.** Une *œuvre* (sens II) est une production littéraire ou artistique. En littérature, une *œuvre* est un LIVRE, un ÉCRIT, un OUVRAGE ou un VOLUME, en peinture un TABLEAU, en musique un MORCEAU, une COMPOSITION, en sculpture une STATUE. Une *œuvre* parfaite ou très belle est un CHEF-D'ŒUVRE.

**officiel, elle** [ɔfisjɛl] adj. (après le n.)
(se dit de qqch [nouvelle, événement]) *Tu vas te marier ? — Oui, mais ne le dis pas, ce n'est pas encore officiel.* • *Ça, ce sont les faits officiels, mais moi je sais ce qui s'est vraiment passé !* ◆ (se dit de qqn, de qqch [action]) *Ce chef d'État doit venir à Paris pour une visite officielle de quatre jours.* • *Tu as vu la voiture noire accompagnée de motos : c'est sûrement une personnalité officielle.*

**G.** Cet adj. n'a ni comparatif ni superlatif.
**S.** Est *officiel* ce qui est garanti par une autorité publique, reconnue. En parlant de qqch, *officiel* s'oppose à OFFICIEUX (qui n'est pas connu d'une manière *officielle*) et a pour syn. CONNU (moins fort), RECONNU, PUBLIC. En parlant de qqch (action) ou de qqn, il concerne une cérémonie ou un acte publics et il s'oppose à PRIVÉ ; il a pour syn. SOLENNEL (qqch et plus fort) ou CONNU (qqn et moins fort).
**L. officiellement** (adv.) *Je le sais de façon officielle* → *je le sais officiellement.*

**officier** [ɔfisje] n. m.
[personne, grade] *Un officier a ordonné aux soldats de se rassembler dans la cour de la caserne.* • *Ce café est surtout fréquenté par des officiers de la caserne voisine.*

**S.** Un *officier* est un membre de l'armée ou de la marine ayant un grade dans la hiérarchie militaire. On distingue les *officiers subalternes* (sous-lieutenant, lieutenant et capitaine dans l'armée de terre, enseigne et lieutenant de vaisseau dans la marine), les *officiers supérieurs* (commandant, lieutenant-colonel, colonel dans l'armée, capitaine de corvette, de frégate ou de vaisseau dans la marine) et les *officiers généraux* (généraux et amiraux). Un élève officier est un ASPIRANT. Les *officiers* s'opposent aux SOUS-OFFICIERS (major, adjudant, sergent dans l'armée, major, premier et second maître dans la marine) et aux HOMMES DU RANG (soldats et caporaux de l'armée, matelots et quartiers-maîtres de la marine).

**officieux, euse** [ɔfisjø, øz] adj. (après le n.)
(se dit d'une nouvelle) *La nouvelle n'est encore qu'officieuse ; mais on attend la confirmation officielle du gouvernement.*

**G.** Cet adj. n'a pas de comparatif.
**S.** Est *officieuse* une nouvelle qui émane d'une autorité, mais qui n'est pas encore garantie, sûre. Le contr. est OFFICIEL.
**L. officieusement** (adv.) *J'ai appris la nouvelle de façon officieuse* → *j'ai appris officieusement la nouvelle.*

**offrir** [ɔfrir] v. t. (conj. **17**)
I. (sujet qqn) *offrir qqch (objet) à qqn Pour ma fête, Paul m'a offert des fleurs.* • *Qui t'a offert des bonbons ? — Mon oncle André.*

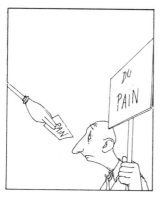

• *Je ne sais pas quoi lui offrir pour son anniversaire.* ◆ **s'offrir qqch** *Tiens! puisque c'est dimanche, on va s'offrir un bon repas!*
II. (sujet qqn) **offrir qqch (concret** ou **abstrait), offrir de** + inf. **à qqn** *Dans le métro, j'ai même vu un jeune homme offrir sa place à une vieille dame.* • *Et si tu nous offrais de venir boire un verre chez toi? Il fait chaud.*
III. (sujet qqch) **offrir qqch (abstrait)** *Les vacances en septembre offrent des avantages, mais il fait généralement moins beau.*

**S. 1.** Au sens I, *offrir* qqch a pour syn. DONNER, FAIRE CADEAU DE, PAYER. L'inverse est RECEVOIR. S'offrir qqch, c'est SE LE PAYER. — **2.** Au sens II, *offrir* qqch à qqn a pour syn. DONNER, PROPOSER (soutenu); le contr. est REFUSER, l'inverse est DEMANDER. — **3.** *Offrir* qqch (sens III) a pour syn. PRÉSENTER, COMPORTER.
**L. offre** (n. f.) [sens II] *On lui a offert un emploi* → *il a eu une offre d'emploi.*

**oh!** [o] interj.
[surprise] *Oh! que tu es jolie avec cette robe!* • *Oh! Encore vous? Qu'est-ce que vous me voulez, à la fin?* ◆ [interpellation] *Oh! Jacques! Tu as fini de répondre comme ça à ta mère?*

**S.** *Oh!* exprime un sentiment vif (joie, surprise, impatience, dépit, etc.). Il peut être renforcé par ZUT ou OUI, NON, etc., ou être répété (*oh! oh!*).

**oie** [wa] n. f.
[animal] *Dans la cour de la ferme, il y a des oies, des poules et des canards; les oies sont élevées pour leur foie.*

**S.** Les *oies* sont des grands oiseaux de basse-cour à long cou, que l'on élève pour leur chair et leur foie.

**oignon** [ɔɲɔ̃] n. m.
[légume] *Tu pleures? — Mais non, je viens juste d'éplucher des oignons.* • *Ils servent dans ce restaurant une soupe à l'oignon extraordinaire.*

**S.** L'*oignon* est une plante dont le bulbe très parfumé est utilisé, cru ou cuit, dans la cuisine (salades, sauces, soupes ou cuisson de divers plats).

**oiseau** [wazo] n. m.
[animal] *Regarde le petit oiseau, il a dû se faire mal, il ne peut plus voler!* • *Garde le pain sec, on le donnera aux oiseaux.*

**S.** Un *oiseau* a la tête terminée par un bec et le corps couvert de plumes. Ses ailes lui permettent de voler. Certains *oiseaux* construisent des nids dans les arbres pour leurs

œufs. Les *oiseaux* les plus connus en France sont le moineau, le merle, le corbeau, l'hirondelle, le rossignol. Certains d'entre eux sont comestibles: pigeon, perdrix, perdreau, faisan, caille.

**olive** [ɔliv] n. f.
[fruit] *Dans ce restaurant, ils servent toujours des olives avec l'apéritif.* • *Tu préfères les olives noires ou vertes?*

**S.** L'*olive* est un fruit à noyau dont on tire une huile très fine: l'HUILE D'OLIVE. On mange des *olives*, salées, à l'apéritif, avec la charcuterie ou dans certains plats.
**L. olivier** (n. m.) *Il y a beaucoup d'oliviers dans le Midi* (← arbres qui portent des olives).

**ombragé, e** [ɔ̃braʒe] adj. (après le n.)
(se dit d'un lieu) *Leur jardin est très agréable avec ce coin ombragé où il fait bon s'asseoir quand il y a trop de soleil.*

**S.** Un lieu *ombragé* (litt.) est un lieu où il y a de l'OMBRE, de l'OMBRAGE (soutenu).

**ombre** [ɔ̃br] n. f.
I. [phénomène naturel] (non-compt., au sing.) *Il fait trop chaud au soleil; si on trouvait un coin d'ombre?* ◆ [lieu] *Il vaudrait peut-être mieux se mettre à l'ombre pour déjeuner?* • *Si tu restes à l'ombre, tu ne risques pas d'être bronzé!*
II. [phénomène naturel] (compt.) *Regarde ton ombre sur le mur, tu as l'air grand et mince!*

    **S. 1.** L'*ombre* (non-compt.), c'est la zone sombre créée par un obstacle interceptant le soleil. *À l'ombre* s'oppose à AU SOLEIL. — **2.** Une *ombre* (compt.) est l'image sombre et déformée, portée sur un mur, sur le sol, etc., d'un objet quelconque éclairé.

**omelette** [ɔmlɛt] n. f.
[aliment] *Je ne sais vraiment pas ce qu'on*

*va manger ce soir. — Si tu as des œufs, on peut faire une omelette.* • *Que diriez-vous d'une omelette au jambon avec une salade?*

    **S.** L'*omelette* est une préparation à base d'œufs battus auxquels on ajoute éventuellement d'autres ingrédients (champignons, jambon, fromage, etc.).

**omettre** [ɔmɛtr] v. t. (conj. **46**)
(sujet qqn) **omettre qqch, qqn, omettre de** + **inf., que** + **ind.** *On l'avait omis sur la liste des invités.* • *N'omettez pas de nous signaler votre changement d'adresse.*

    **S.** *Omettre* est un syn. soutenu d'OUBLIER.
    **L. omission** (n. f.) *Je ne vous en veux pas d'avoir omis ceci → je ne vous en veux pas de cette omission.*

**on** [ɔ̃] pron. personnel (3ᵉ pers.)
*Tu n'as rien entendu? Je crois qu'on a frappé à la porte.* • *En Chine, on ne mange pas avec des fourchettes.* • *Il n'y a pas très longtemps encore, on circulait à cheval dans cette région.* • *Tiens! on a changé les rideaux ici!* • *Je ne sais pas ce qui s'est passé, mais, en tout cas, nous, on n'y est pour rien!*

    **S. et G.** *On* est uniquement sujet. Il désigne le plus souvent une ou des personnes dont l'identité n'est pas indiquée. Il est syn. de QUELQU'UN, LES GENS, CHACUN, TOUT LE MONDE, ou simplement du pron. plur. ILS, selon les contextes. *On* peut s'employer dans une phrase active correspondant à une phrase passive dont le compl. d'agent n'est pas indiqué (*On a changé les rideaux* → LES RIDEAUX ONT ÉTÉ CHANGÉS). *On* peut représenter le pron. NOUS, plus rarement VOUS (plur. et sing.); dans ce cas, le verbe reste au sing., mais le part. passé ou l'adj. attribut peuvent être au sing. ou au plur. *(nous, on est gentils)*.

**oncle** [ɔ̃kl] n. m.
[personne, parenté] *Je vous présente M. Durand, c'est mon oncle, le frère de mon père.* • *Bonjour oncle Albert, comment vas-tu?*

    **S.** *Oncle* désigne le frère de la mère (ou du père) ou le mari de la sœur de la mère (ou du père); il a pour correspondant féminin TANTE. TONTON est un syn. fam. dans le langage enfantin.

**ongle** [ɔ̃gl] n. m.
[partie du corps] *Viens ici que je te coupe les ongles, ils sont trop longs.*

    **S.** L'*ongle* recouvre le bout du doigt. On peut se couper les *ongles* avec des ciseaux ou les frotter avec une lime.

**onze** [ɔ̃z] adj. num. cardinal inv.
[11] *Nous sommes onze dans l'équipe.* • *Dans le numéro onze de cette revue, il y a un article qui t'intéressera.* • *Dans onze jours exactement, nous serons en vacances.* • *Il y a un métro toutes les onze minutes.*

**onzième** [ɔ̃zjɛm] adj. num. ordinal
[11ᵉ] (se dit de qqn, de qqch) *Comment! tu n'es que onzième en mathématiques? Ce n'est pas bien.* • *C'est ma onzième cigarette de la journée et je m'étais promis de ne pas dépasser dix!*

    **S.** Dans une énumération, ONZIÈMEMENT est l'adv. correspondant à *onzième* (= en onzième lieu).

**opaque** [ɔpak] adj. (après le n.)
(se dit de qqch [concret]) *En eux-mêmes ces verres sont beaux, mais ça ne me plaît pas qu'ils soient opaques, j'aime voir la couleur du vin.*

# OPÉRA

**S.** Est *opaque* ce qui ne laisse pas passer la lumière ; le contr. est TRANSPARENT.

**opéra** [ɔpera] n. m.
[activité artistique] (non-compt., au sing.) *Jacques adore l'opéra ; il aime entendre de grands chanteurs et, quand je passe un disque, il ne supporte pas le moindre bruit.* ◆ [résultat, activité artistique] (compt.) *« Faust » est un opéra de Gounod.* ◆ [lieu, activité artistique] *Qui donc a construit l'Opéra de Paris ? — L'architecte Garnier.*

**S.** Un *opéra* est une pièce musicale chantée. L'*Opéra* (notez la majuscule) d'une ville est l'édifice, le théâtre où on joue des *opéras*.

**opération** [ɔperasjɔ̃] n. f.
I. [action, calcul] *Je ne sais pas faire cette opération de mémoire, il faut que je* 

*l'écrive.* ● *Ajoute 3 à 2, enlève 4 à ce que tu as obtenu. Quel est le résultat de ces opérations ?*
II. [action, qqn] *Ma mère entre à l'hôpital lundi : elle doit se faire opérer. — Ah bon ? Et quand a lieu l'opération ?* ● *Depuis son opération, Pierre n'est plus le même : toujours fatigué, jamais en forme.*

**S. 1.** Au sens I, une *opération* est un calcul arithmétique. Les principales *opérations* sont l'addition, la soustraction, la multiplication, la division. — **2.** Au sens II, *opération* est le nom correspondant à OPÉRER [sens I] ; c'est une INTERVENTION CHIRURGICALE.

**opérer** [ɔpere] v. t. et v. i. (conj. 12)
I. [v. t.] (sujet un chirurgien) **opérer qqn (de qqch [mal, partie du corps])** *Son grand-père ne pouvait plus marcher, mais depuis qu'on l'a opéré de la jambe, ça va beaucoup mieux.* ● *Oui, elle souffre de plus en plus ; il va sans doute falloir qu'elle se fasse opérer.*

II. [v. i.] (sujet qqn) *Je le connais très mal ; d'après vous comment faut-il opérer avec lui ?*

**S. 1.** Les chirurgiens *opèrent* les malades dans un hôpital ou une clinique. — **2.** *Opérer* (sens II) a pour syn. AGIR, SE COMPORTER (soutenu), PROCÉDER (soutenu), S'Y PRENDRE (fam.).
**L. opération**, v. ce mot. ◆ **inopérable** (adj.) [sens I] *Ce malade ne peut pas être opéré → ce malade est inopérable.*

**opinion** [ɔpinjɔ̃] n. f.
[résultat, activité mentale] (compt.) *Voilà ce que je pense : je t'ai donné mon opinion,*

*maintenant à toi de décider.* ◆ (compt., surtout au plur.) *Ils ne peuvent pas se voir cinq minutes sans se disputer : ils n'ont pas du tout les mêmes opinions politiques !* ● *Et toi, tu as des opinions de droite ou de gauche ?* ● *Je ne critique pas ce que dit Paul, après tout à chacun ses opinions !*

**S. 1.** *Opinion* (compt.) a pour syn. AVIS (courant) et FAÇON DE PENSER, JUGEMENT, POINT DE VUE, POSITION, SENTIMENT (plus soutenu). — **2.** *Opinions* (au plur.) a pour syn. IDÉES, CONVICTIONS (le plus souvent POLITIQUES).

**opportun, e** [ɔpɔrtɛ̃, yn] adj. (après le n.) (se dit de qqch [moment, action]) *Nous reparlerons de cette affaire en temps opportun : rien ne presse.* ● *Votre démarche n'est pas très opportune ; vous n'auriez pas dû intervenir.*

**S.** Est *opportun* (soutenu) ce qui arrive à propos ; UTILE est un syn. courant. Les contr. sont INOPPORTUN, DÉPLACÉ (quand il s'agit d'une action).
**L. opportunément** (adv.) *Il est intervenu de façon fort opportune → il est intervenu fort opportunément.* ◆ **opportunité** (n. f.) *Je doute que votre visite soit opportune → je doute de l'opportunité de votre visite.* ◆ **inopportun, e** (adj.) *Cette démarche n'est pas opportune → cette démarche est inopportune.*

**opposé, e** [opoze] adj. (après le n.),
**opposé** n. m.
I. [adj.] (se dit de qqch [abstrait]) *Paul est passé par là? — Non, il est allé du côté opposé.* • *Françoise et Pierre ont des caractères tout à fait opposés, mais ils s'entendent très bien.*
II. [n. m.] (qqch) [non-compt., au sing.] • *Pardon, monsieur, pouvez-vous m'indiquer la gare? — Oh! Mais c'est à l'opposé d'ici!* • *Pierre est l'opposé de son frère, l'un est très gai, l'autre est toujours triste!*

**G.** L'adj. n'a ni comparatif ni superlatif.
**S. 1.** Au sens I, en parlant de direction, *du côté opposé (dans la direction opposée)* a pour syn. EN SENS INVERSE, DANS LE SENS CONTRAIRE, et pour contr. DU MÊME CÔTÉ, DANS LA MÊME DIRECTION. En parlant de goûts, d'opinions, de caractères, *opposé* a pour syn. DIFFÉRENT (moins fort), CONTRAIRE, CONTRADICTOIRE, et pour contr. IDENTIQUE, SEMBLABLE, ANALOGUE. — **2.** Au sens II, *à l'opposé* a pour syn. EN SENS CONTRAIRE, INVERSE OU DE L'AUTRE CÔTÉ, EN FACE, DANS LA DIRECTION CONTRAIRE À. *Être l'opposé de* a pour syn. ÊTRE LE CONTRAIRE DE.

**opposer** [opoze] v. t. (conj. 1)
I. (sujet qqch [abstrait]) **opposer qqn, qqch à qqn, qqch d'autre** *Ce match de football opposera l'équipe de France à celle d'Angleterre.* • *A la télévision, la discussion opposait le candidat du parti socialiste à celui de la droite.* ◆ (sujet qqn, qqch [abstrait]) **s'opposer (à qqn, qqch)** *Nos goûts s'opposent : je voudrais partir en Italie, mais mon mari préfère visiter la Suède.* • *Je ne* 

*sais pas ce qu'a Arthur en ce moment, mais il s'oppose sans arrêt à son père.*
II. (sujet qqn, qqch) **s'opposer, être opposé à qqch (abstrait), à ce que + subj.** *Ses parents s'opposent à son mariage.* • *Le propriétaire s'oppose à ce qu'on fasse des travaux dans l'appartement.*

**S. 1.** *Opposer une personne à une autre* (sens I), ou *des personnes à d'autres personnes,* c'est les METTRE FACE À FACE, les FAIRE S'AFFRONTER. *S'opposer,* en parlant de choses, a pour syn. CONTRASTER, ÊTRE DIFFÉRENT, et pour contr. CONCORDER, S'ACCORDER. En parlant de personnes, il a pour syn. ÊTRE EN OPPOSITION AVEC, S'AFFRONTER, RIVALISER AVEC (plus fort). — **2.** *S'opposer à qqch* [abstrait] (sens II) a pour syn. ÊTRE CONTRE, ÊTRE HOSTILE À qqch et, plus forts, REFUSER (quand le sujet désigne qqn), FAIRE OPPOSITION, OBSTACLE À, INTERDIRE, EMPÊCHER ; les contr. sont ACCEPTER, APPROUVER, CONSENTIR À.
**L. opposant** (n. m.) [sens II] *Ceux qui s'opposent au régime sont nombreux* → *les opposants au régime sont nombreux.* ◆ **opposé, opposition,** v. ces mots.

**opposition** [opozisjɔ̃] n. f.
I. [action, qqn, et résultat] (non-compt., au sing.) *Je ne comprends pas cette décision! Elle est en complète opposition avec tes idées.* ◆ **par opposition à** *On est en train de parler du cinéma italien, par opposition au cinéma français.*
II. [action, qqn, et résultat] (compt., surtout au sing.) **opposition à qqch** *L'opposition à la construction de cette usine a été très forte parmi les membres du gouvernement lui-même.* • *Pas d'opposition? Tout le monde est d'accord? Alors on continue.* • *Son père a fait opposition à leur mariage.*
III. [collectif, personnes] (compt., surtout au sing.) *Cet ancien ministre fait aujourd'hui partie de l'opposition.*

**S. 1.** *Opposition* (sens I) s'emploie surtout pour parler d'un rapport contradictoire entre des choses, des idées qui S'OPPOSENT. CONTRADICTION est un syn. *Par opposition à* a pour syn. moins fort EN COMPARAISON AVEC, PAR RAPPORT À. — **2.** Au sens II, ce mot désigne pour qqn le fait de s'opposer à qqch, de refuser qqch parce qu'on est en désaccord. *Faire opposition à qqch,* c'est empêcher que qqch se réalise ; le contr. est APPROUVER, CONSENTIR À. — **3.** L'*opposition* (sens III), mot du vocabulaire politique, ce sont les OPPOSANTS, les partis qui s'opposent au gouvernement, à la majorité.

**opprimer** [ɔprime] v. t. (conj. 1)
(sujet qqn, un groupe) **opprimer qqn, un groupe** *Nous refusons un système dans lequel on opprime les faibles et les pauvres.* • *Dans ce pays, les travailleurs sont opprimés depuis trop longtemps pour qu'ils ne s'apprêtent pas à réagir vivement.*

# OPTER

**S.** *Opprimer* (soutenu), c'est soumettre à une autorité, DOMINER (moins fort) ; il a pour syn. ASSUJETTIR (soutenu), ÉCRASER, TYRANNISER (plus fort).
**L. opprimé, e** (n.) Nous luttons pour ceux qui sont opprimés → *nous luttons pour les opprimés*. ◆ **oppression** (n. f.) Cette institution est un nouvel instrument pour opprimer le peuple → *cette institution est un nouvel instrument d'oppression du peuple.*

**opter** [ɔpte] v. t. ind. (conj. **1**) (sujet qqn) **opter pour qqch** *Jacques a le choix entre plusieurs disciplines possibles : médecine, mathématiques ; je crois qu'il optera finalement pour la physique.*

**S.** *Opter pour* qqch (soutenu), c'est SE DÉCIDER POUR ; le syn. courant est CHOISIR (qqch).

**opticien, enne** [ɔptisjɛ̃, ɛn] n. [personne, profession] *Tu veux faire changer la monture de tes lunettes ? Je te conseille l'opticien de la rue de la Gare.*

**S.** *L'opticien* est un commerçant qui vend des lunettes et des verres de contact. *L'opticien* exécute les ordonnances de l'oculiste.

**optimiste** [ɔptimist] adj. (après le n.) et n.
[adj.] (se dit de qqn) *Tu vois que j'avais raison d'être optimiste : l'opération s'est bien passée.* ◆ [n.] (personne) *Je ne suis pas du tout un optimiste. — Je sais, tu vois toujours le pire.*

**S.** Être *optimiste*, c'est être satisfait, confiant dans l'avenir, avoir de l'espoir. Le contr. est PESSIMISTE (adj. et n.).
**L. optimisme** (n. m.) Je ne suis pas aussi optimiste que toi → *je ne partage pas ton optimisme.*

**1. or** [ɔr] conj.
[transition] *La petite fille voulut jouer avec le chat ; or le chat n'était pas de bonne humeur et il la griffa.* ● *La séance tardait à commencer ; or il était déjà 8 heures et tout le monde s'impatientait.*

**S.** et **G.** *Or*, toujours placé en tête de la proposition, précède une information nouvelle qui s'oppose ou s'ajoute à la précédente. C'est une conj. indiquant la succession entre deux moments d'un récit. *Or* appartient à la langue soutenue.

**2. or** [ɔr] n. m.
I. [métal] (non-compt., au sing.) *Le prix de l'or a encore monté ; pourquoi les gens en achètent-ils ?* ● *Tu préfères un bijou en or*

*ou en argent ?* ◆ **à prix d'or** *Il voulait sa maison de campagne ; il l'a achetée à prix d'or.*
II. [qualité, qqch] **affaire en or** *Pierre vient d'ouvrir un commerce, il paraît que c'est une affaire en or.* ◆ [qualité, qqn] **cœur d'or** *Cette femme n'a pas l'air commode, mais elle a un cœur d'or.*

**S. 1.** *L'or* est un métal précieux, comme l'argent. Il sert de référence à la valeur de la monnaie. Il est employé dans la fabrication des bijoux. Ce qui a la couleur de l'*or* est DORÉ. *À prix d'or* a pour syn. TRÈS CHER. — **2.** Une *affaire en or* est une *affaire* AVANTAGEUSE. *Avoir un cœur d'or,* c'est ÊTRE GÉNÉREUX, BON.

**orage** [ɔraʒ] n. m.
I. [phénomène naturel] *Il fait lourd aujourd'hui, ça va se terminer par un orage !* ● *Les orages ont abîmé beaucoup de fruits et de légumes cette année.* ● *Regarde le ciel, il va y avoir de l'orage.*
II. [abstrait] *Regarde sa tête, je sens qu'il va y avoir un orage !*

**S. 1.** Un *orage* (sens I) se manifeste par des lumières vives dans le ciel, par des éclairs et

de la foudre, et il est accompagné de (coups de) tonnerre, de pluie et parfois de grêle. — **2.** Au sens II, *orage* s'emploie pour désigner des rapports violents entre plusieurs personnes, des moments de colère.
**L. orageux, euse** (adj.) [sens I] Le temps est à l'orage → *le temps est orageux.* ◆ [sens II] *La discussion a été orageuse* (← violente comme un orage).

**oral, e, aux** [ɔral, ro] adj. (après le n.), **oral** n. m.
[adj.] (se dit de qqch) *Pour cet examen, il n'y a que des épreuves écrites, pas d'épreuves orales.* ◆ [n. m.] (action, langage) [non-compt., au sing.] *Vous voulez que nous vous fassions ce rapport par écrit ou par oral?* ◆ (action, langage, et résultat) [compt.] *François a été reçu à l'oral de son examen; l'écrit avait été bien meilleur.*

**G.** L'adj. n'a ni comparatif ni superlatif.
**S.** Est *oral* ce qui est exprimé de vive voix, ce qui est parlé. *Oral* (adj. et n. m.) a pour contr. ÉCRIT (adj. et n. m.). *L'oral,* les *oraux* d'un examen sont les épreuves *orales.*
**L. oralement** (adv.) *Il m'a posé une question par oral* → *il m'a posé une question oralement.*

**1. orange** [ɔrɑ̃ʒ] n. f.
[fruit] *Tu prendras un kilo d'oranges au marché.* ● *Tous les matins, les enfants boivent un grand verre de jus d'orange.*

**S.** L'*orange* est un fruit à pépins qui donne du jus. L'*orange,* comme le citron et le pamplemousse, est un agrume.
**L. oranger** (n. m.) *Les fleurs de l'oranger sont très belles* (← arbre qui produit les oranges).
◆ **orangeade** (n. f.) *Veux-tu un verre d'orangeade?* (← boisson faite de jus d'orange et d'eau).

**2. orange** [ɔrɑ̃ʒ] adj. inv. (après le n.) et n. m.
[adj.] (se dit de qqch) *Aline portait une robe orange et un chapeau bleu.* ◆ [n. m.] (couleur) [non-compt., surtout au sing.] *Ça fait un drôle d'effet, ces murs peints en orange.*

**S.** *Orange* désigne une couleur qui est un mélange de jaune et de rouge.

**orchestre** [ɔrkɛstr] n. m.
I. [collectif, personnes] *Il y a combien de musiciens dans cet orchestre?* ● *Ils attendent le chef d'orchestre pour commencer à jouer.*
II. [lieu, activité artistique] *Pour la représentation de Don Juan, on voulait être bien placés, on a pris des fauteuils d'orchestre.*

**S. 1.** Un *orchestre* (sens I) est un groupe de musiciens. Des syn. plus vagues sont ENSEMBLE et FORMATION (soutenu); les syn. plus précis sont TRIO, QUATUOR, QUINTETTE, qui désignent des *orchestres* de trois, quatre et cinq exécutants. Quand un *orchestre* joue en public, il donne un CONCERT. — **2.** L'*orchestre* (sens II) est la partie d'une salle de spectacle (théâtre surtout) qui est la plus basse et la plus proche de la scène. L'*orchestre* s'oppose au BALCON.

**ordinaire** [ɔrdinɛr] adj. (après le n.) et n. m.
I. [adj.] (se dit de qqch, de qqn) *Il est bon ton vin, d'où vient-il? — De l'épicerie, c'est du vin tout à fait ordinaire.* ● *Tu connais les nouveaux amis d'Aline? — Oui, je suis déçu : ces gens sont très ordinaires.*
II. [n. m.] (qqch) [non-compt., au sing.] *Se baigner par ce froid! Voilà qui sort de l'ordinaire.* ◆ **d'ordinaire** *D'ordinaire, on déjeune à midi, mais aujourd'hui, c'est exceptionnel, nous attendons quelqu'un.*

**S. 1.** *Ordinaire* est le plus souvent péjor., surtout en parlant de qqn; il a pour contr. de plus en plus forts REMARQUABLE, EXTRAORDINAIRE, EXCEPTIONNEL (pour les personnes et pour les choses). En parlant de qqch qui ne s'écarte pas de ce qui est HABITUEL, il est syn. de COURANT, BANAL et s'oppose à ORIGINAL, SUPÉRIEUR. En parlant de qqn dont la valeur et les mérites sont jugés inférieurs à la moyenne, il est syn. de COMMUN, QUELCONQUE et, plus fort, VULGAIRE; il s'oppose à DISTINGUÉ. — **2.** *L'ordinaire,* c'est l'état habituel, courant de l'existence. *D'ordinaire* est syn. de ORDINAIREMENT, D'HABITUDE, EN GÉNÉRAL, et s'oppose à EXCEPTIONNELLEMENT.
**L. ordinairement,** v. ce mot.

**ordinairement** [ɔrdinɛrmɑ̃] adv.
[temps] *Ordinairement il arrive à 8 heures,*

## ORDONNANCE

*c'est bizarre qu'il ne soit pas encore là.* ♦ *Son geste est incompréhensible : c'est un homme ordinairement gentil.*

**S.** *Ordinairement,* qui indique un fait habituel, a pour syn. D'ORDINAIRE, GÉNÉRALEMENT, EN GÉNÉRAL, HABITUELLEMENT, D'HABITUDE, DANS LA PLUPART DES CAS, LE PLUS SOUVENT ; il s'oppose à PARFOIS, QUELQUEFOIS, RAREMENT, ACCIDENTELLEMENT, EXCEPTIONNELLEMENT.

**ordonnance** [ɔrdɔnɑ̃s] n. f.
[objet, texte] *Le médecin t'a fait une ordonnance ? — Oui, j'ai des cachets à prendre tous les matins.* ● *[Dans une pharmacie]* : « *Désolé, madame, ce médicament ne se vend pas sans ordonnance.* »

**S.** Une *ordonnance* est établie par un médecin ; elle comporte les prescriptions concernant le traitement, les médicaments à prendre.

**ordonné, e** [ɔrdɔne] adj. (après le n.)
(se dit de qqn) *Tu n'es vraiment pas ordonné : regarde un peu tes tiroirs ; toutes tes affaires sont en désordre.*

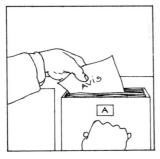

**S.** Est *ordonné* celui qui a de l'ORDRE, qui sait ranger ses affaires.
**L.** **désordonné, e** (adj.) *Georges n'est pas ordonné* → *Georges est désordonné.*

**ordonner** [ɔrdɔne] v. t. (conj. 1)
(sujet qqn) **ordonner qqch (abstrait), de + inf., que + subj. (à qqn)** *Dans l'armée, quand on t'ordonne de faire quelque chose, tu as intérêt à le faire !*

**S.** *Ordonner* qqch (soutenu), c'est DONNER UN ORDRE, DONNER L'ORDRE DE FAIRE qqch. DEMANDER est un syn. moins fort ; ENJOINDRE DE + inf. est un syn. litt.

**ordre** [ɔrdr] n. m.
I. [qualité, qqch] (non-compt., au sing.) *Pierre aime l'ordre ; chez lui, il faut que tout soit rangé.* ● *Viens m'aider à mettre de l'ordre dans cette chambre, tout traîne !* ● *Mets tes papiers en ordre si tu veux pouvoir retrouver ce que tu cherches.* ● *Tout est en ordre, on peut partir tranquilles en vacances.* ◆ [qualité, qqn] *Si tu n'as pas d'ordre, tu ne retrouveras jamais tes affaires.*
II. [rang] (compt.) *Pour gagner, il faut donner les noms des trois premiers chevaux dans l'ordre d'arrivée.*
III. [action, langage, et résultat] (compt.) *Il passe son temps à me donner des ordres, je ne supporte pas ça.* ● *Un chef donne des*

*ordres à ceux qu'il dirige.* ● *On m'a donné l'ordre de ne pas vous répondre, alors je ne répondrai pas.* ● *Pierre est très indépendant, il ne veut recevoir d'ordres de personne.*

**S. 1.** *Ordre* (sens I) a pour contr. DÉSORDRE et PAGAILLE (fam.). *Mettre de l'ordre dans, mettre en ordre* ont pour syn. RANGER en parlant d'un lieu, d'objets, CLASSER en parlant d'objets ; le contr. est DÉRANGER. — **2.** Au sens II, *ordre* a pour syn. RANG, CLASSEMENT. *Dans l'ordre* (sans compl.), c'est À LA SUITE. — **3.** Au sens III, celui qui *donne des ordres* COMMANDE, ORDONNE ; celui qui *reçoit des ordres* doit OBÉIR, se soumettre.
**L.** **ordonné, ordonner, désordre,** v. ces mots.

**ordures** [ɔrdyr] n. f. pl.
[collectif, objets] (non-compt., au plur.) *Tous les matins, à Paris, des camions passent pour enlever les ordures, mais, aujourd'hui, les poubelles sont restées pleines à cause de la grève.* ● *La boîte à ordures est pleine, il faut aller la vider.*

**S.** *Ordures* a pour syn. DÉCHETS, DÉTRITUS (soutenu), IMMONDICES (litt.). *Boîte à ordures* a pour syn. POUBELLE. Dans les villes, les *ordures* sont ramassées par les ÉBOUEURS ou BOUEUX.

**oreille** [ɔrɛj] n. f.
[partie du corps] *Le chien a dû entendre un bruit ; il lève les oreilles et va vers la porte.*

● *Depuis qu'elle a les cheveux tout courts, on voit qu'elle a de grandes oreilles.* ◆ (sujet qqn) **dire qqch à l'oreille (à, de qqn)** *Viens plus près, j'ai à te dire quelque chose à l'oreille.* ◆ (sujet qqn, qqch) **casser les oreilles à qqn** *Arrête ce bruit, ça me casse les oreilles.*

**S. 1.** Les *oreilles* sont les organes de l'ouïe, qui permettent d'entendre. — **2.** L'*oreille* peut être considérée du seul point de vue de sa fonction, l'audition ; elle s'identifie à la personne considérée de ce point de vue. *Dire qqch à l'oreille,* c'est DIRE TOUT BAS. *Casser les oreilles,* c'est importuner, ennuyer en faisant trop de bruit ; le syn. est ABASOURDIR.

**oreiller** [ɔreje] n. m.
[objet] *Il dort à plat ventre, son oreiller dans les bras.*

**S.** L'*oreiller* est un coussin placé à la tête du lit et sur lequel on pose la tête.

**organe** [ɔrgan] n. m.
[partie du corps] *L'œil est l'organe de la vue. Quel est l'organe de la respiration ?*

**S.** Un *organe* est un élément du corps qui remplit une fonction particulière (vue, audition, sensation, digestion, etc.).

**organisation** [ɔrganizasjɔ̃] n. f.
I. [action, qqn, et résultat] (non-compt., au sing.) **organisation de qqch** *C'est Pierre qui se charge de l'organisation du voyage quand on part en vacances : moi, je ne m'occupe de rien.*

II. [qualité, qqn] (non-compt., au sing.) *Hélène manque d'organisation dans son travail : ce n'est pas étonnant qu'elle soit toujours en retard !*
III. [collectif, personnes] (compt.) **organisation + adj.** ou **de + n.** *Henri fait partie d'une organisation politique : il est au parti socialiste.* ● *La plupart des organisations d'étudiants ont participé à la manifestation.*

**S. 1.** Au sens I, l'*organisation,* c'est l'action d'ORGANISER qqch ; les syn. sont AMÉNAGEMENT, ARRANGEMENT, PRÉPARATION. — **2.** Au sens II, c'est la qualité de qqn qui sait s'organiser ; il

a alors pour syn. ORDRE. — **3.** Au sens III, il a pour syn. ASSOCIATION, GROUPEMENT. PARTI (*organisation* POLITIQUE) et SYNDICAT (*organisation* SYNDICALE, OUVRIÈRE, PATRONALE) sont plus précis.

**organiser** [ɔrganize] v. t. (conj. **1**)
(sujet qqn) **organiser qqch, son temps** *Pierre a toute liberté pour organiser ce nouveau service de l'entreprise. — Je le plains.* ● *J'ai aujourd'hui tellement de choses à faire que je ne sais vraiment pas comment je vais organiser ma journée.* ◆ **s'organiser** *Catherine est une femme qui sait s'organiser ; avec elle, on ne perd jamais de temps.*

**S.** *Organiser,* c'est arranger selon un certain ordre. En parlant de qqch, il a pour syn. soutenus AMÉNAGER, PLANIFIER et METTRE SUR PIED. Les contr. sont DÉSORGANISER, DÉRANGER, IMPROVISER. *S'organiser,* c'est *organiser* ses activités, son emploi du temps.
**L. organisé, e** (adj.) *J'ai fait un voyage qui est organisé (par une agence)* → *j'ai fait un voyage organisé.* ◆ *Elle sait s'organiser* → *elle est organisée.* ◆ **organisateur, trice** (n.) *Ceux qui ont organisé la course sont déçus* → *les*

*organisateurs de la course sont déçus.* ◆ **organisation,** v. ce mot. ◆ **désorganiser** (v. t.) *Cette équipe n'est plus organisée* → *cette équipe est désorganisée.* ◆ **réorganiser** (v. t.) *On a organisé à nouveau ce service* → *on a réorganisé ce service.*

**organisme** [ɔrganism] n. m.
I. [établissement] *A quel organisme de crédit tu t'es adressé pour trouver l'argent de ton appartement ? — A ma banque.*
II. [collectif, parties du corps] *Votre organisme a besoin d'eau, buvez beaucoup, mais pas d'alcool.*

**S. 1.** *Organisme* (sens I) désigne toute société ou administration organisée et officielle, dont la fonction est indiquée par le compl. qui suit. — **2.** *Organisme* (sens II) désigne l'ensemble des ORGANES du corps. Le syn. courant est CORPS.

**orgueilleux, euse** [ɔrgœjø, øz] adj. (après le n.) et n.
[adj.] (se dit de qqn, de son attitude) *Tu ne diras jamais que tu as eu tort parce que tu es trop orgueilleuse pour cela.* ◆ [n.] (personne) *Quel orgueilleux ! Il préférerait mourir plutôt que de nous demander de lui prêter de l'argent !*

**S.** Être *orgueilleux*, c'est avoir une opinion exagérément bonne de sa valeur, de son importance ; il a pour syn. FIER (comme adj. seulem.), VANITEUX (soutenu), PRÉTENTIEUX, et s'oppose à HUMBLE, MODESTE.
**L.** orgueil (n. m.) *Paul est très orgueilleux* → *Paul a beaucoup d'orgueil.*

**oriental, e, aux** [ɔrjɑ̃tal, to] adj. (après le n.) et n.
[adj.] (se dit de qqch) *Si vous voulez manger de la cuisine orientale, je connais un bon restaurant arabe.* ◆ [n. ; avec majuscule] (personne) *Quand il était en Inde, Pierre a vécu comme les Orientaux chez qui il habitait.*

**G.** L'adj. n'a ni comparatif ni superlatif.
**S.** *Oriental* se dit de ce qui appartient à l'ORIENT, à l'EST. Il se dit aussi des pays situés à l'est de l'Europe, et surtout à l'EXTRÊME-ORIENT, et des personnes qui y habitent, par oppos. à OCCIDENTAL.

**orienté, e** [ɔrjɑ̃te] adj. (après le n.)
(se dit de qqch [texte, œuvre, paroles, etc.]) *Comment as-tu trouvé le film ? — Intéressant, mais vraiment orienté, pas objectif du tout.*

**S.** Est *orienté* ce qui manifeste une opinion politique ou idéologique. OBJECTIF est un contr. ENGAGÉ est un syn. plus fort.

**orienter** [ɔrjɑ̃te] v. t. (conj. 1)
(sujet qqn) **orienter qqch, qqn (vers qqch, qqn)** *Oriente mieux la lampe, je n'y vois rien.* • *On a orienté cet élève vers une carrière scientifique, mais on l'a mal orienté.* ◆ **s'orienter** *Complètement perdu en mer, sans appareil pour m'aider, je n'arrivais plus à m'orienter.*

**S. 1.** *Orienter* est un syn. de DIRIGER. — **2.** *S'orienter*, c'est SE DIRIGER, SE REPÉRER, SE RECONNAÎTRE dans l'espace.

**L. orientation** (n. f.) *Il ne sait jamais s'orienter* → *il n'a aucun sens de l'orientation.*

**original, e, aux** [ɔriʒinal, no] adj. (après le n.) et n., **original** n. m., pl. **originaux**
I. [adj.] (se dit de qqch [concret]) *Mais cette page a été copiée ! Où est le texte original ?*
II. [adj.] (se dit de qqch, de qqn) *Ce qu'il écrit dans son livre n'a rien d'original, on le trouve partout.* • *Ah ! je ne sais pas quoi offrir comme cadeau à Pierre ! — Demande à Catherine, elle a toujours des idées originales.* ◆ [n.] (personne) *Paul est un original ; il prend ses vacances en novembre, le plus mauvais mois de l'année.*
III. [n. m.] (objet, texte) *Tiens, voilà un double de la lettre, moi, je garde l'original.*

**G.** Au sens I, l'adj. n'a ni comparatif ni superlatif.
**S. 1.** *Original* (sens I) se dit de ce qui existe depuis l'ORIGINE, de ce qui est PREMIER. Il a

pour syn. AUTHENTIQUE, PRIMITIF (plus soutenu) et s'oppose à IMITÉ, COPIÉ. — **2.** Est *original* (sens II) ce qui est unique en son genre, pas habituel, courant, ou celui qui ne ressemble à personne d'autre dans ses attitudes ; il a pour syn., en parlant de qqch, NEUF, NOUVEAU, INÉDIT

(plus fort), PERSONNEL. Les contr. de l'adj., en parlant de qqch ou de qqn, sont COMMUN, BANAL, ORDINAIRE, HABITUEL, TRADITIONNEL, CLASSIQUE. Un *original* (n.) est une personne non conformiste. — **3.** Un *original* est un texte qui est à l'ORIGINE d'un autre, qui vient directement de l'auteur, par oppos. à DOUBLE, COPIE, IMITATION, REPRODUCTION.
**L. originalité** (n. f.) [sens II] Je ne vois pas ce que cette idée a d'original → *je ne vois pas l'originalité de cette idée.*

**origine** [ɔriʒin] n. f.
I. [statut, qqn] **origine (de qqn)** *À votre accent, je suppose que vous êtes d'origine belge, non ?* • *On voit bien que tu viens d'un milieu riche ! Tu ne peux pas cacher tes origines.* ◆ [statut, qqch] **origine (de qqch)** *Il est bon ton vin, d'où vient-il ?* —

*L'origine est indiquée sur l'étiquette.* • *Tu sais quelles sont les origines du jazz ? — C'est une musique qui vient des Noirs d'Amérique.* • *On ne comprend pas très bien l'origine de cette maladie.* ◆ [sujet qqn, qqch] **être à l'origine de qqch** *Impossible de savoir comment s'appelle celui qui est à l'origine de ce projet !*
II. [temps] **à l'origine** *À l'origine, c'était M. Durand qui devait s'occuper de l'affaire, et puis maintenant, c'est Paul qui la dirige.*

**S. 1.** Au sens I, l'*origine* de qqn, c'est le milieu d'où il vient, dans lequel il est né ; FAMILLE, EXTRACTION (soutenu et savant), ASCENDANCE (savant) sont des syn. L'*origine* de qqch, c'est le lieu ou le pays d'où vient cette chose, le syn. est PROVENANCE. C'est aussi le point de départ de qqch, ce qui provoque qqch, ce qui en est la cause. — **2.** Au sens II, *à l'origine* a pour syn. AU DÉBUT, AU DÉPART, PRIMITIVEMENT.
**L. originaire** (adj.) [sens I] Il est d'origine suisse → *il est originaire de Suisse.*

**orteil** [ɔrtɛj] n. m.
[partie du corps] *J'ai tellement froid aux pieds que j'ai l'impression d'avoir les orteils gelés.*

**S.** Les *orteils* sont les doigts du pied.

**orthographe** [ɔrtɔgraf] n. f.
[discipline] (non-compt., au sing.) *Relis ta lettre, elle est pleine de fautes d'orthographe ! — Oh, tu sais, j'ai toujours été nul en orthographe.* ◆ [partie d'une langue] (compt.) *On écrit « saoul » ou « soûl », les deux orthographes sont possibles.*

**S.** L'*orthographe* d'un mot est la façon correcte d'écrire ce mot, conformément aux règles du lexique (*orthographe* D'USAGE) et de la syntaxe (*orthographe* D'ACCORD). Mal écrire un mot, c'est y faire une ou des FAUTES (d'*orthographe*).
**L. orthographier** (v. t.) Tu as fait une faute d'orthographe à ce mot → *tu as mal orthographié ce mot.*

**os** [ɔs] n. m.
[partie du corps] *Que fait le chien ? — Il est en train de jouer avec son os.* • [Chez le boucher] : *« Vous me donnerez un morceau de viande et un os, s'il vous plaît. »* • *Qu'est-ce que tu es maigre, tu n'as que la peau sur les os !*

**G.** Le plur. se prononce [o].
**S.** L'ensemble des *os* de certains animaux et de l'homme constitue le SQUELETTE. Les poissons n'ont pas d'*os* ; ils ont des ARÊTES.
**L. osseux, euse** (adj.) Il a une maladie des os → *il a une maladie osseuse.*

**oser** [oze] v. t. (conj. **1**)
(sujet qqn) **oser + inf.** *Jacques n'a pas osé*

partir avant la fin de la réunion. • *Tu as osé lui répondre comme ça ? Tu exagères !* • *Ose répéter ce que tu viens de me dire !*

**S.** *Oser faire qqch* a pour syn. AVOIR LE COURAGE, L'AUDACE, LA HARDIESSE DE FAIRE qqch. Lorsque *oser* est employé dans une phrase affirmative, il a pour syn. SE PERMETTRE DE. Les contr. sont CRAINDRE DE (soutenu), AVOIR PEUR DE (plus fort).

**osseux** → OS L.

**otage** [ɔtaʒ] n. m.
[personne, patient] *Les bandits ont pris le caissier de la banque en otage après le hold-up.*

**S.** Un *otage* est qqn fait prisonnier pour servir de garantie ou d'échange contre qqch ou qqn.

**ôter** [ote] v. t. (conj. **1**)
(sujet qqn) **ôter qqch** *Ôtez votre manteau,*

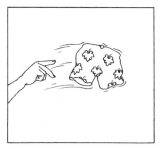

*madame, je vous en prie.* ♦ (sujet qqch, qqn) **ôter qqch à qqch, qqn, ôter qqch de qqch** *On ne m'ôtera pas cette idée de la tête.* • *20 ôtés de 599, ça fait combien ?*

**S.** *Ôter* est un syn. soutenu de ENLEVER. En parlant d'un nombre, *ôter* a pour syn. SOUSTRAIRE, RETRANCHER.

**ou** [u] conj.
[alternative] *Qu'est-ce que vous prendrez comme dessert, des fruits ou de la glace ? — Pourquoi, je ne peux pas prendre les deux ?* • *Alors, ou tu viens ou tu restes, décide-toi !* • *Je lui ai demandé s'il voulait venir avec nous en Italie cet été ou bien s'il préférait partir avec ses amis.* • *Il y avait bien vingt-cinq ou trente personnes à la réunion.* • *Tôt ou tard, il faudra bien que tu voies un docteur, alors autant y aller tout de suite.* • *Nous avons acheté une télé couleur, ou plus exactement une télévision en couleurs.*

**S.** et **G.** *Ou* peut indiquer un choix, une équivalence, une alternative entre deux propositions. Il est alors souvent renforcé par BIEN, ALORS, etc., avec parfois une valeur d'approximation, de rectification. Pour insister sur l'aspect obligatoire d'un choix, on emploie *ou... ou*, *dont SOIT...*, SOIT est un syn. soutenu.

**où** [u] adv. interr. et pron. rel.
I. [adv. interr.] (lieu) **où, où est-ce que** *Où est-ce que vous partez pour les vacances ? — Ah ! C'est le problème : où aller ?* • *Je ne sais pas où me mettre pour me reposer, il y a du bruit partout !* • *D'où tu viens ? — J'étais chez Aline.* • *Jusqu'où vous allez ? — Eh bien, je rentre chez moi !*
II. [pron. rel.] *Voici le village où je suis né. — Heureusement que tu n'y es pas resté.* • *Tu te souviens de l'année où on s'est connu ?* • *Du temps où j'étais à Paris, tout était différent !*

**S.** et **G. 1.** Au sens I, *où* s'emploie dans les interrogations directes ou indirectes. Il peut être précédé d'une prép. comme DE, PAR, JUSQU'(À). Il est suivi de EST-CE QUE en langue courante, sauf lorsque le verbe est à l'inf. Il a pour syn. QUEL ENDROIT précédé de À, VERS, POUR, DE, etc. — **2.** Au sens II, *où* est un pron. rel. dont l'antécédent ne peut être qu'un nom non-animé indiquant le lieu ou le temps. Il a pour équivalent moins courant LEQUEL (LAQUELLE, LESQUELS) précédé de DANS, PENDANT, etc. *Où* forme avec des expressions de temps des loc. conj. (*au moment où, à l'heure où,* etc.) équivalentes à QUAND, LORSQUE, TANDIS.

**oublier** [ublije] v. t. (conj. **2**)
(sujet qqn) **oublier qqch, qqn, oublier de + inf., que + ind.** *J'ai oublié le titre du film que vous nous avez conseillé, comment s'ap-*

*pelle-t-il déjà ?* • *Comment va-t-on annoncer la nouvelle à Julien ? — Ah oui ! je l'avais oublié, celui-là !* • *Chantal a encore* oublié son parapluie chez moi; je le lui rapporterai demain. ● Zut! j'ai oublié de mettre du sel dans la salade. ● Excusez-moi, j'avais complètement oublié que vous veniez ce soir!

**S.** *Oublier qqch* (abstrait), *que* + ind. a pour syn. NE PAS PENSER À (QUE), NE PAS SONGER À (QUE) [soutenu], et pour contr. RETENIR, SE RAPPELER et SE SOUVENIR DE (QUE) [soutenu]. Quand il s'agit d'un objet, le syn. est LAISSER. *Oublier de* + inf. a pour syn. soutenus NÉGLIGER et OMETTRE DE.
**L. oubli** (n. m.) *J'ai oublié de t'apporter ce livre* → *je ne t'ai pas apporté ce livre, c'est un oubli.* ◆ **inoubliable** (adj.) *Je n'oublierai jamais cette journée* → *cette journée sera inoubliable.*

**ouest** [wɛst] n. m. et adj. inv. (après le n.)
I. [n. m.] (lieu, point cardinal) [non-compt., au sing.] *Le vent vient de l'ouest aujourd'hui ; on va peut-être avoir de la pluie.* ● *Pierre habite en Bretagne, dans l'ouest de la France.* ◆ [adj. inv.] *Ils ont une maison dans la banlieue ouest de Paris.*
II. [n. m. ; avec une majuscule] (lieu géographique) [non-compt., au sing.] *Tu es d'accord avec la politique de l'Ouest?*

**G. 1.** *Ouest* (sens I) forme des mots composés avec les noms des autres points cardinaux (SUD-OUEST, NORD-OUEST) ou avec des dérivés de noms de pays (OUEST-ALLEMAND [← d'Allemagne de l'Ouest]). — **2.** L'adj. est toujours épithète et n'a ni comparatif ni superlatif.
**S. 1.** *L'ouest* est un des quatre points cardinaux, il est opposé à l'EST. — **2.** *L'Ouest* désigne les pays d'Europe et d'Amérique du Nord qui adhèrent au pacte atlantique ou qui sont de régime différent de celui des pays socialistes de l'Est. Les syn. de *l'Ouest* (avec une majuscule) sont L'OCCIDENT ou LE MONDE OCCIDENTAL.

**ouf!** [uf] interj.
[soulagement] *Ce qu'il peut être bavard! Ouf! enfin il est parti et nous sommes seuls.*

**S.** *Ouf!* indique le soulagement après une difficulté ou une sensation d'oppression.

**oui** [wi] adv.
I. [affirmation] *Tu aimes le chocolat? — Oui, beaucoup.* ● *Il faut répondre par oui ou par non.* ● *Alors, tu te décides, c'est oui ou c'est non?* ● *Tu viens dimanche? — Je pense que oui, mais ce n'est pas sûr.* ◆ **dire oui (à qqn)** *Pierre commence toujours par dire oui et après il fait ce qu'il veut.*
II. [emphase] (dans une exclamation ou une interrogation) *Alors, c'est fini, oui?*

**S. et G. 1.** *Oui* (sens I) s'emploie pour accepter, en réponse à une interrogation affirmative portant sur la phrase entière. Si la question est négative, on répond par SI. Le contr. est NON. *Oui* peut être renforcé par MAIS *(mais oui)* ou BIEN SÛR *(oui bien sûr, bien sûr que oui).* Après des verbes déclaratifs ou d'opinion, *oui* s'emploie pour affirmer ou approuver ce qui a été dit précédemment. *Répondre oui* a pour syn. ACCEPTER. — **2.** *Oui* (sens II) renforce une affirmation. On peut tout aussi bien, dans ce cas, employer NON *(c'est fini, non?).*

**ours** [urs] n. m.
[animal] *Allume la télé : les enfants voudraient voir les aventures de l'ours brun.* ◆ [objet, jeu] *Mon fils ne peut pas s'endormir sans son ours dans les bras.*

**S.** *L'ours* est un animal au corps lourd et massif, très rare en France. La femelle est l'OURSE et les petits les OURSONS. *L'ours* en peluche est un jouet d'enfant.

**outil** [uti] n. m.
[instrument] *Quand il est arrivé pour réparer le radiateur, l'ouvrier avait à la main*

*sa boîte à outils.* ● *J'aurais voulu aller jardiner, mais je ne trouve plus les outils.*
◆ **outil (de travail)** *Un dictionnaire est un*

# OUTILLAGE

*outil de travail indispensable pour celui qui lit et qui écrit.*

**S. 1.** Un *outil* est un instrument, un ustensile qui sert à faire un travail manuel et que l'on utilise directement avec la main. Les *outils* les plus courants sont le marteau, le tournevis, la scie (pour le bricolage), la pelle, la pioche, le râteau (pour le jardinage). — **2.** *Outil (de travail)* désigne n'importe quel instrument de travail intellectuel.
**L. outillé, e** (adj.) Ils ont tous les outils nécessaires pour faire ce travail → *ils sont bien outillés pour faire ce travail.* ◆ **outillage**, v. ce mot.

**outillage** [utijaʒ] n. m.
[collectif, instruments] (non-compt., au sing.) *Pierre travaille dans une usine d'outillage agricole.*

**S.** L'*outillage* est l'ensemble des OUTILS, ins-

truments et appareils nécessaires à telle ou telle activité manuelle. *Outillage* a pour syn. MATÉRIEL, ÉQUIPEMENT.

**outre (en)** [ɑ̃nutr] adv.
[addition] *Jean-Paul est énervant, il est toujours en retard le matin, en outre il reste des heures dans la salle de bains.*

**S.** *En outre* (soutenu) est un adv. de liaison qui introduit un élément supplémentaire (argument, cause, conséquence, etc.) justifiant une assertion ou une conclusion. Le syn. est DE PLUS, QUI PLUS EST (plus fort).

**outré (être)** [utre] v. pass.
(sujet qqn) **être outré de qqch** *Il n'a même pas répondu à ma lettre, je suis outré de son impolitesse.*

**S.** *Être outré de* est un syn. soutenu de ÊTRE RÉVOLTÉ DE ou PAR.

**ouvrage** [uvraʒ] n. m.
[objet, texte] *Le grand écrivain Durand viendra nous présenter son dernier ouvrage ; vous pourrez lui poser des questions sur son livre.* ● *Et voici un ouvrage que je vous conseille de lire : il s'appelle « la Vie des insectes ».*

**S.** *Ouvrage* est un syn. soutenu de LIVRE. ŒUVRE insiste plus sur la qualité.

**ouvre-boîtes** [uvrəbwat] n. m. inv.
[instrument] *Comment veux-tu que j'ouvre cette boîte de conserve, s'il n'y a même pas d'ouvre-boîtes dans cette maison !*

**S.** Un *ouvre-boîtes* sert à OUVRIR les BOÎTES de conserve. Il peut être manuel ou électrique.

**ouvrier, ère** [uvrije, ɛr] n. et adj. (après le n.)
[n.] (personne, profession) *C'est une toute petite entreprise qui n'emploie qu'une vingtaine d'ouvriers.* ● *Tu connais un ouvrier qui pourrait nous faire quelques travaux dans la maison ?* ● *Les ouvriers de l'usine sont en grève depuis deux mois pour protester contre les bas salaires.* ◆ [adj.] *Le nord et l'est de Paris sont des banlieues ouvrières.* ● *Tu as lu ce livre sur les syndicats ouvriers ?*

**G.** L'adj. n'a ni comparatif ni superlatif.
**S.** Les *ouvriers* sont ceux qui font un travail manuel, salarié, dans une usine ou une entreprise industrielle ; ils s'opposent aux EMPLOYÉS, qui sont les travailleurs du secteur tertiaire (dans les bureaux), aux CADRES, aux ARTISANS (qui ne sont pas salariés), aux PROFESSIONS LIBÉRALES (qui ne sont pas salariées et ont une activité intellectuelle), aux PAYSANS et aux PATRONS ou EMPLOYEURS. Un *ouvrier* sans qualification est un MANŒUVRE, ou *ouvrier* SPÉCIALISÉ (O. S.). Les *ouvriers* QUALIFIÉS sont les *ouvriers* PROFESSIONNELS (O. P.) La *classe ouvrière*, ou PROLÉTARIAT, est, dans le vocabulaire politique, opposée à la BOURGEOISIE.

**ouvrir** [uvrir] v. t. et v. i. (conj. **17**)
I. [v. t.] (sujet qqn) **ouvrir qqch (concret)** *Impossible d'ouvrir la porte, j'ai oublié ma clé !* ● *Veux-tu ouvrir la bouteille pendant que je mets les hors-d'œuvre sur la table ?* ● *Ouvrez vos livres à la page 100.* ● *N'ouvre pas le robinet d'eau chaude, il est cassé, tu ne pourrais plus le fermer.* ◆ [v. i.] (sujet un local, un commerçant) *L'épicerie qui est dans notre rue ouvre le dimanche matin. C'est commode !*
II. [v. t.] (sujet qqn) **ouvrir un appareil** *À peine rentré chez lui, il faut qu'il ouvre la radio !*

# OXYGÈNE

**S. 1.** Au sens I, *ouvrir une bouteille*, c'est la DÉBOUCHER, le contr. est BOUCHER ; *ouvrir la*

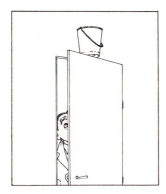

*porte* a pour contr. FERMER (v. t.), comme *ouvrir un livre, un robinet. Ouvrir* (v. i.), c'est être accessible au public ; le contr. est FERMER (v. i.). — **2.** *Ouvrir un appareil* (sens II) a pour syn. METTRE EN MARCHE, FAIRE FONCTIONNER ou ALLUMER (radio, télévision).
**L. ouvrant, e** (adj.) [sens I] *Le toit ouvrant d'une voiture* (← qui s'ouvre). ◆ **ouverture** (n. f.) [sens I] *Le bureau de poste ouvre à 9 heures* → *l'ouverture du bureau de poste est à 9 heures.*

**ovale** [ɔval] adj. (après le n.)
(se dit de qqch [concret]) *Les Petit ont une splendide table ovale en marbre ; c'est maintenant la mode et on fait de très jolies nappes ovales.* ● *[À la télévision]* : «*Et maintenant après le ballon rond, nous passons au ballon ovale : voici les résultats de rugby.*»

**G.** Cet adj. n'a ni comparatif ni superlatif.
**S.** Est *ovale* ce qui a la forme d'une courbe allongée, d'une ellipse. *Ovale* s'oppose à CARRÉ, RECTANGULAIRE, d'une part, et à ROND, d'autre part.

**oxygène** [ɔksiʒɛn] n. m.
[fluide] (non-compt., au sing.) *Tu sais que les plantes vertes dégagent de l'oxygène ?* ● *Vite, le malade a du mal à respirer, apportez une bouteille d'oxygène.*

**S.** L'*oxygène* est un des éléments de l'air avec l'azote, et de l'eau avec l'hydrogène.
**L. oxygéné, e** (adj.) *Va chez le pharmacien acheter un flacon d'eau oxygénée* (← produit qui contient de l'oxygène).

# P

**pacifier, -ique** → PAIX L.

**pagaille** [pagaj] n. f.
I. [état, qqch] (compt., surtout au sing.) *Quelle pagaille dans ces papiers, je ne retrouverai jamais cette facture!*
II. **en pagaille** *Des lampes comme celle-là? Il y en avait en pagaille il y a vingt ans, maintenant elles sont plus difficiles à trouver.*

> **S. 1.** *Pagaille* (sens I) a pour syn. DÉSORDRE (moins fort), FOUILLIS (en parlant seulement d'objets ou d'un lieu). — **2.** *En pagaille* (sens II) a pour syn. EN GRAND NOMBRE ou PLEIN DE (avant le n.).

**page** [paʒ] n. f.
I. [partie d'un texte] *Ouvrez votre livre à la page 9.* • *Vous cherchez les faits divers? Ils sont à la dernière page du journal.* • *Zut! j'ai déchiré une page; et bien sûr, c'est un livre qu'on m'a prêté!* • *Alors tu as lu le roman que je t'ai donné? — Oh! seulement quelques pages.*
II. (sujet qqn) **tourner la page** *Allez, c'est fini, on tourne la page, on n'y pense plus.* • *Avec ce bouleversement économique, c'est une page de l'histoire de ce pays qui est tournée.*

> **G.** Quand on nomme ou quand on demande le numéro d'une *page*, l'article est facultatif *(ouvrez à la page 9* ou *ouvrez page 9)*. L'abrév. de *page* est *p.*, au plur. *pp.*, suivi d'un (ou plusieurs) nom(s) de nombre.
> **S. 1.** Une *page* (sens I) est chacune des deux faces (recto et verso) d'une des feuilles de papier constituant un livre, un journal, un cahier, un carnet, etc. Les deux faces considérées comme un tout forment une FEUILLE; déchirer une *page*, c'est donc déchirer la feuille tout entière. — **2.** *Tourner la page* (sens II), c'est oublier ce qui vient de se passer, ne plus y accorder d'importance. Dans un contexte historique, on dit qu'une *page est tournée* quand on passe à un état historique totalement différent de l'état précédent.

**paie, paiement** → PAYER L.

**pain** [pɛ̃] n. m.
[aliment] (non-compt., au sing.) *Tu as pensé à t'arrêter chez le boulanger pour acheter du pain?* • *Tu veux bien me passer un*

*morceau de pain?* ◆ (compt.) [*Chez le boulanger*] : *« Deux pains bien cuits, s'il vous plaît. »*

> **S.** Le *pain* se fabrique à partir de farine de blé, quelquefois de seigle. Il est formé d'une partie tendre, à l'intérieur, la MIE, et d'une partie dure, à l'extérieur, la CROÛTE. Les MIETTES sont des petits morceaux qui se détachent du *pain* quand on le coupe. Quand le *pain* n'est plus FRAIS, on dit qu'il est RASSIS. On achète le *pain* dans des BOULANGERIES. Le *pain* (compt.) [environ 500 g] est une des variétés les plus courantes de *pain* (non-compt.) avec la BAGUETTE, le BÂTARD, le PAIN DE CAMPAGNE, le PAIN COMPLET et le PAIN DE MIE.

**pair, e** [pɛʀ] adj. (après le n.)
(se dit d'un nombre, d'un jour, etc.) [*À la télévision*] : *« Si votre numéro de téléphone se termine par un nombre pair, vous pouvez appeler dès maintenant. »* • *À partir du 15 du mois, le stationnement est du côté pair de la rue.*

> **G.** Cet adj. n'a ni comparatif ni superlatif.
> **S.** Un nombre, un chiffre *pair* est divisible par deux et se termine par 0, 2, 4, 6, 8. Un numéro, un jour, un côté *pairs* (d'une rue) est représenté par un (ou des) chiffre(s) *pair(s)*. Le contr. est IMPAIR.

**paire** [pɛʀ] n. f.
[collectif, personnes, choses] **paire de** + n. plur. *Pourquoi jettes-tu cette paire de chaussures?* • *J'ai cassé ma seule paire de lunettes!* • *Continue à faire l'imbécile, et tu recevras une paire de gifles.* • *Jean et Joseph, c'est vraiment une paire d'amis, ils sont toujours ensemble.*

**S.** Une *paire* est soit un ensemble de deux objets semblables (*une paire* DE CHAUSSURES), soit un objet formé de deux parties symétriques (*une paire* DE CISEAUX, DE LUNETTES). Dans la langue courante, on emploie souvent le nom au plur., sans le mot *paire* (ACHETER DES CHAUSSURES, CASSER SES LUNETTES). Si le compl. est un nom de personne, *paire* a pour syn. soutenu COUPLE.

**paisible** [pezibl] adj. (après le n.)
(se dit de qqn, de qqch [état]) *C'est un homme paisible qui n'aime pas les querelles.* — *Ne sois pas trop confiant; il n'est pas si tranquille.* • *Depuis qu'il est à la retraite, il mène une vie paisible, sans souci, dans sa maison de campagne.*

**S.** *Paisible* est le syn. soutenu de TRANQUILLE ou CALME.
**L. paisiblement** (adv.) Discuter de façon paisible → *discuter paisiblement.*

**paix** [pɛ] n. f.
I. [état, qqn] (compt., surtout au sing.)
**paix (entre États)** *En guerre depuis dix ans,*

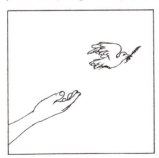

*ces deux pays ont enfin signé la paix.* • *La France, qui a connu la guerre, est aujourd'hui en temps de paix.*
II. [état, qqn] (non-compt., au sing.) *Pour avoir la paix, ils ont envoyé leurs enfants au cinéma.* • *Un peu de silence, s'il vous plaît, je voudrais pouvoir travailler en paix!*

**S. 1.** La *paix* (sens I), c'est l'état de pays qui ne sont pas en CONFLIT, en GUERRE avec les autres. *Signer la paix,* c'est signer un traité (ou un armistice) mettant fin à une guerre. — **2.** La *paix* (sens II), c'est l'état d'accord entre des personnes, c'est l'état de calme qui en résulte; il a pour syn. TRANQUILLITÉ et pour contr. AGITATION, BRUIT. *En paix* est syn. de TRANQUILLEMENT, DANS LE CALME, DANS LE SILENCE.
**L. pacifier** (v. t.) [sens II] *Pacifier un pays* (← y rétablir une certaine paix). ◆ **pacifique** (adj.) [sens I] *Ils sont pacifiques* (← ils aiment la paix). ◆ **paisible,** v. ce mot.

**palais** [palɛ] n. m.
[édifice] *Le président de la République habite au palais de l'Élysée.* • *C'est la première fois que je vais au palais de justice.* • *Où est-ce qu'aura lieu le match de boxe?* — *Au palais des Sports.*

**S.** Ce mot désigne un vaste édifice où habite un roi, un chef d'État, ou qui abrite un musée (*palais* DU LOUVRE, par ex.), une assemblée (*palais* DE JUSTICE), des manifestations diverses (*palais* DES SPORTS, DES CONGRÈS, etc.).

**pâle** [pal] adj. (après le n.)
I. (se dit de qqn, de son visage) *Tu as les joues bien pâles, Marie, tu n'es pas malade?* • *Paul est vraiment pâle, il a besoin de vacances.*
II. (se dit d'une couleur) *Pierre a mis une chemise bleu pâle aujourd'hui.*

**S. 1.** En parlant de qqn, de son visage, être *pâle,* c'est avoir perdu ses couleurs. Les syn. sont, par ordre d'intensité croissante, PÂLOT (surtout pour un enfant), BLANC, BLAFARD, BLÊME et LIVIDE. Les contr. sont AVOIR BONNE MINE, AVOIR DES COULEURS, ÊTRE ROUGE (plus fort). — **2.** En parlant d'une couleur, *pâle* est inv. et il a pour syn. CLAIR; le contr. est FONCÉ.
**L. pâleur** (n. f.) [sens I] Son visage est pâle, cela m'inquiète → *la pâleur de son visage m'inquiète.* ◆ **pâlir** (v. i.) [sens I et II] Il devient pâle → *il pâlit.* ◆ **pâlot, otte** (adj.) [sens I] Je la trouve un peu pâle → *je la trouve pâlotte.*

**palier** [palje] n. m.
[partie d'un édifice] (compt., surtout au sing.) *Ils sont gentils tes voisins de palier?* • *J'étais sur le palier et j'ai entendu tout ce que vous avez dit!* • *Nous habitons sur le même palier que les Durand.*

**S.** Le *palier* est, à chaque étage d'un immeuble, la plate-forme qui permet l'accès aux appartements.

**pallier** [palje] v. t. ou v. t. ind. (conj. 2) (sujet qqch, qqn) **pallier (à) qqch (difficulté, problème, etc.**) *Nous prendrons des travailleurs temporaires pour pallier le manque de personnel pendant la période des fêtes de Noël.*

**G.** La construction indirecte *pallier à* est critiquée par les puristes.
**S.** *Pallier* (soutenu), c'est atténuer une difficulté, remédier provisoirement à un mal.
**L. palliatif** (n. m.) Cette solution ne fait que pallier la difficulté, elle ne la résout pas → *cette solution n'est qu'un palliatif, elle ne résout pas la difficulté.*

**pâlot** → PÂLE L.

**palpitant, e** [palpitɑ̃, ɑ̃t] adj. (après le n.) (se dit de qqch [abstrait]) *Ce que tu nous proposes pour les vacances n'est pas palpitant : retourner au même endroit que l'année dernière. Trouve autre chose.* • *Au moment le plus palpitant du film, quelqu'un s'est mis à tousser derrière moi et je n'ai rien entendu.*

**S.** Est *palpitant* ce qui excite une grande émotion, provoque un intérêt passionné. Les syn. sont PASSIONNANT, INTÉRESSANT (moins fort).

**pamplemousse** [pɑ̃pləmus] n. m. [fruit] *Les pamplemousses étaient très chers au marché ce matin.* • *Tu veux un verre de jus de pamplemousse ?*

**S.** Comme l'orange et le citron, le *pamplemousse* est un agrume. C'est un fruit à pépins dont le jus est très apprécié.

**pancarte** [pɑ̃kart] n. f. [objet, texte] *Comment se fait-il que la boutique soit fermée ? — Regarde la pancarte : « Fermeture hebdomadaire le mardi. »*

**S.** Une *pancarte* est un ÉCRITEAU portant une indication, une information, que l'on accroche ou que l'on fixe à un mur, dans une vitrine, sur une porte, etc.

**panier** [panje] n. m. [objet, récipient] *Tu peux m'aider à porter le panier à provisions ? Il est lourd !* • *Mettez les pommes de terre dans mon panier.*
◆ [contenu] *Nous avons ramassé un panier de pommes dans le jardin.*

**S.** Un *panier* a généralement une ou deux anses (pour le tenir), tandis que la CORBEILLE n'en a pas, en général. Un *panier* à PROVISIONS est généralement rigide, par oppos. au FILET À PROVISIONS ou au CABAS.

**panique** [panik] n. f. [sentiment] (compt., surtout au sing.) *Il y a eu un début d'incendie au cinéma ! Quelle panique mes amis, j'ai failli tomber et j'ai bien cru qu'on allait m'écraser.*

**S.** *Panique* indique un AFFOLEMENT en général collectif ; le syn. est TERREUR.

**L. paniqué, e** (adj.) *J'ai été pris d'une panique complète* → *j'ai été complètement paniqué.*

**panne** [pan] n. f. [état, qqch] **panne (d'un appareil, d'un véhicule, d'énergie)** *Il fait bien froid ici ! — Eh oui ! il y a eu une panne de chauffage !* • *On a déjà eu plusieurs pannes d'essence, et une fois, on a dû faire plusieurs kilomètres à pied pour trouver un garage.* • *Nous sommes tombés en panne sur l'autoroute.* • *Allez, les enfants, aidez-moi à faire la vaisselle, ma machine est en panne.*

**S.** Une *panne* est un arrêt dans le fonctionnement d'un appareil, d'un véhicule, d'une installation. *Être en panne* a pour contr. (BIEN) MARCHER, (BIEN) FONCTIONNER.
**L. dépanner,** v. ce mot.

**panneau** [pano] n. m. [objet, texte] *Alors, vous n'avez pas vu le panneau ? On ne peut pas entrer, ici !* • *Les heures des trains sont indiquées sur un grand panneau à l'entrée de la gare.*

**S.** Un *panneau*, objet indépendant par oppos. à une AFFICHE (collée sur un mur ou un autre

support), sert à annoncer, à signaler qqch dans un but d'information ou de publicité ; une PANCARTE, un TABLEAU (pour les horaires) sont des *panneaux*. Le rôle du *panneau* est souvent précisé par un compl. ou un adj. : panneau PUBLICITAIRE, ÉLECTORAL, DE SIGNALISATION, D'AFFICHAGE, etc.

**pansement** [pɑ̃smɑ̃] n. m.
[action, qqn et résultat] *Judith est obligée d'aller deux fois par semaine à l'hôpital se faire refaire son pansement.* ◆ [objet] *Ah ça, ils sont prévoyants, ils ne partent jamais sans une boîte de pansements au cas où l'un des enfants se blesserait.*

**S.** *Faire un pansement*, c'est, après avoir soigné une blessure, une plaie, la protéger de l'extérieur avec des produits et des tissus spéciaux (gaze, bande, coton, sparadrap, adhésif, etc.). Un *pansement* (objet) est tout préparé et permet de protéger et de soigner une petite blessure.

**pantalon** [pɑ̃talɔ̃] n. m.
[vêtement] *Aline est toujours en pantalon ; elle ne met jamais de robe.* ● *J'ai besoin d'un pantalon de ski pour partir à la montagne.*

**S.** Un *pantalon* a deux jambes longues par oppos. au SHORT qui s'arrête en haut des cuisses ; c'est un vêtement d'homme ou de femme. Le BLUE-JEAN [bludʒin] ou JEAN [dʒin] est un type très courant de *pantalon*.

**panthère** [pɑ̃tɛr] n. f.
[animal] *Au zoo, les enfants ont été voir les panthères ; ils les aiment bien parce qu'elles sont plus dangereuses que les tigres.*

**S.** La *panthère* est un fauve à robe tachetée ou noire.

**papa** [papa] n. m.
[personne, parenté] *Qui tu préfères, ton papa ou ta maman ? — Je les aime tous les deux !* ● *Chut ! Papa a dit qu'il ne fallait pas faire de bruit.* ● *Je veux bien que tu viennes avec nous, mais il faut demander à ton papa.* ◆ [appellatif] *Dis papa, tu me racontes une histoire ?*

**S.** *Papa* s'emploie dans le langage enfantin à la place de PÈRE, sans article lorsqu'on s'adresse à son père ou qu'on parle de lui et avec l'adj. possessif lorsqu'on parle à un enfant de son père. Il a pour correspondant féminin MAMAN.

**pape** [pap] n. m.
[personne, fonction] *À l'occasion de Pâques, le pape a adressé un message à l'ensemble des chrétiens.*

**S.** Le *pape* est au sommet de la hiérarchie de l'Église catholique. Il choisit les évêques et les cardinaux. *Pape* a pour syn. SOUVERAIN PONTIFE et SAINT-PÈRE.
**L. papauté** (n. f.) Il a été élevé à la dignité de pape → *il a été élevé à la papauté.*

**papier** [papje] n. m.
I. [matière] (non-compt., au sing.) *C'est joli ces fleurs en papier, comment les fais-tu ?* ● *Passe-moi une feuille de papier et un crayon pour que je t'écrive mon adresse.* ● *Pierre est parti acheter du papier à lettres et des enveloppes.*
II. [objet] (compt.) *J'en ai bien pour deux heures à ranger tous ces papiers !* ● *Pierre a perdu un papier très important.*
III. [objet personnel] (non-compt., au plur.)
**papiers (d'identité)** *Jacques s'est fait arrêter par un agent qui lui a demandé ses papiers.* ● *Il paraît qu'il ne s'appelle pas vraiment Durand, qu'il a de faux papiers.*

**S. 1.** Le *papier* (sens I) est vendu dans une PAPETERIE sous forme de feuille volantes (séparées) ou rassemblées en bloc, en cahier. —

**2.** Quelques sortes de *papier*, dont l'usage est précisé par un adj. ou un compl. introduit par À : le *papier* BUVARD (ou BUVARD), qui sèche l'encre, le *papier* HYGIÉNIQUE, qu'on met dans les toilettes, le *papier* PEINT (ou simplement *papier*), qui est un revêtement mural, le *papier* À LETTRES, présenté le plus souvent en bloc. — **3.** *Papier* (sens II) a pour syn. DOCUMENT : FACTURE, LETTRE, CIRCULAIRE, NOTE. — **4.** La

carte d'identité, le permis de conduire, le passeport sont des *papiers* (sens III) ; PIÈCES D'IDENTITÉ est un syn. de *papiers d'identité*.
**L. paperasse** (n. f.) [sens II] *Le bureau est encombré de paperasse* (← est encombré d'une grande quantité de papiers).

**papillon** [papijɔ̃] n. m.
[animal] *Regarde ce papillon, là-bas, sur la fleur.* • *En été, Pierre fait la chasse aux papillons.* • *Qui est-ce qui lui a offert un beau papillon de nuit pour sa collection ?*

**S.** Le *papillon* est un insecte qui a des ailes. Il existe de très nombreuses espèces de *papillons*, que certains collectionnent.

**Pâques** [pak] n. m.
[fête] (sans article) *Les vacances de Pâques approchent ; vous allez partir cette année ?* • *Le dimanche de Pâques, la tradition c'est d'offrir des œufs en chocolat.* • *Pâques tombe en mars cette année.*

**G.** Ce mot s'écrit toujours avec une majuscule. Bien que *Pâques* se termine par un *s*, le verbe est au sing. Avec un adj. épithète, il est au fém. plur. et s'écrit sans majuscule : *joyeuses pâques*.
**S.** *Pâques* est, avec Noël, une des deux grandes fêtes chrétiennes et tombe toujours un dimanche ; en France, le LUNDI de Pâques est un jour férié.

**paquet** [pakɛ] n. m.
I. [objet] *Pierre a reçu ce matin un paquet*

*par la poste, mais il ne l'a pas encore ouvert.* • [Au magasin] : « *Vous pouvez me faire un paquet, s'il vous plaît ?* »
II. [objet] **paquet (de + n)** *Je n'ai plus de cigarettes, va m'en acheter un paquet.* ◆ [contenu] *Comment ! Vous avez mangé tout le paquet de bonbons ?*

**S. 1.** Un *paquet* (sens I) est un type d'emballage, en papier ou en carton. Envoyé par la poste, il a pour syn. COLIS. *Faire un paquet*, c'est emballer un objet. — **2.** Suivi d'un compl. indiquant ce qu'il contient (sens II), il désigne aussi le produit.
**L. empaqueter** (v. t.) [sens I] *Peux-tu m'aider à empaqueter ces livres ?* (← à faire un paquet avec ces livres).

**par** [par] prép.
I. [agent] **par qqn** *C'est votre projet qui a été choisi par le directeur.* • *J'ai fait peindre la chambre par les enfants, ça les a beaucoup amusés.*
II. [lieu] **par qqch (concret)** *Si vous passez par Paris, venez me voir.* • *N'y allez pas par ce chemin, c'est beaucoup plus long.*
III. [cause, moyen] **par qqch (abstrait** ou **concret)** *Les enfants, tenez-vous par la main pour traverser.* • *J'y arriverai, par n'importe quel moyen.* • *Il a convaincu tout le monde par son intelligence.* • *Vous allez en Angleterre par avion ou par bateau ?*
IV. [temps] **par qqch (date)** *Je vais te raconter une histoire :* « *Par un beau matin d'été...* » • *Allez, serrons-nous la main, on est amis, comme par le passé.*
V. [manière] **par qqch (concret** ou **abstrait)** *Par bonheur, il ne s'est pas fait mal en tombant.*
VI. [distribution] **(qqch) par qqch** *Avancez deux par deux.* • *Combien gagnez-vous par mois ?* • *J'ai lu sa lettre page par page et je n'y ai rien trouvé de méchant comme tu*

*me le disais.* • *Nous allons au cinéma deux fois par semaine.*

**S.** et **G. 1.** Au sens I, *par* introduit un compl. d'agent : *a)* après un verbe au passif ; *b)* après FAIRE et l'inf. — **2.** Au sens II, il s'emploie pour désigner un lieu par où l'on passe, et s'oppose en ce sens à À (lieu où l'on est, où l'on va) et à DE (lieu d'où l'on vient). Il s'emploie après des verbes ou des noms de mouvements (PASSER/PASSAGE ; TRAVERSER/TRAVERSÉE ; etc.). *Par*, en ce sens, peut être suivi d'un adv. (*par ici, par là, par en haut, par en bas,* etc.). — **3.** Au sens IV, il a pour syn. PENDANT, DURANT (soutenu), AU COURS DE. — **4.** Au sens V, il s'emploie le plus souvent avec un nom de nombre et après l'expression UNE, DEUX, TROIS, etc., FOIS.

**parages** [paraʒ] n. m. pl.
[localisation] **dans les parages** *Chut ! Faites attention, le directeur est dans les parages.*

**S.** *Dans les parages* a surtout un emploi fam.,

comme syn. de DANS LES ENVIRONS, À PROXIMITÉ. Les syn. fam. sont DANS LE COIN, DANS LE SECTEUR.

**paragraphe** [paragraf] n. m.
[partie d'un texte] *Lisez le premier paragraphe et expliquez-le.*

**S.** Le *paragraphe* (symb. §) est une petite division d'un texte écrit. On va à la ligne quand on commence un *paragraphe.*

**paraître** [parɛtr] v. i. (conj. 53)
I. [auxil. *avoir*] (sujet qqn, qqch) **paraître + (être) adj.** ou **+ inf.** *Le ministre m'a paru surpris par la question qu'on lui posait.* • *Paul ne paraît pas avoir ses trente ans : il fait beaucoup plus jeune.* • *Il ne paraît pas utile de rester ici plus longtemps.* • *Il paraît de plus en plus certain que les Legendre ne viendront pas.* • *Ça me paraît complètement idiot de prendre un parapluie par un temps pareil.*
II. **il paraît que** + **ind.** *Il paraît qu'on va avoir un nouveau directeur. — Qu'est-ce que ça changera ?* • *M*^me* Lefèvre n'est pas là ? — Non, elle serait en vacances, à ce qu'il paraît.*
III. [auxil. *être* ou *avoir*] (sujet un livre, une revue, etc.) *C'est l'année dernière que son premier roman est paru ?* • *Cette revue paraissait tous les mois, maintenant, elle ne paraît plus que quatre fois dans l'année.*

**S. 1.** Au sens I, SEMBLER est un syn. courant, comme AVOIR L'AIR (sauf dans l'emploi impersonnel). AVOIR L'IMPRESSION QUE est un syn. dans l'emploi impersonnel (*Il me paraît (être) utile de* → J'AI L'IMPRESSION QU'IL EST UTILE DE). — **2.** Au sens II, *il paraît que* a pour syn. ON DIT, ON CROIT QUE, LE BRUIT COURT QUE. — **3.** Au sens III, *paraître* a pour syn., en parlant d'un ouvrage, ÊTRE MIS EN VENTE, ÊTRE PUBLIÉ, ÊTRE ÉDITÉ. En langue courante, on dit SORTIR.
**L. parution** (n. f.) [sens III] *Quand ce livre est-il paru ?* → *de quand date la parution de ce livre ?*

**parallèle** [paralɛl] adj. (après le n.) et n. m.
I. [adj.] (se dit de qqch [ligne, direction]) **parallèle (à qqch)** *Cette rue est parallèle au boulevard : prends-là, on arrivera plus vite.* ◆ (se dit d'une action) *La crise est la même dans toute l'Europe et les difficultés sont parallèles.* ◆ [n. m.] (action, qqn, et résultat) *Quand je fais un parallèle entre eux deux, je ne peux pas m'empêcher de penser qu'Henri est plus intelligent que Paul.*
II. [adj.] *Avec toutes ces polices parallèles, il va devenir difficile de savoir qui est responsable du meurtre.*

**G.** L'adj. n'a ni comparatif ni superlatif
**S. 1.** Est *parallèle* (sens I) une ligne, une direction qui est à la même distance qu'une autre sur tout son parcours ; des rues qui ne

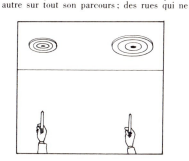

sont pas parallèles mènent dans des directions différentes. En parlant d'actions, d'événements, etc., *parallèle* indique un développement simultané ou semblable ; le contr. est DIVERGENT. *Faire un parallèle entre* (deux personnes, deux choses), c'est les COMPARER, les RAPPROCHER. — **2.** Est *parallèle* (sens II) ce qui est en marge de la loi, ce qui n'est pas officiel, légal.
**L. parallèlement** (adv.) On a percé un boulevard de façon parallèle à la rue → *on a percé un boulevard parallèlement à la rue.*

**paralyser** [paralize] v. t. (conj. **1**)
(sujet qqn, une partie du corps) **être paralysé** *Depuis son accident, il a les deux jambes paralysées.* ◆ (sujet qqn, qqch) **paralyser qqch (abstrait)** *Toutes ces grèves ont paralysé pendant un mois l'activité économique du pays.* ◆ **paralyser qqn** *Je n'ai même pas pu crier, j'étais paralysé par la peur.*

**S. 1.** *Être paralysé,* c'est avoir perdu l'usage d'un membre, d'une partie de son corps. — **2.** *Paralyser* qqch, c'est l'empêcher de fonctionner ; il a pour syn. ARRÊTER, BLOQUER. — **3.** *Paralyser* qqn, c'est le rendre incapable d'agir, l'IMMOBILISER, le FIGER (soutenu).
**L. paralysie** (n. f.) Il est définitivement paralysé → *sa paralysie est définitive.*

**parapluie** [paraplyi] n. m.
[objet personnel] *Zut ! Il pleut et je n'ai pas

de parapluie, je vais être trempé !* ◆ *Ah ! ce parapluie, je n'arrive jamais à l'ouvrir.*

**S.** Un *parapluie,* formé d'un manche et d'une étoffe tendue sur des tiges flexibles, est un objet portatif destiné à garantir de la pluie. Un PARASOL est plus grand et sert à protéger du soleil.

**parc** [park] n. m.
[lieu aménagé] *Vous avez de la chance : vos fenêtres donnent juste sur le parc !* ◆ *Qu'est-ce qu'on pourrait faire des enfants aujourd'hui ? — On pourrait les conduire au parc Montsouris, il y a des jeux.*

**S.** *Parc,* souvent suivi d'un nom propre ou d'un compl. du nom, qui précise sa localisation *(parc de Versailles),* désigne un vaste terrain aménagé pour la promenade, avec des pelouses, des massifs de fleurs, des bancs pour s'asseoir. Il s'emploie pour désigner quelques très grands JARDINS PUBLICS dans la villes, ou les jardins d'un domaine, d'un château. Un *parc* est un ESPACE VERT (terme plus général).

**parce que** [pars(ə)kə] conj.
[cause] **parce que** + *ind. Pascal pleure parce qu'il s'est fait mal en tombant.* ◆ *Parce que Pierre a réussi son examen, il se croit tout permis.* ◆ *Pourquoi ne vient-il pas plus souvent ? — Parce qu'il n'a pas le temps.*

**S.** *Parce que* introduit une subordonnée, placée avant ou après la principale, qui indique la cause d'une action ; cette conj. a pour syn. soutenu PUISQUE, qui se place souvent en tête de phrase et qui indique surtout la raison, le motif d'une action invoqué par le sujet. C'est la réponse à la question POURQUOI. COMME est un syn. litt. qui ne s'emploie qu'en tête de phrase, ÉTANT DONNÉ QUE est un syn. soutenu. *Parce que* a pour équivalents comme conj. de coordination CAR (en tête de phrase), EN EFFET.

**parcourir** [parkurir] v. t. (conj. **26**)
(sujet qqn) **parcourir un lieu** *C'est en parcourant la région au hasard que nous avons trouvé cette petite maison.* ◆ (sujet qqn, un véhicule) **parcourir une distance** *Un train parcourt cinq cents kilomètres en cinq heures ; combien de temps mettra-t-il pour parcourir sept cent cinquante kilomètres ?* ◆ (sujet qqn) **parcourir qqch (texte)** *Vous avez lu ce livre ? — Non, je l'ai juste parcouru, mais il a l'air intéressant.*

**S. 1.** *Parcourir un lieu,* c'est s'y déplacer, le traverser dans divers sens, le SILLONNER. — **2.** *Parcourir une distance,* c'est la FRANCHIR. — **3.** *Parcourir un texte,* c'est le LIRE RAPIDEMENT, EN DIAGONALE, n'en lire que des passages, le FEUILLETER (s'il s'agit d'un livre, d'un magazine).

**par-derrière** [pardɛrjɛr] adv.
[lieu] *La porte de devant est fermée, passez donc par-derrière.*

**S.** Le contr. de *par-derrière* est PAR-DEVANT.

**par-dessous** [pardəsu] prép. et adv.
[lieu] **par-dessous (qqch [concret])** *J'ai fait tomber une aiguille ; regarde par-dessous (la table).*

S. *Par-dessous* implique un mouvement, une direction qui se font en passant AU-DESSOUS (DE qqch). On emploie plus fréquemment cette dernière forme.

**par-dessus** [pardəsy] prép. et adv.
I. [lieu] **par-dessus (qqn, qqch [concret])** *Je n'aime pas qu'on lise mon journal par-dessus mon épaule.* • *Est-ce que tu arriveras à sauter par-dessus le ruisseau ?* • *Tu n'as qu'une chemise, mets un pull par-dessus, tu auras plus chaud.*
II. [quantité] **par-dessus tout** *Ce que je préfère par-dessus tout, c'est les bonbons au chocolat.*

S. 1. *Par-dessus* implique en général un mouvement, une orientation, une direction, qui se

font en passant AU-DESSUS (DE qqch). — 2. *Par-dessus tout* a la valeur d'un superlatif et s'emploie surtout avec les verbes AIMER ou PRÉFÉRER.

**pardessus** [pardəsy] n. m.
[vêtement] *Il fait froid ce matin pour un mois de mai, je mets mon pardessus.*

S. *Pardessus* est le syn. de MANTEAU, dans le vocabulaire masculin.

**par-devant** [pardəvã] adv.
[lieu] *Ne passez pas par-devant, tout le monde va vous voir entrer ; passez par-derrière, par la porte de la cuisine.*

S. *Par-devant* a pour contr. PAR-DERRIÈRE.

**pardon** [pardɔ̃] interj.
I. [excuse] *Oh ! pardon ! je croyais que vous étiez seul, je reviendrai.* • *Pardon, monsieur, pourriez-vous me dire l'heure ?*
II. [interrogation] *Quand pars-tu ? — Pardon ? — Quand est-ce que tu pars ? — Ah ! excuse-moi, je n'avais pas entendu.* ◆ [refus] *Geneviève est très belle. — Pardon, je ne suis pas d'accord, elle est seulement jolie.*

S. 1. Au sens I, *pardon !*, abrév. de JE VOUS DEMANDE PARDON (soutenu), est une formule de politesse qui s'emploie quand on veut s'excuser de déranger qqn. Le syn. est EXCUSEZ-MOI ! — 2. Au sens II, *pardon ?* s'emploie pour demander à qqn de répéter une question mal comprise ou pour contredire une affirmation ; les syn. sont COMMENT ? et, fam., HEIN ?, QUOI ? (V. aussi PARDONNER.)

**pardonner** [pardɔne] v. t. (conj. **1**)
(sujet qqn) **pardonner (qqch, de + inf.) [à qqn]** *Pardonnez-moi, j'avais complètement oublié de vous prévenir que j'arriverais en

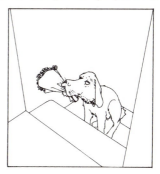

retard.* • *Tiens, je t'invite à déjeuner, c'est pour me faire pardonner mon rendez-vous raté de l'autre jour.*

S. *Pardonner* qqch à qqn, c'est ne pas lui tenir rigueur d'une faute, d'un acte hostile. *Pardonnez-moi* est un équivalent un peu affecté de EXCUSEZ-MOI. *Se faire pardonner* qqch a pour syn. S'EXCUSER DE qqch, FAIRE OUBLIER qqch (une mauvaise action, une injure).
**L.** **pardon** (n. m.) Il a demandé qu'on lui pardonne → *il a demandé son pardon* (v. aussi ce mot). ◆ **impardonnable** (adj.) C'est une faute qui ne peut être pardonnée → *c'est une faute impardonnable.*

**pare-brise** [parbriz] n. m. inv.
[partie d'un véhicule] *On fait maintenant des pare-brise dans un verre spécial qui ne blesse pas quand il y a un accident.*

S. Le *pare-brise* est la vitre avant d'un véhicule.

**pareil, eille** [parɛj] adj.
I. (se dit de qqn, de qqch ; après le n.)
**pareil (à, que qqch, qqn)** *Tous pareils ces*

## PAREILLEMENT

*hommes : dès qu'ils sont entre eux, il faut qu'ils parlent de leurs voitures.* ● *Ta robe est pareille que la mienne, où est-ce que tu l'as achetée ?* ● *Maintenant que Jean est marié, ce n'est plus pareil, ses amis le voient moins.*
II. (se dit de qqn, de qqch ; seulem. épithète après ou avant le n.) *C'est inadmissible, je n'ai jamais vu une chose pareille !* ● *Ça n'est pas possible de supporter un type pareil : toujours en retard !* ● *Dans un cas pareil, qu'est-ce que tu aurais fait à ma place ?*

**G.** Cet adj. n'a ni comparatif ni superlatif.
**S. 1.** Au sens I, *pareil* a pour syn. courant LE

(LA) MÊME QUE et IDENTIQUE, SEMBLABLE À (soutenus). *Pareil à, que* qqch a pour syn. COMME. *Ce n'est plus pareil* a pour syn. CE N'EST PLUS LA MÊME CHOSE, C'EST DIFFÉRENT. — **2.** Au sens II, *pareil* a pour syn. TEL (avant le nom) ou pour équivalents CE...-CI ou -LÀ ou COMME CELUI-LÀ (*dans un cas pareil* → DANS CE CAS-LÀ, DANS UN CAS COMME CELUI-LÀ).
**L.** pareillement, v. ce mot.

**pareillement** [parɛjmã] adv.
[manière] *Je vous souhaite d'excellentes vacances. — Et moi pareillement.*

**S.** *Pareillement* (soutenu) a pour syn. DE MÊME, AUSSI, ÉGALEMENT.

**parent, e** [parã, ãt] n.
I. [personne, parenté] (compt.) *C'est un ami à toi ? — Non, c'est un parent, c'est mon cousin.* ● *Jacques a des parents en Amérique, mais il ne les a jamais vus.*
II. [personne, parenté] (non-compt., au plur.) *Tu connais les parents de Jacques ? — En fait, je ne connais que son père.* ● *Tes parents sont d'accord pour que tu viennes avec nous ?*

**S. 1.** Un *parent* (sens I) est un membre de la famille (oncle, tante, cousin, nièce, neveu, etc.). Des *parents* appartiennent à la même famille ; ils ont entre eux un lien de PARENTÉ, sont APPARENTÉS (soutenu). — **2.** Les *parents* (sens II) sont le père et la mère d'un enfant (fils ou fille). Un enfant qui n'a plus de *parents* est un ORPHELIN.

**paresseux, euse** [parɛsø, øz] adj. (après le n.) et n.
[adj.] (se dit de qqn) *Ce que tu es paresseux ! Tu ne peux pas t'habiller tout seul ?* ● *Antoine est un des élèves les plus paresseux de la classe : tout l'ennuie.* ◆ [n.] (personne) *Tu es un grand paresseux : tu ne m'aides jamais à faire la vaisselle.*

**S.** *Paresseux* a pour syn. FAINÉANT ou FEIGNANT (fam.) et FLEMMARD (fam.). Les contr. de l'adj.

sont VIF, ACTIF, ÉNERGIQUE quand il s'agit d'une activité en général, et TRAVAILLEUR, BÛCHEUR (fam.) [pour l'adj. et le n.] quand il s'agit d'une activité professionnelle ou scolaire.
**L.** paresse (n. f.) *Il n'est pas honteux d'être paresseux !* → *il n'est pas honteux de sa paresse !*

**parfait, e** [parfɛ, ɛt] adj.
I. (se dit de qqch, de qqn ; après le n.) *Ton dîner était mieux que réussi : parfait !* ● *Alors comment as-tu trouvé mon discours ? — Tu as été parfaite.* ● *Son crime était presque parfait, mais l'homme avait oublié un petit détail.* ● *Rien de spécial pendant que j'étais absent ? — Non. — Bon, c'est parfait !* ● *Tu ne viens pas ? Parfait ! Je pars tout seul.*
II. (se dit de qqch, de qqn ; avant le n.) *J'ai une parfaite confiance en Bruno, tu peux lui prêter de l'argent, il te le rendra.* ● *C'est un parfait imbécile, on ne peut même pas plaisanter avec lui !*

**G.** Cet adj. n'a ni comparatif ni superlatif.

**S. 1.** Au sens I, est *parfait* qqn ou qqch qui n'a pas de défauts : il a pour syn. IRRÉPROCHABLE, IMPECCABLE (surtout pour les choses). Une personne (une chose) *parfaite* a atteint la PERFECTION. Les contr. sont IMPARFAIT (pour qqch) et MOYEN, MÉDIOCRE (pour qqn, qqch). *C'est parfait !* ou *parfait !* s'emploient pour marquer l'approbation ou l'ironie et ont pour syn. C'EST TRÈS BIEN ! BON !, BIEN ! — **2.** Au sens II, *parfait* est un intensif ; il a pour équivalent AU PLUS HAUT DEGRÉ ; les syn. sont TOTAL, ABSOLU et les contr. PARTIEL et RELATIF (ces adj. ne s'appliquent qu'aux choses). En parlant de qqn, *parfait* s'emploie le plus souvent devant un adj. péjor. pris comme nom ; le syn. est FINI (qui se place après le nom).
**L. parfaitement,** v. ce mot. ◆ **perfection** (n. f.) [sens I] Son travail est loin d'être parfait → *son travail est loin de la perfection.* ◆ **perfectionné, perfectionner,** v. ces mots. ◆ **imparfait, e** (adj.) [sens I] Ce devoir n'est pas parfait → *ce devoir est imparfait.* ◆ **imparfaitement** (adv.) [sens I] Il parle l'anglais de façon imparfaite → *il parle imparfaitement l'anglais.* ◆ **imperfection** (n. f.) [sens I] Il y a encore quelques petites choses imparfaites dans ce travail → *il y a encore quelques petites imperfections dans ce travail.*

**parfaitement** [parfɛtmɑ̃] adv.
I. [manière] *Françoise est allée plusieurs fois en Angleterre et elle connaît maintenant parfaitement l'anglais.*
II. [quantité] *Tu as parfaitement le droit de refuser, mais tu ne retrouveras jamais une pareille occasion.* ● *Faites ce que vous voulez, ça m'est parfaitement égal.*
III. [affirmation] *Tu crois à cette histoire, toi ? — Mais oui, parfaitement.* ● *Vous venez demain ? — Parfaitement, sauf si ça vous ennuie.*

**S. 1.** Au sens I, *parfaitement* correspond à l'adj. PARFAIT. Les syn. sont TRÈS BIEN, ADMIRABLEMENT, À LA PERFECTION, et les contr. sont MAL, IMPARFAITEMENT. — **2.** Au sens II, il indique une intensité absolue ; les syn. sont TOUT À FAIT, ABSOLUMENT, COMPLÈTEMENT, ENTIÈREMENT. — **3.** Au sens III, c'est un adv. qui renforce une affirmation ou qui exprime une réponse positive ; les syn. sont BIEN SÛR, ABSOLUMENT, CERTAINEMENT, OUI (moins fort).

**parfois** [parfwa] adv.
[temps] *Mais si, il y a parfois de bons films à la télévision !* ● *Il se montre parfois si peu gentil avec moi que je me demande s'il m'aime encore.*

**S.** *Parfois* est un syn. soutenu de QUELQUEFOIS.

**parfum** [parfœ̃] n. m.
I. [qualité, qqch] (compt., surtout au sing.) *Hum... qu'est-ce que ça sent bon ! Ces fleurs ont un parfum extraordinaire.* ● *Je voudrais une glace. — Oui, à quel parfum ? — Au chocolat.*
II. [produit] (non-compt., au sing.) *Qu'est-ce que tu as mis comme parfum ? Tu sens très bon.* ◆ (compt.) *On trouve des parfums français dans toutes les grandes villes étrangères.*

**S. 1.** Le *parfum* (sens I), c'est l'odeur ou le goût de qqch ; le syn. est ARÔME (soutenu). — **2.** Le *parfum* (sens II) se vend en flacon dans

les PARFUMERIES. L'EAU DE TOILETTE est moins forte que le *parfum*, l'EAU DE COLOGNE est une préparation alcoolisée légèrement PARFUMÉE.
**L. parfumer [se]** (v. pr.) [sens II] Aline met du parfum → *Aline se parfume.* ◆ **parfumé, e** (adj.) [sens I et II] Ce savon est au parfum de la rose → *ce savon est parfumé à la rose.* ◆ **parfumerie** (n. f.) [sens II] Il tient un magasin, une boutique de parfums → *il tient une parfumerie.*

**parier** [parje] v. t. (conj. **2**)
I. (sujet qqn) **parier une somme d'argent (que + ind.)** *Je te parie cent francs que c'est mon cheval qui va gagner.* ● *Je suis sûre d'avoir raison, tu paries combien ?*
II. (sujet qqn) **parier que + ind.** *Je parie que Paul a oublié mes disques.*

**S. 1.** *Parier* (sens I), c'est FAIRE UN PARI ; ce qu'on parie est l'ENJEU. *Parier de l'argent,* c'est JOUER DE L'ARGENT ; on joue aux courses en misant sur des chevaux (on joue au tiercé en misant sur l'ordre d'arrivée des trois premiers chevaux). — **2.** *Parier que* (sens II) a pour syn. ÊTRE SÛR QUE et, moins forts, CROIRE, SUPPOSER QUE.
**L. pari** (n. m.) On parie ? → *on fait un pari ?* ◆ **parieur, euse** (n.) [sens I] Beaucoup de gens ont parié → *il y a eu beaucoup de parieurs.*

**parking** [parkiŋ] n. m.
[lieu, moyen de transport] *Il n'y a jamais*

de place dans cette rue, tu ferais mieux de mettre ta voiture au parking ! • *Dans cet immeuble, chaque appartement a son parking.*

**S.** Un *parking* est un lieu où on peut garer sa voiture. Il existe des *parkings* PUBLICS (un syn. est PARC DE STATIONNEMENT) et des *parkings* PRIVÉS (un syn. est GARAGE). Les PARCMÈTRES sont des appareils disposés le long des trottoirs qui servent à faire payer le stationnement dans les villes.

**parler** [parle] v. t. ind. et v. t. (conj. 1)
I. [v. t. ind.] (sujet qqn) **parler (de qqch, de qqn) [à, avec qqn]** *J'entends parler dans la*

*pièce à côté, il y a sûrement quelqu'un.* • *Allô, est-ce que je pourrais parler à Claude, s'il vous plaît ?* • *Tu as une minute ? Je voudrais te parler de mes projets.* • *Il a passé deux heures au téléphone à parler avec ma sœur.* ◆ **tu parles (si)!** *Ses promesses... tu parles ! Tu peux toujours attendre !* • *François, tu parles si je le connais, j'ai fait mes études avec lui !*
II. [v. t.] (sujet qqn) **parler une langue** *Tu parles anglais, toi ? — Pas très bien, je commence seulement à l'apprendre.* • *Sonia est allée en Allemagne, c'est normal qu'elle parle l'allemand beaucoup mieux que moi !*

**S. 1.** Au sens I, *parler,* c'est s'exprimer grâce à la PAROLE. Un syn. fam. est CAUSER. *Parler de qqch à qqn* a pour syn. plus précis BAVARDER ou DISCUTER DE qqch AVEC qqn et EXPOSER qqch À qqn, FAIRE PART DE qqch À qqn (soutenus). Les contr. sont SE TAIRE, RESTER SILENCIEUX. *Tu parles !* (fam.) exprime ironiquement le doute ; accompagné de SI, il renchérit sur ce qui vient d'être dit et a pour syn. TU PENSES BIEN QUE... ! — **2.** Au sens II, *parler,* c'est s'exprimer dans une certaine langue. Lorsque le nom désigne une langue déterminée, l'article est facultatif : *parler anglais* ou *l'anglais*.

**L. parlé, e** (adj.) [sens II] La langue qu'on parle est différente de la langue qu'on écrit → *la langue parlée est différente de la langue écrite.* ◆ **reparler** (v. t. ind.) C'est à toi de parler de nouveau de cette affaire → *c'est à toi de reparler de cette affaire.*

**parmi** [parmi] prép.
[rapport] **parmi + n. plur.** *Parmi toutes les voitures que j'ai eues depuis que je conduis, c'est la dernière que je préfère. — Évidemment, puisque c'est celle que tu as choisie en dernier.* ◆ [lieu] *Viens donc t'asseoir parmi nous au lieu de rester tout seul dans ton coin.*

**S.** *Parmi,* toujours suivi d'un nom pluriel, indique un ensemble de personnes ou de choses, dont on distingue un élément, ou auquel on joint un élément. Dans le premier cas, le syn. est ENTRE (ENTRE TOUTES LES VOITURES) ; dans le second cas, le syn. est AU MILIEU DE ou AVEC.

**parole** [parɔl] n. f.
I. [énoncé] (compt.) *Il n'a pas dit une parole de toute la soirée.* • *Ne te mets pas en colère : je ne fais que répéter ses paroles.* ◆ (non-compt., au plur.) *J'aime bien les paroles de cette chanson : tu les connaissais ?*
II. [action, langage] (non-compt., au sing.) *Qu'il est adorable ce chien, vraiment il ne lui manque que la parole.* • *Je déteste*

*prendre la parole en public, je perds mes moyens et j'oublie ce que j'ai à dire.* • *Ah, taisez-vous, quand vous parlez, je ne vous coupe pas la parole, moi !* • *Qu'est-ce qui se passe entre Jean et Marie, j'ai l'impression qu'ils ne s'adressent plus la parole.* • *[À la radio]* : « *Et maintenant, je passe la parole à notre invité.* »

III. (sujet qqn) **donner sa parole à qqn** *Tu ne mens pas? Tu m'en donnes ta parole?* ◆ **avoir la parole de qqn** *Tu peux compter sur moi, tu as ma parole.*

**S. 1.** Au sens I, *parole* a pour syn. MOT. *Dire, prononcer une parole,* c'est PARLER. Les *paroles* d'une chanson, c'est le TEXTE, par oppos. à l'AIR, à la MUSIQUE. — **2.** *Parole* (sens II) désigne le fait ou la capacité de PARLER et ne s'emploie que dans certaines expressions ou avec des verbes comme PRENDRE, PASSER, COUPER, REFUSER, etc. Quand il s'agit de la capacité de parler, LANGAGE est un syn. — **3.** Au sens III, *donner sa parole à qqn,* c'est lui PROMETTRE qqch ou lui en FAIRE LE SERMENT (soutenu) ; *avoir la parole de qqn,* c'est avoir reçu de lui une promesse, un engagement, une assurance.

**part** [par] n. f.
I. [partie d'un tout] *Tiens, prends ce cou-*

*teau et divise le gâteau en cinq parts égales.* • *Encore un peu de viande?* — *Non merci, j'en ai déjà eu une grosse part.*
II. [quantité] (compt., surtout au sing.) *Malheureusement François est pour une grande part responsable de l'accident, il faudra qu'il paie.* • *Nous avons tous eu notre part d'ennuis dans cette affaire, mais il faut continuer.*
III. (sujet qqn) **prendre part à qqch** *Alors, qu'est-ce qui s'est dit à cette réunion?* — *Je n'en sais rien : je n'ai pas pris part à la discussion.* • *Les personnes qui veulent prendre part à la course doivent s'inscrire le plus vite possible.* ◆ **faire part de qqch à qqn** *Je ne vous ai pas fait part de mes projets parce qu'ils n'étaient pas encore sûrs.*
IV. **de la part de qqn** *Bonjour, madame, je vous apporte des fleurs de la part de votre cousin.* — *Ah! c'est bien gentil de sa part!*
◆ **pour ma part** *J'avoue que, pour ma part, je ne suis pas du tout d'accord avec ce que vous dites.*
V. [lieu] **autre part** *Puisque François n'est pas dans son bureau, il est sûrement autre part, mais où?* ◆ **de part et d'autre** *Ce qu'il y a de gênant, c'est qu'il y a de la mauvaise foi de part et d'autre. Comment voulez-vous que la discussion avance?* ◆ **d'une part..., d'autre part** *On va au cinéma?* — *Non : d'une part, il est trop tard, d'autre part, je n'ai pas envie de voir ce film.* • *Le projet a été signé par M. X..., d'une part, et par M. Y..., d'autre part.* ◆ **nulle part, quelque part** V. ces mots.
VI. [exclusion] **à part** *Vous pouvez m'envelopper ce disque à part? C'est pour un cadeau.* • *Le professeur a pris l'élève à part pour lui parler.* ◆ **à part qqch, qqn** *À part l'anglais, je ne connais pas de langue étrangère.* • *À part toi, personne n'est au courant.* ◆ **à part ça** *Sa mère est malade, mais à part ça, les autres vont bien.* • *À part ça, comment vas-tu?*

**S. 1.** Au sens I, *part* a pour syn. PARTIE, mais implique que la portion du tout est destinée à qqn. PORTION et MORCEAU sont d'autres syn. — **2.** Au sens II, *pour une (grande, bonne) part* a pour syn. EN (GRANDE) PARTIE. *Avoir sa part de* (et un nom abstrait) a pour équivalent AVOIR SON LOT DE. — **3.** Au sens III, *prendre part à qqch* a pour syn. PARTICIPER À qqch, FAIRE PARTIE DE qqch. *Faire part de qqch à qqn* a pour syn. lui DIRE qqch ou, en langue écrite, l'INFORMER DE qqch, lui COMMUNIQUER qqch. — **4.** *De la part de* (sens IV) a pour syn. VENANT DE, QUI VIENT DE. *Pour ma part* a pour syn. EN CE QUI ME CONCERNE, QUANT À MOI. — **5.** *Autre part* (sens V) a pour syn. AILLEURS. *De part et d'autre* a pour syn. DE CHAQUE CÔTÉ. *D'une part..., d'autre part* sert à opposer ou à mettre en parallèle deux idées ou deux faits ; il a pour syn. D'UN CÔTÉ..., DE L'AUTRE. — **6.** *À part* (sens VI) a pour syn. SÉPARÉMENT, EN PARTICULIER. SAUF et EXCEPTÉ (soutenu) sont des syn. de *à part* qqch. SINON est un syn. de *à part ça,* sauf quand ce dernier est employé en tête de phrase.

**partager** [partaʒe] v. t. (conj. 4)
I. (sujet qqn) **partager qqch [concret] (en parties) [entre des personnes]** *Nous sommes cinq : partage le gâteau en cinq parts égales.* • *Finalement, à la mort de leur père, le terrain a été partagé entre les deux enfants.*
II. (sujet qqn) **partager qqch (avec qqn)** *Écoute Paul, ce n'est pas à toi de payer : on partage l'addition.* • *Croyez bien que je partage votre douleur, mais il faut continuer de vivre.* • *Il n'y a plus grand-chose*

à manger, mais si tu veux partager notre repas, ça sera avec plaisir. • Les enfants se sont partagé le travail, l'un a lavé la vaisselle, l'autre l'a essuyée.
III. (sujet qqn, son attitude) **être partagé (sur qqch)** Les avis sont très partagés sur cette question : il n'est pas sûr que la loi soit votée. • Tu le crois coupable ? Je suis très partagé, j'hésite.

**S. 1.** *Partager* qqch (sens I), c'est en faire plusieurs PARTS ou plusieurs PARTIES, c'est en

faire une répartition. Les syn. sont DIVISER, COUPER (plus précis), FRAGMENTER (soutenu). — **2.** *Partager* qqch *avec* qqn (sens II), c'est en avoir une part avec lui. Les syn. sont PARTICIPER, PRENDRE PART À. *Se partager* qqch a pour syn. SE RÉPARTIR qqch. — **3.** *Être partagé sur* qqch a pour syn. ÊTRE OPPOSÉ SUR, avec un sujet plur., HÉSITER, avec un sujet sing.
**L. partage** (n. m.) [sens I et II] On a partagé la propriété → *on a fait le partage de la propriété.*

**partenaire** [partənɛr] n.
[personne, rôle] *S'il continue à jouer comme cela, je ne veux plus de Jacques comme partenaire.*

**S.** Un(e) *partenaire* est une personne avec laquelle on est associé dans un jeu, un sport, une danse, une conversation, etc. Le mot suppose des relations amicales, il s'oppose à ADVERSAIRE et à RIVAL.

**parti** [parti] n. m.
I. [collectif, personnes] **parti + adj.** ou **compl.** *En France, combien y a-t-il de partis politiques ?* • *Le parti socialiste et le parti communiste ont présenté un candidat commun aux élections.*
II. (sujet qqn) **prendre parti (pour** ou **contre qqn, qqch), prendre le parti de qqn** *Oh ! toi, tu prends toujours parti pour ton frère, on ne peut pas discuter.* • *Dans cette affaire,* je ne veux pas prendre parti, décidez sans moi. • *Il prend toujours le parti du plus fort.* ◆ **en prendre son parti** *Tu ne t'entends toujours pas avec Catherine ? — Oh ! maintenant, j'en ai pris mon parti, je la laisse parler et je me tais !* ◆ **parti pris** *Comment, c'est Durand qui a été nommé au poste de sous-directeur ? Mais c'est du parti pris ! Dupont était beaucoup plus qualifié que lui.*

**S. 1.** Un *parti* est un groupe, plus ou moins important, de personnes réunies pour des motifs politiques : prendre le pouvoir, participer au gouvernement. Un *parti* se distingue ainsi d'un SYNDICAT de travailleurs, de patrons, groupements unis pour défendre leurs intérêts professionnels. Un *parti* est constitué par des ADHÉRENTS (membres qui versent une cotisation), des MILITANTS (qui sont des membres actifs) et des DIRIGEANTS. GROUPEMENT et MOUVEMENT sont des syn. plus vagues de *parti*. — **2.** Au sens II, *prendre parti pour*, c'est CHOISIR,

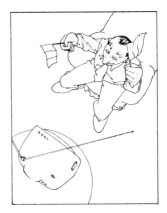

SE DÉCIDER POUR, PRENDRE POSITION EN FAVEUR DE. *Ne pas vouloir prendre parti*, c'est VOULOIR RESTER IMPARTIAL, NEUTRE. *En prendre son parti*, c'est ÊTRE RÉSIGNÉ. *Être de parti pris* a pour syn. ÊTRE PARTIAL et pour contr. ÊTRE OBJECTIF. *C'est du parti pris* a pour syn. plus fort C'EST UNE INJUSTICE.

**partial, e, aux** [parsjal, sjo] adj. (après le n.)
(se dit de qqn, de son attitude) *Notre équipe a perdu, mais l'arbitre était partial, il a refusé un but.*

**S.** Est *partial* celui qui a du PARTI PRIS, qui PREND PARTI POUR qqn ou qqch sans souci de justice ou d'équité ; INIQUE est un syn. péjor. soutenu et plus fort ; ENGAGÉ est un syn. non péjor. Les contr. sont NEUTRE, OBJECTIF.

**L. partialité** (n. f.) Reconnais que l'arbitre était partial → *reconnais la partialité de l'arbitre*. ◆ **impartial, e aux** (adj.) Il n'est pas partial dans cette affaire → *il est impartial dans cette affaire*. ◆ **impartialité** (n. f.) Reconnaissez que mon jugement est impartial → *reconnaissez l'impartialité de mon jugement*.

**participer** [partisipe] v. t. ind. (conj. **1**) (sujet qqn) **participer (à qqch [action])** *On a décidé de participer à la grève de jeudi*.
● *Toutes les élèves de la classe ont participé à ce travail.*

**S.** *Participer à* a pour syn. PRENDRE PART À, S'ASSOCIER À, CONTRIBUER À, COLLABORER À (une

action); les contr. sont S'ABSTENIR DE (soutenu), RESTER À L'ÉCART DE.
**L. participant, e** (n.) Ceux qui participent à la course reçoivent une indemnité → *les participants à la course reçoivent une indemnité*. ◆ **participation** (n. f.) Tous les élèves participent bénévolement à ce travail → *la participation de tous les élèves à ce travail est bénévole*.

**particulier, ère** [partikylje, ɛr] adj. (après le n.)
I. (se dit de qqch) *Je vais téléphoner à Paul, tu veux lui dire quelque chose ? — Oh ! non, rien de particulier.* ● *Ne perdons pas de temps à examiner tous les cas particuliers : faisons d'abord une règle générale.*
II. (se dit de qqch) **particulier à qqch, qqn** *C'est une habitude très particulière aux gens d'ici.* ● *Quel est le plat vraiment particulier à l'Italie ? — Les pâtes.* ◆ (sans compl.) *Tu as des raisons particulières de ne pas vouloir voir Georges ?* ◆ **en particulier** *Il a fait vraiment chaud toute la semaine, en particulier jeudi.*

**G.** Cet adj. n'a pas de comparatif.
**S. 1.** Est *particulier* (sens I) ce qui se distingue par un caractère remarquable ; le mot a pour syn. SPÉCIAL et pour contr. GÉNÉRAL. — **2.** Est *particulier à* qqn ce qui le concerne spécialement, ce qui lui appartient en propre ; est *particulier à* qqch ce qui ne se rencontre que dans cette chose, dans ce lieu, ce qui est une PARTICULARITÉ ; les syn. sont SPÉCIFIQUE À, PROPRE À. Sans compl. (équivalant à *particulier à soi*), les syn. sont PERSONNEL, SPÉCIAL. *En particulier* est une loc. adv. qui a pour syn. SPÉCIALEMENT, PARTICULIÈREMENT, NOTAMMENT, ENTRE AUTRES, SURTOUT.
**L. particulièrement**, v. ce mot. ◆ **particularité** (n. f.) *Cette montre a la particularité d'indiquer les jours* (← *a le trait particulier d'indiquer les jours*).

**particulièrement** [partikyljɛrmɑ̃] adv.
I. [manière] *Il y a plusieurs points sur lesquels je voudrais insister particulièrement.* ● *Il fait toujours très beau l'été sur la Côte, mais particulièrement cette année.*
II. [quantité] *J'ai été particulièrement heureux de recevoir de ses nouvelles, j'étais inquiet à son sujet.* ● *Ce film m'a beaucoup plu, et toi ? — Pas particulièrement.*

**S. 1.** Au sens 1, *particulièrement* correspond à l'adj. PARTICULIER ; il a pour syn. SPÉCIALEMENT, SURTOUT et il s'oppose à GÉNÉRALEMENT. Il peut aussi servir à attirer l'attention sur une partie d'un ensemble dont il vient d'être question ; d'autres syn. sont alors EN PARTICULIER, NOTAMMENT et PRINCIPALEMENT (plus fort). — **2.** Au sens II, *particulièrement* indique une forte quantité ; il a pour syn. SPÉCIALEMENT, BEAUCOUP (après un verbe), TRÈS (devant un adj.), TELLEMENT (dans une réponse négative).

**partie** [parti] n. f.
I. [partie d'un tout] (compt.) *Tu ne vois sur cette photo qu'une partie de la plage : en réalité, elle est beaucoup plus grande.* ● *La première partie du match de football a dû être interrompue à cause de la pluie.* ● *C'était un exposé parfait en trois parties, avec une introduction et une conclusion.* ◆ (sujet qqch, qqn) **faire partie de qqch** *La France fait partie de l'Europe.* ● *Tu fais partie d'un syndicat, toi ?*
II. [quantité] (compt., surtout au sing.) *Paul passe la plus grande partie de son temps à lire.* ● *La maison a été en partie détruite par l'incendie.* ● *Tu es d'accord avec moi ? — Oh ! oui, en grande partie.*

III. [action, sport ou jeu] (compt.) *Tiens, prends les cartes, là sur la table ; on fait*

*une partie.* • *Cet après-midi, j'ai fait trois parties de tennis.*

**S. 1.** Une *partie* (sens I) est un élément d'un ensemble, d'un tout, d'une totalité. En parlant de qqch de concret, les syn. sont PART, MORCEAU, PORTION, BOUT. En parlant de qqch qui se déroule dans le temps (match, film, etc.), la PREMIÈRE *partie*, c'est le DÉBUT, la DERNIÈRE *partie*, c'est la FIN. *Faire partie de* qqch, c'est ÊTRE DANS qqch, APPARTENIR À qqch. — **2.** Au sens II, *une partie de* a pour contr. LA TOTALITÉ DE. *En (grande) partie* a pour syn. PARTIELLEMENT, par oppos. à COMPLÈTEMENT, EN TOTALITÉ, ENTIÈREMENT, TOTALEMENT. — **3.** *Faire une partie* (sens III), c'est jouer à un jeu ou faire un match, en comptant les points, jusqu'à ce que qqn ait gagné ou perdu la *partie*.
**L. partiel,** v. ce mot.

**partiel, elle** [parsjɛl] adj. (après le n.) (se dit de qqch [abstrait]) *Je ne me contente pas de ces succès partiels, ce qu'il me faut, c'est une victoire complète.*

**S.** Est *partiel* ce qui ne concerne qu'une PARTIE ; le syn. est INCOMPLET ou RELATIF, les contr. sont TOTAL, COMPLET.
**L. partiellement** (adv.) *Vous avez répondu d'une manière trop partielle à notre question* → *vous avez répondu trop partiellement à notre question.*

**partir** [partir] v. i. (conj. **20** ; auxil. *être*)
I. (sujet qqn, un animal, un véhicule, etc.) **partir (dans, à, en, pour un lieu** ou **d'un lieu)** *Il paraît que Pierre part pour les États-Unis le mois prochain ? — Oui, c'est son patron qui l'envoie là-bas.* • *Son bateau partira du Havre à 8 heures.* • *M. Durand ? Ah ! Je suis désolée, il est parti à Paris hier, pour trois jours.* ◆ (sujet qqn) **partir + inf.** *Pierre est parti mettre une lettre à la poste, il revient dans dix minutes.* ◆ (sujet qqch) **partir d'un lieu** *Tu connais le chemin, Yves ?*

— *Oui, il faut prendre la petite route qui part de l'église.*
II. (sujet qqch [tache, bouton, etc.]) *J'ai beau frotter, ça ne part pas, c'est une tache de sang.* • *Le bouton de ta veste est parti, je vais le remettre.*
III. (sujet qqn, qqch) **partir de qqch (abstrait)** *Ce n'est pas logique, ce que tu dis, de toute façon tu es parti d'une idée fausse.* ◆ (sujet qqn, qqch [abstrait]) **être bien, mal parti** *Eh bien, l'affaire est mal partie ! On n'arrivera jamais à se mettre d'accord.* • *Allez, continue ! tu es bien parti, tu vas réussir.*
IV. **à partir de qqch (temps** ou **lieu)** *À partir de demain, je m'arrête de fumer !* • *À partir d'ici, il faut faire très attention, la route est dangereuse.*

**S. 1.** *Partir* (sens I) c'est quitter un lieu, s'éloigner d'un lieu pour aller ailleurs ; le syn.

est S'EN ALLER. *Partir* s'oppose à ARRIVER, d'une part, et à RESTER, d'autre part. FILER est un syn. fam. quand on parle de qqn qui *part* vite. Le syn. de *partir* + inf. est ALLER. En parlant d'une route, qui *part* d'un endroit, le contr. est ABOUTIR (quelque part). — **2.** En parlant d'une tache, *partir* (sens II) a pour syn. DISPARAÎTRE, S'EN ALLER, S'ENLEVER ; le contr. est RESTER. — **3.** *Partir de* qqch (sens III), c'est AVOIR POUR POINT DE DÉPART, COMMENCER PAR (ou AVEC). *Être bien, mal parti*, c'est AVOIR PRIS UN BON, UN MAUVAIS DÉPART, AVOIR BIEN, MAL COMMENCÉ, DÉMARRÉ. Avec un sujet désignant qqch, le syn. est S'ENGAGER. — **4.** Suivi d'un nom de temps, *à partir de* (sens IV) marque le point de DÉPART ; l'expression a pour syn. soutenus DÉSORMAIS, DORÉNAVANT, et pour syn. courant À DATER DE ; le point d'arrivée, la limite sont indiqués par JUSQU'À.
**L. départ, repartir,** v. ces mots.

**partisan, e** [partizã, an] adj. (après le n.)
I. (sujet qqn) **être partisan de + inf.,** de

**qqch** *Je ne suis pas très partisan de commencer tout de suite ; il vaudrait mieux se donner le temps d'étudier le projet.*
II. (se dit de qqch [action, attitude]) *Des luttes partisanes ont entraîné la défaite de la gauche aux élections.*

   **G.** Au sens I, l'adj. est employé seulement au masculin.
   **S. 1.** Est *partisan de* qqch (sens I) celui qui y est FAVORABLE ; *je suis partisan de* a pour équivalent plus faible *je suis* D'AVIS DE. — **2.** Est *partisan* (sens II) ce qui est inspiré par un attachement exclusif à une idée.

**partout** [partu] adv.
[lieu] *Je t'ai cherché partout, où étais-tu donc ?* • *Ne laisse donc pas tes affaires traîner partout.* • *C'est très mal cousu, ça se défait de partout.* • *Ce chien me suit partout : je ne peux pas faire un pas sans l'avoir derrière moi !*

   **S.** *Partout* a pour équivalents DANS TOUS LES ENDROITS, DE TOUS LES CÔTÉS et pour contr. NULLE PART.

**parution** → PARAÎTRE L.

**parvenir** [parvənir] v. i. et v. t. ind. (conj. 23 ; auxil. *être*)
I. [v. i.] (sujet qqn, qqch) **parvenir qqpart, à qqn** *Après deux longues heures de marche, on était enfin parvenus au village.* • *Non,*

*votre lettre ne nous est pas encore parvenue.*
II. [v. t. ind.] (sujet qqn, qqch) **parvenir à + inf.** *Je ne sais pas si nous parviendrons à le convaincre.*

   **S. 1.** *Parvenir* (sens I) est un syn. soutenu de ARRIVER. En parlant d'une lettre, d'un colis, etc., c'est ÊTRE ACHEMINÉ VERS (techn.), TRANSMIS À, ARRIVER À DESTINATION. — **2.** *Parvenir à* (sens II) [soutenu], c'est arriver à tel ou tel résultat ; le syn. courant est RÉUSSIR À.

**1. pas** [pa] n. m.
I. [action, qqn, et résultat] *J'entends des pas dans l'entrée, c'est sûrement Françoise.*

• *Décidément, je ne peux pas faire un pas sans vous rencontrer.* • *Mon fils a fait ses premiers pas à un an.* • *Si vous ne pressez pas le pas, nous n'arriverons jamais au village avant la nuit.* • *La gare ? En marchant d'un bon pas, vous y êtes en cinq minutes.* • *Elle avance pas à pas, elle a peur de tomber après son accident.* • *Vous faites de trop grands pas, je suis obligée de courir.* • *Elle marche à petits pas comme une petite vieille.* • *Où est la mairie ? — Juste à côté, à deux pas d'ici.* • *Arrivé à la porte du jardin, il s'est retourné et est revenu sur ses pas, il avait sans doute oublié quelque chose.*
II. [action, qqn, qqch, et résultat] *Cette découverte est un grand pas de fait dans la lutte contre le cancer.* • *Alain et Pierre sont toujours fâchés, aucun des deux ne veut faire le premier pas.*

   **S. 1.** Au sens I, *faire un pas*, c'est MARCHER. *Presser le pas*, c'est MARCHER PLUS VITE ; *avancer pas à pas*, c'est ALLER LENTEMENT, AVEC PRÉCAUTION. *Pas* s'emploie aussi pour désigner le résultat (la distance parcourue en une enjambée) ou la proximité d'un lieu (*à deux, à quelques pas*). *Revenir sur ses pas*, c'est REVENIR EN ARRIÈRE. — **2.** Au sens II, un *pas* est une étape, un progrès vers qqch. *Faire les premiers* *pas*, c'est faire les premières avances quand on a été brouillé avec qqn, pour se réconcilier, ou PRENDRE L'INITIATIVE DE qqch.

**2. pas** [pa] adv.
[négation] **ne... pas (de + n. plur.** [compt.] ou **sing.** [non-compt.]) *Pierre ne viendra pas dimanche. — Ah? Je suis déçu de ne pas le voir.* • *Vous n'aurez pas d'ennuis au moins, si vous arrivez en retard? — Non, mais ils ne seront pas contents.* • *Allez, pas d'histoires! Raconte-nous la vérité.* • *Fais attention et surtout pas de blagues!* • *Tu es triste? — Absolument pas.* • *Pierre est d'accord avec nous? — Pas du tout, il trouve qu'on a tout à fait tort.* • *Ça te dit d'aller au cinéma? — Pourquoi pas? je n'ai rien d'autre à faire.* • *Toi, tu viens, mais pas Jacques.* • *J'ai fait ça pour Aline, et pas pour toi.* • *Je veux bien marcher, mais pas courir.* • *François a toujours de la chance, pas moi.* • *Tu vois toujours les Durand? — Oui, mais pas souvent.*

**S.** et **G. 1.** *Pas* sert de négation à la phrase ou à un des constituants du groupe verbal; il s'emploie accompagné de NE. Il se place après l'auxiliaire ou le verbe, ou devant un inf. dont il peut être séparé par un pronom personnel. — **2.** *Pas* (négatif) s'emploie sans NE en langue écrite : *a)* dans les réponses, mais toujours précédé d'un adv. de renforcement ou sous la forme renforcée *pas du tout; b)* dans les phrases sans verbe et surtout devant un nom précédé de DE; *c)* dans une phrase sans verbe par oppos. à une affirmation précédente; *d)* pour nier ou atténuer un adv. En langue parlée, NE n'apparaît que rarement. — **3.** *Pas* a pour syn. litt. POINT. *Et pas, mais pas* ont pour équivalents soutenus ET NON, MAIS NON devant un nom ou un verbe.

**passable** [pasabl] adj. (après le n.)
(se dit d'un élève, de qqch) *Votre fils a des résultats tout juste passables; il faut qu'il fasse un effort.* • *Comment as-tu trouvé leur café? — À peine passable.*

**G.** Cet adj. n'a pas de comparatif.
**S.** Est *passable* un élève qui obtient des résultats suffisants sans être bons. Est *passable* qqch de MOYEN, MÉDIOCRE (péjor. et plus fort).

**passage** [pasaʒ] n. m.
I. [action, qqn, qqch] (compt., surtout au sing.) *Je lirai le journal en attendant le passage de l'autobus.* • *On prend François au passage? Sa maison est sur le chemin.* • *Écartez-vous, s'il vous plaît, laissez le passage.* ◆ **de passage** *Je te téléphone parce que je suis de passage à Paris. Je repars demain matin.*

II. [lieu, accès] (compt.) *On prend le passage souterrain?* • *Comment va-t-on faire pour sortir de là? — Regarde là-bas, il y a de la lumière, il doit y avoir un passage.*
III. [partie d'un texte] (compt.) *Tu me lis quelques passages de ce roman?* • *J'ai beaucoup aimé le passage du film où les deux hommes se racontent leur vie.*

**S. 1.** Le *passage* (sens I), c'est le fait de PASSER. Attendre le *passage* de qqn, d'un véhicule, c'est attendre son ARRIVÉE; *prendre qqn au passage*, c'est le *prendre* EN PASSANT; *laisser le passage à qqn*, c'est le *laisser* PASSER. *Être de passage* qqpart, c'est y PASSER; le contr. est RESTER (longtemps). — **2.** Au sens II, un *passage* permet d'aller d'un lieu, d'un endroit à un autre. Un *passage* SOUTERRAIN est un TUNNEL. — **3.** Au sens III, un *passage* est un EXTRAIT, un MORCEAU, un FRAGMENT ou un ÉPISODE d'un livre, d'un film, etc.

**1. passager, ère** [pasaʒe, ɛr] n.
[personne, agent] *Dans l'accident, un des passagers de la voiture a été tué sur le coup.* • *Les passagers peuvent-ils aller sur le pont du bateau avec un tel vent?*

**S.** Un *passager* est qqn qui voyage à bord d'un bateau, d'un avion, d'une voiture. Le *passager* s'oppose au CONDUCTEUR (dans une voiture), à l'ÉQUIPAGE (dans un bateau ou un avion). Dans un train, on parle plutôt de VOYAGEUR.

**2. passager** → PASSER L.

**passant, e** [pasɑ̃, ɑ̃t] n.
[personne, agent] *La vieille dame n'osait pas traverser, heureusement un passant s'est arrêté pour l'aider.* • *J'aime bien m'installer à la terrasse d'un café et regarder les passants.*

# PASSER

**S.** Un *passant* est qqn qui circule à pied dans une rue. Il a pour syn. PIÉTON et PROMENEUR (plus précis). Quand plusieurs *passants* s'arrêtent pour regarder qqch dans la rue, ce sont des BADAUDS.

**passé** [pase] n. m.
I. [temps, qqch] (non-compt., au sing.) *Il ne faut pas tout le temps penser au passé.* • *Tout ça, c'est du passé, n'en parlons plus !* • *Dans le passé, les femmes n'avaient pas le droit de vote en France ; elles l'ont depuis 1945.*
II. [temps, qqn] (non-compt., au sing.) **passé (de qqn)** *Mon grand-père parle souvent de son passé.*

**S. 1.** Le *passé* (sens I) s'oppose au PRÉSENT et à l'AVENIR (ou FUTUR). *Dans le passé* est syn. de AUTREFOIS, JADIS (litt.), et s'oppose d'une part à AUJOURD'HUI, ACTUELLEMENT, d'autre part à DANS L'AVENIR. — **2.** Le *passé* de qqn (sens II), c'est sa vie PASSÉE, son enfance, sa jeunesse. *Parler de son passé*, c'est évoquer ses souvenirs.

**passeport** [paspɔr] n. m.
[objet personnel] *On t'a demandé ton passeport à la douane ?* • *Pour aller dans certains pays, le passeport n'est pas nécessaire, la carte d'identité suffit.*

**S.** Un *passeport* est un document officiel qui sert de pièce ou papier d'identité et qui permet d'aller à l'étranger. Pour aller dans certains pays, on exige un VISA apposé sur le *passeport*.

**passer** [pɑse] v. i. et v. t. (conj. **1**)
I. [v. i. ; auxil. *être*] (sujet qqn, qqch en mouvement) **passer par, sur, sous, etc., un lieu, chez qqn** *Vous passerez par Lyon pour aller dans le Midi ?* • *Quand tu passeras sur le pont, tu n'iras pas vite, c'est dangereux.* • *Comment ça se fait qu'il fait froid ici ? — C'est l'air qui passe sous la porte.* • *Comment s'appelle le fleuve qui passe à Paris ? — La Seine.* • *Tiens ! Le facteur est passé, il y a une lettre de tante Adèle.* • *Passez chez moi à 5 heures, j'y serai.* ◆ (sujet qqn) **passer + inf.** *Tu devrais passer voir Christine, elle est malade.* • *Je passe te prendre à midi juste : sois prête.*
II. [v. i. ; auxil. *être*] (sujet qqn, qqch [abstrait]) **passer (à, devant, par, sur, etc., qqch)** *Tu vas voir, à force de faire des bêtises, un jour tu passeras devant le tribunal.* • *Mon fils a réussi son examen, il passe au lycée.* • *Tu crois que ce projet de loi va passer à l'Assemblée ?* • *Passons à autre chose, tout ça n'a pas d'importance.* • *Passez sur les détails et racontez-moi l'essentiel.* ◆ (sujet le temps, un mal, un ennui) **passer (+ adv.)** *Ce que les jours passent vite ! Ça fait déjà deux semaines qu'on est en vacances.* • *Qu'est-ce que j'ai mal à la tête ! — Prends un cachet, ça va passer.* ◆ **ça passe** ou (sujet qqn) **laisser passer qqch (abstrait)** *Tu crois que je suis assez bien habillée pour ce soir ? — Ça peut passer, ne t'inquiète pas.* • *C'est vraiment ce qu'il t'a dit ? Tu ne vas pas laisser passer ça quand même !* ◆ (sujet qqn, qqch [abstrait]) **passer avant, après qqn, qqch** *Il fait passer le travail avant toute autre chose, pour lui c'est le plus important.* ◆ (sujet qqn, un film, une émission, etc.) **passer à la radio, à la télé, au cinéma** *Il paraît que Pierre passe à la télé ce soir pour parler de son dernier livre.* • *Ça fait dix fois que ce disque passe à la radio aujourd'hui !*
III. [v. t. ; auxil. *avoir*] (sujet qqn) **passer qqch dans, à, en, sur, etc., un lieu, qqch** *Il s'est fait prendre en essayant de passer des bijoux à la douane.* • *Elle a une drôle d'habitude, elle se passe sans arrêt la main dans les cheveux.* • *Tu devrais passer un chiffon sur ces meubles, ils sont pleins de poussière.* ◆ (sujet qqn, la radio, la télé, etc.) **passer qqch (film, disque, émission)** *La télé passe trop de films américains en ce moment.* ◆ (sujet qqn) **passer un vêtement** *Tu ne vas quand même pas aller ouvrir la porte comme ça ! Va passer quelque chose.* ◆ **passer qqch (examen, limite, obstacle)** *Tu n'as pas eu d'ennuis en passant la frontière ?* • *Quand passez-vous votre examen ? — En juin.* ◆ **passer qqch (temps) en un lieu** ou **à + inf.** *Où avez-vous passé vos vacances ? — En Italie.* • *J'ai passé deux heures à faire ce problème, il était vraiment difficile.* ◆ (sujet qqch [abstrait]) **être**

passé *Allez, c'est passé, n'en parlons plus.*
• *Maintenant, le plus difficile est passé!*
IV. [v. t. ; auxil. *avoir*] (sujet qqn) **passer qqch à qqn** *Vous pouvez me passer le sel, s'il vous plaît?* • *Passe-moi ton stylo, le mien ne marche plus.* • *Pierre a passé sa grippe à toute la famille, c'est pas drôle, ils sont tous couchés!*
V. [v. pr.] (sujet qqch [abstrait]) **se passer (+ compl. ou adv. de manière ou de lieu)** *Alors, comment s'est passée ta journée? — Pas trop mal.* • *Ne t'inquiète pas pour l'opération, tu verras, tout se passera bien.* • *J'ai vu un accident ce matin. — Ah! Où est-ce que ça s'est passé?* • *Qu'est-ce qui se passe dans le bureau? Pourquoi tout ce bruit?* • *Il se passe des choses bizarres dans cette maison, je ne retrouve jamais rien.*
VI. [v. pr.] (sujet qqn) **se passer de qqch, de qqn** ou **de + inf.** *Vite! On est en retard! — Mais j'ai faim! — Tant pis, tu te passeras de manger.* • *Pierre ne pourra pas venir à la réunion. — Eh bien, on se passera de lui!*
VII. [v. i. ; auxil. *être*] (sujet qqn) **passer pour + n., faire passer qqn pour + n.** *Mets-moi au courant, sinon je vais passer pour une idiote.* • *On va leur faire une blague, je vais te faire passer pour ma femme.*

**S. 1.** *Passer* (sens I) suppose que qqn, qqch se déplace. *Passer par un endroit*, c'est le TRAVER-

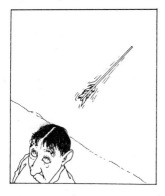

SER, *passer sur un lieu*, c'est le FRANCHIR. En parlant de l'air, *passer sous* a pour syn. soutenu FILTRER. En parlant d'un fleuve, *passer qqpart* a pour syn. COULER. Sans compl. de lieu, il a pour syn. VENIR. Dans la plupart des cas, *passer dans un lieu* s'oppose à RESTER. *Passer + inf.* a pour syn. ALLER ou VENIR + inf. — **2.** Avec un sujet désignant qqn ou qqch d'abstrait, *passer* (sens II) suppose une limite, une diffi-

culté, un obstacle. *Passer devant un tribunal*, c'est y COMPARAÎTRE. *Passer à l'Assemblée*, c'est ÊTRE VOTÉ. *Passer à autre chose*, c'est CHANGER DE SUJET. *Passer sur qqch*, c'est NE PAS EN TENIR COMPTE ; un contr. est S'APPESANTIR SUR (soutenu). En parlant du temps, *passer* a pour syn. S'ÉCOULER (soutenu); en parlant de qqch, surtout d'un sentiment, d'une douleur, etc., il a pour syn. DISPARAÎTRE. *Ça passe* a pour syn. ÇA PEUT ALLER, C'EST ADMISSIBLE. *Laisser passer qqch* (abstrait) a pour syn. ADMETTRE. *Passer avant, après* indique un rang. *Ce qui passe avant* est PRIMORDIAL, *ce qui passe après* est SECONDAIRE. En parlant d'un film, d'une émission, etc., *passer* a pour syn. ÊTRE PROJETÉ, RETRANSMIS, JOUÉ selon les cas. — **3.** *Passer qqch* (sens III), c'est le FAIRE PASSER (sens I) qqpart. *Passer un film*, c'est le PROJETER, *passer un disque*, c'est le FAIRE JOUER, *passer une émission*, c'est la RETRANSMETTRE. *Passer un vêtement*, c'est l'ENFILER. *Passer une limite, un obstacle*, c'est le FRANCHIR ; *passer un examen, une visite*, etc., c'est les SUBIR, S'Y SOUMETTRE. *Passer un certain temps*, c'est employer ce temps d'une certaine manière. *C'est passé* a pour syn. *c'est* FINI. — **4.** Au sens IV, *passer*

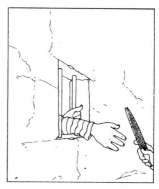

*qqch à qqn* a pour syn. DONNER, PRÊTER ou TRANSMETTRE. — **5.** Au sens V, *se passer* a pour syn. ALLER (avec un compl. ou un adv. de manière), SE PRODUIRE, AVOIR LIEU (avec un adv. ou un compl. de lieu). *Se passer de faire qqch*, c'est NE PAS LE FAIRE, S'ABSTENIR DE (soutenu) ; *se passer de qqch* a pour syn. SE PRIVER DE ; *ne pas pouvoir se passer de qqch*, c'est en AVOIR BESOIN. — **6.** Au sens VI, *passer pour* a pour syn. AVOIR L'AIR DE, ÊTRE CONSIDÉRÉ COMME ; *faire passer qqn pour*, c'est le FAIRE PRENDRE POUR.
**L. passager, ère** (adj.) [sens II] *La douleur est vite passée* → *la douleur a été passagère.*

**passe-temps** [pastã] n. m. inv.
[activité] *Dès qu'il a un moment de libre, il s'occupe de sa collection de timbres, c'est son passe-temps favori.*

**S.** Un *passe-temps* est une activité qui fait agréablement PASSER le TEMPS. Il a pour syn. soutenus AMUSEMENT, DIVERTISSEMENT.

**passif, ive** [pasif, iv] adj. (après le n.)
(se dit de qqn, de son attitude) *Tu ne peux pas rester passif quand on t'attaque ; défends-toi un peu.* • *Ton professeur se plaint que tu restes passive en classe, que tu ne réponds jamais aux questions ; tu es trop timide, remue-toi.*

**S.** Est *passif* (soutenu) celui qui ne réagit pas, qui subit sans réaction. Les contr. sont ACTIF, ÉNERGIQUE. Les syn. sont APATHIQUE (soutenu), MOU.
**L. passivement** (adv.) *Paul obéit de manière passive aux ordres* → *Paul obéit passivement aux ordres.*

**passion** [pasjɔ̃] n. f.
[sentiment] (non-compt., au sing.) *Il l'aime avec passion, c'est presque trop.* • *Tu verras que sa passion du jeu l'amènera à la ruine.* ◆ (compt.) *Non, on ne peut rien faire pour l'arrêter, la politique chez lui, c'est une passion.* • *Ce que j'aime en Paul, c'est qu'il a des passions : la musique, le cinéma, le football, et j'en passe.*

**S.** Ce mot désigne à la fois le sentiment d'amour violent (non-compt.) éprouvé pour qqn ou qqch (en ce sens il a pour syn., selon les contextes, FRÉNÉSIE, FANATISME [plus forts et soutenus]) et l'objet, la personne (compt.) qui suscitent ce sentiment.
**L. passionnel, elle** (adj.) *C'était un crime passionnel* (← *causé par la passion*). ◆ **passionnément** (adv.) *Elle aime le cinéma avec passion* → *elle aime passionnément le cinéma.*
◆ **passionner**, v. ce mot.

**passionnant, e** [pasjɔnɑ̃, ɑ̃t] adj. (après ou, plus rarement, avant le n.)
(se dit d'un spectacle, d'un récit, d'un livre) *Alors, comment as-tu trouvé ce roman ? — Oh ! passionnant ! J'ai lu jusqu'à 5 heures du matin pour le finir !* • *C'est passionnant de l'écouter raconter ses voyages : on ne sent pas le temps passer.*

**S.** *Passionnant* a pour syn., par ordre d'intensité décroissante, PALPITANT, CAPTIVANT, PRENANT, INTÉRESSANT, et pour contr. ASSOMMANT (fam.), ENNUYEUX, QUELCONQUE, INSIGNIFIANT.

**passionner** [pasjɔne] v. t. (conj. **1**)
(sujet qqch) **passionner qqn** *Les mathématiques le passionnent, moi, je n'y comprends*

*rien du tout.* • *Le pays entier est passionné par ce scandale politique.* ◆ (sujet qqn) **se passionner pour qqch** *J'aime les gens qui se passionnent pour ce qu'ils font.* ◆ **être passionné (de qqch)** *Alain est passionné de chimie, il passe tous ses week-ends à faire des expériences.*

**S.** *Passionner* est un syn. plus fort d'INTÉRESSER. *Se passionner pour qqch, être passionné de qqch,* c'est éprouver pour cette chose de la PASSION, un haut intérêt, un goût profond.
**L. passionnant,** v. ce mot.

**pasteur** [pastœr] n. m.
[personne, fonction] *Des prêtres et des pasteurs se sont réunis pour discuter de ce qui les sépare et de ce qui les unit.*

**S.** Le *pasteur* est à la tête d'une communauté protestante ; il dirige le culte protestant qui a lieu au temple.

**pas un, pas une** [pazœ̃, zyn] adj. et pron. indéf.
[adj. indéf.] (négation) *Quelle chance ! Pas une voiture sur l'autoroute !* • *C'est quand même un peu fort ! Il n'y a pas un seul roman intéressant dans cette bibliothèque.*
◆ [pron. indéf.] **pas un (de, d'entre** + n. ou **pron. plur.), pas un qui (dont, que,** etc.)

# PÂTE

*Alors, pas un d'entre vous ne saura répondre à cette question ?*

**S. et G.** *Pas un,* pron. et adj. négatif, suppose la présence de NE devant le verbe. Le syn. est AUCUN (AUCUNE). Comme pron. indéf., il a aussi pour syn. PERSONNE.

**pâte** [pat] n. f.
I. [aliment] (non-compt., au sing.) *J'aurais*

*bien aimé vous faire une tarte, mais je ne sais pas faire la pâte !*
II. [aliment] (non-compt., au plur.) *Encore des pâtes ! Mais on en a déjà mangé à midi !*

**S. 1.** La *pâte* (sens I) se fait avec de la farine et de l'eau, on peut y ajouter des œufs, du beurre, etc. La *pâte* est utilisée pour faire le pain (*pâte* À PAIN) et, en pâtisserie, pour faire des gâteaux et les crêpes (*pâte* À CRÊPES). —
**2.** Les *pâtes* (sens II) sont faites de *pâte* (sens I); on les achète sous forme de nouilles, de macaronis, de spaghettis, etc.

**pâté** [pate] n. m.
I. [aliment] *Comme hors-d'œuvre, j'ai préparé du saucisson et des pâtés.* • [Chez le charcutier] : « *Une tranche de pâté de campagne, s'il vous plaît.* »
II. [partie d'un lieu urbain] **pâté de maisons** *Tu tournes à droite après ce pâté de maisons, le boulanger est juste là.*

**S. 1.** Le *pâté* (sens I) se prépare avec des viandes hachées cuites et servies dans une terrine ; on l'achète chez le charcutier. —
**2.** Un *pâté de maisons* (sens II) est un groupe, un BLOC DE MAISONS limité par des rues.

**paternel** → PÈRE L.

**patience** [pasjɑ̃s] n. f.
[qualité, qqn] (non-compt., au sing.) *Tu sais qu'au début il faut avoir beaucoup de patience pour apprendre le piano !* • *Quoi ? Encore trois jours ? Mais je n'aurai jamais la patience d'attendre jusque-là !*

**S.** La *patience,* c'est la qualité de celui qui est PATIENT. Les syn. plus forts sont PERSÉVÉRANCE (soutenu) et COURAGE. Les contr. sont IMPATIENCE et EXASPÉRATION (soutenu et plus fort).

**patient, e** [pasjɑ̃, ɑ̃t] adj. (après le n.) (se dit de qqn) *Je te préviens que je n'attendrai pas longtemps, je ne suis absolument pas patiente.* • *Si vous êtes patient, venez maintenant, mais il y a quinze personnes avant vous.*

**S.** *Être patient,* c'est savoir attendre ou supporter qqch ou qqn ; un syn. moins fort est CALME. Les contr. sont, par ordre d'intensité croissante, IMPATIENT, IRRITABLE, NERVEUX.
**L. patiemment** (adv.) *La police surveille avec patience ses allées et venues → la police surveille patiemment ses allées et venues.* ◆ **patience, patienter, impatient,** v. ces mots.

**patienter** [pasjɑ̃te] v. i. (conj. 1) (sujet qqn) *Le docteur vous demande de patienter un instant, il vous reçoit tout de suite.*

**S.** *Patienter* est un syn. soutenu d'ATTENDRE et suppose qu'on attende avec PATIENCE.
**L. impatienter (s'),** v. ce mot.

**pâtisserie** [patisri] n. f.
I. [lieu, commerce] (compt.) *Dans quelle pâtisserie as-tu acheté ces gâteaux ?*
II. [aliment] (non-compt., au sing.) *Pour le dessert, tu préfères qu'on prenne des fruits ou de la pâtisserie ?* ◆ (compt.) *Maman n'a*

jamais le temps de faire des pâtisseries, c'est pour ça qu'on n'en mange jamais.

**S. 1.** *Pâtisserie* (sens I) désigne une boutique, un commerce où on vend des gâteaux. — **2.** Au sens II, *pâtisserie* (non-compt.) désigne l'ensemble des GÂTEAUX ou *pâtisseries* (compt.). La plupart du temps, les boulangeries vendent aussi de la *pâtisserie*.

**pâtissier, ère** [pɑtisje, ɛr] n.
[personne, profession] *C'est toi qui as fait le gâteau ? — Non, il vient de chez le pâtissier d'en face.*

**S.** Le *pâtissier* est un artisan, un commerçant qui fait et vend des gâteaux, de la PÂTISSERIE. Beaucoup de *pâtissiers* sont en même temps boulangers (BOULANGER-PÂTISSIER).
**L. pâtisserie,** v. ce mot.

**patron, onne** [patrɔ̃, ɔn] n.
I. [personne, fonction] **patron (d'un commerce)** [*Au restaurant*] : « *Monsieur, si vous n'êtes pas content, adressez-vous au patron !* »
II. [personne, fonction] **patron (d'une entreprise)** *Tant que leur patron refusera de les augmenter, les ouvriers continueront la grève.*

**S. 1.** Au sens I, le *patron* ou la *patronne* d'un café, d'un restaurant ou d'un hôtel est celui ou celle qui le dirige, soit qu'il en soit le propriétaire, soit qu'il en soit le gérant. — **2.** Au sens II, un *patron* est qqn qui dirige une entreprise industrielle ou commerciale, une usine. Le syn. est DIRECTEUR, appelé aussi P.-D. G. (PRÉSIDENT-DIRECTEUR GÉNÉRAL). Les *patrons* sont des EMPLOYEURS (langue administrative).
**L. patronal, e, aux** (adj.) [sens II] On a exposé à la radio le point de vue des patrons → *on a exposé à la radio le point de vue patronal.* ◆ **patronat** (n. m.) [sens II] L'ensemble des patrons de France → *le patronat français.*

# PAUVRE

**patte** [pat] n. f.
[partie d'un animal] *Donne-moi le nom d'un animal à deux pattes. — L'oiseau. — Un animal à quatre pattes ? — Le chien.* • *En sautant, le cheval s'est cassé la patte et on a dû l'abattre.*

**S.** Les *pattes* sont les membres des animaux.

**paume** [pom] n. f.
[partie du corps] *Dans ce jeu, on renvoie la balle sur le mur avec la paume de la main.*

**S.** La *paume* est le dedans de la main.

**paupière** [popjɛr] n. f.
[partie du corps] *Attends, je vais te soulever un peu la paupière pour enlever ce grain de sable : ne bouge pas.* • *Quand tu te maquilles, qu'est-ce que tu mets comme couleur sur les paupières ? — Du vert.*

**S.** Les *paupières* sont des membranes de peau mobiles qui recouvrent l'œil ; le bord des *paupières* est garni de cils.

**pauvre** [povr] adj. et n.
I. [adj.] (se dit de qqn, d'un groupe ; après le n.) *Mon père était d'une famille pauvre,*

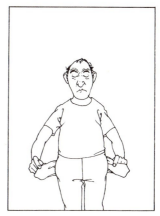

*et il a été obligé de travailler très jeune.* • *Jean habite dans les quartiers pauvres de la ville, dans la banlieue ouvrière.* • *La plupart des pays d'Afrique sont pauvres, leur économie n'est pas aussi développée que celle des grands pays d'Europe.* ◆ [n.] (personne) *Ce sont toujours les pauvres qui sont les victimes de l'inflation.*
II. [adj.] (se dit de qqn, d'un animal ; avant le n.) *La pauvre fille, elle n'est pas très*

*jolie ! — Ce n'est pas une raison pour se moquer d'elle.* ● *Oh ! la pauvre bête ! Elle s'est cassé la patte !* ◆ [n.] (personne) *La pauvre, je la plains, elle en a eu des malheurs dans sa vie !*

**G.** Au sens II, *pauvre* est seulement épithète et n'a ni comparatif ni superlatif.
**S. 1.** *Pauvre* (sens I) a pour contr. RICHE ; en parlant de qqn, d'une famille, il a pour syn. moins forts MODESTE, DÉFAVORISÉ, ÉCONOMIQUEMENT FAIBLE (soutenu) ; en parlant d'un pays, le syn. est SOUS-DÉVELOPPÉ. Qqn qui est *pauvre* n'a pas (ou n'a que peu) d'argent, de ressources. — **2.** *Pauvre* (sens II) a pour syn. MALHEUREUX. Un autre syn. de l'adj. est PITOYABLE (après le n.).
**L. pauvreté** (n. f.) [sens I] Ce pays est pauvre, c'est visible → *la pauvreté de ce pays est visible*. ◆ **appauvrir** (v. t.) [sens I] Le pays a été rendu pauvre par la guerre → *le pays a été appauvri par la guerre*.

**pavillon** [pavijɔ̃] n. m.
[lieu, habitation] *Un petit pavillon en banlieue, un bout de jardin, voilà ce qu'il te faut.*

**S.** Le *pavillon* est une maison individuelle dans les villes ou les banlieues, par oppos. à la VILLA (le plus souvent une résidence secondaire au bord de la mer).

**payer** [peje] v. t. (conj. **6**)
I. (sujet qqn) **payer qqn** *Tu es payé à l'heure ou au mois ?* ● *Dans l'entreprise, on est payé le 25 de chaque mois.* ● *Ça ne vous ennuie pas si je vous paie par chèque ?*
II. (sujet qqn) **payer qqch (tel prix)** *Com-*

*bien as-tu payé cet appartement ?* ● *J'ai payé ma robe moins cher que la tienne.*
III. (sujet qqn) **payer qqch (somme d'argent)** *Bon ! on va au restaurant, mais chacun paie sa part.* ● *Cette facture n'a pas été payée le mois dernier, il va falloir régler ça maintenant.* ● *Je serais bien parti en voyage, mais avec toutes les dettes que j'ai à payer !...*
IV. (sujet qqn) **payer qqch à qqn** *Dis donc, tu as vu ? Pierre a payé une belle voiture à sa femme !* ● *Si on se payait le restaurant à midi, au lieu de manger un sandwich ?*

**S. 1.** *Payer* qqn, c'est le RÉTRIBUER, le RÉMUNÉRER (soutenus) pour le travail qu'il a fait, ou le RÉGLER, lui VERSER LA SOMME D'ARGENT qu'on lui doit. — **2.** *Payer* qqch (tel prix) [sens II], c'est l'ACHETER. Il a pour équivalent une tournure inverse avec COÛTER ou REVENIR À (*Combien as-tu payé ton appartement ?* → TON APPARTEMENT A COÛTÉ COMBIEN ? ou TON APPARTEMENT T'EST REVENU À COMBIEN ?). — **3.** *Payer une somme d'argent* (sens III), c'est donner le prix convenu pour qqch, S'ACQUITTER DE, RÉGLER. Suivi d'un compl. de prix, il a pour syn. VERSER, DÉBOURSER (telle somme). *Payer une dette*, c'est la REMBOURSER. — **4.** *Payer qqch à qqn* (sens IV) a pour syn. OFFRIR.
**L. payant, e** (adj.) [sens III] *Il faut payer l'entrée* → *l'entrée est payante*. ◆ **paie** ou **paye** (n. f.) [sens I] *On est payé demain* → *la paie a lieu demain*. ◆ **paiement** ou **payement** (n. m.) [sens I et III] *La somme à payer est de cent francs par mois* → *le paiement est de cent francs par mois*.

**pays** [pei] n. m.
I. [lieu, institution] (compt.) *Ce pays est tout petit, je ne connais même pas le nom de sa capitale !* ● *Combien y a-t-il de pays en Afrique ?* ◆ (non-compt., au sing.) *Je suis allé partout en France et en Europe ! — Eh bien, tu en as vu du pays !*
II. [lieu naturel] (compt.) **pays (de + n.)** *Pour beaucoup d'étrangers, la France est le pays du bon vin.* ● *C'est un pays de montagnes ?*

**S. 1** *Pays* (sens I) a pour syn. plus précis ÉTAT, NATION et, plus vague, TERRITOIRE. Le *pays* où qqn est né est sa PATRIE, son *pays* NATAL. — **2.** Le *pays de qqch* (sens II) a pour syn. RÉGION.

**paysage** [peizaʒ] n. m.
[forme naturelle] *J'aime beaucoup cette région, il y a des paysages extraordinaires.* ● *On devrait monter sur la montagne, de là-haut on verrait tout le paysage.*

**S.** Un *paysage* est un lieu qui se présente à la vue. PANORAMA et SITE sont des syn. soutenus.

**paysan, anne** [peizɑ̃, an] n.
[personne, fonction sociale] *J'aime bien les marchés à la campagne : on y voit des paysans vendre leurs produits.* ● *Dans cette région, les paysans font surtout la culture du blé.*

**S.** Les *paysans* cultivent la terre ; ils habitent à la campagne dans des villages ou des fermes : ce sont des RURAUX (adm.). Les syn. sont AGRI-CULTEUR et EXPLOITANT AGRICOLE (adm.), CULTIVA-TEUR (langue écrite), FERMIER. Certains *paysans* sont spécialisés : les ÉLEVEURS (dans l'élevage du bétail), les VIGNERONS (dans la culture de la vigne).
**L. paysannerie** (n. f.) Ce livre parle des (de l'ensemble des) paysans algériens → *ce livre parle de la paysannerie algérienne.*

**peau** [po] n. f.
I. [partie du corps] *Je voudrais un savon pour peau grasse, s'il vous plaît.* ◆ [partie d'un animal] *Pour mon anniversaire, Pierre m'a offert un portefeuille en peau de serpent.*
II. [partie d'un végétal] *Tu manges ta pomme avec la peau ?*

**S. 1.** La *peau* d'une personne, d'un animal, c'est la couche de tissu organique qui recouvre son corps. Il a pour syn. ÉPIDERME (terme savant) en parlant d'une personne, CUIR ou FOURRURE (quand la *peau* est couverte de poils) en parlant d'un animal. — **2.** La *peau* d'un fruit, d'un légume, c'est son enveloppe. Enlever la *peau* d'un fruit, d'un légume, c'est l'ÉPLUCHER ou le PELER.

**pêcher** [peʃe] v. t. (conj. **1**)
I. (sujet qqn) **pêcher (des poissons)** *Tu te rends compte ? Il a pêché vingt poissons en*

*une heure ! ● Paul s'est acheté un bateau pour aller pêcher à la ligne.*
II. (sujet qqn) **pêcher qqch (idée, histoire, etc.)** *Où as-tu donc été pêcher cette idée qu'on te voulait du mal ?*

**S. 1.** *Pêcher des poissons* (sens I), c'est les

PRENDRE. Sans compl., c'est essayer de les prendre en allant à la PÊCHE. — **2.** *Pêcher qqch* (fam.) [sens II] a pour syn. PRENDRE, CHERCHER, TROUVER.
**L. pêche** (n. f.) [sens I] Je vais pêcher → *je vais à la pêche.* ◆ **pêcheur**, v. ce mot.

**pêcheur** [peʃœr] n. m.
I. [personne, profession] *Viens avec moi sur le port, on va assister au retour des pêcheurs.*
II. [personne, agent] **pêcheur (à la ligne)**

*M. Dupont est un pêcheur passionné, tous les samedis matins, il est au bord de l'Oise.*

**S. 1.** Un *pêcheur* (sens I) s'embarque à bord d'un bateau de PÊCHE pour prendre des poissons, des crustacés, le plus souvent à l'aide de filets, pour les vendre. — **2.** Un *pêcheur* (sens II) PÊCHE au bord d'une rivière ou de la mer pour se détendre ou faire du sport.

**pédagogie** [pedagɔʒi] n. f.
[science] (compt., surtout au sing.) *Ils se retrouvent professeurs sans avoir jamais eu la moindre formation en pédagogie, c'est inadmissible.* ◆ [qualité, qqn] (non-compt., au sing.) *Ça, il a beaucoup de pédagogie, il explique très bien et avec patience.*

**S.** La *pédagogie* est la science de l'éducation et la qualité de celui qui enseigne bien.
**L. pédagogique** (adj.) Peut-on parler de méthode fixe en pédagogie ? → *peut-on parler de méthode pédagogique fixe ?* ◆ **pédagogue** (n. et adj.) Il a beaucoup de pédagogie → *c'est un bon pédagogue.*

**pédale** [pedal] n. f.
[partie d'un véhicule] *Tu ne sais pas où est la pédale de frein et tu veux conduire ? Tu*

*es fou!* ● *Allez, plus fort, appuie sur les pédales, ça monte.*

**S.** Dans une voiture, on distingue la *pédale* DE FREIN, D'ACCÉLÉRATEUR et D'EMBRAYAGE. Les deux *pédales* d'une bicyclette permettent de la faire avancer.

**peigne** [pɛɲ] n. m.
[instrument] *Tu me prêtes ton peigne? Je n'ai rien pour me coiffer.* ● *Alors, tu viens? — Attends, je me donne un coup de peigne et j'arrive.*

**S.** Un *peigne* sert à se PEIGNER ou à se coiffer. *Se donner un coup de peigne,* c'est SE PEIGNER rapidement.

**peigner** [pɛɲe] v. t. (conj. 1)
(sujet qqn) **peigner qqn** *Judith voudrait une poupée avec des cheveux longs pour pouvoir la peigner.* ◆ **se peigner, être peigné** *Tu ne vas pas sortir comme ça, tu n'es même pas peignée! Va te peigner.*

**S.** *Peigner* a pour syn. COIFFER (plus recherché) et DONNER UN COUP DE PEIGNE (plus rapide).
**L. dépeigné, e** (adj.) Il n'est plus peigné → *il est dépeigné.* ◆ **repeigner (se)** v. pr. Il se peigne de nouveau (après avoir été dépeigné) → *il se repeigne.*

**peindre** [pɛ̃dr] v. t. (conj. 44)
I. (sujet qqn) **peindre un objet, un lieu** *Ah? Tu vas refaire ta chambre? — Oui, je vais peindre le plafond en blanc et les murs en vert clair.* ● *Ce n'est pas le moment de leur rendre visite: ils sont en train de peindre leur maison!*
II. (sujet qqn) **peindre (un tableau)** *Oh! Quel joli tableau! C'est toi qui l'as peint?* ● *Mon fils n'aime pas tellement apprendre à lire et à écrire: ce qu'il préfère, c'est dessiner ou peindre!*

**S. 1.** *Peindre* (sens I), c'est recouvrir une surface avec de la PEINTURE. — **2.** *Peindre* (sens II), c'est représenter qqch avec de la peinture, des couleurs. L'instrument servant à *peindre* est le PINCEAU. Sans compl., le syn. est FAIRE DE LA PEINTURE.
**L. peinture, peintre,** v. ces mots. ◆ **repeindre** (v. t.) [sens I] Les murs sont sales, il faudrait les peindre de nouveau → *les murs sont sales, il faudrait les repeindre.*

**peine** [pɛn] n. f.
I. [sentiment] (non-compt., au sing.) *La mort de votre père nous a beaucoup attristés, nous partageons tous votre peine.* ◆ (compt.) *Catherine m'a raconté ses peines de cœur toute la soirée.* ◆ (sujet qqn) **avoir de la peine** *J'ai eu beaucoup de peine en apprenant sa mort, je l'aimais bien.* ◆ (sujet qqn, qqch) **faire de la peine à qqn** *Je ne voudrais pas te faire de la peine, mais il vaut mieux que je te dise la vérité.* ● *Ça me fait de la peine de le voir aussi triste.*
II. [état, qqn] (non-compt., au sing.) *J'ai eu de la peine à trouver ta maison, tu m'avais mal expliqué le chemin.* ● *Françoise se donne de la peine pour aider les autres.* ◆ **avec peine, sans peine** *Ce problème de maths se fait sans peine: il est très facile.* ● *Ils avancent dans la neige avec peine.*
III. (sujet qqch, qqn) **valoir la peine (de + inf., que + subj.)** *Je te conseille ce roman, il vaut vraiment la peine d'être lu.* ● *Oublie cette fille, elle n'en vaut pas la peine.* ◆ **ce n'est pas la peine, c'est bien la peine de + inf., que + subj.** *Ce n'est pas la peine de venir, je ne serai pas chez moi ce soir.* ● *Ce n'est pas la peine que tu y ailles, c'est fermé.* ● *Tu as laissé la fenêtre ouverte? C'était bien la peine de fermer la porte à clé!* ◆ **pour la peine** *C'est très bien ce que tu as fait, pour la peine, je t'emmène au cinéma dimanche.*
IV. [action, qqn, et résultat] (compt.) *La peine de mort existe encore dans de nombreux pays.* ● *Ceux qui dépassent la limite de vitesse seront condamnés à des peines sévères.*
V. [quantité] **à peine** *Tu as parlé à Jean? — Mais non, j'ai à peine eu le temps de le voir.* ● *Il y a à peine huit jours, on était aux sports d'hiver.*

**S. 1.** La *peine* (sens I) est une souffrance morale. *Peine de cœur* a pour syn. CHAGRIN D'AMOUR. *Avoir de la peine,* c'est AVOIR DU CHAGRIN; *faire de la peine,* c'est CAUSER DU CHAGRIN. Les contr. sont JOIE, BONHEUR, PLAISIR. — **2.** Au sens II, *avoir de la peine à,* c'est AVOIR DU MAL À, DE LA DIFFICULTÉ À. *Se donner beaucoup de peine,* c'est FAIRE BEAUCOUP D'EF-

FORTS. *Avec peine* a pour syn. DIFFICILEMENT, PÉNIBLEMENT ; *sans peine* est syn. de FACILEMENT, AISÉMENT. — **3.** *Valoir la peine de* (sens III) est syn. de MÉRITER DE. *Ce n'est pas la peine de* a pour équivalent CE N'EST PAS UTILE DE. — **4.** *Peine* (sens IV) est syn. de PUNITION, CONDAMNATION. — **5.** *À peine* (sens V) a pour syn. TOUT JUSTE et PRESQUE PAS.
**L. peiner** (v. t.) [sens I] Ce que tu me dis me fait de la peine → *ce que tu me dis me peine.*
◆ (v. i.) [sens II] Il a de la peine à monter → *il peine pour monter.*

**peintre** [pɛ̃tr] n. m.
I. [personne, profession] *Tu ne connais pas un peintre qui pourrait nous refaire la peinture du salon ?*
II. [personne, profession] *Picasso est un des peintres les plus célèbres de notre siècle.*
• *Sophie adore peindre et dessiner ; d'ailleurs, plus tard, elle veut être peintre.*

**S.** *Peintre* désigne au sens I un ouvrier ou un artisan (appelé aussi *peintre* EN BÂTIMENT) et au

sens II un artiste. Il correspond aux sens I et II de PEINDRE.

**peinture** [pɛ̃tyr] n. f.
I. [produit] (non-compt., au sing.) *Pour peindre cette pièce, il vous faut cinq pots de peinture.* ◆ (compt.) *Qu'est-ce qu'il te manque comme peintures ? — Du bleu, du rouge et du vert.*
II. [action, qqn, et résultat] (compt.) *L'appartement est presque fini, il ne reste plus que les peintures à faire.* • *Tu viens m'aider à faire la peinture dans mon living, dimanche ?* • *Ne t'appuie pas sur ce mur, la peinture est toute fraîche.*
III. [activité artistique] (non-compt., au sing.) *Elle adore la peinture, on n'a qu'à lui offrir un livre d'art.* • *Alain dessine très bien, il devrait essayer de faire de la peinture.* ◆ [résultat, activité artistique] (compt.) *Elle est restée une heure devant une peinture de Kandinsky, elle avait l'air d'y comprendre quelque chose.*

**S.** La *peinture* (sens I) est un produit coloré qui permet de PEINDRE. La GOUACHE, la PEINTURE À L'HUILE, l'AQUARELLE sont des types de *peintures*. *Faire la* ou *les peinture(s)* [sens II], *faire de la peinture* (sens III) ont pour syn. PEINDRE (aux sens I et II). Comme objet (sens III). *peinture* a pour syn. TOILE, TABLEAU.

**pelle** [pɛl] n. f.
[instrument] *Paul, va me chercher une*

*pelle, je vais creuser un trou dans la terre pour y planter l'arbre.* • *Passe-moi la pelle et le balai, qu'on ramasse toutes ces miettes.*

**S.** Une *pelle* est un instrument muni d'un manche, qui sert à creuser ou à ramasser. Elle est avec le râteau un des principaux outils de jardinage, ou avec la balayette, le balai, un des objets usuels pour le ménage dans une maison.

**pelouse** [p(ə)luz] n. f.
[lieu aménagé] *À Paris, dans les parcs et les jardins publics on n'a jamais le droit de marcher sur les pelouses.*

**S.** Une *pelouse* est un terrain couvert d'herbe, de gazon, bien entretenu.

**penchant** [pɑ̃ʃɑ̃] n. m.
[propriété, esprit] *Alain aime bien la musique classique, mais il a quand même un net penchant pour la musique contemporaine.*

**S.** Un *penchant* est une tendance d'un individu à agir d'une certaine manière, à préférer telle chose plutôt qu'une autre. GOÛT peut être syn. ou INCLINATION (litt.).

**pencher** [pɑ̃ʃe] v. i. et v. t. (conj. **1**)
I. [v. i.] (sujet qqch) *Tu as remarqué que*

*ta voiture n'est pas droite ? À l'arrière, elle penche un peu à gauche.*
II. [v. t.] (sujet qqn) **pencher qqch (objet, partie du corps)** *Ne penche pas la tête ainsi à la portière, tu vas avoir un accident.*
◆ **se pencher** *Je te défends de te pencher par la fenêtre, tu risques de tomber.* • *Il s'est penché par-dessus les épaules de sa femme pour voir ce qu'elle faisait cuire dans la casserole.*
III. [v. i.] (sujet qqn) **pencher pour qqch** *Pour les vacances, je penche plutôt pour le Midi, à cause du soleil.*

**S. 1.** *Pencher* (sens I) a pour syn. S'INCLINER,

ÊTRE INCLINÉ. — **2.** *Pencher* (sens II) a pour syn. INCLINER en direction de qqch ou de qqn. — **3.** *Pencher pour* (sens III), c'est TENDRE VERS, SE PRONONCER POUR (si la décision est à prendre).

**pendant** [pɑ̃dɑ̃] prép., **pendant que** conj.
[temps] **pendant qqch, pendant que** + ind. *Nous avons roulé pendant trois heures.* • *Pourquoi n'es-tu pas venu me voir pendant les vacances ?* • *S'il te plaît, pendant que je fais la vaisselle, tu pourrais préparer le café ?* • *Ce n'est pas juste, tu t'amuses pendant que je travaille.* ◆ **pendant que j'y pense, pendant que j'y suis** *Pendant que j'y pense, Jacques m'a dit qu'on avait rendez-vous le 25.* • *Qu'est-ce que tu fais ? — Je regarde le courrier. — Pendant que tu y es, tu ne pourrais pas répondre à la lettre de Pierre ?*

**S.** *Pendant* indique une durée. Sa suppression est courante lorsqu'il est suivi d'un compl. de temps (*Il a travaillé pendant toute la nuit* est moins naturel que IL A TRAVAILLÉ TOUTE LA NUIT).

*Il a pour syn. soutenu* DURANT. *Pendant que* peut avoir pour syn. ALORS QUE, TANDIS QUE. *Pendant que j'y pense, que j'y suis* sont fam. et ont respectivement pour syn. AU FAIT, EN MÊME TEMPS.

**penderie** [pɑ̃dri] n. f.
[meuble] *Va accrocher ton manteau dans la penderie, ne le laisse pas traîner dans l'entrée.* • *Non, ils n'ont pas d'armoire dans leur chambre, mais ils ont deux grandes penderies de chaque côté du couloir.*

**S.** Les *penderies* sont des placards, des éléments de rangement, aménagés spécialement pour pouvoir suspendre les vêtements, et aussi parfois équipés d'étagères pour les vêtements ou le linge pliés. La *penderie* (beaucoup plus en usage dans les appartements modernes) s'oppose à l'ARMOIRE qui est un meuble indépendant.

**pendre** [pɑ̃dr] v. t. et v. i. (conj. 41)
I. [v. t.] (sujet qqn) **pendre qqch (objet,**

**vêtement)** *Je vais t'aider à pendre tes robes dans l'armoire.* ◆ **pendre qqn** *Les criminels de guerre ont été pendus à Nuremberg après leur procès.*
II. [v. i.] (sujet qqch [concret]) *Catherine a de longs cheveux qui lui pendent dans le dos.* • *Je viens de coudre ma jupe, ça va ? — Il me semble qu'elle pend un peu derrière.*

**S. 1.** *Pendre un objet* (sens I) a pour syn. ACCROCHER et SUSPENDRE. *Pendre qqn*, c'est le METTRE À MORT, l'EXÉCUTER en le suspendant par le cou au moyen d'une corde. — **2.** *Pendre* (sens II) a pour syn. DESCENDRE, TOMBER, RETOMBER.

**pendule** [pãdyl] n. f.
[appareil] *Quelle heure est-il ? — Regarde la pendule du salon.*

**S.** La *pendule* est un appareil qui indique l'heure.
**L. pendulette** (n. f.) E]le est jolie cette petite pendule → *elle est jolie cette pendulette.*

**pénétrer** [penetre] v. i. (conj. 12)
(sujet qqn, qqch) **pénétrer qqpart** *Que personne ne pénètre dans mon bureau pendant mon absence, c'est compris ?* • *Le vent pénétrait dans la pièce à travers le carreau cassé.*

**S.** *Pénétrer* (soutenu) a pour syn. courant ENTRER, S'INTRODUIRE.

**pénible** [penibl] adj.
I. (se dit de qqch [action]; après le n.) *Dans les grands magasins, quand il y a beaucoup de monde, le travail des vendeuses est très pénible.*
II. (se dit de qqch ; avant ou après le n.) *Madame, j'ai une pénible nouvelle à vous annoncer : votre mari a eu un accident.*
◆ (se dit de qqn ; après le n.) *Que cet enfant est pénible, à toujours bouger et crier comme ça ! C'est insupportable !*

**S. 1.** *Pénible* (sens I) se dit d'une action (marche, voyage, etc.), et surtout d'un travail, qui s'accompagnent de fatigue. Il a pour syn. DIFFICILE, FATIGANT. Un *travail pénible* est une CORVÉE (plus fort). — **2.** Est *pénible* (sens II) ce qui fait de la PEINE (plus fort), qui ennuie, met mal à l'aise (moins fort). Les syn. sont, par ordre d'intensité croissante, DÉPLAISANT, DÉSAGRÉABLE, TRISTE, DOULOUREUX. En parlant de qqn, *pénible* est fam. et a pour syn. moins forts AGAÇANT, ÉNERVANT.
**L. péniblement** (adv.) *J'ai été surpris de façon pénible par ses propos* → *j'ai été péniblement surpris par ses propos.*

**pensée** [pãse] n. f.
[activité mentale] (non-compt., au sing.) *Va, je vois bien que tu n'es pas d'accord ! Dis-moi le fond de ta pensée.* [résultat, activité mentale] (compt.) *Chaque soir, il écrit dans son cahier les pensées qu'il a eues dans la journée. — Il croit que c'est important ?* ◆ (sujet qqn) **avoir une pensée pour qqn** *C'est aujourd'hui l'anniversaire de la mort de Jacques, ayez une pensée pour lui.*

**S.** La *pensée*, c'est l'action de PENSER et ce à quoi on pense, c'est-à-dire ses RÉFLEXIONS, ses IDÉES. *Avoir une pensée pour qqn*, c'est PENSER À lui, ÊTRE AVEC lui PAR L'ESPRIT.
**L. arrière-pensée** (n. f.) *Je vois bien qu'il a une pensée derrière la tête* → *je vois bien qu'a une arrière-pensée.*

**penser** [pãse] v. t. ind., v. t. et v. i. (conj. **1**)
I. [v. t. ind.] (sujet qqn) **penser à qqch, à qqn, à + inf.** *À quoi penses-tu ? — Moi, je pense à tout le travail qui me reste à faire.* • *Mais j'y pense, c'est ton anniversaire aujourd'hui, j'ai failli oublier !* • *Tiens, j'ai pensé à toi, je t'apporte le livre que tu m'avais demandé.* • *Jean, tu as pensé à fermer le gaz avant de partir ?*
II. [v. t.] (sujet qqn) **penser que + ind., penser + inf., ne pas penser que + subj.** *Tu dis que tu détestes Paul, mais au fond tu ne le penses pas vraiment.* • *Je ne pense pas que ce soit un travail très difficile à faire, mais je peux me tromper.* • *Si tu ne penses pas venir demain avec nous, dis-le.* ◆ (sans compl.) *Je pense comme vous, mais il vaut mieux pour l'instant se taire.*
III. [v. t.] (sujet qqn) **penser qqch de qqn, qqch** *Que penses-tu de Pierre ? — Oh ! C'est un garçon très sympathique.* • *On pourrait se voir lundi matin, qu'en pensez-vous ?*
IV. [v. i.] (sujet qqn) *Les animaux ne pensent pas. — Qu'est-ce que tu en sais ?*
◆ **penses-tu !, pensez-vous !** *Vous êtes allé au cinéma hier soir ? — Penses-tu ! Jean n'a pas voulu !* • *Elle ? une femme intelligente ? Pensez-vous !*

**S. 1.** *Penser* (sens I) a pour syn. RÉFLÉCHIR, SONGER À (plus soutenu) quand il s'agit du futur, ou SE RAPPELER et, plus soutenu, SE SOUVENIR DE (le contr. est OUBLIER) quand il s'agit du passé. — **2.** *Penser que* (sens II) est syn. de CROIRE, ESTIMER, JUGER QUE. *Penser + inf.* a pour syn. COMPTER, AVOIR L'INTENTION DE. Sans compl., le syn. est AVOIR UNE OPINION. — **3.** Au sens III, *penser qqch de qqn, qqch*, c'est AVOIR UN AVIS, UNE OPINION, UNE IDÉE SUR qqn, qqch. — **4.** *Penser* (sens IV), c'est former des idées.

*Penses-tu!, pensez-vous!* s'emploient dans une réponse pour exprimer un démenti énergique; ils ont pour syn. NON!, PAS DU TOUT!
**L. pensable** (adj.) [sens I] *Ça ne peut pas être pensé → ça n'est pas pensable.* ◆ **impensable**, v. ce mot. ◆ **repenser** (v. t. ind.) [sens I] *Il faudrait penser à nouveau à ce problème → il faudrait repenser à ce problème.*

**pensif, ive** [pɑ̃sif, iv] adj. (après le n.)
(se dit de qqn, de son attitude) *Il reste de longues heures assis dans son fauteuil, l'air pensif, sans rien faire.*

**S.** *Pensif* a pour syn. soutenus SONGEUR, RÊVEUR, MÉDITATIF, et plus forts ABSENT, PRÉOCCUPÉ.

**pension** [pɑ̃sjɔ̃] n. f.
I. [argent, valeur] *Depuis qu'il a été blessé à la guerre, l'État lui verse une pension.* • *Pierre et Marie ont divorcé. — Est-ce que Marie va toucher une pension alimentaire pour elle et son fils?*
II. [état, qqn] *Ils passent leurs vacances dans un hôtel, en pension complète.*

**S. 1.** Une *pension* (sens I) est une somme d'argent versée périodiquement et régulièrement à qqn par un organisme ou une personne. — **2.** Dans un hôtel, la *pension complète* comprend le petit-déjeuner et les repas de midi et du soir, par oppos. à la *demi-pension* qui comprend le petit-déjeuner et un des deux repas de midi ou du soir.

**pente** [pɑ̃t] n. f.
I. [forme naturelle] *Cela a été difficile de construire la maison parce que le terrain est*

*en pente.* • *Tu descends par là, en bas de la pente, il y a la rivière.*
II. [lieu abstrait] *Alors quand il m'a vu fumer à table, il m'a dit : « Mon petit, tu es sur une mauvaise pente. »*

**S. 1.** *Être en pente* (sens I), c'est ÊTRE PENTU (soutenu), INCLINÉ, par oppos. à HORIZONTAL, PLAT. Une *pente* a pour syn. une CÔTE. — **2.** Au sens II, *être sur une mauvaise pente, sur une pente dangereuse*, c'est aller vers la facilité ou vers ce qui est répréhensible.

**pépin** [pepɛ̃] n. m.
[partie d'un végétal] *Et si on plantait les pépins de la pomme, tu crois qu'il pousserait un arbre?*

**S.** Les *pépins* sont les graines qu'on trouve dans certains fruits : pomme, poire, raisin.

**percer** [pɛrse] v. t. (conj. 3)
I. (sujet qqn, qqch) **percer qqch (concret)**

*En faisant les travaux, les ouvriers ont percé le mur entre la chambre et la salle de séjour.* • *Attention, la bouteille est percée, le lait coule!* ◆ **percer un trou, une ouverture, etc.** *Nous allons percer une fenêtre ici, cela nous donnera plus de lumière.*
II. (sujet qqn) **percer qqch (abstrait)** *Nous finirons bien par percer ce mystère.*

**S. 1.** *Percer* qqch (sens I), c'est y faire un trou, le traverser de part en part, le TROUER. *Percer un trou*, c'est le faire, le CREUSER. — **2.** *Percer un mystère* (sens II), c'est le DÉCOUVRIR.

**percevoir** [pɛrsəvwar] v. t. (conj. 29)
(sujet qqn) **percevoir qqch (abstrait)** *Son attitude est ambiguë; on perçoit très bien sa gêne quand il a à parler de lui.*

**S.** *Percevoir* est le syn. soutenu de VOIR; DISTINGUER est un syn. soutenu.
**L. perceptible** (adj.) *On perçoit bien sa gêne → sa gêne est perceptible.* ◆ **imperceptible**, v. ce mot.

**percuter** [pɛrkyte] v. t. (conj. **1**) (sujet un véhicule) **percuter qqch (arbre, mur,** etc.) *La voiture roulait trop vite ; elle a percuté un arbre et le conducteur est mort.*
**S.** *Percuter* qqch a pour syn. HEURTER (moins violent).

**perdre** [pɛrdr] v. t. (conj. **41**)
I. (sujet qqn) **perdre qqch (concret)** *J'ai encore perdu mon porte-monnaie, personne ne l'a vu ?* ◆ **se perdre (dans qqch)** *Pour que tu ne te perdes pas, je te fais un plan pour venir chez moi.* ● *Tu te perds dans des explications qui n'en finissent pas.*
II. (sujet Qqn) **perdre qqch** *Vous qui perdez vos cheveux, achetez la crème « Tif » !* ● *François a perdu sa place dans l'entreprise, il est au chômage.* ◆ **perdre qqn** *Il vient de perdre sa femme dans un accident d'auto !* ◆ (sujet qqch) **se perdre** *Ces fruits vont se perdre si vous ne les mangez pas.* ● *Alors les bonnes habitudes se perdent ! Tu arrives de plus en plus en retard au travail !*
III. (sujet qqn) **perdre qqch (argent, temps, partie)** *Dans cette affaire, il a perdu beaucoup d'argent.* ● *Mais où étais-tu ? J'ai perdu une heure à te chercher !* ◆ (sans compl.) *Que ce soit au tennis ou aux cartes, Christophe a horreur de perdre.*
IV. [v. t. opérateur] (sujet qqn) **perdre + n.** *Ne perds donc pas courage, recommence encore une fois, tu vas réussir.* ● *Quand est-ce que tu perdras l'habitude de faire tant de bruit en mangeant ?*

**S. 1.** Au sens I, *perdre* a pour syn. ÉGARER (soutenu) et pour contr. TROUVER, RETROUVER. *Se perdre*, c'est S'ÉGARER ; le contr. est S'Y RETROUVER. — **2.** *Perdre* qqch (sens II), c'est cesser de l'avoir, de le posséder ; les contr. sont GARDER, CONSERVER. *Perdre* qqn signifie qu'une personne proche est morte. *Se perdre*, en parlant de denrées (légumes, fruits, etc.), c'est S'ABÎMER, POURRIR (plus fort), S'ALTÉRER (surtout en parlant d'un vin). Les denrées qui peuvent se *perdre* sont des DENRÉES PÉRISSABLES. Le contr. est SE CONSERVER. En parlant d'un usage, d'une coutume, c'est CESSER D'ÊTRE, D'EXISTER, NE PLUS AVOIR COURS. — **3.** *Perdre* (sens III) a pour contr. GAGNER. *Perdre* à un jeu, un sport, dans une bataille, une guerre, etc., c'est ÊTRE BATTU, VAINCU. Sans compl. — **4.** *Perdre* une partie, une bataille. — **4.** *Perdre* (sens IV) est un verbe opérateur formant avec des noms des loc. verbales indiquant la cessation d'un état (*perdre espoir* → DÉSESPÉRER ; *perdre courage* → SE DÉCOURAGER).
**L. perdant, e** (adj.) [sens III] Ceux qui ont perdu (le match) ont été sifflés → *les perdants (du match) ont été sifflés.* ◆ **perdu, e** (adj.) [sens I et III] *Tu perds ton temps* → *c'est du temps perdu.* ◆ **perte**, v. ce mot

**père** [pɛr] n. m.
[personne, parenté] *Maman, je peux regarder la télé ? — Demande à ton père !* ● *Je veux bien te laisser sortir, mais qui te ramènera ? — Oh ! le père de Jacques, je pense.*

**S.** *Père* a pour correspondant féminin MÈRE. Le syn. est PAPA, qui ne s'emploie que lorsqu'on parle à son propre *père* ou dans le langage enfantin. Le *père* est un des deux parents de l'enfant.
**L. paternel, elle** (adj.) *L'autorité du père disparaît* → *l'autorité paternelle disparaît.*

**perfection** → PARFAIT L.

**perfectionné, e** [pɛrfɛksjɔne] adj. (après le n.)
(se dit de qqch [appareil, véhicule, etc.]) *C'est une machine très perfectionnée qui vous donnera toute satisfaction.*

**S.** Est *perfectionné* un appareil qui a reçu des PERFECTIONNEMENTS, dont l'efficacité, les performances sont bonnes.

**perfectionner** [pɛrfɛksjɔne] v. t. (conj. **1**)
(sujet qqn, qqch) **perfectionner qqch** *Nous faisons actuellement des recherches pour perfectionner ce type d'appareil.* ◆ (sujet qqn) **se perfectionner en qqch (abstrait)** *Il prend des cours pour se perfectionner en anglais.*

**S. 1.** *Perfectionner* qqch, c'est en améliorer,

en augmenter les qualités. — **2.** *Se perfectionner*, c'est améliorer ses connaissances, ses compétences.
**L. perfectionné**, v. ce mot. ◆ **perfectionnement** (n. m.) *Il prend des cours pour se perfectionner en mathématiques* → *il prend des cours de perfectionnement en mathématiques.*

## PERFORMANCE

**performance** [pɛrfɔrmɑ̃s] n. f.
[résultat] *Tu as réussi à faire ce travail en quinze jours, eh bien, c'est une belle performance !*

    **S.** *Performance* a pour syn. EXPLOIT, SUCCÈS.

**péricliter** [periklite] v. i. (conj. **1**)
(sujet un établissement, une entreprise) *Depuis qu'il ne dirige plus cette affaire, elle périclite.*

    **S.** *Péricliter* (soutenu), c'est aller à la ruine, à la faillite, TOMBER (courant). PROSPÉRER est un contr.

**péril** [peril] n. m.
[événement] **au péril de sa vie, de ses jours**

*Et, au péril de sa vie, il s'est jeté à l'eau pour tenter de la sauver.* ◆ **aux risques et périls de qqn** *Sachez que, si vous acceptez, c'est à vos risques et périls.*

    **S.** *Péril* est le syn. soutenu de DANGER. Faire qqch *au péril de sa vie* (soutenu), c'est le faire en risquant sa vie. Faire qqch *à ses risques et périls*, c'est le faire en acceptant toutes les conséquences, même néfastes, qui peuvent en découler.

**périmé, e** [perime] adj. (après le n.)
(se dit de qqch) *Ma montre ne marche plus, mais je crois que mon bon de garantie est périmé.* • *Quand je pense qu'on apprend encore l'histoire ancienne aux enfants ! L'enseignement est complètement périmé.*

    **G.** Cet adj. n'a ni comparatif ni superlatif.
    **S.** Est *périmé* ce qui a perdu sa valeur soit parce que le délai a été passé (ticket, billet, bon de garantie), soit parce qu'il appartient à un temps révolu, qu'il est en retard sur son temps ; en ce dernier cas, les syn. sont DÉSUET (soutenu), DÉPASSÉ, SURANNÉ (litt.).
    **L. périmer (se)** [v. pr.] *Ton billet va être périmé* → *ton billet va se périmer.*

**période** [perjɔd] n. f.
[temps, événement] *L'hiver est une bonne période pour aller passer ses vacances au Maroc.* — *Oui, mais on prend rarement ses vacances à cette époque de l'année !* • *Nous sommes en période de chômage, mais le gouvernement ne veut pas le reconnaître.* • *Maintenant que j'ai été opérée, je vais pouvoir sortir ?* — *Oh ! il faut compter encore une période de dix ou douze jours !*

    **S.** Une *période* est un intervalle de temps, une durée. Le mot TEMPS lui-même est un syn. plus vague. MOMENT est un syn. qui désigne, en général, une période courte. ÉPOQUE est un syn. plus précis désignant un intervalle de temps commençant à un moment précis.
    **L. périodique** (adj.) *Dans ce pays, la sécheresse revient par périodes* → *dans ce pays, la sécheresse est périodique.* ◆ **périodiquement** (adv.) *La sécheresse revient par périodes* → *la sécheresse revient périodiquement.*

**périr** [perir] v. i. (conj. **15**)
(sujet qqn) *La tempête a été terrible, vingt pêcheurs ont péri en mer, des dizaines de bateaux ont disparu.*

    **S.** *Périr* est un syn. soutenu de MOURIR.

**permanent, e** [pɛrmanɑ̃, ɑ̃t] adj. (après le n.)
(se dit de qqch, de qqn) *Il ne sait jamais se décider : c'est un trait permanent de son caractère.* • *Ce magazine a un envoyé spécial à Varsovie, mais un journaliste permanent à Moscou.* ◆ **cinéma permanent** *Le film a commencé, mais le cinéma est permanent ; on restera à la séance suivante.*

    **G.** Cet adj. n'a ni comparatif ni superlatif.
    **S. 1.** Ce qui est *permanent* (soutenu) est stable, durable, par oppos. à PASSAGER ; FUGACE et FUGITIF indiquent que qqch ne dure que très peu de temps. En parlant de qqn, le contr. est TEMPORAIRE. — **2.** Un cinéma est *permanent* quand on y projette le même film au cours de plusieurs séances successives.
    **L. permanence** (n. f.) *La police surveille l'immeuble de façon permanente* → *la police surveille l'immeuble en permanence.*

**permettre** [pɛrmetr] v. t. (conj. **46**)
I. (sujet qqn) **permettre à qqn, qqch** ou **de + inf.** *10 heures, et les enfants ne sont toujours pas là !* — *Ne t'en fais pas, je leur ai permis de rentrer à minuit.* • *Permettez-moi de vous présenter M. Legrand, qui vient d'entrer dans l'entreprise.* • *Ah non ! vous ne pouvez pas vous mettre là : il n'est pas permis de se garer devant la porte.* • *Il fait*

partout comme s'il était chez lui. Il se croit tout permis, celui-là ! ◆ **se permettre de + inf.** *Vraiment ! Que cet enfant est insupportable ! Tu as vu comme il se permet de répondre à sa grand-mère ?*
II. (sujet qqch) **permettre à qqn qqch** ou **de + inf.** *Je suis très pris en ce moment, mon emploi du temps ne me permet pas de vous recevoir avant mardi.* • *Crois-tu que son salaire lui permet d'acheter cette voiture ?*

**S. 1.** *Permettre* qqch *à* qqn (sens I) a pour syn. AUTORISER qqn À, DONNER LA PERMISSION DE et

pour contr. DÉFENDRE, INTERDIRE qqch (ou DE + inf.) à qqn, EMPÊCHER qqn DE. *Permettez (que)* [impératif] est souvent utilisé comme formule de politesse. — **2.** *Permettre de* (sens II) a pour syn. DONNER LA POSSIBILITÉ, L'OCCASION DE.
**L. permission,** v. ce mot.

**permis** [pɛrmi] n. m.
[résultat] **permis (de conduire, de chasse, de pêche, etc.)** *Demain, elle passe son permis de conduire.* • *Alors tu l'as eu ton permis ?*
◆ [objet, texte] *On ne peut pas acheter d'arme à feu sans permis.* • *Alors, je me fais arrêter par un agent qui me demande mes papiers et, évidemment, j'avais oublié mon permis de conduire à la maison.*

**S.** Ce mot s'emploie pour désigner à la fois l'épreuve, l'examen passé et l'attestation de réussite qui, notamment en ce qui concerne le *permis* DE CONDUIRE, est un papier officiel qui peut éventuellement servir de pièce d'identité.

**permission** [pɛrmisjɔ̃] n. f.
[action, qqn] (compt., surtout au sing.) *Catherine a la permission de sortir le soir, mais jusqu'à minuit seulement.* • *Puisque vous avez fini vos devoirs, je vous donne la permission de partir.* • *Si tu me demandes la permission de prendre la voiture, je te la prête avec plaisir.* ◆ [résultat] (compt.) *Ce matin, on a donné les permissions ; les soldats ont quinze jours pour aller dans leurs familles.*

**S.** La *permission,* c'est l'action de PERMETTRE. Le syn. est AUTORISATION et le contr. INTERDICTION. *Avoir la permission de,* c'est ÊTRE AUTORISÉ À. *Donner la permission à* qqn *de,* c'est lui PERMETTRE DE. Une *permission* est aussi un congé de courte durée accordé à un militaire.

**perplexe** [pɛrplɛks] adj. (après le n.)
(se dit de qqn) *Après notre discussion, je suis perplexe ; je ne sais plus quelle décision prendre.*

**S.** Est *perplexe* (soutenu) celui qui, devant une difficulté, un dilemme, hésite, ne sait pas quel parti prendre ; le syn. est INDÉCIS.

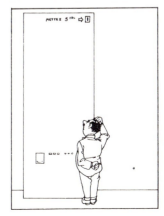

**L. perplexité** (n. f.) *Je suis très perplexe → je suis dans une grande perplexité.*

## perquisitionner [pɛrkizisjɔne] v. t. ou v. i. (conj. 1)
(sujet la police) **perquisitionner un lieu** ou **dans un lieu** *La police a perquisitionné son appartement et on a retrouvé l'arme du crime.* ● *On a perquisitionné au domicile de l'assassin, mais en vain.*

**S.** *Perquisitionner* (langue judiciaire), c'est rechercher des preuves, des documents, etc., utiles pour l'enquête ; le syn. courant est FOUILLER.
**L. perquisition** (n. f.) *On a perquisitionné à son domicile → on a fait une perquisition à son domicile.*

## persécuter [pɛrsekyte] v. t. (conj. 1)
(sujet qqn) **persécuter qqn** *Mais non, personne ne te veut de mal, ne crois pas comme ça tout le temps qu'on veut te persécuter !*

**S.** *Persécuter* (soutenu) c'est tourmenter par des traitements injustes et cruels. Il a pour syn. MARTYRISER (plus fort).
**L. persécution** (n. f.) *Ce peuple a été persécuté → ce peuple a été victime de persécutions.*

## persévérant, e [pɛrseverã, ãt] adj. (après le n.)
(se dit de qqn) *C'est parce qu'il est persévérant qu'il a fini par obtenir ce qu'il désirait.*

**S.** *Persévérant* a pour syn. TENACE (soutenu) et TÊTU (péjor.).
**L. persévérance** (n. f.) *C'est parce qu'il a été persévérant qu'il a réussi → c'est grâce à sa persévérance qu'il a réussi.*

## persévérer [pɛrsevere] v. i. (conj. 12)
(sujet qqn) *Il ne doit pas se décourager. Il faut qu'il persévère, il réussira la prochaine fois.*

**S.** *Persévérer*, c'est continuer une action, maintenir une décision, etc. Il a pour syn. S'OBSTINER. Les contr. sont RENONCER, CÉDER.
**L. persévérant**, v. ce mot.

## persister [pɛrsiste] v. i. et v. t. ind. (conj. 1)
[v. i.] (sujet qqch [phénomène, sensation]) *Si, malgré ce médicament, la douleur persistait, revenez me voir.* ● *Le froid persiste et nous sommes déjà au mois de mai !*
◆ [v. t. ind.] (sujet qqn) **persister à** + inf. *Elle peut raconter ce qu'elle veut, je persiste à croire que c'est elle la coupable.*

**S.** *Persister* (soutenu) a pour syn. CONTINUER (À) [moins fort] et, plus spécialement, DEMEURER, SUBSISTER, RESTER (pour le v. i.), S'OBSTINER À (pour le v. t. ind.).
**L. persistant, e** (adj.) *La douleur persistante à l'œil est un signe de cette maladie* (← la douleur qui persiste). ◆ **persistance** (n. f.) *Pourquoi persister à refuser ? → pourquoi cette persistance à refuser ?*

## personnage [pɛrsɔnaʒ] n. m.
[personne, agent] *Peux-tu me dire le nom de tous les personnages de cette pièce de théâtre ?* ● *Qu'est-ce que tu vois sur le tableau ? — On dirait une plage, et on devine trois personnages dans un bateau.*

**S.** On parle de *personnage* quand on envisage une personne, un individu soit du point de vue de son rôle social, soit comme HÉROS (PROTAGONISTE, en langue savante) d'une œuvre de fiction (théâtre, cinéma, roman), ou comme présence humaine (SILHOUETTE) dans une œuvre d'art figurative (tableau, photo).

## personnalité [pɛrsɔnalite] n. f.
I. [esprit] (compt.) *Répondez à ces questions et je vous dirai tout sur votre personnalité.* ● *Ces deux frères ont des personnalités totalement différentes.*
II. [qualité, qqn] (non-compt., au sing.) *Ce garçon est mou ! Il suit toujours l'avis des autres, il n'a aucune personnalité ! ● Ah ! voilà un enfant qui sait ce qu'il veut ! Toi au moins, tu as de la personnalité, mon garçon !*
III. [personne] (compt.) *Tu vas à cette réunion ? — Je suis bien obligé, en tant que journaliste : toutes les personnalités politiques seront là.*

**S. 1.** La *personnalité* (sens I) est l'ensemble des traits de caractère, des types de comportement de qqn. — **2.** *Avoir de la personnalité* (sens II) a pour équivalents moins précis AVOIR DU CARACTÈRE, DE L'ORIGINALITÉ, DE L'ÉNERGIE, DU TEMPÉRAMENT. — **3.** Une *personnalité* (sens III) a une haute fonction dans un certain milieu.

**1. personne** [pɛrsɔn] n. f.
*Il y avait beaucoup de monde à la réunion ? — Oh ! une centaine de personnes.* • *Tu es toujours aimable comme ça avec les gens ? — Ça dépend de la personne qui est en face de moi.* ◆ **en personne** *Tu te rends compte, le directeur est venu en personne nous souhaiter de bonnes vacances !* ◆ **grande personne** *Ce n'est pas un film pour les enfants, c'est un film pour les grandes personnes.*

**S. 1.** *Personne* désigne un être humain, le plus souvent indéterminé. Il peut avoir pour syn. GENS (au plur.), INDIVIDU, HOMME ou FEMME, GARÇON ou FILLE, etc. *En personne* a pour équivalent LUI-MÊME, ELLE-MÊME. — **2.** Les *grandes personnes*, expression qui appartient au langage enfantin, a pour syn. les ADULTES.

**2. personne** [pɛrsɔn] pron. indéf.
[négation] *Dis-moi, personne n'a téléphoné pendant mon absence ? — Non, personne.* • *Ne me dérangez pas, je ne suis là pour personne.*

**S. et G.** *Personne*, pron. négatif, se référant à des êtres humains, est toujours accompagné de NE, sauf dans les réponses et en langue parlée.

La forme positive correspondante est QUELQU'UN qui, comme *personne*, ne désigne que des êtres humains. Pour les non-animés, le correspondant négatif est RIEN et le correspondant positif QUELQUE CHOSE.

**1. personnel, elle** [pɛrsɔnɛl] adj. (après le n.)
(se dit de qqch) *Ce sont mes affaires personnelles, n'y touche pas.* • *Allô ? Je peux parler à M^{me} Durand ? — De la part de qui ? — C'est personnel.* • *Tu as une façon tout à fait personnelle de raconter les événements.*

**S.** *Personnel* se dit de ce qui appartient en propre à qqn ou qui le concerne en PERSONNE. Les syn. sont INDIVIDUEL, PARTICULIER.
**L. personnellement**, v. ce mot ◆ **personnaliser** (v. t.) *Tous les appartements se ressemblent, à vous de les personnaliser* (← de les arranger d'une manière personnelle). ◆ **impersonnel, elle** (adj.) *C'est absolument impersonnel* (← ça ne porte aucune marque personnelle).

**2. personnel** [pɛrsɔnɛl] n. m.
[collectif, personnes] (compt., surtout au sing.) *Tout le personnel de l'entreprise est en grève ?* • *Si vous voulez prendre un congé, il faut que vous le demandiez au chef du personnel.*

**S.** Le *personnel* d'une entreprise, d'une usine, c'est l'ensemble des employés, des ouvriers et des cadres qui y travaillent.

**personnellement** [pɛrsɔnɛlmɑ̃] adv.
I. [manière] *Viens écouter, ce qu'on dit te concerne personnellement.* • *Ne t'occupe pas de ça, je m'en occuperai personnellement.* • *Tu connais Jacques ? — Oui, je le connais même personnellement.*
II. [opinion] *Tu as peut-être raison, mais, personnellement, je pense que ce n'est pas comme ça qu'il faut s'y prendre.*

**S. 1.** *Personnellement* (sens I) est un adv. qui intéresse la phrase tout entière ou le seul sujet. Il a pour syn. EN PERSONNE, MOI-MÊME (ou TOI-MÊME, LUI-MÊME). *Connaître* qqn *personnellement*, c'est le CONNAÎTRE BIEN, par oppos. à DE VUE, DE NOM. — **2.** En tête de phrase, suivi de JE (sens II), *personnellement* indique une opinion limitée à JE ; il a pour syn. QUANT À MOI, POUR MA PART, EN CE QUI ME CONCERNE.

**perspective** [pɛrspɛktiv] n. f.
I. [forme, qqch] *Ce que je n'arrivais jamais à rendre, en dessin, c'était les perspectives.* • *Regarde comme, vue d'ici, la perspective est jolie.*

II. [résultat, activité mentale] *Rien qu'à la perspective de passer toute la soirée avec lui, j'ai déjà le cafard, c'est fou ce qu'il est ennuyeux.* ◆ [statut, qqch] *Ses études l'intéressent, mais malheureusement les perspectives d'avenir sont peu nombreuses.* ◆ **en perspective** *Pour l'instant il est au chômage, mais il a un travail en perspective.*

**S. 1.** Une *perspective* (sens I), c'est la représentation plane, en dessin, de qqch situé dans l'espace ou la manière dont qqch s'offre à la vue, de loin. — **2.** *À la perspective de* (sens II) a pour syn. À L'IDÉE DE. Les *perspectives d'avenir* sont les POSSIBILITÉS. *En perspective* se dit de ce qui est en projet, probable dans un avenir proche ou éloigné.

**persuader** [pɛrsɥade] v. t. (conj. **1**) (sujet qqn) **persuader qqn (de + inf., que + ind.)** *Comment! Ton frère ne veut pas venir? Oh, écoute! essaie de le persuader...* • *Décidément, Françoise arrive toujours à persuader les autres qu'elle a raison!* • *C'est un peu fort ça! Tu es toujours persuadé d'avoir raison!* • *Mais non, ne t'inquiète pas, voyons! je suis persuadée que tout ira bien.*

**S.** *Persuader* qqn a pour syn. CONVAINCRE (à l'aide d'arguments qui entraînent son adhésion). *Persuader* qqn *de* + inf., c'est le DÉCIDER À; le contr. soutenu est DISSUADER DE. *Être persuadé*, c'est ÊTRE CERTAIN, SÛR.
**L. persuasion** (n. f.) *Elle a le don de persuader les autres* → *elle a un don de persuasion.*
◆ **persuasif, ive** (adj.) *Il a su me persuader* → *il a été persuasif.*

**perte** [pɛrt] n. f.
I. [action, qqn, et résultat] *Ne recommence pas ta lettre, elle est bien comme ça, ce serait une perte de temps.* • *Ce commerçant a subi une perte de mille francs avec cette histoire de chèque, ce n'est pas drôle.* • *Mais il en fait une tête, Paul, qu'est-ce qui se passe? — Il a eu de grosses pertes d'argent ces derniers temps.* • *La mort de cet acteur est une grande perte pour le cinéma français.*
II. **à perte** *Avec tout ce qu'elle doit payer pour faire garder ses enfants, pour ses transports, sa nourriture, elle travaille presque à perte.* ◆ **en pure perte** *On lui a donné tous les conseils possibles, mais en pure perte; il a fait ce qu'il a voulu.* ◆ **à perte de vue** *Cette campagne qui s'étend à perte de vue, ce que c'est ennuyeux!*

**S. 1.** Au sens I, *perte* correspond à l'action de PERDRE du temps, de l'argent, etc.; le contr. est GAIN. La *perte* est aussi le résultat, ce qu'on a perdu (personne, argent, etc.). — **2.** *A perte a* pour syn. SANS PROFIT. *En pure perte* a pour syn. POUR RIEN, EN VAIN. *À perte de vue* a pour syn. SANS FIN.

**perturber** [pɛrtyrbe] v. i. (conj. **1**) (sujet qqn, qqch) **perturber qqch** *C'est un enfant très difficile, qui perturbe la classe.* ◆ (sujet qqch) **perturber qqn** *La mort de sa femme l'a beaucoup perturbé.*

**S.** *Perturber* qqch (soutenu), c'est y mettre du désordre, y causer des troubles; GÊNER, DÉRAN-

GER (moins forts) sont des syn. *Perturber* qqn, c'est lui causer un trouble moral ou psychique. TROUBLER est un syn. moins fort.
**L. perturbateur, trice** (n.) *Quelques perturbateurs ont été exclus de la réunion* (← personnes qui voulaient perturber la réunion).
◆ **perturbation** (n. f.) *Pierre perturbe beaucoup la classe* → *Pierre cause une grande perturbation dans la classe.*

**peser** [pǝze] v. i. et v. t. (conj. **11**)
I. [v. i.] (sujet qqn, qqch) **peser + compl. de poids** ou **adv. de quantité** *Si tes bagages pèsent plus de vingt kilos, il faudra payer un supplément.* • *Sylvie pèse à peine quarante kilos, ce n'est pas assez!* • *Oh! que ça pèse lourd, qu'est-ce qu'il y a dans ce paquet?*
II. [v. t.] (sujet qqn) **peser qqch, qqn** *Il vaudrait mieux que tu pèses le colis chez toi avant de le porter à la poste, s'il est trop lourd on va te le refuser.* ◆ **se peser** *À quoi ça te sert de te peser tous les jours? — À surveiller mon poids!*

**S. 1.** *Peser* (sens I) c'est avoir tel ou tel POIDS. Qqch ou qqn qui *pèse* un grand poids est LOURD. Qqch, qqn qui ne *pèse* pas lourd est

PETIT-DÉJEUNER

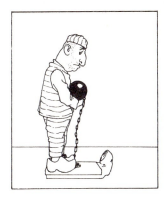

LÉGER. — **2.** *Peser qqch, qqn* (sens II), c'est en évaluer le poids.
**L. pesée** (n. f.) [sens II] Il est chargé de peser les bagages à l'aéroport → *il est chargé de la pesée des bagages à l'aéroport.*

**pessimiste** [pesimist] adj. (après le n.) et n.
[adj.] (se dit de qqn) *Je ne crois pas que Paul guérisse : le médecin n'a pas caché qu'il était très pessimiste.* ◆ [n.] (personne) *Je ne sais pas ce que sera l'avenir, mais je ne pense pas qu'il soit bon. — Un pessimiste comme toi ne pouvait pas dire autre chose !*

**S.** Être *pessimiste*, c'est être INQUIET (moins fort), SOMBRE, DÉFAITISTE quant à l'avenir ; c'est n'avoir pas beaucoup d'espoir. Le contr. est OPTIMISTE (adj. et n.).
**L. pessimisme** (n. m.) Je ne suis pas aussi pessimiste que toi → *je n'ai pas ton pessimisme.*

**petit, e** [p(ə)ti, it] adj., **petit** adv. et n. m.
I. [adj.] (se dit de qqn, de qqch ; avant ou après le n.) *Quelle taille fais-tu ? — Un mètre soixante-quinze. — Moi, un mètre soixante-dix, je suis plus petite que toi !* ● *J'ai mal aux pieds ! — Évidemment, tu achètes toujours des chaussures trop petites !* ● *Ce restaurant est difficile à trouver, il est dans une toute petite rue.*
II. [adj.] (se dit de qqch ; avant le n.) *Tu entends ? Il y a un petit bruit dans le moteur.* ● *Ce sont des petits détails auxquels il ne faut pas donner trop d'importance !*
III. [adj.] (se dit de qqn ; avant le n.) *Maman, je voudrais une bicyclette. — Non, tu es encore trop petit.* ● *Tu n'es plus une petite fille maintenant, tu peux te débrouil-*

ler toute seule ! ● *Pascal, va aider ton petit frère.* ◆ [n. m.] (personne, animal) *À l'école, Marie s'occupe des petits.* ● *La chienne a eu trois petits.*
IV. [adv.] (temps et manière) **petit à petit** *Je paye mes dettes petit à petit : je ne gagne pas assez pour régler tout d'un coup.* ● *Petit à petit, on arrive à mieux se connaître, mais il faut du temps.*

**S. 1.** *Petit* (sens I) a pour contr. GRAND. Un NAIN est une personne anormalement *petite*,

par oppos. à un GÉANT (une personne anormalement GRANDE). En parlant de qqch (ou par ironie de qqn), MINUSCULE, MICROSCOPIQUE sont des syn. plus forts. Selon la dimension envisagée, *petit* peut avoir pour syn. COURT (par oppos. à LONG), ÉTROIT (par oppos. à LARGE). En parlant d'un lieu, *petit* a pour syn. plus fort EXIGU et pour contr. VASTE, IMMENSE, SPACIEUX (plus forts). — **2.** *Petit* (sens II) se dit de ce qui a peu d'intensité ou d'importance ; il a pour syn. FAIBLE, LÉGER, MINIME, par oppos. à GRAND, FORT, GROS, IMPORTANT. — **3.** *Petit* (sens III) est syn. de JEUNE par oppos. à ÂGÉ, ADULTE. *Petite fille, petit garçon* se disent d'enfants qui ne sont plus des BÉBÉS, mais pas encore des ADOLESCENTS. *Petit frère, petite sœur* ont pour syn. FRÈRE (SŒUR) CADET(TE), par oppos. à AÎNÉ(E). Le n. m. désigne un jeune enfant ou un animal qui vient de naître. — **4.** *Petit à petit* (adv.) a pour syn. PEU À PEU, PROGRESSIVEMENT.
**L. petitesse** (n. f.) [sens I] Il a une petite taille, ça se remarque → *la petitesse de sa taille se remarque.* ◆ **rapetisser** (v. t.) [sens I] Cette robe te fait paraître plus petite → *cette robe te rapetisse.*

**petit(-)déjeuner** [p(ə)tideʒøne] n. m., pl. **petits(-)déjeuners**
[collectif, aliments] *Demain matin, tu m'ap-*

*porteras mon petit déjeuner au lit, d'accord ?* • *Dans cet hôtel, avec le petit-déjeuner on t'offre le journal.*

**S.** Le *petit(-)déjeuner* est le repas du matin. Il se compose généralement d'une boisson chaude, café au lait ou noir, chocolat ou thé, et de tartines, croissants ou toasts avec du beurre, du miel ou de la confiture.

**petit-fils** [p(ə)tifis] n. m., pl. **petits-fils**,
**petite-fille** [p(ə)titfij] n. f., pl. **petites-filles**
[personne, parenté] *Eh bien, me voilà grand-mère maintenant ! Ma fille a eu un garçon, c'est mon premier petit-fils !*

**S.** Mon *petit-fils* et ma *petite-fille* sont mes PETITS-ENFANTS, les enfants de mes enfants.

**petit pois** [p(ə)tipwa] n. m.
[légume] *À midi, on a mangé du poulet. — Avec quel légume ? — Des petits pois.* • *Pascal, va m'acheter une boîte de petits pois, tu veux bien ?*

**S.** Les *petits pois* désignent à la fois le légume et les grains contenus dans la cosse et qui sont comestibles. Enlever ces grains de leur cosse, c'est ÉCOSSER les *petits pois.*

**petits-enfants** [p(ə)tizɑ̃fɑ̃] n. m. pl.
[personne, parenté] (non-compt., au plur.) *Grand-père et grand-mère sont un peu fatigués : ils ont eu tous leurs petits-enfants pendant les vacances.*

**S.** *Petits-enfants* désigne les ENFANTS du fils ou de la fille.

**pétrole** [petrɔl] n. m.
[matière] (non-compt., au sing.) *À quel pays la France achète-t-elle le pétrole ?*

**S.** Le *pétrole* est la principale source d'énergie : on extrait le *pétrole* des gisements PÉTRO-LIFÈRES où il se trouve, puis on le raffine pour obtenir de l'essence, du mazout, etc.
**L. pétrolier, ère** (adj.) Il travaille dans une compagnie de pétrole → *il travaille dans une compagnie pétrolière.* ◆ **pétrolier** (n. m.) *Le pétrolier s'est brisé sur un rocher, et le pétrole s'est répandu dans la mer* (← navire qui transporte du pétrole).

**peu** [pø] adv.
I. [quantité] **peu** + v., **adj., adv., peu de** + **n. plur.** (compt.) ou **sing.** (non-compt.) *Mais, vous avez très peu mangé ; vous n'avez pas faim ?* • *On sort assez peu souvent en ce moment, on est très occupés.* • *Pierre a très peu d'amis, mais ce sont de vrais amis.* • *Il y a trop peu de neige pour qu'on puisse faire du ski.* ◆ **de peu** *On s'est manqué de peu, l'autre jour : vous veniez juste de partir quand je suis arrivé !* ◆ **peu à peu** *Peu à peu, les voitures devenaient plus nombreuses en arrivant vers Paris.*
II. [quantité] **un peu** + v, **adj., adv., un peu de** + **n. plur.** (compt.) ou **sing.** (non-compt.) *Avance un peu, que je puisse prendre la photo.* • *Passe-moi un peu de vin, s'il te plaît.* • *Comment va Jacques ? — Un peu mieux, mais il n'est pas encore guéri.* • *Votre café est un peu trop fort, mais il est bon quand même.*

**S.** *Peu* ou *un peu* indiquent une petite quantité. Ils ont pour contr. BEAUCOUP devant un verbe, TRÈS devant un adv., un adj. ou dans des loc. verbales ; BEAUCOUP DE devant un nom, UN GRAND NOMBRE DE devant un nom comptable. En langue courante, on emploie PAS TRÈS, PAS BEAUCOUP (DE) à la place de *assez peu, très peu (de).* *De peu* s'emploie surtout après des verbes comme RATER, RÉUSSIR, MANQUER, AVOIR, ou des expressions comme IL S'EN EST FALLU. *Peu à peu* a pour syn. PETIT À PETIT, PROGRESSIVEMENT.

**peuple** [pœpl] n. m.
[collectif, personnes] *Ces élections sont très importantes, elles vont permettre au peuple français de choisir leur avenir.* • *Les peuples de ces régions ne sont pas inférieurs : ils n'ont pas notre civilisation, mais ils ont la leur !*

**S.** *Peuple,* qui appartient au vocabulaire historique ou politique, a pour équivalent géographique POPULATION. L'ensemble du *peuple* constitue la NATION.

**peuplé, e** [pœple] adj. (après le n.)
(se dit d'un lieu) *Si vous voulez un peu de solitude, allez dans les Cévennes, c'est une des régions les moins peuplées de France.*

**S.** Une région très ou peu *peuplée* est une région où il y a beaucoup ou peu d'habitants.

**peuplier** [pøplije] n. m.
[arbre] *Il y a de nombreuses années en France, on avait planté des peupliers le long des routes, mais presque tous ont été abattus.*

**S.** Le *peuplier* est un arbre dont le tronc peut s'élever à une grande hauteur et dont le bois est utilisé, en particulier pour faire de la pâte à papier.

**peur** [pœr] n. f.
[sentiment] (non-compt., au sing.) *Non, tu ne sais pas vraiment ce que c'est que la peur, l'angoisse qui vous prend à la gorge à tel point qu'on est incapable de parler, de crier.* • *C'est la peur de l'eau qui l'empêche d'apprendre à nager.* ◆ (sujet qqn) **avoir peur** *Qu'est-ce que tu as ? Tu es toute blanche ! — Si tu savais ce que j'ai eu peur !*

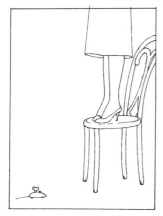

• *Françoise ne veut pas aller dans le jardin, elle a peur du chien.* • *Les voitures vont vite, et il n'y a pas de feu rouge : j'ai peur de traverser.* ◆ (sujet qqch, qqn) **faire peur** *L'orage était très fort, mais ça ne me faisait pas peur.*

**S.** *Peur* a pour syn. CRAINTE (soutenu), FRAYEUR (soutenu et plus fort), ANGOISSE (plus fort), TERREUR (plus fort), APPRÉHENSION (moins fort). *Avoir peur* a pour syn. soutenus ÊTRE EFFRAYÉ et CRAINDRE (plus faible), AVOIR LA FROUSSE (très fam.) et ÊTRE PANIQUÉ (fam. et plus fort), AVOIR CHAUD ou AVOIR FROID DANS LE DOS. *Faire peur* a pour syn. soutenus EFFRAYER, ÉPOUVANTER et TERRORISER (de plus en plus forts).
**L. peureux, euse** (adj. et n.) Pierre a peur de tout → *Pierre est peureux.* ◆ **apeurer** (v. t.) L'orage lui a fait peur → *l'orage l'a apeuré.*

# PHÉNOMÈNE

**peut-être** [pøtɛtr] adv.
[doute] *Pierre a téléphoné, il a dit qu'il viendra peut-être demain. — Toujours « peut-être », avec lui, on n'est jamais sûr de rien !* • *Tu crois que je vais réussir mon examen ? — Peut-être, ça dépend.* • *Jacques n'est toujours pas là, comment ça se fait ? — Peut-être qu'il a oublié son rendez-vous.*

**S. et G.** *Peut-être* indique une possibilité, une éventualité et a pour syn. SANS DOUTE, C'EST

POSSIBLE (QUE), IL EST POSSIBLE QUE + subj., placé en tête de prop. (IL EST POSSIBLE QU'IL VIENNE DEMAIN). L'absence de doute est exprimée par CERTAINEMENT, SÛREMENT. En tête de phrase, *peut-être* entraîne soit l'inversion du sujet en langue soutenue (*peut-être* A-T-IL OUBLIÉ), soit en langue courante QUE + ind.

**phare** [far] n. m.
[partie d'un véhicule] *Allume tes phares, on n'y voit rien sur cette route.* • *Ce que c'est désagréable ces phares blancs ; ils éblouissent.*

**S.** On appelle *phares* l'ensemble des lumières d'un véhicule. On distingue trois puissances : les LANTERNES, peu éclairantes, les CODES ou FEUX DE CROISEMENT et les PHARES proprement dits ou FEUX DE ROUTE, plus forts, pour voir de loin, la nuit.

**pharmacien, enne** [farmasjɛ̃, ɛn] n.
[personne, profession] *Maintenant que le docteur est parti, il faut que j'aille chez le pharmacien acheter des médicaments.*

**S.** Le *pharmacien* est un commerçant qui tient une PHARMACIE, magasin où on vend des médicaments. Le *pharmacien* exécute les ordonnances du médecin.
**L. pharmacie** (n. f.) Je vais chez le pharmacien → *je vais à la pharmacie.*

**phénomène** [fenɔmɛn] n. m.
[événement] *Maman, qu'est-ce qui fait la*

## PHILOSOPHIE

*pluie? — C'est un phénomène difficile à expliquer, en gros, c'est les nuages.*

**S.** Un *phénomène* est qqch qui se produit et qui se manifeste à la conscience, que l'on peut percevoir.

**philosophie** [filɔzɔfi] n. f.
I. [doctrine] (compt.) *Il y a quand même d'autres philosophies que la philosophie de Descartes en France, non?* ◆ [discipline] (non-compt., au sing.) *Elle fait de la philosophie à la faculté des lettres.*
II. [qualité, qqn] (non-compt., au sing.) *Il a tout supporté, avec beaucoup de philosophie.*

    **S. 1.** Une *philosophie* (sens I) est un système, une doctrine qui, par le raisonnement, tente d'expliquer l'homme, le monde et les principes de la connaissance. C'est aussi une discipline que l'on étudie (non-compt.). On distingue traditionnellement la MORALE, la MÉTAPHYSIQUE, la LOGIQUE et l'ESTHÉTIQUE. — **2.** *Philosophie* (sens II) a pour syn. CALME, SÉRÉNITÉ (soutenu) ou, plus fort, RÉSIGNATION.
    **L. philosophique** (adj.) *Je ne suis pas du tout d'accord avec ta philosophie → je ne suis pas du tout d'accord avec tes conceptions philosophiques.* ◆ **philosophe** (n.) [sens I] *Tu connais les philosophes grecs?* (← *personne qui a élaboré une philosophie*). ◆ (adj. et n.) [sens II] *Il prend tout avec beaucoup de philosophie → il est très philosophe.*

**photo** [foto] n. f.
[action, qqn, et résultat] *Françoise déteste qu'on la prenne en photo!* ● *Je vais prendre une photo de ce château, il est vraiment magnifique.* ● *Rapproche-toi de tes frères, Paul, sinon tu ne seras pas sur la photo!* ● *Ne bougez plus. Souriez. Ça y est! La photo sera sûrement réussie!* ◆ **appareil photo** *Regarde comme ils sont mignons! C'est dommage, j'ai oublié mon appareil photo!*

**S.** *Photo*, abrév. de PHOTOGRAPHIE, a pour syn. savant CLICHÉ, sauf dans *prendre en photo* qqn, qqch qui, comme *prendre une photo de* qqn, *de* qqch, a pour syn. PHOTOGRAPHIER. Les pellicules ou films, glissés à l'intérieur de l'*appareil photo*, se font développer pour obtenir des *photos* sur papier ou des DIAPOSITIVES (*photos en couleurs qu'on projette sur un écran*).
    **L. photographique** (adj.) *Acheter du matériel pour faire des photos → acheter du matériel photographique.* ◆ **photographe, photographier,** v. ces mots.

**photographe** [fɔtograf] n.
I. [personne, profession] *Si tu as des films à faire développer, je connais un bon photographe rue de la Gare.*
II. [personne, profession] *Jean est photographe de mode, il vient de faire une exposition de ses œuvres.*

    **S. 1.** Un(e) *photographe* (sens I) est un artisan et un commerçant qui se charge de développer et tirer les clichés sur papier, et qui vend du matériel photographique (films, appareils, etc.). — **2.** Au sens II, un(e) *photographe* est une personne qui prend des PHOTOS par métier (*photographe* PROFESSIONNEL) ou par plaisir (*photographe* AMATEUR).

**photographier** [fɔtografje] v. t. (conj. **2**) (sujet qqn) **photographier (qqch, qqn)** *Inutile de préparer ton appareil photo : il n'y a plus assez de lumière pour photographier.*

● *Je t'ai photographié, et tu ne t'en es même pas aperçu!*

    **S.** *Photographier* a pour équivalents PRENDRE EN PHOTO ou PRENDRE UNE PHOTO.

**phrase** [fraz] n. f.
[partie d'une langue] *J'ai reçu une lettre de Geneviève. — Une longue lettre? — Non, juste quelques phrases.* ● *Je ne sais pas si... — Si quoi? Finis ta phrase!*

    **S.** La *phrase* est un ensemble de mots

ordonnés et communiquant un message dans la langue parlée ou écrite. Lorsqu'on écrit, la *phrase* commence par une majuscule à son premier mot et se termine par un point ou un point-virgule.

**physionomie** [fizjɔnɔmi] n. f.
[forme, corps] **physionomie de qqn** *Non, il n'est pas très beau, mais il a une physionomie agréable.* ◆ (abstrait) **physionomie de qqn, de qqch** *Cette enquête nous a permis de tracer la physionomie des auditeurs de notre émission.* • *Ah, c'est fou ce que la physionomie d'une grande ville change en été !*

**S. 1.** La *physionomie* de qqn, c'est l'ensemble des traits de son visage sur le plan expressif, son expression. — **2.** Au sens abstrait, c'est l'ensemble des caractères d'un groupe, l'aspect de qqch.

**1. physique** [fizik] adj. (après le n.) et n. m.
I. [adj.] (se dit de qqch) *Le médecin lui a conseillé d'avoir une activité physique, de faire de la marche, par exemple.* ◆ **culture, éducation physique** *Tu fais tous les matins*

*une demi-heure de culture physique ? Eh bien, quel courage !*
II. [n. m.] (forme, corps) *Il y en a qui le trouvent très beau, mais moi, je n'aime pas du tout son physique.*

**G.** L'adj. n'a ni comparatif ni superlatif.
**S. 1.** *Physique* désigne tout ce qui se rapporte au corps humain ; il a pour syn. CORPOREL, et pour contr. INTELLECTUEL, MENTAL, PSYCHIQUE, PSYCHOLOGIQUE. *Culture, éducation physique* ont pour syn. courant GYMNASTIQUE. — **2.** Le *physique* de qqn, c'est l'ensemble des caractéristiques de son corps, son allure, son apparence extérieure, son aspect général.
**L. physiquement** (adv.) Il ressemble à Clark Gable au physique → *physiquement, il ressemble à Clark Gable.*

**2. physique** [fizik] n. f.
[science] (non-compt., au sing.) *Dis papa, qu'est-ce que c'est que l'électricité ? — Oh ! Tu apprendras ça quand tu feras de la physique au lycée !*

**S.** La *physique* est la science qui étudie les propriétés de la matière et les lois qui les régissent.
**L. physicien, enne** (n.) Elle est spécialiste de physique → *elle est physicienne.*

**piano** [pjano] n. m.
[instrument de musique] (compt.) *Il y avait un magnifique piano dans le salon.* ◆ [non-compt., au sing.] *Tu sais jouer du piano ? — Pas encore, je suis en train d'apprendre.*

**S.** Un *piano* est un instrument de musique à cordes, muni d'un clavier constitué de touches.
**L. pianiste** (n.) Elle joue très bien du piano → *c'est une très bonne pianiste.*

**pièce** [pjɛs] n. f.
I. [partie d'un édifice] *Dans le journal, il y a une annonce pour un appartement de*

*trois pièces, avec cuisine et salle de bains : c'est ce qu'il le faut.* • *Les enfants, allez jouer dans la pièce d'à côté !*
II. [objet, argent] *Je n'ai plus de billets de dix francs, je vous rends la monnaie en pièces de cinq francs.*
III. [partie d'un tout] **pièce (de + n.)** *Fais attention à cette pipe, c'est une pièce rare de ma collection.* • *Alors, ta voiture est réparée ? — Non, ils n'avaient pas les pièces nécessaires.* ◆ **(la) pièce** *Combien coûtent ces salades ? — Un franc pièce !*

# PIED

● *Elles sont chères ces casseroles, cinquante francs pièce!*
IV. [objet personnel] **pièce d'identité** *Vous payez par chèque? — Oui. — Alors, je vous demanderai une pièce d'identité.*
V. [résultat, activité artistique] **pièce (de théâtre)** *Il a écrit plusieurs pièces, mais elles n'ont jamais été jouées.* ● *Cet acteur a joué dans plusieurs pièces de Molière.*

**S. 1.** Une *pièce* (sens I) est une partie d'un appartement, d'une maison. La *pièce* où on couche est la CHAMBRE, celle où on mange est la SALLE À MANGER, celle où on reçoit est le SALON, la SALLE DE SÉJOUR ou le LIVING. Dans les annonces de location ou de vente d'appartements, les *pièces* ne comprennent pas la cuisine et la salle de bains. Un appartement d'une *pièce* est un STUDIO ; pour un appartement de deux, trois, etc., *pièces*, on dit un DEUX-PIÈCES, un TROIS-PIÈCES, etc. — **2.** Une *pièce* (sens II) est une monnaie en métal (anciennement or, argent, actuellement aluminium, nickel), par oppos. au BILLET. — **3.** Une *pièce* (sens III) est un élément d'un tout. *(La) pièce* se dit d'une unité dans un ensemble de choses et a pour syn. L'UN (L'UNE), CHACUN, CHAQUE. — **4.** Une *pièce d'identité* (sens IV) est un document, un papier qui permet de connaître l'identité de qqn. Le passeport, la carte d'identité, le permis de conduire sont des *pièces d'identité*. — **5.** Une *pièce* (sens V) est une ŒUVRE DRAMATIQUE (comédie, tragédie) destinée à être jouée au théâtre par des acteurs.

**pied** [pje] n. m.
I. [partie du corps] *Je ne peux plus avancer, j'ai trop mal aux pieds!* ◆ **à pied** *On prend le métro ou on y va à pied?* ● *On part à pied avant vous, vous nous rattraperez en voiture.* ◆ **coup de pied** *Arrêtez de vous donner des coups de pied, allez plutôt*

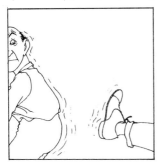

*jouer dehors.* ◆ (sujet qqn) **avoir pied** *Si vous vous baignez tout seuls, restez là où vous avez pied.*

II. [partie d'un objet] *Qui est-ce qui a cassé le pied de la lampe?* ● *Comme le meuble était trop haut, on a coupé un peu les pieds!* ◆ **au pied d'un arbre, d'une montagne, etc.** *Ce n'est pas à toi le sac qui est resté au pied de l'arbre?* ● *L'avion s'est écrasé au pied d'une montagne.*

**S. 1.** Le *pied* (sens I) est l'extrémité de la jambe. Les DOIGTS de pied, appelés aussi ORTEILS, forment l'extrémité du *pied* ; le TALON est la partie postérieure du *pied*. Partir, aller qqpart *à pied*, c'est le faire en marchant. *Avoir pied* (dans l'eau), c'est pouvoir toucher le fond de la mer ou de la piscine, en gardant la tête hors de l'eau. — **2.** Le *pied* d'un objet (sens II) est la partie qui lui sert de support. *Au pied de* a pour syn. AU BAS DE et pour contr. EN HAUT DE, AU SOMMET DE.

**piège** [pjɛʒ] n. m.
I. [instrument] *Il n'a jamais aimé les animaux, déjà quand il était petit, il s'amusait à mettre des pièges dans le jardin pour les attraper.*
II. [objet abstrait] *Pour le forcer à reconnaître son crime, la police lui a tendu un piège, mais il n'est pas tombé dedans.* ◆ *Votre question est un piège, je le vois bien.*

**S. 1.** Un *piège* (sens I) est un dispositif destiné à attraper les animaux. — **2.** Un *piège* (sens II) est toute manœuvre, toute action pour mettre qqn en danger, en difficulté. EMBÛCHE (litt.), TRAQUENARD sont des syn.
**L. piéger** (v. t.) [sens II] Vous vous êtes fait prendre au piège → *vous vous êtes fait piéger.*

**pierre** [pjɛr] n. f.
I. [objet naturel] (compt.) *Tu as lu la pancarte : «Attention! Chutes de pierres!»*

● *Arrêtez de lancer des pierres, vous allez vous faire mal!*
II. [matière] (non-compt., au sing.) *Tu*

*trouveras facilement la maison, il y a un jardin devant, entouré d'un petit mur en pierre.*

**S. 1.** Les *pierres* (sens I) sont des morceaux de roche. Un ROCHER est une grosse *pierre* d'un seul bloc. Un CAILLOU est une *pierre* de petites dimensions. Sur les plages, on trouve des *pierres* lisses, plates et arrondies, ce sont des GALETS. — **2.** La *pierre* (sens II) est un matériau de construction.
**L. pierreux, euse** (adj.) [sens I] Ce chemin est couvert de pierres → *ce chemin est pierreux.*

**piétiner** [pjetine] v. i. et v. t. (conj. **1**)
I. [v. i.] (sujet qqn) *On est restés trois quarts d'heure à piétiner dans le froid en attendant que le cinéma ouvre.* ◆ [v. t.] **piétiner qqn, qqch** *Paul s'est mis violemment en colère et il a piétiné ses jouets.*
II. [v. i.] (sujet qqn, qqch [action]) *Nous ne faisons aucun progrès dans cette enquête, nous piétinons.*

**S. 1.** *Piétiner* (sens I), c'est marcher sur place. Comme v. t., il a le sens de fouler aux pieds avec violence, de frapper un objet ou une personne à terre. — **2.** *Piétiner* (sens II), c'est ne pas avancer, ne pas progresser.
**L. piétinement** (n. m.) [sens I] On entend des enfants piétiner chez les voisins du dessus → *on entend un piétinement d'enfants chez les voisins du dessus.*

**piéton** [pjetɔ̃] n. m.
[personne, agent] *Faites attention où vous traversez, voyons ! Vous n'avez pas vu qu'il y a un passage pour les piétons ?* ● *La nuit, il n'y a pas beaucoup de piétons dans ce quartier.*

**S.** Un *piéton* est qqn qui circule À PIED, par oppos. à un AUTOMOBILISTE, un CYCLISTE, etc. Dans certains contextes, PASSANT et PROMENEUR, qui sont plus précis, peuvent être syn.

**pigeon** [piʒɔ̃] n. m.
[animal] *À Paris, les pigeons sur la place de l'Hôtel-de-Ville, c'est très joli, mais ils salissent la ville.* ● *J'ai acheté deux pigeons pour commencer à faire un élevage.*

**S.** Les *pigeons* sont des oiseaux dont certaines espèces sont domestiques, comme les PIGEONS VOYAGEURS. Leur chair est appréciée. Le *pigeon* ROUCOULE.

**1. pile** [pil] n. f.
I. [objet] *La radio ne marche plus, mais ce sont seulement les piles qui sont usées.* ● *Ce n'est pas étonnant que la lampe électrique ne fonctionne pas, il n'y a pas de pile !*
II. [forme, qqch] **pile de** + **n. plur.** (compt.) ou **sing.** (non-compt.) *Où as-tu mis la pile de linge à laver ?* ● *Fais attention de ne pas faire tomber les piles d'assiettes !* ◆ **en pile** *Si tu mettais tes chemises en pile, ça prendrait moins de place.*

**S. 1.** Une *pile* (sens I) produit de l'électricité : elle permet le fonctionnement de certains appareils électriques (lampe de poche, poste de radio, etc.). — **2.** Au sens II, une *pile*, ce sont

des objets entassés les uns sur les autres dans un certain ordre ; un syn. plus large est TAS (qui exclut l'idée d'ordre).
**L. empiler** (v. t.) [sens II] Mets tes livres en pile au lieu de les disperser dans la pièce → *empile tes livres au lieu de les disperser dans la pièce.*

**2. pile** [pil] adv.
[manière] **tomber, arriver, s'arrêter pile** *On peut dire que cet argent est tombé pile ! Je ne savais pas comment payer le loyer.* ● *Le feu est devenu rouge ; la voiture devant moi s'est arrêtée pile, je n'ai pas pu en faire autant.* ◆ **à une, deux, trois, etc., heure(s) pile** *À 4 heures pile, je sors du bureau.*

**S.** *Pile* est un adv. fam. qui s'emploie dans quelques expressions. *Tomber pile*, c'est arriver au moment opportun. *S'arrêter pile*, c'est s'arrêter BRUSQUEMENT. *À deux, trois, etc., heures pile*, c'est EXACTEMENT, JUSTE *à deux, trois, etc., heures.*

**piller** [pije] v. t. (conj. **1**)
(sujet qqn) **piller (un lieu)** *Après le tremblement de terre, des bandits, profitant de la situation, ont pillé toutes les maisons et tous les magasins de la ville.*

**S.** *Piller,* c'est voler tout ce qu'on trouve, en saccageant.
**L. pillage** (n. m.) On renforça la police pour éviter que des gens ne viennent piller les lieux → *on renforça la police pour éviter les pillages.*
◆ **pillard** (n. m.) *Les pillards furent tous arrêtés* (← ceux qui avaient pillé les lieux).

**pilote** [pilɔt] n. m.
[personne, profession] *Le pilote de l'avion a réussi à se poser malgré le brouillard.* • *Jeannot est passionné par les voitures, plus tard, il sera pilote de course.*

   S. Le *pilote* est la personne qui conduit un avion ou une voiture de compétition. Le *pilote* d'un avion de ligne est à la tête de l'équipage, c'est lui qui est le commandant de bord ; il est souvent assisté par un COPILOTE.
   L. **piloter**, v. ce mot.

**piloter** [pilɔte] v. t. (conj. **1**)
(sujet qqn) **piloter un véhicule, un avion** *Jacques pilote une nouvelle voiture et il pense gagner une course au moins.* • *Le dimanche, Paul va apprendre à piloter un avion sur un terrain près de Paris.*

   S. *Piloter un avion, une voiture*, c'est les conduire en tant que PILOTE (PILOTE *d'avion*, PILOTE *de course*).
   L. **pilotage** (n. m.) Piloter un avion n'est pas facile → *le pilotage d'un avion n'est pas facile.*

**pilule** [pilyl] n. f.
[produit] (compt.) *Ce médicament se vend sous forme de pilules ; vous en prendrez une le matin et une le soir.* ◆ (surtout au sing.) *Aline ne veut pas avoir d'enfant pour le moment : elle a décidé de prendre la pilule.*

   S. **1.** Une *pilule* est une des formes sous lesquelles se présente un médicament ; elle s'oppose par sa forme sphérique au COMPRIMÉ, au CACHET (plats), et par sa consistance (solide) au SIROP (liquide). — **2.** Comme terme générique au sing., la *pilule* est un CONTRACEPTIF oral.

**pince** [pɛ̃s] n. f.
[instrument] *Mais non, ce n'est pas là qu'il fallait planter le clou ! — Ce n'est pas grave, passe-moi la pince, je vais l'enlever.*

   S. Une *pince* est un outil ou instrument formé de deux branches articulées, qui sert à arracher un objet (clou, crochet) ou à le maintenir

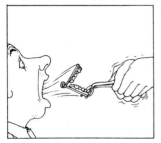

(*pince* À LINGE). Lorsqu'il s'agit d'une grosse *pince* de métal, on emploie aussi le syn. TENAILLES (au plur.).

**pinceau** [pɛ̃so] n. m.
[instrument] *Il adore peindre, rien ne lui fera plus plaisir comme cadeau que de la peinture et des pinceaux.*

   S. Un *pinceau* est un instrument formé par la réunion de poils serrés à l'extrémité d'un manche et qui permet de peindre, de passer la peinture sur une surface.

**pincer** [pɛ̃se] v. t. (conj. **3**)
(sujet qqn) **pincer qqn** *Pierre, qu'est-ce que tu as à crier comme ça ? — C'est Danielle qui m'a pincé, maman.* ◆ **se pincer le**

**doigt, la main, etc.** *Aïe ! Je me suis pincé le doigt dans la porte.*

   S. *Pincer qqn*, c'est lui serrer très fort la peau entre les doigts. *Se pincer* a pour syn. plus forts SE COINCER, S'ÉCRASER.

**Ping-Pong** [piŋpɔ̃g] n. m.
[sport] (non-compt., au sing.) *Tu viens faire une partie de Ping-Pong avec moi ?* • *Il fait beau, on pourrait mettre la table de Ping-Pong dehors.*

   S. Le *Ping-Pong*, ou TENNIS DE TABLE, se joue à deux (simple) ou à quatre (double) joueurs ou PONGISTES, sur une table spéciale munie d'un filet, avec des raquettes et une balle.

**pipe** [pip] n. f.
[objet personnel] *Voulez-vous une cigarette ? — Non, merci : je ne fume que la pipe.* • *Quel tabac mets-tu dans ta pipe ?*

**S.** Une *pipe* sert à fumer du tabac; elle est composée d'un fourneau (où on met le tabac) et d'un tuyau (qu'on porte à la bouche).

**piquer** [pike] v. t. (conj. **1**)
I. (sujet qqn, un animal) **piquer qqn** *Aïe! J'ai été piqué dans l'herbe par un insecte. — Ça t'apprendra à marcher pieds nus!* ◆ (sujet qqch) *J'ai mis de l'alcool sur mon bouton, et ça me pique.* ● *Oh! Quelle fumée dans cette pièce! Ça pique les yeux!*
II. (sujet qqn) **piquer une crise de nerfs, une colère** *Quand on lui a dit que son mari avait eu un accident, elle a piqué une crise de nerfs.* ● *Cet enfant pique souvent des colères. — C'est forcé, il est habitué à avoir tout ce qu'il veut.*

**S. 1.** En parlant d'un insecte, d'un serpent, *piquer* qqn (sens I), c'est lui injecter une substance venimeuse, enfoncer son dard dans

sa peau. En parlant de qqch, *piquer* qqn, c'est lui faire mal avec qqch de pointu ou lui donner une sensation de brûlure. — **2.** *Piquer une crise de nerfs, une colère* (fam.) [sens II], c'est la faire brusquement.
**L. piquant, e** (adj.) [sens I] C'est une sauce qui pique (la bouche) → *c'est une sauce piquante.* ◆ **piqûre,** v. ce mot.

**piqûre** [pikyr] n. f.
I. [action, qqn] *Tous les jours, l'infirmière vient me faire une piqûre dans le bras.*
II. [action, animal, et résultat] **piqûre (d'un insecte)** *Tiens! Qu'est-ce que c'est, ce bouton rouge que tu as sur la joue? — Ce n'est rien, une piqûre d'insecte.* ● *Si vous partez en camping, n'oubliez pas de prendre quelque chose contre les piqûres.*

**S. 1.** Une *piqûre* (sens I) est une injection de médicament faite avec une seringue terminée par une aiguille creuse. — **2.** *Piqûre* (sens II), c'est l'action de PIQUER (sens I); c'est aussi le résultat : la marque, la plaie laissées par cette *piqûre.* Un syn. plus fort est BLESSURE.

**pire** [pir] adj. (avant ou après le n.)
(se dit de qqn, de qqch) *Ta sœur est peut-être paresseuse, mais toi, tu es pire qu'elle : tu ne fais absolument rien!* ● *Il ne faisait déjà pas beau hier, mais aujourd'hui, c'est encore pire!* ● *Alors ça a marché? Ne m'en parle pas, j'ai eu les pires ennuis avec la voiture!* ● *Soyez plus optimiste : à quoi ça sert d'imaginer toujours le pire?* ◆ **au pire** *En mettant les choses au pire, disons qu'on arrivera vers 8 heures; mais, à mon avis, on sera là avant!* ◆ **de pire en pire** *Avant, il travaillait un peu, mais maintenant, c'est de pire en pire, il ne fait plus rien du tout.*

**S.** et **G.** *Pire (que)* n'a ni comparatif ni superlatif; c'est lui-même un comparatif de MAUVAIS et il a pour syn. ENCORE PLUS (QUE) + l'adj. sous-entendu (*Elle est paresseuse, mais tu es pire qu'elle* → TU ES ENCORE PLUS PARESSEUX QU'ELLE), PLUS MAL, PLUS GRAVE, PLUS MAUVAIS, etc. *Le pire (de)* sert de superlatif à MAUVAIS, à GRAND ou à GROS (*les pires ennuis*). Sans compl., *le pire* peut avoir pour syn. LE PLUS REGRETTABLE. Le contr. est MIEUX, sauf dans *le pire (de)* où le contr. est LE MEILLEUR DE. *Mettre les choses au pire,* c'est envisager la plus mauvaise éventualité.
**L. empirer,** v. ce mot.

**piscine** [pisin] n. f.
[lieu, sport] *Tous les dimanches, nous allons à la piscine, histoire de faire un peu de sport!* ● *Tu préfères nager dans la mer ou dans une piscine? — Ni l'un ni l'autre : ce que je préfère, c'est pêcher en rivière!*

● *Tu te rends compte? Ils se sont fait construire une piscine dans leur jardin!*

**S.** *Piscine* désigne à la fois le bassin où on peut pratiquer la natation et l'ensemble des installations qui reçoivent le public (quand il s'agit d'une *piscine* publique).

**piste** [pist] n. f.
I. [lieu, sport] *Regarde-le, il descend la piste à toute vitesse! Oh! Il a perdu un ski!*
◆ [lieu, moyen de transport] *Toutes les pistes d'atterrissage étaient occupées quand notre avion a voulu se poser, c'est pour ça qu'on a du retard.*
II. [lieu abstrait] *Le bandit s'est enfui et on ne sait pas si la police a une piste.* ● *Malheureusement, toutes les pistes étaient fausses, le voleur court toujours.*

**S. 1.** La *piste* (sens I) est un espace de terrain spécialement aménagé pour un sport ou pour les avions. — **2.** Une *piste* (sens II) est un ensemble de faits, d'hypothèses qui permettent d'orienter une enquête.

**pitié** [pitje] n. f.
[sentiment] (non-compt., au sing.) *Laissez-moi tranquille, je ne veux pas de votre pitié,*

*je me débrouillerai seul.* ● *Par pitié, arrête, tu vas me faire pleurer avec tes histoires!*
◆ (sujet qqn) **avoir pitié** *Si cet homme est en prison, c'est parce qu'il a tué sa femme; je ne vois pas pourquoi on aurait pitié de lui!* ● *Elle a trouvé un pauvre petit chat; elle a eu pitié et l'a emmené chez elle.*
◆ (sujet qqn, un animal, qqch) **faire pitié** *La mère est partie, le père boit. Je t'assure que ces pauvres gosses me font pitié.* ● *Ces vieillards qui n'ont maintenant que vingt francs par jour pour vivre... ça fait pitié de voir ça.*

**S.** La *pitié* est un sentiment de compassion à l'égard des souffrances, du malheur des autres. *Avoir pitié de qqn*, c'est le PLAINDRE, être ému par son état ou ce qui lui arrive, ou, plus soutenu, ÉPROUVER DE LA COMPASSION POUR LUI, S'APITOYER SUR son sort. Les contr. sont ÊTRE INDIFFÉRENT, INSENSIBLE À, NE PAS SE SENTIR CONCERNÉ PAR son sort, S'EN DÉSINTÉRESSER.
**L. pitoyable** (adj.) *Il est arrivé dans un état qui faisait pitié* → *il est arrivé dans un état pitoyable.* ◆ **impitoyable** (adj.) *Tu n'as pitié de personne* → *tu es impitoyable.*

**pittoresque** [pitɔrɛsk] adj. (après le n.)
(se dit de qqch) *Nous avons passé nos vacances dans un petit village très pittoresque de l'Auvergne.* — *Il y avait l'eau dans les chambres?* ● *Georges nous a fait un récit pittoresque de son voyage et des multiples aventures qu'il a eues.*

**S.** Est *pittoresque* ce qui est original, ce qui a du relief, du charme.

**placard** [plakar] n. m.
[meuble] *Je ne comprends pas: il y a des placards partout dans cet appartement et tout traîne toujours par terre!* ● *Où sont les verres? — Dans le placard de la cuisine, en haut.*

**S.** Un *placard* est un élément de rangement fixé au mur ou dans le mur. Ce mot peut être suivi d'un compl. introduit par À ou DE qui en précise l'usage: *placard* à BALAIS, *placard* DE CUISINE.

**place** [plas] n. f.
I. [lieu abstrait] (non-compt., au sing.) *Dis donc, tu prends toute la place dans ce placard, et moi, je n'ai plus de place pour ranger mes affaires!* ● *Cette table tient trop de place dans la pièce, il faudrait la mettre ailleurs.* ● *Qui me fait une petite place? Je voudrais m'asseoir.* ◆ [lieu] **place (de qqch, de qqn)** *Il se met toujours à la même place pour pêcher: au pied d'un grand arbre.*
● *Mon livre n'est plus à sa place, qui me l'a pris?* ◆ **sur place** *Tu peux appeler quand tu veux: je serai sur place toute la journée.* ◆ **en place** *[Le commissaire]:* «*Surtout, laissez tout en place, ne touchez à rien, nous arrivons tout de suite.*» ● *Depuis que Pierre sait qu'il va partir avec nous, il ne tient plus en place! Qu'il est impatient!*
II. [lieu, moyen de transport, activité artistique] (compt.) **place (au cinéma, au théâtre, dans le métro, etc.)** *Dans le métro, certaines places sont réservées pour les blessés de guerre et les femmes enceintes.* ● *Cette voiture-ci est un peu plus grande: elle fait*

cinq places, deux devant et trois derrière.
◆ (sujet qqn) **prendre place** *Les passagers sont invités à prendre place dans l'avion, départ dans cinq minutes.* ◆ [objet, valeur] [Au cinéma] : « *Je voudrais deux places à quatorze francs, s'il vous plaît.* »
III. [opposition] **à la place (de qqch)** *Je n'ai pas le temps de t'emmener au cinéma, mais, à la place, je t'achèterai un beau livre.*
• *Moi, à la place du fromage, je préférerais prendre une glace, c'est possible ?* ◆ **à la place de qqn, à ma (ta, sa) place** *Comment ! Il t'a dit ça et tu n'as rien répondu ? — Mets-toi à ma place, c'était difficile, c'est quand même lui le patron !* • *Je ne comprends pas du tout la décision de Danielle ; à sa place, j'aurais agi autrement.*
IV. [rang] (compt.) *Paul a quelle place en histoire ? — Il est troisième, il a fait des progrès ! Avant, il était toujours dernier !*
V. [activité sociale] (compt.) *On lui a offert une place et il l'a refusée.* • *Mon mari a perdu sa place, il cherche du travail.*
VI. [lieu aménagé] (compt.) *Les gens discutent sur la place du village.* • *On signale des embouteillages place de la Concorde à Paris.*

**S. 1.** *Place* (sens I) désigne un espace libre. *Tenir, prendre de la place*, c'est ÊTRE ENCOMBRANT. *La place de qqn, qqch*, c'est l'ENDROIT précis, l'EMPLACEMENT où cette chose, cette personne se trouve ou doit se trouver. *Mettre à une place*, c'est PLACER ; *mettre qqch à sa place*, c'est le RANGER ; *changer qqch de place*, c'est le DÉPLACER. *Sur place* a pour syn. SUR LES LIEUX, ICI OU LÀ. *Ne pas tenir en place*, c'est S'AGITER, ÊTRE IMPATIENT ; le contr. est RESTER TRANQUILLE. — **2.** Au sens II, ce mot désigne le plus souvent une *place* assise, un siège. *Prendre place* a pour syn. S'INSTALLER, S'ASSEOIR. — **3.** Au sens III, *à la place de* a pour syn. AU LIEU DE, qqch, il peut avoir pour syn. EN CONTREPARTIE, EN ÉCHANGE. *Se mettre à la place de* qqn, c'est essayer de se mettre dans sa situation, son cas. *À ta place* a pour

syn. SI J'ÉTAIS TOI. — **4.** *Place* (sens IV) indique un rang, une position dans un classement, une hiérarchie. — **5.** *Place* (sens V) a pour syn. TRAVAIL, EMPLOI, POSTE, SITUATION. — **6.** Une *place* (sens VI) ou *place* PUBLIQUE est un espace découvert où aboutissent des rues dans une ville, un village. Un ROND-POINT est une *place* circulaire dans une grande ville, une ESPLANADE est une très grande *place* devant un bâtiment.

**placer** [plase] v. t. (conj. **3**)
I. (sujet qqn) **placer qqn, un objet sur, dans, sous, etc., un lieu** [À *table*] : « *Catherine a placé ses invités, elle a mis M. Badel à sa gauche et M. Legrand à sa droite.* » • *Je ne comprends pas pourquoi tu as placé ce meuble sous la fenêtre.* ◆ (sujet qqch) **être bien, mal placé (pour + inf.)** *Ce magasin est bien placé, en plein centre de la ville.* • *Ne connaissant rien à la mécanique, je suis mal placée pour répondre à ta question.*
II. (sujet qqn) **placer de l'argent** *Vous ne savez que faire de vos économies ? Mais placez donc votre argent en achetant un terrain.*

**S. 1.** *Placer* qqn (sens I), c'est le METTRE À UNE PLACE, lui indiquer une PLACE, l'installer pour qu'il s'assoie. *Placer un objet*, c'est le RANGER,

le POSER, le METTRE qqpart. — **2.** *Être bien, mal placé* (sens I), c'est, en parlant de qqch, ÊTRE BIEN, MAL SITUÉ, AVOIR UN BON ou UN MAUVAIS EMPLACEMENT. En parlant de qqn, c'est être en BONNE ou MAUVAISE POSITION (POUR). — **3.** *Placer de l'argent* (sens II) a pour syn. INVESTIR (soutenu) → *il a fait un bon placement (d'argent)*. ◆ **déplacer**, v. ce mot. ◆ **replacer** (v. t.) [sens I] Il a placé de nouveau le livre (qui avait été déplacé) → *il a replacé le livre.*

**plafond** [plafɔ̃] n. m.
[partie d'un édifice] *Je vais refaire ma*

chambre : *les murs seront peints en rose et le plafond en blanc.*
  **S.** Le *plafond* s'oppose au SOL (ou au PLAN-

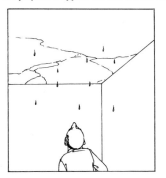

CHER) d'une pièce et aux CLOISONS (ou aux MURS).

**plage** [plaʒ] n. f.
[lieu naturel] *Tu viens à la plage avec nous ? On va se baigner.* ● *Le sable est très fin sur cette plage, c'est plus agréable que quand il y a des rochers !*
  **S.** Une *plage* se trouve au bord de la mer, d'un lac ou d'une rivière ; on y va pour s'y baigner ou pour prendre un bain de soleil.

**plaider** [plede] v. i. et v. t. (conj. 1)
[v. i.] (sujet un avocat) *Tais-toi, c'est maintenant l'avocat de la défense qui va plaider.* ◆ (sujet qqn) **plaider coupable, non coupable** *Il a décidé de plaider non coupable ; il espère ne pas être condamné.* ◆ [v. t.] (sujet qqn, un avocat) **plaider qqch (abstrait)** *L'avocat va plaider la légitime défense.*
  **S.** *Plaider* (jurid.), c'est, en parlant d'un avocat, faire une PLAIDOIRIE, défendre une cause devant un tribunal.

**plaie** [plɛ] n. f.
[résultat] *Pascale est tombée et s'est coupé la main ; il faudrait nettoyer la plaie avec de l'alcool.*
  **S.** Une *plaie* est une blessure faite à la peau et due à un coup, une brûlure, etc., ou à un acte chirurgical.

**plaindre** [plɛ̃dr] v. t. (conj. 44)
I. (sujet qqn) **plaindre qqn** *La pauvre Colette, je la plains d'avoir un fils toujours malade.* ● *Ah ! C'est toi qui dois lui annoncer la mort de son mari ? Eh bien, je te plains !* ● *Avec tout l'argent qu'elle gagne, elle n'est pas à plaindre !*
II. (sujet qqn) **se plaindre (de qqch, de + inf.)** *Elle se plaint tout le temps d'être mal payée.* ● *Tu laisses ton sac ouvert sur la table ? Ne viens pas te plaindre si on t'a volé quelque chose.* ● *Tu n'as vraiment pas à te plaindre de la vie, tu as tout pour être heureuse.*
  **S. 1.** *Plaindre* qqn (sens I), c'est AVOIR PITIÉ DE lui, S'APITOYER SUR lui (soutenu). — **2.** *Se plaindre* (sens II) a pour syn. ÊTRE MÉCONTENT, RÂLER (fam.), ROUSPÉTER (fam.), PROTESTER (plus fort), RÉCLAMER (plus fort). Les contr. sont ÊTRE SATISFAIT, CONTENT, HEUREUX.
  **L. plainte** (n. f.) [sens II] *Il s'est plaint à la police* → *il a déposé une plainte à la police.*

**plaire** [plɛr] v. t. ind. (conj. 69)
I. (sujet qqch, qqn) **plaire à qqn** *Elle te plaît, ma nouvelle voiture ? — Oh oui ! Elle est formidable !* ● *Ce type ne me plaît pas du tout : je le trouve très désagréable.* ● *Catherine ne fait que ce qui lui plaît, que ce dont elle a envie !* ◆ (sujet qqn [plur.]) **se plaire** *Françoise et Jean se sont tout de suite plu.* ◆ (sujet qqn) **se plaire à, dans un lieu** *Je me plais beaucoup dans ma maison de campagne et j'y vais chaque fois que je peux.*
II. **s'il te (vous) plaît** *Tu me prêtes ton peigne, s'il te plaît ? ● Mesdames, messieurs, un peu de silence, s'il vous plaît !*
  **S. 1.** *Plaire à* qqn a pour équivalents AIMER, APPRÉCIER, dans une construction inverse : *Il ne me plaît pas* → JE NE L'AIME PAS (le sujet de *plaire* devient le compl. d'objet direct de AIMER et inversement). CONVENIR est un syn. plus faible ; SÉDUIRE et CHARMER sont des syn. plus forts. DÉPLAIRE, ENNUYER, MÉCONTENTER, DÉGOÛTER sont des contr. de plus en plus forts. *Se plaire* (sujet au plur.), c'est avoir du plaisir à être ensemble ; un syn. est SYMPATHISER. *Se plaire* qqpart, c'est s'y trouver bien, avoir du plaisir à y être. — **2.** *S'il te (vous) plaît* est une formule de politesse accompagnant une demande ou un ordre.
  **L. déplaire, déplaisant,** v. ces mots.

**plaisant, e** [plɛzɑ̃, ɑ̃t] adj. (après ou avant le n.)
(se dit de qqch [action, événement]) *Tu crois que c'est plaisant de passer le week-end sous la pluie à la campagne !*
  **S.** Est *plaisant* (soutenu) ce qui est AGRÉABLE, AMUSANT ; le mot est souvent employé ironiq.

**plaisanter** [plezɑ̃te] v. i. (conj. 1)
(sujet qqn) *L'oncle Jean est toujours en*

# PLAN

train de dire des blagues, de plaisanter; il ne parle jamais sérieusement. • *Ce n'est pas méchant, si j'avais caché tes clés, c'était seulement pour plaisanter.*

**S.** *Plaisanter*, c'est faire ou dire des choses drôles. Le syn. fam. est BLAGUER ; S'AMUSER est un syn. moins précis.
**L. plaisanterie**, v. ce mot.

**plaisanterie** [plezɑ̃tri] n. f.
[action, qqn, et résultat] *Au dîner, Georges n'a pas arrêté de raconter des histoires, et tout le monde riait de ses plaisanteries.* • *Tu as cru ce que je t'ai dit ! Mais voyons, c'était une plaisanterie !*

**S.** Une *plaisanterie*, c'est un acte ou une parole que l'on dit pour PLAISANTER, pour faire rire. Il a pour syn. FARCE, BLAGUE (fam.) et CANULAR (fam.).

**plaisir** [plezir] n. m.
[sentiment] (non-compt., au sing.) *J'ai eu beaucoup de plaisir à lire votre livre et c'est avec grand plaisir que je verrai le film qu'on en a tiré.* • *Nous avons ce plaisir de vous annoncer le mariage de nos enfants Alain et Annick.* ◆ [concret] (compt.) *Une cigarette, un bon livre, ce sont ses seuls plaisirs, maintenant.* ◆ (sujet qqn, qqch) **faire plaisir à qqn** *Tu veux bien faire ça pour moi ? — Mais oui, tu sais bien que je ne demande qu'à te faire plaisir.* • *Oh! Quelle bonne idée ! Ton cadeau me fait très plaisir, merci !* ◆ (sujet qqn) **faire à qqn le plaisir de** + inf. *Faites-nous le plaisir de venir, nous serons ravis de vous recevoir.* • *Tu as vu dans quel état tu es ? Tu vas me faire le plaisir d'aller prendre un bain tout de suite !*

**S.** Le *plaisir* est un sentiment de contentement. Il a pour syn. JOIE, SATISFACTION (plus faible). Compt., il désigne ce qui provoque le *plaisir*. *Faire plaisir à* qqn, c'est lui PLAIRE, lui ÊTRE AGRÉABLE, lui RENDRE SERVICE, le RENDRE HEUREUX. *Faire à* qqn *le plaisir de* + inf. est une forme d'ordre atténué (ou, au contraire, autoritaire).

**plan** [plɑ̃] n. m.
I. [objet, texte] (compt.) *Regarde sur le plan du métro si c'est direct, d'ici, pour aller au Louvre.* • *Je ne sais pas aller chez les Durand : tu as un plan de Paris sur toi ?* • *Quel est l'architecte qui vous a fait les plans de la maison ?*
II. [résultat, activité mentale] *On a un devoir de français pour demain, très difficile. — Réfléchis d'abord au plan, tu rédigeras après.* • *Nous avons beaucoup de choses à faire. Vous avez prévu un plan de travail ?* • *Comment va-t-on faire pour lui faire accepter ça ? — Ne t'inquiète pas, j'ai un plan.*
III. [rang] **au premier, deuxième** (ou **second**) **plan** *Regarde bien cette photo : au premier plan, il y a Sylvie, et puis derrière, au second plan, il y a Jacques et sa sœur.* • *C'est terrible avec Pierre, il faut toujours qu'il se mette au premier plan, il ne laisse pas les autres parler.*
IV. [lieu abstrait] **sur le plan de** + n., **sur le plan** + adj., etc. *Il est de gauche ou de droite ? — Ah ! Sur le plan politique, je ne sais pas du tout ce qu'il pense.* • *Il ne faut pas confondre ces deux choses ! Elles ne sont pas du tout sur le même plan !*

**S. 1.** Au sens I, *plan* suivi d'un nom concret a pour syn. CARTE ou DESSIN, CROQUIS. — **2.** Au sens II, il a pour équivalent SCHÉMA ; le *plan* d'un texte, d'un travail indique les grands traits de son organisation, ses principales articulations et comporte le plus souvent, notamment pour un devoir, un discours, etc., une introduction, un développement, une conclusion. *Avoir un plan*, c'est avoir une méthode d'action, une série d'idées. — **3.** Au sens III, *le premier plan*, dans un tableau, une photo, un dessin, est la partie la plus proche de celui qui regarde, ce qui se trouve à l'avant, devant, par oppos. au SECOND PLAN et à L'ARRIÈRE-PLAN, qui est la partie la plus lointaine, et désigne ce qui se trouve à l'arrière, derrière. Qqn qui veut *se mettre au premier plan*, veut BRILLER, SE METTRE EN AVANT, SE FAIRE REMARQUER. — **4.** *Sur le plan (de)* [sens IV] a pour syn. DANS LE DOMAINE (DE), EN CE QUI CONCERNE, DU POINT DE VUE (DE), AU POINT DE VUE (DE). *Sur le même plan* a pour syn. SUR LE (AU) MÊME NIVEAU, À UN MÊME DEGRÉ.

**L. planifier,** v. ce mot.

**planche** [plɑ̃ʃ] n. f.
[objet] *Ce qu'elle est bien ta bibliothèque ! — Oh, c'est facile à faire, juste quelques planches que l'on fixe et que l'on peint.*

**S.** Une *planche* est un morceau de bois plus long que large et peu épais.

**planète** [planɛt] n. f.
[partie de l'univers] *Tu crois vraiment qu'il y a des hommes sur les autres planètes ? — Pourquoi pas ?* • *Mais si ça continue, la planète entière sera polluée !*

**S.** Dans le système solaire, une *planète*, non lumineuse par elle-même, tourne autour du Soleil. *La planète* (au sing.) a pour syn. LA TERRE.
**L. planétaire** (adj.) Il étudie le système des planètes → *il étudie le système planétaire.*
◆ **interplanétaire** (adj.) Tu crois qu'il y aura un jour une guerre entre les planètes ? → *tu crois qu'il y aura un jour une guerre interplanétaire ?*

**planifier** [planifje] v. t. (conj. 2)
(sujet qqn) **planifier qqch (action, abstrait)** *Vous n'aurez aucun résultat si vous ne planifiez pas votre travail.*

**S.** *Planifier* qqch, c'est l'organiser, en régler le développement selon un PLAN.
**L. planification** (n. f.) Nous avons décidé de planifier notre économie → *nous avons décidé la planification de notre économie.*

**plante** [plɑ̃t] n. f.
[végétal] *Chaque fois que j'allais chez lui à la campagne, il m'apprenait le nom de toutes les plantes.* • *Plutôt que de lui offrir des fleurs, si on lui achetait une belle plante verte ? Elle aime beaucoup ça.*

**S.** *Plante* est un terme générique qui désigne tous les végétaux fixés dans la terre par des racines. Ce mot s'emploie aussi pour désigner, par oppos. aux fleurs coupées, les *plantes* VERTES ou à fleurs qu'on vend en pots dans un but décoratif.

**planter** [plɑ̃te] v. t. (conj. 1)
I. (sujet qqn) **planter qqch (végétal)** *À votre place, je planterais quelques arbres devant la maison, pour cacher la route.* • *Son rêve a toujours été d'avoir un jardin et d'y planter des légumes !*
II. (sujet qqn) **planter un objet (dans qqch)** *Pierre est très maladroit, il ne sait même pas planter un clou sans se faire mal !* • *Si on plantait la tente au bord de la rivière ?*
III. (sujet qqn) **être, rester planté (qqpart)** *Regarde-le, il reste planté devant la porte et il n'ose pas rentrer.*

**S. 1.** *Planter un arbre, des fleurs,* etc. (sens I),

c'est les METTRE EN TERRE, EN FAIRE UNE PLANTATION. Le contr. est ARRACHER quand il s'agit de PLANTES et DÉRACINER quand il s'agit d'arbres. — **2.** *Planter un objet* (à un endroit) [sens II], c'est le FIXER. *Planter un clou* a pour syn. ENFONCER ; *planter une tente,* c'est l'INSTALLER. — **3.** *Être, rester planté* (sens III), c'est ÊTRE, RESTER IMMOBILE.
**L. plantation** (n. f.) On a planté des arbres sur la montagne → *on a fait des plantations d'arbres sur la montagne.* ◆ **replanter** (v. t.) Il a fallu de nouveau planter des arbres → *il a fallu replanter des arbres.*

**plastique** [plastik] adj. (après le n.) et n. m.

[adj.] (se dit d'une matière) *Tu ne risques pas de casser ces assiettes-là, elles sont en matière plastique!* ◆ [n. m.] (matière) [non-compt., au sing.] *Je t'assure que ce n'est pas du plastique, c'est du cuir!*

**G.** L'adj. n'a ni comparatif ni superlatif en ce sens.
**S.** La *matière plastique* ou le *plastique* est une matière synthétique, légère, plus ou moins souple, qui sert à fabriquer les objets les plus divers, imitant ou remplaçant le bois, le métal, le cuir, la toile, le verre.

**1. plat** [pla] n. m.
I. [objet, récipient] *J'ai bien envie de reprendre de la viande : tu me passes le*

*plat?* ◆ [contenu] *Ne me dites pas que vous avez mangé tout le plat de nouilles, il était énorme!*
II. [aliment] *Quel mari extraordinaire! Il paraît qu'il sait faire d'excellents petits plats!* • *Qu'est-ce que tu nous fais de bon, ce soir? — Un plat typique de la région.* ◆ **plat (principal, de résistance)** *Comme hors-d'œuvre, il y a de la charcuterie, et comme plat, qu'est-ce qu'on fait?*

**S. 1.** Un *plat* (sens I) est un récipient fait pour contenir des aliments. — **2.** *Plat* (sens II) désigne toute préparation culinaire. Comme partie d'un repas, il désigne plus particulièrement, par oppos. au hors-d'œuvre (avant), à la salade, au fromage et au dessert (après), la viande ou le poisson qui compose l'essentiel du repas.

**2. plat, e** [pla, at] adj. (après le n.)
(se dit de qqch) *Pour pouvoir construire une piscine, il vaut mieux un terrain très plat.* • *Si tu mets la table, prends les assiettes plates, il n'y a pas de soupe ce soir.* ◆ **à plat** *Pose le paquet bien à plat, il est très fragile.*

**S. 1.** Quand il s'agit d'un terrain, d'un relief uni, *plat* a pour syn HORIZONTAL et pour contr. ACCIDENTÉ, EN PENTE. En parlant d'une route, d'un terrain, *être plat* s'oppose à MONTER OU DESCENDRE (v. i.). *Une assiette plate* a pour contr. *une assiette* CREUSE. — **2.** *À plat* a pour syn. HORIZONTALEMENT et pour contr. VERTICALEMENT.

**platane** [platan] n. m.
[arbre] *Sur l'avenue qui mène au château, on a remplacé tous les platanes par des marronniers qui sont plus résistants.*

**S.** Le *platane* est un arbre commun en France, qui orne les avenues et qu'on plante le long des routes.

**plateau** [plato] n. m.
I. [objet] *Mets tous les verres sur le plateau, ce sera plus facile pour les porter à table.* ◆ **plateau (à, de + n. [aliment])** *Quel magnifique plateau à fromages! Où l'avez-vous acheté?* • *En entrée, je fais un plateau de charcuterie.* ◆ [contenu] *Ne me dites pas que vous avez fini le plateau de fromages!*
II. [lieu, activité artistique] [*À la télévision*] : « *Chers téléspectateurs, voici maintenant, sur notre plateau, la vedette que vous attendez tous...* »
III. [lieu naturel] *Oui, c'est difficile de grimper, mais ça vaut la peine, au sommet il y a un plateau magnifique d'où vous découvrirez toute la région.*

**S. 1.** Un *plateau* (sens I) en plastique, métal, verre ou bois permet de transporter des pièces de vaisselle ou de présenter certains aliments (fromages, charcuterie, fruits de mer). — **2.** Au sens II, un *plateau* est le lieu où sont plantés les décors et où évoluent les acteurs, dans un studio de cinéma, de télévision. SCÈNE est un syn. — **3.** Un *plateau* (sens III) est un terrain plat situé en hauteur, sur une montagne, une colline, etc.

**plausible** [plozibl] adj. (après le n.)
(se dit de qqch [abstrait]) *André a donné une explication plausible de son retard : il s'était couché à 4 heures du matin et ne s'était pas réveillé.*

**S.** Est *plausible* (soutenu) ce qui peut être considéré comme vrai; les syn. courants sont VALABLE, ACCEPTABLE. Les contr. sont INADMISSIBLE, INACCEPTABLE, INVRAISEMBLABLE.

**plein, e** [plɛ̃, ɛn] adj., **plein** adv. et n. m.
I. [adj.; après le n.] (se dit d'un objet) **plein (de qqch [liquide, objets, matière])** *Tu n'as pas bu? Ton verre est encore plein.* • *Regarde, mon panier est plein de champignons : je les ai cueillis dans la forêt.* • *Tu ne vas quand même pas envoyer cette lettre :*

## PLEINEMENT

elle est pleine de fautes d'orthographe ! ◆ (se dit de qqn) **plein de qqch (abstrait)** Anne est peut-être pleine de qualités, mais alors, qu'est-ce qu'elle est moche ! ◆ (se dit d'un lieu) **plein (de gens)** Il faut qu'on aille chercher une chambre ailleurs : cet hôtel est plein !
II. [adv.] (quantité) **plein de** + n. plur. (compt.) ou **sing.** (non-compt.) Il y avait plein de monde à la poste, je n'ai pas eu le courage de faire la queue... ● Qu'est-ce que tu as ? Tu as plein de boutons sur le visage. ● Tu n'es pas seul, tu as plein d'amis autour de toi. ◆ **plein le (la, les)** + n. Laisse-moi payer, pour une fois que j'ai de l'argent plein les poches ! ● Va te laver : tu as du chocolat plein la figure !
III. [adj.; avant le n.] (se dit de qqch [abstrait]) Votre fils nous a donné pleine satisfaction : son travail a été excellent. ● Maintenant, je travaille à plein temps dans un laboratoire. ◆ **en plein** + n., **en plein dans, sur qqch** Ne reste pas en plein soleil, viens te mettre à l'ombre. ● C'est toi qui t'es levé en pleine nuit ? — Oui, j'avais soif. ● Si on part maintenant, on va tomber en plein dans les embouteillages.
IV. [n. m.] (sujet qqn) **faire le plein (d'essence)** Avant de me rendre ma voiture, tu aurais pu faire le plein !

**G.** L'adj. n'a ni comparatif ni superlatif.
**S. 1.** Un récipient *plein* (sens I) contient le

maximum de ce qu'il peut contenir ; en ce sens, il a pour contr. VIDE (sans compl.). *Être plein de* qqch a pour syn. ÊTRE REMPLI, BOURRÉ DE (fam.). En parlant de qqn, *être plein de* qqch (abstrait) a pour contr. ÊTRE DÉNUÉ DE. Sans compl., en parlant d'un lieu, les syn. sont COMPLET, BONDÉ, COMBLE, et les contr. VIDE, DÉSERT. *Être plein de* est équivalent à une construction employant l'adv. *plein* (sens II) [Leur appartement est plein de tableaux → il

y a plein de tableaux dans leur appartement]. — **2.** *Plein de* (sens II) indique une grande quantité ; il a pour syn. BEAUCOUP DE, UNE GRANDE QUANTITÉ DE, UN TAS DE (fam.), ÉNORMÉMENT DE (plus fort) ; PEU DE, UN PEU DE sont des contr. *Avoir de l'argent plein les poches* équivaut à AVOIR LES POCHES PLEINES, REMPLIES D'ARGENT. — **3.** *Plein* (sens III) a pour syn. COMPLET. *En plein* a pour syn. AU MILIEU DE (espace), AU PLUS FORT DE (en parlant du soleil, de l'hiver, etc.). *Tomber en plein dans, sur* a pour syn. fam. TOMBER PILE DANS, SUR. — **4.** *Faire le plein (d'essence)*, c'est remplir totalement le réservoir d'essence.
**L. pleinement**, v. ce mot.

### pleinement [plɛnmɑ̃] adv.
[quantité] Je suis pleinement satisfait de la manière dont cette affaire a été réglée. ● Je suis pleinement d'accord avec vous : il faut partir le plus tôt possible.

**S.** *Pleinement* indique une grande quantité ou intensité ; il a pour syn. TOUT À FAIT, ENTIÈREMENT, TOTALEMENT, PARFAITEMENT, ABSOLUMENT, TRÈS (devant un adj.) ; il a pour contr. PARTIELLEMENT et À DEMI.

### pleurer [plœre] v. i. (conj. 1)
(sujet qqn) Ce film était si triste que j'en ai

pleuré ! ● Françoise nous a raconté une histoire tellement drôle qu'on en pleurait tous de rire.

**S.** *Pleurer*, c'est ÊTRE ou FONDRE EN LARMES, VERSER DES LARMES ou DES PLEURS (litt.), SANGLOTER ou ÉCLATER EN SANGLOTS (plus forts et soutenus). *Pleurer de rire*, c'est rire très fort.
**L. pleurs** (n. m. pl.) Il pleure sur son sort → *il verse des pleurs sur son sort*.

### pleuvoir [pløvwar] v. i. (conj. 39)
Attendez un peu pour sortir, il pleut encore. — Ça ne fait rien, j'ai un parapluie. ● Regarde ces nuages, je crois qu'il va pleuvoir.

**S.** *Pleuvoir* est un verbe impersonnel. *Il pleut*

a pour équivalent LA PLUIE TOMBE. Quand il pleut très fort, on dit qu'il pleut À VERSE.

**pli** [pli] n. m.
I. [résultat] *Tu as tellement vite fait les*

*valises que mon costume est plein de plis.*
● *Tu ferais bien de repasser le pli de ton pantalon, il en a besoin, on ne le voit presque plus.*
II. (sujet qqn) **prendre le pli (de + inf.)** *Elle a eu du mal à s'habituer, mais maintenant le pli est pris.*

**S. 1.** Un *pli* (sens I) est une marque laissée sur un tissu, un papier, une matière souple que l'on a PLIÉS, ou la double épaisseur d'un tissu rabattu sur lui-même, ou enfin les marques que comporte un tissu ou un papier froissé, fripé, PLIÉ. — **2.** *Prendre le pli (de)* (sens II), c'est S'HABITUER (À), PRENDRE L'HABITUDE (DE).
**L. plier,** v. ce mot. ◆ **plisser** (v. t.) [sens I] *Quand il réfléchit, il plisse le front* (← il fait que des plis se forment sur son front). ◆ **plissé, e** (adj.) [sens I] *Elle portait une jupe à plis* → *elle portait une jupe plissée.*

**plier** [plije] v. t. (conj. **2**)
(sujet qqn) **plier qqch (objet, papier, partie du corps)** *Quand il a fini de lire le journal, au lieu de le plier, il le laisse tomber par terre, après il faut ramasser toutes les feuilles.* ● *Aïe ! Ma jambe est toute raide, je n'arrive plus à plier le genou.*

**S.** On *plie* qqch qui est souple, flexible ou articulé. Le syn. est FLÉCHIR (la jambe, le bras, etc.) [soutenu] et le contr. TENDRE. Il a aussi pour syn. REPLIER (journal) et pour contr. DÉPLIER.
**L. pliant, e** (adj.) *C'est un fauteuil que l'on peut plier* → *c'est un fauteuil pliant.* ◆ **déplier, replier,** v. ces mots.

**plomb** [plɔ̃] n. m.
I. [métal] (non-compt., au sing.) *Qu'est-ce qu'Arthur veut pour son anniversaire ? — Des soldats de plomb et des petites voitures.*
● *C'est lourd comme du plomb ce truc-là !*
II. [objet] (compt.) *Ne mets pas toutes les machines en marche en même temps, tu vas faire sauter les plombs.*

**S. 1.** Le *plomb* (sens I) est un métal très malléable, gris et très dense qui fond facilement. — **2.** Les *plombs* (sens II) sont des fils de *plomb* (sens I) utilisés dans un circuit électrique et qui fondent quand la tension est trop forte.

**plombier** [plɔ̃bje] n. m.
[personne, profession] *Il y a un robinet qui fuit dans la salle de bains, il faut faire venir un plombier.*

**S.** Un *plombier* est un artisan ou un ouvrier qui installe et répare les canalisations d'eau et de gaz dont l'ensemble constitue la PLOMBERIE d'une habitation, ainsi que les appareils qui s'y rattachent (lavabo, baignoire, évier, chauffage central).
**L. plomberie** (n. f.) *Jean apprend le métier de plombier* → *Jean apprend la plomberie.*

**plonger** [plɔ̃ʒe] v. i. et v. t. (conj. **4**)
[v. i.] (sujet qqn) **plonger (dans l'eau)** *Je n'aime pas que les enfants s'amusent à plonger du bord de la piscine : j'ai toujours peur qu'ils glissent et se fassent mal.* ● *L'eau est assez profonde ici, tu peux plonger, tu ne*

*toucheras pas le fond.* ◆ [v. t.] **plonger qqch, une partie du corps (dans qqch [liquide, creux])** *Il n'hésita pas à plonger ses mains dans l'eau sale pour récupérer sa pièce.*

**S.** *Plonger*, c'est sauter dans l'eau, la tête et les bras en avant. *Plonger qqch dans un liquide, un creux,* etc., c'est l'y faire entrer brusquement et complètement.
**L. plongeon** (n. m.) *Il va plonger dans la*

piscine → *il va faire un plongeon dans la piscine.* ◆ **plongeur, euse** (n.) Regarde celui qui plonge, il sait plonger, lui → *regarde le plongeur, il sait plonger, lui.*

**pluie** [plɥi] n. f.
[phénomène naturel] (compt., surtout au sing.) *Zut! Il pleut! — Ne t'en fais pas, ça ne va pas durer, c'est une pluie d'orage.* • *Il tombe une petite pluie fine, on sort quand même?* • *Nous n'avons pas eu un seul jour de pluie pendant les vacances.* • *Dans les campagnes, on garde encore l'eau de pluie.*

**S.** La *pluie*, ce sont des gouttes d'eau qui tombent des nuages. Une AVERSE, un GRAIN, une GIBOULÉE, une ONDÉE (soutenu) sont de courtes *pluies*. Le CRACHIN est une *pluie* très fine.
**L. pluvieux, euse** (adj.) Nous avons eu beaucoup de pluie cet été → *nous avons eu un été pluvieux.*

**plume** [plym] n. f.
I. [partie d'un animal] *Oh, regarde! Il y a*

*du sang et des plumes au milieu de la route : c'est sûrement une poule qui a été écrasée par une voiture.*
II. [partie d'un objet] *Pour ton anniversaire, je vais t'acheter un bon stylo avec une plume en or.*

**S. 1.** Les *plumes* (sens I) couvrent le corps d'un oiseau, d'une volaille. — **2.** La *plume* (sens II) d'un stylo, c'est le morceau de métal en forme de bec qui sert à écrire et par lequel l'encre arrive.
**L. plumer** (v. t.) [sens I] Il faut enlever les plumes du poulet → *il faut plumer le poulet.*

**1. plus** [ply] adv.
I. [quantité ; comparatif] **plus + v., adj., adv., plus de + n. plur.** (compt.) ou sing. (non-compt.) **[que + ind.]** *Marche plus vite, sinon on arrivera en retard.* • *Les Durand ne prennent pas plus de vacances que nous, mais ils les prennent en plusieurs fois.* • *Tu as eu deux fois plus de bonbons que ton frère, ça suffit comme ça.* • *Oh! il y avait bien plus de cent personnes à cette réunion.* ◆ **de plus en plus** *Oh! tu as vu ce temps! Il pleut de plus en plus.* ◆ **plus ou moins** *Alors ça a marché cet examen? — Plus ou moins.* ◆ **plus..., (et) plus, plus..., (et) moins** *Plus il se repose et plus il dit qu'il est fatigué, je n'y comprends rien!* • *Plus il essayait de s'expliquer, moins on comprenait ses raisons.*
II. [quantité ; superlatif] **le plus (... de), le plus (...) possible, au plus** *De tous les gens que je connais, c'est François qui lit le plus.* • *Qui est-ce qui court le plus vite?* • *Partez le plus tôt possible.* • *Combien coûte le voyage en avion? — Au plus, huit cents francs.*
III. [addition] **plus qqch, qqn** *Trois plus quatre font sept.* • *Vous serez combien? — Eh bien, Jacques, François, Aline, plus ma sœur et moi, ça fera cinq!* ◆ **en plus, de plus** *Mets une assiette de plus, Jean vient dîner.* • *Il s'est trompé en me rendant la monnaie, j'ai trois francs en plus.* • *Je n'ai pas envie de le voir et, en plus, j'ai autre chose à faire.* ◆ **sans plus** *Alors, comment trouves-tu Jacques? — Il est sympathique, sans plus.*

**S. et G. 1.** *Plus* se prononce [plys] lorsqu'il modifie un verbe. Devant un adj., un adv., dans les expressions, il se prononce [plyz] devant une voyelle [plyzɛtɛliʒɑ̃] et [ply] devant une consonne : *plus vite* [plyvit]. Au sens III, *plus* se prononce [plys]. — **2.** Au sens I, *plus* marque la supériorité en qualité, en quantité, en étendue, etc. ; il sert de comparatif à BEAUCOUP avec un verbe (*Pierre travaille beaucoup* → PIERRE TRAVAILLE PLUS). Avec un adj. ou un adv., il forme le comparatif de supériorité de l'adj. ou de l'adv. Dans une phrase négative, on emploie *pas plus (que)* équivalant aux comparatifs d'égalité AUTANT (QUE) [avec un verbe ou un nom] et AUSSI (QUE) [avec un adj.]. *Plus* peut être modifié par un adv. comme BEAUCOUP, BIEN, UN PEU ou par un multiplicatif (*deux* FOIS, *trois* FOIS, etc.). Il a pour syn. DAVANTAGE lorsqu'il est employé avec un verbe ou un nom. *Plus ou moins* exprime une incertitude. — **3.** Au sens II, *plus* forme avec l'article LE, le superlatif de supériorité d'un adj. ou d'un adv. *Au plus* indique une limite supérieure dans une évaluation, il a alors pour syn. AU MAXIMUM. — **4.** *Plus* (sens III) indique une addition (son symbole mathématique est « + » ou un nombre positif (situé au-dessus de zéro). Il a pour syn. moins fort ET et

peut avoir pour équivalent AJOUTÉ À. *En plus* peut avoir pour syn. EN TROP, EN EXCÉDENT (soutenu). *De plus* (soutenu), *en plus* (courant) ont pour syn. EN OUTRE (soutenu). *Sans plus* s'emploie pour indiquer une limite, il peut avoir pour syn. C'EST TOUT.

**2. plus** [ply] adv.
[négation] **ne... plus** *Nous sommes fâchés, nous ne nous parlons plus.* • *Alors, vous partez à l'étranger ? Ça sera triste de ne plus vous voir.* • *On n'a pas pu monter dans l'autobus, il n'y avait plus de place.* • *Pierre venait souvent avant, maintenant on ne le voit plus qu'une fois par mois.* • *Avant je l'aimais bien, mais maintenant je ne l'aime plus du tout.* • *Il a eu tellement peur qu'il a dit qu'il ne voyagerait plus jamais avec moi.* ◆ **et plus, mais plus** *Je vois encore Pierre, mais plus Jacques.*

**S. et G. 1.** *Plus* se prononce [plyz] devant une voyelle. — **2.** *Plus* indique la cessation d'un

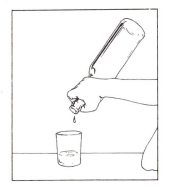

état ou d'une action ; cette négation porte sur la phrase entière ou sur un des constituants du groupe verbal ; il s'emploie accompagné de NE, sauf en langue fam. *(j'le ferai plus).* Il se place après le verbe ou son auxiliaire ou devant un inf. dont il peut être séparé par un pronom personnel compl. Il s'emploie sans NE en langue écrite : *a)* dans les phrases coordonnées sans verbe *(et plus, mais plus);* b) dans la loc. *non plus;* c) dans *plus du tout, plus jamais* dans une réponse. — **3.** Le contr. est ENCORE.

**plusieurs** [plyzjœr] adj. et pron. indéf. pl. [adj. indéf. pl.] (quantité) *Dis donc, ça fait plusieurs jours que je n'ai pas de nouvelles de Jean. Qu'est-ce qu'il devient ?* ◆ [pron. indéf. pl.] **plusieurs (de + n. plur., d'entre + pron. plur.), plusieurs qui (dont, que, etc.)** *Alors, tu as choisi ta robe ? — Non, pas encore! Il y en a plusieurs qui me plaisent.* • *Venez nous aider à pousser la voiture : à plusieurs, ce sera plus facile.* • *Vous viendrez tout seul dimanche ? — Non, nous serons plusieurs.*

**S.** *Plusieurs*, qui indique une pluralité de personnes ou de choses, s'oppose à UN SEUL. Il peut avoir pour syn. QUELQUES (adj. indéf. pl.), QUELQUES-UNS (pron. indéf. pl.) lorsque le nombre impliqué par *plusieurs* est petit, BEAUCOUP quand le nombre impliqué par *plusieurs* est grand.

**plutôt** [plyto] adv.
I. [comparaison] **plutôt (+ n., que + n., que de + inf.)** *Vous avez le choix entre ces deux menus, mais prenez plutôt celui-ci, il est moins cher et il est aussi bon.* • *Je suis invité à dîner, mais je vais plutôt aller au cinéma.* • *Prends le bateau plutôt que l'avion, il y a moins d'accidents.* • *Plutôt que de rester là à ne rien faire, viens donc m'aider !*
II. [quantité] **plutôt + adj.** ou **adv.** *Il travaille plutôt mieux depuis les vacances, tu ne trouves pas ?* • *Elle est plutôt gentille, non ?*
III. [restriction] **ou plutôt** *C'est vrai, ou plutôt ce n'est pas tout à fait faux.* • *Il est arrivé quand je partais, ou plutôt quand j'allais partir.*

**S. 1.** Au sens I, *plutôt* a pour syn. soutenu DE PRÉFÉRENCE (À). *Plutôt que de* a pour syn. courant AU LIEU DE + inf. — **2.** Au sens II, *plutôt* devant un adj. indique une quantité suffisante et a pour syn. ASSEZ. — **3.** Au sens III, *ou plutôt* corrige ou atténue une affirmation et a pour équivalent PLUS EXACTEMENT.

**pluvieux** → PLUIE L.

**pneu** [pnø] n. m.
[partie d'un véhicule] *Tu devrais faire gon-*

fler les pneus de ton vélo. • [Au garage] : « Vous pouvez me remplacer le pneu avant droit ? »

**S.** Le *pneu* recouvre la roue d'un véhicule. On gonfle les *pneus* quand ceux-ci sont dégonflés ou à plat. Une CREVAISON est due à un trou accidentel dans un *pneu*.

**poche** [pɔʃ] n. f.
I. [partie d'un vêtement] *Ne mets pas trop de choses dans tes poches, tu les déformes.* • *Quand Paul marche, il a toujours les mains dans les poches.*
II. **livre, couteau de poche** *Tu devrais t'acheter un livre de poche, c'est moins cher.* • *Il ne part jamais en forêt sans son couteau de poche, il dit que ça peut toujours être utile.*

**S. 1.** Une *poche* est la partie d'un vêtement dans laquelle on peut mettre de l'argent, un mouchoir, etc. — **2.** *De poche* se dit d'un objet dont le format est en général suffisamment petit pour pouvoir se glisser dans la *poche*.

**poêle** [pwal] n. f.
[instrument] *Tu veux m'aider ? Tiens, mets un morceau de beurre dans la poêle : tu vas faire cuire les biftecks !* • *Comment fais-tu le poisson, à la poêle ou au four ?*

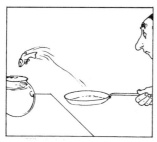

**S.** Une *poêle* sert à faire sauter, revenir, frire des légumes, de la viande ou du poisson.

**poème** [pɔɛm] n. m.
[résultat, activité artistique] *C'est un poème de Jacques Prévert mis en musique par Kosma, c'est beau, non ?* • *Tous les adolescents écrivent des poèmes, ce n'est pas pour cela qu'ils deviennent des poètes.*

**S.** *Poème* a pour syn. POÉSIE. Un *poème* est une œuvre, un texte littéraire, le plus souvent en vers, et comportant des strophes.

**poésie** [pɔezi] n. f.
I. [activité artistique] (non-compt., au sing.) *J'ai toujours aimé la poésie et admiré les poètes.* • *Il fait une étude sur la poésie de Rimbaud.* ◆ [qualité, qqch, qqn] (non-compt., au sing.) *En général, les adultes trouvent que les textes d'enfants sont pleins de poésie.* — *Oh ! C'est parce qu'ils regrettent le temps où ils étaient enfants, non ?*
II. [résultat, activité artistique] (compt.) *J'ai retrouvé le cahier où j'écrivais des poésies quand j'étais jeune.*

**S. 1.** La *poésie* (sens I) est un genre littéraire ; sans compl., la *poésie*, c'est l'ART POÉTIQUE. — **2.** Comme qualité (sens I), il a pour syn. moins forts BEAUTÉ, CHARME et, plus fort, LYRISME. — **3.** Au sens II, *poésie* est syn. de POÈME.
**L. poète** (n. m.) [sens I] Il est sensible à la poésie (des choses) → *c'est un poète.* ◆ [sens II] Il écrit des poésies → *c'est un poète.* ◆ **poétique** (adj.) [sens I] Tu aimes les textes de poésie ? → *tu aimes les textes poétiques ?* ◆ Ce paysage d'usines n'a pas de poésie → *ce paysage d'usines n'est pas poétique.*

**poids** [pwa] n. m.
I. [qualité, mesure] *Quel beau bébé ! Quel poids faisait-il à la naissance ?* — *Trois kilos et demi.* • *Vas-y, prends cette pile de livres, on va voir si tu es capable de soulever un poids pareil !* ◆ (sujet qqn) **prendre, perdre du poids** *Vous ne trouvez*

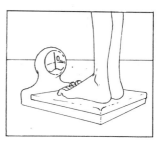

*pas que Pierre a pris du poids pendant ces vacances ?*
II. [instrument] *J'ai trouvé la balance, mais je ne trouve pas les poids.*
III. [moyen de transport] **poids lourd** *Ce que c'est désagréable tous ces poids lourds sur l'autoroute !*
IV. (sujet qqch [abstrait]) **avoir du poids, donner du poids à qqch** *Tout ce que vous proposez de dire n'aura aucun poids face à ses arguments.* • *Il faut chercher les arguments qui donneront tout son poids à votre théorie.* ◆ (sujet qqn) **faire le poids** *Devant lui, je t'assure, tu ne fais pas le poids.*

**S. 1.** Le *poids* (sens I) se mesure en grammes, kilogrammes (1 000 g) ou tonnes (1 000 kg). Ce mot peut aussi indiquer le fait d'être lourd, pour un objet, un corps. *Prendre du poids*, c'est GROSSIR ; *perdre du poids*, c'est MAIGRIR. — **2.** Les *poids* (sens II) sont des objets dont le *poids* est précis et déterminé et qui permettent de PESER. — **3.** Un *poids lourd* (sens III) est un gros CAMION réservé au transport des marchandises. — **4.** En parlant d'une action, d'un événement, *avoir du poids* (sens IV), c'est ÊTRE IMPORTANT, *donner du poids*, c'est exercer une certaine influence sur, AVOIR, DONNER DE L'IMPORTANCE À. En parlant de qqn, *faire le poids*, c'est AVOIR LES CAPACITÉS POUR, ÊTRE ASSEZ IMPORTANT POUR.

**poignard** [pwaɲar] n. m.
[arme] *L'assassin a oublié près du corps de sa victime le poignard dont il l'avait frappée.*

**S.** Un *poignard* est une arme blanche, une sorte de couteau.
**L. poignarder** (v. t.) *On l'a retrouvé mort, poignardé dans le dos* (← frappé d'un coup de poignard).

**poignée** [pwaɲe] n. f.
I. [partie d'un objet] *Zut ! La poignée est cassée ! Comment je vais faire pour porter cette valise ?* • *Il faudra que tu mettes un peu d'huile à la porte du salon : on ne peut plus tourner la poignée sans faire du bruit !*
II. [quantité] *L'eau bout ! Je mets combien de riz ? — Sur le paquet, on dit qu'il faut trois poignées de riz pour un litre d'eau.*
III. **poignée de main** *Les journaux du monde entier ont donné la photo de la poignée de main historique Mao-Nixon.*

**S. 1.** Une *poignée* (sens I) sert à tenir un objet

par la main. Elle correspond à l'ANSE d'une tasse, d'un panier, au MANCHE d'une casserole, etc. — **2.** *Poignée* (sens II) désigne une quantité de qqch qui peut être contenue dans la main. — **3.** *Poignée de main* (sens III) désigne l'action de serrer la main à qqn pour le saluer ou en signe d'accord.

**poignet** [pwaɲɛ] n. m.
[partie du corps] *Tu t'es cassé le poignet en faisant du ski ? Je n'ai pas l'impression que tu sois un champion !*

**S.** Le *poignet* est l'articulation qui joint la main au bras.

**poil** [pwal] n. m.
[partie du corps] *Jean-Jacques aimerait bien se raser, comme son père : tous les matins, il regarde si des poils ne lui ont pas poussé au menton !* • *Prête-moi une brosse, le chat a laissé plein de poils sur mon manteau !* • *Comment s'appelle cette race de chiens à poil très long ?*

**S.** Les *poils* qui garnissent les paupières sont les CILS. Au-dessus des yeux, ce sont les SOURCILS. Chez l'homme, les *poils* du visage peuvent être une MOUSTACHE (au-dessus des lèvres) ou une BARBE. Chez l'animal, l'ensemble des *poils* (ou *le poil*) forme le PELAGE.
**L. poilu, e** (adj.) Il a les bras couverts de poils → *il a les bras très poilus.*

**poing** [pwɛ̃] n. m.
[partie du corps] *Avant de te faire une prise de sang, on te demande de serrer le poing.* • *Debout, le poing levé, les ouvriers criaient qu'on libère leur camarade.* ◆ **coup de poing** *Regarde dans quel état tu es ! Tu t'es*

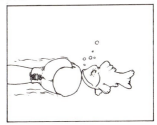

*encore battu à coups de poing dans la cour de l'école ?*

**S.** Le *poing* est constitué par la main fermée.

**1. point** [pwɛ̃] n. m.
I. [partie d'une langue] (compt.) [À l'école] : « *N'oubliez pas de mettre un point à la fin de chaque phrase et un point sur chaque « i ».* »
II. [forme] (compt.) *L'avion n'est plus qu'un point dans le ciel, bientôt on ne le verra plus.* • *Qu'est-ce que c'est, ces petits points brillants dans l'herbe ?*
III. [lieu] (compt.) *Et voilà, nous sommes revenus à notre point de départ.* • *[Dans un*

# POINT

*magazine]* : «*Voir page 27, la liste des points de vente des robes photographiées ici.*» • *Le Moyen-Orient reste un des points chauds du globe.*
**IV.** [lieu, abstrait] (compt.) *Il y a certains points sur lesquels je ne suis pas du tout d'accord avec vous.* • *C'est vrai, je suis arrivé tard : sur ce point vous avez raison.* • *Eh oui, malheureusement l'orthographe est son point faible, il fait beaucoup de fautes.*
**V.** [résultat, jeu] (compt.) *Chaque fois que vous ferez une faute, vous aurez un point en moins.* • *Bon, on joue, qui est-ce qui marque les points ?* • *Avec cet argument, l'adversaire a marqué un point.*
**VI. à quel point, à un certain point, au même point, etc.** *Tu ne peux pas savoir à quel point il m'énerve.* • *Alors ? Il y a quelque chose de nouveau ? — Non, la situation en est toujours au même point.*
◆ **à point** *Vous voulez votre bifteck saignant, bien cuit ou à point ?* • *Prenez ces* 

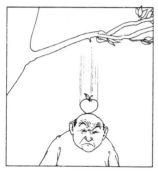

*poires, elles sont à point.* ◆ **au point de** + **inf.** *Il n'est quand même pas idiot au point de ne pas comprendre que tout le monde se moque de lui !* ◆ **sur le point de** + **inf.** *Ah ! vous arrivez juste, j'étais sur le point de partir.*
**VII.** (sujet qqn) **mettre qqch au point** *Les chirurgiens ont mis au point une nouvelle technique pour opérer le cœur.* • *Mettons les choses au point : il n'est plus question que tu sortes sans me dire où tu vas.* ◆ **faire le point** *Essayons de faire le point, veux-tu ? Il faudrait quand même savoir où on en est tous les deux.*

**S. 1.** Le *point* (sens I) est un signe de PONCTUATION qui termine la phrase, seul ou en association avec d'autres signes ; on distingue le POINT-VIRGULE « ; », les DEUX-POINTS « : », le POINT D'EXCLAMATION « ! », les POINTS DE SUSPENSION « ... » et le POINT D'INTERROGATION « ? ». — **2.** Un *point* (sens II) est une forme ronde de surface minuscule. — **3.** *Point* (sens III) [le plus souvent suivi d'un nom d'action] indique le lieu, l'endroit précis à partir duquel une action se fait. — **4.** *Point* (sens IV) s'emploie pour parler d'un aspect, d'un côté d'une situation, d'une question particulière, d'une partie précise d'un discours, d'un texte. Il a pour syn. TRAIT ou QUESTION, CHAPITRE. — **5.** Un *point* (sens V) désigne chacune des unités d'une note, d'un score. *Marquer un point,* c'est prendre l'avantage. — **6.** *Point* (sens VI) a pour syn. DEGRÉ, STADE, ÉTAT. *Au point de* + inf. a pour syn. TELLEMENT... QUE, ASSEZ... POUR (*Il est idiot au point de ne pas comprendre* → IL EST TELLEMENT IDIOT QU'IL NE COMPREND PAS ou IL EST ASSEZ IDIOT POUR NE PAS COMPRENDRE). *Être sur le point de* + inf. indique un futur immédiat ; il a pour syn. ALLER + inf. — **7.** *Mettre* 

*au point* (sens VII) a pour syn. RÉGLER, RÉALISER, ÉTABLIR, DÉFINIR. *Mettre les choses au point,* c'est ÉCLAIRCIR UNE SITUATION ; *faire le point* est syn.
**L. pointillé** (n. m.) [sens I] *Découpez la feuille en suivant la ligne de points* → *découpez la feuille en suivant le pointillé.*

**2. point** [pwɛ̃] adv.
[négation] **ne... point** *Je peux vous téléphoner, mais je ne veux point vous déranger. À quelle heure est-ce possible ?*

**S.** *Point* est le syn. litt. de PAS ; avec NE, il est une négation de la phrase ou d'un constituant de la phrase.

**point de vue** [pwɛ̃dvy] n. m., pl. **points de vue**
**I.** [résultat, activité mentale] *C'est vraiment ton opinion ? Eh bien, je n'ai pas le même point de vue que toi sur le divorce !*
**II. au, du point de vue (de) qqch** ou + **adj.**

*Cette voiture est très bien pour faire de la vitesse ; mais, au point de vue consommation d'essence, qu'est-ce qu'elle coûte cher !* ● *Du point de vue scientifique, cet article n'a aucune valeur.* ◆ **à tous points de vue** *Cette opération est à tous points de vue mauvaise pour l'entreprise. Donc, je ne vous la conseille pas !*

S. **1.** *Point de vue* (sens I) a pour syn. AVIS, OPINION, FAÇON DE VOIR. *Avoir un point de vue,* c'est PENSER ; *partager le point de vue de* qqn, c'est ÊTRE D'ACCORD AVEC lui. — **2.** *Au, du point de vue* (sens II) a pour syn. SUR LE PLAN DE, QUANT À, EN CE QUI CONCERNE, mais ces syn. ne peuvent être suivis d'un adj. (*au point de vue scientifique* → EN CE QUI CONCERNE LA SCIENCE, QUANT À LA SCIENCE). *À tous points de vue* a pour syn. DE TOUTE FAÇON, DE TOUTE MANIÈRE, DANS TOUS LES CAS.

**pointe** [pwɛ̃t] n. f.
I. [partie d'un instrument] *Il s'est blessé avec la pointe d'un couteau.*
II. [localisation] **la pointe des pieds** *Marche sur la pointe des pieds pour ne pas faire de bruit.* ◆ [forme, qqch] **en pointe** *Comment trouves-tu Jacques avec sa barbe taillée en pointe ?*
III. **à la pointe de** qqch *Ils emploient des méthodes qui sont à la pointe du progrès.* ◆ **de pointe** *Cette opération a pu réussir grâce à des techniques chirurgicales de pointe.* ◆ **heure de pointe** *Pourquoi je ne prends pas les transports en commun ? On voit que tu ne connais pas le métro aux heures de pointe !*

S. **1.** *La pointe* d'un objet (sens I), c'est son extrémité POINTUE. — **2.** *Marcher sur la pointe des pieds* (sens II), c'est marcher en n'appliquant que le bout du pied sur le sol. *En pointe* se dit de ce qui a la forme d'une *pointe*, de ce qui est pointu. — **3.** *À la pointe de* (sens III) a pour syn. À L'AVANT-GARDE DE. *De pointe* a pour syn. TRÈS MODERNE, D'AVANT-GARDE. Les *heures de pointe* sont le moment où il y a le plus d'affluence dans un moyen de transport ou le moment où la consommation de gaz, d'électricité est la plus élevée.
**L. pointu**, v. ce mot.

**pointer** [pwɛ̃te] v. t. (conj. **1**)
(sujet qqn) **pointer qqch vers, sur qqch, qqn** *Il pointait une arme vers moi et tu aurais voulu que je me batte avec lui ? Je ne suis pas fou !*

S. *Pointer* a pour syn. DIRIGER, ORIENTER dans une direction, sur un objectif donnés.

**pointillé** → POINT 1 L.

**pointilleux, euse** [pwɛ̃tijø, øz] adj. (après le n.)
(se dit de qqn) *Jamais le professeur n'admettra un travail mal écrit, même si, dans l'ensemble, il est bon ; c'est un homme très pointilleux.*

S. Est *pointilleux* (soutenu) celui qui fait attention même aux petits détails ; il a pour syn. moins fort EXIGEANT.

**pointu, e** [pwɛ̃ty] adj. (après le n.)
(se dit de qqch) *Fais attention à ce couteau, le bout est très pointu !*

S. Qqch de *pointu* se termine en POINTE ; les syn. sont AIGU (soutenu), ACÉRÉ (quand la pointe est tranchante) et FIN ; le contr. est ARRONDI.

**pointure** [pwɛ̃tyr] n. f.
[qualité, mesure] (compt., surtout au sing.) *Comment veux-tu que je lui achète des chaussures, je ne sais même pas sa pointure !*

S. La *pointure* est la mesure, la dimension d'une paire de chaussures ou de gants.

**poire** [pwar] n. f.
[fruit] *On fait une tarte aux pommes ou aux poires ?*

S. La *poire* est un fruit à pépins.
**L. poirier** (n. m.) *Viens voir dans le jardin, les poiriers sont en fleur* (← arbres qui produisent les poires).

**poireau** [pwaro] n. m.
[légume] *Tu peux aller chez l'épicier m'acheter des poireaux, des carottes et des pommes de terre, s'il te plaît ?*

S. Le *poireau* est un légume que l'on mange toujours cuit et le plus souvent dans les soupes de légumes.

**poisson** [pwasɔ̃] n. m.
[animal] (compt.) *Regarde ! Julien vient de pêcher deux énormes poissons !* ◆ [aliment]

(non-compt., au sing.) *Je n'ai pas envie de manger du poisson aujourd'hui.* — *Je peux te faire des œufs, si tu veux.*

**S.** On distingue les *poissons* DE MER (le colin, la lotte, le maquereau, la sardine, la sole, le thon, etc.) et les *poissons* D'EAU DOUCE (le brochet, la truite, le saumon, etc.). Ces *poissons* sont vendus frais ou en conserve : maquereaux, harengs, sardines et thon en particulier sont en boîte ; le saumon peut être frais ou fumé.
**L. poissonnier,** v. ce mot.

**poissonnier, ère** [pwasɔnje, ɛr] n.
[personne, profession] *Je vais toujours chez le même poissonnier, il y a du choix et la marchandise est très fraîche.*

**S.** Le *poissonnier* est un commerçant qui vend du POISSON, des coquillages, des crustacés.
**L. poissonnerie** (n. f.) La boutique du poissonnier est fermée → *la poissonnerie est fermée.*

**poitrine** [pwatrin] n. f.
[partie du corps] *Ah! La poitrine de Jane Mansfield! Ça, c'était quelque chose! Maintenant la mode est aux petites poitrines!* • *Combien tu fais de tour de poitrine, toi?* — *Quatre-vingts centimètres.*

**S.** La *poitrine* est la partie du corps située au-dessus de la taille. Les syn. sont THORAX (langue scientifique), pour les hommes et les femmes, TORSE, pour les hommes, BUSTE ou SEINS, pour les femmes.

**poivre** [pwavr] n. m.
[aliment] (non-compt., au sing.) *Ça pique! Il y a trop de poivre dans la soupe.*

**S.** Le *poivre* est une épice, un condiment qu'on emploie en grains ou en poudre.
**L. poivrer** (v. t.) *Tu as mis du poivre dans la sauce?* → *tu as poivré la sauce?*

**pôle** [pol] n. m.
[lieu naturel] *Vous passez par le pôle Nord pour aller au Japon?*

**S.** Le *pôle* Nord et le *pôle* Sud sont les deux points extrêmes de la Terre au nord et au sud, et les régions qui l'avoisinent.

**poli, e** [pɔli] adj. (après le n.)
(se dit de qqn, de son attitude) *Tiens, tu veux un bonbon?* — *Oui.* — *Quand on est poli, on dit merci!* • *Voilà un garçon poli! Tu as vu? Il a laissé passer la dame devant lui!*

**S.** Être *poli*, c'est être respectueux d'autrui, des règles de la courtoisie. Les syn. sont BIEN ÉLEVÉ, CORRECT (moins fort), COURTOIS (soutenu) ; les contr. sont MALPOLI (fam.), IMPOLI, MAL ÉLEVÉ et GROSSIER (plus fort).
**L. poliment** (adv.) Il a refusé d'une façon polie → *il a refusé poliment.* ◆ **politesse** (n. f.) On apprend aux enfants à être polis → *on apprend la politesse aux enfants.* ◆ **impoli, e** (adj.) Il n'est pas poli d'arriver en retard → *il est impoli d'arriver en retard.* ◆ **malpoli, e** (adj. et n.) Elle n'est pas polie → *elle est malpolie.*

**police** [pɔlis] n. f.
[institution] (compt., surtout au sing.) *Il y a un accident, il faut vite appeler la police!* • *Alors, on a trouvé les coupables?* — *Non, la police poursuit l'enquête en interrogeant les témoins.* • *On a emmené le voleur au commissariat de police.* • *Je suis désolé, je ne peux pas vous indiquer cette rue, mais demandez donc à l'agent de police.*

**S.** La *police* est une administration dépendant du ministère de l'Intérieur, chargée de maintenir l'ordre et la sécurité publics, d'assurer la circulation dans les villes, de poursuivre les malfaiteurs (*police* JUDICIAIRE). La *police* est constituée par des fonctionnaires, les POLICIERS (fam. les FLICS) : commissaires, inspecteurs, AGENTS DE POLICE (en uniforme). La *police* et la GENDARMERIE constituent ce qu'on appelle les FORCES DE L'ORDRE.
**L. policier, ère** (adj.) C'est un chien de la police → *c'est un chien policier.* ◆ **policier** (n. m.), v. ce mot.

**policier** [pɔlisje] n. m.
[personne, profession] *Les policiers ont interrogé les témoins de l'accident.* • *Il y a un peu plus loin des policiers en civil qui vérifient l'identité des passants.*

POLONAIS

**S.** *Policier* est un terme vague désignant un membre de la POLICE, mais plus spécialement ceux qui sont en civil (inspecteurs, commissaires) par oppos. aux AGENTS. Le syn. fam. de *policier* est FLIC.

**politique** [pɔlitik] adj. (après le n.) et n. f.
I. [adj.] (se dit de qqch [attitude, idée, journal, etc.]) *Et je ne veux pas de discussion politique à ce repas, hein! Ça se termine toujours mal!* • *Il ne s'entend pas avec ses parents, ils n'ont pas les mêmes opinions politiques.* ◆ **homme politique** *Avant les élections, on va avoir droit aux discours de pas mal d'hommes politiques, à la télé!*
II. [n. f.] (qqch) [compt.] *Je serais assez d'accord avec la politique intérieure de ce gouvernement, mais je ne comprends rien à sa politique extérieure.* ◆ [activité sociale] (non-compt., au sing.) *Vous êtes de gauche ou de droite? — Moi, monsieur, je ne fais pas de politique!*

    **G.** L'adj. est toujours épithète après le nom et n'a ni comparatif ni superlatif au sens indiqué ici.
    **S. 1.** Un *homme politique* est celui qui fait carrière dans la *politique* (député, sénateur, ministre, président); HOMME D'ÉTAT désigne celui qui participe au gouvernement d'un État (président). — **2.** La *politique*, c'est l'art de gouverner un pays et d'entretenir des relations avec d'autres pays. La *politique* d'un gouvernement, c'est sa manière de diriger tel ou tel secteur de l'État. *Faire de la politique*, c'est participer aux affaires publiques d'un pays, avoir une activité de militant, d'homme politique.

**L. politiser,** v. ce mot. ◆ **politiquement** (adv.) *Sur le plan politique la situation est confuse* → *la situation est politiquement confuse.* ◆ **apolitique** (adj.) *Ce mouvement n'est pas politique* → *ce mouvement est apolitique.*

**politiser** [pɔlitize] v. t. (conj. **1**)
(sujet qqch, qqn) **politiser qqch (action, abstrait)** *Il s'agit là de problèmes purement locaux, si vous politisez tout, nous ne pourrons plus discuter ensemble. — Mais tout est politique!* • *Le débat était très politisé.*

**S.** *Politiser* qqch, c'est lui donner un tour POLITIQUE. *Être politisé* a pour syn. ÊTRE ENGAGÉ (POLITIQUEMENT) en parlant de qqn, de ses actions ou AVOIR UN TOUR POLITIQUE en parlant de qqch.
**L. politisation** (n. f.) *Cette association lutte contre la politisation de l'enseignement* (← contre le fait que l'enseignement soit politisé). ◆ **dépolitiser** (v. t.) *Il faut dépolitiser le débat* (← faire qu'il ne soit pas politisé).

**polluer** [pɔlɥe] v. t. (conj. **2**)
(sujet qqn, qqch) **polluer qqch (lieu, eau, air)** *Il est interdit de jeter dans les rivières des produits qui risqueraient de les polluer.* • *Dans cette région, l'air est tellement pollué qu'aucun oiseau n'y vit.*

    **S.** *Polluer l'eau, l'air* (langue technique), c'est les rendre malsains, dangereux pour la santé de ceux qui y vivent. *Être pollué* a pour contr. ÊTRE PUR.
**L. pollution** (n. f.) *Cette région de la côte est tellement polluée qu'on ne peut plus s'y baigner* → *la pollution de cette région de la côte est telle qu'on ne peut plus s'y baigner.*

**polonais, e** [pɔlɔnɛ, ɛz] adj. (après le n.) et n., **polonais** n. m.
[adj.] (se dit de qqch) *L'agriculture polonaise est-elle très développée?* ◆ [n. m.]

(langue) *Pourquoi ne peut-on pas apprendre le polonais au lycée?* ◆ [n. et adj.] (personne) *Il y a beaucoup de travailleurs polonais dans le nord de la France.* • *Wajda est un Polonais; il est en France depuis six mois.*

   **G.** L'adj. ne se met ni au comparatif ni au superlatif.
   **S.** L'adj. ethnique *polonais* correspond au n. f. POLOGNE et au n. m. *polonais* (= la langue polonaise). Les *Polonais* (notez la majuscule) sont ceux qui ont la nationalité *polonaise.*

**pomme** [pɔm] n. f.
[fruit] *Marion, tu m'aides à éplucher des pommes pour faire une tarte?* • *Il faudrait aller ramasser les pommes tombées dans le jardin, sinon elles vont s'abimer.*

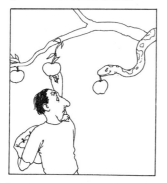

   **S.** La *pomme* est un fruit à pépins. On peut faire cuire des *pommes* pour en faire de la COMPOTE. Le CIDRE est une boisson fermentée obtenue à partir de jus de *pomme.*
   **L.** *pommier* (n. m.) *Grimpe dans le pommier et secoue les branches* (← arbre qui produit les pommes).

**pomme de terre** [pɔmdətɛr] n. f., pl. **pommes de terre**
[légume] *Je ne peux pas faire de frites, il n'y a plus de pommes de terre!* • *[Au marché] : « Un kilo de pommes de terre, s'il vous plaît. »*

   **S.** *Pomme de terre* a pour syn. fam. PATATE. Ce légume est un féculent, par oppos. aux légumes verts. On prépare les *pommes de terre* à l'eau, au four, à la vapeur, sautées ou frites dans l'huile (POMMES FRITES ou FRITES). La PURÉE est faite de *pommes de terre* cuites et écrasées avec du lait.

**pompier** [pɔ̃pje] n. m.
[personne, profession] *Au feu! Vite, appe-*

*lez les pompiers!* • *Tiens, il doit y avoir le feu quelque part. J'entends la voiture de pompiers.*

   **S.** Les *pompiers* sont chargés de lutter contre les incendies. Ils logent dans des casernes. La dénomination officielle est SAPEUR-POMPIER.

**pompiste** [pɔ̃pist] n.
[personne, profession] *Laisse un pourboire au pompiste, il a nettoyé le pare-brise.*

   **S.** Un(e) *pompiste* est un(e) employé(e) qui travaille dans une station-service, un garage; sa fonction y est de distribuer de l'essence.

**ponctuel, elle** [pɔ̃ktɥɛl] adj. (après le n.) (se dit de qqn) *C'est un employé très ponctuel : il est à son bureau à 9 heures, jamais avant, jamais après.*

   **S.** Est *ponctuel* qqn qui arrive à l'heure; les syn. sont EXACT, PRÉCIS, RÉGULIER.
   **L.** **ponctuellement** (adv.) *Il arrive au bureau d'une manière ponctuelle → il arrive ponctuellement au bureau.* ◆ **ponctualité** (n. f.) *J'admire qu'il soit si ponctuel → j'admire sa grande ponctualité.*

**pont** [pɔ̃] n. m.
I. [lieu, passage] *Tu as déjà pris le pont de Tancarville?* • *Le pauvre homme s'est jeté du haut du pont et s'est noyé dans la Seine.*
II. [partie d'un moyen de transport] *[Sur le bateau] : « On va prendre l'air sur le pont? »*
III. (sujet qqn) **faire le pont** *Le 1er janvier étant un mardi, on a fait le pont du samedi au mercredi.*

   **S. 1.** Un *pont* (sens I) est une construction qui permet de passer d'un côté à l'autre d'un cours d'eau, d'une voie ferrée, d'une route. Une PASSERELLE est un *pont* étroit qui ne sert qu'aux piétons. Un VIADUC est un très grand *pont.* — **2.** Le *pont* (sens II) est le plancher qui ferme par en haut la coque d'un bateau. — **3.** *Faire le pont* (sens III), c'est ne pas travailler un jour ouvrable situé entre deux jours fériés ; il y a ainsi un jour de congé supplémentaire.

**populaire** [pɔpylɛr] adj. (après le n.)
I. (se dit de qqn, de qqch) *Ce chanteur est très populaire, surtout parmi les jeunes : il a un de ces succès !* ● *On ne peut pas dire que le fait d'augmenter le prix des moyens de transport soit une mesure populaire : personne n'est content !*
II. (se dit de qqch) *Le directeur parle souvent de son origine populaire à ses employés et leur donne sa réussite en exemple.*

**G.** Au sens II, il n'a ni comparatif ni superlatif.
**S. 1.** Au sens I, est *populaire* ce qui plaît au plus grand nombre, qui est connu de beaucoup de monde, qui satisfait la grande masse des gens. — **2.** Au sens II, est *populaire* ce qui est issu du PEUPLE : il a pour équivalents PAUVRE, MODESTE, HUMBLE (soutenu), et s'oppose à BOURGEOIS, PRIVILÉGIÉ.
**L. popularité** (n. f.) [sens I] *Cela m'étonne que ce chanteur soit si populaire* → *la grande popularité de ce chanteur m'étonne.* ◆ **impopulaire** (adj.) [sens I] *Ces mesures politiques ne sont pas populaires* → *ces mesures politiques sont impopulaires.*

**population** [pɔpylasjɔ̃] n. f.
[collectif, personnes] *La population de l'agglomération parisienne ne cesse d'augmenter.* ● *Toute la population du village était réunie sur la place pour assister à l'arrivée de la course.*

**S.** *Population* désigne l'ensemble des habitants d'un espace géographique (ville, pays, globe terrestre).

**porc** [pɔr] n. m.
[animal] (compt.) *Pendant les vacances, on était à la campagne, on a vu des petits porcs, tout roses ! Qu'est-ce que c'était mignon !* ◆ [aliment] (non-compt., au sing.) [*Chez le charcutier*] : *« Un rôti de porc, s'il vous plaît. »* ● *Nous ne mangeons pas souvent du porc : on dit que ce n'est pas très sain, comme viande. — Mais si, il suffit de bien le faire cuire !*

**S.** COCHON désigne surtout l'animal, alors que *porc* désigne surtout la viande.

**porcelaine** [pɔrsəlɛn] n. f.
[matière] (non-compt., au sing.) *Elles sont jolies ces assiettes en porcelaine blanche, toutes simples.* ● *Autrefois, les poupées avaient des yeux de porcelaine.*

**S.** La *porcelaine* est une sorte de poterie, de céramique très fine et recouverte d'un émail transparent. La *porcelaine* est plus fine que la faïence.

**port** [pɔr] n. m.
[lieu, moyen de transport] *Je vais voir au port s'il y a du poisson frais, tu m'accompagnes ?* ● *Si tu veux acheter un bateau d'occasion, va te promener sur le port, tu verras peut-être quelque chose.*

**S.** Un *port* DE COMMERCE est aménagé pour recevoir les navires de commerce. Un *port* DE PLAISANCE reçoit surtout des bateaux particuliers (voiliers, yachts).
**L. portuaire** (adj.) *Les installations portuaires de cette ville sont très vieilles* (← l'ensemble de l'équipement du port).

**portant (bien), portatif** → PORTER L.

**porte** [pɔrt] n. f.
I. [partie d'un édifice, d'un véhicule, d'un meuble, etc.] (compt.) *Ouvre la porte, ça nous donnera un peu d'air !* ● *Il n'y a pas*

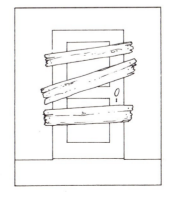

# PORTÉE

*de boîte aux lettres, alors la concierge met le courrier sous la porte.* ● *Cette voiture n'a que deux portes?* ● *Ah! cette manie qu'elle a de ne jamais fermer les portes de placards!* ● *Je ne t'ai pas entendu entrer. — Oui, je suis passée par la porte de derrière.* ◆ [lieu, accès] (non-compt., au sing.) *Eh bien, heureusement que tu arrives, je suis à la porte, j'ai oublié mes clefs.* ● *Cet élève a fait tellement de bêtises qu'il a été mis à la porte du lycée.* ● *Il était tellement en colère que j'ai préféré prendre la porte avant qu'il ne me le demande.*
II. [lieu, accès] (compt.) **porte de** + n. *Dès qu'on arrive aux portes de Paris, il y a des embouteillages.*

**S. 1.** Une *porte* est un panneau qui, ouvert, permet d'entrer ou de sortir d'un local, d'un véhicule, etc., ou qui sert à ouvrir, fermer un meuble. En parlant d'une voiture, d'un train, d'un métro, *porte* a pour syn. PORTIÈRE. Un PORTILLON est une petite *porte*, dans le métro par exemple. Un PORTAIL est une grande *porte*, à l'entrée d'une église, d'un jardin, etc. *Être à la porte*, c'est ne pas pouvoir entrer chez soi. *Mettre qqn à la porte*, c'est le CONGÉDIER, le RENVOYER. *Prendre la porte*, c'est PARTIR brusquement. — **2.** Au sens II, ce mot désigne chaque accès principal d'une ville.

**portée** [pɔrte] n. f.
I. [qualité, qqch] *Cette arme est très précise et elle a une portée de cinq cents mètres.*
◆ **à portée de la main, de la voix, etc.** *Je lui ai laissé un verre d'eau à portée de la main, comme ça, s'il a soif la nuit, il pourra boire.*
II. [abstrait] (compt., surtout au sing.) *Il n'a pas mesuré la portée de ses paroles, il ne voulait pas vous vexer.* ◆ **à la portée de qqn** *Mettez-vous à la portée de vos auditeurs, n'employez pas un vocabulaire trop difficile.* ● *Des vacances à ce prix ne sont pas à la portée de tous!*

**S. 1.** La *portée* d'une arme, d'un projectile, etc. (sens I), c'est la distance à laquelle cette arme, ce projectile, etc., peut frapper. *Être à portée de la main, de la voix*, etc., c'est être suffisamment près pour pouvoir être atteint par la main, la voix. — **2.** La *portée* d'un acte, d'une parole, etc., c'est son EFFET, ses CONSÉQUENCES. *À la portée de qqn* est syn. de AU NIVEAU DE ou ACCESSIBLE À.

**portefeuille** [pɔrtəfœj] n. m.
[objet personnel] *Paul met toujours son portefeuille dans la poche intérieure de sa veste.* ● *Dans son portefeuille, Marie a sa carte d'identité, un billet de cent francs, des photos.*

**S.** Un *portefeuille* est un étui qu'on porte avec soi, où l'on range certains papiers, billets de banque, etc., et qui est différent du PORTE-MONNAIE qui contient surtout de la monnaie.

**portemanteau** [pɔrtmɑ̃to] n. m.
[instrument] *Ne laissez pas traîner votre veste, accrochez-la au portemanteau.*

**S.** Un *portemanteau* permet de suspendre les

vêtements. CINTRE est un syn. quand il s'agit d'un *portemanteau* mobile qu'on accroche dans une penderie, une armoire.

**porte-monnaie** [pɔrt(ə)mɔnɛ] n. m. inv.
[objet personnel] *Est-ce que tu as la monnaie de dix francs? — Attends! Je vais regarder dans mon porte-monnaie.*

**S.** Un *porte-monnaie* est un étui dans lequel on ne met que de l'argent, et surtout des pièces de MONNAIE, par oppos. au PORTEFEUILLE dans lequel on met des billets et des papiers.

**porter** [pɔrte] v. t. et v. i. (conj. **1**)
I. [v. t.] (sujet qqn) **porter qqch, qqn** *Je ne peux pas porter cette valise, elle est trop lourde.* ● *L'enfant était tellement fatigué par la promenade que son père a dû le porter pour rentrer!* ◆ **porter qqch (à qqn)** [qqpart] *Tu ne te lèves pas? Tu veux que je te porte ton petit déjeuner au lit?* ● *Qui veut m'aider à porter ces sacs jusqu'à la voiture?* ◆ **porter qqch [vêtement, objet personnel]** *Tu portes des lunettes maintenant?* ● *Elle ne porte plus la montre que son mari lui avait offerte.*
II. [v. t. opérateur] (sujet qqn, qqch) **porter + n.** *Le tour que tu lui as joué n'est pas très malin, ça ne te portera pas bonheur.* ● *Tout*

le monde avait entendu les cris, mais personne n'avait porté secours à la malheureuse.
III. [v. pr.] (sujet qqn) **se porter** + adv. **(manière)** *Tiens, bonjour! Il y a longtemps qu'on ne s'est vus! Comment vous portez-vous? — Pas trop mal, merci, et vous?*
IV. [v. i.] (sujet qqch [abstrait]) **porter sur qqch (abstrait)** *La discussion portait sur la politique du gouvernement.* ◆ **se porter sur qqn, qqch** *Les soupçons se portent sur lui, parce qu'il ne peut pas dire où il était au moment du crime.*

**S. 1.** *Porter* (sens I), c'est prendre qqch ou qqn dans ses bras ou soulever et tenir qqch par

la force des bras. Il s'oppose à POSER. *Porter qqch à qqn*, c'est le lui APPORTER ; *porter qqch qqpart*, c'est l'EMPORTER ou le TRANSPORTER. *Porter qqch (sur soi)*, c'est l'AVOIR, le METTRE. — **2.** *Porter* (sens II) forme avec des noms (avec ou sans article) des loc. verbales souvent équivalentes à des verbes simples : *porter tort* = NUIRE, *porter secours* = SECOURIR. — **3.** *Se porter bien (mal)* [sens III] a pour syn. ALLER BIEN (MAL), ÊTRE EN BONNE (MAUVAISE) SANTÉ. — **4.** *Porter sur* (sens IV) est syn. de CONCERNER, S'APPLIQUER À. *Les soupçons se portent sur lui* a pour équivalent ON LE SOUPÇONNE.
**L. bien portant, e** (adj.) [sens III] *Paul se porte bien* → *Paul est bien portant.* ◆ **porteur** (n. m.) [sens I] *Demande un porteur, les bagages sont très lourds* (← *qqn qui porte les bagages*). ◆ **portatif, ive** (adj.) [sens I] *Un poste de télévision que l'on peut porter* → *un poste de télévision portatif.* ◆ **porte-bagages**, V. BAGAGE. ◆ **porte-cartes**, V. CARTE. ◆ **porte-clés**, V. CLÉ.

**portrait** [pɔrtrɛ] n. m.
I. [action, qqn, et résultat] **portrait (de qqn)** *À Montmartre, vous pouvez vous faire faire votre portrait par des peintres.* ● *Il est spécialiste des portraits en photographie.* ● *Dans l'entrée de l'immeuble, il y avait, exposés, les portraits de trois générations de directeurs.* ◆ (sujet qqn) **être le portrait de qqn** *Regarde Jacques, c'est tout le portrait de son père. — C'est vrai qu'il lui ressemble.*
II. [abstrait] **portrait (de qqch [abstrait], de qqn)** *Il nous a fait un portrait si pessimiste de la situation dans son entreprise qu'on se demande pourquoi il y reste.*

**S. 1.** Un *portrait* (sens I) est la représentation par le dessin, la peinture ou la photographie d'une personne, et particulièrement de son visage. *Être le portrait de* qqn (surtout un parent), c'est lui RESSEMBLER énormément. — **2.** Un *portrait* (sens II) est un syn. soutenu de TABLEAU, PEINTURE, et désigne une description orale ou écrite de qqch ou de qqn.

**portuaire** → PORT L.

**portugais, e** [pɔrtygɛ, ɛz] adj. (après le n.) et n., **portugais** n. m.
[adj.] (se dit de qqch) *Il y a beaucoup de touristes sur la côte portugaise en été.* ◆ [n. m.] (langue) *Dans les écoles françaises, on donne de plus en plus des cours de portugais pour les enfants qui le désirent.* ◆ [n. et adj.] (personne) *Dans notre quartier où il y a pas mal de travailleurs immigrés, il y a une forte majorité de Portugais.* ● *Maria est portugaise et j'irai la voir quand j'irai au Portugal.*

**G.** L'adj. ne se met ni au comparatif ni au superlatif.
**S.** L'adj. ethnique *portugais* correspond au n. m. PORTUGAL et au n. m. *portugais* (= la langue portugaise). Les *Portugais* (notez la majuscule) sont ceux qui ont la nationalité portugaise.

**poser** [poze] v. t. (conj. **1**)
I. [v. t.] (sujet qqn) **poser un objet (qqpart)** *Où est-ce que je dois ranger ce livre? — Pose-le sur la table, je le rangerai moi-même.* ● *Pose les valises, enlève ton manteau, et viens t'asseoir!* ◆ **poser un appareil, un instrument, etc.** *On est venu poser la cuisinière cet après-midi, et j'ai fait un rôti.* ● *Pendant le week-end, on a posé de nouveaux rideaux dans la chambre.* ◆ (sujet qqn, un oiseau) **se poser (qqpart)** *À quelle heure avez-vous atterri? — L'avion s'est posé à Orly à 20 heures précises.* ● *Oh! Regarde le petit oiseau qui s'est posé sur la branche!*
II. [v. t. opérateur] (sujet qqn, qqch [abs-

trait]) **poser une question, un problème (à qqn)** *Est-ce que je peux vous poser une question ? Vous répondrez si vous voulez.* ◆ *Notre fils nous pose des problèmes.* ◆ (sujet qqn) **se poser la question** *Savoir s'il faut acheter ou louer un appartement, je me suis déjà posé la question, tu sais.* ◆ (sujet qqch [problème, question]) **se poser** *Tu me demandes s'il faut que tu répondes oui à cette invitation ? La question ne se pose même pas !*

**S. 1.** *Poser* (sens I) a des syn. différents suivant le compl. *Poser qqch sur qqch* (nom

désignant le support), c'est METTRE SUR, PLACER SUR. *Poser à, par terre*, c'est DÉPOSER. *Poser un appareil*, c'est l'INSTALLER, *poser des rideaux*, c'est les ACCROCHER. Les contr. sont ÔTER, ENLEVER. *Se poser*, en parlant d'un avion, d'un

oiseau, a pour contr. S'ENVOLER ; le syn., en parlant d'un avion, est ATTERRIR, par oppos. à DÉCOLLER. — **2.** *Poser* (sens II), forme avec un nom (avec article) quelques loc. verbales :

*poser une question à* qqn, c'est l'INTERROGER ou le QUESTIONNER. *Poser un problème à* qqn, c'est ÊTRE UN OBJET DE PRÉOCCUPATION POUR lui, l'INQUIÉTER. *Se poser une question, un problème*, c'est S'INTERROGER.
**L.** **pose** (n. f.) [sens I] *Poser des rideaux n'est pas facile* → *la pose des rideaux n'est pas facile.*

**positif, ive** [pozitif, iv] adj. (après le n.) (se dit de qqch [abstrait]) *L'enquête a été positive ? — Oui, on a retrouvé les auteurs du vol.* ● *Les critiques positives permettent d'avancer dans la discussion.* ● *Alors, tu es engagé ? — Non, il n'y a encore rien de positif.* ● *La réponse du directeur est positive : il a dit oui à notre projet.*

**S.** *Positif* s'oppose à NÉGATIF. Il a pour syn. SÛR, ASSURÉ, CERTAIN, RÉEL (pour un résultat), AFFIRMATIF (pour une réponse).
**L. positivement** (adv.) *Il a répondu de manière positive* → *il a répondu positivement.*

**position** [pozisjɔ̃] n. f.
**I.** [manière, qqn] **position (de qqn, d'une partie du corps)** *La position debout est plus fatigante que la position assise !* ● *Cet enfant est assis dans une mauvaise position, il se tient mal.*
**II.** [lieu] **position (de qqn, de qqch)** *L'agent nota sur un carnet la position exacte des voitures après l'accident.* ◆ [rang] **en première, seconde, etc., position** *Au milieu de la course, Pierre est en troisième position, il peut encore gagner.*
**III.** [lieu abstrait] *Quelle est votre position sur le divorce ? — Oh ! vous savez, je ne suis pas marié.* ● *La discussion a été inutile, chacun est resté sur ses positions.* ◆ (sujet qqn) **prendre position (sur, contre, pour + n.)** *Dans sa dernière déclaration, le ministre a pris nettement position contre la peine de mort.*

**S. 1.** *Position* (sens I) a pour syn. ATTITUDE, parfois POSTURE (soutenu). On peut prendre la *position* ASSISE, DEBOUT, COUCHÉE (la précision est donnée par un adj. ou un compl. de nom). — **2.** *Position* (sens II) désigne la PLACE, l'EMPLACEMENT d'une chose ou d'une personne dans un ensemble, leur DISPOSITION. *En première, deuxième, etc., position* indique le RANG dans une série. — **3.** Au sens III, *position* a pour syn. OPINION, POINT DE VUE, AVIS. — **4.** *Prendre position*, c'est déclarer publiquement son opinion. Un syn. est PRENDRE PARTI.

**posséder** [pɔsede] v. t. (conj. 12) (sujet qqn) **posséder qqch** *Nous avons perdu à cause de ce procès tout ce que nous possédions, nous n'avons plus un sou.* ◆ (sujet qqn, qqch) **posséder qqch** *Cet enfant possède de grandes qualités musicales, il devrait apprendre un instrument.* ● *Malheureusement notre ville ne possède aucun moyen de transport en commun.*

**S. 1.** En parlant de qqn, *posséder qqch* (un bien), c'est en être propriétaire. — **2.** En parlant de qqn ou de qqch, *posséder qqch* est un syn. soutenu de AVOIR ou, spécialement en parlant de qqch, de ÊTRE POURVU DE ou COMPORTER (soutenus).
**L. possédant, e** (adj.) *Ils appartiennent à la classe possédante* (← classe sociale qui possède des biens, des capitaux). ◆ **possesseur** (n. m.) *Je suis l'heureux possesseur du billet gagnant* (← personne qui possède le billet gagnant). ◆ **possession,** v. ce mot.

**possession** [pɔsesjɔ̃] n. f.
[action, qqn, et résultat] (sujet qqn) **avoir qqch en sa possession, être en possession de qqch** *J'ai en ma possession un livre du siècle dernier qui vous intéressera.* ◆ **prendre, reprendre possession de qqch** *Votre voiture neuve est arrivée au garage, vous pouvez en prendre possession tout de suite.*

**S.** *Avoir en sa possession, être en possession de* ont pour syn. POSSÉDER. *Prendre, reprendre*

*possession de,* c'est AVOIR, PRENDRE, REPRENDRE qqch.

**possibilité** [pɔsibilite] n. f.
I. [qualité, qqch] (compt.) *Qu'est-ce qu'on fait ce soir ? — Écoute, il y a deux possibilités, ou on va manger au restaurant, ou on va au cinéma, mais on ne peut pas faire les deux.* ● *Votre projet a l'air d'être difficile à réaliser, mais nous étudierons toutes les possibilités.*
II. (sujet qqn) **avoir la possibilité de** + inf. *Si tu as la possibilité de partir en vacances avec eux, profites-en, pars !* ◆ (sujet qqch, qqn) **laisser, donner la possibilité de** + inf. **à qqn** *Il n'a rien voulu entendre, il ne m'a même pas laissé la possibilité de m'expliquer.* ● *Ah ! on voit Pierre ce soir ? Ça va me donner la possibilité de lui dire ce que je pense de lui !*
III. [qualité, qqn] (non-compt., au plur.) *Jamais il n'arrivera à passer cet examen, c'est nettement au-dessus de ses possibilités.*

**S. 1.** La *possibilité* (sens I) est la qualité d'une chose POSSIBLE et cette chose elle-même. Le syn. soutenu est ÉVENTUALITÉ. Une ALTERNATIVE est le choix proposé par deux *possibilités.* — **2.** Au sens II, *avoir la possibilité de* a pour syn. plus courants POUVOIR ou AVOIR L'OCCASION, LE MOYEN DE et pour contr. soutenu ÊTRE DANS L'IMPOSSIBILITÉ DE. *Donner la possibilité de* a pour syn. DONNER L'OCCASION DE, PERMETTRE À qqn DE. — **3.** Au sens III, *possibilités* a pour syn. MOYENS (intellectuels ou financiers), CAPACITÉS (intellectuelles), FORCES (intellectuelles).

**possible** [pɔsibl] adj., adv. et n. m.
I. [adj.] (se dit de qqch [abstrait]; après le n.) *Quand il est en colère, ce n'est pas la peine d'insister : aucune discussion n'est possible !* ● *Quel bruit ! Ce n'est pas possible de travailler dans ces conditions !* ● *Vous venez dimanche ? — Non, ce ne sera pas possible, nous sommes déjà pris.* ◆ [adv.] *Autant que possible, je préférerais être seul.* ● *Essaie, si possible, d'être à l'heure, Pierre n'aime pas qu'on soit en retard.* ● *Pour rester en forme, reposez-vous le plus possible.*
II. [adj.] (se dit de qqch [abstrait]; après ou, plus rarement, avant le n.) *On parle d'un changement possible de gouvernement, mais rien n'est officiel.* ● *Ne m'attendez pas, il est possible que j'arrive en retard.* ● *Vous viendrez dimanche ? — C'est possible mais ce n'est pas sûr.*
III. [n. m.] (sujet qqn) **faire (tout) son possible (pour** + inf., **pour que** + subj.) *C'est très important que tu sois là, fais ton possible pour venir.* ● *J'ai fait tout mon possible pour qu'il comprenne la situation, mais ça n'a pas marché.*

**S. 1.** *Possible* (sens I) indique qu'une chose peut se produire, peut se faire. Il a pour contr. IMPOSSIBLE. Ce qu'il est *possible* de faire est ce que l'on PEUT (sens I de POUVOIR) faire, ce qui

est RÉALISABLE, FAISABLE. *Possible* indique une limite avec les superlatifs *(le plus... possible)* et les comparatifs *(autant que possible)*. — **2.** *Possible* (sens II) indique qu'une chose peut (sens II de POUVOIR) arriver; il a pour syn. ÉVENTUEL, PROBABLE. Les adv. PEUT-ÊTRE, ÉVENTUELLEMENT, PROBABLEMENT peuvent être équivalents à *il est possible que* ou *c'est possible* (*Il est possible que j'arrive en retard* → J'ARRIVERAI PEUT-ÊTRE EN RETARD).
**L. possibilité, impossible**, v. ces mots.

**postal, e, aux** [pɔstal, to] adj. (après le n.)
(se dit de qqch [carte, colis, code, chèque, etc.]) *Envoyez vos réponses sur carte postale, et n'oubliez pas d'indiquer le code postal.* ● *C'est un chèque postal ou bancaire?*

**G.** Cet adj. ne se met ni au comparatif ni au superlatif; il est toujours épithète.
**S.** *Postal* se dit de ce qui est relatif à la POSTE, à son administration, aux services de la poste. Une *carte postale* est illustrée et s'envoie par la poste; le *code postal* permet d'identifier rapidement une adresse; les *chèques postaux* dépendent de l'administration de la poste, etc.

**1. poste** [pɔst] n. m.
I. [appareil] **poste (de radio, de télévision)** *Allume le poste, c'est l'heure des informations.* ● *Pour son anniversaire, on lui a offert un petit poste de radio.*
II. [établissement] **poste (de police)** *Les agents l'ont emmené au poste parce qu'il n'avait pas ses papiers sur lui.*
III. [activité sociale] *André était au chômage depuis six mois : il a enfin obtenu un poste dans une école.*

**S. 1.** Au sens I, on appelle *poste* À TRANSISTORS ou TRANSISTOR (n. m.) un *poste de radio* portatif qui fonctionne le plus souvent avec des piles.

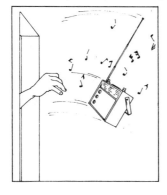

Un *poste de télévision* est un TÉLÉVISEUR. On dit aussi couramment RADIO ou TÉLÉVISION pour *poste de radio, de télévision*. — **2.** Au sens II, *poste (de police)* a pour syn. COMMISSARIAT (DE POLICE). — **3.** Au sens III, un POSTE est un EMPLOI.

**2. poste** [pɔst] n. f.
[établissement] *Tu veux bien aller à la poste acheter des timbres?* ● *Puisque tu descends, tu peux me mettre cette lettre à la poste, s'il te plaît?* ● *J'ai oublié à l'hôtel une paire de gants.* — *Ne t'inquiète pas, ils te la renverront sûrement par la poste.* ● *Alain préfère mettre son argent à la poste, il trouve que c'est plus sûr que la banque.*

**S.** *Poste* s'emploie surtout au sing. en langue courante, mais la langue administrative emploie aussi le plur. comme nom non-compt. (*employé des postes, les Postes et Télécommunications* [P. T. T.]). Ce mot désigne à la fois le bâtiment et l'organisme, l'administration qui assure un service public : acheminement du courrier, crédit, épargne, compte-chèques, etc. *Mettre une lettre à la poste,* c'est la POSTER.
**L. postal, poster**, v. ces mots. ◆ **postier, ère** (n.) *Il travaille à la poste* → *il est postier.*

**poster** [pɔste] v. t. (conj. 1)
I. (sujet qqn) **poster une lettre, un colis, etc.**

*Tu peux descendre poster cette lettre, s'il te plaît?*
II. (sujet qqn, la police) **poster qqn qqpart** *Le commissaire avait posté ses hommes autour de la maison afin que le bandit ne puisse s'enfuir.*

**S. 1.** *Poster* (sens I), c'est envoyer par la POSTE, METTRE À LA BOÎTE AUX LETTRES. — **2.** *Poster* (sens II) est un syn. de PLACER.

**postérieur, e** [pɔsterjœr] adj. (après le n.)
(se dit de qqch [action, événement]) **posté-**

rieur à qqch (action, événement) *Leur départ à l'étranger est bien postérieur à leur mariage; dix ans après, je crois.* • *Mais non, cette église n'est pas très ancienne, sa construction est postérieure au XVII$^e$ siècle.*

> **G.** Cet adj. n'a ni comparatif ni superlatif.
> **S.** Est *postérieur* ce qui suit un autre événement, ce qui vient après une autre action. L'inverse est ANTÉRIEUR (À). CONTEMPORAIN indique ce qui se produit en même temps.
> **L. postérieurement** (adv.) La construction du château est postérieure à 1500 → *le château a été construit postérieurement à 1500.*

**pot** [po] n. m.
I. [objet, récipient] *Qu'est-ce que tu mets dans tous ces pots ?* • *Qu'est-ce qu'elle peut avoir comme pots de crème dans sa salle de bains !* ◆ [contenu] *Qui a mangé tout le pot de confitures ?*
II. [objet] **pot (de fleurs)** *Ce que tu as l'air idiot avec ton pot de fleurs dans les mains !* • [Chez le fleuriste] : *« Qu'est-ce que que je vous donne ? Des fleurs coupées ou des fleurs en pot ? »*

> **S. 1.** Un *pot* (sens I) est un récipient en verre (il a alors pour syn. BOCAL), en terre, en porcelaine, en plastique. — **2.** Les *fleurs en pot* (sens II) s'opposent aux fleurs coupées, aux bouquets.

**potable** [pɔtabl] adj. (après le n.)
(se dit de l'eau) *C'est de l'eau potable, vous pouvez la boire.* • *Dans les rivières, bien souvent, l'eau est non potable.*

> **G.** Cet adj. n'a ni comparatif ni superlatif.
> **S.** *Potable* se dit de l'eau que l'on peut boire; l'eau non *potable* est dangereuse à boire. Le correspondant pour les aliments solides est COMESTIBLE.

**poubelle** [pubɛl] n. f.
[objet, récipient] *Qui veut aller vider la poubelle ?* • *Tous les matins, la concierge sort les poubelles de l'immeuble.*

> **S.** *Poubelle* a pour syn. BOÎTE À ORDURES. Le VIDE-ORDURES d'un appartement permet de jeter directement les ordures, les détritus dans la *poubelle* collective de l'immeuble. Les *poubelles* sont vidées chaque jour par les ÉBOUEURS (ou BOUEUX).

**pouce** [pus] n. m.
[partie du corps] *Je me suis fait mal au pouce de la main droite.* • *Juliette a dix ans, et elle suce toujours son pouce ?*

> **S.** Le *pouce* est le plus gros doigt de la main. On appelle GROS ORTEIL le *pouce* du pied.

**poudre** [pudr] n. f.
I. [matière] **en poudre** *Je n'ai plus de sucre en poudre, je n'ai que du sucre en morceaux.* • *Le lait en poudre n'a pas le même goût que le lait en bouteille.*
II. [produit] (non-compt., au sing., ou compt.) *Tu as le visage qui brille, mets un peu de poudre.*

> **S. 1.** Au sens I, en parlant de lait, de chocolat, *en poudre* a pour syn. SOLUBLE. Le café *en poudre* est du café moulu, par oppos. à EN GRAINS. Le sucre *en poudre* s'oppose au sucre EN MORCEAUX. — **2.** La *poudre* (sens II) est un produit de parfumerie faisant partie du maquillage féminin.
> **L. poudreux, euse** (adj.) [sens I] La neige a la consistance de la poudre → *la neige est poudreuse.* ◆ **poudrer (se)** [v. pr.] (sens II) Mets de la poudre → *poudre-toi.* ◆ **poudrier** (n. m.) [sens II] *J'ai perdu mon poudrier* (← l'objet dans lequel on met de la poudre).

**poule** [pul] n. f.
[animal] (compt.) *Ils ont quitté Paris et ils sont partis élever des poules à la campagne.* ◆ [aliment] (non-compt., au sing.) *Au menu de ce soir, nous avons de la poule au riz.*

> **S.** La *poule* est la femelle du coq. La *poule* est

une volaille. Elle est élevée dans une ferme et pond des œufs.

**poulet** [pulɛ] n. m.
[animal] (compt.) *Dès que Richard a vu les poules et les poulets en liberté, il s'est mis à courir après !* ◆ [aliment] (non-compt., au sing.) *À midi, on mange du poulet rôti avec des frites.*

> **S.** Le *poulet* est une jeune POULE ou un jeune coq, élevé dans une ferme et destiné à l'alimentation. Le *poulet* est une volaille. Les principaux morceaux du *poulet* (viande) sont : la cuisse, l'aile, les blancs.

**poumon** [pumɔ̃] n. m.
[partie du corps] *Il respire mal, il n'arrête pas de tousser. Il doit avoir quelque chose aux poumons.*

**S.** Les *poumons* sont les organes de la respiration ; la tuberculose, la pneumonie sont des maladies des *poumons* (des maladies PULMONAIRES). Les BRONCHES sont les conduits qui mènent l'air aux *poumons*.

**poupée** [pupe] n. f.
[objet, jeu] (compt.) *Il n'y a pas que les filles qui aiment les poupées : mon fils en a demandé une pour Noël !* ◆ [jeu] (noncompt., au sing.) *Que fait ta fille ? — Elle est en train de jouer à la poupée, dans sa chambre.*

**S.** Une *poupée* est un jouet d'enfant qui représente une figure humaine.

**pour** [puʀ] prép., **pour que** conj.
I. [but, destination] **pour qqch, qqn, pour + inf., pour que** + **subj.** *Vous organisez quelque chose à l'école pour la fête de fin d'année ?* • *Prends ces cachets, ils sont très bons pour la grippe.* • *Alors, qu'est-ce qu'on fait pour le poste de télé ? On le répare ou on en achète un autre ?* • *Il y a une lettre pour Jacques, tu la lui donneras.* • *À quelle heure y a-t-il un avion pour Londres, s'il vous plaît ?* • *Je t'attends pour partir, dépêche-toi.* • *Si je t'ai donné ces livres, c'est pour que tu t'en serves, sinon, je reprends tout.*
II. [temps] **pour qqch** *Il me faut ce travail pour la semaine prochaine.* • *Alors, c'est pour aujourd'hui ou pour demain ?* • *Vous partez pour combien de temps ? — Pour dix jours.*
III. [défense] **pour (qqn, qqch)** *L'avocat a parlé deux heures pour l'accusé.* • *Qu'est-ce que vous pensez de cette décision ? — Je suis absolument pour.* • *Je ne suis pas pour critiquer tout le temps.*
IV. [conséquence] **assez, trop... pour + inf., pour que** + **subj.** *Tu es assez intelligent pour comprendre, non ?* • *Il a trop insisté pour que je puisse refuser, j'ai été obligé d'accepter.*
V. [cause] **pour qqch (abstrait)** *Ne te mets pas en colère pour une histoire pareille !* • *Alors, c'est pour ça que tu n'es pas venu ?*
VI. [valeur] **pour qqch** *Qu'est-ce qu'on peut avoir pour dix francs ?* • *Les prix ont augmenté de 10 p. 100 en trois mois.*
VII. [lieu abstrait] (sujet qqn) **avoir pour, prendre pour, passer pour** + **n. (attribut)** *Il a pour principe de toujours parler en dernier.* • *Excusez-moi, je me suis trompé, je vous avais pris pour un autre.* • *Et puis, dis comme moi, sinon tu vas me faire passer pour un menteur.*
VIII. [relation] **pour qqn, qqch** *Pour Jacques, tout ça n'a aucune importance.* • *Eh bien, pour un homme qui dit qu'il n'a pas d'argent, il n'est pas à plaindre !* • *Il fait froid pour la saison.*

**S. 1.** *Pour* qqch (sens I) a pour syn. EN VUE DE, DANS LE BUT DE ou, si l'on insiste moins sur le but, EN CE QUI CONCERNE, AU SUJET DE. *Pour* qqn a pour équivalent ADRESSÉ À. Suivi d'un nom de lieu, il a pour syn. À DESTINATION DE, en parlant d'un train, d'un avion, etc., et pour contr. EN PROVENANCE DE. *Pour, pour que* ont pour syn. DANS LE BUT DE + n. ou inf., AFIN DE + inf., AFIN QUE + subj., DANS L'INTENTION DE + inf. — **2.** Au sens II, avec un nom de temps, *pour* indique une limite dans la date ou la durée (*pour combien de temps ?* → PENDANT COMBIEN DE TEMPS ?). — **3.** *Pour* qqn, qqch (sens III) a pour contr. CONTRE, OPPOSÉ À. *Être pour* qqch, c'est ÊTRE FAVORABLE À cette chose, en ÊTRE PARTISAN ; *être pour* qqn, c'est ÊTRE DE SON CÔTÉ. *Parler pour* qqn, c'est PARLER EN SA FAVEUR. — **4.** *Pour* (sens V) a pour syn. À CAUSE DE. — **5.** *Pour* (sens VI) indique un rapport avec valeur de base ; cette référence de base peut être 100 ; il est alors appelé POURCENTAGE. On écrit 10 p. 100 ou 10 % on lit dix *pour* cent. Dans les autres cas, il a pour syn. EN ÉCHANGE DE, À LA PLACE DE. — **6.** *Avoir pour* (sens VII) a pour syn. AVOIR COMME. — **7.** *Pour* (sens VIII) a pour équivalent EN CE QUI CONCERNE et, plus particulièrement, DU POINT DE VUE DE, SELON, QUANT À, D'APRÈS.

**pourboire** [puʀbwaʀ] n. m.
[argent, valeur] *Tu n'as pas besoin de laisser un pourboire, le service est compris dans le prix des consommations.*

**S.** Le *pourboire*, somme laissée volontairement en plus du prix, est différent du service, somme imposée (environ 15 p. 100 du prix total) qu'on paie dans les cafés, les restaurants, les hôtels.

**pourcentage** [pursɑ̃taʒ] n. m.
[quantité] *Quel est le pourcentage de la population qui n'a pas voté ? — 23 p. 100.* • *30 par rapport à 120, ça fait combien en pourcentage ? — 25 p. 100.*

S. Le *pourcentage* est le rapport d'une quantité numérique à 100. On écrit 10 p. 100 ou 10 % et on lit dix pour cent.

**pourquoi** [purkwa] adv.
[adv. interr.] (cause) *Pourquoi parles-tu toujours de la même chose ? — Parce que je n'ai rien d'autre à dire.* • *Pourquoi est-ce que tu dis ça ?* • *Je ne sais pas pourquoi il est venu. — Moi je vais te le dire : il avait rendez-vous avec Marie, voilà pourquoi !* ◆ [adv.] (conséquence) **c'est pourquoi** *On est fâchés, c'est pourquoi on ne se voit plus.*

S. et G. *Pourquoi* pose une question sur la cause, le motif. Dans la langue fam., il peut être suivi de EST-CE QUE. Les syn. sont POUR QUELLE RAISON ou POUR QUEL MOTIF (soutenu). *C'est pourquoi* a pour syn. C'EST POUR ÇA QUE + ind. (fam.) ou EN CONSÉQUENCE (soutenu).

**pourri, e** [puri] adj. (après le n.)
(se dit du bois, d'un aliment) *Ne t'appuie pas sur cette branche, elle est pourrie, elle va se casser !* • *Je ne retournerai plus chez ce commerçant : il y a trois tomates pourries dans le kilo qu'il m'a servi !*

S. *Pourri* a pour syn. RONGÉ ou MOISI en parlant du bois. En parlant d'un aliment, il a pour syn. GÂTÉ ou AVARIÉ.

**pourrir** [purir] v. i. (conj. 15)
(sujet qqch [matière, aliment]) *Mangez ces bananes, sinon elles vont pourrir.*

S. *Pourrir* a pour syn. soutenu SE GÂTER en parlant d'un aliment ou S'ABÎMER (courant).
L. pourri, v. ce mot.

**poursuivre** [pursɥivr] v. t. (conj. 51)
I. (sujet qqn, un véhicule) **poursuivre qqn, un véhicule** *Nous avons essayé de le poursui-*

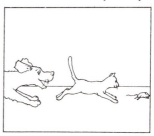

*vre quand il s'est enfui, mais nous l'avons perdu.* ◆ (sujet qqch [abstrait]) **poursuivre qqn** *Depuis longtemps déjà cette idée me poursuit.* ◆ (sujet qqn) **poursuivre un but** *Je ne comprends pas quel but vous poursuivez en agissant ainsi.*
II. (sujet qqn) **poursuivre (qqch [action, abstrait])** *On l'empêcha de poursuivre ses expériences sur les animaux.* • *Poursuivez, je vous en prie, nous vous écoutons.* ◆ (sujet qqch [action, état]) **se poursuivre** *Après cette interruption, le procès se poursuivit dans le calme.*

S. 1. *Poursuivre* qqn (sens I), c'est le PRENDRE EN CHASSE, le POURCHASSER, le SUIVRE (moins fort). *Poursuivre* qqn, en parlant d'une idée, c'est l'OBSÉDER (plus fort). *Poursuivre* un but, c'est chercher à l'atteindre. — 2. *Poursuivre* (sens II) est un syn. soutenu de CONTINUER.
L. **poursuite** (n. f.) [sens I] Il y a dans le film une scène où deux voitures se poursuivent → *il y a dans le film une scène de poursuite de voitures.* ◆ [sens II] Il faudrait de l'argent pour poursuivre ce travail → *il faudrait de l'argent pour permettre la poursuite de ce travail.*
◆ **poursuivant** (n. m.) [sens I] Il a distancé ceux qui le poursuivaient → *il a distancé ses poursuivants.*

**pourtant** [purtɑ̃] adv.
[opposition] *Comment se fait-il que tu aies eu un accident, tu es prudent, pourtant ?* • *Tu es sorti sous la pluie, et maintenant, tu ne te sens pas bien. Je t'avais pourtant prévenu !* • *Il n'a pas réussi et pourtant il n'est pas bête !*

S. et G. *Pourtant* indique une opposition entre deux phrases ; il a pour syn. soutenus CEPENDANT, TOUTEFOIS, NÉANMOINS. *Et pourtant*, qui ajoute une valeur explicative, a pour syn. OR (soutenu).

**pourvu (être)** [purvy] v. pass.
(sujet qqch, qqn) **être pourvu de qqch** *Cette usine est pourvue d'un matériel très moderne.*

    **S.** *Être pourvu de* (soutenu), c'est, en parlant de qqch, ÊTRE ÉQUIPÉ DE, ÊTRE MUNI DE et, en parlant de qqn, AVOIR, ÊTRE DOTÉ DE, POSSÉDER.

**pourvu que** [purvykə] conj.
I. [condition] **pourvu que** + subj. *J'irai n'importe où, pourvu qu'il y fasse beau!*
● *Tu peux faire ce que tu veux à côté de moi pourvu que ça ne m'empêche pas de lire.*
II. [souhait] **pourvu que** + subj. *Demain c'est l'examen : pourvu que tu réussisses!*
● *Nous allons à la campagne. Pourvu qu'il fasse beau!*

    **S. 1.** *Pourvu que* (sens I) indique une condition restrictive à ce qui est énoncé précédemment; il a pour syn. DU MOMENT QUE + ind., SI + ind. (qui ne se limite pas à la restriction). — **2.** Dans une phrase exclamative, *pourvu que* (sens II) exprime un souhait, un vœu et a pour équivalent (moins fort) JE SOUHAITE QUE + subj.

**pousser** [puse] v. t. et v. i. (conj. **1**)
I. [v. t.] (sujet qqn) **pousser (qqch, qqn)** *La voiture était en panne, alors on a été obligé de la pousser jusqu'au garage.* ● *Ne poussez pas, il y a de la place pour tout le monde!* ● *Jacques m'a poussé du coude pour me faire comprendre que je disais des bêtises.*
◆ **se pousser** *Vous pouvez vous pousser un peu? Je n'ai pas de place.*
II. [v. t. opérateur] (sujet qqn) **pousser** + **n.** *Elle a eu si peur qu'elle a poussé un grand cri.*
III. [v. t.] (sujet qqch [abstrait], qqn) **pousser qqn à** + **inf.** ou + **n.** *Il faut le pousser à travailler, sinon il ne ferait rien.* ● *Quels sont les motifs qui l'ont poussé au crime?*
IV. [v. i.] (sujet une plante, les cheveux, les dents) *C'est le printemps, les fleurs poussent un peu partout.* ● *Qu'est-ce que tes cheveux ont poussé! Ils sont longs maintenant.*

    **S. 1.** *Pousser* (sens I) s'oppose à TIRER. *Pousser un bouton, une porte,* c'est APPUYER dessus. *Pousser* peut être suivi d'un compl. de moyen précédé de la prép. DE et désignant une partie du corps (*pousser* DU COUDE, DU PIED, DE LA MAIN, etc.). *Se pousser,* c'est LAISSER DE LA PLACE, RECULER. — **2.** Au sens II, *pousser* suivi d'un nom est un v. opérateur qui forme une loc. verbale équivalente à un verbe de la même famille que le mot compl. : *pousser un cri* = CRIER ; *pousser un gémissement* = GÉMIR. — **3.** *Pousser qqn à* + inf. (sens III) a pour syn. INCITER À (soutenu) et pour contr. EMPÊCHER qqn DE ; *pousser qqn à* + n. (d'action) a pour syn. MENER À, CONDUIRE À. — **4.** *Pousser* (sens IV) a pour syn. savant CROÎTRE, surtout en parlant des plantes.

    **L. poussée** (n. f.) [sens I] Il suffit de pousser la porte pour qu'elle s'ouvre → *il suffit d'une poussée sur la porte pour qu'elle s'ouvre.* ◆ **poussette** (n. f.) [sens I] *Elle promène son bébé dans une poussette* (← petite voiture que l'on pousse).

**poussière** [pusjɛr] n. f.
[matière] (non-compt., au sing.) *Ça fait quinze jours qu'on n'a pas fait le ménage, il y a de la poussière partout.* ● *Avec ces travaux dans la rue, qu'est-ce qu'il y a comme poussière!* ◆ (compt.) *Pourquoi pleures-tu? — J'ai une poussière dans l'œil.*
◆ **en poussière** *Le livre était tellement vieux qu'on avait l'impression que si on le touchait, il allait tomber en poussière.*

    **S.** SALETÉ est un syn. plus fort. On balaie la *poussière* ou on l'enlève avec un chiffon, un aspirateur. *Tomber en poussière* a pour syn. soutenu SE DÉSAGRÉGER.

    **L. poussiéreux, euse** (adj.) Les meubles sont pleins de poussière → *les meubles sont poussiéreux.*

**1. pouvoir** [puvwar] v. t. et auxil. (conj. **33**)
I. [v. t.] (sujet qqn, qqch) **pouvoir (+ inf.)** *Pierre est très fort, il peut soulever cent kilos!* ● *Cette voiture peut faire du deux cents kilomètres à l'heure.* ● *Peux-tu venir demain? — Eh non! Je suis pris.* ● *Si tu peux, passe voir ta tante, elle a quelque chose à te dire.* ● *Comment veux-tu que je vienne? Le métro est en grève! — Fais comme tu peux!* ● *Est-ce que je peux aller au cinéma? — Oui, tu peux, mais à la condition que tu reviennes tôt.* ● *Il ne peut pas aller à l'étranger, ses papiers ne sont pas en règle.* ● (sujet qqn) **n'en pouvoir plus** *Ah! Que je suis fatigué! Je n'en peux plus!* ◆ **y pouvoir** *Ce n'est pas ma faute,*

# PRATIQUER

*je n'y peux rien.* • *Tu y peux quelque chose ?*
II. [auxil. (éventualité)] (sujet qqch, qqn) **pouvoir** + **inf.** *Fais attention, tout peut arriver.* • *On sort malgré la pluie, parce que ça peut durer encore longtemps !* • *Ne l'attendons pas, il a pu être retardé.* • *Où est-ce que j'ai bien pu mettre mes lunettes, je ne les trouve pas !* ◆ **il (ça) se peut que** + **subj.** *Fais attention avec lui, il se peut qu'il te fasse des ennuis.* • *Tu crois qu'il va pleuvoir ? — Ça se pourrait, le ciel est noir.*

**S.** et **G. 1.** Au sens I, *pouvoir* indique la POSSIBILITÉ matérielle, physique ou morale de faire qqch ; il a pour syn. AVOIR LA POSSIBILITÉ DE ou AVOIR LA FORCE DE, LA CAPACITÉ DE, ÊTRE CAPABLE DE. L'inf. n'est pas exprimé : *a)* dans une réponse *(je ne peux pas)*; *b)* après une conj. comme SI, DÈS QUE, QUAND, etc. *(quand tu peux); c)* avec des pron. indéf. ou des adv. compl., l'inf. non exprimé étant alors FAIRE (POUVOIR QUELQUE CHOSE, BEAUCOUP, RIEN POUR qqn, qqch). *Je n'en peux plus* a pour syn. JE

SUIS ÉPUISÉ. — **2.** Si la possibilité matérielle ou morale est donnée par qqn d'autre que soi-même, *pouvoir* a pour syn. AVOIR L'AUTORISATION, LA PERMISSION, LE DROIT DE + inf. — **3.** Au sens II, *pouvoir* est un auxil. qui indique l'éventualité, la probabilité ; il a pour syn. RISQUER DE ou des constructions avec les adv. PEUT-ÊTRE, SANS DOUTE *(Il a pu être retardé → IL A PEUT-ÊTRE ÉTÉ RETARDÉ* ou avec les adj. POSSIBLE, PROBABLE (IL EST POSSIBLE QU'IL AIT ÉTÉ RETARDÉ).
**L. possible,** v. ce mot.

**2. pouvoir** [puvwar] n. m.
I. [action, qqn, et résultat] (non-compt., au sing.) *Demande à Jacques de t'aider, il a beaucoup de pouvoir dans la maison.* • *Son mari a un tel pouvoir sur elle qu'elle fait tout ce qu'il veut.* • *Je vous aurais bien donné cette autorisation, malheureusement ce n'est pas en mon pouvoir.* ◆ (non-compt., au plur.) *Quels sont les pouvoirs du Premier ministre ?*
II. [institution] (non-compt., au sing.) *Les socialistes pensent que la gauche sera bientôt au pouvoir en France.* • *Cet homme politique a fait tout ce qu'il a pu pour arriver au pouvoir.* • *L'armée a pris le pouvoir dans ce pays d'Amérique du Sud.*
◆ **pouvoirs publics** *Si tu attends que les pouvoirs publics agissent, tu peux attendre longtemps !*

**S. 1.** *Pouvoir* (sens I) a pour syn. PUISSANCE, ASCENDANT (soutenu) ou AUTORITÉ. INFLUENCE est un syn. moins fort. *Ce n'est pas en mon pouvoir* a pour équivalent CELA NE DÉPEND PAS DE MOI. Non-compt. au plur., ce mot désigne les droits de qqn d'exercer certaines fonctions, une autorité. — **2.** Au sens II, *le pouvoir*, c'est l'autorité de l'État, le gouvernement. *Pouvoirs publics* a pour syn. AUTORITÉS.

**pratiquant** → PRATIQUER L.

**1. pratique** [pratik] adj. (après le n.)
I. (se dit de qqch) *Tu ne crois pas qu'un grand sac serait plus pratique qu'une valise ?* • *Pour aller chez eux, le métro est très pratique, c'est direct !*
II. (se dit de qqn, de son attitude) *C'est un esprit pratique ; il ne se laissera pas prendre par tes grandes idées !*

**S. 1.** Est *pratique* (sens I) ce qu'on peut manier facilement ; le syn. est COMMODE. — **2.** Est *pratique* (sens II) celui qui est près de la réalité, qui en tient compte ; il est syn. de CONCRET, POSITIF, TERRE À TERRE et a pour contr. UTOPIQUE, RÊVEUR, IDÉALISTE.

**2. pratique** n. f. → PRATIQUER L.

**pratiquement** [pratikmã] adv.
I. [quantité] *Attends-moi, j'ai pratiquement fini.* • *On va pouvoir s'asseoir, il n'y a pratiquement personne dans le train !*
II. [opposition] *Bien sûr, il va finir la course, mais, pratiquement, il a perdu.*

**S. 1.** *Pratiquement* (sens I) est l'équivalent de POUR AINSI DIRE ; les syn. sont À PEU PRÈS, PRESQUE, QUASIMENT. — **2.** *Pratiquement* (sens II) renforce une opposition entre deux constatations ; il équivaut à EN FAIT, EN RÉALITÉ.

**pratiquer** [pratike] v. t. (conj. 1)
I. (sujet qqn) **pratiquer qqch (activité)** *Il me demanda quels étaient mes goûts et si je*

*pratiquais un sport particulier.* ◆ *On a considéré cela comme une faute professionnelle grave et on leur a interdit de pratiquer la médecine.*
II. (sujet qqn) **pratiquer (une religion)** *Les Durand sont catholiques, mais ils ne pratiquent pas.*

**S. 1.** *Pratiquer un sport, une activité* (sens I), c'est le faire d'une manière continue, habituelle ; *pratiquer un métier,* c'est l'EXERCER. — **2.** *Pratiquer* (sens II), c'est observer les PRATIQUES d'une religion, assister régulièrement au culte.
**L. pratiquant, e** (adj. et n.) [sens II] *Ils ne pratiquent pas → ils ne sont pas pratiquants.*
◆ **pratique** (n. f.) [sens I] *Il est conseillé de pratiquer un sport quand on suit ce régime → la pratique d'un sport est conseillée quand on suit ce régime.*

**pré** [pre] n. m.
[lieu naturel] *Si on s'installait dans ce pré pour déjeuner sur l'herbe ?*

**S.** Un *pré* est un terrain couvert d'herbe, plus petit que la PRAIRIE, et non cultivé, par oppos. au CHAMP.

**précaution** [prekosjɔ̃] n. f.
[action, qqn] (non-compt., au sing.) *Elle prit le vase avec précaution, comme s'il avait été un objet de grande valeur, et elle le posa sur la table.* ◆ [résultat] (compt.) *Avec Jean il faut prendre des précautions quand on dit quelque chose ; il est tellement susceptible !* ◆ *Comme je pars au début d'août, je vais retenir mes places à l'avance. — C'est une sage précaution, en effet.*

**S.** Une *précaution,* c'est une manière d'agir avec prudence, prévoyance ou soin. *Prendre ses précautions,* c'est ÊTRE PRUDENT, prévoir ce qui peut arriver et agir en conséquence.

**précédent, e** [presedɑ̃, ɑ̃t] adj. (après ou, plus rarement, avant le n.)
(se dit de qqch [temps, action, état]) *Actuellement, la mode est aux couleurs ternes ; l'année précédente, on voyait des couleurs vives et c'était plus gai.*

**G.** Cet adj. est seulement épithète et n'a ni comparatif ni superlatif. Avec un nom de temps, il se place toujours après.
**S.** *Précédent* se dit de qqch d'immédiatement antérieur à qqch d'autre, qui a lieu juste avant. Le contr. est SUIVANT.
**L. précédemment** (adv.) *Vous avez changé ; à une date précédente vous aviez donné votre accord → vous avez changé ; précédemment vous aviez donné votre accord.*

**précéder** [presede] v. t. (conj. 12)
(sujet qqch) **précéder (qqch)** *Était-il soucieux, inquiet, dans les jours qui ont précédé sa mort ?* ◆ *Vous arrivez enfin au point essentiel, tout ce qui précédait était sans importance.* ◆ (sujet qqn) **précéder qqn** *Alors, il était à l'heure au rendez-vous ? — Oui, il m'a même précédé de dix minutes.* ◆ *C'est exactement ce que je voulais dire, vous m'avez précédé.*

**S.** *Précéder,* c'est être avant ; il a pour contr.

SUIVRE. *Précéder qqn,* c'est arriver avant lui ou le DEVANCER.
**L. précédent,** v. ce mot.

**précieux, euse** [presjø, øz] adj.
I. (se dit de qqch [objet, matière] ; seulem. épithète après le n.) *L'or est un métal précieux.* ◆ *Son mari lui a offert un joli bijou : une montre en or avec des pierres précieuses.*
II. (se dit de qqch [abstrait] ; après ou avant le n.) *Mon temps est précieux, je n'ai que quelques minutes pour vous écouter.*

• *Françoise nous a apporté une aide très précieuse dans nos recherches!*

**S. 1.** Au sens I, les métaux *précieux* sont ceux qui ont une grande valeur; ce sont l'or, l'argent, le platine. Les principales pierres *précieuses* sont l'émeraude, le rubis, le saphir, le diamant. — **2.** Est *précieux* (sens II) ce à quoi on attache du prix, de la valeur sur le plan moral ou sentimental.
**L. précieusement** (adv.) [sens I] *Il a gardé précieusement les lettres de son père* (← comme il convient à une chose précieuse).

**précipité, e** [presipite] adj. (après le n.) (se dit de qqch [action]) *Notre départ a été précipité, nous n'avons pas eu le temps de vous prévenir.*

**S.** *Précipité* (soutenu) a pour syn. HÂTIF (soutenu). Est *précipité* ce qui est fait avec PRÉCIPITATION, rapidement.

**précipiter** [presipite] v. t. (conj. **1**)
I. (sujet qqn) **précipiter qqn, qqch qqpart** *Les journaux disent qu'il a précipité sa femme par la fenêtre.*

II. (sujet qqn) **se précipiter (qqpart, vers, sur qqn, qqch)** *Pierre, ne te précipite pas toujours sur le téléphone quand il sonne, laisse-moi répondre!* • *Les enfants, ne vous précipitez pas les premiers dans le car, laissez passer d'abord les personnes âgées.* • *Alors, tu arrives? — Oh! Écoute! Ce n'est pas la peine de se précipiter, on a le temps.*

**S. 1.** *Précipiter* (sens I) a pour syn. JETER. — **2.** *Se précipiter* (sens II) a pour syn. fam. FONCER (SUR, VERS, DANS). Avec un compl. il a aussi pour syn. SE JETER SUR, SE RUER (VERS, SUR),

S'ÉLANCER (VERS, SUR); sans compl., les syn. sont SE DÉPÊCHER (moins fort), SE PRESSER, SE HÂTER (soutenu), et le contr. est PRENDRE SON TEMPS.
**L. précipitamment** (adv.) [sens II] *Tu as fait les choses en te précipitant → tu as fait les choses précipitamment.* ◆ **précipitation** (n. f.) [sens II] *Il ne faut pas agir en se précipitant → il ne faut pas agir avec précipitation.*

**précis, e** [presi, iz] adj. (après le n.)
I. (se dit de qqch [abstrait], de qqn) *Quel est le sens précis du mot « république »?* • *Sois un peu plus précis, explique-moi exactement ce qui s'est passé.*
II. (se dit de qqn) *Françoise est une fille précise, elle est toujours à l'heure.* ◆ (se dit du temps; seulem. épithète) *Bon! Alors, rendez-vous à 15 heures précises.* • *Au moment précis où j'entrais, j'ai entendu qu'on parlait de moi.*

**S. 1.** Est *précis* (sens I) ce qui ne laisse aucun doute ou celui qui présente qqch dans les détails; *précis* a pour syn. EXACT qui s'applique aux choses et aux personnes. En parlant d'un renseignement, d'un calcul, du discours de qqn, il a pour contr. VAGUE, IMPRÉCIS et pour syn. EXPLICITE (soutenu) [= *précis* dans son discours]. — **2.** Est *précis* (sens II) celui qui est PONCTUEL. En parlant du temps, de l'heure, il marque une coïncidence exacte et a pour syn. JUSTE ou PILE (fam.). *Au moment précis où* a pour syn. JUSTE AU MOMENT OÙ.
**L. précisément, préciser, précision,** v. ces mots. ◆ **imprécis, e** (adj.) [sens I] *Ce calcul n'est pas précis → ce calcul est imprécis.*

**précisément** [presizemã] adv.
[manière] *L'ouest... c'est vague, ça! Explique-moi plus précisément où tu habites!* • *Tiens, te voilà! C'est précisément toi que je voulais voir!*

**S.** *Précisément* correspond à l'adj. PRÉCIS; il a pour équivalent D'UNE MANIÈRE PRÉCISE et pour syn. EXACTEMENT. APPROXIMATIVEMENT, À PEU PRÈS sont des contr. Il peut aussi indiquer que le hasard a bien fait les choses; le syn. est JUSTEMENT.

**préciser** [presize] v. t. (conj. **1**)
(sujet qqn) **préciser qqch, que + ind.** *Je pars mardi. Je te préciserai par lettre mon heure d'arrivée à la gare.* • *Je voudrais préciser que jamais il n'a été question pour moi de renoncer.* ◆ (sujet qqch [action]) **se préciser** *Les événements se précisent, je saurai demain si je suis augmenté.*

**S.** *Préciser qqch* (le plus souvent un jour, une heure), c'est l'indiquer (par écrit ou oralement) avec PRÉCISION, de façon PRÉCISE, le SPÉCIFIER.

*Préciser que* + ind., *c'est indiquer un détail, un fait. Se préciser, c'est, pour des choses vagues,* DEVENIR PLUS PRÉCIS.

**précision** [presizjɔ̃] n. f.
I. [qualité, qqn, qqch] (non-compt., au sing.) *Tu ne sais pas si le résultat est 200 ou 250? Ton calcul manque de précision!* • *Vous êtes priés d'indiquer avec précision vos nom, prénom, âge, date et lieu de naissance.*
II. [énoncé] (compt., surtout au plur.) *Vous êtes le seul témoin de l'accident, pouvez-vous nous donner des précisions sur ce que vous avez vu?* • *Je vais demander à François des précisions sur la réunion d'hier, je n'ai pas pu y aller.*

S. 1. *Précision* (sens I) a pour syn. plus fort et soutenu RIGUEUR. Qqn, qqch qui manque de *précision* n'est pas PRÉCIS, est APPROXIMATIF. Faire qqch *avec précision,* c'est le faire AVEC EXACTITUDE, PRÉCISÉMENT. — 2. Au sens II, une *précision* est un FAIT PRÉCIS, un DÉTAIL, un RENSEIGNEMENT, une EXPLICATION (le plus souvent supplémentaires).
L. **imprécision** (n. f.) [sens I] *Quelques points de sa théorie manquent de précision* → *il y a quelques imprécisions dans sa théorie.*

**précoce** [prekɔs] adj. (après le n.)
(se dit de qqch) *Il fait vraiment froid pour un mois de novembre; l'hiver est précoce cette année.* ◆ (se dit d'un enfant) *Quand on les entend parler entre eux, je trouve que vos enfants sont précoces; ils ont des conversations de grandes personnes.*

S. Est *précoce* ce qui se produit avant le moment normal; le contr. est TARDIF. Un enfant *précoce* est celui qui est MÛR, AVANCÉ pour son âge; le contr. est EN RETARD.
L. **précocité** (n. f.) *Ma fille est précoce, ce qui m'inquiète* → *ma fille est d'une précocité qui m'inquiète.*

**préconçu, e** [prekɔ̃sy] adj. (après le n.)
(se dit d'une opinion, d'une idée) *Je n'avais aucune idée préconçue en allant voir ce film, mais vraiment il ne m'a pas plu.*

G. Cet adj. ne se met ni au comparatif ni au superlatif.
S. *Préconçu* a pour syn. PRÉÉTABLI (soutenu) et se dit d'une idée, d'une opinion qu'on a d'avance, avant d'avoir pu juger.

**préconiser** [prekɔnize] v. t. (conj. 1)
(sujet qqn) **préconiser qqch, de** + inf., **que** + **subj.** *La solution que vous avez préconisée pour faire face à cette situation difficile s'est révélée parfaitement inefficace.*

S. *Préconiser* (soutenu) a pour syn. RECOMMANDER (moins fort), PRÔNER (plus fort, soutenu et en parlant de qqch d'abstrait).

**prédilection** [predilɛksjɔ̃] n. f.
[sentiment] (compt., surtout au sing.) *Elle a nettement une prédilection pour son fils aîné, et elle le fait trop voir.* • « *Trois hommes dans un bateau* »? *C'est son livre de prédilection, il le relit sans arrêt.*

S. Une *prédilection* (soutenu) est une PRÉFÉRENCE très nette. *De prédilection* a pour syn. FAVORI, PRÉFÉRÉ.

**prédire** [predir] v. t. (conj. 63)
(sujet qqn) **prédire qqch, que** + ind. *Je ne peux pas prédire l'avenir, mais je pense que, cette fois, on gagnera les élections.*

S. *Prédire,* c'est dire à l'avance ce qui va se passer, PRÉVOIR (moins fort).
L. **prédiction** (n. f.) *Ce que vous aviez prédit s'est réalisé* → *vos prédictions se sont réalisées.*

**préfectoral, -ture** → PRÉFET L.

**préférable** [preferabl] adj. (après le n.)
(se dit de qqch) *Il serait préférable de partir tôt pour éviter les embouteillages.* • *Tu ne pourrais pas demander à papa si je peux sortir?* — *Oh! Demande-le-lui toi-même, c'est préférable.*

S. Est *préférable* ce qui mérite d'être choisi par rapport à d'autres choses. *Il est (c'est) préférable* a pour équivalent IL (CELA) VAUT (VAUDRAIT) MIEUX, IL (C', CE) EST (SERAIT) MIEUX, MIEUX VAUT (VAUDRAIT) + inf.

**préférer** [prefere] v. t. (conj. 12)
(sujet qqn, un animal) **préférer qqn, qqch (à qqn, qqch), préférer** + inf., **que** + **subj., plutôt que** + subj. ou **plutôt que (de)** + inf. *Tu préfères boire du thé ou du café?* — *Eh bien, je préférerais une boisson fraîche, si ça ne te dérange pas!* • *Je préférerais que tu m'attendes dehors plutôt que de venir avec moi: je voudrais lui parler seul à seul.* ◆ (sans compl.) *On peut rentrer à pied, si*

*tu préfères.* — *Non, j'aime autant prendre le métro.*

**S.** *Préférer* a pour syn. AIMER MIEUX.
**L. préféré, e** (adj. et n.) *C'est Alain l'enfant qu'elle préfère* → *c'est Alain son (enfant) préféré.* ◆ **préférable**, v. ce mot. ◆ **préférence** (n. f.) *Il préfère sa fille* → *il a une préférence pour sa fille.*

**préfet** [prefɛ] n. m.
[personne, fonction] *C'est par décision du préfet que ce café a été fermé.* • *À sa sortie de l'École nationale d'administration, il a été nommé préfet de la Sarthe.*

**S.** Un *préfet* est un fonctionnaire nommé par le ministre de l'Intérieur à la tête d'un département ou d'une région (*préfet* DE RÉGION). Il est supérieur au SOUS-PRÉFET qui est à la tête d'un arrondissement.
**L. préfecture** (n. f.) *Il a été convoqué dans les bureaux du préfet* → *il a été convoqué à la préfecture.* ◆ *Saint-Lô est la ville où réside le préfet de la Manche* → *Saint-Lô est la préfecture de la Manche.* ◆ **préfectoral, e, aux** (adj.) *Ce café est fermé par décision du préfet* → *ce café est fermé par décision préfectorale.*

**préjugé** [preʒyʒe] n. m.
[résultat, activité mentale] *À vingt ans, tu ne peux toujours pas sortir seule le soir ? — Eh non ! Mes parents ont pas mal de préjugés, tu sais !* • *Vous êtes allés voir le dernier film de Bergman ? — Non, tu sais bien que Jacques a un préjugé contre les films intellectuels !*

**S.** *Préjugé* est un mot péjoratif qui désigne une opinion, généralement défavorable, et dont on ne veut pas changer ; il a pour syn. PARTI PRIS, IDÉE PRÉCONÇUE (soutenu), A PRIORI (savant). Suivi d'un compl. introduit par *contre*, il a pour syn. soutenu PRÉVENTION (au sing.).

**prélever** [prelve] v. t. (conj. 7)
(sujet qqn, une institution) **prélever qqch** *Il a fallu lui prélever beaucoup de sang pour faire ces analyses ?*

**S.** *Prélever* (soutenu), c'est prendre, enlever une certaine quantité d'un tout.
**L. prélèvement** (n. m.) *L'État prélève là-dessus des sommes importantes* → *les prélèvements de l'État là-dessus sont importants.*

**prématuré, e** [prematyre] adj. (après le n.)
(se dit de qqch [abstrait]) *Toute décision serait prématurée, nous n'avons pas encore tous les documents, il faut attendre.*

**G.** Cet adj. n'a ni comparatif ni superlatif.
**S.** Est *prématuré* ce qui est fait trop tôt, ce qui doit être remis à plus tard, ce qu'il n'est pas temps d'entreprendre.
**L. prématurément** (adv.) *Sa démarche est prématurée* → *il a fait prématurément cette démarche.*

**préméditer** [premedite] v. t. (conj. **1**)
(sujet qqn) **préméditer qqch (acte, action), de + inf.** *Il avait longuement prémédité son crime et était persuadé qu'il ne se ferait pas prendre.*

**S.** *Préméditer* (langue technique ou soutenue), c'est réfléchir longuement à un acte répréhensible, le préparer.
**L. préméditation** (n. f.) *C'est un meurtre qui a été prémédité* → *c'est un meurtre avec préméditation.*

**premier, ère** [prəmje, ɛr] adj. num. ordinal
[1er, 1re] (se dit de qqch, de qqn) *C'est la première fois que vous venez ici ? — Non, je suis déjà venu l'année dernière.* • *Prenez la première rue à droite, juste après le feu rouge.* • *Alain est premier en mathématiques, c'est vraiment le plus fort !* • *Pour aller en première classe dans le métro, il faut un ticket spécial.* ◆ (sans n. exprimé)

# PREMIÈREMENT

*Voici les résultats du concours : le premier gagne un voyage aux États-Unis.*

**S. 1.** *Premier* correspond au nombre cardinal UN. Il s'oppose, d'une part, à tous les autres adj. ordinaux (DEUXIÈME, TROISIÈME, etc.) et, d'autre part, à l'adj. DERNIER, qui indique que la série est finie. — **2.** *Premier* s'emploie pour situer : *a)* un événement dans le temps, qui s'est produit avant les autres ; *b)* qqch dans l'espace, qui se présente d'abord et avant autre chose ; *c)* une personne ou une chose qui arrive avant toutes les autres, qui est la meilleure, la plus importante, qui a le plus de valeur, etc.
**L. premièrement,** v. ce mot.

**premièrement** [prəmjɛrmɑ̃] adv.
[rang] *Il m'a donné toutes les raisons de son absence. Premièrement, il était malade, deuxièmement, il n'avait pas envie de voir Pierre.*

**S.** *Premièrement* s'emploie dans une énumération pour annoncer ce qui vient en PREMIER lieu. Il a pour syn. D'ABORD.

**prendre** [prɑ̃dr] v. t., v. i. et auxil. (conj. 43)
I. [v. t.] (sujet qqn) **prendre qqch** *Tu viens ? — Je prends mon manteau et j'arrive.*
● *Alors, quel sujet as-tu pris à l'examen ? — Le premier, il m'a semblé plus facile.*
● *Qui a pris mon stylo ? Je ne le trouve plus !* ● *Il faut que je m'arrête au prochain garage pour prendre de l'essence, je n'en ai presque plus.* ● *Paul, n'oublie pas de prendre du pain chez le boulanger.*
II. [auxil.] (sujet qqn) **prendre** + n. *Les coureurs vont bientôt prendre le départ.*
● *Maintenant que j'ai pris l'habitude de fumer, je ne peux plus m'en passer.* ◆ [v. t. opérateur] *Qu'est-ce que tu es sale ! Tu devrais bien prendre un bain !* ● *On prend le bus ou le métro ? Prenons le métro, ça ira plus vite.* ● *Prendre tous les jours ses repas au restaurant, ça coûte cher !*
III. [v. t.] (sujet qqch [abstrait]) **prendre qqn** *Ça te prend souvent de partir sans prévenir ?* ● *Pourquoi ris-tu, qu'est-ce qui te prend ?* ◆ (sujet qqn) **être pris (par qqch)** *Tu peux venir avec nous demain ? — Non, je suis prise, j'ai un rendez-vous.*
IV. [v. t. opérateur] (sujet qqn) **prendre qqn pour** + n. ou pron. *Tu me prends pour une idiote ou quoi ?* ● *Non, mais, pour qui se prend-il ? Il se croit tout permis !*
V. [v. i.] (sujet qqch) *Le bois était encore mouillé, mais le feu a pris quand même.*
● *Je suis sûre que cette mode ne prendra pas, les femmes n'ont pas envie de porter ce genre de vêtements.*

VI. [v. pr.] (sujet qqn) **s'en prendre à qqn** *Si tu as raté ton examen, ce n'est pas au professeur qu'il faut t'en prendre, c'est à toi-même.* ◆ **s'y prendre** + adv. *Comment vas-tu t'y prendre pour lui annoncer la nouvelle ?*

**S. 1.** *Prendre* (sens I) a pour syn. SAISIR,

ATTRAPER (plus forts), lorsque le compl. désigne un objet ou un animal, par oppos. à POSER, DÉPOSER. Il peut aussi avoir pour syn. CHOISIR, avec un compl. concret ou abstrait. *Prendre qqch à qqn* a pour syn. plus fort VOLER (phrase 3) et pour contr. RENDRE. Lorsque le compl. désigne qqch qui est mis en vente, ACHETER et SE MUNIR DE, S'APPROVISIONNER EN (soutenu) sont des syn. — **2.** *Prendre* (sens II) suivi d'un nom compl. avec ou sans article est soit un auxil. d'aspect marquant le commencement d'une action ou d'un état (*prendre le départ* → COMMENCER À PARTIR ; *prendre l'habitude* → COMMENCER À AVOIR L'HABITUDE), soit un v. opérateur formant avec le nom des loc. verbales équivalentes à un verbe de la même famille que le mot simple (*prendre un bain* → SE BAIGNER) ou à un autre verbe simple (*prendre le bus*, c'est l'UTILISER, l'EMPRUNTER [soutenu] ; *prendre un repas, de la nourriture*, c'est, selon les cas, MANGER, BOIRE, AVALER). — **3.** Avec un sujet désignant qqch, *prendre qqn* (sens III) a pour syn. ARRIVER À QQN. *Être pris* a pour syn. ÊTRE OCCUPÉ, ABSORBÉ (soutenu et plus fort). — **4.** Au sens IV, *prendre qqn pour* a pour syn. CONSIDÉRER COMME (soutenu). — **5.** *Prendre* (sens V) a pour syn. BRÛLER, en parlant du feu, SE RÉPANDRE, en parlant de la mode. — **6.** Au sens VI, *s'en prendre à qqn*, c'est l'ATTAQUER, le CRITIQUER, le RENDRE RESPONSABLE DE qqch. *S'y prendre*, c'est PROCÉDER, AGIR de telle ou telle manière.

**L. prenant, e** (adj.) [sens III] Je suis pris par ce travail → *ce travail est prenant.* ◆ **prise,** v. ce mot.

**prénom** [prenɔ̃] n. m.
[statut, qqn] *Est-ce que tu connais le prénom de Durand ? — Je crois que c'est Yves.* • *Ils se connaissent très bien, ils s'appellent par leurs prénoms.*

**S.** Le *prénom* est un des deux NOMS portés par une personne, l'autre étant le NOM DE FAMILLE ou PATRONYME. C'est un nom propre qui peut être simple (Jean, Pierre) ou composé (Jean-Pierre). En langue courante et quand il n'y a pas d'ambiguïté, on emploie souvent NOM pour prénom. Un DIMINUTIF est un *prénom* familier et abrégé (p. ex. : CATHY pour CATHERINE).
**L. prénommer** (v. t.) Ils ont donné « Jacques » comme prénom à leur fils → *ils ont prénommé leur fils « Jacques ».*

**préoccuper** [preɔkype] v. t. (conj. **1**)
(sujet qqch, qqn) **préoccuper qqn** *La santé de Pierre me préoccupe beaucoup, il est très fragile.* ◆ (sujet qqn) **se préoccuper (de qqch, qqn)** *Il n'y a rien de grave et je vous assure qu'il n'y a pas lieu de vous préoccuper.*

**G.** Ce verbe s'emploie souvent au pass.
**S.** Préoccuper qqn, c'est lui causer du tracas (soutenu), de l'inquiétude, du souci. INQUIÉTER est un syn. plus fort.
**L. préoccupant, e** (adj.) La situation nous préoccupe beaucoup → *la situation est très préoccupante.* ◆ **préoccupé, e** (adj.) Qu'est-ce que tu as, tu as l'air d'être préoccupé → *qu'est-ce que tu as, tu as l'air préoccupé.*
◆ **préoccupation** (n. f.) Ceci est une des principales choses qui le préoccupent → *ceci est une de ses principales préoccupations.*

**préparer** [prepare] v. t. (conj. **1**)
I. (sujet qqn) **préparer qqch (action, mets)** *Maintenant, il faut que je prépare mon examen, il a lieu dans huit jours.* • *Ces acteurs préparent un nouveau spectacle ?* • *Christine et Bruno préparent leur voyage au Maroc : ils ont acheté des cartes et des livres.* • *Christine s'arrange toujours pour préparer ses repas à l'avance.* • *Qu'est-ce que tu nous prépares pour le déjeuner ? —*

*Du poisson.* • *J'ai l'impression que Paul nous prépare une surprise.*
II. (sujet qqn) **se préparer (à + inf.)** *Nous nous préparions à sortir quand tu as sonné.* • *Allez les filles, préparez-vous, on part dans cinq minutes.* ◆ (sujet qqch) *Il y a des nuages, c'est sûrement un orage qui se prépare.*

**S. 1.** *Préparer qqch* (sens I) pour l'avenir, c'est y TRAVAILLER, l'ÉTUDIER à l'avance, l'ORGANISER en vue de le réaliser. *Préparer un repas,* c'est le CUISINER. *Préparer qqch à (pour) qqn,* c'est lui RÉSERVER qqch. — **2.** *Se préparer à* (sens II), en parlant de qqn, c'est SE DISPOSER À, S'APPRÊTER À, ÊTRE PRÊT À + inf. ; sans compl., il a pour syn. plus précis S'HABILLER. Avec un sujet désignant une chose, il a pour syn. MENACER, ÊTRE PROCHE.
**L. préparation** (n. f.) [sens I] Préparer un repas demande du temps → *la préparation d'un repas demande du temps.* ◆ **préparatifs** (n. m. pl.) [sens I et II] Ils préparent leur départ (ils se préparent à partir) → *ils font des préparatifs pour leur départ.*

**près** [prɛ] adv., **près de** prép.
I. [adv.] (lieu) *Il peut venir à pied, il habite tout près.* • *Tu fais un détour ! En passant par Orly, c'est plus près !* ◆ **de près** *Ne suis pas cette voiture de trop près ; sinon on aura*

# PRESCRIRE

un accident. • *De loin, elle a l'air assez jeune, mais de près, on voit bien qu'elle n'a plus vingt ans.* ◆ [temps] *J'ai invité les Durand pour demain.* — *C'est trop près, je n'aurai pas le temps de faire les courses.*
II. [adv.] (différence) **à qqch près, à ça près** *À quelques petits détails près, j'ai fini ce travail.* • *À cinq minutes près, tu rencontrais Jacques, il sort d'ici.* • *Comment a-t-on pu te traiter comme il l'a fait ?* — *Oh ! Tu sais, il n'en est pas à ça près.*
III. [prép.] (lieu) **près de qqch, de qqn** *Est-ce qu'il y a une pharmacie près d'ici ?* • *Il est resté près d'elle, il ne l'a pas quittée pendant toute sa maladie.*
IV. [prép.] (quantité) **près de** + n. plur. *Il était près de 11 heures quand Pierre est arrivé.*

**S. 1.** *Près* (sens I) indique une courte distance dans l'espace ; il a alors pour syn. À PROXIMITÉ et À CÔTÉ (qui ne s'emploient pas avec les adv. PLUS, TRÈS, AUSSI, TROP) et pour contr. LOIN. Il s'emploie aussi pour parler de la brièveté d'un trajet ; il a alors pour contr. LONG et pour syn. RAPIDE. *De près* a pour contr. DE LOIN. *Près* indique également une courte distance dans le temps ; il a alors, pour syn. PROCHE et pour contr. LOIN. — **2.** *À qqch près* (sens II) indique l'exception, la différence, il a alors pour syn. À PART, SAUF, EXCEPTÉ qqch ; il indique aussi un écart ou une différence, une approximation. — **3.** *Près de* (sens III) a pour syn. À CÔTÉ DE ; en parlant de qqn, un autre syn. est AUPRÈS DE (plus soutenu). Le contr. est LOIN DE. — **4.** *Près de* (sens IV) suivi d'un nom plur. indique l'approximation et a pour équivalents UN PEU MOINS DE, ENVIRON, À PEU PRÈS. Il s'oppose à EXACTEMENT.

**prescrire** [prɛskrir] v. t. (conj. **61**) (sujet un médecin) **prescrire qqch à qqn** *Le docteur ne lui a prescrit que le repos et le bon air.* — *Ah bon ? Aucun médicament ?*

**S.** *Prescrire* (soutenu) a pour syn. ORDONNER et s'emploie surtout dans le contexte médical de l'ordonnance, en parlant de remèdes, de traitement.
**L. prescription** (n. f.) *Ces deux médecins m'ont prescrit les mêmes choses* → *les prescriptions de ces deux médecins sont identiques.*

**présence** [prezɑ̃s] n. f.
[état, qqn, qqch] (non-compt., au sing.) **la présence de qqn, de qqch** *À cette réunion, on a remarqué la présence de nombreuses personnalités.* • *Les analyses ont montré la présence de sucre dans le sang.* ◆ **en présence de qqn** *Le mariage a eu lieu en présence de deux témoins.* • *Ce n'est pas en ta présence que Pierre dira ce qu'il pense de toi !* ◆ **présence d'esprit** *Le feu prenait dans la cuisine, mais Marie a eu la présence d'esprit de fermer le gaz et il n'y a pas eu d'explosion.*

**S.** La *présence*, c'est le fait d'être PRÉSENT (sens I), d'être là. Le contr. est ABSENCE. *En présence de* qqn signifie que la personne est là ; les syn. sont EN FACE DE, DEVANT. *Avoir la*

*présence d'esprit* de faire qqch, c'est AVOIR LE SANG-FROID, l'INTELLIGENCE de faire ce qu'il faut.

**1. présent, e** [prezɑ̃, ɑ̃t] adj. (après le n.) et n.
I. (se dit de qqn) **présent (à une action, dans un lieu)** *Est-ce que Jean était présent à la réunion ?* — *Non, il n'y était pas.* • *Il faut compter les personnes présentes ? Je crois qu'il manque quelqu'un.* • *Je n'étais pas présente quand l'accident s'est produit, on me l'a raconté.* ◆ [n.] (personne) *Je les ai comptés, il y avait quinze présents à la réunion.*
II. (se dit de qqch [temps]) *Dans les circonstances présentes, il vaudrait mieux ne pas trop se faire remarquer.*

**G.** L'adj. n'a ni comparatif ni superlatif ; au sens II, il est seulement épithète.
**S. 1.** *Être présent à une réunion, un cours,* etc., c'est ASSISTER À ; sans compl., le syn. est ÊTRE LÀ, le contr. est ÊTRE ABSENT. — **2.** *Présent* (sens II) a pour syn. ACTUEL et s'oppose à PASSÉ et à FUTUR.
**L. présence, présentement,** v. ces mots.

**2. présent** [prezɑ̃] n. m.
[temps, qqch] (non-compt., au sing.) *Il n'y*

*a que le présent qui compte : vivez donc avec votre temps.* ◆ [adv.] (temps) **à présent** *Quand on s'est connus, vous étiez à Lyon, je crois... Où habitez-vous à présent ?* ● *Bon ! Vous avez tous compris ? À présent, nous allons passer au second point de l'explication.* ◆ **jusqu'à présent** *Ça fait cinq ans que je conduis, et, jusqu'à présent, je n'ai pas eu d'accident.*

**S.** Le *présent* s'oppose au PASSÉ et à l'AVENIR. *À présent* a pour syn. MAINTENANT, ACTUELLEMENT, À L'HEURE ACTUELLE, EN CE MOMENT et s'oppose aux adv. du passé (AVANT) ou du futur (APRÈS). *Jusqu'à présent* a pour syn. JUSQU'À AUJOURD'HUI, JUSQU'ICI, JUSQU'À MAINTENANT.

**présentement** [prezãtmã] adv.
[temps] *Certes, ce que vous demandez est justifié, mais présentement la situation ne me permet pas de vous augmenter.*

**S.** *Présentement* (soutenu), c'est DANS L'ÉTAT PRÉSENT ; le syn. est ACTUELLEMENT.

**présenter** [prezãte] v. t. (conj. **1**)
I. (sujet qqn) **présenter qqn, qqch (à qqn)** *François, je te présente mon frère Pierre. — Je suis très heureux de vous connaître !* ● [*À la télé*] : « *Et maintenant, mesdames et messieurs, j'ai le plaisir de vous présenter une grande dame de la chanson.* » ● *Pierre va passer à la radio pour présenter son dernier livre.* ● *Les socialistes et les communistes présenteront un candidat commun aux élections.* ◆ **se présenter (qqpart)** *Il s'est présenté trois fois à cet examen et il a échoué ; maintenant il n'a plus le droit.*
II. (sujet qqch) **présenter qqch (abstrait)** *Cette affaire ne présente aucun intérêt, tu ne devrais pas t'en occuper.* ◆ **se présenter** *Je n'ai jamais fait de ski, mais si l'occasion se présente, j'essaierai.*

**S. 1.** *Présenter qqn* à une ou plusieurs autres personnes (sens I), c'est faire connaître cette personne en la nommant. Lorsqu'une personne *présente* qqn à une autre personne, on dit qu'elle FAIT LES PRÉSENTATIONS. *Présenter un film, un livre, une émission,* etc., c'est les faire connaître au public, les annoncer. *Présenter un candidat* à des élections ou *se présenter* à des élections, c'est proposer ce candidat ou se proposer (en parlant de lui) aux suffrages des électeurs. *Se présenter à un examen,* c'est se porter candidat à cet examen. — **2.** Au sens II, le syn. est OFFRIR. *Se présenter* a pour syn. AVOIR LIEU, SURVENIR (soutenu).
**L. présentable** (adj.) [sens I] *Tu ne peux pas te présenter (dans cette tenue)* → *tu n'es pas présentable.* ◆ **présentation** (n. f.) [sens I] *L'auteur a présenté son dernier livre* → *l'auteur a fait la présentation de son dernier livre.*

◆ **présentations** (n. f. pl.) [sens I] *Présentemoi les autres invités* → *fais-moi les présentations des autres invités.* ◆ **présentateur, trice** (n.) [sens I] *Qui présente l'émission ?* → *quel est le présentateur de l'émission ?*

**préserver** [prezɛrve] v. t. (conj. **1**)
(sujet qqn, qqch) **préserver qqch, qqn (de qqch)** *Tu crois que la ceinture de sécurité*

*nous préserve réellement de certaines blessures ?* ● *Préservez vos chances pour l'avenir, en évitant une décision définitive.*

**S.** *Préserver qqn ou qqch d'un danger, d'un ennui,* etc., c'est les mettre à l'abri ; le syn. est PROTÉGER.

**président** [prezidã] n. m.
[personne, fonction] **président (de qqch [organisme])** *Le président de la République doit parler à la télévision ce soir ?* ● *Il a été élu président d'une grosse société.* ● *Si vous avez des réclamations, adressez-vous au président du jury.* ◆ **président-directeur général** *Cette entreprise a à sa tête un président-directeur général.*

**S. 1.** Un *président* est qqn qui, généralement après avoir été élu, occupe la première place, dirige un groupe (assemblée, réunion, colloque, comité, séance, commission, etc.), un organisme ou une institution (jury d'examen, société industrielle ou commerciale, tribunal, Sénat, Assemblée nationale, État). En France, *président de la République* est syn. de CHEF DE L'ÉTAT ; *président du Conseil* était, avant 1958, syn. de PREMIER MINISTRE ou de CHEF DU GOUVERNEMENT. — **2.** Un *président-directeur général* est celui qui est à la tête du conseil d'administra-

tion d'une société par actions ; le mot s'abrège souvent en P.-D. G.
**L. présidentiel, elle** (adj.) Quand est-ce qu'on élit le président de la République ? → *quand ont lieu les élections présidentielles ?*
◆ **présidence** (n. f.) Il a été élu pour être président de la République → *il a été élu à la présidence de la République.* ◆ **présider** (v. t.) Quel est le président de l'assemblée ? → *qui préside l'assemblée ?* ◆ **vice-président, e** (n.) Il a été élu pour remplacer le président en cas d'absence → *il a été élu vice-président.*

**presque** [prɛsk] adv.
[quantité] *Depuis son accident, il est presque sourd : il entend à peine d'une oreille.* ● *Paul n'est pas encore là ? — Ne t'en fais pas : il arrive presque toujours en retard.* ● *Ça y est, tu es prête ? — Presque, attends deux secondes.* ● *C'est sûr, ou presque : il n'y a encore rien d'officiel.* ● *Maintenant, tu es un homme ; enfin presque : tu as seize ans.*

**S. 1.** *Presque* indique une quantité approximative devant un adj. ou un adv. ; il a pour syn. À PEU PRÈS, QUASIMENT. Il a pour contr. ABSOLUMENT et, devant un adj. ou un participe passé, TOUT À FAIT et COMPLÈTEMENT. — **2.** *Ou presque, enfin presque* atténuent une affirmation.

**presse** [prɛs] n. f.
[collectif, objets] (compt., surtout au sing.) *Comment, tu n'es pas au courant ? Toute la presse en a parlé ! — Peut-être, mais je ne lis jamais les journaux.*

**S.** La *presse* est l'ensemble des journaux, magazines, périodiques, toutes publications qui donnent des informations écrites. La *presse* forme, avec la radio, la télévision, la publicité, etc., ce qu'on appelle les MÉDIAS ou les MASS MEDIA (moyens de diffuser l'information). On distingue la *presse* QUOTIDIENNE (les quotidiens) et la *presse* HEBDOMADAIRE (les hebdomadaires).

**pressentiment** [presɑ̃timɑ̃] n. m.
[résultat, activité mentale] *J'en étais sûr, j'ai eu un pressentiment, je savais qu'il serait reçu.* ● *Pierre a le pressentiment qu'elle ne viendra pas, il pense que c'est inutile de l'attendre.*

**S.** *Avoir un pressentiment*, c'est avoir à l'avance l'idée, l'intuition d'un événement, d'un phénomène.
**L. pressentir** (v. t.) *J'ai eu le pressentiment de cet accident* → *j'ai pressenti cet accident.*

**presser** [prese] v. t. et v. i. (conj. **1**)
I. [v. t.] (sujet qqn, qqch) **presser qqn (de + inf.)** *Qu'est-ce que vous avez à vous agiter ? Rien ne nous presse.* ● *Tu me presses d'aller te trouver, mais je n'en ai vraiment pas envie.* ◆ (sujet qqn) **être pressé (de + inf.)** *Tu es si pressé de partir ? Reste encore un peu avec nous.* ◆ **se presser** *Ça ne sert à rien de se presser, il*

*est 8 heures et le film commence à 9 heures.*
◆ [v. i.] (sujet qqch) *Est-ce que ce travail presse vraiment ? Je n'aurai pas le temps de le finir avant demain.*
II. [v. pr.] (sujet qqn [plur.]) **se presser** *Vers 6 heures du soir, les gens se pressent vraiment trop dans le métro ; pars un peu plus tard.*

**S. 1.** *Presser qqn de* + inf. (sens I), c'est l'y INCITER (soutenu) ; le syn. courant est POUSSER À. *Rien ne (nous) presse* a pour équivalent NOUS AVONS LE TEMPS. *Être pressé de* + inf., c'est AVOIR HÂTE DE (soutenu). *Se presser* a pour syn. SE DÉPÊCHER, SE HÂTER (soutenu) ; il s'oppose à PRENDRE SON TEMPS, AVOIR LE TEMPS, ALLER LENTEMENT. *Presser* (v. i.) a pour syn. ÊTRE URGENT. — **2.** *Se presser* (sens II) [soutenu] a pour syn. courant SE TASSER.
**L. pressé, e** (adj.) [sens I] C'est un travail qui presse → *c'est un travail pressé.* ◆ **pressé (au plus)** [n. m.] (sens I) Il faut aller à ce qui presse le plus → *il faut aller au plus pressé.*
◆ **pressant, e** (adj.) [sens I] Cette affaire presse → *cette affaire est pressante.* ◆ **presse** (n. f.) [sens II] A 6 heures, on se presse dans le métro → *à 6 heures, c'est la presse dans le métro.*

**pression** [prɛsjɔ̃] n. f.
[action, qqn, et résultat] *Ils ont tous voulu faire pression sur Jacques pour le faire accepter, mais ils n'y sont pas parvenus.*
● *Le directeur a déclaré qu'il ne céderait à aucune pression, que sa décision était définitive.*

**S.** *Faire pression sur qqn*, c'est essayer de

l'influencer (moins fort), de le contraindre à faire qqch (plus fort).

**présumer** [prezyme] v. t. (conj. 1) (sujet qqn) **présumer que** + ind. *D'après ce que je sais, je présume que tu n'es pas fâché de quitter l'entreprise.*

**S.** *Présumer* (soutenu), c'est considérer comme probable ; le syn. courant est SUPPOSER.

**1. prêt, e** [prɛ, prɛt] adj. (après le n.) (se dit de qqn, de qqch) **prêt (à** + **inf.)** *Marie est toujours prête à rendre service.* • *Vous êtes prêts ? Alors, on va pouvoir commencer la partie.* • *Alors Christine, tu es prête ? Dépêche-toi, on s'en va !* • *À table ! Le dîner est prêt.*

**G.** Cet adj. n'a ni comparatif ni superlatif.

**S.** *Être prêt*, en parlant de qqn, c'est ÊTRE EN ÉTAT DE (moralement ou matériellement), ÊTRE DISPOSÉ À FAIRE qqch et surtout ÊTRE HABILLÉ pour sortir. En parlant de qqch (vêtement, voiture, etc.), c'est ÊTRE PRÉPARÉ, MIS EN ÉTAT POUR tel ou tel usage.

**2. prêt** → PRÊTER L.

**prétendre** [pretɑ̃dr] v. t. (conj. 41) (sujet qqn) **prétendre** + **inf., que** + **ind.** *Il prétend être de la police, mais je ne sais pas s'il dit la vérité.* • *Elle prétend qu'on lui a volé son porte-monnaie, mais je suis sûre qu'elle l'a perdu !*

**S.** *Prétendre* qqch, que + ind., c'est le DÉCLARER, l'AFFIRMER, le SOUTENIR à une autre personne qui doute de cette affirmation.
**L. prétendu, e** (adj.) On prétend qu'il est étourdi, je ne le crois pas → *je ne crois pas à sa prétendue étourderie.* ◆ **prétendument** (adv.) Un homme qu'on prétend être riche → *un homme prétendument riche.*

**prétentieux, euse** [pretɑ̃sjø, øz] adj. (après le n.) et n [adj.] (se dit de qqn) *Que Georges est prétentieux ! Il ne cesse de parler de ses succès et se rend insupportable ; on ne l'invitera plus.* ◆ [n.] (personne) *Quel petit prétentieux ! Venir me soutenir qu'il est plus intelligent que moi ! — Et si c'était vrai ?*

**S.** Est *prétentieux* celui qui cherche à en imposer en faisant étalage de ses mérites ; les syn. sont FIER (soutenu), CONTENT DE SOI (plus faible), qui ne sont qu'adj., VANITEUX ou ORGUEILLEUX (lorsque les mérites existent) ; POSEUR insiste sur l'attitude. Les contr. sont MODESTE, SIMPLE (seulement adj.).

**prêter** [prete] v. t. (conj. 1)
I. (sujet qqn) **prêter (qqch [argent, objet]) [à qqn]** *Je n'ai pas un sou sur moi : est-ce que tu pourrais me prêter cent francs ? Je te les rendrai demain.* • *Marie, tu me prêtes ton stylo ? Le mien ne marche plus.*
II. (sujet qqn) **prêter qqch (abstrait) à qqn** *Vous me prêtez des intentions que je n'ai pas ; je suis absolument désintéressé dans cette affaire.*
III. (sujet qqn) **se prêter à qqch** *Ne compte pas sur moi ; je ne me prêterai pas à cette manœuvre.*

**S. 1.** *Prêter* qqch (sens I), c'est faire un PRÊT. L'inverse est EMPRUNTER (*Je prête cent francs à François*, FRANÇOIS M'EMPRUNTE CENT FRANCS).

*Prêter de l'argent*, c'est l'AVANCER. Le terme s'oppose, d'autre part, à RENDRE ou à RESTITUER (soutenu) : une chose *prêtée* doit être rendue, au contraire d'une chose donnée. — **2.** *Prêter des intentions, des propos* à qqn (sens II), c'est les lui IMPUTER (soutenu), les lui ATTRIBUER. — **3.** *Se prêter à* qqch (sens III), c'est y CONSENTIR (soutenu).
**L. prêt** (n. m.) [sens I] Je lui ai prêté dix francs → *je lui ai fait un prêt de dix francs.*

**prétexte** [pretɛkst] n. m. [action, qqn, et résultat] *Pierre a dit qu'il avait un rendez-vous, mais c'était un prétexte pour ne pas déjeuner avec nous.* ◆ **sous aucun prétexte, sous prétexte que** + **ind., de** + **inf.** *Je ne veux, sous aucun prétexte, qu'on me coupe la parole !* • *Paul n'est pas venu sous prétexte que sa mère était malade.*

**S.** Un *prétexte* est une raison qu'on donne pour faire ou ne pas faire qqch et qui cache un motif réel. *Sous aucun prétexte* équivaut à EN AUCUN CAS.
**L. prétexter** (v. t.) Il a donné comme prétexte un rendez-vous → *il a prétexté un rendez-vous.*

**prêtre** [prɛtr] n. m. [personne, fonction] *Oh ! je me sens très*

# PREUVE

*mal, va vite chercher un prêtre! • Où est le prêtre, c'est très urgent! — Il est en train de dire sa messe.*

> **S.** Un *prêtre* est un membre de la hiérarchie catholique, supérieur au diacre et inférieur à l'évêque. *Prêtre* a pour syn. plus général ECCLÉ-SIASTIQUE et plus précis CURÉ (*prêtre* qui dirige une paroisse).

**preuve** [prœv] n. f.
I. [résultat] *Comment peux-tu affirmer que c'est lui qui est coupable? Tu as des preuves?* • *Tu mens quand tu dis que tu es resté là tout l'après-midi : la preuve, c'est qu'on t'a vu au cinéma!* ◆ **jusqu'à preuve du contraire** *Jusqu'à preuve du contraire, je crois que c'est Paul qui a raison.*
II. (sujet qqn) **faire preuve de qqch (abstrait)** *Françoise fait preuve d'une grande patience avec ses enfants.* ◆ (sujet qqch, qqn) **faire ses preuves** *Cette nouvelle méthode a maintenant fait ses preuves : il ne faut pas avoir peur de l'employer.* • *Je voudrais faire mes preuves, leur montrer de quoi je suis capable.*

> **S. 1.** Une *preuve* (sens I) est un fait précis, un indice, un argument ou une démonstration qui PROUVENT la réalité ou l'exactitude d'une affirmation. — **2.** *Faire preuve de* qqch (sens II), c'est le MONTRER, le MANIFESTER par son comportement. *Faire ses preuves*, c'est, en parlant d'une chose, s'avérer efficace et, en parlant de qqn, montrer qu'on est capable.

**prévenir** [prevnir] v. t. (conj. **23**)
(sujet qqn) **prévenir qqn (de qqch, que +**

**ind.)** *Comment avez-vous su que Jean venait? — Il nous a prévenus par lettre de son arrivée dimanche à Paris.* • *Les enfants, je vous préviens que, si vous continuez à vous disputer, vous serez privés de cinéma.* • *Vite, prévenez la police, il y a eu un accident.*

• *On ne peut quand même pas aller chez eux comme ça sans prévenir.*

> **S.** *Prévenir* qqn *de* qqch, c'est le METTRE AU COURANT, le lui ANNONCER, le lui FAIRE SAVOIR À L'AVANCE. Les syn. sont AVERTIR, INFORMER (plus soutenu), AVISER (litt.) et ALERTER (la police). *Être prévenu* a pour syn. ÊTRE AU COURANT. *Sans prévenir* a pour syn. À L'IMPROVISTE.

**prévisible** [previzibl] adj. (après le n.)
(se dit de qqch) *Je ne vois pas pourquoi tu t'étonnes ; ton échec était prévisible, avec le peu de travail que tu as fait.* • *La hausse du prix de l'essence était prévisible à partir du moment où le dollar montait.*

> **S.** Est *prévisible* ce qu'on peut PRÉVOIR, envisager ou simplement pressentir, ce qui n'arrive pas de façon IMPRÉVUE.
> **L. imprévisible** (adj.) *La catastrophe n'était pas prévisible* → *la catastrophe était imprévisible.*

**prévoir** [prevwar] v. t. (conj. **37**)
(sujet qqn) **prévoir qqch, que + ind.** *Avec le nombre de personnes qui doivent venir, il faudra prévoir une grande salle.* • *Les voleurs avaient tout prévu, sauf la présence d'un passant.* • *On avait prévu qu'on serait huit à dîner, mais les Legrand n'ont pas pu venir.* • *Il commence à pleuvoir, on pouvait le prévoir (c'était à prévoir) avec tous ces nuages.* • *Catherine a téléphoné qu'elle ne viendrait pas, j'en étais sûr, c'était prévu d'avance!* • *Les choses se sont passées comme prévu, il n'y a pas eu de surprise.* ◆ (sujet qqch) **être prévu pour** *Ces nouveaux logements sont prévus pour mille personnes.*

> **S.** *Prévoir* a pour syn. soutenu ENVISAGER, *prévoir que* a pour syn. moins précis PENSER QUE. *Être à prévoir, être prévu*, en parlant de qqch d'abstrait, sont syn. de ÊTRE ATTENDU. *Être prévu pour* a pour syn. ÊTRE FAIT POUR, ÊTRE DESTINÉ À.
> **L. prévision** (n. f.) *Tu l'avais prévu exactement* → *ta prévision (tes prévisions) était(en)t exacte(s).* ◆ **prévisible, prévoyant, imprévu,** v. ces mots.

**prévoyant, e** [prevwajã, ãt] adj. (après le n.)
(se dit de qqn) *J'emporte toujours un peu d'argent ; il faut être prévoyant ; on ne sait pas ce qui peut arriver.* • *On ne se montre jamais assez prévoyant : prends donc ton imperméable, il peut pleuvoir même au mois d'août.*

> **S.** Est *prévoyant* celui qui PRÉVOIT, qui envi-

sage à l'avance ce qui peut arriver ; les contr. sont IMPRÉVOYANT, INSOUCIANT.
**L.** **prévoyance** (n. f.) Pierre n'est pas prévoyant → *Pierre manque de prévoyance.* ◆ **imprévoyant, e** (adj.) Pierre n'est pas prévoyant → *Pierre est imprévoyant.* ◆ **imprévoyance** (n. f.) Paul a été imprévoyant → *Paul a fait preuve d'imprévoyance.*

**prier** [prije] v. t. (conj. **2**)
I. (sujet qqn) **prier qqn de + inf.** *Je suis fatiguée, arrêtez ce bruit, je vous prie de vous taire.* • *Vous êtes priés d'être à l'heure à la réunion, nous n'attendrons pas.* ◆ **je vous (en) prie** *Fermez la porte, je vous prie.*
II. (sujet qqn) **prier (Dieu)** *Pierre est entré à l'église, et il s'est mis à genoux pour prier.* • *Priez pour elle !*

**S. 1.** *Prier* (sens I) est soutenu et s'emploie surtout dans des formules de politesse. Suivi d'un inf., il insiste sur une demande ; il a pour syn. DEMANDER, SUPPLIER (plus fort). Il sert aussi à donner un ordre ; en ce sens, les emplois actif et passif sont équivalents *(Je vous prie de = vous êtes prié de).* DEMANDER, ORDONNER (plus fort) sont des syn., à l'actif. Au passif, *vous êtes prié de* est syn. de VEUILLEZ, VOUS ÊTES INVITÉ À. En fin de phrase, *je vous prie* a pour syn. courant S'IL VOUS PLAÎT et *je vous en prie* est syn. de FAITES, FAITES DONC. — **2.** Au sens II, *prier*, c'est adresser à Dieu une PRIÈRE ou FAIRE UNE PRIÈRE POUR qqn.
**L. prière** (n. f.) [sens I] *Vous êtes prié de répondre* → *prière de répondre.* ◆ [sens II] *Priez pour elle* → *faites une prière pour elle.*

**primaire** [primɛr] adj. (après le n.)
(se dit de qqch [école, enseignement, etc.]) *L'enseignement primaire est assuré par des instituteurs ou des institutrices.*

**G.** Cet adj. n'a ni comparatif ni superlatif au sens indiqué ici.
**S.** *L'enseignement primaire* (ou *du* PREMIER DEGRÉ) est celui qui est donné (dans les *écoles primaires*) aux enfants de six à onze ans, au cours de cinq années d'études (cours préparatoire, cours élémentaire [deux ans] et cours moyen [deux ans]). Il est précédé par l'enseignement PRÉÉLÉMENTAIRE (dans les écoles maternelles) et suivi de l'enseignement SECONDAIRE (ou du second degré) [dans les lycées et collèges].

**primitivement** [primitivmɑ̃] adv.
[temps] *Primitivement, nous avions fait de cette pièce notre chambre ; elle est maintenant le bureau d'André.*

**S.** *Primitivement* est le syn. soutenu de À L'ORIGINE, AU DÉBUT.

**primordial, e, aux** [primɔrdjal, djo] adj. (après le n.)
(se dit de qqch [abstrait]) *Le conflit entre les deux partis a joué un rôle primordial dans la défaite de la gauche.*

**G.** Cet adj. n'a ni comparatif ni superlatif.
**S.** Est *primordial* (soutenu) ce qui a une importance essentielle, qui passe avant tout ; les syn. sont CAPITAL, ESSENTIEL, PRINCIPAL, MAJEUR ; les contr. sont SECONDAIRE, ACCESSOIRE.

**principal, e, aux** [prɛ̃sipal, po] adj. (avant ou après le n.), **principal** n. m.
[adj.] (se dit de qqch, de qqn) *Cette jeune actrice a eu le rôle principal dans le film.* • *Voilà la principale raison de mon retard, mais il y en a d'autres, moins importantes.* • *Où est l'entrée principale de l'immeuble ? — Dans la rue de Vaugirard.* ◆ [n. m.] (qqch) [non-compt., au sing.] *Tu viens quand tu veux, le principal c'est que tu sois là.* • *Ouf ! Le principal est fait ! Passons aux détails, maintenant.*

**G.** L'adj. est seulem. épithète et n'a ni comparatif ni superlatif.
**S. 1.** *Principal* (adj.) est syn. de PREMIER, LE PLUS IMPORTANT. ESSENTIEL et CAPITAL sont des syn. plus forts qui s'appliquent aussi bien aux personnes qu'aux choses. FONDAMENTAL et PRIMORDIAL s'appliquent aux noms abstraits, GRAND (moins fort) aux noms concrets. Les contr. sont SECONDAIRE et ACCESSOIRE. — **2.** *Le principal* (n. m.) a pour syn. L'ESSENTIEL, LE PLUS IMPORTANT.
**L. principalement** (adv.) *Cette région produit principalement du blé* (← *d'une manière principale*).

**principe** [prɛ̃sip] n. m.
[statut, qqch] *Cette machine fonctionne*

selon un principe très simple. • *Si on part du principe que tout le monde doit être d'accord pour agir, alors, on ne fera jamais rien!* ◆ (sujet qqn) **avoir des principes** *Non, tu ne sortiras pas le soir toute seule, on a des principes dans la famille et tu dois les respecter.* ◆ **par principe** *Par principe, elle répond à toutes les lettres qu'elle reçoit, vous pouvez donc lui écrire, elle vous répondra.* ◆ **en principe** *Je veux bien vous laisser entrer, mais, en principe, c'est interdit.*

    **S.** Un *principe* est une règle, une loi. *Avoir des principes*, c'est avoir une certaine morale dont on ne veut pas se détourner. *En principe* a pour syn. THÉORIQUEMENT, NORMALEMENT.

**printemps** [prɛ̃tɑ̃] n. m.
[saison] *Après l'hiver, c'est le printemps et*

*on se sent plus gai.* • *Nous avons eu un printemps exceptionnel cette année : il n'a pas fait froid.* • *Quand est-ce qu'il est mort? — C'était au printemps dernier.* • *Au printemps, les arbres sont en fleurs.*

    **S.** Le *printemps* est une saison qui commence le 20 ou 21 mars et dure jusqu'au 21 juin pendant les mois d'avril et de mai. Le *printemps* est la saison où les arbres fleurissent.
    **L. printanier, ère** (adj.) Il fait un temps de printemps → *il fait un temps printanier.*

**priorité** [prijɔrite] n. f.
[rang] (compt., surtout au sing.) *Je vous en prie, vous êtes arrivé le premier, vous avez la priorité.* • *Il faut toujours laisser la priorité aux voitures qui arrivent de la droite.* • *Le gouvernement examinera en priorité le problème du chômage.*

**S.** *Avoir la priorité*, c'est avoir le droit de passer le premier. *Laisser, donner la priorité*, c'est laisser, donner ce droit à qqn, qqch. *En priorité* est syn. de AVANT TOUTE AUTRE CHOSE, D'ABORD (moins fort), EN PREMIER (moins fort).
**L. prioritaire** (adj.) Cette voiture a la priorité → *cette voiture est prioritaire.*

**prise** [priz] n. f.
I. [appareil] **prise (de courant)** *J'ai acheté une nouvelle lampe, mais il n'y a pas assez de prises de courant dans cette pièce!* • *Ne mets pas tes doigts dans les prises, c'est dangereux!*
II. [action, qqn, et résultat] (compt., surtout au sing.) **prise de** + n. *Quand a eu lieu la prise de la Bastille? • Alors, comment s'est passée la première prise de contact?* ◆ (compt.) **prise de sang, de son, de vues, etc.** *Demain, je vais à l'hôpital me faire faire une prise de sang, on saura peut-être ce que j'ai comme maladie.* • *Les prises de vues sont excellentes dans ce film, mais les acteurs ne sont vraiment pas bons.*
III. (sujet qqn) **avoir prise sur qqn** *Je ne sais plus quoi faire avec mon fils, je n'ai aucune prise sur lui, docteur, aidez-moi.*

    **S. 1.** Une *prise (de courant)* [sens I] sert à brancher un appareil électrique. — **2.** Au sens II, ce nom correspond à certains emplois du verbe PRENDRE : PRENDRE CONTACT → *prise de contact;* PRENDRE CONSCIENCE → *prise de conscience;* PRENDRE POSITION → *prise de position;* etc. Comme nom compt., il s'emploie dans un nombre restreint d'expressions techniques : cf. *faire une prise de sang à qqn,* c'est lui prélever du sang pour l'analyser, les *prises de vues* sont les images d'un film, la *prise de son,* c'est l'enregistrement du son, etc. — **3.** *Avoir prise sur qqn* (sens III), c'est avoir sur lui une certaine influence, de l'autorité, du pouvoir.

**prison** [prizɔ̃] n. f.
[établissement] (non-compt., au sing.) *On l'a mis en prison? Qu'est-ce qu'il a fait? Il*

avait l'air si gentil ! ◆ [édifice] (compt.) On va construire de nouvelles prisons, plus modernes.

**S.** La *prison* est un ÉTABLISSEMENT PÉNITENTIAIRE ; le syn. administratif est MAISON D'ARRÊT. *Mettre en prison*, c'est EMPRISONNER, ENFERMER. La personne qui est *en prison* est un DÉTENU (langue administrative), un PRISONNIER. Le fait *d'être en prison* est, en langue juridique, l'INCARCÉRATION. DÉTENTION désigne plutôt la période précédant le jugement que la peine infligée. RÉCLUSION est une forme particulière d'EMPRISONNEMENT, qui suppose une peine grave et longue.
**L. prisonnier, ère** (n.) Il rend visite à ceux qui sont en prison → *il rend visite aux prisonniers.* ◆ **emprisonner** (v. t.) On l'a mis en prison → *on l'a emprisonné.* ◆ **emprisonnement** (n. m.) Sa peine de prison a duré un mois → *son emprisonnement a duré un mois.*

**privé, e** [prive] adj. (après le n.), **privé** n. m.
I. [adj.] (se dit de qqch [lieu, organisme, etc.]) *Non, vous ne pouvez pas entrer ici, c'est privé.* ● *M. Dupont travaille dans une entreprise privée. — Ah bon ? Je croyais au contraire qu'il était fonctionnaire !* ● *Dans l'enseignement privé, on doit payer ses études.*
II. [adj.] (se dit de qqch [attitude, existence]) *Ma vie privée ne regarde personne ; elle n'appartient qu'à moi.*
III. [n. m.] (activité économique) [non-compt., au sing.] *Pierre a quitté l'enseignement ; il travaille maintenant dans le privé.*
IV. [n. m.] **en privé, dans le privé** *J'aimerais avoir une conversation en privé avec vous. — Si vous voulez, venez dans mon bureau.* ● *Au bureau, Françoise a l'air sérieuse, mais dans le privé, elle adore faire des blagues !*

**G.** Au sens II, l'adj. est seulement épithète. Il n'a ni comparatif ni superlatif aux sens I et II.
**S. 1.** *Privé* (sens I) a pour contr. PUBLIC. Une *entreprise privée* s'oppose à une *entreprise* PUBLIQUE ou NATIONALISÉE. *L'enseignement privé* a pour syn. *l'enseignement* LIBRE. — **2.** *Privé* (sens II) a pour contr. PUBLIC ou PROFESSIONNEL et pour syn. PERSONNEL, INTIME. — **3.** *Travailler dans le privé* (sens III), c'est travailler dans une entreprise qui ne dépend pas de l'ÉTAT. — **4.** *En privé* (sens IV) est syn. de SEUL À SEUL ; *dans le privé* a pour syn. HORS DE LA VIE PROFESSIONNELLE.

**priver** [prive] v. t. (conj. **1**) (sujet qqn) **priver qqn de qqch** *Le tribunal l'a privé du droit d'élever ses enfants.*
● *Paul, si tu n'obéis pas, tu seras privé de dessert.* ◆ **se priver (de qqch)** *Ces gens se*

*sont toujours privés de tout pour élever leurs enfants.*

**S.** *Priver qqn de qqch*, c'est lui refuser qqch, généralement pour le punir. *Se priver de qqch*, c'est SE PASSER DE, RENONCER volontairement à qqch de nécessaire, s'imposer des PRIVATIONS, des sacrifices.
**L. privations** (n. f. pl.) À force de se priver, ils ont pu s'acheter un appartement → *à force de privations, ils ont pu s'acheter un appartement.*

**privilège** [privilɛʒ] n. m.
[statut, qqn] *Tu sais, les gens qui ont des privilèges ne les abandonnent pas aussi facilement que ça, quelles que soient leurs idées politiques.* ● *Pierre a eu le privilège d'être invité à cette réception, il a été le seul de notre groupe à y aller.*

**S.** Un *privilège* est un avantage matériel ou un droit particulier (en ce cas le syn. est PRÉROGATIVE) qu'une personne ou un groupe ont par oppos. à d'autres qui ne l'ont pas.
**L. privilégié,** v. ce mot.

**privilégié, e** [privileʒje] adj. (après le n.) et n.
[adj.] (se dit de qqn, d'un groupe) *C'est un homme privilégié, qui a toutes sortes d'avantages et qui ne les mérite pas.* ◆ [n.] (personne) *Vous êtes parmi les privilégiés ; pouvoir prendre vos vacances à n'importe quel moment, ce n'est pas possible pour tout le monde.*

**S.** Est *privilégié* qqn qui a des avantages personnels que n'ont pas les autres, des PRIVILÈGES surtout économiques et sociaux.

**prix** [pri] n. m.
I. [argent, quantité] (compt.) *Le prix du pain a augmenté de dix centimes.* • *Cette année, la hausse des prix a été de 10 p. 100.* • *Je ne sais pas quel est le prix de cette voiture, mais elle doit être chère.* ◆ (non-compt., au sing.) **moitié prix, hors de prix** *Quoi ? Quatre cents francs ! Mais cette robe coûte moitié prix dans les grands magasins ! C'est hors de prix, tu ne vas pas l'acheter.*
II. [abstrait] (non-compt., au sing.) *N'attachez pas trop de prix à ce qu'il vous a dit, il change souvent d'avis.* • *Une guerre et des milliers de morts, voilà le prix de leur indépendance.* • *Elle a réussi au prix d'efforts énormes sur elle-même.* ◆ **à tout prix, à aucun prix** *Il faut à tout prix que je sois demain à Paris.* • *Paul a demandé qu'on ne le dérange à aucun prix.*
III. [objet] (compt.) *Ce concours permettra*

*de gagner de nombreux prix.* ◆ [rang] *François a eu le premier prix de piano, qu'est-ce qu'il était fier !*

**S. 1.** Au sens I, le *prix*, c'est la valeur en argent de qqch. Dans des phrases interrogatives, on emploie plus couramment ÇA COÛTE COMBIEN ? que *quel est le prix de ?* Un *prix* s'exprime en FRANCS et en CENTIMES. Il peut

être ÉLEVÉ (CHER), ou PEU ÉLEVÉ (BON MARCHÉ). *Discuter du prix de qqch en essayant de payer moins cher, c'est* MARCHANDER. *Des* SOLDES *sont des articles vendus à prix réduit. Hors de prix se dit de ce qui est* TRÈS CHER, TRÈS COÛTEUX.
— **2.** Au sens II, *prix* peut avoir pour syn. VALEUR (phrase 1). *À tout prix* a pour syn. COÛTE QUE COÛTE, PAR TOUS LES MOYENS ; *à aucun prix* a pour syn. EN AUCUNE FAÇON, SOUS AUCUN PRÉTEXTE. — **3.** Au sens III, lorsque la nature n'est pas précisée, un *prix* peut être sous forme de lot. Suivi d'un adj. ou d'un compl., il désigne une récompense accordée à qqn.

**probable** [prɔbabl] adj. (après ou, plus rarement, avant le n.)
(se dit d'un événement) *Son succès fait partie des choses probables : c'est à peu près sûr qu'il réussira.* • *Tu crois que Pierre est déjà parti ? — C'est probable, mais ce n'est pas sûr.* • *Tu sais, elle a tellement de travail qu'il est peu probable qu'elle vienne !*

**S.** Est *probable* ce qui a beaucoup de chances de se produire ; il a pour syn. POSSIBLE et VRAISEMBLABLE (moins forts). Il s'oppose, d'une part, à IMPROBABLE et, d'autre part, à CERTAIN et SÛR. *Il est probable que* (suivi de l'ind. à la forme affirmative, du subj. à la forme négative ou interrogative), *c'est probable* sont syn. de IL Y A DES CHANCES (POUR QUE).
**L. probablement**, v. ce mot. ◆ **probabilité** (n. f.) *C'est une chose probable* → *c'est une probabilité.* ◆ **improbable** (adj.) *Cet événement n'est pas probable* → *cet événement est improbable.*

**probablement** [prɔbabləmɑ̃] adv.
[doute] *Tu vois tous ces gens là-bas ? — C'est probablement un accident.* • *C'est Jean-Pierre qui a téléphoné ? — Probablement, j'ai cru reconnaître sa voix.*

**S.** *Probablement* indique une éventualité qui a beaucoup de chances de se produire. Si le doute est plus net, on emploie PEUT-ÊTRE, C'EST POSSIBLE. L'absence de doute est exprimée par CERTAINEMENT, SÛREMENT.

**problème** [prɔblɛm] n. m.
I. [énoncé] *Tu as un problème à faire pour demain ? — Oui, tu veux bien m'aider ?*
II. [statut, qqch] *Les problèmes de circulation dans Paris ne sont pas réglés, il y a de plus en plus d'embouteillages.* • *Vous n'avez pas eu trop de problèmes pour venir jusqu'ici ?* • *Je ne comprends pas bien ce qui te gêne. En somme, quel est ton problème ?*

**S. 1.** *Problème* (sens I) s'emploie le plus souvent en parlant de mathématiques (géométrie, algèbre). Un *problème* est une question à résoudre selon une méthode, un raisonnement. — **2.** *Problème* (sens II), qui est souvent suivi d'un compl. ou d'un adj. qui en précise la nature (*problème* DE SANTÉ, *problème* PSYCHOLO-

GIQUE), a pour syn. DIFFICULTÉ (matérielle, psychologique, etc.) ou parfois ENNUI.

**procédé** [prɔsede] n. m.
[manière, qqch] *Il faudrait trouver d'autres procédés pour améliorer la sécurité dans les voitures.* • *Cela fait dix ans que ce comédien fait rire, et toujours avec les mêmes procédés.* • *Tu as vu comment il lui a parlé ? Je n'aime pas ces procédés.*

**S.** Un *procédé* peut être une MÉTHODE, un SYSTÈME pour obtenir un certain résultat ou, spécialement en parlant de qqn, une manière d'agir bien définie.

**procéder** [prɔsede] v. t. ind. (conj. **12**)
(sujet qqn) **procéder (à qqch [action])** [*À la télévision*] : « *Nous avons dû procéder à un changement de programme en raison des circonstances.* » • *Un peu de silence et procédons par ordre : je vais donner la parole à chacun.*

**S.** *Procéder à qqch* est une expression soutenue pour FAIRE ou un verbe simple (*procéder au changement* → CHANGER). *Procéder*, sans compl., a pour syn. AGIR ou S'Y PRENDRE.

**procès** [prɔsɛ] n. m.
[action, qqn, et résultat] *Il a été témoin du meurtre, il faudra qu'il aille au procès dire ce qu'il a vu.* • *Ça faisait trois mois que le locataire refusait de payer son loyer ; alors le propriétaire lui a fait un procès.* ◆ (su-

jet qqn) **gagner, perdre son procès** *Elle a gagné son procès contre le commerçant : il a été condamné à un mois de prison.*

**S.** Un *procès* est une action en justice à propos d'un différend avec qqn. *Faire* ou INTENTER

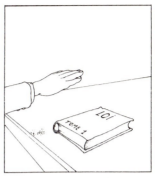

(soutenu) *un procès à qqn*, c'est le POURSUIVRE EN JUSTICE devant les tribunaux à cause d'un différend, d'un litige. *Gagner son procès*, c'est AVOIR GAIN DE CAUSE ; *perdre son procès*, c'est ÊTRE CONDAMNÉ (à une amende, une peine, etc.).

**procès-verbal** [prɔsɛvɛrbal] n. m., pl. **procès-verbaux**
[action, qqn, et résultat] *L'agent de police dressait des procès-verbaux à tous ceux qui stationnaient sur le côté impair de la rue.*

**S.** Un *procès-verbal* (abrév. P. V. [peve]) est le constat d'un délit, d'un fait contraire au règlement, dressé par un agent assermenté, et qui entraîne le paiement d'une amende. Quand il s'agit de circulation, d'infraction au Code de la route, CONTRAVENTION est un syn. courant.

**prochain, e** [prɔʃɛ̃, ɛn] adj.
I. (se dit de qqch ; avant ou après le n.) *Il n'a pas été élu cette fois, mais il se présentera aux prochaines élections.* • *Tu as compris maintenant, tu feras attention la prochaine fois ?* ◆ (se dit d'une station) [*Dans le métro*] : « *S'il vous plaît, vous descendez à la prochaine ?* »
II. (se dit de qqch [temps] ; après le n.) *Tu vois bientôt les Legrand ? — Oui, on a rendez-vous lundi prochain.* • *Cette année, nous avons passé nos vacances à la montagne, l'année prochaine on va à la mer.*

**G.** Cet adj. n'a ni comparatif ni superlatif.
**S.** *Prochain* (sens I) situe un événement dans un futur PROCHE ; il a pour contr. DERNIER. Avec des noms de jours, mois, etc., *prochain* (sens II) ne s'emploie dans le discours que par rapport

au présent de celui qui parle. Dans un récit au passé ou par rapport à un futur, on emploie SUIVANT ou D'APRÈS (*Aujourd'hui Pierre a dit : «Je viens lundi prochain»* → CE JOUR-LÀ PIERRE A DIT QU'IL VIENDRAIT LE LUNDI SUIVANT [D'APRÈS]).
**L. prochainement,** v. ce mot.

**prochainement** [prɔʃɛnmã] adv.
[temps] *Il me faut réfléchir à votre proposition ; pouvons-nous nous revoir prochainement ? Dans huit jours ?*
**S.** *Prochainement,* c'est DANS UN AVENIR PROCHE ; le syn. courant, mais plus vague, est BIENTÔT.

**proche** [prɔʃ] adj. (avant ou après le n.) (se dit de qqch, de qqn) **proche (de qqch, qqn)** *Zut ! On est en panne, je vais aller téléphoner au café le plus proche.* • *Les vacances sont proches : plus que quatre jours !* • *Avant on se disputait tout le temps, mais maintenant, nous sommes très proches l'un de l'autre.* • *Où habitent les Langlois ? — Dans la proche banlieue de Lyon.*
**S.** Est *proche* celui ou ce qui est près, celui ou ce qui n'est pas loin, dans l'espace ou dans le temps. En parlant de qqch, le plus *proche* dans

l'espace, c'est le PROCHAIN (*la maison la plus proche* → LA PROCHAINE MAISON). VOISIN DE marque une distance plus faible entre deux choses. *Être proche* (dans le temps) a pour syn. APPROCHER. *Être proche de* qqn a pour syn. ÊTRE LIÉ, AMI AVEC et pour contr. DIFFÉRER. *Proche* s'oppose à ÉLOIGNÉ DE et à LOINTAIN.
**L. proximité** (n. f.) *Les vacances sont proches, nous nous en réjouissons* → *nous nous réjouissons de la proximité des vacances.*

**proclamer** [prɔklame] v. t. (conj. **1**) (sujet qqn) **proclamer que** + ind., **proclamer qqch** *Parmi les accusés, il y en a un qui proclame qu'il est innocent, mais l'est-il pour autant ?* • *Les résultats du vote seront proclamés vers 20 heures.*
**S.** *Proclamer que,* c'est DÉCLARER solennelle-

ment QUE ; le syn. moins fort est AFFIRMER. *Proclamer* qqch, c'est l'ANNONCER officiellement.
**L. proclamation** (n. f.) *Les résultats ont été proclamés à 20 heures* → *la proclamation des résultats a eu lieu à 20 heures.*

**procurer (se)** [prɔkyre] v. pr. (conj. **1**) (sujet qqn) **se procurer qqch** *Savez-vous où je pourrais me procurer ce livre, ils ne l'ont pas à ma librairie habituelle.*
**S.** *Se procurer* (soutenu) a pour syn. TROUVER, ACQUÉRIR, OBTENIR, AVOIR.

**prodigieux, euse** [prɔdiʒjø, øz] adj. (avant ou, surtout, après le n.) (se dit de qqn, de qqch [abstrait]) *Tu es prodigieux : tu crois que tout va te réussir sans faire le moindre effort !* • *Le film a eu un succès prodigieux, il est resté trois mois dans la même salle. — Ce n'est pas étonnant, avec cette prodigieuse quantité de vedettes !*
**S.** Est *prodigieux* (soutenu) qqn qui agit de manière surprenante, ou qqch qui est EXTRAORDINAIRE. Les syn. sont, par ordre croissant d'intensité, ÉTONNANT, INCROYABLE, MERVEILLEUX, FANTASTIQUE, INOUÏ. En parlant de qqch, COLOSSAL et FOU (plus forts), ÉNORME, CONSIDÉRABLE sont d'autres syn.
**L. prodigieusement** (adv.) *C'est un homme d'une prodigieuse culture* → *c'est un homme prodigieusement cultivé.*

**production** [prɔdyksjɔ̃] n. f.
[action, qqn, qqch] *Il faut absolument augmenter la production du charbon français si on ne veut pas être totalement dépendant de l'étranger.* ◆ [résultat] *Malheureusement toutes les productions agri-*

*coles de cette région ont été détruites par la grêle.*

**S.** La *production*, c'est le fait pour qqn, une entreprise, un sol, un pays, etc., de PRODUIRE qqch, et l'ensemble des PRODUITS ainsi obtenus.

**produire** [prɔdɥir] v. t. (conj. **60**)
I. (sujet un pays, une région, un sol) **produire qqch (objet, matière, etc.)** *Trop de pays produisent des vêtements; et cela crée des problèmes économiques.* • *La France produit beaucoup de vin chaque année.* • *Qu'est-ce qu'on fait comme culture par ici ?* — *Ces régions produisent surtout du blé.*
II. (sujet qqn, qqch) **produire qqch (action, événement, sentiment)** *Tu es trop indiscret ; tu vas finir par produire le résultat contraire à celui que tu cherches.* • *Ce médicament produit un soulagement immédiat, mais passager.* ◆ (sujet qqch [action, événement]) **se produire** *Si vous laissez le gaz ouvert trop longtemps, une explosion risque de se produire.* • *Je ne comprends pas les*

*causes de cet accident, je ne vois vraiment pas comment ça a pu se produire !*

**S. 1.** *Produire* qqch (sens I) a pour syn. FOURNIR ; sans compl., il a pour syn. RAPPORTER. Une terre qui *produit* beaucoup est FERTILE. — **2.** *Produire* (sens II) a pour syn. CAUSER, PROVOQUER (surtout pour une action), FAIRE NAÎTRE et SUSCITER (sentiment). *Se produire* est syn. de AVOIR LIEU, ARRIVER (courants), SURVENIR (soutenu).
**L. production,** v. ce mot. ◆ **producteur, trice** (adj. et n.) [sens I] Les pays qui duisent du pétrole sont riches → *les pays producteurs de pétrole sont riches.* ◆ **productif, ive** (adj.) [sens I] Un sol qui produit peu → *un sol peu productif.* ◆ **produit,** v. ce mot. ◆ **improductif, ive** (adj.) [sens I] Ce sol n'est pas productif → *ce sol est improductif.*

**produit** [prɔdɥi] n. m.
I. [matière et objet] *Il y a tous les jours un nouveau produit qui est lancé sur le marché.* • *Ce parfum est un produit de luxe, tout le monde ne peut pas se l'offrir !*
◆ **produit (d'entretien, de maquillage, etc.)** *Qu'est-ce que tu emploies comme produit pour faire la vaisselle ?* • [*Sur l'étiquette*] : *« Mettre un peu de produit sur un chiffon et frotter doucement l'objet à nettoyer. »*
II. [résultat] (compt., surtout au sing.) **produit de** + **n. abstrait** *Cet argent est le produit de notre travail, vous n'y toucherez pas.* • *Non, cette histoire n'est pas vraie. Ce n'est que le produit de son imagination.*

**S. et G. 1.** Au sens I, *produit* désigne tout objet proposé à la vente publique (en ce sens, il est compt.) ou toute substance, matière (liquide, poudre, pâte, etc.) fabriquée ou traitée dans un but précis (nettoyage, entretien, soin) [en ce sens, il est compt. ou non-compt., au sing.]. — **2.** Au sens II, ce mot désigne le résultat obtenu par une action (indiquée par le compl.)

**professeur** [prɔfɛsœr] n. m.
[personne, profession] *Philippe est élève au lycée, maintenant.* — *Ah ? Et il est content de ses professeurs ?* • *Je rentre plus tôt parce qu'on n'a pas eu de cours de gymnastique : le professeur est malade.*

**S.** Un *professeur* est un ENSEIGNANT qui travaille dans un établissement secondaire (lycée, collège) ou supérieur (université), par oppos. à l'INSTITUTEUR qui enseigne à l'école primaire. *Être professeur de qqch*, c'est ENSEIGNER telle ou telle matière. Dans l'argot des élèves et des étudiants, PROFESSEUR s'abrège en PROF. En ski ou dans certains autres sports, dans une école de conduite automobile, on dit MONITEUR.
**L. professoral, e, aux** (adj.) *Il a pris un ton de professeur pour dire cela* → *il a pris un ton professoral pour dire cela.* ◆ **professorat** (n. m.) *Il se destine au métier de professeur* → *il se destine au professorat.*

**profession** [prɔfesjɔ̃] n. f.
[activité sociale] *Quelle est votre profession ?* — *Je suis avocat.* • *Vous avez une profession ?* — *Non, je suis mère de famille, je m'occupe de ma maison et de mes enfants.*

**S.** *Profession* est le syn. administratif de MÉTIER. D'autre part, on l'emploie plus particulièrement quand il s'agit d'un métier ayant un certain prestige : *professions* INTELLECTUELLES et ARTISTIQUES, *professions* LIBÉRALES (architectes, avocats, médecins, dentistes).
**L. professionnel, elle** (adj.) *M. Durand est membre d'une organisation qui regroupe les membres de sa profession* → *M. Durand est membre d'une organisation professionnelle.*

**profil** [prɔfil] n. m.
[forme, corps] *Ce que j'aime chez elle, c'est son profil, il est très beau ; de face, au contraire, son visage est un peu large.*
◆ **de profil** *Mets-toi de profil pour la photo ; ce sera plus joli.*

> **S.** Le *profil* est l'ensemble des traits du visage de qqn vu de côté. *De profil* s'oppose à DE FACE et DE DOS.

**profit** [prɔfi] n. m.
I. [argent, valeur] (compt.) *Ce commerçant faisait de gros profits sur certains articles :*

*ce qu'il achetait cent francs, il le vendait deux cents francs !*
II. [abstrait] (non-compt., au sing.) *Je vous assure qu'un séjour à la montagne vous sera d'un grand profit.* ● *C'est bien de m'écouter, mais essaie de mettre à profit ce que je t'ai dit !* ● *Françoise ne sait pas se mettre en valeur, tirer profit de ses qualités.* ● *Cette fête a été organisée au profit des vieux du quartier.*

> **S. 1.** *Profit* (sens I) a pour syn. GAIN, BÉNÉFICE. — **2.** *Profit* (sens II) est syn. d'UTILITÉ. *Mettre à profit, tirer profit de,* c'est TIRER PARTI, PROFITER DE, TIRER AVANTAGE DE, EXPLOITER, UTILISER. *Au profit de* a pour syn. AU BÉNÉFICE DE, À L'INTENTION DE, POUR (moins fort).
> **L. profiteur, euse** (n.) [sens I] *Il a tiré des profits de la guerre* → *c'est un profiteur de guerre.*

**profiter** [prɔfite] v. t. ind. (conj. 1)
(sujet qqn) **profiter de qqch [abstrait] (pour +inf.)** *Tu voulais parler au directeur ? Justement, le voilà : c'est le moment, profites-en !* ● *Puisque je vous vois, je profite de l'occasion pour vous dire merci.* ◆ (sujet qqn) **profiter à qqn** *Les vacances n'ont pas l'air de lui avoir beaucoup profité : elle est aussi fatiguée qu'avant.*

> **S.** *Profiter de qqch,* c'est en TIRER PROFIT, AVANTAGE. *Profiter à qqn* a pour syn. APPORTER UN AVANTAGE, ÊTRE UTILE À.
> **L. profitable** (adj.) *Ce voyage te profitera* → *ce voyage te sera profitable.*

**profond, e** [prɔfɔ̃, ɔ̃d] adj.
I. (se dit de qqch [concret] ; après le n.) *Fais attention si tu ne sais pas nager : l'eau est profonde ici, tu n'as pas pied.* ● *Creuse un trou assez profond pour planter ton arbre.* ● *La piscine est profonde de trois mètres à cet endroit.*
II. (se dit de qqch [abstrait] ; avant ou après le n.) *Il y a une profonde différence de caractère entre ces deux personnes, je dirais même qu'elles n'ont aucun point commun !* ● *Voilà bien une remarque profonde ! mais oui, nous devons tous mourir.* ● *Tu n'as pas entendu l'explosion ? Eh bien, tu as le sommeil profond !*

> **S. 1.** *Profond* (sens I) se dit de qqch dont le fond est éloigné de la surface (eau), de l'ouverture ou qui descend loin de la surface, de l'ouverture (trou). *Un trou profond de trois mètres* a pour équivalent UN TROU QUI A UNE PROFONDEUR DE TROIS MÈTRES. — **2.** *Profond* (sens II) indique une quantité, un degré, une intensité élevés ; il a pour syn. plus courant GRAND (différence), LOURD (par oppos. à LÉGER) [sommeil], et pour contr. SUPERFICIEL (remarque).
> **L. profondément** (adv.) [sens I] *Il a creusé un trou profond dans la terre* → *il a creusé profondément dans la terre.* ◆ [sens II] *Il dort d'un sommeil profond* → *il dort profondément.*
> ◆ **profondeur, approfondir,** v. ces mots.

**profondeur** [prɔfɔ̃dœr] n. f.
I. [qualité, mesure] (compt., surtout au

sing.) *Fais attention, la piscine a trois mètres de profondeur ici !* • *Tu mesureras la longueur, la hauteur et la profondeur de l'armoire pour savoir si je peux la mettre sur ce mur.*
II. [qualité, qqch] (non-compt., au sing.) *C'est un changement en profondeur qu'il nous faut.* • *J'admire la profondeur de sa réflexion : il est vraiment très intelligent.*

**S. 1.** *Profondeur* (sens I) désigne la dimension,

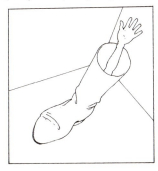

la distance du FOND d'un objet à son ouverture. Elle s'oppose à la LARGEUR et à la HAUTEUR. — **2.** *En profondeur* a pour syn. RADICAL et pour contr. SUPERFICIEL.

**programme** [prɔgram] n. m.
I. [collectif, actions] *Quel est le programme de la journée ? — Eh bien ! Justement, tu as beaucoup de choses à faire aujourd'hui.* • *En raison des grèves, les programmes de télévision sont changés ce soir.* ◆ **programme (d'un examen, d'un cours, etc.)** *L'histoire de la France au XIXᵉ siècle est au programme de l'examen ?*
II. [objet, texte] [Au théâtre] : « *Demandez le programme, madame ? Un programme, madame ? C'est dix francs !* »

**S. 1.** Au sens I, *programme* désigne l'ensemble des choses à faire par qqn dans une période de temps précise ; les syn. sont EMPLOI DU TEMPS ou PLANNING (plus techn.). En parlant de la radio, de la télévision, d'un spectacle, le *programme*, c'est l'ensemble ordonné des émissions, des numéros des artistes, etc. Le *programme* d'un examen, d'un cours, c'est l'ensemble des questions qui doivent être étudiées. — **2.** Au sens II, *programme* désigne, au théâtre, au concert, au music-hall, au ballet, etc., le PROSPECTUS, le LIVRET, la BROCHURE où sont indiquées les parties du spectacle.
**L. programmer** (v. t.) [sens I] *On a fait entrer une nouvelle émission dans le programme* → *on a programmé une nouvelle émission.*

**progrès** [prɔgrɛ] n. m.
[action, qqn, qqch, et résultat] *De mon temps, il fallait deux jours pour aller à Marseille, maintenant, on y est en deux heures. — Que veux-tu, c'est le progrès !* • *Comment va votre femme ? — Il y a du progrès, elle se rétablit petit à petit.* • *Notre équipe de football est en progrès, elle a gagné tous ses matchs cette année.* ◆ **progrès de qqn, de qqch** *Tu verras que grâce aux progrès de la science, on trouvera bientôt comment soigner cette maladie.* ◆ (sujet qqn, une science, une technique) **faire des**

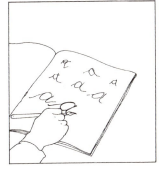

**progrès** *Dis donc ! Tu lis très bien maintenant ! Qu'est-ce que tu as fait comme progrès, depuis l'année dernière !*

**S.** Le *progrès* (sans compl. ni qualificatif), c'est le développement, la progression de la civilisation, de l'humanité. *Être en progrès*, c'est PROGRESSER, FAIRE DE MIEUX EN MIEUX. Les *progrès* de qqn, d'une science, ce sont les nouveaux acquis, les résultats des efforts, d'une recherche, etc. *Faire des progrès*, c'est S'AMÉLIORER, FAIRE MIEUX dans un domaine intellectuel, artistique, sportif, en parlant d'une personne, AVANCER, en parlant d'une science, d'une technique.
**L. progresser** (v. i.) *Cet élève fait des progrès* → *cet élève progresse.* ◆ **progression** (n. f.) *Notre équipe a fait de nets progrès* → *notre équipe est en nette progression.*

**progressivement** [prɔgrɛsivmɑ̃] adv.
[temps et quantité] *Quand vous arriverez près du village, vous diminuerez progressivement la vitesse, car il faut prendre une petite route à droite.*

**S.** *Progressivement* est un syn. de PEU À PEU, PETIT À PETIT.

**projet** [prɔʒɛ] n. m.
I. [résultat, activité mentale] *Tu as des*

*projets pour tes vacances ? — Oui, je pense aller à la montagne.* ● *Ça ne sert à rien de faire des projets pour l'avenir si on n'est pas sûr qu'il reste avec nous.* ● *J'ai envie de partir pour l'Angleterre, mais ce n'est encore qu'un projet.*
II. [objet, texte] *Pierre espère que le directeur lira son projet, il y a beaucoup travaillé.*

**S. 1.** *Projet* a pour syn. IDÉE, INTENTION. *Avoir, faire des projets,* c'est avoir un plan, un programme qu'on se propose de réaliser. — **2.** Un *projet* (sens II) est une ÉTUDE, une ESQUISSE, un SCHÉMA.
**L.** projeter, v. ce mot.

**projeter** [prɔʒte] v. t. (conj. **10**)
I. (sujet qqn) **projeter un film** *On va bientôt projeter dans les salles de cinéma le film américain sur les événements du Watergate.*
II. (sujet qqn) **projeter de + inf., projeter qqch** *Nous avons projeté, ma femme et moi, d'aller faire un séjour en Grèce pour la fin juin.* ● *Est-ce que tu projettes de nouveaux travaux dans ton appartement ?*

**S. 1.** *Projeter un film* (sens I), c'est le faire passer sur un écran. — **2.** *Projeter* qqch (sens II), c'est AVOIR L'INTENTION DE le faire ; le syn. est ENVISAGER (moins sûr) ; DÉCIDER est plus affirmatif.
**L.** projet, v. ce mot. ◆ **projection** (n. f.) [sens I] *Le film est projeté dans la première salle* → *la projection du film a lieu dans la première salle.*

**prolonger** [prɔlɔ̃ʒe] v. t. (conj. **4**)
I. (sujet qqn) **prolonger qqch (action, temps)** *Comme il faisait beau et que rien ne nous pressait de rentrer, nous avons décidé de prolonger notre séjour à la campagne.* ◆ (sujet qqch [action, état]) **se prolonger** *Si ces grèves continuent, si cette situation se prolonge, je me demande ce qui va se passer dans le pays.*
II. (sujet qqn) **prolonger qqch (route, chemin, etc.)** *On va prolonger l'autoroute jusqu'à l'Espagne.* ◆ (sujet une route) **se prolonger** *La route se prolonge par un petit chemin.*

**S. 1.** *Prolonger* qqch (sens I), c'est le faire durer plus longtemps. — **2.** *Prolonger* (sens II) a pour syn. CONTINUER.
**L. prolongation** (n. f.) [sens I] *Il a obtenu qu'on prolonge son congé de maladie* → *il a obtenu une prolongation de son congé de maladie.* ◆ **prolongement** (n. m.) [sens II] *On a décidé de prolonger la route* → *on a décidé le prolongement de la route.*

**promenade** [prɔmnad] n. f.
[action, qqn] *On a pris des petites routes de campagne et on a fait une belle promenade à bicyclette.* ● *Catherine et Jean ne sont pas là ? — Non, ils sont partis en promenade, ils ne vont pas tarder à rentrer.*

**S.** La *promenade,* c'est l'action de SE PROMENER. *Faire une promenade* a pour syn. fam. FAIRE UN TOUR, UNE BALADE. EXCURSION est un syn. s'il s'agit de *promenade* touristique. *Partir en promenade,* c'est PARTIR SE PROMENER.

**promener (se)** [prɔmne] v. pr. (conj. **11**) (sujet qqn) *Il fait beau, si on allait se promener ?* ● *Le dimanche, les gens se promènent dans les rues, regardent les vitrines des magasins.* ● *Même quand il pleut, j'aime aller me promener dans la forêt.* ◆ **envoyer promener qqn, qqch** *Attention, il est de mauvaise humeur : il m'a envoyé promener*

*quand j'ai été le voir.* ● *Pierre était tellement en colère qu'il a envoyé promener tous les papiers qui étaient sur son bureau !*

**S. 1.** *Se promener,* c'est FAIRE UNE PROMENADE, MARCHER, SE BALADER (fam.). — **2.** *Envoyer promener* qqn (fam.) c'est le RENVOYER ; *envoyer promener* qqch, c'est le LANCER, le REJETER.
**L.** promenade, v. ce mot. ◆ **promeneur, euse** (n.) Il y a de nombreuses personnes qui se promènent au bord de la Seine → *il y a de nombreux promeneurs au bord de la Seine.*

**prometteur, euse** [prɔmetœr, øz] adj. (après le n.)
(se dit de qqch [attitude, action]) *On n'entend plus parler de Christian Legrand, pourtant il avait fait des débuts prometteurs dans la chanson.*

S. Est *prometteur* ce qui est plein de PROMESSES, qui annonce un avenir souriant, une réussite.

**promettre** [prɔmɛtr] v. t. (conj. **46**)
(sujet qqn) **promettre qqch, de + inf., que + ind. (à qqn)** *Comme il a bien travaillé, son père lui a promis une bicyclette pour Noël.* • *Je te promets d'être là sans faute à 8 heures.* • *Il m'avait promis qu'il m'écrirait dès son arrivée : j'attends toujours la lettre.* • *Je te rapporte ton disque demain, c'est promis.* ◆ **se promettre de + inf.** *C'est tellement agréable, ici, que je me suis promis de revenir l'année prochaine.*

S. **1.** *Promettre qqch,* c'est s'engager à le

donner. *Promettre de, que* a pour syn. S'ENGAGER À faire qqch, ASSURER QUE (moins fort), DONNER SA PAROLE QUE, JURER DE, QUE (plus fort). *C'est promis* équivaut à C'EST SÛR (moins fort), C'EST JURÉ. — **2.** *Se promettre de,* c'est FAIRE LE PROJET DE (moins fort), PRENDRE LA RÉSOLUTION DE (plus fort).
**L. promesse** (n. f.) *Je vous promets de vous aider* → *je vous fais la promesse de vous aider.*

**prononcer** [prɔnɔ̃se] v. t. (conj. **3**)
(sujet qqn) **prononcer un mot, un son** *John est anglais, c'est pour ça qu'il n'arrive pas à bien prononcer les «r» français.* ◆ (sujet un mot, un son) **se prononcer** *Le «f» de «bœufs» ne se prononce pas.*

S. *Prononcer* a pour syn. DIRE (plus vague) ou ARTICULER (quand il s'agit d'un son).
**L. prononciation,** v. ce mot.

**prononciation** [prɔnɔ̃sjasjɔ̃] n. f.
[action, qqn] *Il parle déjà bien le français, mais sa prononciation n'est pas parfaite.* ◆ [résultat] *Je me demande quelle est la prononciation du mot «ambiguë».*

S. La *prononciation,* c'est l'action, la manière de PRONONCER un mot, une phrase. La *prononciation* d'un mot, c'est sa forme parlée.

**propagande** [prɔpagɑ̃d] n. f.
[action, qqn, et résultat] (compt., surtout au sing.) *Si les élèves se mettent à faire de la propagande politique dans les lycées, alors où allons-nous ?* • *C'est grâce à une propagande bien faite qu'ils ont gagné leurs élections.*

S. La *propagande* est une sorte de publicité faite dans un contexte politique.

**propager (se)** [prɔpaʒe] v. pr. (conj. **4**)
(sujet qqch) **se propager (qqpart)** *Le feu s'est rapidement propagé aux étages supérieurs et l'immeuble a été entièrement détruit.* • *Eh bien ! les nouvelles se propagent vite ; on sait déjà que je m'en vais.*

S. *Se propager* est le syn. soutenu de SE RÉPANDRE.
**L. propagation** (n. f.) *L'incendie s'est propagé rapidement* → *la propagation de l'incendie a été rapide.*

**propice** [prɔpis] adj. (après le n.)
(se dit de qqch) **propice (à qqch [action])** *Alors, tu lui as parlé ? — Non, la situation*

*n'était pas propice aux confidences.* • *Ne le fais pas maintenant, attends le moment propice.*
**S.** *Être propice à* (soutenu) a pour équivalent SE PRÊTER À. Sans compl., FAVORABLE, BON sont des syn.

**proportion** [prɔpɔrsjɔ̃] n. f.
I. [quantité] (compt.) *Certains ont accepté le projet, d'autres l'ont refusé.* — *Dans quelle proportion ? — 45 p. 100 pour et 55 p. 100 contre.* • *Ce qui est difficile dans les recettes de cuisine, c'est d'adapter les proportions au nombre de personnes.*
II. [qualité, qqch] (non-compt., au plur.) *Ce que j'admirais le plus dans le château, c'était ses magnifiques proportions.* • *On a fait toute une affaire de cet incident, mais il faut le ramener à ses proportions véritables.*
**S. 1.** Une *proportion* (sens I) est un rapport entre deux ou plusieurs quantités. — **2.** Les *proportions* d'un édifice, d'un objet, d'un corps (sens II), c'est l'ensemble de leurs dimensions, considéré sur un plan esthétique. Les *proportions* d'un événement, c'est sa PORTÉE, sa DIMENSION, sa MESURE, son IMPORTANCE.
**L. proportionné, e** (adj.) [sens II] *Son corps a de belles proportions* → *elle a un corps bien proportionné.* ◆ **proportionnel, disproportionné,** v. ces mots.

**proportionnel, elle** [prɔpɔrsjɔnɛl] adj. (après le n.)
(se dit de qqch [quantité]) **proportionnel à qqch** (quantité) *Le montant des cotisations à la Sécurité sociale est proportionnel au salaire.*
**G.** Cet adj. n'a ni comparatif ni superlatif.
**S.** Est *proportionnel à* qqch ce qui est en rapport avec qqch, ce qui varie en fonction de qqch.
**L. proportionnellement** (adv.) *Le nombre de jours de congé est proportionnel, la première année, au temps de travail dans l'entreprise* → *le nombre de jours de congé varie proportionnellement, la première année, avec le temps de travail dans l'entreprise.*

**propos** [prɔpo] n. m.
I. [énoncé] (compt., surtout au plur.) *Je ne vois pas ce qui dans mes propos a pu vous faire croire une chose pareille !* ◆ (sujet qqn) **tenir des propos + adj.** *Tu es énervée ? — Oui, Jacques n'a pas cessé de tenir des propos stupides pendant toute la soirée.*
II. **à propos de + n., à ce, quel, etc., propos** *Qui sait quelque chose à propos de cette affaire ?* • *Vous parlez de vacances ? À ce propos, je vous annonce que je pars la semaine prochaine !* • *C'est pénible d'être invité chez eux, ils se disputent à tout propos.* ◆ **à propos** *Oui, Jacques a perdu son emploi... À propos, tu es toujours au chômage ?*
III. **à propos** *Si tu juges à propos de ne rien dire, ne dis rien.* • *Mon pauvre ami, vous tombez fort mal à propos, nous n'avons pas le temps en ce moment de nous occuper de vous.*
**S. 1.** *Propos* (sens I) a pour syn. PAROLES. *Tenir des propos + adj.* a pour équivalent PARLER + adv., TENIR DES DISCOURS + adj. — **2.** Au sens II, *à propos de* a pour syn. AU SUJET DE. *À tout propos* a pour syn. À TOUT INSTANT, À TOUT BOUT DE CHAMP, SOUS N'IMPORTE QUEL PRÉTEXTE. *À propos* s'emploie en tête de phrase et a pour syn. AU FAIT. — **3.** Au sens III, *juger à propos*, c'est *juger* JUSTE, BON, VALABLE. *Mal à propos* a pour syn. MAL.

**proposer** [prɔpoze] v. t. (conj. **1**)
(sujet qqn) **proposer qqch, que + subj., de + inf. (à qqn)** *Je ne sais pas quoi faire. — Voilà ce que je te propose, on part maintenant et on verra bien.* • *Pierre propose*

*qu'on parte avec lui. Qu'est-ce que tu en penses ?* • *Cette fois-ci, je propose de partir un mois entier en vacances. — Impossible.*
◆ **se proposer pour, de + inf.** *Pour rentrer ce soir, pas de problème : François s'est proposé pour nous reconduire.* • *Qu'est-ce que tu fais ce soir ? — Oh, je me proposais d'aller au cinéma ou de rester tranquillement à la maison.*
**S.** *Proposer*, c'est soumettre une idée, un projet à qqn ; le syn. est SUGGÉRER (soutenu). *Se proposer pour* a pour syn. OFFRIR SES SERVICES, S'OFFRIR POUR. *Se proposer de* (soutenu) a pour syn. AVOIR L'INTENTION DE.
**L. proposition** (n. f.) *Je vais te proposer quelque chose* → *je vais te faire une proposition.*

**propre** [prɔpr] adj.
I. (se dit de qqn, d'une partie du corps, de qqch ; après le n.) *Tu as les mains propres, Paul ? — Non. — Alors, va te les laver avant le déjeuner.* • *La machine à laver la vaisselle ne marche plus très bien : quand on les sort, les verres et les assiettes ne sont pas propres.*
II. (se dit de l'attitude de qqn ; après le n.) *Tu l'as trompé alors qu'il avait confiance en toi, ce n'est pas très propre.*
III. (se dit de qqn, de qqch ; toujours épithète, avant le n.) *Quoi! Mon propre fils ! renvoyé du lycée, mais c'est impossible !* • *Il a dit que j'étais un imbécile ? — Oui, oui, ce sont là ses propres paroles.* • *Tu rentres par tes propres moyens ? — Oui, j'ai ma voiture.*

G. Cet adj. n'a ni comparatif ni superlatif au sens III.
S. **1.** *Propre* (sens I) a pour contr. SALE, CRASSEUX (plus fort et fam.). NET est un syn. en langue écrite. — **2.** *Propre* (sens II) a pour syn. HONNÊTE et pour contr. IMMORAL, MALHONNÊTE, DÉGOÛTANT (fam.), MALPROPRE (soutenu). — **3.** *Propre* (sens III) se dit de ce qui appartient à qqn, de ce qui lui est particulier. Précédé d'un adj. possessif qu'il renforce, il peut avoir pour équivalent MÊME (*Ce sont ses propres paroles* → CE SONT SES PAROLES MÊMES).
L. **proprement** (adv.) [sens I] *Pierre, mange d'une façon propre !* → *Pierre, mange proprement !* ◆ **propreté** (n. f.) [sens I] *Le linge est propre au sortir de la machine, vous le constatez* → *vous constatez la propreté du linge au sortir de la machine.* ◆ **malpropre** (adj.) [sens I et II] *C'est un individu qui n'est pas très propre* → *c'est un individu malpropre.*

**propriétaire** [prɔprijetɛr] n.
[personne, fonction sociale] **propriétaire**

(de qqch, d'un animal) *Mais, voyons, si quelqu'un doit payer les réparations, c'est le propriétaire et pas le locataire ! L'appartement est à lui !* • *Il doit avoir pas mal d'argent : il est propriétaire de plusieurs hôtels.* • *Que le propriétaire du chien perdu se fasse connaître.*

S. Un(e) *propriétaire* est qqn qui possède un bien meuble ou immeuble, qui a sur ce bien le droit de PROPRIÉTÉ : il peut le donner, le vendre ou le louer. Le *propriétaire* est lié à LOCATAIRE par un contrat de location. Un syn. courant mais plus vague est POSSESSEUR.
L. **propriété** (n. f.) *Il est propriétaire d'une maison à la campagne* → *il a une propriété à la campagne.* ◆ **copropriété** (n. f.) *Cet immeuble appartient à plusieurs propriétaires* → *cet immeuble est une (est en) copropriété.* ◆ **copropriétaire** (n.) *Les différents propriétaires de l'immeuble se sont réunis* → *les copropriétaires se sont réunis.*

**prospecter** [prɔspɛkte] v. t. (conj. **1**)
(sujet qqn) **prospecter une région** *Nous avons prospecté toute la Côte d'Azur pour trouver une maison, mais tout y est beaucoup trop cher.* • *Ils sont partis prospecter ce coin du désert en espérant y découvrir du pétrole.*

S. *Prospecter une région* (langue technique), c'est la PARCOURIR pour y trouver qqch ou, plus particulièrement, en examiner le terrain afin d'y découvrir un gisement.
L. **prospection** (n. f.) *Nous avons prospecté la région, cela n'a rien donné* → *la prospection de la région n'a rien donné.*

**prospectus** [prɔspɛktys] n. m.
[objet, texte] *Qu'est-ce qu'il y avait au courrier ? — Comme d'habitude, des factures et des prospectus, rien d'intéressant.*

S. Un *prospectus* est un texte imprimé dans un but publicitaire et diffusé à de nombreux exemplaires.

**prospère** [prɔspɛr] adj. (après le n.)
(se dit de qqn, d'un pays, d'une situation) *Comment va ton oncle ? — Très bien, son affaire est de plus en plus prospère, il vient d'acheter un deuxième magasin !*

S. Est *prospère* (soutenu) qqn, qqch qui est dans une période de réussite ; le syn. litt. est FLORISSANT, en parlant de qqch ; le syn. courant est RICHE, en parlant de qqn ou d'un pays.
L. **prospérité** (n. f.) *Je vous souhaite d'être prospère dans vos affaires* → *je vous souhaite la prospérité dans vos affaires.*

**protéger** [prɔteʒe] v. t. (conj. **12** et **4**)
(sujet qqn, qqch) **protéger qqn, qqch (de, contre qqn, qqch)** *On ne peut rien faire contre lui : le directeur le protège.* • *Il faut protéger les animaux sauvages contre la*

*chasse, sinon, il n'en restera plus d'ici quelques années !* ● *Heureusement que ce mur protège la maison du vent, sinon, on ne pourrait pas rester dehors par ce temps !*

**S. 1.** *Protéger qqn, un animal* (sujet qqn) a pour syn. VEILLER SUR et, plus fort, DÉFENDRE,

par oppos. à ATTAQUER, MENACER. Lorsqu'il s'agit d'un appui moral, les syn. sont APPUYER, SOUTENIR, FAVORISER (plus fort) qqn. *Protéger qqch ou qqn* (sujet qqch), c'est le GARANTIR CONTRE qqch, le METTRE À L'ABRI DE qqch, le PRÉSERVER.
**L. protégé, e** (n.) *Le directeur la protège* → *c'est la protégée du directeur.* ◆ **protection** (n. f.) *Elle a demandé que la police la protège* → *elle a demandé la protection de la police.* ◆ **protecteur, trice** (adj.) *La société qui protège les animaux* → *la Société protectrice des animaux.*

**protestant, e** [prɔtɛstɑ̃, ɑ̃t] adj. (après le n.) et n.
[adj.] (se dit de qqn, d'une religion, d'un groupe) *Les Églises protestantes se sont séparées de l'Église catholique au XVIᵉ siècle.* ◆ [n.] (personne) *Cette réunion entre catholiques et protestants a donné des résultats ?*

**G.** L'adj. n'a ni comparatif ni superlatif.
**S.** Les *protestants* sont des chrétiens appartenant à l'une des Églises qui constituent le PROTESTANTISME ou RELIGION RÉFORMÉE et qui rejettent l'autorité du pape. Le lieu du culte s'appelle le TEMPLE. Les PASTEURS ont la charge de ce culte.
**L. protestantisme** (n. m.) *La religion protestante est dominante en Angleterre* → *le protestantisme est dominant en Angleterre.*

**protester** [prɔtɛste] v. t. ind. (conj. **1**)
(sujet qqn) **protester (contre qqch)** *Les spectateurs ont eu beau protester, l'entrée ne leur a pas été remboursée.*

**S.** *Protester contre qqch*, c'est déclarer qu'on ne l'accepte pas. S'ÉLEVER CONTRE (plus soutenu) ne peut pas s'employer sans compl. RÉCLAMER et, moins fort, SE PLAINDRE se construisent sans compl. ROUSPÉTER est fam. et moins fort, S'INDIGNER est soutenu. Les contr. sont ACCEPTER (attitude passive) et APPROUVER (attitude active).
**L. protestation** (n. f.) *Des personnes ont protesté* → *il y a eu des protestations.*

**prouver** [pruve] v. t. (conj. **1**)
(sujet qqn, qqch) **prouver qqch (fait, événement), que** + ind. *Comment puis-je vous prouver mon innocence puisque vous doutez de ma sincérité ?* ● *On a demandé au suspect de prouver qu'il n'était pas à cette heure sur le lieu du crime.* ● *Ce n'est pas lui qui a volé ce disque : il en a plein chez lui.* — *Et alors, qu'est-ce que ça prouve ?*

**S.** *Prouver qqch*, c'est (sujet qqn) FAIRE LA PREUVE DE qqch, et (sujet qqch) ÊTRE LA PREUVE DE, TÉMOIGNER DE (soutenu). DÉMONTRER et JUSTIFIER sont syn. dans les deux cas, MONTRER est moins fort.
**L. preuve,** v. ce mot.

**provenir** [prɔvnir] v. t. ind. (conj. **23**)
I. (sujet qqch) **provenir de qqpart** *Ces*

*fraises proviennent d'Espagne; elles sont mûres bien avant celles qui sont récoltées en France.*
II. (sujet qqch) **provenir de qqch** *J'ai un sérieux mal de tête, tu crois que ça provient du foie?*

**S.** *Provenir de qqpart* (sens I), c'est VENIR d'un lieu; le syn. est ÊTRE EXPÉDIÉ DE. *Provenir de qqch* (sens II), c'est AVOIR SA CAUSE, SON ORIGINE DANS; les syn. sont RÉSULTER, VENIR DE.
**L. provenance** (n. f.) [sens I] *D'où proviennent ces fruits? → quelle est la provenance de ces fruits?*

**province** [prɔvɛ̃s] n. f.
[lieu, institution] (compt.) *Si vous allez en Bretagne, rapportez-lui une poupée, elle en a déjà de presque toutes les provinces françaises.* ◆ (non-compt., au sing.) *Paul a été professeur à Paris, puis on l'a envoyé en province.* ● *La province tend à imiter Paris, mais elle est toujours en retard sur la capitale.*

**S.** Les *provinces* (compt.) correspondent en France à d'anciennes divisions administratives. RÉGION est un syn. actuel fréquent. La *province* (non-compt.) désigne l'ensemble de la France excepté la capitale (Paris).
**L. provincial, e, aux** (adj.) *La vie de province est calme → la vie provinciale est calme.* ◆ (n.) *Les gens qui habitent la province sont plus heureux que les Parisiens → les provinciaux sont plus heureux que les Parisiens.*

**provision** [prɔvizjɔ̃] n. f.
I. [collectif, aliments] (non-compt., au plur.) *Avec toutes ces conserves, on a des provisions pour l'année!* ● *Zut! J'ai oublié*

*le panier à provisions. Dans quoi est-ce que je vais mettre les légumes?*
II. [quantité] (compt., surtout au sing.) **provision de qqch** *Tu ne vas pas t'ennuyer, tout seul? — Mais non, j'ai apporté toute une provision de livres!*

**S. 1.** *Provisions* (sens I) s'emploie sans compl. et toujours en parlant d'aliments, de vivres. — **2.** *Provision* (sens II), toujours avec un compl., a pour syn. RÉSERVE.
**L. approvisionner** (v. t.) [sens II] *On a fait une provision de charbon → on a été approvisionné en charbon.* ◆ **approvisionnement** (n. m.) [sens II] *Le marché est bien approvisionné en légumes → l'approvisionnement du marché en légumes est bon.*

**provisoire** [prɔvizwar] adj. (après le n.) (se dit de qqch [action, état]) *Je vous mets dans ce bureau, mais c'est tout à fait provisoire : demain vous changerez.* ● *Tu vas au travail à bicyclette, maintenant? — Oh! c'est provisoire, la voiture est en panne.*

**G.** Cet adj. n'a ni comparatif ni superlatif.
**S.** Est *provisoire* ce qui doit être remplacé par qqch de durable. Les syn. sont MOMENTANÉ, PASSAGER, TRANSITOIRE (soutenu). Le contr. est DÉFINITIF.
**L. provisoirement** (adv.) *Elle est installée de façon provisoire dans cet appartement → elle est installée provisoirement dans cet appartement.*

**provoquer** [prɔvɔke] v. t. (conj. **1**)
I. (sujet qqn) **provoquer qqn** *Maman! Alexandre m'a battu! — Tu n'arrêtes pas de l'embêter, tu le provoques, alors ne te plains pas.*
II. (sujet qqch) **provoquer qqch (action, état, phénomène)** *Une simple allumette a provoqué l'incendie.*

**S. 1.** *Provoquer* qqn (sens I), c'est l'amener par son attitude à avoir une action agressive. — **2.** *Provoquer* qqch (sens II), c'est être la cause de, être à l'origine de, CRÉER, CAUSER.
**L. provocant, e** (adj.) [sens I] *Son attitude me provoquait → il a eu une attitude provocante.* ◆ **provocation** (n. f.) [sens I] *Je ne céderai pas à la provocation* (← toute action susceptible de me provoquer).

**proximité** → PROCHE L.

**prudent, e** [prydã, ãt] adj. (après le n.) (se dit de qqn, de ses actes) *S'il dit qu'on peut y aller, on peut y aller; c'est un homme prudent, on peut lui faire confiance!* ● *Comme il était question de lui, Paul a jugé plus prudent de ne pas prendre parti dans la discussion.*

**S.** *Être prudent*, c'est agir avec PRUDENCE, prendre des précautions en vue d'un danger; le contr. est IMPRUDENT. SAGE, AVISÉ, PRÉVOYANT, RÉFLÉCHI sont des syn. plus soutenus.

PRUNE

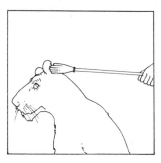

**L. prudemment** (adv.) Il conduit de manière prudente → *il conduit prudemment.* ◆ **prudence** (n. f.) Il n'a pas été prudent → *il a manqué de prudence.* ◆ **imprudent,** v. ce mot.

**prune** [pryn] n. f.
[fruit] *Qu'est-ce que tu vas faire avec toutes ces prunes ? — Une tarte.* ● [*Au marché*] : *« Un kilo de prunes, s'il vous plaît. »*
   **S.** La *prune* est un fruit à noyau. Le PRUNEAU est une *prune* séchée. Quelques variétés de *prunes* : la QUETSCHE (prune violette) ou la REINE-CLAUDE, la MIRABELLE (prunes jaunes).
   **L. prunier** (n. m.) *Regarde, les pruniers sont en fleur* (← arbres qui portent les prunes).

**psychiatre** [psikjatr] n.
[personne, profession] *Jean était très déprimé, il a fini par aller voir un psychiatre.*
   **S.** Un(e) *psychiatre* est un médecin spécialiste des maladies mentales (névroses et psychoses). Il se distingue du PSYCHANALYSTE qui soigne en appliquant une méthode particulière (la psychanalyse).
   **L. psychiatrie** (n. f.) Il fait des études pour devenir psychiatre → *il fait des études de psychiatrie.* ◆ **psychiatrique** (adj.) C'est un hôpital spécialisé dans la psychiatrie → *c'est un hôpital psychiatrique.*

**psychique** [psiʃik] adj. (après le n.)
(se dit de qqch [abstrait]) *Il souffre de troubles psychiques assez graves. — Il est fou, quoi !* ● *Avec lui, tout est psychique, je dis que j'ai mal au ventre, c'est psychique, que j'ai oublié quelque chose, c'est psychique aussi !*
   **G.** Cet adj. n'a ni comparatif ni superlatif.
   **S.** *Psychique* (soutenu) a pour syn. courants MENTAL, en parlant de maladies, de troubles relatifs à l'esprit, ou PSYCHOLOGIQUE, en parlant de l'activité de l'esprit, du PSYCHISME. Il s'oppose à PHYSIQUE.

**L. psychisme** (n. m.) Sa maladie est psychique, pas physique → *sa maladie relève du psychisme, pas du physique.*

**psychologie** [psikɔlɔʒi] n. f.
I. [science] (non-compt., au sing.) *Certains professeurs devraient faire de la psychologie avant d'enseigner, ils comprendraient mieux leurs élèves.*
II. [esprit] (compt., surtout au sing.) *Ah ! Voilà bien la psychologie du Français moyen ! J'étais sûr que tu réagirais comme ça.* ◆ (sujet qqn) **avoir de la psychologie** *Comment as-tu pu dire une chose pareille ? Tu n'as vraiment aucune psychologie !*
   **S. 1.** La *psychologie* (sens I) étudie le comportement, les réactions, l'attitude de l'homme dans ses relations avec les autres, l'évolution de la personnalité et aussi les troubles du comportement. Elle se distingue de la PSYCHIATRIE, qui étudie les maladies mentales, et de la PSYCHANALYSE, théorie et méthode thérapeutique particulière. — **2.** Au sens II, ce mot désigne la manière de penser et le comportement d'une personne. *Avoir de la psychologie,* c'est être capable de comprendre la *psychologie* des autres.
   **L. psychologique,** v. ce mot. ◆ **psychologue** (n.) [sens I] Elle est spécialiste de la psychologie de l'enfant → *elle est psychologue d'enfants.* ◆ (adj.) [sens II] Il s'adresse à ses employés avec beaucoup de psychologie → *il est très psychologue avec ses employés.*

**psychologique** [psikɔlɔʒik] adj. (après le n.)
(se dit de qqch) *Comment va Jacques ? — Sur le plan psychologique, ça ne va pas du tout.* ● *A chaque fois que j'ai rendez-vous avec Pierre, j'oublie. — C'est psychologique, au fond, tu n'as pas du tout envie de le voir.*
   **G.** Cet adj. n'a ni comparatif ni superlatif.
   **S.** *Psychologique* peut avoir pour syn. MENTAL ou PSYCHIQUE (soutenu) et s'oppose à CORPOREL, PHYSIQUE.

**puanteur** → PUER L.

**1. public, que** [pyblik] adj. (après le n.)
(se dit de qqch [lieu, organisme, etc.]) *Les cinémas, les gares, certains grands jardins sont des lieux publics.* ● *Tout le monde peut entrer, la séance est publique.* ● *Les discussions de l'assemblée ont été rendues publiques.* ● *Françoise est professeur dans l'enseignement public. — Ah ? Je ne savais pas qu'elle était fonctionnaire.*
   **G.** Cet adj. n'a ni comparatif ni superlatif.

# PUER

**S.** *Public* a pour syn. OUVERT À TOUS, sans qu'il y ait une quelconque restriction ou limitation ; le contr. est PRIVÉ.
**L. publiquement** (adv.) La discussion a été faite de manière publique → *la discussion a eu lieu publiquement.*

**2. public** [pyblik] n. m.
[collectif, personnes] *Cette entrée est interdite au public : seuls les employés de l'entreprise ont le droit de passer par là.* ● *Les journalistes sont chargés d'informer le public, pas de prendre parti.* ● *Est-ce que mon fils peut regarder ce film ? — Mais oui, cette émission s'adresse à tous les publics.* ◆ **en public** *Je ne crois pas qu'elle*

*accepte de raconter ses expériences, elle a peur de parler en public.*

**S. 1.** Le *public*, c'est l'ensemble des gens, considérés comme clients d'une entreprise, tous ceux qui sont extérieurs à une profession, ou l'OPINION PUBLIQUE, par rapport aux moyens d'information ; en ce sens, il est toujours non-compt. Il est compt. seulement quand on considère un type particulier de *public* défini par l'âge, la culture, etc. C'est l'assistance ou les spectateurs d'un film, d'une pièce de théâtre, l'auditoire ou les auditeurs d'une conférence, de la radio. — **2.** Parler *en public*, c'est

parler devant une assistance, par opposition à la conversation privée.

**publicité** [pyblisite] n. f.
[action, qqn, et résultat] (non-compt., au sing.) *On fait beaucoup de publicité pour cette marque de lessive.* ● *Comment avez-vous connu ce produit ? Par des amis ? Par la publicité ? Par hasard ?* ◆ (compt., surtout au sing.) *Qu'est-ce qu'elle est drôle cette publicité pour le chocolat Fincola !*

**S.** *Faire de la publicité*, c'est faire connaître un produit au PUBLIC par des annonces (dans la presse, à la radio), des affiches (dans la rue) ou de petits films (à la télévision, au cinéma). RÉCLAME est un syn. vieilli. Comme compt., ce mot désigne toute affiche, tout film, toute annonce qui paraît dans un but PUBLICITAIRE.
**L. publicitaire** (adj.) *Nous allons commencer une grande campagne de publicité* → *nous allons commencer une grande campagne publicitaire.*

**publier** [pyblije] v. t. (conj. 2)
(sujet qqn) **publier qqch (texte, œuvre, énoncé, etc.)** [À un journaliste] : « *J'espère que vous ne publierez pas ce que je viens de vous dire.* » ● *En quelle année a été publié pour la première fois ce roman ?*

**S.** *Publier*, c'est rendre PUBLIC en imprimant dans un journal, une revue, ou en éditant (un livre).
**L. publication** (n. f.) *Nous sommes obligés d'arrêter de publier cette série d'articles* → *nous sommes obligés d'arrêter la publication de cette série d'articles.*

**puer** [pɥe] v. i. (conj. 2)
(sujet qqch, qqn) *Ça puait tellement qu'on*

*était obligé de se boucher le nez.* ● *Elle puait un horrible parfum bon marché.*

**S.** *Puer* (péjor.), c'est SENTIR TRÈS MAUVAIS, EMPESTER (soutenu). Suivi d'un n. désignant une odeur, c'est répandre une mauvaise odeur de.

**L. puanteur** (n. f.) Le cadavre puait tant qu'on s'est senti mal → *la puanteur du cadavre était telle qu'on s'est senti mal.*

**puéril, e** [pɥeril] adj. (après le n.)
(se dit de qqn, de son attitude) *Tu es puéril de croire que tout va changer parce qu'on va changer de gouvernement!* ● *On se*

*demande si Pierre n'est pas encore un enfant; il a des colères puériles pour des choses qui n'en valent pas la peine!*

**S.** Est *puéril* celui qui agit comme un enfant ou ce qui manifeste un manque de maturité; le syn. est NAÏF en parlant de qqn, INFANTILE en parlant de son attitude.

**puis** [pɥi] adv.
I. [temps] *Nous irons d'abord au théâtre, puis nous dînerons au restaurant.* ● *J'ai pris le bus et puis le métro pour venir chez toi.*
II. [addition] **et puis** *Je ne peux pas sortir avec toi ce soir, et puis, pour te dire la vérité, je n'en ai vraiment pas envie.*

**S. 1.** Au sens I, *puis*, qui indique une succession, a pour syn. ET (APRÈS), ENSUITE. — **2.** Au sens II, *et puis*, qui introduit une raison supplémentaire, est souvent suivi de D'AILLEURS, EN PLUS, D'ABORD, dont il est synonyme.

**puisque** [pɥisk(ə)] conj.
[cause] **puisque** + **ind.** *Bon! Eh bien! Puisque tu n'as rien à faire, tu vas m'aider.* ● *Nous voulions sortir, mais puisque tu es malade, nous resterons à la maison.* ● *Écoute, puisque je te le dis, tu peux me croire quand même!*

**G.** *Puisque* s'écrit *puisqu'* devant une voyelle.
**S.** *Puisque* (soutenu) introduit une subordonnée placée avant ou après la principale et qui indique une cause où le jugement de celui qui parle est pris en compte (raison, motif). Les syn. sont COMME, ÉTANT DONNÉ QUE (soutenu), PARCE QUE, qui introduit une cause objective.

**puissance** [pɥisɑ̃s] n. f.
I. [qualité, qqn, qqch] (compt., surtout au sing.) *Qu'est-ce qu'il peut faire en une journée... C'est formidable!* — *Oui, Pierre a une grande puissance de travail.* ● *La puissance du moteur d'une voiture s'exprime en chevaux.* ● *N'augmente pas la puissance du poste, on ne s'entend plus!*
II. [institution] (compt.) *La plupart des puissances internationales étaient réunies à cette discussion sur le prix du pétrole.* ● *Les États-Unis sont une grande puissance.*

**S. 1.** *Puissance* (sens I) a pour syn. FORCE et, plus particulièrement en parlant de sons, INTENSITÉ, VOLUME. — **2.** Une *(grande) puissance* (sens II) est une nation, un État qui joue un (grand) rôle sur le plan international (par rapport aux PETITS PAYS).

**puissant, e** [pɥisɑ̃, ɑ̃t] adj. (après ou, plus rarement, avant le n.)
(se dit de qqn, d'un groupe, de qqch) *C'est un personnage très puissant, il a beaucoup de relations dans les milieux politiques.* ● *Ce syndicat est puissant dans l'entreprise?* ● *[À l'arrière d'un camion]* : *« Attention! Freins puissants. »*

**S. 1.** En parlant d'une personne ou d'un groupe de personnes ayant beaucoup de pouvoir, d'influence, *puissant* est syn. de INFLUENT, EFFICACE (moins fort). Il s'oppose à IMPUISSANT, FAIBLE. — **2.** En parlant d'une chose ou d'un pays qui a une grande force ou un grand potentiel économique, *puissant* a pour syn. FORT.
**L. puissamment** (adv.) Ce pays est armé de façon puissante → *ce pays est puissamment armé.* ◆ **impuissant,** v. ce mot.

**pull** [pyl] n. m.
[vêtement] *Ces pulls sont en pure laine, alors ne les lavez pas en machine, ça les déforme.*

**S.** Un *pull* (abrév. de PULL-OVER) est un tricot, un chandail, avec ou sans manches, en laine, qu'on enfile par la tête. Il peut être à col roulé. Il est distinct du GILET qui se boutonne devant.

**punir** [pynir] v. t. (conj. 15)
(sujet qqn) **punir qqn (pour qqch)** *Paul, si tu n'obéis pas à ton père, tu seras puni.* ● *Richard a encore été puni, à l'école : il bavardait avec un copain!* ◆ (sujet qqn, qqch) **punir qqch (acte)** *Tu crois que la loi punit assez sévèrement de tels crimes?*

**S.** *Punir* qqn (généralement un enfant) [souvent au passif], c'est le CORRIGER, le CHÂ-

TIER (litt.), lui INFLIGER UNE PUNITION, UNE SANCTION (soutenu) pour avoir commis un acte répréhensible. Il a pour contr. RÉCOMPENSER, FÉLICITER. *Punir qqch* a pour syn. SANCTIONNER (soutenu), RÉPRIMER (plus fort).

**L. punition** (n. f.) Pierre mérite d'être puni → *Pierre mérite une punition.*

**pur, e** [pyr] adj.
I. (se dit de qqch ; après le n.) *Tu veux de l'eau dans ton vin ? — Non, je préfère le boire pur.* • *L'air n'est pas pur du tout à Paris. — C'est forcé avec toutes ces voitures !*
II. (se dit de qqch [concret] ; avant le n.) *Ce saucisson est pur porc ? — Non, il y a de la viande de bœuf dedans.* • *Mon pull est en pure laine.* ◆ (se dit de qqch [abstrait]) *Conduire dans ton état serait pure folie : tu as trop bu !* • *Ce que je te dis, c'est la pure vérité.* ◆ (après le n.) **pur et simple** *Si j'ai fait cela, c'est pour une raison pure et simple : j'en avais envie.*

**G.** Au sens II, cet adj. est seulem. épithète et n'a ni comparatif ni superlatif.
**S. 1.** Est *pur* (sens I) ce qui n'est pas MÉLANGÉ, ce qui n'est pas POLLUÉ (en parlant de l'air) ; le contr. est IMPUR. — **2.** Au sens II, *pur* avec un nom a une valeur de renforcement ; il indique soit que la chose est constituée de cette seule matière (désignée par le nom concret), soit que la personne ou la chose possède cette qualité au plus haut degré (désigné par le nom abstrait).
**L. purement** (adv.) [sens II] Il a agi par pure gentillesse → *il a agi purement par gentillesse.*
◆ **pureté** (n. f.) [sens I] L'eau est remarquablement pure → *la pureté de l'eau est remarquable.* ◆ **purifier** (v. t.) [sens I] Rendre l'eau plus pure → *purifier l'eau.* ◆ **impur, e** (adj.) [sens I] L'air n'est pas pur → *l'air est impur.*
◆ **impureté** (n. f.) [sens I] L'eau est visiblement impure → *l'impureté de l'eau est visible.*

**purée** [pyre] n. f.
[aliment] (non-compt., au sing.) *Qu'est-ce que tu veux manger comme légumes ? — De la purée.* ◆ (compt.) *Le docteur a dit que je devais te faire des purées de légumes.*

**S. et G.** Employé sans compl., *purée* a pour syn. PURÉE DE POMMES DE TERRE (= pommes de terre cuites, écrasées avec du beurre et du lait). Quand il s'agit d'autres légumes, le compl. est précisé : *purée* DE LÉGUMES, DE CAROTTES, etc.

**pyjama** [piʒama] n. m.
[vêtement] *Comment, il est 10 heures et tu es toujours en pyjama, tu n'es pas encore habillé !* • *J'ai mis dans la petite valise ton pyjama et tes affaires de toilette.*

**S.** Le *pyjama* est un vêtement de nuit, porté par les hommes et les femmes, qui se compose d'une veste et d'un pantalon. Les femmes mettent aussi des CHEMISES DE NUIT.

# Q

**quai** [kɛ] n. m.
I. [lieu, moyen de transport] **quai (de la gare, du métro, du port)** *J'arriverai par le train de 8 heures. Tu viendras m'attendre sur le quai ?* • *Tu as vu le monde qu'il y a sur le quai ? Jamais on n'arrivera à prendre le prochain métro !* • *Regarde comme c'est joli tous ces bateaux le long du quai !*
II. [lieu, passage] **quai d'un fleuve** *Je l'ai rencontré hier, il se promenait sur les quais de la Saône.* • *La Seine a tellement monté que les quais de la rive droite et de la rive gauche sont interdits aux automobilistes.*

**S. 1.** Dans une gare ou une station de métro, le *quai* (sens I) est un lieu réservé aux voyageurs, par oppos. aux VOIES, qui sont réservées aux trains. Pour aller d'un quai à l'autre, on passe quelquefois par un souterrain ou par une passerelle. Dans un port, le *quai* est un terre-

plein sur lequel s'opère l'embarquement ou le débarquement des passagers. — **2.** Au sens II, le *quai* est, le long d'un fleuve, une construction qui consolide la berge dans une ville et sur laquelle on peut souvent circuler à pied ou en voiture (voie sur berge).

**qualifier** [kalifje] v. t. (conj. 2)
I. (sujet qqn) **qualifier l'attitude de qqn** *Comment peux-tu qualifier sa conduite ? Il m'avait assuré qu'il me rembourserait et il part sans laisser son adresse.*
II. (sujet qqn) **être qualifié** *Tu es parfaitement qualifié pour ce travail ; tu as toutes les qualités exigées et d'autres encore.*

**S. 1.** *Qualifier l'attitude de qqn d'une certaine manière* (sens I), c'est la caractériser de telle ou telle façon ; le syn. est APPELER ou TRAITER qqn. — **2.** *Être qualifié* (sens II), c'est avoir la compétence voulue, les qualités nécessaires pour remplir un emploi, exécuter un travail.
**L. inqualifiable** (adj.) [sens I] On ne peut pas qualifier sa conduite → *sa conduite est inqualifiable.*

**qualité** [kalite] n. f.
I. (compt., surtout au sing.) **qualité (de qqch [objet])** *Lisez bien les étiquettes et faites attention à la qualité des produits*

*que vous achetez.* • *Dans ce restaurant, on mange beaucoup, mais ce n'est pas très bon. — Dommage ! la qualité compte aussi !* • *La forme du manteau est jolie, mais le tissu est de mauvaise qualité.* • *Ils dépensent beaucoup, mais n'achètent que des produits de bonne qualité.*
II. (compt.) **qualité (de qqn, de qqch)** *Allons, sois franc ! Dis-moi mes qualités et mes défauts.* • *Tu as une grande qualité, c'est de toujours dire la vérité.* • *Ce film ne manque pas de qualités, mais il est ennuyeux.*

**S. 1.** La *qualité* de qqch (sens I), c'est sa VALEUR, par oppos. à la QUANTITÉ qui en indique l'importance en nombre ou en volume. — **2.** *Qualité de qqn, de qqch* (sens II) a pour syn. MÉRITE, VERTU (soutenu) et pour contr. DÉFAUT, FAIBLESSE.

**quand** [kɑ̃] adv. interr. et conj.
I. [adv. interr.] (temps) *Quand est-ce que tu te décideras enfin à travailler ?* • *Tu pars quand, en vacances ? — En juillet.* • *Pierre m'a demandé quand est-ce qu'on comptait venir.* • *Depuis quand attendez-vous dans l'escalier ?* • *C'est pour quand, l'examen ?* • *Jusqu'à quand ça va durer ?*
II. [conj.] (temps) *J'espère que Pierre sera là quand on arrivera.* • *Tu ne m'écoutes jamais quand je parle !* • *Garde ce livre pour quand tu seras grand.* • *C'est une poupée de quand j'étais petite.*

**S. et G. 1.** *Quand* (sens I), suivi en langue courante de EST-CE QUE, s'emploie dans les interrogations directes ou indirectes pour poser une question concernant le temps (date ou durée). Il peut être précédé des prép. DE, DEPUIS, POUR et JUSQU'À. Il a pour syn. À (DE) QUEL MOMENT lorsque la question porte sur une date, DANS (DEPUIS) COMBIEN DE TEMPS lorsque la question porte sur une durée. — **2.** *Quand* (sens II) introduit une subordonnée temporelle à l'ind. Il peut être précédé des prép. DE (passé) et POUR (futur). Il a pour syn. LORSQUE, AU MOMENT OÙ, et (À) CHAQUE FOIS QUE quand il indique la répétition d'une action.

**quand même** [kɑ̃mɛm] adv.
I. [opposition] *Je ne suis pas bien ce soir, je ne sais pas si je vais manger. — Mange quand même, cela ne te fera pas de mal.*
II. [emphase] *Quand même, tu ne trouves pas que tu exagères ?*

**S. et G.** *Quand même* s'emploie : *a)* pour insister sur une affirmation ou un ordre malgré ce qui a été énoncé auparavant ; il a alors valeur d'opposition et a pour syn. MALGRÉ TOUT ; *b)* dans une exclamation avec une valeur d'indignation ; dans cet emploi, il est fam. et a pour syn. TOUT DE MÊME.

**quant à** [kɑ̃ta] prép.
[rapport] **quant à qqn, qqch, quant à + inf.** *Je constate que vous êtes tous du même avis, quant à moi, je ne suis pas convaincu et je demande à réfléchir.* • *Nous ne pouvons encore rien dire quant à nos projets.* • *Quant à lui faire changer d'idée, je pense qu'il vaut mieux y renoncer tout de suite.*

**S.** *Quant à* est le syn. de EN CE QUI CONCERNE, POUR CE QUI EST DE. Cette prép. s'emploie souvent suivie d'un pronom personnel (MOI, LUI, NOUS, etc.) ; il a pour équivalents PERSONNELLEMENT, DE MON (SON, etc.) POINT DE VUE, DE MON (SON, etc.) CÔTÉ.

**quantité** [kɑ̃tite] n. f.
I. **quantité de** + n. sing. (non-compt.)

*Qu'est-ce qu'il y a comme quantité de vin dans cette bouteille ? — Oh ! un demi-litre environ.*
II. **une quantité de** + n. plur. (compt.) ou **de** + n. sing. (non-compt.) *Ne te plains pas, des quantités de gens seraient contents d'être à ta place.* • *Si tu voyais la quantité de cadeaux que Pierre a reçus pour Noël !*

**S. 1.** La *quantité* (sens I) s'oppose, en langue courante, à la QUALITÉ. On mesure la *quantité* de qqch en en déterminant le NOMBRE ou le VOLUME. *Quelle quantité de* a pour syn. COMBIEN DE. — **2.** *Une (des) quantité(s) de* a pour syn., de plus en plus forts, BEAUCOUP DE, PLEIN DE, UN GRAND NOMBRE DE, UNE FOULE DE, UN TAS DE, UNE MASSE DE, UNE MULTITUDE DE.

**quarantaine** [karɑ̃tɛn] n. f.
[quantité] **quarantaine (de + n. plur.)** *Ce bus peut contenir une quarantaine de personnes, mais vers 6 heures du soir, on ne compte plus !* • *Déjà la quarantaine ! Ce que le temps passe, et moi qui croyais avoir encore vingt ans !*

**S.** *Quarantaine* désigne un ensemble d'environ QUARANTE personnes ou un âge d'environ quarante ans (avec l'art. déf. et sans compl.).

**quarante** [karɑ̃t] adj. num. cardinal inv.
[40] *Vingt et vingt, ça fait combien ? — Quarante !* • *Quel âge a Sophie ? — Oh ! elle va bientôt avoir quarante ans.* • *Vous avez le numéro quarante de cette revue ?* • *Il y a un train toutes les quarante minutes.*

**L. quarantième** (adj. num. ordinal) *La quarantième page* (← la page numéro quarante).

**quart** [kar] n. m.
I. [partie d'un tout] *Quatre est le quart de seize.* • *Nous sommes quatre, nous prendrons donc chacun un quart du gâteau.* • *Il y a beaucoup de monde ? — Assez, oui, la*

# QUARTIER

salle est aux trois quarts pleine. • *Quand l'incendie a été éteint, la maison était déjà aux trois quarts brûlée.*
II. [temps, mesure] **quart (d'heure)** *Je ne

serai pas long : je reviens dans un quart d'heure.* • *Ça fait trois quarts d'heure qu'on attend, ça suffit non?* • *Quelle heure est-il? — Il est 4 heures et quart.* • *Tu sors vers 5 heures? — Oui, alors disons qu'on se retrouve au café au quart.* • *Il est midi moins le quart, on va commencer à mettre la table.* • *Il devait venir à 3 heures ; il est le quart, et il n'était toujours pas arrivé.*

**S. 1.** *Quart* (sens I) indique qu'une quantité est quatre fois plus petite qu'une unité, qui en est ainsi le quadruple. On ne dit pas *deux quarts de* + n., mais LA MOITIÉ DE + n. ou UN DEMI + n. *Les trois quarts de qqch, aux trois quarts*, pris en un sens vague, ont pour syn. LA PLUS GRANDE PARTIE DE, EN GRANDE PARTIE. — **2.** Au sens II, *un quart d'heure* représente 15 MINUTES. Dans l'expression de l'heure, on emploie *et quart, un quart* après 1, 2, 3... 11 heures, midi et minuit pour dire que l'heure est passée de 15 minutes ; *moins le quart* pour dire qu'il manque 15 minutes pour que l'heure soit atteinte. Après 12, 13, 14, 15... 23 heures, dans un langage plus précis ou officiel, on emploie (ET) 15 MINUTES, ou (ET) 45 MINUTES (*11 heures moins le quart* → 10 HEURES 45 MINUTES). Lorsqu'il s'agit d'une heure en cours, ou déjà précisée par ailleurs, on emploie *le quart, moins le quart, à moins le quart* seuls (*il est le quart*).

**quartier** [kartje] n. m.
I. [partie d'un lieu urbain] *Je ne connais pas bien ce quartier, pouvez-vous me dire où est la rue du Montparnasse?* • *Ici, dès que tu fais ou dis quelque chose, tout le quartier est au courant!*
II. [partie d'un aliment] *Si on disposait des quartiers d'orange sur le dessus du gâteau?*

**S. 1.** Le *quartier* (sens I) désigne une partie d'une ville (et ses habitants) ; il se distingue de l'ARRONDISSEMENT, division administrative. — **2.** *Quartier* (sens II) désigne une division par quatre ou non de certains objets, le plus souvent sphériques (fruits, Lune, etc.).

**quasiment** [kazimɑ̃] adv.
[quantité] *Attendez encore un peu, la réunion est quasiment finie.* • *Quand on lui a annoncé la nouvelle, il est devenu quasiment fou de rage.*

**S.** *Quasiment*, qui indique une quantité approximative, a pour syn. PRESQUE, PRATIQUEMENT, À PEU PRÈS. Il s'oppose à TOUT À FAIT et à COMPLÈTEMENT.

**quatorze** [katɔrz] adj. num. cardinal inv.
[14] *Ton fils a quel âge maintenant? — Quatorze ans.* • *Deux fois sept font quatorze.* • *Page quatorze, il y a un article qui t'intéressera.*

**quatorzième** [katɔrzjɛm] adj. num. ordinal
[14$^e$] (se dit de qqn, de qqch) *Il y a eu un incendie au quatorzième étage de la tour.* • *Sur quinze élèves, tu es quatorzième, alors tu es presque dernier!*

**S.** Dans une énumération, QUATORZIÈMEMENT est l'adv. correspondant à *quatorzième* (= en quatorzième lieu).

**quatre** [katr] adj. num. cardinal inv.
[4] *Quatre et quatre font huit.* • *Quatre personnes peuvent monter dans la voiture, pas plus.* • *Je voudrais le numéro quatre de cette revue.* • *Il y avait quatre pommes et il n'y en a plus, tu les as mangées toutes les quatre?*

**quatre-vingt(s)** [katrəvɛ̃] adj. num. cardinal
[80] *Grand-mère est vieille, elle a quatre-vingts ans, mais elle a gardé un esprit

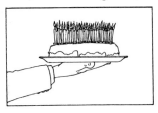

jeune.* • *Il a gagné quatre-vingts millions de francs, c'est énorme!* • *Ouvrez votre livre page quatre-vingt.*

**G.** *Quatre-vingts* s'écrit sans *s* quand il est suivi d'un autre adj. numéral *(quatre-vingt mille)* ou comme épithète après le nom *(page quatre-vingt, mille neuf cent quatre-vingt).*
**L. quatre-vingtième** (adj. num. ordinal) *La quatre-vingtième page* (← la page numéro quatre-vingt). ◆ **quatre-vingt-dix** (adj. num. cardinal) *Un livre de quatre-vingt-dix pages* (← quatre-vingts + dix). ◆ **quatre-vingt-dixième** (adj. num. ordinal) *La quatre-vingt-dixième page* (← la page numéro quatre-vingt-dix).

**quatrième** [katrijɛm] adj. num. ordinal [4ᵉ] (se dit de qqn, de qqch) *J'habite au quatrième étage.* ● *Alain est quatrième en anglais à l'école, ce n'est pas mal.*

**S.** Dans une énumération, QUATRIÈMEMENT est l'adv. correspondant à *quatrième* (= en quatrième lieu).

**que** [k(ə)] pron., adv. et conj.
I. [pron. interr. direct] **que, qu'est-ce que?** *Qu'est-ce que tu as fait?* ● *Que dit-il? Je n'entends pas bien.* ● *Qu'est-ce que tu gagnes par mois?* ◆ [pron. interr. indirect] **ce que, qu'est-ce que** *Je ne te dirai pas qu'est-ce que j'ai fait hier.* ● *Ne fais pas attention, il a trop bu : il ne sait pas ce qu'il dit.*
II. [adv. exclam.] (quantité) **que, qu'est-ce que, ce que!** *Qu'il fait beau aujourd'hui!* ● *Qu'est-ce qu'elle peut être ennuyeuse cette fille!* ● *Ce qu'il est gentil, quand même!*
III. [pron. rel.] *Comment trouves-tu les livres que je t'ai donnés?* ● *J'ai vu ce que tu m'as apporté, c'est très gentil de ta part.* ● *Il n'y a rien d'intéressant dans ce que tu m'as raconté!*
IV. [conj.] (complétive après un v.) *Il a dit qu'il ne viendra pas.* ● *J'ai peur qu'il fasse froid là-bas.* ◆ (après un n.) *Ah! elle est bonne ton idée qu'on y aille ensemble!* ◆ (avec une loc. impers.) *C'est vrai que tu nous quittes?* ● *Que tu viennes ou non, ça m'est égal.* ◆ (dans les phrases coordonnées, après *et, ou*) *On partira quand le film sera fini et que nous aurons mangé.* ● *Si ça t'intéresse et que tu veuilles venir avec nous, tu peux.* ◆ (exclamation ou ordre) *Qu'il parte tout de suite! Je ne veux plus le voir.* ● *M. Dupont est arrivé. — Qu'il entre!*

**S. et G. 1.** *Que* s'écrit *qu'* devant une voyelle. — **2.** Au sens I, *que, qu'est-ce que?* s'emploient dans les interrogations directes, *ce que, qu'est-ce que* dans les interrogations indirectes. Dans l'interrogation directe, *que* entraîne une inversion du sujet. La langue courante emploie surtout *qu'est-ce que*, sans inversion du sujet. *Que* est toujours compl. d'objet direct, sauf avec des verbes comme GAGNER, COÛTER, etc. ; il est alors équivalent à COMBIEN (compl. de prix) [*Qu'est-ce que cela coûte?* → ÇA COÛTE COMBIEN?]. — **3.** Au sens II, on emploie *que, qu'est-ce que, ce que!* dans une exclamation directe et *qu'est-ce que* (fam.), *ce que* dans une exclamation indirecte *(tu as vu ce qu'elle est belle!)* ; le syn. est COMME. — **4.** Au sens III, *que*, dont l'antécédent peut être un animé ou un non-animé, est compl. d'objet direct du verbe de la subordonnée relative. — **5.** Au sens IV, *que : a)* introduit une complétive objet, sujet ou attribut ; cette complétive est à l'ind. ou au subj. selon le verbe principal ; comme compl. de nom, elle est le plus souvent au subj. ; *b)* équivaut, dans une phrase coordonnée à une autre, à la conj. de la première phrase ; *c)* exprime un ordre (à la 3ᵉ personne dans une phrase exclamative au subj.).

**quel, quelle** [kɛl] adj. interr. et exclam. (avant le n.)
I. [adj. interr.] *Quelle heure est-il?* ● *Dans quelle ville habitez-vous?* ● *Je ne sais pas quelle route ils ont prise.*
II. [adj. exclam.] *Tu as vu cet accident? — Quel malheur!* ● *Quelle belle maison vous avez!*

**G.** Dans une interrogation ou une exclamation directe ou indirecte, *quel* est épithète du nom sur lequel porte la question (nature ou identité) ou l'exclamation. En langue soutenue, *quel* peut être attribut du nom, il est alors placé en tête de phrase devant le verbe ÊTRE *(quelle est la couleur de ce tissu?* ; en langue courante : *ce tissu est de quelle couleur?).*

**quelconque** [kɛlkɔ̃k] adj. (après le n.)
I. [adj. indéf. ; toujours épithète] *Si, pour une raison quelconque, vous ne pouvez pas venir, prévenez-nous à temps.*
II. [adj. qualif.] (se dit de qqn, de qqch) *Ce garçon ne me plaît pas, il est quelconque.* ● *Ce meuble est très quelconque, on en voit partout des pareils.* ● *C'est un livre quelconque, sans aucun intérêt.*

# QUELQUE CHOSE

**S. 1.** *Quelconque* (sens I) a pour syn. N'IMPORTE QUEL (avant le n.). [*n'importe quelle raison*] en langue courante, ou QUELQUE + n. QUE CE SOIT (soutenu) [*quelque raison que ce soit*]. — **2.** *Quelconque* (sens II), qui indique un manque d'originalité, a pour syn. ORDINAIRE, INSIGNIFIANT (qui insiste sur l'absence d'intérêt) en parlant de qqn ou de qqch, BANAL en parlant de qqch. REMARQUABLE, ORIGINAL sont des contr. en parlant de qqn, de qqch, de même que RARE (plus fort), en parlant de qqch.

**quelque chose** [kɛlkəʃoz] pron. indéf.
*Qu'est-ce que tu as, il y a quelque chose qui ne va pas ?* • *Il fait très noir, tu vois quelque chose ? Moi, je ne vois rien.* • *Si jamais il m'arrive quelque chose, donne cette lettre à Jacques.* • *Je ne peux pas mettre un nom sur ce visage, mais il me dit quelque chose.* • *Il y a toujours quelque chose de vrai dans ce qu'il dit, même quand il plaisante.* • *Pourquoi t'a-t-on renvoyé ? Tu as fait quelque chose de mal ?*

**S. et G. 1.** *Quelque chose* ne s'emploie que dans des phrases affirmatives ; dans des phrases négatives, on emploie RIEN. *Quelque chose* désigne une chose quelconque, abstraite ou concrète ; pour désigner une personne, on emploie QUELQU'UN. *Dire quelque chose à qqn, c'est lui rappeler un souvenir vague.* — **2.** L'adj. ou le participe qui se rapporte à *quelque chose* est toujours au masc. sing. (*quelque chose de beau, quelque chose m'est arrivé*).

**quelquefois** [kɛlkəfwa] adv.
[temps] *Quelquefois, je me demande si tu m'aimes vraiment... Heureusement que ça ne m'arrive pas souvent !* • *Il t'a déjà fait des cadeaux ? — Mais oui ! Il m'offre des bonbons, quelquefois.* • *D'habitude Jean est calme, et pourtant il lui est quelquefois arrivé de se mettre en colère.*

**S.** *Quelquefois*, qui indique la répétition peu fréquente d'un événement, a pour syn. DE TEMPS EN TEMPS, PARFOIS (soutenu), DES FOIS (fam.), RAREMENT (plus fort). Il s'oppose à TOUJOURS, CONSTAMMENT ou, dans une phrase négative, à JAMAIS. Les contr. sont SOUVENT, FRÉQUEMMENT (soutenu).

**quelque part** [kɛlkəpar] adv.
[lieu] *Il me semble avoir vu cet homme quelque part, mais je ne me souviens pas où.*

**S.** La négation de *quelque part* est NULLE PART ; le contr. est PARTOUT.

**quelques** [kɛlk] adj. indéf. pl.
[quantité] *Voici quelques livres, il n'y en a pas beaucoup, mais j'espère qu'ils vous plairont.* • *Alors comment s'est passée la réunion ?* — *Quelques personnes n'étaient pas d'accord, mais dans l'ensemble, ça a été.* • *Combien d'argent as-tu sur toi ? — J'ai cent francs et quelques (francs).*

**S.** *Quelques* indique un nombre indéterminé, en insistant sur la notion de petite quantité, de petit nombre, par oppos. à PLUSIEURS, qui insiste sur la pluralité. *Et quelques* après une indication en argent, en poids, etc., marque qu'on ajoute une quantité peu importante à un total ; l'expression a pour syn. fam. ET DES POUSSIÈRES.

**quelques-uns, quelques-unes** [kɛlkəzœ̃, zyn] pron. indéf. pl.
*Tu as lu les livres de Sartre ? — J'en ai lu quelques-uns, mais pas tous.* • *Dans l'ensemble, tout le monde était content, sauf quelques-uns, comme d'habitude.*

**S.** *Quelques-uns (quelques-unes)* est le pron. correspondant à l'adj. QUELQUES (VOUS PRENDREZ QUELQUES FRUITS → *vous en prendrez quelques-uns*) ; il indique un nombre limité de personnes ou de choses. Les syn. sont CERTAINS, UN PETIT NOMBRE DE ; les contr. sont TOUS ou TOUT LE MONDE (positifs), AUCUN ou PERSONNE (négatifs).

**quelqu'un** [kɛlkœ̃] pron. indéf. masc.
*Il y a quelqu'un en bas qui te demande, je* 

*ne sais pas qui c'est.* • *Quelqu'un m'a dit que tu n'étais pas au cinéma hier soir. — Ah oui ! Qui ça ?* • *Si quelqu'un téléphone, tu diras que je rentre vers 17 heures.* • *Vous pouvez lui faire confiance, c'est quelqu'un de très honnête.* • *Pierre cherche quelqu'un de bien pour l'aider dans son travail.*

**S. et G.** *Quelqu'un* désigne un individu quelconque, homme ou femme. Il s'emploie dans des phrases affirmatives ; dans des phrases négatives, on emploie PERSONNE. Il est l'équivalent, quand il est sujet, du pron. ON (ON M'A DIT → *quelqu'un m'a dit*). L'adj. ou le participe qui se rapporte à *quelqu'un* est toujours au masc. sing. (*quelqu'un de gentil, quelqu'un* *est tombé);* au plur., on emploie DES GENS. *Quelqu'un de* + adj. a pour syn. UNE PERSONNE + adj.

**quereller (se)** [kərele] v. pr. (conj. **1**) (sujet qqn) **se quereller (avec qqn)** *Vous n'allez pas vous quereller pour une histoire aussi stupide?*

**S.** *Se quereller* (soutenu) a pour syn. SE DISPUTER, SE BATTRE (plus fort), AVOIR UNE QUERELLE, UNE DISPUTE, UNE DISCUSSION (moins fort) AVEC qqn.
**L.** **querelle** (n. f.) *C'est à cause d'une femme qu'ils se sont querellés → c'est une femme qui est la cause de leur querelle.* ◆ **querelleur, euse** (adj. et n.) *Il cherche sans arrêt à se quereller avec les autres → il est très querelleur.*

**question** [kɛstjɔ̃] n. f.
I. [action, langage et résultat] *Qu'est-ce que tu me demandes? Je ne comprends pas ta question : que veux-tu savoir au juste?* ● *Alors il est content? — Quelle question! Bien sûr qu'il est content!* ● *Dis donc, quand je te pose une question, tu pourrais me répondre!* ● *Tu n'as pas répondu à ma question, alors c'est oui ou c'est non?*
II. [statut, qqch] *Ce journaliste est un spécialiste des questions économiques.* ● *Laissons de côté le problème social, c'est une autre question dont nous parlerons plus tard.* ● *Pourquoi tu ne veux pas sortir avec nous ce soir? C'est parce que tu ne veux pas rencontrer Jacques? — Non, ce n'est pas la question, je suis fatigué.*
III. **il est question de** + **n.** ou **inf., que** + **subj.** *De quoi est-il question au juste dans le film, je n'ai rien compris!* ● *La dernière fois qu'on s'est vus, il était question de partir ensemble en vacances, où ça en est maintenant? — Il n'en est plus question.*
◆ **hors de question (de** + **inf., que** + **subj.)** *Ça, mon petit, il est absolument hors de question que tu sortes ce soir, tu as un examen demain.* ● *Travailler le dimanche? C'est hors de question.* ◆ **en question** *Il faut bien réfléchir avant de te décider, c'est ton avenir qui est en question.* ● *Les jeunes remettent en question tous nos vieux préjugés!*

**S. 1.** *Question* (sens I) a parfois pour syn. DEMANDE. *Poser une question à* qqn, c'est l'INTERROGER, le QUESTIONNER. *Répondre à une question,* c'est DONNER UNE RÉPONSE. — **2.** *Question* (sens II) a pour syn. PROBLÈME, AFFAIRE, SUJET. *Ce n'est pas la question* a pour syn. IL NE S'AGIT PAS DE CELA, CE N'EST PAS LE PROBLÈME.
— **3.** Au sens III, *il est question de* a pour syn. IL S'AGIT DE. *Il est question de* + inf., *que* + subj. signifie que qqch est en projet, est envisagé; *il n'est plus question,* ou *pas question de,* signifie qu'on abandonne ou qu'on refuse une idée. *Hors de question* s'emploie pour exprimer avec force une interdiction, un refus. *Être en question* a pour syn. ÊTRE EN CAUSE, ÊTRE EN JEU.
**L. questionner** (v. t.) [sens I] *Tout le monde lui a posé des questions sur son livre → tout le monde l'a questionné sur son livre.* ◆ **questionnaire** (n. m.) [sens I] *J'ai dû répondre à toute une série de questions → j'ai dû répondre à tout un questionnaire.*

**queue** [kø] n. f.
I. [partie d'un animal] *Quand le chien remue la queue, c'est qu'il est content!* ● *Ne t'étonne pas que le chat ait crié, tu lui as marché sur la queue.*
II. [localisation] **queue de qqch** *On est en queue du train, il va falloir faire tout le quai à pied!* ● *La queue de la manifestation avait à peine commencé à marcher que déjà, en tête, ils étaient arrivés.*
III. [collectif, personnes] *Il y avait une de ces queues devant le cinéma!* ◆ (sujet qqn) **faire la queue** *J'étais là avant vous, faites la queue comme tout le monde!*

**S. 1.** La *queue* d'un animal (sens I), c'est l'APPENDICE (terme savant) allongé qui prolonge son corps. — **2.** La *queue* (sens II) est la partie finale de qqch; les syn. sont BOUT, FIN, par oppos. à TÊTE, ou ARRIÈRE, par oppos. à AVANT. — **3.** Une *queue* (sens III) est une file de personnes qui attendent pour être servies; le syn. est FILE (D'ATTENTE). *Faire la queue* est syn. d'ATTENDRE (son tour).

**qui** [ki] pron. interr. et rel.
I. [pron. interr.] **qui, qui est-ce qui, qui est-ce que, qui** *On a sonné, qui est-ce?* ● *Qui est là?* ● *Qui est-ce qui vient avec nous au théâtre?* ● *Qui a téléphoné? — Quelqu'un, mais je ne sais pas qui.* ● *Chez qui est-ce que tu vas dimanche?* ● *On t'a demandé. — Qui ça?* ● *Dis-moi ce qui se*

passe. • *Tu sais ce qui (qu'est-ce qui) vient ensuite ?*
II. [pron. rel.] *C'est Jacques qui est arrivé le premier.* • *Comment as-tu pu faire ça, toi qui es si gentil d'habitude ?* • *Je connais l'homme avec qui tu parlais tout à l'heure.* • *Tu as juste mis la robe qui me plaît.*

**G. 1.** *Qui* (pron. interr.), *qui est-ce qui, qui est-ce que* (langue courante), ne s'emploient que pour parler des personnes, dans une interrogation directe ou indirecte. *Qui* s'emploie comme sujet ou comme compl., *qui est-ce qui* ne s'emploie que comme sujet, *qui est-ce que* comme compl. d'objet. *Ce qui* s'emploie pour parler des choses, dans une interrogation indirecte, et uniquement comme sujet. — **2.** *Qui* (pron. rel.) peut avoir pour antécédent un nom de personne ; dans ce cas, il peut être sujet ou compl. indirect précédé d'une prép. (pour les autres fonctions, v. QUE, DONT). Lorsque *qui* est sujet, le verbe et les adj. ou participes attributs s'accordent avec l'antécédent (*moi, Aline, qui* SUIS GENTILLE). *Qui* peut avoir pour antécédent un nom de chose ou d'animal ; dans ce cas, il ne s'emploie que comme sujet (pour les autres fonctions, v. QUE, DONT, LEQUEL).

**quiconque** [kikɔ̃k] pron. rel. et pron. indéf.
I. [pron. rel.] *Les Seychelles, c'est vraiment splendide !* — *Quiconque y est allé a le même avis que toi. Mais combien y en a-t-il ?*
II. [pron. indéf.] *Laisse-moi tranquille, je sais mieux que quiconque comment je dois faire.*

**S.** *Quiconque*, qui indique une personne indéterminée, est employé comme pron. rel. sujet en langue soutenue ou comme pron. indéf. après un comparatif. Dans le premier cas, le syn. courant est CELUI QUI et, dans le second cas, les syn. sont N'IMPORTE QUI (courant) et PERSONNE (soutenu).

**quinzaine** [kɛ̃zɛn] n. f.
[quantité] **quinzaine (de** + n. plur.) *Nous avons vu une quinzaine de films cette année, ce n'est pas beaucoup.* • *Les Durand reviennent d'Italie dans une quinzaine de jours.* • *Vous étiez nombreux à cette réunion ?* — *Oh ! une bonne quinzaine.*

**S.** Une *quinzaine* désigne un ensemble d'environ QUINZE unités. On emploie l'expression *dans une quinzaine* comme équivalent de DANS QUINZE JOURS, DANS DEUX SEMAINES.

**quinze** [kɛ̃z] adj. num. cardinal inv.
[15] *Nous nous verrons le 15 octobre.* • *Ils sont quinze dans la classe, ce n'est pas beaucoup.* • *Les quinze chevaux étaient au départ de la course.* • *Page quinze, il y a une erreur dans le texte.* • *Ça doit bien faire quinze jours que je n'ai pas vu Jacques.*

**S.** En langue courante, on emploie fréquemment *quinze jours* comme équivalent de DEUX SEMAINES.

**quinzième** [kɛ̃zjɛm] adj. num. ordinal [15ᵉ] (se dit de qqn, de qqch) *Je n'aimerais pas habiter au quinzième étage, c'est trop haut.* • *Mon fils vient d'avoir quatorze ans, il entre dans sa quinzième année.*

**S.** Dans une énumération, QUINZIÈMEMENT est l'adv. correspondant à *quinzième* (= en quinzième lieu).

**quitter** [kite] v. t. (conj. 1)
I. (sujet qqn) **quitter qqn** *Je suis obligé de vous quitter, j'ai un rendez-vous.* • *Il y a longtemps qu'elle vit seule ? — Son mari l'a quittée il y a cinq ans.* ◆ (sujet qqn [plur.]) **se quitter** *Nous avons eu une explication tous les deux, et nous nous sommes quittés bons amis !*
II. (sujet qqn) **quitter un lieu, une fonction** *Les Durand n'habitent plus ici ? — Oh ! non, il y a déjà quelques mois qu'ils ont quitté Paris.* • [Au téléphone] : *« Allô, ne quittez pas, je vous passe M. le Directeur. »* • *Alors vous avez quitté votre emploi ? — Oui, mon mari a pris sa retraite en même temps.*

**S. 1.** *Quitter* qqn (sens I), c'est le LAISSER, S'ÉLOIGNER DE lui, PARTIR LOIN DE lui, le LAISSER

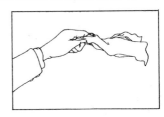

TOMBER (fam.). *Quitter de façon définitive, c'est* ABANDONNER *et, plus fort,* ROMPRE AVEC *qqn. Se quitter, c'est* SE SÉPARER. — **2.** *Quitter un lieu* (sens II), *c'est en* PARTIR, S'EN ALLER DE. *Le contr. est* RESTER À (DANS). *Ne quittez pas s'emploie au téléphone ; un syn. est* NE RACCROCHEZ PAS.

**quoi** [kwa] pron. interr. et rel.
I. [pron. interr.] *Tu as l'air tout triste : à quoi penses-tu ?* ● *Alors, de quoi est-ce que vous avez parlé pendant le repas ?* ● *Quel désordre ici ! Bon ! Par quoi commence-t-on ?* ● *Je ne sais plus quoi faire ni quoi dire pour qu'il comprenne !* ● *J'ai reçu un beau cadeau pour mon anniversaire, devine quoi ?* ● *Vous faites quoi ce soir ?* ● *Alors, quoi de neuf dans le journal ?* ● *Quoi de plus beau qu'une forêt en automne !* ● *Tu viens m'aider ? — Quoi ? — Je te demande de venir m'aider.* ● *Alors, qu'est-ce que vous faites aujourd'hui ? — Eh bien, comme tous les jours, quoi ! Je travaille.*
II. [pron. rel.] **sans quoi, après quoi** *Vas-y tout de suite, sans quoi il va être en colère.* ● *On est allé chez Jacques, après quoi on est passé chez Pierre.* ◆ **de quoi** + inf. *Je vous ai apporté de quoi vous nourrir un peu : du pain, du beurre, du fromage.* ● *Tiens, voici de quoi payer le loyer.* ◆ **il n'y a pas de quoi** *Je vous remercie de m'avoir rendu service. — Je vous en prie, il n'y a pas de quoi, c'était tout naturel.* ◆ **comme quoi** *Eh bien ! Tu vois que tu as réussi ton examen, comme quoi il faut toujours garder l'espoir.*

**S. et G. 1.** Au sens I, *quoi* est un pron. interr. qui s'emploie pour parler de choses et le plus souvent après une prép. Il est suivi en langue fam. de EST-CE QUE. Sans prép., il se place avant un verbe à l'inf. ou, fam., après le verbe, comme compl. d'objet direct. Sans prép., *quoi* a pour syn. soutenu QUE devant un inf., QUE, CE QUE (C'EST), QU'EST-CE QUE (C'EST) dans les autres cas. *Quoi de* + adj. a pour équivalent IL Y A ou Y A-T-IL QUELQUE CHOSE DE + adj. Seul dans une interrogation, *quoi*, pour demander de répéter qqch ou, dans une exclamation, comme emphase, pour marquer la surprise, l'indignation ou la résignation, est fam. et a pour syn. HEIN (très fam.), ou, soutenu, COMMENT. — **2.** Au sens II, comme relatif, *quoi* est toujours précédé d'une prép. et représente une phrase ou un syntagme entier. *Sans quoi, après quoi* ont pour syn. SANS ÇA, APRÈS ÇA. *De quoi* s'emploie surtout après VOICI, VOILÀ, IL Y A, et après AVOIR, DONNER, PRENDRE, APPORTER, etc. ; il a pour équivalent QUELQUE CHOSE POUR + inf. *Il n'y a pas de quoi* est une formule de politesse qui a pour équivalent CE N'EST RIEN. *Comme quoi* a pour équivalent CE QUI PROUVE QUE.

**1. quoique** [kwakə] conj.
[opposition] **quoique** + subj. *Jacques n'est pas venu, quoique tout le monde ait insisté pour qu'il vienne.*

**S.** *Quoique* indique une opposition, une concession ; il a pour syn. MALGRÉ QUE (fam.), BIEN QUE, ENCORE QUE, ALORS QUE (+ ind.) [soutenu]. Dans la langue courante, on remplace souvent *quoique* par (ET) POURTANT.

**2. quoi que** [kwakə] pron. rel. indéf.
*Ce n'est pas la peine de discuter : pour lui, quoi que je fasse, j'aurai toujours tort.* ● *Quoi qu'on dise, il fait ce qu'il veut.* ◆ **quoi qu'il en soit** *La situation est difficile, mais quoi qu'il en soit, il faut continuer.*

**S.** *Quoi que* (pron.), en deux mots, employé toujours avec FAIRE, DIRE, ou PENSER, signifie QUELLE QUE SOIT LA CHOSE QUE. *Quoi qu'il en soit* a pour syn. MALGRÉ TOUT (courant), EN TOUT ÉTAT DE CAUSE, NÉANMOINS (soutenus).

**quotidien, enne** [kɔtidjɛ̃, ɛn] adj. (après le n.), **quotidien** n. m.
I. [adj.] (se dit de qqch) *Tiens, le voilà qui part faire sa visite quotidienne à ma mère, il y va tous les jours à la même heure depuis dix ans !* ◆ **vie quotidienne** *Ce n'est pas si grave que ça ! Ça fait partie des petits soucis de la vie quotidienne.*
II. [n. m.] (objet, texte) *Le journal « le Monde » est un quotidien du soir.*

**G.** L'adj. ne se met ni au comparatif ni au superlatif.
**S. 1.** Est *quotidien* ce qui a lieu tous les jours La *vie quotidienne* est la vie de tous les jours. — **2.** Un *quotidien* est un journal qui paraît tous les jours.
**L. quotidiennement** (adv.) *Elle fait une promenade quotidienne* → *elle fait quotidiennement une promenade.*

# R

**rabais** [rabɛ] n. m.
[action, qqn, et résultat] (compt., surtout au sing.) *On a discuté un peu et le marchand a accepté de nous faire un rabais de deux cents francs. Ce n'est pas mal, hein?* ◆ **au rabais** *Nous ne voulons plus travailler au rabais, nous exigeons donc une augmentation.*

**S. 1.** *Faire un rabais,* c'est diminuer d'une certaine quantité le prix de qqch. *Rabais* a pour syn. DIMINUTION, RISTOURNE. — **2.** *Travailler au rabais,* c'est travailler en étant insuffisamment payé.

**raccompagner** [rakɔ̃paɲe] v. t. (conj. 1) (sujet qqn) **raccompagner qqn** *Comment vas-tu faire pour rentrer de là-bas en pleine nuit? — Je trouverai bien quelqu'un pour me raccompagner en voiture.* ● *Il me raccompagna gentiment, mais fermement, à la porte.*

**S.** *Raccompagner* qqn, c'est retourner avec lui, ou le RAMENER au lieu d'où il vient. *Raccompagner qqn à la porte,* c'est l'ACCOMPAGNER jusqu'à la sortie, jusqu'à la porte.

**raccourcir** [rakursir] v. t. et v. i. (conj. 15)
[v. t.] (sujet qqn, qqch) **raccourcir qqch** *Tu devrais raccourcir ta jupe, elle est trop longue.* ● *Le journal voudrait que je raccourcisse mon article de dix lignes, il n'en restera plus rien!* ◆ [v. i.] (sujet qqch) *C'est l'automne, les jours raccourcissent.*

**S.** *Raccourcir* (v. t.), c'est faire que qqch soit plus COURT; le syn. est ABRÉGER en parlant d'un texte ou d'une durée. *Raccourcir* (v. i.), c'est devenir plus court. Il a pour contr. RALLONGER.
**L. raccourci** (n. m.) *Prenez le raccourci* (← le chemin qui est le plus court).

**raccrocher** [rakrɔʃe] v. t. (conj. **1**) (sujet qqn) **raccrocher (l'appareil, le téléphone)** *Qui c'était au téléphone? — Je ne sais pas, j'ai dit « allô » et on a raccroché.*

**S.** Au téléphone, *raccrocher,* c'est interrompre la communication en reposant l'appareil sur son socle.

**race** [ras] n. f.
I. [statut, qqn] *Dans les villes des États-Unis, certains quartiers sont habités seulement par des gens de race noire.* ● *Si tu penses qu'une race, quelle qu'elle soit, est supérieure à une autre, alors tu es raciste.*
II. [statut, animal] *Les enfants voudraient un chien. — Tu vas en prendre un de quelle race?*

**S. 1.** Une *race* (sens I) est une subdivision de l'espèce humaine; c'est un GROUPE ETHNIQUE (langue savante) défini par des caractères physiques réels ou supposés. Un MÉTIS est issu de sujets de deux *races* différentes. — **2.** Une *race* (sens II) est une subdivision au sein d'une espèce animale. Un BÂTARD est un chien issu du croisement de deux *races*.
**L. racial, e, aux** (adj.) [sens I] *On a parlé des problèmes relatifs aux races en Afrique du Sud → on a parlé des problèmes raciaux en Afrique du Sud.* ◆ **raciste,** v. ce mot.

**racheter** [raʃte] v. t. (conj. **9**)
I. (sujet qqn) **racheter qqch (à qqn)** *Ne perds plus ton stylo parce que cette fois, je ne t'en rachèterai pas.* ● *Cette robe ne te plaît plus? Moi, elle me plaît beaucoup, je te la rachète.*
II. (sujet qqn) **se racheter** *Bien sûr, il a fait une erreur, mais on pourrait quand même lui permettre de se racheter, non?*

**S. 1.** *Racheter* qqch à qqn (sens I), c'est soit ACHETER de nouveau la même chose, soit acheter d'occasion à qqn ce qu'il avait lui-même acheté. — **2.** *Se racheter* (sens II), c'est RÉPARER SES ERREURS.
**L. rachat** (n. m.) [sens I] *Il ne m'est pas facile de racheter cette maison → le rachat de cette maison ne m'est pas facile.* ◆ [sens II] *Il y a eu faute mais il y a eu rachat* (← la personne s'est rachetée).

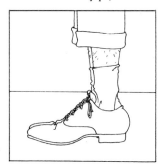

**racine** [rasin] n. f.
[partie d'un végétal] *N'arrache pas les fleurs avec leurs racines, sinon elles ne repousseront pas.*

**S.** Les *racines* d'un végétal, fixées dans la terre, permettent au végétal de se nourrir et de pousser.
**L. déraciner** (v. t.) *L'arbre a été déraciné par l'orage* (← arraché avec ses racines).

**raciste** [rasist] adj. (après le n.) et n.
[adj.] (se dit de qqn, de qqch [abstrait]) *Il prétend qu'il n'est pas raciste, mais il ne voudrait pas que sa fille se marie avec un Noir!* ◆ [n.] (personne) *Je me suis fâché avec lui parce que c'est un raciste.*

**S.** Les *racistes* estiment que leur RACE (ou leur groupe ethnique) est supérieure à une autre et que, à ce titre, les autres leur sont inférieurs.
**L. racisme** (n. m.) L'attitude raciste est encore courante → *le racisme est encore courant.*

**raconter** [rakɔ̃te] v. t. (conj. **1**)
(sujet qqn) **raconter qqch (récit, événement, etc.), raconter que + ind. (à qqn)**

*Pierre nous a raconté une histoire très drôle. — Ah! oui, laquelle?* ● *On m'a raconté que vous êtes parti avant la fin de la réunion, c'est vrai?*

**S.** *Raconter* qqch à qqn, c'est lui en faire le récit, lui parler de qqch. CONTER, NARRER, RELATER sont des syn. soutenus. *Raconter que* a pour syn. RAPPORTER, DIRE QUE.

**radiateur** [radjatœr] n. m.
[appareil] *Ces radiateurs sont trop petits, ils ne chauffent pas assez.* ● *Il fait froid ici! — Évidemment, le radiateur est fermé!*

**S.** Un *radiateur* est un appareil de chauffage dans un appartement, une maison.

**radio** [radjo] n. f.
I. [appareil] *Ma radio est en panne, il faut que je la fasse réparer.* ◆ [institution] *Tu as écouté les nouvelles de la radio? — Non, je n'ai pas eu le temps ce matin.* ◆ [établissement] *Depuis quand travailles-tu à la radio? — Depuis que le journal a disparu.*
II. [action, qqn, et résultat] *Tu es tombé? Tu devrais passer une radio pour voir si tu n'as rien de cassé.* ● *J'ai déjà fait faire des radios des poumons, on ne voit rien de spécial.*

**G.** *Radio* (sens I) est l'abrév. de RADIODIFFUSION. *Radio* (sens II) est l'abrév. de RADIOGRAPHIE.
**S. 1.** Une *radio* (compt.) ou POSTE *de radio*, ou simplement POSTE (n. m.), permet d'entendre les émissions transmises par la *radio* (non-compt.). Un TRANSISTOR est un type de poste de *radio* portatif qui peut fonctionner sans être branché électriquement. La *radio* (établissement public) diffuse des nouvelles (ou informations), des programmes (émissions culturelles, sportives, etc.). L'AUDITEUR est celui qui écoute la *radio* sur la station de son choix. — **2.** Une *radio* (sens II) est une sorte de photographie. *Passer une radio*, c'est SE FAIRE RADIOGRAPHIER (soutenu).
**L. radiodiffusé, e** (adj.) [sens I] *Ce match sera transmis par la radio dimanche* → *ce match sera radiodiffusé dimanche.* ◆ **radiophonique** (adj.) [sens I] *Je n'aime guère les jeux réalisés à la radio* → *je n'aime guère les jeux radiophoniques.* ◆ **radiologue** (n.) [sens II] *Il s'est installé comme radiologue* (← médecin spécialiste des radios).

**radoucir (se)** → DOUX L.

**rafale** [rafal] n. f.
[phénomène naturel] *La tempête fait rage sur les côtes de Bretagne; les rafales de vent atteignent cent kilomètres à l'heure.*

**S.** Les *rafales* sont des coups de vent violents

et de courte durée ; la BOURRASQUE est moins forte.

**raffiné, e** [rafine] adj. (après le n.)
(se dit de qqch, de qqn) *Les Dupont sont extrêmement gourmands ; il faudra une nourriture raffinée quand on les invitera.* • *C'est un homme raffiné qui fait attention au moindre détail de sa tenue, qui choisit avec soin tous les objets qui l'entourent.*

**S.** Est *raffiné* (soutenu) ce qui est d'une grande FINESSE, ce qui est très recherché ou celui qui fait preuve d'une grande délicatesse dans ses sentiments, dans ses goûts artistiques ou littéraires ; les contr. péjor. sont GROSSIER, FRUSTE (litt.) et, méliratifs, SIMPLE, NATUREL.
**L. raffinement** (n. m.) Leur appartement est meublé de façon raffinée → *leur appartement est meublé avec raffinement.*

**raffoler** [rafɔle] v. t. ind. (conj. **1**)
(sujet qqn) **raffoler de** qqch *Tu devrais lui offrir des chocolats, elle en raffole !*

**S.** Raffoler de qqch (soutenu), c'est l'ADORER, l'AIMER (moins fort).

**rafraîchir** [rafrɛʃir] v. t. et v. i. (conj. **15**)
I. [v. t.] (sujet qqch) **rafraîchir qqch, qqn** *Ouvre la porte, le courant d'air rafraîchira un peu la pièce : on étouffe ici !* • *Quelle*

*chaleur ! — Prenez du thé froid, c'est ce qui vous rafraîchira le plus.* ◆ [v. i.] (sujet qqch [aliment, boisson, etc.]) *Tu n'as pas mis le vin sur la table ? — Il rafraîchit sur le bord de la fenêtre.* ◆ [v. pr.] (sujet la température, l'eau, l'air) **se rafraîchir** *Oh ! mais dis donc ! il fait froid, ici ! — Eh oui ! on est en novembre, ça se rafraîchit !* • *L'eau s'est rafraîchie, mais je continue à me baigner !*
II. [v. t.] (sujet qqn) **rafraîchir la mémoire (à qqn)** *Il a oublié de me rendre l'argent que je lui ai prêté ; je vais lui rafraîchir la mémoire.*

**S. 1.** En parlant d'une chose, *rafraîchir* qqch (sens I), c'est le RENDRE PLUS FRAIS, le REFROIDIR (plus fort). En parlant d'une boisson, *rafraîchir* qqn, c'est lui donner une sensation de FRAÎCHEUR et, plus fort, le DÉSALTÉRER. *Rafraîchir* (v. i.), c'est REFROIDIR (plus fort) ou devenir plus FRAIS. Le contr. de *se rafraîchir* est SE RÉCHAUFFER. — **2.** *Rafraîchir la mémoire à* qqn (sens II), c'est lui RAPPELER qqch, faire qu'il s'en SOUVIENNE (avec une idée de menace).
**L. rafraîchissant, e** (adj.) [sens I] C'est une boisson qui rafraîchit → *c'est une boisson rafraîchissante.* ◆ **rafraîchissement** (n. m.) [sens I, v. i.] La température s'est rafraîchie aujourd'hui → *il y a aujourd'hui un rafraîchissement de la température.* ◆ [sens I, v. t.] *On va prendre un rafraîchissement* (← une boisson qui nous rafraîchira).

**rage** [raʒ] n. f.
I. [sentiment] (compt., surtout au sing.) *Surtout ne le dérange pas : Pierre est dans une rage folle depuis qu'on lui a volé sa voiture !* • *Ils se sont disputés et Paul, fou de rage, est parti en criant qu'il ne reviendrait plus.*
II. (sujet le vent, la tempête) **faire rage** [À la radio] : « *La tempête fait rage : le vent souffle à quatre-vingt-dix kilomètres à l'heure.* »

**S. 1.** *Rage* (sens I) a pour syn. COLÈRE (moins

fort) et FUREUR (soutenu). — **2.** *Faire rage* (sens II), c'est atteindre une grande violence ; le syn. soutenu est SE DÉCHAÎNER.
**L. rager** (v. i.) Je suis fou de rage de voir cela → *je rage de voir cela.* ◆ **rageant, e** (adj.) Ça me fait rager → *c'est rageant.* ◆ **rageur, euse** (adj.) Il a pris un ton de rage → *il a pris un ton rageur.*

**raide** [rɛd] adj. (après le n.)
I. (se dit de qqch, de qqn) *Ce tissu est trop souple pour faire des rideaux, il te faudrait quelque chose d'un peu plus raide.* ◆ *Il marche mal, il a une jambe raide.* — *C'est depuis son accident.* ◆ *Tu as de la chance d'avoir des cheveux raides, moi je ne peux rien faire des miens!* ◆ *Il se tient tout raide, c'est parce qu'il est timide et mal à l'aise!*
II. (se dit d'une pente, d'un escalier) *Fais attention à ne pas tomber en descendant, l'escalier est raide!*

**S. 1.** Est *raide* (sens I) ce qui est difficile à plier, ce qui est TENDU, RIGIDE. En parlant d'une matière, les contr. sont SOUPLE, MOU, FLEXIBLE, ÉLASTIQUE. En parlant d'une partie du corps, le syn. est ANKYLOSÉ. En parlant de cheveux, les contr. sont SOUPLE, BOUCLÉ ou FRISÉ (plus fort). En parlant de qqn, le contr. est SOUPLE; en parlant de son maintien, DROIT (moins fort), GUINDÉ (soutenu) sont des syn. — **2.** Est *raide* (sens II) un chemin, un escalier dont la pente est ABRUPTE (soutenu).
**L. raidir (se)** [v. pr.] (sens I) Le tissu est devenu raide en séchant → *le tissu s'est raidi en séchant.* ◆ **raideur** (n. f.) [sens I et II] La pente est raide; cela rend la marche pénible → *la raideur de la pente rend la marche pénible.*

**raie** → RAYÉ L.

**raisin** [rɛzɛ̃] n. m.
[fruit] (non-compt., au sing.) *Qu'est-ce que tu veux comme fruit, du raisin ou une banane?* ◆ *Il y a bien des vignes dans cette région, mais cette année il y a eu très peu de raisin.* ◆ (compt.) *Ces raisins ne sont pas mûrs, ne les mange pas!*

**S.** Le *raisin* est le fruit de la vigne (en ce sens, il est non-compt., au sing.); il pousse en grappes, composées de grains. Le *raisin* est un fruit à pépins. Il y a deux variétés de *raisin* (en ce sens, il est compt.) : le *raisin* BLANC et le *raisin* NOIR. Le raisin se récolte à la fin de l'été et en automne. La récolte s'appelle les VENDANGES. Le raisin peut se manger comme fruit ou servir à faire du vin.

**raison** [rɛzɔ̃] n. f.
I. [propriété, esprit] (compt., surtout au sing.) *L'avocat nous a demandé d'écouter notre raison et notre cœur et de pardonner.* ◆ *Mais taisez-vous, vous dites n'importe quoi, vous perdez la raison!* ◆ [qualité, qqn] (non-compt., au sing.) *On dit que sept ans, c'est l'âge de raison.*
II. (sujet qqn) **avoir raison (de + inf.)** *Les Berger ont raison de partir en vacances en juin, il y a bien moins de monde dans les hôtels.* ◆ *Impossible de discuter avec Paul, il ne vous écoute pas, il veut toujours avoir raison.* ◆ (sujet qqn, qqch [abstrait]) **donner raison à qqn** *Écoute, Chantal, ne donne pas toujours raison à ton mari, ça m'énerve à la fin!* ◆ *Je ne sais plus qui a dit que le chômage allait augmenter; en tout cas, les événements lui ont donné raison.*
III. [statut, qqch] (compt.) *Pour quelle raison avez-vous fait de la politique?* ◆ *Tu n'as pas de raison de ne pas sortir avec nous.* — *Si, j'en ai une : j'ai du travail.* ◆ *Pourquoi ne me dis-tu pas la vérité?* — *J'ai mes raisons pour mentir.* ◆ *C'est moi qui paie!* — *Mais non, il n'y a pas de raison!* ◆ *Tu as raté ton examen? Eh bien, ce n'est pas une raison pour pleurer, tu réussiras la prochaine fois!* ◆ *Je ne comprends pas pourquoi Jean a dit ça, il l'a fait sans raison.* ◆ **à plus forte raison (si), raison de plus (si, pour)** *Je viens avec vous, à plus forte raison si vous allez au cinéma, cela fait longtemps que je n'y suis pas allé.* ◆ **pour raison de + n.** (abstrait) *M. Dupont est absent pour raison de santé.* ◆ **en raison de + n.** (abstrait) *Nous devions partir pour Londres, mais en raison des événements, nous avons dû rester à Paris.*

**S. 1.** La *raison* (sens I) est la faculté de RAISONNER, de penser. BON SENS est un syn. *Perdre la raison*, c'est DEVENIR FOU. — **2.** Au sens II, *avoir raison* a pour contr. AVOIR TORT, SE TROMPER et pour syn. ÊTRE DANS LE VRAI. *Donner raison* à qqn, c'est l'APPROUVER. — **3.** Au sens III, *raison* a pour syn. MOTIF (soutenu) ou CAUSE. *En raison de* est un syn. soutenu de À CAUSE DE.

**raisonnable** [rɛzɔnabl] adj. (après le n.) (se dit de qqn, de qqch [abstrait]) *Allons, sois raisonnable, ne bois pas tant d'alcool, c'est mauvais pour la santé.* ◆ *Ce n'est pas raisonnable de faire un si long voyage de nuit.* ◆ *Tu es payé vingt francs de l'heure?* — *C'est un prix raisonnable.*

**S.** Est *raisonnable* celui qui agit d'une manière réfléchie ou ce qui est conforme au bon sens, à la RAISON. En parlant de qqn, de sa conduite, les syn. sont SAGE, SENSÉ (soutenu); les contr. sont DÉRAISONNABLE, INSENSÉ. On RAISONNE qqn, on lui fait la morale pour qu'il soit *raisonnable*. Un *prix raisonnable* est NORMAL, par oppos. à un *prix* EXCESSIF, EXORBITANT (plus fort).
**L. raisonnablement** (adv.) *Paul, bois d'une manière raisonnable* → *Paul, bois raisonnablement.* ◆ **déraisonnable** (adj.) *Ce n'est pas raisonnable de boire tant* → *c'est déraisonnable de boire tant.*

# RAISONNEMENT

**raisonnement** [rɛzɔnmɑ̃] n. m.
[activité mentale] *Ton raisonnement ne tient pas debout! Je vais te le prouver.* • *Je vais vous dire comment je suis arrivé à cette conclusion, quel a été mon raisonnement.*
  **S.** Le *raisonnement* de qqn, c'est sa façon de RAISONNER et le résultat de cette action. Il a pour syn. DÉMONSTRATION (litt.) et ARGUMENTS (au plur.).
  **L. raisonner,** v. ce mot.

**raisonner** [rɛzɔne] v. i. et v. t. (conj. **1**)
I. [v. i.] (sujet qqn) *Mais non voyons, les choses n'ont pas pu se passer comme ça, vous raisonnez mal.*
II. [v. t.] (sujet qqn) **raisonner qqn** *Debout sur le bord de la fenêtre, il menaçait de se jeter dans le vide et la police, en bas, tentait de le raisonner.*
  **S. 1.** *Raisonner* (sens I), c'est PENSER, RÉFLÉCHIR, AVOIR TEL ou TEL RAISONNEMENT. — **2.** *Raisonner* qqn (sens II), c'est essayer de l'amener à la RAISON.
  **L. raisonnement,** v. ce mot.

**rajeunir** [raʒœnir] v. i. et v. t. (conj. **15**)
[v. i.] (sujet qqn) *Tu ne trouves pas qu'elle a rajeuni depuis qu'elle travaille?* ◆ [v. t.] (sujet qqch, qqn) **rajeunir qqn** *Cette coiffure vous rajeunit énormément.* • *Oh non, je n'ai plus trente ans, vous me rajeunissez de cinq ans!* • *Déjà vingt ans que nous nous connaissons, ça ne nous rajeunit pas!*

  **S.** *Rajeunir* (v. i.), c'est donner l'impression qu'on est plus JEUNE. *Rajeunir* (v. t.), c'est faire

paraître plus jeune, en parlant de qqch, et attribuer un âge moins avancé, en parlant de qqn. *Ça ne me (te,* etc.) *rajeunit pas* s'emploie pour indiquer qu'on n'est plus tout jeune. Le contr. est VIEILLIR.

**L. rajeunissant, e** (adj.) *Elle croit au pouvoir rajeunissant de cette crème* (← pouvoir de rajeunir qqn). ◆ **rajeunissement** (n. m.) *Ce que j'aimerais qu'il soit possible de rajeunir!* → *ce que j'aimerais que le rajeunissement soit possible!*

**rajouter** → AJOUTER L.

**ralentir** [ralɑ̃tir] v. i. et v. t. (conj. **15**)
I. [v. i.] (sujet qqn, un véhicule) *Ralentis, tu n'as pas vu le panneau «Virage dange-*

*reux»?* • *L'agent de police fait signe aux voitures de ralentir, il y a un accident au carrefour.*
II. [v. t.] (sujet qqn, qqch) **ralentir qqch (abstrait)** [*A bicyclette*] : *«Allez, encore un effort, il ne s'agit pas de ralentir votre rythme, on arrive bientôt!»* • *Les grèves ont ralenti la production.*

  **S. 1.** *Ralentir* (sens I) a pour équivalents ALLER MOINS VITE, ALLER PLUS LENTEMENT ; il a pour contr. ACCÉLÉRER. — **2.** *Ralentir* (sens II), c'est rendre qqch plus LENT, le RETARDER ou DIMINUER son intensité (par oppos. à INTENSIFIER) ; le syn. est FREINER.
  **L. ralentissement** (n. m.) *Avec la pluie, les voitures ralentissent* → *avec la pluie, il y a un ralentissement des voitures.*

**râler** [rɑle] v. t. ind. (conj. **1**)
(sujet qqn) **râler (contre qqch, qqn)** *Comment ça, ils se sont trompés! Et tu laisses faire! Mais il faut râler, sinon tu n'obtiendras rien.* • *Elle n'est jamais contente, elle passe son temps à râler contre tout.*

  **S.** *Râler* (fam.), c'est RÉCLAMER ou ROUSPÉTER (fam.), PROTESTER.
  **L. râleur, euse** (n.) *Je ne supporte pas ceux qui râlent* → *je ne supporte pas les râleurs.*

**rallonger** [ralɔ̃ʒe] v. t. et v. i. (conj. **4**)
[v. t.] (sujet qqn, qqch) **rallonger qqch** *Ne*

*passez pas par là, ça rallonge le trajet d'au moins dix kilomètres.* ◆ [v. i.] (sujet qqch) *Les jupes rallongent cet hiver.*

**S.** *Rallonger,* c'est (pour le v. t.) faire que qqch soit plus LONG et (pour le v. i.) être, devenir plus LONG ; il a pour contr. RACCOURCIR.

**rallumer** → ALLUMER L.

**ramasser** [ramase] v. t. (conj. 1) (sujet qqn) **ramasser qqch (concret), qqn**

*C'est toi qui as fait tomber le crayon ? Alors, ramasse-le !* • *Quand on joue, je n'aime pas ramasser les balles, ça interrompt le jeu.* • *On l'a ramassé ivre dans la rue.* ◆ **ramasser des choses** *Regarde le panier : on a ramassé plein de champignons dans la forêt !* • *Chaque semaine, le professeur ramasse les devoirs des élèves.* • *Tous les matins, les ordures sont ramassées.*

**S. 1.** *Ramasser,* c'est prendre ce qui est tombé ou ce qui traîne par terre. *Ramasser qqn,* c'est le relever quand il est par terre, quand il est tombé. — **2.** *Ramasser des choses* afin de les réunir à d'autres choses a pour syn. RASSEMBLER. *Ramasser des fruits, des légumes* a pour syn. CUEILLIR ; en parlant des ordures, le syn. est ENLEVER.
**L. ramassage** (n. m.) *Le matin on ramasse les ordures* → *le matin a lieu le ramassage des ordures.*

**ramener** [ramne] v. t. (conj. **11**)
I. (sujet qqn) **ramener qqn, qqch [concret] (qqpart)** *Comment es-tu rentrée, hier soir ? — C'est Paul qui m'a ramenée.* • *Je veux bien te prêter ma voiture, mais tu la ramènes chez moi demain, promis ?* ◆ **ramener qqch (concret) dans une certaine position** *Catherine fait souvent le même geste pour ramener ses cheveux en arrière, tu as remarqué ?* • *Tu peux m'aider à ramener mon manteau sur mes épaules ?* ◆ (sujet qqn, qqch [abstrait]) **ramener qqch (abstrait)** *Comment ramener l'ordre dans le pays ?* • *La décision du ministre n'a pas ramené le calme dans les universités, loin de là.* ◆ (sujet qqn, qqch [abstrait]) **ramener qqn à qqch (abstrait)** *Votre remarque est intéressante, mais elle nous ramène au point de départ.*
II. (sujet qqn) **ramener qqch (abstrait) à qqch (abstrait)** *Ramener l'incident à une simple discussion n'est pas très exact : il fallait entendre ce qu'ils se sont dit !* ◆ (sujet qqch [abstrait]) **se ramener à qqch (abstrait)** *Toutes ces questions se ramènent à un seul et même point : que fait-on demain ?*

**S. 1.** Au sens I, *ramener qqn,* c'est l'amener avec soi à l'endroit qu'il avait quitté ; les syn. sont RECONDUIRE et RACCOMPAGNER. *Ramener un objet,* c'est le RAPPORTER. *Ramener qqch qqpart* est syn. de REMETTRE. *Ramener l'ordre, le calme,* etc., a pour syn. REMETTRE, RÉTABLIR, RESTAURER (soutenu). *Ramener qqn à,* c'est le FAIRE REVENIR (à). — **2.** *Ramener qqch à, se ramener à,* c'est (SE) RÉDUIRE (À), (SE) RAPPORTER (À).

**ramollir** → MOU L.

**rançon** [rɑ̃sɔ̃] n. f.
[argent, valeur] *Les ravisseurs réclament une rançon de cent mille francs pour libérer le petit André.*

**S.** Une *rançon* est une importante somme d'argent réclamée par des ravisseurs en échange de la libération de la personne qu'ils ont enlevée.

**rancune** [rɑ̃kyn] n. f.
[sentiment] (non-compt., au sing.) *Tu lui as pris la place qu'il voulait et il t'en garde de la rancune.* ◆ (compt.) *Ici tout le monde est jaloux de ses voisins et les rancunes sont nombreuses et durent longtemps.*

**S.** La *rancune* est le souvenir d'une offense joint au désir de se venger ; les syn. soutenus, par ordre d'intensité croissante, sont RANCŒUR, RESSENTIMENT, HOSTILITÉ, HAINE.
**L. rancunier, ère** (adj. et n.) *Cet homme a de la rancune (contre tout le monde)* → *cet homme est rancunier.*

**rang** [rɑ̃] n. m.
I. (compt., surtout au sing.) *La France est au premier rang dans le monde pour les vins qu'elle produit.* • *Les enfants, mettez-vous par rang de taille, les plus petits devant, les plus grands derrière.* • [Sur le journal] : « *La princesse amoureuse d'un garçon qui n'est pas de son rang.* »
II. [forme, qqch] (compt.) *À la manifesta-*

tion, *les gens marchaient en rangs serrés.*
● *Au cinéma, je n'aime pas être dans les premiers rangs, l'écran est trop près.* ● *Les enfants se mettent en rang avant d'entrer en classe.*

**S. 1.** Au sens I, *rang* est le syn. de PLACE. Lorsque le compl. est précisé *(rang de taille)*, le syn. est ORDRE (croissant ou décroissant). En parlant de personnes, *rang* a pour syn. CONDITION, SITUATION, GRADE. — **2.** Un *rang* (sens II) est une suite de personnes ou de choses disposées en largeur sur une même ligne. Être (assis) au premier *rang*, c'est être à la première RANGÉE. *Se mettre en rang*, c'est se disposer sur une même ligne dans le sens de la longueur, SE METTRE EN FILE, SE RANGER.

**rangée** [rɑ̃ʒe] n. f.
[collectif, personnes, choses] *Dans ce théâtre, la première rangée de fauteuils est réservée aux amis des acteurs.* ● *On a planté plusieurs rangées d'arbres au bord de*

*cette route.* ● *La première rangée de manifestants se mit à courir, les autres suivirent aussitôt.*

**S.** Une *rangée*, ce sont des choses, des personnes qui sont mises côte à côte, en ligne, en RANG.

**ranger** [rɑ̃ʒe] v. t. (conj. 4)
I. (sujet qqn) **ranger qqch [objet] (qqpart)** *Range ce livre là où tu l'as pris!* ● *Où ranges-tu les factures? — Je les mets dans le dernier tiroir du bureau.* ● *Vite, rangez vos affaires, on s'en va.* ● *Quel désordre sur ce bureau, il va falloir ranger tout ça!*
◆ **ranger un lieu** *Paul, tu avais promis de ranger ta chambre.*
II. (sujet qqn) **ranger une voiture, se ranger** *Ce matin, j'ai rangé ma voiture en bas de la maison, elle est en stationnement interdit.* ◆ **se ranger** *Rangez-vous! Les autres ne peuvent pas passer.*

**S. 1.** *Ranger un objet* qqpart (sens I) c'est le METTRE (ou le REMETTRE) À SA PLACE, le REPLACER. *Ranger des objets,* c'est les METTRE EN ORDRE, *ranger un lieu,* c'est Y METTRE DE L'ORDRE, FAIRE DU (DES) RANGEMENT(S). CLASSER s'applique à des documents qu'on met dans un ordre déterminé.
— **2.** *Ranger une voiture, se ranger* (sens II) a

pour syn. (SE) GARER. *Se ranger* a pour syn. S'ÉCARTER, SE METTRE DE CÔTÉ (pour laisser le passage).
**L. rangement** (n. m.) [sens I] *Je vais ranger mon placard* → *je vais faire des rangements dans mon placard.* ◆ **déranger,** v. ce mot.

**rapatrier** [rapatrije] v. t. (conj. 2)
(sujet qqn, une institution) **rapatrier qqn, des capitaux** *N'ayant plus un sou en poche quand il était à Londres, il s'est fait rapatrier en France par l'ambassade.* ● *Par ces mesures, ce gouvernement espère rapatrier les capitaux.*

**S.** *Rapatrier qqn,* c'est le faire revenir dans le pays dont il a la nationalité. *Rapatrier des capitaux,* c'est les faire rentrer dans leur pays d'origine.
**L. rapatrié, e** (n.) *Beaucoup de rapatriés d'Algérie habitent le Midi de la France* (← personnes qu'on a rapatriées d'Algérie). ◆ **rapatriement** (n. m.) *On a décidé de rapatrier les troupes* → *on a décidé le rapatriement des troupes.*

**râper** [rape] v. t. (conj. 1)
(sujet qqn, un appareil) **râper un aliment** *Viens m'aider à râper les carottes pour le hors-d'œuvre de ce soir.* ● *Vous voulez un peu de fromage râpé dans vos pâtes?*

**G.** Ce verbe s'emploie souvent au passif.
**S.** *Râper un aliment,* c'est le couper en très fines parcelles au moyen d'une RÂPE. Le gruyère, l'emmenthal, le parmesan sont les principales sortes de fromages qu'on peut utiliser *râpés.* On dit aussi *du* RÂPÉ (n. m.) pour du fromage *râpé.*

**rapetisser** → PETIT L.

**rapide** [rapid] adj. (après le n.)
(se dit de qqn, de qqch [véhicule, action]) *La respiration trop rapide du malade inquiète beaucoup son médecin.* ● *Qu'est-ce qui est le plus rapide, l'autobus ou le métro ?* ● *Françoise est très rapide dans son travail, avec elle ça ne traîne pas !* ● *Prends cette petite route, ce sera plus rapide que par la nationale.*

**S.** *Rapide* indique que l'on parcourt un espace, que l'on réalise une action en peu de temps. Le contr. est LENT dans tous les cas. L'adv. correspondant est VITE (plus fréquent que RAPIDEMENT). En parlant d'un trajet, le syn. est COURT, le contr. le LONG.
**L. rapidement** (adv.) *Pierre marche d'un pas rapide* → *Pierre marche rapidement.* ◆ **rapidité** (n. f.) *Il est rapide dans son travail* → *il travaille avec rapidité.*

**rappeler** [raple] v. t. (conj. **8**)
I. (sujet qqn) **rappeler qqn** *Pascal a toujours de la fièvre, il faudrait rappeler le médecin.* ● *[Au téléphone] :* « *Jean-Pierre ? Ah ! il est sorti ; pouvez-vous le rappeler un peu plus tard ?* »
II. (sujet qqch, qqn) **rappeler qqch à qqn** *Je te rappelle que demain nous allons dîner chez des amis.* ● *Cette histoire m'en rappelle une autre, vous voulez que je vous la raconte ?* ◆ (sujet qqn) **se rappeler (de) qqn, qqch** *Ah ! mais je vous reconnais maintenant ! Je me rappelle très bien de vous.* ● *Excusez-moi, je ne me rappelle pas votre nom.*

**S. 1.** *Rappeler* (sens I), c'est APPELER DE NOUVEAU, FAIRE REVENIR ou APPELER en réponse à un premier APPEL. — **2.** *Rappeler qqch à qqn* (sens II) a pour syn. REDIRE en parlant de qqn, REMÉMORER (soutenu) en parlant de qqch. *Se rappeler qqn, qqch* (la construction avec DE est fam., sauf avec un pronom désignant qqn où elle est obligatoire) a pour syn. SE SOUVENIR DE ; le contr. est AVOIR OUBLIÉ.
**L. rappel** (n. m.) [sens I] *On a rappelé immédiatement l'ambassadeur* → *le rappel de l'ambassadeur a été immédiat.*

**rapport** [rapɔr] n. m.
I. [énoncé] (compt.) *L'enquête est terminée ? Quelles sont les conclusions du rapport de police ?* ● *Le témoin de l'accident a écrit ce qu'il avait vu, et puis il a signé son rapport.* ● *Le directeur a demandé à Pierre de lui faire un rapport sur son voyage.*
II. [état, qqn] (non-compt., au plur.) *Les rapports entre ces deux pays sont aujourd'hui moins tendus : on ne parle plus de guerre.* ● *Ah ! les rapports entre les parents et les enfants sont parfois difficiles !* ● *Tu es fâché avec François ?* — *Moi ? Mais non, j'ai de bons rapports avec lui.*
III. [statut, qqch] (non-compt., au sing.) *Il y a un rapport certain entre ces deux crimes : c'est la même arme qui a servi !* ● *Ce que Pierre dit n'a aucun rapport avec ce que Paul m'a raconté !* ● *Très nettement, le journaliste n'arrivait pas à faire le rapport entre ces deux événements, pourtant ils avaient des points communs !* ● *Si tu viens pas avec moi, je ne mangerai plus de chocolat ! — Je ne vois vraiment pas le rapport !* ◆ **en rapport avec qqch** *Le prix de ce manteau n'est pas en rapport avec la qualité du tissu.* ◆ (sujet qqn) **mettre qqn en rapport avec qqn** *Tu veux que je te mette en rapport avec Pierre ? Je le connais bien.* ◆ **par rapport à qqch, qqn** *Mon appartement paraît petit par rapport au tien, il y a deux pièces de moins.* ● *Je suis bien payée par rapport à toi et pourtant on fait le même travail.*

**S. 1.** Un *rapport* (sens I) est un COMPTE-RENDU parlé ou le plus souvent écrit. — **2.** Au sens II, ce mot (au plur.) s'emploie toujours avec un adj. ou un compl. de nom et a pour syn. RELATION. — **3.** Au sens III, *rapport* s'emploie lorsqu'il y a comparaison, rapprochement ; il peut avoir pour syn. POINT COMMUN, LIEN, ANALOGIE, RELATION. *Faire le rapport entre deux choses,* c'est trouver ce qu'elles ont de commun, FAIRE LE RAPPROCHEMENT. *Être en rapport avec qqch,* c'est ÊTRE PROPORTIONNÉ à cette chose. *Mettre qqn en rapport avec qqn d'autre,* c'est les faire se rencontrer, se connaître. *Par rapport à* a pour syn. par COMPARAISON AVEC.

**rapporter** [rapɔrte] v. t. (conj. **1**)
I. (sujet qqn) **rapporter un objet à qqn** *N'oublie pas de me rapporter le livre que je t'ai prêté, j'en ai besoin.* ● *Pierre nous a rapporté des cigarettes de Suisse, elles sont moins chères là-bas.*
II. (sujet qqch [abstrait]) **rapporter (de l'argent)** *La vente a rapporté mille francs.* ● *C'est un métier qui rapporte beaucoup, mais qui est fatigant.*
III. (sujet qqn) **rapporter qqch (parole),**

# RAPPROCHER

que + ind. *On rapporte qu'à la dernière réunion ministérielle, on a beaucoup parlé des élections.*
IV. (sujet qqch [abstrait]) **se rapporter à qqch (abstrait)** *Ça n'a pas de sens! À quoi peut se rapporter cette réflexion?*

**S. 1.** *Rapporter* qqch (sens I) qu'on avait pris

à qqn, c'est le RENDRE. *Rapporter* qqch *d'un lieu*, c'est le RAMENER. — **2.** *Rapporter de l'argent* (sens II), c'est PROCURER UN BÉNÉFICE. Sans compl., *rapporter* a pour syn. ÊTRE RENTABLE ou PAYER (très fam.). — **3.** *Rapporter* qqch (sens III), c'est FAIRE LE RÉCIT DE ; *rapporter que* a pour syn. DIRE QUE, RACONTER QUE. — **4.** *Se rapporter à* (sens IV), c'est ÊTRE LIÉ logiquement à qqch ; le syn. est CORRESPONDRE À.
**L. rapport,** v. ce mot.

**rapprocher** [raprɔʃe] v. t. (conj. **1**)
I. (sujet qqn) **rapprocher un objet** *Tu es trop loin de la table, rapproche un peu ta chaise!* ◆ **se rapprocher (de qqn, qqch)** *On est trop loin... si on essayait de se rapprocher de l'écran?*
II. (sujet qqn, qqch [abstrait]) **rapprocher des personnes** *Les deux frères étaient fâchés, mais la mort de leur mère les a rapprochés.*

**S. 1.** *Rapprocher* qqch (sens I), c'est le METTRE PLUS PRÈS, l'AVANCER ; le contr. est ÉLOIGNER. *Se rapprocher de* qqch, qqn, c'est en ÊTRE PLUS PROCHE, VENIR PLUS PRÈS ; le contr. est S'ÉLOIGNER. — **2.** *Rapprocher des personnes* (sens II) a pour syn. RÉUNIR, RÉCONCILIER (plus fort) et pour contr. SÉPARER.
**L. rapprochement** (n. m.) *Qu'ils se soient rapprochés est une excellente chose* → *leur rapprochement est une excellente chose.*

**rapt** [rapt] n. m.
[action, qqn] *Il a été accusé du rapt du petit Francis, il paraît qu'il y avait des témoins quand il a enlevé l'enfant.*

**S.** *Rapt* désigne le fait d'enlever, de kidnapper qqn. ENLÈVEMENT est un syn. L'auteur du *rapt* est le RAVISSEUR.

**raquette** [rakɛt] n. f.
[objet, sport] *Comment veux-tu jouer correctement au tennis avec une raquette d'aussi mauvaise qualité!*

**S.** Une *raquette* permet de recevoir et de lancer une balle au tennis et au Ping-Pong.

**rare** [rar] adj.
I. (se dit de qqch [concret] ; après le n.) *Pierre a des timbres très rares dans sa collection.* ● *Ces livres sont de plus en plus rares, on ne les trouve presque plus.*
II. (se dit de qqch [abstrait] ; après ou, plus rarement, avant le n.) *Claude est quelquefois en retard, mais c'est rare.* ● *Il est rare que François vienne dîner sans apporter quelque chose.* ● *Tes visites sont de plus en plus rares, tu es fâché?*
III. (se dit de personnes ou de choses ; avant le n.) *Les vrais amis sont rares.* ● *C'est un des rares moments où je peux être seule.* ● *Jacques? C'est une des rares personnes en qui j'ai confiance.*

**S. 1.** *Rare* (sens I) se dit de ce qui existe à peu d'exemplaires ; il a pour syn. plus forts UNIQUE, INTROUVABLE, EXCEPTIONNEL, et pour contr. COMMUN, BANAL, COURANT, ORDINAIRE. — **2.** *Rare* (sens II) indique la fréquence (temps) et il est syn. de INHABITUEL, EXTRAORDINAIRE et ACCIDENTEL (moins fort). Il a pour contr. FRÉQUENT, HABITUEL. — **3.** *Rare* (sens III) indique un petit nombre (avec un nom plur.) ; le contr. est NOMBREUX.
**L. rarement** (adv.) [sens II] *C'est rare quand Paul vient nous voir* → *Paul vient rarement nous voir.* ◆ **rareté** (n. f.) [sens I] *C'est parce qu'il est rare que ce timbre est cher* → *c'est à cause de sa rareté que ce timbre est cher.*
◆ [sens II] *Ses visites sont rares, ça me chagrine* → *la rareté de ses visites me chagrine.*
◆ **raréfier (se)** [v. pr.] (sens II) *L'air devient de plus en plus rare* → *l'air se raréfie.*

**ras de (à)** [aradə] prép.
*L'avion est passé à ras du sol, qu'est-ce qu'on a eu peur!*

**S.** *À ras de* est un syn. soutenu et plus fort de TOUT PRÈS DE.

**raser** [raze] v. t. (conj. **1**)
I. (sujet qqch) **raser qqch, qqn** *L'avion va atterrir ; il rase le sol. Ça y est! ● Le*

# RAT

bandit a tiré et la balle a rasé le gardien ; un centimètre de plus et il était mort !
II. (sujet qqn) **se raser (la barbe), être rasé** Aïe ! Tu piques ! Tu ne t'es pas rasé ce matin ? • Tiens ! Tu t'es rasé la mous-

tache ? — Oui, je trouve que ça me va mieux. • 4 heures de l'après-midi, et il n'est ni habillé ni rasé ! Il est malade ?
III. (sujet qqn, qqch) **raser qqn** Ce qu'il peut nous raser avec les histoires de sa jeunesse ! • Alors cette soirée ? — Ah ! on s'est rasé du début à la fin.

**S. 1.** Raser (sens I), c'est PASSER TRÈS PRÈS, À RAS DE, FRÔLER. — **2.** Se raser (sens II), c'est se couper les poils au RAS de la peau, à l'aide d'un RASOIR (comportant une lame) mécanique ou électrique. — **3.** Raser qqn (sens III) [fam.] a pour syn. courant ENNUYER, ASSOMMER (soutenu et plus fort).
**L. rasant, e** (adj.) [sens III] Cette soirée nous a rasés → *cette soirée a été rasante.* ◆ **rasage** (n. m.) [sens II] Après s'être rasé, il faut se passer une lotion → *après le rasage, il faut se passer une lotion.* ◆ **raseur, euse** (n.) [sens III] Il nous rase avec ses histoires → *c'est un raseur avec ses histoires.* ◆ **rasoir,** v. ce mot.

**rasoir** [razwar] n. m.
[instrument] *Jacques, qu'est-ce que tu prends comme affaires de toilette ? — Eh bien, mon rasoir, du dentifrice, un savon, ça suffira.*

**S.** Un *rasoir*, mécanique ou électrique, sert surtout aux hommes pour se RASER la barbe.

**rassembler** [rasɑ̃ble] v. t. (conj. **1**)
(sujet qqn) **rassembler des personnes, des choses** *Le professeur rassemble les élèves de sa classe dans la cour.* • *Pour Noël, toute la famille sera rassemblée !* • *Bon ! on va partir ; commence à rassembler les affaires, sinon on va en oublier !* • *J'essaie de rassembler mes souvenirs, mais je n'ai pas de mémoire.* ◆ (sujet qqn [plur.]) **se rassembler** *Les étudiants se sont rassemblés sur la place avant de partir à la manifestation.*

**S.** *Rassembler* a pour syn. RÉUNIR, REGROUPER (surtout en parlant de personnes), CONCENTRER (en un point et d'une manière dense). Les contr. sont DISPERSER, ÉPARPILLER. *Se rassembler* a pour syn. SE GROUPER, S'ASSEMBLER.
**L. rassemblement** (n. m.) Nous nous rassemblerons sur la place → *le rassemblement aura lieu sur la place.*

**rasseoir (se)** → ASSEOIR (S') L.

**rassis** [rasi] adj. m. (après le n.)
(se dit du pain) *Oh ! j'ai oublié d'acheter du pain et celui d'hier est déjà rassis.*

**S.** Le pain *rassis* est un pain qui n'est plus FRAIS et qui a déjà séché.
**L. rassir** (v. i.) Ne laisse pas le pain à l'air, il sera rassis → *ne laisse pas le pain à l'air, il va rassir.*

**rassurer** [rasyre] v. t. (conj. **1**)
(sujet qqn) **rassurer qqn** *J'étais inquiète, heureusement que tu as téléphoné pour me rassurer.* • *Alors, tu es rassurée maintenant, Paul va bien.* • *Rassurez-vous, je ne vais pas vous faire un long discours !*

**S.** *Rassurer* qqn, c'est le TRANQUILLISER au sujet d'un danger. Il s'oppose à RENDRE INQUIET, INQUIÉTER, ALARMER (soutenu et plus fort).
**L. rassurant, e** (adj.) Cette nouvelle nous rassure → *cette nouvelle est rassurante.*

**rat** [ra] n. m.
[animal] *Il faudrait enlever ces ordures d'ici, sinon, ça va finir par attirer les rats.* • *Les expériences faites sur des rats montrent que ce médicament est efficace.*

**S.** Le *rat* est un petit animal plus gros que la souris.

# RÂTEAU

**râteau** [rato] n. m.
[instrument] *Prends le râteau pour enlever les mauvaises herbes que j'ai coupées.*

   **S.** Le *râteau* est un outil de jardinage formé d'un long manche et d'une traverse munie de dents.
   **L. ratisser** (v. t.) *Ratisse les allées du jardin* (← passe le râteau dans les allées du jardin).

**rater** [rate] v. t. et v. i. (conj. **1**)
I. [v. t.] (sujet qqn) **rater qqch (action)** *Pierre a raté son examen ? — Oui, il est très ennuyé.* • *Zut ! j'ai raté ma sauce, elle a bouilli.* • *Mais non, tu n'as pas raté ta vie, tu es encore jeune !* ◆ [v. i.] (sujet qqch) *Patrick voulait partir à l'étranger, mais tout a raté.*
II. [v. t.] (sujet qqn) **rater qqn, un rendez-vous, un train, etc.** *Je voulais voir Pierre, mais je suis arrivé trop tard, je l'ai raté.* • *Dépêche-toi, sinon tu vas rater ton train.* • *Encore un rendez-vous raté ! — Tu ne te rappelles jamais rien.*

   **S. 1.** *Rater* (sens I) a pour syn. fam. LOUPER et pour contr. RÉUSSIR. Comme v. i., il a pour syn. ÉCHOUER (soutenu). — **2.** *Rater* (sens II) a pour

syn. MANQUER, LOUPER (fam.) et pour contr. ATTRAPER ou AVOIR quand le compl. est un véhicule (train, avion, bus, etc.).

**rattacher** [rataʃe] v. t. (conj. **1**)
(sujet qqn) **rattacher qqch à qqch d'autre** *Le village était trop petit et il n'y avait presque plus d'habitants, il a été rattaché au village voisin pour son administration.* • *Il ne faut pas considérer ce fait particulier, il faut le rattacher à la situation générale.*

   **S.** *Rattacher* qqch à qqch *d'autre*, c'est le

RELIER à qqch, l'en FAIRE DÉPENDRE en l'y joignant.

**rattraper** [ratrape] v. t. (conj. **1**)
I. (sujet qqn, un véhicule) **rattraper qqn, un**

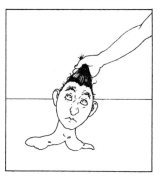

**objet** *Un homme s'est échappé de prison, mais la police n'a pas pu le rattraper.* • *Vite, rattrape mon chapeau, le vent l'a emporté !* • *Paul, tu viens ? — Partez devant, je vous rattraperai.* • *Le camion a rattrapé la voiture et l'a doublée.* ◆ (sujet qqn) **se rattraper à un objet** *Pierre a glissé sur le tapis ; en se rattrapant à la chaise, il a déchiré son costume !*
II. (sujet qqn) **rattraper qqch (erreur, faute, etc.), se rattraper** *Paul ne vient pas avec nous : il a pris du retard dans son travail et il faut qu'il le rattrape.* • *Jean allait faire une gaffe, mais il s'est rattrapé à temps.* ◆ **se rattraper** *Je n'ai pas mangé ce matin, je me rattraperai ce soir !*

   **S. 1.** *Rattraper* (sens I) a pour syn. REJOINDRE qqn ou qqch qui est en avant ou qui a pris de l'avance, REPRENDRE qqn ou qqch qui s'est échappé. *Se rattraper à un objet* a pour syn. SE RETENIR À. — **2.** *Rattraper une erreur, une sottise*, etc. (sens II), c'est la RÉPARER (plus fort), et *se rattraper* (alors qu'on est en train de commettre une erreur, une sottise), c'est SE REPRENDRE. *Rattraper un retard*, c'est le RÉCUPÉRER. *Se rattraper* (sans compl.), c'est regagner (ce qu'on avait perdu), se dédommager (de ce dont on a été privé).

**rature** [ratyr] n. f.
[résultat] *Qu'est-ce que c'est que cette lettre pleine de ratures ? Tu ne vas pas l'envoyer comme ça, j'espère !*

**S.** Une *rature* est un trait que l'on tire sur qqch qui est écrit pour l'annuler, le barrer, le rayer.
**L.** raturé, e (adj.) Son texte était plein de ratures → *son texte était tout raturé.*

**ravager** [ravaʒe] v. t. (conj. **4**)
(sujet qqch [phénomène, action]) **ravager qqch, un lieu** *L'incendie a ravagé l'immeuble entier.* • *Nous avions devant nous des villages ravagés par la guerre.*

**S.** *Ravager* a pour syn. DÉVASTER (soutenu), ANÉANTIR (plus fort et soutenu), DÉTRUIRE (moins fort).

**ravi, e** [ravi] adj. (après le n.)
(se dit de qqn, de son attitude) **ravi (de + inf., que + subj.)** *Tu as l'air ravi : qu'est-ce* 

*qu'on a pu te dire qui te fasse tant plaisir ?* • *Je suis ravie de vous rencontrer, il y a si longtemps que je ne vous ai vu.* • *Pierre est ravi de vous puissiez venir dîner ce soir ; il se fait une joie de vous recevoir.*

**S.** *Être ravi* (soutenu), c'est éprouver un grand plaisir, une grande joie ; il a pour syn. soutenu ÊTRE ENCHANTÉ (DE, QUE) et courants, mais moins forts, HEUREUX, CONTENT (DE, QUE) ; les contr. sont ÊTRE DÉSOLÉ (DE, QUE), REGRETTER (DE, QUE).
**L.** **ravir** (v. t.) *Je suis ravi que vous soyez présent* → *votre présence me ravit.*

**ravin** [ravɛ̃] n. m.
[lieu naturel] *Quel terrible accident ! Le car est tombé dans le ravin.*

**S.** Un *ravin* est une profonde dépression du sol au fond de laquelle se trouve le plus souvent un torrent, un ruisseau. PRÉCIPICE est un syn. en langue courante.

**raviser (se)** [ravize] v. pr. (conj. **1**)
(sujet qqn) *Il avait pourtant l'air bien décidé à accepter, mais au dernier moment il s'est ravisé et il a refusé.*

**S.** *Se raviser* (soutenu), c'est REVENIR SUR SA DÉCISION ; il a pour syn. CHANGER D'AVIS.

**ravissant, e** [ravisɑ̃, ɑ̃t] adj. (après le n.)
(se dit de qqn, de qqch) *Jacqueline avait une robe ravissante.* — *Oh, elle s'habille toujours très bien.* • *Chers amis, nous avons passé nos vacances dans un endroit absolument ravissant.*

**S.** *Ravissant*, soutenu et un peu affecté, est une sorte de superlatif de BEAU ou de CHARMANT ; il a pour syn. SPLENDIDE (qui suppose une idée de grandeur), SÉDUISANT (en parlant d'une femme), JOLI (plus faible). Le contr. est LAID.

**ravisseur** [ravisœr] n. m.
[personne, agent] *Depuis l'enlèvement du petit Patrick, les ravisseurs n'ont donné aucune nouvelle.*

**S.** Un *ravisseur* est une personne qui a enlevé qqn, qui est l'auteur d'un rapt, d'un enlèvement pour lequel il demande une rançon.

**rayé, e** [reje] adj. (après le n.)
(se dit d'un objet, d'un tissu) *De quelle couleur est ton costume ? — Il est rayé bleu et blanc.* • *Les pantalons rayés sont à la mode cette année.*

**G.** Cet adj. n'a ni comparatif ni superlatif.
**S.** *Rayé*, souvent suivi d'un adj. ou d'un compl. qui précise les couleurs, est syn. de À RAIES ou À RAYURES. Il s'oppose à UNI.
**L.** **raie** (n. f.) *Un costume rayé bleu et blanc* → *un costume à raies bleues et blanches.*

**rayer** [reje] v. t. (conj. **6**)
I. (sujet qqn, qqch [concret]) **rayer un objet** *Fais attention de ne pas rayer le disque.* • *En passant à bicyclette, les enfants ont rayé la porte de la voiture.*
II. (sujet qqn) **rayer un mot** *Rayez les mots inutiles dans cette phrase.* • *Qui a rayé mon nom sur la liste ?*

**S. 1.** *Rayer* (sens I), c'est abîmer la surface d'un objet en y faisant une ou des RAYURES avec un instrument pointu. ÉRAFLER est un syn. moins fort. — **2.** *Rayer* (sens II), c'est BARRER un mot d'un trait de crayon, de stylo, de

craie, etc., pour l'annuler. RATURER est un syn. plus fort. EFFACER suppose qu'on emploie une gomme ou un chiffon au lieu d'un crayon.
**L.** **rayure** (n. f.) [sens I] *Paul a rayé le plat avec son couteau* → *Paul a fait des rayures sur le plat avec son couteau.*

**rayon** [rejɔ̃] n. m.
I. [phénomène naturel] (compt.) *La crème «Solaria» protègera votre peau contre les rayons du soleil!* ● *Il n'y a qu'un pâle rayon de soleil ce matin, ça ne m'étonnerait pas qu'il pleuve.*
II. [localisation] **dans un rayon de** + n. **(distance)** *Nous cherchons une maison dans un rayon de cent kilomètres autour de Paris.*
III. [partie d'un lieu de commerce] (compt.) [*Dans un grand magasin*] : «*Où se trouve le rayon des jouets? — Au troisième étage.*» ● *Vous ne voulez pas m'échanger cette laine? Très bien! Appelez le chef de rayon.* ● *Vous trouverez ce chapeau au rayon pour hommes.*

**S. 1.** Au sens I, un *rayon de soleil*, les *rayons du soleil*, ce sont les radiations, la lumière émises par le soleil. — **2.** *Dans un rayon de... autour* (sens II) a pour équivalent à ... AUTOUR (*à cent kilomètres autour*). — **3.** Au sens III, *rayon* désigne l'ensemble des comptoirs d'un magasin où sont vendues les marchandises de même type (compl. introduit par DE) ou destinées à une clientèle particulière (compl. introduit par POUR).

**réactionnaire** [reaksjɔnɛr] adj. (après le n.) et n.
[adj.] (se dit de qqn, de son attitude, d'un journal, etc.) *Tu ne peux pas savoir à quel point ses parents sont réactionnaires : la liberté de la femme, ils ne veulent vraiment pas en entendre parler.* ◆ [n.] (personne) *Jamais tu ne le verras dans un parti de gauche, c'est un réactionnaire!*

**S.** *Réactionnaire* a pour syn. RÉTROGRADE en langue courante et CONSERVATEUR (moins fort) dans le vocabulaire politique. Est *réactionnaire* celui qui s'oppose au progrès social et voudrait revenir à des institutions et des systèmes antérieurs ; le contr. est PROGRESSISTE.

**réadapter (se)** → ADAPTER L.

**réagir** [reaʒir] v. t. ind. (conj. 15)
(sujet qqn) **réagir (à qqch)** [+ adv.] *J'ai appris la nouvelle à Paul. — Et alors, comment a-t-il réagi? ● Pierre a mal réagi quand je lui ai dit que je partais, il s'est mis en colère.* ◆ **réagir contre qqn, qqch** *Il faut réagir tout de suite contre ces injustices.* ● *Réagissez contre lui! Vous ne pouvez pas laisser passer un tel mensonge!*

**S. 1.** *Réagir à qqch,* c'est avoir telle ou telle

RÉACTION, se comporter de telle ou telle manière en face d'un événement. — **2.** *Réagir contre qqn, qqch,* c'est S'OPPOSER À, LUTTER CONTRE (plus fort), SE DÉFENDRE. Sans compl., les contr. sont SE LAISSER ALLER ou SE LAISSER FAIRE.
**L. réaction** (n. f.) *La critique a mal réagi à la pièce* → *la réaction de la critique à la pièce a été mauvaise.*

**réaliser** [realize] v. t. (conj. 1)
I. (sujet qqn) **réaliser qqch (abstrait)** *Si vous voulez réaliser ce projet, il vous faudra beaucoup d'amis parce que tout seul vous n'y arriverez pas.* ◆ **réaliser un film** *Pour réaliser un film, il faut des idées, mais*

*surtout de l'argent.* ◆ (sujet qqch [abstrait]) **se réaliser** *Grâce à vous, son projet a pu se réaliser.*
II. (sujet qqn) **réaliser qqch, que** + ind. *Dire que j'ai été reçue à cet examen, je n'arrive pas encore à le réaliser !* • *Je réalise seulement maintenant que je me suis trompée.*

**S. 1.** Au sens I, *réaliser* qqch (une idée, un projet), c'est lui donner une RÉALITÉ, une existence RÉELLE ; il a pour syn. EXÉCUTER, CONCRÉTISER, EFFECTUER lorsqu'il s'agit d'une chose qu'on avait décidée ou imaginée et qu'on peut traduire en action *(réaliser un projet)*. *Réaliser un film* ou *une émission* (de radio, de télévision), c'est en diriger l'exécution ; en ce sens, le syn. courant est FAIRE. *Se réaliser* a pour syn. soutenu SE CONCRÉTISER. — **2.** *Réaliser* (sens II) a pour syn. SE RENDRE COMPTE ou COMPRENDRE.
**L. réalisable** (adj.) [sens I] Ce projet peut être réalisé → *ce projet est réalisable.* ◆ **réalisation** (n. f.) [sens I] Le film a été réalisé dans de bonnes conditions → *la réalisation du film s'est faite dans de bonnes conditions.* ◆ **réalisateur, trice** (n.) [sens I] La personne qui a réalisé le film, l'émission de télévision → *le réalisateur du film, de l'émission de télévision.*
◆ **irréalisable** (adj.) [sens I] Ce projet ne peut pas se réaliser → *ce projet est irréalisable.*

**réaliste** [realist] adj. (après le n.) et n.
[adj.] (se dit de qqn, de ses actes) *Il faut être réaliste, ça ne sert à rien de faire des projets si on n'a pas les moyens de les réaliser.* ◆ [n.] (personne) *C'est un réaliste, il sait ce qu'il fait, lui, il n'est pas comme toi toujours en train de rêver.*

**S.** *Réaliste* se dit de qqn qui a le sens des RÉALITÉS, qui tient compte de la situation. L'adj. et le n. s'opposent à RÊVEUR, IDÉALISTE ou UTOPISTE (soutenu).
**L. réalisme** (n. m.) Paul n'est pas réaliste → *Paul manque de réalisme.*

**réalité** [realite] n. f.
[statut, qqch] (non-compt., au sing.) *Mais tu rêves ! Regarde la réalité en face ! Reviens sur terre !* • *Décider une grève ne se fait pas au hasard : il faut tenir compte de la réalité.* ◆ **en réalité** *Il a l'air heureux, comme ça, mais en réalité, il a des soucis.*
◆ [événement] (compt.) *Des milliers et des milliers de gens au chômage, ça fait partie des réalités de tous les jours, tu sais !* • *Ce type, là, qui meurt de faim, ça, c'est une réalité !* • *Oui, elle dit qu'elle fera ceci ou cela. Mais ne la crois pas trop : elle n'a aucun sens des réalités !*

**S.** La *réalité*, c'est le monde RÉEL, les choses (événements, etc.) qui existent, la vie concrète ; elle s'oppose au RÊVE, à l'IMAGINAIRE, à la FICTION. *En réalité* a pour syn. EN FAIT. *La réalité*, c'est un fait précis, réel. *Avoir le sens des réalités*, c'est ÊTRE RÉALISTE, NE PAS SE FAIRE D'ILLUSIONS, AVOIR LES PIEDS SUR TERRE.

**réapparaître, -rition** → APPARAÎTRE L ;
**réapprendre** → APPRENDRE L.

**rebondir** [rəbɔ̃dir] v. i. (conj. 15)
I. (sujet qqch [objet, ballon]) *La balle a

rebondi sur le mur et est venue casser le carreau de la fenêtre d'en face.*
II. (sujet qqch [abstrait]) *Un nouvel attentat a fait rebondir cette affaire.*

**S. 1.** *Rebondir* (sens I), c'est faire un nouveau BOND après avoir touché qqch. — **2.** *Rebondir* (sens II), c'est PRENDRE UNE NOUVELLE TOURNURE, UN NOUVEAU DÉVELOPPEMENT.
**L. rebondissement** (n. m.) [sens II] Dans ce film l'action rebondit de manière imprévue → *il y a dans ce film des rebondissements imprévus.*

**reboucher** → BOUCHER 2 L ; **reboutonner** → BOUTONNER L.

**rebrousser** [rəbruse] v. t. (conj. 1)
(sujet qqn) **rebrousser chemin** *Nous nous sommes perdus, nous ferions mieux de rebrousser chemin, cette route n'est certainement pas la bonne.*

**S.** *Rebrousser chemin* (soutenu), c'est revenir en arrière, REVENIR SUR SES PAS, FAIRE DEMI-TOUR.

**rebuter** [rəbyte] v. t. (conj. 1)
(sujet qqch [action, abstrait]) **rebuter qqn** *Oh, il peut faire n'importe quoi, rien ne le rebute.*

**S.** *Rebuter* a pour syn. DÉCOURAGER.

**L. rebutant, e** (adj.) C'est un travail qui rebute au début → *c'est un travail rebutant au début.*

**recaler** [rəkale] v. t. (conj. 1) (sujet qqn) **recaler qqn (à un examen, un concours)** *Alors, tu as réussi ton bac ? — Non, je suis recalé.*
**S.** *Recaler* (fam.) a pour syn. fam. COLLER. *Être recalé* a pour syn. ÉCHOUER (soutenu), RATER (fam.), ÊTRE REFUSÉ et pour contr. ÊTRE ADMIS, ÊTRE REÇU, RÉUSSIR.

**récapituler** [rekapityle] v. t. (conj. 1) (sujet qqn) **récapituler (qqch [plur. ou collectif])** *Toutes vos propositions sont adop-*

*tées, alors maintenant, récapitulons : premièrement...*
**S.** *Récapituler*, c'est REPRENDRE l'un après l'autre des faits ou des événements, RÉSUMER les points importants.
**L. récapitulation** (n. f.) *Il récapitulait ce qu'il avait fait dans sa soirée* → *il faisait la récapitulation de sa soirée.*

**récent, e** [resã, ãt] adj. (après ou, plus rarement, avant le n.) (se dit de qqch) *Ancienne, cette voiture ? Pas du tout ! C'est un de nos modèles les plus récents ! • Mais je ne savais pas que maintenant tu étais directeur ! — Oh ! c'est tout récent. Ça fait une semaine à peine ! • Tu as des nouvelles récentes de Jacques ? — Non, ça fait deux mois que je ne l'ai pas vu.*
**S.** *Récent*, qui indique qu'une chose existe depuis peu, a pour syn. NOUVEAU et pour contr. ANCIEN et VIEUX.
**L. récemment** (adv.) *Ces immeubles sont de construction récente* → *ces immeubles ont été construits récemment.*

**recette** [rəsɛt] n. f.
I. [manière, qqch] *Tu peux me donner ta recette du poulet à la crème ? — Mais oui ; ce n'est pas une recette très compliquée.*
◆ [énoncé] *Le chef de ce grand restaurant vient d'écrire un nouveau livre de recettes.*
II. [argent, valeur] *Devine un peu quelle est la recette de ce magasin le samedi ? • Elle n'arrive pas à faire d'économies, ses recettes sont toujours inférieures à ses dépenses.*

**S. 1.** Une *recette* (sens I) est une méthode pour faire tel ou tel plat en cuisine. Un *livre de recettes* est un LIVRE DE CUISINE. — **2.** La *recette* (sens II) est le total des sommes d'argent qu'on a gagnées ou reçues, par oppos. aux DÉPENSES.

**recevoir** [rəsəvwar] v. t. (conj. 29)
I. (sujet qqn) **recevoir qqn (qqpart), recevoir la visite de qqn** *Les étudiants avaient un rendez-vous, mais le ministre n'a pas voulu les recevoir. • Ah tiens ! J'ai reçu la visite de Paul ! • C'était la première fois qu'on était invités chez les Legrand, et ils nous ont très bien reçus. • Le docteur reçoit tous les après-midi, mais le matin, il est à l'hôpital. • M. et M$^{me}$ Dubois reçoivent peu : ils préfèrent rester seuls.*
II. (sujet qqn) **recevoir qqch** *J'ai bien reçu*

*ta dernière lettre. • Ce journaliste a reçu le prix du meilleur reportage. • Continue à me parler sur ce ton et tu recevras une bonne paire de gifles !*
III. (sujet qqn) **recevoir qqn (à un examen)** *On ne l'a pas encore reçu à son examen ? C'est toujours les maths ? • Paul a été reçu ? — Mais non, il est recalé encore une fois.*

**S. 1.** *Recevoir* qqn (sens I), c'est le FAIRE ENTRER chez soi, dans son bureau, l'ACCUEILLIR. *Être bien* ou *mal reçu chez qqn*, c'est ÊTRE BIEN ou MAL TRAITÉ. Sans compl. d'objet, *recevoir* se construit avec un compl. de temps (jour, heure) ou avec les adv. PEU ou BEAUCOUP ; c'est alors AVOIR UN JOUR DE RÉCEPTION pour des clients, des visiteurs (avec un compl. de temps) ou DONNER UNE RÉCEPTION (avec un adv.) ; le contr. est SORTIR (sans compl.). — **2.** *Recevoir* (sens II) a pour syn., au sens large, AVOIR qqch (qui a été donné, envoyé, transmis). *Recevoir un coup*, c'est en ÊTRE ATTEINT. — **3.** *Recevoir* (sens III) a pour syn. ADMETTRE ; *être reçu* s'oppose à ÊTRE RECALÉ, COLLÉ (fam.).
**L. réception** (n. f.) [sens I] M$^{me}$ *Dubois reçoit du monde* → M$^{me}$ *Dubois donne une réception.* ◆ [sens II] *Dès que j'ai reçu ta lettre, j'ai envoyé l'argent* → *dès la réception de ta lettre, j'ai envoyé l'argent.*

**rechange (de)** [dərəʃɑ̃ʒ] loc. adj. inv.
(se dit de qqch) *Qu'est-ce que tu emportes dans ta valise ? — Juste un peu de linge de rechange et un livre.* ● *Il s'en tirera. S'il voit que son explication ne convainc personne, je suis sûre qu'il en aura une autre de rechange.*

**S.** Un objet *de rechange* est destiné à en remplacer un autre identique qui n'est plus utilisable. En parlant de qqch d'abstrait, *de rechange* a pour syn. DE REMPLACEMENT.

**réchauffer** [reʃofe] v. t. (conj. 1)
I. (sujet qqn) **réchauffer qqch (repas, aliment, boisson)** *Paul ne sera là que dans*

*un quart d'heure, je vais devoir réchauffer le dîner.* ● *Réchauffe un peu les légumes, ils sont presque froids.* ◆ (sujet qqch [température, eau, temps, aliment]) **se réchauffer** *Ah ! il fait meilleur qu'hier ! La température s'est réchauffée !* ● *Mets ton riz au four, il se réchauffera.*

II. (sujet qqch) **réchauffer qqn** *Bois ce petit verre d'alcool, ça va te réchauffer.* ● *Qu'est-ce que j'ai froid ! Si on faisait une course, ça nous réchaufferait !* ◆ (sujet qqn) **se réchauffer (le corps)** *Viens te réchauffer les pieds près de la cheminée.* ● *Je lui ai ajouté une couverture : il n'arrivait pas à se réchauffer.*

**S. 1.** *Réchauffer* qqch (sens I), c'est CHAUFFER DE NOUVEAU, rendre CHAUD ou plus CHAUD qqch qui a REFROIDI. *Se réchauffer*, c'est devenir plus CHAUD, moins froid, TIÉDIR. — **2.** *Réchauffer* qqn (sens II), c'est lui redonner de la CHALEUR. *Se réchauffer*, c'est retrouver la CHALEUR qu'on avait perdue.
**L. réchauffement** (n. m.) [sens I] *La température s'est sensiblement réchauffée* → *le réchauffement de la température est sensible.*

**rêche** [rɛʃ] adj. (après le n.)
(se dit d'un tissu, de la peau) *Comment se fait-il que tu aies la peau si rêche ? Tu devrais mettre de la crème.*

**S.** *Rêche* a pour contr. DOUX et pour syn. plus fort RUGUEUX.

**recherche** [rəʃɛrʃ] n. f.
I. [action, qqn, et résultat] (compt.) **recherche (de qqn, de qqch)** *L'enfant a disparu depuis un mois, mais la police n'abandonne pas les recherches.* ● *Il aimerait trouver l'appartement de ses rêves... C'est une recherche qui prend du temps* ● *Où est ton frère ? — Je ne sais pas. — Va à sa recherche et ramène-le.*
II. [action, qqn] (non-compt., au sing.) *Ça fait des années que ce grand savant fait de la recherche ; aujourd'hui, il a abouti.*

**S. 1.** *La recherche de qqn, de qqch* (sens I), c'est le fait de RECHERCHER qqn, qqch. En parlant de la police, *recherche* a pour syn. ENQUÊTE. *Aller, être à la recherche de qqn, qqch*, c'est le CHERCHER, le RECHERCHER. — **2.** *La recherche* (sens II), c'est le travail fait en matière scientifique pour étudier et découvrir. *Faire de la recherche*, c'est ÊTRE CHERCHEUR, effectuer des travaux relatifs à une science dans un laboratoire.

**rechercher** [rəʃɛrʃe] v. t. (conj. 1)
(sujet qqn) **rechercher qqn, qqch** *La police recherche les témoins de l'accident.* ● *Est-ce que cet homme est recherché pour meurtre ?* ● *Cela fait maintenant deux mois que nous recherchons un appartement, mais rien ne nous convient.* ● *Il n'a pas cessé de rechercher mon amitié, mais je ne crois pas que ce soit désintéressé.*

G. L'adj. n'a ni comparatif ni superlatif.
S. *Réciproque* s'emploie en parlant de ce qui a lieu entre deux personnes, de leurs senti-

S. *Rechercher* qqn, c'est CHERCHER à le retrouver. *Rechercher* qqch, c'est CHERCHER à le trouver, TÂCHER DE L'OBTENIR.
L. **recherche**, v. ce mot.

**rechuter** [rəʃyte] v. i. (conj. **1**)
(sujet qqn) *On le croyait guéri et brusquement, il a rechuté.*

S. *Rechuter*, c'est retomber malade ou reprendre une mauvaise habitude.
L. **rechute** (n. f.) Il faut qu'il fasse attention à lui, il risque de rechuter → *il faut qu'il fasse attention à lui, il risque de faire une rechute.*

**récidiver** [residive] v. i. (conj. **1**)
(sujet qqn) *Cette fois la peine n'a pas été lourde, mais si vous récidivez, ce sera la prison.*

S. *Récidiver* (langue juridique ou soutenue), c'est commettre de nouveau une infraction, un délit. RECOMMENCER est un syn. moins précis.
L. **récidive** (n. f.) Si vous récidivez, vous serez renvoyé → *en cas de récidive, vous serez renvoyé.* ◆ **récidiviste** (n.) *Oh, ce n'est pas la première fois qu'il se fait arrêter pour cela, c'est un récidiviste* (← *personne qui récidive*).

**récipient** [resipjɑ̃] n. m.
[objet] *Tu n'aurais pas un récipient quelconque pour mettre ces fleurs, si tu n'as pas de vase?*

S. Un *récipient* est un objet creux, en verre, métal, plastique, porcelaine, etc., pouvant contenir des produits, liquides ou solides.

**réciproque** [resiprɔk] adj. (après le n.) et n. f.
[adj.] (se dit de qqch [abstrait]) *Nous avons trouvé Pierre très sympathique! — C'est réciproque : lui aussi vous a trouvés charmants!* ◆ [n. f.] (qqch) [non-compt., au sing.] *Jean aime Marie, mais la réciproque n'est pas vraie.*

ments, de leurs devoirs. Il est syn. de PARTAGÉ et MUTUEL (seulem. épithète). La *réciproque* a pour syn. l'INVERSE.
L. **réciproquement** (adv.) *Paul aime Marie et, d'une manière réciproque, Marie aime Paul* → *Paul aime Marie, et réciproquement.* ◆ **réciprocité** (n. f.) *Leur amitié est réciproque, ça se voit bien* → *la réciprocité de leur amitié se voit bien.*

**récit** [resi] n. m.
[énoncé] *J'ai écouté votre récit avec beaucoup d'attention, mais je doute que les choses se soient réellement passées comme ça.* ● *Le soir, nous lisions le récit de ses aventures.*

S. Un *récit*, c'est une HISTOIRE d'événements réels ou imaginaires. Faire le récit de qqch, c'est RACONTER, RELATER (soutenu) qqch.

**réciter** [resite] v. t. (conj. **1**)
(sujet qqn) **réciter qqch (texte, poésie, etc.)** *Et évidemment, à la fin du repas, elle demanda à sa fille de nous réciter quelques vers que, paraît-il, elle avait elle-même écrits.* ● *A entendre ses explications, on avait l'impression qu'il récitait une leçon.*

S. *Réciter un texte, une poésie,* c'est les DIRE À HAUTE VOIX. DÉCLAMER est un syn. soutenu. Parler en donnant l'impression de *réciter,* c'est parler sans conviction, comme si on répétait qqch appris par cœur.

**réclamation** [reklamasjɔ̃] n. f.
[action, qqn, et résultat] (compt.) *Je viens faire une réclamation : le meuble que vous m'avez livré était tout abîmé.* ◆ [lieu] (non-compt., au plur.) *Si vous n'arrivez pas à*

obtenir un numéro de téléphone, appelez les réclamations en faisant le 13.

**S.** *Faire une (des) réclamation(s),* c'est RÉCLAMER, PROTESTER, SE PLAINDRE. Les *réclamations,* c'est le lieu, le service chargé de recueillir les demandes, les plaintes des personnes.

**réclamer** [reklame] v. t. (conj. **1**)
(sujet qqn) **réclamer qqn, réclamer qqch (à qqn)** *Pierre est malade, il vous réclame sans arrêt, allez le voir.* • *Le professeur a beau réclamer le silence, toute la classe continue à parler!* • *Je lui ai prêté de l'argent et il ne me l'a toujours pas rendu.* — *Va le lui réclamer.* • *Pourquoi font-ils grève?* — *Les employés réclament de meilleures conditions de travail.*

**S.** *Réclamer* qqch, c'est le DEMANDER avec force, avec insistance ou comme une chose

due; EXIGER est un syn. plus fort. Quand il s'agit de meilleures conditions de travail, d'une augmentation de salaire, d'un droit, etc., le syn. est REVENDIQUER.
**L.** **réclamation,** v. ce mot.

**recoiffer (se)** → COIFFER L; **recoller** → COLLER L.

**récolte** [rekɔlt] n. f.
[action, qqn, et résultat] *Vous semez en octobre? Et la récolte, c'est quand?* • *Les récoltes ont été bonnes cette année?* — *Non, il a beaucoup trop plu.* • *Dans cette région, la récolte de pommes de terre est plus importante que d'habitude.*

**S.** La *récolte* désigne à la fois le fait de RÉCOLTER, de recueillir certains produits agricoles et ces produits RÉCOLTÉS. On parle de l'ARRACHAGE pour les pommes de terre, de la VENDANGE pour le raisin, de la MOISSON pour les

céréales, de la CUEILLETTE pour les fruits.
**L.** **récolter** (v. t.) En automne, on fait la récolte du raisin → *en automne, on récolte le raisin.*

**recommandé, e** [rəkɔmɑ̃de] adj. (après le n.), **recommandé** n. m.
[adj.] (se dit d'une lettre, d'un paquet) *Le facteur est venu t'apporter une lettre recommandée; comme tu n'étais pas là pour signer, il va falloir que tu ailles la chercher à la poste.* ◆ [n. m.] (objet) *Il y a un recommandé pour toi chez le concierge; va le chercher.* ◆ **en recommandé** *Envoie ce paquet en recommandé, tu seras sûr qu'il arrivera.*

**G.** L'adj. n'a ni comparatif ni superlatif.
**S.** Un objet *recommandé* (lettre, paquet) est, moyennant une taxe, remis directement, en main propre, au destinataire.

**recommander** [rəkɔmɑ̃de] v. t. (conj. **1**)
I. (sujet qqn) **recommander qqch** ou **de + inf. (à qqn)** *Qu'a dit le médecin au sujet de Jacques?* — *Il lui a seulement recommandé beaucoup de repos.* • *Où est passé ton petit frère? Je t'avais pourtant bien recommandé de le surveiller!*
II. (sujet qqn) **recommander qqch, qqn à qqn** *Cet hôtel est vraiment formidable, je vous le recommande!* • *C'est un étudiant que j'ai eu à l'université; je vous le recommande; il est intelligent et travailleur.*

**S.** **1.** *Recommander* qqch à qqn (sens I), c'est le demander avec insistance. CONSEILLER est un syn. moins fort; PRÉCONISER est soutenu. — **2.** *Recommander* qqch ou qqn à qqn (sens II), c'est lui en faire l'éloge afin qu'il l'utilise (en parlant de qqch), qu'il l'emploie ou qu'il fasse appel à lui (en parlant de qqn). CONSEILLER est un syn. moins fort. *Recommander* qqn à qqn, c'est l'appuyer auprès de qqn.
**L.** **recommandable** (adj.) On ne doit pas

recommander cet individu → *cet individu n'est pas recommandable.* ◆ **recommandation** (n. f.) N'oublie pas ce que je t'ai recommandé → *n'oublie pas ma recommandation.*

**recommencer** [rəkɔmɑ̃se] v. t., auxil. et v. i. (conj. 3)
I. [v. t. et auxil.] (sujet qqn, qqch) **recommencer (qqch** ou **à** + **inf.)** *Oh! tu as abîmé mon paquet, il va falloir que je le recommence.* ● *Cela fait trois fois que je recommence ce livre, je n'arrive pas à le lire.* ● *Quelles vacances! voici qu'il recommence à pleuvoir.* ● *Alors, Jean, c'est promis, tu ne recommenceras plus?*
II. [v. i.] (sujet qqch) *L'école recommencera en septembre, après les grandes vacances.*

**S. 1.** *Recommencer* (sens I) indique la répétition d'une action après qu'elle a eu cessé; il peut, selon les contextes, être équivalent de REFAIRE (phrase 1) ou de REPRENDRE (phrase 2), ou encore d'un autre verbe commençant par RE- (*recommencer la peinture des murs* → REPEINDRE LES MURS; *recommencer à manger* → REMANGER; etc.). Avec l'inf., c'est un auxil. qui indique le début d'une action; il a pour syn. SE REMETTRE À et, sans compl., REFAIRE. — **2.** *Recommencer* (sens II), c'est COMMENCER de nouveau après une interruption; il a pour syn. REPRENDRE.

**récompenser** [rekɔ̃pɑ̃se] v. t. (conj. 1) (sujet qqn) **récompenser qqn, son attitude, sa qualité** *Et pour récompenser tes efforts, je t'emmènerai au cinéma.* ● *Je leur ai ramené leur chien, eh bien, ils ne m'ont même pas récompensé!*

**S.** *Récompenser* qqn, c'est lui donner, lui offrir qqch, une RÉCOMPENSE, une faveur, etc., en échange d'un service, d'une action, le GRATIFIER DE qqch (soutenu).
**L. récompense** (n. f.) Comment t'a-t-on récompensé? → *quelle récompense as-tu eue?*

**réconcilier** [rekɔ̃silje] v. t. (conj. 2) (sujet qqn, qqch) **réconcilier qqn avec (et) qqn, réconcilier des personnes** *Cette histoire, bien que désagréable, a eu le mérite de réconcilier la mère et la fille.* ● *Alors! ça y est, vous êtes réconciliés tous les deux? Allez, embrassez-vous!* (sujet qqn) **se réconcilier (avec qqn)** *Pierre et Annie sont fâchés depuis trois ans, je ne sais pas s'ils se réconcilieront un jour!*

**S.** *Réconcilier des personnes,* souvent au pass., a pour syn. RACCOMMODER (fam.), REMETTRE D'ACCORD. *Se réconcilier* a pour contr. SE FÂCHER, SE BROUILLER.

**L. réconciliation** (n. f.) Ils se sont réconciliés hier → *leur réconciliation a eu lieu hier.* ◆ **irréconciliable** (adj.) On ne peut pas les réconcilier → *ils sont irréconciliables.*

**réconforter** [rekɔ̃fɔrte] v. t. (conj. 1) (sujet qqn, qqch) **réconforter qqn** *J'étais très abattu; seule, l'idée de partir bientôt en vacances me réconfortait un peu.*

**S.** *Réconforter* qqn, c'est lui redonner des

forces morales, du courage; le contr. est DÉCOURAGER.
**L. réconfortant, e** adj. Ce que vous me dites ne me réconforte pas → *ce que vous me dites n'est pas réconfortant.* ◆ **réconfort** (n. m.) *Il m'adressa quelques paroles de réconfort* (← pour *me réconforter*).

**reconnaissant, e** [rəkɔnɛsɑ̃, ɑ̃t] adj. (après le n.)
(se dit de qqn) *Si tu crois qu'il m'est*

*reconnaissant pour tout ce que j'ai fait pour lui, tu te trompes !* ● *Je vous suis très reconnaissante d'avoir permis cette rencontre ; elle me sera très utile.*

**S.** Est *reconnaissant* celui qui se souvient d'un bienfait reçu, celui qui manifeste de la gratitude ; le contr. est INGRAT. *Être reconnaissant à qqn de qqch* a pour équivalent plus faible REMERCIER qqn DE.
**L. reconnaissance** (n. f.) *Il a montré par la suite qu'il était reconnaissant* → *il a montré sa reconnaissance par la suite.*

**reconnaître** [rəkɔnɛtr] v. t. (conj. **53**)
I. (sujet qqn) **reconnaître qqn, qqch** *Cela faisait longtemps que je n'avais pas vu Françoise, mais je l'ai reconnue tout de suite à sa manière de parler !* ● *On est arrivés, tu reconnais la maison ?* ● *C'est mon pull, je le reconnais au trou qu'il a sur la manche.*
II. (sujet qqn) **reconnaître qqch (abstrait), que** + *ind. Après deux heures de discussion, Pierre a enfin reconnu qu'il avait tort.* ● *Elle n'est pas très belle, mais il faut reconnaître qu'elle a du charme.* ● *Le procès a eu lieu et on a reconnu l'innocence de l'accusé.*
III. (sujet qqn) **reconnaître qqn, se reconnaître dans qqch** *Ah ! je te reconnais bien là ! tu es toujours aussi brutal avec les autres.* ● *Qu'est-ce que c'est embrouillé, tu te reconnais dans tout ça ? — Non, je suis perdu, je ne m'y reconnais plus !*

**S. 1.** *Reconnaître qqn, qqch* (sens I), c'est les retrouver dans son souvenir, savoir qui ils sont, les IDENTIFIER, ne pas les CONFONDRE AVEC qqn ou qqch d'autre. — **2.** *Reconnaître* (sens II) a pour syn. ADMETTRE, CONSTATER et pour contr. NIER, CONTESTER. — **3.** *Reconnaître* qqn (sens III) a pour syn. RETROUVER. *Se reconnaître* a pour contr. SE PERDRE.
**L. reconnaissable** (adj.) [sens I et III] *Il a tellement changé qu'on ne le reconnaît pas* → *il a tellement changé qu'il n'est pas reconnaissable.*

**reconsidérer** → CONSIDÉRER L.

**reconstituer** [rəkɔ̃stitɥe] v. t. (conj. 2)
(sujet qqn) **reconstituer qqch (concret)** *Grâce à ces tableaux, nous avons pu reconstituer l'aménagement du château tel qu'il était au XVIIᵉ siècle.* ● **reconstituer qqch (abstrait)** *Nous avons pu reconstituer ce qui s'était passé d'après les divers témoignages.*
◆ (sujet qqch) **se reconstituer** *Ne t'inquiète pas de cette blessure, la peau se reconstitue très vite.*

**S.** *Reconstituer qqch*, c'est le rétablir dans sa forme ; *se reconstituer*, c'est SE REFORMER.
**L. reconstitution** (n. f.) *On a reconstitué fidèlement les scènes de bataille dans ce film* → *on a fait une reconstitution fidèle des scènes de bataille dans ce film.*

**reconstruire, -uction** → CONSTRUIRE L.

**recopier** [rəkɔpje] v. t. (conj. 2)
(sujet qqn) **recopier qqch (texte, écrit)** *Tu ne vas quand même pas envoyer cette lettre comme ça ! Elle est pleine de taches ! Recopie-la proprement.*

**S.** *Recopier*, c'est COPIER, réécrire ce qui était déjà écrit.

**record** [rəkɔr] n. m.
[événement] *Attention, plus que dix secondes, ça y est, le record du monde du*

*cènt mètres est battu! • Trente-cinq degrés à l'ombre, c'est un record! Jamais on n'avait eu cette température en juillet à Paris! • Qu'est-ce que tu as fait vite! Tu as battu tous les records!*

**S.** *Record* désigne qqch d'exceptionnel, de remarquable. Dans un contexte sportif, c'est un EXPLOIT, une PERFORMANCE (*le record du monde est la meilleure performance mondiale*). Dans d'autres contextes, il désigne un fait qui surpasse tout ce qui a été vu auparavant. Un *record* de température, c'est une température encore jamais atteinte.

**recoucher (se)** → COUCHER L ; **recoudre** → COUDRE L.

**1. recouper (se)** [rəkupe] v. pr. (conj. 1) (sujet qqch [abstrait et plur.]) *Est-ce que les déclarations des deux témoins se recoupent?*

**S.** *Se recouper*, c'est avoir des points communs, correspondre.
**L. recoupement** (n. m.) *Ces deux témoignages ne se recoupent pas → il n'y a aucun recoupement entre ces deux témoignages.*

**2. recouper** → COUPER L.

**recourir** [rəkurir] v. t. ind. (conj. 26) (sujet qqn) **recourir à qqch, qqn** *Un jour ou l'autre vous devrez recourir à votre père, alors ne rompez pas définitivement avec lui.* • *Nous avons été obligés de recourir à un emprunt pour payer cet appartement.*

**S.** *Recourir à qqn* (soutenu ou administratif), c'est lui demander de l'aide. *Recourir à qqch*, c'est en USER, l'EMPLOYER, y FAIRE APPEL.
**L. recours** (n. m.) *Nous ne pouvions que recourir à la force → nous ne pouvions qu'avoir recours à la force.*

**recouvrir** [rəkuvrir] v. t. (conj. 17) (sujet qqn) **recouvrir qqch (concret)** *Maman, tu peux me recouvrir mon livre? La couverture est tout abîmée.* ◆ (sujet qqch) **recouvrir qqch (concret)** *Un épais tapis recouvrait le sol.*

**S.** *Recouvrir* (sujet qqn), c'est COUVRIR de nouveau, mettre une COUVERTURE, un revêtement sur qqch pour le protéger. *Recouvrir* (sujet qqch), c'est COUVRIR entièrement.

**récréation** [rekreasjɔ̃] n. f.
[action, qqn] *À quoi jouez-vous dans votre école pendant la récréation?*

**S.** Dans les écoles, les collèges, la *récréation* est un temps de repos, de délassement accordé aux élèves entre les cours, et qu'ils passent dans la cour de l'établissement.

**récrire** → ÉCRIRE L.

**recruter** [rəkryte] v. t. (conj. 1) (sujet qqn, un organisme, un établissement) **recruter qqn** *Vous avez beaucoup d'adhérents dans votre syndicat? — Pas mal, mais nous aimerions en recruter davantage.*

**S.** *Recruter* qqn, c'est l'amener à faire partie d'un groupe. *Recruter du personnel*, c'est l'EMBAUCHER.
**L. recrue** (n. f.) *C'est une nouvelle recrue?* (→ personne récemment recrutée). ◆ **recrutement** (n. m.) *Il est difficile de recruter des collaborateurs qualifiés → le recrutement de collaborateurs qualifiés est difficile.*

**rectangle** [rɛktɑ̃gl] n. m.
[forme] *Pour dessiner une maison, tu commences par faire un rectangle.* • *Pour les rideaux, j'ai choisi un tissu avec des rectangles et des ronds de toutes les couleurs.*

**S.** Le *rectangle* est une figure de géométrie qui comporte quatre côtés et quatre ANGLES droits. Le CARRÉ est un *rectangle* dont les quatres côtés sont égaux.
**L. rectangulaire** (adj.) *Son salon a la forme d'un rectangle → son salon est rectangulaire.*

**rectifier** [rɛktifje] v. t. (conj. 2) (sujet qqn) **rectifier qqch** *Il y a deux erreurs dans vos comptes, trouvez-les et rectifiez-les.*

**S.** *Rectifier*, c'est modifier ce qui est faux, ce qui est une erreur, changer ce qui est erroné pour que ce soit juste, exact, adapté. CORRIGER est un syn.
**L. rectification** (n. f.) *Nous avons rectifié les erreurs principales → nous avons fait la rectification des erreurs principales.*

**reçu** [rəsy] n. m.
[objet, valeur] *On t'a donné un reçu quand tu as laissé de l'argent?* • [Dans un magasin] : «*Je viens chercher ma robe, elle est payée. — Oui, vous avez votre reçu?*»

**S.** Un *reçu* est une attestation de paiement, de réception d'un objet (lettre, paquet, etc.).

**recueillir** [rəkœjir] v. t. (conj. 24)
I. (sujet qqn, un groupe) **recueillir qqn, un animal** *Si tu t'amuses à recueillir tous les chiens et chats perdus que tu rencontres, que va-t-on devenir?*
II. (sujet qqn, un groupe) **recueillir qqch** *Que vont-ils faire de l'argent qu'ils ont recueilli grâce à cet appel?* • *Notre parti*

a recueilli un nombre important de voix aux dernières élections.
**S. 1.** Recueillir (sens I), c'est accueillir, héberger, donner l'hospitalité à qqn ou à un animal perdu. — **2.** Recueillir (sens II), c'est RECEVOIR, COLLECTER (soutenu) ou, en parlant de voix, OBTENIR.

**reculer** [rəkyle] v. i. et v. t. (conj. **1**)
I. [v. i.] (sujet qqn, un véhicule) *Tu es trop*

*près, je ne peux pas prendre la photo, recule un peu !* ● *Tout le monde s'est précipité pour voir le blessé, mais la police a obligé la foule à reculer.* ● *Mets le frein, la voiture recule toute seule !* ◆ [v. t.] (sujet qqn) **reculer qqch (objet)** *Tu es trop près de la table, recule ta chaise.* ◆ **reculer une date, un événement** *L'examen a été reculé de deux semaines, ça va me donner le temps de travailler encore un peu !* ● *Jacques n'est pas libre jeudi à 17 heures, on va donc reculer le rendez-vous.*
II. [v. i.] (sujet qqn) **reculer (devant qqch [abstrait])** *Pierre est très courageux, il ne recule devant aucun danger.* ● *Va, maintenant tu ne peux plus reculer, il faut te décider.*

**S. 1.** *Reculer* (sens I) [v. i.], c'est aller en arrière ; les contr. sont (S')AVANCER, (S')APPROCHER. *Reculer un objet* (v. t.), c'est le REPOUSSER EN ARRIÈRE ; les contr. sont AVANCER, APPROCHER. *Reculer une date, un événement*, c'est les REMETTRE À PLUS TARD, les AJOURNER, les RETARDER, les DIFFÉRER (soutenu) ; en ce sens, le contr. est aussi AVANCER. — **2.** *Reculer devant qqch* (sens II) a pour syn. FLANCHER (fam.), FAIRE MARCHE ARRIÈRE, HÉSITER ; sans compl., *reculer* a pour syn. TEMPORISER (soutenu).
**L. recul** (n. m.) [sens I et II] *Il a eu un mouvement de recul en le voyant* (← *un mou-*

*vement en arrière, comme s'il reculait*). ◆ **à reculons** (adv.) [sens I] *Sais-tu marcher en reculant ?* → *sais-tu marcher à reculons ?*

**récupérer** [rekypere] v. t. (conj. **12**)
I. (sujet qqn) **récupérer qqch** *Je ne sais pas si je récupérerai un jour les disques que je lui ai prêtés.* ◆ **récupérer (ses forces)** *Cette course m'a épuisé, je vais m'étendre un peu pour récupérer.*
II. (sujet qqn, un établissement) **récupérer qqch (concret)** *Si on récupérait tous les vieux journaux, on ferait une économie de papier extraordinaire.*

**S. 1.** *Récupérer* (sens I), c'est retrouver ce qu'on a laissé, rentrer en possession de, reprendre. *Récupérer des forces*, c'est retrouver sa vigueur après une fatigue, ne plus être fatigué. — **2.** *Récupérer* (sens II), c'est recueillir ce qui serait perdu, inutilisé, jeté.
**L. récupération** (n. f.) [sens II] *Cette entreprise récupère des objets en métal* → *cette entreprise fait la récupération d'objets en métal.*

**redescendre** → DESCENDRE L.

**rédiger** [rediʒe] v. t. (conj. **4**)
(sujet qqn) **rédiger qqch (texte, lettre, etc.)** *Aide-moi à rédiger cette lettre, je ne sais pas quels mots employer.*

**S.** *Rédiger* a pour syn. ÉCRIRE, mais insiste sur la manière dont les phrases sont faites, dont les mots sont choisis.
**L. rédaction** (n. f.) *Cet article était rédigé d'une manière très habile* → *la rédaction de cet article était très habile.* ◆ **rédacteur, trice** (n.) *Celui qui a rédigé l'article connaissait bien la question* → *le rédacteur de l'article connaissait bien la question.*

**redire** [rədir] v. t. (conj. **62**)
I. (sujet qqn) **redire qqch, de + inf., que + ind., etc. (à qqn)** *Je l'ai dit et redit, si vous n'avez pas entendu, tant pis pour vous.*
II. (sujet qqn) **avoir, trouver quelque chose, n'avoir, ne trouver rien à redire (à qqch)** *Alors, comment trouvez-vous ce texte ?* — *Nous n'avons rien à redire, c'est parfait.*

**S. 1.** *Redire* (sens I), c'est DIRE à nouveau, RÉPÉTER. — **2.** *Avoir quelque chose à redire à qqch* (sens II), c'est y trouver un défaut, le BLÂMER, le CONDAMNER (plus forts).
**L. redite** (n. f.) [sens I] *Évitez de redire la même chose* → *évitez les redites.*

**redonner** → DONNER L.

**redoubler** [rəduble] v. t. (conj. **1**)
(sujet qqn) **redoubler (une classe)** *Ses résultats ne sont pas assez bons pour qu'il passe*

*dans la classe supérieure, il va donc redoubler.*
**S.** *Redoubler une classe,* c'est, dans le langage scolaire, la REFAIRE, la RECOMMENCER.
**L. redoublant, e** (n.) *Il y a cinq élèves qui redoublent dans ma classe* → *il y a cinq redoublants dans ma classe.* ◆ **redoublement** (n. m.) *Il est parfois préférable de redoubler* → *le redoublement est parfois préférable.*

**redouter** [rədute] v. t. (conj. **1**)
(sujet qqn) **redouter qqch, qqn, de + inf., que + subj.** *L'heure des explications arrivait et nous redoutions tous les deux ce moment.*

**S.** *Redouter* (soutenu) a pour syn. CRAINDRE, APPRÉHENDER (soutenu), AVOIR PEUR (plus fort et courant).
**L. redoutable** (adj.) *C'est un adversaire redoutable* (← *que l'on doit redouter*).

**redresser** [rədrese] v. t. (conj. **1**)
(sujet qqn) **redresser qqch (concret)** *Redressez les roues de votre voiture, sinon vous allez heurter le trottoir.* ◆ **se redresser** *Tu te tiens mal, redresse-toi.* ◆ **redresser une situation, un pays, son économie** *Ils auront du mal à redresser la situation économique du pays.*

**S.** *Redresser,* c'est remettre DROIT, dans une

bonne position. *Redresser une situation, l'économie d'un pays,* c'est les remettre en bonne voie sur le plan de leur développement.
**L. redressement** (n. m.) *Nous travaillons à un plan pour redresser l'économie* → *nous travaillons à un plan de redressement économique.*

**réduire** [reduir] v. t. (conj. **60**)
(sujet qqn, qqch) **réduire qqch** *Si vous roulez plus lentement, vous réduirez votre consommation d'essence.* ● *Tu crois que les impôts vont être réduits?* — *Ça ne s'est jamais produit!* ◆ **réduire qqn à qqch (état)** *La fâcheuse situation dans laquelle il se trouvait le réduisait au silence, c'est pour ça qu'il n'a rien pu dire pour nous aider.*

**S.** *Réduire qqch,* c'est DIMINUER l'importance, la quantité, la valeur de qqch ; le syn. est ABAISSER, le contr. AUGMENTER. *Réduire qqn à qqch,* c'est le CONTRAINDRE À, l'OBLIGER À.
**L. réduit, e** (adj.) *Pierre voyage à prix réduit* (← à *un prix abaissé par rapport au prix normal*). ◆ **réduction** (n. f.) *Ils ont obtenu que l'on réduise les heures de travail* → *ils ont obtenu une réduction des heures de travail.*

**réécrire** → ÉCRIRE L ; **rééditer, réédition** → ÉDITER L.

**rééduquer** [reedyke] v. t. (conj. **1**)
(sujet qqn) **rééduquer qqn** *Il a des difficultés à marcher depuis qu'il s'est cassé la jambe, il va falloir qu'il se fasse rééduquer.*

**S.** *Rééduquer qqn* (langue technique), c'est lui faire faire certains exercices pour qu'il puisse retrouver l'usage d'une aptitude, d'une fonction perdues ou défaillantes.
**L. rééducation** (n. f.) *Il a besoin de se faire rééduquer* → *il a besoin d'une rééducation.* ◆ **rééducateur, trice** (n.) *Il s'occupe de rééduquer les enfants qui parlent mal* → *il est rééducateur pour les enfants qui parlent mal.*

**réel, réelle** [reɛl] adj.
I. (se dit d'un fait, d'un personnage ; après le n.) *Dans ce film, les personnages sont réels, ils n'ont pas été inventés.* ● *Le fait dont je vous parle est réel, ça s'est passé en 1900.*
II. (se dit de qqch [abstrait] ; toujours épithète, avant le n.) *On dirait qu'il prend un réel plaisir à nous créer des ennuis.* ● *J'ai fait un réel effort pour venir.*

**G.** Au sens II, cet adj. n'a ni comparatif ni superlatif.
**S. 1.** Un fait, un personnage *réels* ont existé dans la RÉALITÉ ; *réel* a pour syn. VRAI, AUTHENTIQUE, VÉRITABLE, et pour contr. IMAGINAIRE, IRRÉEL, INVENTÉ, FICTIF. — **2.** En parlant de qqch d'abstrait, *réel* a pour syn. NOTABLE, SENSIBLE, CERTAIN (après le nom).
**L. réellement, réalité,** v. ces mots.
◆ **irréel, elle** (adj.) *Ce personnage n'est pas réel* → *ce personnage est irréel.*

**réellement** [reɛlmɑ̃] adv.
I. [manière] *Est-ce qu'il pensait réellement ce qu'il m'a dit?* — *Mais non, il était en*

colère. • *Mais je n'invente rien! Cela s'est passé réellement il y a deux ans.*
II. [quantité et opinion] *Je suis réellement ennuyé de vous déranger, mais c'est urgent.* • *Tu as entendu ce qu'il m'a dit? Réellement, je crois qu'il me prend pour un imbécile!*

**S. 1.** Au sens I, *réellement* correspond à l'adj. RÉEL ; les syn. sont VRAIMENT et, plus soutenus, EFFECTIVEMENT, OBJECTIVEMENT. — **2.** Au sens II, *réellement* sert à renforcer une affirmation du locuteur ; les syn. sont VRAIMENT, FRANCHEMENT, VÉRITABLEMENT, TRÈS (devant un adj.), EN FAIT, EN RÉALITÉ (en tête de phrase).

**réexaminer** → EXAMINER L.

**refaire** [rəfɛr] v. t. (conj. **68**)
I. (sujet qqn) **refaire qqch (action, objet)** *Ce travail est mal fait, il faut le refaire.* • *Tu veux que je refasse ton paquet? Il s'est défait.* • *J'aimerais refaire un voyage en Italie, j'en ai gardé un merveilleux souvenir.*
II. (sujet qqn) **refaire qqch (concret)** *Il faudra refaire le toit de la maison : la pluie passe à travers!* • *Toutes les peintures sont à refaire dans cet appartement.*

**S. 1.** *Refaire* (sens I), c'est FAIRE DE NOUVEAU, RECOMMENCER ce qu'on a déjà FAIT *(refaire un voyage)*, ce qui est DÉFAIT *(refaire un paquet)* ou ce qui est mal fait *(refaire un travail)*. — **2.** *Refaire* (sens II), c'est METTRE À NEUF, RÉNOVER, et, plus précisément, RÉPARER, RESTAURER ce qui est abîmé.
**L. réfection** (n. f.) [sens II] Refaire le toit sera coûteux → *la réfection du toit sera coûteuse.*

**refermer** [rəfɛrme] v. t. (conj. **1**)
(sujet qqn) **refermer qqch** *L'air pensif, il referma son livre.* ◆ (sujet qqch) **se refermer** *Je suis sortie une minute sur le palier et la porte s'est refermée toute seule, je ne peux plus entrer.*

**S.** *Refermer*, c'est FERMER ce qui était ouvert.

**réfléchir** [reflɛʃir] v. t. ind. (conj. **15**)
(sujet qqn) **réfléchir à qqch, que** + ind. *Je sais ce que je vais décider : j'ai déjà réfléchi à la question.* • *Avant de parler, réfléchis bien à ce que tu vas dire.* • *En écrivant son adresse, je n'ai pas réfléchi que Marie n'habitait plus au même endroit.* ◆ (sans compl.) *Il faut lui pardonner : Paul a agi sans réfléchir.* • *Je demande à réfléchir avant de donner ma réponse.* • *Cet accident l'a fait réfléchir : il conduit moins vite!* • *Les malheurs des autres donnent à réfléchir!* ◆ **c'est tout réfléchi** *C'est tout réfléchi, j'accepte ce que vous me proposez.*

**S.** *Réfléchir à* qqch, *que* a pour syn. PENSER À qqch, QUE, en ajoutant l'idée d'un certain approfondissement de l'examen ; il a pour syn. moins forts et plus soutenus CONSIDÉRER, ENVISAGER. Sans compl., il a pour syn. EXAMINER et PESER LE POUR ET LE CONTRE (soutenu). *Sans réfléchir* a pour syn. D'INSTINCT, SPONTANÉMENT, INSTINCTIVEMENT. *Faire réfléchir, donner à réfléchir*, c'est être un sujet de RÉFLEXION pour qqn. *C'est tout réfléchi* est syn. de TOUT BIEN CONSIDÉRÉ, TOUT BIEN PESÉ, APRÈS RÉFLEXION.
**L. réfléchi, e** (adj.) *Une décision réfléchie* (← une décision que l'on a prise après y avoir réfléchi). ◆ **réflexion**, v. ce mot. ◆ **irréfléchi, e** (adj.) Sa décision n'est pas réfléchie → *sa décision est irréfléchie*.

**refléter** [rəflete] v. t. (conj. **12**)
(sujet qqch [eau, glace, miroir]) **refléter qqch** *Les miroirs reflétaient à l'infini la salle, assez petite d'ailleurs, du restaurant.* ◆ (sujet qqch [abstrait]) **refléter qqch (abstrait)** *Rien dans ce film ne reflétait les sentiments que l'auteur avait mis dans son livre.*

**S. 1.** *Refléter* qqch, en parlant de l'eau, d'un

miroir, c'est en renvoyer l'image, la RÉFLÉCHIR. — **2.** En parlant de qqch d'abstrait, c'est RENDRE COMPTE, ÊTRE UN REFLET DE, REPRÉSENTER.
**L. reflet** (n. m.) *Ce que vous dites n'est qu'un*

pâle reflet de l'histoire telle qu'elle s'est passée (← ne reflète qu'à peine).

**réflexe** [reflɛks] n. m.
[action, qqn, et résultat] (non-compt., au sing.) *Heureusement que j'ai eu le réflexe de freiner, sans ça le chien passait sous la voiture !* • *Tu as manqué de réflexe, il fallait lui répondre, et ne pas se taire !* ◆ (compt.) *À partir d'un certain âge, on a de moins bons réflexes que quand on était jeune.* • *Dès qu'on me fait une remarque, je rougis, c'est un réflexe, je n'y peux rien.*
**S.** Un *réflexe*, c'est une réaction rapide, instinctive à qqch.

**réflexion** [reflɛksjɔ̃] n. f.
I. [activité mentale] (non-compt., au sing.) *Il en a mis du temps à se décider ! — Oui, Pierre n'a donné sa réponse qu'après une longue réflexion.* • *Ce que tu dis mérite réflexion, je vais y penser.* • *Tu acceptes ou non ? — Je ne peux me décider tout de suite, ça demande réflexion.* ◆ **réflexion faite, à la réflexion** *Réflexion faite, je préfère rester.* • *Quand on écoute Paul, on le croit, mais à la réflexion, on s'aperçoit qu'il a tort.* ◆ [résultat, activité mentale] (compt.) *Voilà une réflexion stupide : tu aurais pu te taire.*
II. [énoncé] (compt.) *Tiens, tu as puni Richard ? — Oui, il m'a fait une réflexion ; ça lui apprendra !* • *Arrête de me faire des réflexions sur ma manière de manger, je mange comme je veux !*
**S. 1.** La *réflexion* (sens I), c'est le fait de RÉFLÉCHIR, de penser longuement et attentivement à qqch. *Réflexion faite* a pour syn. TOUT BIEN CONSIDÉRÉ ; *à la réflexion* est équivalent à EN RÉFLÉCHISSANT, EN Y REGARDANT DE PLUS PRÈS. Une *réflexion*, c'est une REMARQUE, une OBSERVATION (plus soutenu). — **2.** Au sens II, RÉFLEXION a pour syn. CRITIQUE.

**réforme** [refɔrm] n. f.
[action, qqn, et résultat] *Le système marche mal ; alors, le ministre a proposé au gouvernement un projet de réforme de l'enseignement.* • *L'Assemblée doit discuter d'une série de réformes sociales.* • *Crois-tu qu'il y aura un jour une réforme de l'orthographe ?*
**S.** Une *réforme*, c'est l'action de RÉFORMER, de changer en mieux, de modifier afin d'améliorer ; les syn. sont CHANGEMENT et AMÉLIORATION (moins forts), TRANSFORMATION. RÉVOLUTION est un syn. beaucoup plus fort.
**L. réformer** (v. t.) *Il faut faire une réforme* de l'enseignement → *il faut réformer l'enseignement.*

**refouler** [rəfule] v. t. (conj. **1**)
(sujet qqn) **refouler qqn** *Ils voulaient tous entrer dans la mairie, mais ils se sont fait refouler par des policiers.* ◆ **refouler qqch (larmes, sentiment)** *On voyait qu'elle essayait de refouler ses larmes et sa tristesse.*
**S. 1.** *Refouler* qqn, c'est le repousser plus loin. — **2.** *Refouler ses larmes* (soutenu), c'est les RETENIR ; *refouler un sentiment* (soutenu), c'est ne pas le manifester, c'est le RÉPRIMER, le RÉFRÉNER (soutenu).

**réfrigérateur** [refriʒeratœr] n. m.
[appareil] *Paul, sors la viande du réfrigérateur.* • *Il y a de la glace dans le réfrigérateur ?*

**S.** Un *réfrigérateur* est un appareil ménager électrique qui sert à conserver les aliments, les boissons au froid. Il est quelquefois muni d'un CONGÉLATEUR dont la température est beaucoup plus basse et dans lequel on peut congeler ou surgeler des aliments. Ce mot est moins courant que FRIGIDAIRE (nom d'une marque) ou FRIGO (fam.) [abrév. de FRIGORIFIQUE].

**refroidir** [rəfrwadir] v. i. et v. t. (conj. **15**)
I. [v. i.] (sujet qqch [aliment, boisson]) *Paul, mange ! Ta viande refroidit pendant que tu parles !* • *Pierre, bois ton café. — Non, il est trop chaud, je le laisse refroidir.* ◆ (sujet la température) **se refroidir** *Le temps s'est refroidi aujourd'hui : huit degrés au lieu de douze hier.*
II. [v. t.] (sujet qqch [abstrait]) **refroidir qqn** *Je le croyais aimable, mais la façon dont il nous a répondu m'a refroidi à son égard.*
**S. 1.** *Refroidir* (sens I), c'est devenir plus FROID ou moins chaud. Il s'oppose à CHAUFFER, RÉCHAUFFER. *Se refroidir* a pour syn. moins fort SE RAFRAÎCHIR et pour contr. SE RÉCHAUFFER. — **2.** *Refroidir* qqn (sens II), c'est CALMER SON ENTHOUSIASME.

**L. refroidissement** (n. m.) [sens I] La température s'est refroidie → *il y a eu un refroidissement de la température.*

**réfugier (se)** [refyʒje] v. pr. (conj. 2) (sujet qqn) **se réfugier qqpart** *Après le coup d'État dans son pays, il est venu se réfugier en France.* • *L'enfant, effrayé, courut se réfugier dans les bras de sa mère.*

**S.** *Se réfugier,* c'est trouver un REFUGE, un

abri. *Se réfugier dans un pays,* c'est le plus souvent y chercher un asile politique. *Se réfugier dans les bras de qqn,* c'est s'y BLOTTIR.
**L. refuge** (n. m.) *Il se réfugie dans le silence* → *il cherche refuge dans le silence.* ◆ **réfugié, e** (adj. et n.) *On installait des camps pour les réfugiés* (← personnes qui se sont réfugiées dans un autre pays).

**refuser** [rəfyze] v. t. (conj. 1)
(sujet qqn) **refuser qqch (à qqn), refuser de + inf.** *Cet emploi qu'on te propose, c'est l'occasion de ta vie, tu ne vas pas le refuser !* • *Quoi ? Cinq francs une bière ? Je refuse de payer une somme pareille !* • *Elle coûte cher cette robe, vraiment tu ne te refuses rien !*
II. (sujet qqn) **refuser qqn qqpart, à un examen** *On a été obligé de refuser des gens à l'entrée de la salle, tellement ils étaient nombreux.* • *Les professeurs ont décidé de refuser ce candidat à l'examen.*

**S. 1.** *Refuser* qqch (sens I), c'est DIRE NON, OPPOSER UN REFUS À. *Refuser de* + inf., c'est NE PAS VOULOIR + inf. *Refuser* a pour contr. ACCEPTER et, plus soutenu, CONSENTIR À. *Ne rien se refuser,* c'est NE SE PRIVER DE RIEN. — **2.** *Refuser* qqn qqpart (sens II), c'est ne pas le laisser entrer. *Refuser* qqn *à un examen,* c'est le COLLER, le RECALER (fam.). Il a pour contr. ACCEPTER, RECEVOIR, ADMETTRE.
**L. refus** (n. m.) [sens I] *On a refusé sa demande* → *on a opposé un refus à sa demande.*

**regagner** → GAGNER L.

**régaler (se)** [regale] v. pr. (conj. 1) (sujet qqn) *Alors, le repas était bon ? — Oui, on s'est régalés.*

**S.** *Se régaler,* c'est trouver un grand plaisir à manger qqch.

**L. régal** (n. m.) *Je me suis régalé en mangeant ce poisson* → *ce poisson était un régal.*

**regarder** [rəgarde] v. t. (conj. 1)
I. (sujet qqn) **regarder qqn, qqch (concret), si + ind., regarder qqn, qqch + inf.** *Regarde-moi dans les yeux quand je te parle !* • *Il y a un accident, je préfère ne pas regarder, c'est trop affreux.* • *Paul, regarde par la fenêtre si Marie arrive. — Non, je ne vois personne.* • *Regardez-moi faire, voilà comment il faut s'y prendre.* ◆ **se regarder** *Il n'y a pas de glace pour se regarder ici ?* • *Quand Pierre nous a annoncé qu'il était collé à l'examen, Paul et moi, nous nous sommes regardés sans rien dire.*
II. (sujet qqch [abstrait]) **regarder qqn** *Toutes ces histoires ne me regardent pas.*

# RÉGIME

**S. 1.** *Regarder* (sens I) a pour syn. VOIR qui a les mêmes constructions, surtout lorsqu'il est employé sans compl., mais *regarder* suppose une attitude plus active. *Regarder qqch, qqn avec une certaine attention* a pour syn. EXAMINER, OBSERVER. *Se regarder*, c'est SE VOIR ou AVOIR UN REGARD L'UN POUR L'AUTRE. — **2.** *Regarder* (sens II) a pour syn. CONCERNER et, plus fort, INTÉRESSER.
**L.** *regard* (n. m.) [sens I] *Nous nous sommes compris en nous regardant* → *nous nous sommes compris du regard.*

**régime** [reʒim] n. m.
I. [institution] *Ce pays vit sous un régime démocratique.* • *La révolution a entraîné un changement de régime.* • *Cet État a connu plusieurs régimes militaires.*
II. [action, qqn, et résultat] *Il a le cœur malade, le médecin lui a prescrit un régime sans sel.* • *Marie se trouve trop grosse, elle suit un régime pour maigrir.* ◆ **au régime** *Vous prenez de la bière ? — Non, je suis au régime.*

**G.** Au sens I, ce mot s'emploie le plus souvent avec un adj. qui en précise la nature.
**S. 1.** Le *régime* (sens I) d'un pays, c'est sa forme de gouvernement, ses institutions. — **2.** Au sens II, *suivre un régime*, c'est avoir une alimentation particulière (sans sel, sans sucre ou sans graisse, etc.) pour des raisons de santé, ou se priver de nourriture pour maigrir.

**région** [reʒjɔ̃] n. f.
[lieu naturel] *Tu ne connais pas la Bretagne ? C'est, à mon avis, une des plus belles régions de France.* • *Je vais te faire goûter un vin de la région, il n'est pas connu, mais il est bon.* • *Vous habitez dans la région parisienne ?* • *J'étais dans la région, alors je suis venu vous voir.*

**S.** *Région* est un terme géographique qui désigne une zone, un territoire ayant une certaine individualité. Il a pour syn. PROVINCE, CONTRÉE (plus soutenus), et COIN (fam.).
**L. régional, e, aux** (adj.) *J'aime la cuisine de cette région* → *j'aime cette cuisine régionale.*

**règle** [rɛgl] n. f.
I. [instrument] *Ce trait n'est pas droit. Tu n'as donc pas de règle ?*
II. [texte, institution] *Je ne connais pas ce jeu. Tu peux m'en expliquer les règles ?* • *Je veux bien vous laisser entrer, mais c'est une exception à la règle, alors, ne le dites à personne !* ◆ **en règle** *Il s'est fait arrêter à la douane, ses papiers n'étaient pas en règle.* • *Tu ne crois pas qu'il faudrait que tu te mettes en règle avec l'Administration ? Sinon, tu vas bientôt avoir des ennuis.*

**S. 1.** Au sens I, une *règle* sert à tirer des traits droits. — **2.** *Règle* (sens II) a pour syn. PRINCIPE, RÈGLEMENT, CONVENTIONS (plus soutenu). *En règle* se dit de ce qui est RÉGULIER, en accord avec un RÈGLEMENT, une loi. S'il y a un compl., il est introduit par AVEC.

**1. règlement** [rɛgləmɑ̃] n. m.
[texte, institution] *Non, non, je ne peux pas

vous laisser entrer, le règlement me l'interdit.* • *Le règlement du lycée dit que les élèves n'ont pas droit de fumer dans les salles de classe.*

**S.** *Règlement* a pour syn. RÈGLES, RÉGLEMENTATION, STATUTS (pour les associations).
**L. réglementaire** (adj.) *Ce n'est pas conforme au règlement* → *ce n'est pas réglementaire.* ◆ **réglementer** (v. t.) *La vente de l'alcool est soumise à un règlement* → *la vente de l'alcool est réglementée.* ◆ **réglementation** (n. f.) *Le droit de grève est réglementé* → *la réglementation du droit de grève.*

**2. règlement** → RÉGLER L.

**régler** [regle] v. t. (conj. 12)
I. (sujet qqn) **régler qqch (abstrait)** *Bon ! Ne laissons pas traîner les choses : il faut régler cette affaire au plus vite.* • *La question est réglée, n'en parlons plus !*
II. (sujet qqn) **régler qqch, qqn (avec de l'argent)** *Je vous règle par chèque ou en liquide ? • Non, non, laissez, c'est moi qui vais régler l'addition !*
III. (sujet qqn) **régler un mécanisme** *Réglez vos montres : il est midi juste.* • *Il faut que je fasse régler le moteur de ma voiture : je n'arrive jamais à démarrer, le matin !*

**S. 1.** *Régler une affaire, une question* (sens I), c'est la CONCLURE ou l'ARRANGER (moins fort). — **2.** *Régler une addition, une facture* (sens II) a pour syn. ACQUITTER (soutenu) ; *régler qqn* a pour syn. PAYER. — **3.** *Régler un mécanisme* (sens III), c'est le METTRE AU POINT, l'AJUSTER ou le RÉVISER s'il est DÉRÉGLÉ.

**L. réglage** (n. m.) [sens III] *Réglez vos montres → faites le réglage de vos montres.* ◆ **règlement** (n. m.) [sens I et II] *L'affaire a été rapidement réglée → le règlement de l'affaire a été rapide.* ◆ **dérégler** (v. t.) [sens III] *La balance n'est plus réglée → la balance est déréglée.*

**régner** [reɲe] v. t. ind. et v. i. (conj. **12**)
I. [v. t. ind.] (sujet qqn) **régner (sur un pays)** *À quelle époque régnait Louis XV?* ◆ **régner sur qqch** *Cet homme règne sur le monde de la presse depuis vingt-cinq ans.*
II. [v. i.] (sujet qqch) **régner (qqpart)** *L'ordre régnera dans le pays, même s'il faut employer la force.*

**S. 1.** *Régner* (sens I), c'est, en parlant d'un roi, d'un prince, d'un empereur, exercer le pouvoir. *Régner sur qqch*, c'est en ÊTRE LE MAÎTRE. — **2.** *Régner* (sens II) [soutenu], c'est EXISTER, ÊTRE avec une idée de durée et surtout en parlant d'un sentiment, de l'ordre.
**L. règne** (n. m.) [sens I] *Il régna vingt-cinq ans → son règne dura vingt-cinq ans.* ◆ [sens II] *La terreur règne dans cette maison → c'est le règne de la terreur dans cette maison.*

**regonfler** → GONFLER L.

**régresser** [regrese] v. i. (conj. **1**)
(sujet qqch [abstrait]) *La production de bois régresse en ce moment.*

**S.** *Régresser* (soutenu), c'est revenir à un stade antérieur. Il a pour syn. DIMINUER, RECULER et s'oppose à PROGRESSER (soutenu), AVANCER, SE DÉVELOPPER.
**L. régression** (n. f.) *On nous dit que le chômage régresse, mais c'est faux → on nous parle de la régression du chômage, mais c'est faux.*

**regret** [rəgrɛ] n. m.
[sentiment] *N'aie pas de regrets, de toute façon, elle serait partie.* ● *Je n'ai qu'un regret, c'est de n'avoir pas eu le temps de visiter les environs.* ● *J'ai le regret de vous dire que nous ne pouvons accepter votre projet.* ● *Vraiment, vous ne voulez plus de gâteau? Sans regret? Bon, alors je le finis!*

**S.** *Regret* a pour syn. plus forts REMORDS, REPENTIR (soutenu), CHAGRIN. *Avoir le regret de* (formule de politesse), c'est ÊTRE DÉSOLÉ, NAVRÉ DE. *Sans regret* est syn. de SANS RIEN REGRETTER; les contr. sont À REGRET, À CONTRECŒUR, MALGRÉ MOI (TOI, etc.).
**L. regretter,** v. ce mot.

**regretter** [rəgrete] v. t. (conj. **1**)
I. (sujet qqn) **regretter qqch (abstrait), regretter de** + inf., **regretter que** + subj. *Nous regrettons tous cette décision, mais elle était nécessaire.* ● *Paul regrette de ne pas être venu, je vous assure, il est désolé.* ● *Je regrette que vous ne restiez pas plus longtemps avec nous, c'est dommage.* ◆ (sans compl.) *Paul, tu viens? — Non, je regrette mais je reste là.*
II. (sujet qqn) **regretter qqn** *Vous partez? On vous regrettera!*

**S. 1.** *Regretter* (sens I), c'est avoir des REGRETS, des remords, SE REPENTIR (plus fort et soutenu) de ce qu'on a fait, DÉPLORER (plus fort et soutenu) ce qu'un autre a fait. ÊTRE DÉSOLÉ (DE, QUE), ÊTRE NAVRÉ (DE, QUE) sont des syn. SE RÉJOUIR (DE, QUE) est un contr. Sans compl., *regretter* est une formule de politesse qui s'emploie pour atténuer une réponse négative et s'excuser. ÊTRE DÉSOLÉ, NAVRÉ sont des syn. — **2.** *Regretter qqn* (sens II), c'est avoir du chagrin, de la peine parce qu'il est parti ou qu'on l'a perdu.

**L. regrettable** (adj.) [sens I] On doit regretter cette décision → *cette décision est regrettable*.

**regrouper (se)** [rəgrupe] v. pr. (conj. 1), **être regroupé** v. pass.
(sujet qqn [plur. ou collectif]) *Au son de la cloche, les élèves se regroupaient dans la cour pour se mettre en rang*.

**S.** *Se regrouper*, c'est former un GROUPE en se rapprochant.

**régulier, ère** [regylje, ɛr] adj. (après le n.)
I. (se dit de qqch) *La respiration du malade n'est pas tout à fait régulière*. • *En roulant à une vitesse régulière, vous userez moins d'essence*. • *Ne sortez pas trop tard le soir, évitez la fatigue, en un mot, menez une vie régulière*.
II. (se dit de qqch) *Les élections ne se sont pas passées d'une façon régulière*. • *Cette décision est régulière, elle a été prise en présence de ceux qu'elle concernait*.

**S. 1.** Est *régulier* (sens I) ce qui a lieu à des moments fixes, ce qui a un rythme, un mouvement qui ne varie pas ; les syn. sont ÉGAL, CONSTANT (plus soutenu) ; les contr. sont IRRÉGULIER, INÉGAL, INTERMITTENT (soutenu). *Une vie régulière* est une *vie RÉGLÉE*. — **2.** Est *régulier* (sens II) ce qui est conforme à une loi, et il a pour syn. LÉGAL, ou à des règles établies, et il a pour syn. NORMAL, CORRECT. Le mot s'oppose à IRRÉGULIER, ILLÉGAL, ANORMAL.
**L. régulièrement**, v. ce mot. ◆ **régularité** (n. f.) [sens I] Il fait des visites régulières, cela m'étonne → *la régularité de ses visites m'étonne*. ◆ [sens II] L'élection a été régulière, c'est incontestable → *la régularité de l'élection est incontestable*. ◆ **irrégulier, ère** (adj.) [sens I] Sa respiration n'est pas régulière → *sa respiration est irrégulière*. ◆ [sens II] Cette décision n'est pas régulière → *cette décision est irrégulière*. ◆ **irrégularité** (n. f.) [sens I] Sa respiration est irrégulière → *l'irrégularité de sa respiration*. ◆ [sens II] Il y a des choses irrégulières dans cette élection → *il y a des irrégularités dans cette élection*.

**régulièrement** [regyljɛrmɑ̃] adv.
I. [manière] *Alors, tu ne t'ennuies pas trop, toute seule ? — Oh non ! Les enfants viennent me voir régulièrement*. • *Ils ont reçu la visite du propriétaire : ils ne paient pas régulièrement leur loyer*.
II. [manière] *Les élections ne se sont pas passées régulièrement : il faut tout recommencer !*

**S. 1.** Au sens I, *régulièrement* est l'équivalent de D'UNE MANIÈRE RÉGULIÈRE sur le plan du temps ; il est syn. de PONCTUELLEMENT et s'oppose à ACCIDENTELLEMENT, IRRÉGULIÈREMENT. — **2.** Au sens II, *régulièrement* est l'équivalent de SUIVANT LES RÈGLES et il a pour syn. NORMALEMENT et pour contr. IRRÉGULIÈREMENT.
**L. irrégulièrement** (adv.) *Ils ne paient pas régulièrement* → *ils paient irrégulièrement*.

**réhabituer** → HABITUER L.

**rein** [rɛ̃] n. m.
[partie du corps] *Ouf ! je vais m'étendre : j'ai passé la matinée à faire le ménage et j'ai mal aux reins*.

**S.** Les *reins* sont les organes qui sécrètent l'urine. *Avoir mal aux reins*, c'est avoir mal dans le bas du dos.

**reine** → ROI.

**rejeter** [rəʒəte] v. t. (conj. 10)
I. (sujet qqn) **rejeter qqch (abstrait)** *Son projet a été rejeté par l'assemblée tout entière*. • *Nous ne rejetons pas cette idée, mais elle n'est à envisager qu'en dernier lieu*. ◆ **(être) rejeté par un groupe** *Il se sent rejeté par la société*.
II. (sujet qqn) **rejeter qqch (abstrait) sur qqn** *Il cherchait à rejeter sur son complice la responsabilité du crime*.
III. (sujet qqch) **rejeter qqch** *La mer rejette sur la plage le pétrole qui s'est échappé du bateau*. • *On n'arrive pas à le nourrir, il rejette toute nourriture*.

**S. 1.** *Rejeter une idée, un projet*, etc., (sens I) a pour contr. ADMETTRE, ACCEPTER et pour syn. REPOUSSER, REFUSER. *Être rejeté*, c'est être REPOUSSÉ, EXCLU. — **2.** *Rejeter un tort, une erreur*, etc., *sur qqn* (sens II), c'est les lui ATTRIBUER, les FAIRE RETOMBER SUR lui. — **3.** *Rejeter* (sens III), c'est ÉVACUER, JETER (en parlant

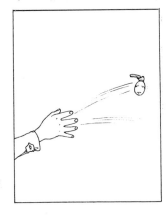

de qqch), CRACHER, RENDRE, VOMIR (en parlant de qqn).
**L. rejet** (n. m.) [sens I, II et III] *Sa proposition a été rejetée, cela n'a surpris personne* → *le rejet de sa proposition n'a surpris personne.*

**rejoindre** [rəʒwɛ̃dr] v. t. (conj. **44**)
(sujet qqn) **rejoindre qqn** *Partez en avant, je poste ma lettre et je vous rejoins au restaurant.* ◆ (sujet une route) **rejoindre une route** *Prenez cette petite route, elle rejoint la nationale un peu plus loin.*

**S.** *Rejoindre* qqn, c'est le RETROUVER ou le RATTRAPER. En parlant d'une route, en *rejoindre* une autre, c'est y ABOUTIR, y MENER.

**réjouir** [reʒwir] v. t. (conj. **15**)
(sujet qqch) **réjouir qqn** *Aline allait venir et cette nouvelle réjouissait son fiancé, il en était tout heureux.* ◆ (sujet qqn) **se réjouir de qqch** ou **de + inf.** *Quel beau succès vous avez remporté, je m'en réjouis pour vous!*

**S.** *Réjouir* (soutenu) a pour syn. moins fort FAIRE PLAISIR À. *Se réjouir*, c'est éprouver de la joie, du plaisir.

**L. réjoui, e** (adj.) *Il avait l'air réjoui* (← l'air de quelqu'un qui se réjouit de quelque chose).
◆ **réjouissant, e** (adj.) *Je ne vois pas en quoi on peut se réjouir de cela* → *je ne vois pas en quoi cela est réjouissant.*

**relâcher** [rəlɑʃe] v. t. (conj. **1**)
I. (sujet qqn, la police) **relâcher qqn** *Faute de preuves suffisantes contre lui, la police l'a relâché.*
II. (sujet qqn, qqch [abstrait]) **se relâcher** *Votre travail est moins bon que d'habitude, vous vous relâchez en ce moment.* ● *Eh bien! La discipline se relâche ici! Qu'est-ce que c'est que ce bruit et ce désordre?*

**S. 1.** *Relâcher un prisonnier* (sens I) a pour syn. LIBÉRER, RELAXER (administratif). — **2.** *Se relâcher* (sens II), c'est faire moins d'efforts en

parlant de qqn, devenir moins strict, moins rigoureux en parlant de qqn ou de qqch.
**L. relâchement** (n. m.) [sens II] *Depuis quand se relâche-t-il ainsi dans son travail?* → *de quand date ce relâchement dans son travail?*

**relais** → RELAYER L.

**relater** [rəlate] v. t. (conj. **1**)
(sujet qqn, un texte) **relater qqch (événement)** *Dans son article, le journaliste relatait et expliquait les principaux événements de cette année-là.*

**S.** *Relater* (soutenu) a pour syn. courant RACONTER, RAPPORTER.

**relatif, ive** [rəlatif, iv] adj.
I. (se dit de qqch [abstrait]; après ou, plus rarement, avant le n.) *Nous vivons dans un confort relatif : le chauffage et la salle de bains ne sont pas encore installés.* ● *C'est calme ici! — Oh! vous savez, c'est tout à fait relatif, c'est parce que nous sommes dimanche!*
II. (se dit de qqch [abstrait]; après le n.) **relatif à qqch (abstrait)** *Le journaliste a posé au ministre une question relative à la hausse des prix.* ● *Le gouvernement doit discuter des mesures relatives au chômage.*

**G.** Au sens I, cet adj. n'a pas de comparatif. Au sens II, il n'a ni comparatif ni superlatif.
**S. 1.** Au sens I, est *relatif* ce qui dépend d'autre chose et qui, par conséquent, il a pour syn. PARTIEL, IMPARFAIT, APPROXIMATIF, par comparaison avec autre chose, et pour contr. ABSOLU, PARFAIT, COMPLET, TOTAL. *C'est relatif* a pour équivalent ON NE PEUT PAS COMPA-

RER, JUGER. — **2.** Au sens II, est *relatif à qqch* ce qui concerne qqch ; il a pour équivalents SE RAPPORTANT À, AU SUJET DE.
**L. relativement**, v. ce mot.

**relation** [rəlasjɔ̃] n. f.
I. [statut, qqch] (non-compt., au plur.) *Depuis quelque temps on observe une détente dans les relations entre ces deux pays.* • *Vous vous connaissez bien ? — Nous ne sommes pas vraiment amis : nous avons surtout des relations d'affaires.* • *Oh oui ! Nous avons de bonnes relations avec les Dupont : on se reçoit très régulièrement.*
◆ (sujet qqn) **être, rester, se mettre, entrer en relation(s) [avec qqn]** *Vous vous voyez toujours toi et Alain ? — Non, nous ne sommes plus en relation depuis deux ans.* • *Tu devrais te mettre en relation avec le professeur Dupuis, je suis sûr qu'il pourrait t'aider.*
II. [personne] (compt., surtout au plur.) *Tu devrais t'adresser à Irène : elle a beaucoup de relations, je suis sûr qu'elle te trouverait du travail.*

**S. 1.** Au sens I, *relation* a pour syn. RAPPORT. *Être en relation avec qqn*, c'est le voir ; *rester en relation avec qqn* a pour syn. RESTER EN CONTACT AVEC. *Se mettre en relation, entrer en relation avec qqn* a pour syn. PRENDRE CONTACT AVEC lui. — **2.** Au sens II, une *relation*, c'est qqn qu'on connaît ou, plus fort, un AMI.

**relativement** [rəlativmɑ̃] adv.
I. [comparaison] **relativement à qqch** *Son dernier roman n'est pas très bon relativement à ce qu'il avait fait avant.* • *Mon manteau est très chaud relativement au tien, et pourtant ils coûtent le même prix.*
II. [quantité] **relativement + adj. ou adv.** *À part quelques points de détail, je suis relativement content de son travail.* • *La différence entre leurs points de vue est relativement grande.*

**S. 1.** Au sens I, *relativement* établit une relation de comparaison entre des choses ; il a pour syn. COMPARATIVEMENT À, PAR RAPPORT À, PROPORTIONNELLEMENT À, PAR COMPARAISON AVEC. — **2.** Au sens II, il indique une quantité ou une intensité moyenne ; il a pour syn. ASSEZ, PASSABLEMENT.

**relaxer (se)** [rəlakse] v. pr. (conj. 1), **être relaxé** v. pass.
(sujet qqn) *Tu es nerveux ; c'est l'examen qui te rend ainsi ? Relaxe-toi, sinon tu vas échouer.*

**S.** *Se relaxer* a pour syn. SE DÉTENDRE physiquement ou moralement.

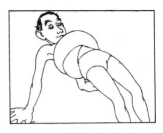

**L. relaxation** (n. f.) *Il a besoin de se relaxer un moment* → *il a besoin d'un moment de relaxation.*

**relayer** [rəlɛje] v. t. (conj. 6)
(sujet qqn) **relayer qqn** *Si tu en as assez de faire ça, je peux te relayer.* • *On s'est tous relayés auprès du malade pour qu'il ne reste jamais seul.*

**S.** *Relayer qqn*, c'est continuer l'action qu'il était en train de faire, le REMPLACER. *Se relayer*, c'est SE REMPLACER, ALTERNER, faire qqch chacun son tour.
**L. relais** (n. m.) *Demande à Jacques s'il veut bien me relayer* → *demande à Jacques s'il veut bien prendre le relais.*

**relever** [rəl(ə)ve] v. t. et v. t. ind. (conj. 11)
I. [v. t.] (sujet qqn) **relever qqch, qqn** *Dis donc ! Tu ne peux pas relever la chaise que tu viens de faire tomber ?* • *Pierre a fait une chute de ski, il a fallu que j'aille le relever.* ◆ **relever une partie du corps, un objet** *Relève la tête et regarde l'appareil pour que je puisse prendre la photo !* • *Il fait froid dans cette voiture, tu peux relever un peu ta vitre ?* • *Jacques a relevé ses manches, je suis sûre que c'est pour faire la* 

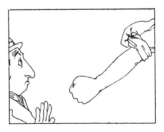

*vaisselle !* ◆ **se relever** *Allons, pas d'histoires, tu ne t'es pas fait mal, dépêche-toi de te relever !* • *Qui est-ce qui s'est relevé plusieurs fois cette nuit ? — C'est moi, j'étais malade.*

**II.** [v. t.] (sujet qqn) **relever qqch** *J'ai relevé au moins quinze fautes dans sa lettre!* • *La police a relevé des traces de sang sur le tapis.* • *C'est dommage que je n'aie pas eu le temps de relever le numéro de la voiture!*
**III.** [v. t. ind.] (sujet qqch) **relever de qqch (organisme, pouvoir), de qqn** *Tu crois que l'enseignement agricole relève du ministère de l'Éducation? — Non, de celui de l'Agriculture.*

**S. 1.** *Relever* qqch, qqn (sens I), c'est le REMETTRE DEBOUT; le syn. de *relever* qqch est REDRESSER. *Relever un objet, une partie du corps* a différents syn. selon le contexte : LEVER, REDRESSER (la tête), REMONTER (une vitre), RETROUSSER (ses manches). Le contr. est BAISSER. *Se relever* a pour syn. SE REMETTRE DEBOUT OU SORTIR DE SON LIT, SE LEVER UNE NOUVELLE FOIS (le contr. est alors SE RECOUCHER). — **2.** *Relever* qqch (sens II) a pour syn. REMARQUER, NOTER, TROUVER, DÉCOUVRIR, APERCEVOIR, INSCRIRE, MARQUER. — **3.** *Relever d'un organisme* (sens III), c'est DÉPENDRE DE, ÊTRE DE LA COMPÉTENCE DE (soutenu).

**relief** [rəljɛf] n. m.
[forme naturelle] **relief (de la Terre, d'une région)** *Il étudie le relief de la Terre, comment et où se sont formées les montagnes, les collines, les plaines.*

**S.** Le *relief* est l'ensemble des inégalités de la surface terrestre.

**relier** [rəlje] v. t. (conj. 2)
(sujet qqch) **relier qqch à qqch, relier qqch (plur.)** *Cette nouvelle ligne de chemin de fer reliera directement ces deux villes.*

**S.** *Relier*, c'est METTRE EN COMMUNICATION (AVEC), établir une jonction entre deux choses, RACCORDER (À).

**religieux, euse** [rəliʒjø, øz] adj. (après le n.)
(se dit de qqch) *Vous avez fait un mariage religieux? — Non, nous sommes juste allés à la mairie.* • *François a fait ses études dans une école religieuse.*

**G.** Cet adj. n'a ni comparatif ni superlatif au sens indiqué ici.
**S.** *Religieux* se dit de ce qui a trait à une RELIGION. *Mariage religieux* (à l'église, au temple, à la synagogue, etc.) s'oppose à *mariage* CIVIL (à la mairie). *École religieuse*, ou *école* PRIVÉE, s'oppose à *école* PUBLIQUE ou LAÏQUE.

**religion** [rəliʒjɔ̃] n. f.
[doctrine] *Alain ne croit pas en Dieu, il n'a aucune religion.* • *Ils voudraient se marier, mais leurs parents s'y opposent, car ils n'ont pas la même religion.*

**S.** La *religion* est un ensemble de croyances et de pratiques propre à un groupe social et concernant les rapports entre le domaine humain (l'homme) et le domaine divin (Dieu). *Changer de religion*, c'est SE CONVERTIR. Qqn qui n'a aucune *religion*, qui ne croit pas en Dieu, est ATHÉE. On dit de qqn qu'il est croyant, qu'il a la foi quand il est profondément attaché à sa

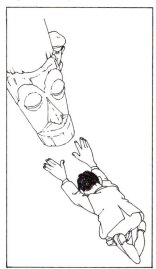

*religion*, à ses dogmes; il est pratiquant quand il est attaché aussi au culte, aux rites, à la pratique de sa *religion*. On distingue les *religions* chrétiennes (catholique, orthodoxe, protestante), la *religion* judaïque (les juifs ou israélites), la *religion* musulmane (les musulmans), les *religions* d'Orient (bouddhisme, hindouisme), etc.

**relire** → LIRE 1 L.

**remanier** [rəmanje] v. t. (conj. **2**)
(sujet qqn) **remanier qqch (texte, ensemble)** *Vous devriez remanier votre texte, il n'est pas au point.* ● *On va bientôt remanier le gouvernement, je me demande qui sera au ministère de l'Éducation.*
   **S.** *Remanier un texte*, c'est le modifier pour l'améliorer ; ARRANGER est un syn. moins précis. *Remanier un ensemble*, c'est en modifier la composition.
   **L. remaniement** (n. m.) *Le chef de l'État a décidé de remanier le gouvernement* → *le chef de l'État a décidé le remaniement du gouvernement.*

**remarier (se)** → MARIER (SE) L.

**remarquable** [rəmarkabl] adj. (après ou avant le n.)
(se dit de qqn, de qqch) *Votre père était un médecin remarquable : tout le monde l'admirait.* ● *Marie joue du piano d'une façon remarquable pour son âge.* ● *Ce travail est remarquable : je vous mets 20 sur 20.*
   **S.** Est *remarquable* ce qui est digne d'être REMARQUÉ à cause de ses qualités. Il a pour syn. plus forts EXTRAORDINAIRE, BRILLANT et, fam., FORMIDABLE. Il s'oppose à MÉDIOCRE, QUELCONQUE, BANAL, ORDINAIRE. En parlant de qqn (surtout du point de vue de sa fonction, de ses connaissances), ÉMINENT (surtout avant le n.) est un syn. soutenu.
   **L. remarquablement** (adv.) *Il a réussi d'une façon remarquable* → *il a remarquablement réussi.*

**remarque** [rəmark] n. f.
[action, qqn, et résultat] *La remarque de Paul est tout à fait juste. — Qu'est-ce qu'il a dit ? Je n'ai pas entendu.* ● *Votre travail est excellent, je n'aurai qu'une remarque à faire : il est trop long.* ● *Marie n'aime pas qu'on lui fasse des remarques sur sa façon de s'habiller.* ● *Ton écriture est difficile à lire. — Oui, je sais, on m'en a déjà fait la remarque.* ◆ [énoncé] *Les remarques sont au bas de la page, écrites en plus petit.*
   **S.** *Remarque* a pour syn. OBSERVATION, CRITIQUE, RÉFLEXION. *Faire une (des) remarque(s) à qqn*, c'est le CRITIQUER ou lui FAIRE UNE CRITIQUE (plus fort). *On m'en a déjà fait la remarque* a pour équivalents ON ME L'A DÉJÀ FAIT REMARQUER, ON ME L'A DÉJÀ DIT (moins fort). Comme énoncé, *remarque* a pour syn. NOTE, COMMENTAIRE.

**remarquer** [rəmarke] v. t. (conj. **1**)
I. (sujet qqn) **remarquer qqch, que** + ind. *Vous étiez là au moment du vol ? Vous n'avez rien remarqué de suspect ?* ● *J'ai remarqué qu'elle avait vieilli. — Comme toi !* ◆ (sans compl.) *Tu as vu, elle ne m'a pas adressé la parole de la soirée. — Oui, j'avais remarqué.*
II. (sujet qqn) **remarquer qqn, qqch** *Où est François ? — Il est parti sans qu'on le remarque.* ● *Tu as remarqué ma nouvelle voiture ? — Oui, tu l'as depuis quand ?* ◆ **se faire remarquer** *Tâche de ne pas trop te faire remarquer au cours de la réunion.* ◆ (sujet qqn, qqch) **être remarqué** *Ta nouvelle robe a été très remarquée, tout le monde l'a admirée.*
III. (sujet qqn) **faire remarquer à qqn que** + ind. *Je te fais remarquer que je n'ai rien dit.* ◆ [emphase] **remarque !** *Tu as mauvaise mine ! — Toi aussi, remarque !*

   **S. 1.** *Remarquer* qqch (sens I) a pour syn. courant VOIR ; les autres syn. sont OBSERVER,

CONSTATER, NOTER, APERCEVOIR. Sans compl., *j'ai remarqué* a pour syn. J'AI VU, JE M'EN SUIS RENDU COMPTE, J'AI NOTÉ. — **2.** *Remarquer* qqn (ou son attitude), qqch (sens II), c'est les DISTINGUER parmi d'autres, y faire attention. *Se faire remarquer* est souvent péjor. et syn. de SE SINGULARISER (soutenu) ou parfois SE FAIRE REPÉRER. Qqch, qqn qui *est remarqué*, c'est qqch, qqn à quoi ou à qui on fait attention, qui est regardé, commenté. — **3.** *Faire remarquer* (sens III), c'est FAIRE UNE REMARQUE À qqn ou lui FAIRE LA REMARQUE DE qqch. Il est syn. de SIGNALER (QUE). *Remarque !* appuie une affirmation.

**rembarquer** → EMBARQUER L.

**rembourser** [rãburse] v. t. (conj. **1**)
(sujet qqn) **rembourser qqn** *Tu peux me prêter cent francs ? Je te rembourserai demain.*
◆ **rembourser qqch** [argent, prix] **(à qqn)**

*Paul m'a remboursé les mille francs qu'il me devait.* • *Le spectacle n'ayant pas eu lieu, les places seront remboursées.*

**S.** *Rembourser qqn*, c'est rendre à qqn l'argent qu'on lui a emprunté et qu'il a avancé ou prêté. *Rembourser un achat, une place*, etc., c'est rendre à qqn la somme d'argent qu'il avait DÉBOURSÉE ou payée pour cet achat, pour cette place.
**L. remboursement** (n. m.) Obtenir de se faire rembourser une place de théâtre → *obtenir le remboursement d'une place de théâtre*.

**remède** [rəmɛd] n. m.
I. [produit] *Elle prend toutes sortes de remèdes, pour la gorge, pour le foie, pour la tête, et pourtant elle n'est pas malade.*
II. [abstrait] *N'y a-t-il aucun remède au problème du chômage? Ne peut-on rien faire?*

**S. 1.** *Remède* (sens I) est un syn. soutenu de MÉDICAMENT. — **2.** Un *remède* (sens II), c'est un moyen, une solution qui permet d'arranger une situation, d'y REMÉDIER.
**L. remédier**, v. ce mot.

**remédier** [rəmedje] v. t. ind. (conj. 2) (sujet qqch, qqn) **remédier à qqch (abstrait)** *Que faire pour remédier à une situation si catastrophique?*

**S.** *Remédier à*, c'est trouver un REMÈDE (sens II) à qqch. PALLIER (soutenu), ARRANGER sont des syn.
**L. irrémédiable** (adj.) *C'est une perte irrémédiable* (← à laquelle on ne peut remédier).

**remercier** [rəmɛrsje] v. t. (conj. 2) (sujet qqn) **remercier qqn (de, pour qqch** ou **de** + **inf.)** *Tu peux remercier Paul, il nous a bien aidés.* • *Oh! que c'est gentil! Je ne sais pas comment vous remercier!* • *Je vous remercie de vous être occupé de mon cas.*

**S.** *Remercier* a pour syn. DIRE MERCI, ADRESSER SES REMERCIEMENTS, TÉMOIGNER DE LA RECONNAIS-

SANCE À (soutenu). *Je vous remercie (de, pour)* a pour syn., soutenu et plus fort, JE VOUS SUIS RECONNAISSANT (DE, POUR) et il a le sens soit d'une acceptation, soit d'un refus poli.
**L. remerciement** (n. m.) *Il a envoyé une lettre pour remercier* → *il a envoyé une lettre de remerciement.*

**remettre** [rəmɛtr] v. t. (conj. **46**)
I. (sujet qqn) **remettre qqch [objet, matière, etc.] (qqpart)** *J'ai remis ton livre à sa place sur la table.* • *Paul, remets un disque, s'il te plaît.* • *Il n'y a pas assez d'eau dans le vase, il faudrait en remettre un peu.* ◆ **remettre qqch, qqn à (en)** + n. *Impossible de remettre le moteur en marche!* ◆ **remettre un vêtement** *Jean a essayé de remettre son costume de l'année dernière, mais il ne lui va plus.*
II. (sujet qqn) **remettre un objet à qqn** *Pouvez-vous remettre ce paquet à M. Dubois? — Oui, je le vois ce soir.* • *Tu n'oublieras pas de me remettre les clés de la voiture, j'en ai besoin demain.*
III. (sujet qqn) **remettre qqch (abstrait) à** + **n. de temps** *Il ne faut pas remettre au lendemain ce qu'on peut faire le jour même.*

• *Le rendez-vous a été remis à un autre jour : Paul était pris lundi.*
IV. (sujet qqn) **se remettre, être remis (d'une maladie, d'une émotion)** *Après un séjour à la montagne, tu seras complètement remise.* • *Alors, tu t'es remise de tes émotions? — Non, j'en tremble encore.*
V. (sujet qqn) **se remettre à** + **n.** ou **inf.** *Paul s'est remis au tennis, ça faisait un an qu'il n'avait pas joué.* • *Tu te remets à fumer? Je croyais que c'était terminé.*

**S. 1.** *Remettre* (sens I), c'est METTRE DE NOUVEAU. *Remettre qqch qqpart*, c'est l'y REPLACER.
— **2.** *Remettre un objet à* qqn (sens II), c'est le lui RAPPORTER, le lui RENDRE ou le lui LAISSER.
— **3.** *Remettre qqch* (sens III), c'est le REPORTER, le RENVOYER À PLUS TARD, le RETARDER ou

# REMONTER

l'AJOURNER (soutenu). — **4.** *Se remettre* (sens IV) est syn. de SE RÉTABLIR, GUÉRIR (plus fort). — **5.** *Se remettre à* (sens V) est syn. de RECOMMENCER qqch ou à + inf., REPRENDRE qqch.
**L. remise** (n. f.) [sens I, II et III] Quand est-ce qu'on va remettre l'entreprise en marche ? → *à quand la remise en marche de l'entreprise ?*

**remonter** [rəmɔ̃te] v. i. et v. t. (conj. **1**)
I. [v. i. ; auxil. *être*] (sujet qqn) **remonter (qqpart)** *Marie a oublié son sac, elle est remontée le chercher.* ● *Allez, les enfants ! Remontez dans la voiture, on s'en va.* ◆ [auxil. *avoir*] (sujet la température, les prix) *La météo annonce que, dès demain, les températures remonteront.* ● *Les prix ont nettement remonté ce mois-ci par rapport au mois dernier.* ◆ [v. t.] (sujet qqn) **remonter une côte, des escaliers** *On a aidé Paul à déménager, je ne sais pas combien de fois on a pu descendre et remonter les escaliers !* ● *Descendre la côte à bicyclette, c'est facile ; maintenant, il va falloir la remonter !* ◆ **remonter qqch (objet)** *Tu sors ? Tu peux me remonter des cigarettes ?*
II. [v. i.] (sujet qqch [abstrait]) **remonter à + n. de temps** *Cette chanson remonte aux années 60 ?* ● *Cette histoire remonte au temps où nous étions encore étudiants.*
III. [v. t.] (sujet qqch) **remonter qqn** *Tiens,*

*bois un peu, ça va te remonter !* ◆ (sujet qqn, qqch) **remonter le moral à, de qqn** *Il était triste. J'ai essayé de lui remonter le moral.*
IV. [v. t.] (sujet qqn) **remonter un mécanisme** *Mon réveil n'a pas sonné ce matin, j'avais oublié de le remonter !* ● *Cette montre ne se remonte pas : elle est électrique.*

**S. 1.** *Remonter* (sens I), c'est MONTER DE NOUVEAU ou AUGMENTER après être descendu. Il s'oppose, comme v. i., à REDESCENDRE en parlant d'une personne, à BAISSER en parlant de la température, des prix. — **2.** *Remonter à* (sens II), seulem. au prés. ou à l'imparf., est syn. de DATER DE, AVOIR POUR ORIGINE, POUR DÉBUT. — **3.** *Remonter qqn* (sens III) a pour syn. RÉCONFORTER, REMETTRE EN FORME ou RETAPER (fam.). *Remonter le moral à, de qqn*, c'est le RÉCONFORTER, lui DONNER DU COURAGE, lui CHANGER LES IDÉES (moins fort). — **4.** *Remonter un mécanisme* (sens IV), c'est le faire fonctionner en tournant une clé, un bouton.
**L. remontant** (n. m.) [sens III] Il prend quelque chose pour se remonter → *il prend un remontant.*

**remords** [rəmɔr] n. m.
[sentiment] *On lui a demandé s'il éprouvait des remords après avoir commis cet acte affreux, eh bien pas du tout, il avait l'air indifférent.* ● *Et croyez bien que je pars sans remords.*

**S.** *Remords* a pour syn. moins fort REGRET. Le *remords* est le sentiment qu'on a quand on regrette fortement un acte qu'on a commis et qui est jugé mauvais.

**remplacer** [rɑ̃plase] v. t. (conj. **3**)
I. (sujet qqn) **remplacer qqch** *Zut ! J'ai cassé le carreau de la fenêtre de la cuisine : il va falloir le remplacer !* ● *Je vais remplacer les rideaux du salon : ils ne me plaisent plus du tout !*
II. (sujet qqn, qqch) **remplacer qqn, qqch** *Pierre est gentil, il m'a proposé de me remplacer pendant que je serai absente.* ● *Rien ne peut remplacer un bon café le matin.*

**S. 1.** *Remplacer* (sens I), c'est mettre une chose à la PLACE d'une autre, changer qqch pour qqch d'autre. — **2.** *Remplacer* (sens II), en parlant de qqn, c'est PRENDRE LA PLACE DE qqn, lui SUCCÉDER ou le RELAYER. En parlant de qqch, le syn. est TENIR LIEU DE, SE SUBSTITUER À (soutenus).
**L. remplaçant, e** (n.) [sens II] Elle remplace la secrétaire → *c'est la remplaçante de la secrétaire.* ◆ **remplacement** (n. m.) [sens I] Il est nécessaire de remplacer les pneus → *le remplacement des pneus est nécessaire.* ◆ [sens II] Vous remplacez le professeur Legrand ? → *vous assurez le remplacement du professeur Legrand ?*
◆ **irremplaçable** (adj.) [sens II] Personne ne peut la remplacer ! → *elle est irremplaçable !*

**remplir** [rɑ̃plir] v. t. (conj. **15**)
I. (sujet qqn) **remplir qqch (récipient) de qqch** *Prends une casserole et remplis-la d'eau : on va faire cuire du riz.* ● *Oh dis ! Tu remplis trop mon verre, je ne boirai pas tout ce vin !*
II. (sujet des choses, des personnes) **remplir qqch (lieu, objet)** *Les nouvelles de la*

*crise remplissent la première page des journaux.* • *Oh! Fais donc attention! Ta lettre est remplie de fautes d'orthographe!* • *L'église était remplie pour le mariage de Catherine!*
III. (sujet qqn) **remplir des papiers, des formalités** *C'est pour un carte d'identité? Bon : remplissez ces papiers en indiquant votre nom, votre prénom, votre adresse.*
IV. (sujet qqn) **remplir qqn de qqch (sentiment)** *La nouvelle de son retour m'a rempli de joie.*

**S. 1.** *Remplir* qqch (sens I), c'est mettre un liquide, une matière, des objets dans un réci-

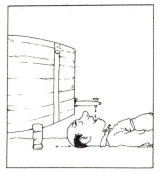

pient jusqu'à ce qu'il soit plein. Il a pour contr. VIDER. — **2.** *Remplir* (sens II), c'est OCCUPER ENTIÈREMENT ; ENVAHIR en un syn. plus fort. *Être rempli* est syn. de ÊTRE PLEIN, BOURRÉ (fam.), BONDÉ (seulement pour un lieu). — **3.** *Remplir des papiers* (sens III), c'est y inscrire les renseignements nécessaires, les COMPLÉTER. *Remplir des formalités*, c'est, dans un cadre administratif, faire toute une série d'actions nécessaires pour obtenir qqch. — **4.** *Remplir* qqn de qqch (sens IV) a des syn. qui varient avec le compl. : *remplir de joie* → RÉJOUIR ; *remplir de chagrin* → CHAGRINER ; *remplir de tristesse* → ATTRISTER.

**remporter** [rɑ̃pɔrte] v. t. (conj. 1)
I. (sujet qqn) **remporter un objet (qqpart)** *Tu as fini de manger? Je peux remporter ton assiette à la cuisine?* • *Ce poste que vous m'avez livré ne marche pas, remportez-le pour le réparer!*
II. (sujet qqn, qqch) **remporter un match, un succès** *Qui a remporté le match de tennis samedi?* • *Je ne trouve pas ce livre très bon, je me demande pourquoi il a remporté un tel succès!*

**S. 1.** *Remporter* (sens I), c'est EMPORTER un objet qu'on avait apporté ; il a pour syn.

REPRENDRE. — **2.** *Remporter un match, une victoire* (sens II) a pour syn. GAGNER ; *remporter un prix, un succès* a pour syn. OBTENIR.

**remuer** [rəmɥe] v. t. (conj. 2)
I. (sujet qqn) **remuer un objet** *Cette armoire est trop lourde, on ne pourra la remuer que si on enlève toutes les affaires qui sont dedans.* ◆ **remuer qqch (matière, liquide, etc.)** *Tiens, prends cette cuillère pour remuer ton café.* • *Après y avoir mis l'huile et le vinaigre, on remue la salade.*
II. (sujet qqn, un animal) **remuer (une partie du corps)** *Le chien remue la queue quand il est content.* • *Arrête de remuer comme ça sur ta chaise, tiens-toi bien!* ◆ (sujet qqn) **se remuer** *Remue-toi un peu, paresseux!*

**S. 1.** *Remuer un objet* (sens I) a pour syn. courant BOUGER et, selon la nature de l'objet, TIRER, POUSSER ou SOULEVER. *Remuer un aliment, un liquide*, c'est le TOURNER. — **2.** *Remuer une partie du corps* (sens II) a pour syn. BOUGER, par oppos. à RESTER IMMOBILE. *Se remuer* ou *remuer* (sans compl.) ont pour syn. S'AGITER, SE DÉMENER.
**L. remuant, e** (adj.) [sens II] *C'est un enfant qui remue beaucoup* → *c'est un enfant très remuant.*

**rémunérer** [remynere] v. t. (conj. 12)
(sujet qqn) **rémunérer qqn, son travail** *Et vous avez accepté de faire ce travail sans être rémunéré?*

**G.** Ce verbe s'emploie souvent au passif.
**S.** *Rémunérer* (sens technique et administratif) a pour syn. PAYER (pour un travail, un service). RÉTRIBUER est un syn. soutenu.
**L. rémunérateur, trice** (adj.) *C'est une occupation rémunérée* → *c'est une occupation rémunératrice.* ◆ **rémunération** (n. f.) On l'a

largement rémunéré pour ce travail → *il a touché une importante rémunération pour ce travail.*

**renard** [rənar] n. m.
[animal] *Le renard et l'ours sont beaucoup plus que des animaux pour les enfants ; ce sont les personnages de nombreux récits : le renard est toujours rusé, l'ours un peu lent.*

**S.** Le *renard* est un animal à museau pointu et à queue longue, qui détruit beaucoup d'oiseaux et de petits mammifères. La femelle est la RENARDE, les petits sont les RENARDEAUX.

**rencontre** [rãkɔ̃tr] n. f.
[action, qqn, et résultat] *Les deux chefs d'État se sont serré la main, et les journalistes ont tous photographié cette rencontre unique dans l'histoire.* • *Nous espérons beaucoup de la rencontre des syndicats et des patrons.* • *En football, la rencontre Saint-Étienne-Nice a été suivie par de très nombreux spectateurs.* • *Ne sors pas seule la nuit, tu pourrais faire une mauvaise rencontre.* ◆ **à la rencontre de qqn** *Je sors, je vais à la rencontre de papa.*

**S. 1.** Une *rencontre* est le fait pour plusieurs personnes de SE RENCONTRER, de se trouver en présence ou en contact. Les syn. sont ENTREVUE quand il s'agit de personnalités, MATCH quand il s'agit d'équipes. *Faire une, des rencontres*, c'est RENCONTRER des gens, FAIRE DES CONNAISSANCES ; *faire une mauvaise rencontre*, c'est RENCONTRER qqn de dangereux. — **2.** *Aller à la rencontre de* qqn a pour syn. ALLER AU-DEVANT DE lui, ALLER le REJOINDRE.

**rencontrer** [rãkɔ̃tre] v. t. (conj. **1**)
(sujet qqn) **rencontrer qqn** *Devine qui j'ai rencontré tout à l'heure ? Jacques !* • *Je connais de vue ce monsieur, nous nous rencontrons tous les matins à la gare.* • *Les employés veulent rencontrer leur patron pour discuter de leurs problèmes.* ◆ **rencontrer une équipe** *Quand est-ce que l'équipe de France rencontre le pays de Galles en rugby ?* ◆ **rencontrer qqch (abstrait)** *Ne soyez pas découragé par les premières difficultés rencontrées, tout s'arrangera.*

**S.** *Rencontrer* qqn a pour syn. fréquent VOIR, et, plus précisément, quand c'est par hasard, TOMBER SUR. Si on *rencontre* qqn sans lui parler, on le CROISE. Quand on se *rencontre* pour la première fois, le syn. est FAIRE SA CONNAISSANCE. Si on *rencontre* qqn en vue d'un dialogue, d'une discussion, le syn. est AVOIR UNE ENTREVUE AVEC. En termes sportifs, *rencontrer une équipe*, c'est FAIRE UN MATCH CONTRE elle. *Rencontrer des difficultés* a pour syn. TROUVER, SE HEURTER À (soutenu).
**L. rencontre**, v. ce mot.

**rendez-vous** [rãdevu] n. m.
[action, qqn, et résultat] *Le docteur ne reçoit que sur rendez-vous.* • *J'ai perdu le carnet où je note tous mes rendez-vous.* • *Qui est arrivé le premier au rendez-vous, Pierre ou toi ?* • *Pierre a rendez-vous avec*

*Alain vendredi à 5 heures au café de la Poste.* • *Alors tu as pris rendez-vous avec le docteur ? — Oui, il m'a donné rendez-vous cet après-midi à 15 heures.*

**G.** En langue courante, *rendez-vous* s'emploie le plus souvent sans article, avec les verbes DONNER, AVOIR, PRENDRE, FIXER.
**S.** Un *rendez-vous* détermine l'heure et le lieu où l'on doit rencontrer qqn. Il désigne aussi le lieu de la rencontre.

**rendormir (se)** → ENDORMIR L.

**rendre** [rãdr] v. t. et auxil. (conj. **41**)
I. [v. t.] (sujet qqn) **rendre qqch, qqn à qqn** *Pierre t'a rendu le livre que tu lui avais prêté ? — Non, il veut le garder encore une semaine.* • *Tu as rendu à François les cent francs que tu lui as empruntés ?* • *Toute la ville est inquiète : on se demande quand le bandit va rendre l'enfant à ses parents.* • *Tu ne vas pas te laisser faire comme ça ! Rends-lui les coups qu'il te donne !* • *André n'aime pas Jacqueline, mais elle le lui rend bien.*
II. [v. t.] (sujet qqn) **rendre (son repas)** *Il a trop bu et trop mangé, c'est pour ça qu'il*

*a rendu.* ● *Papa, tu peux arrêter la voiture ? J'ai envie de rendre.*
III. [v. t. opérateur] (sujet qqn, qqch) **rendre + n. (sans article)** *Tu te rends compte qu'on est déjà à la fin des vacances ?* ● *Il m'a rendu service ; aussi je lui dois bien ça.*
IV. [auxil. (factitif)] (sujet qqch, qqn) **rendre qqch, qqn + adj.** *Ce livre est excellent, il vous rendra célèbre !* ● *Venez à la cuisine si vous voulez vous rendre utile.* ● *Les Durand font des travaux pour rendre leur maison plus confortable.*
V. [v. pr.] (sujet qqn) **se rendre qqpart** *Je suis désolée, je n'ai pas pu me rendre à votre réunion, j'étais malade.*

**S. 1.** Au sens I, on rend qqch (concret) qui a été prêté, qu'on a emprunté, pris, qu'on doit. Les syn. sont RAPPORTER, REMETTRE ; *rendre de l'argent* qu'on a emprunté a pour syn. REMBOURSER. On rend qqn dont on s'est emparé (par la force) ou dont on a provisoirement la garde ; le syn. est RAMENER. Dans tous ces cas, *rendre* a pour syn. soutenu RESTITUER et s'oppose à GARDER ou à CONSERVER (seulement en parlant de qqch). *Rendre* qqch (abstrait) indique une réciprocité, un échange. On *rend* ce qu'on REÇOIT, ce par quoi on est atteint. — **2.** *Rendre* (sens II) est fam. ; il a pour syn. soutenu VOMIR. On *rend* après avoir eu mal au cœur, avoir eu la nausée. — **3.** Au sens III, *rendre* est un verbe opérateur des noms sans article de loc. verbales équivalentes à un verbe (*se rendre compte* = CONSTATER ; *rendre visite* = ALLER VOIR ; *rendre service* = AIDER ; etc.). — **4.** Au sens IV, *rendre* est un auxil. ; il introduit un attribut du compl. d'objet et peut être équivalent à un verbe dérivé de l'adj. (*rendre une maison plus grande* → AGRANDIR UNE MAISON ; *rendre nerveux* → ÉNERVER ; *rendre clair* → ÉCLAIRCIR). — **5.** *Se rendre dans un lieu* (sens V) a pour syn. ALLER.

**renfermé, e** [rɑ̃fɛrme] adj. (après le n.) (se dit de qqn) *Non, il parle peu et ne se lie pas facilement, c'est un garçon très renfermé, tu sais.*

**S.** *Renfermé* se dit de qqn qui cache ou dissimule ses sentiments ; il a pour syn. SECRET (non péjor.) et pour contr. OUVERT, EXPANSIF.

**renfermer** [rɑ̃fɛrme] v. t. (conj. 1) (sujet qqch) **renfermer qqch** *Que pouvait bien renfermer cette boîte qu'elle emportait partout avec elle ?*

**S.** *Renfermer* a pour syn. CONTENIR.

**renforcer** [rɑ̃fɔrse] v. t. (conj. 3) (sujet qqch, qqn) **renforcer qqch, un groupe** *Nous faisons appel à vous pour venir renforcer notre équipe.*

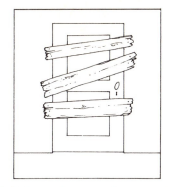

**S.** *Renforcer*, c'est rendre plus FORT, CONSOLIDER (en parlant d'un objet) ou AUGMENTER par sa présence un groupe de personnes.
**L. renforcement** (n. m.) *Ces nouvelles recrues ont permis au syndicat de se renforcer* → *ces nouvelles recrues ont permis le renforcement du syndicat.* ◆ **renfort** (n. m.) *Va chercher du renfort* (← *des personnes pour renforcer un groupe*).

**renommé, e** [rənɔme] adj. (après le n.) (se dit de qqn, de qqch [lieu, action]) *La Bourgogne est renommée pour ses vins.* ● *C'est un savant renommé à l'étranger ; en France il est moins connu.*

**S.** *Renommé* (soutenu) a pour syn. CÉLÈBRE, RÉPUTÉ (moins fort).
**L. renommée** (n. f.) *C'est un savant renommé dans le monde* → *c'est un savant de renommée mondiale.* ◆ **renom** (n. m.) *Ce restaurant est renommé* → *ce restaurant a un renom.*

**renoncer** [rənɔ̃se] v. t. ind. (conj. 3) (sujet qqn) **renoncer à qqch, à + inf.** *Les Durand ont des ennuis d'argent, ils vont être obligés de renoncer à partir en vacances.* ● *Tu ne renonceras donc jamais à ce voyage ? Tu es têtu !* ◆ (sans compl.) *Mais non, c'est une très mauvaise idée que de vouloir partir ! Renonce donc.*

**S.** *Renoncer*, c'est abandonner, volontairement ou par force, un projet, une idée, un droit. Le mot s'oppose à CONTINUER, PERSISTER, PERSÉVÉRER (soutenu). *Renoncer* à quoi on tient énormément, c'est le SACRIFIER. *Renoncer*, sans compl., a pour syn. ABANDONNER, LAISSER TOMBER (fam.).
**L. renonciation** (n. f.) *Ça te coûte vraiment de renoncer à ce départ ?* → *la renonciation à ce départ te coûte vraiment ?*

**renouveler** [rənuvle] v. t. (conj. 8) (sujet qqn) **renouveler qqch (action)** *C'est*

# RÉNOVER

*un exploit que je ne crois pas pouvoir renouveler.* ◆ **renouveler un abonnement, un passeport, etc.** [*Dans un journal*] : «*Pour renouveler votre abonnement il vous suffit de nous envoyer un chèque et vos nom et adresse.*» ◆ **renouveler qqch, qqn (plur.** ou **collectif)** *Le pansement doit être renouvelé tous les jours.* • *La maison est en train de renouveler son personnel.* ◆ (sujet qqch [abstrait]) **se renouveler** *J'admets pour une fois ce retard, mais que cela ne se renouvelle plus.* ◆ (sujet qqn) **se renouveler** *C'est difficile pour un auteur de se renouveler, ce sont à peu près toujours les mêmes idées.*

**S. 1.** *Renouveler une action,* c'est la RECOMMENCER. — **2.** *Renouveler un abonnement, un passeport,* etc., c'est prolonger sa validité après expiration d'un délai. — **3.** *Renouveler des*

*choses, des personnes,* c'est en prendre de nouvelles, en CHANGER. — **4.** *Se renouveler* a pour syn. SE REPRODUIRE en parlant de qqch ; en parlant de qqn, c'est trouver de nouvelles idées.
**L. renouvellement** (n. m.) *J'ai demandé à renouveler mon abonnement* → *j'ai demandé le renouvellement de mon abonnement.*

**rénover** [renɔve] v. t. (conj. **1**)
(sujet qqn) **rénover qqch** *Tu as vu, ils ont entièrement rénové la salle du restaurant, c'est beau maintenant !*

**S.** *Rénover* (soutenu), c'est remettre à neuf, moderniser.
**L. rénovation** (n. f.) *Je n'aime plus ce quartier de Paris depuis qu'il a été rénové* → *je n'aime plus ce quartier de Paris depuis sa rénovation.*

**renseignement** [rɑ̃sɛɲ(ə)mɑ̃] n. m.
[action, qqn, et résultat] (compt.) *Quelles sont les formalités à remplir pour aller en U.R.S.S. ? — Nous allons vous donner tous les renseignements.* • *Avant d'engager cet homme, il faudrait prendre des renseignements sur lui.* • *Bonjour madame, c'est pour un renseignement : quelle est la date limite pour payer les impôts ?* ◆ [lieu] (noncompt., au plur.) *Il faut faire quel numéro pour appeler les renseignements ? — Le 12.*

**S.** *Renseignement* indique soit le fait de RENSEIGNER, de donner une information, soit cette information elle-même ; le mot a pour syn. INFORMATION, INDICATION (sauf avec *prendre*). *Avoir des renseignements sur qqch,* c'est ÊTRE RENSEIGNÉ SUR qqch ; *prendre des renseignements,* c'est SE RENSEIGNER (noter qu'avec *prendre, renseignements* est toujours au plur.) ; *donner des renseignements à* qqn, c'est le RENSEIGNER. *Les renseignements,* c'est le lieu, le service chargé de recevoir les demandes d'informations et de répondre aux questions posées.

**renseigner** [rɑ̃sɛɲe] v. t. (conj. **1**)
I. (sujet qqn) **renseigner qqn** *Savez-vous où se trouve la rue Pasteur ? — Non, mais voici un agent, il vous renseignera.* ◆ **se renseigner (sur qqch, qqn)** *Tu t'es renseigné sur lui avant d'accepter ce qu'il te propose ?* • *Il paraît que l'école organise des voyages, je vais me renseigner là-dessus.* • *Renseignez-vous toujours avant d'acheter, après c'est trop tard.*
II. (sujet qqn) **être bien, mal renseigné** *Pierre a des problèmes pour ses impôts. — Dis-lui de s'adresser à M. Legrand, il est très bien renseigné.*

**S. 1.** *Renseigner* qqn (sens I), c'est lui DONNER UN RENSEIGNEMENT. *Se renseigner* a pour syn. PRENDRE DES RENSEIGNEMENTS, S'INFORMER. — **2.** Qqn qui est *bien renseigné* (sens II) a des informations exactes, est AU COURANT.
**L. renseignement,** v. ce mot.

**rentable** [rɑ̃tabl] adj. (après le n.)
(se dit de qqch) *En ce moment, ce n'est pas rentable d'acheter un appartement, tu ferais mieux de dépenser ton argent autrement.* • *Il n'y a plus de métier rentable ! Travailler tant pour gagner si peu !*

**S.** Est *rentable* ce qui donne un bénéfice, un avantage, ce qui rapporte ; le syn. EST PAYANT ou INTÉRESSANT (d'un emploi plus large).

**rentrée** [rɑ̃tre] n. f.
[action, qqn, qqch, et résultat] *La rentrée sur Paris a été difficile : il y avait des files de voitures arrêtées !* • *Il faut acheter les livres et les cahiers pour la rentrée des classes.*

**S.** La *rentrée* désigne le fait de RENTRER (sens II), de revenir qqpart. Le mot s'oppose à DÉPART et a pour syn. RETOUR. La *rentrée*, c'est aussi la reprise des activités ; ainsi la *rentrée*

*des classes* désigne le retour des vacances et, plus particulièrement, le début de l'année scolaire, après les grandes vacances.

**rentrer** [rɑ̃tre] v. i. et v. t. (conj. **1**)
I. [v. i. ; auxil. *être*] (sujet qqn, qqch) **rentrer (dans qqch [lieu])** *Rentre ou sors, mais ne laisse pas la porte ouverte.* • *Il pleuvait, on est donc rentré dans un café.* • *Plus rien ne rentre dans ce tiroir, il est plein.* • *Ils allaient trop vite, ils sont rentrés dans un arbre.* ◆ [v. t. ; auxil. *avoir*] (sujet qqn) **rentrer qqch (qqpart)** *Tu rentres la voiture au garage ?* • *Il pleut, on va rentrer les chaises du jardin.*
II. [v. i. ; auxil. *être*] (sujet qqn) **rentrer (d'un lieu, qqpart)** *À quelle heure rentres-tu de l'école ?* • *On venait juste de rentrer à la maison quand Claude a téléphoné.* • *Le directeur est absent, il rentrera dans deux jours.* • *Les élèves rentrent en classe demain, les vacances sont finies.*

**S. 1.** *Rentrer* (sens I) est un syn. courant de ENTRER et il a pour contr. SORTIR. *Rentrer dans un arbre* a pour syn. PERCUTER un arbre (soutenu). *Rentrer qqch*, c'est le METTRE À L'INTÉRIEUR. — **2.** *Rentrer* (sens II), suivi d'un compl. indiquant la destination, a pour syn. REVENIR, RETOURNER, ÊTRE DE RETOUR (soutenu). *Rentrer en classe*, c'est REPRENDRE L'ÉCOLE.
**L. rentrée,** v. ce mot.

**renverser** [rɑ̃vɛrse] v. t. (conj. **1**)
I. (sujet qqn) **renverser qqch (objet, liquide)** *Zut ! j'ai renversé du café sur la table.* — *Ça ne fait rien : je vais essuyer.* • *Attention ! tu vas renverser ton verre et tu vas le casser.* ◆ (sujet un objet, un véhicule) **se renverser** *Il a perdu l'équilibre et tout ce* 

*qu'il portait s'est renversé par terre !* • *La voiture a raté le virage et elle s'est renversée. Heureusement il n'y a pas de blessé.* • *Il y avait trop de vent, et le bateau s'est renversé.*
II. (sujet qqn, un véhicule) **renverser qqn** *Qu'est-ce qui t'est arrivé, tu es tombé ?* — *Je me suis fait renverser par une voiture.*
III. (sujet qqn, un groupe) **renverser qqn, qqch (un pouvoir)** *Il paraît que le président a été renversé et que c'est l'armée qui a pris le pouvoir.*

**S. 1.** On *renverse* un objet quand, sans le faire exprès, on le retourne, on le met dans le mauvais sens, à l'envers. *Renverser un liquide* a pour syn. RÉPANDRE. *Se renverser* a pour syn. SE RÉPANDRE (liquide), SE RETOURNER, CAPOTER (une voiture), CHAVIRER (un bateau). — **2.** *Renverser qqn* (sens II) a pour syn. JETER À TERRE, FAIRE TOMBER. — **3.** *Renverser un gouvernement* (sens III), c'est l'obliger à démissionner.
**L. renverse (à la)** [adv.] (sens I) *Il est tombé à la renverse* (← en arrière [sur le dos], comme si on l'avait renversé).

**renvoyer** [rɑ̃vwaje] v. t. (conj. **13**)
I. (sujet qqn) **renvoyer qqch (à qqn)** *Elle ne veut plus entendre parler de lui, elle lui renvoie tous ses cadeaux et toutes ses lettres !* • *Allons, vite, renvoie le ballon.* ◆ (sujet qqn, un organisme) **renvoyer qqn (qqpart)**

*Le petit Pierre était malade, alors l'école l'a renvoyé chez lui.*
**II.** (sujet qqn) **renvoyer qqn (d'un lieu, de son travail)** *Les Durand ont renvoyé leur femme de ménage, elle n'était pas honnête.*
● *Si tu continues à ne pas travailler, tu vas te faire renvoyer de l'école.*
**III.** (sujet qqn) **renvoyer qqch (action) à un temps futur** *On n'a pas assez réfléchi à ce projet ; il faut renvoyer la discussion à plus tard.*

**S. 1.** *Renvoyer* qqch (sens I) c'est l'ENVOYER après l'avoir reçu. Il a pour syn. RETOURNER ou, plus particulièrement, RENDRE. *Renvoyer* qqn qqpart, c'est le faire retourner là d'où il vient ou le diriger vers un autre lieu. — **2.** *Renvoyer* qqn (sens II) a pour syn. EXCLURE (soutenu), METTRE À LA PORTE (fam.), CONGÉDIER, LICENCIER (de son travail). — **3.** *Renvoyer* une action, (sens III), c'est la REMETTRE à plus tard ; il a pour syn. AJOURNER, DIFFÉRER (soutenu).
**L. renvoi** (n. m.) [sens I] Il a très mal renvoyé le ballon → *le renvoi du ballon a été très mauvais.* ◆ [sens II] Pour quels motifs l'a-t-on renvoyé ? → *quels sont les motifs de son renvoi ?* ◆ [sens III] Renvoyer le projet à plus tard n'est pas une solution → *le renvoi du projet à plus tard n'est pas une solution.*

**réorganiser** → ORGANISER L.

**répandre** [repɑ̃dr] v. t. (conj. **41**)
(sujet qqch, qqn) **répandre qqch** *En montagne, quand il neige beaucoup, on répand du sel sur les routes.* ● *Le soleil répandait dans le salon une lumière rosée.* ● *Je t'avais dit cela en secret et évidemment tu t'es empressé de répandre la nouvelle.* ◆ (sujet qqch) **se répandre** *J'ai fait un faux mou-*

*vement et toute l'eau du vase s'est répandue sur son costume.* ● *Vous êtes déjà au courant ? Eh bien, les nouvelles se répandent vite dans ce village !*

**S.** *Répandre* a pour syn. VERSER en parlant d'un liquide, de grains, DIFFUSER en parlant d'un gaz, d'une lumière, EXHALER (soutenu) ou DÉGAGER en parlant d'une odeur, DIFFUSER, PROPAGER, COLPORTER (péjor.) en parlant d'une nouvelle. *Se répandre* a pour syn. COULER, SE RENVERSER en parlant d'un liquide, CIRCULER, COURIR en parlant d'une nouvelle.
**L. répandu,** v. ce mot.

**répandu, e** [repɑ̃dy] adj. (après le n.)
(se dit de qqch) *Il disait cela comme si c'était quelque chose d'original, mais c'était une idée très répandue dans notre milieu.*

**S.** *Répandu* a pour syn. COURANT, CONNU, HABITUEL et pour contr. RARE, ORIGINAL.

**réparation** [reparasjɔ̃] n. f.
[action, qqn, et résultat] *La réparation de votre montre demandera huit jours.* ● *Il y a tellement de réparations à faire sur cette*

*voiture que ça me coûterait peut-être moins cher d'en acheter une autre !* ● *Tiens ? Vous n'avez pas la télé ? — Si, mais, en ce moment, le poste est en réparation.*

**S.** *La réparation,* c'est l'action de RÉPARER un objet, un appareil qui a subi des dégâts, des dommages (soutenu), qui est abîmé.

**réparer** [repare] v. t. (conj. **1**)
(sujet qqn) **réparer un objet, un appareil** *Donne-moi des clous et un marteau, je vais réparer la porte.* ● *La télévision était en panne, on l'a donnée à réparer.* ● *J'ai fait réparer ma montre, maintenant elle marche.*

**S.** *Réparer,* c'est REMETTRE EN ÉTAT ce qui était cassé, déréglé ou simplement abîmé. ARRANGER est un syn. moins fort et plus vague.
**L. réparable** (adj.) On peut réparer la télé ? → *la télé est réparable ?* ◆ **réparation,** v. ce mot. ◆ **irréparable** (adj.) On ne peut pas réparer votre appareil → *votre appareil est irréparable.*

**reparler** → PARLER L.

**repartir** [rəpartir] v. i. (conj. **20**; auxil. *être*)
(sujet qqn) **repartir (qqpart)** *Partis à 6 heures du matin de Paris, on s'est arrêtés sur la route pour déjeuner ; on est repartis à 2 heures et on est arrivés à 7 heures du soir.* ● *Paul repart pour l'Angleterre, l'été prochain ?*

> S. *Repartir* avec une indication de temps, c'est PARTIR DE NOUVEAU après un temps d'arrêt. Avec une indication de lieu, c'est RETOURNER là où on est déjà allé ou REVENIR (À, EN).

**répartir** [repartir] v. t. (conj. **15**)
(sujet qqn) **répartir qqch (collectif ou plur.)** *Les bénéfices seront également répartis entre les employés.* ◆ **répartir des personnes** *On répartira les élèves de la classe en trois groupes.* ◆ (sujet des personnes) **se répartir qqch** *Nous allons nous répartir le travail.*

> S. *Répartir* qqch (surtout de l'argent), c'est le DISTRIBUER, le PARTAGER. *Répartir* des personnes, c'est les CLASSER, les DIVISER. *Se répartir* qqch, c'est SE LE PARTAGER.
> L. **répartition** (n. f.) On a décidé de répartir autrement le travail → *on a décidé une autre répartition du travail.*

**repas** [rəpa] n. m.
[action, qqn, et résultat] *Si on déjeunait ? — Une minute encore : le repas n'est pas prêt.* ● *Tu as demandé l'heure des repas à l'hôtel.* ● *Prépare un repas léger, je n'ai pas très faim.*

> S. Il y a trois *repas* en France : le PETIT DÉJEUNER (le matin, au lever), le DÉJEUNER (vers 13 heures), le DÎNER (vers 20 heures). Les deux repas principaux (le déjeuner et le dîner) sont composés d'une entrée ou d'un hors-d'œuvre, du plat de résistance et du dessert. Un PIQUE-NIQUE est un *repas* pris dehors, dans la nature.

**repasser** [rəpase] v. i. et v. t. (conj. **1**)
I. [v. i.] (sujet qqn) *Paul est venu ; il a dit qu'il repasserait nous voir dès que possible.* ● *Au retour, nous ne sommes pas repassés par les mêmes endroits.*
II. [v. t.] (sujet qqn) **repasser (du linge)** *Odile repasse très bien les chemises, regarde : pas un seul pli !*

> S. **1.** *Repasser* (sens I), c'est PASSER DE NOUVEAU, REVENIR là où on est déjà PASSÉ. — **2.** *Repasser* (sens II) du linge ou des vêtements fraîchement lavés ou froissés, c'est en faire disparaître les plis avec un fer à *repasser*.

> L. **repassage** (n. m.) [sens II] *Tu as fini de repasser le linge ?* → *tu as fini le repassage du linge ?*

**repeigner (se)** → PEIGNER L ; **repeindre** → PEINDRE L ; **repenser** → PENSER L.

**repentir (se)** [rəpɑ̃tir] v. pr. (conj. **20**)
(sujet qqn) **se repentir de + inf.** *Je ne me repens pas de lui avoir fait confiance : il a su achever le travail dans d'excellentes conditions.* ● *Laisse-moi tranquille, sinon tu vas t'en repentir.*

> S. *Se repentir de* + inf. est le syn. soutenu de REGRETTER + inf. ; S'EN VOULOIR DE, SE REPROCHER DE sont d'autres syn.

**répercussion** [repɛrkysjɔ̃] n. f.
[action, qqch, et résultat] *Cette décision aura de graves répercussions dans le domaine social.*

> S. *Répercussion* (soutenu) a pour syn. CONSÉQUENCE.

**répercuter (se)** [repɛrkyte] v. pr. (conj. **1**)
(sujet qqch [action, abstrait]) **se répercuter sur qqch** *La hausse du prix du pétrole va très vite se répercuter sur le prix de l'essence.*

> S. *Se répercuter sur* qqch, c'est avoir des conséquences directes sur qqch, entraîner qqch, avoir un effet sur qqch.
> L. **répercussion**, v. ce mot.

# REPÉRER

**repérer** [rəpere] v. t. (conj. 12)
I. (sujet qqn) **repérer qqch, qqn** *Nous avions repéré un avion ennemi, il nous fallait l'abattre.* • *Tais-toi, tu vas te faire repérer par le professeur.*
II. (sujet qqn) **se repérer** *J'étais perdu, la nuit tombait et je ne voyais rien qui puisse m'aider à me repérer dans cette forêt.*

**S. 1.** *Repérer* (sens I), c'est APERCEVOIR, DÉCOUVRIR, TROUVER ; *se faire repérer* a pour syn. SE FAIRE REMARQUER. — **2.** *Se repérer* (sens II), c'est S'ORIENTER grâce à des REPÈRES dans l'espace ou le temps.
**L. repère** (n. m.) [sens II] *C'est arbre-là nous servira de point de repère* (← objet permettant de se repérer).

**répéter** [repete] v. t. (conj. 12)
I. (sujet qqn) **répéter qqch (mot, phrase, etc.), que + ind.** *Tu peux répéter ta phrase ? J'ai mal entendu.* • *Je te dis et je te répète que tu as tort !* • *Je te raconte ça à toi, mais ne va pas le répéter !* ◆ **se répéter** *Ça fait dix fois que tu racontes la même histoire : tu te répètes !*
II. (sujet qqch) **se répéter** *Vous avez cassé un carreau. Ça a pour cette fois, mais que ça ne se répète pas !*
III. (sujet qqn [un acteur]) **répéter (un rôle, une pièce)** *Les acteurs ont répété la pièce pendant un mois, paraît-il.*

**S. 1.** *Répéter* ce que l'on a dit soi-même (sens I) a pour syn. REDIRE ; sans compl., les

syn. sont REPRENDRE, RECOMMENCER ; *répéter ce qu'un autre a dit* a pour syn. RACONTER, RAPPORTER. *Se répéter* (sujet qqn) est péjor. ; il a pour syn., plus fort et fam., RADOTER. — **2.** *Se répéter* (sujet qqch) [sens II] a pour syn. SE REPRODUIRE. — **3.** *Répéter un rôle, une pièce* (sens III), c'est en apprendre le texte afin de pouvoir les jouer.
**L. répétition** (n. f.) [sens I] *Vous avez répété ce mot plusieurs fois dans votre discours → il y a plusieurs répétitions de ce mot dans votre*

*discours.* ◆ [sens III] *Les acteurs ont répété pendant trois semaines → il y a eu trois semaines de répétitions.*

**répit** [repi] n. m.
[état, qqn] (compt., surtout au sing.) *Ses douleurs ne lui laissent pas un moment de répit, il souffre sans arrêt.* • *Paul va s'accorder un peu de répit : il part se reposer une semaine à la campagne.* ◆ **sans répit** *Elle a travaillé sans répit durant des mois à ce projet et vous ne voulez même pas le lire.*

**S.** Le *répit* est un arrêt momentané d'une souffrance physique ou morale, d'une chose pénible à supporter : en ce sens, le syn. savant est RÉMISSION. C'est aussi le temps de REPOS, de DÉTENTE.

**replacer** → PLACER L ; **replanter** → PLANTER L.

**replier** [rəplije] v. t. (conj. 2)
I. (sujet qqn) **replier qqch** *Tu pourrais replier ton journal quand tu as fini de le lire !* ◆ (sujet qqch) **se replier** *C'est un couteau dont la lame se replie.*
II. (sujet une troupe, une armée) **se replier** *Le général ordonna à ses troupes de se replier, il n'y avait plus aucun espoir de gagner la bataille.*
III. (sujet qqn) **se replier sur soi-même** *Depuis la mort de sa femme, il ne sort plus, ne parle plus à personne, il s'est complètement replié sur lui-même.*

**S. 1.** *Replier* (sens I), c'est PLIER de nouveau ce qui était DÉPLIÉ. *Se replier*, c'est SE PLIER pour se fermer. — **2.** *Se replier* (sens II) a pour syn. BATTRE EN RETRAITE, RECULER. — **3.** *Se replier sur soi-même* (sens III) a pour syn. SE RENFERMER.
**L. repli** (n. m.) [sens II] *Il ordonna de se replier → il ordonna le repli.*

**répliquer** [replike] v. t. (conj. 1)
(sujet qqn) **répliquer qqch, que + ind. (à qqn)** *Et quand elle lui a dit ça, il a répliqué qu'il s'en moquait.*

**S.** *Répliquer* (soutenu), c'est RÉPONDRE vivement. RÉTORQUER et RIPOSTER sont des syn. soutenus.
**L. réplique** (n. f.) *C'était un argument sans réplique* (← auquel on ne pouvait rien répliquer).

**répondre** [repɔ̃dr] v. t. et v. t. ind. (conj. 41)
I. [v. t.] (sujet qqn) **répondre (qqch, que + ind.) [à qqn, à qqch]** *Quand il m'a demandé*

si je voulais venir, je n'ai vraiment pas su quoi lui répondre. ● Ça fait une semaine que je lui ai écrit, elle ne m'a toujours pas répondu. ● Paul a répondu qu'il ne pouvait pas venir.
II. [v. t. ind.] (sujet qqch [abstrait]) **répondre à qqch (abstrait)** *Crois-tu vraiment que ces mesures répondent à l'attente du pays?*

**S. 1.** *Répondre* (sens I), c'est faire connaître sa pensée, donner une RÉPONSE à qqn, à la suite d'une question orale ou écrite ou à la suite d'une lettre. *Répondre par oral* a pour syn. DIRE, RÉPLIQUER et RIPOSTER ou RÉTORQUER (qui

supposent tous les deux une réponse rapide); c'est l'inverse de DEMANDER, INTERROGER, QUESTIONNER. *Répondre par écrit* a pour syn. ÉCRIRE (en retour). — **2.** *Répondre à* (sens II) a pour syn. CORRESPONDRE À, CONCORDER AVEC (soutenu).
**L. réponse** (n. f.) [sens I] Il a répondu négativement à votre lettre → *sa réponse à votre lettre a été négative.*

**reportage** [rəpɔrtaʒ] n. m.
[action, qqn, et résultat] *Ce journaliste a fait plusieurs reportages en Chine, vous pourrez les lire dans notre journal à partir de lundi prochain.*

**S.** Un *reportage* est un ensemble d'informations transmises par un journaliste sur un événement, un match, une situation politique, etc.; il peut être écrit (article de journal) ou parlé (émission de radio, retransmission à la télévision).
**L. reporter** [rəpɔrtɛr] (n. m.) Qui fait le reportage du match? → *qui est le reporter du match?*

**reporter** [rəpɔrte] v. t. (conj. **1**)
I. (sujet qqn) **reporter qqch (événement)** [à + n. de date] *Nous sommes dans l'obligation de reporter cette émission à la semaine prochaine.*
II. (sujet qqn) **reporter qqch (sentiment) sur qqn, qqch** *Toute l'ambition qu'il avait eue dans sa jeunesse, il la reportait maintenant sur ses enfants.*
III. (sujet qqn) **se reporter + n. de temps** *Reportez-vous vingt ans en arrière et essayez de vous souvenir.* ◆ **se reporter à un texte** *Pour comprendre cette question, reportez-vous au chapitre III de votre livre de grammaire.*

**S. 1.** *Reporter* (sens I) a pour syn. REMETTRE, RENVOYER. — **2.** *Reporter un sentiment sur qqn, qqch* (sens II), c'est faire PORTER ce sentiment sur qqn, qqch d'autre. — **3.** *Se reporter* (sens III), c'est se transporter par la pensée dans le passé. *Se reporter à* a pour syn. SE RÉFÉRER À, ALLER VOIR, CONSULTER.

**repos** [rəpo] n. m.
[action, qqn, et résultat] (compt., surtout au sing.) *Tu aurais besoin d'un peu de repos, je trouve que tu as très mauvaise mine!* ● *Aujourd'hui, c'est mon jour de repos, je ne travaille pas.*

**S.** Le *repos*, c'est le fait de SE REPOSER; il

s'oppose au TRAVAIL et, en ce sens, il a pour syn. soit DÉTENTE, LOISIRS, DÉLASSEMENT, soit CONGÉ, VACANCES. Il s'oppose aussi à la FATIGUE et, en ce sens, il a pour syn., plus fort, SOMMEIL. Il s'oppose enfin à une ACTIVITÉ quelconque et, en ce sens, il a pour syn. RÉPIT, TRANQUILLITÉ, PAIX.

**reposer** [rəpoze] v. t. ind. et v. t. (conj. **1**)
I. [v. t. ind.] (sujet qqch) **reposer sur qqch (abstrait)** *L'accusation ne repose sur aucune preuve, il faudra bien mettre en liberté cet innocent.*
II. [v. t.] (sujet qqch) **reposer qqn** *Ce séjour à la campagne m'a bien reposée.* ◆ (sujet

qqn) **se reposer** *Paul est très fatigué, il a besoin de se reposer.* ● *Repose-toi un instant, je vais te remplacer.*

**S. 1.** *Reposer sur qqch* a pour syn. ÊTRE ÉTABLI, FONDÉ, BASÉ SUR. — **2.** *Reposer qqn*, c'est le DÉLASSER. *Se reposer,* c'est PRENDRE DU REPOS après une fatigue. Les syn. sont SE DÉTENDRE, SE DÉLASSER, SE RELAXER (plus fort).
**L. reposant, e** (adj.) [sens II] *Nous avons passé des vacances qui nous ont reposés* → *nous avons passé des vacances reposantes.*
◆ **repos**, v. ce mot.

**repousser** [rəpuse] v. t. (conj. 1)
I. (sujet qqn) **repousser un objet** *Tiens! les meubles ne sont pas à la même place qu'avant! — Oui, on a repoussé la bibliothèque contre le mur.* ◆ **repousser une date** *Il n'y a pas de place dans le train, on doit repousser la date de notre départ.*
II. (sujet qqn) **repousser qqch (abstrait)** *Il va y avoir une grève : le patron a repoussé toutes les revendications des syndicats.* ◆ **repousser qqn** *On les a repoussés*

*à l'entrée du théâtre parce qu'ils n'étaient pas en tenue de soirée.*

**S. 1.** *Repousser* (sens I) a pour syn. RECULER, POUSSER ; *repousser une date* a pour syn. RECULER, RETARDER et pour contr. AVANCER. — **2.** *Repousser une offre, une demande* (sens II) a pour syn. REFUSER, ÉCARTER, REJETER, et pour contr. ACCEPTER, ADMETTRE, RETENIR, AGRÉER (soutenu) ; *repousser qqn* a pour syn. REFOULER, RENVOYER.

**reprendre** [rəprɑ̃dr] v. t. et v. i. (conj. 43)
I. [v. t.] (sujet qqn) **reprendre qqch (objet), qqn** *N'oubliez pas de reprendre votre parapluie en partant.* ● *Merci, je n'ai plus besoin de ton stylo, reprends-le.* ● *Je reprends le même avocat, il m'avait bien défendu la première fois.* ◆ **reprendre un objet (à qqn)** *La maison ne reprend ni n'échange les disques vendus.* ● *Le garagiste me reprend ma voiture, à condition que j'en achète une neuve.* ◆ **reprendre d'un aliment, d'une boisson** *Vous reprenez un peu de viande ? — Non, merci, je n'ai plus faim.* ● *Je reprendrais bien du café. Il y en a encore ?* ◆ **reprendre des forces** *Le malade commence à reprendre des forces : il a un peu marché dans sa chambre.*
II. [v. t.] (sujet qqn) **reprendre qqch (action, état)** *Après avoir élevé ses enfants, elle a repris ses études.* ● *Reprenons les faits à leur point de départ.* ● *Les ouvriers en grève ont repris leur travail.*
◆ [v. i.] (sujet qqch [action, état]) *Malgré la crise économique, les affaires reprennent dans cette entreprise.* ● *Après une grève de trois semaines, le travail a repris.*

**S. 1.** *Reprendre qqch* (sens I), c'est le PRENDRE de nouveau. On *reprend un objet* qu'on avait laissé, oublié chez qqn ou donné, prêté à qqn. Il a pour syn. REMPORTER. On *reprend une personne* qu'on avait quittée, laissée, quand on fait appel de nouveau à elle. *Reprendre qqch à qqn*, c'est, pour le vendeur, racheter ce qu'il a vendu à son client ou lui rembourser le prix d'une marchandise. *Reprendre d'un aliment, d'une boisson* a pour syn. SE SERVIR DE NOUVEAU. *Reprendre des forces*, c'est retrouver les forces qu'on avait perdues ; le syn. est SE REMETTRE (après une maladie). — **2.** *Reprendre une occupation, un travail* (sens II), c'est S'Y REMETTRE. Les contr. sont INTERROMPRE et CESSER (plus fort). Comme v. i., il a pour syn. RECOMMENCER.
**L. reprise**, v. ce mot.

**représentation** [rəprezɑ̃tasjɔ̃] n. f.
[action, qqn, et résultat] *Normalement ils ne jouent que le soir, mais comme lundi est férié, il y aura une représentation exceptionnelle l'après-midi.*

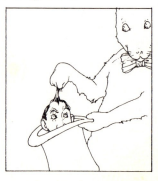

S. Une *représentation*, c'est le fait de présenter un spectacle au public sur scène (théâtre, cirque, danse). Selon le moment de la journée, les syn. sont MATINÉE (vers 15 h) ou SOIRÉE (20 h ou 21 h).

**représenter** [rəprezɑ̃te] v. t. (conj. 1)
I. (sujet qqch, qqn) **représenter qqch, qqn** *La photo représente le château vu de côté.* • *Je ne comprends pas ce que le peintre a voulu représenter dans ce tableau.*
II. (sujet qqn) **se représenter qqch, qqn** *Tu ne peux pas te représenter ce qu'a été cet accident. C'était affreux.* • *Cette rencontre, qu'est-ce que ça a été pénible ! — Oh, je me représente tout à fait Paul en train de te dire qu'il regrettait !*
III. (sujet qqch) **représenter qqch (abstrait)** *Cet achat représente pour eux une très grosse somme d'argent, tu sais.* • *Ce travail représente des années d'efforts.*

S. 1. *Représenter* qqch (sens I), c'est le REPRODUIRE, le FIGURER, le MONTRER, l'INDIQUER, le DÉCRIRE par une copie, un dessin, un symbole, etc. — 2. *Se représenter* qqch, qqn (sens II), c'est SE L'IMAGINER ; SE FIGURER est un autre syn. — 3. *Représenter* (sens III) a pour syn. CORRESPONDRE À, ÉQUIVALOIR À (soutenu).

**réprimer** [reprime] v. t. (conj. 1)
I. (sujet qqn) **réprimer qqch (sentiment, attitude)** *Il ne put réprimer un sourire d'ironie malgré son désir de cacher ses sentiments.*
II. (sujet qqn, une institution) **réprimer qqch (action)** *La révolte fut vite réprimée par les forces de l'ordre.*

S. 1. *Réprimer* (sens I) [soutenu] a pour syn. CONTENIR, REFOULER, RÉFRÉNER. — 2. *Réprimer* (sens II) [soutenu] a pour syn. ÉTOUFFER.
L. **répression** (n. f.) [sens II] *Nous réprimerons sévèrement les fraudes fiscales* → *la répression des fraudes fiscales sera sévère.*
◆ **irrépressible** (adj.) [sens I] *Il était pris d'une colère irrépressible* (← *qu'il ne pouvait réprimer*).

**reprise** [rəpriz] n. f.
I. [action, qqn, et résultat] *Puisque les syndicats ont obtenu satisfaction, la reprise du travail devrait se faire dès demain.*
II. **à plusieurs reprises** *Quand te décideras-tu à demander ce renseignement à Jacques ? — Mais je lui ai déjà demandé à plusieurs reprises, seulement il ne m'a jamais répondu.*

S. 1. *Reprise* (sens I) désigne le fait de REPRENDRE, de recommencer une action interrompue. — 2. *À plusieurs reprises* (sens II) a pour syn. PLUSIEURS FOIS.

**réprobation** → RÉPROUVER L.

**reproche** [rəprɔʃ] n. m.
[action, qqn, et résultat] *Nous avons un léger reproche à vous faire, vous auriez dû développer un peu plus le chapitre III de votre livre.* • *Je sais qu'elle a trop parlé, mais ne lui fais pas trop de reproches, elle est gentille, au fond.*

S. *Faire un (des) reproche(s) à* qqn a pour syn. BLÂMER, RÉPRIMANDER (soutenus), CRITIQUER qqn. Il s'oppose à FAIRE DES COMPLIMENTS À, FÉLICITER, COMPLIMENTER (soutenu).
L. **reprocher**, v. ce mot.

**reprocher** [rəprɔʃe] v. t. (conj. 1)
(sujet qqn) **reprocher qqch (faute), de + inf. à qqn** *Votre travail est presque parfait, nous avons vraiment peu de choses à vous reprocher.* • *On lui reproche surtout de s'être tu au moment où il aurait dû dire la vérité.* • *Je considère que j'ai fait tout ce que je pouvais faire, je n'ai rien à me reprocher.*

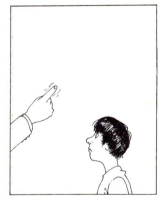

S. *Reprocher* qqch à qqn, c'est lui FAIRE UNE (DES) CRITIQUE(S) au sujet de qqch, le CRITIQUER SUR tel ou tel point, ou lui ADRESSER DES REPROCHES au sujet de qqch ou de sa conduite ; il a alors pour syn. ACCUSER, BLÂMER (plus forts), FAIRE GRIEF DE (soutenu). Il a pour contr. FÉLICITER qqn DE qqch, COMPLIMENTER qqn POUR qqch. *N'avoir rien à se reprocher*, c'est n'avoir rien fait dont on puisse se blâmer soi-même.
L. **irréprochable** (adj.) *On ne peut rien reprocher à sa tenue* → *sa tenue est irréprochable.*

**reproduire** [rəprɔdɥir] v. t. (conj. **60**)
I. (sujet qqn, qqch) **reproduire qqch** *Le tableau reproduisait fidèlement le château tel que nous l'avions connu.* ◆ (sujet qqn)

## RÉPROUVER

**reproduire une œuvre** *Il est peintre, mais comme ses œuvres se vendent mal, il reproduit celles des autres.*
II. (sujet qqch [fait, événement]) **se reproduire** *Pour une fois, nous pardonnerons cette erreur, mais que cela ne se reproduise pas.*
III. (sujet qqn, un animal, un végétal) **se reproduire** *Comment les poissons se reproduisent-ils ?*

**S. 1.** *Reproduire* qqch (sens I) a pour syn. RENDRE. *Reproduire une œuvre*, c'est la COPIER, en FAIRE UNE REPRODUCTION. — **2.** *Se reproduire* (sens II), c'est SE PRODUIRE, ARRIVER DE NOUVEAU. — **3.** *Se reproduire* (sens III), c'est PRODUIRE de nouveaux êtres de la même espèce. SE MULTIPLIER est un syn.
**L. reproduction** (n. f.) [sens I] *Non ce n'est pas un œuvre originale, c'est une reproduction* (← *une copie qui reproduit l'œuvre originale*). ◆ [sens III] *À l'école, on étudie la reproduction des oiseaux* (← *la manière dont les oiseaux se reproduisent*).

**réprouver** [repruve] v. t. (conj. 1)
(sujet qqn) **réprouver qqch (abstrait)** *Non, nous ne nous battrons pas, nous réprouvons la violence.*

**S.** *Réprouver* (soutenu), c'est CONDAMNER (plus fort), REJETER. Le contr. est APPROUVER.
**L. réprobation** (n. f.) *Il me regarda en ayant l'air de réprouver mon attitude* → *il me regarda avec réprobation.*

**reptile** [rɛptil] n. m.
[animal] *Je n'aime pas aller dans ce pays-là ; il y a toutes sortes de bestioles comme des serpents, des lézards. — Tu as peur des reptiles, en somme ?*

**S.** Les *reptiles* (terme scientifique) sont des animaux à la peau couverte d'écailles ou de plaques, qui rampent et qui vivent dans l'eau ou sur terre : les serpents, les lézards, les crocodiles et les tortues sont des *reptiles*.

Leurs peaux sont utilisées en maroquinerie en particulier.

**république** [repyblik] n. f.
[institution] *Les journalistes étaient nombreux à l'arrivée du président de la République.* ● *Non mais, laisse-moi parler, on est en république ou non ?* ● *Les principales républiques d'Europe seront représentées à cette conférence sur la démocratie.*

**G.** Ce mot prend une majuscule quand il s'agit de l'État et non du mode de gouvernement.
**S.** La *république* est une forme de gouvernement démocratique dirigé par un président et une assemblée élus. Elle s'oppose à la MONARCHIE, forme de gouvernement dont le chef est un roi (ou une reine).
**L. républicain, e** (adj. et n.) *Il est pour la république* → *il est républicain.*

**répugner** [repyɲe] v. t. ind. et v. t. (conj. **1**)
[v. t. ind.] (sujet qqn) **répugner à** + **inf.** *Je répugne à partir sans le prévenir, c'est une attitude qui ne me plaît pas du tout.* ◆ [v. t.] (sujet qqch) **répugner qqn** *Ah ! jamais vous ne me ferez toucher un serpent ! Ça me répugne !*

**S. 1.** *Répugner à* (soutenu), c'est éprouver de la RÉPUGNANCE à faire qqch, le faire à contre-cœur. — **2.** *Répugner* (v. t.), c'est provoquer chez qqn un sentiment de répugnance, de répulsion. DÉGOÛTER est un syn. courant et moins fort.

**L. répugnant, e** (adj.) *C'est sale, ça me répugne* → *c'est sale, c'est répugnant.* ◆ **répugnance** (n. f.) *Il répugne à mentir* → *il a de la répugnance pour le mensonge.*

**réputation** [repytasjɔ̃] n. f.
[statut, qqn, qqch] (compt., surtout au sing.) *Que pensez-vous de Pierre ? — Il a une réputation de garçon très sérieux, mais*

au fond, il ne l'est pas vraiment. • *Votre article dans le journal porte atteinte à la réputation de mon entreprise et j'en aviserai mon avocat.* • *La famille Dubois a bonne réputation dans l'immeuble ? — Oh ! non, très mauvaise.* • *Jacques en prison ? Il avait pourtant la réputation d'être très honnête, que lui est-il arrivé ?*

**G.** *Avoir la réputation de* est le plus souvent suivi du verbe ÊTRE et d'un adj. attribut.
**S.** La *réputation* de qqn, d'une entreprise, d'un lieu public, c'est l'opinion (bonne ou mauvaise) qu'on a d'eux. Il a pour syn. plus soutenus RENOM (toujours grand) et RENOMMÉE (toujours bonne). *Avoir une (la) réputation de,* c'est ÊTRE CONSIDÉRÉ COMME. *Avoir bonne (mauvaise) réputation,* c'est JOUIR D'UNE BONNE (MAUVAISE) CONSIDÉRATION.
**L. réputé, e** (adj.) *Cette maison a la réputation d'être sérieuse* → *cette maison est réputée pour son sérieux.*

**requis, e** [rəki, iz] adj. (après le n.)
(se dit de qqch [qualité, condition]) *Vous avez les qualités requises pour faire ce travail.*

**G.** Cet adj. n'a ni comparatif ni superlatif.
**S.** *Requis* (soutenu ou administratif) a pour syn. NÉCESSAIRE, EXIGÉ, OBLIGATOIRE (plus fort).

**rescapé, e** [rɛskape] n.
[personne, patient] *L'accident a eu lieu en pleine nuit, l'avion est tombé dans la mer, on ne sait pas encore s'il y a des rescapés.*

**S.** Les *rescapés* sont ceux qui sont sortis indemnes d'un accident.

**1. réserve** [rezɛrv] n. f.
I. [collectif, objets] (compt., surtout au plur.) *Tu n'as plus de cigarettes ? — Si, j'ai des réserves dans mon tiroir.* • *On a annoncé que l'huile allait augmenter, alors les gens en font des réserves.*

II. **en réserve** *Pour mon anniversaire, papa a ouvert une vieille bouteille de vin qu'il gardait en réserve !* • *Et qu'est devenu le député Legrand ? — On l'a mis en réserve de la République, tu verras, il réapparaîtra bientôt.*
III. [action, qqn, et résultat] (compt., surtout au plur.) *Il est d'accord avec le projet ; il a simplement fait des réserves sur la date.* • *Je suis d'accord avec vous, avec quelques réserves malgré tout.* • *Le projet de loi a été accepté sans réserve par les membres du gouvernement.* ◆ **sous toutes réserves** *Le train part à 20 heures, mais sous toutes réserves. Tu ferais mieux de vérifier.*

**S. 1.** *Réserve* (sens I) a pour syn. PROVISION (en parlant d'aliments, de produits) ou, plus fort, STOCK. — **2.** *Avoir, garder en réserve* (sens II), c'est AVOIR, GARDER DE CÔTÉ, RÉSERVER pour plus tard. — **3.** *Faire des réserves sur qqch* (sens III), c'est ne pas l'APPROUVER pleinement. *Sans réserve* a pour syn. SANS RESTRICTION. *Sous toutes réserves* a pour syn. SANS GARANTIE.

**2. réserve** → RÉSERVÉ L.

**réservé, e** [rezɛrve] adj. (après le n.)
I. (se dit de qqn, de son attitude) *Votre projet me paraît intéressant, mais il est coûteux ; je reste réservé.*
II. (se dit de qqn, de son attitude) *C'est un garçon réservé, qui n'aime pas se montrer ; il faut le connaître.*

**S. 1.** *Être réservé* (sens I), c'est agir avec prudence, circonspection (soutenu) ; le syn. soutenu est RÉTICENT (plus fort). — **2.** *Réservé* (sens II) a pour syn. DISCRET ; TIMIDE est plus fort.
**L. réserve** (n. f.) *Je suis très réservé à l'égard de ce projet* → *je garde une grande réserve à l'égard de ce projet.* (V. aussi ce mot.)

**réserver** [rezɛrve] v. t. (conj. 1)
I. (sujet qqn) **réserver un lieu (à, pour qqn)** *J'espère qu'on trouvera une place assise dans le train. On a eu tort de ne pas réserver à l'avance.* • *Tu dormiras à l'hôtel « le Paris » : je t'ai réservé une chambre.*
II. (sujet qqn) **réserver qqch (abstrait) à qqn** *Il ne se doutait pas de la surprise que je lui réservais, sans ça il ne serait pas venu.*

**S. 1.** *Réserver une place, une chambre, une table,* etc. (sens I), c'est faire garder une place, une chambre dans un hôtel, une table au restaurant, louer une place dans un train, un avion ; le syn. est RETENIR. — **2.** *Réserver qqch à qqn* (sens II) a pour syn. DESTINER (soutenu).

**L. réservation** (n. f.) [sens I] Je me charge de réserver les places → *je me charge de la réservation des places.*

**résidence** [rezidɑ̃s] n. f.
[lieu, habitation] *Dans cette campagne près de Paris, il y a de plus en plus de résidences principales : les gens habitent là et vont travailler à Paris.* • *Ils veulent tout savoir, si on a une voiture, une résidence secondaire, un employé, etc.*

**S.** *Résidence,* terme administratif, désigne tout lieu où on habite, on RÉSIDE, tout domicile. La *résidence* SECONDAIRE est le plus souvent une MAISON DE CAMPAGNE, une VILLA, par oppos. à la *résidence* PRINCIPALE.

**résidentiel, elle** [rezidɑ̃sjɛl] adj. (après le n.)
(se dit d'un quartier, d'une ville) *Ils habitent un quartier résidentiel de la ville.*

**S.** *Résidentiel* se dit d'un quartier, d'une ville où on habite et où il n'y a pas d'industries, de bureaux, de lieux de travail.

**résider** [rezide] v. i. (conj. **1**)
(sujet qqn) **résider qqpart** [*À la mairie*] : «*Pour votre carte électorale, il faut que vous nous disiez où vous résidiez avant d'habiter dans ce quartier*».

**S.** *Résider* est le syn. administratif de HABITER ; le syn. soutenu est DEMEURER.
**L. résidence,** v. ce mot.

**résigner (se)** [reziɲe] v. pr. (conj. **1**), **être résigné** v. pass.
(sujet qqn) **se résigner à** + n. ou *inf. Il a bien fallu qu'il se résigne à partir seul, personne ne voulait l'accompagner.* ◆ (sans compl.) *Mais non, il ne faut pas te résigner, lutte.*

**S.** *Se résigner à*, c'est accepter qqch, bien que ça ne plaise pas. Il a pour syn. SE RÉSOUDRE À (moins fort). Sans compl., *se résigner* a pour syn. ABANDONNER, SE SOUMETTRE, ABDIQUER (plus fort), S'INCLINER.
**L. résignation** (n. f.) *Il a accepté cela en se résignant* → *il a accepté cela avec résignation.*

**résistant, e** [rezistɑ̃, ɑ̃t] adj. (après le n.) et n.
I. [adj.] (se dit de qqch [concret], de qqn) *Il me faudrait un carton un peu plus résistant pour faire cette maison de poupée.* • *Jamais elle ne pourra faire ce voyage, elle n'est pas très résistante, tu sais.*
II. [n.] (personne, agent) *Mon père faisait partie des résistants pendant la dernière guerre.*

**S. 1.** Être *résistant* (sens I), en parlant de qqch, c'est pouvoir RÉSISTER aux chocs, à la chaleur, etc. ; le syn. est SOLIDE. En parlant de qqn, c'est pouvoir résister à un effort phy-

sique ; les syn. sont FORT et ROBUSTE. — **2.** Un *résistant* (sens II) résiste à l'ennemi et particulièrement, en France, les *résistants* sont ceux qui ont résisté à l'occupation allemande pendant la seconde guerre mondiale.
**L. résistance** (n. f.) [sens I] *Des expériences seront faites pour voir à quel point les matériaux sont résistants* → *des expériences seront faites pour étudier la résistance de ces matériaux.* ◆ [sens II] *Il a fait partie de la Résistance pendant la guerre* (← *l'ensemble des résistants*).

**résister** [reziste] v. t. ind. (conj. **1**)
(sujet qqch [concret]) **résister (à une force)** *Le vent était tellement fort que le toit n'a pas résisté, il est tombé.* • *J'avais peur pour les meubles quand on a déménagé, mais ils ont bien résisté et ne sont pas abîmés.* ◆ (sujet qqn) **résister (à un sentiment, à qqch)** *Moi qui adore les gâteaux, je ne peux pas résister, j'en prends un !* • *Quand Marie voit un bébé, elle ne peut pas résister à l'envie de le prendre dans ses bras.* ◆ **résister à qqn** *Tu ne résistes jamais à ta fille, tu finiras par en faire une enfant gâtée.*

**S. 1.** *Résister* (sujet qqch) est syn. de TENIR BON, TENIR LE COUP (fam.). Il s'oppose à CÉDER. — **2.** *Résister* à un sentiment, à qqch d'attirant (sujet qqn), est syn. de LUTTER CONTRE ; il s'oppose à SUCCOMBER (soutenu), CÉDER. *Résister* à qqn, c'est S'OPPOSER à lui, à ce qu'il désire.
**L. résistant,** v. ce mot. ◆ **irrésistible** (adj.) *Elle a un charme auquel on ne peut résister* → *elle a un charme irrésistible.*

**résolu, e** [rezɔly] adj. (après le n.)
(se dit de qqn) *Avec des garçons aussi*

résolus, on pourra faire la traversée et gagner la course.

**S.** *Résolu* a pour syn. DÉCIDÉ.

**résolution** [rezɔlysjɔ̃] n. f.
[résultat, activité mentale] *Tous les ans au 1ᵉʳ janvier, je prends de bonnes résolutions, mais je ne m'y tiens jamais.* • *Il a pris la résolution de ne plus faire attention à ce qu'elle pouvait lui dire, il paraît que comme ça, les relations sont plus faciles entre eux!*

   **S.** Une *résolution* est une DÉCISION qu'on prend avec l'intention de s'y tenir, avec détermination.

**résoudre** [rezudr] v. t. (conj. **50**)
I. (sujet qqn) **résoudre un problème, une difficulté** *C'est ton problème; il n'y a que toi pour le résoudre, je ne peux te donner aucun conseil.* • *Toutes les difficultés étant résolues, nous pouvons passer à l'exercice suivant.*
II. (sujet qqn) **se résoudre, être résolu à + inf., à qqch** *Nous n'arrivons pas à nous résoudre à quitter Paris pour la province.* • *Je suis bien résolu à ne pas lui céder encore. — Ne le dis pas, fais-le.*

   **G.** Dans la langue courante, les formes usuelles sont celle de l'inf. et du part. passé.
   **S. 1.** *Résoudre* (sens I), c'est TROUVER LA SOLUTION DE qqch., ÉLUCIDER (surtout une difficulté; soutenu). — **2.** *Se résoudre, être résolu à* (sens II) est soutenu et a pour syn. SE DÉCIDER À.
   **L. résolu,** v. ce mot.

**respecter** [rɛspɛkte] v. t. (conj. **1**)
I. (sujet qqn) **respecter qqn, ses idées, son attitude,** etc. *M. Legrand est une personne que j'admire et que je respecte.* • *Ce professeur sait se faire respecter de ses élèves.* • *Catherine n'est pas d'accord avec moi, mais je respecte ses opinions.* • *Respectez le sommeil de vos voisins : baissez le son de votre télévision.*
II. (sujet qqn) **respecter une règle, une loi** *Paul n'a pas respecté la règle du jeu, il a triché.*

   **S. 1.** *Respecter* qqn (sens I) a pour syn. AVOIR DE L'ESTIME POUR cette personne (parce qu'elle a du mérite) ou DE LA DÉFÉRENCE (parce qu'elle est plus âgée ou qu'elle est supérieure), ÊTRE RESPECTUEUX ENVERS elle. *Se faire respecter,* c'est SE FAIRE TRAITER AVEC RESPECT. — **2.** *Respecter une loi, une règle* (sens II), c'est l'OBSERVER; le contr. est ENFREINDRE (soutenu).
   **L. respect** (n. m.) [sens I] *Je respecte ses opinions → j'ai du respect pour ses opinions.*
   ◆ **respectable** (adj.) [sens I] *C'est une personne digne d'être respectée → c'est une personne respectable.* ◆ **respectueux, euse** (adj.) [sens I] *Il respecte ses supérieurs → il est respectueux envers ses supérieurs.* ◆ **irrespectueux, euse** (adj.) [sens I] *Paul n'est pas respectueux à l'égard de ses parents → Paul est irrespectueux à l'égard de ses parents.*

**respiration** [rɛspirasjɔ̃] n. f.
[action, qqn] (compt., surtout au sing.) *Il a trop couru, il n'arrive pas à reprendre sa respiration.* • *Cet enfant doit avoir de la fièvre : sa respiration n'est pas régulière.*

   **S.** La *respiration* est le fait de RESPIRER; le syn. est SOUFFLE.

**respirer** [rɛspire] v. i. et v. t. (conj. **1**)
[v. i.] (sujet qqn) *Cette vieille femme a de la peine à respirer quand elle a monté ses cinq étages à pied !* • *[Le médecin] : « Respirez fort. Soufflez maintenant ».* ◆ [v. t.] **respirer qqch (odeur, parfum, etc.)** *Respire un peu ce parfum; tu l'aimes ?*

   **S.** *Respirer,* c'est aspirer ou inspirer de l'air

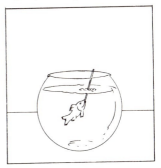

dans ses poumons, puis le rejeter en soufflant (expirer). Il s'oppose à ÉTOUFFER, SUFFOQUER. Lorsque, après un effort, on a du mal à *respirer,* on est essoufflé. *Respirer une odeur, un parfum,* c'est les SENTIR.
   **L. respiration,** v. ce mot. ◆ **irrespirable** (adj.) *On ne peut pas respirer dans cette atmosphère → cette atmosphère est irrespirable.*

**responsabilité** [rɛspɔ̃sabilite] n. f.
[état, qqn] (compt.) *C'est la première fois que je lui laisse la responsabilité de la voiture, j'espère que tout ira bien !* • *Bien entendu, ce n'est qu'une opinion personnelle, et j'en prends l'entière responsabilité.* ◆ [activité sociale] (non-compt., au plur.) *C'est normal qu'il soit nerveux, il a beaucoup de responsabilités.*

# RESPONSABLE

**S.** La *responsabilité*, c'est le fait d'être RESPONSABLE de qqch, de qqn. *Avoir des responsabilités* (sans compl.), c'est avoir un emploi où on est amené à prendre des décisions qui engagent soi-même et d'autres.

**responsable** [rɛspɔ̃sabl] adj. (après le n.) et n.
I. [adj.] (se dit de qqn) **responsable (de qqch)** *La personne responsable de l'accident ne s'est pas fait connaître à la police.* • *Cet enfant n'est pas responsable, ne l'accusez pas.* ◆ [n.] (personne) *On ne connaît pas le responsable de l'accident. Il s'est enfui.*
II. [n.] (personne, fonction) *Je voudrais parler à la responsable du service.* • *Les responsables du mouvement se sont réunis pour décider de la grève.*

**S. 1.** *Responsable* (sens I) [adj. et n.] a pour syn. AUTEUR ; FAUTIF (soutenu), COUPABLE impliquent nécessairement une faute ou un crime. *Le responsable* est celui qui doit répondre d'un acte parce qu'il en est l'auteur. — **2.** *Responsable* (sens II) désigne celui qui a la charge d'une organisation parce qu'il en est le DIRIGEANT, d'un service parce qu'il en est le CHEF, qu'il en a la RESPONSABILITÉ.
**L. irresponsable** (adj.) [sens I] On ne l'a pas jugé responsable (de ses actes) → *on l'a jugé irresponsable.*

**ressembler** [rəsɑ̃ble] v. t. ind. (conj. **1**) (sujet qqn, qqch) **ressembler à qqn, à qqch**

*Qu'est-ce que tu ressembles à ton frère : vous avez exactement les mêmes yeux !* • *Cette robe ressemble tout à fait à celles qu'on portait en 1925.* • *Ces deux filles se ressemblent tellement qu'on croirait qu'elles sont sœurs.* • *Nos méthodes de travail ne se ressemblent pas du tout et pourtant on arrive aux mêmes résultats.*

**S.** *Ressembler à qqn, à qqch* a pour équivalent AVOIR DES POINTS COMMUNS AVEC (si la ressemblance est limitée) et pour syn. RAPPELER qqn, qqch. En parlant de qqn, le syn. est TENIR DE.

En parlant de qqch, les équivalents sont ÊTRE IDENTIQUE, ANALOGUE À et le contr. DIFFÉRER DE (soutenu). *Se ressembler* a pour syn. ÊTRE PAREILS, SEMBLABLES (plus forts) et pour contr. S'OPPOSER, ÊTRE DIFFÉRENTS.
**L. ressemblant, e** (adj.) *Ce dessin ne ressemble pas (au modèle)* → *ce dessin n'est pas ressemblant.* ◆ **ressemblance** (n. f.) *Ils se ressemblent beaucoup* → *il y a une grande ressemblance entre eux.*

**ressemeler** [rəsəmle] v. t. (conj. **8**) (sujet qqn) **ressemeler des chaussures** *Tes chaussures sont trouées, tu devrais les porter à ressemeler chez le cordonnier.*

**S.** *Ressemeler*, c'est refaire la SEMELLE des chaussures en parlant d'un cordonnier.
**L. ressemelage** (n. m.) *Cela m'a coûté vingt francs pour faire ressemeler ces chaussures* → *le ressemelage de ces chaussures m'a coûté vingt francs.*

**ressentir** [rəsɑ̃tir] v. t. (conj. **20**) (sujet qqn) **ressentir qqch (sentiment, sensation)** *Dites-nous ce que vous avez ressenti*

*en apprenant que vous aviez gagné le premier prix.*

**S.** *Ressentir* (soutenu) a pour syn. ÉPROUVER (soutenu).

**resserrer** → SERRER L.

**ressortir** [rəsɔrtir] v. i. (conj. **20**) (sujet qqch) *C'est très joli ce pull bleu et il fait ressortir la couleur de tes yeux.*

**S.** *Faire ressortir qqch*, c'est le METTRE EN VALEUR.

**ressource** [rəsurs] n. f.
[argent, valeur] (compt., surtout au plur.) *Il paraît que depuis quelques mois, il est pratiquement sans ressources, il n'a plus d'argent.* ◆ [concret] *Quelles sont les res-*

sources de cette région ? — *Le charbon et l'industrie textile.*

**S.** Les *ressources* sont les moyens matériels dont disposent une région, un pays ou les moyens pécuniaires, financiers dont dispose une personne et, en ce cas, le syn. plus précis est ARGENT.

**restaurant** [rɛstɔrɑ̃] n. m.
[lieu, commerce] *Je n'ai pas fait les courses ; si on allait manger au restaurant ?* • *Tu connais un bon restaurant dans le quartier ?*

**S.** Le prix d'un repas dans un *restaurant* est extrêmement variable selon qu'il s'agit d'un buffet de gare, d'une brasserie, d'un snack-bar ou d'un *restaurant* signalé par une ou plusieurs étoiles dans les guides touristiques. Un SELF-SERVICE, ou simplement un SELF (fam.), est un *restaurant* où on se sert soi-même avec un plateau (on dit aussi un LIBRE-SERVICE).

**restaurer** [rɛstɔre] v. t. (conj. **1**)
(sujet qqn) **restaurer qqch (édifice, œuvre d'art)** *Pierre s'est installé dans les Cévennes, il restaure des vieilles maisons.*

**S.** *Restaurer,* c'est REMETTRE EN ÉTAT, RÉPARER (moins précis), RÉNOVER.
**L. restauration** (n. f.) Quand le château a-t-il été restauré ? → *de quand date la restauration du château ?*

**reste** [rɛst] n. m.
[partie d'un tout] **reste (de + n.)** *Il y a un reste de beurre dans le Frigidaire, ça suffira ?* • *Aline ne travaille que quelques heures par jour. — Ah bon ! Et que fait-elle le reste du temps ?* • *Mais tout n'est pas là, je ne trouve pas le reste de mes affaires.* • *À peu près un tiers des élèves a réussi l'examen, le reste repassera en septembre.*
◆ (sans compl., au plur. seulem.) *Allez, finissez ces pommes de terre, j'ai horreur des restes !*

**S.** *Reste* désigne ce qui RESTE, subsiste de qqch, d'un groupe, d'un aliment, etc., ce qui n'a pas été utilisé ou mangé ; il peut avoir pour syn. RESTANT. *Restes* (sans compl.) désigne ce qui reste d'un repas, d'un plat.

**rester** [rɛste] v. i. (conj. **1** ; auxil. *être*)
I. (sujet qqn, qqch [concret]) **rester (qqpart)** *J'ai bien envie de rester au lit ce matin.* • *Paul n'est pas avec toi ? — Non, il est resté chez lui.* • *Tu pars ou tu restes ? — Je reste avec toi à Paris !* • *Zut ! j'ai oublié de mettre ta lettre à la poste : elle est restée dans mon sac !* • *Marie ne peut pas rester en place plus de cinq minutes.*
II. (sujet qqn, qqch [abstrait]) **rester (+ adv., adj. ou n. attribut)** *Ne restez pas debout, asseyez-vous !* • *Paul, reste tranquille !* • *Il est resté aussi jeune qu'avant !* • *Je ne veux pas rester seule.* • *Il est resté le maître de la situation.* ◆ (sujet qqn) **en rester à qqch (abstrait)** *Mon grand-père en est resté au temps où les filles ne portaient pas de pantalon.* • *Nous en étions restés à la page cent, je crois ?* • *Si tout le monde est d'accord, restons-en là, il est inutile de continuer.*
III. (sujet qqch) **rester à qqn, à + inf.** *On l'appelait Jules pour s'amuser, et ce prénom lui est resté.* • *Qu'est-ce qu'il te reste à faire ? — Pas grand-chose, j'aurai bientôt fini.* • *Il reste un peu de viande, tu en veux ?* • *Ça y est, tout est prêt ; il ne reste plus qu'à fermer les valises et on y va.*
◆ **rester (de qqch)** *Ces quelques pierres, c'est tout ce qui reste de la maison après l'incendie.*

**S. 1.** *Rester,* c'est continuer à être dans un lieu ou dans une situation. Il a pour syn. soutenu DEMEURER (en parlant de qqn, de qqch). *Rester* dans un lieu a pour contr. PARTIR, S'EN ALLER, en parlant de qqn. — **2.** *Rester* (sens II) est un verbe analogue à ÊTRE mais qui indique qu'une situation, un état durent. *En rester là* a pour syn. S'EN TENIR À CELA. — **3.** Ce qui *reste à qqn* (sens III), c'est ce que qqn a gardé. Avec IL impers., *rester* est équivalent de AVOIR ENCORE (*Il nous reste combien ?* → NOUS AVONS ENCORE COMBIEN ?). *Il ne reste plus qu'à* est syn. de IL N'Y A PLUS QU'À. *Rester de qqch* a pour syn. soutenu SUBSISTER.
**L. restant** (n. m.) [sens III] *Il reste de la viande* → *il y a un restant de viande.*

**restituer** [rɛstitɥe] v. t. (conj. **2**)
(sujet qqn) **restituer qqch (à qqn)** *On l'obligea à restituer en public tous les objets qu'il avait pris à ses collègues.*

**S.** *Restituer* est un syn. soutenu de RENDRE,

mais suppose que l'objet à rendre a été pris frauduleusement.
**L. restitution** (n. f.) Ils demandaient qu'on leur restitue tous les biens qu'ils avaient dans leur pays → *ils demandaient la restitution de tous les biens qu'ils avaient dans leur pays.*

**restreindre** [rɛstrɛ̃dr] v. t. (conj. **44**) (sujet qqn, un établissement) **restreindre qqch (action)** *La situation économique étant mauvaise, de nombreuses entreprises ont été obligées de restreindre leurs activités.* ◆ **se restreindre** *Si tu veux qu'un jour on puisse s'offrir ce voyage, il faudrait peut-être se restreindre un peu maintenant.*
**S.** *Restreindre* (soutenu), c'est amener à des limites plus étroites. Il a pour syn. DIMINUER et pour contr. AUGMENTER. *Se restreindre*, c'est diminuer ses dépenses.
**L. restriction** (n. f.) Il est nécessaire de restreindre nos activités → *une restriction de nos activités est nécessaire.*

**résultat** [rezylta] n. m.
I. (non-compt., au sing.) *Ce livre est le résultat de plusieurs années de recherches.* • *Cette grève a été dure, mais elle a eu pour résultat une hausse des salaires.* • *Tu veux toujours avoir raison, et résultat : plus personne ne veut jouer avec toi.* ◆ (compt.) *Les médecins ont obtenu de bons résultats avec ce nouveau traitement ? • Si, avec toutes ces informations, tu n'arrives pas à un résultat satisfaisant, c'est que tu es vraiment un imbécile !*
II. (compt.) *Avoue que tu connaissais le résultat d'avance, tu as vraiment été vite pour faire ce problème.* • *Le match de football s'est terminé par un résultat nul.* • *Quand auras-tu les résultats de ton examen ?*
**G.** Au sens I, *résultat* peut s'employer seul pour annoncer une phrase.

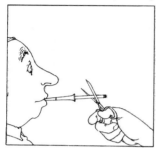

**S. 1.** *Résultat* (sens I) a pour syn. CONSÉQUENCE, EFFET, SUITE et pour contr. CAUSE, ORIGINE, SOURCE (litt.). *Être le résultat de qqch*, c'est RÉSULTER DE. *Être le résultat de qqch* et *avoir qqch pour résultat* sont des expressions inverses *(A est le résultat de B = B a pour résultat A).* Compt., *résultat* désigne le but recherché d'une action ; les syn. sont parfois RÉUSSITE et SUCCÈS. — **2.** Au sens II, en calcul, le syn. est SOLUTION ; en sports, le syn. est SCORE (surtout pour un match). *Les résultats d'un examen, d'un concours*, c'est la liste de ceux qui ont été admis ou recalés d'après le calcul des points obtenus aux épreuves.

**L. résulter** (v. t. ind.) [sens I] Quel est le résultat de votre entretien ? → *que résulte-t-il de votre entretien ?*

**résumer** [rezyme] v. t. (conj. **1**) (sujet qqn) **résumer un texte, un énoncé** *Résumez ce roman en vingt lignes pour le journal.* • *À la télévision, le journaliste a résumé le discours du ministre.*
**S.** *Résumer un texte, un énoncé*, c'est soit en retenir (par oral ou par écrit) ce qu'il y a de plus important, en FAIRE LE RÉSUMÉ, soit en citer, les uns après les autres, les faits marquants et, en ce sens, le syn. est RÉCAPITULER (surtout par oral). Les contr. sont DÉVELOPPER, AMPLIFIER ou DÉTAILLER.
**L. résumé** (n. m.) Je vais vous résumer les débats → *je vais vous faire le résumé des débats.*

**rétablir** [retablir] v. t. (conj. **15**)
I. (sujet qqn) **rétablir qqch (abstrait)** *C'est un mensonge, il faut rétablir la vérité !* • *Tu te trompes, je vais rétablir les faits tels qu'ils se sont passés.* • *Le directeur a eu du mal à rétablir l'ordre dans son lycée.* ◆ (sujet qqch [abstrait]) **se rétablir** *Après tous ces événements, le calme se rétablit peu à peu dans l'université.* ◆ (sujet qqn) **rétablir un circuit, une communication** *Notre ligne de téléphone a été coupée, espérons qu'elle sera vite rétablie.*

# RETENIR

II. (sujet qqch) **rétablir qqn** *Tu es encore faible, mais ce séjour à la montagne te rétablira vite.* ◆ (sujet qqn) **se rétablir**

*Après son opération, Jean s'est rétabli très vite.*

**S. 1.** *Rétablir la vérité* (sens I), c'est reconstituer les faits tels qu'ils se sont passés ; *rétablir un état, l'ordre, le calme,* c'est le RAMENER, le FAIRE REVENIR. *Se rétablir* a pour syn. REVENIR. *Rétablir un circuit, une communication,* c'est les REMETTRE EN ÉTAT, les RÉPARER, par oppos. à ENDOMMAGER ou INTERROMPRE. — **2.** *Rétablir qqn* (sens II), souvent au pass., a pour syn., plus fort, GUÉRIR. *Se rétablir,* c'est SE REMETTRE, RETROUVER LA SANTÉ et, plus fort, GUÉRIR.
**L. rétablissement** (n. m.) [sens I] *La police a rétabli rapidement l'ordre* → *le rétablissement de l'ordre par la police a été rapide.* ◆ [sens II] *Je souhaite que tu te rétablisses rapidement* → *je te souhaite un rapide rétablissement.*

**retard** [rətar] n. m.
[temps de l'action] (non-compt., au sing.) *Pierre a téléphoné, il arrivera avec une demi-heure de retard.* ● *Oh! vous n'allez pas faire une histoire pour un retard de dix minutes ! Ce n'est pas terrible !* ● [À l'aéroport] : « *Veuillez nous excuser ; l'avion a un léger retard.* » ● *Paul a été malade et il a pris du retard sur ses camarades.* ● *Mais il est intelligent, il rattrapera son retard.*
◆ **en retard** *Comment ? il est 8 heures ? Je suis en retard, je devrais déjà être à mon bureau !* ● *Le train est en retard sur l'horaire, il devrait être là depuis cinq minutes.* ● *Si tu ne te dépêches pas, tu vas arriver en retard à l'école.* ◆ (sujet qqn) **avoir qqch en retard** *Marie a été malade et elle a du travail en retard.*

**G. 1.** Avec un compl. exprimant une durée, *retard* s'emploie dans trois constructions équivalentes : *avoir un retard de cinq minutes, avoir cinq minutes de retard* ou *être en retard de cinq minutes. Retard* peut être suivi d'un autre compl. introduit par SUR désignant la date, la limite ou la référence qui a été dépassée. — **2.** Après AVOIR, PRENDRE, on emploie l'art. indéf. quand le mot est déterminé par un adj. ou un compl.
**S.** *Retard* indique qu'une action, un fait se produisent plus TARD que prévu. Sans indication de temps, *prendre du retard sur qqn,* c'est SE LAISSER DÉPASSER PAR qqn d'autre dans un certain domaine. *Avoir du travail en retard,* c'est ne pas l'avoir fait. Dans tous les cas, le contr. est AVANCE.
**L. retardataire** (adj. et n.) *Les personnes en retard ne pourront pas entrer* → *les retardataires ne pourront pas entrer.* ◆ **retarder,** v. ce mot.

**retarder** [rətarde] v. t. et v. i. (conj. 1)
I. [v. t.] (sujet qqn, qqch) **retarder qqn, une action** *Le gouvernement a retardé l'application de la loi ; ça coûtait trop cher !* ● *C'est le mauvais temps qui nous a retardés, il y avait des embouteillages partout !* ● *On a été obligés de retarder notre départ : Jeanne était malade.* ● *Téléphone chez le dentiste pour savoir si tu ne peux pas retarder ton rendez-vous.* ◆ (sujet qqn) **retarder une montre** *Qui s'est amusé à retarder le réveil d'une heure ?* ◆ [v. i.] (sujet une montre, une pendule) *Ta montre doit retarder. Ça fait plus d'une demi-heure qu'on t'attend.*
II. [v. i.] (sujet qqn) *Alors tu ne savais vraiment pas que Georges avait divorcé. Mais tu retardes, mon vieux.*

**S. 1.** *Retarder qqn* (sens I) a pour syn. METTRE EN RETARD, FAIRE ARRIVER PLUS TARD. *Retarder une action,* c'est la faire se produire plus TARD ; il a pour syn. REPOUSSER et REMETTRE À PLUS TARD, REPORTER, AJOURNER (plus fort et soutenu). Le contr. est AVANCER. En parlant d'une montre, d'un réveil, *retarder,* c'est avoir du RETARD par rapport à l'heure réelle ; le contr. est AVANCER. — **2.** *Retarder* (v. i., sens II) a pour contr. ÊTRE AU COURANT.

**retenir** [rət(ə)nir] v. t. (conj. 23)
I. (sujet qqn) **retenir qqn, qqch** *Paul a glissé, mais je l'ai retenu par la chemise et il n'est pas tombé.* ● *Vite ! Retiens la lampe, elle va tomber !* ◆ **se retenir à qqch (concret)** *Marie a failli tomber, heureusement elle s'est retenue à mon bras.*
II. (sujet qqn) **retenir qqn de + inf.** *Je ne sais pas ce qui m'a retenu de lui donner une gifle.* ◆ (sujet qqn) **se retenir** *Retiens-toi, ne te mets pas en colère ! Marie se retient pour ne pas pleurer.* ● *Tu n'as plus faim ? — Si, mais je me retiens !*

# RÉTICENT

III. (sujet qqn) **retenir qqn (dans un lieu)** *Il m'a retenu plus d'une heure dans son bureau pour me dire qu'il n'était pas content.* • *Je ne vous retiens pas plus longtemps, vous pouvez partir.* ◆ **retenir une idée, un projet, etc.** *L'Assemblée a retenu ce projet de loi, elle doit en discuter bientôt.* • *C'est une idée à retenir! elle est intéressante.* ◆ **retenir de l'argent à qqn** *Pour notre retraite, on nous retient, tous les mois, une certaine somme sur notre salaire.*
IV. (sujet qqn) **retenir un texte, un mot, une date, etc.** *Pierre n'a pas beaucoup de mémoire, il retient difficilement les dates.* • *Tu as retenu son nom? — Oui, elle s'appelle Marie Dubois.*
V. (sujet qqn) **retenir un lieu (à, pour qqn)** *Tu te charges de retenir les places d'avion?* • *Paul a demandé à sa secrétaire de lui retenir deux chambres dans cet hôtel.*

**S. 1.** *Retenir* qqn ou qqch (sens I), c'est le

TENIR, le RATTRAPER pour qu'il ne tombe pas. *Se retenir à* qqch a pour syn. SE RATTRAPER À, SE RACCROCHER À. — **2.** *Retenir* qqn *de* (sens II) a pour syn. EMPÊCHER DE. *Se retenir* (sans compl.) est syn. de SE MAÎTRISER, AVOIR DE LA RETENUE, SE CONTENIR. — **3.** *Retenir* qqn (sens III), c'est l'EMPÊCHER DE PARTIR, le GARDER avec soi. *Retenir une idée, un projet,* c'est en TENIR COMPTE, les considérer comme valables. Il s'oppose à REJETER, REPOUSSER. GARDER est un syn. moins précis. *Retenir de l'argent à* qqn, c'est faire une RETENUE (sur son salaire). — **4.** *Retenir* (sens IV) a pour syn. SE SOUVENIR DE, SE RAPPELER (DE). Il s'oppose à OUBLIER. — **5.** *Retenir une place, une chambre, une table,* etc. (sens V) a pour syn. RÉSERVER et LOUER (surtout en parlant d'une place).
**L. retenue** (n. f.) [sens II] *Cet homme ne se retient pas → cet homme manque de retenue.* ◆ [sens III] *On a retenu ses impôts sur son salaire → on a fait la retenue de ses impôts sur son salaire.*

**réticent, e** [retisã, ãt] adj. (après le n.) (se dit de qqn) *J'ai essayé de le convaincre; il ne disait rien, mais je le sentais très réticent à l'égard de notre projet.*

**S.** Être *réticent* (soutenu), c'est être réservé, hésiter à prendre une décision.
**L. réticence** (n. f.) *Je comprends que vous soyez réticent, mais le temps presse → je comprends votre réticence, mais le temps presse.*

**retirer** [rətire] v. t. (conj. **1**)
I. (sujet qqn) **retirer qqch à qqn** *La police lui a retiré son permis de conduire pour un mois.* • *Il n'était plus capable de faire quoi que ce soit : on lui a retiré la direction de l'entreprise.* ◆ **retirer qqn, qqch (d'un lieu)** *Ils ont retiré leur fils de cette école?* • *Il faut que j'aille à la banque retirer de l'argent, je n'en ai plus.* ◆ **retirer qqch (objet, vêtement)** *Tu peux m'aider à retirer mes bottes? Je n'y arrive pas!* • *Tu as remarqué? Quand Paul parle, il retire ses lunettes!* • *J'ai trop chaud, je retire mon pull.*
II. (sujet qqn) **se retirer de qqch, se retirer qqpart** *Deux concurrents se sont retirés de la course.* • *Vous prenez votre retraite? — Oui, je me retire à la campagne.*

**S. 1.** *Retirer* qqch à qqn (sens I) a pour syn. le lui REPRENDRE. *Retirer* qqn *d'un lieu,* c'est

l'en FAIRE SORTIR. *Retirer de l'argent* a pour syn. PRENDRE. *Retirer un objet, un vêtement* qu'on a sur soi s'oppose à METTRE ; les syn. sont ENLEVER, ÔTER. — **2.** *Se retirer de* qqch (sens II) a pour syn. PARTIR, QUITTER qqch, RENONCER À qqch ; avec un compl. de lieu, il est syn. de PRENDRE SA RETRAITE.
**L. retrait** (n. m.) [sens I] *On lui a retiré justement son permis de conduire → le retrait de son permis de conduire est juste.*

**retomber** → TOMBER L.

**retour** [rətur] n. m.
[action, qqn, moyen de transport] *Les retours de week-end sont souvent difficiles sur les routes.* • *À l'aller, tout s'est bien passé, mais au retour, il y avait beaucoup de monde sur l'autoroute.* • *Paul est de retour d'Amérique du Sud : il doit avoir des tas de choses à nous dire.*

**S.** Le retour, c'est l'action de RETOURNER (v. i.), de revenir à un endroit. Le contr. est ALLER. Au retour a pour équivalent en REVENANT, EN RENTRANT. Être de retour, c'est ÊTRE REVENU.

**retourner** [rəturne] v. t. et v. i. (conj. **1**)
I. [v. i. ; auxil. *être*] (sujet qqn) **retourner qqpart** *J'en ai assez d'être ici, je retourne à Paris.* • *Si tu es encore malade demain, retourne chez le médecin.*
II. [v. t.] (sujet qqn) **retourner qqch (concret)** *Retourne la photo et regarde ce qu'il y a écrit derrière.* ◆ **retourner qqch (abstrait)** *J'ai beau retourner le problème dans tous les sens, je ne trouve pas de solution.*
III. [v. pr.] (sujet qqn) **se retourner** *Ne te retourne pas, Pierre est juste derrière nous !* • *Elle est tellement belle que tout le monde se retourne quand elle passe.* ◆ (sujet un véhicule) *Sa voiture a raté le virage et s'est retournée.* ◆ (sujet qqch [abstrait]) *On n'y croyait plus ; mais la situation s'est brutalement retournée et le succès a été possible.*

**S. 1.** *Retourner* (sens I), c'est REVENIR à l'endroit d'où l'on vient ou aller de nouveau là où

on est allé ; dans le premier cas, les syn. sont RENTRER À, REGAGNER. — **2.** *Retourner* (sens II) a pour syn. TOURNER. *Retourner un objet*, c'est changer sa position (devant/derrière ; endroit/envers ; en haut/en bas ; etc.). *Retourner un problème, une idée*, etc., c'est l'EXAMINER sous tous ses aspects. — **3.** *Se retourner* (sens III), c'est REGARDER DERRIÈRE soi, en parlant de qqn. En parlant d'une voiture ou de la situation, le syn. est SE RENVERSER.

**L. retour,** v. ce mot. ◆ **retournement** (n. m.) [sens III] *La situation s'est brutalement retournée* → *le retournement de la situation a été brutal.*

**retracer** [rətrase] v. t. (conj. **3**)
(sujet qqn, un film, un texte, etc.) **retracer qqch** *Le film retrace dans ses moindres détails la vie de Toulouse-Lautrec.*

**S.** *Retracer* (soutenu), c'est RENDRE COMPTE DE, RELATER (soutenu), RACONTER.

**retrait** → RETIRER L.

**retraite** [rətrɛt] n. f.
I. [état, qqn] (non-compt., au sing.) *On demande d'avancer l'âge de la retraite mais est-ce une bonne solution ?* • *M. Dubois ne travaille plus ici ? — Non, il est à la retraite depuis un mois.* • *À soixante-cinq ans, Paul prendra sa retraite et il compte aller s'installer à la campagne.*
II. [argent, valeur] (compt., surtout au sing.) *Mme Dupont touche une petite retraite depuis la mort de son mari.*

**S. 1.** *Prendre sa retraite* (sens I), c'est se RETIRER de la vie active, en parlant d'un employé, d'un fonctionnaire, d'un ouvrier, etc. — **2.** *Retraite* (sens II) désigne un revenu touché après la vie professionnelle et assuré par des cotisations pendant la vie active.
**L. retraité, e** (adj. et n.) *Paul est à la retraite* → *Paul est retraité.*

**retrancher** [rətrɑ̃ʃe] v. t. (conj. **1**)
I. (sujet qqn) **retrancher qqch (de qqch)** *Il n'y a rien à ajouter ni à retrancher, ce texte est parfait comme cela.*
II. (sujet qqn) **se retrancher dans, derrière qqch (abstrait)** *Depuis son accusation, il se retranche dans un silence complet et on ne peut rien tirer de lui.*

**S. 1.** *Retrancher* (sens I) a pour syn. ÔTER, SOUSTRAIRE (soutenus), ENLEVER (courant) et pour contr. AJOUTER. — **2.** *Se retrancher* (sens II), c'est se mettre à l'abri, se protéger, s'enfermer dans une attitude.

**retransmettre** [rətrɑ̃smɛtr] v. t. (conj. **46**)
(sujet qqn, la radio, la télévision) **retransmettre qqch** *Le match sera retransmis en direct sur la première chaîne.*

**S.** *Retransmettre* a pour syn. DIFFUSER.
**L. retransmission** (n. f.) *On a interdit à la radio de retransmettre ce discours* → *on a interdit la retransmission de ce discours à la radio.*

**rétrécir** [retresir] v. t. et v. i. (conj. **15**) [v. t.] (sujet qqn) **rétrécir un vêtement** *Ta jupe est trop large à la taille, tu devrais la faire rétrécir.* ◆ [v. i.] (sujet un tissu, un vêtement) *Fais attention en lavant ton*

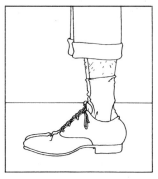

*pantalon, il peut rétrécir au lavage.* ◆ (sujet qqch [route, rue]) **se rétrécir** *Juste avant le tournant, la route se rétrécit, surtout ne double pas.*

**S.** *Rétrécir*, c'est rendre (pour le v. t.) ou devenir (pour le v. i. et le v. pr.) moins large, plus ÉTROIT. Les contr. sont ÉLARGIR ou ALLONGER, RALLONGER. *Se rétrécir* a pour syn. SE RESSERRER.
**L. rétrécissement** (n. m.) *Ce panneau indique que la route se rétrécit → ce panneau indique un rétrécissement de la route.*

**retrouver** [rətruve] v. t. (conj. **1**)
I. (sujet qqn) **retrouver qqch, qqn** *Tu as retrouvé tes clés ?* ● *Vous ne retrouverez jamais une occasion pareille : si j'étais vous, j'accepterais.* ● *Je n'arrive pas à retrouver son nom ! Comment s'appelle-t-il, déjà ?* ● *La police a retrouvé le voleur au bout de deux jours de recherches.*
II. (sujet qqn) **retrouver qqn (dans un lieu)** *Je me donne juste un coup de peigne : je te retrouve en bas dans dix minutes.* ◆ (sujet qqn [plur.]) **se retrouver dans un lieu** *On se retrouve où ? — Au café !* ◆ (sans compl.) *Ça fait plaisir de se retrouver après si longtemps.*
III. (sujet qqn) **se retrouver + adj.** ou **qqpart** *L'idée de me retrouver dans cette maison me rend folle de joie !* ● *Tous les enfants sont mariés... Je me retrouve toute seule maintenant.*
IV. (sujet qqn) **se retrouver (dans qqch [lieu, situation, etc.])** *Tu sais, j'ai quitté ce quartier il y a dix ans et je ne suis pas très sûr de me retrouver.* ● *Si tu crois que je vais m'y retrouver dans tous tes papiers !*

**S. 1.** *Retrouver qqch* (sens I), c'est TROUVER une nouvelle fois, rentrer en possession de ce qu'on avait perdu ou laissé, ou, en parlant de qqch d'abstrait (nom, idée), SE SOUVENIR DE qqch, SE RAPPELER ce qu'on avait oublié. *Retrouver une personne*, en parlant de la police, c'est la RATTRAPER, la REPRENDRE ; en parlant de qqn, c'est la REVOIR ; *retrouver un objet*, c'est le RÉCUPÉRER. — **2.** *Retrouver qqn dans un lieu* (sens II) a pour syn. REJOINDRE. *Se retrouver* (sans compl.) a pour autre syn. SE RENCONTRER, SE REVOIR (après une longue absence) ; le contr. est SE SÉPARER. — **3.** *Se retrouver* (sens III), c'est SE TROUVER DE NOUVEAU dans un lieu qu'on avait quitté ou dans une situation qui avait cessé d'être ou qui est nouvelle. — **4.** *Se retrouver* (sens IV) a pour syn. SE RECONNAÎTRE, SE DÉBROUILLER.

**réunion** [reynjɔ̃] n. f.
[action, qqn, et résultat] *Nous avons une réunion à 3 heures cet après-midi, je te verrai après.* ● *Il faudrait faire une réunion pour parler de tous ces problèmes.* ● *Je ne suis pas allé à toutes les réunions du syndicat.* ● *La réunion a duré deux heures, et, à la fin, tout le monde parlait en même temps.* ◆ (sujet qqn) **être en réunion** *Est-ce que je pourrais parler à M. Durand, s'il*

*vous plaît ? — Ah ! c'est impossible, il est en réunion en ce moment.*

**S.** *Réunion* a pour syn. ASSEMBLÉE, RASSEMBLEMENT (qui suppose un plus grand nombre de personnes), COMMISSION, COMITÉ (qui, tous deux, supposent un petit nombre de personnes réunies pour parler d'un sujet d'étude), COLLOQUE (plus important), CONFÉRENCE (où une seule personne parle à d'autres), SÉANCE (de travail). *Avoir une réunion*, c'est SE RÉUNIR ; *faire une réunion*, c'est RÉUNIR des personnes.

**réunir** [reynir] v. t. (conj. **15**)
(sujet qqn) **réunir des choses** *Cet écrivain*

*a réuni plein d'histoires drôles pour écrire son livre.* ◆ **réunir de l'argent** *On a réuni cinq cents francs pour offrir un cadeau à Yves qui part à la retraite.* ◆ **réunir des personnes** *Pour la nouvelle année, le directeur a décidé de réunir tous les employés.* ◆ (sujet qqn [plur.]) **se réunir** *Nous pouvons nous réunir demain si vous voulez.*

**S.** *Réunir des choses* a pour syn. RASSEMBLER,

REGROUPER ; il s'oppose à DISPERSER. *Réunir de l'argent* a pour syn. RECUEILLIR. *Réunir des personnes* a pour syn. RASSEMBLER, CONVOQUER. *Se réunir*, c'est faire une réunion, une assemblée ; il a pour syn. SE RENCONTRER ; il s'oppose à SE SÉPARER.
**L. réunion,** v. ce mot.

**réussir** [reysir] v. t. ind., v. t. et v. i. (conj. **15**)
I. [v. t. ind. et v. t.] (sujet qqn) **réussir à + inf., réussir qqch (action, examen, etc.)** *Comment as-tu réussi à sortir sans te faire voir ?* ● *Tu ne réussiras pas à me convaincre, je suis persuadée que j'ai raison.* ● *J'espère que cette année tu vas réussir ton examen d'anglais.* ● *Alors, tu as réussi ton permis de conduire ?* ● *Ah ! J'ai enfin réussi ma sauce, ça fait trois fois que je la recommence !* ● *Ton dîner était très réussi : tout était excellent.*
II. [v. i.] (sujet qqch, qqn) *Ton idée a parfaitement réussi, tout a marché comme on l'avait prévu.* ● *Il n'a qu'à arrêter ses études, de toute façon, je suis sûr qu'il réussira mieux dans les affaires.* ◆ [v. t. ind.] (sujet qqch) **réussir à qqn** *Tu as bonne mine, les vacances t'ont réussi !* ● *Dis donc ! Ça lui a réussi d'aller voir le directeur, elle gagne deux fois plus qu'avant maintenant !*

**S. 1.** *Réussir à + inf.* (sens I) a pour syn. ARRIVER À, PARVENIR À (soutenu). *Réussir un examen,* c'est y ÊTRE REÇU, ne pas ÊTRE RECALÉ ou COLLÉ (fam.) ; le contr. sont ÉCHOUER à ou RATER un examen. *Réussir qqch* (action), c'est bien le RÉALISER ; les contr. sont RATER, MANQUER, LOUPER (fam.). *Être réussi* a pour syn. ÊTRE BON, EXCELLENT, PARFAIT (plus fort). — **2.** *Réussir* (sens II), avec un sujet qqch, a pour syn. ABOUTIR (soutenu), AVOIR DE BONS RÉSULTATS et, fam., MARCHER. Avec un sujet désignant

qqn, c'est connaître le succès (plus fort), la réussite ; le contr. est ÉCHOUER. *Réussir à qqn,* c'est lui ÊTRE BÉNÉFIQUE, PROFITABLE.
**L. réussite** (n. f.) [sens I et II] *Votre dîner est très réussi → votre dîner est une réussite.*

**revaloriser** [rəvalɔrize] v. t. (conj. **1**)
(sujet qqn, qqch) **revaloriser qqch** *On parle beaucoup en ce moment de revaloriser le travail manuel.*

**S.** *Revaloriser,* c'est redonner de la VALEUR, ou donner plus de valeur à qqch. DÉVALORISER, DÉPRÉCIER (soutenu) sont des contr.
**L. revalorisation** (n. f.) *On a décidé de revaloriser certains secteurs de la production → on a décidé la revalorisation de certains secteurs de la production.*

**revanche** [rəvɑ̃ʃ] n. f.
[action, qqn] *Mais c'est injuste, tu ne peux pas accepter ça ! — Ne t'inquiète pas, j'aurai ma revanche un jour ou l'autre.* ● [Aux cartes] : « *Alors, on la fait, cette revanche ?* » ● *À l'aller, notre équipe a perdu, mais au retour, elle a pris sa revanche !*

**S.** *La revanche,* c'est l'action de se venger, de rendre la pareille pour le mal reçu ou, dans les jeux, de regagner ce qui a été perdu une première fois. *Avoir, prendre sa revanche* a pour syn. SE VENGER. Dans les sports, *faire la*

# RÊVE

*revanche*, c'est jouer une deuxième partie quand on a perdu la première. La BELLE fait suite à la *revanche* quand chacun a gagné une des deux parties.

**rêve** [rɛv] n. m.
I. [résultat, activité mentale] (compt.) *Bonne nuit, faites de beaux rêves ! • J'ai*

*fait cette nuit un rêve étrange. — Ah ? Raconte-moi ça !*
II. [résultat, activité mentale] (compt., surtout au sing.) *Son rêve, c'est de partir à l'étranger : mais il est irréalisable.* ◆ **de mes (tes, ses, etc.) rêves** *Oh, regarde, voilà la maison de mes rêves !*

**S. 1.** *Rêve* (sens I et II) correspond aux sens I et II du verbe RÊVER. — **2.** Au sens I, le *rêve* se produit pendant le sommeil. Un syn. litt. est SONGE. Un CAUCHEMAR est un *rêve* désagréable, angoissant. — **3.** Au sens II, les syn. sont DÉSIR, ESPOIR. *De mes rêves* s'emploie pour indiquer que qqch ou qqn est l'objet d'un désir. Un syn. moins précis est IDÉAL.

**réveil** [revɛj] n. m.
I. [action, qqn, et résultat] (non-compt., au sing.) *Voilà l'emploi du temps : dès le réveil, une heure de gymnastique, et puis on déjeune. • Le malade vient d'être opéré, et le médecin attend son réveil.*
II. [appareil] (compt.) *Le réveil n'a pas sonné ce matin, tu l'avais remonté hier ? • Je mets le réveil à quelle heure ? — À 7 heures, il faut que je sois au bureau à 8 heures.*

**S. 1.** Au sens I, le *réveil*, c'est le fait de SE RÉVEILLER. — **2.** Au sens II, c'est l'abrév. de RÉVEILLE-MATIN, une petite pendule avec une sonnerie qui réveille à l'heure que l'on a choisie. Mettre le *réveil* à une heure déterminée, c'est le régler pour qu'il sonne à cette heure.

**réveiller** [reveje] v. t. (conj. 1)
(sujet qqn, qqch) **réveiller qqn** *Réveille-moi à 7 heures demain matin. • Tu as appelé trop tôt : ton coup de téléphone nous a réveillés ! • Ça fait du bien le froid, ça réveille !* ◆ (sujet qqn) **se réveiller, être réveillé** *6 heures du matin... et vous êtes déjà réveillés, les enfants ? • Si le train part à 8 heures, à quelle heure doit-on se réveiller pour être à l'heure ?*

**S.** *Réveiller* qqn, c'est le TIRER DE SON SOMMEIL

ou le tirer d'un état de torpeur, d'engourdissement (phrase 3). *(Se) réveiller* a pour syn. litt. (S')ÉVEILLER, le contr. est (S')ENDORMIR ; le contr. de *être réveillé* est DORMIR ou ÊTRE ENDORMI.
**L.** réveil, v. ce mot.

**révélation** [revelasjɔ̃] n. f.
[action, qqn, et résultat] *Il est allé voir la police, il paraît qu'il a des révélations à faire.* ◆ [personne] *Et voici Jeanne Leblanc, la dernière révélation de la chanson française.*

**S.** *Révélation* a pour syn. moins fort DÉCLARATION. *Faire des révélations*, c'est dire ce qui était caché, RÉVÉLER une vérité, un secret. Une *révélation* est aussi une personne dont le talent vient d'être découvert.

**révéler** [revele] v. t. (conj. 12)
(sujet qqn, un journal, etc.) **révéler qqch** *Tu verras qu'on ne révélera jamais les dessous de cette affaire de meurtre.* ◆ (sujet qqch) **révéler qqch** *Ce simple geste révélait à tous sa profonde générosité.* ◆ (sujet qqn, qqch) **se révéler** + **adj.** *L'enquête s'est révélée plus difficile qu'il n'y paraissait au début.*

S. 1. *Révéler*, avec sujet qqn, a pour syn. DÉVOILER ; c'est faire connaître ce qui était secret, caché. — 2. *Révéler*, avec sujet qqch, a pour syn. MONTRER, RENDRE ÉVIDENT, MANIFESTER (soutenu), ÊTRE LE SIGNE DE. — 3. *Se révéler*, c'est APPARAÎTRE, SE MANIFESTER.
L. **révélateur, trice** (adj.) *C'est un geste qui révèle bien son caractère → c'est un geste révélateur de son caractère.* ◆ **révélation**, v. ce mot.

**revendiquer** [rəvɑ̃dike] v. t. (conj. 1) (sujet qqn) *Les ouvriers se sont mis en grève ; ils revendiquent une augmentation de salaire.*

S. *Revendiquer* a pour syn. RÉCLAMER, EXIGER (qui implique une contrainte), DEMANDER (moins fort).
L. **revendication** (n. f.) *Ils revendiquent une augmentation → leur revendication porte sur une augmentation.* ◆ **revendicatif, ive** (adj.) *Les syndicats ont présenté leur programme de*

*revendications → les syndicats ont présenté leur programme revendicatif.*

**revendre** [rəvɑ̃dr] v. t. (conj. 41) (sujet qqn) **revendre qqch à qqn** *Qu'est-ce que tu as fait de ta robe bleue ? — Je l'ai revendue à Jeanne, elle ne me plaisait plus.*

S. *Revendre*, c'est VENDRE ce qu'on a acheté.
L. **revente** (n. f.) *Il est difficile de revendre l'appartement → la revente de l'appartement est difficile.*

**revenir** [rəvnir] v. i. (conj. 23 ; auxil. être)
I. (sujet qqn) **revenir (dans un lieu, d'un lieu), revenir + inf.** *Nous ne reviendrons plus dans ce restaurant, il est trop cher ! À quelle heure Pierre revient-il de l'école ? — À midi.* ● *Tu es allé en Angleterre ? — Oui, j'en reviens après y avoir passé un mois.* ● *Paul a dit qu'il reviendrait te voir demain.* ◆ (sujet qqch) *J'espère que le beau temps va revenir pour le week-end.* ● *Ce sont toujours les mêmes sujets de discussion qui reviennent quand on parle avec eux !* ● *L'appétit revient, on dirait !* ◆ (sujet qqn) **revenir à qqch (abstrait), en revenir à qqch** *Ne revenons pas à la discussion de l'autre jour ! Elle s'était mal terminée !* ● *On en revient toujours à la même chose : personne ne veut prendre de responsabilités.* ◆ **revenir sur qqch (abstrait)** *Je ne reviendrai pas sur ma décision, ce n'est pas la peine d'essayer de me faire changer d'avis.* ◆ **ne pas en revenir** *Non ! Paul a dit ça ? Je n'en reviens pas !* ◆ (sujet qqch) **revenir à qqn** (pron.) *Son nom me revient maintenant... Il s'appelle Alain Dumont !*
II. (sujet qqch) **revenir à + inf., à la même chose** *D'après ce que je comprends, ça revient à dire que vous ne voulez plus de moi dans votre groupe ?* ● *Que tu partes maintenant ou dans cinq minutes, cela revient au même, tu es en retard !*
III. (sujet qqch) **revenir à + compl. ou adv. de prix** *Ce vin revient à quatre francs le litre si on en achète cent litres à la fois.* ● *Ces vacances nous sont revenues très cher.*

S. 1. *Revenir dans un lieu* (sens I), c'est VENIR de nouveau à un endroit où l'on était déjà allé ; les syn. sont RETOURNER, REPASSER. *Revenir d'un lieu* a pour syn. RENTRER. En parlant d'une chose, *revenir* est syn. de RÉAPPARAÎTRE. *Revenir à qqch*, c'est reprendre qqch qu'on avait abandonné, le continuer. *En revenir à qqch* est syn. de EN ARRIVER À. *Revenir sur qqch* a pour syn. REPARLER DE ou DÉMENTIR. *Ne pas en revenir* a pour syn. ÊTRE ÉTONNÉ (moins fort), STUPÉFAIT. En parlant d'une chose, *revenir à qqn* a pour équivalents, le sujet du verbe devenant complément, SE RAPPELER (DE), SE SOUVENIR DE (*Son nom me revient → JE ME SOUVIENS DE SON NOM*). — 2. *Revenir à + inf.* (sens II) est syn. de ÉQUIVALOIR À, SE RÉSUMER À. *Cela revient au même* a pour syn. C'EST PAREIL. — 3. *Revenir* (sens III) a pour syn. COÛTER.

**revenu** [rəvny] n. m.
[argent, valeur] *Ne t'inquiète pas pour lui, en plus de son salaire, il paraît qu'il a des revenus importants.* ● *Comment est calculé l'impôt sur les revenus en France ?*

S. Le *revenu* de qqn est la somme d'argent qui lui REVIENT à titre d'intérêt, de rente, de salaire, de pension, d'honoraires, etc.

**rêver** [reve] v. t., v. i. et v. t. ind. (conj. 1)
I. (sujet qqn) **rêver (de qqn, de qqch, que + ind.)** *J'ai beaucoup rêvé cette nuit. — Ah bon ? Et tu te souviens de tes rêves ?* ● *C'est vrai que tu as rêvé de moi ?* ● *Jeanne a rêvé que la lune tombait !*

II. (sujet qqn) **rêver de qqch, de + inf., que + ind.** *Ce que j'aimerais, c'est un appartement à Paris. — Moi, je rêve d'une grande maison à la campagne!* • *Ils rêvaient de faire un long voyage.* ◆ **rêver à qqch** *Il a longtemps rêvé à ce projet et maintenant voilà qu'il va aboutir.* • *Ça fait deux fois que je t'appelle, à quoi rêves-tu?*

**S. 1.** *Rêver* (sens I), en parlant de qqn qui dort, c'est FAIRE UN RÊVE; *rêver de qqn, de*

*qqch*, c'est les VOIR EN RÊVE. — **2.** *Rêver de qqch* (sens II), qui se dit en parlant d'une personne qui est réveillée, a pour syn. DÉSIRER, SOUHAITER, ESPÉRER qqch. *Rêver à qqch* a pour syn. SONGER À (soutenu), PENSER À. *À quoi rêves-tu* ou, sans compl., *tu rêves?* se disent à qqn qui a l'air de penser dans le vague, d'être distrait, dans la lune.
**L. rêveur, euse** (adj. et n.) [sens II] *Il est toujours en train de rêver → c'est un rêveur.*
◆ **rêve,** v. ce mot. ◆ **rêverie** (n. f.) [sens II] *Ne le dérange pas quand il rêve → ne dérange pas sa rêverie.*

**réviser** [revize] v. t. (conj. 1)
(sujet qqn) **réviser un texte, un véhicule** *Avant de te coucher, tâche de réviser tes leçons pour demain.* • *Qu'est-ce que tu laisses comme fautes! On est obligé de réviser le texte après toi.* • *Il faut faire réviser la voiture; elle ne marche plus très bien.*

**S.** *Réviser*, c'est examiner, relire, vérifier pour corriger ou modifier. *Réviser une leçon*, c'est l'étudier de nouveau pour la mieux connaître. *Réviser un moteur*, c'est le contrôler et le réparer si nécessaire. REVOIR est un syn. moins précis.
**L. révision** (n. f.) *Tu as révisé tes leçons? → tu as fait la révision de tes leçons?*

**revisser** → VISSER L.

**revivre** [rəvivr] v. t. et v. i. (conj. 52)
[v. t.] (sujet qqn) **revivre qqch** *En aucun cas, je ne voudrais revivre ce que j'ai vécu, j'ai trop souffert.* ◆ [v. i.] *Depuis qu'elle a reçu des nouvelles de son fils, elle revit, ce n'est plus la même.*

**S.** *Revivre*, c'est VIVRE de nouveau (v. t.) ou reprendre des forces, retrouver la joie de VIVRE (v. i.).

**revoir** [rəvwar] v. t. (conj. 36)
(sujet qqn) **revoir qqn, qqch** *Je n'avais pas revu Paul depuis deux ans, il a beaucoup changé!* • *J'aimerais bien revoir la Bretagne; si on y retournait cet été?* • *Marie aimait tellement ce film qu'elle l'a revu trois fois!* • *Pierre et Catherine se sont revus plusieurs fois depuis leur rencontre.* ◆ **revoir une leçon** *Paul, tu as revu ta leçon? — Oui, mais je ne la sais pas encore.* ◆ **revoir qqn en train de + inf., revoir qqn + part. prés.** *Je te revois encore en train de pleurer parce que tu n'avais pas été reçu à ton examen.* • *Je la reverrai toujours m'annonçant la nouvelle!* ◆ **au revoir!,** v. ce mot.

**S.** *Revoir* qqch, c'est le VOIR, le regarder de nouveau. *Revoir* qqn, c'est le VOIR, le rencontrer après une séparation. *Revoir une leçon*, c'est l'examiner de nouveau pour la savoir; il a pour syn. RÉVISER, REPASSER (fam.). Suivi d'un part. prés. ou de EN TRAIN DE + inf., *revoir* qqn, c'est le voir par la pensée; il a pour syn. SE RAPPELER.

**révolter** [revɔlte] v. t. (conj. 1)
I. (sujet qqch [abstrait]) **révolter (qqn)** *Condamner quelqu'un à mort, à notre époque, ça me révolte!* • *Un fait divers aussi scandaleux ne peut que révolter.* • *Paul a toujours été révolté par l'injustice.*
II. (sujet qqn) **se révolter (contre qqch, qqn)** *Un petit groupe s'est révolté dans cette prison, et la police est intervenue.* • *C'est normal, à son âge, de se révolter contre ses parents.*

**S. 1.** *Révolter* qqn (sens I), souvent au pass., c'est provoquer chez lui un mouvement de dégoût ou d'indignation; il a pour syn. SCANDALISER, ÉCŒURER, DÉGOÛTER (moins fort). *Être révolté* a pour syn. ÊTRE INDIGNÉ, OUTRÉ PAR qqch (soutenu). — **2.** *Se révolter* (sens II) a pour syn. SE SOULEVER, SE REBELLER CONTRE qqch, qqn (plus faible). Les contr. sont OBÉIR, SE RÉSIGNER, SE SOUMETTRE (À).
**L. révoltant, e** (adj.) [sens I] *Une telle injus-*

tice révolte → *une telle injustice est révoltante.*
◆ **révolte** (n. f.) [sens I] *Je suis révolté par un tel crime* → *j'ai un sentiment de révolte devant un tel crime.* ◆ [sens II] *Les paysans pauvres se sont révoltés* → *une révolte des paysans pauvres a eu lieu.*

**révolution** [revɔlysjɔ̃] n. f.
I. [action, qqn, et résultat] (compt.) *Quelle est la date de la Révolution française ? — 1789 !* • *Les révolutions se produisent lorsque tout un peuple se révolte.*
II. [événement] (compt., surtout au sing.) *Ce nouveau procédé est une révolution dans l'industrie.* • *Quand on a vu les premières jupes courtes dans la rue, ça a été une révolution dans la façon de s'habiller.*

    **S. 1.** Une *révolution* (sens I), c'est l'insurrection de tout un peuple (par oppos. à un PUTSCH, un COUP D'ÉTAT, qui sont le fait d'une minorité) pour renverser le régime en place. ÉMEUTE, RÉVOLTE sont des syn. moins forts. — **2.** Au sens II, les syn. sont CHANGEMENT (moins fort), BOULEVERSEMENT.
    **L. révolutionnaire** (adj. et n.) [sens I] *Ils veulent la révolution* → *ils sont révolutionnaires.* ◆ (adj.) [sens II] *Sa méthode est une vraie révolution* → *sa méthode est révolutionnaire.*

**revolver** [revɔlvɛr] n. m.
[arme] *Il a été tué d'une balle de revolver en plein cœur.*

    **S.** Le *revolver* est une arme à feu qui tire une balle à la fois. Un PISTOLET est une sorte de *revolver.*

**revue** [rəvy] n. f.
I. [objet, texte] (compt.) *Cette nouvelle revue pour les jeunes paraîtra tous les mois.* • *Pierre a écrit un article dans une revue médicale.*
II. (sujet qqn) **passer qqch en revue** *Les journalistes ont passé en revue les événements de la semaine.* • *Avant que nos amis arrivent, je vais passer le salon en revue pour voir si tout est bien en place.*

    **S. 1.** Au sens I, *revue* a pour syn. PUBLICATION, PÉRIODIQUE, MAGAZINE et HEBDOMADAIRE ou MENSUEL (dans la mesure où elle paraît toutes les semaines ou tous les mois). — **2.** *Passer qqch en revue* a pour syn. DÉTAILLER, EXAMINER qqch.

**rez-de-chaussée** [redʃose] n. m. inv.
[partie d'un édifice] *Notre appartement est au rez-de-chaussée, on entend beaucoup les bruits de la rue.*

    **S.** Dans une maison ou un immeuble, le *rez-de-chaussée* est au niveau de la rue et s'oppose aux ÉTAGES et au SOUS-SOL.

**rhabiller (se)** → DÉSHABILLER L.

**rhumatisme** [rymatism] n. m.
[maladie] (compt., surtout au plur.) *Tu commences à avoir des rhumatismes ? C'est l'âge, mon vieux !* • *Dès que le temps est à la pluie, mon rhumatisme au genou me fait souffrir.*

    **S.** Les *rhumatismes* se caractérisent par des douleurs dans les articulations.

**rhume** [rym] n. m.
[maladie] *J'ai pris froid l'autre jour ; du coup, j'ai attrapé un rhume : ça fait déjà*

*trois rhumes depuis le début de l'hiver.* • *Elle a un gros rhume ; elle n'arrête pas de se moucher.*

    **S.** Le *rhume* est une maladie bénigne. On éternue et on a le nez bouché quand on EST ENRHUMÉ.
    **L. enrhumer (s')**, v. ce mot.

**riche** [riʃ] adj. (après ou, plus rarement, avant le n.) et n.
[adj.] (se dit de qqn, d'un groupe, de qqch)

*Ne lui prête pas tout le temps ta voiture, il est assez riche pour s'en acheter une! • Tous ces beaux immeubles, ces commerçants... Tu habites un quartier riche, dis donc! • La terre est riche par ici, les paysans ne sont pas à plaindre!* ◆ [n.] (personne) *Faut-il faire payer les riches?*

> **S.** Qqn qui est *riche* a beaucoup d'argent. AISÉ est un syn. soutenu. Le contr. est PAUVRE. En parlant du sol, le syn. est FERTILE.
> **L. richesse** (n. f.) Il est connu que ce pays est riche → *la richesse de ce pays est connue.*
> ◆ **enrichir (s')** [v. pr.] Il est devenu riche → *il s'est enrichi.*

**ride** [rid] n. f.
[forme, corps] *Bien sûr, Paul a des rides, mais ça ne lui enlève rien de son charme, au contraire! • Marie commence à vieillir. Elle a de petites rides au coin des yeux.*

> **S.** Une *ride* est un pli qui se forme à partir d'un certain âge sur la peau du visage.
> **L. ridé, e** (adj.) Elle a un visage plein de rides → *elle a un visage ridé.*

**rideau** [rido] n. m.
[objet] *Il y a trop de soleil dans la pièce, tu peux tirer les rideaux? • Vite, le magasin va fermer : on est en train de baisser le rideau de fer devant la porte!*

> **S.** Dans un appartement, un *rideau* est une pièce d'étoffe tendue devant une fenêtre, à l'intérieur de la pièce. En ce sens le mot s'emploie le plus souvent au plur. Un STORE est un *rideau* extérieur, généralement en toile ou en lattes de bois, qu'on abaisse et qu'on lève. Devant certaines boutiques, les *rideaux de fer* servent à protéger du vol.

**ridicule** [ridikyl] adj. (après le n.) et n. m.
[adj.] (se dit de qqn, de qqch) *Ce chapeau est ridicule, tu ne devrais pas le mettre. • Tu aurais pu me prévenir, je n'étais pas au courant et les autres ont dû me trouver ridicule. • La somme qu'on me propose est ridicule! • Allons, sois sérieux. C'est ridicule de se fâcher pour si peu!* ◆ [n. m.] (qqch) [non-compt., au sing.] *Habillée comme elle est, elle n'a aucun sens du ridicule!*

> **S. 1.** Est *ridicule* celui ou ce qui porte à rire, à se moquer, par son caractère déplacé, déraisonnable, inadéquat ; il a pour syn. GROTESQUE (plus fort). En parlant de qqn, il a pour syn. STUPIDE. En parlant de qqch d'abstrait, les syn. sont DÉRISOIRE, INSIGNIFIANT. *C'est ridicule* a pour syn. C'EST ABSURDE, IDIOT, INSENSÉ (plus fort), STUPIDE. — **2.** Le *ridicule* (n. m.) est le fait de SE RIDICULISER.

> **L. ridiculiser** (v. t.) On l'a couvert de ridicule → *on l'a ridiculisé.*

**rien** [rjɛ̃] pron. indéf. et n. m.
**I.** [pron. indéf.] (négation) *Allume la lumière, on ne voit rien ici. • Qu'est-ce que tu as? — Rien. — Mais si, tu as l'air triste. — Je te dis que je n'ai rien du tout. • Si vous n'avez rien à faire, vous pouvez venir m'aider. • Tu n'as rien à manger?*

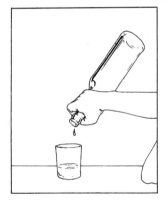

*J'ai faim! • Alors, ça n'a vraiment servi à rien? • Il n'y a rien de vrai dans tout ce qu'il nous a raconté. • Ça va? Vous n'avez rien de cassé?* ◆ **ça ne fait rien, ce n'est rien, ce n'est pas rien!** *Excusez-moi, j'arrive en retard. — Ça ne fait rien, nous n'avions pas encore commencé. • Je vous ai fait mal? — Non, ce n'est rien. • Aller à Nice en une nuit? Eh bien, ce n'est pas rien!* ◆ **pour rien** *Tu as payé ça cher? — Oh non! Je l'ai eu pour rien.* ◆ **de rien du tout** *C'est un petit accident de rien du tout, tu ne vas pas en faire une histoire!*

**II.** [n. m.] (abstrait) [compt.] *Claude a mauvais caractère, elle se fâche pour un rien.*
**III.** [pron. indéf.] (restriction) **rien que qqch, qqn, rien que de, rien qu'à** + inf. *Vous étiez nombreux ? — Non, rien que Jacques et moi.* ● *Ça me donne mal au cœur rien que de l'entendre parler de nourriture.* ● *Viens avec moi, ça ne durera pas longtemps, rien que cinq minutes.* ● *Rien qu'à le voir, on se rend compte qu'il est malade.*

**S. et G. 1.** *Rien* (sens I) est un pron. indéf. négatif, accompagné de NE. *Rien du tout, rien de rien* sont des renforcements. Il accompagne certains verbes pour les nier complètement : *ça ne sert à rien, je ne t'ai rien fait, ça ne me dit rien.* — **2.** *Rien* (sens I) s'emploie pour parler de choses, il s'oppose à PERSONNE. Il a pour contr. QUELQUE CHOSE dans une phrase affirmative (*On ne voit rien,* ON VOIT QUELQUE CHOSE). Dans une interrogative, *rien* peut avoir pour équivalent QUELQUE CHOSE (*Vous n'avez rien à manger ?* → VOUS AVEZ QUELQUE CHOSE À MANGER ? ou VOUS N'AVEZ PAS QUELQUE CHOSE À MANGER ?). *Ça ne fait rien, ce n'est rien* ont pour syn. ÇA N'A PAS D'IMPORTANCE, CE N'EST PAS GRAVE ; *ce n'est pas rien* a pour syn. C'EST IMPORTANT. *Pour rien* a pour syn. POUR PAS GRAND-CHOSE ou POUR PAS CHER. — **3.** *Un rien* (sens II) a pour syn. une VÉTILLE (soutenu), une BAGATELLE ou N'IMPORTE QUOI. — **4.** *Rien que* qqch, qqn (sens III), toujours suivi d'une phrase affirmative, a pour syn. SEULEMENT. Suivis d'un inf., *rien que de, rien qu'à* ont pour équivalent soutenu NE SERAIT-CE QUE DE (QU'À).

**rigide** [riʒid] adj. (après le n.)
(se dit de qqch [concret]) *Je n'aime pas les livres avec des couvertures rigides, mais c'est vrai que ça s'abîme moins vite.* ◆ (se dit de qqn, de qqch [abstrait]) *Il est dur, sévère, rigide et n'admet pas la moindre contestation.* ● *Votre système est trop rigide, ça ne marchera pas.*

**S.** En parlant de qqch de concret, *rigide* s'oppose à MOU, SOUPLE. En parlant de qqn, *rigide* (soutenu) s'oppose à CONCILIANT, SOUPLE, TOLÉRANT, OUVERT, et se dit de qqn dont les principes sont établis, fixes, qui est INFLEXIBLE, RIGOUREUX.
**L. rigidité** (n. f.) *Il est trop rigide, il ne se fait pas aimer de ses élèves* → *il est d'une trop grande rigidité, il ne se fait pas aimer de ses élèves.*

**rigoler** [rigɔle] v. i. (conj. **1**)
(sujet qqn) *Ce que c'était drôle ! Ce qu'on a rigolé, tu ne peux pas savoir !*

**S.** *Rigoler* est un syn. fam. de RIRE.
**L. rigolo, ote** (adj. et n.) *Fam.* Qu'est-ce qu'il nous a fait rigoler ! → *qu'est-ce qu'il était rigolo !* ◆ **rigolade** (n. f.). *Fam* Qu'est-ce qu'on a rigolé ! → *quelle rigolade !*

**rigoureux, euse** [riguʁø, øz] adj. (après le n.)
**I.** (se dit de qqch [action], de qqn) *On ne peut pas l'accuser sur de telles preuves ; il faut être plus rigoureux.*
**II.** (se dit du temps) *Nous avons eu un hiver rigoureux et le chauffage nous a coûté très cher.*

**S. 1.** *Rigoureux* (sens I) a pour syn. STRICT (soutenu) ; il indique une exactitude incontestable. — **2.** Est *rigoureux* (sens II) ce qui est difficile à supporter ; il a pour syn. courant DUR, RUDE.

**rigueur** [rigœʁ] n. f.
**I.** [qualité, qqn, qqch (abstrait)] (non-compt., au sing.) *Aucune rigueur dans son raisonnement, vraiment il n'est pas logique.*
**II.** (sujet qqn) **tenir rigueur à qqn (de qqch)** *Je suis désolé de n'avoir pu prévenir Jacques, j'espère qu'il ne m'en tiendra pas rigueur.*
**III. à la rigueur** *À la rigueur, je pourrais me passer de vin, mais de cigarettes sûrement pas.* ● *Si Pierre ne peut pas le faire, on peut, à la rigueur, donner ce travail à Paul.*

**S. 1.** Au sens I, *rigueur* a pour syn. LOGIQUE ou EXACTITUDE, PRÉCISION (moins forts). — **2.** Au sens II, *tenir rigueur à* qqn, c'est lui GARDER RANCUNE (plus fort) ; il a pour contr. PARDONNER qqch à qqn. — **3.** Au sens III, les syn. sont S'IL LE FAUT ABSOLUMENT, FAUTE DE MIEUX, AU PIS ALLER (plus soutenu).

**rincer** [ʁɛ̃se] v. t. (conj. **3**)
(sujet qqn) **rincer la vaisselle, le linge, etc.** *Les assiettes et les verres ont été mal rincés, il y a encore des traces de lessive dessus.* ● *Je ne peux pas me laver, il y a plein de linge dans le lavabo. — Attends, je vais le rincer !*

**S.** *Rincer*, c'est laver une dernière fois dans de l'eau propre, pour enlever les traces de lessive, de savon.
**L. rinçage** (n. m.) *N'oublie pas de rincer le linge* → *n'oublie pas le rinçage du linge.*

**riposter** [ʁipɔste] v. t. ind. (conj. **1**)
(sujet qqn) **riposter (à une attaque)** *Les manifestants attaquèrent, mais très vite, la police riposta avec violence.* ● *Si on t'injurie dans un embouteillage, ne riposte pas, ça risque de devenir dangereux, fais comme si tu n'entendais rien.*

# RIRE

**S.** *Riposter*, c'est RÉPONDRE par une action ou RÉPLIQUER par des paroles violentes.
**L. riposte** (n. f.) Ils ne furent pas longs à riposter → *la riposte ne fut pas longue à attendre*.

**1. rire** [rir] v. i. (conj. 56)
(sujet qqn) *Paul nous a raconté une histoire très drôle et on a tous beaucoup ri.* • *Je ne trouve pas ça comique : ça ne me fait pas rire du tout !* • *Ne riez pas si fort ! Vous allez vous faire remarquer.* ◆ **pour rire** *Mais non, ce n'est pas sérieux, j'ai dit ça pour rire !*

**S.** *Rire*, c'est manifester extérieurement sa gaieté devant ce qu'on trouve drôle, comique ; il s'oppose à PLEURER et a pour syn. fam. RIGOLER ; SOURIRE est un syn. moins fort. *Pour rire* s'oppose À POUR DE VRAI (fam.).

**2. rire** [rir] n. m.
[action, qqn, et résultat] *Le film doit être drôle, on entend des rires dans la salle.* • *Marie a eu un petit rire nerveux en apprenant la nouvelle, j'ai bien vu qu'elle n'était pas à l'aise.* ◆ **fou rire** *En le voyant entrer habillé comme ça, on a tous eu le fou rire.*

**S.** *Rire* s'oppose à LARMES, PLEURS (soutenu) et a pour syn. SOURIRE (moins fort). Le *fou rire* est un *rire* on ne peut pas retenir.

**risque** [risk] n. m.
[événement] *Il faut un certain goût du risque pour participer à des courses de motos !* • *La première fois, on se trompe, c'est normal, ce sont les risques du métier.* • *Quand Paul conduit, il ne prend jamais de risques inutiles.* • *Il se peut qu'on te refuse l'entrée, mais essaie toujours : c'est un risque à courir.* ◆ **au risque de + inf.** *Il est parti seul en forêt, en pleine nuit, au risque de se perdre.*

**S.** *Risque* (sans compl., et au sing.) a pour syn. DANGER, sauf dans *au risque de* (qui signifie qu'on s'expose à un danger). *Risque* (suivi d'un compl., ou avec un adj.) a pour syn. INCONVÉNIENT. *Prendre, courir un (des) risque (s)* a pour syn. RISQUER qqch, S'EXPOSER À UN DANGER, AU HASARD. Une action qui comporte des *risques* est RISQUÉE, hasardeuse, peu sûre.
**L. risqué, e** (adj.) *Cette aventure comporte des risques* → *cette aventure est risquée*.

**risquer** [riske] v. t. et auxil. (conj. **1**)
I. (sujet qqn) **risquer qqch, de + inf.** *Saute, tu ne risques rien.* • *Dire que j'ai risqué les pires ennuis pour lui et qu'il ne m'a plus jamais donné de ses nouvelles !* • *Les pompiers ont risqué leur vie pour sauver les habitants de la maison.* • *Tu ne risques pas d'avoir froid avec ce pull !* ◆ (sujet qqn) **se risquer à + inf.** *A ta place, je ne me risquerais pas à prendre de telles responsabilités, c'est dangereux.*
II. [auxil. (éventualité)] (sujet qqch) **risquer de + inf.** *Tiens, il y a des nuages, le temps risque de changer.*

**S. 1.** *Risquer qqch* (sens I), c'est COURIR tel ou tel RISQUE exprimé par le nom compl., S'EXPOSER

à qqch. *Risquer sa vie*, c'est l'EXPOSER, la mettre en danger. *Risquer de + inf.*, c'est COURIR LE RISQUE DE. *Se risquer à* a pour syn., plus soutenus, SE HASARDER À, COURIR LE RISQUE DE. — **2.** *Risquer de + inf.* (sens II) est un auxil. d'aspect qui marque l'éventualité et a pour syn. POUVOIR (*Il risque de pleuvoir* → IL PEUT PLEUVOIR ou IL VA PROBABLEMENT PLEUVOIR).
**L. risque**, v. ce mot.

**rival, e, aux** [rival, vo] adj. (après le n.) et n.
I. [adj.] (se dit de qqn [plur. ou collectif]) *Ils sont forts dans l'équipe rivale ? — Oui, mais vous pouvez les vaincre.*
II. [n.] (personne, rôle) *Alors, tu n'as pas eu ce poste ? — Non, mais je ne savais pas que j'avais un rival.*

**G.** L'adj. n'a ni comparatif ni superlatif.
**S. 1.** *Rival* (adj.) a pour syn. ADVERSE, CONCURRENT. — **2.** *Rival* (n.) est soutenu. Il a pour syn. CONCURRENT, ADVERSAIRE et pour contr. ALLIÉ, ASSOCIÉ, PARTENAIRE.
**L. rivaliser, rivalité,** v. ces mots.

**rivaliser** [rivalize] v. t. ind. (conj. **1**) (sujet qqn, qqch) **rivaliser avec qqn, qqch** *Je vous assure que ses tableaux peuvent rivaliser avec ceux des plus grands peintres actuels.*

**S.** *Rivaliser,* c'est entrer en concurrence avec, être du même niveau pour pouvoir s'opposer dans une comparaison, une lutte, etc.

**rivalité** [rivalite] n. f.
[état, qqn] *Ils sont jaloux l'un de l'autre ? — Pas vraiment, il s'agit plutôt de rivalité.*

**S.** La *rivalité,* c'est la situation où se trouvent deux personnes, deux groupes qui prétendent au même succès, qui sont RIVAUX. CONCURRENCE est un syn.

**rivière** [rivjɛr] n. f.
[lieu naturel, liquide] *On va pouvoir pêcher, l'hôtel est au bord d'une rivière.* ● *L'eau de*

*la rivière est vraiment trop sale pour qu'on s'y baigne !*

**S.** Une *rivière* se jette dans une autre *rivière* ou dans un fleuve.

**riz** [ri] n. m.
[céréale] (non-compt., au sing.) *Vous voulez votre poisson avec des pommes de terre ou avec du riz ?* ● *Comme dessert, je prendrai un gâteau de riz.*

**S.** Le *riz* est une céréale dont on consomme les grains cuits et que l'on cultive dans des RIZIÈRES.

**robe** [rɔb] n. f.
[vêtement] *Odile a mis une robe aujourd'hui ; ça fait drôle, elle qui est toujours en pantalon !* ◆ **robe de chambre** *Quand Paul nous a ouvert la porte, il était en pyjama et en robe de chambre.*

**S.** Une *robe* est un vêtement féminin, avec ou sans manches, qui commence aux épaules (par oppos. à la JUPE, qui part de la taille). Une *robe de chambre* est un vêtement d'intérieur masculin ou féminin qui se met par-dessus une chemise de nuit ou un pyjama. Le *peignoir (de bain)* est une sorte de *robe de chambre* en tissu-éponge qu'on met après le bain.

**robinet** [rɔbinɛ] n. m.
[appareil] *Le robinet de la baignoire coule à petites gouttes, il faudrait le réparer.* ● *Ferme les robinets, l'eau va déborder !*

**S.** Un *robinet* est une manette qui sert à ouvrir ou à fermer l'eau, le gaz ; c'est aussi le conduit par lequel l'eau coule.

**robuste** [rɔbyst] adj. (après ou, plus rarement, avant le n.)
(se dit de qqn, de son état physique, de qqch) *Ton fils est robuste pour son âge, quand il donne un coup de poing, on le sent.* ● *Paul a une santé robuste : pas un rhume depuis deux ans !* ● *Ce que je voudrais, c'est une voiture robuste qui ne tombe pas constamment en panne.*

**S.** Est *robuste* celui qui a de la vigueur, de la force ou ce qui a de la solidité, qui résiste. Les syn. sont FORT, VIGOUREUX, RÉSISTANT et les contr. sont FRAGILE et DÉLICAT, FRÊLE (soutenus) en parlant de qqn. En parlant de qqch, les syn. sont RÉSISTANT, SOLIDE et le contr. est FRAGILE.

**rocher** [rɔʃe] n. m.
[objet naturel] *La mer est dangereuse pour les bateaux à cet endroit, il y a plein de rochers.* ● *Tu crois que l'eau est assez profonde pour plonger du rocher ?*

**S.** Un *rocher* est un gros bloc de pierre, de

ROCHE. ÉCUEIL, RÉCIF (plus soutenus) désignent les *rochers* qui, en mer, sont à fleur d'eau.
**L. rocheux, euse** (adj.) Une côte couverte de rochers → *une côte rocheuse.*

**roder** [rode] v. t. (conj. **1)**
(sujet qqn) **roder une voiture** *Tu ne dois pas dépasser le quatre-vingt-dix kilomètres à l'heure pendant que tu rodes ta voiture.*
**S.** *Roder une voiture*, c'est quand elle est neuve, la faire fonctionner en prenant des précautions.
**L. rodage** (n. m.) Cette voiture n'a pas besoin d'être rodée → *cette voiture n'a pas besoin de rodage.*

**rôder** [rode] v. i. (conj. **1)**
(sujet qqn) *Qu'est-ce que c'est que ces gens qui rôdent autour de la maison des Leblanc?*
**S.** *Rôder* (péjor.), c'est TRAÎNER, SE PROMENER autour d'un lieu avec des intentions hostiles et une attitude suspecte.
**L. rôdeur** (n. m.) C'est sans doute quelqu'un qui rôdait par là qui a commis le crime → *c'est sans doute un rôdeur qui a commis le crime.*

**roi** [rwa] n. m., **reine** [rɛn] n. f.
[personne, fonction] *Depuis combien de*

*temps n'y a t-il plus de roi en France?* • *Les Anglais sont très attachés à leur reine.*
**S.** Le *roi*, la *reine* sont des SOUVERAINS et détiennent l'autorité dans un ROYAUME.

**rôle** [rol] n. m.
I. [action, qqn, et résultat] (compt.) *Cet acteur a un rôle peu important dans la pièce.* • *Dans ce film, les rôles ne sont pas tenus par des acteurs, mais par les gens du village.* • *Pour une fois, tu joueras le rôle de quelqu'un de méchant, d'un mauvais.* • *Non, en réalité il n'est pas comme ça, mais en public, c'est comme s'il jouait un rôle.* ◆ (sujet qqn) **avoir le beau rôle** *Oui, dans cette histoire c'est toi qui as le beau rôle, mais moi je passe pour quoi?*
II. [action, qqn, qqch] *Paul a joué un grand rôle dans cette affaire : si elle a réussi, c'est grâce à lui.* • *Le rôle de la presse, de la radio au moment des élections est beaucoup plus important qu'on ne le croit.* • *C'est à toi de lui annoncer la nouvelle. — Non, je ne le ferai pas, ce n'est pas mon rôle.*
**S. 1.** Au sens I, *avoir, jouer un rôle*, c'est, en parlant d'un acteur, représenter un personnage dans une pièce, un film. L'EMPLOI d'un acteur, c'est le genre de *rôle* qu'il joue habituellement. Dans un autre contexte, *jouer un rôle*, c'est ne pas être naturel, prendre des attitudes. *Avoir le beau rôle*, c'est être à son avantage dans une situation. — **2.** Au sens II, *rôle* a pour syn. ACTION, FONCTION. *C'est mon rôle* a pour équivalents C'EST DANS MES ATTRIBUTIONS (soutenu), C'EST À MOI DE LE FAIRE.

**roman** [rɔmɑ̃] n. m.
[objet, texte] *Qu'est-ce que tu préfères, le roman ou la poésie?* • *Il écrit des romans. — Ah? Je ne savais pas qu'il était écrivain.* • *Je n'ai pas sommeil, je vais essayer de finir mon roman ce soir.*
**S.** Le *roman* est un genre littéraire s'opposant au POÈME, à la PIÈCE DE THÉÂTRE. C'est un récit d'aventures vécues ou imaginaires. Un *roman* POLICIER a pour sujet un crime ou une affaire d'espionnage que l'on cherche à éclaircir et qui crée pour le lecteur un certain suspense.
**L. romancier, ère** (n.) Son père écrit des romans → *son père est romancier.*

**romanesque** [rɔmanɛsk] adj. (après le n.)
(se dit de qqch) *Marie ne lit que des histoires romanesques où il est question d'enlèvements, d'aventures extraordinaires. — Oui, je connais, et ça se termine toujours bien.* ◆ (se dit de qqn, de son attitude) *Elle est restée très romanesque; elle croit toujours qu'elle rencontrera un jeune homme beau et riche.*
**S.** Est *romanesque* ce qui est invraisemblable, ce qui tient du ROMAN par son côté sentimental ou par le caractère extraordinaire des faits qui s'y déroulent. Les syn. sont INCROYABLE, EXTRAORDINAIRE, FANTASTIQUE. Qqn de *romanesque* n'a pas le sens des réalités, vit un rêve sentimental.

**romantique** [rɔmɑ̃tik] adj. (après le n.) et n.
[adj.] (se dit de qqn, de ses actions, de qqch) *Catherine est une jeune fille romantique, qui rêve d'une vie pleine d'amour et de joie.* • *Quel beau clair de lune, et si on allait faire une promenade romantique au bord de la rivière ?* ◆ [n.] (personne) *C'est un romantique au fond, pour lui, il n'y a que les sentiments qui comptent.*

**S.** Est *romantique* qqn chez qui dominent le sentiment et la rêverie, qqch qui est loin de la réalité banale, ordinaire, commune ; le syn. courant est SENTIMENTAL. L'inverse est RÉALISTE.

**L. romantisme** (n. m.) Il y a quelque chose de romantique dans leur vie → *il y a du romantisme dans leur vie.*

**rompre** [rɔ̃pr] v. t. (conj. 42)
(sujet qqn, un pays) **rompre (des relations) [avec qqn]** *Si les négociations échouent, ces deux pays risquent de rompre leurs relations diplomatiques.* • *À cause de cette histoire, il a rompu avec son meilleur ami.* • *C'est difficile de rompre avec les vieilles habitudes.* ◆ (sujet qqn) **rompre le silence** *J'ai dit n'importe quoi pour rompre le silence.*

**S. 1.** *Rompre* est de la langue soutenue. *Rompre des relations*, c'est les INTERROMPRE plus ou moins définitivement, les faire cesser. *Rompre avec qqn*, c'est ne plus avoir de relations avec lui, SE FÂCHER AVEC lui ou, en parlant de relations amoureuses, le QUITTER, SE SÉPARER DE lui. *Rompre avec une habitude*, c'est s'en SÉPARER. — **2.** *Rompre le silence*, c'est le faire cesser.

**L. rupture** (n. f.) Oui, ils ont définitivement rompu, ils se séparent → *oui, leur rupture est définitive, ils se séparent.*

**rond, e** [rɔ̃, rɔ̃d] adj. (après le n.), **rond** n. m.
**I.** [adj.] (se dit de qqch) *Qui a découvert que la Terre était ronde ?* • *Le ballon de rugby n'est pas rond.* • *Leur bébé est très mignon, il a les joues toutes rondes !*
**II.** [adj.] **compte, chiffre rond** *Ça fait neuf francs vingt, disons neuf francs, ça fera un compte rond.* ◆ **tout rond** *Treize francs le paquet de lessive, sept francs le savon, eh bien voilà, ça fait trente francs tout ronds.*
**III.** [n. m.] (forme) *Pour dessiner un bonhomme, tu fais un petit rond pour la tête et un rond plus gros pour le corps.* ◆ **en rond** *Il vaut mieux s'asseoir en rond, comme ça tout le monde se verra.*

**S. 1.** Au sens I, *rond* a pour équivalents plus précis, et en langue savante, SPHÉRIQUE quand il s'agit d'un volume et CIRCULAIRE quand il s'agit d'une surface. *Avoir des joues rondes*, c'est AVOIR DE BONNES JOUES, ÊTRE JOUFFLU. — **2.** *Un compte, un chiffre rond* (sens II), c'est un compte, un chiffre entier, dont on supprime les décimales, les centimes, etc., qui tombe juste. *Tout rond* a pour syn. JUSTE. — **3.** Un *rond* (sens III) est une figure, une ligne circulaire ; le mot a pour syn. CERCLE, CIRCONFÉRENCE, SPHÈRE (soutenu). Un *rond* ne comporte pas d'angles et s'oppose au CARRÉ, au RECTANGLE. *En rond* a pour syn. EN CERCLE.

**L. arrondir**, v. ce mot. ◆ **arrondi, e** (adj.) [sens I] Prends donc les ciseaux qui ont le bout rond → *prends donc les ciseaux qui ont le bout arrondi.*

**rondelle** [rɔ̃dɛl] n. f.
[partie d'un objet] *Alors, tu as bien mangé ? — Non, un œuf dur et deux rondelles de tomate, c'est tout.* • *Vous deviez préparer des rondelles de citron pour le thé.*

**S.** Une *rondelle* est une tranche RONDE d'un légume, d'un fruit, d'un saucisson, etc.

**ronfler** [rɔ̃fle] v. i. (conj. 1)
(sujet qqn) *Pierre ronfle si fort que je ne peux pas dormir.*

**S.** *Ronfler*, c'est faire du bruit en respirant quand on dort.

**L. ronflement** (n. m.) Que faire pour qu'il ne ronfle plus ? → *que faire pour faire cesser son ronflement ?*

**1. rose** [roz] n. f.
[fleur] *Tu achètes tout le temps des roses, tu ne pourrais pas prendre d'autres fleurs pour changer ?*

**S.** La *rose* est une fleur très appréciée et très courante. La tige de la *rose* comporte en général des épines.

**L. rosier** (n. m.) *Tu fais pousser des rosiers sur ton balcon?* (← *des arbustes qui portent les roses*).

**2. rose** [roz] adj. (après le n.) et n. m. [adj.] (se dit de qqch, de qqn) *L'air fera du bien à cet enfant, il reviendra avec les joues roses.* ◆ [n. m.] (couleur) [compt., surtout au sing.] *Je n'aime pas ce rose, il est trop foncé.*

**S.** *Rose* désigne une couleur, obtenue à partir du rouge et du blanc.

**rôti** [roti] n. m.
[aliment] **rôti (de porc, de veau, de bœuf, etc.)** *Marie nous a fait un rôti de veau aux haricots.* • *Qui veut encore une tranche de rôti? — Moi, il est vraiment excellent.*

**S.** Un *rôti* est une pièce de viande qu'on a fait RÔTIR ou qu'on achète pour faire RÔTIR. *Rôti de bœuf* a pour syn. ROSBIF.

**rôtir** [rotir] v. i. et v. t. (conj. **15**) [v. i.] (sujet qqn) **faire rôtir une viande** *J'ai acheté un poulet, je vais le faire rôtir demain matin et on l'emportera pour le manger froid à midi.* ◆ [v. t.] (sujet qqn) **rôtir une viande** *Pour bien rôtir une viande*

*il faut la mettre à four chaud.* • *Au menu, ce soir, poulet rôti et salade.*

**G.** Le v. t. s'emploie surtout au participe passé.

**S.** On *fait rôtir une viande* en la faisant cuire au four, à la broche, en cocotte ou dans une RÔTISSOIRE. On emploie le participe passé après un nom de volaille *(poulet rôti)*, de gibier *(lapin rôti)*, mais on dit un RÔTI DE PORC, DE VEAU, DE BŒUF.

**L. rôti,** v. ce mot.

**roue** [ru] n. f.
[partie d'un véhicule] *Il va falloir changer la roue avant gauche de la voiture.* • *La roue arrière de la bicyclette n'est pas assez gonflée.*

**S.** Une *roue*, entourée par un pneu, est ce qui permet à un véhicule de ROULER, de se déplacer en roulant.

**rouge** [ruʒ] adj. (après le n.) et n. m.
I. [adj.] (se dit de qqch, de qqn) *Elle a les lèvres trop rouges, ça lui donne un genre vulgaire.* • *De quelle couleur sont ces fleurs? — Elles sont rouge foncé.* • *Tu l'as vexé, il est devenu tout rouge!* • *Tu ne vas pas boire du vin rouge avec ce poisson!* ◆ [n. m.] (couleur) [compt., surtout au sing.] *Ralentis, le feu va passer au rouge.* • *Le rouge ne me va pas du tout, je ne mets jamais de vêtements de cette couleur.*
II. [n. m.] (produit) **rouge (à lèvres, à ongles, etc.)** *Aline s'est mis trop de rouge à lèvres, ce n'est pas joli.*

**S. 1.** *Rouge* (sens I) désigne une couleur. Qqn devient *rouge* sous le coup d'une émotion ou s'il a été vexé. On ne dit pas de qqn qu'il a les cheveux *rouges*, mais qu'il est ROUX, ROUQUIN ou qu'il a les cheveux ROUX. — **2.** *Le rouge à lèvres* (sens II) est un fard, un produit de maquillage dont la couleur peut varier; *rouge à ongles* a pour syn. VERNIS À ONGLES.

**L. rougir** (v. i.) [sens I] *Tu l'as vexé, il est devenu rouge* → *tu l'as vexé, il a rougi.*
◆ **rougeur** (n. f.) [sens I] *Il a des taches rouges sur la peau* → *il a des rougeurs sur la peau.*

**rouiller** [ruje] v. i. (conj. **1**), **être rouillé** v. pass.
[v. i.] (sujet qqch [en métal]) *Si tu ne recouvres pas la grille du jardin d'un produit pour la protéger, elle va rouiller avec toutes ces pluies.* ◆ [v. pass.] **être rouillé** *Ne te sers pas de ce couteau, il est tout rouillé, c'est dangereux.*

**S.** *Rouiller*, c'est, en parlant d'un objet en métal, se recouvrir de ROUILLE à cause de l'humidité.
**L. rouille** (n. f.) *Le métal rouille* → *le métal se couvre de rouille.*

**rouler** [rule] v. i. et v. t. (conj. **1**)
I. [v. i.] (sujet qqn, un véhicule) *Cette voiture roule beaucoup trop à gauche.* • *Le train roule à cent cinquante kilomètres à l'heure.* • *Attention! tu roules trop vite, tu vas avoir un accident!* ◆ (sujet un objet) *La bille a roulé sous le meuble, cherche-là!*
II. [v. t.] (sujet qqn) **rouler un objet** *Le*

vendeur a roulé le tapis pour que je puisse l'emporter.
III. [v. t.] (sujet qqn) **rouler qqn, se faire rouler** *Ça n'a pas l'air très solide... J'espère que ce marchand ne m'a pas roulée !* • *Je me suis fait rouler, c'était moins cher à côté.*

**S. 1.** *Rouler* (sens I), c'est, en parlant d'un véhicule, avancer grâce à des ROUES ou, en parlant de qqn, voyager dans un véhicule à ROUES (train, voiture), se déplacer à bicyclette, à moto, etc. MARCHER et ALLER sont des syn. plus vagues. En parlant d'un objet, *rouler*, c'est avancer en tournant sur soi-même ; seul

un objet rond ou arrondi peut *rouler*. — **2.** *Rouler un objet* (sens II), c'est le mettre en ROULEAU. Le syn. est ENROULER quand on *roule* un objet sur lui-même ou autour d'un autre objet. L'opération inverse est indiquée par DÉROULER. — **3.** *Rouler qqn* (sens III) [fam.] a pour syn. TROMPER, VOLER (plus fort). *Se faire rouler* a pour autre syn. fam. SE FAIRE AVOIR.

**roumain, e** [rumɛ̃, ɛn] adj. (après le n.) et n., **roumain** n. m.
[adj.] (se dit de qqch) *Elle s'est acheté une chemise roumaine magnifique, avec de très belles couleurs.* ◆ [n. m.] (langue) *Le roumain est une très belle langue, mais je n'y comprends rien.* ◆ [n. et adj.] (personne) *Nous sommes allés en Roumanie et nous avons trouvé les Roumains très sympathiques.* • *Tu as écrit à ton ami roumain ?*

**G.** L'adj. ne se met ni au comparatif ni au superlatif.
**S.** L'adj. ethnique *roumain* correspond au n. f. ROUMANIE et au n. m. *roumain* (= la langue roumaine). Les *Roumains* (notez la majuscule) sont ceux qui ont la nationalité *roumaine*.

**rouspéter** [ruspete] v. t. ind. (conj. **12**) (sujet qqn) **rouspéter (contre qqch, qqn)** *Il n'est jamais content, il rouspète sans arrêt, c'est insupportable.*

**S.** *Rouspéter* (fam.), c'est RÉCLAMER qqch, RÂLER (fam.), PROTESTER, SE PLAINDRE (soutenu et moins fort).
**L. rouspéteur, euse** (n. et adj.) *On dit que les Français sont des gens qui rouspètent sans cesse* → *on dit que les Français sont des rouspéteurs.*

**route** [rut] n. f.
I. [lieu, passage] (compt.) *Freine ! Il y a des vaches qui traversent la route !* • *Puisqu'on n'est pas pressés, on ferait mieux de passer par des petites routes, non ?*
II. [lieu abstrait] (non-compt., au sing.) *Partez de bonne heure, la route est longue !* • *Vous ne pouvez pas vous tromper de route, il y a des panneaux partout.* • *Tu ne crois*

*pas qu'on ferait mieux de demander notre route ?*

**S. 1.** Une *route* (sens I) est une voie de communication plus large qu'un CHEMIN et destinée à la circulation des voitures, des camions, etc., en dehors d'une ville. On distingue les *routes* NATIONALES et les *routes* DÉPARTEMENTALES, généralement plus étroites et moins importantes. — **2.** *Route* (sens II) a pour syn. CHEMIN. Elle a comme autres syn. PARCOURS, TRAJET quand elle représente l'espace à parcourir, DIRECTION et ITINÉRAIRE (soutenu) quand elle désigne le chemin que l'on doit prendre.

**routier** [rutje] n. m.
[personne, profession] *Albert est routier ; avec son camion, il fait trois fois par semaine le trajet Paris-Marseille.*

**S.** Un *routier* est un conducteur de poids lourd (camion) qui effectue des transports de marchandises sur de longs trajets. Un syn. moins usuel est CAMIONNEUR.

**routine** [rutin] n. f.
[manière, qqn] *Ce qui me gêne le plus depuis que je travaille, c'est la routine, tous les jours la même chose, aucune surprise.*

**S.** La *routine*, c'est un ensemble d'événements qui se produisent immanquablement de la même manière. Il a pour syn. moins fort HABITUDE. TRAIN-TRAIN est un syn. fam.
**L. routinier, ère** (adj.) C'est un travail de routine → *c'est un travail routinier*.

**roux, rousse** [ru, rus] adj. (après le n.) et n.
[adj.] (se dit de qqn, de ses cheveux) *Elle était vraiment belle avec ses longs cheveux roux !* • *Tu le reconnaîtras facilement, c'est un petit garçon roux.* ◆ [n.] (personne) *Tu vois cette belle rousse là-bas ? — Oui, mais, elle a les cheveux teints.*

**S.** *Roux* désigne une couleur entre le jaune et le rouge ; en parlant des cheveux, il s'oppose à BLOND, CHÂTAIN, BRUN ou NOIR. ROUQUIN est un syn. fam.

**rude** [ryd] adj.
I. (se dit de qqn, de son attitude ; après le n.) *C'est un homme rude et, parfois, brutal, mais c'est par timidité.*
II. (se dit de qqch [action], de qqn ; avant le n.) *Il a subi de rudes épreuves depuis qu'il est parti à l'étranger, mais il s'en est bien tiré.* • *C'est un rude adversaire ; il n'est pas facile de le mettre dans son tort.*

**S. 1.** Est *rude* (sens I) [soutenu] celui qui manque de courtoisie, de distinction dans ses manières, celui qui est DÉSAGRÉABLE ou BOURRU.
— **2.** Est *rude* (sens II) [soutenu] ce qui est PÉNIBLE, DUR à supporter ou celui qu'il est difficile de vaincre (le syn. plus fort est REDOUTABLE).
**L. rudement** (adv.) [sens I] Il m'a reproché mon échec de façon rude → *il m'a très rudement reproché mon échec*. ◆ [sens II] Pierre est rudement fort (← il est très fort).
◆ **rudesse** (n. f.) [sens I] Il est rude, ne vous étonnez pas → *ne vous étonnez pas de sa rudesse.*

**rue** [ry] n. f.
[lieu, passage] *Faites attention aux voitures en traversant la rue !* • *Tu peux m'attendre en bas, au coin de la rue, près du bureau de tabac ?* • *J'ai rencontré Jacques dans la rue de Rivoli.*

**S.** Une *rue* est une voie de communication à l'intérieur d'une ville. Une *rue* est moins large qu'une AVENUE et qu'un BOULEVARD. Une RUELLE est une *rue* étroite. Une IMPASSE ou un CUL-DE-SAC est une *rue* sans issue.

**ruer (se)** [rɥe] v. pr. (conj. 2)
(sujet qqn) **se ruer sur qqn, qqch** *Je ne sais pas ce qui lui a pris, il s'est rué sur moi pour m'embrasser !* • *Elle s'est ruée sur la nourriture comme si elle n'avait rien mangé depuis un mois !* ◆ (sujet qqn) **se ruer qqpart** *18 heures, les travailleurs se ruent dans le métro pour rentrer chez eux.*

**S.** *Se ruer sur* a pour syn. SE JETER SUR, SE

PRÉCIPITER SUR. En parlant d'un grand nombre de personnes, *se ruer qqpart*, c'est S'Y PRÉCIPITER ensemble. S'ÉLANCER est un syn. moins fort.
**L. ruée** (n. f.) *À l'approche de Noël, c'est la ruée vers les grands magasins* (← les gens se ruent vers les grands magasins).

**rugby** [rygbi] n. m.
[sport] (non-compt., au sing.) *Le rugby est un sport très populaire dans le sud-ouest de la France.* • *Tu sais jouer au rugby ? — Non, mais je fais du football.*

**S.** Le *rugby* est un sport qui oppose deux équipes de quinze joueurs. Le ballon de *rugby* est ovale ; il est envoyé à la main ou au pied et doit franchir les buts de l'équipe adverse.

**ruine** [rɥin] n. f.
I. [état, qqch] **en ruine** *Vous n'allez quand même pas acheter cette maison ? Elle tombe en ruine !* • *À la place de toutes ces vieilles maisons en ruine, s'élèvera bientôt une tour magnifique entourée de jardins.*
II. [collectif, objets] (non-compt., au plur.) *Après le tremblement de terre on a découvert plusieurs personnes ensevelies sous les ruines.* • *Les touristes viennent souvent visiter les ruines du château.*

III. [état, qqch] (non-compt., au sing.) *Vous êtes la cause de la ruine de notre entreprise, vous l'avez mal gérée.*

    **S. 1.** Une maison *en ruine* (sens I) est une maison DÉLABRÉE (moins fort). — **2.** Les *ruines* d'un bâtiment (sens II) sont ce qui reste d'un bâtiment en partie écroulé, les DÉBRIS, les VESTIGES (soutenu). — **3.** Au sens III, *ruine* a pour syn. PERTE, FAILLITE (*ruine* financière).

**ruiner** [ryine] v. t. (conj. 1)
(sujet qqch, qqn) **ruiner qqn** *Cinquante francs ? Mais vous voulez me ruiner !* • *Il a*

*été complètement ruiné à cause de la crise économique.* ◆ (sujet qqn) **se ruiner** *S'il continue à jouer tant d'argent, il va se ruiner.*

    **S.** *Ruiner* qqn, c'est soit lui faire faire une trop grosse dépense, soit causer sa RUINE financière, lui faire perdre toute sa fortune. *Se ruiner*, c'est dépenser toute sa fortune.
    **L. ruine, ruineux,** v. ces mots.

**ruineux, euse** [ryinø, øz] adj. (après le n.)
(se dit de qqch) *Prendre un taxi pour aller en banlieue, mais c'est ruineux avec les prix actuels !*

    **S.** Est *ruineux* ce qui occasionne une dépense excessive. COÛTEUX et CHER sont des syn. moins forts. Le contr. est ÉCONOMIQUE.

**ruisseau** [ryiso] n. m.
I. [lieu naturel, liquide] *Regarde mon poisson ! — Où l'as-tu pêché ? — Dans le ruisseau !*
II. [partie d'un lieu urbain] *C'est dégoûtant tous ces papiers dans le ruisseau, cette rue n'est vraiment pas propre.*

    **S. 1.** Un *ruisseau* (sens I) est un petit cours d'eau. — **2.** Dans les villes, on appelle *ruisseau*

(sens II) ou CANIVEAU l'endroit où l'eau coule à la limite du trottoir et de la chaussée.

**rupture** → ROMPRE L.

**rural, e, aux** [ryral, ro] adj. (après le n.) et n.
[adj.] (se dit de qqch) *Il y a tout un plan pour moderniser les habitations rurales et retenir les cultivateurs à la campagne.*
◆ [n.] (personne) *Le vote des ruraux a plus de poids que celui des habitants des villes. — Tu en es sûr ?*

    **G.** L'adj. ne se met ni au comparatif ni au superlatif.
    **S.** *Rural* est l'adj. soutenu et administratif correspondant au nom CAMPAGNE ; *rural* s'oppose à URBAIN.

**rusé, e** [ryze] adj. (après le n.) et n.
[adj.] (se dit de qqn, de son attitude) *Méfie-toi de lui, il est rusé et il finit toujours par*

*obtenir ce qu'il veut.* • *Toi, tu as un petit air rusé qui m'inquiète : tu vas encore jouer un tour à ta sœur.* ◆ [n.] (personne) *Une rusée, voilà ce qu'elle est, et tu t'es laissé prendre, innocent que tu es !*

    **S.** Est *rusé* celui qui cherche à tromper sur ses intentions par des moyens habiles et détournés, des RUSES ; les syn. pour l'adj. et le n. sont MALIN et ROUBLARD (fam.). Les contr. de l'adj. sont BÊTE, STUPIDE (péjor.) ou FRANC, CANDIDE, INNOCENT (mélioratifs et langue soutenue).

**russe** [rys] adj. (après le n.), n. m. et n.
[adj.] (se dit de qqch) *Elle est passionnée de littérature russe.* ◆ [n. m.] (langue) *Dans beaucoup de lycées français on peut apprendre le russe.* ◆ [n. et adj.] (personne) *Son père est russe et sa mère française.* • *Qui a écrit ce roman ? — Un Russe dont je ne me rappelle plus le nom.*

**G.** L'adj. ne se met ni au comparatif ni au superlatif.
**S.** L'adj. ethnique *russe* correspond au n. f. RUSSIE, mais s'emploie souvent pour SOVIÉTIQUE (de l'U.R.S.S.). Le *russe* (= la langue russe) est la langue officielle de l'U.R.S.S. Les *Russes* (notez la majuscule) sont ceux qui ont la nationalité soviétique ou, parmi les peuples de l'U.R.S.S., ceux qui sont slaves.

**rythme** [ritm] n. m.
I. [qualité, qqch] *Au début, cette musique est très lente, mais le rythme devient de plus en plus rapide.* ◆ (sujet qqch [musique]) **avoir du rythme, manquer de rythme** *Je n'aime pas tellement ce disque, ça manque de rythme, c'est difficile à danser.* • *Ça, au moins, ça a du rythme!*
II. [qualité, qqn, qqch] *Tu es fou de travailler douze heures par jour, à ce rythme-là tu vas tomber malade.*

**S. 1.** *Rythme* (sens I) a pour syn. MESURE, MOUVEMENT. Une musique qui *a du rythme* est bien RYTHMÉE, ses temps sont bien marqués. Elle est le plus souvent entraînante. — **2.** Au sens II, *rythme* a pour syn. CADENCE, ALLURE, VITESSE.
**L. rythmer** (v. t.) [sens I] *C'est toi qui marque le rythme de la musique avec ton pied?* → *c'est toi qui rythmes la musique avec ton pied?*

**sa** → SON.

**sable** [sabl] n. m.
[matière] (non-compt., au sing.) [*Sur la plage*] : «*Qu'est-ce que le sable est chaud!*

*On peut à peine marcher!*» ● *Quand il gèle ou quand il neige, on jette du sable sur les trottoirs, comme ça les gens ne glissent pas!*

**S.** Le *sable* est formé de petits grains de roches ou de minéraux qui recouvrent le sol, en particulier sur les plages.
**L. sableux, euse** (adj.) Le terrain contient beaucoup de sable → *le terrain est très sableux.*

**saboter** [sabɔte] v. t. (conj. **1**)
(sujet qqn) **saboter qqch** *On sait quelles sont les causes de l'accident? — Il paraît que l'avion a été saboté.* ● *Ils ont tout fait pour saboter les négociations de paix.* ◆ **saboter un travail** *Vraiment les plombiers ont saboté leur travail, rien ne marche.*

**S.** *Saboter*, c'est détériorer, endommager ou détruire volontairement un appareil, du matériel, empêcher qu'une action se réalise. *Saboter un travail*, c'est le faire vite et mal. BÂCLER (fam.), GÂCHER sont des syn..
**L. sabotage** (n. m.) Nous étions chargés de saboter le matériel → *nous étions chargés du sabotage du matériel.*

**sac** [sak] n. m.
I. [objet personnel] *Marie, où as-tu mis les clés? — Elles sont au fond de mon sac. Cherche!* ● *Qu'avez-vous comme bagages? — Juste un sac de voyage et une valise.*
II. [objet, récipient] *Pouvez-vous me donner un sac en papier? Je n'ai rien pour mettre mes achats.* ◆ [contenu] *Et tu as déjà mangé tout le sac de bonbons!*

**S. 1.** Un *sac* (sens I), sans compl. (abrév. de *sac* À MAIN), est ce que les femmes portent à la main par une anse ou à l'épaule par une courroie (*sac* À BANDOULIÈRE) et qui contient les petits objets (mouchoir, clés, papiers, argent, etc.) dont elles ont besoin. Une SACOCHE est un grand *sac* avec une courroie ou un *sac* d'homme. — **2.** Un *sac* (sens II) est un type d'emballage.

**L. sachet** (n. m.) [sens II] Je vais acheter un petit sac de bonbons → *je vais acheter un sachet de bonbons.*

**sacré, e** [sakre] adj.
I. (se dit de qqch, de qqn; après le n.) *Le week-end est sacré pour Paul, il ne s'agit pas de le déranger!* ● *Ses enfants, c'est sacré, il ferait n'importe quoi pour eux.*
II. (se dit de qqch; avant le n.) *Il faut une sacrée patience pour vivre avec elle : qu'est-ce qu'elle peut être pénible!*

**G.** Cet adj. n'a ni comparatif ni superlatif. Au sens II, il est toujours épithète.
**S. 1.** *Sacré* (sens I) se dit de ce qui est digne d'un respect absolu, est inviolable; les syn. sont SACRO-SAINT, TABOU (fam. en ce sens). — **2.** *Sacré* (sens II) a une valeur intensive et implique l'admiration; il est syn. de EXTRAORDINAIRE.

**sacrifice** [sakrifis] n. m.
[action, qqn] *Tu pourrais me donner une petite part de ce que tu as eu, ce ne serait pas un grand sacrifice, non ?* ● *Elle a dû en faire des sacrifices pour élever seule ses cinq enfants !* — *Oui, elle ne sortait pas, ne s'achetait jamais rien pour elle.* ◆ (sujet qqn) **faire le sacrifice de qqch** *Il a fait le sacrifice de sa vie pour sauver son pays.*

    **S.** *Faire un sacrifice*, c'est renoncer volontairement à qqch, SE PRIVER. *Faire le sacrifice de qqch*, c'est accepter de l'abandonner, de le perdre pour un intérêt supérieur.
    **L. sacrifier (se)** [v. pr.] Il a fait le sacrifice de sa vie pour sa patrie → *il s'est sacrifié pour sa patrie.*

**sage** [saʒ] adj.
I. (se dit d'un enfant ; après le n.) *Paul n'est pas très sage en classe : il est rare qu'il ne soit pas puni !* ● *Les enfants, soyez sages, ne faites pas de bêtises pendant que je ne suis pas là !*
II. (se dit de qqch [abstrait] ; avant le n.) *Il serait plus sage de partir tôt pour ne pas se trouver dans les embouteillages.* ● *Ah ! J'ai décidé de faire des économies !* — *Voilà une sage décision !*

    **S. 1.** Est *sage* (sens I) l'enfant qui obéit à ses parents, à ses maîtres ; le mot est syn. de CALME, TRANQUILLE, GENTIL (moins fort), DOCILE (plus soutenu), OBÉISSANT. Il s'oppose à DÉSOBÉISSANT, DISSIPÉ et TURBULENT (dans une classe), INSUPPORTABLE (plus fort). — **2.** Est *sage* (sens II) ce qui est conforme au bon sens, à la raison, à la modération ; il a pour syn. PRUDENT, RAISONNABLE, SÉRIEUX. Il s'oppose à DÉRAISONNABLE.
    **L. sagement** (adv.) [sens I et II] Il a agi d'une manière sage → *il a sagement agi.* ◆ **sagesse** (n. f.) [sens I] Voyez cet enfant est sage → *voyez la sagesse de cet enfant.* ◆ [sens II] Ce conseil est très sage → *la grande sagesse de ce conseil.*

**saigner** [seɲe] v. i. (conj. **1**)
(sujet qqn, un animal) *Maman ! Je suis tombé ! Regarde, je saigne !* — *Ce n'est rien, va te mettre un peu d'eau froide.* ◆ **saigner de qqpart (partie du corps)** *Marie saigne souvent du nez, surtout quand il fait froid.*

    **S.** *Saigner*, c'est perdre du SANG. *Saigner abondamment*, c'est AVOIR UNE HÉMORRAGIE (technique).
    **L. saignant, e** (adj.) *Pierre aime les biftecks saignants* (← *les biftecks peu cuits*). ◆ **saignement** (n. m.) Paul saigne du nez → *Paul a un saignement de nez.*

**sain, e** [sɛ̃, sɛn] adj. (après le n.)
I. (se dit de qqch) *Si j'étais toi, je ne donnerais pas de porc aux enfants : ce n'est pas une viande très saine.* ● *Ils vont aller s'installer à la montagne, le climat y est plus sain qu'en ville !*
II. **sain et sauf,** v. SAUF 2.

    **S.** *Sain* (sens I) a pour syn. moins fort BON (pour la santé). Lorsqu'il s'agit du climat, il a pour syn. soutenu SALUBRE. Le contr. est MALSAIN.
    **L. malsain, e** (adj.) [sens I] Le climat de ce pays n'est pas sain → *le climat de ce pays est malsain.*

**saisir** [sezir] v. t. (conj. **15**)
I. (sujet qqn) **saisir qqch (concret), qqn** *Je ne sais pas ce qui s'est passé, je me souviens qu'on m'a saisi par le bras, qu'on m'a tiré en arrière, puis plus rien, j'ai dû perdre conscience.* ◆ **saisir qqch (abstrait)** *Il n'a pas su saisir sa chance au moment où elle se présentait.* ◆ (sujet un sentiment, une sensation) **saisir qqn** *L'eau est bonne mais en sortant, on est saisi par le froid.*
II. (sujet qqn) **saisir (qqch [abstrait], que + ind.)** *Je n'ai pas bien saisi le sens de ses paroles.* ● *Tu remets le paquet à la concierge elle-même, tu as saisi ?*
III. (sujet qqn, une institution) **saisir qqch (concret)** *Comme il n'avait toujours pas payé ses dettes, après plusieurs avertissements, on est venu saisir ses meubles.* ● *Cet article est scandaleux, nous demanderons que la revue soit saisie.*

    **S. 1.** *Saisir* (sens I) est un syn. soutenu de

PRENDRE. *Saisir* qqn, c'est l'EMPOIGNER, l'ATTRAPER. *Saisir* qqch (occasion, chance, etc.), c'est en profiter au bon moment. En parlant d'un sentiment, d'une sensation, c'est S'EMPARER DE qqn. — **2.** *Saisir* (sens II) est un syn. soutenu de COMPRENDRE. — **3.** *Saisir* (sens III) (langue juridique) a pour syn. CONFISQUER. En parlant d'un journal, d'un livre, d'un film, c'est le retirer du commerce, en faire la SAISIE.

**L. saisie** (n. f.) [sens III] On a demandé de saisir ce film → *on a demandé la saisie de ce film.* ◆ **saisissant,** v. ce mot.

**saisissant, e** [sezisɑ̃, ɑ̃t] adj. (après le n.)
(se dit de qqch) *La ressemblance entre eux est saisissante, tu ne trouves pas ?*
   **S.** *Saisissant* (soutenu) a pour syn. FRAPPANT, SURPRENANT, ÉTONNANT, NET.

**saison** [sezɔ̃] n. f.
I. [temps, moment] *Le printemps, l'été, l'automne et l'hiver sont les quatre saisons.* ● *C'est étonnant qu'il y ait tant de monde en cette saison au bord de la mer : d'habitude en hiver, les gens vont à la montagne !*
II. [temps, événement] **saison de qqch** *C'est la saison des cerises, elles ne sont pas chères.* ● *Tu vas à la chasse, dimanche ? — Ah non ! Ce n'est plus la saison !*
   **S. 1.** *Saison* (sens I) désigne chacune des quatre divisions de l'année, le printemps, l'été, l'automne et l'hiver. — **2.** Au sens II, c'est une période, une époque de l'année déterminée par une activité, un caractère particuliers. Les syn. sont TEMPS, MOMENT.
   **L. saisonnier, ère** (adj.) [sens II] *Ils font les vendanges, c'est un travail saisonnier* (← qui ne dure que le temps de la saison des vendanges).

**salade** [salad] n. f.
I. [légume] (compt. ou non-compt.) *Je n'ai pas très faim, ce soir je mangerai juste un peu de salade.* ● *Qui est-ce qui veut tourner la salade ? — Pas moi ! J'ai horreur de ça et je fais tomber des feuilles à côté !*
II. [aliment] **salade de + n. plur. (fruits** ou **légumes)** *Elle était très bonne ta salade de tomates.* ● *Comme dessert, vous aurez une salade de fruits.* ◆ **en salade** *Pour déjeuner, on pourrait faire des pommes de terre en salade !*
   **S. 1.** La *salade* (sens I) la plus courante est la laitue. D'autres *salades* : le cresson, la chicorée, les endives. La *salade* est un légume frais qui se mange cru et assaisonné à l'huile et au vinaigre. La *salade* se sert dans un SALADIER. — **2.** Une *salade de légumes, de fruits* (sens II) est un plat froid composé de légumes assaisonnés de vinaigrette ou de fruits mélangés et sucrés.

**salaire** [salɛr] n. m.
[argent, valeur] *J'espère que les salaires vont être augmentés dans l'entreprise !* ● *Combien gagnes-tu ? — J'ai un salaire de trois mille francs par mois.*

   **S.** Le *salaire* est l'argent que gagne un employé au mois ou à l'heure par son travail. Il a pour syn. RÉMUNÉRATION (plus soutenu). La PAIE est le *salaire* d'un ouvrier, d'un employé ; APPOINTEMENTS s'emploie surtout pour les employés, TRAITEMENT pour les fonctionnaires, HONORAIRES pour les professions libérales, CACHET pour les artistes.
   **L. salarié, e** (adj. et n.) *Est-ce que vous recevez un salaire ? → est-ce que vous êtes salarié ?*

**sale** [sal] adj.
I. (se dit de qqn, de qqch [concret] ; après le n.) *D'où sors-tu pour être aussi sale ? — J'ai rangé la cave !* ● *Tu as les mains sales, va te les laver avant de déjeuner.* ● *Donne-moi ton linge sale, je vais le mettre dans la machine à laver.*
II. (se dit de qqn, de qqch [abstrait] ; toujours épithète, avant le n.) *Quel sale temps on a eu pendant le week-end ! Rien que de la pluie et du vent !* ● *François m'a joué un sale tour en ne venant pas au rendez-vous.* ● *Quel sale gosse, il ne fait que des bêtises !*
   **S. 1.** *Sale* (sens I) a pour contr. PROPRE, LAVÉ, NETTOYÉ. Il a pour syn. MALPROPRE (soutenu) et, plus forts, CRASSEUX (fam.), DÉGOÛTANT. — **2.** *Sale* (sens II) a pour syn. MAUVAIS, DÉSAGRÉABLE (après le n.) et, en parlant de qqn, MÉCHANT.
   **L. salement** (adv.) [sens I] *Cet enfant mange d'une façon sale → cet enfant mange salement.*
   ◆ **saleté** (n. f.) [sens I] *De voir cette maison sale m'ennuie → ça m'ennuie de voir la saleté de cette maison.* ◆ **salir,** v. ce mot.

**salé, -er** → SEL L.

**salir** [salir] v. t. (conj. 15)
(sujet qqn, qqch) **salir qqch** *Il n'y a pas une heure, il était tout propre. Et il a déjà sali sa chemise, quel maladroit !* ◆ **se salir (une**

**partie du corps, les vêtements)** *Qu'est-ce que c'est que toutes ces taches ? Comment as-tu pu te salir à ce point ?*
   **S.** *Salir* a pour syn. TACHER, SOUILLER (soutenu) ; il s'oppose à NETTOYER, LAVER.
   **L. salissant, e** (adj.) C'est un travail où l'on se salit → *c'est un travail salissant.*

**salle** [sal] n. f.
I. [partie d'un édifice] [Au cinéma] : « *Le film doit être bien : la salle est pleine !* »
● [Au café] : « *Les consommations sont plus chères à la terrasse que dans la salle* ».
◆ **salle de** + n. *Dans ce lycée, il y a cinquante salles de classe et deux salles de gymnastique.* ● *Le train aura une heure de retard ; si on allait s'asseoir dans la salle d'attente ?*
II. [pièce] **salle de bains, salle à manger, salle de séjour** *Tu as fini ta toilette ? J'aimerais bien entrer dans la salle de bains pour prendre mon pyjama !* ● *Ce soir, nous ne dînerons pas dans la salle à manger, mais dans la cuisine.* ● *Leur salle de séjour est trop petite.*
III. [collectif, personnes] *Quand il a eu fini de chanter, toute la salle a applaudi.*

   **S. 1.** Sans compl. au sens I, *salle* désigne un lieu réservé au public (au théâtre, au cinéma, au restaurant, etc.). Dans un café on oppose souvent la *salle* à la TERRASSE. Ce mot désigne aussi, suivi d'un compl., tout local destiné à un usage particulier (précisé par le compl.). — **2.** Au sens II, la *salle* DE BAINS est la pièce où

l'on fait sa toilette et qui comporte un lavabo et une baignoire, par oppos. à la DOUCHE et au CABINET DE TOILETTE. *Salle de séjour* a pour syn. LIVING ou simplement SÉJOUR. Dans la plupart des appartements, la *salle à manger* n'est qu'une partie de la *salle de séjour*. — **3.** Au sens III, *salle* désigne le PUBLIC, l'ASSISTANCE qui se trouve dans une *salle* (sens I, sans compl.).

**salon** [salɔ̃] n. m.
I. [pièce] *Cet appartement comprend un salon, une salle à manger et deux chambres, quatre pièces donc, sans compter la salle de bains ni la cuisine.* ● *L'hôtel a l'air très bien : un bar, deux salons, une grande salle de restaurant et les chambres sont confortables.*
II. [lieu, commerce] **salon de** + n. *Elle travaille dans un salon de coiffure près de l'Opéra.* ● *Quelle foule il y avait au Salon de l'enfance !*

   **S. 1.** Le *salon* (sens I) est la pièce d'un appartement, d'une maison, dans laquelle on reçoit des visiteurs. Il est syn. de SALLE DE SÉJOUR et de LIVING. Ce mot désigne aussi dans un hôtel une pièce commune où l'on peut s'asseoir, lire, fumer, etc. — **2.** Au sens II, ce mot s'emploie pour désigner certains lieux de commerce (*salon* DE COIFFURE, *salon* DE THÉ). On appelle *salon* une exposition ou manifestation commerciale annuelle sur un thème particulier désigné par le compl. (*salon* DE L'AUTO, DES ARTS MÉNAGERS, DE L'ENFANCE, etc.).

**salut !** [saly] interj.
[interpellation] *Salut tout le monde, ça va ?*
● *Bon, je m'en vais, salut !*

   **S.** *Salut !* est une formule de politesse fam. pour BONJOUR ! ou BONSOIR !, AU REVOIR !

**samedi** [samdi] n. m.
[jour] (sans article) *Nous sommes samedi 25 octobre.* ● *On se voit samedi prochain ?*
◆ (avec l'article) *Le samedi après-midi, la plupart des Français ne travaillent pas.*
● *Tous les samedis, il emmène ses enfants à la campagne.* ● *Nous nous verrons le samedi 1er mai.*

   **S.** Le *samedi* est le sixième jour de la semaine et forme avec le dimanche le week-end.

**sandwich** [sɑ̃dwitʃ] n. m., pl. **sandwichs** ou **sandwiches**
[aliment] **sandwich (à + n.)** *On n'a pas eu le temps de déjeuner, on a juste pris un sandwich dans un café.* • *Pour le voyage, je t'ai préparé un petit sandwich au jambon et des fruits.*

**S.** Un *sandwich* est constitué de deux tranches de pain entre lesquelles on met du jambon, du saucisson, du pâté, du fromage, etc.

**sang** [sɑ̃] n. m.
I. [partie du corps, liquide] (non-compt., au sing.) *Le blessé perd du sang, il faut le transporter à l'hôpital !* • *C'est certainement dans cette pièce que le crime a eu lieu, il y a des taches de sang sur le tapis.*
II. [sentiment] (sujet qqn) **se faire du mauvais sang** *Tu aurais pu me prévenir que je rentrerais tard, je me faisais du mauvais sang.*

**S. 1.** Le *sang* (sens I) circule à travers tout le corps ; il va du cœur vers les autres parties du corps par les artères et revient au cœur par les veines. *Perdre du sang*, c'est SAIGNER. — **2.** *Se faire du mauvais sang* (sens II) a pour syn. S'INQUIÉTER et, plus soutenu, SE TOURMENTER.

**sang-froid** [sɑ̃frwa] n. m.
[qualité, qqn] (non-compt., au sing.) *Il y a un début d'incendie dans un bureau, ne vous affolez pas, gardez votre sang-froid et sortez dans le calme.* ◆ **de sang-froid** *L'accusé a tué de sang-froid les deux vieillards ; il avait préparé d'avance ce double meurtre.*

**S.** *Sang-froid* a pour syn. courant CALME ; *garder son sang-froid* a pour équivalent RESTER MAÎTRE DE SOI, GARDER LA MAÎTRISE DE SOI. *De sang-froid* a pour syn. SANS PITIÉ et, plus soutenu, DE MANIÈRE DÉLIBÉRÉE.

**sans** [sɑ̃] prép. et adv., **sans que** conj.
I. [privation, séparation] **sans qqn, qqch, sans + inf., sans que + subj.** *Pourquoi es-tu allé au cinéma sans moi ?* • *Comment peut-il conduire sans ses lunettes ?* • *Tu as ton parapluie ? — Non, je suis parti sans.* • *Pierre est sorti sans que sa mère le sache.* • *Elle écoute sans comprendre ce qu'on lui dit.*
II. [condition] **sans qqn, qqch** *Sans cet accident, on serait arrivé à temps.* • *Sans Jacques, on n'aurait jamais trouvé la solution.*

**S. 1.** *Sans* (sens I) indique l'absence, la privation, la séparation ; il a pour contr. AVEC. Suivi de l'inf., il a pour contr. EN et le part. présent [gérondif] (*sans comprendre* → EN COMPRENANT).

— **2.** *Sans* (sens II) indique une condition négative ; il a pour équivalent S'IL N'Y AVAIT PAS EU, et la phrase qui suit est au conditionnel.

**sans cesse** [sɑ̃sɛs] adv.
[temps] *Pourquoi te lèves-tu sans cesse ? Tu ne peux pas rester tranquille ?* • *Ce n'est pas tranquille ici, on nous dérangera sans cesse.*

**S.** *Sans cesse* indique une répétition très fréquente, ininterrompue. Les syn. sont TOUJOURS, TOUT LE TEMPS, À TOUT MOMENT, CONTINUELLEMENT, SANS ARRÊT.

**sans doute** [sɑ̃dut] adv.
[doute] *Vous me téléphonerez demain ? — Sans doute, mais ce n'est pas sûr.* • *Pierre ne peut pas venir te voir aujourd'hui, mais il viendra sans doute demain.*

**S. et G.** *Sans doute* indique que l'on envisage l'événement comme possible sinon probable. Le syn. est PEUT-ÊTRE ; quand on penche vers l'affirmation, on emploie, dans l'ordre de moindre doute, C'EST POSSIBLE, PROBABLEMENT, VRAISEMBLABLEMENT ; la certitude est exprimée par CERTAINEMENT, SÛREMENT. Employé en tête de phrase, *sans doute* entraîne soit l'inversion du sujet en langue soutenue (*sans doute* A-T-IL OUBLIÉ), soit, en langue courante, QUE + ind. (*sans doute* QU'IL A OUBLIÉ).

**santé** [sɑ̃te] n. f.
[état, qqn] (non-compt., au sing.) *Tiens ! Bonjour ! Alors, la santé, ça va ? — Oui, oui, merci ! — Tant mieux ! Quand la santé va, tout va !* • *Tu as des nouvelles de la santé de Jacques ? — Oui, ça ne va pas très fort. Il a toujours eu une santé fragile.* • *Pierre est tout blanc, il tousse, il n'a pas l'air d'être en bonne santé.*

**S.** La *santé* de qqn, c'est son état physique. *Être en bonne santé* a pour syn. ALLER BIEN, BIEN SE PORTER, ÊTRE BIEN PORTANT. Il s'oppose à ÊTRE MALADE.

**saoul** → SOÛL.

**sapin** [sapɛ̃] n. m.
[arbre] *On voit que c'est bientôt Noël, on vend partout des sapins dans les rues.*

**S.** Le *sapin* est un arbre qui reste toujours vert. C'est l'arbre traditionnel de Noël.

**sardine** [sardin] n. f.
[animal] *Achète une boîte de sardines pour ce soir.*

**S.** La *sardine* est un petit poisson de mer.

**satisfaisant, e** [satisfəzɑ̃, ɑ̃t] adj. (après le n.)
(se dit de qqch) *Les résultats du commerce extérieur ont été très satisfaisants en avril, ils sont en progrès sur le mois précédent.*

    **S.** Est *satisfaisant* ce qui est conforme à ce qu'on souhaitait ; les syn. sont CORRECT et HONORABLE (moins forts).

**satisfait, e** [satisfɛ, ɛt] adj. (après le n.)
(se dit de qqn, de son attitude) **satisfait (de qqch, de qqn)** *Alors, tu es satisfait, tu as eu*

*ce que tu voulais ?* • *Vous avez l'air satisfait, vous avez trouvé ce que vous vouliez ?* • *Cette classe marche bien en anglais, et le professeur est satisfait de ses élèves.*

    **S.** *Satisfait* a pour syn. CONTENT et pour contr. MÉCONTENT et INSATISFAIT (soutenu).
    **L. insatisfait, e** (adj.) *Ce spectacle ne me laisse pas satisfaite* → *ce spectacle me laisse insatisfaite.*

**sauce** [sos] n. f.
[aliment] *À midi, on a mangé des pâtes avec de la sauce tomate.* • *Ma sauce est trop épaisse, je vais y ajouter un peu de lait.*

    **S.** Une *sauce* est un assaisonnement plus ou moins liquide et préparé (contrairement au JUS de viande) qui accompagne certains plats. Les principales *sauces* : la béarnaise, la mayonnaise, la béchamel, etc.

**saucisse** [sosis] n. f.
[aliment] *Qu'est-ce que tu as mangé à midi ? — De la saucisse et du chou.* • *[Chez le charcutier]* : «*Quatre saucisses et un peu de choucroute, s'il vous plaît.* »

    **S.** La *saucisse* se mange chaude, par oppos. au SAUCISSON qui se mange habituellement froid. On distingue : les *saucisses* de Toulouse, les *saucisses* de Francfort et les *saucisses* de Strasbourg, d'aspects, de formes et de goûts différents. La *saucisse* fait partie de la charcuterie.

**saucisson** [sosisɔ̃] n. m.
[aliment] (non-compt., au sing.) *Comme hors-d'œuvre, j'aime bien manger du saucisson coupé en tranches fines.* ◆ (compt.) *[Chez le charcutier]* : «*Un saucisson sec, s'il vous plaît.* »

    **S.** Le *saucisson*, qui fait partie de la charcuterie, se mange habituellement froid et se coupe en rondelles. Il est plus gros que la SAUCISSE. Les deux variétés les plus courantes sont le *saucisson* SEC et le *saucisson* À L'AIL.

**1. sauf** [sof] prép., **sauf que** conj.
[restriction] **sauf qqn, qqch, sauf que, quand, etc.** + ind. *Tout le monde était là, sauf Jacques, qui n'a pas pu venir.* • *J'ai tous les journaux sauf un, mais j'irai le chercher tout à l'heure.* • *Pierre a toujours bien mangé, sauf quand il était petit.* • *Je n'irai pas, sauf si tu viens avec moi.* • *Le voyage s'est bien passé ? — Oui, sauf qu'Aline a été malade.*

    **S.** *Sauf*, qui apporte une restriction à ce qui a été énoncé auparavant, a pour syn. EXCEPTÉ, À L'EXCEPTION DE ou À PART, HORMIS (soutenu) [devant un nom ou un pronom]. *Sauf que* a pour syn. EXCEPTÉ QUE, SI CE N'EST QUE, SINON QUE.

**2. sauf, sauve** [sof, sov] adj. (après le n.)
(se dit de qqn) **sain et sauf** *On se demande comment elle a pu sortir saine et sauve de la voiture après un tel accident.*

    **S.** Qqn est *sain et sauf* quand il n'est pas blessé après un accident ; le syn. soutenu est INDEMNE.

**saumon** [somɔ̃] n. m.
[animal] *[Chez le charcutier]* : «*Je voudrais quatre tranches de saumon, quelques olives noires, s'il vous plaît.* »

    **S.** Le *saumon* est un poisson de mer qui remonte les rivières pour pondre près des sources. Il se consomme fumé (en tranches fines) ou frais.

**saut** [so] n. m.
[action, qqn, et résultat] *Pour éviter la voiture, Paul a fait un saut en arrière.* ◆ [sport] *Au saut en hauteur, Pierre a passé 1,45 mètre !* ◆ (sujet qqn) **faire un saut chez qqn** *Zut ! J'ai oublié le pain ! Ça t'ennuierait de faire un saut chez le boulanger ?* • *Demain, si j'ai un moment, je ferai un saut chez toi, d'accord ?*

# SAUVER

**S. 1.** Le *saut*, c'est l'action de SAUTER, de bondir, c'est faire un BOND. Le *saut* est une épreuve sportive : *saut* EN LONGUEUR, EN HAUTEUR, TRIPLE *saut*. — **2.** *Faire un saut chez qqn*, c'est y aller rapidement, sans y rester longtemps. PASSER est un syn.

**sauter** [sote] v. i. et v. t. (conj. **1**)
I. [v. i.] (sujet qqn, un animal) **sauter (qqpart)** *Je t'assure que l'eau n'est pas*

*profonde... Allons ! N'aie pas peur : saute !*
• *Comment le chat est-il sorti ? La porte était fermée. — Il a dû sauter par la fenêtre !* ◆ (sujet qqn, un animal) **sauter sur qqn** *C'est qu'il est dangereux, ce chien ! Dès qu'il m'a vue, il m'a sauté dessus.* • *Ça faisait une heure que la police l'attendait ; quand il est sorti, trois agents ont sauté sur lui.*

II. [v. t.] (sujet qqn) **sauter un mot, une phrase, etc.** *Tu as mal tapé le texte que je t'avais donné : tu as sauté une ligne.*
III. [v. i.] (sujet qqch) *Ne remue pas trop la bouteille, sinon le bouchon va sauter !*
• *Zut ! Mon bouton a sauté ! Tu ne pourrais pas me le coudre ?* • *Tu avais laissé le gaz ouvert, tout l'appartement aurait pu sauter.*

**S. 1.** *Sauter* (sens I), c'est faire un bond, un SAUT. *Sauter sur qqn*, un animal a pour syn. SE PRÉCIPITER SUR. On *saute sur qqn* pour l'attaquer ou pour l'arrêter. — **2.** *Sauter un mot* (sens II) a pour syn. OMETTRE, OUBLIER (de lire ou d'écrire). — **3.** *Sauter* (sens III), c'est, en parlant d'un bouchon, d'un bouton, partir soudainement, se détacher ou, en parlant d'un lieu, d'un appareil, être détruit par une explosion, le syn. est alors EXPLOSER.
**L.** *saut*, v. ce mot.

**sauvage** [sovaʒ] adj. (après le n.) et n.
I. [adj.] (se dit de qqn, de ses actions) *Des combats sauvages ont opposé les deux groupes de soldats.* ◆ [n.] (personne) *Ils se sont conduits comme des sauvages ; ils ont tout détruit.*
II. [adj.] (se dit d'un animal) *Un chat sauvage est venu cette nuit ; il a tué toutes les poules.*

**S. 1.** Est *sauvage* (sens I) qqn ou qqch de CRUEL, BARBARE (soutenu). — **2.** Un *animal sauvage* (sens II) n'est pas APPRIVOISÉ ; il s'oppose à un *animal* DOMESTIQUE.
**L. sauvagement** (adv.) [sens I] Ils ont dévasté de manière sauvage tout le pays → *ils ont dévasté sauvagement tout le pays.* ◆ **sauvagerie** (n. f.) [sens I] Leur conduite sauvage m'indigne → *la sauvagerie de leur conduite m'indigne.*

**sauver** [sove] v. t. (conj. **1**)
I. (sujet qqn) **sauver qqn, sauver la vie à qqn** *Le blessé est dans un état très grave, les médecins ont peu d'espoir de le sauver.*
• *En réussissant à sortir l'enfant de la maison en feu, cet homme lui a sauvé la vie.*
II. (sujet qqn, un animal) **se sauver ([de] qqpart)** *Le voleur s'est sauvé du magasin avant que la police n'arrive.* • *Mon chien s'est sauvé, je voudrais bien qu'on le retrouve.*

**S. 1.** *Sauver qqn* (sens I), c'est le faire échapper à un grave danger, à une grave maladie (en ce cas, le syn. peut être GUÉRIR) ou à la mort.
— **2.** *Se sauver* (sens II) a pour syn. S'ENFUIR (soutenu), PRENDRE LA FUITE et S'ÉCHAPPER.
**L. sauveur** (n. m.) [sens I] En la circonstance, tu m'as sauvé → *en la circonstance, tu as été mon sauveur.* ◆ **sauvetage** (n. m.) [sens I] Il

a été difficile de sauver ces alpinistes → *le sauvetage de ces alpinistes a été difficile.* ◆ **sauveteur** (n. m.) [sens I] On a félicité ceux qui avaient sauvé les alpinistes → *on a félicité les sauveteurs des alpinistes.*

**savant, e** [savɑ̃, ɑ̃t] adj. (après ou, plus rarement, avant le n.), **savant** n. m.
I. [adj.] (se dit de qqn, de son attitude, de ses actes) *Qu'est-ce qu'elle est savante, elle en connaît des choses ! • Parle plus clairement : ce que tu dis est trop savant pour moi.*
II. [n. m.] (personne, fonction sociale) *Tu sais, il n'a l'air de rien, comme ça, mais c'est un grand savant : il a fait des tas de découvertes en physique.*

**S. 1.** *Savant* (sens I), en parlant de qqn, a pour syn. INSTRUIT, CULTIVÉ, CALÉ (fam.), ÉRUDIT (soutenu). Il s'oppose à IGNORANT, IGNARE (soutenu). En parlant de ses actes ou de son attitude, les syn. sont COMPLIQUÉ (plus fort), ARDU (plus fort et soutenu). — **2.** Un *savant* (sens II) est qqn qui, par ses connaissances étendues et ses recherches, contribue au progrès de la science. Ce mot a pour syn. HOMME DE SCIENCE (vieilli) ou, plus précis, CHERCHEUR, SCIENTIFIQUE ; ÉRUDIT et LETTRÉ sont des syn. vieillis et qui ne s'appliquent qu'aux disciplines littéraires.

**savoir** [savwar] v. t. (conj. 34)
I. (sujet qqn) **savoir si, qui, quand, comment, etc., + ind.** *Je vais essayer de vous aider, mais je ne sais pas si j'y arriverai. • Demain, il saura pourquoi je suis partie, je lui laisserai une lettre. • Sais-tu qui a écrit ce livre ? — Non, je n'en ai aucune idée.* ◆ **savoir qqch (action, événement), que + ind.** *Tu as su que Jacques s'était marié ? — Oui, j'ai appris ça ! • Pierre est au courant de tout, il sait tout ce qui se passe autour de lui. • Tu sais la nouvelle ? J'ai réussi ! • D'où viennent les étoiles ? — Je n'en sais rien.* ◆ (sans compl.) *Allez ! viens, tout le monde sera content de te voir. — Je sais, mais je n'ai vraiment pas envie de venir.* ◆ (sujet qqch [action, événement]) **se savoir** *Tout se sait tout de suite dans ce village !*
II. [emphase] **tu sais, vous savez** *C'est un garçon très gentil, tu sais, il ne faut pas lui en vouloir.*
III. (sujet qqn) **savoir + inf. ou qqch (langue, science, etc.)** *Aline sait très bien parler l'allemand et elle sait l'anglais aussi. • Maintenant que tu as appris ta leçon, tu dois la savoir.*

**S. 1.** *Savoir si, quand,* etc. (interr. indirecte), *savoir que* (complétive), *savoir qqch* (sens I), c'est avoir appris, avoir les connaissances nécessaires, l'aptitude, la capacité ; le contr. est IGNORER ; *savoir qqch*, c'est être AU COURANT DE, ÊTRE INFORMÉ DE. Faire qqch *sans que qqn le sache,* c'est le faire À SON INSU. *Je n'en sais rien* a pour syn. JE N'EN AI AUCUNE IDÉE. — **2.** *Tu sais, vous savez* (sens II) s'emploient lorsqu'on s'adresse à qqn pour attirer son attention ou pour insister sur un point. — **3.** *Savoir une langue, une science, un texte, une leçon* (sens III) a

pour syn. CONNAÎTRE (parce qu'on l'a appris). *Savoir + inf.* a pour syn. ÊTRE CAPABLE DE, POUVOIR, AVOIR LA CAPACITÉ DE. Qqn qui *sait* (faire) beaucoup de choses dans un domaine est très compétent dans ce domaine.

**savon** [savɔ̃] n. m.
[produit] (non-compt., au sing.) *Elle n'utilise jamais de savon pour se laver le visage, que de l'eau et des crèmes. • Vous voulez vous laver les mains ? Tenez, voici du savon, je vais vous chercher une serviette propre.* ◆ [objet] (compt.) *Ils m'ont offert un savon à la pharmacie, pour l'essayer, il paraît qu'il est très doux.*

**S.** Le *savon* sert surtout pour se laver, pour faire sa toilette. Pour le linge, on emploie plutôt de la LESSIVE. Une SAVONNETTE est un *savon* parfumé pour la toilette.
**L. savonneux, euse** (adj.) Faites tremper ces vêtements dans de l'eau contenant du savon → *faites tremper ces vêtements dans de l'eau savonneuse.* ◆ **savonner** (v. t.) Frottez la tache avec du savon puis rincez → *savonnez la tache puis rincez.* ◆ **savonnette** (n. f.) *Tu as pensé à acheter une savonnette ?* (← un petit savon pour la toilette)

**scandaleux, euse** [skɑ̃dalø, øz] adj. (après ou, plus rarement, avant le n.) (se dit de qqch [action]) *C'est scandaleux qu'un tel crime se soit produit sans que personne soit intervenu. • Le public a* trouvé scandaleuses certaines scènes de ce film.

**S.** Ce qui est *scandaleux* cause du SCANDALE, provoque l'indignation ; le mot a pour syn., par ordre d'intensité croissante CHOQUANT, HONTEUX, RÉVOLTANT ; IMMORAL s'emploie surtout pour ce qui est relatif à la conduite morale. Le contr. est MORAL.
**L. scandale** (n. m.) Cette affaire est scandaleuse → *cette affaire est un scandale.* ◆ **scandaliser** (v. t.) J'ai trouvé ce film scandaleux → *ce film m'a scandalisé.*

**scène** [sɛn] n. f.
I. [lieu, activité artistique] *Au théâtre, nous étions assis au premier rang, tout près de la scène.* ● *Dès qu'il est entré en scène, il a été très applaudi.* ◆ **mise en scène** *De qui est la mise en scène de cette pièce ?*
II. [partie d'un texte] *Dans une pièce de théâtre, un acte se divise en plusieurs scènes.* ● *En classe, les élèves ont étudié une scène de « l'Avare » de Molière.* ● *Dans ce film, il y a plusieurs scènes très drôles.*
III. [événement] *Quand le film commence, la scène se passe à Paris, en 1900.* ● *J'ai vu une scène pénible dans la rue : un homme venait d'être renversé par une voiture.* ◆ [action, qqn, et résultat] *Qu'est-ce qu'elle est énervée en ce moment ! Elle m'a fait toute une scène parce que j'arrivais en retard !* ● *Ce gosse est insupportable : il fait des scènes pour un rien.* ● *Tu te souviens de leur dernière scène ? — On n'a pas pu dormir de la nuit tellement ils faisaient du bruit en se disputant.*

**S. 1.** Au sens I, la *scène* est la partie d'un théâtre, d'une salle de spectacle sur laquelle se trouvent les artistes. Il a pour syn. PLATEAU. La *mise en scène* est l'organisation matérielle d'une représentation au théâtre ou au cinéma. Celui qui MET EN SCÈNE est le METTEUR EN SCÈNE. — **2.** Au sens II, une *scène* est une partie d'un acte d'une pièce de théâtre, ou un moment de l'action dans un film (le syn. est alors SÉQUENCE). — **3.** La *scène* (sens III) désigne un événement, un spectacle quelconque auquel on assiste ; le syn. est parfois ACTION (phrase 1). — **4.** *Faire une scène à qqn* (sens III), c'est avoir une discussion violente, une dispute avec lui ; *faire des scènes,* c'est SE METTRE EN COLÈRE.

**sceptique** [sɛptik] adj. (après le n.) (se dit de qqn) *Je suis très sceptique sur ses chances de succès ; il a trop peu travaillé.* ● *Tu ne crois pas à la victoire de l'opposition ? — Je reste très sceptique, tout cela me paraît douteux.*

**S.** Est *sceptique* (soutenu) celui qui doute de la réalité de qqch, qui ne croit pas à un résultat, à un fait ; le syn. est INCRÉDULE (soutenu).
**L. scepticisme** (n. m.) Il est sceptique → *il fait preuve de scepticisme.*

**schéma** [ʃema] n. m.
[résultat, activité mentale] *Il nous a donné en quelques mots le schéma de l'action que nous devions mener.* ◆ [objet, texte] *Non, ce meuble n'est pas difficile à faire ; il suffit de regarder le schéma.*

**S.** Un *schéma* est soit une description indiquant les grands traits de qqch (syn. PLAN), soit un dessin reproduisant les traits essentiels de qqch (syn. ESQUISSE, ÉBAUCHE, PLAN).
**L. schématique,** v. ce mot.

**schématique** [ʃematik] adj. (après le n.) (se dit de qqch [abstrait]) *Vous n'avez qu'une vue schématique de la situation, vous ne connaissez pas les détails, il vous serait difficile de nous aider.*

**S.** *Schématique* (soutenu) a pour syn. INCOMPLET (moins fort), SIMPLIFIÉ, et se dit de ce qui manque de détails, de nuances.
**L. schématiquement** (adv.) Il nous a présenté son projet d'une manière schématique → *il nous a présenté schématiquement son projet.*

**scie** [si] n. f.
[instrument] *Je ferai moi-même les étagères ! Du bois, une scie, c'est tout ce qu'il me faut.*

**S.** Une *scie* est un outil ou un instrument qui sert à SCIER, à couper du bois ou, parfois, des métaux (*scie* À MÉTAUX).
**L. scier,** v. ce mot.

**science** [sjɑ̃s] n. f.
(non-compt., au sing.) **la science** *Quand on voit le progrès de la science depuis cent*

# SCIENTIFIQUE

*ans, on peut être optimiste pour l'avenir!*
◆ (compt.) *Il s'est inscrit à la faculté des sciences, il veut faire de la physique. — Oui, il a toujours été plus fort en sciences qu'en lettres.* ◆ **sciences naturelles** *Ce qu'il préfère, ce sont les sciences naturelles, étudier les animaux, voir comment ils vivent.* ◆ **sciences humaines** *Les sciences humaines se sont développées surtout au XX$^e$ siècle.*

**S.** La *science* est l'ensemble des disciplines SCIENTIFIQUES, c'est-à-dire des connaissances découvertes à partir de théories et de méthodes rigoureusement définies. En ce sens, la *science* peut désigner aussi l'ensemble des savants, des SCIENTIFIQUES. Les mathématiques, l'astronomie, la physique, la chimie sont des *sciences* EXACTES. Les *sciences* NATURELLES sont la biologie, la géologie, la botanique. En ce sens, les *sciences* s'opposent aux LETTRES. Les *sciences* HUMAINES sont la psychologie, la sociologie, l'ethnologie, la linguistique, l'histoire.

**scientifique** [sjɑ̃tifik] adj. (après le n.) et n.
I. [adj.] (se dit de qqn, de qqch) *Marie a fait des études de mathématiques, elle a une culture scientifique.* • *Dans les milieux scientifiques, on a été très étonné de cette découverte.* ◆ [n.] (personne) *Paul est un scientifique, il a fait des études de physique.*
II. [adj.] (se dit de qqch) *Ce sujet n'a pas été traité d'une manière scientifique : vous ne cherchez pas à prouver ce que vous dites!* • *Cette méthode n'est pas très scientifique, mais elle donne des résultats.*

**G.** Cet adj. n'a ni comparatif ni superlatif au sens I.
**S. 1.** Est *scientifique* (sens I) ce qui concerne une SCIENCE ou la science en général. Un *scientifique* est une personne qui étudie les sciences (mathématiques, physiques, naturelles, etc.), un SAVANT ; le mot s'oppose à LITTÉRAIRE. —
**2.** Est *scientifique* (sens II) ce qui est traité suivant les méthodes propres aux sciences. Il a pour syn. RIGOUREUX, MÉTHODIQUE, SYSTÉMATIQUE et s'oppose à EMPIRIQUE (soutenu), ARBITRAIRE (sans règle précise).

**scier** [sje] v. t. (conj. 2)
(sujet qqn) **scier du bois** *Si on faisait du feu dans la cheminée ? — D'accord, mais il faut d'abord aller scier du bois.*

**S.** *Scier*, c'est couper du bois, un métal au moyen d'une SCIE.

**scolaire** [skɔlɛr] adj. (après le n.)
(se dit de qqch) *L'année scolaire commence en septembre et se termine en juin.* • *Ce n'est pas commode d'aller chez le dentiste quand tu vas à l'école : on prendra rendez-vous pendant les vacances scolaires.*

**G.** Cet adj., seulement épithète dans le sens indiqué ici, n'a ni comparatif ni superlatif.
**S.** *Scolaire* est l'adj. qui correspond à ÉCOLE.
**L. scolarité** (n. f.) L'activité scolaire est obligatoire à partir de six ans → *la scolarité est obligatoire à partir de six ans.* ◆ **scolariser** (v. t.) Tous les enfants ont une activité scolaire à partir de six ans → *tous les enfants sont scolarisés à partir de six ans.*

**scrupule** [skrypyl] n. m.
[sentiment] *On voyait qu'elle avait des scrupules à accepter, qu'elle était un peu gênée, mais très tentée.* • *C'est un homme sans scrupule qui trahirait son meilleur ami s'il le fallait.*

**S.** *Avoir des scrupules*, c'est hésiter, en vertu de principes moraux, ou par crainte de commettre une faute.

**scrupuleux, euse** [skrypylø, øz] adj. (après le n.)
(se dit de qqn, de son attitude) *Elle est très scrupuleuse ; elle se relit soigneusement et ne laisse passer aucune faute d'orthographe.* • *Oh! il te rendra tout ce que tu lui as prêté ; il est d'une honnêteté scrupuleuse.*

**S.** Être *scrupuleux*, c'est respecter les règles avec rigueur, strictement. Le syn. est CONSCIENCIEUX. En parlant d'une attitude, le syn. est STRICT, RIGOUREUX, MINUTIEUX.
**L. scrupuleusement** (adv.) Il vérifie les comptes d'une manière scrupuleuse → *il vérifie scrupuleusement les comptes.*

**sculpteur** [skyltœr] n. m.
[personne, profession] *Michel suit des cours*

à l'*École des beaux-arts, il veut être sculpteur.* • *Germaine Richier est le sculpteur moderne que je préfère.*

    **S.** Un *sculpteur* est un artiste qui façonne des formes en bronze, en marbre, en pierre, en bois, etc.

**sculpture** [skyltyr] n. f.
I. [activité artistique] (non-compt., au sing.) *Qu'est-ce que c'est que cette grosse pierre et ces outils ? — J'ai décidé de faire de la sculpture !*
II. [résultat, activité artistique] (compt.) *Tu as remarqué la grande sculpture en pierre à l'entrée du musée ?*

    **S.** Au sens I, *sculpture* désigne l'art de SCULPTER, et au sens II, l'objet SCULPTÉ ; en ce sens, une *sculpture* qui représente un personnage est une STATUE.
    **L. sculpter** (v. i.) Il y a longtemps qu'il ne fait plus de sculpture → *il y a longtemps qu'il ne sculpte plus.* ◆ **sculpteur,** v. ce mot.

**se** [sə], **soi** [swa] pron. personnel réfléchi (3ᵉ pers.)
I. [objet ; atone ; sing. ou plur.] **se** *Jacques se lève tous les matins à 6 heures ; il se donne une heure pour se préparer.* • *Les enfants se sont beaucoup amusés à la campagne ?* — *Oui, mais ils se sont battus aussi.* — *Ils se sont fait beaucoup de mal ?*
II. [objet ; tonique ; sing.] **soi** *Oh ! Ce que ça fait plaisir de rentrer chez soi !* • *C'est tout à fait différent quand on travaille pour soi et non pour les autres !* • *Quand on est très malheureux soi-même, c'est difficile d'aider les autres.* • *Ah ! Il faut tout faire soi-même ici !*

    **S. et G. 1.** *Se* s'écrit *s'* devant un verbe commençant par une voyelle *(il s'est bien amusé). Se,* sing. ou plur., s'emploie toujours devant le verbe ou l'auxiliaire : *a)* comme compl. d'objet direct ou comme compl. indirect de verbes se construisant avec la prép. À ; *b)* comme marque de la forme pronominale à la 3ᵉ personne ; *c)* avec un sujet plur., comme indication de la réciprocité. — **2.** *Soi,* sing., s'emploie comme compl. après une prép., quand le sujet est un indéfini (ON, CHACUN, PERSONNE, TOUT LE MONDE, etc.) ou quand il n'y a pas de sujet exprimé et que le verbe est à l'infinitif. *Soi-même,* forme renforcée de *soi,* s'emploie après prép., ou sans prép. dans une emphase pour reprendre ON ou après un infinitif. Il a pour équivalents EN PERSONNE, TOUT SEUL.

**séance** [seɑ̃s] n. f.
I. [action, qqn, et résultat] *Cette loi sera discutée à la prochaine séance de l'Assemblée nationale.* • *Mesdames, messieurs, la séance est ouverte.* • *La séance commence à 14 heures, le film est à 14 heures 30.* • *[Au cinéma]* : « *À quelle heure est la prochaine séance ?* »
II. [action, qqch, et résultat] **séance (de + n. [action])** *Vous allez voir, quelques séances de gymnastique et vous perdrez vos kilos en trop.* • *En deux séances d'une heure, il a fait son portrait, il est rapide comme peintre, non ?*

    **S. 1.** *Séance* (sens I) s'emploie pour parler d'une assemblée de personnes réunies pour une discussion précise, pour délibérer. Le mot désigne aussi la durée de cette réunion. On dit que la *séance* EST OUVERTE (par le président) lorsque la discussion commence, qu'*elle* EST LEVÉE lorsqu'elle se termine. Une SESSION est la période pendant laquelle une assemblée (un parlement, un tribunal, etc.) tient ses *séances.* Le mot désigne aussi l'ensemble d'un spectacle au cinéma comportant le plus souvent un documentaire en première partie et la projection du film lui-même en deuxième partie après l'ENTRACTE. — **2.** Au sens II, ce mot désigne le temps consacré à un travail, une occupation (indiqués par le nom compl.).

**sec, sèche** [sɛk, sɛʃ] adj. (après le n.)
I. (se dit de qqch) *Avec ce soleil, le linge sera vite sec.* • *Attention, ne t'assois pas sur cette chaise, la peinture n'est pas sèche.*
◆ **temps, froid sec** *À la radio, on annonce de la pluie pour cette nuit, mais un temps sec pour demain.*
II. (se dit de qqn, de son attitude) *Mon directeur m'a répondu d'un ton sec qu'il n'était pas question que je sois augmenté.* • *Tu as été un peu sec avec lui, tu aurais pu être plus aimable.*

    **S. 1.** Est sec (sens I) ce qui est dépourvu

# SÉCHER

d'eau, ce qui n'a pas d'humidité, ce qui en a été débarrassé. HUMIDE, MOUILLÉ et TREMPÉ sont des contr., par ordre d'intensité croissante. Les contr. sont HUMIDE ou PLUVIEUX en parlant du temps. — **2.** Est *sec* (sens II) celui qui manque de sensibilité, qui n'est pas accessible à la pitié ; les syn. sont BRUSQUE, CASSANT (quand il s'agit d'une attitude passagère), DUR, FROID (quand il s'agit d'une conduite permanente). DOUX, AIMABLE sont des contr.
**L.** sèchement (adv.) [sens II] Il a répondu d'un ton sec → *il a répondu sèchement*. ◆ **sécheresse** (n. f.) [sens I] Les fleurs ont souffert du temps sec → *les fleurs ont souffert de la sécheresse*. ◆ **sécher,** v. ce mot.

**sécher** [seʃe] v. t. et v. i. (conj. **12**)
[v. t.] (sujet qqch) **sécher qqch** *Mes chaussures sont toutes mouillées, je vais les mettre dehors, le soleil aura vite fait de les sécher.* ◆ (sujet qqn) **se sécher (une partie du corps)** *Tu es trempé ! Sèche-toi vite les cheveux, tu vas prendre froid !* ● *C'est agréable de se baigner et ensuite de se sécher au soleil.* ◆ [v. i.] (sujet qqch) *Mets la serviette sur le radiateur, elle séchera plus vite.* ● *Catherine, j'ai peur qu'il pleuve, veux-tu rentrer le linge que j'ai mis à sécher ?*
**S.** *Sécher* a pour contr. MOUILLER. *Se sécher avec une serviette,* c'est S'ESSUYER.
**L.** séchoir (n. m.) *Un séchoir à cheveux* (← un appareil pour sécher les cheveux).

**second, e** [səgɔ̃, ɔ̃d] adj. num. ordinal [2ᵉ] (se dit de qqch, de qqn) *C'est la seconde fois que je suis obligée de vous faire ces remarques : je vous préviens qu'il n'y en aura pas une troisième !* ● *Richard est leur second enfant ! Ah ! je croyais que c'était l'aîné !* ● *Judith travaille bien à l'école ? — Assez bien, elle est tantôt première, tantôt seconde.*
**G. 1.** En langue courante on prononce aussi [zgɔ̃, ɔ̃d]. Devant un mot masc. commençant par une voyelle, *second* se prononce [səgɔ̃t] : *second enfant* [səgɔ̃t ɑ̃fɑ̃]. — **2.** Lorsque le contexte est explicite, le nom dont *second* est épithète peut ne pas être exprimé (*un billet de seconde* [*classe*]).
**S.** *Second* est un syn. de DEUXIÈME et désigne ce qui vient après PREMIER dans l'espace, le temps, le classement.

**secondaire** [səgɔ̃dɛr] adj. (après le n.) (se dit de qqch) *C'est la première fois qu'il joue au théâtre, il a un rôle secondaire, mais il est content quand même.* ● *Ce que tu dis n'est pas très important, c'est même tout à fait secondaire.*
**G.** Cet adj. n'a pas de comparatif.
**S.** Est *secondaire* ce qui vient après pour l'importance, l'intérêt ; le mot a pour équivalents DE SECOND ORDRE, DE SECOND RANG, ACCESSOIRE, et pour contr. IMPORTANT, PRINCIPAL, ESSENTIEL, PRIMORDIAL.

**seconde** [səgɔ̃d] n. f.
**I.** [temps, mesure] *Il est exactement 23 heures 6 minutes 30 secondes.*
**II.** [temps, moment] **une (deux) seconde(s)** *Laisse-moi tranquille une seconde, tu veux, tu n'arrêtes pas de m'embêter.* ● *Attends-moi, j'en ai pour deux secondes.* ◆ **d'une seconde à l'autre** *Attendez-le, il va arriver d'une seconde à l'autre.* ◆ **à la seconde** *Tu es trop pressé, tu veux que tout soit fait à la seconde.*
**G.** *Seconde* a pour symbole s (23 h 6 min 30 s).
**S. 1.** La *seconde* (sens I) est une unité de temps contenue 60 fois dans la minute. — **2.** Au sens II, *seconde* désigne un temps très court mais imprécis et a pour syn. MINUTE, ou les expressions UN MOMENT, UN INSTANT (au sing.).

**seconder** [səgɔ̃de] v. t. (conj. **1**)
(sujet qqn) **seconder qqn** *Il paraît que notre directeur a trop de travail, il cherche quelqu'un pour le seconder.*
**S.** *Seconder* est un syn. soutenu de AIDER, ASSISTER (dans un travail, une activité).

**secouer** [səkwe] v. t. (conj. **2**)
**I.** (sujet qqn, qqch) **secouer qqch (concret), qqn** *Ce chiffon est plein de poussière, secoue-le par la fenêtre !* ● *La mer était mauvaise, qu'est-ce qu'on a été secoués sur le bateau !* ● *Regarde toutes les noix sur l'arbre, on va le secouer pour les faire tomber.*
**II.** (sujet qqch [abstrait]) **secouer qqn** *Le départ de son fils à l'étranger l'a beaucoup secouée : elle pensait qu'elle ne le reverrait plus.*
**S. 1.** *Secouer* (sens I) a pour syn. AGITER,

REMUER. *Être secoué*, c'est ressentir des SE-COUSSES, *des chocs*, ÊTRE BALLOTTÉ. — **2.** *Secouer* (sens II) a pour syn. ÉBRANLER, TRAUMATISER (plus fort et soutenu), TOUCHER (moins fort), AFFECTER (litt.).
**L. secousse** (n. f.) [sens I] On a été secoués dans la voiture → *on a ressenti des secousses dans la voiture.*

**secours** [səkur] n. m.
I. [action, qqn] (non-compt., au sing.) *Aïe ! Je sens que cette pile d'assiettes va me glisser des mains ! Viens à mon secours !* • *De loin, je voyais que l'enfant s'enfonçait*

*dans l'eau. Heureusement, un homme est allé à son secours !* • *Je ne savais pas comment changer mon pneu. Mais quelqu'un m'a aidée à placer la roue de secours.* • *Dans ce cinéma, il y a deux sorties de secours, pour le cas où il y aurait un incendie.* ◆ (sujet qqn) **porter secours à qqn** *Tu as vu cet accident ? Vite, il faut porter secours aux blessés.* ◆ **appeler, crier au secours**, ou **au secours !** *Au secours ! au secours ! On m'a volé mon sac !* • *Tu entends ? Il y a quelqu'un qui crie au secours dans la cave.*
II. [résultat] (compt., surtout au plur.) *Il faut que tu apprennes les secours à donner en cas d'urgence.* • *Après cet horrible tremblement de terre, des secours ont été distribués à ceux qui n'avaient plus rien.* ◆ [collectif, personnes, choses] (non-compt., au plur.) *Le feu a pris très vite, mais les premiers secours sont tout de suite arrivés.*

**S. 1.** *Secours* (sens I) a pour syn. AIDE. *Aller* ou *venir au secours de qqn*, *porter secours à qqn* ont pour syn. SECOURIR, AIDER qqn (moins fort). Une *roue de secours* est une *roue* DE RECHANGE. Une *sortie de secours* est une sortie supplémentaire en cas d'incendie ou d'accident. *Au secours !* a pour syn. À L'AIDE ! et se dit lorsqu'on est en grand danger. — **2.** Au sens II, le mot désigne soit des soins à donner à des blessés, soit des dons, des sommes d'argent. Non-compt., au plur., *secours* désigne les moyens et les personnes (police, pompiers, sauveteurs) qui viennent SECOURIR ceux qui sont en danger.
**L. secourir** (v. t.) [sens I] Il faut aller au secours des blessés → *il faut secourir les blessés.*

**secousse** → SECOUER L.

**secret, ète** [səkrɛ, ɛt] adj., **secret** n. m.
I. [adj.] (se dit de qqch ; après le n.) *Ce rapport est secret, personne n'est au courant, sauf vous et moi.* • *La nouvelle a été longtemps tenue secrète.*
II. [adj.] (se dit de qqch ; après ou avant le n.) *Méfie-toi de lui, il parvient à connaître nos plus secrètes pensées.*
III. [n. m.] (qqch) *Ne raconte pas ça à Paul, il est incapable de garder un secret, il est trop bavard !* • *Alors, raconte ! — C'est un secret, je ne peux pas te le dire.*
IV. [n. m.] **en secret, dans le plus grand secret** *L'affaire a été menée dans le plus grand secret, personne n'était au courant.* • *Elle a agi en secret, nous n'avons rien su.*

**G.** Au sens I, cet adj. n'a pas de comparatif ni de superlatif relatif.
**S. 1.** Est *secret* (sens I) ce qui n'est connu que de peu de personnes ; il a pour syn. CONFIDENTIEL, CACHÉ, CLANDESTIN et s'oppose à PUBLIC. — **2.** Est *secret* (sens II) ce qui ne se manifeste pas ; les syn. sont INTÉRIEUR, INTIME. — **3.** Un

*secret* (sens III) est qqch qui ne doit pas être répété à tout le monde, qui n'est connu que de quelques-uns. *Dire, confier un secret à qqn,* c'est lui FAIRE UNE CONFIDENCE. *Dévoiler, divulguer un secret,* c'est ne plus le tenir caché. MYSTÈRE est un syn. plus fort. — **4.** *En secret, dans le plus grand secret* (sens IV) ont pour syn. SECRÈTEMENT, EN CACHETTE.
**L. secrètement** (adv.) [sens I] Il a agi d'une manière secrète → *il a agi secrètement.*

**secrétaire** [səkretɛr] n.
I. [personne, profession] *Je n'ai pas pu voir le directeur, sa secrétaire m'a dit qu'il était absent.*
II. [personne, fonction] **secrétaire général (e)** *Le secrétaire général du parti communiste a fait une déclaration aux journalistes.*

**S. 1.** Un(e) *secrétaire* (sens I) est un(e) employé(e) dont le métier consiste à s'occuper du courrier, répondre au téléphone, etc., pour le compte d'un supérieur. — **2.** Un(e) *secrétaire général(e)* [sens II] est une personne qui a des responsabilités dans une association, un parti, au plus haut niveau.
**L. secrétariat** (n. m.) [sens I] C'est une école où on apprend le métier de secrétaire → *c'est une école où on apprend le secrétariat.* ◆ Le bureau des secrétaires est fermé → *le secrétariat est fermé.*

**sécurité** [sekyrite] n. f.
I. [état, qqn] (non compt., au sing.) *Paul conduit très bien, avec lui on a une impression de sécurité.* ● *En attendant que l'orage se termine, rentrons dans cette maison, nous y serons en sécurité.* ◆ **de sécurité** *La ceinture de sécurité est obligatoire dans les voitures.* ● *Un système de sécurité est prêt à fonctionner au cas où un accident se produirait.*
II. **Sécurité sociale** *Tu as envoyé tes feuilles de maladie à la Sécurité sociale?*

**S. 1.** La *sécurité,* c'est la situation, l'état dans lequel on est quand il y a absence de danger. Il a pour syn. TRANQUILLITÉ, CONFIANCE et, en ce cas, il s'oppose à INSÉCURITÉ. *Être en sécurité,* c'est ÊTRE À L'ABRI, EN SÛRETÉ. *De sécurité* se dit d'appareils prévus pour prévenir un danger. — **2.** La *Sécurité sociale* est un organisme qui permet d'être remboursé lors d'une maladie, d'un accident, etc.
**L. insécurité** (n. f.) L'absence de sécurité dans la banlieue m'inquiète → *l'insécurité de la banlieue m'inquiète.*

**séduire** [sedɥir] v. t. (conj. **60**)
(sujet qqn, qqch) **séduire (qqn)** *C'est normal qu'à son âge elle cherche à séduire, laissez-la faire.* ● *Des voyages, des aventures, voilà une vie qui m'aurait séduit.*

**S.** *Séduire* est un syn. de PLAIRE À. En parlant de qqch, TENTER est un autre syn.

**L. séduisant,** v. ce mot. ◆ **séducteur, trice** (n.) *Il joue les grands séducteurs* (← homme qui cherche à séduire les femmes). ◆ **séduction** (n. f.) *Elle est pleine de séduction* (← de qualités propres à séduire).

**séduisant, e** [sedɥizɑ̃, ɑ̃t] adj. (après le n.)
(se dit de qqn, de qqch [abstrait]) *Comment trouves-tu Jacques? — Très séduisant, il a vraiment beaucoup de charme.* ● *Votre idée est séduisante, mais je ne sais pas si elle est réalisable.*

**S.** En parlant de qqn, *être séduisant,* c'est AVOIR DU CHARME, DE LA SÉDUCTION, avoir des qualités physiques qui SÉDUISENT, plaisent. En parlant de qqch, il a pour syn. TENTANT, ATTRAYANT.

**sein** [sɛ̃] n. m.
[partie du corps] *Pourquoi les garçons regardaient Chantal? — Tu n'as pas vu? Elle n'avait pas de soutien-gorge, on voyait ses seins à travers son chemisier.*

**S.** Les *seins* forment la poitrine de la femme.

**seize** [sɛz] adj. num. cardinal inv.
[16] *Les Durand vont fêter leurs seize ans de mariage.* ● *Je voudrais le numéro seize de cette revue, s'il vous plaît.* ● *Huit et huit font seize.* ● *On était seize à dîner hier soir!*

**seizième** [sɛzjɛm] adj. num. ordinal
[16ᵉ] (se dit de qqn, de qqch) *Ils habitent dans une tour, au seizième étage.* ● *Tu n'es que seizième en mathématiques? Ce n'est pas bien.*

**S.** Dans une énumération, SEIZIÈMEMENT est l'adv. correspondant à *seizième* (= en seizième lieu).

**séjour** [seʒur] n. m.
[action, qqn, et résultat] *Alors, votre séjour à Paris a été agréable ? — Oui, mais nous ne sommes restés que trop peu de temps.* • *Cet été nous avons fait un bref séjour à la montagne, quelques jours à l'hôtel nous ont suffi.* ◆ [pièce] **salle de séjour**, v. SALLE.

**S.** Le *séjour*, c'est l'action de rester un certain temps dans un lieu, en général pour des vacances. *Faire un séjour* a pour syn. SÉJOURNER, HABITER, RESTER. Le *séjour* est aussi le temps pendant lequel on reste qqpart.
**L.** séjourner, v. ce mot.

**séjourner** [seʒurne] v. i. (conj. **1**)
I. (sujet qqn) **séjourner qqpart** *Nous avons séjourné quelques jours chez des amis en Provence, avant de faire notre grand voyage.*
II. (sujet qqch) **séjourner qqpart** *L'eau, très sale, devait avoir séjourné plusieurs mois dans la piscine.*

**S. 1.** *Séjourner* (sens I) [soutenu], c'est HABITER provisoirement qqpart. — **2.** *Séjourner* (sens II)

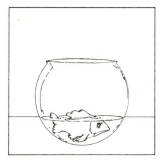

[soutenu] est un syn. de RESTER, DEMEURER (soutenu).

**sel** [sɛl] n. m.
[aliment] (non-compt., au sing.) *As-tu mis du sel dans les pommes de terre ? Elles n'ont aucun goût ! • Ah non ! Pas de sel pour moi : je suis au régime sans sel, à cause de mon cœur !*

**S.** Le *sel* a un goût piquant ; il sert de condiment pour assaisonner les plats.
**L. saler** (v. t.) *J'ai oublié de mettre du sel dans la soupe* → *j'ai oublié de saler la soupe.*
◆ **salé, e** (adj.) *Il y a trop de sel dans la soupe* → *la soupe est trop salée.*

**sélection** [selɛksjɔ̃] n. f.
[action, qqn] (compt., surtout au sing.) *Les candidats à ce jeu sont trop nombreux, nous allons être obligés de faire une sélection.* • *Les étudiants s'opposent à ce nouveau système de sélection.* ◆ [résultat] (compt.) *Nous vous proposons une sélection de nos meilleurs produits.*

**S.** La *sélection* (action), c'est le fait de choisir les meilleurs éléments d'un groupe ; *une sélection de* (résultat), c'est l'ensemble des éléments SÉLECTIONNÉS. CHOIX est un syn. dans les deux sens.
**L. sélectionner**, v. ce mot.

**sélectionner** [selɛksjɔne] v. t. (conj. **1**) (sujet qqn) **sélectionner qqn, qqch** *Nous avons sélectionné pour vous ces produits de*

*grande qualité.* • *Tu sais que Pierre a été sélectionné pour participer au jeu à la télé ?*

**S.** *Sélectionner*, c'est CHOISIR le meilleur après avoir fait une SÉLECTION, un tri.

**selon** [səlɔ̃] prép., **selon que** conj.
I. [condition] **selon qqch, selon que** + ind. *Pierre change très souvent d'avis selon les circonstances.* • *On verra, selon qu'il fera beau ou non, si on va à la piscine ou non.*
II. [rapport] **selon qqn, qqch (moyen d'information)** *Selon moi, tu te trompes complètement.* • *Selon les journaux, il va faire très chaud cet été.*

**S.** *Selon* a pour syn. SUIVANT au sens I et D'APRÈS au sens II.

**semaine** [s(ə)mɛn] n. f.
I. [temps, mesure] *Les Dupont arrivent la semaine prochaine, sans doute dimanche.* • *Nous dînons avec les Legrand deux fois par semaine.* ◆ **dans une (deux) semaine(s)** *Nous partirons en vacances dans une semaine.*

II. [temps, événement] **semaine de qqch, de qqn** *La semaine de travail est de quarante heures.* ● *À quoi peux-tu donc passer tes semaines de vacances ?* ◆ **en semaine** *Nous allons au cinéma le samedi ou le dimanche, jamais en semaine.*

**S. 1.** La *semaine* (sens I) comporte sept jours : lundi, mardi, mercredi, jeudi, vendredi, samedi, dimanche. On emploie couramment DANS HUIT JOURS, DANS QUINZE JOURS comme syn. de *dans une semaine, dans deux semaines.* Un journal, une revue qui paraissent chaque *semaine* sont des HEBDOMADAIRES. — **2.** La *semaine de travail* (sens II) est légalement de quarante heures (allant du lundi au vendredi le plus souvent) ; elle s'oppose au WEEK-END ou au DIMANCHE.

**semblable** [sɑ̃blabl] adj. (après le n.) (se dit de qqch [abstrait]) *Aucune des deux voitures ne veut laisser la place à l'autre : que faire dans un cas semblable ?* ● *Regarde cette maison, ce jardin... je n'ai jamais rien vu de semblable !*

**S.** et **G.** *Semblable* a pour syn. PAREIL, TEL ; IDENTIQUE et ANALOGUE sont des syn. soutenus. Il a pour contr. DIFFÉRENT. Il peut être remplacé par le démonstratif CE... [-LÀ] (*dans un cas semblable* → DANS CE CAS-LÀ).

**semblant** [sɑ̃blɑ̃] n. m.
I. [manière, qqch] **un semblant de + n.** (abstrait) *Il y a un semblant de vérité dans ce qu'il a dit, mais je ne suis pas encore convaincue.*
II. (sujet qqn) **faire semblant (de + inf.)** *J'ai fait semblant de ne pas la voir, je n'avais pas envie de lui dire bonjour.* ● *Comment étais-tu au courant ? — Je ne l'étais pas... mais j'ai fait semblant !*

**S. 1.** *Un semblant de* (sens I) a pour syn. UNE APPARENCE DE. — **2.** Au sens II, *faire semblant de* a pour syn. FAIRE COMME SI (+ ind.) [courant], FEINDRE DE (soutenu). Sans compl., il a pour syn. JOUER LA COMÉDIE ou SIMULER (soutenu).

**sembler** [sɑ̃ble] v. i. (conj. 1)
(sujet qqn, qqch) **sembler + (être) + adj.** ou **sembler + inf., que + ind., ne pas sembler que + subj.** *C'est drôle, quand j'ai rencontré les Durand chez toi, ils semblaient surpris de me voir.* ● *On est retourné au petit restaurant de la rue Stanislas, mais la nourriture m'a semblé moins bonne que la dernière fois.* ● *Je ne sais pas si c'est une idée, mais le temps semble s'améliorer.* ● *Bon ! Il me semble inutile de continuer cette conversation : nous nous sommes tout dit.* ● *Je ne sais pas si j'ai raison, mais il me semble que tu devrais aller voir un médecin.* ● *Il m'a semblé voir Pierre dans le jardin. — Mais non, ça ne peut pas être lui.*

**S.** *Sembler* a pour syn. PARAÎTRE, AVOIR L'AIR, sauf dans les constructions impersonnelles *il me semble que* + ind., *il me semble* + inf. On peut transformer une phrase impersonnelle en phrase personnelle (*Il semble que le temps s'améliore* → LE TEMPS SEMBLE S'AMÉLIORER). On emploie le subj. après *il semble que* à la forme négative (*il ne semble pas qu'il dise la vérité*). *Il (me) semble* a pour équivalents des constructions personnelles avec CROIRE et AVOIR L'IMPRESSION (*Il me semble que tu devrais aller voir un médecin* → JE CROIS, J'AI L'IMPRESSION QUE TU DEVRAIS ALLER VOIR UN MÉDECIN).

**semer** [səme] v. t. (conj. 11)
I. (sujet qqn) **semer des graines, des légumes, des fleurs** *On va semer des hari-*

*cots dans le jardin cette année ; on sera là pour les récolter.*
II. (sujet qqn) **semer qqn** *Le voleur a réussi à s'enfuir et à semer ceux qui étaient derrière lui.*

**S. 1.** *Semer* (sens I), c'est mettre en terre des graines ou SEMENCES pour qu'elles puissent produire des plantes. — **2.** *Semer* (sens II) [fam.] a pour syn. DISTANCER qqn, ÉCHAPPER À qqn, FAUSSER COMPAGNIE À qqn avec qui on était. **L. semence** (n. f.) [sens I] *On a acheté des semences* (← des graines pour semer). ◆ **ensemencer** (v. t.) [sens I] *On sème des graines dans un champ* → *on ensemence un champ.*

**semestre** [səmɛstr] n. m.
[temps, mesure] *L'année universitaire comporte en général deux semestres : les six premiers mois se terminent vers le 15 février.*

**S.** Un *semestre* désigne une période précise de

six mois, dans une année. Un *semestre* comporte deux périodes de trois mois ou TRIMESTRES.
**L. semestriel, elle** (adj.) *Cette revue paraît tous les six mois* → *cette revue est semestrielle.*

**sens** [sɑ̃s] n. m.
I. [statut, qqch] *Dans le sens de la longueur, cette pièce fait cinq mètres. — Et dans le sens de la largeur, combien ?* • *Ne me dis pas que tu lis le journal, tu le tiens dans le mauvais sens !* • *Attention, il y a une voiture qui vient en sens contraire.* • *J'ai beau retourner ce tableau dans tous les sens, je ne vois pas ce qu'il représente !* ◆ **(route, rue en** ou **à) sens unique, sens interdit** *Tu peux rouler à gauche, la rue est*

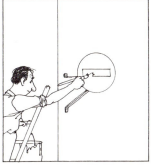

*à sens unique.* • *Attention ! Tu n'as pas le droit d'aller par là, c'est un sens interdit.*
II. [statut, qqch] *Si vous ne connaissez pas le sens d'un mot, cherchez dans le dictionnaire.* • *Ça n'a pas de sens, ce que tu dis, ça ne veut rien dire.*
III. (sujet qqn) **avoir le sens de qqch (abstrait)** *Pierre a le sens de l'humour, il comprend la plaisanterie.* • *C'est parce qu'il a le sens des affaires qu'il a si bien réussi.* ◆ **bon sens** *Réfléchis, un peu de bon sens, tu vois bien que ce que tu veux est impossible !*
IV. **à mon, ton, etc., sens** *Tu fais ce que tu veux, mais à mon sens, tu te trompes en agissant comme ça.* ◆ **en un (certain) sens** *En un sens, c'est peut-être lui qui a raison.*

**S. 1.** *Sens* (sens I) désigne la direction dans laquelle se fait un mouvement, l'orientation, la position d'un objet. Un *sens unique*, une route, une rue *à sens unique* ne comporte qu'une seule direction ; le contr. est une route, une rue À DOUBLE SENS. — **2.** *Sens* (sens II) s'emploie pour parler des mots, des situations, des attitudes et a pour syn. SIGNIFICATION. Deux mots qui ont le même *sens* sont SYNONYMES. Une phrase (un discours, etc.) qui a plusieurs *sens* est AMBIGUË. — **3.** Au sens III, *avoir le sens de qqch*, c'est le COMPRENDRE ou ÊTRE DOUÉ POUR. *Bon sens* a pour syn. RAISON ; qqn qui a du *bon sens* est RAISONNABLE. — **4.** Au sens IV, *à mon sens* a pour syn. À MON AVIS, POUR MOI, EN CE QUI ME CONCERNE, DE MON POINT DE VUE. *En un sens* a pour syn. D'UN CERTAIN POINT DE VUE.

**sensation** [sɑ̃sasjɔ̃] n. f.
I. *Dès que sort un film d'horreur, il se précipite : il aime les sensations fortes !* • *Je ne suis pas bien : en entrant dans l'eau, j'ai eu une sensation de froid.*
II. (sujet qqn, qqch) **faire sensation** *Ainsi habillée, elle fit sensation quand elle arriva.* • *La nouvelle fit sensation : on ne croyait pas la chose possible.*

**S. 1.** Une *sensation* (sens I) est une impression physique qu'on ressent, différente du SENTIMENT qui est moral. — **2.** *Faire sensation* (sens II), c'est produire un effet de surprise, d'admiration.
**L. sensationnel**, v. ce mot.

**sensationnel, elle** [sɑ̃sasjɔnɛl] adj. (après le n.)
(se dit de qqn, de qqch) *Marie est une fille sensationnelle, elle a toutes les qualités.* • *Cette voiture est sensationnelle, tu devrais l'acheter.* • *J'ai une nouvelle sensationnelle à vous annoncer ! Je suis reçu à mon examen.*

**S.** Est *sensationnel* ce qui cause un sentiment de grande admiration, de très forte surprise. Les syn. sont FORMIDABLE, EXTRAORDINAIRE, REMARQUABLE (soutenu), TERRIBLE (fam.). Les contr. sont BANAL, COMMUN, ORDINAIRE.

**sensé, e** [sɑ̃se] adj. (après le n.)
(se dit de qqn, de qqch [abstrait]) *Il y a des moments où je me demande si tu es sensé ; tu n'as jamais fait de ski et tu crois pouvoir descendre cette pente !* • *Voilà enfin quelqu'un qui dit des choses sensées ; j'en avais assez d'entendre ces théories absurdes sur la vie.*

**S.** Est *sensé* celui qui est RAISONNABLE, qui a du bon sens. Qqch de *sensé* est qqch qui se tient, qui est conforme à la raison, qui veut dire quelque chose ; le syn. est JUDICIEUX (soutenu). Les contr. dans les deux emplois sont INSENSÉ, EXTRAVAGANT, FOU ou, plus faible, ABSURDE.
**L. insensé, e** (adj.) *Ta conduite n'est pas sensée* → *ta conduite est insensée.*

**sensibiliser** [sɑ̃sibilize] v. t. (conj. **1**) (sujet qqn, un journal, la radio, etc.) **sensi-**

# SENSIBILITÉ

**biliser** qqn, **l'opinion publique (à qqch)** *Ils ont fait cette grève pour sensibiliser l'opinion publique à leur problème d'emploi.*
**S.** *Sensibiliser* qqn à qqch, c'est le rendre SENSIBLE à qqch.
**L. sensibilisation** (n. f.) Les gens sont très sensibilisés à ce problème → *la sensibilisation des gens à ce problème est très grande.*

**sensibilité** [sãsibilite] n. f.
[propriété, esprit] (compt., surtout au sing.) *Ce film comporte des scènes violentes qui risquent de choquer la sensibilité de certains.* ◆ [qualité, qqn] (non-compt., au sing.) *Comment peux-tu voir les gens souffrir sans rien faire ? Tu n'as aucune sensibilité !* ● *Marie-France a joué ce morceau de piano avec beaucoup de sensibilité.* ● *Qu'est-ce que tu as à pleurer encore ? Mais, on ne peut rien te dire ! Quelle sensibilité !*
**S.** La *sensibilité* de qqn, c'est son aptitude à éprouver des sentiments. *Avoir de la sensibilité* (qualité), c'est être capable de s'émouvoir, d'éprouver de la pitié, de l'émotion. CŒUR peut être un syn., et le contr. est INDIFFÉRENCE. En parlant d'une grande *sensibilité*, le mot a pour syn. ÉMOTIVITÉ, SENTIMENTALITÉ ou, péjor., SENSIBLERIE.

**sensible** [sãsibl] adj.
I. (se dit de qqn ; après le n.) **sensible (à qqch)** *Ne lui fais pas trop de reproches :*

*c'est un garçon très sensible.* ● *Je ne sais pas si tu as raison de lui offrir ce disque de jazz : il n'est pas du tout sensible à ce genre de musique !* ◆ (se dit d'une partie du corps) *Marie a les pieds sensibles, ses chaussures lui font toujours mal.* ● *Je porte des lunettes quand il y a du soleil, mes yeux sont très sensibles à la lumière.*

II. (se dit de qqch [abstrait] ; après ou, plus rarement, avant le n.) *La hausse des prix a été plus sensible en juillet qu'en juin.* ● *Paul a fait des progrès sensibles en mathématiques, il a rattrapé son retard.*
**S. 1.** Est *sensible* (sens I), celui qui est facilement ému ; le mot a pour syn. ÉMOTIF, IMPRESSIONNABLE et, plus fort, HYPERSENSIBLE, et pour contr. DUR, FROID (plus forts), INSENSIBLE, INDIFFÉRENT. *Être sensible à* a pour syn. ÊTRE TOUCHÉ, TROUBLÉ PAR, ÊTRE ACCESSIBLE À (soutenu). *Des yeux, une peau, etc., sensibles* réagissent facilement aux agents extérieurs (froid, lumière, etc.) ou à la douleur. Sans compl., le mot en ce sens a pour syn. FRAGILE, DÉLICAT. — **2.** Au sens II, *sensible* ce qui est NET, VISIBLE, PERCEPTIBLE. ÉVIDENT est plus fort, de même que FORT, IMPORTANT et NOTABLE.
**L. sensiblement, sensibiliser,** v. ces mots.
◆ **insensible** (adj.) [sens I] *Tu n'es pas sensible à ses larmes ?* → *tu es insensible à ses larmes ?* ● [sens II] *La différence n'est pas sensible* → *la différence est insensible.* ◆ **insensiblement** (adv.) [sens II] *Les prix n'ont pas augmenté de manière sensible* → *les prix ont augmenté insensiblement.*

**sensiblement** [sãsibləmã] adv.
I. [manière et quantité] *Les prix ont sensiblement augmenté depuis l'année dernière : plus de 10 p. 100.* ● *Jean est sensiblement plus grand que Pierre et pourtant ils ont le même âge.*
II. [quantité] *Ces deux voitures ont sensiblement les mêmes caractéristiques et pourtant leurs prix sont très différents.* ● *Jeanne et Marie ? Oh, elles ont sensiblement le même âge.*
**S. 1.** Au sens I, *sensiblement* correspond au sens II de l'adj. SENSIBLE et indique une quantité importante ; il a pour syn. BEAUCOUP, NOTABLEMENT (soutenu), CONSIDÉRABLEMENT (plus fort), et pour contr. INSENSIBLEMENT. — **2.** Au sens II, cet adv. (soutenu), souvent suivi de LE MÊME, DU MÊME + n., indique une quantité approximative ; il a pour syn. PRESQUE, PRATIQUEMENT, QUASIMENT, À PEU (DE CHOSE) PRÈS.

**sensuel, elle** [sãsɥɛl] adj. (après le n.) (se dit de qqn, de son attitude) *Oui, elle est jolie, mais elle n'est pas sensuelle du tout.*
**S.** *Sensuel* se dit d'une personne qui aime les plaisirs physiques, ou de ce qui suggère la SENSUALITÉ.
**L. sensualité** (n. f.) *Il est sensuel* → *il a de la sensualité.*

**sentiment** [sãtimã] n. m.
I. *Il est resté complètement indifférent, même quand on l'a accusé du vol, il n'a laissé voir aucun sentiment.* ● *Quand on*

*voit des choses aussi scandaleuses, on ne peut avoir qu'un sentiment de colère.*
II. [résultat, activité mentale] *J'aimerais connaître votre sentiment sur ce point délicat.* • *J'avais le sentiment que je me trompais, mais je l'ai fait quand même.*

**S. 1.** Un *sentiment*, c'est ce qu'on ressent, ce qu'on éprouve en face de qqch, d'un événement ou d'une personne. — **2.** Au sens II, ce mot (soutenu) a pour syn. OPINION, IMPRESSION. *Avoir le sentiment que* a pour syn. AVOIR L'IMPRESSION, L'INTUITION QUE. *A mon sentiment* a pour syn. À MON SENS, À MON AVIS, SELON MOI.

**sentimental, e, aux** [sãtimãtal, to] adj. (après le n.) et n.
[adj.] (se dit de qqch, de qqn) *Marie adore les chansons sentimentales !* • *Ce roman d'amour plaira beaucoup aux personnes sentimentales.* ◆ [n.] (personne) *Paul est*

*un sentimental, il garde des tas d'objets qui sont pour lui des souvenirs de jeunesse.*

**S.** *Sentimental* (adj.) est syn. de ROMANESQUE, ROMANTIQUE, SENSIBLE (pour une personne, et moins fort) ; comme nom, il a pour syn. TENDRE (moins fort).

**sentir** [sãtir] v. i. et v. t. (conj. **20**)
I. [v. i.] (sujet qqch, qqn) **sentir qqch (matière)** ou **adv.** *Ouvrez les fenêtres, ça sent le tabac froid ici.* • *Que ce fromage sent fort ! Je n'en mangerai pas.* • *Tu sens bon, quel est ton parfum ?* ◆ (sans compl.) *Ce poisson n'a pas l'air frais, il sent !*
II. [v. t.] (sujet qqn) **sentir qqch (objet, odeur)** *Viens sentir ces fleurs, elles ont un parfum extraordinaire !* • *Je ne sens rien, j'ai un rhume.*
III. [v. t.] (sujet qqn) **sentir que** + **ind.**, **sentir qqch** + **inf.**, **qqn** + **adj.**, **se sentir** + **adv.** *Ça y est, je sens que mon mal de tête va recommencer !* • *Je sentais qu'il ne*

*viendrait pas, j'en étais sûr ! • On sent l'hiver venir, tu ne trouves pas ? • Tu te sens capable de faire ce travail tout seul ? • Pourquoi je suis partie ? Oh ! parce qu'on m'a bien fait sentir que j'étais de trop ! • Comment te sens-tu ? — Beaucoup mieux, merci. • Je m'excuse, je ne me sens pas très bien, je vais rentrer chez moi.* ◆ (sujet qqch [sensation, état]) **se faire sentir** *L'hiver approche, le froid commence à se faire sentir.* • *Les cachets n'agissent plus, la douleur recommence à se faire sentir.*

**S. 1.** *Sentir* (sens I), c'est AVOIR UNE ODEUR (DE), RÉPANDRE UNE ODEUR (bonne ou mauvaise). *Sentir bon* a pour syn. soutenu EMBAUMER. Sans adv., *sentir*, c'est *sentir* MAUVAIS, EMPESTER (plus fort), PUER (fam. et plus fort). — **2.** *Sentir qqch* (sens II), c'est avoir une impression physique de qqch, percevoir par l'intermédiaire des SENS ; quand il s'agit de l'odorat, le

syn. est RESPIRER. Dans les autres cas (goût, toucher), le syn. est RESSENTIR. — **3.** *Sentir que* (sens III) a pour syn. PRESSENTIR, DEVINER, AVOIR LE SENTIMENT, L'INTUITION QUE. Avec un adj. attribut, il a pour syn. (SE) CROIRE, (S') ESTIMER. *Faire sentir qqch à qqn* a pour syn. FAIRE COMPRENDRE, FAIRE SAVOIR. *Se sentir bien (mal)* a pour syn. ÊTRE BIEN (MAL). *Se faire sentir*, c'est SE MANIFESTER, DEVENIR SENSIBLE.

**séparation** [separasjɔ̃] n. f.
[action, qqn, et résultat] *Mais je ne savais pas que René et Denise s'étaient séparés ! Elle remonte à quand cette séparation ? • Ça y est, les enfants sont partis ! — La séparation n'a pas été trop difficile ?*

**S.** Une *séparation*, c'est, pour des personnes, le fait de SE SÉPARER, de ne plus rester ensemble, soit définitivement (en ce sens le syn. est RUPTURE [plus fort], ou, s'il s'agit d'un couple marié, DIVORCE), soit provisoirement (le syn. est alors ÉLOIGNEMENT [soutenu]). La *séparation* s'oppose à l'UNION.

**séparément** [separemã] adv.
[manière] *Ils vivaient ensemble déjà avant de se marier, non ? — Mais non, ils vivaient séparément, chacun de son côté !* ● *Oh ! Mais vous confondez tout ! Il faut traiter séparément le problème du théâtre et celui du cinéma.*

**S.** *Séparément* correspond au participe SÉPARÉ ; il a pour syn. DISTINCTEMENT, À PART, ISOLÉMENT et pour contr. ENSEMBLE.

**séparer** [separe] v. t. (conj. 1)
(sujet qqn) **séparer qqn, qqch de qqn, qqch, séparer des objets, des personnes** *Vite, que quelqu'un les sépare ! Bruno et Pierre sont en train de se battre !* ● *Le juge a décidé de séparer ces enfants de leur mère, c'est leur père qui en aura la garde.* ◆ (sujet qqch) *Dans cet appartement, le salon sépare la salle à manger de la cuisine, ce qui n'est pas très pratique.* ◆ (sujet qqn) **se séparer, être séparé (de qqn)** *C'est triste de devoir se séparer après dix ans de mariage.*

**S. 1.** *Séparer* (sujet qqn) a pour syn. METTRE À PART, ISOLER, ÉLOIGNER, ÉCARTER et pour contr. RÉUNIR, REGROUPER, RAPPROCHER. *Séparer* (sujet qqch) a pour syn. DIVISER, ÊTRE PLACÉ ENTRE. — **2.** *Se séparer de qqn* a pour syn. QUITTER qqn et pour contr. RESTER AVEC. *Se séparer* a pour syn. SE QUITTER et pour contr. RESTER ENSEMBLE.
**L. séparation, séparément,** v. ces mots.
◆ **inséparable** (adj.) *Jean et Marie ne se séparent plus* → *Jean et Marie sont inséparables.*

**sept** [sɛt] adj. num. cardinal inv.
[7] *Il y a sept jours dans une semaine.* ● *Sept et sept font quatorze.* ● *Regarde ton journal page sept.* ● *Claude doit prendre son médicament toutes les sept heures.*

**septembre** [sɛptãbr] n. m.
[mois] (non-compt., au sing.) *Je t'ai envoyé une lettre le 13 septembre ; nous sommes le 20 et tu ne l'as toujours pas reçue ?* ● *La rentrée des classes a lieu en septembre.* ● *L'automne commence au mois de septembre.*

**S.** *Septembre* est le neuvième mois de l'année, c'est un mois d'été et d'automne (l'automne commence le 22 ou le 23 septembre).

**septième** [sɛtjɛm] adj. num. ordinal
[7e] (se dit de qqn, de qqch) *Vous habitez à quel étage ? — Au septième.*

**S.** Dans une énumération, SEPTIÈMEMENT est l'adv. correspondant à *septième* (= en septième lieu).

**série** [seri] n. f.
[quantité] **série de** + **n. plur.** *Chez lui, Paul a une série de livres sur la période de la Révolution française.* ● *Les journalistes ont posé toute une série de questions au ministre.*

**S.** Une *série* est une suite ou une succession de choses abstraites ou de personnes, ou un ensemble de choses concrètes, formant un tout, et le plus souvent classées par ordre (en ce sens, il a pour autres syn. GAMME [soutenu] et COLLECTION [plus précis]).

**sérieux, euse** [serjø, øz] adj. (après le n.), **sérieux** n. m.
I. [adj.] (se dit de qqn, de qqch) *Je te recommande Pierre pour faire ce travail, il est sérieux, on peut compter sur lui.* ● *Nous avons à parler de choses sérieuses, ce n'est pas le moment de rire !* ● *Non, mais, sans rire, c'est sérieux, tu pars ?* ● *Écoutez, ce n'est pas sérieux, ça fait dix minutes que nous parlons pour ne rien dire !*
II. [n. m.] (sujet qqn) **garder son sérieux** *C'était tellement drôle que je n'ai pu garder mon sérieux.* ◆ **prendre qqch, qqn au sérieux** *Il ne faut pas plaisanter avec Paul, il prend au sérieux tout ce qu'on lui dit !* ● *Ce n'est pas parce que je suis jeune qu'il ne faut pas me prendre au sérieux !*
III. [adj.] (se dit de qqch ; avant le n.) *La police a de sérieuses raisons de penser que le crime a été commis par un ami de la famille.*

**S. 1.** Celui qui est *sérieux* (sens I) attache de l'importance à ce qu'il fait, ou inspire confiance. Ce qui est *sérieux* mérite réflexion. Une personne *sérieuse* est RAISONNABLE, RÉFLÉCHIE, SAGE, SÛRE, qqn sur qui on peut compter, en qui on peut avoir confiance, par oppos. à FANTAISISTE, FRIVOLE. En parlant de qqch (action, attitude, état), les syn. sont IMPORTANT, GRAVE (plus fort), et le contr. est FUTILE. *C'est sérieux* a pour syn. moins fort C'EST VRAI. — **2.** Le *sérieux* (sens II) de qqn, c'est sa GRAVITÉ (plus fort). *Garder son sérieux,* c'est RESTER GRAVE, RÉSERVÉ, IMPASSIBLE (plus fort), ne pas rire ni sourire. *Prendre qqch au sérieux,* c'est le PRENDRE POUR VRAI, y CROIRE. *Prendre qqn au sérieux,* c'est croire à la lettre à ce qu'il dit. — **3.** *Sérieux* (sens III) a pour syn. IMPORTANT, GROS, si on insiste sur la quantité, ou FONDÉ, VALABLE, si on insiste sur la qualité.
**L. sérieusement** (adv.) [sens I] *Il travaille d'une manière sérieuse* → *il travaille sérieusement.*

**serpent** [sɛrpã] n. m.
[animal] *Mets tes bottes si tu vas dans le pré, sinon tu risques de te faire piquer par un serpent.*

# SERVICE

**S.** Le *serpent* est un reptile qui se déplace en rampant. Dans nos régions, les principaux *serpents* sont la couleuvre (inoffensive) et la vipère (dangereuse). Certains *serpents* sont venimeux et dangereux pour l'homme lorsqu'ils le piquent ou le mordent.

**serrer** [sere] v. t. (conj. **1**)
I. (sujet qqn) **serrer qqch (objet, mécanisme)** *J'ai grossi, je n'arrive plus à serrer ma ceinture comme avant.* • *La ficelle de ce paquet n'est pas assez serrée : le papier va se défaire tout de suite.* • *Zut! j'ai oublié de serrer le frein!* ◆ (sujet un vêtement) **serrer qqn** *Cette robe me serre trop à la taille.* • *Ces chaussures sont trop petites, elles me serrent.* ◆ (sujet qqn) **serrer la main à qqn** *Paul m'a dit bonjour de loin, mais il n'est pas venu me serrer la main.*
II. (sujet qqn) **être serré, se serrer** *Avancez un peu, vous êtes trop serrés comme ça!* • *Le soir, dans le métro, les gens se serrent les uns contre les autres pour faire de la place.*

   **S. 1.** *Serrer* (sens I), c'est tirer sur qqch de manière à le fermer ou le tendre ; *serrer un mécanisme*, c'est le BLOQUER (plus fort) ; *serrer qqch qui ne l'est pas assez*, c'est le RESSERRER, par oppos. à DESSERRER. En parlant d'un vêtement trop étroit, *serrer qqn*, c'est le COMPRI-

MER. *Serrer la main à* qqn, c'est la prendre en exerçant une pression pour dire bonjour ou au revoir. — **2.** *Être serré* (sens II) a pour syn. ÊTRE TASSÉ (plus fort), ÊTRE RAPPROCHÉ ; *se serrer*, c'est se placer tout près de qqn, de qqch, et avec sujet pluriel, SE RAPPROCHER les uns des autres. SE RESSERRER, c'est *se serrer* davantage. *Se serrer* a pour contr. S'ÉCARTER, S'ESPACER, SE DESSERRER.
   **L. desserrer**, v. ce mot. ◆ **resserrer** (v. t.) *Il faut serrer encore la ficelle* → *il faut resserrer la ficelle.*

**serrure** [seryr] n. f.
[appareil] *Mais comment ont-ils fait pour entrer sans clé? — Ils ont démonté la*

*serrure.* • *Dis donc! Qu'est-ce que tu regardes par le trou de la serrure?*

   **S.** Une *serrure* permet, à l'aide d'une clé, d'ouvrir ou de fermer la porte sur laquelle elle est fixée. C'est un système de fermeture.
   **L. serrurier** (n. m.) *J'ai perdu ma clé, il va falloir que je trouve un serrurier* (← personne qui répare, pose et dépose les serrures.)

**serveur, euse** [sɛrvœr, øz] n.
[personne, profession] *Appelle la serveuse, je voudrais une carafe d'eau.*

   **S.** Un *serveur*, une *serveuse* sont des employés qui SERVENT les repas, les consommations dans un café, un restaurant. Le mot s'emploie plus rarement au masc. à cause du syn. plus usuel GARÇON (DE CAFÉ).

**service** [sɛrvis] n. m.
I. [action, qqn, et résultat] (compt.) *Je voudrais te demander un service : ça t'ennuierait de garder mon fils demain soir?* • *Après tous les services que je t'ai rendus, c'est comme ça que tu me remercies?* ◆ (sujet qqch, qqn) **rendre service à qqn** *Ta*

# SERVIETTE

voiture m'a bien rendu service pendant que la mienne était en panne. • Pierre est très gentil et toujours prêt à rendre service à tout le monde.
II. [argent, valeur] (non-compt., au sing.) *Repas à vingt francs, service compris.* • *Le service est en plus ? — Oui, ça fait 15 p. 100 du prix des consommations.*
III. [partie d'un établissement] (compt.) *Allô, je voudrais le service de la publicité, s'il vous plaît.* • [À l'hôpital] : «Où se trouve le service du professeur Durand ?» • *Le service après-vente est très bien dans ce magasin.*
IV. **service (militaire)** *Paul vient de rentrer du service militaire.* • *J'ai fait mon service en 1960.*

**S. 1.** *Service* (sens I) s'emploie le plus souvent avec les verbes DEMANDER et RENDRE. *Demander un service à* qqn, c'est lui DEMANDER DE L'AIDE, UNE FAVEUR. *Rendre service à* qqn a pour syn. AIDER, SECOURIR, DÉPANNER (fam.), ÊTRE UTILE À, ou en parlant d'une chose, SERVIR À. Une personne qui *rend service* facilement est une personne SERVIABLE. — **2.** Le *service* (sens II), c'est le pourboire qu'on ajoute à la note (ou addition) et qui est versé à la personne qui SERT (sens I) dans un restaurant ou un café. — **3.** Un *service* (sens III) est une branche, un secteur, un bureau (plus restreint), dans une entreprise, une administration, un hôpital. — **4.** Le *service militaire* (ou *service* NATIONAL) est le temps pendant lequel un jeune homme est soldat.
**L. serviable** (adj.) [sens I] *Elle est toujours prête à rendre service* → *elle est serviable.*

**serviette** [sɛrvjɛt] n. f.
[objet, linge] *En sortant du bain, essuie-toi avec cette serviette, elle est sèche.* • *À table, on met une serviette autour du cou des enfants pour qu'ils ne se salissent pas.*

**S.** Une *serviette* sert à s'essuyer le corps, alors qu'un TORCHON ou un CHIFFON servent à essuyer qqch ; l'usage est parfois précisé par un compl. précédé de DE (*serviette* DE TOILETTE, DE BAIN, DE TABLE).

**servir** [sɛrvir] v. t. et v. t. ind. (conj. **21**)
I. [v. t.] (sujet qqn) **servir qqn, servir qqch [aliment, boisson, repas] (à qqn)** [*Le boucher*] : «*Je sers madame et je suis à vous.*» • [À l'épicerie] : «*Bonjour, madame, qu'est-ce que je vous sers ?*» • [À table] : «*Tu me sers du vin, s'il te plaît?*» • *Voilà la viande, servez-vous, j'arrive.* • *Je me suis servi un verre d'eau, j'avais soif.* • *Dans ce magasin, chacun peut se servir comme il veut.*
II. [v. t. ind.] (sujet qqch) **servir à qqn, qqch, servir à + inf.** *Merci pour tes livres,* ils m'ont bien servi pour préparer l'examen. • *À quoi sert cette machine ? — Ça sert à éplucher les pommes de terre.* • *Ça ne sert à rien de se faire du souci pour si peu.*
◆ (sujet qqn) **servir à qqn de + n. (sans article)** *C'est sa femme qui lui tape ses textes ; elle lui sert de dactylo.* ◆ **se servir de qqch** *Tu te sers de ta voiture demain ? Sinon, prête-la moi.* • *Pour manger on se sert d'un couteau et d'une fourchette.*

**S. 1.** *Servir* (sens I), c'est, en parlant d'un commerçant, remettre au client la marchandise qu'il demande. Au restaurant, au café, *servir* qqn, c'est, en parlant du SERVEUR (ou GARÇON)

ou de la SERVEUSE, lui apporter les plats, les consommations. À table, *servir* qqn, c'est lui verser une boisson, lui mettre des aliments dans son assiette. *Se servir*, c'est mettre soi-même dans son assiette des aliments, se verser à boire, prendre soi-même la marchandise. Un magasin où on se *sert* soi-même est un LIBRE-SERVICE. — **2.** *Servir à* qqn (sens II) a pour syn. ÊTRE UTILE À ; *servir à* qqch a pour syn. ÊTRE UTILISÉ POUR. *Ça ne sert à rien* se dit pour IL N'EST PAS UTILE DE, C'EST INUTILE DE. *Servir à* qqn *de + n.* (sans article), c'est ÊTRE UTILISÉ COMME, TENIR LA PLACE DE. *Se servir de* est syn. d'UTILISER, EMPLOYER.
**L. serveur, service, desservir,** v. ces mots.

**seul, e** [sœl] adj. et pron.
I. (se dit de qqn, de qqch ; avant le n.) *Heureusement que tu es venu, tu es la seule personne que je connaisse ici.* • *Tu connais Pierre ? — Pas très bien, je ne l'ai vu qu'une seule fois.* ◆ **un (le) seul (qui + subj., à + inf.)** *Tu n'as pas encore payé tes impôts ? Rassure-toi ! tu n'es pas la seule dans ce cas.* • *Mais qui m'a fait ce cadeau ? — Je suis sûre que c'est Paul, il*

*est le seul qui puisse avoir une idée pareille.*
• *Va voir Marie, elle est la seule à pouvoir te renseigner.* ◆ **pas un seul** *Je vous l'avais dit à tous, et pas un seul n'a pensé à me le rappeler.*
II. (se dit de qqn, de qqch ; avant le déterminant ou après un pron. personnel) *Seules les vacances te permettront de te reposer un peu.* • *Demande à Paul, lui seul sera capable de te dire où le livre est rangé.* ◆ (comme attribut) **[tout] seul** *Tu as fait ça seul ?* • *Ta fille s'habille toute seule maintenant ?* • *Le feu n'a pas pris, comme ça, tout seul ?* ◆ (sujet *ça*) **aller tout seul** *Alors, vous avez facilement trouvé la maison ? — Oh non ! ça n'a pas été tout seul, on s'est trompé plusieurs fois.*
III. (se dit de qqn ; après le n.) *Tu habites seule dans cette grande maison ?* • *Pour un homme seul, tu te débrouilles pas mal, je trouve.*

**S. et G. 1.** *Seul* (sens I) est seulem. épithète et n'a ni comparatif ni superlatif ; on le considère souvent comme un adj. indéfini ; il est syn. de UNIQUE et s'oppose à PLUSIEURS. Il peut s'employer avec un article (UN, LE) sans que le nom soit exprimé ; on l'analyse alors parfois comme un pronom. *Un seul* insiste sur le caractère unique de la personne ou de la chose. *Pas un seul* a pour syn. PAS UN, PERSONNE, AUCUN. — **2.** *Seul* (sens II) a pour syn. SEULEMENT, UNIQUEMENT, EXCLUSIVEMENT (en parlant de qqn) et pour équivalent IL N'Y A QUE. En parlant de qqn ou qqch, *(tout) seul* est syn. de SANS AIDE. *Faire qqch seul*, c'est le FAIRE SOI-MÊME. *Aller tout seul* a pour syn. ALLER SANS DIFFICULTÉ, ÊTRE FACILE. — **3.** *Seul* (sens III), qui peut être modifié par un adv. (TRÈS, UN

PEU, etc.), est syn. de SOLITAIRE, ISOLÉ, ABANDONNÉ (plus fort) et s'oppose à ACCOMPAGNÉ, ENSEMBLE (*être tout seul* a pour contr. ÊTRE EN COMPAGNIE DE).
**L. solitude** (n. f.) [sens III] *J'ai horreur de rester seul* → *j'ai horreur de la solitude.*

**seulement** [sœlmɑ̃] adv.
I. [restriction] *Vous prendrez du fromage et des fruits ? — Non, seulement des fruits.* • *Ce cadeau n'est pas seulement pour toi, il est aussi pour ta sœur.* • *Non seulement c'est idiot ce que tu dis, mais en plus c'est méchant !* • *Ça coûte cinquante francs. — Seulement ? Ce n'est pas cher !* • *On a le temps, il est seulement 8 heures.*
II. [opposition] *Vas-y, seulement ne reste pas trop longtemps.* • *Pierre aurait bien aimé aller au théâtre, seulement il est pris ce soir-là.*
III. [emphase] **si seulement** *Si seulement tu pouvais réussir ton examen, ce serait formidable !*

**S. 1.** *Seulement* (sens I) a pour syn. plus soutenu UNIQUEMENT et, en phrase affirmative, JUSTE ou PAS PLUS DE. Il a pour équivalent une tournure avec NE... QUE (*Il est seulement 8 heures* → IL N'EST QUE 8 HEURES). *Non seulement* est le plus souvent suivi de phrase commençant par MAIS, MAIS ENCORE, MAIS DE PLUS. — **2.** Au sens II, *seulement* introduit une opposition à ce qui a été précédemment et a pour syn. MAIS (moins fort) ou TOUTEFOIS (soutenu). — **3.** Au sens III, *si seulement* suivi de l'imparfait ou du plus-que-parfait de l'ind. est un renforcement de SI introduisant un souhait ou un regret ; il a pour syn. SI AU MOINS.

**sévère** [sevɛʀ] adj. (après le n.)
(se dit de qqn, de qqch [action]) *Ce professeur n'est pas assez sévère avec ses élèves, tu entends le bruit qu'ils font dans la classe ?* • *Au moment des départs en vacances, il y aura un contrôle sévère de la vitesse sur les routes.*

**S.** En parlant de qqn qui est sans indulgence, *sévère* a pour syn. DUR, STRICT (soutenu), et, par ordre d'intensité croissante, RIGOUREUX, INTRANSIGEANT (soutenus), IMPITOYABLE (litt.), INFLEXIBLE (soutenu). Il s'oppose à INDULGENT, TOLÉRANT (soutenu), COMPRÉHENSIF, FAIBLE (plus fort). En parlant de l'attitude (regard, ton, etc.), il a pour syn. DUR et s'oppose à DOUX.
**L. sévèrement** (adv.) *Paul élève ses enfants d'une façon sévère* → *Paul élève sévèrement ses enfants.* ◆ **sévérité** (n. f.) *Ce professeur est sévère, cela m'effraie* → *la sévérité de ce professeur m'effraie.*

**sexe** [sɛks] n. m.
I. [partie du corps] *Tu sais, dans les dictionnaires, pendant longtemps, on n'a pas pu représenter le sexe d'un homme ni celui d'une femme.*
II. [statut, qqn] *« Claude » est un prénom qu'on donne aux enfants de sexe masculin ou féminin.* • [Sur le passeport] : *« Nom, prénom, sexe, profession, adresse. »*

**S. 1.** Le *sexe* (sens I) désigne les organes génitaux externes qui sont propres à l'homme (*sexe* MASCULIN) et à la femme (*sexe* FÉMININ). Les phénomènes relatifs au *sexe* de chaque individu sont les phénomènes SEXUELS. — **2.** Le *sexe* (sens II), c'est l'ensemble des personnes présentant le même genre physique (masculin ou féminin).
**L. sexuel, elle** (adj.) [sens I] *Les organes sexuels* (← les organes du sexe). ◆ **sexualité** (n. f.) [sens I] On connaît mal les phénomènes sexuels de la femme → *on connaît mal la sexualité féminine*.

**shampooing** [ʃɑ̃pwɛ̃] n. m.
[produit] (non-compt., au sing.) *Comment veux-tu que je me lave les cheveux, il n'y a plus de shampooing !* ◆ (compt.) *Ils sortent sans arrêt de nouveaux shampooings pour cheveux secs, pour cheveux gras, je ne sais plus quoi choisir.* ◆ [action, qqn] (compt.) *Mon coiffeur a dit qu'un shampooing par semaine, ça suffisait.* • [Au salon de coiffure] : « *Passez au premier étage, on va vous faire votre shampooing.* »

**S.** Le *shampooing* est un produit pour laver les cheveux. *Faire un shampooing* a pour syn. LAVER LES CHEVEUX.

**short** [ʃɔrt] n. m.
[vêtement] *Si tu veux venir jouer au tennis avec nous, il faut que tu t'achètes un short*

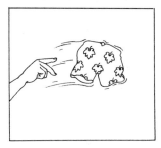

*blanc.* • *Je n'ai pas pu faire de gymnastique à l'école, j'avais oublié mon short.*

**S.** Le *short* est une sorte de pantalon court que l'on porte surtout pour le sport ou en été. Le BERMUDA est un *short* qui descend presque jusqu'aux genoux mais qui n'est pas un vêtement de sport.

**si** [si] adv. et conj.
• I. [adv.] (affirmation) *Tu n'es pas encore prêt ? — Si, ça y est, j'arrive !* • *Regarde la fille là-bas, c'est Isabelle Durand. — Je ne la connais pas. — Mais si, tu l'as vue chez moi l'année dernière.* • *Je suis sûr qu'il ne dira rien. — Je te dis que si, tu vas voir.* • *Pierre n'aime pas ce film, moi si.*
II. [adv.] (interrogation) *Je me demande s'il va faire beau demain.* • *Pierre ne sait pas si on joue encore cette pièce au théâtre.*
III. [adv.] (quantité) *si* + **adj.** ou **adv. (que** + **ind.)** *Tout le monde la regarde. — C'est normal, elle est si belle !* • *Tu marches si vite que je ne peux pas te suivre.* ◆ **si** + **adj.** ou **adv. ... que ça** *Pourquoi est-ce que tout le monde court voir ce film, c'est si intéressant que ça ?*
IV. [conj.] (condition) *si* + ind. *Si tu passes devant une pharmacie, achète-moi du coton.* • *Je vais chez Jacques, s'il n'est pas là, je lui laisserai un mot.* • *Pierre est déjà parti, si tu étais passé plus tôt, tu l'aurais vu !*
V. [adv.] (souhait) *Mon Dieu ! S'il pouvait réussir !* • *Dis, si on allait au cinéma ce soir ?*

**S.** et **G. 1.** *Si* s'écrit *s'* uniquement devant IL(S) aux sens II, IV et V. — **2.** Au sens I, *si*, qui donne une réponse positive, ne s'emploie qu'après une phrase négative (après une interrogation positive, on emploie OUI). Le contr. est NON. — **3.** Au sens II, *si* introduit une interrogative indirecte correspondant à une interrogative directe sans mot interrogatif ou introduite par EST-CE QUE (TU VIENS DEMAIN ?, EST-CE QUE TU VIENS DEMAIN ? → *je te demande si tu viens demain*). — **4.** Au sens III, *si* est un adv. de quantité qui peut être suivi d'une subordonnée de conséquence introduite par QUE. Le syn. est TELLEMENT. — **5.** Au sens IV, *si* introduit une conditionnelle qui se place avant ou après la principale. Notez la concordance des temps : *si* + présent → *présent* ou *futur* dans la principale ; *si* + imparfait ou plus-que-parfait → *conditionnel présent* ou *passé* dans la principale. Les syn. sont AU CAS OÙ + cond., À LA CONDITION QUE + subj. — **6.** Au sens V, *si* suivi de l'imparfait ou du plus-que-parfait de l'ind. exprime le souhait, le regret ou, dans une interrogation, la suggestion.

**sidérurgie** [sideryrʒi] n. f.
[activité économique] *La sidérurgie est l'activité économique principale de la Lorraine.*

**S.** La *sidérurgie* est une activité de l'industrie qui traite le fer, l'acier, la fonte.

**siècle** [sjɛkl] n. m.
[temps, mesure] *Nous sommes au XX$^e$ siècle.* • *Il y a des arbres qui vivent plusieurs siècles.* • *Tu aurais aimé vivre au siècle dernier ?*

**S.** *Siècle* désigne une période de cent ans.

**siège** [sjɛʒ] n. m.
I. [meuble] *Comment veux-tu recevoir trente personnes à la maison ? Nous n'aurons jamais assez de sièges ! — Eh bien, on s'assiéra par terre.*
II. [statut, qqn] *Le parti a perdu dix sièges aux dernières élections.* • *Maintenant qu'il a son siège à l'Assemblée nationale, on va voir ce qu'il va en faire.*

**S. 1.** Un *siège* (sens I) est un meuble pour s'asseoir : la chaise, le fauteuil, le tabouret sont des *sièges*. — **2.** Un *siège* (sens II), c'est une place, une fonction pourvue par élection, en particulier une fonction de député.

**siéger** [sjeʒe] v. i. (conj. **4 et 12**)
(sujet qqn, une assemblée, un conseil)
**siéger (qqpart)** *Il a été élu député, il siègera à l'Assemblée nationale.* • *Le conseil siègera mercredi prochain et nous assisterons à la séance.*

**S.** En parlant de qqn, *siéger* dans une assemblée, un conseil, c'est participer à la séance, y avoir un SIÈGE. En parlant de l'assemblée ou du conseil, c'est tenir séance.

**sien (le)** [ləsjɛ̃], **sienne (la)** [lasjɛn], **siens, ennes (les)** [lesjɛ̃, ɛn] pron. possessifs
*Comment trouves-tu ma robe et celle d'Aline ? — Ta robe est jolie, mais la sienne est encore plus belle.* • *Voilà, je vous donne à tous un paquet, comme ça chacun aura le sien.*

**S. et G.** *Le sien, la sienne, les siens, les siennes* sont les pron. possessifs correspondant aux pron. personnels de la 3ᵉ pers. du sing. IL, ELLE (LUI) et aux adj. possessifs SON, SA, SES (+ nom) : *la sienne* (← *sa robe*). Ils s'accordent en genre et en nombre avec le nom qu'ils représentent.

**siffler** [sifle] v. i. et v. t. (conj. **1**)
I. [v. i.] (sujet qqn, qqch) *Quand il l'a vue, il l'a trouvée si belle qu'il a sifflé d'admiration !* • *Tu sais siffler, toi ? — Non, mais je sais chanter !*
II. [v. t.] (sujet qqn) **siffler un animal, qqn, qqch** *Le chien est dehors, siffle-le, et il rentrera !* • *L'agent a sifflé le chauffeur de taxi, mais il ne s'est pas arrêté ! Ça y est ! On va siffler la fin de la première partie du match.*
III. [v. t.] (sujet qqn) **siffler un acteur, une œuvre, etc.** *Les acteurs étaient si mauvais qu'ils ont tous été sifflés !* • *La pièce a été sifflée par les spectateurs mécontents.*

**S. 1.** *Siffler* (sens I), c'est produire un son aigu, un SIFFLEMENT. — **2.** *Siffler* (sens II), c'est appeler qqn, ou signaler qqch en *sifflant*. — **3.** *Siffler* (sens III) a pour syn. HUER (soutenu), CONSPUER (litt.). Les contr. sont APPLAUDIR, ACCLAMER (soutenu).

**L. sifflement** (n. m.) *On a entendu siffler* → *on a entendu un sifflement.* ◆ **sifflet** (n. m.) *Ne t'amuse pas avec ce sifflet, tu nous casses les oreilles* (← *petit instrument propre à siffler*).

**signal** [siɲal] n. m., pl. **signaux**
I. [appareil] *Les signaux n'ont pas fonctionné : le train a eu un accident.*
II. [action, qqn, et résultat] *Qu'est-ce que c'est que ce bruit ? — C'est le signal qui indique la fin de la journée de travail.* ◆ **à mon (ton, son, etc.) signal** *Quand il aura fini de chanter, à mon signal, tout le monde applaudira.* ◆ (sujet qqn) **donner le signal de qqch (abstrait)** *Pierre, en se levant le premier, a donné le signal du départ.*

**S. 1.** Le *signal* (sens I) est un appareil qui avertit, qui SIGNALE. — **2.** Le *signal* (sens II) est donné par un SIGNE, un geste, et indique qu'une action doit commencer ou s'arrêter.
**L. signaler,** v. ce mot.

**signalement** [siɲalmɑ̃] n. m.
[statut, qqn] *Tous les journaux ont donné le signalement du criminel, dans l'espoir qu'il serait reconnu par quelqu'un.*

**S.** Le *signalement* de qqn, d'un véhicule, etc., c'est l'ensemble des caractéristiques qui le distinguent des autres, qui permettent de le reconnaître, de l'identifier.

**signaler** [siɲale] v. t. (conj. **1**)
(sujet qqn, qqch) **signaler qqch, qqn, que + ind. (à qqn)** *Sur la route, fais attention aux panneaux qui signalent un danger.* • *La météo a signalé des orages violents sur les*

# SIGNATAIRE

Alpes. • *Vous n'irez pas loin, on vous a signalés à la police.*
**S.** *Signaler* qqch a pour syn. ANNONCER, AVERTIR DE, INDIQUER, En parlant d'un panneau,

*signaler* qqch, c'est en être le SIGNAL. *Signaler* qqn, qqch, c'est ATTIRER L'ATTENTION SUR eux (plus soutenu), les FAIRE REMARQUER. *Signaler qqn à la police* a pour syn. DÉNONCER.
**L.** **signalisation** (n. f.) *Des feux de signalisation* (← qui signalent les carrefours).

**signataire** → SIGNER L.

**signature** [siɲatyr] n. f.
[action, qqn, et résultat] *Je ne sais pas qui a écrit cette lettre, je n'arrive pas à lire la signature.* • *N'oubliez pas de mettre votre signature au bas du formulaire.*
**S.** La *signature* est l'action de SIGNER et son résultat : le signe graphique représentant complètement ou partiellement le nom de qqn, dont la forme doit être fixe et qui atteste de l'identité de qqn. PARAPHE est un syn. litt.

**signe** [siɲ] n. m.
I. [objet, langue] *Qu'est-ce qu'il y a d'écrit sur ce papier ? — Je ne sais pas, c'est rempli de signes auxquels je ne comprends rien.* • *Pour faire une addition, on met le signe « + » entre les chiffres qu'on ajoute.* ◆ [statut, qqn] **signe particulier** *Vous avez des signes particuliers ? — Oui, une tache marron sur la joue gauche.* ◆ (sujet qqn) **donner des signes de fatigue** *Après avoir couru pendant deux kilomètres, le champion commençait à donner des signes de fatigue.* ◆ [statut, qqch] **c'est signe de + n., que + ind., c'est bon (mauvais) signe** *Il fait lourd, c'est signe d'orage.* • *Il y a des nuages, c'est signe qu'il va pleuvoir.* • *Le malade a faim, c'est bon signe !*
II. [action, qqn, et résultat] *Marie m'a fait un signe de la main, et j'ai compris qu'il fallait que je me taise.* ◆ (sujet qqn) **faire signe à qqn (de + inf.)** *Dès que Paul nous aura fait signe de venir, on pourra y aller.* • *Quand on sera à Paris, on vous fera signe.*

**S. 1.** Un *signe* (sens I) est une indication écrite, une marque qui permet de reconnaître qqch. Un *signe particulier* permet de reconnaître qqn. *Donner des signes de fatigue*, c'est MONTRER, MANIFESTER SA FATIGUE par certains indices ou symptômes. *C'est signe de* est syn. de C'EST L'ANNONCE DE ; *c'est signe que* a pour syn. CELA SIGNIFIE QUE. *C'est bon, c'est mauvais signe* a pour syn. soutenu C'EST UN BON, UN MAUVAIS PRÉSAGE. — **2.** *Faire un signe à qqn* (sens II), c'est lui FAIRE UN GESTE, lui DONNER UN SIGNAL. *Faire signe à qqn de + inf.*, c'est lui donner le SIGNAL d'une action. Sans inf. compl., *faire signe à* qqn, c'est ENTRER EN CONTACT AVEC lui.

**signer** [siɲe] v. t. (conj. 1)
(sujet qqn) **signer (une lettre, un document, etc.)** *Vous avez lu ? Vous êtes d'ac-

cord ? Bon ! Signez ici, en bas.* • *Pardon, monsieur, vous avez oublié de signer votre chèque !*
**S.** *Signer*, c'est METTRE SA SIGNATURE, son nom au bas d'une lettre, d'un écrit pour attester qu'on en est l'auteur ou qu'on en approuve le contenu.
**L. signataire** (n.) *Quelles sont les personnes qui ont signé cette pétition ? → quels sont les signataires de cette pétition ?* ◆ **signature**, v. ce mot.

**significatif, ive** [siɲifikatif, iv] adj. (après le n.)

(se dit de qqch [abstrait]) *Il n'avait pas envie de venir et son attitude tout à l'heure était significative : il a fait la tête toute la soirée.*

**S.** *Significatif* a pour syn. ÉLOQUENT, PARLANT, RÉVÉLATEUR. Est *significatif* ce qui confirme une opinion, une théorie, qui SIGNIFIE nettement qqch.

**signifier** [siɲifje] v. t. (conj. **2**)
(sujet qqch) **signifier qqch, que** + ind. *Je ne comprends pas ce que signifie ce panneau sur la route. — Ça indique qu'il y a un hôpital à cent cinquante mètres.* ● *Je ne comprends pas le mot « adulte » : qu'est-ce que ça veut dire ? — Je vais t'expliquer ce que ça signifie.* ● *Ces nuages signifient qu'il va bientôt pleuvoir.* ◆ **qu'est-ce que cela (ça) signifie ?** *Les enfants, je vous avais interdit de manger des bonbons et vous avez tous la bouche pleine : qu'est-ce que cela signifie ?*

**S.** *Signifier* qqch, c'est AVOIR COMME SENS, VOULOIR DIRE. *Qu'est-ce que cela (ça) signifie* s'emploie comme reproche.
**L. signification** (n. f.) *Que signifie ce mot ?* → *quelle est la signification de ce mot ?* ◆ **significatif,** v. ce mot.

**silence** [silɑ̃s] n. m.
I. [état, qqch, qqn] (non-compt., au sing.) *Il y a eu un moment de silence quand Pierre est entré dans la pièce, toutes les conversations se sont arrêtées.* ● *Ce que j'aime à la campagne, c'est le silence.* ● *Les gens marchaient en silence vers le cimetière.*
◆ (interj.) [ordre] **silence !** *Silence ! laissez-le parler.*
II. [action, qqn, et résultat] (compt., surtout au sing.) *Il t'a parlé de son prochain mariage avec Marie ? — Non, je ne comprends pas son silence sur ce sujet, il n'a pas dû oser.* ● *Les journaux ont tous gardé le silence sur cette affaire, il doit y avoir une raison.*

**S. 1.** Le *silence* (sens I), c'est l'absence de bruits, de sons, de paroles, etc. CALME, PAIX sont des syn. ; BRUIT, TAPAGE des contr. *En silence* a pour syn. SILENCIEUSEMENT, SANS FAIRE DE BRUIT et pour contr. BRUYAMMENT. *Silence !* a pour syn. moins fort CHUT ! et s'emploie pour demander que l'on se taise. — **2.** Au sens II, *garder le silence sur qqch, passer qqch sous silence,* c'est NE PAS en PARLER, le GARDER SECRET, NE PAS le DIVULGUER, SE TAIRE SUR qqch.
**L. silencieux,** v. ce mot.

**silencieux, euse** [silɑ̃sjø, øz] adj. (après le n.)
(se dit de qqn, de qqch) *Qu'est-ce qu'ils ont dit quand tu leur as appris la nouvelle ? — Rien, ils sont restés silencieux !* ● *Le garagiste nous pousse à acheter cette voiture parce que son moteur est très silencieux.*

**S.** En parlant de qqn, *silencieux* a pour syn. MUET (plus fort). *Être, rester silencieux,* c'est s'abstenir de parler ; l'équivalent est SE TAIRE. En parlant de qqch qui ne fait pas de bruit ou qui fonctionne sans bruit, *silencieux* a pour contr. BRUYANT.
**L. silencieusement** (adv.) *Les gens restaient silencieux en écoutant Pierre* → *les gens écoutaient Pierre silencieusement.*

**silhouette** [silwɛt] n. f.
[forme, corps] *Vous avez bien vu le voleur ? — Non, j'étais assez loin et il faisait*

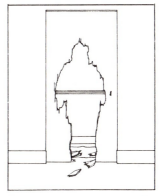

*sombre, je n'ai vu qu'une vague silhouette.* ● *Elle est grande, mince, elle a vraiment une jolie silhouette.*

**S.** La *silhouette* est le contour du corps de qqn.

**simple** [sɛ̃pl] adj.
I. (se dit de qqch ; après le n.) *Je ne sais pas faire marcher cet appareil. — Mais c'est très simple, regarde !* ● *Au lieu de prendre ta voiture, il y a un moyen beaucoup plus simple pour aller chez Paul : tu prends le métro, c'est direct.*
II. (se dit de qqn ; après le n.) *Malgré leur fortune, les Durand sont restés des gens très simples.*
III. (se dit de qqch ; toujours épithète, avant le n.) *Sur un simple coup de téléphone, ce commerçant livre les marchandises qu'on lui commande.* ● *Je ne ferai qu'une simple remarque.*

# SIMPLEMENT

**G.** Cet adj. n'a ni comparatif ni superlatif au sens III.
**S. 1.** En parlant de qqch, *simple* (sens I) s'oppose à COMPLIQUÉ. Est *simple* ce qui est FACILE, AISÉ (soutenu) à faire ou à comprendre ; ÉLÉMENTAIRE (plus fort) se dit de ce que l'on comprend facilement, PRATIQUE de ce que l'on fait facilement. — **2.** En parlant de qqn (sens II), le syn. est SANS FAÇON et les contr. sont FIER, ORGUEILLEUX, VANITEUX. — **3.** *Simple* (sens III) indique qu'on n'ajoutera rien à ce dont on parle ; il a pour syn. SEUL, UNIQUE.
**L. simplement,** v. ce mot. ◆ **simplicité** (n. f.) [sens I] Ce travail est très simple à faire → *ce travail est d'une grande simplicité.* ◆ [sens II] Ce que j'aime chez les Durand, c'est qu'ils sont simples → *ce que j'aime chez les Durand, c'est leur simplicité.* ◆ **simplifier** (v. t.) [sens I] On a rendu plus simple l'examen → *on a simplifié l'examen.* ◆ **simplification** (n. f.) [sens I] Simplifier la question ne la résout pas → *la simplification de la question ne la résout pas.*

## simplement [sɛ̃pləmɑ̃] adv.
I. [manière] *Parle plus simplement, souvent on ne comprend pas les mots que tu emploies.* • *Ils nous ont reçus à dîner très simplement.*
II. [restriction] *Allô ? Je n'ai rien de spécial à te dire. Je voulais simplement te dire bonjour !*

**S. 1.** *Simplement* (sens I) correspond à l'adj. SIMPLE ; il a pour syn. D'UNE MANIÈRE SIMPLE, AVEC SIMPLICITÉ, SANS COMPLICATION, SANS RECHERCHE. *Recevoir simplement,* c'est *recevoir* SANS FAÇON, À LA BONNE FRANQUETTE (fam.). — **2.** *Simplement* (sens II), qui indique une restriction, une limitation, est syn. de SEULEMENT, JUSTE, UNIQUEMENT.

## simultanément [simyltanemɑ̃] adv.
[temps] *On a entendu simultanément deux coups de feu et une voiture qui démarrait rapidement.*

**S.** *Simultanément* est le syn. soutenu de EN MÊME TEMPS.

**L. simultané, e** (adj.) *Les deux événements sont arrivés simultanément* → *les deux événements ont été simultanés.*

## sincère [sɛ̃sɛr] adj. (après le n.)
(se dit de qqn, de son attitude) *Tu peux le croire, c'est un garçon sincère ; il ne cherche pas à cacher la vérité.* • *Il m'a semblé que ses excuses étaient sincères, qu'il était vraiment désolé.*

**S.** *Sincère* a pour syn. FRANC, DE BONNE FOI en parlant d'une personne, VRAI en parlant de qqch (généralement un sentiment). Les contr. sont HYPOCRITE ou MENTEUR (en parlant d'une personne), MENSONGER (en parlant d'un sentiment).
**L. sincèrement** (adv.) *Je te le dis d'une façon sincère* → *je te le dis sincèrement.* ◆ **sincérité** (n. f.) *Ta réponse est sincère, ça me plaît* → *la sincérité de ta réponse me plaît.*

## singe [sɛ̃ʒ] n. m.
[animal] *Papa, on va voir les singes au zoo ?*

• *Tu as vu comme ton fils grimpe aux arbres ! Il est agile comme un singe !*

**S.** *Le singe* est un animal sauvage proche de l'homme. Le chimpanzé, le gorille sont des *singes.*

## singulariser (se) [sɛ̃gylarize] v. pr. (conj. 1)
(sujet qqn) *Il ne peut rien faire comme tout le monde, il faut toujours qu'il se singularise.*

**S.** *Se singulariser* (soutenu), c'est SE FAIRE REMARQUER, vouloir être différent des autres.

## sinistre [sinistr] adj. (après le n.)
(se dit de qqn, de qqch) *Le soir, la rue est sinistre : mal éclairée, pas une voiture, ni un passant.* • *Aujourd'hui, André est vraiment sinistre ; il y a quelque chose qui ne va pas.*

**S.** Être *sinistre* (soutenu), c'est être d'une grande tristesse ; le syn. soutenu est LUGUBRE (plus fort) ; en parlant de qqn, SOMBRE est moins fort.

**sinon** [sinɔ̃] conj.
[condition] *Dépêche-toi, sinon tu vas être en retard.* • *Vous avez de la chance qu'il soit de bonne humeur ; sinon il ne supporterait jamais qu'on lui parle comme ça.*

**S. et G.** *Sinon* indique que qqch risque de se réaliser si ce qui est énoncé précédemment n'est pas accompli ; il a pour syn. AUTREMENT et SANS QUOI et, plus précisément, FAUTE DE QUOI (soutenu). Si le verbe de la principale est au conditionnel, les syn. sont DANS LE CAS CONTRAIRE, SI CE N'ÉTAIT PAS LE CAS.

**sirop** [siro] n. m.
I. [aliment] *Qu'est-ce qu'on mange comme dessert ? — Des pêches au sirop.* • *Au lieu de faire nous-mêmes des jus de fruits, on n'a qu'à acheter des sirops, on les mélangera avec de l'eau.*
II. [produit] *Qu'est-ce que tu tousses ! Tu devrais prendre un peu de sirop.* • *Pour les enfants, les médicaments sous forme de sirop sont plus faciles à prendre que les cachets.*

**S. 1.** Le *sirop* (sens I) est un liquide ou une boisson, contenant une forte proportion de sucre. — **2.** Au sens II, ce mot désigne une des formes sous lesquelles se présente un médicament (liquide), par oppos. au CACHET, au COMPRIMÉ, à la PILULE (solides).
**L. sirupeux, euse** (adj.) *Cette boisson a une consistance de sirop* → *cette boisson est sirupeuse.*

**situation** [sityasjɔ̃] n. f.
I. [état, qqn] (compt., surtout au sing.) *Je ne peux pas mentir à Paul, c'est mon meilleur ami, tu me mets dans une situation difficile !* ◆ [statut, qqch] *La situation politique et sociale n'est pas la même en France et en Allemagne.*
II. [activité sociale] (compt., surtout au sing.) *Paul a une belle situation, il est directeur d'une banque.* • *Pierre, qui avait perdu sa situation, a retrouvé un emploi à peu près semblable.*

**S. 1.** La *situation* (sens I), c'est l'ensemble des circonstances, la position, l'état dans lesquels qqn se trouve. Pour un pays, la *situation*, ce sont les conditions, la CONJONCTURE (langue savante) où il se trouve. — **2.** La *situation* de qqn (sens II), c'est son EMPLOI, sa fonction, son activité professionnelle considérée comme avantageuse, importante et durable.

**situer** [sitɥe] v. t. (conj. 2)
I. (sujet qqn) **situer qqch, qqn à** quelle époque situez-vous cet événement ? • *On arrivait enfin à situer avec précision l'endroit où le bandit s'était caché.* ◆ (sujet qqch [abstrait]) **se situer** *La scène se situe au XVIII$^e$ siècle dans un château au bord de la Loire.*
II. (sujet qqn) un édifice, un commerce) **[être] bien, mal situé** *Il a acheté un appartement dans un immeuble très bien situé, en plein centre de Paris.*

**S. 1.** *Situer* (sens I), c'est déterminer le lieu, la place, situer dans l'espace (le syn. est LOCALISER), soit dans le temps (le syn. est PLACER). *Se situer*, c'est SE PLACER, AVOIR LIEU. — **2.** *Être bien, mal situé* (sens II), c'est être placé dans un endroit agréable, pratique du point de vue des transports, de l'activité commerciale, etc.

**six** [sis] adj. num. cardinal inv.
[6] *Trois et trois font six.* • *Quelle heure est-il ? — Il est 6 heures.* • *Ouvrez votre livre page six.* • *Combien coûtent ces œufs ? — Trois francs les six.*

**G.** *Six* se prononce [sis] lorsqu'il n'est pas suivi d'un nom, [si] lorsqu'il est suivi d'un nom commençant par une consonne (*six livres* [silivr]), et [siz] lorsqu'il est suivi d'un nom commençant par une voyelle (*six enfants* [sizɑ̃fɑ̃]).

**sixième** [sizjɛm] adj. num. ordinal
[6$^e$] (se dit de qqn, de qqch) *Samedi est le sixième jour de la semaine.* • *Il est arrivé sixième à la course.*

**S.** Dans une énumération, SIXIÈMEMENT est l'adv. correspondant à *sixième* (= en sixième lieu).

**ski** [ski] n. m.
I. [objet, sport] (compt.) *Qu'est-ce que ça coûte cher de partir aux sports d'hiver ! Rien qu'avec les skis, j'en ai pour cinq cents francs !*
II. [sport] (non-compt., au sing.) *Tu aimes le ski ? — Pas beaucoup, c'est dangereux.* • *Tous les ans à Noël, ils partent faire du ski à la montagne.*

**S. 1.** Les *skis* (sens I) sont des sortes de planches avec lesquelles on fait du *ski* (sens II). — **2.** Le *ski* (sens II) est un sport qui se pratique à la montagne sur la neige dans les stations de sports d'hiver. Le *ski* NAUTIQUE se pratique sur l'eau.
**L. skier** (v. i.) [sens II] *Elle sait faire du ski* → *elle sait skier.* ◆ **skieur, euse** (n.) [sens II] *Les personnes qui font du ski sont de plus en plus nombreuses* → *les skieurs sont de plus en plus nombreux.*

**slip** [slip] n. m.
[vêtement] *Qu'est-ce que tu es étourdi ! Tu mets ton pantalon, et tu as oublié de mettre un slip !* ◆ **slip (de bain)** *Tu viens te baigner ? — Je mets mon slip et j'arrive.*

**S.** Le *slip* est un sous-vêtement d'homme ou de femme. CULOTTE est un syn. employé surtout en parlant des enfants. *Slip (de bain)* s'emploie comme syn. de MAILLOT (DE BAIN) pour les hommes, ou pour désigner une des deux pièces du maillot de bain féminin.

**slogan** [slɔgɑ̃] n. m.
[énoncé] *Qu'est-ce qu'il y avait comme* 

*slogans à la manifestation ?* ● *Dès qu'on ouvre le poste de radio, on entend des slogans publicitaires, c'est lassant à la fin.*

**S.** Un *slogan* est une phrase percutante, une formule prononcée plusieurs fois dans un but politique, de propagande, ou de publicité.

**sobre** [sɔbr] adj. (après le n.)
I. (se dit de qqn) *Ils croyaient que j'avais bu, mais j'étais parfaitement sobre.*

II. (se dit de qqch) *Tu devrais choisir des vêtements un peu plus sobres, ceux-là se remarquent trop.* ● *Il s'exprima dans un style très sobre qui émut tout le monde.*

**S. 1.** *Sobre* (sens I) a pour contr. SAOUL, IVRE. — **2.** Au sens II, *sobre* est soutenu ; il a pour syn. DISCRET, CLASSIQUE ou, en parlant de qqch d'abstrait, DÉPOUILLÉ, NET. Ce qui est *sobre* n'a pas de fioritures, d'éléments surajoutés.
**L. sobrement** (adv.) [sens II] Elle était habillée d'une manière sobre → *elle était sobrement habillée.* ◆ **sobriété** (n. f.) [sens I] Il paraît que le fait d'être sobre rend les gens tristes → *il paraît que la sobriété rend les gens tristes.* ◆ [sens II] Il s'exprima d'une manière sobre → *il s'exprima avec sobriété.*

**social, e, aux** [sɔsjal, sjo] adj. (après le n.)
(se dit de qqch [état, institution, etc.]) [*À la radio*] : «*Après les informations politiques, passons à l'actualité sociale.*» ● *Que fait son père ? — Je ne sais pas, mais je crois qu'il vient d'un milieu social assez pauvre.*

**G.** Cet adj., seulement épithète au sens indiqué ici, n'a ni comparatif ni superlatif.
**S.** *Social* se dit de ce qui concerne la collectivité, la vie collective d'une SOCIÉTÉ ou les rapports de classes à l'intérieur de la société.

**socialiste** [sɔsjalist] adj. (après le n.) et n.
[adj.] (se dit de qqn, de qqch [abstrait], d'un groupe) *Jean s'est inscrit au parti socialiste.* — *Je ne savais pas qu'il était socialiste, je ne me doutais même pas qu'il était de gauche.* ● *L'année dernière, je suis allée aux États-Unis ; mais cette année, j'ai l'intention de visiter les pays socialistes.* ◆ [n.] (personne) *Les socialistes et les communistes ont proposé des candidats communs aux élections.*

**G.** L'adj. n'a ni comparatif ni superlatif en ce sens.
**S.** Le *parti socialiste* est un parti politique de gauche. On emploie couramment le sigle P. S. [peɛs] pour dire *parti socialiste.*
**L. socialisme** (n. m.) Ils préconisent pour la France le système socialiste → *ils préconisent pour la France le socialisme.*

**société** [sɔsjete] n. f.
I. [collectif, personnes] *Il existe plusieurs types de sociétés : les sociétés industrielles, capitalistes, socialistes, etc.* ● *Il vit tout seul à la campagne : il n'a jamais pu s'habituer à la vie en société !*
II. [établissement] *Durand est au chô-*

mage : *la société dans laquelle il travaillait vient de faire faillite.*

**S. 1.** Une *société* (sens I) est un ensemble de personnes organisées (le plus souvent en État), liées par des institutions et des lois et ayant en commun une certaine manière de vivre et certains modes de pensée. Les syn. plus vagues sont COMMUNAUTÉ et COLLECTIVITÉ. La *société* s'oppose à l'INDIVIDU. La SOCIOLOGIE est la science qui étudie les *sociétés*. — **2.** Une *société* (sens II) est une entreprise industrielle ou commerciale ; des syn. sont ÉTABLISSEMENT, ENTREPRISE (plus précis), MAISON ou BOÎTE (fam.). Elle résulte de la mise en commun de capitaux par des associés.

**sociologie** [sɔsjɔlɔʒi] n. f.
[science] (non-compt., au sing.) *Lui, ce qui l'intéresse, c'est la manière de vivre des gens, l'organisation de leur société.* — *Il faudrait qu'il fasse de la sociologie plus tard.*

**S.** La *sociologie* fait partie des sciences humaines. Elle étudie le fonctionnement des SOCIÉTÉS humaines, des groupes humains, les faits SOCIAUX. L'ethnologie, l'anthropologie sont des branches de la *sociologie*.
**L. sociologique** (adj.) *Ils font une étude sociologique de l'échec scolaire* (← fondée sur les principes de la sociologie). ◆ **sociologue** (n.) *Il est sociologue au Centre national de la recherche scientifique* (← spécialiste de sociologie).

**sœur** [sœr] n. f.
[personne, parenté] *Les Durand ont deux enfants, Pierre, leur fils, et sa petite sœur, Charlotte.* • *Chantal et Francine sont sœurs et pourtant elles ne se ressemblent pas.*

**S.** Le correspondant masculin de *sœur* est FRÈRE. La *grande sœur* est la *sœur* AÎNÉE, la *petite sœur* est la CADETTE. On appelle *sœurs* JUMELLES ou JUMELLES (n. f.) deux SŒURS nées le même jour.

**soi** → SE.

**soi-disant** [swadizɑ̃] adv.
[doute] *Jacques ne vient pas ? — Non, il est soi-disant malade, mais je n'en crois rien.* • *Il est rentré soi-disant pour demander un renseignement, c'était pour nous vendre quelque chose.* • *Je l'ai rencontré, ton soi-disant étudiant en médecine... Tu sais ce qu'il fait en réalité ? Il est charcutier !*

**S.** *Soi-disant* implique que l'on met en doute ce qui est dit, qu'on ne le prend pas à son compte ; il s'oppose à EN FAIT, EN VÉRITÉ, EN RÉALITÉ. Devant un adj., il a pour équivalents IL PARAÎT QUE ou PARAÎT-IL (*Il est soi-disant malade* → IL PARAÎT QU'IL EST MALADE, IL EST, PARAÎT-IL, MALADE). Dans ce sens, il a pour contr. VRAIMENT. Devant un nom, *soi-disant* a pour syn. soutenus PRÉSUMÉ et PRÉTENDU.

**soie** [swa] n. f.
[matière] (non-compt., au sing.) *Claude s'est acheté un chemisier en soie pour aller avec sa jupe longue noire.* • *Les cheveux de Claire sont fins comme de la soie.*

**S.** La *soie* est un tissu très fin obtenu à partir d'une substance filamenteuse produite par le VER À SOIE.
**L. soyeux, euse** (adj.) *Grâce à ce shampooing, vous aurez des cheveux fins et doux comme de la soie* → *grâce à ce shampooing, vous aurez des cheveux fins et soyeux.*

**soif** [swaf] n. f.
[sensation] (non-compt., au sing.) *Pour apaiser votre soif, rien ne vaut un bon thé bien chaud, croyez-moi, et pas de boisson glacée.* ◆ (sujet qqn) **avoir soif** *Vous n'au-*

*riez pas un verre d'eau ? Pierre a soif.* • *Si vous avez soif, ne vous gênez pas : il y a de quoi boire dans le réfrigérateur.* ◆ (sujet qqch) **donner soif (à qqn)** *Le sel donne soif, n'en mets pas trop ! * • *J'ai couru pour attraper mon autobus, ça m'a donné soif !*

**S.** *Avoir soif*, c'est avoir besoin de boire, de se désaltérer, par oppos. à AVOIR FAIM, qui désigne le besoin de manger.
**L. assoiffé, e** (adj.) *J'ai très soif* → *je suis assoiffé.*

**soigné, e** [swaɲe] adj. (après le n.)
(se dit de qqn) *Pierre essaie toujours de plaire ; il est très soigné de sa personne et il a de jolies cravates.* ◆ (se dit de qqch) *Si tu crois que c'est du travail soigné, tu te trompes ! Avec toutes ces ratures et ces taches !*

# SOIGNER

S. *Soigné*, en parlant de qqn, a pour syn. ÉLÉGANT (plus fort), BIEN MIS et pour contr. NÉGLIGÉ; en parlant de qqch, il a pour syn. CONSCIENCIEUX et pour contr. BÂCLÉ.

**soigner** [swaɲe] v. t. (conj. 1)
I. (sujet qqn) **soigner qqn, qqch** *C'est agréable d'aller chez eux, ils font tout ce qu'ils peuvent pour bien soigner leurs amis!* ● *Tu aurais pu soigner davantage ton devoir, il est plein de ratures!*
II. (sujet qqn) **soigner qqn, une maladie** *Votre cas est trop grave, je ne peux pas vous soigner : adressez-vous à un spécialiste.* ● *Tu as soigné ton rhume? — Oui, j'ai pris des cachets.* ◆ **se soigner, se faire soigner (un organe, une maladie)** *Ça fait une semaine que tu tousses? Tu devrais te faire soigner, voyons!* ● *Jean-Pierre s'est enfin décidé à se faire soigner les dents!*

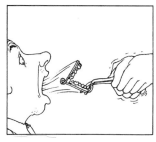

**S. 1.** *Soigner* qqn (sens I), c'est en PRENDRE SOIN, bien s'en occuper; le contr. est MALTRAITER. *Soigner* qqch, c'est y apporter du SOIN; les contr. sont NÉGLIGER, BÂCLER. — **2.** *Soigner* qqn (sens II), c'est lui donner des soins médicaux afin de le guérir quand il est malade.
**L. soigné, soigneux,** v. ces mots.

**soigneux, euse** [swaɲø, øz] adj. (après le n.)
(se dit de qqn) *Tu n'es vraiment pas soigneux; regarde, tu as encore déchiré ta chemise.* ● *Pour un garçon, Pierre est très soigneux : si tu voyais comment il range ses affaires!*

**S.** Est *soigneux* celui qui prend SOIN de ses affaires, de ses vêtements (les contr. sont NÉGLIGÉ [moins fort], SALE) ou celui qui apporte du soin à ce qu'il fait, à son travail (les contr. sont NÉGLIGENT [moins fort], DÉSORDONNÉ).
**L. soigneusement** (adv.) *Il range de façon très soigneuse ses chemises* → *il range très soigneusement ses chemises.*

**soin** [swɛ̃] n. m.
I. [qualité, qqn] (non-compt., au sing.) *Il travaille bien, mais il manque de soin, il y a des taches partout.* ● *Faites ça avec soin, je vous prie.* ◆ (sujet qqn) **avoir, prendre soin de** + n. *Je te prête ce livre, prends-en bien soin, j'y tiens beaucoup.* ● *Ça fait deux ans qu'elle a acheté cette robe? Elle paraît neuve! — Oui, elle a toujours eu soin de ses affaires.* ● *Prends bien soin de toi quand tu seras là-bas et écris-nous souvent.*
II. (sujet qqn) **avoir soin, prendre le soin de** + inf., **laisser à qqn le soin de** + inf. *Aie bien soin d'éteindre le gaz en partant!* ● *J'ai pris le soin de lui expliquer en détail le chemin à suivre, mais il s'est trompé quand même!* ● *Je te laisse le soin de lui dire la vérité, moi, je ne veux pas m'en charger.* ● *On lui a laissé le soin de garder sa petite sœur, il est fier de cette responsabilité.*
III. [action, qqn, et résultat] (non-compt., au plur.) *À l'hôpital les blessés recevront les soins nécessaires.* ● *Les infirmières ont*

*donné des soins au malade.* ● *La blessure s'est aggravée, faute de soins.*

**S. 1.** *Avoir du soin, travailler avec soin* (sens I), c'est ÊTRE SOIGNEUX, *travailler* SOIGNEUSEMENT, PROPREMENT. *Avoir, prendre soin de* + n. ont pour syn. FAIRE ATTENTION À, PRENDRE GARDE À, SOIGNER. — **2.** *Avoir soin, prendre le soin de* + inf. (sens II) ont pour syn. PENSER À, S'OCCUPER DE, VEILLER À (soutenu). *Laisser à* qqn *le soin de* + inf., ont pour syn. LAISSER LA CHARGE, LA RESPONSABILITÉ, le CHARGER DE le faire. — **3.** *Donner des soins à* (sens III) a pour syn. SOIGNER (sens II); *recevoir des soins* a pour syn. SE FAIRE SOIGNER, ÊTRE SOIGNÉ.
**L. soigner, soigneux,** v. ces mots.

**soir** [swar] n. m.
[temps, moment] (avec un déterminant) *Qu'est-ce que vous faites le soir? — Oh! en*

*général, on regarde la télévision.* • *Passez donc un soir après le travail, on regardera des photos.* • *Si vous veniez dîner chez nous ce soir ?* • *Ils sortent tous les soirs.* — *Évidemment, ils n'ont pas d'enfants !* ◆ (sans déterminant) *Je l'ai vu hier soir et on doit se revoir dimanche soir.*

**S. et G. 1.** Le *soir* est le moment de la journée entre l'après-midi et la nuit. *Soir*, qui indique surtout la date, au contraire de SOIRÉE qui indique la durée, s'oppose à MATIN. *Demain soir* équivaut à DEMAIN DANS LA SOIRÉE. *Soir* s'emploie sans déterminant après un nom de jour (LUNDI, MARDI, etc.) et après HIER, DEMAIN, LE LENDEMAIN. Il est précédé de la prép. À et de l'article après LA VEILLE ou une date précise *(la veille au soir, le 15 au soir).* — **2.** Dans l'expression de l'heure on emploie *6, 7... 11 heures* DU SOIR par oppos. à *6, 7... 11 heures* DU MATIN.

**soirée** [sware] n. f.
[temps, moment] *Il y a longtemps que vous avez vu les Dupont ? — Non, nous avons passé la soirée de dimanche ensemble.* • *On a appris la nouvelle au début de la soirée, vers 20 heures.* • *Téléphonez-moi plutôt en soirée, mettons vers 9 heures du soir ?*

**S.** La *soirée*, comme le SOIR, est le moment de la journée entre l'après-midi et la nuit. *Soirée* indique plutôt la durée, tandis que SOIR indique surtout la date ; *soirée* s'oppose à MATINÉE. *Mardi dans la soirée* équivaut à MARDI SOIR.

**soit** [swa] conj., **soit !** [swat] interj.
I. [conj.] (alternative) **soit..., soit...** *Il faut décider : soit on se met tout de suite à ce travail et on laisse tomber le reste, soit on le remet à plus tard ; mais on ne peut pas tout faire.*
II. [interj.] (acceptation) *Vous voulez ne dépendre de personne ? Soit ! mais n'attendez pas que les autres vous viennent en aide !*

**S. 1.** Au sens I, *soit*, répété, se place devant les deux membres d'une alternative ; le syn. est OU (BIEN)..., OU (BIEN)... — **2.** Au sens II, *soit !* est une interj. soutenue indiquant qu'on est d'accord, qu'on accepte la situation ; les syn. courants sont D'ACCORD !, BON !

**soixantaine** [swasɑ̃tɛn] n. f.
[quantité] **soixantaine (de + n. plur.)** *Il est bien monté une soixantaine de personnes dans ce bus, je me demande comment elles peuvent tenir.* • *Il approche de la soixantaine et voit avec plaisir la retraite arriver.*

**S.** *Soixantaine* désigne un ensemble d'environ SOIXANTE unités ou un âge d'environ soixante ans (avec l'art. déf. et sans compl.).

**soixante** [swasɑ̃t] adj. num. cardinal inv.
[60] *Nous avons payé le repas soixante francs, c'est assez cher ! Il y a trop d'élèves dans cette classe, ils sont au moins soixante.* • *Ouvrez votre livre page soixante.* • *Il y a soixante minutes dans une heure.*

**L. soixantième** (adj. num. ordinal) *La soixantième page* (← la page numéro soixante). ◆ **soixante-dix** (adj. num. cardinal inv.) *Le livre a soixante-dix pages* (← soixante + dix). ◆ **soixante-dixième** (adj. num. ordinal) *La soixante-dixième page* (← la page numéro soixante-dix).

**sol** [sɔl] n. m.
I. [lieu naturel] (non-compt., au sing.) *Il étudie le relief du sol de la Terre.* • *Tu as vu quelqu'un poser le pied sur le sol lunaire ?* • *L'avion ne va pas tarder à atterrir, il vole tout près du sol.* ◆ (compt.) *Les paysans n'ont pas l'air bien riches par ici. — Oui, le sol est sec et rien n'y pousse.* • *Nous irons nous installer dans cette région, les sols y sont fertiles.*
II. [partie d'un édifice] (compt.) **sol (de + n.)** *Elle s'est mise à genoux pour nettoyer le sol de sa cuisine.*

**S. 1.** Le *sol* (sens I) désigne la surface de la Terre ou d'une autre planète. Sans compl. il s'agit toujours de la surface de la Terre et, en ce sens, il a pour syn. TERRE. Comme nom compt., ce mot désigne une des matières dont est fait le sol de la Terre ; TERRE, TERRAIN sont des syn. — **2.** Au sens II, le *sol* s'oppose au PLAFOND dans un local fermé ; il peut avoir pour syn. PLANCHER, CARRELAGE, selon les types de revêtement de *sol*. *Sur le sol* a pour syn. PAR TERRE.

**solaire** → SOLEIL L.

**soldat** [sɔlda] n. m.
[personne, fonction sociale] *Les jeunes soldats apprennent à se servir des armes.*

# SOLDE

◆ [personne, grade] **simple soldat** *Paul a fait son service militaire comme simple soldat dans l'armée de terre.*

**S. 1.** Un *soldat* est un homme qui sert dans une armée. MILITAIRE est un syn. plus vague (les officiers sont aussi des militaires) et COMBATTANT un syn. plus précis (il désigne le *soldat* en temps de guerre). ARTILLEUR, FANTASSIN (*soldat* de l'infanterie), PARACHUTISTE désignent des types particuliers de *soldats*. On distingue les ENGAGÉS VOLONTAIRES, qui sont des *soldats* de métier, et les APPELÉS ou *soldats* DU CONTINGENT, qui font leur service militaire. Un MERCENAIRE est un *soldat* qui sert pour de l'argent un État étranger. Les *soldats* portent un uniforme. — **2.** Un *simple soldat* est un militaire de l'armée de terre ou de l'air (dans la marine on dit un MATELOT) qui ne possède pas de grade : les *simples soldats* s'opposent aux GRADÉS (OFFICIERS et SOUS-OFFICIERS); le syn. est HOMME DE TROUPE.

**solde** [sɔld] n. m. ou n. f.
[action, qqn] (non-compt., au plur.) *Ça y est, dans deux jours les soldes vont commencer; tu vas voir le monde dans les magasins!* ◆ (non-compt., au sing.) *N'achète pas cet imperméable maintenant, tu vas le trouver en solde à moitié prix la semaine prochaine.* ◆ [objet] (compt.) *Ce qu'il est beau ton pull! — Oui, je ne l'ai pas payé cher, c'est une solde de chez Dior!*

**G.** La langue courante emploie surtout le féminin : *une solde intéressante.*
**S.** *Solde* désigne à la fois l'action de vendre des marchandises au rabais (emploi plur.), le fait, pour une marchandise, d'être SOLDÉE (emploi au sing. dans l'expression *en solde*), enfin la marchandise ainsi vendue.
**L. solder** (v. t.) *La saison a été très mauvaise, les commerçants vont vendre leurs stocks en solde* → *la saison a été très mauvaise, les commerçants vont solder leurs stocks.*

**sole** [sɔl] n. f.
[animal] *Au restaurant, on a mangé de délicieuses soles grillées, avec de petites pommes de terre. — Je les préfère avec une sauce et une purée.*

**S.** La *sole* est un poisson de mer.

**soleil** [sɔlɛj] n. m.
I. [partie de l'univers] (compt., surtout au sing.) *Il ne sait même pas que c'est la Terre qui tourne autour du Soleil!*
II. [phénomène naturel] (non-compt., au sing.) *Vous partez en vacances à la mer? J'espère que vous aurez du soleil!* ● *Il fait trop chaud au soleil, viens te mettre à l'ombre.* ◆ **bain de soleil** *Les Durand ont*

*une terrasse, ils peuvent prendre des bains de soleil quand ils veulent.* ◆ **coup de soleil** *Elle est restée trop longtemps au soleil, elle a attrapé des coups de soleil.*
◆ **lunettes de soleil** *Si tu vas faire du ski, tu ferais bien de t'acheter des lunettes de soleil; sinon, le soleil sur la neige te fera mal aux yeux.*

**S. 1.** Le *Soleil* (sens I) est un astre, une étoile visible le jour, par oppos. à la LUNE, visible la nuit; au sens astronomique le mot prend une majuscule. Le LEVER *du soleil* coïncide avec le début du jour, le COUCHER *du soleil* avec la fin du jour. — **2.** Au sens II, le *soleil* désigne la chaleur et le rayonnement lumineux, la lumière émise par le *Soleil. Au soleil* s'oppose à À L'OMBRE. Un *coup de soleil* est une brûlure de la peau. Une INSOLATION est un grave *coup de soleil.*
**L. solaire** (adj.) [sens I] *Ils ont observé les taches du Soleil* → *ils ont observé les taches solaires.* ◆ **ensoleillé, e** (adj.) [sens II] *Cette maison est exposée au soleil* → *cette maison est ensoleillée.*

**solennel, elle** [sɔlanɛl] adj. (après ou avant le n.)
(se dit de qqch) *Le gouvernement a adressé une dernière et solennelle protestation auprès des gouvernements étrangers : il leur demande de renoncer à toute explosion atomique.*

**S.** Est *solennel* qqch qui est fait officiellement avec un certain apparat et publiquement, afin de donner de l'importance à l'événement, à la cérémonie, etc.
**L. solennellement** (adv.) *Le gouvernement a protesté de façon solennelle* → *le gouvernement a solennellement protesté.*

**solidaire** [sɔlidɛr] adj. (après le n.)
(se dit de qqn) **solidaire (de qqn)** *Il faut que*

*tu fasses grève et que tu sois solidaire de tes camarades : tu ne peux pas faire autrement.*
● *Quand on a accusé mon frère, toute la famille a été solidaire.*

S. Est *solidaire de qqn* celui qui lui est lié par un sentiment d'intérêt commun, de responsabilité commune.
L. **solidarité** (n. f.) *Nous sommes solidaires sur le plan professionnel* → *il existe entre nous une solidarité professionnelle.* ◆ **solidariser (se)** [v. pr.] *Je suis solidaire de votre action* → *je me solidarise avec votre action.* ◆ **désolidariser (se)** [v. pr.] *Je ne suis pas solidaire de votre action* → *je me désolidarise de votre action.*

**solide** [sɔlid] adj. (après ou, plus rarement, avant le n.)
I. (se dit de qqch) *Tu crois que cette ficelle est assez solide pour attacher les bagages ? — Oh oui ! ça tiendra bien.* ● *Pour que ça tienne, il faut faire un nœud très solide.* ● *Ils sont liés par une solide amitié, ils ne se fâcheront pas pour ça.*
II. (se dit de qqn) *Pierre est plus solide que toi, laisse-le donc porter ta valise !* ● *Ce n'est pas un enfant très solide, il est souvent malade.*

S. 1. Est *solide* (sens I) ce qui est capable de

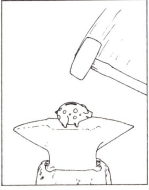

résister, de durer ou, en parlant de qqch d'abstrait, ce qui a des bases sûres ; les syn. sont ROBUSTE, RÉSISTANT (concret), DURABLE, SÉRIEUX (abstrait), le contr. est FRAGILE. — **2.** Au sens II, les syn. sont FORT, VIGOUREUX (soutenu), le contr. est FAIBLE.
L. **solidement** (adv.) [sens I] *Le bateau est attaché d'une manière solide* → *le bateau est solidement attaché.* ◆ **solidité** (n. f.) [sens I] *Leur amitié est solide, tu peux le constater* → *tu peux constater la solidité de leur amitié.*
◆ **consolider** (v. t.) [sens I] *Il faudrait mettre des vis pour consolider cette chaise* (← *pour la rendre plus solide*).

**solitude** → SEUL L.

**solliciter** [sɔlisite] v. t. (conj. 1)
I. (sujet qqn) **solliciter qqch** *Monsieur le Directeur, j'ai là une lettre d'une personne qui sollicite un emploi.* ◆ **être sollicité** *On n'est plus tranquille dans le monde moderne, on est sans arrêt sollicité pour ceci ou pour cela.*
II. (sujet qqn, qqch) **solliciter qqch** *Les enfants sollicitent sans arrêt l'attention de leur mère.*

S. **1.** *Solliciter* (sens I) est un syn. administratif de DEMANDER et s'emploie lorsqu'on s'adresse à un supérieur dans une hiérarchie. *Être sollicité*, c'est être l'objet de demandes, d'appels divers. — **2.** *Solliciter* (sens II) est un syn. soutenu de RÉCLAMER ou ATTIRER.

L. **sollicitation** (n. f.) *On est souvent sollicité par la publicité* → *les sollicitations de la publicité sont nombreuses.*

**solution** [sɔlysjɔ̃] n. f.
[résultat] *Papa, tu peux m'aider à faire ce problème ? Je ne trouve pas la solution !* ● *Il y a plusieurs solutions à ce jeu, à vous de trouver la bonne !* ● *Il faut trouver une solution, on ne peut pas laisser Paul sans aide.*

S. La *solution* d'un problème, d'une opération, d'un jeu, c'est sa réponse, son résultat. *Trouver la solution d'un problème*, c'est le RÉSOUDRE. La *solution* donnée à une situation compliquée, à une difficulté, c'est sa CONCLUSION ou, plus fort, son DÉNOUEMENT ; en ce sens, ISSUE est un syn. soutenu.

**sombre** [sɔ̃br] adj. et adv.
I. [adj.] (se dit de qqch [concret, lieu] ; après le n.) *On n'a pas pu prendre de photos*

à l'intérieur, la salle était beaucoup trop sombre. • Quelle idée de choisir une couleur sombre pour une chambre d'enfants ? ◆ [adv.] (manière) **il fait sombre** *Il fait vraiment sombre maintenant, pourquoi n'allumez-vous pas la lumière ?*
II. [adj.] (se dit de qqch [abstrait]; après ou, plus rarement, avant le n.) *Avec la crise qui continue, l'avenir de notre pays paraît bien sombre.*

**S. 1.** Est *sombre* (sens I) ce qui est mal ou peu éclairé, un lieu où il y a peu de lumière ; il a pour contr. CLAIR. En parlant d'un local, d'un lieu, il a pour syn. plus fort OBSCUR. Le contr. soutenu est LUMINEUX. En parlant d'une couleur, le syn. est FONCÉ et le contr. VIF. — **2.** *Sombre* (sens II) [soutenu] a pour syn., par ordre d'intensité croissante, INQUIÉTANT, MENAÇANT, SINISTRE.
**L. assombrir (s')** [v. pr.] Le ciel devient sombre → *le ciel s'assombrit.*

**sommaire** [sɔmɛr] adj. (après le n.)
(se dit de l'attitude de qqn) *Tu as un jugement trop sommaire ; réfléchis un peu plus avant de critiquer.*

**S.** Est *sommaire* ce qui est à la fois exprimé en peu de mots et très simple, ce qui reste SUPERFICIEL, ce qui n'est pas APPROFONDI.

**somme** [sɔm] n. f.
I. [résultat] (compt., surtout au sing.) *Quelle est la somme de ces trois nombres : 3, 15 et 20 ? — 38.* ◆ [quantité] (non-compt., au sing.) **somme de qqch (abstrait)** *Il a fallu à Georges une somme énorme de travail pour terminer en temps voulu.*
II. [argent, quantité] (compt.) *Il s'est fait attaquer en sortant de la banque et il avait sur lui une grosse somme d'argent : douze mille francs.* • *Je ne sais pas comment elle s'en sort ; elle n'a qu'un petit salaire, mais elle dépense des sommes folles en vêtements !*
III. **en somme, somme toute** *J'ai eu peur, mais, en somme, tout s'est bien passé.* • *Somme toute, si je comprends bien, tu refuses ?*

**S. 1.** Au sens I, la *somme* de plusieurs nombres c'est le résultat de leur addition. Une *somme de qqch* (non-compt.) a pour syn. QUANTITÉ. — **2.** Une *somme* (sens II), c'est une certaine quantité d'argent déterminée par un adj. (GROS, PETIT, FOU, etc.). — **3.** *En somme*, et plus soutenu, *somme toute* (sens III) ont pour syn. EN CONCLUSION, EN FIN DE COMPTE, TOUT COMPTE FAIT, FINALEMENT, EN DÉFINITIVE, EN RÉSUMÉ, POUR FINIR, AU TOTAL.

**sommeil** [sɔmɛj] n. m.
[état, qqn] (non-compt., au sing.) *Baisse un peu le son de la télé, tu pourrais quand même respecter le sommeil des autres, non ?* • *Votre fils dort bien ? — Non, pas très bien, il a un sommeil très léger, le moindre bruit le réveille.* ◆ (sujet qqn) **avoir sommeil** *Bonsoir ! j'ai sommeil, je vais me coucher.* • *Je crois que ton fils a sommeil, tu devrais le mettre au lit !*

**S.** Le *sommeil*, c'est l'état de celui qui dort. *Avoir sommeil* a pour équivalent AVOIR ENVIE, BESOIN DE DORMIR.
**L. sommeiller** (v. i.) Il dort un peu (d'un sommeil léger) → *il sommeille.* ◆ **ensommeillé, e** (adj.) *Il nous a répondu d'une voix ensommeillée* (← comme si on venait de le tirer de son sommeil).

**sommet** [sɔm(m)ɛ] n. m.
I. [localisation] (non-compt., au sing.) *Le premier qui arrive au sommet de la côte a gagné.* ◆ [lieu naturel] (compt.) *À quelle hauteur se trouve le plus haut sommet de France ? — 4807 mètres !*
II. **conférence au sommet** *Alors, qu'est-ce qu'il en est du prix du pétrole ? — Il faut attendre les résultats de la conférence au sommet.*

**S. 1.** *Au sommet de* (sens I) a pour syn. EN HAUT DE et pour contr. EN BAS DE. En parlant

d'une montagne, *sommet* a pour syn. CIME, FAÎTE (soutenu) et pour contr. PIED. — **2.** Au sens II, une *conférence au sommet* réunit les personnes les plus éminentes, chefs d'État, ministres, dirigeants, etc.

**somnoler** [sɔmnɔle] v. i. (conj. 1)
(sujet qqn) *Après chaque repas, il somnolait dans son fauteuil.*

**S.** *Somnoler*, c'est dormir à moitié, être dans un état de demi-sommeil.

**L. somnolence** (n. f.) Attention, la prise de ce médicament peut faire somnoler → *attention, la prise de ce médicament peut provoquer la somnolence*. ◆ **somnolent, e** (adj.) Après chaque repas, il est dans l'état de quelqu'un qui somnole → *après chaque repas, il est somnolent*.

### 1. son [sɔ̃] n. m.
[phénomène] *Pour bien apprendre la musique, il faut d'abord savoir reconnaître les sons.* • *Au son de la cloche, tous les élèves se mettent en rangs.* • *La télé ne marche pas, il n'y a pas de son.* • *On n'entend rien, monte un peu le son de la radio.*

**S.** Le *son* est un phénomène acoustique que l'on entend. L'ACOUSTIQUE est la science des *sons*. La PHONÉTIQUE est la science des *sons* du langage. Le BRUIT, la VOIX sont des *sons*. On distingue des *sons* GRAVES et des *sons* AIGUS. La qualité d'un appareil récepteur qui rend aussi bien les aigus que les graves est la TONALITÉ. Un MAGNÉTOPHONE permet d'enregistrer les *sons*.

### 2. son [sɔ̃], sa [sa], ses [se] adj. possessifs
*C'est la fille de Pierre ? — Oui, c'est sa fille, je suppose.* • *Téléphone à Aline pour lui dire qu'elle a oublié son sac ici.* • *Ne prends pas toutes ses paroles au sérieux, il a voulu rire.*

**S. et G.** *Son, sa, ses* sont les adj. possessifs correspondant aux pron. personnels de la 3ᵉ pers. du sing. IL, ELLE [LUI] (*sa fille* [← la fille de lui, d'elle]). On emploie aussi *son* devant un nom ou un adj. fém. commençant par une voyelle (*son idée, son adorable fille*). Les pron. possessifs correspondants sont LE(S) SIEN(S), LA SIENNE, LES SIENNES.

### sondage [sɔ̃daʒ] n. m.
[action, qqn, et résultat] **sondage (d'opinion)** *Les derniers sondages donnent la majorité gagnante à 51 p. 100 des voix.* • *Madame, nous faisons un sondage d'opinion, accepteriez-vous de répondre à quelques questions ?*

**S.** Un *sondage d'opinion* est une enquête faite auprès de la population ou d'un échantillon de la population pour déterminer l'opinion moyenne de la population sur un sujet précis.

### songer [sɔ̃ʒe] v. t. ind. et v. t. (conj. 4)
[v. t. ind.] (sujet qqn) **songer à qqch, qqn** ou **songer à + inf.** *Partir maintenant ? Sous cette pluie ? Vous n'y songez pas !* • *Pas un instant elle n'a songé aux risques qu'elle courrait en allant sauver ses camarades.* ◆ [v. t.] **songer que** + ind. *Quand je songe que c'est vous qui nous ont demandé ce travail, j'avoue que je suis surpris de votre décision de partir.*

**S.** *Songer* est un syn. soutenu de PENSER.
**L. songeur, euse** (adj.) Il a toujours l'air de songer à quelque chose → *il a toujours un air songeur*.

### sonner [sɔne] v. i. (conj. 1)
(sujet qqch) *Je suis en retard ce matin, je n'ai pas entendu le réveil sonner !* • *Le téléphone sonne, tu vas répondre ?* ◆ (sujet qqn) **sonner (à la porte)** *On a sonné à la* 

*porte ; Marie, tu vas ouvrir ?* • *J'ai sonné plusieurs fois chez toi, mais ça ne répondait pas.*

**S.** *Sonner*, c'est faire entendre un SON. En parlant de qqch (réveil, cloche ou téléphone le plus souvent), c'est faire retentir une SONNERIE. En parlant de qqn, c'est faire marcher la SONNETTE, le timbre pour qu'on ouvre la porte.

### sonnette [sɔnɛt] n. f.
[appareil] *La sonnette ne marche pas. — Eh bien, frappe fort !* • *Je crois que j'ai entendu la sonnette de la porte d'entrée, va voir qui c'est.*

**S.** On SONNE chez qqn en appuyant sur une *sonnette*, ou une SONNERIE, petit appareil le plus souvent électrique qui permet d'avertir d'une présence.

### sort [sɔr] n. m.
I. [état, qqch, qqn] (compt., surtout au sing.) *Il va être jugé demain et il est très inquiet sur son sort.* • *Quoi qu'il lui arrive,*

## SORTE

il n'est jamais content de son sort! ● Quel sera le sort de ce livre? Aura-t-il du succès? Nul ne le sait encore. ● Il faut améliorer le sort des travailleurs en leur donnant de meilleures conditions de travail. ● Son entreprise a fait faillite. Celle de Jacques a eu le même sort.
II. [événement] (non-compt., au sing.) C'est toi qui parleras le premier, le sort en a décidé ainsi. ◆ (sujet qqn) **tirer au sort**

**(qqch)** *Les sujets de l'examen seront tirés au sort.* ● *Écrivez vos noms sur un papier, mettez ces papiers dans ce chapeau et on va tirer au sort pour savoir qui a gagné.*

**S. 1.** Au sens I, le *sort*, c'est l'AVENIR, le DESTIN (soutenu), la CONDITION de qqn, la FORTUNE bonne ou mauvaise (soutenu) de qqch. — **2.** Au sens II, *sort* a pour syn. HASARD.

**sorte** [sɔrt] n. f.
I. [catégorie] *Nous avons six sortes de tissus, vous avez le choix!* ● *Qu'est-ce que tu as dans ton sac? — Oh! toutes sortes de choses!* ● *Nous avons des papiers de plusieurs sortes, à vous de choisir.* ◆ **une sorte de** + n. sing. *Elle avait sur elle une sorte de manteau à poils longs, je n'avais jamais vu ça avant!*
II. [but] **de sorte que** + subj. *Parle plus haut, de sorte que tout le monde puisse t'entendre.* ◆ [conséquence] **de (telle) sorte que** + ind. *Le témoin n'est pas venu, de sorte que l'enquête en reste exactement au même point.* ◆ **faire en sorte que** + subj., **de** + inf. *On essaiera de faire en sorte qu'il ne s'aperçoive de rien, que la surprise soit complète.* ● *Faites en sorte d'arriver à l'heure la prochaine fois.*

**S. 1.** *Sorte* (sens I) a pour syn. ESPÈCE, GENRE, TYPE, VARIÉTÉ. *Toutes sortes de* indique la multiplicité et la diversité et a pour syn. PLEIN DE. *Une sorte de* se dit de qqch ou de qqn qu'on définit mal et a pour syn. UNE ESPÈCE DE. —

**2.** *De sorte que*, suivi du subjonctif pour exprimer le but, a pour syn. QUE + subj., POUR QUE + subj. Suivi de l'indicatif pour exprimer la conséquence, *de (telle) sorte que* a pour syn. CE QUI FAIT QUE. *Faire en sorte que, de,* c'est AGIR DE MANIÈRE À (CE QUE).

**sortie** [sɔrti] n. f.
I. [action, qqn, qqch, et résultat] (non-compt., au sing.) *Tu verras que dès sa sortie de prison, il recommencera à voler, il ne peut pas s'en empêcher.* ● *Alors, tu t'achètes ta voiture? — Pas encore, j'attends la sortie des nouveaux modèles.* ◆ [lieu] *Je viendrai t'attendre à la sortie de l'école.* ● *Tous les soirs, à la sortie du travail, elle le rencontre, j'en suis sûr.*
II. [lieu, accès] (compt.) *Cet immeuble a deux sorties, dans deux rues différentes.* ● *Au cinéma, je me mets toujours à côté de la sortie de secours, on ne sait jamais.* ● *Où est la sortie, s'il vous plaît? — En face de vous, à côté de la porte d'entrée!*

**S. 1.** Au sens I, *sortie* désigne soit, pour qqn, le fait de SORTIR d'un lieu, le moment où il en sort (noter dans ce cas l'emploi du possessif et le compl. désignant un lieu); soit, pour un produit, un article, le fait d'être mis en vente. Dans ces sens, en parlant d'un livre, les syn. sont PARUTION, PUBLICATION. — **2.** Au sens II, la *sortie* peut ou non se confondre avec l'ENTRÉE. ISSUE peut être un syn.

**sortir** [sɔrtir] v. i. et v. t. (conj. 20)
I. [v. i.; auxil. *être*] (sujet qqn, qqch) **sortir (de qqpart)** *Quand vous sortez du métro, la rue du Montparnasse est sur votre gauche.* ● *Rentre ou sors, mais ne laisse pas la porte ouverte.* ● *Fais attention, le gaz sort du briquet.* ◆ (sujet qqn) **sortir (au cinéma, chez des amis, etc.)** *Si on sort samedi, il faut prévenir la jeune fille qui garde les enfants.* ● *Hubert sort tous les soirs, ce n'est pas sérieux, il ne réussira pas son examen.* ◆ **sortir d'une école, d'un milieu** *Pierre sort d'une grande école de commerce.* ◆ **sortir** + inf. *Où est Aline? — Elle est sortie faire des courses.* ◆ [v. t.] (sujet qqn) **sortir qqch (de qqch)** *Attention! Il a sorti un couteau de sa poche!*
II. [v. i.; auxil. *être*] (sujet qqn) **sortir d'un état** *Ne fais pas d'imprudence, couvre-toi, n'oublie pas que tu sors de maladie.* ◆ **se sortir d'une situation, s'en sortir** *Il est malin, il se sort de toutes les situations, même les plus compliquées.* ● *Ce problème est difficile, je ne vois pas comment je vais m'en sortir.*
III. [v. i.; auxil. *être*] (sujet qqch [produit]) *Le dernier livre de Sartre vient de sortir, je*

*vais l'acheter.* ◆ [v. t.] (sujet qqn, un organisme) **sortir un produit** *Alors, tu as acheté ta nouvelle voiture ? — Non, j'attends que Renault sorte son nouveau modèle.*

**S. 1.** *Sortir* (sens I) indique que qqn ou qqch quitte le lieu où il se trouvait et qu'il va à

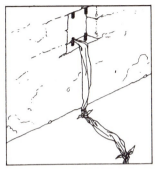

l'extérieur de ce lieu. *Sortir* a pour contr. ENTRER OU RENTRER et pour syn. PARTIR DE, S'EN ALLER. S'ÉCHAPPER est un syn. en parlant de qqch. *Sortir* (au cinéma, au restaurant, etc.), c'est aller hors de chez soi pour se distraire. *Sortir d'une école, d'un milieu, d'une famille* a pour syn. VENIR DE. *Sortir* + inf. a pour syn. PARTIR, ALLER + inf. *Sortir qqch de qqch* a pour syn. TIRER qqch DE qqch. — *2. Sortir d'un état* (sens II), c'est cesser d'être dans cet état. *S'en sortir* a pour syn. fam. SE TIRER D'AFFAIRE, S'EN TIRER OU SE DÉBROUILLER. — *3. Sortir* (sens III), c'est être mis sur le marché (pour le v. i.) ; PARAÎTRE est un syn. en parlant d'un livre. *Sortir un produit* (v. t.), c'est le mettre sur le marché, le PUBLIER, le FAIRE PARAÎTRE en parlant d'un livre.
**L.** *sortie,* v. ce mot.

**sot, sotte** [so, sɔt] adj. (après le n.) et n. [adj.] (se dit de qqn, de qqch [action]) *Il n'est pas aussi sot qu'il en a l'air.* • *Je n'ai jamais rien entendu d'aussi sot : réfléchis avant de parler.* ◆ [n.] (personne) *Quelle sotte ! elle a encore perdu son parapluie.*

**S.** *Sot* est le syn. moins usuel (plus précieux) de STUPIDE, BÊTE (tous deux adj.) ; IMBÉCILE, IDIOT, CRÉTIN (adj. et n.) sont des syn. plus forts. INTELLIGENT (adj.) en est un contr.
**L.** **sottement** (adv.) *Il a donné une réponse sotte* → *il a répondu sottement.* ◆ **sottise** (n. f.) *Il est incroyable sot* → *il est d'une sottise incroyable.* ◆ *Tu as encore dit quelque chose de sot* → *tu as encore dit une sottise.*

**sou** [su] n. m.
[argent, valeur] (non-compt., au plur.) *Arthur a un peu d'argent de poche chaque semaine, mais il ne le dépense jamais et il faut le voir compter ses sous !* • *Dis donc, je t'ai prêté des sous hier, est-ce que tu pourrais me les rendre ?* ◆ (compt., surtout au sing.) *J'ai oublié mon portefeuille, je n'ai pas un sou sur moi. Tu peux me prêter un peu d'argent pour rentrer ?* • *Il est parti en vacances sans un sou, il compte sur ses parents pour vivre !* • *Vous pouvez toujours vous renseigner : ça ne vous coûtera pas un sou !*

**S.** Non-compt., au plur., *sous* est fam. et a comme syn. ARGENT. Il s'emploie aussi en langue courante au sing. et surtout dans des expressions négatives : *n'avoir pas un sou, être sans le sou* qui ont pour syn. N'AVOIR PAS D'ARGENT, ÊTRE SANS ARGENT. *Ne pas coûter un sou* a pour syn. ÊTRE GRATUIT.

**souci** [susi] n. m.
[sentiment] *Trouver du travail pour Pierre qui est au chômage depuis un an, voilà mon plus gros souci.* ◆ (sujet qqn) **avoir des soucis** *Qu'est-ce qui se passe en ce moment, tu as l'air inquiet, tu as des soucis ?* • *Je crois que les Durand ont des soucis d'argent en ce moment.* ◆ (sujet qqn) **se faire du souci** *Sa mère se fait du souci pour lui : il n'a toujours pas trouvé de situation.* • *Ne te fais pas de souci, tu réussiras certainement.* ◆ (sujet qqn, qqch) **donner du souci (à qqn)** *Ah ! Ce n'est pas facile d'élever des enfants. Ils donnent bien du souci.*

**S.** *Souci* a pour syn. PRÉOCCUPATION, INQUIÉTUDE, TOURMENT (plus fort et soutenu). *Avoir des soucis* a pour syn. plus forts AVOIR DES ENNUIS, DES EMBÊTEMENTS (fam.), ÊTRE PRÉOCCUPÉ, AVOIR DES PRÉOCCUPATIONS (soutenu). *Se faire du souci* a pour syn. S'INQUIÉTER, SE FAIRE DE LA BILE (fam.), SE TOURMENTER (plus fort et soutenu). *Donner du souci* a pour syn. INQUIÉTER, TRACASSER, EMBÊTER (fam.), PRÉOCCUPER (soutenu), TOURMENTER (plus fort et soutenu).
**L.** **soucier (se)** [v. pr.] *Il ne se fait de souci pour personne* → *il ne se soucie de personne.* ◆ **soucieux, euse** (adj.) *Il a l'air d'avoir des soucis en ce moment* → *il a l'air soucieux en ce moment.* ◆ **insouciant, e** (adj.) *C'est un garçon qui ne se fait pas de souci* → *c'est un garçon insouciant.*

**soudain, e** [sudɛ̃, ɛn] adj. (après ou avant le n.)
(se dit de qqch [action, événement]) *La nouvelle de sa mort soudaine nous a peinés : c'était un homme charmant.* • *J'ai été pris d'un soudain mal de tête et j'ai dû quitter le dîner.*

**S.** Est *soudain* (soutenu) ce qui arrive tout à

coup ; les syn. courants sont SUBIT, BRUTAL, BRUSQUE.
**L. soudainement** (adv.) *J'ai été pris d'une manière soudaine d'un mal de tête → j'ai été pris soudainement d'un mal de tête.* ◆ **soudaineté** (n. f.) *Nous avons été surpris de sa mort soudaine → nous avons été surpris par la soudaineté de sa mort.*

**souffler** [sufle] v. i. (conj. 1)
I. (sujet qqn) **souffler (dans, sur qqch)** *Avec la neige, j'ai les doigts tout froids ! — Souffle dessus, ça les réchauffera !* • *Si tu ne souffles pas plus fort dans ton ballon, il ne se gonflera jamais !* • [En gymnastique] : « *Respirez... Soufflez.* »
II. (sujet le vent) *Le vent a soufflé toute la nuit ; ce matin il n'y a plus de nuages.*

**S. 1.** Au sens I, *souffler dans, sur qqch*, c'est

envoyer de l'air dessus par la bouche. *Souffler*, sans compl., a pour syn. EXPIRER et pour contr. ASPIRER, INSPIRER. — **2.** *Le vent souffle* a pour équivalent courant IL Y A DU VENT.
**L. souffle** (n. m.) [sens I et II] *Le vent ne souffle pas → il n'y a pas un souffle de vent.*

**souffrant, e** [sufrɑ̃, ɑ̃t] adj. (après le n.) (se dit de qqn) *Georges n'a pas pu aller au bureau hier ; il était souffrant : un mal de gorge qui lui donnait un peu de fièvre.*

**S.** Être *souffrant*, c'est être légèrement MALADE.

**souffrir** [sufrir] v. i. (conj. 17)
(sujet qqn) **souffrir (de qqch, de + inf.)** [*Chez le médecin*] : « *Alors, de quoi souffrez vous ? — Eh bien ! j'ai souvent mal dans la poitrine.* » • *Le pauvre, il est mort hier. — Eh oui ! c'est triste, mais au moins, il ne souffre plus !* • *C'est une femme qui a eu beaucoup de malheurs, qui a beaucoup souffert dans sa jeunesse.* • *Ce n'est pas qu'il soit malheureux, là-bas, mais il souffre d'être loin de sa famille.*

**S.** *Souffrir*, c'est éprouver une douleur. En parlant d'une douleur physique, *souffrir* a pour

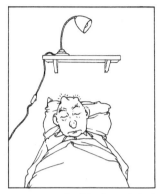

syn. AVOIR MAL. *Souffrir de qqch* (précisant l'origine de la SOUFFRANCE) a pour équivalent AVOIR MAL À qqch (partie du corps). En parlant d'une douleur morale, AVOIR DE LA PEINE, DU CHAGRIN, DES SOUCIS (moins forts) sont des syn.
**L. souffrant,** v. ce mot. ◆ **souffrance** (n. f.) *Vous ne souffrirez pas → vous verrez, cela se passera sans souffrance.*

**souhaiter** [swɛte] v. t. (conj. 1)
I. (sujet qqn) **souhaiter qqch, de + inf. à qqn** *C'est le 1er janvier, nous venons vous souhaiter une bonne année !* • *Ah ? Vous partez ce soir ? Eh bien ! je vous souhaite un bon voyage !* • *Tu as tellement travaillé ; je te souhaite de réussir !*
II. (sujet qqn) **souhaiter qqch, que + subj. souhaiter + inf.** *Qu'est-ce que tu souhaites pour ton anniversaire ?* • *Il souhaite vivre assez vieux pour aller sur la Lune !* • *Je souhaite que la maison vous plaise et que vous passiez de bonnes vacances.*

**S. 1.** *Souhaiter qqch à qqn* (sens I), c'est FORMULER LE SOUHAIT, LE VŒU (plus courant) QU'IL AIT... C'est la formule de style indirect correspondant au SOUHAIT direct : BONNE ANNÉE !, BON VOYAGE ! PUISSES-TU RÉUSSIR ! — **2.** *Souhaiter qqch* (sens II) a pour syn. DÉSIRER, AIMER au conditionnel ou, plus fort, VOULOIR ; *souhaiter que* a pour syn. ESPÉRER.
**L. souhait** (n. m.) [sens I et II] *Nous vous souhaitons une bonne année → nous vous offrons nos souhaits de bonne année.* ◆ **souhaitable** (adj.) [sens II] *On ne peut pas souhaiter ça → ce n'est pas souhaitable.*

**soûl, e** ou **saoul, e** [su, sul] adj. (après le n.)
[se dit de qqn] *Jacques a tellement bu qu'il est complètement soûl.* • *Il y avait au café une femme saoule qui n'arrêtait pas de raconter des bêtises!*

**S.** Est *soûl* celui qui a bu trop d'alcool. Les syn. sont, par ordre d'intensité de l'ivresse, ÉMÉCHÉ, EN ÉTAT D'ÉBRIÉTÉ, IVRE, IVRE MORT (tous plus ou moins soutenus); NOIR est fam. On est SOBRE lorsqu'on boit peu ou pas du tout.
**L. soûler** (v. t.) *Ce vin m'a rendu soûl → ce vin m'a soûlé.* ◆ **soûler (se)** [v. pr.] *Depuis que sa femme est partie, il se soûle tous les soirs* (← *il boit jusqu'à en être soûl*). ◆ **dessoûler** (v. t.) *Prenez une douche froide, ça vous dessoûlera* (← *ça vous fera cesser d'être soûl*).

**soulager** [sulaʒe] v. t. (conj. **4**)
(sujet qqch) **soulager qqn, une douleur, une peine** *Prenez ce cachet, cela vous soulagera.* ◆ (sujet qqn) **[être] soulagé** *Qu'est-ce que j'ai été soulagé quand j'ai su qu'il ne viendrait pas! J'avais très peur de le rencontrer.*

**S.** *Soulager une douleur, une peine,* c'est l'ATTÉNUER, la FAIRE DISPARAÎTRE (plus fort), la CALMER; *soulager qqn,* c'est lui ôter sa douleur, son souci, etc.
**L. soulagement** (n. m.) *Ouf! Tout est fini, quel soulagement!* (← *ce que je suis soulagé*).

**soulever** [sulve] v. t. (conj. **11**)
I. (sujet qqn) **soulever un objet, qqn** *La valise est trop lourde, je ne peux même pas la soulever!* • *On va soulever un peu le*

*malade pour qu'il puisse s'asseoir sur son lit.*
II. (sujet qqn) **soulever un problème** *Tu sais que tu viens de soulever un problème très grave, et que nous n'y avions jamais pensé!* • *La question qui vient d'être soulevée est très intéressante.*
III. (sujet qqn, qqch) **soulever un sentiment** *L'augmentation des impôts a soulevé de tous côtés de violentes protestations; et il a fallu trouver d'autres ressources.*

**S. 1.** *Soulever un objet* (sens I) a pour syn. LEVER. *Soulever qqn,* c'est le LEVER, LE RELEVER. — **2.** *Soulever un problème* (sens II), c'est le POSER. — **3.** Au sens III, *soulever un sentiment* violent (enthousiasme, colère, etc.) a pour syn. PROVOQUER, DÉCLENCHER, SUSCITER.

**souligner** [suliɲe] v. t. (conj. **1**)
I. (sujet qqn) **souligner un mot, une phrase** *Annie souligne de deux traits sa signature; c'est une manière de se donner de l'importance.*
II. (sujet qqn) **souligner qqch (abstrait)** *Tous les journaux ont souligné l'importance de cette découverte pour le traitement du cancer.*

**S. 1.** *Souligner un mot* (sens I), c'est tracer dessous un trait pour le faire ressortir dans un texte. — **2.** *Souligner un fait* ou *un événement* a pour syn. FAIRE REMARQUER, INSISTER SUR (plus fort).
**L. soulignement** (n. m.) [sens I] *Vous n'avez pas souligné les noms propres → vous n'avez pas fait le soulignement des noms propres.*

**soumettre** [sumɛtr] v. t. (conj. **46**)
I. (sujet qqn) **soumettre qqch (abstrait) à qqn** *Nous ne faisons que vous soumettre cette idée, libre à vous de la refuser.*
II. (sujet qqn) **se soumettre (à qqn, qqch, une action)** *Vous êtes obligés de vous soumettre à cette sélection, si vous voulez participer au concours.* • *Après quinze jours de lutte, les rebelles se sont soumis.*

**S. 1.** *Soumettre* (sens I) [soutenu], c'est PRÉSENTER, PROPOSER qqch au jugement de qqn. — **2.** *Se soumettre à* qqch, *à une action* (sens II), c'est l'ACCEPTER, S'y CONFORMER, S'y PLIER. *Se soumettre à* qqn, c'est se mettre dans un état de dépendance, OBÉIR ou CAPITULER.
**L. soumis, e** (adj.) [sens II] *C'est un enfant soumis* (← *qui se soumet aux autres*). ◆ **soumission** (n. f.) [sens II] *Il a été difficile de les amener à se soumettre → il a été difficile d'obtenir leur soumission.* ◆ **insoumis, e** (adj. et n.) [sens II] *Ce n'est pas un homme soumis → c'est un insoumis.*

**soupçonner** [supsɔne] v. t. (conj. **1**)
I. (sujet qqn) **soupçonner qqn (de qqch** ou **+ inf.)** *C'est insupportable, j'ai l'impression qu'il me soupçonne de lui avoir pris son stylo.*

**II.** (sujet qqn) **soupçonner qqch (abstrait), que + ind.** *Tu te rends compte, pas un seul moment, il n'a soupçonné la vérité.*

**S. 1.** *Soupçonner* qqn (sens I), c'est le penser, le croire coupable d'un délit, le SUSPECTER (soutenu). — **2.** *Soupçonner* qqch (sens II), c'est le PRESSENTIR (soutenu), le FLAIRER (fam.), S'EN DOUTER, le DEVINER.
**L. soupçon** (n. m.) [sens I] On le soupçonne sérieusement → *on a sur lui de sérieux soupçons.* ◆ [sens II] Je n'ai rien soupçonné → *je n'ai eu aucun soupçon.* ◆ **soupçonneux,** v. ce mot. ◆ **insoupçonnable** (adj.) [sens I] On ne peut pas la soupçonner → *elle est insoupçonnable.* ◆ [sens II] C'est une réalité qu'on ne peut pas soupçonner → *c'est une réalité insoupçonnable.* ◆ **insoupçonné, e** (adj.) [sens II] Voilà un fait que personne n'a soupçonné → *voilà un fait insoupçonné.*

**soupçonneux, euse** [supsɔnø, øz] adj. (après le n.)
(se dit de qqn, de son attitude) *Paul est soupçonneux et il faut du temps pour qu'il ait confiance en vous.* • *Il me jeta un regard soupçonneux ; il se méfiait de moi et il n'avait pas tort.*

**S.** Est *soupçonneux* (soutenu) qqn qui se méfie, qui voit partout la possibilité de mauvaises intentions ; le syn. courant est MÉFIANT.

**soupe** [sup] n. f.
[aliment] **soupe (à, de qqch [aliment])** *Si vous allez à Marseille, goûtez la soupe de poissons, c'est une spécialité de la région.*
**S.** La *soupe* DE POISSONS, DE LÉGUMES, AU CHOU, À L'OIGNON, etc., se compose d'un bouillon et

de divers ingrédients (viande, légumes, poisson, pâtes, pain, etc.). Le POTAGE est une *soupe* assez liquide. La *soupe* se sert dans des assiettes à *soupe* (assiettes creuses) à l'aide d'une louche.
**L. soupière** (n. f.) *Apporte la soupière sur la table* (← le récipient qui contient la soupe).

**soupirer** [supire] v. i. (conj. **1**)
(sujet qqn) *Qu'est-ce que tu as à soupirer comme ça, quelque chose ne va pas ?*

**S.** *Soupirer,* c'est respirer et souffler de manière assez forte pour manifester un sentiment de difficulté ou de soulagement.
**L. soupir** (n. m.) Il soupira de soulagement → *il poussa un soupir de soulagement.*

**souple** [supl] adj. (après le n.)
I. (se dit d'une matière) *Ne plie pas ça, ce n'est pas en plastique souple mais en plastique dur : ça casserait.*
II. (se dit de qqn, d'un animal) *Si tu arrives*

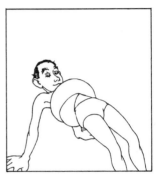

*à mettre tes pieds sur ta tête, c'est que tu es très souple !* • *Le chat est tombé du premier étage, mais il ne s'est rien cassé ! — Ce n'est pas étonnant : les chats sont très souples !*
III. (se dit de qqn) *Impossible de lui faire changer d'idée ; on ne peut pas dire qu'il soit souple !*

**S. 1.** En parlant d'une matière, d'un objet qui se plient facilement, *souple* (sens I) a pour syn. FLEXIBLE et, parfois, ÉLASTIQUE ; les contr. sont DUR, RIGIDE. — **2.** En parlant de qqn, d'un animal qui ont de la facilité à se mouvoir, à plier les membres, *souple* (sens II) a pour syn. AGILE ; le contr. est RAIDE. — **3.** *Souple* (sens III) indique une adaptation aux circonstances ; le syn. est ACCOMMODANT (soutenu), les contr. soutenus sont RAIDE, RIGIDE.
**L. souplesse** (n. f.) Elle est très souple → *elle a une grande souplesse.* ◆ **assouplir (s')** [v. pr.] Elle fait de la gymnastique pour devenir souple → *elle fait de la gymnastique pour s'assouplir.*

**source** [surs] n. f.
I. [lieu naturel, liquide] *Va chercher de l'eau à la source, elle doit être fraîche.*
◆ (sujet une rivière) **prendre sa source**

qqpart *Tu sais dans quelle région la Seine prend sa source ?*
II. [lieu abstrait] *Voilà la principale source de nos ennuis.* ◆ **source d'énergie** *Le pétrole est une des principales sources d'énergie.*

**S. 1.** Une *source* (sens I) est l'endroit où l'eau sort de terre et en particulier pour donner naissance à un cours d'eau, à une rivière ou à un fleuve. — **2.** Au sens II, *source* désigne ce qui produit qqch (exprimé par le nom compl.).

**sourcil** [sursi] n. m.
[partie du corps] *Devant une telle maladresse, il ne dit rien, mais leva les sourcils en prenant un air étonné.*

**S.** Les *sourcils* sont les poils qui garnissent la région au-dessus de l'orbite de l'œil.

**sourd, e** [sur, surd] adj. (après le n.) et n., **sourd-muet, sourde-muette** adj. (après le n.) et n.
I. [adj.] (se dit de qqn) *Inutile de crier : il n'entend rien, il est sourd !* • *Dis donc, tu es sourd ? Ça fait trois fois que je t'appelle.* ◆ [n.] (personne) *Il paraît qu'à la télévision il y a des émissions spéciales pour les sourds.* ◆ [adj. et n.] **sourd-muet** *J'ai admiré ces deux sourds-muets qui communiquaient par des gestes et avaient une discussion animée.*
II. [adj.] (se dit de qqn) **sourd à qqch** *Tu pourrais être généreux une fois dans ta vie, tu ne resteras quand même pas sourd à son appel ?*

**S. 1.** Qqn qui est *sourd* (sens I) n'entend pas ou mal, a des troubles de l'audition. Le *sourd* de naissance est en même temps muet ; un *sourd-muet* peut communiquer à l'aide de gestes. — **2.** *Être sourd à qqch* (sens II), c'est SE REFUSER À ÉCOUTER, RESTER INSENSIBLE À.
**L. surdité** (n. f.) *Le fait qu'il soit sourd ne te gêne pas ?* → *sa surdité ne te gêne pas ?*

**1. sourire** [surir] v. t. ind. et v. i. (conj. **56**).
(sujet qqn) **sourire (à qqn)** *À qui souris-tu ? — À personne, je suis content, voilà tout !* • *Tu crois qu'il sourit parce qu'il a compris, mais c'est le contraire.*

**S.** *Sourire*, c'est prendre une expression qui indique l'amusement, le contentement, l'ironie, la moquerie. Il a pour syn. plus fort RIRE.
**L. souriant, e** (adj.) *Elle sourit toujours* → *elle est toujours souriante.*

**2. sourire** [surir] n. m.
[action, qqn, et résultat] *Il est entré, un large sourire aux lèvres : il venait de réussir*

*son examen !* • *Tu as vu, il m'a fait un sourire ! — Eh bien ! tu dois lui plaire !* • *Cette fille est d'une nature très aimable, elle a toujours le sourire.*

**S.** *Avoir le sourire, faire un sourire à qqn* ont pour équivalent SOURIRE (À QQN).

**souris** [suri] n. f.
[animal] *Pourquoi as-tu crié, tu ne vas pas me dire que tu as peur des souris !* • *Quand il était petit, Pierre avait une souris blanche.*

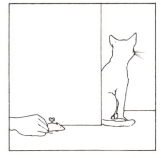

**S.** La *souris* est un petit animal, inoffensif pour l'homme, mais qui fait des dégâts domestiques.

**sous** [su] prép.
I. [lieu, position] **sous qqch (concret)** *Les enfants adorent se mettre sous la table.* • *Je suis passé sous vos fenêtres et j'ai vu de la lumière, alors je suis monté.* • *Tu arrives à nager sous l'eau ?*

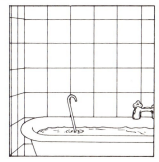

II. [rang] **sous qqn, qqch (abstrait)** *Pierre est chef d'entreprise et il a cinquante hommes sous ses ordres.*
III. [manière, cause, moyen] **sous qqch (abstrait)** *Sous quel nom est-il inscrit à l'hôtel ?* • *Jacques a agi sous le coup de*

l'émotion, il ne faut pas lui en vouloir. ● *Les journaux ont passé la chose sous silence, ils n'en ont pas parlé.* ● *Ce n'est pas sous cet aspect qu'il faut voir le problème.*
IV. [temps, durée] **sous qqn, qqch** *Parlez-moi de la vie des Français sous Louis XIV.* ● *Sous la IV^e République, les ministres ont souvent changé.*

    **G. 1.** L'adv. de lieu correspondant est DESSOUS (*Il s'est mis sous la table* → IL S'EST MIS DESSOUS). — **2.** *Sous*, dans les mots composés, indique : *a)* ce qui est sous autre chose (SOUS-VERRE) ; *b)* ce qui est d'un rang, d'un niveau inférieur (SOUS-PRÉFET, SOUS-DÉVELOPPEMENT) ; *c)* ce qui est une partie d'un ensemble (SOUS-ENSEMBLE) ; etc.
    **S. 1.** *Sous* (sens I) a pour syn. AU-DESSOUS DE, EN DESSOUS DE et pour contr. SUR. — **2.** *Sous* (sens IV) a pour syn. À L'ÉPOQUE DE, PENDANT.

**souscrire** [suskrir] v. t. ind. (conj. 61)
I. (sujet qqn) **souscrire à qqch (emprunt, contrat, etc.)** *Le gouvernement appelle la population à souscrire à cet emprunt.*
II. (sujet qqn) **souscrire à qqch (abstrait)** *Je ne peux que souscrire à votre proposition, elle me semble parfaite.*

    **S. 1.** *Souscrire* (sens I) [langue commerciale], c'est participer à l'élaboration de qqch en payant. — **2.** *Souscrire* (sens II) [soutenu ou administratif] a pour syn. CONSENTIR À, ACQUIESCER À, ACCEPTER, APPROUVER.
    **L. souscripteur** (n. m.) [sens I] Toutes les personnes qui ont souscrit à notre encyclopédie recevront un volume gratuit → *tous les souscripteurs à notre encyclopédie recevront un volume gratuit.* ◆ **souscription** (n. f.) [sens I] *Vous pouvez souscrire à cet emprunt à partir du 1^er juillet* → *la souscription à cet emprunt sera ouverte le 1^er juillet.*

**sous-développé** → DÉVELOPPÉ L ;
**sous-équipé** → ÉQUIPER L ; **sous-évaluer** → ÉVALUER L.

**sous-sol** [susɔl] n. m., pl. **sous-sols**
[partie d'un édifice] *Leur maison a un grand sous-sol avec une cave et un garage.* ● *Les appareils de chauffage se trouvent au sous-sol du magasin.*

    **S.** Le *sous-sol*, dans une maison, un immeuble, se trouve au-dessous du rez-de-chaussée et s'oppose aux ÉTAGES.

**sous-titre** [sutitr] n. m., pl. **sous-titres**
[partie d'un texte] «*Justine*», c'est le titre principal, mais ce roman a aussi un sous-titre, lequel ? ● *Ce qui est ennuyeux avec les films en version originale, c'est que pendant qu'on lit les sous-titres, on ne voit pas les images.* — *Eh bien, tu ne lis pas vite !*

    **S.** Un *sous-titre* est placé après le TITRE principal d'un livre, qu'il complète. Les *sous-titres* d'un film sont les phrases des dialogues retranscrits dans une langue autre que celle parlée dans le film, leur traduction, en bas de l'image.
    **L. sous-titré, e** (adj.) *Nous avons vu le film dans une version sous-titrée* (← comportant des sous-titres).

**soustraction** [sustraksjɔ̃] n. f.
[action, calcul] *Arthur a appris les additions à l'école, il va bientôt apprendre les soustractions.* ● *9287 moins 5322 ? — Oh ! je ne peux pas faire la soustraction comme ça, il me faut un papier et un crayon.*

    **S.** La *soustraction* est une opération arithmétique inverse de l'addition : elle consiste à ôter, retrancher, un nombre d'un autre et elle est caractérisée par le signe MOINS (−).

**sous-vêtement** [suvɛtmɑ̃] n. m., pl.
**sous-vêtements**
[vêtement] (compt., surtout au plur.) *Le médecin lui a conseillé de ne porter que des sous-vêtements de coton.*

    **S.** Le slip, la culotte, le soutien-gorge, le jupon, etc., sont des *sous-vêtements*.

**soutenir** [sutnir] v. t. (conj. 23)
I. (sujet qqn) **soutenir qqch (opinion), que +** **ind.** *Mais tu ne peux pas soutenir des idées pareilles, c'est complètement faux !* ● *Marie soutient qu'elle m'a vue dans la rue et que je ne lui ai pas dit bonjour, elle se trompe.*
II. (sujet qqch, qqn) **soutenir qqn, qqch (concret)** *Il s'est trouvé mal ; et on l'a soutenu pour l'aider à se coucher.* ● *Tu ne*

crois pas qu'il faudrait soutenir un peu les rosiers? Il y a du vent à cet endroit.
III. (sujet qqn) **soutenir** qqn Le parti socialiste a décidé de soutenir ce candidat aux prochaines élections. • Paul a encore fait des bêtises, hein? — Non, maman — Oh toi! tu soutiens toujours ton frère!

**S. 1.** *Soutenir une opinion, que* + ind. (sens I) a pour syn. ASSURER, AFFIRMER, PRÉTENDRE QUE (qui implique un doute de la part de celui qui rapporte l'affirmation), MAINTENIR (qui implique la réaffirmation), par oppos. à CONTESTER. — **2.** *Soutenir* (sens II), c'est maintenir qqn debout, droit, en l'empêchant de tomber, ou consolider, étayer qqch. — **3.** *Soutenir* qqn (sens III) a pour syn. APPUYER, DÉFENDRE, PRENDRE LE PARTI DE, DONNER SON SOUTIEN À, par oppos. à ABANDONNER, LAISSER.
**L. soutien** (n. m.) [sens III] Il m'a soutenu dans cette affaire → *il m'a apporté son soutien dans cette affaire*. ◆ **insoutenable** (adj.) [sens I] On ne peut pas soutenir cette opinion → *cette opinion est insoutenable.*

**souterrain, e** [sutɛrɛ̃, ɛn] adj. (après le n.), **souterrain** n. m.
[adj.] (se dit de qqch) *Pendant la guerre, toutes les caves servaient d'abri souterrain.* • *Ne traverse pas ce grand boulevard, prends le passage souterrain.* • *Je suis contre les explosions atomiques, qu'elles soient souterraines ou non.* ◆ [n. m.] (lieu, passage) *Attention, à la porte de Champerret, ne prenez pas le souterrain, autrement, vous rateriez la rue où j'habite.*

**G.** L'adj. n'a ni comparatif ni superlatif.
**S.** *Souterrain* (adj.) se dit de ce qui est ou se produit sous TERRE. *Souterrain* (n. m.), abrév. de *passage souterrain*, a pour syn. TUNNEL.

**soutien-gorge** [sutjɛ̃gɔrʒ] n. m., pl. **soutiens-gorge**
[vêtement] *Elle commence à avoir de la poitrine, il va falloir lui acheter un soutien-gorge.* • *Psst! Tu as vu la fille? Elle ne portait pas de soutien-gorge!*

**S.** Le *soutien-gorge* est un sous-vêtement spécifiquement féminin qui sert à SOUTENIR la poitrine.

**soutirer** [sutire] v. t. (conj. 1)
(sujet qqn) **soutirer de l'argent à** qqn *Il nous a émus avec son histoire et il a réussi à nous soutirer cinq cents francs; c'est après qu'on a su que son histoire était fausse.*

**S.** *Soutirer de l'argent à* qqn, c'est réussir à l'obtenir de lui par la ruse ou l'escroquerie. EXTORQUER est un syn. soutenu.

**1. souvenir (se)** [suvnir] v. pr. (conj. 23) (sujet qqn) **se souvenir de qqn, de qqch, de + inf., que + ind.** *Tu te souviens de ton grand-père? — Oh non! il est mort quand j'avais trois ans.* • *Moi, je t'ai affirmé qu'elle était blonde? Je ne me souviens pas de t'avoir dit cela!* • *Quand l'as-tu vu pour la dernière fois? — J'ai oublié la date, mais je me souviens qu'il faisait très froid!*

**S.** *Se souvenir de* a pour syn. courant SE

RAPPELER. Le contr. est OUBLIER. On *se souvient* des événements passés grâce à la mémoire.

**2. souvenir** [suvnir] n. m.
[résultat, activité mentale] *Mon voyage en Angleterre? Oh! C'était affreux! J'en ai gardé un très mauvais souvenir!* ◆ [objet] *Tiens, je t'ai rapporté un petit souvenir de Venise!*

**S.** Un *souvenir* (abstrait) est un événement passé dont on se rappelle. C'est aussi un objet que les touristes achètent pendant un voyage.

**souvent** [suvɑ̃] adv.
[temps] *J'aime bien la Bretagne, mais malheureusement, il y pleut trop souvent.* • *Pierre sort très souvent avec Annie, peut-être vont-ils se marier?* • *Bien souvent on croit avoir raison alors qu'on a tort.* • *Qu'est-ce que vous faites le dimanche? — De temps en temps, on va au cinéma, mais le plus souvent on reste à la maison.*

**S.** *Souvent* indique la répétition fréquente d'un fait, parfois sa généralité. Il a pour syn. FRÉQUEMMENT (soutenu). Si la répétition n'est pas fréquente, on emploie QUELQUEFOIS, RAREMENT, DE TEMPS EN TEMPS. *Le plus souvent* a pour syn. LA PLUPART DU TEMPS, D'ORDINAIRE, GÉNÉRALEMENT.

**soviétique** [sɔvjetik] adj. (après le n.) et n.

[adj.] (se dit de qqch) *Comment fonctionne l'économie soviétique ?* ◆ [n. et adj.] (personne) *Un Soviétique a remporté le championnat.* ● *Ne dis pas qu'il est russe, dis qu'il est soviétique.*

**G.** L'adj. ne se met ni au comparatif ni au superlatif.
**S.** L'adj. ethnique *soviétique* correspond au nom U. R. S. S. *(Union des Républiques Socialistes Soviétiques)*. Les *Soviétiques* (notez la majuscule) sont ceux qui ont la nationalité *soviétique*.

**soyeux** → SOIE L.

**spacieux, euse** [spasjø, øz] adj. (après le n.)
(se dit d'un lieu) *La maison est spacieuse : deux étages, six pièces, une cuisine, deux salles de bains ; vous aurez de la place pour toute la famille.*

**S.** Est *spacieux* (soutenu) un lieu qui a une grande surface. Les syn. courants sont GRAND, VASTE ; les contr. sont PETIT, EXIGU.
**L. spacieusement** (adv.) *Vous êtes logés de façon spacieuse* → *vous êtes logés spacieusement.*

**speakerine** [spikrin] n. f.
[personne, profession] *Qui est la speakerine la plus populaire de la télévision française ?*

**S.** et **G.** Le masculin *speaker* a vieilli, remplacé par COMMENTATEUR, JOURNALISTE, PRÉSENTATEUR, selon les cas. À la télévision, la *speakerine* annonce les programmes.

**spécial, e, aux** [spesjal, sjo] adj. (après le n.)
I. (se dit de qqch, de qqn) *Le président de la République ne voyage pas comme tout le monde : il est arrivé par un train spécial !* ● *Il a fallu qu'on donne à ce soldat une permission spéciale pour qu'il rentre chez lui.* ● *Qu'est-ce qui s'est passé ? — Oh ! Rien de spécial !* ● [À la télévision] : « *Notre envoyé spécial en Allemagne fait le point de la situation.* »
II. (se dit de qqch) *Cet enfant est un cas un peu spécial ; il a été absent six mois l'année dernière et il a travaillé seul pendant les vacances.* ● *Alors, qu'est-ce que tu penses de mon gâteau chinois ? — C'est spécial !*

**G.** Au sens I, cet adj. n'a pas de comparatif ni de superlatif relatif.
**S. 1.** *Spécial* (sens I) se dit de ce qui est propre à un but précis ; il a pour syn. EXTRAORDINAIRE (plus fort) et pour contr. ORDINAIRE, NORMAL, GÉNÉRAL, COMMUN ou RÉGULIER. — **2.** *Spécial* (sens II) se dit de ce qui constitue une exception, une particularité originale ou singulière ; il a pour syn. PARTICULIER, BIZARRE et pour contr. BANAL, COMMUN, ORDINAIRE.
**L. spécialement,** v. ce mot.

**spécialement** [spesjalmã] adv.
I. [manière] *Ce film a été fait spécialement pour les enfants.* ● *Tiens, vous ici ? — Mais oui, nous sommes venus spécialement pour te voir !*
II. [quantité et opinion] *Tu as aimé ce livre ? — Pas spécialement.* ● *Il n'est pas spécialement beau, mais il a du charme.*

**S. 1.** Au sens I, *spécialement* a pour syn. EN PARTICULIER, PARTICULIÈREMENT, EXPRÈS. — **2.** Au sens II, il a pour syn. BEAUCOUP, TELLEMENT, PARTICULIÈREMENT, VRAIMENT.

**spécialiste** [spesjalist] adj. (après le n.) et n.
[adj.] (se dit de qqn) *Notre professeur d'histoire est spécialiste de la Révolution française.* ● *Va plutôt chez un médecin spécialiste, c'est plus sûr !* ◆ [n.] (personne) *Le professeur Dupont est un grand spécialiste des opérations du cœur.* ● *C'est une panne assez compliquée : seul un spécialiste pourra vous faire cette réparation.*

**S. 1.** Être *spécialiste* d'une science, d'une technique, c'est les avoir comme SPÉCIALITÉS. — **2.** Un *spécialiste* est SPÉCIALISÉ dans un genre de travail, une science, expert dans un domaine scientifique, technique. Sans compl., le mot désigne soit un médecin spécialisé dans un domaine particulier, soit un technicien.

**spécialité** [spesjalite] n. f.
I. [qualité, qqn, qqch] *Sa spécialité, ce sont les maladies du poumon : tu peux aller le voir.* ● *Tu fais de la médecine ? Tu as une spécialité ?*
II. [aliment] *Dans ce magasin, on vend des spécialités de Bretagne.* ● *Ce jambon est une spécialité du pays.* ● *Marie fait très bien la crème au chocolat, c'est sa spécialité !*

**S. 1.** Une *spécialité* (sens I), c'est l'activité de qqn dans un domaine particulier de connaissances, ou l'activité d'une entreprise dans un domaine industriel ou commercial spécifique. *Avoir une spécialité*, c'est ÊTRE SPÉCIALISÉ dans tel ou tel domaine, avoir une SPÉCIALISATION, ÊTRE SPÉCIALISTE. — **2.** Une *spécialité* (sens II) est un produit alimentaire particulier à une région ou un plat que qqn réussit très bien.
**L. spécialiser (se)** [v. pr.] (sens I) *L'histoire est sa spécialité* → *il s'est spécialisé en histoire.* ◆ **spécialisation** (n. f.) (sens I) Pierre

est trop spécialisé → *la spécialisation de Pierre est trop étroite.*

**spécifique** [spesifik] adj. (après le n.)
(se dit de qqch) *La qualité spécifique de ce métal, c'est sa dureté, aucun métal n'est aussi résistant.*

**S.** Est *spécifique* ce qui est le propre de qqch, sa caractéristique essentielle ; les syn. sont PARTICULIER, TYPIQUE.

**spectacle** [spɛktakl] n. m.
I. [résultat] (compt., surtout au sing.) *Et alors, quand nous sommes entrés dans la chambre, quel spectacle ! Tout était renversé, défait.* ● *Elle reste tous les jours une heure assise sur ce banc, elle aime le spectacle de la nature.*
II. [activité artistique] (non-compt., au sing.) *Pierre connaît beaucoup de gens dans le monde du spectacle : des chanteurs, des comédiens, etc.* ◆ [résultat, activité artistique] (compt.) *On n'a pas le temps d'aller dîner, le spectacle commence à 20 heures !* ● *Cet après-midi au théâtre, il y a un spectacle pour les enfants.*

**S. 1.** Un *spectacle* (sens I) désigne tout ce qui se présente à la vue et qui est susceptible de provoquer une réaction, un sentiment. — **2.** Un *spectacle* (sens II, compt.) désigne une représentation de théâtre, de cinéma, de cirque, de danse, etc. On appelle SÉANCE le temps d'un *spectacle* au cinéma.

**spectaculaire** [spɛktakylɛr] adj. (après le n.)
(se dit de qqch [action, événement]) [*À la radio*] : « *Hier, le dollar est remonté de façon spectaculaire à Paris et à Francfort.* » ● *La manifestation a été spectaculaire : des centaines de milliers de personnes se sont rassemblées.* ● [*Titre de journal*] : « *Accident spectaculaire sur l'autoroute : cinquante voitures accidentées.* »

**S.** Est *spectaculaire* (soutenu) ce qui impressionne, qui surprend vivement (en bien ou en mal) ; les syn. sont IMPRESSIONNANT (courant), SENSATIONNEL (plus fort et dans un sens mélioratif), TERRIBLE (dans un sens fam. et mélioratif ou péjoratif).

**spectateur, trice** [spɛktatœr, tris] n.
[personne, agent] *Il y avait des milliers de spectateurs à l'arrivée de la course.* ● *Le film était très mauvais : des spectateurs sont partis avant la fin !*

**S.** Un *spectateur* est qqn qui assiste à un SPECTACLE (cinéma, théâtre, manifestation spor-

tive, etc.). L'ensemble des *spectateurs* forme le PUBLIC ou l'ASSISTANCE. Quand il s'agit de la télévision, on parle de TÉLÉSPECTATEUR.

**spirituel, elle** [spirityɛl] adj. (après le n.)
(se dit de qqn, de ses paroles) *Paul est un garçon plein d'humour, ses plaisanteries sont toujours très spirituelles.*

**S.** Est *spirituel* celui ou ce qui est plein d'ESPRIT, d'humour ou manifeste une grande

vivacité d'esprit. Il a pour syn. FIN, SUBTIL et moins forts AMUSANT, DRÔLE ; les contr. sont LOURD (esprit), PLAT, BANAL (énoncé).
**L. spirituellement** (adv.) *Il lui a répondu de façon très spirituelle* → *il lui a répondu très spirituellement.*

**splendide** [splɑ̃did] adj. (après ou, plus rarement, avant le n.)
(se dit de qqch) *De l'hôtel, vous avez une splendide vue sur la mer.* ● *Il a fait un temps splendide pendant tout le mois d'août : on est allé à la plage tous les jours.*

**S.** *Splendide* (soutenu) est un superlatif de BEAU ou de JOLI, en particulier lorsqu'il s'agit du temps, du soleil, du jour ou du paysage. Il a pour syn. courants MAGNIFIQUE ou, plus fort, EXTRAORDINAIRE et comme syn. soutenus SUPERBE, ADMIRABLE. Les contr. de même intensité sont AFFREUX, HORRIBLE.

**spontané, e** [spɔ̃tane] adj. (après le n.) (se dit de qqn, de son attitude) *C'est un garçon très spontané; il vous dit franchement ce qu'il pense; c'est quelquefois désagréable, mais c'est rassurant.* • *Quand j'ai vu que le gosse allait traverser sans faire attention, j'ai eu un mouvement spontané pour le retenir, mais il était trop tard.*

**S.** Est *spontané* celui qui agit sans calcul, sans arrière-pensée; les syn. sont NATUREL, DIRECT, FRANC, SINCÈRE, les contr. CALCULATEUR ou HYPOCRITE (péjor.). *Un geste, un mouvement spontanés* sont faits automatiquement, sans qu'on y ait réfléchi et sans que qqn l'ait demandé. MACHINAL, AUTOMATIQUE ou INVOLONTAIRE sont des syn., mais ne supposent pas forcément, comme *spontané*, une action généreuse.
**L. spontanément** (adv.) Il agit toujours de manière spontanée → *il agit toujours spontanément.* ◆ **spontanéité** (n. f.) Tu es spontané et ça me plaît → *ta spontanéité me plaît.*

**sport** [spɔr] n. m.
[activité] *Tu aimes le sport, toi? — Pas du tout.* • *Quel est le journaliste qui s'occupe des sports dans le journal?* • *Beaucoup de gens préfèrent regarder la télévision plutôt que de faire du sport.* ◆ **de sport** *Des chaussures de football? Tu en trouveras dans un magasin de sport.* • *M. Durand s'est acheté une voiture de sport.* ◆ **sports d'hiver** *Vous allez aux sports d'hiver à Noël ou en février?*

**S. 1.** Le *sport* est à la fois une activité physique (non-compt.) et un jeu (compt.). Il peut être (de même que celui qui le pratique, le SPORTIF) amateur ou professionnel. On distingue les *sports* INDIVIDUELS (athlétisme, natation, boxe, judo, alpinisme, cyclisme, équitation, tennis, Ping-Pong, gymnastique) et les *sports* D'ÉQUIPE (football, basket-ball, volley-ball, rugby). — **2.** *Sports d'hiver* désigne les vacances d'hiver que l'on passe à la montagne dans des stations pour y pratiquer ou non des sports sur la neige ou sur la glace (ski, luge, patinage).
**L. sportif, ive** (adj.) Ce journal ne parle que de sport → *c'est un journal sportif.* ◆ (n.) Elle fait du sport → *c'est une sportive.*

**square** [skwar] n. m.
[lieu aménagé] *Il n'y a pas de square dans mon quartier, alors, les enfants jouent dans les rues.* • *Tous les dimanches, il va au square des Batignolles lire son journal.*

**S.** *Square*, souvent suivi, pour préciser sa localisation, d'un nom propre, désigne un terrain aménagé pour le loisir, la promenade, les jeux des enfants, en ville. Plus petit que le parc, le *square* est un petit jardin public, un espace vert (terme général).

**stable** [stabl] adj. (après le n.)
(se dit de qqch [objet]) *Ne mets pas le vase sur cette petite table; elle n'est pas très stable et il peut tomber.* ◆ (se dit de qqch [état, situation]) *On voit bien que les deux pays recherchent une paix stable et durable, mais ils ne savent pas comment trouver un équilibre des forces.*

**S.** Est *stable* un objet qui tient debout, qui a une base solide et qui ne risque pas de tomber. Est *stable* un état susceptible de durer sans changement, qui est en équilibre; le syn. est DURABLE (en parlant d'un état), les contr. sont VARIABLE, INSTABLE.
**L. stabilité** (n. f.) Il est essentiel que la monnaie soit stable → *la stabilité de la monnaie est essentielle.* ◆ **instable** (adj.) Le temps n'est pas stable → *le temps est instable.* ◆ **instabilité** (n. f.) Je crains que les prix ne soient très instables → *je crains une grande instabilité des prix.*

**stade** [stad] n. m.
I. [lieu, sport] *Le stade de vingt mille places était plein avant même le début du match.*
II. [temps de l'action] *Les différents stades de la maladie sont suivis de près par le médecin.* • *Le chômage a dépassé le stade où il peut être supporté sans conséquences graves par le pays.*

**S. 1.** Un *stade* (sens I) est un terrain de sport comportant une piste le plus souvent et des tribunes pour les spectateurs. — **2.** *Stade* (sens II) a pour syn. DEGRÉ et PHASE (soutenu). Les autres syn. peuvent être PÉRIODE et ÉTAPE ou NIVEAU.

**station** [stasjɔ̃] n. f.
I. [lieu, moyen de transport] **station de métro, de taxis** *D'ici, il y a huit stations de*

*métro pour aller à Montparnasse.* • *À quelle station descend-on?* • *Où est la station de taxis la plus proche?*
II. [lieu, sport] *Il est l'architecte d'une nouvelle station de sports d'hiver.*
III. [établissement] **station (de radio)** *Alain travaille comme journaliste à la radio, mais je ne me souviens plus pour quelle station. — Je crois que c'est à Europe 1.*

**S. 1.** Au sens I, on dit *station de métro*, mais ARRÊT D'AUTOBUS et, pour un train, GARE. Une *station de taxis* est un endroit où STATIONNENT les taxis en attendant le client. — **2.** Au sens II, une *station* est un ensemble de constructions essentiellement prévues pour des vacanciers en montagne (*station de* SPORTS D'HIVER) ou au bord de la mer (*station* BALNÉAIRE). — **3.** Au sens III, chaque *station de radio* émet sur des longueurs d'onde différentes.

**stationnaire** [stasjɔnɛr] adj. (après le n.) (se dit d'un état) *Comment va ton père? — Son état est stationnaire, d'après le médecin, mais il est toujours sans connaissance.*

**G.** Cet adj. n'a ni comparatif ni superlatif.
**S.** Est *stationnaire* (soutenu) ce qui reste dans le même état, ce qui n'évolue pas, ni en mieux (s'améliorer) ni en plus mauvais (empirer).

**stationner** [stasjɔne] v. i. (conj. 1) (sujet un véhicule, qqn) **stationner qqpart** *J'ai garé la voiture en bas de chez toi. — Attention, il est interdit de stationner de ce côté-ci.* ◆ **être stationné qqpart** *Je n'ai pas loin à aller, je suis stationné au bout de la rue.*

**S.** *Stationner*, c'est SE GARER.
**L. stationnement** (n. m.) *Il est interdit de stationner ici* → *le stationnement est interdit ici.*

**station-service** [stasjɔ̃sɛrvis] n. f., pl. **stations-service**
[lieu, commerce] *J'ai bien l'impression qu'on va tomber en panne d'essence si on ne trouve pas très vite une station-service.*

**S.** Une *station-service* est une sorte de garage où on vend essentiellement de l'essence.

**statue** [staty] n. f.
[résultat, activité artistique] *Cette statue représente un personnage célèbre, mais je ne me rappelle plus de qui il s'agit.* • *Dans quelle ville se trouve la statue de la Liberté? — À New York.* • *Tu ne vas quand même pas te faire photographier au pied de la statue, ce n'est pas très original!*

**S.** Une *statue* est une sculpture qui représente un personnage.

**L. statuette** (n. f.) *C'est en Grèce que tu as acheté cette petite statue?* → *c'est en Grèce que tu as acheté cette statuette?*

**statut** [staty] n. m.
[état, qqn] *Maintenant que tu as le statut de fonctionnaire, tu es tranquille, plus de problème d'emploi.* • *Quel est exactement le statut de la femme dans notre société?*

**S.** Le *statut* est la situation de qqn, d'une association, d'un groupe, etc., sur un plan légal, ou de qqn sur un plan social, la façon dont il se définit et définit son rôle dans la société.

**stimuler** [stimyle] v. t. (conj. 1) (sujet qqch, qqn) **stimuler qqch, qqn** *Cela va lui faire du bien d'être avec des élèves un peu plus forts que lui, cela va le stimuler.* • *On dit que le grand air stimule l'appétit.*

**S.** *Stimuler* qqn, c'est le pousser à agir, à augmenter son activité, son énergie, l'ENCOURA-

GER. *Stimuler* qqch, c'est augmenter sa puissance, sa force. En parlant de l'appétit, le syn. est AIGUISER.
**L. stimulant, e** (adj.) *C'est un voisinage qui va le stimuler* → *c'est un voisinage stimulant pour lui.* ◆ (n. m.) *La concurrence stimule l'activité économique* → *la concurrence est un stimulant pour l'activité économique.* ◆ **stimulation** (n. f.) *Il a besoin d'être stimulé* → *il a besoin de stimulation.*

**stock** [stɔk] n. m.
[quantité] **stock (de** + n. plur. [compt.] ou **n. sing.** [non-compt.]) *Le prix des terrains à Paris est tel qu'il oblige les entreprises à mettre leurs stocks en banlieue.* • *À la fin de la crise du pétrole, les stocks en France étaient presque épuisés.* • *Ce dictionnaire est introuvable actuellement. — Si, moi, je l'ai trouvé chez un libraire qui en avait encore en stock.*

**S.** Un *stock* (ou des *stocks*) est un ensemble de marchandises qui attendent d'être vendues ou consommées ; des syn. plus vagues sont RÉSERVE(S) et PROVISION(S). *En stock* a pour syn. EN RÉSERVE.
**L. stocker,** v. ce mot.

**stocker** [stɔke] v. t. (conj. **1**)
(sujet qqn) **stocker qqch (concret)** *Dès l'an-*

*nonce des grèves, les gens, effrayés, ont commencé à stocker le sucre et d'autres produits comestibles.*
  **S.** *Stocker,* c'est faire un STOCK, une réserve de marchandises.
  **L. stockage** (n. m.) *Nous n'avons pas de local pour stocker les marchandises* → *nous n'avons pas de local pour le stockage des marchandises.*

**stop** → AUTO-STOP.

**stopper** [stɔpe] v. t. et v. i. (conj. **1**) [v. t.] (sujet qqn, qqch) **stopper qqch** *Que va faire le gouvernement pour stopper l'inflation ?* ◆ [v. i.] (sujet qqn, un véhicule) *Heureusement que j'ai pu stopper net au carrefour, sinon c'était l'accident.*
  **S.** *Stopper* est un syn. plus fort de ARRÊTER pour le v. t., S'ARRÊTER (brusquement) pour le v. i.

**strict, e** [strikt] adj. (après ou, plus rarement, avant le n.)
(se dit de qqn, de qqch [abstrait]) *Fais attention, sois ponctuel ; il est assez strict quand il s'agit de l'heure.* ● *Le règlement est strict : il est interdit de fumer dans les bureaux.* ● *C'est la stricte vérité : j'ai oublié mon portefeuille et j'ai conduit sans mon permis de conduire.*
  **S.** Est *strict* celui qui ne tolère pas de négligence, qui est SÉVÈRE, EXIGEANT sur l'application des règlements ou ce qui est RIGOUREUX. La *stricte vérité,* c'est la *vérité* EXACTE.
  **L. strictement** (adv.) *L'interdiction de fumer est très stricte* → *il est strictement interdit de fumer.*

**studieux, euse** [stydjø, øz] adj. (après le n.)
(se dit de qqn) *C'est un élève studieux, qui*

*apprend toutes ses leçons, et qui fait correctement ses devoirs.* ◆ (se dit de qqch) *J'ai passé des vacances studieuses ; j'ai lu, j'ai travaillé.* — *Il pleuvait là où tu étais ?*
  **S.** Est *studieux* celui qui est APPLIQUÉ dans son travail, qui ÉTUDIE (le contr. est PARESSEUX), ou ce qui est consacré aux ÉTUDES (le contr. soutenu est OISIF).

**studio** [stydjo] n. m.
I. [lieu, habitation] [*Dans le journal*] : « *À louer studio de trente mètres carrés, tout confort.* »
II. [lieu, travail] *L'émission sera enregistrée en public au studio 104.* ● *Tout le film a été tourné dans ces studios.*
  **S. 1.** Un *studio* (sens I) est un appartement qui ne comprend qu'une pièce principale. — **2.** Au sens II, *studio* désigne un local aménagé pour les prises de vues, de son ou pour des répétitions dans diverses activités artistiques : cinéma, télévision, photographie, danse, etc.

**stupéfait, e** [stypefɛ, ɛt] adj. (après le n.) (se dit de qqn) **stupéfait (de + inf., que + subj.)** *Je suis stupéfait d'apprendre la mort de Georges, je ne savais pas qu'il était malade.* — *Oh, ça a été très subit.* ● *Tu es stupéfaite que Pierre te trompe ? Il n'y a que toi pour être aussi naïve.*
  **G.** Cet adj. est surtout attribut.
  **S.** *Être stupéfait,* c'est ÊTRE TRÈS ÉTONNÉ (DE,

QUE), ÊTRE FRAPPÉ DE STUPEUR (soutenu et plus fort). Les syn. soutenus sont ÊTRE CONSTERNÉ (DE + inf.), ATTERRÉ, STUPÉFIÉ (PAR). Les contr. sont N'ÊTRE PAS SURPRIS, ÉTONNÉ (DE, QUE).
**L. stupéfaction** (n. f. ) *Tu ne peux pas t'imaginer comme il était stupéfait* → *tu ne peux pas t'imaginer sa stupéfaction.*

**stupéfiant, e** [stypefjɑ̃, ɑ̃t] adj. (après ou, plus rarement, avant le n.)
(se dit de qqch) *Tu connais cette stupéfiante nouvelle : André se marie. — Ce n'est pas possible ?* ● *Me dire en face un pareil mensonge, c'est stupéfiant.*

**S.** *Stupéfiant* est un intensif d'ÉTONNANT. Il a pour syn. EXTRAORDINAIRE.
**L. stupéfier** (v. t.) *Cette nouvelle est stupéfiante pour moi* → *cette nouvelle me stupéfie.*

**stupide** [stypid] adj. (après le n.)
(se dit de qqn, de son attitude, de qqch [action]) *Vous êtes stupides de marcher pieds nus, vous savez pourtant qu'il y a du verre par terre !* ● *Se casser la jambe en descendant d'un trottoir, quel accident stupide !*

**S.** Est *stupide* celui qui manque d'intelligence ; le mot a pour syn. BÊTE, IDIOT, SOT, ABSURDE et, plus fort, FOU ; il a pour contr. INTELLIGENT, MALIN, ASTUCIEUX.
**L. stupidement** (adv.) *Il dépense son argent d'une manière stupide* → *il dépense stupidement son argent.* ◆ **stupidité** (n. f.) *Ce garçon est stupide, ça m'énerve* → *la stupidité de ce garçon m'énerve.* ◆ *Tu ne cesses de dire des choses stupides* → *tu ne cesses de dire des stupidités.*

**style** [stil] n. m.
[partie d'une langue] **style (de qqn, d'une œuvre, etc.)** *Oui, vous écrivez bien : le style est correct ; mais vos idées ne sont pas très originales !* ● *C'est intéressant, ce que tu dis ; mais il faudrait que tu améliores ton style, tes phrases ne sont pas claires.* ◆ [forme, qqch] **style (de qqch, d'un meuble, d'un objet, etc.)** *Tu aimes les meubles de style anglais ? Paul rêve de s'acheter des fauteuils de style Louis XVI.*

**S.** *Style* désigne, d'une part, la manière qu'a une personne d'écrire, d'exprimer sa pensée (en ce sens le mot le plus souvent précisé par un adj.), et, d'autre part, les lignes générales d'un meuble, d'une œuvre d'art par rapport soit à leur créateur, soit à une époque (en ce sens le mot est suivi d'un adj. ou d'un compl. de nom). Dans le compl. désigne une époque, le mot *style* lui-même est souvent omis : *des meubles de style Louis XVI* → DES MEUBLES LOUIS XVI.

**stylo** [stilo] n. m.
[instrument] *Fais attention à ce stylo, la plume est très fragile.* ◆ **stylo (à bille)** *Je n'ai ni stylo ni crayon pour écrire. — Tiens, voilà un stylo à bille.*

**S.** Un *stylo* fonctionne avec une plume et de l'encre et sert à écrire. On remplit un *stylo* avec de l'encre ou on le charge d'une cartouche (d'encre).

**subir** [sybir] v. t. (conj. 15)
I. (sujet qqn, qqch) **subir qqch (abstrait)** *Ce sont surtout les petits salaires qui subiront les conséquences de la hausse des prix.* ● *Je ne vois pas pourquoi je devrais subir sans rien dire sa mauvaise humeur.*
II. (sujet qqch) **subir qqch (abstrait)** *Ce projet n'est pas définitif, il risque de subir encore quelques changements.* ◆ (sujet qqn) **subir un examen, une épreuve, etc.** *Si tu es reçu à l'écrit, tu n'as pas à subir les épreuves orales.*

**S. 1.** *Subir* qqch (sens I), qui indique une attitude passive du sujet, a pour syn. SUPPOR-

TER, SOUFFRIR DE, FAIRE LES FRAIS DE (fam.). Avec un sujet qqn, ENDURER est un autre syn. —
**2.** *Subir une action, un changement* (sens II) a pour syn. ÊTRE L'OBJET DE. L'équivalent de *subir des changements, des modifications* est ÊTRE CHANGÉ, MODIFIÉ. *Subir un examen, une épreuve* est soutenu et a pour syn. PASSER (courant), SE SOUMETTRE À (soutenu).

**subit, e** [sybi, it] adj. (après le n.)
(se dit d'un événement) *Comment, Louis est mort ? mais il était en pleine santé ! — Oui, c'est une mort subite, un arrêt du cœur.*

**S.** Est *subit* ce qui se produit brusquement, ce qui arrive tout à coup ; les syn. sont BRUSQUE, BRUTAL (plus fort).
**L. subitement**, v. ce mot.

**subitement** [sybitmɑ̃] adv.
[temps et manière] *Pierre a subitement décidé de partir en Allemagne.* ● *Tout cela*

*s'est fait si subitement que je n'ai pas eu le temps de réagir.*

**S.** *Subitement* correspond à l'adj. SUBIT ; il a pour syn. BRUSQUEMENT, SOUDAINEMENT (soutenu) ou SOUDAIN (seulement avant le v.), TOUT À COUP, BRUTALEMENT (qui marque la violence). Les contr. sont GRADUELLEMENT, PROGRESSIVEMENT, PEU À PEU, PETIT À PETIT.

**subjectif, ive** [sybʒɛktif, iv] adj. (après le n.)
(se dit de qqch [sentiment, jugement]) *Il est difficile d'être d'accord sur la valeur d'un tel film : nos jugements sont forcément très subjectifs.*

**S.** Est *subjectif* (soutenu) ce qui dépend d'une seule personne, qui est lié à la seule personnalité, qui varie selon les désirs, les goûts de chacun ; il s'oppose à OBJECTIF.
**L. subjectivité** (n. f.) Nos jugements sont très subjectifs → *la subjectivité de nos jugements est grande.*

**subordonné, e** [sybɔrdɔne] n.
[personne, rôle] *On ne parle plus de subordonnés, mais de collaborateurs. — Ça ne change pas grand-chose ; ils dépendent toujours de quelqu'un.*

**S.** Un *subordonné* est placé sous l'autorité de qqn d'autre (contremaître, directeur, chef de service, etc.).

**subsister** [sybziste] v. i. (conj. 1)
I. (sujet qqch) **subister** ou **il subsiste qqch** *Vous corrigerez les quelques erreurs qui subsistent encore dans ce texte.* ● *Il ne subsiste presque rien de cette ville détruite par les bombardements.*
II. (sujet qqn) *Il avait trouvé un petit emploi qui lui permettait à peine de subsister.*

**S. 1.** *Subsister* (sens I) [soutenu] a pour syn. RESTER (courant) ou DEMEURER (soutenu). — **2.** *Subsister* (sens II), c'est pourvoir à ses besoins élémentaires, avoir les conditions minima pour VIVRE (syn. plus large).
**L. subsistance** (n. f.) [sens II] *Quels sont vos moyens de subsistance ?* (← qui vous permettent de subsister, de vivre).

**subtil, e** [syptil] adj. (après le n.)
(se dit de qqn, de son attitude) *C'est un critique subtil ; il sait deviner les intentions les plus secrètes de l'auteur.* ● *Le raisonnement est trop subtil pour moi : je ne comprends pas toutes ces finesses.*

**S.** Être *subtil* (soutenu), c'est avoir de l'ingéniosité, de la finesse ; les syn. sont FIN, PÉNÉTRANT, PERSPICACE (soutenu), en parlant de qqn et ASTUCIEUX, INGÉNIEUX, FIN, DIFFICILE, COMPLEXE, en parlant de qqch.
**L. subtilité** (n. f.) Votre raisonnement est trop subtil pour moi → *la subtilité de votre raisonnement est trop grande pour moi.*

**succéder** [syksede] v. t. ind. (conj. 12)
I. (sujet qqn) **succéder à qqn** *Qui va succéder à notre directeur quand il va prendre sa retraite ?*
II. (sujet qqch, qqn) **succéder à qqch, qqn**, **se succéder** *Tous ces gouvernements se sont*

*succédé sans que jamais il n'y ait eu de changement profond.*

**S. 1.** *Succéder à qqn* (sens I), c'est prendre son poste, sa fonction après son départ, être son SUCCESSEUR. Le contr. est PRÉCÉDER. — **2.** *Succéder* (sens II), c'est SUIVRE, être placé après dans le temps ou l'espace.
**L. successeur** (n. m.) [sens I] *J'ai choisi celui qui me succédera* → *j'ai choisi mon successeur.*
◆ **successif, ive** (adj.) [sens II] *Ces découvertes qui se sont succédé ont permis de mettre au point ce nouveau médicament* → *ces découvertes successives ont permis de mettre au point ce nouveau médicament.* ◆ **succession, successivement,** v. ces mots.

**succès** [syksɛ] n. m.
I. [résultat] (compt.) *Félicitations pour votre succès au concours !* ● *Cette pièce est un véritable succès, ça fait deux ans qu'on la joue au même endroit !* ● *Jean a passé avec succès ses deux examens cette année. — Bravo !* ● *J'ai essayé de lui parler, mais sans succès ! Tant pis !*
II. (sujet qqch, qqn) **avoir du succès** *Ce film ne passe plus nulle part, il n'a eu aucun succès, c'est dommage.* ● *Jeanne a eu beaucoup de succès avec son nouveau chapeau : tout le monde a applaudi quand elle est entrée !*

**S. 1.** *Succès* a pour syn. RÉUSSITE et, plus forts, EXPLOIT, TRIOMPHE. Les contr. sont ÉCHEC, INSUCcès (soutenu). Faire qqch *avec succès*, c'est le faire en obtenant un heureux résultat ; le syn. est BRILLAMMENT. *Sans succès* a pour syn. EN VAIN, SANS RÉSULTAT. — **2.** *Avoir du succès* a pour syn. PLAIRE.

**succession** [syksesjɔ̃] n. f.
I. [action, qqn, et résultat] *C'était un président remarquable, la succession sera difficile. — Et qui prendra sa succession ?* ● *Sa mort nous a mis dans l'embarras, l'héritage était modeste et les droits de succession énormes.*
II. [quantité] **une succession de** + n. plur. *Depuis ce jour malheureux, je n'ai eu qu'une succession d'ennuis.*

**S. 1.** *Prendre la succession de* qqn (sens I), c'est lui SUCCÉDER à un poste, à une fonction, ÊTRE SON SUCCESSEUR. *Les droits de succession* sont les taxes, les impôts qu'on paie lorsqu'on hérite de qqn. — **2.** *Une succession de* (sens II) a pour syn. UNE SUITE DE, UNE SÉRIE DE.

**successivement** [syksesivmɑ̃] adv.
[temps] *Il y a cinq personnes qui attendent pour vous voir. Je les fais entrer ? — Non, je les recevrai successivement.* ● *Il était successivement furieux et ravi au fur et à mesure qu'on lui annonçait les nouvelles.*

**S.** *Successivement* a pour syn. L'UN APRÈS L'AUTRE (phrase 1), ALTERNATIVEMENT (phrase 2) et pour contr. SIMULTANÉMENT, À LA FOIS, EN MÊME TEMPS.

**succomber** [sykɔ̃be] v. t. ind. (conj. **1**) (sujet qqn) **succomber (à une blessure)** *Il a succombé à ses blessures avant d'arriver à l'hôpital.*

**S.** *Succomber à une blessure* (soutenu), c'est ne pas y résister, MOURIR.

**sucer** [syse] v. t. (conj. **3**) (sujet qqn) **sucer qqch (aliment, médicament, objet, etc.)** *Arrête un peu de sucer des bonbons toute la journée ! — C'est pour m'empêcher de fumer.* ● *À six ans, tu suces encore ton pouce ?*

**S.** *Sucer un bonbon, un cachet*, etc., c'est le laisser fondre dans la bouche ; les contr. sont AVALER et CROQUER. *Sucer son pouce*, c'est le syn. de TÉTER.
**L. sucette** (n. f.) *Manger une sucette au caramel* (← un bonbon que l'on suce et qui est fixé à l'extrémité d'un bâtonnet).

**sucre** [sykr] n. m.
[aliment] (non-compt., au sing.) *Non, ne lui fais pas de gâteau : le sucre lui est interdit.* ● *Tu as mis du sucre dans mon café ?* ◆ (compt.) *Combien de sucres veux-tu dans ton thé ? — Un seul, s'il te plaît.*

**G.** Ce mot est non-compt. quand il désigne la matière et compt. quand il désigne un morceau de cette matière.
**S.** Le sucre est obtenu à partir de la canne (à sucre) ou de la betterave dans une SUCRERIE. Il s'achète en poudre ou en morceaux. Le *sucre* se set dans un SUCRIER.
**L. sucrer** (v. t.) *Tu as mis trop de sucre dans mon café → tu as trop sucré mon café.* ◆ **sucré, e** (adj.) *Il y a du sucre dans le thé → le thé est sucré.* ◆ **sucrier, ère** (adj.) *La betterave qui produit le sucre → la betterave sucrière.* ◆ **sucrier** (n. m.) *Mets du sucre dans le sucrier* (← récipient pour contenir et servir le sucre).

**sud** [syd] n. m. et adj. inv. (après le n.) [n. m.] (lieu, point cardinal) [non-compt., au sing]. *Il y a beaucoup de soleil dans cet appartement ? — Oui, il est en plein sud.* ● *Les Durand ont une maison dans le sud de la France, à Nice, je crois.* ◆ [adj. inv.] *Il fera beau sur toute la côte sud de la France.*

**G. 1.** *Sud* forme des mots composés avec les noms des autres points cardinaux (SUD-EST, SUD-OUEST) ou avec des dérivés de noms de pays (SUD-AFRICAIN [← d'Afrique du Sud], SUD-AMÉRICAIN [← d'Amérique du Sud]). — **2.** L'adj. est toujours épithète et n'a ni comparatif ni superlatif.
**S.** Le *sud* est un des quatre points cardinaux ; il est opposé au NORD. Le syn. est MIDI. *L'hémisphère Sud* se trouve au-delà de l'équateur par rapport à la France.

**suédois, e** [sɥedwa, az] adj. (après le n.) et n., **suédois** n. m.
[adj.] (se dit de qqch) *Il paraît que le niveau de vie suédois est un des plus élevés.* ◆ [n. m.] (langue) *Le film était très beau et j'ai regretté de ne pas comprendre le suédois qui m'a l'air d'être une belle langue.* ◆ [n. et adj.] (personne) *Elle est suédoise et évidemment c'est une « belle » Suédoise !*

**G.** L'adj. ne se met ni au comparatif ni au superlatif.

**S.** L'adj. ethnique *suédois* correspond au n. f. SUÈDE et au n. m. *suédois* (= la langue suédoise). Les *Suédois* (notez la majuscule) sont ceux qui ont la nationalité *suédoise*.

**sueur** [sɥœr] n. f.
[partie du corps, liquide] (non-compt., au sing.) *Il faisait tellement chaud que des gouttes de sueur lui coulaient sur le visage.* • *Qu'est-ce que j'ai couru, je suis en sueur!* — *Alors fais attention à ne pas prendre froid.*

  **S.** *Sueur* a pour syn. écrit TRANSPIRATION, sauf pour *être en sueur* qui a pour syn. TRANSPIRER, ÊTRE EN NAGE (plus fort), SUER.
  **L.** *suer* (v. i.) Elle était en sueur → *elle suait.*

**suffire** [syfir] v. i. et v. t. ind. (conj. **64**)
(sujet qqch) **suffire (à qqn) [à, pour + inf.]** *Une seule bouteille de vin pour quatre personnes? Ça ne suffira jamais!* • *Ça fait deux heures que ce gosse pleure; je lui ai donné un bonbon, mais ça n'a pas suffi à le faire taire!* ◆ **il suffit de + inf., que + subj.** *Venez quand vous voulez; il suffit de me prévenir un peu avant.* • *Il suffit qu'on lui dise non pour qu'il fasse le contraire!* ◆ **ça suffit!** *Ah! Je commence à en avoir assez! Maintenant, ça suffit!*

  **S.** *Suffire,* c'est ÊTRE ASSEZ, ÊTRE SUFFISANT (POUR). Quand qqch *suffit,* c'est qu'on en est satisfait, qu'on n'a pas besoin d'autre chose. *Suffire* peut avoir pour sujet un nom concret ou abstrait ou une proposition à l'inf. ou au subj. (avec QUE); en ce cas, on emploie la tournure impersonnelle *(il suffit d'acheter deux bouteilles = il suffit qu'on achète deux bouteilles). Ça suffit!* traduit la colère et l'impatience; un équivalent est J'EN AI ASSEZ!
  **L.** *suffisant,* v. ce mot.

**suffisamment** [syfizamɑ̃] adv.
[quantité] **suffisamment + v., adj., adv., suffisamment de + n. plur.** (compt.) ou **sing.** (non-compt.) **[pour + inf., pour que + subj.]** *Voulez-vous encore un peu de fromage?* — *Non, merci, j'ai suffisamment mangé.* • *Ma voiture n'allait pas suffisamment vite pour que je puisse arriver si tôt.* • *Il y a suffisamment de sel. N'en ajoute pas!*

  **S.** *Suffisamment* est un syn. soutenu de ASSEZ dans son sens de quantité.
  **L.** **insuffisamment** (adv.) *Je ne suis pas suffisamment payé* → *je suis insuffisamment payé.*

**suffisant, e** [syfizɑ̃, ɑ̃t] adj. (après le n.) (se dit de qqch) **suffisant (pour qqch, qqn, pour + inf., pour que + subj.)** *Un gros poulet pour huit personnes, c'est suffisant?* — *Non, il vaut mieux en prendre deux.* • *Il ne me reste que quinze francs, tu crois que c'est suffisant pour déjeuner?*

  **G.** Cet adj. n'a pas de comparatif ni de superlatif relatif.
  **S.** Qqch de *suffisant* est qqch qui SUFFIT, qui est assez important, assez grand. Le contr. est INSUFFISANT.
  **L. suffisamment,** v. ce mot. ◆ **insuffisant, e** (adj.) *Ses résultats ne sont pas suffisants* → *ses résultats sont insuffisants.*

**suggérer** [sygʒere] v. t. (conj. **12**)
(sujet qqn) **suggérer qqch, que + subj., de + inf. (à qqn)** *D'accord, vous trouvez que nos idées sont mauvaises, mais vous, qu'est-ce que vous suggérez?*

  **S.** *Suggérer,* c'est inspirer une idée afin de la faire adopter; il a pour syn. PROPOSER, CONSEILLER.
  **L. suggestion** (n. f.) *Nous écoutons ce que vous avez à nous suggérer* → *nous écoutons vos suggestions.*

**suicider (se)** [sɥiside] v. pr. (conj. **1**)
(sujet qqn) *On l'a retrouvé mort dans son appartement; on ne sait pas encore s'il s'est suicidé ou si on l'a tué.*

**S.** *Se suicider* a pour syn. SE TUER et, plus soutenus, SE SUPPRIMER, SE DONNER LA MORT.
**L. suicide** (n. m.) *La police enquête pour savoir s'il s'est suicidé* → *la police enquête pour savoir si c'est un suicide.*

**suisse** [sɥis] adj. (après le n.), **suisse, suissesse** n.
[adj.] (se dit de qqch) *Combien vaut le franc suisse en ce moment?* ◆ [n. et adj.] (personne) *Pour les Suisses, la vie en France n'est pas chère.* ● *Il a un drôle d'accent quand il parle français.* — *C'est normal, il est suisse.*

G. 1. L'adj. ne se met ni au comparatif ni au superlatif. — 2. Le n. f. *Suissesse* est rare, on dit une *femme suisse* ou parfois *une Suisse*.
**S.** L'adj. ethnique *suisse* correspond au n. f. SUISSE ou CONFÉDÉRATION HELVÉTIQUE. La Suisse, divisée en cantons, possède quatre langues : l'allemand, le français, l'italien et le romanche. Les *Suisses* (notez la majuscule) sont ceux qui ont la nationalité *suisse*.

**suite** [sɥit] n. f.
I. [résultat] **la suite (de qqch)** *Vous lirez la suite de cette histoire dans notre prochain numéro.* ● *Qu'est-ce qu'on mange maintenant? — Vous allez voir, je vais chercher la suite.*
II. [temps de l'action] **à la suite de qqch** *À la suite de la réunion, on a eu une grande discussion.* ◆ **par la suite** *Tu devrais acheter cette voiture d'occasion ; par la suite, il sera toujours temps d'en changer.* ◆ **de suite** *Paul est venu nous voir plusieurs fois de suite.* ● *Le film a duré trois heures de suite.* ◆ **et ainsi de suite** *Tu mets le premier livre devant, le deuxième derrière et ainsi de suite.* ◆ (sujet qqn) **prendre la suite de qqn** *Paul a pris la suite de son père, c'est lui qui dirige l'usine maintenant.*
III. (sujet qqch [abstrait]) **avoir une (des) suite(s)** *Le projet n'a pas eu de suite, on l'a abandonné.* ● *Cette affaire ne s'arrêtera pas là, elle aura des suites, je vous le garantis!* ◆ **les suites de qqch (événement)** *Il est mort des suites d'un accident d'auto.* ● *Il est très fatigué et n'a pas d'appétit. — Ce sont là les suites normales de sa maladie, ne vous inquiétez pas.*
IV. [quantité] **une suite de** + n. plur. *Notre voyage n'a été qu'une suite de catastrophes!*
V. (sujet qqn) **avoir de la suite dans les idées** *Paul a de la suite dans les idées, quand il veut quelque chose, il le demande jusqu'à ce qu'il l'ait.*

G. Au sens II, *de suite* s'emploie après une expression supposant la répétition d'une action ou après un numéral.
**S. 1.** *La suite* (sens I) est ce qui SUIT (sens I), ce qui vient après qqch, ce qui succède à qqch. Dans un repas, ce sont les plats qui suivent celui que l'on sert. — **2.** Au sens II, *à la suite de* qqch a pour syn. APRÈS, AUSSITÔT APRÈS. *Par la suite* a pour syn. PLUS TARD. *De suite* se dit syn. de *à la suite* les un(e)s des autres et, avec un numéral, de D'AFFILÉE. *Et ainsi de suite* se dit pour signifier qu'on doit répéter la même action jusqu'à la fin. *Prendre la suite de* qqn a pour syn. SUCCÉDER À qqn. — **3.** Au sens III, *avoir des suites* a pour équivalent AVOIR DES CONSÉQUENCES. *Qqch qui n'a pas eu de suite* a TOURNÉ COURT, n'a pas eu de résultat. *Les suites de* qqch, c'est ce qui suit, résulte de cette chose. En parlant d'une maladie, *suites* peut avoir pour syn. SÉQUELLES (terme savant). — **4.** *Une suite de* (sens IV) a pour syn. UNE SÉRIE DE et désigne ce qui SE SUIT (sens I) dans le temps (SUCCESSION est alors syn.). — **5.** Au sens V, *avoir de la suite dans les idées* a pour syn. ÊTRE OBSTINÉ, PERSÉVÉRER DANS qqch. (V. aussi TOUT DE SUITE.)

**1. suivant** [sɥivɑ̃] prép., **suivant que** conj.
I. [condition] **suivant qqch, suivant que** + **ind.** *Suivant le temps, on ira dans le Midi ou en Bretagne.* ● *Suivant que vous irez par avion ou par bateau, le voyage durera quatre heures ou deux jours.*
II. [rapport] **suivant qqn, qqch** *Suivant Pierre, les Legrand auraient eu un accident cet été.* ● *Suivant la radio, il ne s'est rien passé ce dimanche.*

**S. 1.** *Suivant* (sens I) indique que l'action dépend de la condition exprimée par le complément. Le syn. est SELON (QUE). — **2.** *Suivant* (sens II) indique que l'assertion est mise au compte de qqn d'autre ; les syn. sont D'APRÈS et SELON.

**2. suivant** → SUIVRE L.

**suivre** [sɥivr] v. t. (conj. 51)
I. (sujet qqn, un véhicule) **suivre (qqn, un véhicule)** *En rentrant seule l'autre soir, Marie avait l'impression qu'on la suivait dans la rue.* ● [En voiture] : « *Ils sont toujours derrière? — Oui, oui, ils suivent.* » ● *Le voleur était suivi par la police depuis plusieurs jours : il s'est fait prendre à l'aéroport.* ◆ (sujet qqch) **suivre (qqch)** *Je me souviens de ce passage, c'est dans les pages qui suivent l'histoire de son mariage.* ● *Vous recevrez une lettre dans les jours qui suivent.* ◆ (sujet qqch, qqn [plur.]) **se suivre** *4 et 5 sont des nombres qui se*

suivent. • *Les voitures se suivent les unes derrière les autres sur l'autoroute.*
II. (sujet qqn) **suivre une route, une direction** *Vous suivez la route jusqu'au prochain village, ensuite c'est à droite.* • *Suivez la direction indiquée sur les panneaux, vous ne risquerez pas de vous tromper.*
III. (sujet qqn) **suivre qqch (ordre, action)** *Si tu avais suivi mes conseils, tu n'en serais pas là!* • *Marie suit la mode de très près.* • *La grève a été très suivie? — Oui, à 80 p. 100.* • *Catherine suit un régime pour maigrir.* • *J'ai suivi un traitement pour ne plus fumer.*
IV. (sujet qqn) **suivre qqn, qqch** *Mon médecin me suit depuis que je suis enfant.* • *Je n'ai pas suivi cette affaire, de quoi s'agit-il?* • *Paul parle trop vite, on ne peut pas le suivre...* ◆ **suivre un cours** *Marie suit des cours de français?* • *Catherine suit des cours pour être secrétaire.*

**S. 1.** *Suivre* (sens I) a pour équivalent ÊTRE (RESTER, MARCHER, etc.) DERRIÈRE qqn, un véhicule; les contr. sont PRÉCÉDER et DEVANCER.

POURSUIVRE est un syn. plus fort et suppose l'intention de rattraper qqn. Avec un sujet qqch, *suivre* qqch a pour syn. ÊTRE PLACÉ APRÈS, VENIR APRÈS, SUCCÉDER À qqch. Sans compl., le syn. est VENIR. *Se suivre* a pour syn. SE SUCCÉDER. — **2.** *Suivre une route* (sens II), c'est aller dans la direction de cette route, la PRENDRE. S'ÉCARTER DE, S'ÉLOIGNER DE, QUITTER sont des contr. — **3.** *Suivre un conseil, un ordre, un avis, un régime*, etc. (sens III), c'est S'Y CONFORMER. Les syn. sont OBSERVER, TENIR COMPTE DE ou OBÉIR À (plus fort), SE SOUMETTRE À. On dit d'une grève qu'elle est *suivie* quand un grand nombre de personnes ont respecté, appliqué le mot d'ordre de grève. — **4.** *Suivre* qqn (sens IV), c'est s'intéresser, être attentif à son évolution, son développement, etc. *Suivre* qqch a pour syn. S'INTÉRESSER À; *suivre* qqn ou ses paroles a pour syn. ÉCOUTER, COMPRENDRE. *Suivre un cours* a pour syn. ASSISTER À.

**L. suivant, e** (adj.) [sens I, «suivre qqch»] *C'est à la page qui suit celle-ci* → *c'est à la page suivante.*

**sujet** [syʒɛ] n. m.
I. (sujet qqch) **sujet de qqch (film, œuvre, texte,** etc.) *Avec Paul, on peut avoir des sujets de conversation très différents : la politique, le cinéma,* etc. • *Pouvez-vous nous raconter en quelques mots le sujet du film? — Eh bien, c'est une histoire d'amour.* ◆ (sans compl.) *Qu'est-ce que tu as eu comme sujet à l'examen? — La France en 1939.* • *Ne lui parle pas de travail, c'est un sujet brûlant pour lui, il est au chômage depuis plus d'un an.*
II. [rapport] **au sujet de** + n., **à quel (mon, ce,** etc.**)** **sujet** *Monsieur Legrand, j'aimerais avoir un entretien avec vous. — Oui, c'est à quel sujet?* • *Oh! Vous parliez de vacances? Eh bien, j'ai quelque chose à vous dire à ce sujet.* • *Je suis venu vous voir au sujet de mon fils qui est votre élève. Qu'en pensez-vous?*

**S. 1.** Le *sujet* d'une conversation, d'une œuvre (sens I), c'est son contenu, ce dont il est question dans la conversation, l'œuvre. THÈME est un syn. Sans compl., le syn. est QUESTION. — **2.** *Au sujet de* a pour syn. À PROPOS DE, POUR ou SUR.

**superbe** [sypɛrb] adj. (après ou, plus rarement, avant le n.)
(se dit de qqch, de qqn) *C'est vraiment l'été qui commence, il fait aujourd'hui un temps superbe : pas un nuage.* • *Vous avez là un superbe vase de Sèvres. — Il vient de nos parents.* • *C'est une femme superbe et d'une rare élégance.*

**S.** *Superbe* est un intensif de BEAU ou de JOLI; les syn. sont MAGNIFIQUE, SPLENDIDE, MERVEILLEUX; les contr. sont des intensifs de LAID ou de MOCHE (fam.) : AFFREUX, HORRIBLE, etc.

**superficie** [sypɛrfisi] n. f.
[qualité, mesure] *Quelle est la superficie de votre salon? — Quarante mètres carrés.*

**S.** *Superficie* (langue technique) est un syn soutenu de SURFACE. La *superficie* s'exprime en $cm^2$, $m^2$, $km^2$ (centimètres, mètres, kilomètres carrés).

**superficiel, elle** [sypɛrfisjɛl] adj. (après le n.)
I. (se dit de qqn, de qqch [abstrait]) *Marie*

est une fille superficielle, on ne peut jamais avoir de conversation sérieuse avec elle.
● Mes connaissances en géographie sont très superficielles.
II. (se dit de qqch) Paul s'est fait mal au genou en tombant de bicyclette, mais c'est superficiel, rien de grave.

**S. 1.** Est *superficiel* (sens I) celui qui n'approfondit pas son sujet, qui reste à la SURFACE des choses ; le syn. est FRIVOLE, FUTILE ; en parlant de connaissances, le syn. est SOMMAIRE (plus soutenu), et les contr. sont APPROFONDI et, plus fort, EXHAUSTIF (langue savante). — **2.** Est *superficielle* (sens II) une blessure, une brû-

lure, une plaie légère à la surface de la peau ; le contr. est PROFOND.
**L.** **superficiellement** (adv.) Il a été blessé d'une façon très superficielle → *il a été blessé très superficiellement.*

**superflu, e** [sypɛrfly] adj. (après le n.),
**superflu** n. m.
[adj.] (se dit de qqch) *Tu aurais pu te passer d'ajouter cette remarque méchante ; elle est vraiment superflue, tu n'obtiendras rien par ce moyen.* ● *J'ai encore grossi et il va falloir que je suive un régime pour enlever ces quelques kilos superflus.* ◆ [n. m.] (qqch) [non-compt., au sing.] *Encore une robe ? C'est vraiment du superflu, tu en as déjà cinq !*

**S.** Est *superflu* (soutenu) ce qui est en plus et qui n'est pas NÉCESSAIRE ; le syn. courant est INUTILE ; les contr. sont UTILE, ESSENTIEL, IMPORTANT, INDISPENSABLE. *C'est du superflu* (n. m.) a pour syn. C'EST DU LUXE.

**supérieur, e** [syperjœr] adj. (après le n.),
**supérieur** n. m.
I. [adj.] (se dit d'un lieu, d'un état, etc.) *Le feu a pris tout en haut, dans les étages supérieurs de l'immeuble.* ● *Certains pro-*

fesseurs de l'enseignement supérieur sont contre la réforme du ministre.
II. [adj.] (se dit d'une valeur, d'un rang, de qqn) **supérieur (à qqch, qqn)** *Les températures de juillet ont été supérieures à celles de juin : trois degrés de plus en général !*
● *Parce qu'il a de l'argent, Paul se croit supérieur aux autres.* ● *Ces petits pois sont un produit de qualité supérieure.* — *Ah ! C'est pour ça qu'ils sont plus chers !* ◆ [n. m.] (personne, rôle) *Il était insolent avec ses supérieurs, c'est pour cela qu'il s'est fait licencier.*

**G.** L'adj. n'a pas de comparatif au sens II. Au sens I, il est seulement épithète et n'a ni comparatif ni superlatif.
**S. 1.** *Supérieur* se dit de ce qui est ÉLEVÉ dans l'espace, EN HAUT (par oppos. à EN BAS), ou dans une hiérarchie (par oppos. à INFÉRIEUR). L'enseignement supérieur est celui qui est donné dans les universités. — **2.** *Supérieur à* (sens II) se dit, dans une comparaison, d'une personne ou d'une chose qui est au-dessus de qqn ou de qqch (par oppos. à INFÉRIEUR À, AU-DESSOUS DE). Un produit de qualité *supérieure* est un produit

FIN (moins fort), EXCELLENT, EXTRA (par oppos. à MÉDIOCRE). Un *supérieur* (n. m.) est qqn qui occupe une fonction *supérieure* dans une hiérarchie. Le terme s'oppose à SUBORDONNÉ, INFÉRIEUR.
**L.** **supériorité** (n. f.) [sens II] *Ce produit est supérieur aux autres, c'est certain* → *la supériorité de ce produit par rapport aux autres est certaine.*

**supermarché** [sypɛrmarʃe] n. m.
[lieu, commerce] *Je n'achète jamais ma viande dans les supermarchés, je ne suis pas sûre de la qualité.* — *Tu as tort.* ● *Les petits commerçants se plaignent beaucoup de la concurrence que leur font les supermarchés.*

# SUPPLÉMENT

**S.** Le *supermarché* regroupe dans un même lieu de commerce tous les produits de consommation courante répartis en rayons : alimentation, ménage, vêtements, parfumerie, etc. GRANDE SURFACE est un syn. La vente dans les *supermarchés* se fait en LIBRE-SERVICE.

**supplément** [syplemã] n. m.
[quantité] (compt., surtout au sing.) [*Au restaurant*] : «*J'ai encore faim, je prendrais bien un supplément de frites !*» • *Le journaliste vient d'annoncer la nouvelle, mais il attend un supplément d'information.* • *Nos bagages d'avion étaient trop lourds, il a fallu payer un supplément.* ◆ **en supplément** *Le menu est à prix fixe, mais le vin est en supplément.*

**S. 1.** Un *supplément* est ce qu'on ajoute à qqch. Il est syn. de COMPLÉMENT (moins fort, en ce sens que le complément s'ajoute à ce qui n'est pas complet, alors que le *supplément* est en plus de ce qui est déjà complet), SURPLUS (pour qqch d'abstrait). Payer un *supplément*, c'est payer une somme d'argent en plus. — **2.** *En supplément* est syn. de EN PLUS, EN SUS (soutenu).
**L. supplémentaire**, v. ce mot.

**supplémentaire** [syplemɑ̃tɛr] adj. (après le n.)
(se dit de qqch) *Au moment des départs en vacances, il y a des trains supplémentaires.* • *M. Dupont fait des heures supplémentaires le soir ?* • *Si vous vous faites livrer, il y a une somme supplémentaire à payer.*

**G.** Cet adj. n'a ni comparatif ni superlatif.
**S.** Est *supplémentaire* ce qui constitue un SUPPLÉMENT ou est EN SUPPLÉMENT, EN PLUS. COMPLÉMENTAIRE implique que ce qui est ajouté en plus permet de compléter, mais c'est souvent un simple syn.

**supplier** [syplije] v. t. (conj. **2**)
(sujet qqn) **supplier qqn (de + inf.)** *Je vous assure que je vous dis la vérité, je vous supplie de me croire.*

**S.** *Supplier* qqn (soutenu), c'est DEMANDER avec insistance, PRIER, IMPLORER (soutenus).

**supporter** [syporte] v. t. (conj. **1**)
(sujet qqn) **supporter qqch (action, état), que + subj., de + inf.** *La chaleur est difficile à supporter ces jours-ci : tout le monde a l'air fatigué !* • *Donnez-moi quelque chose pour me calmer : je ne supporte pas d'avoir mal, docteur !* • *Marie ne supporte pas qu'il y ait du désordre dans l'appartement.*
◆ **supporter qqn** *Ah ! ne me parle pas de Jacques ! Je ne peux plus le supporter, il ne fait que des gaffes.*

**S.** *Supporter* a pour syn. TOLÉRER (soutenu). En parlant d'un phénomène physique (température, douleur, effort, etc.), c'est RÉSISTER À, ENDURER (plus fort). En parlant de qqn, de son comportement, c'est l'admettre, accepter sa présence, son attitude.
**L. supportable** (adj.) *La chaleur est difficile à supporter* → *la chaleur est difficilement supportable.* ◆ **insupportable**, v. ce mot.

**supposer** [sypoze] v. t. (conj. **1**)
I. (sujet qqn) **supposer que + ind. ou subj.** *Puisqu'elle a bien travaillé cette année, je suppose qu'elle sera reçue du premier coup à son examen.* • *Il ne peut tout de même pas supposer que je puisse toujours être à sa disposition !* • *C'était encore Pierre qui téléphonait tout à l'heure ? — Je suppose !*
II. (sujet qqch [abstrait]) **supposer qqch, que + subj.** *Préparer ce concours, cela suppose un travail énorme.* • *Si vous voulez qu'on parte demain, cela suppose que vous soyez prêts de très bonne heure.*

**S. 1.** *Supposer* (sens I), c'est admettre comme vraisemblable ; il a pour syn. PRÉSUMER (sou-

tenu), IMAGINER, PENSER. — **2.** *Supposer* (sens II) a pour syn. NÉCESSITER, EXIGER, IMPLIQUER (soutenu).
**L. supposition** (n. f.) [sens I] *Vous n'en êtes pas sûr, vous ne faites que le supposer* → *vous n'en êtes pas sûr, ce n'est qu'une supposition.*

**supprimer** [syprime] v. t. (conj. **1**)
(sujet qqn, qqch) **supprimer qqch** *C'est vrai que ce médicament supprime tout de suite le mal de mer ?* • *Votre article était trop long, on a été obligé de supprimer la dernière partie.* ◆ (sujet qqn) **supprimer qqch à qqn** *Jacques s'est fait arrêter pour*

excès de vitesse, on lui a supprimé son permis de conduire!

**S.** *Supprimer* a pour syn. ENLEVER, ÔTER (soutenu). *Supprimer qqch à qqn* a pour autres syn. RETIRER qqch À qqn, PRIVER qqn DE qqch.
**L. suppression** (n. f.) *Supprimez les mots inutiles* → *faites la suppression des mots inutiles.*

**sur** [syr] prép.
I. [lieu, position] **sur qqch (concret), qqn** *Où as-tu mis mon livre? — Sur la table.* • *Entrez, les clefs sont sur la porte.* • *J'ai la lettre sur moi, je peux vous la lire.*
II. [direction] **sur qqch (concret** ou **abstrait)** *Votre appartement donne sur la rue ou sur la cour?* • *Vous tournez sur votre droite, la pharmacie est juste là.* • *Je ne vois pas du tout où on est. — Moi non plus, regarde sur la carte.*
III. [temps, date] **sur qqch** *Il est arrivé sur les 6 heures, après tout le monde.* • *Sur le moment, je n'ai pas su quoi lui répondre.*
IV. [rapport] **sur qqch, qqn** *Tu peux promettre ce que tu veux, c'est sur tes actes qu'on te jugera et pas sur tes paroles.* • *Ah! vous parlez de Jacques? Moi aussi, j'ai plusieurs choses à dire sur lui.* • *Sur ce point, tu as raison, mais, pour le reste, je ne suis pas d'accord.*
V. [proportion] **sur + n. de nombre** *Cinq élèves sur dix ont été reçus à l'examen.* • *Sur vingt jours de vacances, nous n'avons eu que deux jours de pluie.*
VI. [compl. de v. t. ind.] **sur qqn, qqch** *Nous comptons sur vous dimanche prochain : on aura aussi les Legrand à dîner.*

**S. 1.** Aux sens I et II, *sur* indique un lieu et, plus particulièrement, une position dans l'espace au sens I (les adv. correspondants sont DESSUS et LÀ-DESSUS), une orientation, une direction au sens II équivalente à VERS, À. Au sens I, il a pour contr. SOUS. Au sens II, il a pour syn. DU CÔTÉ DE, EN DIRECTION DE. Après REGARDER, TIRER, VISER, etc., *sur* indique l'objet vers lequel se dirige le regard, le tir, etc. — **2.** Au sens IV, *sur* indique le point de vue, le thème, etc. ; il a pour syn. D'APRÈS, SELON *(juger sur)* ou EN CE QUI CONCERNE qqn, qqch, AU SUJET DE *(dire sur)*.

**sûr, e** [syr] adj. (après le n.)
I. (se dit de qqn, de qqch) **sûr de qqn, qqch (abstrait), de + inf., que + ind.** *Tu crois qu'Aline va répéter ce qu'on a dit? — Mais non! je suis absolument sûr d'elle, elle ne dira rien.* • *Je ne suis pas sûr de ses paroles, peut-être que j'ai mal entendu.* • *Ce n'est pas la peine d'attendre Jacques :* il n'est pas sûr d'arriver à l'heure. — *Moi, je suis sûr qu'il arrivera en retard!* • *Tu es sûr de ce que tu dis, tu ne te trompes pas? — Non, j'en suis sûr et certain.* • *Bon alors, on peut compter sur toi? Tu viendras, c'est sûr? — Oui, je te le promets.* • *Christian était très sûr de lui à l'examen et pourtant il a raté.*
II. (se dit de qqch) *Ne sors pas seule la nuit, les rues ne sont pas sûres dans ce quartier.* • *C'est une voiture très sûre, vous pouvez la prendre en toute confiance.* • *Prends deux stylos pour l'examen, c'est plus sûr!*

**G.** Au sens I, dans une phrase négative, *sûr* peut être suivi de QUE et du subj. *(je ne suis pas sûr qu'il vienne demain).* Il est parfois renforcé par l'adj. CERTAIN.
**S. 1.** *Être sûr de qqn* (sens I) a pour syn. AVOIR CONFIANCE EN lui. *Être sûr de qqch* a pour contr.

DOUTER DE qqch et pour syn. soutenus ÊTRE CERTAIN, AVOIR LA CERTITUDE DE, QUE. *C'est sûr* peut avoir pour syn. C'EST VRAI ou l'adv. SÛREMENT. Lorsqu'on n'est pas *sûr* d'une information, d'un rendez-vous, etc., on demande une CONFIRMATION, que ce soit CONFIRMÉ. *Être sûr de soi*, c'est avoir confiance en ses réactions, son savoir ; le syn. est AVOIR DE L'ASSURANCE. — **2.** *Sûr* (sens II) a pour contr. DANGEREUX. Un lieu *sûr* est un lieu où on est en sécurité. *C'est plus sûr* a pour syn. C'EST PLUS PRUDENT.
**L. sûrement,** v. ce mot. ◆ **sûreté** (n. f.) [sens II] *Prends deux stylos, c'est plus sûr* → *prends deux stylos pour plus de sûreté.*

**surchargé (être)** [syrʃarʒe] v. pass.
(sujet qqn) **[être] surchargé (de qqch)** *Je ne pense pas avoir le temps de vous faire cela pour demain, nous sommes surchargés de travail en ce moment.*

**S.** *Être surchargé de qqch*, c'est avoir beaucoup ou trop de qqch ; le syn. est ÊTRE ACCABLÉ DE.

**surdité** → SOURD L ; **surélever** → ÉLEVER L.

**sûrement** [syrmã] adv.
[opinion] *Ne l'attendons pas, il arrivera sûrement en retard.* • *Tu viens avec nous ? — Sûrement pas, j'ai autre chose à faire.*

    **S.** On dit d'un fait qu'il se produira *sûrement* lorsqu'on en est SÛR, certain, qu'on en a la certitude. Le syn. est CERTAINEMENT. *Sûrement pas* a pour syn. EN AUCUN CAS. Le doute est exprimé par PEUT-ÊTRE, SANS DOUTE, PROBABLEMENT.

**sûreté** → SÛR L ; **surévaluer** → ÉVALUER L ; **surexcité** → EXCITER L.

**surface** [syrfas] n. f.
I. [localisation] (non-compt., au sing.) *Je suis inquiète : il a plongé, et il ne remonte pas à la surface !* • *Les scientifiques étudient la surface de la Terre d'après les photos prises d'avion.* • *Le plongeur a mis du temps à faire surface.* ◆ [partie d'un objet] (compt., surtout au sing.) *C'est un objet rond et petit et dont la surface est très lisse, qu'est-ce que c'est ? — Une bille.*
II. [qualité, mesure] *Cet appartement fait quarante mètres carrés de surface. Ce n'est pas très grand.*
III. [lieu, commerce] **grande surface** *Moi j'achète tout dans les grandes surfaces, c'est moins cher que chez les petits commerçants.*

    **S. 1.** La *surface* (sens I), c'est la partie extérieure, par oppos. au FOND (de l'eau) ou à l'INTÉRIEUR (de la Terre). *Faire surface*, c'est apparaître à la *surface* de l'eau. — **2.** La *surface* d'un local (sens II), c'est son étendue en mètres carrés (m²). Il a pour syn. soutenu SUPERFICIE. — **3.** *Magasin à grande surface* (ou *grande surface*) [sens III] a pour syn. SUPERMARCHÉ.

**surgelé, e** [syrʒəle] adj. (après le n.)
(se dit d'un aliment) *Tu vois la différence entre des légumes surgelés et des légumes frais ?*

    **G.** Cet adj. n'a ni comparatif ni superlatif.
    **S.** Un aliment *surgelé* est conservé par le froid ; CONGELÉ est un syn. On conserve les aliments *surgelés* dans le CONGÉLATEUR ou dans le FREEZER d'un réfrigérateur.
    **L.** *surgelé* (n. m.) *Est-ce que tu achètes des aliments surgelés ?* → *est-ce que tu achètes des surgelés ?*

**surgir** [syrʒir] v. i. (conj. **15**)
(sujet qqch) *À tout moment, des difficultés de cet ordre peuvent surgir, il faut que vous soyez prêt, cette fois, à les résoudre.*

    **S.** *Surgir* (soutenu) a pour syn. APPARAÎTRE, SE MONTRER.

**surlendemain (le)** → LENDEMAIN (LE) L.

**surmené, e** [syrməne] adj. (après le n.)
(se dit de qqn) *Je suis seul à faire tout le travail, je vais finir par être surmené. — Prends des vacances.*

    **S.** Être *surmené*, c'est être FATIGUÉ par un travail excessif ; les syn. fam. sont ÉREINTÉ, CREVÉ (plus fort et fam.) ; ÉPUISÉ est soutenu et HARASSÉ est plus fort.
    **L. surmener** (v. t.) *Je suis surmené par ce travail* → *ce travail m'a surmené.* ◆ **surmenage** (n. m.) *Sa maladie est due à ce qu'il est surmené* → *sa maladie est due au surmenage.*

**surmonter** [syrmɔ̃te] v. t. (conj. **1**)
(sujet qqn) **surmonter une difficulté, un obstacle, etc.** *Oh, cela ne s'est pas fait facilement, il lui a fallu surmonter de nombreuses difficultés pour réussir.*

    **S.** *Surmonter* (soutenu), c'est VENIR À BOUT d'une difficulté par un effort de la volonté ; le syn. soutenu est VAINCRE.

**surnombre** → NOMBRE L.

**surpasser (se)** [syrpase] v. pr. (conj. **1**)
(sujet qqn) *Vous vous êtes surpassée pour ce repas, madame, je n'ai jamais rien mangé de meilleur.*

    **S.** *Se surpasser*, c'est faire encore mieux que d'habitude.

**surprenant, e** [syrprənã, ãt] adj. (après ou, plus rarement, avant le n.)
(se dit de qqch) *Les résultats de son examen sont surprenants : il sera finalement reçu alors qu'il s'attendait à un échec.* • *La négociation a fait des progrès surprenants*

ces derniers temps : on va aboutir à un accord.

**S.** Est *surprenant* ce qui frappe par son caractère INATTENDU ; les syn. sont, par ordre d'intensité croissante, ÉTONNANT, ÉTRANGE, INCROYABLE, AHURISSANT.

**surprendre** [syrprɑ̃dr] v. t. (conj. **43**)
I. (sujet qqn, la pluie, la neige, etc.) **surprendre qqn** *Paul est arrivé sans faire de bruit, et il a surpris Marie en train de goûter aux confitures !* ● *L'orage nous a surpris en pleine campagne.*
II. (sujet qqch [parole, nouvelle]) **surprendre qqn** *Lui, mort ? — Eh oui ! la nouvelle a surpris tout le monde.* ◆ (sujet qqn) **être surpris (de** + inf.) *Je suis surprise de te voir, je te croyais encore en vacances !*

**G. et S. 1.** *Surprendre* qqn (sens I) est le plus souvent suivi d'un attribut compl. (*en train de* + inf., *à* + inf. ou compl. de lieu, de manière, etc.) précisant les circonstances dans lesquelles se trouve la personne *surprise* ; il a pour syn. TROUVER, PRENDRE SUR LE FAIT (plus fort et suppose que la personne *surprise* est en train de commettre une action blâmable), quand le sujet est qqn ; avec un sujet désignant la pluie, l'orage, etc., le syn. est PRENDRE AU DÉPOURVU. — **2.** *Surprendre* (sens II) a pour syn. ÉTONNER. *Être surpris* a pour syn. plus forts ÊTRE ÉBAHI (soutenu), STUPÉFAIT, DÉCONCERTÉ (soutenu).
**L.** surprenant, surprise, v. ces mots.

**surprise** [syrpriz] n. f.
I. [sentiment] (non-compt., au sing.) *À sa grande surprise, Pierre a été augmenté ce mois-ci !* ● *J'ai eu la désagréable surprise de recevoir trois factures à payer aujourd'hui.*
II. [événement] (compt.) *Tu es déjà rentré ? Ça, c'est une surprise, je ne m'y attendais pas !* ◆ [action, qqn, et résultat] *Paul aime*

*faire des surprises à ceux qu'il aime bien.* ● *Pour le jour de sa fête, les enfants ont préparé une surprise à leur mère.*

**S. 1.** *Surprise* (sens I) a pour syn. ÉTONNEMENT, STUPÉFACTION (plus fort et soutenu) ou STUPEUR (plus fort et soutenu). — **2.** Une *surprise* (sens II) est un événement qui SURPREND (sens I) qqn, un fait inattendu, imprévu, un objet, qqch dont on ne connaît pas la nature ; le plus souvent, dans ce cas, ce mot s'emploie en parlant d'un cadeau.

**sursaut** [syrso] n. m.
[action, qqn, et résultat] *Quand on lui apprit la nouvelle, elle eut un sursaut d'étonnement.* ◆ **en sursaut** *Je me suis réveillé en sursaut en plein milieu de la nuit, mais je ne sais plus pourquoi.* ◆ **un sursaut de qqch (abstrait)** *Il était presque évanoui, mais, dans un sursaut d'énergie, il réussit à sortir de l'immeuble en flammes.*

**S.** *Avoir un sursaut*, c'est SURSAUTER, TRESSAILLIR (soutenu). *En sursaut* a pour syn. BRUSQUEMENT. *Un sursaut de* a pour syn. soutenu un REGAIN DE.
**L.** sursauter, v. ce mot.

**sursauter** [syrsote] v. i. (conj. **1**)
(sujet qqn) *Il ne devait certainement pas s'attendre à ce que je sois là, parce que quand il m'a vu, il a sursauté.*

**S.** *Sursauter*, c'est avoir un bref mouvement du corps involontaire et provoqué le plus souvent par la surprise, un SURSAUT ; TRESSAILLIR (soutenu) est un syn.

**surtout** [syrtu] adv.
[manière] *Les Durand vont au restaurant surtout le samedi, rarement un autre jour.* ● *Tu peux partir avec Francis, mais surtout faites bien attention sur la route.* ● *Je vais dire ça à Pierre. — Surtout pas, il serait fâché.* ◆ [addition] **surtout que** + ind. *Tu devrais mettre un pull ; surtout que, d'après ce qu'a dit la radio, il va faire très froid aujourd'hui.*

**S.** *Surtout* fait ressortir un élément par rapport à d'autres ou est utilisé dans des recommandations. Dans une phrase affirmative, il a pour syn. ESSENTIELLEMENT, PRINCIPALEMENT, PARTICULIÈREMENT (soutenu). *Surtout pas* renforce la négation et a pour syn. CERTES PAS (soutenu ou litt.). *Surtout que* (fam.) introduit une argumentation renforçant l'affirmation ou la recommandation précédente et a pour syn. plus soutenu D'AUTANT QUE.

**surveiller** [syrveje] v. t. (conj. **1**)
(sujet qqn) **surveiller qqn, qqch** *Marie, peux-tu surveiller les enfants ? Je sors cinq minutes.* ● *Excusez-moi, je vais surveiller mon rôti, il ne faut pas qu'il cuise trop vite.*

# SURVENIR

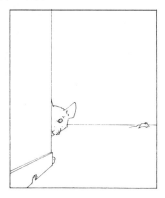

**S.** *Surveiller*, c'est ÊTRE ATTENTIF À qqn, qqch. *Surveiller* qqn dont on se méfie et sans se faire voir a pour syn. OBSERVER (moins fort), ÉPIER (soutenu), GUETTER (plus précis). *Surveiller* une ou plusieurs personnes dont on est responsable a pour syn. VEILLER SUR, GARDER (plus fort). *Surveiller* qqch a pour syn. FAIRE ATTENTION À, SUIVRE, CONTRÔLER. *Surveiller* la cuisson de qqch a pour syn., moins fort, REGARDER.
**L. surveillance** (n. f.) La police a cessé de surveiller le voleur → *la police a cessé la surveillance du voleur*. ◆ **surveillant, e** (n.) Paul a pour métier de surveiller les élèves du lycée → *Paul est surveillant au lycée*.

**survenir** [syrvənir] v. i. (conj. **23**; auxil. être)
(sujet qqch) *Il rêvait encore de cet accident survenu quand il était tout petit.*

**S.** *Survenir* est un syn. soutenu de ARRIVER, SE PRODUIRE mais suppose une action brutale.

**survivant, e** [syrvivã, ãt] n.
[personne, patient] *Oui, c'est une catastrophe terrible, tous sont morts, aucun survivant.*

**S.** Un *survivant* est une personne qui SURVIT à une catastrophe, à un accident, etc., qui a échappé à la mort. Le syn. est RESCAPÉ (d'une catastrophe).

**survivre** [syrvivr] v. t. ind. (conj. **52**)
(sujet qqn) **survivre à qqch, qqn** *Pleurant devant le corps de son mari, elle criait qu'elle ne voulait pas lui survivre, qu'elle voulait mourir aussi.* ● *Six personnes seulement sur les 66 passagers ont survécu à la catastrophe.*

**S.** *Survivre*, c'est continuer de VIVRE après la mort de qqn, ou être encore VIVANT après qqch.
**L. survivant,** v. ce mot.

**survoler** [syrvɔle] v. t. (conj. **1**)
(sujet qqn, un avion) **survoler un lieu** [*En avion*] : « *Nous survolons actuellement la mer Méditerranée.* »

**S.** *Survoler*, c'est VOLER au-dessus d'un lieu.

**susceptible** [sysɛptibl] adj. (après le n.)
I. (se dit de qqn) *Que tu es susceptible, cette plaisanterie n'aurait pas dû te vexer!*
● *Marie est très susceptible, il faut faire attention aux remarques qu'on lui fait.*
II. (se dit de qqch, de qqn) **susceptible de + inf., de + n. (action)** *Crois-tu que son projet soit susceptible d'être amélioré?* ● *Aucun d'entre nous n'est susceptible de travailler autant que lui.*

**S. 1.** *Susceptible* (sens I) se dit de qqn qui se vexe facilement ; le syn. litt. est OMBRAGEUX. — **2.** *Susceptible* (sens II) est un syn. soutenu de CAPABLE DE ; il a pour équivalent POUVOIR + inf. (actif ou passif) : *Ce projet est susceptible d'être amélioré* → CE PROJET PEUT ÊTRE AMÉLIORÉ.
**L. susceptibilité** (n. f.) [sens I] *Que tu es susceptible ! C'est insupportable !* → *ta susceptibilité est insupportable.*

**susciter** [sysite] v. t. (conj. **1**)
(sujet qqn, qqch) **susciter qqch (sentiment, idée, etc.)** *L'intérêt suscité dans le public par la parution de ce livre est extraordinaire.* ● *Partout où elle passe, elle suscite l'admiration.*

**S.** *Susciter* (soutenu) a pour syn. PROVOQUER, FAIRE NAÎTRE, CRÉER, OCCASIONNER (soutenu) et, plus particulièrement, en parlant d'un sentiment, ÉVEILLER, SOULEVER.

**suspect, e** [syspɛ, ɛkt] adj. (après le n.) et n.
[adj.] (se dit de qqch, de qqn) *Nous recherchons les auteurs du vol, vous n'avez rien remarqué de suspect?* ● *La police a arrêté un individu suspect, mais on ne sait pas encore s'il est coupable.* ◆ [n.] (personne) *On a interrogé trois suspects après le meurtre, mais aucun n'a été arrêté.*

**S. 1.** En parlant d'une chose, *suspect* se dit de ce qui provoque la méfiance et a pour syn. LOUCHE (fam.) ou ANORMAL, BIZARRE (sans idée de danger). Le contr. est NORMAL. En parlant de qqn, dont le comportement laisse soupçonner qu'il est capable de commettre un méfait, les syn. sont LOUCHE, DOUTEUX, et le contr. est HONNÊTE. — **2.** Un *suspect* (n.) est une personne qu'on soupçonne d'avoir commis un délit.
**L. suspecter** (v. t.) On tient cet individu pour suspect → *on suspecte cet individu.*

**suspendre** [syspɑ̃dr] v. t. (conj. **41**)
I. (sujet qqn) **suspendre qqch (concret) [à qqch (concret)]** *Tous les soirs, il suspendait avec soin sa veste au portemanteau.*

II. (sujet qqn) **suspendre qqch (séance, débat, activité, etc.)** *Si le calme ne revient pas dans la salle, nous allons suspendre la séance.* ◆ **suspendre qqn, un journal, etc.** *À la suite de cette affaire, le professeur a été suspendu.*

**S. 1.** *Suspendre* (sens I) est un syn. soutenu de ACCROCHER. — **2.** *Suspendre* (sens II), c'est, en langage administratif ou juridique, INTERROMPRE provisoirement. *Suspendre qqn*, c'est l'obliger à cesser son activité, lui interdire d'exercer ses fonctions provisoirement ; *suspendre un journal*, c'est lui interdire de paraître.
**L. suspension** (n. f.) [sens II] *Le juge a demandé que la séance soit suspendue → le juge a demandé la suspension de la séance.*

**svelte** [svɛlt] adj. (après le n.)
(se dit de qqn) *Il est âgé, mais il est resté svelte et élégant, ce qui lui donne l'air jeune.*

**S.** *Svelte* (soutenu) a pour syn. MINCE, ÉLANCÉ.

**symbole** [sɛ̃bɔl] n. m.
[statut, qqch] *On dit que la couleur verte est le symbole de l'espoir.* ● *Il y a de nombreux symboles dans ce film, par exemple, l'oiseau qui s'envole, c'est le symbole de la liberté.*

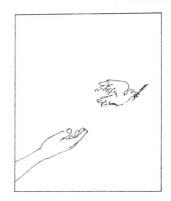

**S.** Un *symbole* est le signe visible, la représentation de qqch de concret ou d'abstrait, indiqué par le compl. précédé de DE.
**L. symbolique** (adj.) *Cette image est un symbole → cette image est symbolique.* ◆ **symboliser** (v. t.) *Cette statue sera pour toujours le symbole de notre victoire → cette statue symbolisera pour toujours notre victoire.*

**symétrie** [simetri] n. f.
[qualité, qqch] (compt., surtout au sing.) *Mesdames, messieurs, admirez la symétrie parfaite des ailes du château ; elles sont identiques.*

**S.** La *symétrie* est la disposition régulière des parties d'un ensemble par rapport à un axe.
**L. symétrique** (adj.) *Les deux parties du visage ne sont pas absolument symétriques* (← *en absolue symétrie*).

**sympathique** [sɛ̃patik] adj. (après le n.)
(se dit de qqn, de qqch [action, attitude, etc.]) *Mes amis t'ont trouvé très sympathique ; franchement, tu leur plais beaucoup !* ● *Elle était sympathique cette petite réunion, hein ? — Oui, on s'est bien amusés.*

**S.** Une personne *sympathique* est celle pour qui on a une certaine amitié, vers laquelle on se sent attiré ; les syn. sont CHARMANT (plus fort), AIMABLE (moins fort), AGRÉABLE (moins fort), ATTACHANT, par oppos. à ANTIPATHIQUE, DÉPLAISANT, DÉSAGRÉABLE. En parlant d'une action, les syn. sont AGRÉABLE (moins fort), CHOUETTE (fam.). *Sympathique* a pour abrév. fam. SYMPA.
**L. sympathie** (n. f.) *Pierre m'est très sympathique → j'ai une grande sympathie pour Pierre.* ◆ **sympathiser**, v. ce mot.

**sympathiser** [sɛ̃patize] v. t. ind. (conj. **1**)
(sujet qqn) **sympathiser (avec qqn)** *Nous nous sommes rencontrés chez les Durand et nous avons tout de suite sympathisé.*

**S.** *Sympathiser avec* qqn, c'est éprouver de la SYMPATHIE pour lui et s'entendre bien avec lui.

**symptôme** [sɛ̃ptom] n. m.
[statut, qqch] *Mal au dos, aux jambes, grande fatigue, fièvre? Mon vieux, tu as tous les symptômes de la grippe.* ◆ *On a, en face de nous, les symptômes d'une crise économique grave et aucune mesure n'est prise pour l'empêcher.*

**S.** Un *symptôme* est un signe apparent, mani-

feste d'une maladie, qui permet d'établir un diagnostic, ou, d'une manière plus générale, le signe, l'indice, le présage de qqch.

**syndicat** [sɛ̃dika] n. m.
[collectif, personnes] *Tu fais partie d'un syndicat? — Oui, je suis adhérent à la C. G. T.* ◆ *Tous les syndicats participeront à cette manifestation organisée pour protester contre la hausse des prix.*

**S.** Un *syndicat* est une association de travailleurs groupés en vue de défendre leurs intérêts professionnels ; il s'occupe ainsi de l'amélioration des salaires, des conditions de travail, de la sécurité de l'emploi, etc. Le *syndicat* se distingue du parti qui se constitue pour faire prévaloir une politique. Comme lui, le *syndicat* est constitué par des adhérents ou militants (la BASE) et des dirigeants (les SECRÉTAIRES, le BUREAU). Le groupement de plusieurs *syndicats* forme une FÉDÉRATION ; plusieurs fédérations réunies forment une CONFÉDÉRATION.

**synthèse** [sɛ̃tɛz] n. f.
I. [action, qqn, et résultat] (compt., surtout au sing.) *Maintenant que nous avons entendu toutes vos propositions, nous allons essayer d'en faire la synthèse pour arriver à un projet commun.* ◆ *Pierre a très bien analysé les faits, mais il lui manque un esprit de synthèse qui lui aurait permis une conclusion plus intéressante.*
II. [action, qqn, et résultat] *Ce produit a été obtenu par synthèse.*

**S. 1.** La *synthèse* (sens I) est la réunion des divers éléments d'un ensemble dans une démonstration, un raisonnement, un exposé, etc. Elle s'oppose et fait suite à l'ANALYSE. — **2.** La *synthèse* (sens II) est une opération de chimie qui permet d'obtenir un produit en combinant certains éléments.
**L. synthétique,** v. ce mot.

**synthétique** [sɛ̃tetik] adj. (après le n.) et n. m.
[adj.] (se dit de qqch [tissu, matière]) *Il y a des quantités de tissus synthétiques différents ; en général on mélange les fils de coton ou de laine et les fils synthétiques.* ◆ [n. m.] (matière) *C'est du pur coton, il n'y a pas de synthétique dans ces draps.*

**G.** Cet adj. n'a ni comparatif ni superlatif.
**S.** Les tissus *synthétiques* sont faits avec des fibres *synthétiques* (Nylon, Dralon, Tergal), d'origine chimique par oppos. aux fibres NATURELLES (coton, laine, lin) ; les PLASTIQUES sont aussi des matières *synthétiques*.

**systématique** [sistematik] adj. (après le n.)
(se dit de qqch [attitude, action], de qqn) *Il ne faut pas garder cette attitude d'opposition systématique, c'est trop négatif.* ◆ *Impossible d'avoir une discussion avec lui ; il est tellement systématique qu'il en devient excessif.*

**S.** Est *systématique* (soutenu) ce qui est fait de façon rigide, sans nuance, en tenant compte des seuls principes, ou celui qui agit d'une manière théorique, dogmatique, sans idée de compromis. L'adj. est souvent péjor. ; quand il ne l'est pas, les syn. sont MÉTHODIQUE, RIGOUREUX, STRICT.
**L. systématiquement** (adv.) *Il s'oppose d'une manière systématique à ce que je dis* → *il s'oppose systématiquement à ce que je dis.*

**système** [sistɛm] n. m.
[manière, qqch] *Mettre des lits d'enfant l'un au-dessus de l'autre, c'est un bon système pour gagner de la place dans une chambre.* ◆ [appareil] *Il existe plusieurs systèmes de sécurité pour protéger les appartements contre les voleurs.*

**S.** Un *système* est une MÉTHODE ou un PROCÉDÉ reposant sur des principes ; c'est aussi une TECHNIQUE particulière permettant la réalisation de qqch ; c'est enfin un appareil comportant un mécanisme plus ou moins compliqué.

**ta** → TON 2.

**tabac** [taba] n. m.
I. [produit] (non-compt., au sing.) *Je n'ai plus de tabac pour ma pipe, je vais en acheter.* • *Tu fumes du tabac blond ou brun?*
II. [lieu, commerce] (compt.) **bureau de tabac** ou **tabac** *Il est parti au bureau de tabac acheter des timbres.* • *Zut! Tous les tabacs sont fermés et je n'ai plus de cigarettes!*

> **S. 1.** On fume le *tabac* dans une pipe ou sous forme de cigarettes et de cigares. — **2.** Le *tabac* est un monopole d'État et seuls les *bureaux de tabac* ou *tabacs* sont autorisés à en vendre. Ils sont signalés par une enseigne rouge appelée CAROTTE ; ce sont souvent en même temps des cafés (CAFÉS-TABACS).

**table** [tabl] n. f.
I. [meuble] *Quand ils se sont mariés, ils n'avaient comme meubles qu'un lit, une table et quatre chaises!* • *Il faut que je change ma table de cuisine, elle a deux pieds cassés.*

II. [collectif, objets] *Tiens, voici les assiettes, les verres, les couteaux et les fourchettes, va mettre la table.* • *Bon, si tout le monde a fini de manger, passez au salon : je vais débarrasser la table.*
III. (sujet qqn) **[être, se mettre] à table** *Chaque fois que nous sommes à table, le téléphone sonne, c'est insupportable!* • *À table, tout le monde! C'est prêt!*

> **S. 1.** Une *table* (sens I) de salle à manger est souvent recouverte d'une nappe en tissu ou d'une toile cirée pour les repas. — **2.** Mettre la *table* (sens II) a pour syn. METTRE LE COUVERT. — **3.** *Être à table* (sens III) signifie qu'on est en train de manger. *À table!* se dit pour METTEZ-VOUS À TABLE et indique que le repas est prêt, qu'on va manger.

**tableau** [tablo] n. m.
I. [objet, texte] *Devant la gare, vous avez le tableau des heures d'arrivée et de départ des trains.* ◆ [objet] [À l'école] : « *Sylvie, allez au tableau et écrivez la date.* »
II. [résultat, activité artistique] *Pierre adore la peinture ; dès qu'il le peut, il achète des tableaux.* • *Tu comprends ce que représente ce tableau, toi?*

> **S. 1.** Au sens I, un *tableau* est un panneau qui porte des inscriptions, des informations ou un panneau (noir ou vert) sur lequel on écrit à la craie. — **2.** Au sens II, *tableau* a pour syn. PEINTURE, TOILE ; un *tableau* est encadré dans un cadre.

**tablier** [tablije] n. m.
[vêtement] *Tu devrais mettre un tablier pour faire la cuisine, sinon tu vas te salir.* • *Les enfants mettent encore des tabliers pour aller à l'école?*

> **S.** Le *tablier* sert à protéger les vêtements. Il est surtout porté par certains commerçants (boucher, marchand de fruits et légumes, charcutier, etc.) ou à la maison pour la cuisine, le ménage, etc. Il ne couvre en général que le devant du corps, par oppos. à la BLOUSE, qui s'enfile par la tête et a des manches.

**tabou, e** [tabu] adj. (après le n.), **tabou** n. m.
[adj.] (se dit de qqch [abstrait]) *Jamais à la maison nous n'avons pu parler des rapports entre les filles et les garçons, c'était un sujet tabou.* ◆ (se dit de qqn) *Tu sais, son professeur est tabou pour lui, alors ce n'est pas la peine de le critiquer.* ◆ [n. m.] (qqch) *Il voudrait qu'il n'existe plus aucun tabou, qu'on puisse s'exprimer librement sur tout.*

**S.** Est *tabou* (soutenu) un sujet dont on ne peut parler, qui est interdit, sur lequel on fait silence par crainte ou par pudeur, ou qui est considéré comme sacré, à l'abri de tout reproche et auquel il ne faut pas toucher (en ce sens, en parlant de qqn, SACRÉ est un syn.). *Un tabou* (n. m.) est un sujet *tabou*.

**tabouret** [taburɛ] n. m.
[meuble] *Douze à table ? Comment va-t-on faire, on n'a pas assez de chaises ! — On prendra les tabourets de la cuisine.* ● *Elle est tellement petite qu'elle n'arrive pas à s'asseoir sur le tabouret, au bar, c'est drôle !*

**S.** Le *tabouret* est un siège sans dossier ni bras, de hauteur variable.

**tache** [taʃ] n. f.
[résultat] **tache (de qqch)** *Attention, tu vas*

*renverser ton café ! — Trop tard ! j'ai fait une tache sur mon manteau !* ● *Tu ne sais pas avec quoi on peut enlever cette tache ? — Si c'est une tache d'encre, ça ne partira pas.*

**S.** Une *tache* est une marque que laisse un produit qui salit (*tache* D'HUILE, DE GRAISSE, DE CAFÉ, D'ENCRE). *Faire des taches sur* qqch, c'est le TACHER, le SALIR.
**L. tacher** (v. t.) *Attention à ne pas faire de taches sur ta robe* → *attention à ne pas tacher ta robe.*

**tâche** [taʃ] n. f.
[action, qqn] *Nous vous avons confié une tâche difficile, mais nous savons que vous vous en tirerez bien.* ● *Que faites-vous dans la vie ? — Je m'occupe de jeunes délinquants. — Ah ! oui, c'est une lourde tâche.*

**S.** Une *tâche* (soutenu) est un travail déterminé qu'on doit exécuter, et le mot a pour syn. soutenus BESOGNE, OUVRAGE, ou qqch qu'on a à faire par devoir ou par nécessité, et les syn. sont MISSION ou RÔLE.

**tâcher** [taʃe] v. t. ind. (conj. **1**)
(sujet qqn) **tâcher de** + *inf. Bon, rendez-vous à 5 heures, et tâchez d'être à l'heure pour une fois !*

**S.** *Tâcher de* est un syn. soutenu de ESSAYER DE.

**tactique** [taktik] n. f.
[action, qqn, et résultat] *Malheureusement, la tactique employée par notre équipe de football n'a pas été très efficace.*

**S.** Une *tactique* est une MÉTHODE, un SYSTÈME, un PLAN d'action ; STRATÉGIE est un syn. plus fort.

**taille** [taj] n. f.
I. [qualité, mesure] (compt.) *Ce pantalon me va bien : il est juste à ma taille.* ● *Vous voulez essayer cette robe ? Quelle taille faites-vous ? — Du 42.* ● *J'ai vu un poste de radio de la taille d'un paquet de cigarettes !* ● *Qu'est-ce que tu es grande ! Quelle est ta taille ? — 1 mètre 75.* ● *On recherche un homme de taille moyenne, aux cheveux bruns, portant des lunettes.*
II. [partie du corps] (compt., surtout au sing.) *Tu as vu ? Paul a pris Marie par la taille !* ● *Catherine a la taille fine.* ● *L'eau était tellement froide que j'y suis entrée jusqu'à la taille seulement.*

**S. 1.** *Taille* (sens I) désigne la dimension d'un vêtement (plus rarement des chaussures : en ce sens, on dit plutôt POINTURE). La *taille* est représentée par un chiffre qui correspond à des dimensions données. *De la taille de* qqch a pour syn. DE LA GRANDEUR, DE LA GROSSEUR, DE LA LONGUEUR, DE LA LARGEUR, DU FORMAT DE. La *taille* de qqn, c'est sa HAUTEUR, sa STATURE (plus soutenu) exprimée en mètre et en centimètres. — **2.** La *taille* (sens II) est la partie du corps située au-dessus des hanches, à la hauteur de la ceinture.

**taire (se)** [tɛr] v. pr. (conj. **70**)
(sujet qqn) *Je crois que j'ai dit une bêtise, j'aurais mieux fait de me taire !* ● *Taisez-vous, s'il vous plaît, j'aimerais un peu de silence.* ◆ **faire taire qqn** *Faites taire cet enfant, on ne s'entend plus ici !*

**S.** *Se taire*, c'est NE PAS PARLER, ÊTRE DISCRET quand il s'agit de s'abstenir de parler de qqch de particulier, ou S'ARRÊTER, CESSER DE PARLER,

FAIRE SILENCE quand il s'agit de cesser complètement de parler.

**talent** [talɑ̃] n. m.
I. [qualité, qqn] *Je savais que vous aviez de nombreux talents, mais je ne savais pas qu'en plus vous faisiez merveilleusement bien la cuisine.* • *Pour une première œuvre, ce n'est pas mal du tout, vous avez du talent, jeune homme.* ◆ **de talent** *A quelle exposition allons-nous ? — Celle d'un jeune peintre de talent dont j'ai oublié le nom mais qui se fera connaître.*
II. [personne] *Son métier ? Découvrir des jeunes talents, et les faire passer à la télévision.*

**S. 1.** Un *talent* (sens I) est une aptitude à bien faire qqch. *De talent* a pour syn. DE QUALITÉ.
— **2.** Au sens II, un *jeune talent* est qqn qui a du *talent*, des dons pour telle ou telle activité.

**talon** [talɔ̃] n. m.
I. [partie du corps] *Qu'est-ce que tu t'es fait au talon ? — J'ai l'habitude de marcher pieds nus ; par manque de chance, il y avait un clou par terre.*
II. [partie d'un objet] *Vous désirez des chaussures à talons hauts ou à talons plats ?*

**S. 1.** Le *talon* (sens I) est la partie postérieure du pied, que l'on pose en premier sur le sol quand on marche. — **2.** Le *talon* (sens II) est la partie correspondante d'une chaussure.

**tandis que** [tɑ̃di(s)kə] conj.
[opposition] **tandis que** + **ind.** *Ton frère est toujours prêt à nous aider, tandis que toi, tu dis toujours que tu as autre chose à faire.* • *Moi, j'aimerais bien partir en voyage, tandis que lui préfère rester à la maison !*

**S.** *Tandis que* indique une opposition, un contraste simultané avec une autre action ; il a pour syn. ALORS QUE + ind. (soutenu). *Tandis que* a pour équivalent MAIS (conj. de coordination) ou AU CONTRAIRE (*tu as faim, tandis que moi je n'ai pas envie de manger* → MAIS MOI [MOI, AU CONTRAIRE], JE N'AI PAS ENVIE DE MANGER).

**tant** [tɑ̃] adv.
[quantité] **tant** + **v.**, **tant de** + **n. plur.** (compt.) ou **sing.** (non-compt.) **[que + ind.]** *Ne travaille pas tant, tu vas te fatiguer.* • *Tu as écrit aux Durand ? — Oh ! j'ai déjà envoyé tant de cartes que je n'en sais plus rien.* ◆ **tant que ça** *Il y avait bien dix mille personnes à la manifestation. — Tant que ça, tu es sûr ?* • *Vous avez aimé le film ? — Pas tant que ça, ce n'était pas extraordinaire.* ◆ **tant qu'à faire** *Bon, alors on va au restaurant ce soir ? — D'accord, mais tant qu'à faire je préférerais aller d'abord au cinéma.*

**G.** *Tant* peut être suivi d'une subordonnée de conséquence introduite par QUE, qui est à l'ind. si la principale est affirmative, au subj. (soutenu) si elle est négative (*il ne travaille pas tant qu'il ne puisse passer nous voir un soir*).
**S.** *Tant* indique l'importance de la quantité ou de l'intensité et a pour syn. TELLEMENT ou parfois AUTANT (après un verbe). *Tant que ça*, qui s'emploie surtout dans des phrases exclamatives ou interrogatives, a pour syn. AUTANT QUE ÇA ; *pas tant que ça* a pour syn. PAS TELLEMENT, PAS BEAUCOUP. *Tant qu'à faire* (fam.) s'emploie pour introduire une préférence, un choix et a pour syn. DANS CE CAS.

**tante** [tɑ̃t] n. f.
[personne, parenté] *De quelle tante parles-tu ? De la sœur de ton père ou de la sœur de ta mère ?* • *Mon oncle est malade, ma tante viendra seule.*

**S.** *Tante* s'oppose à ONCLE. TATA est un syn. fam. dans le langage enfantin.

**tant mieux !** [tɑ̃mjø], **tant pis !** [tɑ̃pi] interj.
[satisfaction] **tant mieux** *Pierre a dit qu'il ne viendrait pas avec nous. — Tant mieux, comme ça on sera seuls tous les deux !* ◆ [regret] **tant pis** *Zut ! On ne peut pas sortir : il pleut ! — Tant pis, on restera à la maison.* • *Tu es tombé ? Tant pis pour toi ! Je t'avais bien dit de ne pas courir !*

**S. et G.** Ces interj., qui marquent respectivement la satisfaction devant un événement ou la résignation et le regret, peuvent être suivies d'un compl. introduit par POUR.

**tantôt** [tɑ̃to] adv.
I. [temps] *On a téléphoné tantôt pour toi, j'ai dit que tu serais là dans la soirée.*

# TAPER

II. [alternative] **tantôt..., tantôt...** *Comment va le moral de Jacques ? — Il est tantôt gai, tantôt triste, on ne sait pas très bien pourquoi.* • *Vous vous organisez comment pour aller chercher vos enfants à l'école ? — C'est tantôt la voisine, tantôt moi, on change tous les jours.*

**S. 1.** *Tantôt* (sens I) indique que l'événement a eu lieu (ou aura lieu) dans l'APRÈS-MIDI. — **2.** *Tantôt* (sens II) indique une alternance ou une opposition et a pour syn. UNE FOIS..., UNE AUTRE FOIS...

**taper** [tape] v. t. ind. et v. t. (conj. **1**)
I. [v. t. ind.] (sujet qqn) **taper sur, dans, à qqch (objet), taper sur qqn** *Allons ! vas-y ! Tape dans le ballon !* • *Arrête de taper du pied ; ça m'énerve.* • *Va voir ce que c'est, il y a quelqu'un qui tape à la porte.* • *Qu'est-ce que tu as, tu t'es battu ? — Oui,*

*il y a quelqu'un qui m'a tapé dessus à l'école.* ◆ **le soleil (ça) tape (sur la tête, la nuque)** *Mets-toi quelque chose sur la tête, le soleil tape.* • *Oh ! Je rentre, moi : qu'est-ce que ça tape aujourd'hui !*
II. [v. t.] (sujet qqn) **taper (un texte) à la machine** *Tu peux me taper cette lettre, s'il te plaît ?* • *Chantal apprend à taper à la machine pour être secrétaire.*

**S. 1.** *Taper sur, dans* qqch (sens I) a pour syn. FRAPPER ou COGNER. *Taper sur* qqn a pour syn. FRAPPER, BATTRE qqn, DONNER DES COUPS À qqn. *Le soleil tape, ça tape* se disent lorsqu'il fait très chaud. — **2.** *Taper un texte à la machine* (sens II), c'est l'écrire à l'aide d'une machine, le DACTYLOGRAPHIER. La personne qui *tape* à la machine est une DACTYLO ou une STÉNODACTYLO.

**tapis** [tapi] n. m.
[objet] *Ils se sont acheté un grand tapis de*

*laine pour mettre dans la salle de séjour.* • *Le tapis de l'escalier de l'immeuble commence à être usé : il faudra le remplacer.*

**S.** Un *tapis* est, dans une pièce, simplement posé sur le sol qu'il recouvre en partie, par oppos. à la MOQUETTE qui est fixée au sol et qui le recouvre entièrement. La CARPETTE (ou DESCENTE DE LIT) est un petit *tapis* mince et mobile qu'on met au pied d'un lit, le TAPIS-BROSSE ou PAILLASSON est un petit *tapis* épais et mobile pour s'essuyer les pieds devant la porte d'entrée.

**taquiner** [takine] v. t. (conj. **1**)
(sujet qqn) **taquiner qqn** *Maman ! Il m'a dit que je suis idiote, que je ne réussirai rien ! — Il ne le pense pas, il veut te taquiner.*

**S.** *Taquiner* qqn (surtout en parlant d'enfants), c'est l'ENNUYER sans méchanceté. AGACER est un syn. plus fort.
**L.** **taquin, e** (adj.) Il aime beaucoup taquiner les autres → *il est très taquin.*

**tard** [tar] adv.
[temps] *Aline était fatiguée, elle s'est couchée très tard hier soir.* • *Le docteur est occupé en ce moment, il vous demande de le rappeler plus tard, dans un quart d'heure environ.* • *Plus tard, quand tu seras grand, tu comprendras.* ◆ **au plus tard** *Il faut partir au plus tard à 19 heures 30 si on ne veut pas rater la séance de 20 heures au cinéma.*

**S.** *Tard* indique un moment avancé de la journée ou de la nuit qui se situe après le moment habituel ; il a pour contr. TÔT. *Trop tard* indique qu'un temps limite a été dépassé. *Plus tard* a pour syn. ULTÉRIEUREMENT (soutenu). *Au plus tard*, suivant ou précédant une date, une heure, indique l'ultime limite temporelle pour qu'un événement, une action se produisent.

**L. tardif, ive** (adj.) *Tu ne trouves pas que tes regrets viennent un peu tard ? → tu ne trouves pas que tes regrets sont un peu tardifs ?* ◆ **retarder,** v. ce mot.

**tarder** [tarde] v. t. ind. (conj. **1**)
(sujet qqn, qqch) **tarder (à + inf.)** *Tu as tardé à répondre à sa lettre, et il s'est adressé à quelqu'un d'autre.* • *Le docteur n'est pas encore là, mais il ne tardera pas,*

*attendez-le un moment.* • *Si tu continues, tu vas recevoir une gifle et tu vas voir, ça ne va pas tarder !*

**S.** *Tarder à* a pour syn. METTRE LONGTEMPS POUR ; sans compl., le syn. est SE FAIRE ATTENDRE (fam.). *Ça ne va pas tarder* a pour syn. ÇA NE VA PAS ÊTRE LONG.

**tarif** [tarif] n. m.
[argent, valeur] *Le tarif des bouteilles d'alcool a encore été augmenté ?* • *Paul est payé au tarif de vingt francs de l'heure.* • *Les familles nombreuses ont droit à des tarifs spéciaux dans les transports en commun.*

**S.** *Tarif* est syn. de PRIX. Un *plein tarif* est un prix sans réduction (par oppos. au *demi-tarif* ou au *tarif réduit*).

**tarte** [tart] n. f.
[aliment] **tarte (à + n.)** *Je ne sais pas faire tous les gâteaux, mais j'aime bien faire des tartes aux fruits.* • *Qu'est-ce que tu prends ? De la tarte aux fraises ou de la tarte aux pommes ?*

**S.** Une *tarte* est une pâtisserie, un gâteau, fait de pâte aplatie sur laquelle on a déposé des fruits, de la crème, etc.
**L. tartelette** (n. f.) *Qu'elle est bonne cette petite tarte aux cerises ! → qu'elle est bonne cette tartelette aux cerises !*

**tartine** [tartin] n. f.
[aliment] *Le matin, au petit déjeuner, nous prenons un café au lait et des tartines.* • *Tu as déjà pris deux tartines de beurre et tu veux encore une tartine de confiture ?*

**S.** La *tartine* est une tranche de pain sur laquelle on étale du beurre, de la confiture, du miel, etc. (*tartine* DE BEURRE, DE CONFITURE, DE MIEL).

**tas** [tɑ] n. m.
I. [forme, qqch] **tas de + n. plur.** (compt.) ou **n. sing.** (non-compt.) *Tu n'as pas vu les enfants ? — Ils s'amusent sur le tas de sable.* • *Ne te gare pas là : il y a de gros tas de pierres autour de la maison en construction.* ◆ **en tas** *Quand on a coupé l'herbe, on la met en tas pour qu'elle sèche.*
II. [quantité] **un tas de + n. plur.** *Paul s'intéresse à des tas de choses, c'est agréable de discuter avec lui.* • *Marie connaît un tas de gens à Paris, elle sort très souvent.*

**S. 1.** Au sens I, un *tas de* indique un certain nombre d'objets accumulés sans ordre (nom compt., au plur.) ou une certaine quantité de matière entassée en vrac (nom non-compt., au sing.); des syn. plus forts sont MONCEAU, MASSE, AMONCELLEMENT, AMAS (soutenu). — **2.** Au sens II, *un tas de* a pour syn., en plus forts, BEAUCOUP DE, PLEIN DE, UN GRAND NOMBRE DE, UNE QUANTITÉ DE, UNE FOULE DE, UNE MASSE DE, UNE MULTITUDE DE.
**L. entasser,** v. ce mot.

**tasse** [tɑs] n. f.
[récipient] **tasse (à thé, à café)** *Je n'ai plus aucune tasse à café, elles sont toutes cassées.* • *Tu peux boire dans ma tasse, si tu veux.* ◆ [contenu] **tasse (de thé, de café, etc.)** *Qui veut une tasse de thé ?* • *Il y a encore du café, tu veux que je t'en donne une tasse ?*

**S.** Une *tasse à thé, à café* est un petit récipient avec une anse, qui repose sur une soucoupe et qui sert à boire ; elle est distincte du BOL, qui n'a pas d'anse. La *tasse de thé, de café,* etc., c'est le thé, le café, etc., contenu dans la *tasse.*

**tasser** [tɑse] v. t. (conj. **1**)
I. (sujet qqn) **tasser qqch** *Il faut bien tasser la terre au fond du pot et ensuite mettre la plante et de la terre encore autour.* ◆ (sujet qqn [plur. ou collectif]) **se tasser, être tassé** *Si tu savais ce qu'on est tassés dans le métro à 6 heures du soir, on peut à peine respirer.*
II. (sujet qqch [abstrait]) **se tasser** *Ça, il*

# TÂTER

*n'a pas admis ce que tu lui as répondu, il était très en colère, mais ça se tassera.*

**S. 1.** *Tasser* (sens I), c'est COMPRIMER. *Se*

*tasser*, en parlant de personnes, a pour syn. SE SERRER, S'ENTASSER. — **2.** *Se tasser* (sens II) [fam.] a pour syn. S'ARRANGER.

**tâter** [tɑte] v. t. (conj. **1**)
(sujet qqn) **tâter qqch (concret)** *Toutes les heures, maman venait tâter mon front pour voir si la fièvre baissait.*

**S.** *Tâter*, c'est TOUCHER des doigts pour sentir, examiner.

**taureau** [toro] n. m.
[animal] *N'ouvre pas la barrière du pré; il y a un taureau et il est dangereux.*

**S.** Le *taureau* est le mâle de la vache.

**taxe** [taks] n. f.
[argent, valeur] *Pour envoyer un paquet urgent par la poste, il faut payer une taxe supplémentaire.* • *Les commerçants se plaignent des nombreuses taxes qu'ils doivent payer.*

**S.** Une *taxe* est une somme d'argent, un droit à payer en plus de qqch ou un impôt qui frappe certains produits.
**L. taxer** (v. t.) *Il y a une taxe sur l'alcool → l'alcool est taxé.*

**taxi** [taksi] n. m.
[moyen de transport] *Si tu es pressé, prends un taxi, ça ira plus vite que l'autobus.* • *Marie, tu peux m'appeler un taxi?* • *Où est la station de taxis la plus proche? — Au coin de la rue.*

**S.** Un *taxi* est une voiture conduite par un CHAUFFEUR et que l'on prend pour aller d'un endroit à un autre, moyennant une certaine

somme. Le trajet s'appelle la COURSE; la somme à payer est indiquée par le compteur, et la personne transportée est un CLIENT.

**tchèque** [tʃɛk] adj. (après le n.), et n. m.
[adj.] (se dit de qqch) *Sur quoi se fonde principalement l'économie tchèque?* ◆ [n. m.] (langue) *Comment vas-tu faire pour te débrouiller à Prague si tu ne parles pas du tout le tchèque?* ◆ [n. et adj.] (personne) *Elle a un drôle d'accent, elle n'est pas française? — Bien sûr que non, elle est tchèque.* • *Les Tchèques sont des gens très sympathiques.*

**G.** L'adj. ne se met ni au comparatif ni au superlatif.
**S.** L'adj. *tchèque* s'emploie couramment pour TCHÉCOSLOVAQUE, qui correspond au n. f. TCHÉCOSLOVAQUIE. Dans le pays, on distingue les *Tchèques* (de Bohême et de Moravie) et les SLOVAQUES (de Slovaquie). Les *Tchèques* (notez la majuscule) ou TCHÉCOSLOVAQUES sont ceux qui ont la nationalité *tchèque* ou TCHÉCOSLOVAQUE.

**te** → TU.

**technicien, enne** [tɛknisjɛ̃, ɛn] n.
[personne, profession] *Jean étudie les mathématiques et la physique: il prépare un examen de technicien.*

**S.** Un *technicien* travaille dans une entreprise industrielle ou dans un laboratoire de recherche sous les ordres d'un ingénieur ou d'un chercheur.

**technique** [tɛknik] adj. (après le n.) et n. f.
I. [adj.] (se dit de qqch) *Si tu parles de ton*

*métier en employant des mots techniques, je n'y comprendrai rien.* ● *D'un point de vue technique, ta photo est réussie, mais elle ne représente vraiment rien d'intéressant.* ● [À la télévision] : *« Un incident technique nous empêche de passer cette émission aujourd'hui. »*
II. [n. f.] (qqch) *C'est grâce aux progrès de la technique que nous pouvons téléphoner partout dans le monde.*

**G.** L'adj. n'a ni comparatif ni superlatif.
**S. 1.** En parlant d'un mot, *technique* a pour syn. SPÉCIALISÉ, SCIENTIFIQUE et pour contr. COURANT. En parlant d'un point de vue, le contr. est THÉORIQUE. En parlant d'un art, il s'oppose à ARTISTIQUE, ESTHÉTIQUE. *Incident technique* a pour syn. *incident* MATÉRIEL. — **2.** La *technique* (n. f.) désigne les moyens d'application d'une science, d'un art.
**L. techniquement** (adv.) *Sur le plan technique, ta photo est réussie* → *techniquement, ta photo est réussie.* ◆ **technicien,** v. ce mot.

**teint** [tɛ̃] n. m.
[qualité, qqch] *C'est une brune aux yeux verts et au teint pâle, comme je les aime.*

**S.** Le *teint* est l'aspect, la couleur du visage de qqn. CARNATION est un syn. soutenu et moins précis.

**tel, telle** [tɛl] adj. indéf.
I. [quantité] (se dit de qqch [abstrait] ; avant le n.) *Il a une telle peur du noir qu'il dort avec la lumière allumée.* ● *Comment veux-tu qu'on retrouve quelque chose ici, il y a un tel désordre !*
II. [comparaison] (se dit de qqn, de qqch ; après le n.) *Pour un Français, des langues telles que l'italien ou l'anglais sont plus faciles à apprendre que l'allemand.* ● *Il nous faudrait des hommes tels que vous pour diriger l'entreprise !* ◆ **en tant que tel** *On déteste la violence en tant que telle, mais il y a des cas où elle est nécessaire.*
◆ **tel quel, tel que** *Laissez tout ça tel quel, nous rangerons plus tard.*
III. [identité] (se dit de qqch, de qqn ; après le n.) *Le retour des vacances a été terrible ; on n'avait jamais rien vu de tel.*
◆ **Un tel** *Tu n'as pas vu Un tel ? Il te cherche partout.*

**S. et G. 1.** Au sens I, *tel* indique la quantité, l'intensité, avec un nom abstrait ; il est suivi d'une subordonnée de conséquence introduite par QUE. Il forme avec certains noms des conj. suivies de l'ind. ou du subj. (DE TELLE SORTE QUE, DE TELLE MANIÈRE QUE, À TEL POINT QUE). *Tel* s'emploie sans QUE dans les phrases exclamatives. *Tel* est soutenu, il a pour équivalents SI GRAND ou, en langue courante, les adv. TELLEMENT DE, TANT DE. — **2.** Au sens II, *tel* introduit une énumération, l'élément d'un ensemble ou un exemple. Suivi d'une subordonnée comparative avec QUE, il a pour syn. plus courant COMME. *En tant que tel* insiste sur la spécificité, la caractéristique de qqch et a pour équivalents LUI-MÊME, ELLE-MÊME. *Tel quel* (ou fam. *tel que*) a pour syn. COMME ÇA, DANS L'ÉTAT OÙ C'EST. — **3.** *Tel* (sens III), qui marque la ressemblance, l'identité, a pour syn. PAREIL, SEMBLABLE. *Un tel*, considéré souvent comme pronom, est le substitut vague d'un nom propre de personne.

**télégramme** [telegram] n. m.
[objet, texte] *J'ai reçu ce matin un télégramme d'Aline, elle arrive cet après-midi et demande qu'on aille la chercher à Orly.*

**S.** Un *télégramme*, moyen de communication plus rapide qu'une lettre, est un texte, un message envoyé par TÉLÉGRAPHE.
**L. télégraphier** (v. t.) *Tu devrais envoyer un télégramme à Jacques pour le prévenir* → *tu devrais télégraphier à Jacques pour le prévenir.*

**téléphone** [telefɔn] n. m.
[appareil] *Ils ont un téléphone dans leur chambre et un dans le salon, c'est pratique.* ● *Le téléphone sonne, tu vas répondre ?* ● *J'ai eu Jacqueline au téléphone, elle viendra ce soir.* ● *Au fait il ne faut pas oublier de payer le téléphone !* ● *Je n'ai pas pu t'appeler : je n'ai pas ton numéro de téléphone.* ● *J'ai reçu un coup de téléphone de Pierre, il arrive demain matin.*

**S.** Le *téléphone* se compose d'un combiné dans lequel on parle et par lequel on écoute, d'un

écouteur, d'un cadran mobile sur lequel on forme le numéro de son correspondant. On DÉCROCHE le combiné pour entrer en communication, on RACCROCHE à la fin de la communication. Dans les entreprises, les administrations, les appels sont reçus au STANDARD par les

## TÉLÉPHONER

STANDARDISTES. *Donner un coup de téléphone* ou, fam., *donner un* COUP DE FIL, c'est TÉLÉPHONER. Chaque *coup de téléphone* est une COMMUNICATION.
**L. téléphonique** (adj.) Nous avons eu une longue conversation par téléphone → *nous avons eu une longue conversation téléphonique.*
♦ **téléphoner,** v. ce mot.

**téléphoner** [telefɔne] v. t. (conj. 1) (sujet qqn) **téléphoner ([qqch] à qqn)** *Je lui ai déjà téléphoné, mais c'était occupé.* ● *Tu pourras me téléphoner les résultats ? Voilà mon numéro.* ● *Ce n'est pas la peine d'y aller, il suffit de téléphoner.*
**S.** *Téléphoner à qqn,* c'est l'appeler par TÉLÉPHONE. *Téléphoner qqch à qqn,* c'est le lui communiquer, le lui transmettre par téléphone. Sans compl. c'est se renseigner par téléphone. Le syn. fam. est DONNER UN COUP DE FIL À qqn.

**téléspectateur, trice** [telespɛktatœr, tris] n.
[personne, agent] *Nous nous excusons auprès de nos fidèles téléspectateurs de cet incident qui nous oblige à reporter l'émission qu'ils attendaient.*
**S.** Un *téléspectateur* est celui qui regarde la TÉLÉVISION.

**télévisé (être)** [televize] v. pass.
(sujet qqch [émission]) *Le match sera télévisé sur la première chaîne.*
**S.** *Est télévisée* toute émission (spectacle, journal, magazine, etc.) transmise par la TÉLÉVISION.
**L. télévisé, e** (adj.) *Je ne veux pas manquer le journal télévisé de 20 heures* (← journal d'information qui est télévisé).

**télévision** [televizjɔ̃] ou (fam.) **télé** [tele] n. f.
[appareil] *Ils ont deux télévisions, une en noir, l'autre en couleurs !* ♦ [institution] *Je ne regarde jamais la télévision, je préfère aller au cinéma.* ● *Tu n'as pas les programmes de télévision ? Je voudrais savoir à quelle heure passe le film.* ● *Qu'est-ce qu'on passe, ce soir, à la télé ?* ♦ [établissement] *Pierre travaille à la télé maintenant.*
**S. 1.** *Télévision* (compt.) ou APPAREIL, POSTE, RÉCEPTEUR *de télévision* a pour syn. technique TÉLÉVISEUR. La *télévision* (au sing. seulement) donne des informations (ou actualités) au JOURNAL TÉLÉVISÉ, retransmet des films, des émissions de jeux, de variétés, de sport, etc. — **2.** Le SPEAKER, la SPEAKERINE annoncent les programmes pour chaque CHAÎNE (= chaque société diffusant un programme distinct). Le

TÉLÉSPECTATEUR est celui qui regarde la *télévision.*
**L. télévisé (être),** v. ce mot. ♦ **téléviseur** (n. m.) Nous allons acheter un nouvel appareil de télévision → *nous allons acheter un nouveau téléviseur.*

**tellement** [tɛlmɑ̃] adv.
[quantité] **tellement + v., adj., adv., tellement de + n. plur.** (compt.) ou sing. (noncompt.) **[que + ind.]** *Tu ne le reconnaîtras pas, tellement il a changé.* ● *Ce serait tellement bien si Jacques pouvait venir !* ● *Je n'ai pas tellement envie de voir ce film, mais si tu y tiens, on y va.* ● *Vous aimez l'alcool ? — Pas tellement.* ● *Pierre gagne tellement d'argent qu'il ne sait pas quoi en faire !*
**S.** *Tellement* indique une grande quantité ou intensité ; il peut être suivi d'une subordonnée de conséquence introduite par QUE et a pour syn. TANT avec un verbe ou un nom, SI avec un adv. ou un adj. *Pas tellement* a pour syn. PAS BEAUCOUP, PAS TRÈS, PAS TANT QUE ÇA (fam.).

**témoigner** [temwaɲe] v. i., v. t. et v. t. ind. (conj. 1)
I. [v. t. ind.] (sujet qqn, qqch) **témoigner de qqch (abstrait), témoigner que + ind.** *Il n'a jamais dit qu'il accepterait, nous pouvons en témoigner.* ● *Tous ces silences, ces absences de réponse témoignent en fait de l'importance qui est réellement donnée à cet événement.* ● *Je témoigne que l'accusé était avec moi ce soir-là.*
II. [v. t.] (sujet qqn) **témoigner un sentiment à qqn** *Nous lui avons toujours témoigné de la sympathie, de l'amitié, et voilà comment il nous remercie.*

**S. 1.** *Témoigner* (v. t.) [sens I], c'est dire ce que l'on a vu ou entendu, ce dont on a été TÉMOIN, apporter son TÉMOIGNAGE et spécialement en justice. *Témoigner de qqch*, c'est, en parlant de qqn, apporter l'affirmation, la preuve de qqch par un témoignage ou, en parlant de qqch, ÊTRE LA PREUVE, PROUVER. — **2.** *Témoigner un sentiment* (sens II), c'est le MANIFESTER.
**L. témoin**, v. ce mot. ◆ **témoignage** (n. m.) *Je viendrai témoigner* → *j'apporterai mon témoignage.*

**témoin** [temwɛ̃] n. m.
[personne, patient] **témoin de qqch (événement)** *Ça s'est passé sans témoins, personne n'a rien vu.* ● *Un témoin a vu l'accident, il sait qui est responsable.* ● *[Au tribunal]* : « *Faites entrer le premier témoin.* »

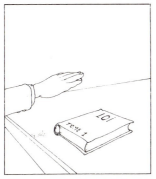

● *Il passait par là par hasard et il a été témoin du vol.* ● *Je n'y suis pour rien, Jacques, tu es témoin ?*

**S.** Le *témoin* d'un événement est qqn qui y a assisté et qui peut éventuellement en rapporter les circonstances et le déroulement, en particulier devant la justice, au cours d'un procès.
**L. témoigner**, v. ce mot.

**tempe** [tɑ̃p] n. f.
[partie du corps] *J'ai un terrible mal de tête qui me serre les tempes. — Prends un cachet.*

**S.** Les *tempes* sont les parties latérales de la tête entre le front et les oreilles, au-dessus des joues ; ce sont aussi les cheveux qui garnissent les *tempes* chez les hommes.

**température** [tɑ̃peratyr] n. f.
I. [qualité, mesure] (compt.) *À Paris, au mois d'août, les températures ont été très basses pour la saison.* ● *Quelle est la température de l'eau quand elle bout ?* ● *La température du corps humain est normalement de 37ºC.* ◆ (sujet qqn) **prendre sa température** *Tu ne te sens pas bien ? Tu devrais prendre ta température.*
II. [maladie] (non-compt., au sing.) *Paul a encore de la température, il va falloir rappeler le médecin.*

**S. 1.** La *température* se mesure en DEGRÉS. Ce mot désigne, au sens I, le degré plus ou moins élevé de chaleur de l'atmosphère, d'un corps quelconque, du corps humain. On dit qu'il fait FROID quand les *températures* sont basses, CHAUD quand elles sont élevées. Le THERMOMÈTRE est l'instrument qui permet de mesurer la *température* ou, pour qqn, de *prendre sa température*. — **2.** Au sens II, *avoir de la température* a pour syn. AVOIR DE LA FIÈVRE et signifie que la *température* du corps est anormalement élevée.

**tempête** [tɑ̃pɛt] n. f.
[phénomène naturel] *La très forte tempête sur la Manche ce week-end a malheureu-*

*sement fait une dizaine de morts.* ◆ **tempête de neige** *Les skieurs ont été surpris par la tempête de neige.*

**S.** Une *tempête* se caractérise par un vent extrêmement violent, des chutes de pluie ou de neige.

**temporaire** [tɑ̃pɔrɛr] adj. (après le n.)
(se dit de qqch [action]) *Tu as trouvé du travail ? — Seulement un emploi temporaire, pour quelques mois.* ● *Les prix ont légèrement baissé, mais c'est une amélioration temporaire.*

**G.** Cet adj. n'a ni comparatif ni superlatif.
**S.** Est *temporaire* ce qui ne dure qu'un moment ; les syn. sont MOMENTANÉ, PROVISOIRE, les contr. DURABLE (moins fort), DÉFINITIF.
**L. temporairement** (adv.) La production a

été ralentie de manière temporaire → *la production a été temporairement ralentie.*

**temps** [tã] n. m.
I. (non-compt., au sing.) *Votre fille a déjà quinze ans ! Ce que le temps passe vite !* ● *Vous mettez combien de temps pour aller à votre travail ? — Une demi-heure.* ● *Qu'est-ce que tu arrives tard, tu as mis un temps fou ! — Eh bien ! j'ai fait les courses, ça m'a pris du temps.* ● *Tu n'as pas de travail en ce moment ? Alors, que fais-tu pour passer le temps ?* ◆ (sujet qqn) **avoir, donner, laisser, prendre, etc., le temps de** + inf. *Je suis désolé, je n'aurai pas le temps de passer chez vous ce soir, je suis trop pressé.* ● *Prenez le temps de réfléchir, ne vous décidez pas tout de suite.* ● *Oh ! Pierre n'est toujours pas là ! — Laisse-lui le temps d'arriver, il vient de loin !* ● *Je repasserai dans une semaine, ça vous donnera le temps de réfléchir.* ● *Attends ! Juste le temps de mettre mon manteau et j'arrive !* ◆ **prendre, perdre son temps** *Ne me fais pas perdre mon temps avec des choses sans importance.* ● *Prenez votre temps, nous ne sommes pas en retard.* ◆ **la plupart du temps, tout le temps** *Le dimanche, nous allons quelquefois à la campagne, mais la plupart du temps nous restons à la maison.* ● *Arrête de me répéter tout le temps la même chose, je ne suis pas sourd !*
II. (compt.) *Le temps est passé où je pouvais faire trente kilomètres à pied en un jour.* ● *Ah ! mon pauvre ami, les temps sont bien changés, les jeunes ne sont plus ce qu'ils étaient. — Eh oui ! les temps sont durs !* ◆ **en temps de** + n. *Ils n'ont presque plus rien à manger dans ce pays. — Ce n'est pas étonnant, en temps de guerre, il est difficile de se nourrir.* ◆ **du temps de** + n. *Ah ! De mon temps, je vous assure qu'on n'aurait pas vu une chose pareille.* ● *J'espère que les hommes de notre temps ne connaîtront plus de guerre.* ● *Du temps de Napoléon ce n'était pas comme ça.* ◆ **dans le temps** *Comme ça a changé ici ! Dans le temps c'était la campagne, maintenant il y a des immeubles partout !* ◆ **il est temps (de** + inf., **que** + subj.) *Tu ne crois pas qu'il est temps de te marier ? Tu as déjà trente ans !* ● *Nous discutons depuis deux heures, il est temps que vous preniez une décision !* ● *Tu arrives juste, il était temps, un peu plus nous partions sans toi !* ◆ **à temps** *Si on l'avait emmené à temps à l'hôpital, il ne serait pas mort.* ◆ **de temps en temps, de temps à autre** *Vous ne parlez pas mal le français, mais de temps en temps vous faites des fautes.* ◆ **en même temps (que)** *Ne parlez pas tous en même temps, je ne comprends rien.* ● *Puisque tu sors, tu pourrais en même temps m'acheter le journal.* ● *Je suis arrivé en même temps que Jacques.*
III. [état, qqch] (non-compt., au sing.) *Il y a un soleil magnifique ! Quel temps fait-il à Paris ? — Il pleut sans arrêt, quel sale temps !*

**S. 1.** Au sens I, *temps* désigne une durée indéterminée. *Prendre son temps* a pour contr. SE PRESSER, SE DÉPÊCHER. *La plupart du temps* a pour équivalent PRESQUE TOUJOURS ; *tout le temps* a pour équivalent TOUJOURS, SANS ARRÊT, SANS CESSE (soutenu). — **2.** Au sens II, il indique un moment précis, un instant, une époque, une date. *En temps de* a pour syn. EN PÉRIODE DE. *De mon temps* a pour équivalents À MON ÉPOQUE, QUAND J'ÉTAIS JEUNE. *Dans le temps* a pour syn. DANS LE PASSÉ, AUTREFOIS (soutenu), AVANT, JADIS (litt.). *Il est temps* a pour syn. C'EST LE MOMENT DE ; *il était temps* a pour équivalent C'ÉTAIT TOUT JUSTE. *À temps* a pour équivalents ASSEZ TÔT, SUFFISAMMENT TÔT. *De temps en temps, de temps à autre* ont pour syn. PARFOIS, QUELQUEFOIS et s'opposent à TOUJOURS et à JAMAIS. *En même temps* a pour syn. ENSEMBLE, SIMULTANÉMENT (phrase 1), PAR LA MÊME OCCASION (phrase 2). — **3.** *Temps* (sens III) s'emploie pour parler de l'état de l'atmosphère (température, vent, soleil, pluie, neige, brouillard). La pluie, le vent, la neige, c'est-à-dire le *mauvais temps*, constituent les INTEMPÉRIES. La MÉTÉOROLOGIE ou, en langue courante, la MÉTÉO, prévoit le *temps*. Un BAROMÈTRE est un instrument qui sert à prévoir le *temps* qu'il fera.
**L. temporaire** v. ce mot.

**tendance** [tãdãs] n. f.
I. [propriété, esprit] *Ne le croyez pas, il y a chez lui une tendance naturelle à mentir.* ◆ (sujet qqn, qqch) **avoir tendance à** + inf. *Les prix ont tendance à grimper en ce moment ; on ne peut pas le nier.* ● *Aline a tendance à se laisser aller, il faudrait qu'elle fasse plus attention à son travail en ce moment.*
II. [état, qqn] *Il y a diverses tendances au sein de ce syndicat, qui menacent son unité.* ● *La tendance politique de ce journaliste est évidente.*

**S. 1.** *Tendance* (sens I) a pour syn. PENCHANT POUR (et un nom), PROPENSION À (litt.). *Avoir tendance à* + inf., c'est TENDRE VERS, à qqch. — **2.** *Tendance* (sens II) désigne une orientation le plus souvent politique ou morale.

**1. tendre** [tãdr] v. t. et v. t. ind. (conj. 41)
1. [v. t.] (sujet qqn) **tendre qqch (objet,**

matière) *Qui a tendu cette ficelle en travers de l'escalier ? J'ai failli tomber !* • *Ce tissu est tellement tendu qu'il va se déchirer.*
II. [v. t.] (sujet qqch [situation, relations]) **se tendre** *Depuis un mois, les rapports entre ces deux pays se sont énormément tendus. Certains parlent même de guerre.*
III. [v. t.] (sujet qqn) **tendre qqch à qqn** *Elle voulait du feu, alors il lui a tendu son briquet.* • *Pierre m'a tendu la joue pour que je l'embrasse.* • *Après tout ce qu'il a dit, tu lui as quand même tendu la main ?*
IV. [v. t. ind.] (sujet qqch, qqn) **tendre à, vers qqch, tendre à + inf.** *Les prix tendent à augmenter. — Jusqu'où vont-ils monter ?* • *Elle n'est pas très enthousiaste et elle tend à retarder son départ.*

S. **1.** *Tendre* un objet ou une matière souple,

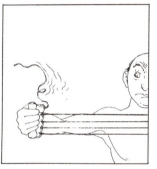

élastique (sens I), c'est TIRER dessus jusqu'à ce qu'ils ne soient plus souples, plus lâches. — **2.** *Se tendre* (sens II) a pour syn. DEVENIR DIFFICILE. — **3.** *Tendre qqch à qqn* (sens III) peut avoir pour syn. PASSER qqch à qqn, PRÉSENTER une partie du corps à. — **4.** *Tendre à, vers qqch* (sens IV), c'est évoluer dans un certain sens (sujet qqch) ou avoir comme but (sujet qqn).
L. **tension** (n. f.) [sens I et II] *Les rapports entre ces deux États se sont grandement tendus → la tension des rapports entre ces deux États est devenue grande.* ◆ **tendance, tendu, détendre, détendu, détente,** v. ces mots.

**2. tendre** [tãdr] adj. (après le n.)
I. (se dit de la viande) *Cette viande n'est pas tendre, je n'arrive pas à la couper ; tu le diras à notre boucher.*
II. (se dit de qqn, de son attitude) **tendre (avec, pour qqn)** *Jacqueline est très tendre avec ses enfants, mais elle peut être sévère quand il le faut.*

S. **1.** *Tendre* (sens I) a pour contr. DUR. —

**2.** *Tendre* (sens II) a pour syn. DOUX, AIMANT, AFFECTUEUX et pour contr. DUR, SÉVÈRE, FROID.
L. **tendrement** (adv.) [sens II] Il la regarde d'une manière tendre → *il la regarde tendrement.* ◆ **tendresse,** v. ce mot.

**tendresse** [tãdrɛs] n. f.
[sentiment] (non-compt., au sing.) *Elle le regardait avec beaucoup de tendresse.* • [Au procès] : «*Ce qui a manqué à ce jeune homme, c'est la tendresse véritable d'un père et d'une mère qui l'auraient aimé et compris.*»

S. La *tendresse* est un sentiment d'affection, d'amitié, moins fort que l'amour.

**tendu, e** [tãdy] adj. (après le n.)
I. (se dit de qqch [abstrait]) *Le gouvernement doit faire face à une situation tendue.*
II. (se dit de qqn) *Avant d'aller chez le médecin, Pierre était nerveux, tendu, il avait peur.*

S. **1.** Une *situation tendue* (sens I) est une *situation* DIFFICILE dans laquelle existent des conflits. — **2.** *Tendu* (sens II) a pour syn. NERVEUX, PRÉOCCUPÉ, ANXIEUX, CONTRACTÉ et pour contr. DÉTENDU, À L'AISE, DÉCONTRACTÉ.
L. **détendu,** v. ce mot.

**tenez !** → TIENS !

**tenir** [tənir] v. i., v. t. et v. t. ind. (conj. **23**)
I. [v. i.] (sujet qqch, qqn) *Tu es sûr que le clou tiendra, que ça ne va pas tomber ?* • *J'espère que le beau temps tiendra jusqu'à dimanche !* • *Regarde-le, il se lève, il s'assied, il ne tient pas en place tellement il est nerveux !* • *Ah ! Je suis fatigué, je ne tiens plus debout !* • *Allez ! du courage ! Tenez bon, on arrive.* ◆ **tenir dans un lieu** *On est trop nombreux, on ne tiendra jamais*

à douze autour de cette table. • *Tu crois qu'on tiendra tous dans la voiture ?*
II. [v. pr.] (sujet qqn) **se tenir (à qqch)** *Il est passé d'une fenêtre à l'autre en se tenant au mur, c'était dangereux.* ◆ **se tenir bien, mal, droit, etc.** *Tu ne te tiens jamais droit, c'est pour ça que tu as mal au dos.* ◆ **se tenir bien, mal** *Les enfants, on va au restaurant, alors essayez de bien vous tenir pour une fois !* ◆ (sujet une histoire, un projet, etc., ça, tout) **se tenir** *Je ne sais pas s'il dit la vérité. — Pourtant son histoire se tient, ça a l'air logique.* • *Tout se tient dans cette affaire, crois-moi.*
III. [v. t.] (sujet qqn) **tenir qqch, qqn, un animal (par, dans, contre, etc., qqch)** *Ne tiens pas ton verre comme ça, tu vas le faire tomber.* • *Les enfants, tenez-vous par la main pour traverser la rue.* • *Tiens la porte ouverte, j'ai plein de paquets dans les bras !* ◆ (sujet qqn) **tenir sa droite,** (sujet une voiture, un vélo) **tenir la route** *C'est une voiture qui tient très bien la route.* • *Tiens ta droite, on va tourner tout de suite.*
IV. [v. t. ind.] (sujet qqn) **tenir de qqn (son père, sa mère, etc.)** *Ah ! toi, tu tiens de ton père ! tu as tous ses défauts !*
V. [v. t. ind.] (sujet qqn) **tenir à qqn, qqch, à + inf., à ce que + subj.** *Je te prête ce livre, mais fais-y attention, j'y tiens beaucoup.* • *Tu tiens vraiment à nous accompagner à la gare ?* • *Pierre tient absolument à ce que tu sois là ce soir, c'est très important.* ◆ (sujet qqch [abstrait]) *Il rate tous ses examens et pourtant il travaille, alors je me demande à quoi ça tient.*
VI. [v. opérateur] (sujet qqn, qqch) **tenir + n. (sans article)** *Tu es trop timide, tu ne pourras pas lui tenir tête. Il faut tenir compte aussi du fait qu'il a plus de connaissances que toi.*

**S. 1.** *Tenir* (sens I) a pour syn. RESTER FIXÉ, ÊTRE STABLE et pour contr. TOMBER, SE DÉFAIRE en parlant de qqch de concret. En parlant de qqch d'abstrait, *tenir* a pour syn. DURER, PERSISTER (litt.). On dit que *ne tient pas debout* quand il est fatigué ou épuisé. *Tenir bon, tenir le coup* ont pour syn. RÉSISTER et pour contr. CÉDER. *Tenir dans un lieu,* c'est pouvoir être contenu qqpart, AVOIR ASSEZ DE PLACE. — **2.** *Se tenir à qqch* a pour syn. SE RETENIR À qqch. *Se tenir bien, mal, droit* s'emploie pour parler de l'attitude, de la TENUE du corps. *Se tenir bien, mal* s'emploie aussi pour parler du comportement de qqn ; il a pour syn. SE COMPORTER, SE CONDUIRE. Une histoire qui *se tient* est une histoire LOGIQUE, SENSÉE, qui TIENT DEBOUT ; *tout se tient* a pour équivalents TOUT EST LIÉ, TOUT EST EN RELATION. — **3.** *Tenir qqch* (sens III),

c'est l'avoir pris et continuer de l'avoir dans la main, dans ses bras, contre soi ou le garder, le maintenir, le retenir dans un certain état. Une voiture qui *tient bien la route* adhère, colle à la route ; *tenir sa droite,* c'est rester à droite. — **4.** *Tenir de qqn* (sens IV), c'est lui RESSEMBLER par certains aspects. — **5.** *Tenir à qqn, à qqch* (sens V) a pour syn. ÊTRE ATTACHÉ À qqn, qqch et pour contr. ÊTRE INDIFFÉRENT À qqn, qqch. *Tenir à + inf., tenir à ce que + subj.* ont pour syn. moins précis VOULOIR (QUE). *À quoi ça tient ?* a pour syn. moins précis POURQUOI ? QUELLE EN EST LA CAUSE, L'ORIGINE ? POUR QUELLE RAISON ? — **6.** Ce verbe suivi de noms sans article (sens VI) forme avec ceux-ci des loc. verbales qui sont syn. d'un autre verbe (*tenir compagnie* = rester avec ; *tenir tête* = RÉSISTER ; *tenir lieu* = REMPLACER ; *tenir rigueur* → NE PAS PARDONNER ; *tenir compte* = CONSIDÉRER ; etc.). [V. aussi TIENS.]
**L. intenable,** v. ce mot.

**tennis** [tenis] n. m.
[sport] (non-compt., au sing.) *Il y a une émission de sport, ce soir à la télé : un match de tennis, on le regarde ?* • *Tu sais jouer au tennis ? — Non, je rate toutes les balles !*

**S.** Le *tennis* est un sport qui se joue à deux (simple) ou à quatre (double) avec une raquette et des balles qu'on envoie par-dessus un filet. Le COURT est le terrain sur lequel on joue.

**tension** → TENDRE 1 L.

**tentative** [tãtativ] n. f.
[action, qqn, et résultat] *Il paraît que Jacqueline a fait une tentative de suicide, heureusement elle s'en est tirée.* • *Alors, vous avez réussi à obtenir son accord ? — Non, nous avons fait trois tentatives auprès de lui et nous avons échoué.*

**S.** *Faire une tentative,* c'est ESSAYER, TENTER (soutenu) DE faire qqch (le résultat est le plus souvent un échec).

**tente** [tãt] n. f.
[objet] *Si on avait su que les hôtels étaient si chers, on aurait pris une tente et on aurait fait du camping!* • *Les enfants, vous n'avez pas envie d'installer votre tente dans le jardin pour y dormir ce soir?*

**S.** Une *tente* est un abri en toile que l'on monte en plein air pour camper, le plus souvent dans un terrain de camping. Une *tente* se fixe au sol à l'aide de piquets.

**tenter** [tãte] v. t. (conj. 1)
I. (sujet qqn) **tenter qqch (action), de + inf.** *Je ne suis pas sûr que ça réussisse, mais on peut toujours tenter l'expérience.* • *Tentez votre chance, achetez un billet!*
II. (sujet qqch) **tenter qqn** *Ce voyage ne me tente pas beaucoup.* • *Si cette voiture te tente vraiment, achète-la.* — *Je suis tenté, mais je n'ai pas l'argent.* • *Il paraît que vous vous êtes laissé tenter par la télévision en couleurs? — Eh oui! on l'a achetée!*

**S. 1.** *Tenter une expérience, une démarche,* etc. (sens I), c'est chercher à la faire réussir. *Tenter sa chance,* c'est essayer de gagner, de réussir. — **2.** *Tenter qqn* (sens II) a pour syn. FAIRE. DONNER ENVIE À qqn, ATTIRER, SÉDUIRE qqn (sou-

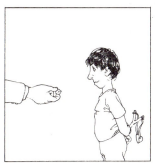

tenu), PLAIRE À qqn. *Se laisser tenter par,* c'est *se laisser* SÉDUIRE PAR.
**L. tentant, e** (adj.) [sens II] *Ta proposition me tente beaucoup → ta proposition est très tentante.* ◆ **tentation** (n. f.) [sens II] *Il y a trop de choses qui me tentent dans ce magasin → il y a trop de tentations dans ce magasin.* ◆ **tentative,** v. ce mot.

**tenue** [təny] n. f.
[vêtement] *Non, mais quelle tenue! Tu as vu comment tu es habillé?* • *Je suis invité chez les Dupont : je dois me mettre en tenue de soirée? — Non, reste comme tu es.*

**S.** *Tenue,* le plus souvent déterminé par un adj. ou un compl. de nom (*tenue* DE SOIRÉE, DE SPORT, DE VILLE, etc.), *tenue* HABILLÉE, CHIC, etc.), désigne la façon de s'habiller, l'ensemble des vêtements portés.

**terme** [tɛrm] n. m.
I. [partie d'une langue] (compt.) *Essaie, quand tu expliques quelque chose, d'employer les termes exacts, sinon on n'y comprend rien.* ◆ [énoncé] (non-compt., au plur.) *Ah ça, on ne peut pas dire que les termes de sa lettre étaient amicaux, loin de là!*
II. (sujet qqn) **être en bons, en mauvais termes avec qqn** *Toi, va parler à Jacques, parce que maintenant, je ne suis plus en très bons termes avec lui.*
III. **à court terme, à long terme** *Vous faites des prévisions à court terme ou à long terme?* ◆ (sujet qqn, qqch) **mettre un terme à qqch (abstrait)** *Je crois qu'il faudrait mettre un terme à cette discussion, elle ne mène nulle part.*

**S. 1.** Au sens I, *terme* a pour syn. MOT. Comme nom non-compt., il désigne la manière dont sont dites ou écrites certaines choses. — **2.** *Être en bons termes avec qqn* (sens II), c'est AVOIR AVEC qqn DE BONNES RELATIONS, DE BONS RAPPORTS. — **3.** Au sens III, *à court terme* a pour syn. À COURTE ÉCHÉANCE, DANS UN DÉLAI ASSEZ BREF. *Mettre un terme à un état, une action,* c'est le FAIRE CESSER, y COUPER COURT. CLORE (une discussion) est un syn. soutenu.
**L. terminologie** (n. f.) [sens I] *Ce mot appartient à l'ensemble des termes propres à la psychanalyse → ce mot appartient à la terminologie psychanalytique.*

**terminer** [tɛrmine] v. t. (conj. 1)
(sujet qqn) **terminer qqch (action, durée)**

*As-tu terminé le livre que je t'ai prêté ? — Non, je le finirai ce soir.* • *Je termine la vaisselle et je vais au salon.* • *La journée est presque terminée ; et j'ai à peine commencé mon travail.* • *Nous avons terminé la soirée chez Paul à écouter des disques.*
◆ (sujet qqch) **se terminer (par qqch)** *Aline n'aime pas les histoires qui se terminent mal.* • *Le film se termine dans cinq minutes.* • *Le mot «fin» se termine par un «n».*

**S.** *Terminer* a pour syn. FINIR, ACHEVER (soutenu) et pour contr. COMMENCER. On appelle TERMINAISON d'un mot les lettres par lesquelles ce mot *se termine*. Un TERMINUS est la station où le trajet d'un train, d'un autobus, etc., *se termine*.
**L. interminable** (adj.) *Cette histoire ne se termine pas* → *cette histoire est interminable.*

**terminologie** → TERME L.

**terne** [tɛrn] adj. (après le n.)
(se dit de qqch, de qqn) *Une vraie journée d'automne, terne et pluvieuse ; mais il ne fait pas froid.* • *Georges n'a jamais rien à dire d'intéressant et la conversation avec lui est terne et ennuyeuse.* • *Ce que ce pauvre garçon peut être terne ! Il passe complètement inaperçu.*

**S.** Est *terne* ce qui manque d'intérêt, d'originalité ou qqn qui manque de personnalité, de brillant. Les syn. sont TRISTE, MORNE (soutenu), GRIS et, en parlant d'une conversation, de qqn, INSIPIDE (soutenu), INSIGNIFIANT.

**terrain** [tɛrɛ̃] n. m.
I. [lieu naturel] *Le terrain est excellent ici, tout pousse facilement.* • *Ils ont acheté un bout de terrain au bord de la mer et ils vont y faire du camping.* ◆ [lieu aménagé]

**terrain de sport, d'aviation** *La mairie nous a promis qu'on aurait un terrain de sport l'année prochaine.*

II. [lieu abstrait] (compt., surtout au sing.) *Je ne sais pas s'ils arriveront à trouver un terrain d'entente.* • *Vous ne le battrez pas sur ce terrain, il est très fort.*

**S. 1.** Un *terrain* (sens I) est un espace, une étendue de TERRE. Le syn. est SOL. En ce sens, le mot peut être suivi d'un adj. qui en précise la nature : *terrain* BOISÉ, FERTILE, ARIDE, etc. Un LOPIN (DE TERRE) est un tout petit *terrain*. Suivi d'un compl. désignant sa destination, *terrain* peut avoir un syn. spécifique : un *terrain* DE SPORT est un STADE, un *terrain* D'AVIATION est un AÉRODROME. — **2.** *Trouver un terrain d'entente* a pour équivalent TROUVER DES POINTS D'ACCORD ; *sur ce terrain* a pour syn. SUR CE POINT, DANS CE DOMAINE.

**terrasse** [teras] n. f.
I. [partie d'un édifice] *Comme il habite au dernier étage, il a une terrasse sur le toit de l'immeuble.*
II. [partie d'un lieu de commerce] **terrasse (de café)** *L'été, les terrasses des cafés sont pleines de monde.* • *[Au restaurant]* : « *On prend le café à la terrasse ?* »

**G.** Notez l'emploi différent des prép. : au sens I, on s'installe SUR une *terrasse* ; au sens II, on s'installe À la *terrasse* (d'un café).
**S. 1.** Un BALCON est beaucoup plus petit qu'une *terrasse* (sens I). — **2.** Dans un café, la *terrasse* (sens II) est à l'extérieur et s'oppose à la SALLE.

**terre** [tɛr] n. f.
I. [partie de l'univers] (compt., surtout au sing.) *Qui a découvert que la Terre était ronde ?*
II. [lieu naturel] (non-compt., au sing.) *[Sur le bateau]* : « *Regarde là-bas, on aperçoit la terre !* » • *La terre a encore tremblé cette nuit en Italie.* ◆ (compt.) *Dans ce village, toutes les terres appartiennent au même propriétaire.* ◆ **par terre** *Ramasse ces papiers qui traînent par terre.*

● *Je n'ai pas besoin de chaise, j'aime m'asseoir par terre.*
III. [matière] (non-compt., au sing.) *Où t'es-tu assis, tes vêtements sont couverts de terre!*

**S. 1.** *Terre* (sens I), avec une majuscule, désigne la planète où nous vivons. Le mot a comme syn. MONDE, GLOBE. — **2.** *Terre* (sens II) a pour syn. CONTINENT ou désigne la surface du sol, et s'oppose à MER et à AIR. Compt., *terre* désigne une étendue de TERRAIN qui appartient à qqn, qui peut former un DOMAINE composé de champs ou de bois. *Par terre* a pour syn. SUR LE SOL. — **3.** *Terre* (sens III) désigne la matière dont est fait le sol. Ce qui est *sous la terre* est SOUTERRAIN.
**L. terrestre** (adj.) [sens I] Tu connais l'étendue de la surface de la Terre? → *tu connais l'étendue de la surface terrestre?* ◆ **déterrer** (v. t.) [sens III] Ils ont sorti de terre deux statues anciennes → *ils ont déterré deux statues anciennes.* ◆ **enterrer**, v. ce mot.

**terreur** [tɛrœr] n. f.
I. [sentiment] (non-compt., au sing.) *Les habitants ont été pris de terreur en voyant leur ville aux mains de troupes sans commandement.* ● *Dans la nuit, on a entendu des coups de feu puis des cris de terreur.*
II. [état, qqch] (non-compt., au sing.) *Une dictature militaire a remplacé la démocratie : la terreur s'est établie, on arrête et on tue tous les adversaires politiques.*

**S. 1.** La *terreur* (sens I) est une très grande peur; le syn. est PANIQUE. — **2.** La *terreur* (sens II) est une politique d'exception et de violence qui s'exerce à l'égard des opposants à un régime dictatorial.
**L. terrifier** (v. t.) [sens I] La population a été prise de terreur → *la population a été terrifiée.*
◆ **terrifiant, e** (adj.) [sens I] J'ai entendu un cri qui m'a terrifié → *j'ai entendu un cri terrifiant.* ◆ **terroriser**, v. ce mot. ◆ **terrorisme** (n. m.) [sens I] *Des actes de terrorisme ont été commis en Italie* (← visant à susciter la terreur et à renverser l'ordre établi). ◆ **terroriste** (adj. et n.) [sens I] *On a arrêté un groupe de terroristes* (← de gens qui ont commis des actes de terrorisme).

**terrible** [teribl] adj.
I. (se dit de qqch; avant ou après le n.) *La mort de sa femme lui a porté un coup terrible : il ne s'en remet pas.* ● *Un terrible accident s'est produit sur l'autoroute : il y a plusieurs morts.* ◆ (se dit de qqn; après le n.) *Tu es terrible à toujours vouloir avoir raison : on finit par ne plus t'écouter.*
II. (se dit de qqch [abstrait]; avant ou après le n.) *J'ai une envie terrible de lui téléphoner, mais je n'ose pas.* ● *Prévois un gros gâteau, Paul a un terrible appétit.*
III. (se dit de qqn, de qqch; après le n.) *Oh! regarde cette grande fille, elle est terrible, non?* ● *J'adore cette chanson, elle est terrible!*

**S. 1.** Au sens I, *terrible*, en parlant de qqch, est un intensif de GRAVE. Il a pour syn. AFFREUX, EFFRAYANT, ÉPOUVANTABLE, EFFROYABLE. En parlant de qqn, il a pour syn. INSUPPORTABLE, ODIEUX (plus fort). — **2.** Au sens II, *terrible* est un intensif de GRAND. Il a pour syn. FORMIDABLE (soutenu). *Avoir une envie terrible de qqch*, c'est AVOIR TERRIBLEMENT ENVIE DE. — **3.** *Terrible* (sens III) est une sorte de superlatif fam. de BEAU, BIEN. Il a pour syn. EXTRAORDINAIRE, SENSATIONNEL, FORMIDABLE.
**L. terriblement**, v. ce mot.

**terriblement** [teribləmɑ̃] adv.
[quantité] *Si on se mettait à table? J'ai terriblement faim!* ● *Excusez-moi, je suis terriblement en retard.*

**S.** *Terriblement* indique une grande quantité ou intensité; il a pour syn. moins fort TRÈS et pour syn. soutenus EXTRÊMEMENT et EXCESSIVEMENT.

**territoire** [teritwar] n. m.
[lieu, institution] *Les frontières délimitent*

*le territoire d'un pays.* ● *Pierre a un métier passionnant, il s'occupe de la sécurité du territoire et recherche les espions.*

**S.** Le *territoire* est l'étendue de TERRE appartenant à un pays, une nation.
**L. territorial, e, aux** (adj.) *Il vous est interdit de quitter les eaux territoriales avec votre bateau* (← les eaux qui dépendent du territoire).

**terroriser** [tɛrɔrize] v. t. (conj. **1**)
(sujet qqn, qqch) **terroriser qqn** *Vous n'osez*

## TERRORISME

*pas y aller ? Vous n'allez quand même pas me faire croire que votre professeur vous terrorise à ce point !*

**S.** *Terroriser* qqn, c'est provoquer chez lui de la TERREUR. EFFRAYER, FAIRE PEUR (moins fort), ÉPOUVANTER, TERRIFIER sont des syn.

**terrorisme, -iste** → TERREUR L.

**tes** → TON 2.

**test** [tɛst] n. m.
[action, qqn, et résultat] *Tu sais, avant de t'embaucher, dans cette maison, ils te font passer une série de tests !* ● *Avant d'être mis dans le commerce, ce produit a été soumis à de nombreux tests.*

**S.** Un *test* est une épreuve qui permet de

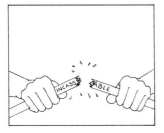

vérifier les capacités, les aptitudes de qqn, ou les qualités d'un objet.
**L. tester** (v. t.) *Ce produit a été soumis à des tests sérieux avant d'être mis en vente* → *ce produit a été sérieusement testé avant d'être mis en vente.*

**testament** [tɛstamɑ̃] n. m.
[objet, texte] *Georges conteste le testament de son oncle ; celui-ci ne lui a presque rien laissé.*

**S.** Un *testament* est un texte dans lequel on précise la destination des biens qu'on laissera après sa mort.

**tête** [tɛt] n. f.
I. [partie du corps] *Il va pleuvoir, tu n'as rien à te mettre sur la tête ? ● N'enfonce pas trop ton chapeau sur ta tête, tu as l'air ridicule ! ● Pour plonger, laisse-toi tomber la tête la première.* ◆ **mal de tête** ou (sujet qqn) **avoir mal à la tête** *Tu ne connais pas un médicament efficace contre les maux de tête ? ● Je n'arrive plus à travailler, j'ai trop mal à la tête.*
II. (sujet qqn) **faire, avoir une (drôle de) tête** *Qu'est-ce que tu as encore fait comme bêtise ? Tu as une drôle de tête ! ● Quelle tête tu fais ! Il y a quelque chose qui ne va pas ?*
III. [esprit] *Mon grand-père est très vieux, mais il a encore toute sa tête et il nous étonne par son ironie.*
IV. [localisation] *De quel côté se trouve la tête du train ? ● Je crois que, pour cette station de métro, il vaut mieux se mettre en tête pour être près de la sortie. ● Si ce cheval arrive en tête, j'ai gagné !* ◆ [lieu abstrait] *Son père est maintenant à la tête d'une très grosse entreprise.*

**S. 1.** La *tête* (sens I) est la partie supérieure du corps de l'homme et de l'animal. La partie supérieure et postérieure de la *tête* est le CRÂNE, qui contient le cerveau ; la partie antérieure de la *tête* est la FACE (soutenu) ou, en langue courante, la FIGURE, le VISAGE. *Avoir mal à la tête* a pour syn. soutenu AVOIR LA MIGRAINE. — **2.** *Avoir, faire une drôle de tête* (sens II) a pour syn. AVOIR L'AIR BIZARRE. — **3.** *Tête* (sens III) entre dans de nombreuses expressions où il est syn. de ESPRIT. — **4.** *Tête* (d'un train, d'un défilé, etc.) [sens IV] a pour syn. DÉBUT, COMMENCEMENT et pour contr. ARRIÈRE, QUEUE. Il peut indiquer aussi la position : *être, arriver en tête* a pour syn. *être, arriver* LE PREMIER, GAGNER. *Être à la tête de* qqch a pour syn. DIRIGER, ÊTRE LE CHEF DE.

**têtu, e** [tety] adj. (après le n.)
(se dit de qqn, de son attitude) *Allons ! ne

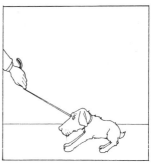

sois pas si têtu, avoue que tu as tort ! ● Je la connais, elle est bien trop têtue pour changer d'avis.*

**S.** *Têtu* a pour syn. ENTÊTÉ, OBSTINÉ, BUTÉ (plus fort). PERSÉVÉRANT n'est pas péjor. Les contr. sont SOUPLE, CONCILIANT.

**texte** [tɛkst] n. m.
[énoncé] *Alors, tu as fini ton article ? — Oui, je vais te lire le texte. ● Vous pourriez*

*me taper ce texte à la machine ? • Ce que cet acteur connaît mal son texte ! Il se trompe à chaque fois ! • La musique de cet opéra est très belle, mais le texte est idiot.*

**S.** *Texte* désigne ou bien le contenu de ce que l'on a écrit, ou bien l'ensemble formé par ce que l'on écrit, ou bien un extrait d'une œuvre plus vaste. Un MANUSCRIT est un *texte* écrit à la main ou tapé à la machine, par oppos. à un *texte* imprimé. Dans un opéra, une chanson, *texte* a pour syn. PAROLES, par oppos. à MUSIQUE.

**textile** [tɛkstil] adj. (après le n.) et n. m.
[adj.] (se dit de qqch [usine, industrie]) *Actuellement, la crise de l'industrie textile s'aggrave : beaucoup d'usines ferment.* ◆ [n. m.] (activité économique) [non-compt., au sing.] *Cela fait déjà vingt ans qu'il travaille dans le textile.*

**G.** L'adj. n'a ni comparatif ni superlatif.
**S.** *Textile* est l'adj. correspondant à TISSU. L'*industrie textile* fabrique les *matières textiles* et les tissus. Le *textile* (n. m.) est l'*industrie textile*.

**thé** [te] n. m.
I. [végétal] (non-compt., au sing.) *Quels sont les pays qui produisent le thé ?* ◆ [produit] *Le paquet de thé est presque fini, il faudra en racheter.*
II. [boisson] (non-compt., au sing.) *Tu bois du thé ou du café le matin ? • Le thé que tu as fait est trop fort, ce n'est pas bon.* ◆ (compt.) [*Au café*] : «*Deux thés au lait, s'il vous plaît.* »

**S.** Le *thé* est une plante dont on cueille les feuilles qui, séchées, permettent de faire des infusions. Le *thé* se boit nature ou avec du citron ou du lait. Comme nom compt., un *thé* a pour syn. une TASSE *de thé*.
**L. théière** (n. f.) [sens II] *Il faut que la théière soit bien chaude pour que le thé soit bon* (← le récipient pour faire le thé).

**théâtre** [teatr] n. m.
I. [activité artistique] (non-compt., au sing.) *Ah ! Jouer la comédie, faire du théâtre, voilà son rêve ! • Il écrit une nouvelle pièce de théâtre ? — Non, il prépare un roman.* ◆ (sujet qqn) **aller au théâtre** *On va au théâtre demain, tu viens avec nous ? — Non, je préfère aller au cinéma.*
II. [lieu, activité artistique] (compt.) *Dans quel théâtre joue-t-on cette pièce ? • Les théâtres ferment presque tous en août.*

**S. 1.** Au sens I, *faire du théâtre* a pour syn. soutenu FAIRE DE L'ART DRAMATIQUE. Quand on fait du *théâtre*, on est ACTEUR, COMÉDIEN. Une *pièce de théâtre* peut être une COMÉDIE, une TRAGÉDIE, un DRAME, un MÉLODRAME. Un OPÉRA est une *pièce de théâtre* chantée. La représentation sur scène d'une *pièce de théâtre* est réalisée par un METTEUR EN SCÈNE. — **2.** Un *théâtre* (sens II) comporte une salle (où sont assis les spectateurs) et une scène (où jouent les acteurs et où sont plantés les décors).
**L. théâtral, e, aux** (adj.) [sens I] *Je voudrais me renseigner sur l'art du théâtre* → *je voudrais me renseigner sur l'art théâtral.*

**thème** [tɛm] n. m.
[statut, qqch] *Nous avons fait à l'école une réunion de parents sur la lecture, c'est un thème qui les intéresse beaucoup. • Il paraît que c'est un beau film, quel en est le thème principal ?*

**S.** Un *thème* (soutenu) est un idée ou un ensemble d'idées qu'on développe. Il a pour syn. SUJET.
**L. thématique** (adj.) *C'est une encyclopédie par thèmes* → *c'est une encyclopédie thématique.*

**théorie** [teɔri] n. f.
I. [résultat, activité mentale] (compt.) *Ses idées sont tout à fait contraires à la théorie marxiste. • Votre théorie sur l'éducation est très originale, mais qu'est-ce que cela donne avec vos élèves ?*
II. **en théorie** *Ce que tu proposes est bien beau en théorie, mais pratiquement impossible à réaliser !*

**S. 1.** *Théorie* (sens I) a pour syn. DOCTRINE,

SYSTÈME et OPINION, IDÉE, PRINCIPE (phrase 2). — **2.** *En théorie* (sens II) a pour syn. THÉORIQUEMENT, DANS L'ABSTRAIT et pour contr. EN, DANS LA PRATIQUE.
**L. théorique,** v. ce mot.

**théorique** [teɔrik] adj. (après le n.)
(se dit de qqch [abstrait]) *Ce que tu dis est théorique ; la réalité est plus compliquée. • Pour prendre des décisions théoriques, il*

## THERMOMÈTRE

est très fort, mais quand il s'agit de les appliquer, c'est autre chose.

**S.** Est *théorique* ce qui est ABSTRAIT, ce qui n'est pas en rapport avec la réalité, l'expérience, la pratique ; il s'oppose à PRATIQUE (adj.).
**L. théoriquement** (adv.) Leurs salaires sont égaux sur le plan théorique → *leurs salaires sont théoriquement égaux.*

**thermomètre** [tɛrmɔmɛtr] n. m.
[instrument] *Mais cet enfant a de la fièvre ! Vous lui avez pris sa température ? — Non, nous n'avons pas de thermomètre.* • *Dis donc, il faisait froid ce matin. — Oui, le thermomètre marquait zéro degré.*

**S.** Un *thermomètre* est un instrument qui permet de mesurer la température du corps ou d'un lieu.

**thon** [tɔ̃] n. m.
[animal] *On a encore quelques boîtes de thon à l'huile ; j'en ouvre une pour ce soir ? — Tu sais bien que je n'aime pas le poisson.*

**S.** Le *thon* est un poisson de mer que l'on mange frais ou, plus souvent, en conserve.

**ticket** [tikɛ] n. m.
[objet, valeur] *Tu peux me prêter un ticket de métro ? Je n'en ai plus.*

**S.** Le *ticket* donne droit à l'accès à un moyen

de transport (métro et autobus surtout) ; BILLET est un syn. moins usuel. Les *tickets* se vendent souvent par carnets.

**tiède** [tjɛd] adj. (après le n.)
I. (se dit de qqch [liquide, température]) *Dehors, il y a un petit vent froid, mais quand on est dans l'eau, on la trouve tiède.* • *Bois ton thé, il est déjà tiède, il va être froid !* • *Les températures sont tièdes, au*

*printemps, ici ? — Pas toujours, il fait quelquefois très frais.*
II. (se dit de qqn) *Tu m'avais dit qu'il était d'accord mais je l'ai trouvé assez tiède à mon égard, pour ne pas dire plus.*

**G.** Cet adj. n'a ni comparatif ni superlatif au sens I.
**S. 1.** *Tiède* (sens I) indique qu'un liquide, une température est entre le chaud et le froid, il s'oppose à FRAIS qui est un syn. faible de FROID.
— **2.** Est *tiède* (sens II) celui qui n'est pas ENTHOUSIASTE, ARDENT, CHAUD (pour qqn), sans être HOSTILE.

**tien (le)** [lətjɛ̃], **tienne (la)** [latjɛn], **tiens, tiennes (les)** [letjɛ̃, ɛn] pron. possessifs
*Ce n'est pas la peine de prendre deux voitures, on ira tous dans la tienne.* • *Tu me prêtes un stylo ? — Pourquoi, tu n'as pas le tien ?* • *J'ai perdu mes gants, je peux prendre les tiens ?*

**S. et G.** *Le tien, la tienne, les tiens, les tiennes* sont les pron. possessifs correspondant au pron. personnel de la 2ᵉ pers. du sing. TU (TE, TOI) et aux adj. possessifs TON, TA, TES (+ nom) : *la tienne* (← ta voiture). Ils s'accordent en genre et en nombre avec le nom qu'ils représentent.

**tiens !** [tjɛ̃], **tenez !** [təne] interj.
[interpellation] *Tiens ! regarde, c'est Jacques qui arrive.* • *Mais non, je vous assure qu'on n'a pas vu ce film ensemble... Tenez ! je m'en souviens très bien, on devait y aller et ma femme est tombée malade.*
◆ [surprise] **tiens ! tiens !** *Alors comme ça, il paraît que tu étais à la piscine ? Tiens ! tiens ! ça m'étonne.*

**S.** *Tiens, tenez,* formes de l'impératif de TENIR, s'emploient quand on s'adresse à qqn pour attirer son attention. *Tiens ! tiens !* marque l'étonnement, la surprise.

**tiercé** [tjɛrse] n. m.
[jeu] *Il ne connaît rien aux chevaux, mais il joue quand même au tiercé tous les dimanches matins.* • *Tu sais la nouvelle ? Les Durand ont gagné au tiercé !*

**S.** Le *tiercé* est un jeu de hasard et d'argent dans lequel on parie sur l'ordre d'arrivée des chevaux dans une course. Il est avec la loterie et le loto un jeu national très populaire.

**tiers** [tjɛr] n. m.
[partie d'un tout] *Trois est le tiers de neuf.* • *Le loyer me coûte un tiers de mon salaire. — Que fais-tu des deux tiers qui restent ?*

**S.** *Tiers* indique qu'une quantité est trois fois

plus petite qu'une unité, qui en est ainsi le triple (neuf est le triple de trois).

**tige** [tiʒ] n. f.
[partie d'un végétal] *Il va falloir que je coupe les tiges de ces fleurs, je n'ai pas de vase assez haut.*

**S.** La *tige* est la partie longue et fine d'une plante, qui porte les feuilles ou parfois les épines et qui se termine éventuellement par la fleur.

**tigre** [tigr] n. m.
[animal] *C'est facile de reconnaître un tigre d'un lion, le tigre est rayé de noir.*

**S.** Le *tigre* est un animal sauvage, que l'on ne voit, en France, que dans les zoos. La femelle du *tigre* est la TIGRESSE.

**timbre** [tɛ̃br] n. m.
[objet, valeur] *Je n'ai plus qu'à écrire l'adresse, coller un timbre sur l'enveloppe et mettre ma lettre à la poste.* • *Tu peux m'acheter un carnet de timbres au tabac?*

**S.** Un *timbre* (abrév. de TIMBRE-POSTE) sert à affranchir une lettre, un paquet qu'on envoie par la poste. Ce *timbre* est oblitéré lorsque la poste y a mis un cachet (ou tampon) portant le jour, l'heure et le lieu d'envoi.
**L. timbrer** (v. t.) As-tu mis un timbre sur la lettre ? → *as-tu timbré la lettre ?*

**timide** [timid] adj. (après le n.) et n.
[adj.] (se dit de qqn, de son attitude) *Marie n'ose pas aller te parler, elle est timide : va la trouver.* • *C'est un enfant timide, il joue peu avec ses camarades.* ◆ [n.] (personne) *Comme tous les timides, il est assez orgueilleux.*

**S.** *Timide* indique le manque d'assurance devant les autres et a pour syn. comme adj. GAUCHE, EMBARRASSÉ (plutôt pour le comportement extérieur) ou CRAINTIF (pour l'état d'es-

prit). Les contr. sont AUDACIEUX, HARDI, SÛR DE SOI et, plus fort, EFFRONTÉ.
**L. timidement** (adv.) Il a répondu d'une façon timide → *il a répondu timidement.* ◆ **timidité** (n. f.) Il ne peut surmonter son caractère timide → *il ne peut surmonter sa timidité.*

**tire-bouchon** [tirbuʃɔ̃] n. m., pl. **tire-bouchons**
[instrument] *Ouvre la bouteille, toi ; moi, je ne sais pas me servir de ce tire-bouchon.*

**S.** Un *tire-bouchon* sert à ouvrir une bouteille munie d'un BOUCHON.

**tirer** [tire] v. t., v. t. ind. et v. i. (conj. **1**)
I. (v. t.) (sujet qqn) **tirer qqn, qqch (concret)**

*Il a fallu tirer le blessé par les jambes pour le sortir de la voiture.* • *J'étais en panne, Pierre a attaché nos deux voitures et il m'a tiré jusqu'au garage.* • *Maman ! Alain m'a tiré les cheveux !* • *Je n'arrive pas à ouvrir la porte.* — *Évidemment, il y a écrit «tirez» et toi tu pousses !* • *Tu peux tirer les rideaux, il fait nuit.* ◆ **tirer qqch [concret] (de qqpart)** *En tirant ton mouchoir de ta poche, tu as fait tomber un billet.* • *[Chez le médecin] : «Tirez la langue, s'il vous plaît.»* ◆ **se tirer de qqch (situation, affaire)** *Il faut que Marie apprenne à se tirer d'affaire toute seule, sans qu'on l'aide.* • *Alors, cet examen ? — Je suis assez content, je ne m'en suis pas mal tiré.* ◆ **tirer un trait** *Prends ta règle et tire un trait sous le titre.* ◆ [v. t. ind.] **tirer sur qqch (concret)** *Ne tirez pas trop sur cette ficelle, elle va se casser.*
II. [v. t. opérateur] (sujet qqn) **tirer qqch (abstrait) de qqch** *Il faudrait tirer les conséquences de cet échec pour ne pas recommencer les mêmes erreurs.* • *Quelle que soit la*

situation où il se trouve, Paul sait toujours en tirer parti !
III. [v. t.] (sujet qqn) **tirer [des balles] (sur qqn)** La police a tiré sur le bandit, mais il n'a pas été touché. ◆ **se tirer une balle** Il s'est tiré une balle dans la tête.
IV. [v. i.] (sujet un journal, une revue) **tirer à + n. plur.** Ce journal tire à 500 000 numéros par jour.

> **S. 1.** *Tirer* (sens I) s'oppose à POUSSER ; il indique qu'on attire vers soi un objet, une personne pour les déplacer, les traîner, ou, en parlant d'une porte, d'un tiroir, pour les ouvrir. *Tirer* peut aussi indiquer un mouvement latéral (*tirer les rideaux*). *Tirer qqch de qqpart* a pour syn. RETIRER, SORTIR et pour contr. RENTRER. *Se tirer de qqch* (situation, affaire) a pour syn. SE SORTIR DE, S'EN SORTIR. *Tirer un trait* a pour syn. TRACER. *Tirer sur qqch* a pour syn. TENDRE qqch. — **2.** Au sens II, *tirer* est un verbe opérateur qui forme avec les substantifs qui suivent (avec ou sans article) des loc. verbales équivalentes à des verbes (*tirer profit* = PROFITER DE). *Tirer parti de qqch*, c'est en RETIRER UN AVANTAGE. — **3.** Au sens III, *tirer (des balles)* a pour syn. FAIRE FEU. *Se tirer une balle*, c'est faire partir un coup de feu sur soi. — **4.** Au sens IV, SORTIR, ÊTRE IMPRIMÉ sont syn.
> **L. tirage** (n. m.) [sens IV] Ce journal tire à 500 000 → *le tirage de ce journal est de 500 000*.
> ◆ **tireur, euse** (n.) [sens III] Il tire très bien → *c'est un bon tireur.* ◆ **tir** (n. m.) [sens III] Il aime tirer au fusil → *il aime le tir au fusil.*

**tiroir** [tirwar] n. m.
[partie d'un meuble] *Qui a fouillé dans mon tiroir ? Tout est en désordre !* ● *Les tiroirs du bureau sont fermés à clé ?*

> **S.** On ouvre le *tiroir* d'un meuble (table, bureau, armoire, commode, buffet) en le TIRANT ; on le ferme en le poussant.

**tissu** [tisy] n. m.
[matière] (non-compt., au sing.) *Tu as pensé à acheter du tissu pour faire des rideaux ?* ● *Le pantalon est bien coupé, mais je n'aime pas du tout le tissu !* ◆ (compt.) *Ils vendent des tissus magnifiques dans ce magasin, tu devrais aller voir.*

> **S.** *Tissu* a pour syn. ÉTOFFE (soutenu). Les *tissus* les plus courants sont le coton, le lainage, la soie, le velours. Le Nylon, la rayonne, le Tergal sont des *tissus* synthétiques.

**titre** [titr] n. m.
I. [partie d'un texte] (compt.) *Quel est le titre de votre livre ?* — « *Celui qui vivra verra.* » ● *Tu as lu le journal ?* — *Non, seulement les gros titres.*
II. [statut, qqn] (compt.) **titre (de + n.)** *Il va défendre son titre de champion du monde.*
◆ **à titre + adj., à, au titre de + n.** *Je suis ici à titre personnel et non au titre de directeur de ma société.* ● *Paul a protesté à juste titre, il avait parfaitement raison !*

> **S. 1.** Un *titre* (sens I) est le nom (mot ou suite de mots) d'un film, d'un livre, etc. *Quel est le titre du livre, film, etc.*, a pour syn. COMMENT S'INTITULE *le livre, film*, etc. Dans un journal, les *gros titres* sont des mots ou une phrase en lettres majuscules ou en caractères gras en haut d'un article ; le syn. est MANCHETTE. — **2.** Au sens II, *titre* a pour syn. NOM, QUALITÉ. *À titre + adj.* a pour syn. EN QUALITÉ DE + n. (*à titre amical* → EN QUALITÉ D'AMI). *À juste titre* a pour syn. AVEC RAISON.
> **L. intituler** (v. t.) [sens I] Et quel titre donnerez-vous à votre premier film ? → *et comment intitulerez-vous votre premier film ?*
> ◆ **sous-titre,** v. ce mot.

**toi** → TU.

**toile** [twal] n. f.
I. [matière] (non-compt., au sing.) *Il faut que je m'achète une robe en toile pour l'été.* ● *Cette toile est trop épaisse, elle ne va pas pour faire des rideaux.* ● *On ne peut plus se servir de la tente, la toile est pleine de trous !*
II. [objet] (compt.) *Son mari est peintre, j'aime beaucoup ses toiles.*

> **S. 1.** Au sens I, *toile* désigne un tissu en lin, en coton, en Nylon, en jute, etc. — **2.** *Toile* (sens II) a pour syn. TABLEAU, PEINTURE.

**toilette** [twalɛt] n. f.
I. [action, qqn] (non-compt., au sing.) *Mon réveil n'a pas sonné ce matin, j'ai dû faire ma toilette à toute vitesse pour ne pas arriver en retard.* ● *Si vous voulez prendre une douche, vous trouverez des gants et*

*des serviettes de toilette dans le placard.* ● *Nous, nous n'avons pas de salle de bains, mais nous avons un cabinet de toilette.* II. [pièce] (compt., au plur. seulem.) *Pouvez-vous me dire où sont les toilettes ? — Au fond du couloir à gauche.*

**S. 1.** *Faire sa toilette* (sens I) a pour syn. SE LAVER. On *fait sa toilette* dans une salle de bains ou dans un cabinet de toilette, pièce plus petite comportant un lavabo et parfois une douche. — **2.** Les *toilettes* (sens II) ont pour syn. les W.-C. [vese], ou les WATERS [water] en langue plus fam. Les LAVABOS ou, en langue enfantine, les CABINETS sont aussi des syn.

**toit** [twa] n. m.
[partie d'un édifice] *Qui est-ce qui veut bien monter sur le toit du garage pour aller chercher le ballon ? ● De chez eux, il y a une très belle vue sur les toits de Paris.* ◆ [partie d'un véhicule] *Ce qu'il fait chaud dans cette voiture, on peut ouvrir un peu le toit ?*

**S.** Le *toit* d'une maison, d'un immeuble est la partie qui couvre la maison ou l'immeuble, et qui est surmontée de cheminées. Un *toit* peut être en pente, horizontal ou en terrasse. Il est recouvert d'ardoises ou de tuiles. La TOITURE est l'ensemble des pièces qui composent le *toit* (d'un édifice). Le *toit* d'une voiture est sa paroi supérieure ; lorsqu'il s'ouvre, c'est un *toit* OUVRANT. On dit que la voiture est DÉCAPOTABLE lorsque le *toit* est fait d'une toile souple qui peut se replier.

**tolérer** [tɔleʀe] v. t. (conj. **12**)
(sujet qqn) **tolérer qqch (action), que + subj.** *Je ne tolérerai pas plus longtemps un tel bruit. ● Ce professeur ne tolère pas qu'on l'interrompe pendant son cours.* ◆ **tolérer qqn** *On ne l'aime pas beaucoup, mais enfin on le tolère quand il vient nous retrouver au café.*

**S.** *Tolérer qqch*, c'est le SUPPORTER malgré ses aspects déplaisants ; il a pour syn. PERMETTRE, ADMETTRE, ACCEPTER. *Tolérer qqn*, c'est ADMETTRE sa présence ; il a pour syn. SUPPORTER.
**L. tolérant, e** (adj.) Il ne tolère pas les idées des autres → *il n'est pas tolérant.* ◆ **tolérance** (n. f.) Pierre n'est pas tolérant → *Pierre n'a aucune tolérance.* ◆ **intolérant, e** (adj.) Paul n'est pas tolérant → *Paul est intolérant.* ◆ **intolérable** (adj.) On ne peut pas tolérer ce bruit → *ce bruit est intolérable.* ◆ **intolérance** (n. f.) Quel manque de tolérance de votre part ! → *quelle intolérance de votre part !*

**tomate** [tɔmat] n. f.
[légume] *Je n'aime pas les tomates cuites, je les préfère crues, en salade.* ◆ **sauce tomate** *Qu'elles sont bonnes ces pâtes à la sauce tomate !*

**S.** La *tomate* est un légume de couleur rouge vif que l'on mange cru, en salade ou cuit. La *sauce tomate* est vendue toute faite ou préparée à base de concentré de *tomate*.

**tomber** [tɔ̃be] v. i. (conj. **1** ; auxil. *être*)
I. (sujet qqn, qqch [concret]) *Attention, ça glisse, tu vas tomber ! ● Paul, ne pousse pas ta petite sœur, tu vas la faire tomber.*

● *Mon stylo est tombé par terre. ● La pluie tombait très fort quand nous sommes sortis. ● Qu'est-ce qu'il tombe comme neige ! On ne va pas pouvoir continuer de rouler !* ◆ (sujet qqn) **laisser tomber qqn, qqch** *Alors, on ne donne plus de nouvelles aux amis, on les laisse tomber ? ● J'ai laissé tomber le tennis, je n'avais plus le temps.*
II. (sujet qqch [phénomène, état]) *On dirait que le vent est tombé, la mer est calme.* ● *Malgré les médicaments, la fièvre ne tombe pas.* ● *La nuit tombe, on n'y voit plus rien.*
III. (sujet qqn) **tomber sur qqch, qqn** *Je suis tombée par hasard sur une vieille photo de toi.* ● *On est tombé sur Paul en sortant du cinéma.* ◆ (sujet qqch) **tomber sous les yeux, la main, etc.** *Cette photo m'est tombée par hasard sous les yeux.*
IV. (sujet qqn, qqch) **tomber + adj., adv.** ou **compl. de cause** *On ne tombe pas amoureux tous les jours quand même ! ● Pierre est tombé malade la semaine dernière, il a la grippe. ● Je tombe de fatigue, je vais me coucher. ● Il est tard, Paul tombe de sommeil. ● Tu tombes bien, on avait justement besoin de toi. ● Ça tombe mal, ma femme est malade au moment où nous*

devons partir en vacances. ● *Tes calculs tombent juste?* ◆ (sujet qqch) **tomber + compl. de temps** *Noël tombe un samedi cette année.*

**S. 1.** En parlant de qqn, *tomber* involontairement (sens I) a pour syn. FAIRE UNE CHUTE. DÉGRINGOLER est un syn. fam. *Faire tomber qqn, qqch* a pour syn. RENVERSER. En parlant de la pluie, de la neige, les deux constructions (personnelle et impersonnelle) sont équivalentes et syn. des verbes impersonnels IL PLEUT, IL NEIGE (*La pluie tombait très fort* → IL PLEUVAIT TRÈS FORT ; *qu'est-ce qu'il tombe comme neige !* → QU'EST-CE QU'IL NEIGE !). *Laisser tomber qqn, qqch* est fam. ; ABANDONNER, LAISSER sont des syn. — **2.** Au sens II, *tomber* a pour syn. BAISSER. Le substantif correspondant est CHUTE, surtout en parlant de la fièvre, d'un degré. *Le jour, le soir, la nuit tombe* ont pour syn. IL VA FAIRE NUIT. — **3.** *Tomber sur qqch*, c'est le TROUVER par hasard, *tomber sur qqn*, c'est le RENCONTRER par hasard. En parlant de qqch, *tomber sous*, c'est se trouver par hasard à portée de la main, des yeux, etc. — **4.** Suivi d'un adj. (le plus souvent AMOUREUX, MALADE), *tomber* équivaut à DEVENIR. *Tomber de fatigue, de sommeil* a pour syn. MOURIR DE FATIGUE, DE SOMMEIL et indique qu'on EST ÉPUISÉ. Suivi d'un adv., *tomber* a pour syn. ARRIVER en parlant de qqn. En parlant d'un événement, il indique que les circonstances, l'occasion sont favorables (*tomber bien*) ou défavorables (*tomber mal*). *Tomber* + compl. de temps a pour syn. AVOIR LIEU.
**L. tombée** (n. f.) [sens II] *Il fait frais au moment où la nuit tombe* → *il fait frais à la tombée de la nuit.* ◆ **retomber** (v. i.) [sens I] *Je suis tombée de nouveau* → *je suis retombée.* ◆ [sens IV] *Il est encore tombé malade* → *il est retombé malade.*

**tome** [tɔm] n. m.
[partie d'un texte] *Qu'est-ce que ce livre est long ! Je n'en suis qu'au chapitre trois du deuxième tome.* ● *Les œuvres complètes de Musset vont bientôt paraître en deux tomes.*

**S.** Un *tome* est une division importante d'un

livre, comportant plusieurs chapitres et correspondant ou non à un volume distinct.

**1. ton** [tɔ̃] n. m.
I. [manière, qqn] (compt., surtout au sing.) *Dis donc, je n'aime pas qu'on me parle sur ce ton, tu pourrais être poli au moins !* ● *Si vous le prenez sur ce ton, les affaires ne vont pas s'arranger entre nous.*
II. [qualité, qqch] (compt.) *Je n'arrive pas à trouver une cravate qui soit dans le même ton que son costume.* ● *J'ai vu un tissu magnifique, avec des tons jaunes et blancs.*

**S. 1.** *Ton* (sens I) désigne la manière de parler de qqn, manière qui reflète son humeur, son état d'esprit. Dans la plupart des emplois courants, il s'agit d'une mauvaise humeur, d'un manque de respect, de politesse envers celui à qui l'on s'adresse. — **2.** *Ton* (sens II) s'emploie pour désigner les nuances d'une couleur.

**2. ton** [tɔ̃], **ta** [ta], **tes** [te] adj. possessifs
*Prends ton manteau, il fait froid dehors.* ● *Comment vont tes parents, cela fait longtemps que je ne les ai pas vus.* ● *Tu sais, ton idée est assez bonne, je suis d'accord avec toi.*

**G.** *Ton, ta, tes* sont les adj. possessifs correspondant au pron. personnel de la 2ᵉ pers. du sing. TU [TOI, TE] (*ton manteau* [← le manteau de toi]). On emploie aussi *ton* devant un nom ou un adj. fém. commençant par une voyelle ou un *h* muet (*ton idée, ton histoire*). Les pron. possessifs correspondants sont LE(S) TIEN(S), LA TIENNE, LES TIENNES.

**tonne** [tɔn] n. f.
[mesure, unité] *Les véhicules de plus de deux tonnes n'ont pas le droit de passer sur ce pont.* ● *On jette des tonnes de légumes au lieu de diminuer les prix.*

**S.** Une *tonne* (symb. t.) vaut 1 000 kilogrammes. C'est une unité de poids. Ce mot s'emploie aussi pour désigner de manière approximative un poids ou une quantité énorme.

**tonnerre** [tɔnɛr] n. m.
[phénomène naturel] (non-compt., au sing.) *J'entends le tonnerre, il va y avoir un orage.* ● *Tu as entendu les coups de tonnerre ? On ferait mieux de rentrer avant la pluie !*

**S.** Le *tonnerre* est le bruit que fait la foudre ; il est précédé d'un éclair, qui est la lumière produite par la foudre.
**L. tonner** (v. i.) *On entend le tonnerre* → *on entend tonner.*

**torchon** [tɔrʃɔ̃] n. m.
[objet, linge] *Prends un torchon sec pour essuyer les verres.* • *Les torchons et les serviettes sont dans le tiroir de la cuisine.*

**S.** Un *torchon* est une pièce de tissu, généralement en coton, qui sert à essuyer la vaisselle.

**tordre** [tɔrdr] v. t. (conj. **41**)
(sujet qqn) **tordre un objet** *Oh zut! J'ai*

*tordu la cuillère en voulant ouvrir la boîte!*
◆ (sujet qqch) **se tordre** *Il a tellement forcé que la clé s'est tordue dans la serrure!*
◆ (sujet qqn) **se tordre une partie du corps** *Aïe! Je me suis tordu le pied en sautant.*
◆ **se tordre (de rire, de douleur)** *Les gens se tordaient de rire en écoutant cette histoire.*

**S.** **1.** *Tordre un objet*, c'est le tourner par ses deux extrémités en sens contraire, le courber en le déformant, le plier. *Se tordre (un membre)* a pour syn. SE FOULER, SE FAIRE UNE ENTORSE (plus forts). — **2.** *Se tordre de rire, de douleur* (fam.) sont des intensifs : *se tordre de rire*, c'est RIRE très fort ; *se tordre de douleur*, c'est SOUFFRIR énormément.
**L. tordant, e** (adj.) *C'est une histoire à se tordre de rire → c'est une histoire tordante.*
◆ **tortiller** (v. t.) *Il tortille son mouchoir en parlant* (← il le tord constamment).

**torrent** [tɔrɑ̃] n. m.
[lieu naturel, liquide] *En montagne, l'été, on va pêcher dans les torrents.*

**S.** Un *torrent* est un cours d'eau de montagne caractérisé par une forte pente et un fort débit.

**tort** [tɔr] n. m.
I. [action, qqn, et résultat] *Ce fut un tort de le lui dire, tu n'aurais pas dû.* • *Moi, je crois que les torts sont partagés, non?*
◆ (sujet qqn) **être en tort, dans son tort** *Tu ne t'es pas arrêté au feu rouge, c'est toi qui* *es dans ton tort (en tort).* ◆ **avoir tort (de + inf.)** *En 1616, Marignan? Vous avez tort, c'était en 1515!* • *Il a tort de fumer autant, c'est mauvais pour sa santé.* ◆ (sujet qqn, qqch [abstrait]) **donner tort à qqn** *Je ne te donne pas tort, je trouve seulement que tu exagères.*
II. (sujet qqn, qqch) **faire du tort à qqn** *Si je lui ai fait du tort, j'en suis désolé.* • *Il ne devrait pas arriver si souvent en retard, ça va lui faire du tort.*

**S. 1.** Un *tort* (sens I) est une action qui s'est écartée d'une règle, d'un droit ou d'une loi. *Être en tort, dans son tort* a pour contr. ÊTRE DANS SON DROIT. Sans compl., *avoir tort* a pour syn. SE TROMPER, FAIRE UNE ERREUR, FAIRE UNE FAUTE ; *avoir tort de* a pour contr. AVOIR RAISON DE. *Donner tort à* a pour contr. DONNER RAISON À. — **2.** *Faire du tort à* (sens II) a pour syn. plus fort FAIRE DU MAL à et pour syn. litt. NUIRE À, LÉSER.

**tortiller** → TORDRE L.

**tortue** [tɔrty] n. f.
[animal] *Pierre a une petite tortue chez lui ; il lui donne quelques feuilles de salade tous les jours.*

**S.** La *tortue* est un reptile à pattes courtes dont le corps est enfermé dans une carapace.

**torturer** [tɔrtyre] v. t. (conj. **1**)
(sujet qqn) **torturer qqn** *Il paraît qu'on l'a*

*torturé pour lui faire avouer son crime.*
◆ (sujet qqch) **torturer qqn** *Depuis cette histoire, la jalousie le torture, il ne sait plus que penser.*

**S. 1.** *Torturer qqn*, c'est lui faire subir une TORTURE physique, des violences. Les syn. soutenus sont SUPPLICIER et MARTYRISER. — **2.** En

# TÔT

parlant de qqch (sensation, sentiment, idée), c'est FAIRE beaucoup SOUFFRIR qqn. TOURMENTER est un syn. moins fort.
**L. torture** (n. f.) Même quand on l'a torturé, il n'a rien dit → *même sous la torture, il n'a rien dit.*

**tôt** [to] adv.
[temps] *Couche-toi vite, demain il faut se lever tôt.* • *Vous êtes rentrés à quelle heure hier ? — Oh ! assez tôt dans la soirée, vers 22 heures.* • *Ah ! te voilà ! Ce n'est pas trop tôt, ça fait une heure que je t'attends.* ◆ **au plus tôt** *Il est 7 heures, on est tranquilles, les parents rentreront au plus tôt à 10 heures.* ◆ **tôt ou tard** *Tôt ou tard, il faudra que tu voies un médecin, alors autant y aller tout de suite.*
**G.** *Tôt ou tard* se prononce soit [totutar], soit [toutar].
**S. 1.** *Tôt* indique un moment avant l'instant habituel ; il a pour contr. TARD. Seul, sans autre adv., il a pour syn. DE BONNE HEURE. *Ce n'est pas trop tôt* (fam.) marque l'impatience et a pour syn. ENFIN ! — **2.** On dit de qqch, de qqn qu'ils sont PRÉCOCES lorsqu'ils se développent ou se produisent plus *tôt* que prévu.

**total, e, aux** [total, to] adj., **total** n. m., pl. **totaux**
I. [adj.] (se dit de qqch [abstrait] ; après ou, plus rarement, avant le n.) *Profitez de nos prix avant la fermeture totale du magasin !* • *Paul a une absence totale de confiance en lui.*
II. [adj.] (se dit de qqch [abstrait] ; après le n.) *20 francs + 50 francs : la somme totale s'élève à 70 francs.* • *Quelle est la longueur totale de ce couloir ?*
III. [n. m.] (résultat) [compt., surtout au sing.] *Cela fait trois fois que je refais cette addition et je n'arrive jamais au même total. — Apprends à compter.* ◆ [quantité] **un total de** *En comptant tout, j'arrive à un total de 527 francs, ça va ?* ◆ **au total** *On a bien réfléchi et, au total, c'est une affaire intéressante.*
**G. 1.** *Total* (adj.) n'a ni comparatif ni superlatif aux sens I et II. — **2.** Au sens II, il est seulement épithète.
**S. 1.** *Total* (sens I) est syn. de COMPLET, INTÉGRAL. Il s'oppose à PARTIEL. — **2.** *Total* (sens II) a pour syn. plus soutenu GLOBAL. — **3.** Le *total* (sens III) est le résultat d'une addition. Au sing., et surtout en parlant d'argent, SOMME est un syn. *Au total* a pour syn. EN SOMME, TOUT BIEN CONSIDÉRÉ.
**L. totalement,** v. ce mot. ◆ **totalité** (n. f.) *J'ai dépensé mon salaire total* → *j'ai dépensé la totalité de mon salaire.*

**totalement** [tɔtalmã] adv.
[manière et quantité] *C'est le conducteur qui venait de la gauche qui est totalement responsable de l'accident.* • *Vous vous trompez totalement sur mes intentions, je n'ai pas voulu vous vexer.* • *Depuis son mariage, il a totalement changé.*
**S.** *Totalement* correspond à l'adj. TOTAL (sens I) ; il a pour syn. COMPLÈTEMENT, ENTIÈREMENT, TOUT À FAIT, ABSOLUMENT, RADICALEMENT, INTÉGRALEMENT ; les contr. sont PARTIELLEMENT et À DEMI.

**toucher** [tuʃe] v. t. et v. t. ind. (conj. **1**)
I. [v. t.] (sujet qqn) **toucher qqn (partie du corps), toucher un objet** *Je sens une main*

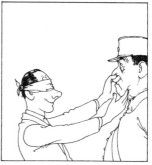

*qui me touche l'épaule, je me retourne, c'était Pierre!* • *Touche le radiateur, Françoise, j'ai l'impression que le chauffage est arrêté.* ◆ (sujet qqch [plur.]) **se toucher** *Nous habitons à côté : les deux maisons se touchent !* • *Attention, les fils électriques vont se toucher !* ◆ [v. t. ind.] (sujet qqn) **toucher à un objet** *Paul, je t'ai défendu de toucher à la prise électrique ! C'est dangereux.*
II. [v. t.] (sujet qqch [projectile], qqn) **toucher qqn** *Il est mort tout de suite : la balle l'a touché en plein cœur.*
III. [v. t.] (sujet qqn) **toucher qqch (argent)** *Les employés touchent leur salaire à la fin de chaque mois.* • *J'ai touché un chèque de mille francs.*
IV. [v. t.] (sujet qqch) **toucher qqn** *Votre lettre nous a beaucoup touchés, vraiment : ça nous a fait très plaisir de vous lire.* • *Paul a été très touché par ton cadeau.* • *Cette mort nous touche, il s'agit de quelqu'un que nous aimions beaucoup.*
**S. 1.** *Toucher* qqn, *un objet* (sens I), c'est PORTER LA MAIN SUR cette personne ou cette

chose. Il a pour syn. HEURTER (plus fort et soutenu), FRÔLER, EFFLEURER (moins forts). *Toucher qqch*, une partie du corps de qqn pour l'examiner, se rendre compte, a pour syn. TÂTER. *Se toucher*, en parlant de deux objets, deux lieux, c'est être situés l'un à côté de l'autre, ÊTRE CONTIGUS ou ÊTRE EN CONTACT (objets). *Toucher à un objet* est équivalent à *toucher un objet*. — **2.** *Toucher* qqn, un animal (sens II), c'est l'ATTEINDRE en le blessant ou en le tuant. — **3.** *Toucher de l'argent* (sens III), c'est le PERCEVOIR, le RECEVOIR. *Toucher un chèque* a pour syn. ENCAISSER. — **4.** *Toucher* qqn (sens IV), c'est éveiller sa sympathie, sa pitié ; il a pour

syn. ÉMOUVOIR, ATTENDRIR (moins fort), BOULEVERSER (plus fort).
**L. touchant, e** (adj.) [sens IV] *Il nous a fait des adieux qui nous ont touchés* → *il nous a fait des adieux touchants.* ◆ **toucher** (n. m.) [sens I] *Ce pull-over est doux quand on le touche* → *ce pull-over est doux au toucher.*

**toujours** [tuʒur] adv.
I. [temps] *Je l'ai toujours aimé et je l'aimerai toujours.* • *C'est un homme toujours prêt à vous rendre service.* • *Ce n'est pas étonnant qu'il ne soit pas arrivé, il est presque toujours en retard !* • *Il joue bien ? — Pas toujours.* • *C'est fini pour toujours entre nous !*
II. [temps] *Le 20 décembre, c'est toujours l'automne !* • *Vous êtes toujours d'accord pour demain ?* • *Il n'est toujours pas arrivé ? — Non, toujours pas.*
III. [opposition] *Je ne peux pas vous répondre, mais demandez toujours au bureau des renseignements.* • *Je ne sais pas s'il sera là, mais vas-y toujours, tu verras bien.*
**G.** *Toujours* ne s'emploie jamais avec un verbe au passé simple. Au sens III, *toujours* ne peut pas s'employer dans une phrase négative.
**S. 1.** Au sens I, *toujours*, qui indique une durée continue dans la totalité du temps, a pour équivalents TOUT LE TEMPS, SANS CESSE. Après un verbe au futur, ÉTERNELLEMENT, en syn. plus fort et litt. Le contr. est JAMAIS. *Presque toujours* a pour syn. HABITUELLEMENT, ORDINAIREMENT, TRÈS SOUVENT (moins fort), LA PLUPART DU TEMPS (moins fort). *Pas toujours* a pour équivalents dans une phrase affirmative QUELQUEFOIS, DE TEMPS EN TEMPS. — **2.** Au sens II, *toujours*, qui implique que l'action ou l'état durent encore au moment où l'on parle, a pour syn. ENCORE et pour contr. NE... PLUS (*C'est toujours l'automne* → CE N'EST PLUS L'AUTOMNE). — **3.** Au sens III, *toujours* indique une opposition ou une restriction et a pour syn. NÉANMOINS (soutenu), CEPENDANT, EN TOUT CAS, MALGRÉ TOUT, QUAND MÊME, EN TOUT ÉTAT DE CAUSE (soutenu), APRÈS TOUT.

**1. tour** [tur] n. m.
I. [action, qqn, qqch] *En fermant la porte, n'oublie pas de donner un tour de clé.* • *Ferme la porte à double tour, on ne sait jamais.* • *Tu as vu, le danseur a fait cinq tours sur lui-même.* ◆ **demi-tour** *On ne peut pas aller plus loin, on est obligé de faire demi-tour.*
II. [action, qqn, qqch] **tour de qqch (lieu** ou **abstrait)** *Pierre et Marie ont de la chance de pouvoir faire le tour du monde !* • *Qui a gagné le Tour de France ?* • *Quand les aiguilles auront fait le tour de ma montre, douze heures se seront passées.* • *Bon, bien, je crois que nous avons fait le tour de la question !* ◆ (sujet qqn) **faire un tour** *Si on faisait un tour dans le bois, ça nous changerait les idées.*
III. [qualité, mesure] **tour de poitrine, de taille, etc.** *Je fais quatre-vingt cinq centimètres de tour de poitrine.* • *Jean a soixante-

*dix centimètres de tour de taille ? Il est mince, dis donc !*
IV. [action, qqn, et résultat] **tour (de cartes, de chant)** *À la fin de son tour de chant, elle a été très applaudie.* • *Je connais beaucoup de tours de cartes. Tu veux que je t'en apprenne un ?* ◆ (sujet qqn) **jouer un tour à qqn** *Les élèves ont joué un tour à leur*

*professeur, ils ont caché ses affaires!* ● *Ne me joue pas un mauvais tour, sois là à l'heure!* ◆ (sujet qqch [abstrait]) **jouer des tours à qqn** *Si tu continues à boire, un jour ou l'autre, ça te jouera des tours.*
V. [manière, qqch] (compt., surtout au sing.) *Je n'aime pas le tour que prennent les événements, ça m'inquiète.* ● *La conversation a pris un tour politique.*
VI. [action, qqch] (compt.) *La gauche et la majorité sont à peu près à égalité au premier tour des élections; qui l'emportera au second tour?* ◆ [rang] **tour de qqn** *La semaine dernière j'ai gardé les enfants, cette semaine c'est le tour de Monique.* ● *C'est mon tour de faire la cuisine? — Oui, c'est votre tour.* ◆ **à tour de rôle** *Les élèves ont été reçus à tour de rôle par le professeur.*

**S. 1.** Au sens I, ce mot désigne l'action de TOURNER sur soi-même. *Faire demi-tour*, c'est REVENIR SUR SES PAS. — **2.** Au sens II, c'est l'action de tourner autour de qqch ou de parcourir la circonférence d'un lieu. *Faire le tour d'une question, d'un problème*, c'est l'examiner sous tous ses aspects. *Faire un tour* a pour syn. ALLER SE PROMENER, FAIRE UNE PROMENADE. — **3.** *Tour* (sens III) désigne la mesure de la circonférence d'une partie du corps. — **4.** Un *tour de cartes* (sens IV) est un exercice plus ou moins difficile à exécuter, qui exige de l'adresse. *Jouer un tour à qqn* a pour syn. FAIRE UNE FARCE À QQN. *Jouer des tours à qqn*, en parlant de qqch, a pour syn. soutenu RISQUER DE NUIRE À. — **5.** *Prendre tel* ou *tel tour* (sens V), c'est TOURNER DE TELLE ou TELLE FAÇON. *Tour* est syn. de TOURNURE, ALLURE, ASPECT. — **6.** En parlant d'élections, il n'y a qu'un seul *tour* si un candidat obtient la majorité, il y a deux *tours* (c'est-à-dire qu'on recommence à voter) si deux candidats sont en ballottage. En parlant de personnes, un *tour* est l'ordre dans lequel se succèdent des personnes pour faire qqch. *À tour de rôle* a pour syn. CHACUN (À) SON TOUR, L'UN APRÈS L'AUTRE, SUCCESSIVEMENT (soutenu). Les contr. sont ENSEMBLE, SIMULTANÉMENT (soutenu).

**2. tour** [tur] n. f.
I. [construction] *Quand ils sont à Paris, les touristes visitent la tour Eiffel.* ● *Tu n'avais pas remarqué? La tour de Pise est penchée!*
II. [édifice] *Ils habitent une des nouvelles tours que l'on a construites, au bord de la Seine.* ● *Il n'y a que des bureaux dans cette tour.*

**S.** Une *tour* est une construction élevée de forme ronde ou carrée. Elle peut faire partie d'un château, d'une église ou être isolée (sens I). Les *tours* peuvent être aussi des immeubles d'habitation ou de bureaux (sens II).

**touriste** [turist] n.
[personne, fonction sociale] *À Paris, au mois d'août, les touristes sont nombreux à visiter la capitale.* ● *Vous êtes ici pour affaire? — Non, je suis là en touriste.*

**S.** Un *touriste* est une personne qui voyage pour visiter un pays, une région, une ville. VOYAGEUR, ESTIVANT, VACANCIER peuvent être des syn.
**L. tourisme** (n. m.) *Le bureau qui renseigne les touristes se trouve sur la place* → *le bureau de tourisme se trouve sur la place.* ◆ **touristique** (adj.) *Voilà un guide pour les touristes* → *voilà un guide touristique.* ◆ *C'est une région qui attire les touristes* → *c'est une région touristique.*

**tourmenter** [turmɑ̃te] v. t. (conj. 1) (sujet qqch, qqn) **tourmenter qqn** *Vous n'avez pas l'air tranquille, si quelque chose vous tourmente, dites-le nous, on fera tout pour vous aider.* ◆ (sujet qqn) **se tourmenter** *Qu'elle ne se tourmente pas, sa fille est entre les mains d'un excellent chirurgien, tout se passera bien.*

**S.** *Tourmenter* (soutenu), c'est CAUSER DU TOURMENT (litt.), DU SOUCI (moins fort), DE L'INQUIÉTUDE, DE L'ANXIÉTÉ (plus fort) à qqn. INQUIÉTER, TRACASSER sont des syn.
**L. tourment** (n. m.) *Elle se tourmente principalement pour l'avenir de son fils* → *l'avenir de son fils est son principal tourment.*

**tournant** [turnɑ̃] n. m.
I [lieu, passage] *Attention, il y a un*

*tournant très dangereux un peu plus loin.* ● *Il n'a pas ralenti au tournant et ce fut l'accident.*
II. [lieu abstrait] *Sa rencontre avec Marie a été un grand tournant dans sa vie, il a changé du tout au tout.*

**S. 1.** Un *tournant* (sens I) est un endroit où une voie TOURNE; il a pour syn. VIRAGE. Une

# TOURNER

route qui comporte beaucoup de *tournants* est SINUEUSE, par oppos. à une route DROITE. — **2.** Un *tournant* (sens II) est un moment qui marque un changement d'orientation par rapport à ce qui précède, dans une action, une vie, etc.

**tourne-disque** [turnədisk] n. m., pl. **tourne-disques**
[appareil] *Si on lui offrait un tourne-disque pour son anniversaire?* ● *Baisse un peu ton tourne-disque, on ne s'entend plus ici!*
**S.** *Tourne-disque* a pour syn. ÉLECTROPHONE. Cet appareil électrique permet de faire passer des DISQUES.

**tourner** [turne] v. i. et v. t. (conj. **1**)
I. [v. i.] (sujet qqch, un animal, qqn) *La Terre tourne autour du Soleil.* ● *Les mouches ne cessent de tourner autour de la lampe, ça m'énerve!* ● *Paul, arrête de tourner en rond dans la pièce!* ● *En dansant, elle tourne sur elle-même.* ◆ (sujet un moteur, un mécanisme) *Le moteur de la voiture tourne trop vite, il faudra le faire régler.* ◆ (sujet qqn, un véhicule, une route) **tourner (à gauche, à droite)** *Au pre-*

*mier feu rouge, vous tournerez à droite.* ● *Cette route de montagne tourne beaucoup.*
II. [v. i.] (sujet qqn) **avoir la tête qui tourne** *J'ai trop bu, j'ai la tête qui tourne.* ◆ (sujet une conversation) **tourner autour de qqn, qqch** *Avec lui, la discussion tourne toujours autour des filles, rien d'autre ne l'intéresse.*
◆ (sujet qqch [abstrait], qqn) **bien, mal tourner** *Cette discussion risque de mal tourner.* ● *Ce garçon a mal tourné, il est en prison pour vol.*

III. [v. t.] (sujet qqn) **tourner qqch** *Je n'arrive pas à ouvrir la porte.* — *Évidemment, c'est fermé à double tour et tu n'as tourné qu'une fois la clé.* ● *Tu veux bien tourner la salade, s'il te plaît?* ● *Paul tourne tellement vite les pages de son livre que je me dis qu'il doit sauter des passages.*
◆ **tourner qqch, la tête, les yeux, le dos** *Tu devrais tourner la lampe un peu plus vers le tableau, pour qu'il soit mieux éclairé.*
● *Paul n'a même pas tourné la tête quand je l'ai appelé.* ● *Tourne les yeux vers moi quand je te parle!* ● *Alors, qu'est-ce qu'il t'a répondu?* — *Rien, il m'a tourné le dos et il est parti.* ● *La rue Soufflot? Mais vous lui tournez le dos, c'est exactement dans le sens contraire!* ◆ **se tourner** *Il s'est tourné vers moi et m'a dit quelque chose à l'oreille.*
IV. [v. t.] (sujet qqn) **tourner un problème, une question dans tous les sens** *J'ai tourné ce problème dans tous les sens et je ne trouve pas de solution.*
V. [v. i.] (sujet le lait, la sauce, etc.) *Si tu mets pas le lait dans le réfrigérateur, il va tourner.* ● *Zut! ma sauce a tourné!* — *Évidemment, il ne fallait pas la laisser bouillir!*
VI. [v. t.] (sujet qqn) **tourner un film, une scène** *Quand tournez-vous votre prochain film?* ● *Nous allons tourner la scène de l'accident.* ◆ [v. i.] (sujet un acteur) **tourner dans un film** *C'est la première fois que vous faites du cinéma?* — *Non, j'ai déjà tourné dans quelques films où j'avais toujours des petits rôles.*

**S. 1.** Au sens I, *tourner autour de qqch*, c'est en FAIRE LE TOUR, effectuer un mouvement de rotation. *Tourner sur soi-même* a pour syn. TOURNOYER. En parlant de qqn, d'un véhicule, *tourner* a pour syn. CHANGER DE DIRECTION, DE SENS, VIRER. En parlant d'une route, c'est comporter des TOURNANTS, des virages; une route qui tourne s'oppose à une route DROITE.
— **2.** *Avoir la tête qui tourne* (sens II) a pour équivalents ÊTRE ÉTOURDI, AVOIR DES VERTIGES (soutenu). En parlant d'une conversation, d'une discussion, *tourner autour* a pour équivalent soutenu AVOIR POUR CENTRE D'INTÉRÊT. *Mal tourner*, en parlant d'une discussion, d'une situation a pour syn. DÉGÉNÉRER, SE GÂTER; en parlant de qqn, le syn. est DEVENIR UN DÉLINQUANT. Dans les deux cas, le syn. est MAL FINIR.
— **3.** Au sens III, *tourner* un objet, c'est lui faire effectuer un mouvement de rotation. *Tourner la salade* a pour syn. REMUER ou RETOURNER. Avec un compl. désignant une destination, *tourner qqch vers*, c'est l'ORIENTER VERS. *Tourner la tête vers qqn* a pour syn. FAIRE FACE À, *tourner la tête de l'autre côté* ou *tourner le dos à qqn*, c'est SE DÉTOURNER (DE lui). *Tourner le*

*dos à une direction*, c'est être dans la direction opposée. — **4.** *Tourner un problème dans tous les sens* (sens IV) a pour syn. RETOURNER, EXAMINER. — **5.** Au sens V, *tourner* a pour syn. DEVENIR AIGRE. — **6.** Au sens VI, *tourner un film* a pour syn. RÉALISER ; *faire un film*, c'est procéder au TOURNAGE, aux prises de vues d'un film. *Tourner dans un film* a pour équivalent JOUER (UN RÔLE) DANS UN FILM.
**L. tournant,** v. ce mot. ◆ **tournoyer** (v. i.) [sens I] Les feuilles tombent en tournant sur elles-mêmes → *les feuilles tombent en tournoyant.* ◆ **tournage** (n. m.) [sens VI] Ce film a été tourné en un mois → *le tournage de ce film a duré un mois.* ◆ **tournure** (n. f.) [sens II] La discussion tourne mal → *la discussion prend une mauvaise tournure.*

**tournevis** [turnəvis] n. m.
[instrument] *Qu'est-ce que tu as dans ta boîte à outils ? — Un marteau, une pince, un tournevis, une scie, enfin tout ce qu'il faut, quoi !*

S. Un *tournevis* est un instrument, un outil qui sert à visser et à dévisser une VIS.

**tournoyer, tournure** → TOURNER L.

**tousser** [tuse] v. i. (conj. **1)**
(sujet qqn) *J'ai pris froid et depuis je tousse sans arrêt.* ● *Arrête de m'envoyer de la fumée dans la figure, ça me fait tousser !*
S. On *tousse* quand on est malade de la gorge, quand on veut s'éclaircir la voix.
**L. toux** (n. f.) *Le docteur m'a indiqué un médicament pour ne plus tousser* → *le docteur m'a indiqué un médicament contre la toux.*

**tout, tous** [tu, tus], **toute, toutes** [tut] adj. indéf., **tout, tous, toutes** pron. indéf., **tout** [tu] adv. et n. m.
I. [adj. indéf.] (au sing. seulem.) **tout le...** *Il a plu toute la nuit.* ● *Comment, tu as déjà dépensé tout ton argent ?* ◆ (au plur. seulem.) **tous les..** *Tous les hommes sont pareils.* ● *Vous avez un train toutes les heures.* ● *Pour dîner, vous viendrez tous les quatre ?* ◆ (au sing. ou au plur.) **tout + n.** *Ici on peut manger à toute heure du jour ou de la nuit.* ● *De toutes façons, vous êtes libre de choisir.* ● *On a roulé à toute vitesse !*
II. [pron. indéf.] *Vous êtes tous là ? On peut commencer ?* ● *Nous avons tos défauts, c'est normal.* ● *Il croit tout savoir, mais il ne sait rien.* ● *Je ne veux pas, c'est tout, ce n'est pas la peine d'insister.* ● *On s'est disputés, et ce n'est pas tout, il m'a frappé.* ◆ **comme tout** *Il est gentil comme tout, ce docteur.*

III. [n. m.] (collectif) [non-compt., au sing.] *Je ne peux pas vous vendre ces livres séparément, ils forment un tout.* ● *Le tout, c'est d'arriver suffisamment tôt pour qu'on ait des bonnes places au théâtre.* ● *Combien étiez-vous en tout ?* ◆ **changer du tout au tout** *En un an, elle a changé du tout au tout, c'est à peine si je l'ai reconnue.* ◆ **pas du tout, plus du tout, rien du tout** *Vous êtes* 

*content ? — Pas du tout.* ● *Pierre n'a plus d'argent du tout.*
IV. [adv.] (quantité) *J'étais tellement fatiguée que je me suis couchée tout habillée.* ● *J'habite tout près, on peut y aller à pied.* ● *Ça lui est venu tout naturellement.* ● *Il sait se faire comprendre ce qu'il veut, tout en étant gentil et aimable.*

S. et G. **1.** *Tout* se prononce [tut] devant une voyelle ou un *h* muet. *Tous* se prononce [tu] comme adj., [tus] comme pron. — **2.** Au sens I, *tout le...* peut avoir pour équivalents l'adj. ENTIER (*toute la nuit* → LA NUIT ENTIÈRE), l'expression L'ENSEMBLE DE ou l'adv. COMPLÈTEMENT (*Il a dépensé tout son argent* → IL A COMPLÈTEMENT DÉPENSÉ SON ARGENT). *Tous les...* peut avoir pour syn. L'ENSEMBLE DE, CHACUN DES ou CHAQUE. Devant un nom sans article, *tout* au sens de N'IMPORTE QUEL s'emploie au sing. ou au plur. *(en tout cas/en tous cas ; de toute façon/de toutes façons).* — **3.** Sans référence exprimée, *tous* (sens II) désigne TOUS LES GENS ; il a pour syn. TOUT LE MONDE, CHACUN et pour contr. PERSONNE, AUCUN (D'EUX, DE NOUS, etc.). Avec une référence exprimée, *tous* désigne CHACUN des éléments de l'ensemble. *Tout* désigne *toutes* les choses, il a pour contr. RIEN. *Comme tout* (fam.) a pour syn. plus fort TRÈS placé devant l'adj. (*Il est gentil comme tout* → IL EST TRÈS GENTIL). — **4.** *Tout* (n. m.) [sens III] a pour syn. ENSEMBLE, TOTALITÉ. *Le tout, c'est* a pour syn. L'IMPORTANT, C'EST. *Changer du tout au tout* a pour syn. CHANGER COMPLÈTEMENT. *Pas* du tout (plus du tout, rien du tout) a pour équivalent ABSOLUMENT PAS (PLUS, RIEN). — **5.** Au sens IV, *tout* est un adv., mais il se met au fém. devant un adj. fém. commençant par une consonne ou un *h* aspiré *(toute nue, toute honteuse)*; devant une voyelle ou un *h* muet, *tout* reste inv. *(tout habillée). Tout* s'emploie devant un nombre limité d'adv. ou de prép. qui indiquent le plus souvent une position (À CÔTÉ, PRÈS, CONTRE) ou une manière d'être (SIMPLEMENT, NATURELLEMENT, etc.). Il a pour syn. devant un adj. TRÈS, ENTIÈREMENT. Devant un gérondif, *tout* insiste sur la simultanéité ou indique une opposition, une concession ; il peut avoir pour équivalents QUOIQUE, BIEN QUE (soutenus et + subj.).

**tout à coup** [tutaku] adv.
[temps] *On était tous assis dans le salon à discuter et tout à coup Jacques s'est levé et il est parti sans rien dire.*

**S.** *Tout à coup* ou, en langue courante, TOUT D'UN COUP ont pour syn. BRUSQUEMENT, SOUDAIN (soutenu) et indiquent qu'une action se fait d'une manière inattendue, imprévue.

**tout à fait** [tutafɛ] adv.
[quantité] *Alors, ça va mieux ? — Oui, je suis tout à fait guéri maintenant.* ● *Regarde ! Qu'est-ce qu'il ressemble à Jacques ! C'est tout à fait lui quand il était petit !* ● *Vous avez fini votre travail ? — Pas tout à fait, j'en ai encore pour un petit moment.*

**S.** *Tout à fait* a pour syn. TRÈS, COMPLÈTEMENT, ENTIÈREMENT, ABSOLUMENT, EXACTEMENT, PARFAITEMENT, TRÈS BIEN et pour contr. UN PEU, EN PARTIE ou PARTIELLEMENT (soutenu).

**tout à l'heure** [tutalœr] adv.
[temps] *Je ne peux pas vous parler maintenant, je vous verrai tout à l'heure.* ● *Je suis sûr que Pierre était là tout à l'heure, j'ai entendu sa voix.* ◆ [interj.] (salut) **à tout à l'heure !** *Je pars déjeuner, à tout à l'heure !*

**S.** *Tout à l'heure*, qui indique un futur ou un passé proches dans la journée, peut avoir pour syn. DANS UN MOMENT (futur proche), IL Y A UN MOMENT, IL Y A PEU DE TEMPS (passé proche). *À tout à l'heure* désigne un futur plus lointain que À TOUT DE SUITE ; il s'emploie comme formule de salut lorsqu'on quitte qqn qu'on doit revoir dans la journée.

**tout de même** [tudmɛm] adv.
I. [opposition] *Je ne voudrais tout de même pas que tu croies que je suis d'accord ; j'en ai simplement assez de discuter.*
II. [emphase] *Tout de même, tu pourrais regarder où tu mets les pieds !*

**S.** *Tout de même* s'emploie : *a)* avec une valeur d'opposition ; il a alors pour syn. QUAND MÊME, MALGRÉ TOUT ; *b)* dans une exclamation avec une valeur d'indignation ; il a alors pour syn. QUAND MÊME (fam.).

**tout de suite** [tutsɥit] adv.
[temps] *Dépêche-toi, le train part tout de suite.* ● *Vous êtes prêt ? — Tout de suite, j'arrive !* ● *Il faut qu'on répare la voiture, mais nous partirons tout de suite après.* ◆ [interj.] (salut) **à tout de suite !** *On se retrouve à la sortie dans cinq minutes ? — D'accord ! à tout de suite !*

**S.** *Tout de suite* a pour syn. soutenu IMMÉDIATEMENT et désigne un futur proche, immédiat. *À tout de suite !* est une formule de salut lorsqu'on quitte qqn qu'on doit retrouver quelques instants plus tard et qui a pour équivalent moins précis À TOUT À L'HEURE.

**tout le monde** [tulmɔ̃d] pron. indéf. m.
[collectif, personnes] (non-compt., au sing.) *Tout le monde est là ! On peut commencer ? — Non, il manque Jean.* ● *Ils font comme tout le monde, ils prennent leurs vacances au mois d'août.*

**S.** *Tout le monde* désigne un ensemble de personnes dont le nombre peut être déterminé ou indéterminé. Il a pour contr. PERSONNE, QUELQUES-UNS, CERTAINS (pron. indéf.) et pour syn. TOUS (soutenu).

**tout le temps** [tul(ə)tɑ̃] adv.
[temps] *Quand je téléphone, on me répond tout le temps que tu es sorti ; tu es donc toujours dehors ?* ● *Je suis tout le temps dérangé, comment veux-tu que je travaille !*

**S.** *Tout le temps* indique la durée continue ; il a pour syn. TOUJOURS, SANS CESSE, SANS ARRÊT, CONTINUELLEMENT, À TOUT BOUT DE CHAMP.

**toutefois** [tutfwa] adv.
[opposition] *C'est sans doute une petite fièvre sans importance ; il serait toutefois préférable d'appeler le médecin.* ● *Je crois qu'il n'est pas chez lui, vous pouvez toutefois essayer de l'appeler à son bureau.*

**S.** *Toutefois* indique une opposition entre deux phrases ; il est soutenu, comme ses syn. CEPENDANT et NÉANMOINS. Les syn. courants sont MAIS et MALGRÉ TOUT.

**toux** → TOUSSER L.

**toxique** [tɔksik] adj. (après le n.)
(se dit de qqch [produit]) *Ouvre la fenêtre quand tu utilises ce produit, il est très toxique.*

# TRACASSER

**S.** Est *toxique* (savant) une substance qui est dangereuse parce qu'elle contient du poison.
**L. intoxiquer (s')**, v. ce mot.

**tracasser** [trakase] v. t. (conj. **1**)
(sujet qqch, qqn) **tracasser qqn** *Yves n'a pas l'air bien en ce moment, il a l'air soucieux, quelque chose le tracasse ?* ◆ (sujet qqn) **se tracasser (pour qqn, qqch)** *Ce n'est pas grave, ne vous tracassez pas pour ça, on va tout arranger.*

**S.** *Tracasser* a pour syn. TOURMENTER (soutenu), INQUIÉTER, ENNUYER (moins fort), EMBÊTER (fam. et moins fort). *Se tracasser* a pour syn. moins fort SE FAIRE DU SOUCI.

**trace** [tras] n. f.
[résultat] **trace (de qqch)** *Qu'est-ce que c'est que cette trace jaune sur le mur ?* ● *Ne vous inquiétez pas, cette brûlure ne laissera aucune trace.* ● *Quelqu'un est venu là, on*

*voit encore les traces de ses pas.* ◆ **trace (de qqn)** *On a retrouvé la trace des bandits ?*

**S. 1.** Une *trace* est une MARQUE laissée par un objet, une action. EMPREINTE est parfois syn. — **2.** La *trace de qqn*, c'est l'ensemble des signes, des indices qui marquent son passage. *Être sur la trace de qqn* a pour syn. ÊTRE SUR LA PISTE DE qqn.

**tracer** [trase] v. t. (conj. **3**)
(sujet qqn) **tracer qqch (forme, dessin)** *On trace un grand cercle pour le corps, un plus petit pour la tête, quatre traits pour les bras et les jambes, et ça fait un bonhomme.*

**S.** *Tracer*, c'est DESSINER qqch ou marquer la forme de qqch avec des traits ou des points.

**tract** [trakt] n. m.
[objet, texte] *Devant l'usine, les grévistes distribuaient des tracts pour informer le public sur leur situation.*

**S.** Un *tract* est un texte imprimé dans un but politique, syndical, corporatif ou simplement revendicatif.

**tradition** [tradisjɔ̃] n. f.
[manière, qqn] *Quand on était petits, on mettait nos chaussures au pied de l'arbre de Noël, c'était la tradition.* ● *Il était tellement attaché aux traditions de son pays, qu'il n'a jamais pu vraiment s'habituer à vivre ici.*

**S.** *Tradition* est syn. de USAGE, COUTUME, HABITUDE (moins fort).
**L. traditionnel, elle** (adj.) *Le gâteau d'anniversaire est de tradition → le gâteau d'anniversaire est traditionnel.* ◆ **traditionaliste** (n.) *Il est attaché aux traditions → il est traditionaliste.*

**traduire** [tradɥir] v. t. (conj. **60**)
I. (sujet qqn) **traduire qqch (parole, texte, etc.)** *Cette expression anglaise est impossible à traduire en français !* ● *Je crois que son livre a déjà été traduit en plusieurs langues.* ● *Est-ce que quelqu'un peut traduire ce que vient de dire M. Smith ?*

**II.** (sujet qqch) **traduire qqch (sentiment, pensée)** *Si ce que vous dites traduit exactement votre pensée, alors renoncez tout de suite à votre projet.* ◆ (sujet qqch [état]) **se traduire par qqch** *Sa maladie se traduit par des crises de nerfs.*

S. 1. *Traduire un texte, un livre*, etc. (sens I), c'est le faire passer, l'adapter d'une langue dans une autre, en faire la TRADUCTION. La VERSION est un exercice qui consiste à *traduire* un texte de langue étrangère dans sa langue maternelle. Le THÈME, au contraire, consiste à *traduire* un texte de sa langue maternelle dans une langue étrangère. Celui qui *traduit* les paroles d'une personne étrangère dans une autre langue est un INTERPRÈTE. — 2. *Traduire* (sens II) [soutenu] a pour syn. EXPRIMER, CORRESPONDRE À ; si cette expression est involontaire, le syn. est TRAHIR. *Se traduire* a pour syn. S'EXPRIMER, SE MANIFESTER.
**L. traduction** (n. f.) [sens I] *Ce livre n'a jamais été traduit* → *la traduction de ce livre n'a jamais été faite.* ◆ **traducteur, trice** (n.) [sens I] *Qui a traduit ce livre ?* → *quel est le traducteur de ce livre ?* ◆ **intraduisible** (adj.) [sens I] *Cette phrase ne peut pas être traduite* → *cette phrase est intraduisible.*

**trafic** [trafik] n. m.
I. [action, qqn, et résultat] **trafic de qqch** *Il a été arrêté, il paraît qu'il faisait du trafic d'armes.*
II. [action, qqch, et résultat] *L'ensemble du trafic aérien est en augmentation de 15 p. 100 cette année.* • *Quand ils ont construit cette auroroute à deux voies, ils n'ont pas pensé que quelques années plus tard le trafic serait beaucoup plus important.*

S. 1. Le *trafic* (sens I) est un commerce clandestin, illégal, frauduleux. — 2. *Trafic* (sens II) a pour syn. CIRCULATION.
**L. trafiquant** (n. m.) [sens I] *Il fait le trafic d'alcool* → *c'est un trafiquant d'alcool.*

**tragédie** [tra3edi] n. f.
I. [événement, qqn] *Rien qu'une allumette, et soudain ce fut un incendie terrible, qui fit plusieurs morts et des dizaines de blessés, une vraie tragédie.* • *Après l'explosion dans la mine, rien n'a été mis réellement en place pour que cette tragédie ne se reproduise plus.*
II. [résultat, activité artistique] *Quand j'étais jeune, j'ai écrit un poème, une tragédie même. — Tu as beaucoup changé !* • *Dimanche, nous allons voir une tragédie de Racine à la Comédie-Française.*

S. 1. *Tragédie* (sens I) a pour syn. CATASTROPHE, DRAME (moins fort) et désigne un événement TRAGIQUE. — 2. Au sens II, la *tragédie*

est une pièce de théâtre tragique, par oppos. à la COMÉDIE. Ce mot s'emploie surtout pour parler du théâtre classique ; pour les pièces contemporaines, ou les films, on oppose DRAME à COMÉDIE.
**L. tragique**, v. ce mot.

**tragique** [tra3ik] adj. (après ou, plus rarement, avant le n.) et n. m.
[adj.] (se dit de qqch) *Un tragique accident s'est produit sur l'autoroute, il y a trois morts et une dizaine de blessés.* • *Bon, d'accord, tu as perdu tes clefs, mais ce n'est pas tragique !* ◆ [n. m.] (sujet qqn) **prendre qqch au tragique** *Tu te rends malheureuse à force de prendre toujours tout au tragique !*

S. *Tragique* (adj.) se dit de ce qui provoque l'anxiété, l'angoisse, l'effroi ; il a pour syn., par ordre d'intensité décroissante, EFFROYABLE, TERRIBLE, DRAMATIQUE, GRAVE ; il s'oppose à SANS IMPORTANCE, INSIGNIFIANT, ANODIN. *Prendre qqch au tragique*, c'est le considérer comme très grave, alarmant.
**L. tragiquement** (adv.) *Il a disparu de façon tragique dans un accident* → *il a tragiquement disparu dans un accident.*

**trahir** [trair] v. t. (conj. 15)
I. (sujet qqn) **trahir qqn, un groupe, son pays** *En dévoilant ces secrets à l'étranger, vous avez trahi votre pays.* ◆ **trahir l'amitié, la confiance,** etc.**, de qqn** *Jamais je n'aurais cru qu'il pourrait un jour trahir la confiance que j'avais en lui.*
II. (sujet qqch) **trahir qqch (sentiment, pensée)** *N'essayez pas de mentir, votre attitude de tout à l'heure a trahi votre pensée réelle.* ◆ (sujet qqn) **se trahir** *Il faut le faire parler sans arrêt, il finira bien par se trahir à un moment ou à un autre.*

S. 1. *Trahir* qqn (sens I), c'est rompre l'accord qu'on a avec lui. *Trahir un pays, un groupe,*

c'est passer à l'ennemi. *Trahir l'amitié, la confiance de* qqn a pour syn. TROMPER et pour contr. ÊTRE FIDÈLE À. — **2.** *Trahir* (sens II), c'est laisser voir, laisser paraître, dévoiler ce qui était caché. *Se trahir,* c'est laisser échapper ce qu'on voulait tenir secret.
**L. trahison** (n. f.) [sens I] Il a été condamné pour avoir trahi → *il a été condamné pour trahison.* ◆ **traître** (n. m.) [sens I] *Nous avons découvert que c'était un traître* (← personne qui trahit un groupe, un pays).

**train** [trɛ̃] n. m.
I. [moyen de transport] *Tu préfères voyager en train ou en avion ?* ● *Dépêche-toi, sinon on va rater le train !* ● *Il vaudrait mieux prendre le train de nuit, on perdrait moins de temps.*
II. (sujet qqn, qqch) **être en train de** + **inf.** *Va jouer dehors, tu ne vois pas que je suis en train de travailler et que tu me déranges ?* ● *Mange vite ta viande, elle est en train de refroidir.*

**S. 1.** Le *train* (sens I) est un moyen de transport collectif qui roule sur des rails ou

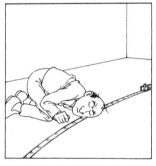

voie ferrée. Un *train* est composé d'une LOCOMOTIVE ou MOTRICE et de plusieurs WAGONS servant au transport des marchandises ou des voyageurs. Pour les voyageurs, on dit aussi VOITURES ; ces dernières sont divisées en COMPARTIMENTS. Un OMNIBUS est un *train* qui s'arrête partout ; un RAPIDE est un *train* qui ne s'arrête que dans les gares importantes ; un EXPRESS est un *train* qui ne s'arrête pas dans les grandes villes. Les *trains* de nuit comportent des COUCHETTES et parfois des WAGONS-LITS (aménagés de manière plus confortable). La SOCIÉTÉ NATIONALE DES CHEMINS DE FER FRANÇAIS (S.N.C.F.) est l'entreprise nationalisée qui assure l'exploitation et l'administration de ce moyen de transport. — **2.** *Être en train de* marque que l'action est en cours (*Je suis en train de travailler* → JE TRAVAILLE EN CE MOMENT). Avec un sujet désignant qqn, il a pour syn. ÊTRE OCCUPÉ À + inf.

**traîne (à la)** [alatʀɛn] adv.
[manière et temps] *Dépêche-toi un peu ; tu es toujours à la traîne et on est obligé d'attendre.*
**S.** *Être à la traîne* (fam.), c'est ÊTRE EN ARRIÈRE ou EN RETARD (sur les autres).

**traîner** [tʀene] v. t. et v. i. (conj. **1**)
I. [v. t.] (sujet qqch en mouvement, qqn) **traîner qqch, qqn** *Arrête de traîner ce jouet*

*à travers l'appartement, ça fait trop de bruit !* ◆ (sujet qqn) **traîner qqn, qqch (qqpart)** *Si je vais voir cette exposition, je n'ai pas du tout l'intention d'y traîner les enfants !* ● *Tu crois vraiment que tu as besoin de traîner tous ces livres ?* ◆ **se traîner (par terre)** *Tu as fini de te traîner par terre, regarde comme tu es sale !* ◆ [v. i.] (sujet qqch) **traîner (par terre)** *Tu ne vois pas que ton manteau traîne par terre ?*
II. [v. i.] (sujet qqch) *À qui sont ces chaussures qui traînent dans le couloir ?* ● *Tu laisses toujours traîner tes affaires n'importe où !*
III. [v. i.] (sujet qqn) *Ne t'inquiète pas, ils vont arriver, ils ont dû traîner un peu en chemin.* ● *Ne traîne pas trop, on est très en retard ce matin !* ◆ (sujet qqch) **traîner (en longueur)** *Cette affaire a tellement traîné que tout le monde l'a oubliée.* ● *Et votre procès, c'est fini ? — Pensez-vous ! Ça traîne.*

**S. 1.** *Traîner qqch, qqn* (sens I) a pour syn. TIRER (derrière soi, ou par terre) et pour contr. POUSSER. *Traîner une personne, une chose,* c'est l'EMMENER, l'EMPORTER AVEC SOI. *Se traîner,* c'est avancer en rampant par terre. *Traîner (par terre),* c'est PENDRE jusqu'à terre. — **2.** *Traîner* (v. i.) [sens II] a pour syn. ÊTRE EN DÉSORDRE, ÉPARPILLÉ et pour contr. ÊTRE RANGÉ, À SA PLACE. *Laisser traîner qqch,* c'est le LAISSER EN DÉSORDRE, NE PAS LE RANGER. — **3.** *Traîner* (v. i.) [sens III] a pour syn. FLÂNER, S'ATTARDER et pour contr. SE DÉPÊCHER, SE PRESSER, SE HÂTER

(soutenu). *Traîner en longueur* a pour syn. DURER TROP LONGTEMPS, ÊTRE TROP LONG, SE PROLONGER, S'ÉTERNISER.
**L. traînard, e** (n. et adj.) [sens III] On n'a que faire des gens qui traînent → *on n'a que faire des traînards*. ◆ **traîne (à la)**, v. ce mot.

**trait** [trɛ] n. m.
I. [forme] *Si tu veux que ton trait soit droit, prends une règle pour le tirer.* ● *Qui a fait ce trait au crayon rouge sur le mur ?*
II. [forme, corps] (non-compt., au plur.) **traits (de qqn)** *Je la trouve jolie, elle a de beaux traits.* ● *Vous devez être fatigué, vous avez les traits tirés.*
III. **d'un trait** *J'avais tellement soif que j'ai bu mon verre d'eau d'un trait, j'en voudrais bien un deuxième !*

**S. 1.** Au sens I, un *trait* est une ligne le plus souvent droite, mais qui peut aussi être courbe. — **2.** Au sens II, les *traits* sont les lignes du visage de qqn. — **3.** Au sens III, *d'un trait* est une loc. adv. syn. de D'UN SEUL COUP, EN UNE SEULE FOIS.

**traite** [trɛt] n. f.
[action, qqn] **d'une (seule) traite** *Vous avez fait Paris-Milan d'une traite ? Vous devez être fatigués !*

**S.** Faire un certain trajet *d'une traite*, c'est le faire SANS S'ARRÊTER.

**traité** [trete] n. m.
[objet, texte] *Ces deux pays arriveront-ils un jour à signer un traité de paix ?*

**S.** Un *traité* est une convention officielle signée par deux parties.

**traitement** [trɛtmɑ̃] n. m.
I. [action, qqn, et résultat] (compt.) *Le médecin m'a donné un traitement pour soigner mon mal de tête, mais ce n'est pas très efficace !*
II. [action, qqn, et résultat] (compt., surtout au plur.) *L'accusé se plaint des mauvais traitements qu'il aurait reçus lors de son arrestation.*

**S. 1.** Un *traitement* (sens I), c'est l'action et la manière de soigner, de TRAITER une maladie. Le médecin ordonne, prescrit un *traitement* au malade. — **2.** Un *traitement* (sens II), c'est le fait de traiter qqn, d'agir à son égard de telle ou telle manière. De mauvais *traitements* sont des SÉVICES (soutenu), des VIOLENCES.

**traiter** [trete] v. t. (conj. **1**)
I. (sujet qqn) **traiter qqn + adv.** *Fais ceci, fais cela ! Tu as vu comme il me traite ?*
● *Elle me traite comme si j'étais à ses ordres.*
II. (sujet qqn) **traiter qqn de + n.** *Je n'aime pas du tout qu'on me traite de menteuse quand ce que je dis est vrai !* ● *Il l'a traitée de tous les noms devant nous.*

**S. 1.** *Traiter* qqn de telle ou telle façon (sens I), c'est AGIR, SE CONDUIRE, SE COMPORTER AVEC lui de telle ou telle manière. — **2.** *Traiter* qqn *de* (sens II), c'est l'APPELER DE tel ou tel nom, le QUALIFIER DE tel ou tel nom (le terme qui suit est toujours péjor.).
**L. traitement,** v. ce mot.

**traître** → TRAHIR L.

**trajet** [traʒɛ] n. m.
[action, qqn, et résultat] *Il n'y avait plus de place dans le train pour s'asseoir, on a fait tout le trajet debout !* ● *Tu aurais pu faire le trajet à pied, ce n'est pas si loin.* ● *Tu as combien d'heures de trajet pour aller à ton travail et en revenir ?*

**S.** Le *trajet* est la distance parcourue d'un point à un autre ou le temps mis pour la parcourir. Il a pour syn. PARCOURS, VOYAGE.

**tranche** [trɑ̃ʃ] n. f.
I. [partie d'un aliment] *Tu peux me servir une tranche de viande, mais pas trop grosse.* ● [Chez le charcutier] : « *Je voudrais trois tranches de jambon, s'il vous plaît !* »
II. [partie d'un tout] *La première tranche des travaux commencera le 1ᵉʳ février.* ● *Dis donc, pour les impôts, avec ce que gagne ta femme, tu vas passer dans la tranche supérieure.*

**S. 1.** Une *tranche* (sens I) est un morceau fin et large de qqch, surtout un aliment que l'on a coupé ou découpé. — **2.** Au sens II, une *tranche* est une division arbitraire d'une activité qui se déroule dans le temps, ou d'une répartition chiffrée.

**tranquille** [trɑ̃kil] adj. (après le n.)
(se dit de qqn, de qqch, d'un lieu, etc.) *Nadia, ça ne te ferait rien de rester tranquille une minute, le temps que je téléphone ?* ● *Cette année, on aimerait bien passer des vacances tranquilles, sans les enfants.* ● *Si on cherchait un endroit tranquille le long de la rivière pour déjeuner ?*
● *Soyez tranquilles, on s'occupera de tout, vous pouvez partir sans souci.* ● *Laisse-moi tranquille, j'ai envie d'être toute seule !*

**S.** Être *tranquille*, c'est ne pas montrer d'agitation, de trouble ; les syn. sont CALME, PAISIBLE. Quand il s'agit de qqn, les syn. sont aussi SAGE,

# TRANQUILLISER

SILENCIEUX et les contr. AGITÉ, REMUANT (physique), TROUBLÉ (dans l'esprit). Quand il s'agit d'un lieu où il n'y a pas de bruit, de mouvement, d'agitation, le contr. est BRUYANT. *Soyez tranquille* équivaut à NE VOUS INQUIÉTEZ PAS, NE VOUS FAITES PAS DE SOUCI ; le contr. est INQUIET. *Laisser qqn tranquille* a pour contr. TAQUINER, ENNUYER, EMBÊTER, HARCELER (plus fort) qqn.
**L. tranquillement** (adv.) *Reste tranquille, en m'attendant* → *attends-moi tranquillement.*
◆ **tranquillité** (n. f.) *Vous pouvez partir en étant tranquilles* → *vous pouvez partir en toute tranquillité.* ◆ **tranquilliser,** v. ce mot.

**tranquilliser** [trãkilize] v. t. (conj. **1**) (sujet qqch, qqn) **tranquilliser qqn** *Voilà deux heures que nous l'attendons, tu crois qu'elle téléphonerait pour nous tranquilliser ?* ◆ (sujet qqn) **se tranquilliser** *Tranquillisez-vous, tout se passera bien.*

**S.** *Tranquilliser* qqn, c'est faire qu'il ne s'inquiète plus, qu'il ne soit plus anxieux. RASSURER est un syn., INQUIÉTER un contr.
**L. tranquillisant** (n. m.) *Elle est trop anxieuse, elle devrait prendre des tranquillisants* (← médicaments qui tranquillisent, enlèvent l'anxiété).

**transformer** [trãsfɔrme] v. t. (conj. **1**) (sujet qqn) **transformer qqch (en autre chose)** *C'est cette petite pièce que vous voulez transformer en bureau ?* ● *Les Leroy ont complètement transformé leur appartement en abattant plusieurs murs.* ● *Il paraît qu'on va transformer ce terrain en jardin public ?* ◆ (sujet qqch) **transformer qqn** *Ces quelques jours de vacances t'ont transformée, tu as bien meilleure mine.* ◆ (sujet qqn, qqch) **se transformer** *Comme ce quartier s'est transformé depuis quelques années, on ne reconnaît plus rien !*

**S. 1.** *Transformer* qqch, c'est lui donner un nouvel aspect. Les syn. sont CHANGER, MODIFIER.

*Transformer un appartement, un magasin,* c'est en modifier la disposition, l'ameublement ; il a pour syn. RÉNOVER, MODERNISER. *Transformer* qqn, c'est améliorer sa santé ou son moral. — **2.** *Se transformer,* c'est SE CHANGER, SE MODIFIER (moins fort), DEVENIR DIFFÉRENT, SE MÉTAMORPHOSER (soutenu).
**L. transformation** (n. f.) Il comptent transformer beaucoup de choses dans leur appartement → *ils comptent faire beaucoup de transformations dans leur appartement.*

**transmettre** [trãsmɛtr] v. t. (conj. **46**) (sujet qqn) **transmettre qqch à qqn** *Vous* 

*transmettrez mon meilleur souvenir à votre père.* ◆ (sujet qqch) **transmettre qqch (à qqch)** *Fais attention, tu sais que le fer transmet le courant électrique.* ◆ **se transmettre** *Cette entreprise se transmet de père en fils depuis trois générations.* ● *C'est une maladie contagieuse qui se transmet très vite.*

**S.** *Transmettre,* c'est FAIRE PART DE, en parlant d'un message, PROPAGER, DIFFUSER en parlant du son, d'un courant, etc. ; il a pour syn. COMMUNIQUER, PASSER en parlant de qqch de concret.
**L. transmission** (n. f.) *J'ai assisté à la transmission des pouvoirs* (← au moment où l'un a transmis ses pouvoirs à l'autre).

**transparent, e** [trãsparã, ãt] adj. (après le n.)
(se dit de qqch [liquide, matière]) *Regarde comme l'eau est transparente, on voit le fond de la rivière !* ● *Méfiez-vous, il y a à l'entrée une porte de verre transparente, je suis rentré dedans hier !*

**S.** Est *transparent* ce qui laisse passer la lumière, ce qui permet de voir à travers ; il a pour syn. CLAIR, LIMPIDE, quand il s'agit d'un

# TRAVAIL

liquide. Les contr. sont TROUBLE, quand il s'agit d'un liquide, et OPAQUE, quand il s'agit d'une matière.
**L. transparence** (n. f.) Ce papier est transparent, on voit au travers → *on voit par transparence à travers ce papier*.

**transpirer** [trãspire] v. i. (conj. **1**) (sujet qqn) *François a de la fièvre, il a transpiré toute la nuit et son pyjama est trempé*. ● *Tiens-toi un peu tranquille : tu transpires déjà, et tu vas prendre froid*.

**S.** *Transpirer* a pour syn. ÊTRE EN SUEUR, SUER.

**L. transpiration** (n. f.) La chaleur fait transpirer → *la chaleur provoque la transpiration*.

**transport** [trãspɔr] n. m.
I. [action, qqn, qqch, et résultat] (compt., surtout au sing.) *Ce train est réservé au transport des marchandises*. ● *Si vous voulez, on peut vous livrer les marchandises chez vous, seulement il y a le transport en plus à payer*. ● *Vous avez beaucoup de frais de transport pour aller à votre travail ?*
◆ **moyen de transport** *L'ennui, dans cette banlieue, c'est que sans moyen de transport on est vraiment isolé*.
II. [moyen de transport] **transports en commun** *Pourquoi ne prends-tu pas les transports en commun, c'est moins fatigant que la voiture !*

**S.** Le *transport* (sens I), c'est le fait de TRANSPORTER, de FAIRE TRANSPORTER qqch, le prix payé pour transporter qqch ou, en parlant de qqn, pour aller d'un lieu à un autre. Un *moyen de transport* est un véhicule utilisé pour se déplacer. La voiture, la moto, le vélo, le taxi sont des *moyens de transport* INDIVIDUELS, par oppos. aux *transports* EN COMMUN : bus, train, métro, bateau, avion.

**transporter** [trãspɔrte] v. t. (conj. **1**) (sujet qqn, qqch) **transporter qqn, qqch (d'un lieu dans un autre)** *Les blessés ont été tout de suite transportés du lieu de l'accident à l'hôpital*. ● *Tu comptes louer un petit car pour transporter tes meubles ?*

**S.** *Transporter* qqn a pour syn. EMMENER, EMPORTER, AMENER. *Transporter* qqch a pour

syn. EMPORTER, VÉHICULER (langue administrative) si on le porte d'un lieu dans un autre, ou simplement DÉPLACER.
**L. transportable** (adj.) *Ce blessé peut-il être transporté ?* → *ce blessé est-il transportable ?*
◆ **transport**, v. ce mot. ◆ **intransportable** (adj.) *On ne peut pas transporter cette valise* → *cette valise est intransportable*.

**traumatiser** [tromatize] v. t. (conj. **1**) (sujet qqn, qqch) **traumatiser qqn** *Elle a assisté à l'assassinat de sa mère, c'est normal que ça l'ait traumatisée*. ● *Il a été traumatisé par cet accident survenu dans sa première enfance*.

**G.** Ce verbe s'emploie souvent au passif.
**S.** *Traumatiser* qqn (soutenu), c'est lui causer un TRAUMATISME psychique, perturbation provoquée par un choc émotionnel violent.
**L. traumatisant, e** (adj.) *Cette aventure risque de le traumatiser* → *cette aventure risque d'être traumatisante pour lui*.

**travail** [travaj] n. m., pl. **travaux** [travo]
I. [activité sociale] (non-compt., au sing.) *Tu sais ce que c'est que le travail en usine ?* ● *Les ouvriers, en grève, ont arrêté le travail ce matin à 10 heures*. ◆ [action,

# TRAVAILLER

qqn] *Le ménage, la vaisselle, ça fait partie du travail de tous les jours.* ● *Il faut au moins un mois de travail pour nettoyer cet appartement!* ● *Tu viens déjeuner avec nous? — Non, j'ai trop de travail, je mangerai un sandwich.* ● *Pascal, tu as fait ton travail pour demain?* ● *Excusez-moi d'être habillé comme ça, c'est ma tenue de travail.*
II. [activité sociale] (non-compt., au sing.) *J'ai un travail très intéressant.* ● *Qu'est-ce que tu fais comme travail? — Je suis ingénieur.* ● *Tu cherches du travail?* ● *Marie a trouvé un travail à Paris.*
III. [lieu] (non-compt., au sing.) *Tu prends l'autobus ou le métro pour aller au travail?* ● *[Au téléphone]* : «*Allô, est-ce que M. Durand est là? — Non, il est à son travail.*»
IV. [action, qqn, et résultat] (compt.) *Pierre a fait un travail très intéressant sur le vieux Paris.* ● *Où en êtes-vous de vos travaux sur l'énergie nucléaire?*
V. [action, qqn, et résultat] (non-compt., au plur.) *Le magasin restera ouvert pendant la durée des travaux.* ● *Excusez le désordre, on est en plein dans les travaux.* ● *Il y a des travaux partout dans ma rue.*

**S. 1.** *Travail* a pour syn. fam. BOULOT aux sens I, II et III. *Travail* (sens I) désigne une activité soit rémunérée (il désigne alors les tâches accomplies dans le cadre d'un métier, d'une profession), soit non rémunérée (il a alors pour syn. BESOGNE, OCCUPATION ou TÂCHE). Dans tous les sens, c'est le fait de TRAVAILLER. Les *heures de travail* s'opposent aux *heures* DE REPOS, DE DÉTENTE, DE LOISIRS. *Avoir du travail*, c'est AVOIR des choses à FAIRE, ÊTRE OCCUPÉ À qqch. Dans le langage scolaire, c'est AVOIR DES DEVOIRS, DES LEÇONS. — **2.** Au sens II, le syn. est EMPLOI; *être sans travail*, c'est ÊTRE AU CHÔMAGE. — **3.** Au sens III, c'est le lieu où on travaille, c'est-à-dire, le plus souvent, le bureau (pour un employé), l'atelier, l'usine, le chantier, etc. — **4.** Au sens IV, il s'agit d'un *travail* intellectuel, le plus souvent de recherche. ÉTUDE est un syn. — **5.** Au sens V, on fait des *travaux* pour construire, aménager, restaurer, réparer une maison, une rue, etc. CHANTIER est parfois syn.
**L. travailler,** v. ce mot.

**travailler** [travaje] v. i., v. t. et v. t. ind. (conj. **1**)
I. [v. i.] (sujet qqn) *Ta femme travaille? — Non, elle reste à la maison pour s'occuper des enfants.* ● *Avant j'étais à Lyon, mais l'entreprise a fermé, maintenant je travaille à Paris.* ◆ **travailler** + **adv.** *Tu as l'air fatigué? — Oui, je travaille beaucoup en ce moment.*

II. [v. t. ind.] (sujet qqn) **travailler (à qqch)** *À quoi travailles-tu en ce moment? — J'étudie un nouveau projet.* ● *Va travailler à tes devoirs, tu es en retard.* ◆ [v. t.] **travailler qqch** *Encore de mauvaises notes! Tu n'as pas assez travaillé tes mathématiques.*

**S. 1.** *Travailler* (sens I), sans compl. ni adv., c'est AVOIR UN TRAVAIL, UN EMPLOI, UNE ACTIVITÉ PROFESSIONNELLE, EXERCER UN MÉTIER, UNE PROFESSION, par oppos. à ÊTRE AU CHÔMAGE ou ÊTRE SANS PROFESSION. Celui, celle qui *travaille* en tant que personne salariée est un TRAVAILLEUR ou une TRAVAILLEUSE. Avec un adv., *travailler*, c'est AVOIR DU TRAVAIL, FAIRE SON TRAVAIL, que ce soit une activité manuelle ou intellectuelle; les syn. très fam. sont BOSSER, BÛCHER, BOULONNER, par oppos. à SE REPOSER. Celui qui *travaille* bien ou beaucoup est un TRAVAILLEUR ou, fam., un BÛCHEUR, par oppos. à PARESSEUX (n.). — **2.** *Travailler à qqch* (sens II) a pour syn. S'OCCUPER DE. *Travailler une matière scolaire*, c'est l'ÉTUDIER.
**L. travailleur, euse** (adj. et n.) [sens I] *Il ne travaille pas beaucoup* → *il est peu travailleur.* (V. aussi ce mot.)

**travailleur, euse** [travajœr, øz] n. [personne, fonction sociale] *Les syndicats appellent les travailleurs à cesser le travail pour protester contre les licenciements.* ● *De qui est la phrase :* «*Travailleurs de tous les pays, unissez-vous* »*?*

**S.** Un *travailleur* est une personne qui TRAVAILLE, qui exerce une profession manuelle (ouvriers, paysans) ou non (*travailleurs* INTELLECTUELS). Le mot est souvent employé au plur. comme collectif pour désigner l'ensemble des salariés considéré comme groupe social, par oppos. à CAPITALISTE, PATRON, EMPLOYEUR; il a alors pour syn. plus fort PROLÉTAIRES.

**travers (à, en)** [atravɛr, ɑ̃travɛr] prép. et adv., **travers (de)** [dətravɛr] adv.
[lieu] **à travers (qqch [concret])** *Quand il est en colère, il jette tout ce qui lui tombe sous la main à travers la fenêtre.* ● *Tes lunettes sont tellement sales que je me demande ce que tu peux voir à travers!* ◆ **en travers (de qqch [concret])** *Il y a eu un accident, un camion s'est renversé en travers de la route.* ◆ [manière] **de travers** *Le tableau est de travers, remets-le droit.* ● *Pourquoi tousses-tu? — J'ai avalé de travers.* ● *Ce n'est pas ça que j'ai dit, vraiment tu comprends tout de travers!*

**S. 1.** *À travers* indique qu'une action, qu'un mouvement se fait en TRAVERSANT qqch. Comme prép., il a pour syn. PAR. — **2.** *En travers de* indique le sens TRANSVERSAL de qqch. — **3.** *De*

*travers* s'emploie soit pour parler de la position d'un objet (il a alors pour contr. DROIT et pour syn. EN BIAIS, PENCHÉ), soit dans un sens abstrait pour indiquer qu'une action s'est faite de manière anormale.

**traverser** [travɛrse] v. t. (conj. **1**)
I. (sujet qqn, qqch [en mouvement]) **traverser (un lieu)** *On a mis une heure pour traverser la ville, tellement il y avait d'embouteillages.* ● *Cet été, on a traversé le désert en voiture.* ● *Pour aller en Angleterre il faut traverser la Manche, on peut le faire en bateau ou en avion.* ● *Attends que le feu soit rouge pour traverser.* ● *L'agent de police fait traverser les enfants.*
II. (sujet qqn) **traverser qqch (période, crise)** *Il y a quelque temps, j'ai traversé une période difficile : je n'avais plus de travail, ma femme non plus.* ● *Il y a des pays qui ont traversé facilement la crise du pétrole.* — *Ah !, lesquels ?*

**S. 1.** *Traverser un lieu, un espace,* c'est aller d'un bord à l'autre ; il a pour syn. plus soutenu FRANCHIR. On peut *traverser un lieu,* en FAIRE LA TRAVERSÉE à pied, en voiture, en bateau ou en avion. *Traverser une rue,* c'est passer de l'autre côté. — **2.** *Traverser une période,* c'est la PASSER.
**L. traversée** (n. f.) [sens I] On a traversé le désert → *on a fait la traversée du désert.*

**treize** [trɛz] adj. num. cardinal inv.
[13] *Certaines personnes croient que treize est un chiffre qui porte bonheur !* ● *On dit qu'il ne faut pas être treize à table.* ● *Regarde page treize du journal, il y a un article sur la pièce que nous allons voir.* ● *Tu as treize ans, tu es un grand garçon.*

**treizième** [trɛzjɛm] adj. num. ordinal
[13e] (se dit de qqn, de qqch) *Sur trente élèves, il est treizième en français, c'est tout à fait moyen.* ● *C'est au moins la treizième fois que je lis ce livre, je l'adore !*

**S.** Dans une énumération, TREIZIÈMEMENT est l'adv. correspondant à *treizième* (= en treizième lieu).

**trembler** [trɑ̃ble] v. i. (conj. **1**)
I. (sujet qqn, une partie du corps) *Pour-*

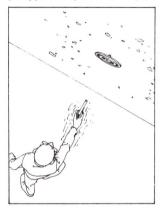

*quoi trembles-tu comme ça, tu as froid ?* ● *Je n'arrive pas à écrire, j'ai les mains qui tremblent ; je dois avoir de la fièvre.*
II. (sujet qqch) *Tu sens comme le sol tremble sous nos pieds quand le métro passe ?* ● *La terre a encore tremblé cette nuit en Italie.*

**S. 1.** *Trembler* (sens I) a pour syn. plus faibles FRISSONNER, AVOIR DES FRISSONS (causés par le froid, la fièvre, la peur). — **2.** *Trembler* (sens II) a pour syn., par ordre d'intensité croissante, FRÉMIR, VIBRER, REMUER.
**L. tremblement** (n. m.) La terre a tremblé → *il y a eu un tremblement de terre.*

**trempé, e** [trɑ̃pe] adj. (après le n.)
(se dit de qqn, de qqch) *Il y a eu un orage et Pierre est rentré trempé de sa promenade.* ● *Le linge est trempé, il faut le mettre à sécher dans la cuisine.*

**S.** *Trempé* a pour syn. moins fort MOUILLÉ et TRANSPERCÉ (plus fort, en parlant de qqn), HUMIDE (moins fort, en parlant de qqch). Le contr. est SEC.

**tremper** [trɑ̃pe] v. t. et v. i. (conj. **1**)
[v. t.] (sujet qqn) **tremper qqch dans qqch (liquide)** *Mon grand-père aime tremper son pain dans la soupe.* ◆ [v. i.] (sujet qqch) *Sur le paquet de lessive, il est recommandé*

de faire tremper le linge sale une heure dans l'eau chaude. ● *Laisse tremper les haricots une nuit, avant de les faire cuire.*

**S.** *Tremper* qqch, c'est le plonger et le laisser un certain temps dans un liquide.

**trentaine** [tʀɑ̃tɛn] n. f.
[quantité] **trentaine (de + n. plur.)** *À cette manifestation, il n'y avait qu'une trentaine de personnes : c'est un échec complet.* ● *Quand on atteint la trentaine, on sait bien que les autres s'en sont aperçus avant vous.*

**S.** *Trentaine* désigne un ensemble d'environ TRENTE unités ou un âge d'environ TRENTE ans (avec l'art. déf. et sans compl.).

**trente** [tʀɑ̃t] adj. num. cardinal inv.
[30] *Pour mes trente ans, on va faire une grande fête.* ● *Il y a trente minutes dans une demi-heure.* ● *Tu peux me rendre les trente francs que je t'ai prêtés ?* ● *Page trente, vous avez le renseignement que vous cherchez.*

**L. trentième** (adj. num. ordinal) *La trentième page* (← *la page numéro trente*).

**très** [tʀɛ] adv.
[quantité] *Ma montre marche très bien, elle est toujours à l'heure.* ● *Vous êtes content ? — Pas très, j'ai eu pas mal d'ennuis ces temps-ci.* ● *Jacques est très fatigué par son voyage.* ● *Excusez-moi. Je suis très en retard.* ● *Je n'ai pas mangé depuis deux jours, j'ai très faim !*

**S.** et **G.** *Très* s'emploie devant un adj. ou un adv., avec lesquels il forme le superlatif absolu. Il s'emploie aussi devant un part. passé passif, dans des loc. adj., devant un nom sans article, comme dans AVOIR PEUR, AVOIR FAIM, etc. Devant un part. passé d'une forme active ou pronominale, on emploie plutôt en langue écrite BEAUCOUP (*Jacques est très fatigué par le voyage* → LE VOYAGE A BEAUCOUP FATIGUÉ JACQUES) ; devant un adj. ou un adv., il a pour syn. FORT (litt.), EXTRÊMEMENT. Dans une loc. verbale, *très* a pour syn. plus forts ÉNORMÉMENT, EXTRÊMEMENT. VACHEMENT est un syn. pop., mais uniquement dans des phrases positives.

**tri** → TRIER L.

**triangle** [tʀijɑ̃gl] n. m.
[forme] *Je ne sais pas dessiner un triangle.* ◆ [objet] *À quoi sert ce triangle d'acier ?*

**S.** Un *triangle* est une figure de géométrie qui a trois côtés et trois angles. C'est aussi un objet ayant cette forme.
**L. triangulaire** (adj.) *Ce panneau a la forme d'un triangle* → *ce panneau est triangulaire.*

**tribunal** [tʀibynal] n. m., pl. **tribunaux**
[institution] *Ça ne se passera pas comme ça, cette affaire ira devant les tribunaux.* ◆ [collectif, personnes] *Le tribunal l'a condamné à douze ans de prison.*

**S.** Le *tribunal* est composé de magistrats (juges, procureur, avocat général), qui sont chargés de rendre la justice, de juger une affaire, qqn. Face au *tribunal* se trouve l'accusé assisté de son avocat. Dans certains cas (cour d'assises), un jury est chargé de se prononcer sur la culpabilité de l'accusé. Ce mot désigne aussi le lieu où ces magistrats siègent et d'une manière plus large l'institution juridique elle-même. Les *tribunaux* (plur.) ont pour syn. la JUSTICE.

**tricher** [tʀiʃe] v. i. (conj. **1**)
(sujet qqn) **tricher (à un jeu, sur qqch)** *Ce n'est pas étonnant qu'il gagne toujours, il*

*triche aux cartes !* ● *Il a été reçu ? Il a dû tricher le jour de l'examen !* ● *J'ai l'impression que le commerçant a un peu triché sur le prix des légumes.*

**S.** *Tricher à un jeu*, c'est ne pas en respecter les règles, afin de gagner. *Tricher à un examen* a pour syn. plus fort FRAUDER. *Tricher sur qqch*, c'est TROMPER SUR.
**L. tricheur, euse** (n. et adj.) *Tu as triché, tu as changé de carte!* → *tu es un tricheur, tu as changé de carte!*

**tricoter** [trikɔte] v. t. (conj. **1**) (sujet qqn) **tricoter (qqch [vêtement])** *Avec cette laine, je vais pouvoir tricoter un pull.* ● *Pourquoi est-ce que c'est seulement les filles qui apprennent à tricoter?*

**S.** *Tricoter*, c'est faire du TRICOT, confectionner un vêtement avec des fils de laine et au moyen d'aiguilles.
**L. tricot** (n. m.) *Apprends-moi à tricoter* → *apprends-moi le tricot.*

**trier** [trije] v. t. (conj. **2**) (sujet qqn) **trier des objets** *Tu comptes garder toutes ces vieilles robes? Trie-les, il y en a certainement qui ne te vont plus.* ● *Les employés des postes trient les lettres selon le lieu où elles sont envoyées.*

**S.** *Trier* a pour syn. CLASSER, RANGER, RÉPARTIR.
**L. tri** (n. m.) *Il faut trier ces lettres* → *il faut faire le tri de ces lettres.*

**trimestre** [trimɛstr] n. m. [temps, mesure] *Tu paies ton loyer par mois ou par trimestre? — Par trimestre.* ● *À l'école, il y a un petit examen tous les trimestres.*

**S.** Un *trimestre* désigne une période de trois mois. Dans l'année scolaire, le premier *trimestre* va de septembre (rentrée des grandes vacances) à décembre (Noël). On appelle SEMESTRE une période de deux *trimestres* (six mois).
**L. trimestriel, elle** (adj.) *Cette revue paraît tous les trimestres* → *cette revue est trimestrielle.*

**triomphe** [trijɔ̃f] n. m. [résultat] *Ne parle pas de succès, c'était plus que ça, un véritable triomphe!*

**S.** Un *triomphe* est une VICTOIRE (moins fort), un SUCCÈS (moins fort) éclatants.

**triple** [tripl] adj. (avant le n.) et n. m. [adj.] (se dit de qqch) *Fais un triple nœud si tu veux être bien sûr qu'on n'ouvrira pas le paquet.* ◆ [n. m.] (qqch) [non-compt., au sing.] *Neuf est le triple de trois.* ● *J'ai payé ce livre trois fois plus cher que toi! — Comment, tu l'as vraiment payé le triple?*

**G.** L'adj. ne se met ni au comparatif ni au superlatif.

**S.** *Triple* indique qu'une quantité est trois fois plus grande qu'une autre, ou désigne la quantité ainsi déterminée. Le *triple* s'oppose au TIERS.
**L. tripler** (v. i.) *Les prix sont devenus triples de ce qu'ils étaient* → *les prix ont triplé.*

**triste** [trist] adj.
I. (se dit de qqn, de qqch; après le n.) *Ça ne va pas? Pourquoi es-tu si triste?* ● *Que cette banlieue est triste!* ● *J'aime plutôt les films tristes.* ● *C'est bien triste de rater plusieurs fois un examen.*
II. (se dit de qqn, de qqch; toujours épithète, avant le n.) *Je regrette bien que Pierre ait pu te tromper ainsi; c'est un bien triste individu!* ● *Je crois bien que tu as été victime d'une triste plaisanterie: cette adresse est fausse.*

**S. 1.** *Triste* (sens I) a pour contr. GAI. En parlant de qqn qui éprouve une douleur, un chagrin, il a pour syn. plus forts MALHEUREUX, PEINÉ (soutenu) et pour contr. JOYEUX, HEUREUX. En parlant d'un lieu sans animation (ville, quartier, région, etc.), il a pour syn. MORNE et pour contr. VIVANT, ANIMÉ. En parlant d'un film, d'une histoire qui évoque une douleur, un drame, il a pour contr. COMIQUE, DRÔLE. *C'est triste* a pour syn. C'EST MALHEUREUX, C'EST DÉSOLANT (soutenu); SINISTRE, LUGUBRE sont des syn. plus forts et soutenus. En parlant d'une couleur, il a pour syn. SOMBRE, TERNE et pour contr. CLAIR, VIF. — **2.** *Triste* (sens II) indique un jugement dépréciatif que l'on porte sur qqn ou qqch; il a pour syn. MAUVAIS, SALE (avant le n.).
**L. tristement** (adv.) [sens I] *Il marchait d'un air triste* → *il marchait tristement.* ◆ **tristesse** (n. f.) [sens I] *Elle était très triste* → *elle était d'une grande tristesse.* ◆ **attrister** (v. t.) [sens I] *Cette nouvelle me rend triste* → *cette nouvelle m'attriste.*

**trois** [trwa] adj. num. cardinal inv. [3] *Trois et trois font six.* ● *Les Legrand ont trois maisons, une à Paris, une à la campagne et une au bord de la mer.* ● *Me restait trois pommes, il n'y en a plus, ne me dis pas que tu as mangé les trois!* ● *Ouvrez le journal page trois.*

**S.** *Trois* est le triple de un. Un groupe de *trois* personnes forme un TRIO.

**troisième** [trwazjɛm] adj. num. ordinal [3ᵉ] (se dit de qqn, de qqch) *Ne vous levez pas avant le troisième jour qui suit l'opération.* ● *Les Durand habitent au troisième étage.* ● *Tu as réussi ton examen de français? — Assez bien, je suis troisième.*

**S.** Dans une énumération, TROISIÈMEMENT est

l'adv. correspondant à *troisième* (= en troisième lieu).

**tromper** [trɔ̃pe] v. t. (conj. 1)
I. (sujet qqn, qqch [parole, écrit, etc.])
**tromper qqn** *Tu as voulu nous tromper, nous faire croire que tu ne savais rien alors que tu étais au courant de tout !* ◆ (sujet qqn) **se tromper (de qqch, de + n. de personne)** *Il n'arrive pas à compter juste, il se trompe sans arrêt.* ● *Il n'y avait personne au rendez-vous. — Évidemment, tu t'es trompé de jour !* ● *Tu t'es trompé de dentiste, ce n'était pas chez celui-là qu'il fallait aller.*
II. (sujet qqn) **tromper qqn (avec qqn)** *Elle ne sait même pas que son mari la trompe avec sa meilleure amie.*

**S. 1.** *Tromper* qqn (sens I), c'est ne pas lui dire la vérité, lui mentir, l'INDUIRE EN ERREUR, le DUPER (soutenu) ou le MYSTIFIER (plus fort et soutenu). Lorsqu'on *trompe* qqn, on essaie de l'AVOIR, de le POSSÉDER, de le FAIRE MARCHER (termes fam.). *Se tromper* a pour syn. FAIRE UNE ERREUR, FAIRE UNE CONFUSION (soutenu). —
**2.** *Tromper son mari, sa femme* (sens II), c'est lui être infidèle, avoir un amant ou une maîtresse. On dit aussi COMMETTRE UN ADULTÈRE (jurid.).
**L. trompeur, euse** (adj.) [sens I] *Les publicités nous trompent souvent* → *les publicités sont souvent trompeuses.*

**tronc** [trɔ̃] n. m.
[partie d'un végétal] *Tu feras attention

dans la forêt, il y a des troncs d'arbre en plein milieu du chemin.* ● *Alors on l'a attachée à un tronc d'arbre et on a joué aux Indiens.*

**S.** Le *tronc* est la partie de l'arbre entre les racines et les premières branches.

**trop** [tro] adv.
[quantité] **trop + v., adj., adv., trop de + n. plur.** (compt.) ou **sing.** (non-compt.) **[pour que + subj., pour + inf.** ou **n.]** *J'ai trop mangé, je ne peux plus bouger !* ● *Pierre travaille beaucoup trop, il a besoin de vacances.* ● *Elle est trop jeune pour faire ce travail.* ● *Vous êtes arrivé trop tard, le train est déjà parti.* ● *Il y a beaucoup trop de monde ici pour qu'on soit tranquilles.* ● *On n'a jamais trop de livres dans une maison.* ◆ **de trop, en trop** *Vous vous êtes trompé en me rendant la monnaie, il y a trois francs de trop.*

**S.** *Trop* indique qu'une limite est dépassée ; il

se distingue en ce sens de TRÈS ; il peut être suivi d'une subordonnée de conséquence avec POUR QUE et le subj. Les contr. sont ASSEZ, SUFFISAMMENT.

**trottoir** [trɔtwar] n. m.
[lieu, passage] *Cette rue est dangereuse, il n'y a pas de trottoir pour les piétons.* ● *Monte donc sur le trottoir, tu vas te faire écraser !*

**S.** Les *trottoirs* permettent aux piétons de circuler de chaque côté d'une rue. Pour une route, on parle de BAS-CÔTÉS ou d'ACCOTEMENTS. Le CANIVEAU le long du *trottoir* permet à l'eau de s'écouler.

**trou** [tru] n. m.
[résultat] *Ne roule pas trop vite, la route est très mauvaise, elle est pleine de trous !* ● *Avant de peindre les murs, il va falloir boucher tous les trous.* ● *Qu'est-ce qui t'est arrivé pour avoir un trou pareil à ta chemise ?*

**S.** Un *trou* est un creux plus ou moins profond dans un objet, une matière, ou une déchirure, une ouverture dans un objet, un tissu, etc.
**L. trouer**, v. ce mot.

**trouble** [trubl] adj. (après le n.) et n. m.
I. [adj.] (se dit de qqch) *L'eau est trouble, mais ne t'inquiète pas, on peut la boire quand même.*
II. [n. m.] (état, qqn) [compt., surtout au sing.] *Vous voulez jeter le trouble dans mon esprit, mais je suis sûr que ma décision est bonne.* ● *Il était très ému ; on voyait qu'il faisait des efforts pour cacher son trouble, mais sans effet.*
III. [n. m.] (état, qqch) [compt., surtout au plur.) **trouble + adj.** *C'est vous, avec vos promesses que vous ne tenez pas, qui êtes responsables des troubles sociaux auxquels on assiste aujourd'hui.*
IV. [n. m.] (maladie) [compt., surtout au plur.] **trouble + adj.** ou **de + n.** *L'avocat expliquait que, depuis son enfance, l'accusé souffrait de troubles de la personnalité.* ● *Docteur, j'ai des troubles de l'audition, par moments, je n'entends plus rien du tout.*

> **S. 1.** *Trouble* (adj.) se dit de ce qui n'est pas CLAIR, LIMPIDE, NET. — **2.** Le *trouble* (sens II) est l'état de qqn qui n'est plus lucide, sûr de lui-même, et le syn. est CONFUSION, ou de qqn qui est très ému, et les syn. sont CONFUSION, ÉMOTION. — **3.** Les *troubles* (sens III) sont des événements sociaux ou politiques marqués par une révolte, des incidents, etc. ; le syn. est AGITATION et le contr. CALME. — **4.** Les *troubles* (sens IV) sont des perturbations d'une fonction ou du caractère. Le syn. est DÉRÈGLEMENT.

**troubler** [truble] v. t. (conj. 1)
(sujet qqn, qqch) **troubler qqn, son action, son état** *Écoute, Paul, laisse Marie parler et ne la trouble pas avec tes plaisanteries stupides !* ● *Plusieurs détails troublent la*

*police : le témoin aurait-il menti ?* ● *Samedi soir, la musique des voisins a troublé le sommeil des enfants ; ils ont eu du mal à s'endormir.* ◆ (sujet qqn) **se troubler** *Ne vous troublez pas, répondez à ma question.*

> **S.** *Troubler* qqn a pour syn. (par ordre d'intensité croissante) GÊNER, EMBARRASSER, DÉMONTER, DÉSORIENTER, DÉCONCERTER ou PERTURBER, INQUIÉTER, BOULEVERSER, AFFOLER, par oppos. à APAISER, TRANQUILLISER. *Troubler le sommeil, le repos,* etc., a pour syn. plus forts DÉRANGER, PERTURBER. *Se troubler* a pour syn. SE DÉMONTER, ÊTRE DÉCONTENANCÉ, MONTRER DU TROUBLE.
> **L. troublant, e** (adj.) *Il y a un détail qui me trouble* → *il y a un détail troublant.*
> ◆ **trouble,** v. ce mot.

**trouer** [true] v. t. (conj. 2)
(sujet qqn, qqch) **trouer qqch (concret)** *Arrête de gommer, tu vas finir par trouer ta feuille de papier.*

> **S.** *Trouer,* c'est faire un TROU dans, PERCER.

**troupe** [trup] n. f.
I. [collectif, personnes] [À la radio] : « *Les troupes du gouvernement provisoire se sont emparées de plusieurs capitales provinciales.* »
II. [collectif, personnes] *Jacques fait partie d'une petite troupe théâtrale qui joue le samedi dans une salle de quartier.*

> **S. 1.** Au sens I, *troupe* a pour syn. ARMÉE, FORCES ARMÉES, SOLDATS. — **2.** Au sens II, ce mot désigne un groupe d'artistes (comédiens, chanteurs, danseurs) ; le syn. soutenu est COMPAGNIE.

**troupeau** [trupo] n. m.
[collectif, animaux] **troupeau (de + n. plur.)** *Ralentis dans le village, il y a souvent des troupeaux de vaches qui traversent la route !* ● *L'été, les troupeaux se déplacent vers la montagne.* ● *Regardez le troupeau de moutons, vous essayez de les compter ?*

> **S.** Un *troupeau* est un groupe d'animaux de même nature, le plus souvent destinés à l'élevage (vaches, moutons, chevaux, etc.). L'importance d'un *troupeau* s'évalue en nombre de têtes de bétail.

**trouver** [truve] v. t. (conj. 1)
I. [v. t.] (sujet qqn) **trouver qqch, qqn** *Ça fait deux jours que je cherche cette lettre, et je ne la trouve pas.* ● *Pierre n'a mis que deux minutes pour trouver la solution du jeu.* ● *On n'a pas encore trouvé de femme de ménage et l'appartement est couvert de poussière.* ◆ **trouver à + inf.** *Tu crois que tu trouveras à vendre ta vieille voiture ?*
II. [v. t. opérateur] (sujet qqn, qqch) **trouver + n.** *La pluie nous a surpris dans la forêt, on a trouvé refuge dans une maison abandonnée.* ● *J'ai trouvé beaucoup de plaisir à relire ce roman.*

**TRUC**

III. [v. pr.] (sujet qqch, qqn) **se trouver qqpart** *Sais-tu où se trouve la tour Eiffel? — Oui, à Paris.* • *Où vous trouviez-vous au moment de l'accident? — J'étais chez moi, je n'ai rien vu.*
IV. [v. t.] (sujet qqn) **trouver que** + ind., **trouver qqn, qqch** + adj. ou adv. *Tu trouves que Pierre a raison?* • *Aline est très jolie. — Je ne trouve pas!* • *Comment trouvez-vous le film? — On l'a trouvé intéressant mais pas extraordinaire.*
V. [v. pr.] (sujet qqn) **se trouver bien, mal qqpart** *Jacques se trouve bien partout où il va, il est toujours à l'aise.* ◆ **se trouver mal** *Vite! Un docteur! Odile se trouve mal!*
VI. [v. pr.] **il se trouve que** + ind. *Ne me raconte pas d'histoires, il se trouve que j'étais là, par hasard, derrière la porte, et j'ai tout entendu.*

**S. 1.** *Trouver* qqch (sens I) après une recherche s'oppose à CHERCHER ou à PERDRE; il peut avoir pour syn. DÉCOUVRIR, DÉNICHER (fam.). *Trouver*

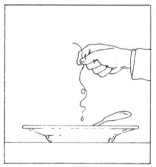

qqch, qqn *par hasard* a pour syn. fam. TOMBER SUR qqch, qqn ; en parlant de qqn, il a aussi pour syn. RENCONTRER. *Trouver à* + inf. a pour syn. ARRIVER À ou PARVENIR À (soutenu). — **2.** *Trouver* (sens II) forme avec des noms sans article des loc. verbales de langue soutenue qui équivalent souvent à des verbes simples (*trouver refuge* = SE RÉFUGIER). Avec des noms précédés d'un article partitif, *trouver* a pour syn. AVOIR. — **3.** *Se trouver* (sens III) a pour syn. ÊTRE SITUÉ, SE SITUER en parlant de qqch, et ÊTRE en parlant de qqn. — **4.** *Trouver que* (sens IV) a pour syn. PENSER, JUGER, ESTIMER (soutenu). Dans une réponse, *je ne trouve pas* a pour syn. CE N'EST PAS MON AVIS. Suivi d'un attribut du compl. d'objet, *trouver* a pour syn. JUGER, ESTIMER (soutenu). — **5.** *Se trouver bien, mal* qqpart (sens V) a pour syn. ÊTRE À L'AISE, ÊTRE MAL À L'AISE qqpart. *Se trouver mal* a pour syn. S'ÉVANOUIR ou AVOIR UN MALAISE (moins fort). — **6.** *Il se trouve que* (sens VI) a pour

syn. moins fort JUSTEMENT et s'emploie pour insister sur l'affirmation qui suit.
**L. trouvaille** (n. f.) [sens I] *J'ai trouvé quelque chose d'extraordinaire* → *j'ai fait une trouvaille extraordinaire.* ◆ **introuvable** (adj.) [sens I] *On ne peut pas trouver cette lettre* → *cette lettre est introuvable.*

**truc** [tryk] n. m.
I. [manière, qqch] *Il y a sûrement un truc, mais je ne comprends pas comment il a fait son tour de cartes.*
II. [objet] *Dans la cave, j'ai trouvé plein de trucs bizarres.*

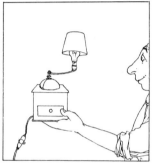

**S. 1.** *Truc* (sens I) [fam.] est syn. de COMBINE (fam.), ASTUCE, MOYEN, PROCÉDÉ, SYSTÈME. — **2.** *Truc* (sens II) [fam.] s'emploie pour désigner un objet dont on ne connaît pas le nom ou une chose qu'on ne veut pas nommer. Il a pour syn. fam. MACHIN.

**truite** [tryit] n. f.
[animal] *Tu crois qu'il y a encore des truites dans la rivière? — Oh, tous les poissons ont disparu, l'eau est polluée.*

**S.** La *truite* est un poisson d'eau douce.

**tu** [ty], **te** [tə], **toi** [twa] pron. personnel (2ᵉ pers. du sing.)
I. [sujet ; atone] **tu** *Tu viens avec nous?* • *Est-ce que tu as pensé à tes vacances?* • *Tu n'es pas gentil avec nous.*
II. [objet direct ou indirect ; atone] **te** *Je t'ai vu, tu es derrière l'arbre!* • *Je ne te crois pas, tu me racontes des histoires.* • *Qui t'a donné ce livre?* • *Tu t'habilles très bien.*
III. [sujet, objet ou compl. indirect ; tonique] **toi** *Jacques et toi, vous partirez avant nous.* • *Je suis plus fort que toi.* • *Regarde-toi, tu as vu dans quel état tu es!* • *On a beaucoup pensé à toi et parlé de toi pendant que tu n'étais pas là.* • *Toi,*

je ne t'ai rien demandé. ● *Il te parlera à toi, pas à moi.* ● *On t'écoute, c'est toi qui décides.*

**S.** et **G. 1.** *Tu* s'emploie lorsqu'on parle à qqn que l'on connaît très bien ou à un enfant ; dans les autres cas on emploie VOUS, forme de politesse du pron. personnel sujet de la 2ᵉ pers. du sing. En langue fam., on emploie *t'* devant une voyelle *(t'as compris ?).* — **2.** *Te* s'écrit *t'* devant une voyelle. Il se place toujours avant le verbe ou l'auxiliaire. Il peut être compl. d'objet direct ou indirect (lorsque le verbe se construit avec la prép. À [*il te dit*]), pron. réfléchi avec un verbe pronominal *(tu te dis).* Dans les autres fonctions complément, on emploie TOI. — **3.** *Toi* peut remplir toutes les fonctions emphatiques, reprenant les pron. atones TU et TE, ou remplir les fonctions de compl. après une prép. *(avec toi, après toi,* etc.) ou encore après un verbe à l'impératif *(regarde-toi).*
**L. tutoyer,** v. ce mot.

**tube** [tyb] n. m.
[objet, récipient] *La colle se vend en tube ou en pot.* ◆ [contenu] *Ne me dis pas que tu as fini le tube de dentifrice, je l'ai acheté hier !*

**S.** Un *tube* est un emballage pour produit fluide ou mou. Ce mot désigne aussi le produit lui-même.

**tuer** [tɥe] v. t. (conj. **2**)
(sujet qqn) **tuer qqn, un animal** *À la chasse, Paul a tué trois canards sauvages.* ● *La police a tiré, le bandit a été tué sur le coup.* ◆ **se tuer** *Il s'est tué en se tirant une balle dans la tête.* ● *Ses parents se sont tués en voiture pendant les vacances.*

**S. 1.** *Tuer* qqn, un animal, c'est lui ôter la vie, lui donner la mort. Le syn. est ABATTRE, ASSASSINER (surtout en parlant qu'on *tue* intentionnellement). MASSACRER, c'est *tuer* un grand nombre de personnes ou d'animaux. — **2.** *Se tuer* a pour syn. SE SUICIDER lorsqu'il s'agit d'un acte volontaire, ou MOURIR, ÊTRE MORT s'il s'agit d'un accident.
**L. tueur** (n. m.) Cet homme est dangereux, il peut tuer → *cet homme est dangereux, c'est un tueur.* ◆ **entretuer (s')** [v. pr.] Ils se sont tués les uns les autres → *ils se sont entretués.*

**tulipe** [tylip] n. f.
[fleur] *Les tulipes que nous avons ici viennent presque toutes directement de Hollande.*

**S.** La *tulipe* est une plante dont la fleur est renflée à la base et évasée à l'extrémité.

**tunnel** [tynɛl] n. m.
[lieu, passage] *On prendra le tunnel du Mont-Blanc, ça ira plus vite que par les routes de montagne.* ● *N'oubliez pas d'allumer vos lumières en entrant dans un tunnel.*

**S.** Un *tunnel* est un passage souterrain.

**turbulent, e** [tyrbylɑ̃, ɑ̃t] adj. (après le n.)
(se dit de qqn) *Les enfants sont turbulents aujourd'hui ; ils ne cessent pas de courir et de crier.*

**S.** Est *turbulent* un enfant, un élève qui s'agite constamment ; REMUANT, AGITÉ sont des syn. plus usuels. Les contr. sont CALME, SAGE.

**turc, turque** [tyrk] adj. (après le n.) et n., **turc** n. m.
[adj.] (se dit de qqch) *Tu as déjà bu du café turc ?* ◆ [n. m.] (langue) *Le turc est écrit dans les mêmes caractères que le français, l'italien, l'anglais, avec quelques lettres supplémentaires.* ◆ [n. et adj.] (personne) *Pourquoi dit-on « fort comme un Turc » ?* ● *Elle est turque mais elle est en France depuis longtemps.*

**G.** L'adj. ne se met ni au comparatif ni au superlatif.
**S.** L'adj. ethnique *turc* correspond au n. f. TURQUIE et au n. m. *turc* (= la langue turque). Les *Turcs* (notez la majuscule) sont ceux qui ont la nationalité turque. Le *turc* (n. m.) est la langue parlée en Turquie.

**tutoyer** [tytwaje] v. t. (conj. **5**)
(sujet qqn) **tutoyer qqn** *Cet enfant ne tutoie pas ses parents, il leur dit « vous ».* ● *Jean et Marie se tutoient depuis qu'ils sont tout petits.* ● *On peut se tutoyer maintenant qu'on se connaît.*

**S.** *Tutoyer* qqn, c'est lui dire TU. (Se) *tutoyer* s'oppose à (SE) VOUVOYER ([SE] DIRE VOUS). Le TUTOIEMENT est un signe de familiarité, utilisé dans divers groupes sociaux : famille, travail, groupes et partis politiques (de gauche) et dans les relations d'intimité. Le VOUVOIEMENT est une marque de politesse utilisée dans les relations sociales entre des personnes qui ne se connaissent pas ou pour indiquer la distance ou le respect.
**L. tutoiement** (n. m.) Les enfants se tutoient habituellement → *le tutoiement est habituel chez les enfants.*

**tuyau** [tɥijo] n. m.
[objet] *Si vous ne voulez pas risquer d'accident, vous devez changer régulièrement le tuyau de gaz de votre cuisinière.* ● *Le tuyau d'arrosage n'est pas assez long pour aller jusqu'à ce coin du jardin.*

**S.** Un *tuyau* est un conduit, le plus souvent cylindrique, qui permet le passage d'un gaz, d'un liquide.

**type** [tip] n. m.
I. [catégorie] *Je déteste ce type de plaisanterie, je trouve ça de très mauvais goût!*
● *Leur maison est le type même de la maison du Midi.*
II. [personne] *Tu ne vois pas de qui je parle? Un grand type roux, avec une moustache...* ● *J'ai toujours pensé que c'était un drôle de type.*

**S. 1.** *Type* (sens I) a pour syn. GENRE, SORTE (phrase 1), MODÈLE, EXEMPLE, STYLE (phrase 2).
— **2.** Au sens II, *type*, qui est de la langue fam., a pour syn. PERSONNE, HOMME, PERSONNAGE, INDIVIDU et, plus fam., BONHOMME.
**L. typique**, v. ce mot.

**typique** [tipik] adj. (après le n.)
(se dit de qqch, de qqn) *C'est un plat typique de la région.* ● *Yvan est l'exemple typique du gosse intelligent, mais paresseux!*

**S.** *Typique*, souvent accompagné d'un compl. introduit par DE, désigne qqch (ou qqn) qui constitue un modèle, un exemple, un TYPE. Les syn. sont CARACTÉRISTIQUE, SPÉCIFIQUE. Un *plat typique* est une SPÉCIALITÉ.
**L. typiquement** (adv.) *Cette réaction est typique des Français* → *cette réaction est typiquement française.*

**ultérieurement** [ylterjœrmɑ̃] adv.
[temps] *Commençons toujours par examiner ce que Georges propose; ultérieurement, nous pourrons le modifier.*

**S.** *Ultérieurement* est le syn. soutenu de APRÈS, PAR LA SUITE, PLUS TARD.

**ultime** [yltim] adj. (avant ou après le n.)
(se dit de qqch) *Ce sont là les ultimes propositions du gouvernement; il n'y en aura pas d'autres; si elles sont rejetées, c'est la rupture.*

**G.** Cet adj. n'a ni comparatif ni superlatif.

**S.** *Ultime* (soutenu) a pour syn. TOUT DERNIER (avant le n.), FINAL (après le n.).

**un, une** [œ̃, yn] adj. num. cardinal inv., art. et pron. indéf., **des** art. indéf.
I. [adj. num. cardinal inv.] (1) **un, une** *Un et un font deux.* • *La table fait un mètre de long.* • *Le nom de l'auteur est à la page un du livre.* • *Il ne reste qu'une pomme, qui la veut ?* • *Tu as beaucoup de livres à acheter ? — Non, un seul.* ◆ **un à (par) un** *Pour bien nettoyer ton manteau, enlève les taches une à une.* • *Vous ne pourrez pas passer tous à la fois : entrez un par un.*
II. [art. indéf.] **un, une, des** *Pierre est un très gentil garçon.* • *Qu'est-ce que tu as offert à ton père pour son anniversaire ? — Une cravate.* • *J'ai une confiance extraordinaire en lui.* • *On s'est acheté une deuxième télévision, en couleurs celle-là.* • *On ne va jamais à la piscine. — Je te promets qu'on ira un jour.* • *J'ai passé la journée à visiter des appartements, je suis épuisé.*
III. [pron. indéf.] **un qui (que, dont, etc.), un de ces** + n. plur. (compt.) *Quand on a appris la nouvelle, une qui était contente, c'était Aline, mais un que je plains beaucoup, c'est Jacques.* • *À force de conduire aussi mal, un de ces jours, tu auras un accident.* • *Pierre a une de ces chances, c'est extraordinaire !* ◆ **l'un (de + n. ou pron. plur.)** *Ils étaient tous en train de discuter et tout à coup, l'un d'eux s'est levé et est parti sans dire un mot.* ◆ **l'un, l'autre, les uns, les autres** *Quand l'un dit blanc, l'autre dit noir, comment veux-tu qu'ils s'entendent ?* ◆ **ni l'un ni l'autre** *Vous prendrez du fromage ou des fruits ? — Ni l'un ni l'autre, je ne veux plus rien, merci.*

**S.** et **G. 1.** *Un* se prononce [œn] devant une voyelle : *un enfant* [œ̃nɑ̃fɑ̃]. — **2.** Au sens I, *un* s'emploie soit seul, et désigne qqn ou qqch d'UNIQUE, soit en composition avec un autre numéral *(trente et un, quarante et un, cent un)*. Le numéral ordinal correspondant est PREMIER dans le premier cas *(le premier étage [← l'étage numéro un])*, UNIÈME dans le second cas *(trente et unième)*. — **3.** Au sens II, *un* art. indéf., devant un nom sing. (au plur., on emploie DES ou DE [devant un adj.]), indique qqch ou qqn d'indéterminé, de non connu précédemment, d'indéfini, et s'oppose à l'art. déf. LE, LA. — **4.** Au sens III, *un qui,* etc., s'emploie uniquement pour parler d'un homme ou d'une femme. *Un de ces* + n. plur. s'emploie pour marquer l'indétermination ou avec une valeur d'emphase. *L'un* s'emploie pour parler d'une personne ou d'une chose.

**unanime** [ynanim] adj. (après le n. f.)
(se dit d'un groupe, de son attitude) *Les syndicats ont été unanimes à rejeter le projet qui leur a été présenté.* • *La réunion s'est terminée par un vote unanime.*

**G.** Cet adj. n'a ni comparatif ni superlatif.
**S.** Sont *unanimes* ceux qui ont le même avis, qui sont en accord complet ; est *unanime* une attitude, un acte qui manifeste cet accord total, complet.
**L. unanimement** (adv.) *Nous vous approuvons d'une façon unanime → nous vous approuvons unanimement.* ◆ **unanimité** (n. f.) *Les présents sont unanimes à vous accorder leur confiance → l'unanimité des présents vous accorde sa confiance.*

**uni, e** [yni] adj. (après le n.)
I. (se dit d'un groupe) *Qu'est-ce qu'ils s'entendent bien, c'est rare de voir une famille aussi unie !*
II. (se dit d'un tissu) *Choisis une cravate unie pour aller avec ce costume rayé.*

**G.** Au sens II, *uni* n'a ni comparatif ni superlatif.
**S. 1.** *Être uni* (sens I), c'est s'entendre, ÊTRE LIÉS, SOLIDAIRES (soutenu) les uns des autres, former une unité, un tout, par oppos. à ÊTRE DÉSUNI, EN DÉSACCORD. — **2.** *Est uni* (sens II) ce qui est d'un seul ton, d'une seule couleur ; il s'oppose à RAYÉ, À RAYURES, BARIOLÉ, IMPRIMÉ.
**L. désuni, e** (adj.) [sens I] *C'est une famille qui n'est pas unie* → *c'est une famille désunie.*

**1. uniforme** [yniform] n. m.
[vêtement] *Mon fils veut devenir pompier ; il aime les uniformes et surtout celui des pompiers.*

**S.** L'*uniforme* est le costume particulier que portent certaines professions ou certaines catégories de gens : militaires, pompiers, huissiers, etc.

**2. uniforme** [yniform] adj. (après le n.)
(se dit de qqch) *Toutes les maisons de cette banlieue sont uniformes : même couleur grise des toits, même hauteur, même petit jardin.*

**S.** Est *uniforme* ce qui a le même aspect, la même FORME.
**L. uniformément** (adv.) *Il a peint de manière uniforme toutes les pièces* → *il a peint uniformément toutes les pièces.* ◆ **uniformiser** (v. t.) *On a rendu uniformes dans tous les pays d'Europe les charges sociales* → *on a uniformisé dans tous les pays d'Europe les charges sociales.* ◆ **uniformisation** (n. f.) *On a uniformisé l'année dernière les droits de douane* → *l'uniformisation des droits de douane a eu lieu l'année dernière.*

**union** [ynjɔ̃] n. f.
[action, qqn, et résultat] *Qui a dit que l'union fait la force ? ● Au moment des élections, on s'est demandé ce qu'il en était exactement de l'union de la gauche.*

**S.** L'*union*, c'est le fait pour deux personnes, deux groupes de S'UNIR ou d'ÊTRE UNIS ; c'est aussi le groupe ainsi formé. Les syn. sont ALLIANCE, ASSOCIATION, RASSEMBLEMENT ; les contr. sont DIVISION, DÉSACCORD, DÉSUNION (soutenu).

**unique** [ynik] adj.
I. (se dit de qqch, de qqn ; avant ou après le n.) *Pourquoi avez-vous choisi ce quartier ? — Pour l'unique raison que les appartements y sont moins chers qu'ailleurs ! ● Le bateau a coulé, on a recueilli un unique survivant.* ◆ (se dit d'un enfant ; après le n.) *Jacques n'a ni frère ni sœur, il est fils unique, c'est pourquoi ses parents en ont fait un enfant gâté.*
II. (se dit de qqch ; après le n.) *C'était une occasion unique pour toi, ce voyage, pourquoi ne le fais-tu pas ? ● Cette forme de théâtre est tout à fait unique en son genre.*

**G.** *Unique* n'a ni comparatif ni superlatif.
**S. 1.** *Unique* (sens I), en parlant de qqn ou de qqch, insiste sur l'UNITÉ et a pour syn. SEUL (avant le nom) ; le contr. est PLUSIEURS ou NOMBREUX. *Un enfant (fils* ou *fille) unique* n'a ni frère ni sœur. — **2.** *Unique* (sens II) insiste sur la rareté et a pour syn. EXCEPTIONNEL ; les contr. sont BANAL, COMMUN, RÉPANDU.
**L. uniquement,** v. ce mot.

**uniquement** [ynikmɑ̃] adv.
[restriction] *J'ai vu uniquement le début du film, je ne peux pas te le raconter en entier ! ● C'est uniquement à cause du froid que tu ne veux pas venir avec nous à la campagne ? ● Ne pense pas toujours uniquement à toi !*

**S.** *Uniquement* a pour syn. SEULEMENT et, plus fort, EXCLUSIVEMENT ; il équivaut à NE... QUE (*J'ai vu uniquement le début* → JE N'AI VU QUE LE DÉBUT).

**unir** [ynir] v. t. (conj. **15**)
(sujet qqch, qqn) **unir qqch à qqch, qqn à**

qqn, unir des personnes ou des choses *Rien n'a jamais troublé l'amitié qui nous unissait* ◆ (sujet qqn [plur.]) s'unir *Unissons-nous devant cet adversaire, nous aurons plus de chances, ensemble, de gagner.*

**S.** Unir, c'est LIER, créer une UNION. *S'unir*, c'est SE METTRE ENSEMBLE, S'ASSOCIER, SE JOINDRE.
**L. uni, union,** v. ces mots.

**unité** [ynite] n. f.
I. [qualité, qqch] (non-compt., au sing.) *Chacun a travaillé de son côté, résultat : le livre manque d'unité.* ● *Par cette manifestation, les syndicats ont voulu montrer l'unité qui se faisait autour de leurs revendications.*
II. **unité de mesure** *La plupart des unités de mesure sont les mêmes en France et au Canada.*

**S. 1.** L'*unité* (sens I), c'est ce qui est UN, ce qui forme un tout. Les syn. sont HARMONIE, ACCORD, COHÉSION (plus soutenu), UNION, par oppos. à DIVERSITÉ. — **2.** Une *unité de mesure* (sens II) est un étalon à partir duquel on évalue qqch : le mètre (pour les longueurs), le kilo ou le gramme (pour les poids).

**univers** [yniver] n. m.
I. (compt., surtout au sing.) *Quelle est l'origine de l'univers ? — Ah! c'est une grande question.*
II. [lieu abstrait] (compt., surtout au sing.) *Son mari, sa maison, ses enfants, voilà son univers.*

**S. 1.** *Univers* (sens I) a pour syn. MONDE et désigne à la fois la Terre, les étoiles, les planètes, le Soleil, etc. — **2.** Au sens II, le plus souvent déterminé par un possessif ou un compl. de nom, *univers* désigne un domaine, un champ d'action.

**universel, elle** [yniversel] adj. (après le n.)
(se dit de qqch [suffrage, loi]) *Mais oui, il y a très peu de temps que le suffrage universel existe réellement en France.* ◆ (se dit de qqn) *C'est un homme universel; il a beaucoup lu, beaucoup écouté, et il sait un tas de choses.*

**G.** Cet adj. n'a ni comparatif ni superlatif.
**S.** *Universel* ne s'emploie que dans quelques expressions et indique que qqch s'applique à la totalité des personnes ou des choses du groupe considéré. MONDIAL ou INTERNATIONAL sont, dans certains contextes, plus fréquents. En parlant de qqn, de son esprit, le syn. est ENCYCLOPÉDIQUE.
**L. universellement** (adv.) *Cet acteur est universellement connu* (← *cet acteur est connu de tous*).

**université** [yniversite] n. f.
[établissement] *Pourquoi as-tu fait tes études dans une université anglaise ?* ● *M. Dubois n'est plus professeur à Paris, il est à l'université de Nice maintenant.*

**S.** L'*université* est un établissement d'enseignement supérieur, souvent encore appelé FACULTÉ en langue courante. L'*université* est constituée d'unités d'enseignement et de recherche (en abrégé U. E. R.). Les élèves des *universités* sont des ÉTUDIANTS ; l'enseignement y est donné par des professeurs, des maîtres-assistants et des assistants.
**L. universitaire** (adj.) *Seuls les étudiants ont droit au restaurant universitaire* (← *réservé aux étudiants des universités*).

**uranium** [yranjɔm] n. m.
[métal] (non-compt., au sing.) *Qui a découvert les propriétés particulières de l'uranium ?*

**S.** L'*uranium* est un métal radio-actif qui sert essentiellement à la production d'énergie nucléaire.

**urbain, e** [yrbɛ̃, ɛn] adj. (après le n.)
(se dit de qqch) *Il faut développer les transports urbains afin de faciliter la circulation dans les villes.*

**G.** Cet adj. n'a ni comparatif ni superlatif.
**S.** *Urbain* est l'adj. soutenu et administratif correspondant au nom VILLE ; RURAL correspond à CAMPAGNE.

**urgent, e** [yrʒɑ̃, ɑ̃t] adj. (après le n.)
(se dit de qqch [action, état]) *Je me

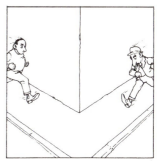

dépêche : j'ai une lettre urgente à mettre à la poste.* ● *Ce travail n'est pas très urgent, prenez votre temps.* ● *Docteur, vite, on vous appelle pour un cas urgent !*

**S.** Est *urgent* ce qu'on ne peut remettre à plus tard, ce qu'il faut faire tout de suite; les syn. sont PRESSÉ, IMPORTANT.
**L. urgence** (n. f.) Il est urgent que le docteur vienne → *il faut que le docteur vienne d'urgence.*

## usage [yzaʒ] n. m.
I. [action, qqn, et résultat] «*Bouquin*» *est familier, mais c'est un mot d'usage tout à fait courant.* • *Je ne sais pas quelle voiture m'acheter. — Ça dépend de l'usage que tu veux en faire.* ◆ **hors d'usage** *Paul a eu un accident d'auto, lui n'a rien eu, mais la voiture, elle, est complètement hors d'usage.*
II. [manière, qqn] *Autrefois, toute la famille se réunissait le dimanche, aujourd'hui on ne le fait plus : les usages changent.*

**S. 1.** L'*usage* (sens I), c'est le fait de se servir de qqch, d'en USER (soutenu), de l'utiliser; les syn. sont EMPLOI, UTILISATION. *Hors d'usage* se dit de ce qui ne peut plus servir, soit parce

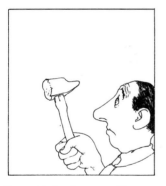

qu'il est abîmé, soit parce qu'il est USAGÉ ou USÉ (moins forts). — **2.** Un *usage* (sens II) est une manière d'être habituelle dans un groupe ; les syn. sont HABITUDE, COUTUME, TRADITION, MŒURS.

## usagé, e [yzaʒe] adj. (après le n.)
(se dit de qqch) *Elle portait un manteau usagé, mais qui lui allait encore très bien.*

**S.** *Usagé* se dit de ce qui a déjà servi, sans pour autant être USÉ. NEUF est un contr.

## usé, e [yze] adj. (après le n.)
(se dit d'un objet [vêtement, machine, etc.]) *Les manches de mon pull sont usées à l'endroit du coude.* • *Les pneus arrière de ta voiture sont très usés : c'est très dangereux.*

**S.** *Usé* se dit de ce qui est HORS D'USAGE (plus fort), de ce qui est USAGÉ, VIEUX (moins forts), par oppos. à NEUF. Suivant les différentes formes d'USURE, il a pour syn. TROUÉ (plus fort), ABÎMÉ, ESQUINTÉ (fam.).

## user [yze] v. t. et v. t. ind. (conj. 1)
I. [v. t.] (sujet qqn, qqch) **user qqch** *Ce que tu peux user vite tes affaires! Encore un pantalon usé aux genoux.* • *Ces trajets sur les petits chemins ont fini par user les pneus.* ◆ (sujet qqch) **s'user** *Tes chaussures se sont usées très vite; elles n'étaient pas de bonne qualité.*
II. [v. t. ind.] (sujet qqn) **user de qqch** *Je ne pense pas que j'userai de la permission que vous me donnez de partir une heure avant, car il me faudrait venir le matin trop tôt.*

**S. 1.** *User* (sens I), c'est DÉTÉRIORER, ABÎMER (mot le plus courant). — **2.** *User de* (sens II) [soutenu] a pour syn. courants UTILISER, SE SERVIR DE et EMPLOYER (pour les objets).
**L.** usage, usagé, usé, v. ces mots. ◆ **usure** (n. f.) [sens I] Attention à tes pneus qui sont usés → *attention à l'usure de tes pneus.* ◆ **inusable** (adj.) [sens I] Cette paire de chaussures ne s'use pas → *cette paire de chaussures est inusable.*

## usine [yzin] n. f.
[établissement] *Il paraît qu'on va construire des usines par ici, bientôt, ce ne sera plus la campagne.* • *Son père est ouvrier depuis très longtemps, il est entré à l'usine à dix-sept ans !* • *Tu as déjà travaillé huit heures par jour en usine, avec le bruit des machines ?*

**S.** Une *usine* est un établissement industriel, une entreprise dirigée par un directeur ou patron, où travaillent à la fabrication de produits divers des ingénieurs, des cadres (aux postes supérieurs), des employés et des ouvriers.

**utile** [ytil] adj. (après le n.)
(se dit de qqch, de qqn) **utile (à qqn, à qqch)** *Comme ils viennent juste de s'installer, on ferait peut-être mieux de leur faire un cadeau utile.* • *Prends ton imperméable, il te sera utile là-bas, il pleut souvent!* • *Je vous remercie, vous m'avez été très utile*

*dans cette affaire; sans vous, je ne sais pas si je m'en serais sorti.* • *Je peux me rendre utile? J'aimerais vous aider.*

**S.** *Utile*, en parlant de qqch, a pour syn. PRATIQUE et, plus forts, NÉCESSAIRE, INDISPENSABLE; le contr. est SUPERFLU. *Être utile à* qqn a pour syn. RENDRE SERVICE À qqn, AIDER qqn. *Être, se rendre utile,* c'est RENDRE SERVICE, AIDER, ÊTRE EFFICACE (plus fort). Dans tous les cas, le contr. est INUTILE.
**L. utilement** (adv.) Il est utile que vous lisiez ce livre → *vous lirez utilement ce livre.* ◆ **utilité** (n. f.) *Cette voiture m'est très utile* → *cette voiture m'est d'une grande utilité.* ◆ **inutile**, v. ce mot.

**utiliser** [ytilize] v. t. (conj. **1**)
(sujet qqn) **utiliser qqch** *Pour préparer ce plat, il vaut mieux utiliser de l'huile plutôt que du beurre.* • *Vous utilisez ce mot sans arrêt, sans même savoir ce qu'il veut dire!*

**S.** *Utiliser* a pour syn. SE SERVIR DE, EMPLOYER, USER DE (soutenu et surtout pour qqch d'abstrait).
**L. utilisable** (adj.) *On peut encore utiliser ce médicament?* → *ce médicament est-il encore utilisable?* ◆ **utilisation** (n. f.) *Il est dangereux d'utiliser ce produit* → *l'utilisation de ce produit est dangereuse.* ◆ **inutilisable** (adj.) *On ne peut plus utiliser cette voiture* → *cette voiture est inutilisable.*

# V

**va!** → ALLEZ.

**vacances** [vakɑ̃s] n. f. pl.
[état, qqn] (non-compt., au plur.) *Comment? Tu ne vas pas travailler aujourd'hui? — Bien sûr que non, je suis en vacances pour une semaine.* • *Où passez-vous vos vacances d'été?* • *Quand partez-vous en vacances? — Le 5 juillet.* • *Aline est très fatiguée, elle a besoin de vacances.*

  **S. 1.** Ce terme désigne la période pendant laquelle on ne travaille pas et le repos qu'on prend pendant cette période. CONGÉ est le syn. administratif. *Avoir besoin de vacances* a pour syn. AVOIR BESOIN DE REPOS, DE DÉTENTE (moins fort), DE LOISIRS. — **2.** En France, les *vacances* SCOLAIRES sont celles de Noël (fin décembre), de février, de Pâques et les GRANDES VACANCES (du 1er juillet à la mi-septembre).
  **L. vacancier, ère** (n.) Ce week-end, des milliers de gens en vacances vont revenir → *ce week-end, des milliers de vacanciers vont revenir.*

**vache** [vaʃ] n. f.
[animal] *Ralentis, il y a un troupeau de vaches devant nous sur la route.* • *La vache n'a pas donné beaucoup de lait aujourd'hui.*

  **S.** Le mâle de la *vache* s'appelle le TAUREAU et, lorsqu'il s'agit de l'animal destiné à la boucherie, le BŒUF. Ces animaux sont des BOVINS. Le petit de la *vache* est le VEAU. Les *vaches* sont élevées pour le lait qu'elles donnent.

**1. vague** [vag] n. f.
[phénomène naturel] *La mer est calme, il n'y a pas de vagues.* • *On s'amuse à sauter dans les vagues?* ◆ **vague de chaleur, de froid** *On annonce une vague de chaleur à partir de demain.*

  **S. 1.** Les *vagues* sont des ondulations provoquées par le vent à la surface de la mer ou d'un lac ; une VAGUELETTE est une petite *vague*. — **2.** Une *vague de chaleur, de froid* est l'apparition brusque et intense de la chaleur, du froid.

**2. vague** [vag] adj. (avant ou après le n.)
(se dit de qqch) *J'ai un souvenir très vague de tes parents.* • *Les indications que vous nous aviez données étaient tellement vagues qu'on s'est perdus!* • *Je ne connais pas ce problème à fond, je n'ai qu'une vague idée sur la question.* ◆ (se dit de qqn) *Jacques ne m'a pas donné de précisions, il est resté très vague.*

  **S.** Est *vague* ce qui manque de précision ; le mot a pour syn. CONFUS, FLOU, IMPRÉCIS, INCERTAIN et pour contr. PRÉCIS, EXACT, NET.
  **L. vaguement** (adv.) *Il m'en a parlé d'une façon très vague* → *il m'en a très vaguement parlé.*

**vain, e** [vɛ̃, vɛn] adj. (avant le n.)
(se dit de qqch) *On cherche les bandits qui ont enlevé l'enfant, mais jusqu'à présent toutes les recherches sont restées vaines.* ◆ **en vain** *Jeanne a cherché en vain à te voir hier, tu n'étais pas chez toi?* • *Je l'ai attendu en vain : il n'est pas venu!*

  **S.** Qqch de *vain* n'aboutit à rien, ne sert à rien, reste sans succès, sans résultat, sans efficacité. Le syn. est INUTILE et les contr. sont EFFICACE, FRUCTUEUX (soutenu). *En vain* a pour syn. VAINEMENT, SANS RÉSULTAT, SANS SUCCÈS, INUTILEMENT.
  **L. vainement** (adv.) *Je t'ai attendu en vain* → *je t'ai attendu vainement.*

**vaincre** [vɛ̃kr] v. t. (conj. **72**)
I. (sujet qqn, un pays) **vaincre qqn, un pays** *Il faut tout faire pour vaincre l'adversaire.* ◆ **(être) vaincu** *Si tu pars vaincu d'avance, tu n'as aucune chance.* • *L'équipe vaincue recevra malgré tout un prix.*
II. (sujet qqn) **vaincre qqch (difficulté, sentiment)** *Le jour où il arrivera à vaincre sa timidité, il réussira.*

  **S. 1.** *Vaincre qqn* (sens I) [soutenu], c'est remporter sur lui un succès, gagner une bataille, un jeu. *Vaincre un pays*, c'est remporter un succès militaire, avoir la victoire. BATTRE est un syn. courant. — **2.** *Vaincre* (sens II) [soutenu] a pour syn. COMBATTRE ou SURMONTER (moins fort) ou TRIOMPHER DE (soutenu).
  **L. vaincu, vainqueur, victoire**, v. ces mots.

# VALISE

**vaincu, e** [vɛ̃ky] n.
[personne, patient] *Croyez-moi, les vaincus d'aujourd'hui auront un jour leur revanche.*

**S.** Un *vaincu* a perdu une bataille, un match, une lutte. Le contr. est VAINQUEUR. PERDANT est un syn.

**vainqueur** [vɛ̃kœr] adj. (après le n.) et n. m.
[adj.] (se dit de qqn, de son attitude) *Il avança d'un air vainqueur, sûr de lui, sûr de gagner.* ◆ [n. m.] (personne, agent) *À la fin du match, les vainqueurs et les vaincus se sont serré la main.*

**G.** L'adj. n'a ni comparatif ni superlatif. Au fém., on emploie le syn. VICTORIEUSE : *équipe victorieuse.*
**S.** *Vainqueur* (adj.) a pour syn. TRIOMPHANT,

VICTORIEUX. Le *vainqueur* (n. m.) est celui (homme ou femme) qui a gagné, VAINCU l'adversaire, remporté la VICTOIRE. Les contr. sont VAINCU, PERDANT.

**vaisselle** [vɛsɛl] n. f.
[collectif, objets] (non-compt., au sing.) *Dis donc, il faudrait acheter de la vaisselle, presque toutes les assiettes sont cassées.* ● *Je vous rejoins tout de suite : je finis de laver la vaisselle.* ● *Tu m'aides à faire la vaisselle ? — D'accord, tu la laves et moi je l'essuie !*

**S.** *Vaisselle* désigne soit l'ensemble des objets nécessaires à table (assiettes, plats, couverts, soucoupes, bols, tasses, verres, etc.), soit, plus particulièrement, tout ce qui a servi à manger, à faire la cuisine et que l'on doit laver (pièces de vaisselle, casseroles, poêles, cocotte, etc.).

**valable** [valabl] adj. (après le n.)
I. (se dit de qqch) *Ces billets à prix réduit ne sont valables que certains jours.* ● *Mon passeport est encore valable un an ; l'année prochaine il faudra le faire renouveler.*
II. (se dit de qqch [abstrait], de qqn) *Il est interdit de sortir de l'école sans motif valable.* ● *Je ne serai pas là demain, il va falloir que je trouve une excuse valable.* ● *C'est un garçon tout à fait valable ; je m'étonne qu'il ne trouve aucun emploi.*

**G.** L'adj. au sens I n'a ni comparatif ni superlatif.
**S. 1.** *Valable* (sens I) se dit de ce qui est utilisable avec la VALEUR qu'il a. Il a pour syn. soutenu VALIDE et s'oppose à PÉRIMÉ. — **2.** *Valable* (sens II) se dit de ce qui a une certaine importance, de ce qui mérite d'être pris en considération ; les syn. sont BON, ADMISSIBLE, ACCEPTABLE, FONDÉ, PLAUSIBLE, RECEVABLE, SÉRIEUX (plus fort) ; les contr. sont MAUVAIS, INADMISSIBLE, INACCEPTABLE. En parlant de qqn qui a une certaine valeur, les syn. sont CAPABLE, COMPÉTENT, QUALIFIÉ.
**L. valablement** (adv.) [sens II] *Il n'a pas répondu de manière valable* → *il n'a pas répondu valablement.*

**valeur** [valœr] n. f.
I. [qualité, qqch] (compt., surtout au sing.) *M<sup>me</sup> Dupont a des bijoux de grande valeur : elle les a mis à la banque pour qu'on ne les lui vole pas !* ● *En dix ans, ce terrain a pris de la valeur, il vaut le double de ce qu'il valait.* ● *N'abîme pas ce vieux livre, il a beaucoup de valeur.*
II. [qualité, qqn, qqch] (non-compt., au sing.) *Je n'aime pas beaucoup Yves, mais je reconnais sa valeur.* ● *C'est un homme de grande valeur, qu'il serait intéressant d'avoir avec nous.* ● *J'attache de la valeur à ce qu'il me dit, car il a de l'expérience.*

**S. 1.** La *valeur* de qqch (sens I), c'est son PRIX ; ce qui a de la *valeur* est PRÉCIEUX. — **2.** La *valeur* de qqn (sens II), c'est son MÉRITE, ses QUALITÉS, ses COMPÉTENCES. La *valeur* de qqch (abstrait), c'est l'IMPORTANCE qu'on lui accorde.

**valise** [valiz] n. f.
[objet] *Tu comptes mettre tous tes vêtements dans cette petite valise ? Tu rêves !* ● *Ma valise était tellement lourde que j'ai cassé la poignée.* ● *On part ce soir, mais je n'ai pas encore eu le temps de faire les valises !*

**S.** Une *valise* est un bagage qu'on porte à la

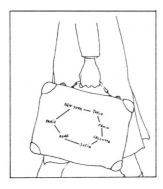

main, à l'aide d'une poignée. *Faire sa (ses) valise(s)*, c'est y ranger ce qu'on emporte comme vêtements de voyage.

**vallée** [vale] n. f.
[lieu naturel] *De ce village de montagne, quand il fait beau, on découvre toute la vallée.* • *Ils habitent dans la vallée de la Loire, près de Tours.*

**S.** La *vallée* est une forme du relief située de chaque côté d'un cours d'eau, ou en bas par rapport à une montagne.

**valoir** [valwar] v. i. et v. t. (conj. 35)
I. [v. i.] (sujet qqch, qqn) **valoir qqch (prix, valeur)** *Combien vaut cette robe dans la vitrine ? — Elle vaut cent francs.* • *Je ne sais pas quelle cravate choisir. — Prends celle-là, elle vaut plus cher, mais elle est plus belle.* • *Regarde-moi ça ! Ça se déchire de partout, ce tissu ne vaut vraiment rien !* • *Ça n'a pas l'air très solide, je me demande si ça vaut quelque chose, ce truc-là.* • *Cet acteur ne vaut rien, qu'est-ce qu'il joue mal !*
II. [v. t. opérateur] (sujet qqch) **valoir + n. (abstrait)** ou **pron.** *Il est trop tard, ça ne vaut même plus la peine d'aller au cinéma, il n'y aura plus de place.* • *Tu crois que ça vaut le coup d'acheter des chaussures d'été maintenant ?* • *Alors, les vacances se sont bien passées ? — Non, j'ai été malade, c'est un climat qui ne me vaut rien.*
III. [v. pr.] (sujet qqch, qqn [plur.] ou tout, ça) **se valoir** *Entre ces deux voitures, laquelle est la meilleure ? — Oh ! Elles se valent, c'est une affaire de goût.* • *Tous les hommes se valent, ils sont aussi orgueilleux les uns que les autres !* • *Tu préfères ce restaurant ou celui où on était hier ? — Ça se vaut.*

IV. [v. i.] **il vaut mieux + inf., que + subj.** *Avec cette chaleur, il vaut mieux rester chez soi, c'est moins fatigant.* • *Si on ne veut pas être en retard, il vaut mieux qu'on parte tout de suite.*

**S. 1.** *Valoir* (sens I) suivi d'un compl. de prix ou d'un adv. a pour syn. COÛTER. *Valoir quelque chose*, c'est AVOIR UNE CERTAINE VALEUR, ÊTRE BON, VALABLE, DE BONNE QUALITÉ. Qqch qui *ne vaut rien* est MAUVAIS, DÉFECTUEUX. — **2.** Au sens II, *valoir* entre dans un certain nombre de loc. verbales équivalant à un verbe simple (*valoir la peine, le coup* = MÉRITER) ou, plus souvent, à ÊTRE + adj. (*ça vaut la peine, le coup* = C'EST VALABLE, UTILE, NÉCESSAIRE). *Ne rien valoir pour (à)* qqn, qqch a pour syn. ÊTRE MAUVAIS, NÉFASTE (plus fort) POUR. — **3.** Deux choses qui *se valent* (sens III) ont la même VALEUR ; *ça se vaut* a pour équivalent C'EST PAREIL — **4.** *Il vaut mieux* (sens IV) a pour syn. soutenu IL EST PRÉFÉRABLE DE + inf., QUE + subj.
**L. valable, valeur,** v. ces mots.

**vanité** [vanite] n. f.
[qualité, qqn] *Tu n'as pas fait attention à lui, ça l'a vexé, car il est d'une vanité extraordinaire.*

**S.** La *vanité* est le caractère d'une personne qui a une trop bonne opinion d'elle-même, qui SE VANTE sans motif valable ; les syn. soutenus sont ORGUEIL, PRÉTENTION, SUFFISANCE ; FATUITÉ est litt.
**L. vaniteux, euse** (adj. et n.) *Il est d'une vanité extraordinaire → il est extraordinairement vaniteux.*

**vanter** [vɑ̃te] v. t. (conj. 1)
I. (sujet qqn) **vanter qqch, qqn (à qqn)** *Ce n'est pas moi qui vanterais les qualités de ce produit !* • *On m'a beaucoup vanté ce médecin, il paraît qu'il est remarquable.*
II. (sujet qqn) **se vanter (de qqch, de + inf.)**

*Pierre est très discret, il ne s'est jamais vanté de ses succès.* • *Ce n'est pas la peine de te vanter d'être arrivé le premier, tu es parti en avance !*

**S. 1.** *Vanter* qqch, qqn, c'est en FAIRE L'ÉLOGE. Les syn. sont LOUER, GLORIFIER, CÉLÉBRER (plus forts, soutenus et sans compl. *à* qqn). Les contr. sont CRITIQUER, DÉNIGRER (plus soutenu). — **2.** *Se vanter de* qqch, *de* + inf., c'est parler avec orgueil, VANITÉ. prétention de qqch. Les syn. sont SE FLATTER (DE), SE GLORIFIER [DE] (plus fort), ÊTRE FIER DE (moins fort).
**L. vantard, e** (adj. et n.) [sens II] *Paul se vante continuellement* → *Paul est un vantard.*
◆ **vantardise** (n. f.) [sens II] *Paul est un insupportable vantard* → *Paul est d'une insupportable vantardise.*

**vapeur** [vapœr] n. f.
[phénomène naturel] (non-compt., au sing.) *Fais attention, tu peux te brûler avec la*

*vapeur.* • *J'adore les pommes de terre cuites à la vapeur.*

**S.** *L'eau en ébullition produit de la vapeur. La vapeur est une forme d'énergie* (locomotive à vapeur).

**variable** [varjabl] adj. (après le n.)
(se dit de qqch) *Tu crois qu'il va faire beau ? — Je ne sais pas : la météo parle d'un temps variable sur toute la France !* • *Cette année, les récoltes sont variables selon les régions : bonnes dans le Nord, mauvaises dans le Sud.*

**S.** Est *variable* ce qui change, subit des VARIATIONS, des changements. Les syn. sont CHANGEANT, INÉGAL et les contr. CONSTANT, INVARIABLE. En parlant du temps, les syn. sont INCERTAIN, INSTABLE. Quand le nom est au plur., les syn. sont DIFFÉRENT, DIVERS, et le contr. est IDENTIQUE.

**varié, e** [varje] adj. (après le n.)
(se dit de qqch) *Tes plaisanteries ne sont pas très variées, tu as déjà fait la même hier !* • *J'aime ce travail parce qu'il est varié, je ne fais jamais vraiment la même chose.* • *Les menus sont variés chez Corinne : c'est tous les jours des plats différents.*

**S.** *Varié* a pour syn. courant DIFFÉRENT et, soutenus, DIVERS, DIVERSIFIÉ, MULTIPLE, par oppos. à ROUTINIER (pour un travail seulement), MONOTONE, UNIFORME (soutenu).
**L. variété** (n. f.) *Elle aime que ses occupations soient variées* → *elle aime la variété dans ses occupations.*

**varier** [varje] v. i. et v. t. (conj. **2**)
I. [v. i.] (sujet qqch) *Avant, je n'aimais pas le fromage, maintenant j'adore ça, comme quoi les goûts varient avec l'âge !* • *Entre cette boutique et ce grand magasin, les prix varient énormément !* • *Qu'est-ce que vous faites le dimanche ? — Ça varie, tantôt on part à la campagne, tantôt on reste chez nous.*
II. [v. t.] (sujet qqn) **varier qqch** *Il faudrait varier tes menus de temps en temps, j'en ai assez de manger du jambon et de la salade.*

**S. 1.** *Varier* (sens I) a pour syn. CHANGER, SE MODIFIER, DIFFÉRER (plus soutenu), ÊTRE DIFFÉRENT, VARIABLE. *Ça varie* est syn. de C'EST VARIABLE, ÇA DÉPEND. — **2.** *Varier* (sens II) a pour syn. DIVERSIFIER, MODIFIER (moins fort), RENDRE DIFFÉRENT, par oppos. à UNIFORMISER (soutenu).
**L. variation** (n. f.) [sens I] *Le témoin n'a pas varié dans ses affirmations* → *il n'y a pas eu de variation dans les affirmations du témoin.*
◆ [sens II] *Il est nécessaire de varier les menus* → *la variation des menus est nécessaire.*
◆ **variable, varié,** v. ces mots.

**variété** → VARIÉ L.

**vase** [vaz] n. m.
[objet, récipient] *Jeanne m'a apporté des fleurs magnifiques, mais je n'ai pas de vase pour les mettre !* • *Les fleurs vont s'abîmer, il n'y a plus une goutte d'eau dans le vase.*

**S.** Un *vase* est un récipient qui sert à mettre des fleurs coupées.

**vaste** [vast] adj. (avant le n.)
(se dit de qqch [espace, surface]) *L'appartement est vaste : quatre grandes pièces,*

*plus la cuisine et deux salles de bains.*
◆ *(se dit de qqch [abstrait]) Ce que vous proposez est une vaste entreprise ; il faut réfléchir et limiter vos projets.*

**S.** Est *vaste* (soutenu) ce qui est très étendu ; les syn. sont SPACIEUX (soutenu) pour un espace et IMPORTANT, AMPLE (soutenu) pour qqch d'abstrait ; GRAND est un syn. courant dans les deux cas. Les contr. sont EXIGU (soutenu), ÉTROIT, PETIT pour un espace, LIMITÉ, ÉTRIQUÉ (soutenu) pour qqch d'abstrait.

**veau** [vo] n. m.
[animal] (compt.) *Regarde dans le champ le*

*petit veau qui vient de naître, il tient à peine debout!* ◆ [aliment] (non-compt., au sing.) [*Chez le boucher*] : «*Donnez-moi du veau bien tendre, s'il vous plaît.*»

**S.** Le *veau* est le petit de la VACHE. La viande (blanche) de cet animal se mange rôtie, grillée (escalope, côte, foie, rôti) ou en ragoût (blanquette).

**vedette** [vədɛt] n. f.
[personne, fonction sociale] *C'était une petite actrice inconnue ; en trois films, elle est devenue une vedette du cinéma.* ● *Venez à la fête dimanche, il y aura toutes les grandes vedettes de la chanson !*

**S.** Une *vedette* est un artiste, un acteur qui, dans le monde du spectacle (cinéma, chanson, théâtre, danse), a acquis une grande célébrité. Les syn. ÉTOILE, STAR s'appliquent surtout aux vedettes de cinéma.

**végétal** [veʒetal] n. m., pl. **végétaux**
*Comment appelle-t-on la science des végétaux ?*

**S.** *Végétal* est le syn. scientifique de PLANTE, par oppos. à ANIMAL et à HOMME.
**L. végétation** (n. f.) *La végétation est plutôt maigre dans cette région* (← l'ensemble des végétaux).

**véhicule** [veikyl] n. m.
[moyen de transport] *Sur l'autoroute, la voie de droite sert aux véhicules lents.*

**S.** *Véhicule* est le terme administratif désignant tout moyen de transport par terre : voiture, moto, etc.

**veille (la)** [lavɛj] n. f.
[temps, mesure] **la veille (de qqch [date, action])** *C'était un dimanche d'hiver, je me souviens que la veille il avait neigé.* ● *Nous passerons la veille de ton départ ensemble.* ● *Qu'est-ce que vous faites la veille de Noël ?*

**S. et G.** La *veille* est le jour qui précède un autre jour dans le passé ou le futur ; le mot joue, dans le récit, par rapport à CE JOUR-LÀ, le même rôle que HIER dans le discours par rapport à AUJOURD'HUI. *La veille* a pour équivalents LE JOUR D'AVANT, LE JOUR PRÉCÉDENT et pour contr. LE LENDEMAIN, LE JOUR D'APRÈS, LE JOUR SUIVANT.
**L. avant-veille (l')** [n. f.] *On se verra le jour qui précède la veille de notre départ* → *on se verra l'avant-veille de notre départ.*

**veiller** [veje] v. i. et v. t. ind. (conj. 1)
I. [v. i.] (sujet qqn) *Ne veille pas trop tard ce soir, tu n'arriveras pas à te lever demain.*
II. [v. t. ind.] (sujet qqn) **veiller sur qqn, qqch** *Cette infirmière veille sur ses malades avec un soin extraordinaire.* ◆ **veiller à qqch, à ce que + subj.** *Ne vous inquiétez pas, je veillerai à ce que le paquet vous soit remis dans les plus brefs délais.*

**S. 1.** *Veiller* (v. i.) [soutenu], c'est rester ÉVEILLÉ le soir ou la nuit, ne pas dormir. — **2.** *Veiller sur qqn* (v. t. ind.) [soutenu] a pour syn. SURVEILLER, S'OCCUPER DE, PRENDRE SOIN DE. *Veiller sur qqch*, c'est y FAIRE très ATTENTION. *Veiller à qqch* (soutenu), c'est s'en OCCUPER personnellement ; les syn. sont FAIRE ATTENTION À, PRENDRE SOIN DE.

**veine** [vɛn] n. f.
I. [partie du corps] (compt.) *Il paraît qu'elle a voulu mourir. — Comment ? — En se coupant les veines.* ● *Il était tellement en colère qu'on voyait ses veines gonfler sur son front tout blanc.*
II. [état, qqn] (non-compt., au sing.) *Tu pars aux États-Unis ? Tu as de la veine ! Moi, je ne sais pas si je pourrai me payer le voyage un jour !* ● *Tu as perdu tes clés ? Tu as de la veine que je sois restée à la maison, alors !* ◆ (compt., surtout au sing.) *Tu viens d'être payé ? C'est une veine ! On n'avait plus un sou !*

**S. 1.** Les *veines* (sens I) sont des canaux qui ramènent le sang vers le cœur. — **2.** *Veine* (sens II) est un syn. fam. de CHANCE.

**L.** **veinard, e** (adj. et n.) [sens II] Qu'est-ce qu'il a comme veine ! → *quel veinard !*

**vélo** [velo] n. m.
I. [moyen de transport] (compt.) *Sur le trottoir devant le lycée, il y a plus de motos que de vélos : on n'aurait pas vu ça il y a dix ans !*
II. [sport] (non-compt., au sing.) *Tous les dimanches, ils font du vélo sur des petites routes de campagne.*

**S.** *Vélo* est le syn. fam. de BICYCLETTE. Il fait partie de ce qu'on appelle les DEUX-ROUES.
**L.** **vélomoteur** (n. m.) *Pour aller à l'usine, je prends mon vélomoteur* (← un vélo muni d'un moteur).

**vendeur, euse** [vãdœr, øz] n.
[personne, profession] *Tu as demandé à la vendeuse si on pouvait échanger des achats ?* • *Je ne vais plus jamais à cette épicerie, les vendeurs ne sont pas aimables !*

**S.** Un *vendeur* est un employé d'un magasin ou d'une boutique, chargé de VENDRE les marchandises. Les contr. sont ACHETEUR, CLIENT.

**vendre** [vãdr] v. t. (conj. 41)
(sujet qqn) **vendre qqch [objet] (à qqn)** *Il y a une maison à vendre dans notre quartier, ça ne vous intéressse pas ?* • *Le libraire qui m'a vendu ces livres m'a dit que c'était une affaire exceptionnelle !* ◆ (sujet qqch) **se vendre + adv**. *Ce roman est le livre qui s'est le mieux vendu cette année.*

**S.** *Vendre* qqch à qqn, c'est le lui céder contre de l'argent. *Vendre* qqch s'oppose à

ACHETER (devenir propriétaire), LOUER (devenir locataire), DONNER (qui n'implique pas un échange). *Se vendre* a pour syn. ÊTRE VENDU.
**L.** **vendeur, vente,** v. ces mots. ◆ **invendable** (adj.) On ne peut pas vendre ces articles démodés → *ces articles démodés sont invendables.* ◆ **revendre,** v. ce mot.

**vendredi** [vãdrədi] n. m.
[jour] (sans article) *Après jeudi, c'est vendredi.* • *Nous sommes vendredi 31 octobre.* ◆ (avec l'article) *Tous les vendredis, ils vont au théâtre.* • *Nous nous sommes connus un vendredi d'octobre.* • *Autrefois, on ne mangeait pas de viande le vendredi.*

**S.** Le *vendredi* est le cinquième jour de la semaine.

**venger** [vãʒe] v. t. (conj. 4)
(sujet qqn) **venger qqn, qqch** *C'est seulement dans les romans que l'on voit un frère venger sa sœur !* ◆ **se venger (de qqch, de qqn)** *Pourquoi m'as-tu écrit cette lettre, c'est pour te venger de ce que je t'ai dit hier ?* • *François m'a joué un mauvais tour, mais ne t'inquiète pas, je me vengerai !*

**S.** *Venger* qqn, c'est punir celui qui l'a offensé. On *se venge* d'un tort qu'on nous a fait en exerçant des représailles ; le syn. plus faible est PRENDRE SA REVANCHE.
**L.** **vengeance** (n. f.) Il a fait ça pour se venger → *il a fait ça par vengeance.*

**venir** [vənir] v. i. et auxil. (conj. 23 ; auxil. être)
I. [v. i.] (sujet qqn) **venir (d'un lieu) [dans, à, sur, etc., un lieu]** *Attends encore un peu, Paul peut venir d'une seconde à l'autre.* • *Tu as vu Françoise ? — Oui, elle est venue hier soir à la maison.* • *Quand venez-vous à Paris ?* • *C'est dommage que tu ne sois pas venu à la dernière réunion.* • *Viens chez moi lundi.* • *On va au*

cinéma, tu viens avec nous? • Ce chef d'État doit venir en France le mois prochain. • Dites au médecin de venir le plus vite possible. • Ces ouvriers viennent d'Italie. • Il vient d'où ton thé? ◆ **venir + inf**. Paul! viens m'aider à éplucher les légumes, s'il te plaît! • Vous viendrez nous voir si vous passez dans la région, n'est-ce pas?
II. [v. i.] (sujet qqch) **venir de qqch** D'où vient cette erreur? — De ce que je n'ai pas assez réfléchi. ◆ (sujet qqn) **en venir à qqch** J'en viens au problème principal, celui pour lequel nous sommes réunis. • Tu m'énerves à la fin, où veux-tu en venir? ◆ (sujet qqch) **venir à qqn, à l'esprit de qqn** Et cette idée t'est venue comme ça, d'un seul coup? • Prendre un verre d'alcool le matin, ça ne me viendrait jamais à l'esprit!
III. [auxil. (passé proche)] (sujet qqn, qqch) **venir (près., imparf.) de + inf**. Il y a longtemps que tu es là? — Non je viens d'arriver. • Oh, zut! Le train vient juste de partir!

**S. 1.** *Venir* (sens I) sans compl. de lieu est syn. de ARRIVER. Avec un compl., les syn. diffèrent selon la prép. : *venir à, en, chez*, c'est ALLER, SE RENDRE À, EN, CHEZ; *venir avec*, c'est ACCOMPAGNER; *venir de*, c'est ARRIVER DE, PROVENIR DE (plus soutenu). Comme ALLER, *venir* peut être suivi de l'inf. — **2.** *Venir de* (sens II) indique l'origine, la cause et a pour syn. PROVENIR DE (plus soutenu). *En venir à qqch* est syn. de EN ARRIVER À. *Venir à qqn*, c'est SURGIR À SON ESPRIT (plus fort). — **3.** *Venir de* (sens III), auxil. d'aspect, indique un passé très proche (seulement au présent et à l'imparfait); il est équivalent à IL Y A PEU DE TEMPS (le train vient de partir → LE TRAIN EST PARTI IL Y A PEU DE TEMPS).
**L. venue** (n. f.) [sens I] J'attends qu'il vienne → *j'attends sa venue*. ◆ **revenir**, v. ce mot.

**vent** [vã] n. m.
[phénomène naturel] *Depuis dix jours, le vent n'arrête pas de souffler.* • *Les bateaux ne sont pas sortis du port aujourd'hui, la météo annonçait des vents très forts de nord-nord-est.* • *Comment ça se fait que la voiture bouge comme ça?* — *C'est parce qu'il y a du vent.*

**S.** On dit du *vent* qu'il souffle par rafales (ou qu'il y a des rafales de *vent*) lorsqu'il souffle violemment de manière brève et répétée. En termes de marine, la force du *vent* est traduite par des chiffres (un *vent* de force 7). La BRISE est un petit *vent* frais et assez doux. Une BOURRASQUE est un *coup de vent* violent mais bref. Lorsqu'il y a une TEMPÊTE, le *vent* souffle très violemment et assez longtemps. On appelle MISTRAL un *vent* très fort qui souffle sur le midi de la France. Un OURAGAN est formé de plusieurs *vents* qui soufflent en même temps en créant des tourbillons.
**L. venter** (v. i.) Qu'il fasse du vent, qu'il pleuve ou qu'il neige, il fait toujours une promenade le matin → *qu'il vente, qu'il pleuve ou qu'il neige, il fait toujours une promenade le matin*.

**vente** [vãt] n. f.
[action, qqn] *La vente de ce produit est interdite en France.* • *Quel est le prix de vente de l'essence maintenant?* • *Ce livre est en vente dans toutes les bonnes librairies.* • *Tu es sûr que cette crème n'est en vente que dans les pharmacies?* • *Les Anglais doivent bientôt mettre en vente une nouvelle voiture.* ◆ [résultat] *Ce mois-ci, les ventes ont augmenté dans les grands magasins.*

**S.** La *vente*, c'est l'action de VENDRE; l'inverse est l'ACHAT. Qqch qui est *en vente*, c'est qqch qui est À VENDRE, DISPONIBLE sur le marché. *Mettre en vente*, c'est VENDRE, PROPOSER À LA VENTE. La *vente*, c'est aussi le produit VENDU (surtout en langue commerciale).

**ventre** [vãtr] n. m.
[partie du corps] *J'ai dû manger trop de bonbons : j'ai mal au ventre!* • *Me faire opérer? Me faire ouvrir le ventre? Jamais!* ◆ **à plat ventre** *À plat ventre sur le tapis, les enfants regardent la télévision.* ◆ (sujet qqn) **avoir, prendre du ventre** *Quand une femme a du ventre, il vaut mieux qu'elle ne se mette pas en pantalon!* • *À force de manger des gâteaux, tu vas prendre du ventre!*

**S.** Le *ventre* est la partie antérieure et inférieure du tronc; il contient les intestins et a pour syn. savant ABDOMEN. *Être à plat ventre*, c'est être allongé sur le *ventre*, par oppos. à ÊTRE SUR LE DOS, ou SUR LE CÔTÉ. *Avoir, prendre du ventre*, c'est AVOIR GROSSI, GROSSIR (au niveau de cette partie du corps).

**venue** → VENIR L ; **verdâtre** → VERT L.

**verglas** [vɛrgla] n. m.
[phénomène naturel] (non-compt., au sing.) *Faites attention sur la route, il y a du verglas.* ● *Elle a glissé sur une plaque de verglas et elle s'est cassé la jambe.*

**S.** Le *verglas* est une mince couche de glace due à la congélation de la pluie ou du brouillard.
**L. verglacé, e** (adj.) *Il y aura du verglas sur les routes demain matin* → *les routes seront verglacées demain matin.*

**vérifier** [verifje] v. t. (conj. 2)
(sujet qqn) **vérifier qqch, que, si** + ind. *Vérifie toujours l'addition avant de payer, le garçon a pu faire une erreur.* ● *La police est en train de vérifier si ce qu'a dit le témoin est exact.* ● *Tu as bien vérifié que tu ne t'es pas trompé ? — Oui, c'est absolument sûr.*

**S.** *Vérifier*, c'est chercher à savoir si une

chose est vraie, exacte, prouvée ; il a pour syn. S'ASSURER DE, CONTRÔLER et EXAMINER (moins fort).
**L. vérifiable** (adj.) *Ça peut être facilement vérifié* → *c'est facilement vérifiable.* ◆ **vérification** (n. f.) *L'addition est vérifiée* → *la vérification de l'addition est faite.* ◆ **invérifiable** (adj.) *On ne peut pas vérifier ce qu'il dit* → *ce qu'il dit est invérifiable.*

**véritable** [veritabl] adj. (avant ou, plus rarement, après le n.)
(se dit de qqch) *Je t'ai dit que je ne viendrai pas : j'ai un autre rendez-vous, mais la véritable raison c'est que je ne veux pas voir René !* ● *Attention ! il va y avoir une véritable explosion si tu continues à jouer avec les allumettes.*

**S.** et **G.** *Véritable*, qui est seulement épithète et n'a ni comparatif ni superlatif, se dit de ce qui existe réellement, par oppos. à ce qui est FAUX. Il a pour syn. VRAI (avant le n.) et RÉEL (soutenu).
**L. véritablement,** v. ce mot.

**véritablement** [veritabləmã] adv.
[quantité et opinion] *Pierre n'est pas encore rentré, je commence à être véritablement inquiète !* ● *Il ne m'a pas laissé d'instructions précises. Véritablement, je ne sais plus quoi faire.*

**S.** *Véritablement* s'emploie pour affirmer fortement une assertion. Il a pour syn. VRAIMENT, FRANCHEMENT, RÉELLEMENT ; les autres syn. sont TRÈS et EXTRÊMEMENT devant un adj., EN VÉRITÉ (soutenu) en tête de phrase.

**vérité** [verite] n. f.
[qualité, qqch] (non-compt., au sing.) *La vérité dans tout cela c'est qu'elle ne t'aime pas, mais tu ne veux pas le croire.* ● *Êtes-vous certaine de la vérité de ce qu'il nous dit ?* ● *Il faut croire cet enfant : je suis sûre qu'il dit la vérité.* ◆ [énoncé] (compt.) *Tu devrais faire attention à ce que tu dis ; il y a des vérités qui ne sont pas bonnes à dire.*

**S.** La *vérité* de qqch, c'est l'EXACTITUDE de qqch, par oppos. à la FAUSSETÉ. La *vérité* (sans compl.), c'est ce qui est VRAI, juste, exact, ce qui est conforme à la réalité. *Dire la vérité* s'oppose à DIRE UN MENSONGE, MENTIR. Une *vérité* (compt.) est un fait, un jugement exact ou considéré comme tel.

**verre** [vɛr] n. m.
I. [matière] (non-compt., au sing.) *Cette table en verre est très jolie, l'inconvénient c'est qu'elle est fragile.* ● *Fais attention, il y a du verrre cassé par terre !*
II. [objet, récipient] (compt.) *La table n'est pas bien mise : il y a bien les bouteilles mais il manque les verres !* ◆ [contenu]

# VERROU

*J'avais tellement soif que j'ai bu trois grands verres d'eau.*

**S.** Un *verre* (sens II) sert à boire. Il peut être en *verre* (sens I) ou en cristal. Une COUPE, une FLÛTE (À CHAMPAGNE) ont un pied ; un GOBELET (souvent en plastique, en métal ou en carton) n'en a pas.

**verrou** [veru] n. m.
[appareil] *N'oublie pas de fermer le verrou quand je serai parti, c'est plus sûr.*

**S.** Un *verrou* permet de fermer sans clé et de l'intérieur une porte. C'est un système de fermeture.
**L. verrouiller** (v. t.) *Tu as fermé la porte d'entrée au verrou ? → tu as verrouillé la porte d'entrée ?*

**vers** [vɛr] prép.
I. [direction] **vers qqn, qqch (concret)** *Regarde toutes ces voitures qui roulent vers Paris, et dans l'autre sens, il n'y a personne ! • Tiens ! c'est Pierre là-bas ! Il se dirige vers nous.*
II. [lieu] **vers qqch (concret)** *Vous habitez où ? — Vers la tour Eiffel, du côté du Champ-de-Mars.*
III. [temps] **vers qqch (heure, date)** *J'arrive chez moi tous les soirs vers 6 heures. • On fera la réunion vers le 10 juin, on vous précisera la date plus tard.*

**S. 1.** *Vers* (sens I) indique une direction ; il a pour syn. DANS LA DIRECTION DE ou, plus particulièrement, DANS LE SENS DE qqch. *Aller vers* peut avoir pour syn. ALLER À ; *vers nous* a pour syn. DE NOTRE CÔTÉ. — **2.** *Vers* (sens II), qui indique un lieu approximatif, a pour syn. AUX ENVIRONS DE, AUX ALENTOURS DE, DU CÔTÉ DE. — **3.** Au sens III, *vers*, qui indique un moment plus ou moins précis, s'oppose à EXACTEMENT (À), PRÉCISÉMENT (À) et a pour syn. AUX ENVIRONS DE, AUX ALENTOURS DE.

**verser** [vɛrse] v. t. (conj. **1**)
I. (sujet qqn) **verser qqch (liquide, grains)** *À table, c'est Pierre qui verse le vin.*

II. (sujet qqn, un organisme) **verser de l'argent (à qqn, à un compte, etc.)** *Nos salaires nous sont versés le 28 de chaque mois. • Pour toute commande il faut verser un acompte.*

**S. 1.** *Verser* (sens I), c'est faire couler d'un récipient dans un autre. — **2.** *Verser de l'argent* (sens II), c'est soit PAYER, s'il s'agit d'une somme que l'on doit, soit faire une opération bancaire, s'il s'agit d'une somme que l'on met à un compte.
**L. versement** (n. m.) [sens II] *Vous pouvez payer en versant plusieurs fois de l'argent → vous pouvez payer en plusieurs versements.*

**version** [vɛrsjɔ̃] n. f.
[énoncé] *Trois témoins, trois versions des faits différentes, j'aimerais bien savoir laquelle est la bonne !* ◆ **version française, version originale** *On voit tous les films étrangers en version originale ; en version française, on perd quelque chose du jeu des acteurs.*

**S. 1.** Une *version* est le récit d'un événement considéré du point de vue de celui qui le raconte : c'est la manière de présenter un événement. INTERPRÉTATION est un syn. plus fort. — **2.** On dit d'un film qu'il est en *version originale* (abrév. V. O.) quand il est dans la langue d'origine avec des sous-titres français, et qu'il est en *version française* (abrév. V. F.) quand il est doublé (parlant français alors que ce n'est pas la langue d'origine des acteurs dans ce film).

**vert, e** [vɛr, vɛrt] adj. (après le n.), **vert** n. m.
I. [adj.] (se dit de qqch) *Elle est de quelle couleur ta nouvelle voiture ? — Elle est verte. • Catherine a des yeux verts avec des petites taches jaunes.* ◆ [n. m.] (couleur) [compt., surtout au sing.] *Elle qui a le visage si pâle, elle ne devrait pas s'habiller en vert.*
II. [adj.] (se dit des végétaux) *Mangez des légumes verts, c'est très bon pour la santé. • Ces pommes sont encore vertes, elles ne sont pas mûres.*

**S. 1.** *Vert* (sens I) désigne une couleur que l'on peut obtenir en mélangeant du jaune et du bleu. — **2.** *Vert* (sens II) a pour contr. SEC quand il s'agit de légumes ou MÛR quand il s'agit de fruits.
**L. verdâtre** (adj.) [sens I] *Une couleur verdâtre* (← qui tire sur le vert).

**vertical, e, aux** [vɛrtikal, ko] adj. (après le n.)
(se dit de qqch [ligne, plan]) *Non, le mur*

n'est pas absolument vertical, il faut dire que c'est une très vieille maison.

**S.** Est *vertical* ce qui suit la direction du fil à plomb, ce qui est perpendiculaire au plan de l'horizon ou à ce qui est HORIZONTAL ; il s'oppose aussi à OBLIQUE.
**L. verticalement** (adv.) La falaise tombe d'une manière verticale sur la mer → *la falaise tombe verticalement sur la mer.*

**vertige** [vɛrtiʒ] n. m.
[sensation] (non-compt., au sing.) *Je n'ai aucune envie de monter au dernier étage de la tour Eiffel ; j'ai le vertige et je ne peux pas me pencher.* ◆ (compt.) *Georges est très malade, ça a commencé par des vertiges et puis il a eu très mal à la tête.*

**S.** Le *vertige* est une sensation de déséquilibre que donne le vide, la hauteur ; *avoir des vertiges* a pour équivalent AVOIR DES ÉTOURDISSEMENTS ou AVOIR LA TÊTE QUI TOURNE.

**veste** [vɛst] n. f.
[vêtement] *Paul, tu peux enlever ta veste si tu as trop chaud.* ● *Pour mon anniversaire, mon mari m'a offert une veste en fourrure.*

**S.** Une *veste* est un vêtement à manches, ouvert devant, plus court que le MANTEAU et qui est porté par les hommes et les femmes. Pour les hommes, on dit aussi VESTON (quand il s'agit de la veste d'un complet). Le BLOUSON est une variété de *veste*.

**vestimentaire** → VÊTEMENT L.

**veston** [vɛstɔ̃] n. m.
[vêtement] *Je mets dans ta valise ton costume gris ; le veston a été nettoyé, ça te suffit pour huit jours ?*

**S.** Le *veston* est la VESTE qui fait partie d'un costume d'homme.

**vêtement** [vɛtmã] n. m.
[collectif, objets] (non-compt., au plur.) *Comme elle grandissait vite, ses vêtements étaient toujours trop petits ! ● Achète-toi des vêtements chauds pour l'hiver.* ◆ [objet] (compt.) *D'un morceau de tissu, elle fait un vêtement en cinq minutes ! Elle n'a vraiment pas de mal pour s'habiller.*

**S.** Les *vêtements* (non-compt.) servent à s'habiller. Les syn. sont HABITS, AFFAIRES. Certains *vêtements* (compt.) sont spécifiquement masculins (le veston, le pardessus), d'autres spécifiquement féminins (la robe, la jupe, le chemisier, le corsage), d'autres sont portés par les deux sexes (le pantalon, le pull-over, le short, la veste, la blouse). Les chaussettes, le slip et, spécifiquement féminins, les bas, le collant, le soutien-gorge constituent les SOUS-VÊTEMENTS. L'anorak, l'imperméable, le manteau, le pardessus sont destinés à protéger du froid, de la pluie. Le pyjama et la chemise de nuit sont des *vêtements* de nuit. Dans un théâtre, un restaurant, on dépose ses *vêtements* (manteau ou imperméable) au VESTIAIRE.
**L. vestimentaire** (adj.) *Elle a un goût très sûr en ce qui concerne les vêtements* → *elle a un goût très sûr en matière vestimentaire.*

**vétérinaire** [veterinɛr] n.
[personne, profession] *Ce chien est malade, il faut l'amener chez le vétérinaire.* ● *Dupont est vétérinaire dans une petite ville de Normandie, il soigne surtout des vaches.*

**S.** Un(e) *vétérinaire* est un médecin spécialisé dans les soins à donner aux animaux.

**veuf, veuve** [vœf, vœv] adj. (après le n.) et n.
[adj.] *Sa femme est morte dans un accident d'auto, ça fait dix ans que Paul est veuf.* ◆ [n.] (personne) *Jacques s'est marié avec une jeune veuve.*

**G.** L'adj. n'a ni comparatif ni superlatif.
**S.** Est *veuf* (ou *veuve*) celui (ou celle dont la femme (ou le mari) est mort(e).
**L. veuvage** (n. m.) *Elle n'est pas restée longtemps veuve* → *son veuvage n'a pas duré longtemps.*

**vexer** [vɛkse] v. t. (conj. **1**)
(sujet qqn) *vexer qqn Je ne voudrais pas te vexer, mais je trouve que ce costume ne te va pas du tout.* ● *Je me demande pourquoi il fait cette tête. — Vous ne croyez pas que*

*ce que vous lui avez dit l'a vexé ?* ● *Oh ! je suis vraiment vexée d'être arrivée à la banque juste au moment où elle fermait !*
◆ **se vexer** *Surtout ne lui dis rien de désagréable, il se vexe facilement.*

**S.** *Vexer* qqn, c'est lui faire de la peine ; il a pour syn. CONTRARIER (moins fort) et, plus forts, BLESSER, HUMILIER, OFFENSER (soutenu). *Se vexer* a pour syn. SE FROISSER (soutenu), ÊTRE CONTRARIÉ (moins fort), SE FORMALISER (soutenu).
**L. vexant, e** (adj.) Je suis vexée d'avoir raté le train → *c'est vexant d'avoir raté le train.*

**viande** [vjɑ̃d] n. f.
[aliment] (non-compt., au sing.) *La viande n'est pas très tendre, elle est difficile à couper.* • *On ne mange pas de viande ce soir, le lundi les bouchers sont fermés.*

**S.** On distingue la *viande* ROUGE (bœuf, mouton, cheval, agneau) et la *viande* BLANCHE (veau, lapin, volailles). La *viande* s'achète chez un boucher. Le porc s'achète aussi chez un charcutier.

**vice-président** → PRÉSIDENT L.

**victime** [viktim] n. f. et adj. (après le n.)
I. [n. f.] (personne, patient) *Cette nuit, un avion s'est écrasé, mais on ne connaît pas encore le nombre exact des victimes.*
II. [adj.] (se dit de qqn) **victime (de qqch [mal])** *Tu sais que son frère a été victime d'un accident de voiture cette nuit ?* • *Cette année, les paysans ont été, les premiers, victimes de la chaleur.*

**G.** L'adj. n'a ni comparatif ni superlatif.
**S. 1.** Les *victimes* d'un accident, d'une catastrophe, d'une épidémie, d'une guerre, etc., sont les gens tués ou blessés du fait de ces événements. — **2.** *Être victime de qqch,* c'est en subir les inconvénients, en souffrir.

**victoire** [viktwar] n. f.
[résultat] *Le match de football s'est terminé par la victoire de l'équipe de Saint-Étienne sur celle de Paris.* • *À Paris, certaines avenues portent le nom des victoires de Napoléon.*

**S.** Une *victoire,* c'est le fait de VAINCRE un adversaire dans une compétition, un match ou l'ennemi à la guerre. Le mot a pour syn. SUCCÈS (moins fort) et TRIOMPHE (plus fort). Les contr. sont DÉFAITE, DÉROUTE (plus fort). *Remporter une victoire,* c'est GAGNER, TRIOMPHER, ÊTRE VICTORIEUX, ÊTRE LE VAINQUEUR.

**vide** [vid] adj. (après le n.) et n. m.
[adj.] (se dit de qqch) *La bouteille de vin est vide, apportes-en une autre.* • *Il y avait du monde au théâtre ? — Non, la salle était à peu près vide.* • *Il y a beaucoup d'appartements vides à Paris ?* • *Les villes de province sont vides à partir de 8 heures du soir.* ◆ [n. m.] (qqch) [non-compt., au sing.] *Je ne pourrais jamais habiter au dixième étage, j'ai peur du vide.* • *Sa mort a fait un grand vide dans l'entreprise, on l'aimait bien.*

**G.** L'adj. n'a ni comparatif ni superlatif.
**S. 1.** Est *vide* ce qui ne contient rien ; il a le plus souvent pour contr. PLEIN, REMPLI en parlant d'un objet qui a été VIDÉ. En parlant d'un lieu (salle, bus, métro, etc.), il a pour contr. COMPLET, BONDÉ (plus fort) ; en parlant d'un local, d'un lieu, d'un appartement INOCCUPÉ, il a pour syn. LIBRE et pour contr. OCCUPÉ, HABITÉ ; en parlant d'un quartier, d'une ville sans animation, le syn. est DÉSERT et le contr. ANIMÉ. — **2.** *Avoir peur du vide* a pour syn. AVOIR LE VERTIGE. *Faire le vide,* c'est créer un sentiment douloureux d'absence, de privation.

**vider** [vide] v. t. (conj. 1)
(sujet qqn) **vider qqch (liquide), vider un lieu (de qqch)** *Quand tu auras fini de prendre ton bain, vide l'eau de la baignoire.* • *J'étais à moitié ivre, au dîner, on a vidé quatre*

*bouteilles à nous trois !* • *Il faudrait vider la cave de tout ce qui l'encombre ; on y mettra le vin.* ◆ (sujet qqch) **se vider** *La baignoire doit être bouchée, elle se vide mal.* • *Au mois d'août, Paris se vide.*

**S.** On *vide* qqch (contenant ou lieu) qui est plein, qui contient qqch, qui est rempli de qqch. Le ce sens, il a pour contr. REMPLIR. *Vider le contenu de qqch,* c'est le faire sortir, l'évacuer. *Vider une bouteille, un verre* (fam.) a pour syn. BOIRE. *Se vider* a pour contr. SE REMPLIR.
**L. vide-ordures** (n. m. inv.) *Il est interdit de jeter des bouteilles dans le vide-ordures* (← le conduit vertical permettant de vider les ordures à chaque étage).

**vie** [vi] n. f.
I. [état, qqn] (non-compt., au sing.) *Tu trouves que la vie est belle, eh bien ! pas*

moi ! • *Ne conduis pas si vite, je tiens à la vie, moi !* • *Le blessé est encore en vie, mais les médecins sont pessimistes.* ◆ (compt.) *En ce moment, je lis un livre sur la vie des bêtes sauvages.* • *François mène une vie de fou, il n'a jamais un moment de libre !* • *Dans son dernier livre, cet écrivain raconte la vie de Mozart.* • *La vie à Paris est moins agréable qu'en province.*
II. [qualité, qqn, un lieu] (non-compt., au sing.) *J'aime ce quartier, il est plein de vie, il y a toujours du monde.* • *Regardez cette enfant, elle est pleine de vie !*

**S. 1.** *Vie* (sens I, non-compt.) désigne le fait d'ÊTRE VIVANT, de VIVRE (le contr. est MORT). *Être en vie* a pour syn. ÊTRE VIVANT, SAIN ET SAUF (après un accident). *Vie* (compt.) désigne la manière dont on vit, la période pendant laquelle on vit. EXISTENCE est un syn. soutenu. — **2.** *Vie* (sens II) désigne l'ensemble des qualités reconnues à ce qui est VIVANT. *Plein de vie* peut avoir pour syn. ANIMÉ, VIF, VIVANT, ACTIF, en parlant d'un quartier, VIF, VIVANT, ACTIF, en parlant de qqn ; les contr. sont MORNE, en parlant d'un quartier, et AMORPHE, en parlant de qqn.

**vieillard** [vjɛjar] n. m.
[personne, âgé] *J'ai revu Pierre... Qu'est-ce qu'il a vieilli ! Il a cinquante ans, mais on dirait un vieillard.* • *Ah ! ces vieillards qui n'y voient pas et qui traversent quand le feu est vert !*

**G.** Ce mot s'emploie au sing. pour parler d'un homme ou au plur. pour désigner à la fois les hommes et les femmes.
**S.** *Vieillard* est péjor. par rapport à ses syn. VIEUX MONSIEUR, VIEILLE DAME, VIEILLES PERSONNES. Le syn. PERSONNE ÂGÉE est soutenu ou administratif.

**vieillesse** [vjɛjɛs] n. f.
[état, âge] (compt., surtout au sing.) *Oh ! grand-père : tu trembles. — Ah ! mon petit, la vieillesse, c'est terrible !* • *Ils ont eu une vieillesse heureuse : leurs enfants et leurs petits-enfants ne les ont jamais abandonnés.*

**S.** La *vieillesse*, c'est le fait d'ÊTRE VIEUX, d'AVOIR VIEILLI ; le contr. est JEUNESSE. Dans les étapes de la vie, on a successivement l'ENFANCE, l'ADOLESCENCE, l'ÂGE ADULTE, l'ÂGE MÛR, la *vieillesse*.

**vieillir** [vjɛjir] v. i. et v. t. (conj. **15**)
[v. i.] (sujet qqn) *Eh oui ! Les enfants ont déjà quinze ans, que voulez-vous, on vieillit !* • *J'ai vu Jeanne, qu'est-ce qu'elle a vieilli en deux ans !* ◆ [v. t.] (sujet qqch, qqn) **vieillir qqn** *Tu ne devrais pas porter cette robe, elle te vieillit beaucoup.* • *Trente*

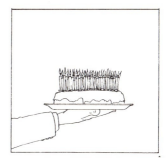

*ans ? — Non, pas encore, vous me vieillissez de deux ans !*

**S. 1.** *Vieillir* (v. i.), c'est devenir plus VIEUX ou paraître plus vieux, plus âgé. — **2.** *Vieillir qqn* (v. t.) c'est, en parlant de qqch, le faire paraître plus âgé, plus vieux et, en parlant de qqn, attribuer à qqn un âge plus avancé. Le contr. est RAJEUNIR pour le v. i. et le v. t.
**L. vieillesse,** v. ce mot. ◆ **vieillissement** (n. m.) *La médecine cherche à lutter contre le vieillissement* (← fait de vieillir).

**vieux, vieil, vieille** [vjø, vjɛj] adj. (avant le n.), **vieux, vieille** n.
I. [adj.] (se dit de qqn, d'un animal) *Tu as trente ans, j'en ai vingt-cinq, tu es donc plus vieux que moi.* • *Il a quatre-vingts ans, c'est un vieil homme maintenant.* • *Je peux jouer avec le chien ? — Oh, non ! Il est trop vieux maintenant !* ◆ [n.] (personne) *Cette petite vieille hésite à traverser, je vais l'aider.*
II. [adj.] (se dit de qqn, de qqch) *C'est un vieil ami à moi, ça fait longtemps que je le connais.* • *Je ne veux plus mettre cette robe, elle est trop vieille !* • *Tout ça, c'est une vieille histoire !*
III. [n.] (personne, appellatif) **mon vieux, ma vieille** *Comment ça va, mon vieux ?* • *Dis donc ma vieille, tu vas encore être en retard !*

**G. 1.** *Vieil*, toujours épithète, s'emploie devant un nom masculin commençant par une voyelle ou un *h* muet *(le vieil homme ; un vieil appareil).* — **2.** *Vieux* (sens II) est seulement épithète dans le sens de DE LONGUE DATE.
**S. 1.** *Vieux* (sens I) a pour syn. ÂGÉ ; le contr. est JEUNE. Le nom a pour syn. PERSONNE ÂGÉE ; VIEILLARD est plutôt péjor. — **2.** *Vieux* (sens II) a pour syn. ANCIEN et pour contr. NEUF (seulement pour les objets), ACTUEL (pour qqch d'abstrait), NOUVEAU. — **3.** *Mon vieux, ma vieille* (sens III) [fam.] s'emploient quand on s'adresse à qqn que l'on connaît bien.
**L. vieillir,** v. ce mot.

**vif, vive** [vif, viv] adj.
I. (se dit de qqn ; après le n.) *Votre fille est très vive pour son âge, on n'a pas besoin de lui expliquer longtemps les choses pour qu'elle comprenne !*
II. (se dit de qqn, de qqch [action, geste, etc.] ; en ce sens, avant ou après le n.) *Ils n'étaient pas d'accord, une vive discussion s'engagea.* ● *Ne te mets pas en colère pour un rien, tu es vraiment trop vif.*
III. (se dit d'une couleur, après le n. ; ou d'une lumière, avant ou après le n.) *La voiture des pompiers est peinte en rouge vif.* ● *La lumière est trop vive, ça me fait mal aux yeux.*
IV. (se dit de qqn) **brûlé vif** *C'est horrible : la voiture a pris feu et le conducteur a été brûlé vif.*

**S. 1.** *Vif* (sens I) a pour contr. LENT et s'emploie pour parler de qqn qui comprend vite. — **2.** *Vif* (sens II) [soutenu] a pour équivalent PROMPT À S'EMPORTER et pour syn. EMPORTÉ (plus fort), en parlant de qqn, ANIMÉ, en parlant d'une attitude. — **3.** *Vif* (sens III), en parlant d'une couleur, a pour syn. ÉCLATANT et pour contr. TERNE, SOMBRE. En parlant de la lumière,

les syn. sont FORT, CRU, ÉCLATANT, ÉBLOUISSANT (plus fort), en ce sens, les contr. sont DOUX, TAMISÉ. — **4.** *Vif* (sens IV) ne s'emploie que dans quelques expressions comme attribut : *être brûlé vif*, c'est *être brûlé VIVANT*.
**L. vivacité** (n. f.) [sens I et II] Il a l'esprit très vif → *il a une grande vivacité d'esprit.*

**vigilant, e** [viʒilɑ̃, ɑ̃t] adj. (après le n.) (se dit de qqn) *Soyez vigilants, ils essaieront encore de tromper votre attention.*

**S.** *Vigilant* est un syn. soutenu de ATTENTIF.
**L. vigilance** (n. f.) *Vous n'avez pas été assez vigilant* → *vous n'avez pas eu assez de vigilance.*

**vigne** [viɲ] n. f.
[collectif, végétaux] (non-compt., au sing.) *Ici, c'est le pays du vin, presque tous les paysans cultivent la vigne.* ◆ [lieu] (compt.) *J'aime me promener avec lui dans les vignes, il m'apprend tout sur le raisin.*

**S.** La *vigne* fournit le raisin, à partir duquel on fait le vin, ou que l'on consomme comme fruit. Une plantation de *vignes* s'appelle un VIGNOBLE. Les gens qui cultivent des *vignes* et font le vin sont les VIGNERONS ou VITICULTEURS. La récolte du raisin s'appelle les VENDANGES.

**vigoureux, euse** [viguʁø, øz] adj.
I. (se dit de qqn, de son état physique ; après le n.) *Hubert a toujours eu une santé vigoureuse et il n'a jamais été absent pour maladie.*
II. (se dit d'une action ; après ou avant le n.) *Après ces déclarations, le gouvernement a adressé une vigoureuse protestation auprès de l'ambassadeur.*

**S. 1.** Est *vigoureux* (sens I) celui qui a une certaine force physique ; une *santé vigoureuse* est SOLIDE, ROBUSTE. — **2.** Est *vigoureux* (sens II) ce qui manifeste de la VIGUEUR, de la fermeté ; les syn. courants sont FERME, ÉNERGIQUE.
**L. vigoureusement** (adv.) [sens II] Il a protesté d'une manière vigoureuse → *il a protesté vigoureusement.*

**vilain, e** [vilɛ̃, ɛn] adj.
I. (se dit de qqn ; après ou avant le n.) *Veux-tu arrêter de pleurer, vilain garçon ! sinon tu n'auras pas de bonbon.*
II. (se dit de qqch ; avant le n.) *Tu as un vilain bouton sur le nez ; il va falloir y mettre un peu d'alcool.* ● *Quel vilain temps ! il pleut encore.*

**S. 1.** *Vilain* (sens I) se dit en général d'un enfant INSUPPORTABLE, DÉSAGRÉABLE, DÉSOBÉISSANT, MÉCHANT (plus fort) ; le contr. est GENTIL. — **2.** *Vilain* (sens II) se dit de ce qui est DÉPLAISANT, DÉSAGRÉABLE ; le syn. est LAID (plus fort) quand il s'agit de l'apparence physique, ou SALE (fam.) quand il s'agit du temps ; le contr. est BEAU.

**villa** [villa] n. f.
[lieu, habitation] *Si on louait une villa au bord de la mer pour les vacances ?*

**S.** Une *villa* est une maison individuelle en dehors des villes et des banlieues. C'est le plus souvent une résidence secondaire au bord de la mer.

**village** [vilaʒ] n. m.
[lieu urbain] *C'est un tout petit village, il n'est même pas indiqué sur la carte !* ● *Les maisons du village sont construites autour de l'église.*

**S.** Le *village* est une petite agglomération habitée par des gens de la campagne; il s'oppose à la VILLE. Un HAMEAU est un petit *village*.
**L. villageois, e** (n.) Tous les habitants du village étaient là → *tous les villageois étaient là*.

**ville** [vil] n. f.
I. [lieu urbain] *Ce n'est pas vraiment un village, disons que c'est une petite ville.*
• *Je voudrais bien vivre en province, mais alors dans une grande ville.*
II. [partie d'un lieu urbain] **en ville** *Si tu vas en ville, tu pourrais faire une course pour moi ?* • *Nous ne serons pas chez nous ce soir, nous dinerons en ville.*

**S. 1.** Une *ville* (sens I) est une agglomération plus importante qu'un VILLAGE. Les habitants des *villes* sont des CITADINS. La *ville* s'oppose à la CAMPAGNE. URBAIN qualifie ce qui est de la *ville*, par oppos. à RURAL. — **2.** *En ville* (sens II) désigne soit le centre de la *ville*, soit tout lieu de la *ville*, par oppos. à CHEZ SOI.

**vin** [vɛ̃] n. m.
[boisson] (non-compt., au sing.) *Vous buvez du vin ? — Non, merci, je prendrai de l'eau.* • *Avec le poisson, il vaut mieux prendre du vin blanc.* ◆ (compt.) *Cet été, on s'est promenés en Bourgogne et on a goûté de très bons vins.*

**S.** Le *vin* est une boisson alcoolisée, obtenue à partir du jus du raisin. Il se vend en litres, en bouteilles de 70 centilitres, ou en tonneaux.

Les trois grandes sortes de *vin* sont : le *vin* ROUGE, le *vin* BLANC et le *vin* ROSÉ. Les *vins* les plus renommés, en France, appelés des CRUS, sont le BOURGOGNE et le BORDEAUX. Le CHAMPAGNE et le MOUSSEUX sont des *vins* blancs qui pétillent.
**L. vinicole** (adj.) C'est une région de vins → *c'est une région vinicole.*

**vinaigre** [vinɛgr] n. m.
[aliment] (non-compt., au sing.) *La sauce est trop forte ! Il n'y a pas assez d'huile et trop de vinaigre.*

**S.** Le *vinaigre* est employé comme assaisonnement, pour la sauce de la salade surtout, où avec l'huile, le sel et le poivre il forme la VINAIGRETTE. Il sert aussi à conserver certains légumes, les cornichons par exemple. Ce qui contient du *vinaigre* est VINAIGRÉ.

**vingt** [vɛ̃] adj. num. cardinal inv.
[20] *L'idéal, ce serait d'avoir des classes de vingt élèves ou vingt-cinq au maximum.*
• *Nous avons pris vingt jours de vacances.*
• *Il y a un train toutes les vingt minutes.*
• *Page vingt, vous trouverez le renseignement que vous cherchez.*

**G.** *Vingt* se prononce [vɛ̃] devant une consonne et [vɛ̃t] devant une voyelle ou un autre chiffre de deux à neuf (*vingt ans* [vɛ̃tɑ̃]; *vingt-deux* [vɛ̃tdø]). (V. aussi QUATRE-VINGTS.)

**vingtaine** [vɛ̃tɛn] n. f.
[quantité] **vingtaine (de** + n. plur.) *Quelle soirée ! il y avait bien une vingtaine de bouteilles pour six invités.* • *Rosine doit avoir une vingtaine d'années, pas plus je t'assure ! Elle vient d'entrer à l'université.*

**S.** *Vingtaine* désigne un ensemble d'environ VINGT unités.

**vingtième** [vɛ̃tjɛm] adj. num. ordinal
[20e] (se dit de qqn, de qqch) *Écoute, c'est au moins la vingtième fois que je te répète la même chose, tu pourrais écouter quand même !* • *Il était loin de gagner le concours : il est arrivé vingtième !*

**S.** Dans une énumération, VINGTIÈMEMENT est l'adv. correspondant à *vingtième* (= en vingtième lieu).

**vinicole** → VIN L.

**violence** [vjɔlɑ̃s] n. f.
[qualité, qqn, qqch] (non-compt., au sing.) *Nous avertissons les personnes sensibles que ce film contient certaines scènes de violence.* • *On n'obtiendra pas de résultat par la violence, mieux vaut discuter.* • *Le vent soufflait avec une telle violence sur le terrain de camping que les tentes ont été arrachées !* ◆ [action, qqn] (non-compt., au plur.) *Elle a été emmenée en voiture et elle a subi des violences.*

**S. 1.** En parlant d'une personne, de son comportement, la *violence*, c'est la brutalité, le fait

# VIOLENT

d'être VIOLENT, par oppos. à la DOUCEUR. *Violence* peut avoir aussi pour syn. FORCE, par oppos. à la NON-VIOLENCE (= la non-utilisation de moyens violents, de la *violence* à des fins politiques). En parlant de qqch, FORCE, INTENSITÉ sont des syn. moins forts, DÉCHAÎNEMENT un syn. litt. — **2.** Des *violences* sont des ACTES VIOLENTS.

**violent, e** [vjɔlɑ̃, ɑ̃t] adj. (avant ou, plus souvent, après le n.) et n.
I. [adj.] (se dit de qqn, de ses actes) *Quand il a bu trop d'alcool, il devient violent.* • *Méfie-toi d'elle, elle peut avoir des réactions violentes.* ◆ [n.] *C'est un violent qui n'a jamais su se contrôler, voilà pourquoi le drame est arrivé.*
II. [adj.] (se dit de qqch) *C'est risqué d'aller en mer par ce temps, un vent violent souffle.* • *Le bruit de l'explosion a été si violent qu'on l'a entendu à un kilomètre!* • *Il y a eu un violent orage dans notre région cette nuit.*

**S. 1.** *Violent* (sens I) se dit d'une personne qui s'emporte, qui agit avec VIOLENCE. Il a pour syn. BRUTAL et contr. CALME, DOUX, s'il s'agit d'une qualité permanente. — **2.** En parlant de qqch, *violent* (sens II) indique une très forte intensité ; il a pour syn. FORT, TERRIBLE (plus fort), INTENSE (soutenu), par oppos. à LÉGER, PETIT, FAIBLE.
**L. violemment** (adv.) *Il a réagi d'une manière violente → il a réagi violemment.* ◆ **violence**, v. ce mot. ◆ **non-violent, e** (adj. et n.) [sens I] *André est un non-violent* (← partisan des méthodes qui ne sont pas violentes).

**violet, ette** [vjɔlɛ, ɛt] adj. (après le n.), **violet** n. m.
[adj.] (se dit de qqch, de qqn) *C'est toi qui écris à l'encre violette ?* • *Sors de l'eau, tu as froid, tu es violet !* ◆ [n. m.] (couleur) [compt., surtout au sing.] *Je n'aime pas beaucoup ce violet, il est trop foncé.*

**S.** *Violet* désigne une couleur qui est un mélange de bleu et de rouge. MAUVE désigne un *violet* pâle.

**violon** [vjɔlɔ̃] n. m.
[instrument de musique] (compt.) *Qu'il est*

*beau ce violon, il est ancien ?* ◆ (non-compt., au sing.) *Vous faites de la musique ? — Oui, j'apprends le violon.*

**S.** Le *violon* est un instrument de musique à cordes qu'on frotte avec un archet.
**L. violoniste** (n.) *Il joue du violon dans un orchestre → il est violoniste dans un orchestre.*

**violoncelle** [vjɔlɔ̃sɛl] n. m.
[instrument de musique] *Le violoncelle tient une place importante dans la musique de Bach.*

**S.** Le *violoncelle* est un instrument de musique à quatre cordes et à archet, plus gros et plus grave que le VIOLON.
**L. violoncelliste** (n.) *C'est un violoncelliste célèbre* (← joueur de violoncelle).

**vipère** [vipɛʀ] n. f.
[animal] *Ne te promène pas les pieds nus dans le pré ; il y a des vipères dans le coin et tu peux te faire mordre.*

**S.** La *vipère* est un serpent venimeux.

**virage** [viʀaʒ] n. m.
I. [lieu, passage] *Ralentis, tu vois bien qu'il y a un virage !* • *C'est une route de montagne, il n'y a que des virages, ça tourne sans arrêt !*
II. [action, qqn] *Le virage à droite de ce syndicat est très net.*

**S. 1.** *Virage* (sens I) a pour syn. TOURNANT. Il s'oppose à la LIGNE DROITE. Une route qui

comporte beaucoup de *virages* est une route SINUEUSE. — **2.** Au sens II, *un virage à droite, à gauche* est un changement de direction des tendances et opinions d'un groupe ou d'une personne par rapport à une ligne idéologique initiale.
**L. virer** (v. i.) [sens I] *Tu as pris le virage trop brusquement* → *tu as viré trop brusquement.* ◆ [sens II] *J'ai l'impression que ce journal est en train de virer à gauche, tu ne trouves pas ?* (← *d'opérer un virage à gauche*).

**visage** [vizaʒ] n. m.
[partie du corps] *Sa mère a un très beau visage, elle n'est pourtant plus toute jeune !* • *Pierre a des boutons sur tout le visage. On appelle le docteur ?*

**S.** *Visage*, a pour syn. FIGURE (courant), FACE (langue savante) et parfois TÊTE, mais implique un jugement esthétique.

**vis-à-vis de** [vizavidə] prép.
[rapport] **vis-à-vis de qqn, de qqch (abstrait)** *Tu te rends compte de la façon dont tu m'as traité devant Jacques ? De quoi vais-je avoir l'air maintenant vis-à-vis de lui ?* • *Comment vas-tu t'organiser vis-à-vis de ton travail, maintenant que tu as des enfants ?*

**S.** *Vis-à-vis de* qqn a pour syn. EN FACE DE, À L'ÉGARD DE. *Vis-à-vis de* qqch (abstrait) a pour syn. DU POINT DE VUE DE, RELATIVEMENT À, PAR RAPPORT À.

**viser** [vize] v. t. (conj. 1)
I. (sujet qqn) **viser (qqch, qqn, un animal)**

*Tu as encore mal visé ; tu as raté le lapin !* • *Vise bien la boule et nous gagnerons.*
◆ **viser qqch (fonction)** *Il a toujours visé cette place ; mais maintenant qu'il l'a, il n'est pas content.*
II. (sujet qqch) **viser qqn** *La mesure prise par le ministre vise tous les étrangers résidant en France.* • *Qu'est-ce qu'il était en colère ! Je me demande ce qu'il avait contre moi. — Mais non, c'est Pierre qui était visé, pas toi.*

**S. 1.** *Viser* (sens I), c'est pointer une arme, un objet quelconque vers un objectif, un but qu'on veut atteindre. Avec un compl. indiquant une place, une fonction, les syn. sont AVOIR EN VUE, AMBITIONNER (soutenu). — **2.** *Viser* (sens II) a pour syn. CONCERNER, INTÉRESSER, S'APPLIQUER À. *Être visé*, c'est ÊTRE LA CIBLE d'une remarque, d'une accusation.

**visible** [vizibl] adj. (après ou, plus rarement, avant le n.)
(se dit de qqch [concret]) *Tu dois voir l'île là-bas, elle n'est pas très visible, mais on l'aperçoit quand même !* • *Cette nuit, il fait clair : les étoiles sont bien visibles dans le ciel.* ◆ (se dit de qqch [abstrait]) *Vraiment, elle prend un plaisir visible à nous embêter !*

**S.** *Visible* se dit de ce que l'on peut VOIR ou observer. En parlant de qqch de concret, il est syn. de PERCEPTIBLE [à l'œil] (soutenu), DISTINCT (plus fort), APPARENT, et s'oppose à INVISIBLE. En parlant de qqch d'abstrait, les syn. sont NET (plus fort et avant le nom), MANIFESTE (soutenu), ÉVIDENT (plus fort), FLAGRANT (plus fort) ; les contr. sont CACHÉ, SECRET.
**L. visiblement** (adv.) *Il est malade, c'est visible* → *il est visiblement malade.* ◆ **visibilité** (n. f.) *Tout est très peu visible à cause du brouillard* → *la visibilité est faible à cause du brouillard.* ◆ **invisible** (adj.) *Les étoiles ne sont pas visibles* → *les étoiles sont invisibles.*

**vision** → VOIR L.

**visite** [vizit] n. f.
I. [action, qqn, et résultat] **visite (de qqch)** *Il faut compter combien de temps pour la visite du musée ? — Au moins deux heures.* • *On s'arrêtera à Florence, on fera une visite rapide de la ville.*
II. [action, qqn, et résultat] **visite (de qqn)** *Tiens ! j'ai eu la visite des Leroy hier soir, ils sont restés jusqu'à minuit.* • *Tu as eu des visites pendant mon absence ?* ◆ (sujet qqn) **rendre visite à qqn** *Maintenant que vous habitez près de chez nous, vous pourrez nous rendre visite plus souvent !*

**S. 1.** Au sens I, la *visite* d'un lieu, d'un monument, c'est l'action de VISITER un lieu, d'aller voir un monument. — **2.** Au sens II, *rendre visite à* qqn a pour syn. ALLER VOIR qqn, ALLER CHEZ qqn. RECEVOIR qqn peut être syn. de *avoir la visite de* qqn, mais suppose le plus souvent une invitation.
**L. visiter**, v. ce mot.

**visiter** [vizite] v. t. (conj. **1**)
(sujet qqn) **visiter un lieu** *Si vous voulez visiter Rome, il faut que vous y restiez au moins quinze jours.* • *Jean-Jacques a la manie de s'arrêter dans tous les villages pour visiter les églises !* ◆ **visiter une maison** *Ça fait des mois qu'on visite des appartements, mais aucun ne nous convient.*

> **S. 1.** *Visiter un lieu*, c'est le parcourir par curiosité ou en touriste, lors d'un voyage ou d'une excursion. EXPLORER implique une recherche plus approfondie. — **2.** *Visiter une maison*, c'est la VOIR en détail (pour la louer ou l'acheter).
> **L. visiteur, euse** (n.) *Chaque année, des milliers de personnes visitent le Louvre* → *chaque année, le Louvre reçoit des milliers de visiteurs.*

**visser** [vise] v. t. (conj. **1**)
(sujet qqn) **visser qqch** *Prends une bouteille avec un bouchon que l'on peut visser, c'est plus pratique.*

> **S.** *Visser*, c'est fixer au moyen d'une VIS, ou fermer en tournant sur un pas de vis.
> **L. dévisser** (v. t.) *Je n'arrive pas à dévisser le tube de dentifrice* (← défaire le bouchon qui était vissé). ◆ **revisser** (v. t.) *Il faut revisser la serrure, elle bouge* (← visser ce qui était dévissé, mal vissé).

**vital, e, aux** [vital, to] adj. (après le n.)
(se dit de qqch) *Il faut que je me rapproche de mon lieu de travail ; c'est vital pour moi, sans ça je ne peux pas conduire les enfants à l'école.* • *C'est un emploi très mal payé ; j'ai juste ce qu'il faut pour vivre, le minimum vital.*

> **S.** Est *vital* ce qui est essentiel à la VIE ; le syn. sont CAPITAL, ESSENTIEL ou, moins fort, IMPORTANT. Le *minimum vital*, c'est le salaire qui est absolument indispensable pour VIVRE.

**vite** [vit] adv.
[manière] *Paul, viens vite, j'ai besoin de toi !* • *Eh ! pas si vite, je ne peux pas te suivre !* • *Pas de taxi, tant pis, on prend le métro, après tout, ça ira plus vite.* • *Tu parles trop vite, on ne comprend pas ce que tu dis.* • *J'ai peur avec Pierre, il conduit trop vite.*

> **S.** *Vite* correspond à l'adj. RAPIDE ; il a pour syn. RAPIDEMENT, EN VITESSE (qui ne s'emploie pas sans verbe) et pour contr. LENTEMENT, DOUCEMENT. *Faire qqch vite*, c'est le *faire* AVEC RAPIDITÉ. HÂTIVEMENT, À LA HÂTE, PRÉCIPITAMMENT sont des syn. plus forts et soutenus.

**vitesse** [vites] n. f.
I. [qualité, mesure] (compt.) *La vitesse sur* 

*l'autoroute est limitée à cent trente kilomètres à l'heure.* • *Comment voulez-vous que nous arrivions au même moment à Lyon, nous roulons à des vitesses différentes !* ◆ [non-compt., au sing.] *Tu aimes la vitesse, toi ? — Non, ça me fait peur.* • *Je finis la vaisselle en vitesse et j'arrive.* • *Ça ne sert à rien de conduire à toute vitesse, on est en avance.*
II. [appareil] (compt.) *Claude apprend à conduire, elle ne sait pas encore bien passer les vitesses.*

> **S. 1.** La *vitesse* (sens I) est le rapport entre l'espace parcouru et le temps mis pour le parcourir ; elle se mesure pour les véhicules en kilomètres à l'heure (km/h). *Faire de la vitesse*, c'est ALLER VITE. *En vitesse* a pour syn. VITE, RAPIDEMENT (moins forts), EN HÂTE (soutenu) ; *à toute vitesse* a pour syn. À TOUTE ALLURE. Les deux expressions s'opposent à LENTEMENT, AVEC LENTEUR, DOUCEMENT. — **2.** Il y a généralement quatre *vitesses* (sens II) sur une voiture (plus la marche arrière). On les désigne le plus souvent par l'emploi unique de l'adj. numéral ordinal (PASSER, ÊTRE, ROULER EN PREMIÈRE, DEUXIÈME, TROISIÈME ou QUATRIÈME).

**vitre** [vitʀ] n. f.
[objet] *Tu devrais laver les vitres de la voiture, on ne voit plus rien !* • *Notre voisine a toujours le nez collé à la vitre, pour regarder ce qui se passe !*

> **S.** Une *vitre* est en verre. Ce mot a pour syn. CARREAU ou FENÊTRE. Quand il s'agit d'une voiture, un autre syn. est GLACE ou, à l'avant, PARE-BRISE.
> **L. vitré, e** (adj.) *Ils ont remplacé ce mur par une porte vitrée* (← une porte garnie d'une vitre). ◆ **vitrier** (n. m.) *Téléphone au vitrier qu'il vienne changer la vitre* (← à l'ouvrier qui pose les vitres).

**vitrine** [vitrin] n. f.
[partie d'un lieu de commerce] *C'est bientôt Noël, toutes les vitrines des grands magasins sont remplies de jouets.* ● *Oh! regarde ce manteau, là, en vitrine, qu'est-ce qu'il est bien!*

> S. La *vitrine* est une grande VITRE qui forme la DEVANTURE d'un magasin. Un article exposé *en vitrine* est un article qui est À L'ÉTALAGE, EN DEVANTURE.

**vivable** → VIVRE L ; **vivacité** → VIF L.

**vivant, e** [vivã, ãt] adj. (après le n.)
I. (se dit de qqn, d'un animal) *Il y a eu un accident : une femme est tombée du troisième étage.* — *Elle est encore vivante?*
II. (se dit de qqn, de qqch) *C'est un enfant vivant : toujours à poser des questions, à bouger, à jouer!* ● *J'aime ce quartier, il est vivant, plein de monde.*

> G. Cet adj. n'a ni comparatif ni superlatif au sens I.
> S. 1. *Vivant* (sens I), surtout attribut, a pour syn. EN VIE ou un emploi du verbe VIVRE (*Il est vivant* → IL VIT) et pour contr. MORT. — 2. *Vivant* (sens II), en parlant d'un enfant, a pour syn. ACTIF, VIF, ÉVEILLÉ, PLEIN DE VIE et pour contr. AMORPHE. Un *quartier vivant* est un quartier ANIMÉ ; en ce sens, les contr. sont MORT, TERNE, MORNE.
> L. survivant, v. ce mot.

**vive!** [viv] interj.
[enthousiasme] *Le ministre a terminé son discours par «vive la France!» et tout le monde a applaudi.*

> S. et G. *Vive* sert à acclamer qqn ou qqch. Devant un nom plur., il peut rester au sing. ou s'accorder ; on écrira : *vive les vacances!* ou *vivent les vacances!*

**vivement** [vivmã] adv.
[souhait] **vivement qqch (date), vivement que + subj.** *Vivement les vacances, cette année n'en finit plus!* ● *Vivement que Pierre arrive, j'ai très envie de le voir.*

> S. *Vivement* correspond à l'adj. VIF ; il s'emploie pour exprimer un souhait et indique qu'on attend qqch avec impatience. *Vivement que* a pour équivalent plus faible POURVU QUE qui implique une plus grande incertitude.

**vivre** [vivr] v. i. et v. t. (conj. **52**)
I. [v. i.] (sujet qqn, un animal, une plante) *Le blessé vit encore, son cœur bat.* ● *Certains papillons ne vivent que quelques heures.* ● *Les plantes vivent : elles naissent, elles poussent, elles meurent.* ● *Aline n'a plus envie de vivre, elle dit qu'elle voudrait mourir.*
II. [v. t.] (sujet qqn) **vivre une époque, une histoire, etc.** *Nous vivons une drôle d'époque!* ● *Eh oui! Ils ont vécu une merveilleuse histoire d'amour et maintenant, c'est fini!*
III. [v. i.] (sujet qqn) **vivre (dans un lieu, d'une certaine manière, avec qqn, pour qqch, qqn, etc.)** *François n'aime pas la ville, il préfère vivre à la campagne.* ● *À trente-cinq ans, Nathalie vit encore chez ses parents!* ● *Danielle vit avec un garçon, mais ils ne sont pas mariés.* ● *Nous n'avons pas à plaindre, nous vivons bien, il ne nous manque rien.* ● *Qu'est-ce que tu es difficile à vivre, tu n'es jamais content!* ● *Elle ne vit que pour ses enfants.* ● *François vit pour l'argent, c'est la seule chose qui l'intéresse.*
IV. [v. i.] (sujet qqn) **vivre de qqch** *Paul n'a plus de travail, sa femme non plus, de quoi vivent-ils?* ● *Catherine a largement de quoi vivre avec ce que lui ont laissé ses parents.*

> S. 1. *Vivre* (sens I) a pour syn. ÊTRE EN VIE, ÊTRE VIVANT et pour contr. ÊTRE MORT. Sans compl. de temps, il peut avoir pour syn. EXISTER. — 2. *Vivre une époque* (sens II), c'est la PASSER, la TRAVERSER, y ÊTRE MÊLÉ. — 3. *Vivre dans un lieu* (sens III) a pour syn. HABITER. *Vivre d'une certaine manière*, c'est AVOIR TEL OU TEL GENRE DE VIE ; *vivre bien* a pour syn. ÊTRE À L'AISE. On dit de qqn qu'il est *facile, difficile à vivre* quand c'est facile, difficile, de cohabiter avec lui ; en ce sens, le syn. est SUPPORTER. *Vivre pour qqn, qqch*, c'est NE S'INTÉRESSER QU'À qqn, qqch (moins fort). — 4. *Vivre de qqch* (sens IV), c'est gagner sa vie d'une certaine manière, s'assurer ses moyens d'existence ; *avoir de quoi vivre*, c'est POUVOIR SUBVENIR À SES BESOINS.
> L. vivant, v. ce mot. ◆ **vivable** (adj.) [sens III] *On ne peut pas vivre dans cet appartement* → *cet appartement n'est pas vivable.* ◆ **invi-**

# VOCABULAIRE

**vable** (adj.) [sens II et III] *On ne peut pas vivre avec lui* → *il est invivable.*

**vocabulaire** [vɔkabylɛr] n. m.
[partie d'une langue] *Julien a trois ans, et il a déjà un bon vocabulaire.* • *Alain*

*étudie le vocabulaire politique de la Révolution française.*

**S.** *Vocabulaire* a pour syn. LEXIQUE et peut désigner soit l'ensemble des mots d'une langue, soit l'ensemble des mots compris et parlés par une personne, un groupe, soit l'ensemble des termes spécifiques à une technique. Un DICTIONNAIRE donne le *vocabulaire* d'une langue, d'une science, etc.

**vœu** [vø] n. m.
[action, qqn, et résultat] *Si c'est la première fois que tu manges des fraises cette année, fais un vœu.* • *Tiens, j'ai reçu une carte de Pierre, il nous envoie ses meilleurs vœux pour la nouvelle année.*

**S.** *Vœu* est un syn. de SOUHAIT et s'emploie surtout dans des formules de politesse à l'occasion d'une fête (Noël, jour de l'an), d'un événement heureux (anniversaire, mariage, etc.).

**voici** [vwasi], **voilà** [vwala] adv.
[démonstratif] *Tenez, voici mon frère Frédéric et sa femme Christine.* • *Regarde, voilà comment il faut faire.* • *Tu voulais le dernier livre de Sartre? Tiens, le voici, je te l'offre.* • *Où sont les enfants? — Regarde, les voilà, ils arrivent.* • *Te voilà enfin, ça fait une heure que je t'attends!* ◆ [conclusion] **voilà (tout)** *Pourquoi ne vas-tu plus chez Jacques? — Je n'ai plus envie de le voir, voilà tout.* • *Pourquoi es-tu en retard? — Eh bien voilà, j'ai simplement raté le train.*

**S. et G. 1.** Ces adv., considérés parfois comme des prép., sont des présentatifs, suivis d'un nom, d'une phrase ou précédés d'un pron. personnel objet *(le voilà).* En langue soutenue, *voici* désigne ce qui est proche, et *voilà* ce qui est lointain, dans l'espace ou le temps, mais la langue courante emploie surtout *voilà.* — **2.** *Voici, voilà* peuvent avoir pour équivalents des constructions avec C'EST *(Voici mon frère* → C'EST MON FRÈRE ; *voilà comment il faut faire* → C'EST COMME ÇA QU'IL FAUT FAIRE). — **3.** *Voilà tout,* ou simplement *voilà,* a une valeur explicative ou conclusive.

**voie** [vwa] n. f.
I. [lieu, passage] *La vitesse est limitée à quatre-vingt-dix kilomètres à l'heure sur cette route à deux voies.* • *Attention!*

*Attention! Le train pour Marseille n° 1345 part dans cinq minutes, voie 13.* • *[Dans le métro]* : «*En cas d'arrêt entre deux stations, défense de descendre sur les voies.*»
II. **en bonne voie** *Votre affaire est en bonne voie, vous allez sûrement être remboursé.* • *Alors, où en est ton procès? — Il est en bonne voie, j'espère que mon avocat va gagner!*

**S. 1.** Une *voie* (sens I) est une partie de route, une chaussée ou, dans les lignes de chemin de fer, dans le métro, l'ensemble des RAILS. — **2.** *En bonne voie* (sens II) se dit de qqch qui a pris un bon départ, qui va réussir.

**voilà** → VOICI.

**voir** [vwar] v. t. (conj. **36**)
I. (sujet qqn) **voir (bien, mal, clair, etc.)** **[qqch]** *Je vois de moins en moins bien, il va me falloir des lunettes!* • *Qu'est-ce qu'il fait noir, tu y vois clair, toi?* ◆ **voir qqn, qqch** *J'ai beau regarder, je ne le vois pas dans cette foule.* • *Nos chambres étaient très agréables : de nos fenêtres, on voyait la mer.* • *Tu me fais voir ta nouvelle robe?*

● *Je leur fais voir la maison et je reviens.*
◆ (sujet qqch) **se voir** *Mets un peu d'eau chaude, la tache ne se verra plus.* ● *Je suis furieuse ! — Ça se voit, qu'est-ce qu'il y a ?*
II. (sujet qqn) **voir, aller voir, venir voir qqch (un spectacle, une ville, un pays, etc.), qqn** *Tu devrais aller voir ce film, il est formidable !* ● *J'aimerais bien voir Rome, pas toi ?* ● *Toute la ville est venue voir notre match, heureusement qu'on a gagné !* ● *J'ai vu Pierre la semaine dernière, on a dîné ensemble.* ● *Tu es malade, va voir un médecin.* ● *Viens me voir demain, si tu peux.* ● *Paul et Catherine se voient tous les jours ?*
III. (sujet qqn) **voir (qqch [abstrait]), voir que, si, quand, comment, etc.,** + **ind.** *Je l'aime, il ne m'aime pas, tu vois le problème ?* ● *Tu vois ce qui va se passer, hein ?* ● *Paul et moi, on voit les choses d'une manière différente.* ● *Je ne vois pas où tu veux en venir.* ● *Je vois que tout est prêt, on peut partir.* ● *Tu vois bien que tu as tort !* ● *Je vais téléphoner pour voir si Chantal est chez elle.* ● *Fais voir comment tu t'y prends, moi je n'y arrive jamais.* ● *Eh bien ! tu vois, ce n'est pas encore aujourd'hui qu'on pourra aller au cinéma, il y a trop de travail.* ● *C'est tout vu, je n'irai pas.* ● *Ne te fais pas de souci, on verra bien.* ● *Les vacances sont dans trois mois, on a le temps d'ici là.*
IV. (sujet qqn) **être bien, mal vu** ou **se faire bien, mal voir (de qqn)** *Odile est très bien vue de son patron.* ◆ (sujet qqn, qqch) **n'avoir rien à voir, avoir quelque chose à voir (avec qqn, qqch)** *Cette jeune fille est de votre famille ? — Non, je n'ai rien à voir avec elle.* ● *C'est parce qu'il ne t'a pas invité dimanche que tu ne veux plus lui parler ? — Mais non, ça n'a rien à voir, je n'ai pas envie de le rencontrer, un point c'est tout.*

**S. 1.** *Voir bien, mal*, etc. (sens I), c'est percevoir bien, mal, etc., par la VUE, avec les yeux. *Voir bien* a pour syn. AVOIR UNE BONNE VUE, DE BONS YEUX. *Voir qqn, qqch* a pour syn. DISTINGUER, DISCERNER (soutenus), APERCEVOIR (moins fort). *Faire voir qqch à qqn* a pour syn. MONTRER. *Se voir* a pour syn. ÊTRE VISIBLE, ÊTRE APPARENT ou APPARAÎTRE, et, pour contr., ÊTRE INVISIBLE. — **2.** *Voir* (sens II) a pour syn. REGARDER ou, plus particulièrement, ASSISTER À en parlant d'un spectacle, d'un match, VISITER en parlant d'une ville, d'un musée, etc. En parlant d'une personne, les syn. sont RENCONTRER ou CONSULTER (avec un nom désignant une profession). *Aller ou venir voir qqn chez lui,* c'est lui RENDRE VISITE. — **3.** Au sens III, *voir un problème, une question, voir que, voir si* ont pour syn. CONSTATER QQCH, QUE, SE RENDRE COMPTE DE QQCH, QUE. *Voir si* a pour autre syn. SAVOIR SI. *Voir les choses, une situation, voir quand, où, comment,* etc., ont pour syn. COMPRENDRE, IMAGINER, CONCEVOIR QQCH, QUAND, OÙ, etc. *Faire voir* a pour syn. MONTRER, EXPLIQUER. *Tu vois, vous voyez* s'emploient pour obtenir l'attention ou l'accord de celui à qui l'on s'adresse. *C'est tout vu* indique qu'une décision est définitive. *On verra bien, on a le temps de voir* ont pour équivalents ON SE FERA UNE IDÉE, UNE OPINION PLUS TARD, ON A LE TEMPS D'Y PENSER. — **4.** *Être bien, mal vu* (sens IV), c'est ÊTRE BIEN, MAL CONSIDÉRÉ (soutenu). *N'avoir rien à voir (avec),* c'est N'AVOIR AUCUN RAPPORT, AUCUNE RELATION (AVEC).
**L. voyant, e** (adj.) [sens I] *Ton maquillage se voit trop → ton maquillage est trop voyant.* ◆ **visible, vue,** v. ces mots. ◆ **vision** (n. f.) *Paul voit très mal → Paul a une très mauvaise vision.*

**voisin, e** [vwazɛ̃, in] adj. (après le n.) et n.
I. [adj.] (se dit de qqch) **voisin (d'un lieu)** *Chut ! Il y a deux enfants qui dorment dans la pièce voisine !* ● *Si tu veux trouver un tabac, il faut que tu ailles jusqu'au village voisin.* ● *Leur immeuble est très bruyant, on entend tout ce qui se passe dans les appartements voisins du nôtre !*

# VOITURE

**II.** [n.] (personne) *Je vais demander à ma voisine si elle peut garder les enfants ce soir.*
● *C'est vrai que vos voisins se plaignent tout le temps du bruit que vous faites ?*

   **G.** L'adj. n'a ni comparatif ni superlatif.
   **S. 1.** *Voisin* (adj.) a pour syn. PROCHE, D'À CÔTÉ. En parlant d'une pièce, d'un appartement, un autre syn. est CONTIGU (plus fort et soutenu). Les contr. sont ÉLOIGNÉ, LOINTAIN (plus fort). — **2.** Un *voisin* (n.) habite un appartement proche, sur le même palier, ou dans la maison d'à côté.
   **L.** **voisinage** (n. m.) [sens II] *Ne crie pas si fort, tu vas réveiller tous les voisins* → *ne crie pas si fort, tu vas réveiller tout le voisinage.*
   ◆ **avoisiner** (v. t.) [sens I] *Sa propriété est voisine de la nôtre* → *sa propriété avoisine la nôtre.*

**voiture** [vwatyr] n. f.
**I.** [moyen de transport] *Je prends ma voiture tous les matins pour aller travailler.*
● *Tu veux t'acheter une voiture neuve ou une voiture d'occasion ?* ◆ (sujet qqn) **faire de la voiture** *Il y avait trop de monde sur les routes, nous avons fait peu de voiture cet été.*
**II.** [partie d'un moyen de transport] *Sur les billets de train sont inscrits le numéro de la voiture et celui de la place de la personne qui voyage.*

   **S. 1.** Une *voiture* (sens I) est un véhicule servant à transporter de deux à six personnes environ, par oppos. au CAMION qui transporte des marchandises. *Voiture* a pour syn. technique AUTOMOBILE ou, fam., AUTO. Faire de la *voiture*, c'est ROULER. Une *voiture* a un capot sous lequel se trouve le moteur et un coffre dans lequel on met les bagages. — **2.** *Voiture* (sens II) désigne chacune des parties d'un train ou d'un métro ; il a pour syn. WAGON en parlant d'un train et, le plus souvent, COMPARTIMENT en parlant du métro. Dans une *voiture* de train ou de métro, on s'assoit sur des banquettes.

**voix** [vwa] n. f.
**I.** [action, qqn, et résultat] (compt., surtout au sing.) *Non seulement cette fille chante faux, mais en plus elle n'a pas une belle voix !* ● [Au téléphone] : «*C'est Yann ? Excuse-moi, je n'avais pas reconnu ta voix !*» ● *Chut ! Parle à voix basse, tu déranges ceux qui travaillent.* ● *Qu'est-ce que vous dites ? Parlez à voix haute, qu'on vous entende !* ◆ (sujet qqn) **avoir de la voix** *Toi qui as de la voix, appelle-le donc : moi, il ne m'entendrait pas.* ● *J'ai si mal à la gorge que je n'ai plus de voix !*
**II.** [résultat] *Combien de voix a-t-il eues aux dernières élections ? — Il a eu assez de voix pour être élu au premier tour.*

   **S. 1.** La *voix* (sens I) peut être aiguë ou grave. *Avoir de la voix*, c'est avoir une *voix* forte, qui porte. Si on *n'a plus de voix*, on est APHONE, on a une EXTINCTION de *voix* (langue savante). Parler *à voix basse*, c'est parler TOUT BAS, DOUCEMENT ; parler *à voix haute*, c'est parler HAUT, FORT. — **2.** Une *voix* (sens II) est le résultat du choix de qqn dans un vote, une élection. SUFFRAGE est un syn. soutenu. Celui qui a toutes les *voix* est élu à l'unanimité.

**vol** [vɔl] n. m.
**I.** [action, qqn, et résultat] *Plusieurs tableaux ont été volés au moment de l'expo-

sition, mais les auteurs du vol ont déjà été retrouvés et arrêtés.* ● *Tu as payé cette salade cinq francs ! C'est du vol !*
**II.** [action, qqch, et résultat] *À cause d'une panne de moteur, le vol de Paris à Athènes a dû être supprimé.*

   **S. 1.** *Vol* (sens I), c'est l'action de VOLER, de dérober qqch. Les syn. plus forts sont CAMBRIOLAGE, PILLAGE ; LARCIN (soutenu) est plus faible. Un HOLD-UP est un *vol* commis dans un lieu public par des gens armés. *C'est du vol* a pour syn. C'EST DE L'ESCROQUERIE. — **2.** Un *vol* (sens II), c'est l'action de se déplacer dans les airs en parlant d'un avion ; quand il s'agit d'un oiseau, le mot est de la langue soutenue.

**volaille** [vɔlaj] n. f.
[collectif, animaux] (non-compt., au sing.) *À l'entrée du village, il y a un élevage de volaille ; et on peut avoir directement quelques bons poulets.* ◆ [animal] (compt.) [À table] : «*Qui veut découper la volaille ? Moi je ne sais pas.* »

   **S.** Non-compt., *volaille* désigne tous les oiseaux de basse-cour (poules, canards, pigeons, oies, dindons, pintades) élevés pour leur chair ou pour leurs œufs. Compt., il désigne l'un de ces animaux.

**volant** [vɔlɑ̃] n. m.
[partie d'un véhicule] *Tu es trop près du volant, c'est dangereux.* • *Qu'est-ce qu'il est dur à tourner ce volant !* ◆ (sujet qqn) **être au volant, prendre le volant** *Quand il est au volant de sa voiture, ce n'est plus le même homme : il se prend pour un champion !* • *Tu as l'air fatigué : tu veux que je prenne le volant ?*
**S. 1.** Le *volant* d'un véhicule permet de le diriger. Il fait partie de ce qu'on appelle la direction du véhicule. Pour les deux-roues (vélo, moto) on parle de GUIDON, pour les bateaux, de GOUVERNAIL. — **2.** *Être au volant, prendre le volant,* c'est CONDUIRE UNE VOITURE.

**volcan** [vɔlkɑ̃] n. m.
[lieu naturel] *Tu as déjà vu un volcan en activité ?* ⌐ *En réalité non, mais j'ai vu plusieurs films sur les volcans.* • *Dans ce pays tous les volcans sont éteints.*
**S.** Un *volcan* est une sorte de montagne conique ayant à son sommet un cratère d'où sort, lorsque le *volcan* est en activité, de la lave en fusion. On appelle ÉRUPTION du *volcan,* ce moment. Le spécialiste des *volcans* est le VULCANOLOGUE, la science, la VULCANOLOGIE.
**L. volcanique** (adj.) C'est une région de volcans → *c'est une région volcanique.*

**voler** [vɔle] v. t. et v. i. (conj. **1**)
I. [v. t.] (sujet qqn) **voler qqch (à qqn)** *Ton porte-monnaie, tu l'as perdu ou on te l'a volé ?* • *J'avais oublié de fermer la voiture et on m'a volé tout ce qui était à l'intérieur !* • *Tu as encore dû me voler de l'argent pour pouvoir t'acheter ces bonbons !*
II. [v. i.] (sujet un oiseau, un avion) *Regarde comme les oiseaux volent bas aujourd'hui, c'est signe de pluie.* • *[Dans*

*l'avion]* : « *En ce moment, nous volons au-dessus de Marseille.* »
**S. 1.** *Voler* (sens I) a pour syn. moins forts PRENDRE et CHAPARDER (fam.). Des syn. plus forts sont PILLER, CAMBRIOLER, DÉVALISER. Le syn. soutenu est DÉROBER. — **2.** *Voler* (sens II), c'est se déplacer dans les airs. Avant de *voler* à une certaine altitude, l'avion roule sur une piste, pour pouvoir prendre son VOL puis il S'ENVOLE ou décolle. *Voler au-dessus* d'une ville, d'un pays a pour syn. SURVOLER une ville, un pays.
**L. vol, voleur,** v. ces mots. ◆ **antivol** (n. m.) [sens I] *Tu devrais mettre un antivol à ton vélo* (← *un système de sécurité qui empêche qu'on te vole ton vélo*).

**voleur, euse** [vɔlœr, øz] n. et adj. (après le n.)
[n.] (personne, agent) *Pourquoi t'enfermes-tu comme ça chez toi, tu as peur des voleurs ?* • *Quel voleur ! Tu as vu la viande qu'il m'a donnée ?* ◆ [adj.] (se dit de qqn) *Pierre ne fait ses courses qu'au marché, les commerçants de son quartier sont tellement voleurs !*
**S.** On qualifie de *voleur* qqn qui a commis un VOL ou simplement qqn qui a une attitude malhonnête. Dans le premier cas, les syn. plus vagues sont MALFAITEUR, BANDIT, GANGSTER et plus précis CAMBRIOLEUR, PICKPOCKET ; dans le deuxième cas, les syn. de plus en plus forts sont FILOU, BANDIT, ESCROC, FRIPOUILLE, GANGSTER.

**volley-ball** [vɔlɛbol] ou **volley** [vɔlɛ] n. m.
[sport] (non-compt., au sing.) *Tous les matins, on jouait au volley sur la plage.* • *Il y a un terrain de volley dans votre école ?*
**S.** Le *volley* est un sport qui se joue à deux équipes de six joueurs placés de part et d'autre d'un filet. Le ballon de *volley* (rond et assez léger) s'envoie à la main.
**L. volleyeur, euse** (n.) Ce sont les meilleurs joueurs de volley du monde → *ce sont les meilleurs volleyeurs du monde.*

**volontaire** [vɔlɔ̃tɛr] adj. (après le n.) et n.
I. [adj.] (se dit de qqch) *Il n'a pas fait exprès d'emporter cette lettre.* — *Moi, je dis que c'était tout à fait volontaire, il ne voulait pas nous la montrer.*
II. [adj.] (se dit de qqn, de son attitude) *C'est un homme volontaire : il finit toujours par obtenir ce qu'il veut.* • *Elle a un regard volontaire, ça ne doit pas être facile de lui dire non.*
III. [adj.] **volontaire (pour + inf., pour qqch)**

987

# VOLONTÉ

*Qui est volontaire pour faire ce travail ?*
◆ [n.] (personne) *On demande des volontaires pour aider à éteindre le feu.*

**G.** L'adj. n'a ni comparatif ni superlatif au sens II.
**S. 1.** En parlant de qqch, *volontaire* (sens I) a pour syn. RÉFLÉCHI, VOULU, INTENTIONNEL (soutenu), FAIT EXPRÈS et pour contr. INVOLONTAIRE.
— **2.** En parlant de qqn, de son attitude, *volontaire* (sens II) a pour syn. moins forts DÉCIDÉ, DÉTERMINÉ. Qqn de *volontaire* fait preuve d'une très grande VOLONTÉ. — **3.** Être *volontaire* (sens III), c'est se proposer de soi-même pour faire qqch, le plus souvent d'une manière bénévole.
**L. volontairement** (adv.) [sens I] Oui, j'ai fait ça et c'était volontaire → *oui, j'ai fait ça volontairement.* ◆ **involontaire** (adj.) [sens I] Excusez-moi, ce n'était pas volontaire → *excusez-moi, c'était involontaire.* ◆ **involontairement** (adv.) [sens I] Si je vous ai vexé, c'est d'une manière involontaire → *si je vous ai vexé, c'est involontairement.*

**volonté** [vɔlɔ̃te] n. f.
I. [propriété, esprit] (compt., surtout au sing.) *Il faut un grand effort de volonté pour s'arrêter de fumer.* ● *Cette drogue enlève toute volonté à celui qui la consomme.* ● *Bien sûr que ça ne marche pas : tu te moques de tout ! Il faut avoir la*

*volonté de réussir pour avoir des chances d'y arriver !*
II. [qualité, qqn] (non-compt., au sing.) *Pierre a beaucoup de volonté ; quand il veut quelque chose, il fait tout pour l'obtenir.*
◆ **bonne, mauvaise volonté** *Ce n'est pas de la mauvaise volonté, je vous assure que je ne peux vraiment pas venir.* ● *Aline est pleine de bonne volonté, mais elle ne peut pas tout faire toute seule.*
III. [sentiment] (compt.) *N'allez pas contre sa volonté, il se mettra dans une colère noire ! ● Quelles ont été ses dernières volontés ? ● Marie fait les quatre volontés de ses enfants, c'est intolérable.*

**S. 1.** La *volonté*, c'est l'aptitude à VOULOIR ; *avoir la volonté de* a pour syn. VOULOIR, DÉSIRER (moins fort). — **2.** Au sens II, *avoir de la volonté*, c'est AVOIR DE L'ÉNERGIE, DE LA FERMETÉ, DE LA DÉTERMINATION (soutenu) pour faire en sorte que ce qu'on souhaite se réalise. En langue courante, on dit de qqn qui *a de la volonté* qu'il A DU CARACTÈRE, qu'il sait ce qu'il veut. *Bonne, mauvaise volonté* désigne la disposition dans laquelle on se trouve pour bien vouloir faire ou ne pas vouloir faire qqch. — **3.** Au sens III, *volonté* peut avoir pour syn. DÉSIR, SOUHAIT. *Faire les quatre volontés de* qqn, c'est faire ce qu'il veut.
**L. volontaire,** v. ce mot.

**volontiers** [vɔlɔ̃tje] adv.
I. [affirmation] *Vous prendrez bien un verre avec nous ? — Volontiers, je voulais justement vous parler.*
II. [manière] *Je suis heureux que le spectacle vous ait plu ; personnellement, je le reverrais volontiers.*

**S. 1.** Au sens I, *volontiers* indique une réponse affirmative concernant une action ; il a pour syn. OUI, D'ACCORD. — **2.** Au sens II, *volontiers* a pour syn. AVEC PLAISIR.

**volt** [vɔlt] n. m.
[mesure, unité] *Vous êtes en 110 ou en 220 volts ici ?*

**S.** Le *volt* (symb. V) est une unité de mesure de tension électrique.
**L. voltage** (n. m.) *Avant de brancher ton rasoir électrique, vérifie bien son voltage* (← nombre de volts pour lequel l'appareil fonctionne).

**volume** [vɔlym] n. m.
I. [partie d'un texte] (compt.) *Ce dictionnaire sera en deux volumes, le premier vient de paraître.*
II. [qualité, mesure] (compt., surtout au sing.) *Quel est le volume de cette baignoire ? — Oh ! Elle doit bien contenir cent litres !*
III. [qualité, mesure] (non-compt., au sing.) *Si le volume des importations est supérieur au volume des exportations, il y a un problème.* ● *Comment fait-on pour augmenter le son sur ta télé ? — Tourne le bouton marqué « volume ».*

**S. 1.** *Volume* (sens I) a pour syn. TOME, LIVRE. — **2.** Au sens II, le *volume* d'un corps, d'un objet, c'est l'espace que ce corps ou cet objet occupe en mètres cubes (abrév. m³), sa grosseur. — **3.** Au sens III, *volume* a pour syn. MASSE s'il s'agit d'une quantité globale, ou AMPLITUDE, INTENSITÉ s'il s'agit de sons.

**volumineux, euse** [vɔlyminø, øz] adj. (avant ou après le n.)
(se dit de qqch [concret]) *Quel volumineux paquet ! Je me demande ce qu'il peut y avoir dedans.* • *Tous les jours j'ai à répondre à un courrier volumineux, pourriez-vous m'aider ?*

**S.** *Volumineux* (soutenu) se dit de qqch dont le VOLUME est important. Il est syn. de GROS (moins fort), ÉNORME ou ABONDANT (en parlant du courrier).

**vomir** [vomir] v. t. (conj. **15**)
(sujet qqn) **vomir (son repas)** *Tout le monde était malade sur le bateau, et moi-même j'étais près de vomir.*

**S.** *Vomir* (soutenu), c'est rejeter par la bouche les aliments non encore digérés. Le syn. courant est RENDRE. On *vomit* quand on a la nausée, quand on a mal au cœur.
**L.** *vomissement* (n. m.) Jacqueline a vomi pendant la traversée → *Jacqueline a eu des vomissements pendant la traversée.*

**vos** → VOTRE.

**vote** [vɔt] n. m.
[action, qqn] (non-compt., au sing.) *Alors, qui est-ce qui a été élu ? — Je ne sais pas, on n'a pas encore les résultats du vote.* • *Il y a encore des pays où les femmes n'ont pas le droit de vote !* • *Les bureaux de vote seront ouverts de 8 heures à 18 heures.*
◆ [résultat] (compt.) *Voici les résultats : un vote pour, et quinze votes contre.*

**S.** *Vote* (action) a comme syn. SCRUTIN, ÉLECTIONS sauf dans le cas de *vote : le droit de vote*, c'est le droit de VOTER, les *bureaux de vote* sont les locaux (le plus souvent des écoles en France) où l'on vote. Pour des élections, pour un référendum, le *vote* se fait à bulletin secret ; dans une assemblée, il peut se faire à main levée. Le suffrage universel est un système de *vote* où tous les citoyens peuvent se prononcer. Au sens de résultat, les syn. sont SUFFRAGE (soutenu), VOIX.
**L.** **voter,** v. ce mot.

**voter** [vɔte] v. i. et v. t. (conj. **1**)
[v. i.] (sujet qqn) *Beaucoup de Parisiens ont voté tôt ce matin pour pouvoir partir ensuite*

*à la campagne.* • *C'est vrai que vous avez voté pour le candidat de la droite ?* ◆ [v. t.] **voter une loi** *En quelle année cette loi a-t-elle été votée ?*

**S. 1.** On *vote* pour élire qqn à une fonction. Pour *voter*, on se rend, avec sa carte d'électeur, dans un BUREAU DE VOTE. Le nom du ou des candidats pour qui on *vote* est inscrit sur un bulletin de vote, qu'on choisit dans l'isoloir et qu'on met dans l'urne. Le contr. quand il n'y a pas de compl. est S'ABSTENIR. — **2.** *Voter une loi*, c'est, pour le Parlement, l'adopter après l'avoir approuvée.
**L.** *votant* (n. m.) 80 p. 100 des gens ont voté → *il y a eu 80 p. 100 de votants.*

**votre** [vɔtr], **vos** [vo] adj. possessifs
*Cher Monsieur, j'ai bien reçu votre lettre.* • *Bonjour madame, vos enfants vont bien ?* • *N'oubliez pas de prendre vos maillots de bain dimanche, on ira à la piscine.*

**S. et G.** *Votre, vos* sont les adj. possessifs correspondant au pron. de la 2ᵉ pers. du sing. ou du plur. VOUS (*votre lettre* [← la lettre de vous]). Leur nombre varie selon le nom qu'ils déterminent (*votre* : masc. ou fém. sing. ; *vos* : masc. ou fém. plur.). Les pron. possessifs correspondants sont LE VÔTRE, LA VÔTRE, LES VÔTRES.

**vôtre (le, la)** [lə(la)votr], **vôtres (les)** [levotr] pron. possessifs

# VOULOIR

*Fabienne, vous avez une très jolie robe. — La vôtre aussi est belle.* ● *Nos vacances se sont très bien passées ; et les vôtres ? — Très bien aussi, merci.*

**S.** et **G.** *Le vôtre* (masc. sing.), *la vôtre* (fém. sing.), *les vôtres* (masc. ou fém. plur.) sont les pron. possessifs correspondant au pron. de la 2ᵉ pers. du sing. (VOUS de politesse) ou du plur. et aux adj. possessifs VOTRE, VOS : *les vôtres* (← *vos vacances*). Ils s'accordent en genre et en nombre avec le nom qu'ils représentent.

**vouloir** [vulwar] v. t. et v. t. ind. (conj. 32)
I. [v. t.] (sujet qqn) **vouloir qqch** ou + **inf.**,

**vouloir que** + subj. *Qu'est-ce que tu veux pour ton anniversaire ? — Je ne sais pas, fais-moi une surprise.* ● *Vous voulez encore du fromage ? — Je veux bien, merci.* ● *Alain ne veut pas qu'on le dérange, il travaille.* ● *Pierre a téléphoné. — Qu'est-ce qu'il voulait ? — Il voulait nous voir.* ● *Excusez-moi, j'ai fait ça sans le vouloir, je vous assure que je ne l'ai pas fait exprès.*
II. [v. t.] (sujet qqn) **vouloir (qqch** ou + **inf.**, **vouloir que** + subj.) *Et voilà, les vacances sont finies ! Que voulez-vous, c'est comme ça !* ● *Alors, qu'est-ce qu'on fait ? — Eh bien ! si tu veux, on peut aller au cinéma. — D'accord, on y va maintenant ou après le dîner ? — Comme tu veux, ça m'est égal.* ● *Veux-tu fermer la fenêtre, s'il te plaît ? J'ai froid.* ◆ **vouloir bien** (+ **inf.**, **que** + subj.) *Je veux bien te prêter ce livre mais à une condition... Tu me le rendras demain !* ● *Dis, papa, tu veux bien qu'on aille à la piscine ?*
III. [v. t. ind.] (sujet qqn) **vouloir de qqch**,

**de qqn (comme** + **n.)** *Je ne veux pas de tes excuses, tu as tort, un point c'est tout.* ● *Tu ne vas pas jouer avec tes cousins ? — Non, ils ne veulent pas de moi (comme partenaire).*
IV. [v. t. ind.] (sujet qqn) **en vouloir à qqn (de** + **inf.**, **si** + **ind.**) *Alors, vous êtes toujours fâchés ? — Oui, je lui en veux de m'avoir menti.* ● *Ne m'en veuillez pas si j'arrive en retard, il se peut que je sois retenu à mon travail.*

**S. 1.** *Vouloir* (sens I) a pour syn., plus soutenus, DÉSIRER, SOUHAITER. Au conditionnel, *je voudrais* a pour syn. J'AIMERAIS. *Ne pas vouloir* a pour syn. REFUSER. Dans une interrogation, *qu'est-ce qu'il veut ?* a pour équivalent QU'EST-CE QU'IL DEMANDE ?, QUEL EST SON BUT ?, QUELLE EST SON INTENTION ? *Sans le vouloir* a pour syn. INVOLONTAIREMENT et pour contr. VOLONTAIREMENT, EXPRÈS. — **2.** *Vouloir* (sens II) entre dans des formules de politesse. Dans une exclamation, *que veux-tu ! (que voulez-vous !)* marque la résignation. *Si tu veux* a pour équivalent SI TU ES D'ACCORD, SI ÇA TE DIT. *Comme tu veux* s'emploie pour laisser le choix à l'interlocuteur et a pour syn. COMME ÇA TE PLAIRA. *Veux-tu* ou *tu veux*, suivi de l'inf., est une forme polie de l'impératif (*Veux-tu fermer la porte ?* → FERME LA PORTE). *Vouloir bien* + inf., qui ne peut pas s'employer à la forme négative, a pour syn. ACCEPTER, CONSENTIR À (soutenu) et pour contr. REFUSER DE. — **3.** *Vouloir de qqch*, c'est accepter de le prendre, de le recevoir ; *vouloir de qqn*, c'est L'ACCEPTER, L'ADMETTRE. — **4.** *En vouloir à qqn* (sens IV), c'est AVOIR DE LA RANCUNE, DU RESSENTIMENT (soutenu) ENVERS lui, c'est lui REPROCHER qqch (moins fort).

**vous** [vu] pron. personnel (2ᵉ pers. pl. et sing.)
I. [sujet, objet direct ou indirect ; atone, plur.] *Jacques et toi, vous irez au cinéma, moi je reste à la maison.* ● *Bon alors, c'est d'accord, vous viendrez tous dimanche à la campagne ?*
II. [sujet ou objet ou compl. indirect ; tonique, plur.] *On pourrait dîner ensemble ? Disons que nous passerons vous prendre vers 20 heures. Ça vous va ?* ● *Nous sommes d'accord avec vous sur certains points, mais pas sur tous.* ● *Vous, vous croyez être les plus forts parce que vous êtes plus nombreux !*
III. [sujet, objet direct ou indirect ; atone, sing.] *Bonjour, monsieur Durand, comment allez-vous ?*
IV. [sujet ou objet ou compl. indirect ; tonique, sing.] *Vous savez, Pierre, j'ai beaucoup pensé à vous.*

**S.** et **G. 1.** Aux sens I et II, *vous* est plur. ; il

désigne au moins deux personnes dont l'une est celle à qui on s'adresse (l'interlocuteur). — **2.** Aux sens III et IV, *vous* est sing.; c'est la forme de politesse quand on parle à qqn qu'on ne connaît pas bien ou envers qui on doit marquer un certain respect. *Vous* s'oppose en ce sens à TU. En ce cas l'adj. ou le participe attributs restent au sing.
**L. vouvoyer** (v. t.) [sens III et IV] C'est une personne que tu ne connais pas, tu dois lui dire vous → *c'est une personne que tu ne connais pas, tu dois la vouvoyer.*

**voyage** [vwajaʒ] n. m.
[action, qqn, et résultat] *Quand j'étais*

*jeune je rêvais de voyages extraordinaires!* • *Non, M. Legrand n'est pas là, il est en voyage pour quinze jours.* • *Qu'est-ce que tu fais avec cette valise, tu pars en voyage?* • *Nous avons fait un voyage merveilleux en Algérie.* • *Je n'aime pas être seul, aussi j'aime bien les voyages organisés!* • *On ne pourra pas tout déménager d'un coup, il faudra faire plusieurs voyages.* • *Oh! les enfants ont été insupportables pendant tout le voyage.* • *Vous ferez le voyage en train ou en avion?* • *Nous avons fait le voyage ensemble, c'est comme ça que nous nous sommes connus.*

**S.** *Voyage* désigne le fait, l'action de VOYAGER, de se déplacer en train, en avion, en voiture pour aller dans un lieu en général assez loin de son domicile : *voyage* D'AFFAIRES, *voyage* D'AGRÉMENT, TOURISTIQUE, etc. C'est aussi le trajet suivi, la durée de ce déplacement. Un *voyage* ORGANISÉ est un *voyage* touristique en groupe, pour lequel on s'inscrit dans une agence *de voyages.* Une CROISIÈRE est un *voyage* d'agrément effectué en bateau. *Être en voyage* peut avoir pour syn. ÊTRE EN DÉPLACEMENT, notamment lorsqu'il s'agit d'un *voyage* à but professionnel.
**L. voyager,** v. ce mot.

**voyager** [vwajaʒe] v. i. (conj. 4)
(sujet qqn) *Je n'ai pas assez de temps pour pouvoir voyager, pourtant j'aimerais bien connaître d'autres pays.* ◆ **voyager (d'une certaine manière)** *On a voyagé en avion jusqu'à New York, ensuite en train.* • *Dans le métro, je voyage toujours en première classe.*

**S.** *Voyager* a pour syn. FAIRE DES VOYAGES, VISITER des pays, des régions, FAIRE DU TOURISME. Suivi d'un compl. indiquant le mode de transport, la classe, etc., il a pour syn. FAIRE LE VOYAGE, FAIRE LE TRAJET.
**L. voyageur,** v. ce mot.

**voyageur, euse** [vwajaʒœr, øz] n.
I. [personne, agent] *[À la gare]* : «*Les voyageurs sont priés de sortir par la porte n° 3.*»
II. [personne, profession] **voyageur de commerce** *M. Dupont est voyageur de commerce, il ne rentre chez lui qu'une fois par semaine.*

**S. 1.** Un *voyageur* (sens I) est une personne en train de VOYAGER. Le syn. est PASSAGER qui est souvent précisé par le moyen de transport utilisé (navire, train, autocar, etc.). — **2.** Un *voyageur de commerce* est un employé qui va trouver ses clients à domicile pour leur proposer ses marchandises et prendre leurs commandes. Les syn. sont REPRÉSENTANT (DE COMMERCE), COMMIS VOYAGEUR et, en langue administrative, V. R. P. (initiales de VOYAGEUR-REPRÉSENTANT-PLACIER).

**voyant** → VOIR L.

**voyons!** [vwajɔ̃] interj.
[emphase] *Les enfants, taisez-vous, voyons.*

**S.** *Voyons!* insiste sur un ordre, un reproche et a pour syn. DONC!, EH BIEN!

**vrai, e** [vrɛ] adj.
I. (se dit de qqch ; avant ou après le n.) *Je vais vous raconter une histoire vraie qui m'est arrivée hier.* • *Les vraies causes de son départ, on ne les connaît pas.* • *C'est vrai que tu pars demain?* • *Ce n'est pas vrai, je ne suis sûr qu'il ment.*
II. (se dit de qqch ; toujours épithète, avant le n.) *Le seul vrai moyen d'apprendre la cuisine, c'est de la faire souvent.* • *Il n'a pas écrit ce livre sous son vrai nom, il s'en est inventé un.* • *C'est une poupée avec de*

*vrais cheveux, c'est pour cela qu'elle coûte cher.*

**G.** Cet adj. n'a ni comparatif ni superlatif au sens II.
**S. 1.** *Vrai* (sens I) a pour contr. FAUX et pour syn. VÉRITABLE et RÉEL. *C'est vrai* a pour syn.

C'EST EXACT, C'EST LA VÉRITÉ et pour contr. C'EST INEXACT. — **2.** *Vrai* (sens II) se dit de ce qui est RÉEL, par oppos. à l'apparence ; les syn. et les contr. varient selon les contextes : VALABLE, BON (moyen) ; le contr. de *vrais cheveux* est ARTIFICIEL, de *vrai nom* est FAUX, etc.

**vraiment** [vrɛmɑ̃] adv.
I. [opinion] *Tu crois vraiment ce qu'elle te raconte ? À ta place, je me méfierais.*
II. [quantité] *Ce tableau est vraiment trop laid : je n'en veux pas dans mon salon !* • *Ce n'est vraiment pas intelligent ce que tu viens de faire !*
**S. 1.** *Vraiment* (sens I) renforce une affirmation ou une négation. Il a pour syn. RÉELLEMENT, FRANCHEMENT. — **2.** *Vraiment* (sens II) a pour syn. TRÈS et, parfois, FRANCHEMENT.

**vraisemblable** [vrɛsɑ̃blabl] adj. (après le n.)
(se dit de qqch) *Ce que tu dis est vraisemblable ; je crois qu'il y aura un changement politique.* • *Tu crois que la crise va continuer ? — C'est vraisemblable.*
**S.** Est *vraisemblable* ce qu'on pense VRAI, ce qui est POSSIBLE, PLAUSIBLE (soutenu) ; PROBABLE implique que l'événement a toutes chances de se produire.
**L. vraisemblablement,** v. ce mot. ◆ **vraisemblance** (n. f.) *Cette hypothèse est vraisemblable, tout le monde l'admet → tout le monde admet la vraisemblance de cette hypothèse.*
◆ **invraisemblable,** v. ce mot.

**vraisemblablement** [vrɛsɑ̃blabləmɑ̃] adv.
[doute] *Pierre n'a pas téléphoné, c'est vraisemblablement qu'il ne peut pas venir ce soir.* • *Il avait vraisemblablement une petite amie, mais ne disait rien.*
**S.** *Vraisemblablement* indique qu'on envisage l'événement comme probable selon les apparences. Lorsque le doute est plus accentué, on emploie PEUT-ÊTRE, SANS DOUTE, C'EST POSSIBLE.

**vue** [vy] n. f.
I. [action, qqn] (compt., surtout au sing.) *Tu peux lire si loin ? Eh bien ! tu as une bonne vue !* • *J'ai mal à la tête : cette lumière me fatigue la vue.* ◆ **la vue de qqch** *Va te soigner ailleurs : la vue du sang*

*me rend malade !* ◆ **à vue d'œil** *L'avion grandit à vue d'œil au fur et à mesure qu'il se rapproche de nous.* ◆ **à première vue** *À première vue, je ne trouve pas Pierre sympathique, mais je changerais peut-être d'avis quand je le connaîtrai mieux.* ◆ (sujet qqn) **connaître, perdre qqn de vue** *Tu le connais, toi, Paul ? — Oh ! de vue seulement.* • *Catherine et moi on était très amies, mais je l'ai perdue de vue depuis le lycée.* ◆ **en vue** *Ça y est, la côte est en vue !* • *Cette montre est bien en vue dans la vitrine.*
II. [résultat] (compt., surtout au sing.) *D'ici on a une vue extraordinaire sur toute la côte.* • *De mes fenêtres, j'ai une belle vue sur Paris.*
III. [résultat, activité mentale] (compt., surtout au plur.) *On ne peut pas discuter, nos vues sur ce problème sont complètement opposées !* ◆ **vue d'ensemble** *En lisant ces articles, tu auras une bonne vue d'ensemble sur la question.*

**S. 1.** La *vue* (sens I), c'est la faculté de VOIR (sens I), la VISION (terme savant). En langue courante, et en ce sens, le syn. est YEUX. *Avoir perdu la vue*, c'est ÊTRE AVEUGLE. La *vue* de qqch, c'est la VISION, l'IMAGE, le SPECTACLE (plus fort) qu'on en a. *À vue d'œil* a pour équivalent AUTANT QU'ON PEUT EN JUGER EN REGARDANT. *À première vue* est syn. de AU PREMIER ABORD. *Connaître* qqn *de vue*, c'est l'AVOIR VU quelques fois, l'AVOIR RENCONTRÉ. *Perdre* qqn *de vue*, c'est NE PLUS LE VOIR, le RENCONTRER, le FRÉQUENTER. *En vue* est syn. de VISIBLE, APPARENT (plus soutenu). — **2.** La *vue* (sens II), c'est ce que l'on voit. Les syn. sont PANORAMA, PERSPECTIVE, POINT DE VUE, COUP D'ŒIL (fam.), PAYSAGE (s'il s'agit d'une étendue de pays). — **3.** Les *vues* (sens III), ce sont les IDÉES, l'AVIS, l'OPINION, les CONCEPTIONS, l'OPTIQUE (soutenu), le POINT DE VUE de qqn au sujet de qqch. Une *vue d'ensemble*, c'est un APERÇU au sujet de qqch.

**vulgaire** [vylgɛr] adj. (après le n.)
(se dit de qqn, de qqch [parole, attitude]) *Qu'est-ce qu'elle est vulgaire quand elle parle !* • *Il y a certains mots vulgaires qu'on n'emploie pas.*

**S.** *Vulgaire* a pour syn. COMMUN, ORDINAIRE, GROSSIER, tous pris dans un sens péjor., et pour contr. DISTINGUÉ. En parlant d'un mot, un autre syn. est TRIVIAL (soutenu).
**L. vulgairement** (adv.) *Il parle d'une façon vulgaire* → *il parle vulgairement.* ◆ **vulgarité** (n. f.) *Le côté vulgaire de Pierre m'indispose* → *la vulgarité de Pierre m'indispose.*

# W

**wagon** [vagɔ̃] n. m.
[partie d'un moyen de transport] *Ce n'est pas notre train, il n'y a que des wagons de marchandises !* ● *Où se trouvent les wagons de 1ʳᵉ classe ?* ◆ **wagon-restaurant** *Si on allait au wagon-restaurant pour une fois, au lieu de manger des sandwiches ?* ◆ **wagon-lit** *Les wagons-lits sont en tête du train.*

**S.** *Wagon* se dit surtout pour les trains de marchandises. Pour les trains de voyageurs, on dit de plus en plus VOITURE. Un *wagon-restaurant* est une voiture aménagée en restaurant. Un *wagon-lit* est aménagé pour la nuit ; chaque compartiment comporte un, deux ou trois LITS ;

il est plus confortable que les COUCHETTES de 1ʳᵉ ou de 2ᵉ classe.

**W.-C.** [dublǝvese] ou [vese] n. m. pl.
[pièce] [*Au restaurant*] : *« Où sont les toilettes ? — Au fond du couloir à gauche, vous verrez, sur la porte il y a écrit W.-C. »*

**G.** *W.-C.* est l'abrév. de WATER-CLOSETS ou WATERS.
**S.** On trouve l'abrév. écrite *W.-C.* sur la porte de l'endroit lui-même. On emploie plus couramment les syn. LAVABOS, TOILETTES ; le syn. CABINETS appartient surtout à la langue des enfants.

**week-end** [wikɛnd] n. m., pl. **week-ends**
[temps, moment] *Vous partez dimanche ? — Non, nous passons le week-end à Paris, il faut que nous déjeunions chez les parents.* ● *Vendredi soir, on n'est pas libres ; nous partons pour le week-end jusqu'à lundi.*

**S.** Le *week-end* est le congé qui termine la semaine de travail (le dimanche et, partiellement ou entièrement, le samedi ; parfois, pour les commerçants, le lundi) ; l'équivalent est FIN DE SEMAINE.

# Y

**y** [i] pron. personnel (3ᵉ pers.)
*Tu connais Venise ? — Non, je n'y suis jamais allé.* ● *Zut ! je vais être en retard à l'école.* — *Mais non, vas-y, dépêche-toi !* ● *Tu penses au cadeau de mariage de Bernard ? — Mais oui, j'y pense, j'irai l'acheter cette semaine.* ● *Ce n'est pas moi qui ai cassé la télé, je t'assure que je n'y suis pour rien.* ● *S'il a réussi, vous y êtes pour quelque chose, vous l'avez aidé, non ?* ◆ **ça y est** *Alors tu es prêt ? — Ça y est, j'arrive !* ● *Allez ! ça y est, c'est fini, ne pleure plus.*

**S.** et **G.** 1. Le pron. *y* remplace un compl. introduit par la prép. À (PENSER À QQCH → *y penser* ; ÊTRE À PARIS → *y être*). Désignant un lieu, il peut avoir pour syn. LÀ, LÀ-BAS, LÀ placés après le verbe. *Je n'y suis pour rien* a pour syn. CE N'EST PAS MA FAUTE ; *tu y es pour quelque chose* a pour syn. C'EST GRÂCE À TOI OU À CAUSE DE TOI QUE, TU EN ES RESPONSABLE. — 2. *Ça y est* indique qu'une action est accomplie, terminée. OUI, C'EST FAIT, C'EST FINI sont des syn.

**yaourt** [jaurt] n. m.
[aliment] *Achète quelques pots de yaourt si tu vas au supermarché, ça fera un dessert pour les enfants.*

**S.** Le *yaourt* est un laitage préparé avec du lait fermenté.

**yeux** → ŒIL.

**yougoslave** [jugɔslav] adj. (après le n.) et n.
[adj.] (se dit de qqch) *Quelle est la principale activité économique yougoslave ?*
◆ [n. et adj.] (personne) *Il y a beaucoup de Yougoslaves qui travaillent en France.* ● *La meilleure amie de ma fille est yougoslave.*

**G.** L'adj. ne se met ni au comparatif ni au superlatif.
**S.** L'adj. ethnique *yougoslave* correspond au n. f. YOUGOSLAVIE. Les *Yougoslaves* (notez la majuscule) sont ceux qui ont la nationalité *yougoslave*. Plusieurs langues sont parlées en Yougoslavie (serbe, croate, macédonien, albanais, slovène, etc.).

**zèbre** [zɛbr] n. m.
[animal] *En France, on ne voit guère de zèbres que dans les zoos ; mais ça ne nous empêche pas de dire « courir comme un zèbre ».*

**S.** Le *zèbre* est un animal d'Afrique, proche du cheval, dont le pelage est rayé de noir ou de brun.

**zéro** [zero] adj. num. cardinal inv.
[0] *Attention : cinq, quatre, trois, deux, un, zéro, partez !* • *C'est bien, vous avez zéro faute.* • *Le thermomètre marque zéro, il va certainement neiger.* • *Notre équipe a gagné par trois buts à zéro.* • *Alain a eu un zéro*

*en maths, il a complètement raté son devoir.*

**S. 1.** Dans l'échelle numérique, *zéro* délimite l'ensemble des nombres positifs (1, 2, 3, etc.) et l'ensemble des nombres négatifs (moins un [− 1], moins deux [− 2], etc.). — **2.** *Zéro* (adj.) peut avoir pour syn. AUCUN, PAS UN (*zéro faute* → AUCUNE FAUTE ou PAS UNE FAUTE).

**zoo** [zo] n. m.
[lieu, animaux] *D'accord, on ira au zoo voir les lions et les éléphants, mais pour l'instant, finis tes devoirs.*

**S.** Un *zoo* est un lieu aménagé en ville ou à la campagne pour accueillir et montrer les animaux de toutes races. PARC ZOOLOGIQUE est un syn. soutenu.

**zut !** [zyt] interj.
[mécontentement] *Ah ! zut alors ! j'ai oublié mes clefs !* • *T'expliquer encore la situa-*

*tion ? Bon... oh ! et puis zut ! Débrouille-toi tout seul !*

**S.** *Zut !* (fam.) exprime le dépit, le mécontentement. Il est souvent renforcé par ALORS et a pour syn. MINCE !, FLÛTE ! (fam.).

995

# index

L'index ne comporte que les termes contenus dans les parties sémantiques (synonymes, contraires, équivalents, mots analogiques). Ont été exclus ceux qui constituent les mots d'entrée du dictionnaire et les dérivés des parties « lexique ».

## A

**abaisser** v. t. *baisser, élever, lever, réduire*
**abat-jour** n. m. *lampe*
**abasourdir** v. t. *oreille*
**abdiquer** v. t. *résigner (se)*
**abdomen** n. m. *ventre*
**abribus** n. m. *abri*
**abrupt, e** adj. *escarpé, raide*
**acajou** n. m. *bois*
**acclimater (s')** v. pr. *adapter (s')*
**accoster** v. t. *aborder*
**accotement** n. m. *trottoir*
**accoucheur, euse** n. *accoucher*
**accouder (s')** v. pr. *appuyer (s')*
**accoudoir** n. m. *bras*
**accoutumer** v. t. *habituer; (s'—) familiariser (se)*
**accroc** n. m. *incident*
**accroupir (s')** v. pr. *lever (se)*
**accueillant, e** adj. *hospitalier*
**acerbe** adj. *aigre*
**acéré, e** adj. *pointu*
**acheminer** v. t. *parvenir*
**acidulé, e** adj. *bonbon*
**acoustique** n. f. *son 1*
**acquiescer** v. t. ind. *souscrire*
**âcre** adj. *âpre*
**adjectif** n. m. *mot*
**adjoint, e** n. *maire*
**adjuger (s')** v. pr. *attribuer (s')*
**administrateur** n. *gérant*
**administrer** v. t. *administration, gérer, infliger*
**admissible** adj. *passer, valable*
**adultère** adj. et n. m. *tromper*
**adverbe** n. m. *mot*
**adverse** adj. *rival*
**aérodrome** n. m. *aéroport, aviation, terrain*
**aérogare** n. f. *aéroport*
**affaisser (s')** v. pr. *écrouler (s')*
**affaler (s')** v. pr. *écrouler (s')*

**affligeant, e** adj. *désolant*
**affliger** v. t. *consterné (être), désespérer*
**affranchir** v. t. *timbre*
**agissement** n. m. *manœuvre*
**agrégation** n. f. *concours*
**agréer** v. t. ind. *accepter, convenir, repousser*
**agripper (s')** v. pr. *cramponner (se)*
**agrume** n. m. *citron*
**ahuri, e** adj. et n. *effaré (être)*
**ahurissant, e** adj. *surprenant*
**aiguiser** v. t. *stimuler*
**ail** n. m. *saucisson*
**aille** subj. de *aller*
**aimant, e** adj. *tendre 2*
**ajuster** v. t. *adapter, régler*
**aléatoire** adj. *hasardeux*
**alerte** n. f. *alerter*
**algèbre** n. m. *mathématiques*
**algérien, enne** adj. et n. *africain*
**alléguer** v. t. *apporter, objecter*
**alliage** n. m. *métal*
**allusif, ive** adj. *explicite*
**alternative** n. f. *possibilité*
**alternativement** adv. *successivement*
**altruiste** adj. et n. *égoïste*
**amant** n. m. *tromper*
**amas** n. m. *monceau, tas*
**ambitionner** v. t. *viser*
**âme** n. f. *esprit*
**amende** n. f. *contravention*
**amonceler** v. t. *accumuler*
**amoncellement** n. m. *monceau, tas*
**amplificateur, ampli** n. m. *chaîne*
**amplitude** n. f. *volume*
**ampoule** n. f. *lampe*
**anachronique** adj. *actuel*
**anarchie** n. f. *hiérarchie*
**ânesse** n. f. *âne*
**anglophone** adj. et n. *anglais*
**anicroche** n. f. *incident*
**ankylosé, e** adj. *raide*
**annexe** adj. *accessoire*
**annotation** n. f. *note*

**annulaire** n. m. *doigt*
**anodin, e** adj. *tragique*
**anorak** n. m. *blouson*
**anse** n. f. *poignée*
**antisémitisme** n. m. *juif*
**aphone** adj. *voix*
**aplomb** n. m. *assurance, audace*
**apocryphe** adj. *authentique*
**apparenté, e** adj. *parent*
**appelé** n. m. *soldat*
**appendice** n. m. *queue*
**appointements** n. m. pl. *salaire*
**apposer** v. t. *mettre*
**apprêté, e** adj. *naturel*
**approprier (s')** v. pr. *attribuer (s')*
**a priori** loc. adv. et n. m. *préjugé*
**aquarelle** n. f. *peinture*
**arachide** n. f. *huile*
**archet** n. m. *violon*
**archevêque** n. m. *évêque*
**archipel** n. m. *île*
**ardent, e** adj. *acharné, chaleureux, chaud, tiède*
**ardoise** n. f. *toit*
**argentin, e** adj. et n. *américain*
**arithmétique** n. f. *calcul*
**armistice** n. m. *paix*
**aromatisé, e** adj. *épicé*
**arôme** n. m. *odeur, parfum*
**arrangeant, e** adj. *accommodant*
**arrêté** n. m. *loi*
**arrière-plan** n. m. *plan*
**arroger (s')** v. pr. *attribuer (s')*
**artificiellement** adv. *naturellement*
**artilleur** n. m. *soldat*
**as** n. m. *carte*
**ascendance** n. f. *origine*
**ascendant** n. m. *pouvoir 2*
**ascension** n. f. *alpinisme, escalader*
**asperger** v. t. *arroser*
**aspirant** n. m. *officier*
**asséner** v. t. *matraquer*
**assigner** v. t. *attribuer*
**assujettir** v. t. *opprimer*

996

# INDEX

**astiquer** v. t. *briller, frotter*
**astre** n. m. *étoile, soleil*
**astronomie** n. f. *science*
**atchoum!** interj. *éternuer*
**atlas** n. m. *carte*
**atmosphérique** adj. *météo*
**atome** n. m. *atomique*
**atout** n. m. *avantage*
**attendu que** conj. *(étant) donné (que)*
**atterré (être)** v. pass. *consterné (être)*
**attestation** n. f. *reçu*
**attester** v. t. *signer*
**attraction** n. f. *foire*
**attristant, e** adj. *navrant*
**aube** n. f. *jour, lever*
**auberge** n. f. *hôtel*
**aubergine** n. f. *légume*
**au-devant** adv. *rencontre*
**auriculaire** n. m. *doigt*
**aurore** n. f. *lever*
**autorité** n. f. *autoritaire;* (sous l'— de) *dépendre, influence, pouvoir* 1
**autorités** n. f. pl. *pouvoir* 2
**avachi, e** adj. *mou*
**avant-bras** n. m. *bras*
**avant-garde** n. f. *pointe*
**avérer (s')** v. pr. *montrer (se)*
**aviver** v. t. *exciter*
**axer** v. t. *diriger*

# B

**baba** n. m. *gâteau*
**bac** n. m. *examen*
**bactérie** n. f. *microbe*
**badaud** n. m. *passant*
**baffle** n. m. *chaîne*
**bagatelle** n. f. *rien*
**bagnole** n. f. *automobile*
**baguette** n. f. *pain*
1. **baie** n. f. *fenêtre*
2. **baie** n. f. *fruit*
**baiser** n. m. *embrasser*
**bal** n. m. *danser*
**balnéaire** adj. *station*
**balotter** v. t. *secouer*
**banderole** n. f. *manifestation*
**bandoulière** n. f. *sac*
**banquette** n. f. *voiture*
**barbouillé (être)** v. pass. *cœur*
**bariolé, e** adj. *uni*
**barreau** n. m. *échelle*
**barrir** v. i. *éléphant*
**barrissement** n. m. *éléphant*
**bas-côté** n. m. *bord, trottoir*

**bassin** n. m. *jardin, piscine*
**bataillon** n. m. *armée*
1. **bâtard** n. m. *pain*
2. **bâtard, e** adj. et n. *race*
**béarnaise** adj. f. *sauce*
**béchamel** n. f. *sauce*
**belle** n. f. *manche* 1, *revanche*
**bénéfique** adj. *bien* 2, *réussir*
**béret** n. m. *chapeau*
**berge** n. f. *bord*
**bermuda** n. m. *short*
**besogne** n. f. *tâche, travail*
**bestiaux** n. m. pl. *bétail*
**betterave** n. f. *sucre*
**bévue** n. f. *erreur, gaffe, impair* 2
**biais** n. m. (de —) *droite* 2 ; (en —) *travers*
**bibliophile** adj. et n. *collection*
**bigorneau** n. m. *coquillage*
**biologie** n. f. *science*
**bis** adv. *numéro*
**bissextile** adj. *année*
**bistro** n. m. *café*
**blafard, e** adj. *pâle*
**blanquette** n. f. *veau*
**blet, ette** adj. *mûr*
**bleu** n. m. *marque*
**bobine** n. f. *fil*
**bocal** n. m. *pot*
**boite** n. f. *société*
**boîtier** n. m. *montre*
**bonnet** n. m. *chapeau*
**bordeaux** n. m. *vin*
**borne** n. f. *limite, loin*
**bosser** v. i. *travailler*
**botanique** n. f. *science*
**bottine** n. f. *botte*
**boucan** n. m. *bruit*
**boucle** n. f. *nœud*
**bouclé, e** adj. *raide*
**bouddhisme** n. m. *religion*
**boueux** n. *éboueur, ordures, poubelle*
**bouffon, onne** adj. et n. *comique*
**bouillon** n. m. *soupe*
**boulanger-pâtissier** n. m. *boulanger, pâtissier*
**boulonner** v. i. *travailler*
**boulot** n. m. *métier, travail*
**bourde** n. f. *bêtise, gaffe*
**bourg** n. m. *agglomération*
**bourgogne** n. m. *vin*
**bourguignon** adj. *bœuf*
**bourru, e** adj. *brusque, rude*
**boussole** n. f. *nord*
**bovin, e** adj. et n. m. *vache*
**box** n. m. *garage*
**brasse** n. f. *nager*

**brasserie** n. f. *bière*
**brésilien, enne** adj. et n. *américain*
**brigade** n. f. *armée*
**brigand** n. m. *bandit*
**brin** n. m. *herbe*
**brindille** n. f. *branche*
**brise** n. f. *vent*
**broche** n. f. *griller, rôtir*
**brochet** n. m. *poisson*
**brochure** n. f. *programme*
**brouillon** n. m. *cahier*
**broyer** v. t. *écraser*
**bru** n. f. *beaux-parents*
**bûcher** v. i. *travailler*
**bûcheur, euse** adj. et n. *paresseux, travailler*
**buffet** n. m. *meuble;*(— de gare) *restaurant*
**bulletin** n. m. *vote, voter*
**buste** n. m. *poitrine*
**buter** v. t. *braquer;* (se —) *obstiner (s')*
**butte** n. f. *colline*
**buvard** adj. et n. m. *papier*

# C

**cabas** n. m. *panier*
**cabinet** n. m. *bureau, ministre;* (— de toilette) *salle*
**cabinets** n. m. pl. *toilette, W. C.*
**câble** n. m. *ligne*
**cachet** n. m. *salaire*
**cacheter** v. t. *enveloppe*
**cachotterie** n. f. *mystère*
**cadran** n. m. *montre, téléphone*
**cadreur, euse** n. *caméra*
**café-tabac** n. m. *tabac*
**cage** n. f. (— thoracique) *côte*
**cageot** n. m. *caisse*
**cajoler** v. t. *caresser*
**cake** n. m. *gâteau*
**calciné (être)** v. pass. *brûler*
**calculateur, trice** adj. *spontané*
**calepin** n. m. *carnet*
**câliner** v. t. *caresser*
**calvados** n. m. *alcool*
**calvitie** n. f. *chauve, cheveu*
**camelote** n. f. *marchandise*
**caméraman** n. m. *caméra*
**camoufler** v. t. *cacher*
**canalisation** n. f. *gaz*
**candide** adj. *naïf, rusé*
**caneton** n. m. *canard*
**canif** n. m. *couteau*
**canine** n. f. *dent*
**caniveau** n. m. *ruisseau, trottoir*

997

# INDEX

**canne** n. f. (— à sucre) *sucre*
**cannelle** n. f. *épicé*
**cantatrice** n. f. *chanteur*
**cantonal, e, aux** adj. *élection*
**canular** n. m. *plaisanterie*
**capot** n. m. *voiture*
**capoter** v. i. *renverser (se)*
**captivité** n. f. *liberté*
**caramel** n. m. *bonbon*
**caravane** n. f. *camping*
**caravaning** n. m. *camping*
**carburant** n. m. *essence*
**cardinal, e, aux** adj. *est, nord, ouest, sud*
**cargo** n. m. *bateau*
**caricature** n. f. *dessin*
**carié, e** adj. *gâter*
**carnation** n. f. *teint*
**carotte** n. f. *tabac*
**carpette** n. f. *tapis*
**carreau** n. m. *carte*
**carrelage** n. m. *carreau, sol*
**carrière** n. f. *avenir*
**carrure** n. f. *épaule*
**cartouche** n. f. *encre, stylo*
**casque** n. m. *chapeau*
**cassant, e** adj. *brusque, sec*
**casse-cou** n. *imprudent*
**casse-noisette** n. m. *noisette, noix*
**casse-noix** n. m. *noisette, noix*
**casse-pieds** n. m. *amusant, insupportable*
**cassette** n. f. *disque*
**cavalier, ère** n. *cheval*
**cavité** n. f. *creuser*
**cécité** n. f. *aveugle*
**ceinturon** n. m. *ceinture*
**centigramme** n. m. *gramme*
**centilitre** n. m. *litre*
**cèpe** n. m. *champignon*
**céramique** n. f. *carreau*
**cercueil** n. m. *enterrer*
**chahut** n. m. *chahuter*
**chaînette** n. f. *collier*
**chambouler** v. t. *bouleverser*
**chandail** n. m. *pull*
**chandelle** n. f. *bougie*
**chantonner** v. t. *chanter*
**chaparder** v. t. *voler*
**chapiteau** n. m. *cirque*
**charrier** v. i. *exagérer*
**châtaignier** n. m. *marronnier*
**chateaubriand** n. m. *bœuf*
**châtier** v. t. *punir*
**chaton** n. m. *chat*
**chatte** n. f. *chat*
**chaudière** n. f. *chauffage*
**chavirer** v. i. *renverser*

**chemisette** n. f. *chemise*
**cheptel** n. m. *bétail*
**cheval-vapeur** n. m. *cheval*
**chevelure** n. f. *cheveu*
**chevreau** n. m. *chèvre*
**chicorée** n. f. *salade*
**chienne** n. f. *chien*
**chiffonner** v. t. *froisser*
**chilien, enne** adj. et n. *américain*
**chiot** n. m. *chien*
**chips** n. f. *frite*
**chirurgien-dentiste** n. *dentiste*
**choriste** n. *chanteur*
**chou-fleur** n. m. *chou*
**chou-rouge** n. m. *chou*
**christianisme** n. m. *chrétien*
**chronique** n. f. *article*
**chronomètre** n. m. *montre*
**cible** n. f. *viser*
**cidre** n. m. *pomme*
**cime** n. f. *sommet*
**cinémathèque** n. f. *cinéma*
**cinglé, e** adj. et n. *fou*
**cinquièmement** adv. *cinquième*
**cintre** n. m. *porte-manteau*
**cirage** n. m. *cirer*
**circonférence** n. f. *rond*
**circonflexe** adj. *accent*
**ciré, e** adj. *imperméable*
**citoyen, enne** n. *étranger*
**civet** n. m. *lapin*
**civil, e** adj. *mariage*
**civilisé, e** adj. *barbare*
**clairsemé, e** adj. *dense*
**claque** n. f. *gifle*
**clarifier** v. t. *embrouiller*
**clarinette** n. f. *instrument*
**clavier** n. m. *piano*
**clément, e** adj. *doux*
**cliché** n. m. *photo*
**cloche** n. f. *sonner*
**cloison** n. f. *mur, plafond*
**clore** v. t. *terme*
**clôture** n. f. *barrière*
**clouté, e** adj. *clou*
**coaliser (se)** v. pr. *liguer (se)*
**cocotte** n. f. *casserole*
**cœur** n. m. *carte*
**coffre** n. m. *voiture*
**cognac** n. m. *alcool*
**cohésion** n. f. *unité*
**collecter** v. t. *recueillir*
**collégien, enne** n. *élève*
**collision** n. f. *choc*
**colloque** n. m. *réunion*
**colombien, enne** adj. et n. *américain*
**colonisation** n. f. *impérialiste*

**coloré, e** adj. *couleur*
**coloris** n. m. *couleur*
**colossal, e, aux** adj. *énorme, immense, monstrueux, prodigieux*
**colporter** v. t. *répandre*
**coma** n. m. *inconscient*
**combine** n. f. *manœuvre, truc*
**1. comble** adj. *plein*
**2. comble (de fond en)** loc. adv. *entièrement*
**combler** v. t. *gâter*
**commis voyageur** n. m. *voyageur*
**commissure** n. f. *lèvre*
**commode** n. f. *meuble*
**communauté** n. f. *collectivité, société*
**compact, e** adj. *dense*
**1. compagnie** n. f. *armée*
**2. compagnie** n. f. *troupe*
**compagnon** n. m. *artisan*
**compassion** n. f. *pitié*
**comprimé** n. m. *aspirine, cachet, médicament, pilule, sirop*
**comprimer** v. t. *serrer, tasser*
**compromis** n. m. *concession*
**compte-courant** n. m. *compte 2*
**compte-gouttes** n. m. *goutte*
**concave** adj. *creux*
**concéder** v. t. *concession*
**concentration** n. f. (camp de —) *déporter*
**concept** n. m. *notion*
**conciliable** adj. *compatible*
**conciliant, e** adj. *accommodant, buté, rigide, têtu*
**concis, e** adj. *bref*
**concrétiser (se)** v. pr. *matérialiser, réaliser*
**condiment** n. m. *poivre, sel*
**conduit** n. m. *robinet*
**confédération** n. f. *suisse, syndicat*
**confins** n. m. pl. *limite*
**confisquer** v. t. *saisir*
**conformisme** n. m. *nouveauté*
**congédier** v. t. *flanquer, licencier, porte, renvoyer*
**congénital, e, aux** adj. *maladie*
**congratuler** v. t. *féliciter*
**conjoint, e** n. *mari*
**conséquent, e** adj. *logique*
**consœur** n. f. *confrère*
**consonne** n. f. *lettre*
**consterner** v. t. *désoler*
**conspuer** v. t. *acclamer, huer, siffler*
**consumer** v. t. *brûler*
**conte** n. m. *histoire*
**conter** v. t. *raconter*

# INDEX

contingent n. m. *armée, soldat*
contigu, ë adj. *toucher, voisin*
contour n. m. *ligne*
contraceptif n. m. *pilule*
contracté, e adj. *détendu, tendu*
contracter v. t. *attraper;* (se —) *crisper (se)*
contradicteur, trice n. *adversaire*
contrariant, e adj. *déplaisant*
contredanse n. f. *contravention*
contrefaçon n. f. *faux*
contrefaire v. t. *imiter*
contrepartie (en) adv. *place*
converser v. t. ind. *bavarder*
convertir (se) v. pr. *religion*
copilote n. m. *pilote*
coque n. f. *œuf*
coquelicot n. m. *fleur*
coqueluche n. f. *maladie*
coquille n. f. *coquillage*
cordon-bleu n. m. *cuisinier*
cordonnerie n. f. *cordonnier*
correspondant, e n. *journaliste*
corsage n. m. *chemise, chemisier*
cosse n. f. *petit pois*
costaud, e adj. et n. *fort*
coteau n. m. *colline*
couche n. f. *peau*
coulant, e adj. *exigeant*
coupant, e adj. *couper*
coupe n. f. *verre*
couplet n. m. *chanson*
courbe adj. *droit 2*
courber (se) v. pr. *baisser (se)*
courgette n. f. *légume*
courroie n. f. *sac*
court n. m. *tennis*
courtiser v. t. *cour*
crachin n. m. *pluie*
craie n. f. *tableau*
cran n. m. *courage*
crayonner v. t. *dessiner*
crawl n. m. *nager*
crédible adj. *incroyable*
crédule adj. *naïf*
crêpe n. f. *pâte*
crépuscule n. m. *lever*
cresson n. m. *salade*
crétin, e adj. et n. *idiot, imbécile, sot*
crevant, e adj. *fatigant*
criard, e adj. *aigre*
crinière n. f. *lion*
cristal n. m. *verrre*
crochet n. m. *détour*
croître v. i. *développer, grandir, pousser*
croquis n. m. *dessin, plan*

crottin n. m. *chèvre*
croûte n. f. *pain*
croyance n. f. *religion*
cru n. m. *vin*
cul-de-sac n. m. *impasse, issue, rue*
culot n. m. *audace*
culte n. m. *catholique, église, protestant, religion*
cure n. f. *traitement*
curé n. m. *prêtre*
curry n. m. *épicé*
cuvette n. f. *lavabo*

# D

dactylographier v. t. *machine, taper*
damier n. m. *dames 2*
débarbouiller (se) v. pr. *laver (se)*
débarcadère n. m. *débarquer*
débile n. *handicapé*
débiteur, trice n. *dette*
débonnaire adj. *indulgent*
déboucler v. t. *détacher*
débourser v. t. *payer, rembourser*
deçà de (en) prép. *au-delà de*
décamètre n. m. *mètre*
décapotable adj. *toit*
décent, e adj. *convenable*
déchaînement n. m. *violence*
décharné, e adj. *maigre*
déchets n. m. pl. *ordures*
déchiqueter v. t. *déchirer*
décilitre n. m. *litre*
décimal, e, aux adj. *dix*
décimètre n. m. *mètre*
déclamer v. t. *réciter*
décomposer (se) v. pr. *dissoudre (se)*
décontenancer v. t. *déconcerter*
décorer v. t. *aménager*
décrier v. t. *dénigrer*
dédaigner v. t. *admirer*
dédain n. m. *mépris*
déférence n. f. *respecter*
déflagration n. f. *explosion*
déglinguer v. t. *casser*
dégoter v. t. *dénicher*
dégourdi, e adj. et n. *empoté, éveillé*
dégrafer v. t. *détacher*
déguster v. t. et v. i. *goûter*
délayer v. t. *étendre*
délestage n. m. *déviation*
délire n. m. *folie*
délit n. m. *crime*
démence n. f. *folie*
dément, e adj. et n. *fou*

démesuré, e adj. *exhorbitant*
demeure n. f. *domicile*
demi n. m. *bière*
demi-douzaine n. f. *douzaine*
demi-heure n. f. *minute*
demi-litre n. m. *litre*
demi-livre n. f. *gramme, livre 2*
demi-pension n. f. *hôtel*
demi-tarif n. m. *tarif*
demi-tour n. m. *rebrousser*
demoiselle n. f. *dame 1, fille*
démonstratif, ive adj. *expansif*
démonter v. t. (se —) *troubler*
dénommer v. t. *nom*
dénudé, e adj. *nu*
dépaqueter v. t. *défaire*
dépeindre v. t. *décrire*
déplaisir n. m. *désagréable*
déployer v. t. *étendre*
dépouillé, e adj. *sobre*
dépouiller v. t. *déposséder*
1. dépourvu (au) adv. *surprendre*
2. dépourvu (être) v. pass. *dénué*
dépravé, e adj. *corrompu*
déprécier v. t. *dévaloriser, revaloriser*
dérèglement n. m. *trouble*
dermatologue n. *médecin*
dernier-né, ère-née adj. et n. *cadet*
dérober v. t. *voler*
dérogation n. f. *exception*
déroute n. f. *victoire*
désagréger (se) v. pr. *dissoudre (se)*
désagrément n. m. *ennui, inconvénient*
désarroi n. m. *désespéré*
désenchantement n. m. *désillusion*
désobligeant, e adj. *déplaisant*
désoler v. t. *désespérer*
dessein n. m. *but, exprès, intention*
destin n. m. *fatalité, sort*
désuet, ette adj. *périmé*
désunion n. f. *union*
détaillant, e adj. et n. *commerçant*
détailler v. t. *développer*
détergent n. m. *lessive*
détonation n. f. *explosion, feu*
détriment n. m. (au — de) *désavantage*
détritus n. m. *ordures*
deuxièmement adv. *deuxième*
1. deux-pièces n. m. *appartement, pièce*
2. deux-pièces n. m. *maillot*
deux-points n. m. *point*
deux-roues n. m. *bicyclette, moto, vélo*
déveine n. f. *malchance, malheur*

# INDEX

**dévêtu, e** adj. *nu*
**devinette** n. f. *deviner*
**devise** n. f. *monnaie*
**diagonale** n. f. *parcourir*
**dialectique** n. f. *marxiste*
**diamant** n. m. *précieux*
**diamètre** n. m. *cercle*
**diapositive** n. f. *photo*
**digestif** n. m. *alcool, digérer*
**digital, e** adj. *empreinte*
**dilettante** adj. et n. *amateur, consciencieux, fantaisiste*
**diminutif** n. m. *prénom*
**dingue** adj. et n. *fou*
**diocèse** n. m. *évêque*
**directive** n. f. *indication, instruction*
**discontinuer** v. i. (sans —) *affilée (d')*
**discréditer** v. t. *dénigrer*
**dispensaire** n. m. *hôpital*
**dispos, e** adj. *fatigué, las*
**dissolu, e** adj. *corrompu*
**divergent, e** adj. *parallèle*
**diversifié, e** adj. *varié*
**diversifier** v. t. *varier*
**divin, e** adj. *religion*
**divulguer** v. t. *silence*
**dixièmement** adv. *dixième*
**do** n. m. *note*
**docile** adj. *obéir, sage*
**documentaire** n. m. *film*
**documentation** n. f. *document*
**dogme** n. m. *religion*
**doit, doive** ind., subj. prés. de *devoir*
**domestiqué, e** adj. *domestique*
**donnée** n. f. *élément*
**dortoir** n. m. *chambre*
**doté (être)** v. pass. *munir (se), pourvu (être)*
**douzièmement** adv. *douzième*
**dû** part. passé de *devoir*
**duper** v. t. *mystifier, tromper*
**duplicata** n. m. *double*

# E

**ébahi, e** adj. *surprendre*
**ébéniste** n. m. *menuisier*
**ébénisterie** n. f. *bois*
**ébriété** n. f. *ivre, soûl*
**ébullition** n. f. *bouillant, bouillir*
**ecclésiastique** adj. et n. m. *prêtre*
**écervelé, e** adj. *distrait, étourdi*
**échauffer (s')** v. pr. *chauffer*
**échauffourée** n. f. *bagarre*

**échéance** n. f. *terme*
**échéant** adj. m. (le cas —) *besoin*
**échelon** n. m. *échelle*
**échelonner** v. t. *étaler*
**échiquier** n. m. *échecs 2*
**éclat** n. m. *éclatant*
**écorce** n. f. *arbre*
**écosser** v. t. *petit pois*
**écriteau** n. m. *pancarte*
**écueil** n. m. *rocher*
**écurie** n. f. *garçon*
**éditorial** n. m. *article*
**efféminé, e** adj. *féminin*
**effleurer** v. t. *frôler, toucher*
**effroi** n. m. *effrayer*
**élastique** adj. et n. m. *raide, souple*
**élévation** n. f. *hausse*
**élite** n. f. *masse*
**ellipse** n. f. *cercle*
**éloge** n. m. *bien 1, vanter*
**éloquent, e** adj. *expressif, significatif*
**élucider** v. t. *éclaircir, résoudre*
**émail** n. m. *dent*
**emballage** n. m. *carton*
**embarcation** n. f. *bateau*
**embaumer** v. i. *sentir*
**emblée (d')** adv. (d') *abord*
**embonpoint** n. m. *engraisser, graisse*
**embouchure** n. f. *fleuve*
**emboutir** v. t. *accrocher*
**embrayage** n. m. *pédale*
**embûche** n. f. *piège*
**éméché, e** adj. *ivre, soûl*
**émeraude** n. f. *précieux*
**émerveiller** v. t. *éblouir*
**émeute** n. f. *désordre, révolution*
**émoi** n. m. *émotion*
**empereur** n. m. *chef*
**empester** v. i. *puer, sentir*
**empire** n. m. *maître*
**empirique** adj. *scientifique*
**emplettes** n. f. pl. *achat*
**empoigner** v. t. *saisir*
**enfouir** v. t. *enseveli (être), enterrer*
**enfreindre** v. t. *observer, respecter*
**engagé** n. m. *soldat*
**engin** n. m. *bombe*
**engloutir (s')** v. pr. *couler*
**enjambée** n. f. *pas 1*
**enjoindre** v. t. *ordonner*
**enrouler** v. t. *rouler*
**entorse** n. f. *tordre*
**entrebâiller** v. t. *entrouvrir*
**entrecôte** n. f. *côte*
**entremets** n. m. *crème*
**entremise** n. f. *intermédiaire*

**environnement** n. m. *milieu*
**environner** v. t. *entourer*
**éparpiller** v. t. *rassembler, traîner*
**éphémère** adj. *moment*
**épi** n. m. *maïs*
**épice** n. f. *épicé*
**épiderme** n. m. *peau*
**épilepsie** n. f. *crise*
**épouvante** n. f. *angoisse, épouvantable*
**épouvanter** v. t. *peur, terroriser*
**équateur** n. m. *sud*
**éruption** n. f. *volcan*
**escalope** n. f. *veau*
**escargot** n. m. *coquillage*
**escroc** n. m. *malfaiteur, voleur*
**escroquerie** n. f. *vol*
**espadrille** n. f. *chaussure*
**espérance** n. f. *espoir*
**esplanade** n. f. *place*
**esquisse** n. f. *projet*
**esquisser** v. t. *dessiner*
**est-allemand, e** adj. et n. *est*
**esthétique** n. f. *philosophie*
**estimation** n. f. *calcul*
**estomper (s')** v. pr. *effacer (s')*
**étain** n. m. *métal*
**étalon** n. m. *unité*
**étancher** v. t. *éponger*
**étang** n. m. *lac*
**ethnique** adj. *race*
**étincelant, e** adj. *brillant*
**étinceler** v. i. *briller*
**étirer** v. t. *étendre*
**eu** part. passé de *avoir*
**Europe** n. f. *européen*
**évasif, ive** adj. *catégorique*
**évêché** n. m. *évêque*
**éveiller** v. t. *exiter*; (s' —) *réveiller (se)*
**ex-** préf. *ancien*
**excédent (en)** adv. *plus*
**exceller** v. i. *bon*
**excentrique** adj. *extravagant*
**excitant, e** adj. *assommant*
**exclamation** n. f. (point d' —) *point*
**exécrer** v. t. *aimer, détester*
**exécutif, ive** adj. *loi*
**exemplaire** n. m. *double*
**exempté (être)** v. pass. *exonéré (être)*
**exhaler** v. t. *dégager, répandre*
**exhiber** v. t. *cacher, étalage*
**expert, e** adj. et n. *connaître*
**expirer** v. i. *souffler*
**express** n. m. *train*
**exquis, e** adj. *adorable, délicieux, excellent*

# INDEX

exténuer v. t. *épuiser, fatiguer*
extinction n. f. *voix*
extirper v. t. *arracher*
extra adj. *supérieur*
extrait n. m. *passage*
extrême droite n. f. *droite*
extrême gauche n. f. *gauche* 2
extrême-orient n. m. *occidental, oriental*

## F

fa n. m. *note*
faîte n. m. *sommet*
famine n. f. *faim*
fanatique adj. *exalté*
fanatisme n. m. *passion*
fantasque adj. *bizarre*
fard n. m. *rouge*
farfelu, e adj. *bizarre*
farfouiller v. i. *fouiller*
fascisme n. m. *dictature*
fatuité n. f. *vanité*
fausseté n. f. *vérité*
favori, ite adj. et n. *prédilection*
fayot n. m. *haricot*
fébrile adj. *nerveux*
fécond, e adj. *fructueux*
féculent n. m. *légume*
fédération n. f. *syndicat*
feinte n. f. *comédie*
ferré, e adj. (voie —) *chemin de fer*
ferroviaire adj. *chemin de fer*
fervent, e adj. *chaud*
festivités n. f. pl. *fête*
feutre n. m. *crayon*
fiançailles n. f. pl. *mariage*
fiancer (se) v. pr. *marier (se)*
1. ficher v. t. *flanquer*
2. ficher (se), fiche (se) v. pr. *égal, moquer (se)*
fiction n. f. *réalité*
filet n. m. *panier*
fillette n. f. *fille*
filou n. m. *bandit, voleur*
filtre n. m. *cigarette*
filtrer v. t. *passer*
financier, ère adj. et n. *affaire, matériel* 1
fini, e adj. *parfait*
finnois n. m. *finlandais*
flageolet n. m. *haricot*
flairer v. t. *soupçonner*
flamber v. i. *brûler*
flanc n. m. *côté*
flâner v. i. *attarder (s'), traîner*
flasque adj. *mou*

flemmard, e adj. et n. *fainéant, paresseux*
flétri, e adj. *frais* 1
flétrir (se) v. pr. *faner (se), fleur*
flexible adj. *raide, souple*
flexion n. f. *fléchir*
flic n. m. *agent, police, policier*
flirt n. m. *amoureux*
flirter v. i. *cour*
flocon n. m. *neige*
floraison n. f. *fleurir*
florissant, e adj. *prospère*
1. flotte n. f. *bateau*
2. flotte n. f. *eau*
fluet, ette adj. *maigre*
1. flûte n. f. *verre*
2. flûte! interj. *zut!*
flux n. m. *marée*
foi n. f. *croire*
folklore n. m. *classique*
fonds n. m. *crédit*
forain, e adj. *foire*
fortifier v. t. *fortifiant*
fortuit, e adj. *accidentel, inopiné*
fortuitement adv. *accidentellement, hasard*
fossé n. m. *obstacle*
fougue n. f. *ardeur*
fouiner v. i. *fouiller*
fourbu, e adj. *éreinté*
fourmilière n. f. *fourmi*
fourneau n. m. *cuisine, four*
fourrer v. t. *caser*
francophone adj. *français*
franquette n. f. (à la bonne —) *simplement*
fratricide adj. et n. *assassin*
frayeur n. f. *effrayer, peur*
freezer n. m. *surgelé*
frêle adj. *délicat, robuste*
frénésie n. f. *passion*
friand, e adj. *amateur*
friandise n. f. *bonbon*
fric n. m. *argent*
Frigidaire n. m. *réfrigérateur*
frigo n. m. *réfrigérateur*
frigorifique adj. *réfrigérateur*
frimousse n. f. *figure*
friper v. t. *froisser*
fripouille n. f. *voleur*
frire v. i. *frite*
friture n. f. *huile*
frivole adj. *futile, sérieux, superficiel*
frousse n. f. *peur*
fructifier v. i. *exploiter*
fruste adj. *raffiné*
fugace adj. *permanent*

1. fugitif, ive adj. *permanent*
2. fugitif n. m. *enfuir (s')*
fumeux, euse adj. *abstrait*
funérailles n. f. pl. *enterrement, obsèques*
furibond, e adj. *furieux*
furtivement adv. *esquiver*
fûté, e adj. *malin*
fuyard n. *enfuir (s')*

## G

gadget n. m. *objet*
galerie n. f. *exposer*
galet n. m. *caillou, pierre*
galoper v. i. *courir*
gallois, e adj. et n. *anglais*
gamme n. f. *série*
garde-champêtre n. m. *garde* 2
garde-forestier n. m. *garde* 2
garde-malade n. *garde* 2
garenne n. f. *lapin*
gars n. m. *individu*
gastronome n. *gourmand*
gastronomie n. f. *cuisine*
gastronomique adj. *guide*
gaver (se) v. pr. *bourrer (se)*
géant, e adj. et n. *gigantesque, grand, petit*
gémir v. i. *lamenter (se)*
géologie n. f. *science*
géométrie n. f. *mathématiques, rectangle, triangle*
géométrique adj. *forme*
gendarmerie n. f. *police*
gerbe n. f. *bouquet*
germain, e adj. *cousin*
germanophone adj. et n. *allemand*
giboulée n. f. *pluie*
gilet n. m. *pull*
girolle n. f. *champignon*
givre n. m. *glace*
globe n. m. *monde, terre*
glorifier (se) v. pr. *vanter (se)*
goal n. m. *gardien*
gobelet n. m. *verre*
goinfre adj. et n. *gourmand*
gorille *singe; garde* 2
gothique adj. *cathédrale*
gouache n. f. *peinture*
goulot n. m. *bouchon*
gourmet n. m. *gourmand*
gouvernail n. m. *volant*
gouverner v. t. *gouvernement*
gracieux, euse adj. *adorable, joli, mignon*
gracile adj. *maigre*

1001

# INDEX

**gradé** n. m. *soldat*
**grain** n. m. *pluie*
**graine** n. f. *grain, semer*
**grandement** adv. *largement*
**gratifier** v. t. *récompenser*
**gratis** adv. *gratuit*
**gravier** n. m. *caillou*
**gravir** v. t. *grimper, monter*
**gravure** n. f. *image*
**gré** n. m. *cœur, malgré*
**grêle** adj. *maigre*
**grêlon** n. m. *grêle*
**grief** n. m. *charge, reprocher*
**griffonner** v. t. *écrire*
**grisaille** n. f. *gris*
**grogner** v. i. *chien*
**grossiste** n. *commerçant*
**grosso modo** adv. *ensemble 2, gros*
**guidon** n. m. *volant*
**guindé, e** adj. *naturel*

## H

**haché, e** adj. *pâté*
**hâlé (être)** v. pass. *bronzé*
**haleter** v. i. *essoufler (s')*
**hameau** n. m. *agglomération, village*
**harassant, e** adj. *fatigant*
**harassé, e** adj. *éreinté, surmené*
**harasser** v. t. *fatiguer*
**hargneux, euse** adj. *caractère*
**harmonie** n. f. *accord, unité*
**harmoniser** v. t. *coordonner, ensemble 1*
**hasarder (se)** v. pr. *risquer (se)*
**hautain, e** adj. *fier 1*
**haut-parleur** n. m. *chaîne, disque*
**hébété, e** adj. *effaré (être)*
**hectolitre** n. m. *litre*
**hectomètre** n. m. *mètre*
**hélice** n. f. *hélicoptère*
**helvétique** adj. *suisse*
**hémisphère** n. m. *nord, sud*
**hémorragie** n. f. *saigner*
**hennir** v. i. *cheval*
**hennissement** n. m. *cheval*
**herbage** n. m. *herbe*
**héréditaire** adj. *maladie*
**hermétique** adj. *incompréhensible, obscur*
**hideux, euse** adj. *affreux, beau, horrible, ignoble, joli, laid, moche*
**hindouisme** n. m. *religion*
**hippique** adj. *cheval*
**hippodrome** n. m. *champ*
**hirondelle** n. f. *oiseau*

**homicide** n. m. *assassin, crime, meurtre*
**honorable** adj. *satisfaisant*
**honoraires** n. m. pl. *salaire*
**hormis** prép. *sauf 1*
**hors-bord** n. m. *bateau*
**hors-la-loi** n. m. *bandit*
**hôte, esse** n. *hospitalier*
**hôtel-restaurant** n. m. *hôtel*
**houille** n. f. *charbon*
**huitièmement** adv. *huitième*
**humble** adj. *modeste, orgueilleux, populaire*
**humoriste** n. *humour*
**hydrophile** adj. *coton*
**hypersensible** adj. *sensible*

## I

**ignare** adj. et n. *nul, savant*
**illustration** n. f. *illustré, image*
**illustre** adj. *célèbre, éminent*
**illustrer** v. t. *exemple*
**imberbe** adj. *barbe*
**immatriculation** n. f. *numéro*
**immédiat, e** adj. *bordure, direct*
**immigrer** v. i. *émigrer*
**immondices** n. f. pl. *ordures*
**impénétrable** adj. *impassible*
**implicite** adj. *explicite*
**implorer** v. t. *supplier*
**importer** v. i. *importance*
**improviste (à l')** adv. *débarquer, prévenir*
**impudent, e** adj. et n. *effronté*
**imputer** v. t. *prêter*
**inapte** adj. *incapable*
**inattention** n. f. *distraction*
**inaudible** adj. *imperceptible*
**incarcération** n. f. *prison*
**incarcérer** v. t. *libérer*
**incertain, e** adj. *ambigu, certain, évident, hypothétique, incertitude, indécis, vague 2, variable*
**incessamment** adv. *minute, moment*
**incisive** n. f. *dent*
**inclination** n. f. *faible, penchant*
**incompatibilité** n. f. *contradiction*
**inconsidérément** adv. *léger*
**inconstant, e** adj. *fidèle*
**inconvenant, e** adj. *grossier, indiscret*
**incorporer** v. t. *mélanger*
**incrédule** adj. *sceptique*
**1. index** n. m. *doigt*
**2. index** n. m. *liste*
**individualiste** adj. et n. *individu*

**indolence** n. f. *énergie*
**indolent, e** adj. *mou*
**induire** v. t. *tromper*
**inébranlable** adj. *inflexible*
**inédit, e** adj. *original*
**inerte** adj. *immobile*
**infanticide** adj. et n. *assassin*
**infiniment** adv. *extrêmement, merci*
**inflammable** adj. *enflammer (s')*
**infusion** n. f. *thé*
**ingénu, e** adj. et n. *naïf*
**inhumer** v. t. *enterrer*
**inimitié** n. f. *animosité*
**inique** adj. *équitable, injuste, partial*
**iniquité** n. f. *injustice*
**initiale** n. f. *lettre*
**injection** n. f. *piqûre*
**insipide** adj. *terne*
**insolation** n. f. *soleil*
**insolite** adj. *bizarre, habituel*
**insomnie** n. f. *dormir, œil*
**inspirer** v. i. *souffler*
**instaurer** v. t. *instituer*
**insti, instit** n. m. *instituteur*
**insuccès** n. m. *échec 1, succès*
**insulaire** adj. et n. *île*
**insultant, e** adj. *insolent*
**intègre** adj. *honnête*
**intelligentsia** n. f. *intellectuel*
**intempéries** n. f. pl. *temps*
**intensification** n. f. *escalade*
**intenter** v. t. *procès*
**interlocuteur** n. m. *discussion*
**intermittent, e** adj. *régulier*
**interrupteur** n. m. *bouton, éteindre*
**intersection** n. f. *carrefour*
**intervertir** v. t. *inverser*
**intraitable** adj. *intransigeant*
**invariable** adj. *variable*
**inventaire** n. m. *liste*
**irai** futur de *aller*
**iris** n. m. *fleur*
**irréductible** adj. et n. *intransigeant*
**irrémédiablement** adv. *définitivement*
**irrésolu, e** adj. *indécis*
**irrévocable** adj. *définitif*
**irrévocablement** adv. *définitivement*
**isoloir** n. m. *voter*
**israélite** adj. et n. *juif*
**ivoire** n. m. *dent*

## J

**jargon** n. m. *argot*
**jeûner** v. i. *nourrir*

# INDEX

**joaillier** n. m. *bijoutier*
**joufflu, e** adj. *joue, rond*
**jouir** v. t. ind. *disposer, réputation*
**judaïque** adj. *religion*
**judaïsme** n. m. *religion*
**judiciaire** adj. *justice, police*
**judoka** n. *judo*
**juré** n. m. *jury*
**juriste** n. *droit 1*
**juron** n. m. *mot*
**jute** n. m. *toile*

## K

**képi** n. m. *chapeau*
**kidnapper** v. t. *enlever*
**kidnappeur** n. m. *voleur*
**kidnapping** n. m. *enlever*
**kirsch** n. m. *alcool*
**Klaxon** n. m. *klaxonner*

## L

**la** n. m. *note*
**lacer** v. t. *chaussure*
**lacet** n. m. *chaussure*
**laïc, laïque** adj. et n. *religieux*
**laisse** n. f. *chien*
**lampadaire** n. m. *lampe*
**languissant, e** adj. *animé*
**lanterne** n. f. *phare*
**lapine** n. f. *lapin*
**larcin** n. m. *vol*
**lard** n. m. *charcutier*
**latéral, e, aux** adj. *côté*
**légende** n. f. *histoire*
**législatif, ive** adj. *élection, loi*
**législation** n. f. *loi*
**lentille** n. f. *lunettes*
**lettré, e** n. *savant*
**lever** n. m. *soleil*
**lexicographe** n. *lexique*
**lexicographie** n. f. *lexique*
**lexicologie** n. f. *lexique*
**liaison** n. f. *contact, lien*
**libéralisme** n. m. *capitaliste*
**libre-service** n. m. *restaurant, servir, supermarché*
**licite** adj. *légal*
**lieutenant** n. m. *armée*
**lilas** n. m. *fleur*
**lime** n. f. *ongle*
**lin** n. m. *toile*
**linguistique** n. f. *grammaire*
**linotte** n. f. *étourdi*
**literie** n. f. *lit*

**littoral** n. m. *côte*
**livide** adj. *blanc, blême, pâle*
**livret** n. m. *programme*
**localité** n. f. *endroit*
**locomotive** n. f. *train*
**locution** n. f. *expression*
**lopin** n. m. *terrain*
**loquace** adj. *bavard*
**lors de** loc. prép. *moment*
**lot** n. m. *part*
**lotte** n. f. *poisson*
**louche** n. f. *soupe*
**louer** v. t. *vanter*
**louper** v. t. *attraper, manquer, rater, réussir*
**lourdaud, e** adj. *astucieux*
**louve** n. f. *loup*
**louveteau** n. m. *loup*
**lucide** adj. *conscient*
**luge** n. f. *neige*
**luisant, e** adj. *brillant*
**lustre** n. m. *lampe*
**lyrisme** n. m. *poésie*

## M

**macaroni** n. m. *pâtes*
**machination** n. f. *manœuvre*
**magnétique** adj. *magnétophone*
**maillon** n. m. *chaîne*
**majeur** n. m. *doigt*
**majuscule** n. f. *nom*
**malavisé, e** adj. *imprudent, maladroit*
**malfaçon** n. m. *défaut*
**malle** n. f. *bagages*
**malmener** v. t. *bousculer, maltraiter*
**malveillant, e** adj. *bienveillant, favorable*
**mammifère** n. m. *animal*
**manchette** n. f. *titre*
**manège** n. m. *foire*
**manette** n. f. *robinet*
**mange-tout** n. m. *haricot*
**maniéré, e** adj. *naturel*
**manigancer** v. t. *combiner*
**manuscrit** n. m. *texte*
**marbre** n. m. *matière*
**marc** n. m. *alcool*
**marchander** v. t. *prix*
**margarine** n. f. *beurre*
**marge** n. f. *marginal*
**marmite** n. f. *casserole*
**marocain, e** adj. et n. *africain*
**martyriser** v. t. *persécuter, torturer*
**masque** n. m. *masqué*

**massif** n. m. *jardin*
**mass media** n. f. pl. *presse*
**mastiquer** v. t. *mâcher*
**matelas** n. m. *drap, lit*
**matelot** n. m. *marin 1, soldat*
**matérialisme** n. m. *marxiste*
**maternité** n. f. *clinique*
**matraque** n. f. *matraquer*
**maturité** n. f. *mûr*
**maximal, e, aux** adj. *maximum*
**mec** n. m. *individu*
**mécano** n. m. *mécanicien*
**média** n. f. pl. *presse*
**médiateur, trice** n. *intermédiaire*
**médire** v. t. ind. *mal 1*
**méditatif, ive** adj. *pensif*
**mégarde (par)** adv. *exprès, inadvertance (par)*
**mégot** n. m. *cendrier*
**mélodie** n. f. *chanter*
**mélodrame** n. m. *théâtre*
**mémé** n. f. *grand-père*
**menu, e** adj. *fin 2*
**menuiserie** n. f. *bois*
**mercenaire** adj. et n. *soldat*
**merle** n. m. *oiseau*
**métamorphoser (se)** v. pr. *changer, transformer (se)*
**métaphysique** n. f. *philosophie*
**méticuleux, euse** adj. *consciencieux, maniaque, minutieux*
**métis, isse** n. *race*
**métropolitain** n. m. *métro*
**mets** n. m. *carte*
**mexicain, e** adj. et n. *américain*
**mi** n. m. *note*
**microphone** n. m. *micro*
**microscopique** adj. *petit*
**mie** n. f. *pain*
**miel** n. m. *tartine*
**migrant, e** adj. et n. *immigré*
**mille-feuilles** n. m. *gâteau*
**milligramme** n. m. *gramme*
**mince!** interj. *zut!*
**mincir** v. i. *maigrir*
**minéral, e, aux** adj. *eau*
**minimal, e, aux** adj. *minimum*
**minuterie** n. f. *lumière*
**mirabelle** n. f. *prune*
**miroir** n. m. *glace*
**mis** part. *passé de aller*
**mission** n. f. *tâche*
**missive** n. f. *lettre*
**mistral** n. m. *vent*
**mocassin** n. m. *chaussure*
**moelleux, euse** adj. *mou*
**mœurs** n. f. pl. *usage*
**moisissure** n. f. *moisi, moisir*

# INDEX

**moisson** n. f. *blé, récolte*
**molaire** n. f. *dent*
**molester** v. t. *bousculer*
**mollusque** n. m. *animal*
**môme** n. *enfant, gamin, gosse*
**monarchie** n. f. *république*
**monétaire** adj. *crise, monnaie*
**moniteur, trice** n. *professeur*
**monolingue** adj. et n. *bilingue*
**monologue** n. m. *dialogue*
**monopole** n. m. *tabac*
**mont** n. m. *montagne*
**monture** n. f. *lunettes*
**monumental, e, aux** adj. *énorme, immense*
**moquerie** n. f. *humour, ridicule, sourire* 1
**moqueur, euse** adj. *ironique*
**moralité** n. f. *morale*
**morfondre (se)** v. pr. *ennuyer (s')*
**morille** n. f. *champignon*
**morne** adj. *animé, terne, triste, vie, vivant*
**mortifier** v. t. *humilier*
**mort-né, e** adj. et n. *naissance*
**mosquée** n. f. *église, musulman*
**moteur, trice** adj. *handicapé*
**motocycliste** adj. et n. *automobiliste*
**motrice** n. f. *train*
**moucharder** v. t. *dénoncer*
**moucheron** n. m. *mouche*
**moufle** n. f. *gant*
**mousseux** n. m. *vin*
**moustiquaire** n. f. *moustique*
**Moyen Âge** n. m. *cathédrale*
**multitude** n. f. *quantité, tas*
**municipal, e, aux** adj. *élection*
**music-hall** n. m. *acteur*

# N

**nage (en)** n. f. *sueur*
**nain, e** n. *petit*
**narquois, e** adj. *ironique*
**narrer** v. t. *raconter*
**nasal, e, aux** adj. *nez*
**natal, e, als** adj. *pays*
**naufrage** n. m. *couler*
**navigant, e** adj. *équipage*
**navire** n. m. *bateau*
**néant** n. m. *anéantir, écrouler (s')*
**négociant, e** n. *commerçant*
**néologisme** n. m. *nouveau*
**neuvièmement** adv. *neuvième*
**niais, e** adj. et n. *naïf*
**nickel** n. m. *pièce*

**nid** n. m. *oiseau*
**noce** n. f. *mariage*
**nocif, ive** adj. *inoffensif, mal* 1, *nuire*
**noir, e** adj. *soûl*
**nonchalant, e** adj. *amorphe, apathique*
**non-conforme** adj. *conforme*
**nord-africain, e** adj. et n. *africain, nord*
**nord-américain, e** adj. et n. *nord*
**nord-est** n. m. *est, nord*
**nord-ouest** n. m. *nord, ouest*
**norme** n. f. *correct, faute*
**notable** adj. *considérable, réel, sensible*
**notablement** adv. *sensiblement*
**notice** n. f. *mode*
**nouer** v. t. *défaire, nœud*
**nourrisson** n. m. *bébé, nouveau-né*
**novice** adj. et n. *ancien, nouveau*
**numération** n. f. *nombre*

# O

**objectivement** adv. *réellement*
**oblique** adj. et n. f. *vertical*
**oblitérer** v. t. *timbre*
**obscène** adj. *grossier*
**obstruer** v. t. *barrer, bloquer, boucher* 2, *encombrer*
**occasionnel, elle** adj. *exceptionnel*
**occident** n. m. *est, occidental, ouest*
**octroyer** v. t. *accorder*
**offenser** v. t. *blesser, insulter, vexer*
**offensive** n. f. *attaquer*
**oisif, ive** adj. *désœuvré, studieux*
**O.K. !** interj. *d'accord*
**ombrage** n. m. *ombragé*
**ombrageux, euse** adj. *susceptible*
**omnibus** n. m. *train*
**ondée** n. f. *pluie*
**ondulation** n. f. *vague*
**onéreux, euse** adj. *cher*
**onzièmement** adv. *onzième*
**O.P.** n. m. *ouvrier*
**ophtalmologiste** n. *oculiste*
**optique** n. f. *vue*
**opulent, e** adj. *gras*
**opiniâtre** adj. *acharné, obstiné*
**oreillons** n. m. pl. *maladie*
**orge** n. f. *céréale*
**orient** n. m. *est, occidental, oriental*
**orphelin, e** n. *parent*
**orthodoxe** adj. et n. *chrétien, religion*

**O.S.** n. m. *ouvrier*
**ostréiculture** n. f. *huître*
**ouate** n. f. *coton (hydrophile)*
**ouest-allemand, e** adj. et n. *ouest*
**oublieux, euse** adj. *ingrat*
**ouïe** n. f. *oreille*
**ouragan** n. m. *vent*
**ourse** n. f. *ours*
**ourson** n. m. *ours*
**outrager** v. t. *injurier*
**ouvrable** adj. *férié*

# P

**paillasson** n. m. *tapis*
**palace** n. m. *hôtel*
**panorama** n. m. *paysage, vue*
**pantoufle** n. f. *chausson*
**papeterie** n. f. *papier*
**paquebot** n. m. *bateau*
**parachutiste** n. m. *soldat*
**paradoxal, e, aux** adj. *logique*
**paraphe** n. m. *signature*
**parasol** n. m. *parapluie*
**paratonnerre** n. m. *foudre*
**parcmètre** n. m. *parking*
**parcours** n. m. *chemin, route, trajet*
**parenté** n. f. *parent*
**parlant, e** adj. *significatif*
**parlement** n. m. *assemblée*
**parquet** n. m. *tapis*
**partialité** n. f. *injustice*
**passablement** adv. *relativement*
**passerelle** n. f. *pont*
**pastis** n. m. *alcool*
**patate** n. f. *pomme de terre*
**pathétique** adj. *émouvant*
**patrie** n. f. *pays*
**patronyme** n. m. *nom, prénom*
**pause** n. f. *mi-temps*
**P.C.** n. m. *communiste*
**P.-D.G.** n. m. *directeur, patron, président*
**pédiatre** n. *médecin*
**pègre** n. f. *bandit*
**pelage** n. m. *poil*
**peler** v. t. *peau*
**pellicule** n. f. *film*
**pelote** n. f. *ficelle, laine*
**pelotonner (se)** v. pr. *blottir (se)*
**pénétrant, e** adj. *subtil*
**péniche** n. f. *bateau*
**pénitentiaire** adj. *prison*
**pentu, e** adj. *pente*
**pépé** n. m. *grand-père*
**perçant, e** adj. *aigre*
**percepteur** n. m. *impôt*

1004

# INDEX

péripétie n. f. *aventure*
périphérique adj. et n. m. *boulevard*
périssable adj. *perdre*
perméable adj. *imperméable*
perpétrer v. t. *commettre*
perspicace adj. *clairvoyant, subtil*
pertinent, e adj. *actuel*
péruvien, enne adj. et n. *américain*
pesant, e adj. *léger, lourd*
pétanque n. f. *boule*
pétiller v. i. *vin*
petit four n. m. *gâteau*
pétrolifère adj. *pétrole*
peupler (se) v. pr. *dépeupler (se)*
peuvent ind. prés. de *pouvoir*
phase n. f. *étape, stade*
philatéliste n. *collection*
phonétique n. f. *son* 1
photocopie n. f. *double*
photographie n. f. *photo*
pichet n. m. *carafe*
pickpocket n. m. *voleur*
piger v. t. *comprendre*
piment n. m. *épicé*
pingre adj. *avare*
pioche n. f. *outil*
pion n. m. *jouer*
pique n. m. *carte*
pique-nique n. m. *repas*
piquet n. m. *tente*
pis adv. (au — aller) *rigueur*
pistolet n. m. *revolver*
pitre n. m. *comique*
plaidoirie n. f. *plaider*
plaine n. f. *montagne*
plaisance n. f. *port*
plancher n. m. *mur, plafond, sol*
planning n. m. *programme*
plantureux, euse adj. *copieux, maigre*
plaqué, e adj. *massif*
1. platine n. f. *chaîne*
2. platine n. m. *métal*
pleurs n. m. pl. *rire* 2
plus-value n. f. *capitaliste*
pneumonie n. f. *maladie*
poché, e adj. *œuf*
poignant, e adj. *émouvant*
poivron n. m. *légume*
poker n. m. *jeu*
poliomyélite n. f. *maladie*
polochon n. m. *coussin*
poltron, onne adj. et n. *courageux*
polyglotte adj. et n. *langue*
pommade n. f. *crème*
pompe n. f. *essence*
ponctuation n. f. *point*
pondéré, e adj. *équilibré*

pongiste n. *Ping-Pong*
porcelet n. m. *cochon*
portail n. m. *porte*
porte-fenêtre n. f. *fenêtre*
portière n. f. *porte*
portillon n. m. *porte*
portion n. f. *part, partie*
poseur, euse adj. et n. *prétentieux*
postulant, e n. *candidat*
posture n. f. *position*
potage n. m. *soupe*
potager, ère adj. et n. m. *jardin*
pot-au-feu n. m. *bœuf*
potin n. m. *bruit*
pourchasser v. t. *poursuivre*
prairie n. f. *champ, herbe, pré*
praline n. f. *bonbon*
praticien, enne n. *médecin*
précipice n. m. *ravin*
préétabli, e adj. *préconçu*
préjudice n. m. *désavantage*
préposé, e n. *facteur*
préposition n. f. *mot*
prérogative n. f. *privilège*
presbyte adj. et n. *myope*
président-directeur général n. m. *directeur, patron*
présomption n. f. *charge*
presqu'île n. f. *île*
pressing n. m. *nettoyer*
prétention n. f. *vanité*
prévenant, e adj. *délicat*
prévention n. f. *préjugé*
primitif, ive adj. *original*
privilégier v. t. *désavantager, favoriser*
probe adj. *honnête, moral* 1
procureur n. m. *avocat, magistrat*
prodige n. m. *miracle*
producteur, trice n. *film*
prof n. *professeur*
profane adj. et n. *initié*
progressif, ive adj. *graduel*
progressiste adj. et n. *avancé, bourgeois, réactionnaire*
projecteur n. m. *écran*
projectile n. m. *balle*
prolétaire n. *travailleur*
prolétariat n. m. *ouvrier*
prompt, e adj. *lent, vif*
prôner v. t. *préconiser*
pronom n. m. *mot*
prospérer v. i. *péricliter*
protagoniste n. *personnage*
provençal, e, aux adj. et n. *cuisine*
proviseur n. m. *directeur*
pruneau n. m. *prune*
P.S. n. m. *socialiste*

pseudonyme n. m. *nom*
psychanaliste n. *psychiatre*
psychanalyse n. f. *psychologie*
pu part. passé de *pouvoir*
puisse subj. prés. de *pouvoir*
pulmonaire adj. *poumon*
pusillanime adj. *hardi*
putsch n. m. *révolution*
pyromane n. *incendie*

## Q

quadruple n. m. *quart*
quatorzièmement adv. *quatorzième*
quatrièmement adv. *quatrième*
quatuor n. m. *orchestre*
quelque... que adv. *quelconque*
quetsche n. f. *prune*
quintette n. m. *orchestre*
quinzièmement adv. *quinzième*
quiproquo n. m. *malentendu*

## R

rabaisser v. t. *élever, humilier*
racler v. t. *gratter*
raccommoder v. t. *coudre, réconcilier*
raccorder v. t. *relier*
radiation n. f. *rayon*
radical, e, aux adj. *extrême, profondeur*
radicalement adv. *totalement*
radieux, euse adj. *ravi*
radin, e adj. et n. *large*
radiodiffusion n. f. *radio*
radiographie n. f. *radio*
radiographier v. t. *radio*
radis n. m. *hors-d'œuvre*
radoter v. i. *répéter*
raffiner v. t. *pétrole*
ragoût n. m. *mouton, veau*
rail n. m. *dérailler, voie*
railler v. t. *moquer (se)*
railleur, euse adj. *ironique*
ramassis n. m. *monceau*
rame n. f. *bateau*
rampe n. f. *escalier*
ramper v. i. *serpent, traîner*
rance adj. *frais* 1
rancœur n. f. *rancune*
râpe n. f. *râper*
râpé n. m. *râper*
râpeux, euse adj. *lisse*
rapide n. m. *train*
raturer v. t. *barrer, rayer*

# INDEX

ravages n. m. pl. *dégâts*
raviver v. t. *exciter*
rayonnage n. m. *étagère*
rayonne n. f. *tissu*
ré n. m. *note*
rebeller (se) v. pr. *révolter (se)*
rebord n. m. *bord*
récepteur n. m. *télévision*
recevable adj. *valable*
récif n. m. *rocher*
réclame n. f. *publicité*
réclusion n. f. *prison*
reconduire v. t. *conduire, ramener*
recto n. m. *dos, feuille*
référence n. f. *garantie*
référendum n. m. *vote*
référer (se) v. pr. *reporter (se)*
réfléchir v. t. *refléter*
reflux n. m. *marée*
réformé, e adj. *protestant*
refrain n. m. *chanson*
réfréner v. t. *refouler, réprimer*
réfuter v. t. *irréfutable*
regain n. m. *sursaut*
régiment n. m. *armée*
reine-claude n. f. *prune*
réjouissance n. f. *fête*
relaxer v. t. *relâcher*
reluire v. i. *briller*
remémorer v. t. *rappeler*
rémission n. f. *répit*
remue-ménage n. m. *agitation*
renarde n. f. *renard*
renardeau n. m. *renard*
renversant, e adj. *incroyable*
repentir n. m. *regret*
répertoire n. m. *liste*
représailles n. f. pl. *venger (se)*
représentant, e n. *voyageur*
réprimander v. t. *gronder, reproche*
répulsion n. f. *aversion, faible*
requérir v. t. *nécessiter*
réquisitoire n. m. *avocat*
réservoir n. m. *plein*
ressentiment n. m. *rancune, vouloir*
retaper v. t. *affaiblir, remonter*
rétorquer v. t. *objecter, répliquer, répondre*
retors, e adj. *naïf*
rétribuer v. t. *payer, rémunérer*
rétrograde adj. *moderne, réactionnaire*
retrousser v. t. *relever*
réveille-matin n. m. *réveil*
réveillon n. m. *Noël*
réveillonner v. i. *Noël*
rhum n. m. *alcool*
rillettes n. f. pl. *charcutier*

ristourne n. f. *rabais*
rite n. m. *religion*
rivage n. m. *bord, côte*
rive n. f. *bord*
rixe n. f. *bagarre*
rizière n. f. *riz*
roche n. f. *rocher*
rock n. m. *danser*
romain, e adj. et n. *chiffre*
roman, e adj. *cathédrale*
rongé, e adj. *pourri*
ronronner v. i. *chat*
roquefort n. m. *fromage*
rosbif n. m. *rôti*
rosé, e adj. (vin —) *vin*
rossignol n. m. *oiseau*
rotation n. f. *tourner*
rôtissoire n. f. *rôtir*
roublard, e adj. et n. *rusé*
roucouler v. i. *pigeon*
rougeole n. f. *maladie*
rouleau n. m. *rouler*
rouquin, e adj. et n. *rouge, roux*
royaume n. m. *roi*
ruban n. m. *mètre*
rubéole n. f. *bouton*
rubis n. m. *précieux*
rubrique n. f. *chapitre*
rudiment n. m. *notion*
rudoyer v. t. *caresser*
ruelle n. f. *rue*
rugir v. i. *cri, lion*
rugissement n. m. *cri, lion*
rugueux, euse adj. *doux, lisse, rêche*
ruisseler v. i. *couler*
rumeur n. f. *bruit*
ruse n. f. *rusé*

# S

sache subj. prés. de *savoir*
sacoche n. f. *sac*
sacro-saint, e adj. *sacré*
sadique adj. et n. *cruel*
sage-femme n. f. *accoucher*
saillie n. f. *dépasser*
saint, e n. *calendrier, fête*
Saint-Père n. m. *pape*
saladier n. m. *salade*
salubre adj. *sain*
saluer v. t. *bonjour*
sanction n. f. *punir*
sanctionner v. t. *punir*
sandale n. f. *chaussure*
sanglot n. m. *fondre, pleurer*
sangloter v. i. *pleurer*

sans-cœur n. *cœur*
sans-gêne adj. et n. *familier*
sapeur-pompier n. m. *pompier*
saphir n. m. *précieux*
satellite n. m. *lune*
satire n. f. *humour*
saugrenu, e adj. *absurde*
saveur n. f. *goût*
savoir-vivre n. m. *forme*
savourer v. t. et v. i. *goûter*
savoureux, euse adj. *goût*
scarlatine n. f. *maladie*
scénario n. m. *film, intrigue*
schématiser v. t. *développer*
sciemment adv. *inadvertance (par)*
science-fiction n. f. *film*
scinder v. t. *diviser*
score n. m. *match, résultat*
section n. f. *armée*
seigle n. m. *pain*
seizièmement adv. *seizième*
self, self-service n. m. *restaurant*
semelle n. f. *chaussure, ressemeler*
sempiternel, elle adj. *éternel*
Sénat n. m. *assemblée*
sénateur n. m. *politique*
sensiblerie n. f. *sensibilité*
sentier n. m. *chemin*
sentimentalité n. f. *sensibilité*
septièmement adv. *septième*
séquelle n. f. *suite*
séquence n. f. *scène*
serein, e adj. *anxieux, inquiet*
sérénité n. f. *calme, philosophie*
seringue n. f. *piqûre*
serment n. m. *parole*
session n. f. *examen, séance*
seuil n. m. *limite*
si n. m. *note*
sillonner v. t. *parcourir*
simagrées n. f. pl. *manière(s)*
similitude n. f. *différence*
simulation n. f. *comédie*
simuler v. t. *comédie, feindre, semblant*
singulièrement adv. *drôlement*
sinueux, euse adj. *tournant, virage*
site n. m. *paysage*
sitôt adv. *aussitôt*
sixièmement adv. *sixième*
slovaque adj. et n. *tchèque*
slow n. m. *danser*
S.M.I.C. n. m. *minimum*
snack-bar n. m. *restaurant*
S.N.C.F. n. f. *train*
socquette n. f. *chaussette*
sol n. m. *note*
soliste n. *musicien*

# INDEX

**solitaire** adj. *seul*
**sollicitude** n. f. *intérêt*
**soluble** adj. *poudre*
**sombrer** v. i. *couler*
**sommier** n. m. *lit*
**somnifère** n. m. *dormir*
**somptueux, euse** adj. *luxe*
**songe** n. m. *rêve*
**sonnerie** n. f. *sonner, sonnette*
**sonore** adj. *insonoriser*
**sophistiqué, e** adj. *naturel*
**sorbet** n. m. *glace*
**soucoupe** n. f. *tasse, vaisselle*
**soudoyer** v. t. *corrompre*
**souiller** v. t. *laver, salir*
**soulier** n. m. *chaussure*
**souper** v. i. *dîner 1*
**sournois, e** adj. *franc 2, hypocrite*
**sous-marin** n. m. *bateau*
**sous-officier** n. m. *officier, soldat*
**sous-préfet** n. m. *préfet*
**soustraire** v. t. *déduire, ôter, retrancher*
**souverain, e** n. *roi*
**souverain pontife** n. m. *pape*
**spaghetti** n. m. *pâtes*
**spécifier** v. t. *préciser*
**sphère** n. f. *rond*
**sphérique** adj. *rond*
**squelette** n. m. *chair, os*
**squelettique** adj. *maigre*
**stagner** v. i. *évoluer*
**standard** n. m. *téléphone*
**standardiste** n. *téléphone*
**standing** n. m. *confort*
**star** n. f. *acteur, vedette*
**stature** n. f. *taille*
**steak** n. m. *bifteck*
**sténodactylo** n. f. *taper*
**stéréo** adj. (chaîne —) *disque*
**steward** n. m. *hôtesse*
**stop** n. m. *carrefour*
**store** n. m. *rideau*
**stratégie** n. f. *tactique*
**stupeur** n. f. *stupéfait, surprise*
**su** part. passé de *savoir*
**substance** n. f. *matière*
**substituer (se)** v. pr. *remplacer*
**subvenir** v. t. ind. *vivre*
**succulent, e** adj. *excellent, fameux*
**sucrerie** n. f. *bonbon, sucre*
**sud-africain, e** adj. et n. *africain, sud*
**sud-américain, e** adj. et n. *américain, sud*
**sud-est** n. m. *est, sud*
**sud-ouest** n. m. *ouest, sud*
**suffisance** n. f. *vanité*

**suffoquer** v. i. *essouffler (s'), étouffer, respirer*
**suffrage** n. m. *élection, voix, vote*
**super** n. m. *essence*
**supplicier** v. t. *torturer*
**support** n. m. *pied*
**suppositoire** n. m. *médicament*
**suranné, e** adj. *périmé*
**surnom** n. m. *nom*
**surplomber** v. t. et i. *dominer*
**surplus** n. m. *supplément*
**sursis** n. m. *délai*
**sus (en)** adv. *supplément*
**suspense** n. m. *histoire*
**sympa** adj. *sympathique*
**synagogue** n. f. *église*
**synonyme** adj. et n. m. *sens*

# T

**tablette** n. f. *chocolat*
**tact** n. m. *délicat*
**tailleur** n. m. *costume, ensemble 2*
**taloche** n. f. *gifle*
**tamisé, e** adj. *vif*
**tampon** n. m. *timbre*
**tangible** adj. *concret*
**tango** n. m. *danser*
**tapage** n. m. *bruit, silence*
**tapis-brosse** n. m. *tapis*
**tapisserie** n. f. *musée*
**tata** n. f. *tante*
**tatillon, onne** adj. *consciencieux*
**tchécoslovaque** adj. et n. *tchèque*
**teinte** n. f. *couleur*
**teinturier, ère** n. *nettoyer*
**télécommunication** n. f. *facteur*
**télégraphe** n. m. *télégramme*
**1. tempérament (à)** adv. *crédit*
**2. tempérament** n. m. *nature, personnalité*
**temple** n. m. *église, protestant*
**temporiser** v. i. *reculer*
**tenace** adj. *farouche, obstiné, persévérant*
**tenailles** n. f. pl. *pince*
**teneur** n. f. *nature*
**ter** adv. *numéro*
**Tergal** n. m. *tissu*
**terminaison** n. f. *terminer*
**terminal, e, aux** adj. *lycée*
**terminus** n. m. *terminer*
**terre-plein** n. m. *quai*
**terrine** n. f. *pâté*
**téter** v. t. *sucer*
**thoracique** adj. *côte*
**thorax** n. m. *poitrine*

**tiédir** v. i. *réchauffer*
**tigresse** n. f. *tigre*
**tilleul** n. m. *arbre*
**tisane** n. f. *tasse*
**tisser** v. t. *laine*
**toge** n. f. *magistrat*
**toison** n. f. *laine*
**toiture** n. f. *toit*
**tondre** v. t. *herbe*
**tonneau** n. m. *vin*
**tonton** n. m. *oncle*
**toque** n. f. *magistrat*
**torride** adj. *chaud*
**torse** n. m. *poitrine*
**totalitaire** adj. *autoritaire*
**toubib** n. m. *médecin*
**touche** n. f. *piano*
**tournedos** n. m. *bœuf*
**tracas** n. m. *ennui*
**train-train** n. m. *routine*
**traitement** n. m. *salaire*
**tranchant, e** adj. *brusque, catégorique*
**tranché, e** adj. *nuancé*
**transatlantique** adj. et n. m. *bateau*
**transcrire** v. t. *copier*
**transi, e** adj. *glacé 1*
**transistor** n. m. *poste 1, radio*
**transitoire** adj. *provisoire*
**transpercé, e** adj. *trempé*
**transversal, e, aux** adj. *travers*
**traquenard** n. m. *piège*
**traumatisme** n. m. *traumatiser*
**traversin** n. m. *coussin*
**travestir** v. t. *déformer*
**trèfle** n. m. *carte*
**treizièmement** adv. *treizième*
**trépasser** v. i. *mourir*
**tressaillir** v. i. *sursaut, sursauter*
**tribune** n. f. *stade*
**tricolore** adj. *carrefour*
**trio** n. m. *orchestre, trois*
**triomphant, e** adj. *vainqueur*
**triompher** v. i. *vaincre, victoire*
**tripier, ère** n. *boucher 1*
**trivial, e, aux** adj. *grossier*
**troisièmement** adv. *troisième*
**trois-pièces** n. m. *appartement, pièce*
**trompette** n. f. *instrument*
**tropical, e, aux** adj. *fruit*
**troquer** v. t. *échanger*
**trousseau** n. m. *clé*
**truand** n. m. *bandit*
**tuant, e** adj. *infernal*
**tuberculose** n. f. *maladie*
**tuile** n. f. *toit*
**tunisien, enne** adj. et n. *africain*

1007

# INDEX

**T.V.A.** n. f. *impôt*
**tyrannie** n. f. *dictature*
**tyranniser** v. t. *opprimer*

## U

**U.E.R.** n. f. *université*
**ulcérer** v. t. *blesser*
**ultérieur, e** adj. *antérieur*
**unième** adj. *un*
**universaliser** v. t. *généraliser*
**urne** n. f. *voter*
**usité, e** adj. *employer*
**ustensile** n. m. *outil*
**usuel, elle** adj. *courant* 1
**utopique** adj. *pratique*
**utopiste** adj. et n. *réaliste*

## V

**va** ind. prés. de *aller*
**vacarme** n. m. *bruit*
**vaccin** n. m. *maladie*
**vacciner** v. t. *maladie*
**vachement** adv. *très*
**vaguelette** n. f. *vague* 1
**valet** n. m. *carte*
**valide** adj. *valable*
**valse** n. f. *danser*
**varicelle** n. f. *maladie*
**vécu** part. passé de *vivre*
**véhément, e** adj. *acharné*
**véhiculer** v. t. *transporter*
**velours** n. m. *tissu*
**vendange** n. f. *raisin, récolte, vigne*
**vénézuélien, enne** adj. et n. *américain*
**venimeux, euse** adj. *serpent*
**ver** n. m. *soie*
**verbe** n. m. *mot*

**verdict** n. m. *juge*
**vernis** n. m. *rouge*
**vers** n. m. *poème*
**versant** n. m. *colline*
**verse (à)** loc. adv. *pleuvoir*
**verso** n. m. *dos, feuille*
**vertébral, e, aux** adj. *dos*
**vertèbre** n. f. *colonne*
**vertu** n. f. *qualité*
**vertueux, euse** adj. *moral* 1
**vestiaire** n. m. *vêtement*
**vestibule** n. m. *entrée*
**vestiges** n. m. pl. *ruine*
**vétille** n. f. *rien*
**vêtu, e** adj. *habiller*
**vétuste** adj. *ancien, délabré*
**veux** ind. prés. de *vouloir*
**viaduc** n. m. *pont*
**vibrer** v. i. *ébranler, trembler*
**vice** n. m. *défaut*
**victorieux, euse** adj. *vainqueur, victoire*
**vigneron** n. m. *paysan, vigne*
**vignoble** n. m. *vigne*
**vigueur** n. f. *énergie, force, vigoureux*
**vil, e** adj. *lâche*
**vinaigré, e** adj. *vinaigre*
**vinaigrette** n. f. *vinaigre*
**vingtièmement** adv. *vingtième*
**violer** v. t. *observer*
**virement** n. m. *chèque*
**virgule** n. f. (point —) *point*
**viril, e** adj. *féminin, homme, masculin*
**virus** n. m. *maladie, microbe*
**vis** n. f. *visser*
**visa** n. m. *passeport*
**vision** n. f. *vue*
**vison** n. m. *fourrure*
**vitalité** n. f. *activité*
**viticulteur, trice** n. *vigne*

**vodka** n. f. *alcool*
**vogue** n. f. (en —) *mode* 1
**voile** n. f. *bateau*
**voiler** v. t. *cacher*
**voilier** n. m. *bateau*
**volailler** n. m. *boucher* 1
**volant, e** adj. (feuille —) *papier*
**volet** n. m. *fenêtre*
**vouer (se)** v. pr. *consacrer (se)*
**vouvoiement** n. m. *tutoyer*
**voyelle** n. f. *lettre*
**vu** part. passé de *voir*
**vulcanologie** n. f. *volcan*
**vulcanologue** n. *volcan*
**vu que** conj. *(étant) donné (que)*

## W

**wagon-lit** n. m. *train*
**wagon-restaurant** n. m. *wagon*
**water-closets, waters** n. m. pl. *toilette, W.C.*
**western** n. m. *film*
**whisky** n. m. *alcool*

## Y

**yacht** n. m. *bateau*

## Z

**zèle** n. m. *énergie*
**zélé, e** adj. *assidu*
**zeste** n. m. *citron*
**zigzag** n. m. *droit* 2
**zinc** n. m. *métal*
**zone** n. f. *région*
**zoologie** n. f. *animal*
**zoologique** adj. *zoo*

# annexe grammaticale

## noms

### Catégorie des noms

Les numéros placés après chaque catégorie renvoient aux paragraphes de la GRAMMAIRE qui suit

abstrait *5.9*; *13.11*
action, calcul *15.4*
action, langage *15.4*
action, langage, et résultat *15.4*
action, qqch *1.2*; *15.1*; *15.3*
action, qqch, et résultat *15.1*; *15.3*
action, qqn *1.2*; *15.1*;*15.3*
action, qqn, et résultat *15.1*; *15.3*
action, qqn, qqch *15.1*; *15.3*
action, qqn, qqch, et résultat *15.1*; *15.3*
action, sport, jeu *15.4*
activité *21.1*; *21.6*
activité artistique *21.3*
activité économique *21.2*; *21.6*
activité mentale *17.1*; *18.2*
activité sociale *17.1*; *17.3*
aliment *10.1*; *10.2*; *10.3*
animal *3.1*; *3.2*; *3.3*; *3.5*; *4.2*
animal, sexe *4.4*
appareil *7.1*; *7.2*; *7.3*; *7.4*
arbre *3.6*
argent, forme *12.2*
argent, quantité *12.3*
argent, unité *12.1*
argent, valeur *12.4*
arme *7.5*
boisson *10.1*; *10.2*; *10.3*
catégorie *25*
céréale *3.6*
collectif, action *24.1*
collectif, aliments *24.1*
collectif, animaux *24.1*
collectif, boissons *24.1*
collectif, énoncés *24.1*
collectif, événements *24.1*
collectif, fruits *24.1*
collectif, instruments *24.1*
collectif, matières *24.1*
collectif, meubles *24.1*
collectif, objets *24.1*

collectif, parties du corps *24.1*
collectif, personnes *24.1*
collectif, personnes, choses *24.1*
collectif, temps *24.1*
collectif, végétaux *24.1*
collectif, vêtements *24.1*
comptable *2*
concret *5.1*; *5.9*
construction *13.3*; *13.4*; *13.7*
contenu *5.4*
corps *6.1*
couleur *19.6*
discipline *21.5*; *21.6*
doctrine *16.3*
édifice *13.3*; *13.4*
énoncé *5.6*; *15.4*
énoncé, musique *15.4*
esprit *17.1*; *18.1*
établissement *13.3*; *13.4*; *13.7*
état, âge *1.5*; *20.1*
état, qqch *1.5*; *17.1*; *20.1*
état, qqn *1.5*; *17.1*; *20.1*; *20.2*
état, qqn, qqch *20.1*
état social *22.2*
événement *1.8*; *23.1*
événement, qqn *1.8*; *23.1*
fête *23.2*
fleur *3.6*
fluide *9.6*
forme *19.5*
forme, corps *19.5*
forme naturelle *19.5*
forme, qqch *19.5*
fruit *3.6*
institution *22.1*
instrument *1.1*; *7.1*; *7.2*; *7.4*
instrument de musique *7.6*
jeu *5.7*; *21.4*
jour *14.7*
langue *17.4*
légume *3.6*

lieu *1.1*; *8.4*; *13.1*; *13.2*
lieu abstrait *13.11*
lieu, accès *13.3*; *13.8*
lieu, activité artistique *13.3*; *13.4*
lieu aménagé *13.3*
lieu, animaux *13.3*
lieu, commerce *13.3*; *13.4*; *13.7*
lieu géométrique *13.10*
lieu habitation *13.3*; *13.4*; *13.5*; *13.7*
lieu, institution *13.3*; *13.5*
lieu, jeu *13.3*
lieu, moyen de transport *13.3*
lieu naturel *13.3*; *19.5*
lieu naturel, liquide *13.8*
lieu, passage *13.3*; *13.8*
lieu, point cardinal *13.10*
lieu, travail *13.3*; *13.7*
lieu, sport *13.3*
lieu urbain *13.3*; *13.5*
liquide *6.3*; *9.6*
localisation *13.3*; *13.9*
maladie *20.2*
manière, qqch *16.1*; *16.2*
manière, qqn *16.2*
matière *9.1*; *9.2*; *9.3*; *9.4*; *9.5*
mesure, unité *11.3*
métal *9.7*
meuble *5.5*
mois *14.8*
moyen de transport *8.1*; *8.2*; *8.3*
non-comptable *2*
objet *1.1*; *5.1*; *5.2*; *6.1*
objet abstrait *5.9*
objet, argent *5.8*; *12.2*
objet, arme *7.5*
objet, calcul *14.4*; *17.4*
objet, jeu *5.7*; *21.4*
objet, langue *17.4*
objet, linge *5.3*
objet naturel *5.2*

objet personnel 5.3
objet, récipient 5.2; 5.4
objet, sport 5.7
objet, texte 5.6
objet, valeur 5.8; 12.4
partie d'un aliment 11.4; 26.1; 26.2
partie d'un animal 6.3; 26.1
partie d'un appareil 26.1
partie du corps 6.2
partie du corps, liquide 6.2
partie d'un édifice 26.1
partie d'un établissement 26.1
partie d'un instrument 26.1
partie d'un jeu 26.1; 26.2
partie d'une langue 17.4; 26.1
partie d'un lieu de commerce 26.1
partie d'un lieu urbain 26.1
partie d'un meuble 26.1
partie d'un moyen de transport 26.1; 26.2
partie d'un objet 11.4; 13.9; 26.1
partie d'un sport 26.1
partie d'un texte 26.1
partie d'un tout 11.4; 26.1; 26.2
partie de l'univers 26.1; 26.2
partie d'un végétal 26.1

partie d'un véhicule 13.9; 26.1
partie d'un vêtement 26.1
personne 1.1; 3.1; 3.2; 3.4; 3.5; 4.1; 4.2; 8.3
personne, âge 4.4
personne, agent 4.3
personne, appellatif 4.7
personne, fonction 4.6; 13.7; 17.3; 21.6
personne, fonction sociale 4.6; 13.7; 17.3; 21.6
personne, grade 4.6; 4.7
personne, parenté 4.5
personne, patient 4.3
personne, profession 4.6; 4.7; 13.7; 17.3; 21.6
personne, rôle 4.5
personne, sexe 4.4; 4.7
phénomène 23.4
phénomène naturel 23.3
pièce 13.6
produit 9.1; 9.2; 9.3; 9.4; 9.5
propriété, esprit 18.1
qqch 19.6
qualité, mesure 1.3; 19.4
qualité, qqch 1.3; 17.1; 19.1; 19.3
qualité, qqn 1.3; 17.1; 18.1; 19.1; 19.2; 19.3

qualité, qqn, qqch 19.2; 19.3
quantité 1.4; 11.1; 11.2; 24.2
rang 13.12
résultat 1.2; 15.1; 15.2
résultat, activité artistique 21.3
résultat, activité mentale 17.1; 18.2
résultat, sport, jeu 15.4
saison 14.9
science 21.5; 21.6
sensation 1.7; 20.3
sentiment 1.7; 4.2; 20.3
sport 5.7; 21.4; 21.6
statut, qqch 1.6; 17.1; 17.5
statut, qqn 1.6; 17.1; 17.2
temps 1.1; 14.1
temps de l'action 14.2
temps, durée 14.6
temps, événement 14.3
temps, mesure 14.4
temps, moment 14.4
temps, qqch 14.5
temps, qqn 14.5
temps, qqn, qqch 14.5
texte, institution 15.4
végétal 3.1; 3.6
vêtement 5.3

## 1. Syntaxe et sémantique

Propriétés sémantiques et propriétés syntaxiques sont étroitement liées : les noms sont définis à la fois par leurs caractéristiques sémantiques (ou traits lexicaux) et par leurs fonctions syntaxiques dans les phrases de base.

**1.1.** La phrase suivante :

*Ma* FEMME *a nettoyé le* TAPIS *avec le* BALAI *dans le* SALON *ce* MATIN.
    personne    verbe    objet    instrument    lieu    temps

définit les catégories [personne], [objet], [instrument], [lieu], [temps] par les rôles syntaxiques (agent, objet, moyen, lieu, date) : *femme* est [personne], *tapis* [objet], *balai* [instrument], *salon* [lieu], *matin* [temps].

**1.2.** Les phrases suivantes et leurs transformations :

*Les ouvriers ont construit le pont en un an* → *la* CONSTRUCTION *du pont par les ouvriers a duré un an.* • *Ce pont est une magnifique chose construite* → *ce pont est une magnifique* CONSTRUCTION.

définissent pour *construction* les catégories [action, qqn] (1re phrase, le sujet de la phrase active étant *ouvriers*) et [résultat] (2e phrase) où *construction* désigne l'édifice construit.

La phrase suivante et sa transformation :

> *Le robinet a fui et cela a inondé la pièce* → *la* FUITE *du robinet a inondé la pièce.*

définissent pour *fuite* la catégorie [action, qqch], le sujet de *fuir* étant *le robinet.*

**1.3.** Les phrases suivantes et leurs transformations :

> *Pierre est adroit, cela t'étonne ?* → *l'*ADRESSE *de Pierre t'étonne ?* • *Ce problème est difficile, je le vois bien* → *je vois bien la* DIFFICULTÉ *du problème.*

définissent les catégories [qualité, qqn] (1<sup>re</sup> phrase) pour *adresse*, et [qualité, qqch] (2<sup>e</sup> phrase) pour *difficulté* à partir des adjectifs *adroit* et *difficile* s'appliquant l'un à un nom de personne, l'autre à un nom de chose.

La phrase suivante et sa transformation :

> *Ce mur est haut de trois mètres* → *ce mur a une* HAUTEUR *de trois mètres.*

définissent pour *hauteur* la catégorie [qualité, mesure] à partir de l'adjectif *haut* indiquant une mesure, une dimension.

**1.4.** Les phrases suivantes et leurs transformations :

> *Il y a cent personnes (environ) dans la salle* → *il y a une* CENTAINE *de personnes dans la salle.* • *Il a de très nombreux amis* → *il a un grand* NOMBRE *d'amis.* • *Les gens sont venus en foule* → *une* FOULE *de gens sont venus.*

définissent pour *centaine, (un) nombre (de), (une) foule (de)* la catégorie [quantité] à partir de déterminants ou d'adjectifs indiquant la quantité *(nombreux)* ou le nombre *(cent)* et à partir de l'accord du verbe au pluriel *(une foule de).* Dans les trois cas ces noms [quantité] sont suivis d'un complément au pluriel auprès duquel ils jouent le rôle d'un déterminant.

**1.5.** Les phrases suivantes et leurs transformations :

> *Paul a appris l'anglais quand il était enfant* → *Paul a appris l'anglais pendant son* ENFANCE. • *A midi il fait trop chaud dans le jardin* → *à midi, la* CHALEUR *est trop forte dans le jardin.* • *Paul est gêné (financièrement), cela se voit* → *la* GÊNE *(financière) de Paul se voit.*

définissent la catégorie [état] : pour *enfance* [état, âge], le mot *enfant* s'appliquant à l'âge de quelqu'un ; pour *chaleur* [état, qqch], l'adjectif *chaud* s'appliquant à des choses ; pour *gêne* [état, qqn], l'adjectif *gêné* s'appliquant à des personnes.

**1.6.** Les phrases suivantes et leurs transformations :

> *Cet enfant est âgé de dix ans* → *l'*ÂGE *de cet enfant est de dix ans.* • *Je suis frappé par le fait que ces témoignages coïncident* → *je suis frappé par la* COÏNCIDENCE *de ces témoignages.*

définissent la catégorie [statut] pour *âge* [statut, qqn], le sujet de *âgé* désignant une personne *(enfant)*, et pour *coïncidence* [statut, qqch], le sujet de *coïncider* désignant des choses *(témoignages).*

**1.7.** Les phrases suivantes et leurs transformations :

## ANNEXE GRAMMATICALE

*Paul est peiné* → *Paul a un sentiment de peine* → *Paul a de la* PEINE.
● *Pierre est affamé* → *Pierre a une sensation de faim* → *Pierre a* FAIM.
définissent les catégories sémantiques [sentiment] pour *peine* et [sensation] pour *faim*.

**1.8.** Les phrases suivantes et leurs transformations :

*Il a été accidenté sur la route* → *il lui est arrivé un* ACCIDENT *sur la route*. ● *Un événement malheureux n'arrive jamais seul* → *un* MALHEUR *n'arrive jamais seul*.

définissent pour *accident* la catégorie sémantique [événement], et pour *malheur* (dans ce sens) [événement, qqn] à partir du verbe *arriver*, dont ils sont sujets.

## 2. Comptable et non-comptable

Sont comptables les noms désignant des personnes ou des objets qui peuvent être comptés, c'est-à-dire qui connaissent l'opposition entre *un* et *plusieurs* (singulier et pluriel). Sont non-comptables les noms désignant des matières ou des qualités qui ne peuvent pas être comptées, c'est-à-dire qui n'ont pas l'opposition singulier/pluriel.

Les noms comptables appartiennent aux catégories : [personne], [objet], [instrument] ou [appareil], [animal], [lieu], [temps], [événement], [partie du corps], [résultat], etc.

Les noms non-comptables appartiennent aux catégories : [matière], [produit], [jeu], [science], [sentiment], [sensation], [qualité], etc.

Les noms comptables et non-comptables ont des propriétés syntaxiques différentes.

**2.1.** Les noms comptables ont les caractéristiques suivantes :

— ils ont deux formes, le singulier et le pluriel, pour traduire l'opposition entre *un* et *plusieurs* :

*Il y a un* JOURNAL *sur la table. Il y a* PLUSIEURS JOURNAUX *sur la table.*

— ils sont précédés des articles définis *(le, la, les)* ou indéfinis *(un, une, des)*, des déterminants indiquant le nombre (numéraux cardinaux), la quantité *(quelques, plusieurs,* etc.); ils sont compléments au pluriel d'adverbes de quantité *(beaucoup de, peu de, trop de,* etc.) :

*Ce soir nous avons eu* DES INVITÉS, DIX INVITÉS, QUELQUES INVITÉS, BEAUCOUP D'INVITÉS.

**Rem. 1.** Certains noms comptables n'ont qu'une forme, le pluriel *(ciseaux, lunettes, grands-parents,* etc.). La pluralité ne peut se traduire que par des locutions *(une paire/deux paires de ciseaux, de lunettes,* etc.) ou par des adjectifs qui précisent le mot en le limitant *(grands-parents paternels, maternels)*.

**2.** Certains noms désignent des objets uniques et n'ont, dans ce sens, que la forme singulier *(Terre, Soleil, Lune,* etc.). On les classe souvent par simplification dans la catégorie non-comptable ; en fait, ce sont des noms comptables qui connaissent les deux formes singulier et pluriel quand ils cessent de désigner un objet unique (V. l'article TERRE).

**3.** Certains noms comptables sont employés dans des expressions *(faire la*

# ANNEXE GRAMMATICALE

*queue, prendre acte, prendre place, mettre la table*, etc.) où le nom reste toujours au singulier.

**2.2.** Les noms non-comptables ont les caractéristiques suivantes :

— ils ont une seule forme, le singulier (cas le plus général) ou le pluriel ; ils ne connaissent pas l'opposition entre *un* et *plusieurs* :

*Il y a du* SEL *sur la table. Tu as de l'*APPÉTIT. *Il fait des* MATHS.

— ils sont précédés des articles partitifs *(du, de la, de)*, des articles définis au seul sens générique *(le, la)*, des adverbes *(trop [de], beaucoup [de], assez [de]*, etc.) ou d'expressions de quantité *(une pincée, gorgée, bouffée [de]*, etc.) dont ils sont les compléments au singulier. Ils excluent les numéraux cardinaux et les quantitatifs indéfinis *(plusieurs, différents*, etc.)

*Il y a un peu trop de* SEL *dans les légumes, il y a du* BEURRE, *il n'y a pas de* BEURRE *dans les pâtes. Le* BEURRE *est cher en ce moment.* • *Une pincée de* SEL, *une gorgée d'*EAU. • *Pierre a de l'*ORGUEIL, *trop d'*ORGUEIL. *L'*ORGUEIL *est-il un défaut ?*

**2.3.** Le passage d'un mot d'une catégorie dans l'autre est fréquent ; mais, en ce cas, le sens change.

1) Les noms non-comptables peuvent devenir des noms comptables.

Ainsi les noms désignant des matières (non-comptables) peuvent désigner des objets faits avec cette matière (comptables) :

*Il y a du* VERRE *cassé par terre. Paul a cassé deux* VERRES. • *Il y a du* SUCRE *dans ton café. Tu veux un ou deux* SUCRES *dans ton café ?* • *Elle a un manteau de* FOURRURE. *Elle a acheté une très belle* FOURRURE.

Les noms désignant des sentiments (non-comptables) peuvent désigner les moments, les degrés, les mouvements, etc., de ces sentiments (comptables) :

*Il a de fréquents accès de* COLÈRE. *Ses* COLÈRES *sont fréquentes.* • *Je ne sais pas ce que c'est que la* PEUR. *Les* PEURS *de l'enfance sont durables.*

Les noms désignant des matières, des produits, des sciences, etc. (non-comptables) deviennent comptables quand ils désignent *un type de* :

*Il y a plusieurs types d'*ALGÈBRE → *il y a plusieurs* ALGÈBRES. • *Il y a plusieurs types très différents de* BEURRE → *il y a plusieurs* BEURRES *très différents.*

2) Les noms comptables peuvent devenir des noms non-comptables. Ainsi les noms d'animaux (comptables) sont non-comptables quand ils désignent des aliments (matières comestibles) :

*Les* BŒUFS *sont conduits à l'abattoir. On mange du* BŒUF *à midi.*

Les noms désignant des objets (comptables) peuvent désigner des matières ou des produits (non-comptables) :

*On construit cette maison avec des* BRIQUES. *Mets un peu de* BRIQUE *pilée dans le ciment.*

Les noms désignant des objets dont on se sert pour jouer (comptables) peuvent désigner le jeu ou le sport (non-comptables) :

> *On se sert d'un* BALLON *ovale au rugby. Les enfants jouent au* BALLON.
> • *Il y a cinquante* CARTES *dans ce jeu. Les* CARTES *sont plus qu'une distraction pour lui.*

Les noms désignant une action sont en général non-comptables ; ils deviennent comptables quand ils en indiquent le résultat :

> *Je vous recommande la* LECTURE *de ce roman. Il a de très bonnes* LECTURES.

**Rem. 1.** Pour les noms d'action, les deux emplois (action et résultat) sont, dans le dictionnaire, le plus souvent distingués. Toutefois pour quelques-uns, la relative ambiguïté des emplois a amené la rubrique [compt. ou non-compt., surtout au sing.].
**2.** La rubrique [compt., surtout au sing.] concerne les noms comptables dont l'emploi au singulier est beaucoup plus fréquent que l'emploi au pluriel.

## 3. Les catégories [personne], [animal], [végétal]

**3.1.** Les noms catégorisés [personne], [animal], [végétal] désignent des êtres vivants.

Ils sont sujets (patients) de verbes exprimant les formes et les états de la vie ou les sensations élémentaires :

> *Les êtres humains* NAISSENT, GRANDISSENT, VIVENT, MEURENT, *etc. Les plantes* POUSSENT, MEURENT, ONT SOIF, *etc. Les animaux* GRANDISSENT, MEURENT, ONT FROID, *etc.*

Ils sont sujets (agents) de verbes exprimant les opérations élémentaires de la vie :

> *La plante verte* A BU *toute l'eau qu'on lui a versée. Les êtres humains* MANGENT *de la viande. Le chat* BOIT *du lait.*

**3.2.** Les noms catégorisés [personne] et [animal] sont sujets de verbes désignant des mouvements (*aller, venir, courir,* etc.), des sensations élémentaires (*voir, entendre,* etc.), des sentiments élémentaires (*aimer, craindre, dormir, désirer*), des modes de communication ou des rapports sociaux (*obéir, demander, refuser,* etc.) :

> *Les enfants, les chiens* COURENT *dans le bois. Le chien* ÉCOUTE *son maître. Le chat n'*AIME *pas cette viande. Les enfants n'*AIMENT *pas les carottes.*

**Rem.** Les noms d'animaux ne forment pas un groupe homogène. Les animaux domestiques et certains animaux sauvages, culturellement très connus, sont sujets de verbes de sentiment. En revanche, d'autres noms d'animaux ne sont guère sujets que des verbes de mouvement.

Les noms catégorisés [personne] et [animal] sont sujets de verbes exprimant un cri, un son de la voix :

> *L'homme, le chien,* CRIENT, HURLENT, GÉMISSENT.

Les noms catégorisés [personne] sont sujets de verbes indiquant l'usage du langage ou certains comportements :

> *L'homme* PARLE, RACONTE. *L'homme* RIT, SOURIT.

# ANNEXE GRAMMATICALE

Les noms catégorisés [animal] sont sujets de verbes exprimant le cri de l'espèce animale ou des gestes et des mouvements propres à l'espèces ;

*Le chien* ABOIE, *le chat* MIAULE. *Le corbeau* CROASSE. • *Le poisson* NAGE, *l'oiseau* VOLE. *Le serpent* RAMPE.

Les noms catégorisés [personne] et [animal] sont objets de verbes exprimant la cause de sentiments ou états élémentaires :

*On peut* ÉNERVER *un chien,* AGACER *un chat ou un enfant,* FATIGUER *un cheval, etc.*

**Rem.** Les noms catégorisés [animal] peuvent être sujets de verbes spécifiquement humains, mais, en ce cas, on prête à l'animal (surtout domestique) les traits sémantiques de l'homme : le *chien* peut alors *parler*.

**3.3.** Les noms catégorisés [animal] sont objets de verbes spécifiques impliquant une relation avec l'homme :

*On* DRESSE *des chiens ou des ours. On* PÊCHE *des poissons.*

**Rem.** Les noms catégorisés [personne] peuvent être sujets ou objets de verbes spécifiques de la catégorie [animal]. En ce cas, ils ont une valeur de métaphore ou changent de sens : *Quand cet enfant aura-t-il fini de* GLAPIR ? *On* DRESSE *les élèves.*

**3.4.** Les noms catégorisés [personne] sont sujets de verbes indiquant une opinion, une opération intellectuelle, un jugement, etc., ou une affirmation, une négation :

*La cliente* A AFFIRMÉ *qu'elle avait payé la robe.* • *Les pêcheurs* PENSENT, CROIENT, JUGENT *que demain il fera beau.*

**3.5.** Les noms catégorisés [personne], ainsi que certains noms catégorisés [animal], connaissent la variation morphologique masculin/féminin, traduisant la différence sexuelle mâle/femelle :

*Le vendeur/la vendeuse ; le chien/la chienne*

ou ont des termes spécifiques distincts pour désigner le mâle et la femelle :

*L'oncle/la tante ; le coq/la poule.*

**3.6.** Les noms catégorisés [végétal] sont objets de verbes spécifiques indiquant l'activité humaine :

*On* PLANTE *des arbres, des fleurs, des céréales, des légumes.*

Ils sont répartis en cinq sous-catégories [arbre], [fleur], [céréale], [fruit], [légume]. Chaque sous-catégorie se définit par des verbes spécifiques :

— les arbres : *bouleau, chêne, marronnier, peuplier*, etc., sont objets de *couper, abattre, brûler*, etc., et sujets de *pousser, grandir ;*
— les céréales : *avoine, blé, maïs*, etc., sont objets de *semer, récolter, cultiver, moissonner*, etc., et sujets de *pousser.*
— les fruits : *abricot, ananas, banane, cerise*, etc., sont objets de *récolter, cueillir*, etc., et sujets de *mûrir, pousser ;*
— les fleurs : *géranium, marguerite, œillet*, etc., sont objets de *planter, cueillir, couper*, et sujets de *éclore, se faner*, etc ;

— les légumes : *artichaut, carotte, champignon, chou*, etc., sont objets de *planter, récolter, cultiver*, et sujets de *pousser*.

Ces sous-catégories se répartissent en deux groupes sur le plan syntaxique :

— [céréale], [fruit] et [légume] sont des aliments ; ils peuvent donc être objets des verbes *manger, se nourrir de ;*
— [arbre] et [fleur] sont proches des objets, les premiers peuvent servir de matière (non-comptables) [*table en chêne, armoire de bouleau*], les seconds peuvent être des objets décoratifs ; ils sont sujets des verbes *orner, décorer*, etc.

> **Rem. 1.** Il existe une relation morphologique entre les noms de fruits et de fleurs, d'un côté, et les noms d'arbres, de l'autre : *Le* ROSIER *donne des* ROSES. *L'*ABRICOTIER *donne des* ABRICOTS.
> 
> **2.** Les noms catégorisés [végétal] sont comptables quand il s'agit des fruits, des légumes, des arbres ou des fleurs, et non-comptables quand il s'agit des céréales : *Manger un* ou *des abricots, une* ou *des tomates ; cueillir une* ou *des roses ; abattre un* ou *des chênes ; cultiver du blé, du riz, du maïs.*
> Les noms de fruits et de légumes sont non-comptables quand ils deviennent des matières comestibles : *Sauce à* LA TOMATE, *confiture à* L'ORANGE.
> Les céréales sont comptables quand on suppose *un/plusieurs types de* : *Il y a* DES BLÉS *de différentes qualités.*

## 4. Les sous-catégories de [personne]

**4.1.** Les NOMS PROPRES dénomment des personnes précises en leur attribuant un nom ou un prénom.

Les NOMS COMMUNS désignent des personnes en les caractérisant sur le plan de :

— leur identité (sexe et âge) : il s'agit d'un *homme*, d'une *femme*, d'un *enfant*, d'un *vieillard*, etc. ;

— leur rôle dans une action ou une situation (agent et patient) : il s'agit d'un *auteur*, d'un *meurtrier*, d'une *victime*, etc. ;

— leur situation familiale ou sociale : il s'agit de parenté (*frère, père, mère*, etc.) ou de rôle par rapport à quelqu'un (*ami, partenaire, adversaire*, etc.) ;

— leur statut social, permanent ou provisoire : il s'agit de profession (*boulanger, menuisier, infirmière*, etc.), de fonction (*prêtre, patron, président, maire*, etc.), de fonction sociale (*bourgeois, paysan, locataire, vedette*, etc.), de grade (*capitaine, lieutenant*, etc.).

Ces catégories sémantiques ont chacune des propriétés syntaxiques particulières.

**4.2.** Les noms catégorisés [personne], sans autre indication, sont :

— des termes génériques : *type, individu, homme*, etc.

— des adjectifs substantivés à partir de la transformation :

> *Alain est une personne émotive* (ou *Alain est quelqu'un d'émotif*)
> → *Alain est* UN ÉMOTIF.

# ANNEXE GRAMMATICALE

— des noms de chose, d'animal pris par métaphore pour des noms de personne :
>  *âne* [animal] dans *Ce garçon est* UN ÂNE.
> *amour* [sentiment] dans *Marie fut* SON PREMIER AMOUR.

**Rem.** Les adjectifs substantivés s'emploient comme attributs avec l'article indéfini (*Pierre est* UN ANXIEUX, UN GRAND ANGOISSÉ, etc.) ou au pluriel générique avec l'article défini (LES MALADES MENTAUX *sont de plus en plus nombreux*).

**4.3.** Les noms catégorisés [personne, agent] et [personne, patient] s'opposent par leurs caractéristiques syntaxiques.

Dans les phrases :
> *On a identifié l'*AUTEUR *de l'accident*.
> *On a identifié les* VICTIMES *de l'accident*.

*auteur* désigne celui qui a provoqué l'accident, qui l'a fait ; il est catégorisé comme AGENT ; *victime* désigne celui qui a subi les conséquences de l'accident : il est catégorisé comme PATIENT.

La relation syntaxique de base qui définit l'opposition entre agent et patient est celle d'actif/passif. Dans les phrases :
> *Paul a vaincu Pierre* → *Paul est le* VAINQUEUR.
> *Pierre a été vaincu par Paul* → *Pierre est le* VAINCU.

*vainqueur*, nom, est [personne, agent] : il désigne celui qui fait l'action de *vaincre* ; *vaincu*, nom, est [personne, patient] : il désigne celui qui subit l'action de *vaincre*, qui est vaincu.

Ont la catégorie [personne, agent] les noms désignant les auteurs d'une action, sujets de verbes transitifs indiquant une action ou de verbes intransitifs indiquant un mouvement ; ce sont souvent des dérivés de verbes ou de noms (en *-eur, -ant, -ier* ou avec suffixe zéro) : *voleur, conducteur, voyageur, délinquant, résistant, passant, meurtrier, aide, assassin*, etc.

> *Celui qui* CONDUIT *un camion* → *le* CONDUCTEUR *d'un camion*. • *Celui qui commet un* MEURTRE, *un* DÉLIT → *le* MEURTRIER, *le* DÉLINQUANT.

Ont la catégorie [personne, patient] les noms désignant ceux qui sont involontairement dans la situation où ils subissent une action ; sujets de verbes intransitifs indiquant un état ou sujets de verbes passifs, ils sont proches des adjectifs et des participes, par leur forme : *handicapé, rescapé, survivant*, etc., ou par leur syntaxe : *victime, otage, témoin*, etc.

> *C'est une personne* HANDICAPÉE *par son déficit moteur* → *c'est un* HANDICAPÉ *moteur*. • *Ils ont été retenus comme* OTAGES.

Ces deux catégories s'opposent par la nature du complément du nom :
— pour les noms [personne, agent], le complément peut être l'objet de l'action : *Le meurtrier d'Adèle, le voleur de bijoux* ;
— pour les noms [personne, patient], le complément du nom peut être l'auteur ou la cause de l'action : *Les victimes de l'accident, les otages des bandits*.

**Rem.** Certains de ces noms ont des propriétés proches de celles des adjectifs et peuvent être aussi attributs sans article : *Pierre est* VICTIME *de sa bonne foi, il est* TÉMOIN *de l'accident*.

1017

## ANNEXE GRAMMATICALE

**4.4.** Les noms catégorisés [personne, sexe] et [personne, âge] définissent l'identité de quelqu'un ; les premiers indiquent le sexe d'une personne : *femme, fille, garçon, monsieur, dame*, etc., les seconds le moment de la vie : *adolescent, adulte, enfant, bébé, nouveau-né*, etc. Ces deux catégories interfèrent, en ce sens que la différence de sexe se retrouve partiellement dans les noms catégorisés [personne, âge] : *garçon* et *fille, adolescent* et *adolescente*, mais non nécessairement *(vieillard, adulte)*, et, réciproquement, la différence d'âge se retrouve dans la catégorie à dominante de sexe : *monsieur/garçon* et *femme/fille*. La différence essentielle tient au fait que pour les noms catégorisés [personne, âge], le pluriel générique neutralise l'opposition de sexe : *les vieillards, les adultes, les enfants, les adolescents*, etc.

Ces deux catégories mettent en évidence une caractéristique distinctive, une qualité ; ils ont donc certaines propriétés parallèles à celles des adjectifs et peuvent être attributs avec article :

> *Pierre est un* GARÇON, *un* ENFANT, *un* ADULTE, *un* VIEILLARD, etc. *Marie est une* FEMME, *une* FILLE, *une* ENFANT, *une* ADOLESCENTE, etc.

**Rem.** Certains de ces noms peuvent être attributs sans article ; en ce cas, ils jouent le rôle d'adjectifs proprement dits, désignant l'ensemble des qualités attribuées à tel ou tel sexe, tel ou tel âge : *Aline est très* FEMME. *Jacques est encore très* ENFANT.

Les compléments du nom précisent l'âge *(un enfant de cinq ans, une femme de trente ans)*, la condition sociale *(une femme de la haute société, un homme de la bourgeoisie)*.

**Rem. 1.** Pour les animaux domestiques ou certains animaux sauvages, il existe aussi des noms désignant spécifiquement le mâle et la femelle, catégorisés [animal, sexe] et des termes désignant les petits de ces animaux : *le canard, la cane* et *le caneton ; le coq, la poule* et *le poussin ; le chien, la chienne* et *le chiot*.

**2.** Les mots *homme* et *femme* peuvent être utilisés comme adjectifs après les termes désignant des professions lorsqu'il n'y a pas d'opposition masculin/féminin : *un professeur homme/un professeur femme*. *Mâle* et *femelle* jouent le même rôle pour les animaux : *un éléphant mâle/un éléphant femelle*.

**4.5.** Les noms catégorisés [personne, parenté] et [personne, rôle] précisent, pour les premiers, les relations familiales *(père, mère, frère, sœur, grand-mère*, etc.), et pour les seconds, les relations sociales, amicales, hiérarchiques qui existent à l'intérieur d'un groupe *(ami, concurrent, supérieur, rival, ennemi, partenaire*, etc.).

Ils ont pour propriété commune d'impliquer un complément du nom désignant la personne avec laquelle cette relation existe :

> *Pierre est le* FRÈRE *de la victime, l'*AMI *de Paul, le* COPAIN *de ma sœur*, etc.

ce qui entraîne, lorsque la relation est bilatérale et identique (même sexe), les phrases :

> *Pierre est l'*AMI *de Paul* → *Pierre et Paul sont des* AMIS. • *Pierre est le* FRÈRE *de Paul* → *Pierre et Paul sont* FRÈRES.

Le complément du nom est fréquemment un pronom personnel, qui est alors transformé en possessif :

# ANNEXE GRAMMATICALE

*C'est un ami* À MOI → *c'est* MON *ami* → *c'est* UN DE MES *amis*. • *C'est un cousin* À MOI → *c'est* MON *cousin* → *c'est* UN DE MES *cousins*.

Les deux catégories s'opposent par le type de relation qu'elles impliquent, la première étant permanente, la seconde provisoire :

*Paul est* MON *frère* (← *Paul est un frère* DE MOI). • *Paul est un ami* POUR MOI → *Paul est* MON *ami* (← *Paul joue le rôle d'un ami* AUPRÈS DE MOI).

**Rem.** Les noms [personne, parenté] peuvent être catégorisés en [personne, rôle] ; en ce cas, ils en ont le sens et les propriétés : *Paul est pour moi un frère* ou *Paul joue auprès de moi le rôle d'un frère*.

Les noms de ces deux catégories ont des propriétés parallèles à celles des adjectifs ; ainsi ils peuvent être attributs avec ou sans article :

*Pierre est* LE PÈRE *de trois enfants. Pierre est* PÈRE *de trois enfants.* • *Pierre est* LE COMPLICE *d'Alain. Pierre est* COMPLICE *d'Alain.*

Sans article, on met en évidence le rôle attribué à la position dans la relation familiale ou sociale plus que la position elle-même.

**Rem.** Quelques-uns des noms catégorisés [personne, rôle] ont un statut plus proche encore de l'adjectif dont ils ne se distinguent pas : *Alain appartient à l'équipe* RIVALE. *Alain est* MON RIVAL *en classe*.

**4.6.** Les noms catégorisés [personne, profession], [personne, fonction], [personne, grade], [personne, fonction sociale] définissent les personnes dans leur activité professionnelle, leur position hiérarchique à l'intérieur de cette activité, leur position ou leur statut dans la société.

Sont [personne, profession] : *boulanger, plombier, instituteur, journaliste, cultivateur*, etc. (On peut supprimer ce caractère « professionnel » en adjoignant *amateur :* un *policier amateur,* un *comédien amateur,* etc.) :

*Pierre a la profession de* MENUISIER → *Pierre est* MENUISIER *(de profession).*

Sont [personne, fonction] : *député, directeur, maire, patron, président,* etc. (Ces termes impliquent un complément du nom qui définit la fonction : *député de telle circonscription, directeur de telle entreprise* ou *de tel service, maire de telle ville,* etc., et excluent l'adjectif *professionnel* qui prend une valeur péjorative) :

*Pierre a la fonction de* MINISTRE → *Pierre est* MINISTRE *(de par ses fonctions).*

Sont [personne, grade] : *capitaine, colonel, commandant, officier,* etc. (Ces termes impliquent un système, une hiérarchie dans laquelle chacun des termes ne prend sa signification que relativement aux autres termes du système hiérarchique) :

*Pierre a le grade de* COMMANDANT *(dans l'armée)* → *Pierre est* COMMANDANT *(de par son grade).*

Sont [personne, fonction sociale] : *apprenti, bourgeois, champion, client, locataire, touriste,* etc. (Ces termes impliquent des termes qui leur sont opposés mais non un système complet : *locataire* implique *propriétaire, bourgeois* implique *travailleur* ou *aristocrate, touriste/habitant, intellectuel/manuel élève/maître*, les termes opposés sont implicites avec *champion, vedette,* etc.) :

 *Pierre a le statut social de* BOURGEOIS → *Pierre est* BOURGEOIS *(de par son statut).* • *Pierre a le statut d'*APPRENTI → *Pierre est* APPRENTI *(de par son statut).*

 Ces quatre catégories ont la propriété de pouvoir être attributs avec ou sans article, ayant ainsi un statut parallèle à celui des adjectifs :

 *Paul est* BOULANGER, APPRENTI, CAPITAINE, DIRECTEUR, etc. *Paul est* UN BOULANGER, UN APPRENTI, UN CAPITAINE, UN DIRECTEUR, etc.

 Les noms catégorisés [personne, fonction] et [personne, grade] peuvent en outre entrer comme attributs du complément d'objet dans les phrases du type :

 *Paul a été nommé* DIRECTEUR, COMMANDANT, etc. *Pierre a été élu* DÉPUTÉ, PRÉSIDENT, etc.

 Les noms catégorisés [personne, profession] et [personne, fonction sociale] ont comme complément du nom le lieu où s'exerce cette activité ou cette fonction :

 *C'est le* PLOMBIER *du quartier. Les* LOCATAIRES *de l'immeuble. Le* CHAMPION *du cent mètres. Il est* ÉLÈVE *des grandes écoles,* ÉTUDIANT *aux Beaux-Arts,* ÉTUDIANT *en médecine.*

 Les noms catégorisés [personne, fonction] et [personne, grade] impliquent nécessairement un complément du nom, explicité ou non, indiquant le domaine de la fonction :

 *Paul est* PATRON *d'une entreprise de menuiserie, d'un café. Pierre est* DIRECTEUR *d'école, de société,* etc. *Paul est* COMMANDANT *de l'équipage. Pierre est* DÉPUTÉ *du Rhône,* CHEF *de service,* etc.

 Les noms [personne, profession], plus rarement [personne, fonction] ou [personne, fonction sociale], peuvent avoir des dérivés désignant la profession, la fonction ou le statut social, selon la relation suivante :

 *Pierre est* TOURISTE → *Pierre fait du* TOURISME. • *Pierre est* COMMERÇANT → *Pierre fait du* COMMERCE.

ou

 *Pierre est* BOUCHER → *Pierre est dans la* BOUCHERIE. • *Pierre est* GENDARME → *Pierre est dans la* GENDARMERIE. • *Pierre est* BOURGEOIS → *Pierre est de la* BOURGEOISIE.

**Rem. 1.** Les noms indiquant l'activité (*boucherie, boulangerie, pharmacie, poissonnerie,* etc.) désignent aussi le lieu où s'exerce cette activité (*aller à la boucherie, à la pharmacie,* etc., synonymes de *aller chez le boucher, chez le pharmacien,* etc.).

 **2.** Le même mot peut, selon le sens, appartenir à plusieurs catégories sémantiques : ainsi *comédien* est [personne, profession] dans : *Pierre est* COMÉDIEN *de son métier ;* [personne, fonction] dans : *Pierre est un* COMÉDIEN *amateur ;* et [personne, agent] dans : *Pierre se moque de vous, c'est un très bon* COMÉDIEN. De même *gardien* est [personne, fonction] dans *Pierre est* GARDIEN *de but dans notre équipe,* mais [personne, profession] dans *Pierre est* GARDIEN *(d'immeuble).*

**4.7.** Les noms catégorisés [personne, appellatif] s'emploient sans article quand on s'adresse à quelqu'un ou qu'on l'interpelle. Ils correspondent à des noms [personne, sexe] : *madame* à *dame* ou *femme, monsieur* à *homme,* ou constituent des emplois particuliers de noms [personne, profession], comme *docteur* et *garçon* :

> Bonjour, MADAME. Bonjour, MONSIEUR. DOCTEUR, *venez vite, mon fils a la fièvre.* GARÇON, *l'addition, s'il vous plaît.*

**Rem. 1.** Les appellatifs familiers *papa, maman*, etc., ont les emplois de noms [personne, parenté] dans le langage enfantin : *Mon* PAPA *nous a emmenés au cinéma.*

**2.** D'autres mots servent d'appellatifs dans la langue familière, amicale ou amoureuse : *mon vieux, mon amour*, etc.

**3.** Les noms [personne, grade] sont employés comme appellatifs avec le possessif : *mon capitaine, mon lieutenant*, etc.

Dans la langue soutenue, les appellatifs sont constitués des termes *monsieur, madame* suivis du nom de la fonction ou de la profession (dans le style direct ou indirect) :

> MONSIEUR LE MINISTRE, MONSIEUR LE PROFESSEUR. MADAME LE MINISTRE, MADAME LA DIRECTRICE.

## 5. La catégorie [objet]

**5.1.** Sont catégorisés [objet] tous les noms désignant les choses concrètes qui ont une certaine forme, une certaine consistance, une certaine dimension ou couleur, un certain poids, etc., et qui sont ou non fabriquées par l'homme. Ces noms, qui ont le trait [concret], ont les propriétés syntaxiques suivantes :

1) Ils sont compléments d'objet de verbes (à sujet humain)

— impliquant une action :

> *Pierre* VOIT, REGARDE, TOUCHE, EMPORTE, PÈSE, *etc., un objet.*

— ou une modification :

> *Pierre* CASSE, BRISE *un verre. Pierre* DÉCHIRE, FROISSE, PLIE, *etc. une chemise.*

2) Ils sont comptables et ont l'opposition singulier/pluriel :

> *Pierre a acheté un* LIVRE/*des* LIVRES.

3) Ils sont susceptibles d'avoir pour attributs des adjectifs indiquant la dimension, la couleur, le poids, la forme : *Un verre peut être* GRAND, PETIT, TRANSPARENT, LÉGER, *etc.*

**5.2.** Les noms catégorisés [objet], sans autre précision, s'opposent aux noms catégorisés [objet naturel] : les premiers désignent des objets fabriqués par l'homme, les seconds appartiennent au monde de la nature.

Sont catégorisés [objet] : *bâton, cadre, bouton, bouchon, cendrier*, etc., ainsi que les termes génériques : *truc, machin.*
Sont catégorisés [objet naturel] : *caillou, pierre, rocher.*

> *On fabrique un* CADRE, *un* CENDRIER, *des* BOUTONS, etc., mais non *des* ROCHERS, *des* PIERRES, etc.

**Rem. 1.** Certains noms désignant des objets sont dérivés d'adjectifs ou de noms :

*Des objets nouveaux* → DES NOUVEAUTÉS. ● *Des objets offerts en cadeau* → DES CADEAUX. ● *Des objets vendus en solde* → DES SOLDES.

**2.** Certains noms désignant des types d'emballage (*paquet, colis*) ont les caractéristiques des noms [objet, récipient], désignant à la fois le contenant (*faire un paquet*) et le contenu (*un paquet de livres*).

**5.3.** Sont catégorisés [objet, linge] les noms désignant les objets de tissu à usage ménager ou personnel : *drap, nappe, serviette, mouchoir*, etc.

Sont catégorisés [vêtement] les noms désignant les objets de tissu, de cuir, etc., servant de pièces d'habillement : *robe, pantalon, chemise, chapeau, chaussure*, etc., ou des termes génériques désignant l'habillement : *habit, vêtement, tenue*.

Sont catégorisés [objet personnel] les noms désignant les objets qu'on a sur soi ou sur son corps : *bague, lunettes, montre, passeport*, etc.

Les noms catégorisés [vêtement] et [objet personnel], précédés d'un possessif, sont compléments d'objet des verbes *porter, mettre, enlever* ou *ôter* et impliquent un complément de lieu, le plus souvent non exprimé, indiquant la personne ou la partie du corps :

> *Elle porte* SON (UN) MANTEAU *bleu (sur elle). Elle porte* SA (UNE) BAGUE *en or (à son doigt). Il met* DES CHAUSSURES *de daim (à ses pieds). Il met* SES (DES) LUNETTES *(sur son nez). Il enlève* SA VESTE *(de lui). Il enlève* SA MONTRE *(de son poignet). Il a* SON CHAPEAU, SON PORTE-MONNAIE, SES PAPIERS *(sur lui).*

Au contraire, les noms catégorisés [objet, linge] ont un complément de lieu variable exprimé ou non :

> *Il met la nappe (sur la table).*

Les noms [objet, linge] et [vêtement] désignant des objets faits, le plus souvent, de tissu, peuvent avoir comme attributs des adjectifs indiquant les modalités du toucher (*rêche, moelleux, souple, raide*) :

> *Un drap, une serviette, une veste, sont* SOUPLES. *Ils sont* PLIABLES, FROISSABLES ; *on peut les* DÉCHIRER, *les* TROUER, etc.

Les noms catégorisés [vêtement] entrent dans des phrases comportant *habiller* + *adverbe* ou ses synonymes :

> *Ces chaussures vous* CHAUSSENT BIEN. *Ce pull me* TIENT CHAUD. *Ce costume vous* HABILLE BIEN (*vous* VA BIEN) ;

Cette syntaxe s'étend à certains objets personnels (*bague, lunettes*).

**Rem.** Les noms catégorisés [vêtement] entrent dans des phrases indiquant le mode d'habillement, la manière de se vêtir : *Aline est* EN ROBE, EN PANTALON, EN MAILLOT. *Pierre est* EN ROBE DE CHAMBRE, EN CHAUSSONS.

**5.4.** Sont catégorisés [objet, récipient] les noms qui désignent des objets contenant une matière, un liquide, un aliment, etc., et aussi leur contenu : *boîte, bol, bouteille, flacon, panier, sac*, etc.

Désignant des contenants, ils sont compléments d'objet des verbes *remplir, vider* ; ils ont comme attributs les adjectifs *plein, vide, rempli, vidé*, et peuvent

# ANNEXE GRAMMATICALE

être compléments de lieu (lieu où on met quelque chose, où se trouve quelque chose) :

*Pierre remplit la* BOUTEILLE *d'eau. Pierre vide la* CAISSE *de la terre qu'elle contient. Le* VERRE *est plein, vide, rempli d'eau, vidé. On verse, on met de l'eau dans un* VERRE. *Le vin est dans la* BOUTEILLE.

Désignant des contenus, ils sont compléments d'objet de verbes indiquant l'utilisation du liquide, de la boisson, du produit, etc., contenus :

*Pierre a* MANGÉ *toute la* BOÎTE *de chocolat. Aline a* PRIS *une* TASSE *de café. Paul a* BU *deux* BOUTEILLES *de champagne. Paul a* UTILISÉ *tout le* TUBE *de dentifrice.*

**Rem. 1.** Ces noms, quand ils désignent des contenants, peuvent avoir un complément du nom introduit par la préposition *à* indiquant la destination ; quand ils désignent des contenus, ils ont un complément avec *de* indiquant le produit, le liquide, etc., contenu : *Acheter des* TASSES À CAFÉ. *Boire une* TASSE DE THÉ.
**2.** Un certain nombre d'objets peuvent être assimilés à des récipients ; en ce cas, les noms qui les désignent peuvent aussi désigner le contenu de l'objet (*paquet, colis, cendrier, plateau, valise,* etc.) : LE CENDRIER *est vide, plein* (contenant). *Tu as répandu tout* LE CENDRIER *sur le tapis* (contenu).

**5.5.** Sont catégorisés [meuble] les noms qui désignent les pièces du mobilier, les objets avec lesquels on *meuble* sa maison, les objets d'*ameublement*. Ces termes ont les propriétés des noms [objet] et les particularités suivantes :

— ils ont les traits caractéristiques des lieux :

*On s'assoit* SUR UNE CHAISE, DANS UN FAUTEUIL. *On s'allonge* DANS UN LIT. *On met ses vêtements* DANS UN PLACARD, DANS L'ARMOIRE.

**Rem.** Comme noms indiquant un lieu, certains termes désignent la pièce où se trouve le meuble : LE BUREAU *de Paul est la plus grande pièce de l'appartement.*

— ils ont (à l'exception des noms de sièges) le sens de contenant et celui de contenu ; ils ont alors les propriétés des noms [objet, récipient] :

*On* VIDE, *on* REMPLIT *une armoire. On* DÉBARRASSE *la table. La bibliothèque est* PLEINE *de livres.*

**5.6.** Sont catégorisés [objet, texte] les noms désignant des objets sur lesquels sont écrits ou imprimés des textes, des énoncés : *roman, ordonnance, contrat, journal, livre, lettre,* etc. Ils désignent à la fois l'objet lui-même et le texte qu'il contient.

Comme noms d'objets (contenants) ils sont complément des verbes *donner, prendre, déchirer,* etc. :

*Il a posé le* JOURNAL *sur le bureau. Il a déchiré la* LETTRE. *Il m'a tendu l'*ORDONNANCE *d'un air soucieux.*

Comme noms de textes (contenus), ils sont compléments des verbes *lire, comprendre, consulter,* etc. :

*Pierre lit un* ROMAN, *consulte le* CALENDRIER, *a compris ta* LETTRE, etc.

Comme noms de lieu contenant un texte, ils sont compléments de lieu des verbes *regarder, voir, écrire, lire,* etc. :

1023

## ANNEXE GRAMMATICALE

*Regarde le mot* DANS LE DICTIONNAIRE. *Écrire une adresse* DANS SON AGENDA. *J'ai lu la nouvelle* DANS LE JOURNAL.

Comme noms de contenant significatif, ils sont aussi compléments de moyen et sujets des verbes *indiquer, raconter, expliquer,* etc. :

*Il nous a annoncé la nouvelle* PAR (UN) TÉLÉGRAMME. *On vous avertira* PAR AFFICHE. *Il a tout laissé* PAR TESTAMENT *à ses cousins.* • *Le* CALENDRIER *indique les jours. Le* JOURNAL *raconte l'incident. Sa* LETTRE *explique son retard.*

Les noms [objet, texte] ont aussi la syntaxe des termes indiquant le résultat de l'action indiquée par le verbe. Les verbes dont ils sont compléments d'objet sont : *écrire, rédiger, faire,* etc. :

*On rédige une* LETTRE, *on écrit un* ROMAN.

Ils ont le même statut que les noms catégorisés [énoncé] (*mot, article,* etc.) :

*Pierre écrit une* LETTRE.

En ce cas, le nom a pour attributs les adjectifs qui indiquent la signification de l'énoncé :

*Sa* LETTRE *est insensée, stupide, intelligente, incompréhensible.*

**5.7.** Sont catégorisés [objet, jeu] et [objet, sport] les noms désignant des objets spécifiques utilisés dans un jeu ou un sport : *balle, ballon, boule, cartes, jouet, raquette* ; ils ont les caractéristiques des noms [objet].

La plupart des noms [objet, sport] peuvent être compléments de moyen ou sujets d'un même verbe :

*Pierre* SKIE *avec de nouveaux* SKIS. *Ces nouveaux* SKIS SKIENT *mieux avec ce fartage.* • *Pierre* FRAPPE *fort la balle avec sa* RAQUETTE. *La* RAQUETTE *a* FRAPPÉ *la balle.*

Les noms [objet, jeu] et [objet, sport] peuvent désigner le jeu lui-même ; en ce cas le nom comptable (objet) devient non-comptable (jeu ou sport) :

*Acheter des skis* (objet, comptable). *Faire* DU SKI (sport, non-comptable). *Lancer le* BALLON (objet). *Jouer* AU BALLON (jeu).

**Rem.** S'opposent ainsi les deux types de compléments : *Jouer* À *un jeu/jouer* AVEC *un jeu, un jouet. Jouer* À *la balle/jouer* AVEC *une balle. Jouer* AUX *dés,* AUX *cartes,* à *la poupée,* AUX *boules,* etc. / *jouer* AVEC *des dés, des cartes,* AVEC *une poupée,* AVEC *des boules,* etc. Quelques noms n'ont pas la possibilité de désigner à la fois l'objet et le jeu (*jouet, raquette*).

**5.8.** Sont catégorisés [objet, argent] les noms désignant les formes concrètes de l'argent, de la monnaie (*billet, pièce*). Sont catégorisés [objet, valeur] les noms désignant tout objet, surtout en papier, qui atteste d'un paiement : *timbre, reçu, ticket, mandat, addition* (du restaurant), *note* (d'hôtel), etc.

Ces deux catégories de noms peuvent être opposées dans le type de phrase :

*On paye une* FACTURE *avec des* BILLETS *de dix francs.*
               ↓              ↓
       objet, valeur   objet, argent

ANNEXE GRAMMATICALE

Ces deux catégories de noms peuvent être suivies d'un complément indiquant la valeur, le montant de l'objet :
> *Un billet de dix francs, de cent francs. Une pièce de cinq francs, de dix francs.* • *Un timbre de un franc, de trois francs. Une note de mille francs.*

La valeur est fixe pour les noms [objet, argent] et le plus souvent variable pour les noms [objet, valeur].

Quelques noms [objet, valeur] ne sont pas suivis de ce complément, mais entrent alors dans des phrases du type :
> *Le ticket* COÛTE, VAUT *dix francs.*

où la valeur attribuée à l'objet est complément de prix de *coûter, valoir,* etc.

Les noms [objet, valeur] entrent dans le type de phrase suivant :
> *Le montant de cette* FACTURE, *de ce* CHÈQUE, *de cette* NOTE, *de cette* CONTRAVENTION, *de ce* MANDAT *est de tant.*

**5.9.** Sont catégorisés [objet abstrait] les noms désignant des noms [objet] utilisés couramment dans un sens abstrait, sans que rien ne soit modifié de leurs autres traits sémantiques : *barrière, arme, obstacle,* etc. :
> *On a élevé une* BARRIÈRE *au fond du jardin* (concret). *La différence de situation a élevé une* BARRIÈRE *entre eux* (abstrait).

**Rem. 1.** Un grand nombre de noms désignant des objets peuvent devenir par métaphore des termes abstraits ; on a seulement isolé dans cette rubrique ceux dont le sens abstrait (ou figuré) était particulièrement usuel.
**2.** Certains dérivés d'adjectifs peuvent désigner des objets concrets ou des objets abstraits : *Te voir arriver à l'heure est quelque chose de* NOUVEAU → *te voir arriver à l'heure est* UNE NOUVEAUTÉ (abstrait). *Vendre un objet* NOUVEAU → *vendre* UNE NOUVEAUTÉ (concret).

# 6. Les catégories [corps] et [partie du corps]

**6.1.** Tout nom désignant un être vivant, une personne, peut être assimilé à un objet, si on le considère comme un *corps* ; il a alors la syntaxe des noms [objet].
> *On peut porter dans ses bras un* PAQUET *ou un* ENFANT. *On peut voir une* MONTAGNE *ou un* PIÉTON. *La voiture a accroché le* CAMION *ou un* CYCLISTE.

Certains noms sont uniquement catégorisés [corps] et non [personne] : *cadavre,* qui désigne la personne ou l'animal morts.

**6.2.** Sont catégorisés [partie du corps] les noms désignant les parties (membres et organes) du corps de l'homme : *jambe, tête, cerveau, pied, bras,* etc.

Ces noms s'emploient avec l'article défini, quand ils se rapportent à une personne sujet ou objet, dans la fonction de :

— complément indiquant le lieu, la localisation :
> *J'ai mal* À LA TÊTE, AUX DENTS, AUX JAMBES. *Elle dort* SUR LE CÔTÉ, SUR LE DOS.

## ANNEXE GRAMMATICALE

— complément d'objet (s'il y a un complément indirect, réfléchi ou non, désignant une personne) :
*Lave-toi* LE VISAGE. *Essuie-toi* LES MAINS. *Elle s'est cassé* LE BRAS. *Il m'a cassé* LE BRAS. *Essuie-lui* LES MAINS.

— complément d'objet de *avoir* suivi d'un adjectif attribut :
*Elle a* LE CŒUR *malade. Il a* LE NEZ *cassé.*

**Rem. 1.** Le possessif peut apparaître en prenant un sens d'habitude, d'emphase, etc. : MON BRAS *me fait mal. J'ai mal à* MON BRAS GAUCHE.

**2.** Les noms catégorisés [partie du corps, liquide] se distinguent des noms [partie du corps] par le fait qu'ils ont la syntaxe des noms [liquide] et non celle des noms [objet] : *Les* LARMES *coulent sur son visage. Il a le* SANG *trop fluide.*

**6.3.** Sont catégorisés [partie d'un animal] les noms désignant les parties du corps de l'animal : *patte, aile, plume, bec,* etc., le plus souvent différents de ceux qui désignent les parties du corps humain (*patte/jambe ; cervelle/cerveau*).

*L'oiseau a la* PATTE *blessée ; il a le* BEC *ouvert.*

mais le possessif est plus fréquent que pour les parties du corps humain :

*L'oiseau a* SA PATTE *blessée, il a* SON BEC *ouvert.*

**Rem.** Certains noms [partie de l'animal] peuvent devenir, comme les noms d'animaux, des noms [aliment] : *Manger une aile de poulet, une cervelle d'agneau,* etc.

## 7. Les catégories [instrument] et [appareil]

**7.1.** Sont catégorisés [instrument] les objets conçus et fabriqués en vue d'un usage manuel : *aiguille, balai, brosse, pinceau, fourchette,* etc.

Sont catégorisés [appareil] les objets fabriqués qui ont un fonctionnement automatique, indépendant de la main (appareils électriques en particulier) : *aspirateur, cuisinière, radio, téléphone, four, signal,* etc.

**7.2.** Les noms [instrument] et [appareil] sont compléments de moyen ou d'instrument des verbes indiquant une action et sujets des verbes correspondants :

*Aline coud* AVEC *une* AIGUILLE *trop grosse. Cette* AIGUILLE *trop grosse coud très mal.* • *Pierre a nettoyé le salon* AVEC *l'*ASPIRATEUR. *Cet* ASPIRATEUR *ne nettoie pas très bien sur les côtés.* • *Paul ouvre la porte* AVEC *sa* CLÉ. *Ma* CLÉ *n'ouvre pas cette porte.*

Les phrases comportant un complément de moyen peuvent être transformées en des phrases comportant le verbe dérivé du nom d'instrument :

*Nettoyer une pièce avec un* BALAI → BALAYER *une pièce.* • *Effacer une erreur avec une* GOMME → GOMMER *une erreur.* • *Se laver avec une* DOUCHE → SE DOUCHER. • *Parler à quelqu'un au* TÉLÉPHONE → TÉLÉPHONER *à quelqu'un.*

**7.3.** Les noms catégorisés [appareil] peuvent être agents des verbes ou locutions verbales *marcher, fonctionner, être en panne, être en état de marche, s'arrê-*

*ter*, etc. Ils ont la même syntaxe que les noms catégorisés [moyen de transport] :
> La TÉLÉVISION *marche, fonctionne, est arrêtée, est en panne.* L'ASPIRATEUR *est en état de marche, s'est arrêté, fonctionne bien.*

Ces noms deviennent compléments des factitifs correspondants (ou de leurs synonymes) :
> *Pierre fait marcher l'*ASPIRATEUR. *Pierre met en marche l'*ASPIRATEUR. *Pierre ouvre/ferme, allume/éteint la* TÉLÉVISION. *Pierre branche/débranche l'*ASPIRATEUR.

**Rem. 1.** Certains noms désignant des instruments munis de mécanismes simples ont partiellement une syntaxe analogue à celle des noms d'appareils : *Le* STYLO *marche bien.*
**2.** Lorsque le nom [instrument] désigne un objet muni d'un mécanisme électrique, il devient un nom [appareil] : *Mon* OUVRE-BOÎTES *électrique est* EN PANNE. *Ton* RASOIR *électrique n'est pas* BRANCHÉ.

**7.4.** Certains noms [instrument] ou [appareil] entrent dans des phrases comportant des verbes ou adjectifs spécifiques.

Ceux qui désignent des instruments munis d'un système de réglage entrent dans des phrases contenant *régler/dérégler* :
> *Pierre règle la* BALANCE, *l'*HORLOGE, *la* CAMÉRA. *La* BALANCE, *l'*HORLOGE, *la* CAMÉRA *sont déréglées.*

Ceux qui désignent des appareils sanitaires ont la syntaxe des noms [objet récipient] :
> *La* BAIGNOIRE *est vide, remplie. On vide, on remplit l'*ÉVIER, *le* LAVABO.

Ceux qui désignent des instruments de mesure entrent dans des phrases du type :
> *Cette* RÈGLE *n'est pas* EXACTE. *Ce* THERMOMÈTRE *est* PRÉCIS. *Ce* THERMOMÈTRE MESURE *la fièvre.*

**7.5.** Sont catégorisés [arme] les noms d'instruments ou d'appareils qui, munis de mécanismes plus ou moins complexes ou automatiques, sont destinés à attaquer et à tuer : *bombe, fusil, mitraillette, poignard, revolver*, etc. Ces noms ont, selon les cas, les mêmes caractéristiques que les noms [instrument] ou [appareil] :
> *La* MITRAILLETTE *n'a pas* FONCTIONNÉ. *Le* REVOLVER *ne* MARCHE *pas.* • *Il l'a tué avec un* POIGNARD → *il l'a* POIGNARDÉ. • *Ils ont attaqué la ville avec des* BOMBES → *ils ont* BOMBARDÉ *la ville.*

**Rem.** Est catégorisé [objet, arme] le nom *balle* qui peut être complément de moyen *(tuer d'une* BALLE; *la* BALLE *l'a frappé au front, l'a tué).*

**7.6.** Sont catégorisés [instrument de musique] les noms d'instruments de musique : *accordéon, piano, violon, flûte*, etc. Ces noms ont la particularité de s'employer :

— comme noms comptables quand ils désignent l'objet lui-même :
> *Pierre s'est acheté un* PIANO, *deux* FLÛTES, etc.

— comme noms non-comptables au singulier quand ils désignent l'activité

## ANNEXE GRAMMATICALE

musicale liée à ces instruments, surtout dans des phrases du type :

>Pierre sait jouer DU PIANO, DE LA FLÛTE, DU VIOLON, etc. *Il a appris* L'ACCORDÉON, LA GUITARE *à l'école.*

— avec la préposition *à* (et non *avec*) quand ils indiquent le moyen, l'instrument :

>*Joue-nous ce morceau* AU PIANO, À LA FLÛTE, AU VIOLONCELLE, etc.

**Rem.** Ces mots ont des dérivés noms de personnes désignant les personnes qui jouent (le plus souvent professionnellement) de ces instruments : *accordéoniste, flûtiste, guitariste, pianiste,* etc.

### 8. La catégorie [moyen de transport]

**8.1.** Sont catégorisés [moyen de transport] les noms désignant des véhicules servant au transport individuel ou collectif des personnes ou au transport des marchandises : *ambulance, automobile, autobus, autocar, barque, bateau, avion, métro, train, taxi, voiture,* etc.

**8.2.** Les noms [moyen de transport] entrent, comme compléments de moyen, dans des phrases comportant des verbes de mouvement :

>*Pierre va à Paris* EN AVION, EN TRAIN, EN VOITURE. *On transporte le blessé* EN AMBULANCE, EN VOITURE.

Ils sont compléments d'objet du verbe *prendre* dans un type de phrase synonyme :

>*Pierre prend* LE MÉTRO, L'AUTOBUS, LA VOITURE *pour aller en banlieue.*

**Rem.** Certains noms [moyen de transport] deviennent des noms [sport] ou [activité] et entrent comme non-comptables dans des phrases du type : *Faire* DU BATEAU, DE LA VOITURE.

Les noms [moyen de transport] peuvent être sujets dans des phrases comportant ces verbes de mouvement, de direction :

>*Il va à Paris* EN AVION → L'AVION *va à Paris.* • *Il part pour Lyon* EN TRAIN → LE TRAIN *part pour Lyon.* • *Ils viennent de Grenoble* EN AUTOCAR → L'AUTOCAR *vient de Grenoble.* • *Pierre va trop vite* EN VOITURE → LA VOITURE *va trop vite.*

**8.3.** Les noms catégorisés [moyen de transport] ont la syntaxe des noms [appareil] :

>*La* VOITURE *marche bien, est en panne, est en état de marche, roule bien,* etc. *Le* MÉTRO *fonctionne, marche,* etc.

**Rem.** Les noms [personne] peuvent se substituer comme sujets aux noms [moyen de transport] sujets ou compléments d'objet : LA VOITURE *est en panne sur l'autoroute* → PIERRE *est en panne sur l'autoroute.* • LA VOITURE *roule trop vite* → PIERRE *roule trop vite.* • PIERRE *gare sa voiture dans la rue* → PIERRE SE *gare dans la rue.*
Le nom [moyen de transport] peut prendre alors le sens d'un nom [personne] : *Le* MÉTRO *est en grève* (= le personnel du métro est en grève).

## ANNEXE GRAMMATICALE

**8.4.** Les noms [moyen de transport] sont aussi des noms [lieu] et en prennent la syntaxe :

*Je prends un repas* DANS LE TRAIN, DANS L'AVION. *Pierre monte* DANS LA VOITURE, DANS LE CAR, DANS L'AUTOBUS. *Paul descend* DE L'AVION, DU TRAIN, DU MÉTRO.

## 9. Les catégories [matière] et [produit]

**9.1** Sont catégorisés [matière] les noms désignant des substances naturelles, solides ou liquides (*terre, boue, pétrole, bois, métal,* etc.) ou des matières fabriquées à partir de substances naturelles ou chimiques (*papier, tissu, nylon, ciment, toile, porcelaine,* etc.) et qui, transformées, servent à la construction d'objets divers, à l'alimentation en énergie, etc.

Sont catégorisés [produit] les noms désignant les substances fabriquées à partir de diverses matières en vue d'un usage précis (*dentifrice, peinture, parfum, savon, mazout, remède,* etc.).

**Rem.** Des noms [matière] peuvent être issus d'adjectifs : *Un produit liquide* → UN LIQUIDE. • *Une matière synthétique* → DU SYNTHÉTIQUE. • *Une substance moisie* → DU MOISI.

**9.2.** Les noms [matière] entrent comme complément d'objet dans des phrases du type :

*On trouve, on extrait du* CHARBON *dans cette région. Certains animaux produisent de la* LAINE, *de la* FOURRURE. *On extrait de l'*HUILE, *du* CAOUTCHOUC *des végétaux. On fabrique du* NYLON *pour faire du* TISSU.

Les noms [produit] entrent comme complément d'objet dans des phrases du type :

*On fabrique de l'*ASPIRINE, *du* PARFUM.

**Rem.** Les matières peuvent être le résultat de transformations ; les noms qui les désignent entrent dans des phrases du type : *La terre mouillée se transforme* EN BOUE. *Le bois brûlé se transforme* EN CENDRES. *On moud du sucre pour en faire* DE LA POUDRE. *L'eau se transforme* EN GLACE.

**9.3.** Les noms [matière] et [produit] sont non-comptables : complément d'objet avec l'article partitif *(du, de la),* complément d'adverbes de quantité ou de mots désignant des parties d'un tout, etc. :

*On a acheté* DU SHAMPOOING, DU PARFUM, DE L'ESSENCE. *Mets* UN PEU DE CHARBON, DE PARFUM, D'HUILE. *Prends* UN MORCEAU DE SAVON, UNE FEUILLE DE PAPIER.

Les noms [matière] et [produit] entrent comme compléments de moyen dans des phrases du type :

*On fabrique des meubles* AVEC DU BOIS, AVEC DU MÉTAL. *On se chauffe* AVEC DU CHARBON, AVEC DU MAZOUT. *On construit des maisons* AVEC DU BÉTON. *On se lave* AVEC DU SAVON.

et comme sujets de verbes correspondants :

*Le* SAVON *lave bien. Le* CHARBON *chauffe bien. Le* BOIS *construit de belles maisons.*

Ils sont compléments du nom sans article dans des groupes nominaux comme :

*Il a acheté* UN TUBE DE DENTIFRICE, UNE TABLE DE VERRE. *Il a acheté* UN FLACON DE PARFUM, UN VÊTEMENT DE LAINE.

indiquant soit le contenu de l'emballage, du conditionnement, soit la matière dont est fait l'objet, le vêtement, etc. Les noms [matière] s'emploient fréquemment avec le générique (singulier avec l'article défini) ou comme compléments avec la préposition *en* (sans article) de *être* ou d'un nom :

LE BÉTON *est utilisé dans la construction des immeubles neufs.* ● *Ce mur est* EN BÉTON → *c'est un mur* EN BÉTON. ● *Cette table est en* BOIS → *c'est une table* EN BOIS.

**Rem.** À partir de groupes nominaux comportant des noms [matière], on peut dériver des groupes nominaux comportant des adjectifs : *Une table* DE MÉTAL → *une table* MÉTALLIQUE. ● *Un chemin où il y a* DE LA BOUE → *un chemin* BOUEUX. ● *Un vêtement plein* DE POUSSIÈRE → *un vêtement* POUSSIÉREUX. ● *Un aliment qui a la consistance* DU CAOUTCHOUC → *un aliment* CAOUTCHOUTEUX.

**9.4.** Les noms [matière] et [produit] peuvent aussi désigner des objets (comptables) faits avec cette matière ou ce produit :

UN PAPIER *est une feuille* DE PAPIER *écrite ou imprimée.*

↓ ↓
objet matière

UN CARTON *est un emballage* DE CARTON. UN VERRE *est un objet* EN VERRE *servant à boire.* UN SAVON *est un morceau* DE SAVON *conditionné pour la vente.* UNE ASPIRINE *est un comprimé* D'ASPIRINE.

**Rem.** Le conditionnement lui-même peut être assimilé au produit : *Prendre un* CACHET, *une* PILULE.

**9.5.** Les noms [matière] et [produit] se distinguent en ce que les premiers désignent en général des matières inertes, tandis que les produits sont considérés souvent comme ayant une action, une efficacité :

*Un savon, un shampoing, un médicament sont* EFFICACES, AGISSENT *sur la peau, les cheveux, l'organisme.*

Les adjectifs qui accompagnent les noms [matière] en précisent généralement la consistance : *dur, tendre, poli* (BOIS, PIERRE), *doux, rêche, rugueux, lisse* (TISSU), *mou, dur, rigide* (PLASTIQUE), etc. Lorsque le nom [produit] est considéré du point de vue de la matière qui le constitue, il en a alors les adjectifs (*peinture brillante, mate* comme le *métal ; savon doux, lisse* comme un *tissu*).

**9.6.** Les noms catégorisés [liquide] (*alcool, eau, jus*) et [fluide] (*gaz, air, oxygène*) ne se distinguent des noms [matière] que par certaines propriétés dépendant de leur nature liquide ou fluide ; ils entrent dans des phrases du type :

*On remplit* DE GAZ *le ballon.* LE GAZ *remplit le ballon.* ● *On remplit le verre* D'EAU. L'EAU *remplit le verre.* ● *Le ballon laisse échapper* LE GAZ. LE GAZ *s'échappe du ballon.* ● L'EAU *se répand/coule par terre. Pierre répand/fait couler* DE L'EAU *par terre.*

## ANNEXE GRAMMATICALE

**9.7.** Les noms catégorisés [métal] ont la syntaxe des noms de matière ou de produit. Ce sont des noms non-comptables :

*On extrait* DE L'ARGENT, *on fabrique* DE L'ACIER. *Une mine* D'ARGENT, *des fenêtres* D'ALUMINIUM. *Du papier* D'ARGENT, D'ALUMINIUM, *des feuilles* D'OR.

**Rem.** Les adjectifs correspondants : *argenté, doré, aluminisé,* etc., indiquent que l'objet qualifié est recouvert d'une couche de ce métal ou d'une matière qui imite la couleur de ce métal.

Les noms [métal] se caractérisent par un emploi fréquent du générique (singulier avec article défini) :

L'ALUMINIUM *sert beaucoup dans la construction des avions.*

## 10. Les catégories [aliment] et [boisson]

**10.1.** Sont catégorisés [aliment] et [boisson] les noms désignant tout ce qui est comestible, solide ou liquide (*nourriture, viande, boisson*), tous les produits naturels, traités ou fabriqués (*sel, moutarde, poivre,* etc.), les préparations (*choucroute, salade,* etc.), les pièces de boucherie ou de charcuterie (*bifteck, escalope, jambon,* etc.).

**10.2** Les noms [aliment] et [boisson] désignant des matières sont non-comptables, d'où l'emploi du partitif dans leur fonction de complément d'objet et leur emploi au singulier sans article comme compléments d'adverbes et d'expressions de quantité (*une quantité de...*) :

*Pierre se nourrit de* VIANDE, *de* GÂTEAUX, *de* FRUITS, *etc. Pierre mange* DU POISSON, DU SAUCISSON, DE LA CHOUCROUTE, *etc. Prends une bouchée de* PAIN, *une tranche de* JAMBON, *une part de* GÂTEAU, *une gorgée ou une goutte de* VIN. *Ramasse les miettes de* PAIN. *Pierre boit du* VIN, *du* THÉ, *du* CAFÉ, *de la* BIÈRE.

Ces noms non-comptables sont utilisés aussi au singulier générique avec l'article défini :

*Pierre digère mal* LE LAIT, LA VIANDE, LE CHOCOLAT. LE VIN, L'ALCOOL, LE SEL, LE CAFÉ, LA VIANDE *lui sont défendus.*

Quelques noms [aliment] désignant en particulier des pièces de boucherie (*côtelette, escalope, bifteck,* etc.) sont comptables :

*Commander* DEUX ESCALOPES, *manger* UN BIFTECK.

Les noms [aliment] et [boisson] peuvent être accompagnés d'adjectifs ou de participes qui les caractérisent :

*Cette viande peut être* MANGÉE; *elle est* DIGESTE, INDIGESTE, COMESTIBLE, NOURRISSANTE.

**10.3.** Les noms [aliment] et [boisson], matières non-comptables, peuvent désigner aussi des objets spécifiques, formés de cette matière ; en ce cas, ils sont comptables et ont un singulier et un pluriel :

UN CHÈVRE (fromage entier) s'oppose à *manger* DU CHÈVRE (fromage de chèvre). • UN PAIN (pièce de pain, de deux livres en général) s'oppose à *manger* DU PAIN. ● UNE BIÈRE (une bouteille ou un verre de bière) s'oppose à *boire* DE LA BIÈRE.

Inversement les noms désignant un animal, une pièce de viande, un poisson, une pâtisserie, etc., comptables, deviennent des noms d'aliments non-comptables :

*Manger du* LIÈVRE, *du* LAPIN, *de la* POULE, *du* BŒUF, *du* POISSON. *Manger du* GÂTEAU, *du* BIFTECK, etc.

## 11. Les catégories [quantité] et [mesure]

**11.1.** Sont catégorisés [quantité] les noms indiquant une quantité de choses, de personnes, de matière, de produit, etc. : *centaine, millier, gorgée, bouchée, maximum, masse, tas, une foule de,* etc.

Ces noms ont un fonctionnement comparable à celui des adverbes de quantité, toujours suivis d'un complément :

*Pierre a* BEAUCOUP *d'amis. Pierre a des* DIZAINES, *des* MASSES, *une* FOULE *d'amis. Paul mange* PEU DE *pain. Paul mange une* BOUCHÉE DE *pain.*

**11.2.** Ces noms diffèrent entre eux par la nature du complément du nom qui les suit :

— Les noms suivis d'un nom comptable pluriel correspondant aux adjectifs numéraux et indiquant une quantité, un nombre plus ou moins indéterminé : *centaine, huitaine, millier,* etc. :

*Il y avait environ une* CENTAINE *de spectateurs. Je serai absent une* HUITAINE *de jours. Le déficit est de deux* MILLIARDS *de francs.*

ou indiquant un ensemble indéterminé : *une série, une suite, un groupe, une succession, un nombre de,* etc. :

*Il y avait sur la table un grand* NOMBRE *de livres, une* SÉRIE *de photos. Pierre a eu une* FOULE *d'ennuis, une* SUCCESSION *d'aventures.*

— Les noms suivis d'un nom non-comptable (le plus souvent singulier) désignant une matière, un aliment, un sentiment, etc. : *goutte, gorgée, bouchée, grain, degré,* etc. :

*J'ai mangé une* BOUCHÉE *de pain, quelques* GRAINS *de riz. Pierre a bu une* GOUTTE *de vin, une* GORGÉE *d'eau. Un tel* DEGRÉ *de bêtise est inconcevable.*

— Les noms suivis d'un nom comptable au pluriel ou non-comptable au singulier indiquant une quantité mesurée : *maximum, supplément,* etc. :

*Il a pris le* MAXIMUM, *le* MINIMUM *de risques. Il a demandé un* SUPPLÉMENT *de frites.*

— Les noms suivis d'un nom comptable au pluriel ou non-comptable au singulier désignant tout ou partie d'un ensemble, d'un objet, d'une certaine quantité de matière, etc. : *masse, tas, dose, moitié, partie,* etc. :

*Prenez cette* DOSE *de médicament matin et soir. Il est dehors la* MOITIÉ *du temps. Le* POURCENTAGE *de la population qui regarde cette émission est de 50 %.*

# ANNEXE GRAMMATICALE

**Rem.** Quand le complément du nom est au pluriel, le verbe s'accorde soit avec le nom [quantité] soit avec son complément : *La moitié des fruits* EST ABÎMÉE ou SONT ABÎMÉS. *Une foule de personnes* ATTEND ou ATTENDENT.

**11.3.** Sont catégorisés [mesure, unité] les termes qui servent à préciser la quantité, la mesure d'une matière : *litre, gramme, kilogramme, tonne, degré*, etc. Ces mots ont une syntaxe proche de celle des noms [quantité] :

*Acheter deux* MÈTRES *de tissu, une* LIVRE *de beurre, un* KILO *de cerises.*

mais peuvent servir à déterminer les mots catégorisés [quantité] :

*Une* DOSE *de 50* GRAMMES.

**11.4.** Les noms [partie d'un tout], [partie d'un objet], [partie d'un aliment] peuvent jouer le rôle de noms de quantité ; mais ils sont toujours comptables, alors que les noms correspondants indiquant une quantité sont le plus souvent au singulier :

*Il y a des* MIETTES *de pain sur la table* (partie d'un aliment). *Il n'a pas perdu une* MIETTE *de l'histoire* (quantité). ● *Nous sommes dans la seconde* MOITIÉ *du XX$^e$ siècle* (partie d'un tout). *Il est dehors la* MOITIÉ *du temps* (quantité). ● *Tu vas te blesser avec ce* BOUT *de bois* (partie d'un objet). *Cela fait un* BOUT *de temps que je ne l'ai vu* (quantité).

## 12. La catégorie [argent]

**12.1.** Sont catégorisés [argent] les noms qui peuvent être compléments de *payer* ou sujets de *se monter à* :

*Paul a payé mille* FRANCS *ce costume. Le chèque se monte à mille* FRANCS.

Les noms sous-catégorisés [argent, unité] sont ceux qui désignent une unité de la monnaie : *dollar, franc, livre*, etc., ou leurs sous-unités : *centime*. Ils sont compléments de prix des verbes *coûter, valoir, acheter*, etc., introduisant une quantité :

*Ce tapis vaut trois mille* FRANCS.

Ils peuvent servir à déterminer les mots catégorisés [quantité] :

*Cette maison fait un chiffre d'affaires de trois milliards de* FRANCS.

**12.2.** Sont catégorisés [argent, forme] les noms qui précisent le mode de paiement : *chèque, espèces, liquide*, etc. Ils sont compléments de moyen dans les phrases du type :

*Pierre paye* PAR CHÈQUE, EN ESPÈCES, EN LIQUIDE.

Ces noms sont en rapport avec les termes [objet, argent] (v. 5.8.).

**12.3.** Sont catégorisés [argent, quantité] soit des termes génériques : *prix, montant, somme, tarif*, soit des noms désignant une certaine quantité d'argent : *capitaux, fortune, crédits*, etc.

Ils s'emploient dans des phrases du type :

*Quel est le* PRIX *de cette robe ? Vous avez payé cette robe quel* PRIX *?*

## ANNEXE GRAMMATICALE

*Cette robe est à tel* PRIX, *vaut tel* PRIX. *Quel est le* MONTANT *de l'addition ? Cette note de restaurant a tel* MONTANT. *Le* MONTANT *de la note est de tant. Pierre gagne une* FORTUNE. *Pierre a des* CAPITAUX.

**12.4.** Sont catégorisés [argent, valeur] les noms, généralement non-comptables, désignant une somme d'argent quelconque, termes génériques ou collectifs comme *monnaie, moyens, sous, finances,* etc., et termes, comptables ou non-comptables, définis du point de vue de l'utilisation de l'argent ou de son origine : *frais, loyer, acompte, arrhes, enjeu, économies, impôt, revenu,* etc.

Ces derniers sont compléments des verbes *payer, verser, toucher, recevoir, rembourser,* etc., et peuvent être suivis d'un complément du nom indiquant le montant :

*Pierre a des* FRAIS *de transport* DE 50 FRANCS *par jour. Paul touche un* SALAIRE DE 4 000 FRANCS *par mois. Pierre a versé une* AVANCE DE 500 FRANCS. *Tous les mois Paul rembourse à la banque un* CRÉDIT DE 200 FRANCS.

Ces noms se distinguent des noms catégorisés [objet, valeur] (v. 5.8.).

## 13. Les catégories [lieu] et [localisation]

**13.1.** Les noms [lieu] s'emploient le plus souvent comme compléments de lieu, précédés d'une préposition, dans les cas principaux suivants :

— lieu où l'on est :

*Vivre* À LA CAMPAGNE, À PARIS, EN VILLE, EN FRANCE. *Garder le vin* DANS UN LOCAL *frais.*

— lieu où l'on va :

*Aller* À LA CAMPAGNE, EN VILLE (*ou* À LA VILLE), AU JARDIN, etc. *Aller* DANS UN PAYS *étranger,* DANS UNE VILLE *de province.*

Les prépositions principales, dans ces deux cas, sont *à, dans, en.*

— lieu d'où l'on vient :

*Il vient* DE LA CAMPAGNE, DE LA CHARCUTERIE. *Il rentre* DE L'AÉROPORT.

La préposition est *de.*

— lieu par où l'on passe :

PAR QUEL PAYS *êtes-vous passé ? Il est parti* PAR LA SORTIE *de secours.*

La préposition est *par.*

**13.2.** Sont simplement catégorisés [lieu] les termes génériques comme *accès, adresse, emplacement, endroit,* etc., ou des termes qui désignent un lieu par opposition à un sens premier [action], [édifice], [meuble], etc. (*arrivée, église, lit, ombre, feu,* etc.) :

*Les spectateurs de la course étaient groupés près de l'endroit où l'*ARRIVÉE *des coureurs devait se faire* (action) → *les spectateurs de la course étaient groupés près de l'*ARRIVÉE (lieu). • *Pierre est couché dans*

## ANNEXE GRAMMATICALE

son LIT (meuble) → *Pierre est au* LIT *(lieu)*. • *Mettez-vous là où il y a de l'*OMBRE *(phénomène naturel)* → *mettez-vous à l'*OMBRE *(lieu), etc.*

**13.3.** Pour les autres noms [lieu], la catégorie a été précisée

— en fonction de la nature du lieu : [lieu naturel] (*colline, campagne, champ, île, plateau,* etc.) par opposition à [lieu aménagé] (*canal, jardin, parc, pelouse* etc.) ;

— en fonction de l'usage du lieu : [lieu, sport] ou [lieu, jeu] (*piscine, champ de course, stade,* etc.) ; [lieu, activité artistique] (*cinéma, théâtre, cirque,* etc.) ; [lieu, animaux] (*zoo*) ; [lieu, moyen de transport] (*aéroport, gare, parking, port,* etc.) ;

— en fonction des personnes qui y vivent : [lieu, habitation] (*appartement, villa, pavillon, maison,* etc.) ; [lieu, institution] (*commune, département, pays*) ; [lieu urbain] (*ville, agglomération, centre industriel,* etc.) ;

— en fonction de l'activité précise des personnes qui l'occupent : [lieu, travail] (*bureau, atelier,* etc.) ; [lieu, commerce] (*hôtel, restaurant, charcuterie,* etc.) ;

— en fonction du rôle même du lieu indiquant une relation au mouvement [lieu, accès], [lieu, passage] ou une position dans l'espace [localisation].

**Rem.** Certains de ces noms de lieu désignent en même temps la construction qui les concrétise, ainsi *théâtre, parking, villa, hôtel,* etc., désignent des lieux et des édifices ou des constructions. Inversement, les noms catégorisés [construction], [édifice] et [établissement] désignent à la fois la chose construite (en premier sens) et le lieu.

**13.4.** Sont catégorisés [construction] des termes génériques comme *bâtiment, édifice,* et des noms désignant des ouvrages particuliers comme *mur, abri,* etc. Sont catégorisés [édifice] les noms désignant des constructions, en général de grande taille, qui remplissent une fonction précise : *cathédrale, église, monument, prison,* etc. Les noms de ces deux catégories entrent, comme les noms des catégories [lieu], [lieu, habitation], [lieu, commerce], [lieu, activité artistique], [établissement] qui peuvent désigner aussi des constructions ou des édifices, dans des phrases du type :

*Ici on a* CONSTRUIT *un* ABRI, *une* CATHÉDRALE, *un* CINÉMA. *Bientôt on va* DÉMOLIR *cet* ABRI, *cette* CATHÉDRALE, *cette* ÉCOLE.

et comme complément de lieu dans des phrases du type :

*Pierre est entré dans l'*ABRI, *la* CATHÉDRALE, *l'*ÉCOLE, *le* CINÉMA ; *il est à* L'INTÉRIEUR *de l'*ABRI, *de la* CATHÉDRALE, *du* CINÉMA. *Passez devant la* CATHÉDRALE, *et tournez à droite.*

**13.5.** Les noms catégorisés [lieu, habitation], [lieu urbain] et [lieu, institution] s'emploient comme compléments de lieu avec ou sans préposition dans des phrases du type :

*Pierre* HABITE (DANS) *une* MAISON *particulière, une* VILLE *de province, le* DÉPARTEMENT *du Nord.*

Ces mots peuvent aussi entrer dans des phrases du type :

*Cette* MAISON *est* HABITÉE, VIDE, LIBRE, OCCUPÉE.

et, pour les noms [lieu urbain] ou [lieu, institution], dans des phrases du type :

1035

# ANNEXE GRAMMATICALE

*Cette* VILLE *est* ANIMÉE, TRISTE, VIVANTE. *Ce* DÉPARTEMENT *est* ANIMÉ, TRISTE, VIVANT. *Une* AGGLOMÉRATION, *une* COMMUNE *est très* PEUPLÉE, SE DÉPEUPLE, etc. (= les gens qui l'habitent ou du fait des gens qui y habitent).

**Rem.** Ces mots ont la particularité de pouvoir se substituer comme sujets ou comme objets à des noms de personnes : *Tout l'*IMMEUBLE *a protesté, a réagi violemment contre cette mesure* (= les habitants de l'immeuble). *La* VILLE *est en colère* (= les habitants de la ville). *Cela risque de déplaire au* DÉPARTEMENT *entier* (= la population du département).

**13.6.** La catégorie [pièce] regroupe des noms désignant les diverses parties d'un appartement, d'une maison : *chambre, cuisine, salon, bureau, salle à manger,* etc.

Ces noms s'emploient comme compléments de lieu (où l'on est, où l'on va, etc.) avec la préposition *dans* :

*Pierre est* DANS *sa* CHAMBRE. *Venez* DANS *le* BUREAU, *nous y serons plus tranquilles.*

La plupart de ces noms peuvent aussi désigner l'ensemble du mobilier ou des appareils qui meublent la pièce :

*S'acheter une* CUISINE *neuve* (= tous les éléments et appareils utiles dans une cuisine). *Ce magasin vend de très jolies* SALLES À MANGER (= la table, les chaises, etc.).

ou le meuble principal de la pièce :

*S'acheter un* BUREAU (meuble). *S'installer dans le* BUREAU (pièce).

**13.7.** Sont catégorisés [lieu, travail] les noms qui désignent spécifiquement le lieu où une activité professionnelle se situe (*atelier, bureau, chantier,* etc.). Ils entrent dans des phrases du type :

*Pierre travaille* DANS UN BUREAU, SUR UN CHANTIER. *Tous les matins à 8 h, Pierre part* AU BUREAU, AU (SUR LE) CHANTIER.

Sont catégorisés [lieu, commerce] des noms désignant un local commercial et l'activité qui y est pratiquée : *magasin, boutique, commerce, pâtisserie, hôtel, restaurant, station-service,* etc.

Sont catégorisés [établissement] des noms désignant des lieux où s'exercent une activité industrielle, commerciale, médicale, scolaire, des services divers : *affaire, entreprise, société, organisme, bibliothèque, hôpital, banque, école,* etc.

Les noms catégorisés [lieu, commerce] et [établissement] ont les caractéristiques des noms [lieu, travail] :

*Pierre travaille* DANS UNE PÂTISSERIE, DANS UNE BANQUE.

et celles des noms [construction] :

*Passez* DEVANT *la* PÂTISSERIE, *la* BANQUE, *et tournez à droite. Entrez* DANS *la* PÂTISSERIE, *la* BANQUE.

Les noms catégorisés [lieu, commerce] et [établissement] peuvent :

— se substituer à l'expression de l'activité précise pour laquelle ils sont conçus :

*Pierre va* À L'HÔTEL (= dormir dans un hôtel). *Aline est* AU SUPERMARCHÉ

(= en train de faire ses courses). *Je dois avoir recours* à LA BANQUE (= aux prêts que je pourrais y avoir). *Pierre est blessé, il doit aller* à L'HÔPITAL (= se faire soigner). *Tu aurais besoin de retourner* à L'ÉCOLE (= pour y recevoir un enseignement), etc.

— se substituer, comme les noms [lieu, habitation] à l'ensemble des personnes qui s'y trouvent ou qui y travaillent :

*La* BANQUE *est en grève* (= les employés de la banque). *Tout l'*HÔTEL *a dû être évacué* (= les personnes qui s'y trouvaient). *L'*ÉCOLE *entière a la grippe* (= les élèves de l'école).

— s'employer comme sujets dans des phrases du type :

*La* BANQUE, *la* PÂTISSERIE *ferme (est fermée), ouvre (est ouverte) le lundi* (= on ferme [ouvre] la banque, la pâtisserie le lundi).

**Rem. 1.** Sont liés aux noms [lieu, commerce] les noms [personne, profession] : *Il tient une* CHARCUTERIE → *il est* CHARCUTIER. *Il tient un* HÔTEL → *il est* HÔTELIER, etc.

**2.** Sont liés aux noms [établissement] ou [lieu, travail] des noms [personne, fonction] ou [personne, fonction sociale] : *Il est* CADRE DE L'INDUSTRIE, DE BANQUE. *Il est* CHEF DE BUREAU, DE CHANTIER. *Il est* DIRECTEUR D'UNE SOCIÉTÉ. *Il est* ÉLÈVE (DANS UNE ÉCOLE).

**13.8.** Sont catégorisés [lieu, accès] les noms désignant essentiellement le lieu par lequel on passe pour accéder à un autre lieu. Ils entrent dans des phrases du type :

*On accède au métro* PAR LA BOUCHE DE MÉTRO. *On sort, on entre* PAR UNE PORTE.

Ils peuvent être suivis d'un complément du nom désignant le lieu auquel on accède :

*L'*ENTRÉE *de l'immeuble est surveillée* (le lieu par lequel on entre). *Les* ISSUES *du magasin sont gardées* (les lieux par lesquels on entre ou on sort).

Sont catégorisés [lieu, passage] les noms qui désignent les voies de communication, c'est-à-dire les lieux qui permettent d'aller d'un point à un autre (*autoroute, route, rue, souterrain*, etc.). Ces mots ont les mêmes caractéristiques que les noms [lieu, accès] :

*On accède à cette ville* PAR L'AUTOROUTE *du Nord*.

Les noms [lieu, accès] et [lieu, passage] entrent aussi dans des phrases du type :

*Pour aller là, prenez la* PORTE *de droite, l'*AUTOROUTE *du Nord, le* SOUTERRAIN.

Ces mots s'emploient aussi avec les adjectifs du type :

*La route est* ENCOMBRÉE, LIBRE.

**Rem. 1.** Sont aussi catégorisés [lieu, passage] des noms désignant à la fois la voie de communication et la forme prise par cette voie (*virage, carrefour, tournant, déviation, croisement*, etc.).

**2.** Certains noms [lieu, passage] s'emploient suivis d'un nom propre et permettent ainsi de préciser une adresse : *23* AVENUE *Parmentier,* BOULEVARD *de la*

## ANNEXE GRAMMATICALE

*République*, RUE *du Montparnasse*, et, à la campagne ou en banlieue : *45* ALLÉE *des Roses*, ROUTE *du Château*, etc.

**3.** Certains noms [lieu naturel, liquide] sont aussi des noms [lieu, passage]; c'est le cas pour les noms des cours d'eau : *Ce* FLEUVE *va de Paris au Havre.*

**13.9.** Sont catégorisés [localisation] les noms qui désignent une position dans l'espace par rapport à un objet : *intérieur, extérieur, avant, arrière, centre, envers, endroit,* etc.

Ces mots s'emploient comme noms non-comptables (au singulier ou au pluriel selon les cas) avec une préposition (le plus souvent *à*) et un complément du nom désignant l'objet auquel on se réfère :

*La crème se forme* À LA SURFACE DU *lait. Assieds-toi* À CÔTÉ DE *moi,* À DROITE, À GAUCHE DE *la cheminée. Tournez à droite quand vous serez* À LA HAUTEUR DU *musée. Il habite* AUX ENVIRONS DE *Lyon,* EN FACE DE *chez moi. Nous sommes arrivés* AU SOMMET DE *la côte.*

**Rem. 1.** Ces mots peuvent devenir des noms comptables [partie d'un objet ou d'un véhicule] : *Le* BORD *de l'assiette est cassé,* ou [lieu] : *Le* SOMMET *de la montagne est à 1240 mètres.*

**2.** Certains noms [localisation] peuvent indiquer une position dans le temps : *Aux* ENVIRONS *du 30 mai. Au* MILIEU *de la semaine.*

**13.10.** Les noms catégorisés [lieu, point cardinal] : *est, ouest, nord, sud* ont les mêmes emplois que les noms [localisation] mais ils sont toujours non-comptables au singulier et définissent une position ou une orientation le plus souvent par rapport à un nom géographique :

*Habiter à l'*EST *de Paris.*

Ils deviennent des noms de lieu désignant une région, la partie d'un pays, d'un continent, etc. :

*L'*EST *de la France a été touché par la vague de froid.*

Ils ont la particularité de devenir des noms [lieu géographique] avec une majuscule :

*Allemagne de l'*EST*, de l'*OUEST*. Amérique du* NORD*,* etc.

**13.11.** Sont catégorisés [lieu abstrait] des noms comme : *itinéraire* ou *direction* ou des noms de lieu, de localisation, employés dans un sens abstrait (*route, chemin, pente, terrain, tournant, issue,* etc.). Ainsi :

*Suivre le* CHEMIN *qui mène à la forêt* (sens concret). *Ne vous arrêtez pas en si bon* CHEMIN*, vous allez réussir* (sens abstrait). • *Les enfants jouent au* FOND *de la cour* (sens concret). *Il faut aller au* FOND *du problème* (sens abstrait). • *On ne voit rien à l'*HORIZON (sens concret). *L'*HORIZON *politique est sombre* (sens abstrait).

**13.12.** Sont catégorisés [rang] des noms comme : *classe, grade, niveau, numéro, position,* qui indiquent la position, le rang de quelqu'un ou de quelque chose dans une hiérarchie, dans un ensemble ordonné de valeurs, ou des mots comme *tour* et *priorité* qui indiquent la position de quelqu'un, de quelque chose dans une succession d'actions : ces noms ont la particularité de pouvoir s'employer avec un adjectif numéral ordinal (ou avec l'adjectif *dernier*, avant le nom) ou cardinal (après le nom pour *numéro*) :

*Il a eu la première* PLACE *en français. Il habite au* NUMÉRO *3 de la rue du Montparnasse. Il est arrivé en dernière* POSITION *dans la course. Il voyage en première* CLASSE.

Ces noms sont en rapport étroit avec les adjectifs ordinaux employés seuls : *Il a eu la* PREMIÈRE PLACE *en français → il est* PREMIER *en français.* • *Il voyage en* DEUXIÈME CLASSE *→ il voyage en* DEUXIÈME.

Les noms *priorité* ou *tour* ont la particularité de s'employer avec un complément exprimant une action :

*C'est ton* TOUR *de jouer* (= c'est à toi de jouer). *Il a la* PRIORITÉ *pour passer* (= c'est à lui de passer).

## 14. La catégorie [temps]

**14.1.** Les noms exprimant le temps s'emploient essentiellement comme compléments de temps (avec ou sans préposition) pour exprimer la date, la durée ou la répétition :

*Pierre est parti ce* MATIN (date). *Il va au bureau tous les* JOURS, *chaque* JOUR (répétition). *Il a plu (pendant) toute la* NUIT (durée).

On a donné la catégorie [temps], sans autre précision, aux noms génériques (*date, durée, fois, moment*, etc.) ou à ceux qui expriment le temps par opposition à un sens initial [lieu], [action], [résultat], etc. : *arrière, départ, distance, escale, origine*, etc.

On a, pour les autres termes, précisé de quel temps il s'agissait.

**14.2.** Les noms catégorisés [temps de l'action] servent à préciser la position de quelqu'un ou de quelque chose dans le déroulement d'une action (*commencement, cours, fin, stade, suite*, etc.). Ces mots peuvent être suivis d'un complément désignant une action ou une durée et s'emploient pour la plupart au singulier :

*Au* COMMENCEMENT, *au* DÉBUT *de la bataille, de l'année. À ce* STADE *de la discussion, personne n'était d'accord. Pierre est en* AVANCE, *en* RETARD *pour son âge. Pierre a pris de l'*AVANCE *pour son travail. À la* SUITE *de sa maladie, il a dû arrêter son travail.*

**14.3.** Sont catégorisés [temps, événement] les noms qui datent un événement précis indiqué par un complément de nom, comme : *anniversaire, époque, jour, saison, semaine*, etc. :

*C'est le* JOUR *de leur mariage, il faut fêter ce jour. C'est sa* SEMAINE *de bonté. C'est l'*ANNÉE *de la femme.*

**14.4.** Sont catégorisés [temps, mesure] les noms qui servent essentiellement à mesurer précisément le temps : *an, année, demi-heure, heure, jour, minute, mois, semaine*, etc. Ils s'emploient avec un numéral pour se définir les uns par rapport aux autres, pour déterminer une durée, ou pour désigner une date, une heure précise :

## ANNEXE GRAMMATICALE

*Il y a 60* SECONDES *dans une* HEURE. *Il y a 365* JOURS *dans un* AN, *une* ANNÉE. *Il y a 3* MOIS *dans un* TRIMESTRE. *Le film dure deux* HEURES *et quinze* MINUTES. *Il est* MIDI *juste. C'était dimanche 3 octobre,* LA VEILLE (= *samedi 2 octobre*) *nous étions allés au cinéma.*

Sont catégorisés [temps, moment] les noms qui indiquent une date ou une durée approximatives (*après-midi, journée, matin, minute*) :

*Dis donc, tu exagères, ça fait une* HEURE *que je t'attends* (= environ une heure). *Attends-moi, j'en ai pour une* MINUTE, *une* SECONDE (= pas longtemps). *Nous irons au cinéma dans l'*APRÈS-MIDI, *cet* APRÈS-MIDI. *Nous avons passé l'*APRÈS-MIDI *ensemble. Tu déjeunes avec moi à* MIDI? (12 h/12 h 30, 13 h selon les cas). *Nous nous voyons tous les* MIDIS (= tous les jours à l'heure du déjeuner). *Que faites-vous pour le* WEEK-END ?

Les mots de ces deux catégories peuvent s'employer comme compléments des verbes *passer, mettre, prendre* et avec *ça fait* :

*Passer la* JOURNÉE *à faire quelque chose ; mettre une* HEURE *à faire quelque chose ; ça fait trois* HEURES *que j'attends.*

**14.5.** Sont catégorisés [temps, qqn], [temps, qqch] ou [temps qqn, qqch] les noms qui indiquent une période considérée par rapport à quelqu'un ou à quelque chose : *avenir, futur, présent, passé.* Ces mots sont employés avec un possessif ou un complément de nom :

[temps, qqn] : *Pierre prépare son* AVENIR. *Il nous a parlé de son* PASSÉ.
[temps, qqch] : *Quel sera l'*AVENIR *de ces industries ?*

**14.6.** Certains mots expriment spécifiquement la durée soit dans tous leurs emplois, soit dans certains d'entre eux ; ils ont été catégorisés [temps, durée] : *délai, intervalle, éclair, entracte*, etc., et *an* (quand il sert à indiquer l'âge : *un enfant de trois ans*). Ces mots entrent dans des phrases du type :

*On peut aller boire quelque chose pendant l'*ENTRACTE. *Pierre doit faire cela dans un* DÉLAI *de 8 jours. Il a compris en un* ÉCLAIR. *Dans l'*INTERVALLE, *ils avaient décidé autre chose. L'*ENTRACTE *dure 15 minutes. Le* DÉLAI *est de trois semaines. La* LONGUEUR *du film est d'une heure 30.*

Tous ces mots peuvent être complétés par une expression de temps utilisant des noms [temps, mesure].

**14.7.** Les noms catégorisés [jour] sont ceux qui désignent les noms des jours de la semaine. Ils s'emploient :

— sans article et au singulier pour préciser le jour de la semaine :

*Demain, c'est* MERCREDI.

— avec ou sans article défini pour exprimer une date précise :

*Nous sommes* MERCREDI 23 JANVIER, LE MERCREDI 23 JANVIER.

— avec l'article indéfini pour désigner une date approximative, mais un jour précis de la semaine :

# ANNEXE GRAMMATICALE

*C'était* UN MERCREDI, *je m'en souviens, les enfants n'avaient pas classe ce jour-là.*

— avec l'article défini au pluriel ou au singulier pour exprimer la répétition, ou avec le déterminant *chaque* :

*Pierre va à son cours de musique* LE MERCREDI, TOUS LES MERCREDIS, CHAQUE MERCREDI.

**14.8.** Les noms catégorisés [mois] sont ceux qui désignent les mois de l'année. Ils s'emploient toujours au singulier, sans majuscule, le plus souvent comme compléments de temps :

— sans article, avec la préposition *en* :

*Nous partons en vacances* EN AOÛT.

— avec l'article défini s'il est précédé d'un numéral cardinal (sauf *premier*) pour exprimer une date :

LE *15* AOÛT *(le quinze août) on ne travaille pas en France.* LE *1$^{er}$* AOÛT *(le premier août) Paris se vide.*

Les noms de mois s'emploient souvent comme compléments du nom *mois* (en apposition) quand on n'exprime pas une date précise :

*Nous partons* AU MOIS D'AOÛT ou *en* AOÛT. *Le* MOIS DE JUILLET ou JUILLET *a été très chaud. Ils partent chaque* MOIS DE JUILLET *chez leurs parents à Nice.*

**Rem.** Dans l'expression de la date, le nom du mois est omis s'il s'agit du mois en cours : *On se retrouve* LE 25.

**14.9.** Les noms catégorisés [saison] désignent les saisons de l'année : *automne, hiver, printemps, été.*

Ces noms s'emploient surtout au singulier comme compléments de temps sans article avec la préposition *en* (*été, automne, hiver*) ou avec l'article défini et la préposition *à* (*printemps*) :

*Nous sommes* EN AUTOMNE, AU PRINTEMPS, EN ÉTÉ.

ou avec un déterminant quelconque (contrairement aux noms de mois) :

CET AUTOMNE *il fera froid. Nous avons eu* UN *très bel* AUTOMNE. *Nous nous reverrons à* L'AUTOMNE.

Ces noms peuvent s'employer au pluriel pour indiquer la répétition :

TOUS LES HIVERS *il tombe de la neige. Nous avons eu* PLUSIEURS ÉTÉS *très chauds.*

## 15. Les catégories [action] et [résultat]

**15.1.** Sont d'une manière générale catégorisés [action] :

— les noms dérivés de verbes transitifs ou intransitifs exprimant une action :

*Ils ont mis longtemps à* CONSTRUIRE *l'immeuble* → *la* CONSTRUCTION *de*

## ANNEXE GRAMMATICALE

*l'immeuble a été longue.* ● *J'ai besoin que tu m'*AIDES → *j'ai besoin de ton* AIDE.

— des noms qui forment avec *faire, donner, mettre,* etc., une locution verbale équivalente à un verbe (dérivé de ces noms ou d'une autre racine) :

*Pierre a* FAIT UNE CHUTE ← *Pierre est* TOMBÉ. ● *Arrête de me* DONNER DES COUPS ← *arrête de me* FRAPPER. ● *L'inspecteur* FAIT UNE ENQUÊTE ← *l'inspecteur* ENQUÊTE.

**Rem.** Beaucoup de noms [action] s'emploient comme compléments des verbes *faire, porter, donner,* etc., avec ou sans article, et comme non-comptables au singulier : *Porter* ASSISTANCE *à quelqu'un. Faire* CRÉDIT *à quelqu'un. Faire* GRÈVE, *faire la* GUERRE, *faire* SIGNE, *faire* ATTENTION, etc.

La plupart des noms [action] peuvent aussi désigner le résultat de l'action (chose abstraite ou objet concret).

[action] : *Le* CHOIX *est difficile* (= il est difficile de choisir).
[résultat] : *Ton* CHOIX *est mauvais* (= ce que tu as choisi).
[action] : *J'ai un* ACHAT *à faire* (= j'ai quelque chose à acheter).
[résultat] : *Aide-moi à porter mes* ACHATS (= les choses que j'ai achetées).

Toutefois certains noms [action] n'ont pas de nom désignant le résultat correspondant :

*L'*EMPLOI *de ce produit est dangereux* (= le fait d'employer ce produit).
*Il a des problèmes de* RESPIRATION (= il respire mal).

**15.2.** Sont catégorisés [résultat] les noms qui désignent un résultat par opposition à un sens premier [action] : *étude, exposition, lecture, connaissance,* etc.

Cette opposition se marque le plus souvent par le passage d'un emploi non-comptable au singulier pour le nom [action] (avec l'article défini) à un emploi comptable (article indéfini, adjectif numéral, possessif, etc.) pour le nom [résultat] :

[action] : *L'*EXPOSITION *de ses peintures aura lieu dimanche.*
[résultat] : *Nous avons visité* TROIS EXPOSITIONS *de peinture.*

Certains noms, toujours comptables, sont uniquement catégorisés [résultat] : *cicatrice, embouteillage, plaie, succès, échec,* etc. Ces noms indiquent soit la marque, la trace concrète d'une action (*cicatrice, plaie*), soit son aboutissement (*succès, échec*).

**Rem.** On a, pour de nombreux noms, groupé les catégories [action] et [résultat].

**15.3** Sont catégorisés [action, qqn] et [action, qqn, et résultat] les noms désignant une action faite par quelqu'un (le sujet du verbe d'action ou de la locution verbale correspondants désigne une personne) : *achat, bêtise, sourire, location, choix, élection,* etc. :

*Le peuple va* ÉLIRE *son président demain* → *l'*ÉLECTION *du président par le peuple aura lieu demain.*

Sont catégorisés [action, qqch] et [action, qqch, et résultat] les noms

## ANNEXE GRAMMATICALE

désignant une action faite par quelque chose, un résultat produit par quelque chose (le sujet du verbe d'action ou de la locution verbale correspondants désigne une chose) : *hausse, fusion, explosion, effet, marche,* etc. :

*La bombe* EXPLOSERA *ce soir* → *l'*EXPLOSION *de la bombe aura lieu ce soir.*

Sont catégorisés [action, qqn, qqch] ou [action, qqn, qqch, et résultat] les noms désignant des actions faites par quelqu'un ou quelque chose (le sujet du verbe ou de la locution verbale désigne une personne, une chose) : *chute, contact, arrivée, départ, rentrée, progrès,* etc. :

*J'attends que Pierre/le bus* ARRIVE → *j'attends l'*ARRIVÉE *de Pierre/du bus.*

**Rem.** Parfois, on a dégroupé [action, qqn], d'une part, et [action, qqch], d'autre part, pour un même mot : *marche, influence, coup,* etc. Cela a été le cas, particulièrement, quand le nom d'action correspondait à un verbe ayant deux sens bien distincts :

[action, qqn] : *Pierre* MARCHE *une heure tous les matins* → *Pierre fait une* MARCHE *d'une heure tous les matins.*
[action, qqch] : *Assure-toi que cet appareil* MARCHE *bien* → *Assure-toi de la bonne* MARCHE *de cet appareil.*

**15.4.** La catégorie [action] a été précisée quand le nom d'action appartenait à un domaine précis. Ainsi :

1) Sont catégorisés [action, sport, jeu] les noms qui désignent une action dans un jeu ou un sport, comme : *match, partie (faire un match, une partie* ou *jouer une partie)* ; sont catégorisés [résultat, sport, jeu] des noms qui indiquent le résultat d'un jeu comme : *but, point, marque,* etc.

2) Sont catégorisés [action, calcul] les noms comme : *addition, division, multiplication,* etc., qui ont la particularité
— d'être en relation avec des verbes indiquant un calcul :

*Faire une* ADDITION → ADDITIONNER. • *Faire une* DIVISION → DIVISER, etc.

— de ne pas avoir de nom [résultat] correspondant de même radical ;
— d'être en rapport étroit avec des noms [objet, calcul] comme *chiffre, nombre* :

*Faire une* ADDITION *de cinq nombres* → ADDITIONNER *cinq nombres.*

3) Sont catégorisés [action, langage], [action, langage, et résultat] et [énoncé] les noms qui désignent une action verbale (et son résultat).

La catégorie [action, langage] regroupe des noms comme : *conversation, débat, explication, entretien,* etc., qui sont dérivés de verbes :

*Nous nous sommes* ENTRETENUS *de toi* → *nous avons eu un* ENTRETIEN *à ton sujet.* • *Des politiciens vont* DÉBATTRE *de ce problème* → *des politiciens vont avoir un* DÉBAT *sur ce problème.* • *Toi et moi, nous devons nous* EXPLIQUER → *toi et moi nous devons avoir une* EXPLICATION.

ou des termes génériques comme *parole* :

*Prendre la* PAROLE = PARLER.

4) Sont catégorisés [énoncé] des noms comme : *allocution, anecdote, blague, commentaire, mensonge, compliment, récit,* etc., qui définissent, précisent ou qualifient le contenu de l'action verbale. Ils en sont aussi le résultat. Ils s'emploient comme compléments de verbes exprimant une action verbale : *dire,*

*prononcer, raconter*, etc., ou, moins spécifique, du verbe *faire* :
> *Le ministre prononcera/fera un* DISCOURS *ce soir à 8 h.*
> *Pierre a raconté une* ANECDOTE, *une* HISTOIRE.

Certains de ces noms sont en rapport étroit avec un verbe :
> *Arrête de dire des* MENSONGES → *arrête de* MENTIR. ● *Il m'a fait des* COMPLIMENTS → *il m'a* COMPLIMENTÉ.

Ils peuvent aussi être compléments des verbes *écrire* et *lire* (les paroles pouvant être écrites) :
> *Écrire, lire une* RECETTE *de cuisine, les petites* ANNONCES, *un* ARTICLE.

**Rem. 1.** Sont aussi catégorisés [énoncé] les mots comme *terme, propos, paroles*, etc., qui entrent dans des phrases du type : *En quels* TERMES *s'exprime l'auteur ? Quelle est la signification des* PROPOS/PAROLES *de Jacques ?*
**2.** Les noms catégorisés [énoncé] ont pour beaucoup d'entre eux les caractéristiques des noms [objet, texte].

5) Sont catégorisés [action, langage, et résultat] les noms qui sont à la fois des noms d'action et de résultat (donc susceptibles de devenir [énoncé]) :

[action] : *Pierre vous a posé une* QUESTION → *Pierre vous a* QUESTIONNÉ.

[résultat

énoncé] : *Répondez à sa* QUESTION, *à la* QUESTION *n° 3 en haut de la page.*

6) Sont catégorisés [texte, institution] des noms désignant des énoncés (écrits) relatifs à la loi : *code (de la route), règlement, loi, décret*, etc.

7) Sont catégorisés [énoncé, musique] les noms : *air, chanson, note*, qui entrent dans des phrases du type :
> *Lire/écrire un* AIR, *une* CHANSON, *des* NOTES.

## 16. La catégorie [manière]

**16.1.** Sont catégorisés [manière, qqch] les noms : *méthode, mode, moyen, procédé, recette, façon, système, truc*, etc., qui indiquent la manière de faire quelque chose pour arriver à un certain but. Ils répondent à la question : *comment faire pour* + *infinitif, pour que* + *subjonctif.*

Ils s'emploient :

1) pour reprendre une phrase énonçant une action préalable à une autre, nécessaire pour le résultat escompté :
> *Partir tôt, c'est une bonne* MÉTHODE *pour éviter les encombrements.*

2) dans des phrases du type :
> *J'ai une bonne* MÉTHODE/*un bon* MOYEN/*un bon* TRUC *pour le réveiller.*

3) avec un nom d'action comme complément :
> *Quel est le* PROCÉDÉ *de fabrication de cet appareil ?* (= *la* MANIÈRE *dont on a fabriqué l'appareil.*)
> *Il a des* MOYENS *de persuasion infaillibles.*

**ANNEXE GRAMMATICALE**

4) comme compléments des verbes *employer, utiliser*, etc. :
   *Quelle* MÉTHODE/FORMULE, *quel* MOYEN/SYSTÈME *avez-vous utilisés pour le convaincre ?*

**16.2.** Sont catégorisés [manière, qqn] des noms comme : *attitude, comportement, expression, façon, habitude, manie, ton,* etc., qui désignent :

— la manière générale d'agir de quelqu'un, sans but exprimé, par opposition aux noms [manière, qqch] :
   *Se lever à six heures est une* HABITUDE *chez Pierre. Pierre a l'*HABITUDE *de se lever à 6 h.*

— la manière générale d'agir d'un groupe, ou un ensemble de manières d'agir :
   *Faire une fête à Pâques est une* TRADITION/*un* USAGE/*une* COUTUME *dans ce pays.*
   *Connaître les* USAGES *du pays* (= *ce que les gens ont l'*HABITUDE *de faire dans un pays*).

— la manière générale ou particulière (dans un cas précis) qu'a quelqu'un de faire quelque chose, de se comporter, de parler, etc. :
   *Pierre a souri ; cette* ATTITUDE/*ce* COMPORTEMENT *ne m'a pas plu. Pierre a eu une* ATTITUDE/*un* COMPORTEMENT *qui ne m'a pas plu.*

Certains de ces noms sont en rapport étroit avec des verbes :
   *Pierre est* HABITUÉ *à se lever tôt* → *Pierre a l'*HABITUDE *de se lever tôt.*
   • *Pierre* SE COMPORTE *d'une manière bizarre* → *Pierre a un* COMPORTEMENT *bizarre.* • *Elle a une jolie manière de* MARCHER. *Elle* MARCHE *joliment* → *elle a une jolie* DÉMARCHE.

**16.3.** Sont catégorisés [doctrine] les noms : *philosophie, religion,* quand ils indiquent les manières de penser, les croyances de quelqu'un :
   *Ne rien faire et laisser dire, c'est la* PHILOSOPHIE *de Pierre.*

## 17. La catégorie [statut]

**17.1.** On a distingué la catégorie [statut] des catégories [qualité], [état], [activité].

— Les noms [statut] s'emploient essentiellement dans des questions portant sur l'identité de quelqu'un, la nature de quelque chose :
   *Qui est ce monsieur ? quel est son* NOM, *son* SIGNALEMENT, *etc. ?*
   *Qu'est-ce que cette chose ? quel est son* NOM, *de quelle* MARQUE *est-elle, etc. ?*

— Les noms [activité sociale] s'emploient dans des questions sur ce que fait une personne dans la vie sociale :
   *Que fait Pierre ? quel est son* MÉTIER, *quelle est sa* PROFESSION, *etc. ?*

— Les noms [qualité, qqch], [qualité, qqn], [qualité, qqn, qqch], [esprit]

## ANNEXE GRAMMATICALE

s'emploient dans des questions (ou des réponses) sur l'aspect, les caractéristiques d'une chose, d'une personne :

*Comment est cette chose ? quelle est sa* FORME, *quel* GOÛT *a-t-elle, etc. ?*
● *Comment est Jacques ? quel est son* CARACTÈRE, *quelle est sa* PERSONNALITÉ *?* ● *Comment trouves-tu (juges-tu) qu'est cette chose, cette personne ? Elle a du* CHARME, *des* DÉFAUTS, *de l'*ALLURE, *etc.*

— Les noms [activité mentale] et [résultat, activité mentale] s'emploient pour interroger sur l'opinion d'une personne :

*Que pense Jacques ? Quelle est sa* PENSÉE, *son* OPINION *sur ce problème, etc.*

— Les noms [état, qqn], [état, qqch] s'emploient dans des réponses à une question portant sur l'état de quelqu'un, de quelque chose :

*Dans quel état se trouve (est) cette chose, cette personne (en ce moment) ?*
*Pierre est au* CHÔMAGE. *Cette industrie est en pleine* CROISSANCE, *etc.*

**17.2.** Sont catégorisés [statut, qqn] :

— d'une part des noms comme : *âge, sexe, nom, prénom, identité, nationalité,* etc., qui permettent d'identifier une personne, de la distinguer des autres. Ces noms répondent à la question : QUI EST *cette personne ?*

*De quel* SEXE *est-il ? — Il est de* SEXE *masculin.* ● *De quelle* NATIONALITÉ *est-il ? — Il est de* NATIONALITÉ *française.* ● *De quelle* LANGUE *est-il ? — Il est de* LANGUE *française.* ● *De quelle* RACE *? — Il est de* RACE *blanche.* ● *De quelle* ORIGINE *? — Il est d'*ORIGINE *anglaise.* ● *Quel* ÂGE *a-t-il ? Quel est son* ÂGE *? — Il a 32 ans (pour/comme* ÂGE*) ou son* ÂGE *est de 32 ans.* ● *Quel est son* NOM *? Quel* NOM *a-t-il ? — Il a Legrand (pour/comme* NOM*) ou son* NOM *est Legrand.* ● *Quel est son* PRÉNOM *? Quel* PRÉNOM *a-t-il ? — Il a Pierre (pour/comme* PRÉNOM*).*

— d'autre part des noms comme : *diplôme, titre,* termes génériques, ou *baccalauréat, licence, certificat,* etc., qui permettent de préciser son statut social. Ces noms sont en rapport étroit avec des adjectifs ou d'autres noms de personnes dérivés :

*Quel* DIPLÔME *a-t-il ? Quel* TITRE *a-t-il ?/Quel est son* TITRE *?* ● *Pierre a le* BAC → *Pierre est* BACHELIER. ● *Pierre a une* LICENCE *d'anglais* → *Pierre est* LICENCIÉ *d'anglais.* ● *Pierre a un* DIPLÔME *d'ingénieur* → *Pierre est ingénieur* DIPLÔMÉ. ● *Pierre a le* TITRE *de médecin.*

**17.3.** Sont catégorisés [activité sociale] les noms comme : *emploi, métier, place, profession, situation, travail,* etc., qui entrent dans des phrases du type :

*Que* FAIT *Pierre comme* MÉTIER, TRAVAIL *? Qu'est-ce qu'il a comme* EMPLOI, FONCTION, PROFESSION *? Quel est le* MÉTIER, *le* TRAVAIL, *quelle est la* PROFESSION *de Pierre ?*

On répond à ces questions par des noms catégorisés [personne, profession] : *il est* BOUCHER *;* [personne, fonction sociale] : *il est* ÉTUDIANT *;* [personne, fonction] : *il est* PATRON *d'une usine,* ou par des noms catégorisés [activité] : *il travaille dans l'*INDUSTRIE, *le* COMMERCE, *le* SPORT, *etc.*

# ANNEXE GRAMMATICALE

**17.4.** Sont catégorisés [langue] les noms comme : *allemand, américain, hongrois, français, italien*, etc., qui désignent une langue particulière.

Ces noms sont en général dérivés d'un nom propre de pays, comme le nom ethnique de personne (avec une majuscule) ou l'adjectif ethnique (sans majuscule) dont il a la forme :

*Pierre est né en* FRANCE → *c'est un* FRANÇAIS (nom de personne) *qui parle la langue* FRANÇAISE (adjectif), *le* FRANÇAIS (langue).

Les noms [langue] s'emploient surtout au singulier avec ou sans article défini comme compléments du verbe *parler* :

*Pierre parle (l')*ALLEMAND. *Pierre apprend l'*ALLEMAND. *L'*ALLEMAND *est une langue assez difficile.*

et sans article après *en* :

*Comment dit-on «fruit» en* ALLEMAND *?*

**Rem.** Sont aussi catégorisés [langue] les mots *argot* et *code* qui désignent une langue particulière à un groupe social (argot) ou une langue artificielle (code).

Les mots catégorisés [objet, langue] (*accent, lettre, mot*) désignent les signes ou les objets abstraits qui servent à composer la langue, à la transcrire, comme les mots catégorisés [objet, calcul] servent au calcul :

*«Cold» est un* MOT *de l'anglais. On parle avec des* MOTS. *Quatre est un* CHIFFRE.

Les mots catégorisés [partie d'une langue] (*accent, alphabet, lexique, vocabulaire, phrase, orthographe*) s'emploient pour caractériser la langue (à la fois parlée et écrite) :

*Il parle avec l'*ACCENT *anglais. Il a beaucoup de* VOCABULAIRE *en allemand. Il connaît l'*ORTHOGRAPHE *française.*

**17.5.** Sont catégorisés [statut, qqch] des noms comme : (1) *marque, origine, nom, modèle,* etc., qui permettent d'identifier quelque chose ; (2) *cause, circonstance, coïncidence, conjoncture, conséquence,* etc., qui permettent de situer une chose abstraite ou concrète, en expliquant le fait que quelque chose se produit, existe, en désignant l'ensemble des conditions d'existence de quelque chose, d'une action ; (3) *problème, mystère, énigme, question,* etc., qui attribuent à quelque chose un certain statut par rapport à quelqu'un.

Les noms (1) répondent à la question : QU'EST-CE *que cette chose ?*

*Quelle est la* MARQUE *de ce produit ? — C'est un produit de* MARQUE *anglaise/La* MARQUE *de ce produit est anglaise/Ce produit a «Xha» comme* MARQUE. • *Quel est le* MODÈLE *de cette voiture ? — C'est une voiture d'un* MODÈLE *récent/Le* MODÈLE *de cette voiture est récent.* • *Quel est le* NOM *de cet appareil ? — Le* NOM *de cet appareil est un réfrigérateur/Cet appareil a «réfrigérateur» comme* NOM.

Les noms (2) entrent dans des phrases du type :

*Quelles sont les* CIRCONSTANCES *du crime ? Les* MOBILES *de cette action ? Cette action a l'amour comme* MOBILE. • *Ceci aura des* CONSÉQUENCES *néfastes. Ceci a cela comme* CONSÉQUENCE. *Ce sont là les* CONSÉQUENCES *néfastes de son action.*

Les noms (3) entrent dans des phrases du type :
*Cette chose est un* MYSTÈRE *(pour moi)/est une* ÉNIGME *(pour moi)/est un* PROBLÈME *(pour moi).*

## 18. Les catégories [esprit] et [activité mentale]

**18.1.** Sont catégorisés [esprit] les noms : *caractère, mentalité, personnalité, psychologie*, etc., qui permettent de définir une personne (par opposition aux choses) sur le plan intellectuel ou psychologique :

*Quel est le* CARACTÈRE *de Jacques ? — Jacques a un* CARACTÈRE *difficile.*
• *Quelle est la* PERSONNALITÉ *de Jacques ? — Jacques a une* PERSONNALITÉ *intéressante.*

**Rem.** Ces mots peuvent parfois s'employer pour désigner la personne elle-même : *C'est une* PERSONNALITÉ *intéressante.*

Sont catégorisés [propriété, esprit] des noms comme : *conscience, mémoire, intelligence, sensibilité, volonté, goûts*, etc., qui indiquent les aptitudes d'une personne à comprendre, agir, aimer, etc., et qui permettent de définir, de préciser son caractère, sa personnalité, sa mentalité, sa psychologie, etc. Ces termes entrent dans des phrases du type :

*Pierre a fait appel à sa* MÉMOIRE/*sa* VOLONTÉ/*son* INSTINCT *pour répondre.*
• *Pierre a eu l'*INTELLIGENCE/*la* VOLONTÉ *de s'arrêter de fumer.*

**Rem.** La plupart des noms catégorisés [esprit] et [propriété, esprit] deviennent des noms [qualité, qqn] quand, employés au singulier, avec (ou sans) l'article partitif, ils indiquent que la personne a cette propriété à un degré élevé et de manière permanente : *La* VOLONTÉ *de Pierre est grande* → *Pierre a* DE LA VOLONTÉ. • *Les* GOÛTS *de Pierre sont sûrs* → *Pierre a* DU GOÛT. • *Pierre a une forte* PERSONNALITÉ → *Pierre a* DE LA PERSONNALITÉ.

**18.2.** Sont catégorisés [activité mentale] les noms : *calcul, conviction, intuition, pensée, rêve*, etc., qui s'emploient (surtout comme non-comptables au singulier) dans des expressions équivalant à des verbes qui expriment une action mentale, psychique :

*J'ai l'*INTUITION *qu'il va refuser* = *je* PENSE *qu'il va refuser.* • *Je l'ai vu en* RÊVE = *je l'ai vu en* RÊVANT. • *J'ai la* CONVICTION *qu'il ment* = *je suis* CONVAINCU *qu'il ment.* • *J'ai besoin d'un moment de* RÉFLEXION = *j'ai besoin de* RÉFLÉCHIR *un moment.*

Sont catégorisés [résultat, activité mentale] les noms : *idée, aperçu, avis, calcul, conviction, intention, notion*, etc., qui s'emploient comme noms comptables pour désigner ce qui a été décidé, pensé, réfléchi, jugé, rêvé, etc. Certains de ces noms sont identiques en forme aux noms [activité mentale] mais s'y opposent pas leur emploi comptable :

[activité] : *J'ai l'*INTUITION *qu'il viendra. Je l'ai vu en* RÊVE.

[résultat] : *Tes* INTUITIONS *sont toujours fausses* (= ce que tu penses par intuition). *Raconte-moi tes* RÊVES (= ce dont tu as rêvé).

# ANNEXE GRAMMATICALE

D'autres noms sont dérivés de verbes d'opinion, ou exprimant la pensée, le jugement, la réflexion, etc. :

*Je te* CONSEILLE *de partir. Tes* CONSEILS *sont toujours bons* (= ce que tu conseilles). ● *Il* PROJETTE *de partir en vacances cet été, ce n'est pas original* → *son* PROJET *de partir en vacances cet été n'est pas original.*

D'autres noms : *but, hypothèse, idéal, notion, objectif, perspective, théorie*, etc., supposent tous une activité mentale préalable, sans correspondre à un verbe précis :

*J'ai bien pensé au problème, mon* HYPOTHÈSE *est la suivante...* (= le résultat de mes pensées).

Ils ont la particularité de s'employer avec un possessif ou comme complément de *avoir* (sujet qqn) :

*Le ministre a donné son* AVIS/*son* IMPRESSION/*son* OPINION/*son* POINT DE VUE *sur le problème.*
*Il a des* IDÉES/*des* CONVICTIONS/*des* OPINIONS/*des* PRÉJUGÉS *contraires aux miens.*

## 19. La catégorie [qualité]

**19.1.** Les noms [qualité] sont en rapport étroit avec les adjectifs qualificatifs : ces derniers sont des dérivés de noms de qualité ou, au contraire, les noms de qualité sont des dérivés d'adjectifs. Ils entrent essentiellement dans des phrases avec un complément de nom, ou comme compléments du verbe *avoir* (non-comptables le plus souvent), ou sans article après *avec* :

*Pierre est* ADROIT, *cela m'étonne* → *l'*ADRESSE *de Pierre m'étonne.*
● *Pierre a de l'*ESPRIT → *Pierre est* SPIRITUEL. ● *Pierre s'est battu avec* COURAGE → *Pierre s'est battu d'une manière* COURAGEUSE.

**19.2.** On a précisé la catégorie [qualité, qqn] pour les qualités attribuées à une personne : *adresse, aptitude, ardeur, entrain, imagination, patience, philosophie, soin*, etc. Ce sont en général des qualités relatives à l'esprit, au caractère, au comportement d'une personne.

On a précisé la catégorie [qualité, qqn, qqch] pour les qualités attribuées à une chose ou à une personne : *allure, avantage, charme, chic, force ;* à une personne et à son action (et au résultat) : *injustice, justice, humour, vie*, etc.

*Aline/cette maison a du* CHARME → *Aline/cette maison est* CHARMANTE.
● *Cet enfant/ce quartier est* CALME ← *j'aime le* CALME *de cet enfant/de ce quartier.*

**19.3** On a précisé la catégorie [qualité, qqch] pour les qualités attribuées à une chose : *confort, actualité, nouveauté, vérité*, etc.

*Ce fauteuil est* CONFORTABLE, *j'aime cela* → *j'aime le* CONFORT *de ce fauteuil.*

Sont aussi catégorisés [qualité, qqch] ou [qualité, qqn, qqch] des noms comme : *goût, odeur, parfum, couleur, valeur, étendue*, etc., qui désignent non

## ANNEXE GRAMMATICALE

plus une qualité attribuée (par le jugement) à une chose (ou une personne) mais une qualité, une propriété inhérente, permanente de cette chose (du corps de cette personne).
Ainsi, on peut opposer d'une part :

— la qualité (ou le défaut) attribuée à quelqu'un, quelque chose :

> *Ce problème est (jugé par moi)* DIFFICILE, *cela m'effraie* → *la* DIFFICULTÉ *de ce problème m'effraie.*

— la qualité (ou propriété) intrinsèque de quelque chose, qui permet de préciser sa forme, sa couleur, etc. :

> *Cette fleur a une* ODEUR *particulière* (qu'on peut reconnaître). *Je reconnais l'*ODEUR *de cette fleur. Cette* ODEUR *est caractéristique de cette fleur.*

**19.4.** On a précisé la catégorie [qualité, mesure] pour des noms comme : *épaisseur, altitude, dimension, longueur, largeur, superficie, surface, taille,* etc., qui sont en rapport étroit

— soit avec des adjectifs :

> *Ce mur est* HAUT *de trois mètres* = *La* HAUTEUR *de ce mur est de trois mètres/Ce mur a trois mètres de* HAUTEUR.

— soit avec des verbes :

> *Ce papier* PÈSE *trois grammes* = *Le* POIDS *de ce papier est de trois grammes.*

**Rem.** Certains de ces termes ont, d'une part, une valeur neutre qui permet une évaluation quelconque (indiquée par l'unité de mesure), d'autre part, une valeur de quantité (sans complément) : *Pierre a une* TEMPÉRATURE *de 36°, 37°, 38°,* etc. *Pierre a* DE LA TEMPÉRATURE (= une température supérieure à la normale). • *Nous roulons à la* VITESSE *de 50 km/heure. Je n'aime pas faire* DE LA VITESSE (= rouler à grande vitesse, aller très vite).
Cette caractéristique est aussi celle de certains adjectifs : *Ce mur est* HAUT DE *50 cm. Ce mur est* HAUT (= très haut).

**19.5.** Sont catégorisés [forme] les noms comme : *angle, carré, cercle, rond, croix, rectangle, triangle,* etc., qui permettent de préciser l'apparence physique de quelque chose, ses contours. Ils entrent dans des phrases du type :

> *Cet objet/ce dessin a la forme d'un* CARRÉ, *est un* CARRÉ.

Certains de ces noms sont en rapport étroit avec des adjectifs :

> *La table a la forme d'un* CARRÉ, *d'un* RECTANGLE → *la table est* CARRÉE, RECTANGULAIRE, etc.

Sont catégorisés [forme, qqch] les noms comme : *aspect, creux, motif, pointe, style, pile, tas,* etc., qui permettent de décrire l'apparence de quelque chose (concret ou abstrait), d'un groupe de choses :

> *Un tissu à* MOTIFS *géométriques. Un roman au* STYLE *clair. Des objets mis en* PILE, *en* TAS. *La situation se présente sous un* ASPECT *favorable.*

Sont catégorisés [forme, corps] les noms comme : *physionomie, physique,*

*profil, silhouette, traits*, etc., qui permettent de décrire l'apparence physique de quelqu'un et de le reconnaître :
> Pierre a un PHYSIQUE *agréable*/une PHYSIONOMIE *souriante*/un beau PROFIL. Je reconnais la SILHOUETTE de Jacques.

Sont catégorisés [forme naturelle] les noms comme : *paysage, relief* ou *pente* qui permettent de décrire un [lieu naturel] :
> Cette région a un RELIEF *mouvementé*. Je reconnais les PAYSAGES de cette région. La route est en PENTE.

**19.6.** De même que de certains adjectifs comme : *insolent, grand, petit, gros*, etc., on peut dériver des noms de personne (catégorie [personnel]) :
> Je n'aime pas les personnes INSOLENTES → je n'aime pas LES INSOLENTS.

on peut de certains adjectifs dériver des noms abstraits.

Ont la catégorie [qqch] des noms comme : *contraire, équivalent, important, essentiel, impossible*, etc. :
> La chose IMPORTANTE *est que tu viennes à l'heure* → L'IMPORTANT *est que tu viennes à l'heure.* ● *Tu me dis la chose* CONTRAIRE → *tu me dis* LE CONTRAIRE. ● *J'en veux une quantité* DOUBLE → *j'en veux* LE DOUBLE.

Ces noms sont en général masculins et employés au singulier avec l'article défini. Certains sont féminins, quelques-uns sont comptables :

(n. f. comptable) *Quelles sont les choses* (= éléments) CARACTÉRISTIQUES *de cet appareil ?* → *quelles sont les* CARACTÉRISTIQUES *de cet appareil ?*

(n. m. comptable) *Il m'a révélé les choses qu'il gardait* SECRÈTES → *il m'a révélé* SES SECRETS.

Sont catégorisés [couleur] les noms masculins non-comptables dérivés des adjectifs de couleur. Ils s'emploient surtout au singulier avec l'article défini ou après *en* :
> Je n'aime pas la couleur BLEUE → je n'aime pas LE BLEU. ● *Ils ont peint leur chambre avec une couleur* BLEUE → *ils ont peint leur chambre* EN BLEU.

Ces noms deviennent comptables lorsqu'ils désignent des types, des nuances particulières de la couleur :
> Il y a dans ce tableau DES VERTS *extraordinaires* (= des types de vert).

## 20. Les catégories [état], [sentiment] et [sensation]

**20.1.** Sont catégorisés [état] des noms qui sont en rapport étroit avec

1) des verbes intransitifs :
> *Pierre* VIT → *Pierre est en* VIE.

2) des verbes passifs ou des participes adjectifs :

# ANNEXE GRAMMATICALE

    *Pierre est* GÊNÉ *en ce moment* → *Pierre est dans la* GÊNE *en ce moment.*

3) des adjectifs :
    *Pierre veut être* LIBRE → *Pierre veut sa* LIBERTÉ. • *Pierre est* RETRAITÉ → *Pierre est à la* RETRAITE.

    Parfois, il n'y a pas de verbe ou d'adjectif correspondant :
    *Le* BONHEUR *de Pierre fait plaisir* (= *Pierre est* HEUREUX, *cela fait plaisir*). • *Pierre est en* VACANCES, *en* CONGÉ.

    On a précisé la catégorie [état, qqn] pour les noms comme : *chômage, aise, deuil, doute, grossesse, vacances, bonheur, malheur*, etc., qui s'appliquent essentiellement à la personne ; la catégorie [état, qqch] pour les termes comme : *panne, désordre, expansion, ruine*, etc., qui s'appliquent essentiellement à une chose ; la catégorie [état, qqn, qqch] pour les termes comme *besoin, faillite, présence, silence, difficulté*, etc., qui s'appliquent à une personne ou à une chose sans différence de sens :
    *L'industrie/l'alpiniste passe un moment* DIFFICILE → *l'industrie/l'alpiniste est en* DIFFICULTÉ.

    Ces noms s'opposent aux noms d'action. Dans les noms [action, qqn], la personne fait l'action ; dans les noms [état, qqn] la personne subit un événement, a une certaine qualité, éprouve une sensation, un sentiment, etc. :
    *Pierre souffre d'une* MALADIE *incurable, a une* MALADIE *incurable.*
    • *Pierre souffre de nombreux* COMPLEXES, *a de nombreux* COMPLEXES.

    Les noms d'état ont la particularité de pouvoir (dans un grand nombre de cas) s'employer comme compléments de temps ou comme compléments d'un nom de temps :
    *Pierre s'est inquiété pendant son* CHÔMAGE (= *le temps où il était en chômage*). *Il a besoin d'un moment de* DÉTENTE. *Elle a été malade pendant sa* GROSSESSE.

    C'est le cas, en particulier, pour les noms catégorisés [état, âge] : *adolescence, enfance, jeunesse, vieillesse*, qui désignent à la fois l'état de la personne et la période pendant laquelle cet état dure :
    *Il a fait cela dans son* ENFANCE.

    Ces noms sont en relation étroite avec les noms [personne, âge] :
    *Il a fait cela quand il était un* ENFANT.

**20.2.** Sont catégorisés [maladie] les noms : *angine, bronchite, cancer, grippe, migraine, rhume*, etc., qui, à l'intérieur des noms [état, qqn], ont un fonctionnement spécifique :
    *Pierre souffre d'une* ANGINE, *d'une* GRIPPE, *Pierre a une* ANGINE, *une* GRIPPE.

ou, pour certains noms de maladie :
    *Pierre a la/une* GRIPPE, *la/une* MIGRAINE, *le/un* RHUME, etc. • *Pierre a attrapé la* GRIPPE, *une* ANGINE, *un* RHUME, etc.

## ANNEXE GRAMMATICALE

Certains de ces noms sont en rapport étroit avec des adjectifs ou des verbes passifs :
> *Pierre a la* GRIPPE → *Pierre est* GRIPPÉ. ● *Pierre a un* RHUME → *Pierre est* ENRHUMÉ, *etc.*

**20.3.** Sont catégorisés [sentiment] des noms comme : *admiration, affection, amitié, angoisse, cafard, déception, mépris,* etc., qui indiquent ce que ressent, ce qu'éprouve intellectuellement, psychologiquement, moralement, etc., une personne. Sont catégorisés [sensation] des noms comme : *frisson, fatigue, faim, soif, nausée,* etc., qui indiquent ce que ressent, ce qu'éprouve physiquement une personne. Certains noms peuvent être et [sentiment] et [sensation] ; ex : *douleur.*

Ces noms s'emploient dans des phrases du type :
> *J'éprouve un sentiment de* CRAINTE *devant lui. J'éprouve une sensation de* FAIM *à 10 h du matin.*

Ils sont en général non-comptables, mais peuvent s'employer comme noms comptables quand ils désignent la chose ou la personne qui provoque le sentiment (ou parfois la sensation), les moments, les accès de ce sentiment (de cette sensation) :
> *Pierre se fait du* SOUCI *à cause de ses enfants* → *les enfants de Pierre sont son principal* SOUCI. ● *Pierre est souvent en* COLÈRE → *Pierre a des* COLÈRES *terribles* (= *des accès de colère*).

Ces noms sont proches des noms d'état.

1) Ils peuvent entrer dans des phrases du type :
> *Pierre est dans un état de* FATIGUE, *de* RAGE, *terrible.*

2) Ils s'opposent, comme les noms d'état, aux noms d'action en étant en rapport étroit avec des verbes passifs :
> [sentiment] : *Son absence me* PEINE → *je suis* PEINÉ *par son absence* → *j'éprouve/j'ai de la* PEINE *à cause de son absence.*
> [sensation] : *Ce travail me* FATIGUE → *je suis* FATIGUÉ *par ce travail (à cause de ce travail).*

3) Ils sont en rapport avec des adjectifs :
> *Pierre a* HONTE *de ce qu'il a fait* → *Pierre est* HONTEUX *de ce qu'il a fait.*

Les noms [sentiment] et [sensation] peuvent être suivis d'un complément désignant ce qui produit, provoque le sentiment, la sensation :
> *Pierre a de l'*AFFECTION *pour Paul. Pierre a du* MÉPRIS *pour Jacques. Pierre a* SOIF *d'un grand verre de bière.*

De nombreux noms [sentiment] ou [sensation] s'emploient sans déterminant dans des locutions verbales :
> *Pierre a* PEUR *de Jacques/Jacques fait* PEUR *à Pierre.* ● *Pierre a* PITIÉ *de Paul/Paul fait* PITIÉ *à Pierre.* ● *Pierre a* HONTE *de ce qu'il a fait/Ce qu'il a fait fait* HONTE *à Pierre.* ● *Pierre a* SOIF, FAIM/*(Ceci) donne* SOIF, FAIM *à Pierre.*

ANNEXE GRAMMATICALE

## 21. La catégorie [activité]

**21.1.** Sont catégorisés [activité] des termes comme : *art, jeu, sport, économie, politique,* etc., qui désignent un domaine d'action précis, et un ensemble d'actions, de faits obéissant à certaines règles ou à certaines conditions.

Certains de ces mots ont la particularité d'être non-comptables quand ils désignent le domaine d'action (terme générique) et comptables quand, à l'intérieur de ce domaine d'action, ils désignent un type précis d'activité :

*Pierre fait* DU SPORT. *Le tennis est* UN DES SPORTS *que je préfère.*

Ces mots sont donc aussi des termes génériques qui ont permis de préciser les sous-catégories [jeu], [sport], [activité artistique], [activité économique], etc.

**21.2.** Sont catégorisés [activité économique] les noms comme : *affaires, agriculture, bâtiment, commerce, industrie,* etc., qui désignent les différentes branches de l'économie, de l'activité sociale, et qui s'emploient (non-comptables) dans des phrases du type :

*Pierre travaille dans le* BÂTIMENT, *le* COMMERCE, *les* AFFAIRES, *l'*INDUSTRIE.
*Pierre fait des* AFFAIRES, *du* COMMERCE, *de l'*AGRICULTURE.

Ces noms ont la particularité de pouvoir s'employer comme sujets dans des phrases du type :

*Le* COMMERCE *marche mal* (= l'activité commerciale). • *La* SIDÉRURGIE *est en grève* (= le monde [= les employés] de la sidérurgie).

**21.3.** Sont catégorisés [activité artistique] les noms comme : *cinéma, peinture, sculpture, théâtre,* etc., qui ont les mêmes caractéristiques que les noms [activité économique] :

*Pierre fait du* CINÉMA, *du* THÉÂTRE. *Pierre travaille dans le* CINÉMA, *le* THÉÂTRE. *Le* THÉÂTRE *est en crise* (= l'activité théâtrale). *Il appartient au monde du* SPECTACLE.

**Rem. 1.** Ces noms peuvent, pour certains d'entre eux, désigner aussi le lieu de l'activité artistique : *Construire* UN CINÉMA, UN THÉÂTRE.
**2.** Correspondent aux noms [activité artistique] les noms catégorisés [résultat, activité artistique] qui sont des noms comptables désignant l'œuvre produite dans le cadre d'une activité artistique : *chef-d'œuvre, concert, dessin, pièce, poème,* etc.
Parfois le même nom désigne l'activité (non-comptable) et le résultat (comptable) : *musique, opéra, sculpture, peinture, poésie,* etc. : *Pierre fait* DE LA MUSIQUE/*Pierre a composé* UNE *très belle* MUSIQUE *pour ce film.* • *Pierre fait* DE LA PEINTURE/*Pierre exposera* SES PEINTURES *à la galerie X*.

**21.4.** Sont catégorisés [jeu] des noms comme : *balle, ballon, belote, bille, boules, cartes, poupée, tiercé,* etc., qui désignent une activité sportive ou de loisir et qui ont la particularité :

— de s'employer comme noms non-comptables au singulier ou au pluriel, comme objets indirects de *jouer à* :

*Pierre joue* À LA BALLE, AU BALLON, AU TIERCÉ, AUX ÉCHECS, etc.

— de s'opposer, pour beaucoup d'entre eux, à un nom comptable catégorisé [objet, jeu] (v. 5.7.) :

## ANNEXE GRAMMATICALE

*Pierre joue* AVEC *une* BALLE, *un* BALLON, *des* CARTES.

Quand il n'y a pas de nom [objet, jeu] correspondant, on peut employer, pour désigner l'objet concret, l'expression *un/le jeu de* :

*Va chercher* LE JEU DE DAMES *ou, parfois, va chercher les* DAMES.

Sont catégorisés [sport] des noms comme : *alpinisme, athlétisme, bateau, basket, cheval, natation*, etc. Ces noms, non-comptables au singulier, s'emploient tous dans des phrases du type :

*Pierre fait* DE L'ALPINISME, DU JUDO, DU RUGBY, DU VÉLO, etc. *Pierre pratique* L'ALPINISME, LE JUDO, LE RUGBY, LE VÉLO, etc.

**Rem. 1.** Certains des noms [sport] ont la syntaxe des noms [jeu] : *Pierre joue* AU RUGBY, AU VOLLEY, AU FOOTBALL. *Pierre fait* DU SKI *avec* DES SKIS *neufs* [objet, sport].
**2.** Certains noms catégorisés [sport] s'opposent à un sens initial [moyen de transport] ou [animal] comptable : *Pierre fait* DU VÉLO, DE LA MOTO, DU BATEAU, DU CHEVAL.
**3.** Des noms catégorisés [jeu] ou [sport] peuvent correspondre à des verbes : *Pierre fait de la* BOXE *depuis six ans* → *Pierre* BOXE *depuis six ans*. • *Il va jouer au* BRIDGE *chez des amis* → *il va* BRIDGER *chez des amis*. • *Tu dois apprendre à faire du* SKI → *tu dois apprendre à* SKIER.

**21.5.** Les noms de sciences (*chimie, droit, informatique, médecine, psychologie*, etc.), et les noms de discipline (*grammaire, lettres, littérature, philosophie*, etc.) désignent soit une branche spécialisée professionnelle, soit un domaine d'études. Ils peuvent (surtout comme non-comptables) entrer dans des phrases du type :

*Pierre travaille dans* LA CHIMIE/L'INFORMATIQUE/LA MÉDECINE (= activité professionnelle). *Pierre fait* DE LA CHIMIE/DE L'INFORMATIQUE/DE LA MÉDECINE (= activité ou étude). *Pierre fait* DE LA GRAMMAIRE/DES LETTRES/DE LA LITTÉRATURE. *Pierre apprend/enseigne* LA CHIMIE/LA GRAMMAIRE/L'INFORMATIQUE/LA LITTÉRATURE (activité ou étude).

**21.6.** On peut, aux noms [activité], [activité économique], [sport], etc., faire correspondre des noms de personne ([personne, profession], [personne, fonction sociale], etc.) :

*Pierre fait du* SPORT [activité] → *Pierre est un* SPORTIF. • *Pierre joue très bien au* BRIDGE [jeu] → *Pierre est un très bon* BRIDGEUR. • *Pierre fait de la* MUSIQUE [activité artistique] → *Pierre est* MUSICIEN. • *Pierre fait du* COMMERCE [activité économique] → *Pierre est* COMMERÇANT. • *Pierre fait de la* CHIMIE [science] → *Pierre est* CHIMISTE. • *Pierre fait du* BASKET [sport] → *Pierre est* BASKETTEUR. • *Pierre fait de la* GRAMMAIRE [discipline] → *Pierre est* GRAMMAIRIEN.

## 22. La catégorie [institution]

**22.1.** La catégorie [institution] comporte des noms qui désignent le régime politique et social d'un pays, les institutions qui structurent l'État, l'administration qui relève de lui : *état, pouvoir, dictature, république, démocratie, (grande) puissance, administration, armée, enseignement (public), fisc, police, justice, loi, tribunal, douane, chambre des députés, assemblée (nationale)*, etc.

## ANNEXE GRAMMATICALE

Sont aussi catégorisés [institution] des noms comme *association (de qqch), église, enseignement, météo,* etc., qui désignent à la fois la structure organisée d'un groupe, et l'ensemble des activités qui en dépendent.

Ces noms ont la particularité, selon les cas
— de s'employer pour désigner un domaine d'activité :

*Pierre travaille dans l'*ADMINISTRATION, *dans l'*ENSEIGNEMENT, *dans la* POLICE, *dans la* FONCTION PUBLIQUE, etc.

— de désigner soit le pays lui-même, soit l'ensemble des personnes qui travaillent dans l'institution :

*La France est une* RÉPUBLIQUE. *La* RÉPUBLIQUE *française sera représentée à cette cérémonie* (= le pays lui-même). *L'*ARMÉE *est en colère* (= les personnes qui sont dans l'armée).

**22.2.** Sont catégorisés [état social] les mots *bourgeoisie, hiérarchie,* etc., qui désignent soit un ensemble de personnes appartenant à une classe sociale (*Pierre appartient à la* BOURGEOISIE), soit un ensemble de personnes structuré selon certaines valeurs (*Être à un niveau élevé dans la* HIÉRARCHIE *sociale*).

### 23. Les catégories [événement] et [phénomène]

**23.1.** Dans la phrase :

*Le succès remporté par ce film est un événement unique dans l'histoire du cinéma.*

le mot *événement* qui est substituable au groupe du nom sujet désigne une action, un état, quelque chose qui s'est produit, qui a eu lieu, et entre dans le type de phrase :

*Cet événement* (le succès remporté par le film) *s'est produit/a eu lieu/est arrivé le 15 janvier 1978.*

Les noms catégorisés [événement] entrent souvent dans des phrases directement en rapport avec le mot *événement* :

*Un événement malheureux* → *un* MALHEUR. • *Un événement ennuyeux* → *un* ENNUI.

Sont catégorisés [événement] des noms génériques synonymes de *événement* : *fait, chose,* des noms comme *fait divers, phénomène, record, histoire, occasion, risque, fête, surprise, clou, révolution,* etc., qui, d'une part, désignent un événement et, d'autre part, indiquent de quel type d'événement il s'agit, précisent comment il est jugé, ressenti, etc., par quelqu'un. Ces noms entrent dans des phrases du type :

*L'assassinat de cet homme est (pour les journaux) un* FAIT DIVERS *comme bien d'autres* (= un événement sans grande importance). • *Son exploit au championnat est un* RECORD (= un événement qui se situe au-dessus de tous les autres). • *Son succès à l'examen a été une* SURPRISE *pour moi* (= un événement qui m'a surpris). • *Son intervention dans le débat a été le* CLOU *de la soirée* (= l'événement le plus marquant).

## ANNEXE GRAMMATICALE

Sont aussi catégorisés [événement] des mots comme : *miracle, fatalité, chance, hasard,* etc., qui désignent ce qui se produit, ce qui a lieu sans intervention humaine, qui indiquent à la fois l'événement et les circonstances de l'événement :

*Il l'a évité par* HASARD, *par* CHANCE, *par* MIRACLE.

ou

*Il l'a évité : c'est un* HASARD, *c'est une* CHANCE, *c'est un* MIRACLE, *c'est la* FATALITÉ, etc.

Dans ce cas, ces mots ont la particularité de pouvoir s'employer dans des phrases du type :

*Le* HASARD/*la* CHANCE/*la* FATALITÉ *a voulu qu'il échappe à cet accident.*

On a précisé la catégorie [événement, qqn] pour des noms comme : *accident, aventure, ennui, catastrophe, malheur,* etc., qui indiquent que l'événement affecte particulièrement une personne. Ces mots s'emploient dans des phrases du type :

*Il m'est arrivé/j'ai eu un* ENNUI, *un* ACCIDENT, *une* CATASTROPHE, *un* MALHEUR, etc.

ou bien, avec un nom de personne complément :

*L'*ACCIDENT *de Paul a eu lieu/s'est produit le 25 janvier.*

Sont aussi catégorisés [événement, qqn] les noms : *mort, décès, naissance* qui ont la particularité de correspondre à des verbes intransitifs ou passifs :

*Pierre est* MORT/DÉCÉDÉ *le 25 janvier* → *la* MORT/*le* DÉCÈS *de Pierre a eu lieu le 25 janvier.*

**Rem. 1.** Certains noms sont catégorisés [événement] et [événement, qqn] :
[événement] : *J'aimerais que tu viennes,* L'ENNUI, *c'est que tu risques de ne pas être libre ce jour-là.*
[événement, qqn] : *J'ai eu beaucoup d'*ENNUIS *ces temps derniers.*

**2.** La plupart des noms [événement] ou [événement, qqn] sont en rapport étroit avec des verbes passifs ou des constructions à valeur passive (avec un adjectif) : *Cet événement m'a surpris/j'ai été surpris par cet événement/cet événement est une* SURPRISE *pour moi.* ● *Cet événement m'a rendu malheureux/j'ai été malheureux à cause de cet événement/cet événement a été un* MALHEUR *pour moi.*

**23.2.** Les mots catégorisés [fête] entrent dans des phrases du type :

PÂQUES *tombe le 17 avril cette année.*

ou comme compléments dans des phrases du type :

*On se voit à* PÂQUES, *à* NOËL. *Nous avons passé* PÂQUES, NOËL *ensemble*
(= les fêtes de Pâques, de Noël).

**23.3.** Sont catégorisés [phénomène naturel] des noms comme : *arc-en-ciel, averse, pluie, foudre, orage, verglas, tonnerre, brouillard,* etc., qui désignent des types d'événements particuliers, matérialisés, qui se produisent naturellement

# ANNEXE GRAMMATICALE

en dehors de l'intervention humaine. Ce sont essentiellement des phénomènes atmosphériques.

Ils sont

— sujets de verbes intransitifs ou pronominaux :
La PLUIE *tombe*. *Le* BROUILLARD *se forme*.

— sujets réels d'un verbe impersonnel (en rapport étroit parfois avec certains verbes impersonnels) :
*Il tombe de la* NEIGE/*de la* PLUIE/*de la* GRÊLE → *il* NEIGE/*il* PLEUT/*il* GRÊLE. *Il y a du* SOLEIL (*il fait* SOLEIL). *Il fait* NUIT.

Ces mots sont soit comptables : *averse, flamme, arc-en-ciel, marée,* etc., soit non-comptables quand ils désignent, à la fois, le phénomène et la matière produite par ce phénomène ; ils entrent alors dans des phrases du type :

*Il y a* DU VERGLAS *sur la route. Il y a* DU SOLEIL *aujourd'hui. Faire des boules* DE NEIGE (= matière).

**23.4.** Sont catégorisés [phénomène] les noms : *bruit, électricité, lumière, son,* etc., qui désignent des phénomènes naturels ou techniques maîtrisés par l'homme et éventuellement utilisés par lui, produits par son intermédiaire. Ils s'emploient surtout comme noms non-comptables au singulier avec *faire* ou *il y a* :

*Il y a du* BRUIT, *arrête de faire du* BRUIT. *Il y a de la* LUMIÈRE.

*Électricité, lumière, son* ont de plus certaines caractéristiques identiques aux noms [appareil] quand ils désignent en fait l'appareil qui donne de la lumière, du son, etc. :

*L'électricité/la lumière/le son ne* MARCHE *pas.* ● OUVRIR/ALLUMER/FERMER/ÉTEINDRE *l'électricité/la lumière/le son.*


## 24. La catégorie [collectif]

**24.1** Sont catégorisés [collectif] les noms qui servent à désigner un ensemble de choses ou de personnes. Selon le type de choses ou de personnes qui appartiennent à cet ensemble, on a les sous-catégories :

[collectif, personnes] : *foule, cohue, peuple ;*
[collectif, personnes, choses] : *liste, paire, rangée ;*
[collectif, aliments] : *déjeuner, dîner, provisions ;*
[collectif, animaux] : *bétail, troupeaux ;*
[collectif, énoncés] : *informations, actualités, nouvelles ;*
etc.

**24.2.** On distingue deux types de collectifs :

— ceux qui se comportent comme des quantitatifs, et qui peuvent donc être suivis d'un complément de nom indiquant de quels éléments est formé l'ensemble :

## ANNEXE GRAMMATICALE

> Une BANDE d'oiseaux ; un TROUPEAU de moutons ; une PAIRE de chaussures.

Le rapport entre ces noms catégorisés [collectif] et les quantitatifs est très étroit.
Ainsi, certains collectifs peuvent devenir des mots [quantité] :

> Ils se sont perdus dans la FOULE (= [collectif, personnes]). Il a UNE FOULE D'amis (= [quantité]).

et inversement :

> LA MAJORITÉ DES personnes interrogées ont dit « oui » (= [quantité]). Il appartient à la MAJORITÉ (= [collectif, personnes] : l'ensemble des personnes qui ont eu la majorité des voix aux élections).

— ceux qui désignent par eux-mêmes un ensemble précis de choses, de personnes, et qui s'emploient sans complément de nom : *bétail, menu,* etc. C'est le cas, en particulier, pour les mots qui sont des termes génériques comme *mobilier, gibier,* etc. Ces noms s'emploient au singulier, le plus souvent avec l'article défini :

> Le MOBILIER de cette pièce me plaît (= l'ensemble des meubles de cette pièce).

**Rem.** Les noms catégorisés [collectif] ont en général les mêmes caractéristiques sémantiques et syntaxiques que les noms désignant chacun des éléments de l'ensemble. Ainsi :
— les mots [collectif, personnes] fonctionnent comme les mots [personne] : *Le* SYNDICAT *dit, déclare,* etc., *que...*
— les mots [collectif, végétaux] fonctionnent comme les mots [végétal] : *Le* FEUILLAGE *pousse.*
— les mots [collectif, instruments] fonctionnent comme les mots [instrument] : *Il a fait ces travaux avec un* OUTILLAGE *très perfectionné.*

## 25. La catégorie [catégorie]

Sont catégorisés [catégorie] les noms : *sorte, espèce, type, genre,* etc., qui servent à préciser à l'intérieur d'un grand ensemble un sous-ensemble de choses ou de personnes ayant des caractéristiques communes :

> a) *Nous avons du beurre de trois* SORTES/*trois* SORTES *de beurre(s) : normand, breton et des Deux-Sèvres.*
>
> b) *C'est un oiseau d'une* ESPÈCE *que je connais. Le merle appartient à quelle* ESPÈCE *d'oiseaux ?*
>
> c) *Voilà le* GENRE/*le* TYPE *de film(s) qui me plaît.*

Ils ont la particularité de s'employer dans deux types de phrases :

— avec un complément de nom :

> *J'aime ce* GENRE/*cette* SORTE *de film(s). Nous vendons toutes* SORTES *de choses.*

— comme complément de nom :

> *Nous avons des choses* DE TOUTES SORTES. *Nous avons vu un film* DE CE GENRE. *Un métal* DE CE TYPE *est très rare.*

ANNEXE GRAMMATICALE

## 26. La catégorie [partie]

**26.1.** Dans la phrase :
> *Un couteau est formé d'un* MANCHE *et d'une* LAME.

le mot *couteau* a été catégorisé [instrument] ; on a donné aux mots *lame* et *manche* la catégorie [partie d'un instrument]. De même, le *rayon*, la *vitrine* sont les parties d'un magasin et on leur a donné la catégorie [partie d'un lieu de commerce] ; un *quartier*, un *arrondissement* sont les parties d'une ville, et appartiennent à la catégorie [partie d'un lieu urbain], etc.

Les mots [partie de...] peuvent s'employer avec un complément de nom désignant l'objet, le lieu, l'action, etc., dont ils sont une partie :
> *J'ai cassé la* LAME *du couteau. J'ai perdu la première* MANCHE *du jeu.*

Ils peuvent avoir les caractéristiques sémantiques et syntaxiques de ce nom complément ; *couteau* [instrument] a la caractéristique de pouvoir être sujet de *couper*, *lame* [partie d'un instrument] aussi :
> *Le* COUTEAU *coupe. La* LAME *du couteau coupe.*

Les textes peuvent être *écrits*, *lus* ; les mots [partie d'un texte] aussi :
> *Pierre a écrit le 1ᵉʳ* ACTE *de sa pièce. Lis-moi le* TITRE *de ce roman.*

Les mots [végétal] sont sujets de *pousser* ; les mots [partie d'un végétal] aussi :
> *Les* BRANCHES, *les* FEUILLES, *les* TIGES, *etc., poussent.*

**26.2** Les mots catégorisés [partie de...] peuvent aussi désigner :

— un endroit particulier de quelque chose ; ainsi les noms [partie d'un moyen de transport] sont en rapport avec les noms [localisation] :
> *L'*ARRIÈRE *du véhicule est abîmé* (= la partie qui est à l'arrière du véhicule).

— une portion de quelque chose ; les noms sont alors en rapport étroit avec les mots de quantité :
> *Des* MIETTES *tombaient du gâteau* (partie d'un aliment). *Je n'ai pas perdu une* MIETTE *du spectacle* (quantité).

C'est le cas en particulier pour les mots [partie d'un tout] comme : *complément, majorité, minorité, part, quart, reste, fraction*, etc.

— un moment d'une action ; il en est ainsi pour les noms [partie d'un jeu] : *mi-temps*.

**Rem.** Sont catégorisés [partie de l'univers] les mots comme : *ciel, étoile, Lune, planète, Soleil, Terre*, qui ont la syntaxe des noms de lieu et des noms d'objet.

# verbes

## 1. Auxiliaires et verbes opérateurs

— Auxiliaires de temps, suivis du participe passé, entrant à l'actif dans les temps composés :
>AVOIR, ÊTRE : *J'ai descendu les bagages ; je suis descendu à la cave.*

— Auxiliaires de temps, suivis du participe passé, servant au passif et entrant dans les temps composés de la forme pronominale :
>ÊTRE, AVOIR : *Il est blessé au bras ; il a été blessé au bras ; il s'est blessé au bras.*

— Auxiliaires modaux, suivis de l'infinitif, exprimant l'éventualité, la possibilité ou l'obligation :
>POUVOIR, FAILLIR, DEVOIR, IL FAUT, AVOIR À

— Auxiliaires d'aspect, suivis de l'infinitif, exprimant que l'on fait faire l'action *(factitif)*, que l'action débute *(inchoatif)*, dure *(duratif)*, cesse, aboutit *(résultatif)*, etc. :
>FAIRE, COMMENCER À, FINIR DE, ARRIVER À, CESSER DE, ÊTRE EN TRAIN DE, VENIR DE, SE METTRE À

— Verbes opérateurs suivis de noms avec ou sans article et équivalant à un verbe :
>FAIRE DES DETTES (= s'endetter), DONNER UN CONSEIL (= conseiller), METTRE À L'ABRI (= abriter), AVOIR SOIF (= être assoiffé).

## 2. Verbes transitifs directs

— Verbes transitifs avec un complément d'objet direct obligatoire ; ces verbes sont proches des verbes opérateurs :
>COMMETTRE QQCH (ACTE)

— Verbes transitifs avec un complément d'objet direct facultatif (noté entre parenthèses ou sans compl.) ; quand l'objet n'est pas exprimé, le verbe est employé intransitivement :
>MANGER (UN ALIMENT)

— Verbes transitifs avec deux compléments obligatoires, l'un direct, l'autre introduit par une préposition (*à*, *de*, etc.) :
>CHARGER QQN DE + INF., DE QQCH

— Verbes transitifs avec deux compléments obligatoires dont l'un (prépositionnel) disparaît quand le sujet est au pluriel :
>COMPARER QQN, QQCH (À, AVEC QQN, QQCH), COMPARER DES GENS, DES CHOSES

ANNEXE GRAMMATICALE

— Verbes transitifs avec deux compléments, l'un direct, l'autre indirect, conjointement ou séparément facultatifs :

DONNER (QQCH) [À QQN]

— Verbes transitifs à deux compléments dont le premier est obligatoire et le second facultatif :

PERSUADER QQN (DE + INF., QUE + IND.)

— Verbes transitifs à deux compléments dont l'un est direct et l'autre un complément de lieu facultatif :

ACCOMPAGNER QQN (QQPART)

— Verbes transitifs à attribut du complément d'objet (nom ou adjectif) :

JUGER QQN, QQCH + ADJ. ATTRIBUT ; TRAITER QQN DE + N. ; NOMMER QQN (+ N. DE FONCTION)

## 3. Verbes transitifs à deux, trois ou quatre constructions

V { + nom
    + complétive avec *que* et l'indicatif, ou complétive interrogative indirecte

CONSTATER QQCH, QUE + IND. ; DEMANDER + INTERROGATIVE INDIRECTE, DEMANDER QQCH

V { + nom
    + *à* et l'infinitif

APPRENDRE UN MÉTIER, UNE SCIENCE, APPRENDRE À + INF.

V { + nom
    + *de* et l'infinitif

CONSEILLER QQCH, DE + INF.

V { + complétive avec *que* et l'indicatif (subjonctif à la forme négative)
    + infinitif

ESTIMER QUE + IND. ou INF.

V { + nom
    + complétive avec *que* et l'indicatif ou le conditionnel (subjonctif éventuellement à la forme négative)
    + infinitif

ESPÉRER QQCH, QUE + IND. ou CONDITIONNEL, ESPÉRER + INF.

V { + nom
    + complétive avec *que* et le subjonctif
    + *de* et l'infinitif

ACCEPTER QQCH, DE + INF., QUE + SUBJ.

V { + nom
    + complétive avec *que* et le subjonctif
    + infinitif

SOUHAITER QQCH, QUE + SUBJ., SOUHAITER + INF.

ANNEXE GRAMMATICALE

V { + nom
    + complétive avec *que* et l'indicatif
    + *de* suivi de l'infinitif }

    OUBLIER QQCH, QQN, OUBLIER DE + INF., QUE + IND.

V { + nom
    + *de* suivi de l'infinitif
    + complétive avec *que* et l'indicatif
    + complétive interrogative indirecte }

    DÉCIDER QQCH, DE + INF., QUE + IND., SI + IND.

## 4. Verbes transitifs indirects

— Verbes transitifs indirects à complément prépositionnel obligatoire :

    COMPTER SUR QQN, QQCH ; TÂCHER DE + INF.

Dans certains cas, le complément n'est plus exprimé au pluriel (réciprocité) :

    COÏNCIDER (AVEC QQCH)

— Verbes transitifs indirects à complément prépositionnel facultatif (noté entre parenthèses ou sans compl.) :

    ACCOUCHER (D'UN ENFANT) ; HÉSITER À + INF.

— Verbes transitifs indirects à deux compléments prépositionnels ; tous deux conjointement ou séparément sont facultatifs :

    PARLER (DE QQCH, DE QQN) [À, AVEC QQN]

## 5. Verbes intransitifs

— Verbes intransitifs sans complément de lieu, de prix, etc. :

    BÂILLER, DÉLIBÉRER

— Verbes intransitifs avec un complément de lieu obligatoire :

    PARVENIR QQPART, PÉNÉTRER QQPART

— Verbes intransitifs avec un complément de lieu facultatif :

    ENTRER (À, DANS, EN, PAR UN LIEU)

— Verbes intransitifs avec deux compléments de lieu facultatifs :

    VENIR (D'UN LIEU) [DANS, À, SUR, etc., UN LIEU]

— Verbes intransitifs avec un complément (prix, poids) sans préposition, obligatoire :

    COÛTER UN PRIX

— Verbes intransitifs à attributs du sujet (appelés aussi copules) :

    DEVENIR + N., PRON. ou ADJ. ATTRIBUTS ; RESTER + ADJ. ou N. ATTRIBUTS

## 6. Verbes pronominaux et verbes passifs

— Verbes pronominaux avec passif correspondant, traduisant l'opposition non-accompli/accompli :

**ANNEXE GRAMMATICALE**

S'ASSEOIR, ÊTRE ASSIS

— Verbes pronominaux sans passif correspondant :
SE DÉBROUILLER
— Verbes passifs ; l'actif étant moins fréquent :
ÊTRE CATASTROPHÉ, ÊTRE TÉLÉVISÉ.
— Verbes pronominaux à complément d'objet direct obligatoire :
SE PROCURER QQCH ; SE FOULER UN MEMBRE, UNE ARTICULATION
— Verbes pronominaux à complément de lieu obligatoire :
S'AVENTURER QQPART
— Verbes pronominaux à complément de lieu facultatif :
S'ATTARDER (QQPART) ; S'ENFUIR (DE QQPART)
— Verbes pronominaux à complément prépositionnel obligatoire :
S'EFFORCER DE + INF. ; S'EMPARER DE QQCH, QQN
— Verbes pronominaux à complément prépositionnel qui disparaît au pluriel (réciprocité) :
SE LIER (AVEC QQN)
— Verbes pronominaux à complément prépositionnel facultatif :
S'ENTÊTER (À + INF.)
— Verbes pronominaux à deux compléments prépositionnels facultatifs :
S'ENTENDRE (AVEC QQN) [SUR QQCH]
— Verbes pronominaux sans complément :
S'ÉCROULER
— Verbes pronominaux suivis d'un nom, d'un infinitif ou d'une complétive avec *que* et l'indicatif :
SE FIGURER QQCH, QUE + IND., SE FIGURER + INF.
— Verbes pronominaux suivis d'un nom ou d'un infinitif précédés de la préposition *à*, ou d'une complétive avec *à ce que* et le subjonctif :
S'ATTENDRE À QQCH, À + INF., À CE QUE + SUBJ.
— Verbes pronominaux à attribut :
S'ESTIMER + ADJ.

## 7. Types de sujets

— Sujet nom désignant une personne :
(sujet qqn) PENSER
— Sujet nom de personne, spécifique :
(sujet un médecin) AUSCULTER

— Sujet nom de chose (abstrait ou concret) :
   (sujet qqch) CONSISTER
— Sujet nom de chose spécifique :
   (sujet un liquide) COULER ; (sujet une maison) ABRITER
— Sujet nom de personne ou de chose :
   (sujet qqn, qqch) EFFRAYER
— Sujet nom de personne, de moyen de transport, de véhicule spécifique ou non :
   (sujet qqn, un véhicule) ROULER ; (sujet qqn, une voiture, un vélo) DÉRAPER ; (sujet qqn, un bateau) COULER
— Sujet nom de personne ou d'animal :
   (sujet qqn, un animal) MORDRE
— Sujet très spécifique :
   (sujet un chat) MIAULER ; (sujet un train) DÉRAILLER ; (sujet le soleil) SE COUCHER
— Sujet pluriel uniquement :
   (sujet qqn [plur.]) S'ENTRAIDER

## 8. Types de compléments d'objet

— Complément nom de personne :
   EFFRAYER QQN
— Complément nom désignant une personne ou son attitude :
   APPROUVER QQN, SON ATTITUDE
— Complément nom de personne ou de chose :
   APPLAUDIR QQN, QQCH
— Complément nom de chose précisé (concret, abstrait, objet) ou non :
   COMMENCER QQCH ; APPROFONDIR QQCH (ABSTRAIT) ; APPORTER UN OBJET ; ESCALADER QQCH (CONCRET) ; ÉRAFLER QQCH (OBJET)
— Complément spécifique :
   ÉPELER UN MOT ; BRANCHER QQCH (APPAREIL ÉLECTRIQUE)
— Complément nom désignant un animal :
   APPRIVOISER UN ANIMAL
— Complément pluriel uniquement :
   CONJUGUER DES EFFORTS ; DÉNOMBRER DES CHOSES, DES PERSONNES
— Complément très spécifique :
   SE FRAYER UN CHEMIN

**ANNEXE GRAMMATICALE**

## 9. Le verbe comme base de transformations

● Noms dérivés

1) Noms d'action et de résultat

|  |  |
|---:|---|
| -AGE : | Il attend que l'autobus passe → *il attend le passage de l'autobus.* |
| -MENT : | Il a besoin de s'entraîner → *il a besoin d'entraînement.* |
| -TION : | Il aime naviguer → *il aime la navigation.* |
| sans suffixe : | Ils se sont disputés une heure → *leur dispute a duré une heure.* |
| participe passé : | Le fait qu'il arrive nous a surpris → *son arrivée nous a surpris.* ● Nous avons eu du mal à monter → *la montée a été difficile.* |

2) Noms de personnes (personne, agent ; personne, profession)

|  |  |
|---:|---|
| -EUR, -EUSE ou -TRICE : | Il danse bien → *c'est un bon danseur.* ● Il réalise des films → *il est réalisateur.* |
| -ANT : | Il milite pour le parti socialiste → *c'est un militant du parti socialiste.* |

3) Noms d'instruments, d'appareils

|  |  |
|---:|---|
| -EUR, -EUSE ou -TRICE : | Il s'est acheté une machine à calculer → *il s'est acheté une calculatrice.* |
| -OIR : | Un appareil électrique pour se raser → *un rasoir électrique.* |

● Verbes dérivés

|  |  |
|---:|---|
| DÉ-, DÉS- : (inversion de l'action) | *dépeigner, désorganiser.* |
| RE- : (réitération de l'action) | *repeindre, reparler.* |

● Adjectifs dérivés, v. *Adjectif*

# adjectifs

## 1. Classes morphologiques

Les adjectifs sont constitués :
- d'adjectifs de base ou adjectifs radicaux indiquant
  — la dimension, le poids, la mesure, la taille, le prix : AMPLE, LARGE, PETIT, CHER, BAS ;
  — la couleur : BLEU, ROUGE, VERT ;
  — la position : ANTÉRIEUR, POSTÉRIEUR ;
  — la force, l'intensité, l'importance : GRAVE, VIOLENT, FORT ;
  — l'état, l'âge : AVEUGLE, ADULTE, AÎNÉ ;
  — la sensation : CHAUD, FROID, AMER, ACIDE ;
  — le sentiment, le jugement : AMBIGU, BIZARRE, ATROCE ;
  — l'attitude, la manière d'être : ÉGOÏSTE, ATHÉE.
- d'adjectifs dérivés

1) correspondant à un verbe accompagné des modalités *pouvoir* ou *devoir*
   -ABLE : Ce verre ne peut pas être cassé → *ce verre est incassable.*
   (radical verbal)  • Ce travail doit être admiré → *ce travail est admirable.*
   -IBLE : Votre texte peut à peine être lu → *votre texte est à peine lisible.*
   (radical verbal ou nominal)

2) correspondant à un verbe actif sans complément
   -EUX : Il m'ennuie (sans cesse) → *il est ennuyeux.*
   -ANT : Une histoire qui étonne → *une histoire étonnante.*

3) correspondant à un verbe passif
   -É : Un enfant qui a été bien élevé → *un enfant bien élevé.*

4) correspondant à un complément de nom :
   -EL, -AL : La campagne pour le président → *la campagne présidentielle.* • Une intervention de chirurgie → *une intervention chirurgicale.*
   -IQUE : La situation de l'économie → *la situation économique.*
   -AIRE : Cette table a la forme d'un rectangle → *cette table a une forme rectangulaire.*
   -AIN, -ÉEN, -AIS, etc. : Les pays d'Afrique → *les pays africains.* • La vie en Europe → *la vie européenne.* • La campagne de France → *la campagne française.*
   (adjectifs ethniques)

# ANNEXE GRAMMATICALE

5) correspondant à une relative

-EUX : Une solution qui a un avantage → *une solution avantageuse.*

-AIRE : Un élève qui est un exemple (pour les autres) → *un élève exemplaire.*

L'adjectif peut correspondre à un nom, mais avec un autre radical :
Les maladies du cœur → *les maladies cardiaques.* ● Un homme qui a de l'esprit → *un homme spirituel.*

## 2. Classes sémantiques

Le sens de l'adjectif est lié à la nature du nom.

— l'adjectif concerne les personnes :
ABSENT (se dit de qqn)

— l'adjectif concerne les choses, abstraites ou concrètes :
ACCESSOIRE (se dit de qqch)

— l'adjectif concerne les choses ou les personnes :
ABOMINABLE (se dit de qqch, de qqn)

— l'adjectif concerne les animaux :
DOMESTIQUE (se dit d'un animal)

— l'adjectif concerne une chose très spécifique :
FÉRIÉ (se dit d'un jour) ; POTABLE (se dit de l'eau)

— l'adjectif concerne une personne très spécifique :
ENCEINTE (se dit d'une femme)

— l'adjectif concerne des choses précises (abstrait, concret, action, attitude, objet, produit, etc.) :
ABERRANT (se dit de qqch [action, attitude]) ; ABONDANT (se dit de qqch [concret]) ; ABORDABLE (se dit d'un prix, d'un produit) ; ACCIDENTEL (se dit d'un événement)

## 3. Classes syntaxiques

1) Place de l'adjectif
Cette place est indiquée après le mot d'entrée.

— l'adjectif se place après le nom :
ÉLÉMENTAIRE adj. (après le n.)

— l'adjectif se place avant le nom :
BEAU adj. (avant le n.)

## ANNEXE GRAMMATICALE

— l'adjectif se place après ou avant le nom :
- sans variation de sens : ÉMINENT, adj. (après ou avant le n.); ÉMOUVANT, adj. (après ou, plus rarement, avant le n.)
- avec variation de sens (la place est indiquée dans l'article au début de chaque sens) : GRAND I. (se dit de qqn, de qqch [concret]; avant ou, plus rarement, après le n.); III. (se dit de qqn, de qqch [abstrait], avant le n.)

2) Adjectif épithète ou attribut

— En général, l'adjectif est épithète ou attribut :
*Un rideau* BLANC ; le rideau est BLANC.

— Certains adjectifs ne sont qu'épithètes, pour tous leurs sens ou pour certains d'entre eux (cette restriction est notée dans la partie G) :
DOMESTIQUE, AGRICOLE, ARRIÈRE, ÉCONOMIQUE

— L'adjectif change de sens selon qu'il n'est qu'épithète ou épithète et attribut :
ÉCONOMIQUE

3) Adjectif avec ou sans complément

● Adjectif sans complément :
INCLUS, GRAND, ÉNERGIQUE

● Adjectif avec complément introduit par une préposition.

— le complément est obligatoire :
DÉNUÉ DE QQCH (ABSTRAIT); ÂGÉ DE + N. DE TEMPS

— le complément est facultatif :
FAVORABLE (À QQCH)

— le complément est un nom de chose :
DISTINCT DE QQCH

— le complément est un nom de personne :
JALOUX (DE QQN)

— le complément est un nom de chose ou de personne :
FAVORABLE (À QQN, QQCH)

— le complément est très spécifique :
COUPABLE (DE QQCH [FAUTE])

— le complément est un infinitif :
IMPATIENT (DE + INF.); FACILE (À + INF.)

— le complément peut être un nom de personne, de chose, un infinitif avec *de* ou une phrase avec *que* + indicatif
SÛR DE QQN, QQCH (ABSTRAIT), DE + INF., QUE + IND.

## ANNEXE GRAMMATICALE

- L'adjectif peut avoir un sens différent
— selon qu'il est suivi ou non d'un complément :
  ÂGÉ DE + N. DE TEMPS/ÂGÉ
— selon la nature de son complément :
  JALOUX DE QQCH/JALOUX DE QQN

4) Adjectifs avec ou sans comparatif

— L'adjectif peut se mettre au comparatif et au superlatif relatif :
  *Il est plus, moins, aussi* GRAND *que...* ; *il est le plus, le moins* GRAND *de...*

— Certains adjectifs ne se mettent habituellement pas au comparatif ni au superlatif relatif (cette limitation est indiquée dans la partie G) :
  AÎNÉ, CADET, ÉTERNEL, CYCLISTE, CHRONIQUE, RÉCIPROQUE, CÉLIBATAIRE

## 4. L'adjectif comme base de transformation

1) Le nom dérivé

- Sans suffixe : l'adjectif nominalisé

S'il s'agit de quelque chose, le nom, le plus souvent masculin, parfois féminin, indique, en particulier :

— une couleur : La couleur bleue de ses yeux → *le bleu de ses yeux.*

— une localisation : La partie basse de la fenêtre → *le bas de la fenêtre.*

— une qualité : Pierre est calme, j'aime cela → *j'aime le calme de Pierre.*

— une langue : *Il parle la langue française → *il parle le français.*

— une quantité : J'en emporterai une quantité maximum → *j'en emporterai un maximum.*

— quelque chose (abstrait) : La chose importante, c'est que tu viennes → *l'important, c'est que tu viennes.*

S'il s'agit de personnes, le nom est le plus souvent des deux genres :
  Pierre/Aline est une personne égoïste → *Pierre/Aline est un/une égoïste.*

- Avec suffixe, il indique en général une qualité ou un état :

  -ERIE : Il est étourdi, c'est la cause de ses mauvaises notes → *son étourderie est la cause de ses mauvaises notes.*

  -IE : Cela prouve qu'il est fou → *cela prouve sa folie.*

# ANNEXE GRAMMATICALE

-ESSE : Il est trop tendre avec elle → *sa tendresse pour elle est trop grande.*

-(I)TÉ, -ETÉ : Ce tableau est beau, reconnais-le → *reconnais la beauté de ce tableau.* • Sa chemise n'est pas très propre → *sa chemise n'est pas d'une grande propreté.*

-ISME : Pierre est pessimiste, cela m'inquiète → *le pessimisme de Pierre m'inquiète.*

-(AN)CE, -(EN)CE : Une femme très élégante → *une femme d'une grande élégance.* • Le vent est très violent → *la violence du vent est très grande.*

-TUDE : Cela prouve qu'il est inquiet → *cela prouve son inquiétude.*

-ISE : Jeanne est de plus en plus bête → *la bêtise de Jeanne augmente.*

2) L'adverbe dérivé

L'adverbe dérivé indique le plus souvent la manière

— sans suffixe : Tu parles d'une manière trop forte → *tu parles trop fort.* • Elle chante d'une manière juste → *elle chante juste.*

— avec suffixe -MENT : Il conduit de façon prudente → *il conduit prudemment.* • Parlez-moi d'une manière franche → *parlez-moi franchement.* • Elle s'habille d'une manière élégante → *elle s'habille élégamment.*

3) Le verbe dérivé

Le verbe dérivé correspond à l'auxiliaire *devenir* ou à l'auxiliaire *rendre*, suivis de l'adjectif

— sans suffixe
(le plus souvent en -IR : Il devient grand → *il grandit.* • Le ciel devient noir → *le ciel noircit.* • Tu rends la situation plus noire (qu'elle n'est) → *tu noircis la situation.*

— avec suffixe    -ISER : Que faire pour rendre plus moderne cette pièce ? → *que faire pour moderniser cette pièce ?*

-IFIER : Il faut rendre plus simple ce texte de loi → *il faut simplifier ce texte de loi.*

— avec préfixe    A- : Les glaces rendent la pièce plus grande → *les glaces agrandissent la pièce.*

# ANNEXE GRAMMATICALE

    É- :  Il faut rendre le trou plus large → *il faut élargir le trou.*

   EN-/EM- :  Elle est devenue belle → *elle a embelli.*

4) L'adjectif contraire dérivé

 L'adjectif contraire peut être formé avec des préfixes

    IN-/IM- :  Il n'est pas fidèle → *il est infidèle.* • Ce n'est pas possible → *c'est impossible.*

    IL-/IR- :  Ce n'est pas légal → *c'est illégal.* • Ce personnage n'est pas réel → *ce personnage est irréel.*

    DÉS- :  Ça n'a pas été agréable → *ça a été désagréable.*

    MÉ- :  Il ne sera pas content → *il sera mécontent.*

ANNEXE GRAMMATICALE

## conjonctions et adverbes de coordination

Les conjonctions et adverbes de coordination relient deux phrases, deux groupes du nom, deux adjectifs, deux adverbes ayant la même fonction. Ils indiquent les types de rapport existant entre les éléments coordonnés.

addition : *et, de plus, en outre, et puis*
transition : *or*
explication : *car, en effet, c'est-à-dire*
opposition : *cependant, mais, tout de même, pourtant*
conclusion : *donc, par conséquent, alors*
négation : *ni, non plus*
alternative : *ou, soit*
condition : *sinon*
restriction : *du moins*

## conjonctions de subordination

Les conjonctions de subordination introduisent des phrases subordonnées. Ces subordonnées sont des complétives sujet, complément ou attribut ou des compléments circonstanciels :

complétive : *que*
but : *afin que, pour que*
cause : *parce que, puisque*
comparaison : *comme, autant que*
condition : *si, pourvu que*
opposition : *bien que, tandis que*
conséquence : *de sorte que*
temps : *aussitôt que, quand, lorsque*
restriction : *sauf que*
privation : *sans que*
addition : *surtout que*

## interjections

Les interjections sont des moyens

● d'entrer en communication avec quelqu'un, d'interrompre, de reprendre ou de poursuivre cette communication. Elles sont alors équivalentes à des phrases exclamatives ou interrogatives :

interpellation : *eh!, salut!, allô!, ah!, dis!, dites!, oh!, tiens!, tenez!*
salut : *adieu!, bonjour!, bonsoir!, bonne nuit!, à bientôt!, à tout de suite!*
interrogation : *pardon? hein?*
conclusion : *eh bien!, bon!, allons bon!*

## ANNEXE GRAMMATICALE

- d'indiquer son opinion sur ce qui a été dit, proposé ou fait. Elles sont alors équivalentes à des phrases déclaratives, affirmatives ou négatives :

>acceptation : *soit!, merci!*
>refus : *merci!, pardon!*
>doute : *euh!, allons donc!*

- d'exprimer ses sentiments, ses sensations. Elles sont alors équivalentes à des phrases exclamatives :

>douleur : *aïe!*
>soulagement : *ouf!*
>satisfaction : *tant mieux!, chic!, chouette!*
>enthousiasme : *bravo!, vive!*
>mécontentement : *zut!*
>regret : *tant pis!, hélas!*
>surprise : *ah!, oh!, eh bien!, tiens, tiens!*

- d'exprimer l'ordre, la défense, l'incitation à agir, l'excuse. Elles sont alors équivalentes à des phrases impératives :

>ordre : *chut!, silence!, minute!*
>encouragement : *allez!, allons!, va!*
>excuse : *pardon!*
>menace : *gare!*

- d'emphase : *ah (non, oui)!, voyons!, bon!*

## adverbes

Les adverbes sont des mots invariables qui, dans une phrase, remplacent un groupe complément circonstanciel ou en jouent le rôle. On distingue principalement :

— les adverbes de manière :

>*Pierre conduit* AVEC PRUDENCE/D'UNE MANIÈRE PRUDENTE → *Pierre conduit* PRUDEMMENT.

— les adverbes de temps :

>*Je te retrouve* DANS QUELQUES HEURES, DANS 24 HEURES → *je te retrouve* TOUT-À-L'HEURE, DEMAIN.

— les adverbes de lieu :

>*J'habite* DANS CE QUARTIER → *j'habite* ICI.

### 1. Les adverbes de manière

Ces adverbes ont la particularité

— d'être pour beaucoup d'entre eux formés à partir d'adjectifs qualificatifs :

>(adjectif + *-ment*) : Pierre parle d'une manière lente → *Pierre parle* LENTEMENT.

# ANNEXE GRAMMATICALE

(même forme que l'adj. au masc. sing.) : *Parle d'une manière plus forte* → *parle plus* FORT.

— d'impliquer soit un des éléments de la phrase (*Pierre parle* LENTEMENT) soit la phrase entière (NORMALEMENT, *il devrait être là à 8 heures*).

Les adverbes de manière peuvent devenir des adverbes d'opinion et de quantité :

*Répondez-moi* FRANCHEMENT (manière). FRANCHEMENT, *je trouve que vous avez tort* (opinion). *Cette robe est* FRANCHEMENT *laide* (quantité).

## 2. Les adverbes d'opinion

Ils impliquent en général la phrase entière et indiquent l'opinion de celui qui parle au regard de son énoncé. Ils sont pour certains d'entres eux proches morphologiquement des adverbes de manière : *heureusement, justement, malheureusement, personnellement*, etc.

On a distingué les adverbes d'affirmation : *oui, effectivement, forcément, parfaitement*, etc., les adverbes de négation : *non, ne, pas*, etc., et les adverbes de doute : *peut-être, probablement, sans doute*, etc.

La plupart de ces adverbes ont la particularité de pouvoir s'employer seuls dans une réponse :

*Tu viens avec nous ?* — OUI/NON/PEUT-ÊTRE/PROBABLEMENT.

## 3. Les adverbes de quantité

Ils s'emploient

— avec des adjectifs ou des adverbes pour indiquer l'intensité : *très, peu, trop, drôlement, extrêmement*, etc.

*Pierre est* TRÈS *gentil. Il pleut* TRÈS *fort.*

— avec des verbes pour exprimer l'intensité ou la quantité, le nombre :

*Ce tableau me plaît* BEAUCOUP. *Pierre mange* TROP.

— suivis de *de* avec un nom pour exprimer la quantité : *beaucoup de, plus de, trop de, peu de, énormément de*, etc. Dans ce cas le nom est au pluriel si c'est un nom comptable ou un nom non-comptable au pluriel, et au singulier s'il s'agit d'un nom non-comptable au singulier :

*Pierre a* BEAUCOUP D'AMIS. *Pierre a* BEAUCOUP DE CHANCE.

Avec un nom comptable, ils ont le même rôle qu'un nom de nombre.

**Rem. 1.** Les adverbes de quantité comme *plus, moins, aussi* s'emploient dans des comparaisons et servent à former le degré (comparatif de supériorité, d'infériorité, d'égalité) : *Pierre est* PLUS FORT *que Jean.*
**2.** Certains adverbes de quantité comme : *tant, tellement, trop, suffisamment*, etc., peuvent être suivis d'une subordonnée de conséquence ou de but : *Il a* TELLEMENT *travaillé* QU'*il est tombé malade. Il ne parle pas* SUFFISAMMENT *fort* POUR QU'*on puisse l'entendre du fond de la salle.*
**3.** Certains adverbes de quantité comme : *beaucoup, la plupart, peu*, etc., peuvent s'employer seuls comme sujets : *Ces fruits ont l'air beau, mais* BEAUCOUP *sont en fait abîmés.*

1075

## 4. Les adverbes de lieu et de temps

Les adverbes de lieu (*ici, là, là-bas, dedans, dessus, avant,* etc.) et les adverbes de temps (*maintenant, toujours, quelquefois, jamais, avant, après,* etc.) s'emploient avec la fonction d'un complément circonstanciel de lieu ou de temps.

— Certains d'entre eux ont la particularité d'être issus de prépositions :

(lieu) : *Pose la lampe* SUR *cette table* (prép.). *Tu vois cette table, eh bien, pose la lampe* DESSUS (adv.).

(temps) : *Ne te mets pas* DERRIÈRE *moi* (prép.). *Où est Jacques ? — Il est* DERRIÈRE (adv.).

— Certains d'entre eux sont soit adverbes de temps soit adverbes de lieu : *avant, après, ici, là,* etc.

# conjugaisons

## A. AVOIR        B. ÊTRE

| | A. AVOIR | | B. ÊTRE | |
|---|---|---|---|---|
| **INFINITIF** | *présent*<br>avoir | *passé*<br>avoir eu | *présent*<br>être | *passé*<br>avoir été |
| **PARTICIPE** | *présent*<br>ayant | *passé*<br>ayant eu | *présent*<br>étant | *passé*<br>ayant été |
| **INDICATIF** | *présent*<br>j' ai<br>tu as<br>il a<br>nous avons<br>vous avez<br>ils ont<br>*imparfait*<br>j' avais<br>tu avais<br>il avait<br>nous avions<br>vous aviez<br>ils avaient<br>*passé simple*<br>j' eus<br>tu eus<br>il eut<br>nous eûmes<br>vous eûtes<br>ils eurent<br>*futur simple*<br>j' aurai<br>tu auras<br>il aura<br>nous aurons<br>vous aurez<br>ils auront | *passé composé*<br>j' ai eu<br>tu as eu<br>il a eu<br>nous avons eu<br>vous avez eu<br>ils ont eu<br>*plus-que-parfait*<br>j' avais eu<br>tu avais eu<br>il avait eu<br>nous avions eu<br>vous aviez eu<br>ils avaient eu<br>*passé antérieur*<br>j' eus eu<br>tu eus eu<br>il eut eu<br>nous eûmes eu<br>vous eûtes eu<br>ils eurent eu<br>*futur antérieur*<br>j' aurai eu<br>tu auras eu<br>il aura eu<br>nous aurons eu<br>vous aurez eu<br>ils auront eu | *présent*<br>je suis<br>tu es<br>il est<br>nous sommes<br>vous êtes<br>ils sont<br>*imparfait*<br>j' étais<br>tu étais<br>il était<br>nous étions<br>vous étiez<br>ils étaient<br>*passé simple*<br>je fus<br>tu fus<br>il fut<br>nous fûmes<br>vous fûtes<br>ils furent<br>*futur simple*<br>je serai<br>tu seras<br>il sera<br>nous serons<br>vous serez<br>ils seront | *passé composé*<br>j' ai été<br>tu as été<br>il a été<br>nous avons été<br>vous avez été<br>ils ont été<br>*plus-que-parfait*<br>j' avais été<br>tu avais été<br>il avait été<br>nous avions été<br>vous aviez été<br>ils avaient été<br>*passé antérieur*<br>j' eus été<br>tu eus été<br>il eut été<br>nous eûmes été<br>vous eûtes été<br>ils eurent été<br>*futur antérieur*<br>j' aurai été<br>tu auras été<br>il aura été<br>nous aurons été<br>vous aurez été<br>ils auront été |
| **CONDITIONNEL** | *présent*<br>j' aurais<br>tu aurais<br>il aurait<br>nous aurions<br>vous auriez<br>ils auraient | *passé*<br>j' aurais eu<br>tu aurais eu<br>il aurait eu<br>nous aurions eu<br>vous auriez eu<br>ils auraient eu | *présent*<br>je serais<br>tu serais<br>il serait<br>nous serions<br>vous seriez<br>ils seraient | *passé*<br>j' aurais été<br>tu aurais été<br>il aurait été<br>nous aurions été<br>vous auriez été<br>ils auraient été |
| **SUBJONCTIF** | *présent*<br>j' aie<br>tu aies<br>il ait<br>nous ayons<br>vous ayez<br>ils aient<br>*imparfait*<br>j' eusse<br>tu eusses<br>il eût<br>nous eussions<br>vous eussiez<br>ils eussent | *passé*<br>j' aie eu<br>tu aies eu<br>il ait eu<br>nous ayons eu<br>vous ayez eu<br>ils aient eu<br>*plus-que-parfait*<br>j' eusse eu<br>tu eusses eu<br>il eût eu<br>nous eussions eu<br>vous eussiez eu<br>ils eussent eu | *présent*<br>je sois<br>tu sois<br>il soit<br>nous soyons<br>vous soyez<br>ils soient<br>*imparfait*<br>je fusse<br>tu fusses<br>il fût<br>nous fussions<br>vous fussiez<br>ils fussent | *passé*<br>j' aie été<br>tu aies été<br>il ait été<br>nous ayons été<br>vous ayez été<br>ils aient été<br>*plus-que-parfait*<br>j' eusse été<br>tu eusses été<br>il eût été<br>nous eussions été<br>vous eussiez été<br>ils eussent été |
| **IMPÉRATIF** | *présent*<br>aie<br>ayons<br>ayez | | *présent*<br>sois<br>soyons<br>soyez | |

|  |  |  | 1. aimer [eme] | 2. copier [kɔpje] | 3. effacer [efase] | 4. bouger [buʒe] |
|---|---|---|---|---|---|---|
| PART. | INF. |  | aimant [emɑ̃]<br>aimé [eme] | copiant [kɔpjɑ̃]<br>copié [kɔpje] | effaçant [efasɑ̃]<br>effacé [eface] | bougeant [buʒɑ̃]<br>bougé [buʒe] |
| INDICATIF | prés. | je<br>tu<br>il<br>ns<br>vs<br>ils | aime [ɛm]<br>aimes [ɛm]<br>aime [ɛm]<br>aimons [emɔ̃]<br>aimez [eme]<br>aiment [ɛm] | copie [kɔpi]<br>copies [kɔpi]<br>copie [kɔpi]<br>copions [kɔpjɔ̃]<br>copiez [kɔpje]<br>copient [kɔpi] | efface [efas]<br>effaces [efas]<br>efface [efas]<br>effaçons [efasɔ̃]<br>effacez [efase]<br>effacent [efas] | bouge [buʒ]<br>bouges [buʒ]<br>bouge [buʒ]<br>bougeons [buʒɔ̃]<br>bougez [buʒe]<br>bougent [buʒ] |
|  | imp. | je<br>il | aimais [ɛmɛ]<br>aimait [ɛmɛ] | copiais [kɔpjɛ]<br>copiait [kɔpjɛ] | effaçais [efasɛ]<br>effaçait [efasɛ] | bougeais [buʒɛ]<br>bougeait [buʒɛ] |
|  | p. s. | il<br>ils | aima [ema]<br>aimèrent [ɛmɛr] | copia [kɔpja]<br>copièrent [kɔpjɛr] | effaça [efasa]<br>effacèrent [efasɛr] | bougea [buʒa]<br>bougèrent [buʒɛr] |
|  | fut. | je<br>tu<br>il<br>ils | aimerai [ɛmre]<br>aimeras [ɛmra]<br>aimera [ɛmra]<br>aimeront [ɛmrɔ̃] | copierai [kɔpire]<br>copieras [kɔpira]<br>copiera [kɔpira]<br>copieront [kɔpirɔ̃] | effacerai [efasre]<br>effaceras [efasra]<br>effacera [efasra]<br>effaceront [efasrɔ̃] | bougerai [buʒre]<br>bougeras [buʒra]<br>bougera [buʒra]<br>bougeront [buʒrɔ̃] |
| COND. |  | je<br>il | aimerais [ɛmrɛ]<br>aimerait [ɛmrɛ] | copierais [kɔpirɛ]<br>copierait [kɔpirɛ] | effacerais [efasrɛ]<br>effacerait [efasrɛ] | bougerais [buʒrɛ]<br>bougerait [buʒrɛ] |
| SUBJ. | prés. | je<br>ns | aime [ɛm]<br>aimions [emjɔ̃] | copie [kɔpi]<br>copions [kɔpjɔ̃] | efface [efas]<br>effacions [efasjɔ̃] | bouge [buʒ]<br>bougions [buʒjɔ̃] |
|  | imp. | il<br>ils | aimât [ema]<br>aimassent [emas] | copiât [kɔpja]<br>copiassent [kɔpjas] | effaçât [efasa]<br>effaçassent [efasas] | bougeât [buʒa]<br>bougeassent [buʒas] |
| IMP. |  |  | aime [ɛm]<br>aimez [eme] | copie [kɔpi]<br>copiez [kɔpje] | efface [efas]<br>effacez [efase] | bouge [buʒ]<br>bougez [buʒe] |

|  |  |  | 5. appuyer [apɥije] | 6. payer* [peje] | 7. geler [ʒəle] | 8. appeler [aple] |
|---|---|---|---|---|---|---|
| PART. | INF. | p. pr. | appuyant [apɥijɑ̃]<br>appuyé [apɥije] | payant [pejɑ̃]<br>payé [peje] | gelant [ʒəlɑ̃]<br>gelé [ʒəle] | appelant [aplɑ̃]<br>appelé [aple] |
| INDICATIF | prés. | je<br>tu<br>il<br>ns<br>vs<br>ils | appuie [apɥi]<br>appuies [apɥi]<br>appuie [apɥi]<br>appuyons [apɥijɔ̃]<br>appuyez [apɥije]<br>appuient [apɥi] | paie [pɛ]<br>paies [pɛ]<br>paie [pɛ]<br>payons [pejɔ̃]<br>payez [peje]<br>paient [pɛ] | gèle [ʒɛl]<br>gèles [ʒɛl]<br>gèle [ʒɛl]<br>gelons [ʒəlɔ̃]<br>gelez [ʒəle]<br>gèlent [ʒɛl] | appelle [apɛl]<br>appelles [apɛl]<br>appelle [apɛl]<br>appelons [aplɔ̃]<br>appelez [aple]<br>appellent [apɛl] |
|  | imp. | je<br>il | appuyais [apɥijɛ]<br>appuyait [apɥijɛ] | payais [pejɛ]<br>payait [pejɛ] | gelais [ʒəlɛ]<br>gelait [ʒəlɛ] | appelais [aplɛ]<br>appelait [aplɛ] |
|  | p. s. | il<br>ils | appuya [apɥija]<br>appuyèrent [apɥijɛr] | paya [peja]<br>payèrent [pejɛr] | gela [ʒela]<br>gelèrent [ʒəlɛr] | appela [apla]<br>appelèrent [aplɛr] |
|  | fut. | je<br>tu<br>il<br>ils | appuierai [apɥire]<br>appuieras [apɥira]<br>appuiera [apɥira]<br>appuieront [apɥirɔ̃] | paierai [pere]<br>paieras [pera]<br>paiera [pera]<br>paieront [perɔ̃] | gèlerai [ʒɛlre]<br>gèleras [ʒɛlra]<br>gèlera [ʒɛlra]<br>gèleront [ʒɛlrɔ̃] | appellerai [apɛlre]<br>appelleras [apɛlra]<br>appellera [apɛlra]<br>appelleront [apɛlrɔ̃] |
| COND. |  | je<br>il | appuierais [apɥirɛ]<br>appuierait [apɥirɛ] | paierais [perɛ]<br>paierait [perɛ] | gèlerais [ʒɛlrɛ]<br>gèlerait [ʒɛlrɛ] | appellerais [apɛlrɛ]<br>appellerait [apɛlrɛ] |
| SUBJ. | prés. | je<br>ns | appuie [apɥi]<br>appuyions [apɥijɔ̃] | paie [pɛ]<br>payions [pejɔ̃] | gèle [ʒɛl]<br>gelions [ʒəljɔ̃] | appelle [apɛl]<br>appelions [apəljɔ̃] |
|  | imp. | il<br>ils | appuyât [apɥija]<br>appuyassent [apɥijas] | payât [peja]<br>payassent [pejas] | gelât [ʒəla]<br>gelassent [ʒəlas] | appelât [apla]<br>appelassent [aplas] |
| IMP. |  |  | appuie [apɥi]<br>appuyez [apɥije] | paie [pɛ]<br>payez [peje] | gèle [ʒɛl]<br>gelez [ʒəle] | appelle [apɛl]<br>appelez [aple] |

* On a aussi paye [pɛj] (IND. prés., SUBJ. prés., IMP.), payerai(s) [pɛjrɛ] (fut., COND.).

|  |  | | 9. acheter [aʃte] | 10. jeter [ʒəte] | 11. semer [səme] | 12. céder [sede] |
|---|---|---|---|---|---|---|
| PART. | p. pr. | | achetant [aʃtɑ̃]<br>acheté [aʃte] | jetant [ʒətɑ̃]<br>jeté [ʒəte] | semant [səmɑ̃]<br>semé [səme] | cédant [sedɑ̃]<br>cédé [sede] |
| INDICATIF | prés. | je<br>tu<br>il<br>ns<br>vs<br>ils | achète [aʃɛt]<br>achètes [aʃɛt]<br>achète [aʃɛt]<br>achetons [aʃtɔ̃]<br>achetez [aʃte]<br>achètent [aʃɛt] | jette [ʒɛt]<br>jettes [ʒɛt]<br>jette [ʒɛt]<br>jetons [ʒətɔ̃]<br>jetez [ʒəte]<br>jettent [ʒɛt] | sème [sɛm]<br>sèmes [sɛm]<br>sème [sɛm]<br>semons [səmɔ̃]<br>semez [səme]<br>sèment [sɛm] | cède [sɛd]<br>cèdes [sɛd]<br>cède [sɛd]<br>cédons [sedɔ̃]<br>cédez [sede]<br>cèdent [sɛd] |
| | imp. | je<br>il | achetais [aʃtɛ]<br>achetait [aʃtɛ] | jetais [ʒətɛ]<br>jetait [ʒətɛ] | semais [səmɛ]<br>semait [səmɛ] | cédais [sedɛ]<br>cédait [sedɛ] |
| | p. s. | il<br>ils | acheta [aʃta]<br>achetèrent [aʃtɛr] | jeta [ʒəta]<br>jetèrent [ʒətɛr] | sema [səma]<br>semèrent [səmɛr] | céda [seda]<br>cédèrent [sedɛr] |
| | fut. | je<br>tu<br>il<br>ils | achèterai [aʃɛtre]<br>achèteras [aʃɛtra]<br>achètera [aʃɛtra]<br>achèteront [aʃɛtrɔ̃] | jetterai [ʒɛtre]<br>jetteras [ʒɛtra]<br>jettera [ʒɛtra]<br>jetteront [ʒɛtrɔ̃] | sèmerai [sɛmre]<br>sèmeras [sɛmra]<br>sèmera [sɛmra]<br>sèmeront [sɛmrɔ̃] | céderai [sedre]<br>céderas [sedra]<br>cédera [sedra]<br>céderont [sedrɔ̃] |
| COND. | | je<br>il | achèterais [aʃɛtrɛ]<br>achèterait [aʃɛtrɛ] | jetterais [ʒɛtrɛ]<br>jetterait [ʒɛtrɛ] | sèmerais [sɛmrɛ]<br>sèmerait [sɛmrɛ] | céderais [sedrɛ]<br>céderait [sedrɛ] |
| SUBJ. | prés. | je<br>ns | achète [aʃɛt]<br>achetions [aʃ(ə)tjɔ̃] | jette [ʒɛt]<br>jetions [ʒətjɔ̃] | sème [sɛm]<br>semions [səmjɔ̃] | cède [sɛd]<br>cédions [sedjɔ̃] |
| | imp. | il<br>ils | achetât [aʃta]<br>achetassent [aʃtas] | jetât [ʒəta]<br>jetassent [ʒətas] | semât [səma]<br>semassent [səmas] | cédât [seda]<br>cédassent [sedas] |
| IMP. | | | achète [aʃɛt]<br>achetez [aʃte] | jette [ʒɛt]<br>jetez [ʒəte] | sème [sɛm]<br>semez [səme] | cède [sɛd]<br>cédez [sede] |

|  |  | | 13. envoyer [ɑ̃vwaje] | 14. aller [ale] | 15. finir [finir] | 16. haïr [air] |
|---|---|---|---|---|---|---|
| PART. | p. pr. | | envoyant [ɑ̃vwajɑ̃]<br>envoyé [ɑ̃vwaje] | allant [alɑ̃]<br>allé [ale] | finissant [finisɑ̃]<br>fini [fini] | haïssant [aisɑ̃]<br>haï [ai] |
| INDICATIF | prés. | je<br>tu<br>il<br>ns<br>vs<br>ils | envoie [ɑ̃vwa]<br>envoies [ɑ̃vwa]<br>envoie [ɑ̃vwa]<br>envoyons [ɑ̃vwajɔ̃]<br>envoyez [ɑ̃vwaje]<br>envoient [ɑ̃vwa] | vais [vɛ]<br>vas [va]<br>va [va]<br>allons [alɔ̃]<br>allez [ale]<br>vont [vɔ̃] | finis [fini]<br>finis [fini]<br>finit [fini]<br>finissons [finisɔ̃]<br>finissez [finise]<br>finissent [finis] | hais [ɛ]<br>hais [ɛ]<br>hait [ɛ]<br>haïssons [aisɔ̃]<br>haïssez [aise]<br>haïssent [ais] |
| | imp. | je<br>il | envoyais [ɑ̃vwajɛ]<br>envoyait [ɑ̃vwajɛ] | allais [alɛ]<br>allait [alɛ] | finissais [finisɛ]<br>finissait [finisɛ] | haïssais [aisɛ]<br>haïssait [aisɛ] |
| | p. s. | il<br>ils | envoya [ɑ̃vwaja]<br>envoyèrent [ɑ̃vwajɛr] | alla [ala]<br>allèrent [alɛr] | finit [fini]<br>finirent [finir] | haït [ai]<br>haïrent [air] |
| | fut. | je<br>tu<br>il<br>ils | enverrai [ɑ̃vere]<br>enverras [ɑ̃vera]<br>enverra [ɑ̃vera]<br>enverront [ɑ̃verɔ̃] | irai [ire]<br>iras [ira]<br>ira [ira]<br>iront [irɔ̃] | finirai [finire]<br>finiras [finira]<br>finira [finira]<br>finiront [finirɔ̃] | haïrai [aire]<br>haïras [aira]<br>haïra [aira]<br>haïront [airɔ̃] |
| COND. | | je<br>il | enverrais [ɑ̃verɛ]<br>enverrait [ɑ̃verɛ] | irais [irɛ]<br>irait [irɛ] | finirais [finirɛ]<br>finirait [finirɛ] | haïrais [airɛ]<br>haïrait [airɛ] |
| SUBJ. | prés. | je<br>ns | envoie [ɑ̃vwa]<br>envoyions [ɑ̃vwajɔ̃] | aille [aj]<br>allions [aljɔ̃] | finisse [finis]<br>finissions [finisjɔ̃] | haïsse [ais]<br>haïssions [aisjɔ̃] |
| | imp. | il<br>ils | envoyât [ɑ̃vwaja]<br>envoyassent [ɑ̃vwajas] | allât [ala]<br>allassent [alas] | finît [fini]<br>finissent [finis] | haït [ai]<br>haïssent [ais] |
| IMP. | | | envoie [ɑ̃vwa]<br>envoyez [ɑ̃vwaje] | va [va]<br>allez [ale] | finis [fini]<br>finissez [finise] | hais [ɛ]<br>haïssez [aise] |

|  |  |  | 17. ouvrir [uvrir] | 18. s'enfuir [ɑ̃fɥir] | 19. dormir [dɔrmir] | 20. mentir [mɑ̃tir] |
|---|---|---|---|---|---|---|
| PART. | INF. |  |  |  |  |  |
|  |  |  | ouvrant [uvrɑ̃]<br>ouvert [uver] | s'enfuyant [ɑ̃fɥijɑ̃]<br>s'enfui [ɑ̃fɥi] | dormant [dɔrmɑ̃]<br>dormi [dɔrmi] | mentant [mɑ̃tɑ̃]<br>menti [mɑ̃ti] |
| INDICATIF | prés. |  | je<br>tu<br>il<br>ns<br>vs<br>ils | ouvre [uvr]<br>ouvres [uvr]<br>ouvre [uvr]<br>ouvrons [uvrɔ̃]<br>ouvrez [uvre]<br>ouvrent [uvr] | m'enfuis [ɑ̃fɥi]<br>t'enfuis [ɑ̃fɥi]<br>s'enfuit [ɑ̃fɥi]<br>ns enfuyons [ɑ̃fɥijɔ̃]<br>vs enfuyez [ɑ̃fɥije]<br>s'enfuient [ɑ̃fɥi] | dors [dɔr]<br>dors [dɔr]<br>dors [dɔr]<br>dormons [dɔrmɔ̃]<br>dormez [dɔrme]<br>dorment [dɔrm] | mens [mɑ̃]<br>mens [mɑ̃]<br>ment [mɑ̃]<br>mentons [mɑ̃tɔ̃]<br>mentez [mɑ̃te]<br>mentent [mɑ̃t] |
|  | imp. |  | je<br>il | ouvrais [uvrɛ]<br>ouvrait [uvrɛ] | m'enfuyais [ɑ̃fɥijɛ]<br>s'enfuyait [ɑ̃fɥijɛ] | dormais [dɔrmɛ]<br>dormait [dɔrmɛ] | mentais [mɑ̃tɛ]<br>mentait [mɑ̃tɛ] |
|  | p. s. |  | il<br>ils | ouvrit [uvri]<br>ouvrirent [uvrir] | s'enfuit [ɑ̃fɥi]<br>s'enfuirent [ɑ̃fɥir] | dormit [dɔrmi]<br>dormirent [dɔrmir] | mentit [mɑ̃ti]<br>mentirent [mɑ̃tir] |
|  | fut. |  | je<br>tu<br>il<br>ils | ouvrirai [uvrire]<br>ouvriras [uvrira]<br>ouvrira [uvrira]<br>ouvriront [uvrirɔ̃] | m'enfuirai [ɑ̃fɥire]<br>t'enfuiras [ɑ̃fɥira]<br>s'enfuira [ɑ̃fɥira]<br>s'enfuiront [ɑ̃fɥirɔ̃] | dormirai [dɔrmire]<br>dormiras [dɔrmira]<br>dormira [dɔrmira]<br>dormiront [dɔrmirɔ̃] | mentirai [mɑ̃tire]<br>mentiras [mɑ̃tira]<br>mentira [mɑ̃tira]<br>mentiront [mɑ̃tirɔ̃] |
| COND. |  |  | je<br>il | ouvrirais [uvrirɛ]<br>ouvrirait [uvrirɛ] | m'enfuirais [ɑ̃fɥirɛ]<br>s'enfuirait [ɑ̃fɥirɛ] | dormirais [dɔrmirɛ]<br>dormirait [dɔrmirɛ] | mentirais [mɑ̃tirɛ]<br>mentirait [mɑ̃tirɛ] |
| SUBJ. | prés. |  | je<br>ns | ouvre [uvr]<br>ouvrions [uvrijɔ̃] | m'enfuie [ɑ̃fɥi]<br>ns enfuyions [ɑ̃fɥijɔ̃] | dorme [dɔrm]<br>dormions [dɔrmjɔ̃] | mente [mɑ̃t]<br>mentions [mɑ̃tjɔ̃] |
|  | imp. |  | il<br>ils | ouvrît [uvri]<br>ouvrissent [uvris] | s'enfuît [ɑ̃fɥi]<br>s'enfuissent [ɑ̃fɥis] | dormît [dɔrmi]<br>dormissent [dɔrmis] | mentît [mɑ̃ti]<br>mentissent [mɑ̃tis] |
| IMP. |  |  |  | ouvre [uvr]<br>ouvrez [uvre] | enfuis-toi [ɑ̃fɥi]<br>enfuyez-vous [ɑ̃fɥije] | dors [dɔr]<br>dormez [dɔrme] | mens [mɑ̃]<br>mentez [mɑ̃te] |

|  |  |  | 21. servir [sɛrvir] | 22. acquérir [akerir] | 23. tenir [tənir] | 24. cueillir [kœjir] |
|---|---|---|---|---|---|---|
| PART. | INF. | p. pr. |  |  |  |  |  |
|  |  |  | servant [sɛrvɑ̃]<br>servi [sɛrvi] | acquérant [akerɑ̃]<br>acquis [aki] | tenant [tənɑ̃]<br>tenu [təny] | cueillant [kœjɑ̃]<br>cueilli [kœji] |
| INDICATIF | prés. |  | je<br>tu<br>il<br>ns<br>vs<br>ils | sers [sɛr]<br>sers [sɛr]<br>sert [sɛr]<br>servons [sɛrvɔ̃]<br>servez [sɛrve]<br>servent [sɛrv] | acquiers [akjɛr]<br>acquiers [akjɛr]<br>acquiert [akjɛr]<br>acquérons [akerɔ̃]<br>acquérez [akere]<br>acquièrent [akjɛr] | tiens [tjɛ̃]<br>tiens [tjɛ̃]<br>tient [tjɛ]<br>tenons [tənɔ̃]<br>tenez [təne]<br>tiennent [tjɛn] | cueilles [kœj]<br>cueilles [kœj]<br>cueille [kœj]<br>cueillons [kœjɔ̃]<br>cueillez [kœje]<br>cueillent [kœj] |
|  | imp. |  | je<br>il | servais [sɛrvɛ]<br>servait [sɛrvɛ] | acquérais [akerɛ]<br>acquérait [akerɛ] | tenais [tənɛ]<br>tenait [tənɛ] | cueillais [kœjɛ]<br>cueillait [kœjɛ] |
|  | p. s. |  | il<br>ils | servit [sɛrvi]<br>servirent [sɛrvir] | acquit [aki]<br>acquirent [akir] | tint [tɛ̃]<br>tinrent [tɛ̃r] | cueillit [kœji]<br>cueillirent [kœjir] |
|  | fut. |  | je<br>tu<br>il<br>ils | servirai [sɛrvire]<br>serviras [sɛrvira]<br>servira [sɛrvira]<br>serviront [sɛrvirɔ̃] | acquerrai [akerre]<br>acquerras [akerra]<br>acquerra [akerra]<br>acquerront [akerrɔ̃] | tiendrai [tjɛ̃dre]<br>tiendras [tjɛ̃dra]<br>tiendra [tjɛ̃dra]<br>tiendront [tjɛ̃drɔ̃] | cueillerai [kœjre]<br>cueilleras [kœjra]<br>cueillera [kœjra]<br>cueilleront [kœjrɔ̃] |
| COND. |  |  | je<br>il | servirais [sɛrvirɛ]<br>servirait [sɛrvirɛ] | acquerrais [akerrɛ]<br>acquerrait [akerrɛ] | tiendrais [tjɛ̃drɛ]<br>tiendrait [tjɛ̃drɛ] | cueillerais [kœjrɛ]<br>cueillerait [kœjrɛ] |
| SUBJ. | prés. |  | je<br>ns | serve [sɛrv]<br>servions [sɛrvjɔ̃] | acquière [akjɛr]<br>acquérions [akerjɔ̃] | tienne [tjɛn]<br>tenions [tənjɔ̃] | cueille [kœj]<br>cueillions [kœjɔ̃] |
|  | imp. |  | il<br>ils | servît [sɛrvi]<br>servissent [sɛrvis] | acquît [aki]<br>acquissent [akis] | tînt [tɛ̃]<br>tinssent [tɛ̃s] | cueillît [kœji]<br>cueillissent [kœjis] |
| IMP. |  |  |  | sers [sɛr]<br>servez [sɛrve] | acquiers [akjɛr]<br>acquérez [akere] | tiens [tjɛ̃]<br>tenez [təne] | cueille [kœj]<br>cueillez [kœje] |

| INF. | | | 25. mourir [murir] | 26. courir [kurir] | 27. faillir [fajir] | 28. bouillir [bujir] |
|---|---|---|---|---|---|---|
| PART. | p. pr. | | mourant [murɑ̃]<br>mort [mɔr] | courant [kurɑ̃]<br>couru [kury] | inusité<br>failli [faji] | bouillant [bujɑ̃]<br>bouilli [buji] |
| INDICATIF | prés. | je<br>tu<br>il<br>ns<br>vs<br>ils | meurs [mœr]<br>meurs [mœr]<br>meurt [mœr]<br>mourons [murɔ̃]<br>mourez [mure]<br>meurent [mœr] | cours [kur]<br>cours [kur]<br>court [kur]<br>courons [kurɔ̃]<br>courez [kure]<br>courent [kur] | inusité | bous [bu]<br>bous [bu]<br>bout [bu]<br>bouillons [bujɔ̃]<br>bouillez [buje]<br>bouillent [buj] |
| | imp. | je<br>il | mourais [murɛ]<br>mourait [murɛ] | courais [kurɛ]<br>courait [kurɛ] | inusité | bouillais [bujɛ]<br>bouillait [bujɛ] |
| | p. s. | il<br>ils | mourut [mury]<br>moururent [muryr] | courut [kury]<br>coururent [kuryr] | faillit [faji]<br>faillirent [fajir] | bouillit [buji]<br>bouillirent [bujir] |
| | fut. | je<br>tu<br>il<br>ils | mourrai [mur(r)e]<br>mourras [mur(r)a]<br>mourra [mur(r)a]<br>mourront [mur(r)ɔ̃] | courrai [kur(r)e]<br>courras [kur(r)a]<br>courra [kur(r)a]<br>courront [kur(r)ɔ̃] | faillirai [fajire]<br>failliras [fajira]<br>faillira [fajira]<br>failliront [fajirɔ̃] | bouillirai [bujire]<br>bouilliras [bujira]<br>bouillira [bujira]<br>bouilliront [bujirɔ̃] |
| COND. | | je<br>il | mourrais [mur(r)ɛ]<br>mourrait [mur(r)ɛ] | courrais [kur(r)ɛ]<br>courrait [kur(r)ɛ] | faillirais [fajirɛ]<br>faillirait [fajirɛ] | bouillirais [bujirɛ]<br>bouillirait [bujirɛ] |
| SUBJ. | prés. | je<br>ns | meure [mœr]<br>mourions [murjɔ̃] | coure [kur]<br>courions [kurjɔ̃] | inusité | bouille [buj]<br>bouillions [bujjɔ̃] |
| | imp. | il<br>ils | mourût [mury]<br>mourussent [murys] | courût [kury]<br>courussent [kurys] | inusité | inusité |
| IMP. | | | meurs [mœr]<br>mourez [mure] | cours [kur]<br>courez [kure] | inusité | bous [bu]<br>bouillez [buje] |

| INF. | | | 29. recevoir [rəsəvwar] | 30. devoir [dəvwar] | 31. émouvoir [emuvwar] | 32. vouloir [vulwar] |
|---|---|---|---|---|---|---|
| PART. | p. pr. | | recevant [rəsəvɑ̃]<br>reçu [rəsy] | devant [dəvɑ̃]<br>dû, due, dus, dues [dy] | émouvant [emuvɑ̃]<br>ému [emy] | voulant [vulɑ̃]<br>voulu [vuly] |
| INDICATIF | prés. | je<br>tu<br>il<br>ns<br>vs<br>ils | reçois [rəswa]<br>reçois [rəswa]<br>reçoit [rəswa]<br>recevons [rəsəvɔ̃]<br>recevez [rəsəve]<br>reçoivent [rəswav] | dois [dwa]<br>dois [dwa]<br>doit [dwa]<br>devons [dəvɔ̃]<br>devez [dəve]<br>doivent [dwav] | émeus [emø]<br>émeus [emø]<br>émeut [emø]<br>émouvons [emuvɔ̃]<br>émouvez [emuve]<br>émeuvent [emœv] | veux [vø]<br>veux [vø]<br>veut [vø]<br>voulons [vulɔ̃]<br>voulez [vule]<br>veulent [vœl] |
| | imp. | je<br>il | recevais [rəsəvɛ]<br>recevait [rəsəvɛ] | devais [dəvɛ]<br>devait [dəvɛ] | émouvais [emuvɛ]<br>émouvait [emuvɛ] | voulais [vulɛ]<br>voulait [vulɛ] |
| | p. s. | il<br>ils | reçut [rəsy]<br>reçurent [rəsyr] | dut [dy]<br>durent [dyr] | émut [emy]<br>émurent [emyr] | voulut [vuly]<br>voulurent [vulyr] |
| | fut. | je<br>tu<br>il<br>ils | recevrai [rəsəvre]<br>recevras [rəsəvra]<br>recevra [rəsəvra]<br>recevront [rəsəvrɔ̃] | devrai [dəvre]<br>devras [dəvra]<br>devra [dəvra]<br>devront [dəvrɔ̃] | émouvrai [emuvre]<br>émouvras [emuvra]<br>émouvra [emuvra]<br>émouvront [emuvrɔ̃] | voudrai [vudre]<br>voudras [vudra]<br>voudra [vudra]<br>voudront [vudrɔ̃] |
| COND. | | je<br>il | recevrais [rəsəvrɛ]<br>recevrait [rəsəvrɛ] | devrais [dəvrɛ]<br>devrait [dəvrɛ] | émouvrais [emuvrɛ]<br>émouvrait [emuvrɛ] | voudrais [vudrɛ]<br>voudrait [vudrɛ] |
| SUBJ. | prés. | je<br>ns | reçoive [rəswav]<br>recevions [rəsəvjɔ̃] | doive [dwav]<br>devions [dəvjɔ̃] | émeuve [emœv]<br>émouvions [emuvjɔ̃] | veuille [vœj]<br>voulions [vuljɔ̃] |
| | imp. | il<br>ils | reçût [rəsy]<br>reçussent [rəsys] | dût [dy]<br>dussent [dys] | émût [emy]<br>émussent [emys] | voulût [vuly]<br>voulussent [vulys] |
| IMP. | | | reçois [rəswa]<br>recevez [rəsəve] | inusité | émeus [emø]<br>émouvez [emuve] | veuille [vœj]<br>veuillez [vœje] |

| | | | 33. pouvoir [puvwar] | 34. savoir [savwar] | 35. valoir [valwar] | 36. voir [vwar] |
|---|---|---|---|---|---|---|
| INF. | | | | | | |
| PART. | | | pouvant [puvã]<br>pu [py] | sachant [saʃã]<br>su [sy] | valant [valã]<br>valu [valy] | voyant [vwajã]<br>vu [vy] |
| INDICATIF | prés. | je<br>tu<br>il<br>ns<br>vs<br>ils | peux [pø]<br>peux [pø]<br>peut [pø]<br>pouvons [puvɔ̃]<br>pouvez [puve]<br>peuvent [pœv] | sais [sɛ]<br>sais [sɛ]<br>sait [sɛ]<br>savons [savɔ̃]<br>savez [save]<br>savent [sav] | vaux [vo]<br>vaux [vo]<br>vaut [vo]<br>valons [valɔ̃]<br>valez [vale]<br>valent [val] | vois [vwa]<br>vois [vwa]<br>voit [vwa]<br>voyons [vwajɔ̃]<br>voyez [vwaje]<br>voient [vwa] |
| | imp. | je<br>il | pouvais [puvɛ]<br>pouvait [puvɛ] | savais [savɛ]<br>savait [savɛ] | valais [valɛ]<br>valait [valɛ] | voyais [vwajɛ]<br>voyait [vwajɛ] |
| | p. s. | il<br>ils | put [py]<br>purent [pyr] | sut [sy]<br>surent [syr] | valut [valy]<br>valurent [valyr] | vit [vi]<br>virent [vir] |
| | fut. | je<br>tu<br>il<br>ils | pourrai [pure]<br>pourras [pura]<br>pourra [pura]<br>pourront [purɔ̃] | saurai [sɔre]<br>sauras [sɔra]<br>saura [sɔra]<br>sauront [sɔrɔ̃] | vaudrai [vodre]<br>vaudras [vodra]<br>vaudra [vodra]<br>vaudront [vodrɔ̃] | verrai [vere]<br>verras [vera]<br>verra [vera]<br>verront [verɔ̃] |
| COND. | | je<br>il | pourrais [purɛ]<br>pourrait [purɛ] | saurais [sɔrɛ]<br>saurait [sɔrɛ] | vaudrais [vodrɛ]<br>vaudrait [vodrɛ] | verrais [verɛ]<br>verrait [verɛ] |
| SUBJ. | prés. | je<br>ns | puisse [pɥis]<br>puissions [pɥisjɔ̃] | sache [saʃ]<br>sachions [saʃjɔ̃] | vaille [vaj]<br>valions [valjɔ̃] | voie [vwa]<br>voyions [vwajɔ̃] |
| | imp. | il<br>ils | pût [py]<br>pussent [pys] | sût [sy]<br>sussent [sys] | valût [valy]<br>valussent [valys] | vît [vi]<br>vissent [vis] |
| IMP. | | | inusité | sache [saʃ]<br>sachez [saʃe] | inusité | vois [vwa]<br>voyez [vwaje] |

| | | | 37. prévoir [prevwar] | 38. s'asseoir [aswar] | |
|---|---|---|---|---|---|
| INF. | | | | | |
| PART. | p. pr. | | prévoyant [prevwajã]<br>prévu [prevy] | s'asseyant [asejã]<br>assis [asi] | s'assoyant [aswajã]<br>assis [asi] |
| INDICATIF | prés. | je<br>tu<br>il<br>ns<br>vs<br>ils | prévois [prevwa]<br>prévois [prevwa]<br>prévoit [prevwa]<br>prévoyons [prevwajɔ̃]<br>prévoyez [prevwaje]<br>prévoient [prevwa] | m' assieds [asje]<br>t' assieds [asje]<br>s' assied [asje]<br>ns asseyons [asejɔ̃]<br>vs asseyez [aseje]<br>s' asseyent [asɛj] | m' assois [aswa]<br>t' assois [aswa]<br>s' assoit [aswa]<br>ns assoyons [aswajɔ̃]<br>vs assoyez [aswaje]<br>s' assoient [aswa] |
| | imp. | je<br>il | prévoyais [prevwajɛ]<br>prévoyait [prevwajɛ] | m' asseyais [asejɛ]<br>s' asseyait [asejɛ] | m' assoyais [aswajɛ]<br>s' assoyait [aswajɛ] |
| | p. s. | il<br>ils | prévit [previ]<br>prévirent [previr] | s' assit [asi]<br>s' assirent [asir] | |
| | fut. | je<br>tu<br>il<br>ils | prévoirai [prevware]<br>prévoiras [prevwara]<br>prévoira [prevwara]<br>prévoiront [prevwarɔ̃] | m' assiérai [asjere]<br>t' assiéras [asjera]<br>s' assiéra [asjera]<br>s' assiéront [asjerɔ̃] | m' assoirai [aswarɛ]<br>t' assoiras [aswara]<br>s' assoira [aswara]<br>s' assoiront [aswarɔ̃] |
| COND. | | je<br>il | prévoirais [prevwarɛ]<br>prévoirait [prevwarɛ] | m' assiérais [asjerɛ]<br>s' assiérait [asjerɛ] | m' assoirais [aswarɛ]<br>s' assoirait [aswarɛ] |
| SUBJ. | prés. | je<br>ns | prévoie [prevwa]<br>prévoyions [prevwajɔ̃] | m' asseye [asɛj]<br>ns asseyions [asɛjɔ̃] | m' assoie [aswa]<br>ns assoyions [aswajɔ̃] |
| | imp. | il<br>ils | prévît [previ]<br>prévissent [previs] | s' assît [asi]<br>s' assissent [asis] | |
| IMP. | | | prévois [prevwa]<br>prévoyez [prevwaje] | assieds-toi [asje]<br>asseyez-vous [aseje] | assois-toi [aswa]<br>assoyez-vous [aswaje] |

|  |  |  | 39. pleuvoir [pløvwar] | 40. falloir [falwar] |  | 41. tendre [tãdr] |
|---|---|---|---|---|---|---|
| PART. | p. pr. |  | pleuvant [pløvã]<br>plu [ply] | inusité<br>fallu [faly] |  | tendant [tãdã]<br>tendu [tãdy] |
| INDICATIF | prés. | il | pleut [plø] | faut [fo] | je<br>tu<br>il<br>ns<br>vs<br>ils | tends [tã]<br>tends [tã]<br>tend [tã]<br>tendons [tãdɔ̃]<br>tendez [tãde]<br>tendent [tãd] |
|  | imp. | il | pleuvait [pløvɛ] | fallait [falɛ] | je<br>il | tendais [tãdɛ]<br>tendait [tãdɛ] |
|  | p. s. | il | plut [ply] | fallut [faly] | il<br>ils | tendit [tãdi]<br>tendirent [tãdir] |
|  | fut. | il | pleuvra [pløvra] | faudra [fodra] | je<br>tu<br>il<br>ils | tendrai [tãdre]<br>tendras [tãdra]<br>tendra [tãdra]<br>tendront [tãdrɔ̃] |
| COND. |  | il | pleuvrait [pløvrɛ] | faudrait [fodrɛ] | je<br>il | tendrais [tãdrɛ]<br>tendrait [tãdrɛ] |
| SUBJ. | prés. | il | pleuve [pløv] | faille [faj] | je<br>ns | tende [tãd]<br>tendions [tãdjɔ̃] |
|  | imp. | il | plût [ply] | fallût [faly] | il<br>ils | tendît [tãdi]<br>tendissent [tãdis] |
| IMP. |  |  | inusité | inusité |  | tends [tã]<br>tendez [tãde] |

|  |  |  | 42. interrompre [ɛ̃terɔ̃pr] | 43. prendre [prãdr] | 44. peindre [pɛ̃dr] | 45. battre [batr] |
|---|---|---|---|---|---|---|
| PART. | p. pr. |  | interrompant [ɛ̃terɔ̃pã]<br>interrompu [ɛ̃terɔ̃py] | prenant [prənã]<br>pris [pri] | peignant [pɛɲã]<br>peint [pɛ̃] | battant [batã]<br>battu [baty] |
| INDICATIF | prés. | je<br>tu<br>il<br>ns<br>vs<br>ils | interromps [ɛ̃terɔ̃]<br>interromps [ɛ̃terɔ̃]<br>interrompt [ɛ̃terɔ̃]<br>interrompons [ɛ̃terɔ̃pɔ̃]<br>interrompez [ɛ̃terɔ̃pe]<br>interrompent [ɛ̃terɔ̃p] | prends [prã]<br>prends [prã]<br>prend [prã]<br>prenons [prənɔ̃]<br>prenez [prəne]<br>prennent [prɛn] | peins [pɛ̃]<br>peins [pɛ̃]<br>peint [pɛ̃]<br>peignons [pɛɲɔ̃]<br>peignez [pɛɲe]<br>peignent [pɛɲ] | bats [ba]<br>bats [ba]<br>bat [ba]<br>battons [batɔ̃]<br>battez [bate]<br>battent [bat] |
|  | imp. | je<br>il | interrompais [ɛ̃terɔ̃pɛ]<br>interrompait [ɛ̃terɔ̃pɛ] | prenais [prənɛ]<br>prenait [prənɛ] | peignais [pɛɲɛ]<br>peignait [pɛɲɛ] | battais [batɛ]<br>battait [batɛ] |
|  | p. s. | il<br>ils | interrompit [ɛ̃terɔ̃pi]<br>interrompirent [ɛ̃terɔ̃pir] | prit [pri]<br>prirent [prir] | peignit [pɛɲi]<br>peignirent [pɛɲir] | battit [bati]<br>battirent [batir] |
|  | fut. | je<br>tu<br>il<br>ils | interromprai [ɛ̃terɔ̃pre]<br>interrompras [ɛ̃terɔ̃pra]<br>interrompra [ɛ̃terɔ̃pra]<br>interrompront [ɛ̃terɔ̃prɔ̃] | prendrai [prãdre]<br>prendras [prãdra]<br>prendra [prãdra]<br>prendront [prãdrɔ̃] | peindrai [pɛ̃dre]<br>peindras [pɛ̃dra]<br>peindra [pɛ̃dra]<br>peindront [pɛ̃drɔ̃] | battrai [batre]<br>battras [batra]<br>battra [batra]<br>battront [batrɔ̃] |
| COND. |  | je<br>il | interromprais [ɛ̃terɔ̃prɛ]<br>interromprait [ɛ̃terɔ̃prɛ] | prendrais [prãdrɛ]<br>prendrait [prãdrɛ] | peindrais [pɛ̃drɛ]<br>peindrait [pɛ̃drɛ] | battrais [batrɛ]<br>battrait [batrɛ] |
| SUBJ. | prés. | je<br>ns | interrompe [ɛ̃terɔ̃p]<br>interrompions [ɛ̃terɔ̃pjɔ̃] | prenne [prɛn]<br>prenions [prənjɔ̃] | peigne [pɛɲ]<br>peignions [pɛɲɔ̃] | batte [bat]<br>battions [batjɔ̃] |
|  | imp. | il<br>ils | interrompît [ɛ̃terɔ̃pi]<br>interrompissent [ɛ̃terɔ̃pis] | prît [pri]<br>prissent [pris] | peignît [pɛɲi]<br>peignissent [pɛɲis] | battît [bati]<br>battissent [batis] |
| IMP. |  |  | interromps [ɛ̃terɔ̃]<br>interrompez [ɛ̃terɔ̃pe] | prends [prã]<br>prenez [prəne] | peins [pɛ̃]<br>peignez [pɛɲe] | bats [ba]<br>battez [bate] |

| | | | 46. mettre [mɛtr] | 47. moudre [mudr] | 48. coudre [kudr] | 49. dissoudre [disudr] |
|---|---|---|---|---|---|---|
| INF. | | | | | | |
| PART. | | | mettant [mɛtɑ̃]<br>mis [mi] | moulant [mulɑ̃]<br>moulu [muly] | cousant [kuzɑ̃]<br>cousu [kuzy] | disolvant [disɔlvɑ̃]<br>dissous, -oute [disu, -ut] |
| INDICATIF | prés. | je<br>tu<br>il<br>ns<br>vs<br>ils | mets [mɛ]<br>mets [mɛ]<br>met [mɛ]<br>mettons [mɛtɔ̃]<br>mettez [mete]<br>mettent [mɛt] | mouds [mu]<br>mouds [mu]<br>moud [mu]<br>moulons [mulɔ̃]<br>moulez [mule]<br>moulent [mul] | couds [ku]<br>couds [ku]<br>coud [ku]<br>cousons [kuzɔ̃]<br>cousez [kuze]<br>cousent [kuz] | dissous [disu]<br>dissous [disu]<br>dissout [disu]<br>dissolvons [disɔlvɔ̃]<br>dissolvez [disɔlve]<br>dissolvent [disɔlv] |
| | imp. | je<br>il | mettais [mɛtɛ]<br>mettait [mɛtɛ] | moulais [mulɛ]<br>moulait [mulɛ] | cousais [kuzɛ]<br>cousait [kuzɛ] | dissolvais [disɔlvɛ]<br>dissolvait [disɔlvɛ] |
| | p. s. | il<br>ils | mit [mi]<br>mirent [mir] | moulut [muly]<br>moulurent [mulyr] | cousit [kuzi]<br>cousirent [kuzir] | inusité |
| | fut. | je<br>tu<br>il<br>ils | mettrai [mɛtre]<br>mettras [mɛtra]<br>mettra [mɛtra]<br>mettront [mɛtrɔ̃] | moudrai [mudre]<br>moudras [mudra]<br>moudra [mudra]<br>moudront [mudrɔ̃] | coudrai [kudre]<br>coudras [kudra]<br>coudra [kudra]<br>coudront [kudrɔ̃] | dissoudrai [disudre]<br>dissoudras [disudra]<br>dissoudra [disudra]<br>dissoudront [disudrɔ̃] |
| COND. | | je<br>il | mettrais [mɛtrɛ]<br>mettrait [mɛtrɛ] | moudrais [mudrɛ]<br>moudrait [mudrɛ] | coudrais [kudrɛ]<br>coudrait [kudrɛ] | dissoudrais [disudrɛ]<br>dissoudrait [disudrɛ] |
| SUBJ. | prés. | je<br>ns | mette [mɛt]<br>mettions [mɛtjɔ̃] | moule [mul]<br>moulions [muljɔ̃] | couse [kuz]<br>cousions [kuzjɔ̃] | dissolve [disɔlv]<br>dissolvions [disɔlvjɔ̃] |
| | imp. | il<br>ils | mît [mi]<br>missent [mis] | moulût [muly]<br>moulussent [mulys] | cousît [kuzi]<br>cousissent [kuzis] | inusité |
| IMP. | | | mets [mɛ]<br>mettez [mete] | mouds [mu]<br>moulez [mule] | couds [ku]<br>cousez [kuze] | dissous [disu]<br>dissolvez [disɔlve] |

| | | | 50. résoudre [rezudr] | 51. suivre [sɥivr] | 52. vivre [vivr] | 53. connaître [kɔnɛtr] |
|---|---|---|---|---|---|---|
| INF. | | | | | | |
| PART. | p. pr. | | résolvant [rezɔlvɑ̃]<br>résolu [rezɔly] | suivant [sɥivɑ̃]<br>suivi [sɥivi] | vivant [vivɑ̃]<br>vécu [veky] | connaissant [kɔnɛsɑ̃]<br>connu [kɔny] |
| INDICATIF | prés. | je<br>tu<br>il<br>ns<br>vs<br>ils | résous [rezu]<br>résous [rezu]<br>résout [rezu]<br>résolvons [rezɔlvɔ̃]<br>résolvez [rezɔlve]<br>résolvent [rezɔlv] | suis [sɥi]<br>suis [sɥi]<br>suit [sɥi]<br>suivons [sɥivɔ̃]<br>suivez [sɥive]<br>suivent [sɥiv] | vis [vi]<br>vis [vi]<br>vit [vi]<br>vivons [vivɔ̃]<br>vivez [vive]<br>vivent [viv] | connais [kɔnɛ]<br>connais [kɔnɛ]<br>connaît [kɔnɛ]<br>connaissons [kɔnesɔ̃]<br>connaissez [kɔnese]<br>connaissent [kɔnɛs] |
| | imp. | je<br>il | résolvais [rezɔlvɛ]<br>résolvait [rezɔlvɛ] | suivais [sɥivɛ]<br>suivait [sɥivɛ] | vivais [vivɛ]<br>vivait [vivɛ] | connaissais [kɔnɛsɛ]<br>connaissait [kɔnɛsɛ] |
| | p. s. | il<br>ils | résolut [rezɔly]<br>résolurent [rezɔlyr] | suivit [sɥivi]<br>suivirent [sɥivir] | vécut [veky]<br>vécurent [vekyr] | connut [kɔny]<br>connurent [kɔnyr] |
| | fut. | je<br>tu<br>il<br>ils | résoudrai [rezudre]<br>résoudras [rezudra]<br>résoudra [rezudra]<br>résoudront [rezudrɔ̃] | suivrai [sɥivre]<br>suivras [sɥivra]<br>suivra [sɥivra]<br>suivront [sɥivrɔ̃] | vivrai [vivre]<br>vivras [vivra]<br>vivra [vivra]<br>vivront [vivrɔ̃] | connaîtrai [kɔnɛtre]<br>connaîtras [kɔnɛtra]<br>connaîtra [kɔnɛtra]<br>connaîtront [kɔnɛtrɔ̃] |
| COND. | | je<br>il | résoudrais [rezudrɛ]<br>résoudrait [rezudre] | suivrais [sɥivrɛ]<br>suivrait [sɥivrɛ] | vivrais [vivrɛ]<br>vivrait [vivrɛ] | connaîtrais [kɔnɛtrɛ]<br>connaîtrait [kɔnɛtrɛ] |
| SUBJ. | prés. | je<br>ns | résolve [rezɔlv]<br>résolvions [rezɔlvjɔ̃] | suive [sɥiv]<br>suivions [sɥivjɔ̃] | vive [viv]<br>vivions [vivjɔ̃] | connaisse [kɔnɛs]<br>connaissions [kɔnɛsjɔ̃] |
| | imp. | il<br>ils | résolût [resɔly]<br>résolussent [rezɔlys] | suivît [sɥivi]<br>suivissent [sɥivis] | vécût [veky]<br>vécussent [vekys] | connût [kɔny]<br>connussent [kɔnys] |
| IMP. | | | résous [rezu]<br>résolvez [rezɔlve] | suis [sɥi]<br>suivez [sɥive] | vis [vi]<br>vivez [vive] | connais [kɔnɛ]<br>connaissez [kɔnese] |

| | | | 54. naître [nɛtr] | 55. accroître [akrwatr] | 56. rire [rir] | 57. conclure [kɔ̃klyr] |
|---|---|---|---|---|---|---|
| PART. | p. pr. | | naissant [nɛsɑ̃]<br>né [ne] | accroissant [akrwasɑ̃]<br>accru [akry] | riant [rijɑ̃]<br>ri [ri] | concluant [kɔ̃klyɑ̃]<br>conclu [kɔ̃kly] |
| INDICATIF | prés. | je<br>tu<br>il<br>ns<br>vs<br>ils | nais [nɛ]<br>nais [nɛ]<br>naît [nɛ]<br>naissons [nɛsɔ̃]<br>naissez [nɛse]<br>naissent [nɛs] | accrois [akrwa]<br>accrois [akrwa]<br>accroît [akrwa]<br>accroissons [akrwasɔ̃]<br>accroissez [akrwase]<br>accroissent [akrwas] | ris [ri]<br>ris [ri]<br>rit [ri]<br>rions [rijɔ̃]<br>riez [rije]<br>rient [ri] | conclus [kɔ̃kly]<br>conclus [kɔ̃kly]<br>conclut [kɔ̃kly]<br>concluons [kɔ̃klyɔ̃]<br>concluez [kɔ̃klye]<br>concluent [kɔ̃kly] |
| | imp. | je<br>il | naissais [nɛsɛ]<br>naissait [nɛsɛ] | accroissais [akrwasɛ]<br>accroissait [akrwasɛ] | riais [rijɛ]<br>riait [rijɛ] | concluais [kɔ̃klyɛ]<br>concluait [kɔ̃klyɛ] |
| | p. s. | il<br>ils | naquit [naki]<br>naquirent [nakir] | accrut [akry]<br>accrurent [akryr] | rit [ri]<br>rirent [rir] | conclut [kɔ̃kly]<br>conclurent [kɔ̃klyr] |
| | fut. | je<br>tu<br>il<br>ils | naîtrai [nɛtre]<br>naîtras [nɛtra]<br>naîtra [nɛtra]<br>naîtront [nɛtrɔ̃] | accroîtrai [akrwatre]<br>accroîtras [akrwatra]<br>accroîtra [akrwatra]<br>accroîtront [akrwatrɔ̃] | rirai [rire]<br>riras [rira]<br>rira [rira]<br>riront [rirɔ̃] | conclurai [kɔ̃klyre]<br>concluras [kɔ̃klyra]<br>conclura [kɔ̃klyra]<br>concluront [kɔ̃klyrɔ̃] |
| COND. | | je<br>il | naîtrais [nɛtrɛ]<br>naîtrait [nɛtrɛ] | accroîtrais [akrwatrɛ]<br>accroîtrait [akrwatrɛ] | rirais [rirɛ]<br>rirait [rirɛ] | conclurais [kɔ̃klyrɛ]<br>conclurait [kɔ̃klyrɛ] |
| SUBJ. | prés. | je<br>ns | naisse [nɛs]<br>naissions [nɛsjɔ̃] | accroisse [akrwas]<br>accroissions [akrwasjɔ̃] | rie [ri]<br>riions [rijɔ̃] | conclue [kɔ̃kly]<br>concluions [kɔ̃klyjɔ̃] |
| | imp. | il<br>ils | naquît [naki]<br>naquissent [nakis] | accrût [akry]<br>accrussent [akrys] | rît [ri]<br>rissent [ris] | conclût [kɔ̃kly]<br>conclussent [kɔ̃klys] |
| IMP. | | | nais [nɛ]<br>naissez [nɛse] | accrois [akrwa]<br>accroissez [akrwase] | ris [ri]<br>riez [rije] | conclus [kɔ̃kly]<br>concluez [kɔ̃klye] |

| | | | 58. inclure [ɛ̃klyr] | 59. nuire [nɥir] | 60. conduire [kɔ̃dɥir] | 61. écrire [ekrir] |
|---|---|---|---|---|---|---|
| PART. | p. pr. | | incluant [ɛ̃klyɑ̃]<br>inclus [ɛ̃kly] | nuisant [nɥizɑ̃]<br>nui [nɥi] | conduisant [kɔ̃dɥizɑ̃]<br>conduit [kɔ̃dɥi] | écrivant [ekrivɑ̃]<br>écrit [ekri] |
| INDICATIF | prés. | je<br>tu<br>il<br>ns<br>vs<br>ils | inclus [ɛ̃kly]<br>inclus [ɛ̃kly]<br>inclut [ɛ̃kly]<br>incluons [ɛ̃klyɔ̃]<br>incluez [ɛ̃klye]<br>incluent [ɛ̃kly] | nuis [nɥi]<br>nuis [nɥi]<br>nuit [nɥi]<br>nuisons [nɥizɔ̃]<br>nuisez [nɥize]<br>nuisent [nɥiz] | conduis [kɔ̃dɥi]<br>conduis [kɔ̃dɥi]<br>conduit [kɔ̃dɥi]<br>conduisons [kɔ̃dɥizɔ̃]<br>conduisez [kɔ̃dɥize]<br>conduisent [kɔ̃dɥiz] | écris [ekri]<br>écris [ekri]<br>écrit [ekri]<br>écrivons [ekrivɔ̃]<br>écrivez [ekrive]<br>écrivent [ekriv] |
| | imp. | je<br>il | incluais [ɛ̃klyɛ]<br>incluait [ɛ̃klyɛ] | nuisais [nɥizɛ]<br>nuisait [nɥizɛ] | conduisais [kɔ̃dɥizɛ]<br>conduisait [kɔ̃dɥizɛ] | écrivais [ekrivɛ]<br>écrivait [ekrivɛ] |
| | p. s. | il<br>ils | inclut [ɛ̃kly]<br>inclurent [ɛ̃klyr] | nuisit [nɥizi]<br>nuisirent [nɥizir] | conduisit [kɔ̃dɥizi]<br>conduisirent [kɔ̃dɥizir] | écrivit [ekrivi]<br>écrivirent [ekrivir] |
| | fut. | je<br>tu<br>il<br>ils | inclurai [ɛ̃klyre]<br>incluras [ɛ̃klyra]<br>inclura [ɛ̃klyra]<br>incluront [ɛ̃klyrɔ̃] | nuirai [nɥire]<br>nuiras [nɥira]<br>nuira [nɥira]<br>nuiront [nɥirɔ̃] | conduirai [kɔ̃dɥire]<br>conduiras [kɔ̃dɥira]<br>conduira [kɔ̃dɥira]<br>conduiront [kɔ̃dɥirɔ̃] | écrirai [ekrire]<br>écriras [ekrira]<br>écrira [ekrira]<br>écriront [ekrirɔ̃] |
| COND. | | je<br>il | inclurais [ɛ̃klyrɛ]<br>inclurait [ɛ̃klyrɛ] | nuirais [nɥirɛ]<br>nuirait [nɥirɛ] | conduirais [kɔ̃dɥirɛ]<br>conduirait [kɔ̃dɥirɛ] | écrirais [ekrirɛ]<br>écrirait [ekrirɛ] |
| SUBJ. | prés. | je<br>ns | inclue [ɛ̃kly]<br>incluions [ɛ̃klyjɔ̃] | nuise [nɥiz]<br>nuisions [nɥizjɔ̃] | conduise [kɔ̃dɥiz]<br>conduisions [kɔ̃dɥizjɔ̃] | écrive [ekriv]<br>écrivions [ekrivjɔ̃] |
| | imp. | il<br>ils | inclût [ɛ̃kly]<br>inclussent [ɛ̃klys] | nuisît [nɥizi]<br>nuisissent [nɥizis] | conduisît [kɔ̃dɥizi]<br>conduisissent [kɔ̃dɥizis] | écrivît [ekrivi]<br>écrivissent [ekrivis] |
| IMP. | | | inclus [ɛ̃kly]<br>incluez [ɛ̃klye] | nuis [nɥi]<br>nuisez [nɥize] | conduis [kɔ̃dɥi]<br>conduisez [kɔ̃dɥize] | écris [ekri]<br>écrivez [ekrive] |

| | | | 62. dire [dir] | 63. interdire [ɛ̃tɛrdir] | 64. suffire [syfir] | 65. lire [lir] |
|---|---|---|---|---|---|---|
| PART. | p. pr. | | disant [dizã]<br>dit [di] | interdisant [ɛ̃tɛrdizã]<br>interdit [ɛ̃tɛrdi] | suffisant [syfizã]<br>suffi [syfi] | lisant [lizã]<br>lu [ly] |
| INDICATIF | prés. | je<br>tu<br>il<br>ns<br>vs<br>ils | dis [di]<br>dis [di]<br>dit [di]<br>disons [dizɔ̃]<br>dites [dit]<br>disent [diz] | interdis [ɛ̃tɛrdi]<br>interdis [ɛ̃tɛrdi]<br>interdit [ɛ̃tɛrdi]<br>interdisons [ɛ̃tɛrdizɔ̃]<br>interdisez [ɛ̃tɛrdize]<br>interdisent [ɛ̃tɛrdiz] | suffis [syfi]<br>suffis [syfi]<br>suffit [syfi]<br>suffisons [syfizɔ̃]<br>suffisez [syfize]<br>suffisent [syfiz] | lis [li]<br>lis [li]<br>lit [li]<br>lisons [lizɔ̃]<br>lisez [lize]<br>lisent [liz] |
| | imp. | je<br>il | disais [dizɛ]<br>disait [dizɛ] | interdisais [ɛ̃tɛrdizɛ]<br>interdisait [ɛ̃tɛrdizɛ] | suffisais [syfizɛ]<br>suffisait [svfizɛ] | lisais [lizɛ]<br>lisait [lizɛ] |
| | p. s. | il<br>ils | dit [di]<br>dirent [dir] | interdit [ɛ̃tɛrdi]<br>interdirent [ɛ̃tɛrdir] | suffit [syfi]<br>suffirent [syfir] | lut [ly]<br>lurent [lyr] |
| | fut. | je<br>tu<br>il<br>ils | dirai [dire]<br>diras [dira]<br>dira [dira]<br>diront [dirɔ̃] | interdirai [ɛ̃tɛrdire]<br>interdiras [ɛtɛrdira]<br>interdira [ɛ̃tɛrdira]<br>interdiront [ɛ̃tɛrdirɔ̃] | suffirai [syfire]<br>suffiras [syfira]<br>suffira [syfira]<br>suffiront [syfirɔ̃] | lirai [lire]<br>liras [lira]<br>lira [lira]<br>liront [lirɔ̃] |
| COND. | | je<br>il | dirais [dirɛ]<br>dirait [dirɛ] | interdirais [ɛtedirɛ]<br>interdirait [ɛ̃tɛrdirɛ] | suffirais [syfirɛ]<br>suffirait [syfirɛ] | lirais [lirɛ]<br>lirait [lirɛ] |
| SUBJ. | prés. | je<br>ns | dise [diz]<br>disions [dizjɔ̃] | interdise [ɛ̃tɛrdiz]<br>interdisions [ɛ̃tɛrdizjɔ̃] | suffise [syfiz]<br>suffisions [syfizjɔ̃] | lise [liz]<br>lisions [lizjɔ̃] |
| | imp. | il<br>ils | dît [di]<br>dissent [dis] | interdît [ɛ̃tɛrdi]<br>interdissent [ɛ̃tɛrdis] | suffît [syfi]<br>suffissent [syfis] | lût [ly]<br>lussent [lys] |
| IMP. | | | dis [di]<br>dites [dit] | interdis [ɛ̃tɛrdi]<br>interdisez [ɛ̃tɛrdize] | suffis [syfi]<br>suffisez [syfize] | lis [li]<br>lisez [lize] |

| | | | 66. croire [krwar] | 67. boire [bwar] | 68. faire [fɛr] | 69. plaire [plɛr] |
|---|---|---|---|---|---|---|
| PART. | p. pr. | | croyant [krwajã]<br>cru [kry] | buvant [byvã]<br>bu [by] | faisant [fəzã]<br>fait [fɛ] | plaisant [plɛzã]<br>plu [ply] |
| INDICATIF | prés. | je<br>tu<br>il<br>ns<br>vs<br>ils | crois [krwa]<br>crois [krwa]<br>croit [krwa]<br>croyons [krwajɔ̃]<br>croyez [krwaje]<br>croient [krwa] | bois [bwa]<br>bois [bwa]<br>boit [bwa]<br>buvons [byvɔ̃]<br>buvez [byve]<br>boivent [bwav] | fais [fɛ]<br>fais [fɛ]<br>fait [fɛ]<br>faisons [fəzɔ̃]<br>faites [fɛt]<br>font [fɔ̃] | plais [plɛ]<br>plais [plɛ]<br>plaît [plɛ]<br>plaisons [plɛzɔ̃]<br>plaisez [plɛze]<br>plaisent [plɛz] |
| | imp. | je<br>il | croyais [krwajɛ]<br>croyait [krwajɛ] | buvais [byvɛ]<br>buvait [byvɛ] | faisais [fəzɛ]<br>faisait [fəzɛ] | plaisais [plɛzɛ]<br>plaisait [plɛzɛ] |
| | p. s. | il<br>ils | crut [kry]<br>crurent [kryr] | but [by]<br>burent [byr] | fit [fi]<br>firent [fir] | plut [ply]<br>plurent [plyr] |
| | fut. | je<br>tu<br>il<br>ils | croirai [krware]<br>croiras [krwara]<br>croira [krwara]<br>croiront [krwarɔ̃] | boirai [bware]<br>boiras [bwara]<br>boira [bwara]<br>boiront [bwarɔ̃] | ferai [fəre]<br>feras [fəra]<br>fera [fəra]<br>feront [fərɔ̃] | plairai [plɛre]<br>plairas [plɛra]<br>plaira [plɛra]<br>plairont [plɛrɔ̃] |
| COND. | | je<br>il | croirais [krwarɛ]<br>croirait [krwarɛ] | boirais [bwarɛ]<br>boirait [bwarɛ] | ferais [fərɛ]<br>ferait [fərɛ] | plairais [plɛrɛ]<br>plairait [plɛrɛ] |
| SUBJ. | prés. | je<br>ns | croie [krwa]<br>croyions [krwajɔ̃] | boive [bwav]<br>buvions [byvjɔ̃] | fasse [fas]<br>fassions [fasjɔ̃] | plaise [plɛz]<br>plaisions [plɛzjɔ̃] |
| | imp. | il<br>ils | crût [kry]<br>crussent [krys] | bût [by]<br>bussent [bys] | fît [fi]<br>fissent [fis] | plût [ply]<br>plussent [plys] |
| IMP. | | | crois [krwa]<br>croyez [krwaje] | bois [bwa]<br>buvez [byve] | fais [fɛ]<br>faites [fɛt] | plais [plɛ]<br>plaisez [plɛze] |

| | | | **70. taire** [tɛr] | **71. distraire** [distrɛr] | **72. convaincre** [kɔ̃vɛ̃kr] |
|---|---|---|---|---|---|
| PART. | p. pr. | | taisant [tɛzɑ̃] | distrayant [distrɛjɑ̃] | convainquant [kɔ̃vɛ̃kɑ̃] |
| | p. p. | | tu [ty] | distrait [distrɛ] | convaincu [kɔ̃vɛ̃ky] |
| INDICATIF | prés. | je<br>tu<br>il<br>ns<br>vs<br>ils | tais [tɛ]<br>tais [tɛ]<br>tait [tɛ]<br>taisons [tɛzɔ̃]<br>taisez [tɛze]<br>taisent [tɛz] | distrais [distrɛ]<br>distrais [distrɛ]<br>distrait [distrɛ]<br>distrayons [distrɛjɔ̃]<br>distrayez [distrɛje]<br>distraient [distrɛ] | convaincs [kɔ̃vɛ̃]<br>convaincs [kɔ̃vɛ̃]<br>convainc [kɔ̃vɛ̃]<br>convainquons [kɔ̃vɛ̃kɔ̃]<br>convainquez [kɔ̃vɛ̃ke]<br>convainquent [kɔ̃vɛ̃k] |
| | imp. | je<br>il | taisais [tɛzɛ]<br>taisait [tɛzɛ] | distrayais [distrɛjɛ]<br>distrayait [distrɛjɛ] | convainquais [kɔ̃vɛ̃kɛ]<br>convainquait [kɔ̃vɛ̃kɛ] |
| | p. s. | il<br>ils | tut [ty]<br>turent [tyr] | *inusité* | convainquit [kɔ̃vɛ̃ki]<br>convainquirent [kɔ̃vɛ̃kir] |
| | fut. | je<br>tu<br>il<br>ils | tairai [tɛre]<br>tairas [tɛra]<br>taira [tɛra]<br>tairont [tɛrɔ̃] | distrairai [distrɛre]<br>distrairas [distrɛra]<br>distraira [distrɛra]<br>distrairont [distrɛrɔ̃] | convaincrai [kɔ̃vɛ̃kre]<br>convaincras [kɔ̃vɛ̃kra]<br>convaincra [kɔ̃vɛ̃kra]<br>convaincront [kɔ̃vɛ̃krɔ̃] |
| COND. | | je<br>il | tairais [tɛrɛ]<br>tairait [tɛrɛ] | distrairais [distrɛrɛ]<br>distrairait [distrɛrɛ] | convaincrais [kɔ̃vɛ̃krɛ]<br>convaincrait [kɔ̃vɛ̃krɛ] |
| SUBJ. | prés. | je<br>ns | taise [tɛz]<br>taisions [tɛzjɔ̃] | distraie [distrɛ]<br>distrayions [distrɛjɔ̃] | convainque [kɔ̃vɛ̃k]<br>convainquions [kɔ̃vɛ̃kjɔ̃] |
| | imp. | il<br>ils | tût [ty]<br>tussent [tys] | *inusité* | convainquît [kɔ̃vɛ̃ki]<br>convainquissent [kɔ̃vɛ̃kis] |
| IMP. | | | tais [tɛ]<br>taisez [tɛze] | distrais [distrɛ]<br>distrayez [distrɛje] | convaincs [kɔ̃vɛ̃]<br>convainquez [kɔ̃vɛ̃ke] |